ENCYCLOPÉDIE THÉOLOGIQUE,

OU

SÉRIE DE DICTIONNAIRES SUR TOUTES LES PARTIES DE LA SCIENCE RELIGIEUSE,

OFFRANT EN FRANÇAIS

LA PLUS CLAIRE, LA PLUS FACILE, LA PLUS COMMODE, LA PLUS VARIÉE
ET LA PLUS COMPLÈTE DES THÉOLOGIES.

CES DICTIONNAIRES SONT :

D'ÉCRITURE SAINTE, DE PHILOLOGIE SACRÉE, DE LITURGIE, DE DROIT CANON, D'HÉRÉSIES ET
DE SCHISMES, DES LIVRES JANSÉNISTES, MIS A L'INDEX ET CONDAMNÉS, DES PROPOSITIONS
CONDAMNÉES, DE CONCILES, DE CÉRÉMONIES ET DE RITES, DE CAS DE CONSCIENCE,
D'ORDRES RELIGIEUX (HOMMES ET FEMMES), DE LÉGISLATION RELIGIEUSE, DE
THÉOLOGIE DOGMATIQUE ET MORALE, DES PASSIONS, DES VERTUS ET DES VICES,
D'HISTOIRE ECCLÉSIASTIQUE, D'ARCHÉOLOGIE SACRÉE, DE MUSIQUE RELI-
GIEUSE, DE GÉOGRAPHIE SACRÉE ET ECCLÉSIASTIQUE, D'HÉRALDIQUE
ET DE NUMISMATIQUE RELIGIEUSES, DES DIVERSES RELIGIONS,
DE PHILOSOPHIE, DE DIPLOMATIQUE CHRÉTIENNE
ET DES SCIENCES OCCULTES.

PUBLIÉE

PAR M. L'ABBÉ MIGNE,

ÉDITEUR DE LA BIBLIOTHÈQUE UNIVERSELLE DU CLERGÉ.

50 VOLUMES IN-4°.

PRIX : 6 FR. LE VOL. POUR LE SOUSCRIPTEUR A LA COLLECTION ENTIÈRE, 7 FR., 8 FR., ET MÊME 10 FR. POUR LE
SOUSCRIPTEUR A TEL OU TEL DICTIONNAIRE PARTICULIER.

TOME QUARANTE-NEUVIÈME.

DICTIONNAIRE DES SCIENCES OCCULTES.

TOME SECOND.

2 VOL. PRIX : 16 FRANCS.

CHEZ L'ÉDITEUR,

AUX ATELIERS CATHOLIQUES DU PETIT-MONTROUGE,
RUE D'AMBOISE, BARRIÈRE D'ENFER DE PARIS.

1848

DICTIONNAIRE
DES
SCIENCES OCCULTES

SAVOIR,

DE : AÉROMANCIE, ALCHIMIE, ALECTRYOMANCIE, ALEUROMANCIE, ALFRIDARIE, ALOMANCIE, ALOPÉCIE, ALPHITOMANCIE, AMNIOMANCIE, ANTHROPOMANCIE, APANTOMANCIE, ARITHMANCIE, ARMOMANCIE, ASPIDOMANCIE, ASTRAGALOMANCIE, BASCANIE, BÉLOMANCIE, BIBLIOMANCIE, BOTANOMANCIE, BOUSANTHROPIE, BRIZOMANCIE, CABALOMANCIE, CAPNOMANCIE, CARTOMANCIE, CATOPTROMANCIE, CAUSIMANCIE, CÉPHALONOMANCIE, CÉRAUNOSCOPIE, CÉROMANCIE, CHIMIE, CHIROMANCIE, CLÉDONISMANCIE, CLÉIDOMANCIE, CLÉROMANCIE, COSQUINOMANCIE, CRISTALOMANCIE, CRITOMANCIE, CROMNIOMANCIE, CUBOMANCIE, CYNANTHROPIE, DACTYLOMANCIE, DAPHNOMANCIE, DÉMOCRATIE, DÉMONOGRAPHIE, DÉMONOMANCIE, ENGASTRIMISME, FANTASMAGORIE, FATALISME, GASTROMANCIE, GÉLOSCOPIE, GÉMATRIE, GÉOMANCIE, GYROMANCIE, HÉPATOSCOPIE, HIPPOMANCIE, HYDROMANCIE, ICHTHYOMANCIE, ILLUMINISME, LAMPADOMANCIE, LÉCANOMANCIE, LIBANOMANCIE, LITHOMANCIE, LYCANTHROPIE, LYSIMACHIE, MAGIE, MAGNÉTISME, MARGARITOMANCIE, MATRIMONANCIE, MÉCANOMANCIE, MÉGALANTHROPOGÉNÉSIE, MÉTOSCOPIE, MIMIQUE, MONARCHIE INFERNALE, MYOMANCIE, NAIRANCIE, NÉCROMANCIE, NIGROMANCIE, OCULOMANCIE, OENOMANCIE, OLOLYGMANCIE, OMOMANCIE, OMPHALOMANCIE, ONÉIROCRITIQUE, ONOMANCIE, ONYCHOMANCIE, OOMANCIE, OPHIOMANCIE, OPHTHALMOSCOPIE, ORDALIE, ORNITHOMANCIE, PALINGÉNÉSIE, PALMOSCOPIE, PARTHÉNOMANCIE, PÉGOMANCIE, PETCHIMANCIE, PETTIMANCIE, PHARMACIE, PHRÉNOLOGIE, PHYLLORHODOMANCIE, PHYSIOGNOMONIE, PIERRE PHILOSOPHALE, PYROMANCIE, RABDOMANCIE, RHAPSODOMANCIE, SCIAMANCIE, SEXOMANCIE, SIDÉROMANCIE, SOMNAMBULISME, SPODOMANCIE, STÉGANOGRAPHIE, STERNOMANCIE, STOÏCHÉOMANCIE, STOLISOMANCIE, SUPERSTITIONS, SYCOMANCIE, SYMPATHIE, TACITURNOMANCIE, TAUPOMANCIE, TÉPHRAMANCIE, TÉRATOSCOPIE, THALMUDANCIE, THÉOMANCIE, THÉURGIE, THURIFUMIE, TIROMANCIE, UROTOPÉGNIE, UTÉSÉTURE, VAMPIRISME, VENTRILOQUIE, VISIOMANCIE, XYLOMANCIE, ZAIRAGIE;

OU

RÉPERTOIRE UNIVERSEL

DES ÊTRES, DES PERSONNAGES, DES LIVRES, DES FAITS ET DES CHOSES QUI TIENNENT AUX APPARITIONS, AUX DIVINATIONS, A LA MAGIE, AU COMMERCE DE L'ENFER, AUX DÉMONS, AUX SORCIERS, AUX SCIENCES OCCULTES, AUX GRIMOIRES, A LA CABALE, AUX ESPRITS ÉLÉMENTAIRES, AU GRAND OEUVRE, AUX PRODIGES, AUX ERREURS, AUX PRÉJUGÉS, AUX IMPOSTURES, AUX ARTS DES BOHÉMIENS, AUX SUPERSTITIONS DIVERSES, AUX CONTES POPULAIRES, AUX PRONOSTICS, ET GÉNÉRALEMENT A TOUTES LES FAUSSES CROYANCES, MERVEILLEUSES, SURPRENANTES, MYSTÉRIEUSES OU SURNATURELLES;

SUIVI DU TRAITÉ HISTORIQUE DES DIEUX ET DES DÉMONS DU PAGANISME, PAR BINET; ET DE LA RÉPONSE A L'HISTOIRE DES ORACLES DE FONTENELLE, PAR BALTUS.

Publié par M. l'abbé Migne,

ÉDITEUR DE LA BIBLIOTHÈQUE UNIVERSELLE DU CLERGÉ.

TOME SECOND.

2 VOL. PRIX : 16 FRANCS.

CHEZ L'ÉDITEUR,
AUX ATELIERS CATHOLIQUES DU PETIT-MONTROUGE,
BARRIÈRE D'ENFER DE PARIS.

1848

DICTIONNAIRE
DES
SCIENCES OCCULTES
ET DES
IDÉES SUPERSTITIEUSES.

M

MA, nom japonais qui signifie esprit malin ; on le donne au renard, qui cause de grands ravages au Japon, où des sectaires n'admettent qu'une espèce de démons, qui sont les âmes des méchants, lesquelles, après la mort, sont uniquement destinées à animer les renards.

MAB, reine des fées, dans Shakspeare.

MABERTHE. On lit dans *l'Histoire des possédés de Flandre*, tome II, pag. 275, qu'il y avait, en quelque royaume de l'Europe, une jeune fille nommée Maberthe, menant une vie qui semblait céleste ; qu'elle fut reçue en pitié dans la maison du seigneur de Swert, l'an 1618. Elle se faisait passer pour sainte et se vantait que son Dieu lui parlait souvent. Mais elle refusa de conférer de ces merveilles avec un évêque, ce qui parut suspect ; et comme on disait qu'un jour le diable l'avait prise par la main et s'était promené avec elle, le seigneur de Swert insista pour qu'elle en parlât audit évêque, ce qu'enfin elle accorda. Après la conférence, qui embarrassa tout le monde, sans rien éclaircir, elle s'en alla de la maison en disant : « S'ils savaient que je sais ce que je sais, ils diraient que je suis une sorcière. » On finit par découvrir de grandes abominations dans cette fille. Mais elle était effrontée ; et lorsqu'on lui parlait de se convertir, elle répondait : « J'y penserai ; il y a vingt-quatre heures au jour. » On croit qu'elle finit par être brûlée.

MACHA-HALLA ou **MESSA-HALA**, astrologue arabe du VIIIe siècle de notre ère. On a de lui plusieurs ouvrages dont on trouve la liste dans Casiri. Les principaux ont été traduits en latin : 1° Un *traité des Éléments et des choses célestes* ; 2° un autre, *De la Révolution des années du monde* ; 3° un troisième, *De la Signification des planètes pour les nativités*, Nuremberg, 1549. La bibliothèque Bodléienne a parmi ses manuscrits une traduction hébraïque de ses *Problèmes astrologiques*, faite par Aben-Ezra.

MACHINES. Des savants ont produit par la mécanique des machines compliquées où de bonnes gens ont vu de la magie parce qu'ils ne savaient pas. Voy. ALBERT LE GRAND.

Descartes avait fait, dit-on, avec beaucoup d'industrie, une machine automate pour prouver démonstrativement que les bêtes n'ont point d'âme, et que ce ne sont que des machines très-composées qui se remuent à l'occasion des corps étrangers qui les frappent et leur communiquent une partie de leur mouvement. Ce philosophe ayant mis cette machine sur un vaisseau, le capitaine eut la curiosité d'ouvrir la caisse dans laquelle elle était enfermée ; surpris des mouvements qu'il remarqua dans cette machine, qui agissait comme si elle eût été animée, il la jeta dans la mer croyant que c'était le diable.

Les androïdes, par exemple, comme celui d'Albert le Grand, sont des figures à formes humaines qui, au moyen d'un mécanisme intérieur, imitent les mouvements, les gestes, quelquefois même la parole de l'homme, et exécutent des actions souvent si compliquées, qu'elles paraissent ne pouvoir être que le résultat de l'intelligence. La mécanique invente tous les jours et inventera sans doute encore bien des choses nouvelles, plus ou moins utiles, plus ou moins ingénieuses ; mais de plus merveilleuses, il ne semble pas que la chose soit possible. On a exposé, il y a dix ans, à la curiosité publique, dans plusieurs capitales, une société de trois jeunes artistes qui possédaient tous trois un talent différent : d'abord un jeune écrivain de deux ans et demi, nommé Pierre Droz, qui écrivait d'une main *ferme* l'écriture de grosseur moyenne, qui en prenant de l'encre secouait proprement sa plume sur son écritoire pour ne point salir ses doigts ou son papier ; qui suivait de l'œil la ligne que sa main traçait sans se permettre la moindre distraction ; ce qu'il y avait de plus joli encore, c'est qu'il savait parfaitement son orthographe ; quelque phrase qu'on lui dictât, il la rendait correctement. Son jeune cousin Henri paraissait à peu près du même âge et promettait de devenir un grand dessinateur ; imaginez-vous que, tout jeune qu'il semblait (deux ans et demi), il faisait des esquisses hardies; il commençait même à ombrer. Il dessinait les portraits de Louis XV, de Georges III d'Angleterre et de la reine Charlotte sa femme, et faisait de petits amours. Il tenait ses dessins très-propres, et s'il venait à tomber dessus quelques grains de poussière de crayon, il ne manquait pas de la souffler. Le troisième phénomène de cette intéressante famille, mademoiselle Henriette Droz, jeune personne de sept à huit ans, sœur du dessinateur, était une organiste qui mettait dans son jeu beaucoup d'*aplomb*. Elle n'improvisait pas si jeune ! Quoiqu'elle sût par cœur différents morceaux, elle aimait cependant à les avoir sous les yeux et à suivre la musique pour les exécuter avec plus de précision. L'expression avec laquelle elle jouait communiquait à ses sens une agitation remarquable. Quand les applaudissements venaient à la fin couronner son beau talent musical, elle se levait modestement et saluait l'assemblée. Quelques critiques trouvaient sa musique peu piquante de nouveauté, car parmi les morceaux exécutés par elle, on reconnaissait des motifs tirés du menuet de *Fischer*, et l'air tant soitpeu suranné de *la Garde passe;* mais ce qui explique cette circonstance particulière, c'est que la jeune personne avait appris ces airs lorsqu'ils étaient nouveaux, c'est-à-dire il y avait quelque *soixante* ans. Le lecteur devine qu'il s'agit ici de trois androïdes. Ce sont ceux de deux célèbres mécaniciens suisses, Pierre et Henri Droz.

Pierre-Jacques Droz, disent les biographes, naquit à la *Chaux-de-Fonds*, dans le comté de Neufchâtel, en 1721. Ses études achevées, il revint sous le toit paternel, et là, trouvant une de ses sœurs occupée d'horlogerie, il prit du goût pour la mécanique, et se fit bientôt dans cet art une réputation européenne par ses travaux ingénieux. Quelques-uns de ses ouvrages pénétrèrent même jusqu'en Chine. Il est auteur du petit écrivain automate. Son fils, Henri-Louis, né en 1752, devint aussi bientôt, sous ses yeux, un habile mécanicien. A l'âge de 23 ans, il vint à Paris, et exposa, aux yeux de la cour et de la ville émerveillées, son dessinateur et sa jeune organiste. Droz le père mourut à Bienne (Suisse), l'an 1790, et son fils, l'année suivante, à Naples. Depuis lors, leurs androïdes sont passés en différentes mains.

« J'avoue, dit un écrivain qui les a visités, que si j'ai été émerveillé de l'effet produit par ces machines ingénieuses, je le fus bien davantage à la vue de la multitude de rouages de toutes les dimensions, de mouvements de toutes les vitesses, de leviers de toutes les formes, agissant dans toutes les directions ; et tout cela mû par un principe unique, la rotation régulière du cylindre à ressort, et aboutissant à un point unique, le doigt du dessinateur ou de l'écrivain ; car c'est là le mouvement principalement remarquable. Rien n'égale la simplicité avec laquelle on communique à l'écrivain les phrases qu'on veut lui dicter ; car on conçoit qu'il ne les écrit pas à la simple audition. (Autrefois il écrivait bien de lui-même quelques phrases, mais le cylindre qui les contenait a été brisé et n'a pu être encore remplacé.)

« Au centre de la machine est un cadran, c'est pour ainsi dire le cerveau où aboutissent toutes les sensations de l'androïde, et d'où partent les esprits vitaux qui portent l'impulsion à ses membres. Autour de ce cadran sont écrites toutes les lettres de l'alphabet, et vous n'avez qu'à porter successivement l'aiguille du cadran sur toutes les lettres que vous voulez faire écrire, et l'automate exprime fidèlement votre pensée. Quelle infinité de calculs n'a-t-il pas fallu à l'auteur pour arriver à une si admirable simplicité ! Je ne conçois pas comment des machines si ingénieuses, destinées à immortaliser le génie de l'homme, ne sont pas acquises par les gouvernements, et précieusement conservées dans les musées nationaux. »

« La fameuse statue de Memnon peut passer, dit un autre écrivain, pour le plus ancien des automates musiciens. Tout le monde sait que cette figure colossale faisait entendre quelques sons lorsqu'elle était frappée des premiers rayons du soleil levant. Des inscriptions latines et grecques attestent qu'au IIIe siècle de notre ère le phénomène se produisait encore. Plusieurs écrivains ont révoqué en doute l'existence de ce fait ; d'autres ont cherché à l'expliquer par le moyen de mécaniques de leur invention. Ces derniers nous semblent être plutôt dans le vrai Les Egyptiens étaient assez habiles dans les arts manuels pour inventer une machine capable de produire un pareil résultat.

« On trouve dans le moyen âge plusieurs automates exécutant différentes fonctions. Le plus célèbre est celui d'Albert le Grand. Les conteurs crédules assurent qu'il lui servait d'oracle et lui expliquait les mystères des choses. De plus, ce personnage mécanique allait ouvrir la porte de la cellule d'Albert lorsqu'on y venait frapper, et adressait des paroles distinctes à la personne qui entrait.

« Des auteurs qui ont parlé de l'automate d'Albert le Grand disent que cet homme célèbre y travailla trente ans sans relâche, se réglant pour ses opérations sur la marche des constellations. Ainsi, lorsque le soleil se trouvait à un certain signe du zodiaque, il fit un mélange de métaux marqués de l'image de ce signe pour en former une partie quelconque du corps ; puis, quand chaque membre fut terminé séparément, il réunit le tout en une figure entière à laquelle il donna la vie. Saint Thomas d'Aquin, son disciple, aurait brisé la statue à cause de l'ennui que lui causait son bavardage. Barthélemi Sibille assure que l'androïde était composée de chair et d'os, *mais par art, non par nature*. Naudé le réfute et suppose que l'androïde d'Albert le Grand (*androïde* et *automate* sont une seule et même chose) était composé de métal ; il affirme qu'il ne pouvait ni entendre, ni parler, ni servir d'instrument au diable pour la parole. D'après lui, Albert, qui était fort instruit dans les sciences mathématiques, et qui avait déjà inventé plusieurs machines ingénieuses, aura pu composer, au moyen d'une certaine combinaison de ressorts, une tête ou un personnage tout entier capable d'exécuter des mouvements et de proférer des paroles. Maintenant, jusqu'à quel point de perfection cette machine était-elle portée? C'est ce qu'on ne saurait dire. Il ne fallait pas qu'elle fût irréprochable pour exciter l'admiration, dans un temps où l'on était si peu avancé en mécanique. Le père Théophile Raynaud dit seulement que la tête-automate d'Albert était si artistement composée, que qui qu'on y soufflât pouvait prendre les modifications requises pour former la voix humaine. Du reste, aucun détail sur la composition du mécanisme.

« Jean Muller, plus connu sous le nom de *Regiomontanus*, célèbre astronome du xv° siècle, passe pour avoir exécuté deux automates qui n'ont point de rapport avec les androïdes musiciens, mais que l'on croit pouvoir signaler ici. L'un était un aigle (nous ne parlons que sur la foi de certains écrivains), un aigle qui avait la faculté de voler et de se diriger dans l'air. La perfection du mécanisme qui faisait agir cet oiseau était telle, qu'on le vit aller à la rencontre de l'empereur, lors de son entrée à Ratisbonne, et revenir jusqu'à la ville en planant au-dessus de sa tête. L'autre automate était une mouche de fer, que Regiomontanus s'amusait souvent à laisser s'envoler lorsqu'il était assis à une table nombreuse, qui faisait le tour de la chambre en bourdonnant à l'oreille des convives et revenait se poser sur sa main. On comprend l'homme-automate marchant par des moyens mécaniques ; on croirait peut-être à l'histoire de l'aigle, si l'écrivain auquel on en doit le récit ne lui prêtait l'intelligence d'aller se placer au-dessus de la tête de l'empereur ; mais le phénomène de cette mouche de fer ne saurait être admis que par des gens doués d'une crédulité robuste.

« Aulu-Gelle nous apprend qu'Architas avait construit un pigeon de bois qui pouvait voler au moyen d'une puissance cachée, par laquelle il contre-balançait la force d'attraction qui tendait à le rapprocher de la terre.

« Une opinion fortement accréditée attribue aussi à Roger Bacon la création d'une tête d'airain qui parlait, et qui même avait le don de prophétiser. L'historien Macyer nous apprend que, suivant le sentiment public, ce moine illustre et son frère de religion, Thomas Bungey, travaillèrent sept ans à forger cette tête pour savoir d'elle s'il n'y aurait pas moyen d'entourer toute l'Angleterre d'un gros mur. Le naïf écrivain ajoute qu'ils ne purent pas bien saisir la réponse de l'oracle, parce que, n'étant pas préparés à la recevoir si tôt, ils s'étaient occupés d'autre chose que de prêter l'oreille à son discours. Quoi qu'il en soit, il est certain que Roger Bacon passait pour communiquer avec les puissances occultes, et que dans des comédies on l'a souvent représenté comme un grand magicien. Sa tête d'airain était probablement, ainsi que l'androïde d'Albert le Grand, une pièce de mécanique ingénieusement conçue.

« Il paraît que la construction des automates fut négligée pendant une longue période de temps, et que le goût de ces sortes de machines s'éteignit insensiblement, car on n'en voit point de cités depuis le xv° jusqu'au xviii° siècle. Les plus célèbres de cette époque furent ceux imaginés par Vaucanson. On ne saurait nier que le joueur de flûte de ce dernier ne fût une création dans la pratique des arts mécaniques. La description qu'il en fit à l'académie des sciences de Paris, dans le courant de l'année 1738, reçut de ce corps savant une éclatante approbation, et les expositions publiques, où il parut, eurent du retentissement dans toute l'Europe. La grandeur de la figure était de cinq pieds et demi environ : elle était assise sur un fragment de rocher supporté par un piédestal carré de quatre pieds et demi de haut sur trois et demi de large. Au moyen d'un mécanisme dont la description serait trop étendue, l'automate jouait douze airs différents en donnant au son toutes les variétés de force et de douceur, ainsi qu'eût pu le faire un habile artiste. Six soufflets marchant alternativement envoyaient l'air à un réservoir commun d'où il était poussé par un tube jusqu'aux lèvres sur lesquelles était appuyée l'embouchure de la flûte. Les doigts, mus par un mécanisme ingénieux, ouvraient et fermaient les trous de l'instrument avec une précision parfaite et suivant qu'il fallait produire tel ou tel son. L'inventeur de cette belle machine était fort jeune lorsqu'il en conçut le plan ; elle fut imaginée tout d'un jet et exécutée sans changement notable, tant ses différentes parties avaient été bien ordonnées. Le jour où Vaucanson l'essaya pour la première fois, son domestique pensa perdre la tête dès les premiers sons qu'elle fit entendre, et lui sauta au cou en pleurant, lui-même ne put retenir ses larmes.

« Le second automate de Vaucanson fut une figure habillée en berger d'opéra, qui jouait une vingtaine d'airs, de menuets, de rigodons et de contredanses. On pensait généralement que les obstacles avaient été moindres pour cette mécanique que pour celle du joueur de flûte, mais il paraît au contraire qu'ils furent si grands, que Vaucanson fut mainte fois sur le point de l'abandonner. L'automate soufflait dans un flageolet provençal, tout en frappant, au moyen d'une baguette, sur un tambourin de Marseille. Ce flageolet provençal, instrument ingrat s'il en fut, n'était percé que de trois trous ; il fatiguait excessivement le musicien, parce qu'il nécessitait une dépense de souffle très-considérable. On jugera de la difficulté qu'il y avait eu à faire la division exacte de l'émission du vent pour chaque note, lorsqu'on saura que les muscles de la poitrine faisaient un effort égal à un poids de cinquante-six livres pour faire sonner le *si* d'en haut, tandisqu'une force *d'une once* suffisait pour la note la plus grave. L'instrument n'étant supportable que dans les mouvements rapides, il fallait que l'automate jouât tous les airs en doubles croches et qu'il donnât un coup de langue à chaque note ; et l'on doit dire qu'en cela il était plus habile que la plupart des musiciens de chair et d'os. Ce n'est pas tout encore. Il frappait en même temps sur son tambour des coups alternativement simples et doubles, variés suivant les airs.

« Tout le monde a entendu parler d'un autre automate construit par Vaucanson ; c'est le canard qui exécutait tous les mouvements d'un hôte de la basse-cour avec la vérité de la nature même. On le voyait se lever sur les pattes, allonger le cou pour saisir le grain qu'on lui présentait, et l'avaler, en y mettant tous les gestes d'un oiseau qui mange avec précipitation, puis rendre la nourriture par les voies naturelles, après lui avoir fait subir une sorte de trituration. Il buvait ensuite, barbotait dans l'eau, et faisait entendre un cri très-bien imité. Toute la machine fonctionnait sans qu'on la touchât, et après avoir été montée une seule fois. »

Nous avons parlé des frères Droz.

« L'abbé Mical, homme savant et ingénieux, exécuta deux têtes de bronze qui prononçaient des mots et même des phrases entières. Leur mécanisme se composait de deux claviers, l'un en forme de cylindre par lequel on n'obtenait qu'un nombre déterminé de phrases, mais qui indiquait clairement les intervalles des mots et leur prosodie ; l'autre clavier contenait tous les sons et toutes les inflexions de la langue française, réduits à un petit nombre par une méthode particulière à l'auteur. Avec un peu d'habitude, on eût parlé avec les doigts comme avec la langue ; mais le gouvernement, sur le rapport du lieutenant de police, M. Lenoir, ayant refusé d'acheter les têtes parlantes de l'abbé Mical, ce malheureux artiste, accablé de dettes, brisa son chef-d'œuvre, et mourut pauvre, en 1789.

« Rivarol, dans une des notes de son *Discours sur l'universalité de la langue française*, observe qu'une pareille machine pourrait servir à retracer aux siècles futurs l'accent et la prononciation d'une langue vivante, qui tôt ou tard finissent par s'altérer ou se perdre absolument, ainsi qu'il est arrivé du grec et du latin, auxquels Démosthènes et Cicéron ne comprendraient rien à coup sûr, en nous entendant parler ces langues. Si l'abbé Mical était allé jusqu'à faire prononcer purement des phrases entières par ses têtes de bronze, il est permis de croire qu'en poussant un peu plus loin ses recherches, il eût pu former un automate chantant. On se figure aisément quels auraient été les avantages de cette invention ; ils sont de la même nature que ceux dont Rivarol fait une application à la langue.

« Le baron de Kempelen, auteur d'un excellent ouvrage sur le mécanisme de la parole, et du fameux automate joueur d'échecs, que l'on vit à Paris, vers la fin du XVIIIe siècle, fut conduit par ses recherches à la construction d'un machine parlante, susceptible d'être appliquée indifféremment aux langues latine, française et italienne. Il a laissé une explication de sa mécanique, et assure qu'en moins de trois semaines, on pouvait apprendre à la faire parler couramment, au moyen du clavier. Il faisait prononcer sur-le-champ chaque mot qu'on lui demandait ; mais il avance qu'il ne pouvait pas dépasser les phrases d'une certaine longueur, comme par exemple celles-ci : *Vous êtes mon ami*, — *Je vous aime de tout mon cœur*, ou, en latin : *Leopoldus secundus*, — *Romanorum imperator ;* — *semper augustus*. Cependant, comme d'après ce qu'il dit, la difficulté ne venait que de la petite quantité de vent fournie par le soufflet, il était facile de la faire disparaître. Depuis longtemps déjà, le célèbre Euler avait annoncé l'importance et la possibilité d'une semblable machine.

« La machine parlante de M. de Kempelen avait la forme d'une petite caisse de la grandeur d'une cage moyenne : l'inventeur se proposait de lui donner, après l'avoir perfectionnée, celle d'un enfant de six à sept ans, parce que les sons qu'elle rendait ressemblaient à la voix d'un enfant de cet âge. Cette voix était douce et agréable ; il n'y avait que l'R qu'elle prononçât en grasseyant et avec un certain ronflement pénible. Lorsqu'on n'avait pas bien compris sa réponse, elle la répétait, mais sur le ton d'une impatience enfantine.

« Nous avons dit que l'inventeur de la machine parlante avait également construit l'automate joueur d'échecs, qu'il fit voir à Paris, à la fin du siècle dernier. La création de cette mécanique prodigieuse fut en quelque sorte due au hasard. Le baron de Kempelen, gentilhomme hongrois et conseiller aulique de la chambre royale des domaines de Hongrie, se trouvant à Vienne, fut appelé à la cour, pour assister à une séance de jeux magnétiques qu'un Français, nommé Pelletier, devait donner devant l'impératrice. Il était connu comme amateur ingénieux de mécanique, et les personnes présentes lui ayant demandé son opinion sur les expériences auxquelles il assistait, il lui arriva de dire qu'il se croyait en état de faire une machine beaucoup plus étonnante que tout ce qu'on venait de voir. L'impératrice, qui l'avait entendu, le prit au mot et lui exprima le désir qu'il se mît à l'œuvre. En moins de six mois, M. de Kempelen avait entièrement exécuté son joueur d'échecs. On chercha vainement à découvrir son secret en Allemagne, et les mécaniciens de Paris ne furent pas plus heureux.

« L'automate de M. de Kempelen était un

personnage de grandeur naturelle, habillé à la turque, et assis sur une chaise de bois, fixée à une armoire de trois pieds et demi de large sur deux et demi de haut. L'inventeur ouvrait cette armoire, et montrait les rouages, cylindres et leviers dont se composait le mécanisme; il détachait ensuite les vêtements de l'automate dont le corps était également rempli par des pièces d'horlogerie. Ensuite les portes de l'armoire étaient refermées, les vêtements remis en place, et la partie d'échec s'engageait avec le premier venu. Comme le moment où Mesmer donnait à Paris des épreuves publiques de sa science, on ne manqua pas d'attribuer au magnétisme ce nouveau prodige. Combien de curieux auraient cessé de s'étonner, s'ils avaient su qu'en dépit du soin qu'ils avaient mis à bien examiner, un homme se trouvait caché dans l'armoire qui servait de piédestal à la figure! Cependant la machine en était-elle moins admirable? Comment supposer, avec un peu de réflexion, qu'une combinaison de ressorts, quelque ingénieuse qu'elle soit, pût produire l'intelligence? N'était-ce point assez que la mécanique exécutât environ quinze cents mouvements différents, sans confusion, sans embarras et avec l'apparence d'une extrême facilité? Le joueur, caché dans le piédestal, déterminait les coups, mais l'automate les exécutait, et cela suffisait pour la gloire du baron de Kempelen.

« Maelzel, artiste très-habile, montra en même temps un trompette-automate, non moins extraordinaire que le joueur d'échecs. Cette figure était établie sur de plus petites proportions; elle n'avait guère que deux pieds et demi de haut. Au premier abord, en lui entendant exécuter des fanfares sur une trompette proportionnée à sa taille, on n'imaginait pas de quelle complication de ressorts elle était le résultat. Il semblait qu'une fois l'embouchure prise, il n'était pas aussi difficile de souffler dans un instrument de cuivre que de fermer et d'ouvrir alternativement avec les doigts les trous de la flûte. En y réfléchissant, on voit que les obstacles ont dû être au contraire beaucoup plus difficiles à surmonter. Ce n'est pas le plus ou moins d'air introduit par l'embouchure d'un cor ou d'une trompette qui fait monter ou baisser l'intonation, c'est par la position des lèvres que sont déterminées les modifications de la gamme. On voit qu'une prodigieuse rectitude dans les ressorts qui réglaient les mouvements de la bouche était nécessaire pour obtenir invariablement l'intonation voulue.

« Un autre automate de Maelzel fut exposé avec le trompette et le joueur d'échecs. C'était un danseur de cordes haut de deux pieds, qui exécutait dans leur vérité absolue tous les mouvements d'un acrobate exercé. Il s'enlevait, retombait dans des positions variées, se pendait par les pieds, etc. Un tube flexible, de la grosseur d'une plume, était attaché à ses reins; c'était le seul point par lequel il tînt à la machine. On ne pouvait

(1) Traduit en français par la *Revue Britannique*.

donc chercher ailleurs que dans cet espace infiniment petit le mécanisme qui le faisait fonctionner.

« Bruxelles a vu fonctionner, il y a dix ans, un automate joueur de clarinette. L'inventeur de ce nouvel androïde est M. Van Oeckelen, facteur d'instruments de Breda, qui a passé deux années à le concevoir et à l'exécuter.

« L'androïde hollandais ne le cède point à ses confrères d'Allemagne et de France. Les difficultés d'une pareille construction ont été vaincues chez lui, et l'ensemble qu'il présente est très-satisfaisant. Les doigts ont à exécuter des mouvements compliqués; ils doivent non-seulement se lever et s'abaisser, mais aussi se porter de haut en bas et de bas en haut, pour saisir les clefs qui sont au nombre de seize, et qui, au moyen d'un mécanisme particulier, donnent trente-deux notes. Il porte l'instrument à sa bouche, lorsqu'il doit jouer, et le quitte dans les ritournelles; il se penche, remue les bras, la tête et les yeux, sans trop de roideur. Nous ne lui reprocherons qu'une chose, c'est de ne pas jouer de la clarinette ainsi qu'il l'annonce ou du moins qu'on l'annonce pour lui. Il tient à la vérité un instrument qui ressemble assez à celui-ci; mais la nature du son fait immédiatement connaître qu'il renferme de petites lames métalliques, dans le genre de celles dont se compose la gamme des *accordéons*. On comprend que la difficulté n'était pas la même. Pour mettre en vibration l'anche de la clarinette, il est nécessaire de bien régler l'emploi des lèvres qui doivent appuyer ou moins ou plus, suivant que l'intonation s'élève ou descend, ou seulement d'après le degré d'intensité du son. Au lieu de cela, un souffle continu, régulier, suffit pour faire résonner les lames métalliques. La machine n'en est pas moins fort intéressante; elle nécessite, telle qu'elle est, l'emploi de procédés mécaniques assez ingénieux pour que son auteur puisse en tirer vanité. »

Il y a aussi des merveilles de mécanique qu'on a attribuées à la magie blanche, laquelle, il est vrai, ne consiste guère qu'en choses d'adresse.

« Pendant mon séjour en Sicile, dit un rédacteur du *Métropolitan* (1), j'eus occasion de connaître un personnage singulier; il se nommait Calabressa: nez pointu, menton allongé, ventre énorme, physionomie mobile, contorsions variées, c'était une figure toute sicilienne. Il ne savait rien, il parlait de tout; il était bon, complaisant, spirituel.

« Excellence, me disait-il un soir, voici les ruines d'une tour de Sarrasins. Vous savez que les Musulmans ont occupé la Sicile; c'est ici qu'on a découvert les ossements des géants.

« Rien n'est plus bizarre dans le monde que le contraste des beautés de la nature et d'un personnage grotesque. Cette contradiction commença par me choquer. Je m'y habituai ensuite.

« Vous n'avez plus de roman, me disait-il

un autre jour, vous autres peuples d'industrie bien réglée et de commerce attentif. Ce que les peuples civilisés nomment roman, ce qui les amuse et leur plaît sous ce titre, grands coups d'épée, bizarres déguisements, comiques inventions, aventures extraordinaires, extravagances surnaturelles, tout cela est la vie même des peuples sauvages ou à-demi civilisés. Grâce à Dieu, le cordeau de votre civilisation rectiligne n'a pas encore tout nivelé; nous ne vivons pas tous encore comme des castors dans nos tanières, et le pittoresque, l'émotion, l'étrangeté, l'élan des passions, la nouveauté des couleurs, ne sont pas bannis du monde. Lorsque toutes les rues et toutes les villes du globe seront soumises à un alignement inexorable, quand le cadastre de l'humanité sera fait et accompli, quand l'univers ne sera plus qu'une vaste maison de commerce, lorsque l'on aura détruit, pour en faire des moellons, les vieux clochers de Westminster et les vieilles maisons chancelantes de Cologne, d'Augsbourg, de Wittemberg, je ne sais si les hommes dormiront plus doucement, si la somme de leurs jouissances sera augmentée; mais le poète et le peintre n'auront plus qu'à renoncer à ce qui fait leur vie, aux premiers éléments du génie et de l'art.

« Quant à moi, ajoutait-il, dans mes longues excursions à travers ce globe dont toutes les latitudes me sont connues, si j'ai recueilli quelques souvenirs qui m'amusent encore, je les dois à l'Italie endormie, à l'Espagne enfiévrée, au Mexique livré à ses éternelles fureurs politiques. La Sicile où nous sommes, par exemple, est un des pays du monde les plus remarquables, même aujourd'hui, par l'originalité des mœurs et des actions.

« A Palerme, il y a peu d'années, un marquis voulut donner à sa sœur, qui venait d'épouser le prince de V..., une fête splendide. Le frère était mécontent du prince qui, ayant reçu de sa fiancée une dot considérable, avait trompé la famille par les dehors d'une fortune plus brillante que réelle. Quelle vengeance tirer de cette duperie? Le marquis, homme fort original, imagina de transformer le repas et le bal en une longue mystification, d'assez mauvais goût, si l'on veut, mais étrangement dramatique.

« Le palais du marquis resplendissait de lumières, des orangers en fleurs étaient placés sur les degrés, on voyait dans le vestibule une longue file de domestiques, revêtus de costumes brillants, tenant des torches allumées : l'encens des fleurs et des parfums circulait sous les voûtes de marbre. Cet enchantement ne tarda pas à disparaître et à faire place à une magie funèbre. Les domestiques, armés de leurs flambeaux, s'évanouirent, et un rideau, qui retomba devant eux, n'offrit aux regards surpris des assistants qu'une fantasmagorie lugubre. C'étaient des personnages étranges, dont une illusion d'optique simulait la vie : Cupidon, assis sur un coffre-fort qui lui servait de char, le portrait en caricature du noble prince, une série de scènes qui rappelaient la danse des morts, et quelques figures singulières qui offraient les ressemblances burlesques des personnages les plus connus de Palerme. Il fallait voir l'étonnement des femmes, leur effroi, la colère de certains seigneurs qui ne pouvaient échapper à leur propre image. Le rideau se releva, et la voûte s'éclaira de nouveau. Autre changement de décoration : une lumière azurée se répand au loin ; des gazes transparentes laissent apercevoir une perspective aérienne de groupes nuageux ; que le propriétaire habile avait empruntés à l'Opéra palermitain ; une foule d'amours vêtus de leur nudité classique rappellent les fantaisies de la mythologie païenne. Un peuple de nymphes accueille la fiancée, un char couvert de fleurs, ombragé de pampres, la reçoit comme une triomphatrice ; elle s'avance ainsi, escortée d'un essaim de petits enfants qui sèment des roses. C'était un tableau de Boucher.

« Le bal s'ouvrit dans la grande salle, sous ces riants auspices. Une dépense extraordinaire et qui avait absorbé plusieurs années du revenu du marquis pouvait seule expliquer ces bizarres et magnifiques folies. On n'apercevait pas les bougies qui éclairaient le salon circulaire, théâtre du bal : cachées dans l'intérieur des colonnes de cristal qui soutenaient le plafond, elles versaient une lueur magique sur les groupes. Puis tout à coup, comme si le mystificateur eût voulu faire succéder la triste réalité à l'illusion riante, et les spectacles les plus disgracieux aux scènes joyeuses, tout le parquet s'abaissa à la fois, à un seul signal, au milieu du fracas, des gémissements, des murmures, qui émanaient des instruments de cuivre et des instruments de percussion : on vit descendre les danseurs effrayés dans un obscur caveau, où le même artifice avait simulé les forges de Vulcain. Là, le fer retentissait sous le marteau, les Cyclopes bronzés faisaient mugir le soufflet gigantesque, Vulcain lui-même, athlète difforme, saisissait de ses mains nerveuses les ardentes tenailles ; les femmes effrayées poussaient des cris ; mais toutes les issues étaient fermées, et quelques minutes après l'exécution de ce changement à vue, une évolution nouvelle vint calmer le mécontentement des convives. Les compagnons de Vulcain s'éclipsent, le sol s'exhausse, la salle souterraine et ceux qui l'occupent se trouvent emportés doucement jusqu'à une galerie supérieure, ombragée de ces immenses vignes siciliennes, dont les pampres servent de rideaux transparents. On s'assit autour des tables disposées sur la terrasse. Le repas était servi avec élégance ; déjà l'on pardonnait à l'hôte le caprice de ces transformations. Les mets les plus rares et les plus exquis couvraient les tables de marbre : tous les sens étaient flattés, et le sourire renaissait sur les lèvres. Lorsqu'il fut question d'attaquer chacun des plats, la bonne humeur et l'espérance se transformèrent en étonnement. Un superbe pâté, auquel le couteau commençait à faire une profonde blessure, effraya les convives par une explosion semblable à celle d'un coup de pistolet; puis se réduisit à rien. Une gelée, dont la couleur appétissante avait conquis l'admiration générale, prit feu et se dévora elle-même, lorsque la cuiller essaya de l'entamer. Une jeune personne, qui trouvait dans sa surprise une cause de gaîté pétulante, voulut saisir une pêche dont le coloris la séduisait. Cette pêche était creuse; elle en vit sortir ce reptile innocent, le lézard, qui a conservé le droit d'épouvanter un si grand nombre de femmes. Au beau milieu de la table, un immense édifice de pâtisserie répandait au loin un fumet délicieux, qui semblait attester sa réalité. A peine une de ses murailles fut-elle démolie, une volée de petits oiseaux, que l'on avait enfermés dans cette singulière cage, s'échappa en battant des ailes.

« Longue serait l'énumération de toutes les subtilités de magie blanche que le maître de la maison avait inventées pour désappointer ses convives; quelques-uns de ces tours étaient barbares. La plupart des pièces de volailles, dont le couteau ou la fourchette sollicitaient les flancs, et qui, couvertes de la gelée ou de la sauce convenables, paraissaient bien mortes, étaient vivantes. Le pauvre animal, qui se sentait blessé, poussait un faible cri, se débattait, sautillait sur la table avec effort, et de ses ailes étendues, qu'il agitait dans sa douleur, faisait voler sur les convives l'assaisonnement qui lui avait servi de cuirasse. Un narcotique, sans doute quelques gouttes d'opium, l'avait plongé dans cet état de stupeur; et de légers ligaments l'avaient maintenu sur le plat qui le contenait. A ce repas illusoire succéda un repas véritable qui dédommagea un peu les convives, sans faire oublier aux hommes leurs manchettes souillées, aux femmes leurs parures flétries. On avait fini par accepter une mystification qui s'était présentée sous tant de formes diverses, et par s'attacher à la curiosité du spectacle. On vit apparaître tour à tour ce que les illusions d'optique peuvent créer de monstres effroyables et de riantes chimères. Il y eut un moment où toutes les femmes apparurent livides comme des cadavres; un autre, où chacune d'elles se trouva parée tout à coup d'une couronne et d'un bouquet de fleurs magnifiques. »

Ces plaisanteries excentriques se terminèrent mal. Le lendemain matin, le marquis reçut une douzaine de provocations. Il crut devoir y répondre et fut tué au troisième duel. *Voy.* ENCHANTEMENTS.

MACHLYES, peuple fabuleux d'Afrique, que Pline prétend avoir eu les deux sexes et deux mamelles, la droite semblable à celle d'un homme, et la gauche à celle d'une femme.

MACREUSES, oiseaux de la famille des canards, qui sont très-communs sur les côtes d'Angleterre, d'Ecosse et d'Irlande.

Ils ont été le sujet de bien des contes. Plusieurs auteurs ont assuré que ces oiseaux sont produits sans œufs : les uns les font venir des coquilles qui se trouvent dans la mer; d'autres ont avancé qu'il y a des arbres semblables à des saules, dont le fruit se change en macreuses, et que les feuilles de ces arbres qui tombent sur la terre produisent des oiseaux, pendant que celles qui tombent dans l'eau deviennent des poissons.

Il est surprenant, dit le P. Lebrun, que ces pauvretés aient été si souvent répétées, quoique divers auteurs aient remarqué et assuré que les macreuses étaient engendrées de la même manière que les autres oiseaux. Albert le Grand l'avait déclaré en termes précis; et depuis un voyageur a trouvé, au nord de l'Ecosse, de grandes troupes de macreuses et les œufs qu'elles devaient couver, dont il mangea.

« Il n'y a pas trois ans qu'un journal de Normandie nous racontait sérieusement, dit M. Salgues (1), qu'on venait de pêcher, sur les côtes de Granville, un mât de vaisseau qui dormait depuis plus de vingt ans sous les eaux; que l'on fut fort étonné de le trouver enveloppé d'une espèce de poisson fort singulier, que les Normands nomment *bernacle* ou *bernache*. Or, ce bernache ou bernacle est un long boyau rempli d'eau jaunâtre, au bout duquel se trouve une coquille qui renferme un oiseau, lequel produit une macreuse. Cette absurde nouvelle se répandit, et les Parisiens, ajoute M. Salgues, furent bien étonnés d'apprendre qu'il y avait des oies qui naissaient au bout d'un boyau, dans une petite coquille. »

Johnston, dans sa *Thaumatographie naturelle*, rapporte que les macreuses se forment dans le bois pourri, que le bois pourri se change en ver et le ver en oiseau.

Boëtius est celui dont l'autorité lui paraît la plus imposante. Or ce savant rapporte qu'en 1490 on pêcha sur les côtes d'Ecosse une pièce de bois pourri, qu'on l'ouvrit en la présence du seigneur du lieu, et qu'on y trouva une quantité énorme de vers; mais ce qui surprit singulièrement l'honorable baronnet et les spectateurs, c'est que plusieurs de ces vers commençaient à prendre la forme d'oiseau, que les uns avaient des plumes, et que les autres étaient encore tout rouges. Ce phénomène parut si étonnant, que l'on déposa la pièce de bois dans l'église voisine, où elle fut conservée. Boëtius ajoute à ce conte, et pour le faire tenir debout, qu'il fut lui-même témoin d'un prodige semblable; que le ministre d'une paroisse voisine des bords de la mer ayant pêché une grande quantité d'algues et de roseaux, il aperçut, à l'extrémité de leurs racines des coquillages singuliers, qu'il les ouvrit et y trouva au lieu de poissons des oiseaux. L'auteur assure que le pasteur lui fit part de cette merveille, et il repète qu'il fut lui-même témoin de la vérité du fait.....

---

(1) Des Erreurs et des préjugés, t. Ier, p. 448.

MACRODOR, médecin écossais dont voici l'aventure : « En l'année 1574, un nommé Trois-Rieux s'obligea envers un médecin écossais, nommé Macrodor (tous deux habitants de Bordeaux), de lui servir de démon après sa mort ; c'est-à-dire que son esprit viendrait lui obéir en toutes choses et lui faire connaître ce qui était caché aux hommes. Pour parvenir à ces fins, ils signèrent un pacte en lettres de sang sur un parchemin vierge.

« Ce Macrodor était regardé comme sorcier et magicien ; il eut une fin misérable, ainsi que toute sa famille. On surprit chez lui l'obligation que nous venons de mentionner, avec une platine de cuivre ronde, de médiocre grandeur, sur laquelle étaient gravés les sept noms de Dieu, sept anges, sept planètes et plusieurs autres figures, caractères, lignes, points, tous inconnus (1). »

MACZOCHA. Un jeune écrivain (2) a rapporté sur ce gouffre une tradition polonaise que nous transcrivons ici.

Du temps des Hussites, un brigand nommé Obesslik se rendit à la justice qui le poursuivait depuis longtemps, mais il se rendit à condition qu'on épargnât son sang. Il fut donc condamné à mourir de faim et descendu dans le gouffre de Maczocha avec une cruche d'eau et un seul pain. Le pain fut bientôt dévoré, la cruche d'eau bientôt vidée. Alors commença pour lui cette horrible agonie dont on peut se faire une idée après avoir lu l'épisode d'Ugolin dans le Dante. La mort lente s'approchait avec le désespoir, lorsque tout à coup le condamné entendit un sifflement étrange dans l'air et vit, en levant les yeux, un dragon ailé qui plongea à grands coups d'aile dans le précipice. Obesslik, qu'épouvantait l'idée que ce dragon le dévorerait, ramassa le reste de ses forces, se recula dans une crevasse de la paroi, prit une pierre et la jeta vers le dragon qui fut atteint, sous le ventre, au seul endroit qui n'était pas protégé par des écailles comme tout le reste de son corps. Un sang noir sortit de la blessure du monstre qui s'abattit sur une saillie du cratère où il se reposa quelque temps ; une demi-heure s'écoula ainsi, et, quand il eut repris quelques forces par le repos, il se releva et sortit. Ainsi délivré de son hôte monstrueux, Obesslik pensa ceci :

Ne pourrais-je pas me sauver par son secours, s'il revenait ?

Le lendemain, à la même heure, le dragon redescendit dans le gouffre et se mit à fouiller la vase avec son bec immense pour y chercher des vipères d'eau dont il se nourrissait. Obesslik se glissa derrière lui et se plaça sur son dos écaillé. Quand le monstre se fut bien repu, il reprit son vol sans s'apercevoir qu'un homme était placé sur son dos et sortit du précipice. Il s'éleva bien haut dans l'air, portant toujours son cavalier qui attendait un moment favorable pour descendre de son étrange coursier. Ses ailes bruissaient dans le vent ; et il s'abattit dans une forêt voisine où il se coucha sous un grand chêne et s'endormit.

Obesslik sauvé reprit son ancien métier de dévaliseur, et plus d'une fois l'effroi se répandit dans la contrée au récit des crimes de celui que l'on croyait mort dans la Maczocha. Les montagnes de Hradi étaient surtout le théâtre de ses sanguinaires exploits. Mais il fut repris et décapité à Olmütz.

MAGARES, sorciers de Mingrélie, fort redoutés des gens du pays, parce qu'ils nouaient l'aiguillette. Aussi la cérémonie du mariage, en ce pays, se faisait toujours en secret, et sans qu'on en sût le jour, de peur que ces prétendus sorciers ne jetassent quelques sortilèges fâcheux sur les époux.

MAGES, sectateurs de Zoroastre, adorateurs du feu et grands magiciens. C'est d'eux, disent les démonomanes, que la magie ou science des mages tire son nom. Ils prêchaient la métempsychose astronomique ; c'est-à-dire que, selon leur doctrine, les âmes, au sortir de ce monde, allaient habiter successivement toutes les planètes avant de revenir sur la terre.

MAGIE ET MAGICIENS. La magie est l'art de produire dans la nature des choses au-dessus du pouvoir des hommes, par le secours des démons, ou en employant certaines cérémonies que la religion interdit. Celui qui exerce cet art est appelé magicien. On distingue la magie noire, la magie naturelle, la cœlestialis, c'est-à-dire l'astrologie judiciaire, et la cæremonialis ; cette dernière consiste dans l'invocation des démons, en conséquence d'un pacte formel ou tacite fait avec les puissances infernales. Ses diverses branches sont la cabale, l'enchantement, le sortilége, l'évocation des morts et des esprits malfaisants, la découverte des trésors cachés et des plus grands secrets ; la divination, le don de prophétie, celui de guérir par des termes magiques et par des pratiques mystérieuses les maladies les plus opiniâtres, de préserver de tous maux, de tous dangers, au moyen d'amulettes, de talismans ; la fréquentation du sabbat, etc.

La magie naturelle, selon les démonographes, est l'art de connaître l'avenir et de produire des effets merveilleux par des moyens naturels, mais au-dessus de la portée du commun des hommes. La magie artificielle est l'art de fasciner les yeux et d'étonner les hommes, ou par des automates, ou par des escamotages, ou par des tours de physique. La magie blanche est l'art de faire des opérations surprenantes par l'évocation des bons anges, ou simplement par adresse et sans aucune évocation. Dans le premier cas, on prétend que Salomon en est l'inventeur ; dans le second, la magie blanche est la même chose que la magie naturelle, confondue avec la magie artificielle. La magie noire ou diabolique, enseignée par le diable,

---

(1) Delancre, Tableau de l'inconstance des dém., etc. liv. II, p. 174.

(2) M. Henri Van Hasselt

et pratiquée sous son influence, est l'art de commercer avec les démons, en conséquence d'un pacte fait avec eux, et de se servir de leur ministère pour faire des choses au-dessus de la nature. C'est de cette magie que sont accusés ceux qu'on appelle proprement magiciens. Cham en a été, dit-on, l'inventeur ou plutôt le conservateur; car Dieu n'envoya le déluge, disent les démonomanes, que pour nettoyer la terre des magiciens et des sorciers qui la souillaient. Cham enseigna la magie et la sorcellerie à son fils Misraïm, qui, pour les grandes merveilles qu'il faisait, fut appelé Zoroastre. On a dit qu'il avait composé cent mille vers sur ce sujet, et qu'il fut emporté par le diable en présence de ses disciples.

Il n'est pas nécessaire d'établir ici la vérité des faits rapportés dans l'Ecriture sainte sur la magie et les magiciens. Ils ne sont contestés que par la mauvaise foi des incrédules qui ont leur parti pris de nier. C'est plus tôt fait. Tous les peuples ont reconnu l'existence de la magie, et les plus forts des esprits forts ne la nieront pas, s'ils ont vu quelques-unes des merveilles du magnétisme. Nous ne parlons ici que des faits et non de la manière de les interpréter. Et puis on a attribué à cet art noir bien des accidents qui n'en ont pas été le produit; aussi il est constant que les écrivains des siècles passés ont entouré les historiens magiques d'une crédulité trop étendue. La magie, disent-ils, donne à ceux qui la possèdent une puissance à laquelle rien ne peut résister : d'un coup de baguette, d'un mot, d'un signe, ils bouleversent les éléments, changent l'ordre immuable de la nature, livrent le monde aux puissances infernales, déchaînent les tempêtes, les vents et les orages; en un mot, font le froid et le chaud. Les magiciens et sorciers, dit Vecker, sont portés par l'air d'un très-léger mouvement, vont où ils veulent, et cheminent sur les eaux, comme Oddon le pirate, lequel voltigeait çà et là en haute mer, sans esquif ni navire.....

On conte qu'un magicien coupa la tête d'un valet en présence de plusieurs personnes qu'il voulait divertir; toutefois il coupait cette tête avec le dessein de la remettre; mais pendant qu'il se disposait à la rétablir, il vit un autre magicien qui s'obstinait à le contrecarrer, quelque prière qu'il lui adressât; il fit naître tout d'un coup un lis sur une table, et en ayant abattu la tête, son ennemi tomba par terre sans tête et sans vie. Puis il rétablit celle du valet, et s'enfuit.

Mais voici un fait moins grotesque : Les habitants d'Hamel sur le Wéser, en basse Saxe, étant, en l'année 1284, tourmentés d'une quantité surprenante de rats et de souris, jusque-là qu'il ne leur restait pas un grain qui ne fût endommagé, et plusieurs d'entre eux songeant aux moyens de se délivrer de ce fléau, il apparut tout d'un coup, au milieu de la ville, un homme étranger, d'une taille extraordinaire, qui entreprit, moyennant une somme d'argent dont on convint, de chasser sur l'heure toutes les souris hors du territoire. Après que le marché fut conclu, il tira une flûte de sa gibecière et se mit à en jouer. Tous les rats aussitôt, qui se trouvaient dans les maisons, sous les toits, dans les planchers, sortirent par bandes, en plein jour, et suivirent le joueur de flûte jusqu'au Wéser, où ayant relevé ses habits il entra dans la rivière, et les rats qu'il entraînait s'y noyèrent. Lorsqu'il eut ainsi exécuté sa promesse, il vint demander l'argent dont on était convenu avec lui; mais il ne trouva plus les bourgeois dans la disposition de le lui compter. Cette mauvaise foi le rendit furieux ; il les menaça d'une vengeance terrible s'ils ne le satisfaisaient sur-le-champ. Les stupides bourgeois se moquèrent de lui et de ses menaces. Mais, le lendemain, le magicien reparut, avec une mine effrayante, sous la figure d'un chasseur; il avait un chapeau de pourpre sur la tête. Il joua d'une autre flûte différente de la première, et tous les enfants de la ville, depuis quatre ans jusqu'à douze, le suivirent spontanément. Il les mena dans une caverne, sous une montagne qui est hors de la ville, sans que depuis ce temps-là on en ait jamais revu un seul, et sans qu'on ait pu apprendre ce que tous ces enfants étaient devenus. Depuis cette surprenante aventure, on a pris, dans Hamel, la coutume de compter les années *depuis la sortie des enfants*, en mémoire de ceux qui furent perdus de cette manière; et d'un autre côté les annales transylvaines disent que, vers ce temps-là, il arriva en Transylvanie quelques enfants dont on n'entendait pas la langue, et que ces enfants s'y étant établis y perpétuèrent aussi leur langage, tellement qu'encore aujourd'hui on y parle allemand-saxon. La première preuve de cette histoire singulière, qu'on n'a pu expliquer, consiste dans la vitre d'une église d'Hamel, sur laquelle elle est peinte, avec quelques lettres que le temps n'a pas encore effacées. La seconde preuve était sur la porte appelée la Neuve, où l'on voyait des vers latins qui apprenaient qu'en 1284, un magicien avait enlevé aux habitants cent trente enfants, et les avait emmenés sous le mont Coppenberg.

Mouchemberg, dans la suite de l'Argenis, raconte les aventures bizarres du magicien Lexilis. Ce magicien ayant été mis en prison par ordre du souverain de Tunis (le fait a eu lieu quelque temps avant la splendeur de Rome, et quoique roman il expose des idées reçues il y a deux cents ans), il arriva dans ces entrefaites une chose étrange au fils du geôlier de la prison où Lexilis était détenu. Ce jeune homme venait de se marier, et les parents célébraient les noces hors de la ville. Le soir venu, on joua au ballon. Pour avoir la main plus libre, le jeune marié ôta de son doigt l'anneau nuptial; il le mit au doigt d'une statue qui était près de là. Après avoir bien joué, il retourne vers la statue pour reprendre son anneau; mais la main s'était fermée, et il lui fut impossible de le retirer. Ce fait se retrouve dans plusieurs légendes du moyen âge. Le jeune homme ne dit rien d'un tel prodige; mais quand tout le monde fut rentré dans la ville, il revint seul devant la statue, trouva la main ouverte et étendue comme auparavant, toutefois sans la bague qu'il y avait laissée. Ce second événement le jeta dans une grande surprise. Il n'en alla pas moins rejoindre sa famille. Mais il voulut inutilement se rapprocher de sa femme. Un corps solide se plaçait continuellement devant lui. « C'est moi que tu dois embrasser, lui dit-on enfin, puisque tu m'as épousée aujourd'hui : je suis la statue au doigt de laquelle tu as mis ton anneau. » Le jeune époux effrayé révéla la chose à ses parents. Son père lui conseilla d'aller trouver Lexilis dans son cachot; il lui en remit la clef. Le jeune homme s'y rendit et trouva le magicien endormi sur une table. Après avoir attendu longtemps sans qu'il s'éveillât, il le tira doucement par le pied; le pied avec la jambe lui demeura dans les mains..... Lexilis, s'éveillant alors, poussa un cri : la porte du cachot se referma d'elle-même. Le marié tremblant se jeta aux genoux du magicien, lui demanda pardon de sa maladresse et implora son assistance. Le magicien promit de le débarrasser de la statue, moyennant qu'on le mît en liberté. Le marché fait, il rajusta sa jambe à sa place, et sortit. Quand il fut libre, Lexilis écrivit une lettre qu'il donna au jeune homme : — Va-t-en à minuit, lui dit-il, dans le carrefour voisin où aboutissent quatre rues; attends debout et en silence ce que le hasard t'amènera. Tu n'y seras pas longtemps sans voir passer plusieurs personnages, chevaliers, piétons, laquais, gentilshommes : les uns armés, les autres sans armes; les uns tristes, les autres gais. Quoi que tu voies et que tu entendes, garde-toi de parler ni de remuer. Après cette troupe, suivra *un certain*, puissant de taille, assis sur un char; tu lui remettras ta lettre, sans dire un mot, et tout ce que tu désires arrivera. Le jeune homme fit ce qui lui était prescrit, et vit passer un grand cortége. Le maître de la compagnie venait le dernier, monté sur un char triomphal. Il passa devant le fils du geôlier, et, jetant sur lui des regards terribles, il lui demanda de quel front il osait se trouver à sa rencontre? Le jeune homme, mourant de peur, eut pourtant le courage d'avancer la main et de présenter sa lettre. L'esprit, reconnaissant le cachet, la lut aussitôt et s'écria : Ce Lexilis sera-t-il longtemps encore sur la terre!... Un instant après, il envoya un de ses gens ôter l'anneau du doigt de la statue, et le jeune époux cessa d'être troublé. Cependant le geôlier fit annoncer au souverain de Tunis que Lexilis s'était échappé. Tandis qu'on le cherchait de toutes parts, le magicien entra dans le palais, suivi d'une vingtaine de jeunes filles qui portaient des mets choisis pour le prince. Mais, tout en avouant qu'il n'avait rien mangé de si délicieux, le roi de Tunis n'en renouvela pas moins l'ordre d'arrêter Lexilis. Les gardes voulant s'emparer de lui ne trouvèrent à sa place qu'un chien mort, sur le ventre duquel ils avaient tous la main,... prestige qui excita la risée générale. Après qu'on se fut calmé, on alla à la maison du magicien; il était à sa fenêtre, regardant venir son monde. Aussitôt que les soldats le virent, ils coururent à sa porte qui se ferma incontinent. *De par le roi*, le capitaine des gardes lui commanda de se rendre, le menaçant d'enfoncer la porte s'il refusait d'obéir. — Et si je me rends, dit Lexilis, que ferez-vous de moi?

— Nous vous conduirons courtoisement au prince.

— Je vous remercie de votre courtoisie; mais par où irons-nous au palais?

— Par cette rue, reprit le capitaine, en la montrant du doigt.

En même temps il aperçut un grand fleuve qui venait à lui en grossissant ses eaux, et remplissait la rue qu'il venait de désigner, tellement qu'en moins de rien ils en eurent jusqu'à la gorge. Lexilis, riant, leur criait :

— Retournez au palais, car pour moi je ne me soucie pas d'y aller en barbet.

Le prince ayant appris ceci résolut de perdre la couronne plutôt que de laisser le magicien impuni : il s'arma lui-même pour aller à sa poursuite, et le trouva dans la campagne qui se promenait paisiblement. Les soldats l'entourèrent pour le saisir; mais Lexilis faisant un geste, chaque soldat se trouva la tête engagée entre deux piquets, avec deux cornes de cerf qui l'empêchaient de se retirer. Ils restèrent longtemps dans cette posture, pendant que des enfants leur donnaient de grands coups de houssine sur les cornes... Le magicien sautait d'aise à ce spectacle, et le prince était furieux. Ayant aperçu à terre, aux pieds de Lexilis, un morceau de parchemin carré, sur lequel étaient tracés des caractères, le roi de Tunis se baissa et le ramassa sans être vu du magicien. Dès qu'il eut ces caractères dans la main, les soldats perdirent leurs cornes, les piquets s'évanouirent, Lexilis fut pris, enchaîné, mené en prison, et de là sur l'échafaud *pour y être rompu*. Mais ici il joua encore un tour de son métier; car, comme le bourreau déchargeait la barre de fer sur lui, le coup tomba sur un tambour plein de vin, qui se répandit sur la place, et Lexilis ne reparut plus à Tunis...

Voici une autre histoire contée par Wierus. Un magicien de Magdebourg gagnait sa vie en faisant des tours de son métier, des enchantements, des fascinations et des prestiges, sur un théâtre public. Un jour qu'il montrait, pour quelque monnaie, un petit cheval à qui il faisait exécuter, par la force de sa magie, des choses incroyables, après qu'il eut fini son jeu, il s'écria qu'il gagnait trop peu d'argent avec les hommes et qu'il allait monter au ciel... Ayant donc jeté son fouet en l'air, ce fouet commença de s'élever. Le petit cheval ayant saisi avec sa mâchoire l'extrémité du fouet, s'enleva pareillement. L'enchanteur, comme s'il eût voulu retenir son bidet, le prit par la queue et fut emporté de même. La femme de cet habile magicien empoigna à son tour les jambes de son mari qu'elle suivit; enfin la servante s'accrocha aux pieds de sa maîtresse, le valet aux jupes de la servante, et bientôt le fouet, le petit cheval, le sorcier, la femme, la cuisinière, le laquais, s'enlevèrent si haut qu'on ne les vit plus. Pendant que tous les assistants demeuraient stupéfaits d'admiration, il survint un homme qui leur demanda pourquoi ils bâillaient aux corneilles, et quand il le sut : — Soyez en paix, leur dit-il, votre sorcier n'est pas perdu, je viens de le voir à l'autre bout de la ville, qui descendait à son auberge avec tout son monde....(1). *Voy.* Hoque, Agrippa, Faust, etc.

On raconte qu'Hemmingius, théologien célèbre, cita un jour deux vers barbares dans une de ses leçons, et ajouta, pour se divertir, qu'ils pouvaient chasser la fièvre, parce qu'ils étaient magiques. L'un de ses auditeurs en fit l'essai sur son valet, et le guérit. Puis après on fit courir le remède, et il arriva que plusieurs fébricitants s'en trouvèrent bien. Hemmingius, après cela, se crut obligé de dire qu'il n'avait parlé de la sorte qu'en riant, et que ce n'était qu'un jeu d'esprit. Dès lors le remède tomba; mais il y en eut beaucoup qui ne voulurent point se dédire de la confiance qu'ils y avaient ajoutée.

Les maladies n'existent souvent que dans l'imagination : telle personne guérira avec un charlatan en qui elle a confiance; telle autre ne guérira point avec un excellent médecin de qui elle se défie.

Il y a eu de tous temps, chez tous les peuples peu éclairés, grand nombre de magiciens, et on a beaucoup écrit contre eux. Nous citerons ici quelques-uns des mille et un volumes qui traitent de cette matière *ex professo*.

1° Le *Traité de la magie blanche*, ou de l'escamotage, de Decremps.

2° La *Magie naturelle* de Porta

3° La *Véritable magie noire*, ou le *Secret des secrets*, manuscrit trouvé à Jérusalem dans le sépulcre de Salomon, contenant quarante-cinq talismans, avec la manière de s'en servir et leurs merveilleuses propriétés; plus, tous les caractères magiques connus jusqu'à ce jour, traduit de l'hébreu du mage Iroé-Grego, Rome, 1750. Cet ouvrage stupide est donné comme un écrit de Salomon. On y trouve surtout des conjurations.

4° *Trinum magicum*, ou *Traité des secrets magiques*, contenant des recherches sur la magie naturelle, artificielle et superstitieuse; les talismans, les oracles de Zoroastre, les mystères des Egyptiens, Hébreux, Chaldéens, etc., in-8°, Francfort, 1673.

5° *Lettres* de Saint-André, conseiller-médecin ordinaire du roi, à quelques-uns de ses amis, au sujet de la magie, des maléfices et des sorciers, etc., Paris, in-12, 1725.

6° *Traité sur la magie*, le sortilége, les possessions, obsessions et maléfices, etc.; par M. Daugis; Paris, in-12, 1732. — *Voy.* Bodin, Delancre, Loyer, Saint-André, Wierus, etc.

MAGIE ISLANDAISE. La première magie de ces peuples, devenus aujourd'hui plus sensés, consistait autrefois à évoquer des esprits aériens, et à les faire descendre sur la terre pour s'en servir. Elle était regardée comme la magie des grands. Cependant ces derniers en avaient une seconde, qui consistait à interpréter le chant des oiseaux, surtout des corneilles, les oiseaux les plus instruits dans la connaissance des affaires d'État et les plus capables de prédire l'avenir; mais comme il n'en existe point en Islande, les corbeaux remplissaient cet office: les rois ne faisaient pas même scrupule de se servir de cette magie.

MAGNÉTISME. Voici ce qu'écrivait à Bruxelles, en 1839, dans un recueil périodique intitulé *Le Magnétophile*, un écrivain qui pouvait être M. Jobard ou M. Victor Idgiez :

« Le nom de magnétisme ne désignait autrefois que quelques mesmeriens ou illuminés et quelques songe-creux. Aujourd'hui le magnétisme a fraternisé avec les sciences physiques, qui seules pouvaient éclairer ses données; il forme la souche principale dont les autres sciences ne sont que les rameaux... Ses progrès sont liés plus immédiatement au profit de la société, qu'elle ne semble le penser, dans la préoccupation de ses mesquines passions, de sa vie tumultueuse et agitée. Sous quelque point de vue qu'on le considère, son importance éclate et grandit chaque jour; mais son immensité nuit encore à ses progrès, parce que personne, isolément, n'a encore le pouvoir d'embrasser son étendue. Le magnétisme est un problème qui se débat depuis près d'un siècle en Europe, dont l'académie de médecine, en France, a ranimé l'énergie sans en donner la solution, et qui se complique, au contraire, chaque jour davantage par des conversions nouvelles ou des phénomènes plus merveilleux. On l'a vu concentré d'abord entre les mains de quelques adeptes ignorants ou fanatiques; de grandes expériences ont été faites ensuite, appuyées sur des noms qui ont porté la conviction dans quelques esprits. Aujourd'hui des savants le rejettent encore, il est vrai; mais un savant se décide si difficilement à désapprendre! Une innovation l'épouvante, car elle l'humilie et le détrône. Les doctrines cartésiennes ont lutté longtemps en France contre les vieilles universités avant d'obtenir leur droit de cité; plus tard elles repoussèrent elles-mêmes les principes de la philosophie newtonienne; celle-ci rejetait les découvertes d'Huygens; Beaumé et Lesage niaient les belles théories de la chimie moderne; Romé-Delisle persiflait l'interprète des phénomènes électro-magnétiques. D'ailleurs, le tabac, le café, l'émétique, la vaccine et jusqu'aux pommes de terre, n'ont-ils pas éprouvé leur temps de persé-

---

(1) Wierus, De præst., lib. II, cap. 7.

cution? L'académie de médecine ne se constitua-t-elle pas formellement opposée à ce que la chimie, cette corne d'abondance des sociétés modernes, fût enseignée dans Paris, *comme étant, pour bonnes causes et considérations, défendue et censurée par arrêt du parlement?* L'établissement des banques, des écoles, des voitures publiques, ne rencontra-t-il pas également une opposition formidable dans ce même parlement? Jacquart ne vit-il pas brûler en place publique, par ordre des prud'hommes de Lyon, ses métiers qui devaient faire cependant la prospérité et la fortune de cette seconde capitale de la France? Franklin ne fut-il pas tourné en ridicule quand il apprit aux campagnards l'art de fertiliser les champs stériles avec du plâtre? Christophe Colomb ne fut-il pas chassé de toutes les cours quand son génie lui fit apparaître un monde dont il voulait doter sa patrie (1)... Pitheas, Wedel, Cook, Billinghausen, Biscoé et autres voyageurs célèbres, ne furent-ils pas taxés d'imposture? Averroès, Volta, Fulton, Salomon-de-Caus, Davy, Arkwright, Gall, Lavater et tous ceux qui se sont présentés, une découverte à la main, à la porte de ce vaste *Charenton*, qu'on appelle le monde, n'ont-ils pas été reçus à coups de sifflets?...

« Cependant le magnétisme voit aussi son triomphe. Déjà il a détruit les doctrines impies de l'école médicale physiologique de Broussais, qui prétendait ramener aux seuls organes matériels du corps les nobles facultés de l'intelligence; mission d'autant plus grande, que là sont les bases de toute société, la clef de voûte et le ciment de tout édifice social. Le premier et le plus bel apanage du magnétisme est donc de devenir une arme toute-puissante contre les partisans de la matière, une preuve irrésistible, irréfragable, évidente, palpable, de l'existence de l'âme indépendante du secours des sens...»

Sans oser juger ici le magnétisme, et sans pouvoir nier ses effets qui sont évidents, bornons-nous à dire que le magnétisme existe; que c'est une nouvelle branche de merveilles plus incompréhensible encore que le galvanisme; qu'on n'en pourra jamais sans doute établir les éléments; mais qu'on en doit tirer un immense parti en médecine. L'Académie des sciences, qui s'obstinait à le nier lorsqu'elle n'était composée en majorité que de matérialistes, le reconnaît aujourd'hui. Les juges religieux n'ont condamné que ses abus. *Voy.* SOMNAMBULISME. *Voy.* aussi MESMER.

Les plus sûrs ouvrages à consulter pour connaître impartialement le magnétisme sont les livres spéciaux de M. Aubin Gauthier, surtout son Traité pratique du magnétisme, in-8°, Paris 1845. On peut voir aussi le livre de M. l'abbé Loubers. Nous citerons quelques fragments de M. Aubin Gauthier, ne pouvant ici analyser son vaste travail :

« Le magnétisme est un agent répandu dans la nature, et dont tous les corps sont imprégnés. Il échappe à nos sens, on ne le voit pas. Les anciens lui avaient donné le nom d'esprit caché ; les modernes l'ont appelé esprit vital, fluide nerveux ; on le nomme aujourd'hui fluide magnétique. Si on ne le voit pas, on ressent et on peut observer ses effets ; ce qui déjà suffirait pour établir son existence. Mais l'homme, en état de somnambulisme, voit le fluide sous la forme d'un feu brillant, qui sort particulièrement des mains du magnétiseur ; ce qui explique pourquoi l'antiquité représentait les dieux avec des flammes au bout des doigts, et comment Mesmer a pu dire : « Le magnétisme « animal, considéré comme agent, est un feu « invisible. » L'homme étant une intelligence liée à des organes, mais servie par eux, il fait principalement usage de ses mains pour magnétiser ; ce qui explique encore pourquoi les statues des dieux païens avaient plusieurs bras, et comment on disait de la main qu'elle était médicale. Pour agir magnétiquement, l'homme n'a besoin que de vouloir. Du moment où il le veut, sa volonté se réduit en acte visible ou sensible.

« Le corps humain est comme une éponge, toujours prêt à recevoir et à rendre. Le magnétisme est la communication des forces vitales d'un homme à un autre homme. Toute action magnétique comporte deux êtres, l'un actif, l'autre passif ; le premier plus fort que le second ; celui-ci reçoit, celui-là donne. Il s'opère alors chez le magnétisé un changement sensible ; son mouvement ne lui appartient plus ; de simple, il est devenu composé ; peu à peu il se rapproche de celui du magnétiseur, il prend son ton. Avec le temps, il y a uniformité de mouvement ; les deux corps sont aussi forts l'un que l'autre ; l'action cesse.

« Lorsque le docteur Mesmer appliqua le magnétisme à la guérison des maladies, il imagina une théorie et indiqua les procédés ; plus tard, M. de Puységur s'occupant uniquement du somnambulisme, apprit de ses malades l'étendue du pouvoir de la volonté ; enfin M. Deleuze, quarante ans après Mesmer, mettant à profit les leçons de ce grand génie, les observations de MM. de Puységur, de Bruno, de Lutzelbourg, Roullier, Fournel, Tardy de Montravel, et de beaucoup d'autres savants magnétiseurs, ainsi que les résultats de sa propre expérience, publia une instruction pratique à l'usage des personnes qui voudraient magnétiser. Dans cet ouvrage, il posa des principes invariables, indiqua des procédés impératifs et facultatifs, et, à partir de ce moment, la science magnétique a pu se réduire en art.

« Le magnétisme est un moyen de régulariser et de diriger les forces vitales ; mais plus la marche de la nature est dérangée, plus il est difficile au magnétiseur de rétablir l'équilibre. Le magnétisme est par lui-même un agent très-actif, dont la principale propriété est d'entraîner hors du corps, et particulièrement par les extrémités, tout ce

---

(1) Cet écrivain cite ici les persécutions subies par Galilée. Il se trompe. *Voy.* l'article GALILÉE.

qui dérange l'harmonie naturelle. Presque toujours, lorsque le magnétisme agit, le pouls devient régulier, la transpiration reprend son cours. Il est calmant, en ce qu'il rétablit l'équilibre, tonique, en ce qu'il facilite la circulation et qu'il augmente les forces vitales. Il hâte la marche des maladies, réveille les douleurs anciennes, accélère les crises qui doivent amener la guérison, et prouve sa puissance curative en cessant de produire des effets sur un corps rendu à la santé.

« Il y a trois manières de magnétiser : directement, indirectement ou par des corps intermédiaires. La magnétisation directe est celle qui s'exerce individuellement par le magnétiseur lui-même.

« La magnétisation indirecte est celle que le magnétiseur emploie en transmettant son action à une autre personne qui le supplée auprès du malade. La magnétisation intermédiaire est celle par laquelle le magnétiseur imprègne de son fluide des animaux, des végétaux, certains corps matériels, tels que l'eau, les aliments, les remèdes, des tissus, des métaux. Ainsi magnétisés, ces corps deviennent les dépositaires de la force vitale et la communiquent au malade, lorsqu'il se met en contact avec eux. il y a des procédés pour magnétiser directement, comme pour transmettre son action à des corps intermédiaires, animés ou inanimés.

« La magnétisation directe a lieu selon les cas : 1° par le contact; 2° par l'attouchement; 3° par le regard; 4° par le souffle; 5° par la voix. L'existence d'un fluide magnétique n'étant plus aujourd'hui contestée, on reconnaît l'exactitude de cette proposition de Mesmer : « On observe, à l'expérience, l'écoulement d'une matière dont la subtilité pénètre tous les corps, sans perdre notablement de son activité. » Les corps matériels étant sensibles ou invisibles, Mesmer admet deux manières de toucher, immédiatement ou à distance, par un corps intermédiaire. « La nature du fluide magnétique est inconnue, disait en 1825 M. Deleuze; son existence n'est pas même démontrée, mais tout se passe comme s'il existait. » C'est en effet dans le contact et l'attouchement que consiste principalement le magnétisme; ils produisent chacun des effets particuliers que j'indiquerai plus loin; je vais d'abord rappeler quelle différence il faut faire entre eux.

« A la renaissance des arts, on parlait beaucoup de la médecine d'attouchement; en 1600, van Helmont et Maxwell changèrent son nom en celui de magnétisme; Mesmer vint dire ensuite : « Le toucher à distance est plus fort, parce qu'il existe un courant entre la main ou le conducteur et le malade; le magnétisme à distance produit plus d'effet que lorsqu'il est appliqué immédiatement. » Il en résulte les différences suivantes entre le contact et l'attouchement magnétiques. Il y a contact quand on prend les pouces du malade, son bras ou toute autre partie de son corps. Il y a aussi contact quand on pose la main sur une partie du corps ; il y a encore contact quand on touche du doigt ou du bout du doigt le corps du magnétisé. Mais il n'y a plus qu'attouchement lorsque l'on touche à distance à l'aide d'un corps invisible et intermédiaire. En d'autres termes, on magnétise en touchant ou sans toucher. Quand on touche, il y a union visible de deux corps; quand on ne touche pas, ces corps ne s'en unissent pas moins par leurs effluves ou fluides. On verra plus loin la différence qui existe entre les effets de l'imposition et de l'application, et ceux des frictions et des passes

« J'ai reconnu, dit Mesmer, que, bien qu'il existât une influence générale entre les corps, il est néanmoins des modes, des tons particuliers et divers, des mouvements par lesquels cette influence peut s'effectuer. » De là des procédés variés et toujours rationnels. La magnétisation par le contact et celle par l'attouchement sont corporelles ou manuelles; ainsi on magnétise avec le corps entier ou une partie du corps, avec une main ou deux mains, un, deux ou plusieurs doigts. Il y a des différences notables dans le résultat des actions magnétiques ainsi exercées; il y en a surtout une très-grande entre ceux produits par le contact considéré comme union d'un corps à un autre, et ceux dus à l'attouchement. Le contact est utile pour concentrer l'action sur une partie quelconque du corps ; il est quelquefois indispensable entre personnes qui ne se connaissent pas, et entre lesquelles il n'y a point de rapports habituels : il faut, pour magnétiser, que les deux fluides s'unissent par le contact. L'un reçoit le mouvement de l'autre. Au premier moment, on peut croire qu'il doit être beaucoup plus facile d'agir sur le malade en le touchant qu'en ne le touchant pas; cela est vrai, généralement parlant, et surtout au commencement d'une action; c'est pourquoi presque toutes les séances magnétiques commencent par l'établissement du rapport. Cependant il est évident que si le magnétiseur ne touche pas immédiatement le malade, son action lui est transmise par un corps intermédiaire. Il n'y a donc ici qu'une question de temps, sous un rapport, et d'intensité sous un autre : on voit des magnétiseurs agir très-promptement à distance, et aussi vite que par le contact. La pratique est là pour beaucoup. Il y a des hommes qui font du bien par le seul contact, il y en a d'autres qui ne font pas moins de bien, et qui n'ont pas besoin de toucher. Cela tient à leur nature qui se trouve supérieure à celle des autres, ou en harmonie parfaite avec le malade. Dans ces cas divers, les procédés se modifient selon le tempérament et l'organisation des magnétiseurs et des malades.

« J'ai dit, dans l'introduction au Magnétisme, que la main du magnétiseur répandait le fluide sur le corps, comme la pomme d'un arrosoir distribue l'eau sur les plates-bandes d'un parterre. Cette image s'applique particulièrement aux frictions e aux passes, mais surtout aux passes faites à distance, et qu'on appelle grands courants; j'en parlerai tout à l'heure. L'expérience démontre encore que les extrémités ont plus d'action que le corps entier, et que la puissance d'un corps est particulièrement sensible aux extrémités, surtout aux extrémités terminées en pointe. Lorsqu'un tuyau amène l'eau au centre d'un bassin, si l'on veut plusieurs jets, la force d'ascension se divise entre tous; elle est au contraire bien plus grande quand il n'y a qu'un seul jet. De même, lorsque les cinq doigts de la main sont dirigés sur un corps, le fluide sort par tous les doigts, et la paume de la main leur cède son action; puis, lorsque quatre doigts sont repliés, toute la force magnétique réside dans le cinquième. Il résulte de cet examen qu'il faut mettre à profit chaque genre de magnétisation et les employer selon leur vertu.

« On appelle passes l'action de passer la main au devant du corps ou de la partie malade, sans toucher. Les passes sont longitudinales, transversales ou perpendiculaires.

« Les passes longitudinales se font en avançant les deux mains ou une main, et en les étendant ensuite, à partir de la tête du magnétisé jusqu'au bout de ses pieds, ou seulement jusqu'au bout des doigts des mains, ou encore de la tête au bas du tronc. Pour faire des passes, il ne faut employer aucune force musculaire; il faut, en quelque sorte, présenter plutôt que tendre la main. Elle doit être à plat, la paume en dessous, et comme soutenue en l'air; puis on la laisse descendre, absolument comme si, avec des crayons blancs, on voulait tracer très-légèrement sur une étoffe cinq lignes perpendiculaires. Les doigts doivent être écartés les uns des autres, mais naturellement et sans aucune espèce de tension. Une passe faite depuis la tête jusqu'aux pieds emploie environ trente secondes. On y met ensuite plus ou moins de temps, selon ses propres sensations ou celles du malade. Lorsqu'on est arrivé jusqu'aux pieds ou aux genoux, ou seulement au bout des doigts, selon l'effet que l'on veut produire, lorsque enfin la passe est finie et que l'on veut en faire une autre, il ne faut pas relever les mains de la même manière qu'elles ont été descendues, on les écarte, en les éloignant un peu du corps, et les tournant de manière que la surface intérieure soit en dehors

« Les passes transversales sont presque toujours l'opposé des passes longitudinales; elles ne s'emploient qu'à la fin des séances et pour les terminer. La passe longitudinale se fait, comme on vient de le voir, avec les mains ouvertes, les doigts présentés au corps, la paume en dessous et à plat; mais la passe transversale se fait avec les mains ouvertes, présentant respectivement leurs paumes ou leurs dos, les cinq doigts se trouvant ainsi au-dessus les uns des autres. Dans cette position, chaque main fait l'office d'un éventail, et chaque mouvement, fait à droite et à gauche, constitue la passe transversale, dont les effets sont autres que ceux de la passe longitudinale, ainsi qu'on le verra.

« La passe perpendiculaire ne s'emploie qu'à la fin des séances et après les passes transversales. On prie le malade de se tenir debout, on se met à son côté, et, plaçant les mains au-dessus de sa tête, l'une devant, l'autre derrière, on descend tout le long du corps jusqu'au plancher; on fait ainsi six à huit passes, en prenant la précaution d'écarter les mains en remontant, pour ne point ramener sur soi-même le fluide et les humeurs entraînées.

« La passe ou friction à distance a un effet plus doux, plus calmant que la passe en touchant, ou friction. Dans un grand nombre de cas, le malade ne supporte pas l'attouchement immédiat. Quand on s'en aperçoit, on cesse aussitôt; on magnétise d'abord à une distance de dix à vingt-cinq centimètres; si l'agitation du malade continue, on s'éloigne à cinquante centimètres, à un mètre, et même beaucoup plus loin : peu à peu l'action devient moins vive et l'on se replace à la première distance. La passe, comme la friction, a la vertu d'entraîner les humeurs, de rétablir la circulation; elle produit en outre chez le malade un sentiment indéfinissable de bien-être, du calme et de la fraîcheur. Lorsque l'on a magnétisé par imposition, c'est-à-dire en posant la paume et les doigts de la main sur une partie souffrante, si l'on fait une passe, le fluide que l'on accumule en tenant les mains immobiles descend aussitôt et entraîne avec lui tout ou partie de la cause morbifique. D'où il résulte que la magnétisation par frictions a plus d'intensité que celle par les passes, et que si l'imposition des mains a la vertu de concentration, les passes ont particulièrement celle de l'entraînement.

« Les frictions, comme les passes longitudinales, établissent une circulation nouvelle, en d'autres termes, constituent l'action intérieure; mais une portion du fluide du magnétiseur se répand toujours à la sortie du corps de ce dernier, et forme autour du malade une atmosphère particulière à laquelle se joignent les émanations et les humeurs qui abandonnent le magnétisé à la fin de la passe ou de la friction; cette atmosphère pourrait lui être nuisible, et il faut l'en délivrer. Pour y parvenir on fait, à la fin de chaque séance, sept ou huit passes transversales, avec une et plutôt deux mains, en commençant au-dessus de la tête, et finissant au plancher. Ce procédé dégage la tête, rétablit l'équilibre, et ajoute de nouvelles forces. Il y a des cas où la passe transversale prend le caractère de la passe longitudinale et en produit les effets: ainsi, dans les maladies des yeux, indépendamment des passes ordinaires, on entraîne encore le mal en faisant des passes transversales depuis le nez jusqu'à l'oreille. Si enfin on croit que l'on a émis trop de fluide, et que le magnétisé s'en trouve incommodé, on l'en délivre par des passes transversales, et l'effet ne tarde pas à être manifeste; car le malade compare le bien qu'on lui fait à celui qui résulte de l'ouverture d'une fenêtre pour quiconque est enfermé dans une pièce trop chauffée et remplie de différents fluides.

« La passe perpendiculaire, comme la passe transversale, dégage la tête, rétablit l'équilibre et donne des forces; de plus il arrive très-souvent qu'à la fin d'une séance les jambes du malade sont lourdes; il a des mouvements difficiles et peut à peine marcher; quelques passes perpendiculaires, depuis les reins jusqu'aux pieds, suffisent pour faire cesser ce malaise...

« Les yeux ont une puissance magnétique. La magnétisation oculaire s'emploie pour guérir et pour déterminer ou accélérer une crise. Assis en face du malade, le magnétiseur le fixe et tient les yeux immobiles.

« Les yeux sont considérés comme des extrémités du corps, et ils lancent abondamment le fluide; mais ces organes sont si faibles, que leur action n'est qu'accessoire et de peu de durée. On s'en sert dans la pratique pour déterminer le somnambulisme, lorsqu'il est utile de le provoquer. En fixant fortement le malade, on lui envoie un courant fluidique qui agit sur son cerveau et ensuite sur le reste du corps.

« En fixant doucement, tranquillement et longtemps des yeux affaiblis ou affectés, on leur communique la force et la santé dont ils sont privés...

« Tous les corps animés ou inanimés: hommes, animaux, végétaux ou minéraux, qui approchent ou peuvent, par circonstance, approcher un malade, doivent être magnétisés pour être en harmonie avec lui. Parmi les animaux domestiques, le chat est un de ceux qui paraît le plus contraire à l'action magnétique. Les somnambules n'en souffrent pas l'approche; ils sont assurés de sa présence, quand il pénètre dans un appartement ou qu'il passe à côté d'eux. On a vu la présence ou la rencontre d'un chat produire de très-mauvais effets sur les somnambules; il faut avoir soin de les éloigner. Les chiens font éprouver une sensation moins fâcheuse; mais les somnambules ne les supportent pas; surtout les chiens à long poil. Les serins, suivant M. Bruno, portent une action désagréable, mais faible. Parmi les métaux, le fer aimanté, le zinc causent aux somnambules des sensations très-vives et qu'ils ont beaucoup de peine à vaincre; d'autres peuvent être dangereux: le cuivre, par exemple, surtout lorsqu'il est porté par le somnambule, par le magnétiseur ou les assistants, en boutons, boucles et faux bijoux. La soie paraît être un obstacle au passage du fluide. Les couleurs ne conviennent pas toutes, comme, par exemple: le noir, le rouge, le violet. La plume, le poil de certains animaux, réduits en fourrure, occasionnent des crises. Parmi les végétaux, le figuier, l'if, le laurier rose, le laurier cerise, le sumac sont nuisibles...

« Après l'homme et les animaux, a dit Mesmer, ce sont les végétaux, et surtout les arbres, qui sont le plus susceptibles du magnétisme animal. De tous les moyens auxiliaires qu'un magnétiseur puisse employer, le traitement par les arbres est celui qui présente le plus d'avantages. Il s'est opéré des cures merveilleuses à l'aide des arbres magnétisés. C'est dans ces arbres, à Buzancy, à Beaubourg, à Bayonne, qu'on a vu les effets magnétiques les plus étonnants. « J'opère des effets bien salutaires sur les malades des environs, disait M. de Puységur; ils affluent autour de mon arbre; et il y en avait ce matin plus de *cent trente*. » Des arbres déjà pleins de force et de vie, auxquels on communique son propre fluide, deviennent de grands réservoirs où plusieurs malades peuvent venir se remplir d'un fluide bienfaisant que le magnétiseur a su mettre en mouvement, et dont ils se trouvent imprégnés en se rendant sous leur ombre. « Mon arbre est le meilleur baquet possible, disait encore M. de Puységur, il n'y a pas une feuille qui ne communique de la santé. » L'action des arbres magnétisés est presque toujours très-douce; elle donne du calme et procure souvent un sommeil salutaire; elle augmente les forces et régularise quelquefois la circulation du sang, aussi bien que les passes du magnétiseur. Les arbres magnétisés préparent, entretiennent et soutiennent les effets de la magnétisation directe; ils sont préférables aux réservoirs matériels. D'abord la force vitale est bien plus en harmonie avec le corps humain; puis ensuite un concours de malades, au grand air, établit une circulation telle, que le réservoir devient immense et ses effets surprenants. L'arbre jouit alors, dit Mesmer, de toutes les vertus du magnétisme. Les personnes saines, en restant quelque temps auprès, ou en le touchant, pourront en ressentir l'effet, et les malades, surtout ceux déjà magnétisés, les ressentiront violemment et éprouveront des crises comme au baquet, même bien plus douces. Le traitement par les arbres magnétisés n'a point d'inconvénients; mais il exige des précautions, et l'on ne peut en faire usage en tous temps, ni avec toute espèce d'arbres.

« En hiver, quand la végétation est arrêtée dans son cours, et à l'automne quand sa force expire, il y aurait peu de secours vital à puiser dans les arbres. Il est donc évident que ce genre de traitement magnétique ne peut avoir lieu que du printemps à l'automne. En tous cas, les effets seraient beaucoup moins curatifs. L'expérience a prouvé que le choix des arbres n'était pas indifférent; ainsi, il faut rejeter tous ceux dont le suc est caustique et vénéneux, tels sont: le figuier, le laurier rose, le laurier cerise, le sumac; leur action serait nuisible. L'orme, le chêne, le tilleul, le frêne, l'oranger, sont ceux dont jusqu'à présent on a fait le plus d'usage et dont on a éprouvé les meilleurs effets. Suivant les expériences du docteur Rouillier, le noyer, malgré un préjugé vulgaire, n'a point été nuisible dans ses traitements.

« Pour magnétiser un arbre, on commence par le tenir embrassé pendant quelques minutes. On s'éloigne ensuite, et l'on dirige le fluide vers le sommet et du sommet vers le tronc en suivant la direction des grosses branches. Quand on est arrivé à la réunion des branches, on descend jusqu'à la base du tronc, et l'on termine en magnétisant l'espace de terre qu'occupe l'arbre extérieurement et intérieurement; ce qui suppose que les racines s'étendent de trois à six pieds de distance environ. On fait donc le tour de l'arbre en magnétisant, de manière à répandre le fluide sur les racines et en le ramenant ensuite de l'extrémité des racines au pied de l'arbre. Quand on a fini d'un côté, on fait la même chose en se plaçant du côté opposé. On attache ensuite aux branches les plus commodes et les mieux situées, surtout à celles qui partent du tronc, des cordes ou cordons de chanvre ou de laine, qui descendent jusqu'à la terre sans la toucher, afin de ne point les exposer à salir et tacher les vêtements. Ces cordes ou cordons servent de conducteurs fluidiques; les malades les prennent dans leurs mains ou s'en entourent le corps. Lorsque les choses sont ainsi disposées, on peut faire venir les malades; mais il faut continuer la magnétisation de l'arbre pendant quatre ou cinq jours. Ensuite, si le traitement se trouvait peu suivi, on magnétiserait tous les mois. S'il y a constamment des malades, leur présence et celle du magnétisme rendent leur magnétisation presque inutile. « L'effet curatif des arbres magnétisés, dit Mesmer, est bien plus prompt et plus actif, en proportion du nombre des malades, qui en augmente l'énergie en multipliant les courants, les forces et les contacts. » — « La réunion des malades autour de l'arbre, ajoute M. Deleuze, entretient la circulation du fluide. Cependant il est à propos que le magnétiseur vienne de temps en temps renouveler et régulariser l'action; il lui suffit pour cela de toucher l'arbre pendant quelques moments. »

MAGOA, l'un des plus puissants démons, roi de l'Orient; on l'évoque par l'oraison suivante prononcée au milieu d'un cercle. Elle peut servir tous les jours et à toute heure, dit un grimoire : « Je te conjure et invoque, ô puissant Magoa, roi de l'Orient, je te fais commandement d'obéir à ce que tu aies à venir ou m'envoyer sans retardement Massayel, Asiel, Satiel, Arduel, Acorib, et sans aucun délai, pour répondre à tout ce que je veux savoir et faire, etc. »

MAGOG. Schradérus, dans son lexique scandinave, fait le géant Magog chef des anciens Scythes, inventeur des runes, espèces d'hiéroglyphes ou caractères dont se sont servis les peuples septentrionaux, et dont l'usage a précédé en Europe celui des lettres grecques. *Voy.* OG.

MAILLAT (LOUISE), petite démoniaque, qui vivait en 1598 : elle perdit l'usage de ses membres; on la trouva possédée de cinq démons qui s'appelaient *loup*, *chat*, *chien*, *joly*, *griffon*. Deux de ces démons sortirent d'abord par sa bouche en forme de pelotes de la grosseur du poing; la première rouge comme du feu, la seconde, qui était le chat, sortit toute noire; les autres partirent avec moins de violence. Tous ces démons étant hors du corps de la jeune personne firent plusieurs tours devant le foyer et disparurent. On a su que c'était Françoise Secrétain qui avait fait avaler ces diables à cette petite fille dans une croûte de pain de couleur de fumier (1).

MAIMON, chef de la neuvième hiérarchie des démons, capitaine de ceux qui sont tentateurs, insidiateurs, dresseurs de pièges, lesquels se tortillent autour de chaque personne pour contrecarrer le bon ange (2).

MAIN. On s'est moqué avec raison des borborites, secte hérétique des premiers siècles de l'Église, qui avaient des idées absurdes en théologie, et qui disaient que la main est toute la civilisation de l'homme; que, sans la main, l'homme ne serait qu'un cheval ou un bœuf; que l'esprit ne serait bon à rien avec des pieds fourchus, ou des mains de corne ou des pattes à longues griffes. Ils faisaient un système d'origines; ils contaient que l'homme, dans le commencement, n'avait que des pattes comme les chiens; que tant qu'ils n'eurent que des pattes, les hommes, comme des brutes, vécurent dans la paix, l'heureuse ignorance et la concorde; mais, ajoutaient-ils, un génie prit les hommes en affection et leur donna des mains. Dès lors nos pères se trouvèrent adroits; ils se firent des armes; ils subjuguèrent les autres animaux; ils imaginèrent, ils produisirent avec leurs mains des choses surprenantes, bâtirent des maisons, taillèrent des habits et firent des peintures. Otez à l'homme ses mains, disaient-ils, et avec tout son esprit, vous verrez ce qu'il deviendra.

Mais nous avons les mains, et c'est Dieu qui nous les a données; quoique nous n'en possédions que deux, la loi de l'égalité si vantée, cette loi impossible, a échoué aussi dans nos mains. Il y a de l'aristocratie jusque-là. La main droite se croit bien au-dessus de la main gauche; c'est un vieux préjugé qu'elle a de temps immémorial. Aristote cite l'écrevisse comme un être privilégié, parce qu'il a la patte droite beaucoup plus grosse que la gauche. Dans les temps anciens, les Perses et les Mèdes faisaient comme nous leurs serments de la main droite. Les nègres regardent la main gauche comme la servante de l'autre; elle est, disent-ils, faite pour le travail; et la droite seule a le droit de porter les morceaux à la bouche et de toucher le visage. Un habitant du Malabar ne mangerait pas d'aliments que quelqu'un aurait touchés de la main gauche. Les Romains donnaient une si haute préférence à la droite,

---

(1) M. Garinet, Hist. de la magie en France, p. 162.
(2) Delancre, Tableau de l'inconstance des dém., etc., liv. I, p. 22.

que lorsqu'ils se mettaient à table, ils se couchaient toujours sur le côté gauche pour avoir l'autre entièrement libre. Ils se défiaient tellement de la main gauche, qu'ils ne représentaient jamais l'amitié qu'en la figurant par deux mains droites réunies.

Chez nous, toutes ces opinions ont survécu. Les gens superstitieux prétendent même qu'un signe de croix fait de la main gauche n'a aucune valeur. Aussi on habitue les enfants à tout faire de la main droite et à regarder la gauche comme nulle, tandis que peut-être il y aurait avantage à se servir également des deux mains.

Puisqu'on attache à la main une si juste importance, on doit voir sans surprise que des savants y aient cherché tout le sort des hommes. On a écrit d'énormes volumes sous le titre de *Chiromancie* ou divination par la main. Cette science bizarre présente une foule d'indices qui sont au moins curieux ; c'est toute la science des bohémiennes, que nos pères regardaient ordinairement comme des prophétesses et que l'on écoute encore dans les campagnes.

De tout temps, dit-on, l'homme fut de glace pour les vérités et de feu pour les mensonges ; il est surtout ami du merveilleux ; si *Peau d'Ane* m'était conté, a dit Lafontaine, j'y prendrais un plaisir extrême. Voilà la cause de la crédulité que nos bons aïeux accordaient aux bohémiennes ; et voici les principes de *l'art de dire la bonne aventure dans la main*, science célèbre parmi les sciences mystérieuses, appelée par les adeptes chiromancie, xeiromancie et chiroscopie.

Il y a dans la main plusieurs parties qu'il est important de distinguer : la paume ou dedans de la main ; le poing ou dehors de la main lorsqu'elle est fermée ; les doigts, les ongles, les jointures, les lignes et les montagnes. — Il y a cinq doigts : le pouce, l'index, le doigt du milieu, l'annulaire, l'auriculaire ou petit doigt. Il y a quinze jointures : trois au petit doigt, trois à l'annulaire, trois au doigt du milieu, trois à l'index, deux au pouce, et une entre la main et le bras. Il y a quatre lignes principales. La ligne de la vie, qui est la plus importante, commence au haut de la main, entre le pouce et l'index, et se prolonge au bas de la racine du pouce, jusqu'au milieu de la jointure qui sépare la main du bras ; la ligne de la santé et de l'esprit, qui a la même origine que la ligne de vie, entre le pouce et l'index, coupe la main en deux et finit au milieu de la base de la main, entre la jointure du poignet et l'origine du petit doigt ; la ligne de la fortune ou du bonheur, qui commence à l'origine de l'index, finit sous la base de la main, en deçà de la racine du petit doigt ; enfin la ligne de la jointure, qui est la moins importante, se trouve sous le bras, dans le passage du bras à la main ; c'est plutôt un pli qu'une ligne. On remarque une cinquième ligne qui ne se trouve pas dans toutes les mains ; elle se nomme ligne du triangle, parce que, commençant au milieu de la jointure, sous la racine du pouce, elle finit sous la racine du petit doigt. Il y a aussi sept tubérosités ou montagnes, qui portent le nom des sept planètes. Nous les désignerons tout à l'heure. Pour la chiromancie, on se sert toujours de la main gauche, parce que la droite étant plus fatiguée, quoique plus noble, présente quelquefois dans les lignes des irrégularités qui ne sont point naturelles. On prend donc la main gauche lorsqu'elle est reposée, un peu fraîche et sans aucune agitation, pour voir au juste la couleur des lignes et la forme des traits qui s'y trouvent. La figure de la main peut déjà donner une idée, sinon du sort futur des personnes, au moins de leur naturel et de leur esprit. En général, une grosse main annonce un esprit bouché, à moins que les doigts ne soient longs et un peu déliés. Une main potelée, avec des doigts qui se terminent en fuseaux, comme on se plaît à en souhaiter aux femmes, n'annonce pas un esprit très-étendu. Des doigts qui rentrent dans la main sont le signe non équivoque d'un esprit lent, quelquefois d'un naturel enclin à la fourberie. Des doigts qui se relèvent au-dessus de la main annoncent des qualités contraires. Des doigts aussi gros à l'extrémité qu'à la racine n'annoncent rien de mauvais. Des doigts plus gros à la jointure du milieu qu'à la racine n'annoncent rien que de bon.

Nous donnons sérieusement ces détails, ne pensant pas qu'il soit nécessaire de les réfuter.

Une main large vaut mieux qu'une main trop étroite. Pour qu'une main soit belle, il faut qu'elle porte en largeur la longueur du doigt du milieu. Si la *ligne de la jointure*, qui est quelquefois double, est vive et colorée, elle annonce un heureux tempérament. Si elle est droite, également marquée dans toute sa longueur, elle promet des richesses et du bonheur. Si la jointure présentait quatre lignes visibles, égales et droites, on peut s'attendre à des honneurs, à des dignités, à de riches successions. Si elle est traversée de trois petites lignes perpendiculaires, ou marquée de quelques points bien visibles, c'est le signe certain qu'on sera trahi. Des lignes qui partent de la jointure et se perdent le long du bras annoncent qu'on sera exilé. Si ces lignes se perdent dans la paume de la main, elles présagent de longs voyages sur terre et sur mer. Une femme qui porte la figure d'une croix sur la ligne de la jointure est chaste, douce, remplie d'honneur et de sagesse, elle fera le bonheur de son époux. Si la *ligne de vie*, qui se nomme aussi ligne du cœur, est longue, marquée, égale, vivement colorée, elle présage une vie exempte de maux et une belle vieillesse. Si cette ligne est sans couleur, tortueuse, courte, peu apparente, séparée par de petites lignes transversales, elle annonce une vie courte, une mauvaise santé. Si cette ligne est étroite, mais longue et bien colorée, elle désigne la sagesse, l'esprit ingénieux. Si elle est large et pâle, c'est le signe quelquefois de la sottise. Si elle est profonde et d'une couleur inégale, elle dénote la malice, le babil, la jalousie, la présomption. Lorsqu'à son origine, entre le pouce et l'index, la ligne de vie se sépare en deux, de manière à former la fourche, c'est le signe de l'inconstance. Si cette ligne est coupée vers le milieu par deux petites lignes transversales bien apparentes, c'est le signe d'une mort prochaine. Si la ligne de vie est entourée de petites rides qui lui donnent la forme d'une branche chargée de rameaux, pourvu que ces rides s'élèvent vers le haut de la main, c'est le présage des richesses. Si ces rides sont tournées vers le bas de la main, elles annoncent la pauvreté. Toutes les fois que la ligne de vie est interrompue, brisée, c'est autant de maladies. La *ligne de la santé et de l'esprit* est aussi appelée ligne du milieu. Lorsqu'elle est droite, bien marquée, d'une couleur naturelle, elle donne la santé et l'esprit, le jugement sain, une heureuse mémoire et une conception vive. Si elle est longue, on jouira d'une santé parfaite. Si elle est tellement courte qu'elle n'occupe que la moitié de la main, elle dénote la timidité, la faiblesse, l'avarice. Si la ligne de santé est tortueuse, elle donne le goût du vol; droite, au contraire, c'est la marque d'une conscience pure et d'un cœur juste. Si cette ligne s'interrompt vers le milieu pour former une espèce de demi-cercle, c'est le présage qu'on sera exposé à de grands périls avec des bêtes féroces. La *ligne de la fortune ou du bonheur* commence, comme nous l'avons dit, sous la racine de l'index, et se termine à la base de la main, en deçà de la racine du petit doigt : elle est presque parallèle à la ligne de santé. Si la ligne de la fortune est égale, droite, assez longue et bien marquée, elle annonce un excellent naturel, la force, la modestie et la constance dans le bien. Si, au lieu de commencer sous la racine de l'index, entre l'index et le doigt du milieu, elle commence presque au haut de la main, c'est le signe de l'orgueil. Si elle est très-rouge dans sa partie supérieure, elle dénote l'envie. Si la ligne de la fortune est chargée de petites lignes formant des rameaux qui s'élèvent vers le haut de la main, elle présage les dignités, le bonheur, la puissance et les richesses; mais si cette ligne est absolument nue, unie, sans rameaux, elle prépare la misère et l'infortune. S'il se trouve une petite croix sur la ligne de la fortune, c'est la marque d'un cœur libéral, ami de la véracité, bon, affable, orné de toutes les vertus. Si la ligne du bonheur ou de la fortune, au lieu de naître où nous l'avons dit, prend racine entre le pouce et l'index, au même lieu que la ligne de santé, de façon que les deux lignes forment ensemble un angle aigu, on doit s'attendre à de grands périls, à des chagrins. Si la ligne de santé ne se trouvait pas au milieu de la main, et qu'il n'y eût que la ligne de vie et la ligne de la fortune ou du bonheur, réunies à leur origine, de manière à former un angle, c'est le présage qu'on perdra la tête à la bataille, ou qu'on sera blessé mortellement dans quelque affaire. Si la ligne de la fortune est droite et déliée dans sa partie supérieure, elle donne le talent de gouverner sa maison et de faire une face honnête à ses affaires. Si cette ligne est interrompue vers le milieu par de petites lignes transversales, elle indique la duplicité. Si la ligne de la fortune est pâle dans toute sa longueur, elle promet la pudeur et la chasteté. La ligne du triangle manque dans beaucoup de mains, sans qu'on en soit plus malheureux. Si la ligne du triangle est droite, apparente (car ordinairement elle paraît peu), et qu'elle s'avance jusqu'à la ligne de la santé, elle promet de grandes richesses. Si elle se prolonge jusque vers la racine du doigt du milieu, elle donne les plus heureux succès. Mais si elle se perd au-dessous de la racine du petit doigt, vers le bas de la main, elle amène des rivalités. Si elle est tortueuse, inégale, de quelque côté qu'elle se dirige, elle annonce que l'on ne sortira pas de la pauvreté. L'éminence ou gonflement charnu qui se trouve à la racine du pouce et s'étend jusqu'à la ligne de la vie se nomme *la montagne de Vénus*. Quand cette tubérosité est douce, unie, sans rides, c'est l'indice d'un heureux tempérament. Si cette montagne est ornée d'une petite ligne parallèle à la ligne de vie, et voisine de cette ligne, c'est le présage des richesses. Si le pouce est traversé dans sa longueur de petites lignes qui se rendent de l'ongle à la jointure, ces lignes promettent un grand héritage. Mais si le pouce est coupé de lignes transversales, comme le pli des jointures, c'est le signe qu'on fera des voyages longs et périlleux. Si le pouce ou la racine du pouce présentent des points ou des étoiles, c'est la gaieté. L'éminence qui se trouve à la racine de l'index se nomme *la montagne de Jupiter*. Quand cette tubérosité est unie et agréablement colorée, c'est le signe d'un heureux naturel et d'un cœur porté à la vertu. Si elle est chargée de petites lignes doucement marquées, on recevra des honneurs et des dignités importantes. La tubérosité qui s'élève dans la paume de la main, à la racine du doigt du milieu, se nomme *la montagne de Saturne*. Si cette éminence est unie et naturellement colorée, elle marque la simplicité et l'amour du travail; mais si elle est chargée de petites rides, c'est le signe de l'inquiétude, c'est l'indice d'un esprit prompt à se chagriner. Si la jointure qui sépare la main du doigt du milieu présente des plis tortueux, elle désigne un jugement lent, un esprit paresseux, une conception dure. Une femme qui aurait sous le doigt du milieu, entre la seconde jointure et la jointure voisine de l'ongle, la figure d'une petite croix, porterait là un signe heureux pour l'avenir. La tubérosité qui se trouve à la racine du doigt annulaire se nomme *la montagne du Soleil*. Si cette montagne est chargée de petites lignes naturellement marquées, elle annonce un esprit vif et heureux, de l'éloquence, des talents pour les emplois, un peu d'orgueil. Si ces lignes ne sont qu'au nombre de deux, elles donnent moins d'éloquence, mais aussi plus de modestie. Si la racine du doigt annulaire est chargée de lignes croisées les unes sur les autres, celui qui porte ce signe sera victorieux sur ses ennemis et l'emportera sur ses rivaux. L'éminence qui s'élève dans la main à la racine du petit doigt se nomme *la montagne de Mercure*. Si cette éminence est unie, sans rides, on aura un heureux tempérament, de la constance dans l'esprit et dans le cœur; pour les hommes, de la modestie; pour les femmes, de la pudeur. Si cette éminence est traversée par deux lignes légères qui se dirigent vers le petit doigt, c'est la marque de la libéralité. L'espace qui se trouve sur le bord inférieur de la main au-dessous de la montagne de Mercure, depuis la ligne du bonheur jusqu'à l'extrémité de la ligne de l'esprit, se nomme *la montagne de la Lune*. — Quand cet espace est uni, doux, net, il indique la paix de l'âme et un esprit naturellement tranquille. Lorsqu'il est fort coloré, c'est le signe de la tristesse, d'un esprit chagrin et morose, et d'un tempérament mélancolique. Si cet espace est chargé de rides, il annonce des voyages et des dangers sur mer. L'espace qui se trouve sur le bord inférieur de la main, en deçà de la montagne de la Lune, depuis l'extrémité de la ligne de l'esprit, jusqu'à l'extrémité inférieure de la ligne de la jointure, se nomme *la montagne de Mars*. Quand cet espace est uni, doux, net, il est le caractère du vrai courage et de cette bravoure que la prudence accompagne toujours. S'il est fortement coloré, il désigne l'audace, la témérité. Lorsque la montagne de Mars est chargée de grosses rides, ces rides sont autant de dangers plus ou moins grands, suivant leur profondeur et leur longueur; c'est aussi le présage d'une mort possible entre les mains des brigands, si les lignes sont livides; elles sont l'indice d'un trépas funeste si elles sont fort rouges; d'une mort glorieuse au champ de bataille si elles sont droites. Des croix sur la montagne de Mars promettent des dignités et des commandements. N'oublions pas les signes des ongles. De petits signes blanchâtres sur les ongles présagent des craintes; s'ils sont noirs, ils annoncent des frayeurs et des dangers; s'ils sont rouges, ce qui est plus rare, des malheurs et des injustices; s'ils sont d'un blanc pur, des espérances et du bonheur. Quand ces signes se trouvent à la racine de l'ongle, l'accomplissement de ce qu'ils présagent est éloigné. Ils se rapprochent avec le temps, et se trouvent à la sommité de l'ongle quand les craintes et les espérances se justifient par l'événement. Pour qu'une main soit parfaitement heureuse, il faut qu'elle ne soit pas trop potelée, qu'elle soit un peu longue, que les doigts ne soient pas trop arrondis, que l'on distingue les nœuds des jointures. La couleur en sera fraîche et douce, les ongles plus longs que larges; la ligne de la vie, bien marquée, égale, fraîche, ne sera point interrompue et s'éteindra dans la ligne de la jointure. La ligne de la santé occupera les trois quarts de l'étendue de la main. La ligne de la fortune sera chargée de rameaux et vivement colorée.

(1) Hexameron de Torquemada, 4e journée.

On voit, dans tous les livres qui traitent de la chiromancie, que les doctes en cette matière reconnaissaient deux sortes de divinations par le moyen de la main : la *chiromancie physique*, qui, par la simple inspection de la main, devine le caractère et les destinées des personnes; et la *chiromancie astrologique*, qui examine les influences des planètes sur les lignes de la main, et croit pouvoir déterminer le caractère et prédire ce qui doit arriver en calculant ces influences. Nous nous sommes plus appesantis sur les principes de la chiromancie physique, parce que c'est la seule qui soit encore en usage. C'est aussi la plus claire et la plus ancienne.

Aristote regarde la chiromancie comme une science certaine; Auguste disait lui-même la bonne aventure dans la main. Mais les démonomanes pensent qu'on ne peut pas être chiromancien sans avoir aussi un peu de nécromancie, et que ceux qui devinent juste, en vertu de cette science, sont inspirés souvent par quelque mauvais esprit (1).

« Gardez-vous, en chiromancie, dit M. Salgues (2), des lignes circulaires qui embrasseraient la totalité du pouce; les cabalistes les nomment l'anneau de Gygès, et Adrien Sicler nous prévient que ceux qui les portent courent risque qu'un jour un lacet fatal ne leur serre la jugulaire. Pour le prouver, il cite Jacquin Caumont, enseigne de vaisseau, qui fut pendu, ne s'étant pas assez méfié de cette funeste figure. Ce serait bien pis si ce cercle était double en dehors et simple en dedans : alors nul doute que votre triste carrière ne se terminât sur une roue. Le même Adrien Sicler a connu à Nîmes un fameux impie qui fut roué en 1559, et qui portait ce signe mortel à la première phalange.

« Il n'est pas possible de vous tracer toutes les lignes décrites et indiquées par les plus illustres chiromanciens pour découvrir la destinée et fixer l'horoscope de chaque individu; mais il est bon que vous sachiez qu'Isaac Kim-Ker a donné soixante-dix figures de mains au public; le docte Mélampus, douze; le profond Compotus, huit; Jean de Hagen, trente-sept; le subtil Romphilius, six; l'érudit Corvæus, cent cinquante; Jean Cirus, vingt; Patrice Tricassus, quatre-vingts; Jean Belot, quatre; Traisnerus, quarante, et Perrucho, six; ce qui fait de bon compte quatre cent vingt-trois mains sur lesquelles votre sagacité peut s'exercer. Mais, dites-vous, l'expérience et les faits parlent en faveur de la chiromancie. Un Grec prédit à Alexandre de Médicis, duc de Toscane, sur l'inspection de sa main, qu'il mourrait d'une mort violente; et il fut en effet assassiné par Laurent de Médicis, son cousin. De tels faits ne prouvent rien; car, si un chiromancien rencontra juste une fois ou deux, il se trompa mille fois. A quel homme raisonnable persuadera-t-on en effet que le soleil se mêle de régler le mouvement de son index (comme le disent les maîtres en chiromancie astrologique)? que Vénus a soin de son pouce, et Mercure de son petit doigt? Quoi! Jupiter est

(2) Des erreurs et des préjugés, etc., t. II, p. 49 et suiv.

éloigné de vous immensément; il est quatorze cents fois plus gros que le petit globe que vous habitez, et décrit dans son orbite des années de douze ans, et vous voulez qu'il s'occupe de votre doigt médius !...

« Le docteur Bruhier, dans son ouvrage des *Caprices de l'imagination*, rapporte qu'un homme de quarante ans, d'une humeur vive et enjouée, rencontra en société une femme qu'on avait fait venir pour tirer des horoscopes. Il présente sa main; la vieille le regarde en soupirant :

« — Quel dommage qu'un homme si aimable n'ait plus qu'un mois à vivre !

« Quelque temps après, il s'échauffe à la chasse, la fièvre le saisit, son imagination s'allume, et la prédiction de la bohémienne s'accomplit à la lettre. » *Voy.* aussi DINSCOPS, DOIGTS ; aux Légendes, MARTHE, etc.

MAIN DE GLOIRE. Ce que les sorciers appellent *main de gloire* est la main d'un pendu, qu'on prépare de la sorte : on l'enveloppe dans un morceau de drap mortuaire, en la pressant bien, pour lui faire rendre le peu de sang qui pourrait y être resté ; puis on la met dans un vase de terre, avec du sel, du salpêtre, du zimat et du poivre long, le tout bien pulvérisé. On la laisse dans ce pot l'espace de quinze jours ; après quoi on l'expose au grand soleil de la canicule, jusqu'à ce qu'elle soit parfaitement desséchée ; si le soleil ne suffit pas, on la met dans un four chauffé de fougère et de verveine. On compose ensuite une espèce de chandelle avec de la graisse de pendu, de la cire vierge et du sésame de Laponie ; et on se sert de la main de gloire, comme d'un chandelier, pour tenir cette merveilleuse chandelle allumée. Dans tous les lieux où l'on va avec ce funeste instrument, ceux qui y sont demeurent immobiles, et ne peuvent non plus remuer que s'ils étaient morts. Il y a diverses manières de se servir de la main de gloire ; les scélérats les connaissent bien ; mais, depuis qu'on ne pend plus chez nous, ce doit être chose rare.

Deux magiciens, étant venus loger dans un cabaret pour y voler, demandèrent à passer la nuit auprès du feu, ce qu'ils obtinrent. Lorsque tout le monde fut couché, la servante, qui se défiait de la mine des deux voyageurs, alla regarder par un trou de la porte pour voir ce qu'ils faisaient. Elle vit qu'ils tiraient d'un sac la main d'un corps mort, qu'ils en oignaient les doigts de je ne sais quel onguent, et les allumaient, à l'exception d'un seul qu'ils ne purent allumer, quelques efforts qu'ils fissent, et cela parce que, comme elle le comprit, il n'y avait qu'elle des gens de la maison qui ne dormit point ; car les autres doigts étaient allumés pour plonger dans le plus profond sommeil ceux qui étaient déjà endormis. Elle alla aussitôt à son maître pour l'éveiller, mais elle ne put en venir à bout, non plus que des autres personnes du logis, qu'après avoir éteint les doigts allumés, pendant que les deux voleurs commençaient à faire leur coup dans une chambre voisine. Les deux magiciens, se voyant découverts, s'enfuirent au plus vite, et on ne les trouva plus (1).

Les voleurs ne peuvent se servir de la main de gloire, quand on a eu la précaution de frotter le seuil de la porte avec un onguent composé de fiel de chat noir, de graisse de poule blanche et de sang de chouette, lequel onguent doit être fait dans la canicule (2).

MAIN INVISIBLE. Gaspard Schotter, dans sa Magie universelle, livre IV, page 407, rapporte le fait suivant, dont il a été témoin dans son enfance, et qu'il a entendu raconter à des témoins plus âgés que lui. Deux compagnons sortaient d'une ville armés et portant leur bagage, pour aller travailler dans une autre contrée. L'un d'eux ayant trop bu attaque l'autre, qui refuse de se battre avec un homme ivre ; mais il reçoit un coup à la tête. Voyant couler son sang, il riposte et perce de part en part le malheureux ivrogne. On accourt aussitôt de la ville, et parmi les assistants se trouve la femme même du mort. Dans le moment qu'elle donnait des soins à son époux, le meurtrier, qui s'enfuyait, se sentit saisi par une main invisible et fut entraîné auprès du magistrat, lequel le fit mettre en prison. Qu'était-ce que cette main invisible ? Celle du mort qui revenait dégrisé.

MAINFROI ou MANFRED, roi de Naples, qui régna dans les Deux-Siciles de 1254 à 1266, fils naturel de l'empereur Frédéric II. Lorsqu'il fut excommunié pour ses crimes, il s'occupa, dit-on, de magie. Pic de La Mirandole conte que Mainfroi, étant en guerre contre Charles d'Anjou, voulut savoir du diable l'événement de la bataille qu'il allait lui livrer, et que le démon, pour le tromper, ne lui répondit qu'en paroles ambiguës, quoique cependant il lui prédit sa mort ; et en effet, malgré les secours qu'il reçut des Sarrasins, ses alliés, il fut tué dans le combat par un soldat. On remarque que Charles d'Anjou écrivit à Mainfroi, avant la bataille, ces singulières paroles : « Aujourd'hui je t'enverrai en enfer si tu ne m'envoies pas en paradis. »

On a attribué à Manfred un livre latin intitulé : *la Pomme philosophique*, où il traite de la science de l'alchimie, qu'il dit être la sœur germaine de la magie (3).

MAISON ENSORCELÉE. A la fin de nivôse an XIII (1805), il s'est passé à Paris, rue Notre-Dame de Nazareth, dans une ancienne maison dont on avait dépouillé les religieuses cordelières, une scène qui fit quelque bruit. On vit tout à coup voler en l'air des bouteilles depuis la cave jusqu'au grenier ; plusieurs personnes furent blessées, les débris de bouteilles restèrent entassés dans le jardin, sans que la foule des curieux pût découvrir d'où provenait ce phénomène. On consulta des physiciens et des chimistes, ils ne purent pas même dire de quelle manufacture venaient les bouteilles qu'on leur montra. Les gens du

---

(1) Delrio, Disquisitions magiques.
(2) Le Solide trésor du Petit-Albert.

(3) Leloyer, Hist. des spectres et apparitions des esprits, liv. IV, p. 303.

peuple se persuadèrent qu'elles venaient de la manufacture du diable, et que cette aventure ne pouvait être que l'ouvrage des sorciers ou des revenants; les personnes plus instruites, tout aussi crédules, ne surent que penser. La police découvrit enfin que ces revenants n'étaient que des habitants de la maison voisine, aidés d'un physicien de leurs amis, qui, au moyen de l'électricité et d'un trou imperceptible pratiqué dans le mur, parvenaient à faire mouvoir à leur gré les meubles de la maison prétendue ensorcelée. Ils avaient pour objet d'empêcher le nouveau propriétaire de la vendre; ils se vengeaient en même temps d'une personne dont ils croyaient avoir à se plaindre (1). *Voy.* ALESSANDRO, ATHÉNODORE, AYOLA, BOLACRÉ, CHAMBRES INFESTÉES, REVENANTS, etc.

MALADE. « Divers sont les jugements qui se font d'aucuns; si un malade doit vivre ou mourir; mais je publierai ce présent signe infaillible, duquel se pourra servir un chacun, et en faire un ferme jugement : Prenez une ortie et la mettez dans l'urine du malade incontinent après que le malade l'aura faite, et avant qu'elle soit corrompue; laissez l'ortie dans ladite urine l'espace de vingt-quatre heures; et après, si l'ortie se trouve verte, c'est un signe de vie (2). »

Delancre (3) nous conseille de ne pas admettre l'opinion des gnostiques, qui disent que chaque maladie a son démon, et d'éviter l'erreur populaire qui prétend que tous ceux qui tombent du haut-mal sont possédés. Les maladies ont souvent causé de grands désordres. Le P. Lebrun rapporte l'exemple d'une femme attaquée d'une maladie de l'œil qui lui faisait voir une foule d'images bizarres et effrayantes; elle se crut ensorcelée : un habile oculiste l'opéra, et guérit en même temps son œil et son imagination. Plusieurs des sorciers, loups-garous et possédés n'étaient que des malades. *Voy.* HALLUCINATION.

MALAFAR. *Voy.* VALAFAR.

MALAINGHA, nom général des anges du premier ordre chez les habitants de Madagascar. Ces anges font mouvoir les cieux, les étoiles, les planètes, et sont chargés du gouvernement des saisons : les hommes sont confiés à leur garde; ils veillent sur leurs jours, détournent les dangers qui les menacent et écartent les démons.

MAL CADUC. Pour guérir ce mal on se sert d'un anneau dont voici la recette : « Vous ferez un anneau de pur argent, dans le chaton duquel vous enchâsserez un morceau de corne de pied d'élan; puis vous choisirez un lundi du printemps auquel la lune sera en aspect bénin ou en conjonction avec Jupiter ou Vénus, et à l'heure favorable de la constellation vous graverez en dedans de l'anneau ce qui suit : ✠ *Dabi*, ✠ *Habi*, ✠ *Haber*, ✠ *Habi*. Soyez assuré qu'en portant habituellement cet anneau au doigt du milieu de la main, il vous garantira du mal caduc (4). » Si vous n'y croyez pas, moi non plus.

MALDONAT, célèbre jésuite, né en 1534, à Casas de la Reina dans l'Estramadure. Il étudia à Salamanque et entra chez les jésuites de Rome en 1562. Deux ans après, il ouvrit, au collège de Clermont, à Paris, un cours de philosophie, dans lequel il obtint les plus brillants succès, quoiqu'il n'eût encore que trente ans. Ayant formé le dessein de travailler à un commentaire sur les quatre évangélistes, il crut voir, pendant quelques nuits, un homme qui l'exhortait à finir promptement cet ouvrage, et qui l'assurait qu'il l'achèverait, mais qu'il survivrait peu de jours à sa conclusion ; cet homme lui marquait en même temps un certain endroit du ventre, qui fut le même où Maldonat sentit les vives douleurs dont il mourut en 1583, peu de temps après avoir achevé son ouvrage.

MALE-BÊTE, monstre qui passait autrefois, dans l'opinion du peuple de Toulouse, pour courir les rues la nuit. La superstition avait fait croire que tous ceux qui rencontraient ou envisageaient la male-bête, mouraient le lendemain.

MALEBRANCHE (NICOLAS), savant prêtre de l'Oratoire, né à Paris en 1638, mort en 1715. On trouve dans sa *Recherche de la Vérité* d'assez bonnes choses sur la sorcellerie, qu'il regarde comme une maladie d'imagination : ce qui est vrai le plus souvent. On dit qu'il n'osait pas se moucher, parce qu'il était persuadé qu'il lui pendait un gigot de mouton au bout du nez. On ne le guérit de cette hallucination qu'en faisant semblant de couper le gigot avec un rasoir : c'est du moins ce qui a été raconté. *Voy.* MALLEBRANCHE.

MALÉFICES. On appelle maléfices toutes pratiques superstitieuses employées dans le dessein de nuire aux hommes, aux animaux ou aux fruits de la terre. On appelle encore maléfices les maladies et autres accidents malheureux causés par un art infernal, et qui ne peuvent s'enlever que par un pouvoir surnaturel.

Il y a sept principales sortes de maléfices employés par les sorciers : 1° ils mettent dans le cœur une passion criminelle; 2° ils inspirent des sentiments de haine ou d'envie à une personne contre une autre ; 3° ils jettent des ligatures; 4° ils donnent des maladies ; 5° ils font mourir les gens; 6° ils ôtent l'usage de la raison; 7° ils nuisent dans les biens et appauvrissent leurs ennemis. Les anciens se préservaient des maléfices à venir en crachant dans leur sein.

En Allemagne, quand une sorcière avait rendu un homme ou un cheval impotent et maléficié, on prenait les boyaux d'un autre homme ou d'un cheval mort, on les traînait jusqu'à quelque logis, sans entrer par la

---

(1) M. Salgues, Des erreurs et des préjugés.
(2) Le Petit-Albert, p. 172.
(3) Tableau de l'inconstance des dém., sorc. et magic., liv. IV, p. 284.
(4) Le Petit-Albert, page 156.

porte commune, mais par le soupirail de la cave, ou par-dessous terre, et on y brûlait ces intestins. Alors la sorcière qui avait jeté le maléfice sentait dans les entrailles une violente douleur, et s'en allait droit à la maison où l'on brûlait les intestins pour y prendre un charbon ardent, ce qui faisait cesser le mal. Si on ne lui ouvrait promptement la porte, la maison se remplissait de ténèbres avec un tonnerre effroyable, et ceux qui étaient dedans étaient contraints d'ouvrir pour conserver leur vie (1). Les sorciers, en ôtant un sort ou maléfice, sont obligés de le donner à quelque chose de plus considérable que l'être ou l'objet à qui ils l'ôtent : sinon, le maléfice retombe sur eux. Mais un sorcier ne peut ôter un maléfice s'il est entre les mains de la justice : il faut pour cela qu'il soit pleinement libre. *Voy.* HOCQUE.

On a regardé souvent les épidémies comme des maléfices. Les sorciers, disait-on, mettent quelquefois, sous le seuil de la bergerie ou de l'étable qu'ils veulent ruiner, une touffe de cheveux, ou un crapaud, avec trois maudissons, pour faire mourir étiques les moutons et les bestiaux qui passent dessus : on n'arrête le mal qu'en ôtant le maléfice. Delancre dit qu'un boulanger de Limoges, voulant faire du pain blanc suivant sa coutume, sa pâte fut tellement charmée et maléficiée par une sorcière, qu'il fit du pain noir, insipide et infect.

Une magicienne ou sorcière, pour gagner le cœur d'un jeune homme marié, mit sous son lit, dans un pot bien bouché, un crapaud qui avait les yeux fermés ; le jeune homme quitta sa femme et ses enfants pour s'attacher à la sorcière ; mais la femme trouva le maléfice, le fit brûler, et son mari revint à elle (2).

Un pauvre jeune homme ayant quitté ses sabots pour monter à une échelle, une sorcière y mit *quelque poison* sans qu'il s'en aperçût, et le jeune homme, en descendant, s'étant donné une entorse, fut boiteux toute sa vie (3).

Une femme ensorcelée devint si grasse, dit Delrio, que c'était une boule dont on ne voyait plus le visage, ce qui ne laissait pas d'être considérable. De plus, on entendait dans ses entrailles le même bruit que font les poules, les coqs, les canards, les moutons, les bœufs, les chiens, les cochons et les chevaux, de façon qu'on aurait pu la prendre pour une basse-cour ambulante.

Une sorcière avait rendu un maçon impotent et tellement courbé, qu'il avait presque la tête entre les jambes. Il accusa la sorcière du maléfice qu'il éprouvait ; on l'arrêta, et le juge lui dit qu'elle ne se sauverait qu'en guérissant le maçon. Elle se fit apporter par sa fille un petit paquet de sa maison, et, après avoir adoré le diable, la face en terre, en marmottant quelques charmes, elle donna le paquet au maçon, lui commanda de se baigner et de le mettre dans son bain, en disant : *Va de par le diable !* Le maçon le fit, et guérit. Avant de mettre le paquet dans le bain, on voulut savoir ce qu'il contenait ; on y trouva trois petits lézards vifs ; et quand le maçon fut dans le bain, il sentit sous lui comme trois grosses carpes, qu'on chercha un moment après sans rien trouver (4).

Les sorciers mettent parfois le diable dans des noix, et les donnent aux petits enfants, qui deviennent maléficiés. Un de nos démonographes (c'est, je pense, Boguet) rapporte que, dans je ne sais quelle ville, un sorcier avait mis sur le parapet d'un pont une pomme maléficiée, pour un de ses ennemis, qui était gourmand de tout ce qu'il pouvait trouver sans desserrer la bourse. Heureusement le sorcier fut aperçu par des gens expérimentés, qui défendirent prudemment à qui que ce fût d'oser porter la main à la pomme, sous peine d'avaler le diable. Il fallait pourtant l'ôter, à moins qu'on ne voulût lui donner des gardes. On fut longtemps à délibérer, sans trouver aucun moyen de s'en défaire ; enfin il se présenta un champion qui, muni d'une perche, s'avança à une distance de la pomme et la poussa dans la rivière, où étant tombée, on en vit sortir plusieurs petits diables en forme de poissons. Les spectateurs prirent des pierres et les jetèrent à la tête de ces petits démons, qui ne se montrèrent plus...

Boguet conte encore qu'une jeune fille ensorcelée rendit de petits lézards, lesquels s'envolèrent par un trou qui se fit au plancher. *Voy.* CHARMES, ENCHANTEMENTS, MAGICIENS, SORCIERS, etc.

MALICES DU DÉMON. On trouve sur ce chapitre des légendes bien naïves. Il y avait à Bonn, dit Césaire d'Heisterbach, un prêtre remarquable par sa pureté, sa bonté et sa dévotion. Le diable se plaisait à lui jouer de petits tours de laquais ; lorsqu'il lisait son bréviaire, l'esprit malin s'approchait sans se laisser voir, mettait sa griffe sur la leçon du bon curé et l'empêchait de finir ; une autre fois il fermait le livre, ou tournait le feuillet à contre-temps. Si c'était la nuit, il soufflait la chandelle. Le diable espérait se donner la joie de mettre sa victime en colère ; mais le bon prêtre recevait tout cela si bien et résistait si constamment à l'impatience, que l'importun esprit fut obligé de chercher une autre dupe (5).

Cassien parle de plusieurs esprits ou démons de la même trempe qui se plaisaient à tromper les passants, à les détourner de leur chemin et à leur indiquer de fausses routes, le tout par malicieux divertissement (6).

Un baladin avait un démon familier, qui jouait avec lui et se plaisait à lui faire des espiègleries. Le matin il le réveillait en tirant les couvertures, quelque froid qu'il fît ; et quand le baladin dormait trop profondé-

---

(1) Bodin, Démonomanie, liv. IV.
(2) Delrio, Disquisitions magiques.
(3) Delancre, De l'Inconstance, etc.

(4) Bodin, Démonomanie.
(5) Cæsarii Heisterb. Miracul. lib. V, cap. 53.
(6) Cassiani collat. 7, cap. 32.

ment, son démon l'emportait hors du lit et le déposait au milieu de la chambre (1). Pline parle de quelques jeunes gens qui furent tondus par le diable. Pendant que ces jeunes gens dormaient, des esprits familiers, vêtus de blanc, entraient dans leurs chambres, se posaient sur leur lit, leur coupaient les cheveux proprement, et s'en allaient après les avoir répandus sur le plancher (2).

MALIN. C'est une des épithètes qu'on donne volontiers au démon, appelé souvent l'esprit malin : elle est prise dans son plus mauvais sens.

MALLEBRANCHE, marqueur de jeu de paume, demeurant en la rue Sainte-Geneviève, à Paris, lequel fut, le 11 décembre 1618, visité par un revenant. C'était sa femme, morte depuis cinq ans. Elle lui donna de bons conseils qui redressèrent sa mauvaise vie, mais parla sans se montrer. On a fait là-dessus une brochure in-12, que voici :

Histoire nouvelle et remarquable de l'esprit d'une femme qui s'est apparue au faubourg Saint-Marcel après qu'elle a demeuré cinq ans entiers ensevelie : elle a parlé à son mari, lui a commandé de faire prier pour elle, ayant commencé de parler le mardi 11 décembre 1618. Paris, in-12, 1618.

Le mardi 11 décembre 1618, en la rue Sainte-Geneviève de Paris, hors de la porte Saint-Marceau, un nommé Mallebranche, marqueur de jeu de paume , ayant le matin, environ vers les quatre ou cinq heures, entendu quelque bruit, et ne sachant qui heurtait à sa porte, demanda qui c'était. Une voix faible et débile lui répondit que c'était sa femme, décédée depuis cinq ans, qui désirait parler à lui, et lui dire chose qui le touchait, tant pour le salut de son âme, que pour le bien de son ménage ; dont cet homme, tout étonné, et ne sachant que répondre, demeura sans repartie. La voix reprit et lui dit :

— Eh quoi ! ne connais-tu pas que je suis ta femme, qui parle à toi, et qui t'avertis que tu aies à faire pénitence; autrement tu périras?

Comme ces choses sont extraordinaires et ne peuvent guère arriver sans que l'esprit se trouble, aussi celui-ci ne sut ce qu'il devint pour l'heure, et demeura fort étonné. Néanmoins, après quelque intervalle, il entendit une voix qui lui parlait en cette sorte :

— Il ne faut point t'étonner pour cela; c'est ta femme qui te parle, qui est décédée depuis cinq ans, trois mois et six jours, qui t'avertit qu'elle est en quelque peine, dont tu as moyen de la tirer, si tu l'as jamais aimée; car elle est en grande peine. Mais si tu vas à Saint-Cloud, et là fais prière pour elle et offre cinq chandelles pour le salut de son âme, tu l'allégeras de beaucoup.

L'étonnement fut si grand à cet homme, qu'il ne faut pas le demander ; néanmoins, après quelques contrastes qu'il en eut en son âme, comme un homme qui est bien ne et qui ne tâche en toutes choses qu'à procurer le repos de l'âme de sa femme, il se porta à Saint-Cloud, où il fit les offrandes que sa défunte femme lui avait recommandées. Étant de retour le soir, et pensant être en repos pour avoir satisfait à ce qui lui avait été ordonné pour la satisfaction de cette âme, il entendit frapper à sa porte ; et au même instant, ayant demandé qui c'était, il entendit la même voix qui lui dit qu'à la vérité elle avait reconnu qu'il l'aimait et faisait état d'elle, puisqu'il avait été à Saint-Cloud à son intention, mais que ce n'était pas assez, et qu'il y fallait retourner encore une autre fois, et puis qu'elle serait en repos.

Le bruit de cette affaire s'écoula par la ville, et de telle façon, que le vendredi on y fit venir deux bons capucins. Eux voient, considèrent, regardent de près ce qui pouvait en être ; mais n'ayant autre certitude pour ce fait, ils conseillèrent à cet homme de ne plus retourner à Saint-Cloud, s'il n'avait d'autres avertissements plus grands, et que les âmes faibles pouvaient être trompées là-dessus.

Cela ne laissa pas de continuer pourtant, et tous les matins cet homme ne manquait point d'entendre frapper à sa porte, jusqu'à ce qu'enfin, le dimanche suivant, faisant le sourd, il ouït une voix qui appelait et qui demandait qui était au logis. Lui ne veut point répondre; mais le bruit ne cessant pas d'importuner à la porte, la femme de ce marqueur (qui était marié en secondes noces) demanda : — Qui est là?

La voix répondit : — C'est moi qui veux parler à mon mari; je sais bien que vous êtes sa femme de présent, mais je l'ai été avant vous, et ne suis pas marrie qu'après ma mort il vous ait prise; mais, au reste, je veux lui dire qu'il ait à se châtier et à se reconnaître, et surtout à corriger ses mauvaises habitudes, s'empêcher de jurer le nom saint et sacré de Dieu, comme il a coutume de le faire ; qu'il vive en bon ménage avec toute sa famille et tous ses bons voisins, mais surtout qu'il ne tourmente point ses enfants, et ne batte point sa femme, puisque Dieu a permis qu'il en ait une autre après moi; et outre ce, je lui recommande une chose, c'est qu'avant le jour des Rois, qui sera bientôt, il fasse faire un gâteau, et qu'il assemble tous les voisins pour en venir avoir leur part, et qu'on me laisse la mienne, parce que j'avais promis à mes voisins et voisines, avant ma mort, de faire les Rois avec eux, mais je ne pus, étant morte. Je désire qu'il le fasse maintenant, et après tout cela, je serai en repos. Enfin, que mon mari prie pour moi, et je prierai pour lui, car je suis en grande peine.

Le dimanche suivant, le soir, un de MM. les aumôniers du cardinal-évêque de Paris y voulut aller pour considérer l'affaire et prendre garde qu'il n'y eût point d'imposture. Mais quoi ! comme la curiosité porte coutumièrement les hommes et surtout les Français

---

(1) Guillelmi Parisiensis, partis 2 princip., cap. 8.　　(2) Pline, lib. xvi, epist. 27.

à vouloir voir toutes choses nouvelles, la maison se trouva toute pleine de gens qui abordèrent alors, et néanmoins n'entendirent rien, parce que la voix se tut cette nuit-là, ou à cause de l'abondance du monde qui y était, ou autrement; sinon que le matin on ouit battre le tambour à la biscayenne, sans savoir d'où en venait le bruit; et depuis, on n'a rien ouï.

MALPHAS, grand président des enfers, qui apparaît sous la forme d'un corbeau. Quand il se montre avec la figure humaine, le son de sa voix est rauque : il bâtit des citadelles et des tours inexpugnables, renverse les remparts ennemis, fait trouver de bons ouvriers, donne des esprits familiers, reçoit des sacrifices, et trompe les sacrificateurs : quarante légions obéissent à ses commandements (1).

MAMBRÉ, célèbre enchanteur de l'Egypte, un de ceux que Moïse confondit par ses miracles (2).

MAMMON, démon de l'avarice : c'est lui, dit Milton, qui, le premier, apprit aux hommes à déchirer le sein de la terre pour en arracher les trésors.

MAMMOUTH, animal dont la race est perdue; il est un sujet de vénération parmi les peuples de la Sibérie, qui lui donnent quatre ou cinq mètres de longueur ; sa couleur est grisâtre, sa tête fort longue et son front large; il lui sort des deux côtés, au-dessus des yeux, des cornes qu'il remue et croise à son gré, disent les Sibériens ; ils ajoutent qu'il a la faculté de s'étendre considérablement en marchant, et de se rétrécir en plus petit volume. Ses pattes ressemblent à des pattes d'ours.

LA CAVERNE DU MAMMOUTH.

La caverne du Mammouth, ou grande grotte américaine, est un immense souterrain dans la prairie sud de l'Etat de Kentucky. La description qui suit est due à la plume d'un gentleman instruit, qui est demeuré tout récemment quelque temps sur les lieux.

La caverne a été explorée, suivant l'estimation du guide, sur une étendue de quatorze milles (22 kilomètres 1/2, 5 lieues 1/2) en ligne droite. Cette limite des explorations aboutit à une entrée au delà des montagnes Rocheuses. Jusqu'où peuvent-elles s'étendre encore? On l'ignore.

Il paraît que la caverne a été habitée dans des temps reculés, mais probablement par des races éteintes aujourd'hui. On a examiné en 1813 un corps humain trouvé dans cette caverne, et la nombreuse garde-robe conservée auprès de lui, dont on a fait un inventaire exact que l'on possède encore. Le corps était celui d'une femme de taille gigantesque; il avait à peu près 5 pieds 10 pouces. Il était accroupi dans un trou de trois pieds carrés d'ouverture, sur lequel était une pierre plate. Les poignets étaient liés d'une corde et pliés contre la poitrine; les genoux en étaient rapprochés. Le corps était entouré de deux peaux de cerf à moitié préparées et sans poils, sur lesquelles étaient dessinées en blanc des souches et des feuilles de vigne. Sur ces peaux était un drap de deux yards carrés; aux pieds une paire de mocassins et une espèce de havresac entièrement rempli des objets qui suivent : sept parures de tête en plume d'aigle et d'un autre oiseau de proie, assemblées comme on fait aujourd'hui pour les éventails de plumes : ces parures, fort élégantes, sont placées debout sur le haut de la tête d'une oreille à l'autre, attachées avec des cordons ; une mâchoire d'ours arrangée pour être portée par une corde autour du cou; une serre d'aigle destinée à être portée de la même manière; plusieurs sabots de faons arrangés en chapelet; environ deux cents tours de chapelet en graines de l'intérieur du pays, un peu plus petites que la graine de chanvre; des sifflets liés ensemble et d'environ six pouces de long, faits en canne, avec une ajoutée du tiers de la longueur : une ouverture d'environ 9 lignes s'étend de chaque côté du joint où se trouve un roseau fendu; deux grandes peaux de serpents à sonnettes, dont l'une a quatorze anneaux sonores; un peloton de nerf de chamois pour coudre, ressemblant à des cordes de violon; quelques bouts de gros fil à deux ou trois brins; une poche en filet en forme de valise, s'ouvrant en long et par le haut, avec des ganses de chaque côté et deux cordes fixées à l'une des extrémités passant à travers ces ganses pour la fermer. Cette espèce de valise était d'un bon modèle et fort ingénieusement faite.

Telle était la garde-robe trouvée avec le corps de cette femme. Le drap, les mocassins, le havresac, la poche en filet, le fil, les cordons étaient en écorce, travaillés soit en tresse, soit en espèce de tricot. Le havresac avait une double bordure de trois pouces, qui lui donnait plus de force. Je ne pense pas que le travail de tous ces objets soit plus parfait que celui des objets semblables que l'on rencontre dans les différentes tribus indiennes; mais ils avaient tous un cachet particulier, un style, un caractère que je n'ai trouvé nulle part. Le corps avait été conservé, par le dessèchement des chairs, dans une atmosphère sans variations, où ne peut s'opérer la décomposition animale. La chevelure était rouge et longue de quelques lignes seulement; sur les côtés il existait une blessure. A quelle date du monde remonte le dépôt de ce corps dans la caverne?

On a publié, dans les *Annales de la Propagation de la foi*, la description suivante de cette caverne-monstre.

L'aspect grandiose et presque terrible que prennent les collines et les vallons au fond desquels se trouve l'entrée de *Mammoth-Cave* dispose l'âme aux émotions qu'elle doit bientôt éprouver. Des arbres gigantes-

---

(1) Wierus, In Pseudomonarchia dæm.
(2) Saint Paul, II Tim., ch. III, vers. 8.

(3) Laharpe, Hist. des Voyages, t. II, p. 151.

ques, des roches entassées, l'obscurité croissante, tout saisit vivement l'imagination. Le soleil pénètre à peine dans le fond de la vallée. On semble quitter le séjour brillant de la lumière pour entrer dans le sombre empire que les Grecs peuplèrent de fantômes et d'esprits errants.

Nous en approchions déjà; le premier sentiment est celui de la stupeur et d'une sorte d'effroi. Une grotte de 35 pieds de large, de 20 de haut, et profonde de 50 à peu près, est terminée intérieurement par une porte étroite qui joint la limite de la lumière et des ténèbres. Avant d'en franchir le seuil, on se retourne par un mouvement spontané et invincible; on jette un dernier regard sur le ciel bleu que Dieu étendit pour en faire le pavillon de l'homme. Oh! comme elle paraît alors brillante, la lumière qui joue à l'entrée de la grotte, dans les larges feuilles des balsamines sauvages, ou sur les rameaux flexibles des ronces! Cependant il faut passer. Le nègre qui vous sert de guide rirait de votre simplicité, si vous lui disiez un mot des sentiments qui remplissent votre âme. Le seuil est franchi; nous sommes dans la branche principale du souterrain.

Une nef sans supports, de 100 toises de long, de 80 à 110 pieds de haut, et large d'une cinquantaine, forme le prodigieux sarcophage où vous êtes momentanément enseveli. La lumière des lampes que les voyageurs tiennent à la main va se perdre dans la profondeur du gouffre. Vous les voyez, à quelques pas, lutter contre les ténèbres qui s'épaississent. Pour fixer un objet, il faut s'arrêter, élargir la prunelle et approcher la lampe. Cependant la lumière empruntée d'un flambeau, disséminée dans un espace beaucoup trop vaste pour en être totalement éclairé, donne plus de grandeur aux objets. Aux extrémités de cette longue avenue, plusieurs branches du souterrain débouchent dans diverses directions. On trouve alors quelque ressemblance avec les catacombes de Rome....

On nous fit traverser une suite de grottes et d'avenues telles qu'on en voit partout où la nature a creusé des cavités souterraines. La seule chose qui frappe ici, c'est le peu de respect que les voyageurs ont pour cette merveilleuse curiosité du nouveau monde. Les incrustations calcaires qui décoraient jadis l'*Avenue gothique*, la *Chapelle*, le *Temple*, jonchent maintenant le sol; quelques débris seulement restent suspendus aux murailles et aux voûtes pour exciter les regrets du voyageur; en même temps des milliers de noms se voient dessinés de toutes parts, comme si les auteurs de ces dévastations avaient craint de n'être pas connus.

Nous nous arrêtâmes cependant dans la petite chambre appelée *Haunted-Chamber*, où les premiers qui pénétrèrent dans le souterrain trouvèrent des momies que l'on dit être maintenant dans le Muséum de Peale. Entre plusieurs autres, le cadavre d'une femme emmaillotée et serrée de bandelettes, comme les momies égyptiennes, méritait de fixer l'attention : à son bras était suspendu un petit sac rempli d'aiguilles et de bijoux; elle était assise et de petite taille: ses traits annonçaient une variété humaine différente de l'homme rouge.

Un espace circulaire, que les guides disent être de huit acres, et que les visiteurs les plus modérés réduisent à quatre, se présente sous terre, sans piliers naturels pour supporter une voûte immense. L'action des eaux qui la creusa jadis a festonné tout à l'entour des draperies, des contours bizarres ou gracieux, comme dans les églises gothiques le ciseau des architectes a dessiné des arabesques, des feuillages, d'élégantes guirlandes. Le Panthéon d'Agrippa revint alors à ma pensée, comme le diminutif sublime de la voûte colossale que j'avais sous les yeux. Mille autres objets dignes d'être décrits trouveraient ici naturellement leur place, si je voulais parler en détail de tous les dômes curieux, de toutes les salles ou avenues pittoresques que le guide nous fit voir, en leur donnant des noms bien ou mal appliqués. Ainsi, *les forges du diable* se montrent à côté des *colonnes d'Hercule* et de *Pompée*, le *parapet de Napoléon* est voisin du *fauteuil de Vulcain*, la *femme de Loth* fait le pendant d'une *tête d'éléphant*......

Nous étions entrés dans la caverne à quatre heures du soir; nous en sortîmes à la nuit tombante. Le lendemain, avant que le soleil eût encore paru à l'orient, nous redescendîmes dans la grotte, et, sans nous arrêter aux curiosités de détail, nous nous dirigeâmes à grands pas vers la rivière, dont nous nous proposions d'étudier le cours. Avant d'y parvenir, il faut faire à peu près quatre milles, tantôt dans le roc vif, ou sur des pierres amoncelées, tombées autrefois de la voûte, tantôt sur un sable fin rempli de petits cailloux. Dans plusieurs endroits, surtout dans le *labyrinte*, près du *dôme de Gorni*, on trouve des agates, des calcédoines, des opales, communes pour la plupart et de peu de valeur. Avant d'arriver à la rivière, on passe sur le gouffre appelé *Bottomless dit*. Il y a deux ans, c'était le terme de toutes les excursions : un abîme que l'on croyait sans fond se présentait au travers de l'unique sentier du souterrain. Le bruit lointain des eaux du fleuve qui, répété par les eaux des cavernes, ressemble au sourd mugissement d'une cascade, la vue de rochers entassés sans ordre, le rétrécissement presque subit de la voûte et du sentier, tout faisait craindre de trouver la mort, si on osait faire un pas de plus. Mais un voyageur eut plus d'audace que ses devanciers : il prit une montre à secondes, s'assit sur le bord de l'abîme, et jeta une pierre, et remarqua qu'après avoir rebondi contre les parois du gouffre, elle s'arrêtait enfin, en faisant entendre un bruit plus fort que ceux qui avaient précédé. Le calcul, après plusieurs expériences, lui donna une profondeur approximative de 140 pieds anglais. Le bruit des eaux lui annonçait, d'ailleurs, qu'au delà du précipice il trouverait, en dépit du rétrécissement momentané du souterrain, d'autres voûtes et d'autres avenues, plus larges peut-être que celles qu'il venait de voir. Il s'arma donc de courage, jeta une échelle transversale sur la bouche du gouffre et s'y cramponna des pieds et des mains. Un seul nègre l'accompagnait et, frappé d'une superstitieuse terreur, lui annonçait solennellement qu'il allait périr. La prédiction faillit se trouver vraie. L'échelle, à peine assez longue, était faiblement soutenue de l'autre côté; aussi, au moment où l'aventurier croyait toucher l'autre bord, elle glissa et le nègre poussa un cri d'effroi, s'imaginant que l'hydre de l'abîme punissait l'homme blanc de son audace sacrilége. Mais le voyageur intrépide, au moment du plus grand danger, conserva sa présence d'esprit; il étendit la main en tombant, saisit une pointe de rocher qui, par bonheur, ne céda pas, et se trouva bientôt, hors de crainte, à l'entrée d'une nouvelle caverne. Le nègre même, dit-on, encouragé par le succès d'une tentative si téméraire, alla chercher une échelle plus longue, passa à la suite de l'homme blanc, et revint avec lui par la même route, après avoir vu la rive du fleuve souterrain vers lequel nous allions nous diriger.

Actuellement, un pont en bois, jeté à travers le gouffre, offre aux visiteurs toute facilité de passer sans la moindre crainte, et tout le monde s'étonne aujourd'hui que l'on ait été pendant longtemps arrêté par si peu de chose. Il est surprenant, sans doute, de trouver une rivière si loin du jour; c'est une merveille de voir une vallée ténébreuse entourée de collines, de gorges, de ravins, peuplée d'êtres vivants, présentant, à la lumière près, tous les caractères des vallons où nous aimons tant à errer.

Après avoir descendu un coteau couvert de sable et de rochers épars, on se trouve sur les bords d'un nouveau Styx. La rivière peut avoir en cet endroit vingt pieds de large; on lui en donne autant de profondeur. Elle coule sur un lit de sable fin et de jolis cailloux. Quand elle devient moins profonde et que ses rives sont recouvertes seulement de quelques pouces d'eau, on y trouve un grand nombre d'écrevisses, pour la plupart de petite taille, rabougries, entièrement blanches; quelquefois, pourtant, on en trouve de taille ordinaire, presque noires et mieux nourries. Mais le caractère le plus frappant dans les deux espèces, c'est l'absence d'yeux, causée sans doute par leur inutilité. La cécité la plus complète est aussi le caractère le plus remarquable des poissons qui peuplent la rivière souterraine. On n'en connaît encore qu'une espèce du genre *cottus*. Le plus gros qui y ait jamais été pêché pouvait avoir six pouces; leur taille ordinaire est de trois à quatre pouces. Il serait facile de se les procurer vivants. Pour terminer la liste des animaux qui habitent *Mammoth-Cave*, je dois ajouter aux poissons et aux écrevisses plusieurs espèces d'insectes, entre autres des arachnides phalangiennes et des grillons. Mais il est temps de continuer notre route; un canot nous attend sur le rivage; hâtons-nous d'y entrer.

Nous étions trop nombreux pour entrer tous à la fois dans la barque; les dames s'y placèrent d'abord avec leurs maris. Chacun, sa lampe à la main, se tenait assis et tranquille; deux nègres seuls frappaient l'eau de leurs avirons. Pour nous, assis sur la rive, nous vîmes l'esquif voguer majestueusement vers la partie obscure du gouffre. Le premier trajet est à peine de dix minutes; la barque revint nous prendre, et bientôt nous nous trouvâmes de nouveau réunis sur un banc de terre calcaire compacte, au-dessous duquel le fleuve se perd comme par enchantement dans le sable. On peut éviter ce premier passage en se glissant à travers les rochers jusqu'au sommet des hautes collines qui bordent le fleuve; alors on marche quelque temps sur le bord d'un précipice. On voit à cent pieds de profondeur une immense vallée de forme elliptique, au fond de laquelle un murmure sourd indique la présence des eaux. Mais à la suite d'un second passage le fleuve prend un aspect grandiose et effrayant; quelquefois son lit est resserré entre des rochers minés par les eaux; quelquefois il s'élargit et présente la forme d'un lac. Je l'ai plusieurs fois traversé, et c'était toujours avec un nouveau sentiment de terreur. Dans le troisième trajet, on passe au moins vingt minutes sur la rivière. Une baie s'en détache dans cet endroit; mais on peut la traverser quelques pas plus loin, en sautant d'un rocher sur l'autre.

Plusieurs d'entre nous n'avaient pas osé risquer leur vie sur un aussi frêle esquif, et il n'est pas possible de disconvenir qu'il y avait danger réel. On parvint cependant à les faire passer de la rive droite sur la rive gauche. Ils gravirent de nouveau la chaîne de collines qui bordent aussi le fleuve de ce côté, et le seul passage qui se présenta alors devant eux était une espèce de grotte étroite et basse, dont les dimensions vont toujours en s'amoindrissant; bientôt ce n'est plus qu'un trou d'un pied et demi de haut, où il faut se glisser tout de son long, et pendant près de dix minutes on est ainsi obligé de ramper. Enfin on arrive au revers opposé de la chaîne, et on retrouve encore la rivière, qui a fait cependant un long circuit.

Un des points de vue les plus pittoresques dont il soit possible de jouir se présente au voyageur du haut de ce dernier versant: tout autour se forment rapidement des incrustations calcaires; la nature pétrit là des colonnes, des draperies, des groupes de rochers et de statues en profusion. Le sommet des collines touche la voûte, qui dans cet endroit est percée d'excavations et ornée de festons calcaires à grands plis. Au-dessous coule le fleuve, où l'on pourrait se jeter d'un saut.

A la branche principale du souterrain, d'autres cavernes plus étroites viennent se rattacher et divergent dans plusieurs directions. Si l'on s'aventure dans quelqu'une d'entre elles, on trouve souvent des chambres brillantes, des boudoirs gracieux, tendus d'une belle draperie blanche, épaisse, veloutée; je n'ai point entendu dire que nulle part ailleurs on eût encore trouvé des formations modernes de gypse aussi puissantes. Ce n'est encore que l'antichambre d'un immense palais : cinq milles au delà de la rivière, on en trouve la singulière entrée. Ceux qui me liront me croiront à peine, et je suis bien loin de rendre tout ce que j'ai senti.

La galerie souterraine où l'on a marché jusque-là finit enfin. Ce sentier devient d'abord plus étroit; on monte graduellement sur le roc vif, et l'on se trouve arrêté par un mur noir comme du basalte. Mais c'est le commencement des merveilles. Si l'on élève la tête, on voit un trou festonné d'incrustations calcaires : ce sont comme des grappes de raisin pendantes et gracieusement amoncelées. En s'aidant des pieds et des mains, on y monte, quoique difficilement, et le spectacle le plus magique se présente aussitôt aux regards. On se trouve transporté sur des guirlandes et des amas de raisins noirs et blancs.

Les masses de ce beau fruit tombent jusqu'à terre; tout le sol en est jonché. Une eau pure, que l'on prendrait pour leur jus, s'échappe le long des guirlandes, suit les contours de leurs draperies, et tombe enfin dans un bassin de roc découpé. Hélas! encore un petit nombre d'années, et cette salle magnifique n'existera plus. Elle fut découverte quinze jours seulement avant notre visite, et déjà j'ai vu les marques brutales des premiers coups donnés aux belles guirlandes. Ce superbe jeu de la nature sera bientôt ce qu'est aujourd'hui l'*Avenue gothique*, quelques débris revêtus d'un beau nom. On l'appelle aujourd'hi le *Cabinet de Clevland*. C'est l'entrée d'un nouveau souterrain qui est loin d'avoir encore été entièrement exploré. Le sol est recouvert d'une fine poussière de plâtre provenant de la décomposition des incrustations de gypse : les murailles en sont partout tapissées. Les formes ne sont plus seulement des colonnes et des draperies, mais aussi des feuilles, des fleurs, des rosaces, des étoiles, mille images bizarres, naturelles, gracieuses.

Arrivés à une distance de près de seize milles de l'entrée de la grotte, nous ne jugeâmes pas à propos d'aller plus avant. Un autre monde reste encore à découvrir. Qui sait si, par des galeries encore inconnues, on n'arrivera pas à trouver une autre branche de la rivière? qui sait tout ce que recèle, pour la science et la curiosité, ce merveilleux royaume des ténèbres?

MAN, ennemi de Sommona-Codom. Les Siamois le représentent comme une espèce de monstre, avec une tête hérissée de serpents, un visage fort large et des dents horriblement grandes.

MANCANAS, imposteur qui, dans les îles Mariannes, s'attribuait le pouvoir de commander aux éléments, de rendre la santé aux malades, de changer les saisons et de procurer une récolte abondante ou d'heureuses pêches.

MANCHE A BALAI. Quand les sorciers et les démons faisaient le sabbat, les sorcières s'y rendaient à cheval sur un manche à balai.

MANDRAGORES, démons familiers assez débonnaires; ils apparaissent sous la figure de petits hommes sans barbe, avec les cheveux épars. Un jour qu'une mandragore osa se montrer à la requête d'un sorcier qu'on tenait en justice, le juge ne craignit pas de lui arracher les bras et de les jeter dans le feu (1). Ce qui explique ce fait, c'est qu'on appelle aussi mandragores de petites poupées dans lesquelles le diable se loge, et que les sorciers consultent en cas d'embarras. On lit dans le Petit-Albert que, voyageant en Flandre et passant par Lille, l'auteur de cet ouvrage fut invité par un de ses amis à l'accompagner chez une vieille femme qui passait pour une grande devineresse, et dont il découvrit la fourberie. Cette vieille conduisit les deux amis dans un cabinet obscur, éclairé seulement d'une lampe, à la lueur de laquelle on voyait, sur une table couverte d'une nappe, une espèce de petite statue ou mandragore, assise sur un trépied, ayant la main gauche étendue et tenant de cette main un cordon de soie très-délié, au bout duquel pendait une petite mouche de fer bien poli. On avait placé au-dessous un verre de cristal, en sorte que la mouche se trouvait suspendue au-dessus de ce verre. Le mystère de la vieille consistait à commander à la mandragore de frapper la mouche contre le verre, pour rendre témoignage de ce que l'on voulait savoir. Ainsi elle disait, en s'adressant à la statue : « Je t'ordonne, mandragore, au nom de celui à qui tu dois obéir, que si monsieur doit être heureux dans le voyage qu'il va faire, tu fasses frapper trois fois la mouche contre le verre. » La mouche frappait aussitôt les trois coups demandés, quoique la vieille ne touchât aucunement ni au verre, ni au cordon de soie, ni à la mouche, ni à la statue; ce qui surprenait les spectateurs. Et afin de mieux duper les gens par la diversité de ses oracles, la vieille faisait de nouvelles questions à la mandragore, et lui défendait de frapper si telle ou telle chose devait ou ne devait pas arriver; alors la mouche restait immobile. Voici en quoi consistait tout l'artifice de la vieille : la mouche de fer, qui était suspendue dans le verre, étant fort légère et bien aimantée, quand la vieille voulait qu'elle frappât contre le verre, elle mettait à un de ses doigts une bague dans laquelle était enchâssé un gros morceau d'aimant. On sait que la pierre d'aimant a la vertu d'attirer le fer : l'anneau de la vieille mettait en mouvement la mouche aimantée, et la faisait

---

(1) Delrio, *Disquisitions magiques*.

frapper autant de fois qu'on voulait contre le verre. Lorsqu'elle désirait que la mouche ne frappât point, elle ôtait la bague de son doigt, sans qu'on s'en aperçût. Ceux qui étaient d'intelligence avec elle avaient soin de s'informer des affaires de ceux qu'ils lui menaient, et c'est ainsi que tant de personnes furent trompées.

Les anciens Germains avaient aussi des mandragores qu'ils nommaient Alrunes : c'étaient des figures de bois qu'ils révéraient, comme les Romains leurs dieux Lares, et comme les nègres leurs fétiches. Ces figures prenaient soin des maisons et des personnes qui les habitaient. On les faisait des racines les plus dures, surtout de la mandragore. On les habillait proprement, on les couchait mollement dans de petits coffrets ; toutes les semaines on les lavait avec du vin et de l'eau, et à chaque repas on leur servait à boire et à manger, sans quoi elles auraient jeté des cris comme des enfants qui souffriraient la faim et la soif, ce qui eût attiré des malheurs ; enfin on les tenait renfermées dans un lieu secret, d'où on ne les retirait que pour les consulter. Dès qu'on avait le bonheur d'avoir chez soi de pareilles figures (hautes de huit à neuf pouces), on se croyait heureux, on ne craignait plus aucun danger, on en attendait toutes sortes de biens, surtout la santé et la guérison des maladies les plus rebelles. Mais ce qui était encore plus admirable, c'est qu'elles faisaient connaître l'avenir : on les agitait pour cela, et on croyait attraper leurs réponses dans des hochements de tête que le mouvement leur imprimait. On dit que cette superstition des anciens Germains subsiste encore aujourd'hui parmi le peuple de la basse Allemagne, du Danemark et de la Suède.

Les anciens attribuaient de grandes vertus à la plante appelée mandragore. Les plus merveilleuses de ces racines étaient celles qui avaient pu être arrosées de l'urine d'un pendu ; mais on ne pouvait l'arracher sans mourir. Pour éviter ce malheur, on creusait la terre tout autour, on y fixait une corde attachée par l'autre extrémité au cou d'un chien ; ensuite, ce chien étant chassé, arrachait la racine en s'enfuyant ; il succombait à l'opération, mais l'heureux mortel qui ramassait alors cette racine ne courait plus le moindre danger, et possédait un trésor inestimable contre les maléfices. *Voy.* Bouchey, Brioché, etc.

MANÉ-RAJA. C'est le Noé de la mythologie indienne, qui n'est qu'une tradition horriblement altérée de l'Ecriture sainte. Il fut sauvé au jour du déluge universel, en récompense des vertus qu'il avait seul pratiquées au milieu de la corruption de son temps. Un jour qu'il se baignait, Dieu se présenta à lui sous la forme d'un petit poisson, et lui dit de le prendre : Mâné l'ayant fait, et le voyant grossir dans sa main, le mit dans un vase où il grossit encore avec tant de promptitude, que le râja fut contraint de le porter dans un grand bassin, de là dans un étang, puis dans le Gange, et enfin dans la mer. Alors le poisson lui apprit que tous les hommes allaient être noyés dans les eaux du déluge, à l'exception de lui, Mâné. Il lui ordonna en conséquence de prendre une barque qui se trouvait attachée au rivage, de l'amarrer à ses nageoires, et de se mettre dedans à sa remorque. Mâné ayant obéi, fut sauvé de la sorte, et le poisson disparut, quand les eaux se retirèrent. Le déluge indien ne dura que sept jours.

MANES, dieux des morts, qui présidaient aux tombeaux chez les anciens ; plus souvent encore les Mânes sont les âmes des morts. Le nom de Mânes en Italie était particulièrement attribué aux génies bienfaisants et secourables. Les mânes pouvaient sortir des enfers, avec la permission de Summanus, leur souverain. Ovide rapporte que, dans une peste violente, on vit les Mânes se lever de leurs tombeaux et errer dans la ville et les champs en jetant des hurlements affreux. Ces apparitions ne cessèrent avec la peste, suivant ce poëte, que quand on eut rétabli les fêtes *férales*, instituées par Numa, et qu'on eut rendu aux ombres le culte ordinaire qu'on avait depuis quelque temps interrompu.

Lorsque les Mânes étaient nommés *Lémures* ou *Rémures*, on les regardait comme des génies irrités, malfaisants et ardents à nuire. Leloyer (1) dit que les Mânes n'étaient que des démons noirs et hideux, comme les diables et les ombres infernales. *Voy.* Lémures.

MANFRED. *Voy.* Mainfroi.

MANG-TAAR, espèce d'enfer des Yakouts, habité par huit tribus d'esprits malfaisants : ces esprits ont un chef, dont le nom est *Acharaï Rioho*, le puissant. Le bétail dont le poil est entièrement blanc est sacré pour les Yakouts, comme dévoué au grand Acharaï. Les Yakouts croient que dès que leurs chamans meurent, ils se réunissent à ces esprits. Ces chamans sont des sorciers ou prétendus tels, qui font auprès de leurs idoles l'office de prêtres.

MANICHÉENS, sectateurs de l'hérésiarque Manès, né dans la Perse en 240. Ils reconnaissaient deux principes également puissants, également éternels, Dieu, auteur du bien, et le diable, auteur du mal.

MANIE. Il y a des manies féroces qu'on n'explique plus. Nos pères y voyaient une possession, et peut-être n'avaient-ils pas si tort. Le 24 octobre 1833, un fermier de Habershausen (Bavière), nommé Joseph Raas, sans doute possédé, tua sa femme par fanatisme ; il la croyait elle-même possédée du démon, il voulait le chasser du corps de cette malheureuse ; à cet effet il la frappa à coups redoublés d'une croix de métal qui lui ôta la vie. Pendant cette affreuse opération, quatre de ses enfants étaient présents et priaient, par son ordre, pour l'heureuse délivrance de leur mère. Aux cris de la victime, les voisins accoururent ; mais malheu-

(1) Hist. des spectres, etc.

reusement il était trop tard : l'infortunée venait d'expirer.

MANITOU. C'est le nom que les nègres donnent au diable. *Voy.* MATCHI-MANITOU.

MANTO, sibylle thessalienne, à qui on attribue cette prophétie, appliquée à Notre-Seigneur Jésus-Christ : « Celui qui est grand viendra ; il traversera les montagnes et les eaux du ciel ; il régnera dans la pauvreté et dominera dans le silence, et il naîtra d'une vierge (1). »

MANY, faux prophète et peintre célèbre parmi les Orientaux, qui fonda en Perse une secte, dont l'existence des deux principes éternels du bien et du mal, la métempsycose, l'abstinence des viandes, la prohibition du meurtre de tout animal, sont les dogmes principaux.

MAORIDATH, préservatif contre les enchantements. C'est le nom que les musulmans donnent aux deux derniers chapitres du Koran, qu'ils récitent souvent pour se garantir des sortilèges et de toutes autres mauvaises rencontres.

MARAIS. Dans le Pallène, contrée du Septentrion que nous ne connaissons pas, les conteurs anciens signalent un marais non moins ignoré, où ceux qui se baignaient neuf fois recevaient le plumage d'un cygne et la faculté de voler.

MARBAS ou **BARBAS**, grand président des enfers ; il se montre sous la forme d'un lion furieux. Lorsqu'il est en présence d'un exorciste, il prend la figure humaine et répond sur les choses cachées. Il envoie les maladies ; il donne la connaissance des arts mécaniques ; il change l'homme en différentes métamorphoses ; il commande trente-six légions (2).

MARC. L'hérésiarque Valentin eut entre autres disciples un nommé Marc, qui exerçait une espèce de magnétisme par lequel il prétendait communiquer le don de prophétie. Quand une femme à qui il avait promis ce don lui disait : Mais je ne suis pas prophétesse, il faisait sur elle des invocations afin de l'étonner, et il ajoutait : Ouvre la bouche à présent et dis tout ce qui te viendra, tu prophétiseras. La pauvre femme se hasardait et se croyait prophétesse. Il donnait dans la cabale ; et sans doute ses sectateurs tenaient de lui cette doctrine, que les vingt-quatre lettres de l'alphabet sont vingt-quatre éons ou esprits qui dirigent toutes choses. On ajoute que dans ses prestiges, car il faisait aussi de la magie, il était secondé par le démon Azazel.

MARC DE CAFÉ (ART DE DIRE LA BONNE AVENTURE PAR LE). Les préparatifs de *l'art de lire les choses futures dans le marc de café* sont fort simples. Vous laisserez dans la cafetière le marc que le café y a déposé ; qu'il soit vieux ou frais, il a des résultats, pourvu qu'il soit à peu près sec quand vous voudrez l'employer. Vous jetterez un verre d'eau sur ce marc ; vous le ferez chauffer jusqu'à ce qu'il se délaye. Vous aurez une assiette blanche, sans tache, essuyée et séchée. Vous remuerez d'abord le marc avec une cuiller, vous le verserez sur l'assiette, mais en petite quantité et de façon qu'il n'emplisse l'assiette qu'à moitié. Vous l'agiterez en tous sens, avec légèreté, pendant une minute ; ensuite vous répandrez doucement tout le liquide dans un autre vase, Par ce moyen il ne reste dans l'assiette que des particules de marc de café disposées de mille manières, et formant une foule de dessins hiéroglyphiques. Si ces dessins sont trop brouillés, que le marc soit trop épais, que l'assiette ne ressemble à rien, vous recommencerez l'opération. On ne peut lire les secrets de la destinée que si les dessins de l'assiette sont clairs et distincts, quoique pressés. Les bords sont ordinairement plus épais ; il y a même souvent des parties embrouillées dans le milieu ; mais on ne s'en inquiète point ; on peut *deviner* quand la majeure partie de l'assiette est déchiffrable. Des sibylles prétendent qu'on doit dire certaines paroles mystérieuses (3) en versant l'eau dans la cafetière, en remuant le marc avec la cuiller devant le feu, en le répandant sur l'assiette. C'est peut-être une supercherie. Les paroles n'ont pas ici vertu. Si on les ajoute, ce n'est que pour donner à l'œuvre quelque *solennité* et pour contenter les gens qui veulent que tout se fasse en cérémonie.

Le marc de café, après qu'on l'a versé dans l'assiette, y laisse doncdiverses figures. Il s'agit de les démêler ; car il y a des courbes, des ondulations, des ronds, des ovales, des carrés, des triangles, etc., etc. Si le nombre des *ronds* ou cercles, plus ou moins parfaits, l'emporte sur la quantité des autres figures, ce signe annonce qu'on recevra de l'argent. S'il y a peu de *ronds*, il y a de la gêne dans les finances de la personne qui consulte. Des figures carrées annoncent des désagréments, en raison de leur nombre. Des figures ovales promettent du succès dans les affaires, quand elles sont nombreuses ou distinctement marquées. Des lignes grandes ou petites, pourvu qu'elles soient saillantes ou multipliées, présagent une vieillesse heureuse. Les ondulations ou lignes qui serpentent annoncent des revers et des succès entremêlés. Une croix au milieu des dessins de l'assiette promet une mort douce. Trois croix présagent des honneurs. S'il se trouve dans l'assiette un grand nombre de croix, on reviendra à Dieu après la fougue des passions : il eût été mieux de ne pas le quitter. Un triangle promet un emploi honorable. Trois triangles à peu de distance l'un de l'autre sont un signe heureux ; en général, cette figure est de bon présage. Une figure qui aurait la forme d'un H annonce un empoison-

---

(1) Magnus veniet, et transibit montes et aquas cœli, et regnabit in paupertate et in silentio dominabitur, nascetur que ex utero virginis.
(2) Wierus, in Pseudomonarchia dæmon.
(3) Les voici. En jetant l'eau sur le marc : *Aqua boraxit venias carajos* ; en remuant le marc avec la cuiller : *Fixatur et patricam explinabit tornare* ; en répandant le marc sur l'assiette : *Hax verticaline, pax fantas marobum, max destinatus, veida porol.* Ces paroles ne signifiant rien, ne s'adressant à personne, pourraient bien être sans utilité

nement. Un carré long bien distinct promet des discordes dans le ménage. Si vous apercevez au milieu des dessins de l'assiette une raie dégagée, c'est un chemin qui annonce un voyage. Il sera long, si ce chemin s'étend; facile si le chemin est net; embarrassé si le chemin est chargé de points ou de petites lignes. Un rond dans lequel on trouve quatre points promet un enfant. Deux ronds de cette sorte en promettent deux, et ainsi de suite. Vous découvrez dans l'assiette la figure d'une maison à côté d'un cercle? Attendez-vous à posséder cette maison. Elle sera à la ville, car vous voyez un X dans le voisinage. Elle serait à la campagne si vous distinguiez auprès de ce signe la forme d'un arbre, d'un arbuste, ou d'une plante quelconque. Cette maison vous sera donnée, ou du moins vous l'aurez par héritage, lorsqu'elle est accompagnée de triangles. Vous y mourrez si elle est surmontée d'une croix. Vous trouverez peut-être la forme d'une couronne, elle vous promet des succès à la cour. On rencontre souvent la figure d'un ou de plusieurs petits poissons; ils annoncent qu'on sera invité à quelque bon dîner. La figure d'un animal à quatre pattes promet des peines. La figure d'un oiseau présage un coup de bonheur. Si l'oiseau semble pris dans un filet, c'est un procès. La figure d'un reptile annonce une trahison. La figure d'une rose donne la santé; la forme d'un saule pleureur, une mélancolie; la figure d'un buisson, des retards. La forme d'une roue est le signe d'un accident. Une fenêtre ou plusieurs carrés joints ensemble de manière à former une espèce de croisée vous avertissent que vous serez volé. C'est bon à savoir. Si vous voyez une tête ou une forme de chien à côté d'une figure humaine, vous avez un ami. Si vous voyez un homme monté sur un cheval ou sur tout autre quadrupède, un homme estimable fait pour vous de grandes démarches. Quand vous apercevez trois figures l'une auprès de l'autre, attendez quelque emploi honorable. Si vous distinguiez une couronne de croix, un homme de vos parents mourrait dans l'année. Une couronne de triangles ou de carrés annonce la mort d'une de vos parentes également dans l'année qui court. Un bouquet composé de quatre fleurs ou d'un plus grand nombre est le plus heureux de tous les présages. — Voilà.

MARCHOCIAS, grand marquis des enfers. Il se montre sous la figure d'une louve féroce, avec des ailes de griffon et une queue de serpent; sous ce gracieux aspect le marquis vomit des flammes. Lorsqu'il prend la figure humaine, on croit voir un grand soldat. Il obéit aux exorcistes; est de l'ordre des dominations, et commande trente légions (1).

MARCIONITES, hérétiques du ve siècle, qui avaient pour chef Marcion. Ils étaient dualistes et disaient que Dieu avait créé nos âmes, mais que le diable jaloux avait aussitôt créé nos corps, dans lesquels il avait emprisonné lesdites âmes.

MARDI. Si on rogne ses ongles les jours de la semaine qui ont un R, comme le mardi, le mercredi et le vendredi, les bonnes gens disent qu'il viendra des envies aux doigts.

MARENTAKEIN, arbrisseau des spectres, Voy. GUTHEYL.

MARGARITOMANCIE, divination par les perles. On en pose une auprès du feu, on la couvre d'un vase renversé, on l'enchante en récitant les noms de ceux qui sont suspects. Si quelque chose a été dérobé, au moment où le nom du larron est prononcé, la perle bondit en haut et perce le fond du vase pour sortir; c'est ainsi qu'on reconnaît le coupable (2).

MARGUERITE, princesse hollandaise qui vivait au XIIIe siècle. Ayant refusé brutalement l'aumône à une pauvre femme qui avait plusieurs enfants, et lui ayant reproché sa fécondité, cette pauvresse lui prédit qu'elle-même aurait autant d'enfants qu'il y a de jours dans l'an. Elle accoucha en effet de trois cent soixante-cinq enfants, qui furent présentés au baptême, tous les garçons gros comme le doigt, avec le nom de Jean, et toutes les filles, aussi mignonnes, avec le nom de Marie, sur deux grands plats que l'on garde toujours à Loosduynen, près de La Haye, où cette histoire n'est pas mise en doute. Avec les deux plats bien conservés, on montre le tombeau des trois cent soixante-cinq enfants, morts tous aussitôt après leur baptême.

MARGUERITE, Italienne, qui avait un esprit familier. Lenglet-Dufresnoy rapporte ainsi son histoire, sur le témoignage de Cardan :

« Il y avait à Milan une femme nommée Marguerite, qui publiait partout qu'elle avait un diable ou esprit familier, qui la suivait et l'accompagnait partout, mais qui pourtant s'absentait deux ou trois mois de l'année. Elle trafiquait de cet esprit; car souvent elle était appelée en beaucoup de maisons, et incontinent qu'on lui avait fait commandement d'évoquer son esprit, elle courbait la tête ou l'enveloppait de son tablier, et commençait à l'appeler et adjurer en sa langue italienne. Il se présentait soudain à elle et répondait à son évocation; la voix de cet esprit ne s'entendait pas auprès d'elle, mais loin, comme si elle fût sortie de quelque trou de muraille; et si quelqu'un se voulait approcher du lieu où la voix de cet esprit résonnait, il était étonné qu'il ne l'entendait plus en cet endroit, mais en quelque autre coin de la maison.

« Quant à la voix de l'esprit, elle n'était point articulée ni formée de manière qu'on la pût bien entendre; elle était grêle et faible, de sorte qu'elle se pouvait dire plutôt un murmure qu'un son de voix. Après que cet esprit avait sifflé ainsi et murmuré, la vieille lui servait de truchement, et faisait entendre aux autres ce qu'il avait dit.

« Elle a demeuré en quelques maisons où des femmes, qui ont observé ses façons de faire, disent qu'elle enferme quelquefois cet

---

(1) Wierus, In Pseudomonarchia dæm.
(2) Delancre, Incrédulité et mécréance du sortilége pleinement convaincue, p. 270.

esprit en un linceul, et qu'il a coutume de lui mordre la bouche tellement qu'elle a presque toujours les lèvres ulcérées. Cette misérable femme est en si grande horreur à tout le monde, à cause de cet esprit, qu'elle ne trouve personne qui la veuille loger ni qui consente à fréquenter avec elle (1). »

Nous n'avons pas besoin d'ajouter que c'était là un tour de ventriloquie.

MARIACHO DE MOLÈRES, insigne sorcière qui fut accusée par une jeune fille nommée Marie Aspiculette, âgée de dix-neuf ans, de l'avoir menée au sabbat, l'emportant sur son cou après s'être frottée d'une eau épaisse et verdâtre, dont elle se graissait les mains, les hanches et les genoux (2).

MARIAGE. On a plusieurs moyens de connaître quand et avec qui on se mariera. M. Chopin conte qu'en Russie les jeunes filles curieuses de connaître si elles seront mariées dans l'année forment un cercle dans lequel chacune répand devant soi une pincée de grains d'avoine. Cela fait, une femme placée au centre, et tenant un coq enveloppé, tourne plusieurs fois sur elle-même en fermant les yeux et lâche l'animal, qu'on a eu soin d'affamer; il ne manque pas d'aller picoter le grain. Celle dont l'avoine a été la première entamée peut compter sur un prochain mariage. Plus le coq y met d'avidité, et plus promptement l'union pronostiquée doit se conclure.

S'il est naturel à une jeune fille russe de désirer le mariage, il ne l'est pas moins qu'elle souhaite de connaître celui qui sera son époux. Le moyen suivant satisfait sa curiosité. Elle se rend à minuit dans une chambre écartée où sont préparés deux miroirs placés parallèlement vis-à-vis l'un de l'autre et éclairés de deux flambeaux. Elle s'assied et prononce par trois (3) fois ces mots : *Kto moy soujnoy kto moy riajnoy, tot pokajetsia mnie.* « Que celui qui sera mon époux m'apparaisse ! » Après quoi elle porte ses regards sur l'un des miroirs, et la réflexion lui présente une longue suite de glaces ; sa vue doit se fixer sur un espace éloigné et plus obscur, où l'on prétend que se fait l'apparition. On conçoit que plus le lieu observé paraît éloigné, plus il est facile à l'imagination déjà préoccupée de se faire une illusion. On se sert du même procédé pour savoir ce que font des personnes absentes.

Ceux qui désirent apprendre (toujours chez les Russes) si une jeune fille se mariera bientôt, font un treillage en forme de pont avec de petites branches entrelacées, et le mettent sous son chevet sans qu'elle s'en aperçoive. Le lendemain on lui demande ce qu'elle a vu en songe ; si elle raconte avoir passé un pont avec un jeune homme, c'est un signe infaillible qu'elle lui sera unie la même année. Cette divination s'appelle en russe *most mas-tite* (4).

On lit dans les admirables secrets du *Petit-Albert*, cette manière de connaître avec qui on s'unira. Il faut avoir du corail pulvérisé et de la poudre d'aimant, les délayer ensemble avec du sang de pigeon blanc ; on fera un petit peloton de pâte qu'on enveloppera dans un morceau de taffetas bleu, on se le pendra au cou ; on mettra sous son chevet une branche de myrte vert, et on verra en songe la personne qu'on doit épouser. Les filles ou veuves obtiennent le même résultat, en liant une branche de peuplier avec leurs chausses sous leur chevet, et se frottant les tempes, avant de dormir, d'un peu de sang de huppe. On croit aussi, dans plusieurs provinces, et on le croit sur nombre d'exemples, que les époux qui mangent ou boivent avant la célébration de leur mariage ont des enfants muets.

Les coutumes superstitieuses qui, en Ecosse, précèdent et suivent les mariages sont innombrables ; le peuple croit que des évocations, accompagnées de certaines paroles magiques, ont la puissance de faire apparaître l'ombre des futurs époux, et que des noisettes jetées au feu indiquent, par les divers pétillements de la flamme, si leur union sera heureuse. Un savant regrette de n'avoir pu découvrir l'origine certaine et la signification des présents échangés entre les fiancés. L'anneau est le symbole de l'esclavage qui pèse sur la femme, et on a cru qu'il était placé au quatrième doigt de la main gauche, parce qu'une veine conduit de ce doigt au cœur. Cette opinion était répandue chez les Egyptiens et chez les Grecs. Un anneau de mariage avec un diamant présageait une union malheureuse, parce que l'interruption du cercle annonçait que l'attachement des époux ne serait pas de durée ; on a donc adopté un cercle d'or.

On entend dire encore, de nos jours, que quand deux mariages se font à la même messe, l'un des deux n'est pas heureux.

MARIAGRANE (Marie), sorcière qui dit avoir vu souvent le diable, et qui se trouve citée dans Delancre.

MARIGNY (Enguerrand de), ministre de Louis X, roi de France. Alix de Mons, femme d'Enguerrand, et la dame de Canteleu, sa sœur, furent accusées d'avoir eu recours aux sortiléges pour envoûter le roi, messire Charles son frère et autres barons, et d'avoir fait des maléfices pour faire évader Enguerrand qui était emprisonné. On fit arrêter les deux dames. Jacques Dulot, magicien, qui était censé les avoir aidées de ses sortiléges, fut mis en prison ; sa femme fut brûlée et son valet pendu. Tous ces gens étaient des bandits. Dulot, craignant pareil supplice, se tua dans son cachot. Le comte de Valois, oncle du roi, fit considérer à ce prince que la mort volontaire du magicien était une grande preuve contre Marigny. On montra

---

(1) Recueil de Dissertat. de Lenglet-Dufresnoy, t. I*er*, p. 156.
(2) Delancre, Tableau de l'inconstance des dém., etc., liv. II, p. 116.
(3) Les Russes supposent au nombre trois une vertu particulière. *Bog tionbit troitzon* est un dicton populaire qui signifie : Dieu aime le nombre trois.
(4) M. Chopin, de l'État actuel de la Russie, ou Coup d'œil sur Saint-Pétersbourg, p. 82.

au monarque les images de cire; il se laissa persuader et déclara qu'il ôtait sa main de Marigny et qu'il l'abandonnait à son oncle. On assembla aussitôt quelques juges; la délibération ne fut pas longue: Marigny fut condamné, malgré sa qualité de gentilhomme, à être pendu comme sorcier; l'arrêt fut exécuté la veille de l'Ascension, et son corps fut attaché au gibet de Montfaucon, qu'il avait fait relever durant son ministère. Le peuple, que l'insolence du ministre avait irrité, se montra touché de son malheur. Les juges n'osèrent condamner sa femme et sa sœur; le roi lui-même se repentit d'avoir abandonné Marigny à ses ennemis; dans son testament il laissa une somme considérable à sa famille, en considération, dit-il, de la grande infortune qui lui était arrivée (1).

MARIONNETTES. On croyait autrefois que dans les marionnettes logeaient de petits démons. *Voy.* Brioché, Bouchey, Mandragores, etc.

MARISSANE. Un jeune homme de quinze ou seize ans, nommé Christoval de la Garrade, fut enlevé, sans graisse ni onguent, par Marissane de Tartras, sorcière, laquelle le porta si loin et si haut à travers les airs, qu'il ne put reconnaître le lieu du sabbat; mais il avoua qu'il avait été bien étrillé, pour n'avoir pas voulu prendre part audit sabbat, et sa déposition fut une des preuves qui firent brûler la sorcière; pourtant il pouvait n'avoir fait qu'un rêve. *Voy.* Ralde.

MARIUS. Il menait avec lui une sorcière scythe qui lui pronostiquait le succès de ses entreprises.

MARLE (Thomas de), comte d'Amiens et sire de Coucy, dont on peut lire les crimes dans les chroniques du règne de Louis le Gros. A sa mort, il recula sur ses forfaits et voulut se réconcilier avec Dieu. Mais comme il refusait de réparer une des plus sombres actions de sa vie (2), lorsqu'il se souleva pour recevoir la sainte communion, qu'il avait demandée, Suger atteste qu'une main invisible lui tordit le cou.

MAROT. Mahomet cite l'histoire des deux anges Arot et Marot, pour justifier la défense qu'il fait de boire du vin.

Dieu, dit-il, chargea Arot et Marot d'une commission sur la terre. Une jeune dame les invita à dîner, et ils trouvèrent le vin si bon qu'ils s'enivrèrent. Ils remarquèrent alors que leur hôtesse était belle, s'éprirent d'amour et se déclarèrent. Cette dame, qui était sage, répondit qu'elle ne les écouterait que quand ils lui auraient appris les mots dont ils se servaient pour monter au ciel. Dès qu'elle les sut, elle s'éleva jusqu'au trône de Dieu, qui la transforma, pour prix de sa vertu, en une étoile brillante (c'est l'étoile du matin), et qui condamna les deux anges ivrognes à demeurer jusqu'au jour du jugement suspendus par les pieds dans le puits de Babel, que les pèlerins musulmans vont visiter encore auprès de Bagdad.

MARQUE DU DIABLE. On sait que les sorcières qui vont au sabbat sont marquées par le diable, et ont particulièrement un endroit insensible, que les juges ont fait quelquefois sonder avec de longues épingles. Lorsque les prévenues ne jettent aucun cri et ne laissent voir aucune souffrance, elles sont réputées sorcières et condamnées comme telles, parce que c'est une preuve évidente de leur transport au sabbat. Delancre (3) ajoute que toutes celles qui ont passé par ses mains ont avoué toutes ces choses lorsqu'elles furent jetées au feu. Bodin prétend que le diable ne marque point celles qui se donnent à lui volontairement et qu'il croit fidèles; mais Delancre réfute cette assertion, en disant que toutes les plus grandes sorcières qu'il a vues avaient une ou plusieurs marques, soit à l'œil, soit ailleurs. Ces marques ont d'ordinaire la forme d'un petit croissant ou d'une griffe, ou d'une paire de cornes qui font la fourche.

MARQUIS DE L'ENFER. Les marquis de l'enfer, comme Phœnix, Cimeriès, Andras, sont, ainsi que chez nous, un peu supérieurs aux comtes. On les évoque avec fruit (dans le sens diabolique), depuis trois heures du soir jusqu'à la chute du jour (4).

MARTHYM ou BATHYM, duc aux enfers, grand et fort: il a l'apparence d'un homme robuste, et au derrière une queue de serpent. Il monte un cheval d'une blancheur livide. Il connaît les vertus des herbes et des pierres précieuses. Il transporte les hommes d'un pays dans un autre avec une vitesse incroyable. Trente légions lui obéissent.

MARTIN. Un jour que saint Martin de Tours disait la messe, le diable entra dans l'église avec l'espoir de le distraire. C'est une naïve historiette de la *Légende dorée*; elle est représentée dans une église de Brest. Elle parut à Grosnet un trait si joli qu'il le mit en vers. Le diable était, selon cet ancien poëte, dans un coin de l'église, écrivant sur un parchemin les caquets des femmes et les propos inconvenants qu'on tenait à ses oreilles pendant les saints offices. Quand sa feuille fut remplie, comme il avait encore bien des notes à prendre, il mit le parchemin entre ses dents et le tira de toutes ses forces pour l'allonger; mais la feuille se déchira, et la tête du diable alla frapper contre un pilier qui se trouvait derrière lui. Saint Martin, qui se retournait alors pour le *Dominus vobiscum*, se mit à rire de la grimace du diable, et perdit ainsi le mérite de sa messe, au jugement du moins de l'esprit malin, qui se hâta de fuir...

MARTIN (Marie), sorcière du bourg de La Neufville-le-Roi, en Picardie, qui fut arrêtée pour avoir fait mourir des bêtes et des hommes par sortilége, ou plutôt par maléfice, car au moins ce mot veut dire mauvaise

---

(1) M. Garinet, Hist. de la magie en France.
(2) Il tenait sa belle-mère enfermée dans un cachot ignoré de tous, connu de lui seul; il s'obstina en mourant à ne pas révéler cet affreux secret......
(3) Tableau de l'inconstance des démons, p. 103.
(4) Wierus, in Pseudomon. dæm.

action. Un magicien qui passait par là la reconnut; et, sur son avis, la sorcière fut rasée. On lui trouva la marque du diable, ayant l'empreinte d'une patte de chat. Elle dit au juge qu'elle se reconnaissait coupable. Traduite à la prévôté, elle avoua qu'elle était sorcière, qu'elle jetait des sorts au moyen d'une poudre composée d'ossements de trépassés; que le diable Cerbérus lui parlait ordinairement. Elle nomma les personnes qu'elle avait ensorcelées et les chevaux qu'elle avait maléficiés. Elle dit encore que, pour plaire à Cerbérus, elle n'allait pas à la messe, deux jours avant de jeter ses sorts; elle conta qu'elle était allée au chapitre tenu par Cerbérus; et qu'elle y avait été conduite la première fois par Louise Morel, sa tante. Dans son second interrogatoire, elle déclara que la dernière fois qu'elle était allée au sabbat, c'était à Varipon, près Noyon; que Cerbérus, vêtu d'une courte robe noire, ayant une barbe noire, coiffé d'un chapeau à forme haute, tenait son chapitre près des haies dudit Varipon, et qu'il appelait là par leurs noms les sorciers et les sorcières. Elle fut condamnée par le conseil de la ville de Montdidier à être pendue, le 2 juin 1586. Elle en appela au parlement de Paris, qui rejeta le pourvoi. Son exécution eut lieu le 25 juillet même année (1).

MARTINET, démon familier, qui accompagnait les magiciens et leur défendait de rien entreprendre sans sa permission, ni de sortir d'un lieu sans le congé de maître Martinet. Quelquefois aussi il rendait service aux voyageurs, en leur indiquant les chemins les plus courts; ce qui était de la complaisance.

MASCARADES. Les Gaulois croyaient que Mythras présidait aux constellations; ils l'adoraient comme le principe de la chaleur, de la fécondité et des bonnes et mauvaises influences. Les initiés à ses mystères étaient partagés en plusieurs confréries, dont chacune avait pour symbole une constellation; les confrères célébraient leurs fêtes et faisaient leurs processions et leurs festins, déguisés en lions, en béliers, en ours, en chiens, etc., c'est-à-dire sous les figures qu'on suppose à ces constellations. Voilà sans doute, selon Saint-Foix, l'origine de nos mascarades.

Un savant belge, J.-J. Raepsaet, a publié, en 1827, à Bruxelles, sous le titre d'*Anecdote sur l'origine et la nature du carnaval*, une brochure, dont nous donnerons ici quelques extraits.

« Le carnaval, dit-il, appartient peut-être à ces sortes d'institutions dont l'origine se perd dans la nuit des temps. Il se peut que le carnaval soit antérieur à la mythologie, qu'il soit une fête religieuse des temps où les hommes menaient la vie pastorale. A sa naissance il peut avoir été simple et innocent comme les mœurs de ses fondateurs, dépravé dans son adolescence et corrompu dans sa maturité. Nous sommes, ce me semble, à tous ces égards, encore aux conjectures; je vais proposer les miennes, car je ne prétends rien décider; elles porteront sur les points suivants.

« Dans quel pays, dans quel but et à quelle époque la fête que nous appelons *Carnaval* a-t-elle été instituée? Était-ce une fête religieuse ou profane? Quelles en étaient les cérémonies? Comment a-t-elle été introduite à Rome? Sous quel nom? Y a-t-elle conservé ce nom? A-t-elle été fondue en d'autres fêtes et en quelles? Après cette fusion a-t-elle conservé la simplicité et le caractère religieux de son institution? Quand et comment a-t-elle été connue et pratiquée dans les Gaules? Sous quel nom fut-elle originairement connue, spécialement dans les provinces du Nord? Quand et comment les cérémonies en ont-elles été corrompues? Les conciles des Gaules ont-ils aboli ou condamné le carnaval.

« Le lecteur décidera du plus ou moins de probabilité de ces conjectures?

« C'était anciennement une tradition, que les peuples de l'Arcadie ont existé avant Jupiter (2); ne connaissant ni arts, ni labour, ils n'avaient d'autres richesses que leurs troupeaux, et vivaient dans l'état de nature, marchant tout nus. Leur culte était analogue à leur genre de vie; le satyre Pan était le dieu de leurs troupeaux; ils se faisaient, tous les ans, en son honneur, une fête solennelle et générale à un jour fixe, qui revenait au 15 février (xv kalendæ martii); elle consistait dans une *lustration* des hommes et du sol pour obtenir de leur dieu le *piamen* ou le pardon du mal commis dans l'année qui venait de finir; car alors le mois de février était le dernier de l'année.

« Quel fut le nom particulier, que portait cette *lustration* en Arcadie? c'est ce que nous examinerons dans la suite. Mais à l'époque où cette espèce particulière de lustration fut apportée à Rome, les Romains lui ont donné le nom de *Februa*, et à l'exercice de ce culte, celui de *Februalia*. Ovide en donne la raison: c'est, dit-il, qu'avant que nos aïeux fussent policés, ils donnaient à tous leurs actes expiatoires le nom de *Februa*. Quel qu'ait été le nom que portait cette lustration en Arcadie, fût-ce même un nom grec ancien, ce nom dut avoir été, pour les anciens Romains, un nom barbare avant la conquête de la Grèce; car si, du temps de Tacite, les Romains furent encore obligés, pour se faire comprendre en Italie, de donner des noms latins aux divinités gauloises, ils ont à plus forte raison dû se servir de cet expédient du temps de Romulus. Ce mot *Februa* a donné le nom au mois de février. Ce fut Evandre qui transféra cette fête de l'Arcadie à Rome avant Romulus.

« Les prêtres de ce culte semblent avoir été appelés *Luperci*, car Ovide croit que ce nom est emprunté du mont *Lupercus* en Arcadie. La cérémonie commençait par immoler une chèvre, dont ces *Luperci* découpaient la peau en lambeaux; après quoi toute la troupe se mettait en course, pour lustrer tout le

---

(1) M. Garinet, Hist. de la magie en France, p. 146.

(2) Ovid., *Fast.*, xlvi, 2.

pays en *courant tout nus*, et c'est en quoi consistait le *piamen*.

Il semble que les prêtres qui célébraient cette lustration se servaient de lambeaux de peau de chèvre pour battre ceux qui désiraient être *februarisés* (car on appelait *februare* ceux qu'on lustrait ainsi); et comme la lustration ne se faisait pas seulement pour obtenir le pardon, mais pour impétrer l'accomplissement de certains vœux pour l'année suivante, on appelait *februatæ mulieres* celles qui, pour obtenir la fécondité, se laissaient légèrement battre avec ces lambeaux sur le dos.

« Cependant il est douteux que cette dernière pratique appartienne aux cérémonies primitives de la lustration arcadienne, elle est plutôt postérieure à son introduction à Rome. Ovide même fait naître ce doute ; car il dit qu'il n'y a pas encore longtemps, *nuper*, qu'elle a été introduite par un devin exilé de la Toscane dont il ne se rappelle plus le nom, tandis qu'il avait déjà dit que ce culte avait été apporté à Rome, avant sa fondation, par l'Arcadien Evandre, et qu'il consistait en une lustration des hommes et des champs, après avoir découpé en lambeaux la peau d'une chèvre, sans dire à quel usage; c'est en quoi, ajoute-t-il, consiste le *piamen : idque piamen habet.*

« Comme les Romains aimaient à trouver l'origine et l'organisation de leurs institutions dans leur mythologie, ils ont cherché l'origine des *Februalia* dans la naissance fabuleuse de Romulus et Rémus. En mémoire de la louve qui les avait allaités, ils donnèrent au temple des *Februalia* le titre de *Lupercal*, et au jour où la fête se célébrait, le nom de *Lupercalia*. Mais cela n'empêche pas, dit Ovide, que soit originairement la fête des *Februalia*, qui nous est venue de l'Arcadie, car le Faune ou le dieu Pan avait aussi des temples en Arcadie ; de là vint que l'on donnait indifféremment à cette fête le nom de *Februalia* et celui de *Lupercalia*, et l'Arcadien *Evandre* pour fondateur. Néanmoins, les deux noms se sont confondus à la longue, et celui de *Lupercalia* a prévalu parmi les Romains, comme se rattachant à la mémoire de leur fondateur.

« Valère Maxime et Plutarque nous ont transmis le détail des cérémonies des *Lupercalia* telles qu'elles se pratiquaient à Rome ; il est aisé de voir que ce sont celles des *Februalia*, mais défigurées. Si l'on examine, dit Valère Maxime, les *Lupercales* sous le rapport de leur origine, ils ont été institués pour cause de lustration, et leur introduction est attribuée à Evandre qui avait apporté les *Februalia* à Rome. « Voici, continue-t-il, comme on les pratiquait : « On commençait par immoler des chèvres, venait ensuite le repas ; et lorsque toutes les têtes étaient échauffées par le vin, les convives, travestis en bergers, ceints des peaux des victimes, se partageaient en bandes, parcouraient les rues, tourmentant et agaçant tous ceux qu'ils rencontraient. »

« Plutarque y ajoute d'autres détails et s'exprime d'une manière plus précise encore. « Après l'immolation des chèvres, dit-il, ils en dissèquent les peaux et s'en font des ceintures et des férules, avec lesquelles ils parcourent *tout nus* les rues, battant, par plaisanterie, ceux qu'ils rencontrent ; on appelait cette plaisanterie *catomediare*, qui signifiait *battre sur les épaules*, comme on l'appelait anciennement *februare*. »

« Voilà, ce me semble, la fusion des *Februalia* dans les *Lupercalia* et leur identité bien évidemment attestées par Valère Maxime et Plutarque, conformément à ce que nous en apprennent Ovide, Denys, Justin, Varron et d'autres rapportés par Lalénus, *Antiq. Rom. lib.* III, c. 2. En prouvant maintenant l'identité des *Februalia*, avant et après leur fusion et corruption, avec notre *carnaval*, la probabilité de nos conjectures sera parvenue à ce degré de vérité historique, reçue dans l'histoire véritable des temps fabuleux.

« C'est donc une erreur vulgaire que de donner à notre *carnaval* le nom de *Bacchanalia* ; car les Bacchanales se célébraient en automne, et les *Februalia Lupercalia*, le 15 de février ; les membres des *Bacchanalia* étaient formés et constitués en *sodalités*; les *Februalia* étaient une fête nationale ; les assemblées ou réunions de ceux-là se tenaient jusqu'à cinq fois par mois, ceux-ci une fois par année ; ceux-là étaient nocturnes, ceux-ci en plein jour. Je me dispense de classer ici les autres différences, qui sont telles, qu'elles ne présentent aucune analogie ni avec les *Februalia*, ni avec les *Lupercalia*, ni avec notre *Carnaval*, comme on peut les lire dans les Antiquités romaines de Rosinus et de Nieuport.

« Toutefois, les Romains avaient si scandaleusement défiguré et corrompu l'innocence pastorale des *Februalia* par leur fusion dans les *Lupercalia*, que l'empereur Anastase s'est vu obligé de les abolir en 518. « Mais, à cette époque, la domination romaine avait déjà cessé dans les Gaules depuis la moitié du siècle précédent, et il n'est pas douteux qu'ils y aient introduit l'origine des *Lupercalia*, avec toutes ses pratiques, puisque nous la verrons tantôt proscrite par tous les conciles des Gaules.

« Ces orgies des Romains, bien que différenciées entre elles par le nom et les nuances dans le mode, s'accordaient sur le fond. Les unes se nommaient *Kalendæ*, d'autres *Brumalia*, d'autres encore *Bacchanalia*, *Vota*, et ainsi du reste ; or, dans les motifs de condamnation, les conciles désignent spécialement les déguisements et les travestissements tels que ceux « des hommes en habits de femme, des femmes en habits d'homme ; les uns et les autres en costume tragique, comique ou de bêtes fauves, comme de satyres et autres ; » de sorte que le débordement des mœurs avait enfin confondu dans la débauche les noms de presque toutes les anciennes institutions religieuses.

« Cette confusion de noms s'est opérée à Rome ; mais s'était-elle opérée en Arcadie et dans les autres pays où les *Februalia* étaient connus sous un nom vulgaire? Je ne le pense pas, et je crois que, partout ailleurs, ce culte a conservé son nom primitif; mais que le nom de *Februa* et de *Februalia* sont des noms latins que les Romains auront appliqués, *interpretatione romana*, à cette fête arcadienne, parce que l'époque de sa célébration coïncidait avec celle de leurs *Lupercales*, au 15 février. Quel était donc le nom primitif et national des *Februalia* en Arcadie? Je l'ignore; mais le concile de Leptines, tenu en 743, près de Binche en Hainaut, condamne trente espèces de superstitions païennes, entre lesquelles la troisième est ainsi conçue : *de Spurcalibus in Februareo*. Or, anciennement en flamand, comme encore en Italie, en Hongrie et en Allemagne, l'*u* se prononçait comme l'*o*; de sorte que *spurcalibus* se prononçait *sporcalibus*. Or le mois de février s'appelle et s'écrit encore en flamand *sporkel mand* (mois du sporkel), et il n'y a pas bien longtemps que j'ai lu dans un titre le nom d'un champ situé dans le pays d'Alost, qui s'appelait le *sporkel veld* (champ du sporkel). Mais que signifie donc le mot *sporkel*? C'est ce que je n'ai encore pu trouver dans aucun glossaire. Je connais l'explication qu'a donnée Des Roches du mot *spurcalia*; cette explication, très-vague d'ailleurs, s'approprie mal *au renouvellement de la nature* et au *sacrifice d'un pourceau*, qui n'appartiennent qu'à la fête qu'on célébrait en l'honneur de Cérès, à l'ouverture de la moisson, et nullement au dieu Pan, qui était le dieu des bergers. Donc, sans rien avancer de positif sur la signification du *sporkel* et du *sporcalia*, il est permis, ce me semble, de soupçonner, de cette ignorance générale de la signification du mot *sporkel*, que c'est un mot barbare qui nous est venu d'un pays lointain. Cette supposition admise, existe-t-il des motifs qui empêchent de croire que ce mot nous soit venu de l'Arcadie? je n'en aperçois aucun; au contraire, je trouve une certaine probabilité à cette supposition, car les *sporcalia* étaient originaires de l'Arcadie, où ils étaient communs aux pays circonvoisins. Au premier cas, il n'a pas été plus difficile de transférer ce culte sur l'embouchure du Dniester, que de le transférer à Rome; et, au second, il aura été indigène aux peuples du Pont-Euxin. Or, c'est précisément de ces contrées que la plupart des premiers Belges sont originaires, et c'est de ces mêmes contrées que sont venus ces Germains qui se sont établis dans les Gaules sous le nom collectif de Francs; leur idiome était le tudesque, et la langue flamande en dérive, ou plutôt c'est encore la même, au dialecte près. Si cette conjecture est reçue, il s'ensuit que les *Februalia* de l'Arcadie s'appelaient dans leur pays originaire *sporkel*, ou portaient un nom synonyme au mot tudesque *sporkel*; que ces Teutons les ont apportés en Belgique, qu'elles y ont conservé et y conservent encore leur nom primitif de *sporkel*; et attendu que les *sporkels* de l'Arcadie sont les *Februalia* des Romains, dont la conformité avec notre *carnaval* vient d'être établie, il s'ensuit que notre *carnaval* nous vient de la Grèce ou du Pont-Euxin.

« Quant au mot *sporkel*, je crois que c'est le mot d'un *nom*, et que c'est le nom sous lequel la *course expiatoire*, c'est-à-dire la *lustration* était connue; qu'ainsi *sporkel maend*, signifie le *mois de la course expiatoire*, ou le *mois de la lustration*.

« La plupart des noms flamands des mois de l'année viennent appuyer notre conjecture sur la signification que nous supposons au mot *sporkel*; ils ne sont autre chose que des composés du mot générique *maend*, et du travail et de l'œuvre, qui les distingue des autres mois. Le mois de juillet est appelé *hocy-maend*, qui est le mois de la fenaison; le mois d'août, *ougst-maend*, mois où l'on fauche les grains; le mois d'octobre, *wynmaend*, ou le mois des vendanges; le mois de novembre, *slayh-maend*, ou le mois du tuage du bétail, etc. Ajoutons-y que les Flamands, en parlant du *carnaval*, se rappellent encore, sans s'en douter, cette course. Ils ne disent pas, comme ils disent de la célébration de toute autre fête religieuse : *gael gy vasten - avond* VIEREN? allez-vous FÊTER ou célébrer le carnaval? Au lieu de VIEREN, *fêter* ou *célébrer*, ils se servent du mot LOOPEN, *courir*; ils vous demandent : *hebt gy*, ou *gael gy vasten-avond-sut* LOOPEN? Ils attachent même au mot LOOPEY une signification tellement relative et propre au *carnaval*, qu'ils sous-entendent le nom de *carnaval* et n'emploient que le mot *loopen* tout seul, en disant : *hebt gy of gaet gy* LOOPEN?

« Ces vieilles locutions ne sont pas à négliger en histoire, parce qu'elles rappellent très-souvent d'anciens usages ignorés. Qui est-ce, par exemple, qui soupçonne aujourd'hui que la locution de *vriendschap breken*, rompre l'amitié, nous vienne de la forme symbolique et légale de la loi salique, qui, pour renoncer à sa famille, exigeait qu'on rompît et cassât un petit bâton qu'on tenait levé sur la tête; que de *bruydt loven*, c'était demander la fille en mariage; car *loven* en flamand signifie *marchander*; et chez les Francs Germaniques, le mariage se concluait par forme de marché, etc. ? »

Partout il y a eu des mascarades; car il y a dans tous les hommes abandonnés à leur nature la fibre de la folie.

En Egypte, il fallait paraître à la grande fête d'Osiris, déguisé en daim, en tigre, en taureau, en chat, en oignon; c'était honorer la métamorphose des dieux. On offrait une coupe de vin et une corbeille de figues; on dansait autour d'un bouc que l'on immolait ensuite. Aujourd'hui, c'est encore le bœuf gras que l'on assomme à Paris, que l'on décapite à Venise; ou bien c'est un homme de paille que l'on appelle *Mardi-Gras* sous son costume bizarre, que l'on juge en due forme, que l'on condamne comme coupable de tous les excès commis pendant le carnaval. A Lille, dans la Flandre, dans tous les pays aquatiques on le noie à grands cris de joie; ailleurs on le brûle.

Chez les Romains, dans les bacchanales, on prenait un gros garçon pour représenter Bacchus, un plus gros pour faire Silène. Le dieu des vignes était assis sur un char que traînaient des hommes déguisés en tigres, et autour duquel gambadaient d'autres personnages avec des masques de boucs et de satyres; le cortége était fort long; Silène fermait la marche. Dans la plupart de nos départements de la France, on promène encore sur un char ridicule un homme qui fait le rôle de Mardi-Gras, et que l'on fait boire continuellement au son des tambours de basque. Dans certains lieux la marche est ornée des maris qui ont été battus par leurs femmes; ils sont montés sur des ânes, la face tournée vers la queue, le visage peint, avec des vessies gonflées en guise de pendants d'oreilles.

Les anciens ne se travestissaient pas seulement aux bacchanales, mais encore dans la plupart de leurs cérémonies (1). On se masquait généralement aux saturnales. Les esclaves mangeaient avec leurs maîtres, qui, dans certains pays, étaient même obligés de les servir.

Le peuple païen aimait tellement ces sortes de fêtes, que Néron, Domitien et quelques autres tyrans, tout exécrables qu'ils étaient, furent regrettés à cause de leurs spectacles. C'est peut-être par les licences du carnaval que le sénat de Venise faisait supporter sa tyrannie du reste de l'année. Ce carnaval était fort long. Les mascarades commençaient le lendemain de Noël: toute la ville était bientôt déguisée, et la place Saint-Marc se remplissait de gens travestis, qui étaient obligés de soutenir leurs rôles. Les arlequins s'accrochaient par des bouffonneries, les docteurs disputaient, les pantalons disaient des platitudes, les fanfarons des gasconnades ; de même qu'à Paris ceux qui s'habillent en poissardes sont obligés de s'aborder par des injures.

Le plus grave tort du carnaval, chez nous qui sommes chrétiens, c'est d'envahir insolemment le carême. Le premier dimanche de la sainte quarantaine est surtout indignement profané en beaucoup de lieux. On l'appelle assez généralement le *Dimanche des brandons*, à cause des feux de joie qui en font la clôture. A Gand on jette en l'air des torches allumées; à Marseille et dans d'autres ports on brûle des planches goudronnées; ailleurs, de la paille seulement.

Dans les Ardennes, le premier dimanche de carême est appelé *Dimanche des bourres*, parce qu'il est d'usage de brûler ce jour-là de la bourre ou des étoupes, à la porte de ceux qui ont des garçons ou des filles à marier. Dans plusieurs districts du pays wallon, de la Champagne et de la Picardie, le soir du dimanche des brandons, les enfants brûlent dans les rues des flambeaux de paille, avec la persuasion qu'ils attirent ainsi de plus abondantes moissons. Quoique ces usages semblent puérils, il n'est pas inutile de les connaître, puisqu'ils servent de date à d'anciens titres : *Le lundi d'après les brandons*, etc.

Les masques sont le principe du carnaval. Ils étaient connus dans une antiquité très-reculée. On lit dans Diodore de Sicile que les anciens rois d'Egypte ne paraissaient pas en public sans avoir sur leurs têtes des figures de lion, de léopard ou de loup. Les officiers qui donnaient la nourriture aux animaux sacrés avaient des masques à la ressemblance de ces animaux. A Rome, durant les proscriptions des triumvirs, l'édile Volusius, sachant que sa tête venait d'être mise à prix, demanda à un de ses amis, qui était prêtre d'Isis, sa longue robe et son masque à tête de chien, pour se déguiser dans sa fuite. Dans cet équipage, dit Valère-Maxime, Volusius sortit de Rome en plein jour. Il fallait que les yeux fussent accoutumés à voir ces sortes de masques, autrement rien n'était plus propre à faire remarquer le proscrit fugitif.

On se servait de masques dans les triomphes. Comme il était permis aux soldats de chansonner le triomphateur, ceux qui prenaient cette licence avaient soin de se masquer en Momus, en cyclopes, en satyres.

Le lendemain du carnaval, qu'on appelle le mercredi des Cendres, est un jour d'expiation et de pénitence que les orgies profanent trop souvent. Dans les pays simples on croit se purifier du contact avec le Mardi-Gras en le brûlant. Dans quelques contrées de la Bretagne, le mercredi des Cendres on brûle sur les montagnes un gros homme de paille couvert de haillons, après l'avoir longtemps promené et bafoué. Cet homme n'est pas Mardi-Gras; car le Mardi-Gras, bien distinct, vient derrière lui, repentant, humblement soumis au carême, vêtu de sardines et de queues de morues. Dans la Flandre maritime, quelques villages présentent encore des cérémonies de ce genre.

Disons un mot du carnaval à Montevideo : un détail curieux plaît toujours. Nous empruntons ce passage à un spirituel voyageur qui a récemment publié ses impressions dans quelques journaux.

« C'est du haut des terrasses qu'on se livre, à Montevideo, pendant les trois jours du carnaval, à une lutte aquatique des plus divertissantes, au moins pour celui qui en sort vainqueur, c'est-à-dire pas trop mouillé, car il est difficile d'échapper complétement aux attaques des voisins. Ce jeu consiste à jeter de l'eau sur les passants et à se lancer d'un côté à l'autre de la rue, de bas en haut, de haut en bas, à travers et par-dessus les terrasses, des œufs remplis d'eau et dont l'ouverture a été bouchée avec de la cire. Malheur à l'imprudent étranger que l'on n'a pas charitablement averti de cette singulière coutume! Plus sa toilette est recher-

---

(1) Dans le duché de Posen, un usage immémorial fait de la nuit où s'opère le renouvellement de l'année une nuit de réjouissances bruyantes, que la population passe en mascarades, en banquets, etc. C'est ce qu'elle appelle aller au-devant de la nouvelle année.

chée, plus on sera heureux de le mouiller des pieds à la tête, et plus il sera hué, s'il ne le mauvais goût de se fâcher. Mouillé ne serait rien, s'il ne recevait dans les yeux ou dans le cou que cette légère aspersion d'eau de Cologne ou d'eau de rose, avec laquelle le salueraient les jolies mains, tant à Montevideo qu'à Buenos-Ayres; mais quelquefois le liquide dont on l'inonde est équivoque; quelquefois une porte traîtresse s'ouvre inopinément à son passage, et, avant qu'il ait eu le temps de se reconnaître, la vigoureuse main de quelque grosse mulâtresse lui aura lancé avec force un seau d'eau qui l'aveuglera et mettra le dehors et le dedans de son costume dans l'état le plus déplorable et le plus risible, tandis que de la terrasse voisine une autre douche défoncera son chapeau, et que, pour compléter sa déroute, deux ou trois œufs, dirigés d'une main sûre, lui viendront éclater au beau milieu de la figure. Et l'assistance de rire, et le pauvre inondé de regagner sa maison à toutes jambes en riant aussi, car il n'a rien de mieux à faire.

« Qu'on ne croie pas que ce soient là des exagérations de voyageur; nous sommes plutôt resté au-dessous de la vérité dans cette peinture d'une folie qui est sans doute nécessaire aux nations civilisées, puisque c'est une espèce de vertige dont elles sont toutes atteintes au même instant, et qui se manifeste, selon les degrés de latitude, par des symptômes différents. A Buenos-Ayres et à Montevideo, cette façon de célébrer le carnaval par une grande dépense d'eau froide n'a guère d'inconvénients au mois de févier qui, par les 34 ou 35 degrés de latitude méridionale, répond à notre mois d'août. En vain les gouvernements, quelque peu honteux de cette mode américaine, ont-ils essayé de la combattre; ils n'ont réussi tout au plus qu'à la régler et à réprimer les excès. Nous avons vu des soldats de police, envoyés en patrouille pour veiller à l'exécution des ordonnances, recevoir gravement les projectiles et les seaux d'eau qu'on leur lance d'autant plus commodément que leur marche est plus lente. Toutes les terrasses se couvrent de femmes et d'enfants armés de parapluies, et dont la toilette est à dessein très-négligée pour engager le combat. Les domestiques s'en mêlent librement; ce sont les saturnales. Dans la rue, des hommes à cheval ou à pied, vêtus pour la circonstance, passent avec des paniers d'œufs qu'ils épuisent vite, et mettent leur gloire à passer au galop, sans être atteints sous une grêle de projectiles qui vont salir les portes, les murailles et les trottoirs du côté opposé. Le général Rosas, gouverneur de Buenos-Ayres, prenait autrefois une part très-active à ces jeux. On le voyait, il y a quelques années, parcourir la ville en costume qui ne sentait rien moins que l'étiquette, mouillant et mouillé, avec un entrain et une verve de jeune homme, et avec une de ces bonhomies à l'espagnole qui s'alliaient d'une façon étrange au plus terrible exercice d'un pouvoir sans borne. Maintenant sa famille, qui aime beaucoup à se divertir, et dont les goûts naturels ne sont point gênés par des délicatesses d'emprunt, se livre avec une sorte de fureur à ces jeux du carnaval. Il l'y encourage, il applaudit de tout son cœur aux bons tours qu'elle a joués aux passants et aux voisins, et à l'énorme consommation d'œufs qu'elle a faite. Cela lui plaît, non-seulement parce que cela lui plaît, mais parce que cela est du pays, parce que cela est populaire, américain et *porteno*. Quelque chose de plus raffiné, de moins bruyant, ne lui plairait pas au même degré. Chez cet homme singulier, l'instinct du pouvoir, le génie national et populaire, se manifestent en tout; il serait à désirer pour sa gloire que ce ne fût pas quelquefois avec excès, et que ce fût toujours aussi innocent. »

On lit, sur les mascarades, cette plaisanterie ingénieuse dans Montesquieu :

On demandait à un Turc, revenu d'Europe, ce qu'il y avait vu de remarquable. « À Venise, répondit-il, ils deviennent fous pendant un temps de l'année; ils courent déguisés par les rues, et cette extravagance augmente au point que les ecclésiastiques sont obligés de l'arrêter; de savants exorcistes font venir les malades un certain jour (le mercredi des Cendres) et, aussitôt qu'ils leur ont répandu un peu de cendres sur la tête, le bon sens leur revient, et ils retournent à leurs affaires. »

MASSALIENS ou **MESSALIENS**, illuminés des premiers siècles, qui croyaient que chaque homme tire de ses parents et apporte en lui un démon qui ne le quitte pas. Ils faisaient de longues prières pour le dompter; après quoi ils dansaient et se livraient à des contorsions et à des gambades, en disant qu'ils sautaient sur le diable. Une autre secte de massaliens, au xe siècle, admettait deux dieux, nés d'un premier être; le plus jeune gouvernait le ciel, l'aîné présidait à la terre; ils nommaient le dernier Sathan, et supposaient que les deux frères se faisaient une guerre continuelle, mais qu'un jour ils devaient se réconcilier (1).

MASTICATION. Les anciens croyaient que les morts mangeaient dans leurs tombeaux. On ne sait pas s'ils les entendaient mâcher; mais il est certain qu'il faut attribuer à l'idée qui conservait aux morts la faculté de manger l'habitude des repas funèbres qu'on servait de temps immémorial, et chez tous les peuples, sur la tombe du défunt.

L'opinion que les spectres se nourrissent est encore répandue dans le Levant. Il y a longtemps que les Allemands sont persuadés que les morts *mâchent comme des porcs* dans leurs tombeaux, et qu'il est facile de les entendre grogner en broyant ce qu'ils dévorent. Philippe Rherius, au xviie siècle, et Michel Rauff, au commencement du

(1) Dictionnaire théolog. de Bergier.

xviii°, ont même publié des *Traités sur les morts qui mâchent dans leurs sépulcres* (1). Ils disent qu'en quelques endroits de l'Allemagne, pour empêcher les morts de mâcher, on leur met dans le cercueil une motte de terre sous le menton; ailleurs on leur fourre dans la bouche une petite pièce d'argent, et d'autres leur serrent fortement la gorge avec un mouchoir. Ils citent ensuite plusieurs morts qui ont dévoré leur propre chair dans leur sépulcre. On doit s'étonner de voir des savants trouver quelque chose de prodigieux dans des faits aussi naturels. Pendant la nuit qui suivit les funérailles du comte Henri de Salm, on entendit dans l'église de l'abbaye de Haute-Seille, où il était enterré, des cris sourds que les Allemands auraient sans doute pris pour le groguement d'une personne qui mâche; et le lendemain, le tombeau du comte ayant été ouvert, on le trouva mort, mais renversé et le visage en bas, au lieu qu'il avait été inhumé sur le dos. On l'avait enterré vivant, comme on en a enterré tant d'autres. On doit attribuer à une cause semblable l'histoire rapportée par Raufft, d'une femme de Bohême, qui, en 1345, mangea, dans sa fosse, la moitié de son linceul sépulcral. Dans le dernier siècle, un pauvre homme ayant été inhumé précipitamment dans le cimetière, on entendit pendant la nuit du bruit dans son tombeau : on l'ouvrit le lendemain, et on trouva qu'il s'était mangé les chairs des bras. Cet homme ayant bu de l'eau-de-vie avec excès, avait été enterré vivant. Une demoiselle d'Augsbourg étant tombée en léthargie, on la crut morte, et son corps fut mis dans un caveau profond, sans être couvert de terre. On entendit bientôt quelque bruit dans son tombeau; mais on n'y fit pas attention. Deux ou trois ans après, quelqu'un de la famille mourut : on ouvrit le caveau, et l'on trouva le corps de la demoiselle auprès de la pierre qui en fermait l'entrée. Elle avait inutilement tenté de déranger cette pierre, et elle n'avait plus de doigts à la main droite, qu'elle s'était dévorée de désespoir. *Voy.* Vampire.

MASTIPHAL. C'est le nom qu'on donne au prince des démons, dans un livre apocryphe cité par Cédrénus et qui a pour titre : *la Petite Génèse*.

MATCHI-MANITOU, esprit malfaisant, auquel les sauvages de l'Amérique septentrionale attribuent tous les maux qui leur arrivent. Ce mauvais génie n'est autre que la lune. Plusieurs de ces sauvages s'imaginent que les orages sont causés par l'esprit de la lune. Ils jettent à la mer ce qu'ils ont de plus précieux dans leurs canots, espérant apaiser par ces offrandes l'esprit irrité.

MATIERE. C'est le culte de la matière qui a donné naissance à la cabale et à toutes les sciences occultes.

MATIGNON (Jacques Goyon de), gentilhomme, qui servit Henri III et Henri IV. Ses envieux, apparemment pour le décrier, disaient que l'esprit, l'habileté, la prudence, le courage, n'étaient point naturellement en lui, mais qu'ils lui venaient d'un pacte qu'il avait fait avec le diable. Il fallait que ce diable fût une bonne créature, dit Saint-Foix, puisque Matignon donna, dans toutes les occasions, des marques d'un caractère plein de douceur et d'humanité (2)

MATZOU, divinité chinoise. C'était, suivant quelques auteurs, une magicienne.

MAUPERTUIS. *Voy.* Hallucination.

MAURY (Jean-Siffrein). Un colporteur, en 1792, pour mieux piquer la curiosité du peuple de Paris, criait, en vendant ses pamphlets : *Mort de l'abbé Maury!* L'abbé passe, s'en approche, lui donne un soufflet et lui dit : « Tiens, si je suis mort, au moins tu croiras aux revenants. »

MECANIQUE. Ainsi que toutes les sciences compliquées, la mécanique a produit des combinaisons surprenantes qui ont été reçues autrefois comme des prodiges. Ce qui a le plus étonné les esprits, c'est l'automate qu'on appelait aussi androïde. Nous avons parlé de l'androïde d'Albert le Grand, qui passa aux yeux de ses contemporains pour une œuvre de magie. Jean Müller, savant du xv° siècle, plus connu sous le nom de Regiomontanus, fit, dit-on, un aigle automate qui avait la faculté de se diriger dans les airs; il devançait le canard automate de Vaucanson, qui barbottait, voltigeait, cancanait et digérait. Aulu-Gelle rapporte qu'Architas, dans l'antiquité, avait construit un pigeon qui prenait son vol, s'élevait à une certaine hauteur et revenait à sa place. On attribue à Roger Bacon une tête qui prononçait quelques paroles. Vaucanson fit un joueur de flûte qui exécutait plusieurs airs. Jacques Droz, son contemporain, fit au dernier siècle un automate qui dessinait et un autre qui jouait du clavecin. Dans le même temps, l'abbé Mical construisit deux têtes de bronze qui, comme l'androïde de Roger Bacon, prononçaient des paroles. Mais ce qui fit plus d'effet encore, ce fut le joueur d'échecs du baron de Kempelen. C'était un automate mû par des ressorts, qui jouait aux échecs contre les plus forts joueurs et les gagnait quelquefois. On ignorait, il est vrai, que le mécanisme était dirigé par un homme caché dans l'armoire à laquelle l'automate était adossé. Mais ce n'en était pas moins un travail admirable.

Autrefois, nous le répétons, on ne voyait dans les androïdes que l'œuvre d'une science occulte. Aujourd'hui, par un revirement inconcevable, on semble faire peu de cas de ces efforts du génie de la mécanique. On a laissé périr tous les automates célèbres, et nos musées et nos conservatoires, qui sont encombrés de tant de futilités, ne possèdent pas d'androïdes. *Voy.* Machines.

MECASPHINS, sorciers chaldéens, qui usaient d'herbes, de drogues particulières et d'os de morts, pour leurs opérations superstitieuses.

MECHANT. Le diable est appelé souvent

---

(1) De Masticatione mortuorum in tumulis.

(2) Hist. de l'ordre du Saint-Esprit, promotion de 1579

le méchant, le mauvais et le malin. Il est le principe en effet et le père de la méchanceté.

MECHTILDE (Sainte). Elle parut environ cent ans après sainte Hildegarde. Elle était sœur de sainte Gertrude. Ses visions et révélations ont été imprimées en 1513. C'est un recueil assez curieux et assez rare, qui contient le livre du *Pasteur* et les *Visions* du même Vélin, réimprimées depuis par le père Mabillon, au quatrième livre de ses *Actes de saint Benoît*, partie première. On y trouve aussi les révélations de sainte Elisabeth de Schönaw; qui contiennent cinq livres, aussi bien que celles de sainte Mechtilde. Celles de sainte Gertrude viennent ensuite, et sont suivies des visions du frère Robert, dominicain, qui vivait en 1330. Sainte Mechtilde est morte en l'an 1284 ou 1286 (1). On trouve dans ce recueil beaucoup de descriptions de l'enfer.

MÉDECINE. Si la médecine et la chirurgie ont fait quelque progrès en Turquie et en Egypte, lisait-on, il y a six ou sept ans, dans la Revue Britannique, c'est grâce aux efforts de quelques Européens actifs et éclairés; les Persans en sont encore réduits, dans toutes les maladies graves, aux prédictions des astrologues et aux incantations mystiques de leurs hakkims; souvent l'infortuné patient meurt faute de soins, lorsque l'emploi des moyens convenables lui aurait facilement conservé la vie.

Celui qui ferait en ce pays des expériences chimiques passerait pour être en correspondance avec le diable, et serait immédiatement regardé comme un magicien; ainsi les préjugés des Persans s'opposent à toute espèce de progrès.

La profession de la médecine en Perse est divisée en trois classes : les droguistes, les barbiers et les docteurs (*hakkims*). Les premiers ont presque tous de petites boutiques dans les bazars, où sont exposées leurs drogues pour le détail. La plus grande partie de leurs provisions consiste en herbes sèches et en plantes pour les fomentations, les décoctions et les infusions, qui sont les trois branches les plus lucratives de leur commerce.

La partie dans laquelle ils ont le plus de connaissances est celle des poisons, dont le plus grand nombre paraît appartenir au règne végétal, bien qu'ils sachent employer les poisons métalliques, tels que l'arsenic et le deutochlorure de mercure; ils se procurent ce dernier à Tiflis, en Géorgie. Ils sont renommés dans tout l'Orient pour leur habileté dans les combinaisons chimiques et la dextérité avec laquelle ils les emploient; car ils sont généralement les agents passifs de leurs princes, qui les payent bien pour cette espèce de service. Quelques-uns d'entre eux prétendent avoir le pouvoir d'ôter la vie dans un temps donné, parce que, pour mieux cacher leurs procédés, ils joignent les prédictions astrologiques. Dans ce cas, cependant, ils n'oublient pas le point important de leur mission, et ils ont soin de mêler de temps en temps, aux aliments de la victime qui leur est désignée, une quantité de poison assez considérable pour être assurés d'obtenir l'effet qu'ils désirent, et que le malheureux est porté à attribuer à l'action terrible et extraordinaire de certaines conjonctions défavorables des étoiles, qui exercent sur lui une influence funeste et graduellement destructive.

La partie la plus curieuse de la boutique du droguiste persan est celle où sont les prophylactiques ou moyens propres à prévenir les maladies. Ce sont généralement des bézoards ou des pierres saintes de la Mecque qui ont été consacrés par les mollahs ou les derviches. « Le padzecher, disent les Persans, est le roi des médicaments; c'est le plus puissant protecteur de la vie; jamais un insecte venimeux n'ose attaquer l'être fortuné qui possède un tel bézoard; les scorpions l'évitent avec soin, et regardent, quand il est passé, s'ils conservent leur queue; les mouches de Miarna fuient loin de lui; les serpents ne traversent jamais le chemin qu'il a suivi. Il est inutile, disent les princes, de chercher à empoisonner un tel homme; car un charme préserve sa vie. » Les Persans font dériver le mot de *pader-i-zcher*, le père ou le maître du poison. Les droguistes les tirent de Bockara, dans l'Inde, et de quelques autres endroits, et en donnent souvent des prix considérables. J'en ai vu un sur le bras d'une dame persane que l'on estima de 20 à 30 tomans (de 10 à 15 liv. st.); dans les cas d'épidémie, le prix s'en élève encore beaucoup plus haut. Les calculs urinaires appartiennent à cette classe de médicaments; mais on pense qu'ils sont souvent fraudés par les droguistes: aussi leur préfère-t-on le vrai bézoard des Perses. « J'eus un jour l'occasion, dit un écrivain anglais, de voir administrer ce puissant spécifique à un malade qui avait été mordu par un scorpion. Le droguiste, qui avait en sa possession ce trésor inestimable, tira le bézoard de sa poitrine, et, après l'avoir échauffé du souffle de sa respiration et l'avoir trempé dans du lait frais, il l'appliqua sur la piqûre. La solennité de cette action fut encore relevée par la pompe avec laquelle il répéta sa prière supplicatoire. *Bizinellah, el rahman, el rahecum, la illa, il hulla* (au nom de Dieu tout-puissant et tout miséricordieux, il n'y a pas d'autre Dieu que Dieu). Je ne vis cependant aucun changement dans l'état du malade après l'application et l'emploi de ce que les Persans considèrent comme la substance et le complément de leurs croyances médicales. »

MÉDÉE, enchanteresse de Colchide, qui rendit Jason victorieux de tous les monstres, et guérit Hercule de sa fureur par certains remèdes magiques. Elle n'est pas moins célèbre par ses vastes connaissances en magie que par le meurtre de ses enfants. Les démonographes remarquent qu'elle pouvait bien être grande magicienne, parce qu'elle avait appris la sorcellerie de sa mère, Hécate. Les songe-creux lui attribuent un livre

---

(1) Lenglet-Dufresnoy, Traité des apparitions, 274.

de conjuration qui porte en effet son nom. *Voy.* Mélye.

MÉDIE. On trouvait, dit-on, chez les Mèdes, des pierres merveilleuses, noires ou vertes, qui rendaient la vue aux aveugles et guérissaient la goutte, appliquées sur le mal dans une compresse de lait de brebis.

MEERMAN, homme de mer. Les habitants des bords de la mer Baltique croient à l'existence de ces hommes de mer ou esprits des eaux, qui ont la barbe verte et les cheveux tombant sur les épaules comme des tiges de nénuphar (1). Ils chantent le soir parmi les vagues, appelant les pêcheurs. Mais malheur à qui se laisse séduire par eux; leur chant précède les tempêtes.

MÉGALANTHROPOGÉNÉSIE, moyen d'avoir de beaux enfants et des enfants d'esprit.

On sait quels sont les effets de l'imagination sur les esprits qui s'y laissent emporter; ces effets sont surtout remarquables dans les femmes enceintes, puisque souvent l'enfant qu'elles portent dans leur sein est marqué de quelqu'un des objets dont l'imagination de la mère à été fortement occupée pendant sa grossesse. Quand Jacob voulut avoir des moutons de diverses couleurs, il présenta aux yeux des brebis des choses bigarrées, qui les frappèrent assez pour amener le résultat qu'il en espérait. L'effet que l'imagination d'une brebis a pu produire doit agir plus sûrement encore sur l'imagination incomparablement plus vive d'une femme. Aussi voyons-nous bien plus de variété dans les enfants des hommes que dans les petits des animaux. On a vu des femmes mettre au monde des enfants noirs et velus; et lorsque l'on a cherché la cause de ces effets, on a découvert que, pendant sa grossesse, la femme avait l'esprit occupé de quelque tableau monstrueux. Les statues de marbre et d'albâtre sont quelquefois dangereuses. Une jeune épouse admira une petite statue de l'amour en marbre blanc. Cet Amour était si gracieux, qu'elle en demeura frappée; elle conserva plusieurs jours les mêmes impressions, et accoucha d'un enfant plein de grâces, parfaitement semblable à l'amour de marbre, mais pâle et blanc comme lui. Torquemada rapporte qu'une Italienne des environs de Florence, s'étant frappé l'esprit d'une image de Moïse, mit au monde un fils qui avait une longue barbe blanche. On peut se rappeler, sur le même sujet, une foule d'anecdotes non moins singulières; peut-être quelques-unes sont-elles exagérées. *Voy.* Accouchements.

En 1802, une paysanne enceinte, arrivant à Paris pour la première fois, fut menée au spectacle par une sœur qu'elle avait dans la capitale. Un acteur qui jouait le rôle d'un niais la frappa si fortement, que son fils fut idiot, stupide et semblable au personnage forcé que la mère avait vu avec trop d'attention.

Puisque l'imagination des femmes est si puissante sur leur fruit, c'est de cette puissance qu'il faut profiter, disent les professeurs de mégalanthropogénésie. Ornez la chambre des femmes de belles peintures durant toute la grossesse, n'occupez leurs regards que de beaux anges et de sujets gracieux; évitez de les conduire aux spectacles de monstres, etc. A Paris, où les salons de peinture occupent les dames, les enfants sont plus jolis que dans les villages, où l'on voit rarement des choses qui puissent donner une idée de la beauté. Chez les Cosaques, où tout est grossier, tous les enfants sont hideux comme leurs pères. Pour obtenir des enfants d'esprit, il n'est pas nécessaire que les parents en aient, mais qu'ils en désirent, qu'ils admirent ceux qui en ont, qu'ils lisent de bons livres, que la mère se frappe des avantages que donnent l'esprit, la science, le génie; qu'on parle souvent de ces choses, qu'on s'occupe peu de sottises. *Voy.* Imagination.

On a publié il y a quelques années un traité de *Mégalanthropogénésie* qui est un peu oublié, et qui mérite de l'être davantage, 2 vol. in-8°.

MEHDI. Les journaux d'avril 1841 annonçaient l'apparition en Arabie d'un nouveau prophète appelé Mehdi. « Ceux qui croient en lui (disaient ces journaux), et ils sont nombreux, comptent la nouvelle ère mahométane du jour de son apparition. Ils disent qu'il entrera à la Mecque dans sa quarantième année, que de là il ira à Jérusalem et régnera avec puissance et grandeur jusqu'à ce que *Dedschail*, le démon du mal, se soit levé contre lui et l'ait vaincu. Alors Jésus, le prophète des chrétiens, viendra à son secours avec soixante-dix mille anges. Toute la terre reconnaîtra Mehdi, et après la conversion des païens, des juifs et des chrétiens à l'islamisme, commencera l'empire des mille et mille années. Ce prophète doit battre des monnaies, sur lesquelles il s'intitule : *Iman des deux continents et des deux mers.* » Toutefois, on ne parla de ce Mehdi qu'un moment. C'était ce qu'on appelle un *canard* de journal; et voici l'origine de celui-ci : Les persans disent qu'il y a eu douze grands imans ou guides. Ali fut le premier; ses successeurs furent les enfants qu'il eut de Fatimé, sa glorieuse épouse, fille de Mahomet. Le dernier a été retiré par Dieu de ce monde corrompu; et les hommes sont restés sans iman visible. Il s'appelle *le Mehdi*, c'est-à-dire celui qui est conduit et dirigé par Dieu. Il doit reparaître sur la terre à la fin du monde.

MÉLAMPUS, auteur d'un Traité de l'art de juger les inclinations et le sort futur des hommes par l'inspection des *seings* ou grains de beauté. *Voy.* Seings.

MÉLANCHTHON, disciple de Luther, mort en 1568. Il croyait aux revenants comme son maître, et ne croyait pas à l'Église. Il rapporte, dans un de ses écrits, que sa tante

---

(1) M. Marmier, Traditions de la Baltique.

ayant perdu son mari lorsqu'elle était enceinte et près de son terme, vit un soir, étant assise auprès de son feu, deux personnes entrer dans sa chambre, l'une ayant la figure de son époux défunt, l'autre celle d'un franciscain de la ville. D'abord elle en fut effrayée; mais son défunt mari la rassura, et lui dit qu'il avait quelque chose d'important à lui communiquer. Ensuite il fit signe au franciscain de passer un moment dans la pièce voisine, en attendant qu'il eût fait connaître ses volontés à sa femme; alors il la pria de lui faire dire des messes, et l'engagea à lui donner la main sans crainte; elle donna donc la main à son mari, et elle la retira sans douleur, mais brûlée, de sorte qu'elle en demeura noire tout le reste de ses jours. Après cela, le spectre rappela le franciscain, et tous deux disparurent....

MÉLANCOLIE. Les anciens appelaient la mélancolie le bain du diable, à ce que disent quelques démonomanes. Les personnes mélancoliques étaient au moins maléficiées, quand elles n'étaient pas démoniaques; et les choses qui dissipaient l'humeur mélancolique, comme faisait la musique sur l'esprit de Saül, passaient pour des moyens sûrs de soulager les possédés.

MELCHISÉDECH. plusieurs sectes d'hérétiques, qu'on appela melchisédéchiens, tombèrent dans de singulières erreurs à propos de ce patriarche. Les uns crurent qu'il n'était pas un homme, mais la grande vertu de Dieu, et supérieur à Jésus-Christ; les autres dirent qu'il était le Saint-Esprit. Il y en eut qui soutinrent qu'il était Jésus-Christ même. Une de ces sectes avait soin de ne toucher personne, de peur de se souiller.

MELCHOM, démon qui porte la bourse; il est aux enfers le payeur des employés publics.

MELEC-EL-MOUT. C'est le nom que les anciens Persans donnent à l'ange de la mort. Les Persans modernes l'appellent aussi l'ange aux vingt mains, pour faire entendre comment il peut suffire à expédier toutes les âmes. Il paraît être l'ange Azraël des juifs, et le Mordad des mages, appelé encore Asuman.

MÉLUSINE. Jean d'Arras ayant recueilli, sur la fin du XIV° siècle, tous les contes qu'on faisait sur Mélusine, en composa ce qu'il appelle la chronique de cette princesse. Nous en donnerons le précis.

Mélusine fut l'aînée de trois filles, que sa mère, Pressine, femme d'Élinas, roi d'Albanie, eut d'une seule couche. Pressine avait exigé d'Elinas qu'il n'entrerait point dans sa chambre jusqu'à ce qu'elle fût relevée. Le désir de voir ses enfants le fit manquer à sa promesse. Pressine, qui était une sylphide ou une fée, fut donc forcée de le quitter; ce qu'elle fit, ayant emmené avec elle ses trois filles, auxquelles d'une haute montagne elle montrait le pays albanais, où elles eussent régné sans la fatale curiosité de leur père. Les trois sœurs, pour s'en venger, enfermèrent leur père dans la montagne de Brundelois. Pressine toutefois aimait encore son mari; elle fut irritée du trait de ses filles, et les punit par différents châtiments; celui de Mélusine fut d'être moitié serpent tous les samedis, et fée jusqu'au jour du jugement, à moins qu'elle ne trouvât un chevalier qui voulût être son mari, et qui ne vît jamais sa forme de serpent. Raimondin, fils du comte de Forez, ayant, quelque temps après, rencontré Mélusine dans un bois, l'épousa; et ce fut cette princesse qui bâtit le château de Lusignan. Son premier enfant fut un fils nommé Vriam, en tout bien formé, excepté qu'il avait le *visage court et large en travers;* il avait un œil rouge et l'autre bleu, et les oreilles aussi grandes que les manilles d'un van. Le second fut Odon, qui était beau et bien formé; mais il avait une oreille plus grande que l'autre. Le troisième fut Guion, qui fut bel enfant; mais il eut un œil plus haut que l'autre. Le quatrième fut Antoine : nul plus bel enfant ne fut vu; mais il avait apporté en naissant une griffe de lion sur la joue. Le cinquième fut Regnault; il fut bel enfant aussi, mais il n'eut qu'un œil, dont il voyait si bien, qu'il distinguait tout de vingt et une lieues. Le sixième fut Geoffroi; il naquit avec une grande dent qui lui sortait de la bouche de plus d'un pouce, d'où il fut nommé Geoffroi à la grande dent. Le septième fut Froimond, assez beau, qui eut sur le nez une petite tache velue comme la peau d'une taupe. Le huitième fut grand à merveille; il avait trois yeux, desquels il se trouvait un au milieu du front. Ainsi les enfants des fées, ces êtres matériels, ne pouvaient jamais être parfaits.

Vriam et Guion étant allés avec une armée secourir le roi de Chypre contre les Sarrasins et les ayant taillés en pièces, Vriam épousa Hermine, fille et héritière du roi de Chypre, et Guion, la belle Florie, fille du roi d'Arménie. Antoine et Regnault étant allés au secours du duc de Luxembourg, Antoine épousa Christine, fille de ce prince, et Regnault, Aiglantine, fille et héritière du roi de Bohême. Des quatre autres fils de Mélusine, un fut roi de Bretagne, l'autre seigneur de Lusignan, le troisième comte de Parthenay; le dernier, qu'on ne nomme pas, se fit religieux.

Raimondin cependant ne tint pas avec constance la promesse qu'il avait faite à Mélusine de ne jamais la voir le samedi. Il fit une ouverture avec son épée dans la porte de la chambre où elle se baignait, et il la vit dans sa forme de serpent. Mélusine ne put dès lors demeurer avec lui davantage; elle s'envola par une fenêtre sous la forme qu'elle subissait alors, et elle demeurera fée jusqu'au jour du jugement. Lorsque Lusignan change de seigneur, ou qu'il doit mourir quelqu'un de cette lignée, elle paraît trois jours avant sur les tours du château, et y pousse de grands cris (1).

Selon quelques démonomanes, Mélusine

---

(1) Bullet, Dissertations sur la mythologie française.

était un démon de la mer. Paracelse prétend que c'était une nymphe cabalistiqué ; le plus grand nombre en fait une fée puissante. Le beau château de Lusignan passa dans le domaine royal. Hugues le Brun avait fait à Philippe le Bel des legs considérables ; Guy, son frère, irrité, jeta le testament au feu. Le roi le fit accuser de conspiration et confisqua le château de Lusignan. A cette occasion, l'ombre de Mélusine se lamenta sur la plate-forme du château pendant douze nuits consécutives (1). On dit ailleurs que cette Mélusine ou Merline, ou encore Mère Lusine, comme dit le peuple (2), était une dame fort absolue, et commandait avec une telle autorité que, lorsqu'elle envoyait des lettres ou patentes scellées de son sceau ou cachet, sur lequel était gravée une sirène, il ne fallait plus songer qu'à obéir aveuglément. C'est de là qu'on a pris sujet de dire qu'elle était magicienne, et qu'elle se changeait quelquefois en sirène.

MÉLYE. Il y avait, chez les fées comme chez les hommes, une inégalité de moyens et de puissance. On voit dans les romans de chevalerie et dans les contes merveilleux, que souvent une fée bienfaisante était gênée dans ses bonnes intentions par une méchante fée dont le pouvoir était plus étendu.

La célèbre fée Urgande, qui protégeait si généreusement Amadis, avait donné au jeune Esplandian, fils de ce héros, une épée enchantée, qui devait rompre tous les charmes. Un jour qu'Esplandian et les chevaliers chrétiens se battaient en Galatie, aidés de la fée Urgande, ils aperçurent la fée Mélye, leur ennemie implacable, sous la figure la plus hideuse. Elle était assise à la pointe d'un rocher, d'où elle protégeait les armes des Sarrasins. Esplandian courut à elle pour purger la terre de cette furie (car, bien qu'immortelles de leur nature, jusqu'au jugement dernier, les fées n'étaient pas à l'épreuve d'un bon coup d'épée, et pouvaient, comme d'autres, recevoir la mort, pourvu qu'elle fût violente). Mélye évita le coup en changeant de place avec la plus grande agilité ; et comme elle se vit pressée, elle parut s'abîmer dans un antre qui vomit aussitôt des flammes. Urgande reconnut Mélyé au portrait que les chevaliers lui en firent ; elle voulut la voir ; elle conduisit donc Esplandian et quelques chevaliers dans une prairie, au bout de laquelle ils trouvèrent Mélye assise sur ses talons et absorbée dans une profonde rêverie. Cette fée possédait un livre magique dont Urgande désirait depuis longtemps la possession. Mélye, apercevant Urgande, composa son visage, accueillit la fée, sa rivale, avec aménité, et la fit entrer dans sa grotte. Mais à peine y avait-elle pénétré que, s'élançant sur elle, la méchante fée la renversa par terre, en lui serrant la gorge avec violence. Les chevaliers, les entendant se débattre, entrèrent dans la grotte : le pouvoir des enchantements les fit tomber sans connaissance ; le seul Esplandian, que son épée charmée garantissait de tous les pièges magiques, courut sur Mélye et retira Urgande de ses mains. Au même instant Mélye prit celui de ses livres qui portait le nom de *Médée*, et forma une conjuration ; le ciel s'obscurcit aussitôt : il sortit d'un nuage noir un chariot attelé de deux dragons qui vomissaient des flammes. Enlevant lestement Urgande, Mélye la plaça dans le chariot et disparut avec elle. Elle l'emmena dans Thésyphante et l'enferma dans une grosse tour d'où Esplandian parvint à la tirer quelque temps après.

MENAH. C'est une vallée mystérieuse à quatre lieues de la Mecque. Les pèlerins qui la parcourent doivent y jeter sept pierres pardessus leur épaule. On en trouve trois raisons chez les docteurs musulmans : c'est, selon les uns, pour renoncer au diable et le rejeter, à l'imitation d'Ismaël, qu'il voulut tenter au moment où son père Abraham allait le sacrifier (car ils confondent Ismaël avec Isaac). Ismaël, disent-ils, fit fuir le démon en lui jetant des pierres.

Mais d'autres docteurs disent que le diable tenta Abraham lui-même, voulant l'empêcher d'égorger Ismaël. Il ne put rien gagner, ni sur le patriarche, ni sur Ismaël, ni même sur Agar : ces trois personnages l'éloignèrent à coups de pierres. Le troisième sentiment diffère : cette cérémonie aurait lieu en mémoire des pierres qu'Adam jeta au diable lorsqu'il vint l'aborder effrontément après lui avoir fait commettre le péché originel.

MÉNANDRE, disciple de Simon le Magicien ; il profita des leçons de son maître, et enseigna la même doctrine que lui. Il professait la magie. Simon se faisait appeler la *grande vertu*. Ménandre dit que, quant à lui, il était envoyé sur la terre par les puissances invisibles pour opérer le salut des hommes. Ainsi Ménandre et Simon doivent être mis au nombre des faux messies plutôt qu'au rang des hérétiques. L'un et l'autre enseignaient que la suprême intelligence, qu'ils nommaient Ennoïa, avait donné l'être à un grand nombre de génies qui avaient formé le monde et la race des hommes. Valentin, qui vint plus tard, trouva là ses éons (3). Ménandre donnait un baptême qui devait rendre immortel......

MENASSEH BEN ISRAEL, savant juif portugais, né vers 1604. Il a beaucoup écrit sur le Thalmud. Il y a quelques faits merveilleux dans ses trois livres de la *Résurrection des morts* (4). Son ouvrage de l'*Espérance d'Israël* (5) est curieux.

Un juif renégat de Villaflor en Portugal, Antoine Montésini, étant venu à Amsterdam vers 1649, publia qu'il avait vu dans l'Amérique méridionale de nombreuses traces des

---

(1) En Belgique, Mélusine passe pour être la protectrice de la maison de Gavre. On croyait qu'elle ne quittait jamais le château d'Enghien. (M. Jules de Saint-Genois, La Cour de Jean IV, t. I", p. 82.)
(2) Mère Lusine, mère des Lusignan.

(3) Bergier, Dictionn. théologique.
(4) Libri tres de Resurrectione mortuorum. Amsterdam, 1636, in-8°. Typis et sumptibus auctoris.
(5) Spes Israelis, Amsterdam, 1650, in-12.

anciens Israélites. Ménasseh ben Israël s'imagina là-dessus (avait-il tort?), que les dix tribus enlevées par Salmanasar étaient allées s'établir dans ce pays-là, et que telle était l'origine des habitants de l'Amérique; il publia son *Spes Israelis* pour le prouver. Dans la IIIe partie de son livre *Souffle de vie* (1), il traite des esprits et des démons, selon les idées des rabbins de son temps, et, dans la IVe partie, de la métempsycose, qui est pour beaucoup de juifs une croyance. Il avait commencé un traité de la science des thalmudistes et un autre de la philosophie rabbinique, qui n'ont pas été achevés.

MÉNESTRIER (CLAUDE-FRANÇOIS), jésuite, auteur d'un livre intitulé : *La Philosophie des Images énigmatiques*, où il traite des énigmes, hiéroglyphes, oracles, prophéties, sorts, divinations, loteries, talismans, songes, centuries de Nostradamus et baguette divinatoire, in-12, Lyon, 1694.

MENEURS DE LOUPS. Près du château de Lusignan, ancienne demeure de Mélusine, on rencontre de vieux bergers, maigres et hideux comme des spectres : on dit qu'ils mènent des troupeaux de loups. Cette superstition est encore accréditée dans quelques pays, entre autres dans le Nivernais (2).

MENIPPE, compagnon d'Apollonius de Tyanes. Visité d'une lamie ou démon succube, il en fut délivré par Apollonius (3).

MENJOIN. *Voy.* CHOROPIQUE.

MENSONGE. Le diable est appelé dans l'Evangile le père du mensonge.

MÉPHISTOPHÉLÈS, démon de Faust ; on le reconnaît à sa froide méchanceté, à ce rire amer qui insulte aux larmes, à la joie féroce que lui cause l'aspect des douleurs. C'est lui qui, par la raillerie, attaque les vertus, abreuve de mépris les talents, fait mordre sur l'éclat de la gloire la rouille de la calomnie. Il n'était pas inconnu à Voltaire, à Parny et à quelques autres. C'est, après Satan, le plus redoutable meneur de l'enfer (4). *Voy.* FAUST.

MERCATI (MICHEL). *Voy.* FICINO.

MERCIER, auteur d'un *Tableau de Paris*, qui a fait quelque bruit, et de *Songes philosophiques*, où l'on trouve deux ou trois songes qui roulent sur les vampires et les revenants.

MERCREDI. Ce jour est celui où les sorciers jouent au sabbat leurs mystères et chantent leurs litanies. *Voy.* LITANIES DU SABBAT.

Les Persans regardent le mercredi comme un jour blanc, c'est-à-dire heureux, parce que la lumière fut créée ce jour-là; pourtant ils exceptent le dernier mercredi du mois de séphar, qui répond à février; ils appellent celui-là le mercredi du malheur ; c'est le plus redouté de leurs jours noirs.

MERCURE. Il est chargé, dans l'ancienne mythologie, de conduire les âmes des morts à leur destination dernière.

MERLE, oiseau commun, dont la vertu est admirable. Si l'on pend les plumes de son aile droite avec un fil rouge au milieu d'une maison où l'on n'aura pas encore habité, personne n'y pourra sommeiller tant qu'elles y seront pendues. Si l'on met son cœur sous la tête d'une personne endormie et qu'on l'interroge, elle dira tout haut ce qu'elle aura fait dans la journée. Si on le jette dans l'eau de puits, avec le sang d'une huppe, et qu'on frotte de ce mélange les tempes de quelqu'un, il tombera malade et en danger de mort. On se sert de ces secrets sous une planète favorable et propre, comme celles de Jupiter et de Vénus, et, quand on veut faire du mal, celles de Saturne et de Mars (5). Le diable s'est quelquefois montré sous la forme de cet oiseau. On sait aussi qu'il y a des merles blancs.

MERLIN. Merlin n'est pas né en Angleterre, comme on le dit communément, mais en basse Bretagne, dans l'île de Sein. Il était fils d'un démon et d'une druidesse, fille d'un roi des bas Bretons. Les cabalistes disent que le père de Merlin était un sylphe. Que ce fût un sylphe ou un démon, il éleva son fils dans toutes les sciences et le rendit habile à opérer des prodiges. Ce qui a fait croire à quelques-uns que Merlin était Anglais, c'est qu'il fut porté dans ce pays quelques jours après sa naissance. Voici l'occasion de ce voyage.

Wortigern, roi d'Angleterre, avait résolu de faire bâtir une tour inexpugnable où il pût se mettre en sûreté contre les bandes de pirates qui dévastaient ses États. Lorsqu'on en jeta les fondements, la terre engloutit pendant la nuit tous les travaux de la journée. Ce phénomène se répéta tant de fois, que le roi assembla les magiciens pour les consulter. Ceux-ci déclarèrent qu'il fallait affermir les fondements de la tour avec le sang d'un petit enfant qui fût né sans père. Après beaucoup de recherches, dans le pays et hors le pays, on apprit qu'il venait de naître dans l'île de Sein un petit enfant d'une druidesse, qui n'avait point de père connu. C'était Merlin. Il présentait les qualités requises par les magiciens ; on l'enleva et on l'amena devant le roi Wortigern. Merlin n'avait que seize jours. Cependant il n'eut pas plutôt entendu la décision des magiciens, qu'il se mit à disputer contre eux avec une sagesse qui consterna tout l'auditoire. Il annonça ensuite que, sous les fondements de la tour que l'on voulait bâtir, il y avait un grand lac, et dans ce lac deux dragons furieux. On creusa ; les deux dragons parurent : l'un, qui était rouge, représentait les Anglais ; l'autre, qui était blanc, représentait les Saxons. Ces deux peuples étaient alors en guerre, et les deux dragons étaient leurs génies protecteurs. Ils commencèrent, à la vue du roi et de sa cour, un combat terrible, sur lequel Merlin se mit à

---

(1) En hébreu, Amsterdam, 5412 (1652), in-4o.
(2) M. de Marchangy, Tristan le Voyageur, ou la France au quatorzième siècle, t. Ier.
(3) Leloyer, Histoire des spectres et des apparitions des esprits, liv. IV, p. 310.
(4) MM. Desaur et de Saint-Geniès, les Aventures de Faust, t. Ier.
(5) Albert le Grand, Admirables secrets, p. 115.

prophétiser l'avenir des Anglais. On pense bien qu'après ce qui venait de se passer, il ne fut plus question de tuer le petit enfant. On se disposa à le reconduire dans son pays et on l'invita à visiter quelquefois l'Angleterre. Merlin pria qu'on ne s'occupât point de lui ; il frappa la terre, et il en sortit un grand oiseau sur lequel il se plaça ; il fut en moins d'une heure dans les bras de sa mère, qui l'attendait sans inquiétude, parce qu'elle savait ce qui se passait. Merlin fut donc élevé dans les sciences et dans l'art des prodiges par son père et par les conseils de sa mère, qui était prophétesse ; on croit même qu'elle était fée. Quand il fut devenu grand, il se lia d'amitié avec Ambrosius, autre roi des Anglais. Pour rendre plus solennelle l'entrée de ce prince dans sa capitale, il fit venir d'Irlande en Angleterre plusieurs rochers qui accompagnèrent en dansant le cortége royal, et formèrent en s'arrêtant une espèce de trophée à la gloire du monarque. On voit encore ces rochers à quelques lieues de Londres, et on assure qu'il y a des temps où ils s'agitent par suite du prodige de Merlin ; on dit même que pour ce roi, son ami, il bâtit un palais de fées en moins de temps que Satan ne construisit le Pandémonium des enfers.

Après une foule de choses semblables, Merlin, jouissant de la réputation la plus étendue et de l'admiration universelle, pouvait étonner le monde et s'abandonner aux douceurs de la gloire; il aima mieux agrandir ses connaissances et sa sagesse. Il se retira dans une forêt de la Bretagne, s'enferma dans une grotte, et s'appliqua sans relâche à l'étude des sciences mystérieuses. Son père le visitait tous les sept jours et sa mère plus fréquemment encore ; il fit, sous eux, des progrès étonnants et les surpassa bientôt l'un et l'autre. On a lu, dans les histoires de la chevalerie héroïque, les innombrables aventures de Merlin. Il purgea l'Europe de plusieurs tyrans ; il protégea les dames ; et bien souvent les chevaliers errants bénirent ses heureux secours. Las de parcourir le monde, il se condamna à passer sept ans dans l'île de Sein. C'est là qu'il composa ses prophéties, dont quelques-unes ont été publiées. On sait qu'il avait donné à l'un des chevaliers errants qui firent la gloire de la France une épée enchantée avec laquelle on était invincible ; un autre avait reçu un cheval indomptable à la course. Le sage enchanteur avait aussi composé pour le roi Arthus une chambre magique, où ne pouvaient entrer que les braves, une couronne transparente qui se troublait sur la tête d'une coquette, et une épée qui jetait des étincelles dans les mains des guerriers intrépides.

Quelques-uns ont dit que Merlin mourut dans une extrême vieillesse ; d'autres, qu'il fut emporté par le diable ; mais l'opinion la plus répandue aujourd'hui en Bretagne, c'est que Merlin n'est pas mort, qu'il a su se mettre à l'abri de la fatalité commune, et qu'il est toujours plein de vie dans une forêt du Finistère nommée Brocéliande, où il est enclos et invisible à l'ombre d'un bois d'aubépine. On assure que messire Gauvain et quelques chevaliers de la Table-Ronde cherchèrent vainement partout ce magicien célèbre ; Gauvain, seul, l'entendit, mais ne put le voir, dans la forêt de Brocéliande. *Voy.* GARGANTUA.

MÉROVÉE, troisième roi des Francs, dont la naissance doit être placée vers l'an 410; il monta sur le trône en 440 et mourut en 458. Il siégeait dans les provinces belgiques. Des chroniqueurs rapportent ainsi sa naissance. « La femme de Clodion le Chevelu, se promenant un jour au bord de la mer, fut surprise par un monstre qui sortit des flots ; elle en eut un fils qui fut nommé Mérovée, et qui succéda à Clodion. »

Sauval croit que cette fable fut inventée par Mérovée lui-même, pour imprimer du respect dans l'esprit des siens en s'attribuant une origine si extraordinaire. Des chroniqueurs ont dit que son nom Mer-Wech signifie *veau marin*...

MERVEILLES. Pline assure que les insulaires de Minorque demandèrent un secours de troupes à l'empereur Auguste contre les lapins qui renversaient leurs maisons et leurs arbres. Aujourd'hui, dit un critique moderne, on demanderait à peine un secours de chiens.

Un vieux chroniqueur conte qu'il y avait à Cambaya, dans l'Indoustan, un roi qui se nourrissait de venin, et qui devint si parfaitement vénéneux, qu'il tuait de son haleine ceux qu'il voulait faire mourir.

On lit dans Pausanias que, quatre cents ans après la bataille de Marathon, on entendait toutes les nuits, dans l'endroit où cette grande lutte avait eu lieu, des hennissements de chevaux et des bruits de gens d'armes qui se battaient. Et ce qui est admirable, c'est que ceux qui y venaient exprès n'entendaient rien de ces bruits : ils n'étaient entendus que de ceux que le hasard conduisait là.

Albert le Grand assure qu'il y avait en Allemagne deux enfants jumeaux, dont l'un ouvrait les portes les mieux fermées en les touchant avec son bras droit ; l'autre les fermait en les touchant avec son bras gauche.

Paracelse dit qu'il a vu beaucoup de sages passer vingt années sans manger quoi que ce fût. Si on veut se donner cette satisfaction, qu'on enferme, dit-il, de la terre dans un globe de verre, qu'on l'expose au soleil jusqu'à ce qu'elle soit pétrifiée, qu'on se l'applique sur le nombril, et qu'on la renouvelle quand elle sera trop sèche, on se passera de manger et de boire sans aucune peine. Paracelse assure intrépidement avoir fait lui-même cette expérience pendant six mois. *Voy.* la plupart des articles de ce Dictionnaire.

MESMER (ANTOINE), médecin allemand, fameux par la doctrine du magnétisme animal, né à Mersburg en 1734, mort en 1815. Il a laissé plusieurs ouvrages dans lesquels il soutient que les corps célestes, en vertu de la même force qui produit leurs attractions mutuelles, exercent une influence sur les corps animés, et principalement sur le système nerveux, par l'intermédiaire d'un fluide subtil qui pénètre tous les corps et remplit tout l'univers. Il alla s'établir à Vienne, et tenta de guérir par le magnétisme minéral, en appliquant des aimants sur les parties malades. Ayant trouvé un rival dans cet art, il se restreignit au magnétisme animal, c'est-à-dire à l'application des mains seulement sur le corps, ce qui le fit regarder à tort comme un fou et un visionnaire par les différentes académies de médecine où il présenta ses découvertes. Mais les académies nous prouvent tous les jours qu'elles ne sont pas infaillibles. Il vint à Paris : le peuple et la cour furent surpris de ce nouveau genre de cures. On nomma des docteurs pour examiner le magnétisme animal, et on publia des écrits si violents contre Mesmer, qu'il fut contraint de quitter la France. Il alla vivre incognito en Angleterre, ensuite en Allemagne, où il mourut. Il reste de lui : 1° *De l'influence des planètes*, Vienne, 1766, in-12; 2° *Mémoire sur la découverte du magnétisme animal*, Paris, 1779, in-12 ; 3° *Précis historique des faits relatifs au magnétisme animal, jusqu'en avril 1781*, Londres, 1781, in-8°; 4° *Histoire abrégée du magnétisme animal*, Paris, 1783, in-8°; 5° *Mémoire de F.-A. Mesmer sur ses découvertes*, Paris, an VII (1799), in-8°.

On a jugé Mesmer bien diversement, et l'instruction de sa cause n'est pas mûre encore ; elle ne le sera que quand la doctrine du magnétisme se trouvera assise. Nous rapporterons, en attendant, quelques opinions plus ou moins savantes émises de nos jours sur cet homme, dont le nom se relève. S'il y a du pour et du contre, c'est que nous ne sommes pas en position de prendre parti.

Un écrivain fort spirituel, que nous regrettons de ne pouvoir nommer, ne le connaissant pas, a publié dans *le Siècle*, il y a huit ou dix ans, une série de piquants articles sur cette matière. Nous en citons des fragments curieux :

« Entre les absurdités de la magie et le scepticisme des encyclopédistes, dit-il, Mesmer crut voir une lacune facile à combler par les hardiesses de la physique expérimentale. Ses rêves le conduisirent à puiser dans l'étude des philosophies anciennes ce qu'elles ont toujours vénéré comme des secrets inabordables de la nature, pour en faire un corps de doctrines et de résultats qui fût la base de l'école audacieuse qu'il prétendait fonder. A peine eut-il jeté les yeux dans l'histoire, que les événements les plus inexplicables, les lumières les plus surprenantes jaillirent de toutes parts à sa vue ; mais au lieu d'y reconnaître une preuve de la faiblesse humaine, il les compulsa, il en éclaira témérairement, et découvrit des mystères où ne se trouvent peut-être encore que des ténèbres. Sa retraite fut encombrée de bouquins, de plantes et de fourneaux ; l'alchimie, la botanique et la médecine passaient successivement sous ses regards tous les matins comme un panorama.

« C'étaient d'abord, dans l'antiquité égyptienne, les cérémonies du temple de Sérapis, à Memphis, où les prêtres guérissaient les malades par l'attouchement et déterminaient la cure en les plongeant dans une léthargie complète. Le savant professeur Kluge a voulu démontrer que les gestes des hiérophantes de l'Egypte se rapportaient aux pratiques actuelles du magnétisme. Rien ne prouve que les prêtres gesticulaient dans l'intérêt du fluide ; mais il y a parité dans les mouvements, c'est un fait historique ou du moins graphique. Les hiéroglyphes des momies et des obélisques présentent même encore des figures humaines dans l'attitude des magnétiseurs et de leurs patients ; et la pose ordinaire des statuettes et des colosses qui servaient, ou de pénates, ou de nécropoles à la race des Pharaons, le torse droit, les genoux joints et collés, les mains placées à plat sur les cuisses ou levées en croix ; cette pose est précisément la situation élémentaire dans l'œuvre de Mesmer.

« En sortant des épreuves du nome de Memphis, l'empirique invoquait avec Schelling les empoisonneuses romaines, qui connaissaient l'art de provoquer le sommeil par une imposition des mains ; il était d'ailleurs tourmenté au souvenir des paroles que Plaute prête à Mercure, dans son Amphitryon : *Quid si ego illum tractim tangam, ut dormiat?* paroles que Molière s'est bien gardé de traduire, ne pensant guère au fluide nerveux. Et quand Mesmer relisait Pline, à ce passage où le naturaliste raconte que certains loups d'Italie paralysaient l'usage de la voix dans l'homme, par leur seule approche, avant même de s'être montrés, le médecin allemand frissonnait d'épouvante, comme si les loups de la Forêt-Noire refluaient par le Wurtemberg jusque sur les fraîches métairies du lac de Constance.

« Des Romains Mesmer remontait aux Grecs ; il s'arrêtait avec Pythagore au bord du fleuve Nessus, que le philosophe aimait beaucoup comme promenade, et lui entendait réciter les vers dorés où il a chanté la sagesse. Le fleuve, charmé d'ouïr la poésie de Pythagore et surtout de voir cet homme divin, répondait devant Mesmer : *Salut, Pythagore!* Cette singulière réponse, que le fleuve adressait devant tous les voyageurs qui prenaient Pythagore pour guide, était un premier avertissement sur les propriétés magiques de l'eau. Mesmer en fit plus tard, à Meudon, une épreuve incroyable, et que Thouret n'en a pas moins consignée dans son livre. Il était près du grand bassin ; il proposa à deux personnes qui l'accompagnaient de passer de l'autre côté du bassin, tandis qu'il resterait à sa place. Il leur fit plonger une canne dans l'eau et y plongea la sienne. A cette distance, les deux personnes éprouvèrent, dit-il, la secousse du rapport que l'eau mettait entre les cannes : l'une ressentit une attaque d'asthme, l'autre une douleur au foie.

« En quittant les rives du Nessus, Mesmer se dirigeait vers Claros et surprenait le prêtre colophonien se disposant à rendre l'oracle en buvant une coupe d'eau des sources de la grotte ; ou bien il vérifiait dans Pindare que la Pythie mâchait du laurier avant de monter sur le trépied de Delphes, comme les négresses mâchent du tabac avant de faire leurs prières à la lune ; ou encore, il croyait à ces parfums secrets, perdus comme des langues et des races, et dont les anciens usaient en fumigations pour se procurer des songes révélateurs de l'avenir. Souvent il se perdait au milieu des forêts des druides et ne regardait pas sans étonnement les prophétesses de la Germanie trouver leur extase dans le voisinage des sources, des torrents et des cascades. Cet emploi répété de l'eau pour les merveilles de l'épilepsie le plongeait dans les ardeurs d'une curiosité insatiable. Quand ce n'était pas l'eau, le feu, c'était le son, la musique des corybantes de Crète et des darvas de l'Hindoustan. Alors il se plaçait en face de la statue de Memnon, vis-à-vis d'un monument si extraordinaire, dont la fabuleuse immortalité tient à une espièglerie de l'acoustique.

« Mesmer était excusable de rapporter la vocalité de Memnon à des prodiges de l'air atmosphérique transformé en agent inconnu, en fluide supérieur. Plus tard, il est vrai, M. de Humboldt constata qu'en passant la nuit près des rochers de granit de l'Orénoque, on entendait distinctement, aux premiers rayons du soleil, un bruit souterrain analogue aux vibrations d'un instrument à cordes. MM. Jollois et Derilliers, ingénieurs particuliers du général Bonaparte pendant l'expédition d'Égypte, ont entendu le même bruit près d'un monument de granit situé dans le palais de Karnac, à Thèbes ; et tout récemment M. Cray, de l'université d'Oxford, a saisi sur les bords de la mer Rouge, dans les environs de Naïkero, le battement d'une cloche souterraine : fantaisies de la nature qui s'expliquent, selon M. de Humboldt, par la différence de température de l'air extérieur et de l'air renfermé dans les crevasses du granit. Mesmer ignorait ces recherches de la science moderne, et son imagination brûlante appliquait aux caprices d'un élément un pouvoir divin sur les sens de l'homme.

« C'est ici qu'il se passionna pour un instrument de musique dont la limpidité pénétrante et chatouilleuse devait un jour produire des effets irrésistibles sur le système nerveux de ses malades, et dans lequel il acquit bientôt une étonnante supériorité. L'harmonica précédait sous ses doigts la baguette magnétique. D'ailleurs, tous les phénomènes inexplicables de l'eau, du son, de la lumière, relatés dans les annales du monde, et dont les sciences physiques ne nous rendent compte aujourd'hui même que par l'intermédiaire d'un fluide, ces phénomènes que Cornélius Agrippa rapporte si habilement dans sa *Philosophie occulte*, Mesmer les groupait dans son esprit autour d'un principe unique, *l'âme de l'univers.* « ... Si vous réfléchissez l'*esprit du monde*, agent du magnétisme, comme on réfléchit la lumière par une glace, il sera possible de diriger sa puissance comme vous vous rendez maître des rayons du soleil.... C'est ainsi que le basilic se tue lui-même, que les femmes imprégnées de poison, en se regardant trop souvent dans une glace, le renvoient à leur propre corps et le réfléchissent sur leurs yeux et sur leur visage. » En lisant ces pages étranges, il sentit ses cheveux se dresser d'horreur à la pensée du fameux miroir d'Agrippa.

« Mais quel n'était pas son espoir caché lorsqu'il rencontrait dans Santanelli et dans Van Helmont cette anecdote extravagante, bien digne de Nicolas Flamel !

« ... Un homme de Bruxelles s'étant fait faire un nez artificiel par l'opération de Taliacot, s'en retourna, ainsi réparé dans ses traits, au lieu de son séjour ordinaire, où il continua de vivre bien portant, l'opération ayant parfaitement réussi. Mais tout à coup, dit-on, la partie factice qu'il s'était procurée devint froide, pâle, livide, se pourrit et tomba. On ne savait à quelle cause tenait ce changement imprévu, lorsqu'on apprit que le jour même de la chute du nez factice à Bruxelles, un crocheteur de Boulogne, qui, pour de l'argent, avait fourni une portion de chair prise à son bras, était mort dans cette ville, où l'opération avait eu lieu... » Les alchimistes s'étaient emparés de ce fait bizarre ; c'est alors qu'ils préparèrent *le sel du sang*, dont ils prétendaient sérieusement que la couleur changeait et se ternissait à la mort de la personne qui en avait tiré la matière de ses veines. Au sel du sang on ajouta la *lampe de vie*, dont la lumière, disait-on, s'affaiblissait ou s'éteignait absolument dans le cas de mort ou de maladie.

« Ainsi s'ouvrait à Mesmer une route que l'Anglais Digby seul, du temps de Louis XIII, avait parcourue ; il s'y lança hardiment. Les émanations, dit Maxwel dans ses aphorismes de médecine magnétique, s'étendent fort loin, et c'est par leur effet que nous sommes souvent pris de maladies dont les causes restent ignorées. Les *philosophes* du XVIe siècle tiraient partie des émanations pour faire converser en tête à tête les personnes les plus éloignées, au moyen d'un alphabet magnétique empreint sur le bras. Bostius de Boodt nous en a transmis le procédé. Il consistait à enlever de l'un des bras de chacune de ces personnes un petit lambeau de chair de forme égale, d'appliquer le lambeau de l'un au bras de l'autre, et réciproquement. Sur ces lambeaux qui faisaient bientôt corps avec l'individu, on gravait en rond les lettres de l'alphabet, et quand une de ces personnes, ainsi préparées, touchait avec un stylet les différentes lettres, l'autre en était instruite par un sentiment de douleur et de piqûre à l'endroit où se trouvait la lettre désignée.

« D'une santé débile dans sa jeunesse, un prêtre (Gassner) avait lu pour son compte des ouvrages de médecine ; mais ne retirant aucun fruit de cette lecture, ni même des médecins qu'il avait consultés, il soupçonna que sa maladie avait une cause occulte et provenait de la puissance du diable. Sa conjecture fut vérifiée, dit-il, par le succès qu'il obtint en chassant le diable de son corps au nom de Jésus-Christ. Un pareil essai l'entraîna à connaître tous les auteurs qui ont écrit sur l'exorcisme. Il se confirma par la lecture de leurs ouvrages dans l'opinion que plusieurs maladies sont produites par le démon. Il fit d'abord des cures sur ses paroissiens, et sa réputation s'accrut tellement en Suisse et dans le Tyrol, que chacune des deux dernières années, plus de quatre à cinq cents malades accoururent à son presbytère. Il quitta sa paroisse; après avoir parcouru différents cantons, il vint à Ratisbonne. Il distingua les maladies en deux classes, les naturelles et les démoniaques; ces dernières, selon lui, étaient beaucoup plus nombreuses, et il prétendait les guérir toutes. C'était au nom de Jésus-Christ qu'il opérait ses cures. Si la foi manquait, la guérison manquait aussi.

« Gassner avait été précédé, il y a cent cinquante ans, par un jardinier, Levret, qui passait pour avoir guéri par attouchement même les princes; le docteur Streper imita son imposture spirituelle avec profit. Mais le plus surprenant fut un gentilhomme irlandais, Greatrakes.

« Valentin Greatrakes voulait guérir toutes les maladies en touchant. On raconte qu'il sentait un jour comme une espèce de révolution organique et qu'il entendit une voix secrète lui crier : *Je te donne la faculté de guérir.* Importuné par ce bruit dont on ne pouvait le distraire, il résolut d'éprouver ce qu'il en devait croire. Il guérit successivement des écrouelles, des fièvres et des épidémies tous ceux qui ajoutèrent foi au caractère divin du bruit dont nous parlons. Greatrakes était d'un extérieur simple; ses traitements n'offraient aucun appareil; mais il rapportait tout à Dieu et faisait un usage particulier et très-étendu du toucher. Le mal fuyait en quelque sorte devant sa main; il pouvait, disait-on, le déplacer en le portant vers les parties moins utiles à la vie. C'était du magnétisme. Gassner, au contraire, étalait une pompe religieuse susceptible de frapper l'imagination des malades. Il avait un crucifix à sa droite et prenait soin de tourner la gauche de son corps vers une fenêtre; son visage regardait les assistants, car il opérait en public. Il portait à son cou une étole, *stola rubella*, de couleur rouge, nuance de la cabale, et une croix suspendue par une chaîne d'argent. Elle contenait, suivant lui, un fragment de la croix de Jésus-Christ. Une ceinture noire entourait ses reins; il gardait ce costume dans sa chambre, même quand le public n'y était pas.

« Ce qui égara plus complètement la raison de Mesmer, c'était peut-être la fortune inouïe du baron de Vesins, dont je vais vous raconter l'histoire, sans la garantir plus que tout le reste. Lorsque le comte de Latour-Landré était à Londres en qualité d'ambassadeur de la cour de France, sous le règne de Louis XIII, un jeune cordonnier vint lui prendre mesure de souliers, et fut saisi à ses pieds d'une agitation soudaine accompagnée d'une violente hémorrhagie. On traita ce fait d'accident; mais l'enfant étant revenu avec les souliers, quelques jours après, la même scène se renouvela. La doctrine des sympathies était alors dans toute sa vogue, et le chevalier Digby, son auteur, tellement à la mode à Saint-James, comme au Louvre, qu'on ne fut pas surpris du régime auquel il avait soumis sa femme, Venetra Anastasia, la plus belle personne du siècle. Pour prolonger la vie de cette incomparable dame, il lui faisait manger, dit-on, aux applaudissements de Paris et de Londres, des chapons nourris avec des vipères, qu'elle avalait sans difficulté et même avec reconnaissance. Or, le comte de Latour-Landré, admirateur de Digby, rêva à son petit cordonnier et ordonna des recherches actives sur l'histoire de cet enfant. Il apprit que, né en France, il avait été conduit dans un âge tendre en Bohême, d'où il avait plus tard passé en Angleterre. Le comte avait eu une sœur morte en donnant le jour à un enfant qui avait disparu sans laisser de trace. Frappé de l'impression que le cordonnier éprouvait à son approche, il prit de nouvelles informations et acquit la preuve que ce jeune artisan était son neveu. Rétabli dans les titres et dans les propriétés du baron de Vesins, mari de la sœur du comte de Latour-Landré, le cordonnier devint pour le chevalier Digby un argument vivant en faveur de la doctrine des sympathies.

« Tels sont les antécédents les plus célèbres, dans les derniers siècles, du fluide auquel le médecin badois voulait emprunter des moyens de renommée.... »

Voyons maintenant Mesmer à Paris.

« L'hôtel Bourret, dont il avait fait son temple dans cette capitale, était rempli de trépieds grecs et de caisses de fleurs, d'où s'exhalaient de doux parfums, cette première séduction des sens. Un demi-jour augmentait le mystère et faisait rêver. On se parlait à voix basse; on se regardait avec curiosité. Dans la grande salle était une cuve en bois de chêne, de quatre à cinq pieds de diamètre, d'un pied de profondeur, fermée par un couvercle en deux pièces et s'enchâssant dans la cuve ou *baquet*. Au fond se plaçaient des bouteilles en rayons convergents, et de manière que le goulot se tournait vers le centre de la cuve. D'autres bouteilles partaient en sens contraire ou en rayons divergents, toutes remplies d'eau, bouchées et magnétisées. On mettait souvent plusieurs lits de bouteilles; la machine était alors à *haute pression*. La cuve renfermait de l'eau qui baignait les bouteilles; quelquefois on y ajoutait du verre pilé et de la limaille de fer. Il y avait aussi des baquets à *sec*. Le couvercle était percé de trous pour la sortie de tringles en fer coudées, mobiles, plus ou moins longues, afin de pouvoir être dirigées, appliquées vers différentes régions du corps des malades qui s'approchaient du baquet. D'un anneau du couvercle partait une corde très-longue, dont les patients entouraient leurs membres infirmes sans la nouer. On n'admettait pas du reste les affections pénibles à la vue, telles que les plaies, les loupes et les difformités. Enfin les malades se rapprochaient pour se toucher par les bras, les mains, les genoux et les pieds. Les plus robustes magnétiseurs tenaient, par-dessus le marché, une baguette de fer dont ils touchaient les retardataires et les indociles. Comme le baquet, les bouteilles, les tringles et les cordes étaient *préparées*, les passions entraient bientôt en crise. Les femmes éprouvaient d'abord des bâillements; leurs yeux se fermaient, leurs jambes ne les soutenaient plus; elles étaient menacées de suffocation. En vain les sons de l'harmonica, les roucoulements du piano et des chœurs de voix se faisaient entendre : ces secours paraissaient accroître les convulsions des malades. Des éclats de rire sardoniques, des gémissements douloureux, des torrents de pleurs éclataient de toutes parts. Les corps se renversaient en des mouvements tétaniques; la respiration devenait râleuse; les hoquets des mourants, la face hippocratique, le collapsus, tous les symptômes les plus effrayants se manifestaient. A ce moment, les acteurs d'une scène si étrange couraient les uns au-devant des autres, éperdus, délirants; ils se félicitaient, s'embrassaient avec joie ou se repoussaient avec horreur. On emportait les plus fous dans la *salle des crises*, où les femmes battaient de leurs têtes les murailles ouatées ou se roulaient sur un parquet en coussins avec des serrements à la gorge. Au milieu de cette foule palpitante, Mesmer se promenait en habit lilas, étendant sur les moins souffrantes une baguette magique, s'arrêtant devant les plus agitées, enfonçant ses regards dans leurs yeux, tenant leurs mains appliquées dans les siennes avec les quatre pouces et les doigts majeurs en correspondance immédiate, pour se *mettre en rapport*, tantôt opérant par un mouvement à distance avec les mains ouvertes et les doigts écartés, *à grand courant*, tantôt croisant et décroisant les bras avec une rapidité extraordinaire pour les *passes en définitive*. Souvent le geste du magnétiseur, effleurant les articulations les plus sensibles, tirait subitement de la malade un éclair brillant, pareil à ceux qu'on observe à la suite des journées très-chaudes. Ce phénomène frappait de terreur la cohue des femmes échevelées qui se pressaient haletantes sur les pas de Mesmer, et le thaumaturge lui-même, épouvanté de sa puissance, reculait devant l'étincelle du fluide.

« Il manquait pourtant aux représentations de la place Vendôme un élément: c'est le somnambulisme. Le marquis de Puységur, disciple de Mesmer, inventa ce troisième degré de l'extase et de la catalepsie : on sait combien le magnétisme ainsi varié a fait son chemin dans le monde. A force de solliciter par des *passes en définitive* le système nerveux d'une jeune fille, il plongea sa victime dans une léthargie imprévue. Le marquis crut avoir tué la malheureuse enfant ; son désespoir était inexprimable. Quel ne fut pas ensuite son étonnement, lorsqu'il s'aperçut de l'obéissance involontaire qui unissait la patiente à son magnétiseur, et enfin de la faculté merveilleuse qui permet aux somnambules magnétiques de parler comme dans l'état de veille ! Cette découverte couronna les mystères de la place Vendôme, mais la cuve en souffrit un peu.

« Thouret, qui a écrit *contre* le magnétisme, rapporte un fait singulier.

« Un soir, M. Mesmer descendit avec six personnes dans le jardin de monseigneur le prince de Soubise. Il *prépara* un arbre, et, peu de temps après, madame la maréchale de...., mesdemoiselles de Pr..., tombèrent sans connaissance. Madame la duchesse de C... se tenait à l'arbre sans pouvoir le quitter. M. de Mons... fut obligé de s'asseoir sur un banc, faute de pouvoir se tenir sur ses jambes. Je ne me rappelle plus quel effet éprouva M. Ang.., homme très-vigoureux; mais il fut terrible. Alors M. Mesmer appela son domestique pour enlever les corps ; mais je ne sais par quelles dispositions celui-ci, malgré son habitude, se trouva hors d'état d'agir. Il fallut assez longtemps pour que chacun pût retourner chez soi. » (*Recherches sur le Magnétisme*, p. 67.)

« Ce que l'on raconte des livres dont il magnétisait une ligne, un mot, un passage, et que des femmes ne pouvaient lire ensuite sans se trouver mal à l'endroit désigné, ne paraît pas moins incroyable. Lorsque Mesmer touchait un malade pour la première fois, il le touchait au plus grand point de réunion d'influences vitales, par exemple à l'épigastre. Dans ce moment avait lieu, disait-il, la sympathie électrique. Cela fait, il retirait sa main, et il prétendait qu'en levant le doigt, une traînée de fluide se formait entre le sujet traité et lui-même, traînée par laquelle se maintenait le rapport établi. Il nommait ce rapport *concaténation*.

« L'influence magnétique du docteur semblait durer plusieurs jours. On disait que pendant ce temps-là, si la personne était susceptible, il opérait sur cette victime, par l'intermédiaire du fluide, à distance et au travers des murs. Quelquefois il réfléchissait le fluide sur les patients au moyen d'une glace vers laquelle se dirigeait ou son doigt, ou sa baguette. Devant une maison des boulevards, où le docteur avait établi une succursale du baquet, s'élevait un arbre dont l'ombrage protégeait les curieux qui attendaient l'entrée et la sortie de Mesmer ; il magnétisa cet arbre, qui vraisemblablement existe encore aux abords de la rue Caumartin : les mémoires de l'époque nous affirment que les feuilles s'y conservaient mieux que dans les autres, et qu'il verdissait le premier de tous au printemps.

« Lorsque les réunions de l'hôtel Bourret eurent enfin une célébrité incontestable, Mesmer publia une sorte d'almanach magnétique, contenant la liste des cent premiers membres fondateurs de la *Société de l'harmonie*, depuis le 1ᵉʳ octobre 1783 jusqu'au 5 avril 1784. En quelques jours cet almanach, qui renfermait les noms les plus illustres de France, fut répandu scandaleusement dans toute l'Europe. Il y avait un grand maître et des chefs d'ordre, absolument comme dans la franc-maçonnerie. On y comptait Montesquieu, Lafayette, MM. de Noailles, de Choiseul-Gouffier, de Chastelux, de Puységur, etc. Des baquets s'établissaient partout. Les candidatures n'étaient pas toujours heureuses. Berthollet, le fameux chimiste, avait donné ses 100 louis, mais en se réservant le droit de critique. Il vint un soir à l'hôtel Bourret avec de méchantes dispositions. Le piano, l'harmonica, les chants invisibles se firent entendre, et le novice ne semblait pas ému. Mais quand Mesmer, appliquant la branche de fer au chimiste, éleva gravement la voix et traita le récipiendaire comme un infidèle, Berthollet se fâcha tout rouge, culbuta le baquet, apostropha ironiquement les malades qui entraient en crise et sortit furieux. On lui rappela son serment; il répondit qu'il n'avait pas juré le secret à une mascarade. Ce fut la première, la plus périlleuse indiscrétion. On se représenterait avec peine la surprise des incrédules.

« L'enthousiasme cependant ne se modérant plus, des colonies magnétiques se formèrent. La *Société de l'harmonie* eut des succursales qui relevaient toutes de la métropole. Lenghmans, médecin suisse, admirateur et compatriote de Mesmer, établit un club à Berne. Ostende, malgré ses traditions flamandes, avait un club de magnétisme où le chevalier de Barbarin endormait les populations fiévreuses de Nieuport, de Bruges et de Furnes. A Strasbourg, on magnétisait la garnison. M. de Puységur avait une terre magnifique à Busancy, près de Soissons. Les paysans et les jeunes filles de son domaine se réunissaient sous un orme séculaire du parc, le dimanche, pour y danser : le seigneur de Busancy magnétisa l'orme; les scènes du baquet de la place Vendôme se répétèrent sous cet ombrage, et le violon ne fut plus indispensable : les villageois sautèrent comme des torpilles. Le comte de Rouvre améliora beaucoup l'invention du marquis de Puységur. Il avait, à six lieues de Paris, à Beaubourg, un château dont il ne savait que faire; on y *prépara* un arbre comme était préparé l'arbre de Busancy. L'arbre de Beaubourg servait de pivot à un nombre infini de cordes et de ficelles qui partaient de son tronc et de ses branches, et s'étendaient fort loin dans la campagne. Cet arbre était public, accessible comme un hôpital qu'il eût pu remplacer. Les infirmes y venaient à la ronde, saisissaient un bout de corde, et, lorsqu'ils étaient suffisamment rompus par le fluide, on les transportait dans le château, où ils recevaient tous les soins imaginables, gratuitement, pour l'honneur du magnétisme. Il n'était question à la cour que de l'humanité du jeune comte de Rouvre et de la singulière corvée qu'il imposait à ses vassaux.

« A cette époque, Paris possédait dans ses murs le prince Henri de Prusse. En sa qualité de Prussien, Henri aimait les innovations militaires. Le maréchal de Biron crut devoir lui montrer un officier qui employait ses loisirs de garnison à magnétiser les pauvres; cet exemple de philanthropie rentrait au besoin dans la perfectibilité du soldat. On emmena le prince à Beaubourg. Mesmer, prévenu, se trouvait au château avec sa plus puissante baguette; mais le héros fut insensible même aux *grands courants*, et la baguette magique resta sans vertu à l'égard du vieux conquérant de la Bohême. On conduisit le prince à l'arbre, et il voulut bien se mettre en rapport avec une ficelle. Le résultat ne fut pas plus heureux. Alors on prétendit sérieusement à Versailles que les hommes de race royale étaient garantis du fluide par l'excellence de leur sang et la nature choisie de leur organisation.

« Forcé de respecter les dynasties, le magnétisme se rejeta sur l'océan. On fut sur le point de voir des flottes entières en somnambulisme et des escadres gouvernées à la baguette. Le marquis de Puységur avait un frère, le comte de Chastenay, homme d'une imagination très-vive, qui, ne pouvant écrire des romans maritimes, puisqu'ils n'étaient pas inventés, résolut d'illustrer la marine française, dont il était officier, par une crise. Il embarqua sa femme, qui lui servait de somnambule, contre les règlements de la discipline; il se mit en rapport avec les mâts, les canons, les vergues de son navire; il fit un immense baquet du vaisseau; n'ayant pas de villageois, il magnétisait ses matelots. Tout l'équipage obéissait au même fluide ; ses manœuvres avaient quelque chose de surnaturel, et les curieux qui visitaient son bord tombaient en spasme. Louis XVI fut obligé de rendre une ordonnance pour prévenir les convulsions de la marine française..... »

L'écrivain donne aussi des détails intéressants sur les phénomènes de la prévision du somnambulisme.

« Ce serait le moment de rappeler, dit-il, que tous les hommes d'une haute intelligence furent superstitieux. Pour nous restreindre à l'époque, il faut uniquement, et comme prélude, rapporter ces lignes de Cabanis :

« Nous avons quelquefois en songe des idées que nous n'avons jamais eues. Nous croyons converser, par exemple, avec un homme qui nous dit des choses que nous ne savions pas. On ne doit pas s'étonner que, dans le temps d'ignorance, les esprits crédules aient attribué ces phénomènes singuliers à des causes surnaturelles. J'ai connu un homme très-sage et très-éclairé, l'illustre Benjamin Francklin, qui croyait avoir été plusieurs fois instruit en songe sur des affaires qui l'occupaient dans le moment. Sa tête forte, et d'ailleurs entièrement libre de préjugés, n'avait pu se garantir de toute idée superstitieuse, par

rapport a ces avertissements intérieurs... »
(*Considérations sur la vie animale*.)

« Ainsi, l'esprit le plus positif du XVIIIe siècle, Francklin lui-même, ne s'est pas défendu des pressentiments. Cabanis connaissait les phénomènes du somnambulisme, bien qu'il ait jugé à propos de n'en rien dire; il n'en fut pas moins des premiers élèves de Mesmer, et il est inscrit sous le numéro 10 dans le catalogue de l'ancienne *Société de l'harmonie*.

« Ce qu'on aura peine à croire, et pourtant ce qui est authentique, c'est que la révolution française a été non-seulement prévue dans ses causes, mais aussi prédite dans ses effets. Depuis l'épître dédicatoire de Nostradamus au roi de France jusqu'au sermon du père Beauregard, depuis les vers d'un anonyme destinés au fronton de Sainte-Geneviève jusqu'à la chanson de M. de Lille, jamais tempête sociale ne fut plus clairement annoncée. Cette prévision extraordinaire, répandue dans toutes les classes, constituait un état magnétique permanent. On ne saurait expliquer autrement que par une contagion sympathique la terreur dont furent saisies, à Notre-Dame, treize années avant la révolution, les personnes qui entendirent le père Beauregard jeter du haut de la chaire ces incompréhensibles paroles :

« Oui, Seigneur ! vos temples seront dépouillés et détruits, vos fêtes abolies, votre nom blasphémé, votre culte proscrit ! Aux saints cantiques qui faisaient retentir les voûtes sacrées en votre honneur succèdent des chants lubriques et profanes ! Et toi, divinité infâme du paganisme, impudique Vénus, tu viens ici même prendre audacieusement la place du Dieu vivant, t'asseoir sur le trône du Saint des saints, et recevoir l'encens coupable de tes nouveaux adorateurs. »

« Il y avait inspiration, cela est évident. D'après les doctrines du magnétisme, le père Beauregard représentait ici un somnambule au premier degré. Nous ne discuterons pas cette étrange interprétation de son prône. En 1789, il paraît que le somnambulisme du prédicateur durait encore ; dans la chapelle de Versailles, en présence de la cour, il dénonça, comme un nouveau Jérémie, les secousses prochaines de la France.

« A peu près dans le temps où ce religieux célèbre ébranlait de sa voix prophétique les piliers de Notre-Dame, un officier au régiment de Champagne, M. de Lille, à la suite d'un souper, tomba dans une surexcitation morale dont tous ses camarades furent épouvantés. Il rentra dans sa chambre, s'enferma à double tour et griffonna sur un bout de table, une chansonnette fameuse dont nous copierons les plus étonnants couplets.

On verra *tous les états*
  Entre eux se confondre ;
Les pauvres sur leurs grabats
  Ne plus se morfondre.
Des biens on fera des lots
Qui rendront les gens égaux.
  Le bel œuf à pondre,
    O gai !
  Le bel œuf à pondre !

De même pas marcheront
  Noblesse et roture ;
Les Français retourneront
  Au droit de nature.
Adieu, parlements et lois,
Adieu, ducs, princes et rois.
  La bonne aventure,
    O gai !
  La bonne aventure !

Puis, devenus vertueux,
  Par philosophie,
Les Français auront des dieux
  A leur fantaisie.
Nous reverrons un oignon
A Jésus damer le pion.
  Ah ! quelle harmonie,
    O gai !
  Ah ! quelle harmonie !

A qui devons-nous le plus ?
  C'est à notre maître,
Qui, se croyant un abus,
  Ne voudra plus l'être.
Ah ! qu'il faut aimer le bien
Pour de roi n'être plus rien !
  J'enverrais tout paître,
    O gai !
  J'enverrais tout paître.

« On peut lire cette incroyable chanson dans les *Mémoires* de l'abbé George, tome II, pag. 267. Elle fut appelée, en 1778, la *prophétie turgotine*. Consultez les articles philosophiques de M. Hoffman sur le magnétisme dans le *Journal des Débats* du mois de décembre 1814, vous y verrez qu'une somnambule de Normandie avait exactement prédit les quatre états politiques par où la révolution a passé. Dans sa *Lettre au peuple français*, datée de Londres, 1786, Gagliostro annonce que la Bastille sera détruite et deviendra un lieu de promenade. On n'accusera pas M. Hoffman de superstition, non plus que nous qui transcrivons, sans y rien comprendre, ces passages de l'épître dédicatoire de Nostradamus au roi Henri II, 14 mars 1547 :

« Mes nocturnes et prophétiques supputations ont été composées plutôt d'un *naturel instinct*, accompagné d'une *fureur poétique*, que par règle de poésie. »

« Plus loin, il annonce une persécution chrétienne pour l'an *mil sept cent nonante deux, que l'on cuidera être une rénovation du siècle*. Cette phrase est assurément fort remarquable, puisque l'ère de la république commença le 22 septembre 1792. La *fureur*, l'*instinct naturel* de Nostradamus doit-il être pris comme un somnambulisme involontaire, irrésistible, spontané, et le pressentiment en toute chose rangé au nombre des prodiges élémentaires opérés par le fluide magnétique ? Telle est la controverse qui divise les adeptes depuis trente ans.

« Mais le cheval de bataille des magnétiseurs, c'est la prédiction de Cazotte, et il faut avouer que ce fait irrécusable plaide éloquemment leur cause. Nous renvoyons les sceptiques aux œuvres posthumes de La Harpe, Paris, 1806, tom. Ier, et au mémoire de M. de Leuze.

« Il me semble que c'était hier, dit La Harpe ; on se trouvait au commencement de 1788. Les membres de l'Académie française soupaient chez le duc de Nivernois, qui leur avait lu son proverbe, *Une hirondelle ne fait pas le printemps*, dernier acte littéraire de ce chansonnier célèbre. Dans la bonne compagnie, le proverbe du duc avait éclipsé l'assemblée des notables. Au dessert, les vins de Malvoisie et de Constance étaient prodigués; on en venait alors dans le monde au point où tout est permis pour provoquer le rire. Champfort avait récité ses contes impies et libertins, et les grandes dames avaient écouté sans même recourir à l'éventail. A ce mot fameux de son coiffeur : *Voyez-vous, monsieur de Champfort, quoique je ne sois qu'un misérable perruquier, je n'ai pas plus de religion qu'un autre*, les convives s'étaient livrés à des éclats d'ivresse et de joie si bruyants, qu'un homme de bon sens, nullement somnambule, mais à jeun, eût facilement prophétisé, rien qu'à voir cette folie, l'imminence de la révolution.

« Cazotte seul ne riait pas. Cazotte était un littérateur singulier, dont la vie présente un roman bien supérieur aux romans ennuyeux qu'il a inventés. Planteur à la Martinique, après avoir fait beaucoup de sucre, il voulut se retirer en France, vendit ses possessions, se fit homme de lettres et publia le *Diable amoureux*.

« — Buvez, lui cria Condorcet, buvez; un philosophe n'est pas fâché de trinquer avec un prophète.

« On attendait le résultat de la plaisanterie; Cazotte aima mieux boire. La coupe étant vide, il se leva.

« — M. de Condorcet, fit-il en étendant la main vers l'académicien goguenard, vous mourrez sur le pavé d'un cachot, du poison que vous aurez pris pour vous dérober au bourreau, et que vous porterez toujours dans vos poches.

« Cazotte était donc un original, et d'autant plus original pour les convives du duc de Nivernois, qu'il appartenait à la secte des Illuminés de Lyon. On se regarda dans la salle avec une surprise mêlée de terreur et de moquerie. Champfort saisit la bouteille, et, à son tour, versa une rasade au prophète, Cazotte but froidement.

« — M. de Champfort, dit-il, d'une voix plus ferme, vous vous couperez les veines de vingt-deux coups de rasoir, et pourtant vous n'en mourrez pas sur-le-champ.

« On riait déjà moins, on ne rit bientôt plus du tout. La bouteille passa dans les mains de Vicq-d'Azir, et le prophète but un troisième coup.

« — M. Vicq-d'Azir, continua-t-il en regardant le médecin, vous ne vous ouvrirez pas les veines vous-même, mais vous vous les ferez ouvrir six fois dans un jour, au milieu d'un accès de goutte, et vous mourrez dans la nuit.

« — Et moi?

« — M. de Nicolaï, à l'échafaud.

« — Et moi?

« — M. Bailly, à l'échafaud.

« — Et moi?

« — M. de Malesherbes, à l'échafaud.

« Bailly, Nicolaï et Malesherbes pâlirent; le maître de la maison devenait soucieux.

La Harpe chercha une plaisanterie qui dissipât ce nuage.

« — Il paraît, dit-il, en regardant Cazotte, que vous me réservez pour faire l'oraison funèbre de ces messieurs.

« — Justement, car vous serez chrétien.

« — Oh! oh! ceci est trop fort! s'écrièrent les encyclopédistes.

« Un mouvement très-pénible se manifesta parmi les convives; la figure du duc de Nivernois se rembrunissait toujours, il ne chantait aucune chanson. Tout le monde commençait à trouver que la facétie allait trop loin. Ce fut madame de Grammont qui brisa la glace.

« — Vous verrez qu'il ne nous laissera pas même un confesseur.

« — Vous l'avez dit, madame, reprit Cazotte d'un ton ému, un seul homme aura cette grâce...

« Des explications désespérées et ironiques s'élevèrent; on entoura précipitamment l'oracle. Toutes les inquiétudes croissaient d'heure en heure; on attendait la dernière parole de Cazotte avec autant d'impatience et d'effroi que les habitants de Babylone l'explication des paroles flamboyantes du palais de Balthasar. La bouche du prophète enfin s'ouvrit.

« — Le roi de France.

« A ces mots, M. de Nivernois se leva brusquement, ses convives l'imitèrent. Un profond silence avait succédé aux premières folies. Le duc, s'adressant au personnage qui jouissait d'une faculté en même temps si rare et si lugubre, lui représenta à voix basse qu'il se compromettait inutilement. Cazotte prit son chapeau et se retira. Comme il sortait, madame de Grammont lui dit :

« — Mais vous n'avez point parlé de vous?

« — Madame, répondit le prophète tenant ses yeux baissés, avez-vous lu le siége de Jérusalem dans l'historien Josèphe?

« — Quelle question! je l'ai peut être lu. Eh bien?

« — Eh bien, madame, pendant ce siége un homme fit sept jours de suite le tour des remparts, criant incessamment d'une voix tonnante et sinistre : *Malheur à Jérusalem!* et le septième jour il cria : *Malheur à Jérusalem! Malheur à moi-même!* Dans ce moment une pierre énorme, lancée par les machines ennemies, le frappa et le mit en pièces.

« Après cette réponse, Cazotte disparut. Quatre années plus tard, le 22 septembre 1792, il fut arrêté; sa fille parvint à le sauver. Au lieu de partager la joie qu'elle en ressentait, il annonça que dans trois jours on l'arrêterait de nouveau et que cette fois il n'en réchapperait pas. Effectivement, Cazotte fut massacré le 25 septembre, à l'âge de soixante-douze ans. »

« La Harpe, Deleuze, madame de Genlis, madame de Beauharnais, la famille de Vicq-d'Azir et une foule d'autres personnes garantissent l'authenticité de cette prédiction au moins remarquable. Si vous consultez là-dessus les magnétiseurs un peu avancés, ils vous répliqueront sans hésiter que Cazotte était somnambule au premier chef.

« Une paysanne, Susanne Labrousse, du Périgord, se présenta un jour, en 1784, au séminaire de Périgueux, se jeta au pied de la croix, annonça les états généraux, en fixa l'époque, et depuis ce moment jusqu'à l'ouverture de l'assemblée, récita tous les matins un *Ave Maria* solennel dans les couvents de la ville. Si vous lisez d'ailleurs une brochure de 1789, attribuée au comte de Lameth et plus tard à M. de Veines, vous y verrez avec surprise le portrait d'une femme de la haute noblesse, la comtesse de T..., qui, en proie à des attaques de catalepsie, d'un corps faible, d'une poitrine allumée, et n'ayant plus que des nerfs misérables, prédit les circonstances de la révolution française, dont elle partageait les principes sans doute par somnambulisme. C'est en parlant d'un voyage de cette dame au mont Vésuve que le chevalier de Boufflers disait : « Voilà ce qui s'appelle une politesse de volcan à volcan. »

« On établit maintenant, d'après le professeur Kluge, six degrés dans l'état magnétique : dans le premier, on participe encore aux impressions extérieures ; le second est le demi-sommeil, ou la crise imparfaite ; le troisième, le sommeil magnétique, ou le *somnambulisme* ; le quatrième est la crise parfaite ; le cinquième, la clairvoyance et la prévision ; le sixième, la vision magnétique ou l'extase. Ce n'est qu'au troisième degré, à ce qu'il paraît, que les phénomènes se manifestent aujourd'hui d'une manière scientifique. Vous trouverez dans Pézold, Nasse, Gmelin, des histoires merveilleuses et des expériences incroyables. Caullet de Vaumorel soutient, dans ses aphorismes, que les somnambules distinguent les objets au travers de corps opaques, tels que des meules de moulins, pourvu que ces corps ne soient point électriques, comme la soie et la cire à cacheter. Le *Courrier de Strasbourg* de 1817 raconte la maladie d'une dame cataleptique qui tombait à des époques fixes dans l'état de somnambulisme et avait le pouvoir de lire dans un livre placé à une fort grande distance. Enfin, Potelin connaissait un somnambule qui voyait et nommait tout ce qu'il tenait dans sa main fermée, dès qu'il le plaçait sur le creux de son estomac. Les magnétiseurs de Paris prétendent que leurs somnambules habituelles jouissent de la même faculté ; mais comme ces prodiges apparaissent rarement et sont indépendants de la volonté des patientes et de l'agent, leur évidence demeure toujours une question de principe où les sceptiques auront longtemps beau jeu avec justice.

« Les phénomènes du cinquième et du sixième degré sont encore plus singuliers ; ici, nous revenons au pressentiment. Kluge, Heineckens et Pischer parlent de somnambules qui décrivaient le jeu de leurs viscères sans connaître l'anatomie. Le docteur Chapelain, à Paris, a guéri des malades sur les indications données par une somnambule ; l'esprit et la probité de cet habile médecin sont pourtant incontestables. Suivant ces magnétiseurs, on a vu des personnes connaître les événements qui se passaient dans des endroits fort éloignés et prédire l'avenir. Une dame d'Exeter vint à Londres et se fit magnétiser : un gentilhomme, inquiet sur le sort d'un ami absent, lui demanda ce qu'il était devenu, et reçut cette réponse : « Je l'aperçois sous les eaux. » Quelques jours après, on renouvela la même question, et elle répondit de nouveau qu'elle le voyait au milieu de poissons nageant autour de lui. Bientôt on apprit que la personne avait péri dans un naufrage. Il faudrait des volumes pour rapporter tous les exemples de prévision et de lucidité dont s'appuient les praticiens. A Gœttingue, dans le Hanovre, on ne vous a pas parlé sans terreur superstitieuse de l'histoire de mademoiselle Julie de Strombeck, qui s'est guérie elle-même, en 1810, par le magnétisme. En 1793, pendant le siége de Lyon, une somnambule prédit au docteur Pététin la journée sanglante du 29 septembre, la reddition de la ville pour le 7 octobre, l'entrée des troupes le 8, et les proscriptions qui suivirent les promesses trompeuses dont on berça la crédulité des habitants. Tels sont les monuments les plus authentiques et les plus curieux du somnambulisme moderne.»

Rapportons maintenant un fait qui a eu beaucoup de retentissement en 1837. Nous ne saurions mieux l'exposer qu'en reproduisant le rapport de M. Dubois d'Amiens à l'Académie royale de médecine :

Messieurs,

Quelques discussions élevées dans le sein de l'Académie royale de médecine, au commencement de cette année, avaient reporté de nouveau l'attention des médecins sur le magnétisme. Votre confrère, M. Oudet, bien que se plaçant en dehors de toute question de doctrine, avait confirmé en pleine séance un fait inséré dans quelques feuilles publiques, et qui plus tard l'a été dans le bulletin de l'Académie, savoir : qu'un magnétiseur était venu le chercher le 14 novembre 1830, pour le conduire chez une jeune dame, en état, disait-on, de somnambulisme ; qu'arrivé près d'elle, le magnétiseur l'avait piquée fortement et à plusieurs reprises, qu'il lui avait plongé un doigt pendant quelques secondes dans la flamme d'une bougie, le tout pour explorer sa sensibilité, et puis que lui, M. Oudet, avait déplié sa trousse, arraché à la jeune dame une grosse dent molaire ; qu'au moment de l'évulsion la jeune dame avait retiré un peu la tête et poussé un léger cri. Ces deux signes de douleur avaient eu, ajoutait-on, la rapidité de l'éclair. Toutefois, après une demi-heure de sommeil, le magnétiseur avait procédé au réveil de sa somnambule, et lui avait appris ou du moins lui avait dit ce qu'il venait de faire pour lui épargner des terreurs réelles et de la souffrance.

C'est le 24 janvier dernier que, sur l'interpellation de M. Capuron, ces explications ayant été ainsi données à l'Académie, provoquèrent une discussion animée. Cette discussion eut quelque retentissement dans le public médical, principalement sans doute chez ceux qui s'occupaient alors du magnétisme animal; aussi, peu de jours après, c'est-à-dire le 12 février, un jeune médecin, docteur de la faculté de Paris, M. Berna, adressa à l'Académie une lettre dans laquelle il se faisait fort de donner à ceux pour qui, disait-il, l'autorité n'est rien, l'expérience personnelle comme moyen de conviction. L'Académie, ainsi mise en demeure, prit en considération la demande toute spontanée de M. Berna.

C'est le 27 février 1837 que la commission nommée par l'Académie s'est réunie pour la première fois; le rendez-vous avait été assigné dans le domicile même de M. Berna. La commission, composée de MM. Bouillaud, Cloquet, Caventon, Cornac, Dubois (d'Amiens), Emery, Oudet, Pelletier et Roux, a dû commencer par se constituer et soumettre à une discussion préalable l'ordre de ses travaux. M. Roux, à l'unanimité, a été élu président, puis M. Dubois, secrétaire-rapporteur. Après plusieurs explications amiablement données de part et d'autre, il resta convenu entre vos commissaires et M. Berna : 1° que les expériences auraient lieu non chez M. Berna, mais chez M. Roux, président de la commission ; 2° que M. Berna ne pourrait amener avec lui d'autres personnes que les sujets destinés aux expériences ; 3° que, d'un autre côté, vos commissaires ne pourraient introduire aucune personne étrangère dans le lieu des séances.

Les conventions une fois arrêtées, M. Berna quitta vos commissaires pour aller chercher une somnambule qui l'attendait dans les environs. Peu de minutes après, à huit heures moins un quart environ, il introduit en présence de vos commissaires une jeune fille de dix-sept à dix-huit ans, d'une constitution en apparence nerveuse et délicate, mais d'un air assez dégagé et résolu.

La jeune fille, introduite au milieu des commissaires, dans le salon de M. Roux, y est accueillie avec prévenance et affabilité; on s'entretient avec elle de choses indifférentes ; dans le but de constater, avant tout essai de magnétisation, jusqu'à quel point, dans l'état ordinaire, elle est sensible aux piqûres, on lui a enfoncé à la profondeur d'une demi-ligne environ des aiguilles de force moyenne que M. Berna avait apportées lui-même. On fit pénétrer leurs pointes à la main et au cou de cette jeune personne ; interrogée par quelques-uns des commissaires, et avec l'air de doute, si elle sent les piqûres, elle répond positivement à MM. Roux et Caventon qu'elle ne sent rien ; sa figure n'exprime du reste aucune douleur. Rappelons à l'Académie qu'elle était bien et dûment éveillée, de l'aveu même de son magnétiseur. Ceci ne concordait guère avec le programme, car l'insensibilité ne devait être accusée que dans l'état de somnambulisme, ou après et par l'injonction mentale du magnétiseur, injonction qui elle-même ne pouvait être faite que dans cet état.

Vos commissaires étaient donc un peu surpris de ce singulier début. — Comment ! vous ne sentez rien ? lui dit-on, mais vous êtes donc absolument insensible ? Alors elle finit par avouer qu'elle sentait un *petit peu* de douleur.

Ces préliminaires terminés, M. Berna fit asseoir près de lui celle que nous nommerons désormais sa somnambule, pour parler son langage. Penché tête à tête vers elle, il paraît d'abord la contempler en silence, sans pratiquer aucun des mouvements qu'on nomme des *passes;* après une ou deux minutes environ, il dit à vos commissaires que le sujet est en *somnambulisme.* Les yeux de la jeune fille sont garnis de coton et recouverts d'un bandeau. M. Berna n'a d'autres preuves à donner aux commissaires de ce prétendu état de somnambulisme, que du reste il ne définit pas théoriquement, que les expériences comprises dans son programme. Ainsi, après avoir de nouveau contemplé sa somnambule, et à une distance très-rapprochée, il annonce aux commissaires qu'elle est frappée d'une *insensibilité générale.* Quelques-uns de vos commissaires, armés d'aiguilles, entre autres M. Bouillaud, M. Emery et M. Dubois, se mirent à piquer cette pauvre fille ; elle n'accusa verbalement aucune douleur ; sa figure, autant que nous avons pu en juger, n'exprimait aucun sentiment douloureux ; nous disons autant que nous avons pu en juger, car ses yeux étant couverts d'un large bandeau, la moitié de sa figure nous était cachée ; il ne nous restait guère à observer que le front, la bouche et le menton. M. Bouillaud n'allait pas, dans sa tentative, au delà des limites convenues ; mais le rapporteur ayant enfoncé la pointe de son aiguille sous le menton avec plus de force, la somnambule exécuta au moment même et avec vivacité, un mouvement de déglutition ; M. Berna s'en aperçut, se récria et fit de nouvelles recommandations. Touchée du bout du doigt par M. Cloquet, à la surface de sa main, la somnambule dut sentir cette impression, de sorte qu'indépendamment de la perception des températures, elle aurait encore conservé celle des attouchements, ce qui, dans le système de M. Berna, aurait ajouté de nouvelles restrictions à cette prétendue perte générale de la sensibilité. Néanmoins le magnétiseur, poursuivant le cours de ses expériences, prévint les commissaires qu'il allait, par la seule et tacite intervention de sa volonté, paralyser, soit de la sensibilité, soit du mouvement, telle partie du corps de la demoiselle qu'on voudra bien lui désigner. M. Bouillaud demande par écrit à M. Berna de vouloir bien paralyser du mouvement le bras *droit seulement* de la somnambule ; alors que le fait aura lieu, de le lui indiquer en fermant les yeux. Vous voyez, Messieurs, que nous allions jusqu'à adopter le langage de M. Berna. M. Berna, de son côté, adopta nos formalités. Assis près de son sujet, il abaissa la tête vers ses mains (les mains de la jeune fille) ; elle les tenait sur son giron. Le rapporteur, fondé sur ce que M. Berna avait dit, savoir : qu'il n'aurait aucun contact immédiat avec sa somnambule, interposa une feuille de papier entre la figure de M. Berna et les mains de la jeune fille. Bientôt M. Berna fait le signe convenu, ce qui voulait dire que sa volonté tacite avait été assez puissante pour paralyser le bras droit *seulement* de sa somnambule. M. Bouillaud procède à la vérification du fait, et pour cela il prie la demoiselle, il n'y avait pas d'autre moyen, de remuer successivement tel ou tel membre : arrivé à la jambe droite, par voie d'élimination, comme l'on dit, il obtient d'elle cette réponse, qu'elle ne peut remuer *ni la jambe droite ni le bras droit.*

Mais le magnétiseur, dès les premiers moments de ses rapports avec nous, nous avait parlé de ces merveilleux faits de vision sans le secours des yeux, de ces fameuses transpositions des sens, dont il est tant parlé dans les archives du magnétisme animal; vous devez présumer combien nous étions désireux de voir de semblables expériences ; jamais rien de pareil n'avait été fait devant une commission académique. Le 3, vos commissaires se réunirent de nouveau et furent témoins des faits suivants :

Sur les instances de M. Berna, qui avait demandé que les nouvelles expériences fussent faites chez lui, on n'hésita pas à se transporter dans son domicile. Les commissaires crurent devoir faire cette concession, bien qu'ils eussent arrêté primitivement que toutes les expériences seraient faites chez l'un d'eux. Comme on leur présentait des faits de vision sans le secours des yeux, ils pensèrent que les dispositions du local, quelles qu'elles fussent, n'auraient plus la même influence sur des faits de cette nature. Suivant la recommandation de M. Berna, ils se firent précéder de MM. Roux et Cornac ; à huit heures moins un quart, tous étaient chez le magnétiseur. M. Berna était placé à côté d'une femme âgée d'une trentaine d'années environ; après notre arrivée seulement il lui a couvert les yeux d'un bandeau ; puis il nous a dit qu'elle était en état de somnambulisme, et s'est mis à s'entretenir avec elle à haute voix. Interrogée par son magnétiseur (car nul de nous ne parlait dans cette séance) si elle voyait ce qui se passait autour d'elle, cette femme déclare que, pour mieux distinguer les objets, elle a besoin de se tourner en face de lui; M. Berna s'approche d'elle, et tellement que leurs jambes s'entretouchaient, malgré ce qui avait été dit au programme. Vos commissaires, attentifs à ce qui allait se passer, étaient cependant pénétrés de l'idée que, dans cette séance, il y aurait deux sortes de faits : 1° des faits dont la situation serait proposée à la femme dite en état de somnambulisme, mais qui seraient connus de M. Berna ; 2° des faits dont la solution serait également proposée au jury d'expériences, mais qui seraient ignorés de M. Berna et qui seraient en partie arrangés à son insu.

Cette distinction, Messieurs, est très-importante : les uns devaient avoir une haute valeur, une valeur absolue, indépendante des localités, indépendante de tout degré de moralité des acteurs ; ce qui devait emporter avec eux la conviction ; les autres resteraient sujets à des interprétations diverses, à des objections plus ou moins fondées, et dès lors ils devaient laisser des doutes dans l'esprit; ainsi, pour en citer un premier exemple, le magnétiseur a commencé par demander à cette femme combien il y avait de personnes présentes ?

— Plusieurs Messieurs, au moins cinq. Nous étions sept en comprenant son magnétiseur. Ce fait était aussi bien connu de M. Berna que de nous; ajoutons qu'approximativement elle-même devait savoir à quoi s'en tenir, puisqu'on ne lui avait couvert les yeux qu'*après* notre arrivée.

D'après l'invitation du magnétiseur, qui dirigeait tout dans cette séance solennelle, M. Dubois devait écrire sur une carte un ou plusieurs mots, afin de les faire lire à la somnambule. Ce commissaire, grâce aux soins officieux de M. Berna, avait à sa disposition, sur une table, deux paquets de cartes, l'un de cartes entièrement blanches, l'autre de cartes à jouer. Ainsi, comme on le voit, l'ordre de la séance avait été obligeamment réglé par le magnétiseur ; il n'y existait plus de ces hésitations, de ces incertitudes qui avaient quelque peu troublé les autres somnambules ; ici tout était coordonné à l'avance, matériel et personnel, succession de faits, demandes, interpellations ; bref nous étions déchargés de tout. Quoi qu'il en soit, le rapporteur écrit sur une carte blanche le mot *Pantagruel* en lettres moulées et parfaitement distinctes ; puis, se plaçant derrière la somnambule, il présente cette carte tout près de l'occiput du sujet. Le magnétiseur, assis à l'apposite de M. Dubois, c'est-à-dire en face de la somnambule, ne pouvait voir lui-même les caractères tracés sur la carte; c'était un fait de second ordre, c'est-à-dire décisif en lui-même. La somnambule interrogée *uniquement* par son magnétiseur sur ce qu'on lui présente ainsi derrière la tête, répond après quelque hésitation que c'est quelque chose de *blanc*, quelque chose qui ressemble à une carte, à une carte de visite.

Jusque-là, comme vous le pensez bien, Messieurs, il n'y avait pas de quoi émerveiller vos commissaires ; M. Berna avait dit à haute voix au rapporteur de prendre une carte et d'écrire quelque chose sur cette carte ; la somnambule pouvait donc dire qu'elle voyait quelque chose de blanc, quelque chose qui ressemblait à une carte. Mais on ne tarda pas à lui demander si elle pouvait distinguer ce qu'il y avait sur cette carte.

— Oui, répondit-elle, il y a *de l'écriture ;* réponse qui ne nous surprit pas alors.

— Est-elle grande ou petite, cette écriture ?

— Assez grande, répliqua-t-elle ; ici comme vous le voyez, commencent les difficultés sérieuses ; aussi la somnambule se retranche dans les approximations.

— Attendez, je ne vois pas bien. Ah! il y a d'abord un M..., ou c'est un mot qui commence par un M ; telles ont été les premières réponses de la somnambule.

M. Cornac, à l'insu du magnétiseur Berna qui, seul pendant toute cette séance, pose la question à sa somnambule, M. Cornac fait alors passer à M. Dubois une carte entièrement blanche ; celui-ci la substitue aussitôt à celle qui portait le mot *Pantagruel* ; et sur cette carte blanche la somnambule n'en persiste pas à moins à dire qu'elle voit un mot qui commence par un M. Cependant, M. Berna, qui ne se doute en aucune manière de notre manége, la presse toujours de questions ; elle est invariable : elle ne peut, dit-elle, distinguer qu'une seule lettre, un M enfin. Après quelques efforts, elle ajoute, mais sous la forme du doute, qu'elle voit deux lignes d'écriture.

MM. Oudet et Cornac se trouvaient alors placés derrière la somnambule ; celle-ci donne à entendre qu'elle distingue l'un de ces messieurs, M. Cornac. On lui demande si ce monsieur est grand.

— Pas trop grand, dit-elle, pas aussi grand que vous.

C'était à M. Berna qu'elle répliquait, car elle ne s'entretenait qu'avec lui.

M. Cornac, avec le consentement du magnétiseur, présente à son tour à l'occiput du sujet une carte sur laquelle il a écrit le mot *aimé* ; elle distingue, dit-elle, quelque chose d'écrit ; mais elle ne saurait dire ce que c'est, ce que cela signifie ; M. Cornac tire une longue bourse de sa poche ; C'est quelque chose de *rond*, lui dit-elle. Ce commissaire, après avoir remis la bourse dans sa poche, lui présente sa main seule ; elle dit qu'elle voit toujours quelque chose de *rond*.

Après ces premiers travaux, la somnambule se plaint d'être éblouie ; elle est, dit-elle, gênée par des *clartés*. Oui, répond le magnétiseur, par des *brouillards ;* attendez. Et au moyen de quelques *passes* transversales, il lui dit qu'il la débarrasse. Le rapporteur, chargé de prendre des notes, écrivait en ce moment à deux pas de la somnambule ; on entendait le bec de sa plume courir sur le papier ; la somnambule se tourne de son côté et lève la tête, comme pour chercher à le voir sous le bord inférieur de son bandeau. Son magnétiseur lui demande bien vite si elle voit le jour : — Oui, dit-elle, il tient quelque chose de *blanc* et de *long.* Le rapporteur écrivait debout sur un papier plus long que large.

Le rapporteur se rapproche alors de la somnambule, se place derrière elle, et met, cessant d'écrire, sa plume à la bouche. M. Berna s'empresse encore d'interroger sa somnambule dans le même sens, c'est-à-dire sur des faits dont lui a connaissance aussi bien que nous.

Voyez-vous toujours, lui dit-il, le monsieur placé derrière vous ?

— Oui, dit-elle.

— Voyez-vous sa *bouche ?*
— Pas trop bien.
— Pourquoi ?
— Il y a quelque chose de *blanc* et de *long en travers.*

Le magnétiseur jette sur nous un coup d'œil de satisfaction, et recommande au rapporteur de bien noter ce fait.

Ce fait, messieurs, nous n'avons eu garde de l'oublier ; mais quelle est sa valeur, quelle est son importance sous le rapport de la doctrine du magnétisme animal ? D'une part, la somnambule savait qu'elle venait de se tourner vers quelqu'un qui écrivait ; le bruit très-distinct de la plume sur le papier aurait suffi pour lui donner cette certitude ; en admettant même qu'elle n'ait pu voir le rapporteur au-dessous de son bandeau, tentative à laquelle elle venait de se livrer sans obstacle de notre part, parce que, nous l'avons déjà dit, dans cette séance, nous voulions laisser le magnétiseur agir sans la moindre apparence de contrainte. Le rapporteur, toujours écrivant, se place derrière cette femme, alors seulement il cesse d'écrire, et met sa plume entre ses dents ; le magnétiseur ne prend pas pour objet de ses questions un autre commissaire ; la somnambule venait de répondre, suivant lui, d'une manière assez satisfaisante ; il ne quitte donc pas l'écrivain de la commission, et il adresse à sa somnambule, sans le vouloir assurément, une question trop significative, trop spécialisée : Voyez-vous toujours bien ; mais pourquoi dire : Voyez-vous sa *bouche ?* Qu'est-ce qu'il y a donc à sa bouche? pouvait aussi se demander la somnambule. Il vient d'écrire, il vient de se placer derrière moi en écrivant, il n'écrit plus. Serait-ce la plume qu'il a placée dans sa bouche? c'est quelque chose de *blanc* et de *long.*

Ces réflexions, Messieurs, nous sont venues tout aussitôt à l'esprit, et ont enlevé à ce fait la valeur qu'il aurait pu avoir peut-être. Dans ces circonstances, la commission aurait désiré que M. Berna, qui ne sentait pas sans doute toute la portée de sa question, lui eût donné un sens plus général.

Maintenant, Messieurs, nous allons arriver à des faits plus décisifs, plus curieux, et dans lesquels la lucidité de la somnambule devait apparaître dans toute son évidence.

La transposition du sens de la vue devait nous être prouvée d'une manière péremptoire, non plus à l'aide de ces questions vagues ! — Voyez-vous ce mot ? Est-il grand ? Est-il petit ? — Pas trop grand, pas trop petit ; — toutes choses bonnes, comme l'on dit, pour amuser le tapis, pour intermède obligé. Nous allions passer à des faits qui devaient étonner le monde médical. Nous vous avons déjà prévenu que M. Berna avait préparé sur un des meubles de son salon un paquet de cartes à jouer. S'adressant cette fois encore au rapporteur, il le prie à haute voix, et sans quitter ses rapports intimes avec sa somnambule, il le prie maintenant de prendre une carte, et de la placer à l'occiput de la somnambule. Est-ce une carte avec figures? lui demande le rapporteur. — Comme vous voudrez, répond M. Berna.

Cette question toute naturelle, le rapporteur l'avait faite d'abord sans arrière-pensée, tout simplement ; mais en se dirigeant vers la table sur laquelle était tout préparé d'avance le paquet de cartes à jouer, l'idée lui vint de ne prendre dans le paquet ni une carte avec figure, ni une carte avec des points, mais bien, tout en feignant de prendre réellement une carte à jouer, de rapporter une carte entièrement blanche et de même dimension ; ce qui fut fait toujours à l'insu de M. Berna, nous n'avons pas besoin d'ajouter, et à l'insu de sa somnambule, puisque celle-ci ne s'apercevait pas des substitutions faites à un pouce de son occiput, là où, pour elle, le sens de la vue devait être transposé.

Ainsi muni de sa carte blanche, le rapporteur vient la placer à l'occiput du sujet et se tient derrière lui : le magnétiseur, assis en avant, magnétisait de toutes ses forces. La somnambule est interrogée ; elle hésite, elle fait des efforts, et dit qu'elle voit une carte. Mais le magnétiseur, pas plus que nous, ne voulait se contenter de si peu de chose ; il lui demande ce qu'elle remarque sur cette carte ; elle hésite encore, puis elle dit qu'il y a du *rouge* et du *noir*. La commission impassible laisse M. Berna continuer ses manœuvres, afin d'amener à bien ce qui paraissait encore très-confus devant le sens transposé de la somnambule, ce qui ne consistait encore qu'en un peu de *rouge* et un peu de *noir*. Après quelques essais infructueux, le magnétiseur, peu satisfait sans doute des fonctions du sens visuel ainsi transposé, invite le rapporteur à faire passer sa carte en avant de la tête de la somnambule, tout près du bandeau qui lui couvre les yeux. C'était, dira-t-on, changer les termes de la question, et même de la doctrine du magnétisme ; c'était remonter à la transposition des sens pour la clairvoyance à travers un bandeau. Peu importe, c'était déjà assez remarquable pour être constaté.

Le rapporteur fit donc passer la carte comme le désignait le magnétiseur, mais il eut soin de la placer rapidement et de telle sorte que M. Berna pouvait et devait même supposer qu'il ne voyait que le revers naturellement blanc de ladite carte, tandis que la partie colorée était tournée vers le bandeau de la somnambule. Une fois la carte dans cette nouvelle position, le magnétiseur continue ses manœuvres et sollicite de nouveau la somnambule. Celle-ci avoue qu'elle voit mieux la carte, puis elle ajoute en hésitant qu'elle voit comme une figure. Nouvelles instances de M. Berna, nouvelles sollicitations ; la somnambule, de son côté, paraît faire bien des efforts, et après quelques tentatives, elle déclare nettement qu'elle voit un *valet!* Mais ce n'est pas tout encore ; restait à dire quel valet, car il y a quatre valets. Procédant sans doute par voie d'élimination, elle répond à son magnétiseur que c'est du *noir* qu'il y a à côté de son valet. Ce n'était pas tout encore ; il y a deux valets qui ont du noir à côté d'eux. Nouvelles instances de la part du magnétiseur, nouveaux efforts de la part de la somnambule, nouvelle profonde attention de la part des commissaires. Enfin elle tient; *c'est le valet de trèfle!* M. Berna, ayant ainsi terminé cette expérience, prend la carte des mains du rapporteur, et en présence de tous les commissaires il voit, il s'assure qu'elle est entièrement blanche.

Pour dernière expérience, laissant là les cartes écrites et les cartes à jouer, M. Berna demande à M. Cornac un objet qu'il ait apporté avec lui, ajoutant qu'il se chargera de le présenter dans sa main fermée devant le bandeau de la somnambule. Cet objet, que nous ne voulons pas vous indiquer d'avance, est remis par M. Cornac au magnétiseur. Celui-ci, d'une main, le présente tout près du bandeau de sa somnambule ; de l'autre, il cherche à agir magnétiquement sur elle. Et alors recommencent les interpellations, les sollicitations ordinaires ; la somnambule, qui n'a pas perdu courage encore, paraît se livrer à de grandes recherches ; son magnétiseur lui demande si elle peut distinguer ce qu'il tient dans la main : Attendez, dit-elle, puis après des incertitudes feintes ou réelles, elle dit que c'est quelque chose de *rond ;* puis, toujours pressée de questions, elle ajoute que c'est couleur *de chair*, que c'est *jaune* et enfin que c'est *couleur d'or*. Sur de nouvelles et incessantes questions, elle ajoute que c'est *épais* à peu près comme un *ognon*, que c'est *jaune* d'un côté, *blanc* de l'autre, et qu'enfin il y a du *noir* dessus.

Ici la somnambule se plaint ; elle voudrait, dit-elle, que son magnétiseur finît et qu'il la réveillât ; elle le demande avec instance. Pas encore, répond M. Berna, quand vous aurez répondu à mes questions ; et alors le magnétiseur agite les mains devant elle, disant qu'il chasse des obscurités, des brouillards. Pressée de nouveau d'indiquer le nom de l'objet qu'on lui présente, elle répète que c'est *jaune* et *blanc*.

— Vous dites que c'est *blanc* ? reprend M. Berna.

Ici la commission fait incidemment remarquer que M. Berna a peut-être eu tort de rappeler seulement le mot *blanc*. Il y avait en cela, comme vous le verrez tout à l'heure, quelque chose de trop indicatif encore, de trop spécial ; mais la somnambule disait positivement, jaune d'un côté, blanc de l'autre, avec du noir dessus.

— Possédez-vous, lui dit le magnétiseur, un objet semblable ?

— Non, dit-elle.

— Et moi ?

— Oh! oui, vous avez cela.

Mais, reprit le magnétiseur, si vous aviez cela, qu'en feriez-vous?

— Je le placerais à mon *cou*.

Sollicitée, pour la dernière fois, de mieux s'expliquer, de dire au moins l'*usage* de cet objet, si elle ne peut en retrouver le *nom*, la somnambule paraît rassembler toutes ses forces, puis elle fait entendre seule le mot *heure*, puis enfin, comme soudainement illuminée, elle s'écrie que c'est pour *voir l'heure*.

M. Berna rend à M. Cornac ce mystérieux objet ; c'était une médaille d'argent du poids et de la grandeur d'une pièce qui vaudrait 3 francs ; sur l'une des faces on remarquait un caducée ; sur l'autre deux lettres majuscules.

Ainsi s'est terminée cette dernière séance.

Concluons cet article par une facétie empruntée à un petit livre intitulé : *Physiologie du médecin*.

Voici comment se donne une consultation *médico-somnambulo-charlatano-magnétique* :

Vous allez chez le docteur auquel vous avez résolu de donner toute votre confiance et 10 francs. La bonne pour tout faire vient vous ouvrir la porte ; vous annoncez l'objet de votre visite, et la bonne pour tout faire vous fait passer dans le cabinet du docteur. Après quelques minutes d'entretien, que fait le docteur? Il sonne à son tour, et la même personne pour tout faire vient dans le cabinet et se place dans le grand fauteuil où se passe invariablement la même scène de comédie, non, je veux dire de haute médecine. Après une douzaine de passes, la somnambule ferme l'œil, s'endort et ronfle comme une contre-basse. C'est l'instant ! c'est le moment !

Le docteur (à la dame qui a les yeux fermés). — Voyez-vous monsieur?

La dame. — Oui, je le vois.

Le docteur. — Comment le trouvez-vous?

La dame. — Bien laid.

Le docteur. — Non, ce n'est pas cela que je vous demande. Je vous parle de sa santé.

La dame. — Ah !... il est malade...

Le docteur. — Où est le siége du mal?

La dame (murmurant entre ses dents). — Eu... eu... eu... eu...

Le docteur. — Vous dites?...

La dame (même jeu). — Eu... eu... eu... eu...

Le docteur. — Elle dit que vous avez mal à l'estomac.

Le monsieur. — Pardon, monsieur..., mais c'est dans l'épaule droite que je croyais souffrir.

Le docteur. — Voilà où était votre erreur... C'est l'estomac qui chez vous est malade..., fort malade même. (A la somnambule :) Quel remède doit-on faire prendre à monsieur?

La dame. — Je ne sais pas.

Le docteur. — Voici qui vous prouve combien le magnétisme est exempt de charlatanisme... Madame ne connaît pas un seul terme de pharmacie... Quand elle dit : Je ne sais pas, cela veut dire qu'elle ne sait pas la dénomination que les conventions pharmaceutiques ont donnée à ce remède... Et cependant elle connaît parfaitement ce remède lui-même... Elle va nous l'indiquer d'une autre manière. Comment est ce remède?

La dame. — Brun.

Le docteur. — Où est-il situé?

La dame. — Dans une petite bouteille placée sur la deuxième planche de votre armoire... Je le vois d'ici... Monsieur devra en prendre trois cuillerées matin et soir... pendant trois ans... pour commencer.

Le docteur. — C'est admirable... C'est bien effectivement le remède qui convient à votre genre de maladie !

Le monsieur. — Vous croyez?

Le docteur. — Comment, monsieur !... mais j'en suis sûr..., et je vois avec peine que vous n'avez pas l'air d'avoir une confiance entière dans le magnétisme..., et pourtant il n'y a pas de guérison possible sans cela... : bien plus même..., si du jour où je vous dis : Vous êtes guéri, vous ne vous croyez pas guéri..., eh bien ! j'en suis fâché pour vous, mais vous ne serez pas guéri !

Le monsieur. — Diable..., diable !

Le docteur. — Mais, pour peu que vous doutiez des admirables phénomènes produits par le sommeil magnétique, je puis vous faire assister à une expérience concluante... : je vais faire lire madame par l'épigastre... ; tenez, je lui applique mon journal sur l'estomac. Que lisez-vous?

La dame. — Le *Constitutionnel*.

Le docteur. — Vous le voyez, c'est admirable... ; le sens de la vue s'est déplacé... : madame vient de lire par l'épigastre... ; et pour que rien ne manque au prodige..., tenez, il se trouve que j'avais mis le journal à l'envers...

La dame. — J'ai soif...

Le docteur (faisant un verre d'eau sucrée). — Je vais la désaltérer... (Il boit le verre d'eau sucrée.) Car, par suite du courant magnétique établi entre nous, nous sommes assimilés l'un à l'autre... ; ce que je bois la désaltère parfaitement.

La dame. — Je boirais encore bien quelque chose.

Le docteur. — Non, ma bonne..., c'est assez pour le moment... : ça pourrait vous faire du mal.

Le monsieur. — C'est admirable.

Le docteur. — Monsieur, quand vous désirerez une seconde consultation, je suis à votre disposition... Si vous n'êtes pas à Paris, envoyez-moi tout simplement une mèche de vos cheveux... : cela suffira pour vous mettre en communication avec ma somnambule.

Le monsieur. — C'est que je porte perruque...

Le docteur. — En ce cas, monsieur, un léger fragment de votre perruque... : cela reviendra absolument au même, je vous prie.

Le monsieur. — Au plaisir ! monsieur.

Le docteur. — A l'avantage ! monsieur.

Mais ce n'est pourtant ni sur cette farce, ni même sur le rapport académique qui précède, qu'il faut juger le magnétisme.

MESSA-HALA. *Voy.* MACHA-HALLA.

MESSE DU DIABLE. On a vu, par différentes confessions de sorciers, que le diable fait aussi dire des messes au sabbat. Pierre Aupetit, prêtre apostat du village de Fossas, en Limousin, fut brûlé pour y avoir célébré les mystères. Au lieu de dire les saintes paroles de la consécration, on dit au sabbat: *Belzébuth, Belzébuth, Belzébuth*. Le diable vole sous la forme d'un papillon autour de celui qui dit la messe et qui mange une hostie noire, qu'il faut mâcher pour l'avaler (1).

MESSIE DES JUIFS. Quand le Messie viendra sur la terre (disent les rabbins dans le *Talmud*), comme ce prince sera revêtu de la force toute-puissante de Dieu, aucun tyran ne pourra lui résister. Il remportera de grandes victoires sur tous ceux qui régneront dans le monde, et tirera d'entre leurs mains tous les Israélites qui gémissent sous leur domination. Après les avoir rassemblés, il les mènera en triomphe à la terre de Chanaan, où ils trouveront les habits les plus précieux, qui se feront d'eux-mêmes et s'ajusteront à toutes sortes de grandeurs et de tailles; ils y auront aussi toutes les viandes qu'on peut souhaiter; le pays les produira cuites et bien apprêtées; un air pur et tempéré les conservera dans une santé robuste, et prolongera leur vie au delà de celle qui a été accordée aux premiers patriarches. Mais tout cela n'est rien, en comparaison du festin que leur fera le Messie: là, entre autres viandes, seront servis le bœuf Béhémoth, qui s'engraisse depuis le commencement du monde et mange chaque jour toute l'herbe qui croît sur mille montagnes; le poisson Leviathan, qui occupe une mer tout entière; et l'oiseau fameux qui, en étendant seulement ses ailes, obscurcit le soleil. On raconte qu'un jour cet oiseau ayant laissé tomber un de ses œufs, cet œuf abattit par sa chute trois cents gros cèdres, et inonda, en se crevant, soixante villages. Avant de mettre ces animaux à la broche, le Messie les fera battre ensemble, pour donner à son peuple un plaisir agréable et nouveau: car, outre la monstrueuse grosseur de ces animaux qui s'entre-choqueront, il est rare de voir le combat d'un animal terrestre, d'un poisson et d'un oiseau. Mais aussi faut-il que toutes les actions de ce Messie soient extraordinaires. Il tiendra dans son palais, pour marque de sa grandeur, un corbeau et un lion qui sont des plus rares. Le corbeau est d'une force prodigieuse: une grenouille, grosse comme un village de soixante maisons, ayant été dévorée par un serpent, le corbeau du Messie mangea l'un et l'autre aussi aisément qu'un renard avale une poire, comme dit le rabbin Bahba, présumé témoin oculaire du fait. Le lion n'est pas moins surprenant: un empereur romain en ayant ouï parler, et prenant ce qu'on en disait pour une fable, commanda au rabbin Josué de le lui faire voir. Le rabbin, ne pouvant désobéir à de pareils ordres, se mit en prières; et Dieu lui ayant accordé la permission de montrer cette bête, il alla la chercher dans le bois d'Ela, où elle se tenait. Mais quand elle fut à quatorze cents pas de Rome, elle se mit à rugir si furieusement, que toutes les femmes enceintes avortèrent et que les murs de la ville furent renversés. Quand elle en fut à mille pas, elle rugit une seconde fois, ce qui fit tomber les dents à tous les citoyens; et l'empereur, ayant été jeté à bas de son trône, fit prier Josué de reconduire au plus tôt le lion dans son bois.

Voilà les croyances des Juifs sur le Messie qu'ils attendent; mais ils en ont déjà salué plusieurs qui étaient moins merveilleux: tel était Dosithée, magicien de Samarie, qui se disait le Messie attendu. Regardé comme un des premiers hérésiarques, il s'appliquait toutes les prophéties de Jésus-Christ. Il avait à sa suite trente disciples, autant qu'il y avait de jours au mois, et n'en voulait pas davantage. Il avait admis parmi eux une femme qu'il appelait la Lune. Pour persuader qu'il était monté au ciel, il se retira dans une caverne, où il se laissa mourir de faim.

Barkokébas, au IIe siècle, et Zabathaï-Sévi, au XVIIe, sont encore plus singuliers. Vanderviel rapporte qu'en 1684 un fou s'imagina, en Hollande, qu'il était le Messie des Juifs. Voulant surpasser le jeûne miraculeux de Notre-Seigneur, il s'abstint pendant soixante et onze jours de tout aliment; il ne but même pas d'eau: il ne fit que fumer et se laver la bouche. Pendant cette longue abstinence, sa santé ne sembla éprouver aucune altération, mais pourtant il fit peu de prosélytes.

MÉTAMORPHOSES. La mythologie des païens avait ses métamorphoses variées; nous avons aussi les transformations gracieuses des fées et les transformations plus graves des sorciers.

Les sorciers qu'on brûla à Vernon, en 1566, s'assemblaient dans un vieux château, sous des formes de chats. Quatre ou cinq hommes, un peu plus hardis qu'on ne l'était alors, résolurent d'y passer la nuit; mais ils se rencontrèrent assaillis d'un si grand nombre de chats, que l'un d'eux fut tué et les autres grièvement blessés. Les chats, de leur côté, n'étaient pas invulnérables; et on en vit plusieurs le lendemain qui, ayant repris leur figure d'hommes et de femmes, portaient les marques du combat qu'ils avaient soutenu. *Voy.* LOUPS-GAROUS.

Spranger conte qu'un jeune homme de l'île de Chypre fut changé en âne par une sorcière, parce qu'il avait un penchant pour l'indiscrétion. Si les sorcières étaient encore puissantes, bien des jeunes gens d'aujourd'hui auraient les oreilles longues. On lit quelque part qu'une sorcière métamorphosa en grenouille un cabaretier qui mettait de l'eau dans son vin. *Voy.* FÉES, MÉLYE, etc.

MÉTEMPSYCOSE. La mort, suivant cette doctrine, n'était autre chose que le passage de l'âme dans un autre corps. Ceux qui croyaient à la métempsycose disaient que les âmes, étant sorties des corps, s'envolaient, sous la conduite de Mercure, dans un lieu souterrain où étaient d'un côté le Tartare et de l'autre les champs Elysées. Là,

---

(1) Delancre, Incrédulité et mécréance, etc., p. 506.

celles qui avaient mené une vie pure étaient heureuses, tandis que les âmes des méchants se voyaient tourmentées par les furies. Mais, après un certain temps, les unes et les autres quittaient ce séjour pour habiter de nouveaux corps, même ceux des animaux; et afin d'oublier entièrement tout le passé, elles buvaient de l'eau du fleuve Léthé. On peut regarder les Egyptiens comme les premiers auteurs de cette ancienne opinion de la métempsycose, que Pythagore a répandue dans la suite. Les manichéens croient à la métempsycose, tellement que les âmes, selon eux, passent dans des corps de pareille espèce à ceux qu'elles ont le plus aimés dans leur vie précédente ou qu'elles ont le plus maltraités. Celui qui a tué un rat ou une mouche sera contraint, par punition, de laisser passer son âme dans le corps d'un rat ou d'une mouche. L'état où l'on sera mis après sa mort sera pareillement opposé à l'état où l'on est pendant la vie : celui qui est riche sera pauvre, et celui qui est pauvre deviendra riche. C'est cette dernière croyance qui, dans le temps, multiplia un peu le parti des manichéens.

Voy. GHILCUL et TRANSMIGRATION.

MÉTOPOSCOPIE. Art de connaître les hommes par les rides du front.

Cardan publia au XVIe siècle un traité de *Métoposcopie*, dans lequel il fait connaître au public une foule de découvertes curieuses. Le front, dit-il, est de toutes les parties du visage la plus importante et la plus caractéristique; un physionomiste habile peut, sur l'inspection du front seul, deviner les moindres nuances du caractère d'un homme. En général un front très-élevé, avec un visage long et un menton qui se termine en pointe, est l'indice de la nullité des moyens. Un front très-osseux annonce un naturel opiniâtre et querelleur. Si ce front est aussi très-charnu, il est le signe de la grossièreté. Un front carré, large, avec un œil franc sans effronterie, indique du courage uni à la sagesse. Un front arrondi et saillant par le haut, qui descend ensuite perpendiculairement sur l'œil, et qui paraît plus large qu'élevé, annonce du jugement, de la mémoire, de la vivacité, mais un cœur froid. Des rides obliques au front, surtout si elles se trouvent parallèles, annoncent un esprit soupçonneux. Si ces rides parallèles sont presque droites, régulières, pas très-profondes, elles promettent du jugement, de la sagesse, un esprit net. Un front qui serait bien ridé dans sa moitié supérieure, et sans rides dans sa moitié inférieure, serait l'indice de quelque stupidité. Les rides ne se prononcent qu'avec les années. Mais avant de paraître, elles existent dans la conformation du front; le travail quelquefois les marque dans l'âge tendre. Il y a au front sept rides ou lignes principales qui le traversent d'une tempe à l'autre. La planète de Saturne préside à la première, c'est-à-dire la plus haute; Jupiter préside à la seconde, Mars préside à la troisième ; le Soleil à la quatrième; Vénus à la cinquième; Mercure à la sixième ; la Lune à la septième, qui est la dernière, la plus basse et la plus voisine des sourcils. Si ces lignes sont petites, tortueuses, faibles, elles annoncent un homme débile et dont la vie sera courte. Si elles sont interrompues, brisées, inégales, elles amènent des maladies, des chagrins, des misères ; également marquées, disposées avec grâce ou prononcées fortement, c'est l'indice d'un esprit juste et l'assurance d'une vie longue et heureuse. Remarquons cependant que chez un homme à qui le travail ou des revers ont sillonné le front de rides profondes, on ne peut plus tirer de ce signe les mêmes conséquences ; car alors ces lignes étant forcées, ce n'est plus que l'indice de la constance. Quand la ligne de Saturne n'est pas marquée, on peut s'attendre à des malheurs que l'on s'attirera par imprudence. Si elle se brise au milieu du front, c'est une vie agitée. Prononcée fortement, c'est une heureuse mémoire, une patience sage. La ride de Jupiter, quand elle est brisée, présage qu'on fera des sottises. Si elle n'est pas marquée, esprit faible, inconséquent, qui restera dans la médiocrité. Si elle se prononce bien, on peut espérer les honneurs et la fortune. La ligne de Mars brisée promet un caractère inégal. Si elle ne paraît point, c'est un homme doux, timide et modeste. Fortement prononcée, elle contient de l'audace, de la colère, de l'emportement. Quand la ligne du Soleil manque tout à fait, c'est le signe de l'avarice. Brisée et inégale, elle dénote un bourru maussade et avare, mais qui a de meilleurs moments. Fortement prononcée, elle annonce de la modération, de l'urbanité, du savoir-vivre, un penchant à la magnificence. La ride de Vénus fortement prononcée est le signe d'un homme porté aux plaisirs. Brisée et inégale, cette ride promet des retours sur soi-même. Si elle n'est presque pas marquée, la complexion est froide. La ride de Mercure bien prononcée donne l'imagination, les inspirations poétiques, l'éloquence. Brisée, elle n'amène plus que l'esprit de conversation, le ton de la société. Si elle ne paraît pas du tout, caractère nul. Enfin la ride de la Lune, lorsqu'elle est très-apparente, indique un tempérament froid, mélancolique. Inégale et brisée, elle promet des moments de gaîté entremêlés de tristesse. Si elle manque tout à fait, c'est l'enjouement et la bonne humeur. L'homme qui a une croix sur la ride de Mercure se consacrera aux lettres et aux sciences. Deux lignes parallèles et perpendiculaires sur le front annoncent qu'on se mariera deux fois, trois fois si ces lignes sont au nombre de trois, quatre fois si elles sont au nombre de quatre, et toujours ainsi. Une figure qui aura la forme d'un *C*, placée au haut du front sur la ligne de Saturne, annonce une grande mémoire. Ce signe était évident sur le front d'un jeune Corse dont parle Muret, qui pouvait retenir en un jour et répéter sans effort dix-huit mille mots barbares qu'il n'entendait pas. Un *C* sur la ligne de Mars présage la force du corps. Ce signe était remarquable sur le front du maréchal de Saxe, qui était si robuste, qu'il cassait des barres de fer aussi aisément qu'un paysan ordinaire casse une branche d'arbre ou un bâton de bois blanc. Un C sur la ligne de Vénus promet de mauvaises affaires. Un C sur la ligne de Mercure annonce un esprit mal fait, un jugement timbré. Un C entre les deux sourcils, au-dessous de la ride de la Lune, annonce un naturel prompt à s'emporter, une humeur vindicative. Les hommes qui portent cette figure sont ordinairement des duellistes, des boxeurs. Les époux qui ont le front chargé de ce signe se battent en ménage....

Ces aphorismes sont bien hardis. Celui qui aura entre les deux sourcils, sur la ligne de la Lune, la figure d'un X, est exposé à mourir au champ d'honneur dans une grande bataille. Celui qui porte au milieu du front, sur la ligne du Soleil, une petite figure carrée ou un triangle, fera fortune sans peine. Si ce signe est à droite, il promet une succession. S'il est à gauche, il annonce des biens mal acquis. Deux lignes partant du nez et se recourbant des deux côtés sur le front, au-dessus des yeux, annoncent des procès. Si ces lignes sont au nombre de quatre et qu'elles se recourbent deux à deux sur le front, on peut craindre d'être un jour prisonnier de guerre et de gémir captif sur un sol étranger.... Les figures rondes sur la ligne de la Lune annoncent des maladies aux yeux. Si vous avez dans la partie droite du front, sur la ligne de Mars, quelque figure qui ressemble à un Y, vous aurez des rhumatismes. Si cette figure est au milieu du front, craignez la goutte. Si elle est à gauche, toujours sur la ligne de Mars, vous pourrez bien mourir d'une goutte remontée. La figure du chiffre 3 sur la figure de Saturne annonce des coups de bâton. Sur la ligne de Jupiter, un emploi lucratif. Sur la ligne de Mars, commandement d'un corps d'armée dans une bataille, mais le commandant sera fait prisonnier dans le combat. Sur la ligne du Soleil, ce signe annonce quelque accident qui vous fera perdre le tiers de votre fortune. Sur la ride de Vénus, disgrâces dans le ménage. Sur la ligne de Mercure, elle fait un avocat. Enfin, sur la ligne de la Lune, la figure du chiffre 3 annonce à celui qui la porte qu'il mourra malheureusement, s'il ne réprime sa passion pour le vol. La figure d'un V sur la ligne de Mars annonce qu'on sera soldat et qu'on mourra caporal. La figure d'un H sur la ligne du Soleil ou sur celle de Saturne est le présage qu'on sera persécuté pour des opinions politiques. La figure d'un P est le signe, partout où elle paraît, d'un penchant à la gourmandise qui pourra faire faire de grandes fautes. Nous terminerons ce petit traité par la révélation du signe le plus flatteur : c'est celui qui a une ressemblance plus ou moins marquée avec la lettre M. En quelque partie du front, sur quelque ride que cette figure paraisse, elle annonce le bonheur, les talents, une conscience calme, la paix du cœur, une heureuse aisance, l'estime générale et une bonne mort. Toutes bénédictions que je vous souhaite.

MEURTRE. « Dans la nuit qui suivit l'ensevelissement du comte de Flandre Charles le Bon, ses meurtriers, selon la coutume des païens et des sorciers, firent apporter du pain et un vase plein de cervoise. Ils s'assirent autour du cadavre, placèrent la boisson et le pain sur le linceul, comme sur une table, buvant et mangeant sur le mort, dans la confiance que par cette action ils empêcheraient qui que ce fût de venger le meurtre commis (1). » Année 1127. *Voy.* THUGGISME.

MEYER, professeur de philosophie à l'université de Halle, auteur d'un *Essai sur les apparitions*, traduit de l'allemand par F. Ch. de Bœr. 1748, in-12. L'auteur convient qu'on est sur un mauvais terrain lorsqu'on écrit sur les spectres. Il avoue qu'il n'en a jamais vu et n'a pas grande envie d'en voir. Il observe ensuite que l'imagination est pour beaucoup dans les aventures d'apparitions.

« Supposons, dit-il, un homme dont la mémoire est remplie d'histoires de revenants ; car les nourrices, les vieilles et les premiers maîtres ne manquent pas de nous en apprendre ; que cet homme pendant la nuit soit couché seul dans sa chambre, s'il entend devant sa porte une démarche mesurée, lourde et traînante, ce qui marche est peut-être un chien, mais il est loin d'y songer, et il a entendu un revenant, qu'il pourra même avoir vu dans un moment de trouble. » L'auteur termine en donnant cette recette contre les apparitions : 1° qu'on tâche d'améliorer son imagination et d'éviter ce qui pourrait la faire extravaguer ; 2° qu'on ne lise point d'histoires de spectres ; car un homme qui n'en a jamais lu ni entendu n'a guère d'apparitions. « Qu'un spectre soit ce qu'il voudra, ajoute Meyer, Dieu est le maître, et il nous sera toujours plus favorable que contraire. »

MICHAEL (ELIACIM). Jean Desmarets, sieur de Saint-Sorlin, avait publié des *Avis du Saint-Esprit au roi*. Mais le plus éclatant et le plus important des avis de cette sorte est celui qui fut apporté un peu plus tard par le grand prophète Eliacim Michael. Il nous avertissait, dit Baillet, que dans peu de temps on verrait une armée de cent quarante-quatre mille hommes de troupes sacrées sous les ordres du roi, qui auraient pour lieutenants les quatre princes des anges. Il ajoutait que Louis XIV, avec cette armée, exterminerait absolument tous les hérétiques et tous les mahométans, mais que tous ses soldats merveilleux seraient immolés (2).

MICHEL (MONT SAINT-). Il y a sur le mont Saint-Michel en Bretagne, cette croyance que les démons chassés du corps des hommes sont enchaînés dans un cercle magique au

---

(1) Gualbert, Vie de Charles le Bon, chap. 18, dans la collection des Bollandistes, 2 mars.
(2) P. Nicole, sous le nom de Damvilliers, Lettres des visionnaires ; Baillet, Jugem. des savants, Préjugés des titres des livres.

haut de cette montagne. Ceux qui mettent le pied dans ce cercle courent toute la nuit sans pouvoir s'arrêter : aussi la nuit on n'ose traverser le mont Saint-Michel (1).

MICHEL, maréchal-ferrant de Salon en Provence, eut une singulière aventure en 1697. Un spectre, disait-on, s'était montré à un bourgeois de la ville et lui avait ordonné d'aller parler à Louis XIV, qui était alors à Versailles, en lui recommandant le secret envers tout autre que l'intendant de la province, sous peine de mort. Ce bourgeois effrayé conta sa vision à sa femme et paya son indiscrétion de sa vie. Quelque temps après, la même apparition s'étant adressée à un autre habitant de Salon, il eut l'indiscrétion à son tour d'en faire part à son père, et il mourut comme le premier. Tous les alentours furent épouvantés de ces deux tragédies. Le spectre se montra alors à Michel, le maréchal-ferrant ; celui-ci se rendit aussitôt chez l'intendant, où il fut d'abord traité de fou ; mais ensuite on lui accorda des dépêches pour le marquis de Barbezieux, lequel lui facilita les moyens de se présenter au premier ministre du roi. Le ministre voulut savoir les motifs qui engageaient ce bonhomme à parler au prince en secret. Michel, à qui le spectre apparut de nouveau à Versailles, assura qu'au risque de sa vie il ne pouvait rien divulguer, et, comme il était néanmoins pressé de parler, il dit au ministre que, pour lui prouver qu'il ne s'agissait pas de chimères, il pouvait demander à Sa Majesté si, à sa dernière chasse de Fontainebleau, elle-même n'avait pas vu un fantôme? si son cheval n'en avait pas été troublé? s'il n'avait pas pris un écart? et si Sa Majesté, persuadée que ce n'était qu'une illusion, n'avait pas évité d'en parler à personne? Le marquis et le ministre ayant informé le roi de ces particularités, Louis XIV voulut voir secrètement Michel, le jour même. Personne n'a jamais pu savoir ce qui eut lieu dans cette entrevue. Mais Michel, après avoir passé trois jours à la cour, s'en revint dans sa province, chargé d'une bonne somme d'argent que lui avait donnée Louis XIV, avec l'ordre de garder le secret le plus rigoureux sur le sujet de sa mission. On ajoute que, le roi étant un jour à la chasse, le duc de Duras, capitaine des gardes du corps, ayant dit qu'il n'aurait jamais laissé approcher Michel de la personne du roi, s'il n'en avait reçu l'ordre, Louis XIV répondit : « Il n'est pas fou, comme vous le pensez, et voilà comme on juge mal. » Mais on n'a pu découvrir autre chose de ce mystère.

MICHEL DE SAHOURSPE, sorcier du pays de Saxe, qui déclara qu'il avait vu au sabbat un grand et un petit diable ; que le grand se servait du petit comme d'un aide de camp ; et que le derrière du grand maître des sabbats était un visage.

MICHEL L'ECOSSAIS, astrologue du XVIe siècle. Il prédit qu'il mourrait dans une église ; ce qui arriva, dit Granger. Comme il était un jour à l'office, il lui tomba sur la tête une pierre qui le tua.

MICHEL BOEMIUS, ou Michel le bohémien, charlatan, qui, en l'année 1536, s'établit dans la ville de Clermont en Beauvaisis et y exerça la médecine empirique. Il suivait la doctrine de Paracelse, et prétendait que tous les ingrédients de curation se trouvaient dans le serpent, surtout dans le serpent d'Allemagne. (Il était de ce pays.) Il tua beaucoup de monde ; mais son audace intrépide le maintint. Il gagna tant d'argent que, malgré sa laideur et ses quarante ans, un bonhomme qui l'admirait lui donna sa fille, un notable parti, âgée de seize années. Le mariage se fit donc. « Le soir il y eut grand festin, et l'on conte que, sans la gravité de son état, Michel Boémius eût ouvert le bal avec son épousée. On dansait, et l'harmonie des instruments, qui retentissait au loin, allait donner des crampes aux pauvres filles qui n'étaient pas de la fête, quand on sonna un coup très-fort à la porte du beau-père.

« Un valet fut ouvrir ; un personnage caché dans un manteau demanda à parler à Michel Boémius. Comme on lui eut dit qu'il était occupé à son bal de noces, l'étranger reprit qu'un médecin se devait le jour et la nuit aux malades, et qu'il lui fallait Michel de nécessité. On le fit entrer dans un parloir proche la porte de la maison, et l'on fut quérir Michel, qui vint sans se faire prier. Quand le valet eut fermé la porte derrière lui, Michel dit à l'étranger de s'asseoir, afin qu'ils pussent causer plus à l'aise de son cas ; mais l'autre faisant signe que cela était inutile, dit à Michel : Vous ne me reconnaissez pas? Michel l'ayant remarqué au visage, ne le reconnut pas ; seulement, il fit la réflexion qu'il avait une figure grandement pâle, et qu'il fallait qu'il fût bien mal accommodé. Alors l'étranger ajouta : Je suis cependant de votre connaissance, car j'ai eu une fièvre quarte ; —je suis venu vous consulter ; vous m'avez donné une noix (2), me disant de la porter quatre jours en me gardant de l'ouvrir. — Eh bien ! reprit Michel. — Eh bien ! je ne l'ai pas portée quatre jours, car le troisième j'étais mort. — Vous voulez rire, dit Boémius. — Demandez à Etienne le fossoyeur, qui m'a jeté de la terre sur la tête, et tâtez vous-même.

---

(1) Cambry, Voyage dans le Finistère, t. Ier, p. 242.
(2) Cette noix contenait une araignée. Outre le serpent, Michel Boémius faisait cas de plusieurs animaux, « ayant soin de mettre en bonne odeur les plus horribles de nature, par exemple, le crapaud, qui, étant percé tout vif par la supérieure partie de la tête avec un bâton pointu, et étant séché, s'applique avec grande vertu sur les morsures venimeuses ; pareillement l'araignée, qui est un singulier remède contre la fièvre quarte, si celui qui est malade la porte quatre jours, sans le savoir, dans les coquilles d'une noix ; de même la salamandre (avec laquelle plusieurs ont

assuré qu'ils avaient été tout près de trouver l'art de faire de l'or), était, selon l'opinion dudit Michel Boémius, d'une très-bonne curation. Et que diriez-vous si je vous contais tout ce qu'il professa encore touchant la vertu du ver de terre ou pluvial, contre le panaris, touchant la vertu du rat sauvage contre les convulsions, et celle infinie des écrevisses qui guérissent la fièvre et l'hydropisie, si seulement, sans approcher le malade, lesdites écrevisses ayant eu les bras liés sur le dos, sont dans cet état rejetées dans le fleuve. »

L'étranger força Michel de mettre sa main sur ses côtes, entre lesquelles on ne sentait pas de chair.—Mais je ne suis pas venu vous le reprocher, ajouta-t-il, seulement ayant ouï dire que vous vous mariez, nous avons résolu de venir vous féliciter. Moi je suis le premier, et les autres vont venir. Adieu donc! Et quand il fut sorti, il resta dans la chambre une odeur terreuse et une senteur de putréfaction à se pâmer.

« Michel ne se vanta pas trop de ce qui venait d'arriver ; il ne s'en rendait pas bien compte. Pourtant il voulut bien penser que quelque mauvais plaisant lui avait joué ce tour, et il donna ordre aux valets de ne le déranger pour personne, si encore on venait à le demander. Mais il n'avait pas plutôt fait ce commandement, que la sonnette tinta plus fort qu'elle n'avait fait, et un valet fut encore ouvrir. Cette fois, ce fut une femme qui demanda à parler au docteur. Mais comme on lui eût dit qu'elle ne pouvait avoir une consultation à cette heure.—Ne me reconnais-tu, Claude? dit-elle au valet; je suis l'âme de Laurence Pasquier, morte il y a trois semaines. Le valet, la reconnaissant, poussa un grand cri, laissa la porte ouverte en se sauvant, et elle le suivit.

« Le bruit de la danse, qui sait toujours bien mener une femme, conduisit la visiteuse au salon où se donnait le bal. Elle y entra presque en même temps que le valet, qui s'écriait qu'il y avait un fantôme à la porte de la rue. Le visage pâle de Laurence Pasquier ayant aussitôt été reconnu de plusieurs, qui l'avaient vu de leurs yeux porter en terre, tout fut dans une grande épouvante : les musiciens n'eurent plus de bras pour râcler des cordes de leurs violes et plus de souffle pour souffler dans leurs hautbois.

« Michel Boëmius, voyant que cela était sérieux, et que c'était bien un vrai fantôme, cherchait à se cacher derrière une tapisserie ; mais la morte l'aperçut, fut à lui et lui dit : — J'avais une hydropisie qui me tourmentait fort et je fus vous consulter ; vous me dîtes de prendre des écrevisses, de leur attacher les ongles, de les lier sur leur dos et de les rejeter dans le fleuve, ce que je fis : je ne sais ce qui advint des cancres ; mais pour moi je mourus après huit jours. Je ne suis pas venue vous le reprocher ; seulement ayant ouï dire que vous vous mariez, nous avons résolu de venir vous féliciter; moi, je suis la seconde, et les autres vont venir. Adieu donc, bon Michel, recevez mon compliment ; et là-dessus s'en fut. Je ne sais si d'autres penseront ainsi que moi, mais il me semble que ces paroles froides et goguenardes, que ces gens auxquels il avait fait perdre la vie disaient à Michel l'un après l'autre, étaient plus horribles et plus menaçantes que s'ils lui eussent ensemble adressé force injures, car on devait croire que quelque méchant dessein était caché dessous.

« Quand le fantôme se fut éloigné, laissant après lui son parfum de cimetière, il n'y eut plus de jambes pour danser, et le marié, auquel un quart d'heure avant chacun faisait bonne mine, perdit bien de sa considération, tellement qu'un vieillard qu'il avait par hasard guéri de quelque mal et qui avait été un de ses plus dévoués, se mit à dire tout haut : Le fait est que *ce Michel a tué bien du monde!* A ce moment la sonnette tinta pour la troisième fois ; ce qui n'était pas étonnant, puisque ces paroles *les autres vont venir* annonçaient assez que toutes les pratiques de Michel y passeraient, et je ne crois pas, fussent-elles venues à une par minute, que la nuit eût suffi à les recevoir; mais on se garda bien d'ouvrir, quoique la sonnette allât toujours, et qu'à la fin, ennuyés de ce que sans doute on ne les introduisait pas, ils se fussent mis à la tinter comme font les cloches aux enterrements. Le petit point du jour qui se faisait en cette saison à trois heures mit fin à tous les enchantements, et telle fut la première nuit de noces de Michel Boëmius, qui se passa presque toute en *pater* et en *oremus*, la noce ayant jugé plus prudent de penser à Dieu que de danser. Le fâcheux était qu'un valet qui s'était risqué à regarder dans la rue un peu avant que les sonneurs ne s'éloignassent, disait qu'il en avait compté plus de 740 (la peur sans doute lui en fait voir un peu plus), et il assurait les avoir entendus dire de mauvaise humeur : Nous saurons bien revenir une autre fois.

« On conseilla à Michel huit jours de pénitence, dans la prière, l'aumône, le jeûne et les pieuses lectures. Il s'y soumit, et ne voyant plus rien, il reprit courage. Il vint le neuvième jour chez son beau-père, disant qu'il voulait emmener sa femme en son logis.

« Il y avait fait préparer un bon souper, où il convia toute la parenté ; il engageait tout le monde à boire et à être gai ; mais on ne l'était guère ; la mère de la mariée couvait sa fille des yeux, et pensant que dans une heure elle la laisserait seule avec un homme auquel de telles choses étaient arrivées, elle sentait son cœur prêt à défaillir. Si elle eût été près de son enfant chéri, elle lui eût dit tout bas : Viens avec moi, et se levant elle l'eût emmenée en quelque lieu où le mari maudit ne l'eût point su découvrir ; mais cela n'était pas possible. Quand l'heure fut venue de se séparer, elle ne put que l'embrasser nombre de fois en l'arrosant de ses larmes et en recommandant bien à Michel d'avoir dans leur chambre un grand vase d'eau bénite, laquelle était un excellent préservatif contre tous les enchantements ; ensuite elle s'en fut avec toute la parenté, grondant fort son mari, qui la laissait faire, car lui aussi avait le cœur triste, quoiqu'il n'en dit rien.

« Michel ne fut pas plutôt seul avec sa femme, que voilà sous sa fenêtre un tumulte épouvantable de poêles, chaudrons, casseroles, marmites, sonnettes, cornes à bouquin, sifflets, crecelles, et plusieurs autres instruments sans nom, le tout accompagné de cris et de huées, au milieu desquelles il entend bien retentir son nom : il se lève et va pour dire à la fenêtre aux musiciens qu'ils se trompent, qu'on ne donne le charivari qu'aux secondes noces, et que lui n'en est qu'à ses premières; mais il n'eut plus envie de rire quand, à la lueur de la lune, il vit quels gens étaient sous sa fenêtre, et qu'une voix lui cria : — C'est nous, Michel; nous avions bien dit que nous reviendrions ! Il voulut prendre de l'eau bénite et en asperger l'assemblée; mais ils répondirent : — Nous sommes là par l'ordre du ciel et non de l'enfer, et nous ne craignons l'eau sainte, au contraire.

« Le magistrat de la ville, sachant ces choses, cherchait les moyens de se débarrasser d'un tel homme, et on allait lui signifier de sortir de Clermont sous trois jours. Il n'y eut pas besoin d'attendre ce terme, Michel étant avec son valet à faire ses paquets, il entendit un cheval s'arrêter à sa porte ; un paysan entra, qui lui dit qu'il venait le chercher pour la femme de son maître, un métayer, à trois lieues de là; qu'elle était si malade, qu'il n'y avait que lui, entre tous les autres médecins, qui y pût quelque chose. Michel d'abord s'en défendit : mais le valet lui montra une grosse somme et lui dit qu'il y avait le double s'il venait. Alors il monta sur le cheval avec le paysan en croupe et dit à son valet de l'attendre pour le soir. Quand il fut sur le cheval, celui-ci partit d'un pas leste, et en peu de temps ils furent loin de la ville; les champs, les vallons et les coteaux passaient à côté d'eux sans qu'on eût seulement le temps de les regarder. De temps à autre, Michel disait à son compagnon : N'arrivons-nous pas? — Tout à l'heure, répondait le paysan, et le cheval allait toujours. A la fin, voyant qu'on ne s'arrêtait pas, Michel dit au paysan : Vous m'avez trompé, nous allons à plus de trois lieues. — Oui, dit le paysan, j'ai dit trois lieues pour vous faire venir avec moi : mais n'ayez aucune crainte, vous serez bien payé et bien couché, et dix lieues sont bientôt faites. — Dix lieues! reprit Michel, y pensez-vous ? Ce cheval ne les fera jamais à ce train : il sera mort poussif avant. — N'ayez de garde, dit le paysan, c'est un bon cheval. Là-dessus il le piqua, et le cheval prit une course si forte, que le docteur en perdait la respiration. Ils allèrent toute la journée, de manière qu'ils avaient fait au moins trente lieues. Quand le soleil fut tout près de descendre à l'horizon, que le vent du soir commença à se lever, le cheval ralentit sa course, et Michel, tout en colère, dit : Arrivons-nous enfin? — Oui, certes, reprit le paysan, car voilà le clocher. De fait on voyait tout près une église avec son cimetière verdoyant. Le cheval fit trois fois le tour de l'église, puis entrant d'un saut par-dessus le mur, qui était bas, dans le champ des morts, il s'y abattit, et renversa Michel Boëmius dans une fosse fraîchement faite, où il resta étourdi de la chute et du coup.

Quand il se réveilla, la nuit était venue on n'entendait rien que le bruit du vent qui soufflait tristement à travers les grandes herbes des tombes, et le murmure d'une eau qui coulait dans le voisinage. Michel voulut aller de ce côté, car son gosier le brûlait, il pensa que la fraîcheur de l'onde le remettrait; mais ce fut la plus mauvaise pensée de sa vie, car s'étant approché du bord du fleuve, qui était élevé et à pic; il sentit la terre lui manquer, il tomba dans les flots, où il but jusqu'à se noyer; son corps fut retrouvé dans le fil de l'eau le lendemain.

« Ainsi finit cet homme qui démontre que quand on dit aux médecins : Vous avez un bon métier et sûr, car ceux que vous tuez sont discrets et ne disent rien, on se trompe : car ils disent et font, comme on a vu. Ce sera donc chose sage aux jeunes gens qui se livrent à l'étude de la médecine, de le faire sévèrement et en bons chrétiens, de ne pas songer aux sortilèges et charlataneries dont on finit par mal se trouver : c'est le conseil que je leur donne en priant Dieu qu'il me garde et eux de toute mauvaise fièvre, de toute dyssenterie, et encore de toutes pleurésies qui sont bien mauvaises, surtout dans les années pluvieuses comme celle-ci (1). »

MIDAS. Lorsque Midas, qui fut depuis roi de Phrygie, était encore enfant, un jour qu'il dormait dans son berceau, des fourmis emplirent sa bouche de grains de froment. Ses parents voulurent savoir ce que signifiait ce prodige : les devins consultés répondirent que ce prince serait le plus riche des hommes (2). Ce qui n'a été écrit qu'après qu'il l'était devenu.

MIDI. *Voy.* Démon de midi.

MIGALENA, sorcier du pays de Labour, qui fut arrêté à l'âge de soixante ans et traduit devant les tribunaux, en même temps que Bocal, autre sorcier du même terroir. Migalena avoua qu'il avait été au sabbat, qu'il y avait fait des sacrifices abominables, qu'il y avait célébré les mystères en présence de deux cents sorciers. Pressé par son confesseur de prier Dieu, il ne put réciter une prière couramment : il commençait le *Pater* ou l'*Ave*, sans les achever, comme si le diable qu'il servait l'en eût empêché formellement (3).

MILAN, oiseau qui a des propriétés admirables. Albert le Grand dit que si on prend sa tête et qu'on la porte devant son estomac, on se fera aimer de tout le monde. Si on l'attache au cou d'une poule, elle courra sans relâche jusqu'à ce qu'elle l'ait déposée ; si on frotte de son sang la crête d'un coq, il ne chantera plus. Il se trouve une pierre dans ses rognons, laquelle, mise dans la casserole où cuit la viande que doivent manger deux ennemis, les rend bons amis et les fait vivre en bonne intelligence...

MILLENAIRES. On a donné ce nom, 1° à des gens qui croyaient que Notre Seigneur,

---

(1) M. Ch. Rabon, *Le châtiment des pipeurs et charlatans.*
(2) Valère-Maxime.

(3) Delancre, *Tableau de l'inconstance des démons,* liv. vi, p. 423.

à la fin du monde, régnera mille ans sur la terre; 2° à d'autres qui pensaient que la fin du monde arriverait en l'an mil; 3° à d'aucuns encore qui avaient imaginé que, de mille ans en mille ans, il y avait pour les damnés une cessation des peines de l'enfer.

MILLO, vampire de Hongrie au xviiie siècle. Une jeune fille, nommée Stanoska, s'étant couchée un soir en parfaite santé, se réveilla au milieu de la nuit toute tremblante, jetant des cris affreux, et disant que le jeune Millo, enterré depuis neuf semaines, avait failli l'étrangler. Cette fille mourut au bout de trois jours. On pensa que Millo pouvait être un vampire; il fut déterré, reconnu pour tel, et décapité après avoir eu le cœur percé d'un clou. Ses restes furent brûlés et jetés dans la rivière. *Voy.* VAMPIRES.

MILON, athlète grec, dont on a beaucoup vanté la force prodigieuse. Galien, Mercurialis et d'autres disent qu'il se tenait si ferme sur une planche huilée, que trois hommes ne pouvaient la lui faire abandonner. Athénée ajoute qu'aux jeux olympiques il porta longtemps sur ses épaules un bœuf de quatre ans, qu'il mangea le même jour tout entier; fait aussi vrai que le trait de Gargantua, lequel avala six pèlerins dans une bouchée de salade (1).

MIMER. En face de Kullan, on aperçoit une colline couverte de verdure, qu'on appelle la colline d'Odin. C'est là, dit-on, que le dieu scandinave a été enterré. Mais on n'y voit que le tombeau du conseiller d'état Schimmelmann, qui était un homme fort paisible, très-peu soucieux, je crois, de monter au Valhalla et de boire le *miœd* avec les valkyries. Cependant une enceinte d'arbres protège l'endroit où les restes du dieu suprême ont été déposés; une source d'eau limpide y coule avec un doux murmure. Les jeunes filles des environs, qui connaissent leur mythologie, disent que c'est la vraie source de la sagesse, la source de Mimer, pour laquelle Odin sacrifia un de ses yeux. Dans les beaux jours d'été, elles y viennent boire (2).

MIMI. *Voy.* ZOZO.

MIMIQUE, art de connaître les hommes par leurs gestes, leurs habitudes. C'est la partie la moins douteuse peut-être de la physiognomonie. La figure est souvent trompeuse, mais les gestes et les mouvements d'une personne qui ne se croit pas observée peuvent donner une idée plus ou moins parfaite de son caractère. Rien n'est plus significatif, dit Lavater, que les gestes qui accompagnent l'attitude et la démarche. Naturel ou affecté, rapide ou lent, passionné ou froid, uniforme ou varié, grave ou badin, aisé ou forcé, dégagé ou roide, noble ou bas, fier ou humble, hardi ou timide, décent ou ridicule, agréable, gracieux, imposant, menaçant, le geste est différencié de mille manières. L'harmonie étonnante qui existe entre la démarche, la voix et le geste, se dément rarement. Mais pour démêler le fourbe, il faudrait le surprendre au moment où, se croyant seul, il est encore lui-même, et n'a pas eu le temps de faire prendre à son visage l'expression qu'il sait lui donner. Découvrir l'hypocrisie est la chose la plus difficile et en même temps la plus aisée; difficile tant que l'hypocrite se croit observé, facile dès qu'il oublie qu'on l'observe. Cependant on voit tous les jours que la gravité et la timidité donnent à la physionomie la plus honnête un aperçu de malhonnêteté. Souvent c'est parce qu'il est timide, et non point parce qu'il est faux, que celui qui vous fait un récit ou une confidence n'ose vous regarder en face. N'attendez jamais une humeur douce et tranquille d'un homme qui s'agite sans cesse avec violence; et en général ne craignez un emportement ni excès de quelqu'un dont le maintien est toujours sage et posé. Avec une démarche alerte, on ne peut guère être lent et paresseux; et celui qui se traîne nonchalamment à pas comptés n'annonce pas cet esprit d'activité qui ne craint ni dangers ni obstacles pour arriver au but. Une bouche béante et fanée, une attitude insipide, les bras pendants et la main gauche tournée en dehors, sans qu'on en devine le motif, annoncent la stupidité naturelle, la nullité, le vide, une curiosité hébétée. La démarche d'un sage est différente de celle d'un idiot, et un idiot est assis autrement qu'un homme sensé. L'attitude du sage annonce la méditation, le recueillement ou le repos. L'imbécille reste sur sa chaise sans savoir pourquoi; il semble fixer quelque chose, et son regard ne porte sur rien; son assiette est isolée comme lui-même. La prétention suppose un fond de sottise. Attendez-vous à rencontrer l'une et l'autre dans toute physionomie disproportionnée et grossière, qui affecte un air de solennité et d'autorité. Jamais l'homme sensé ne se donnera des airs, ni ne prendra l'attitude d'une tête éventée. Si son attention excitée l'oblige à lever la tête, il ne croisera pourtant pas les bras sur le dos; ce maintien suppose de l'affectation, surtout avec une physionomie qui n'a rien de désagréable, mais qui n'est pas celle d'un penseur. Un air d'incertitude dans l'ensemble, un visage qui, dans son immobilité, ne dit rien du tout, ne sont pas des signes de sagesse. Un homme qui, réduit à son néant, s'applaudit encore lui-même avec joie, qui rit comme un sot sans savoir pourquoi, ne parviendra jamais à former ou à suivre une idée raisonnable. La crainte d'être distrait se remarque dans la bouche. Dans l'attention elle n'ose respirer. Un homme vide de sens, et qui veut se donner des airs, met la main droite dans son sein et la gauche dans la poche de sa culotte, avec un maintien affecté et théâtral. Une personne qui est toujours aux écoutes ne promet rien de bien distingué. Quiconque sourit sans sujet avec une lèvre de travers, quiconque se tient souvent isolé sans aucune direction, sans aucune tendance déterminée,

---

(1) Brown, Essai sur les erreurs popul., l. vii, ch. 18, p. 534.

(2) Marmier, Souvenirs danois.

quiconque salue le corps roide, n'inclinant que la tête en avant ; est un fou. Si la démarche d'une femme est sinistre, non-seulement désagréable, mais gauche, impétueuse, sans dignité, se précipitant en avant et de côté d'un air dédaigneux, soyez sur vos gardes. Ne vous laissez éblouir ni par le charme de la beauté, ni par les grâces de son esprit, ni même par l'attrait de la confiance qu'elle pourra vous témoigner ; sa bouche aura les mêmes caractères que sa démarche, et ses procédés seront durs et faux comme sa bouche ; elle sera peu touchée de tout ce que vous ferez pour elle, et se vengera de la moindre chose que vous aurez négligée. Comparez sa démarche avec les lignes de son front et les plis qui se trouvent autour de sa bouche, vous serez étonné du merveilleux accord de tous ces signes caractéristiques. Ayez le plus de réserve possible en présence de l'homme gras et d'un tempérament colère qui semble toujours mâcher, roule sans cesse les yeux autour de soi, ne parle jamais de sens rassis, s'est donné cependant l'habitude d'une politesse affectée, mais traite tout avec une espèce de désordre et d'impropreté. Dans son nez rond, court, retroussé, dans sa bouche béante, dans les mouvements irréguliers de sa lèvre inférieure, de son front saillant et plein d'excroissances, dans sa démarche qui se fait entendre de loin, vous reconnaîtrez l'expression du mépris et de la dureté, des demi-talents avec la prétention d'un talent accompli, de la méchanceté sous une gauche apparence de bonhomie. Fuyez tout homme dont la voix toujours tendue, toujours montée, toujours haute et sonore, ne cesse de décider ; dont les yeux, tandis qu'il décide, s'agrandissent, sortent de leur orbite ; dont les sourcils se hérissent, les veines se gonflent, la lèvre inférieure se pousse en avant, dont les mains se tournent en poings, mais qui se calme tout à coup, qui reprend le ton d'une politesse froide, qui fait rentrer dans un calme apparent ses yeux et ses lèvres, s'il est interrompu par la présence imprévue d'un personnage important qui se trouve être votre ami. L'homme dont les traits et la couleur du visage changent subitement, qui cherche avec soin à cacher cette altération soudaine, et sait reprendre aussitôt un air calme ; celui qui possède l'art de tendre et détendre les muscles de sa bouche, de les tenir pour ainsi dire en bride, particulièrement lorsque l'œil observateur se dirige sur lui : cet homme a moins de probité que de prudence ; il est plus courtisan que sage et modéré. Rappelez-vous les gens qui glissent plutôt qu'ils ne marchent, qui reculent en s'avançant, qui disent des grossièretés d'une voix basse et d'un air timide, qui vous fixent hardiment dès que vous ne les voyez plus, et n'osent jamais vous regarder tranquillement en face, qui ne disent du bien de personne, sinon des méchants, qui trouvent des exceptions à tout et paraissent avoir toujours contre l'assertion la plus simple une contradiction toute prête ; fuyez l'atmosphère où ces gens respirent. Celui qui relève la tête et la porte en arrière (que cette tête soit grosse ou singulièrement petite) ; celui qui se mire dans ses pieds mignons de manière à les faire remarquer ; celui qui, voulant montrer de grands yeux encore plus grands qu'ils ne sont, les tourne exprès de côté comme pour regarder tout par-dessus l'épaule ; celui qui, après vous avoir prêté longtemps un silence orgueilleux, vous fait ensuite une réponse courte, sèche et tranchante, qu'il accompagne d'un froid sourire ; qui, du moment qu'il aperçoit la réplique sur vos lèvres, prend un air sourcilleux et murmure tout bas d'un ton propre à vous ordonner le silence : cet homme a pour le moins trois qualités haïssables, avec tous leurs symptômes, l'entêtement, l'orgueil, la dureté ; très-probablement il y joint encore la fausseté, la fourberie et l'avarice. Le corps penché en avant annonce un homme prudent et laborieux. Le corps penché en arrière annonce un homme vain, médiocre et orgueilleux. Les borgnes, les boiteux et surtout les bossus, dit Albert le Grand, sont rusés, spirituels, un peu malins, et passablement méchants. L'homme sage ne rit aux éclats que rarement et peu. Il se contente ordinairement de sourire. Quelle différence entre le rire affectueux de l'humanité et le rire infernal qui se réjouit du mal d'autrui ! Il est des larmes qui pénètrent les cœurs ; il en est d'autres qui provoquent l'indignation et le mépris. Remarquez aussi la voix (comme les Italiens font dans leurs passe-ports et dans leurs signalements) ; distinguez si elle est haute ou basse, forte ou faible, claire ou sourde, douce ou rude, juste ou fausse. Le son de la voix, son articulation, sa faiblesse et son étendue, ses inflexions dans le haut et dans le bas, la volubilité et l'embarras de la langue, tout cela est infiniment caractéristique. Le cri des animaux les plus courageux est simple, dit Aristote, et ils le poussent sans effort marqué. Celui des animaux timides est beaucoup plus perçant. Comparez à cet égard le lion, le bœuf, le coq qui chante son triomphe, avec le cerf et le lièvre ; ceci peut s'appliquer aux hommes. La voix grosse et forte annonce un homme robuste ; la voix faible, un homme timide. La voix claire et sonnante dénote quelquefois un menteur ; la voix habituellement tremblante indique souvent un naturel soupçonneux. L'effronté et l'insolent ont la voix haute. La voix rude est un signe de grossièreté. La voix douce et pleine, agréable à l'oreille, annonce un heureux naturel. Un homme raisonnable se met tout autrement qu'un fat ; une femme pieuse, autrement qu'une coquette. La propreté et la négligence, la simplicité et la magnificence, le bon et le mauvais goût, la présomption et la décence, la modestie et la fausse honte : voilà autant de choses qu'on distingue à l'habillement seul. La couleur, la coupe, la façon, l'assortiment d'un habit, tout cela est expressif encore et nous caractérise. Le sage est simple et uni dans son extérieur ; la simplicité lui est naturelle. On reconnaît bientôt un homme qui s'est paré dans l'intention de plaire, celui qui ne cherche qu'à briller, et celui qui se néglige, soit pour insulter à la décence, soit pour se singulariser.

Il y aurait aussi des remarques à faire sur le choix et l'arrangement des meubles, dit Lavater. Souvent d'après ces bagatelles on peut juger l'esprit et le caractère du propriétaire ; mais on ne doit pas tout dire. *Voy.* Physiognomonie.

MINEURS (Démons). Il y a de malins esprits qui, sous les formes de satyres, de boucs et de chèvres, vont tourmenter les mineurs ; on dit qu'ils apparaissent souvent aux mines métalliques et battent ceux qui tirent les métaux. Cependant ces démons ne sont pas tous mauvais, puisqu'on en cite qui, au contraire, aident les ouvriers. Olaüs Magnus dit que ces derniers se laissent voir sous la forme de nains, grands d'un demi-mètre ; qu'ils aident à scier les pierres, à creuser la terre ; mais que malgré cela ils ont toujours une tendance aux tours malicieux, et que les malheureux mineurs sont souvent victimes de leurs mauvais traitements. Au reste on a distingué six sortes d'esprits qui fréquentent les mines et sont plus ou moins méchants. Quelques-uns disent qu'ils en ont vu dans les mines d'Allemagne, pays où les démons semblent assez se complaire, et que ces malins esprits ne laissaient aucun repos aux travailleurs, tellement qu'ils étaient contraints d'abandonner le métier. Entre autres exemples qu'ils donnent de la malignité de cette engeance infernale, nous ne signalerons qu'un démon mineur qui tua douze artisans à la fois : ce qui fit délaisser une mine d'argent très-productive (1). *Voy.* Anneberg, Montagnards, etc.

MINGRÉLIE. Le christianisme dans ce pays de schisme grec est très-corrompu. On y voit des prêtres baptiser les enfants distingués avec du vin. Lorsqu'un malade demande des secours spirituels, le prêtre ne lui parle pas de confession ; mais il cherche dans un livre la cause de sa maladie et l'attribue à la colère de quelqu'une de leurs images, qu'il faut apaiser par des offrandes.

MINOSON, démon qui fait gagner à toutes sortes de jeux ; il dépend de Haël, l'un des plus puissants chefs de l'enfer (2).

MINUIT. C'est à cette heure-là que se fait généralement le sabbat des sorciers, et que les spectres et les démons apparaissent. Cependant le diable n'aime pas uniquement l'heure de minuit, car il peut tenir sabbat à midi, comme l'ont avoué plusieurs sorcières, telles que Jeannette d'Abadie et Catherine de Naguille (3).

MIRABEL (Honoré), fripon qui fut condamné aux galères perpétuelles, après avoir été appliqué à la question, par arrêt du 18 février 1729. Il avait promis à un de ses amis, nommé Auguier, de lui faire trouver des trésors par le moyen du diable. Il fouilla, après maintes conjurations, dans un jardin près de Marseille, et dit qu'il y avait là un sac de pièces portugaises que lui avait indiqué un spectre. Il tira, en présence de plusieurs personnes et d'un valet nommé Bernard, un paquet enveloppé d'une serviette ; l'ayant emporté chez lui, il le délia et y trouva un peu d'or, qu'il donna à Auguier, lui en promettant davantage et le priant de lui prêter quarante francs ; ce qui doit sembler assez singulier. L'ami lui prêta cette somme, lui passa un billet par lequel il reconnaissait lui devoir vingt mille livres, et lui remettait les quarante francs. Le billet fut signé le 27 septembre 1726. Quelque temps après, Mirabel demanda le payement du billet ; comme on le refusa, parce que le sorcier n'avait donné que des espérances qui ne s'étaient pas réalisées, il eut la hardiesse d'intenter un procès ; mais en fin de cause il se vit, comme on l'a dit, condamné aux galères, par messieurs du parlement d'Aix (4).

MIRABILIS LIBER. On attribue la plus grande part de ce livre à saint Césaire. C'est un recueil de prédictions dues à des saints et à des sibylles. Ce qui peut surprendre les esprits forts, c'est que dans l'édition de 1522 on voit annoncés les événements qui ont clos si tragiquement le dernier siècle, l'expulsion et l'abolition de la noblesse, les persécutions contre le clergé, la suppression des couvents, le mariage des prêtres, le pillage des églises, la mort violente du roi et de la reine, etc. On y lit ensuite que l'aigle venant des pays lointains rétablira l'ordre en France (5)...

MIRACLES. Un certain enchanteur abattit une bosse en y passant la main ; on cria au miracle !... La bosse était une vessie enflée (6). Tels sont les miracles des charlatans. Mais parce que les charlatans font des tours de passe-passe qui singent les faits surnaturels proprement appelés miracles (et il n'y a de miracles que ceux qui viennent de Dieu), il est absurde de les nier. Nous vivons entourés de miracles qui ne se peuvent expliquer, quoiqu'ils soient constants. Nous ne pouvons parler ici que des faux miracles, œuvre de Satan, ou fourberie des imposteurs qui servent ainsi la cause de l'esprit du mal. Ce qui est affligeant, c'est que les jongleries ont souvent plus de crédit chez les hommes fourvoyés que les faits extraordinaires dont la vérité est établie, comme les superstitions ont plus de racines que les croyances religieuses dans les têtes détraquées (7).

On raconte l'anecdote suivante, pour

---

(1) Lenglet-Dufresnoy, Recueil de dissert., tom. Ier, p. 162.
(2) Clavicules de Salomon, p. 20.
(3) Delancre, Tabl. de l'inconstance des démons, etc., liv. II, p. 66.
(4) D. Calmet, Dissertat. sur les apparitions, p. 145.

(5) Mirabilis liber qui prophetias revelationesque, necnon res mirandas, præteritas, præsentes et futuras aperte demonstrat. In-4°; Paris, 1522.
(6) *Voyez*, dans les légendes des sept péchés capitaux, la légende de Tanchelm.
(7) On contait devant M. de Mayran, qu'il y avait une

prouver que les plus grandes absurdités trouvent des partisans. Deux charlatans débutaient dans une petite ville de province, au temps où Cagliostro et d'autres personnages importants venaient de se présenter à Paris à titre de docteurs qui guérissaient toutes les maladies. Ils pensèrent qu'il fallait quelque chose de plus relevé pour accréditer leur savoir-faire. Ils s'annoncèrent donc comme ayant le pouvoir de ressusciter les morts; et, afin qu'on n'en pût douter, ils déclarèrent qu'au bout de trois semaines, jour pour jour, ils rappelleraient à la vie, publiquement, dans le cimetière indiqué, le mort dont on leur montrerait la sépulture, fût-il enterré depuis dix ans. Ils demandent au juge du lieu qu'on les garde à vue pour s'assurer qu'ils ne s'échapperont pas, mais qu'on leur permette en attendant de vendre des drogues et d'exercer leurs talents. La proposition paraît si belle, qu'on n'hésite pas à les consulter. Tout le monde assiège leur maison; tout le monde trouve de l'argent pour payer de tels médecins. Le grand jour approchait. Le plus jeune des deux charlatans, qui avait moins d'audace, témoigna ses craintes à l'autre, et lui dit :

— Malgré toute votre habileté, je crois que vous nous exposez à être lapidés; car enfin vous n'avez pas le talent de ressusciter les morts.

— Vous ne connaissez pas les hommes, lui répliqua le docteur; je suis tranquille.

L'événement justifia sa présomption. Il reçut d'abord une lettre d'un gentilhomme du lieu; elle était ainsi conçue :

« Monsieur, j'ai appris que vous deviez faire une grande opération qui me fait trembler. J'avais une méchante femme; Dieu m'en a délivré; et je serais le plus malheureux des hommes si vous la ressuscitiez. Je vous conjure donc de ne point faire usage de votre secret dans notre ville, et d'accepter un petit dédommagement que je vous envoie, etc. »

Une heure après, les charlatans virent arriver chez eux deux jeunes gens qui leur présentèrent une autre gratification, sous la condition de ne point employer leur talent à la résurrection d'un vieux parent dont ils venaient d'hériter. Ceux-ci furent suivis par d'autres, qui apportèrent aussi leur argent pour de pareilles craintes, en faisant la même supplication. Enfin le juge du lieu vint lui-même dire aux deux charlatans qu'il ne doutait nullement de leur pouvoir miraculeux, qu'ils en avaient donné des preuves par une foule de guérisons; mais que l'expérience qu'ils devaient faire le lendemain dans le cimetière avait mis d'avance toute la ville en combustion; que l'on craignait de voir ressusciter un mort dont le retour pourrait causer des révolutions dans les fortunes, qu'il les priait de partir, et qu'il allait leur donner une attestation comme quoi ils ressuscitaient réellement les morts. Le certificat fut signé, paraphé, légalisé, dit le conte; et les deux compagnons parcoururent les provinces, montrant partout la preuve légale de leur talent surnaturel...

MIRAGE. Nous empruntons au *Dublin quarterly Review*, en nous aidant de la traduction publiée par *la Revue britannique*, avril 1838, les notes suivantes sur les déceptions de nos sens, auxquelles on a donné le nom de *mirage*.

« Un illustre physicien de mes amis s'est amusé à recueillir en un volume toutes les déceptions qui trompent nos sens; il y en a qui ont duré des siècles. Croirait-on qu'une île imaginaire, située à peu de distance des îles Canaries, a trouvé et gardé sa place, non-seulement dans les cartes géographiques, mais dans l'imagination des habitants de ces dernières îles ? On aperçoit cette île prétendue, l'île de Saint-Brandan, non-seulement sur le globe géographique de Martin Behme, mais sur une carte française publiée en 1704. Peut-être aujourd'hui même le bon peuple des îles Canaries est-il encore persuadé que l'île existe, mais qu'elle se cache. Il s'agit d'une étendue de terrain de cent, de quarante, de vingt lieues, selon les diverses supputations. Facile à découvrir dans les beaux jours, disparaissant sous les brouillards, l'île chimérique, couverte de montagnes, s'étendait vers l'ouest. Toutes les fois qu'on essayait de faire voile vers ses parages, on ne trouvait rien : elle avait disparu. Cependant un si grand nombre de personnes attestaient son existence, qu'on n'osait pas la rayer des cartes. A la même époque où Colomb adressait sa proposition à la cour de Portugal, un habitant des Canaries priait Jean II de lui confier un vaisseau pour se mettre à la recherche de l'île fantastique.

« D'où vient le nom de Saint-Brandan donné à cette île? A quelle époque l'île fut-elle baptisée ainsi? On l'ignore. Un abbé écossais nommé Brandan vivait, dit-on, au VI⁹ siècle. Mais pourquoi son nom s'est-il attaché à cette île ? Frère Diégo-Philippo, dans son livre de *l'Incarnation du Christ*, assure que les anciens avaient la même croyance ou les mêmes préjugés; qu'ils regardaient cette île comme très-réelle, mais comme inaccessible; que l'île Aprosite de Ptolémée n'est pas autre chose. Quoi qu'il en soit, du XVI⁹ au XVII⁹ siècle, on n'a pas cessé de la voir, mais toujours de loin, toujours à la même place, toujours sous les mêmes formes. En 1526, l'expédition de Troja et de Ferdinand Alvarès fit voile vers l'île fantôme, revint sans avoir touché aucune terre, mais ne put convaincre la population des Canaries, toujours persuadée que l'île existait. Plus de cent témoins allèrent déposer chez le gouverneur de l'île, Don Alonzo Espinosa, que la certitude la plus complète ne leur permettait pas de douter de

---

boucherie à Troyes où jamais la viande ne se gâtait, quelque chaleur qu'il fît. Il demanda si, dans le pays, on n'attribuait pas cette conservation à quelque chose de particulier. On lui dit qu'on l'attribuait à la puissance d'un saint révéré dans l'histoire. — Eh bien! dit M. de Mayran, je me range du côté du miracle, pour ne pas compromettre ma physique.

l'existence de l'île, aperçue par eux, au nord-ouest : ils avaient vu, disaient-ils, le soleil se coucher derrière un de ses pics, ils l'avaient contemplé longtemps et patiemment. Aussi, en 1570, d'après des témoignages si valables et si graves, une expédition nouvelle fit-elle voile du côté de Saint-Brandan. Elle avait pour chef Ferdinand de Villosa, gouverneur de Palma, qui n'eut pas plus de succès que les autres, et qui, comme eux, fut condamné au supplice de Tantale, par cette île toujours prête à se montrer, toujours prête à fuir. Trente-quatre années s'écoulent. Un moine et un pilote, Lorenzo Pinedo et Gaspardo d'Acosta, tentent encore l'aventure, profitent d'un beau temps, font voile dans toutes les directions, recueillent une foule d'observations astronomiques et nautiques, mais ne trouvent point d'île. Sans doute les fées qui l'habitent la dérobent à tous les yeux. D'où viennent les oranges, les fruits, les fleurs, qui, apportés par les flots maritimes, jonchent les rivages de Gomarra et de Feroë? On ne peut en douter, Saint-Brandan leur envoie ces dépouilles des forêts enchantées. L'imagination du peuple s'allume, les cerveaux bouillonnent; une image splendide de cette île imaginaire surgit dans toutes les pensées. Enfin, en 1721, une quatrième expédition part, ayant à sa tête Gaspar Dominique, homme de probité et de talent. Comme il s'agissait d'une grande affaire, d'une affaire mystérieuse et solennelle, il se fit escorter par deux chapelains. Vers la fin d'octobre, la population de l'île de Tenerif, livrée à la plus vive anxiété, les vit partir pour ces régions fantastiques qu'ils ne parvinrent pas à découvrir.

« La curiosité s'était fatiguée; elle reploya ses ailes, et ne permit à Saint-Brandan de dérouler que par intervalles, aux regards surpris et charmés, ses lointaines déceptions. Dans une lettre écrite en 1759, et datée de l'île de Gomarra, un moine franciscain raconte à un de ses amis que, le 3 mai au matin, il a distinctement aperçu Saint-Brandan. Il se trouvait alors dans le village d'Anaxerro, et, au moyen d'un télescope, il a très-distinctement reconnu deux hautes montagnes séparées par une vallée.

« Lasse de chercher l'île de Saint-Brandan, l'imagination populaire se réfugia dans la magie. C'était, selon les uns, les jardins d'Armide; selon d'autres, le paradis terrestre. Quelques Espagnols y voyaient les sept cités habitées par les citoyens de sept villages de l'Andalousie, détruits par les Maures; d'autres, l'endroit où Enoch et Elisée furent séquestrés par l'ordre de Dieu. Pour les partisans de la dynastie gothique, c'était la retraite de Roderick, dernier roi des Goths; pour les Portugais, celle de Sébastien, leur roi perdu. Enfin les bons philosophes, à leur tête le savant Père Feyjoo, expliquaient l'apparition de l'île prétendue par un phénomène semblable à celui du mirage, et spécialement à celui de la célèbre *fée Morgane*. On sait que les eaux du golfe de Messine, recevant comme un miroir le portrait de Reggio et du paysage environnant, font rejaillir dans certains jours, sur un fond de nuages qui les reflète et qui les présente ainsi dans l'éloignement, l'image d'une seconde ville de Reggio en face de la véritable ville.

« Nos propres sens nous trompent donc. Tous les voyageurs qui ont visité l'Arabie et la Perse ont admiré cette illusion d'optique que les Français nomment *mirage*, et les Orientaux *seraieb* (eau du désert). « Le soir et le matin, dit Monge, dans la *Décade égyptienne*, l'aspect du terrain est tel qu'il doit être; entre vous et les derniers villages qui s'offrent à votre vue, vous n'apercevez que la terre; mais, dès que la surface du sol est suffisamment échauffée par la présence du soleil, et jusqu'à ce que, vers le soir, elle commence à se refroidir, le terrain ne paraît plus avoir la même extension : on le dirait terminé à une lieue environ par une inondation générale. Les villages qui sont placés au delà de cette distance paraissent comme des îles situées au milieu d'un grand lac, et dont on serait séparé par une étendue d'eau plus ou moins considérable. Sous chacun de ces villages, on voit son image renversée, telle qu'on la verrait effectivement s'il y avait en avant une surface d'eau réfléchissante. »

Ce phénomène ne reflète pas seulement les grandes masses, mais les moindres détails des arbres et des édifices, un peu tremblant toutefois, comme la surface d'un lac quand le souffle du vent la ride. Ecoutons, à ce sujet, le voyageur Clark, qui a le mieux expliqué ce phénomène.

« Nous allons à Rosette, et nous traversons le désert. *Raschid, Raschid!* s'écrient tout à coup nos Arabes. Un immense lac étend ses eaux devant nous, et répète les dômes, les minarets pointus, les bouquets de dattiers et de sycomores de la ville. C'était un magnifique spectacle. « Comment passerons-nous l'eau? » demandâmes-nous à nos guides. Nous ne pouvions douter que ce ne fût de l'eau, tant nous distinguions avec netteté les plus petits détails de l'architecture et du paysage.

— « Ce n'est pas de l'eau, nous répondirent les Arabes, et dans une heure nous serons à Rosette, en suivant en ligne directe la route à travers les sables qui sont devant nous. »

« Un Grec, qui ne pouvait croire que le témoignage de ses sens fût menteur, s'irrita contre la réponse des guides. « Me prenez-vous donc pour un idiot, s'écria-t-il, et voulez-vous que je ne croie pas voir ce que mes yeux voient? »

— « Au lieu de vous fâcher, répliquèrent ceux-ci, retournez-vous et regardez l'espace que vous avez parcouru. »

« Cet espace, en effet, présentait le même phénomène que nous avions devant nous, et paraissait une nappe d'eau servant de miroir au paysage.

« Les Arabes eux-mêmes sont quelquefois trompés par cette illusion; combien elle doit être douloureuse pour l'infortuné voyageur mourant de soif, *tantalisé* sans cesse par la chimère verdoyante qui rafraîchit son regard et le berce d'une espérance vaine! Souvent il périt de soif en face de cette oasis enchantée.

« En Arabie, dit Burkhardt, la couleur du mirage est de l'azur le plus pur et le plus doux, tandis qu'en Syrie et en Égypte il consiste en une espèce de vapeur blanchâtre, ondulant et vacillant sur la plaine, et dont la vibration perpétuelle brise les contours des objets reflétés. En Arabie, au contraire, le bleu de cette grande nappe d'eau est si pur, que toutes les découpures des montagnes s'y reproduisent avec une précision et une netteté merveilleuses. Souvent une douzaine de ces faux lacs apparaissent tout à coup, séparés du voyageur par une distance de deux ou trois cents pas seulement, tandis qu'en Égypte et en Syrie, la distance apparente est toujours d'un demi-mille au moins.

« Cette illusion d'optique, causée par la réfraction extraordinaire des rayons du soleil, traversant des masses d'air en contact avec une surface très-échauffée, subit des modifications nombreuses, dont l'île chimérique de Saint-Brandan n'est sans doute qu'un exemple. Tantôt le voyageur s'aperçoit lui-même sur une montagne ou dans un nuage. Tantôt le grand arbre découvert par lui à distance, et dont le vaste feuillage lui a fait espérer le repos et la fraîcheur, se réduit aux dimensions d'un pauvre petit arbrisseau rabougri, qui n'a pas d'ombre et à peine des feuilles.

« Dans l'Amérique du Sud, dit Humboldt, souvent il m'arrivait, quand l'air était très-sec, d'apercevoir dans les nuages des troupeaux de bœufs suspendus, les uns plus bas, les autres plus haut, suivant les ondulations des courants aériens qui composaient ce miroir naturel. Le véritable troupeau ne se montrait que plus tard. J'ai vu aussi l'image d'un animal ou d'un homme, la tête en bas et les pieds en haut, répété dans les nuages.

« Niebuhr parle de tourelles et de fortifications apparentes qui se montrent aux voyageurs dans certains cantons de l'Arabie, et qui ne sont que les contours mal arrêtés de certaines collines de sable, dont cette réfraction terrestre altère la forme véritable.

« D'après toutes ces preuves, le philosophe n'a-t-il pas raison de se défier des préjugés des sens, comme de ceux de l'esprit? Les premiers, dit Herschell, opposent à la raison et à l'analyse une résistance bien plus acharnée que les autres. C'est une tyrannie absurde, à ce qu'il semble au premier abord, de nous empêcher de croire à l'évidence de nos sens; il faut bien cependant que nous nous rendions à une autre évidence, et que nous confessions, en mille circonstances, l'erreur dont nous sommes dupes. Faisons tomber les rayons du soleil sur un objet de quelque couleur qu'il soit, il prendra successivement toutes les couleurs prismatiques. Un papier réellement jaune, par exemple, nous semblera tour à tour rouge, vert ou bleu, selon la nuance des rayons qui tomberont sur lui. N'était-il pas rationnel de croire que la couleur véritable de l'objet soumis à cette expérience se mêlerait du moins à la couleur du prisme? Il n'en est rien : la couleur apparente, la seule que l'œil saisisse, remplace la couleur véritable. Il faut que le raisonnement ou le témoignage d'un autre sens vienne rectifier notre erreur. Les exemples de cette hallucination sont nombreux. Ainsi la lune, quand elle se lève et se couche, paraît d'un diamètre beaucoup plus large qu'à son zénith. Le ventriloquisme nous fait croire que des sons articulés sortent d'un buffet, d'une chaise ou d'une table. Plongez vos deux mains, la droite dans de l'eau glacée, la gauche dans de l'eau bouillante; laissez-les y tremper un peu, puis replacez-les toutes deux dans un vase d'eau tiède; la main droite éprouvera une sensation de chaleur, et la gauche une sensation de froid. Un pois placé entre nos deux doigts, croisés l'un sur l'autre, et roulant sur la table, nous fera l'effet de deux pois au lieu d'un seul. En mangeant de la cannelle, si nous fermons nos narines, nous perdons toute espèce de saveur, et la cannelle n'exerce pas sur notre goût plus d'influence qu'un morceau de bois ordinaire. Le voyageur Jacob dit que, lorsque l'on s'arrête sur le pont de Ronda, on croit voir le torrent sur lequel l'arche est jetée remonter vers la colline, au lieu de la descendre. Le docteur Chandler, en entrant dans la Méditerranée, observa les modifications les plus étranges subies par le disque du soleil. « D'abord, environné d'une gloire d'or, il lançait à la surface de la mer une longue traînée de rayons éclatants. Bientôt la partie inférieure du disque se perdit sous l'horizon, et la partie supérieure resta éblouissante. Un petit disque séparé vint se dessiner dans l'intérieur de l'hémicycle. Ces deux figures, changeant par degrés, s'unirent et prirent la forme d'un bol de punch renversé qui resta suspendu à l'horizon, puis se transforma lentement en une espèce de parasol ou plutôt de champignon gigantesque, dont la tête était ronde et la tige très-fine. Un grand chaudron enflammé nous apparut ensuite, et son couvercle, s'élevant par degrés, affecta une forme circulaire et finit par s'évanouir tout à fait. Bientôt après, toutes les fractions de l'ancien disque se brisèrent, et leurs fragments, qui paraissaient embrasés, se dispersèrent pour s'éteindre l'un après l'autre. »

« Ajoutons à ces preuves de la mystification que nos sens peuvent nous faire subir, un récit curieux du docteur Brewster : « J'étais dans mon cabinet d'étude, le soir, avec deux bougies devant moi. Tout à coup, en relevant la tête, j'aperçois à une très-grande distance, presque au-dessus de ma tête et brillant à travers mes cheveux, l'image la plus exacte de l'une des bougies et de son chandelier. Même position, même lumière, l'image était reproduite comme par un miroir; il est évident que la surface du réflecteur était on ne peut plus polie et brillante. Mais où pouvait se trouver ce réflecteur, où était-il logé? Je me livrai, mais en vain, à une longue recherche à ce sujet, et, après avoir tout examiné avec attention, je finis par croire, ce qui n'était pas gai, qu'une cristallisation s'était formée dans mon œil, et que ce dernier contenait ce miroir que je cherchais. Péniblement affecté par cette prétendue découverte, je soumis le phénomène à une multitude d'expériences. Si j'inclinais le chandelier, l'image répétait mon mouvement; si je remuais la tête ou la prunelle, l'image changeait de place. En approchant un corps opaque de mon œil, et le plaçant entre moi et la bougie, je parvins à éclipser, totalement ou partiellement, le spectre dont je cherchais la cause. Enfin, à force de répéter ces mouvements dans toutes les directions, je m'aperçus que l'image disparaissait lorsque l'ombre de l'objet interposé tombait sur un certain endroit de mon œil gauche. J'en conclus que le réflecteur se trouvait là, et qu'il avait pris position dans les cils de la paupière. A force de tourmenter cette paupière, je dérangeai la position de ce petit miroir inconnu, de manière à ce qu'il me présentât le chandelier horizontal quand il était perpendiculaire, et perpendiculaire lorsqu'il était horizontal. Je m'approchai d'une glace, et j'étudiai cette paupière à la loupe; vains efforts : je ne trouvais rien. Enfin ma femme, qui, comme tous les myopes, est douée de la vue la plus délicatement fine, parvint à découvrir entre deux cils un atome infiniment petit qu'elle eut grand'peine à déloger. C'était une fraction minime de cire à cacheter rouge, ayant à peu près le diamètre de la centième partie d'un pouce, et qui, poussé sans doute par la pression du cachet, avait sauté jusqu'à mon œil au moment où j'ouvrais une lettre.

« Le phénomène de la double réfraction, que les philosophes n'ont pas encore pu expliquer, produit une multitude d'apparences trompeuses. Les coquilles d'huîtres, les nacres, etc., semblent colorées, vernies, argentées ou iridescentes : leur éclat chatoyant est dû, non à la couleur interne et réelle de ces matières, mais à la disposition des lamelles, disposition semblable à peu près à celle des tuiles sur un toit, et réfractant d'une façon extraordinaire et complexe les rayons du soleil. C'est à cette disposition qu'est dû le rayonnement de la perle, amas concentrique de lames de la même substance alternant avec du carbonate de chaux. »

« Compléterons-nous la liste de ces prestiges? La fée Morgane est trop connue pour que nous en parlions de nouveau. Le Cumberland a aussi ses spectres aériens. En 1743, pendant une soirée d'été, un gentilhomme de cette province se trouvait assis à la porte de sa maison avec son domestique, lorsque, sur le penchant d'une colline assez éloignée, nommée Souterfell, l'un et l'autre aperçurent un homme, un chien et des chevaux courant avec une extrême célérité. Le penchant de cette colline était tellement rapide qu'ils s'étonnèrent beaucoup d'une telle apparition, et ne doutèrent pas de retrouver le lendemain les membres en débris des acteurs de cette scène. Rien de tel cependant. On ne découvrit pas même sur le gazon une seule trace de la cavalcade fantastique. Ceux qui racontèrent la chasse aux fantômes dont ils avaient été témoins passèrent pour des visionnaires, et personne ne voulut ajouter foi à leurs paroles. Un an se passa. Le 23 juin 1744, le même domestique, Daniel Strikett, alors au service de M. Lancastre, aperçoit encore, au moment où il rentre chez lui, une troupe de cavaliers poussant leurs chevaux au galop le long de la même déclivité de Souterfell, qui jamais n'avait été descendue, même au pas, par un homme et un cheval. Il se souvient qu'on s'est moqué de son récit, reste longtemps en admiration devant le spectacle bizarre qui s'offre à lui, va chercher son maître, l'amène avec toute sa famille en face de Souterfell, et lui indique l'apparition qu'il a découverte et que dans le même instant plusieurs habitants du même canton admiraient de divers autres points environnants. Les cavaliers, dont les rangs serrés composaient cette étrange escorte, suivaient une route curviligne et prenaient tantôt le galop, tantôt le trot. On voyait souvent un de ces personnages se détacher de l'arrière-garde, s'avancer au grand galop jusqu'au premier rang, et là se mettre en ligne avec les autres. Trente-six personnes attestèrent et signèrent le procès-verbal qui rendit compte de cette procession magique, galopant le long d'un sentier à pic qui ne pouvait soutenir ni cavalier ni cheval. Le phénomène de la réfraction ne l'explique même pas aisément; car les environs de Souterfell n'offrent pas de grandes routes par lesquelles des troupes aient passé à cette époque. Il paraît que les évolutions répétées par une illusion d'optique sur une des pentes de Souterfell appartenaient au creux des vallons voisins qui servaient de théâtre à des évolutions réelles. La révolte de 1745 allait éclater, et les troupes qui devaient y prendre part s'exerçaient silencieusement à l'ombre des montagnes presque désertes qui environnent ces vallées perdues.

« Le 26 juillet 1798, vers cinq heures du soir, les habitants d'Hastings, ville située, comme on sait, sur la côte de Sussex, s'étonnèrent de découvrir à l'œil nu les collines de la côte de France, séparée d'Angleterre par un espace de plus de cinquante milles. Cela semblait non-seulement extraordinaire, mais impossible; car la convexité de la terre plaçait la côte de France bien au-dessous de l'horizon, relativement à la côte d'Angleterre. La foule accourait sur la rive pour contempler ce mirage. Les vieux matelots ne pouvaient en croire leurs yeux; en effet, des profondeurs de la mer s'élevait progressivement toute la côte française qui se dessinait avec netteté et bordait l'horizon. Tantôt cette illusion d'optique les présentait comme rapprochées et distinctes, tantôt comme éloignées et vagues. Un habitant nommé Latham, gravissant alors un coteau voisin très-élevé, jeta les yeux sur le panorama singulier qui l'environnait. Voici le récit qu'il en fit : Cette scène de féerie qui rapprochait la France de l'Angleterre lui montrait, dans une juxtaposition merveilleuse, Douvres et

Calais, Boulogne et Dungeness. Ce dernier endroit, situé sur la pointe d'un cap, est à une distance de seize milles d'Hastings. Malgré cette distance, toutes les embarcations qui naviguaient entre Hastings et Dungeness, prodigieusement grossies, semblaient toutes voisines du spectateur. Barques de pêcheurs amarrées sur la côte de France, habitations, clochers d'église, diverses nuances du terrain, tout apparaissait nettement, clairement. Un nuage venant à voiler le soleil, la scène prit un caractère plus extraordinaire encore : l'obscurité totale du ciel fit ressortir le fond du tableau avec ses vives couleurs, son mouvement et son éclat.

« Un de ces spectres aériens déplaça, le 6 août 1806, les quatre tourelles du château de Douvres, que les habitants de Ramsgate aperçurent avec surprise du côté de la colline où ce château n'a jamais été construit. Le docteur Brewster explique ainsi ce phénomène : « Le jour était brumeux et le vent ne soufflait pas. L'air étant plus dense près de la terre et au-dessus de la mer qu'à une certaine élévation, les rayons du château atteignaient l'œil en formant des lignes courbes, ce qui arrivait aussi aux rayons qui partaient de la colline. Si Ramsgate eût été plus éloigné de Douvres, les rayons partant du sommet et de la base du château auraient eu le temps de se croiser, et le spectateur eût aperçu renversée l'image des quatre tourelles. »

« On n'en finirait pas si l'on voulait recueillir tous les exemples de discordance qui existent entre nos perceptions et leurs causes, entre nos sensations et les objets qui nous sont offerts. Ainsi le galvanisme, en agissant sur les nerfs, développe plusieurs sensations chimériques dans les organes du goût, de l'ouïe et de l'odorat : on croit voir jaillir des gerbes de lumière qui n'existent point. La couleur apparente des corps est souvent modifiée par le voisinage d'un objet coloré qui influe sur la sensibilité générale de la rétine. Placez un objet gris ou blanc, de petite dimension, sur un fond coloré, vous verrez cet objet emprunter une des nuances complémentaires de la couleur du fond. En Chine, les lettres de cérémonie ne s'écrivent que sur du papier écarlate de la teinte la plus éclatante. Toute l'encre dont on se sert pour tracer des caractères sur ce papier paraît verte, bien qu'elle soit réellement noire; c'est que la rétine, frappée vivement par la couleur rouge du papier, conserve une impression qui la conduit à la nuance complémentaire du rouge au vert. Cette même loi de continuité dans les sensations fait qu'un charbon ardent, agité en cercle, produit à l'œil une roue lumineuse, et qu'un météore ardent qui traverse le ciel paraît laisser sur son passage une longue queue enflammée qui n'existe pas.

« La fantasmagorie et la prestidigitation ont profité de ces illusions de nos sens, bien plus nombreuses qu'on ne le croit, et qui se reproduisent à tous les moments de notre vie L'idée que nous nous formons de la concavité ou de la convexité d'une surface d'après son apparence visible, dépend principalement de la direction opposée de la lumière qui tombe sur elle et qui arrive jusqu'à nos yeux. Si nous nous trompons sous ce dernier rapport, nous nous trompons sur tout le reste. Un cachet gravé en creux, et aperçu à une certaine distance à travers une lentille convexe, paraît sculpté en bosse. La disposition de l'ombre et de la lumière peut faire prendre une surface convexe pour une concave, et *vice versa*. Causes extérieures, causes intérieures, raisonnements faux, impressions mensongères, tout nous environne de fantômes. Que serait-ce donc si nous parlions des univers inconnus qui nous échappent, et des profondeurs dans lesquelles l'imperfection de nos organes nous empêche de descendre ! L'œil d'un seul poisson, ou plutôt le cristallin de cet œil, petit corps sphérique de la grosseur d'un pois, est composé de 5 millions de fibres qui se rattachent l'une à l'autre par plus de 62,500 millions de dents. Le professeur Ehrenberg a prouvé qu'il existe des monades égales à la vingt-quatre millième fraction d'un pouce, et qu'elles se pressent dans le fluide de manière à ne pas laisser entre elles un espace plus grand que leur propre dimension. Chaque ligne cubique ou une seule goutte du fluide contient 500 millions de monades, nombre presque égal à celui des habitants de notre globe. Le même observateur a distingué des traces d'un système nerveux musculaire et même vasculaire dans les infusoires de grande espèce. Il a découvert que la *leucophra patula* possédait deux cents estomacs, et que dans les *vorticellæ* les intestins forment une spirale complète, finissant où elle a commencé. Pour découvrir l'appareil digestif de ces animaux invisibles, dont le microscope solaire peut seul apprécier les formes, on emploie une solution d'indigo pur, qui, en parcourant les cavités des organes digestifs, en a prouvé l'existence pendant l'observation. Les *lépidoptères* diurnes ont des yeux composés de 17,325 lentilles ou facettes, dont chacune possède toutes les qualités d'un œil complet. Ainsi, chacun de ces insectes qui voltigent sur nos têtes porte avec soi 34,650 yeux.

« Nous sommes entourés de miracles, et la science elle-même ne peut que les observer, suppléer à l'imperfection des sens et attester, soit leur mensonge, soit leur impuissance. Le développement du tissu cellulaire des végétaux a souvent quelque chose d'extraordinaire dans sa rapidité. On a vu le *lupinus polyphyllus* grandir d'un pouce et demi par jour; la feuille de l'*urania speciosa*, de quatre à cinq pouces par jour; développement qui équivaut à quatre ou cinq mille cellules par heure. Le champignon nommé *bovista giganteum*, n'a besoin que d'une nuit pour percer la terre et devenir gros comme une gourde. Supposez cette gourde composée de 17 milliards de cellules, chacune d'un 200e de pouce de diamètre, ce qui est le moins que l'on puisse supposer, vous trouverez que dans l'espace d'une nuit ce champignon aura développé 4 milliards de cellules par heure, ou 66 millions par minute.

« Chacune des feuilles du *coryfolia elata*, ou palmier de l'Inde, a 30 pieds de circonférence et une tige de 12 pieds, ce qui donne à cette feuille une élévation quatre fois plus considérable que celle de l'homme le plus grand. Il faut étudier l'anatomie végétale dans cette immense machine, dont les myriades de ramifications, de veines et de fibres, rejettent dans l'ombre la métropole de l'Angleterre, avec ses allées, ses rues, ses places publiques, ses fontaines et ses réservoirs. L'araignée fileuse a cinq ou six mille petits trous par où s'échappe la liqueur dont elle fait son tissu. Cette poussière brillante qui vous semble répandue sur les ailes du papillon, compose une immense mosaïque naturelle formée d'une multitude d'écailles superposées et fixées dans l'aile par un pédicule étroit, à peu près comme des tuiles sur une maison. Enlevez-les, vous ne trouverez plus qu'une membrane élastique, fine et transparente, avec de petites lignes de dents ou de trous destinés à recevoir les pédicules. Leuwenhoeck en a compté plus de 400,000 sur les ailes du petit papillon du ver à soie. Une mosaïque moderne peut contenir 800 *tesserulæ* ou fragments colorés dans une surface d'un pouce carré; la mosaïque des ailes d'un papillon peut en contenir 100,736 dans le même espace.

« Nos sens, nous le répétons et nous l'avons prouvé, sont des guides incompétents et inadmissibles; les apparences les plus fausses nous pressent de tous côtés, et, sans l'examen le plus attentif, nous courons risque de passer notre vie sous le nuage d'une mystification éternelle. »

MIROIR. Lorsque François Ier faisait la guerre à Charles-Quint, on conte qu'un magicien apprenait aux Parisiens ce qui se passait à Milan, en écrivant sur un miroir les nouvelles de cette ville et l'exposant à la lune, de sorte que les Parisiens lisaient dans cet astre ce que portait le miroir. Ce secret est perdu comme tant d'autres. *Voy.* PYTHAGORE. Pour la divination par le miroir, *voy.* CRISTALLOMANCIE.

MISRAIM, fils de Cham. *Voy.* MAGIE.

MOENSKLINT. Les riverains de la mer Baltique vous montrent avec orgueil une grande masse de roc, toute blanche, taillée à pic, surmontée de quelques flèches aiguës et couronnée d'arbustes. Mais voyez, ce que le géologue appelle de la pierre calcaire, ce n'est pas la pierre calcaire, et ce qui s'élève au haut de cette montagne sous la forme d'un massif d'arbres, ce n'est pas un massif d'arbres. Il y a là une jeune fée très-belle qui règne sur les eaux et sur l'île. Ce roc nu, c'est sa robe blanche qui tombe à grands replis dans les vagues et se diapre aux rayons du soleil; cette pyramide aiguë qui le surmonte, c'est son sceptre; et ces rameaux de chêne, c'est sa couronne. Elle est assise au haut du pic qu'on appelle le *Dronnings Stol* (Le Siége de la Reine). De là elle veille sur son empire, elle protége la barque du pêcheur et le navire du marchand. Souvent la nuit on a entendu sur cette côte des voix harmonieuses, des voix étranges qui ne ressemblent pas à celles qu'on entend dans le monde. Ce sont les jeunes fées qui chantent et dansent autour de leur reine, et la reine est là qui les regarde et leur sourit. Oh! le peuple est le plus grand de tous les poëtes. Là où la science analyse et discute, il invente, il donne la vie à la nature animée, il divinise les êtres que le physicien regarde comme une matière brute. Il passe le long d'un lac, et il y voit des esprits; il passe au pied d'un roc de craie, et il y voit une reine, et il l'appelle le *Mænsklint* (le rocher de la Jeune Fille) (1).

MOG. De ce nom peut-être est venu le mot *magus*, magicien. On retrouve encore dans l'Arménie l'ancienne région des Mogs. « Le nom de *Mog*, dit M. Eugène Boré (2), est un mot zend et pehlvi qui a passé dans la langue chaldéenne à l'époque où le symbole religieux de la Perse fut adopté par le peuple de Babylone. Il représentait la classe pontificale, initiée sans doute à des doctrines secrètes dont l'abus et l'imposture firent tomber ensuite ce titre en discrédit. Les prêtres ainsi désignés étaient ces anciens desservants du temple de Bélus, qu'avait visités et entretenus Hérodote, et qu'il nomme Chaldéens aussi bien que le prophète Daniel. Ils avaient encore le nom de sages ou philosophes, de voyants et d'astronomes. Lorsqu'ils mêlèrent aux principes élevés de la science et de la sagesse les superstitions de l'idolâtrie et toutes les erreurs de l'astrologie et de la divination, ils furent appelés enchanteurs, interprètes de songes, sorciers, en un mot *magiciens*. » Mais au xe siècle, Thomas Ardzérouni, cité par M. Boré, appelle encore la contrée qu'ils habitaient le pays des Mogs. Les Mogols viendraient-ils des Mogs?

MOGOL. Delancre dit qu'un empereur mogol guérissait certaines maladies avec l'eau dans laquelle il lavait ses pieds.

MOINE BOURRU. *Voy.* BOURRU.

MOINES. On lit partout ce petit conte. Un moine, qu'une trop longue abstinence faisait souffrir, s'avisa un jour dans sa cellule de faire cuire un œuf à la lumière de sa lampe. L'abbé qui faisait sa ronde, ayant vu le moine occupé à sa petite cuisine, l'en reprit; de quoi le bon religieux s'excusant, dit que c'était le diable qui l'avait tenté et lui avait inspiré cette ruse. Tout aussitôt parut le diable lui-même, lequel était caché sous la table, et s'écria en s'adressant au moine : « Tu en as menti par ta barbe; ce tour n'est pas de mon invention, et c'est toi qui viens de me l'apprendre. » Césaire d'Heisterbach donne cet autre petit fait. « Le moine Herman, comparant la rigoureuse abstinence de son ordre aux bons ragoûts que

---

(1) Marmier. Traditions de la mer Baltique.

(2) De la Chaldée et des Chaldéens.

l'on mange dans le monde, vit entrer dans sa cellule un inconnu de bonne mine qui lui offrit un plat de poisson. Il reçut ce présent, et lorsqu'il voulut accommoder son poisson, il ne trouva plus sous sa main qu'un plat de fiente de cheval. Il comprit qu'il venait de recevoir une leçon, et fut plus sobre (1). »

LE MOINE DE LA MER.
Tradition écossaise, traduite de l'allemand, du baron de Sternberg.

I. Vers la pointe la plus septentrionale de l'Ecosse se trouve une baie resserrée entre de hauts rochers; elle est bordée d'un village habité par des pêcheurs. A une petite distance dans les terres s'étend la petite ville de Gleenarvon, à laquelle les historiens accordent une haute antiquité. Quand le temps est calme, on entend retentir à une portée de canon dans la mer un son extraordinaire, tantôt sourd et se perdant peu à peu dans les airs, tantôt clair et aigu, qui semble venir de fort loin. Ce phénomène est bien connu des gens de la contrée, qui ont habitude de l'appeler « le chant des moines de Gleenarvon. » Les voyageurs expliquent ces sons extraordinaires par la structure toute particulière des rochers, dans les crevasses raboteuses desquels le vent produit ces murmures, quand un temps calme fait taire le mugissement des vagues contre les écueils. Il est vrai qu'ils font une impression qui bouleverse l'âme de celui qui, sans y être préparé, les entend pour la première fois.

Sir Patrick Blaston, qui visita cette contrée au commencement du XVIIIe siècle, s'exprime ainsi à ce sujet :

« Je l'ai entendue cette surprenante musique de la mer, que les habitants de la contrée méprisent comme une chose insignifiante et journalière; elle a produit sur moi une impression véritablement magique. Cette voix de la mer est un son qui pénètre directement jusqu'au fond du cœur, et qui ne peut être comparé à nulle autre musique, si ce n'est peut-être à une messe solennelle. Mais cette messe n'est pas exécutée par des voix humaines, ce sont des esprits saints qui la chantent à la louange du Seigneur, et d'une façon qui ferait succomber le cœur des mortels à la douleur et au ravissement. Les sons arrivent, s'élèvent, tombent et s'évanouissent, et on ne sait pas s'ils sortent des profondeurs de la mer ou s'ils descendent du haut des cieux; on croit entendre la voix immédiate de Dieu qui dit à l'homme souillé de péchés de se convertir par la pénitence. »

II. Or quel habitant de Gleenarvon ne connaît le vieux et savant docteur Jonathan Oldinby? Il est toujours de mauvaise humeur, parce que toutes les histoires folles lui trottent constamment dans la tête; et il marche courbé, parce que le fardeau de son savoir l'accable. On ne saurait dire quel respect le manteau gris râpé du docteur Jonathan Oldinby suffit déjà pour inspirer; ce respect domine la rue où il demeure et la maison dont il occupe la chambre la plus élevée. Mais qui a vu le visage du docteur, sec, pâle, maudit, ne peut s'empêcher d'exprimer sa frayeur et son étonnement. Aucun étranger ne manque de chercher sa rue étroite et sa maison, et pas un ne s'en retourne de là sans hausser les épaules sur son savoir. Ses entretiens avec les visiteurs sont d'une espèce particulière. Une carte d'Ecosse, représentant le pays tel qu'il était il y a environ trois cents ans, est constamment étendue sur une table en chêne éclairée par une lampe. C'est dans ce champ que le docteur a l'habitude d'entreprendre avec son visiteur ses excursions aventureuses, et on ne peut lui refuser la gloire d'être un vigoureux promeneur. Ajoutez à cela que sa carte n'est pas une carte ordinaire comme on en voit dans les boutiques des libraires; elle renferme en soi une vie mystérieuse. Il n'est pas rare, par exemple, que, quand l'index décharné du docteur la parcourt, les petits traits et les points indiquant les fleuves et les villes deviennent réellement des villes et des fleuves; les vallées et les montagnes s'élèvent et s'abaissent, et l'on voit même souvent, quand il parle du temps des guerres civiles en Ecosse, d'infiniment petites troupes armées sortir des forteresses et des châteaux, et marcher à la bataille dans la plaine, où alors la lumière se transforme de la manière la plus plaisante en des milliers de petits casques et de petites pointes de lances. Voilà qui est extraordinaire; bien des gens ne peuvent s'empêcher d'y porter leurs doigts grossiers; alors tout disparaît aussitôt. Et le docteur de s'écrier, en gonflant ses joues creuses et se penchant sur la carte : « La sotte servante! En nettoyant la chambre, elle a encore répandu sur la carte du sable dont les grains brillent maintenant à la lumière. Le cabinet d'un savant doit être tenu fermé comme la cellule d'un moine. » A ces mots l'œil du docteur devient humide, ce qui arrive toujours quand il parle de la vie du cloître. Il reste l'index fixé sur un endroit de la carte dans le voisinage de Gleenarvon, où l'on ne voit plus aujourd'hui que la mer; si on lui demande une explication, il ne répond que ces mots à voix basse : « Ici vivaient autrefois les moines de Gleenarvon, qui jouissent aujourd'hui de la faveur de servir Dieu dans la solitude et les profondeurs de la mer. »

Parmi les visiteurs du docteur, il y en avait peu que ces paroles n'ébranlassent pas et qui ne désirassent connaître la chose à fond; mais la bouche de Jonathan restait muette.

Par une soirée d'automne, obscure et orageuse, un étranger arriva par la voiture ordinaire à une heure avancée, et descendit dans l'unique hôtellerie de la petite ville. C'était un homme taciturne, un de ceux qui, en voyage, n'aiment ni à parler eux-mêmes ni à entendre parler; sa seule question fut où demeurait le docteur Jonathan. Le garçon de l'auberge lui ayant déclaré qu'il était prêt à lui montrer le chemin, il disparut avec lui dans l'obscurité de la nuit.

(1) Cæsarii Heisterbach. De tentat., lib. IV; Miracul., cap. 87.

Assis au coin du feu dans sa petite chambre, le docteur écoutait le bruit d'un vent d'orage qui résonnait à son oreille comme des voix du bon vieux temps, lorsque l'étranger entra. Leur conversation ne tarda pas à tomber sur la vieille carte d'Écosse. Il fallait qu'il y eût dans le nouveau venu quelque chose qui bannît toute timidité et toute défiance de l'âme de Jonathan Oldinby, car il s'entretint avec lui comme il ne le faisait avec personne : il lui parla du temps où les moines de Gleenarvon vivaient en paix dans leur cloître sur la pointe du rocher au bord de la mer, avant les novateurs rapaces qui se déchaînèrent contre l'autel catholique. Puis il s'approcha de la carte et dit à l'étranger avec sa manière habituelle : « Ne voyez-vous donc pas le cloître tel qu'il était aux jours de sa splendeur? » Et ce fut une apparition surprenante ; l'écueil solitaire du rivage s'éleva sur le papier, surmonté du cloître avec ses tours et ses murailles sacrées ; une troupe d'hommes pieux, en costume de pèlerins et en froc, s'agitait lentement au fond de la vallée. Ils gravissaient la montagne en chantant ; le son de la petite cloche de matines se faisait entendre : le calme religieux du dimanche planait sur la terre et sur la mer, comme aux jours qui ne sont plus.

L'étranger jeta des yeux avides sur la carte, puis il tira un rouleau de sa poche, avec une lenteur mêlée d'hésitation, et, l'ouvrant avec gravité :

— Vous ne me racontez là rien que je ne sache, dit-il au docteur. Lorsque, après la mort de Jacques V, les autels furent profanés par l'hérésie, lorsque déjà les pieux moines de Kinnairhead, contraints par les menaces et le martyre, avaient abandonné Dieu et ses saints, les frères de Gleenarvon priaient encore dans leurs cellules, car Dieu tenait leurs yeux fermés, afin qu'ils ne vissent pas les flammes qui dévoraient autour d'eux le monde souillé de péchés. Cependant le prieur n'ignorait pas le danger qui menaçait, son âme tremblait que le redoutable incendie n'atteignît aussi la maison du Seigneur, bâtie sur la pointe la plus déserte, la plus cachée et la plus éloignée de l'île. Inondé des larmes de la piété fervente, il priait le ciel d'éloigner un pareil malheur. Il vit en songe un ange qui s'élevait du fond de la mer, le visage empreint d'effroi. Sa poitrine n'était pas encore sortie de l'eau, et déjà sa tête atteignait les nues ; les tempêtes déchaînées dans les airs agitaient sa chevelure en désordre. Son haleine ressemblait au bruissement des vagues contre les écueils voisins ; il déploya deux ailes immenses qui ombragèrent la surface des eaux à perte de vue, et, s'avançant plus près, il couvrit de ses ailes la petite église de la pointe du rocher, comme une poule cache ses poussins aux serres de l'aigle qui fond sur eux avec impétuosité du haut des airs. Après cette apparition, le calme descendit dans le cœur du vieux prieur ; il ordonna une prière qui dura quarante jours, et, ce temps écoulé, le cloître de Gleenarvon disparut de la surface de la terre ; nul mortel ne l'a revu.

— Nul mortel ne l'a revu ? reprit le docteur à voix basse ; cependant, cependant je l'ai vu!

L'étranger se croisa les bras.

— Le Seigneur a préparé pour lui et pour les siens, dit-il, une place qu'aucun pied indiscret ne doit fouler, qu'aucune main rapace ne doit toucher!

Il montra le rouleau qu'il avait déployé sur la table. La carte de Jonathan était étrange et merveilleuse, mais celle de l'étranger plus merveilleuse encore. On pouvait à peine comprendre comment il se faisait que, plus on considérait la surface bleu foncé qui paraissait peinte sur le parchemin et représentait la mer, plus elle devenait claire et transparente ; à tel point que l'œil finissait par pénétrer, avec surprise, jusqu'au fond des flots, dont le lit antique laissait apercevoir ses merveilles perdues et les trésors qui y sont ensevelis depuis des siècles.

Non loin de la baie de Gleenarvon, se trouvait un bois sombre formé de roseaux et de grands arbustes de mer. Une seule lumière brillait dans la solitude de cette forêt marine. Elle sortait des lucarnes d'une chapelle : là était le cloître submergé, là priaient les frères miraculeusement sauvés, de là un son léger parcourait toute l'étendue de la mer et s'élevait jusqu'à la surface : c'était le chant des moines de Gleenarvon. Le docteur et l'étranger regardaient fixement ces merveilles. Un silence religieux régnait dans la chambre ; puis il sembla que ce chant plaintif et miraculeux s'élevait. Il devenait clair et plaintif, au point que les habitants de la rue étroite l'entendirent aussi ; au bout d'un instant il se perdit peu à peu dans les airs, les lumières s'éteignirent. Le garde criait minuit....

III. Il n'était pas facile de voir une créature plus misérable que Tibb Rothhaar. C'était un gaillard d'une crue démesurée en longueur, qui portait une veste de marinier en lambeaux, un pantalon dans le même état et un chapeau déchiré. La nature n'avait placé dans son cerveau étroit que la dose de raison rigoureusement nécessaire pour qu'il pût se distinguer des chiens de mer. Les pêcheurs de la rive voyaient dans Tibb un être à qui il était permis de se montrer stupide au delà de toutes les bornes. On lui passait tout, car on savait que son apport d'intelligence dans l'examen des choses était déterminé d'une manière fixe et invariable.

De même que les héros ne peuvent se dispenser d'accomplir des faits dignes d'admiration, de même Tibb était contraint de faire tous les jours une infinité de culbutes sur le rivage, et de s'endormir le soir, accablé de fatigue. Il n'avait ni occupation ni vie régulière ; mais, se tenait-il caché quelques jours, il semblait qu'il manquât quelque chose à tout le monde.

Le lendemain du jour où l'étranger avait rendu visite au docteur Jonathan Oldinby, à Gleenarvon, Tibb sortit en rampant de la caverne qui était le lieu ordinaire de son séjour; il s'esquiva avec circonspection et se rendit à l'habitation du pasteur, où il raconta comment il avait vu, pendant la nuit, le docteur et un étranger (qui ne pouvait être que le moine de la mer) se promener sur le rivage et descendre enfin dans l'eau, d'où ils n'étaient pas encore sortis. Cette nouvelle circula; le pasteur ne négligea rien pour la répandre le plus possible. Depuis longtemps le docteur était pour lui un objet d'envie. Depuis que le savoir de M. Jonathan était devenu si célèbre dans la contrée, personne ne paraissait plus chez lui pour admirer sa collection de produits marins; la susceptibilité de l'honorable pasteur était telle qu'il allait jusqu'à suspecter les sentiments de M. Oldinby et qu'il le déclarait partisan secret du papisme et de la sorcellerie.

La tradition généralement répandue du cloître submergé, du moine qui se promenait autour, et qui avait habitude d'apparaître une fois l'an, lui servait tout particulièrement à prouver ce qu'il avançait. Il conseillait donc aux jeunes gens de se boucher les oreilles quand, par un temps calme, les chants de la messe du diable s'élevaient jusqu'à la surface de l'eau pour tromper les âmes. Il était dans l'usage de terminer ses exhortations en ces termes :

— Il viendra, le jour où la vraie foi disparaîtra de nouveau de notre île, alors le diable fera ressortir son cloître du fond de la mer et le rétablira impudemment sous les yeux de tout le monde. Priez avec moi, afin que ce jour soit éloigné, et tenez-vous en garde contre les brebis perdues, qui sont déjà à moitié dans les griffes de Satan.

Malgré son respect pour tout ce qui sortait de la bouche de son maître, Anna, la ménagère, ne l'entendait pas volontiers tenir ces discours, fermement convaincue que le moine de la mer se vengerait un jour des calomnies lancées contre le cloître. Maintenant surtout il fallait user de précaution, car c'était le temps où le frère revenant faisait sa tournée. La nouvelle de Tibb ne laissait pas que de la tranquilliser un peu : elle espérait qu'on en serait quitte pour l'enlèvement du docteur, et que, cette fois, son maître serait à l'abri de toute persécution; mais, par contre, elle portait un œil d'autant plus sévère sur tout ce qui arrivait à la cuisine ou dans le ménage.

Un pot se brisait-il ou un rôti tombait-il au feu, c'était nécessairement la faute du moine; car quelle maison, dans le village et dans la ville de Gleenarvon, le diable devait-il voir avec plus de dépit qu'il ne voyait la sienne? Aussi n'y avait-il nulle part autant de souris que dans l'office d'Anna, et ne se montraient-elles nulle part aussi effrontées. Aussi ne voyait-on nulle part autant d'araignées filer leurs lacs que dans les coins des fenêtres du cabinet d'étude du pasteur, et enfin c'était la seule raison qui faisait éculer si vite à la ménagère une paire de pantoufles toutes neuves. Tout cela n'arrivait que parce que son maître était sur un mauvais pied avec les moines de Gleenarvon. Souvent, en effet, elle désirait que cet homme honorable se relâchât un peu, rien qu'à cause des araignées et des souris, de la sévérité avec laquelle il poursuivait le cloître et le docteur Jonathan Oldinby; mais elle n'osait jamais le lui témoigner tout haut.

Cependant le docteur n'avait pas disparu pour toujours; il reparut à Gleenarvon au bout de quelque temps, et rien n'était changé à sa manière accoutumée. On ne remarquait en lui rien, absolument rien d'extraordinaire; au contraire, ses yeux, ombragés par son large chapeau à bords retroussés, lançaient des regards plus sereins, plus gracieux qu'autrefois; la promenade au fond de la mer paraissait l'avoir rafraîchi, comme un tour hors des portes de la ville rafraîchit d'autres personnes. Les étrangers accouraient de nouveau pour le visiter, et la chambre du pasteur était délaissée derechef; on traitait même ce dernier de calomniateur qui avait voulu ravaler la réputation bien méritée du docteur. L'inquiétude et la colère d'Anna allaient toujours croissant, car le pasteur tonnait plus vivement que jamais; l'on disait en même temps que le moine redoutable s'était montré dans le voisinage de la maison pastorale, et, pour surcroît, Tibb Rothhaar disparut tout à coup.

IV. Trois lunes s'étaient écoulées depuis la disparition de Tibb lorsqu'on frappa un matin à la porte de l'habitation du pasteur. Anna ouvrit; un jeune homme richement vêtu et de la plus noble contenance entra. La ménagère voulut appeler le pasteur, mais l'étranger lui fit signe de rester; en même temps il lui saisit la main avec un sourire mystérieux d'une nature toute particulière. Anna, lui dit-il après un instant de silence, pourquoi cet air étrange? Ne voulez-vous pas recevoir les coquillages que, suivant ma coutume, j'ai ramassés pour vous sur le rivage?

Anna tomba à genoux; elle se couvrit le visage de ses deux mains et balbutia : — Dieu me soit propice! c'est Tibb Rothhaar qui, tout changé, est maintenant devant moi!

— Pardon, monsieur! reprit-elle; mais comment pouvez-vous savoir qu'autrefois vivait ici un jeune mendiant qui apportait tous les jours à mon maître des coquillages du bord de la mer?

— Anna, dit l'étranger, soyez discrète, et je vous dirai que je suis ce même Tibb Rothhaar qui disparut, il y a trois lunes. J'ai passé ce temps chez les moines de Gleenarvon; et ils m'ont rendu aussi sage, aussi prudent, aussi riche que j'étais précédemment imbécile, fou et misérable. — Dieu les en récompense!

Dès les premiers mots de ce discours, Anna avait poussé un cri et voulait fuir; mais Tibb la retint. Il tira un petit coffret de sa poche, et, lorsqu'il l'ouvrit, les plus belles perles et les plus magnifiques coraux brillèrent aux yeux de la ménagère.

— Prenez cela, lui dit-il, cette fois les coquillages que j'apporte sont plus précieux qu'à l'ordinaire; gardez-les pour vous. Quittez le pasteur envieux et gardez-vous de parler mal des moines de Gleenarvon, car, bien qu'ils aient le cœur rempli de douceur et de patience, ils finissent cependant à la longue par punir.

À l'aspect du cadeau, des larmes brillèrent dans les yeux de cette femme.

— Qui que vous soyez, s'écria-t-elle, vous portez le bon cœur de Tibb. Oui, Tibb Rothhaar avait un excellent cœur; les gens ici l'ont traité comme un chien, mais je disais toujours : Soyez raisonnables et laissez ce garçon en repos; on peut encore attendre quelque chose de lui, car il a un bon cœur. Voilà, monsieur, quels furent toujours mes sentiments à l'égard de Tibb : ils sont encore les mêmes aujourd'hui. Maintenant, dites-moi, de grâce, où vous avez vu ce bon jeune homme et comment vous l'avez trouvé.

— Anna, s'écria l'étranger d'un ton sérieux, quand je vous jure que Tibb Rothhaar est devant vous, ne soyez pas assez folle pour douter plus longtemps de mes paroles.

— Hélas! reprit la ménagère, ainsi il est donc vrai ? Vous êtes tombé dans les griffes du moine de la mer, et c'est l'or de l'esprit malin que vous m'offrez? Allez, je ne vous aurais pas cru si méchant.

Tibb eut de la peine à la tranquilliser. Lorsqu'il y fut parvenu, elle le questionna longuement sur l'état des choses au fond de la mer, mais Tibb, contrairement à son habitude de raconter tout ce qui lui passait par la tête, se posa les doigts sur la bouche.

— Je vois bien, Rothhaar, poursuivit Anna, que vous êtes devenu sage, prudent et riche. Si ce n'est pas l'ouvrage du démon, louons-en donc les pieux moines de Gleenarvon ; mais dites-moi seulement : n'y a-t-il pas de femmes là-bas ?

Tibb la menaça du doigt, et elle tourna la tête avec effroi, craignant déjà que le moine de la mer, avec sa longue barbe couleur d'eau, ne la regardât par-dessus les épaules.

Le changement merveilleux qui s'était opéré dans le garçon imbécile ne pouvait pas demeurer longtemps un secret. Anna, qui affirmait n'avoir jamais caqueté de sa vie, caqueta pour la première fois en cette circonstance, car la chose était réellement trop importante. On se chuchotait à l'oreille que c'était Tibb Rothhaar: mais Anna ne parlait que de sir Tobias, et elle racontait qu'il avait déjà acheté dans le voisinage la belle propriété du baronet endetté, et que ce ne serait pour lui qu'une bagatelle d'acquérir la ville de Gleenarvon tout entière, s'il en avait la fantaisie.

Cet événement valut un crédit tout particulier aux moines de la mer. Dans le village, toute famille qui comptait dans son sein un gaillard à peu près capable de rivaliser en stupidité avec le Tibb Rothhaar d'autrefois, croyait déjà avoir les moines pour amis. L'instant où le jour et la nuit se disputent la domination, où le brouillard enveloppe la mer et les rochers voisins, où les vagues restent muettes au pied des écueils, fut considéré de tout temps comme le moment le plus favorable pour adresser ses demandes au moine de la mer. Il était dans l'usage de se montrer alors dans un coin retiré de la baie et de recevoir, pour ainsi dire, des visites.

Autant cette partie du rivage était ordinairement déserte, autant on voyait fréquemment aujourd'hui s'y promener des groupes silencieux qu'un même but y réunissait et dont chacun tâchait d'obtenir des moines bienveillants quelque chose pour soi et pour les siens. Mais les moines restaient sourds à toutes ces démarches ; peut-être attendaient-ils que le disciple à qui ils devaient une leçon se présentât. En effet, ce disciple ne se fit pas attendre longtemps.

Le pasteur, bien changé, ne se déchaînait plus comme auparavant contre les moines et contre le docteur Jonathan ; il déclarait même que le pauvre Rothhaar n'était redevable de son esprit et de ses trésors qu'à la seule puissance des bons esprits. Du reste, les sentiments qu'il affichait n'étaient nullement sérieux chez lui. Les richesses de Tibb avaient gagné son cœur ; il lui importait peu qu'il les dût au diable ou au ciel, elles étaient à lui et il pouvait maintenant mener la vie la plus commode et la plus délicieuse.

— Hé, hé, se disait l'honorable pasteur, si les moines ne veulent autre chose qu'un homme qui les débarrasse d'une partie des vieux trésors dont ils ne tirent aucun parti, je puis les accommoder. Je n'aurais pas cru qu'ils fussent aussi braves gens, ces habitants de là-bas !

Sous l'influence de ces réflexions, il se prépara à faire sa visite aux moines de Gleenarvon. Il ne doutait nullement qu'ils ne le reçussent bien, car il avait rétracté de la manière la plus solennelle tout le mal qu'il avait dit d'eux antérieurement ; cependant il sentit un petit frisson courir par tous ses membres lorsqu'arriva le jour fixé qu'il considérait comme le plus favorable pour l'exécution de son entreprise.

Sans même dire un seul mot d'adieu à Anna, qui était précisément occupée dans le corridor, il passa à côté d'elle, gagna la porte et sortit. Il atteignit d'un pas inquiet le rivage entièrement désert ce soir-là ; la mer était couverte de brouillards; on ne voyait plus à dix pas devant soi, les vagues mugissaient sourdement de l'autre côté des rochers dont elles battaient les pieds, les eaux étaient calmes au milieu de la baie, et les accords de voix qu'à travers l'obscurité on entendait s'élever dans leur sein faisaient frissonner. Le pasteur s'était assis sur une pierre au bord de la mer ; le vent enflait son manteau et faisait voler ses cheveux rares et en désordre par-dessus les bords de son chapeau profondément enfoncé. Dans cette solitude, loin de tout voisinage humain, il sentait le découragement se glisser dans son cœur ; il regrettait presque sa résolution précipitée, et il était sur le point d'y renoncer, lorsqu'il entendit derrière lui un bruit qui le porta à se lever rapidement. L'effroi s'empara de lui quand il se vit face à face avec un immense corps nébuleux semblable à un moine et enveloppé dans un froc gris. La tête du géant surpassait les rochers du rivage ; sa barbe, semblable à la chute d'un torrent fougueux, descendait jusque dans la mer, l'eau cachait encore ses pieds et une partie de son froc. Une voix aussi étrange et aussi effroyable que l'apparition tout entière prononça ces mots :

— Je t'ai déjà entendu trois nuits successives ; sois le bienvenu ; donne-moi la main, que je te conduise chez nous.

Le pasteur tremblant de tous ses membres était tombé à genoux. Il aurait volontiers pris la fuite, mais il était trop tard, il voyait la main de l'esprit au-dessus de sa tête. Une pensée le consolait pourtant, c'est qu'il ne paraissait rien d'hostile ni dans sa mine ni dans ses paroles. Quelques instants après il se sentit saisir par le corps ; il jeta encore un regard sur la rive paisible et sûre, puis il disparut dans le brouillard de la nuit.

On n'était pas encore tellement accoutumé au merveilleux que la circonstance de voir le pasteur enlevé par les esprits n'excitât une grande surprise. Car Anna ne douta pas un instant qu'il n'en eût été ainsi ; on avait d'ailleurs trouvé le chapeau de l'honorable pasteur sur le rivage dans un endroit solitaire de la baie, et que pouvait-on en conclure, si ce n'est que les esprits vindicatifs avaient enfin saisi leur victime ? Mais qu'ils pussent avoir de l'empire sur un homme qui méprisait si cordialement toutes les richesses du monde ! voilà ce qui surpassait la conception d'Anna. Elle fit ce qu'il y avait de plus sage en pareille occurrence, elle attendit patiemment ce qui s'en suivrait. Trois lunes s'étaient écoulées, lorsque veillant la nuit, dans la maison déserte du pasteur, elle entendit un faible coup sur la porte, et une voix bien connue qui lui dit :

— Ouvrez, Anna ! la nuit est fraîche et j'ai froid !

— Que tous les bons esprits soient loués ! s'écria Anna en ouvrant la petite fenêtre et en apercevant dehors le pasteur sans chapeau et les genoux tremblants. Vous voici donc enfin de retour ? Hélas ! pendant les trois lunes de votre absence, je suis presque morte d'inquiétude pour vous !

Le pasteur la considéra avec de grands yeux : — Que parlez-vous de trois lunes, sotte ? Engourdi par le brouillard malfaisant, j'ai dormi une heure, une petite heure sur le rivage.

— Hélas ! monsieur, que dites-vous ? vous êtes bien resté trois lunes ; les moines vous ont retenu trois lunes chez eux, comme ils avaient retenu Tibb Rothhaar !

— Eh bien, s'écria le pasteur, puisqu'il en est ainsi, je l'avouerai ; j'ai été chez eux là-bas ; mais silence absolu !

— Hélas ! mon cher maître, vous voulez donc vous taire aussi, vous voulez donc, à l'exemple de ce sournois de Tibb, ne rien dire à votre fidèle servante ? S'il en est ainsi, montrez-moi au moins les trésors que vous avez reçus.

Le pasteur trépigna de colère et de dépit.

— Des trésors ? s'écria-t-il, je voudrais que tu les eusses, vieille sorcière, et que tu fusses avec eux au fond de la mer, d'où je viens d'arriver.

Anna se couvrit le visage de ses deux mains. Au même instant on frappa à la fenêtre, et le moine de la mer apparut dans l'appartement. Le pasteur et sa ménagère s'enfuirent dans un coin de la chambre. — Songe à ton serment, ou je te change en poisson muet ! dit une voix sourde.

Pas une parole ne sortit des lèvres du pasteur, de la nuit ni de tout le jour suivant.

Sa position était misérable. Les gens trouvaient qu'il s'était opéré en lui un changement diamétralement opposé à celui qu'avait subi Tibb Rothhaar. Celui-ci ne disait pas non plus comment les moines s'étaient conduits à son égard ; mais il était devenu un homme spirituel et sensé, de fort stupide qu'il était auparavant, tandis que le pasteur semblait avoir laissé au fond de l'eau sa sagesse d'autrefois. Il ne faisait plus que se promener d'un air rêveur, et on finit par le destituer de sa place, à cause de ses étranges discours et de sa conduite inconcevable. Anna était si chagrine de ce changement qu'elle prit la résolution de ne négliger aucun moyen d'apprendre ce qui était arrivé à son pauvre maître dans le cloître des moines de Gleenarvon.

Un jour elle entra dans le cabinet de travail du pasteur ; l'infortuné était tellement enfoncé dans ses rêveries qu'il ne l'aperçut pas. Elle portait des poissons dans un baquet qu'elle posa à terre. A peine le pasteur eut-il remarqué les poissons, qu'il se leva avec précipitation en s'écriant :

— Emportez-les, Anna ! ne voyez-vous donc pas comme ils dressent leurs têtes vers moi, comme ils me regardent ? Ils veulent m'avoir au milieu d'eux, comme au fond de la mer, afin que je leur chante encore la messe !

— Eh ! mon cher maître, s'écria Anna, vous avez donc chanté la messe là-bas, et même à de misérables poissons ?

— Hélas ! oui, reprit le pasteur en gémissant ; la cupidité m'a fait descendre chez les esprits ; ô quels êtres hideux mon œil a vus !

— Dites, poursuivit Anna, mon cher maître !

Le pasteur voulut parler, lorsque tous les poissons ensemble s'agitèrent vivement dans le baquet et que l'un d'eux sauta en l'air. Le visage du pasteur devint pâle ; ses yeux roulèrent dans leur orbite, sa langue balbutia, et, semblable à un possédé, il s'écria, en s'adressant aux poissons :

— Eh bonjour ! frère ministre ; viens-tu me mettre la chape ? Donne ! donne ! il est temps, car le public est dans l'attente !

A ces mots il s'était penché sur le baquet. Un coup assez fort contre la fenêtre se fit entendre, et au même instant le pasteur disparut, et Anna vit avec effroi un poisson de plus nager dans le baquet. Elle tomba à genoux, joignit les mains et sanglota tout haut :

— Ainsi, monsieur, vous êtes devenu poisson! Hélas! que diront les gens du village! Paraissez, mon cher maître, paraissez et redevenez ce que vous étiez auparavant.

Mais aucune réponse aux lamentations d'Anna ne sortit du baquet; seulement un poisson plus gros que les autres leva la tête et la considéra avec des yeux remplis de tristesse. Elle voulut le prendre, mais il lui glissa rapidement des mains. Sa couleur différait un peu de celle des autres; on l'aurait dit enveloppé dans un froc gris. Huit jours durant, Anna garda le baquet jour et nuit, espérant toujours que son maître en sortirait; cependant, comme les poissons paraissaient languir tous ensemble, elle prit enfin la résolution de les reporter à la mer. Elle resta longtemps sur le rivage, sans pouvoir se décider à laisser le malheureux pasteur métamorphosé glisser dans l'immensité, où probablement elle ne le reverrait de sa vie; enfin elle renversa le vase d'un coup rapide; et les poissons partirent et disparurent sans laisser la moindre trace.

On se racontait encore, après de longues années, la tradition de Tibb Rothhaar, que les moines de Gleenarvon ont rendu sage et riche, et du mauvais pasteur qu'ils ont changé en poisson. Mais Anna n'a jamais mangé de poisson depuis, dans la crainte qu'un hasard malheureux ne lui fît manger son ancien maître.

Tous ces événements n'altérèrent en rien la tranquillité habituelle du docteur Jonathan Oldinby. La fin tragique de son ennemi le plus acharné ne fit même aucune impression sur son âme. On dit que le mystérieux étranger l'a encore visité souvent; que tous deux sont restés des heures entières devant leurs cartes magiques déroulées; qu'ils ont encore eu souvent des entretiens étranges sur les merveilles du fond de la mer, et qu'ils ont pensé aux temps où le service divin régnait pur de toute profanation, et où les moines de Gleenarvon priaient encore dans leur cloître sur la pointe du rocher.

MOIS. *Divinités de chaque mois chez les païens.* — Junon présidait au mois de janvier; Neptune, à février; Mars, au mois qui porte son nom; Vénus, au mois d'avril; Phébus, au mois de mai; Mercure, au mois de juin; Jupiter, à juillet; Cérès, au mois d'août; Vulcain, à septembre; Pallas, au mois d'octobre; Diane, à novembre; Vesta, à décembre.

Anges de chaque mois, selon les cabalistes. Janvier est le mois de Gabriel; février, le mois de Barchiel; mars, le mois de Machidiel; avril, le mois d'Asmodel; mai, le mois d'Ambriel; juin, le mois de Muriel; juillet, le mois de Verchiel; août, le mois d'Hamaliel; septembre, le mois d'Uriel; octobre, le mois de Barbiel; novembre, le mois d'Adnachiel; décembre, le mois d'Hanaël.

Démons de chaque mois. Janvier est le mois de Bélial; février, le mois de Léviathan; mars, le mois de Satan; avril, le mois d'Astarté; mai, le mois de Lucifer; juin, le mois de Baalberith; juillet, le mois de Belzébuth; août, le mois d'Astaroth; septembre, le mois de Thamuz; octobre, le mois de Baal; novembre, le mois d'Hécate; décembre, le mois de Moloch.

Animaux de chaque mois. La brebis est consacrée au mois de janvier; le cheval, au mois de février; la chèvre, au mois de mars; le bouc, au mois d'avril; le taureau, au mois de mai; le chien, au mois de juin; le cerf, au mois de juillet; le sanglier, au mois d'août; l'âne, au mois de septembre; le loup, au mois d'octobre; la biche, au mois de novembre; le lion, au mois de décembre.

Oiseaux de chaque mois. Le paon est consacré au mois de janvier; le cygne, au mois de février; le pivert, au mois de mars; la colombe, au mois d'avril; le coq, au mois de mai; l'ibis, au mois de juin; l'aigle, au mois de juillet; le moineau, au mois d'août; l'oie, au mois de septembre; la chouette, au mois d'octobre; la corneille, au mois de novembre; l'hirondelle, au mois de décembre.

Arbres de chaque mois. Le peuplier est l'arbre de janvier; l'orme, de février; le noisetier, de mars; le myrte d'avril; le laurier, de mai; le coudrier, de juin; le chêne, de juillet; le pommier, d'août; le buis, de septembre; l'olivier, d'octobre; le palmier, de novembre; le pin, de décembre.

MOISE. Le diable, selon les uns, un imposteur, selon les autres, pour induire en erreur le peuple juif, prit la figure de Moïse en 434. Il se présenta aux Israélites de l'île de Candie, leur disant qu'il était leur ancien libérateur, ressuscité pour les conduire une seconde fois dans la terre promise. Les Israélites donnèrent tête baissée dans le piège; ils se rassemblèrent des diverses contrées. Quand tout fut prêt pour le départ de l'île, l'armée du peuple juif se rendit au bord de la mer, dans la persuasion qu'on allait la passer à pied sec. Le diable, riant sous cape, conduisit les cohortes jusqu'au rivage. La confiance de ces gens était si grande, qu'ils n'attendirent pas que leur conducteur eût fait signe à la mer de se fendre : ils se jetèrent en masse au milieu des flots, certains que les flots se retireraient sous leurs pas; malheureusement la verge de Moïse n'était pas là; plus de vingt mille Juifs se noyèrent, dit-on, en plein jour, et le faux Moïse ne se trouva plus.

Les Orientaux ont fait beaucoup de contes singuliers sur Moïse.

Cent trente ans après l'établissement des Juifs en Egypte, le roi Pharaon, disent-ils, ayant vu en songe une balance et une main qui pesait tous les Egyptiens dans un des bassins, et dans l'autre un petit enfant juif qui se trouvait plus pesant que tout son royaume, en conclut qu'il devait craindre pour sa puissance; et, sur la foi des devins du pays, il ordonna aux sages-femmes d'exterminer tous les enfants mâles ; mais Dieu permit que Moïse fût soustrait à cet ordre barbare. Sa mère l'exposa sur les bords du

Nil, où il fut découvert par la fille du roi qui se baignait dans ce fleuve : elle le fit nourrir et l'adopta pour son fils, quoiqu'elle ne fût point mariée.

Pharaon ayant pris une seconde femme, le petit Moïse, qui se trouvait à la noce, mit la couronne du roi sur sa tête ; ce qu'un magicien nommé Balaam ayant vu, il avertit le roi de se garder de cet enfant, qui pourrait bien être celui qu'il avait vu en songe. C'est pourquoi on allait le tuer, lorsque Dieu envoya l'ange Gabriel, qui se déguisa en courtisan et sauva le petit Moïse, en disant qu'il ne fallait pas faire périr un innocent qui n'était pas encore dans l'âge de discrétion.

On l'épargna donc cette fois ; mais à quinze ans il fut obligé de fuir la colère du roi, qui avait encore ordonné de lui trancher la tête : le bourreau le frappa, mais Dieu changea sur-le-champ le cou de Moïse en colonne de marbre, et l'ange Michel le conduisit hors des frontières de l'Egypte. Après avoir parcouru l'Ethiopie et le pays de Madian, Dieu ordonna à Moïse d'aller faire des miracles à la cour (1). Il partit donc : arrivé en Egypte avec son frère Aaron, ils entrèrent dans le palais de Pharaon, dont la porte était gardée par deux énormes lions : Moïse les toucha de sa verge, et les deux lions humblement prosternés léchèrent ses pieds. Le roi étonné fit venir ces étrangers en présence de ses magiciens, et ce fut à qui ferait le plus de miracles. Ce fut alors que Moïse couvrit toute l'Egypte de poux jusqu'à la hauteur d'une coudée, et qu'il envoya chez les habitants des lions, des loups, des ours, des tigres, qui mangeaient les enfants ; on connaît par les saintes Ecritures les autres plaies de l'Egypte, qui sont les vraies. Moïse passa ensuite la mer Rouge à pied sec. Dieu l'avertit à l'âge de cent-vingt ans, de se préparer à la mort. Alors le mauvais ange Samaël l'assista, se réjouissant de pouvoir emporter son âme en enfer ; mais Michel le bon ange accourut aussitôt et se mit à pleurer : « Ne te réjouis pas tant, méchante bête, dit le bon ange au mauvais ; Moïse va mourir, mais nous avons Josué à sa place. » Bientôt il mourut, et son âme fut enlevée pour le ciel, malgré les efforts des mauvais anges.

On a donné aussi chez les rabbins une taille de six aunes à Moïse : il était petit cependant, disent-ils, à côté d'Og, qu'il combattit. Og, roi de Basan, était un de ces anciens géants qui avaient vécu avant le déluge ; il s'en sauva en montant sur le toit de l'arche où étaient Noé et ses fils. Noé lui fournit de quoi se nourrir, non par compassion, mais pour faire voir aux hommes qui viendraient après le déluge quelle avait été la puissance de Dieu en exterminant de pareils monstres. Dans la guerre qu'il fit aux Israélites, il avait enlevé une montagne large de six mille pas pour la jeter sur le camp d'Israël, et pour écraser toute l'armée d'un seul coup ; mais Dieu permit que des fourmis creusassent la montagne dans l'endroit où elle posait sur sa tête, en sorte qu'elle tomba sur le cou du géant, et lui servait comme de collier. Ensuite ses dents s'étant accrues extraordinairement, s'enfoncèrent dans la montagne et l'empêchèrent de s'en débarrasser ; de sorte que Moïse, l'ayant frappé au pied, le tua sans peine. Si l'on en croit les rabbins, ce géant était d'une si énorme stature, que Moïse, haut de six aunes, prit une hache de la même hauteur, et encore fallut-il qu'il fît un saut de six aunes de haut, pour parvenir à frapper la cheville du pied de Og.

MOKISSOS, génies révérés des habitants de Loango, mais subordonnés au Dieu suprême. Ils pensent que ces génies peuvent les châtier et même leur ôter la vie s'ils ne sont pas fidèles à leurs obligations. Lorsqu'un homme est heureux et bien portant, il est dans les bonnes grâces de son mokisso. Est-il malade ou éprouve-t-il des revers, il attribue cette calamité à la colère de son génie. Ces peuples donnent le même nom à leur souverain, auquel ils croient une puissance divine et surnaturelle, comme de pouvoir faire tomber la pluie et d'exterminer en un instant des milliers d'hommes, etc. Les mokissos sont des figures de bois qui représentent ou des hommes grossièrement faits, ou des quadrupèdes, ou des oiseaux. On leur offre des vœux et des sacrifices pour les apaiser. *Voy.* Fétiches.

MOLOCH, prince du pays des larmes, membre du conseil infernal. Il était adoré par les Ammonites, sous la figure d'une statue de bronze assise dans un trône de même métal, ayant une tête de veau surmontée d'une couronne royale. Ses bras étaient étendus pour recevoir les victimes humaines : on lui sacrifiait des enfants. Dans Milton, Moloch est un démon affreux et terrible *couvert des pleurs des mères et du sang des enfants*:

Les rabbins prétendent que, dans l'intérieur de la statue du fameux Moloch, dieu des Ammonites, on avait ménagé sept espèces d'armoires. On en ouvrait une pour la farine, une autre pour les tourterelles, une troisième pour une brebis, la quatrième pour un bélier, la cinquième pour un veau, la sixième pour un bœuf, la septième pour un enfant. C'est ce qui a donné lieu de confondre Moloch avec Mithras, et ses sept portes mystérieuses avec les sept chambres. Lorsqu'on voulait sacrifier des enfants à Moloch, on allumait un grand feu dans l'intérieur de cette statue. Mais afin qu'on n'entendît pas leurs cris plaintifs, les prêtres faisaient un grand bruit de tambours et d'autres instruments autour de l'idole. *Voy.* Mystères.

MOMIES. Le prince de Radziville, dans son *Voyage de Jérusalem*, raconte une chose singulière dont il a été le témoin. Il avait acheté en Egypte deux momies, l'une d'homme et l'autre de femme, et les avait enfermées secrètement en des caisses qu'il fit mettre

(1) Voltaire, Quest. sur l'Encycl.

dans son vaisseau lorsqu'il partit d'Alexandrie pour revenir en Europe. Il n'y avait que lui et ses deux domestiques qui sussent ce que contenaient les caisses, parce que les Turcs alors permettaient difficilement qu'on emportât les momies, croyant que les chrétiens s'en servaient pour des opérations magiques. Lorsqu'on fut en mer, il s'éleva une tempête qui revint à plusieurs reprises avec tant de violence, que le pilote désespérait de sauver le navire. Tout le monde était dans l'attente d'un naufrage prochain et inévitable. Un bon prêtre polonais, qui accompagnait le prince de Radziville, récitait les prières convenables à une telle circonstance; le prince et sa suite y répondaient. Mais le prêtre était tourmenté, disait-il, par deux spectres (un homme et une femme) noirs et hideux, qui le harcelaient et le menaçaient. On crut d'abord que la frayeur et le danger du naufrage lui avaient troublé l'imagination. Le calme étant revenu, il parut tranquille; mais le tumulte des éléments reparut bientôt; alors ces fantômes le tourmentèrent plus fort qu'auparavant, et il n'en fut délivré que quand on eut jeté les deux momies à la mer, ce qui fit en même temps cesser la tempête (1). »

Ajoutons que de nos jours les marins du Levant conservent cette opinion que les momies attirent les tempêtes, et on ne peut les embarquer qu'à leur insu.

On a fait des momies un médicament. Au XII° siècle (nous empruntons ce passage à une notice publiée dans *le Bien Public*), un juif nommé Umazar, natif d'Alexandrie, recommandait la momie dans les cas de blessures graves. On assure que le bitume et l'asphalte contenus dans les momies remédiaient activement au relâchement des nerfs, et que, dans les maladies, ils faisaient sortir du corps le sang vicié. Le succès grandissant outre mesure, il se rencontra des Juifs qui résolurent de mettre à profit cette bizarre circonstance. Ils faisaient rafle de tous les cadavres qu'ils pouvaient trouver, suppliciés, pestiférés, noyés et tous autres; leur remplissaient d'asphalte la tête et les entrailles, leur faisaient des incisions aux membres, et les liaient étroitement. Cela fait, ils les exposaient à un brûlant soleil, et, après quelques jours de desséchement, ces cadavres devenaient de superbes momies qui auraient mis en défaut l'œil le plus expert. Ils en eurent un débit considérable.

Guy de la Fontaine, médecin du roi de Navarre, voyageant en Égypte, rencontra celui de tous les juifs qui faisait ce commerce le plus en grand, et demanda à voir sa collection de momies. Celui-ci accéda sans peine à sa prière et le mena voir une série de corps entassés les uns sur les autres. Le digne médecin lui adressa alors une foule de questions, pour savoir quel degré de confiance il pouvait ajouter à ce que les anciens avaient écrit sur le mode de traitement et de sépulture des corps qui étaient réduits à l'état de momies, sur quoi le juif lui avoua que ces momies, au nombre de trente ou quarante, avaient été préparées par lui, et ne dataient pas de plus de quatre ans.

Ce fut la France qui fit la plus grande consommation de momies. Au rapport de Belon, François Ier en portait toujours sur lui un fragment mêlé à de la poudre de rhubarbe, dans la prévision d'une chute ou de toute autre blessure. Avec cette panacée, il se croyait à l'abri de tout danger.

Du reste, les propriétés médicinales des momies sont attestées par plus d'un écrivain. Bacon, Bayle et Ambroise Paré s'en sont le plus occupés ; d'autres autorités ne nous manqueraient pas, et toutes s'accordent assez à dire que la poudre des momies active singulièrement la sécrétion du sang. Voici quelle a été la cause de la cessation de ce trafic.

Un juif de Damiette, qui s'était acquis un grand renom dans la fabrication des fausses momies, avait un esclave de l'âme duquel il prenait un soin extrême ; voulant le convertir à sa religion, celui-ci résistait, et sa résistance l'exposait aux mauvais traitements de son maître. L'indignation du juif étant trop expressive, l'esclave s'enfuit et vint, pour se venger, révéler au pacha le genre de commerce que faisait son maître. Incontinent le malheureux fut jeté en prison et n'en sortit qu'en payant pour sa rançon la somme exorbitante de 300 sultanins d'or. Lorsque cette nouvelle arriva aux gouverneurs d'Alexandrie, de Rosette et autres villes d'Égypte, ils ne manquèrent pas d'en tirer parti en emprisonnant tous les juifs soupçonnés de trafiquer de momies. Ce commerce ne valait plus rien depuis que l'on exploitait ainsi les trafiquants; il fallut y renoncer.

On voit que ce ne fut pas par cause d'inefficacité, mais bien par une force majeure, que ce remède fut abandonné. S'il était bon du temps des croisades, il doit l'être encore aujourd'hui. Les cadavres égarés dans le désert et brûlés sous le sable avaient la même vertu. De nos jours, les Arabes se servent d'une poudre de momies. Ils la mêlent au beurre et appellent ce mélange *mantey*. C'est un remède qu'ils disent souverain contre les douleurs internes et externes.

MONARCHIE INFERNALE. Elle se compose, selon Wierus, d'un empereur, qui est Belzébuth ; de sept rois, qui règnent aux quatre points cardinaux, et qui sont Baël, Pursan, Byleth, Paymon, Belial, Asmoday, Zapan ; de vingt-trois ducs, savoir, Agarès, Busas, Gusoyn, Bathym, Eligor, Valefar, Zepar, Sytry, Bune, Berith, Astaroth, Vepar, Chax, Pricel, Murmur, Focalor, Gomory, Amdusçias, Aym, Orobas, Vapula, Hauros, Alocer ; de treize marquis, Aamon, Loray, Naberus, Forneus, Roneve, Marchocias, Sabnac, Gamigyn, Arias, Andras, Androalphus, Cimeries, Phœnix ; de dix comtes, Barbatos, Botis, Morax, Ipès, Furfur, Raym, Halphas, Vine, Decarabia, Zalcos ; de onze

---

(1) Dom Calmet, *Dissertation sur les apparitions*.

présidents, Marbas, Buer, Glasialobolas, Forcas, Malphas, Gaap, Caym, Volac, Oze, Amy, Haagenti ; et de plusieurs chevaliers, comme Furcas, Bifrons, etc.

Les forces de la monarchie infernale se composent de 6666 légions, chacune de 6666 démons ; ce qui ne fait que 44,435,556 combattants. Mais chacun de ces démons a sous lui des bandes. *Voy.* Cour.

MONDE. Tout s'accorde pour reconnaître au monde une origine peu éloignée. L'histoire, aussi bien que la sainte Bible, ne nous permet guère de donner au monde plus de six mille ans; et rien dans les arts, dans les monuments, dans la civilisation des anciens peuples, ne contredit cette époque de la création. Quelques sophistes ont voulu établir le stupide système de l'éternité du monde ; d'autres ont prétendu que le monde était fait par le hasard; mais, indépendamment de la foi, la main de Dieu paraît trop clairement dans les chefs-d'œuvre de la nature pour qu'on puisse croire que le monde se soit fait de lui-même.

Racontons toutefois les rêveries des conteurs païens. Sanchoniaton présente ainsi l'origine du monde. Le Très-Haut et sa femme habitaient le sein de la lumière. Ils eurent un fils beau comme le Ciel, dont il porta le nom, et une fille belle comme la Terre, dont elle porta le nom. Le Très-Haut mourut, tué par des bêtes féroces, et ses enfants le déifièrent. Le Ciel, maître de l'empire de son père, épousa alors la Terre, sa sœur, et en eut plusieurs enfants, entre autres Ilus ou Saturne. Il prit encore soin de sa postérité avec quelques autres femmes ; mais la Terre en témoigna tant de jalousie qu'ils se séparèrent. Néanmoins le Ciel revenait quelquefois à elle, et l'abandonnait ensuite de nouveau, ou cherchait à détruire les enfants qu'elle lui avait donnés. Quand Saturne fut grand, il prit le parti de sa mère et la protégea contre son père, avec le secours d'*Hermès*, son secrétaire. Saturne chassa son père et régna en sa place. Ensuite il bâtit une ville, et se défiant de *Sadid*, l'un de ses fils, il le tua, et coupa la tête à sa fille, au grand étonnement des dieux. Cependant le Ciel, toujours fugitif, envoya trois de ses filles à Saturne pour le faire périr ; ce prince les fit prisonnières et les épousa. A cette nouvelle, le père en détacha deux autres que Saturne épousa pareillement. Quelque temps après, Saturne ayant déjoué des embûches à son père, l'estropia, et l'honora ensuite comme un dieu.

Tels sont les divins exploits de Saturne ; tel fut l'âge d'or. Astarté la Grande régna alors dans le pays, par le consentement de Saturne ; elle porta sur sa tête une tête de taureau, pour marque de sa royauté, etc. (1).

Au commencement, dit Hésiode, était le Chaos, ensuite la Terre, le Tartare, l'Amour, le plus beau des dieux. Le Chaos engendra l'Érèbe et la Nuit, de l'union desquels naquirent le Jour et la Lumière. La Terre produi-sit alors les étoiles, les montagnes et la mer. Bientôt, unie au Ciel, elle enfanta l'Océan, Hypérion, Japhet, Rhéa, Phœbé, Thétis, Mnémosyne, Thémis et Saturne, ainsi que les cyclopes et les géants Briarée et Gygès, qui avaient cinquante têtes et cent bras. A mesure que ses enfants naissaient, le Ciel les enfermait dans le sein de la Terre. La Terre, irritée, fabriqua une faux qu'elle donna à Saturne. Celui-ci en frappa son père, et du sang qui sortit de cette blessure naquirent les géants et les furies. Saturne eut de Rhéa, son épouse et sa sœur, Vesta, Cérès, Junon, Pluton, Neptune et Jupiter. Ce dernier, sauvé de la dent de son père, qui mangeait ses enfants, fut élevé dans une caverne, et par la suite fit rendre à Saturne ses oncles qu'il tenait en prison, ses frères qu'il avait avalés, le chassa du ciel, et, la foudre à la main, devint le maître des dieux et des hommes.

Les Égyptiens faisaient naître l'homme et les animaux du limon échauffé par le Soleil. Les Phéniciens disaient que le Soleil, la Lune et les astres ayant paru, le Limon, fils de l'Air et du Feu, enfanta tous les animaux; que les premiers hommes habitaient la Phénicie; qu'ils furent d'une grandeur démesurée et donnèrent leur nom aux montagnes du pays; que bientôt ils adorèrent deux pierres, l'une consacrée au Vent, l'autre au Feu, et leur immolèrent des victimes. Mais le Soleil fut toujours le premier et le plus grand de leurs dieux.

Tous les peuples anciens faisaient ainsi remonter très-haut leur origine, et chaque nation se croyait la première sur la terre. Quelques nations modernes ont la même ambition : les Chinois se disent antérieurs au déluge; les Japonais soutiennent que les dieux dont ils sont descendus ont habité leur pays plusieurs millions d'années avant le règne de *Sin-Mu*, fondateur de leur monarchie. C'est ainsi que les vieux chroniqueurs français font remonter la généalogie de nos rois plus loin que Noé. Une seule découverte dans ces prétentions explique toutes les autres. Nos chroniqueurs ont mis à la file soixante petits rois qui régnaient ensemble, dans le même temps, chacun eu sa ville. Telle est la vérité des dynasties chinoises, égyptiennes et japonaises.

Origène prétend que Dieu a toujours créé, par succession, des mondes infinis, et les a ruinés au temps déterminé par sa sagesse ; à savoir : le monde élémentaire, de sept en sept mille ans ; et le monde céleste, de quarante-neuf en quarante-neuf mille ans, réunissant auprès de lui tous les esprits bienheureux, et laissant reposer la matière l'espace de mille ans, puis renouvelant tout à choses. Le monde élémentaire doit durer six mille ans, ayant été fait en six jours, et se reposer le septième millénaire, pour le repos du septième jour; et comme la cinquantième année était le grand jubilé chez les Hébreux, le cinquantième millénaire doit être le millé-

---

(1) L'auteur du *Monde primitif* trouve la clef de ce morceau dans l'agriculture.....; d'autres en cherchent l'explication dans l'astronomie, ce qui n'est pas moins ingénieux ; ceux-ci n'y voient que les opinions religieuses des Phéniciens touchant l'origine du monde ; ceux-là y croient voir l'histoire dénaturée des premiers princes du pays, etc.

naire du repos pour le monde céleste. Il n'est point parlé dans la Bible de la création des anges, parce qu'ils étaient restés immortels après la ruine des mondes précédents.

Les Parsis ou Guèbres prétendent que, pour peupler plus promptement le monde nouvellement créé, Dieu permit qu'Eve, notre mère commune, mit au monde chaque jour deux enfants jumeaux; ils ajoutent que durant mille ans la mort respecta les hommes, et leur laissa le temps de se multiplier. Les Lapons, qui ne sont pas très-forts, s'imaginent que le monde existe de toute éternité, et qu'il n'aura jamais de fin. Les hommes tirent plus de vanité d'une noble origine et d'une naissance illustre que d'un noble cœur et d'un mérite personnel. Les peuples de la Côte-d'Or, en Afrique, croient que le premier homme fût produit par une araignée. Les Athéniens se disaient descendus des fourmis d'une forêt de l'Attique. Parmi les sauvages du Canada, il y a trois familles principales : l'une prétend descendre d'un lièvre, l'autre dit qu'elle descend d'une très-belle et très-courageuse femme, qui eut pour mère une carpe, dont l'œuf fut échauffé par les rayons du soleil ; la troisième famille se donne pour premier ancêtre un ours (1). Les rois des Goths étaient pareillement nés d'un ours. Les Pégusiens sont nés d'un chien. Les Suédois et les Lapons sont issus de deux frères, dont le courage était bien différent, s'il faut en croire les Lapons. Un jour qu'il s'était élevé une tempête horrible, l'un des deux frères (ils se trouvaient ensemble) fut si épouvanté, qu'il se glissa sous une planche que Dieu, par pitié, convertit en maison. De ce poltron sont nés tous les Suédois. L'autre, plus courageux, brava la furie de la tempête, sans chercher même à se cacher : ce brave fut le père des Lapons, qui vivent encore aujourd'hui sans s'abriter.

Les Syriens disent que notre planète n'était pas faite pour être habitée originairement par des gens raisonnables, mais que, parmi les citoyens du ciel, il se trouva deux gourmands, le mari et la femme, qui s'avisèrent de manger une galette. Pressés ensuite d'un besoin qui est la suite de la gourmandise, ils demandèrent à un des principaux domestiques de l'empire où était la garderobe. Celui-ci leur répondit : Voyez-vous la terre, ce petit globe qui est à mille millions de lieues de nous ? C'est là. Ils y allèrent, et on les y laissa pour les punir.

Des doctes fixent à six mille ans la durée du monde ; et voici sur quels fondements : 1° Le nom de Dieu (en hébreu Jehova) est composé de six lettres, dont chacune marque un millénaire ; 2° la lettre M est répétée six fois dans le premier chapitre de la Genèse ; 3° le patriarche Énoch fut enlevé au ciel après six générations ; 4° Dieu employa six jours à créer le monde ; 5° le nombre six étant composé de trois binaires , le premier, ou les premiers deux mille ans ont été pour la loi de nature, le deuxième pour la loi écrite, et les deux derniers mille ans pour la loi de grâce.

Selon les Indiens, huit éléphants soutiennent le monde ; ils les appellent Achtequedjams.

MONKIR et NEKIR, anges qui, selon la croyance des musulmans, interrogent le mort aussitôt qu'il est dans le sépulcre, et commencent leur interrogatoire par cette demande : — Qui est votre seigneur ? et qui est votre prophète ? — Leurs fonctions sont aussi de tourmenter les réprouvés. Ces anges ont un aspect hideux et une voix aussi terrible que le tonnerre. Après qu'ils ont reconnu que le mort est dévoué à l'enfer, ils le fouettent avec un fouet, moitié fer et moitié feu (2).

Les mahométans ont tiré cette idée du Talmud.

MONSIEUR DE LAFORÊT. C'est le nom qu'on donnait autrefois au fantôme, plus connu sous le titre de grand *Veneur*, de la forêt de Fontainebleau. *Voy.* VENEUR.

Sa résidence ordinaire était dans cette forêt ; mais il s'en écartait quelquefois. Delancre rapporte qu'un enfant qui vivait en Allemagne fut trouvé vêtu d'une peau de loup, et courant comme un petit loup-garou ; il dit que c'était M. de Laforêt qui lui avait donné sa peau ; que son père s'en servait aussi. Dans un interrogatoire, cet enfant avoua que si M. de Laforêt lui apparaissait, il pouvait le mettre en fuite par des signes de croix. Il ajouta que M. de Laforêt lui demandait quelquefois s'il voulait être à lui, et qu'il lui offrait pour cela de grandes richesses.

MONSTRES. Méry, célèbre anatomiste et chirurgien-major des Invalides, vit et disséqua, en 1720, un petit monstre né à six mois de terme, sans tête, sans bras, sans cœur, sans poumons, sans estomac, sans reins, sans foie, sans rate, sans pancréas, et pourtant né vivant. Cette production extraordinaire fut suivie d'une fille bien organisée, qui tenait au petit monstre par un cordon ombilical commun. Son observation est consignée dans les *Mémoires de l'Académie des sciences*. Comment la circulation du sang s'opérait-elle dans cet individu dépourvu de cœur ? Méry essaya de l'expliquer dans une dissertation (3). En d'autres temps, on eût tout mis sur le compte du diable. *Voy.* IMAGINATION.

Il y a beaucoup de monstres dans les historiens des siècles passés. Torquemada rapporte qu'Alexandre, faisant la guerre des Indes, vit plus de cent trente mille hommes ensemble qui avaient des têtes de chiens et aboyaient comme eux. Il dit aussi que certains habitants du mont Milo avaient huit doigts aux pieds et les pieds tournés en arrière, ce qui rendait ces hommes extrêmement légers à la course.

On voit dans des vieilles chroniques qu'il

---

(1) Saint-Foix, Essais, t. II.
(2) Delancre, Tableau de l'inconstance des démons, etc., liv. iv, p. 518.

(3) M. Salgues, Des erreurs et des préjugés, etc., t. III, p. 116.

y avait au nord des hommes qui n'avaient qu'un œil au milieu du front ; en Albanie, des hommes dont les cheveux devenaient blancs dès l'enfance, et qui voyaient mieux la nuit que le jour (conte produit par les Albinos) ; des Indiens qui avaient des têtes de chien ; d'autres sans cou et sans tête, ayant les yeux aux épaules ; et, ce qui surpasse toute admiration, un peuple dont le corps était velu et couvert de plumes comme les oiseaux, et qui se nourrissait seulement de l'odeur des fleurs. On a pourtant ajouté foi à ces fables.

N'oublions pas celles qui se trouvent consignées dans le *Journal des voyages* de Jean Struys, qui dit avoir vu de ses propres yeux les habitants de l'île de Formose, ayant une queue au derrière, comme les bœufs. Il parle aussi d'une espèce de concombre, qui se nourrit, dit-on, des plantes voisines. Cet auteur ajoute que ce fruit surprenant a la figure d'un agneau, avec les pieds, la tête et la queue de cet animal distinctement formés ; d'où on l'appelle, en langage du pays, *banaret* ou *bonarez*, qui signifie agneau. Sa peau est couverte d'un duvet fond blanc, aussi délié que de la soie. Les Tartares en font grand cas, et la plupart le gardent avec soin dans leurs maisons, où cet auteur en a vu plusieurs. Il croît sur une tige d'environ trois pieds de haut. L'endroit par où il tient à sa tige est une espèce de nombril, sur lequel il se tourne et se baisse vers les herbes qui lui servent de nourriture, se séchant et se flétrissant aussitôt que ces herbes lui manquent. Les loups l'aiment et le dévorent avec avidité, parce qu'il a le goût de la chair d'agneau ; et l'auteur ajoute qu'on lui a assuré que cette plante a effectivement des os, du sang et de la chair : d'où vient qu'on l'appelle encore dans le pays *zoaphité*, c'est-à-dire plante animale (1).

MONTAGNARDS, démons qui font leur séjour dans les mines sous les montagnes, et tourmentent les mineurs. Ils ont trois pieds de haut, un visage horrible, un air de vieillesse, une camisole et un tablier de cuir, comme les ouvriers dont ils prennent souvent la figure. On dit que ces démons autrefois n'étaient pas malfaisants, qu'ils entendaient même la plaisanterie ; mais une insulte leur était sensible, et ils la souffraient rarement sans se venger. Un mineur eut l'audace de dire des injures à un de ces démons. Le démon indigné sauta sur le mineur et lui tordit le cou. L'infortuné n'en mourut pas, mais il eut le cou renversé et le visage tourné par derrière tout le reste de sa vie. Il y a eu des gens qui l'ont vu en cet état, dit le narrateur.... Ils avaient de bons yeux. *Voy.* Mineurs.

LA MONTAGNE MAGIQUE, BALLADE ALLEMANDE.

1. Devant la grotte du Horseelberg un vieillard est assis. Il tient un bâton blanc à la main. Ses yeux étincellent d'un éclat plein de tristesse, et les longues boucles de ses cheveux blancs ruissellent le long de ses tempes, comme la neige sur le penchant des Alpes. Il est assis là, morne et rêveur, et il attend toujours à l'entrée de la grotte ténébreuse. Il a passé bien des siècles ainsi ; et il ne connaît plus le sommeil.

Autrefois, quand un voyageur curieux se hasardait à gravir la crête de la montagne, le vieillard apparaissait à ses yeux, et d'une voix creuse et cassée par l'âge il lui disait : — Va ton chemin, voyageur ; va, que Dieu conduise ailleurs tes pas. Et avec son bâton blanc il lui montrait le sentier. Des bruits étranges couraient sur la grotte du Horseelberg et sur le mystérieux vieillard qui en gardait l'entrée ; on se disait tout bas à la veillée, quand le sapin brûlait gaiement sous la haute cheminée : « La grotte du Horseelberg conduit aux enfers. » Maintenant le vieillard, toujours assis sur la pierre moussue, regarde, plein de tristesse, dans la caverne obscure, pour savoir s'il pourra bientôt goûter enfin, après tant de siècles, les douceurs du repos. Mais tout vit et remue encore dans la montagne ; les esprits qui l'habitent y mènent leur vie folle et bruyante ; et plus d'une fois les échos de la terre s'effrayent en entendant résonner dans les vallées des vivants quelque note perdue du concert des démons. Ces harmonies souterraines montent et roulent à travers les rochers. Elles vont retentir dans le cœur du pâtre qu'elles remplissent d'effroi. C'est comme la rumeur d'une chasse qui court à travers les montagnes et les forêts. Et la chasse sort de la caverne, et le vieillard quitte son siège de pierre et marche devant elle. Tous ceux qu'il rencontre, laboureurs ou bergers, il les avertit de faire place à la chasse qui s'avance. Plus d'un le remercie de son avis et regarde avec terreur, en faisant le signe de la croix, le cortége étrange qui hurle, qui crie et sonne de la trompe, et qui se précipite, comme s'il volait sur les ailes des vents, autour des pans chauves de la montagne. Plus d'un tombe à genoux, quand les monstres inconnus vont prenant leur course sur les collines herbeuses et dans les vallées fleuries, comme si l'évocation d'un enchanteur les eût fait sortir de l'empire des ténèbres. Puis, quand tout est rentré, quand la chasse est finie et que les échos, remis de leur effroi, ne gémissent plus au son des cors, le vieillard se rassied, silencieux et morne, à l'entrée de la grotte ; en soupirant, il confie un nom à la brise qui souffle à travers les feuillages ; et il l'écoute longtemps qui se perd, revient, se glisse dans le granit, et s'éteint de nouveau pour ne plus revenir. Alors il sent circuler autour de lui le parfum mélancolique du souvenir.

Pourquoi depuis tant de siècles cet homme a vieilli assis à l'entrée de la grotte, et pourquoi il a laissé blanchir ses cheveux et ses membres se roidir, à veiller assis sur la pierre couverte de mousse, c'est ce que vous allez apprendre.

(1) Lebrun, Hist. des superstitions, t. 1ᵉʳ, p. 112.

II. Quel est, dites-moi, ce jeune homme vêtu de blanc? où va-t-il? la joie s'épanouit sur son passage. Le plaisir sourit, les portes s'ouvrent devant lui et lui offrent l'hospitalité. Avant même qu'il ait frappé, on lui souhaite la bienvenue. Quel est ce jeune homme, dites-le-moi?

C'est un noble chevalier; il sort des murs superbes de son château, il quitte son donjon aux fortes murailles, il délaisse sa tour crénelée, il descend la montagne. C'est un ménestrel inspiré. Il porte une couronne sur sa tête. Sa guitare est attachée à un ruban vert. Et à peine a-t-il chanté une chanson qu'elle retentit de pays en pays. Il est paré de tout l'éclat d'un chevalier. Les éperons d'or étincellent à ses talons; à son côté pend une grande épée dont la poignée est une croix. Mais il n'aspire qu'à la gloire du poëte. Tous les triomphes qu'il recherche ce sont ceux de la poésie. Mais ses chansons, ses éloges, ne sont consacrés qu'à Dieu, et sa musique est pleine de ces soupirs qui sortent de la poitrine des anges en présence de la sainte Vierge, pleine de ces mélodies qui vibrent sur les harpes d'or des séraphins.

Cependant elle resta fière et froide à ses chants, la belle dame qu'il avait choisie. Rien ne put la toucher, ni le noble nom du chevalier, ni la voix si douce du pieux chanteur. C'est pourquoi il a quitté la demeure paternelle, le donjon et la tour crénelée. Une puissance irrésistible l'a poussé vers les lointains rivages qu'habitent les étrangers. Il a voulu chercher l'oubli. Un écuyer fidèle et souvent éprouvé accompagne le ménestrel. Ils ont parcouru le monde, ils en ont vu la magnificence, et ils reprennent le chemin du pays natal. Tout ce qu'ils ont vu, les hommes et les choses, tout ce qu'ils ont entendu, les histoires d'autrefois, les antiques traditions, les légendes des saints et des martyrs, le noble ménestrel va chanter tout cela dans ses vers.

Un soir ils marchaient au pied du Horseelberg, tandis que les ombres commençaient à descendre; tous deux furent surpris tout à coup par un merveilleux chant. Ils s'arrêtèrent, les oreilles tendues. Des chants suaves sortaient du fond de la grotte, des chants doux comme ceux qu'on rêve; c'étaient ceux que le ménestrel chantait le plus volontiers. Il ne put comprendre comment cette musique sortait ainsi des entrailles du granit.

— Passons, messire, passons vite! s'écrie l'écuyer fidèle.

Mais le chevalier n'entend pas sa voix. Il est tout à cette musique mystérieuse, et des larmes roulent sur ses joues; jamais des mélodies aussi belles n'ont réjoui son âme. Il écoute, il écoute toujours.

— Oh! quelle bouche chante ainsi? quelle âme me parle ainsi et réveille en moi mille espérances presque éteintes? Quels doigts merveilleux touchent ainsi les cordes de la harpe?

Tandis qu'il est là immobile, comme si la baguette d'une fée l'eût touché, et que l'écuyer, rempli de crainte, recule et s'écrie de nouveau:

— Passons, messire, passons vite!

Une porte de pierre s'ouvre devant eux; une dame vêtue d'une robe de soie rose s'avance, une femme de seize ans, belle comme la rose de juin.

Elle s'approche, dans toute la puissance de ses charmes, lève doucement le doigt, fait signe au ménestrel, et l'entraîne dans la grotte.

— Je suivrai vos pas, messire, dit l'écuyer, dussé-je aller dans un abîme.

Il s'avance pour suivre le chevalier et sa compagne, et tout à coup devant lui la porte se referme avec grand bruit; son maître a disparu; longtemps il écoute son pas; il l'appelle à haute voix, mais rien ne lui répond que l'écho des rochers.

III. Longtemps le chevalier demeura dans ces lieux enchantés; mais voilà qu'un matin il voit une ride sur le visage de la dame, et le lendemain une ride encore, et chaque jour une ride de plus.

— Oh! laissez-moi sortir d'ici. J'aspire à revoir la lumière du jour.

— Tu veux donc me quitter? demanda-t-elle en pleurant. Que faut-il pour te retenir ici?

— Laissez-moi sortir, je vous en supplie, reprit le ménestrel. J'ai besoin de respirer l'air que respirent les vivants. Je le jure par mon blason de chevalier, je reviendrai. Prenez pitié de moi, ici j'étouffe; prenez pitié de moi au nom de la sainte Vierge Marie.

A peine le chevalier eut-il laissé tomber de ses lèvres le nom de la mère du Sauveur, que la dame s'évanouit comme une vision, comme un nuage qui se dissout en pluie.

Le chevalier sortit de la grotte obscure, et à l'entrée il retrouva son écuyer fidèle qui l'attendait toujours.

IV. Quand le chevalier put respirer l'air que respirent les vivants, il crut qu'il avait rêvé et il se dit: — Quel rêve étrange!

Puis il tomba à genoux pour prier. Au loin les nuages étaient dorés des rayons du soleil couchant, à travers la vallée flottaient les sons aériens des cloches. La montagne de Horseel par tous ses échos répondait à cette musique sainte, et au loin retentissait un chant pieux. Le chevalier et son écuyer écoutèrent.

— Oh! quelle harpe céleste résonne aussi doucement dans mon âme, et m'attire ainsi vers le ciel? Je sens quelque chose gémir dans mon cœur. Ma voix a longtemps gardé le silence; longtemps ma lyre s'est tue là-bas, dans le vertige du faux plaisir. Maintenant que ma voix éclate et chante le printemps et le Seigneur qui nous le donne! Et en chantant, le chevalier s'en va de là, pieds nus comme un pèlerin. Plein de joie et de repentir, il va, car il a foi dans la miséricorde de Dieu. Son écuyer fidèle l'accompagne, ils marchent à travers les montagnes ou dans les capricieuses sinuosités des vallées. Ils vont toujours; ils traversent ainsi les neiges glacées des Alpes et saluent les rivages embaumés de l'Italie.

Déjà le chevalier se croit délié du serment qu'il a fait à la dame de la montagne; de plus en plus il espère son pardon, à mesure qu'il approche de la ville sainte d'où vient le pardon, à mesure qu'il approche de Rome. Là il marche toujours avec plus d'ardeur, car il veut confesser l'horrible péché qui pèse sur son âme comme du plomb, le péché qui ne lui laisse de repos ni le jour, ni la nuit. Déjà le voilà qui secoue ses pieds à la porte de Saint-Pierre; il tombe aux genoux d'un sévère prélat. Plein de repentir, il dit :
— Je suis un grand pécheur, j'ai passé une année tout entière dans la montagne d'Horsel, une année tout entière sans penser à Dieu, sans penser au ciel ni à l'enfer, sans penser à mon âme! Mais Dieu a mis le pardon dans vos mains, j'implore votre miséricorde et la sienne!

En entendant son récit, le prélat se lève avec terreur : — Vous êtes maudit! s'écrie-t-il!

— Pitié, au nom du ciel! pitié! Ne me damnez pas dans tous les siècles! Au nom de celui qui vit et qui voit, laissez une année à mon repentir, une année avant de lancer l'anathème sur moi!

— Quand cette crosse verdira et poussera des fleurs, dit le prélat, vous serez pardonné de Dieu.

Tandis que le prélat sévère plante sa crosse en terre, le chevalier attristé s'en va en se frappant la poitrine, ne désespérant pas de la miséricorde de Dieu, de la bonté du Christ qui a versé son sang divin pour l'humanité sur le bois de la croix. Suivi de son fidèle compagnon, il va sans repos, comme si des puissances infernales le poussaient. Son serment, sa parole dont il n'a pu se dégager, l'entraîne vers la montagne magique.

Trois jours s'étaient écoulés; le prélat sévère reposait dans les liens du sommeil et des rêves. Plein d'effroi il contemplait de loin le jugement du Seigneur, et dans les ténèbres de la nuit il trembla. Son oreille frémit à l'éclat sonore des clairons qui faisaient retentir le ciel et la terre. Il vit la mer se tarir, les tombeaux s'ouvrir et les morts reparaître à la lumière du jour, au bruit de mille coups de tonnerre. Le soleil pâlit; les étoiles s'éteignirent comme des flambeaux qu'on souffle. Un grand silence régnait; et dans ce grand silence une voix s'écriait: «Apparaissez devant le tribunal de ma justice!» Les chérubins eux-mêmes tressaillirent au son de cette voix; le monde en reçut une secousse. Un glaive passait dans l'air avec la rapidité d'un éclair dans l'orage. Il jetait un reflet rouge comme le sang; et une grande terreur s'emparait des générations réunies devant le trône de Dieu.

Mais au milieu des rayons qui traversent l'éther, apparaît un calice porté par les anges; dans le vase sacré brille du sang, et le monde refleurit; le ciel reprend son éclat comme si une aurore nouvelle venait de naître; le glaive disparaît, les ténèbres s'effacent.

— C'est le sang du Christ! le sang qui a sauvé le monde!
Ainsi chantaient les voix des séraphins.
— Le Christ a donné son sang pour racheter le péché des hommes. Il est pardonné! que tous bénissent son nom!

Au prélat qui rêve ainsi, il semble voir pleurer un séraphin qui lui montre une crosse plantée en terre et toute fleurie, et qui lui répète les paroles dites au chevalier :

— Quand cette crosse verdira et poussera des fleurs, tu seras pardonné de Dieu.

Le prélat en éprouve une terreur plus grande encore. Car il voit la crosse entourée de feuilles vertes et garnie de fleurs épanouies. Cette image obstinée resta devant lui jusqu'à ce que le sommeil eut cessé. Et quand le jour commença à briller à travers les carreaux, il se demanda tout bas :

— Le Seigneur veut-il ainsi m'apprendre ses desseins? Ses yeux se reportent vers la crosse; il voit toujours le bois aride revêtu de feuilles et de fleurs; il est là muet d'épouvante.

— Malheur à moi! dit-il, j'ai fait plus que Dieu ne fait! j'ai repoussé le repentir. J'ai maudit au lieu de délier. De toutes parts il envoie des messagers pour rappeler le chevalier; de toutes parts il fait chercher le ménestrel qui porte sa guitare à un ruban vert et qui a des éperons d'or à ses talons. Mais on ne le trouve plus; car il est enfermé dans la montagne magique, dans les flancs de Horseelberg. Il y restera jusqu'au jour du jugement dernier. Son fidèle écuyer l'attend toujours, assis sur une pierre moussue à l'entrée de la grotte. C'est le vieillard aux cheveux blancs, qui pleure, parce que son maître ne revient pas.

MONTALEMBERT (Adrien de), aumônier de François Ier, auteur d'un ouvrage intitulé : *La merveilleuse Histoire de l'esprit qui depuis naguère s'est apparu au monastère des religieuses de Saint-Pierre de Lyon.* Paris, 1528, in-4°; Rouen, 1529; Paris, 1580, in-12.

MONTAN, chef des hérétiques montanistes au IIe siècle. C'était un eunuque phrygien. Il avait des attaques d'épilepsie, il les fit passer pour des extases où il s'entretenait avec Dieu. Il reconnaissait que le Saint-Esprit était venu, mais il le distinguait du Paraclet et il disait : C'est moi qui suis le Paraclet. Les montanistes admettaient les femmes à la prêtrise.

MONTANAY, sorcier. *Voy.* Galigaï.

MONTÉZUMA. *Voy.* Présages.

MOPSUS, devin de l'antiquité, qui fit mourir Calchas de jalousie.

MORAIL, démon qui a la puissance de rendre invisible, selon les *Clavicules de Salomon*.

MORAX ou **FORAI**, capitaine, comte et président de plusieurs bandes infernales; il se fait voir sous la forme d'un taureau. Lorsqu'il prend la figure humaine, il instruit l'homme dans l'astronomie et dans tous les arts libéraux. Il est le prince des esprits familiers qui sont doux et sages. Il a sous ses ordres trente-six légions (1).

MOREAU, chiromancien du XIXᵉ siècle, qui, dit-on, prédit à Napoléon sa chute et ses malheurs. Bien d'autres furent aussi sorciers que lui. Il exerçait à Paris, où il est mort en 1825.

MOREL (Louise), sorcière, tante de Marie-Martin. *Voy.* Martin.

MORGANE, sœur du roi Arthus, élève de Merlin, qui lui enseigna la magie; elle est fameuse dans les romans de chevalerie par ses enchantements et par les tours qu'elle joua à Genièvre, sa belle-sœur. C'est dans la Bretagne une grande fée, l'une des prophétesses de l'île de Sein, et la plus puissante des neuf sœurs druidesses. *Voy.* aussi Mirage.

MORIN (Louis), médecin de mademoiselle de Guise, né au Mans en 1615, et mort en 1705. Il pronostiquait, comme Luc Gauric. On dit qu'il annonça le sort de Gustave-Adolphe et du jeune Cinq-Mars, et qu'il fixa, à quelques légères différences près, le jour et l'heure où moururent le cardinal de Richelieu et le connétable de Lesdiguières. On lui attribue à tort la réponse adroite de cet astrologue qui, interrogé par Louis XI s'il connaissait lui-même l'époque de sa propre mort, répondit :

— Oui, prince, trois jours avant la vôtre.

Sous le règne de Louis XIII, on était très-infatué de l'astrologie judiciaire. Morin ayant prédit que tel jour le roi était menacé de quelque malheur, on respecta assez sa prédiction pour recommander au roi de ne pas sortir. Il garda effectivement l'appartement toute la matinée; mais s'ennuyant l'après-midi, il voulut prendre l'air et tomba.

— Qu'on ne parle pas de cela à Morin, dit le prince; cet accident le rendrait trop glorieux.

MORIN (Simon), visionnaire fanatique du XVIIᵉ siècle, né vers 1623, qui voulut rétablir la secte des illuminés. Il fit quelques prosélytes; mais à la suite de plusieurs détentions à la Bastille, il fut condamné à être brûlé, après avoir fait amende honorable comme accusé de conspiration contre le roi; il monta sur le bûcher le 14 mars 1663. C'était un agitateur qui eût bien voulu une petite révolution.

MORT. « La mort, si poétique parce qu'elle touche aux choses immortelles, si mystérieuse à cause de son silence, devait avoir mille manières de s'énoncer pour le peuple. Tantôt un trépas se faisait prévoir par le tintement d'une cloche qui sonnait d'elle-même, tantôt l'homme qui devait mourir entendait frapper trois coups sur le plancher de sa chambre. Une religieuse de Saint-Benoît, près de quitter la terre, trouvait une couronne d'épines blanches sur le seuil de sa cellule. Une mère perdait-elle son fils dans un pays lointain, elle en était instruite à l'instant par ses songes. Ceux qui nient les pressentiments ne connaîtront jamais les routes secrètes par où deux cœurs qui s'aiment communiquent d'un bout du monde à l'autre. Souvent le mort chéri, sortant du tombeau, se présentait à son ami, lui recommandait de dire des prières pour le racheter des flammes et le conduire à la félicité des élus (2). »

De tous les spectres de ce monde, la mort est le plus effrayant. Dans une année d'indigence, un paysan se trouve au milieu de quatre petits enfants qui portent leurs mains à leur bouche, qui demandent du pain, et à qui il n'a rien à donner.... La démence s'empare de lui; il saisit un couteau; il égorge les trois aînés; le plus jeune, qu'il allait frapper aussi, se jette à ses pieds et lui crie : — Ne me tuez pas, je n'ai plus faim.

Dans les armées des Perses, quand un simple soldat était malade à l'extrémité, on le portait en quelque forêt prochaine, avec un morceau de pain, un peu d'eau et un bâton, pour se défendre contre les bêtes sauvages tant qu'il en aurait la force. Ces malheureux étaient ordinairement dévorés. S'il en échappait quelqu'un qui revînt chez lui, tout le monde le fuyait comme si c'eût été un démon ou un fantôme; on ne lui permettait de communiquer avec personne qu'il n'eût été purifié. On était persuadé qu'il devait avoir eu de grandes liaisons avec les démons, puisque les bêtes ne l'avaient pas mangé, et qu'il avait recouvré ses forces sans aucun secours.

Les anciens attachaient tant d'importance aux cérémonies funèbres, qu'ils inventèrent les dieux mânes pour veiller aux sépultures. On trouve, dans la plupart de leurs écrits, des traits frappants qui nous prouvent combien était sacré, parmi eux, ce dernier devoir que l'homme puisse rendre à l'homme. Pausanias conte que, certains peuples de l'Arcadie ayant tué inhumainement quelques jeunes garçons qui ne leur faisaient aucun mal, sans leur donner d'autre sépulture que les pierres avec lesquelles ils les avaient assommés, et leurs femmes, quelque temps après, se trouvant atteintes d'une maladie qui les faisait toutes avorter, on consulta les oracles, qui commandèrent d'enterrer au plus vite les enfants si cruellement privés de funérailles.

Les Egyptiens rendaient de grands honneurs aux morts. Un de leurs rois, se voyant privé d'héritiers par la mort de sa fille unique, n'épargna rien pour lui rendre les derniers devoirs, et tâcha d'immortaliser son nom par la plus riche sépulture qu'il pût imaginer. Au lieu d'un mausolée, il lui fit bâtir un palais; et on ensevelit le corps de la jeune princesse dans un bois incorruptible, qui représentait une génisse couverte de lames d'or et revêtue de pourpre. Cette figure était à genoux, portant entre ses cornes un soleil d'or massif, au milieu d'une salle magnifique et entourée de cassolettes où brûlaient continuellement des parfums odoriférants. Les Egyptiens embaumaient les

---

(1) Taillepied, Apparitions des esprits, p. 136.

(2) M. de Châteaubriand, Génie du christianisme.

corps et les conservaient précieusement; les Grecs et les Romains les brûlaient. Cette coutume de brûler les morts est fort ancienne. Les Egyptiens, avant de rendre à leurs rois les honneurs funèbres, les jugeaient devant le peuple, et les privaient de sépulture s'ils s'étaient conduits en tyrans.

Quand le roi des Tartares mourait, on mettait son corps embaumé dans un chariot, et on le promenait dans toutes ses provinces. Il était permis à chaque gouverneur de lui faire quelque outrage, pour se venger du tort qu'il en avait reçu. Par exemple, ceux qui n'avaient pu obtenir audience maltraitaient les oreilles, qui leur avaient été fermées; ceux qui avaient été indignés contre ses débauches, s'en prenaient aux cheveux, qui étaient sa principale beauté, et lui faisaient mille huées, après l'avoir rasé, pour le rendre laid et ridicule. Ceux qui se plaignaient de sa trop grande délicatesse lui déchiraient le nez, croyant qu'il n'était devenu efféminé que parce qu'il avait trop aimé les parfums. Ceux qui décriaient son gouvernement lui brisaient le front, d'où étaient sorties toutes ses ordonnances tyranniques; ceux qui en avaient reçu quelque violence lui mettaient les bras en pièces. Après qu'on l'avait ramené au lieu où il était mort, on le brûlait avec une de ses femmes, un échanson, un cuisinier, un écuyer, un palefrenier, quelques chevaux et cinquante esclaves (1).

Quand un Romain mourait, on lui fermait les yeux pour qu'il ne vît point l'affliction de ceux qui l'entouraient. Lorsqu'il était sur le bûcher, on les lui rouvrait pour qu'il pût voir la beauté des cieux qu'on lui souhaitait pour demeure. On faisait faire ordinairement la figure du mort, ou en cire, ou en marbre, ou en pierre; et cette figure accompagnait le cortège funèbre, entouré de pleureuses à gages.

Chez plusieurs peuples de l'Asie et de l'Afrique, aux funérailles d'un homme riche et de quelque distinction, on égorge et on enterre avec lui cinq ou six de ses esclaves. Chez les Romains, dit Saint-Foix, on égorgeait aussi des vivants pour honorer les morts; on faisait combattre des gladiateurs devant le bûcher, et on donnait à ces massacres le nom de jeux funéraires.

En Egypte et au Mexique, dit le même auteur, on faisait toujours marcher un chien à la tête du convoi funèbre. En Europe, sur les anciens tombeaux des princes et des chevaliers, on voit communément des chiens à leurs pieds.

Les Parthes, les Mèdes et les Ibériens exposaient les corps, ainsi que chez les Perses, pour qu'ils fussent au plus tôt dévorés par les bêtes sauvages, ne trouvant rien de plus indigne de l'homme que la putréfaction. Les Bactriens nourrissaient, pour ce sujet, de grands chiens dont ils avaient un soin extrême. Ils se faisaient autant de gloire de les nourrir grassement, que les autres peuples de se bâtir de superbes tombeaux. Un Bactrien faisait beaucoup d'estime du chien qui avait mangé son père. Les Barcéens faisaient consister le plus grand honneur de la sépulture à être dévorés par les vautours; de sorte que toutes les personnes de mérite et ceux qui mouraient en combattant pour la patrie étaient aussitôt exposés dans des lieux où les vautours pouvaient en faire curée. Quant à la populace, on l'enfermait dans des tombeaux, ne la jugeant pas digne d'avoir pour sépulture le ventre des oiseaux sacrés.

Plusieurs peuples de l'Asie eussent cru se rendre coupables d'une grande impiété en laissant pourrir les corps; c'est pourquoi, aussitôt que quelqu'un était mort parmi eux, ils le mettaient en pièces et le mangeaient en grande dévotion avec les parents et les amis. C'était lui rendre honorablement les derniers devoirs. Pythagore enseigna la métempsycose des âmes; ceux-ci pratiquaient la métempsycose des corps, en faisant passer le corps des morts dans celui des vivants. D'autres peuples, tels que les anciens Hiberniens, les Bretons et quelque nations asiatiques, faisaient encore plus pour les vieillards: ils les égorgeaient dès qu'ils étaient septuagénaires, et en faisaient pareillement un festin. C'est ce qui se pratique encore chez quelques peuplades sauvages.

Les Chinois font publier le convoi, pour que le concours du peuple soit plus nombreux. On fait marcher devant le mort des drapeaux et des bannières, puis des joueurs d'instruments, suivis de danseurs revêtus d'habits fort bizarres, qui sautent tout le long du chemin avec des gestes ridicules. Après cette troupe, viennent des gens armés de boucliers et de sabres, ou de gros bâtons noueux. Derrière eux, d'autres portent des armes à feu dont ils font incessamment des décharges. Enfin, les prêtres, criant de toutes leurs forces, marchent avec les parents, qui mêlent à ces cris des lamentations épouvantables; le cortège est fermé par le peuple. Cette musique enragée et ce mélange burlesque de joueurs, de danseurs, de soldats, de chanteuses et de pleureurs, donnent beaucoup de gravité à la cérémonie. On ensevelit le mort dans un cercueil précieux, et on enterre avec lui, entre plusieurs objets, de petites figures horribles, pour faire sentinelle près de lui et effrayer les démons; après quoi on célèbre le festin funèbre, où l'on invite de temps en temps le défunt à manger et à boire avec les convives. Les Chinois croient que les morts reviennent en leur maison, une fois tous les ans, la dernière nuit de l'année. Pendant toute cette nuit, ils laissent leur porte ouverte, afin que les âmes de leurs parents trépassés puissent entrer; ils leur préparent des lits et mettent dans la chambre un bassin plein d'eau pour qu'ils puissent se laver les pieds. Ils attendent jusqu'à minuit. Alors, supposant les morts arrivés, ils leur font compliment, allument des

---

(1) Muret, Des cérémonies funèbres.

cierges, brûlent des odeurs, et les prient, en leur faisant de profondes révérences, de ne pas oublier leurs enfants et de leur obtenir des dieux la force, la santé, les biens et une longue vie.

Les Siamois brûlent les corps et mettent autour du bûcher beaucoup de papiers où sont peints des jardins, des maisons, des animaux, des fruits, en un mot, tout ce qui peut être utile et agréable dans l'autre vie. Ils croient que ces papiers brûlés deviennent réellement ce qu'ils représentent. Ils croient aussi que tout être, dans la nature, quel qu'il soit, un habit, une flèche, une hache, un chaudron, etc., a une âme, et que cette âme suit dans l'autre monde le maître à qui la chose appartenait dans ce monde-ci. On aurait dit sérieusement pour eux ces vers burlesques :

> J'aperçus l'ombre d'un cocher
> Qui, tenant l'ombre d'une brosse,
> En frottait l'ombre d'un carrosse (1).

Le gibet, qui nous inspire tant d'horreur, a passé chez quelques peuples pour une telle marque d'honneur, que souvent on ne l'accordait qu'aux grands seigneurs et aux souverains. Les Tibaréniens, les Suédois, les Goths, suspendaient les corps à des arbres et les laissaient se défigurer ainsi peu à peu, et servir de jouet aux vents. D'autres emportaient dans leurs maisons ces corps desséchés, et les pendaient au plancher comme des pièces de cabinet (2). les Groënlandais, habitant le pays du monde le plus froid, ne prennent pas d'autres soins des morts que de les exposer nus à l'air, où ils se gèlent et se durcissent aussitôt comme des pierres ; puis, de peur qu'en les laissant au milieu des champs ils ne soient dévorés par les ours, les parents les enferment dans de grands paniers qu'ils suspendent aux arbres. Les Troglodites exposaient les corps morts sur une éminence, le derrière tourné vers les assistants ; de sorte qu'excitant, par cette posture, le rire de toute l'assemblée, on se moquait du mort au lieu de le pleurer ; chacun lui jetait des pierres, et quand il en était couvert, on plantait au-dessus une corne de chèvre et on se retirait. Les habitants des îles Baléares dépeçaient le corps en petits morceaux, et croyaient honorer infiniment le défunt en l'ensevelissant dans une cruche. Dans certains pays de l'Inde, la femme se brûle sur le bûcher de son mari. Lorsqu'elle a dit adieu à sa famille, on lui apporte des lettres pour le défunt, des pièces de toile, des bonnets, des souliers, etc. Quand les présents cessent de venir, elle demande jusqu'à trois fois à l'assemblée si l'on n'a plus rien à lui apporter et à lui recommander, ensuite elle fait un paquet de tout et l'on met le feu au bûcher. Dans le royaume de Tonquin, il est d'usage, parmi les personnes riches, de remplir la bouche des morts de pièces d'or et d'argent, pour ses besoins dans l'autre monde. On revêt l'homme de sept de ses meilleurs habits, et la femme de neuf robes.

Les Galates mettaient dans la main du mort un certificat de bonne conduite.

Chez les Turcs, on loue des pleureuses qui accompagnent le convoi, et on porte des rafraîchissements auprès du tombeau, pour régaler les passants, qu'on invite à pleurer et à pousser des cris lamentables. Les Gaulois brûlaient, avec le corps mort, ses armes, ses habits, ses animaux, et même ceux de ses esclaves qu'il avait paru le plus chérir. Quand on découvrit le tombeau de Childéric, père de Clovis, à Tournay, on y trouva des pièces d'or et d'argent, des boucles, des agrafes, des filaments d'habits, la poignée d'une épée, le tout d'or ; la figure en or d'une tête de bœuf, qui était, dit-on, l'idole qu'il adorait ; les os, le mors, un fer et quelques restes du harnais d'un cheval, un globe de cristal dont il se servait pour deviner, une pique, une hache d'armes, un squelette d'homme en entier, une autre tête moins grosse, qui paraissait avoir été celle d'un jeune homme, et apparemment de l'écuyer qu'on avait tué, selon la coutume, pour accompagner et aller servir là-bas son maître. On voit qu'on avait eu soin d'enterrer avec lui ses habits, ses armes, de l'argent, un cheval, un domestique, des tablettes pour écrire, en un mot, tout ce qu'on croyait pouvoir lui être nécessaire dans l'autre monde. Quelquefois même on enterrait avec les grands personnages leur médecin. La belle Austregilde obtint en mourant, du roi Gontran, son mari, qu'il ferait tuer et enterrer avec elle les deux médecins qui l'avaient soignée pendant sa maladie. « Ce sont, je crois, les seuls, dit Saint-Foix, qu'on ait inhumés dans le tombeau des rois ; mais je ne doute pas que plusieurs autres n'aient mérité le même honneur. »

On observait anciennement, en France, une coutume singulière aux enterrements des nobles : on faisait coucher dans le lit de parade qui se portait aux enterrements un homme armé de pied en cap pour représenter le défunt. On trouva dans les comptes de la maison de Polignac : *Donné cinq sous à Blaise, pour avoir fait le chevalier mort, à la sépulture de Jean, fils de Randonnet-Armand, vicomte de Polignac.*

Quelques peuples de l'Amérique enterraient leurs morts assis et entourés de pain, d'eau, de fruits et d'armes. A Panuco, dans le Mexique, on regardait les médecins comme de petites divinités, à cause qu'ils procuraient la santé, qui est le plus précieux de tous les biens. Quand ils mouraient, on ne les enterrait pas comme les autres ; on les brûlait avec des réjouissances publiques ; les hommes et les femmes dansaient pêle-mêle autour du bûcher. Dès que les os étaient réduits en cendres, chacun tâchait d'en emporter dans sa maison, et les buvait ensuite avec du vin, comme un préservatif contre toutes sortes de maux. Quand on brûlait le corps de quelque empereur du Mexique, on égorgeait d'abord sur son bûcher

---

(1) De Ch. Perrault, attribués mal à propos à Scarron.

(2) Muret, Des cérémonies funèbres, etc.

l'esclave qui avait eu soin, pendant sa vie, d'allumer ses lampes, afin qu'il lui allât rendre les mêmes devoirs dans l'autre monde. Ensuite on sacrifiait deux cents esclaves, tant hommes que femmes, et, parmi eux, quelques nains et quelques bouffons pour son divertissement. Le lendemain, on enfermait les cendres dans une petite grotte voûtée, toute peinte en dedans, et on mettait au-dessus la figure du prince, à qui l'on faisait encore de temps en temps de pareils sacrifices, car le quatrième jour après qu'il avait été brûlé, on lui envoyait quinze esclaves en l'honneur des quatre saisons, afin qu'il les eût toujours belles; on en sacrifiait cinq le vingtième jour, afin qu'il eût, toute l'éternité, une vigueur pareille à celle de vingt ans; le soixantième, on en immolait trois autres, afin qu'il ne sentît aucune des trois principales incommodités de la vieillesse, qui sont la langueur, le froid et l'humidité. Enfin, au bout de l'année, on lui en sacrifiait encore neuf, qui est le nombre le plus propre à exprimer l'éternité, pour lui souhaiter une éternité de plaisir.

Quand les Indiens supposent qu'un de leurs chefs est près de rendre le dernier soupir, les savants de la nation se rassemblent. Le grand prêtre et le médecin apportent et consultent chacun la figure de la divinité, c'est-à-dire de l'esprit bienfaisant de l'air et de celui du feu. Ces figures sont en bois, artistement taillées, et représentent un cheval, un cerf, un castor, un cygne, un poisson, etc. Tout autour sont suspendues des dents de castor, des griffes d'ours et d'aigles. Leurs maîtres se placent avec elles dans un coin écarté de la cabane pour les consulter; il existe ordinairement entre eux une rivalité de réputation, d'autorité, de crédit; s'ils ne tombent pas d'accord sur la nature de la maladie, ils frappent violemment ces idoles les unes contre les autres, jusqu'à ce qu'une dent ou une griffe en tombe. Cette perte prouve la défaite de l'idole qui l'a éprouvée, et assure par conséquent une obéissance formelle à l'ordonnance de son compétiteur.

Aux funérailles du roi de Méchoacan, le corps était porté par le prince que le défunt avait choisi pour son successeur; la noblesse et le peuple le suivaient avec de grandes lamentations. Le convoi ne se mettait en marche qu'à minuit, à la lueur des torches. Quand il était arrivé au temple, on faisait quatre fois le tour du bûcher; après quoi on y déposait le corps et on amenait les officiers destinés à le servir dans l'autre monde; entre autres, sept jeunes filles, l'une pour serrer ses bijoux, l'autre pour lui présenter sa coupe, la troisième pour lui laver les mains, la quatrième pour lui donner la serviette, la cinquième pour faire sa cuisine, la sixième pour mettre son couvert, la septième pour laver son linge. On mettait le feu au bûcher, et toutes ces malheureuses victimes, couronnées de fleurs, étaient assommées à grands coups de massue et jetées dans les flammes.

Chez les sauvages de la Louisiane, après les cérémonies des obsèques, quelque homme notable de la nation, mais qui doit n'être pas de la famille du mort, fait son éloge funèbre. Quand il a fini, les assistants vont tout nus, les uns après les autres, se présenter devant l'orateur, qui leur applique à chacun, d'un bras vigoureux, trois coups d'une lanière large de deux doigts, en disant: — Souvenez-vous que pour être un bon guerrier comme l'était le défunt, il faut savoir souffrir.

Les protestants luthériens n'ont point de cimetière et enterrent indistinctement les morts dans un champ, dans un bois, dans un jardin. « Parmi nous, dit Simon de Paul, l'un de leurs prédicants, il est fort indifférent d'être enterré dans les cimetières ou dans les lieux où l'on écorche les ânes. »

« Hélas! disait un vieillard du Palatinat, faudra-t-il donc qu'après avoir vécu avec honneur, j'aille demeurer après ma mort parmi les raves, pour en être éternellement le gardien? »

Les Circassiens lavent les corps des morts, à moins que le défunt ne soit mort loyalement dans une bataille pour la défense du pays, auquel cas on l'enterre dans son harnais, sans le laver, supposant qu'il sera reçu d'emblée en paradis (1).

Les Japonais témoignent la plus grande tristesse pendant la maladie d'un des leurs, et la plus grande joie à sa mort. Ils s'imaginent que les maladies sont des démons invisibles; et souvent ils présentent requête contre elles dans les temples. Ces mêmes Japonais poussent quelquefois si loin la vengeance, qu'ils ne se contentent pas de faire périr leur ennemi; mais ils se donnent encore la mort pour aller l'accuser devant leur dieu et le prier d'embrasser leur querelle; on conte même que des veuves, non contentes d'avoir bien tourmenté leur mari pendant sa vie, se poignardent pour avoir encore le plaisir de le faire enrager après sa mort.

Quand un Caraïbe est mort, ses compagnons viennent visiter le corps et lui font mille questions bizarres, accompagnées de reproches sur ce qu'il s'est laissé mourir, comme s'il eût dépendu de lui de vivre plus longtemps: « Tu pouvais faire si bonne chère! il ne te manquait ni manioc, ni patates, ni ananas; d'où vient donc que tu es mort? Tu étais si considéré! chacun avait de l'estime pour toi, chacun t'honorait, pourquoi donc es-tu mort?... Tes parents t'accablaient de caresses; ils ne te laissaient manquer de rien; dis-nous donc pourquoi tu es mort? Tu étais si nécessaire au pays! tu t'étais signalé dans tant de combats! tu nous mettais à couvert des insultes des ennemis; d'où vient donc que tu es mort? » Ensuite on l'assied dans une fosse ronde; on l'y laisse pendant dix jours sans l'enterrer;

---

(1) Stanislas Bell., Voyage en Circassie.

ses compagnons lui apportent tous les matins à manger et à boire; mais enfin, voyant qu'il ne veut point revenir à la vie, ni toucher à ces viandes, ils les lui jettent sur la tête, et, comblant la fosse, ils font un grand feu, autour duquel ils dansent, avec des hurlements.

Les Turcs, en enterrant les morts, leur laissent les jambes libres, pour qu'ils puissent se mettre à genoux quand les anges viendront les examiner, ils croient qu'aussitôt que le mort est dans la fosse, son âme revient dans son corps et que deux anges horribles se présentent à lui et lui demandent : « Quel est ton dieu, ta religion et ton prophète ? » S'il a bien vécu, il répond : « Mon dieu est le vrai Dieu, ma religion est la vraie religion, et mon prophète est Mahomet. » Alors on lui amène une belle figure, qui n'est autre chose que ses bonnes actions, pour le divertir jusqu'au jour du jugement, où il entre en paradis. Mais si le défunt est coupable, il tremble de peur et ne peut répondre juste. Les anges noirs le frappent aussitôt avec une massue de feu, et l'enfoncent si rudement dans la terre, que tout le sang qu'il a pris de sa nourrice s'écoule par le nez. Là-dessus vient une figure très-vilaine (ses mauvaises actions) qui le tourmente jusqu'au jour du jugement, où il entre en enfer. C'est pour délivrer le mort de ces anges noirs que les parents lui crient sans cesse : « N'ayez pas peur et répondez bravement. » Ils font une autre distinction des bons et des méchants, qui n'est pas moins absurde. Ils disent qu'au jour du jugement Mahomet viendra dans la vallée de Josaphat, pour voir si Jésus-Christ jugera bien les hommes ; qu'après le jugement il prendra la forme d'un mouton blanc, que tous les Turcs se cacheront dans sa toison, changés en petite vermine, qu'il se secouera alors, et que tous ceux qui tomberont seront damnés, tandis que tous ceux qui resteront seront sauvés, parce qu'il les mènera en paradis. Des docteurs musulmans exposent encore autrement la chose : Au jugement dernier, Mahomet se trouvera à côté de Dieu, monté sur le Borak et couvert d'un manteau fait des peaux de tous les chameaux qui auront porté à la Mecque le présent que chaque sultan y envoie à son avénement à l'empire. Les âmes des bienheureux musulmans se transformeront en puces qui s'attacheront aux poils du manteau du prophète, et Mahomet les emportera dans son paradis avec une rapidité prodigieuse; il ne sera plus question alors que de se bien tenir, car les âmes qui s'échapperont, soit par la rapidité du vol, soit autrement, tomberont dans la mer où elles nageront éternellement.

Parmi les juifs modernes, aussitôt que le malade est abandonné des médecins, on fait venir un rabbin, accompagné, pour le moins, de dix personnes. Le juif répare le mal qu'il a pu faire ; puis il change de nom, pour que l'ange de la mort, qui doit le punir, ne le reconnaisse plus ; ensuite il donne sa bénédiction à ses enfants, s'il en a, et reçoit celle de son père, s'il ne l'a pas encore perdu. De ce moment on n'ose plus le laisser seul, de peur que l'ange de la mort, qui est dans sa chambre, ne lui fasse quelque violence. Ce méchant esprit, disent-ils, avec l'épée qu'il a dans sa main, paraît si effroyable, que le malade en est tout épouvanté. De cette épée, qu'il tient toujours nue sur lui, découlent trois gouttes d'une liqueur funeste : la première qui tombe lui donne la mort, la seconde le rend pâle et difforme, la dernière le corrompt et le fait devenir puant et infect. Aussitôt que le malade expire, les assistants jettent par la fenêtre toute l'eau qui se trouve dans la maison ; ils la croient empoisonnée, parce que l'ange de la mort, après avoir tué le malade, y a trempé son épée pour en ôter le sang. Tous les voisins, dans la même crainte, en font autant. Les juifs racontent que cet ange de la mort était bien plus méchant autrefois ; mais que, par la force du grand nom de Dieu, des rabbins le lièrent un jour et lui crevèrent l'œil gauche ; d'où vient que, ne voyant plus si clair, il ne saurait plus faire tant de mal. Dans leurs cérémonies funèbres, les juifs sont persuadés que, si on omettait une seule des observations et des prières prescrites, l'âme ne saurait être portée par les anges jusqu'au lit de Dieu, pour s'y reposer éternellement ; mais que, tristement obligée d'errer çà et là, elle serait rencontrée par des troupes de démons qui lui feraient souffrir mille peines. Ils disent qu'avant d'entrer en paradis ou en enfer, l'âme revient pour la dernière fois dans le corps et le fait lever sur ses pieds ; qu'alors l'ange de la mort s'approche avec une chaîne dont la moitié est de fer et l'autre moitié de feu, et lui en donne trois coups : au premier, il disjoint tous les os et les fait tomber confusément à terre ; au second, il les brise et les éparpille, et au dernier, il les réduit en poudre. Les bons anges viennent ensuite et ensevelissent les cendres. Les juifs croient que ceux qui ne sont pas enterrés dans la terre promise ne pourront point ressusciter ; mais que toute la grâce que Dieu leur fera, ce sera de leur ouvrir de petites fentes, au travers desquelles ils verront le séjour des bienheureux. Cependant, le rabbin Juda, pour consoler les vrais Israélites, assure que les âmes des justes enterrés loin du pays de Chanaan rouleront par de profondes cavernes qui leur seront pratiquées sous terre, jusqu'à la montagne des Oliviers, d'où elles entreront en paradis.

En Bretagne, on croit que tous les morts ouvrent la paupière à minuit (1). Et à Plouerden, près Landernau, si l'œil gauche d'un mort ne se ferme pas, un des plus proches parents est menacé sous peu de cesser d'être (2). On dit ailleurs que tout le monde voit les démons en mourant, et que la sainte Vierge fut seule exemptée de cette vision.

---

(1) Cambry, Voyage dans le Finistère, t. II, p. 15.

(2) Idem, ibid., t. II, p. 170.

Les Arméniens frottent les morts d'huile, parce qu'ils s'imaginent qu'ils doivent lutter corps à corps avec de mauvais génies. Chez les chrétiens schismatiques de l'Archipel grec, si le corps d'un mort n'est pas bien roide, c'est un signe que le diable y est entré, et on le met en pièces pour empêcher les fredaines. Les Tonquinois de la secte des lettrés rendent un culte religieux à ceux qui sont morts de faim; les premiers jours de chaque semaine, ils leur présentent du riz cuit qu'ils ont été mendier par la ville.

Disons encore que chez les anciens celui qui rencontrait un cadavre était obligé de jeter sur lui, par trois fois, de la poussière, sous peine d'immoler à Cérès la victime que l'on nommait *porca præcidanea*; on regardait même comme maudits ceux qui passaient devant un cadavre sans lui rendre ce dernier devoir.

Voici sur les morts des anecdotes d'un autre genre.

Méhémet Alméḋi, roi de Fez, prince ambitieux, rusé, hypocrite, eut une longue guerre à soutenir contre des peuples voisins, qui refusaient de se soumettre à lui. Il remporta sur eux quelques victoires; mais ayant perdu une bataille, où il avait exposé ses troupes avec une fureur aveugle, elles refusèrent de retourner à l'ennemi. Pour les ranimer il employa un stratagème. Il offrit à un certain nombre de ses officiers, ceux qui lui étaient le plus affectionnés, des récompenses considérables, s'ils voulaient se laisser enfermer quelques heures dans des tombeaux, comme s'ils fussent morts à la bataille.

— J'ai fait pratiquer à ces tombeaux, leur dit-il, des ouvertures par lesquelles vous pourrez respirer et vous faire entendre; car je disposerai les esprits; et quand l'armée passera, je vous interrogerai; vous répondrez que vous avez trouvé ce que je vous avais promis, c'est-à-dire une félicité entière et parfaite, récompense de votre dévouement, bonheur réservé à tous ceux qui combattront avec vaillance.

Le tout s'exécuta comme l'avait proposé Méhémet Alméḋi. Il cacha parmi les morts ses plus fidèles serviteurs, les couvrit de terre, leur laissant un petit soupirail pour respirer et se faire entendre. Ensuite il rentra au camp, et faisant assembler les principaux chefs au milieu de la nuit: — Vous êtes, leur dit-il, les soldats de Dieu, les défenseurs de la loi et les protecteurs de la vérité. Disposez-vous à exterminer nos ennemis, qui sont aussi ceux du Très-Haut; comptez que vous ne retrouverez jamais une occasion aussi certaine de lui plaire. Mais comme il pourrait se trouver parmi vous des cœurs pusillanimes qui ne s'en rapporteraient pas à mes paroles, je veux les convaincre par un grand prodige. Allez au champ de bataille; interrogez ceux de nos frères qui ont été tués aujourd'hui; ils vous assureront qu'ils jouissent du plus parfait bonheur, pour avoir perdu la vie dans la guerre sainte.

Il conduisit alors ses guerriers sur le champ de bataille, où il cria de toute sa force: — Assemblée des fidèles martyrs, faites-nous savoir ce que vous avez vu des merveilles du Dieu Très-Haut.

Les compères enfouis répondirent: Nous avons reçu du Tout-Puissant des récompenses infinies et qui ne peuvent être comprises par les vivants. Les chefs, surpris du prodige de cette réponse, coururent la publier dans l'armée, et réveillèrent le courage dans le cœur de tous les soldats. Pendant que le camp s'agitait, le roi, feignant une extase occasionnée par le miracle qui venait d'avoir lieu, était demeuré près des tombeaux où ses serviteurs ensevelis attendaient leur délivrance. Mais il boucha les soupiraux par lesquels ils respiraient, et les envoya recueillir, par ce barbare stratagème, les récompenses qu'il venait d'annoncer à leurs frères.

Disons un mot de la peur que tous les hommes ont pour les morts.

Trois mauvais sujets de musiciens, au retour d'une partie de débauche, passaient devant un cimetière; ils y entrent; après s'être permis, pour s'encourager, de mauvaises plaisanteries sur les morts qui habitaient là, une idée folle leur vint. Ils portaient avec eux leurs instruments de musique. Ils trouvent original de donner un concert à un tas d'ossements rassemblés en faisceau dans l'une des extrémités de ce champ du repos. Ils n'ont pas plutôt commencé leur affreuse sérénade, qu'un cri part du fond de l'ossuaire; tous les ossements qui le composent se meuvent, s'agitent, s'entrechoquent avec bruit, semblent se réunir et se ranimer pour punir les audacieux qui bravent ainsi l'empire de la mort. Les concertants sont tellement effrayés, que deux d'entre eux tombent morts à l'instant, et l'autre, à demi écrasé, reste longtemps sans connaissance. En reprenant ses sens il demeura si vivement frappé, qu'il se fit ermite.

Il faut dire maintenant le secret de l'aventure. Un pauvre mendiant, qui n'avait pas d'asile, s'était réfugié derrière le monceau d'ossements, pour y passer la nuit; cette musique inattendue lui avait fait une telle frayeur en le réveillant en sursaut, qu'il s'était enfui et qu'en se sauvant il avait fait crouler la pyramide fatale.

Voy. NÉCROMANCIE, VAMPIRES REVENANTS, etc., etc.

LE *Credo* DES MORTS.

Nous croyons que le fragment qui va suivre, signé V. et publié dans les journaux consacrés aux artistes, est de M. Van Hasselt.

Un vieillard, maître de chapelle, avec ses deux amis, écoutait à Vienne une messe en musique, qu'il trouvait déplorable et qu'on lui avait dit être de Palestrina. Cependant un magnifique *Credo* l'avait électrisé.

Quand la messe fut finie et que la foule se fut écoulée, Pamphile serra la main du maître de chapelle et lui dit avec un enthousiasme tout germanique:

— Palestrina est un homme incomparable.

— Cela n'est pas à mettre en doute ; mais j'ignore si la musique que nous avons entendue est réellement de lui, répondit Anatole. Il nous sera facile de nous en instruire ; montons aux orgues, l'abbé Vogler pourra nous dire quel est l'auteur de ce morceau.

Tous trois descendirent la nef et gravirent les marches de pierre de l'escalier en spirale qui s'élevait à la galerie des musiciens. Malheureusement l'abbé Vogler était déjà parti.

— J'en suis fâché, dit le vieillard au poëte ; mais ce n'est rien, car voilà le Regens qui pourra, tout aussi bien que M. Vogler, nous éclaircir la chose.

Après avoir respectueusement salué une figure longue, sèche et maigre, qui avait une queue poudrée et un visage de parchemin, le maître de chapelle lui demanda :

— Pourriez-vous me dire, révérendissime monsieur, quel est l'auteur du *Credo* que vous nous avez fait entendre aujourd'hui ?

— L'auteur de ce *Credo*? repartit le Regens. Ah! mon cher, c'est toute une histoire, mais une histoire qui ressemble presque à un roman.

A ces mots il s'arrêta, déploya un immense mouchoir rouge à carreaux blancs, se moucha avec un bruit pareil à celui d'un tuyau de basse d'orgue, tira de la poche de sa veste de satin noir sa tabatière d'argent où il puisa une énorme prise qu'il renifla en renouvelant le même bruit. Quand il eut achevé tous ces préparatifs de conteur :

— Eh bien! lui demanda maître Anatole. Et cette histoire que vous avez à nous raconter ?

— Elle est des plus étranges, répliqua l'homme à la queue poudrée. Mais, comme je suis fort enroué, grâce à ma messe qu'il m'a fallu diriger et chanter à demi moi-même...

— Cette messe était donc de vous, monsieur? interrompit le maître de chapelle qui oublia d'ajouter cette fois, au mot monsieur, la qualification de révérendissime.

— De moi-même, reprit avec orgueil le Regens, excepté toutefois le *Credo*. Or donc, enroué comme je le suis, je ne puis vous raconter cette histoire en ce moment. Qu'il vous suffise de savoir que ce *Credo* un peu excentrique fut écrit par P. Anselme, moine du couvent des dominicains, de Vienne, lequel vivait à la fin du XVIIIe siècle. Quant à l'histoire elle-même de P. Anselme, vous la lirez dans le codex que voici. Maître Anatole, prenez cette partition. Vous pouvez la garder trois jours, et vous y apprendrez ce que vous désirez de savoir.

Le maître de chapelle reçut le vieux manuscrit avec respect, prit congé du Regens, et se retira avec ses deux compagnons. Une demi-heure après, les trois amis se trouvaient réunis dans la petite chambre du vieillard, autour d'une table sur laquelle s'élevait, au milieu de trois verres de couleur émeraude, une bouteille effilée qui vous eût accusé du vin du Rhin.

— Amis, leur dit le maître de chapelle, en voici une du clos particulier de monseigneur de Metternich...

— Der Teufel! du vin de Johannisberg! exclama le poëte.

Les trois verres remplis furent vidés aussitôt, et le vieux Anatole ouvrit solennellement le précieux manuscrit. Il trouva la partition précédée de deux feuillets de papier presque jaune, sur lesquels il lut ce qui suit :

« Anno Domini MDCCLXXX.

« Quand j'étais mort depuis cinquante-cinq ans, le vingt-quatrième jour du mois de décembre, veille de la sainte fête de Noël, il arriva qu'après m'être échappé de mon cercueil, je me trouvai assis dans ma stalle accoutumée et tout seul dans notre église. La lune brillait à travers les vitraux et jetait de grandes flaques de lumière blanche le long des piliers et sur les anges et les saints de pierre qui étaient déjà depuis longtemps endormis. Au milieu du sanctuaire la lampe étincelait comme un ver luisant dans la nuit. J'avais froid et je craignais d'être contraint à m'en retourner dans ma fosse sans que Dieu m'eût jugé (car on avait oublié depuis cinquante-cinq ans de m'appeler devant le tribunal de Dieu), quand soudain l'horloge de la tour du couvent sonna minuit. Les douze coups retentirent sourdement sous les voûtes, et aussitôt tout devint vivant autour de moi. Les dalles se soulevèrent et tous les morts sortirent de leurs tombeaux. D'autres entrèrent dans l'église par les murs, par les fenêtres, de tous côtés, en sorte que bientôt les nefs se trouvèrent remplies d'une foule innombrable. Les saints eux-mêmes et les anges de pierre se frottèrent les yeux, s'éveillèrent de leur sommeil et se mirent à marcher vers le chœur où ils se réunirent dans les stalles et devant l'autel. D'abord vous n'eussiez rien entendu, pas même le plus léger souffle, pas même le plus léger soupir. Mais, peu après, les orgues commencèrent à chanter en accords graves et soutenus. J'écoutais avec une attention profonde, quand tout à coup Allegri et Palestrina, qui se trouvaient parmi les morts, me demandèrent :

« — Eh bien?

« — Mais voilà une chose singulière! me dis-je en moi-même. Allegri et Palestrina que viennent-ils faire ici?

« A peine eus-je pensé ces paroles, que les morts se mirent à chanter en un choral majestueux et solennel :

> Credo in unum Deum,
> Patrem omnipotentem,
> Factorem cœli et terræ,
> Visibilium omnium et invisibilium.

« Des trompettes invisibles accompagnaient à demi-voix ce choral, et peu à peu il s'y mêla un bruit de timbales comme un tonnerre lointain. Je me sentis devenir froid à cette harmonie sublime. Mais, un instant après, des larmes s'échappèrent de mes yeux, et j'éprouvai je ne sais quelle jouissance inexprimable; la foi rayonnait dans mon âme; elle y était devenue une musique que j'y lisais note à note. Je me mis à chanter avec le choral. Les larmes me roulaient des yeux en abondance, quand toute la masse de voix prononça, en s'affaiblissant par degrés, ce vers dont les dernières syllabes moururent comme un soupir :

Et in unum Dominum Jesum Christum.

« A ces paroles, les saints de pierre eux-mêmes se courbèrent jusqu'à terre, et je sentis descendre sur moi la rosée de la vie éternelle. Voilà que la vierge Marie nous apparut ; et plus douce encore que la voix du rossignol qui chante au printemps, parmi les fleurs des acacias et dans les rayons du soleil, la mère du Sauveur nous chanta sa sainte vocation, jusqu'à ce que le déchirant *Crucifixus* vînt frapper d'angoisse toute l'assistance, et que les mots *sepultus est* moururent comme un écho funèbre dans la multitude.

« Tout était morne. Les morts étaient redevenus des morts. Le silence le plus terrible avait succédé à ces mots terribles ; mais, presque au même moment, l'horloge de l'église sonna une heure du matin. Aussitôt les statues des saints se relevèrent et se mirent à chanter ces paroles :

Et resurrexit tertia die.

« Un son de trompette éclata et les mille voix de la foule entonnèrent en chœur le même vers, avec une joie infinie. Mais, quand elles furent parvenues à ces mots :

Et iterum venturus est,

tous ces crânes sans yeux se tournèrent vers le ciel, où un long tonnerre annonça le Seigneur assistant dans sa gloire à la résurrection des morts. Puis une fugue, sur un mode éclatant et joyeux, annonça la vie éternelle promise aux élus, et répandit les trésors de l'espérance sur cette vaste multitude qui, avec le dernier *amen*, s'effaça et s'évanouit par degrés, jusqu'à ce qu'enfin tout eût disparu comme un rêve. Les saints et les anges de pierre avaient repris leur place et étaient redevenus immobiles dans leurs poses inspirées, tandis qu'Allegri et Palestrina se mirent à gravir les marches de l'autel qui se prolongeaient sans fin, comme l'échelle mystérieuse de Jacob, et montaient aux demeures rayonnantes de la gloire éternelle. Je les suivis des yeux jusqu'à ce qu'ils eussent entièrement disparu dans les nuages. Alors je quittai aussi ma stalle, et je montai les marches de l'autel jusqu'au ciel ; et c'est là maintenant que j'habite parmi les élus, et que ma main a retracé cette musique profonde et merveilleuse. »

Telles étaient les lignes bizarres que maître Anatole lut en tête de la partition.

—Voilà un sujet de ballade singulièrement trouvé, dit Pamphile, en vidant de nouveau un verre de Johannisberg.

—En vérité, répliqua le maître de cha-pelle. Mais peut-être cette histoire est-elle la clef de l'admirable composition qui nous a si étrangement émus.

Trois jours après, le vieux Anatole, en remettant le cahier au Régens de Saint-Etienne, lui demanda quel était ce P. Anselme.

— C'était un excellent musicien, répondit le révérendissime à la queue poudrée. Mais il mourut fou, il y a quinze ans (1).

MORTEMART. Un seigneur de cette famille célèbre perdit sa femme, qu'il chérissait. Tandis qu'il se livrait à son désespoir, le diable lui apparut et lui offrit de ranimer la défunte, s'il voulait se donner à lui. Le mari, dit-on, y consentit ; la femme revécut. Mais un jour qu'on prononça devant elle le nom de Jésus, elle retomba morte, et ce fut tout de bon.

MOST-MASTITE. *Voy.* Mariage.

MOTELU, démon que l'on trouve cité dans le procès intenté à Denise de Lacaille.

MOUCHE. Le diable apparaît quelquefois en forme de mouche ou de papillon. On le vit sortir sous cette forme de la bouche d'un démoniaque de Laon (2). Les démonomanes appellent Belzébuth *seigneur des mouches*; les habitants de Ceylan appellent le diable *Achor*, qui signifie en leur langue dieu des mouches ou chasse-mouches ; ils lui offrent des sacrifices pour être délivrés de ces insectes, qui causent quelquefois dans leur pays des maladies contagieuses ; ils disent qu'elles meurent aussitôt qu'on a sacrifié à Achor (3). M. Émeric David, à propos de Jupiter, dit que les ailes de mouches qui, dans quelques monuments, forment (à ce qu'on prétend) la barbe de Jupiter, sont un hommage au feu générateur, les mouches étant produites par la canicule... *Voy.* Granson, Myiagorus, etc.

MOULT (Thomas-Joseph), astrologue napolitain, inférieur à Matthieu Laensberg, qui a laissé des prédictions populaires.

MOUNI, esprits que reconnaissent les Indiens, quoique aucun de leurs livres sacrés n'en fasse mention ; ils leur attribuent les qualités que les Européens accordent aux esprits follets. Ces esprits n'ont point de corps, mais ils prennent la forme qui leur plaît ; ils rôdent la nuit pour faire mal aux hommes, tâchent de conduire les voyageurs égarés dans des précipices, des puits ou des rivières, se transformant en lumière et cachant le péril où ils les entraînent. C'est pour se les rendre propices que les Indiens élèvent en leur honneur de grossières statues colossales, auxquelles ils vont adresser des prières.

MOUTON. Le diable s'est montré plusieurs fois sous la forme d'un mouton. Le sorcier Aupetit, qui fut condamné à être brûlé vif,

---

(1) *La Renaissance*, chronique des arts. Bruxelles, 1840.
(2) Leloyer, Histoire et discours des spectres.
(3) Les Actiatiques étaient des fêtes qui se célébraient tous les trois ans en l'honneur d'Apollon. Elles avaient pris leur nom du promontoire d'Actium. Ces fêtes consistaient en jeux et danses ; on y tuait un bœuf qu'on abandonnait aux mouches, dans la persuasion où l'on était que, rassasiées de son sang, elles s'envolaient et ne revenaient plus. Auguste, vainqueur de Marc-Antoine, renouvela les jeux actiatiques ; on ne les célébra d'abord qu'à Actium, et tous les trois ans ; mais ce prince en transporta la célébration à Rome, et en fixa le retour tous les cinq ans.

avoua qu'il s'était présenté à lui sous la figure d'un mouton plus noir que blanc, et qu'il lui avait dit que toutes les fois qu'il verrait dans les nuages un mouton, ce serait le signal du sabbat (1). Quand vous rencontrez dans un voyage des moutons qui viennent à vous, c'est un signe que vous serez bien reçu ; s'ils fuient devant vous, ils présagent un triste accueil. *Voy.* MORTS.

MOUZOUKO, nom que les habitants du Monomotapa donnent au diable, qu'ils représentent comme fort méchant (2). Il n'est bon nulle part.

MOZART. Un jour que Mozart était plongé dans ses rêveries mélancoliques, devenues habituelles par l'idée de sa mort prochaine, dont il était frappé, il entendit un carrosse s'arrêter à sa porte ; on lui annonce un inconnu qui demande à lui parler.

— Un grand personnage m'a chargé de venir vous trouver, dit l'inconnu.

— Quel est cet homme ? interrompt Mozart.

— Il ne veut pas être nommé.
— Que désire-t-il ?
— Il vous demande un *Requiem* pour un service solennel.

Mozart se sentit ému de ces paroles, du ton dont elles étaient prononcées, de l'air mystérieux qui semblait répandu sur cette aventure. La disposition de son âme fortifiait encore ces impressions. Il promit de faire le *Requiem*.

— Mettez à cet ouvrage tout votre génie ; vous travaillez pour un connaisseur.
— Tant mieux.
— Combien de temps demandez-vous ?
— Quatre semaines.
— Eh bien, je reviendrai dans quatre semaines. Quel prix mettez-vous à votre travail ?
— Cent ducats.

L'inconnu les compta sur la table et disparut. Mozart resta plongé quelques moments dans de profondes réflexions ; puis tout à coup il se met à écrire. Cette fougue de travail continua pendant plusieurs jours. Il travailla jour et nuit avec une ardeur qui semblait augmenter en avançant ; mais son corps ne put résister à cette fatigue. Il tomba un jour sans connaissance. Peu de temps après, sa femme cherchant à le distraire des sombres pensées qui l'assiégeaient, Mozart lui dit brusquement :

— Cela est certain ; ce sera pour moi que je ferai ce *Requiem*, il servira à mes funérailles.

Rien ne put le détourner de cette idée. Il continua de travailler à son *Requiem*, comme Raphaël travaillait à son tableau de la Transfiguration, frappé aussi de l'idée de sa mort. Mozart sentait ses forces diminuer chaque jour, et son travail avançait lentement. Les quatre semaines qu'il avait demandées s'étant écoulées, il vit entrer l'inconnu.

— Il m'a été impossible, dit Mozart, de tenir ma parole.

— Ne vous gênez pas, répondit l'étranger ; quel temps vous faut-il encore ?

— Quatre semaines ; l'ouvrage m'a inspiré plus d'intérêt que je ne croyais, et je l'ai étendu au delà de ce que je voulais d'abord.

— En ce cas, dit l'inconnu, il est juste d'augmenter les honoraires. Voici cinquante ducats de plus.

— Monsieur, reprit Mozart, toujours plus étonné, qui êtes-vous donc ?

— Cela ne fait rien à la chose. Je reviendrai dans quatre semaines.

Mozart envoya sur-le-champ sa servante à la suite de cet homme extraordinaire, pour savoir où il s'arrêterait ; mais la servante vint rapporter qu'elle n'avait pu retrouver sa trace.

L'artiste se mit dans la tête que cet inconnu n'était pas un être ordinaire ; qu'il avait sûrement des relations avec l'autre monde ; qu'il lui était envoyé pour lui annoncer sa fin prochaine. Il n'en travailla qu'avec plus d'ardeur à son *Requiem*, qu'il regarda comme le monument le plus durable de son talent. Pendant ce travail, il tomba plusieurs fois dans des évanouissements alarmants. Enfin l'ouvrage fut achevé avant les quatre semaines. L'inconnu revint au terme convenu... Mozart n'était plus. Saliéri, en mourant, avoua que c'était lui qui avait joué le personnage de l'inconnu, et s'accusa de la mort de Mozart, dont il était envieux.

MUHAZIMIM, nom que les Africains donnent à leurs possédés. Ils font des cercles, impriment des caractères sur le front de ces muhazimim, et le diable qui les possède déloge aussitôt (3).

MULLER (JEAN), astronome et astrologue, plus connu sous le nom de Regiomontanus, né en 1436, en Franconie, mort à Rome en 1476. Il paraît qu'il prophétisait aussi, puisqu'on dit qu'il annonça la fin du monde en même temps que Stoffler. Ces deux hommes firent tant de bruit, que les esprits faibles crurent que le monde finirait infailliblement en 1588. On dit qu'il construisit deux automates merveilleux : 1° un aigle qui volait et qui alla au-devant de l'empereur, lors de son entrée à Ratisbonne ; 2° une mouche de fer, qui faisait le tour d'une table en bourdonnant à l'oreille de chaque convive, et revenait se poser sur sa main. Ses contemporains voyaient dans ces deux objets, dont on exagère la perfection, des œuvres de magie.

MULLIN, démon d'un ordre inférieur, premier valet de chambre de Belzébuth. Il y a aussi dans quelques procès de sorciers un certain maître Jean Mullin, qui est le lieutenant du grand maître des sabbats.

MUMMOL. En 578, Frédégonde perdit un de ses fils, qui mourut de la dyssenterie. On accusa le général Mummol, qu'elle haïssait, de l'avoir fait périr par des charmes et des maléfices. Il avait eu l'imprudence de dire à quelques personnes qu'il connaissait une herbe d'une efficacité absolue contre la dys-

(1) Delancre, Tableau de l'inconstance des démons, etc., p. 505.

(2) *Abrégé des Voyages*, par La Harpe
(3) Bodin, Démonomanie, p. 396.

senterie. Il n'en fallut pas davantage pour qu'il fût soupçonné d'être sorcier. La reine fit arrêter plusieurs femmes de Paris, qui confessèrent qu'elles étaient sorcières, qu'elles avaient tué plusieurs personnes, que Mummol devait périr, et que le prince avait été sacrifié pour sauver Mummol. De ces sorcières, qui étaient coupables de meurtres, les unes furent brûlées, d'autres noyées; quelques-unes expirèrent sur la roue. Après ces exécutions, Frédégonde partit pour Compiègne et accusa Mummol auprès du roi (1). Ce prince le fit venir; on lui lia les mains derrière le dos; on lui demanda quel maléfice il avait employé pour tuer le prince; il ne voulut rien avouer de ce qu'avaient déposé les sorcières, mais il convint qu'il avait souvent charmé des onguents et des breuvages, pour gagner la faveur du roi et de la reine. Quand il fut retiré de la torture, il appela un sergent et lui commanda d'aller dire au roi qu'il n'avait éprouvé aucun mal. Chilpéric, entendant ce rapport, s'écria: « Il faut vraiment qu'il soit sorcier, pour n'avoir pas souffert de la question!... » En même temps il fit reprendre Mummol; on l'appliqua de nouveau à la torture; mais quand on se préparait à lui trancher la tête, la reine lui fit grâce de la vie, se contentant de prendre ses biens. On le plaça sur une charrette qui devait le conduire à Bordeaux, où il était né; il ne devait point y mourir, tout son sang se perdit pendant la route, et il expira d'épuisement. On brûla tout ce qui avait appartenu au jeune prince, autant à cause des tristes souvenirs qui s'y attachaient que pour anéantir tout ce qui portait avec soi l'idée du sortilège (2).

MUNSTER. « Si l'on en croit le témoignage de quelques contemporains, des signes précurseurs avaient annoncé les calamités qui frappèrent Munster (de 1531 à 1535, sous la domination des anabaptistes). Dès 1517, la veille des ides de janvier, on vit trois soleils à la fois que perçaient d'outre en outre des glaives lumineux. Quelques jours après trois lunes; on ne dit pas qu'elles aient été traitées aussi cruellement que les soleils. Mais les étoiles ne furent point épargnées. De petites épées qu'on apercevait çà et là dans les nues semblaient les poignarder : *In nubibus sparsim gladiosi, quasi stellas transfigentes*. N'oublions point un bras qui ne tenait à rien, étendu vers le nord et armé d'un sabre nu, ni des éclipses de soleil et de lune, ni une comète, ni des feux errants pendant la nuit. Ajoutons à ces prodiges des enfantements monstrueux. En plein jour, un homme céleste traversa les airs; il avait une couronne d'or sur la tête, un glaive dans une main, une verge dans l'autre. Mais qu'était-ce, en comparaison d'un spectre hideux, vu pareillement en l'air, tenant dans ses mains décharnées des entrailles palpitantes, qu'il comprimait si réellement, que le sang en dégoutta sur le toit de plusieurs maisons ?

« L'auteur que je suis est trop sage pour garantir ces tristes merveilles, et je me borne comme lui à les donner pour ce qu'elles valent. Il en est une cependant qui mérite plus d'attention, parce que l'historien assure qu'il en fut témoin, *præsente me*, dit-il. La fille d'un tailleur, nommé Tomberg, âgée de quinze à seize ans, timide et parlant difficilement, fut tout à coup saisie d'un enthousiasme terrible, parla trois heures de suite avec une sorte de fureur, annonçant à la ville les malheurs dont elle était menacée. Sa prédiction finie, elle tomba morte. Ce trait ressemble assez au juif du siège de Jérusalem (3). »

MURAILLE DU DIABLE. C'est cette fameuse muraille qui séparait autrefois l'Angleterre de l'Ecosse, et dont il subsiste encore diverses parties que le temps n'a pas trop altérées. La force du ciment et la dureté des pierres ont persuadé aux habitants des lieux voisins qu'elle a été faite de la main du diable; et les plus superstitieux ont grand soin d'en recueillir jusqu'aux moindres débris, qu'ils mêlent dans les fondements de leurs maisons, pour leur communiquer la même solidité. Elle a été bâtie par l'empereur Adrien. Un jardinier écossais, ouvrant la terre dans son jardin, trouva une pierre d'une grosseur considérable, sur laquelle on lisait, en caractères du pays, qu'elle était là pour la sûreté des murs du château et du jardin, et qu'elle y avait été apportée de la grande muraille dont elle avait fait autrefois partie; mais qu'il serait aussi dangereux de la remuer qu'il y aurait d'avantage à la laisser à sa place. Le seigneur de la maison, moins crédule que ses ancêtres, voulut la faire transporter dans un autre endroit, pour l'exposer à la vue, comme un ancien monument. On entreprit de la faire sortir de terre à force de machines, et on en vint à bout, comme on aurait fait d'une pierre ordinaire. Elle demeura sur le bord du trou, pendant que la curiosité y fit descendre le jardinier, plusieurs domestiques, les deux fils du gentilhomme, qui s'amusèrent quelques moments à creuser encore le fond. La pierre fatale, qu'on avait négligé apparemment de placer dans un juste équilibre, prit ce temps pour retomber au fond du trou, et écrasa tous ceux qui s'y trouvaient. Ce n'était là que le prélude des malheurs que devait causer cette pierre. La jeune épouse de l'aîné des deux frères apprit ce qui venait d'arriver. Elle courut au jardin; elle y arriva dans le temps que les ouvriers s'empressaient de lever la pierre, avec quelque espérance de trouver un reste de vie aux infortunés qu'elle couvrait. Ils l'avaient levée à demi, et l'on s'aperçut en effet qu'ils respiraient encore, lorsque l'imprudente épouse, perdant tout soin d'elle-même, se jeta si rapidement sur le corps de

---

(1) Chilpéric Iᵉʳ
(2) Grégoire de Tours, liv. IV de l'Hist. de France.

(3) M. Baston, *Jean Bockelson*, Fragment historique tiré d'un manuscrit contemporain tiré la prévôté de Varlard).

son mari, que les ouvriers, saisis de son action, lâchèrent malheureusement les machines qui soutenaient la pierre et l'ensevelirent ainsi avec les autres. Cet accident confirma plus que jamais la superstitieuse opinion des Ecossais : on ne manqua pas de l'attribuer à quelque pouvoir établi pour la conservation du mur d'Ecosse et de toutes les pierres qui en sont détachées.

MURMUR, grand-duc et comte de l'empire infernal, démon de la musique. Il paraît sous la forme d'un soldat monté sur un vautour et accompagné d'une multitude de trompettes ; sa tête est ceinte d'une couronne ducale; il marche précédé du bruit des clairons. Il est de l'ordre des anges et de celui des trônes (1).

MUSIQUE CÉLESTE. Entre plusieurs découvertes surprenantes que fit Pythagore, on admire surtout cette musique céleste que lui seul entendait. Il trouvait les sept tons de la musique dans la distance qui est entre les planètes: de la terre à la lune, un ton ; de la lune à Mercure, un demi-ton ; de Mercure à Vénus, un demi-ton ; de Vénus au soleil, un ton et demi ; du soleil à Mars, un ton ; de Mars à Jupiter, un demi-ton ; de Jupiter à Saturne, un demi-ton, et de Saturne au zodiaque, un ton et demi. C'est à cette musique des corps célestes qu'est attachée l'harmonie de toutes les parties qui composent l'univers. Nous autres, dit Léon l'Hébreu, nous ne pouvons entendre cette musique, parce que nous en sommes trop éloignés, ou bien parce que l'habitude continuelle de l'entendre fait que nous ne nous en apercevons point, comme ceux qui habitent près de la mer ne s'aperçoivent plus du bruit des vagues, parce qu'ils y sont accoutumés.

MUSPELHEIM. Les Scandinaves nomment ainsi un monde lumineux, ardent, inhabitable aux étrangers. Surtur le Noir y tient son empire ; dans ses mains brille une épée flamboyante. Il viendra à la fin du monde, vaincra tous les dieux et livrera l'univers aux flammes.

MUSUCCA, nom du diable chez quelques peuples de l'Afrique. Ils en ont une très-grande peur et le regardent comme l'ennemi du genre humain ; mais ils ne lui rendent aucun hommage. C'est le même que Mouzouko.

MYCALE, magicienne, qui faisait descendre la lune par la force de ses charmes. Elle fut mère de deux célèbres Lapithes, Brotéas et Orion.

MYIAGORUS, génie imaginaire auquel on attribuait la vertu de chasser les mouches pendant les sacrifices. Les Arcadiens avaient des jours d'assemblée, et commençaient par invoquer ce dieu et le prier de les préserver des mouches. Les Eléens encensaient avec constance les autels de Myiagorus, persuadés qu'autrement des essaims de mouches viendraient infecter leur pays sur la fin de l'été et y porter la peste. *Voy.* ACHOR, BELZÉBUTH.

MYOAM, génie invoqué par les basilidiens.

MYOMANCIE, divination par les rats ou les souris ; on tirait des présages malheureux ou de leur cri, ou de leur voracité. Elien raconte que le cri aigu d'une souris suffit à Fabius Maximus pour l'engager à se démettre de la dictature ; et, selon Varron, Cassius Flaminius, sur un pareil présage, quitta la charge de général de cavalerie. Plutarque dit qu'on augura mal de la dernière campagne de Marcellus, parce que des rats avaient rongé quelques dorures du temple de Jupiter. Un Romain vint un jour, fort effrayé, consulter Caton, parce que les rats avaient rongé un de ses souliers. Caton lui répondit que c'eût été un tout autre prodige si le soulier avait rongé un rat.

MYRICÆUS, surnom donné à Apollon, comme présidant à la divination par les branches de bruyère, à laquelle on donnait l'épithète de prophétique. On lui mettait alors à la main une branche de cette plante.

MYSTÈRES. Nonnus dit que, chez les Romains, il fallait passer par quatre-vingts épreuves différentes, pour être initié dans les mystères de Mithras ou du Soleil. D'abord on faisait baigner le candidat, puis on l'obligeait à se jeter dans le feu; ensuite on le reléguait dans un désert, où il était soumis à un jeûne rigoureux de cinquante jours ; après quoi on le fustigeait durant deux jours ; on le mettait vingt autres jours dans la neige. Ce n'était qu'après ces épreuves, sur l'observation rigoureuse desquelles veillait un prêtre, et dans lesquelles le récipiendaire succombait souvent, qu'on était admis aux mystères. Il y avait d'autres cérémonies très-bizarres aux mystères d'Eleusis, de Trophonius, de la grande déesse, etc.

N

NABAM, démon que l'on conjure le samedi, *Voy.* CONJURATIONS.

NABERUS, autrement CERBÈRE, appelé aussi NÉBIROS, marquis du sombre empire, maréchal de camp et inspecteur général des armées. Il se montre sous la figure d'un corbeau ; sa voix est rauque ; il donne l'éloquence, l'amabilité, et enseigne les arts libéraux. Il fait trouver la main de gloire ; il indique les qualités des métaux, des végétaux et de tous les animaux purs et impurs ; l'un des chefs des nécromanciens, il prédit l'avenir. Il commande à dix-neuf légions (2).

NABUCHODONOSOR, roi de Babylone, qui crut pouvoir exiger des peuples le culte et les hommages qui ne sont dus qu'à Dieu, et qui fut pendant sept ans changé en bœuf. Les paradistes croient faire une grande plai-

---

(1) Wierus, in Pseudomonarchia dæm.

(2) Wierus, in Pseudomon. dæmonum.

sauterie en annonçant qu'on verra chez eux l'ongle de Nabuchodonosor (1), parmi d'autres bagatelles; mais l'ongle de Nabuchodonosor est dans le cabinet de curiosités du roi de Danemark...

« Entre les Pères de l'Eglise, les uns, dit Chevreau, ont cru certaine la réprobation de Nebuchadnetzar, les autres n'ont douté nullement de son salut. On a fait encore des questions assez inutiles sur le texte de Daniel, où il est dit que « Nabuchodonosor fut banni sept ans de la compagnie des hommes; qu'il demeurait avec les bêtes des champs; qu'il mangeait l'herbe comme les bœufs; que son poil devint long comme les plumes des aigles, et ses ongles comme ceux des oiseaux. » Saint Cyrille de Jérusalem, Cédren, etc., ont été persuadés qu'il avait été changé en bœuf; et notre Bodin y aurait souscrit, lui qui a cru la Lycanthropie. Je ne pousserai point cette question, et je me contente de dire ici, après beaucoup d'autres, qu'il perdit l'usage de la raison; qu'il fut tellement changé par les injures de l'air, par la longueur de son poil et de ses ongles, et par sa manière de vivre avec les bêtes, qu'il s'imagina qu'il en était une. Tertullien dit qu'en cet état il fut frénétique; saint Thomas, qu'il eut l'imagination blessée; et les paroles de saint Jérôme sont remarquables: *Quando autem dixit sensum sibi redditum, ostendit non formam se amisisse, sed mentem* (2). »

NACHTMANNETJE, ou petit homme de nuit, nom que les Flamands donnent aux incubes.

NACHTVROUWTJE, ou petite femme de nuit, nom que les Flamands donnent aux succubes.

NAGATES, astrologues de Ceylan. Des voyageurs crédules vantent beaucoup le savoir de ces devins, qui, disent-ils, font souvent des prédictions que l'événement accomplit. Ils décident du sort des enfants. S'ils déclarent qu'un astre malin a présidé à leur naissance, les pères, en qui la superstition étouffe la nature, leur ôtent une vie qui doit être malheureuse. Cependant, si l'enfant qui voit le jour sous l'aspect d'une planète contraire est un premier-né, le père le garde, en dépit des prédictions; ce qui prouve que l'astrologie n'est qu'un prétexte dont les pères trop chargés d'enfants se servent pour en débarrasser leur maison. Ces nagates se vantent encore de prédire, par l'inspection des astres, si un mariage sera heureux, si une maladie est mortelle, etc.

NAGLEFARE, vaisseau fatal chez les Celtes. Il est fait des ongles des hommes morts; il ne doit être achevé qu'à la fin du monde, et son apparition fera trembler les hommes et les dieux. C'est sur ce vaisseau que l'armée des mauvais génies doit arriver d'Orient.

NAGUILLE (Catherine), petite sorcière âgée de onze ans, qui fut accusée d'aller au sabbat en plein midi (3).

NAGUILLE (Marie), jeune sorcière, sœur de la précédente. Arrêtée à seize ans, elle avoua que sa mère l'avait conduite au sabbat. Lorsqu'elles devaient y aller ensemble, le diable venait ouvrir la fenêtre de leur chambre et les attendait à la porte. La mère tirait un peu de graisse d'un pot, s'en oignait la tête, excepté la figure, prenait sa fille sous le bras, et elles s'en allaient en l'air au sabbat. Pour revenir à la maison, le diable leur servait de porteur. Elle avoua encore que le sabbat se tenait à Pagole, près d'un petit bois (4).

NAHAMA, sœur de Tubalcain. On lit dans le Talmud que c'est une des quatre mères des diables. Elle est devenue elle-même, selon les démonomanes, un démon succube.

NAINS. Aux noces d'un certain roi de Bavière, on vit un nain si petit, qu'on l'enferma dans un pâté, armé d'une lance et d'une épée. Il en sortit au milieu du repas, sauta sur la table, la lance en arrêt, et excita l'admiration de tout le monde (5). La fable dit que les pygmées n'avaient que deux pieds de haut et qu'ils étaient toujours en guerre avec les grues. Les Grecs, qui reconnaissaient des géants, pour faire le contraste parfait, imaginèrent ces petits hommes, qu'ils appelèrent pygmées. L'idée leur en vint peut-être de certains peuples d'Ethiopie, appelés *Péchinies*, qui étaient d'une petite taille. Et comme les grues se retiraient tous les hivers dans leur pays, ils s'assemblaient pour leur faire peur et les empêcher de s'arrêter dans leurs champs : voilà le combat des pygmées contre les grues. Swift fait trouver à son Gulliver des hommes hauts d'un demi-pied dans l'île de Lilliput. Avant lui, Cyrano de Bergerac, dans son Voyage au soleil, avait vu de petits nains *pas plus hauts que le pouce*. Les Celtes pensaient que les nains étaient des espèces de créatures formées du corps du géant Ime, c'est-à-dire de la poudre de la terre. Ils n'étaient d'abord que des vers; mais, par l'ordre des dieux, ils participèrent à la raison et à la figure humaine, habitant toujours cependant entre la terre et les rochers. « On a découvert sur les bords de la rivière Merrimak, à vingt milles de l'île Saint-Louis, dans les Etats-Unis, des tombeaux en pierres, construits avec une sorte d'art et rangés en ordre symétrique, mais dont aucun n'avait plus de quatre pieds de long. Les squelettes humains n'excèdent pas trois pieds en longueur. Cependant les dents prouvent que c'étaient des individus d'un âge mûr. Les crânes sont hors de proportion avec le reste du corps. » Voilà donc les pygmées retrouvés (6). *Voy.* Pygmée.

Laissons passer une anecdote de nain.

---

(1) Et plus exactement Nebuchadnetzar, nom qui signifie *Nebo le dieu prince*, et Nebo serait le nom chaldéen de la planète de Mercure (M. Eugène Boré, *De la Chaldée et des Chaldéens*).
(2) Chevræana, tome Ier, p. 249.
(3) Delancre, Tabl. de l'inconstance des démons, etc.,

Diction. des sciences occultes. II.

liv. II, p. 66.
(4) Delancre, Tabl. de l'inconstance des démons, etc., liv. II, p. 118.
(5) Johnston, Thaumatographia naturalis.
(6) Journal des Débats du 23 janvier 1819.

7

On montre dans le château d'Umbres, à une lieue d'Inspruck, le tombeau d'Haymon, géant né dans le Tyrol au xv° siècle. Il avait seize pieds de haut et assez de force, dit-on, pour porter un bœuf d'une main. A côté du squelette d'Haymon est celui d'un nain qui fut cause de sa mort. Ce nain ayant délié le cordon du soulier du géant, celui-ci se baissa pour le renouer; le nain profita de ce moment pour lui donner un soufflet. Cette scène se passa devant l'archiduc Ferdinand et sa cour; on en rit : ce qui fit tant de peine au géant, que peu de jours après il en mourut de chagrin.

NAIRANCIE. Espèce de divination usitée parmi les Arabes, et fondée sur plusieurs phénomènes du soleil et de la lune.

NAKARONKIR, esprit que Mahomet envoie dans leur sommeil aux musulmans coupables, pour les pousser au repentir.

NAMBROTH, démon que l'on conjure le mardi. *Voy.* CONJURATIONS.

NAN, mouches assez communes en Laponie. Les Lapons les regardent comme des esprits et les portent avec eux dans des sacs de cuir, bien persuadés que par ce moyen ils seront préservés de toute espèce de maladies.

NAPOLÉON, empereur des Français. On a prétendu qu'il avait un génie familier, comme Socrate et tous les grands hommes dont les actions ont excité l'admiration de leurs contemporains. On l'a fait visiter par un petit homme rouge, espèce de génie mystérieux. On a vu aussi dans Napoléon un des terribles précurseurs de l'Antechrist. Qui sait?

NARAC, enfer des Indiens; on y sera tourmenté par des serpents.

NASTRANDE, partie de l'enfer des Scandinaves. Là sera un bâtiment vaste et infâme; la porte, tournée vers le nord, ne sera construite que de cadavres, de serpents, dont toutes les têtes, tendues à l'intérieur, vomiront des flots de venin. Il s'en formera un fleuve empoisonné, dans les ondes rapides duquel flotteront les parjures, les assassins et les adultères. Dans une autre région, la condition des damnés sera pire encore; car un loup dévorant y déchirera sans cesse les corps qui y seront envoyés.

NATHAN. *Voy.* BOUER, à la fin.

NAUDÉ (GABRIEL), l'un des savants distingués de son temps, né à Paris en 1600. Il fut d'abord bibliothécaire du cardinal Mazarin, ensuite de la reine Christine, et mourut à Abbeville en 1653. Il a laissé une *Instruction à la France sur la vérité de l'histoire des frères de la Rose-Croix*, 1623, in-4° et in 8°; rare. Naudé y prouve que les prétendus frères de la Rose-Croix n'étaient que des fourbes qui cherchaient à trouver des dupes, en se vantant d'enseigner l'art de faire de l'or, et d'autres secrets non moins merveilleux. Ce curieux opuscule est ordinairement réuni à une autre brochure intitulée : *Avertissement au sujet des frères de la Rose-Croix*. On a encore de lui : *Apologie pour les grands hommes faussement soupçonnés de magie*, 1625, in-8°. Cet ouvrage, peut-être un peu trop systématique, a eu plusieurs éditions. Il y prend la défense des sages anciens et modernes accusés d'avoir eu des génies familiers, tels que Socrate, Aristote, Plotin, etc., ou d'avoir acquis par la magie des connaissances au-dessus du vulgaire.

NAURAUSE (PIERRES DE), *Voy.* FIN DU MONDE.

NAVIUS (ACCIUS). Ce Navius, étant jeune, dit Cicéron, fut réduit par la pauvreté à garder les pourceaux. En ayant perdu un, il fit vœu que, s'il le retrouvait, il offrirait aux dieux la plus belle grappe de raisin qu'il y aurait dans l'année. Lorsqu'il eut retrouvé son pourceau, il se tourna vers le midi, s'arrêta au milieu d'une vigne, partagea l'horizon en quatre parties; et après avoir eu dans les trois premières des présages contraires, il trouva une grappe de raisin d'une admirable grosseur. Ce fut le récit de cette aventure qui donna à Tarquin la curiosité de mettre à l'épreuve son talent de divination. Il coupa un jour un caillou avec un rasoir, pour prouver qu'il devinait bien.

NAYLOR (JAMES), imposteur du xvi° siècle, né dans le diocèse d'York, en Angleterre. Après avoir servi quelque temps en qualité de maréchal des logis dans le régiment du colonel Lambert, il se retira parmi les trembleurs, et s'acquit tant de réputation par ses discours, qu'on le regardait comme un saint homme. Voulant profiter de la bonne opinion qu'on avait de lui, et se donner en quelque sorte pour un dieu, il résolut, en 1656, d'entrer dans Bristol en plein jour, monté sur un cheval dont un homme et une femme tenaient les rênes, suivi de quelques autres qui chantaient tous : *Saint, saint, saint le dieu de Sabaoth* (1). Les magistrats l'arrêtèrent et l'envoyèrent au parlement, où son procès ayant été instruit, il fut condamné, le 25 janvier 1657, comme blasphémateur et séducteur du peuple, à avoir la langue percée avec un fer chaud et le front marqué de la lettre B (blasphémateur), à être ensuite reconduit à Bristol, où il rentrerait à cheval, ayant le visage tourné vers la queue : ce qui fut exécuté à la lettre, quoique ce fou misérable eût désiré paraître sur un âne. Naylor fut ensuite renfermé pour le reste de ses jours; mais on l'élargit un peu plus tard, et il ne cessa de prêcher ceux de sa secte jusqu'à sa mort.

NAXAC, séjour de peines où les habitants du Pégu font arriver les âmes après plusieurs transmigrations.

NEBIROS, *Voy.* NABERUS.

NECROMANCIE, art d'évoquer les morts ou de deviner les choses futures par l'inspection des cadavres. *Voy.* ANTHROPOMANCIE, ERICHTO, etc.

Il y avait à Séville, à Tolède et à Salamanque, des écoles publiques de nécromancie dans de profondes cavernes, dont la

---

(1) Nous traduisons *le Dieu des armées*; mais *Deus Sabaoth* veut dire *le Dieu des phalanges célestes.*

grande Isabelle fit murer l'entrée. Pour prévenir les superstitions de l'évocation des mânes et de tout ce qui a pris le nom de nécromancie, Moïse avait fait de sages défenses aux Juifs. Isaïe condamne également ceux qui demandent aux morts ce qui intéresse les vivants et ceux qui dorment sur les tombeaux pour avoir des rêves. C'est même pour obvier aux abus de la nécromancie, répandue en Orient, que chez le peuple israélite celui qui avait touché un mort était censé impur. Cette divination était en usage chez les Grecs, et surtout chez les Thessaliens; ils arrosaient de sang chaud un cadavre, et ils prétendaient ensuite en recevoir des réponses certaines sur l'avenir. Ceux qui consultaient le mort devaient auparavant avoir fait les expiations prescrites par le magicien qui présidait à cette cérémonie, et surtout avoir apaisé par quelques sacrifices les mânes du défunt : sans ces préparatifs, le défunt demeurait sourd à toutes les questions. Les Syriens se servaient aussi de cette divination, et voici comment ils s'y prenaient : Ils tuaient de jeunes enfants en leur tordant le cou, leur coupaient la tête, qu'ils salaient et embaumaient, puis gravaient, sur une lame ou sur une plaque d'or, le nom de l'esprit malin pour lequel ils avaient fait ce sacrifice; ils plaçaient la tête sur cette plaque, l'entouraient de cierges, adoraient cette sorte d'idole et en tiraient des réponses (1). *Voy.* MAGIE.

Les rois idolâtres d'Israël et de Juda se livrèrent à la nécromancie. Saül y eut recours lorsqu'il voulut consulter l'ombre de Samuel. L'Église a toujours condamné ces abominations. Lorsque Constantin, devenu chrétien, permit encore aux païens de consulter leurs augures, pourvu que ce fût au grand jour, il ne toléra ni la magie noire ni la nécromancie. Julien se livrait à cette pratique exécrable. Il restait, au moyen âge, quelque trace de la nécromancie dans l'épreuve du cercueil.

NEFFESOLIENS, secte de mahométans qui prétendent être nés du Saint-Esprit, c'est-à-dire sans opération d'homme : ce qui les fait tellement révérer, qu'on ne s'approche d'eux qu'avec réserve. On prétend qu'un malade guérit pour peu qu'il puisse toucher un de leurs cheveux. Mais Delancre dit que ces saints hommes sont au contraire des enfants du diable, qui tâchent de lui faire des prosélytes (2) : et c'est le plus probable.

NÉGA. « Tu as fait un vœu à sainte Néga. » Expression des bandits corses. Cette sainte n'est pas dans le calendrier; mais, chez ces bandits, se vouer à sainte Néga, c'est nier tout de parti pris (3).

NÈGRES. Il est démontré que les nègres ne sont pas d'une race différente des blancs, comme l'ont voulu dire quelques songe-creux ; qu'ils ne sont pas non plus la postérité de Caïn, laquelle a péri dans le déluge.

Les hommes, cuivrés en Asie, sont devenus noirs en Afrique et blancs dans le Septentrion ; et tous descendent d'un seul couple. Les erreurs plus ou moins innocentes des philosophes à ce sujet ne sont plus admises que par les ignorants. Les sorciers appelaient quelquefois le diable le grand nègre. Un jurisconsulte dont on n'a conservé ni le nom ni le pays, ayant envie de voir le diable, se fit conduire par un magicien dans un carrefour peu fréquenté, où les démons avaient coutume de se réunir. Il aperçut un grand nègre sur un trône élevé, entouré de plusieurs soldats noirs armés de lances et de bâtons. *Le grand nègre*, qui était le diable, demanda au magicien qui il lui amenait.

— Seigneur, répondit le magicien, c'est un serviteur fidèle.

— Si tu veux me servir et m'adorer, dit le diable au jurisconsulte, je te ferai asseoir à ma droite.

Mais le prosélyte, trouvant la cour infernale plus triste qu'il ne l'avait espéré, fit un signe de la croix, et les démons s'évanouirent (4). Les nègres, comme de juste, font le diable blanc.

ÉTUDES DU CERVEAU DU NÈGRE.

C'est une opinion qui paraît avoir prévalu bien longtemps parmi les naturalistes, que la race nègre est inférieure à l'européenne, et sous le rapport de son organisation, et sous celui de ses facultés intellectuelles. Dans tous les points où elle diffère de la race blanche, elle se rapprocherait ainsi de la tribu des singes. Un célèbre physiologiste, M. Tiedmann, voulant vérifier de telles assertions, a examiné un très-grand nombre de cerveaux d'individus de sexes différents, d'âges divers, et appartenant à plusieurs variétés de l'espèce humaine. Il s'est assuré de leur poids exact, et par des mesures prises avec soin, il a déterminé la capacité de la cavité du crâne. D'après ces recherches, présentées à la Société royale de Londres, le cerveau d'un Européen adulte, du sexe masculin, varie de trois livres trois onces à quatre livres onze onces, et celui des individus du sexe féminin a de quatre à huit onces en moins que celui des hommes. Il atteint ordinairement ses dimensions complètes à l'âge de sept à huit ans, et décroît en volume dans la vieillesse. Au moment de la naissance, le rapport des dimensions du cerveau à celles des autres parties du corps est plus grand qu'à aucune autre époque postérieure de la vie. Son poids s'élève alors au sixième du poids total du corps; à deux ans, il n'est plus que le quinzième; à trois ans, le dix-huitième; à quinze ans, le vingt-quatrième; de vingt à soixante-dix ans, il est généralement renfermé dans les limites d'un trente-sixième à un quarante-sixième. Au reste, chez l'adulte, ce rapport est déterminé en grande partie par l'état de corpulence du sujet. Le cerveau a été trouvé d'un volume

---

(1) Leloyer, Histoire des spectres ou appar. des esprits, liv. v, p. 544.
(2) Delancre, Tableau de l'inconstance des démons, etc.,
liv. III, p. 231.
(3) P. Mérimée, Colomba.
(4) Legenda aurea Jacobi de Voragine, leg. 64.

considérable chez quelques hommes doués d'une grande capacité intellectuelle (Cuvier, par exemple).

Il n'existe aucune différence appréciable dans le poids moyen et les dimensions moyennes du cerveau du nègre et de l'Européen. La très-légère différence qu'on remarque dans sa forme extérieure disparaît dans la structure interne; et cet organe, chez le nègre, n'a pas plus de ressemblance avec celui du singe que celui de l'Européen, excepté peut-être dans la disposition plus symétrique des circonvolutions.

L'auteur attribue les notions erronées qui se sont accréditées jusqu'ici sur l'infériorité des nègres, au peu d'amplitude de leur angle facial, circonstance qui, d'après le préjugé vulgaire, les rapprochait des singes, où cet angle est généralement plus petit encore. Si l'on ne peut prouver qu'il existe de différence innée dans les facultés intellectuelles des races humaines, l'infériorité apparente du nègre ne serait donc que le résultat de l'influence démoralisante de l'esclavage, de l'oppression continue et de la cruauté exercée envers cette malheureuse portion de l'espèce humaine par ceux qui l'ont précédée dans la civilisation (1).

NEKIR. *Voy.* MONKIR.

NEMBROTH, un des esprits que les magiciens consultent. Le mardi lui est consacré et on l'évoque ce jour-là : il faut, pour le renvoyer, lui jeter une pierre, ce qui est facile.

NEMROD, roi d'Assyrie. Ayant fait bâtir la tour de Babel, et voyant, disent les auteurs arabes, que cette tour, à quelque hauteur qu'il l'eût fait élever, était encore loin d'atteindre au ciel, il imagina de s'y faire transporter dans un panier, par quatre énormes vautours. Les oiseaux l'emportèrent en effet lui et son panier, mais si haut et si loin, que depuis on n'entendit plus parler de lui.

NÉNUFAR, plante aquatique froide, dont voici un effet : Un couvreur travaillait en été sur une maison, à l'une des fenêtres de laquelle le maître avait un flacon d'eau de fleurs de nénufar à purifier au soleil. Comme il était échauffé et altéré, il prit le flacon et but de cette eau ; il retourna chez lui avec les sens glacés. Au bout de quelques jours, surpris de son refroidissement, il se crut ensorcelé. Il se plaint du maléfice qu'on lui a fait. Le maître de la maison examine son flacon et le trouve vide. Il reconnaît aussitôt d'où vient le maléfice, console le couvreur en lui faisant boire du vin de gingembre confit et toutes choses propres à le réchauffer. Il le rétablit enfin et fit cesser ses plaintes (2).

NEPHELIM, nom qui signifie également géants ou brigands. Aussi est-ce celui que l'Écriture donne aux enfants nés du commerce des anges avec les filles des hommes. Selon l'auteur du livre d'Enoch, les néphélim étaient fils des géants et pères des éliuds.

NEQUAM, prétendu prince des magiciens, à qui les chroniques mayençaises attribuent la fondation de Mayence.

NERGAL, démon du second ordre, chef de la police du ténébreux empire, premier espion de Belzébuth, sous la surveillance du grand justicier Lucifer. Ainsi le disent les démonomanes. Toutefois Nergal ou Nergel fut une idole des Assyriens ; il paraît que dans cette idole ils adoraient le feu.

NÉRON, empereur romain, dont le nom odieux est devenu la plus cruelle injure pour les mauvais princes. Il portait avec lui une petite statue ou mandragore qui lui prédisait l'avenir. On rapporte qu'en ordonnant aux magiciens de quitter l'Italie, il comprit sous le nom de magiciens les philosophes, parce que, disait-il, la philosophie favorisait l'art magique. Cependant il est certain, disent les démonomanes, qu'il évoqua lui-même les mânes de sa mère Agrippine (3).

NETLA. *Voy.* ORTIE.

NETOS, génies malfaisants aux Moluques.

NEUF. Ce nombre est sacré chez différents peuples. Les Chinois se prosternent neuf fois devant leur empereur. En Afrique, on a vu des princes, supérieurs aux autres en puissance, exiger des rois leurs vassaux de baiser neuf fois la poussière avant de leur parler. Pallas observe que les Mogols regardent aussi ce nombre comme très-auguste, et l'Europe n'est pas exempte de cette idée.

NEUHAUS. (FEMME BLANCHE DE) *Voy.* FEMMES BLANCHES.

NEURES ou NEURIENS, peuples de la Sarmatie européenne, qui prétendaient avoir le pouvoir de se métamorphoser en loups une fois tous les ans, et de reprendre ensuite leur première forme.

NEW-HAVEN. La barque de la fée de New-Haven apparaît, dit-on, sur les mers avant les naufrages au nouveau monde. Cette tradition prend sa source dans une de ces apparitions merveilleuses et inexplicables, qu'on suppose être occasionnées par la réfraction de l'atmosphère, comme le palais de la fée Morgane, qui brille au-dessus des eaux dans la baie de Messine.

NICKAR. *Voy.* ODIN.

NICKAR. D'après la mythologie scandinave, source principale de toutes les croyances populaires de l'Allemagne et de l'Angleterre, Odin prend le nom de Nickar ou Hnickar, lorsqu'il agit comme principe destructeur ou mauvais génie. Sous ce nom et sous la forme de *kelpic*, cheval-diable d'Écosse, il habite les lacs et les rivières de la Scandinavie, où il soulève des tempêtes et des ouragans. Il y a, dans l'île de Rugen, un lac sombre dont les eaux sont troubles et les rives couvertes de bois épais. C'est là qu'il aime à tourmenter les pêcheurs en faisant chavirer leurs bateaux et en les lançant quelquefois jusqu'au sommet des plus hauts sapins. Du Nickar scandinave sont provenus

---

(1) Annales de philosophie chrétienne, 1842.
(2) Saint-André, Lettres sur la Magie.

(3) Suétone, Vie de Néron, chap. 24.

les *hommes d'eau* et les *femmes d'eau*, les nixes des Teutons. Il n'en est pas de plus célèbres que les nymphes de l'Elbe et de la Gaal. Avant l'établissement du christianisme, les Saxons qui habitaient le voisinage de ces deux fleuves adoraient une divinité du sexe féminin, dont le temple était dans la ville de Magdebourg ou Megdeburch (ville de la jeune fille), et qui inspira toujours depuis une certaine crainte comme la naïade de l'Elbe. Elle apparaissait à Magdebourg, où elle avait coutume d'aller au marché avec un panier sous le bras: elle était pleine de grâce, propre, et au premier abord on l'aurait prise pour la fille d'un bon bourgeois; mais les malins la reconnaissaient à un petit coin de son tablier, toujours humide, en souvenir de son origine aquatique.

Prétorius, auteur estimable du XVI° siècle, raconte que la nymphe de l'Elbe s'assied quelquefois sur les bords du fleuve, peignant ses cheveux à la manière des sirènes. Une tradition semblable à celle que Walter Scott a mise en scène dans la *Fiancée de Lammermoor* avait cours au sujet de la sirène de l'Elbe; elle est rapportée tout au long par les frères Grimm, dans leur Recueil de légendes germaniques. Quelque belles que paraissent les ondines ou nixes, le principe diabolique fait toujours partie de leur essence: l'esprit du mal n'est couvert que d'un voile plus ou moins transparent, et tôt ou tard la parenté de ces beautés mystérieuses avec Satan devient manifeste. Une mort inévitable est le partage de quiconque se laisse séduire par elles. Des auteurs prétendent que les dernières inondations du Valais furent causées par des démons, qui, s'ils ne sont pas des nickars ou des nixes, sont du moins de nature amphibie. Il y a près de la vallée de Bagnes, une montagne fatale où les démons font le sabbat. En l'année 1818, deux frères mendiants de Sion, prévenus de cette assemblée illégale, gravirent la montagne pour vérifier le nombre et les intentions des délinquants. Un diable, l'orateur de la troupe, s'avança. — Révérends frères, dit-il, nous sommes ici une armée telle que si on divisait entre nous à parts égales tous les glaciers et tous les rochers des Alpes, nous n'en aurions pas chacun une livre pesant.

De temps immémorial, quand les glaciers se fondent, on voit le diable descendre le Rhône à la nage, une épée nue d'une main, un globe d'or de l'autre. Il s'arrêta un jour devant la ville de Martigny, et cria en patois: *Aïgou, haoüssou!* (Fleuve, soulève-toi.) Aussitôt le Rhône obéit en franchissant ses rives, et détruisit une partie de la ville qui est encore en ruines. Ce fut en philosophant sur la mythologie populaire, que Paracelse créa ses fameuses nymphes ou ondines. Ce grand architecte, cet érudit des érudits, qui joignait à sa folie une imagination poétique et romanesque, a jugé convenable et utile de donner ses avis à ceux qui deviennent les époux des ondines. La morale de son apologue peut profiter à plus d'un mari de femme mortelle. Discrétion et constance sont surtout recommandées par la nymphe, et ses ordres doivent être exécutés à la lettre, sous peine de se perdre à jamais. A la moindre infraction, l'épouse mystérieuse se replonge dans l'abîme des eaux et ne reparaît plus (1).

NICOLAI. *Voy.* HALLUCINATION.

NID, degré supérieur de magie que les Islandais comparaient à leur seidur ou magie noire. Cette espèce de magie consistait à chanter un charme de malédictions contre un ennemi.

NIFLHEIM, nom d'un double enfer chez les Scandinaves. Ils le plaçaient dans le neuvième monde; suivant eux, la formation en avait précédé de quelques hivers celle de la terre. Au milieu de cet enfer, dit l'Edda, il y a une fontaine nommée Hvergelmer. De là coulent les fleuves suivants: l'Angoisse, l'Ennemi de la Joie, le Séjour de la Mort, la Perdition, le Gouffre, la Tempête, le Tourbillon, le Rugissement, le Hurlement, le Vaste; celui qui s'appelle le Bruyant coule près des grilles du séjour de la mort. Cet enfer est une espèce d'hôtellerie, ou, si l'on veut, une prison dans laquelle sont détenus les hommes lâches ou pacifiques qui ne peuvent défendre les dieux inférieurs en cas d'attaque imprévue. Mais les habitants doivent en sortir au dernier jour pour être condamnés ou absous. C'est une idée très-imparfaite du purgatoire.

NIGROMANCIE, art de connaître les choses cachées dans les endroits noirs, ténébreux, comme les mines, les pétrifications souterraines, etc. Ceux qui faisaient des découvertes de ce genre évoquaient les démons et leur commandaient d'apporter les trésors cachés. La nuit était particulièrement destinée à ces évocations, et c'est aussi durant ce temps que les démons exécutaient les commissions dont ils étaient chargés.

NINON DE LENCLOS. On conte que, seule un jour devant son miroir, à l'âge de dix-huit ans, cette femme philosophe s'admirait avec une expression de tristesse. Une voix tout à coup répond à sa pensée et lui dit: « N'est-il pas vrai qu'il est bien dur d'être si jolie et de vieillir? » Elle se tourne vivement et voit avec surprise auprès d'elle un vieux petit nain noir, qui reprend: « Vous me devinez sans doute? si vous voulez vous donner à moi, je conserverai vos charmes; à quatre-vingts ans vous serez belle encore. » Ninon réfléchit un instant, passa le marché, qui fut bien tenu; et quelques instants avant sa mort elle vit au pied de son lit le petit nain noir qui l'attendait..... Nous empruntons aux recueils d'historiettes le récit détaillé de ce singulier fait:

L'Histoire du Noctambule, ou du petit homme noir, qui vint trouver mademoiselle de Lenclos à l'âge de dix-huit ans, pour lui offrir la beauté inaltérable, est pour plusieurs un conte dénué de vraisemblance et de

---

(1) Traditions populaires du Nord. *Revue Britann.* 1857.

réalité. Cependant, comme elle eut un cours prodigieux, et que la vie de Ninon pouvait très-bien faire supposer que le diable était de ses amis, voici cette histoire, telle qu'on la racontait à sa mort.

Mademoiselle de Lenclos, à l'âge de dix-huit ans, étant un jour seule dans sa chambre, on vint lui annoncer un inconnu qui demandait à lui parler et qui ne voulait point dire son nom. D'abord elle lui fit répondre qu'elle était en compagnie et qu'elle ne pouvait le voir.

— Je sais, dit-il, que mademoiselle est seule et c'est ce qui m'a fait choisir ce moment pour lui rendre visite. Retournez lui dire que j'ai des choses de la dernière importance à lui communiquer et qu'il faut absolument que je lui parle.

Cette réponse singulière donna une sorte de curiosité à mademoiselle de Lenclos. Elle ordonna qu'on fit entrer l'inconnu : c'était un petit homme âgé, vêtu de noir, sans épée et d'assez mauvaise mine; il avait une calotte et des cheveux blancs, une petite canne légère à la main et une grande mouche sur le front, ses yeux étaient pleins de feu et sa physionomie assez spirituelle.

— Mademoiselle, dit-il en entrant, ayez la bonté de renvoyer votre femme de chambre; car personne ne doit entendre ce que j'ai à vous révéler.

A ce début, mademoiselle de Lenclos ne put se défendre d'un certain mouvement de frayeur; mais, faisant réflexion qu'elle n'avait devant elle qu'un petit vieillard décrépit, elle se rassura et fit sortir sa femme de chambre.

— Que ma visite, reprit alors l'inconnu, ne vous effraye pas, mademoiselle. Il est vrai que je n'ai pas coutume de faire cet honneur à tout le monde; mais vous, vous n'avez rien à craindre; soyez tranquille et écoutez-moi avec attention.

Vous voyez devant vous un être à qui toute la terre obéit et qui possède tous les biens de la nature : j'ai présidé à votre naissance. Je dispose assez souvent du sort des humains, et je viens savoir de vous de quelle manière vous voulez que j'arrange le vôtre. Vos beaux jours ne sont encore qu'à leur aurore; vous entrez dans l'âge où les portes du monde vont s'ouvrir devant vous; il ne dépend que de vous d'être la personne de votre siècle la plus illustre et la plus heureuse. Je vous apporte la grandeur suprême, des richesses immenses, ou une beauté éternelle. Choisissez de ces trois choses celle qui vous touche le plus, et soyez convaincue qu'il n'est point de mortel sur la terre qui soit en état de vous en offrir autant.

— Vraiment, monsieur, lui dit Ninon, en éclatant de rire, j'en suis bien persuadée, et la magnificence de vos dons est si grande......

— Mademoiselle, vous avez trop d'esprit pour vous moquer d'un homme que vous ne connaissez pas, choisissez, vous dis-je, ce que vous aimez le mieux, des grandeurs, des richesses ou de la beauté inaltérable. Mais déterminez-vous promptement ; je ne vous accorde qu'un instant pour vous décider ; car mes instants sont précieux.

— Ah ! monsieur, reprit Ninon, il n'y a pas à balancer sur ce que vous avez la bonté de m'offrir. Puisque vous m'en laissez le choix, je choisis la beauté inaltérable. Mais, dites-moi, que faut-il faire pour posséder un bien de si grand prix ?

— Mademoiselle, il faut seulement écrire votre nom sur mes tablettes, et me jurer un secret inviolable ; je ne vous demande rien de plus.

Ninon de Lenclos promit tout ce que l'homme noir voulut ; elle écrivit son nom sur de vieilles tablettes noires à feuillets rouges, qu'il lui présenta, en lui donnant un petit coup de sa baguette sur l'épaule gauche.

— C'en est assez, dit-il, comptez sur une beauté qui ne se fanera point, et sur la conquête de tous les cœurs. Je vous donne le pouvoir de tout charmer. C'est le plus beau privilège dont une mortelle puisse jouir ici-bas. Depuis bientôt six mille ans que je parcours l'univers d'un bout à l'autre, je n'ai encore trouvé sur la terre que quatre jeunes dames qui en aient été dignes : Sémiramis, Hélène, Cléopâtre et Diane de Poitiers. Vous êtes la cinquième et la dernière à qui j'ai résolu de faire un tel don. Vous paraîtrez toujours jeune et toujours fraîche ; vous serez toujours charmante et toujours adorée, aucun homme ne pourra vous voir sans devenir épris de vous ; vous serez aimée de tous. Vous jouirez d'une santé parfaite et durable ; vous vivrez longtemps et ne vieillirez jamais. Il y a des femmes qui semblent être nées pour le plaisir des yeux, il y en a d'autres qui semblent n'être faites que pour le charme des cœurs ; vous réunirez en vous ces deux qualités si rares. Vous ferez des passions dans un âge où les autres ne sont environnées que des horreurs de la décrépitude ; et on parlera longtemps de vous. Tout ce que je viens de vous dire, mademoiselle, doit vous paraître un enchantement. Mais ne me faites point de questions ; je n'ai rien à vous répondre ; vous ne me verrez plus qu'une seule fois, dans toute votre vie, et ce sera dans moins de quatre-vingts ans. Tremblez alors ; quand vous me verrez, vous n'aurez plus que trois jours à vivre ; souvenez-vous seulement que je m'appelle Noctambule.

Il disparut à ces mots, et laissa mademoiselle de Lenclos dans une frayeur mortelle.

Les auteurs de ce récit le terminent en faisant revenir le petit homme noir chez mademoiselle de Lenclos trois jours avant sa mort. Malgré ses domestiques, il pénètre dans sa chambre, s'approche du pied de son lit, en ouvre les rideaux. Mademoiselle de Lenclos le reconnaît, pâlit et jette un grand cri. Le petit homme, après lui avoir annoncé qu'elle n'a plus que trois jours à vivre, lui montre sa signature, et disparaît de nouveau en prononçant ces mots d'une voix terrible : Tremble, c'en est fait, tu vas tomber en ma puissance.

Cette histoire, ou du moins une toute semblable, avait déjà été débitée, un siècle auparavant, sur le compte de Louise de Budes, seconde femme de Henri Ier, connétable de Montmorency, laquelle mourut soupçonnée de poison en 1599. Cette dame avait été extrêmement belle; elle devint, un moment avant sa mort, si noire et si hideuse, qu'on ne la pouvait regarder qu'avec horreur; ce qui donna lieu à divers jugements sur la cause de sa fin, et fit conclure que le diable, avec qui l'on suppose qu'elle avait fait un pacte dans sa jeunesse, était entré dans sa chambre sous la figure d'un petit vieillard habillé de noir, et l'avait étranglée dans son lit.

NIRUDY, roi des démons malfaisants chez les Indiens. On le représente porté sur les épaules d'un géant et tenant un sabre à la main.

NISSE et NISSEGODRENG, lutin. *Voy.* Diable.

NITOÈS, démons ou génies que les habitants des îles Moluques consultent dans les affaires importantes. On se rassemble; on appelle les démons au son d'un petit tambour, on allume des flambeaux, et l'esprit paraît, ou plutôt un de ses ministres; on l'invite à boire et à manger; et, sa réponse faite, l'assemblée dévore les restes du festin.

NIXES. *Voy.* Nickar.

NOALS (Jeanne), sorcière qui fut brûlée par arrêt du parlement de Bordeaux, le 20 mars 1619, pour avoir chevillé le moulin de Las-Coudourleiras, de la paroisse de Végenne. Ayant porté un jour du blé à moudre à ce moulin avec deux autres femmes, le meunier, Jean Destrade, les pria d'attendre que le blé qu'il avait déjà depuis plusieurs jours fût moulu; mais elles s'en allèrent mécontentes, et aussitôt le moulin se trouva chevillé, de façon que le meunier ni sa femme n'en surent trouver le défaut. Le maître du moulin ayant été appelé, il s'avisa d'y amener ladite sorcière, qui, s'étant mise à genoux sur l'engin avec lequel le meunier avait coutume d'arrêter l'eau, fit en sorte qu'un quart-d'heure après le moulin se remit à moudre avec plus de vitesse qu'il n'avait jamais fait (1).

NOCTAMBULE. *Voy.* Ninon.

NODIER (Charles), spirituel auteur de *Trilby* ou *le lutin d'Argail* (Argyle), et de beaucoup d'écrits charmants où les fées et les follets tiennent poétiquement leur personnage.

NOËL (Jacques), prétendu possédé et peut-être obsédé, qui fit quelque bruit en 1667. Il était neveu d'un professeur de philosophie au collège d'Harcourt à Paris. Il s'imaginait sans cesse voir des spectres. Il était sujet au convulsions épileptiques, faisait des grimaces, des contorsions, des cris et des mouvements extraordinaires. On le crut démoniaque, on l'examina; il prétendit qu'on l'avait maléficié, parce qu'il n'avait pas voulu aller au sabbat. Il assura avoir vu le diable plusieurs fois en différentes formes (2). On finit par découvrir qu'il était fou.

NOH, nom du premier homme selon les Hottentots. Ils prétendent que leurs premiers parents entrèrent dans le pays par une porte ou par une fenêtre; qu'ils furent envoyés de Dieu même, et qu'ils communiquèrent à leurs enfants l'art de nourrir les bestiaux avec quantité d'autres connaissances.

NOIX. « Un grand secret est renfermé dans les noix; car si on les fait brûler, qu'on les pile et qu'on les mêle avec du vin et de l'huile, elles entretiennent les cheveux et les empêchent de tomber (3). »

NOMBRE DEUX. Depuis Pythagore, qui avait regardé le nombre deux comme représentant le mauvais principe, ce nombre était aux yeux de l'Italie le plus malheureux de tous; Platon, imbu de cette doctrine, comparait le nombre deux à Diane, toujours stérile, et partant peu honorée. C'est d'après le même principe que les Romains avaient dédié à Pluton le deuxième mois de l'année et le deuxième jour du mois; parce que tout ce qui était de mauvais augure lui était spécialement consacré.

Diverses croyances s'attachaient à quelques autres nombres. *Voy.* Neuf, etc.

NONO, génies malfaisants que les Indiens des îles Philippines placent dans des sites extraordinaires entourés d'eau; ils ne passent jamais dans ces lieux, qui remplissent leur imagination d'effroi, sans leur en demander permission. Quand ils sont attaqués de quelque infirmité ou maladie, ils portent à ces génies, en forme d'offrande, du riz, du vin, du coco, et le cochon qu'on donne ensuite à manger aux malades.

NORNES, fées ou parques chez les Celtes. Elles dispensaient les âges des hommes, et se nommaient Urda (le passé), Verandi (le présent), et Skalda (l'avenir).

NOSTRADAMUS (Michel), médecin et astrologue, né en 1503 à Saint-Remi en Provence, mort à Salon en 1566. Les talents qu'il déploya pour la guérison de plusieurs maladies qui affligeaient la Provence lui attirèrent la jalousie de ses collègues; il se retira de la société. Vivant seul avec ses livres, son esprit s'exalta au point qu'il crut avoir le don de connaître l'avenir. Il écrivit ses prédictions dans un style énigmatique; et pour leur donner plus de poids, il les mit en vers. Il en composa autant de quatrains, dont il publia sept *centuries* à Lyon en 1555. Ce recueil eut une vogue inconcevable; on prit parti pour le nouveau-devin; les plus raisonnables le regardèrent comme un visionnaire, les autres imaginèrent qu'il avait commerce avec le diable, d'autres qu'il était véritablement prophète. Le plus grand nombre des gens sensés ne virent en lui qu'un charlatan qui, n'ayant pas fait fortune à son métier de médecin, cherchait à mettre à profit la crédulité du peuple. La meilleure de ses visions

---

(1) Delancre, Incrédulité et mécréance de la divination, du sortilège, etc., tr. 6, p. 518.

(2) Lettres de Saint-André sur la magie, etc.
(3) Albert le Grand, p. 199.

est celle qui lui annonça qu'il s'enrichirait à ce métier. Il fut comblé de biens et d'honneurs par Catherine de Médicis, par Charles IX et par le peuple des petits esprits. Le poëte Jodelle fit ce jeu de mots sur son nom :
Nostra damus cum falsa damus, nam fallere nostrum est ;
Et cum falsa damus, nil nisi *nostra damus.*

Ce n'est point merveille, dit Naudé, si, parmi le nombre de mille quatrains, dont chacun parle toujours de cinq ou six choses différentes, et surtout de celles qui arrivent ordinairement, on rencontre quelquefois un hémistiche qui fera mention d'une ville prise en France, de la mort d'un grand en Italie, d'une peste en Espagne, d'un monstre, d'un embrasement, d'une victoire ou de quelque chose semblable. Ces prophéties ne ressemblent à rien mieux qu'à ce soulier de Théramène, qui se chaussait indifféremment par toutes sortes de personnes. Et quoique Chavigny, qui a tant rêvé là-dessus, ait prouvé, dans son *Janus français*, que la plupart des prédictions de Nostradamus étaient accomplies au commencement du XVIIe siècle, on ne laisse pas néanmoins de les remettre encore sur le tapis. Il en est des prophéties comme des almanachs ; les idiots croient à tout ce qu'ils y lisent, parce que sur mille mensonges ils ont rencontré une fois la vérité. Nostradamus est enterré à Salon ; il avait prédit de son vivant que son tombeau changerait de place après sa mort. On l'enterra dans l'église des Cordeliers, qui fut détruite. Alors le tombeau se trouva dans un champ, et le peuple est persuadé plus que jamais qu'un homme qui prédit si juste mérite au moins qu'on le croie (1).

« Un livre publié en 1688, à Lille, par un nommé Lefèvre, prévôt et théologal de l'église d'Arras, prouve qu'il y a eu des prophètes aujourd'hui oubliés, et qui ont rencontré assez juste. Ce livre rare est intitulé : *Du destin*, et traite de toutes les prédictions qui se sont réalisées. L'auteur place en première ligne la prédiction des guerres malheureuses de François Ier, et la prophétie de la réforme protestante, contenue, dit-il, dans le *Mirabilis liber*, souvent réimprimé au commencement du XVIe siècle. Il prétend que le *Mirabilis liber* annonce la naissance de Luther et les malheurs de l'Église catholique. Au surplus, l'ouvrage en question, quoiqu'il n'ait rien de miraculeux, a été remis en lumière au commencement de la révolution française, et l'on a tenté d'en faire l'application prophétique aux événements de 1789.

« La puissance ottomane, si longtemps redoutable, aujourd'hui abattue et presque détruite, a commencé à faiblir sous Louis XIV, à la même époque où les Pyrénées s'effaçaient et où la maison de Bourbon réunissait sous sa loi l'Espagne et la France. L'auteur du livre *du Destin* vous apporte la prophétie suivante, extraite du *Chant du cocq français*, où sont rapportées les prophéties d'un ermite, Allemand de nation, lequel vivait il y a six vingts ans : « Quand l'Espagne, dit ce *Cocq gaulois*, sera réunie à la France, alors sera détruite la puissance ottomane. » Du moins, ces paroles sont claires : celles de Nostredame ne l'étaient pas. Mais voici une pronostication plus bizarre encore dans sa justesse. Le théologal Lefèvre ne pouvait pas en deviner l'application. C'est M. Charles Nodier qui l'a déterrée, lui, dont l'érudition ingénieuse a recueilli dans ses *Mélanges* tant de curiosités antiques : artiste habile qui enchâsse dans la nacre et dans l'or de vieux débris qu'il fait valoir. Cette prophétie est extraite de la *Pronostication de Lichtemberg*, livre rare, imprimé à Cologne en 1528, aux frais de Pierre Quentel. Nous traduisons littéralement, sur la foi des paroles latines rapportés par M. Nodier.

« Une aigle (*Napoléon*) viendra de l'Orient, étendant ses ailes et cachera le soleil..... La terreur sera grande dans le monde..... Le lis (*la famille des Bourbons*) perdra la couronne, et l'*aigle* la recevra..... »

« Telles sont les paroles expresses de Lichtemberg. Dans un autre ouvrage, non moins rare que le précédent, qui a pour titre : *Présage de la décadence des empires* (Meckelbourg, 1687), et que M. Nodier ne cite pas, se trouve une autre prophétie plus philosophique. L'auteur affirme que « d'après toutes les suppositions, les plus grands empires ne peuvent durer plus de quatorze siècles ; et que par conséquent le terme total et le dernier âge de la monarchie française est marqué de 1700 à 1800. » A ces faits et à ces dates remarquables par leur précision, ajoutons un oracle plus précis encore. « Il court de notre temps, dit le sieur Covillard du Pavillon, dans ses *contredits* dirigés contre Nostradamus (Paris, Abel Langelier, 1560), une prophétie, d'après laquelle le monde planétaire, emblème du monde politique et social, est menacé d'une immense révolution qui doit commencer en 1789 et cesser vingt-cinq ans après. » Remarquons bien que le sieur du Pavillon se moque de cette prophétie. Celle-là s'est accomplie avec une exactitude assez singulière.

« Qu'on ne regarde pas la réputation de Nostredame comme la faute du XVIe siècle, où le chancelier Bacon écrivait sur les sympathies, et où tout le monde raffolait d'astrologie judiciaire ! Erreur ; c'est que l'espèce humaine est faite ainsi, c'est qu'elle ne va jamais sans cet alliage. La puissance des Turcs n'est pas abolie ; j'ai vu toute la haute société de Londres en mouvement à propos d'un second Nostredame qui demeurait dans Pall-Mall, et tous les salons de France s'entretenaient en 1815 de mademoiselle Le-

---

(1) De Thou rapporte que le fils de Nostradamus se disait héritier du don de son père, et se mêlait de prédire comme lui. Lorsqu'on assiégeait le Pouzin, en Dauphiné, interrogé par Saint-Luc sur le sort qui attendait le Pouzin, il lui répondit : — « Il périra par le feu. » — Pendant que les soldats pillaient la place, continue l'historien, le fils du prophète y mit lui-même le feu en plusieurs endroits, afin que sa prédiction fût accomplie. Mais Saint-Luc, irrité de cette action, poussa son cheval contre le jeune astrologue qui en fut foulé aux pieds.

normand. La grande roue de la philosophie moderne passait sur les institutions pour les broyer, quand nous avions Mesmer et Cagliostro. Au milieu des lumières rayonnantes du xviii° siècle, Swedenborg, homme de bonne foi et homme savant, n'a-t-il pas vu le ciel et les anges, et l'enfer et les limbes, aussi nettement que je vois la chambre où je suis assis? Swedenborg, était un illuminé, Mesmer un empirique, Cagliostro un charlatan. Soit, mais j'ai quelque chose de plus curieux à vous raconter.

«Saint-Simon, le seul Tacite du xvii° siècle, et Philippe d'Orléans, régent de France, méritent assurément une place entre les hommes spirituels et désabusés de leur temps. Philippe était quelque chose de plus qu'un philosophe; tout le monde connaît ses reparties si vives et si brillantes, sa nonchalance, sa finesse d'esprit et son dédain pour toute superstition. Quant à Saint-Simon, où trouver un homme plus minutieux, un courtisan plus difficile à tromper, un satirique moins prêt à pardonner aucun vice; l'œil toujours ouvert sur les sottises d'autrui; intelligence perçante, mordante, taquine; serrant dans les tenailles de son anecdocte jusqu'aux folies de ses amis, jusqu'aux fautes des prélats et du roi; écrivain scrupuleux dans ses récits; celui-là, vous ne l'accuserez pas de crédulité sotte, pas plus que vous n'attribuerez à faiblesse d'esprit et à bêtise les fantaisies théurgiques du prince son ami. Écoutez donc ce que dit Saint-Simon.

«Entre autres fripons de curiosités cachées dont M. le duc d'Orléans avait beaucoup vu en sa vie, on lui en produisit un qui prétendit faire voir dans un verre rempli d'eau tout ce qu'on voudrait savoir. Il demanda quelqu'un de jeune et d'innocent pour y regarder, et une certaine petite fille s'y trouva propre. Ils s'amusèrent donc à vouloir savoir ce qui se passait alors même dans les lieux éloignés, et la petite fille voyait et rendait ce qu'elle voyait à mesure. Cet homme prononçait tout bas quelque chose sur ce verre rempli d'eau, et aussitôt on y regardait avec succès... «Les duperies que M. le duc d'Orléans avait souvent essuyées l'engagèrent à une nouvelle épreuve qui pût le rassurer.»

«Saint-Simon décrit la scène, la scène de l'épreuve, scène d'ailleurs fort intéressante, mais beaucoup trop longue pour que nous la rapportions, et il continue:

«M. le duc d'Orléans voulut savoir ce qu'il deviendrait. Alors ce ne fut plus dans le verre. L'homme qui était là lui offrait de le lui montrer comme peint sur la muraille de la chambre, pourvu qu'il n'eût point peur de s'y voir; et au bout d'un quart d'heure de quelques simagrées faites devant eux tous, la figure de M. le duc d'Orléans, vêtu comme il l'était alors, et dans sa grandeur naturelle, parut tout à coup sur la muraille comme en peinture, avec une couronne fermée sur la tête. Elle n'était ni de France, ni d'Espagne, ni d'Angleterre, ni impériale. M. le duc d'Orléans, qui la considéra de tous ses yeux, ne put jamais la deviner; il n'en avait jamais vu de semblable. Elle n'avait que quatre cercles, et rien au sommet. Cette couronne lui couvrait la tête. Il était assurément alors bien éloigné d'être régent du royaume et de l'imaginer. C'était peut-être ce que cette couronne singulière lui annonçait. Tout cela s'était passé à Paris en présence de leur plus étroit intrinsèque, la veille du jour qu'il me le raconta, et je l'ai trouvé si extraordinaire, que je lui ai donné place ici.»

«Dupe, comme le régent, de quelque fantasmagorie, et ne sachant comment l'expliquer au moyen de sa philosophie et de son jansénisme, Saint-Simon attribue cette illusion aux ruses du diable, chef général et grand maître universel de tous les escamoteurs, sorciers et prophètes.

«Ce que j'admire en Nostredame, c'est qu'il sait toujours esquiver les écueils et se mettre parfaitement en règle. Il ne prétend pas que le démon l'inspire; il ne veut pas être brûlé ou pendu. «Moi (dit-il dans son incroyable dédicace à Henri II), je ne prétends pas à tel titre; je ne m'attribue rien de tel, jà, à Dieu ne plaise! Je confesse bien que le tout vient de Dieu simplement, et lui en rends grâce, honneur et louange immortelle. Je n'y mêle rien de la divination qui provient *a fato*. Cela vient *a Deo, a natura*, et la plupart du temps accompagné du mouvement du cours céleste; tellement que voyant comme dans un miroir ardent, comme par vision obnubilée, les graves événements tristes, prodigieux et les principales adventures qui s'approchent...»

«Entourez Nostradamus d'un cadre romanesque, de personnages mystérieux et passionnés, de ces paysages âpres et ardents de la Provence; donnez-lui une jeunesse malheureuse et une richesse prophétique (à lui, qui a si tranquillement vécu de son métier de charlatan); adoptez la tradition populaire selon laquelle il s'est enfermé avec une lampe dans son propre tombeau; profitez de cette fiction pour créer dans ce sanctuaire lugubre une scène de fureur et de mort, de terreur et de rage dans le genre des scènes que l'Irlandais Mathurin a prodiguées; répandez sur le tout un coloris assez vigoureux et assez éclatant, et vous parviendrez à vous représenter le vrai Nostradame au xvi° siècle, que je vois d'ici, dans son grand fauteuil à bras, buvant à longs traits dans son hanap historié que lui a donné Catherine, jetant un coup d'œil de sarcasme et de ruse sur les momies, les cornues et les sphères de son laboratoire, et recevant à bras ouverts le niais Chavigny, qui, le feutre à la main, marchant d'un pied léger, entr'ouvrant la porte, craint de troubler la noble rêverie et la féconde méditation du prophète (1).»

NOTARIQUE, une des trois divisions de

---

(1) Cs. Nous ne connaissons ce morceau que signé de ces deux lettres.

la cabale chez les Juifs. Elle consiste à prendre, ou chaque lettre d'un mot pour en faire une phrase entière, ou les premières lettres d'une sentence pour en former un seul mot.

NOYÉS. Les marins anglais et américains croient que retirer un noyé et l'amener sur le pont d'un navire qui va appareiller, c'est, si le noyé y meurt, un mauvais présage, qui annonce des malheurs et le danger de périr. Superstition inhumaine. Aussi laissent-ils les noyés à l'eau.

Voici une légende qui a été racontée par le poëte OEhlenschlæger. Ce n'est point une légende, c'est un drame de la vie réelle. Un pauvre matelot a perdu un fils dans un naufrage, et la douleur l'a rendu fou. Chaque jour il monte sur sa barque et s'en va en pleine mer ; là, il frappe à grands coups sur un tambour, et il appelle son fils à haute voix : — Viens, lui dit-il, viens ! sors de ta retraite ! nage jusqu'ici ! je te placerai à côté de moi dans mon bateau ; et si tu es mort, je te donnerai une tombe dans le cimetière, une tombe entre des fleurs et des arbustes ; tu dormiras mieux là que dans les vagues. Mais le malheureux appelle en vain et regarde en vain. Quand la nuit descend, il s'en retourne en disant : — J'irai demain plus loin, mon pauvre fils ne m'a pas entendu (1).

NUIT DES TRÉPASSÉS. De tous les jours de l'année, il n'en est point que l'imagination superstitieuse des Flamands ait entouré de plus grandes terreurs que le 1er novembre. Les morts sortent à minuit de leurs tombes, pour venir, en longs suaires, rappeler les prières dont ils ont besoin, aux vivants qui les oublient. La sorcière et le vieux berger choisissent cette soirée pour exercer leurs redoutables maléfices. L'ange Gabriel soulève alors pour douze heures le pied sous lequel il retient le démon captif, et rend à cet infernal ennemi des hommes le pouvoir momentané de les faire souffrir... D'ordinaire la désolation de la nature vient encore ajouter aux terreurs de ces croyances ; la tempête mugit, la neige tombe avec abondance, les torrents se gonflent et débordent ; enfin la souffrance et la mort menacent de toutes parts le voyageur (2).

NUMA-POMPILIUS, second roi de Rome. Il donna à son peuple des lois assez sages, qu'il disait tenir de la nymphe Egérie. Il marqua les jours heureux et les jours malheureux, etc. (3).

Les démonomanes font de Numa un insigne enchanteur et un profond magicien. Cette nymphe, qui se nommait Egérie, n'était autre chose qu'un démon qu'il s'était rendu familier, comme étant un des plus versés et mieux entendus qui aient jamais existé en l'évocation des diables. Aussi tient-on pour certain, dit Leloyer, que ce fut par l'assistance et l'industrie de ce démon qu'il fit beaucoup de choses curieuses, pour se mettre en crédit parmi le peuple de Rome, qu'il voulait gouverner à sa fantaisie. A ce propos, Denys d'Halicarnasse raconte qu'un jour, ayant invité à souper bon nombre de citoyens, il leur fit servir des viandes simples et communes en vaisselle peu somptueuse ; mais dès qu'il eut dit un mot, sa diablesse le vint trouver, et tout incontinent la salle devint pleine de meubles précieux, et les tables furent couvertes de toutes sortes de viandes exquises et délicieuses. Il était si habile dans ses conjurations, qu'il forçait Jupiter à quitter son séjour et à venir causer avec lui. Numa Pompilius fut le plus grand sorcier et le plus fort magicien de tous ceux qui ont porté couronne, dit Delancre ; il avait encore plus de pouvoir sur les diables que sur les hommes. Il composa des livres de magie qu'on brûla quatre cents ans après sa mort... *Voy.* EGÉRIE.

NYBBAS, démon d'un ordre inférieur, grand paradiste de la cour infernale. Il a aussi l'intendance des visions et des songes. On le traite avec assez peu d'égards, le regardant comme bateleur et charlatan.

NYMPHES, démons femelles. Leur nom vient de la beauté des formes sous lesquelles ils se montrent. Chez les Grecs, les nymphes, très-honorées, étaient partagées en plusieurs classes : les mélies suivaient les personnes qu'elles voulaient favoriser ou tromper ; elles couraient avec une vitesse inconcevable. Les nymphes genetyllides présidaient à la naissance, assistaient les enfants au berceau, faisaient les fonctions de sages-femmes, et leur donnaient même la nourriture. Ainsi Jupiter fut nourri par la nymphe Mélisse, etc. Ce qui prouve que ce sont bien des démons, c'est que les Grecs disaient qu'une personne était remplie de nymphes pour dire qu'elle était possédée des démons. Du reste, les cabalistes pensent que ces démons habitent les eaux, ainsi que les salamandres habitent le feu ; les sylphes l'air, et les gnômes ou pygmées la terre. *Voy.* ONDINS. — Pour la nymphe de Magdebourg et la nymphe de l'Elbe, *voy.* NICKAR.

NYNAULD (J. DE), auteur d'un traité *De la Lycanthropie*, publié en 1615.

NYOL, vicomte de Brosse, poursuivi comme sorcier à la fin du XVIe siècle. Il confessa qu'ayant entendu dire qu'on brûlait les sorciers, il avait quitté sa maison et en était demeuré longtemps absent. Ses voisins l'ayant suivi l'avaient trouvé dans une étable de pourceaux ; ils l'interrogèrent sur différents maléfices dont il était accusé ; il reconnut qu'il était allé une fois au sabbat, à la croix

---

(1) Marmier, Traditions des bords de la Baltique.
(2) H. Berthoud, La Nuit de la Toussaint.
(3) Entre autres choses il présenta aux Romains, un jour, un certain bouclier (qu'on nomma ancile ou ancilie) et qu'il dit être tombé du ciel durant une peste qui ravageait l'Italie ; il prétendit qu'à la conservation de ce bouclier étaient attachées les destinées de l'empire romain, important secret qui lui avait été révélé par Egérie et les Muses. De peur qu'on n'enlevât ce bouclier sacré, il en fit faire onze autres, si parfaitement semblables, qu'il était impossible de les distinguer du véritable, et que Numa lui-même fut dans l'impossibilité de le reconnaître. Les douze boucliers étaient échancrés des deux côtés. Numa en confia la garde à douze prêtres qu'il institua pour cet effet, et qu'il nomma Saliens ou Agonaux. Mamurius, qui avait fait les onze copies si habilement, ne voulut d'autre récompense de son travail que la gloire de l'avoir convenablement exécuté.

de la Motte, où il avait vu le diable en forme de chèvre noire; qu'il s'était donné audit diable, sous promesse qu'il aurait des richesses et serait bien heureux au monde; « et lui bailla pour gage sa ceinture, partie de ses cheveux, et après sa mort un de ses pouces. Ensuite le diable le marqua sur l'épaule; il lui commanda de donner des maladies, de faire mourir les hommes et les bestiaux, de faire périr les fruits par des poudres qu'il jetterait au nom de Satan. Il avoua encore que le diable l'avait fait danser au sabbat avec les autres sorciers, ayant chacun une chandelle; et que quand le diable se retirait enfin, eux tous se trouvaient transportés dans leurs maisons. » Vingt-huit témoins confrontés soutinrent que le vicomte de Brosse avait la réputation de sorcier, et qu'il avait fait mourir quatre hommes et beaucoup de bestiaux (1); il fut condamné.

NYPHO (Augustin), sorcier italien, qui avait un démon familier et barbu, dit Delancre (2), lequel démon lui apprenait toutes choses.

NYSROCK, démon du second ordre, chef de cuisine de Belzébuth, seigneur de la délicate tentation et des plaisirs de la table.

OANNÈS ou OÈS, monstre moitié homme et moitié poisson, dans les vieilles mythologies de l'Orient; venu de la mer égyptienne, il sortait de l'œuf primitif, d'où tous les autres êtres avaient été tirés. Il parut, dit Bérose, près d'un lieu voisin de Babylone. Il avait une tête d'homme sous une tête de poisson. A sa queue étaient joints des pieds d'homme, et il en avait la voix et la parole. Ce monstre demeurait parmi les hommes sans manger, leur donnait la connaissance des lettres et des sciences, leur enseignait les arts, l'arithmétique, l'agriculture; en un mot, tout ce qui pouvait contribuer à adoucir les mœurs. Au soleil couchant, il se retirait dans la mer et passait la nuit sous les eaux. C'était un poisson comme on n'en voit guère.

OB, démon des Syriens, qui était, à ce qu'il paraît, ventriloque. Il donnait ses oracles par le derrière, organe qui n'est pas ordinairement destiné à la parole, et toujours d'une voix basse et sépulcrale, en sorte que celui qui le consultait ne l'entendait souvent pas du tout, ou plutôt entendait tout ce qu'il voulait.

OBEREIT (Jacques Hermann), alchimiste et mystique, né en 1725, à Arbon en Suisse, et mort en 1798. Son père avait eu le même goût pour l'alchimie, qu'il appelait l'art de perfectionner les métaux par la grâce de Dieu. Le fils voulut profiter des leçons que lui avait laissées le vieillard; comme sa famille était réduite à l'indigence, il travaillait sans relâche dans son laboratoire: mais l'autorité vint le fermer, comme dangereux pour la sûreté publique. Cependant il réussit à prouver que ses opérations ne pouvaient nuire, et il s'établit chez un frère de Lavater. Depuis dix-huit ans, Jacques (qui était fou) connaissait, disait-il, une personne qu'il nomme *Théantis, bergère séraphique*; il l'épousa dans un château, sur une montagne entourée de nuages. « Notre mariage, dit-il, n'était ni platonique ni épicurien, c'était un état dont le monde n'a aucune idée. » Elle mourut au bout de trente-six jours, et le veuf se souvenant que Marsay, grand mystique de ce temps, avait entonné un cantique de reconnaissance à la mort de sa femme, il chanta à gorge déployée durant toute la nuit du décès de la sienne. Il a publié, en 1776, à Augsbourg, un traité de la *Connexion originaire des esprits et des corps, d'après les principes de Newton*. On lui doit aussi les *Promenades de Gamaliel, juif philosophe*, 1780.

OBÉRON, roi des fées et des fantômes aériens. Il joue un grand rôle dans la poésie anglaise; c'est l'époux de Titania. Ils habitent l'Inde; la nuit, ils franchissent les mers et viennent dans nos climats danser au clair de la lune; ils redoutent le grand jour et fuient au premier rayon du soleil, ou se cachent dans les bourgeons des arbres jusqu'au retour de l'obscurité. Obéron est le sujet d'un poëme célèbre de Wiéland.

OBOLE, pièce de monnaie que les Romains et les Grecs mettaient dans la bouche des morts, pour payer leur passage dans la barque à Caron.

OBSÉDÉS. Dom Calmet fait cette distinction entre les *possédés* et les *obsédés*. Dans les possessions, dit-il, le diable parle, pense, agit pour le possédé. Dans les obsessions, il se tient au dehors, il assiège, il tourmente, il harcèle. Saül était *possédé*, le diable le rendit sombre; Sara, qui épousa le jeune Tobie, n'était qu'*obsédée*, le diable n'agissait qu'autour d'elle. Voy. Possédés.

OCCULTES. On appelle sciences occultes la magie, la nécromancie, la cabale, l'alchimie et toutes les sciences secrètes.

OCHOSIAS, roi d'Israël, mort 896 ans avant Jésus-Christ. Il s'occupait de magie et consultait Belzébuth, honoré à Accaron. Il eut une fin misérable.

OCULOMANCIE, divination dont le but était de découvrir un larron, en examinant la manière dont il tournait l'œil, après certaines cérémonies superstitieuses.

ODDON, pirate flamand des temps anciens, qui voguait en haute mer par magie, sans esquif ni navire.

ODIN, dieu des Scandinaves. Deux corbeaux sont toujours placés sur ses épaules

---

(1) Rikius, Disc. sommaire des sortilèges, vénéfices, idolâtries, etc.

(2) Tableau de l'inconstance des mauvais anges, etc., liv. v, p. 414.

et lui disent à l'oreille tout ce qu'ils ont vu ou entendu de nouveau. Odin les lâche tous les jours; et, après qu'ils ont parcouru le monde, ils reviennent le soir à l'heure du repas. C'est pour cela que ce dieu sait tant de choses, et qu'on l'appelle le *dieu des corbeaux*. A la fin des siècles, il sera mangé par un loup. Il en a toujours deux à ses pieds; beau cortége! Les savants vous diront que l'un des corbeaux est l'emblème de la pensée; quelle pensée! et l'autre le symbole de la mémoire. Les deux loups figuraient la puissance. Il y a des gens qui ont admiré ce *mythe*.

Odin, à la fois pontife, conquérant, monarque, orateur et poëte, parut dans le Nord, environ soixante-dix ans avant Notre-Seigneur. Le théâtre de ses exploits fut principalement le Danemark. Il avait la réputation de prédire l'avenir et de ressusciter les morts. Quand il eut fini ses expéditions glorieuses, il retourna en Suède, et, se sentant près du tombeau, il ne voulut pas que la maladie tranchât le fil de ses jours, après avoir si souvent bravé la mort dans les combats. Il convoqua tous ses amis, les compagnons de ses exploits; il se fit, sous leurs yeux, avec la pointe d'une lance, neuf blessures en forme de cercle; et au moment d'expirer, il déclara qu'il allait dans la Scythie prendre place parmi les dieux, promettant d'accueillir un jour avec honneur dans son paradis tous ceux qui s'exposeraient courageusement dans les batailles ou qui mourraient les armes à la main. Toute la mythologie des Islandais a Odin pour principe, comme le prouve l'Edda, traduit par Mallet, à la tête de son Histoire de Danemark (1).

ODONTOTYRANNUS. *Voy.* SERPENT.

ODORAT. Cardan dit, au livre XIII de la *Subtilité*, qu'un odorat excellent est une marque d'esprit, parce que la qualité chaude et sèche du cerveau est propre à rendre l'odorat plus subtil, et que ces mêmes qualités rendent l'imagination plus vive et plus féconde. Rien n'est moins sûr que cette assertion; il n'y a point de peuple qui ait si bon nez que les habitants de Nigaragua, les Abaquis, les Iroquois; et on sait qu'ils n'en sont pas plus spirituels. Mamurra, selon Martial, ne consultait que son nez pour savoir si le cuivre qu'on lui présentait *était de Corinthe*.

OEIL. Les Gorgones avaient un seul œil, dont elles se servaient tour à tour pour changer en pierres tous ceux qui les regardaient.

Les anciens font mention des Arimaspes, comme de peuples qui n'avaient qu'un œil, et qui étaient souvent aux prises avec les griffons, pour ravir l'or confié à la garde de ces monstres. *Voy.* YEUX.

OENOMANCIE, divination par le vin, dont on considère la couleur en le buvant, et dont on remarque les moindres circonstances pour en tirer des présages. Les Perses étaient fort attachés à cette divination.

OENOTHÈRE, géant de l'armée de Charlemagne, qui d'un revers de son épée fauchait des bataillons ennemis comme on fauche l'herbe d'un pré (2).

OEONISTICE, divination par le vol des oiseaux. *Voy.* AUGURES.

OËS. *Voy.* OANNÈS.

OEUFS. On doit briser la coque des œufs frais, quand on les a mangés, par pure civilité; aussi cet usage est-il pratiqué par les gens bien élevés, dit M. Salgues (3); cependant il y a des personnes qui n'ont pas coutume d'en agir ainsi. Quoi qu'il en soit, cette loi remonte à une très-haute antiquité. On voit, par un passage de Pline, que les Romains y attachaient une grande importance. L'œuf était regardé comme l'emblème de la nature, comme une substance mystérieuse et sacrée. On était persuadé que les magiciens s'en servaient dans leurs conjurations, qu'ils le vidaient et traçaient dans l'intérieur des caractères magiques dont la puissance pouvait opérer beaucoup de mal. On en brisait les coques pour détruire les charmes. Les anciens se contentaient quelquefois de le percer avec un couteau, et dans d'autres moments de frapper trois coups dessus. Les œufs leur servaient aussi d'augure. Julie, fille d'Auguste, étant grosse de Tibère, désirait ardemment un fils. Pour savoir si ses vœux seraient accomplis, elle prit un œuf, le mit dans son sein, l'échauffa; quand elle était obligée de le quitter, elle le donnait à une nourrice pour lui conserver sa chaleur. L'augure fut heureux, dit Pline : elle eut un coq de son œuf et mit au monde un garçon (4).

Les druides pratiquaient, dit-on, cette superstition étrange; ils vantaient fort une espèce d'œuf inconnu à tout le monde, formé en été par une quantité prodigieuse de serpents entortillés ensemble, qui y contribuaient tous de leur bave et de l'écume qui sortait de leur corps. Aux sifflements des serpents, l'œuf s'élevait en air; il fallait s'en emparer alors, avant qu'il ne touchât la terre : celui qui l'avait reçu devait fuir; les serpents couraient tous après lui jusqu'à ce qu'ils fussent arrêtés par une rivière qui coupât leur chemin (5). Ils faisaient ensuite des prodiges avec cet œuf. Aujourd'hui on n'est pas exempt de bien des superstitions sur l'œuf. Celui qui en mange tous les matins sans boire meurt, dit-on, au bout de l'an. Il ne faut pas brûler les coques des œufs, suivant une croyance populaire superstitieuse, de peur de brûler une seconde fois saint Laurent, qui a été brûlé avec de

---

(1) Le Livre unique, numéro neuf.
(2) M. Salgues, Des Erreurs et des préjugés, etc., t. Ier, p. 416.
(3) Des Erreurs et des préjugés, t. Ier, p. 392.
(4) Cicéron rapporte qu'un homme ayant rêvé qu'il mangeait un œuf frais, alla consulter l'interprète des songes qui lui dit que le blanc d'œuf signifiait qu'il aurait bientôt de l'argent, et le jaune, de l'or. Il eut effectivement peu après une succession où il y avait de l'un et de l'autre. Il alla remercier l'interprète, et lui donna une pièce d'argent. L'interprète, en le reconduisant, lui dit : — Et pour le jaune n'y a-t-il rien ? *Nihilne de vitello ?*
(5) Pline, liv. XXIX, ch. 3

pareilles coques (1). Albert le Grand nous apprend, dans ses secrets, que la coque d'œuf, broyée avec du vin blanc et bue, rompt les pierres tant des reins que de la vessie.

Pour la divination par les blancs d'œufs, voy. OOMANCIE, GARUDA, etc.

OG, roi de Basan. Og, selon les rabbins, était un de ces géants qui ont vécu avant le déluge. Il s'en sauva, en montant sur le toit de l'arche où étaient Noé et ses fils. Il était si pesant, qu'on fut obligé de mettre dehors le rhinocéros, qui suivit l'arche à la nage. Noé cependant fournit à Og de quoi se nourrir, non par compassion, mais pour faire voir aux hommes qui viendraient après le déluge quelle avait été la puissance du Dieu qui avait exterminé de pareils monstres. Les géants vivaient longtemps. Og était encore du monde, quand les Israélites, sous la conduite de Moïse, campèrent dans le désert. Le roi de Basan leur fit la guerre. Voulant d'un seul coup détruire le camp d'Israël, il enleva une montagne large de six mille pas, dont il se proposait d'écraser l'armée de Moïse. Mais Dieu permit que des fourmis creusassent la montagne, à l'endroit où elle posait sur la tête du géant, de sorte qu'elle tomba sur son cou en manière de collier. Ensuite ses dents s'étant accrues extraordinairement, s'enfoncèrent dans le roc et l'empêchèrent de s'en débarrasser. Moïse alors le tua, mais non sans peine; car le roi Og était d'une si énorme stature, que Moïse, qui était haut de six aunes, prit une hache de la même hauteur; et encore fallut-il qu'il fît un saut de six aunes, pour parvenir à frapper la cheville du pied d'Og.

OGIER LE DANOIS. Voy. FRÉDÉRIC-BARBEROUSSE.

OGRES. Sauf le nom, ces monstres étaient connus des anciens. Polyphème, dans l'*Odyssée*, n'est autre chose qu'un ogre; on trouve des ogres dans les *Voyages de Sindbad le marin*; et un autre passage des *Mille et une nuits* prouve que les ogres ne sont pas étrangers aux Orientaux. Dans le conte du *Visir puni*, un jeune prince égaré rencontre une dame qui le conduit à sa masure : elle dit en entrant : — Réjouissez-vous, mes fils, je vous amène un garçon bien fait et fort gras.

— Maman, répondent les enfants, où est-il, que nous le mangions? car nous avons bon appétit.

Le prince reconnaît alors que la femme, qui se disait fille du roi des Indes, est une ogresse, femme de ces démons sauvages qui se retirent dans les lieux abandonnés et se servent de mille ruses pour surprendre et dévorer les passants, comme les sirènes, qui, selon quelques mythologues, étaient certainement des ogresses. C'est à peu près l'idée que nous nous faisons de ces êtres effroyables; les ogres, dans nos opinions, tenaient des trois natures : humaine, animale et infernale. Ils n'aiment rien tant que la chair fraîche; et les petits enfants étaient leur plus délicieuse pâture. Le Drac, si redouté dans le Midi, était un ogre qui avait son repaire aux bords du Rhône, où il se nourrissait de chair humaine. Il paraît que cette anthropophagie est ancienne dans nos contrées, car le chapitre 67 de la loi salique prononce une amende de deux cents écus contre tout sorcier ou stryge qui aura mangé un homme.

Quelques-uns font remonter l'existence des ogres jusqu'à Lycaon, ou du moins à la croyance où l'on était que certains sorciers se changeaient en loups dans leurs orgies nocturnes, et mangeaient, au sabbat, la chair des petits enfants qu'ils pouvaient y conduire. On ajoutait que, quand ils en avaient mangé une fois, ils en devenaient extrêmement friands et saisissaient ardemment toutes les occasions de s'en repaître : ce qui est bien le naturel qu'on donne à l'ogre. On voit une multitude d'horreurs de ce genre dans les procès des sorciers; on appelait ces ogres des loups-garous; et le loup du petit Chaperon-Rouge n'est pas autre chose. Quant à l'origine du nom des ogres, l'auteur des *Lettres sur les contes des fées* de Ch. Perrault l'a trouvée sans doute. Ce sont les féroces Huns ou Hongrois du moyen âge, qu'on appelait Hunnigours, Oïgours, et ensuite par corruption *Ogres*. Voy. FÉES, LOUPS-GAROUS, OMESTÈS.

OIAROU, objet du culte des Iroquois. C'est la première bagatelle qu'ils auront vue en songe, un calumet, une peau d'ours, un couteau, une plante, un animal, etc. Ils croient pouvoir, par la vertu de cet objet, opérer ce qui leur plaît, même se transporter et se métamorphoser.

OIGOURS. Voy. OGRES.

OILETTE, démon sans renommée, invoqué dans les litanies du sabbat.

OISEAUX. Naudé conte que l'archevêque Laurent expliquait le chant des oiseaux, comme il en fit un jour l'expérience à Rome devant quelques prélats; car il entendit un petit moineau qui avertissait les autres par son chant qu'un chariot de blé venait de verser à la porte Majeure, et qu'ils trouveraient là de quoi faire leur profit (2).

A la côte du Croizic, en Bretagne, sur un rocher au fond de la mer, les femmes du pays vont, parées avec recherche, les cheveux épars, ornées d'un beau bouquet de fleurs nouvelles; elles se placent sur le rocher, les yeux élevés vers le ciel, et demandent avec un chant sentimental aux oiseaux, de leur ramener leurs époux et leurs amants (3). Voy. CORNEILLE, HIBOU, AUGURES, etc.

OKKISIK, nom sous lequel les Hurons désignent des génies ou esprits, bienfaisants ou malfaisants, attachés à chaque homme.

OLDENBOURG. « Je ne puis m'empêcher, dit Balthasar Bekker, dans le tome IV, chapitre 17, du *Monde enchanté*, de rapporter une fable dont j'ai cherché aussi exactement

---

(1) Thiers, Traité des superst., etc.
(2) Apol. pour les grands personnages accusés de magie.
(3) Cambry, Voyage dans le Finistère.

les détails qu'il m'a été possible ; c'est celle du fameux cornet d'Oldenbourg.

« On dit que le comte Otton d'Oldenbourg étant allé un jour à la chasse sur la montagne d'Ossemberg, fut atteint d'une soif qu'il ne pouvait étancher; il se mit à jurer d'une manière indigne, en disant qu'il ne se souciait pas de ce qui pourrait lui arriver, pourvu que quelqu'un lui donnât à boire. Le diable lui apparut aussitôt sous la forme d'une femme ; elle semblait sortir de terre ; elle lui présenta à boire dans un cornet fort riche, d'une matière inconnue, et qui ressemblait au vermeil. Le comte, se doutant de quelque chose, ne voulut pas boire, et renversa ce qui était dans le cornet sur la croupe de son cheval. La force de ce breuvage emporta tout le poil aux endroits qu'il avait touchés. Le comte frémit ; mais il garda le cornet qui subsiste encore, dit-on, et que plusieurs se sont vantés d'avoir vu. On le trouve représenté dans plusieurs hôtelleries : c'est un grand cornet recourbé, comme un cornet à bouquin, et chargé d'ornements bizarres. »

OLD GENTLEMAN. Le peuple en Angleterre appelle le diable le vieux gentleman.

OLIVE (Robert), sorcier qui fut brûlé à Falaise en 1556. On établit à son procès que le diable le transportait d'un lieu à un autre ; que ce diable s'appelait Chrysopole, et que c'était à l'instigation dudit Chrysopole que Robert Olive tuait les petits enfants et les jetait au feu (1).

OLIVIER, démon invoqué comme prince des archanges dans les litanies du sabbat.

OLOLYGMANCIE, divination tirée du hurlement des chiens. Dans la guerre de Messénie, le roi Aristodème apprit que les chiens hurlaient comme des loups, et que du chiendent avait poussé autour d'un autel. Désespérant du succès, d'après cet indice et d'autres encore (*Voyez* OPHIONEUS), quoiqu'il eût déjà immolé sa fille pour apaiser les dieux, il se tua sur la foi des devins qui virent dans ces signes de sinistres présages.

OLYS, talisman que les prêtres de Madagascar donnent aux peuples pour les préserver de plusieurs malheurs, et notamment pour enchaîner la puissance du diable.

OMBRE. Dans le système de la mythologie païenne, ce qu'on nommait ombre n'appartenait ni au corps ni à l'âme, mais à un état mitoyen. C'était cette ombre qui descendait aux enfers. On croyait que les animaux voyaient les ombres des morts. Aujourd'hui même, dans les montagnes d'Ecosse, lorsqu'un animal tressaille subitement, sans aucune cause apparente, le peuple attribue ce mouvement à l'apparition d'un fantôme.

En Bretagne, les portes des maisons ne se ferment qu'aux approches de la tempête. Des feux follets, des sifflements l'annoncent. Quand on entendait ce murmure éloigné qui précède l'orage, les anciens s'écriaient : — Fermons les portes, écoutez les criériens; le tourbillon les suit. Ces criériens sont les ombres, les ossements des naufragés qui demandent la sépulture, désespérés d'être depuis leur mort ballottés par les éléments (2). On dit encore que celui qui vend son âme au diable n'a plus d'ombre au soleil ; cette tradition, très-répandue en Allemagne, est le fondement de plusieurs légendes.

OMBRIEL, génie vieux et rechigné, à l'aile pesante, à l'air refrogné. Il joue un rôle dans la *Boucle de cheveux enlevée* de Pope.

OMESTES, surnom de Bacchus, considéré comme chef des ogres ou loups-garous qui mangent la chair fraîche.

OMOMANCIE, divination par les épaules chez les rabbins. Les Arabes devinent par les épaules du mouton, lesquelles, au moyen de certains points dont elles sont marquées, représentent diverses figures de géomancie.

OMPHALOMANCIE, divination par le nombril. Les sages-femmes, par les nœuds inhérents au nombril de l'enfant premier-né, devinaient combien la mère en aurait encore après celui-là.

OMPHALOPHYSIQUES, fanatiques de Bulgarie que l'on trouve du XIe au XIVe siècle, et qui, par une singulière illusion, croyaient voir la lumière du Thabor à leur nombril.

ON, mot magique, comme tétragrammaton, dont on se sert dans les formules de conjurations.

ONDINS ou NYMPHES, esprits élémentaires, composés des plus subtiles parties de l'eau qu'ils habitent. Les mers et les fleuves sont peuplés, disent les cabalistes, de même que le feu, l'air et la terre. Les anciens sages ont nommé *Ondins* ou *Nymphes* cette espèce de peuple. Il y a peu de mâles, mais les femmes y sont en grand nombre ; leur beauté est extrême, et les filles des hommes n'ont rien de comparable (3). *Voy.* CABALE.

En Allemagne, le peuple croit encore aux *Ondines*, esprits des eaux, qui ont une assez mauvaise réputation. Du fond de leurs humides demeures, elles épient le pêcheur qui rêve au bord des ondes, et l'attirent dans un gouffre où il disparaît pour toujours. *Voy.* NYMPHES, NICTAR, etc.

Voici, sur les hommes marins, une histoire assez curieuse :

« En 1674, au mois de juin, quelques jeunes gens de Bilbao étant à se promener au bord de la mer, un d'entre eux, nommé François de la Véga, âgé alors d'environ quinze ans, s'enfonça volontairement dans les flots, et ne reparut plus ; ses camarades, après l'avoir attendu fort longtemps, se persuadèrent qu'il était noyé. Ils rendirent cet accident public, et on le fit savoir à la mère de François de la Véga, qui demeurait à Lierganès, dans l'archevêché de Burgos. Elle n'eut pas lieu d'en douter, puisque son fils ne reparut plus, ni chez elle, ni dans la ville qu'il habitait avant son malheur. Cinq ans après, quelques pêcheurs des environs de Cadix aperçurent en plein jour une figure d'homme,

---

(1) Bodin, Démonomanie, p. 108.
(2) Cambry, Voyage dans le Finistère, t. II, p. 253.

(3) L'abbé de Villars, dans le Comté de Gabalis

qui tantôt nageait sur la surface des eaux, tantôt s'y enfonçait volontairement. Ils virent la même chose le lendemain et parlèrent à différentes personnes de cette singularité. On tendit des filets, on amorça le nageur, en lui jetant des morceaux de pain ; en un mot, on réussit à le prendre, et l'on trouva que c'était un homme bien conformé. On le questionna en plusieurs langues, sans qu'il répondît à aucune, on eut recours à un autre moyen, ce fut de le conduire au couvent de Saint-François, où il fut conjuré, comme pouvant être possédé de l'esprit malin. L'exorcisme fut aussi inutile que les autres questions. Enfin, quelques jours après, il prononça le mot de Lierganès. Il y avait alors auprès de lui quelqu'un qui était de ce bourg même. Le secrétaire de l'inquisition en était aussi. Il écrivit à ses parents, pour tâcher de tirer d'eux quelques éclaircissements relatifs à cet homme singulier. On lui répondit qu'un jeune homme de Lierganès avait effectivement disparu sur la côte de Bilbao, sans qu'on eût entendu parler de lui depuis ce temps-là. Il fut décidé que l'homme marin serait envoyé à Lierganès ; et un religieux franciscain, que d'autres affaires y conduisaient, se chargea de l'accompagner ; cela ne put cependant s'effectuer que l'année d'après. Lorsqu'ils furent l'un et l'autre à un quart de lieue du village, le religieux ordonna au jeune homme de prendre les devants et de lui montrer le chemin de sa maison. Ce dernier, sans rien répondre, le conduisit directement chez sa mère. Elle le reconnut à l'instant même, et elle s'écria en l'embrassant ! Voilà mon fils que j'ai perdu à Bilbao. Deux de ses frères qui étaient là le reconnurent également et l'embrassèrent avec la même tendresse. Quant à lui, il ne témoigna ni surprise, ni sensibilité. Il ne parla pas plus à Lierganès qu'il n'avait fait à Cadix, et l'on ne put tirer de lui aucun éclaircissement sur son aventure. Il avait entièrement oublié sa langue naturelle, excepté ces mots, pain, vin, tabac, qu'il ne prononçait pas même à propos. Lui demandait-on s'il voulait l'une ou l'autre de ces choses, il était hors d'état de répondre. Il mangeait avec excès du pain pendant quelques jours, et en passait ensuite un pareil nombre sans prendre aucune sorte de nourriture ; il s'acquittait fort bien des commissions où il ne fallait point parler. Il remettait exactement une lettre à son adresse et en rapportait la réponse par écrit. On l'envoya un jour en porter une à Saint-Ander ; il fallait, pour y arriver, passer à Padrenna une rivière qui a plus d'une lieue de largeur en cet endroit ; François de la Véga ne trouvant pas de barque pour la traverser, s'y jeta à la nage, et remplit parfaitement sa commission.

Ce jeune homme avait environ six pieds de haut, le corps bien formé, le teint blanc, les cheveux roux et aussi courts qu'un enfant qui vient de naître. Il allait toujours nu-pieds, et n'avait presque point d'ongles ni aux pieds ni aux mains. Il ne s'habillait que lorsqu'on l'en faisait souvenir, et il ne lui en coûtait pas plus d'aller sans aucuns vêtements. Il en était de même pour le manger. Lui en offrait-on, il l'acceptait et n'en demandait point. Ce fut ainsi qu'il resta encore neuf ans chez sa mère. Au bout de ce temps, il disparut de nouveau, sans qu'on ait su ni comment, ni pourquoi. Il est à croire que les mêmes raisons qui avaient causé sa première disparition influèrent sur la seconde. On publia qu'un habitant de Lierganès avait revu depuis François de la Véga dans un port des Asturies ; mais ce fait paraît moins attesté que les précédents. On assure aussi que, lorsqu'on retira cet homme singulier de la mer de Cadix, il avait le corps tout couvert d'écailles ; mais elles tombèrent par la suite. On ajoute que divers endroits de son corps étaient aussi durs que du chagrin.

Le père Feijoo joint à ce récit beaucoup de réflexions philosophiques sur un tel phénomène et sur les moyens qui ont pu rendre un homme capable de vivre au fond des mers. Il observe que si François de la Véga eût conservé sa raison et l'usage de la parole, il aurait pu mieux instruire sur cet objet que ne pourront le faire toutes les recherches des physiciens. Il aurait pu nous apprendre une foule de détails qui seront toujours ignorés des plus habiles naturalistes ; par exemple, sur la génération des poissons, leur façon de vivre, etc. Il aurait pu y joindre d'amples éclaircissements sur le fond de la mer, sur les plantes qui y naissent, etc., etc. On eût appris de lui-même comment il avait pu y subsister longtemps et s'y accoutumer si subitement ; s'il y dormait par intervalles, combien de temps il supportait le défaut de respiration, comment il échappait à la voracité des monstres marins, et peut-être quelles sont les différentes espèces de ces monstres.

ONEIROCRITIQUE, art d'expliquer les songes. *Voy.* SONGES.

ONGLES. Les Madécasses ont grand soin de se couper les ongles une ou deux fois la semaine ; ils s'imaginent que le diable s'y cache quand ils sont longs. C'était une impiété chez les Romains que de se couper les ongles tous les neuf jours. Cardan assure dans son traité *de Varietate rerum* qu'il avait prévu par les taches de ses ongles, tout ce qu'il lui était arrivé de singulier. |*Voy.* CHIROMANCIE.

On sait qu'il pousse des envies aux doigts, quand on coupe ses ongles les jours qui ont un R, comme mardi, mercredi et vendredi... Enfin, quelques personnes croient en Hollande qu'on se met à l'abri du mal de dents en coupant régulièrement ses ongles le vendredi. *Voy.* ONYCHOMANCIE.

ONGUENTS. Il y a plusieurs espèces d'onguents, qui ont tous leur propriété particulière. On sait que le diable en compose de différentes façons, lesquels il emploie à nuire au genre humain. Pour endormir, on en fait un avec de la racine de belladone, de la morelle furieuse, du sang de chauve-souris, du sang de huppe, de l'aconit, de la suie, du persil, de l'opium et de la ciguë. *Voy.* GRAISSE.

ONOMANCIE ou ONOMATOMANCIE, divination par les noms. Elle était fort en usage chez les anciens. Les pythagoriciens prétendaient que les esprits, les actions et les succès des hommes étaient conformes à leur destin, à leur génie et à leur nom. On remarquait qu'Hippolyte avait été déchiré par ses chevaux, comme son nom le portait. De même on disait d'Agamemnon, que, suivant son nom, il devait rester longtemps devant Troie; et de Priam, qu'il devait être racheté d'esclavage. Une des règles de l'onomancie, parmi les pythagoriciens, était qu'un nombre pair de voyelles, dans le nom d'une personne, signifiait quelque imperfection au côté gauche, et un nombre impair quelque imperfection au côté droit. Ils avaient encore pour adage que de deux personnes, celle-là était la plus heureuse dans le nom de laquelle les lettres numérales jointes ensemble formaient la plus grande somme. Ainsi, disaient-ils, Achille devait vaincre Hector, parce que les lettres numérales comprises dans le nom d'Achille formaient une somme plus grande que celles du nom d'Hector. C'était sans doute d'après un principe semblable que, dans les parties de plaisir, les Romains buvaient à la santé de leurs belles autant de coups qu'il y avait de lettres dans leur nom. Enfin, on peut rapporter à l'onomancie tous les présages qu'on prétendait tirer des noms, soit considérés dans leur ordre naturel, soit décomposés et réduits en anagrammes; folie trop souvent renouvelée chez les modernes. *Voy.* ANAGRAMMES.

Cœlius Rhodiginus a donné la description d'une singulière espèce d'onomancie; Théodat, roi des Goths, voulant connaître le succès de la guerre qu'il projetait contre les Romains, un devin juif lui conseilla de faire enfermer un certain nombre de porcs dans de petites étables, de donner aux uns des noms goths, avec des marques pour les distinguer, et de les garder jusqu'à un certain jour. Ce jour étant arrivé, on ouvrit les étables, et l'on trouva morts les cochons désignés par des noms goths, ce qui fit prédire au juif que les Romains seraient vainqueurs (1).

ONYCHOMANCIE, divination par les ongles. Elle se pratiquait en frottant avec de la suie les ongles d'un jeune garçon, qui les présentait au soleil, et l'on s'imaginait y voir des figures qui faisaient connaître ce qu'on souhaitait de savoir. On se servait aussi d'huile et de cire.

OOMANCIE ou OOSCOPIE, divination par les œufs. Les devins des anciens jours voyaient dans la forme extérieure et dans les figures intérieures d'un œuf les secrets les plus impénétrables de l'avenir. Suidas prétend que cette divination fut inventée par Orphée.

On devine à présent par l'inspection des *blancs d'œufs;* et des sibylles modernes (entre autres mademoiselle Lenormant) ont rendu cette divination célèbre. Il faut prendre pour cela un verre d'eau, casser dessus un œuf frais et l'y laisser tomber doucement. On voit par les figures que le blanc forme dans l'eau divers présages. Quelques-uns cassent l'œuf dans de l'eau bouillante; on explique alors les signes comme pour le marc de café. Au reste cette divination n'est pas nouvelle; elle est même indiquée par le Grimoire. « L'opération de l'œuf, dit ce livre, est pour savoir ce qui doit arriver à quelqu'un qui est présent lors de l'opération. On prend un œuf d'une poule noire, pondu du jour; on le casse, on en tire le germe; il faut avoir un grand verre bien fin et bien net, l'emplir d'eau claire et y mettre le germe de l'œuf; on met ce verre au soleil de midi dans l'été, en récitant des oraisons et des conjurations, et avec le doigt on remue l'eau du verre pour faire tourner le germe; on le laisse ensuite reposer un instant et on regarde sans toucher. On voit ce qui aura rapport à celui ou à celle pour qui l'opération se fait. Il faut tâcher que ce soit un jour de travail, parce qu'alors les objets s'y présentent dans leurs occupations ordinaires. *Voy.* OEUFS (2).

OPALE. Cette pierre récrée le cœur, préserve de tout venin et contagion de l'air, chasse la tristesse, empêche les syncopes, les maux de cœur et les affections malignes...

OPALSKI, sources d'eaux chaudes dans le Kamtschatka. Les habitants s'imaginent que c'est la demeure de quelque démon, et ont soin de lui apporter de légères offrandes pour apaiser sa colère. Sans cela, disent-ils, il soulèverait contre eux de terribles tempêtes.

OPHIOMANCIE, divination par les serpents. Elle était fort usitée chez les anciens, et consistait à tirer des présages des divers mouvements qu'on voyait faire aux serpents. On avait tant de foi à ces oracles, qu'on nourrissait exprès des serpents pour connaître ainsi l'avenir. *Voy.* SERPENTS.

OPHIONÉE, chef des démons ou mauvais génies qui se révoltèrent contre Jupiter, selon Phérécyde le Syrien.

OPHIONEUS, célèbre devin de Messénie, aveugle de naissance, qui demandait à ceux qui venaient le consulter comment ils s'étaient conduits jusqu'alors, et, d'après leur réponse, prédisait ce qui leur devait arriver. Ce n'était pas si bête. Aristodème, roi des Messéniens, ayant consulté l'oracle de Delphes sur le succès de la guerre contre les Lacédémoniens, il lui fut répondu que quand deux yeux s'ouvriraient à la lumière et se refermeraient peu après, c'en serait fait des Messéniens. Ophioneus se plaignit de violents maux de tête qui durèrent quelques jours, au bout desquels ses yeux s'ouvrirent pour se refermer bientôt. Aristodème, en apprenant cette double nouvelle, désespéra du

---

(1) M. Noël, Dictionnaire de la Fable.

(2) Les trois Grimoires, p. 55.

succès et se tua pour ne pas survivre à sa défaite. *Voy.* Ololygmancie.

OPHITES, hérétiques du IIe siècle, qui rendaient un culte superstitieux au serpent. Ils enseignaient que le serpent avait rendu un grand service aux hommes en leur faisant connaître le bien et le mal; ils maudissaient Jésus-Christ, parce qu'il est écrit qu'il est venu dans le monde pour écraser la tête du serpent. Aussi Origène ne les regardait-il pas comme chrétiens. Leur secte était peu nombreuse.

OPHTHALMIUS, pierre fabuleuse qui rendait, dit-on, invisible celui qui la portait.

OPHTHALMOSCOPIE, art de connaître le caractère ou le tempérament d'une personne par l'inspection de ses yeux. *Voy.* Physiognomonie.

OPTIMISME. On parle d'une secte de philosophes optimistes qui existaient jadis dans l'Arabie, et qui employaient tout leur esprit à ne rien trouver de mal. Un docteur de cette secte avait une femme acariâtre, qu'il supporta longtemps, mais qu'enfin il étrangla de son mieux; et il trouva que tout était bien. Le calife fit empaler le coupable, qui souffrit sans se plaindre. Comme les assistants s'étonnaient de sa tranquillité :

— Eh mais ! leur dit-il, ne suis-je pas bien empalé?

On fait aussi ce conte : Le diable emportait un philosophe de la même secte, et celui-ci se laissait emporter tranquillement.

— Il faut bien que nous arrivions quelque part, disait-il, et tout est pour le mieux (1).

OR POTABLE, OR ARTIFICIEL. *Voy.* Alchimie.

ORACLES. Les oracles étaient chez les anciens ce que sont les devins parmi nous. Toute la différence qu'il y a entre ces deux espèces, c'est que les gens qui rendaient les oracles se disaient les interprètes des dieux, et que les sorciers ne peuvent relever que du diable. On honorait les premiers; on méprise les seconds.

Le P. Kirker, dans le dessein de détromper les gens superstitieux sur les prodiges attribués à l'oracle de Delphes, avait imaginé un tuyau adapté avec tant d'art à une figure automate, que quand quelqu'un parlait, un autre entendait dans une chambre éloignée ce qu'on venait de dire, et répondait par ce même tuyau, qui faisait ouvrir la bouche et remuer les lèvres de l'automate. Il supposa en conséquence que les prêtres du paganisme, en se servant de ces tuyaux, faisaient accroire aux sots que l'idole satisfaisait à leurs questions.

L'oracle de Delphes est le plus fameux de tous. Il était situé sur un côté du Parnasse, coupé de sentiers taillés dans le roc, entouré de rochers qui répétaient plusieurs fois le son d'une seule trompette. Un berger le découvrit en remarquant que ses chèvres étaient enivrées de la vapeur que produisait une grotte autour de laquelle elles paissaient. La prêtresse rendait ses oracles, assise sur un trépied d'or, au-dessus de cette cavité; la vapeur qui en sortait la faisait entrer dans une sorte de délire effrayant, qu'on prenait pour un enthousiasme divin.

Les oracles de la Pythie n'étaient autre chose qu'une inspiration démoniaque, dit Leloyer, et ne procédaient point d'une voix humaine. Dès qu'elle entrait en fonction, son visage s'altérait, sa gorge s'enflait, « sa poitrine pantoisait et haletait sans cesse; elle ne ressentait rien que rage; elle remuait la tête, faisait la roue du cou, pour parler comme le poëte Stace, agitait tout le corps et rendait ainsi ses réponses. »

Les prêtres de Dodone disaient que deux colombes étaient venues d'Egypte dans leur forêt, parlant le langage des hommes, et qu'elles avaient commandé d'y bâtir un temple à Jupiter, qui promettait de s'y trouver et d'y rendre des oracles. Pausanias conte que des filles merveilleuses se changeaient en colombes, et sous cette forme rendaient les célèbres oracles de Dodone. Les chênes parlaient dans cette forêt enchantée (*Voy.* Arbres), et on y voyait une statue qui répondait à tous ceux qui la consultaient, en frappant avec une verge sur des chaudrons d'airain, laissant à ses prêtres le soin d'expliquer les sons prophétiques qu'elle produisait.

Le bœuf Apis, dans lequel l'âme du grand Osiris s'était retirée, était regardé chez les Egyptiens comme un oracle. En le consultant, on se mettait les mains sur les oreilles et on les tenait bouchées jusqu'à ce qu'on fût sorti de l'enceinte du temple; alors on prenait pour réponse du dieu la première parole qu'on entendait.

Ceux qui allaient consulter en Achaïe l'oracle d'Hercule, après avoir fait leur prière dans le temple, jetaient au hasard quatre dés, sur les faces desquels étaient gravées quelques figures; ils allaient ensuite à un tableau où ces hiéroglyphes étaient expliqués, et prenaient pour la réponse du dieu l'interprétation qui répondait à la chance qu'ils avaient amenée.

Les oracles présentaient ordinairement un double sens, qui sauvait l'honneur du dieu

---

(1) Un jeune homme était bossu; il se consacrait aux arts et ne rêvait que la gloire. Un savant chirurgien le redressa; devenu un homme bien fait, il se jeta dans le monde et y fut englouti sans laisser de nom. M. Eugène Guinot, qui cite ce fait, ajoute :

Ésope n'aurait peut-être pas composé ses fables, si l'orthopédie avait été inventée de son temps. Le même écrivain cite d'autres victimes de la science. Un homme du monde était bègue, on lui trouvait de l'esprit; l'hésitation prêtait de l'originalité à ses discours; il avait le temps de réfléchir en parlant; il s'arrêtait quelquefois d'une manière heureuse au milieu d'une phrase; il avait des demi-mots qui faisaient fortune. Un opérateur lui rend le libre exercice de sa langue; il parle net et on trouve qu'il n'est plus qu'un sot. Un pauvre aveugle, commodément installé sur le Pont-Neuf, recevait d'abondantes aumônes. Un savant docteur lui rend la vue. Il retourne à son poste; mais bientôt un sergent de ville le prend au collet en vertu des ordonnances qui régissent la mendicité. — Je suis en règle, dit le mendiant, voici mon autorisation. — Vous vous moquez, reprit le sergent de ville, cette permission est pour un aveugle, et vous jouissez d'une fort bonne vue. Vous irez en prison.

et leur donnait un air de vérité, mais de vérité cachée au milieu du mensonge, que peu de gens avaient l'esprit de voir.

Théagènes de Thase avait remporté quatorze cents couronnes en différents jeux : de sorte qu'après sa mort on lui éleva une statue en mémoire de ses victoires. Un de ses ennemis allait souvent insulter cette statue, qui tomba sur lui et l'écrasa. Ses enfants, conformément aux lois de Dracon, qui permettaient d'avoir action même contre les choses inanimées, quand il s'agissait de punir l'homicide, poursuivirent la statue de Théagènes pour le meurtre de leur père; elle fut condamnée à être jetée dans la mer. Les Thasiens furent peu après affligés d'une peste. L'oracle consulté répondit : *Rappelez vos exilés*. Ils rappelèrent en conséquence quelques-uns de leurs concitoyens; mais la calamité ne cessant point, ils renvoyèrent à l'oracle, qui leur dit alors plus clairement : *Vous avez détruit les honneurs du grand Théagènes!...* La statue fut remise à sa place; on lui sacrifia comme à un dieu, et la peste s'apaisa (1).

Philippe, roi de Macédoine, fut averti par l'oracle d'Apollon qu'il serait tué d'une charrette : c'est pourquoi il commanda aussitôt qu'on fît sortir toutes les charrettes et tous les chariots de son royaume. Toutefois il ne put échapper au sort que l'oracle avait si bien prévu : Pausanias, qui lui donna la mort, portait une charrette gravée à la garde de l'épée dont il le perça. Ce même Philippe désirant savoir s'il pourrait vaincre les Athéniens, l'oracle qu'il consultait lui répondit :

Avec lances d'argent quand tu feras la guerre,
Tu pourras terrasser les peuples de la terre.

Ce moyen lui réussit merveilleusement, et il disait quelquefois qu'il était maître d'une place s'il pouvait y faire entrer un mulet chargé d'or.

L'ambiguïté était un des caractères les plus ordinaires des oracles, et le double sens ne pouvait que leur être favorable. Ainsi, quand la Pythie dit à Néron : « Garde-toi des soixante-treize ans, » ce prince crut que les dieux lui annonçaient par là une longue vie. Mais il fut bien étonné quand il vit que cette réponse indiquait Galba, vieillard de soixante-treize ans, qui le détrôna.

Quelquefois les oracles ont dit des vérités. Qui les y contraignait? On est surpris de lire dans Porphyre que l'oracle de Delphes répondit un jour à des gens qui lui demandaient ce que c'était que Dieu : « Dieu est la source de la vie, le principe de toutes choses, le conservateur de tous les êtres. Tout est plein de Dieu : il est partout. Personne ne l'a engendré : il est sans mère. Il sait tout, et on ne peut rien lui apprendre. Il est inébranlable dans ses desseins, et son nom est ineffable. Voilà ce que je sais de Dieu, ne cherche pas à en savoir davantage : ta raison ne saurait le comprendre, quelque sage que tu sois. Le méchant et l'injuste ne peuvent se cacher devant lui; l'adresse et l'excuse ne peuvent rien déguiser à ses regards perçants. »

Dans Suidas, l'oracle de Sérapis dit à Thulis, roi d'Égypte : « Dieu, le Verbe, et l'Esprit qui les unit, tous ces trois ne sont qu'un : c'est le Dieu dont la force est éternelle. Mortel, adore et tremble, où tu es plus à plaindre que l'animal dépourvu de raison. »

Le comte de Gabalis, en attribuant les oracles aux esprits élémentaires, ajoute qu'avant Jésus-Christ ces esprits prenaient plaisir à expliquer aux hommes ce qu'ils savaient de Dieu et à leur donner de sages conseils; mais qu'ils se retirèrent quand Dieu vint lui-même instruire les hommes, et que dès lors les oracles se turent.

« On pensera des oracles des païens ce que l'on voudra, dit dom Calmet dans ses Dissertations sur les apparitions, je n'ai nul intérêt à les défendre, je ne ferai pas même difficulté d'avouer qu'il y a eu de la part des prêtres et des prêtresses qui rendaient ces oracles beaucoup de supercheries et d'illusions. Mais s'ensuit-il que le démon ne s'en soit jamais mêlé? On ne peut disconvenir que depuis le christianisme les oracles ne soient tombés insensiblement dans le mépris et n'aient été réduits au silence, et que les prêtres, qui se mêlaient de prédire les choses cachées et futures, n'aient été souvent forcés d'avouer que la présence des chrétiens leur imposait silence. »

ORAGES. *Voy.* CRIÉRIENS, TONNERRE, etc.

ORAISON DU LOUP. Quand on l'a prononcée pendant cinq jours au soleil levant, on peut défier les loups les plus affamés et mettre les chiens à la porte. La voici, cette oraison fameuse :

« Viens, bête à laine, c'est l'agneau d'humilité; je te garde. Va droit, bête grise, à gris gripeuse; va chercher ta proie, loups et louve et louveteaux : tu n'as point à venir à cette viande qui est ici. *Vade retro, o Satana!* » *Voy.* GARDES.

ORAY ou LORAY, grand marquis des enfers, qui se montre sous la forme d'un superbe archer portant un arc et des flèches; il anime les combats, empire les blessures faites par les archers, lance les javelines les plus meurtrières. Trente légions le reconnaissent pour dominateur et souverain (2).

ORCAVELLE, magicienne célèbre dans les romans de chevalerie. Elle opérait des enchantements extraordinaires.

---

(1) On consultait l'oracle sur toutes choses. Euchidas, jeune Platéen, périt victime de son zèle pour son pays. Après la bataille de Platée, l'oracle de Delphes ordonna à ses compatriotes d'éteindre tout le feu qui était dans le pays, parce qu'il avait été profané par les barbares, et d'en venir prendre un plus pur à Delphes. Le feu fut éteint dans toute la contrée. Euchidas se chargea d'aller chercher celui de Delphes avec toute la diligence possible. En effet, il partit en courant et revint de même, après avoir fait mille stades dans un jour. En arrivant, il salua ses compatriotes, leur remit le feu sacré, et tomba mort de lassitude. Les Platéens lui élevèrent un tombeau avec cette épitaphe : « Ci-gît Euchidas, mort pour être allé à Delphes et en être revenu en un seul jour. »

(2) Wierus, in Pseudom. dæm.

ORDALIE. On donnait le nom d'*ordalie* à une série d'épreuves par les éléments. Elles consistaient à marcher les yeux bandés parmi des socs de charrue rougis au feu, à traverser des brasiers enflammés, à plonger le bras dans l'eau bouillante, à tenir à la main une barre de fer rouge, à avaler un morceau de pain mystérieux, à être plongé les mains liées aux jambes dans une grande cuve d'eau, enfin à étendre pendant assez longtemps les bras devant une croix. *Voy.* CROIX, EAU, FEU, etc.

OREILLE. On dit que nos amis parlent de nous quand l'oreille gauche nous tinte, et nos ennemis quand c'est la droite.

ORESME (GUILLAUME), astrologue du XIV° siècle, dont on sait peu de chose.

ORIAS, démon des astrologues et des devins, grand marquis de l'empire infernal. Il se montre sous les traits d'un lion furieux, assis sur un cheval qui a la queue d'un serpent. Il porte dans chaque main une vipère. Il connaît l'astronomie et enseigne l'astrologie. Il métamorphose les hommes à leur volonté, leur fait obtenir des dignités et des titres, et commande trente légions (1).

ORIGINEL (PÉCHÉ), la source de tous les maux qui affligent l'humanité, réparé par le baptême dans ses conséquences éternelles. Ceux qui nient le péché originel n'ont pourtant jamais pu expliquer leur négation. *Voy.* PÉCHÉ.

ORIGINES. *Voy.* MONDE.

ORNITHOMANCIE, divination qu'on tirait de la langue, du vol, du cri et du chant des oiseaux. *Voy.* AUGURES.

OROBAS, grand prince du sombre empire. On le voit sous la forme d'un beau cheval. Quand il paraît sous la figure d'un homme, il parle de l'essence divine. Consulté, il donne des réponses sur le passé, le présent et l'avenir. Il découvre le mensonge, accorde des dignités et des emplois, réconcilie les ennemis, et a sous ses ordres vingt légions (2).

OROMASIS, salamandre distingué que les cabalistes donnent pour compagnon de Noé dans l'arche.

OROMAZE. La mythologie persane dit que le dieu Oromaze fit vingt-quatre dieux, et les mit tous dans un œuf. Arimane, son ennemi, en ayant aussi fait un pareil nombre, ceux-ci percèrent l'œuf, et le mal se trouva alors mêlé avec le bien. *Voy.* ARIMANE.

ORONTE. Pausanias raconte qu'un empereur romain, voulant transporter ses troupes depuis la mer jusqu'à Antioche, entreprit de rendre l'Oronte navigable, afin que rien n'arrêtât ses vaisseaux. Ayant donc fait creuser un canal, avec beaucoup de peines et de frais, il détourna le fleuve et lui fit changer de lit. Quand le premier canal fut à sec, on y trouva un tombeau de briques long de onze coudées, qui renfermait un cadavre de pareille grandeur et de figure humaine dans toutes ses parties. Les Syriens ayant consulté l'oracle d'Apollon, à Claros, pour savoir ce que c'était, il leur fut répondu que c'était Oronte, Indien de nation.

ORPHÉE, époux d'Eurydice, qu'il perdit le jour de ses noces, qu'il pleura si longtemps, et qu'il alla enfin redemander aux enfers. Pluton la lui rendit, à condition qu'il ne regarderait point derrière lui jusqu'à ce qu'il fût hors du sombre empire. Orphée ne put résister à son impatience : il se retourna et perdit Eurydice une seconde fois et sans retour. Il s'enfonça alors dans un désert, jura de ne plus aimer, et chanta ses douleurs d'un ton si touchant, qu'il attendrit les bêtes féroces. Les bacchantes furent moins sensibles, car sa tristesse le fit mettre en pièces par ces furieuses.

Les anciens voyaient dans Orphée un musicien habile, à qui rien ne pouvait résister. Les compilateurs du moyen âge l'ont regardé comme un magicien insigne, et ont attribué aux charmes de la magie les merveilles que la mythologie attribue au charme de sa voix.

Orphée fut le plus grand sorcier et le plus grand nécromancien qui jamais ait vécu, dit Pierre Leloyer. Ses écrits ne sont farcis que des louanges des diables. Il savait les évoquer. Il institua l'ordre des *Orphéotélestes*, espèces de sorciers, parmi lesquels Bacchus tenait anciennement pareil lieu que le diable tient aujourd'hui aux assemblées du sabbat. Bacchus, qui n'était qu'un diable déguisé, s'y nommait *Sabasius* : c'est de là que le sabbat a tiré son nom. Après la mort d'Orphée, sa tête rendit des oracles dans l'île de Lesbos. Tzetzès dit qu'Orphée apprit en Egypte la funeste science de la magie, qui y était en grand crédit, et surtout l'art de charmer les serpents. Pausanias explique sa descente aux enfers par un voyage en Thesprotide, où l'on évoquait par des enchantements les âmes des morts. L'époux d'Eurydice, trompé par un fantôme qu'on lui fit voir pendant quelques instants, mourut de regret, ou du moins renonça pour jamais à la société des hommes et se retira sur les montagnes de Thrace.

Leclerc prétend qu'Orphée était un grand magicien; que ses hymnes sont des évocations infernales; et que, si l'on en croit Apollodore et Lucien, c'est lui qui a mis en vogue dans la Grèce la magie, l'art de lire dans les astres et l'évocation des mânes.

ORPHEOTELESTES, gens qui faisaient le sabbat institué par Orphée, comme on vient de le dire.

ORTHON LE FARFADET (3). Le voyageur qui parcourt aujourd'hui la France ne peut guère se faire une idée de la physionomie variée qu'elle présentait au moyen âge. La centralisation du pouvoir a relié tant bien que mal les éléments hétérogènes dont elle se composait; une teinte uniforme part de Paris, et tend à absorber de plus en plus les individualités tranchées des provinces. C'est

---

(1) Wierus in Pseudom. dæm.
(2) *Idem, ibid.*
(3) Cette légende est empruntée aux Légendes et traditions populaires de la France, publiées par M. le comte Amédée de Beaufort.

là peut-être pour l'économiste un résultat heureux, un louable progrès; mais, à coup sûr, l'artiste déplore ce nivellement monotone; il revient avec amour vers cette France du temps passé, si pleine de passions ardentes et colorées, de croyances naïves, où chaque province était un centre autour duquel venaient quelquefois se grouper les plus grands intérêts. Il importe de se reporter à ces idées pour le récit qui va suivre.

Orthez, qui n'est plus qu'une petite ville sans importance, était au moyen âge le siège d'une cour brillante, la résidence des comtes de Foix. Le xiv° siècle a vu l'apogée de sa gloire : Gaston III en était alors le suzerain. Surnommé Phœbus, soit à cause de sa beauté, soit à cause du soleil qu'il plaça dans son écusson, Gaston ne resta pas au-dessous de cet emblème glorieux. L'illustration des armes, celle des richesses et l'habileté politique si nécessaire pour se maintenir au faîte d'une haute position, tout concourut à le placer à la tête de ces grands vassaux de la couronne, féodales grandeurs qui devaient s'abaisser sous la main puissante de Richelieu et de Mazarin. Plus d'une fois les intérêts de la France entière se concentrèrent autour de lui dans cette petite cour. Pendant que les ambassadeurs des puissances voisines venaient s'y disputer son appui, les savants, les troubadours et les jongleurs accouraient y briguer les faveurs et les encouragements de cette main quasi royale. On aurait en vain cherché ailleurs, même à la cour du roi de France, un modèle plus accompli de cette chevalerie qui brillait d'un lustre si éclatant, alors qu'il allait s'éclipser.

Les chants du *gai-savoir*, les nobles *déduits* de la chasse trouvaient auprès de Gaston un amateur aussi éclairé que magnifique. La chasse était alors une passion, une affaire sérieuse, qui exigeait des études approfondies. Plus un seigneur était puissant et riche, plus il y déployait de luxe. Gaston y excellait, et il en a laissé le traité le plus complet du temps.

« Ses équipages pour ce plaisir, dit l'historien de sa vie, surpassaient en magnificence ceux des princes les plus riches (1); ses écuries ne nourrissaient pas moins de deux cents chevaux, la plupart destinés à cet usage, et il avait de douze à seize cents chiens. Ses lévriers étaient les plus légers et les plus beaux de l'Europe, et ses chiens pour le cerf, le daim, le rangier, pour les grands ours des Pyrénées, pour le loup et le sanglier, les plus forts et les plus courageux.... Tous les oiseaux de fauconnerie étaient aussi élevés avec grand soin chez le comte de Foix.

« Rien n'était noble à voir comme la compagnie du châtelain d'Orthez partant pour une chasse *à la volerie :* les chevaliers, sur de beaux palefrois, escortant galamment les dames montées sur d'élégantes haquenées, et portant sur le poing chacune un bel oiseau qu'elles caressaient de temps en temps avec leur blanche main. Et puis les écuyers et pages aux couleurs de Foix et de Béarn, vêtus de vair en été et de fourrure de gris en hiver; et les gens de service, si nombreux et si bien mis, qui apportaient tous les engins et filets *les plus ingénieux* qu'il soit possible d'imaginer. Gaston aimait à un tel point tous ces divertissements de chasse, qu'il en avait fait une étude particulière, et qu'il se plaisait à en enseigner les préceptes aux hommes qu'il y destinait. »

Mais ces nobles plaisirs ne lui faisaient point oublier de régler avec une admirable sagesse l'administration de ses États. C'est peut-être le seul exemple d'un haut et puissant seigneur de cette époque qui n'ait pas tout sacrifié à la passion de la guerre. Aussi sa réputation était immense, et les populations de Béarn le bénissaient. Un tel personnage devait être entouré de cette auréole de merveilleux qui ne manque jamais aux héros du moyen âge. Il était trop aimé des troubadours et des jongleurs pour qu'on ne célébrât pas sa gloire avec l'exagération mythique de quelque merveilleuse légende. Froissart, le crédule et naïf chroniqueur, nous en a conservé le plus précieux document. C'est en 1388 qu'il visita la cour brillante d'Orthez. Curieux et questionneur, il se passionna pour les récits des vaillants chevaliers qu'il y rencontra. Là, un écuyer lui apprit que le sire comte savait tout ce qui se passait avant personne, et que cette science lui devait venir *par aucune voie de nécromancie :* puis, comme le chroniqueur lui demanda avec instance des détails, l'écuyer *le tira à part en un anglet de la chapelle du châtel d'Orthez, et commença ainsi :*

Il peut y avoir environ vingt ans qu'il régnait en ce pays un baron qui s'appelait de son nom Raymond. Il était seigneur de Coarasse (c'est une petite ville à sept lieues d'Orthez). A cette époque-là je vous parle, le sire de Coarasse avait un procès à Avignon devant le pape, contre un clerc de Catalogne, au sujet des dîmes de l'église de Coarasse. Ces dîmes valaient bien cent florins de revenu par an, et le clerc disait qu'il y avait droit. Or, comme il était bien appuyé dans le clergé, il montra et prouva son droit, et le pape Urbain V, séant en consistoire général, condamna le chevalier à payer. Lorsque le clerc eut levé les bulles du pape, il chevaucha à grandes journées vers le Béarn pour venir prendre possession de son dimage. Mais la décision du pape avait grandement irrité le

---

(1) Et pourtant, sans compter le roi de France et les rois étrangers, bien d'autres seigneurs et princes poussaient alors l'amour de la chasse à un point extrême et rivalisaient de dépenses entre eux. Le duc de Bourgogne avait un équipage de chasse dans lequel on comptait : six pages de chiens courants, six de lévriers, douze sous-pages de chiens, six valets de chiens limiers, douze valets de chiens courants, six valets d'épagneuls, six valets de petits chiens, six valets de chiens anglais et de chiens d'Artois. Quelle dut être la surprise du duc, lorsque, fait prisonnier à Nicopolis, il vit que Bajazet avait sept mille fauconniers et autant de veneurs ! A la même époque, le comte de Sancerre signala sa passion pour la chasse d'une façon particulière ; il fonda un ordre de chevalerie sous le titre de *l'Ordre du Lévrier.* (*Note de l'historien.*)

sire de Coarasse; il s'avança vers le clerc, et lui dit :

— Or çà, maître Pierre ou maître Martin, suivant son nom, pensez-vous que par vos lettres je doive perdre mon héritage? Ne soyez pas assez hardi pour toucher à ce qui m'appartient ; car, si vous le faites, c'est votre vie que vous y laisserez. Allez ailleurs obtenir bénéfice, car vous n'aurez rien de mon héritage; et une fois pour toutes, je vous le défends.

Le chevalier était cruel, le clerc eut peur et n'osa poursuivre. Il se décida donc à retourner à Avignon. Mais avant de partir il voulut protester contre cette violence. Il vint trouver le sire de Coarasse, et lui parla ainsi :

— Sire, c'est votre force et non le droit qui m'enlève les biens de mon église ; vous méfaites grandement en conscience : je ne suis pas aussi puissant que vous ici, mais sachez que je vous enverrai tel champion que vous redouterez plus que moi.

Raymond ne tint aucun compte de ses menaces.

— Va, lui dit-il, fais ce que tu pourras, je ne te crains pas plus mort que vif. Tes paroles ne me feront rien abandonner de mon héritage.

Le clerc partit donc : retourna-t-il en Catalogne ou en Avignon? point ne le sais-je; toujours est-il qu'il n'oublia pas ses menaces. Trois mois après, alors que le chevalier y pensait le moins, des messagers invisibles vinrent le trouver. Ils commencèrent à heurter et à bouleverser tout ce qu'il y avait dans le château, de telle façon qu'on eût dit qu'ils allaient l'abattre. La porte de la chambre de monseigneur en était tout ébranlée, et la dame qui se couchait se mourait de frayeur. Quant au chevalier, il entendait bien tout ce tapage, mais il ne disait mot, car il ne voulait pas montrer un cœur susceptible de faiblesse ; d'ailleurs il était assez brave pour attendre l'issue de toutes sortes d'aventures. Ce tapage dura toute la nuit. Au matin, les serviteurs du château se réunirent et vinrent trouver le baron qui était encore couché.

— Monseigneur, lui dirent-ils, n'avez-vous rien ouï cette nuit comme nous?

Le sire de Coarasse fit l'étonné.

— Et qu'avez-vous ouï? leur répondit-il.

Alors les serviteurs lui racontèrent comment on avait bouleversé le château et cassé toute la vaisselle de la cuisine. Le chevalier se mit à rire, en disant qu'ils l'avaient songé, et que ce n'avait été que vent.

— Mon Dieu! dit la dame à demi-voix, je l'ai bien entendu.

« La nuit suivante, le même vacarme se renouvela, mais cette fois plus violent encore; les portes et les fenêtres tremblaient sous les coups, les chaises dansaient dans la chambre. Le chevalier n'y put tenir, il se leva sur son séant.

— Or çà, s'écria-t-il, qu'est-ce qui heurte ainsi à ma chambre à cette heure?

— C'est moi, lui fut-il répondu, c'est moi.

— Qui t'envoie? reprit le seigneur.

— Le clerc de Catalogne, à qui tu fais grand tort, car tu lui ravis les droits de son bénéfice. Aussi ne te laisserai-je en paix que quand tu lui auras rendu justice et qu'il sera content.

— Et comment te nomme-t-on, toi, si bon messager?

— On me nomme Orthon.

— Eh bien, Orthon, le service d'un clerc ne te vaut rien, il te donnera trop de peine. Abandonne-le, je te prie, pour me servir, je t'en saurai gré.

Cette proposition tenta Orthon; le courage du chevalier lui plut.

— Le veux-tu? lui dit-il.

— Oui, et pourvu que tu ne fasses mal à personne céans, je m'attacherai à toi, et nous serons bien d'accord.

— Sois tranquille, je n'ai d'autre puissance que celle de t'empêcher de dormir, toi et les autres.

— Eh bien donc, laisse ce méchant clerc, et viens me servir.

Lors Orthon s'éprit tellement du seigneur de Coarasse, qu'il le visitait souvent pendant la nuit, et quand il le trouvait endormi, il soulevait son oreiller et heurtait de grands coups aux portes et aux fenêtres. Le chevalier avait beau dire :

— Orthon, laisse-moi dormir, je t'en prie.

— Je n'en ferai rien, reprenait l'autre, avant de t'avoir conté des nouvelles.

Cependant la femme du sire de Coarasse avait une telle frayeur, que les cheveux lui dressaient sur la tête, et qu'elle s'enfonçait bien avant sous sa couverture. Une fois réveillé, le châtelain demandait au messager quelles nouvelles il avait à lui dire et de quel pays il venait. Celui-ci répondait :

— Je viens d'Angleterre, ou d'Allemagne, ou de Hongrie; j'en suis parti hier, et telles et telles choses y sont advenues.

Ainsi, le sire de Coarasse savait à merveille tout ce qui se passait de par le monde. Cela dura environ cinq ans. Mais comme le comte de Foix s'émerveillait de ce que le sire de Coarasse était toujours si bien informé, le chevalier, après beaucoup d'instances, lui parla de son gentil messager.

— Sire de Coarasse, dit le comte, je voudrais bien en avoir un semblable; il ne vous coûte rien, et vous savez véritablement tout ce qu'il advient de par le monde. Vous plairait-il, messire, me communiquer les nouvelles d'Orthon?

— Monseigneur, répondit le chevalier, ainsi ferai-je pour l'amour de vous.

Donc, toutes les fois qu'Orthon avait apporté des nouvelles, Raymond en écrivait au comte de Foix. Un jour celui-ci lui demanda s'il n'avait jamais vu son messager.

— Par ma foi, monseigneur, je n'y ai jamais pensé.

— Eh bien, à votre place, point n'y aurais manqué; je l'aurais prié de se montrer à moi. Veuillez vous mettre en peine, et me direz de quelle forme et de quelle façon il est. Vous m'avez dit qu'il parle le gascon comme vous et moi.

— C'est vérité, répondit le sire, et puisque vous me le conseillez, je me mettrai en peine de le voir.

Quelques jours après, arrive Orthon, lequel, selon sa coutume, se met à secouer l'oreiller du sire de Coarasse qui fort dormait ; quant à sa femme, elle y était accoutumée et n'en avait plus peur.

— Qui est là? dit le chevalier en se réveillant.

— C'est moi, Orthon.
— Et d'où viens-tu ?
— Je viens de Prague en Bohême ; l'Empereur est mort.
— Et quand est-il mort?
— Avant-hier.
— Combien y a-t-il d'ici à Prague?
— Il y a soixante journées.
— Et tu es déjà revenu?
— Oui vraiment ; je vais plus vite que le vent.
— Tu as donc des ailes?
— Nenni, point.
— Et comment donc peux-tu aller si vite?
— Vous n'avez que faire de le savoir.
— Il est vrai, mais je te verrais volontiers pour savoir de quelle forme tu es.
— Que vous importe, pourvu que je vous dise des nouvelles véritables ?
— C'est que, Orthon, je t'aimerais mieux si je t'avais vu.
— Puisque vous avez ce désir, la première chose que vous verrez demain matin en quittant votre lit, ce sera moi.
— Il suffit. Or, va, je te donne congé pour cette nuit.

Le lendemain matin, voilà le sire qui se lève. La dame avait une telle frayeur qu'elle fit la malade, disant qu'elle ne se lèverait point ce jour-là. Et comme son seigneur insistait :

— Vraiment, dit-elle, je verrais Orthon ; et je ne veux ni le voir, ni le rencontrer, s'il plaît à Dieu.

— Eh bien, dit le chevalier, je veux le voir, moi.

Et aussitôt il sauta résolument hors de son lit et s'assit sur le bord ; il croyait se trouver face à face avec Orthon, mais il ne vit rien. Il courut ouvrir les fenêtres pour y voir plus clair, mais il n'aperçut rien qui pût lui faire dire :

— Voici Orthon.

Le jour se passe, la nuit vient. A peine est-il couché, voici Orthon qui se met à causer avec lui comme à l'ordinaire.

— Va, lui dit le chevalier, tu n'es qu'un trompeur ; tu te devais hier montrer à moi, et tu n'en as rien fait.

— Mais si, je me suis montré.
— Mais non.
— Comment? n'avez-vous rien vu quand vous avez sauté hors de votre lit?

Le sire de Coarasse réfléchit un instant.

— Ma foi, dit-il, comme je pensais à toi, j'ai aperçu sur le pavé deux longs fétus qui tournoyaient et jouaient ensemble.

— C'était moi, dit l'esprit ; j'avais pris cette forme.

— Cela ne me suffit point ; prends une forme à laquelle je puisse clairement te reconnaître.

— Vous ferez tant, reprit Orthon, que vous me perdrez et que je me lasserai de vous ; car vous êtes trop exigeant.

Tu ne te lasseras point de moi, car si je te vois une seule fois, cela me suffira.

— Eh bien, vous me verrez demain. Prenez bien garde à la première chose que vous apercevrez en sortant de votre chambre, ce sera moi.

— C'est bien, dit le sire, va-t'en donc, car je veux dormir.

Le lendemain, à l'heure de tierce, le sire de Coarasse se lève et s'apprête comme il convient à son rang. Il sort de sa chambre et vient dans une galerie qui avait vue sur le milieu de la cour du château. Il jette les yeux autour de lui, et la première chose qui frappe ses regards, c'est une énorme truie, la plus grande qu'on eût jamais vue ; elle était si maigre, qu'elle ne montrait que les os et la peau ; son museau était aigu et affamé. Le sire de Coarasse ne vit point volontiers cet affreux animal ; il appela ses gens.

— Or, tôt, leur dit-il, faites sortir les chiens ; je veux que cette truie soit pillée.

Les valets obéirent et lâchèrent les chiens sur la truie. Elle poussa un grand cri, jeta un long regard sur le sire de Coarasse, et s'évanouit comme une fumée, sans qu'on pût savoir ce qu'elle était devenue. Comme le sire rentrait tout pensif dans sa chambre, il vint à se souvenir d'Orthon.

— Las! dit-il, je crois que j'ai vu mon messager ; combien je me repens d'avoir lancé mes chiens sur lui ! Ce sera un grand hasard si je le revois ; car il m'a dit que dès que je l'irriterais il ne reviendrait plus.

Ce fut la vérité : Orthon ne revint plus, et le sire de Coarasse mourut l'année suivante. On dit que le gentil messager est passé au service du comte de Foix, car on ne fait rien ici ou ailleurs qu'il n'en soit très-bien informé, même quand on s'en défie le plus. Et c'est la ferme croyance de presque tous les habitants du Béarn.

Ainsi parla l'écuyer, et Froissart ne manqua pas de bien mettre en mémoire un conte aussi merveilleux.

ORTIE BRULANTE. Les Islandais, qui appellent cette plante Netla, croient qu'elle a une vertu singulière pour écarter les sortiléges. Selon eux, il faut en faire des poignées de verges et en fouetter les sorciers à nu.

OS DES MORTS. Certains habitants de la Mauritanie ne mettent jamais deux corps dans la même sépulture, de peur qu'ils ne s'escamotent mutuellement leurs os au jour de la résurrection.

OTHON. Suétone dit que le spectre de Galba poursuivait sans relâche Othon, son meurtrier, le tiraillait hors du lit, l'épouvantait et lui causait mille tourments. C'était peut-être le remords.

OTIS ou BOTIS, grand président des enfers. Il apparaît sous la forme d'une vipère; quand il prend la figure humaine, il a de grandes dents, deux cornes sur la tête et un glaive à la main ; il répond effrontément sur le présent, le passé et l'avenir. Il a autant d'amis que d'ennemis. Il commande soixante légions (1).

OUAHICHE, génie ou démon, dont les jongleurs iroquois se prétendent inspirés. C'est lui qui leur révèle les choses futures.

OUIKKA, mauvais génie qui, chez les Esquimaux, fait naître les tempêtes et renverse les barques.

OULON-TOYON, chef des vingt-sept tribus d'esprits malfaisants, que les Yakouts supposent répandus dans l'air et acharnés à leur nuire. Il a une femme et beaucoup d'enfants.

OUPIRES, *Voy.* VAMPIRES.

OURAN ET OURAN-SOANGUE (HOMME ENDIABLÉ), sorte de magiciens de l'île Gromboccanore, dans les Indes orientales. Ils ont la réputation de se rendre invisibles quand il leur plaît, et de se transporter où ils veulent. Le peuple les craint et les hait mortellement ; quand on peut en attraper quelqu'un, on le tue sans miséricorde.

OURS. Quand les Ostiacks ont tué un ours, ils l'écorchent et mettent sa peau sur un arbre auprès d'une de leurs idoles ; après quoi ils lui rendent leurs hommages, lui font de très-humbles excuses de lui avoir donné la mort, et lui représentent que dans le fond ce n'est pas à eux qu'il doit s'en prendre, puisqu'ils n'ont pas forgé le fer qui l'a percé, et que la plume qui a hâté le vol de la flèche appartient à un oiseau étranger.

Au Canada, lorsque des chasseurs tuent un ours, un d'eux s'en approche, lui met entre les dents le tuyau de sa pipe, souffle dans le fourneau, et, lui remplissant ainsi de fumée la gueule et le gosier, il conjure l'esprit de cet animal de ne pas s'offenser de sa mort. Mais comme l'esprit ne fait aucune réponse, le chasseur, pour savoir si sa prière est exaucée, coupe le filet qui est sous la langue de l'ours et le garde jusqu'à la fin de la chasse. Alors on fait un grand feu dans toute la bourgade, et toute la troupe y jette ces filets avec cérémonie : s'ils y pétillent et se retirent, comme il doit naturellement arriver, c'est une marque certaine que les esprits des ours sont apaisés ; autrement on se persuade qu'ils sont irrités et que la chasse ne sera point heureuse l'année d'après, à moins qu'on ne prenne soin de se les réconcilier par des présents et des invocations (2).

Le diable prend quelquefois la forme de cet animal. Un choriste de Cîteaux, s'étant légèrement endormi aux matines, s'éveilla en sursaut et aperçut un ours qui sortait du chœur. Cette vision commença à l'effrayer, quand il vit l'ours reparaître et considérer attentivement tous les novices, comme un officier de police qui fait sa ronde..... Enfin le monstre sortit de nouveau en disant : « Ils sont bien éveillés ; je reviendrai tout à l'heure voir s'ils dorment...» Le naïf légendaire ajoute que c'était le diable, qu'on avait envoyé pour contenir les frères dans leur devoir (3).

On croyait autrefois que ceux qui avaient mangé la cervelle d'un ours étaient frappés de vertiges, durant lesquels ils se croyaient transformés en ours et en prenaient les manières.

OVIDE. On lui attribue un ouvrage de magie intitulé le *Livre de la Vieille*, que nous ne connaissons pas.

OXYONES, peuples imaginaires de Germanie, qui avaient, dit-on, la tête d'un homme et le reste du corps d'une bête.

OZE, grand président des enfers. Il se présente sous la forme d'un léopard ou sous celle d'un homme. Il rend ses adeptes habiles dans les arts libéraux. Il répond sur les choses divines et abstraites, métamorphose l'homme, le rend insensé au point de lui faire croire qu'il est roi ou empereur. Oze porte une couronne ; mais son règne ne dure qu'une heure par jour (4).

PA (OLAUS). *Voy.* HARPPE.

PACTE. Il y a plusieurs manières de faire pacte avec le diable. Les gens qui donnent dans les croyances superstitieuses pensent le faire venir en lisant le Grimoire à l'endroit des évocations, en récitant les formules de *conjuration* rapportées dans ce Dictionnaire, ou bien en saignant une poule noire dans un grand chemin croisé, et l'enterrant avec des paroles magiques. Quand le diable veut bien se montrer, on fait alors le marché, que l'on signe de son sang. Au reste, on dit l'ange des ténèbres accommodant, sauf la condition accoutumée de se donner à lui.

Le comte de Gabalis, qui ôte aux diables leur antique pouvoir, prétend que ces pactes se font avec les gnomes, qui achètent l'âme des hommes pour les trésors qu'ils donnent largement ; en cela, cependant, conseillés par les hôtes du sombre empire.

Un pacte, dit Bergier, est une convention, expresse ou tacite, faite avec le démon, dans l'espérance d'obtenir, par son entremise, des choses qui passent les forces de la nature. Un pacte peut donc être exprès et formel, ou tacite et équivalent. Il est censé exprès et formel, 1° lorsque par soi-même on invoque expressément le démon et que l'on demande son secours, soit que l'on voie réellement cet esprit de ténèbres, soit que l'on croie voir ; 2° quand on l'invoque par le ministère

(1) Wierus, in Pseudom. dæm.
(2) La Harpe, Hist. des Voyages, t. XVIII, p. 396.
(3) Cæsarii Heisterb. Miracul. illustrium lib. v, cap. 49.
(4) Wierus, in Pseudomon. dæmon.

de ceux que l'on croit être en relation et en commerce avec lui; 3° quand on fait quelque chose dont on attend l'effet de lui. Le pacte est seulement tacite ou équivalent, lorsque l'on se borne à faire une chose de laquelle on espère un effet qu'elle ne peut produire naturellement, ni surnaturellement et par l'opération de Dieu, parce qu'alors on ne peut espérer cet effet que par l'intervention du démon. Ceux, par exemple, qui prétendent guérir les maladies par des paroles, doivent comprendre que les paroles n'ont pas naturellement cette vertu. Dieu n'y a pas attaché non plus cette efficacité. Si donc elles produisaient cet effet, ce ne pourrait être que par l'opération de l'esprit infernal. De là, les théologiens concluent que non-seulement toute espèce de magie, mais encore toute espèce de superstition, renferme un pacte au moins tacite ou équivalent avec le démon, puisque aucune pratique superstitieuse ne peut rien produire, à moins qu'il ne s'en mêle. C'est le sentiment de saint Augustin, de saint Thomas et de tous ceux qui ont traité cette matière (1).

Voici l'histoire d'un pacte formel. Plusieurs autres se trouvent dans ce Dictionnaire.

Un gentilhomme allemand, Michel-Louis de Boubenhoren, envoyé assez jeune à la cour du duc de Lorraine, perdit au jeu tout son argent. Dans son désespoir, il résolut de se vendre au diable, s'il voulait l'acheter un peu cher. Comme il se livrait à cette pensée, tout d'un coup il vit paraître devant lui un jeune homme de son âge, élégamment vêtu, qui lui donna une bourse pleine d'or et lui promit de revenir le lendemain. Louis courut retrouver ses amis, regagna ce qu'il avait perdu, et emporta même l'argent des autres. Le jeune homme mystérieux parut de nouveau, lui demanda, pour récompense du service qu'il lui avait rendu, trois gouttes de son sang, qu'il reçut dans une coquille de gland; puis, offrant une plume au jeune seigneur, il lui dicta quelques mots barbares que Louis écrivit sur deux billets différents. L'un demeura au pouvoir de l'inconnu, l'autre fut enfoncé, par un pouvoir magique, dans le bras de Louis, à l'endroit où il s'était piqué pour tirer les trois gouttes de sang. La plaie se referma sans laisser de cicatrice.

— Je m'engage, dit alors l'étranger, à vous servir sept ans, au bout desquels vous m'appartiendrez.

Le jeune homme y consentit, quoique avec une certaine horreur; depuis ce jour, le démon ne manqua pas de lui apparaître sous diverses formes, et de l'aider en toute occasion. Il s'empara peu à peu de son esprit; il lui inspirait des idées neuves et curieuses, qui le séduisaient; le plus souvent il le poussait à de mauvaises actions. Le terme des sept années vint vite. Le jeune homme, qui avait alors vingt-cinq ans, rentra à la maison paternelle. Le démon auquel il s'était donné lui conseilla et parvint à lui persuader d'empoisonner son père et sa mère, de mettre le feu à leur château et de se tuer lui-même après. Il essaya de commettre tous ces crimes: Dieu, qui sans doute avait encore pitié de lui, ne permit pas qu'il réussît; le poison n'opéra point sur ses parents. Inquiet et troublé, Louis eut des remords; il découvrit à quelques domestiques fidèles l'état où il se trouvait, les priant de lui porter secours. Aussitôt qu'il eut fait cette démarche, le démon le saisit, quoique la dernière heure ne fût pas venue, lui tourna le corps en arrière, et tenta de lui rompre les os. Sa mère, qui était hérétique aussi bien que lui, fut contrainte, malgré son manque de foi, de recourir aux exorcismes. Le diable parut, dit-on, avec les traits d'un sauvage hideux et velu, et jeta à terre un pacte différent de celui qu'il avait extorqué du jeune homme, pour donner à croire qu'il abandonnait sa proie. Mais on ne tomba point dans le panneau; et enfin, le 20 octobre 1603, on força le démon à rapporter la véritable cédule, contenant le pacte fait entre lui et Louis de Boubenhoren. Le jeune homme renonça alors au démon, abjura l'hérésie, fit sa confession générale; et on vit sortir aussitôt de son bras gauche, presque sans douleur et sans laisser de cicatrice, le pacte secret, qui roula aux pieds de l'exorciste.

On voyait, dans une chapelle de Molsheim, une inscription célèbre qui contenait toute l'aventure de ce gentilhomme. Voy. FAUSTE.

M. Jules du Vernay a donné, sous ce titre: *Comment l'abbé Duncanius perdit son âme*, le récit piquant que voici d'un pacte tacite:

Vers la fin du XIII° siècle on voyait encore à Liebenthal, en Silésie, les ruines d'une église abandonnée : le voyageur et le pâtre n'approchaient jamais la nuit de ces décombres qu'avec une espèce de terreur. Les pierres qui se détachaient une à une de ces murs délabrés paraissaient être maudites, et le signe de la rédemption des hommes, qui avait été dès l'origine placé sur le sommet de l'édifice, avait disparu. Un chroniqueur a laissé le dessin de ces ruines, dessin recueilli par Caylus dans un voyage en Allemagne; ce dernier désigne ces restes de l'église sous le nom de *Moustier du palefroi blanc* (albi equi ecclesia).

En 1156, vivait à Liebenthal un certain abbé, du nom de Duncanius. Il dirigeait avec une sagesse qui lui valait dans le pays un grand renom de sainteté les moines confiés à son autorité. C'était à lui que l'on avait recours dans les positions difficiles de la vie, et l'on venait à son église, presque autant pour bénir l'abbé Duncanius que pour implorer les reliques de saint Florent que l'on gardait précieusement dans une châsse d'argent massif. En peu de temps l'affluence des pèlerins devint même si considérable, qu'il fallut élever des tentes et bâtir des huttes

---

(1) Bergier, Dictionn. théologique.

dans le voisinage de l'abbaye, afin d'abriter tant de fidèles.

Un soir de décembre, après les derniers offices, comme l'abbé se disposait à rentrer dans sa cellule et à y prendre un repos que lui rendaient nécessaire les rudes travaux apostoliques auxquels il s'était livré durant le jour, il aperçut dans la nef solitaire un pèlerin vêtu de noir, qui, malgré les efforts des frères convers, s'obstinait à rester dans l'église, sous le prétexte qu'il avait d'importants secrets dont l'abbé seul devait être dépositaire.

Voyant cette persistance au moins étrange, l'abbé Duncanius dit aux frères de lui amener l'inconnu. Une fois l'homme noir conduit devant lui, l'abbé prit la parole.

— Vous avez demandé à me parler, mon frère, lui dit-il. Que voulez-vous de moi, et pourquoi, de même que les autres pèlerins, n'avez-vous point tantôt employé la voie de la confession pour venir jusqu'à moi ?

— Je ne suis point ton frère, Duncanius, répondit l'homme noir. Je ne me confesse point. Je ne me montre que le soir.

S'il en est ainsi, je vous plains sans vous maudire, repartit le pieux abbé. Et pourtant quoi de plus condamnable devant Dieu qu'un pécheur qui persiste dans le péché ?

Je me flatte de ne savoir point ce que veulent dire ces mots extravagants : bénir et maudire, ajouta le pèlerin. J'en sais un plus grand ; c'est pouvoir (*potere*). Duncanius, je te l'apprendrai, si tu veux.

— Que voulez-vous dire ?

— Écoute, abbé. Faut-il, pour que tu me comprennes, que je quitte cette apparence ridicule et cette forme humaine ? faut-il me montrer à toi tel que je suis dans mon empire, la couronne en tête, les ailes aux épaules, la fourche au poing ?

— Que signifient ces paroles ?

— Regarde donc.

Et en même temps, au lieu d'un mendiant, d'un pèlerin humble et suppliant, Duncanius, atterré, vit debout devant lui un esprit infernal. Son premier mouvement fut d'éloigner, par un signe de croix, l'ennemi du genre humain. Mais l'ange maudit lui arrêta le bras.

— Fou que tu es ! s'écria Satan. Ne brise pas le bonheur qui se présente à toi. Qu'as-tu recueilli jusqu'à présent de tes sévères complaisances pour un Dieu ingrat ? Tes nuits passées à genoux sur les dalles glacées de ta cellule, les privations du jeûne, les tortures de la macération ; dis-moi qu'est-ce que cela t'a valu ? Pas même le pouvoir de faire le plus petit miracle ! pas même mon éloignement ! Non, pas même l'éloignement de l'ennemi de ton culte, car depuis un an je n'ai pas quitté ta cellule ; je suis demeuré là, troublant ta prière, te fustigeant de tentations sans cesse renaissantes, te privant de repos la nuit, de repos le jour. Voilà, Duncanius, ce que t'a valu l'amour de ton Dieu. Eh bien, sans que tu aies jamais rien fait pour moi, je t'offre la puissance de changer l'ordre de la nature. A ta voix, si tu veux m'obéir, les morts parleront ; rien qu'à un signe de ta main l'orage grondera ; tu auras des duchés, de la puissance, des armées ; ton cheval bondira fougueusement au milieu d'un champ de bataille. Et crois-tu que ces offres soient intéressées et que je te demande ton âme pour cela ? Non, détrompe-toi ; je ne te demande rien. Je te trouve trop supérieur pour continuer le métier de dupe que tu fais : voilà tout. En combattant sans relâche contre toi, j'ai su t'apprécier.

Le religieux était devenu pâle et tremblant de surprise.

— Tiens, ajouta le démon, prends ce livre. Use des secrets qu'une puissance magique y révèle. Jette là ton froc et connais enfin les plaisirs du monde.

En disant ces mots, Satan disparut, et le moine trouva un livre rouge à ses pieds.

Que pouvait être ce livre rouge apporté par l'enfer ? Un réceptacle de sacriléges et de blasphèmes, sans aucun doute. L'abbé se le dit, et d'abord il ne voulut pas y toucher ; mais peu à peu il s'enhardit, il le ramassa et il le lut. Alors les caractères se mirent à briller comme du feu sur les pages du volume. Bien plus, à mesure que Duncanius prononçait les paroles magiques, mille figures bizarres, étranges et fantasques, mille formes inconnues se jouaient dans l'obscurité. Ces figures et ces formes lui montraient des châteaux, des armures, des couronnes, de l'or, des combats et toutes les choses enviées des autres hommes, dont lui avait parlé le faux pèlerin.

Au même instant des génies se prosternaient aux genoux du moine, et ils lui disaient :

— Ordonne, ordonne, ô Duncanius, nous sommes prêts ! Ordonne, car nous sommes tes esclaves ; car notre devoir est d'obéir rien qu'à un signe de la main, rien qu'à un mouvement de ta tête, rien qu'à un clignement de ta paupière. Ordonne donc !

— Au fait, se demanda Duncanius, puisque je ne m'engage à rien, puisque je ne fais qu'user d'un pouvoir dont le salut de mon âme n'a rien à redouter, ordonnons et servons-nous du livre magique pour la plus grande gloire de Dieu tout-puissant, mon maître. Ainsi le démon sera dupe de ses propres ruses, et le tenté, grâce au ciel, triomphera des embûches dressées par la main du tentateur.

Après s'être parlé de la sorte, Duncanius prit le livre rouge, l'ouvrit et s'écria à voix haute, en s'adressant aux apparitions qui tourbillonnaient tumultueusement autour de lui :

— Esprit des châteaux et des édifices, au nom de votre maître et des paroles redoutables que je vais prononcer, venez !

— Me voici, dit une voix. Que faut-il faire ? Je suis prêt à tout, Duncanius.

— Achevez de bâtir avec vos aides l'aile de l'abbaye de Saint-Florent, qui, faute d'argent, reste inachevée depuis deux ans et demi.

A cet ordre de l'abbé, les démons se relevèrent par groupes, en jetant des cris de joie. Un bruit sourd se fit entendre, et l'aile de l'abbaye apparut bientôt achevée, brillante d'ogives de marbre, de colonnettes pleines d'élégance et de vitraux aux mille couleurs. On voyait l'image d'un *cheval blanc* sur le seuil, et l'œil pouvait lire en caractères profondément gravés dans la pierre, les mots que voici :

CETTE AILE DE L'ABBAYE A ÉTÉ BATIE PAR UNE PAROLE DE L'ABBÉ DUNCANIUS.

La nouvelle d'un si grand miracle se répandit rapidement dans tous les pays. Duncanius, honoré comme un saint, ne tarda point à sentir la vanité pénétrer dans son cœur. Plein de superbe, il ne pouvait se défendre d'une sorte de tristesse, quand par hasard se trouvait moins nombreuse l'affluence des fidèles qui venaient le visiter et lui demander son intercession près de Dieu, ou bien une parole de sa bouche, pour les guérir des maux qu'ils éprouvaient. En revanche, si quelque prince d'une cour voisine, ou quelque dame de haut lignage arrivait à l'abbaye avec une suite nombreuse de varlets et de pages, la joie éclatait dans ses yeux, et son cœur battait orgueilleusement. Néanmoins, il n'avait point osé recourir de nouveau à la puissance du livre magique que lui avait envoyé l'enfer, par une soirée de décembre de l'année 1156.

Un jour cependant il arriva qu'un seigneur voisin fort puissant vint mettre le siége devant Liebenthal, et que l'abbé fut obligé, suivant la coutume de ces temps-là, de monter à cheval et de combattre l'ennemi à la tête des vassaux de Saint-Florent. Malgré des prodiges de valeur, les habitants de Liebenthal furent repoussés avec perte dans une sortie qu'ils avaient faite. Ils fuyaient en désordre, lorsque Duncanius saute à bas de son cheval, tue sa propre monture, en fait autant pour les destriers des plus empressés fuyards, et leur crie en brandissant son épée :

— Mort au premier qui fuira !

A cette action héroïque, à cette voix menaçante, les fuyards s'arrêtent et recommencent le combat. Hélas ! le sort trahit encore leur courage. L'abbé désespéré se souvient alors du livre magique. Il le tire de son sein ; il lit les paroles qu'il contient, et l'ennemi, frappé d'une terreur subite, se disperse et se livre sans défense aux coups des habitants de Liebenthal, étonnés à l'aspect de ce nouveau miracle de Duncanius. La bataille finie et la victoire remportée, ils ramenèrent l'abbé en triomphe dans la ville, en le bénissant et en répétant son nom comme celui d'un saint.

Duncanius devint bientôt plus puissant que les princes et les seigneurs du pays. Il s'entoura de faste, il se livra à la fougue de ses passions et ne mit pas plus de frein à ses désirs qu'au pouvoir de les accomplir que lui donnait le livre magique.

Quinze années, jour pour jour, heure pour heure, après la visite faite à Duncanius par le pèlerin mystérieux, l'abbé se livrait un soir, dans sa chambre, à mille projets d'ambition, quand un léger bruit se fit entendre à sa porte.

— Qui va là ? demanda Duncanius.
— Ouvrez, ajouta la voix.
— Mais encore, qui êtes-vous ?
— Celui auquel il faut payer la dette d'il y a quinze ans, la dette du livre rouge.
— La dette du livre rouge ! dit Duncanius surpris ; quel sens faut-il attacher à ces paroles ?
— Un sens fort simple et fort clair. Cela signifie que ton heure est venue, ô abbé, et qu'il faut que tu me suives, car tu es mon bien.

Duncanius reconnut en même temps le pèlerin de la soirée de décembre 1156, qui étendait sur lui des mains redoutables et armées de griffes. L'homme noir répéta sa phrase menaçante.

— Oui, ton heure est venue, Duncanius, suis-moi, car tu es mon bien ! Viens vite ; l'enfer t'attend !
— Ton bien, ennemi des hommes ! Non, je ne le suis point ; car jamais je n'ai signé ni consenti le pacte que tu m'as proposé.
— Cela est vrai, tu n'as rien signé, rien consenti ; mais grâce à ce livre et aux désirs qu'il a fait naître en toi, tu t'es roulé dans la fange des sept péchés capitaux ; tu as commis des crimes ; tu as perdu ton âme à jamais par ta superbe et par ta vanité. Le fou ! il a cru pouvoir se servir de la puissance du diable sans appartenir au diable ! Mais fais trêve à tes projets d'ambition, Duncanius, finis-en avec tous tes rêves d'ici-bas, et viens avec moi, car tu es mon bien !

Et comme il disait ces mots, il enlaça l'abbé de ses deux bras crispés, et il l'emporta dans le sombre royaume. Aussitôt le feu du ciel tomba sur l'abbaye, et de tout l'édifice il ne resta que des ruines où la nuit dansaient des démons, et dont on n'approchait qu'avec terreur. Bien des années après, des moines de l'ordre de Citeaux obtinrent le terrain de l'ancienne abbaye de Saint-Florent, et après avoir purifié les lieux par des prières publiques, ils y bâtirent une église que l'on voyait encore en 1640.

Donnons ici une pièce curieuse des Grimoires. C'est ce qu'ils appellent « le *sanctum regnum* de la clavicule, ou *la véritable manière de faire les pactes ; avec les noms, puissances et talents de tous les grands esprits supérieurs, comme aussi la manière de les faire paraître par la force de la grande appellation du chapitre des pactes de la grande clavicule, qui les force d'obéir à quelque opération que l'on souhaite.* »

Le véritable *sanctum regnum* de la grande clavicule, autrement dit le *pacta conventa dæmoniorum* dont on parle depuis si longtemps, est une chose fort nécessaire à établir ici pour l'intelligence de ceux qui, voulant forcer les esprits, n'ont point la qualité requise pour composer la verge foudroyante et le cercle cabalistique. Ils ne peuvent venir à bout de forcer aucun esprit de paraître, s'ils n'exécutent de point en point tout ce qui est décrit ci-après, touchant la manière de faire des pactes avec quelque esprit que ce puisse être, soit pour avoir des trésors, soit pour découvrir les secrets les plus cachés, soit pour faire travailler un esprit pendant la nuit à son ouvrage, ou pour faire tomber une grêle ou la tempête partout où l'on souhaite ; soit pour se rendre invisible, pour se faire transporter partout où l'on veut, pour ouvrir toutes les serrures, voir tout ce qui se passe dans les maisons, et apprendre tous les tours et finesses des bergers ; soit pour acquérir la main de gloire et pour connaître les qualités et les vertus des métaux et des minéraux, des végétaux et de tous les animaux purs et impurs ; pour faire, en un mot, des choses si merveilleuses, qu'il n'y a aucun homme qui n'en soit dans la dernière surprise. C'est par la grande clavicule de Salomon que l'on a découvert la véritable manière de faire les pactes ; il s'en est servi lui-même pour acquérir de grandes richesses, et pour connaître les plus impénétrables secrets de la nature.

Nous commencerons par décrire les noms des principaux esprits avec leur puissance et pouvoir, et ensuite nous expliquerons le *pacta dæmoniorum*, ou la véritable manière de faire les pactes avec quelque esprit que ce soit. Voici les noms des principaux :

Lucifer, empereur. — Belzébut, prince. — Astarot, grand-duc.

Ensuite viennent les esprits supérieurs qui sont subordonnés aux trois nommés ci-devant :

Lucifuge, premier ministre. — Satanachia, grand général. — Fleurety, lieutenant général. — Nebiros, maréchal de camp. — Agaliarept, grand sénéchal. — Sargatanas, brigadier chef.

Les six grands esprits que je viens de nommer ci-devant dirigent, par leur pouvoir, toute la puissance infernale qui est donnée aux autres esprits. Ils ont à leur service dix-huit autres esprits qui leur sont subordonnés, savoir :

Baël, Agares, Marbas, Pruslas, Aamon, Barbatos, Buer, Gusoyn, Botis, Bathim, Pursan, Abigar, Loray, Valefar, Forau, Ayperos, Naberus, Glasyalabolas.

Après vous avoir indiqué les noms des dix-huit esprits ci-devant, qui sont inférieurs aux six premiers, il est bon de vous prévenir de ce qui suit, savoir :

Que Lucifuge commande sur les trois premiers qui se nomment Baël, Agares et Marbas ; Satanachia sur Pruslas, Aamon et Barbatos ; Agaliarept sur Buer, Gusoyn et Botis ; Fleurety sur Bathim, Pursan et Abigar ; Sargatanas sur Loray, Valefar et Forau ; Nebiros sur Ayperos, Naberus et Glasyalabolas.

Et, quoiqu'il y ait encore des millions d'esprits qui sont tous subordonnés à ceux-là, il est très-inutile de les nommer, à cause que l'on ne s'en sert que quand il plaît aux esprits supérieurs de les faire travailler à leur place, parce qu'ils se servent de tous ces esprits inférieurs comme s'ils étaient leurs esclaves. Ainsi, en faisant le pacte avec un des six principaux dont vous avez besoin, il n'importe quel esprit vous serve ; néanmoins demandez toujours, à l'esprit avec lequel vous faites votre pacte, que ce soit un des trois principaux qui lui sont subordonnés.

Voici précisément les puissances, sciences, arts et talents des esprits susnommés, afin que celui qui veut faire un pacte puisse trouver dans chacun des talents des six esprits supérieurs ce dont il aura besoin.

Le premier est le grand Lucifuge Rofocale, premier ministre infernal ; il a la puissance que Lucifer lui a donnée sur toutes les richesses et sur tous les trésors du monde.

Le second est Satanachia, grand général ; il a la puissance de soumettre toutes les femmes et commande la grande légion des esprits.

Agaliarept, aussi général, a la puissance de découvrir les secrets les plus cachés dans toutes les cours et dans tous les cabinets du monde ; il dévoile les plus grands mystères ; il commande la seconde légion des esprits.

Flerety, lieutenant général, a la puissance de faire tel ouvrage que l'on souhaite pendant la nuit ; il fait aussi tomber la grêle partout où il veut. Il commande un corps très-considérable d'esprits.

Sargatanas, brigadier, a la puissance de vous rendre invisible, de vous transporter partout, d'ouvrir toutes les serrures, de vous faire voir tout ce qui se passe dans les maisons, de vous apprendre tous les tours et finesses des bergers ; il commande plusieurs brigades d'esprits.

Nebiros, maréchal de camp et inspecteur général, a la puissance de donner du mal à qui il veut ; il fait trouver la main de gloire, il enseigne toutes les qualités des métaux, des minéraux, des végétaux et de tous les animaux purs et impurs ; c'est lui qui a aussi l'art de prédire l'avenir, étant un des plus grands nécromanciens de tous les esprits infernaux : il va partout ; il a inspection sur toutes les malices infernales.

Quand vous voudrez faire votre pacte avec un des principaux esprits que je viens de nommer, l'avant-veille du pacte vous irez couper, avec un couteau neuf qui n'ait jamais servi, une baguette de noisetier sauvage qui n'ait jamais porté et qui soit semblable à la *verge foudroyante* ; vous la couperez positivement au moment où le soleil paraît sur l'horizon. Cela fait, vous vous munirez d'une pierre *ématille* et de deux cierges bénits, et vous choisirez ensuite pour l'exécution un endroit où personne ne vous incommode. Vous pouvez même faire le pacte dans une chambre écartée ou dans quelque masure de vieux château ruiné, parce que l'esprit a le pouvoir d'y transporter tel trésor qui lui plaît. Vous tracerez un triangle avec votre pierre *ématille*, et cela seulement la première fois que vous faites le pacte ; ensuite vous placerez les deux cierges bénits à côté ; vous écrirez autour le saint nom de Jésus, afin que les esprits ne vous puissent faire aucun mal. Ensuite vous vous poserez au milieu du triangle, ayant en main la baguette mystérieuse, avec la grande appellation à l'esprit, la demande que vous voulez lui faire, le pacte et le renvoi de l'esprit.

Vous commencerez à réciter l'appellation suivante avec fermeté.

Grande appellation des esprits avec lesquels l'on veut faire pacte, tirée de la grande clavicule.

« Empereur LUCIFER, maître de tous les esprits rebelles, je te prie de m'être favorable dans l'appellation que je fais à ton grand ministre LUCIFUGE ROFOCALE, ayant envie de faire pacte avec lui. Je te prie aussi, prince Belzébut, de me protéger dans mon entreprise. Comte Astarot ! sois-moi propice, et fais que dans cette nuit le grand LUCIFUGE m'apparaisse sous une forme humaine, sans aucune mauvaise odeur, et qu'il m'accorde, par le moyen du pacte que je vais lui présenter, toutes les richesses dont j'ai besoin. O grand *Lucifuge!* je te prie de quitter ta demeure, dans quelque partie du monde qu'elle soit; pour venir me parler; sinon je t'y contraindrai par la force du grand Dieu vivant, de son cher Fils et du Saint-Esprit; obéis promptement, ou tu vas être éternellement tourmenté par la force des puissantes paroles de la grande clavicule de Salomon, paroles dont il se servait pour obliger les esprits rebelles à recevoir son pacte. Ainsi parais au plus tôt, ou je te vais continuellement tourmenter par la force de ces puissantes paroles de la clavicule : Agion, Tetagram, vaycheon stimulamaton y ezpares retragrammaton oryoram irion esytion existion eryona onera brasim moym messias soler Emanuel Sabaot Adonay, te adoro et invoco. »

Vous êtes sûr que, d'abord que vous aurez lu ces puissantes paroles, l'esprit paraîtra et vous dira ce qui suit :

« Me voici : que me demandes-tu ? Pourquoi troubles-tu mon repos ? Réponds-moi. »

Demande à l'esprit.

« Je te demande pour faire pacte avec toi, et enfin que tu m'enrichisses au plus tôt; sinon je te tourmenterai par les puissantes paroles de la clavicule. »

Réponse de l'esprit.

« Je ne puis t'accorder ta demande qu'à condition que tu te donnes à moi dans vingt ans, pour faire de ton corps et de ton âme ce qu'il me plaira. »

Alors vous lui jetterez votre pacte, qui doit être écrit de votre propre main sur un petit morceau de parchemin vierge; il consiste en ce peu de mots auxquels vous mettrez votre signature avec votre véritable sang.

Pacte.

« Je promets au grand Lucifuge de le récompenser dans vingt ans de tous les trésors qu'il me donnera. En foi de quoi je me suis signé. »

L'esprit vous répondra :
« Je ne puis accorder ta demande. »
Alors, pour le forcer à vous obéir, vous relirez la grande interpellation avec les terribles paroles de la clavicule, jusqu'à ce que l'esprit reparaisse et vous dise ce qui suit :

« Pourquoi me tourmentes-tu davantage ? Si tu me laisses en repos, je te donnerai le plus prochain trésor, à condition que tu me consacreras une pièce tous les premiers lundis de chaque mois, et que tu ne m'appelleras qu'un jour de chaque semaine, de dix heures du soir à deux heures après minuit. Ramasse ton pacte, je l'ai signé; et, si tu ne tiens pas ta parole, tu seras à moi dans vingt ans. »

Réponse.

« J'acquiesce à ta demande, à condition que tu me feras paraître le plus prochain trésor que je pourrai emporter tout de suite. »

L'esprit dira :
« Suis-moi et prends le trésor que je vais te montrer. »

Vous le suivrez sans vous épouvanter; vous jetterez votre pacte tout signé sur le trésor, en le touchant avec votre baguette; vous en prendrez tant que vous pourrez, et vous vous en retournerez dans le triangle en marchant à reculons; vous y poserez votre trésor devant vous, et vous commencerez tout de suite à lire le renvoi de l'esprit.

Conjuration et renvoi de l'esprit avec lequel on a fait pacte.

« O grand Lucifuge! je suis content de toi pour le présent; je te laisse en repos et te permets de te retirer où bon te semblera, sans faire aucun bruit ni laisser aucune mauvaise odeur. Pense aussi à ton engagement de mon pacte, car, si tu y manques d'un instant, tu peux être sûr que je te tourmenterai éternellement avec les grandes et puissantes paroles de la clavicule de Salomon, par lequel on force tous les esprits rebelles à obéir. »

PAIN (ÉPREUVE DU). C'était un pain fait de farine d'orge, bénit ou plutôt maudit par les imprécations d'un prêtre. Les Anglo-Saxons le faisaient manger à un accusé non convaincu, persuadés que, s'il était innocent, ce pain ne lui ferait point de mal; que s'il était coupable, il ne pourrait l'avaler, ou que s'il l'avalait, il étoufferait. Le prêtre qui faisait cette cérémonie demandait, par une prière composée exprès, que les mâchoires du criminel restassent roides, que son gosier se rétrécît, qu'il ne pût avaler, qu'il rejetât le pain de sa bouche. C'était une profanation des prières de l'Église (1). La seule chose qui fût réelle dans cette épreuve, qu'on appelait souvent l'*épreuve du pain conjuré*, c'est que, de toutes les espèces de pain, le pain d'orge moulue un peu gros est le plus difficile à avaler. *Voy.* CORSNED, ALPHITOMANCIE, etc.

PAIN BÉNIT. Du côté de Guingamp en Bretagne, et dans beaucoup d'autres lieux, quand on ne peut découvrir le corps d'un noyé, on met un petit cierge allumé sur un pain que l'on a fait bénir et qu'on abandonne au cours de l'eau; on trouve le cadavre dans l'endroit où le pain s'arrête (2),

---

(1) Bergier, Dictionn. théologique.

(2) Cambry, Voyage dans le Finistère, t. III, p. 159.

et ce qui peut surprendre les curieux, c'est que ce miracle s'est fait très-souvent. Comment l'expliquer? On a le même usage en Champagne et ailleurs.

PAJOT (Marguerite), sorcière qui fut exécutée à Tonnerre en 1576, pour avoir été aux assemblées nocturnes des démons et des sorciers. Elle composait des maléfices et faisait mourir les hommes et les animaux. Elle avait de plus tué un sorcier qui n'avait pas voulu lui prêter un lopin de bois avec lequel il faisait des sortilèges. Une remarque singulière qu'on avait notée, c'est qu'elle revenait du sabbat toujours toute froide (1).

PALINGENESIE. Ce mot veut dire renaissance. Duchêne dit avoir vu à Cracovie un médecin polonais qui conservait dans des fioles la cendre de plusieurs plantes; lorsqu'on voulait voir une rose dans ces fioles, il prenait celle où se trouvait la cendre du rosier, et la mettait sur une chandelle allumée : après qu'elle avait un peu senti la chaleur, on commençait à voir remuer la cendre; puis on remarquait comme une petite nue obscure qui, se divisant en plusieurs parties, venait enfin à représenter une rose si belle, si fraîche et si parfaite, qu'on l'eût jugée palpable et odorante, comme celle qui vient du rosier. Cette nouveauté fut poussée plus loin. On assura que les morts pouvaient revivre naturellement, et qu'on avait des moyens de les ressusciter en quelque façon. Van der Beet, surtout, a donné ces opinions pour des vérités incontestables; et dans le système qu'il a composé pour expliquer de si étranges merveilles, il prétend qu'il y a dans le sang des idées séminales, c'est-à-dire des corpuscules qui contiennent en petit tout l'animal. Quelques personnes, dit-il, ont distillé du sang humain nouvellement tiré, et elles y ont vu, au grand étonnement des assistants saisis de frayeur, un spectre humain *qui poussait des gémissements*. C'est pour ces causes, ajoute-t-il, que Dieu a défendu aux Juifs de manger le sang des animaux, de peur que les esprits ou idées de leurs espèces qui y sont contenues ne produisissent de funestes effets. Ainsi, en conservant les cendres de nos ancêtres, nous pourrons en tirer des fantômes qui nous en représenteront la figure. Quelle consolation, dit le P. Lebrun, que de passer en revue son père et ses aïeux, sans le secours du démon, et par une nécromancie très-permise! Quelle satisfaction pour les savants que de ressusciter en quelque manière les Romains, les Grecs, les Hébreux et toute l'antiquité! Rien d'impossible à cela, il suffit d'avoir les cendres de ceux qu'on veut faire paraître. Ce système eut, comme toutes les rêveries, beaucoup de partisans. On prétendait qu'après avoir mis un moineau en cendres, et en avoir extrait le sel, on avait obtenu, par une chaleur modérée, le résultat désiré. L'académie royale d'Angleterre essaya, dit-on, cette expérience sur un homme. Je ne sache pas qu'elle ait réussi. Mais cette découverte, qui n'aurait pas dû occuper un seul instant les esprits, ne tomba que quand un grand nombre de tentatives inutiles eut prouvé que ce n'était non plus qu'une ridicule chimère. *Voy.* Cendres. La *palingénésie philosophique* de Bonnet est un système publié au dernier siècle et condamné; il est plus du ressort des théologiens que du nôtre.

PALMOSCOPIE, augure qui s'appelait aussi palmicum, et qui se tirait de la palpitation des parties du corps de la victime, calculées à la main.

PALUD (Madeleine de Mendoz de la), fille d'un gentilhomme de Marseille, et sœur du couvent des ursulines, qui fut ensorcelée par Gaufridi, à l'âge de dix-neuf ans. *Voy.* Gaufridi.

Cette femme, quarante ans après le procès de Gaufridi, ayant voulu se mêler encore de sorcellerie, fut condamnée, par arrêt du parlement de Provence, à la prison perpétuelle, en 1653.

PAMILIUS. Pamilius de Phères, tué dans un combat, resta dix jours au nombre des morts; on l'enleva ensuite du champ de bataille pour le porter sur le bûcher; mais il revint à la vie et raconta des histoires surprenantes de ce qu'il avait vu pendant que son corps était resté sans sentiment (2).

PAN, l'un des huit grands dieux, ou dieux de la première classe chez les Egyptiens. On le représentait sous les traits d'un homme dans la partie supérieure de son corps, et sous la forme d'un bouc dans la partie inférieure.

Dans les démonographies, c'est le prince des démons incubes.

PANDÆMONIUM, capitale de l'empire infernal, selon Milton.

PANEN, exorciste protestant. *Voy.* Guillaume.

PANEROS. Pline cite une pierre précieuse de ce nom qui rendait les femmes fécondes.

PANIERS. Les rabbins racontent une fable assez plaisante sur l'étymologie du mot Eve.

Eve, disent-ils, dérive d'un mot qui signifie causer; la première femme prit ce nom parce que, lorsque Dieu créa le monde, il tomba du ciel douze paniers remplis de caquets, et qu'elle en ramassa neuf, tandis que son mari n'eut le temps de ramasser que les trois autres.

PANJACARTAGUEL. Ce mot, qui chez les Indiens désigne les cinq dieux, exprimait aussi les cinq éléments qui, engendrés par le Créateur, concoururent à la formation de l'univers. Dieu, disent-ils, tira l'air du néant. L'action de l'air forma le vent. Du choc de l'air et du vent naquit le feu. A sa retraite celui-ci laissa une humidité, d'où l'eau tire son origine. De l'union de ces puissances résulta une écume; la chaleur du feu en composa une masse qui fut la terre.

PANJANGAM, almanach des bramines, où sont marqués les jours heureux et les jours

---

(1) Rodin, Démonomanie.

(2) Leloyer, Hist. des spectres ou appar. des esprits.

malheureux, et les heures du jour et de la nuit heureuses ou malheureuses.

PANTACLES, espèces de talismans magiques. Toute la science de la clavicule dépend de l'usage des pantacles, qui contiennent les noms ineffables de Dieu. Les pantacles doivent être faits le mercredi, au premier quartier de la lune, à trois heures du matin, dans une chambre aérée, nouvellement blanchie, où l'on habite seul. On y brûle des plantes odoriférantes. On a du parchemin vierge, sur lequel on décrit trois cercles l'un dans l'autre, avec les trois principales couleurs : or, cinabre et vert; la plume et les couleurs doivent être exorcisées. On écrit alors les noms sacrés; puis on met le tout dans un drap de soie. On prend un pot de terre où l'on allume du charbon neuf, de l'encens mâle et du bois d'aloès, le tout exorcisé et purifié; puis, la face tournée vers l'orient, on parfume encore les pantacles avec les espèces odoriférantes, et on les remet dans le drap de soie consacré, pour s'en servir au besoin.

On ne peut faire aucune opération magique pour exorciser les esprits, sans avoir ce sceau qui contient les noms de Dieu. Le pantacle n'est parfait qu'après qu'on a renfermé un triangle dans les cercles ; on lit dans le triangle ces trois mots : *formatio, reformatio, transformatio*. A côté du triangle est le mot *agla*, qui est très-puissant pour arrêter la malice des esprits. Il faut que la peau sur laquelle on applique le sceau soit exorcisée et bénite ; on exorcise aussi l'encre et la plume dont on se sert pour écrire les noms dont on vient de parler.

PANTARBE, pierre fabuleuse à laquelle quelques docteurs ont attribué la propriété d'attirer l'or, comme l'aimant attire le fer. Philostrate, dans la *Vie d'Apollonius*, en raconte des merveilles : L'éclat en est si vif, dit-il, qu'elle ramène le jour au milieu de la nuit. Mais, ce qui est plus étonnant encore, cette lumière est un esprit qui se répand dans la terre et attire insensiblement les pierres précieuses ; plus cette vertu s'étend, plus elle a de force; et toutes ces pierres dont la pantarbe se fait une ceinture ressemblent à un essaim d'abeilles qui environnent leur roi. De peur qu'un si riche trésor ne devînt trop vil, non-seulement la nature l'a caché dans la terre profonde, mais elle lui a donné la faculté de s'échapper des mains de ceux qui voudraient le prendre sans précaution. On la trouve dans cette partie des Indes où s'engendre l'or.

Suivant l'auteur des *Amours de Théagène et de Chariclée*, elle garantit du feu ceux qui la portent.

PAOUAOUCI, enchantements ou conjurations au moyen desquels les naturels de la Virginie prétendent faire paraître des nuages et tomber de la pluie.

PAPE. Les huguenots ont dit que le pape était l'Antechrist. C'est ainsi que les filous crient au voleur pour détourner l'attention.

Le conte absurde de la *papesse Jeanne*, inventé par les précurseurs de Luther, est maintenant reconnu si évidemment faux, qu'il ne peut nous arrêter un instant (1).

PAPILLON. L'image matérielle de l'âme la plus généralement adoptée est le papillon. Les artistes anciens donnent à Platon une tête avec des ailes de papillon, parce que c'est le premier philosophe grec qui ait écrit dignement sur l'immortalité de l'âme.

PARACELSE, né dans le canton de Zurich en 1493. Il voyagea, vit les médecins de presque toute l'Europe, et conféra avec eux. Il se donnait pour le réformateur de la médecine; et voulant en arracher le sceptre à Hippocrate et à Galien, il décria leurs principes et leur méthode. On lui doit la découverte de l'opium et du mercure, dont il enseigna l'usage. Paracelse est surtout le héros de ceux qui croient à la pierre philosophale, et qui lui attribuent hautement l'avantage de l'avoir possédée, s'appuyant en cela de sa propre autorité. C'était quelquefois un homme étonnant et un grand charlatan. Quand il était ivre, dit Wetternus, qui a demeuré vingt-sept mois avec lui, il menaçait de faire venir un million de diables, pour montrer quel empire et quelle puissance il avait sur eux. Mais il ne disait pas de si grandes extravagances quand il était à jeun. Il avait, selon les démonomanes, un démon familier renfermé dans le pommeau de son épée. Il disait que Dieu lui avait révélé le secret de faire de l'or; et il se vantait de pouvoir, soit par le moyen de la pierre philosophale, soit par la vertu de ses remèdes, conserver la vie aux hommes pendant plusieurs siècles. Néanmoins il mourut à quarante-huit ans, en 1541, à Salzbourg.

Les médecins, ses rivaux, n'ont pas peu contribué à le décrier. « Ce fut le diable (dit le docteur Louis de Fontenettes, dans la préface de son *Hippocrate dépaysé*), qui suscita Paracelse, auteur de la plus damnable hérésie qui ait jamais été tramée contre le corps humain. »

PARCHEMIN VIERGE. Il est employé dans la magie en plusieurs manières. On appelle parchemin vierge celui qui est fait de peaux de bêtes n'ayant jamais engendré. Pour le faire, on met l'animal qui doit le fournir dans un lieu secret où personne n'habite, on prend un bâton vierge, ou de la sève de l'année; on le taille en forme de couteau; puis on écorche l'animal avec ce couteau de bois, et avec le sel on sale ladite peau, que l'on met au soleil pendant quinze jours. On prendra alors un pot de terre vernissé, autour duquel on écrira des caractères magiques. Dans ce pot on mettra une grosse pierre de chaux vive, avec de l'eau bénite et ladite peau; on l'y laissera neuf jours entiers. On la tirera enfin, et avec le couteau de bois, on la ratissera pour en ôter le poil; on la mettra sécher pendant huit jours à l'ombre, après l'avoir aspergée ; on la serrera ensuite dans un drap de soie, avec tous

---

(1) Voyez Bergier, Dict. théologique, au mot *Papesse Jeanne*.

les instruments de l'art. Qu'aucune femme ne voie ce parchemin, parce qu'il perdrait sa vertu. C'est sur ce parchemin qu'on écrit ensuite les pantacles, talismans, figures magiques, pactes et autres pièces.

PARDALO, cheval-fée. Voy. HARO.

PARFUMS. On dit que si l'on se parfume avec de la semence de lin et de psellium, ou avec les racines de violette et d'ache, on connaîtra les choses futures, et que pour chasser les mauvais esprits et fantômes nuisibles, il faut faire un parfum avec calament, pivoine, menthe et palma-christi. On peut assembler les serpents par le parfum des os de l'extrémité du gosier de cerf, et, au contraire, on les peut chasser et mettre en fuite si on allume la corne du même cerf. La corne du pied droit d'un cheval ou d'une mule, allumée dans une maison, chasse les souris, et celle du pied gauche, les mouches. Si on fait un parfum avec le fiel de seiche, du thymiamas, des roses et du bois d'aloès, et qu'on jette sur ce parfum allumé de l'eau ou du sang, la maison semblera pleine d'eau ou de sang; et si on jette dessus de la terre labourée, il semblera que le sol tremble (1).

PARIS. Une prédiction avait annoncé que Paris serait détruit par une pluie de feu le 6 janvier 1840. Mais la catastrophe a été remise au cinquième mois de l'année 1900.

PARLEMENTS. Le clergé n'a jamais demandé la mort des sorciers. Ce sont les parlements qui les ont toujours poursuivis avec chaleur. A la fin du XVIIe siècle, le clergé réclamait contre l'exécution de plusieurs sorcières convaincues d'avoir fait le sabbat avec maître Verdelet; le parlement de Rouen pria très-humblement le roi de permettre qu'on brûlât incontinent lesdites sorcières. On citerait mille exemples pareils.

PAROLES MAGIQUES. On peut charmer les dés ou les cartes de manière à gagner continuellement au jeu, en les bénissant en même temps que l'on récite ces paroles : *Contra me ad incarte cla, a filii a Eniol, Lieber, Braya, Braguesca.* On n'est point mordu des puces si l'on dit en se couchant : *Och och.* On fait tomber les verrues des mains en les saluant d'un *bonsoir* le matin et d'un *bonjour* le soir. On fait filer le diable avec ces mots : *Per ipsum, et cum ipso, et in ipso.* Qu'on dise : *Sista, pista, rista, xista,* pour n'avoir plus mal à la cuisse. Qu'on prononce trois fois : *Onasages,* pour guérir le mal de dents. On prévient les suites funestes de la morsure des chiens enragés en disant : *Hax; pax, max.* Voy. BEURRE, CHARMES, SABBAT, ÉLÉAZAR, ANANISAPTA, AMULETTES, etc.

PARQUES, divinités que les anciens croyaient présider à la vie et à la mort; maîtresses du sort des hommes, elles en réglaient les destinées. La vie était un fil qu'elles filaient : l'une tenait la quenouille, l'autre le fuseau, la troisième avec ses grands ciseaux coupait le fil. On les nomme *Clotho, Lachésis* et *Atropos.* On les fait naître de la Nuit, sans le secours d'aucun dieu ; Orphée, dans l'hymne qu'il leur adresse, les appelle les filles de l'Érèbe.

PARTHÉNOMANCIE, divination ridicule pour connaître la présence ou l'absence de la virginité. On mesurait le cou d'une fille avec un fil, et en répétant l'épreuve avec le même fil, on tirait mauvais présage du grossissement du cou.

PASÉTÈS, magicien qui achetait les choses sans les marchander; mais l'argent qu'il avait donné n'enrichissait que les yeux, car il retournait toujours dans sa bourse. Voy. PISTOLE VOLANTE.

PASSALORYNCHITES, hérétiques des premiers siècles, ainsi nommés de deux mots grecs qui veulent dire pieu dans le nez. Ils croyaient qu'on ne pouvait prier convenablement qu'en se mettant deux doigts, comme deux pieux, dans les deux narines.

PATALA, nom de l'enfer des Indiens.

PATINIAC, superstition particulière aux Indiens des îles Philippines. C'est un sortilège qu'ils prétendent attaché au fruit d'une femme, dont l'effet est de prolonger les douleurs de l'enfantement et même de l'empêcher. Pour lever le charme, le mari ferme bien la porte de la case, fait un grand feu tout à l'entour, quitte le peu de vêtements dont il est ordinairement couvert, prend une lance ou un sabre, et s'escrime avec fureur contre les esprits invisibles jusqu'à ce que sa femme soit délivrée.

PATRIS (PIERRE), poëte, né à Caen en 1583. Il fut premier maréchal des logis de Gaston de France, duc d'Orléans. L'esprit de plaisanterie lui valut sa fortune et la confiance dont il jouissait auprès du prince. Il mourut à Paris en 1671. On raconte qu'étant au château d'Egmond, dans une chambre où un esprit venait de se montrer, il ouvrit la porte de cette chambre qui donnait sur une longue galerie, au bout de laquelle se trouvait une grande chaise de bois si pesante, que deux hommes avaient peine à la soulever. Il vit cette chaise matérielle se remuer, quitter sa place et venir à lui comme soutenue en l'air. Il s'écria :

— Monsieur le diable, les intérêts de Dieu à part, je suis bien votre serviteur; mais je vous prie de ne me pas faire peur davantage.

La chaise s'en retourna à sa place comme elle était venue. Cette vision, dit-on, fit une forte impression sur l'esprit de Patris, et contribua pas peu à le faire rentrer dans son devoir.

Cet homme a fait une petite pièce de vers, qui est restée célèbre et que voici :

Je rêvais l'autre jour que, de mal consumé,
Côte à côte d'un gueux on m'avait inhumé.
Moi, ne pouvant souffrir un pareil voisinage,
En mort de qualité je lui tins ce langage :
— Retire-toi, coquin; va pourrir loin d'ici.
Il ne t'appartient pas de m'approcher ainsi.
— Coquin! (ce me dit-il d'une arrogance extrême)
Va chercher tes coquins, ailleurs, coquin toi-même!
Ici tous sont égaux, je ne te dois plus rien;
Je suis sur mon fumier, comme toi sur le tien.

(1) Nynauld, p. 72 de la Lycanthropie.

PATROUS. Jupiter avait, sous le nom de Patroüs, à Argos, une statue de bois, qui le représentait avec trois yeux, pour marquer qu'il voyait ce qui se passait dans le ciel, sur la terre et dans les enfers. Les Argiens disaient que c'était le Jupiter Patroüs, qui était dans le palais de Priam, et que ce fut au pied de son autel que ce prince fut tué par Pyrrhus.

PAUL (Arnold), paysan de Médroïga, village de Hongrie, qui fut écrasé par la chute d'un chariot chargé de foin, vers l'an 1728. Trente jours après sa mort, quatre personnes moururent subitement et de la même manière que meurent ceux qui sont molestés des vampires. On se ressouvint alors qu'Arnold avait souvent raconté qu'aux environs de Cassova, sur les frontières de la Turquie, il avait été tourmenté longtemps par un vampire turc; mais que, sachant que ceux qui étaient victimes d'un vampire le devenaient après leur mort, il avait trouvé le moyen de se guérir en mangeant de la terre du tombeau du défunt et en se frottant de son sang. On présuma que si ce remède avait guéri Arnold (Paul), il ne l'avait pas empêché de devenir vampire à son tour ; en conséquence on le déterra pour s'en assurer, et, quoiqu'il fût inhumé depuis quarante jours, on lui trouva le corps vermeil ; on s'aperçut que ses cheveux, ses ongles, sa barbe, s'étaient renouvelés, et que ses veines étaient remplies d'un sang fluide. Le bailli du lieu, en présence de qui se fit l'exhumation, et qui était un homme expert, ordonna d'enfoncer dans le cœur de ce cadavre un pieu fort aigu et de le percer de part en part; ce qui fut exécuté sur-le-champ. Le corps du vampire jeta un cri et fit des mouvements ; après quoi on lui coupa la tête et on le brûla dans un grand bûcher. On fit subir ensuite le même traitement aux quatre morts qu'Arnold (Paul) avait tués, de peur qu'ils ne devinssent vampires à leur tour, et il y eut un peu de calme. *Voy.* Vampires.

PAULE. Il y avait, au couvent des cordeliers de Toulouse, un caveau qui servait de catacombes ; les morts s'y conservaient. Dans ce caveau était enterrée, depuis la fin du XVIe siècle, une femme célèbre dans le pays, sous le nom de la belle Paule. Il était d'usage de visiter son tombeau le jour anniversaire de sa mort. Un jeune cordelier, la tête un peu échauffée, s'était un jour engagé à descendre dans les catacombes sans lumière et sans témoin, et à enfoncer un clou sur le cercueil de Paule. Il y descendit en effet ; mais il attacha par mégarde au cercueil un pan de sa robe. Lorsqu'il voulut remonter, il se crut retenu par la défunte ; ce qui lui causa une telle frayeur qu'il tomba mort sur la place.

PAUSANIAS. Quelques écrivains ont prétendu que les Lacédémoniens n'avaient point de sorciers, parce que, quand ils voulurent apaiser les mânes de Pausanias, qu'on avait laissé mourir de faim dans un temple, et qui s'était montré depuis à certaines personnes, on fut obligé de faire venir des sorciers d'Italie pour chasser le spectre du défunt. Mais ce trait ne prouve rien, sinon que les sorciers de Lacédémone n'étaient pas aussi habiles que ceux de l'Italie.

PAYMON, l'un des rois de l'enfer. S'il se montre aux exorcistes, c'est sous la forme d'un homme à cheval sur un dromadaire, couronné d'un diadème étincelant de pierreries, avec un visage de femme. Deux cents légions, partie de l'ordre des anges, partie de l'ordre des puissances, lui obéissent. Si Paymon est évoqué par quelque sacrifice ou libation, il paraît accompagné des deux grands princes Bébal et Abalam (1).

PÉANITE, pierre fabuleuse, que les anciens croyaient douée du privilége de faciliter les accouchements.

PEAU. Pour guérir les taches de la peau et les verrues, il suffit, selon certaines croyances populaires, de toucher un cadavre ou de se frotter les mains au clair de la lune. *Voy.* Verrues (2).

PÉCHÉ, chemin de l'enfer.

PÉCHÉ ORIGINEL. « Un enfant, dites-vous, ne peut naître responsable de la faute d'un père. En êtes-vous bien sûr ? Au sein de l'humanité un sentiment universel se manifesta ; la vie de tous les peuples exprime par les faits les plus significatifs l'existence d'une loi terrible et mystérieuse, de la loi d'hérédité et de solidarité pour le crime et la peine entre les hommes. Interrogez les nations qui furent les plus voisines des traditions primitives. En Chine, le fils est puni pour le père ; une famille et même une ville entière répondent pour le crime d'un seul. Dans l'Inde, les parents, l'instituteur, l'ami du coupable, doivent être punis. Tout l'Orient jugeait ainsi. Il en est de même encore parmi les peuplades sauvages. De là aussi ces chants lugubres des poëtes qui, voyant Rome désolée par les guerres civiles, en donnent instinctivement pour raison qu'elle expiait les parjures de Laomédon, les parjures des Troyens, le parricide de Romulus, c'est-à-dire les crimes commis par ses aïeux.

« Alexandre meurt au milieu de ses plus belles années ; après lui de sanglantes divisions se déclarent ; des maux sans nombre accablent les parents du conquérant ; les historiens païens attribuent sans hésiter tous ces malheurs à la vengeance divine, qui punissait les impiétés et les parjures du père d'Alexandre sur sa famille. Thésée, dans Euripide, troublé de l'attentat dont il croit son fils coupable, s'écrie : « Quel est donc celui de nos pères qui a commis un crime digne de m'attirer un tel opprobre ? » J'omets à dessein une foule d'autres monuments, et je m'abstiens même de citer les livres de l'Ancien Testament, fort explicites sur ce point. Mais parmi ces témoignages et ces faits, une loi est écrite évidemment ; elle est écrite en caractères de sang dans les annales de tous les peuples ; c'est la loi de l'hérédité du crime

---

(1) Wierus, in Pseudomon. dæm.

(2) Brown, Erreurs populaires, t. II.

et de la peine. Un sentiment profond et universel la proclame. Ce cri des peuples ne saurait être ni la fausseté ni l'injustice (1). »

PÉDASIENS. Chez les Pédasiens, peuples de Carie, toutes les fois qu'eux ou leurs voisins étaient menacés de quelque malheur, une longue barbe poussait à la prêtresse de Minerve. Hérodote remarque que ce prodige arriva trois fois.

PÉGOMANCIE, divination par les sources. Elle se pratiquait, soit en y jetant un certain nombre de pierres dont on observait les divers mouvements, soit en y plongeant des vases de verre, et en examinant les efforts que faisait l'eau pour y entrer et chasser l'air qui les remplissait. La plus célèbre des pégomancies est la divination par le sort des dés, qui se pratiquait à la fontaine d'Abano, près de Padoue ; on jetait les dés dans l'eau pour voir s'ils surnageaient ou s'ils s'enfonçaient, et quels numéros ils donnaient ; sur quoi un devin expliquait l'avenir.

PÉGU. Kiak-Kiak, dieu des dieux, ou plutôt démon des démons, idole principale du Pégu, est représenté sous une figure humaine, qui a vingt aunes de longueur, couchée dans l'attitude d'un homme endormi. Cette idole est placée dans un temple magnifique, dont les portes et les fenêtres sont toujours ouvertes et dont l'entrée est permise à tout le monde.

PENDUS. On sait qu'on gagne à tous les jeux, quand on a dans sa poche de la corde de pendu.

Un soldat de belle corpulence ayant été pendu, quelques jeunes chirurgiens demandèrent la permission d'anatomiser son corps. On la leur accorda, et ils allèrent, à dix heures du soir, prier le bourreau de le leur remettre. Le bourreau était déjà couché ; il leur répondit qu'il ne se souciait pas de se lever, et qu'ils pouvaient aller eux-mêmes dépendre le mort. Pendant qu'ils s'y décidaient, le plus éveillé d'entre eux se détacha sans être remarqué, courut devant, se mit en chemise et se cacha sous son manteau au pied de la potence en attendant les autres. Quand ils furent arrivés, le plus hardi de la bande monta à l'échelle et se mit à couper la corde pour faire tomber le corps ; mais aussitôt le camarade caché se montra et dit :

— Qui êtes-vous ? et pourquoi venez-vous enlever mon corps ?

A ces mots, et à la vue du fantôme blanc qui gardait la potence, les jeunes gens prennent la fuite épouvantés ; celui qui était sur l'échelle saute à bas sans compter les échelons, pensant que l'esprit du pendu le tenait déjà. « Et ne furent ces pauvres chirurgiens de longtemps rassurés (2). »

LE PENDU DE SCHENDELBEKE.

Le village de Schendelbeke, à une petite lieue de Grammont sur la Dendre, a aussi ses souvenirs ; car l'histoire populaire a laissé partout quelques traces. Si nous cherchions bien, il n'y a pas de hameau, pas de champ peut-être, dans ces Gaules que tant de guerres ont parcourues, qui ne présenterait sa chronique. Et partout, avec des Plutarque et des Cornélius-Népos, nous relèverions, à côté des traditions plus ou moins singulières, de grands hommes endormis, d'héroïques actions oubliées, qui nous permettraient d'établir un parallèle à notre avantage entre les Grecs et nous.

Vous avez lu au collège, par exemple, l'histoire de ce soldat grec si vanté, de ce Cynégire, frère du poëte Eschyle, qui, voulant retenir une galère sur laquelle les Perses fuyaient, saisit le câble de la main droite, et, comme on la lui coupa, il le prit de la gauche qui fut abattue aussi ; alors il le saisit dans ses dents et périt sans le lâcher.

Comparez à Cynégire Corneille Sneyssen, ce vaillant Flamand qui, en 1542, combattait si courageusement sous les murs de Gand, luttant avec une poignée d'hommes contre l'armée de Philippe le Bon, qui venait d'enlever Audenarde. Corneille portait la bannière du métier des bouchers. Déchirée de cent coups de lance, il en défendait les lambeaux de sa vaillante épée ; et sa main gauche agitait le glorieux étendard, pendant que sa droite frappait sans relâche. Il avait étendu à ses pieds plusieurs braves. Un coup de hache lui brisa la jambe droite. Il s'appuya sur la lance de sa bannière et continua de combattre. Un autre coup lui cassa l'autre jambe ; il tomba à genoux aussitôt et refusa de se rendre. Un chevalier lui abattit la main qui tenait l'étendard ; il la saisit dans la jointure du bras qu'il replia sur sa poitrine, et ne cessa encore d'agiter son épée.

Les seigneurs, ayant regret de tuer un si vaillant homme, lui offrirent la vie qu'il dédaigna ; il acheva de la vendre et tomba entouré de morts.

Le trait que nous allons rapporter est d'un autre genre ; c'est un courage moins exalté : mais ceux qui aiment les prodigieux faits d'armes ne repousseront pas celui-là.

Philippe le Bon, en 1453, continuant sa guerre contre les Gantois, vint assiéger la petite forteresse de Schendelbeke, défendue par deux cents rebelles. En avant du fort était une petite tour très-haute, où vingt hommes décidés s'étaient enfermés seuls, résolus de se défendre jusqu'à la dernière extrémité. L'armée du bon duc s'empara assez promptement des fossés et des approches de la tour ; mais il fallait enlever la tour elle-même, et les vingt Gantois qui la défendaient s'étaient abondamment munis de pierres et de pavés. On avait alors peu d'artillerie de campagne ; les canons étaient si lourds, dans des routes partout enfoncées, qu'on assiégeait toutes les petites places par l'ancienne méthode, laquelle n'employait que l'intrépidité et de l'audace. Parmi les assiégeants, le sire de Montaigu, Jacques de Fallerans, Jean de Florey, Etienne de Saint-Moris, ne manquaient ni d'ardeur ni de té-

---

(1) Le P. de Ravignan, Conférences de 1843 à Notre-Dame de Paris. — (2) Lefoyer, Histoire des spectres.

mérité. Ils ordonnèrent aux archers de tirer sur la tour, et les flèches volèrent bientôt si serrées, que les vingt assiégés n'y purent tenir et qu'ils furent obligés de se cacher dans leur asile. Ils cessèrent donc de se montrer et poussèrent leur cri de détresse, espérant d'être secourus par leurs amis du fort, et comptant sur la hauteur de leur tour et sur l'épaisseur de ses murailles. Il n'y avait à la tour qu'une porte qui était fort élevée au-dessus du fossé. Comme ils avaient brisé le pont-levis, ils comptaient que les assiégeants ne parviendraient pas facilement à la forcer. D'ailleurs, ils en confièrent la garde à un enfant de Gand, dont ils savaient l'habileté, le sang-froid et le courage; c'était Michel de Jung. Ce jeune homme s'était posté derrière la porte avec sa pique noire, et, à travers un très-petit guichet, il observait les mouvements de l'ennemi. Il aperçut bientôt qu'on apportait une échelle dans le fossé, et qu'on se décidait à monter pour rompre la porte. Il prit ses mesures. Jacques de Fallerans, en effet, venait de mettre le pied sur le premier échelon, et, faisant le signe de la croix, il avait pris une hache et montait. Mais comme il étendait le bras pour frapper, Michel de Jung, passant sa pique par le guichet, lui porta un grand coup et le fit rouler dans le fossé. Ce coup muet produisit sur les chevaliers une sensation de colère. Etienne de Saint-Moris, cousin du déconfit, jura qu'il aurait raison du vilain.

— Ne montez pas, cria aussitôt le sire de Montaigu, qui avait des prétentions au talent de deviner. J'ai prévision que ce Gantois vous fera mauvaise aventure.

— Bah! bah! répondit Saint-Moris, je suis moins lourd que ce pauvre Fallerans, et d'un coup de ma bonne hache d'armes je suis sûr de couper la pique noire.

Il monta aussitôt, avisant les moyens de Michel de Jung et s'apprêtant à couper tout ce qui sortirait du guichet. Mais le Gantois prit son temps et lança sa pique si adroitement, qu'elle entra dans la visière du casque de Saint-Moris, lui creva l'œil gauche et le jeta à terre en mauvais cas. Il se releva pourtant et voulut retourner à la charge. Montaigu l'en empêcha.

— Vous n'avez perdu qu'un œil, dit-il; rendez grâces au ciel, car votre horoscope annonce que le fer d'une lance vous percera les deux yeux. N'y retournez donc plus.

Pendant qu'il disait ces mots, dix autres hommes d'armes montèrent successivement et furent pareillement renversés par l'infatigable Gantois. Alors le sire de Montaigu défendit formellement qu'on montât davantage à cette échelle. Il la fit ôter, et Jean de Florey, s'en emparant, alla la planter de l'autre côté contre la muraille, et y fit avec sa hache une large brèche, tandis qu'on appliquait à la porte des fascines allumées, que les hommes d'armes soutenaient au bout de leurs lances. La porte prit feu; après trois heures de siége, les vingt assiégés déclarèrent qu'ils se rendaient. Suivant les usages de cette guerre, devenue guerre d'extermination, on les pendit aussitôt aux arbres voisins; le brave Michel de Jung, malgré ses faits hardis, ne fut pas plus épargné que les autres.

— Je suis bien aise qu'il en arrive ainsi, dit le sire de Montaigu, en s'adressant à Saint-Moris, dont on venait de panser la blessure; car les dangers de votre horoscope finissent ici, et c'est de la main du même homme que vous deviez perdre les deux yeux, mais le voilà pendu.

— J'en suis pourtant fâché, dit Saint-Moris; c'était un rude jouteur, et j'aurais voulu lui donner une mort plus digne d'un si vaillant champion. Pour le distinguer de ses camarades, lui qui a si chaudement renversé une douzaine d'entre nous, je demande qu'on lui donne un signe, afin que les passants l'honorent. Qu'on lui rende sa pique noire!

— Bonne idée! s'écria Jacques de Fallerans, en frottant ses côtes meurtries.

Et tous ceux que Michel avait abattus ayant appuyé cette proposition, Jean de Florey appliqua son échelle à l'arbre où était pendu Michel. Il y monta, lui remit sa pique dans la main. Le pendu, qui ressentait les dernières convulsions de la mort, saisit avec vigueur le manche de la pique, et, se penchant vers la terre, il fit reculer les chevaliers. La contraction nerveuse qui lui avait fait reprendre son arme fut si violente, que par la suite on ne put la lui ôter.

Les hommes de Philippe le Bon mirent ensuite cinq jours pour enlever le petit fort de Schendelbeke, dont ils pendirent également toute la garnison; après quoi ils allèrent à d'autres exploits. Michel de Jung resta à son arbre avec sa pique.

Un mois après, un soir qu'Etienne de Saint-Moris, après avoir largement dîné à Grammont, s'en allait rejoindre le bon duc, en paix enfin avec les Gantois, comme il passait, un peu échauffé par le vin, devant Schendelbeke, il aperçut les pendus dont il gardait un bon souvenir. On les laissait pourrir en plein air suivant la coutume.

— Vous allez voir, dit-il à ses compagnons, l'homme qui m'a crevé l'œil gauche, et qui, si Montaigu ne m'eût préservé, m'aurait, dit-on, rendu aveugle. C'était un solide batailleur, et j'ai regret de l'avoir laissé pendre. Mais puisque le voilà, je veux lui rendre quelque honneur, et s'il vous plaît, mes amis, nous allons le mettre en terre. Il n'est pas bien que les corbeaux se nourrissent des entrailles d'un si vaillant soldat.

— Mais qui le décrochera de là-haut? dit un écuyer. Il doit puer en diable.

— C'est vrai, riposta Saint-Moris. Aussi je veux purifier son gibet, en faisant avec lui une passe d'armes. Vous voyez qu'il tient toujours sa pique noire. C'est l'arme qui nous a renversés, douze étourdis que nous étions. Nous la lui avons laissée par distinction.

En achevant ces mots, Saint-Moris se trouvait tout juste en face du pendu. Il tourna son cheval vers lui, et, levant gaiement sa lance, il courut sur le cadavre desséché de Michel et le frappa. Ce mouvement fit tomber la pique noire si malheureusement, qu'elle creva l'autre œil du jeune fou.

—Puisque c'était mon horoscope, dit tristement Saint-Moris, je ne pouvais pas l'échapper.....

Car en ce temps-là on croyait aux horoscopes.

PÉNITENCE. Le Kari-Chang est le temps de pénitence des idolâtres de l'île Formose, et chez les peuples que les ténèbres couvrent encore, les pénitences sont bien autrement dures que chez les chrétiens. Le Kari-Chang les oblige à vingt-sept articles qu'ils doivent observer exactement, sous peine d'être sévèrement châtiés. Entre autres choses, il leur est défendu, pendant ce temps, de construire des huttes, de se marier, de vendre des peaux, de semer, de forger des armes, de faire rien de neuf, de tuer des cochons, de nommer un enfant nouveau-né, etc.

Les Formosans prétendent que ces lois leur ont été imposées par un de leurs compatriotes, qui, se voyant exposé au mépris, parce qu'il était difforme et hideux, conjura les dieux de l'admettre dans le ciel, la première fois qu'il recevrait quelque insulte. Ses vœux furent entendus. Ce Formosan, qui avait à peine figure d'homme, devint donc un dieu, et, comme il était laid, un dieu redoutable. Il ne tarda pas à se venger des railleries de ses compatriotes : il descendit dans l'île de Formose et leur apporta les vingt-sept articles du Kari-Chang, leur faisant les plus terribles menaces, s'ils en négligeaient un seul.

PÉNOTE. Un alchimiste, réduit à l'hôpital (c'était Penote), avait coutume de dire qu'il ne souhaitait rien à ses plus mortels ennemis qu'un peu de goût pour l'alchimie.

PENTEMAN. Le peintre Penteman, né à Rotterdam, vers l'an 1650, fut chargé de représenter dans un tableau des têtes de morts et plusieurs autres objets capables d'inspirer du mépris pour les amusements et les vanités du siècle. Afin d'avoir sous les yeux des modèles, il entra dans un cabinet d'anatomie, qui devait lui servir d'atelier. En dessinant les tristes objets qui l'entouraient, l'artiste s'assoupit malgré lui et céda bientôt aux charmes du sommeil. Il en goûtait à peine les douceurs, qu'il fut réveillé par un bruit extraordinaire. Quelle dut être sa frayeur, en voyant remuer les têtes des squelettes qui l'environnaient, et en apercevant les corps suspendus au plancher s'agiter et se heurter avec violence. Saisi d'effroi, Penteman sort de ce lieu terrible, se précipite du haut de l'escalier et tombe dans la rue à demi-mort. Lorsqu'il eut repris connaissance, il fut facile de s'assurer que le spectacle dont il venait d'être épouvanté n'était que trop naturel, puisqu'il avait été occasionné par un tremblement de terre. Mais la terreur avait tellement glacé son sang qu'il mourut peu de jours après.

PÉRATOSCOPIE, divination par l'inspection des phénomènes et choses extraordinaires qui apparaissent dans les airs.

PERDRIX. On dit qu'un malade ne peut mourir lorsqu'il est couché sur un lit de plumes d'ailes de perdrix (1).

PEREZ (Juan). *Voy.* Inquisition.

PERICLES, général athénien qui, se défiant de l'issue d'une bataille, pour rassurer les siens, fit entrer dans un bois consacré à Pluton un homme d'une taille haute, chaussé de longs brodequins, ayant les cheveux épars, vêtu de pourpre, et assis sur un char traîné de quatre chevaux blancs, qui parut au moment de la bataille, appela Périclès par son nom, et lui commanda de combattre, l'assurant que les dieux donnaient la victoire aux Athéniens. Cette voix fut entendue des ennemis, comme venant de Pluton, et ils en eurent une telle peur qu'ils s'enfuirent sans tirer l'épée.

PERIS, génies femelles des Persans, d'une beauté extraordinaire ; elles sont bienfaisantes, habitent le Ginnistan, se nourrissent d'odeurs exquises, et ressemblent un peu à nos fées. Elles ont pour ennemis les dives. *Voy.* Dives.

PERITHE, pierre jaune qui avait, dit-on, la vertu de guérir la goutte et qui brûlait la main quand on la serrait fortement.

PERLIMPINPIN. *V.* Secrets merveilleux.

PERRIER, démon invoqué comme prince des principautés, dans les litanies du sabbat.

PERSIL (Maître). *Voy.* Verdelet.

PERTEMAN. Une jeune fille de la commune d'Uccle (près de Bruxelles) avait dit à plusieurs personnes qu'elle était ensorcelée ; que la nuit des spectres et des revenants, vêtus de longues robes jaunes, se présentaient devant son lit et venaient lui causer de grandes frayeurs, au point que sa santé en était altérée. Les frères de cette jeune fille, croyant que leur sœur était réellement ensorcelée, eurent recours à un individu de la commune surnommé le *perteman* (le joueur de mauvais tours), qui avait la réputation de posséder le moyen de conjurer les spectres et les esprits malins. Cet homme s'attendait probablement et pour cause à être consulté par les parents de la jeune fille ; il se mit donc en devoir d'employer, moyennant salaire bien entendu, ses talents surnaturels, comme il les appelait, pour combattre les œuvres des nombreuses sorcières, dont il prétendait que la jeune fille était la victime. Presque tous les soirs il se rendait, muni d'un gros livre, au domicile de la fille, y allumait des chandelles et restait souvent là toute la nuit ; cependant le revenant reparaissait toujours lorsque l'exorciseur ne venait pas ; enfin, le *perteman* vint annoncer qu'il était parvenu à reconnaître la cause du malheur et le remède à employer ; ce remède était une somme de 15 francs à répartir entre les trente sorcières qui assiégeaient la malheureuse jeune fille ; on les calmait donc à raison de 50 centimes par tête.

(1) Thiers, Traité des superstitions.

Le frère de cette infortunée, ne possédant pas la somme de quinze francs, alla consulter le bourgmestre, et l'on conçoit qu'il n'en fallut pas davantage pour mettre un terme aux manœuvres du sorcier. L'autorité communale envoya, le soir même où le *perteman* devait venir opérer le désenchantement définitif, deux gardes forestiers chargés de vérifier ce qui se passait; ceux-ci trouvèrent le *perteman* dans la maison. Il s'occupait à feuilleter son gros volume, à jeter de l'eau bénite et à marmotter certaines paroles; vers minuit, ils virent approcher de la maison une femme habillée de jaune, qui alla écouter à la porte; un instant après, le *perteman* sortit, disposé à lier conversation avec le revenant; il aperçut alors les gardes, prit la fuite, ainsi que la femme, et dans son trouble il laissa tomber son volume mystérieux, qui, vérification faite, fut trouvé être un ouvrage de Mirabeau intitulé: *De la monarchie prussienne, sous Frédéric le Grand*.

Le *perteman* fut arrêté, et depuis le revenant n'a plus été vu ni par la jeune fille ni par personne. Ce fait s'est passé il y a moins de dix ans.

PERTINAX. Trois ou quatre jours avant que l'empereur Pertinax fût massacré par les soldats de sa garde, on conte qu'il vit dans un étang, je ne sais quelle figure qui le menaçait l'épée au poing.

PESTE. Les rois de Hongrie se vantaient de guérir la jaunisse, comme les rois de France guérissaient les écrouelles, et ceux de Bourgogne dissipaient la peste.

PET. Qui pète en mangeant voit le diable en mourant. Axiome populaire répandu pour enseigner la bienséance aux enfants dans les contrées où l'on mange beaucoup de choux et de navets.

PETCHIMANCIE, divination par les brosses ou vergettes. Quand un habit ne peut pas se vergeter, c'est un signe qu'il y aura de la pluie.

PETIT MONDE. On appelait *petit monde* une société secrète qui conspirait en Angleterre au dernier siècle pour le rétablissement des Stuarts. On débitait beaucoup de contes sur cette société: par exemple, on disait que le diable en personne, assis dans un grand fauteuil, présidait aux assemblées. C'étaient des francs-maçons.

PETIT-PIERRE. Les contes populaires de l'Allemagne donnent ce nom au démon qui achète les âmes et avec qui on fait pacte. Il vient au lit de mort sous la forme d'un nain chercher ceux qu'il a achetés.

PETPAYATONS. Les Siamois appellent ainsi les mauvais esprits répandus dans l'air. S'ils préparent une médecine, ils attachent au vase plusieurs papiers, où sont écrites des paroles mystérieuses pour empêcher que les *Petpayatons* n'emportent la vertu du remède.

PETROBUSIENS, disciples de Pierre de Bruys, hérétique du Dauphiné, contemporain de la première croisade. Ils reconnaissaient deux créateurs: Dieu et le diable. Ils disaient que les prières sont aussi bonnes dans un cabaret que dans une église, dans une étable que sur un autel; en conséquence, ils détruisaient les édifices sacrés et brûlaient les croix et les images.

PETTIMANCIE, divination par le jet des dés. *Voy.* ASTRAGALOMANCIE et CUBOMANCIE.

PEUPLIER. Les anciens regardaient le peuplier comme un arbre dédié aux enfers et aux démons.

PEUR. On prétend que pour se préserver de la peur il faut porter sur soi une épingle qui ait été fichée dans le linceul d'un mort.

Un officier logé en chambre garnie, et sur le point de rejoindre son régiment, était encore dans son lit au petit point du jour, lorsqu'un menuisier, qui portait un cercueil pour un homme qui venait de mourir dans la pièce voisine, entra, croyant ouvrir la porte de la chambre du mort.

Voilà, dit-il, une bonne redingote pour l'hiver.

L'officier ne douta pas qu'on ne vînt pour le voler. Aussitôt il saute à bas du lit et s'élance contre le prétendu voleur.... Le menuisier, voyant quelque chose de blanc, laisse tomber son cercueil, et s'enfuit à toutes jambes, criant que le mort était à ses trousses.... On dit qu'il en fut malade.

Un marchand de la rue Saint-Victor, à Paris, donnant un grand souper, la servante de la maison fut obligée de descendre à la cave à dix heures du soir. Elle était peureuse; elle ne fut pas plutôt descendue, qu'elle remonta tout épouvantée, en criant qu'il y avait un fantôme entre deux tonneaux!... L'effroi se répandit dans la maison, les domestiques les plus hardis descendirent à la cave, les maîtres suivirent, et l'on reconnut que le spectre était un mort qui y avait glissé de la charrette de l'Hôtel-Dieu, et était tombé dans la cave par le soupirail.

Un provincial venu à Paris dans le temps du carnaval, fit la partie, comme tant d'autres idiots, d'aller au bal masqué avec un de ses amis, et il se déguisa en diable; c'était très-ingénieux.

Les deux amis se retirèrent avant le jour. Comme le carrosse qui les remmenait passait dans le quartier où logeait le provincial, il fut le premier qui descendit, et son ami le laissa devant sa porte, où il frappa vivement parce qu'il faisait grand froid. Il fut obligé de redoubler les coups avant de pouvoir éveiller une vieille servante de son auberge, qui vint enfin à moitié endormie lui ouvrir, mais qui, dès qu'elle le vit, referma sa porte au plus vite et s'enfuit en criant. Le provincial ne pensait pas à son costume; et, ne sachant ce que pouvait avoir la servante, il se remit à frapper, mais inutilement, personne ne revint. Mourant de froid, il prit le parti de chercher gîte ailleurs. En marchant le long de la rue, il aperçut de la lumière dans une maison; pour comble de bonheur, la porte n'était pas fermée tout à fait.

Il vit en entrant un cercueil avec des cierges autour, et un bon homme qui, en gardant le mort, s'était endormi auprès d'un bon brasier. Le provincial, sans faire de bruit, s'approcha le plus qu'il put du brasier, s'y installa et s'endormit aussi fort tranquillement sur un siége.

Cependant le gardien s'éveilla; voyant la figure qui lui faisait compagnie, avec ses cornes et le reste, il ne douta pas que ce ne fût le diable qui venait prendre le mort. Il poussa des cris si épouvantables, que le provincial, s'éveillant en sursaut, fut tout effrayé, croyant de son côté voir le défunt à ses trousses. Quand il fut revenu de sa frayeur, il fit réflexion sur son habillement et comprit que c'était ce qui avait causé ses embarras. Comme le jour commençait à paraître, il alla changer de mise dans une friperie, et retourna à son auberge, où il n'eut pas de peine cette fois à se faire ouvrir la porte. Il apprit en entrant que la servante était malade, et que c'était une visite que le diable lui avait rendue qui causait son mal. Il n'eut garde de dire que lui-même était le diable. Il sut ensuite que l'on publiait dans le quartier que le diable était venu pour enlever un voisin. La servante attestait la chose; et ce qui y donnait le plus de croyance, c'est que le pauvre défunt avait été usurier.

Les recueils d'anecdotes rapportent aussi ce petit fait :

Un cochon, fort gras et fort méchant, désolait un charcutier de Paris, qui résolut de s'en débarrasser en le tuant. En conséquence de son projet, il attacha l'animal à l'un des barreaux du soupirail de sa cave, et alla chercher son grand couteau pour lui couper le cou. Pendant ce temps-là le cochon rompit le lien qui le retenait, se sauva dans une rue voisine, entra dans une allée et monta jusqu'au troisième étage; il trouva la porte d'une chambre ouverte, dans laquelle demeurait une vieille femme qui venait d'en sortir pour aller chercher du feu chez sa voisine. Le cochon pénétra dans cette chambre, découvrit derrière la porte un panier plein d'ordures, et, comme il s'amusait à y fouiller, en se démenant il poussa la porte qui se ferma. La bonne femme, revenant sur ces entrefaites, fut très-surprise de trouver sa porte fermée ; ce qui aggravait l'inconvénient, c'est qu'elle avait laissé la clef sur sa table. Comme elle entendait un certain bruit, elle cria qu'on lui ouvrît : le cochon se mit alors à grogner; elle crut qu'on lui répondait non. Saisie de frayeur, elle s'imagina qu'il y avait un voleur dans son appartement, et courut chercher le commissaire et la garde. L'officier de police demanda à son tour qu'on lui ouvrît. Le cochon recommença à grogner, et tous les auditeurs crurent qu'on leur répondait non. Aussitôt la porte est enfoncée de par le roi; le cochon effrayé veut se sauver, passe entre les jambes du commissaire, s'embarrasse dans sa robe et roule avec lui tous les escaliers; il se dépêtre enfin de la longue robe et s'enfuit à toutes jambes dans la rue, en jetant des cris affreux, laissant l'officier de police persuadé qu'un million de diables venaient de lui faire faire une furieuse culbute.

Un bourgeois de Tarascon en Provence, ayant fait creuser dans sa cave qui était tout proche du Rhône, trouva un mur avec une porte de fer qu'il fit ouvrir. C'était l'entrée d'un caveau très-profond, dans lequel il pénétra. Il entendit bientôt un bruit si effroyable, qu'il n'osa porter sa curiosité plus loin. Les magistrats de la ville, ayant eu connaissance de ce fait, promirent la liberté à un galérien, s'il voulait se résoudre à parcourir le souterrain jusqu'au bout. Muni de tout ce qui pouvait le rassurer, cet homme y entra; mais à peine avait-il traversé la moitié du souterrain, qu'il revint pâle et tremblant, criant qu'on le pendît plutôt que de le condamner à mourir d'une mort inconnue. Il disait avoir entendu des coups redoublés, avec des roulis si étonnants, qu'il s'imaginait à chaque instant que tout tombait en dissolution autour de lui. On lui laissa reprendre ses esprits jusqu'au lendemain; où lui offrit de nouveau son pardon et même de l'argent, afin qu'il tentât encore l'aventure. Il descendit donc une seconde fois et eut le courage de pousser jusqu'au fond, où se rencontra une seconde porte de fer, à laquelle il heurta sans qu'on lui fît de réponse. Enfin la curiosité des magistrats les porta à offrir une somme considérable à quiconque irait ouvrir cette nouvelle porte. Six ouvriers de bonne volonté s'ensevelissent dans cette espèce d'abîme, enfoncent la porte et trouvent qu'elle conduisait dans la ville de Beaucaire. Ce caveau n'était autre chose qu'une communication d'une ville à l'autre, ignorée depuis longtemps. A l'égard du bruit qui avait tant effrayé d'abord, il était causé par les eaux du Rhône, qui dans son extrême rapidité roulait, en passant sur cette voûte qui le traversait, des cailloux et des pierres. C'est par cette galerie, creusée dans le roc, sous le Rhône, qu'on prétend que Charles Martel fit passer son armée pour aller vaincre les Sarrasins.

Un nègre d'une trentaine d'années, au service d'un riche Lyonnais, s'en revenant un soir au château de son maître, rencontra un paysan qui sanglotait auprès d'une haie. Il s'approche et lui demande le sujet de ses pleurs.

— Hélas! j'allais à la foire de Montluel acheter du bétail, dit le paysan. Deux voleurs m'ont pris mon argent et ma tasse.

— Y a-t-il longtemps? dit vivement le nègre. Sont-ils loin d'ici? De quel côté ont-ils tourné?

Le bon homme répond qu'ils peuvent être à peine à deux portées de fusil; il indique la traverse qu'ils ont prise. Le nègre se dépouille en un clin d'œil de ses vêtements.

— Gardez tout ceci, dit-il au villageois; je suis à vous dans une minute.

Il part comme un éclair et atteint les voleurs.

— Coquins, leur crie-t-il d'une voix menaçante, rendez l'habit, l'argent, la tasse, que vous venez de voler à un malheureux, ou je vous entraîne dans les enfers.

Il faisait nuit. A ce terrible accent, à la vue de cette noire effigie, les brigands, peu aguerris, croyent voir le diable; ils le prient en tremblant de ne pas approcher, vident leurs poches, jettent à terre leur bagage et se sauvent à toutes jambes. Le nègre les laisse courir, ramasse les effets abandonnés et les rapporte au villageois qui, en ayant fait l'inventaire, y trouva plusieurs écus en sus de ce qui lui avait été volé.

Du temps que Lee, le poëte, était renfermé à Bedlam, un de ses amis alla le voir. Comme Lee avait des moments lucides, l'autre s'imagina qu'il était absolument guéri et se promena avec lui dans l'enceinte de la maison. Ils montèrent même ensemble jusqu'à la coupole du bâtiment. Comme ils en regardaient tous deux la hauteur prodigieuse, Lee saisit son ami par le bras et lui dit:

— Immortalisons-nous; sautons du parapet à terre.

— Tout le monde peut sauter en bas, et nous ne nous immortaliserons pas par là, reprit l'ami d'un grand sang-froid; mais descendons et essayons de sauter de bas en haut.

Le fou, flatté d'une idée qui lui présentait un saut plus étonnant que celui qu'il avait proposé, accepta la proposition; le visiteur s'échappa ainsi. Mais depuis ce fut l'idée fixe de Lee, auquel la passion de la célébrité avait fait perdre la tête, de s'immortaliser par un saut de bas en haut, jusqu'au dôme de Bedlam.

LA COQUETTE D'ARLON.

Dans les temps extrêmement anciens, les habitants d'Arlon rendaient un culte à la lune, et les doctes soutiennent que le nom d'Arlon vient de là (*ara lunæ*). C'est pour cela, ajoute-t-on, que les jeunes dames de cette ville antique ont encore parfois des idées. A ce propos, voici une histoire qu'on aura certainement racontée à M. Adolphe Dechamps, lorsqu'il était gouverneur du Luxembourg, car c'est un souvenir de la province; tous les Arlonnais la savent, et je vais vous la dire à vous, lecteurs, qui n'avez pas le culte de la lune dans vos ancêtres et qui n'êtes pas gouverneurs de provinces.

On ne parlait dans Arlon, il y a cent ans, que d'une jeune fille en possession de dix-huit belles années, gaie, bonne, franche, toujours souriante, toujours heureuse, mais qui semblait peu facile à fixer, tant elle était vive, rieuse et alerte. Elle se nommait Gertrude. Elle était fille de Charles Stock, propriétaire aisé de la petite ville, généralement désigné par le nom de Stock fils; on le distinguait ainsi de son père et de son grand-père, qui vivaient encore. *On durait vieux* dans cette famille-là, selon une expression locale. Arlon au reste n'avait pas subi alors son triste incendie de 1785. Tous les jeunes gens faisaient la cour à Gertrude; mais aucun ne parvenait à la captiver. A cause de cette circonstance et de ses manières avenantes on l'appelait la coquette d'Arlon. Ne prenez pas ce mot dans un sens farouche. Son père et sa mère la laissaient rire, ayant en elle une confiance méritée.

Parmi ceux qui la recherchaient, on remarquait surtout quatre jeunes bourgeois de la ville, Sigismond de Vletter, Gilles Collin, Wenceslas Stroobant et Lambert Van Moll. Le premier était si calme qu'il n'inspirait point d'ombrage aux trois autres; et les trois autres étaient si ardents, qu'on n'attendait que le choix de la jeune fille. Certainement, disait-on, il y a dans ceux-là un mari. Comme ils la pressaient tous les quatre, chacun de son côté et chacun à sa manière, de prendre une bonne résolution, un jour du mois de septembre de l'année 1743, elle s'avisa d'un stratagème qui devait les éprouver. Son père et sa mère encore une fois la laissaient faire; car elle ne faisait rien qu'elle ne les en eût consultés; ce qui permet de supposer qu'ils n'étaient pas gens moroses comme on gémit d'en rencontrer ici bas.

Dans un champ qui appartenait à son père, à un quart de lieue d'Arlon, Gertrude avait remarqué une vieille tombe romaine, dont personne n'osait s'approcher, parce qu'on en racontait toutes sortes de choses mystérieuses. Ce monument a disparu, nous ne saurions dire comment. Elle en fit le centre de ses batteries.

Gilles Collin étant venu, selon son usage de chaque jour, se montrait passionné et protestait plus que jamais qu'il marcherait sur des charbons ardents pour lui plaire.

— Je suis moins exigeante, dit-elle. Toutes réflexions faites, je ne dis pas que je vous refuserais pour époux. Mais je veux une marque de dévouement et à la fois de courage.

— Voilà qui est bien parlé, répondit Gilles. On vous en donnera des marques; dites seulement ce que vous voulez.

— Vous connaissez, reprit-elle, la tombe romaine qui est là, sur le petit tertre, à un quart de lieue de la ville?

— Je la connais, dit l'Arlonnais intrigué, je la connais de loin. Ce n'est pas curieux.

— Eh bien! je désire que ce soir, à neuf heures, sans avoir rien dit de nos conventions à personne au monde, vous alliez vous coucher dans cette tombe...

— Dans le trou aux sorcières! Quel caprice!

— Et que vous y restiez immobile jusqu'à minuit.

— Mais, Gertrude, à quoi pensez-vous? dans quel but?

— Vous êtes un poltron; vous tremblez déjà. C'est un caprice peut-être. J'ai mon projet; je veux vous mettre à l'épreuve. Si vous faites ce que je dis, je m'assurerai de la chose; et pourvu que vous restiez là, de neuf heures à minuit, mon cœur est à vous. Dites non; j'épouse un autre.

Gilles, frappé du ton décidé de la jeune fille, n'osa plus objecter les récits glaçants qu'on faisait dans les veillées à l'occasion de cette tombe, les revenants qu'on disait avoir vus dans les alentours, les sorcières qui y déposaient leurs graisses et leurs onguents, le sabbat qui s'y tenait. On avait aperçu là en effet des feux allumés pendant la nuit, et des groupes de visages sinistres ou grotesques. C'étaient sans doute des Bohémiens, dont le Luxembourg et le Limbourg étaient encore infestés à cette époque. Mais on y voyait des êtres plus surnaturels, et on en racontait mille choses prodigieuses. Depuis un an pourtant, rien ne s'y était montré. Quoique Gilles fût passablement peureux, comme il était encore plus épris, il accepta la condition et promit de s'y soumettre, sans en parler à qui que ce fût.

Un quart d'heure après, Wenceslas Stroobant vint à son tour. Gertrude lui fit pareillement un accueil très-gracieux. Il était beau, il était riche, et vain de ces deux avantages, il ne manquait pas de suffisance.

— Ce n'est pas votre fortune qui me tente, lui dit-elle.

Wenceslas salua, tout gonflé, en homme qui se dit : Je comprends ; nous avons encore d'autres attraits.

— J'ai l'âme peu intéressée, poursuivit Gertrude ; et je vous donnerai ma main volontiers, si vous vous prêtez à me rendre un service, qui me prouvera ce que vous valez.

— Parlez, dit le beau jeune homme, en toutes choses je suis à vos ordres.

— En ce cas vous saurez qu'un de nos parents vient d'être tué en duel. Il est dans le bois. On fait d'actives démarches pour lui obtenir une sépulture honorable. Mais en attendant on le déposera ce soir, à neuf heures, dans la tombe romaine. Comme cette tombe est une espèce d'auge qui n'est ni couverte, ni fermée, et que nous craignons mille choses, je vous prie de vous y rendre à neuf heures et demie...

— Au trou du sabbat? quelle fantaisie!

— Avez-vous déjà peur? Mon Dieu! que ces jeunes gens sont faibles.

— Je n'ai pas peur. Mais c'est une drôle de commission que vous me donnez-là.

— Une fantaisie peut-être, comme vous dites. Cependant je ne puis me confier qu'à quelqu'un de très-dévoué. Personne absolument ne doit savoir ce mystère. Vous irez donc là, à neuf heures et demie, exactement ; vous serez vêtu en manière d'ange de lumière, avec une torche à la main. Les contes dont la tombe est l'objet vous serviront. En vous voyant assis au pied du tombeau et tenant un flambeau allumé, ceux qui projetteraient d'enlever ou de dépouiller le mort seront effrayés, et personne n'approchera. A minuit, vous pourrez rentrer en ville... Acceptez-vous !

— J'accepte, répondit Wenceslas, terrassé par la peur de déplaire.

— Je saurai m'assurer de ce que vous ferez. Mais pas un mot. A ce prix ma main est à vous.

Wenceslas se remit de son mieux, étouffant tant qu'il pouvait ces terreurs nocturnes qui affligent les plus forts esprits. Il jura qu'il serait soumis et discret, qu'à neuf heures et demie très-précises il se trouverait à son poste, et qu'il veillerait si exactement le mort, que les chauves-souris mêmes n'en approcheraient pas. Il s'en alla faire ses préparatifs.

Au bout d'un moment, Lambert Van Moll parut, fidèle aussi à présenter son hommage. C'était un avocat auquel toute la ville présageait de l'avenir.

— S'il est vrai que vous m'aimiez, dit la coquette, je vais en avoir la preuve. Des voisins que vous connaissez et qui sont nos ennemis veulent nous nuire. Pour cela, ils ont placé tout à l'heure un corps mort dans la tombe romaine qui appartient à ma famille. Je veux tout tenter pour faire enlever ce mort ; ce qui vous sera facile....

— A moi ? interrompit Lambert.

— A vous. Je sais que vous êtes au-dessus des vaines frayeurs.

— C'est vrai. Mais vous me donnez là une commission ridicule.

— Il n'y aura sans doute que des enfants qui garderont le mort cette nuit. Pour les écarter, il ne faut que vous barbouiller le visage de noir, vous rendre aussi laid que vous êtes agréable, vous travestir enfin en démon. C'est une commission ridicule, si vous voulez. Mais allez à la tombe, à dix heures précises ; enlevez le mort, apportez-le ici, et attendez tout de ma reconnaissance.

Lambert Van Moll, en y réfléchissant, ne trouva pas que ce fût acheter trop cher le cœur de Gertrude ; il promit, comme les deux autres, exactitude et discrétion. Il se retira pour s'occuper de ses dispositions.

Sigismond de Vletter vint alors rendre ses devoirs à M. et à Madame Stock ; il souhaita le bonsoir à la jeune fille et causa quelques instants avec elle, en faisant un tour de jardin. L'ayant pris à l'écart, Gertrude, qui avait ses projets, lui proposa à son tour un personnage dans la comédie qu'elle se donnait. Mais Sigismond répondit qu'il était à ses ordres pour les choses sérieuses et non pour les choses absurdes, et que les enfantillages ne convenaient qu'aux enfants. Car malgré le ton grave dont elle assaisonnait la fable qu'elle débitait pour lui, il découvrait dessous quelque malice. La coquette le trouva peu complaisant et le laissa. Cependant, à neuf heures bien précises, par une nuit déjà froide, Gilles Collin arriva à la tombe romaine. Il s'était muni d'une petite lanterne, n'étant pas très-rassuré. Il fit sa ronde autour de la tombe, visita minutieusement les buissons et tous les lieux où l'on aurait pu s'être caché pour lui jouer quelque tour ; et mal raffermi par le silence et la solitude qui l'entouraient, il souffla pourtant sa lanterne ; puis il se couvrit des pieds à la tête d'un long drap blanc qu'il avait apporté, caché sous ses habits, le fixa autour de son cou et autour de ses reins avec deux serviettes, s'étendit de son long au fond de la tombe, et devint bientôt aussi triste et aussi immobile que le personnage qu'il représentait. Il faisait là d'assez lugubres réflexions dans son suaire.

Au bout d'un grand quart-d'heure, les cris de la chouette le firent tressaillir. Il souleva le drap qui lui couvrait les yeux ; mais il ne vit rien, sinon quelques vagues lueurs qui se marquaient à peine dans l'air, du côté de la ville. Bientôt il entendit, dans le silence de la nuit, des pas qui venaient évidemment de son côté. Il se souleva ; des reflets de lumière le frappèrent, et il vit paraître, à peu de distance, un mystérieux fantôme, vêtu d'une longue robe de toile d'argent, avec une ceinture bleue, la tête couronnée d'étoiles sans doute en papier doré, et les épaules chargées de deux pièces de mousseline qui flottaient comme des ailes. Cette apparition tenait à la main un gros flambeau de résine allumé. Le pauvre Gilles, qui n'avait pas prévu un tel incident, se blottit sous son drap, ne sachant comment s'expliquer ce qu'il voyait.

— Est-ce un ange ? disait-il en lui-même. Mais l'ange toussa.

— Ce n'est pas un habitant du ciel, reprit-il à part lui. Si c'est un des gens du sabbat, me voilà mal placé.

L'ange, de son côté, ne paraissait pas à son aise. Il s'était contenté d'un regard oblique jeté sur le suaire qui enveloppait le mort, et ne se montrait pas très-ardent à le dévisager de près. Tenant sa torche à la main, Wenceslas Stroobant, docilement transformé en ange, parut faire un grand effort pour s'asseoir au pied de la tombe ; et si le mort n'eût pas été si troublé, il eût pu remarquer que l'ange tremblait, de froid ou d'autre chose. Le rhume, qui s'était manifesté chez le nouveau venu par un petit accès de toux, monta cependant au cerveau. Wenceslas éternua deux fois ; et ne pouvant sous sa robe attraper son mouchoir, il se moucha avec une de ses ailes.

— Décidément, pensa le mort, ce n'est pas un ange, et c'est un sorcier. Qui sait s'il n'est pas le maître des cérémonies ? il est là, avec sa lumière, pour appeler les autres. Je vais me trouver au milieu du sabbat ; et si le diable y préside, que ferai-je ?

Comme il faisait ces réflexions peu agréables, il fut frappé de l'agitation dans laquelle tomba tout à coup l'ange au flambeau. Il semblait observer quelque spectacle effrayant. C'était le troisième personnage qui arrivait.

Ce dernier (Lambert Van Moll) cheminait en costume de spectre sombre. A mesure qu'il s'approchait, la torche l'éclairait par intervalles d'une teinte lugubre. Il avançait sans paraître trop farouché ; mais par prudence probablement il venait en zig zag, poussant à droite et à gauche, s'arrêtant parfois comme préoccupé d'apercevoir ce qu'il n'attendait pas.

La robe de toile d'argent brillait à la lueur du flambeau ; et Lambert ne se rendait pas compte non plus de ce singulier costume.

Comme l'ange, dont les jambes flageolaient, demeurait cloué à sa place, Lambert se décida à tourner la position ; et il arriva à la tombe par l'autre bout.

Sa mise était effroyable ; il s'était affublé en démon, coiffé d'une peau de vache munie de ses longues cornes et de ses oreilles pendantes, le visage noirci et tout le bas de la figure caché par une immense barbe de laine rouge. Il tenait à la main une de ces fourches de bois avec lesquelles on fane les foins.

Wenceslas, qui ne le perdait pas de vue, se signala par le plus grand effort de courage qu'il eût produit de sa vie ; il s'avança d'un pas brusque, et avec sa torche il fit reculer le spectre. Mais ce mouvement mit le feu à la grande barbe que Lambert s'était accrochée aux oreilles ; il l'arracha vivement et se jeta sur l'ange, dont la torche tomba et s'éteignit. Les deux gaillards aussitôt se prirent aux cheveux, étonnés peut-être mutuellement de se trouver palpables.

Le mort cependant, qui avait tout vu et qui commençait à douter que ce fût là une scène de sorciers, prenant alors Wenceslas et Lambert pour un bon et un mauvais ange qui se disputaient sa possession, fut dominé d'une telle épouvante, qu'il s'élança de la tombe avec son suaire et prit la fuite à travers champs. Les deux champions, voyant bondir le mort, furent saisis de la même terreur, et, se lâchant par une commotion réciproque, se mirent à courir aussi comme des fous. Les trois amants rentrèrent malades au logis ; et le lendemain tous les trois étaient au lit.

Pour clore l'aventure, Gertrude leur fit dire qu'ils l'estimaient donc bien peu, pour rechercher sa main par des extravagances, et elle épousa Sigismond.

PHARMACIE, divination employée par les magiciens et enchanteurs, lesquels devinent, à l'aide du commerce qu'ils ont avec les démons, qu'ils évoquent pour cela au moyen de fumigations faites sur un réchaud.

PHÉNIX, grand marquis des enfers. Il paraît sous la forme d'un phénix avec la voix d'un enfant ; avant de se montrer à l'exorciste, il rend des sons mélodieux. Il faut au contraire se boucher les oreilles quand on lui commande de prendre la forme humaine. Il répond sur toutes les sciences. C'est un bon poëte, qui satisfait en vers à toutes les demandes. Après mille ans, il espère retourner au septième ordre des trônes. Vingt légions lui obéissent (1).

PHÉNIX. Il y a, dit Hérodote, un oiseau sacré qu'on appelle phénix. Je ne l'ai jamais vu qu'en peinture. Il est grand comme un aigle ; son plumage est doré et entremêlé de rouge. Il se nourrit d'aromates et vient tous les cinq cents ans en Égypte, chargé du cadavre de son père enveloppé de myrrhe, qu'il enterre dans le temple du Soleil.

Solin dit que le phénix naît en Arabie ; que sa gorge est entourée d'aigrettes, son cou brillant comme l'or, son corps pourpre, sa queue mêlée d'azur et de rose ; qu'il vit cinq cent quarante ans. Certains historiens lui ont

---

(1) Wierus, in Pseudomonarchia dæmon.

donné jusqu'à douze mille neuf cent cinquante-quatre ans de vie.

Saint Clément-le Romain rapporte qu'on croit que le phénix naît en Arabie, qu'il est unique dans son espèce, qu'il vit cinq ans; que, lorsqu'il est près de mourir, il se fait, avec de l'encens, de la myrrhe et d'autres aromates, un cercueil où il entre à temps marqué, et il y meurt; que sa chair corrompue produit un ver qui se nourrit de l'humeur de l'animal mort et se revêt de plumes; qu'ensuite, devenu plus fort, il prend le cercueil de son père et le porte en Egypte, sur l'autel du Soleil, à Héliopolis.

Outre que tous ceux qui parlent de cet oiseau mystérieux ne l'ont point vu, et n'en parlent que par ouï-dire, qui peut être sûr qu'il a vécu cinq cents ans? qui peut assurer qu'il soit seul de son espèce?

Le P. Martini rapporte, dans son *Histoire de la Chine*, qu'au commencement du règne de l'empereur Xao-Hao IV, on vit paraître l'oiseau du soleil, dont les Chinois regardent l'arrivée comme un heureux présage pour le royaume. Sa forme, dit-il, le ferait prendre pour un aigle, sans la beauté et la variété de son plumage. Il ajoute que sa rareté lui fait croire que cet oiseau est le même que le phénix (1).

PHÉNOMÈNES. — Une négresse de Carthagène, dans le nouveau royaume de Grenade, mit au monde un enfant tel qu'on n'en a jamais vu; c'était une fille qui naquit en 1738, et vécut environ six mois. Elle était tachetée de blanc et de noir, depuis le sommet de la tête jusqu'aux pieds, avec tant de symétrie et de variété, qu'il semblait que ce fût l'ouvrage du compas et du pinceau. Sa tête était couverte de cheveux noirs bouclés, d'entre lesquels s'élevait une pyramide de poil crépu, qui du sommet de la tête descendait, en élargissant ses deux lignes latérales, jusqu'au milieu des sourcils, avec tant de régularité dans la division des couleurs, que les deux moitiés des sourcils qui servaient de base aux deux angles de la pyramide, étaient d'un poil blanc et bouclé, au lieu que les deux autres moitiés, du côté des oreilles, étaient d'un poil noir et crépu. Pour relever encore l'espace blanc que formait la pyramide dans le milieu du front, la nature y avait placé une tache noire qui dominait le reste du visage. Une autre pyramide blanche, s'appuyant sur la partie inférieure du cou, s'élevait avec proportion, et, partageant le menton, venait aboutir au-dessus de la lèvre inférieure.

Depuis l'extrémité des doigts jusqu'au-dessus du poignet, et depuis les pieds jusqu'à la moitié des jambes, la jeune fille paraissait avoir des bottines et des gants naturels, d'un noir clair, tirant sur le cendré, mais parsemées d'un grand nombre de mouches aussi noires que le jais. De l'extrémité inférieure du cou descendait une espèce de pèlerine noire sur la poitrine et les épaules; elle se terminait en trois pointes, dont deux étaient placées sur les gros muscles des bras; la troisième, qui était la plus large, sur la poitrine. Les épaules étaient d'un noir clair, tacheté comme celui des pieds et des mains. Les autres parties du corps étaient tachetées de blanc et de noir dans une agréable variété; deux taches noires couvraient les deux genoux.

Toutes les personnes du pays voulurent voir ce phénomène, comblèrent cette petite fille de présents; et on offrit de l'acheter à grand prix.

L'auteur à qui nous empruntons cette description assure que la mère avait une petite chienne noire et blanche qui ne la quittait jamais, et qu'ayant examiné en détail les taches de sa fille et de la chienne, il y trouva une ressemblance totale, non-seulement par la forme des couleurs, mais encore par rapport aux lieux où les nuances étaient placées. Il en conclut que la vue continuelle de cet animal avait été plus que suffisante pour tracer dans l'imagination de la mère cette variété de teintes et l'imprimer à la fille qu'elle portait dans son sein.

On dit que le peuple anglais est un peuple de philosophes; ce qui n'empêcha pas, en 1726, une femme de Londres d'accoucher, disait-elle, d'un lapereau chaque jour; le chirurgien qui l'accouchait nommé Saint-André, assurait que rien n'était plus positif, et le peuple philosophe le croyait.

Marguerite Daniel, femme de René Roudeau, du bourg du Plessé, dépendant du marquisat de Blin, devint grosse en 1685, vers la mi-octobre. Elle sentit remuer son enfant le jour de la Chandeleur et entendit le vendredi saint suivant trois cris sortir de son ventre. Depuis, son enfant continua de faire les mêmes cris trois ou quatre fois le jour, à chaque fois quatre, cinq cris, et même jusqu'à huit et neuf fort distincts, semblables à ceux d'un enfant nouvellement né; mais quelquefois avec de tels efforts, qu'on voyait l'estomac de cette femme s'enfler comme si elle eût dû étouffer.... *Voy.* Merveilles, Prodiges, Visions, Imaginations, Apparitions, etc.

PHILINNION. Voici un trait rapporté par Phlégon, et qu'on présume être arrivé à Hypate en Thessalie. Philinnion, fille unique de Démocrate et de Charito, mourut en âge nubile; ses parents inconsolables firent enterrer avec le corps mort les bijoux et les atours que la jeune fille avait le plus aimés pendant sa vie. Quelque temps après, un jeune seigneur, nommé Machates, vint loger chez Démocrate, qui était son ami. Le soir, comme il était dans sa chambre, Philinnion lui apparaît, lui déclare qu'elle l'aime; ignorant sa mort, il l'épouse en secret. Machates, pour gage de son amour, donne à Philinnion une coupe d'or et se laisse tirer un anneau de fer qu'il avait au doigt. Philinnion, de son côté, lui fait présent de son col-

---

(1) Des critiques pensent que le phénix était le symbole de la chasteté et de la tempérance chez les païens; ils comptaient quatre apparitions de cet oiseau merveilleux, la première sous le roi Sésostris, la seconde sous Amasis, la troisième sous le troisième des Ptolémées, la quatrième sous Tibère

lier et d'un anneau d'or, et se retire avant le jour. Le lendemain, elle revint à la même heure. Pendant qu'ils étaient ensemble, Charito envoya une vieille servante dans la chambre de Machates pour voir s'il ne lui manquait rien. Cette femme retourna bientôt éperdue vers sa maitresse et lui annonça que Philinnion était avec Machates. On la traita de visionnaire ; mais comme elle s'obstinait à soutenir ce qu'elle disait, quand le matin fut venu, Charito alla trouver son hôte et lui demanda si la vieille ne l'avait point trompée. Machates avoua qu'elle n'avait pas fait un mensonge, raconta les circonstances de ce qui lui était arrivé, et montra le collier et l'anneau d'or que la mère reconnut pour ceux de sa fille. Cette vue réveilla la douleur de la perte qu'elle avait faite ; elle jeta des cris épouvantables et supplia Machates de l'avertir quand sa fille reviendrait, ce qu'il exécuta. Le père et la mère la virent et coururent à elle pour l'embrasser. Mais Philinnion, baissant les yeux, leur dit avec une contenance morne :

— Hélas ! mon père, et vous, ma mère, vous détruisez ma félicité, en m'empêchant, par votre présence importune, de vivre seulement trois jours. Votre curiosité vous sera funeste, car je m'en retourne au séjour de la mort, et vous me pleurerez autant que quand je fus portée en terre pour la première fois. Mais je vous avertis que je ne suis pas venue ici sans la volonté des dieux.

Après ces mots, elle retomba morte, et son corps fut exposé sur un lit à la vue de tous ceux de la maison. On alla visiter le tombeau qu'on trouva vide et ne contenant seulement que l'anneau de fer et la coupe que Machates lui avait donnés.

PHILOSOPHIE HERMETIQUE, *V.* PIERRE PHILOSOPHALE.

PHILOTANUS, démon d'ordre inférieur, soumis à Bélial.

PHILTRE, breuvage ou drogue, dont l'effet prétendu est de donner de l'amour. Les anciens, qui en connaissaient l'usage, invoquaient dans la confection des philtres les divinités infernales. Il y entrait différents animaux, herbes ou matières, tels que le poisson appelé remore, certains os de grenouilles, la pierre astroïte et surtout l'hippomane. Delrio, qui met les philtres au rang des maléfices, ajoute qu'on s'est aussi servi pour les composer de rognures d'ongles, de limailles de métaux, de reptiles, d'intestins de poissons et d'oiseaux, et qu'on y a mêlé quelquefois des fragments d'ornements d'église.

Les philtres s'expliquent comme les poisons par la pharmacie.

L'hippomane est le plus fameux de tous les philtres ; c'est un morceau de chair noirâtre et de forme ronde, de la grosseur d'une figue sèche, que le poulain apporte quelquefois sur le front en naissant. Suivant les livres de secrets magiques, ce mystérieux morceau de chair fait naître une passion ardente, quand, étant mis en poudre, il est pris avec le sang de celui qui veut se faire aimer. Jean-Baptiste Porta détaille au long les surprenantes propriétés de l'hippomane ; il est fâcheux qu'on n'ait jamais pu le trouver tel qu'il le décrit, ni au front du poulain naissant, ni ailleurs. *Voy.* HIPPOMANE.

Les philtres sont en grand nombre et plus ridicules les uns que les autres. Les anciens les connaissaient autant que nous, et chez eux on rejetait sur les charmes magiques les causes d'une passion violente, un amour disproportionné, le rapprochement de deux cœurs entre qui la fortune avait mis une barrière, ou que les parents ne voulaient point unir.

Il y a de certains toniques qui enflamment les intestins, causent la démence ou la mort, et inspirent une ardeur qu'on a prise pour de l'amour. Telles sont les mouches cantharides avalées dans un breuvage. Un Lyonnais, voulant se faire aimer de sa femme qui le repoussait, lui fit avaler quatre de ces insectes pulvérisés dans un verre de vin du Rhône ; il s'attendait à être heureux, il fut veuf le lendemain. A ces moyens violents on a donné le nom de philtres.

Rien n'est plus curieux, dit un contemporain, que la superstition qui en Ecosse préside aux moyens employés pour faire naître l'amour ou vaincre la résistance de l'objet aimé. Sir John Colquhoun avait épousé depuis peu de mois lady Lilia Graham, fille aînée de Jean, quatrième comte de Montrose, lorsque Lady Catherine, sa belle-sœur, vint passer quelque temps chez lui. Bientôt il en devint épris, et, pour vaincre l'indifférence qu'elle lui témoignait, il eut recours à un nécromancien habile, qui composa un bouquet formé de diamants, de rubis et de saphirs montés en or, et le doua de la propriété de livrer à la personne qui le donnait le corps et l'âme de celle qui le recevait. Il paraît que sir John fit un usage immédiat de ce talisman. Les chroniques de cette époque disent qu'il partit avec lady Catherine pour Londres, après qu'il eut criminellement abandonné son épouse, et qu'il fut obligé d'y rester caché pour échapper à la sentence de mort qui avait été prononcée contre lui dans sa patrie.

Mais on comprend très-bien l'effet, sur une femme mondaine et vaniteuse, d'un philtre composé de riches diamants.

PHLEGETON, fleuve d'enfer, qui roulait des torrents de flamme et environnait de toutes parts la prison des méchants. On lui attribuait les qualités les plus nuisibles. Après un cours assez long en sens contraire du Cocyte, il se jetait comme lui dans l'Achéron.

PHRENOLOGIE ou CRANOLOGIE, art ou science qui donne les moyens de juger les hommes par les protubérances du crâne.

Nous ne voyons pas, comme quelques-uns l'ont dit, que la crânologie consacre le matérialisme, ni qu'elle consolide les funestes principes de la fatalité. Nous sommes persuadés au contraire que les dispositions prétendues innées se modifient par l'éducation religieuse, surtout par rapport aux mœurs. Dans les arts on dit bien que le génie est inné : c'est peut-être vrai en partie seulement, car il n'y a pas de génie brut qui ait produit des chefs-d'œuvre. Les grands poëtes et les grands peintres ne sont pourtant devenus grands qu'à force de travail. Le génie, a dit Buffon, c'est la patience ; et Socrate, né vicieux, est devenu homme de bien.

Avant Gall et Spurzheim, les vieux physiologistes n'avaient jeté que des idées vagues sur la crânologie, ou crânoscopie, ou phrénologie, qui est l'art de juger les hommes au moral par la conformation du crâne et ses protubérances. Gall et Spurzheim en firent un système qui, à son apparition, divisa le public en deux camps, comme c'est l'usage ; les uns admirèrent et applaudirent ; les autres doutèrent et firent de l'opposition. Peu à peu on reconnut des vérités dans les inductions crânologiques des deux Allemands. Le système devint une science ; la médecine légale y recourut ; aujourd'hui il y a des chaires de crânologie, et peut-être que cette science, dont on avait commencé par rire, deviendra un auxiliaire de la procédure criminelle.

On a soutenu fréquemment que l'âme a son siége dans le cerveau. Dans toute l'échelle de la création, la masse du cerveau et des nerfs augmente en raison de la capacité pour une éducation plus élevée. La gradation, pour ne parler ici que matériellement, a lieu jusqu'à l'homme, qui, parmi tous les êtres créés, roi de la création, est susceptible du plus haut degré d'ennoblissement, et à qui Dieu a donné le cerveau le plus parfait et proportionnellement le plus grand. Il y a dans certains animaux certaines dispositions innées. Il y a immensément de ces dispositions dans l'homme, que peut-être on n'aurait jamais dû comparer à ce qui n'a pas comme lui la raison. L'histoire nous offre plusieurs grands hommes qui, dès leur tendre jeunesse, ont eu un penchant décidé pour tel art ou telle science. La plupart des grands peintres et des poëtes distingués se sont livrés aux beaux-arts par cette inclination, et sont devenus fameux quelquefois malgré leurs parents. Ces dispositions peuvent être développées et perfectionnées par l'éducation ; mais elle n'en donne pas le germe, car les premiers indices de ces talents commencent à se montrer quand les enfants ne sont pas encore propres à une éducation proprement dite.

Dans le règne animal, toutes les espèces ont des inclinations qui leur sont particulières : la cruauté du tigre, l'industrie du castor, l'adresse de l'éléphant, sont dans chaque individu de ces espèces, sauf quelques variations accidentelles. L'homme n'est pas ainsi restreint dans une spécialité.

De même donc qu'il y a des dispositions innées, de même il existe autant d'organes rassemblés et placés les uns près des autres dans le cerveau, qui est le mobile des fonctions supérieures de la vie. Ces organes s'expriment sur la surface du cerveau par des protubérances. Plus ces protubérances sont grandes, plus on doit s'attendre à de grandes dispositions. Ces organes, exprimés à la surface du cerveau, produisent nécessairement des protubérances à la surface extérieure du crâne, enveloppe du cerveau depuis sa première existence dans le sein maternel. Cette thèse au reste n'est applicable qu'aux cerveaux sains en général, les maladies pouvant faire des exceptions. Mais il ne faut pas, comme a fait Gall, l'appliquer aux vertus et aux vices, qui seraient sans mérite si les bosses du crâne les donnaient. Ce serait admettre une fatalité matérielle. S'il est vrai qu'un voleur ait la protubérance du vol, c'est son mauvais penchant qui, peu à peu, a fait croître la protubérance en agissant sur le cerveau. Mais la protubérance antérieure n'est pas vraie.

Voici une notice rapide de tout ce système : L'instinct de *propagation* se manifeste par deux éminences placées derrière l'oreille immédiatement au-dessus du cou. Cet organe est plus fortement développé chez les mâles que chez les femelles.

L'*amour des enfants* est dans la plus étroite union avec ces organes. Aussi la protubérance qui le donne est-elle placée auprès de celle qui indique l'instinct de la propagation. Elle s'annonce par deux éminences sensibles derrière la tête, au-dessus de la nuque, à l'endroit où se termine la fosse du cou. Elle est plus forte chez les femelles que chez les mâles ; et si on compare les crânes des animaux, on le trouvera plus prononcé dans celui du singe que dans tout autre. L'organe de l'*amitié* et de la *fidélité* est placé dans la proximité de celui des enfants ; il se présente des deux côtés par deux protubérances arrondies, dirigées vers l'oreille. On le trouve dans les chiens, surtout dans le barbet et le basset. L'organe de l'*humeur querelleuse* se manifeste de chaque côté par une protubérance demi-globulaire, derrière et au-dessus de l'oreille. On le trouve bien prononcé chez les duellistes. L'organe du *meurtre* s'annonce de chaque côté par une protubérance placée au-dessus de l'organe de l'humeur querelleuse, et se rapprochant vers les tempes. On le trouve chez les animaux carnivores et chez les assassins. L'organe de la *ruse* est indiqué de chaque côté par une éminence qui s'élève au-dessus du conduit extérieur de l'ouïe, entre les tempes et l'organe du meurtre. On le rencontre chez les fripons, chez les hypocrites, chez les gens dissimulés. On le voit aussi chez de sages généraux, d'habiles ministres et chez des auteurs de romans ou de comédies, qui conduisent finement les intrigues de leurs fictions. L'organe du *vol* se manifeste de chaque côté par une protubérance placée au haut de la tempe, de manière à former un triangle avec le coin de l'œil et le bas de l'oreille. On le remarque dans les voleurs et dans quelques animaux. Il est très-prononcé au crâne de la pie. L'organe des *arts* forme une voûte arrondie à côté de l'os frontal, au-dessous de l'organe du vol ; il est proéminent sur les crânes de Raphaël, de Michel-Ange et de Rubens. L'organe des *tons* et de la *musique* s'exprime par une protubérance à chaque angle du front, au-dessous de l'organe des arts. On trouve ces deux protubérances aux crânes du perroquet, de la pivoine, du corbeau et de tous les oiseaux mâles chantants ; on ne les rencontre ni chez les oiseaux et les animaux à qui ce sens manque, ni même chez les hommes qui entendent la musique avec répugnance. Cet organe est d'une grandeur sensible chez les grands musiciens, tels que Mozart, Gluck, Haydn, Viotti, Boïeldieu, Rossini, Meyerbeer, etc. L'organe de l'*éducation* se manifeste par une protubérance au bas du front, sur la racine du nez, entre les deux sourcils. Les animaux qui ont le crâne droit, depuis l'occiput jusqu'aux yeux, comme le blaireau, sont incapables d'aucune éducation ; et cet organe se développe de plus en plus dans le renard, le levrier, le caniche, l'éléphant et l'orang-outang, dont le crâne approche un peu des têtes humaines mal organisées. L'organe du *sens des lieux* se manifeste extérieurement par deux protubérances placées au-dessus de la racine du nez, à l'os intérieur des sourcils. Il indique en général la capacité de concevoir les distances, le penchant pour toutes les sciences et arts où il faut observer, mesurer et établir des rapports d'espace : par exemple, le goût pour la géographie. Tous les voyageurs distingués ont cet organe, comme le prouvent les bustes de Cook, de Colomb et d'autres. On le trouve aussi chez les animaux errants. Les oiseaux de passage l'ont plus ou moins, selon le terme plus ou moins éloigné de leurs migrations. Il est très-sensible au crâne de la cigogne. C'est par la disposition de cet organe que la cigogne retrouve l'endroit où elle s'est arrêtée l'année précédente, et que, comme l'hirondelle, elle bâtit tous les ans son nid sur la même cheminée.

L'organe du *sens des couleurs* forme de chaque côté une protubérance au milieu de l'arc des sourcils, immédiatement à côté du sens des lieux. Lorsqu'il est porté à un haut degré, il forme une voûte particulière. C'est pour cela que les peintres ont toujours le visage plus jovial, plus réjoui, que les autres hommes, parce que leurs sourcils sont plus arqués vers le haut. Cet organe donne la manie des fleurs et le penchant à réjouir l'œil par la diversité des couleurs qu'elles offrent. S'il est lié avec l'organe du sens des lieux, il forme le paysagiste. Il paraît que ce sens manque aux animaux, et que leur sensibilité à l'égard de certaines couleurs ne provient que de l'irritation des yeux. L'organe du *sens des nombres* est placé également au-dessus de la cavité des yeux, à côté du sens des couleurs, dans l'angle extérieur de l'os des yeux. Quand il existe à un haut degré, il s'élève vers les tempes un gonflement qui donne à la tête une apparence carrée. Cet organe est fortement exprimé sur un buste de Newton, et en général il est visible chez les grands mathématiciens. Il est ordinairement lié aux têtes des astronomes avec l'organe du sens des lieux. L'organe de la *mémoire* a son siége au-dessus de la partie supérieure et postérieure de la cavité des yeux. Il presse les yeux en bas et en avant. Beaucoup de comédiens célèbres ont les yeux saillants par la disposition de cet organe. Le *sens de la méditation* se manifeste par un renflement du crâne, environ un demi-pouce sous le bord supérieur du front. On le trouve au buste de Socrate et à plusieurs penseurs. L'organe de la *sagacité* se manifeste par un renflement oblong au milieu du front. L'organe de la *force de l'esprit* se manifeste par deux protubérances demi-circulaires, placées au-dessous du renflement de la méditation et séparées par l'organe de la sagacité. On le trouve dans Lesage, Boileau, Cervantès, etc. L'organe de la *bonhomie* se manifeste par une élévation oblongue partant de la courbure du front vers le sommet de la tête, au-dessus de l'organe de la sagacité. On le trouve au mouton, au chevreuil et à plusieurs races de chiens. L'organe de la *piété vraie* ou *fausse* se manifeste par un gonflement au-dessus de l'organe de la bonhomie. L'organe de l'*orgueil* et de la *fierté* se manifeste par une protubérance ovale au milieu de l'occiput. L'organe de l'*ambition* et de la *vanité* se manifeste par deux protubérances placées au sommet de la tête et séparées par l'organe de la fierté. L'organe de la *prudence* se manifeste par deux protubérances placées à côté des protubérances de l'ambition, sur les angles postérieurs du crâne. Enfin, l'organe de la *constance* et de la *fermeté* se manifeste par une protubérance placée derrière la tête, au-dessous de l'organe de la fierté.

Ce système du docteur Gall a eu, comme on l'a dit, de nombreux partisans, mais il n'a guère eu moins d'ennemis. Quelques-uns l'ont comparé aux rêveries de certains physionomistes, quoiqu'il ait, en apparence du moins, un fondement moins chimérique. On a vu cent fois le grand homme et l'homme ordinaire se ressembler par les traits du visage, et jamais, dit-on, le crâne du génie ne ressemble à celui de l'idiot. Peut-être le docteur Gall a-t-il voulu pousser trop loin sa doctrine, et on peut s'abuser en donnant des règles invariables sur des choses qui ne sont pas toujours constantes. Un savant de nos jours a soutenu, contre le sentiment du docteur Gall, que les inclinations innées n'existaient pas dans les protubérances du crâne, puisqu'il dépendrait alors du bon plaisir des sages-femmes de déformer les enfants, et de les modeler, dès leur naissance, en idiots ou en génies ; mais le docteur Gall trouve cette objection risible, parce que, quand même on enfoncerait le crâne par exemple à un endroit où se trouve un organe précieux, cet organe comprimé se rétablirait peu à peu de lui-même, et parce que le cerveau résiste à toute pression extérieure par l'élasticité des tendres filets, et qu'aussi long-temps qu'il n'a pas été écrasé ou totalement détruit, il fait une répression suffisante. Cependant Blumenbach écrit que les Caraïbes pressent le crâne de leurs enfants avec une certaine machine, et donnent à la tête la forme propre à ce peuple. Les naturalistes placent aussi les qualités de l'esprit, non dans les protubérances, mais dans la conformation du crâne, et plusieurs prétendent qu'un soufflet ou une pression au crâne de Corneille venant de naître en eût pu faire un imbécile. On voit d'ailleurs des gens qui perdent la raison ou la mémoire par un coup reçu à la tête. Au surplus, le docteur Fodéré parle dans sa *Médecine légale* de voleurs et de fous, sur le crâne desquels on n'a point remarqué les protubérances du vol ni celles de la folie. Ajoutons que le crâne de Napoléon avait de très-mauvaises bosses qui ont fort intrigué les phrénologistes.

Voici quelques notes d'un compte rendu, signé A. T., sur une séance de la société phrénologique de Paris, le 22 août 1839.

« La phrénologie s'annonce comme ayant pour but de révéler les principes des actions des hommes, le secret de leurs vices et de leurs vertus ; elle se fonde sur cette vérité, que les phénomènes moraux et intellectuels ne peuvent se manifester qu'avec certaines conditions d'organisation physique ; sur cette autre vérité, que l'absence du cerveau fait cesser tous ces phénomènes. Son intention est de rechercher à quelles modifications du cerveau se rapportent les nuances immenses de l'intelligence. Pour cela elle commence par écarter l'opinion suivant laquelle le cerveau ne serait qu'une masse unique, et par proclamer le grand principe de la pluralité des organes cérébraux : la doctrine phrénologique a pour créateur le célèbre Gall ; elle s'est ensuite propagée par les soins de Spurzheim. Maintenant, harcelée par de nombreuses critiques, plus vivement blessée encore par l'indifférence de beaucoup de savants, mais alimentée aussi par des conversions sinon éclatantes, au moins assez nombreuses, elle a pour interprète et pour appui la société qui tenait aujourd'hui sa troisième séance annuelle. Les membres de cette société ne dissimulent point que Napoléon et Cuvier n'avaient pas de goût pour la phrénologie : Cuvier trouvait trop frêle la base de l'édifice de Gall, et Napoléon, que le fantôme de l'idéologie a toujours poursuivi, voyait dans les phrénologues quelque chose de non moins effrayant, une secte de grossiers matérialistes.....

« Quoi qu'il en soit, la phrénologie, par l'importance même de ses prétentions, par la gravité des résultats qu'elle produira, si elle fait triompher son système, a droit d'être examinée et connue. La publicité doit être appelée sur ses travaux ; par cela même d'ailleurs qu'elle est jusqu'à présent plus conjecturale que positive, elle parle à l'imagination et excite l'intérêt. Nous allons indiquer rapidement les objets qui ont été traités dans la séance de jeudi.

« M. Casimir Broussais, secrétaire général de la société, a pris la parole pour rendre compte des travaux dont elle s'était occupée depuis un an. Parmi les faits qu'il a cités, nous indiquerons celui d'un individu atteint d'une inflammation viscérale et chez qui l'on remarquait un développement considérable de l'organe cervical des tons. Cet individu se livrait, pendant sa maladie, à des chants d'une force et d'une justesse étonnantes, tandis que, pour toute autre chose, il était dans un état de complète prostration ; il ne gardait aucun souvenir d'avoir chanté, et même le niait.

« Plusieurs têtes moulées en plâtre ont été données à la société ; soixante au moins, dont moitié d'une affreuse difformité, étaient étalées sur le bureau ; la plupart ont été l'objet d'explications et ont servi de justification à la doctrine. Dans la tête de Saint-Amand Bazard, l'un des chefs du saint-simonisme, M. Broussais a vu tous les caractères d'un homme d'action : persévérance, intelligence, estime de soi. Le nègre Eustache, mort à l'âge de 60 ans, après avoir obtenu le premier prix de vertu, présente, dans tout le cours de sa vie, la réunion la plus remarquable d'actes de dévouement ; l'organe de la bienveillance est plus prononcé chez lui que sur aucun autre crâne observé par les phrénologues ; il indique une vraie monomanie de bienveillance, ou, comme on l'a dit à l'Institut, une *générosité incorrigible*. Chez le fameux Carême, M. Broussais a reconnu comme très-prononcés les organes de l'idéalité, de l'estime de soi et du désir de l'approbation. Ce même organe de l'idéalité s'est retrouvé chez Maria de Weber, le célèbre compositeur ; celui de la persévérance chez l'ingénieux arrangeur Hérold.

« Deux têtes de criminels ont fourni matière à des observations non moins curieuses. Benoît, exécuté le 30 août 1832, à l'âge de vingt ans, comme assassin de sa mère et de son ami le jeune Formage, était rusé, froid, soupçonneux ; il a profité du sommeil de ses deux victimes pour les faire périr ; son cerveau était remarquable par une base très-large, indice de la prédominance des passions sur l'intelligence ; chez lui l'organe de la fermeté et celui de la circonspection ont été trouvés énormes. Régez, l'assassin de Ramus, était un spadassin de profession, à ce qu'a dit M. Broussais, et nous le devons croire, quoique le procès devant les assises n'ait rien appris à cet égard : il se battait, il tuait pour de l'argent ; il allait provoquer par un soufflet l'homme qu'on lui avait désigné, et son adresse faisait que le nombre de ses victimes égalait celui de ses duels ; il en avait eu huit déjà, c'est-à-dire qu'il avait déjà commis huit assassinats, quand Ramus disparut. Le lendemain du crime, Régez quitta Paris et gagna la frontière. Là il apprit que son fils était en prison, inquiété, soupçonné : aussitôt il revient pour disculper son fils ; c'est ainsi que la justice a pu le saisir. Quel est l'état de son cerveau ? Bienveillance nulle, intelligence écrasée par les masses instinctives, désir d'avoir, ruse, fermeté, circonspection, et quoi encore ? Organe de *l'amour des enfants* très-prononcé.

« Neuf crânes de suicidés ont été examinés

par la société phrénologique : celui de Saint-Simon, celui d'un étudiant en médecine ; saint-simonien, ceux de trois femmes, et enfin ceux de trois hommes qui se sont tués par défaut volontaire de nourriture. L'un avait déjà plusieurs fois voulu attenter à ses jours ; il a repoussé tous les aliments qu'on voulait lui faire prendre *de force ;* après une lutte prolongée de douze jours, il a succombé. Le second, craignant qu'un crime qu'il avait commis ne le fît périr sur l'échafaud, endura, pendant *soixante-neuf* jours, la faim et la soif, et ne mourut qu'après cette agonie de plus de deux mois. Le troisième était un soldat qui fut plus de trente jours à souffrir. Chez ces neuf sujets on a remarqué, comme très-prononcés, les organes de la fermeté, de la destruction, du courage, du désir de l'approbation ; l'amour de la vie et l'espérance étaient presque effacés ; cependant l'organe de l'amour de la vie chez l'homme qui a supporté soixante-neuf jours d'angoisses était dans l'état ordinaire : c'est qu'il ne s'était pas tué par désespoir, mais dans la crainte que, s'il était condamné à mort, ses enfants ne fussent privés de sa succession.....

« M. Foissac a pris la parole après M. Broussais ; le grogramme annonçait qu'il devait faire une revue phrénologique de divers personnages politiques. En effet, il a successivement entretenu l'assemblée de Casimir Périer, de Lamarque et de Cuvier. Son discours a obtenu des applaudissements, et, comme il s'est distingué par plusieurs aperçus fins et par un style élégant, nous supposons que ces applaudissements étaient de bon aloi. M. Foissac a signalé sur le crâne de Périer l'organe de la philogéniture, dont le développement était en rapport avec le soin qu'il avait toujours pris de l'éducation de ses enfants ; l'organe du courage, celui du désir de l'approbation, celui de la circonspection, étaient assez peu développés ; celui de la ruse était nul.

« La comparaison et la causalité se sont montrées très-proéminentes chez Périer, et nous ne savons trop si cela vient à l'appui du système phrénologique ; M. Foissac l'a cru, car il y a vu les indices de l'esprit réfléchi, profond et juste, qui, selon lui, caractérisait l'ancien président du conseil.

« Quant à la *vénération* qui s'entend surtout des croyances religieuses, M. Foissac s'est appliqué à faire comprendre qu'elle était chez M. Périer un témoignage, sinon de sa dévotion, puisqu'il n'était pas dévot, au moins de son amour de la *légalité* et de la *royauté,* attendu que l'organe de la vénération s'appliquait à ces deux choses terrestres aussi bien qu'à la Divinité elle-même.....

« Le crâne de Lamarque a présenté toutes les qualités d'un grand capitaine : courage, circonspection, ruse, fermeté inébranlable, désir de l'approbation. En même temps on y a remarqué l'organe de l'idéalité et du talent politique, indices de sa brillante éloquence ; Toujours, a dit M. Foissac, les paroles de Lamarque, député, étaient empreintes des souvenirs du général ; à travers les plus pacifiques discours du législateur, on voyait la pointe de l'épée de l'homme de guerre..... »

Quelques assistants trouvèrent que ces découvertes ressemblaient un peu à certaines prophéties faites après coup.

PHYLACTÈRES, préservatifs. Les Juifs portaient à leurs manches et à leur bonnet des bandes de parchemin, sur lesquelles étaient écrits des passages de la loi ; ce que Notre-Seigneur leur reproche dans saint Matthieu, chap. XXIII. Leurs descendants suivent la même pratique et se persuadent que ces bandes ou phylactères sont des amulettes qui les préservent de tout danger, et surtout qui les gardent contre l'esprit malin.

Des chrétiens ont fait usage aussi de paroles écrites ou gravées, comme de phylactères et préservatifs. L'Eglise a toujours condamné cet abus. *Voy.* AMULETTES.

PHYLLORHODOMANCIE, divination par les feuilles de roses. Les Grecs faisaient claquer sur la main une feuille de rose, et jugeaient par le son du succès de leurs vœux.

PHYSIOGNOMONIE, art de juger les hommes par les traits du visage, ou talent de connaître l'intérieur de l'homme par son extérieur.

Cette science a eu plus d'ennemis que de partisans ; elle ne paraît pourtant ridicule que quand on veut la pousser trop loin. Tous les visages, toutes les formes, tous les êtres créés diffèrent entre eux, non-seulement dans leurs classes, dans leurs genres, dans leurs espèces, mais aussi dans leur individualité. Pourquoi cette diversité de formes ne serait-elle pas la conséquence de la diversité des caractères, ou pourquoi la diversité des caractères ne serait-elle pas liée à cette diversité de formes ? Chaque passion, chaque sens, chaque qualité prend sa place dans le corps de tout être créé ; la colère enfle les muscles : les muscles enflés sont donc un signe de colère ?..... Des yeux pleins de feu, un regard aussi prompt que l'éclair et un esprit vif et pénétrant se retrouvent cent fois ensemble. Un œil ouvert et serein se rencontre mille fois avec un cœur franc et honnête. Pourquoi ne pas chercher à connaître les hommes par leur physionomie ? On juge tous les jours le ciel sur sa physionomie. Un marchand apprécie ce qu'il achète par son extérieur, par sa physionomie....... Tels sont les raisonnements des physionomistes pour prouver la sûreté de leur science. Il est vrai, ajoutent-ils, qu'on peut quelquefois s'y tromper ; mais une exception ne doit pas nuire aux règles.

J'ai vu, dit Lavater, un criminel condamné à la roue pour avoir assassiné son bienfaiteur, et ce monstre avait le visage ouvert et gracieux comme l'ange du Guide. Il ne serait pas impossible de trouver aux galères des têtes de Régulus et des physionomies de vestales dans une maison de force. Cependant le physionomiste habile distinguera les traits, souvent presque imperceptibles, qui annoncent le vice et la dégradation.

Quoi qu'il en soit de la physiognomonie,

en voici les principes, tantôt raisonnables, tantôt forcés ; le lecteur saura choisir.

La beauté morale est ordinairement en harmonie avec la beauté physique. (Socrate et mille et mille autres prouvent le contraire.) Beaucoup de personnes gagnent à mesure qu'on apprend à les connaître, quoiqu'elles vous aient déplu au premier aspect. Il faut qu'il y ait entre elles et vous quelque point de dissonance, puisque, du premier abord, ce qui devait vous rapprocher ne vous a point frappé. Il faut aussi qu'il y ait entre vous quelque rapport secret, puisque plus vous vous voyez, plus vous vous convenez. Cependant faites attention au premier mouvement d'instinct que vous inspire une nouvelle liaison. Tout homme dont la figure, dont la bouche, dont la démarche, dont l'écriture est de travers, aura dans sa façon de penser, dans son caractère, dans ses procédés, du louche, de l'inconséquence, de la partialité, du sophistique, de la fausseté, de la ruse, du caprice, des contradictions, de la fourberie, une imbécillité dure et froide. *Voy.* MIMIQUE, ECRITURE, etc.

DE LA TÊTE.

La tête est la plus noble partie du corps humain, le siège de l'esprit et des facultés intellectuelles. (Le docteur Van Helmont plaçait les facultés intellectuelles dans l'estomac.) Une tête qui est en proportion avec le reste du corps, qui paraît telle au premier abord, qui n'est ni trop grande ni trop petite, annonce un caractère d'esprit plus parfait qu'on n'en oserait attendre d'une tête disproportionnée. Trop volumineuse, elle indique presque toujours la grossièreté ; trop petite, elle est un signe de faiblesse. Quelque proportionnée que soit la tête au corps, il faut encore qu'elle ne soit ni trop arrondie ni trop allongée : plus elle est régulière, et plus elle est parfaite. On peut appeler bien organisée celle dont la hauteur perpendiculaire, prise depuis l'extrémité de l'occiput jusqu'à la pointe du nez, est égale à sa largeur horizontale. Une tête trop longue annonce un homme de peu de sens, vain, curieux, envieux et crédule. La tête penchée vers la terre est la marque d'un homme sage, constant dans ses entreprises. Une tête qui tourne de tous côtés annonce la présomption, la médiocrité, le mensonge, un esprit pervers, léger, et un jugement faible.

DU VISAGE.

On peut diviser le visage en trois parties, dont la première s'étend depuis le front jusqu'aux sourcils ; la seconde depuis les sourcils jusqu'au bas du nez ; la troisième depuis le bas du nez jusqu'à l'extrémité de l'os du menton. Plus ces trois étages sont symétriques, plus on peut compter sur la justesse de l'esprit et sur la régularité du caractère en général. Quand il s'agit d'un visage dont l'organisation est extrêmement forte ou extrêmement délicate, le caractère peut être apprécié plus facilement par le profil que par la face. Sans compter que le profil se prête moins à la dissimulation, il offre des lignes plus vigoureusement prononcées, plus précises, plus simples, plus pures ; par conséquent la signification en est aisée à saisir ; au lieu que souvent les lignes de la face en plein sont assez difficiles à démêler.

Un beau profil suppose toujours l'analogie d'un caractère distingué. Mais on trouve mille profils qui, sans être beaux, peuvent admettre la supériorité du caractère. Un visage charnu annonce une personne timide, enjouée, crédule et présomptueuse. Un homme laborieux a souvent le visage maigre. Un visage qui sue à la moindre agitation annonce un tempérament chaud, un esprit vain et grossier, un penchant à la gourmandise.

DES CHEVEUX.

Les cheveux offrent des indices multipliés du tempérament de l'homme, de son énergie, de sa façon de sentir, et aussi de ses facultés spirituelles. Ils n'admettent pas la moindre dissimulation ; ils répondent à notre constitution physique, comme les plantes et les fruits répondent au terroir qui les produit. Je suis sûr, dit Lavater, que par l'élasticité des cheveux on pourrait juger de l'élasticité du caractère. Les cheveux longs, plats, disgracieux, n'annoncent rien que d'ordinaire.

Les chevelures d'un jaune doré, ou d'un blond tirant sur le brun, qui reluisent doucement, qui se roulent facilement et agréablement, sont les *chevelures nobles* (en Suisse, patrie de Lavater).

Des cheveux noirs, plats, épais et gros dénotent peu d'esprit, mais de l'assiduité et de l'amour de l'ordre. Les cheveux blonds annoncent généralement un tempérament délicat, sanguin-flegmatique. Les cheveux roux caractérisent, dit-on, un homme souverainement bon, ou souverainement méchant. Les cheveux fins marquent la timidité ; rudes, ils annoncent le courage (Napoléon les avait fins, dit-on) : ce signe caractéristique est du nombre de ceux qui sont communs à l'homme et aux animaux. Parmi les quadrupèdes, le cerf, le lièvre, la brebis, qui sont au rang des plus timides, se distinguent particulièrement des autres par la douceur de leur poil, tandis que la rudesse de celui du lion et du sanglier répond au courage qui fait leur caractère.

Mais que dire du chat et du tigre, qui ont le poil fin ?

En appliquant ces remarques à l'espèce humaine, les habitants du Nord sont ordinairement très-courageux, et ils ont la chevelure rude ; les Orientaux sont beaucoup plus timides, et leurs cheveux sont plus doux.

Les cheveux crépus marquent un homme de dure conception. Ceux qui ont beaucoup de cheveux sur les tempes et sur le front sont grossiers et orgueilleux.

DE LA BARBE.

Une barbe fournie et bien rangée annonce un homme d'un bon naturel et d'un tempérament raisonnable. Celui qui a la barbe claire et mal disposée tient plus du naturel et des inclinations de la femme que de celles de l'homme. Si la couleur de la barbe diffère de celle des cheveux, elle n'annonce rien de bon. De même, un contraste frappant entre la couleur de la chevelure et la couleur des sourcils peut inspirer quelque défiance.

DU FRONT.

Le front, de toutes les parties du visage, est la plus importante et la plus caractéristique. Les fronts, vus de profil, peuvent se réduire à trois classes générales. Ils sont ou *penchés en arrière*, ou *perpendiculaires*, ou *proéminents*. Les fronts penchés en arrière indiquent en général de l'imagination, de l'esprit et de la délicatesse. Une perpendicularité complète, depuis les cheveux jusqu'aux sourcils, est le signe d'un manque total d'esprit. Une forme perpendiculaire, qui se voûte insensiblement par le haut, annonce un esprit capable de beaucoup de réflexion, un penseur rassis et profond. Les fronts proéminents appartiennent à des esprits faibles et bornés et qui ne parviendront jamais à une certaine maturité. Plus le front est allongé, plus l'esprit est dépourvu d'énergie et manque de ressort. Plus il est serré, court et compacte, plus le caractère est concentré, ferme et solide..... Pour qu'un front soit heureux, parfaitement beau et d'une expression qui annonce à la fois la richesse du jugement et la noblesse du caractère, il doit se trouver dans la plus exacte proportion avec le reste du visage. Exempt de toute espèce d'inégalités et de rides permanentes, il doit pourtant en être susceptible. Mais alors il ne se plissera que dans les moments d'une méditation sérieuse, dans un mouvement de douleur ou d'indignation. Il doit reculer par le haut. La couleur de la peau doit en être plus claire que celle des autres parties du visage. Si l'os de l'œil est saillant, c'est le signe d'une aptitude singulière aux travaux de l'esprit, d'une sagacité extraordinaire pour les grandes entreprises. Mais sans cet angle saillant, il y a des têtes excellentes, qui n'en ont que plus de solidité lorsque le bas du front s'affaisse, comme un mur perpendiculaire, sur les sourcils placés horizontalement, et qu'il s'arrondit et se voûte imperceptiblement, des deux côtés, vers les tempes. Les fronts courts, ridés, noueux, irréguliers, enfoncés d'un côté, échancrés, ou qui se plissent toujours différemment, ne sont pas une bonne recommandation, et ne doivent pas inspirer beaucoup de confiance. Les fronts carrés, dont les marges latérales sont encore assez spacieuses, et dont l'os de l'œil est en même temps bien solide, supposent un grand fonds de sagesse et de courage. Tous les physionomistes s'accordent sur ce point. Un front très-osseux et garni de beaucoup de peau annonce un naturel acariâtre et querelleur. Un front élevé, avec un visage long et pointu vers le menton, est un signe de faiblesse.

Des fronts allongés, avec une peau fortement tendue et très-unie, sur lesquels on n'aperçoit, même à l'occasion d'une joie peu commune, aucun pli doucement animé, sont toujours l'indice d'un caractère froid, soupçonneux, caustique, opiniâtre, fâcheux, rempli de prétentions, rampant et vindicatif. Un front qui du haut penche en avant et s'enfonce vers l'œil est, dans un homme fait, l'indice d'une imbécillité sans ressource. *Voy.* MÉTOPOSCOPIE.

DES SOURCILS.

Au-dessous du front commence sa belle frontière, le sourcil, arc-en-ciel de paix dans sa douceur, arc tendu de la discorde lorsqu'il exprime le courroux. Des sourcils doucement arqués s'accordent avec la modestie et la simplicité. Placés en ligne droite et horizontalement, ils se rapportent à un caractère mâle et vigoureux. Lorsque leur forme est moitié horizontale et moitié courbée, la force de l'esprit se trouve réunie à une bonté ingénue.

Des sourcils rudes et en désordre sont toujours le signe d'une vivacité intraitable ; mais cette même confusion annonce un feu modéré, si le poil est fin. Lorsqu'ils sont épais et compactes, que les poils sont couchés parallèlement, et pour ainsi dire tirés au cordeau, ils promettent un jugement mûr et solide, un sens droit et rassis.

Des sourcils qui se joignent passaient pour un trait de beauté chez les Arabes, tandis que les anciens physionomistes y attachaient l'idée d'un caractère sournois. La première de ces deux opinions est fausse, la seconde exagérée, car on trouve souvent ces sortes de sourcils aux physionomies les plus honnêtes et les plus aimables. Les sourcils minces sont une marque infaillible de flegme et de faiblesse ; ils diminuent la force et la vivacité du caractère dans un homme énergique. Anguleux et entrecoupés, les sourcils dénotent l'activité d'un esprit productif. Plus les sourcils s'approchent des yeux, plus le caractère est sérieux, profond et solide. Une grande distance de l'un à l'autre annonce une âme calme et tranquille. Le mouvement des sourcils est d'une expression infinie ; il sert principalement à marquer les passions ignobles, l'orgueil, la colère, le dédain. Un homme *sourcilleux* est un être méprisant et souventes fois méprisable.

DES YEUX.

C'est surtout dans les yeux, dit Buffon, que se peignent les images de nos secrètes agitations, et qu'on peut les reconnaître. L'œil appartient à l'âme plus qu'aucun autre organe ; il semble y toucher et participer à tous ses mouvements ; il en exprime les passions les plus vives et les émotions les plus tumultueuses, comme les sentiments les plus délicats. Il les rend dans toute leur force, dans toute leur pureté, tels qu'ils viennent de naître ; il les transmet par des traits rapides. Les yeux bleus annoncent plus de faiblesse que les yeux bruns ou noirs. Ce n'est pas qu'il n'y ait des gens très-énergiques avec des yeux bleus ; mais, sur la totalité, les yeux bruns sont l'indice plus ordinaire d'un esprit mâle ; tout comme le génie, proprement dit, s'associe presque toujours des yeux d'un jaune tirant sur le brun. Les gens colères ont des yeux de différentes couleurs, rarement bleus, plus souvent bruns ou verdâtres. Les yeux de cette dernière nuance sont en quelque sorte un signe distinctif de vivacité et de courage. On ne voit presque jamais des yeux bleu clair à des personnes colères. Des yeux qui forment un angle allongé, aigu et pointu vers le nez, appartiennent à des personnes, ou très-judicieuses, ou très-fines. Lorsque la paupière d'en haut décrit un plein cintre, c'est la marque d'un bon naturel et de beaucoup de délicatesse, quelquefois aussi d'un caractère timide. Quand la paupière se dessine presque horizontalement sur l'œil et coupe diamétralement la prunelle, elle annonce souvent un homme très-adroit, très-rusé ; mais il n'est pas dit pour cela que cette forme de l'œil détruise la droiture du cœur. Des yeux très-grands, d'un bleu fort clair, et vus de profil presque transparents, annoncent toujours une conception facile, étendue, mais en même temps un caractère extrêmement sensible, difficile à manier, soupçonneux, jaloux, susceptible de prévention. De petits yeux noirs, étincelants, sous des sourcils noirs et touffus, qui paraissent s'enfoncer lorsqu'ils sourient malignement, annoncent de la ruse, des aperçus profonds, un esprit d'intrigue et de chicane. Si de pareils yeux ne sont pas accompagnés d'une bouche moqueuse, ils désignent un esprit froid et pénétrant, beaucoup de goût, de l'élégance, de la précision, plus de penchant à l'avarice qu'à la générosité. Des yeux grands, ouverts, d'une clarté transparente, et dont le feu brille avec une mobilité rapide dans des paupières parallèles, peu larges et fortement dessinées, réunissent ces caractères : une pénétration vive, de l'élégance et du goût, un tempérament colère, de l'orgueil. Des yeux qui laissent voir la prunelle tout entière, et sous la prunelle encore plus ou moins de blanc, sont dans un état de tension qui n'est pas naturel, ou n'appartiennent qu'à ces hommes inquiets, passionnés, à moitié fous, jamais à des hommes d'un jugement sain, mûr, précis, et qui méritent confiance. Certains yeux sont très-ouverts, très-luisants, avec des physionomies fades ; ils annoncent de l'entêtement, de la bêtise unie à des prétentions.

Les gens soupçonneux, emportés, violents, ont souvent les yeux enfoncés dans la tête et la vue longue et étendue. Le fou, l'étourdi, ont souvent les yeux hors de la tête. Le fourbe a, en parlant, les paupières penchées et le regard en dessous. Les gens fins et rusés ont coutume de tenir un œil et quelquefois les deux yeux à demi fermés. C'est un signe de faiblesse. En effet, on voit bien rarement un homme bien énergique qui soit rusé : notre méfiance envers les autres naît du peu de confiance que nous avons en nous.

DU NEZ.

Les anciens avaient raison d'appeler le nez *honestamentum faciei*. Un beau nez ne s'associe jamais avec un visage difforme. On peut être laid et avoir de beaux yeux ; mais un nez régulier exige nécessairement une heureuse analogie des autres traits ; aussi voit-on mille beaux yeux contre un seul nez parfait en beauté, et là où il se trouve, il suppose toujours un caractère distingué : *Non cuiquam datum est habere nasum.*

Voici, d'après les physionomistes, ce qu'il faut pour la conformation d'un nez parfaitement beau : sa longueur doit être égale à celle du front ; il doit y avoir une légère cavité auprès de sa racine. Vue par devant, l'épine du nez doit être large et presque parallèle des deux côtés ; mais il faut que cette largeur soit un peu plus sensible vers le milieu. Le bout ou la pomme du nez ne sera ni dure ni charnue. De face, il faut que les ailes du nez se présentent distinctement et que les narines se raccourcissent agréablement au-dessous. Dans le profil, le bas du nez n'aura d'étendue qu'un tiers de sa hauteur. Vers le haut, il joindra de près l'arc de l'os de l'œil, et sa largeur, du côté de l'œil, doit être au moins d'un demi-pouce. Un nez qui rassemble toutes ces perfections exprime tout ce qui peut s'exprimer. Cependant nombre de gens du plus grand mérite ont le nez difforme ; mais il faut différencier aussi l'espèce de mérite qui les distingue. Un petit nez, échancré en profil, n'empêche pas d'être honnête et judicieux, mais ne donne point le génie. Des nez qui se courbent au haut de la racine conviennent à des caractères impérieux, appelés à commander, à opérer de grandes choses, fermes dans leurs projets et ardents à les poursuivre. Les nez perpendiculaires (c'est-à-dire qui approchent de cette forme, car, dans toutes ses productions, la nature abhorre les lignes complètement droites) tiennent le milieu entre les nez échancrés et les nez arqués ; ils supposent une âme qui sait *agir et souffrir tranquillement et avec énergie*. Un nez dont l'épine est large, n'importe qu'il soit droit ou courbé, annonce toujours des facultés supérieures. Mais cette forme est très-rare. La narine petite est signe certain d'un esprit timide, incapable de hasarder la moindre entreprise. Lorsque les ailes du nez sont bien dégagées, bien mobiles, elles dénotent une grande délicatesse de sentiment, qui peut dégénérer en sensualité. Où vous ne trouverez pas une petite inclinaison, une espèce d'enfoncement dans le passage du front au nez, à moins que le nez ne soit fortement recourbé, n'espérez de découvrir le moindre caractère de grandeur. Les hommes, dont le nez penche extrêmement vers la bouche ne sont jamais ni vraiment bons, ni vraiment gais, ni grands, ni nobles : leur pensée s'attache toujours aux choses de la terre ; ils sont réservés, froids, insensibles, peu communicatifs ; ils ont ordinairement l'esprit malin ; ils sont hypocondres ou mélancoliques. Les peuples tartares ont généralement le nez plat et enfoncé ; les nègres d'Afrique l'ont camard ; les Juifs, pour la plupart, aquilin ; les Anglais, cartilagineux et rarement pointu. S'il faut en juger par les tableaux et les portraits, les beaux nez ne sont pas communs parmi les Hollandais. Chez les Italiens, au contraire, ce trait est distinctif. Enfin, il est absolument caractéristique pour les hommes célèbres de la France et de la Belgique.

DES JOUES.

Des joues charnues indiquent l'humidité du tempérament. Maigres et rétrécies, elles annoncent la sécheresse des humeurs. Le chagrin les creuse ; la rudesse et la bêtise leur impriment des sillons grossiers ; la sagesse, l'expérience et la finesse d'esprit les entrecoupent de traces légères et doucement ondulées. Certains enfoncements, plus ou moins triangulaires, qui se remarquent quelquefois dans les joues, sont le signe infaillible de l'envie ou de la jalousie. Une joue naturellement gracieuse, agitée par un doux tressaillement qui la relève vers les yeux, est le garant d'un cœur sensible. Si, sur la joue qui sourit, on voit se former trois lignes parallèles et circulaires, comptez dans ce caractère sur un fond de folie.

DES OREILLES.

L'oreille, aussi bien que les autres parties du corps humain, a sa signification déterminée ; elle n'admet pas le moindre déguisement ; elle a ses convenances et une analogie particulière avec l'individu auquel elle appartient. Quand le bout de l'oreille est dégagé, c'est un bon augure pour les facultés intellectuelles. Les oreilles larges et dépliées annoncent l'effronterie, la vanité, la faiblesse du jugement. Les oreilles grandes et grosses marquent un homme simple, grossier, stupide. Les oreilles petites dénotent la timidité. Les oreilles trop repliées et entourées d'un bourrelet mal dessiné n'annoncent rien de bon quant à l'esprit et aux talents.

Une oreille moyenne, d'un contour bien arrondi, ni trop épaisse, ni excessivement mince, ne se trouve guère que chez des personnes spirituelles, judicieuses, sages et distinguées.

DE LA BOUCHE.

La bouche est l'interprète de l'esprit et du cœur ; elle réunit, dans son état de repos et dans la variété infinie de ses mouvements, un monde de caractères. Elle est éloquente jusque dans son silence. On remarque un parfait rapport entre les lèvres et le naturel. Qu'elles soient fermes, qu'elles soient molles et mobiles, le caractère est toujours d'une trempe analogue. De grosses lèvres bien prononcées et bien proportionnées, qui présentent des deux côtés la ligne du milieu également bien serpentée et facile à reproduire au dessin, de telles lèvres sont incompatibles avec la bassesse, elles répugnent aussi à la fausseté et à la méchanceté. La lèvre supérieure caractérise le goût. L'orgueil et la colère la courbent ; la finesse l'aiguise ; la bonté l'arrondit ; le libertinage l'énerve et la flétrit. L'usage de la lèvre inférieure est de lui servir de support.

Une bouche resserrée, dont la fente court en ligne droite, et où le bord des lèvres ne paraît pas, est l'indice certain du sang-froid, d'un esprit appliqué, de l'exactitude et de la propreté, mais aussi de la sécheresse de cœur. Si elle remonte en même temps aux deux extrémités, elle suppose un fond d'affectation et de vanité. Des lèvres rognées inclinent à la timidité et à l'avarice. Une lèvre de dessus, qui déborde un peu, est la marque distinctive de la bonté ; non qu'on puisse refuser absolument cette qualité à la lèvre d'en bas qui avance ; mais, dans ce cas, on doit s'attendre plutôt à une froide et sincère bonhomie qu'au sentiment d'une vive tendresse. Une lèvre inférieure, qui se creuse au milieu, n'appartient qu'aux esprits enjoués. Regardez attentivement un homme gai dans le moment où il va produire une saillie, le centre de sa lèvre ne manquera jamais de se baisser et de se creuser un peu. Une bouche bien close, si toutefois elle n'est pas affectée et pointue, annonce le courage ; et dans les occasions où il s'agit d'en faire preuve, les personnes mêmes, qui ont l'habitude de tenir la bouche ouverte, la ferment ordinairement. Une bouche béante est plaintive ; une bouche fermée souffre avec patience. La bouche, dit le Brun, dans son *Traité des passions*, est la partie qui, de tout le visage, marque le plus particulièrement les mouvements du cœur. Lorsqu'il se plaint, la bouche s'abaisse par les côtés ; lorsqu'il est content, les coins de la bouche s'élèvent en haut ; lorsqu'il a de l'aversion, la bouche se pousse en avant et s'élève par le milieu. Toute bouche qui a deux fois la largeur de l'œil est la bouche d'un sot ; j'entends la largeur de l'œil prise de son extrémité vers le nez jusqu'au bout intérieur de son orbite, les deux largeurs mesurées sur le même plan. Si la lèvre inférieure, avec les dents, dépasse horizontalement la moitié de la largeur de la bouche vue de profil, comptez, suivant l'indication des autres nuances de physionomie, sur un de ces quatre caractères isolés, ou sur tous les quatre réunis, bêtise, rudesse, avarice, malignité. De trop grandes lèvres, quoique bien proportionnées, annoncent toujours un homme peu délicat, sordide ou sensuel, quelquefois même un homme stupide ou méchant. Une bouche, pour ainsi dire, sans lèvres, dont la ligne du milieu est fortement tracée, qui se retire vers le haut, aux deux extrémités, et dont la lèvre supérieure, vue de profil depuis le nez, paraît arquée ; une pareille bouche ne se voit guère qu'à des avares rusés, actifs, industrieux, froids, durs, flatteurs et polis, mais atterrants dans leurs refus. Une petite bouche, étroite, sous de petites narines, et un front elliptique, est toujours peureuse, timide à l'excès, d'une vanité puérile, et s'énonce avec difficulté. S'il se joint à cette bouche de grands yeux saillants, troubles, un menton osseux, oblong, et surtout si la bouche se tient habituellement ouverte, soyez encore plus sûr de l'imbécillité d'une pareille tête.

DES DENTS.

Les dents petites et courtes sont regardées, par les anciens physionomistes, comme le signe d'une constitution faible. De longues dents sont un indice de timidité. Les dents blanches, propres et bien rangées, qui, au moment où la bouche s'ouvre, paraissent s'avancer sans déborder, et qui ne se montrent pas toujours entièrement à découvert, annoncent dans l'homme fait un esprit doux et poli, un cœur bon et honnête. Ce n'est pas qu'on ne puisse avoir un caractère très-estimable avec des dents gâtées, laides ou inégales ; mais ce dérangement physique provient, la plupart du temps, de maladie ou de quelque mélange d'imperfection morale. Celui qui a les dents inégales est envieux. Les dents grosses, larges et fortes, sont la marque d'un tempérament fort, et promettent une longue vie, si l'on en croit Aristote.

DU MENTON.

Pour être en belle proportion, dit Herder, le menton ne doit être ni pointu, ni creux, mais uni. Un menton avancé annonce toujours quelque chose de positif, au lieu que la signification du menton reculé est toujours négative. Souvent le caractère de l'énergie ou de la non-énergie de l'individu se manifeste uniquement par le menton. Il y a trois principales sortes de mentons : les mentons qui reculent, ceux qui, dans le profil, sont en perpendicularité avec la lèvre inférieure, et ceux qui débordent la lèvre d'en bas, ou, en d'autres termes, les mentons pointus. Le menton reculé, qu'on pourrait appeler hardiment le menton féminin, puisqu'on le retrouve presque à toutes les personnes de l'autre sexe, fait toujours soupçonner quelque côté faible. Les mentons de la seconde classe inspirent la confiance. Ceux de la troisième classe dénotent un esprit actif et délié, pourvu qu'ils ne fassent pas anse, car cette forme exagérée conduit ordinairement à la pusillanimité et à l'avarice. Une forte incision au milieu du menton semble indiquer un homme judicieux, rassis et résolu, à moins que ce trait ne soit démenti par d'autres traits contradictoires. Un menton pointu passe ordinairement pour le signe de la ruse. Cependant on trouve cette forme chez les personnes les plus honnêtes ; la ruse n'est alors qu'une bonté raffinée.

DU COU.

Cet entre-deux de la tête et de la poitrine, qui tient de l'une et de l'autre, est significatif comme tout ce qui a rapport à l'homme. Nous connaissons certaines espèces de goîtres qui sont le signe infaillible de la stupidité, tandis qu'un cou bien proportionné est une recommandation irrécusable pour la solidité du caractère. Le cou long et la tête haute sont quelquefois le signe de l'orgueil et de la vanité. Un cou raisonnablement épais et un peu court ne s'associe guère à la tête d'un fat ou d'un sot. Ceux qui ont le cou mince, délicat et allongé, sont timides comme le cerf, au sentiment d'Aristote, et ceux qui ont le cou épais et court ont de l'analogie avec le taureau irrité. Mais les analogies sont fausses pour la plupart, dit Lavater, et jetées sur le papier sans que l'esprit d'observation les ait dictées.

DES MAINS.

Il y a autant de diversité et de dissemblance entre les formes des mains qu'il y en a entre les physionomies. Deux visages parfaitement ressemblants n'existent nulle part ; de même vous ne rencontrerez pas, chez deux personnes différentes, deux mains qui se ressemblent.

Chaque main, dans son état naturel, c'est-à-dire abstraction faite des accidents extraordinaires, se trouve en parfaite analogie avec les corps dont elle fait partie. Les os, les nerfs, les muscles, le sang et la peau de la main ne sont que la continuation des os, des nerfs, des muscles, du sang et de la peau du reste du corps. Le même sang circule dans le cœur, dans la tête et dans la main. La main contribue donc, pour sa part, à faire connaître le caractère de l'individu ; elle est, aussi bien que les autres membres du corps, un objet de physiognomonie, objet d'autant plus significatif et d'autant plus frappant, que la main ne peut pas *dissimuler*, et que sa mobilité la trahit à chaque instant. Sa position la plus tranquille indique nos dispositions naturelles, ses flexions nos actions et nos passions. Dans tous ses mouvements, elle suit l'impulsion que lui donne le reste du corps. *Voy.* MAIN.

DU CORPS.

Tout le monde sait que des épaules larges, qui descendent insensiblement et qui ne remontent pas en pointes, sont un signe de santé et de force. Des épaules de travers influent ordinairement aussi sur la délicatesse de la complexion ; mais on dirait qu'elles favorisent la finesse et l'activité de l'esprit, l'amour de l'exactitude et de l'ordre. Une poitrine large et carrée, ni trop convexe, ni trop concave, suppose toujours des épaules bien constituées, et fournit les mêmes indices. Une poitrine plate, et pour ainsi dire creuse, dénote la faiblesse du tempérament. Un ventre gros et proéminent incline bien plus à la sensualité et à la paresse qu'un ventre plat et rétréci.

On doit attendre plus d'énergie et d'activité, plus de flexibilité d'esprit et de finesse, d'un tempérament sec, que d'un corps surchargé d'embonpoint. Il se trouve cependant des gens d'une taille effilée, qui sont excessivement lents et paresseux ; mais alors le caractère de leur indolence reparaît dans le bas du visage. Les gens d'un mérite supérieur ont ordinairement les cuisses maigres. Les pieds plats s'associent rarement avec le génie.

DES RESSEMBLANCES ENTRE L'HOMME ET LES ANIMAUX.

Quoiqu'il n'y ait aucune ressemblance proprement dite entre l'homme et les animaux, selon la remarque d'Aristote, il peut arriver néanmoins que certains traits du visage humain nous rappellent l'idée de quelque animal.

Porta a été plus loin, puisqu'il a trouvé dans chaque figure humaine la figure d'un animal ou d'un oiseau, et qu'il juge les hommes par le naturel de l'animal dont ils simulent un peu les traits.

Le singe, le cheval et l'éléphant sont les animaux qui ressemblent le plus à l'espèce humaine, par le contour de leurs profils et de leur face. Les plus belles ressemblances sont celles du cheval, du lion, du chien, de l'éléphant et de l'aigle. Ceux qui ressemblent au singe sont habiles, actifs, adroits, rusés, malins, avares et quelquefois méchants. La ressemblance du cheval donne le courage et la noblesse de l'âme. Un front comme celui de l'éléphant annonce la prudence et l'énergie. Un homme qui, par le nez et le front, ressemblerait au profil du lion, ne serait certainement pas un homme ordinaire (la face du lion porte l'empreinte de l'énergie, du calme et de la force); mais il est bien rare que ce caractère puisse se trouver en plein sur une face humaine. La ressemblance du chien annonce la fidélité, la droiture et un grand appétit (1); celle du loup, qui en diffère si peu, dénote un homme violent, dur, lâche, féroce, passionné, traître et sanguinaire; celle du renard indique la petitesse, la faiblesse, la ruse et la violence. La ligne qui partage le museau de l'hyène porte le caractère d'une dureté inexorable. La ressemblance du tigre annonce une férocité gloutonne. Dans les yeux et le mufle du tigre, quelle expression de perfidie! La ligne que forme la bouche du lynx et du tigre est l'expression de la cruauté. Le chat : hypocrisie, attention et friandise. Les chats sont des tigres en petit, apprivoisés par une éducation domestique. La ressemblance de l'ours indique la fureur, le pouvoir de déchirer, une humeur misanthrope (2); celle du sanglier ou du cochon annonce un naturel lourd, vorace et brutal. Le blaireau est ignoble, méfiant et glouton. Le bœuf est patient, opiniâtre, pesant, d'un appétit grossier. La ligne que forme la bouche de la vache et du bœuf est l'expression de l'insouciance, de la stupidité et de l'entêtement. Le cerf et la biche : timidité craintive, agilité, attention, douce et paisible innocence. La ressemblance de l'aigle annonce une force victorieuse; son œil étincelant a tout le feu de l'éclair. Le vautour a plus de souplesse, et en même temps quelque chose de moins noble. Le hibou est plus faible, plus timide que le vautour. Le perroquet : affectation de force, aigreur et babil, etc. Toutes ces sortes de ressemblances varient à l'infini, mais elles sont difficiles à trouver.

Tels sont les principes de physiognomonie, d'après Aristote, Albert le Grand, Porta, etc., mais principalement d'après Lavater, qui a le plus écrit sur cette matière, et qui du moins a mis quelquefois un grain de bon sens dans ses essais. Il parle avec sagesse lorsqu'il traite des mouvements du corps et du visage, des gestes et des parties mobiles, qui expriment, sur la figure de l'homme, ce qu'il sent intérieurement et au moment où il le sent. Mais combien il extravague aussi lorsqu'il veut décidément trouver du génie dans la main! Il juge les femmes avec une injustice extrême.

Tant que la physiognomonie apprendra à l'homme à connaître la dignité de l'être que Dieu lui a donné, cette science, quoique en grande partie hasardeuse, méritera pourtant quelques éloges, puisqu'elle aura un but utile et louable. Mais lorsqu'elle dira qu'une personne constituée de telle sorte est vicieuse de sa nature; qu'il faut la fuir et s'en défier; que, quoique cette personne présente un extérieur séduisant et un air plein de bonté et de candeur, il faut toujours l'éviter, parce que son *naturel* est affreux, que son visage l'annonce et que le signe en est certain, immuable, la physiognomonie sera une science abominable, qui établit le fatalisme.

On a vu des gens assez infatués de cette science pour se donner les défauts que leur visage portait nécessairement, et devenir vicieux, en quelque sorte, parce que *la fatalité de leur physionomie* les y condamnait : semblables à ceux-là qui abandonnaient la vertu parce que *la fatalité de leur étoile* les empêchait d'être vertueux.

Les pensées suivantes, publiées par le *Journal de Santé*, sont extraites d'un petit traité *de la Physiognomonie*, par M. Bourdon :

La douleur physique, les souffrances, donnent souvent à la physionomie une expression analogue à celle du génie. J'ai vu une femme du peuple, affectée d'un cancer, qui ressemblait parfaitement à madame de Staël quant à l'expression profonde de la physionomie. Je dis la même chose des passions

---

(1) Dans la Physiognomonie de Porta, Platon ressemble à un chien de chasse.

(2) Beaucoup d'écrivains se sont exercés dans ces données. M. Alexis Dumesnil, dans ses *Mœurs Politiques*, divise les hommes en deux espèces sociales, l'espèce conservatrice et l'espèce destructive. Le mot n'est pas correct. Pour être conséquent en langage, l'auteur aurait dû dire : l'espèce destructrice. Destructif non plus ne s'applique pas rigoureusement aux êtres animés; et nous le sommes, puisque M. Dumesnil, détracteur du présent, juge en dernier ressort espèce *destructive*. Ce sont les anciens qui conservaient, si on veut l'en croire, eux qui n'ont cessé de saccager et de renverser. Il va plus loin; il prétend qu'on peut reconnaître par la mimique et la physiognomonie les individus *destructifs*. « L'espèce destructive, dit-il, a sa forme de tête particulière, courte ordinairement et étroite du haut, quelquefois même terminée en pain de sucre, mais toujours remarquable par un très-grand développement du crâne vers les oreilles; ce qui lui donne l'apparence d'une poire. » Voilà qui passe la plaisanterie; une tête au contraire qui a la tournure d'un pain de sucre renversé ou d'un navet dénote l'espèce conservatrice......

contrariées, des violents chagrins, des fatigues de l'esprit et de l'abus des jouissances : tout ce qui remue vivement notre âme, tout ce qui porte coup à la sensibilité, a des effets à peu près semblables sur la figure.

Un. grosse tête annonce de l'imagination par instant, de la pesanteur par habitude, de l'enthousiasme par éclairs, beaucoup de volonté et souvent du génie. Un front étroit indique de la vivacité; un front rond, de la colère.

Chaque homme a beaucoup de peine à se faire une juste idée de ses propres traits ; les femmes elles-mêmes n'y parviennent que très-difficilement. Cela vient de ce qu'on ne peut voir les mouvements des yeux par qui la physionomie reçoit sa principale expression.

On peut, jusqu'à un certain point, juger de la respiration d'une personne d'après son style, d'après la coupe de ses phrases et sa ponctuation. Assurément J.-J. Rousseau ne ponctuait pas comme Voltaire, ni Bossuet comme Fénelon. Quand je dis qu'on peut, à l'aide du style, apprécier la respiration d'un individu, c'est dire qu'on peut aussi juger des passions qui l'agitent, de l'émotion qu'il éprouve ; car les vives pensées ont pour effet de remuer le cœur, et les palpitations du cœur accélèrent la respiration et rendent la voix tremblante. Voilà d'où vient le pouvoir qu'une voix émue est toujours sûre d'exercer sur nous : elle attire l'attention, elle indique un orateur ou inspiré, ou timide, ou consciencieux. Les orateurs froids et médiocres simulent cette émotion vraie, qui vient du cœur, à l'aide de l'agitation oscillatoire et saccadée des bras.

La même émotion morale qui hâte la respiration, qui fait palpiter le cœur et rend la voix tremblante, rend de même tous les mouvements du corps vacillants et incertains, tant que dure l'inspiration morale, et quelquefois même longtemps après que l'agitation de l'esprit a cessé. Voilà pourquoi l'écriture de nos grands écrivains est généralement si illisible ; et comme il est écrit que toujours l'incapacité singera jusqu'aux défauts inséparables du vrai mérite, voilà pourquoi beaucoup d'hommes médiocres se sont crus engagés d'honneur à graver en caractères indéchiffrables les stériles pensées qu'une verve engourdie leur suggérait.

L'extrême laideur est presque toujours un signe d'esclavage, de souffrances morales ou de durs travaux. Il est certain que l'oisiveté, qu'une douce incurie sont favorables à la beauté corporelle : il y avait donc plus de vrai qu'on ne pense dans ce titre de *gentilhomme* dont on gratifiait jadis tout heureux fainéant.

Il n'est pas d'homme peut-être qui ne consentît très-volontiers à échanger, à son choix et selon son goût, quelque trait de sa physionomie, une partie quelconque de son corps. On n'est jamais aussi complétement satisfait de sa figure que de son esprit. Jugez combien la perfection corporelle doit être rare chez les peuples actuels de l'Europe, puisque la Vénus de Tornwalsden lui a nécessité trente différents modèles ! J'observe toutefois que la démoralisation des villes capitales, mais surtout les bienfaits récents de la vaccine, sont des causes qui doivent puissamment seconder le génie des peintres et des sculpteurs de nos jours.

Un homme qui a le malheur de loucher, doit se montrer beaucoup plus réservé qu'un autre dans ses actions et ses discours ; car la malignité humaine est naturellement disposée à augurer mal de la symétrie de tout édifice dont les issues sont désordonnées.

De profondes rides aux côtés de la bouche font conjecturer qu'on est ou moqueur, ou naturellement gai, ou soumis aux caprices d'un maître mauvais plaisant.

Le rire (je ne parle pas du sourire) est un caractère d'ineptie plutôt que d'intelligence : les hommes supérieurs sont généralement graves. L'habitude des grandes pensées rend presque toujours indifférent aux petites choses qui sont en possession d'exciter le rire.

Plus sont profondes celles des rides qui dépendent des muscles, et plus il est permis de croire à une longue vie, à une santé durable. En effet, l'énergie des muscles indique toujours une heureuse organisation, des fonctions régulières. Voilà sur quel principe vrai l'art de la *chiromancie* est fondé : s'il ne conduit si souvent qu'à des mensonges, cela vient de ce qu'on lui fait dire autre chose que ce qu'il dit en effet...

Terminons ce long article par une anecdote.

Louis XIV était si persuadé du talent que la Chambre, médecin et académicien français, s'attribuait de juger, sur la seule physionomie des gens, quel était non-seulement leur caractère, mais encore à quelle place et à quels emplois chacun d'eux pouvait être propre, que ce prince ne se déterminait, soit en bien, soit en mal, sur les choix qu'il avait à faire qu'après avoir consulté ce singulier oracle.

Si je meurs avant Sa Majesté, disait la Chambre, elle court grand risque de faire à l'avenir beaucoup de mauvais choix.

La Chambre mourut en effet avant le roi, et sa prédiction parut plus d'une fois justifiée.

Ce médecin a laissé des ouvrages dont le genre dénote assez le penchant qu'il avait à étudier les physionomies.

PIACHES, prêtres idolâtres de la côte de Cumana en Amérique. Pour être admis dans leur ordre, il faut passer par une espèce de noviciat qui consiste à errer deux ans dans les forêts. Ils persuadent au peuple qu'ils reçoivent là des instructions de certains esprits qui prennent une forme humaine pour leur enseigner leurs devoirs et les dogmes de leur religion. Ils disent que le soleil et la lune sont le mari et la femme. Pendant les éclipses, les femmes se tirent du sang et s'égratignent les bras, parce qu'elles croient la lune en querelle avec son mari.

Les Piaches donnent un talisman en forme de X comme préservatif contre les fantômes. Ils se mêlent de prédire, et il s'est trouvé des Espagnols assez crédules pour ajouter foi à leurs prédictions. Ils disent que les échos sont les voix des trépassés.

PICARD (Mathurin), directeur d'un couvent de Louviers, qui fut accusé d'être sorcier et d'avoir conduit au sabbat Madeleine Bavan, tourière de ce couvent. Comme il était mort lorsqu'on arrêta Madeleine, et qu'on lui fit son procès, où il fut condamné ainsi qu'elle, son corps fut délivré à l'exécuteur des sentences criminelles, traîné sur des claies par les rues et lieux publics, puis conduit en la place du Vieux-Marché; là brûlé et les cendres jetées au vent, 1647.

PICATRIX, médecin ou charlatan arabe, qui vivait en Espagne vers le XIIIe siècle. Il se livra de bonne heure à l'astrologie, et se rendit si recommandable dans cette science, que ses écrits devinrent célèbres parmi les amateurs des sciences occultes. On dit qu'Agrippa, étant allé en Espagne, eut connaissance de ses ouvrages, et y prit beaucoup d'idées creuses, notamment dans le traité que Picatrix avait laissé *De la philosophie occulte*.

PIC DE LA MIRANDOLE (Jean), l'un des hommes les plus célèbres par la précocité et l'étendue de son savoir, né le 24 février 1463. Il avait une mémoire prodigieuse et un esprit très-pénétrant. Cependant un imposteur l'abusa en lui faisant voir soixante manuscrits qu'il assurait avoir été composés par l'ordre d'Esdras, et qui ne contenaient que les plus ridicules rêveries cabalistiques. L'obstination qu'il mit à les lire lui fit perdre un temps plus précieux que l'argent qu'il en avait donné et le remplit d'idées chimériques dont il ne fut jamais entièrement désabusé. Il mourut en 1494. On a recueilli de ses ouvrages, des *Conclusions philosophiques de cabale et de théologie*, Rome, Silbert, in-fol., extrêmement rare ; c'est là le seul mérite de ce livre. Car, de l'aveu même de Tiraboschi, on ne peut que gémir, en le parcourant, de voir qu'un si beau génie, un esprit si étendu et si laborieux, se soit occupé de questions si frivoles. On a dit qu'il avait un démon familier.

PICHACHA, nom collectif des esprits follets chez les Indiens.

PICOLLUS, démon révéré par les anciens habitants de la Prusse, qui lui consacraient la tête d'un homme mort et brûlaient du suif en son honneur. Ce démon se faisait voir aux derniers jours des personnages importants. Si on ne l'apaisait pas, il se présentait une seconde fois ; et lorsqu'on lui donnait la peine de paraître une troisième, on ne pouvait plus l'adoucir que par l'effusion du sang humain.

Lorsque Picollus était content, on l'entendait rire dans son temple; car il avait un temple.

PIE, oiseau de mauvais augure. En Bretagne, les tailleurs sont les entremetteurs des mariages ; ils se font nommer, dans cette fonction, *basvanals* ; ces basvanals, pour réussir dans leurs demandes, portent un bas rouge et un bas bleu, et ils rentrent chez eux s'ils voient une pie, qu'ils regardent comme un funeste présage (1).

M. Berbiguier dit que la *pie voleuse*, dont on a fait un mélodrame, était un farfadet.

PIED. Les Romains distingués avaient dans leur vestibule un esclave qui avertissait les visiteurs d'entrer du pied droit. On tenait à mauvais augure d'entrer du pied gauche chez les dieux et chez les grands. On entrait du pied gauche lorsqu'on était dans le deuil ou dans le chagrin (2). Les anciens avaient pour règle de religion de construire en nombre impair les degrés des temples ; d'où il résultait qu'après les avoir montés, on entrait nécessairement dans l'édifice auquel ces degrés conduisaient par le pied droit ; ce que les païens regardaient comme un point essentiel et d'un augure aussi favorable que le contraire eût été funeste.

PIED FOURCHU. Le diable a toujours un pied fourchu quand il se montre en forme d'homme.

PIERRE A SOUHAITS. *Voy.* Aselle.

PIERRE D'AIGLE, ainsi nommée parce qu'on a supposé qu'elle se trouvait dans les nids d'aigle. Dioscoride dit que cette pierre sert à découvrir les voleurs. Matthiole ajoute que les aigles vont chercher cette pierre jusqu'aux Indes pour faire éclore plus facilement leurs petits. C'est là-dessus qu'on a cru qu'elle accélérait les accouchements. Voyez à leur nom les autres pierres précieuses. *Voy.* aussi Rugner et Sakhrat.

PIERRE DU DIABLE. Il y a dans la vallée de Schellenen, en Suisse, des fragments de rocher de beau granit, qu'on appelle la *pierre du Diable*. Dans un démêlé qu'il y eut entre les gens du pays et le diable, celui-ci l'apporta là pour renverser un ouvrage qu'il avait eu, quelque temps auparavant, la complaisance de leur construire.

PIERRE PHILOSOPHALE. On regarde la pierre philosophale comme une chimère. Un mépris si mal raisonné, disent les philosophes hermétiques, est un effet du juste jugement de Dieu, qui ne permet pas qu'un secret si précieux soit connu des méchants et des ignorants. La science de la pierre philosophale ou la philosophie hermétique fait partie de la cabale, et ne s'enseigne que de bouche à bouche. Les alchimistes donnent une foule de noms à la pierre philosophale : c'est la *fille du grand secret, le soleil est son père, la lune est sa mère, le vent l'a portée dans son ventre*, etc.

Le secret plus ou moins chimérique de faire de l'or a été en vogue parmi les Chinois longtemps avant qu'on en eût les premières notions en Europe. Ils parlent dans leurs livres, en termes magiques, de la semence d'or et de la poudre de projection. Ils promettent de tirer de leurs creusets, non-seulement de l'or, mais encore un remède

---

(1) Cambry, Voyage dans le Finistère, t. III, p. 47.

(2) M. Nisard, Stace.

spécifique et universel qui procure à ceux qui le prennent une espèce d'immortalité.

Zosime, qui vivait au commencement du v⁰ siècle, est un des premiers parmi nous qui aient écrit sur l'art de faire de l'or et de l'argent, ou la manière de fabriquer la pierre philosophale. Cette pierre est une poudre ou une liqueur formée de divers métaux en fusion sous une constellation favorable.

Gibbon remarque que les anciens ne connaissaient pas l'alchimie. Cependant on voit dans Pline que l'empereur Caligula entreprit de faire de l'or avec une préparation d'arsenic, et qu'il abandonna son projet, parce que les dépenses l'emportaient sur le profit.

Des partisans de cette science prétendent que les Egyptiens en connaissaient tous les mystères. Cette précieuse pierre philosophale, qu'on appelle aussi élixir universel, eau du soleil, poudre de projection, qu'on a tant cherchée, et que sans doute on n'a jamais pu découvrir (1), procurerait à celui qui aurait le bonheur de la posséder des richesses incompréhensibles, une santé toujours florissante, une vie exempte de toutes sortes de maladies, et même, au sentiment de plus d'un cabaliste, l'immortalité... Il ne trouverait rien qui pût lui résister, et serait sur la terre le plus glorieux, le plus puissant, le plus riche, et le plus heureux des mortels ; il convertirait à son gré tout en or, et jouirait de tous les agréments. L'empereur Rodolphe n'avait rien plus à cœur que cette recherche. Le roi d'Espagne Philippe II employa, dit-on, de grandes sommes à faire travailler les chimistes aux conversions des métaux. Tous ceux qui ont marché sur leurs traces n'ont pas eu de grands succès. Quelques-uns donnent cette recette comme le véritable secret de faire l'œuvre hermétique : Mettez dans une fiole de verre fort, au feu de sable, de l'élixir d'aristée, avec du baume de mercure et une pareille pesanteur du plus pur or de vie ou précipité d'or, et la calcination qui restera au fond de la fiole se multipliera cent mille fois. Que si l'on ne sait comment se procurer de l'élixir d'aristée et du baume de mercure, on peut implorer les esprits cabalistiques, ou même, si on l'aime mieux, le démon barbu, dont nous avons parlé.

On a dit aussi que saint Jean l'évangéliste avait enseigné le secret de faire de l'or ; et en effet, on chantait autrefois, dans quelques églises, une hymne en son honneur, où se trouve une allégorie que les alchimistes s'appliquent :

> Inexhaustum fert thesaurum
> Qui de virgis facit aurum,
> Gemmas de lapidibus.

D'autres disent que, pour faire le grand œuvre, il faut de l'or, du plomb, du fer, de l'antimoine, du vitriol, du sublimé, de l'arsenic, du tartre, du mercure, de l'eau, de la terre et de l'air, auxquels on joint un œuf

(1) Voyez pourtant Raymond Lulle, quant à ce qui concerne l'or.
(2) Traité de chimie philosophique et hermétique, enri-

de coq, du crachat, de l'urine et des excréments humains. Aussi un philosophe a dit avec raison que la pierre philosophale était une salade, et qu'il y fallait du sel, de l'huile et du vinaigre.

Nous donnerons une plus ample idée de la matière et du raisonnement des adeptes, en présentant au lecteur quelques passages du *Traité de chimie philosophique et hermétique* publié à Paris en 1725 (2).

« Au commencement, dit l'auteur, les sages, ayant bien considéré, ont reconnu que l'or engendre l'or et l'argent, et qu'ils peuvent se multiplier dans leurs espèces.

« Les anciens philosophes, travaillant par la *voie sèche*, ont rendu une partie de leur or volatil, et l'ont réduit en sublimé blanc comme neige et luisant comme cristal ; ils ont converti l'autre partie en sel fixe ; et de la conjonction du volatil avec le fixe, ils ont fait leur *élixir*.

« Les philosophes modernes ont extrait de l'intérieur du mercure un esprit igné, minéral, végétal et multiplicatif, dans la concavité humide duquel est caché le *mercure primitif* ou *quintessence universelle*. Par le moyen de cet esprit, ils ont attiré la semence spirituelle contenue en l'or ; et par cette voie, qu'ils ont appelée *voie humide*, leur soufre et leur mercure ont été faits : c'est le mercure des philosophes, qui n'est pas solide comme le métal, ni mou comme le vif-argent, mais entre les deux. Ils ont tenu longtemps ce secret caché, parce que c'est le commencement, le milieu et la fin de l'œuvre ; nous allons découvrir pour le bien de tous. Il faut donc, pour faire l'œuvre : 1° purger le mercure avec du sel et du vinaigre (salade), 2° le sublimer avec du vitriol et du salpêtre ; 3° le dissoudre dans l'eau-forte ; 4° le sublimer derechef ; 5° le calciner et le fixer ; 6° en dissoudre une partie par défaillance à la cave, où il se résoudra en liqueur ou huile (salade) ; 7° distiller cette liqueur pour en séparer l'eau spirituelle, l'air et le feu ; 8° mettre de ce corps mercuriel calciné et fixé dans l'eau spirituelle ou esprit liquide mercuriel distillé ; 9° les putréfier ensemble jusqu'à la noirceur ; puis il s'élèvera en superficie de l'esprit un soufre blanc non odorant, qui est aussi appelé *sel ammoniac* ; 10° dissoudre ce sel ammoniac dans l'esprit mercuriel liquide, puis le distiller jusqu'à ce que tout passe en liqueur, et alors sera fait le *vinaigre des sages* ; 11° cela parachevé, il faudra passer de l'or à l'antimoine par trois fois, et après le réduire en chaux ; 12° mettre cette chaux d'or dans ce vinaigre très-aigre, les laisser putréfier ; et en superficie du vinaigre, il s'élèvera une terre feuillée de la couleur des perles orientales ; il faut sublimer de nouveau jusqu'à ce que cette terre soit très-pure ; alors vous aurez fait la première opération du grand œuvre.

« Pour le second travail, prenez, au nom de Dieu, une part de cette chaux d'or et deux

chi des opérations les plus curieuses de l'art, sans nom d'auteur. Paris, 1725, in-12, avec approbation signée Audry, docteur en médecine, et privilège du roi.

parts de l'eau spirituelle chargée de son sel ammoniac; mettez cette noble confection dans un vase de cristal de la forme d'un œuf, scellez le tout du sceau d'Hermès; entretenez un feu doux et continuel, l'eau ignée dissoudra peu à peu la chaux d'or; il se formera une liqueur qui est l'eau des sages et leur vrai *chaos*, contenant les qualités élémentaires, chaud, sec, froid et humide. Laissez putréfier cette composition jusqu'à ce qu'elle devienne noire: cette noirceur, qui est appelée la *tête de corbeau* et le *saturne des sages*, fait connaître à l'artiste qu'il est en bon chemin. Mais pour ôter cette noirceur, puante, qu'on appelle aussi *terre noire*, il faut faire bouillir de nouveau, jusqu'à ce que le vase ne présente plus qu'une substance blanche comme la neige. Ce degré de l'œuvre s'appelle le *cygne*. Il faut enfin fixer par le feu cette liqueur blanche qui se calcine et se divise en deux parts, l'une blanche pour l'argent, l'autre rouge pour l'or; alors vous aurez accompli les travaux et vous posséderez la pierre philosophale.

« Dans les diverses opérations, on peut tirer divers produits : d'abord le *lion vert*, qui est un liquide épais, qu'on nomme aussi l'*azot*, et qui fait sortir l'or caché dans les matières ignobles; le *lion rouge*, qui convertit les métaux en or: c'est une poudre d'un rouge vif; la *tête de corbeau* dite encore *la voile noire du navire de Thésée*, dépôt noir qui précède le lion vert et dont l'apparition, au bout de quarante jours, promet le succès de l'œuvre: il sert à la décomposition et putréfaction des objets dont on veut tirer l'or; la *poudre blanche* qui transmue les métaux blancs en argent fin; l'*élixir au rouge*, avec lequel on fait de l'or et on guérit toutes les plaies; l'*élixir au blanc*, avec lequel on fait de l'argent et on se procure une vie extrêmement longue : on l'appelle aussi la *fille blanche des philosophes*. Toutes ces variétés de la pierre pilosophale végètent et se multiplient... »

Le reste du livre est sur le même ton. Il contient tous les secrets de l'alchimie. *Voy.* BAUME UNIVERSEL, ÉLIXIR DE VIE, OR POTABLE, etc.

Les adeptes prétendent que Dieu enseigna l'alchimie à Adam, qui en apprit le secret à Enoch, duquel il descendit par degrés à Abraham, à Moïse, à Job, qui multiplia ses biens au septuple par le moyen de la pierre philosophale, à Paracelse, et surtout à Nicolas Flamel. Ils citent avec respect des livres de philosophie hermétique qu'ils attribuent à Marie, sœur de Moïse, à Hermès Trismégiste, à Démocrite, à Aristote, à saint Thomas d'Aquin, etc. La boîte de Pandore, la toison d'or de Jason, le caillou de Sisyphe, la cuisse d'or de Pythagore, ne sont, selon eux, que le grand œuvre (1). Ils trouvent tous leurs mystères dans la Genèse, dans l'*Apocalypse* surtout, dont ils font un poème à la louange de l'alchimie; dans l'*Odyssée*, dans les *Métamorphoses d'Ovide*. Les dragons qui veillent, les taureaux qui soufflent du feu, sont des emblèmes des travaux hermétiques.

Gobineau de Montluisant, gentilhomme chartrain, a même donné une explication extravagante des figures bizarres qui ornent la façade de Notre-Dame de Paris ; il y voyait une histoire complète de la pierre philosophale. Le Père éternel étendant les bras, et tenant un ange dans chacune de ses mains, annonce assez, dit-il, la perfection de l'œuvre achevée.

D'autres assurent qu'on ne peut posséder le grand secret que par le secours de la magie ; ils nomment *démon barbu* le démon qui se charge de l'enseigner; c'est, disent-ils, un très-vieux démon.

On trouve à l'appui de cette opinion, dans plusieurs livres de conjurations magiques, des formules qui évoquent les démons hermétiques. Cédrénus, qui donnait dans cette croyance, raconte qu'un alchimiste présenta à l'empereur Anastase, comme l'ouvrage de son art, un frein d'or et de pierreries pour son cheval. L'empereur accepta le présent et fit mettre l'alchimiste dans une prison où il mourut; après quoi le frein devint d'or, et on reconnut que l'or des alchimistes n'était qu'un prestige du diable. Beaucoup d'anecdotes prouvent que ce n'est qu'une friponnerie ordinaire.

Un rose-croix, passant à Sedan, donna à Henri 1er, prince de Bouillon, le secret de faire de l'or, qui consistait à faire fondre dans un creuset un grain d'une poudre rouge qu'il lui remit, avec quelques onces de litharge. Le prince fit l'opération devant le charlatan, et tira trois onces d'or pour trois grains de cette poudre ; il fut encore plus ravi qu'étonné ; et l'adepte, pour achever de le séduire, lui fit présent de toute sa poudre transmutante. Il y en avait trois cent mille grains. Le prince crut posséder trois cent mille onces d'or. Le philosophe était pressé de partir; il allait à Venise tenir la grande assemblée des philosophes hermétiques; il ne lui restait plus rien, mais il ne demandait que vingt mille écus; le duc de Bouillon les lui donna et le renvoya avec honneur. Comme en arrivant à Sedan le charlatan avait fait acheter toute la litharge qui se trouvait chez les apothicaires de cette ville, et l'avait fait revendre ensuite chargée de quelques onces d'or, quand cette litharge fut épuisée, le prince ne fit plus d'or, ne vit plus le rose-croix et en fut pour ses vingt mille écus.

Jérémie Médérus, cité par Delrio (2), raconte un tour absolument semblable qu'un autre adepte joua au marquis Ernest de Bade.

Tous les souverains s'occupaient autrefois de la pierre philosophale ; la fameuse Elisabeth la chercha longtemps. Jean Gauthier, baron de Plumerolles, se vantait de savoir faire de l'or; Charles IX, trompé par ses promesses, lui fit donner cent vingt mille livres, et l'adepte se mit à l'ouvrage. Mais après

---

(1) Naudé, Apologie pour les grands personnages, etc.

(2) Disquisit. mag., lib. I, cap. 5, quæst. 3.

avoir travaillé huit jours, il se sauva avec l'argent du monarque. On courut à sa poursuite, on l'attrapa et il fut pendu : mauvaise fin, même pour un alchimiste.

En 1616, la reine Marie de Médicis donna à Gui de Crusembourg vingt mille écus pour travailler dans la Bastille à faire de l'or. Il s'évada au bout de trois mois avec les vingt mille écus, et ne reparut plus en France.

Le pape Léon X fut moins dupe. Un homme qui se vantait de posséder le secret de la pierre philosophale lui demandait une récompense. Le protecteur des arts le pria de revenir le lendemain, et il lui fit donner un grand sac, en lui disant que puisqu'il savait faire de l'or il lui offrait de quoi le contenir (1). Mais il y eut des alchimistes plus fiers. L'empereur Rodolphe II, ayant entendu parler d'un chimiste franc-comtois qui passait pour être certainement un adepte lui envoya un homme de confiance pour l'engager à venir le trouver à Prague. Le commissionnaire n'épargna ni persuasion, ni promesse pour s'acquitter de sa commission ; mais le Franc-Comtois fut inébranlable, et se tint constamment à cette réponse : ou je suis adepte ou je ne le suis pas ; si je le suis, je n'ai pas besoin de l'empereur, et si je ne le suis pas, l'empereur n'a que faire de moi.

Un alchimiste anglais vint un jour rendre visite au peintre Rubens, auquel il proposa de partager avec lui les trésors du grand œuvre, s'il voulait construire un laboratoire et payer quelques petits frais. Rubens, après avoir écouté patiemment les extravagances du souffleur, le mena dans son atelier : Vous êtes venu, lui dit-il, vingt ans trop tard, car depuis ce temps j'ai trouvé la pierre philosophale avec cette palette et ces pinceaux.

Le roi d'Angleterre, Henri VI, fut réduit à un tel degré de besoin, qu'au rapport d'Evelyn (dans ses *Numismata*) il chercha à remplir ses coffres avec le secours de l'alchimie. L'enregistrement de ce singulier projet contient les protestations les plus solennelles et les plus sérieuses de l'existence et des vertus de la pierre philosophale, avec des encouragements à ceux qui s'en occuperont. Il annule et condamne toutes les prohibitions antérieures. Aussitôt que cette patente royale fut publiée, il y eut tant de gens qui s'engagèrent à faire de l'or, selon l'attente du roi, que l'année suivante Henri VI publia un autre édit dans lequel il annonçait que l'heure était prochaine, où, par le moyen de la pierre philosophale, il allait payer les dettes de l'État en or et en argent monnayés.

Charles II d'Angleterre s'occupait aussi de l'alchimie. Les personnes qu'il choisit pour opérer le grand œuvre formaient un assemblage aussi singulier que leur patente était ridicule. C'était une réunion d'épiciers, de merciers, et de marchands de poissons. Leur patente fut accordée *authoritate parliamenti*.

Les alchimistes étaient appelés autrefois multiplicateurs ; on le voit par un statut de Henri IV d'Angleterre, qui ne croyait pas à l'alchimie. Ce statut se trouve rapporté dans la patente de Charles II. Comme il est fort court, nous le citerons :

« Nul dorénavant ne s'avisera de multiplier l'or et l'argent, ou d'employer la supercherie de la multiplication, sous peine d'être traité et puni comme félon. »

On lit dans les *Curiosités de la littérature*, ouvrage traduit de l'anglais par Th. Bertin, qu'une princesse de la Grande-Bretagne, éprise de l'alchimie, fit rencontre d'un homme qui prétendait avoir la puissance de changer le plomb en or. Il ne demandait que les matériaux et le temps nécessaires pour exécuter la conversion. Il fut emmené à la campagne de sa protectrice, où l'on construisit un vaste laboratoire : et afin qu'il n'y fût pas troublé, on défendit que personne n'y entrât. Il avait imaginé de faire tourner sa porte sur un pivot, et recevait à manger sans voir, sans être vu, sans que rien pût le distraire. Pendant deux ans il ne condescendit à parler à qui que ce fût, pas même à la princesse. Lorsqu'elle fut introduite enfin dans son laboratoire, elle vit des alambics, des chaudières, de longs tuyaux, des forges, des fourneaux, et trois ou quatre feux d'enfer allumés, elle ne contempla pas avec moins de vénération la figure enfumée de l'alchimiste, pâle, décharné, affaibli par ses veilles, qui lui révéla, dans un jargon inintelligible, les succès obtenus ; elle vit ou crut voir des monceaux d'or encore imparfait répandus dans le laboratoire. Cependant l'alchimiste demandait souvent un nouvel alambic et des quantités énormes de charbon. La princesse, malgré son zèle, voyant qu'elle avait dépensé une grande partie de sa fortune à fournir aux besoins du philosophe, commença à régler l'essor de son imagination sur les conseils de la sagesse. Elle découvrit sa façon de penser au physicien : celui-ci avoua qu'il était surpris de la lenteur de ses progrès ; mais il allait redoubler d'efforts et hasarder une opération de laquelle, jusqu'alors, il avait cru pouvoir se passer. La protectrice se retira ; les visions dorées reprirent leur premier empire. Un jour qu'elle était à dîner, un cri affreux, suivi d'une explosion semblable à celle d'un coup de canon, se fit entendre ; elle se rendit avec ses gens auprès du chimiste. On trouva deux larges retortes brisées, une grande partie du laboratoire en flamme, et le physicien grillé depuis les pieds jusqu'à la tête.

Elie Ashmole écrit dans sa *Quotidienne* du 13 mai 1655 : « Mon père Backouse (astrologue qui l'avait adopté pour son fils, méthode pratiquée par les gens de cette espèce) étant malade dans Fleet-Street, près de l'église de Saint-Dunstan, et se trouvant, sur les onze heures du soir, à l'article de

---

(1) Le comte d'Oxenstiern attribue ce trait au pape Urbain VIII, à qui un adepte dédiait un traité d'alchimie. *Pensées*, t. Ier, p. 172.

la mort, me révéla le secret de la pierre philosophale, et me le légua un instant avant d'expirer. »

Nous apprenons par là qu'un malheureux qui connaissait l'art de faire de l'or vivait cependant de charités, et qu'Ashmole croyait fermement être en possession d'une pareille recette.

Ashmole a néanmoins élevé un monument curieux des savantes folies de son siècle, dans son *Theatrum chimicum britannicum*, vol. in-4° dans lequel il a réuni les traités des alchimistes anglais. Ce recueil présente divers échantillons des mystères de la secte des Roses-Croix, et Ashmole raconte des anecdotes dont le merveilleux surpasse toutes les chimères des inventions arabes. Il dit de la pierre philosophale qu'il en sait assez pour se taire, et qu'il n'en sait pas assez pour en parler.

La chimie moderne n'est pourtant pas sans avoir l'espérance, pour ne pas dire la certitude, de voir un jour vérifiés les rêves dorés des alchimistes. Le docteur Girtanner de Gottingue a dernièrement hasardé cette prophétie que, dans le XIXᵉ siècle, la transmutation des métaux sera généralement connue ; que chaque chimiste saura faire de l'or ; que les instruments de cuisine seront d'or et d'argent, ce qui contribuera beaucoup à prolonger la vie, qui se trouve aujourd'hui compromise par les oxydes de cuivre, de fer et de plomb que nous avalons avec notre nourriture (1). C'est ce que surtout le galvanisme amènera.

LE COUPLE ALCHIMISTE.

Jean du Châtelet, baron de Beau-Soleil, Allemand, astrologue et philosophe hermétique du XVIIᵉ siècle, épousa Martine Bertereau, attaquée de la même folie que lui, ils furent les premiers qui firent métier de la baguette divinatoire. Ils passèrent de Hongrie en France, cherchant des mines et annonçant des instruments merveilleux pour connaître ce qu'il y a dans la terre : le grand compas, la boussole à sept angles, l'astrolabe minéral, le râteau métallique, les sept verges métalliques et hydrauliques, etc., etc. Martine Bertereau ne recueillit de tous ces beaux secrets qu'une accusation de sortilège. En Bretagne on fit ouvrir ses coffres et enlever les grimoires et diverses baguettes préparées avec soin sous les constellations requises. Le baron finit par être enfermé à la Bastille, et la baronne à Vincennes, vers 1641.

LÉGENDE DE LA RUE DU BONHEUR A GAND.

L'anecdote que nous allons rapporter se trouve mentionnée dans de vieux recueils flamands ; elle a été contée plus d'une fois à la cour de Philippe le Bon, pendant le séjour que fit dans les Pays-Bas le dauphin de France, depuis Louis XI ; elle a été connue de quelques nouvellistes italiens à qui peut-être Guicciardini l'a portée ; ils l'ont arrangée à leur manière (2). Nous raconterons le fait dans sa simplicité.

En l'an 1398, il y avait à Gand, au fond de la rue Sainte-Catherine, qui alors du côté de la rue d'Or était un cul-de-sac, une petite maison qui appartenait à un juif nommé Haltrow. Plusieurs fois la commune de Gand avait voulu acheter cette maison pour la démolir et ouvrir ainsi une communication utile entre la rue d'Or et la rue du Bonheur. Mais l'avare n'avait pas voulu vendre. Il était si riche, disait-on, qu'il ne se souciait pas, dans un déménagement, d'exposer ses trésors aux regards du public. Il vivait seul et très-mesquinement ; il n'avait point de domestique, parce qu'il eût fallu le payer, point de chien parce qu'il eût fallu le nourrir ; personne ne pouvait se vanter d'avoir mis le pied dans sa retraite plus loin que la petite chambre d'entrée.

A côté de son avarice, Haltrow était dominé souvent par un autre défaut, la gourmandise. Mais il ne la satisfaisait jamais à ses dépens. C'était chez ceux avec qui il faisait des affaires que, lorsqu'il était invité, il se donnait ce qu'il appelait de la joie.

Or un soir, le 24 février, ayant soupé convenablement chez un patron de navire, il s'en revenait à 11 heures, seul, à pied, malgré la pluie qui tombait en abondance. Toutes les portes étaient fermées, toutes les lumières éteintes, toute la ville endormie. Il faisait un temps effroyable. Haltrow, qui n'allait jamais seul la nuit sans mourir de peur, descendait rapidement la rue des Raisins, lorsqu'après avoir traversé le petit pont du fossé d'Othon pour entrer dans la rue qui était devant lui, il vit un homme s'élancer de l'enfoncement d'une petite porte et se précipiter sur lui. Il se dégagea en un clin d'œil par un mouvement violent, courut encore quelques pas et se réfugia dans la boutique d'un orfévre, dont par hasard la porte était restée entr'ouverte. Il se jeta sur une chaise, sentant qu'il avait reçu un coup de poignard, et s'écria : *Je suis assassiné !* L'orfévre accourut : c'était un homme qui, comme le juif, courait après la fortune ; mais il avait pris un autre chemin que l'usure ; il cherchait la pierre philosophale. Comme il faisait ce soir-là une grande fonte dans son arrière-boutique, il avait laissé sa porte à demi ouverte, pour tempérer la chaleur de ses fourneaux. Liévin Doel (c'est le nom de l'orfévre) reconnut le juif et lui demanda ce qu'il faisait dans la rue à une telle heure ? Mais Haltrow ne répondit plus ; il expirait. Liévin, effrayé, courut à sa porte, mit la tête dehors et ne vit personne. Cet incident le mettait dans un certain embarras. Il ferma sa boutique pour prendre conseil. Sa femme, ses enfants, sa servante étaient couchés ; tout le monde dormait dans le voisinage ; il était seul : il conçut tout à coup un projet hardi. Personne, excepté l'assassin qui avait

---

(1) Philosophie magique. Vol. VI, p. 383.
(2) Grazzini, dit le Lasca, dans ses nouvelles, a fait de cette histoire un petit roman qui se termine d'une manière fort sombre ; il place la scène à Pise, et son héros Liévin Doel se nomme Fazio. Le poëte anglais Milman a fait du Fazio de Grazzini une tragédie.

intérêt à se taire, n'avait vu le juif entrer chez lui.

En déclarant sa mort, il courait risque d'être soupçonné. Il imagina donc de changer en bien son malheur, comme il cherchait à changer le cuivre en or. Liévin Doel connaissait ou soupçonnait la grande fortune d'Haltrow. Il commença par le fouiller. Ayant trouvé dans ses poches, avec quelque monnaie, un gros paquet de clefs, il résolut d'aller les essayer aux serrures du défunt. Le juif n'avait point de parents, et l'alchimiste, qui avait la conscience large, ne voyait pas grand mal à s'instituer son héritier. Il s'arme donc d'une lanterne sourde et se met en route; il n'avait qu'une petite rue à parcourir. Il arrive, sans s'apercevoir du temps affreux qu'il faisait; il essaie les clefs, il entre dans l'appartement; il trouve le coffre-fort, et après bien des peines, il parvient à ouvrir toutes les serrures. Là il voit des bracelets, des chaînes d'or, des diamants et quatre sacs sur chacun desquels il lit : *cinq mille florins en or*. Il s'en empare en tressaillant de joie, referme tout, et revient chez lui sans être vu de personne. De retour dans sa maison, il serre d'abord ses richesses; après cela, il songe aux funérailles du défunt : il le prend entre ses bras, le descend dans sa cave, et ayant creusé à quatre pieds de profondeur, il l'enterre avec ses clefs et ses habits. Il recouvre la fosse avec tant de précaution, qu'on ne pouvait s'apercevoir que la terre eût été remuée en cet endroit. Il monte ensuite à sa chambre, ouvre ses sacs, compte son or et trouve les sommes parfaitement conformes aux étiquettes. Forcé de se sevrer un moment de la jouissance qu'il goûtait à les considérer, l'orfévre cache le tout dans une armoire secrète et va se coucher, car le travail et la joie l'avaient fatigué rudement.

Quelques jours après, Haltrow ne paraissant plus, on ouvrit ses portes par ordre des magistrats. On ne fut pas surpris de ne trouver chez lui aucun argent comptant. On fit longtemps de vaines recherches; et ce ne fut que quand Liévin Doel vit que l'on commençait à n'en plus parler, qu'il hasarda quelques propos sur ses découvertes en alchimie. Bientôt même il parla de quelques lingots. On lui riait au nez; mais il soutenait de plus en plus ce qu'il avait avancé et graduait adroitement ses discours et sa joie. Enfin il parla d'un voyage en France pour aller vendre ses lingots, et afin de mieux jouer son jeu, il feignit d'avoir besoin d'argent pour ce voyage. Il emprunta cent florins sur une métairie qui n'avait pas encore passé par ses fourneaux. On le crut tout à fait fou : il n'en partit pas moins, en se moquant tout bas de ses voisins qui se moquaient de lui tout haut.

Cependant il arriva à Paris, changea son or contre des lettres de change sur de bons banquiers de Gand, et écrivit à sa femme qu'il avait vendu ses lingots. Sa lettre jeta dans tous les esprits un étonnement qui durait encore lorsqu'il reparut dans la ville. Il prit un air triomphant en arrivant chez lui; et pour ajouter des preuves sonnantes à ce qu'il disait de sa fortune, il alla chercher 20,000 florins chez ses banquiers. Dès lors on exalta partout sa science; on raconta partout son histoire; considéré à la fois comme homme riche et comme savant homme, il jouit de sa fortune sans la gaspiller. On n'en connut la source que cinquante ans après, par son testament. On appela la rue où il demeurait la *rue du Bonheur*. La voie large qui lui est parallèle, sur laquelle donnaient les fenêtres de la maison du juif, fut appelée la *rue d'Or*. La ville ayant hérité du manoir d'Haltrow, le cul-de-sac Sainte-Catherine devint une rue.

PIERRE DE SANTÉ. A Genève et en Savoie on appelle ainsi une espèce de pyrite martiale très-dure et susceptible d'un beau poli. On taille ces pyrites en facettes comme le cristal, et l'on en fait des bagues, des boucles et d'autres ornements. Sa couleur est à peu près la même que celle de l'acier poli. On lui donne le nom de pierre de santé, d'après le préjugé où l'on est qu'elle pâlit lorsque la santé de la personne qui la porte est sur le point de s'altérer.

PIERRE-DE-FEU, démon inconnu qui est invoqué dans les litanies du sabbat.

PIERRE-FORT, démon invoqué dans les litanies du sabbat. Nous ne le connaissons pas autrement, et il se peut aussi que ce soit un des affreux saints des sorciers.

PIERRE D'APONE, philosophe, astrologue et médecin, né dans le village d'Abano ou Apono (1), près de Padoue, en 1250. C'était le plus habile magicien de son temps, disent les démonomanes; il s'acquit la connaissance des sept arts libéraux, par le moyen de sept esprits familiers qu'il tenait enfermés dans des bouteilles ou dans des boîtes de cristal. Il avait de plus l'industrie de faire revenir dans sa bourse tout l'argent qu'il avait dépensé. Il fut poursuivi comme hérétique et magicien; et s'il eût vécu jusqu'à la fin du procès, il y a beaucoup d'apparence qu'il eût été brûlé vivant, comme il le fut en effigie après sa mort. Il mourut à l'âge de soixante-six ans. Cet homme avait, dit-on, une telle antipathie pour le lait, qu'il n'en pouvait sentir le goût ni l'odeur. Thomazo Garsoni dit, entre autres contes merveilleux sur Pierre d'Apone, que, n'ayant point de puits dans sa maison, il commanda au diable de porter dans la rue le puits de son voisin, parce qu'il refusait de l'eau à sa servante. Malheureusement pour ces belles histoires, il paraît prouvé que Pierre d'Apone était une sorte de pauvre esprit fort qui ne croyait pas aux démons, du reste homme de mauvais renom. Les amateurs de livres superstitieux recherchent sa *Géomancie*. (2). Mais ne lui

---

(1) Il y a, dans le village d'Abone, aujourd'hui Abano, une fontaine qui prêtait autrefois la parole aux muets, et qui donnait à ceux qui y buvaient le talent de dire la bonne aventure. *Voyez* le septième chant de la *Pharsale* de Lucain.

(2) *Geomantia*, in-8°, Venise, 1549.

attribuons pas un petit livre qu'on met sur son compte et dont voici le titre : *les OEuvres magiques de Henri-Corneille Agrippa, par Pierre d'Aban, latin et français, avec des secrets occultes*, in-24, réimprimé à Liége, 1788. On dit dans ce livre que Pierre d'Aban était disciple d'Agrippa. La partie principale est intitulée : *Heptaméron, ou les Éléments magiques.* On y trouve les sûrs moyens d'évoquer les esprits et de faire venir le diable. Pour cela il faut tracer trois cercles l'un dans l'autre, dont le plus grand ait neuf pieds de circonférence, et se tenir dans le plus petit, où l'on écrit le nom des anges qui président à l'heure, au jour, au mois, à la saison, etc.

Voici les anges qui président aux heures ; notez que les heures sont indiquées ici dans la langue infernale ; Yayn ou première heure, l'ange Michaël ; Ianor ou deuxième heure, Anaël ; Nasnia ou troisième heure, Raphaël ; Salla ou quatrième heure, Gabriel ; Sadedali ou cinquième heure, Cassiel ; Thamus ou sixième heure, Sachiel ; Ourer ou septième heure, Samaël ; Thanir ou huitième heure, Araël, Néron ou neuvième heure, Cambiel ; Jaya ou dixième heure, Uriel ; Abaï ou onzième heure, Azaël, Natalon ou douzième heure, Sambaël. Les anges du printemps, cabalistiquement nommé Talvi, sont Spugliguel Caracasa, Commissoros et Amatiel ; le nom de la terre est alors Amadaï, le nom du soleil Abraïm, celui de la lune Agusita. Les anges de l'été, nommé Gasmaran, sont Tubiel, Gargatiel, Tariel et Gaviel. La terre s'appelle alors Festativi, le soleil Athémaï, et la lune Armatas. Les anges de l'automne, qui se nommera Ardaraël, sont Torquaret, Tarquam et Guabarel. La terre s'appelle Rahimara, le soleil Abragini, la lune Matafignaïs. Les anges de l'hiver, appelé Fallas, sont Altarib, Amabaël, Crarari. La terre se nomme Gérénia, le soleil Commutat et la lune Affaterim. Pour les anges des mois et des jours, *voy.* Mois et Jours. Après avoir écrit les noms dans le cercle, mettez les parfums dans un vase de terre neuf, et dites : « Je t'exorcise, parfum, pour que tout fantôme nuisible s'éloigne de moi. » Ayez une feuille de parchemin vierge sur laquelle vous écrirez des croix ; puis appelez des quatre coins du monde les anges qui président à l'air, les sommant de vous aider sur-le-champ, et dites : « Nous t'exorcisons par la mer flottante et transparente, par les quatre divins animaux qui vont et viennent devant le trône de la divine Majesté ; nous t'exorcisons ; et si tu ne parais aussitôt, ici, devant ce cercle, pour nous obéir en toutes choses, nous te maudissons et te privons de tout office, bien et joie ; nous te condamnons à brûler sans aucun relâche dans l'étang de feu et de soufre, etc. » Cela dit, on verra plusieurs fantômes qui rempliront l'air de clameurs. On ne s'en épouvantera point et on aura soin surtout de ne pas sortir du cercle. On apercevra des spectres qui paraîtront menaçants et armés de flèches ; mais ils n'auront pas puissance de nuire. On soufflera ensuite vers les quatre parties du monde et on dira : « Pourquoi tardez-vous ? soumettez-vous à votre maître. » Alors paraîtra l'esprit en belle forme qui dira : « Ordonnez et demandez, me voici prêt à vous obéir en toutes choses. » Vous lui demanderez ce que vous voudrez ; il vous satisfera ; et après que vous n'aurez plus besoin de lui, vous le renverrez en disant : « Allez en paix chez vous, et soyez prêt à venir quand je vous appellerai. » Voilà ce que présentent de plus curieux les *OEuvres magiques.* Et le lecteur qui s'y fiera sera du moins mystifié (1).

PIERRE LE BRABANÇON, charlatan né dans les Pays-Bas, M. Salgues rapporte de lui le fait suivant.

Etant devenu épris d'une Parisienne, riche héritière, le Brabançon contrefit aussitôt la voix du père défunt, et lui fit pousser du fond de sa tombe de longs gémissements ; le mort se plaignit des maux qu'il endurait au purgatoire, et reprocha à sa femme le refus qu'elle faisait de donner sa fille à un si galant homme. La femme effrayée n'hésita plus : le Brabançon obtint la main de la demoiselle, mangea la dot, s'évada de Paris et courut se réfugier à Lyon. Un gros financier venait d'y mourir, et son fils se trouvait possesseur d'une fortune opulente. Le Brabançon va le trouver, lie connaissance avec lui et le mène dans un lieu couvert et silencieux ; là, il fait entendre la voix plaintive du père, qui se reproche les malversations qu'il a commises dans ce monde, et conjure son fils de les expier par des prières et des aumônes ; il l'exhorte d'un ton pressant et pathétique à donner six mille francs au Brabançon pour racheter des captifs. Le fils hésite et remet l'affaire au lendemain. Mais le lendemain la même voix se fait entendre, et le père déclare nettement à son fils qu'il sera damné lui-même s'il tarde davantage à donner les six mille francs à ce brave homme que le ciel lui a envoyé. Le jeune traitant ne se le fit pas dire trois fois ; il compta les six mille francs au ventriloque, qui alla boire et rire à ses dépens.

PIERRE-LABOURANT, nom que des sorciers donnèrent au diable du sabbat. Jeanne Garibaut, sorcière, déclara que Pierre-Labourant porte une chaîne de fer qu'il ronge continuellement, qu'il habite une chambre enflammée où se trouvent des chaudières dans lesquelles on fait cuire des personnes pendant que d'autres rôtissent sur de larges chenets, etc.

PIERRE LE VENERABLE, abbé de Cluny, mort en 1156. Il a laissé un livre de miracles qui contient plusieurs légendes où le diable ne joue pas le beau rôle.

PIERRES D'ANATHÈMES. « Non loin de Patras, je vis des tas de pierres au milieu d'un champ, j'appris que c'était ce que les Grecs appellent pierres d'anathèmes, espèce de trophées qu'ils élèvent à la barbarie de

(1) *Des erreurs et des préjugés,* t. I*er*, p. 515.

leurs oppresseurs. En dévouant leur tyran aux génies infernaux, ils le maudissent dans ses ancêtres, dans son âme et dans ses enfants; car tel est le formulaire de leurs imprécations; ils se rendent dans le champ qu'ils veulent vouer à l'anathème, et chacun jette sur le même coin de terre la pierre de réprobation. Les passants ne manquant pas dans la suite d'y joindre leur suffrage, il s'élève bientôt dans le lieu voué à la malédiction un tas de pierres assez semblables aux monceaux de cailloux qu'on rencontre sur le bord de nos grandes routes; ce qui du reste nettoie le champ (1). »

PIGEONS. C'est une opinion accréditée dans le peuple que le pigeon n'a point de fiel. Cependant Aristote et de nos jours l'anatomie ont prouvé qu'il en avait un, sans compter que la fiente de cet oiseau contient un sel inflammable qui ne peut exister sans le fiel. On conte que le crâne d'un homme caché dans un colombier y attire tous les pigeons des environs.

PIJ, nom que les Siamois donnent aux lieux où les âmes des coupables sont punies; elles y doivent renaître avant de revenir en ce monde.

PILAPIENS, peuples qui habitent une presqu'île sur les bords de la mer Glaciale, et qui boivent, mangent et conversent familièrement avec les ombres. On allait autrefois les consulter. Leloyer rapporte que quand un étranger voulait savoir des nouvelles de son pays, il s'adressait à un Pilapien, qui tombait aussitôt en extase et invoquait le diable, lequel lui révélait les choses cachées.

PILATE (Mont), montagne de Suisse, au sommet de laquelle est un lac ou étang célèbre dans les légendes. On disait que Pilate s'y était jeté, que les diables y paraissaient souvent, que Pilate, en robe de juge, s'y faisait voir tous les ans une fois, et que celui qui avait le malheur d'avoir cette vision mourait dans l'année. De plus, il passait pour certain que, quand on lançait quelque chose dans ce lac, cette imprudence excitait des tempêtes terribles qui causaient de grands ravages dans le pays, en sorte que, même au XVIᵉ siècle, on ne pouvait monter sur cette montagne, ni aller voir ce lac, sans une permission expresse du magistrat de Lucerne, et il était défendu, sous de fortes peines, d'y rien jeter. La même tradition se rattache au lac de Pilate, voisin de Vienne en Dauphiné.

PILLAL-KARRAS, exorcistes ou devins du Malabar, aux conjurations desquels les pêcheurs de perles ont recours, pour se mettre à l'abri des attaques du requin, lorsqu'ils plongent dans la mer. Ces conjurateurs se tiennent sur la côte, marmottent continuellement des prières et font mille contorsions bizarres.

PINET. Pic de la Mirandole parle d'un sorcier nommé Pinet, lequel eut commerce trente ans avec le démon Fiorina (2).

PIPI (Marie), sorcière qui sert d'échanson au sabbat; elle verse à boire dans le repas, non-seulement au roi de l'enfer, mais encore à ses officiers et à ses disciples, qui sont les sorciers et magiciens (3).

PIQUEUR. A Marsanne, village du Dauphiné, près de Montélimart, on entend toutes les nuits, vers les onze heures un bruit singulier que les gens du pays appellent *le piqueur* : il semble, en effet, que l'on donne plusieurs coups sous terre (4). M. Berbiguier, dans son tome III des Farfadets, nous apprend qu'en 1821 les piqueurs qui piquaient les femmes dans les rues de Paris n'étaient ni des filous, ni des méchants, mais des farfadets ou démons. « J'étais plus savant, dit-il, que le vulgaire, qui ignore que les farfadets ne font le mal que par plaisir. »

PIRIPIRIS, talismans en usage chez certains Indiens du Pérou. Ils sont composés de diverses plantes; ils doivent faire réussir la chasse, assurer les moissons, amener de la pluie, provoquer des inondations, et défaire des armées ennemies.

PISON. Après la mort de Germanicus, le bruit courut qu'il avait été empoisonné par les maléfices de Pison. On fondait les soupçons sur les indices suivants : on trouva dans la demeure de Germanicus des ossements de morts, des charmes et des imprécations contre les parois des murs, le nom de Germanicus gravé sur des lames de plomb, des cendres souillées de sang, et plusieurs autres maléfices par lesquels on croit que les hommes sont dévoués aux dieux infernaux (5).

PISTOLE VOLANTE. Quoique les sorciers de profession aient toujours vécu dans la misère, on prétendait qu'ils avaient cent moyens d'éviter l'indigence et le besoin. On cite entre autres *la pistole volante*, qui, lorsqu'elle était enchantée par certains charmes et paroles magiques, revenait toujours dans la poche de celui qui l'employait, au grand profit des magiciens qui achetaient, et au grand détriment des bonnes gens qui vendaient ainsi en pure perte. *Voy.* Agrippa, Faust, Pasétès, etc.

PIVERT. Nos anciens, dit *le Petit Albert*, assurent que le pivert est un souverain remède contre le sortilége de l'aiguillette nouée, si on le mange rôti à jeun avec du sel bénit; c'était un oiseau d'augure. Elius, préteur romain, rendait la justice sur son tribunal, lorsqu'un pivert vint se reposer sur sa tête. Les augures, consultés sur ce fait, répondirent que tant qu'Elius prendrait soin de l'oiseau, sa famille prospérerait, mais que la république serait malheureuse; qu'au contraire, lorsque le pivert périrait, la république prospérerait et la famille d'Elius serait à plaindre. Ce dernier, préférant l'intérêt public au sien, tua sur-le-champ l'oiseau en présence du sénat; et quelque temps après,

---

(1) M. Mangeart, Souvenirs de la Morée, 1830.
(2) Leloyer, Hist. des spectres ou apparitions des esprits, liv. III, p. 215.
(3) Delancre, Tableau de l'inconstance des démons, etc.,
liv. II, p. 143.
(4) Bibliothèque de société, t. III.
(5) Tacite.

dix sept jeunes guerriers de sa maison furent tués à la bataille de Cannes. Mais cette bataille n'accomplit que la moitié de la prédiction, et démentit l'autre, puisqu'elle fut la plus désastreuse de toutes celles que perdit la république.

PLANÈTES. Il y a maintenant plus de douze planètes : le Soleil, Mercure, Vénus, la Terre, Mars, Vesta, Junon, Cérès, Pallas, Jupiter, Saturne et Uranus sont obligés de compter dans leurs rangs la planète Leverrier, qui en attend d'autres. Les anciens n'en connaissaient que sept, en comptant la Lune, qui n'est qu'un satellite de la Terre; ainsi les nouvelles découvertes détruisent tout le système de l'astrologie judiciaire. Les vieilles planètes sont : le Soleil, la Lune, Mercure, Vénus, Mars, Jupiter et Saturne. Chaque planète gouverne un certain nombre d'années (1). Les années où Mercure préside sont bonnes au commerce, etc.; la connaissance de cette partie de l'astrologie judiciaire s'appelle *Alfridarie*.

PLATON, célèbre philosophe grec, né l'an 430 avant Jésus-Christ. On lui attribue un livre de nécromancie. Il y a vingt-cinq ans qu'on a publié de lui une *prophétie* contre les francs-maçons; des doctes l'ont expliquée comme celles de Nostradamus.

PLATS. Divination par les plats. Quinte-Curce dit que les prêtres égyptiens mettaient Jupiter Ammon sur une nacelle d'or, d'où pendaient des plats d'argent, par le mouvement desquels ils jugeaient de la volonté du dieu, et répondaient à ceux qui les consultaient.

PLINE. Les Orientaux en font un géomètre prodigieux. *Voyez* ALEXANDRE LE GRAND.

PLOGOJOWITS. (PIERRE), vampire qui répandit la terreur au dernier siècle dans le village de Kisolova en Hongrie, où il était enterré depuis dix semaines. Il apparut la nuit à quelques-uns des habitants du village pendant leur sommeil et leur serra tellement le gosier qu'en vingt-quatre heures ils en moururent. Il fit périr ainsi neuf personnes, tant vieilles que jeunes, dans l'espace de huit jours. La veuve de Plogojowits déclara elle-même que son mari lui était venu demander ses souliers ; ce qui l'effraya tellement qu'elle quitta le village de Kisolova. Ces circonstances déterminèrent les habitants du village à tirer de terre le corps de Plogojowits et à le brûler pour se délivrer de ses infestations. Ils trouvèrent que son corps n'exhalait aucune mauvaise odeur; qu'il était entier et comme vivant, à l'exception du nez qui paraissait flétri; que ses cheveux et sa barbe avaient poussé, et qu'à la place de ses ongles, qui étaient tombés, il lui en était venu de nouveaux; que sous la première peau, qui paraissait comme morte et blanchâtre, il en croissait une nouvelle, saine et de couleur naturelle. Ils re-

marquèrent aussi dans sa bouche du sang tout frais, que le vampire avait certainement sucé aux gens qu'il avait fait mourir. On envoya chercher un pieu pointu, qu'on lui enfonça dans la poitrine, d'où il sortit quantité de sang frais et vermeil, de même que par le nez et par la bouche. Ensuite les paysans mirent le corps sur un bûcher, le réduisirent en cendres (2), et il ne suça plus.

PLUIES MERVEILLEUSES. Le peuple met les pluies de crapauds et de grenouilles au nombre des phénomènes de mauvais augure ; et il n'y a pas encore longtemps qu'on les attribuait aux maléfices des sorciers. Elles ne sont pourtant pas difficiles à concevoir : les grenouilles et les crapauds déposent leur frai en grande quantité dans les eaux marécageuses. Si ce frai vient à être enlevé avec les vapeurs que la terre exhale, et qu'il reste longtemps exposé aux rayons du soleil, il en naît ces reptiles que nous voyons tomber avec la pluie. Les pluies de feu ne sont autre chose que la succession très-rapide des éclairs et des coups de tonnerre dans un temps orageux. Des savants ont avancé que les pluies de pierres nous venaient de la lune; et cette opinion a grossi la masse énorme des erreurs populaires. Ces pluies ne sont ordinairement que les matières volcaniques, les ponces, les sables et les terres brûlées qui sont portés par les vents impétueux à une très-grande distance. On a vu les cendres du Vésuve tomber jusque sur les côtes d'Afrique. La quantité de ces matières, la manière dont elles se répandent dans les campagnes, souvent si loin de leur origine, et les désastres qu'elles occasionnent quelquefois, les ont fait mettre au rang des pluies les plus formidables. Mais, de toutes les pluies prodigieuses, la pluie de sang a toujours été la plus effrayante aux yeux du peuple; et cependant elle est chimérique. Il n'y a jamais eu de vraie pluie de sang. Toutes celles qui ont paru rouges ou approchant de cette couleur ont été teintes par des terres, des poussières de minéraux ou d'autres matières emportées par les vents dans l'atmosphère, où elles se sont mêlées avec l'eau qui tombait des nuages. Plus souvent encore, ce phénomène, en apparence si extraordinaire, a été occasionné par une grande quantité de petits papillons qui répandent des gouttes d'un suc rouge sur les endroits où ils passent (3).

PLUTON, roi des enfers, selon les païens, et, selon les démonomanes, archidiable, prince du feu, gouverneur général des pays enflammés, surintendant des travaux forcés du ténébreux empire.

PLUTUS, dieu des richesses. Il était mis au nombre des dieux infernaux, parce que les richesses se tirent du sein de la terre. Dans les sacrifices en son honneur, les signes ordinairement funestes qu'offraient les en-

---

(1) Les sept vieilles planètes président aussi aux sept jours de la semaine.. Jarchas, Brachmane, avec lequel Apollonius de Thyane philosopha secrètement, reçut de lui en présent sept anneaux portant les noms des sept planètes ; il les mettait à ses doigts les jours où ils régnaient, et chacun avait une vertu particulière.
(2) Traité des visions et apparitions, t. II, p. 216.
(3) Voyez l'Histoire naturelle de l'air et des météores, par l'abbé Richard.

trailles des victimes devaient toujours s'interpréter en bonne part.

POCEL, roi de l'enfer chez les Prussiens. Ils nomment aussi *Pocol* le chef des hordes d'esprits aériens, et *Porquet* celui qui garde les forêts. Ce dernier est le Pan des anciens (1). *Voy.* PICOLLUS et PUCEL.

POIRIER (MARGUERITE), petite fille de treize ans, qui déposa comme témoin contre Jean Grenier, jeune loup-garou. Elle déclara qu'un jour qu'elle gardait ses moutons dans la prairie, Grenier se jeta sur elle en forme de loup, et l'eût mangée si elle ne se fût défendue avec un bâton, dont elle lui donna un coup sur l'échine. Elle avoua qu'il lui avait dit qu'il se changeait en loup à volonté, qu'il aimait à boire le sang et à manger la chair des petits garçons et des petites filles; cependant qu'il ne mangeait pas les bras ni les épaules (2).

POISONS. On a souvent attribué à la magie des forfaits qui n'étaient dus qu'à la connaissance de l'art des poisons. « Il est certain que, pendant le xvie siècle, dans les années qui le précédèrent et le suivirent, l'empoisonnement était arrivé à une perfection inconnue à la chimie moderne et que l'histoire a constatée. L'Italie, berceau des sciences modernes, fut à cette époque inventrice et maîtresse de ces secrets, dont plusieurs se perdirent. De là vint cette réputation qui pesa, durant les deux siècles suivants, sur les Italiens. Les romanciers en ont si fort abusé, que partout où ils introduisent des Italiens, ils leur font jouer des rôles d'assassins et d'empoisonneurs. Si l'Italie avait alors l'entreprise des poisons subtils dont parlent quelques historiens, il faudrait seulement reconnaître sa suprématie en toxicologie comme dans toutes les connaissances humaines et dans les arts, où elle précédait l'Europe. Les crimes du temps n'étaient pas les siens, elle servait les passions du siècle comme elle bâtissait d'admirables édifices, commandait les armées, peignait de belles fresques, chantait des romances, aimait les reines, plaisait aux rois, dessinait des fêtes ou des ballets, et dirigeait la politique. A Florence, cet art horrible était à un si haut point, qu'une femme partageant une pêche avec un duc, en se servant d'une lame d'or dont un côté seulement était empoisonné, mangeait la moitié saine et donnait la mort avec l'autre. Une paire de gants parfumés infiltrait par les pores une maladie mortelle. On mettait le poison dans un bouquet de roses naturelles, dont la seule senteur, une fois respirée, donnait la mort. Don Juan d'Autriche fut, dit-on, empoisonné par une paire de bottes (3). »

POLKAN, centaure des Slavons, auquel on attribuait une force et une vitesse extraordinaires. Dans les anciens contes russes, on le dépeint homme depuis la tête jusqu'à la ceinture, et cheval ou chien depuis la ceinture.

POLYCRITE. Il y avait en Etolie un citoyen vénérable, nommé Polycrite, que le peuple avait élu gouverneur du pays, à cause de son rare mérite et de sa probité. Sa dignité lui fut prorogée jusqu'à trois ans, au bout desquels il se maria avec une femme de Locres. Mais il mourut la quatrième nuit de ses noces, et la laissa enceinte d'un hermaphrodite, dont elle accoucha neuf mois après. Les prêtres et les augures ayant été consultés sur ce prodige, conjecturèrent que les Etoliens et les Locriens auraient guerre ensemble, parce que ce monstre avait les deux sexes. On conclut enfin qu'il fallait mener la mère et l'enfant hors des limites d'Etolie et les brûler tous deux. Comme on était près de faire cette abominable exécution, le spectre de Polycrite apparut et se mit auprès de son enfant. Il était vêtu d'un habit noir. Les assistants effrayés voulaient s'enfuir, il les rappela, leur dit de ne rien craindre, et fit ensuite, d'une voix grêle et basse, un beau discours par lequel il leur montra que, s'ils brûlaient sa femme et son fils, ils tomberaient dans des calamités extrêmes. Mais, voyant que, malgré ses remontrances, les Etoliens étaient décidés à faire ce qu'ils avaient résolu, il prit son enfant, le mit en pièces et le dévora. Le peuple poussa des huées contre lui, et lui jeta des pierres pour le chasser; il fit peu d'attention à ces insultes et continua de manger son fils, dont il ne laissa que la tête, après quoi il disparut. Ce prodige sembla si effroyable qu'on prit le dessein d'aller consulter l'oracle de Delphes. Mais la tête de l'enfant, s'étant mise à parler, leur prédit, en vers, tous les malheurs qui devaient leur arriver dans la suite, et (disent les anciens conteurs) la prédiction s'accomplit. La tête de l'enfant de Polycrite, se trouvant exposée sur un marché public, prédit encore aux Etoliens, alors en guerre contre les Acarnaniens, qu'ils perdraient la bataille. — Ce Polycrite était un vampire ou un ogre.

POLYGLOSSOS, nom que les anciens donnaient à un chêne prophétique de la forêt de Dodone; ce chêne extraordinaire rendait des oracles dans la langue de ceux qui venaient le consulter.

POLYPHAGE. On a publié à Wittemberg, il y a vingt ou trente ans, une dissertation sous ce titre : *De Polyphago et alio triophago Wittembergensi dissertatio*, in-4°. C'est l'histoire d'un des plus grand mangeurs qui aient jamais existé. Cet homme, si distingué dans son espèce, dévorait quand il voulait (ce qu'il ne faisait toutefois que pour de l'argent) un mouton entier, ou un cochon, ou deux boisseaux de cerises avec leurs noyaux; il brisait avec les dents, mâchait et avalait des vases de terre et de verre, et même des pierres très-dures; il engloutissait des animaux vivants, oiseaux, souris, chenilles, etc. Enfin, ce qui surpasse toute croyance, on présenta un jour à cet *avale-tout* une écritoire couverte de plaques de fer; il la mangea avec les plumes, le canif, l'encre et le

(1) Leloyer, Histoire des spectres, etc., liv. III, p. 212.
(2) Delancre, Tabl. de l'inconstance des démons, etc.,
liv. IV, p. 237.
(3) M. de Balzac, le secret des Ruggieri.

sable. Ce fait si singulier, qui doit consterner nos hommes sauvages, nos mangeurs de cailloux et nos jongleurs de places publiques, a été attesté par sept témoins oculaires, devant le sénat de Wittemberg. Quoi qu'il en soit, ce terrible estomac jouissait d'une santé vigoureuse; il termina ses prouesses à l'âge de soixante ans. Alors il commença à mener une vie sobre et réglée, et vécut jusqu'à l'âge de soixante-dix-neuf ans. Son cadavre fut ouvert; on le trouva rempli de choses extraordinaires, dont l'auteur donne la description (1). La seconde partie de la dissertation renferme l'histoire de quelques hommes de cette trempe, et l'explication de ces singularités. Mais le tout nous semble un peu farci de ce que l'on appelle, en termes de journalisme, des *canards*; et il y en a beaucoup dans les récits de merveilles.

POLYPHÊME, géant qui n'avait qu'un œil au milieu du front, célèbre dans l'Odyssée, type effrayant de nos ogres.

POLYPHIDÉE, devin d'Hypérésie, pays d'Argos.

POLYTHÉISME. Un brame de Calcutta a publié, ces dernières années, une défense théologique du système des Indous, qui admettent trois cent cinquante millions de dieux et de déesses.

POMME D'ADAM. La légère protubérance qu'on appelle Pomme-d'Adam à la gorge des hommes, vient, dans les opinions populaires, d'un pépin qui s'est arrêté là quand notre premier père mangea si désastreusement le fruit défendu.

PONT. Les anciens Scandinaves disaient que les dieux avaient fait un pont qui communiquait du ciel à la terre, et qu'ils le montaient à cheval. Quand Satan se révolta contre Dieu, il fit bâtir un fameux pont qui allait de l'abîme au paradis. Il est rompu.

On appelle *Pont d'Adam* une suite de bancs de sable qui s'étendent presque en ligne directe entre l'île de Manaar et celle de Ceylan, où les indigènes placent le paradis terrestre. C'est, selon les Chingulais, le chemin par lequel Adam, chassé du paradis, se rendit sur le continent. Les Indiens disent que le golfe se referma pour empêcher son retour.

PONT DU DIABLE. Dans la vallée de Schellenen, en Suisse, l'imagination croit voir partout les traces d'un agent surnaturel. Le diable n'est point, aux yeux de ces montagnards, un ennemi malfaisant; il s'est même montré assez bonne personne, en perçant des rochers, en jetant des ponts sur les précipices, etc., que lui seul, selon les habitants, pouvait exécuter. On ne peut rien imaginer de plus hardi que la route qui parcourt la vallée de Schellenen. Après avoir suivi quelque temps les détours capricieux de cette route terrible, on arrive à cette œuvre de Satan, qu'on appelle le *Pont du Diable*. Cette construction imposante est moins merveilleuse encore que le site où elle est placée. Le pont est jeté entre deux montagnes droites et élevées, sur un torrent furieux, dont les eaux tombent par cascades sur des rocs brisés et remplissent l'air de leur fracas et de leur écume (2). Le pont de Pont-à-Mousson était aussi l'ouvrage du diable, aussi bien que le pont de Saint-Cloud, le pont qu'on appelait à Bruxelles le *Pont du Diable*, et plusieurs autres.

PONT DE SAINT-CLOUD. L'autre jour, en revenant de Saint-Cloud, je m'occupais avec gravité à compter les arches du beau pont qu'on y traverse sur la Seine; une bonne femme s'approcha et me dit : — Faites-y attention, Monsieur, vous comptez une arche de trop. — Comment? répondis-je. — C'est que le pont est ensorcelé, répliqua-t-elle; n'en savez-vous pas l'histoire? — Non, lui dis-je, et vous m'obligeriez de me la conter. — Voici ce que c'est : D'abord vous saurez que le pont n'a pas toujours été là; on passait la Seine dans un bac, du temps du saint qui a donné son nom à notre pays. Dans la suite du temps on voulut faire un pont. Il le fallait beau, grand, solide, et on voulait de l'économie dans la dépense. Un architecte se chargea de tout avec la somme qu'on offrait pour cela. Il brûlait du désir de se faire un nom; il mit l'ouvrage en train. Quand le pont fut à moitié fait, il se trouva qu'il avait épuisé tout son argent. Voilà, comme vous jugez, un architecte embarrassé; il n'était pas assez riche pour achever l'œuvre à ses frais, et s'il ne l'achevait pas, c'était un homme perdu. Pendant qu'il rêvait dans le bois aux moyens qu'il pourrait employer, un homme habillé de noir l'accosta et lui demanda s'il n'avait pas quelque chagrin. L'architecte conta son embarras. — Eh bien, dit l'homme noir, si vous voulez me donner le premier être qui passera sur ce pont, je l'achèverai. L'architecte se hâta d'accepter une proposition aussi avantageuse. Dès qu'il fut nuit, il vit arriver au pont l'inconnu accompagné de cinq à six mille ouvriers, tous petits nains, rouges, contrefaits, et portant sur le front une espèce de petite paire de cornes. Il reconnut qu'il avait affaire avec le diable et il se souvint qu'il avait promis à sa femme l'honneur de passer la première sur le pont de Saint-Cloud. La jeune dame depuis longtemps s'en réjouissait d'avance. Le diable, comme vous voyez, se faisait une fête d'emporter quelque chose de bon. Le pont cependant avançait si vite, qu'il n'y avait plus qu'une arche à terminer. On avait prévenu la femme de l'architecte de ce qui se faisait; sans se douter que le diable y fût pour quelque chose, elle s'était habillée avec soin pour passer le pont en grand honneur. Il était quatre heures du matin. L'architecte, n'osant avouer à sa femme ses relations avec le diable ni lui refuser sans prétexte ce qu'il lui avait promis, alla trouver le curé, il lui exposa tout. Le bon prêtre se hâta de courir au pont; il arriva comme on allait poser la dernière pierre, et le diable fit

---

(1) Extrait de l'Almanach historique de l'an XI.

(2) Voyage en Suisse d'Hélène-Marie Williams.

la grimace en le voyant. Le curé ne perdit pas une minute ; il avait apporté un chat dans sa soutane ; il le lâcha, lui fit traverser le pont le premier ; le diable l'emporta de mauvaise humeur et disparut avec sa bande; mais il laissa au pont un certain prestige qui fait que l'on compte toujours une arche de trop.

Au reste, l'architecte, sa femme et le bon curé le traversèrent ensuite avec assurance; tout le monde y passe à présent sans danger, et c'est un pont qui a tout l'air de vouloir durer longtemps. *Voy.* TEHUPTEHUH.

POPOGUNO, enfer des Virginiens, dont le supplice consiste à être suspendu entre le ciel et la terre.

POPPIEL Ier, roi de Pologne au IXe siècle. On rapporte qu'il jurait souvent et que son serment ordinaire était : *Que les rats me puissent manger !* Si ce serment ne lui fut pas funeste, il le fut du moins à sa postérité, comme on va le voir. Il mourut de maladie, dans un âge peu avancé. Poppiel II, son fils, fut comme lui un tyran. On lui avait donné pour tuteurs ses oncles, guerriers braves et expérimentés, qu'il n'écouta point. Il épousa une princesse qui s'empara de son esprit, lui rendit d'abord ses oncles suspects, ensuite odieux, et ses conseils le décidèrent à les faire empoisonner. La cour frémit et le peuple s'indigna à cette nouvelle. Poppiel, avec l'audace qui est le propre des grands criminels, accusa ses oncles de trahison et défendit qu'on leur accordât ni bûcher, ni sépulture.

Les Polonais, qui aimaient ces princes si lâchement assassinés, murmurèrent de nouveau ; mais on n'eût fait que les plaindre, si le ciel ne leur eût envoyé des vengeurs. Du milieu de leurs restes tombés en pourriture, il sortit une armée de rats que la Providence destinait à punir Poppiel. L'horreur qu'avait inspirée son crime avait fait fuir la plus grande partie de sa cour ; elle était presque réduite à la reine et à lui seul, lorsque ces bêtes les assiégèrent et vinrent à bout de les dévorer. *Voy.* HATTON.

POROM-HOUNGSE, sorte de fakirs chez les Indiens. Ils se vantent d'être descendus du ciel et de vivre des milliers d'années sans jamais prendre la moindre nourriture. Ce qu'il y a de vrai, c'est qu'on ne voit jamais un porom-houngse manger ou boire en public.

PORPHYRE, visionnaire grec et philosophe creux du IIIe siècle, que quelques-uns de ses ouvrages ont fait mettre au rang des sorciers.

PORRICIÆ, entrailles de la victime que les prêtres jetaient dans le feu, après les avoir considérées pour en tirer de bons ou de mauvais présages.

PORTA (JEAN-BAPTISTE), physicien célèbre, qui a fait faire des pas à la science et qui a préparé les découvertes photographiques dont nous jouissons aujourd'hui, né à Naples vers 1550. On dit qu'il composa à quinze ans les premiers livres de sa *Magie naturelle*, qui sont gâtés par les préjugés du siècle où il vécut. Il croyait à l'astrologie judiciaire, à la puissance indépendante des esprits, etc. On cite, comme le meilleur de ses ouvrages, la *Physiognomonie céleste*, 1661, in-4°; il s'y déclare contre les chimères de l'astrologie ; mais il continue néanmoins à attribuer une grande influence aux corps célestes. On lui doit encore un traité de *Physiognomonie*, où il compare les figures humaines aux figures des animaux, pour en tirer des inductions systématiques. *Voy.* PHYSIOGNOMONIE, à la fin.

PORTE. Les Tartares mantchoux révèrent un esprit gardien de la porte, sorte de divinité domestique qui écarte le malheur de leurs maisons.

PORTES DES SONGES. Dans Virgile, l'une est de corne, l'autre est d'ivoire. Par la porte de corne passent les songes véritables, et par la porte d'ivoire, les vaines illusions et les songes trompeurs.

POSSEDES. Le bourg de Teilly, à trois lieues d'Amiens, donna en 1816 le spectacle d'une fille qui voulait se faire passer pour possédée. Elle était, disait-elle, au pouvoir de trois démons, Mimi, Zozo et Crapoulet. Un honnête ecclésiastique prévint l'autorité, qui reconnut que cette fille était malade. On la fit entrer dans un hôpital, et il ne fut plus parlé de la possession. On trouve de la sorte dans le passé beaucoup de supercheries que la bonne foi de nos pères n'a pas su réprimer assez tôt. Cependant il y eut bien moins de scandales qu'on ne le conte, et les possessions n'étaient pas de si libre allure qu'on le croit. Une démoniaque commençait à faire du bruit sous Henri III ; le roi aussitôt envoya son chirurgien Pigray, avec deux autres médecins, pour examiner l'affaire. Quand la possédée fut amenée devant ces docteurs, on l'interrogea, et elle débita des sornettes. Le prieur des capucins lui fit des demandes en latin auxquelles elle répondit fort mal ; et enfin on trouva, dans certains papiers, qu'elle avait été déjà, quelques années précédemment, fouettée en place publique pour avoir voulu se faire passer pour démoniaque ; on la condamna à une réclusion perpétuelle. Du temps du même Henri III, une Picarde se disait possédée du diable, apparemment pour se rendre formidable. L'évêque d'Amiens, soupçonnant quelque imposture, la fit exorciser par un laïque déguisé en prêtre et lisant les épîtres de Cicéron. La démoniaque savait son rôle par cœur ; elle se tourmenta, fit des grimaces effroyables, des cabrioles et des cris, absolument comme si le diable, qu'elle disait chez elle, eût été en face d'un prêtre lisant le livre sacré (1). Elle fut ainsi démasquée.

Les vrais possédés ou démoniaques sont ceux dont le diable s'est emparé. Plusieurs aujourd'hui prétendent que toutes les possessions sont des monomanies, des folies plus ou moins furieuses, plus ou moins bizarres.

(1) Pigray, Traité de chirurgie.

Mais comment expliquer ce fait qu'à Gheel en Belgique, où l'on traite les fous colonisés, on guérit les fous furieux en les exorcisant? Le savant docteur Moreau, dans la visite qu'il a faite Gheel en 1842, et qu'il a publiée, a reconnu ce fait, qui ne peut être contesté. Le diable serait-il donc pour quelque chose dans certaines folies? et connaissons-nous bien tous les mystères au milieu desquels nous vivons? Dans tous les cas, beaucoup de possessions, et la plupart, ont été soupçonnées de charlatanisme. Nous croyons que souvent le soupçon a été fondé.

On a beaucoup écrit sur les démoniaques, qui sont, disent les experts, plus ou moins agités, suivant le cours de la lune. L'historien Josèphe dit que ce ne sont pas les démons, mais les âmes des méchants, qui entrent dans les corps des possédés et les tourmentent.

On a vu des démoniaques à qui les diables arrachaient les ongles des pieds sans leur faire de mal. On en a vu marcher à quatre pattes, se traîner sur le dos, ramper sur le ventre, marcher sur la tête. Il y en eut qui se sentaient chatouiller les pieds sans savoir par qui; d'autres parlaient des langues qu'ils n'avaient jamais apprises. Comment expliquera-t-on les convulsionnaires jansénistes du dernier siècle, si on en exclut le diable. En l'an 1556, il se trouva à Amsterdam trente enfants démoniaques, que les exorcismes ordinaires ne purent délivrer; on publia qu'ils n'étaient en cet état que par maléfices et sortilèges; ils vomissaient des ferrements, des lopins de verre, des cheveux, des aiguilles et autres choses semblables. On conte qu'à Rome, dans un hôpital, soixante-dix filles devinrent folles ou démoniaques en une seule nuit; deux ans se passèrent sans qu'on les pût guérir. Cela peut être arrivé, dit Cardan, ou par le mauvais air du lieu, ou par la mauvaise eau, ou par la fourberie, ou par suite de mauvais déportements. C'est que la suite des mauvais déportements entraîne souvent les mauvais esprits contre lesquels nous luttons tous et sans cesse, si nous ne sommes à eux. On croyait reconnaître autrefois qu'une personne était démoniaque à plusieurs signes : 1° les contorsions; 2° l'enflure du visage; 3° l'insensibilité et la ladrerie; 4° l'immobilité; 5° les clameurs du ventre; 6° le regard fixe; 7° des réponses en français à des mots latins; 8° les piqûres de lancette sans effusion de sang, etc. Mais les saltimbanques et les grimaciers font des contorsions, sans pour cela être possédés du diable. L'enflure du visage, de la gorge, de la langue, est souvent causée par des vapeurs ou par la respiration retenue. L'insensibilité peut bien être la suite de quelque maladie ou n'être que factice, si la personne insensible a beaucoup de force.

Un jeune Lacédémonien se laissa ronger le foie par un renard qu'il venait de voler, sans donner le moindre signe de douleur; un enfant se laissa brûler la main dans un sacrifice que faisait Alexandre, sans faire aucun mouvement; du moins les historiens le disent. Ceux qui se faisaient fouetter devant l'autel de Diane ne fronçaient pas le sourcil. L'immobilité est volontaire, aussi bien dans les gestes que dans les regards. On est libre de se mouvoir ou de ne se mouvoir pas, pour peu qu'on ait de fermeté dans les nerfs. Les *clameurs et jappements* que les possédés faisaient entendre dans leur ventre sont expliqués par nos ventriloques. On attribuait aussi à la présence du diable les piqûres d'aiguille ou de lancette sans effusion de sang; mais dans les mélancoliques, le sang qui est épais et grossier ne peut souvent sortir par une petite ouverture, et les médecins disent que certaines personnes piquées de la lancette ne saignent point. On regardait encore comme possédés les gens d'un estomac faible, qui, ne digérant point, rendaient les choses telles qu'ils les avaient avalées. Les fous et les maniaques avaient la même réputation. Les symptômes de la manie sont si affreux (1) que nos ancêtres sont très-excusables de l'avoir mise sur le compte des esprits malins; et qui pourra établir qu'ils se trompaient? On a publié un traité sur les démoniaques intitulé : *Recherches sur ce qu'il faut entendre par les démoniaques dont il est parlé dans le Nouveau Testament*, par T. P. A. P. O. A. B. J. T. C. O. S., in-12, 1738, livre où la question n'est pas décidée. Il y a sur plusieurs possessions prétendues des explications naturelles, comme dans cette anecdote :

Dans une petite ville du Piémont, un abbé qui s'en revenait de la promenade, étant tout à coup tombé dans la rue, la populace l'environne, le porte dans une maison voisine, où tous les secours ordinaires ne peuvent le rappeler à la vie. Arrive un distillateur, qui lui remplit sans succès la bouche d'une liqueur très-spiritueuse. Quelques-uns des assistants courent donc à la paroisse la plus voisine, et reviennent avec un vicaire, qu'on prie, à tout hasard, de lui administrer les sacrements. Le jeune prêtre désire s'assurer d'abord de l'état du malade; c'était le soir : il demande une lumière, et la portait à la bouche du patient. Un hoquet du prétendu mort en sort aussitôt, et cette vapeur s'enflamme à la chandelle; les assistants fuient en criant que l'abbé a un diable dans le corps; ils vont supplier le curé de venir l'exorciser. Pendant ce temps, le hoquet, auteur de l'esclandre, ayant été suivi d'une explosion d'humeurs qui étouffaient le pauvre abbé, les exorcistes, en arrivant, sont surpris de le trouver debout; le

---

(1) La manie universelle est le spectacle le plus hideux et le plus terrible qu'on puisse voir. Le maniaque a les yeux fixes, sanglants, tantôt hors de l'orbite, tantôt enfoncés, le visage rouge, les vaisseaux engorgés, les traits altérés, tout le corps en contraction; il ne reconnaît plus ni amis, ni parents, ni enfants, ni épouse. Sombre, furieux, rêveur, cherchant la terre nue et l'obscurité, il s'irrite du contact de ses vêtements, qu'il déchire avec les ongles et avec les dents, même de celui de l'air et de la lumière, contre lesquels il s'épuise en sputations et en vociférations. La faim, la soif, le chaud, le froid, deviennent souvent, pour le maniaque, des sensations inconnues, d'autres fois exaltées. (Le docteur Fodéré Médecine légale.)

distillateur rentre et éclaircit le prodige: ayant été forcé de quitter pour quelques instants le malade, après lui avoir rempli la bouche de son élixir, il n'avait pu expliquer que le hoquet, en repoussant au dehors la liqueur spiritueuse, avait naturellement produit la flamme dont l'assemblée avait été si vivement électrisée.

Voici une petite farce qui peut trouver place ici: elle est empruntée aux aventures de Tiel Ulenspiegel.

En la ville de Hanovre, où Tiel Ulenspiegel fit plusieurs choses merveilleuses, il y eut grand bruit du fait que nous allons conter.

Un jour, sortant à cheval de la ville pour se divertir, il rencontra par son chemin douze aveugles, auxquels il demanda où ils allaient. Les aveugles s'arrêtèrent tous devant Ulenspiegel, pensant que c'était un gentilhomme, à cause qu'ils entendaient qu'il était à cheval; ils lui firent la révérence en disant: — Monseigneur, nous allons à la ville, car il y a un riche mort pour lequel on distribue quelque aumône. — Il fait grand froid, répliqua Ulenspiegel; tenez, voilà vingt florins (ce disant, il ne leur donnait rien); allez à mon auberge (il la leur indiqua), et faites bonne chère jusqu'à ce que le temps soit moins rude. Les douze aveugles, croyant tous que l'un d'eux avait reçu les vingt florins, comblèrent Ulenspiegel de remerciements, et retournèrent joyeusement à la ville. Ils s'adressèrent à l'hôtellerie qui leur était recommandée et dirent à l'hôte: — Nous avons rencontré un gentilhomme, qui nous a donné vingt florins à dépenser, en attendant que le froid se soit adouci. L'hôte, qui était avare, reçut ces pauvres gens sans leur en demander davantage, et leur dit: — Je vous ferai au moins faire bonne chère tant que l'argent durera. Deux jours après, il leur enjoignit de lui compter les vingt florins, qui se trouvaient dépensés. Ils se dirent alors tristement l'un à l'autre: — Que celui qui a les vingt florins les donne et paye. Mais tous successivement déclarèrent qu'ils n'avaient rien; ils reconnurent bientôt qu'ils avaient été trompés. Quoique certaines traditions rapportent qu'ils soupçonnèrent parmi eux un voleur, et qu'ils se gourmèrent durement à grands coups de poings, nos meilleures autorités n'admettant pas cette allégation, nous la devons repousser. L'hôte, voyant que ces pauvres gens se grattaient l'oreille tout penauds, se dit à part lui: Que ferai-je? si je les mets dehors, je n'aurai rien de ce qu'ils me doivent; si je les retiens, il faudra les nourrir; et ils me dépenseront encore plus. Dans un tel embarras, il les enferma dans un grenier pour se donner le temps de la réflexion et se mit en devoir de sortir pour aller consulter un de ses amis. En ce moment Ulenspiegel revint, et voyant les aveugles au grenier: — Quels gens avez-vous enfermés ici, dit-il? — Ce sont de pauvres aveugles. Et quand l'hôte eut exposé son cas, le plaisant ajouta: — N'avez-vous pas compassion de leur misère? — Je voudrais, dit l'hôte, qu'ils fussent à l'eau, et moi payé. — Mais s'ils pouvaient avoir une caution. — Je serais content et je les renverrais, je vais donc vous en chercher une. Ulenspiegel fut chez un exorciste et lui dit: — Monsieur, je vous prie de faire une œuvre de charité. Mon hôte est devenu démoniaque, vexé du mauvais esprit. Veuillez l'en délivrer promptement, car il est fort tourmenté; on vous donnera une couronne. — J'irai volontiers, dit l'exorciste; mais attendez un jour ou deux; il me faut mettre en état et je chasserai le diable. — C'est bien, répliqua Ulenspiegel; je vais donc rassurer sa femme. — Qu'elle vienne, dit l'exorciste; je lui confirmerai ce que je vous dis. Ulenspiegel retourna à l'hôtellerie. — J'ai trouvé et obtenu une bonne caution, dit-il à l'hôte; que votre femme vienne avec moi; vous aurez satisfaction. — Madame, dit l'exorciste, en voyant l'hôtesse, ayez patience un jour ou deux, j'irai vous satisfaire. La dame fort aise s'en retourna, et le mari tout joyeux mit dehors les douze aveugles. Ulenspiegel s'en alla d'un autre côté. Au bout de deux jours, comme l'exorciste ne venait pas, l'hôtesse retourna chez lui et demanda l'argent que les aveugles avaient dépensé. — Est-ce que votre mari vous a soufflé cela? dit-il. — Oui, monsieur. — C'est le diable qui le fait ainsi parler d'argent. Amenez-le-moi, je le délivrerai. — Mauvais payeurs sont accoutumés à trouver de tels prétextes, dit l'hôtesse interdite; il ne s'agit pas de diable, il s'agit de la dépense faite chez nous. Elle s'en alla, et l'hôte courroucé prit sa broche avec le rôti qui cuisait, et courant chez l'exorciste: — Il me payera, criait-il. — Mes amis, dit l'autre, en appelant ses voisins, cet homme est possédé, tenez-le bien. Les voisins s'interposant, tout s'expliqua.

POSSÉDÉES DE FLANDRE. L'affaire des possédées de Flandre, au dix-septième siècle, a fait trop de bruit pour que nous puissions nous dispenser d'en parler. Leur histoire a été écrite en deux volumes in-8°, par les Pères Domptius et Michaelis. Ces possédées étaient trois femmes, qu'on exorcisa à Douai. L'une était Didyme, qui répondait en vers et en prose, disait des mots latins et des mots hébreux, et faisait des impromptus. C'était une pauvre religieuse infectée d'hérésie et convaincue des mauvaises mœurs qui sont les compagnes de l'apostasie. La seconde était une fille, appelée Simone Dourlet, qui ne répugnait pas à passer pour sorcière. La troisième était Marie de Sains, qui allait au sabbat et prophétisait par l'esprit de Satan.... La presse du temps a publié un factum curieux intitulé: *les Confessions de Didyme, sorcière pénitente, avec les choses qu'elle a déposées touchant la synagogue de Satan. Plus, les instances que cette complice (qui depuis est rechutée) a faites pour rendre nulles ses premières confessions: véritable récit de tout ce qui s'est passé en cette affaire* Paris, 1623. On voit, dans cette pièce, que « Didyme n'était pas en réputation de sainteté, mais suspecte au contraire, à cause de ses mœurs fâcheuses. » On la reconnut possédée et sorcière; on découvrit, le 29 mars 1617, qu'elle avait sur le dos une marque faite par le diable. Elle confessa avoir été à la synagogue (c'est ainsi qu'elle nommait le sabbat), y avoir eu commerce avec le diable et y avoir reçu ses marques. Elle s'accusa d'avoir fait des maléfices, d'avoir reçu du diable des poudres pour nuire, de les avoir employées avec certaine formule de paroles terribles. Elle avait, disait-elle, un démon familier de l'ordre de Belzébuth. Elle dit encore qu'elle avait entrepris d'ôter la dévotion à sa communauté pour la perdre; que, pour elle, elle avait mieux aimé le diable que son Dieu. Elle avait renoncé à Dieu, se livrant corps et âme au démon; ce qu'elle avait confirmé en donnant au diable quatre épingles : convention qu'elle avait signée de son sang, tiré de sa veine avec une petite lancette que le diable lui avait fournie. Elle se confessa encore de plusieurs abominations, et dit qu'elle avait entendu parler au sabbat d'un certain grand miracle par lequel Dieu exterminera la Synagogue; et alors ce sera fait de Belzebuth, qui sera plus puni que les autres. Elle parla de grands combats que lui livraient le diable et la princesse des enfers pour empêcher sa confession. Puis elle désavoua tout ce qu'elle avait confessé, s'écriant que le diable la perdait. Etait-ce folie? dans tous les cas cette folie était affreuse. Marie de Sains disait de son côté qu'elle s'était aussi donnée au diable, qu'elle avait assisté au sabbat, qu'elle y avait adoré le diable, une chandelle noire à la main. Elle prétendit que l'Antechrist était venu, et elle expliquait l'Apocalypse. Simone Dourlet avait aussi fréquenté le sabbat. Mais comme elle témoignait du repentir, on la mit en liberté, car elle était arrêtée comme sorcière. Un jeune homme de Valenciennes, de ces jeunes gens dont la vertu n'est pas perdue, pour qui le scandale est un attrait, s'éprit alors de Simone Dourlet et voulut l'épouser. L'ex-sorcière y consentit. Mais le comte d'Estaires la fit remettre en prison, où elle fut retenue longtemps avec Marie de Sains. Didyme fut brûlée. *Voy* SABBAT.

POSTEL (GUILLAUME), visionnaire du XVIe siècle, né au diocèse d'Avranches. Il fut si précoce, qu'à l'âge de quatorze ans on le fit maître d'école. Il ne devint absurde que dans l'âge mûr. On dit qu'une lecture trop approfondie des ouvrages des rabbins et la vivacité de son imagination le précipitèrent dans des écarts qui semèrent sa vie de troubles, et lui causèrent de cuisants chagrins. Il crut qu'il était appelé de Dieu à réunir tous les hommes sous une même loi, par la parole ou par le glaive, voulant toutefois les soumettre à l'autorité du pape et du roi de France, à qui la monarchie universelle appartenait de droit, comme descendant en ligne directe du fils aîné de Noé. S'étant donc fait nommer aumônier à l'hôpital de Venise, il se lia avec une femme timbrée, connue sous le nom de *mère Jeanne*, dont les visions achevèrent de lui tourner la tête. Postel se prétendit capable d'instruire et de convertir le monde entier. A la nouvelle des rêveries qu'il débitait, il fut dénoncé comme hérétique; mais on le mit hors de cause en considérant qu'il était fou. Après avoir parcouru l'Orient et fait paraître plusieurs ouvrages dans lesquels il parle des visions de la *mère Jeanne*, il rentra dans de meilleurs sentiments, se retira au prieuré de Saint-Martin-des-Champs, à Paris, et y mourut en chrétien à quatre-vingt-seize ans, le 6 septembre 1581. On lui attribue à tort le livre des *Trois Imposteurs*. *Voy*. JEANNE.

POT A BEURRE. Un habile exorciste avait enfermé plusieurs démons dans un pot à beurre; après sa mort, comme les démons faisaient du bruit dans le pot, les héritiers le cassèrent, persuadés qu'ils allaient y surprendre quelque trésor; mais ils n'y trouvèrent que le diable assez mal logé. Il s'envola avec ses compagnons, et laissa le pot vide (1).

POU D'ARGENT. C'est la décoration que le diable donne aux sorciers. *Voy*. SABBAT.

POUDOT, savetier de Toulouse, dans la maison duquel le diable se cacha en 1557. Le malin jetait des pierres qu'il tenait enfermées dans un coffre que l'on trouva fermé à clef, et que l'on enfonça; mais, malgré qu'on le vidât, il se remplissait toujours. Cette circonstance fit beaucoup de bruit dans la ville, et le président de la cour de justice, M. Latomy, vint voir cette merveille. Le diable fit sauter son bonnet d'un coup de pierre au moment où il entrait dans la chambre au coffre; il s'enfuit effrayé, et on ne délogea qu'avec peine cet esprit, qui faisait des tours de physique amusante (2).

POULE NOIRE. C'est en sacrifiant une poule noire à minuit, dans un carrefour isolé, qu'on engage le diable à venir faire pacte. Il faut prononcer une conjuration, ne se point retourner, faire un trou en terre, y répandre le sang de la poule et l'y enterrer. Le même jour, et plus ordinairement neuf jours après, le diable vient et donne de l'argent; ou bien il fait présent à celui qui a sacrifié d'une autre poule noire qui est une poule aux œufs d'or. Les doctes croient que ces sortes de poules, données par le diable, sont de vrais démons. Le juif Samuel Bernard, banquier de la cour de France, mort à quatre-vingt-dix ans en 1739, et dont on voyait la maison à la place des Victoires, à Paris, avait, disait-on, une poule noire qu'il soignait extrêmement; il mourut peu de jours après sa poule, laissant trente-trois millions. La superstition de la poule noire est encore très-répandue. On dit en Bretagne qu'on vend la poule noire au diable, qui l'achète à minuit, et paye le prix qu'on lui en demande (3). Il y a un mauvais et sot petit livre dont voici le

---

(1) Legenda aurea Jac. de Voragine, leg. 88.
(2) M. Garinet, Hist. de la magie en France, p. 124.
(3) Cambry, Voyage dans le Finistère, t. III, p. 16.

titre: « *La Poule Noire*, ou la poule aux œufs d'or, avec la science des talismans et des anneaux magiques, l'art de la nécromancie et de la cabale, pour conjurer les esprits infernaux, les sylphes, les ondins, les gnomes, acquérir la connaissance des sciences secrètes, découvrir les trésors et obtenir le pouvoir de commander à tous les êtres et déjouer tous les maléfices et sortiléges, etc. » En Egypte, 740, 1 vol. in-18.—Ce n'est qu'un fatras niais et incompréhensible.

POULETS. *Voy.* AUGURES.
POUPART. *Voy.* APPARITIONS.
POURANG, nom du premier homme, selon les Japonais, lequel sortit d'une citrouille échauffée par l'haleine d'un bœuf, après qu'il eut cassé l'œuf d'où le monde était issu.

POU-SHA, dieu de la porcelaine chez les Chinois. Des ouvriers, dit-on, ne pouvant exécuter un dessin donné par un empereur, l'un d'eux, nommé Pou-sha, dans un moment de désespoir, s'élança dans le fourneau tout ardent. Il fut à l'instant consumé, et la porcelaine prit la forme que souhaitait le prince. Ce malheureux acquit à ce prix l'honneur de présider, en qualité de dieu, aux ouvrages de porcelaine.

PRA-ARIASERIA, personnage fameux qui vivait dans le royaume de Siam, du temps de Sommona-Codom. Les Siamois en font un colosse de quarante brasses et demie de circonférence, et de trois brasses et demie de diamètre, ce qui paraît peu compréhensible. Il est vrai que nous ne savons pas quelle était sa forme.

PRÉADAMITES. En 1655, Isaac de la Perreyre fit imprimer, en Hollande, un livre dans lequel il voulait établir qu'il y a eu des hommes avant Adam. Quoiqu'il n'eût pour appui que les fables des Egyptiens et des Chaldéens, ce paradoxe eut un moment des sectateurs, comme en ont toutes les absurdités. Desmarais, qui professait à Groningue, le combattit, et plus tard l'auteur même se rétracta.

PRECY. *Voy.* RAMBOUILLET.
PRÉDICTIONS. Pompée, César et Crassus avaient été assurés par d'habiles astrologues qu'ils mourraient chez eux comblés de gloire, de biens et d'années, et tous trois périrent misérablement. Charles-Quint, François Ier et Henri VIII, tous trois contemporains, furent menacés de mort violente, et leur mort ne fut que naturelle. Le Grand Seigneur Osman voulant déclarer la guerre à la Pologne en 1621, malgré les remontrances de ses ministres, un santon aborda le sultan et lui dit : —'Dieu m'a révélé la nuit dernière, dans une vision, que si Ta Hautesse va plus loin, elle est en danger de perdre son empire; ton épée ne peut cette année faire de mal à qui que ce soit. —Voyons, dit Osman, si la prédiction est certaine. Et donnant son cimeterre à un janissaire, il lui commanda de couper la tête à ce prétendu prophète, ce qui fut exécuté sur-le-champ. Cependant Osman réussit mal dans son entreprise contre la Pologne, et perdit, peu de temps après,

la vie avec l'empire. On cite encore le fait suivant, comme exemple de prédiction accomplie : Un ancien coureur, nommé Languille, s'était retiré sur ses vieux jours à Aubagne, près de Marseille. Il se prit de querelle avec le bedeau de la paroisse, qui était en même temps fossoyeur; cette dispute avait produit une haine si vive, qué Languille avait signifié au bedeau qu'il ne mourrait jamais que par lui; de sorte que le pauvre bedeau effrayé l'évitait comme un ennemi formidable. Peu de temps après, Languille mourut, âgé de soixante-quinze ans. Il logeait dans une espèce de chambre haute, où l'on montait par un escalier étroit et très-roide. Quand il fut question de l'enterrer, le bedeau bien joyeux alla le chercher, et chargea sur ses épaules la bière dans laquelle était le corps de Languille, qui était devenu assez gros. Mais en le descendant d'un air triomphal, il fit un faux pas, glissa en avant; la bière tombant sur lui l'écrasa. Ainsi s'accomplit la menace de Languille, autrement sans doute qu'il ne l'avait entendu.

Alvaro de Luna, favori de Jean II, roi de Castille, fut mis à mort pour avoir gouverné l'Etat en despote. Après avoir consulté un astrologue sur sa destinée, il lui avait été répondu qu'il eût à se garder de Cadahalso. Il crut que c'était d'un village près de Tolède, qui portait ce nom; il s'abstint d'y aller. Mais ayant été condamné à perdre la tête sur un échafaud, que les Espagnols appellent aussi cadahalso, on dit qu'il s'était trompé sur le sens du mot.

En 1382, un astrologue anglais fit crier par la ville de Londres, que la veille de l'Ascension personne ne sortît de sa maison sans avoir dit cinq fois le *Pater noster*, et sans avoir déjeuné, à cause du brouillard pestilentiel qui arriverait ce jour-là; parce que ceux qui ne le feraient pas mourraient infailliblement. Plusieurs, se fiant à cette prédiction, firent ce que l'astrologue avait prescrit; mais comme on reconnut après qu'il avait trompé le peuple, on le mit sur un cheval à reculons, tenant la queue en place de bride, avec deux marmites au cou, et on le promena ainsi par toute la ville.

La presse périodique a publié, avec la signature J. A. D. l'historiette d'une prédiction accomplie, qui nous semble un peu roman. Nous en donnons le résumé.

1. Trouville, chaque époque a eu sa sorcière ou son sorcier; mais parmi les familiers du diable aucun ne parvint jamais à une aussi redoutable renommée que la vieille Marguerite. Les cartes, le marc de café, les lignes de la main, tout lui était miroir pour expliquer l'avenir. Nul ne pouvait se vanter de l'avoir vu baptiser; personne ne pouvait dire au juste son âge. Les plus anciens racontaient qu'ils l'avaient toujours connue aussi vieille et aussi caduque; beaucoup assuraient l'avoir vue maintes fois au clair de la lune, dansant sur un manche à balai; d'autres attestaient qu'elle changeait de figure et de forme à vo-

lonté, et prétendaient l'avoir rencontrée, certain soir de novembre, avec les traits d'une vieille depuis longtemps décédée!... Enfin, il n'était sorte d'histoires qui n'eût cours sur le compte de Marguerite, si bien qu'elle était la terreur de la contrée. Pourtant, ce qu'aucun n'avait osé jusque-là, Paul Grey, jeune garçon de dix-huit ans, marin de la tête aux pieds, l'osa un jour. C'était un esprit fort que Paul Grey! à seize ans, il avait fait la course contre les Anglais; et, depuis six mois qu'il était à terre, grand nombre d'actions extraordinaires lui avaient acquis une réputation; on racontait même qu'il avait été vu traversant le cimetière à minuit! Un soir, comme il se rendait chez Rose Lucas, sa fiancée, sa mauvaise étoile voulut qu'il rencontrât sur son chemin la vieille Marguerite. Hé! hé! sorcière du diable, lui dit-il, iras-tu bientôt te chauffer en enfer? A cette insulte inattendue, une étincelle électrique sembla faire frissonner tout le corps de la sorcière; elle se dressa comme un spectre devant l'étourdi, et répondit avec un son de voix étrange : — Ah! beau gars! beau fiancé de l'eau salée! tu ne vivras pas assez pour me voir m'en aller chez le diable, et ta maîtresse épousera Pierre Burdel, le jour même où tu reviendras d'un certain voyage, lavé comme un poisson. Paul Grey ne se sentit pas la force de répondre, il poursuivit donc sa route à pas lents, et, la tête baissée, entra chez le père Lucas. Mais à peine avait-il pris sa place accoutumée, qu'une voix du dehors se fit entendre ; c'était quelqu'un qui demandait si l'on pouvait entrer. La porte s'ouvrit, et un gendarme de la marine pénétra dans la chaumière. — Paul Grey? demanda-t-il. Paul se leva. — C'est moi, monsieur. — Eh bien! mon brave, voilà ce qui vous regarde. En même temps il lui remit un papier décoré des armes de l'empire français. Paul regarda ce papier, fit une grimace et pria le gendarme de lui en lire le contenu. C'était un ordre de se rendre à Cherbourg dans un délai de huit jours, pour prendre du service à bord du vaisseau de l'empereur le *Victorieux*. L'ordre était bien et dûment adressé à Paul Grey, classé marin, âgé de dix-huit ans, domicilié à Trouville-sur-Mer. Dans ce temps-là, il n'y avait pas à badiner avec les ordres de service, et Paul ne se dissimula pas qu'il faudrait partir le lendemain pour arriver au temps fixé.

Quand le gendarme fut sorti, ce ne fut plus que larmes et désolation dans la chaumière. Au milieu d'une telle douleur, Rose laissa échapper ces mots : — Ah! maudite sorcière, tu m'avais annoncé ce matin même ce qui nous arrive aujourd'hui! Ces paroles tirèrent Paul de sa torpeur. — Tu as été chez la sorcière ce matin? s'écria-t-il. — Hélas! oui, reprit Rose. — Et elle t'a annoncé que je recevrais un ordre de service ce soir ? — Oui. — Et après? — Après... elle m'a dit qu'elle voyait bien quelque chose, mais qu'elle ne voulait pas me l'apprendre!... C'était sans doute quelque chose d'heureux, ton retour et notre mariage; car si c'eût été quelque chose de triste, le vieil oiseau de malheur aurait chanté. — Peut-être......, ajouta Paul tristement...... Le lendemain, avant le lever du soleil, Paul, le sac sur le dos, suivait la route de sable qui conduit de Trouville à Caen, praticable seulement pendant la basse marée. Huit jours après il était embarqué.

II. Trois ans s'étaient écoulés depuis, et Rose était assise auprès du feu entre son père et un jeune homme lourd et gauche, Pierre Burdel! C'était au commencement de ce terrible hiver de 1812, qui vit brûler Moscou et périr la grande armée. Pourquoi Rose Lucas était-elle assise auprès de Pierre Burdel? Rose était donc une jeune fille légère et oublieuse de ses serments! Non; mais Paul Grey, depuis trois ans qu'il était parti, n'avait jamais donné de ses nouvelles; personne ne pouvait dire ce qu'il était devenu; Rose avait déjà vingt ans, toutes ses camarades étaient déjà mariées. Or, comme Pierre Burdel l'aimait, qu'elle l'avait rebuté seulement parce qu'elle lui préférait Paul Grey, ce dernier n'étant plus là et ne donnant d'ailleurs aucun signe de vie, elle revenait à Pierre Burdel, comme un pis-aller ; et Pierre Burdel, qui n'était pas fier, revenait aussi à elle. Le mariage de Rose avec le gros Pierre, comme on l'appelait dans le pays, fut fixé à la veille de Noël. Ce jour arriva, il marquait la troisième année depuis le départ de Paul ; les noces eurent lieu le matin de ce jour-là même, et le soir Pierre Lucas réunit dans sa chaumière la famille de son gendre et la sienne, pour fêter les nouveaux époux. Le vent soufflait dans la cheminée, la mer mugissait au bord de la falaise et roulait d'énormes vagues sur les longues grèves qui s'étendent de Trouville à Dives. Il était déjà tard, et les convives étaient encore à table, lorsqu'au milieu des éclats d'une gaieté bruyante un coup de canon venant de la mer fit tressaillir la chaumière. Tout le monde est debout en même temps; on sort, on gravit la falaise pour s'assurer si c'est un navire en détresse qui demande du secours, ou un signal ami qui avertit la côte de quelque tentative des Anglais. Le coup de canon avait fait son effet, et le plateau de la falaise était couvert de toute la population du village. Le temps était affreux, le ciel sombre, la mer grise; il était impossible à l'œil de rien distinguer au large; mais un second coup a bientôt suivi le premier, et, à la lumière de l'amorce, les vieux loups de mer ont vu qu'il y avait là un navire de guerre, manœuvrant sous ses basses voiles, pour éviter la côte où le vent le poussait avec violence. Au second coup succèdent plusieurs autres, de deux minutes en deux minutes.

La tempête allait en augmentant, et la détresse toujours croissante du navire était à son comble. Enfin les coups de canon cessèrent; une grande clarté perça les ténèbres ; c'était le dernier signal de détresse ; le capitaine avait ordonné qu'on réunît sur le pont toute la paille qui pouvait se trouver à bord, et qu'on y mît le feu. Aux reflets de cette lumière, le corps entier du navire se dessina aux yeux de la foule réunie sur le plateau ; c'était une corvette française, ainsi que l'indiquait son glorieux pavillon flottant comme un pâle météore au-dessus des flammes. Le pauvre trois-mâts courut encore quelques instants avec une effroyable rapidité ; enfin un grand bruit fut entendu, c'était la corvette qui touchait contre des rochers à pic, et le dernier effort des hommes qui là montaient pour demander du secours. En moins d'une heure, la carcasse du vaisseau avait été dispersée, et une fort petite partie de l'équipage s'était sauvée. Parmi ceux qu'on eut le regret de ne retirer des eaux qu'après leur dernier souffle, il y avait le corps d'un jeune homme de vingt-un ans. En le voyant, Rose Lucas, qui était restée sur le bord de la mer avec son époux, poussa un cri et s'évanouit ; elle avait reconnu Paul Grey. Ainsi la prédiction de la vieille Marguerite était accomplie, et la vieille Marguerite ne brûlait pas encore en enfer. Il était minuit. Pierre Burdel emmena Rose Lucas, et bientôt on n'eût plus entendu chez les jeunes époux que le vent qui sifflait dans la cheminée, que la mer qui mugissait au bord de la falaise, et roulait d'énormes vagues sur les longues grèves qui s'étendent de Trouville à Dives.

Manière de prédire l'avenir.

Qu'on brûle de la graine de lin, des racines de persil et de violette ; qu'on se mette dans cette fumée, on prédira les choses futures (1)... *Voy.* ASTROLOGIE, PROPHÉTIES, BOHÉMIENS, etc.

PRELATI, charlatan de magie. *Voyez* BAIZ.

PRÉSAGES. Cette faiblesse, qui consiste à regarder comme des indices de l'avenir les événements les plus simples et les plus naturels, est l'une des branches les plus considérables de la superstition. Il est à remarquer qu'on distinguait autrefois les présages des augures, en ce que ceux-ci s'entendaient des augures recherchés ou interprétés selon les règles de l'art augural, et que les présages qui s'offraient fortuitement étaient interprétés par chaque particulier d'une manière plus vague et plus arbitraire. De nos jours on regarde comme d'un très-mauvais augure de déchirer trois fois ses manchettes, de trouver sur une table des couteaux en croix, d'y voir des salières renversées, etc. Quand nous rencontrons en chemin quelqu'un qui nous demande où nous allons, il faut, selon les enseignements superstitieux, retourner sur nos pas, de peur que mal ne nous arrive. Si une personne à jeun raconte un mauvais songe à une personne qui ait déjeuné, le songe sera funeste à la première. Il sera funeste à la seconde, si elle est à jeun, et que la première ait déjeuné. Il sera funeste à toutes les deux, si toutes les deux sont à jeun. Il serait sans conséquence si toutes les deux avaient l'estomac garni.... Malheureux généralement qui rencontre le matin, ou un lièvre, ou un serpent, ou un lézard, ou un cerf, ou un chevreuil, ou un sanglier ! Heureux qui rencontre un loup, une cigale, une chèvre, un crapaud ! *Voy.* ARAIGNÉE, CHASSE, PIE, HIBOU, etc., etc., etc. Cécilia, femme de Métellus, consultait les dieux sur l'établissement de sa nièce, qui était nubile. Cette jeune fille, lasse de se tenir debout devant l'autel sans recevoir de réponse, pria sa tante de lui prêter la moitié de son siège. — De bon cœur, lui dit Cécilia, je vous cède même ma place tout entière. Sa bonté lui inspira ces mots, qui furent pourtant, dit Valère-Maxime, un présage de ce qui devait arriver ; car Cécilia mourut quelque temps après, et Métellus épousa sa nièce. Lorsque Paul-Emile faisait la guerre au roi Persée, il lui arriva quelque chose de remarquable. Un jour, rentrant à sa maison, il embrassa, selon sa coutume, la plus jeune de ses filles, nommée Tertia, et la voyant plus triste qu'à l'ordinaire, il lui demanda le sujet de son chagrin. Cette petite fille lui répondit que Persée était mort (un petit chien que l'enfant nommait ainsi venait de mourir). Paul saisit le présage ; et en effet, peu de temps après, il vainquit le roi Persée, et entra triomphant dans Rome (2).

Un peu avant l'invasion des Espagnols au Mexique, on prit au lac de Mexico un oiseau de la forme d'une *grue*, qu'on porta à l'empereur Montézuma, comme une chose prodigieuse. Cet oiseau, dit le conte, avait au haut de la tête une espèce de miroir où Montézuma vit les cieux parsemés d'étoiles, de quoi il s'étonna grandement. Puis, levant les yeux au ciel, et n'y voyant plus d'étoiles, il regarda une seconde fois dans le miroir, et aperçut un peuple qui venait de l'Orient, *armé, combattant et tuant*. Ses devins étant venus pour lui expliquer ce présage, l'oiseau disparut, les laissant en grand trouble. « C'était, à mon avis, dit Delancre, son mauvais démon qui venait lui annoncer sa fin, laquelle lui arriva bientôt. » Dans le royaume de Loango, en Afrique, on regarde comme le présage le plus funeste pour le roi que quelqu'un le voie boire et manger : ainsi il est absolument seul et sans domestiques quand il prend son repas. Les voyageurs, en parlant de cette superstition, rapportent un trait barbare d'un roi de Loango : Un de ses fils, âgé de huit ou neuf ans, étant entré imprudemment dans la salle où il mangeait, et dans le moment qu'il buvait, il se leva de table, appela le grand prêtre, qui saisit cet enfant, le fit égorger, et frotta de son sang les bras du père, pour détourner les malheurs dont ce présage semblait le menacer. Un autre roi de Loango fit assommer un chien qu'il aimait beaucoup, et qui, l'ayant un jour suivi, avait assisté à son dîner (3). Les hurlements des bêtes sauvages, les cris des cerfs et des singes sont des présages sinistres pour les Siamois. S'ils rencontrent un serpent qui leur barre le chemin, c'est

---

(1) Wecker, des Secrets merveilleux.
(2) Valère-Maxime.

(3) Saint-Foix, Essais historiques.

pour eux une raison suffisante de s'en retourner sur leurs pas, persuadés que l'affaire pour laquelle ils sont sortis ne peut pas réussir. La chute de quelque meuble que le hasard renverse est aussi d'un très-mauvais augure. Que le tonnerre vienne à tomber, par un effet naturel et commun, voilà de quoi gâter la meilleure affaire. Plusieurs poussent encore plus loin la superstition et l'extravagance : dans une circonstance critique et embarrassante, ils prendront pour règle de leur conduite les premières paroles qui échapperont au hasard à un passant, et qu'ils interpréteront à leur manière. Dans le royaume de Benin, en Afrique, on regarde comme un augure très-favorable qu'une femme accouche de deux enfants jumeaux : le roi ne manque pas d'être aussitôt informé de cette importante nouvelle, et l'on célèbre par des concerts et des festins un événement si heureux. Le même présage est regardé comme très-sinistre dans le village d'Arebo, quoiqu'il soit situé dans le même royaume de Benin.

Un serpent s'était entortillé autour d'une clef à la porte d'une maison, et les devins annonçaient que c'était un présage. « Je ne le crois pas, dit un philosophe, mais c'en pourrait bien être un si la clef s'était entortillée autour du serpent. »

PRESCIENCE, connaissance certaine et infaillible de l'avenir. Elle n'appartient qu'à Dieu. Rappelons-nous ici la maxime d'Hervey : « Mortel, qui que tu sois, examine et pèse tant que tu voudras; nul sur la terre ne sait quelle fin l'attend. »

PRÉSERVATIFS. *Voy.* AMULETTES, CORNES, PHYLACTÈRES, TROUPEAUX, etc.

PRESSENTIMENT. Suétone assure que Calpurnie fut tourmentée de noirs pressentiments peu d'heures avant la mort de César. Mais que sont les pressentiments? Est-ce une voix secrète et intérieure? Est-ce une inspiration céleste? Est-ce la présence d'un génie invisible qui veille sur nos destinées? Les anciens avaient fait du pressentiment une sorte de religion, et de nos jours on y ajoute foi. M. C. de R..., après s'être beaucoup amusé au bal de l'Opéra, mourut d'un coup de sang en rentrant chez lui. Madame de V..., sa sœur, qui l'avait quitté assez tard, fut tourmentée toute la nuit de songes affreux qui lui représentaient son frère dans un grand danger, l'appelant à son secours. Souvent réveillée en sursaut, et dans des agitations continuelles, quoiqu'elle sût que son frère était au bal de l'Opéra, elle n'eut rien de plus pressé, dès que le jour parut, que de demander sa voiture et de courir chez lui. Elle arriva au moment que le suisse avait reçu ordre de ne laisser entrer personne et de dire que M. C. de R... avait besoin de repos. Elle s'en retourna consolée et riant de sa frayeur. Ce ne fut que dans l'après-midi qu'elle apprit que ses noirs pressentiments ne l'avaient point trompée (1). *Voy.* SONGES.

PRESSINE. *Voy.* MÉLUSINE.
PRESTANTIUS. *Voy.* EXTASES.
PRESTIGES. « Il y a eu de nos jours, dit Gaspard Peucer, en ses commentaires *de Divinatione*, une vierge bateleuse à Bologne, laquelle, pour l'excellence de son art, était fort renommée par toute l'Italie; néanmoins elle ne sut, avec toute sa science, si bien prolonger sa vie, qu'enfin, surprise de maladie, elle ne mourût. Quelque autre magicien, qui l'avait toujours accompagnée, sachant le profit qu'elle retirait de son art pendant sa vie, lui mit, par le secours des esprits, quelque charme ou poison sous les aisselles : de sorte qu'il semblait qu'elle eût vie; et elle commença à se retrouver aux assemblées, jouant de la harpe, chantant, sautant et dansant, comme elle avait accoutumé : de sorte qu'elle ne différait d'une personne vivante que par sa couleur, qui était excessivement pâle. Peu de jours après, il se trouva à Bologne un autre magicien, lequel, averti de l'excellence de l'art de cette fille, la voulut voir jouer comme les autres. Mais à peine l'eut-il vue, qu'il s'écria : Que faites-vous ici, messieurs? celle que vous voyez devant vos yeux, qui fait de si jolis soubresauts, n'est autre qu'une charogne morte. Et à l'instant elle tomba morte à terre : au moyen de quoi le prestige et l'enchanteur furent découverts.»

Une jeune femme de la ville de Laon vit le diable sous la forme de son grand-père, puis sous celles d'une bête velue, d'un chat, d'un escarbot, d'une guêpe et d'une jeune fille (2). *Voy.* APPARITIONS, ENCHANTEMENTS, SICIDITES, MÉTAMORPHOSES, CHARMES, etc.

PRÊTRES NOIRS. C'est le nom que donnent les sorciers aux prêtres du sabbat.

PRIÈRES SUPERSTITIEUSES. Nous empruntons à l'abbé Thiers et à quelques autres ces petits chefs-d'œuvre de niaiserie ou de naïveté. « *Pour le mal de dents :* Sainte Apolline, qui êtes assise sur la pierre; sainte Apolline, que faites-vous là? — Je suis venue ici pour le mal de dents. Si c'est un ver, ça s'ôtera; si c'est une goutte, ça s'en ira. *Contre le tonnerre :* Sainte Barbe, sainte Fleur, la vraie croix de Notre-Seigneur. Partout où cette oraison se dira, jamais le tonnerre ne tombera. *Pour toutes les blessures :* Dieu me bénisse et me guérisse, moi pauvre créature, de toute espèce de blessure, quelle qu'elle soit, en l'honneur de Dieu et de la vierge Marie, et de messieurs saint Cosme et saint Damien. *Amen. Pour les maladies des yeux :* Monsieur saint Jean, passant par ici, trouva trois vierges en son chemin. Il leur dit : Vierges, que faites-vous ici? Nous guérissons de la maille. — Oh! guérissez, vierges, guérissez cet œil. *Pour arrêter le sang du nez :* Jésus-Christ est né en Bethléem et a souffert en Jérusalem. Son sang s'est troublé; je te le dis et te commande, sang, que tu t'arrêtes par la puissance de Dieu, par l'aide de saint Fiacre et de tous les saints, tout ainsi que le Jourdain, dans le-

---

(1) Spectriana, p. 64.

(1) Cornelii Gemmæ Cosmocriticæ, lib. II, cap. 2.

quel saint Jean-Baptiste baptisa Notre-Seigneur, s'est arrêté. Au nom du Père et du Fils et du Saint-Esprit. » *Voy.* ORAISON DU LOUP, GARDES, BARBE-A-DIEU, etc.

PRISIER, démon invoqué dans les litanies du sabbat.

PRODIGE, événement surprenant dont on ignore la cause, et que l'on est tenté de regarder comme surnaturel. C'est la définition de Bergier. Sous le consulat de Volumnius, on entendit parler un bœuf. Il tomba du ciel, en forme de pluie, des morceaux de chair, que les oiseaux dévorèrent en grande partie; le reste fut quelques jours sur la terre sans rendre de mauvaise odeur. Dans d'autres temps, on rapporta des événements aussi extraordinaires, qui ont néanmoins trouvé créance parmi les hommes. Un enfant de six mois cria victoire dans un marché de bœufs. Il plut des pierres à Picenne. Dans les Gaules, un loup s'approcha d'une sentinelle, lui tira l'épée du fourreau et l'emporta. Il parut en Sicile une sueur de sang sur deux boucliers, et pendant la seconde guerre punique, un taureau dit, en présence de Cnéus Domitius : *Rome, prends garde à toi* (1)! Dans la ville de Galène, sous le consulat de Lépide, on entendit parler un coq d'Inde, qui ne s'appelait pas alors un coq d'Inde; car c'était une pintade. Voilà des prodiges. Delancre parle d'un sorcier qui, de son temps, sauta du haut d'une montagne sur un rocher éloigné de deux lieues. Quel saut!... Un homme ayant bu du lait, Schenkius dit qu'il vomit deux petits chiens blancs aveugles. Vers la fin du mois d'août 1682, on montrait à Charenton une fille qui vomissait des chenilles, des limaçons, des araignées et beaucoup d'autres insectes. Les docteurs de Paris étaient émerveillés. Le fait semblait constant. Ce n'était pas en secret : c'était devant des assemblées nombreuses que ces singuliers vomissements avaient lieu. Déjà on préparait de toutes parts des dissertations pour expliquer ce phénomène, lorsque le lieutenant criminel entreprit de s'immiscer dans l'affaire. Il interrogea la maléficiée, lui fit peur du fouet ou du carcan, et elle avoua que depuis sept ou huit mois elle s'était accoutumée à avaler des chenilles, des araignées et des insectes; qu'elle désirait depuis longtemps avaler des crapauds, mais qu'elle n'avait pu s'en procurer d'assez petits (2). On a pu lire, il y a vingt ans, un fait pareil rapporté dans les journaux : une femme vomissait des grenouilles et des crapauds; un médecin peu crédule, appelé pour vérifier le fait, pressa de questions la malade, et parvint à lui faire avouer qu'elle avait eu recours à cette jonglerie pour gagner un peu d'argent (3).

« Il y a, dit Chevreau, des choses historiques et qui ne sont presque pas vraisemblables. Il plut du sang sous l'empereur Louis II; de la laine sous l'empereur Jovinien; des poissons, dont l'on ne put approcher pour leur puanteur, sous Othon III; et Valère-Maxime, dans le chapitre *des Prodiges*, de son premier livre, a parlé d'une pluie de pierres et d'une autre de pièces sanglantes de chair, qui furent mangées par les oiseaux. Louis, fils de Ladislas, roi de Hongrie et de Bohême, pour être venu avant terme, naquit sans peau, et les médecins trouvèrent moyen de lui en faire une. Une femme, dans le Péloponèse, comme le dit Pline, eut en quatre couches vingt enfants, cinq à la fois, dont la plupart vécurent; et selon Trogus, une autre, en Egypte, eut sept enfants d'une même couche. Saint Augustin, dans le chapitre 23 du livre XIV de la *Cité de Dieu*, dit qu'il a vu un homme qui suait, quand il voulait, sans faire aucun exercice violent, et qu'il y prenait un fort grand plaisir. Le bras d'un des capitaines de Brutus sua de l'huile rosat en telle abondance, que toute la peine qu'on se donna pour l'essuyer et pour le sécher fut inutile. Démophon, maître d'hôtel d'Alexandre, s'échauffait à l'ombre et se rafraîchissait au soleil. Il s'est trouvé une Athénienne qui a vécu de ciguë jusqu'à la vieillesse; et un certain Mahomet, roi de Cambaye, s'accoutuma si bien aux viandes empoisonnées, dans la peur qu'il eut d'être empoisonné, qu'il n'en eut plus d'autres dans ses repas. Il devint si venimeux, qu'une mouche qui le touchait tombait morte dans le même instant; il tuait de son haleine ceux qui passaient une heure avec lui. Pyrrhus, roi d'Epire, comme le disent Pline et Plutarque, guérissait avec le pouce de son pied droit tous les maux de rate, et, selon d'autres, tous les ulcères qui s'étaient formés dans la bouche; mais ce qui n'est pas moins étonnant, c'est que le corps de Pyrrhus étant brûlé et réduit en cendre, on trouva tout entier le même pouce, qui fut porté en cérémonie dans un temple, et là enchâssé comme une relique. C'en est assez pour justifier qu'il y a des choses historiques qui ne sont presque jamais vraisemblables (4). »

PROMÉTHÉE. Atlas et Prométhée, tous deux grands astrologues, vivaient du temps de Joseph. Quand Jupiter délivra Prométhée de l'aigle ou du vautour qui devait lui dévorer les entrailles pendant trente mille ans, le dieu, qui avait juré de ne le point détacher du Caucase, ne voulut pas fausser son serment, et lui ordonna de porter à son doigt un anneau où serait enchâssé un fragment de ce rocher. C'est là, selon Pline, l'origine des bagues enchantées.

PRONOSTICS POPULAIRES. Quand les chênes portent beaucoup de glands, ils pronostiquent un hiver long et rigoureux. Tel vendredi, tel dimanche. Le peuple croit qu'un vendredi pluvieux ne peut être suivi d'un dimanche serein. Racine a dit au contraire :

Ma foi, sur l'avenir bien fou qui se fiera:
Tel qui rit vendredi, dimanche pleurera.

---

(1) Valère-Maxime.
(2) Dict. des merveilles de la nature, article *Estomac*.
(3) M. Salgues, Des erreurs et des préjugés, t. II, p. 94.
(4) Chevræna, t. I, p. 257.

Si la huppe chante avant que les vignes ne germent, c'est un signe d'abondance de vin :

> De saint Paul la claire journée
> Nous dénote une bonne année.
> Si l'on voit épais les brouillards,
> Mortalité de toutes parts.
> S'il fait vent, nous aurons la guerre ;
> S'il neige ou pleut, cherté sur terre ;
> Si beaucoup d'eau tombe en ce mois,
> Lors peu de vin croitre tu vois.

Des étoiles en plein jour pronostiquent des incendies et des guerres. Sous le règne de Constance, il y eut un jour de ténèbres pendant lequel on vit les étoiles ; le soleil à son lever était aussi pâle que la lune : *ce qui présageait la famine et la peste.*

> Du jour de saint Médard, en juin,
> Le laboureur se donne soin ;
> Car les anciens disent : S'il pleut,
> Quarante jours pleuvoir il peut.
> Et s'il fait beau, sois tout certain
> D'avoir abondamment du grain (1).

Les tonnerres du soir amènent un orage ; les tonnerres du matin promettent des vents ; ceux qu'on entend vers midi annoncent la pluie. Les pluies de pierres pronostiquent des charges et des surcroîts d'impôts.

> Quiconque en août dormira
> Sur midi, s'en repentira.
> Bref en tout temps je te prédi
> Qu'il ne faut dormir à midi.

Trois soleils pronostiquent un triumvirat. On vit trois soleils, dit Cardan, après la mort de Jules César ; la même chose eut lieu un peu avant le règne de François Ier, Charles-Quint et Henri VIII. Si le soleil luit avant la messe le jour de la Chandeleur, c'est un signe que l'hiver sera encore bien long. Qui se couche avec les chiens se lève avec les puces.

Les paysans ont mille signes que nous n'avons pas, pour prévoir le beau ou le mauvais temps ; leurs baromètres naturels sont souvent plus infaillibles que les nôtres ; leurs signes, en effet, sont fondés sur une constante observation. Newton, se promenant à la campagne, avec un livre à la main, passa devant un pâtre, à qui il entendit marmotter : — Ce gentleman ne lira pas tout le long de sa promenade, ou bien son livre sera mouillé ; et le philosophe ne tarda pas à voir tomber la pluie. Il repasse et demande au pâtre : — A quoi, mon ami, avez-vous donc jugé qu'il allait pleuvoir ? C'est, répondit-il, que mes vaches fourraient leurs museaux dans les haies... *Voyez* PROPHÉTIES.

PROPHÈTES. Les Turcs reconnaissent plus de cent quarante mille prophètes ; les seuls que nous devions révérer comme vrais prophètes sont ceux des saintes Ecritures. Toutes les fausses religions en ont eu de faux comme elles. Voici quelques mots sur un prophète moderne, comme il s'en voit encore. Le lord juge Holt avait envoyé en prison un soi-disant prophète qui se donnait à Londres les airs de passer pour un envoyé du ciel. Un particulier, partisan de cet inspiré, se rendit chez milord, et demanda à lui parler. On lui dit qu'il ne pouvait pas entrer, parce que milord était malade. — Dites à milord que je viens de la part de Dieu, répliqua le visiteur. Le domestique se rendit auprès de son maître, qui lui donna ordre de faire entrer. — Qu'y a-t-il pour votre service ? lui demanda le juge. — Je viens, lui dit l'aventurier, de la part du Seigneur, qui m'a envoyé vers toi pour t'ordonner de mettre en liberté John Atkins, son fidèle serviteur, que tu as fait mettre en prison. — Vous êtes un faux prophète et un insigne menteur, lui répondit le juge, car si le Seigneur vous avait chargé de cette mission, il vous aurait adressé au procureur général. Il sait qu'il n'est pas en mon pouvoir d'ordonner l'élargissement d'un prisonnier ; mais je puis lancer un décret de prise de corps contre vous, pour que vous lui teniez compagnie, et c'est ce que je vais faire.

PROPHÉTIES. *Voyez* PRÉDICTIONS, SIBYLLES, DEVINS, LEHMAN, etc.

Le peuple, dans les campagnes, est depuis des siècles fort attaché à un petit livre intitulé : PROPHÉTIES, *ou prédictions perpétuelles, composées par Pytagoras* (sic), *Joseph le juste, Daniel le prophète, Michel Nostradamus et plusieurs autres philosophes.* Nous donnons ici cette singularité (2).

Pronostication des biens de la terre pour chaque année. — Si le premier jour de l'an se trouve au dimanche, l'hiver sera doux, le printemps humide, l'été et l'automne venteux. Le blé sera à bon marché, le miel et le bétail seront en suffisance, comme aussi les pois, fèves et autres légumes. Les vins seront bons, mais les fruits de jardin périront. Il y aura plusieurs désordres et beaucoup de larcins commis ; cependant les rois et les princes chrétiens vivront en paix. Si le premier jour de l'an se trouve au lundi, l'hiver sera commun et assez tempéré, le printemps et l'été humides, avec inondation d'eau en plusieurs endroits. Il régnera des maladies fort dangereuses, avec plusieurs altercations de maux, par subsides, taxes et gros impôts. Il y aura, vers la fin de l'année, des glaces prodigieuses ; la vendange ne sera pas bonne, les blés seront à juste prix, les mouches à miel mourront, et les dames de qualité se trouveront dans de grandes tristesses et inquiétudes. Si le premier jour de l'an est au mardi, l'hiver sera bien froid, avec neige et brouillards ; le printemps et l'été assez humides, l'automne sera sèche. Le froment sera cher, et la vendange médiocre. Sera peu de bétail, et les bateaux sur mer seront en grand danger. Le lin sera fort rare. On verra de grands feux. La peste ré-

---

(1) On lit, dans les *Mélanges tirés d'une grande bibliothèque*, que les habitants de Salency ayant, dans un temps de sécheresse, invoqué particulièrement saint Médard, évêque de Noyon, pour obtenir de la pluie, il arriva qu'en effet cette sécheresse fut suivie d'une pluie de quarante jours. C'est là, dit-on, l'origine du pronostic attribué à saint Médard. On dit encore que :

> S'il pleut le jour de saint Gervais,
> Il pleuvra quinze jours après.

(2) Nous aurions pu donner aussi les prophéties de Thomas-Joseph Moult ; mais c'est un fatras qui se trouve partout aisément.

gnera en Italie et autres lieux circonvoisins. Il sera suffisamment d'huile. Les grands seront troublés, et il y aura grande mortalité de femmes. Si le premier jour de l'an est au mercredi, l'hiver sera assez doux, le printemps humide, l'été beau, l'automne pluvieuse. Les blés seront beaux et à juste prix. Il y aura du vin en abondance. Discours parmi les gens de lettres, cependant ils profiteront et feront bon fruit de leurs études. Les fièvres malignes attaqueront dangereusement le jeune sexe féminin ; mais peu de miel. Si le premier jour de l'an est au jeudi, l'hiver sera tempéré, le printemps venteux, l'été beau, l'automne sera assez belle et peu pluvieuse. Il sera abondance de fruits. Le chanvre et le lin seront hors de prix. Il y aura peu de miel. Pour l'huile elle sera à bon prix. Il y aura peu de bétail, mais il sera du blé en abondance. Plusieurs rois et princes mourront, et sera paix partout. Si le premier jour de l'an est au vendredi, l'hiver s'avancera, le printemps sera bon, l'été et l'automne seront assez secs. Le blé et le vin seront à bon marché. Le mal des yeux régnera. La plupart des enfants mourront. Il y aura bataille et meurtre. On ira d'un royaume à un autre pour se narguer. Les bêtes et les mouches à miel périront. Si le premier jour de l'an se trouve le samedi, l'hiver sera venteux, le printemps beau, l'été variable et humide, l'automne sèche ; le blé sera cher, la vendange médiocre. Il régnera beaucoup de fièvres tierces et quartes. Mortalité de vieilles gens. Il y aura beaucoup de bétail et de fruits ; enfin les incendies seront très-communs, et causeront des pertes très-considérables à plusieurs provinces, ce qui plongera bien des gens dans l'affliction.

Règle pour connaître les biens qui croissent sur la terre. — La nuit du premier jour de janvier belle et sereine, c'est-à-dire sans pluie et vent, ou autre insigne commotion d'air, signifie bonne année et abondante de tout bien. Si elle est avec vent oriental, mortalité de bétail ; avec l'occidental, grands troubles, guerres et dissensions entre les rois et princes ; avec méridional, plusieurs personnes mourront ; avec septentrional, cela signifie que la stérilité sera à craindre.

Présages de la pluie tirés du soleil. — Si le soleil est rouge au matin, il signifie pluie sur le soir ; mais quand il est rouge le soir, il signifie le lendemain beau temps. Si le matin, quand le soleil se lève à longues raies par les nuées qui vont vers la terre, alors elles tirent l'eau, cela signifie qu'il ne demeurera pas longtemps beau. S'il paraît petit et rond comme une boule, marque de pluie ou tempête. Si le soleil pendant le jour paraît noir et obscur, marque de pluie et de tonnerre. Si en se couchant il est enveloppé d'une nuée noire, pluie, brouillard ou neige pour le lendemain suivant la saison.

Présages du beau temps tirés du soleil. — Si l'on voit, avant que le soleil se lève, et dans le même endroit, un petit brouillard,
marque de beau temps. Si au point du jour le ciel est bordé d'un cercle blanc ou doré aux extrémités de l'horizon, et la basse région de l'air mouillée de rosée qui se fait voir dans les vitres de fenêtres, marque de beau temps. Lorsqu'il y a quantité de rosée le matin, et que le soleil est serein, beau temps. Si en se couchant il est clair et net, sans brouillard, et qu'on voie alentour de petites nuées rouges et séparées les unes des autres, marque de beau temps.

Présages de la pluie tirés de la lune. — Si la lune est bleue, elle signifie temps pluvieux, et si elle est rouge, elle signifie vent, et si elle est blanche, elle signifie beau temps. Remarquez que s'il fait beau temps le plus prochain mardi d'après la nouvelle lune, elle sera inclinée à beaux jours, et s'il est humide et pleut ce jour-là, la lune sera inclinée à humidité. Si le troisième ou quatrième jour qu'elle est nouvelle, elle a cornes rebroussées ou obscures, et que la corne d'en bas regarde au premier quartier, et celle d'en haut au dernier quartier, elle signifie pluie. Si le cercle de la lune est rouge, c'est marque de mauvais temps. Si elle est au plein, et qu'il y ait quelque chose alentour, pluie. Si, lorsque la lune se renouvelle, le temps est chargé et obscur, marque de pluie. Si la lune ne paraît point du tout vers le quatrième jour de son renouvellement, le temps sera obscur et pluvieux le reste de la lune. S'il pleut le premier mardi après la pleine lune, il continue de même tout le reste de la lune. Il en est de même s'il fait beau temps. Le même temps qui se fait trois jours après la pleine lune continue au moins pendant deux jours, et le dix-septième jour de la lune, qui est presque le second de sa plénitude, il pleut ordinairement, comme aussi deux jours devant ou après la nouvelle lune.

Présages du beau temps tirés de la lune. — Si la lune est claire quand elle se lève, beau temps en été, et en hiver froid rigoureux. Si trois jours avant ou après son quartier elle a une petite et pure lumière, cela dénote le beau temps. Si trois ou quatre jours après qu'elle est nouvelle, elle se montre nette, beau temps. Lorsqu'elle est dans son plein, si elle paraît claire et nette, beau temps. Si l'halo, c'est-à-dire le cercle qui paraît autour de la lune, se dissipe, beau temps. Lorsque la lune a un double halo, tempête.

Présages des étoiles. — Quand les étoiles paraissent plus grosses qu'à l'ordinaire, marque de pluie ; lorsqu'elles paraissent nébuleuses ou obscures, et qu'il n'y a point de nuées au ciel, pluie ou neige, selon la saison ; quand elles sont environnées de fumée ou de brouillards, marque de vent froid, et quand elles sont claires et étincelantes, froid en hiver et beau en été.

Règle pour connaître le temps. — Quand les corneilles sont sur un tas de pierres, ou près de l'eau, ou dedans, qu'elles jargonnent et crient, cela signifie qu'il doit pleuvoir.

Présages des blanches gelées. — Remarquez qu'autant de blanches gelées qui tomberont devant le jour saint Michel, et autant de jours après, le même nombre de blanches gelées tomberont devant la saint Georges, et autant de jours après.

Pour connaître la disposition de l'hiver. — Prenez la poitrine d'un canard en automne ou après, et la regardez bien, car si elle est partout blanche, elle signifie que nous aurons un hiver chaud ; et si elle est au commencement rouge et après blanche, elle signifie que nous aurons la froidure au commencement de décembre; et si elle est devant et derrière blanche et au milieu rouge, elle signifie grand froid au milieu de l'hiver, et si elle est rouge vers le bout du derrière, elle signifie que nous aurons l'hiver à la fin.

Pour connaître le temps qu'il fera chaque semaine de l'année. — Nos anciens laboureurs, pour se régler en leurs affaires pendant la semaine, observaient quel temps il faisait le dimanche depuis environ sept heures jusqu'à dix du matin; car si pendant ce temps il pleut, la plus grande partie de la semaine il pleuvra ; et s'il fait beau, la semaine par conséquent s'en sentira aussi.

Remarque sur les pommes de chêne. — Prenez une pomme de chêne quand elles seront mûres (qui est après la Saint-Martin), et l'ouvrez ; s'il y a un petit ver dedans, signifie abondance de biens ; s'il y a une mouche, signifie guerre, et s'il y a une araignée, signifie mortalité l'année suivante.

Les anciens laboureurs disaient les vers suivants sur la fertilité de la terre.

Soigneux seras sur le printemps nouveau,
Quand le noyer produit fleurs au rameau,
Diligemment contempler et prévoir
Si nous pouvons de lui grands fruits avoir :
Car s'ensuivront les blés et labourages,
Produisant grains à tous nos avantages
Mais si pour fruits tu lui vois feuille rendre,
Paille pour grain au vrai pourras attendre.

Remarques véritables sur les trois jours des Rogations. — Lundi, la fenaison ; mardi, la moisson ; mercredi les semailles et vendanges.

Remarque de la vigne.

Le vigneron me taille,
Le vigneron me lie,
Le vigneron me baille
En mars toute ma vie.

Sur l'abondance du vin.

Prends garde au jour saint Vincent,
Car si ce jour tu vois et sens
Que le soleil soit clair et beau,
Nous aurons du vin plus que d'eau.

Sur la cherté du froment et des autres biens de la terre.

Pour connaître combien vaudra
Le quart de blé, il te faudra
Tirer un grain germé de terre,
Et puis compter sans plus t'enquère
Combien de racine il aura,
Car autant de sous il vaudra.

Autre.

Tant que dure la rousse lune,
Les blés sont sujets à fortune.

Autre.

Si la pluie de Pâques continue,
Les fruits de la terre diminuent.

Autre.

Du jour de saint Jean la pluie
Fait la noisette pourrie.

Observation pour le pâturage des bêtes.

Selon que les anciens ont dit,
Si le soleil se montre et luit
A la Chandeleur, vous verrez
Qu'encore un hiver vous aurez ;
Pourtant, gardez bien votre foin,
Car il vous sera de besoin.
Par cette règle se gouverne
L'ours qui retourne en sa caverne.

Sur les saignées.

Saignée du jour saint Valentin
Fait le sang net soir et matin,
Et la saignée du jour devant
Garde des fièvres en tout l'an.

Autre pour la saignée.

Le jour sainte Gertrude on doit
Se faire saigner au bras droit;
Celui ainsi qui le sera,
Les yeux clairs toute l'année aura.

Avertissement sur la saignée. — Celui qui sera saigné les 19, 24 et 26 mars, ou le dernier juillet et le 1er août, même le 1er décembre, soit homme ou femme, il mourra ou il aura une maladie longue et fort dangereuse ; et les enfants qui naîtront en ces jours-là seront mal morigénés.

Remarques sur les naissances. — Tous ceux qui naîtront les jours et les nuits ci-dessus nommés, savoir : le jour saint Mathias, saint Hippolyte et le 3 janvier, on dit que ceux qui meurent ces jours-là ne seront point consommés jusqu'au jour du jugement.

Des mois où l'eau est nuisible à l'homme.

Boire eau point ne devez
Aux mois où R trouverez.

Présages des bonnes ou mauvaises années par la lune. — Quand le jour de Noël vient dans la lune croissante, l'an sera fort bon, et d'autant qu'il sera près de la lune nouvelle, d'autant l'an sera meilleur ; mais s'il vient au décroissant de la lune, l'an sera âpre, rude, et tant plus proche sera du décroissant, tant pis sera.

Observation sur le mois de mai.

Regarde bien, si tu me crois,
Le lendemain de sainte Croix,
Si nous avons le temps serein.
Car on assure, pour certain,
Que quand cela est, Dieu nous donne
L'année ordinairement bonne ;
Mais si le temps est pluvieux,
Nous aurons l'an infructueux.

Autre.

Si Jacques l'apôtre pleure,
Bien peu de grands il demeure.

Ou bien.

A saint Jacques si on voit la pluie,
Madame dit : *Adieu mes coins* ;
Mais si le lendemain n'essuie,
Encore en cueillera-t-elle moins.

Autre.

Tel ne sait ce qu'est vendre vin,
Qui n'attend du mois de mai la fin.

Observation sur la canicule. — Dès le mois de juillet, le chien ardent; nommé la *canicule*, commence à se lever avec le soleil. Galien dit qu'*il ne fait pas bon saigner un malade, quoiqu'il soit en âge vigoureux et la maladie longue;* car on sent la force de cet astre sur tout autre ; nous voyons par expérience que les chiens sont ordinairement malades durant le cours de cette étoile. Ainsi les anciens Romains tenaient ces jours si dangereux, qu'ils avaient institué une fête au commencement d'iceux, où l'on sacrifiait un chien pour apaiser sa fureur, comme dit Ovide en ses Fastes. De sorte qu'aujourd'hui les plus prudents médecins suivent la maxime de nos anciens pères.

Remarques. — On disait anciennement que quand il pleut le jour de l'Assomption de Notre-Dame, nous aurions une chétive vendange, et s'il fait beau, elle sera copieuse ; on dit ainsi de saint Barthélemi. Si aux calendes (1) de janvier il tonne au ciel, c'est une marque qu'il y aura plusieurs vents chauds; il sera assez de blé, mais grande guerre à venir. S'il tonne aux calendes de février, il y aura maladies pestilentielles, surtout entre les riches. S'il tonne aux calendes de mars, l'année sera abondante en blé et autres fruits de la terre. S'il tonne aux calendes d'avril, cette année sera fructueuse et agréable en toutes choses; pareillement une paix universelle et une abondance de tous biens. S'il tonne aux calendes de mai, cette année il y aura une grande pauvreté et famine; plusieurs guerres sanglantes et batailles ouvertes. S'il tonne aux calendes de juin, l'année sera sujette aux batailles et séditions. Il régnera des mortalités et d'autres maux. S'il tonne aux calendes de juillet, cette année sera abondante en blé et en vin ; le bétail et les mouches à miel seront en danger de périr. S'il tonne aux calendes de septembre, cette année sera abondante en malice ; il sera de sanglantes batailles, où sera occision d'hommes. S'il tonne aux calendes d'octobre, cette année sera beaucoup venteuse, les vivres bons, mais peu de fruits. S'il tonne aux calendes de novembre, cette année sera abondante de tous biens et fruits; sera joyeuse et paisible. S'il tonne aux calendes de décembre, cette année ressemblera à l'autre en tout. Par ces signes on connaît ce qui doit arriver pendant l'année, tant en bien qu'en mal.

> Qui voit à Noël des moucherons,
> À Pâques verra des glaçons.

Pour connaître quand commence le carême.

> Laissez passer la Chandeleur
> Et nouvelle lune sans peur,
> Le mardi après en suivant,
> Tu trouveras carême entrant

TRAITÉ FORT CURIEUX DE LA BONNE OU MAUVAISE FORTUNE DES ENFANTS, SUR LES DOUZE SIGNES DU ZODIAQUE.

Janvier. — Le signe du Verseau domine depuis le 20 janvier jusqu'au 18 février. L'enfant qui naîtra en ce signe aura une jambe plus grosse que l'autre, de tempérament sanguin, fort colérique et journalier. Ce signe lui donne l'avantage d'être fort discret, un esprit subtil, éloquent et avantagé de la fortune, mais d'une santé fort délicate et sujette aux infirmités. Les années périlleuses sont 35, 42 et 80.

Février. — Le signe des Poissons domine depuis le 18 février jusqu'au 20 mars. L'enfant qui naîtra sous ce signe aura la poitrine large, la tête petite, le visage long, le teint blanc, les yeux ronds, le tempérament froid et humide, l'humeur sombre et flegmatique. Il aura dans sa jeunesse grands travaux, et dans sa vieillesse sera homme de bien, heureux et propre à gouverner. Les années périlleuses sont 15, 30 et 38.

Mars. — Le Bélier domine depuis le 20 mars jusqu'au 20 avril. L'enfant qui naîtra sous ce signe aura les cheveux crépus et noirs, un regard doux, petites oreilles, le cou long, ayant beaucoup de feu, sujet à se mettre en colère, de bon jugement, bon conseil, sera fort enclin à enseigner, à voyager et à pratiquer des mariages. Il est bon à ce signe de faire saigner et purger. Les années périlleuses sont 12, 30 et 35.

Avril. — Le Taureau domine depuis le 20 avril jusqu'au 20 mai. L'enfant qui naîtra sous ce signe aura le front large et élevé, la face longue, les cheveux châtains, d'humeur sombre et mélancolique, sensuel au boire et au manger, affable en toutes choses, facile à accorder les grâces qu'on lui demandera; il sera réservé dans sa vieillesse; il sera exposé à l'envie, et lent dans ses affaires. Il ne faut pas se faire saigner ni prendre médecine, mais les convalescents pourront changer d'air pour rétablir leur santé. Les années périlleuses sont 12, 22, 32, 50 et 74.

Mai. — Les Gémeaux dominent depuis le 20 mai jusqu'au 22 juin. L'enfant qui naîtra sous ce signe aura la poitrine large et une belle figure, le corps médiocre; il sera crédule et fidèle, de tempérament chaud et humide, rempli de bonnes grâces, aura une heureuse fortune, et fera volontiers plaisir aux autres ; il se plaira à l'arithmétique et aux comptes des finances. Il faut seulement prendre médecine, et ne se pas faire saigner. Les années périlleuses sont 9, 10, 15, 25, 33 et 42.

Juin. — L'Ecrevisse domine depuis le 22 juin jusqu'au 22 juillet. L'enfant qui naîtra sous ce signe sera de stature courte et de gros membres, les épaules larges, les cheveux longs, les yeux petits, de tempérament froid et humide, efféminé, d'humeur sombre, fort dans les sentiments, fâcheux en conversation, sera riche, mais pas longtemps, sera dédaigneux, fier, avaricieux, et depuis 30 ans sera en bon état. Bon saigner et médeciner. Les années périlleuses sont 24, 37 et 71.

Juillet. — Le Lion domine depuis le 22 juillet jusqu'au 22 août. L'enfant qui naîtra sous ce signe aura bonne renommée, sera

---

(1) Quand il est parlé des calendes, il faut entendre les quatre premiers jours de chaque mois.

de bon jugement et d'une riche taille ; ses membres supérieurs seront plus gros que les inférieurs, la poitrine large, sera grand coureur, colérique, d'un regard perçant, les jambes déliées, le menton large, le tempérament chaud et sec. Il ne faut point se faire saigner ni médeciner, ni prendre aucun remède. Les années périlleuses sont 12, 22, 39, 47 et 70.

Août. — La Vierge domine depuis le 22 août jusqu'au 22 septembre. L'enfant qui naîtra en ce signe sera doué de belles qualités, aura de beaux talents, bien fait de corps; amateur de la vérité, non trompeur, d'un tempérament triste et sombre, froid et sec ; mais, quoique efféminé, il sera prudent et miséricordieux, sincère dans ses paroles, et fidèle dans ses promesses, se conformant aux sentiments des personnes de bons avis. Il ne faut pas saigner ni prendre médecine sous ce signe. Les années périlleuses sont 16, 28, 42 et 65.

Septembre. — La Balance domine depuis le 23 septembre jusqu'au 23 octobre. L'enfant qui naîtra sous ce signe sera d'une belle figure, médiocre de corps, beau de visage, mais de couleur olivâtre, sera bon chantre et fort éloquent, aimera la justice, et sera fâché du mal d'autrui. Il ne faut pas appliquer aucun remède aux cuisses ni aux reins pendant le cours de ce signe. Les années périlleuses sont 15, 28 et 85.

Octobre. — Le Scorpion domine depuis le 22 octobre jusqu'au 21 novembre. L'enfant qui naîtra en ce signe sera de stature basse et large, aura beaucoup de cheveux, beau de visage, grandes jambes et grands pieds, marchera vite, et sera grand railleur, d'un tempérament froid et humide, d'humeur sombre et frénétique, sera enclin aux noises et à la guerre, quelques-uns même déroberont; il sera capricieux et luxurieux, colérique et fâcheux d'humeur. Il ne faut prendre aucun remède interne sous ce signe. Les années périlleuses sont 16, 28, 42 et 66.

Novembre. — Le Sagittaire domine depuis le 21 novembre jusqu'au 21 décembre. L'enfant qui naîtra sous ce signe sera de couleur pâle, aura de grosses jambes, la face et la barbe longues, la vue fort subtile, les cheveux déliés et blonds, de tempérament chaud et sec, facile à se mettre en colère. Il est bon de se faire saigner, mais il ne faut prendre aucun remède. Les années périlleuses sont 8, 9, 11, 28 et 89.

Décembre. — Le Capricorne domine depuis le 21 décembre jusqu'au 20 janvier. L'enfant qui naîtra sous ce signe aura les jambes menues, sec de corps, aura quelque ressemblance à la chèvre. Il sera mélancolique, et aura le visage maigre, la barbe épaisse et touffue, sera sujet aux douleurs de genoux et de tête; il sera aussi d'humeur fâcheuse avec les siens. Il fait bon en ce signe prendre médecine et se purger. Les années périlleuses sont 8, 18, 32 et 77.

Sapiens dominabitur astris.

Avis nécessaires à toutes personnes pour faire de bonne heure la provision du ménage, observés par les anciens. — Fais provision de blé au mois de septembre. Fais provision de vin en novembre. Fais provision de bois et de beurre en mai. Fais provision de chair à saler en décembre. Fais provision de fruits en août. Fais provision de poisson mariné en janvier. Fais provision d'huile et suif en octobre. Fais provision de confitures en mai et août. Achète des habits portés en temps sans peste. Achète des chaussures au mois de juillet. Achète du fil au mois de mars. Achète bœufs, vaches et brebis en avril. Achète des chevaux en juin. Achète des armes en temps de paix. Achète des héritages en temps de famine. Achète des livres en tout temps, et ne plains point l'argent.

PROSERPINE, épouse de Pluton selon les païens, et reine de l'empire infernal. Selon les démonomanes, Proserpine est archiduchesse et souveraine princesse des esprits malins. Son nom vient de *proserpere*, ramper, serpenter; les interprètes voient en elle le serpent funeste.

PROSTROPHIES, esprits malfaisants qu'il fallait supplier avec ferveur, chez les anciens, pour éviter leur colère.

PRUFLAS ou BUSAS, grand prince et grand duc de l'empire infernal. Il régna dans Babylone, quoiqu'il eût la tête d'un hibou. Il excite les discordes, allume les guerres, les querelles, et réduit à la mendicité; il répond avec profusion à tout ce qu'on lui demande, il a vingt-six légions sous ses ordres (1).

PSEPHOS, sorte de divination où l'on faisait usage de petits cailloux qu'on cachait dans le sable.

PSYCHOMANCIE, divination par les esprits, ou art d'évoquer les morts. *Voy.* Nécromancie.

PSYLLES, peuples de Libye, dont la présence seule charmait le poison le plus subtil des serpents les plus redoutables. Ils prétendaient aussi guérir la morsure des serpents avec leur salive ou par leur simple attouchement. Hérodote prétend que les anciens Psylles périrent dans la guerre insensée qu'ils entreprirent contre le vent du midi, indignés qu'ils étaient de voir leurs sources desséchées.

PSYLOTOXOTES, peuple imaginaire de Lucien. Ils étaient montés sur des puces grosses comme des éléphants.

PUBLIUS. *Voy.* Tête.

PUCEL, grand et puissant duc de l'enfer; il paraît sous la forme d'un ange obscur; il répond sur les sciences occultes; il apprend la géométrie et les arts libéraux; il cause de grands bruits et fait entendre le mugissement des eaux dans les lieux où il n'y en a pas. Il commande quarante-huit légions (2). Il pourrait bien être le même que Pocel.

PUCELLE D'ORLÉANS. *Voy.* Jeanne d'Arc.

PUCES. L'abbé Thiers, parmi les superstitions qu'il a recueillies, rapporte celle-ci :

---

(1) Wierus, in Pseudomonarchia dæm.

(2) *Ibid.*

qu'on peut se prémunir contre la piqûre des puces en disant : *Och, och*.

PUCK, démon familier, célèbre dans le Mecklembourg. *Voy.* DIABLE.

PUNAISES. Si on les boit avec du bon vinaigre, elles font sortir du corps les sangsues que l'on a avalées, sans y prendre garde, en buvant de l'eau de marais (1).

PURGATOIRE. Les juifs reconnaissent une sorte de purgatoire; il dure pendant toute la première année qui suit la mort de la personne décédée. L'âme, durant ces douze mois, a la liberté de venir visiter son corps et revoir les lieux et les personnes pour lesquels elle a eu pendant la vie quelque affection particulière. Le jour du sabbat est pour elle un jour de relâche. Les Kalmoucks croient que les Berrids, qui sont les habitants de leur purgatoire, ressemblent à des tisons ardents et souffrent surtout de la faim et de la soif. Veulent-ils boire, à l'instant ils se voient environnés de sabres, de lances, de couteaux; à l'aspect des aliments, leur bouche se rétrécit comme un trou d'aiguille, leur gosier ne conserve que le diamètre d'un fil, et leur ventre s'élargit et se déploie sur leurs cuisses comme un paquet d'allumettes. Leur nourriture ordinaire se compose d'étincelles. Ceux qui ont dit que le purgatoire n'est séparé de l'enfer que par une grande toile d'araignée ou par des murs de papier qui en forment l'enceinte et la voûte, ont dit des choses que les vivants ne savent pas. Le purgatoire, que rejettent les protestants, est pourtant indiqué suffisamment dans l'Evangile même. Jésus-Christ parle (saint Matthieu, ch. XII) de péchés qui ne sont remis ni dans le siècle présent, ni dans le siècle futur. Quel est ce siècle futur où les péchés ne peuvent être remis? *Voy.* dans le Dictionnaire de théologie de Bergier l'article *Purgatoire*. *Voy.* ENFER dans ce Dictionnaire.

PURRIKEH, épreuve par le moyen de l'eau et du feu, en usage chez les Indiens pour découvrir les choses cachées.

PURSAN ou **CURSON**, grand roi de l'enfer. Il apparaît sous la forme humaine avec une tête de lion; il porte une couleuvre toujours furieuse; il est monté sur un ours et précédé continuellement du son de la trompette. Il connaît à fond le présent, le passé, l'avenir, découvre les choses enfouies, comme les trésors. S'il prend la forme d'un homme, il est aérien; il est le père des bons esprits familiers. Vingt-deux légions reçoivent ses ordres (1).

PUTÉORITES, secte juive dont la superstition consistait à rendre des honneurs particuliers aux puits et aux fontaines.

PYGMÉES, peuple fabuleux qu'on disait avoir existé en Thrace. C'étaient des hommes qui n'avaient qu'une coudée de haut; leurs femmes accouchaient à trois ans et étaient vieilles à huit. Leurs villes et leurs maisons n'étaient bâties que de coquilles d'œufs; à la campagne ils se retiraient dans des trous qu'ils faisaient sous terre. Ils coupaient leurs blés avec des cognées, comme s'il eût été question d'abattre une forêt. Une armée de ces petits hommes attaqua Hercule, qui s'était endormi après la défaite du géant Antée, et prit pour le vaincre les mêmes précautions qu'on prendrait pour former un siège. Les deux ailes de cette petite armée fondent sur la main du héros, et, pendant que le corps de bataille s'attache à la gauche et que les archers tiennent ses pieds assiégés, la reine, avec ses plus braves sujets, livre un assaut à la tête. Hercule se réveille, et, riant du projet de cette fourmilière, les enveloppe tous dans sa peau de lion et les porte à Eurysthée. Les Pygmées avaient guerre permanente contre les grues, qui tous les ans venaient de la Scythie les attaquer. Montés sur des perdrix, ou, selon d'autres, sur des chèvres et des béliers d'une taille proportionnée à la leur, ils s'armaient de toutes pièces pour aller combattre leurs ennemis. Près du château de Morlaix, en Bretagne, il existe, dit-on, des petits hommes d'un pied de haut, vivant sous terre, marchant et frappant sur des bassins. Ils étalent leur or et le font sécher au soleil. L'homme qui tend la main modestement reçoit deux poignées de ce métal; celui qui vient avec un sac dans l'intention de le remplir est éconduit et maltraité, leçon de modération qui tient à des temps reculés (3). *Voy.* NAINS, GNOMES, etc.

PYRAMIDES. Les Arabes prétendent que les pyramides ont été bâties longtemps avant le déluge, par une nation de géants. Chacun d'eux apportait sous son bras une pierre de vingt-cinq aunes.

PYROMANCIE, divination par le feu. On jetait dans le feu quelques poignées de poix broyée; et, si elle s'allumait promptement, on en tirait un bon augure. Ou bien on brûlait une victime, et on prédisait l'avenir sur la couleur et la figure de la flamme. Les démonomanes regardent le devin Amphiaraüs comme l'inventeur de cette divination. Il y avait à Athènes un temple de Minerve Poliade où se trouvaient des vierges occupées à examiner les mouvements de la flamme d'une lampe continuellement allumée. Delrio rapporte que de son temps les Lithuaniens pratiquaient une espèce de pyromancie qui consistait à mettre un malade devant un grand feu; et, si l'ombre formée par le corps était droite et directement opposée au feu, c'était signe de guérison; si l'ombre était de côté, c'était signe de mort.

PYRRHUS. Il avait forcé les habitants de Locres à remettre entre ses mains les trésors de Proserpine. Il chargea ses vaisseaux de ce butin sacrilège et mit à la voile; mais il fut surpris d'une tempête si furieuse, qu'il échoua sur la côte voisine du temple. On retrouva sur le rivage tout l'argent qui avait été enlevé, et on le remit dans le dépôt sacré (4).

PYTHAGORE, fils d'un sculpteur de Sa-

---

(1) Albert le Grand, p. 187.
(2) Wierus, Pseudom. dæm.

(3) Cambry, Voyage dans le Finistère, en 1794.
(4) Valère-Maxime.

mos. Il voyagea pour s'instruire : les prêtres d'Egypte l'initièrent à leurs mystères, les mages de Chaldée lui communiquèrent leurs sciences; les sages de Crète, leurs lumières. Il rapporta dans Samos tout ce que les peuples les plus instruits possédaient de sagesse et de connaissances utiles; mais, trouvant sa patrie sous le joug du tyran Polycrate, il passa à Crotone, où il éleva une école de philosophie dans la maison du fameux athlète Milon. C'était vers le règne de Tarquin le Superbe. Il enseignait la morale, l'arithmétique, la géométrie et la musique. On le fait inventeur de la métempsycose. Il paraît que, pour étendre l'empire qu'il exerçait sur les esprits, il ne dédaigna pas d'ajouter le secours des prestiges aux avantages que lui donnaient ses connaissances et ses lumières. Porphyre et Jamblique lui attribuent des prodiges ; il se faisait entendre et obéir des bêtes mêmes. Une ourse faisait de grands ravages dans le pays des Dauniens; il lui ordonna de se retirer : elle disparut. Il se montra avec une cuisse d'or aux jeux Olympiques; il se fit saluer par le fleuve Nessus ; il arrêta le vol d'un aigle ; il fit mourir un serpent; il se fit voir, le même jour et à la même heure, à Crotone et à Métaponte. Il vit un jour, à Tarente, un bœuf qui broutait un champ de fèves; il lui dit à l'oreille quelques paroles mystérieuses qui le firent cesser pour toujours de manger des fèves (1). On n'appelait plus ce bœuf que le bœuf sacré, et, dans sa vieillesse, il ne se nourrissait que de ce que les passants lui donnaient. Enfin, Pythagore prédisait l'avenir et les tremblements de terre avec une adresse merveilleuse; il apaisait les tempêtes, dissipait la peste, guérissait les maladies d'un seul mot ou par l'attouchement. Il fit un voyage aux enfers, où il vit l'âme d'Hésiode attachée avec des chaînes à une colonne d'airain, et celle d'Homère pendue à un arbre au milieu d'une légion de serpents, pour toutes les fictions injurieuses à la divinité dont leurs poëmes sont remplis. Pythagore intéressa les femmes au succès de ses visions, en assurant qu'il avait vu dans les enfers beaucoup de maris très-rigoureusement punis pour avoir maltraité leurs femmes, et que c'était le genre de coupables le moins ménagé dans l'autre vie. Les femmes furent contentes, les maris eurent peur, et tout fut reçu. Il y eut encore une circonstance qui réussit merveilleusement : c'est que Pythagore, au moment de son retour des enfers, et portant encore sur le visage la pâleur et l'effroi qu'avait dû lui causer la vue de tant de supplices, savait parfaitement tout ce qui était arrivé sur la terre pendant son absence.

PYTHONISSE D'ENDOR. L'histoire de la pythonisse dont il est parlé dans le vingt-huitième chapitre du premier livre des Rois a exercé beaucoup de savants, et leurs opinions sont partagées. Les uns croient que cette femme évoqua véritablement l'âme de Samuel, et les autres n'en sont nullement persuadés. Le cardinal Bellarmin, qui est de la première opinion, appuie fort sur les paroles de la pythonisse, qui dit « qu'elle a vu un homme haut, avec sa robe, et que par là Saül connut que ce devait être Samuel. » Il y a dans l'hébreu *Elohim*, qui, par quelques-uns a été traduit *des dieux, un dieu, un homme divin, un grand homme*; par Jonathan, l'*ange du Seigneur* : et ceux qui sont faits au style de l'Écriture se souviendront du vingt-deuxième chapitre de l'Exode : *Tu ne médiras point d'Elohim* ou de l'ange du Seigneur, c'est-à-dire des magistrats, des juges du peuple et des prophètes. Dans le verset douzième elle dit qu'elle a vu Samuel; et c'est une manière de parler dans toutes les langues, où l'on appelle du nom des choses la plupart de celles qui les représentent. Nicolas de Lyra dit à ce propos : *Rerum similitudines in sacra Scriptura frequenter nominantur nominibus ipsorum.* Quand Pharaon vit sept vaches grasses et sept vaches maigres, sept épis de blé qui étaient sortis d'un tuyau et sept autres qui étaient flétris, il ne vit ni ces épis, ni ces vaches, puisqu'il songea seulement qu'il les voyait. Où il est dit que Saül connut que ce devait être Samuel, le mot hébreu a été rendu par *crut, s'imagina, se mit dans l'esprit;* et l'opinion de saint Augustin est que Satan, qui se transforme quelquefois en ange de lumière, apparut sous la forme de Samuel à la pythonisse.

Rabby Ménassé Ben Israël qui, dans le deuxième livre de la Résurrection des morts, chap. 6, ne trouve point de fondement dans l'opinion de saint Augustin, établit pour une maxime indubitable qu'il y a certains esprits qui peuvent remettre dans le corps les âmes de ceux qui n'ont plus de vie, parce que l'âme n'est pas tout à fait absente du corps la première année qui suit la mort (2); que dans ce temps-là elle y peut rentrer et en sortir, et qu'après ce temps elle ne dépend plus de ces esprits. Mais il raisonne sur une fausseté, qu'il suppose comme une vérité indubitable, avec la plupart des talmudistes. Quoique Saül soit mort sept mois après Samuel, comme le croient quelques-uns, cela ne fait rien pour Ménassé, qui ne s'en rapporte qu'à ses rabbins, fort persuadés, avec l'auteur du Juchasin, qu'il y a eu deux années entières entre la mort de l'un et de l'autre. Si ces esprits dont il parle sont des démons, les âmes des bienheureux ne peuvent être de leur dépendance; et si ces esprits sont eux-mêmes bienheureux, ils n'envient point la félicité de leurs semblables et ne pourront pas les rendre sujets au pouvoir prétendu d'une pythonisse. *Quidam dicunt Samuelem vere revocatum esse,* dit Procope de Gaza, sur le verset: J'ai vu un grand homme qui montait : *Quid magis impium est, quam si dicamus dæmones incantamentis curiosorum, in animas potestatem habere, in quas, quoad homines vixerunt, potes-*

---

(1) Les Pythagoriciens respectaient tellement les fèves, que non-seulement ils n'en mangeaient point, mais même il ne leur était pas permis de passer dans un champ de fèves, de peur d'écraser quelque parent dont elles pouvaient loger l'âme.

(2) Voyez PURGATOIRE.

tatem nullam habuerunt? On peut cependant remarquer ici que Saül, qui auparavant avait tâché d'exterminer tous les devins, était persuadé du contraire, puisqu'il demande à cette femme qu'elle lui fasse voir Samuel; et c'est de là qu'elle eut une occasion de le tromper, comme l'a remarqué Van Dale, dans son livre des Oracles, qu'il a donné au public.

En effet, quoiqu'elle feignît de ne point connaître ce premier roi des Israélites qui s'était déguisé et avait changé d'habit, il ne pouvait pas lui être inconnu ; son palais ne devait pas être fort éloigné de la maison de la pythonisse ; et il était assez remarquable par sa beauté, puisqu'il était le plus beau des Israélites, et par sa taille, puisqu'il surpassait les autres hommes de toute la tête. Ajoutez que toute cette pièce fut jouée par la pythonisse que Saül interrogea sans avoir rien vu ; il y avait peut-être quelque muraille ou quelque autre séparation entre lui et elle. Comme elle connaissait le trouble d'esprit où était le roi pour ce que Samuel lui avait prédit, et que les armées des Israélites et des Philistins étaient en présence, elle put lui dire fort sûrement : « Toi et ton fils serez demain avec moi, ou vous ne serez plus au monde. » Pour ne pas porter son coup à faux, elle se servit du mot *machar*, demain, qui signifie un temps à venir indéfini, bientôt, comme on le peut voir dans le Deutéronome, chap. vi, vers. 20, et dans Josué, chap. iv, vers. 6. *Objicere aliquis posset*, ajoute Procope de Gaza, *ignorantiam mortis Saulis; non enim postero die, sed diebus aliquot interjectis, videtur obiisse. Nisi dicamus*, etc. Ainsi la scène a pu se passer naturellement, sans le secours de la magie, par la seule adresse d'une femme qui devait être assez bien instruite dans son métier (1).

PYTHONS. Les Grecs nommaient ainsi, du nom d'Apollon Pythien, les esprits qui aidaient à prédire les choses futures, et les personnes qui en étaient possédées. La Vulgate se sert souvent de ce terme pour exprimer les devins, les magiciens, les nécromanciens. La sorcière qui fit apparaître devant Saül l'ombre de Samuel est appelée la Pythonisse d'Endor. *Voy.* l'art. précédent. On dit aussi esprit de Python pour esprit de devin. Les prêtresses de Delphes s'appelaient Pythonisses ou Pythées. Python, dans la mythologie grecque, est un serpent qui naquit du limon de la terre après le déluge. Il fut tué par Apollon, pour cela surnommé Pythien.

QUEIRAN (Isaac), sorcier de Nérac, arrêté à Bordeaux où il était domestique, à l'âge de vingt-cinq ans. Interrogé comment il avait appris le métier de sorcier, il avoua qu'à l'âge de dix ou douze ans, étant au service d'un habitant de la Bastide d'Armagnac, un jour qu'il allait chercher du feu chez une vieille voisine, elle lui dit de se bien garder de renverser deux pots qui étaient devant la cheminée: ils étaient pleins de poison que Satan lui avait ordonné de faire. Cette circonstance ayant piqué sa curiosité, après plusieurs questions, la vieille lui demanda s'il voulait voir le grand maître des sabbats et son assemblée. Elle le suborna de sorte qu'après l'avoir oint d'une graisse dont il n'a pas vu la couleur ni senti l'odeur, il fut enlevé et porté dans les airs jusqu'au lieu où se tenait le sabbat. Des hommes et des femmes y criaient et y dansaient ; ce qui l'ayant épouvanté, il s'en retourna. Le lendemain, comme il passait par la métairie de son maître, un grand homme noir se présenta à lui et lui demanda pourquoi il avait quitté l'assemblée où il avait promis à la vieille de rester ? Il s'excusa sur ce qu'il n'y avait là rien à faire pour lui ; et il voulut continuer son chemin. Mais l'homme noir lui déchargea un coup de gaule sur l'épaule, en lui disant : — Demeure, je te baillerai bien chose qui t'y fera venir. Ce coup lui fit mal pendant deux jours, et il s'aperçut que ce grand homme noir l'avait marqué sur le bras auprès de la main ; la peau en cet endroit paraissait noire et tannée. Un autre jour, comme il traversait le pont de la rivière qui est près de la Bastide, le même homme noir lui apparut de nouveau, lui demanda s'il se ressouvenait des coups qu'il lui avait donnés, et s'il voulait le suivre. Il refusa. Le diable aussitôt l'ayant chargé sur son cou, voulut le noyer ; mais le pauvre garçon cria si fort, que les gens d'un moulin voisin de là étant accourus, le vilain noir fut obligé de fuir. Enfin le diable l'enleva un soir dans une vigne qui appartenait à son maître, et le conduisit, quoi qu'il en eût, au sabbat ; il y dansa et mangea comme les autres. Un petit démon frappait sur un tambour pendant les danses, jusqu'à ce que le diable, ayant entendu les coqs chanter, renvoya tout son monde. Interrogé s'il n'avait pas fait quelques maléfices, Queiran répondit qu'il avait maléficié un enfant dans la maison où il avait servi ; qu'il lui avait mis dans la bouche une boulette que le diable lui avait donnée, laquelle avait rendu cet enfant muet pendant trois mois. Après avoir été entendu en la chambre de la Tournelle, où il fut reconnu pour un bandit qui faisait l'ingénu, Queiran fut condamné au supplice le 8 mai 1609 (2).

QUESTION. *Voy.* Insensibilité.

QUEYS, mauvais génies chez les Chinois.

QUINTILLIANISTES. Une femme de la secte des caïnites, nommée Quintille, vint

---

(1) Chevræana, tom. I*er*. p. 284.
(2) Delancre, Tableau de l'inconstance des dém., etc., p. 145 et suiv.

en Afrique du temps de Tertullien et y pervertit plusieurs personnes. On appela quintillianistes les abominables sectateurs qu'elle forma. Il paraît qu'elle ajoutait encore d'horribles pratiques aux infamies des caïnites. *Voy.* CAÏN.

QUIRIM, pierre merveilleuse qui, suivant les démonographes, placée sur la tête d'un homme durant son sommeil, lui fait dire tout ce qu'il a dans l'esprit. — On l'appelle aussi *pierre des traîtres*.

R

RABBATS, lutins qui font du vacarme dans les maisons et empêchent les gens de dormir. On les nomme rabbats parce qu'ils portent une bavette à leur cravate, comme les gens qu'on appelle en Hollande *consolateurs des malades*, et qui ne consolent personne.

RABBINS, docteurs juifs qui furent longtemps soupçonnés d'être magiciens et d'avoir commerce avec les démons (1).

RABDOMANCIE, divination par les bâtons. C'est une des plus anciennes superstitions. Ezéchiel et Osée reprochent aux Juifs de s'y laisser tromper. On dépouillait, d'un côté et dans toute sa longueur, une baguette choisie; on la jetait en l'air; si en retombant elle présentait la partie dépouillée, et qu'en la jetant une seconde fois elle présentât le côté revêtu de l'écorce, on en tirait un heureux présage. Si au contraire elle tombait une seconde fois du côté pelé, c'était un augure fâcheux. Cette divination était connue chez les Perses, chez les Tartares et chez les Romains. La baguette divinatoire, qui a fait grand bruit sur la fin du XVII° siècle, tient à la rabdomancie. *Voy.* BAGUETTE. Bodin dit qu'une sorte de rabdomancie était d'un temps en vigueur à Toulouse; qu'on marmottait quelques paroles; qu'on faisait baiser les deux parties d'un certain bâton fendu, et qu'on en prenait deux parcelles qu'on pendait au cou pour guérir la fièvre quarte.

RACHADERS, génies malfaisants des Indiens.

RADCLIFFE (ANNE), Anglaise qui publia, il y a quarante ans, des romans pleins de visions, de spectres et de terreurs, comme les *Mystères d'Udolphe*, etc.

RAGALOMANCIE, divination qui se faisait avec des bassinets, des osselets, de petites balles, des tablettes peintes, et que nul auteur n'a pu bien expliquer (2).

RAGE. Pour être guéri de la rage, des écrivains superstitieux donnent ce conseil: On mangera une pomme ou un morceau de pain dans lequel on enfermera ces mots: *Zioni, Kirioni Ezzeza;* ou bien on brûlera les poils d'un chien enragé, on en boira la cendre dans du vin, et on guérira (3).

RAGINIS, espèce de fées chez les Kalmouks. Elles habitent le séjour de la joie, d'où elles s'échappent quelquefois pour venir au secours des malheureux. Mais elles ne sont pas toutes bonnes; c'est comme chez nous.

RAHOUART, démon que nous ne connaissons pas. Dans la *Moralité* du mauvais riche et du ladre, imprimée à Rouen, sans date, chez Durzel, et jouée à la fin du quinzième siècle, Satan a pour compagnon le démon Rahouart. C'est dans la hotte de Rahouart qu'ils emportent l'âme du mauvais riche quand il est mort.

RAIZ (GILLES DE LAVAL DE), maréchal de France, qui fut exécuté comme convaincu de sorcellerie, d'abominations et surtout d'affreux brigandages, au quinzième siècle. Après avoir vainement cherché à faire de l'or par les secrets de l'alchimie, cet homme voulut commercer avec le diable. Deux charlatans abusèrent de sa crédulité; l'un se disait médecin du Poitou, l'autre était Italien. Le prétendu médecin lui vola son argent et disparut. Prélati était de Florence; il fut présenté au maréchal comme magicien et habile chimiste. Il n'était ni l'un ni l'autre, mais adroit fripon : il s'entendait avec Sillé, l'homme d'affaires du maréchal. Prélati fit une évocation; Sillé, habillé en diable, se présenta avec d'horribles grimaces. Le maréchal voulait avoir une conversation; la scène devint embarrassante, car Sillé n'osait parler. Pour gagner du temps, l'Italien imagina de faire signer un pacte au seigneur de Raiz; par ledit pacte, il promettait au diable de lui donner tout ce qu'il lui demanderait, excepté son âme et sa vie. Il s'engageait, et il le devait signer de son sang, à faire des encensements et des offrandes en l'honneur du diable; il s'obligeait à lui offrir en sacrifice le cœur, une main, les yeux et le sang d'un enfant. Le jour choisi pour ce contrat, le maréchal se rendit au lieu désigné, marmottant des formules, craignant et espérant de voir le diable. Prélati se fatigua en évocations solennelles; le maréchal, malgré sa bonne volonté, ne vit rien du tout. Il paraîtrait assez, par ce que dit Lobineau, que ce seigneur était devenu fou. Gilles de Raiz s'abandonnait aux plus infâmes débauches; et, par un dérèglement inconcevable, les victimes de ses affreuses passions n'avaient de charmes pour lui que dans le moment qu'elles expiraient. Cet homme effroyable se divertissait aux mouvements convulsifs que donnaient à ces malheureux les approches de la mort, qu'il leur faisait lui-même souffrir de sa propre main. Par les procès-verbaux qui furent dressés et par sa propre confession, le nombre des enfants qu'il fit mourir dans les châteaux de Machecoul et de Chantocé se

---

(1) Leloyer, Hist. des spectres ou apparit. des esprits, p. 291.
(2) Delancre, Incrédulité et mécréance du sortilège pleinement convaincues, p. 278.
(3) Lemnius.

montait à plus de cent; et on ne compte pas dans ce nombre ceux qu'il avait immolés à Nantes, à Vannes et ailleurs. Sa hideuse folie est d'autant plus constatée, qu'on avéra qu'il était sorti un jour de son château pour aller voler des enfants à Nantes, au lieu de prendre le chemin de Jérusalem, comme il l'avait annoncé. Sur le cri public, le duc Jean V le fit prisonnier; les juges de l'Eglise se disposaient à le juger comme hérétique et comme sorcier; le parlement de Bretagne le décréta de prise de corps comme homicide. Il parut donc devant un tribunal composé de laïques et d'ecclésiastiques : il injuria ces derniers et voulut décliner leur juridiction : J'aimerais mieux être pendu par le cou, leur disait-il, que de vous répondre. Ce qui tenait à la religion donnait d'étranges convulsions à ce maudit. Mais la crainte d'être appliqué à la torture le fit tout confesser devant l'évêque de Saint-Brieuc et le président Pierre de l'Hôpital. Le président le pressa de dire par quel motif il avait fait périr tant d'innocents, et brûlé ensuite leurs corps; le maréchal impatienté lui dit : — Hélas! monseigneur, vous vous tourmentez, et moi avec; je vous en ai dit assez pour faire mourir dix mille hommes. Le lendemain, le maréchal en audience publique réitéra ses aveux. Il fut condamné à être brûlé vif, le 25 octobre 1440. L'arrêt fut exécuté dans le pré de la Madeleine, près de Nantes (1).

RALDE (MARIE DE LA), sorcière qu'on arrêta à l'âge de dix-huit ans, au commencement du dix-septième siècle. Elle avait débuté dans le métier à dix ans, conduite au sabbat pour la première fois par la sorcière Marissane. Après la mort de cette femme, le diable, selon la procédure, la mena lui-même à son assemblée, où elle avoua qu'il se tenait en forme de tronc d'arbre. Il semblait être dans une chaire, et avait quelque ombre humaine *fort ténébreuse*. Cependant elle l'a vu aussi sous la figure d'un homme ordinaire, tantôt rouge, tantôt noir. Il s'approchait souvent des enfants, tenant un fer chaud à la main; mais elle ignore s'il les marquait. Elle n'avait jamais baisé le diable; mais elle avait vu comment on s'y prenait : le diable présentait sa figure ou son derrière, *le tout à sa discrétion et comme il lui plaisait*. Elle ajouta qu'elle aimait tellement le sabbat, qu'il lui semblait aller à la noce, « non pas tant par la liberté et licence qu'on y a, mais parce que le diable tenait tellement liés leur cœur et leurs volontés, qu'à peine y laissait-il entrer nul autre désir. » En outre, les sorcières y entendaient une musique harmonieuse, et le diable leur persuadait que l'enfer n'est qu'une *niaiserie*, que le feu qui brûle continuellement n'est qu'artificiel. Elle dit encore qu'elle ne croyait pas faire mal d'aller au sabbat, et que même elle avait bien du plaisir à la célébration de la messe qui s'y disait, où le diable se faisait passer pour le vrai Dieu. Cependant elle voyait à l'élévation l'hostie noire (2). Il ne paraît pas que Marie de la Ralde ait été brûlée, mais on ignore ce que les tribunaux en firent.

RALEIGH (WALTER), courtisan célèbre de la reine Elisabeth. Il se vante d'avoir vu, dans l'Amérique du Sud, des sauvages trois fois aussi grands que les hommes ordinaires, des cyclopes qui avaient les yeux aux épaules, la bouche sur la poitrine et la chevelure au milieu du dos.

RAMBOUILLET. Le marquis de Rambouillet et le marquis de Précy, jeunes seigneurs de la cour de Louis XIV, tous deux âgés de vingt-cinq à trente ans, étaient intimes amis. Un jour qu'ils s'entretenaient des affaires de l'autre monde, après plusieurs discours qui témoignaient assez qu'ils n'étaient pas trop persuadés de tout ce qui s'en dit, ils se promirent l'un à l'autre que le premier qui mourrait en viendrait apporter des nouvelles à son compagnon. Au bout de trois mois, le marquis de Rambouillet partit pour la Flandre, où Louis XIV faisait alors la guerre. Le marquis de Précy, arrêté par une grosse fièvre, demeura à Paris. Six semaines après, Précy entendit, sur les six heures du matin, tirer les rideaux de son lit; et, se tournant pour voir qui c'était, il aperçut le marquis de Rambouillet, en buffle et en bottes. Il sortit de son lit, voulant sauter à son cou et lui témoigner la joie qu'il avait de son retour; mais Rambouillet, reculant de quelques pas, lui dit que ses caresses n'étaient plus de saison; qu'il ne venait que pour s'acquitter de la parole qu'il lui avait donnée; qu'il avait été tué la veille; que tout ce que l'on disait de l'autre monde était très-certain; qu'il devait songer à vivre d'une autre manière; et qu'il n'avait pas de temps à perdre, parce qu'il serait tué lui-même dans la première affaire où il se trouverait. On ne saurait exprimer la surprise où fut le marquis de Précy à ce discours. Ne pouvant croire ce qu'il entendait, il fit de nouveaux efforts pour embrasser son ami, qu'il croyait le vouloir abuser. Mais il n'embrassa que du vent; et Rambouillet, voyant qu'il était incrédule, lui montra l'endroit où il avait reçu le coup de la mort; il était dans les reins, et le sang paraissait encore couler. Après cela, le fantôme disparut, laissant Précy dans une frayeur plus aisée à comprendre qu'à décrire. Il appela son valet de chambre, et réveilla toute la maison par ses cris. Plusieurs personnes accoururent; il conta à tous ce qu'il venait de voir. tout le monde attribua cette vision à l'ardeur de la fièvre qui pouvait altérer son imagination; on le pria de se recoucher, lui remontrant qu'il fallait qu'il eût rêvé ce qu'il disait. Au désespoir de voir qu'on le prît pour un visionnaire, le marquis répéta toutes les circonstances qu'on vient de lire; mais il eut beau protester qu'il avait vu et entendu son ami, on demeura toujours dans la même pensée, jusqu'à ce que la poste de Flandre, par laquelle on apprit la mort du marquis de

---

(1) M. Garinet, Hist. de la magie en France, p. 103.
(2) Delancre, Tableau de l'inconstance des dém., etc., liv. II, p. 127.

Rambouillet, fût arrivée. Cette première circonstance s'étant trouvée véritable, et de la manière que l'avait dit Précy, ceux à qui il avait conté l'aventure commencèrent à s'étonner ; Rambouillet ayant été tué précisément la veille du jour qu'il avait dit, il était impossible qu'il l'eût appris naturellement. Dans la suite, Précy voulut aller, pendant les guerres civiles, au combat de Saint-Antoine ; il y fut tué.....

RAOLLET (Jacques), loup-garou de la paroisse de Maumusson, près de Nantes, qui fut arrêté et condamné à mort par le parlement d'Angers. Durant son interrogatoire, il demanda à un gentilhomme qui était présent s'il ne se souvenait pas d'avoir tiré de son arquebuse sur trois loups ; celui-ci ayant répondu affirmativement, il avoua qu'il était l'un des trois loups, et que, sans l'obstacle qu'il avait eu en cette occasion, il aurait dévoré une femme qui était près du lieu. Rickius dit que, lorsque Raollet fut pris, il avait les cheveux flottants sur les épaules, les yeux enfoncés dans la tête, les sourcils refrognés, les ongles extrêmement longs ; qu'il puait tellement qu'on ne pouvait s'en approcher. Quand il se vit condamné par la cour d'Angers, il ajouta à ses aveux qu'il avait mangé des charrettes ferrées, des moulins à vent, des avocats, procureurs et sergents, disant que cette dernière viande était tellement dure et si mal assaisonnée, qu'il n'avait pu la digérer (1).....

RAT. Pline dit que, de son temps, la rencontre d'un rat blanc était de bon augure. Les boucliers de Lavinium, rongés par les rats, présagèrent un événement funeste, et la guerre des Marses, qui survint bientôt après, donna un nouveau crédit à cette superstition. Le voile de Proserpine était parsemé de rats brodés. Les peuples de Bassora et de Cambaie se feraient un cas de conscience de nuire à ces animaux, qu'ils révèrent. Les matelots donnent aux rats une prescience remarquable : — Nous sommes condamnés, disent-ils par un calme plat ou par quelque autre accident ; il n'y a pas un seul rat à bord !... Ils croient que les rats abandonnent un bâtiment qui est destiné à périr. *Voy.* Hatton et Poppiel.

RAUM, grand comte du sombre empire ; il se présente sous la forme d'un corbeau lorsqu'il est conjuré. Il détruit des villes, donne des dignités. Il est de l'ordre des trônes et commande trente légions (2).

RED CAP, lutin écossais. *Voy.* Diable. *Voy.* aussi Reid.

REGARD. *Voy.* Yeux.

REGENSBERG. *Voy.* Démons familiers.

REGIOMONTANUS. *Voy.* Muller.

REID (Thomas). Le 8 novembre 1576, Elisabeth ou Bessie Dunlop, épouse d'André Jack, demeurant à Lyne, au comté d'Ayr, fut accusée de magie, de sorcellerie et de déception pratiquées sur les gens du peuple. Ses réponses aux interrogatoires des juges furent curieuses. Comme on lui demandait par quel art elle pouvait dire où se trouvaient certains objets perdus, et prophétiser l'issue d'une maladie, elle répliqua que, par elle-même, elle n'avait ni connaissance ni science aucune sur de telles matières ; mais qu'elle avait l'habitude de s'adresser à un certain Thome Reid, mort à la bataille de Pinkie (le 10 septembre 1547), qui lui résolvait toutes les questions qu'elle lui faisait. Elle décrivait ce personnage comme un homme respectable, à barbe grise, portant un justaucorps gris, avec d'amples manches, suivant la vieille mode. Une culotte grise, des bas blancs attachés au-dessus des genoux, un bonnet noir, fermé par derrière et ouvert par devant, un bâton blanc à la main, complétaient sa mise. Interrogée sur sa première entrevue avec ce mystérieux Thome Reid, elle fit un exposé des malheurs qui l'avaient portée à se servir de lui. Elle conduisait ses vaches au pâturage, gémissant sur son mari et son fils malades, tandis qu'elle-même n'était pas bien portante, attendu qu'elle relevait de couches. Elle rencontra alors Thome Reid pour la première fois : il la salua. — Bessie, lui dit-il, comment pouvez-vous tant vous désoler pour les choses de ce monde ? — N'ai-je pas raison de m'affliger, répondit-elle, puisque nos biens dépérissent, que mon mari est sur le point de mourir, que mon nouveau-né ne vivra point, et que je suis moi-même encore si faible ? — Bessie, répliqua le revenant, le fantôme ou l'esprit, vous avez déplu à Dieu, en lui demandant une chose que vous n'auriez pas dû lui demander ; et je vous conseille de réparer votre faute. Je vous le dis, votre enfant mourra avant que vous ne soyez rentrée à la maison ; vos deux brebis mourront aussi, mais votre mari recouvrera la santé et sera aussi robuste que jamais. La pauvre femme, dans sa desolation, se soutint un peu en apprenant qu'au moins son mari serait épargné ; mais elle fut très-alarmée de voir l'homme surnaturel qui l'avait accostée passer devant elle et disparaître par un petit trou dans le mur de l'enclos. Une autre fois, elle le rencontra à l'Epine de Dawmstarnik, et il lui offrit l'abondance de tous les biens, si elle abjurait le christianisme et la foi de son baptême. Elle répondit qu'elle aimerait mieux être traînée à quatre chevaux que d'en rien faire, mais qu'elle se conformerait à ses avis sur des points moins importants. Il la quitta avec déplaisir. Bientôt après il apparut vers l'heure de midi dans sa maison, où se trouvaient alors son mari et trois matelots. Ni André Jack, ni les trois matelots, ne remarquèrent la présence du fantôme tué à Pinkie ; de sorte que, sans être aperçu d'eux, il emmena Bessie près du four. Là il lui montra une réunion de huit femmes et de quatre hommes. Les femmes, enveloppées dans leurs manteaux, avaient bonne mine. Ces étrangers la saluèrent en disant : Bonjour, Bessie, veux-tu venir avec nous ? Elle garda le silence, comme Thome Reid le lui avait re-

---

(1) Rickius, Discours de la Lycanthropie, p. 18.

(2) Wierus, in Pseudom. daem.

commandé. Elle vit leurs lèvres remuer ; mais elle ne comprit pas ce qu'ils disaient, et peu après ils s'éloignèrent avec le bruit d'une tempête. Thome lui expliqua que c'étaient les fées de la cour d'Elfland qui venaient l'inviter à aller avec elles. Bessie répliqua qu'avant de prendre ce parti elle avait besoin de réfléchir. — Ne vois-tu pas, repartit Thome, que je suis bien nourri, bien vêtu, et que j'ai bonne tournure? Puis il l'assura qu'elle jouirait d'une aisance plus grande que jamais. Mais elle déclara qu'elle était à son mari et à sa religion, et qu'elle ne voulait pas les quitter. Quoiqu'ils fussent ainsi en désaccord, le fantôme continua cependant à la voir fréquemment et à l'aider de ses conseils : lorsqu'on la consultait sur les maladies des hommes ou des animaux, sur la manière de recouvrer des objets perdus ou volés, elle était, en prenant l'avis de Thome Reid, toujours capable de répondre aux questions. Elle disait que Thome lui avait, de sa propre main, remis les herbes dont elle s'était servie pour guérir les enfants de John Jack et de Wilson de Townhead. Elle avait aussi secouru efficacement une femme de chambre de la jeune lady Stanlie, dont la maladie était « un sang chaud qui se portait sur le cœur, » et qui lui causait des évanouissements fréquents. En cette circonstance, Thome composa un remède puissant : c'était de l'ale qu'il avait fait bouillir avec des épices et un peu de sucre blanc, le tout devant être bu chaque matin à jeun. Pour cette ordonnance, les honoraires de Bessie Dunlop furent une mesure de farine et un morceau de fromage. La jeune femme se rétablit. Mais la pauvre vieille lady Kilbowie ne put guérir sa jambe qui était torse depuis longues années, car Thome Reid dit que la moelle de l'os avait péri et que le sang s'était glacé. Ces opinions indiquent du moins de la prudence et du bon sens, que nous les attribuions à Thome Reid ou à l'accusée dont il était le patron. Les réponses faites en cas d'objets volés étaient pleines d'adresse, et quoiqu'elles servissent rarement à faire rentrer les gens dans leurs biens, elles donnaient généralement de bonnes raisons. Ainsi le manteau de Hugues Scott ne put être rattrapé, parce que les voleurs avaient eu le temps d'en faire un justaucorps. James Jamieson et James Baird eussent retrouvé leurs charrues de fer qu'on leur avait volées, sans la volonté du destin qui décida que William Dougal, officier du shériff, un de ceux qui faisaient des perquisitions, recevrait un présent de trois livres pour ne pas les retrouver. Bref, quoiqu'elle eût perdu un cordon que Thome Reid lui avait donné, et qui, attaché autour du cou des femmes en mal d'enfant, avait le pouvoir de mener leur délivrance à bien, la profession de sage-femme qu'elle exerçait semble avoir prospéré jusqu'à l'heure où elle attira sur elle le mauvais œil de la loi. Interrogée plus minutieusement au sujet de son familier, elle déclara ne l'avoir jamais connu pendant qu'il était en ce monde ; mais elle savait de science certaine que, durant sa vie sur la terre, Thome Reid avait été officier du laird de Blair, et qu'il était mort à Pinkie. Il l'envoyait chez son fils, qui lui avait succédé dans sa charge, et chez d'autres de ses parents, à qui il ordonnait de réparer certaines fautes qu'il avait commises sa vie durant ; et dans ces occasions il lui remettait toujours des signes auxquels on le reconnaissait. Une de ces commissions était assez remarquable. Bessie était chargée de rappeler à un voisin certaines particularités qui devaient lui revenir dans la mémoire, lorsqu'elle lui dirait que Thome Reid et lui étaient partis ensemble pour la bataille du samedi noir ; que l'individu à qui s'adressait le message inclinait pour prendre une direction différente, mais que Thome Reid l'avait menacé de poursuivre sa route seul ; qu'il l'avait mené à l'église de Dalry ; que là il avait acheté des figues, et qu'il lui en avait fait cadeau en les attachant dans son mouchoir ; qu'après cela ils étaient allés de compagnie au champ où se livra la bataille du fatal samedi noir, comme on appela longtemps la bataille de Pinkie. Quant aux habitudes de Thome, elle disait qu'il se conduisait toujours avec la plus stricte décence, sinon quand il la pressait de venir à Elfland avec lui, et qu'il la prenait par son tablier pour l'entraîner. Elle disait encore l'avoir vu dans des lieux publics, dans le cimetière de Dalry et dans les rues d'Edimbourg, où il se promenait, prenant les marchandises exposées en vente sans que personne s'en aperçût. Elle ne lui parlait pas alors, car il avait défendu de l'accoster en pareilles occasions, à moins qu'il n'adressât le premier la parole. Interrogée pourquoi cet être incompréhensible s'était attaché à elle plutôt qu'à d'autres, l'accusée répondit qu'un jour qu'elle était couchée dans son lit, prête à donner naissance à un de ses enfants, une grande femme était entrée dans sa cabane, s'était assise sur le bord de son lit, et que sur sa demande, on lui avait donné à boire. Cette visite avait précédé la rencontre de Thome Reid près du jardin de Montcastle ; car ce digne personnage lui avait expliqué que la grande visiteuse était la reine des fées ; et que, depuis, lui-même l'avait servie par ordre exprès de cette dame, sa reine et maîtresse. Thome apparaissait devant Bessie après trois sommations ; son commerce avec elle dura près de quatre ans. Il la priait souvent de venir avec lui lorsqu'il s'en retournait à Elfland ; et quand elle le refusait, il secouait la tête en disant qu'elle s'en repentirait. Bessie Dunlop déclara encore qu'un jour, allant mettre son bidet aux ceps près du lac Restalrig, à la porte orientale d'Edimbourg, elle avait entendu passer un corps de cavalerie qui faisait un tapage horrible ; que ce tapage s'était éloigné et avait paru se perdre dans le lac avec d'affreux retentissements. Pendant tout le vacarme elle n'avait rien vu. Mais Thome lui avait dit que le tapage était produit par une cavalcade des fées. L'intervention de Thome

Reid, comme associé dans son métier de sorcière, ne servit de rien à la pauvre Bessie Dunlop. Les terribles mots écrits sur la marge de l'arrêt: «Convaincue et brûlée,» indiquent suffisamment la fin tragique de l'héroïne de cette curieuse histoire (1).

RELIGION. Toutes les erreurs sont filles de la vérité, mais des filles perdues, qui ne savent plus reconnaître leur mère. Toutes les fausses religions ainsi n'ont d'autre source que la vraie religion. Brama est Abraham, prodigieusement travesti. Bacchus, Janus, Saturne, sont des charges grotesques dont le type est Noé; ses trois fils sont les trois grands dieux Jupiter, Neptune et Pluton. Ce n'est pas ici le lieu de le démontrer; la thèse a été savamment établie.

Le diable s'est un peu mêlé de la chose; et comme des lunes, des semaines et des jours on a fait des années et des siècles, pour donner à ces mythologies quelque antiquité granitique, on les a fortifiées dans leur essence, qui est l'erreur.

La religion de Bouddha, par exemple, est une singerie très-singulière du christianisme. Seulement née au II° ou au III° siècle, les savants chinois doublent son âge et la font remonter au voisinage du déluge; assertion aussi fondée que les généalogies merveilleuses de nos vieux chroniqueurs, qui posent à la tête des Francs quatrevingts rois successifs avant Pharamond.

Mais puisque nous parlons du bouddhisme, si peu connu, laissons en dire quelques mots à M. J.-J. Ampère, dont on sait les savantes et profondes études:

« Le bouddhisme, dit-il, contient une métaphysique et une mythologie, la première très-abstraite, la seconde très-abondante et très-confuse. Les bouddhistes ne manquèrent certes pas de l'imagination nécessaire pour composer une mythologie. Cependant ils ont trouvé commode de s'emparer de la mythologie toute faite du brahmanisme, sans renoncer à y joindre leurs propres inventions: d'ailleurs c'est du brahmanisme qu'ils sont sortis; ils ont été d'abord une secte réformée qui, peu à peu, est devenue une religion indépendante et hostile. Aussi ils ne rejettent point Brahma, ils ne l'excluent point du panthéon bouddhique, mais ils lui assignent une place inférieure à Bouddha.

« Cette place varie dans les divers traités mythologiques. Tantôt on lui donne à gouverner la plus grande des trois agrégations de l'univers, qui contient, avec beaucoup d'autres choses, mille millions de soleils; c'est ce qu'on peut appeler un pis-aller assez consolant et une retraite fort honorable; tantôt il est un personnage beaucoup moins imposant, il est seulement « le premier des vingt dieux qui sont nommés comme ayant des fonctions et une protection à exercer à l'égard des autres êtres: on lui donne le titre de roi, faible dédommagement du rang de Dieu suprême; il est strict observateur des préceptes et sait gouverner la troupe des brahmanes. » Ici l'arrogance du culte nouveau et triomphant perce à travers les hommages un peu dérisoires qu'elle accorde à l'ancienne divinité détrônée par Bouddha. C'est comme le pacifique royaume du Latium donné au bonhomme Saturne en dédommagement de l'Olympe où s'assied Jupiter.

« Ailleurs le bouddhisme a pactisé moins arrogamment avec le brahmanisme. Il a conservé à la trinité brahmanique son triple rôle de création, de conservation et de destruction; seulement il a fait émaner les trois grands dieux, Brahma, Vichnou et Siva, ainsi que les dieux inférieurs du suprême Bouddha....

« Mais arrivons aux légendes sur Bouddha. « L'histoire réelle du personnage qui a fondé le bouddhisme et lui a donné son nom est impossible à retrouver... Il paraît que Bouddha est né aux environs d'Aoude, et, au sud, sa prédication n'a pas passé le Gange.

« Voilà à peu près tout ce que l'on peut dire historiquement de ce grand réformateur, dans lequel ses sectateurs ont vu une incarnation divine, incarnation qui a été précédée et sera suivie d'une infinité d'incarnations du même genre, de milliers d'autres Bouddhas.

« De plus, les nombreuses nations qui ont adopté le bouddhisme ont prêté à son fondateur des aventures plus extraordinaires les unes que les autres. L'imagination avait un champ presque illimité pour les produire; car Bouddha a parcouru une série incalculable d'existences. « Le nombre de mes naissances et de mes morts, dit-il, ne peut se comparer qu'à celui des arbres et des plantes de l'univers entier. On ne pourrait compter les corps que j'ai eus. Moi-même je ne puis énoncer les renouvellements et destructions du ciel et de la terre que j'ai vus... » Ainsi, on n'eut pas à rêver seulement une vie, mais des vies innombrables de Bouddha. Et la légende put se multiplier à l'infini comme le dieu lui-même.

« Bouddha a une biographie antérieure à sa naissance. Il a commencé par être un homme ordinaire cherchant la sagesse. Puis, de degrés en degrés, à travers des millions d'existences, il s'est élevé au rang de boddisatva (uni à l'intelligence); il a été roi de l'univers; il est monté au ciel de Brahma; il a été Brahma; la durée de la vie d'un Brahma est de deux régénérations du monde, ou deux mille six cent quatre-vingt-huit millions d'années. Il était à la fois un dieu dans le ciel, et sur la terre un saint roi. Mais dans cet état de béatitude, Bouddha est saisi du désir de sauver les hommes.... Il veut témoigner sa commisération pour toutes les douleurs, et *faire tourner la roue* pour tous les êtres vivants...

« La légende a diversifié de plusieurs manières le sentiment de mélancolie sublime qui saisit Bouddha à la vue de la misère humaine, et lui fait prendre la résolution de sauver, d'affranchir l'homme de la douleur,

---

(1) Walter Scott, Histoire de la démonomanie et des sorciers.

c'est-à-dire, dans le point de vue du quiétisme bouddhique, de le tirer de la sujétion des existences changeantes et périssables, soumises aux troubles et à la souffrance, pour l'élever à l'état de repos immuable qui résulte de l'union de l'intelligence avec la substance infinie d'où elle émane.

« Bouddha dit, dans une légende citée par M. Rémusat : « Les animaux qui affligent tous les êtres, les erreurs auxquelles ils sont en proie et qui les écartent de la droite voie, leur chute dans le séjour des grandes ténèbres, les douleurs sans fin qui les tourmentent sans qu'ils aient un libérateur ou un protecteur, leur font invoquer ma puissance et mon nom. Mais leurs souffrances, que mon œil céleste me fait voir, que mon oreille céleste me fait entendre, et auxquelles je ne puis porter remède, me troublent au point de m'empêcher d'atteindre à l'état de pure intelligence (1). »

« Ailleurs, la légende raconte comment Sakya-Mouni, le dernier apparu des Bouddhas, le fondateur du bouddhisme actuel, a été amené à sa résolution d'affranchir l'homme et de sauver le monde.

Bouddha est fils d'un roi puissant qui, le voyant triste et rêveur, lui a donné trois épouses accomplies. Chacune d'elles a vingt mille vierges à son service, toutes d'une exquise beauté et pareilles aux nymphes du ciel. Malgré ces soixante mille femmes, qui toutes s'occupent à le soigner et à l'amuser par leurs concerts, le jeune prince n'ouvre point son âme à la joie. Il est tourmenté du désir de connaître la vraie doctrine : les ministres de son père conseillent de faire voyager le prince pour le distraire de sa méditation. Mais un dieu qui veut l'y ramener se place quatre fois devant ses pas, sous un déguisement différent. C'est d'abord sous l'aspect d'un vieillard.

« Le prince demande : Qu'est-ce que cet homme ? et ses serviteurs lui répondent : C'est un homme vieux. Qu'est-ce que c'est que vieux ? demande-t-il encore, et on lui fait une peinture énergique et lugubre des misères de cet homme, « dont les organes sont usés, dont la forme est changée, qui a le teint flétri, la respiration faible, et dont les forces sont épuisées ; il ne digère plus ce qu'il mange ; ses articulations se disloquent ; s'il se couche ou s'assied, il a besoin des autres ; s'il parle, c'est pour regretter ou pour se plaindre ; le reste de sa vie n'est propre à rien. Voilà ce qu'on appelle un vieillard. » Le jeune prince, après avoir fait lui-même quelques réflexions sur la vieillesse qu'il compare à un char brisé, revient plus triste qu'il n'était parti. « La douleur qu'il avait eue, pensant que tous étaient soumis à cette grave infortune, ne lui permit de goûter aucune joie. »

« Le prince sort de nouveau. Son père avait défendu que rien de fétide ou d'immonde se trouvât sur la route. Mais le dieu, qui d'abord s'était déguisé en vieillard, prend cette fois la forme d'un malade gisant au bord du chemin. « Ses yeux ne voyaient pas les couleurs, ses oreilles n'entendaient pas les sons, ses pieds et ses mains cherchaient le vide ; il appelait son père et sa mère, et s'attachait douloureusement à sa femme et à son enfant. » Le prince demanda : Qu'est ceci ? Ses serviteurs lui répondirent : C'est un malade. Qu'est-ce qu'un malade ? reprit le prince. Ils répondirent : L'homme est formé de quatre éléments. Chaque élément a cent et une maladies qui se succèdent alternativement. Suit une peinture de l'état de maladie. Le prince réfléchit que lui-même peut être semblable à ce malheureux ; il pense à la triste condition des hommes, et il s'écrie : « Je regarde le corps comme une goutte de pluie ; quel plaisir peut-on goûter dans le monde ? »

« Un autre jour, le dieu se changea en un homme mort qu'on portait hors de la ville. Le prince demanda : Qu'est-ce que cela ? Les serviteurs lui répondirent : C'est un mort. Qu'est-ce qu'un mort ? reprit le prince. Ici, un horrible tableau des suites physiques de la mort. Le prince poussa un long soupir, prononça quelques vers mélancoliques, et s'en revint à son palais, considérant tristement que tous les êtres vivants étaient soumis aux tourments et aux douleurs de la vieillesse, de la maladie et de la mort. Il en était tellement attristé, qu'il ne mangeait plus.

« Enfin, le dieu se déguise en religieux, et révèle au prince la vraie doctrine, par laquelle on s'élève au-dessus des misères de la vie et des vicissitudes de l'être, en supprimant les désirs, et en atteignant, par la quiétude, à la simplicité du cœur. Quand un homme est parvenu à ce point d'abnégation, les sons et les couleurs ne peuvent le souiller, les dignités ne peuvent le fléchir ; il est immobile comme la terre, il est délivré de l'affliction et de la douleur, et il obtient le salut par l'extinction.

« Telles sont les quatre initiations par lesquelles cette curieuse légende conduit le fondateur du bouddhisme à l'absorption suprême, morne refuge offert par cette religion contemplative et mélancolique contre l'agitation, la douleur, la mortalité, essence de la vie.

« Dans la suite de la légende, le dieu emploie un autre moyen pour éclairer Bouddha sur la misère des êtres vivants. Les ministres du roi, voulant toujours distraire le jeune prince, proposent de lui faire voir les travaux de l'agriculture. « Le prince considérait ceux qui labouraient ; en creusant la terre, on en fit sortir des vers.... Le dieu fit aussitôt paraître un crapaud qui les poursuivit et les avala ; puis un serpent à replis tortueux sortit d'un trou et dévora le cra-

---

(1) Le Bouddha, qui se plaint avec tant de grandeur de la tristesse que lui causent les souffrances des êtres, a eu, dans les superstitions populaires de la Chine, une destinée misérable. Elles ont fait de lui une divinité femelle d'un ordre subalterne ; et il a fini par donner son nom de Poussa à ces figures arrondies par la base, dont le balancement grotesque a eu parmi nous un succès de vogue, les années précédentes, à l'époque des étrennes.

paud; un paon s'abattit en volant et piqua le serpent; un faucon se saisit du paon et le dévora; un vautour fondit sur le faucon à son tour, et le mangea. » Bouddha est ému de compassion en voyant que tous les êtres vivants s'entre-dévorent ainsi, et ce mouvement de pitié l'élève à son premier degré de contemplation.

« De peur qu'il n'hésite encore à se séparer du monde, les dieux appellent l'esprit de satiété dans son palais. Tandis qu'on dormait, toutes les parties du palais furent changées en tombeaux; les femmes du prince et leurs suivantes changées en cadavres, dont les ossements étaient dispersés. Le prince, voyant les salles du palais changées en tombeaux, et, parmi ces tombeaux, les oiseaux de proie, les renards, les loups, les oiseaux qui volent et les bêtes qui marchent; voyant que tout ce qui existe est comme une illusion, un changement, un songe, une voix, que tout retourne au vide, et qu'il faut être insensé pour s'y attacher, fait seller son cheval, et va dans la solitude et la contemplation s'affranchir des douleurs des trois mondes.

« Dans ces légendes poétiques et populaires respirent les deux sentiments qui ont inspiré le bouddhisme, une profonde commisération pour la souffrance universelle des êtres, et par suite une aversion quiétiste pour la vie, un besoin immense d'échapper aux troubles de l'existence, de se plonger, de se noyer dans l'océan de l'infini, pour ne plus sentir à la surface l'agitation des flots...

« Tous les pays où le bouddhisme s'est établi offrent des traces de la présence de son fondateur et des merveilles qu'il a opérées. L'on montre l'empreinte de son pied dans une foule de lieux; la plus célèbre est celle de Ceylan, où des chrétiens ont cru voir un vestige de la présence d'Adam. Souvent ces traditions locales sont extrêmement puériles (1); mais il en est aussi de touchantes, il en est qui expriment d'une manière naïve le sentiment d'humanité, qui est le plus beau trait de la morale bouddhique et de la vie légendaire de Bouddha.

« Ainsi on pourrait être ému en voyant le lieu où Bouddha, fuyant ses ennemis et abandonnant son royaume, trouva un pauvre brahmane qui demandait l'aumône. Ayant perdu son royaume et son rang, n'ayant plus rien, il commanda qu'on le liât lui-même et qu'on le livrât au roi son ennemi, afin que l'argent qu'on donnerait pour lui servît d'aumône...

« Une foule d'actes que la légende attribue à Bouddha expriment, sous une forme souvent bizarre, son dévouement universel, son inépuisable amour pour tous les êtres. Il fait l'aumône de ses yeux, l'aumône de sa tête, il livre son corps à un tigre qui mourait de faim pour lui sauver la vie.

« L'histoire du pot d'or de Foë, que « de pauvres gens parviennent à remplir avec quelques fleurs, tandis que des gens riches, qui apporteraient des fleurs en offrandes, pourraient en mettre mille ou dix mille grandes mesures, sans jamais parvenir à le remplir; » cette histoire gracieuse est presque aussi touchante que notre vieille légende française du *Barizel*, ce baquet merveilleux que n'avaient pu remplir tous les fleuves, toutes les fontaines, toutes les mers, mais qu'une larme de repentir comble et fait déborder.

« En général, la morale bouddhique respire une mansuétude et une tendresse qui embrasse tous les hommes et s'étend jusqu'aux animaux. Cette charité peut-être extrême les considère aussi comme le prochain de l'homme. Grâce au bouddhisme, la peine de mort était abolie vers le temps d'Attila, dans le pays occupé aujourd'hui par les féroces Afhgans. Le jugement de Dieu y était en vigueur, mais sous une forme bénigne. Il ne s'agissait point de saisir un fer rouge, ou de passer à travers la flamme d'un bûcher, comme dans les anciennes mœurs de l'Inde et de l'Europe. Quand deux personnes avaient une contestation, elles prenaient médecine, le crime avait infailliblement la colique, et l'innocence ne s'en portait que mieux...

« Plusieurs des pratiques de dévotion usitées dans les couvents bouddhiques rappellent des pratiques monacales ou ecclésiastiques de l'Europe. Chaque monastère a des reliques de Bouddha. Ici c'est une de ses dents, là un os de son crâne; c'est son bâton, son manteau, sa marmite; la plus étrange des reliques de Bouddha, c'est son ombre. Aucune des observances machinales qu'on a pu reprocher à l'ascétisme matériel de l'Espagne n'approche de l'usage singulier des roues de prière. On colle sur ces roues ou cylindres des morceaux de papier sur lesquels sont écrites diverses oraisons. Au lieu de réciter les oraisons, on tourne la roue, et cette opération compte aux assistants comme s'ils eussent récité la prière. C'est prier à tour de bras. Dans certains endroits, on a tellement simplifié le travail, que les roues en question tournent par l'effet d'un poids suspendu comme un tourne-broche, ou du vent, comme les moulins. Ces dévots sont pour la prière comme était pour la danse cet envoyé persan qui, dans un bal, s'émerveillait de ces gens qui dansaient *eux-mêmes*... Eux aussi ont trop de la superbe apathie orientale pour prier eux-mêmes. Il ne manque à cette sublime invention bouddhique que l'application de la machine à vapeur: mais les Anglais sont dans l'Inde, et il ne faut désespérer de rien. »

REMMON, *Voy.* Rimmon.

REMORDS. Voici sur ce sujet, qui a produit bien des spectres, une ballade populaire allemande, dont nous regrettons de ne pouvoir nommer le traducteur:

« La duchesse d'Orlamunde a deux enfants de son premier mari, qui l'a laissée veuve. Elle s'éprend du comte de Nuremberg; ce

---

(1) Telle est celle de l'ermite du grand arbre, qui maudit quatre-vingt-dix-neuf femmes, lesquelles au même moment devinrent toutes bossues.

dernier lui dit qu'il ne peut l'épouser : il y a dans sa maison quatre yeux qui l'en empêchent ; ces yeux funestes sont ceux des enfants de la veuve. Poussée au crime par la passion, elle charge un de ses gens, nommé dans le conte, *le chasseur farouche*, de tuer les pauvres petits. La mauvaise mère détache de son voile de veuve les épingles que l'assassin doit enfoncer dans la cervelle des enfants, lorsqu'ils seront à jouer. Ainsi armé, il s'avance vers eux ; il les trouve jouant dans la grande salle du château. Aujourd'hui même on a conservé le souvenir des rimes puériles que prononcent les enfants de la duchesse au milieu de leurs jeux ; elles sont encore répétées par les petits garçons dans la haute Lusace. La scène de l'assassinat des enfants est aussi touchante que celle où Shakspeare montre le jeune Arthur priant Hubert de ne pas crever ses petits yeux.

« Le garçon promet au meurtrier son duché s'il veut lui laisser la vie. La petite fille lui offre toutes ses poupées, et enfin son oiseau favori. Il refuse. L'oiseau, devenu le persécuteur du meurtrier, le suit partout, en lui répétant le nom de l'enfant qu'il a égorgée. « Mon Dieu ! mon Dieu ! s'écrie-t-il, où fuirai-je cet oiseau qui me poursuit de tous côtés ! Il ne cesse de me redire le nom de cette enfant ! O mon Dieu ! où aller mourir ! »

« Dans son désespoir, il se brise le crâne, et « les deux enfants, dit la ballade, restent dans leurs cercueils de marbre, sans que la corruption défigure leurs petits corps innocents, dont la pureté défie la mort. »

RÉMORE, poisson sur lequel on a fait bien des contes. « Les rémores, dit Cyrano de Bergerac, qui était un plaisant, habitent vers l'extrémité du pôle, au plus profond de la mer Glaciale ; et c'est la froideur évaporée de ces poissons, à travers leurs écailles, qui fait geler en ces quartiers-là l'eau de la mer, quoique salée. La rémore contient si éminemment tous les principes de la froidure, que, passant par-dessous un vaisseau, le vaisseau se trouve saisi de froid, en sorte qu'il en demeure tout engourdi jusqu'à ne pouvoir démarrer de sa place. La rémore répand autour d'elle tous les frissons de l'hiver. Sa sueur forme un verglas glissant. C'est un préservatif contre la brûlure..... » Rien n'est plus singulier, dit le P. Lebrun, que ce qu'on raconte de la rémore. Aristote, Ælian, Pline, assurent qu'elle arrête tout court un vaisseau voguant à pleines voiles. Mais ce fait est absurde et n'a jamais eu lieu ; cependant plusieurs auteurs l'ont soutenu, et ont donné, pour cause de cette merveille, une qualité occulte. Ce poisson, qu'on nomme à présent *succet*, est grand de deux ou trois pieds. Sa peau est gluante et visqueuse. Il s'attache et se colle aux requins, aux chiens de mer ; il s'attache aussi aux corps inanimés ; de sorte que, s'il s'en trouve un grand nombre collés à un navire, ils peuvent bien l'empêcher de couler légèrement sur les eaux, mais non l'arrêter.

REMURES. *Voy.* LÉMURES et MANES.

RENARDS. Les sintoïstes, secte du Japon, ne reconnaissent d'autres diables que les âmes des méchants, qu'ils logent dans le corps des renards, animaux qui font beaucoup de ravages en ce pays. *Voy.* LUNE.

RÉPARÉ. Un homme qui s'appelait Réparé, et un soldat qui se nommait Etienne, firent avant de mourir, et par une faveur spéciale, le voyage de l'autre monde ; du moins on en a écrit la légende, qui est peut-être tout simplement un petit conte moral. Ils virent, dans une caverne, quelques démons qui élevaient un bûcher pour y brûler un défunt dont la vie était impure. Ils aperçurent un peu plus loin une maison enflammée, où l'on jetait un grand nombre de coupables qui brûlaient comme du bois sec. Il y avait auprès de cette maison une place fermée de hautes murailles, où l'on était continuellement exposé au froid, au vent, à la pluie, à la neige, où les patients souffraient une faim et une soif perpétuelles, sans pouvoir rien avaler. On dit à l'homme qui se nommait Réparé, et au soldat qui s'appelait Etienne, que ce triste gîte était le purgatoire. A quelques pas de là, ils furent arrêtés par un feu qui s'élevait à perte de vue ; ils virent arriver un diable portant un cercueil sur ses épaules. Réparé demanda pour qui on allumait le grand feu. Mais le démon qui portait le cercueil déposa sa charge, et la jeta dans les flammes sans dire un mot. Les deux voyageurs passèrent. Après avoir parcouru divers autres lieux, où ils remarquèrent plusieurs scènes infernales, ils arrivèrent devant un pont qu'il fallut traverser. Ce pont était bâti sur un fleuve noir et bourbeux, dans lequel on voyait barboter des défunts d'un aspect effroyable. On l'appelait *le Pont des épreuves*; celui qui le passait sans broncher était juste et entrait dans le ciel, au lieu que le pécheur tombait dans le fleuve. Quoique ce pont n'eût pas six pouces de largeur, Réparé le traversa heureusement ; mais le pied d'Etienne glissa au milieu du chemin ; ce pied fut empoigné aussitôt par des hommes noirs qui l'attirèrent à eux. Le pauvre soldat se croyait perdu ; des anges arrivèrent, le saisirent par les bras, le disputèrent aux hommes noirs, et après de longs débats, l'emportèrent de l'autre côté du pont. — Vous avez bronché, lui dirent-ils, parce que vous êtes trop mondain ; et nous sommes venus à votre secours, parce que vous faites des aumônes. Les deux voyageurs virent alors le paradis, dont les maisons étaient d'or et les campagnes couvertes de fleurs odorantes ; et les anges les renvoyèrent sur la terre, en leur recommandant de profiter de ce qu'ils avaient vu.

REPAS DU MORT, cérémonie funéraire en usage chez les anciens Hébreux et chez d'autres peuples. Dans l'origine, c'était simplement la coutume de faire un repas sur le tombeau de celui qu'on venait d'inhumer. Plus tard on y laissa des vivres, dans l'opinion que les morts venaient les manger.

RÉSURRECTION. Les Parsis ou Guèbres

pensent que les gens de bien, après avoir joui des délices de l'autre monde pendant un certain nombre de siècles, rentreront dans leurs corps et reviendront habiter la même terre où ils avaient fait leur séjour pendant leur première vie ; mais cette terre, purifiée et embellie, sera pour eux un nouveau paradis. Les habitants du royaume d'Ardra, sur la côte occidentale d'Afrique, s'imaginent que ceux qui sont tués à la guerre sortent de leurs tombeaux au bout de quelques jours et reprennent une vie nouvelle. Cette opinion est une invention de la politique pour animer le courage des soldats. Les amantas, docteurs et philosophes du pays, croyaient la résurrection universelle, sans pourtant que leur esprit s'élevât plus haut que cette vie animale pour laquelle ils disaient que nous devions ressusciter, et sans attendre ni gloire ni supplice. Ils avaient un soin extraordinaire de mettre en lieu de sûreté les rognures de leurs ongles et de leurs cheveux, et de les cacher dans les fentes ou dans les trous de muraille. Si, par hasard, ces cheveux et ces ongles venaient à tomber à terre avec le temps, et qu'un Indien s'en aperçût, il ne manquait pas de les relever de suite et de les serrer de nouveau. — Savez-vous bien, disaient-ils à ceux qui les questionnaient sur cette singularité, que nous devons revivre dans ce monde, et que les âmes sortiront des tombeaux avec tout ce qu'elles auront de leurs corps ? Pour empêcher donc que les nôtres ne soient en peine de chercher leurs ongles et leurs cheveux (car il y aura ce jour-là bien de la presse et bien du tumulte), nous les mettons ici ensemble, afin qu'on les trouve plus facilement.

Gaguin, dans sa description de la Moscovie, dit que, dans le nord de la Russie, les peuples meurent le 27 novembre, à cause du grand froid, et ressuscitent le 24 avril : ce qui est, à l'instar des marmottes, une manière commode de passer l'hiver. *Voy.* GABINIUS, PAMILIUS DE PRÈRES, THESPÉSIUS, VAMPIRES, etc.

RETZ. Le cardinal de Retz, n'étant encore qu'abbé, avait fait la partie de passer une soirée à Saint-Cloud, dans la maison de l'archevêque de Paris, son oncle, avec madame et mademoiselle de Vendôme, madame de Choisi, le vicomte de Turenne, l'évêque de Lisieux, et MM. de Brion et Voiture. On s'amusa tant, que la compagnie ne put s'en retourner que très-tard à Paris. La petite pointe du jour commençait à paraître (on était alors dans les plus grands jours d'été) quand on fut au bas de la descente des Bons-Hommes. Justement au pied, le carrosse s'arrêta tout court. « Comme j'étais à l'une des portières avec mademoiselle de Vendôme, dit le cardinal dans ses *Mémoires*, je demandai au cocher pourquoi il s'arrêtait ? Il me répondit, avec une voix tremblante : — Voulez-vous que je passe par-dessus tous les diables qui sont là devant moi ? Je mis la tête hors de la portière, et, comme j'ai toujours eu la vue fort basse, je ne vis rien. Madame de Choisi, qui était à l'autre portière avec M. de Turenne, fut la première qui aperçut du carrosse la cause de la frayeur du cocher ; je dis du carrosse, car cinq ou six laquais, qui étaient derrière, criaient : *Jesus, Maria!* et tremblaient déjà de peur. M. de Turenne se jeta en bas aux cris de madame de Choisi. Je crus que c'étaient des voleurs : je sautai aussitôt hors du carrosse ; je pris l'épée d'un laquais et j'allai joindre M. de Turenne que je trouvai regardant fixement quelque chose que je ne voyais point. Je lui demandai ce qu'il regardait, et il me répondit, en me poussant du bras et assez bas : — Je vous le dirai ; mais il ne faut pas épouvanter ces dames, qui, à la vérité, hurlaient plutôt qu'elles ne criaient. Voiture commença un *oremus*; madame de Choisi poussait des cris aigus ; mademoiselle de Vendôme disait son chapelet ; madame de Vendôme voulait se confesser à M. de Lisieux, qui lui disait : — Ma fille, n'ayez point de peur, vous êtes en la main de Dieu. Le comte de Brion avait entonné bien tristement les litanies de la sainte Vierge. Tout cela se passa, comme on peut se l'imaginer, en même temps et en moins de rien. M. de Turenne, qui avait une petite épée à son côté, l'avait aussi tirée, et, après avoir un peu regardé, comme je l'ai déjà dit, il se tourna vers moi de l'air dont il eût donné une bataille, et me dit ces paroles : — *Allons voir ces gens-là !* — Quelles gens ? lui repartis-je ; — et dans la vérité, je croyais que tout le monde avait perdu le sens. Il me répondit : — Effectivement je crois que ce pourraient bien être des diables. Comme nous avions déjà fait cinq ou six pas du côté de la Savonnerie, et que nous étions par conséquent plus proches du spectacle, je commençai à entrevoir quelque chose, et ce qui m'en parut fut une longue procession de fantômes noirs, qui me donna d'abord plus d'émotion qu'elle n'en avait donné à M. de Turenne, mais qui, par la réflexion que je fis que j'avais longtemps cherché des esprits, et qu'apparemment j'en trouverais en ce lieu, me fit faire deux ou trois sauts vers la procession. Les pauvres augustins déchaussés, que l'on appelle capucins noirs, et qui étaient nos prétendus diables, voyant venir à eux deux hommes qui avaient l'épée à la main, eurent encore plus peur. L'un d'eux, se détachant de la troupe, nous cria : — Messieurs, nous sommes de pauvres religieux, qui ne faisons de mal à personne, et qui venons nous rafraîchir un peu dans la rivière pour notre santé. Nous retournâmes au carrosse, M. de Turenne et moi, avec des éclats de rire que l'on peut s'imaginer. »

RÊVE. Au bon temps de la loterie royale, les bonnes femmes croyaient que, quand on dormait, le petit doigt de la main gauche dans la main droite, on était assuré de voir en rêve une multitude d'ambes, de ternes et de quaternes (1). Un homme rêvait qu'il mangeait la lune. Ce rêve le frappe ; il se

---

(1) Musnier des Closeaux, les Mères d'actrices.

lève encore à moitié endormi, il court à sa fenêtre ; regardant au ciel, il ne voit plus que la moitié de cet astre..... ; il s'écrie : — Mon Dieu ! vous avez bien fait de me réveiller ; car, avec l'appétit que j'avais, la pauvre lune, je l'aurais mangée tout entière. *Voy.* Songes.

RÉVEILLE-MATIN. Les Flamands appellent cette plante *le lait du diable* (Duivelsmelk).

RÉVÉLATIONS. Un citoyen d'Alexandrie vit, sur le minuit, des statues d'airain se remuer et crier à haute voix que l'on massacrait à Constantinople l'empereur Maurice et ses enfants ; ce qui se trouva vrai. Mais la révélation ne fut publiée qu'après que l'événement fut connu. L'archevêque Angelo-Catto (Philippe de Comines l'atteste) connut la mort de Charles le Téméraire, qu'il annonça au roi Louis XI, à la même heure qu'elle était arrivée. Les prodiges faux sont toujours des singeries de vrais miracles. Pareillement une foule de révélations supposées ont trouvé le moyen de se faire admettre, parce qu'il y a eu des révélations vraies. Nous ne parlons pas de la révélation, qui est un des fondements de notre foi, et sans laquelle rien ne peut s'expliquer dans l'homme.

REVENANTS. On débite, comme une chose assurée, qu'un revenant se trouve toujours froid quand on le touche. Cardan et Alessandro-Alessandri sont des témoins qui l'affirment. Cajetan en donne la raison, qu'il a apprise de la bouche d'un esprit, lequel, interrogé à ce sujet par une sorcière, lui répondit *qu'il fallait que la chose fût ainsi.* La réponse est satisfaisante. Elle nous apprend au moins que le diable se sauve quelquefois par le pont aux ânes. Dom Calmet raconte qu'une jeune fille, nommée Catherine, du pays des Itans, au Pérou, mourut à seize ans, coupable de plusieurs sacriléges. Son corps, immédiatement après sa mort, se trouva si infect, qu'il fallut le mettre hors du logis. On entendit en même temps tous les chiens hurler ; un cheval, jusque-là fort doux, commença à ruer, à s'agiter, à frapper des pieds, à rompre ses liens. Un jeune homme couché fut tiré par le bras et jeté hors de son lit. Une servante reçut un coup de pied à l'épaule, sans voir qui le lui donnait ; elle en porta les marques plusieurs semaines. Tout ceci arriva avant que le corps de Catherine fût inhumé. Après son enterrement, plusieurs habitants du lieu virent quantité de briques et de tuiles renversées avec grand fracas dans la maison où elle était décédée. La servante fut traînée par le pied, sans qu'il parût personne qui la touchât, et cela en présence de sa maîtresse et de dix ou douze autres femmes. La même servante, entrant le lendemain dans une chambre, aperçut la défunte Catherine qui s'élevait sur la pointe du pied pour saisir un vase de terre posé sur une corniche ; elle était tout en feu et jetait des flammes par la bouche et par toutes les jointures du corps. Elle lui confessa qu'elle était damnée, et pria la servante de jeter par terre et d'éteindre un cierge bénit, qu'elle tenait à la main, disant qu'il augmentait son mal. La fille se sauva aussitôt ; mais le spectre prit le vase, la poursuivit et le lui jeta avec force. La maîtresse, ayant entendu le coup, accourut, vit la servante toute tremblante, le vase en mille pièces, et reçut pour sa part un coup de brique qui ne lui fit heureusement pas grand mal. Le lendemain, une image du crucifix, collée contre le mur, fut tout d'un coup arrachée en présence de tout le monde et brisée en trois pièces. On reconnut là que l'esprit était réellement damné : on le chassa par des exorcismes.... Mais tous les revenants n'ont pas de tels symptômes. — Un italien, retournant à Rome après avoir fait enterrer son ami de voyage, s'arrêta le soir dans une hôtellerie où il coucha. Étant seul et bien éveillé, il lui sembla que son ami mort, tout pâle et décharné, lui apparaissait et s'approchait de lui. Il leva la tête pour le regarder et lui demanda en tremblant qui il était. Le mort ne répond rien, se dépouille, se met au lit et se serre contre le vivant, comme pour se réchauffer. L'autre, ne sachant de quel côté se tourner, s'agite et repousse le défunt. Celui-ci, se voyant ainsi rebuté, regarde de travers son ancien compagnon, se lève du lit, se rhabille, chausse ses souliers et sort de la chambre, sans plus apparaître. Le vivant a rapporté qu'ayant touché dans le lit un des pieds du mort, il l'avait trouvé plus froid que la glace. Cette anecdote peut n'être qu'un conte. En voici une autre qui est plus claire : Un aubergiste d'Italie, qui venait de perdre sa mère, étant monté le soir dans la chambre de la défunte, en sortit hors d'haleine, en criant à tous ceux qui logeaient chez lui que sa mère était revenue et couchée dans son lit ; qu'il l'avait vue, mais qu'il n'avait pas eu le courage de lui parler. Un ecclésiastique qui se trouvait là voulut y monter ; toute la maison se mit de la partie. On entra dans la chambre, on tira les rideaux du lit, et on aperçut la figure d'une vieille femme, noire et ridée, coiffée d'un bonnet de nuit, et qui faisait des grimaces ridicules. On demanda au maître de la maison si c'était bien là sa mère ? — Oui, s'écria-t-il, oui, c'est elle ; ah ! ma pauvre mère ! Les valets la reconnurent de même. Alors le prêtre lui jeta de l'eau bénite sur le visage. L'esprit, se sentant mouillé, sauta à la figure de l'abbé. Tout le monde prit la fuite en poussant des cris. Mais la coiffure tomba et on reconnut que la vieille femme n'était qu'un singe. Cet animal avait vu sa maîtresse se coiffer, il l'avait imitée.

L'auteur de *Paris, Versailles et les provinces au dix-huitième siècle* raconte une histoire de revenant assez originale. M. Bodry, fils d'un riche négociant de Lyon, fut envoyé, à l'âge de vingt-deux ans, à Paris, avec des lettres de recommandation de ses parents, pour leur correspondant, dont il n'était pas personnellement connu. Muni d'une somme assez forte pour pouvoir vivre agréablement quelque temps dans la capitale, il s'associa pour ce voyage un de ses amis, extrêmement gai. Mais, en arrivant,

M. Bodry fut attaqué d'une fièvre violente ; son ami, qui resta près de lui la première journée, ne voulait pas le quitter, et se refusait d'autant plus aux instances qu'il lui faisait pour l'engager à se dissiper, que, n'ayant fait ce voyage que par complaisance pour lui, il n'avait aucune connaissance à Paris. M. Bodry l'engagea à se présenter sous son nom chez le correspondant de sa famille, et à lui remettre ses lettres de recommandation, sauf à éclaircir comme il le pourrait l'imbroglio qui résulterait de cette supposition lorsqu'il se porterait mieux. Une proposition aussi singulière ne pouvait que plaire au jeune homme ; elle fut acceptée : sous le nom de M. Bodry, il se rend chez le correspondant, lui présente les lettres apportées de Lyon, joue très-bien son rôle, et se voit parfaitement accueilli. Cependant, de retour au logis, il trouve son ami dans l'état le plus alarmant ; et, nonobstant tous les secours qu'il lui prodigue, il a le malheur de le perdre dans la nuit. Malgré le trouble que lui occasionnait ce cruel événement, il sentit qu'il n'était pas possible de le taire au correspondant de la maison Bodry : mais comment avouer une mauvaise plaisanterie dans une si triste circonstance ? N'ayant plus aucun moyen de la justifier, ne serait-ce pas s'exposer volontairement aux soupçons les plus injurieux, sans avoir, pour les écarter, que sa bonne foi, à laquelle on ne voudrait pas croire ?... Cependant il ne pouvait se dispenser de rester pour rendre les derniers devoirs à son ami ; et il était impossible de ne pas inviter le correspondant à cette lugubre cérémonie. Ces différentes réflexions, se mêlant avec le sentiment de la douleur, le tinrent dans la plus grande perplexité ; mais une idée originale vint tout à coup fixer son incertitude. Pâle, défait par les fatigues, accablé de tristesse, il se présente à dix heures du soir chez le correspondant, qu'il trouve au milieu de sa famille, et qui, frappé de cette visite à une heure indue, ainsi que du changement de sa figure, lui demande ce qu'il a, s'il lui est arrivé quelque malheur... Hélas ! monsieur, le plus grand de tous, répond le jeune homme, d'un ton solennel ; je suis mort ce matin, et je viens vous prier d'assister à mon enterrement, qui se fera demain. Profitant de la stupeur de la société, il s'échappe sans que personne fasse un mouvement pour l'arrêter ; on veut lui répondre ; il a disparu. On décide que le jeune homme est devenu fou, et le correspondant se charge d'aller le lendemain, avec son fils, lui porter les secours qu'exige sa situation. Arrivés en effet à son logement, ils sont troublés d'abord par les préparatifs funéraires ; ils demandent M. Bodry ; on leur répond qu'il est mort la veille et qu'il va être enterré ce matin... A ces mots, frappés de la plus grande terreur, ils ne doutèrent plus que ce ne fût l'âme du défunt qui leur avait apparu, et revinrent communiquer leur effroi à toute la famille, qui n'a jamais voulu revenir de cette idée.

On a pu lire ce qui suit dans plusieurs journaux : Une superstition incroyable a causé récemment un double suicide dans la commune de Bussy-en-Oth, département de l'Aube. Voici les circonstances de ce singulier et déplorable événement (1841) : Un jeune homme des environs était allé à la pêche aux grenouilles, et en avait mis plusieurs toutes vivantes dans un sac. En s'en revenant il aperçoit un paysan qui cheminait à petits pas. Ce bonhomme portait une veste dont la poche était entrebâillée. Le pêcheur trouva plaisant de prendre une de ses grenouilles et de la glisser dans la poche de la veste du paysan. Ce dernier, nommé Joachim Jacquemin, rentre chez lui et se couche, après avoir mis sa veste sur son lit. Au milieu de la nuit il est réveillé par un corps étranger qu'il sent sur sa figure, et qui s'agitait en poussant de petits cris inarticulés. C'était la grenouille qui avait quitté sa retraite, et qui, cherchant sans doute une issue pour se sauver, était arrivée jusque sur le visage du dormeur et s'était mise à coasser. Le paysan n'ose remuer, et bientôt sa visiteuse nocturne disparaît. Mais le pauvre homme, dont l'esprit était d'une grande faiblesse, ne doute pas qu'il n'ait eu affaire à un revenant. Sur ces entrefaites, un de ses amis, voulant lui jouer un tour, vient le prévenir qu'un de ses oncles, qui habite Sens, est mort il y a peu de jours, et il l'engage à se rendre sur les lieux pour recueillir l'héritage. Jacquemin fait faire des vêtements de deuil pour lui et pour sa femme, et se met en route pour le chef-lieu du département de l'Yonne, distant de son domicile de huit lieues. Il se présente à la maison du défunt ; la première personne qu'il aperçoit en entrant, c'est son oncle, tranquillement assis dans un fauteuil, et qui témoigne à son neveu la surprise qu'il éprouve de le voir. Jacquemin saisit le bras de sa femme et se sauve, en proie à une terreur qu'il ne peut dissimuler, et sans donner à son oncle étonné aucune explication. Cependant la grenouille n'avait pas abandonné la demeure du paysan : elle avait trouvé une retraite dans une fente de plancher, et là elle poussait fréquemment des coassements qui jetaient Jacquemin dans des angoisses épouvantables, surtout depuis qu'il avait vu son oncle. Il était convaincu que c'était l'ombre de ce parent qu'il avait aperçue, et que les cris qu'il entendait étaient poussés par lui, qui revenait chaque nuit pour l'effrayer. Pour conjurer le maléfice, Jacquemin fit faire des conjurations, qui restaient inefficaces ; car les coassements n'en continuaient pas moins. Chaque nuit le malheureux se relevait, prenait sa couverture, qu'il mettait sur sa tête en guise de capuce, et chantait devant un bahut qu'il avait transformé en autel. Les coassements continuaient toujours !... Enfin, n'y pouvant plus tenir, le pauvre Jacquemin fit part à quelques personnes de l'intention où il était de se donner la mort, et les pria naïvement de l'y aider ; il acheta un collier en fer, se le mit au cou, et un de ses amis voulut bien serrer la vis pour l'étrangler ; mais il s'arrêta quand il crut que la douleur aurait fait renoncer Jacquemin à son projet. Le paysan choisit un autre moyen et pria une autre personne de l'étouffer entre deux matelas; cette personne feignit d'y consentir, et s'arrêta quand elle pensa que Jacquemin avait assez souffert et que ce serait pour lui une leçon. Mais l'esprit de Jacquemin était trop vivement impressionné, et un malheur était imminent. En effet, un jour, on fut étonné de ne pas l'apercevoir; on fit des recherches dans la maison, et on le trouva pendu dans son grenier. Le lendemain, sa femme, au désespoir de la perte de son mari, se jeta dans une mare où elle trouva aussi la mort.

Et voilà les suites d'une de ces stupides plaisanteries comme les jeunes étourdis en font tant! On conte qu'il y avait dans un village du Poitou un fermier nommé Hervias. Le valet de cet homme pensa qu'il lui serait avantageux d'épouser la fille de la maison, qui s'appelait Catherine et qui était riche. Comme il ne possédait rien, et que pour surcroît la main de la jeune fille était promise à un cousin qu'elle aimait, le valet imagina un stratagème. Un mois avant la noce, comme le fermier se trouvait une certaine nuit plongé dans son meilleur sommeil, il en fut tiré en sursaut par un bruit étrange qui se fit auprès de lui. Une main agita les rideaux de son lit; et il vit au fond de sa chambre un fantôme couvert d'un drap noir sur une longue robe blanche. Le fantôme tenait une torche à demi éteinte à la main droite et une fourche à la gauche. Il traînait des chaînes; il avait une tête de cheval lumineuse. Hervias poussa un gémissement, son sang se glaça; et il eut à peine la force de demander au fantôme ce qu'il voulait. — Tu mourras dans trois jours, répondit brutalement l'esprit, si tu songes encore au mariage projeté entre ta fille et son jeune cousin; tu dois la marier, dans la maison, avec le premier homme que tu verras demain à ton lever. Garde le silence; je viendrai la nuit prochaine savoir ta réponse. En achevant ces mots, le fantôme disparut. Hervias passa la nuit sans dormir. Au point du jour, quelqu'un entra pour lui demander des ordres; c'était le valet. Le fermier fut consterné de la pensée qu'il fallait lui donner sa fille; mais il ne témoigna rien, se leva, alla trouver Catherine et finit par lui raconter le tout. Catherine, désolée, ne sut que répondre. Son jeune cousin vint ce jour-là; elle lui apprit la chose, mais il ne se troubla point. Il proposa à son futur beau-père de passer la nuit dans sa chambre, Hervias y consentit. Le jeune cousin feignit donc de partir le soir pour la ville, et rentra dans la ferme après la chute du jour. Il resta sur une chaise auprès du lit d'Hervias, et tous deux attendirent patiemment le spectre. La fenêtre s'ouvrit vers minuit; comme la veille, on vit paraître le fantôme dans le même accoutrement, il répéta le même ordre. Hervias tremblait, le jeune cousin, qui ne craignait pas les apparitions, se leva et dit: — Voyons qui nous fait des menaces si précises. En même temps il sauta sur le spectre

qui voulait fuir; il le saisit, et, sentant entre ses bras un corps solide, il s'écria: — Ce n'est pas un esprit. Il jeta le fantôme par la fenêtre, qui était élevée de douze pieds. On entendit un cri plaintif. — Le revenant n'osera plus revenir, dit le jeune cousin; allons voir s'il se porte bien. Le fermier ranima son courage autant qu'il put, et descendit avec son gendre futur. On trouva que le prétendu démon était le valet de la maison... On n'eut pas besoin de lui donner des soins; sa chute l'avait assommé, et il mourut au bout de quelques heures; sort fâcheux dans tous les cas.

Dans le château d'Ardivilliers, près de Breteuil, en Picardie, du temps de la jeunesse de Louis XV, un esprit faisait un bruit effroyable. C'étaient toute la nuit des flammes qui faisaient paraître le château en feu, c'étaient des hurlements épouvantables. Mais cela n'arrivait qu'en certain temps de l'année, vers la Toussaint. Personne n'osait y demeurer que le fermier, avec qui l'esprit était apprivoisé. Si quelque malheureux passant y couchait une nuit, il était si bien étrillé qu'il en portait longtemps les marques. Les paysans d'alentour voyaient mille fantômes qui ajoutaient à l'effroi. Tantôt quelqu'un avait aperçu en l'air une douzaine d'esprits au-dessus du château; ils étaient tous de feu et dansaient un branle à la paysanne; un autre avait trouvé, dans une prairie, je ne sais combien de présidents et de conseillers en robe rouge; assis et jugeant à mort un gentilhomme du pays, qui avait eu la tête tranchée il y avait bien cent ans. Plusieurs autres avaient vu, ou tout au moins ouï dire, des merveilles du château d'Ardivilliers. Cette farce dura quatre ou cinq ans, et fit grand tort au maître du château, qui était obligé d'affermer sa terre à très-vil prix. Il résolut enfin de faire cesser la lutinerie, persuadé par beaucoup de circonstances qu'il y avait de l'artifice en tout cela. Il se rend à sa terre vers la Toussaint, couche dans son château et fait demeurer dans sa chambre deux gentilshommes de ses amis, bien résolus, au premier bruit ou à la première apparition, de tirer sur les esprits avec de bons pistolets. Les esprits, qui savent tout, surent apparemment ces préparatifs; pas un ne parut. Ils se contentèrent de traîner des chaînes dans une chambre du haut, au bruit desquelles la femme et les enfants du fermier vinrent au secours de leur seigneur, en se jetant à ses genoux pour l'empêcher de monter dans cette chambre. — Ah! monseigneur, lui criaient-ils, qu'est-ce que la force humaine contre des gens de l'autre monde? Tous ceux qui ont tenté avant vous la même entreprise en sont revenus disloqués. Ils firent tant d'histoires au maître du château, que ses amis ne voulurent pas qu'il s'exposât; mais ils montèrent tous deux à cette grande et vaste chambre où se faisait le bruit, le pistolet dans une main, la chandelle dans l'autre. Ils ne virent d'abord qu'une épaisse fumée, que quelques flammes redoublaient par intervalles. Un instant après, elle s'éclaircit et l'esprit parut confusément au milieu. C'était un grand diable tout noir qui faisait des gambades, et qu'un autre mélange de flammes, et de fumée déroba une seconde fois à la vue. Il avait des cornes, une longue queue. Son aspect épouvantable diminua un peu l'audace de l'un des deux champions : Il y a là quelque chose de surnaturel, dit-il à son compagnon; retirons-nous. Non, non, répondit l'autre; ce n'est que de la fumée de poudre à canon.... et l'esprit ne sait son métier qu'à demi de n'avoir pas encore soufflé nos chandelles. Il avance à ces mots, poursuit le spectre, lui lâche un coup de pistolet, ne le manque pas; mais au lieu de tomber, le spectre se retourne et le fixe. Il commence alors à s'effrayer à son tour. Il se rassure toutefois, persuadé que ce ne peut être un esprit; et, voyant que le spectre évite de l'approcher, il se résout de le saisir, pour voir s'il sera palpable ou s'il fondra entre ses mains. L'esprit, trop pressé, sort de la chambre et s'enfuit par un petit escalier. Le gentilhomme descend après lui, ne le perd point de vue, traverse cours et jardins, et fait autant de tours qu'en fait le spectre, tant qu'enfin le fantôme, étant parvenu à une grange qu'il trouve ouverte, se jette dedans et fond contre un mur au moment où le gentilhomme pensait l'arrêter. Celui-ci appelle du monde; et dans l'endroit où le spectre s'était évanoui, il découvre une trappe qui se fermait d'un verrou après qu'on y était passé. Il descend, trouve le fantôme sur de bons matelas, qui l'empêchaient de se blesser quand il s'y jetait la tête la première. Il l'en fait sortir, et l'on reconnaît sous le masque du diable le malin fermier, qui avoua toutes ses souplesses et en fut quitte pour payer à son maître les redevances de cinq années sur le pied de ce que la terre était affermée avant les apparitions. Le caractère qui le rendait à l'épreuve du pistolet était une peau de buffle ajustée à tout son corps.... — Dans la Guinée, on croit que les âmes des trépassés reviennent sur la terre, et qu'elles prennent dans les maisons les choses dont elles ont besoin; de sorte que, quand on a fait quelque perte, on en accuse les revenants ; opinion très-favorable aux voleurs. *Voy.* APPARITIONS, FANTOMES, SPECTRES, ATHÉNAGORE, RAMBOUILLET, SANCHE, STEINLIN, etc. — *L'esprit de Dourdans*, histoire tirée d'un manuscrit de M. Barré. M. Vidi, receveur des tailles de Dourdans, rapporte cette histoire d'esprit arrivée au temps de Pâques de l'année 1700. L'esprit commença par faire du bruit dans une chambre peu éloignée des autres, où M. Vidi mettait ses serviteurs malades. La servante entendit auprès d'elle pousser des soupirs semblables à ceux d'une personne qui souffre; cependant elle ne vit rien. On l'envoya chez son père pour prendre l'air natal: elle y resta un mois. Étant revenue, on la mit coucher à part dans une autre chambre. Elle se plaignit encore d'avoir entendu un bruit extraordinaire, et deux ou trois jours après, étant dans le bûcher, elle se sentit tirer par la jupe. L'après-dînée du même jour, on l'envoya au salut. Lorsqu'elle sortit de l'église, l'esprit la tira si fort par derrière, qu'elle dut s'arrêter. En rentrant au logis, elle fut si fort tirée, qu'on entendit le craquement de l'étoffe, et qu'on remarqua que les basques de son corps par derrière étaient hors de sa jupe; une agrafe avait même été rompue. Madame Vidi frémit de peur. C'était un vendredi au soir. La nuit du dimanche au lundi, sitôt qu'elle fut couchée, la servante entendit marcher dans sa chambre, et quelque temps après l'esprit lui passa sur le visage une main froide comme pour lui faire des caresses. Elle prit son chapelet. On lui avait dit que si elle continuait à entendre quelque chose, elle conjurât l'esprit, de la part de Dieu, de s'expliquer : ce qu'elle fit mentalement, la peur lui ôtant l'usage de la parole. Elle entendit marmoter à son oreille; mais rien n'était articulé. Vers trois heures du matin, l'esprit fit si grand bruit qu'il semblait que la maison tombât. On alla voir ce que c'était : on trouva la servante toute en eau ; on la fit habiller ; ses maîtres virent une fumée qui la suivait et qui disparut un moment après. On lui dit qu'il fallait aller à confesse et communier. Elle fut chercher ses chausses, qui étaient dans la ruelle du lit. Elle trouva ses souliers sur la fenêtre, les deux bouts se regardant, et remarqua qu'une des croisées était ouverte. A son retour de l'église, on lui demanda ce qu'elle avait fait. Elle dit que, sitôt qu'elle s'était mise à la sainte table, elle avait vu sa mère à son côté, quoiqu'il y eût onze ans qu'elle était morte; qu'après la communion sa mère s'était mise à genoux devant elle et lui avait pris les mains en lui disant: — Ma fille, n'ayez point peur, je suis votre mère. Votre frère fut brûlé par accident près d'Étampes. J'allai trouver M. le curé de Garancières, pour lui demander une pénitence, croyant qu'il y avait de ma faute. Il ne voulut pas m'en donner, disant que je n'étais pas coupable ; il me renvoya à Chartres, au pénitencier, qui, voyant que je m'obstinais à vouloir une pénitence, m'imposa celle de porter pendant deux ans une ceinture de crin; ce que je n'ai pu exécuter, à cause de mes grossesses et maladies. Ne voulez-vous pas bien, ma fille, accomplir pour moi cette pénitence ? La fille le lui promit. La mère la chargea ensuite de jeûner au pain et à l'eau pendant quatre vendredis et samedis qui restaient jusqu'à l'Ascension prochaine, de faire dire une messe à Gomerville, de payer au nommé Lanier, mercier, vingt-six sous qu'elle lui devait pour du fil qu'il lui avait vendu; d'aller dans la cave de la maison où elle était morte, qu'elle y trouverait la somme de vingt-sept livres sous la troisième marche. Elle lui fit beaucoup de remontrances, lui disant surtout, de prier toujours la sainte Vierge. Le lendemain, la servante fit dire une messe, et pendant deux jours elle vit sa mère à côté d'elle. Ses maîtres acquittèrent au plus tôt ce dont elle s'était chargée; ensuite elle alla à Chartres, où elle fit dire trois messes, se confessa et communia dans la chapelle basse. En sortant, sa mère lui apparut encore, en lui disant : — Ma fille, vous voulez donc faire tout ce que je vous ai dit? — Oui, ma mère. — Eh bien ! je m'en décharge sur vous. Adieu, je vais à la gloire éternelle. Depuis ce temps, la fille ne vit, n'entendit plus rien. Elle porta la ceinture de crin nuit et jour pendant les deux ans que sa mère lui avait recommandé de le faire.

— Et voilà comment s'est terminée l'histoire de l'esprit de Dourdans.

Nous empruntons le fait suivant à Walter Scott : Un tisserand de Berwick était marié à une femme qui, après avoir mis au monde trois enfants, mourut en couches du quatrième, dans de grandes convulsions. Comme elle était extrêmement défigurée après sa mort, les commères crurent que, par suite de quelque négligence de la part de ceux qui avaient gardé la malade, elle avait été emportée par les fées, et que ce cadavre défiguré avait été substitué à sa place. Le veuf donna peu d'attention à ces propos. Après avoir pleuré sa femme pendant l'année de deuil, il commença à regarder comme prudent de former un second mariage. Il ne tarda pas à trouver une voisine dont la bonne mine lui plut, et dont l'heureux caractère semblait promettre qu'elle traiterait bien ses enfants. Il se proposa, fut agréé, fit publier les bans, selon l'usage. Comme il avait aimé sa première femme, il est probable que le projet d'un changement capital dans sa situation reporta ses souvenirs sur le temps de leur union, et lui rappela les bruits extraordinaires qui avaient couru à l'époque de sa mort ; tout cela lui valut le rêve extraordinaire que voici : Étant couché dans son lit sans dormir, à ce qu'il lui semblait, il vit, à l'heure de minuit, si favorable aux apparitions, la figure d'une femme habillée de blanc, qui entra dans sa maison, se plaça à côté de son lit, et lui sembla l'image de sa défunte épouse. Il la conjura de parler : quel fut son étonnement de lui entendre dire qu'elle n'était pas morte, mais retenue contre son gré prisonnière par les mauvais esprits ! Elle ajouta que, si l'amour qu'il avait eu jadis pour elle n'était pas éteint, il lui restait un moyen de la rappeler ou de la *regagner*, comme on disait alors, de l'affreux royaume des fées. A un certain jour qu'elle désigna, il devait rassembler les plus respectables femmes de la ville et aller avec elles, le pasteur en tête, déterrer le cercueil dans lequel on la supposait enterrée. — Le pasteur, dit encore l'apparition, récitera certaines prières ; alors je m'élancerai du cercueil, et je fuirai avec une extrême légèreté autour de l'église ; vous aurez soin d'avoir avec vous le plus agile coureur de la paroisse (elle indiqua un homme renommé pour sa vitesse) ; il me poursuivra, et un autre, le forgeron (connu pour sa force), me saisira aussitôt que le premier m'aura atteinte : par ce moyen je reprendrai ma place dans la société des hommes.

Le lendemain matin le souvenir de ce rêve attrista le pauvre veuf ; mais, troublé par ses scrupules, il ne fit rien. La nuit suivante la vision reparut, ce qui n'est pas étonnant. La troisième nuit elle se montra encore avec un visage sombre et irrité : elle lui reprocha son manque de tendresse ; elle le conjura pour la dernière fois de se conformer à ses instructions, ajoutant que, s'il les négligeait, elle n'aurait plus le pouvoir de revenir sur la terre et de s'entretenir avec lui.

Le mari épouvanté alla faire confidence de son embarras à son pasteur. Ce révérend personnage, plein de sagacité, n'essaya pas de révoquer en doute la réalité de la vision qui troublait son paroissien ; mais il prétendit que ce n'était qu'une illusion produite par le diable. Il expliqua au pauvre mari qu'aucun être créé n'avait la puissance de retenir captive une âme chrétienne ; il le conjura de croire que sa femme ne pouvait être que dans la situation où Dieu l'avait placée ; il lui fit comprendre que, comme membre de l'Église d'Écosse, il ne pouvait autoriser l'ouverture d'un cercueil ni employer des prières dans des pratiques d'un caractère superstitieux. Le bonhomme, confondu, demanda à son pasteur ce qu'il devait faire. — Je vous conseillerai de mon mieux, répondit celui-ci. Obtenez le consentement de votre fiancée pour vous marier demain, ou aujourd'hui si vous pouvez ; je prendrai sur moi de vous dispenser du reste des bans, ou d'en faire trois publications en un jour. Vous aurez une nouvelle femme ; vous ne vous rappellerez plus la première, dont la mort vous a séparé. L'avis fut suivi, et le pauvre mari n'eut plus d'autres visites de sa première épouse.

UNE HISTOIRE DE REVENANT.

La belle église de Notre-Dame du Finisterre n'a pas toujours été, comme aujourd'hui, un monument dans Bruxelles. Ce n'est qu'en 1618 que l'on commença la construction de cet édifice, où l'on remarque des traces du génie de la renaissance. Jusque-là, Notre-Dame du Finisterre n'était qu'une grande chapelle de faubourg, ornée sans art, grossièrement bâtie, avec des voûtes en bois et des piliers en charpente. Elle était desservie par un digne prêtre dont nos pères ont longuement honoré le caractère. C'était un de ces anges que Dieu oublie de temps en temps ici-bas, pour nous donner une idée de la charité, de la force, du courage, de toutes ces vertus divines qui ne peuvent complétement habiter un cœur d'homme, que si cet homme est chrétien. Il était tout aux pauvres, recherchant les malheureux, consolant toutes les douleurs, affermissant les faibles, humain à la plainte, affable aux pécheurs. Il soutenait dans leurs peines ses pauvres paroissiens, les aidait de ses conseils dans leurs embarras, les éclairait de ses lumières, et s'efforçait à la fois d'exalter les enseignements religieux et de combattre les idées superstitieuses qui s'accrochent quelquefois aux bonnes doctrines. Il était l'appui de ceux qui chancelaient ; il relevait celui qui était tombé ; il accordait avant la prière, il pardonnait avant le repentir. Il n'avait cœur à ses repas que lorsqu'il savait qu'aucun de ses paroissiens ne manquait de pain. Il partageait ses vêtements avec ceux qui étaient nus. Il ne possédait jamais rien dans sa maison toujours dépouillée, et sa main ne cessait de faire des aumônes. C'est que Dieu était là. Ce bon et saint prêtre habitait une petite rue qu'on a nommée depuis la rue du Curé-du-Finisterre; nous ne le connaissons lui-même que sous ce nom.

On conte de lui beaucoup d'anecdotes singulières, que peut-être il ne faut pas admettre toutes. Nous en citerons une. Un soir du mois de janvier, vers l'année 1614, un religieux allemand, venu en quête à Bruxelles, alla demander l'hospitalité au curé du Finisterre. Le saint homme l'accueillit gaiement, partagea avec lui son frugal souper; et, comme il n'avait qu'un lit, il en céda la moitié à son hôte. Le lendemain matin, à la pointe du jour, il se leva pour aller dire sa messe dans sa modeste église. Il trouva à la porte, presque ensevelie dans la neige, une pauvre vieille mendiante qui se ranima à son aspect, et d'une voix que le froid avait brisée, lui demanda l'aumône.

— Hélas! dit-il, je n'ai rien à vous donner, ma bonne femme, sinon un morceau de pain et un verre de bière que vous viendrez prendre dans ma maison.

Et, quoiqu'il sût bien que sa poche était vide, soit par regret, soit par habitude, il y porta machinalement la main. Quelle fut sa surprise de trouver dans son gousset un petit paquet qu'il était sûr de n'y avoir pas mis! Il le retira tout ému : c'étaient six escalins de Brabant, soigneusement enveloppés avec une petite image de la sainte Vierge. Le cœur du bon curé, que tout à l'heure la pitié déchirait, palpita d'allégresse. Ne doutant pas que cette modeste somme ne fût un secours du ciel, il la donna toute à la vieille femme qui lui baisait les mains; puis, s'arrachant aux témoignages de sa reconnaissance, il s'enfuit au pied de l'autel et remercia avec effusion la mère de miséricorde. Mais à peine finissait-il sa prière que le religieux allemand vint le joindre. Le bon curé, en s'habillant dans les ténèbres, s'était trompé de haut-de-chausses ; c'était dans la poche de son hôte qu'il avait trouvé la petite aumône qu'il venait de faire.

— Homme vain que je suis! s'écria-t-il, je me croyais déjà digne d'un miracle. Dieu vous le rendra, mon frère, ajouta-t-il après un moment de silence; car la bonne femme avait disparu....

Cet homme charitable était doux et gai, comme tous ceux qui ont le cœur pur. Mais, dans l'exercice de ses fonctions sacrées, il comprenait toute la hauteur de son ministère. On en jugera au trait qui va suivre, et qui se rattache à un accident par suite duquel on rebâtit en 1618 l'église du Finisterre. Quelque temps avant cette date, à une époque qui est très-mal précisée, notre bon curé disait la messe dans son église tremblante. Un orage épouvantable survint; le tonnerre tomba sur la flèche, couverte de planches peintes, et bientôt un vaste incendie se communiqua aux voûtes, faites, comme on l'a dit, de menuiserie et de charpente depuis deux cents ans desséchées. La flamme marchait si rapide, que tous les paroissiens s'enfuirent épouvantés; le curé, qui venait de prononcer les saintes paroles de la consécration, et qui sentait qu'en ce moment il se trouvait face à face avec Dieu, ne quitta point l'autel, et continua dans un recueillement impassible les prières sacrées. Les cris de ses paroissiens, l'horreur du danger, les flammes qui l'entouraient, le craquement des poutres qui tombaient embrasées autour de lui, rien ne put le distraire. Comme un être qui n'est plus de ce monde, et que les choses de la terre ne peuvent émouvoir, il acheva le saint sacrifice, seul au milieu de cette fournaise ardente; et quand il eut fini, calme et sans peur, il traversa les flammes, qui ne l'offensèrent point, emportant avec lui les vases sacrés. Le feu s'éteignit au pied de l'autel, soit que les secours des habitants eussent obtenu ce résultat, soit que Dieu, par un regard, eût voulu montrer sa prédilection; et pas un cheveu du saint homme ne lui tomba de la tête.

A côté de ce qu'on vient de lire, la petite histoire que nous allons conter paraîtra sans doute disparate. La voici pourtant, sans longues circonlocutions. Quelques mois après l'incendie que nous venons de rappeler, un bon homme d'Etterbeek, devenu rentier de Bruxelles, habitait, dans la rue du Curé-du-Finisterre, la maison qui fait le coin de la rue de la Fiancée, du côté de l'eau. Il se nommait Philippe Ghallot. Il avait épousé une villageoise assez jolie, qui, treize ans après les noces, mourut sans lui laisser d'enfants. Il lui fit rendre de son mieux les devoirs funèbres; et le treizième jour qui suivit l'enterrement il la pleurait encore, lorsque, s'étant couché à l'angélus du soir (on était au mois de mars), il entendit tout à coup dans le grenier, au-dessus de sa tête, un roulement subit accompagné d'un bruit sourd, et interrompu de temps en temps par des cris lointains, grêles, extraordinaires, qu'il ne pouvait définir. Il commença à trembler; il soupçonna dans ceci un revenant. Il lui semblait que son cœur allait défaillir. Il se sentit hors d'état de crier ni de descendre du lit pour aller dissiper ailleurs ce trouble qui le mettait à l'agonie; il ne doutait pas, disent les récits, que l'âme de sa femme ne revînt faire quelque demande. Il passa la nuit dans des angoisses inexprimables, récitant le *De profundis*, recommandant son âme à Dieu et à Notre-Dame du Finisterre, et promettant tout haut de donner satisfaction à l'âme en peine. Le bruit qui se faisait dans le grenier cessa au point du jour; Philippe alla déposer ses terreurs dans le sein de ses voisins, qui tous opinèrent comme lui que c'était nécessairement l'âme de la défunte qui voulait quelque chose. On lui conseilla de mettre au pied de son lit une feuille de papier avec une écritoire, pour que l'ombre errante pût écrire ce qu'elle souhaiterait sans être réduite à venir tirer les pieds de son mari, comme il s'en est vu des exemples.

— Il n'y a, dit-il, qu'un petit inconvénient : c'est que la défunte, si c'est elle, ne savait pas écrire. — N'importe ! répliqua un voisin, en grand renom d'intelligence, les esprits savent tout. Le veuf mit donc la feuille de papier, la plume et l'écritoire ; puis la nuit venue il se coucha, médiocrement rassuré. Le revenant ne prit pas la plume, et le bruit recommença plus animé que la veille. Philippe se releva cette fois ; il courut prier trois voisins de venir passer la nuit avec lui.

Ceux-ci firent les braves et l'accompagnèrent hardiment. Mais leurs mines s'allongèrent quand ils entendirent le roulement qui se faisait dans le grenier, les coups qu'on frappait sur les planches et les cris aigus que l'âme poussait dans les moments où le bruit venait à s'interrompre. Un quatrième voisin, plus curieux et plus hardi, survint, à la grande joie des trembleurs. C'était le gros père Deberck, marchand de laines. Il dit qu'il ne croyait guère aux revenants, à tort et à travers, comme semblait être celui-là, qu'il soupçonnait quelque malice ; il proposa de visiter les lieux et d'obliger l'esprit à déguerpir, dans le cas pourtant, ajoutait-il, où l'esprit serait une farce, comme je le crois. — Eh quoi ! voisin Deberck, dit un des premiers venus, que la peur avait troublé, vous oseriez affronter un revenant ? le seul parti, croyez-moi, c'est de savoir ce que veut la pauvre âme et de la renvoyer. — A la bonne heure, répondit le marchand de laines ; mais en attendant, montons toujours au grenier. Nous n'avons que des intentions honnêtes. Voilà du papier et une plume. Le revenant peut écrire. Si vous ne voulez pas me suivre, mes gaillards, j'y vais tout seul. Personne ne souffla mot. Deberck prit donc une chandelle d'une main, un vaillant gourdin de l'autre, et il monta bravement. Mais, loin de trouver du péril lorsqu'il entra dans le grenier, le bruit cessa entièrement. Il eut beau fureter dans tous les coins, l'esprit ne jugea pas à propos de se laisser voir ; le visiteur reconnut qu'il n'y avait aucune issue par laquelle l'âme eût pu s'être échappée. Il descendit un peu ébranlé ; il déposa sa chandelle, quitta son gourdin et déclara qu'il n'avait rien vu. Au même instant le vacarme recommença plus nourri que jamais.

— Voilà qui devient grave, dit Deberck en pâlissant. C'est une maison à déserter. En achevant ces mots il sortit. Les camarades le suivirent tout hors d'eux-mêmes, et Philippe alla passer la nuit chez ses voisins qui le plaignaient vivement. Les détails de ce prodige firent le lendemain la conversation de tout le quartier. Ils se grossirent, se modifièrent, s'étendirent, se multiplièrent à l'infini. Les plus avisés conseillèrent à Philippe Ghallot d'aller trouver le curé du Finisterre. Il y fut. Le curé se fit raconter tout ce qui s'était passé ; et quand il eut réfléchi un instant : — Rassurez-vous, mon enfant, dit-il ; il y a quelque chose là-dessous. La volonté de Dieu ne se manifeste pas ainsi. J'irai ce soir chez vous. Priez les voisins qui vous ont assisté hier de s'y trouver. Le curé vint donc à l'entrée de la nuit chez le bonhomme Ghallot ; les quatre voisins s'y rendirent de leur côté un peu raffermis. Après qu'on eut causé du revenant un petit quart d'heure, le même bruit des deux nuits précédentes recommença. Le prêtre fit une prière mentale et dit du ton le plus simple :

— Allons voir ce que c'est. Il prit la chandelle. Les cinq trembleurs de la veille, persuadés qu'un esprit ne peut rien contre un prêtre, le suivirent sans trop de crainte. Dès qu'ils parurent au grenier, le plus grand silence succéda au tumulte.

— C'est bien surprenant, dit le curé. Il faut que la lumière effraie l'être qui fait le bruit. Descendez tous avec la chandelle et laissez-moi seul. Vous m'éclairerez pour descendre quand je vous appellerai. Philippe et ses voisins n'osèrent pas ne point obéir ; ils descendirent dans une grande anxiété. Le curé, demeuré seul dans les ténèbres, se blottit contre un mur sans faire le moindre mouvement, et il écouta. Il n'y avait pas trois minutes qu'il se maintenait ainsi immobile, lorsque le bruit revint à ses pieds mêmes. Il n'apercevait rien. Il se baissa avec précaution, chercha en tâtonnant ce qui pouvait causer le vacarme, et sentit une espèce de grosse boule qui roulait sur le plancher. Il la saisit et s'écria :

— Je crois que je tiens l'esprit, mes enfants ; éclairez-moi. Les cinq braves faillirent perdre à ce cri la respiration et ce qui leur restait de force. Ils portèrent la chandelle au pied de l'escalier, se tenant tous par la main. Le courage leur revint un peu en jetant les yeux sur le fardeau du curé ; car ils reconnurent que le revenant (si c'était lui) était logé dans une grosse bouteille de grès, et que c'était en la faisant rouler qu'il avait causé tant d'effroi. Eh mon Dieu ! s'écria Philippe, c'est la bouteille où ma pauvre Mimi avait gardé de l'orge pour me faire de la tisane cet hiver...

Mais le curé ayant prié un des assistants de casser la bouteille dans laquelle il avait senti du mouvement, Deberck s'enhardit et asséna un rude coup de gourdin qui la mit en pièces. Il en sortit un rat, lequel s'enfuit dans un trou. La maison de Philippe fut tranquille depuis, et le bon curé lui expliqua que, comme cette bouteille était remplie d'orge et n'était point bouchée, le rat encore tout petit avait pu y pénétrer ; que trouvant une nourriture abondante, il était resté tant qu'il y avait eu du grain dans la dame-jeanne qui était fort grande ; qu'après avoir tout mangé, le rat devenu gros n'avait pu sortir comme il était entré, et qu'en cherchant à s'échapper il avait fait rouler la bouteille. — Mes enfants, ajouta-t-il, la peur est mauvaise conseillère. Souvenez-vous que Dieu est trop grand pour s'amuser à de petits prodiges, et que celui qui a si bien réglé la nature sait ce qu'il fait quand il permet que l'ordre en soit troublé.

AUTRE HISTOIRE DE REVENANT.

Celle-ci a été écrite par M. Jules Janin et nous lui en empruntons les détails spirituels :

« Nous étions réunis l'autre jour quelques amis français et étrangers qui ne nous étions jamais vus et qui cependant nous connaissions depuis longtemps. Poëtes, écrivains, hommes politiques, hommes riches, tous gens qui se conviennent au premier abord et qui se comprennent tout de suite à la première poignée de main. Comme personne n'était là venu pour se mettre en scène, on ne parla de rien, c'est-à-dire qu'on parla de toutes choses, si bien qu'à force de déraisonner, et les imaginations s'échauffant à mesure que le vin de Champagne se frappait de glace, on en vint à parler de revenants. Un des nôtres, un Anglais, homme tout froid au dehors, un de ces heureux du monde qui savent boire sans être jamais ivres, et manger sans jamais engraisser, un Anglais nous entendant parler de revenants, nous déclara avec un grand sang-froid qu'il avait connu un homme qui était l'ami d'un autre homme qui avait vu un revenant. — Toute la ville de Londres s'en souvient encore, ajoutait notre Anglais, et, aussi vrai que nous sommes d'honnêtes gens, j'ai foi en cette histoire dont le héros est bien connu.

« Vous sentez que tout de suite on s'écria : — L'histoire ! dites-nous l'histoire ! et lui ne demanda pas mieux que de nous dire l'histoire que voici : « Nous connaissions tous lord Littleton. C'était un honnête et noble gentilhomme, riche, heureux, sachant commander à ses passions ; il avait passé la première jeunesse et il était arrivé à cette belle trentième année où la passion raisonne, où le cœur ne bat plus qu'à certaines heures dans le jour ; lord Littleton était un esprit fort en un mot ; le malheur est qu'il voulut être trop fort, ce qui lui fit commettre une fort méchante action. »

« Cette méchante action fut l'abandon de Fanny, une femme qui avait compté sur ses serments. Après cela, « il s'habilla, il sortit ; il alla dîner au cercle ; le soir venu, il fit sa partie de wisk, il gagna ; rentré chez lui, il se déshabilla, il se mit au lit ; puis comme il avait encore à lire le quatrième volume d'un roman français, il ne voulut pas s'endormir avant d'avoir achevé cette très-lamentable histoire ; sa lecture le mena jusqu'à minuit, l'heure ordinaire de son sommeil. Il allait éteindre ses bougies et s'endormir, quand tout à coup, dans le grand fauteuil de cuir rouge, à la même place et dans ce même fauteuil où s'asseyait Fanny, il vit Fanny ou plutôt son ombre. Blanche et pâle, échevelée et triste, sa tête était appuyée sur ses mains ; son regard était solennel. Évidemment elle attendait que lord Littleton eût fini sa lecture avant de lui parler. Le lord Littleton, revoyant Fanny, pensa tout à coup qu'elle était morte ! (Et en effet elle s'était jetée le même soir dans la Tamise, par un épais brouillard, de sept à neuf heures ; son corps n'était pas encore retrouvé.)

« — Mylord, lui dit Fanny, bonne nuit, mylord ! me voilà morte, tuée par vous. Vous êtes libre : profitez-en, mylord ! Et dans huit jours, à pareille heure, minuit pour minuit et vendredi pour vendredi, vous serez des nôtres ! Cela dit, elle se leva (c'était bien sa taille) et elle sortit. Elle n'eut pas un regard même pour la glace de la cheminée. Je vous dis qu'elle était morte. Le lord Littleton ne fut pas fâché de faire d'abord un peu d'héroïsme. C'est là une occupation si douce, faire de l'héroïsme, qu'on veut en faire à soi-même et pour soi tout seul, quand on ne peut pas en faire pour les autres. Le lord s'arrangea donc de son mieux pour dormir, et, bien qu'il n'eût pas fermé l'œil de la nuit, il se persuada qu'il dormait. Ainsi il atteignit le jour, toujours en se répétant à lui-même les paroles du fantôme : — *Bonne nuit, mylord!* Le même jour, mylord était à déjeuner lorsqu'on lui rapporta le cadavre de Fanny, si défiguré, hélas ! et si violet, et si contracté par la mort, et si horriblement petit, étroit, mort, difforme, qu'il ne l'aurait pas reconnu, si Fanny n'avait pas pris la précaution de venir la nuit passée lui annoncer qu'elle était morte : — *Tuée par vous, mylord!* Lord Littleton fit enterrer Fanny, il la suivit au tombeau ; on disait sur son chemin : — *Voilà l'homme pour qui elle s'est tuée!* Quant à elle, qui s'était tuée, elle n'avait pas un mot de souvenir. Elle fut donc jetée dans son asile de terre et recouverte de terre, et le fossoyeur foula du pied cette terre, et il y mit un cyprès, et rien ne manqua au tombeau de Fanny. Ce convoi prit tout un jour à lord Littleton.

« Un jour et une nuit ; car encore cette nuit-là il ne pouvait pas dormir ; et il se dit à lui-même qu'en effet il était triste de cette mort, et que c'était le moins qu'il devait aux mânes de Fanny, *passer une nuit sans dormir*. Le second jour, lord Littleton se leva de bonne heure ; il se mit à table, il monta à cheval, il se fatigua tant qu'il put, et le soir il fut très-étonné d'être encore si alerte et si dispos, que, s'il avait osé, il aurait envoyé chercher ses amis pour jouer avec eux toute la nuit. Mais ne portait-il pas le deuil de Fanny ? Le troisième jour Littleton se rappela involontairement les autres paroles de la morte. — Dans huit jours, heure pour heure, vendredi pour vendredi. Il ordonna qu'on enlevât le fauteuil rouge ; ce fauteuil lui rappelait trop cette *pauvre* Fanny. Et ainsi de jour en jour la terreur fit de si effrayants progrès, qu'on put lire au sixième jour sur son visage blanchi par la peur. Ce sixième jour, lord Littleton avait l'œil hagard, la voix creuse ; il était haletant ! il avait si peur, qu'il avouait sa peur. Sa mère et ses amis l'interrogeaient vainement, il ne répondit que par monosyllabes. A la fin cependant, quand vint le soir de l'avant-dernier jour, il avoua toutes ses terreurs. — Demain, dit-il, demain vendredi, à minuit ! elle l'a dit : c'est fait de moi ! et ses dents claquaient l'une contre l'autre ! C'était affreux ! Sa mère et ses amis eurent en vain recours à ces paroles encourageantes et consolatrices que trouvent dans leur cœur tous ceux qui vous aiment, rien n'y fit : il était comme un homme condamné au dernier supplice. Il était sombre, immobile, il tressaillait toutes les fois qu'il entendait sonner les heures. Il prêtait une oreille attentive comme s'il eût entendu quelqu'un venir. Ses amis le voyant dans ce triste abattement voulurent au moins abréger et tromper ses souffrances. Ils eurent soin qu'on avançât d'une demi-heure toutes les montres, toutes les pendules : on prévint même le watchman qui crie les heures. La nuit avançait; lord Littleton, sur son lit, demanda à son valet de chambre : — Quelle heure est-il ?

« — Minuit, votre seigneurie, dit le valet de chambre. — Tu me trompes, John, dit le lord. Voyons la pendule.

« La pendule disait minuit ! — Et ma montre ? La montre du lord disait minuit ! On criait dans la rue : minuit ! Alors il se leva, il se sentit marcher, il se sentit vivre ; il venait, il allait, il était léger, il était brave, il était le jeune et beau Littleton d'autrefois ; il avait faim, il avait soif, il avait sommeil... »

« Ici notre narrateur s'arrête pour reprendre haleine. Quand il eut repris haleine, il but un verre de vin de Champagne. Quand il eut bu, il prit un fruit sur une assiette, et il allait manger ce fruit, quand nous lui criâmes tous : — Et lord Littleton ? lord Littleton ? — Lord Littleton ! nous dit l'Anglais, il se porte aussi bien que vous et moi, messieurs; l'heure a passé sans emporter sa seigneurie; à l'heure qu'il est, il mange, il boit, il dort, il monte à cheval. »

« On trouva généralement que cette histoire de lord Littleton n'avait pas le sens commun et je suis de l'avis général. »

RHAPSODOMANCIE, divination qui se faisait en ouvrant au hasard les ouvrages d'un poëte, et prenant l'endroit sur lequel on tombait pour une prédiction de ce qu'on voulait savoir. C'était ordinairement Homère et Virgile que l'on choisissait. D'autres fois qu'on écrivait des sentences ou des vers détachés du poëte; on les remuait dans une urne ; la sentence ou le vers qu'on en tirait déclarait le sort. On jetait encore des dés sur une planche où des vers étaient écrits, et ceux sur lesquels s'arrêtaient les dés passaient pour contenir la prédiction. Chez les modernes, on ouvrait le livre avec une épingle, et on interprétait le vers que l'épingle marquait.

RHOMBUS, instrument magique des Grecs, espèce de toupie dont on se servait dans les sortilèges. On l'entourait de lanières tressées, à l'aide desquelles on la faisait pirouetter. Les magiciens prétendaient que le mouvement de cette toupie avait la vertu de donner aux hommes les passions et les mouvements qu'ils voulaient leur inspirer; quand on l'avait fait tourner dans un sens, si l'on voulait corriger l'effet qu'elle avait produit et lui en donner un contraire, le magicien la reprenait et lui faisait décrire un cercle opposé à celui qu'elle avait déjà parcouru. Les amants malheureux la faisaient tourner en adressant à Némésis des imprécations contre l'objet de leur amour, dont ils étaient dédaignés.

RHOTOMAGO, magicien fameux au théâtre des ombres chinoises. M. Berbiguier en fait sérieusement une espèce de démon, qui serait le grand maître des sorciers (1).

RIBADIN (JEANNETTE), jeune personne de dix-huit ans, dont l'histoire a fait du bruit au xvie siècle. Elle était de la paroisse de Jouin de Cernes, aux environs de Bordeaux. Cueillant un dimanche des herbes dans la campagne, elle fut réprimandée par Jean d'Etouppe, prêtre, qui voulut qu'elle publiât sa faute en pleine assemblée, et la conduisit à la paroisse après lui avoir donné ses instructions. Un grand concours arriva ; la jeune fille annonça au peuple assemblé qu'elle avait eu grand mal pour avoir travaillé le dimanche ; ce qu'il fallait éviter pour ne pas s'attirer les mêmes maux de la part de Dieu ; ensuite elle eut des extases, se roula par terre, se releva et prononça d'un ton prophétique que Dieu ne voulait pas que les femmes portassent des manches froncées, ni les hommes des bonnets rouges. L'affaire parvint aux oreilles de l'archevêque de Bordeaux, qui la fit arrêter avec ses complices, reconnut la fraude, et fit avouer à la fille que l'argent que les fidèles lui donnaient pour ses prétendues révélations était partagé entre trois suborneurs qui l'avaient engagée à contrefaire la sainte. Le juge ecclésiastique la condamna à *faire amende honorable en l'église métropolitaine de Saint-André, la torche au poing, et là demander pardon à Dieu.* Cette sentence fut exécutée ; mais elle fut encore renvoyée en la cour, où, par arrêt donné à la tournelle, elle fut condamnée, comme criminelle d'imposture, de séduction, d'impiété, d'abus et de scandale public (1587). Ses complices furent condamnés à la réclusion perpétuelle, comme convaincus de séductions envers cette malheureuse fille (2). Ce qui fait voir que les fraudes pieuses n'étaient pas encouragées autrefois, comme le disent les menteurs qui attaquent la religion.

RIBENZAL, spectre dont le peuple en Silésie place la demeure au sommet du Risemberg. C'est lui, dans leur idée, qui couvre subitement cette montagne de nuages et qui excite les tempêtes. C'est le même que Rubezahl. *Voy.* ce mot.

RICHARD SANS PEUR. Il fut jadis en Normandie un duc nommé Richard ; il était fils du vaillant duc Aubert et de Berthe, sa seconde femme, frère cadet par conséquent de

---

(1) Les farfadets, t. Ier, p. 275.
(2) Delancre, Tableau de l'inconstance des dém., etc., liv. vi, p. 440.

Robert le Diable, qui ne régna point; si bien qu'il lui succéda. Il était si vaillant et si hardi, qu'il fut surnommé Richard sans Peur. Un diable nommé Brudemore s'était vanté de l'effrayer: sachant que Richard allait seul, de nuit, dans un bois, il mena avec lui dix mille huars; et dès qu'ils virent Richard, ils se mirent à crier et à huer, en lui disant de prendre garde à lui. Mais Richard n'en fut nullement épouvanté; au contraire, il se mit à crier avec eux. Les diables, consternés d'un tel courage et voyant qu'ils faisaient contre lui des efforts inutiles, s'enfuirent avec dépit. Une autre fois, trois grands chevaliers noirs, chassant dans ses terres avec des meutes de chiens, voulurent aussi l'épouvanter. Mais Richard, sans autre arme qu'une épée, courut sur eux et renversa un de ces champions, qui était encore un diable. Un autre jour, Richard passant par une forêt, vit un enfant nouveau-né qui venait de grimper sur un arbre; il y grimpa après lui et l'emporta. Il donna cet enfant à nourrir à la femme de son garde forestier; c'était une fille; on en prit soin, et on remarqua qu'elle grandit en sept ans plus que les autres enfants en quatorze. Comme elle était belle et que sans cesse il était prié par tous les barons de ses Etats de donner des héritiers à son nom, il se maria avec cette jeune fille qu'il avait fait élever. On célébra les noces à Rouen. Sept ans après ce mariage, l'épouse inconnue de Richard sans Peur mourut tout à coup. Peu de temps avant sa mort, elle avait prié Richard de la faire enterrer dans la forêt; ce qu'il fit, car il l'aimait beaucoup; il la pleura même toute la première nuit, qu'il passa devant la tombe. A minuit, le corps se raidit, la bière s'ouvrit, la morte poussa un cri qui retentit dans toute la forêt. Il n'en fut pas moins effrayé. La morte sauta ensuite à la gorge du chevalier qui accompagnait Richard et disparut : ce ne fut qu'alors que le prince reconnut que sa femme n'avait été qu'un démon succube. Selon plusieurs savants, c'était le démon Brudemore.

Vers ce temps, Charlemagne ayant donné un tournoi, Richard se rendit à la cour de ce prince, qui le fit son chambellan et l'admit au nombre de ses douze pairs, il vit peu après la fille du roi d'Angleterre, en devint épris, et ne put obtenir sa main; mais sa flamme ne s'éteignit point; de sorte qu'il jura de l'avoir pour épouse et il l'enleva. Le roi d'Angleterre vint ravager les terres de Richard pour se faire rendre sa fille; mais le démon Brudemore, qui avait pris Richard en affection, vint à son secours; les Anglais furent mis en fuite, et Richard épousa la fille de leur roi. Comme Brudemore avait aidé Richard dans cette guerre, il désira qu'il lui rendît le même service; car lui-même avait guerre contre Burgifer, autre démon jaloux de son pouvoir. Quand il eut persuadé Richard, ils se rendirent dans une forêt, où ils virent le roi de l'enfer assis sur une chaise noire, au pied d'un orme large et spacieux; il était vêtu de velours noir, avec une figure terrible, au milieu d'un grand nombre d'esprits noirs, les uns armés et les autres sans armes. Le roi de l'enfer ordonna donc à Brudemore d'aller combattre avec Richard, et tous deux partirent. Burgifer se présenta bientôt; le duc le joignit; ils se mesurèrent: leurs lances se rompirent par la force du premier coup, et le feu jaillit de leurs écus; mais enfin Richard fut vainqueur, et le démon Burgifer, abattu par lui, lui cria *merci*. La paix ne se rétablit qu'à condition que Burgifer rendrait hommage à Brudemore. Charlemagne manda alors ses barons, ses chevaliers et sa noblesse pour une expédition en la terre sainte; le duc Richard s'y trouva; et ici la chronique populaire que nous suivons n'est pas achevée. Mais le livre des Chroniques et excellents faits des ducs de Normandie, imprimé à Paris en 1535, in-4° gothique, va compléter un peu cette biographie. Mais avant le voyage de Palestine, ce livre présente deux autres petits faits que nous ne pouvons omettre:

« Une fois, comme le duc Richard chevauchait d'un sien châtel à un manoir où demeurait une très-belle dame, le diable l'assaillit; Richard se combattit à lui et le vainquit. Après cette aventure le diable se déguisa en belle dame bien ornée et richement. Elle s'apparut à lui en un batelet sur un havre de mer où il était alors, il alla dans ce batelet qui fut aussitôt emporté en mer; et le diable l'emmena à l'île de Guernesey, où ses gens le retrouvèrent. Voulant aller au saint sépulcre rejoindre Charlemagne, le duc Richard se mit en chemin, et tant alla dans son pèlerinage qu'il vint à Constantinople. L'empereur sachant qu'il y avait un des douze pairs de France en sa terre, lui manda qu'il vînt vers lui et lui fit grand honneur pour l'amour du roi Charlemagne : il aida l'empereur dans ses guerres et battit plusieurs soudans. De là il cingla à Saint-Jean d'Acre; les Turcs étant venus assiéger ce lieu, il les défit et prit leur amiral Baudac. Après cette victoire, il se rendit à Jérusalem pour parfaire son pèlerinage et là fit plusieurs biens en la terre sainte. Les Turcs avaient un géant avec eux, qui avait nom Ajaux, qui avait conquis la cité de Bérithe (1) et en avait été fait seigneur. Il avait une coutume que, devant qu'il mangeât, tous les jours, il tuait un chrétien. Ceux de Jérusalem, avec le duc Richard et leur compagnie, allèrent courir devant Bérithe; l'armée des chrétiens étant là assemblée, ce géant requit bataille contre un chrétien, par tel traité que s'il était vaincu, les Turcs videraient la cité de Bérithe, et si le chrétien était défait, les chrétiens rendraient et perdraient la ville de Jaffa. Le bon duc Richard requit au patriarche de Jérusalem de faire cette bataille, combattit le géant, le vainquit et lui coupa la tête, et fut ainsi la ville de Bérithe remise en la main des chrétiens. S'en retournant le duc Richard, les vents contraires le menè-

(1) Aujourd'hui Beyrouth.

rent en la terre d'Alexandrie où il fut pris des Sarrasins et mis en prison. Il y demeura sept ans et depuis fut délivré en échange de l'amiral Baudac. Il revint en France en 809, pendant que Charlemagne éprouvait son malheur de Roncevaux. Il vola au secours de Charles, fut blessé grièvement et mourut de ses blessures. Comme il n'avait pas eu d'enfants, non plus que Robert le Diable, ce fut son neveu, fils de sa sœur et du duc Samson d'Orléans qui recueillit son héritage. » Mais il n'en jouit pas longtemps; car Rollon le prit. Aussi les chroniques anciennes ne comptent pas ce duc, mettant premier chef du pays le duc Aubert, père de Robert le Diable et de Richard sans Peur; deuxième chef, Richard sans Peur, et troisième chef ou duc, Rol ou Rollon, appelé aussi Rolf le Marcheur. *Voyez* HÉLA.

RICHELIEU. Le maréchal de Richelieu, étant ambassadeur à Vienne, se fit initier dans la société de quelques nécromanciens, qui lui promirent de lui montrer Belzebuth, le prince des démons. Il donna dans cette chimère. Il y eut une assemblée nocturne, des évocations : en sorte que l'affaire éclata. Un jour que le maréchal disait à Louis XV que les Bourbons avaient peur du diable, le roi lui répondit : — C'est qu'ils ne l'ont pas vu comme vous.

RICKIUS (JACQUES), auteur d'une défense des épreuves par l'eau froide. Publié en latin (1) à Cologne, 1597.

RIGOUX. *Voy.* BACCHUS.

RIMMON, démon d'un ordre inférieur, peu considéré là-bas, quoique premier médecin de l'empereur infernal. Il était adoré à Damas sous le nom de Remmon ou Remnon, qui, selon les uns, est Saturne, et selon les autres, le soleil. On lui attribuait le pouvoir de guérir la lèpre.

RIVIÈRE (ROCH LE BAILLIF, SIEUR DE LA), médecin empirique et astrologue, né à Falaise, dans le XVIe siècle. Il devint premier médecin de Henri IV, fut comblé des faveurs de la cour, et mourut le 5 novembre 1605. On dit que Henri eut la faiblesse de lui faire tirer l'horoscope de son fils, depuis Louis XIII. Il s'en défendit longtemps; mais enfin, forcé par le roi, dont sa résistance avait excité la curiosité, il lui prédit que ce jeune prince s'attacherait à ses opinions, et que cependant il s'abandonnerait à celles des autres; qu'il aurait beaucoup à souffrir des huguenots; qu'il ferait de grandes choses et vivrait âge d'homme. Henri IV fut affligé de cette prédiction, dont il aurait pu deviner aussi une partie. La Rivière a passé, de son temps, pour un grand amateur de philosophie naturelle, et curieux des secrets de cette science. On a de lui : *Discours sur la signification de la comète apparue en Occident au signe du Sagittaire, le 10 novembre*. Rennes, 1577., in-4°, rare.

ROBERT. C'est le nom que la petite démoniaque Marie Clauzette donnait au maître des sabbats.

ROBERT LE DIABLE, frère aîné de Richard sans Peur. On dit qu'il avait pour père un démon. Ce fut un effroyable bandit. Après les excès les plus horribles, il se convertit, fit une longue pénitence et mourut ermite. On croit en Normandie que son spectre errant doit expier jusqu'au jugement dernier. *Voyez*, dans les Légendes de l'histoire de France, de J. Collin de Plancy, la chronique de Robert le Diable.

ROBERT, sorcier de l'Artois, qui fut condamné, en 1331, au bannissement et à la confiscation de ses biens. Il avait formé le dessein d'envoûter le roi, la reine et le duc de Normandie. Il avait montré à un prêtre une petite figure de cire mystérieusement enveloppée dans un écrin. Cette figure représentait Jean, duc de Normandie, fils du roi (2).

ROBERT, roi de France. Ce monarque avait épousé Berthe, sa cousine issue de germain. Le pape Grégoire V examina l'affaire dans un concile. Suivant la discipline du temps, le mariage fut déclaré incestueux, et le concile décréta que les époux seraient tenus de se séparer et de faire pénitence. Le roi Robert, refusant de se soumettre, fut excommunié et son royaume mis en interdit. Un jour qu'il était allé faire sa prière à la porte d'une église, on lui présenta un petit monstre qui avait le cou et le dessus de la tête d'un canard. — Voyez, lui dit-on, les effets de votre désobéissance : la reine Berthe vient d'accoucher de cet enfant. Le roi, à ce spectacle, répudia Berthe, et l'excommunication fut levée. C'est à cause de cet incident que la reine Berthe, femme de Robert, fut représentée dans ses statues avec un pied d'oie.

ROBIN HOOD, ou Robin des Bois, lutin. *Voy.* DIABLE.

RODERIK ou RODRIGUE. Roderik, dernier roi des Goths en Espagne, se rendit fameux par ses crimes et ses débauches, au commencement du VIIIe siècle; mais il y eut une fin. Il était devenu épris de la fille du comte Julien, l'un des grands seigneurs de l'Espagne; il la déshonora et la renvoya ensuite de sa cour. Le comte Julien, qui était alors en ambassade chez les Maures d'Afrique, n'eut pas plutôt appris sa honte et le malheur de sa fille, qu'il forma la résolution de se venger. Il fit venir sa famille en Afrique, demanda aux Maures leur appui, et promit de leur livrer toute l'Espagne. Cette proposition fut avidement reçue. Une armée partit sous la conduite du prince Mousa et de Julien lui-même. Ils débarquèrent en Espagne et s'emparèrent de quelques villes avant que Roderik fût instruit de leur approche. Il y avait auprès de Tolède une vieille tour déserte, que l'on appelait la *Tour enchantée*. Personne n'avait osé y pénétrer, parce

---

(1) Defensio compendiosa certisque modis astricta probe ut loquuntur aquæ frigidæ qua in examinatione maleficorum judices hodie utuntur, omnibus scitu perquam necessaria, quatuor distincta capitibus; auctore Jacobo Rickio, in-12, Coloniæ Agrippinæ, 1597.

(2) M. Garinet, Hist. de la magie en France, p. 87.

qu'elle était fermée de plusieurs portes de fer. Mais on disait qu'elle renfermait d'immenses trésors. Roderik, ayant besoin d'argent pour lever une armée contre les Maures, se décida à visiter cette tour, malgré les avis de tous ses conseillers. Après en avoir parcouru plusieurs pièces, il fit enfoncer une grande porte de fer battu, que mille verrous, dit-on, fermaient intérieurement. Il entra dans une galerie où il ne trouva qu'un étendard de plusieurs couleurs, sur lequel on lisait ces mots : *Lorsqu'on ouvrira cette tour, les barbares s'empareront de l'Espagne...* Aboulkacim-Tarista-Ben-Tarik, historien arabe, ajoute que, malgré son effroi, Roderick, ayant fait faire certains flambeaux que l'air de la cave ne pouvait éteindre, poursuivit sa recherche, suivi de beaucoup de personnes. A peine eut-il fait quelques pas, qu'il se trouva dans une belle salle enrichie de sculpture, au milieu de laquelle on voyait une statue de bronze qui représentait le Temps, sur un piédestal de trois coudées de haut. Elle tenait de la main droite une masse d'armes, avec laquelle elle frappait la terre à certains moments réglés. Les coups, retentissant dans la cave, faisaient un bruit épouvantable. Roderik, loin de s'effrayer, s'approcha du fantôme, l'assura qu'il ne venait faire aucun désordre dans le lieu de sa demeure, et lui promit d'en sortir dès qu'il aurait vu les merveilles qui l'entouraient : alors la statue cessa de battre la terre. Encourageant les siens par son exemple, le roi fit une visite exacte de cette salle, à l'entrée de laquelle on voyait une cave ronde, d'où sortait un jet d'eau qui faisait un sourd murmure. Il se rapprocha ensuite de la statue du Temps, sur l'estomac de laquelle était écrit en arabe : *Je fais mon devoir;* et sur le dos : *A mon secours!* A gauche, on lisait ces mots sur la muraille : *Malheureux prince, ton mauvais destin t'a amené ici;* et ceux-ci à droite : *Tu seras détrôné par des nations étrangères, et tes sujets, aussi bien que toi, seront châtiés.* Roderik, ayant contenté sa curiosité, se retira. Dès qu'il eut tourné le dos, la statue recommença ses coups. Le prince sortit, fit refermer les portes et marcha à la rencontre des ennemis. La bataille se livra un dimanche, au pied de la Sierra-Moréna (1). Elle dura huit jours. L'armée espagnole fut taillée en pièces, et Roderik disparut du milieu des siens, sans qu'on sût jamais ce qu'il était devenu. On pensa qu'il avait été emporté par le diable, puisqu'il fut impossible de découvrir son corps après le combat, et qu'on ne retrouva que son cheval, ses vêtements et sa couronne au bord d'une petite rivière. Ce qui confirme encore cette opinion dans l'esprit du peuple espagnol, c'est que, le lendemain de la bataille, trois anachorètes, qui vivaient dans la pénitence à quelques lieues de Tolède, eurent ensemble la vision suivante : Une heure avant le retour de l'aurore, ils aperçurent devant eux une grande lumière et plusieurs démons qui emmenaient Roderik en le traînant par les pieds. Malgré l'altération de sa figure, il leur fut aisé de le reconnaître à ses cris et aux reproches que lui faisaient les démons. Les trois ermites gardèrent le silence de l'effroi à ce spectacle. Tout à coup ils virent descendre du ciel la mère de Roderik, accompagnée d'un vénérable vieillard, qui cria aux démons de s'arrêter. — Que demandez-vous, répondit le plus grand diable de la troupe ? — Nous demandons grâce pour ce malheureux, répliqua la mère. — Il a commis trop de crimes pour qu'on l'ôte de nos mains, s'écrièrent les démons; et les saints ne peuvent l'avoir en leur compagnie. La mère de Roderik et le vieillard qui l'accompagnait reprenaient la parole, quand la fille du comte Julien parut et dit d'une voix haute : — Il ne mérite point de pitié; il m'a perdue; il a porté le désespoir dans ma famille et la désolation dans le royaume. Je viens de mourir précipitée du haut d'une tour, et ma mère expire écrasée sous un monceau de pierres. Que ce monstre soit jeté dans l'abîme, et qu'il se souvienne des maux qu'il a faits. — Qu'on le laisse vivre quelque temps encore, reprit la mère de Roderik, il fera pénitence. Alors on entendit dans les airs une voix éclatante qui prononça ces paroles : — Les jours de Roderik sont à leur terme; la mesure est comblée : que la justice éternelle s'accomplisse! Et aussitôt ceux qui étaient descendus d'en haut y remontèrent; la terre s'entr'ouvrit, les démons s'engloutirent avec Roderik, au milieu d'une épaisse fumée, et les trois anachorètes ne trouvèrent plus, dans l'endroit où tout cela venait de se passer, qu'un sol aride et une végétation éteinte. Toute cette vision n'est rapportée que par un historien aujourd'hui peu connu (2), et bien des gens ne la regarderont que comme une vision. L'histoire ne parle de Roderik qu'avec blâme, et son nom est resté impur pour la postérité (3).

RODRIGUEZ (Ignazio). *Voy.* Inquisition.

ROIS DE L'ENFER. Les rois de l'enfer sont au nombre de sept. On peut les lier depuis trois heures jusqu'à midi, et depuis neuf heures jusqu'au soir (4). *Voy.* Monarchie infernale.

ROIS DE FRANCE. Il est rapporté dans quelques chroniques que les premiers rois de France portaient une queue comme les singes; qu'ils avaient du poil de sanglier tout le long de l'épine du dos, etc.

ROITELET. Une plume de cet oiseau portée en secret fait gagner à tous les jeux. On le croit au moins dans les villages.

ROLANDE DU VERNOIS. Boguet cite cette femme comme sorcière. Elle fut convaincue,

---

(1) On voyait encore, il n'y a pas deux siècles, plusieurs milliers de croix plantées en terre, à l'endroit où s'est livrée cette fameuse bataille. Lambertinus, *ubi infra.*

(2) Sanctii a Corduba historiarum Hispaniæ antiquarum, lib. III, sect. 12

(3) Nomen ejus in æternum putrescet... (Lambertinus e Cruz-Howen, Theatrum regium Hispaniæ, ab anno 711, ad annum 717.)

(4) Wierus, in Pseudomon. dæmon.

au XVIe siècle, tout à la fois d'être possédée, voleuse et ventriloque, et fut pendue et brûlée.

ROMANS.

ROMANS DE CHEVALERIE.

(La plupart des écrits classés sous ce titre sont, comme la chronique de Robert le Diable et celle de Richard sans Peur, que nous avons résumées, remplis d'aventures où figurent le diable, les esprits, les fées et d'autres merveilles. Nous donnerons ici en abrégé quelques-uns de ces récits qui charmaient nos pères.)

LES AMOURS DE MERLIN ET DE VIVIANE,
AUTREMENT DITE LA DAME DU LAC.

Partie du grand roman de Merlin.

Du temps que le roi Ban régnait sur le pays de Benoît, qui faisait partie de la petite Bretagne, ce monarque était sous la protection d'une grande et habile magicienne, que l'on appelait la fée Diane. C'était la meilleure fée du monde; elle n'employait les secrets de son art, qu'à rendre heureux les honnêtes gens, et n'était redoutable que pour les mauvaises (1). Les preux chevaliers trouvaient en elle une amie toujours disposée à favoriser leurs justes entreprises. Elle leur indiquait les personnages auxquels ils pouvaient rendre service, et quand ils avaient été assez heureux pour y réussir, elle s'employait encore pour leur faire obtenir récompense.

Elle se plut à faire du bien au jeune Dionas, un des hauts barons du royaume de Benoît, et le seigneur de la forêt de Brocéliande. Elle le conduisit à la gloire et à la fortune par des chemins semés de lauriers. Elle lui fit mériter et obtenir le grade de chevalier, remporter une infinité de prix dans les tournois, gagner des batailles, tuer des géants, dompter des monstres, et enfin s'emparer des trésors de plusieurs tyrans, qui le rendirent si riche, qu'il fut en état de faire bâtir un superbe château sur le bord d'un beau lac. Par les conseils et avec les secours de la fée, il rendit le séjour le plus délicieux qu'il y eût à cent lieues à la ronde. Enfin, toujours aidé de la même protection, il épousa la nièce du duc de Bretagne, et vécut longtemps en bonne intelligence avec elle dans son magnifique château. Cependant ces deux époux n'eurent pour tout fruit de leur union qu'une fille. La bonne Diane assista à sa naissance, prit les plus grands soins de l'accouchée, et elle était prête à douer l'enfant nouveau-né de tous les avantages qui pouvaient contribuer à son bonheur et à la joie de ses parents, mais la nature avait déjà prévenu les dons de la fée; on s'aperçut bientôt que la jeune Viviane (c'est le nom qu'on lui avait donné) serait charmante et très-spirituelle. Diane fut quelque temps embarrassée à propos de ce qu'elle pouvait ajouter à de si heureuses dispositions. Après avoir consulté ses livres, elle promit de revenir lorsque l'enfant aurait atteint l'âge de sept ans, et alors de ne rien laisser à désirer sur les perfections qu'elle pourrait avoir, et sur les moyens de lui assurer la vie la plus heureuse.

Dionas et son illustre épouse s'en rapportèrent à cette bonne et sage protectrice qui revint au temps convenu. Alors embrassant la petite Viviane, en présence de ses parents :

— Mon enfant, lui dit-elle, je ne puis rien ajouter aux charmes et aux grâces naturelles dont vous êtes déjà abondamment pourvue; mon art et le pouvoir de ma baguette ne sauraient vous rendre plus belle. Vous aurez de l'esprit comme les génies; vous serez adroite comme toutes mes sœurs ensemble; vos parents vous donneront des maîtres habiles en tout genre; vous apprendrez tout ce que vous voudrez, et vous acquerrez tous les talents possibles. Vous serez recherchée; et c'est ici que je puis vous servir; vous gagnerez le cœur du plus sage des hommes; devenue sa compagne, vous serez bientôt plus puissante et plus savante que lui. Enfin vous serez une fée plus considérable que moi. Le seigneur et la dame de Brocéliande se confondirent en remercîments pour un si beau don, ou plutôt pour de si flatteuses espérances. La petite Viviane, en enfant bien élevée, se contenta de dire : — Ma marraine, je vous suis bien obligée, je vous aime de tout mon cœur, et si fort, que je ne pourrai jamais aimer autant que vous ce sage dont vous me parlez.

Viviane n'avait que douze ans, lorsqu'elle perdit sa mère; et elle n'avait pas atteint sa quinzième année, quand la mort du brave Dionas la rendit dame de la forêt de Brocéliande et du magnifique château du lac. Elle fut vivement affligée de ces pertes; et la bonne fée, qui partageait sincèrement ses regrets, accourut auprès d'elle pour la consoler et la guider dans les embarras qui sont nécessairement les suites d'une grande succession. Elle passa auprès d'elle un an, pendant lequel elle mit ses affaires dans le meilleur ordre, et acheva de lui former l'esprit et le cœur, et de perfectionner ses talents et ses principes. Au bout de ce temps, elle se disposa à la quitter.

— Ma fille, lui dit-elle, le ciel ordonne qu'à présent je vous laisse profiter toute seule des leçons et des dons que je vous ai accordés. Je finirai doucement et heureusement ma carrière, si j'apprends dans ma retraite que vous êtes parvenue au bonheur et à la gloire que je vous ai ménagés. En disant ces mots, Diane monta sur un char traîné par des dragons volants, et disparut.

Peu de jours après, Merlin, le plus fameux de tous les enchanteurs, revenant de la cour du grand roi Artus, pour qui il avait l'affection la plus tendre, et à qui il avait rendu des services immenses, traversa la forêt de Brocéliande. Il fut enchanté de la beauté et de la fraîcheur du bois; en arrivant au bord du lac, il fut émerveillé de la magnificence du château et de la limpidité des eaux. Il s'arrêta, et s'étant couché sur le gazon, il s'y endormit quelques moments; mais il fut bientôt réveillé par le bruit que fit en passant auprès de lui Viviane, qui se promenait avec une suite nombreuse de demoiselles et de domestiques.

---

(1) Nous empruntons ce travail au marquis de Paulmy.

En ouvrant les yeux, il fut frappé de la beauté de la jeune dame du lac; c'est ainsi que l'on appelait communément Viviane ; celle-ci le fut également de la bonne grâce du voyageur. L'enchanteur, à qui il était aisé de prendre toutes sortes de formes, agréables ou terribles, n'avait pas jugé à propos dans ce voyage d'altérer sa figure naturelle; elle était plus faite pour intéresser que pour imposer. Il était jeune, et par un effet de son art il le paraissait encore davantage ; les traits de son visage étaient nobles et beaux, sa physionomie riante et spirituelle, sa taille élégante, ses manières aisées, avec décence et honnêteté. Après avoir salué respectueusement la demoiselle, il lui fit des excuses de s'être arrêté sur ses terres, sans lui en avoir demandé la permission, alléguant que la fatigue d'une longue route l'avait forcé au sommeil.

— Gentil varlet (répondit Viviane), Dieu vous donne grâce de bien faire, et que de nul ne soyez grevé. Mon manoir est l'asile de tout voyageur loyal et bien né ; il vous est loisible de m'y suivre, et je ferai pourvoir à votre repos et délassement. Merlin ne se fit pas prier pour accepter cette offre obligeante ; il s'inclina profondément et suivit la dame. Elle chargea son sénéchal d'avoir soin de l'étranger ; il le logea dans un pavillon du château, assez loin de l'appartement de sa maîtresse ; et le soir, il fut invité à souper avec elle, ses demoiselles et le vieux sénéchal. Pendant le repas, qui fut splendide, Merlin souvent regardait Viviane, et plus la regardait, plus en était épris. Mais il pensait en son cœur qu'il ne fallait pas qu'il perdît son sens pour la beauté d'une dame.

Après le souper, les demoiselles de Viviane formèrent un concert de voix et d'instruments. On proposa au voyageur de s'unir à elles, il ne se défendit pas de posséder le talent de la musique, qu'il avait, disait-il, cultivé à la cour du grand roi Artus ; mais il avoua que pour ce soir il avait besoin de repos, ajoutant que si on voulait lui permettre de s'arrêter quelques jours à la cour de Viviane, il s'empresserait de contribuer à son amusement. On lui répondit que les chevaliers d'Artus étaient en particulière considération à la cour de Brocéliande, Dionas ayant été un des chevaliers de la Table-Ronde, aussi bien que le roi Ban, son seigneur. Il demeura donc; et trois jours ne se passèrent pas, qu'il n'apprît à la dame du lac qui il était. La belle dame fut d'abord effrayée de voir en son château un si redoutable enchanteur. Mais bientôt se rappelant la prédiction de la bonne fée Diane, elle se rassura et se douta qu'elle avait trouvé le sage de qui devait dépendre son bonheur. Elle commença donc par déclarer à Merlin, qui lui avouait sa flamme, qu'elle ne pourrait jamais se résoudre à épouser un homme plus puissant qu'elle.

— J'ai entendu ma marraine parler du pouvoir des enchanteurs, dit-elle ; je sais que rien n'est si dangereux que ces hommes habiles. — Belle et noble dame, s'écria Merlin, ne croyez pas qu'astuce et fallace puissent loger en mon cœur, jamais n'ai employé prestiges et artifices que pour mieux servir les bons et punir les méchants, juste droit soutenir, et grands torts réparer. Dorénavant donc je veux employer mon art uniquement à votre service, je vous serai plus sujet que ne me sont soumis les démons et les génies, auxquels je commande à la baguette.

Viviane paraissant toujours également craintive et réservée, le magicien se retrancha à obtenir la permission d'opérer, pendant le cours d'une année, toutes sortes de merveilles agréables, propres à la convaincre de l'étendue de son pouvoir et de sa tendresse constante. Bientôt le lac sur lequel était situé le château de Brocéliande fut encore embelli, les bords s'en trouvèrent garnis de toutes sortes de fleurs ; et de distance en distance naquirent des bosquets délicieux de myrte, de jasmin et de chevrefeuille. On voyait se jouer dans ses ondes des poissons dorés ou marquetés des couleurs les plus éclatantes ; des cygnes d'une parfaite blancheur se promenaient majestueusement sur l'eau claire et limpide. Leurs cous étaient ornés de colliers, dont le fond était d'azur, et sur lesquels on voyait ces mots tracés avec de petits diamants et de petites émeraudes : J'appartiens à Viviane.

L'extérieur et l'intérieur du château furent décorés de la manière la plus élégante. Des colonnes et des pilastres d'ordre corinthien soutenaient une plinthe chargée d'ornements, d'une sculpture légère et agréable ; l'or et l'azur brillaient partout au dedans, et le fond de la plupart des ameublements était couleur de rose, chargé de différents genres de broderies. Les parterres du jardin étaient dessinés dans des goûts différents, conformément à la mode de divers pays éloignés. On arrivait par une longue suite de berceaux et d'allées couvertes, à un kiosque ou pavillon plus superbe et plus délicieux encore que tout le reste, sur la principale porte duquel on lisait : Repaire de liesse. C'est là que Merlin donnait tous les jours des fêtes à sa dame, toutes magnifiques, mais toujours diversifiées. Tantôt c'étaient des tournois, où Merlin lui-même combattait et remportait des prix qu'il recevait des mains de Viviane ; tantôt des spectacles tragiques, comiques, lyriques ; des concerts charmants, sur des théâtres élevés à l'instant d'un coup de baguette. Pendant plus de six mois, Merlin vint à bout de varier les amusements de Viviane, au point qu'elle ne s'ennuya pas un seul instant. Elle, de son côté, témoignait avec noblesse et modestie qu'elle était sensible à ces soins ; mais elle protestait en même temps qu'elle n'accorderait jamais sa main à un mortel plus habile qu'elle-même. Quelquefois cependant, pour ne pas le rebuter, elle paraissait aussi satisfaite qu'étonnée de tout ce qu'il inventait pour la divertir ; elle lui demandait comment il pouvait procurer de si douces illusions. Merlin lui communiquait alors quelques-unes de ses recettes, la laissait lire dans son livre magique, lui en expliquait même les caractères, prononçait devant elle des paroles puissantes. L'adroite Viviane les retenait et les répétait souvent quand elle était seule.

Au bout de six mois, Merlin fut averti par ses génies que le roi Artus avait un pressant besoin de ses secours et de ses conseils : il résolut de voler à la cour de Logres. Il en prévint Viviane; celle-ci commençait à s'attacher à lui. Ce projet d'absence lui donna de l'humeur. Elle ne put s'empêcher de la laisser paraître au sage, qui au fond du cœur en fut flatté; mais il partit, après avoir donné des ordres à ses gens pour qu'ils s'occupassent du soin de distraire Viviane. La dame, qui savait déjà un peu de magie, s'en servit pour empêcher leur zèle d'éclater, et elle passa dans la solitude tout le temps que Merlin fut auprès d'Artus, ou du moins occupé des intérêts de ce prince. L'absence fut assez longue, quelque désir qu'eût le sage de l'abréger. Pendant ce temps, la fée Diane rendit une visite à sa filleule, et la confirma dans la disposition où elle était d'employer toute son adresse pour soumettre l'enchanteur.

Merlin revint plus épris que jamais, donna de nouvelles fêtes, encore plus brillantes et plus variées que les premières, et acheva ainsi l'année d'épreuve qui lui avait été prescrite. Mais la dame du lac avait assez profité de sa complaisance, pour tirer de lui tous ses secrets, et elle se trouvait en force pour lutter avec lui. Entre autres tours qu'elle lui avait surpris, elle possédait celui d'endormir un homme à point nommé, et de le laisser dans cet état autant qu'elle le jugeait à propos. Lorsque Merlin, ayant fini son temps d'épreuve, demanda sa main comme récompense, Viviane se servit contre lui de ses propres armes : elle l'endormait toujours si à propos, qu'il était forcé d'attendre. Cependant, ne soupçonnant pas qu'il entrât dans ces accidents aucunes opérations magiques, dans lesquelles il était si grand maître, il prenait patience, et achevait de se livrer lui-même au pouvoir de son élève dans la science des enchantements.

Enfin la dame ne lui cacha plus qu'elle voulait absolument être instruite comment un homme (si habile fût-il) pouvait être retenu dans un lieu circonscrit, par un charme si fort, qu'il n'en pût sortir. Une pareille question embarrassa beaucoup le plus savant des magiciens; il en sentit même d'abord la conséquence ; mais perdant sa prévoyance et sa sagesse : — Hélas! Damoiselle, dit-il, je vois bien que vous me voulez ôter ma liberté; mais je suis si surpris que, le veuillé-je ou non, il me convient de faire votre volonté. Il apprit donc à sa belle le dernier secret de son grimoire. Celle-ci se garda bien de lui dire qu'elle le mettrait promptement en pratique; c'est ce qu'elle fit cependant. Elle l'endormit, et pendant son sommeil elle suivit de point en point les instructions qu'elle avait lues dans son livre magique, elle enchanta si bien les environs de son château, qu'aucun mortel ni animal vivant ne pouvait traverser, sans sa permission, la belle haie d'aubépine qui entourait son parc et son jardin. On ne pouvait pas même passer par-dessus, à quelque hauteur qu'on s'élevât dans les airs, ni pénétrer par-dessous, quoiqu'on s'enfonçât jusque dans les entrailles de la terre. Elle en fut certaine lorsqu'elle vit les oiseaux qui planaient sur le parc, obligés de revenir, lorsqu'ils voulaient voler sur les campagnes voisines, et les poissons qui avaient passé des rivières dans son lac, ne pouvoir plus en sortir.

Ayant achevé cette opération, elle se garda bien d'en faire part à Merlin ; mais le lendemain, elle lui déclara qu'étant parfaitement satisfaite des preuves d'attachement et de docilité qu'elle avait eues de lui, elle était prête à lui donner sa main ; elle lui jura une fidélité éternelle ; des esprits follets furent dépêchés pour avertir Diane, et l'inviter à se rendre dans le château du lac. La fée arriva et fut reçue avec toute la distinction que méritait une généreuse protectrice, qui devait représenter seule toute la famille de la future épouse. Elle fut témoin des serments sacrés et inviolables que se firent Merlin et Viviane. On juge bien que jamais noces n'ont été plus brillantes et plus magnifiques. Merlin déploya toutes les ressources de son art, et fit usage de tout ce qu'il avait d'esprit, de talent et de goût. Viviane, imaginant à son tour de nouvelles fêtes, auxquelles il ne s'attendait pas, lui prouva qu'elle avait déjà profité de ses leçons plus qu'il ne croyait. Il sentit alors qu'il l'avait rendue maîtresse de son sort, et qu'il n'avait plus aucun avantage sur elle. Ce ne fut toutefois que quelque temps après le départ de la bonne fée Diane qu'il s'aperçut de l'impossibilité où il était de se soustraire, même pour quelques moments, au pouvoir de la dame du lac.

Le roi Artus se trouvait dans les circonstances les plus embarrassantes. Aux Romains, anciens ennemis de sa couronne, s'étaient joint, pour le combattre, le roi Claudas; il avait déjà vaincu une fois ce dernier, à l'aide des conseils de Merlin et de la bravoure de ses chevaliers. Mais ce roi venait de rentrer en campagne avec le secours de certains peuples du septentrion, que l'on nommait les Sesnes. Ainsi le grand Artus était obligé d'avoir deux armées sur pied pour défendre ses États; bien plus, il avait lieu de soupçonner que quelqu'un de ses sujets tramait une trahison contre lui. La sagesse et la science de Merlin lui étaient nécessaires pour découvrir quel était le traître. Il ignorait où l'on pouvait trouver l'enchanteur; mais il était sûr que les esprits familiers qui lui étaient attachés, et dont la cour de la Grande-Bretagne était remplie, ne manqueraient pas de lui rendre compte du besoin qu'il avait de son secours, s'il en parlait publiquement; c'est ce qu'il fit. Effectivement Merlin en fut bientôt averti ; il y avait longtemps qu'il négligeait les intérêts du plus cher de ses amis. Il prépara Viviane à permettre ce nouveau voyage à la cour de Logres. La dame du lac parut d'abord opposer une assez faible résistance; mais elle

finit par dire à son époux qu'il pouvait suivre son désir. Quand Merlin voulut user de cette permission, il en reconnut l'impossibilité. En vain il prétendit s'élever en l'air et passer par-dessus la haie d'aubépine, quelque forme qu'il prît, il ne put en venir à bout. Tout à fait convaincu qu'il s'était absolument mis au pouvoir de sa dame, il versa quelques larmes, puis se jetant aux pieds de Viviane :
— Douce amie, lui dit-il, point ne me plaindrai, ni de vous, ni de la prison où me détenez, si vous demeurez avec moi, car si vous me délaissez, je ne puis plus vous aller chercher. — Ah! répondit la dame, je y serai toujours avec vous. Depuis, Merlin ne sortit plus du lieu où Viviane l'avait fixé; il ne pouvait franchir l'aubépine sur laquelle elle avait jeté ses sorts. Le roi Artus, ne voyant pas arriver Merlin, était dans la plus vive inquiétude. Il résolut de l'envoyer quérir par ceux de ses chevaliers en qui il avait plus de confiance; c'étaient le brave Yvain et le sage Gauvain. Ils prirent chacun une route différente, et se rendirent aux lieux le plus ordinairement fréquentés par l'enchanteur. Le premier prit le chemin de la forêt des Ardennes, qui séparait les Gaules de la Germanie, et l'autre se rendit dans celle de Brocéliande. Il en avait déjà parcouru la plus grande partie, lorsqu'il arriva à la haie d'aubépine qui entourait le parc, le lac et le château de Viviane. Il essaya inutilement, à plusieurs reprises, d'y pénétrer, il trouva partout la haie également épaisse. Enfin, fatigué de ses longues et pénibles recherches, il mit pied à terre et se coucha sur l'herbe, à l'ombre même de l'aubépine. Mais à peine commençait-il à s'endormir, qu'à son grand étonnement il s'entendit nommer par une voix qui ne lui était pas inconnue.
— Gauvain, Gauvain, lui dit-on, celui que tu cherches est près de toi, mais si tu veux parvenir jusqu'à lui, tes efforts seraient inutiles. — Qu'entends-je? (dit Gauvain en se relevant) n'est-ce pas la voix de Merlin? Ah! cher et sage ami, n'es-tu donc plus qu'une ombre? ou quel déguisement as-tu pris aujourd'hui, pour parler à moi? Que ne te montres-tu sous ta figure naturelle au plus féal chevalier du grand Artus? Ce noble roi te demande; il a besoin de ton secours, viens promptement te joindre à notre chevalerie, pour défendre sa couronne; viens t'asseoir avec lui et nous à cette Table-Ronde, dont les sages règlements sont dus à tes conseils.
— Hélas! répondit la voix de Merlin, je ne suis point transformé, mais retenu par un pouvoir supérieur au mien, je ne peux ni te voir ni te suivre, tu ne peux venir jusqu'à moi. — Quoi donc, s'écria Gauvain, quel magicien peut être plus puissant que toi? Mais après tout, nous autres chevaliers sommes accoutumés à vaincre les obstacles que la magie nous oppose. Dès ce moment, je vais remonter sur mon brave Gringalet; la lance en arrêt et l'épée au poing, j'enfoncerai cette barrière; s'il en sort des monstres ou des géants, je les combattrai, et j'en viendrai à bout. — Non, mon ami, répliqua Merlin, encore une fois n'espère ni me délivrer ni m'emmener avec toi; tout ce que je peux te promettre, c'est de supplier la puissante fée qui me tient en esclavage de me permettre de voler au secours d'Artus, ou du moins de raisonner avec toi sur les affaires de ce prince, qui m'est si cher. O! mon cher Gauvain, rends-toi, je te prie, dans ce lieu demain à pareille heure.

Le chevalier d'Artus le promit et fut exact. Il passa la nuit dans un hameau, dont les habitants lui apprirent que cette haie d'aubépine enfermait les domaines et le magnifique château de la dame du lac, mais que depuis quelques mois, l'abord en était défendu à tout être vivant. On peut bien penser que Merlin fit part à la belle Viviane de la rencontre qu'il avait faite de son cher et ancien ami Gauvain, et qu'il la pressa vivement de lui laisser la liberté d'aller au secours de l'empire breton; mais la dame du lac savait trop bien qu'elle courait risque de perdre pour toujours son époux, si elle le laissait une fois s'éloigner d'elle. Ainsi tout ce qu'il put en obtenir fut l'arrangement dont nous allons rendre compte. Lorsque Gauvain se présenta au même lieu où il s'était trouvé la veille, la haie parut tout à coup s'ouvrir devant lui, et au bout d'une large, mais assez courte avenue, il aperçut une grotte brillante, composée de riches métaux et de prismes des pierres les plus précieuses. Il vit Merlin à l'entrée de la grotte, revêtu d'une robe à fond d'azur, semée d'étoiles d'or, de perles et de diamants; à l'entrée même de l'avenue était Viviane, magnifiquement parée. Aussitôt qu'elle vit Gauvain armé de pied en cap, monté sur Gringalet, la lance en arrêt, et l'épée au poing;

— Sire, lui dit-elle, déposez cet appareil militaire; il vous est inutile dans un lieu où l'on ne veut vous faire aucune violence, et où ce serait vainement que vous tenteriez d'en faire vous-même. Chevalier de la cour du roi Artus, mon père était votre compagnon d'armes; Merlin est l'ami de votre roi: à ces titres, Artus et vous-même m'êtes chers, entrez dans cette grotte, raisonnez avec un sage, qui vous aime, des intérêts d'une cour qu'il affectionne; recevez ses instructions et profitez de ses conseils, mais n'espérez pas m'enlever mon époux. Gauvain se rendit à cette invitation, prononcée d'un air aussi noble que sincère. Il entra dans la grotte de Merlin, et passa la journée entière à le consulter. Viviane n'interrompit leur conversation que pour faire servir un excellent repas. Pendant ce temps, Gringalet broutait le foin le plus délicieux que, de mémoire de cheval, pareil animal eût jamais mangé, et Branor le Brun, fidèle écuyer de Gauvain, était promené par les esprits follets sur le haut de la haie d'aubépine, d'où il pouvait contempler les différentes beautés du parc, et juger de l'architecture du château et des principaux pavillons. De distance en distance, on le régalait de quelques bouteilles d'un vin que l'on eût appelé vin des dieux, s'il n'eût été fourni par des démons, mais peu malicieux et chargés du soin de l'amuser. A la fin de la journée, Gauvain étant obligé de quitter Merlin, celui-ci lui adressa cet adieu, que nous devons rendre dans les termes mêmes du romancier.

— Adieu vous dis, messire Gauvain, mon cher et doux ami, qui jadis m'avez vu le plus sage des hommes, et de maintenant me trouvez le plus fou. Recommandez-moi au roi Artus, à Genièvre la belle reine, à tous les compagnons de la Table-Ronde, à tous les hauts barons, et aux nobles et vertueuses dames et damoiselles de la Grande-Bretagne, car plus ne me verront, ni ne m'entendront parler. Adieu vous-même, mon seigneur Gauvain, comme le meilleur, le plus courtois et le plus noble chevalier du royaume de Logres.

En reconduisant Gauvain, Viviane lui déclara qu'il pourrait de temps en temps revenir dans le même lieu, et renouveler ses consultations; que pour cet effet, la magnifique grotte nouvellement élevée continuerait de subsister, et qu'à certains jours marqués elle serait ouverte à tous ceux qui voudraient interroger le sage enchanteur. Elle fit répandre dans les environs, et même dans des pays beaucoup plus éloignés, qu'elle ne voulait point priver l'univers des lumières et de la protection du sage Merlin; mais que quant à sa personne, elle ne pouvait se résoudre à s'en séparer. On s'accoutuma donc à venir consulter l'oracle dans la forêt de Brocéliande; et Merlin et Viviane y passèrent de longs jours, toujours d'accord l'un avec l'autre.

Voici un morceau d'un autre genre. Il est dû à M. Octave Delepierre.

PÈLERINAGE DE CHARLEMAGNE EN TERRE SAINTE.

Poëme anglo-normand du XIIe siècle.

Il est bien établi aujourd'hui qu'au nombre des héros du moyen âge que les Allemands ont voulu nous ravir, on doit compter en première ligne Charlemagne. D'intéressantes et curieuses publications ont récemment donné à ce sujet des éclaircissements suffisants. Nous ne remarquons ce fait que pour justifier l'intérêt qui se rattache pour nous au poëme anglo-normand du XIIe siècle, sur les voyages de Charlemagne à Jérusalem et à Constantinople, que M. Francisque Michel a édité à Londres, il y a peu d'années. Nous pensons donc intéresser le lecteur en examinant, d'après l'introduction de ce livre assez rare, ce qui concerne ce poëme. Un des plus anciens auteurs qui aient parlé de la conquête de Jérusalem par Charlemagne est Moses Maïmonides (1) dans le passage suivant : « Le livre d'après lequel j'ai transcrit le Pentateuque est au nombre des plus célèbres de l'Égypte. Il était déjà à Jérusalem du temps des Tanaïtes; et lorsque Jérusalem fut prise par le roi Charles, ce livre fut emporté en Égypte avec le butin. »

Albéric de Trois-Fontaines, dont la chronique finit en 1242, avait réuni, sous l'année 801 et 802, les témoignages de quatre écrivains, ses prédécesseurs, qui parlent du voyage de Charlemagne à Jérusalem; à savoir Hélinand (2), Gui de Bazoches, Pierre Mangeard et Turpin. Hélinand, dont la chronique finit en 1204, vécut encore quelques années après cette époque. Gui de Bazoches, qui n'est connu que par les fragments que nous a conservés de lui Albéric, mourut en 1203, et Pierre Mangeard en 1178. Pour l'auteur qui, sous le nom supposé de l'archevêque de Reims, Turpin, écrivit une chronique romanesque sur Charlemagne, il paraît qu'il vécut au XIe siècle. Hélinand raconte d'une manière assez détaillée les voyages de Charlemagne qui, dit-il, eurent lieu en l'année 802, du temps des empereurs Constantin et Léon; mais ensuite, s'apercevant que l'époque à laquelle régnèrent ces deux empereurs ne coïncide pas avec l'année 802, il suppose, pour éviter l'anachronisme, que peut-être il y eut d'autres empereurs qui s'appelèrent Constantin et Léon, ayant deux noms comme cela s'est vu.

Gui de Bazoches, plus heureux dans ses conjectures, ou plus instruit qu'Hélinand, place avec plus de probabilité les voyages de Charlemagne sous le règne de l'empereur Nicéphore. A l'année 1096, en parlant de la croisade de Godefroi de Bouillon, que l'on regarde généralement comme la première, Albéric dit encore : *Guido vero expeditionem istam Francorum in Turcos vocat secundam; quia Carolus Magnus fecit primam.* Pierre Mangeard fait allusion en termes exprès aux voyages de Charlemagne, et en rapporte des circonstances. Turpin est la quatrième autorité citée par Albéric; mais il ne rapporte que le titre du chapitre dans lequel le voyage est raconté, sans en donner le texte.

A ces quatre auteurs, dont le plus ancien mourut en 1178, nous devons ajouter la chronique latine, citée par les auteurs de la collection des historiens français, comme ayant été traduite dans les chroniques de Saint-Denis, d'où M. de Foncemagne (3) conjecture que Hélinand, Gui de Bazoches et les autres ont emprunté ce qu'ils rapportent des voyages de Charlemagne. Au moins l'expression d'Hélinand, *legitur*, semble indiquer qu'il parlait d'après un auteur plus ancien, et rien n'empêche de faire cet honneur à la chronique latine dont l'auteur ne cite aucune source où il ait puisé ses renseignements. Voilà l'ordre chronologique des écrivains qui nous ont transmis les détails des voyages de Charlemagne à Jérusalem, tradition qui existait également en Orient. Nous venons de voir que la chronique latine, qui a été insérée dans les chroniques de Saint-Denis et

---

(1) Cet auteur, né à Cordoue vers 1131 ou 1139, mourut à Tibérias, en 1209.

(2) Le passage entier d'Hélinand est donné par Vincent de Beauvais dans le *Speculum historiale*, édit. de Douai, 1624.

(3) Le travail de cet auteur, dont nous rapportons les principaux faits, a été analysé dans l'Histoire de l'académie royale des inscriptions et belles-lettres, tome XXI, page 149-156.

qui ne peut guère remonter au delà du XIe siècle, paraît être le premier monument écrit dans lequel il soit question de ces voyages. Il est très-probable que ce ne fut d'abord qu'une simple tradition fondée sur le récit des premiers pèlerins à Jérusalem. L'auteur de la chronique nous le fait clairement entendre, lorsqu'en faisant mention au chapitre 5 de l'oiseau merveilleux qui parla à Charlemagne et le remit dans le vrai chemin d'où il s'était écarté, il ajoute : « Et encore, disent les pèlerins qui, par cette voie, vont en Jérusalem, qu'ils entendent quelquefois les oiseaux du pays parler en telle manière; et de plus que les paysans et les gens du pays témoignent que, puisque Charlemagne est venu au pays, c'est sans doute pourquoi cette sorte d'oiseaux chante ce chant par accoutumance. »

M. de Foncemagne fait encore mention de trois circonstances de l'histoire de Charlemagne, qui peuvent avoir donné naissance à cette tradition ou l'appuyer. 1° Eginhart rapporte que la libéralité de ce prince s'étendait bien au delà de son empire, même par delà les mers, jusqu'en Syrie, en Egypte, en Afrique et à Jérusalem, où sa charité fit parvenir des secours aux chrétiens opprimés. 2° Le même historien dit ailleurs que le roi de Perse (il veut dire le calife Haroun-al-Raschild) ayant reçu les messagers de Charlemagne, qui apportaient de la part de leur maître de riches présents, lui envoya les clefs du saint sépulcre, et lui céda tous ses droits sur ce lieu sacré. 3° Finalement, tous les annalistes nous apprennent que Charlemagne, se trouvant à Rome, reçut les clefs de la ville sainte, que le patriarche de Jérusalem lui envoyait par deux moines. La première idée que suggèrent ces faits, c'est que le souverain de la Perse et le patriarche de Jérusalem traitèrent Charlemagne comme s'il eût été souverain des saints lieux, et que ce prince y exerça réellement des actes de souveraineté en y fondant des établissements pieux.

Passons maintenant à l'examen du poëme dont il est question ici, et auquel les observations précédentes sont une espèce d'introduction. Le texte publié par M. Francisque Michel est copié d'un manuscrit sur vélin du musée britannique, écriture de différentes mains, qui porte le caractère du XIIIe siècle. Le volume in-8° contient six autres ouvrages en français et en latin avant celui-ci intitulé : « Ci commence le livre comment Charles de France vint en Jérusalem, et pour paroles de sa femme, à Constantinople pour voir le roi Hugon. »

Le premier auteur qui fit connaître ce poëme au public fut l'abbé de la Rue, dans un article sur les poëtes anglo-normands (1). Il dit qu'il croit que ce poëme fut écrit par un trouvère normand du XIe siècle ; que peut-être il contient la célèbre chanson de Roland, dont personne jusqu'à présent n'a trouvé aucune trace. M. de Roquefort, dans son Etat de la poésie française, répète cette opinion. Plus tard, un noble espagnol, don Andrès Bello, dont on trouve le travail dans *El repertorio americano*, tome II, en publia vingt-quatre vers, avec une traduction espagnole en note. Au mois de février 1833, M. Raynouard, dans le Journal des Savants, fit quelques observations sur ce poëme, dont il ne connaissait rien autre chose que la note publiée par l'abbé de la Rue et les vers mis au jour par don Andrès Bello. A la fin de la même année, le ministre de l'instruction publique en France envoya M. Francisque Michel en Angleterre pour examiner les bibliothèques de ce pays et prendre note des manuscrits qui sembleraient présenter de l'intérêt pour l'ancienne histoire de la France et l'étude de la littérature du moyen âge.

M. Francisque Michel copia aussitôt le poëme français. Quelque temps après (août 1834), l'abbé de la Rue publia son ouvrage : Essais historiques sur les bardes, les jongleurs et les trouvères normands et anglo-normands. Caen, chez Mancel, 1834, 3 vol. in-8°. Il y parle longuement du poëme consacré à Charlemagne. A la page 24 il dit : « La langue romane, dérivant de cette basse latinité, dut aussi adopter la rime; mais il arriva que nos premiers poëtes français voulurent aussi, comme dans la bonne latinité, faire quelquefois des vers sans y admettre la rime; l'anonyme dont nous parlons travailla dans ce genre. » On peut trouver la réponse à cette assertion dans l'article de M. Raynouard, cité ci-dessus.

L'abbé de la Rue continue : « A en juger par le style, on croirait qu'il a écrit dans le XIe siècle; les règles grammaticales qu'il observe, son orthographe, son langage en un mot, sont absolument les mêmes que ceux du Psautier traduit sous le règne de Guillaume le Conquérant. » M. Francisque Michel n'est pas d'accord avec le savant abbé sur l'opinion exprimée dans la première partie de ce passage, et pense que, pour savoir s'il a tort ou raison dans la seconde, il serait nécessaire de savoir avec exactitude à quelle traduction du Psautier il fait allusion, car il cite cinq manuscrits d'une traduction française de ce Psautier, faite par ordre de Guillaume le Conquérant.

L'abbé ajoute : « Mais l'auteur cite le faux Turpin ; alors il a dû écrire dans les dix premières années du XIIe siècle. » Or, le faux Turpin n'est nullement cité dans le poëme qui nous occupe, et quand cela serait, on ne pourrait en tirer aucune conséquence. Il contient 870 lignes ou vers, et non 992, comme l'énonce l'abbé de la Rue, ni 960, comme le dit M. Raynouard.

Au nombre des récits du voyage de Charlemagne à Jérusalem et à Constantinople, que le père Le Cointe réfute au long dans ses Annales ecclésiastiques, à l'année 800, il faut compter *Gallien Restauré*, dont voici la table des chapitres :

Comment il prit au roi Charlemagne dévo-

---

(1) Rapport sur les travaux de l'académie de Caen, cité par M. de Roquefort.

tion d'aller visiter le saint sépulcre de Jérusalem. — Comment Charlemagne et les douze pairs de France, eux étant dans les douze chaires, adorèrent la couronne de Notre-Seigneur et la lance et autres saintes reliques, lesquelles s'apparurent devant eux miraculeusement. — Comme le roi Charlemagne reçut les saintes reliques du patriarche de Jérusalem. — Comment le roi Charlemagne, après qu'il eut pris congé du patriarche, entra dans un bois où il trouva six mille Turcs qui le guettaient, et comment il fut sauvé par le moyen des reliques qu'il avait. — Comment le roi Charlemagne s'hébergea à un pavillon qui était la porcherie du roi Hugues. — Comment le roi Charlemagne trouva le roi Hugues menant la charrue, et la grande richesse du palais de Constantinople. — Comment Olivier fut épris de la belle Jacqueline, fille du roi Hugues de Constantinople, et comment il en perdit le boire et le manger (1). — Comment le roi Charlemagne commença le premier à gabber (railler), et chacun des douze pairs après. — Comment le roi Hugues fit armer trente mille hommes de la cité de Constantinople, et comment ils vinrent assaillir le roi Charlemagne et ses douze pairs. — Comment le roi Hugues revint à Charlemagne et aux douze pairs pour leur faire accomplir leurs gabts. — Comment le roi Hugues couronne Charlemagne empereur de Constantinople, et lui assit la couronne sur son chef et lui fit hommage.

Au musée britannique, il existe encore un autre roman en vers français, sur l'expédition supposée de Charlemagne à Jérusalem, dont M. Francisque Michel donne une analyse très-détaillée dans la préface de l'édition du poëme anglo-normand, préface dont nous avons extrait et traduit les renseignements qu'on vient de lire. Voici maintenant l'analyse du rare poëme édité par ce savant, qui donne encore, en regard du titre, un fac-simile du manuscrit.

Un jour que Charlemagne avait sa couronne sur le chef et son épée, dont la poignée était d'or pur, ceinte au côté, il conduisit sa femme dans ses jardins, sous un olivier, et lui dit : — Madame, avez-vous jamais vu sous le ciel un homme qui fût plus digne de porter la couronne et l'épée. Néanmoins je ne suis pas encore satisfait, et je veux conquérir de nouveaux royaumes. L'impératrice, d'une gaîté folâtre, répondit sans trop de réflexion : — Noble empereur, vous vous louez un peu trop. J'en connais un qui porte encore plus noblement les armes, et à auquel elles siéent encore mieux qu'à vous. Ce discours fâcha grandement Charlemagne. — Madame, où se trouve cet homme, dit-il, afin que nous lui portions une couronne? Mais si vous m'avez trompé, vous le payerez cher, car je vous trancherai la tête de mon épée d'acier. — Empereur, répondit la dame, ne vous emportez point. Il est vrai qu'il est plus riche en or et en biens ; mais il n'est pas aussi vaillant chevalier, pour frapper ni poursuivre l'ennemi.

Voyant que, loin de l'apaiser, ces mots irritaient encore davantage son époux, elle se repentit de sa légèreté. — Pardonnez-moi pour l'amour de Dieu, ajouta-t-elle, je suis prête à jurer que jamais il ne m'est entré dans la tête une pensée qui pût vous offenser, et même, si vous le commandez, je me jetterai, pour preuve, du haut en bas de la plus haute tour de Paris. — Non, dit Charles ; mais nommez-moi le roi dont vous vouliez parler. — Je ne puis, en vérité, retrouver son nom, répondit-elle. — Par mon chef ! vous me le ferez connaître tout de suite, ou je vous fais trancher la tête !

La reine, voyant qu'elle ne pouvait plus détourner le coup qui la menaçait, reprit : — J'ai beaucoup entendu parler du roi Hugon le Fort, qui est empereur de la Grèce et de Constantinople. Il n'y a pareil chevalier d'ici à Antioche. — Par mon chef ! s'écria Charles, je veux savoir encore si vous avez dit vrai, sinon vous êtes morte. Vous m'avez très irrité ; vous avez perdu mes bonnes grâces. Je ne prendrai aucun repos que je n'aie vu ce miracle de chevalerie. A ces mots, il s'éloigne, accompagné des seigneurs de sa suite. Il fait venir Roland et Olivier, Guillaume d'Orange ; le vaillant Naimon, Ogier de Danemark, Berin et Bérenger, l'archevêque Turpin, et une foule d'autres chevaliers français. — Seigneurs, dit l'empereur, écoutez-moi. S'il plaît à Dieu, nous allons partir pour un lointain voyage. Il faut que j'aille à Jérusalem adorer la croix et le sépulcre du Seigneur. Il y a aussi en ce pays un roi que je veux voir.

Aussitôt se font tous les préparatifs pour le départ. Le roi prend son écharpe à l'abbaye de Saint-Denis. L'archevêque Turpin lui donne la bénédiction, et monte sur sa mule, pour le suivre. L'empereur quitte Paris avec ses chevaliers. La reine demeure plongée dans la douleur et les larmes; car elle est la cause de ce départ. Charles et les siens chevauchèrent si longtemps, qu'ils arrivèrent en une plaine appelée Berteraram, où une foule de pèlerins se joignirent à eux. Ils sortent de la terre des Francs, entrent au pays des Burgondes, traversent la Lorraine, la Bavière, la Hongrie, parviennent en Morée, et arrivent enfin en vue de Jérusalem. Il faisait un temps superbe. Après que toute la troupe a su trouver logis, ils se rendent à l'église, pour y présenter leurs offrandes : celles de Charles sont magnifiques. L'empereur s'y assied sur un trône, et les douze pairs l'environnent.

Un juif qui entrait là par hasard, frappé de la majesté de l'empereur et de la scène imposante qui s'offre à ses regards, annonce dans la ville ce qu'il vient de voir. Aussitôt le patriarche mande ses clercs ; tous mettent leurs plus beaux habits, et vont processionnellement à l'église. A leur approche, l'em-

---

(1) De son mariage avec Jacqueline naquit Galien Rhétoré, ainsi nommé par la fée Galienne. Ses aventures sont racontées dans les autres chapitres du livre dont nous parlons.

pereur s'avance au-devant d'eux, et fait un profond salut. Le patriarche lui demande :
— Sire, d'où êtes-vous venu ? Jamais personne n'osa entrer dans l'enceinte où vous vous êtes placé, à moins qu'on ne le lui permît et qu'on ne l'y autorisât. — Seigneur, répondit l'empereur, j'ai nom Charles, je suis né en France. J'ai vaincu douze rois par les armes, je viens chercher le treizième, dont j'ai beaucoup entendu parler ; mais auparavant je suis arrivé à Jérusalem, par amour et par dévotion pour mon Dieu, dont je veux révérer la croix et le saint sépulcre. Le patriarche répondit : — Sire, puisque vous avez nom Charlemagne, vous êtes digne d'occuper la place où vous êtes. — Donnez-moi, s'il vous plaît, des saintes reliques de ce temple, ajouta l'empereur ; je les porterai en France, où grands hommages leur seront rendus. — Vous en aurez, sire. Telle est la réponse du patriarche. Vous recevrez le bras de saint Siméon, le chef de saint Lazare, une part du corps de saint Étienne, le premier martyr, un des clous qui attachèrent les pieds du Seigneur, le calice dans lequel il but, à la dernière cène, et le plat où il mangea, lequel est enrichi d'or et orné de pierres précieuses, le couteau dont il se servit, des cheveux de sa tête, du lait dont il fut allaité par la Vierge très-sainte, et une de ses tuniques.

Charlemagne tressaille d'une pieuse joie à ces offres généreuses, remercie le patriarche, et lui offre son amitié. Il ordonne que l'on construise une châsse magnifique, du poids de mille marcs, de l'or le plus fin d'Arabie, pour y renfermer ces précieuses reliques, et il en confie la garde à l'archevêque Turpin. L'empereur demeura quatre mois à Jérusalem, avec ses douze pairs ; puis il prit congé du patriarche, qui lui dit que les Francs pouvaient emporter de ses trésors autant d'or qu'ils voudraient, et lui conseilla de se garder des Sarrasins et des païens sur sa route. — Oh ! ajouta-t-il, que ne pouvez-vous nous débarrasser de ces ennemis !

— Je le ferai volontiers, répondit Charles, je m'y engage. Je rassemblerai une armée dès mon retour, et j'irai les détruire en Espagne. (Il tint sa parole, et même ce fut dans cette guerre qu'il perdit Roland et plusieurs de ses pairs.) La caravane se remit donc en route, et les saintes reliques, entre plusieurs miracles qu'elles opérèrent durant le voyage, préservèrent les illustres voyageurs de tous les pièges des Sarrasins. Charles avait désiré revenir par Constantinople. Aux approches de cette grande ville, dans des vergers plantés de beaux arbres et de lauriers, émaillés de roses et de mille fleurs odorantes, la troupe rencontra mille chevaliers vêtus de riches manteaux bordés d'hermine, avec de grandes peaux de marte qui traînaient jusqu'aux pieds. Ils se réjouissaient à table, en grande frairie.

L'empereur s'adresse à l'un des chevaliers. Ami, lui dit-il, où est votre roi que je désire voir. — Continuez à chevaucher, répond le chevalier, vous le trouverez assis devant la tente que vous apercevez là-bas. Charles s'avance vers la tente, et trouve le roi Hugon qui labourait la terre avec une charrue. Les clous, l'essieu et les roues étaient d'or fin. Il ne marchait pas à pied, un aiguillon à la main ; mais deux fortes mules le portaient, assis sur un siège recouvert d'un dais. Le coussin, rempli de plumes de loriot, était d'une riche étoffe écarlate. Ses pieds reposaient sur un escabeau niellé en argent. Il tenait à la main une baguette d'or, et dirigeait la charrue avec tant d'adresse, que les sillons étaient droits comme une corde tendue. Hugon, dès qu'il voit Charles, arrêta ses mules, et le salua courtoisement. — Sire, Dieu vous garde, dit-il. — Me connaissez-vous ? répond l'empereur ; je suis né en France, et j'ai nom Charlemagne (1). Je viens de Jérusalem, et m'en retourne en mon royaume ; mais auparavant j'ai voulu vous faire une visite, ainsi qu'à vos barons. Hugon le Fort répondit : — Il y a plusieurs années que j'ai entendu des soldats étrangers parler de vous et de votre cour, comme de choses merveilleuses et des plus grandes qu'il y eût sous le ciel. Je vous retiendrai ici un an, si vous voulez bien y rester. Au départ, les Francs qui vous accompagnent pourront se charger d'autant de richesses qu'ils en sauront emporter. Maintenant, je vais dételer mes bœufs, à cause de votre arrivée.

Le roi quitta sa charrue et laissa paître ses bœufs en liberté dans les prairies. — Seigneur, dit Charles, c'est là votre charrue ? Il s'y trouve une si grande quantité d'or fin, que je n'ai jamais rien vu de pareil. Si vous la laissez ici sans gardes, je crains qu'elle ne soit enlevée. — N'ayez nul souci à cet égard, répond le roi Hugon, il n'y eut jamais de voleurs dans mon royaume. Après que Guillaume d'Orange se fut récrié sur cette singularité, tous partirent ensemble pour gagner le palais du roi Hugon. Mille chevaliers, richement vêtus, y étaient rassemblés dans des salons aux colonnades de marbre blanc : les chaises, les tables et les bancs étaient d'or pur. On ne voyait de toutes parts que superbes peintures d'oiseaux, de serpents et d'autres animaux. A l'étage supérieur, il y avait cent colonnes niellées d'or et d'argent, entre lesquelles étaient placées des statues représentant de jeunes en-

---

(1) Peu à peu ce nom a fini par être considéré comme une corruption des mots latins *Carolus Magnus*. Cependant il est très-probable qu'il n'en est pas ainsi, et que ce nom n'est pas plus composé du latin que le nom germain *Karloman*. *Karl* ou *Karel* dans l'anglo-saxon et les langues germaniques signifie *vir fortis, eximius*, d'où s'est formé *Karloman, Carlomannus*. « Appelé fut par son propre nom *Charles* ; mais après fut appelé *Charlemagne*, par la raison de ses merveilleux faits. Car *Charlemagne* vaut autant comme *Grand Charles* (*Chron. de Saint-Denis*, liv. I, ch. 4). » *Charlemagne* n'est qu'une corruption de *Carloman, Kart-Mann*, l'homme fort ; les chroniques de Saint-Denis disent elles-mêmes *Charles* et *Charlemagne*, pour *Charles* et *Karloman*. On trouve dans la chronique de Théophane un texte plus positif encore. Il appelle Carloman *Karoullomagnor* (*Recueil des historiens des Gaules et de la France*, vol. V, p. 187).

fants qui tenaient des cornets de l'ivoire le plus blanc. Lorsque le vent soufflait de la mer vers le palais, il les faisait tourner, et alors ces statues sonnaient du cor avec tant de force, qu'il en sortait un bruit semblable à celui du tonnerre.

A la vue de tant de richesses et de tant de merveilles, l'empereur Charles se souvient des menaces qu'il avait faites à son épouse, lorsqu'elle lui avait parlé d'Hugon le Fort.

— Seigneur, lui dit-il, votre palais est magnifique. Ni Alexandre, ni Constantin, ni Trajan de Rome n'en ont eu de semblables. Tandis que l'empereur parlait, un grand vent se mit à souffler de la mer, le vaste palais commence à tourner sur lui-même, comme une meule de moulin; les statues sonnèrent de la trompette avec un bruit éclatant, en se souriant l'une à l'autre, comme si elles eussent été des êtres vivants. Les sons étaient si harmonieux, qu'on aurait pu penser que l'on entendait le chant des anges du paradis. Le vent redoubla, l'orage se leva et grossit; les fenêtres en cristal taillé, brillant comme le soleil au mois de mai, en étaient ébranlées. Charles sentit tourner le palais, et frémit; il ne se rendait pas compte de ce qui se passait, et ne pouvant se tenir davantage sur ses jambes, il s'assit sur le marbre. Les Francs, tous renversés, se disaient les uns aux autres : Nous sommes en fâcheuse position; les portes sont ouvertes, et cependant nous ne pouvons sortir. Charles regardait attentivement le palais tourner; mais ceux de sa suite se couvraient la tête et n'osaient jeter les yeux autour d'eux.

Le roi Hugon s'était retiré, en disant : — Ne vous inquiétez pas ; attendez-moi un instant. Le soir approchait, l'orage se dissipa, les Francs se relevèrent. Tout était prêt pour le souper. Charles se mit à table avec ses barons. Le roi Hugon se plaça entre sa femme et sa fille qui avait une chevelure superbe et la peau aussi blanche qu'un lis en été. Olivier dit en la regardant :

— Plût à Dieu qu'elle fût en France, où je pourrais obtenir sa main !

Mais il prononça ces mots entre ses dents, afin qu'on ne pût l'entendre. Tout ce que les hôtes d'Hugon demandaient leur était accordé. La table était couverte de venaison : le cerf, le sanglier, la grue, l'oie sauvage s'y étalaient. On avait servi aussi des paons poivrés. Le vin était versé en abondance; les jongleurs chantaient et jouaient de la viole et de la rote. Lorsque la nappe fut enlevée par ordre du sénéchal, les écuyers se mirent en rang de toutes parts, et joutèrent l'un contre l'autre. Après cela, le roi Hugon mena Charlemagne et les douze pairs dans de splendides appartements où leurs lits étaient préparés. On voyait reluire dans la chambre destinée à l'empereur une étincelante escarboucle, enchâssée dans une pique du temps du roi Golias.

Le roi Hugon fit apporter du vin aux Francs et les laissa. Alors ils se mirent à causer joyeusement ensemble; et l'empereur lui-même engagea ses pairs à dire quelque mot plaisant. Chacun se vanta bientôt d'exécuter une prouesse incroyable aux dépens du roi Hugon; et plusieurs donnèrent les détails de la manière dont ils s'y prendraient. Or, un garde avait été posté à l'entrée de l'appartement, il entendit tout et s'empressa d'aller rapporter ces entretiens au roi, qui s'irrite violemment : — Par ma croyance, s'écrie-t-il, Charles a fait une folie en venant se jouer ici de moi avec autant de légèreté ! je leur trancherai à tous la tête, ou mon épée s'émoussera. Il commanda que cent mille hommes s'affublassent de chaperons et d'habillements de couleur sombre; qu'ils s'armassent d'épées au fourreau bruni; qu'ils vinssent ensuite dans le palais, et se plaçassent autour de lui, de manière à être prêts au premier signal.

Le lendemain, Charles revenait de la messe, accompagné de ses douze pairs. Il marchait en tête, portant à sa main un rameau d'olivier. Le roi Hugon, le voyant arriver, alla à sa rencontre : — Charles, lui cria-t-il, pourquoi vous êtes-vous raillé de moi, la nuit dernière? Après vous avoir traité avec tant de courtoisie et d'hospitalité, je n'aurais pas dû m'attendre à autant d'outrecuidance de votre part. Maintenant si vous et les vôtres n'accomplissez point les prouesses dont vous vous êtes vantés chacun, je vous ferai à tous trancher la tête. L'empereur fut stupéfait en entendant ces paroles; il regarda ses pairs et leur dit : — Hier, nous fûmes tous enivrés par les vins que l'on nous fit servir ; je pense que le roi avait un espion dans l'appartement.

— Vous nous avez généreusement donné l'hospitalité, reprit-il, en s'adressant à Hugon: mais sachez que c'est la coutume en France, lorsque les guerriers sont couchés, qu'ils s'amusent à laisser aller les dires plaisants et les bons mots. Laissez-moi parler à mes barons; et je vous ferai connaître leur réponse. — Soit, dit Hugon; mais on ne me raille pas deux fois ; je le jure par ma barbe blanche.

Charlemagne se retira donc avec ses douze pairs, pour tenir conseil. — Seigneurs, leur dit-il, mal nous est advenu d'avoir bu tant de vin hier soir, et d'avoir tenu des propos inconvenants. Il fit alors apporter les saintes reliques; tous se mirent en oraison devant la châsse, avec repentir, et priant Dieu de les garantir contre les violences du roi Hugon le Fort, irrité contre eux. Un ange apparut bientôt; il rassura l'empereur et lui dit : — Ce fut grande folie de parler, comme on a fait hier dans la soirée. Veillez à ne plus retomber en pareille faute. Mais, pour aujourd'hui, ordonnez de commencer l'exécution des choses exagérées qui ont été dites par vos pairs; toutes s'accompliront sans empêchement.

Ce discours remplit l'empereur d'allégresse, il se signa le front et dit à ses barons : — Soyez rassurés, et venez avec moi trouver le roi Hugon. — Seigneur, dit l'empereur, lorsqu'il fut en sa présence, vous nous avez donné l'hospitalité, et nous ne l'oublions pas; mais le vin, hier, enivra quelques-uns des miens; et quand vous nous avez fait observer, ce fut grand outrage. Vous avez laissé dans notre appartement un espion; c'était félonie. Aussi mes pairs sont-ils prêts à accomplir ce qu'ils ont avancé hier au soir. — Soit, dit Hugon. Et, en effet, les pairs, au grand étonnement du roi, qui les prit pour des enchanteurs, accomplirent successivement les extravagantes prouesses et tours de force qu'ils avaient promis. Hugon, surpris de leur force, s'écria:

— Grand empereur, je me soumets à vous, et veux tenir de vous mon royaume. Je vous donne mon trésor que vous emmènerez en France. — Seigneur, répondit Charlemagne, puisqu'il est ainsi, nous devons tenir grande fête, où nous porterons chacun la couronne d'or.

Il se fit une magnifique cavalcade suivie d'un festin non moins éclatant, où les jongleurs recommencèrent leur musique et leurs chants. Charlemagne s'en retourne en France, bien content d'avoir conquis un tel royaume, sans livrer bataille. Arrivé à Paris, il se rendit à Saint-Denis pour remercier Dieu. Il déposa sur l'autel une partie des saintes reliques qu'il rapportait, et distribua les autres dans son empire. L'impératrice arriva bientôt, tomba à ses pieds et reçut son pardon; car on ne peut garder de colère lorsqu'on a visité le saint sépulcre.

LE LIVRE DU PREUX ET VAILLANT JASON ET DE LA BELLE MÉDÉE (1).

Au temps jadis régnait en Myrmidonie le roi Eson, descendant de Jupiter; il avait épousé une très-belle dame. Mais il fut fort longtemps sans avoir de lignée, quoiqu'il le désirât ardemment. Il importuna tous les dieux, visita tous les temples, fit des vœux, des pèlerinages, et obtint enfin du ciel la grâce qu'il demandait. La reine devint enceinte et mit au monde un prince qui fut nommé Jason. Il était d'une beauté parfaite, et, dès ses premières années, il montra une force, une adresse et une vivacité d'esprit si merveilleuses, qu'on ne douta pas qu'il ne fût un héros. Il s'exerçait dans des joûtes et de petits tournois, avec les jeunes gens de son âge, et s'y faisait toujours admirer. Le pays de la Béotie, dont Thèbes était la capitale, ne se trouvait pas éloigné de la Myrmidonie. Amphitryon, roi de cette contrée, ayant fait publier un magnifique tournoi, qui devait faire partie des fêtes préparées pour la réception de son fils Hercule dans l'ordre de la Chevalerie, Eson et son frère Péleus, qui le gouvernait absolument, y envoyèrent le jeune Jason, pour y faire ses premières armes. Celui-ci abattit tous ceux qui se présentèrent devant lui, fit des coups de lance merveilleux, et ne trouva que le nouveau chevalier Hercule qui pût lui ré-

sister. Mais loin de concevoir de la jalousie l'un contre l'autre, ils se lièrent de la plus tendre amitié. Il y avait entre eux une grande conformité d'âge et de courage; l'un et l'autre avaient une origine héroïque et même divine: mais Jason avait les traits plus délicats, la physionomie plus agréable, l'air plus insinuant, la conversation plus séduisante; au contraire, Hercule, quoique dans la première jeunesse, avait la figure martiale et terrible, les membres nerveux, et ne paraissait pas fait pour plaire. A la fin du tournoi, Pyrithoüs, roi des Lapithes, proposa à toute la noble chevalerie d'honorer de sa présence ses noces avec la belle Hippodamie. Jason et Hercule, devenus inséparables, en qualité de frères d'armes, s'y rendirent ensemble. Au milieu du festin de ces noces, la gaieté de la fête fut troublée par une irruption des Centaures, peuple féroce et barbare, moitié homme et moitié cheval, qui avait le double avantage de tirer des flèches par devant, et de lancer de dangereuses ruades par derrière. Un grand nombre de Lapithes succomba sous leurs traits et sous leurs pieds. Ils s'étaient déjà saisis d'Hippodamie, lorsque Jason et Hercule, se jetant sur cette troupe furieuse, la défirent entièrement et rendirent la belle reine à son époux.

Les deux amis étant retournés ensemble à Thèbes, ce fut de la main d'Hercule que Jason reçut l'ordre de la Chevalerie. Il revint ensuite triomphant auprès de son père; mais il éprouva bientôt les effets de la jalousie que son oncle Péleus conçut contre sa gloire naissante, et obéit sans murmurer à l'ordre qu'Eson lui donna d'aller courir le monde et d'y chercher des aventures capables d'exercer son courage. La première occasion qui se présenta fut celle de rendre service à la belle reine Mirro, souveraine de la cité d'Oliferne. Le roi d'Esclavonie voulait l'épouser malgré elle. Jason lui fut présenté comme un simple chevalier qui venait combattre pour sa défense; elle le reçut avec joie. Le roi d'Esclavonie bloquait la ville. En attendant qu'il l'assiégeât réellement, il donnait des joûtes dans son camp. Jason y courut, accompagné de douze chevaliers de la reine; ils défirent tous ceux qui osèrent mesurer leurs lances avec eux et rentrèrent dans la ville à la grande honte des assiégeants. Le roi esclavon, furieux de ce que le prix de son tournoi avait été remporté par des étrangers qu'il avait reconnus pour être attachés à la reine d'Oliferne, envoya défier leur chef par un terrible géant nommé Corsus, qui était à son service et que l'on croyait invincible. Le preux Jason accepta le défi, quoique la reine voulût l'en empêcher, vu le danger que sa jeunesse lui ferait courir dans ce combat. Mais jour étant pris, les deux adversaires commencèrent, à la vue des Esclavons et des Oliferniens, la plus terrible bataille. Ils se portèrent, pendant plusieurs heures, des coups épouvantables, dont l'un et l'autre fu-

---

(1) Ce roman a été certainement composé au XVe siècle, et la Bibliographie instructive en cite une édition de Lyon, 1491. L'auteur s'appelait Raoul le Fèvre; il présenta son roman à Philippe le Bon, duc de Bourgogne, instituteur de l'ordre de la Toison d'or.

rent blessés. Enfin Corsus fut le premier las de cet exercice, et sollicita une petite trêve pour reprendre haleine. Ils en convinrent, et peu après le combat recommença de plus belle. Jason mena le géant si rudement, qu'il le renversa mort. Cette victoire ayant jeté la consternation et le désordre dans l'armée des Esclavons, Jason en profita : dès le lendemain, il fit une vigoureuse sortie à la tête des Oliferniens, poursuivit les ennemis jusque dans leur camp, et les obligea de s'éloigner des États de sa reine. Le vainqueur crut alors devoir chercher d'autres aventures, et il s'embarqua pour Athènes, où il fit connaissance avec un vieux et sage guerrier, nommé Mopse, qui lui conseilla de prendre part à l'expédition de la Colchide, laquelle se préparait à Athènes. Thésée, fils du roi Égée, était à la tête de cette entreprise, qui avait pour but la conquête de la toison d'or. Hercule, ami de Thésée, et qui reconnut bientôt Jason pour son frère d'armes, s'y était aussi engagé. Jason n'eut pas de peine à se déterminer ; il fut déclaré aussitôt l'un des chefs. Un grand navire se trouva prêt pour les recevoir ; celui qui en avait été le constructeur en était aussi le pilote ; il s'appelait Argo : il avait donné son nom au bâtiment, et de là tous ceux qui s'y embarquèrent prirent celui d'Argonautes. Les héros se rendirent d'abord dans la Myrmidonie. Eson y revit son fils avec plaisir, et Pélées fut enchanté de ce qu'il allait encore tenter des aventures périlleuses. On joignit aux Argonautes une assez grande quantité de Myrmidoniens et d'Épirotes leurs voisins, et, à la tête de cette armée, Jason se flatta de faire bien des conquêtes.

Le premier rivage sur lequel ils abordèrent fut celui de Troie. Laomédon régnait alors sur cette contrée. Il aperçut Hercule, que sa taille formidable faisait reconnaître sur le tillac du navire Argo ; il refusa donc de recevoir les Argonautes dans son port ; car il avait déjà eu avec Hercule une querelle vive. Le prince de Thèbes avait délivré la princesse de Troie, Hésione, des griffes d'un monstre marin prêt à la dévorer ; mais quand il l'avait, en récompense, demandée en mariage, on lui avait répondu que ce n'était pas la peine d'avoir enlevé cette beauté à un monstre pour la donner à un autre. Hercule, irrité, avait promis de revenir en force pour détruire la ville de l'ingrat Laomédon. Ce roi ne douta pas qu'il ne v nt en effet à dessein de tenir parole ; il retarda sa perte tant qu'il lui fut possible ; mais il ne put s'y dérober. Hercule et les Argonautes le punirent de sa franchise grossière. Continuant leur route, les Argonautes relâchèrent à l'île de Lemnos, où ils réparèrent leur navire. Ils parvinrent enfin au port de Jacoite, capitale de la Colchide. Le roi Oetas gouvernait ce pays, et, comme il était d'origine grecque, il reçut avec amitié les princes, chevaliers et guerriers, à la tête desquels étaient le grand Hercule, le vaillant Thésée et le beau Jason ; il les présenta à ses deux filles. Ces princesses s'étaient parées avec tout le soin possible pour les recevoir ; l'aînée surtout, qui s'appelait Médée, ne négligea rien pour plaire à Jason. Elle employa, pour s'en faire chérir, non-seulement les moyens ordinaires et naturels, mais encore l'art de la magie, dans laquelle elle avait été initiée dès sa plus tendre jeunesse par sa gouvernante. Aussitôt qu'elle avait vu le prince de Myrmidonie, elle en avait été éprise. Elle eut bientôt occasion de s'assurer de son cœur, en lui rendant un service important. Les Argonautes firent, en soupant, confidence au roi de Colchos du projet qu'ils avaient d'enlever la toison d'or. — Princes, leur répondit le monarque, je consentirais de tout mon cœur à vous laisser maîtres de ce riche trésor ; mais prenez garde à ne pas échouer dans les moyens que vous emploierez pour cet effet. La toison est défendue par une grande quantité de monstres épouvantables, et il faut les apaiser, les endormir ou les faire mourir. En vain la bravoure s'exercerait-elle contre eux ; on est obligé de céder à leur force ; à moins qu'on ne puisse remplir des conditions très-embarrassantes et qui ne sont pas même connues, puisque le secret en est caché à tous les hommes et n'est révélé qu'à une seule fille de la descendance d'Hellé, qui était mon aïeule. Hercule et Thésée eurent beau dire qu'aucun obstacle ne pourrait les arrêter : — Sires, leur répondit-on, épargnez-vous la peine de combattre des monstres indomptables, et attendez que le ciel ou l'enfer assure le succès de votre entreprise.

Le lendemain, le prince de Myrmidonie reçut de bonne heure la visite d'une vieille femme, qui lui demanda une audience particulière et l'obtint aisément. — Sire chevalier, lui dit-elle, je viens vous offrir tout ce qui peut flatter un héros tel que vous, la gloire la plus éclatante et la plus illustre alliance. Vous avez entendu hier à quels dangers on s'expose en voulant conquérir la toison ; la petite île dans laquelle est gardé ce précieux trésor est voisine de notre port, et on la peut voir du haut de nos murailles. Il ne tient qu'à vous de remarquer qu'elle est toujours entourée de tourbillons de flammes et de fumée ; ils sont vomis par les taureaux furieux qui en défendent l'entrée : gardez-vous d'en approcher ; votre vaillance et toute celle de vos compagnons ne pourraient vous dérober aux atteintes de ces monstres et de ces feux. Il n'est qu'un moyen de vous en préserver et de mettre heureusement à fin cette entreprise : c'est de mériter l'affection de ma maîtresse, la princesse Médée. Descendante d'Hellé, qu'Apollon lui-même amena dans cette île sur le mouton à la toison dorée, elle possède seule le secret d'écarter les monstres, d'arriver jusqu'au milieu du temple de Mars, et se rendre maître de ce qui fait l'objet de l'ambition des plus grands princes de la Grèce et de l'Asie. S'il vous plaît d'être son époux, elle vous communiquera ce secret important, et vous serez plus tôt possesseur de la toison, que vos compagnons n'auront pris des mesures pour

DICTIONN. DES SCIENCES OCCULTES. II.

en venir à bout. Mais Médée veut être assurée de votre reconnaissance et de votre attachement. Vous devrez lui jurer de lui être toujours fidèle et de ne la jamais abandonner. Vous savez que rien ne lui est caché dans l'art des enchantements, et ses attraits vous sont connus. Vous devez savoir aussi que sa jalousie avec vous sera sans bornes comme sa tendresse, et que sa puissance est grande, si un jour elle avait à se venger !

Cette déclaration, mêlée de douceur et de menace, eût été aussi capable de rebuter Jason que de le déterminer à s'engager avec Médée, si la vieille gouvernante sorcière n'eût, en commençant son discours, jeté en l'air une poudre dont l'effet était de troubler la raison de ceux sur qui elle tombait. Le fils d'Eson céda à ce charme : il accepta les offres qui lui étaient faites de la part de Médée, et promit tout ce qu'on voulut exiger de lui. Il fut aussitôt conduit aux pieds de la princesse, lui jura une reconnaissance et un attachement éternels, et, après avoir pris ses instructions, dès le même jour il demanda au roi Oetas la permission d'aller le premier, seul, tenter la conquête de la toison d'or.

Le bon roi de Colchos, qui n'était point dans la confidence de sa fille, ne vit partir qu'à regret, pour cette expédition périlleuse, un aussi digne chevalier. La cour et la ville se rassemblèrent sur les murailles, qui avaient vue du côté de la mer. Jason entra dans un petit bateau qui le porta promptement jusqu'auprès de l'île enflammée. Le chevalier était couvert d'un vaste manteau, sous lequel il cachait l'écu et l'épée qui avaient autrefois servi à Apollon même, et que ce dieu avait transmis à la postérité d'Hellé, de femmes en femmes, jusqu'à ce que ces armes fussent parvenues aux mains de Médée. A sa ceinture était attachée une éponge remplie d'une liqueur capable d'éteindre tous les feux et toutes les flammes que les taureaux furieux jetaient par la bouche et par les narines, et un bouquet d'herbes dont la vertu soporative devait plonger ces monstres dans un sommeil léthargique. Avec de si puissants secours et la valeur dont il était naturellement doué, on juge bien que Jason vainquit tous les obstacles. Il pénétra dans le temple où était gardée la toison ; les prêtres d'Apollon la lui remirent eux-mêmes et l'accompagnèrent avec respect jusqu'à son bateau, dans lequel on le vit revenir avec autant d'admiration que d'étonnement. Il aborda à Jacoite, aux acclamations d'un peuple nombreux, et ses compagnons ne furent pas les moins empressés à le féliciter. Il se déclara publiquement alors le chevalier de Médée, et le roi Oetas conçut avec plaisir l'espérance de faire son gendre d'un héros qui avait enlevé à son pays un aussi riche trésor que la toison.

Mais les chevaliers argonautes ne pensaient pas ainsi. Après avoir mis à fin l'entreprise et avoir fait à Colchos un séjour assez long, ils voulaient revoir leur patrie et remettre leur frère d'armes Jason entre les bras du vieil Eson, son père. Le charme opérait toujours, et Jason avait oublié tout. Ils lui persuadèrent pourtant de partir seul avec eux ; mais ils convinrent tous qu'il fallait dissimuler, et qu'il était à propos que Jason fît semblant de vouloir rester auprès d'Oetas et de Médée, jusqu'au moment où ils mettraient à la voile. Il leur promit de s'embarquer alors secrètement avec eux. La chose fut présentée ainsi à la cour de Colchos. Le bon monarque se détermina sans peine à accorder congé au reste des Grecs, espérant conserver son gendre et la toison avec lui. Médée ne s'y trompa pas. L'embarras et le trouble qu'elle remarqua sur le visage de Jason lui firent soupçonner qu'elle allait être trahie. Son art l'eut bientôt éclairée : — Vous me trompez, Jason, dit-elle ; mais souvenez-vous de ce que vous dit ma fidèle nourrice, lorsqu'elle vous proposa de devenir mon chevalier. Elle vous avertit que j'étais aussi vindicative que dévouée ; que j'exigeais avec hauteur une fidélité que je crois due aux services que je vous ai rendus. Vous me verrez toujours ce caractère. Si vous manquez à ce que vous me devez, mes vengeances seront terribles. Ce n'est pas sur vous-même que je les exercerai ; votre personne m'est chère, mais, imitant les démons avec lesquels je suis en relation, je tourmenterai votre âme par les endroits les plus sensibles. Il me serait aisé d'empêcher votre embarquement, ou d'exciter une tempête dans laquelle je ferais périr tous les Grecs avec vous. Mais, non ; vous voulez partir, je veux bien vous suivre ; vous voulez ravir à ce pays la précieuse toison d'or, c'est à moi que vous la devez ; j'emploierai mon art et mon courage à faire qu'elle ne vous soit jamais ravie ; mais je ne vous quitterai pas non plus. Mon père approuve notre union. Si vos compagnons vous en détournent, ils n'en seront pas instruits avant l'instant où je mettrai avec vous le pied dans leur navire.

Il n'était pas possible de résister. Jason se soumit aux dispositions de la princesse, qui devint sa femme, et, la veille du départ, les Argonautes prirent congé du roi de Colchos, feignant de laisser auprès de lui le fils d'Eson et son riche trésor. Mais ayant encore passé la nuit suivante dans le port, Jason les y joignit, et, à leur grand étonnement, ils le virent accompagné de Médée, qui menait par la main son petit frère Absyrte, cher au bon Oetas, puisque c'était le seul enfant mâle qu'il eût eu après de longues années de mariage. Quoique surpris, ils ne crurent pas devoir refuser cette nouvelle Argonaute, et avant la pointe du jour on mit à la voile. Le lendemain, on s'aperçut à Jacoite de l'évasion du prince et de la princesse. Oetas n'en avait pas été prévenu, parce qu'il n'eût pas consenti au départ de Médée ni de la toison. Irrité, il prit la résolution de poursuivre ses hôtes. Il avait dans son port plusieurs vaisseaux avec lesquels il pouvait aisément envelopper et combattre le navire Argo. Ses bâtiments furent bientôt prêts, mirent à la voile et joignirent promptement les fugitifs. Le père de Médée était sur l'avant de sa principale galère ; il animait ses soldats à l'abordage. Il accablait de reproches sa fille, son époux qui la lui enlevait, et tous les Grecs. Hercule et Thésée, ne supportant pas patiemment ces injures, étaient prêts à livrer combat, lorsque Médée, prenant la parole : — Chevaliers, leur dit-elle, laissez-moi seule mettre fin à ces emportements indiscrets. En même temps, prenant dans ses bras le petit Absyrte, elle monte avec cet enfant sur le tillac du navire Argo, et adressant la parole à son père : — Roi de Colchos, lui dit-elle, viens-tu arracher ta fille des bras de son époux ? Viens-tu faire la guerre à ces héros grecs, à qui tu es lié par le sang, et qui, comme toi, doivent leur origine aux dieux ? Garde-toi de les attaquer, ni de permettre que tes gens tirent sur eux leurs flèches meurtrières. Du moins considère, pour les empêcher, quelle est la première victime que j'oppose à leurs coups : c'est ton fils.

En même temps, elle lui présentait son jeune frère, lorsqu'une flèche, que peut-être Oetas ne fut pas à temps d'arrêter, vole, frappe et perce le cœur de l'enfant. Médée à ce coup entre en fureur, et déchirant le corps du malheureux Absyrte, elle en jette les membres au loin dans la mer. Le père désespéré donne les ordres nécessaires pour empêcher qu'ils ne soient la proie des monstres marins; on les lui rapporte, et il ordonne que ses galères reprennent le chemin de Colchos pour s'occuper du triste soin de donner la sépulture à son fils. Les Argonautes continuèrent leur route, frémissant de la scène horrible qui venait de se passer. Jason resta longtemps plongé dans la plus profonde rêverie. Cependant, au bout de quelques heures de navigation, les impressions noires qui le préoccupaient commençaient à se dissiper, lorsque le pilote Argo fit remarquer aux passagers une île à laquelle il les pressa d'aborder. Elle leur était connue, car c'était l'île de Lemnos. Depuis plus d'un an, la reine Ipsipile attendait le retour de Jason, qu'elle comptait épouser, ne sachant pas qu'il n'était plus libre. Médée, instruite de ces circonstances, se retira dans la chambre de poupe, à l'arrière du vaisseau, fit quelques conjurations, et aussitôt un vent furieux s'élève ; le vaisseau, prêt à entrer dans le port de Lemnos, est rejeté en pleine mer et forcé de s'éloigner de cette île. En vain les chevaliers voulurent-ils, à plusieurs reprises, s'en approcher ; les obstacles se renouvelaient avec une obstination qui leur parut surnaturelle. Enfin ils y renoncèrent, et le navire Argo revit les rives de Myrmidonie, et y débarqua Jason et Médée. Les Argonautes, retournant chacun dans leur patrie, se séparèrent du conquérant de la toison, en lui faisant les plus tendres adieux ; mais ils étaient loin de regretter pareillement la redoutable et sévère Médée.

On peut juger avec quelle satisfaction le bon roi Eson revit son fils couvert de gloire. Il s'était retiré, depuis quelque temps, dans un vieux château, accablé par les infirmités inséparables de l'âge. Il laissait à son frère Péleus le soin des affaires et de l'administration du royaume. Mais le bruit de l'arrivée de Jason étant parvenu jusque dans sa retraite, il le quitta aussitôt pour rentrer dans sa ville d'Elsebée. Ses peuples et lui admirèrent encore moins la richesse de la toison que la beauté et l'air noble et fier de la princesse Médée. Eson embrassa, avec la tendresse la plus sincère, cette bru à laquelle son fils avait de si grandes obligations. Péleus fit aussi tous ses efforts pour persuader à Médée qu'il partageait la reconnaissance que devaient avoir pour elle son frère et son neveu. Les filles de celui-ci firent leur cour à l'enchanteresse ; elle reçut également bien les preuves d'attachement et d'affection des uns et des autres. Mais elle était trop grande magicienne pour ne pas être politique. Ayant eu, pendant la navigation, le temps de se mettre au fait des véritables intérêts de la cour de Myrmidonie, elle sentit parfaitement qu'elle devait répondre aux sentiments de son beau-père, qui étaient sincères, et se défier de ceux de l'oncle et des cousines de Jason. Voulant prouver que ses connaissances dans l'art des enchantements ne se borneraient pas seulement à faciliter la conquête d'une riche toison, mais qu'elle pouvait rendre des services plus essentiels, elle engagea le bon homme Eson, qui voulait retourner dans son vieux château, à ne pas se presser d'abandonner ainsi le monde et son royaume, puisqu'elle pouvait le remettre bientôt en état d'en jouir mieux qu'il n'avait jamais fait.

« La belle Médée (dit Raoul Lefèvre) regarda que, entre autres sciences, elle en avait une pour faire les vieilles gens devenir jeunes, spécialement les hommes, et puis aussi que le bon roi Eson était très-ancien; pour laquelle cause elle considéra qu'elle pourrait acquérir une grande renommée, si elle lui renouvelait son âge. C'est pourquoi elle dit à son seigneur Jason que par ses sciences elle ferait tant, que son père recouvrerait jeunesse, si bien qu'il ne semblerait plus avoir que trente-deux ans.

« Quand Jason entendit cela, il fut très-ébahi, non sans cause ; il lui semblait chose impossible. Toutefois il lui répondit : — Certes, belle, je sais pour vrai que vous êtes fort sage et expérimentée, riche de hautes sciences, plus que toute autre dame et demoiselle. Mais ce me semble chose forte à faire ce que vous me dites, et plût aux dieux que le roi mon père en effet pût si longtemps vivre, qu'il me fît mettre en sépulture sans mon temps abréger ! — Par tous mes dieux, sire, répondit la dame, pour rien au monde je ne voudrais vous abuser ni décevoir ; je vous déclare donc que, pour allonger la vie du roi votre père plus que les dieux et la nature ne l'ont ordonné, à cela je ne touche ; mais au regard de le relever tellement qu'il semblera, à lui et à tous autres, être en l'âge de trente-deux ans, je m'en fais bien fort, si c'est votre plaisir et le sien. Jason et Eson désiraient également ce rajeunissement. — Ma belle-fille, dit le bon homme, je suis sur le bord de ma fosse, gisant la plupart du temps au lit, ombre de mort qui est très-amère : or, si vous pouvez orner mes derniers ans de fleurs printanières et rendre mes derniers jours brillants en vertu et en valeur, ainsi qu'ont été ceux de ma verte jeunesse, je vous serai grandement tenu. »

Médée employa huit jours à faire les plus grandes conjurations et à recueillir sur les montagnes et dans les vallons de la Myrmidonie les herbes nécessaires à son dessein. Enfin, ayant fait des sacrifices à Hébé, déesse de la jeunesse, à la triple Hécate et aux Parques, elle se renferma dans le château Pintaquo, retraite ordinaire du bon homme. Pendant trois jours, elle le médicamenta, le frotta, le baigna, et, après l'avoir plongé dans un sommeil léthargique, elle lui fit plusieurs piqûres, à travers lesquelles le suc des herbes s'insinua dans ses veines, se mêla avec son sang, le revivifia et fortifia son corps, en telle sorte qu'il se trouva à son réveil avoir recouvré tous les avantages dont il jouissait à l'âge de trente-deux ans.

Médée le reconduisit alors dans sa capitale, où l'on fut étonné de la vigueur qu'il fit paraître dans les joûtes, les chasses et tous les exercices auxquels il se livrait autrefois, et qu'il reprit avec ardeur. Il fit briller dans les conseils la même force d'esprit, jointe à une expérience de quinze à seize lustres. Tout le royaume applaudit au prodige qu'avait opéré Médée ; le seul Péleus et ses filles en conçurent de la jalousie ; mais ils la dissimulèrent. Les demoiselles ne s'en consolèrent que par l'espérance qu'elles pourraient obtenir la même grâce pour leur père. Quoiqu'il eût dix ans moins que son frère, il commençait aussi à ressentir les inconvénients de la vieillesse ; elles conjurèrent donc l'enchanteresse de rendre le même service au cadet qu'à l'aîné. Médée feignit de céder à leurs instances et à celles d'Éson et de Jason, qui la supplièrent également d'étendre ses bontés sur le reste de leur famille. Elle parut faire les mêmes préparatifs que la première fois : elle conduisit Péleus dans le château de Pintaquo. Mais quand ce vint aux dernières opérations, la cruelle magicienne dit aux filles qu'il n'appartenait qu'à elles de faire à leur père les blessures salutaires, par lesquelles le suc vivifiant devait s'insinuer dans ses veines. Elle leur donna de fausses instructions sur la manière dont elles pourraient achever d'opérer ce rajeunissement, et se retira. Elle n'avait point composé le bain comme il devait l'être pour opérer ce prodige, de sorte que les malheureuses filles de Péleus furent trompées dans leur attente ; au lieu de rendre à leur père le service qu'elles espéraient, elles le virent mourir sous leurs coups. Lorsqu'elles furent assurées du crime involontaire qu'elles venaient de commettre, elles coururent, tout échevelées, dans le dernier désespoir, se jeter aux pieds d'Éson et de Jason, et leur firent part du sujet de leur douleur. Le père et le fils frémirent à ce récit ; ils sentirent combien une femme telle que Médée était dangereuse dans une cour où son art pouvait être employé à la ruine des souverains aussi bien qu'à leur service. En effet, la perfidie de l'enchanteresse ne laissait aucun doute sur les horreurs dont elle était capable. Le roi prit la résolution de la bannir de ses Etats, tandis que Jason se décida à la fuir.

Le conquérant de la toison d'or prit donc aussitôt congé de son père, partit secrètement, et, n'osant d'abord se rendre à Oliferne, de peur que Médée ne vînt l'y chercher, il visita plusieurs royaumes de la Grèce et s'arrêta à Corinthe, où il fut reçu par le roi Créon avec les honneurs que méritaient ses exploits et la haute réputation qu'il s'était acquise. Créon, déjà vieux, crut ne pouvoir mieux faire que de proposer à ce héros d'épouser sa fille Créuse et de partager son trône avec elle après sa mort. Jason, toujours léger, avait admiré les grâces de la princesse ; il oublia qu'il était marié ; ce qui s'est vu plus d'une fois dans les temps héroïques du paganisme. Il épousa donc Créuse. D'ailleurs, les crimes de Médée lui avaient inspiré la plus grande horreur pour elle.

Cependant, lorsque Médée reçut de la bouche même d'Éson l'arrêt de son bannissement, elle entra dans une fureur difficile à concevoir. Elle reprocha au roi son ingratitude, après les services qu'elle lui avait rendus, au nombre desquels elle comptait le meurtre de Péleus, qui avait formé les plus cruels desseins contre sa vie et celle de Jason, dont il voulait usurper la couronne ; puis, ayant appris le départ de son infidèle époux, qu'elle ne pouvait s'empêcher d'aimer, tout ingrat qu'il était, elle refusa, avec un mépris insultant, les vaisseaux qu'Éson lui offrait pour sortir de ses Etats. D'un coup de sa baguette, faisant paraître quatre dragons ailés, dont les queues entrelacées formaient un char, elle monta dessus avec sa vieille nourrice, sorcière comme elle, qui ne la quitta jamais, et les deux enfants qu'elle avait eus de Jason. Elle s'éleva dans les airs à la vue de la cour d'Eson et de tous les Myrmidoniens.

La fugitive magicienne plana longtemps sur la Grèce, sans pouvoir découvrir la route que Jason avait prise. Enfin, s'étant arrêtée au-dessus de la ville de Corinthe, elle aperçut les apprêts d'une grande fête. Elle abaisse son char dans l'obscurité de la nuit ; elle envoie sa vieille confidente à la découverte ; elle apprend que les préparatifs sont ceux des noces de Jason et de Créuse. Elle médite aussitôt la plus terrible vengeance, mais elle en remet l'exécution au jour marqué pour la cérémonie. Déjà les sacrificateurs arrivent, précédés des torches nuptiales ; Créon, Créuse et Jason traversent la cour de leur palais pour aller au-devant d'eux, lorsqu'un nuage épais couvre la ville, et à travers les foudres et les éclairs Médée paraît, tenant le poignard levé sur ses deux enfants. Elle s'adresse à Jason : — Traître ! lui dit-elle, reconnais Médée, et tremble de la vengeance qu'elle va exercer, non sur toi-même, mais sur tes complices ; elle l'étendra même sur ces deux innocents, qui n'ont d'autre tort que d'être nés de toi. En même temps elle égorge ses deux fils et jette leurs cadavres aux pieds de Jason. Les dragons ailés s'envolent ; mais en partant ils vomissent des flammes qui embrasent aussitôt le palais de Créon. Le malheureux roi et sa fille périrent dans ce terrible incendie, dont les feux ne purent rien sur le charme que Médée avait communiqué à Jason, pour le préserver des torrents de flammes que jetaient les taureaux de la toison d'or. Le héros désespéré s'éloigna avec précipitation du palais, sortit de Corinthe et parcourut différentes contrées de la Grèce, sans dessein et presque sans savoir où il portait ses pas. Le hasard ou le sort le conduisit aux portes d'Oliferne, où régnait encore Mirro. Ses longues courses, ses chagrins et les malheurs affreux qu'il venait d'éprouver, avaient tellement changé ses traits, qu'il crut pouvoir paraître dans la ville, sans crainte d'y être reconnu. Cependant il fit demander à la reine une audience, et se présenta devant elle sous le nom d'un chevalier égyptien, persécuté par de cruels ennemis, et qui sollicitait un asile. Mirro le reconnut, et comme elle l'avait toujours admiré, elle lui proposa de l'épouser, malgré sa détresse. Le faible héros y consentit, à condition que ce mariage demeurerait caché ; car il redoutait Médée.

Mais le secret ne put être si bien gardé qu'il ne vînt à la connaissance de la magicienne. Un jour donc elle arriva, montée sur un de ses dragons, tomba comme la foudre sur la reine et lui plongea un poignard dans le cœur : — Traître ! s'écria-t-elle en s'adressant à Jason, rien ne peut te dérober à ma jalouse vengeance ; voici le quatrième forfait que tu me fais commettre ; le cours de mes crimes ne doit finir que lorsque, prosterné à mes pieds, tu me demanderas un pardon sincère de tes perfidies.

Elle s'enleva et continua à errer sur la Grèce. Jason, aussi malheureux qu'elle, en fit autant, mais par la voie de terre. Le vieux roi Egée régnait encore à Athènes ; son fils Thésée continuait à se signaler par les plus merveilleux exploits et se montrait le digne ami et le digne compagnon d'Hercule ; mais ses travaux l'éloignaient de sa patrie, et son père n'en avait aucune nouvelle. Médée arriva dans la cour de ce vieux roi ; elle le trouva dans un état de faiblesse qui l'exposait à toute espèce de séduction ; elle en profita et se fit annoncer comme une étrangère malheureuse et persécutée. Sans déguiser son nom et ses connaissances dans l'art des enchantements, ni sa beauté qu'elle releva au contraire pour mieux toucher le vieux monarque, elle employa l'éloquence et même le mensonge à tourner ses aventures de manière qu'on ne la trouvât pas coupable, mais qu'on la crût plutôt victime d'une affreuse ingratitude. Elle persuada si bien de son innocence le faible vieillard, qu'après s'être fait plaindre de lui, elle s'en fit chérir, au point qu'il lui proposa de partager son trône avec elle. Le jour de ce mariage était fixé et prochain, lorsque Thésée revint de son expédition contre les Amazones. En mettant le pied dans la ville capitale de son père, le héros apprit que le vieux monarque était près de donner sa main à Médée. — Eh quoi ! s'écria-t-il, ne me suis-je donné tant de peines pour purger la terre des monstres qui la ravageaient, qu'afin de retrouver dans ma patrie le plus horrible de tous ?

Aussitôt il court auprès d'Egée, et, en présence de la princesse même de Colchos, il fait le récit le plus détaillé et le plus révoltant de ses crimes : il avait été témoin de quelques-uns ; il était parfaitement instruit des autres. La magicienne, humiliée et furieuse, après avoir tenté inutilement quelques prestiges qui ne purent nuire à Thésée, ni encore moins l'épouvanter, fut contrainte de fuir pour se dérober aux coups de sa terrible épée. Longtemps elle fut errante et désolée ; son art ne pouvait lui servir qu'à déguiser aux yeux de ceux à qui sa personne ou son nom, dès qu'ils leur étaient connus, inspiraient la plus forte horreur. Jason, de son côté, errait aussi, comme nous l'avons dit. Après avoir passé plusieurs mois l'un et l'autre dans les plus cruelles agitations, le destin voulut qu'ils se retrouvassent au coin d'un bois, où tous deux étaient parvenus par des routes différentes. Quelques arbres les séparaient ; ils ne pouvaient se voir, mais ils pouvaient s'entendre. Chacun d'eux, se croyant seul, se mit à réfléchir tout haut sur le malheur de sa situation. — Hélas ! s'écria Médée, je le sens bien à présent, les motifs les plus justes, les plus intéressants, ne peuvent excuser les crimes qu'ils font commettre. J'ai trop aimé Jason ; c'est à lui que j'ai sacrifié ma gloire, mon honneur, l'amour filial, l'amour maternel, l'humanité, tous ces sentiments que la religion, la raison, la nature, ont gravés dans le cœur des mortels. Quel profit ai-je retiré de ces sacrifices ? je suis devenue un objet d'horreur pour la terre entière.......

Jason entendit ces lamentations et reconnut la voix de son épouse. Laissons parler l'auteur.

« Quand Jason, qui était bon prince, dit Raoul Lefèvre, eut entendu la dame et connu sa détresse, il lui prit à souvenir les bienfaits innombrables dont elle l'avait comblé : comme elle avait, pour son amour, abandonné son père et sa nation pour aller après lui ; il lui souvint aussi tant d'autres choses qu'elle avait faites, toutes pour la conservation de sa vie et son amour. Alors il se montra, la prit par la main et lui dit qu'il lui pardonnait tout ce qu'elle pouvait avoir méfait, qui n'était envers lui. Il ajouta que son désir était qu'elle fût encore sa femme comme auparavant. Incontinent que Médée eut entendu la bonne volonté de son seigneur, elle fut aussi joyeuse que si on lui eût donné le plus noble et le meilleur royaume du monde. Elle lui jura donc que jamais elle ne s'entremettrait plus de sorts ni d'enchantements dont il n'eût connaissance, et tellement se conduisit envers lui, qu'ils se réconcilièrent parfaitement. Le lendemain matin, ils se remirent en chemin, et tant allèrent par journées, qu'ils arrivèrent en Myrmidonie et trouvèrent que de nouveau le roi Eson était allé de vie à trépas. Les peuples de Myrmidonie firent volontiers hommage à Jason, mais ils avaient peur de Médée. Jason les rassura et leur dit que, dorénavant, elle serait bonne et douce reine. Alors ils l'accueillirent honorablement, et Jason et Médée régnèrent en leur royaume et gouvernèrent hautement long temps, pendant lequel ils vécurent en grand amour et concorde, et eurent plusieurs enfants qui régnèrent après eux. »

C'est avec autant d'étonnement que de satisfaction, que l'on voit dans le dénouement de cet ancien roman la terrible Médée devenir *bonne femme* et mériter d'être proposée pour modèle à toutes celles qui, après être tombées au commencement dans quelque excès d'emportement, veulent être plus raisonnables et vivre dans leur ménage avec plus de douceur, de patience et de sagesse (1).

LE PRINCE LOUP-GAROU.

Histoire de Guillaume de Palerme et de la belle Mélior, extraite par le marquis de Paulmy d'un manuscrit du XIVᵉ siècle.

L'écrivain en prose de cette histoire nous apprend, ou plutôt veut nous donner à faire croire que le premier auteur du récit qui va suivre est Baudouin IX, comte de Flandre et de Hainaut, élu empereur de Grèce après la prise de Constantinople par les Latins, en 1203, et tué par les barbares dans une bataille; ce que l'auteur appelle avoir été martyrisé. Sa tante Yolande, qui épousa Pierre de Courtenay, qui fut aussi empereur de Constantinople, ayant trouvé cette histoire dans les papiers de son neveu, ce fut par l'ordre de cette princesse qu'elle fut donnée au public, et c'est ainsi qu'elle a passé à la postérité.

Ebron, roi de Sicile, duc de Calabre et seigneur de la Pouille, prince valeureux et vertueux, épousa la belle Félice, princesse de Constantinople, fille de l'empereur de Grèce. Ils vécurent longtemps en union et loyauté parfaite, mais sans avoir d'enfants. Enfin le ciel leur accorda un fils, qui fut nommé Guillaume et surnommé de Palerme, du lieu de sa naissance, belle et grande cité, opulente et riche de somptueux édifices et de lieux de plaisance. On prit tout le soin imaginable de cet enfant dans ses premières années; on avait confié son éducation à deux dames dont la fidélité fut ébranlée par les offres et les présents d'un prince ambitieux, frère cadet du roi Ebron, par conséquent oncle du jeune infant de Sicile. Il avait espéré longtemps qu'il succèderait à son frère aîné. La naissance de Guillaume était venue ruiner ses espérances; il ne négligea rien pour porter les gouvernantes à se défaire de son neveu.

Le crime était résolu et prêt à être exécuté, lorsqu'un accident, que l'on crut d'abord terrible, mais qui dans la suite tourna le plus heureusement du monde, prévint ce coup odieux et funeste. Un jour que le roi, la reine et leur fils, âgé alors de trois à quatre ans, se promenaient dans le parc de leur palais, qui était contigu à une vaste forêt, un loup d'une taille énorme, un loup extraordinaire, de l'espèce de ceux que le vulgaire appelle loups-garous, sortit du bois et se jeta sur les dames qui conduisaient l'enfant et le tenaient cent pas en avant de son auguste père. L'une d'elles tomba, l'autre s'enfuit; le petit Guillaume, demeuré seul, fut enlevé par le loup et emporté dans le bois. Cependant le loup-garou ne fit aucun mal à l'enfant; il alla d'abord le cacher au fond de la forêt où, lui ayant fait un lit de mousse, il le nourrit quelques jours de gibier et de fruits qu'il allait lui chercher; ensuite, l'ayant mis sur son dos et lui ayant fait traverser la mer, il le transporta dans la Calabre. Après s'y être reposés, le loup et l'enfant se rendirent dans la Pouille propre, et enfin ils s'arrêtèrent assez près de Rome, auprès de la cabane d'un paysan qui était marié, mais qui n'avait pas d'enfants. Le bon homme et sa femme, assis dans leur chaumière, s'entretenaient du désir qu'ils avaient d'en trouver un qu'ils pussent élever comme s'il était à eux. Le loup, qui s'était approché sans qu'ils le vissent, les avait entendus prononcer leur souhait; il fit du bruit à leur porte, les obligea de sortir et leur causa d'abord une très-grande peur. Mais loin de leur mal faire, le bon loup-garou déposa à leurs pieds le petit Guillaume et s'enfuit honnêtement.

Le villageois et sa femme passèrent de la terreur et de la surprise à la satisfaction, en voyant que leurs souhaits pouvaient être accomplis; ils regardèrent comme une espèce de miracle la rencontre de cet enfant; ils le recueillirent, l'adoptèrent et l'élevèrent avec tout le soin dont ils pouvaient être capables, jusqu'à ce qu'il eût atteint l'âge de douze ans.

Mais, avant que de dire ce qui lui arriva à cet âge, il faut apprendre au lecteur ce que c'était que ce loup-garou si intelligent, si compatissant, si doux et si sage, et qui, s'il enlevait les petits enfants, était bien éloigné du désir brutal de les manger. C'était le prince d'Espagne, dont voici l'intéressante histoire dans les propres termes de l'auteur.

« Le roi d'Espagne avait un bel enfant, dont la mère était trépassée. Il fut par ses barons incité à se remarier, et lui fut donnée à femme une dame de grand renom, qui était fort subtile et cauteleuse. De leur mariage naquit un autre fils, et voyant ladite dame que le fils de la première épouse succèderait à la couronne et non le sien, elle fut émue et irritée; c'est pourquoi, une nuit qu'elle était couchée avec son mari, elle lui dit telle parole: — Sire, je considère que vous avez un fils de votre première femme, qui succèdera à la couronne, si Dieu fait de

---

(1) Ces réflexions sont du marquis de Paulmy, qui a analysé le livre du preux Jason et de la belle Médée.

vous son commandement; de manière que mon fils sera en grand danger de mendier sa vie; ce qui vous tournerait, et à moi aussi, à grand déshonneur, scandale et ennui. Mais s'il vous plaisait me permettre d'y remédier, je ferais une chose dont vous ne seriez nullement courroucé ni marri, et n'en aurait l'enfant ni mal ni douleur. Le roi, de courage efféminé, aveuglé de ses nouvelles amours, octroya sa requête, disant qu'elle fît ce qu'elle voudrait, et qu'ainsi lui plairait. Or voyez comme telles faiblesses font oublier l'amour et charité que le père doit à son enfant. Pas ne dormit la dame; et sitôt qu'elle fut levée, elle prit le pauvre enfant et l'emmena en une chambre secrète : là il fut par elle dépouillé et frotté d'un onguent qu'une magicienne avait fait, et que la reine avait chèrement acquis et gardé; cet onguent était de telle force et vertu, que soudain la tendre et blanche chair de l'enfant fut changée en peau de bête; et, perdant la parole, il eut toute sa figure en forme de loup-garou. Toutefois le maléfice ne put endommager l'esprit, mais lui demeura signe d'entendement et de raison, avec les gestes et façons de vivre d'un loup-garou; tournant alors contre la reine sa gueule béante, soudain il l'eût occise, si elle n'eût été secourue hâtivement. Il fut donc tellement poursuivi, comme loup, qu'il se vit contraint à prendre les champs, et alla toujours courant, jusqu'à ce que finalement il arriva en Pouille, Calabre et Sicile... »

Retournons maintenant à notre jeune Guillaume. L'empereur de Rome s'étant un jour égaré à la chasse, le rencontra dans le bois; il admira sa jolie figure, et l'esprit et la politesse naturelle avec laquelle il lui parla. Comme il était très-tard, le jeune homme proposa à l'empereur de se reposer dans la maison de son père d'adoption; le monarque fut forcé d'y consentir. Le bon homme et sa femme furent troublés d'une pareille visite; mais le jeune homme fit à merveille les honneurs de la cabane. L'empereur se prit donc à le raisonner, et lui trouva tant de bonne grâce, qu'il voulut l'emmener à sa cour. Il sut alors du villageois comme il avait trouvé Guillaume, qui, lorsqu'il lui fut amené par le loup, était vêtu d'écarlate semée de paillettes d'or fin, et semblait bien être fils de roi ou de grand prince.

L'empereur rentra à Rome, conduisant le noble enfant; et si bien savait se contenir ledit enfant à la cour, que, pour sa bonté, beauté et bonne grâce, il fut aimé de tous. Or avait l'empereur une fille unique nommée Mélior, la plus sage et la plus gracieuse qui fût pour ce temps-là dans le monde universel; elle était de pareil âge que l'enfant, et Guillaume par l'empereur lui fut donné pour page. On le vêtit de drap de soie et de velours, et alors il faisait beau le voir, car en toute la cour on ne pouvait trouver si beau damoisel ni si avenant. Sobre était à son manger et boire, et facilement fut appris à tous les exercices. Il était doux, serviable, libéral de ce qu'il avait, et toujours délibéré; principalement de tout son cœur servait-il sa jeune maîtresse Mélior, laquelle très-fort le prit en amitié. De même, il était fort chéri de l'empereur, qui voulait toujours l'avoir en sa compagnie. Telles étaient en ses jeunes ans les fortunes de Guillaume.

Mélior avait une cousine, fille du comte de Lombardie, nommée Alexandrine; elle était bonne, sage et discrète. La princesse lui confia les sentiments de grande estime qu'elle avait pour Guillaume, et le désir qu'elle nourrissait de l'avoir pour époux. Quoiqu'elle sût que son père l'avait trouvé chez un villageois, elle croyait qu'il était de haut lignage, et se flattait que le secret de sa naissance se découvrirait quelque jour. La sage Alexandrine essaya par ses bons conseils de rappeler à la raison sa noble cousine. Elle ne trouva pas de meilleur moyen que de faire usage de la connaissance qu'elle avait des vertus des plantes et des simples.
—Ah! madame, ma bonne cousine, lui dit-elle, je vous supplie, faites cesser votre pensée de déconfort, l'empereur n'y voudra pas entendre; mais je vous dirai ce qui est à faire. Je connais une herbe de laquelle le jus est savoureux; si une fois en avez goûté, de votre folle idée vous serez saine et guérie. Mélior, pour la révérence qu'elle avait envers sa cousine, la pria de faire diligence pour trouver cette herbe.

Sur ces entrefaites, le duc des Saxons déclara la guerre à l'empereur de Rome, pilla la Lombardie et la Toscane, et vint jusqu'aux portes de la capitale du monde. Dès que l'empereur en eut nouvelle, il leva une puissante armée, composée de ses plus valeureux chevaliers. Le damoisel Guillaume, qui ne cherchait que les occasions de se signaler, pria l'empereur de l'armer chevalier. Le souverain, pour lui faire plus d'honneur, arma avec lui quatre-vingts damoisels de son âge, de sa taille, et tous fils de princes et hauts barons. Il en fit une petite troupe qui voulut combattre seule, et il en nomma chef Guillaume. L'empereur fit marcher son armée, et rencontra celle des Saxons, commandée par son duc. On se disposa à livrer bataille; chaque chef exhorta ses officiers et soldats à se signaler. S'adressant à Guillaume, l'empereur le requit de se montrer valeureusement.—Ma vie, lui dit le nouveau chevalier, vous est abandonnée pour vous servir loyalement contre vos ennemis, sire empereur; de rien ne veux me vanter, mais demain verra-t-on qui bon cœur aura.

Effectivement, Guillaume fit les plus belles prouesses. A la tête de sa petite troupe, il renversait les escadrons et mettait en déroute toute l'armée ennemie. Au fort de la mêlée, voulant rallier ses compagnons, il cria: Palerme! Palerme! se souvenant de ce surnom qu'il avait eu dans son enfance; il porta ainsi le désordre dans l'armée saxonne. Mais le duc l'ayant atteint lui crie : «Vassal, à cette heure payeras-tu les dommages que tu m'as faits, d'avoir mis mes plus braves chevaliers à mort? Rends-toi à moi, car échapper ne me pourrois : demain matin je te ferai pendre et étrangler par ton col. — Certes, dit Guillaume, encore suis-je ici ; prenez-moi si vous pouvez, et n'ayez de moi merci si vous ne voulez. Je sais que si une fois je suis en vos mains, à mauvais port suis-je arrivé ; mais j'ai confiance que tant que je tiendrai ma bonne épée, vous ne me prendrez, ni ne me ferez pendre. » Ils se battirent avec tout le courage et tout l'acharnement possible. Mais Guillaume fut le plus fort ou le plus heureux. Car il renversa le duc de son cheval, lui mit son écu en deux pièces ; et lui ayant enlevé son épée, le contraignit de se rendre son prisonnier. — Ah ! donc, lui dit-il, seigneur duc, maintenant vous êtes mon prisonnier, et je puis faire de vous tout ainsi que de moi vous voudriez faire ; toutefois, si vous voulez vous rendre, je vous ferai meilleure composition ; car ne veux ni vous faire mourir ni vous faire pendre.

Il conduisit le duc à la tente de l'empereur. L'armée saxonne, ayant perdu son chef, se débanda ; l'empereur reprit toutes les villes dont elle s'était emparée. Le duc, affligé de ces mauvais succès, en mourut de chagrin, et l'empereur s'en retourna triomphant dans Rome. Mélior fit bon accueil au jeune chevalier, et entendit avec plaisir louer ses prouesses. Sa joie ne fut pas longue. L'empereur de Grèce, oncle de Guillaume, mais qui ne le connaissait pas, envoya à l'empereur romain une ambassade chargée de lui demander sa fille Mélior en mariage pour son fils. Trente barons de Grèce, portant chacun un rameau d'olivier, en signe de paix, étaient montés sur chevaux richement parés de fine orfévrerie, et si bien harnachés, que bon les faisait voir. Ils descendirent de leurs chevaux, et montèrent les degrés du palais de l'empereur, étant, à la mode de leur pays, garnis de chaînes d'or à leurs cous, d'anneaux d'or à leurs doigts, et leurs petits chapeaux enrichis de perles et de fines pierreries ; chacun portait sur soi le vaillant d'une comté ou baronnie. Le chef de l'ambassade dit à l'empereur : — Sire, nous sommes ici envoyés par l'empereur de toute la Grèce, qui est si riche et si puissant que ses richesses ne sauraient se nombrer. Il a un seul et unique fils, son héritier, le plus beau et le plus gentil prince qui soit au monde ; il a ouï parler de la bonté, beauté, sagesse et prudence de la princesse votre fille ; par quoi il désirerait le mariage de ces deux enfants, et vous en requiert instamment. Sachez, sire empereur, que plus aura votre fille d'or que vous n'avez d'argent, et plus aura de villes que vous n'avez de maisons ; et au monde il n'y aura plus riche, noble et puissante dame que l'impératrice de Constantinople. Sur ce, prenez conseil et nous rendez réponse.

L'empereur de Rome, ayant pris conseil de ses barons, accorda sa fille au fils de l'empereur de Constantinople, et on donna de belles fêtes aux ambassadeurs. Mais Guillaume était bien triste de se voir enlever sa dame, qui de son côté n'avait pas reçu l'herbe qui devait la guérir de son affection. Les ambassadeurs cependant s'en retournèrent et reportèrent à leur maître la réponse satisfaisante qu'ils avaient reçue. L'empereur grec voulut se rendre lui-même à Rome avec son fils et une suite nombreuse et brillante. Ils y furent reçus magnifiquement, au grand chagrin de Mélior et de Guillaume, qui voyaient bien que leur mariage n'était plus guère possible. Alexandrine, les voyant ainsi chagrins et tristes, et n'ayant pu les secourir autrement, le jour du mariage étant proche, après avoir bien songé aux moyens qu'elle pouvait employer pour sauver Mélior et Guillaume de leur détresse, imagina de les coudre l'un et l'autre dans deux peaux d'ours blancs, espérant qu'ainsi ils pourraient sortir de Rome sans être connus. Ce projet fut exécuté la veille du jour fixé pour la cérémonie des noces. Guillaume et Mélior, pendant la nuit, quittèrent le palais et la ville, sans être aperçus de personne, que d'un seul domestique grec, qui les vit traverser le jardin par où ils sortirent. Ils cheminèrent longtemps, et s'enfoncèrent dans la forêt où avait été élevé Guillaume. Ils y endurèrent une horrible faim, qui sans doute eût terminé leur vie, sans le secours du généreux loup qui avait été déjà si utile au prince de Sicile. Ce bon animal faisait toujours sa résidence dans cette forêt, et de temps en temps se promenait dans les environs de Rome ; il avait entendu parler des prouesses de son protégé Guillaume. Caché dans un buisson, il voit arriver les deux ours blancs, s'approche d'eux, les entend parler, et à leurs discours reconnaît Guillaume et sans doute sa fiancée. Il conçoit le danger où ils sont s'il les abandonne. Résolu de les secourir, le bon loup court sur les grands chemins, effraye, sans leur faire de mal, les passagers qui pouvaient avoir des vivres, enlève leurs denrées, les porte à nos deux amants, puis se retire, comme s'il craignait de recevoir des preuves de leur reconnaissance.

Guillaume reconnut bien le généreux animal qui lui avait rendu autrefois de si grands services : il rassura Mélior ; et ayant trouvé une caverne qui leur parut un favorable retraite, ils y vécurent quelques jours, moyennant les secours du bon loup.

« Cependant, dit notre auteur, tout était prêt à Rome, où se devaient faire les épousailles. L'empereur de Rome portait une robe qui ne pouvait être usée ni gâtée, car était d'or massif. L'empereur de Grèce avait tant de richesses sur son vêtement, qu'il valait plus qu'une cité. » Cet étalage fut perdu ; on s'aperçut de l'évasion de Mélior, et on se douta qu'elle s'était enfuie avec Guillaume, qu'on ne découvrit plus. Enfin, le serviteur qui avait vu les deux ours traverser de nuit les jardins du palais, ayant fait son rapport, on présuma que c'était là le déguisement qu'ils avaient pris ; on ne douta pas qu'Alexandrine ne fût dans la confidence. On l'interrogea beaucoup, et toujours inutilement ;

enfin on donna des ordres dans tout l'empire, pour que tous les ours blancs fussent arrêtés et conduits à Rome. L'empereur de Grèce, voyant bien qu'il n'y avait plus moyen de penser à ce mariage pour son fils, s'en retourna avec lui à Constantinople.

Le bon loup-garou, qui allait toujours écoutant aux portes, pour savoir des nouvelles de ce qui pouvait intéresser ses protégés, apprit la proscription des ours blancs ; il comprit les risques où se trouvaient exposés les deux fugitifs. Il les en avertit autant qu'il put ; c'est-à-dire qu'il leur fit entendre par signes qu'il fallait s'éloigner de la forêt trop voisine de Rome. Ils marchèrent tous trois plusieurs nuits, se cachant de jour, et arrivèrent près de Bénévent, ville encore de la dépendance de l'empire romain, mais située à l'extrémité de cette domination en Italie. A la pointe du jour ils voulurent se retirer dans une carrière, et furent malheureusement aperçus par quelques ouvriers, qui allèrent avertir le gouverneur de la ville qu'il y avait là deux ours blancs. Zélé pour l'exécution des ordres qu'il avait reçus de Rome, le gouverneur aussitôt se rendit à l'entrée de la caverne pour saisir les deux ours, les enchaîner et les envoyer à son maître. Le loup-garou, toujours aux aguets, vit venir cette troupe de loin, et en avertit le chevalier et la princesse. Leur perte paraissait inévitable, car ils ne pouvaient sortir de leur retraite sans être vus de la troupe qui accourait pour les prendre. Mélior se désolait ; Guillaume, ayant saisi un marteau qu'il avait trouvé par hasard dans la carrière, se préparait à vendre chèrement sa vie et la liberté de la princesse, lorsque le prince loup-garou s'avisa d'une ruse qui les tira d'affaire.

Le fils du gouverneur de Bénévent, enfant de neuf à dix ans, courait devant son père, qui marchait à la prise des ours comme à une conquête aisée. Tout à coup le loup-garou s'élance de la caverne, se saisit de l'enfant, le prend par le milieu du corps ; puis, d'une vitesse et d'une agilité surprenante, il s'enfuit rapidement et détourne l'attention du gouverneur et de toute sa troupe, en emportant sa proie du côté opposé à celui par lequel il avait fait signe aux deux amants de s'enfuir. Tous les Béneventins suivent l'animal qui enlevait le fils de leur commandant ; on s'écarte de l'entrée de la carrière aux ours blancs ; on leur donne le temps de s'évader, de sortir des terres de l'empire et d'entrer dans la Pouille, rendant grâces au ciel de les avoir délivrés d'un si grand péril. Quand le loup-garou eut assez fait courir le gouverneur et sa troupe, il laissa l'enfant au milieu du chemin. Tous s'empressèrent à le ramasser et oublièrent l'animal, qui, à travers les bois et les montagnes, trouva moyen de gagner aussi la Pouille, où il savait que ses amis s'étaient retirés, et il les rejoignit.

Il était nécessaire qu'ils changeassent de déguisement pour éviter de nouveaux malheurs : le loup lui-même leur donna ce conseil par signes. Ayant éventré un cerf et une biche, et en ayant enlevé la peau, il leur fit entendre qu'il valait mieux qu'ils adoptassent ce nouveau déguisement que celui sous lequel ils étaient venus de Rome jusque-là. Ils en convinrent, et suivirent son avis, en le remerciant : « — Ah ! ah ! franche et noble bête, lui disaient-ils, vous n'êtes pas engendré de loup-garou ; certes on peut voir à vos manières que vous avez sens et raison. Bien entendait le loup-garou ce que lui disaient Guillaume et Mélior, et leur baisait les mains, plorant de lamentable façon. »

Cependant le bon loup, voulant absolument sauver ses amis, leur fit traverser encore la Calabre. Ils arrivèrent au bord de la mer, et y trouvèrent un bateau dont les mariniers étaient allés coucher à terre, ayant laissé seulement dans leur bâtiment les rames et quelques vivres. Les trois prétendus animaux, à savoir un loup, un cerf et une biche, y entrèrent ; Guillaume et le loup-garou se saisirent des rames ; et, dans le cours d'une nuit, ils manœuvrèrent si bien, qu'ils abordèrent en Sicile, se cachèrent plusieurs jours dans les forêts, et enfin voyagèrent si heureusement, qu'ils arrivèrent près de la capitale. Le loup, ayant été aux informations, suivant son usage, apprit que le roi Ebron, père de Guillame, était mort et n'avait laissé qu'une fille nommée Florence ; que la reine Félice était régente pendant la minorité de cette princesse ; mais que la mère et la fille ayant de concert refusé le fils du roi d'Espagne, frère du loup-garou, pour gendre et pour époux, parce qu'il était maussade et désagréable, le père de celui-ci avait porté la guerre dans le royaume de Sicile, et assiégeait la reine dans Palerme. Déjà la ville était pressée ; Félice, fort embarrassée de se défendre contre les Espagnols, haranguait elle-même ses troupes ; « et, dit notre auteur, il faisait bon entendre sa douce éloquence, et voir cette reine, qui avait le corps gent et allègre, qui était belle, haute et droite, et qui, sur les tours de la ville, exhortait les chevaliers à la défendre. » Les trois animaux avaient trouvé moyen d'entrer dans le parc du château de la reine : le loup s'y cachait soigneusement, de peur d'effrayer ; mais le cerf et la biche, comme animaux domestiques, se promenaient dans les allées et se reposaient sur le gazon.

Un jour qu'ils étaient couchés ainsi au pied d'une charmille, Guillaume et Mélior raisonnaient ensemble de leurs aventures, et ne se croyant entendus de personne, s'expliquaient assez clairement pour faire connaître qui ils étaient. La reine, les ayant très-bien entendus et compris, fut enchantée d'apprendre que le chevalier Guillaume était si près d'elle. Elle se mit à leur parler. — « Certes, beaux amis, leur dit-elle, bien vous ai entendus, et bien connois maintenant toute votre affaire ; ne me fuyez pas, mais je veux tenir votre compagnie, et devez en être grandement réjouis. » Les deux fugitifs furent fort étonnés d'avoir été entendus, et voulaient fuir ; la reine leur dit encore : — « Vous n'aurez aucun mal de moi, car vous devez savoir que je suis biche comme vous; d'autres bêtes sont prêtes à me chasser hors de mon pâturage, et j'ai besoin de votre secours pour résister à leurs grands efforts. » Alors elle leur apprit qu'elle était la reine de Sicile, et le sujet de la guerre que lui faisaient les Espagnols. Guillaume promit de la servir. Ayant quitté leurs peaux d'animaux, ils suivirent la reine dans son palais, où Félice fit faire des armes au chevalier. Celui-ci exigea que son écu fût à fond d'or, et qu'on y peignît un loup d'une physionomie fière et martiale, tel enfin que le prince loup-garou, auquel il avait de si grandes obligations, et il se fit appeler le *Chevalier du loup.*

La reine n'eut garde de se refuser à ce qu'il désirait; il fut question de lui procurer un cheval de bataille : Guillaume entendit parler d'un destrier, que le roi Ebron avait monté autrefois, et dont il faisait grand cas, mais qui, depuis la mort du monarque, n'avait voulu se laisser dompter par personne. Il demanda qu'on le lui amenât. « Le brillant coursier dont le nom était Brunissant, ne l'eut pas plutôt vu, qu'il commença à sauter, hennir, faire pennades en grand signe de joie, dont les assistants furent tout émerveillés, et il courut vers Guillaume, tout préparé à être monté. » Le nouveau défenseur des Siciliens sauta légèrement dessus; s'étant mis à la tête de ses sujets, qui ne le connaissaient pas, il marcha contre ses ennemis. « Lors eussiez vu le cheval ronfler et faire trogne furieuse, car ses narines commencèrent à émouvoir; il branla la tête, et les yeux avoit plus enflammés que torches ardentes. Le bon chevalier incontinent donna des éperons, et le cheval de bondir et feu des pierres faire issir, que c'étoit merveille. »

Guillaume exhortait ses troupes, et leur promettait la victoire. — Ce serait grande honte, disait-il aux chevaliers, de nous laisser gourmander par ces Espagnols! Hé quoi donc ! comtes, barons et chevaliers en si grand nombre, n'osez-vous sortir pour empêcher votre terre d'être gâtée? L'armée sicilienne, ainsi encouragée, repoussa les Espagnols jusqu'à leur camp. Guillaume fit dans cette première action les plus grandes prouesses, et rentra triomphant dans la ville. Le bon loup-garou se présenta à lui, le caressant et semblant lui faire compliment, Guillaume l'embrassa en présence de toute la cour de Sicile, qui en fut très-étonnée. Mais il leur apprit qu'il avait les plus grandes obligations à cet animal, recommanda qu'il fût bien traité dans le palais, que nul n'osât lui faire le moindre mal; et ses intentions à cet égard furent bien remplies.

Dans une seconde affaire, Guillaume fit prisonnier le fils du roi d'Espagne; le monarque même, ayant voulu délivrer ce cher fils, s'avança vers le chevalier. Mais celui-ci s'étant retourné vers lui avec fureur, lui fit tant peur, qu'il voulut s'enfuir. Guillaume, prenant le cheval du roi par le frein : — « Sire roi, lui dit-il, trop lâchement fuyez; il convient de vous rendre ou de finir ici votre vie; il faut payer le dommaige que vous avez fait dans ce pays. Vous étiez fier et orgueilleux; à présent vous devez être simple et doux, car à cette fois le loup a pris le chien. » Le roi d'Espagne et son fils étant ainsi prisonniers, leur armée fut bientôt entièrement défaite; Guillaume pénétra jusque dans leurs tentes, et y trouva la reine d'Espagne, qui fut forcée d'aller joindre son époux et son fils à Palerme. Quoique ces illustres prisonniers y fussent bien traités, « ils étoient, dit l'auteur, tristes, pensifs, blêmes et douloureux, tandis que Guillaume avoit une face resplendissante de joyeuse beauté, et ressembloit au feu roi Ebron, tellement que tous les Siciliens l'admiroient. »

Dès le lendemain il fut question de traiter de la paix entre la Sicile et l'Espagne. La reine fit assembler ses barons, et l'on juge bien que Guillaume assista à cette assemblée, au milieu de laquelle on fit venir le roi, la reine et le prince d'Espagne. Mais à peine eut-on ouvert la bouche pour parler d'affaires, que l'on vit entrer dans la salle le loup-garou. Après avoir salué respectueusement la reine de Sicile et le roi d'Espagne son père, il se jeta tout en fureur sur la reine d'Espagne sa belle-mère, et paraissait vouloir l'étrangler et la dévorer. On ne pouvait réussir à l'arracher de ses pattes; Guillaume seul en vint à bout. Il prit le loup entre ses bras, et l'embrassant tendrement, lui dit : — « Mon très-chier ami, cessez votre ire, et en moi veuillez vous fier comme en votre frère ; faites-moi connaître en quoi cette dame vous a nui; et si elle ne veut vous guérir, soyez sûr qu'elle sera arse et brûlée en feu vif et charbons flambants, et ses cendres jetées au vent; non-seulement elle, mais le roi, le prince et tous leurs gendarmes qui sont prisonniers céans. » La reine d'Espagne avait reconnu le loup pour être le fils de son mari. Effrayée par les menaces du chevalier Guillaume, elle avoua son crime, et promit de rendre au jeune prince, qui se nommait Alphonse, la figure humaine.

On s'assura de sa bonne foi, et on veilla sur l'exécution de ses promesses. Elle connaissait les moyens d'opérer le désenchantement : elle fit faire un bain d'herbes dont elle connaissait la vertu. Le prince, y ayant été plongé, quitta sa peau de loup, et parut sous la forme qu'il avait quinze ans auparavant. La reine lui attacha au cou un anneau d'or enfilé avec de la soie vermeille. « La pierre qui étoit dans l'anneau étoit de telle vertu, que quiconque l'avoit en son doigt ou au col, ne pouvoit plus être ensorcelé ni de nul grevé. Alphonse ayant donc repris sa forme naturelle, bientôt furent perdus et annihilés tous ses labeurs, et toutes ses mélancolies mises en oubli et converties en gloire et liesse, jointes avec vigueur et bonne grâce. »

Il apprit alors à la reine de Sicile que Guillaume était son fils, et l'informa des raisons qu'il avait eues de l'enlever. La tendre amitié et la reconnaissance que Guillaume ressentait pour son cher loup augmentèrent. La reine Félice partagea ses sentiments, et la princesse Florence en conçut de si tendres pour le prince d'Espagne, que leur mariage fut bientôt conclu. Florence fut ainsi dédommagée de la perte de la couronne de Sicile par l'espoir de posséder celle d'Espagne. On ne fit aucun mal à la belle-mère d'Alphonse, ni au prince son frère; mais la tournure que prit cette affaire leur causa un si violent chagrin, qu'il les conduisit bientôt au tombeau. Le vieux roi d'Espagne retourna dans ses Etats avec son fils aîné et sa belle-fille. L'ambitieux et perfide oncle de Guillaume était mort, et les demoiselles qui avaient été ses gouvernantes étaient retirées dans des couvents. On envoya une ambassade solennelle à l'empereur de Rome, pour l'engager à consentir au mariage de sa fille avec le nouveau roi de Sicile. Guillaume ayant été reconnu en cette qualité, cette grâce ne fut pas difficile à obtenir; et comment d'ailleurs l'empereur pouvait-il refuser sa fille à un homme pour qui elle avait couru le monde en ourse blanche et en biche? *Voy.* Lycanthropie.

ROMULUS, celui qui éleva la ville de Rome. Romulus était enfant du diable selon quelques-uns, et grand magicien selon tous les démonomanes. Mars, au fait, qui fut son père, n'était qu'un démon. Après qu'il eut bien établi son empire, un jour qu'il faisait la revue de son armée, il fut enlevé dans un tourbillon, à la vue de la multitude (1), et Bodin observe que le diable, à qui il devait le jour, l'emporta dans un autre royaume (2).

RONWE, marquis et comte de l'enfer, qui apparaît sous la forme d'un monstre; il donne à ses adeptes la connaissance des langues et la bienveillance de tout le monde. Dix-neuf cohortes infernales sont sous ses ordres (3).

ROSE-CROIX. Les Rose-Croix sont maintenant de hauts officiers dans les grades ridicules de la maçonnerie. Autrefois, c'étaient les conservateurs des secrets de la cabale.

Naudé a écrit sur les Rose-Croix un petit livre curieux. *Voy.* Naudé, Andreæ, etc.

ROSE DE JERICHO. *Voy.* Brown.

ROSEMBERG. *Voy.* Femmes blanches.

ROSIER, démon invoqué comme prince des dominations dans les litanies du sabbat.

ROUX. Il y a chez les modernes une antipathie assez générale contre les roux. On expliquait autrefois ainsi l'origine des barbes rousses. Lorsque Moïse surprit les Israélites adorant le veau d'or, il le fit mettre en poudre, mêla cette poudre dans de l'eau et la fit boire aux Juifs. L'or s'arrêta sur les barbes de ceux qui avaient adoré l'idole et les fit reconnaître; car toujours depuis ils eurent la barbe dorée (4).

RUBEZAHL, prince des gnomes, fameux chez les habitants des monts Sudètes. Il est extrêmement malin, comme tous les êtres de son espèce, et joue mille tours aux montagnards. On a écrit des volumes sur son compte; il est même le héros de quelques romans; Musœus a conté longuement ses prouesses. Et toutefois on n'a pas encore suffisamment éclairci ce qui concerne ce lutin, qui probablement est un personnage de l'ancienne mythologie slave. Il paraît encore, dit-on, dans quelque coin éloigné; mais chaque année il perd de sa renommée et de sa considération. — C'est le même que Ribenzal.

RUBIS. Les anciens attribuaient à cette pierre précieuse la propriété de résister au venin, de préserver de la peste, de bannir la tristesse et de détourner les mauvaises pensées. S'il venait à changer de couleur, il annonçait les malheurs qui devaient arriver; il reprenait sa teinte aussitôt qu'ils étaient passés.

RUE D'ENFER. *Voy.* Vauvert.

RUGGIERI (Cosme), sorcier florentin et courtisan de Catherine de Médicis; il fut appliqué à la question, en 1574, comme prévenu d'avoir attenté par ses charmes aux jours de Charles IX, qu'il voulait envoûter (5).

RUGNER, géant scandinave, dont la lance énorme était faite de pierre à aiguiser. Dans un duel, Thor la lui brisa d'un coup de sa massue, grosse comme un dôme, et en fit sauter les éclats si loin, que c'est de là que viennent toutes les pierres à aiguiser qu'on trouve dans le monde, et qui paraissent évidemment rompues par quelque effort.

RUNES, lettres ou caractères magiques, que les peuples du Nord croyaient d'une grande vertu dans les enchantements. Il y en avait de nuisibles, que l'on nommait *runes amères;* on les employait lorsqu'on voulait faire du mal. Les *runes secourables* détournaient les accidents; les *runes victorieuses* procuraient la victoire à ceux qui en faisaient usage; les *runes médicinales* guérissaient des maladies; on les gravait sur des feuilles d'arbres. Enfin, il y avait des runes pour éviter les naufrages, pour soulager les femmes en travail, pour préserver des empoisonnements. Ces runes différaient par les cérémonies qu'on observait en les écrivant, par la matière sur laquelle on les traçait, par l'endroit où on les exposait, par la façon dont on arrangeait les lignes, soit en cercle, soit en ligne serpentante, soit en triangle, etc. On trouve encore plusieurs de ces caractères tracés sur les rochers des mers du Nord.

RUSH, lutin suédois. *Voy.* Diable.

RYMER, géant, ennemi des dieux chez les Scandinaves; il doit à la fin du monde être le pilote du vaisseau Naglefare.

---

(1) Denys d'Halicarnasse, Tite-Live, Plutarque, *in Romulo,* etc.
(2) Bodin, Démonomanie, liv. iii, ch. 1er, et dans la préface.
(3) Wierus, in Pseudomon. dæm.
(4) Jérémie de Pours, la Divine mélodie du saint Psalmiste, p. 829.
(5) M. Garinet, Hist. de la magie en France, p. 151.

S

SABAOTH. Les archontiques, secte du deuxième siècle, faisaient de Sabaoth un ange douteux qui était pour quelque chose dans les affaires de ce monde. Les mêmes disaient que la femme était l'ouvrage de Satan, galanterie digne des hérétiques.

SABASIUS, chef du sabbat, selon certains démonographes. C'était autrefois l'un des surnoms de Bacchus, grand-maître des sorciers dans l'antiquité païenne. C'est un gnome chez les cabalistes.

SABATHAN, démon invoqué dans les litanies du sabbat..

SABBA, devineresse mise au nombre des sibylles. On croit que c'était celle de Cumes.

SABBAT. C'est l'assemblée des démons, des sorciers et des sorcières, dans leurs orgies nocturnes. Nous devons donner ici les relations des démonomanes sur ce sujet. On s'occupe au sabbat, disent-ils, à faire ou à méditer le mal, à donner des craintes et des frayeurs, à préparer les maléfices, à accomplir des mystères abominables. Le sabbat se fait dans un carrefour ou dans quelque lieu désert et sauvage, auprès d'un lac, d'un étang, d'un marais, parce qu'on y produit la grêle et qu'on y fabrique des orages. Le lieu qui sert à ce rassemblement reçoit une telle malédiction, qu'il n'y peut croître ni herbe, ni autre chose. Strozzi dit avoir vu, autour d'un châtaignier, dans un champ du territoire de Vicence, un cercle dont la terre était aussi aride que les sables de la Libye, parce que les sorciers y dansaient et y faisaient le sabbat. Les nuits ordinaires de la convocation du sabbat sont celles du mercredi au jeudi, et du vendredi au samedi. Quelquefois le sabbat se fait en plein midi, mais c'est fort rare. Les sorciers et les sorcières portent une marque qui leur est imprimée par le diable; cette marque, par un certain mouvement intérieur qu'elle leur cause, les avertit de l'heure du ralliement. En cas d'urgence, le diable fait paraître un mouton dans une nuée (lequel mouton n'est vu que des sorciers), pour rassembler son monde en un instant. Dans les circonstances ordinaires, lorsque l'heure du départ est arrivée, après que les sorciers ont dormi, ou du moins fermé un œil, ce qui est d'obligation, ils se rendent au sabbat, montés sur des bâtons ou sur des manches à balai, oints de graisse d'enfant; ou bien des diables subalternes les transportent, sous des formes de boucs, de chevaux, d'ânes ou d'autres animaux. Ce voyage se fait toujours en l'air. Quand les sorcières s'oignent pour monter sur le manche à balai qui doit les porter au sabbat, elles répètent plusieurs fois ces mots : *Emen-hétan! emen-hétan!* qui signifient, dit Delancre : *Ici et là! ici et là!* Il y avait cependant en France des sorcières qui allaient au sabbat sans bâton, ni graisse, ni monture, seulement en prononçant quelques paroles. Mais celles d'Italie ont toujours un bouc, qui les attend pour les emporter. Elles ont coutume, comme les nôtres, de sortir généralement par la cheminée. Ceux ou celles qui manquent au rendez-vous payent une amende; le diable aime la discipline. Les sorcières mènent souvent au sabbat, pour différents usages, des enfants qu'elles dérobent. Si une sorcière promet de présenter au diable, dans le sabbat prochain, le fils ou la fille de quelque gueux du voisinage, et qu'elle ne puisse venir à bout de l'attraper, elle est obligée de présenter son propre fils ou quelque autre enfant d'aussi haut prix. Les enfants qui plaisent au diable sont admis parmi ses sujets de cette manière : Maître Léonard, le grand nègre, président des sabbats, et le petit diable maître Jean Mullin, son lieutenant, donnent d'abord un parrain et une marraine à l'enfant; puis on le fait renoncer Dieu, la Vierge et les saints; et après qu'il a renié sur le grand livre, Léonard le marque d'une de ses cornes dans l'œil gauche. Il porte cette marque pendant tout son temps d'épreuves, à la suite duquel, s'il s'en est bien tiré, le diable lui administre un autre signe qui a la figure d'un petit lièvre, ou d'une patte de crapaud, ou d'un chat noir. Durant leur noviciat, on charge les enfants admis de garder les crapauds, avec une gaule blanche, sur le bord du lac, tous les jours de sabbat; quand ils ont reçu la seconde marque, qui est pour eux un brevet de sorcier, ils sont admis à la danse et au festin. Les sorciers, initiés aux mystères du sabbat, ont coutume de dire : *J'ai bu du tabourin, j'ai mangé du cymbale, et je suis fait profès.* Ce que Leloyer explique de la sorte : « Par le tabourin, on entend la peau de bouc enflée de laquelle ils tirent le jus et consommé, pour boire; et par le cymbale, le chaudron ou bassin dont ils usent pour cuire leurs ragoûts. » Les petits enfants qui ne promettent rien de convenable sont condamnés à être fricassés. Il y a là des sorcières qui les dépècent et les font cuire pour le banquet.

Lorsqu'on est arrivé au sabbat, le premier devoir est d'aller rendre hommage à maître Léonard. Il est assis sur un trône infernal ; ordinairement il affecte la figure d'un grand bouc ayant trois cornes, dont celle du milieu jette une lumière qui éclaire l'assemblée ; quelquefois il prend la forme d'un lévrier, ou d'un bœuf, ou d'un tronc d'arbre sans pied, avec une face humaine fort ténébreuse; ou bien il paraît en oiseau noir, ou en homme tantôt noir, tantôt rouge. Mais sa figure favorite est celle du bouc. C'est alors qu'il a sur la tête la corne lumineuse; les deux autres sont au cou. Il porte une couronne noire, les cheveux hérissés, le visage pâle et troublé, les yeux ronds, grands, fort ouverts, enflammés et hideux, une barbe de chèvre, les mains comme celles d'un homme, excepté que les doigts sont tous égaux;

courbés comme les griffes d'un oiseau de proie, et terminés en pointes; les pieds en pattes d'oie, la queue longue comme celle d'un âne; il a la voix effroyable et sans ton, tient une gravité superbe, avec la contenance d'une personne mélancolique, et porte toujours sous la queue un visage d'homme noir, visage que tous les sorciers baisent en arrivant au sabbat: c'est là ce qu'on appelle l'hommage. Léonard donne ensuite un peu d'argent à tous ses adeptes; puis il se lève pour le festin, où le maître des cérémonies place tout le monde, chacun selon son rang, mais toujours un diable à côté d'un sorcier. Quelques sorcières ont dit que la nappe du sabbat est dorée, et qu'on y sert toutes sortes de bons mets, avec du pain et du vin délicieux. Mais le plus grand nombre de ces femmes ont déclaré, au contraire, qu'on n'y sert que des crapauds, de la chair de pendus, de petits enfants non baptisés, et mille autres horreurs, et que le pain du diable est fait de millet noir. On chante pendant le repas des choses abominables; et après qu'on a mangé, on se lève de table, on adore le grand maître; puis chacun se divertit. Les uns dansent en rond, ayant chacun un chat pendu au derrière. D'autres rendent compte des maux qu'ils ont faits, et ceux qui n'en ont pas fait assez sont punis. Des sorcières répondent aux accusations des crapauds qui les servent; quand ils se plaignent de n'être pas bien nourris par leurs maîtresses, les maîtresses subissent un châtiment. Les correcteurs du sabbat sont de petits démons sans bras, qui allument un grand feu, y jettent les coupables, et les en retirent quand il le faut. Ici, on fait honneur à des crapauds, habillés de velours rouge ou noir, portant une sonnette au cou et une autre aux pieds. On les donne comme d'utiles serviteurs aux sorcières qui ont bien mérité des légions infernales. Là, une magicienne dit la messe du diable, pour ceux qui veulent l'entendre. Ailleurs, se commettent les plus révoltantes et les plus honteuses horreurs. Ceux et celles qui vont baiser le visage inférieur du maître tiennent une chandelle sombre à la main. Il en est qui forment des quadrilles avec des crapauds vêtus de velours et chargés de sonnettes. Ces divertissements durent jusqu'au chant du coq. Aussitôt qu'il se fait entendre, tout est forcé de disparaître. Alors le grand nègre leur donne congé, et chacun s'en retourne chez soi (1). On conte qu'un charbonnier, ayant été averti que sa femme allait au sabbat, résolut de l'épier. Une nuit qu'elle faisait semblant de dormir, elle se leva, se frotta d'une drogue et disparut. Le charbonnier, qui l'avait bien examinée, prit le pot à la graisse, s'en frotta comme elle, et fut aussitôt transporté, par la cheminée, dans la cave d'un comte, homme considéré au pays; il trouva là sa femme et tout le sabbat rassemblé pour une séance secrète. Celle-ci, l'ayant aperçu, fit un signe: au même instant tout s'envola; et il ne resta dans la cave que le pauvre charbonnier, qui, se voyant pris pour un voleur, avoua ce qui s'était passé à son égard, et ce qu'il avait vu dans cette cave (2). Un paysan se rencontrant de nuit dans un lieu où l'on faisait le sabbat, on lui offrit à boire. Il jeta la liqueur à terre et s'enfuit, emportant le vase, qui était d'une matière et d'une couleur inconnues. Il fut donné à Henri le Vieux, roi d'Angleterre, si l'on en croit le conte (3). Mais, malgré son prix et sa rareté, le vase est sans doute retourné à son premier maître. Pareillement, un boucher allemand entendit, en passant de nuit par une forêt, le bruit des danses du sabbat; il eut la hardiesse de s'en approcher, et tout s'évanouit. Il prit des coupes d'argent qu'il porta au magistrat, lequel fit arrêter et pendre toutes les personnes dont les coupes portaient le nom (4). Un sorcier mena son voisin au sabbat en lui promettant qu'il serait l'homme le plus heureux du monde. Il le transporta fort loin, dans un lieu où se trouvait rassemblée une nombreuse compagnie, au milieu de laquelle était un grand bouc. Le nouvel apprenti sorcier appela Dieu à son secours. Alors vint un tourbillon impétueux: tout disparut; il demeura seul et fut trois ans à retourner dans son pays (5).

« Le sabbat se fait, disent les cabalistes, quand les sages rassemblent les gnomes pour les engager à épouser les filles des hommes. Le grand Orphée fut le premier qui convoqua ces peuples souterrains. A sa première semonce, Sabasius, le plus ancien des gnomes, contracta alliance avec une femme. C'est de ce Sabasius qu'a pris son nom cette assemblée, sur laquelle on a fait mille contes impertinents. Les démonomanes prétendent aussi qu'Orphée fut le fondateur du sabbat, et que les premiers sorciers qui se rassemblèrent de la sorte se nommaient *orphéotélestes*. La véritable source de ces orgies sinistres a pu prendre naissance dans les bacchanales, où l'on invoquait Bacchus en criant: *Saboé!* »

Dans l'affaire de la possession de Louviers, Madeleine Bavan, tourière du couvent de cette ville, confessa des choses singulières sur le sabbat. Elle avoua qu'étant à Rouen, chez une couturière, un magicien l'avait engagée et conduite au sabbat; qu'elle fut mariée là à Dagon, diable d'enfer; que Mathurin Picard l'éleva à la dignité de princesse du sabbat quand elle eut promis d'ensorceler toute sa communauté; qu'elle composa des maléfices en se servant d'hosties consacrées; que dans une maladie qu'elle éprouva, Picard lui fit signer un pacte de grimoire; qu'elle vit accoucher quatre magiciennes au sabbat, qu'elle aida à égorger et à manger leurs enfants; que le jeudi saint on y fit la cène, en y mangeant un petit enfant; que dans la nuit du jeudi au vendredi, Picard et Boulé avaient percé une hostie par le milieu, et que l'hostie avait jeté du sang. De plus,

(1) Delancre, Bodin, Delrio, Maiol, Leloyer, Danæus, Boguet, Monstrelet, Torquemada, etc.
(2) Delrio, Disquisitions magiques, et Bodin, p. 30.
(3) Trinum Magicum.
(4) Joachim de Cambrai.
(5) Torquemada, dans l'Hexameron.

elle confessa avoir assisté à l'évocation de l'âme de Picard, faite par Thomas Boulé, dans une grange, pour confirmer les maléfices du diocèse d'Evreux. Elle ajouta à ces dépositions, devant le parlement de Rouen, que David, premier directeur du monastère, était magicien; qu'il avait donné à Picard une cassette pleine de sorcelleries, et qu'il lui avait délégué tous ses pouvoirs diaboliques; qu'un jour, dans le jardin, s'étant assise sous un mûrier, un horrible chat noir et puant lui mit ses pattes sur les épaules et approcha sa gueule de sa bouche ; c'était un démon. Elle dit en outre qu'on faisait au sabbat la procession; que le diable, moitié homme et moitié bouc, assistait à ces cérémonies exécrables, et que sur l'autel il y avait des chandelles allumées qui étaient toutes noires. On trouve généralement le secret de ces horreurs dans des mœurs abominables.

Dans le Limbourg, au dernier siècle, il y avait encore beaucoup de bohémiens et de bandits qui faisaient le sabbat. Leurs initiations avaient lieu dans un carrefour solitaire, où végétait une masure qu'on appelait la Chapelle des boucs. Celui qu'on recevait sorcier était enivré, puis mis à califourchon sur un bouc de bois qu'on agitait au moyen d'un pivot; on lui disait qu'il voyageait par les airs. Il le croyait d'autant plus qu'on le descendait de sa monture pour le jeter dans une orgie qui était pour lui le sabbat. *Voy.* Boucs, Spée, Blokula, etc. On sait, dit Mallebranche, que cette erreur du sabbat n'a quelquefois aucun fondement ; que le prétendu sabbat des sorciers est quelquefois l'effet d'un délire et d'un dérèglement de l'imagination, causé par certaines drogues desquelles se servent les malheureux qui veulent se procurer ce délire. Ce qui entretient la crédulité populaire, ajoute Bergier, ce sont les récits de quelques peureux qui, se trouvant égarés la nuit dans les forêts, ont pris pour le sabbat des feux allumés par les bûcherons et les charbonniers, ou qui, s'étant endormis dans la peur, ont cru entendre et voir le sabbat, dont ils avaient l'imagination frappée. Il n'y a aucune notion du sabbat chez les anciens Pères de l'Eglise. Il est probable que c'est une imagination qui a pris naissance chez les barbares du Nord ; que ce sont eux qui l'ont apportée dans nos climats, et qu'elle s'y est accréditée par des faits, comme la Chapelle des boucs, au milieu de l'ignorance dont leur irruption fut suivie. — Charles II, duc de Lorraine, voyageant incognito dans ses Etats, arriva un soir dans une ferme où il se décida à passer la nuit. Il fut surpris de voir qu'après son souper on préparait un second repas plus délicat que le sien, et servi avec un soin et une propreté admirables. Il demanda au fermier s'il attendait de la compagnie.

— Non, monsieur, répondit le paysan, mais c'est aujourd'hui jeudi; et toutes les semaines, à pareille heure, les démons se rassemblent dans la forêt voisine avec les sorciers des environs, pour y faire leur sabbat. Après qu'on a dansé le branle du diable, ils se divisent en quatre bandes. La première vient souper ici ; les autres se rendent dans des fermes peu éloignées.

— Et payent-ils ce qu'ils prennent? demanda Charles.

— Loin de payer, répondit le fermier, ils emportent encore ce qui leur convient ; et s'ils ne se trouvent pas bien reçus, nous en passons de dures ; mais que voulez-vous qu'on fasse contre des sorciers et des démons? Le prince étonné voulut approfondir ce mystère ; il dit quelques mots à l'oreille d'un de ses écuyers, et celui-ci partit au grand galop pour la ville de Toul, qui n'était qu'à trois lieues. Vers deux heures du matin, une trentaine de sorciers, de sorcières et de démons entrèrent; les uns ressemblaient à des ours, les autres avaient des cornes et des griffes. A peine étaient-ils à table, que l'écuyer de Charles II reparut, suivi d'une troupe de gens d'armes. Le prince escorté entra dans la salle du souper : — Des diables ne mangent pas, dit-il ; ainsi vous voudrez bien permettre que mes gens d'armes se mettent à table à votre place... Les sorciers voulurent répliquer, et les démons proférèrent des menaces. — Vous n'êtes point des démons, leur cria Charles : les habitants de l'enfer agissent plus qu'ils ne parlent, et si vous en sortiez, nous serions déjà tous fascinés par vos prestiges. Voyant ensuite que la bande infernale ne s'évanouissait pas, il ordonna à ses gens de faire main basse sur les sorciers et leurs patrons. On arrêta pareillement les autres membres du sabbat ; et le matin, Charles II se vit maître de plus de cent vingt personnes. On les dépouilla, et on trouva des paysans, qui, sous ces accoutrements, se rassemblaient de nuit dans la forêt pour y faire des orgies abominables, et piller ensuite les riches fermiers. Le duc de Lorraine (qui avait généreusement payé son souper avant de quitter la ferme) fit punir ces prétendus sorciers et démons comme des coquins et des misérables. Le voisinage fut délivré pour le moment de ces craintes ; mais la peur du sabbat ne s'affaiblit pas pour cela dans la Lorraine.

Duluc, dans ses Lettres sur l'histoire de la terre et de l'homme, tome IV, lettre 91, rapporte encore ce qui suit : « Il y a environ dix ans, vers 1769, qu'il s'était formé dans la Lorraine allemande et dans l'électorat de Trèves une association de gens de la campagne qui avaient secoué tout principe de religion et de morale. Ils s'étaient persuadé qu'en se mettant à l'abri des lois, ils pouvaient satisfaire sans scrupules toutes leurs passions. Pour se soustraire aux poursuites de la justice, ils se comportaient dans leurs villages avec la plus grande circonspection : l'on n'y voyait aucun désordre; mais ils s'assemblaient la nuit en grandes bandes, allaient à force ouverte dépouiller les habitations écartées, commettaient d'abominables excès et employaient les menaces les plus terribles pour forcer au silence les victimes de leur brutalité. Un de leurs complices ayant été saisi par hasard pour quelque délit isolé, on découvrit la trame de cette confédération détestable, et l'on compte par centaines les scélérats qu'il a fallu faire périr sur l'échafaud. » C'était un rameau de la société des Boucs. *Voy.* ce mot. *Voy.* aussi LITANIES DU SABBAT.

SABBAT DES JUIFS. C'était chez les Juifs le jour du repos consacré au Seigneur. Les rabbins, qui ont substitué divers usages superstitieux aux vieilles observances, ont marqué avec leurs minuties ordinaires ce qu'il est défendu de faire le jour du sabbat. Ils portent ces prescriptions à trente-neuf chefs qui ont leurs dépendances. Il n'est pas permis, disent-ils, de labourer, de semer, de botteler, de lier des gerbes; de battre le grain, de vanner, de cribler, de moudre, de bluter, de pétrir, de cuire, de tordre, de blanchir, de peigner ou de carder, de filer, de retordre, d'ourdir, de traquer, de teindre, de lier, de délier, de coudre, de déchirer ou de mettre en morceaux, de bâtir, de détruire, de frapper avec le marteau, de chasser ou de pêcher, d'égorger, d'écorcher, de préparer et de racler la peau, de la couper pour quelque travail; d'écrire, de raturer, de régler pour écrire, d'allumer, d'éteindre, de porter quelque chose d'un lieu particulier à un lieu public. Ces différents chefs renferment leurs accessoires : par exemple, limer est une dépendance de moudre. Mais les rabbins offrent eux-mêmes les moyens d'éluder ces défenses. Ainsi on ne peut allumer de feu le jour du sabbat; mais on peut se servir, pour en allumer, de quelque serviteur qui ne soit pas juif. Il n'est permis non plus de parler d'affaires, de discuter le prix de quoi que ce soit, d'arrêter aucun marché, de donner, ni de recevoir. On ne peut enfin s'éloigner de plus d'un mille de la ville qu'on habite. Le sabbat commence la veille, à notre manière de parler, une demi-heure avant le coucher du soleil.

Il y a sur le sabbat d'autres singularités. Les rabbins appellent fleuve Sabbatique une prétendue rivière que les uns mettent dans la Palestine, que les autres placent ailleurs, mais dont personne n'a pu exactement désigner le lit. L'historien Josèphe en parle ainsi : « Titus rencontra en son chemin une rivière qui mérite assurément que nous en parlions. Elle passe entre les villes d'Arcé et de Raphanée, qui sont du royaume d'Agrippa, et elle a quelque chose de merveilleux; car, après avoir coulé six jours en grande abondance et d'un cours assez rapide, elle se sèche tout d'un coup le septième, et recommence le lendemain à couler six autres jours comme auparavant, pour se sécher périodiquement le septième jour, sans jamais sortir de cet ordre; ce qui lui a fait donner le nom de Sabbatique, parce qu'il semble qu'elle fête le septième jour, comme les juifs. »

Pline a voulu apparemment parler du même fleuve, lorsqu'il dit qu'il y a dans la Judée un ruisseau qui demeure à sec pendant tous les septièmes jours : *In Judæa rivus omnibus septem diebus siccatur.* C'est pourquoi il ne nous est guère possible de décider.

Dom Calmet donne de cette rivière une idée différente. Selon ce savant, Josèphe dit que Titus, allant en Syrie, vit entre la ville d'Arcé, qui était du royaume d'Agrippa, et la ville de Raphanée, le fleuve nommé Sabbatique, qui tombe du Liban dans la mer Méditerranée. Ce fleuve, ajoute-t-il, ne coule que le jour du sabbat, ou plutôt au bout de sept jours; tout le reste du temps son lit demeure à sec; mais le septième jour il coule avec abondance dans la mer. De là vient que les habitants du pays lui ont donné le nom de fleuve Sabbatique. »

SABÉISME, culte que l'on rend aux éléments et aux astres, et qui, selon quelques-uns, est l'origine de l'astrologie judiciaire.

SABELLICUS (GEORGES), farceur allemand qui parcourait l'Allemagne au commencement du dix-septième siècle, en se disant chef des nécromanciens, astrologues, magiciens, chiromanciens, pyromanciens, etc. Il gagna ainsi beaucoup d'argent, et fut très-révéré des vieilles femmes et des petits enfants (1).

SABIENUS. Dans la guerre de Sicile, entre César et Pompée, Sabiénus, commandant la flotte de César, ayant été pris, fut décapité par ordre de Pompée. Il demeura tout le jour sur le bord de la mer, sa tête ne tenant plus au corps que par un filet. Sur le soir, il pria qu'on fît venir Pompée ou quelqu'un des siens, parce qu'il arrivait des enfers, et qu'il avait des choses importantes à communiquer. Pompée envoya plusieurs de ses amis, auxquels Sabiénus déclara que la cause et le parti qu'ils servaient alors étaient agréables aux dieux des enfers, et que leur chef réussirait; qu'il avait ordre de le lui annoncer, et que, pour preuve de ce qu'il disait, il allait mourir aussitôt : ce qui eut lieu. Mais on ne voit pas que le parti de Pompée ait réussi, dans le sens naturel du mot.

SABINS, nom des astrologues turcs.

SABLE. Les Madécasses n'entreprennent jamais la guerre sans consulter leurs augures : ceux-ci ont une petite calebasse remplie d'un sable qui ne se trouve qu'en certains lieux; ils le répandent sur une planche et y marquent plusieurs figures. Ils prétendent connaître par là s'ils vaincront leurs ennemis (2).

SABNAC ou **SALMAC**, grand marquis infernal, démon des fortifications. Il a la forme d'un soldat armé, avec une tête de lion. Il est monté sur un cheval hideux. Il métamorphose les hommes en pierres, et bâtit des tours avec une adresse surprenante. Il a sous ses ordres cinquante légions (3).

SACARAS, anges du sixième ordre chez les Madécasses. Ils sont tous malfaisants.

SACCILAIRES, anciens charlatans qui se

---

(1) Salgues, des Erreurs et des préjugés.
(2) Voyage de Madagascar, en 1722.

(3) Wierus, in Pseudom. dæm.

servaient de la magie pour s'approprier l'argent d'autrui.

SACRIFICES. L'homme, partout où il a perdu les lumières de la révélation, s'est fait des dieux cruels, altérés de sang, avides de carnage. Hérodote dit que les Scythes immolaient la cinquième partie de leurs prisonniers à Mars Exterminateur. Autrefois les Sibériens se disputaient l'honneur de périr sous le couteau de leurs prêtres. Il y avait un temple, chez les Thraces, où l'on n'immolait que des victimes humaines ; les prêtres de ce temple portaient un poignard pendu au cou, pour marquer qu'ils étaient toujours prêts à tuer. Dans le temple de Bacchus, en Arcadie, et dans celui de Minerve, à Lacédémone, on croyait honorer ces divinités en déchirant impitoyablement, à coups de verges, de jeunes filles sur leurs autels. Les Germains et les Cimbres ne sacrifiaient les hommes qu'après leur avoir fait endurer les plus cruels supplices. Il y avait, dans le Pégu, un temple où l'on renfermait les filles les plus belles et de la plus haute naissance ; elles étaient servies avec respect ; elles jouissaient des honneurs les plus distingués ; mais tous les ans une d'elles était solennellement sacrifiée à l'idole de la nation. C'était ordinairement la plus éclatante qui avait l'honneur d'être choisie ; et le jour de ce sacrifice était un jour de fête pour tout le peuple. Le prêtre dépouillait la victime, l'étranglait, fouillait dans son sein, en arrachait le cœur, et le jetait au nez de l'idole. Les Mexicains immolaient des milliers de victimes humaines au dieu du mal. Presque tous les peuples, hors le peuple de Dieu dans l'ère ancienne, et les chrétiens dans la nouvelle, ont exercé sans scrupule de pareilles barbaries.

C'est un usage établi à Benin, de sacrifier aux idoles les criminels ; on les réserve dans cette vue. Ils doivent toujours être au nombre de vingt-cinq. Lorsque ce nombre n'est pas complet, les officiers du roi se répandent dans l'obscurité de la nuit, et saisissent indistinctement tous ceux qu'ils rencontrent ; mais il ne faut pas qu'ils soient éclairés par le moindre rayon de lumière. Les victimes saisies sont remises entre les mains des prêtres, qui sont maîtres de leur sort. Les riches ont la liberté de se racheter, ainsi que les esclaves ; les pauvres sont sacrifiés. Ce qu'on appelait l'hécatombe était le sacrifice de cent victimes, proprement de cent bœufs, mais qui s'appliqua dans la suite aux sacrifices de cent animaux de même espèce, même de cent lions ou de cent aigles ; c'était le sacrifice impérial. Ce sacrifice se faisait en même temps sur cent autels de gazon par cent sacrificateurs. On accusait les sorciers de sacrifier au diable, dans leurs orgies, des crapauds, des poules noires et de petits enfants non baptisés.

SADIAL ou **SADIEL**, ange qui, selon les musulmans, gouverne le troisième ciel et qui est chargé d'affermir la terre, laquelle serait dans un mouvement perpétuel, s'il n'avait le pied dessus.

SAIGNEMENT DE NEZ. Quand on perd par le nez trois gouttes de sang seulement, c'est un présage de mort pour quelqu'un de la famille.

SAINOKAVARA, endroit du lac Fakone où les Japonais croient que les âmes des enfants sont retenues comme dans une espèce de limbes.

SAINS (Marie de), sorcière et possédée. *Voy.* Possédées de Flandre.

SAINT-ANDRÉ. Ce docteur, qui a écrit contre les superstitions, fut appelé, en 1726, par une femme qui lui fit confidence qu'elle était accouchée d'un lapereau. Le docteur témoigna d'abord sa surprise, mais, quelques jours après, cette femme prétendit ressentir des tranchées ; elle ne douta pas qu'elle n'eût encore quelque lapin à mettre au monde. Saint-André arrive, et, pour ne rien négliger, il délivre lui-même la malade. Elle accouche en effet d'un petit lapin encore vivant. Les voisines et le docteur de crier miracle. On donne de l'argent à la mère des lapins ; elle prend goût au métier, et se met indiscrètement à accoucher tous les huit jours. La police, étonnée d'une si féconde maternité, croit devoir se mêler de cette affaire. On enferme la dame aux lapins, on la surveille exactement, et l'on s'assure bientôt qu'elle s'est moquée du public, et qu'elle a cru trouver une dupe dans le docteur Saint-André (1).

Il a laissé des lettres sur la magie, un vol. in-12. Son jugement n'est pas exact.

SAINT-AUBIN, auteur calviniste de l'Histoire des diables de Loudun, dans l'affaire d'Urbain Grandier. Un vol. in-12. Amsterdam, 1716. Ce livre est écrit avec une mauvaise foi insigne et plein de faussetés.

SAINT-GERMAIN (Le comte de), charlatan célèbre du dernier siècle, qui se vantait de faire de l'or, de gonfler les diamants et d'opérer beaucoup de choses merveilleuses. Comme on ignorait son origine, il se disait immortel par la vertu de la pierre philosophale ; et le bruit courait qu'il était âgé de deux mille ans. Il avait l'art d'envelopper ses dupes dans le tissu de ses étranges confidences. Contant un jour qu'il avait beaucoup connu Ponce-Pilate à Jérusalem, il décrivait minutieusement la maison de ce gouverneur romain et disait les plats qu'on avait servis sur sa table, un soir qu'il avait soupé chez lui. Le cardinal de Rohan, croyant n'entendre là que des rêveries, s'adressa au valet de chambre du comte de Saint-Germain, vieillard aux cheveux blancs, à la figure honnête : — Mon ami, lui dit-il, j'ai de la peine à croire ce que dit votre maître. Qu'il soit ventriloque, passe ; qu'il fasse de l'or, j'y consens ; mais qu'il ait deux mille ans et qu'il ait vu Ponce-Pilate, c'est trop fort. Etiez-vous là ? — Oh! non , monseigneur, répondit ingénument le valet de chambre, c'est plus ancien que moi. Il n'y

---

(1) Salgues, des Erreurs et des préjugés, etc., tom. III, p. 111.

a guère que quatre cents ans que je suis au service de M. le comte...

Il y a encore des hommes de l'espèce du comte de Saint-Germain. Voici ce qu'on a pu lire en 1837 dans un feuilleton spirituel dont nous ne pouvons indiquer l'auteur :

LE NOUVEAU COMTE DE SAINT-GERMAIN.

M. L** partit pour Sceaux, il y a huit jours, à quatre heures après midi à peu près ; il allait dîner chez madame de Mairan, vieille amie de sa famille, qui habite une des dernières maisons du village, du côté de la forêt... Il y avait peu de monde chez madame de Mairan ; mais après le dîner le temps se brouilla. On entendit dans le lointain quelques coups de tonnerre, tristes messagers de la fin de l'été, et une pluie assez forte rendit les sentiers de la forêt impraticables. La maîtresse de la maison, frileuse comme une douairière, fit allumer du feu, et les voisins arrivèrent. C'étaient des gens graves et âgés pour la plupart. Madame de Mairan se mit à une partie de wist, un groupe se forma, et M. L** qui fuyait le wist comme un avare fuit un emprunteur, se rapprocha des discoureurs, tous inconnus pour lui. On était à Sceaux, pris à l'improviste par une soirée pluvieuse, et une conversation entre gens qui ne s'étaient pas attendus à être rassemblés dans un salon devait se ressentir de cet accident imprévu, et se fixer au hasard sur le premier sujet venu.

— Avez-vous vu le tombeau de Florian? demanda quelqu'un. — Non, répondit un grand monsieur sec qui parut un diplomate à M. L...; non, quand je suis à Sceaux, je vous avoue que je ne pense ni au duc de Penthièvre, ni à son page, mais seulement à la duchesse et surtout au duc du Maine. — Bah! répondit un vieil ami de madame de Mairan, qui a été préfet sous la restauration, malgré mes opinions, je suis forcé d'avouer que c'était un pauvre homme que ce duc du Maine, et bien peu en état de lutter contre le régent, Stairs et Dubois. Un petit homme, à figure ridée, d'une complexion sèche et vigoureuse, et que M. L... avait remarqué assis dans une vaste bergère, caressant ses mollets absents, s'élança d'un bond au milieu du cercle. — Monseigneur le duc du Maine un pauvre homme! dit-il d'une voix aigre et criarde, monseigneur un pauvre homme! je voudrais bien savoir... L'ancien préfet se plaça comme fait un professeur d'histoire quand il donne une leçon : — Il est bon de vous dire, messieurs, que quand la mort eut ravagé la famille de Louis XIV et n'eut plus laissé d'intermédiaire entre un dauphin de quatre ans et un roi presque octogénaire, on se prépara pour les événements d'une régence inévitable. — Je sais tout cela mieux que vous, s'écria le petit vieillard.

L'ex-préfet continua : — La tutelle du monarque orphelin était une proie que pouvaient disputer deux prétendants, dont l'un occupait sans gloire le trône d'Espagne, et l'autre végétait à la cour de France. — Ah! vous voulez parler du petit duc d'Anjou, c'est-à-dire de Philippe V et de monseigneur le duc d'Orléans. L'ex-préfet continua, malgré cette interruption. — Le vieux monarque hésita longtemps entre le désir d'enlever tout à fait la couronne à son neveu et la précaution de ne lui laisser qu'un titre sans pouvoir... Mais le petit vieillard, que la discussion paraissait réveiller et mettre en haleine, s'empara vivement de la parole : « Un mémoire fut remis à Louis XIV, dit-il ; on y établissait que les dispositions des régences ne se règlent en France ni par les droits du sang, ni par la volonté des rois, et on y rappelait le mépris qui avait couvert le testament de Louis XIII ; la seule mesure convenable à Votre Majesté, y disait-on, consiste à faire, dès à présent, nommer un régent par les états généraux. Il est hors de doute qu'une telle assemblée, convoquée pour ce seul objet, aurait opéré sans troubles, se serait séparée sans résistance, et aurait fixé sur la tête la plus agréable au roi une qualité au-dessus de toute atteinte... Vous savez, messieurs, quel était l'homme que le roi aurait choisi le plus volontiers!... C'était le duc du Maine. » — Le projet était bon et ne venait pas d'un homme ordinaire, dit le diplomate. — Et savez-vous, dit encore le petit vieillard, quel était l'auteur de ce mémoire?.... Monseigneur le duc du Maine! — Allons donc! s'écria le préfet. — Il fit plus, reprit le vieillard avec une ardeur nouvelle : quand il vit Louis XIV incertain, quand il craignit que les honneurs de la régence fussent réservés au duc d'Orléans, il chercha quelle digue on pourrait opposer à cet esprit audacieux, il proposa d'ériger le conseil de régence en une sorte de cour nationale, où serait admis un député de chaque parlement et un autre député de chaque province. N'était-ce pas là une espèce de gouvernement constitutionnel présenté à la France bien avant celui de S. M. Louis XVIII? — A peu près, dit une voix. — Et vous êtes sûr, monsieur, de ce que vous avancez? demanda le préfet. — Parfaitement sûr, répondit le vieillard. M. le chevalier de Liliers et moi écrivîmes le mémoire sous la dictée de monseigneur le duc du Maine. — Et vous! s'écria tout le monde. — Moi-même, répondit modestement le petit vieillard et en se courbant un peu pour saluer. — Mais, monsieur, dit un des assistants, songez donc que nous sommes aujourd'hui au 25 août 1837, et que vous parlez de... — Je parle, reprit le vieillard en regardant fixement son interlocuteur, de juillet 1714 ; car le testament de Louis XIV ne fut signé à Marly que le 2 août de la même année. J'étais fort jeune alors. — Alors, dit le préfet ; mais il y a cent vingt-un ans de cela, et pour peu que vous comptassiez vingt printemps à cette époque, vous auriez, monsieur, aujourd'hui cent quarante et un ans. — Cent cinquante! cent cinquante à la Saint-Martin! dit le vieillard. L'ex-préfet s'avança d'un air grave vers son singulier interlocuteur. — Monsieur, lui dit-il, à qui ai-je l'honneur de parler?—Le marquis de Kergouët, gentilhomme breton, un des gentilshommes de feu S. A. R. monseigneur le duc du Maine. — Vous voulez parler sans doute, M. le marquis, de Louis-Charles de Bourbon, comte d'Eu, petit-fils de Louis XIV. — Du tout, du tout, monsieur! je parle de monseigneur du Maine, fils de sa majesté Louis XIV et de la marquise Athénaïs de Montespan. M. le marquis de Kergouët éleva tellement, en parlant ainsi, sa voix perçante et criarde, que tout le monde, dans le salon, s'approcha du cercle dont il était le centre. — Que dit-il, que dit M. le marquis? — M. le marquis dit qu'il a cent cinquante ans, et qu'il a connu madame de Maintenon. — Parfaitement, répondit le vieillard, dont l'ouïe était encore très-fine; j'avais même l'honneur d'être l'allié de madame de Clapion. Ces deux dames voulaient me marier avec une demoiselle de Saint-Cyr; mais madame la duchesse du Maine ne voulut jamais le permettre. — Cette madame de Maintenon devait être bien vieille? demanda une jeune demoiselle qui s'était avancée pour voir l'étonnant vieillard. — Du tout, du tout! répondit le marquis; elle n'avait que quatre-vingts ans à l'époque dont je vous parle, et je vous assure que si elle avait su se dérober aux remèdes dont l'infectait Fagon, elle aurait été fort bien. Le diable ne rompra donc jamais la baguette de cette vieille fée? me dit un jour Saint-Simon, dans la galerie de Versailles. M. le duc, lui répondis-je, vous vous trompez de confident : je suis à M. du Maine... Et vraiment il me prenait pour Rocé, ce qui n'était pas flatteur, car Rocé était loin d'être un joli cavalier; et, comme le disait plaisamment madame du Maine, il avait le teint vert-crapaud.

Tout le monde étonné regardait ce vieillard calme, sérieux, qui parlait de la meilleure foi du monde, et, au milieu de la surprise générale, tirait de sa poche une petite tabatière d'écaille dans laquelle il prenait du tabac d'Espagne, quand l'ex-préfet, qui est du comité de surveillance d'une caisse d'épargne, dit d'un air goguenard : — M. le marquis a connu Law, sans doute? — Moi, monsieur, répondit dédaigneusement M. de Kergouët, je n'ai jamais vu la finance; c'était bon pour M. de Fontenelle, mais moi! Il tira sa montre et ajouta : — Il est dix heures, c'est l'heure où Louis XIV donnait à manger à ses chiennes de chasse; un jour Sa Majesté, m'en voyant admirer une : — Prenez, Kergouët, me dit-il, prenez... Eh bien! l'arrière-petite-fille de la chienne du grand roi jappe en m'attendant à l'heure qu'il est... Permettez, messieurs... Le marquis se tira doucement du cercle qui l'entourait, fit un geste d'adieu à la maîtresse de la maison et quitta le salon. — Voilà qui est bien étonnant! — Cent cinquante ans, qui croirait cela? — Et marche sans bâton, voit sans lunettes, entend sans cornet. — C'est un original qui a voulu s'amuser, dit l'ex-préfet; vous voyez bien qu'il n'a su que répondre quand je l'ai mis sur le compte de M. Law. M. L** s'approcha de madame de Mairan, qui achevait au moment même sa partie de wist. — Que faut-il croire, madame, de ce que nous vient de raconter M. le marquis de Kergouët? — Ah! le marquis, dit négligemment madame de Mairan en mêlant les cartes pour faire une patience, c'est un fort brave homme; nous sommes un peu parents; il était fort lié avec le grand-père de mon père, et je me souviens d'en avoir entendu faire l'éloge, par mon grand-père à moi, durant toute mon enfance... Quel dommage qu'il ne soit pas riche! Il ferait rebâtir le château de Sceaux...

SAINT-GILLE, marchand épicier à Saint-Germain en Laye, qui fut présenté comme ventriloque à l'académie des sciences, le 22 décembre 1770. Il avait le talent d'articuler des paroles très-distinctes, la bouche bien fermée et les lèvres bien closes, ou la bouche grandement ouverte, en sorte que les spectateurs et auditeurs pouvaient y plonger. Il variait admirablement le timbre, la direction et le ton de sa voix qui semblait venir, tantôt du milieu des airs, tantôt du toit d'une maison opposée, de la voûte d'un temple, du haut d'un arbre, tantôt du sein de la terre, etc.

SAKHAR, génie infernal qui, suivant le Talmud, s'empara du trône de Salomon. Après avoir pris Sidon et tué le roi de cette ville, Salomon emmena sa fille Téréda; comme elle ne cessait de déplorer la mort de son père, il ordonna au diable de lui en faire l'image pour la consoler. Mais cette statue, placée dans la chambre de la princesse, devint l'objet de son culte et de celui de ses femmes. Salomon, informé de cette idolâtrie par son visir Asaf, brisa la statue, châtia sa femme et se retira dans le désert, où il s'humilia devant Dieu. Ses larmes et son repentir ne le sauvèrent pas de la peine que méritait sa faute. Ce prince était dans l'usage de remettre, avant d'entrer dans le bain, son anneau, dont dépendait sa couronne, à une de ses femmes nommée Amina. Un jour, Sakhar vint à elle sous les traits du roi, et, recevant l'anneau de ses mains, prit, en vertu de ce talisman, possession du trône, et fit dans les lois tous les changements dont sa méchanceté s'avisa. En même temps Salomon, dont la figure n'était plus la même, méconnaissable aux yeux de ses sujets, fut obligé d'errer et de demander l'aumône. Enfin, au bout de quarante jours, espace de temps durant lequel l'idole avait été honorée dans son palais, le diable prit la fuite et jeta l'anneau dans la mer. Un poisson qui venait de l'avaler fut pris et servi devant Salomon, qui retrouva sa bague dans ses entrailles. Rentré en possession de son royaume, ce prince saisit Sakhar, lui chargea le cou d'une pierre, et le précipita dans le lac de Tibériade.

SAKHRAT. Il y a une montagne que les mahométans croient entourer tout le globe.

---

(1) Le ventriloque de l'abbé de La Chapelle, cité par M. Garinet, Hist. de la Magie en France, p. 278.

C'est la montagne de Kaf. Elle a pour fondement la pierre Sakhrat, dont Lokman disait que quiconque en aurait seulement le poids d'un grain ferait des miracles. Cette pierre est faite d'une seule émeraude, et c'est de sa réflexion que le ciel nous paraît azuré. Lorsque Dieu veut exciter un tremblement de terre, il commande à cette pierre de donner le mouvement à quelqu'une de ses racines. La terre se trouve au milieu de cette montagne, comme le doigt au milieu de l'anneau; sans cet appui, elle serait dans une perpétuelle agitation. Pour y arriver, il faut traverser un très-grand pays ténébreux; nul homme n'y peut pénétrer s'il n'est conduit par quelque intelligence. C'est là que les Dives ou mauvais génies ont été confinés, après avoir été subjugués par les premiers héros de la race des hommes; c'est là aussi que les Péris ou fées font leur demeure ordinaire.

SAKIMOUNI, génie ou dieu, dont les légendes des Kalmouks racontent qu'il habitait le corps d'un lièvre; il rencontra un homme qui mourait de faim, il se laissa prendre pour satisfaire l'appétit de ce malheureux. L'esprit de la terre, satisfait de cette belle action, plaça aussitôt l'âme de ce lièvre dans la lune, où les Kalmouks prétendent la découvrir encore (1).

SALAMANDRES. Selon les cabalistes, ce sont des esprits élémentaires, composés des plus subtiles parties du feu, qu'ils habitent. « Les salamandres, habitants enflammés de la région du feu, servent les sages, dit l'abbé de Villars; mais ils ne cherchent pas leur compagnie: leurs filles et leurs femmes se font voir rarement. De tous les hôtes des éléments, les salamandres sont ceux qui vivent le plus longtemps. » Les historiens disent que Romulus était fils de Mars. Les esprits forts ajoutent: c'est une fable; les démonomanes disent : il était fils d'un incube. Nous qui connaissons la nature, poursuit le même auteur, nous savons que ce Mars prétendu était un salamandre. Voy. CABALE. Il y a un animal amphibie, de la classe des reptiles et du genre des lézards, qu'on nomme la salamandre. Sa peau est noire, parsemée de taches jaunes, sans écailles et presque toujours enduite d'une matière visqueuse qui en suinte continuellement. La salamandre ressemble, pour la forme, à un lézard. Les anciens croyaient que cet animal vivait dans le feu. « La Salamandre loge dans la terre, dit Bergerac, qui est toujours farceur, sous des montagnes de bitume allumé, comme l'Etna, le Vésuve et le cap Rouge. Elle sue de l'huile bouillante et crache de l'eau-forte, quand elle s'échauffe ou qu'elle se bat. Avec le corps de cet animal, on n'a que faire de feu dans une cuisine. Pendu à la crémaillère, il fait bouillir et rôtir tout ce qu'on met devant la cheminée. Ses yeux éclairent la nuit comme de petits soleils; et, placés dans une chambre obscure, ils y font l'effet d'une lampe perpétuelle... »

SALGUES (JEAN-BAPTISTE), auteur d'un livre intitulé : *Des erreurs et des préjugés répandus dans les diverses classes de la société*, 3 vol. in-8°, 3° édit., Paris, 1818. Une quatrième édition a paru depuis; mais ce livre a maintenant peu de lecteurs.

SALIÈRE. Le sel, chez les anciens, était consacré à la sagesse; aussi n'oubliait-on jamais la salière dans les repas. Si l'on ne songeait pas à la servir, cet oubli était regardé comme un mauvais présage. Il était aussi regardé comme le symbole de l'amitié; les amis avaient coutume de s'en servir au commencement des repas, et si quelqu'un en répandait, c'était le signe de quelque brouillerie future. Aujourd'hui c'est encore un très-mauvais augure pour les personnes superstitieuses, lorsque les salières se renversent sur la table. Voy. SEL.

SALISATEURS, devins du moyen âge, qui formaient leurs prédictions sur le mouvement du premier membre de leur corps qui venait à se remuer, et en tiraient de bons ou mauvais présages.

SALIVE. Pline le Naturaliste rapporte, comme un ancien usage, celui de porter avec le doigt un peu de salive derrière l'oreille, pour bannir les soucis et les inquiétudes. Mais ce n'est pas là toute la vertu de la salive; elle tue les aspics et les serpents, les vipères et les autres reptiles venimeux. Albert le Grand dit qu'il faut qu'elle soit d'un homme à jeun et qui ait demeuré longtemps sans boire. Figuier assure qu'il a tué plusieurs serpents d'un petit coup de bâton mouillé de sa salive. M. Salgues ajoute qu'il est possible de tuer les vipères avec un peu de salive, mais qu'il est à propos que le coup de bâton qui l'accompagne soit suffisant. Ce qui est certain, c'est que Redi a voulu vérifier les témoignages d'Aristote, de Galien, de Lucrèce, etc. Il s'est amusé à cracher, à jeun, sur une multitude de vipères que le grand duc de Toscane avait fait rassembler; mais, à la grande confusion de l'antiquité, les vipères ne sont pas mortes. Voy. CRACHAT.

SALOMON. Les philosophes, les botanistes, les devins, et les astrologues orientaux regardent *Salomon* ou *Soliman* comme leur patron. Selon eux, Dieu, lui ayant donné sa sagesse, lui avait communiqué en même temps toutes les connaissances naturelles et surnaturelles; et entre ces dernières, la science la plus sublime et la plus utile, celle d'évoquer les esprits et les génies et de leur commander. Salomon avait, disent-ils, un anneau chargé d'un talisman qui lui donnait un pouvoir absolu sur ces êtres intermédiaires entre Dieu et l'homme. Cet anneau existe encore; il est renfermé dans le tombeau de Salomon, et quiconque le posséderait, deviendrait le maître du monde; mais on ne sait où trouver ce tombeau. Il ne reste que des formules, des pratiques et des figures, par lesquelles on peut acquérir, quoique im-

---

(1) Voyages de Pallas.

parfaitement, une petite partie du pouvoir que Salomon avait sur les esprits. Ces beaux secrets sont conservés dans les livres niais qu'on attribue à ce prince, et surtout dans ses Clavicules intitulées : les *Véritables Clavicules de Salomon*, in-18, *à Memphis*, chez Alibeck l'Egyptien. On y trouve des conjurations et des formules magiques. Agrippa, dit-on faussement, faisait grand cas de cet ouvrage. On attribue encore à Salomon un *Traité de la pierre philosophale*, les *Ombres des idées*, le *Livre des neuf anneaux*, le *Livre des neuf chandeliers*, le *Livre des trois figures des esprits*, des *Sceaux qui chassent les démons*, et un *Traité de nécromancie*, adressé à son fils Roboam. *Voy.* Conjurations, Sakhar, Bélial, Asraël, Asmodée, Art notoire, etc.

Les auteurs de la *Revue britannique* ont publié, traduit de l'*Asiatic Journal*, une curieuse légende de Salomon. Nous la résumerons ici :

SALOMON ET LA SIMORGUE.

La sagesse de Salomon offrait aux talmudistes une belle carrière. Ils s'y sont jetés et l'ont semée de merveilles. Les Arabes ont encore enchéri sur eux ; et l'histoire de Soliman-ben-David est devenue l'un des cycles les plus magnifiques de leurs poétiques créations. Il est des palais que l'on attribue à ce prince, quoique les ruines qui en restent encore debout embarrassent fort les archéologues, moins téméraires en matière d'authenticité que les naïfs musulmans. Son nom se lit sur des talismans qui se sont conservés jusqu'à nos jours. La table d'émeraude bordée de pierres précieuses, que Mouza prit à Tolède, lors de la première entrée des Arabes en Espagne, n'était autre que la table de Salomon ; ce sont aussi ses vases et son sceau, que ces vases d'airain où furent enfermés les génies rebelles, et ce sceau dont ils furent scellés avant d'être jetés à la mer.

Mais malgré sa souveraineté sur toute la nature et son empire sur les esprits, Salomon paya quelquefois cher cette supériorité. Un jour qu'il avait fait une question *illégale* à un esprit qui lui était soumis, celui-ci refusa de répondre. Mais il promit de le faire si on lui remettait le sceau du prince, c'est-à-dire son talisman. A peine le mauvais esprit l'eut-il en sa possession, qu'il chassa Salomon de son palais, et le roi, réduit à mendier, erra plusieurs mois, répétant ces mots, qui forment le commencement de l'Ecclésiaste : « Moi, le prêcheur, j'ai été roi sur Israël. » Les rabbins rattachent ainsi les contes les plus étranges au texte de l'Ecriture sainte. La répétition constante de cette phrase dans la bouche d'un mendiant ayant attiré l'attention des sages, le démon, qui avait usurpé la place de son maître, fut découvert, et Salomon remonta sur son trône. Depuis cet événement il vécut toujours dans la crainte ; il s'entourait chaque nuit d'une sorte de garde formée *de soixante vaillants hommes, des plus vaillants d'Israël, ayant chacun son épée sur sa cuisse, à cause des frayeurs de la nuit* (*Cant.*, III, 7, 8). La plus singulière fiction qui ait été imaginée sur ce monarque est celle qui le représente dirigeant la construction du temple, assisté non-seulement par les ouvriers juifs et par les Tyriens salariés, mais encore par les djinns (génies) soumis à son pouvoir magique. Le roi étant mort, disent les musulmans, pendant la construction de l'édifice, demeura debout appuyé sur son bâton, et les démons, ignorant que son âme avait quitté le corps, continuèrent de travailler, effrayés de la sévérité de l'œil qui les avait surveillés pendant sa vie. Mais quand l'édifice fut achevé, un ver sortit du bâton, le cadavre tomba sur la terre ; aussitôt les légions de démons travailleurs prirent la fuite en tumulte, pleins de colère de l'erreur qui les avait retenus si longtemps sous le joug d'un mort.

Le second acteur principal qui se trouve en scène avec le roi des hommes, dans la légende qu'on va lire, c'est le roi des airs, le ou la Simorgue, oiseau mâle ou femelle d'une immense grandeur, caché dans les montagnes de Kaf, qui entourent le monde comme d'un cercle de pierre, et qui meurt pour renaître après avoir vécu quinze cents ans. Dans sa vie et sa mort, la Simorgue a trop de ressemblance avec le phénix de la mythologie grecque pour ne pas leur attribuer une certaine parenté. Peut-être descendent-ils du *garuda* des Indiens, ainsi que l'*anka* des Arabes, qui à son tour a tant de similitude avec le merveilleux *roc*, si célèbre dans les contes de Sindbad et d'Aladin. Le garuda, ou porteur de Vichnou, naquit de l'un des œufs jumeaux où il fut couvé avec le cocher du soleil, le bel *aruna*, qu'on représente sans cuisses, parce que sa mère les lui supprima en écrasant la coquille pour le faire naître plus tôt. L'immense oiseau du conte de Sindbad et l'œuf qui lui fut enlevé pour en faire un dôme de palais sont en harmonie avec le grandiose de la mythologie sanscrite ; mais dans les contes mythologiques de l'Inde on ne trouve ni le style arabe, ni le moindre souvenir de la superstition populaire de l'ancienne Perse.

Mais voici la légende orientale :

Louange à Dieu, souverain Seigneur des deux mondes et de la vie future réservée aux vrais croyants ; honneur et gloire à son prophète Mahomet et à toute sa famille.

Apprenez qu'il a été rapporté ceci : Un jour Salomon (la paix soit avec lui!), assis sur son trône, présidait un lever ; toutes les choses créées, les animaux sauvages, les péris, les dives, les reptiles et les oiseaux, se tenaient chacun à son rang devant lui ; aucune créature n'osait lever la tête, ni respirer en sa présence. Cependant l'oiseau qu'on appelle étourneau ayant fait un mouvement pour lequel Salomon ordonna qu'il serait châtié, l'oiseau dit : O Salomon ! ce mouvement a été préordonné par la providence divine ; pourquoi donc me châtierais-tu ? la Simorgue, qui était présente, entendant l'étourneau parler ainsi, se tourna vers

Salomon et dit : O prophète de Dieu ! je n'ai pas foi en la prédestination ni en la Providence. Ce discours déplut souverainement à Salomon : — Ne répète jamais ce blasphème, dit-il, car qui nie la prédestination n'est pas dans la vraie foi, et sa religion n'est pas véritable. La Simorgue répondit : — O prophète de Dieu ! c'est pour leur propre satisfaction que les hommes ont dit : Ceci est la prédestination, ceci est la Providence ; mais en réalité l'une n'existe pas plus que l'autre. Salomon fut encore plus mécontent de cette réponse, et il répéta à la Simorgue : — C'est un devoir pour nous de croire que nos actions sont la nécessité du destin ou de la Providence. Pendant qu'ils parlaient ainsi, Dieu envoya l'ange Gabriel, qui dit à Salomon : — Que ton cœur ne soit point attristé par les paroles de la Simorgue ; le temps viendra qu'elle s'enfuira avec honte de ta cour et se cachera devant tout ce qui a vie dans le monde. Mais si tu désires confondre son incrédulité, sache que cette nuit même un fils est né au roi de l'Orient et une fille au roi de l'Occident, et que nous avons ordonné dans notre providence qu'ils s'uniront un jour et qu'un fils leur naîtra : or c'est là un décret dont l'accomplissement paraîtra impossible à tous les habitants du monde. Alors Salomon fit appeler la Simorgue : — Qu'as-tu à dire contre le destin ou la Providence ? La Simorgue répondit : — Tu es vraiment le prophète de Dieu, et néanmoins je ne puis croire au destin, ni mettre ma confiance en lui. — Eh bien donc, ô Simorgue ! le Dieu grand et glorieux m'a révélé ceci : Cette nuit même un fils est né au roi de l'Orient et une fille au roi de l'Occident, et il est décidé dans les décrets de la Providence qu'ils s'uniront un jour et qu'il leur naîtra un fils. Quand tous les hommes de sagesse et de science répandus sur la surface de la terre s'accorderaient pour changer ces décrets, ils n'y parviendraient point ; il faudra bien que toi-même tu croies aussi à cette Providence. La Simorgue répondit : — Par la toute-puissance divine, je crois fermement que Dieu est le suprême dispensateur de toutes choses, et cependant il m'est impossible de croire que le fils de l'Orient et la fille de l'Occident puissent jamais se rencontrer. — Ne parle point de la sorte, reprit Salomon, car c'est contre la loi ; et si ce n'était à cause du pouvoir que je t'ai conféré cette nuit sur les oiseaux, certainement je t'aurais dépouillée de la dignité dont tu es investie, et je serais sévèrement châtiée ; mais je ne veux pas que ton honneur et ta dignité puissent périr. Maintenant donc repens-toi et ne répète jamais ces blasphèmes. — O envoyé de Dieu ! dit la Simorgue, je sais que tu es un vrai prophète : toutefois je ne puis croire au destin ; mais accorde-m'en la permission, et je traverserai les desseins que l'ange Gabriel t'a révélés, afin que tu saches que la vérité est de mon côté. Salomon choisit quatre oiseaux, la corneille, le chat-huant, l'étourneau et le moineau, pour rédiger une convention de quinze années ; le contrat fut écrit et signé.

Quand la Simorgue fut hors de la présence de Salomon, elle s'envola vers l'Occident et s'abattit dans la ville même où la fille du roi venait de naître. Il y avait dans cette ville un jardin, un lac et un arbre auquel était suspendu un berceau d'ivoire et d'ébène, tout orné de pierres précieuses ; l'enfant était dans ce berceau, entouré des nourrices et des servantes. Tout à coup la Simorgue, semblable à une montagne, fondit sur elles. Quand elles la virent, elles tombèrent de terreur à son approche ; puis, en poussant des cris, elles abandonnèrent le berceau et s'enfuirent tremblantes dans la maison du jardin. La Simorgue, enlevant le berceau et l'enfant, les emporta dans les airs. Les clameurs des femmes avaient fait grand bruit dans la ville ; le roi, apprenant ce qui était arrivé, donna l'ordre à des archers armés de poursuivre la Simorgue. Ils montèrent sur leurs chevaux, poussant des cris, lançant des flèches, faisant un grand bruit de cornets et de trompettes, et se mirent à suivre l'oiseau qu'on voyait dans les airs emportant le berceau dans son bec ; mais ce fut sans succès, la Simorgue disparut bientôt à tous les regards. Le roi de l'Occident rentra désolé, pleurant et se lamentant, et toute la ville fut dans l'affliction. La Simorgue cependant, ayant pris son vol au-dessus de l'Océan, traversa les sept mers. Sur le rivage de la septième il y avait une montagne si haute qu'elle perçait les nuages, et que les plus grands oiseaux ne pouvaient s'élever jusqu'à son sommet ; autour de cette montagne croissait un épais et sombre hallier. La Simorgue plaça le berceau dans un arbre qui avait poussé sur la montagne ; elle apporta du lait pour nourrir l'enfant. Ce fut là qu'elle l'éleva ; nulle créature ne le vit. « Car, se disait-elle, j'élèverai cette fille jusqu'à quinze ans, sans qu'aucun être créé la connaisse, et dans quinze ans, quand l'époque fixée par Salomon sera venue, je la lui amènerai, afin qu'il puisse être convaincu qu'il n'existe rien de semblable à ce qu'on appelle destin, et que c'est une invention des hommes dans leurs heures de loisir. » Ainsi donc, revenant chaque matin, la Simorgue nourrit et soigna l'enfant jusqu'à ce qu'il eût quatre ans, lui apportant toutes sortes de friandises sèches ou liquides, ainsi que du beurre et du lait. La princesse, toujours dans la joie et le contentement, s'imagina qu'il n'y avait pas d'autre endroit que celui qu'elle habitait dans le monde ; et, persuadée que la Simorgue l'avait créée, elle vivait dans le bonheur et l'abondance. Le Tout-Puissant avait si bien disposé la Simorgue à la tendresse pour cette jeune princesse, qu'elle ne pouvait la perdre de vue un seul instant. A cinq ans, elle était gracieuse et jolie, et la Simorgue comptait avec impatience les jours et les heures, attendant l'époque fixée par Salomon pour se présenter devant lui. Alors Gabriel se rendit près de Salomon, et il lui apprit qu'aussitôt que le fils du roi de l'Orient avait eu cinq ans, le Tout-Puissant avait mis en son cœur un si grand amour pour la chasse, qu'il voulait chasser tous les jours ; le roi son père disait à ses omras : — Faites ce que mon fils désire, et ne le détournez pas de sa chasse.

Quand il eut six ans, il avait tant d'esprit, il était si beau et il se montrait si bon cavalier, que tous ses serviteurs remarquaient ses perfections et s'en étonnaient. Il faisait des parties de chasse qui duraient deux ou trois jours. Lorsqu'il revenait, il appelait autour de lui les sages de la cour, il leur demandait des histoires des anciens temps qu'il apprenait par cœur. Quand il eut sept ans, il eut le désir de chasser sur la mer, et il en demanda la permission à son père. Le roi, qui savait que toute opposition était vaine, fit préparer un navire avec des provisions pour un mois, et confiant son fils à un serviteur fidèle, non-seulement il lui donna des pages richement vêtus pour le servir, mais il fit mettre encore diverses espèces de grands et de petits faucons dans le navire. Le prince, ayant fait tous ses préparatifs, quitta la ville de son père, et tous les jours il chassait dans la traversée jusqu'à ce qu'on fût arrivé au rivage. Là il fit dresser les tentes, et pendant plusieurs jours il chassa sur les bords de la mer. Au dixième jour, après avoir donné l'ordre de tenir prêts les navires et les bateaux, il s'embarqua avec dix jours de provision. Ils naviguèrent entre les îles, chassant et fauconnant, et un jour ils débarquèrent le prince sur une île où se trouvaient des perdrix et des pigeons en abondance. Le prince aimait cette chasse avec tant de passion, qu'il ne sentait ni la faim ni la soif quand il y était engagé ; en sorte qu'au bout de dix jours il ne restait pas un seul oiseau dans cette île : c'est pourquoi il ordonna aux matelots de le transporter dans une autre.

Lorsqu'ils eurent navigué un jour, il s'éleva tout à coup une tempête mêlée de vents, d'éclairs et de tonnerre ; les bâtiments se heurtèrent si fort qu'ils coulèrent bas, et le prince se trouva seul sur une planche qui le porta pendant trois jours et trois nuits, et le jeta sur un rivage, qu'il se mit à parcourir, mangeant ce qu'il pouvait trouver. Au bout de deux jours il aperçut un navire sur lequel étaient des marchands : il les salua ; ils lui rendirent le salut et lui demandèrent qui il était et ce qu'il faisait en ce lieu-là. Le prince répondit : — Je suis le fils d'un marchand, je me trouvais dans un navire avec beaucoup de marchandises quand le navire a péri avec tout ce que je possédais ; au moyen d'une planche, seul j'ai pu me sauver. Si quelqu'un d'entre vous, pour l'amour de Dieu, veut me prendre sous sa protection, je le servirai, et certainement il sera récompensé dans ce monde ou dans l'autre. En parlant ainsi le prince pleurait ; les passagers, émus de son discours, pleurèrent avec lui. Par une providence divine il y avait sur le navire un sage de la cour de Salomon ; appelant le prince, il le consola en lui disant : — Désormais n'aie plus d'inquiétude. Le prince le remercia ; puis, ayant caché dans le navire une ceinture d'or qu'il portait, il se revêtit d'un habit de serviteur et demeura auprès du sage, qui le traita avec bonté, et qui, l'ayant reconnu fidèle et prudent, remit entre ses mains ce qu'il possédait. Ils arrivèrent à une ville d'Égypte où ils restèrent deux ans. Un jour le sage dit au prince : — Tu m'as servi deux ans et je ne t'ai fait aucun bien ; j'ai honte de paraître devant toi ; c'est pourquoi demande-moi quelque récompense. — Mille fois mon âme soit le prix de la tienne, et dix mille fois sois-tu béni et heureux ! dit le prince, car je ne t'ai point servi dans l'espoir d'un salaire. Cette réponse charma le sage, et alors le prince se rendit à la place du marché ; ayant vendu sa ceinture d'or qu'il avait conservée, il en mit le prix dans sa bourse ; chaque fois qu'il allait au bazar, il achetait pour le sage quelque chose qu'il lui apportait ; une autre année se passa ainsi. De nouveau le sage eut honte devant son serviteur.

Un jour le prince dit : — Puisse la vie de mon seigneur être longue ! Voici qu'un désir m'a pris de voir la source du Nil ; accorde-moi la permission de te quitter. Son maître répondit : — Mon fils, tu n'es qu'un enfant ; si la source du Nil est à l'extrémité de l'Occident, comment donc pourras-tu pénétrer jusque-là ? Le prince reprit : — Telle est la volonté du Tout-Puissant. Le sage, voyant que ses avis étaient sans effet, alla à son trésor ; il en rapporta quelque chose qui ressemblait à de la cire ; il en donna une parcelle au prince en disant : — Mange cette drogue, cela te sera utile. Le prince le remercia ; et après avoir mangé comme il lui était recommandé, il dit : — Fais-moi connaître, ô sage ! l'utilité de cette drogue. Le sage répondit : — Cette substance a été prise du trésor de Salomon : je te l'ai donnée parce que j'étais honteux que tu m'eusses servi si longtemps sans récompense. En quelque lieu que tu sois, tu entendras le langage des oiseaux et des quadrupèdes, et tu comprendras leurs paroles. Le prince, rempli de joie, prit son chemin vers le Nil, résolu d'en suivre les bords. Il arriva à une ville dont l'aspect réjouissait le cœur ; jamais il n'avait vu de lieu si agréable, et il se mit à manger des fruits. Il aperçut alors certains arbres dont le fruit semblait cousu dans de la fine toile ; il en sortait une si vive lumière, que tout en était éclairé. Le prince se dit : « J'irai, et je verrai. » Mais il eut une autre pensée : « Je ne sais quel artifice est caché là-dessous ; mon cœur est dans l'appréhension ; je resterai donc ici un an, afin d'apprendre ce mystère. » Tandis qu'il faisait ces réflexions, il entendit le son de la musique ; il aperçut une foule de peuple qui arrivait. Le roi vint aussi, et il s'assit sous l'arbre avec ses vizirs et tous les chefs de sa cour. — Je me tiendrai à peu de distance, dit le prince, et j'entendrai ce qu'ils diront. Les sept vizirs qui accompagnaient le roi émirent différentes opinions sur ces arbres resplendissants ; aucun d'eux ne le satisfit ; et il leur dit : — Il y a longtemps déjà que je vous ai demandé l'explication de cette merveille; vous ne me l'avez pas donnée encore: il faut que l'inquiétude soit ôtée de mon cœur. Maintenant donc, je vous ferai trancher la tête à tous. Les vizirs, saisis de crainte, se regardèrent les uns les autres, ne sachant quelle réponse faire; enfin, l'un d'eux, baisant la terre en signe de soumission: — Longtemps, dit-il, nous avons été au service du roi; longtemps aussi nos pères et nos aïeux ont été les conseillers du père du roi et de ses ancêtres, et toujours on a vu ces arbres resplendir; mais personne n'a pu en expliquer la cause. Maintenant notre seigneur nous a exprimé son désir; ses ordres sont justes; qu'il nous congédie et nous accorde la permission d'aller faire des recherches à ce sujet, afin qu'ayant obtenu des informations, nous les présentions à notre seigneur.

Le roi se leva et dit: — Par la sainte foi de Salomon le prophète! si avant un mois vous ne m'avez expliqué ce phénomène, je ne laisserai pas vivant un seul d'entre vous. Ayant dit ces mots, il monta à cheval et s'en alla. Les vizirs reconnurent qu'il ne leur restait qu'à voyager par le monde pour y chercher leur réponse. Au moment où ils allaient partir, ils aperçurent le prince d'Orient: ils lui demandèrent: — D'où es-tu? et où vas-tu? Il répondit: — Je viens de l'Orient et je vais à l'Occident. Les vizirs, étonnés de ces paroles, reprirent: — A un âge si tendre, pour quelle affaire voyages-tu? — J'ai été tourmenté, répondit le prince, du désir de voir la source du Nil. — Ce n'est pas là une pensée que tu devais avoir à ton âge. — Je n'y puis rien maintenant; il n'est pas en notre pouvoir de déranger les décrets de la Providence. Les vizirs dirent: — Venez donc avec nous. Ils suivirent les bords du Nil; bientôt ils virent un homme qui arrachait des herbes; les unes étaient mûres, les autres ne l'étaient pas encore, et il les jetait toutes dans l'eau. Un peu plus loin, ils virent un homme qui liait de jeunes branches; quand il les avait liées, il ne pouvait les soulever pour les mettre sur sa tête; cependant il continuait d'en lier davantage encore. Un peu plus loin ils virent un homme assis près d'un puits; ayant mis de côté son propre seau, il remplissait les seaux des autres, et laissait le sien vide. Encore plus loin, ils virent un oiseau qui, à moitié sorti d'un trou, faisait tous ses efforts pour y rentrer, mais ne pouvait y parvenir. Plus loin, ils virent un serpent qui, endormi et couché sur le chemin, mordait tous les passants, et personne n'y prenait garde, chacun s'avançant avec la même indifférence téméraire. Encore plus loin, ils entendirent une portée de petits chiens qui jappaient dans le ventre de leur mère. Passant outre, ils virent un jeune veau tetant une vache grasse; néanmoins ce veau devenait maigre à ce régime. Après cela ils virent deux bouchers dont les boutiques étaient en face l'une de l'autre: l'un vendait de la viande belle et fraîche, l'autre de la viande maigre et corrompue: on laissait la viande belle et fraîche, et on achetait la viande maigre et putréfiée. Plus loin ils virent un arbre couvert de morceaux de toile; et chaque passant coupait un de ces morceaux et l'emportait. Plus loin ils virent un homme qui remplissait de nourriture la bouche des autres, et qui lui-même ne mangeait rien. Encore plus loin ils virent une antilope qui courait, et beaucoup de monde qui courait après elle; quelques-uns posant les mains sur son cou, quelques autres la saisissant par les pieds, tous s'efforçant de l'attraper, mais ne pouvant y réussir. Quand ils eurent marché encore plus loin, ils virent un vieillard qui avait le corps courbé en deux et qui priait. Ils le saluèrent, il rendit leur salut; et les faisant asseoir près de lui, il leur demanda quel était l'objet de leur recherche. — Nous avons vu sur notre chemin, dirent-ils, diverses merveilles; nous ne sommes pas d'accord sur la solution des énigmes qu'elles renferment; nous en souhaiterions la signification. — Je suis âgé de cent cinquante ans, dit le vieillard, et cependant je n'ai rien vu ni rien su de ces merveilles; mais j'ai un frère plus âgé que moi; allez vers lui, car il est sur votre route; demandez-lui de vous expliquer ces choses.

Ils s'avancèrent plus loin, les sept vizirs et le jeune prince avec eux. Et ils trouvèrent un vieillard dont les cheveux étaient à moitié gris; ils lui demandèrent le sens des mêmes merveilles. — Je suis âgé de cent soixante ans, dit-il, et je n'ai jamais entendu rien dire ni jamais rien su de ces choses. Mais quand vous serez plus loin, j'ai un frère plus âgé que moi, qui doit savoir la vérité de ces merveilles; il vous la dira. Ils allèrent donc plus loin. Ils virent un homme entouré de sept jeunes garçons, au milieu desquels il paraissait lui-même comme un jeune homme plein de vigueur; il avait une chevelure noire. Ils le saluèrent et s'assirent devant lui. — Quelle affaire vous amène ici? dit-il, et que demandez-vous? Ils lui dirent les choses étranges qu'ils avaient vues, et lui parlèrent aussi des arbres dont les fruits sont enfermés dans de la toile et brillent comme du feu. — Écoutez, dit-il, et soyez attentifs. L'homme qui coupait de l'herbe en maturité et de l'herbe non encore mûre, et qui jetait l'une et l'autre à l'eau, c'est l'œuvre de la mort qui atteint les jeunes aussi bien que les vieux, et ne montre de pitié pour personne. Secondement, l'homme qui avait mis du bois sur sa tête, qui en était accablé, et qui néanmoins en mettait davantage, c'est l'emblème des fils d'Adam, qui, après avoir commis plus de péchés qu'ils ne peuvent en porter, continuent d'en commettre toujours. Troisièmement, l'homme qui tirait de l'eau d'un puits et remplissait les seaux des autres tandis qu'il laissait les siens vides, est celui qui, ayant acquis avec fatigue les biens de ce monde, les donne à des étrangers, et laisse sa famille dans le dénûment. Quatrièmement, l'oiseau sorti à demi de son trou et qui ne pouvait y rentrer, c'est la parole, qui, une fois échappée de la bouche, ne peut plus y retourner. Cinquièmement, le serpent qui piquait tous les passants, et contre lequel personne ne se garantissait, est l'image de ce monde, où chacun trouve la destruction, et dont personne cependant ne se défie. Sixièmement, les petits chiens qui jappaient dans le ventre de leur mère sont les enfants de nos jours, où le fils a la présomption de donner des conseils à son père. Septièmement, le veau qui tetait le lait de sa mère et qui en devenait maigre représente les monarques de ce temps-ci, qui, bien qu'ils extorquent l'or et l'argent de leurs sujets, n'en sont pas moins toujours faibles. Huitièmement, ces deux bouchers, l'un vendant de la viande grasse et fraîche, l'autre de la viande maigre et corrompue, et le monde laissant la boutique du premier pour celle du dernier, sont une allusion aux hommes qui, laissant les compagnies vertueuses, courent après les sociétés sans honneur et sans honte. Neuvièmement, l'ornement de toile fine suspendu à un arbre et dont chacun arrachait un morceau, est l'allégorie de la vraie foi, dont chacun peut prendre sa part. Dixièmement, l'homme qui emplissait la bouche des autres et ne mangeait rien lui-même est la figure des sages de nos jours, qui donnent aux autres de bons avis dont ils auraient besoin pour eux-mêmes. Onzièmement, l'antilope à laquelle on se tenait, celui-ci par les pieds, celui-là par la tête, d'autres les mains sur son cou, est l'emblème de la cupidité des richesses, dont la possession est l'objet des ardentes poursuites de l'homme, bien qu'elles fuient toujours devant lui. Telle est l'explication des choses que vous avez vues sur votre chemin.

Quant à mon histoire et à celle de mes frères, la voici : Le vieillard âgé de cent cinquante ans que vous avez vu le premier, est le plus jeune d'entre nous; la cause de sa décrépitude, c'est qu'il a une femme méchante, éhontée, laide, malpropre et vicieuse. Ce qu'il apporte à la maison elle le dissipe. Le frère, dont les cheveux ne sont qu'à moitié gris, est plus âgé que le premier; mais sa femme prend soin à moitié de sa maison. Moi, au contraire, que vous voyez en apparence si jeune, si vigoureux, et dont la chevelure est restée noire, j'ai une femme sage, modeste, économe; tout ce que je lui donne, elle le conserve avec soin, en sorte que je suis toujours content. Quant à l'arbre dont le fruit est cousu dans de la toile et qui brille comme le feu, sachez ceci que j'ai appris de mon père. Il y avait autrefois dans cette ville un roi juste, d'un caractère généreux, chérissant ses peuples. Sous son règne tous étaient dans la joie, et personne n'avait à souffrir du besoin, ni à craindre l'infortune. Un de ses sujets, ayant acheté une pièce de terre, y trouva un trésor; il alla chez l'ancien propriétaire du champ, qui lui dit : — Le champ est maintenant à vous; je n'y ai plus aucun droit. L'acheteur ne voulant pas accepter cette offre, il s'éleva entre eux une discussion. On rapporta la chose au roi qui fit venir les parties. Celui qui avait fait la découverte avait un fils, et celui qui avait fait la vente avait une fille; le roi engagea les deux pères à marier ces jeunes gens, et il leur donna le trésor pour dot. A cause de l'équité de ce roi, il advint encore que de la graine semée par un certain fermier on vit croître des arbres, et que ces arbres, au lieu de fruit, produisirent des pierres précieuses. La nouvelle en fut portée au roi; il vint voir cet étrange spectacle. Ayant examiné l'arbre, il reconnut que chaque branche portait des grappes de pierres qui jetaient une grande lumière. Frappé d'étonnement, il regarda ses vizirs, qui lui dirent : — Si on laisse ces joyaux sur les arbres, ils se perdront; ordonnez qu'on les cueille et qu'on les porte au trésor. Mais le roi dit : — A Dieu ne plaise ! car je n'ai pas droit sur cette terre, ni sur ces joyaux. On appela le maître du champ; le roi lui dit : — La graine que vous avez semée a produit des diamants, prenez-les. Mais le laboureur répondit : — Que la vie du roi soit longue! je n'ai pas semé de la graine de diamants; c'est donc là une récolte qu'il m'est défendu de toucher; ces pierres précieuses ont germé à cause de la *floraison de l'équité* sous le gouvernement du roi ; je n'ai rien à y prétendre. Quand le roi vit cette détermination, ne voulant point prendre possession des pierres précieuses, il ordonna qu'elles seraient cousues dans de la toile fine, et laissées en cet état, afin d'être pour tout le monde un témoignage de la justice du prince et de l'intégrité de ses sujets.

Depuis ce temps, bien des événements ont eu lieu; des milliers d'hommes qui étaient venus en ce monde ont passé dans l'autre, et cependant pas un n'a eu la témérité d'étendre la main jusqu'à cet arbre pour connaître ce qu'il y avait dessus. Quand les vizirs eurent entendu, ils remercièrent le sage, et s'en retournèrent. Le prince d'Orient le quitta aussi et reprit son chemin le long des rives du Nil. Les vizirs, arrivés dans leur pays, racontèrent au roi leur histoire et furent délivrés de leurs craintes.

Après cet épisode, qui tient peu à la Simorgue, le conteur donne d'autres scènes qui n'ont pour but que de faire connaître le prince. Il revient enfin à l'oiseau géant.

Ayant suivi les bords du Nil deux ou trois jours encore, le prince arriva devant la cellule d'un ermite. Il le salua; le vieillard lui rendit son salut et lui demanda où il allait? Le prince dit : — Je suis venu de l'Orient et je vais à l'Occident. — A quelle fin et quel est ton dessein?

— Je désire savoir où est la source du Nil. — Quel profit y a-t-il là pour toi? qu'as-tu besoin de voir et de connaître cette source?

— Dieu, le maître tout-puissant de nos destinées, m'a rendu errant, et il m'envoie à travers le monde. — Quand tu seras arrivé à deux ou trois journées d'ici, dit le vieillard, la mer t'arrêtera; tu assiéras la tête sur les genoux, inquiet et pensif : alors un oiseau immense descendra tout à coup du haut des airs devant toi; telle sera sa grandeur, que tu ne pourras point voir sa tête, mais seulement ses pieds. Cours alors avec vitesse, et tiens-toi fortement au pied de l'oiseau. Il s'élèvera dans l'air, volera par-dessus toutes les mers, et te déposera dans une plaine unie; il a coutume de voler tous les jours, matin et soir, vers cette plaine. Quand il t'aura posé à terre, ne reste pas là, mais avance; tu verras le sol comme s'il était d'or; plus loin une montagne d'or, un dôme d'or sur le sommet, avec des galeries d'or; le tout rehaussé de jacinthes et d'émeraudes. De ce dôme descend une rivière qui, par quatre ouvertures, coule en quatre divisions: l'une coule vers la terre, c'est le Nil; les trois autres sont le Dijleh, le Jihon et l'Euphrate. Arrivé là, ôte tes vêtements, baigne-toi, purifie-toi, dis tes prières. Quand tu auras fait cela, retourne à la plaine unie par le chemin que tu auras suivi pour venir. Là encore tu verras l'oiseau; saisis son pied avec force, et tiens-le jusqu'à ce qu'il t'ait transporté par les airs au-dessus des mers; quand tu reviendras ici, tu me trouveras mort dans l'ermitage; lave mon corps et enterre-moi; puis toi-même va où il te plaira.

Le prince se leva, dit adieu au vieillard; et, après avoir suivi le cours du Nil, il s'assit, comme l'ermite le lui avait dit. Tout à coup il vit l'oiseau énorme; il le saisit par le pied, l'oiseau s'éleva avec lui dans les airs et le posa dans la plaine unie. Le prince fit ce que l'ermite lui avait dit. Il quitta cette plaine, se dirigea vers la montagne d'or, et il s'apprêtait à monter sur le dôme, quand il entendit une voix qui disait: — Fils d'Adam, tu ne peux demeurer ici; ne te donne aucune peine pour pénétrer plus loin; tu périrais dans ta tentative. Le prince répondit: Il me faut voir. La voix se fit entendre de nouveau, disant: — Au-dessus de ce dôme est la montagne du paradis; sur ce dôme reposent les cieux. Tu ne peux aller là. Le prince étonné se dépouilla de ses vêtements, se purifia, pria deux fois prosterné, et, fixant les yeux sur la terre, il demanda ce dont il avait besoin. Quand il releva la tête, il vit une grappe de raisin qui était descendue du dôme, et une voix dit: — Ceci est ta nourriture d'un jour; prends ce fruit du paradis; quand tu l'auras mangé, tu ne désireras plus aucune nourriture, ni les fruits, ni l'eau de la terre. Le prince prit le raisin, se retourna pour s'en revenir, et cria: — Quelle est cette eau qui tombe du haut du dôme? La voix répondit: — C'est l'eau du Tout-Puissant, l'eau envoyée du ciel; quatre divisions de cette eau coulent dans le paradis. L'une est le Nil, l'autre est l'Euphrate, la troisième le Dijleh, la quatrième le Jihon. Le prince pria pour l'ermite; il exécuta religieusement tout ce qu'il lui avait recommandé et descendit de nouveau dans la plaine unie. Là il vit encore l'oiseau et lui saisit le pied; l'oiseau l'enleva, s'envola avec lui au-dessus des sept mers et le déposa sur le rivage. Alors le prince alla dans l'ermitage, où il vit le vieillard étendu sans vie. Il le lava, le purifia et l'enterra. Aussitôt après, il se remit en voyage, marchant toujours en avant. Quand il eut fait un peu de chemin, Eblis lui-même, venant à sa rencontre, lui apparut sous la figure du sofi; il le salua, et le prince rendit le salut. — Quelle a été, dit Eblis, la direction de ton voyage? As-tu trouvé, ou n'as-tu pas trouvé ce que tu cherchais? — Par la faveur du Tout-Puissant, répliqua le prince, mon voyage a été prospère, et j'ai atteint mon but. En voici une preuve: car j'ai rapporté cette branche de vigne. Eblis regarda et vit du raisin de quatre couleurs, vert, blanc, noir et rouge; il mit la main dans sa manche; il en tira une pomme superbe qu'il donna au prince en disant: — Un certain ermite m'a donné cela en me faisant cette recommandation: Donne cette pomme à manger à celui que tu rencontreras; car c'est un fruit du paradis. Le prince mit la pomme dans sa bouche; il en mordit la moitié. Quand il l'eut avalée, Eblis s'empara du raisin, et, se mettant à rire, il dit: — Je suis celui qui a tenté l'homme et amené son expulsion; je ne voulais pas que tu mangeasses du raisin du paradis; maintenant va-t-en où tu voudras. S'envolant dans l'air comme un oiseau, il disparut à la vue. Le prince fut amèrement affligé; mais son accablement ni ses regrets n'étaient pas un remède; aussi continua-t-il d'aller en avant jusqu'à ce qu'il rencontrât la mer. Là il chercha un endroit habité; mais il n'en trouva aucun. Il avait faim, et il mangea du poisson sec, des crabes morts, des herbes, puis il se mit à parcourir la plage.

Une semaine s'étant écoulée ainsi, un navire parut. Le prince fit des signaux au navire, et il parvint à se faire voir. Aussitôt qu'on l'aperçut, on lui envoya l'esquif et on le prit à bord. Il y avait dans ce navire des marchands qui demandèrent au prince ses aventures; il les leur raconta, et ils lui dirent: — O enfant! il n'y a que le fils du roi de l'Orient qui soit jamais venu jusqu'ici. Nous allons à l'île d'Oman; viens avec nous. — Je n'ai pas de marchandises pour trafiquer, répondit-il; j'irai cependant avec vous. — Nous te ferons une part de fret, dirent les marchands, et chacun lui fit un présent; le vaisseau partit. Mais le Tout-Puissant disposa tellement les choses, qu'après deux ou trois jours de navigation le vent devint contraire: le navire, ballotté pendant trois jours et trois nuits, le quatrième se brisa contre un roc. Les passagers se noyèrent; le prince seul, avec trois chevaux arabes, put se sauver et gagner le rivage. Une haute montagne était en vue. Les chevaux se dirigèrent vers cette montagne. Le prince sauta sur le plus beau, qui le transporta courageusement sur la grève. Là il vit la montagne abondamment couverte d'herbes, de roses et de tulipes, au milieu desquelles il erra quelques jours, mangeant des herbes et du poisson sec. Un soir, il arriva que l'un des trois chevaux étant tombé, se cassa les jambes. — Avant qu'il meure de lui-même, dit le prince, je vais le tuer et je mangerai sa chair, jusqu'à ce qu'il plaise au Dieu tout-puissant de faire quelque chose pour moi. Il tua le cheval, et, l'ayant écorché, il étendit le cuir sur un bâton pour le faire sécher; puis il coupa et dépeça la chair, dont il prit un morceau qu'il posa sur des pierres chaudes, et il le mangea. Chaque jour il sortait, se promenait; et quand la nuit était venue, il s'enveloppait dans la peau du cheval pour dormir. Dix jours s'étaient passés de cette manière. Alors il se dit à lui-même: — Que puis-je faire pour me tirer d'ici? j'attends qu'il paraisse un navire: mais Dieu ne me montre point sa lumière. J'irai jusqu'au sommet de la montagne, où peut-être quelqu'un m'enseignera le chemin. Il se leva, et, après mille difficultés, il atteignit le haut de la montagne; il en vit une autre dont la tête était cachée dans les nuages : sur cette montagne était un arbre si grand, qu'on n'en a jamais vu de pareil; son ombre s'étendait à droite et à gauche sur les flancs de la montagne. Le prince regarda longtemps; il ne put en apercevoir le faîte, et son imagination n'en comprit pas même l'étendue. S'étant assis à l'ombre de cet arbre, le sommeil s'empara de lui; tandis qu'il dormait, la jeune fille (la princesse d'Orient), regardant en bas, vit le prince. C'étaient là des formes qu'elle n'avait jamais vues; son jugement se troubla. Elle se dit: — Est-ce là un rêve? suis-je en proie à l'illusion? elle n'avait pas vu encore un enfant d'Adam, et s'imaginait que le monde était borné au lieu qu'elle habitait; qu'il n'y avait rien autre chose que la mer, la montagne et l'arbre, et que Dieu n'avait créé d'autre être que la Simorgue. Quand elle vit le prince si beau, elle fut éprise d'une vive tendresse pour lui, et elle faillit s'élancer du haut en bas de l'arbre. Elle jeta sur la terre quelques-uns des fruits que la Simorgue lui avait apportés. Le prince leva les yeux, regarda et vit au milieu des branches une fille belle comme la lune à sa dix-neuvième nuit. Il fut étonné et ravi. — Qui es-tu? lui dit-il; qu'es-tu et que fais-tu sur cet arbre? La jeune fille répondit : — Je suis la fille de la Simorgue. — Comment la Simorgue peut-elle avoir une fille? dit le prince en souriant. — Je sais que je suis la fille de la Simorgue. Et toi, qui es-tu? — Je suis un homme. — Qu'est-ce qu'un homme? — C'est ce que tu es toi-même, un enfant d'êtres humains ; et la Simorgue est un oiseau; ne sais-tu pas cela? Tu ne ressembles nullement à la Simorgue; la Simorgue ne te ressemble nullement. — Quelles paroles m'as-tu fait entendre? Je sais que je suis la fille de la Simorgue ; je ne sais pas ce que c'est qu'un être humain. — Si tu veux te convaincre que la Simorgue n'est pas ta mère; quand elle viendra, demande-lui un miroir. — Qu'est-ce qu'un miroir? — Tu verras ce qu'elle t'apportera. La jeune fille demanda encore : — Sais-tu quelque moyen pour venir sur cet arbre près de moi? — Entre moi et toi, répondit le prince, la distance est de trois cents lieues. Pendant qu'ils discouraient ainsi, le temps du retour de la Simorgue était arrivé. La jeune princesse cria : — Va et cache-toi sur le rivage de la mer, de crainte que la Simorgue ne te trouve et ne te tue. Elle lui jeta la moitié de ses fruits. Le prince, descendant de la montagne, regagna sa retraite et se cacha dans la peau du cheval. Quand la Simorgue s'approcha, la jeune fille lui dit : — Je suis triste et malade, car j'ai besoin de compagnie ; apporte-moi un miroir. A l'instant même l'oiseau s'envola, et ayant rapporté un miroir, il le lui donna. Mais elle ne savait pas ce qu'elle en devait faire. Toute la nuit elle se lamenta et n'eut aucun repos. Le matin venu, la Simorgue repartit pour rendre ses devoirs, selon son usage, au roi Salomon. Le prince vola comme le vent à la montagne. La princesse avait les yeux sur le chemin par lequel il devait venir. Dès qu'elle le vit, elle eut une grande joie. Elle lui demanda ce qu'elle devait faire du miroir. — Regarde dedans, répondit le prince. Elle regarda et vit des yeux, une bouche, des oreilles, des sourcils, des dents. — Maintenant tu t'es vue toi-même, dit encore le prince ; donc, regarde-moi, et remarque comme chaque chose a son semblable. Quand elle se fut bien regardée, et qu'ayant ensuite examiné le prince, elle reconnut qu'elle était en tout point pareille à lui, elle dit dans son cœur : — Tout ce que ce jeune homme m'a dit est vrai et juste. — Maintenant, reprit-elle, par quel moyen pourras-tu venir dans cet arbre, afin que nous soyons ensemble? — Quand la Simorgue viendra, répliqua le prince, il faut pleurer, te plaindre devant elle et lui dire : Je désire descendre sous cet arbre, car je m'ennuie d'être dessus continuellement. Si donc tu me descendais seulement une heure, afin que je pusse me distraire le long du rivage, peut-être mon cœur se sentirait-il récréé. Cela plut à la princesse, qui suivit le conseil du prince. Ils causèrent ensemble jusqu'au soir, et lorsque l'heure du retour de la Simorgue arriva, le prince s'éloigna sur le rivage. Quelques jours après, la jeune fille demanda à la Simorgue de lui apporter sur son arbre la peau du cheval. Le prince était caché dedans. Il proposa à la jeune fille de l'épouser, et son offre fut agréée. Un an après ce mariage, Salomon, qui par son esprit prophétique connaissait tout ce qui s'était passé, ordonne à la Simorgue de comparaître. Il lui demanda : — Qu'as-tu fait au sujet de notre convention? car voici l'époque arrivée à son terme. — J'ai si bien empêché l'exécution de ce que tu attendais, répondit la Simorgue, que tu confesseras toi-même qu'il n'y a point de prédestination. — Va, et apporte la princesse, répliqua Salomon, ainsi que la peau du cheval. La Simorgue les apporta. Or, le prince et son fils, âgé de trois mois, étaient tous deux dans la peau du cheval. Salomon donna ordre à tous les hommes, aux péris, aux dives, aux reptiles, aux bêtes sauvages et aux oiseaux, de se présenter à sa cour. S'asseyant sur son trône, il fit asseoir la Simorgue devant lui. La princesse et la peau du cheval étant également placées devant Salomon, il demanda à la Simorgue : — Qu'as-tu fait au sujet du décret concernant le fils du roi de l'Orient et la fille du roi de l'Occident ? — O prophète de Dieu! répondit l'oiseau, à l'heure même de l'engagement que j'ai contracté avec toi, et aussitôt que je me fus éloignée de ta présence, j'allai dans l'Occident où l'enfant venait de naître, j'emportai son berceau, et, m'envolant au-dessus des sept mers, je le plaçai sur une haute montagne et sur un arbre plus haut encore. — As-tu fait selon ta volonté? reprit Salomon. — Oui, dit la Simorgue. — Maintenant donc ouvre la peau.

La Simorgue avec son bec ouvrit la peau et vit un jeune homme qui, tenant un enfant de trois mois dans ses bras, en sortit et vint saluer le roi. — Voilà, dit le roi, ce qui est advenu du décret de la Providence que tu as en vain voulu changer! Par la gloire du Tout-Puissant je te châtierai de sorte que tous les habitants du monde en seront étonnés.

La Simorgue se prosterna saisie d'épouvante, et aussitôt se relevant, elle s'enfuit dans les airs et disparut vers la montagne de Kaf. Depuis ce temps nul être vivant n'a revu la Simorgue. Toutes les créatures présentes à cet événement restaient immobiles et étonnées ; Salomon donna l'ordre à douze mille oiseaux et génies d'aller de tous côtés à la recherche de la Simorgue; mais en aucun temps, en aucun lieu du monde on n'a pu retrouver sa trace. Salomon confirma ensuite l'union de la fille du roi de l'Occident avec le fils du roi de l'Orient ; il leur fit lire le *Khotbah* et accomplir les rites du mariage ; puis il les renvoya chez les parents de l'époux. Tous les habitants de la terre célébrèrent la sagesse de Salomon ; les parents du prince vinrent recevoir leur fils et leur bru avec leur enfant sur le chemin ; et les familles des deux époux, s'étant assemblées, firent grande fête.

SALUTADORES, gens qui se mêlent en Espagne de guérir certaines maladies, et qui tous ont, dit-on, de naissance, certaine marque sur le corps, en forme de demi-roue. Ils se disent descendants de sainte Catherine, qui n'eut pas de descendants. *Voy.* Hommes incombustibles.

SALVATION DE ROME. *Voy.* Virgile.

SALVERTE (Eusèbe), auteur d'un Essai sur la magie, les prodiges, etc., un vol. in-12, Bruxelles, 1821; réimprimé à Paris. C'est un traité philosophique, dans le mauvais sens de ce mot.

SAMAEL, prince des démons, selon les rabbins. Ce fut lui qui, monté sur le serpent, séduisit Eve. C'est encore, chez plusieurs docteurs juifs, l'ange de la mort, qu'ils représentent tantôt avec une épée, tantôt avec un arc et des flèches. C'est enfin pour quelques-uns le même qu'Asmodée.

Voici sur Samaël un article curieux de Chevreau (1).

Entre les rabbins, quelques-uns assurent qu'Adam a été créé hermaphrodite, c'est-à-dire, avec Eve attachée à ses épaules, fondés sur ces mots du psaume CXXXIX : *Vous m'avez formé derrière et devant;* et Menassé-ben-Israël, savant homme pour un visionnaire de profession, témoigne assez, dans son Conciliateur, qu'il est dans le même sentiment. Si on les en croit, Adam fut créé d'une poussière de quatre couleurs, qui était sur la montagne de Moriah, où le temple de Salomon fut depuis bâti : de la rouge pour faire le sang ; de la noire, dont les entrailles furent formées ; de la blanche pour les os et pour les nerfs ; et de la verte pour tout le corps. Comme il s'endormit après avoir été fait de ces quatre poussières colorées, Dieu ménagea cette occasion, selon quelques autres, pour en former Eve, qui, dans le besoin, devait lui être de quelque secours ; à son réveil, il ne manqua pas de s'écrier, en la regardant : Voici la chair de ma chair, les os de mes os. Les anges célébrèrent cette fête au bruit des trompettes et au son des flûtes, et Dieu, qui frisa les cheveux de cette femme pour la mieux parer, tailla d'une pierre précieuse leurs vêtements, et leur donna une éclatante nuée de gloire pour couvrir leurs têtes. Il fit, ajoutent-ils, six commandements à Adam ; de l'adorer, d'observer la justice dans la dernière exactitude ; d'éviter l'idolâtrie, l'homicide, le vol et tout ce qui aurait l'air d'impureté. Samaël, le prince des anges, et quelques autres de son parti, étonnés que Dieu prît tant de soin de ce premier homme, lui demandèrent de quel usage ce soin pourrait être, et quelle en serait l'utilité? Il leur répondit que l'excellence d'Adam surpassait la leur. Puis, ayant fait venir quelques bêtes et quelques oiseaux, pour voir s'ils pourraient les nommer distinctement, ils avouèrent leur ignorance. Adam ne fut pas plutôt interrogé sur leurs noms, qu'il répondit : Celui-ci est un bœuf, ceux-là un âne, un lion, un chameau, un cerf ; cet autre, un corbeau, un rossignol, un pigeon, un aigle ; et ainsi du reste.

Le prince des anges et les autres de sa compagnie, jaloux de l'avantage qu'Adam avait sur eux, ne cherchèrent plus que les moyens de le ruiner. Comme Samaël savait bien que le serpent, qui avait alors la figure d'un chameau, était le plus propre et le plus rusé de tous les animaux pour l'exécution de son entreprise, il monta dessus afin de lui inspirer de près ce qu'il devait dire. Il jugea d'abord qu'il ne devait pas commencer par l'homme, trop sage pour être sa dupe, mais par la femme, qui n'était pas faite à l'image et à la ressemblance de Dieu, et qui, n'ayant été tirée que de la côte d'Adam, ne pouvait avoir toutes ses lumières. Le serpent, inspiré par Samaël son guide et son truchement, s'approcha d'elle, s'enquit pourquoi Dieu lui avait défendu de goûter du fruit qui était au milieu du jardin d'Eden, et lui fit croire que cette défense n'était qu'un effet de la jalousie du Créateur ; que s'ils en goû-

---

(1) Chevræana, t. I, p. 13.

taient, leurs yeux s'ouvriraient; qu'ils ne mourraient point, qu'ils connaîtraient le bien et le mal comme Dieu même. La femme, aussi crédule que curieuse, tenta l'homme, qui n'eut pas la force de lui résister, et ils connurent leur nudité dont ils eurent honte, parce que la pierre précieuse qui couvrait leur corps s'évanouit. Samaël et les autres anges ses complices furent ensuite précipités du ciel dans l'abîme; le serpent, maudit entre toutes les bêtes de la campagne, rampa sur son ventre, après avoir eu les pieds coupés, et n'eut plus que la poussière de la terre pour se nourrir. Ève fut condamnée aux incommodités de la grossesse, aux grandes douleurs de l'enfantement, à la honte de ne pouvoir être appelée en témoignage, et eut l'oreille percée pour une marque perpétuelle de l'obéissance que la femme devait rendre à son mari. Dieu diminua la taille d'Adam; lui dit que la terre ne produirait plus que par le soin qu'il en pourrait prendre; qu'il en arracherait les méchantes herbes et les épines; que le pain qu'il devait manger lui coûterait beaucoup de sueurs, et qu'il retournerait en poussière comme il en avait été formé. Ils furent chassés dans le même temps du jardin d'Éden, où ils avaient demeuré vingt ans, selon quelques-uns, quarante jours, douze heures, six ou huit, si l'on s'en rapporte à quelques autres. Après ce triste et honteux bannissement, ils ne s'arrêtèrent en aucun lieu fixe, si ce n'est peut-être sur la montagne de Moriah; et comme ils ne vécurent pas toujours ensemble, ils eurent un affreux commerce avec les esprits, dont il vint des spectres; car quoique Mosès-Maimonides n'ait pas cru que les esprits fussent corporels, les autres veulent qu'ils aient cela de commun avec les hommes, de croître, de manger, de boire, de multiplier, de mourir. Quelques rabbins ont même assuré que Caïn ne fut pas un fruit du mariage d'Adam et d'Ève, mais d'un égarement avec un esprit mauvais.

Je ne puis oublier, à la fin de cet article, que les Sabbéens, qui croyaient l'éternité du monde, étaient persuadés par cette raison qu'Adam avait été engendré comme le reste des autres hommes; que Jambuschar, Zaarit et Roane, étaient avant lui; que ce Jambuschar avait été précepteur d'Adam. On peut voir le Moreh Nebochim de Mosès-Maimonides, de la traduction de Buxtorf, à la page 422; le Cosri de la version du même, à la page 27, et l'Histoire Orientale de Hottinger, page 283.

SAMBETHE. *Voy.* SIBYLLES.

SAMUEL. Une nécromancienne, la pythonisse d'Endor, fit voir au roi Saül l'ombre du prophète Samuel, qui lui prédit ses désastres. Menassé-ben-Israël, dans son second livre de la Résurrection des morts, dit que la pythonisse ne pouvait pas forcer l'âme de Samuel à rentrer dans son corps, et que le fantôme qu'elle évoqua était un démon revêtu de la forme du prophète. Cependant Samuel dit au roi : *Pourquoi troublez-vous mon repos, en me forçant à remonter sur la terre?* Les uns pensent que l'âme du prophète pouvait seule prononcer ces paroles; d'autres soutiennent que ces mots *remonter sur la terre* s'appliquent au corps seulement, que le diable avait pu emprunter. Le rabbin Meyer-Gabaï, qui est du sentiment des premiers, ajoute que Samuel seul pouvait dire à Saül, devant la sorcière qui le faisait venir: Demain, toi et tes fils, vous viendrez me rejoindre. *Cras tu et filii tui mecum erunt.* C'est aussi l'avis de la plupart des théologiens (1). *Voyez* cependant PYTHONISSE.

SANAVES. Amulettes que les femmes madécasses portent au cou et aux poignets; ce sont des morceaux d'un bois odorant, enveloppés dans une toile; ils préservent de l'atteinte des sorciers.

SANCHE, serviteur de Pierre d'Engelbert, qui l'avait envoyé à ses frais au secours d'Alphonse, roi d'Aragon, alors en guerre avec la Castille. Le serviteur revint sain et sauf, quand la guerre fut finie; mais bientôt il tomba malade et mourut. Quatre mois après sa mort, Pierre, son maître, couché dans sa chambre, vit entrer au clair de la lune un spectre à demi nu, qui s'approcha de la cheminée, découvrit le feu et se chauffa. Pierre lui demanda qui il était. — Je suis, répondit le fantôme d'une voix cassée, Sanche, votre serviteur. — Hé! que viens-tu faire ici? — Je vais en Castille, avec quelques autres, expier le mal que nous y avons fait. Moi en particulier, j'ai pillé les ornements d'une église; je suis condamné pour cela à faire ce voyage. Vous pouvez me soulager par vos bonnes œuvres; et votre femme, qui me doit huit sous, m'obligera de les donner aux pauvres en mon nom. Pierre lui demanda alors des nouvelles de quelques-uns de ses amis morts depuis peu; Sanche le satisfit là-dessus. — Et, où est maintenant le roi Alphonse? demanda Pierre. Alors un autre spectre, qu'il n'avait pas vu d'abord, et qu'il aperçut dans l'embrasure de la fenêtre, lui dit : — Sanche ne peut rien vous apprendre touchant le roi d'Aragon, il n'y a pas assez longtemps qu'il est dans notre bande, pour en savoir des nouvelles; moi, qui suis mort il y a cinq ans, je puis vous en dire quelque chose. Alphonse, après son trépas, a été quelque temps avec nous; mais les prières des bénédictins de Cluny l'en ont tiré, et je ne sais où il est à présent. Alors les deux revenants sortirent. Pierre éveilla sa femme et lui demanda si elle ne devait rien à Sanche. — Je lui dois encore huit sous, répondit-elle. Pierre ne douta plus, fit des prières et distribua des aumônes pour l'âme du défunt (2).

SANG. Les anciens regardaient le sang de taureau comme un poison; Plutarque rapporte que Thémistocle s'empoisonna avec ce sang; Pline conte que les prêtres d'Égine ne manquaient jamais d'en avaler avant de des-

---

(1) *Voyez* Bergier, Dict. de théologie, au mot *Pythonisse.*

(2) Dom Calmet, Dissertation sur les apparitions.

cendre dans la grotte où l'esprit prophétique les attendait. Quoi qu'il en soit, le sang de taureau n'empoisonne pas, à moins qu'il ne soit vicié; tous les jours on en fait du boudin (1). Pline assure que le sang de cheval tue aussi l'homme; mais il se contredit dans un autre passage, lorsqu'il dit que les Sarmates mêlaient de la farine et du sang de cheval pour en faire des gâteaux fort délicats. Enfin les anciens, qui regardaient le sang de taureau comme un poison pour le corps, l'estimaient comme un remède pour l'âme; on expiait les crimes en se faisant asperger de sang de taureau. On immolait un taureau, on en recueillait le sang dans un vase dont le fond était percé de petits trous, le criminel se tenait dessous; après quoi il se retirait purifié.

SANTABARENUS. Basile, empereur de Constantinople, ayant perdu son fils Constantin, qu'il aimait uniquement, voulut le voir à quelque prix que ce fût. Il s'adressa à un moine hérétique, nommé Santabarenus, qui, après quelques conjurations, lui montra un spectre semblable à son fils (2).

SAPHIS, morceaux de papier sur lesquels sont écrits des passages du Koran, et que les Maures vendent aux nègres, comme ayant la propriété de rendre invulnérable celui qui les porte.

SAPONDOMAD, génie sous la protection duquel est la terre, et qui, selon les guèbres, fait des souhaits pour celui qui la cultive, et des imprécations contre celui qui la néglige.

SARCUEIL, démon que nous ne connaissons pas, invoqué dans les litanies du sabbat.

SARE (MARGUERITE). Prévenue de sorcellerie à seize ans, elle mourut en prison à Bordeaux, où elle avait été renfermée pour avoir fait un pacte avec le diable (3). Vers l'an 1600.

SARMENIUS-LAPIS, pierre à laquelle on attribuait la vertu de prévenir les avortements.

SAS, divination par le sas ou tamis. *Voy.* COSQUINOMANCIE.

SATAN, démon du premier ordre, chef des démons et de l'enfer, selon l'opinion générale; démon de la discorde, selon les démonomanes, prince révolutionnaire dans l'empire de Belzébuth. Quand les anges se révoltèrent contre Dieu, Satan, alors gouverneur d'une partie du nord dans le ciel, se mit à la tête des rebelles; il fut vaincu et précipité dans l'abîme. Le nom de Satan, en hébreu, veut dire ennemi, adversaire. Milton dit que Satan est semblable à une tour par sa taille, et, un peu plus loin il fixe sa hauteur à quarante mille pieds. Il n'est pas invoqué dans les litanies du sabbat. On a publié, il y a vingt ans, une *Lettre de Satan aux francs-maçons*; elle eût pu être plus piquante. On voit de nos jours, à Paris, un journal intitulé d'abord *Satan*, et depuis un peu de temps *le Corsaire-Satan*, comme il y en a un à Bruxelles, intitulé *Méphistophélès*. Ce ne sont pas des esprits bien spirituels qui se

(1) M. Salgues, des Erreurs et des préjugés.
(2) Michel Glycas

mettent ainsi sous le couvert des esprits malins.

SATANALOGIE. Dans un tableau remarquable des écarts de l'école philosophique allemande, publié à Louvain il y a quelques années, le savant professeur Moeller a consacré un curieux chapitre à la satanalogie. Nous ne pouvons faire mieux que de le reproduire ici.

« La théorie du christianisme de Schelling serait incomplète s'il avait passé sous silence l'esprit puissant qui, depuis le commencement des choses, a joué un si grand rôle dans le monde. La Satanalogie, ou la théorie du démon, ne pouvait manquer de trouver place dans son système. Ce chapitre de sa philosophie actuelle est si remarquable, il renferme des idées sur la nature du démon tellement neuves, il présente sur cette puissance méconnue jusqu'ici des vues et des éclaircissements si extraordinaires, qu'il mérite de fixer toute l'attention des savants. Nous l'exposerons donc à nos lecteurs, espérant qu'ils parviendront à comprendre le vrai sens des idées du philosophe de Berlin.

« Satan, selon lui, était d'abord une puissance, un principe universel : tout le système repose, comme on sait, sur des puissances qui précèdent les réalités. Dieu lui-même débute comme puissance, et il en est de même du démon. Schelling avoue cependant que le mot hébreu *husatan*, avec l'article défini, signifie un adversaire déterminé, qu'on peut concevoir comme personne individuelle ou comme esprit général.

« Dans le Nouveau Testament, Satan est représenté comme l'adversaire du Christ, qui est venu pour détruire ses œuvres. Cette position du prince des ténèbres prouve sa dignité. S'il n'eût été qu'une simple créature, la lutte, qui ne peut avoir lieu qu'entre des puissances égales, n'aurait pas été possible entre le Christ et Satan. Le Christ n'aurait pas eu un adversaire digne de lui, s'il n'avait eu affaire qu'à une pauvre créature. Les grands préparatifs, les travaux et les souffrances du Sauveur ne pourraient alors se comprendre, dit-il. On a jusqu'ici regardé le diable comme une créature qui, bonne d'abord, devint méchante; mais, selon Schelling, c'est une erreur. Les bogomiles, secte hérétique du XIe siècle, avaient mieux compris la nature du démon, dont ils faisaient le frère aîné du Christ..... Dans le Nouveau Testament, Satan est nommé le prince de ce monde : l'apôtre saint Paul l'appelle même le dieu de ce monde. Il a ses anges, ses ministres à lui : voilà des dignités auxquelles une simple créature ne peut aspirer. Il est donc évident, pour Schelling, que Satan est un principe ou une puissance; qu'il est reçu dans l'économie de Dieu, dans l'ensemble des puissances, et nous lui devons du respect comme à une puissance légitime.

« Il n'est pas permis, dit Schelling, de le méconnaître, de le mépriser, de s'en moquer. Témoin l'apôtre saint Jude, qui, par-

(3) Delancre, Tableau de l'inconstance des dém., etc., p. 95.

lant de lui, dit que *l'archange Michel, dans la contestation qu'il eut avec le démon touchant le corps de Moïse, n'osa le condamner avec exécration, et se contenta de lui dire :* « *Que le Seigneur te réprime* (*Epist. v.* 9)! » Le même apôtre, continue Schelling, blâme ceux qui méconnaissent la dignité des démons, et dit d'eux : *Ces personnes méprisent la domination et blasphèment la majesté* (*Vers.* 8). L'apôtre nomme ici le démon la domination, s'il faut suivre l'interprétation de Schélling, comme on dit Sa Seigneurie en parlant d'un seigneur; car c'est de la majesté du démon qu'il est question, dit-il. Saint Pierre, dans sa seconde Epître, se trouve d'accord avec saint Jude : car il parle également, en les blâmant, de ces personnes qui méprisent les puissances (*Vers.* 10). Dans ces puissances, le philosophe allemand voit encore les démons. Schelling nous explique aussi la cause de la lutte de saint Michel contre le démon : « Le corps de Moïse était le principe cosmique et païen, qui existait encore dans le judaïsme : voilà pourquoi le démon prétendit avoir un droit sur ce corps. » Si Satan n'avait été qu'une créature, comment, demande Schelling, aurait-il pu montrer au Christ tous les royaumes du monde, avec leur gloire, et lui dire : *Je vous donne tout cela, si vous voulez m'adorer?* Satan est donc un principe cosmique.

« Sachant maintenant la haute dignité de Satan, il nous reste à comprendre quelle est son origine. Nous avons assigné, dit Schelling, au Christ une position intermédiaire entre Dieu et la créature. Son antagoniste, le démon, ne pouvait lui être inférieur, puisque le combat devait avoir lieu entre des personnes d'un rang égal. » Par conséquent, Satan n'est ni créateur ni créature, mais une puissance intermédiaire, fonctionnant dans l'économie de Dieu. Quelle est cette fonction? L'Ecriture sainte lui donne plusieurs épithètes : elle le nomme accusateur, calomniateur, celui qui excite des soupçons et des doutes. Le vrai sens de ces dénominations se trouve dans le livre de Job. Dans l'introduction de ce livre, il est dit qu'un jour Satan se présenta hardiment parmi les enfants de Dieu, pour rendre suspectes les intentions de l'ancien émir. Dieu lui permit alors de dépouiller Job de sa fortune. Satan, incapable d'ébranler la fidélité du serviteur de Dieu, apparut une seconde fois devant le Seigneur pour l'accuser. Voilà, dit Schelling, la fonction du démon : d'accuser les hommes devant Dieu, de prévenir Dieu contre eux, d'éveiller des doutes et des soupçons sur leur conduite. Il est par conséquent le principe actif, qui travaille à la manifestation de ce qui est caché. Sous son influence, l'incertain devient certain, et ce qui est encore indécis parvient à être décidé.

« En vertu de ce principe, le mal, qui est caché au fond du cœur de l'homme, se manifeste, et Satan contribue ainsi à la gloire de Dieu; car le mal, pour pouvoir être vaincu et repoussé, doit être mis à nu. C'est à cause de cela qu'il remplit de si importantes fonctions lors de la chute de l'homme. Si l'homme eût soutenu l'épreuve à laquelle il fut soumis, la fonction de Satan aurait été terminée; mais l'homme succomba, et ce fut au Christ de vaincre le démon. D'après Schelling, Satan était donc d'abord une puissance ayant pour fonction de révéler ce qui était caché au fond des cœurs; et ce ne fut pas Satan qui corrompit l'homme, mais bien l'homme qui corrompit le démon. « L'homme, dans son état primitif d'innocence, fut, dit-il, un être indécis : il ne prit une décision que par sa chute. L'être aveugle, le principe de toute existence, même celle de Dieu, était caché et latent au fond de l'homme, et devait rester dans cet état pour toujours. Le principe aveugle était renfermé dans des limites qu'il n'aurait jamais dû franchir ; mais Satan, le principe incitatif, vint alors et remua l'homme. Celui-ci éveilla le principe aveugle, qui s'empara de lui et l'assujettit. Dès lors Satan devint méchant; il devint une personne réelle et cosmique qui tend partout des pièges à l'homme. »

« Aucune notion, dit encore Schelling, n'est aussi dialectique que celle de Satan, qui varie à chaque époque de son existence. D'abord il n'est pas méchant du tout : il révèle seulement le mal caché dans l'homme; mais insensiblement il s'envenime, il s'empire et devient méchant à la fin de la lutte, lorsque sa puissance lui a été enlevée par le Christ. Cependant il continue à exister; et l'on doit toujours être sur ses gardes pour ne pas retomber sous sa puissance. Mais à la fin, lorsque le Fils aura assujetti toutes choses au Père, lorsque Dieu sera devenu tout en tous, Satan aura terminé sa carrière. » Schelling explique dans sa Satanalogie plusieurs autres passages du Nouveau Testament. « Satan, comme créature, n'aurait jamais eu, dit-il, de puissance sur l'homme; mais comme principe universel et cosmique, il est le dieu du monde. Tous les hommes sont soumis à son pouvoir; car chacun de nous sait que toute sa vie, quoi qu'il fasse, est mauvaise devant Dieu. C'est dans ce sens que l'Apôtre dit : « Nous avons à combattre, non contre la chair et le sang, mais contre les principautés et les puissances de l'air. »

« Dans la Genèse, continue-t-il, Satan est représenté comme un serpent. Le symbole est vrai et profond, car le démon s'insinue d'une manière imperceptible et empoisonne notre intérieur. Il est la Proserpine de la mythologie ancienne : ce nom, en effet, vient de *proserpere*, ramper. Ce qui se passa intérieurement dans l'homme est raconté dans la Genèse comme un fait extérieur. « C'est un mythe, si l'on veut, mais c'est un mythe nécessaire, puisque le principe latent sollicite continuellement l'homme pour arriver à une existence réelle. Il rôde autour de l'homme, comme un lion affamé, cherchant son repos dans l'homme, là où il trouve l'entrée ouverte; et chassé d'un lieu, il se rend à un autre. Il est le principe mobile de l'histoire, qui sans lui arriverait bientôt à un état de stagnation et de sommeil. Il dresse toujours des embûches à la conscience de l'homme; car la vie consiste dans la conscience du moi. »

« Comparons encore, continue Schelling, notre manière de voir avec d'autres passages de l'Ancien Testament. Nous lisons dans l'Apocalypse que Satan tomba du ciel sur la terre. Il ne s'agit pas ici d'un bon ange devenu méchant, mais d'un changement des relations du démon avec Dieu. Il perdit par le Christ sa fonction religieuse, et acquit en même temps une existence politique; son action se révéla sur les champs de batailles, arrosés de sang. C'est donc, selon Schelling, dans la politique que de nos jours le démon exerce son empire. Lorsque saint Jean dit : « Celui qui commet le péché est du diable, parce que le diable pèche dès le commencement, » on ne doit pas entendre par ces paroles le commencement de son existence, mais de son activité; car aussi longtemps qu'il resta dans un état latent, comme puissance inactive, il n'était pas encore question de lui. En dehors de cette fonction historique et politique, Satan est encore en rapport avec chaque homme. « Chacun de nous, dit Schelling, naît sous l'influence du principe satanique; et c'est là le vrai sens du péché originel, qui n'est nié que par une philosophie superficielle..... L'avénement du Christ fut le moment de la crise pour Satan. *C'est maintenant*, dit saint Jean, *que le prince du monde doit être chassé dehors*. C'est-à-dire, selon Schelling, il perd son domaine dans la religion pour le regagner dans la politique. »

« Schelling ajoute quelques observations sur les anges tant bons que mauvais. Que les anges soient pour lui des puissances, cela va sans dire. « Les mauvais anges, dit-il, sont des puissances négatives ; à chaque royaume et à chaque province de Satan préside une de ces puissances, dont il est le chef qui les gouverne toutes. Quant à leur naissance, elle est la même que celle de leur chef. Ce ne sont pas des êtres créés : ils doivent, comme lui, leur existence à la volonté de l'homme. La raison de leur existence est cependant posée par la création : ce sont des possibilités opposées à la création réelle. Aussitôt que la création fut terminée, les possibilités négatives devaient apparaître. Si un état, par exemple, se forme, tous les crimes deviennent possibles, dont la condition est l'existence de l'état. Les bons anges, comme les mauvais, sont des puissances, mais opposées à ceux-ci. » Ici se manifeste, selon Schelling, des relations très-intéressantes et très-remarquables : lorsque les mauvais anges deviennent des réalités, les bons anges deviennent des possibilités ; et la réalité des bons anges réduit les mauvais à de pures possibilités. Les mauvais anges sortirent, par le péché de l'homme, de leur état purement potentiel, et devinrent des réalités : par conséquent les bons anges, les anges positifs, furent renfermés dans la simple potentialité. C'est là le sens de cette expression : Ils restaient dans le ciel, c'est-à-dire, dans l'état potentiel. L'homme se sépara, par sa chute, de son bon ange, qui fut mis en dehors de lui et privé de son existence réelle. Les bons anges sont les idées positives, ce qui doit être. L'homme donc, ayant accueilli par sa volonté ce qui ne doit pas être, a chassé le contraire. Toutefois ces idées positives suivirent, comme des envoyés divins, l'homme même dans son plus grand éloignement de Dieu. C'est ainsi qu'on peut dire avec raison que chaque homme se trouve placé entre son bon et son mauvais ange.

« Tout homme et tout peuple a son ange. Aussi longtemps que l'homme ne s'était pas séparé de Dieu, les bons anges n'avaient pas besoin de le suivre. Voilà pourquoi le Christ dit des enfants que leurs anges voient toujours le visage du Père dans le ciel : ce qui veut dire que les enfants sont auprès de Dieu. A l'époque de la crise, vers la fin de la lutte décidée par le Christ, les anges reviennent plus souvent. Ils apparaissent alors plusieurs fois; car les bons anges sont les ministres du Christ. Ils échangent alors la possibilité avec la réalité, tandis que les mauvais anges rentrent de nouveau dans l'état de simple possibilité. Les mauvais anges sont, d'après l'Epître de saint Jude, retenus par des chaînes éternelles, dans les profondes ténèbres, jusqu'au grand jour du jugement.

« Les ténèbres signifient cet état de potentialité qui forme le lien éternel dont ils sont enchaînés. Lorsque, par la chute de l'homme, ils rentrèrent dans la réalité, ils ne conservèrent plus, comme dit le même apôtre, leur première dignité ; ils quittèrent leur propre demeure. C'est un langage figuré, qui peut être ainsi traduit : *Non eo loco manebant, quo manere debebant*. Leur première dignité fut de n'être rien : ce qu'ils auraient dû rester éternellement. « Nous remarquons partout ici, dit Schelling, des traits mythologiques : la mythologie retentit souvent dans le Nouveau Testament. Les leçons sur la mythologie expliquent toutes ces analogies. »

« Cette autre partie du système de Schelling offre trop peu d'intérêt pour que nous en donnions une analyse. Les mêmes idées s'y retrouvent, avec la seule différence qu'elles sont représentées par des personnes mythologiques. Schelling croit que toutes les traditions mythologiques des peuples de l'antiquité retracent au fond les mêmes idées : ce qui est du reste très-probable. »

SATYRES. Les satyres étaient chez les païens des divinités champêtres qu'on représentait comme de petits hommes velus, avec des cornes et des oreilles de chèvre, la queue, les cuisses et les jambes du même animal.

Pline le Naturaliste croit que les satyres étaient une espèce de singes; et il assure que dans une montagne des Indes il trouve des singes qu'on prendrait de loin pour des hommes : ces sortes de singes ont souvent épouvanté les bergers. Les démonomanes disent que les satyres n'ont jamais été autre chose que des démons, qui ont paru sous cette figure sauvage; les cabalistes n'y voient que des gnomes.

Saint Jérôme rapporte que saint Antoine rencontra dans son désert un satyre qui lui présenta des dattes, et l'assura qu'il était un de ces habitants des bois que les païens avaient honorés sous les noms de satyres et de faunes; il ajouta qu'il était venu vers lui comme député de toute sa nation, pour le conjurer de prier pour eux le Sauveur, qu'ils savaient bien être venu en ce monde. Les satyres ne seraient ainsi que des sauvages Le maréchal de Beaumanoir, chassant dans une forêt du Maine en 1599, ses gens lui amenèrent un homme qu'ils avaient trouvé endormi dans un buisson, et dont la figure était très-singulière : il avait au haut du front deux cornes, faites et placées comme celles d'un bélier; il était chauve, et avait au bas du menton une barbe rousse par flocons, telle qu'on peint celle des satyres. Il conçut tant de chagrin de se voir promener de foire en foire, qu'il en mourut à Paris, au bout de trois mois. On l'enterra dans le cimetière de Saint-Côme. « Sous le roi Etienne, dit Leloyer, en temps de moissons, sortirent en Angleterre deux jeunes enfants de couleur verte, ou plutôt deux satyres, mâle et femelle, qui, après avoir appris le langage du pays, se dirent être d'une terre d'antipodes, où le soleil ne luisait, et ne voyaient que par une lumière sombre qui précédait le soleil d'orient, ou suivait celui d'occident. Au surplus, étaient chrétiens et avaient des églises. » Enfin, un rabbin s'est imaginé que les satyres et les faunes des anciens étaient en effet des hommes; mais dont la structure était restée imparfaite, parce que Dieu, lorsqu'il les faisait, surpris par le soir du sabbat, avait interrompu son ouvrage.

SAUBADINE DE SUBIETTE, mère de Marie de Naguille, sorcière, que sa fille accusa de l'avoir menée au sabbat plusieurs fois (1).

SAUSINE, sorcière et prêtresse du sabbat. Elle est très-considérée des chefs de l'empire infernal. On l'a vue souvent dans les assemblées qui se tenaient au pays de Labour (2).

SAUTE-BUISSON. *Voy.* VERDELET.

SAUTERELLES. Pendant que Charles le Chauve assiégait Angers, des sauterelles, grosses comme le pouce, ayant six ailes, vinrent assaillir les Français. Ces ennemis d'un nouveau genre volaient en ordre, rangés en bataille, et se faisaient éclairer par des piqueurs d'une forme élancée. On les exorcisa, suivant l'usage du temps, et le tourbillon, mis en déroute, s'alla précipiter dans la mer (3).

SAUVEURS D'ITALIE, charlatans qui se disent parents de saint Paul, et portent imprimée sur leur chair une figure de serpent qu'ils donnent pour naturelle. Ils se vantent de ne pouvoir être blessés par les serpents, ni par les scorpions, et de les manier sans danger.

SAVON. Dans l'île de Candie et dans la plupart des îles de la Turquie et de la Grèce, on évite d'offrir du savon à quelqu'un. On craindrait par là d'effacer l'amitié.

SAVONAROLE (JÉRôME), célèbre dominicain ferrarais du XV° siècle. Machiavel dit qu'il avait persuadé au peuple de Florence qu'il parlait avec Dieu. Nardin, dans son Histoire de Florence, livre II, dit que les partisans de Savonarole étaient appelés Piagnoni, les pleureurs, et ses ennemis Arrabiati, les enragés ou les indisciplinables (4). Nous ne jugerons pas ici cet homme, qui put bien avoir des torts graves.

SCANDINAVES. Alfader est le plus ancien des dieux dans la Théogonie des Scandinaves. L'Edda lui donna douze noms : premièrement Alfader (père de tout) ; deuxièmement Héréon (seigneur ou plutôt guerrier); troisièmement Nikar(le sourcilleux) lorsqu'il est mécontent ; quatrièmement Nikuder (dieu de la mer); cinquièmement Fiolner (savant universel) ; sixièmement Ome (le bruyant); septièmement Bifid (l'agile) ; huitièmement Vidrer (le magnifique) ; neuvièmement Svidrer (l'exterminateur) ; dixièmement Svider (l'incendiaire) ; onzièmement Oské (celui qui choisit les morts) ; douzièmement Falker (l'heureux) ; Alfader est le nom que l'Edda emploie le plus souvent. *Voy.* ODIN.

SCHADA-SCHIVAOUN, génies indiens qui régissent le monde. Ils ont des femmes ; mais ce ne sont que des attributs personnifiés. La principale se nomme *Houmani* : c'est elle qui gouverne le ciel et la région des astres.

SCHADUKIAM, province du Ginnistan, que les romans orientaux disent peuplée de dives et de péris.

SCHAMANS, sorciers de la Sibérie, qui font des conjurations pour retrouver une vache perdue, pour guérir une maladie, et qui invoquent les esprits en faveur d'une entreprise ou d'un voyage. Ils sont très redoutés.

SCHERTZ, (FERDINAND), auteur de la *Magia posthuma*, Olmutz, 1706. *V.* VAMPIRES.

SCHOUMNUS, fées malfaisantes très-redoutées des Kalmouks ; elles se nourrissent de sang et de la chair des humains, prennent souvent la forme de femmes charmantes ; mais un air sinistre, un regard perfide, dévoilent leur âme infernale. Quatre dents de sanglier sortent ordinairement de leur bouche, qui se prolonge quelquefois en trompe d'éléphant.

SCHROTER (ULRICH). En 1553, à Willissaw, dans le canton de Lucerne, un joueur de profession, nommé Ulrich Schroter, se voyant malheureux au jeu, proférait des blasphèmes qui ne rendaient pas ses parties meilleures. Il jura que, s'il ne gagnait pas,

---

(1) Delancre, Tableau de l'inconstance des dém., sorc. et magic., liv. II, p. 119.
(2) Delancre, Tableau de l'inconstance des dém., etc., p. 141.
(3) M. Garinet, Hist. de la magie en France, p. 48.
(4) Saint-Foix, t. III, p. 368.

dans la chance qui allait tourner, il jetterait sa dague contre un crucifix qui était sur la cheminée. Les menaces d'Ulrich n'épouvantèrent point celui dont il outrageait l'image; Ulrich perdit encore. Furieux, il se lève, lance sa dague, qui n'atteignit pas son but sacrilége, et aussitôt, disent les chroniques du temps, une troupe de démons tombe sur lui et l'enlève, avec un bruit si épouvantable, que toute la ville en fut ébranlée (1).

SCIAMANCIE, divination qui consiste à évoquer les ombres des morts, pour apprendre les choses futures. Elle différait de la nécromancie et de la psychomancie, en ce que ce n'était ni l'âme ni le corps du défunt qui paraissait, mais seulement un simulacre.

SCIENCES. Les musulmans attribuent la diffusion des sciences dans le monde, à Edris, qui n'est autre qu'Enoch. Ce nom Edris vient d'un mot arabe qui signifie méditation, étude. Edris, disent-ils, fut l'un des plus anciens prophètes. Dieu lui envoya trente volumes qui renfermaient les principes de toutes les sciences et de toutes les connaissances humaines. Il fit la guerre aux infidèles descendus de Caïn, et réduisit le premier en esclavage ses prisonniers de guerre; il inventa la plume et l'aiguille, l'arithmétique et l'astronomie. Edris vécut 375 ans, et fut enlevé au ciel.

SCIENCES OCCULTES, ou sciences secrètes. On donne ce nom à la magie, à la théurgie, au plus grand nombre des divinations, à la jurisprudence des pactes, à l'art notoire, à l'art des talismans, aux pratiques des grimoires, aux secrets et aux combinaisons des sorciers, aux procédés qui évoquent, dirigent ou renvoient les démons et les esprits; etc., etc., etc. Voyez tout ce Dictionnaire.

SCIMASAR, une des douze espèces d'augures que Michel Scot distingue dans son traité de la physionomie. Il l'appelle *Scimasar Nova*. Lorsque vous voyez, dit-il, un homme ou un oiseau derrière vous, qui vous joint et vous passe, s'il passe à votre droite, c'est bon augure, et mauvais s'il passe à votre gauche.

SCIOPODES, peuples fabuleux de l'Ethiopie, dont parle Pline, lesquels, n'ayant qu'un pied, s'en servaient pour se mettre à l'ombre du soleil, en se couchant par terre, et levant leur pied en l'air.

SCOPÉLISME, sorte de maléfice qu'on donnait par le moyen de quelques pierres charmées. On jetait une ou plusieurs pierres ensorcelées dans un jardin ou dans un champ : la personne qui les découvrait ou y trébuchait, en recevait le maléfice, qui faisait parfois mourir.

SCORPION. Les Persans croient que, par le moyen de certaines pierres merveilleuses, on peut ôter le venin aux scorpions, qui se trouvent chez eux en grand nombre.

Frey assure qu'il n'y a jamais eu ni de serpents ni de scorpions dans la ville de Hamps, à cause de la figure d'un scorpion gravée sur un talisman dans les murailles de cette ville.

SCOTOPITES. *Voy.* CIRCONCELLIONS.

SCOTT. *Voy.* WALTER SCOTT.

SCOX ou CHAX, duc et grand marquis des enfers. Il a la voix rauque, l'esprit porté au mensonge; il se présente sous la forme d'une cigogne. Il vole l'argent dans les maisons qui en possèdent, et ne restitue qu'au bout de douze cents ans, si toutefois il en reçoit l'ordre. Il enlève les chevaux. Il exécute tous les commandements qui lui sont donnés, lorsqu'on l'oblige d'agir de suite; et quoiqu'il promette d'obéir aux exorcistes, il ne le fait pas toujours. Il ment, s'il n'est pas dans un triangle; si au contraire il y est renfermé, il dit la vérité en parlant des choses surnaturelles. Il indique les trésors cachés qui ne sont pas gardés par les malins esprits. Il commande trente légions (2).

SCYLLA, nymphe dont Glaucus fut épris. N'ayant pu la rendre sensible, il eut recours à Circé, qui jeta un charme dans la fontaine où Scylla avait coutume de se baigner. A peine y fut-elle entrée, qu'elle se vit changée en un monstre qui avait douze griffes, six gueules et six têtes, une meute de chiens lui sortait de la ceinture. Effrayée d'elle-même, Scylla se jeta dans la mer à l'endroit où est le détroit qui porte son nom.

SEBHIL ou SEBHAEL, génie qui, selon les musulmans, tient les livres où sont écrites les bonnes et mauvaises actions des hommes.

SECRETAIN (FRANÇOISE), sorcière qui fut brûlée à Saint-Claude, en Franche-Comté, sous Boguet. Elle avoua qu'elle avait vu le diable, tantôt en forme de chien, tantôt en forme de chat, tantôt en forme de poule (3). Elle le vit aussi sous les traits peu agréables d'un grand cadavre.....

SECRETS MERVEILLEUX. Faites tremper une graine quelconque dans la lie de vin, puis jetez-la aux oiseaux; ceux qui en tâteront s'enivreront et se laisseront prendre à la main. Mangez à jeun quatre branches de rue, neuf grains de genièvre, une noix, une figue sèche et un peu de sel, pilés ensemble, vous vous maintiendrez en parfaite santé, dit le Petit Albert. Qu'on pile et qu'on prenne, dans du vin, une pierre qui se trouve dans la tête de quelques poissons, Avicenne dit qu'on guérira de la pierre. Mizaldus prétend que les grains d'aubépine, pris avec du vin blanc, guérissent de la gravelle. La grenouille des buissons, coupée et mise sur les reins, fait tellement uriner, si l'on en croit Cardan, que les hydropiques en sont souvent guéris. Qu'on plume, qu'on brûle et qu'on réduise en poudre la tête d'un milan, qu'on en avale dans de l'eau autant qu'on en peut prendre avec trois doigts, Mizaldus promet qu'on guérira de la goutte. Cardan assure encore qu'une décoction de l'écorce

---

(1) Bodin, Démonomanie, liv. III, ch. 1er, après Job-Fincel et André-Muscul.

(2) Wierus, in Pseudomon. dæm.
(3) Boguet, Discours des exécrables sorciers.

du peuplier blanc, appliquée sur les membres souffrants, guérit la goutte sciatique. Wecker déclare qu'une tasse de thé guérit les morsures des vipères. On voit dans Thiers qu'on fait sortir les ordures des yeux en crachant trois fois. Ce ne sont là que des secrets de santé. Leloyer dit que, pour se garantir des enchantements, il faut cracher sur le soulier du pied droit, et qu'on se préserve des maléfices en crachant trois fois sur les cheveux qu'on s'arrache en se peignant, avant de les jeter à terre. Un ancien assure qu'une vierge arrête la grêle en en mettant trois grains dans son sein. Nous entrons là dans les secrets plus mystérieux. On empêche un mari de dormir en mettant dans son lit un œuf d'hirondelle. Mettez un œuf dans le vin : s'il descend de suite au fond, le vin est trempé ; s'il surnage, le vin est pur. Qu'on mêle l'herbe *centaurée* avec le sang d'une huppe femelle, et qu'on en mette dans une lampe, avec de l'huile, tous ceux qui se trouveront présents se verront les pieds en l'air et la tête en bas. Si on en met au nez de quelqu'un, il s'enfuira et courra de toutes ses forces. Celui-ci est d'Albert le Grand, ou du moins du livre de secrets merveilleux qu'on lui attribue. Qu'on mette pourrir la *sauge* dans une fiole, sous du fumier, il s'en formera un ver qu'on brûlera. En jetant sa cendre au feu elle produira un coup de tonnerre. Le même Albert le Grand ajoute que, si on en mêle à l'huile de la lampe, toute la chambre semblera pleine de serpents. La poudre admirable que les charlatans appellent poudre de perlimpinpin, et qui opère tant de prodiges, se fait avec un chat écorché, un crapaud, un lézard et un aspic, qu'on met sous de bonne braise jusqu'à ce que le tout soit pulvérisé (1). On pourrait citer une foule de secrets pareils, car nous en avons de toutes les couleurs ; mais ceux qu'on vient de lire donnent déjà une idée de la totalité. *Voy.* Charmes, Enchantements, Maléfices, Paroles magiques, Superstitions, etc.

Pline assure qu'un certain Babilius fit en six jours la traversée de la Sicile à Alexandrie, par la vertu d'une herbe dont il ne dit pas le nom. On cite d'autres voyageurs qui ont fait en un jour cent lieues à pied au moyen de la jarretière du bon voyageur. *V.* Jarretière.

Il y a des livres très-gros, uniquement consacrés aux formules des secrets dits naturels et des secrets dits magiques. Nous devons donner une idée textuelle de cette partie de l'encyclopédie infernale.

SECRETS DE L'ART MAGIQUE DU GRAND GRIMOIRE.

« *Composition de mort, ou la pierre philosophale.* — Prenez un pot de terre neuf, mettez-y une livre de cuivre rouge avec une demi-chopine d'eau forte que vous ferez bouillir pendant une demi-heure : après quoi vous y mettrez trois onces de vert-de-gris que vous ferez bouillir une heure ; puis vous mettrez deux onces et demie d'arsenic que vous ferez bouillir une heure vous y mettrez trois onces d'écorce de chêne, bien pulvérisée, que vous laisserez bouillir une demi-heure, une potée d'eau rose bouillie douze minutes, trois onces de noir de fumée que vous laisserez bouillir jusqu'à ce que la composition soit bonne. Pour voir si elle est assez cuite, il faut y tremper un clou : si elle y prend, ôtez-la ; elle vous procurera une livre et demie de bon or ; et si elle ne prend point, c'est une preuve qu'elle n'est pas assez cuite ; la liqueur peut servir quatre fois.

« *Pour faire la baguette divinatoire et la faire tourner.* — Dès le moment que le soleil paraît sur l'horizon, vous prenez de la main gauche une baguette vierge de noisetier sauvage et la coupez de la droite en trois coups, en disant : *Je te ramasse au nom d'Eloim, Mutrathon, Adonaï et Semiphoras,* afin que tu aies la vertu de la verge de Moïse et de Jacob, pour découvrir tout ce que je voudrai savoir ; et pour la faire tourner, il faut dire, la tenant serrée dans ses mains par les deux bouts qui font la fourche : *Je te recommande au nom d'Eloim, Matrathon, Adonaï et Semiphoras, de me relever....*

« *Pour gagner toutes les fois qu'on met aux loteries.* — Il faut, avant de se coucher, réciter trois fois cette oraison, après quoi vous la mettrez sous l'oreiller, écrite sur du parchemin vierge, sur lequel vous aurez fait dire une messe du Saint-Esprit...., et pendant le sommeil le génie de votre planète vient vous dire l'heure que vous devez prendre votre billet : *Domine Jesu Christe, qui dixisti ego sum via, veritas et vita, ecce enim veritatem dilexisti, incerta et occulta sapientiæ tuæ manifestasti mihi, adhuc quæ reveles in hac nocte sicut ita revelatum fuit parvulis solis, incognita et ventura unaque alia me doceas, ut possim omnia cognoscere, si et si sit ; ita monstra mihi montem ornatum omni vino bono, pulchrum et gratum pomarium, aut quamdam rem gratam, sin autem ministra mihi ignem ardentem, vel aquarum currentem, vel aliam quamcunque rem quæ Domino placeat, et vel Angeli Ariel, Rubiel et Barachiel sitis mihi multum amatores et factores ad opus istud obtinendum quod cupio scire, videre, cognoscere et prævidere per illum Deum qui venturus est judicare vivos et mortuos, et sæculum per ignem. Amen.* Vous direz trois *Pater* et trois *Ave Maria* pour les âmes du purgatoire....

« *Pour charmer les armes à feu.* — Il faut dire : — *Dieu y ait part et le diable la sortie,* — et lorsqu'on met en joue, il faut dire en croisant la jambe gauche sur la droite : — *Non tradas Dominum nostrum Jesum Christum. Mathon. Amen....*

« *Pour parler aux esprits la veille de la Saint-Jean-Baptiste.* — Il faut se transporter de onze heures à minuit près d'un pied de fougère, et dire : — Je prie Dieu que les esprits à qui je souhaite parler apparaissent à minuit précis ; — et aux trois quarts vous di-

---

(1) Kivasseau.

rez neuf fois ces cinq paroles : *Bar, Kirabar, Alli, Alla Tetragamaton.*

« *Pour se rendre invisible.* — Vous volerez un chat noir, et vous achèterez un pot neuf, un miroir, un briquet, une pierre d'agathe, du charbon et de l'amadou, observant d'aller prendre de l'eau au coup de minuit à une fontaine ; après quoi allumez votre feu, mettez le chat dans le pot, et tenez le couvert de la main gauche sans bouger ni regarder derrière vous, quelque bruit que vous entendiez ; et après l'avoir fait bouillir vingt-quatre heures, vous le mettez dans un plat neuf ; prenez la viande et la jetez pardessus l'épaule gauche, en disant ces paroles : *Accipe quod tibi do, et nihil amplius* (1) ; puis vous mettrez les os un à un sous les dents du côté gauche, en vous regardant dans le miroir ; et si ce n'est pas le bon os, vous le jetterez de même, en disant les mêmes paroles jusqu'à ce que vous l'ayez trouvé ; et sitôt que vous ne vous verrez plus dans le miroir, retirez-vous à reculons en disant : *Pater, in manus tuas commendo spiritum meum.....*

« *Pour faire la jarretière de sept lieues par heure.* — Vous achèterez un jeune loup au dessous d'un an, que vous égorgerez avec un couteau neuf, à l'heure de Mars, en prononçant ces paroles : *Adhumalis cados ambulavit in fortitudine cibi illius;* puis vous couperez sa peau en jarretières larges d'un pouce, et y écrirez dessus les mêmes paroles que vous avez dites en l'égorgeant, savoir, la première lettre de votre sang, la seconde de celui du loup, et immédiatement de même jusqu'à la fin de la phrase. Après qu'elle est écrite et sèche, il faut la doubler avec un padoue de fil blanc, et attacher deux rubans violets aux deux bouts pour la nouer du dessus du genou au dessous ; il faut prendre garde qu'aucune femme ou fille ne la voie : comme aussi la quitter avant de passer une rivière, sans quoi elle ne serait plus si forte.

« *Composition de l'emplâtre pour faire dix lieues par heure.* — Prenez deux onces de graisse humaine, une once d'huile de cerf, une once d'huile de laurier, une once de graisse de cerf, une once de momie naturelle, une demi-chopine d'esprit de vin, et sept feuilles de verveine. Vous ferez bouillir le tout dans un pot neuf, jusqu'à demi-réduction, puis vous en formez les emplâtres sur la peau neuve, et lorsque vous les appliquez sur la rate, vous allez comme le vent ; pour n'être point malade quand vous le quittez, il faut prendre trois gouttes de sang dans un verre de vin blanc.

« *Composition de l'encre pour écrire les pactes.* — Les pactes ne doivent point être écrits avec l'encre ordinaire. Chaque fois qu'on fait une appellation à l'esprit, on doit en changer. Mettez dans un pot de terre vernissé neuf, de l'eau de rivière et la poudre décrite ci-après. Alors prenez des branches de fougère cueillies la veille de la Saint-Jean, du sarment coupé en pleine lune de mars ; allumez ce bois avec du papier vierge, et dès que votre eau bouillira, votre encre sera faite. Observez bien d'en changer à chaque nouvelle écriture que vous aurez à faire. Prenez dix onces de noix de galle, et trois onces de vitriol romain, ou couperose verte ; d'alun de roche ou de gomme arabique, deux onces de chaque ; mettez le tout en poudre impalpable, dont, lorsque vous voudrez faire de l'encre, vous préparerez comme il est dit ci-dessus.

« *Encre pour noter les sommes qu'on prendra dans les trésors cachés, et pour en demander de plus fortes à* Lucifuge *dans les nouveaux besoins.* — Prenez des noyaux de pêches, sans en ôter les amandes, mettez-les dans le feu pour les réduire en charbons bien brûlés, alors retirez-les, et lorsqu'ils sont bien noirs, prenez-en une partie que vous mêlerez avec autant de noir de fumée, ajoutez-y deux parties de noix de galle concassées ; faites dans l'huile desséchée, de gomme arabique quatre parties ; que le tout soit mis en poudre très-fine, et passé par le tamis. Mettez cette poudre dans de l'eau de rivière. Il est inutile de faire remarquer que tous les objets décrits ci-dessus doivent être absolument neufs.

« *En quels temps les arts se doivent accomplir et perfectionner.* — Nous dirons en quels jour et heure les choses se doivent perfectionner ; quoiqu'elles ne soient notées d'aucuns jour et heure, tu opéreras dans le jour et heure de ♂, et l'heure sera la première ou la huitième, quoique cela, il vaudrait mieux dans la quinzième ou vingt-deuxième de la même nuit (2), laquelle on appelle avant matin ; lors en cette heure-là tu pourras expérimenter tous les arts et expériences du même genre comme ci-dessus, soit pour le jour ou la nuit, pourvu que les choses soient préparées à l'heure désignée pour de semblables expériences. Mais quant aux expériences particulières, l'heure et le temps de la conjuration ne se spécifient pas ; le plus sûr est de la faire de nuit, à cause du silence qui règne alors, pourtant on doit observer inviolablement que certaine qualité de jour est également bonne. Mais l'endroit principal et important pour la faire, c'est un lieu obscur, congru à semblable art, où personne n'habite, ainsi on pourra accomplir tel art et le conduire à effet. Mais si tel art et expérience sont pour avoir la connaissance d'un vol quelconque, les choses préparées ou ordonnées, on doit les faire en l'heure de la ☽ et de son jour, s'il est possible, en ☽ croissante, depuis la première heure du jour jusqu'à la huitième du même jour, ou bien à dix heures de nuit ; mais il est mieux de jour que de nuit, parce que la lumière a plus de rapport au désir, et elle favorise l'inclination et la volonté de faire en toutes les œuvres magiques, car elles ont si grande vertu, qu'elles suppléent souvent au défaut

---

(1) On disait à Belphégor : *Accipe quod tibi do, stercus in ore tuo.*

(2) Ces choses ont été rédigées en Italie, où les heures se comptent de 1 à 24.

de ceux qui ont accoutumé de tomber dans les ouvrages, surtout l'observation des heures et planètes est de très-grande conséquence si vous voulez réussir : il est nécessaire de choisir un temps clair et sans vents. Il est vrai que les anges ont été créés de diverses natures, les uns ayant été de beauté et de froid, les autres de mouvement et de feu, et les autres de vent : ceux qui ont été faits de vent apparaissent avec une grande vitesse, ressemblant aux vents : ceux qui ont été créés de beauté, apparaissent en belle forme ; ceux qui ont été créés de mouvement de feu, viendront avec une grande impétuosité, mouvement de terre en forme de feu, de manière que la présence de chacun ressemble aux flammes de feu, et quand tu appelleras les êtres créés de l'eau, ils viendront avec une grande pluie, tonnerres et choses semblables ; et lorsque ce sera ceux créés de l'air, ils viendront en espèce de vent doux. Tu ne dois avoir aucune crainte dans l'appel que tu feras, parce que la crainte chasse la foi, et foi blessée empêche la réussite des choses qui seront dites ci-après. De plus, tu dois observer que les intelligences aériennes se doivent appeler dans un temps clair, serein, doux et tranquille. Celles des souterrains, dans un temps nocturne ou bien dans un jour nébuleux depuis midi jusqu'au coucher du soleil. Les esprits ignés habitent en Orient, les aquatiques dans le midi, les bruyants dans le septentrion : et surtout prends garde qu'il faut toujours pour plus grande sûreté, si l'on invoque les esprits créés de feu, être tourné du côté d'orient, en faisant toutes les choses nécessaires pour ce côté, et ainsi des autres esprits, dans les différentes parties du monde. Les expériences extraordinaires, savoir : celles d'amour, de grâce et d'imprécation seront plus efficaces, étant préparées du côté du septentrion ; de plus tu dois observer que toutes les fois que tu feras une expérience, sans l'heure ou bien la solennité prescrite, tu ne feras rien. Mais si tu prépares et accomplis les choses directement, tu en recevras l'effet, et si elles ne se succèdent pas, apprends que l'expérience sera fausse ou que tu auras manqué à quelque chose. Alors, pour l'accomplir, il faut la refaire de nouveau, et tu dois savoir de combien de chapitres elle dépend, et que la clef de tous arts dépend de son intelligence, sans quoi tu ne seras jamais rien.

« Les heures de ♈ sont propres comme celles de ♂, dans leurs jours où ils se conjoignent avec la ☽. Et si tu as le regard de contraire ou de quadrat, elles sont bonnes pour faire les expériences de haines, de procès, inimitiés et discordes, ajoutant de plus les choses que nous dirons ci-après sur semblables matières. Les heures du ☉, de Jupiter ♃ et de ♂, spécialement l'heure de leur planète, sont bonnes à éprouver toutes les expériences, tant ordinaires qu'extraordinaires, lesquelles ne sont comprises dans aucun genre ci-dessus marqué, joignant celles que nous dirons dans leur propre chapitre, comme celles qui appartiennent à la ☽, sont propres à la convocation des esprits, des ouvrages nécromanciens, comme pour trouver les choses dérobées, en prenant garde que la ☽ soit colloquée et en signe terrestre, c'est-à-dire de Mercure ☿, pour l'amour, grâces et invisibilités ; la ☽ doit être en signe de feu ♐ ♈, pour la haine et discorde ; la lune doit être en signe aquatique, pour les expériences extraordinaires ; la lune doit être dans les signes d'air ♊ ♎ ♒, après la conjonction et la sortie du ☉ et de ses rayons, et aussitôt qu'elle commence à paraître ; mais si l'observation des choses ci-dessus te paraît si difficile, fais seulement ceci : observe la ☽ croissante jusqu'à son complément, qu'elle est au nombre pair avec le ☉ ; elle est très-bonne pour faire les choses ci-dessus. La ☽ étant opposée au ☉ et pleine de lumière, est bonne pour faire les expériences de guerre, bruits et discordes, et quand elle est à son dernier quartier, elle est bonne pour faire les choses directes qui sont à la destruction et ruine. La ☽ tenant de nouveau à la convention ou recevant ses derniers rayons, est bonne pour faire l'expérience de la mort, parce que, dans ce temps-là, elle est privée de lumière. De plus, observez inviolablement que la ☽ étant conjointe avec le ☉ rien ne doit être commencé, parce que ce temps-là est très malheureux et que rien ne peut réussir. Mais que la ☽ étant au croissant et aiguë de lumière, tu pourras écrire, opérer et préparer toutes les expériences que tu voudras faire, principalement pour parler aux esprits ; il faut que ce soit le jour de ♐ et dans son heure, la ☉ étant au signe terrestre ou aéré comme il a été dit ci-dessus, et en pareil nombre avec le ☉. Mais si ce sont choses et expériences d'amour, de grâce et impétration, tu opéreras de jour et heure du ☉, à savoir depuis la première jusqu'à la huitième, pourvu que les choses soient préparées et ordonnées selon les jour et heure convenant à cette expérience et de la manière qu'elle se puisse faire.

« Les œuvres de la destruction, haine et désolation se doivent faire dans le jour et heure de ♄, depuis la première heure ou huitième de la nuit, le quinzième ou vingt-deuxième, et ainsi elles seront véritables. Mais les expériences burlesques et joyeuses se font dans la première heure de ♂ la huitième, la quinzième et la vingt-deuxième. Les expériences extraordinaires, de quelque nature qu'elles soient, doivent être préparées et accomplies dans les première et huitième heures de ♃ et de la quinzième et de la vingt-deuxième de toutes les autres heures dans lesquelles les arts magiques doivent être accomplis ou expérimentés. Il est nécessaire que la ☽ soit de lumière et nombre avec le ☉ ; sous les rayons du soleil, c'est le meilleur depuis le premier quartier jusqu'à ce qu'il soit à l'opposite, ainsi la ☽ étant en signe de feu.

« Pour l'exécution des expériences du vol, de quelque manière qu'elle se fasse, elle doit être perfectionnée quand la 𝔇 est manifestée et illuminée ; mais afin que les expériences soient découvertes de l'invisibilité, les choses étant toutes préparées, que la 𝔇 soit à l'heure dans laquelle elle se perfectionne.

« Il faut opérer avec grande foi.

« Lecteur bénévole, dit pour sa conclusion l'auteur de ces fatras, dont nous ne donnons que le bouquet, pénètre-toi bien de tout ce que le grand Salomon vient de t'enseigner par mon organe. Sois sage comme lui, si tu veux que toutes les richesses que je viens de mettre en ton pouvoir puissent faire ta félicité. Sois humain envers les semblables, soulage les malheureux ; vis content. Adieu. »

Il est triste de savoir que de tels livres se vendent en grand nombre dans nos campagnes. Les voltairiens, qui se plaignent de l'innocente diffusion de quelques petites brochures pieuses qui prêchent la paix, ne disent rien des grimoires et des clavicules.

SEGJIN, septième partie de l'enfer chez les mahométans. On y jette les âmes des impies, sous un arbre noir et ténébreux, où l'on ne voit jamais aucune lumière : ce qui n'est pas gai.

SEIDUR, magie noire chez les Islandais. *Voy.* NID.

SEINGS. *Divination à l'aide des seings adressée par Mélampus au roi Ptolémée.* — Un seing ou grain de beauté, au front de l'homme ou de la femme, promet des richesses. Un seing auprès des sourcils d'une femme la rend à la fois bonne et belle : auprès des sourcils d'un homme, un seing le rend riche et beau. Un seing dans les sourcils promet à l'homme cinq femmes, et à la femme cinq maris. Celui qui porte un seing à la joue, deviendra opulent. Un seing à la langue promet le bonheur en ménage. Un seing aux lèvres indique la gourmandise. Un seing au menton annonce des trésors. Un seing aux oreilles donne une bonne réputation. Un seing au cou promet une grande fortune, mais pourtant celui qui porte un seing derrière le cou pourrait bien être décapité. Un seing aux reins caractérise un pauvre gueux. Un seing aux épaules annonce une captivité. Un seing à la poitrine ne donne pas de grandes richesses. Celui qui porte un seing sur le cœur est quelquefois méchant. Celui qui porte un seing au ventre aime la bonne chère. Ceux qui ont un seing aux mains auront beaucoup d'enfants. *Voy.* CHIROMANCIE.

SEL. Le sel, dit Boguet, est un antidote souverain contre la puissance de l'enfer. Le diable a tellement le sel en haine, qu'on ne mange rien de salé au sabbat. Un Italien, se trouvant par hasard à cette assemblée pendable, demanda du sel avec tant d'importunité, que le diable fut contraint d'en faire servir. Sur quoi l'Italien s'écria : — Dieu soit béni, puisqu'il m'envoie ce sel ! et tout délogea à l'instant. Quand du sel se répand sur la table, mauvais présage que l'on conjure en prenant une pincée du sel répandu, et le jetant derrière soi avec la main droite par-dessus l'épaule gauche. Les Écossais attribuent une vertu extraordinaire à l'eau saturée de sel ; les habitants des Hébrides et des Orcades n'oublient jamais de placer un vase rempli d'eau et de sel sur la poitrine des morts, afin, disent-ils, de chasser les esprits infernaux. Le sel est le symbole de l'éternité et de la sagesse, parce qu'il ne se corrompt point. *Voy.* SALIÈRE.

SEPAR. *Voy.* VÉPAR.

SEPULTURE. Quelques philosophes qui voyageaient en Perse ayant trouvé un cadavre abandonné sur le sable, l'ensevelirent et le mirent en terre. La nuit suivante, un spectre apparut à l'un de ces philosophes et lui dit que ce mort était le corps d'un infâme qui avait commis un inceste, et que la terre lui refusait son sein. Les philosophes se rendirent le lendemain au même lieu pour déterrer le cadavre ; mais ils trouvèrent la besogne faite, et continuèrent leur route sans plus s'en occuper. *Voy.* MORT et FUNÉRAILLES.

Nous pouvons ajouter un trait de plus aux bizarreries des usages funèbres.

Jonas, l'un des rois Comans, mourut subitement avant d'être baptisé ; pour cette raison on l'enterra comme païen hors des murs de Constantinople. On permit à ses officiers de faire ses funérailles selon leurs pratiques barbares. Son monument fut dressé sur une éminence, et dans la fosse, autour de son cadavre, on pendit, à sa droite et à sa gauche plusieurs de ses écuyers qui s'offrirent volontairement à aller servir leur maître dans l'autre monde ; on y pendit aussi, pour le même usage, vingt-six chevaux vivants.

SERMONS. Le diable, qui affecte de singer tous les usages de l'Église, fait faire au sabbat des sermons auxquels doivent assister tous les sorciers. Asmodée est son prédicateur ordinaire ; et plusieurs sorcières ont rapporté lui avoir entendu prêcher des abominations.

SEROSCH, génie de la terre chez les Parsis. Il préserve l'homme des embûches du diable.

SERPENT. C'est sous cette figure redoutée que Satan fit sa première tentation. *Voy.* SAMAEL. Le serpent noir de Pensylvanie a le pouvoir de charmer ou de fasciner les oiseaux et les écureuils : s'il est couché sous un arbre et qu'il fixe ses regards sur l'oiseau ou l'écureuil qui se trouve au-dessus de lui, il le force à descendre et à se jeter directement dans sa gueule. Cette opinion est justement très-accréditée, et ceux qui la nient parce qu'elle tient du merveilleux ne connaissent pas les effets de la fascination naturelle. Il y a dans les royaumes de Juida et d'Ardra, en Afrique, des serpents très-doux, très-familiers, et qui n'ont aucun venin ; ils font une guerre continuelle aux serpents venimeux : voilà sans doute l'origine du culte qu'on commença et qu'on a continué de leur rendre dans ces contrées. Un marchand anglais, ayant trouvé un de ces serpents dans son magasin, le tua, et, n'imaginant pas avoir commis une action abominable, le jeta devant sa porte. Quelques femmes passèrent, poussèrent des cris affreux, et coururent répandre dans le canton la nouvelle de ce sacrilége. Une grande fureur s'empara des esprits; on massacra les Anglais; on mit le feu à leurs comptoirs, et leurs marchandises furent consumées par les flammes. Il y a encore des chimistes qui soutiennent que le serpent, en muant et en se dépouillant de sa peau, rajeunit, croît, acquiert de nouvelles forces et qu'il ne meurt que par des accidents, et jamais de mort naturelle. On ne peut pas prouver par des expériences la fausseté de cette opinion; car si l'on nourrissait un serpent et qu'il vînt à mourir, les partisans de son espèce d'immortalité diraient qu'il est mort de chagrin de n'avoir pas sa liberté, ou parce que la nourriture qu'on lui donnait ne convenait point à son tempérament.

On dit qu'Ajax, roi des Locriens, avait apprivoisé un serpent de quinze pieds de long qui le suivait comme un chien et venait manger à table. *Voy.* ALEXANDRE DE PAPHLAGONIE, ANE, HAROLD, HARIDI, etc.

SERPENT DE MER (LE GRAND). On se rappelle le bruit que fit, en 1837, la découverte du grand serpent de mer, vu par le navire *le Havre*, à la hauteur des Açores. Tous les journaux s'en sont occupés; et, après s'en être montrée stupéfaite, la presse, faisant volte-face, a présenté ensuite le grand serpent marin comme un être imaginaire. M. B. de Xivrey a publié à ce propos, dans le Journal des Débats, des recherches curieuses que nous reproduisons en partie. « Les mers du Nord, dit-il, paraissent être aujourd'hui la demeure habituelle du grand serpent de mer, et son existence est en Norvége un fait de notoriété vulgaire. Ce pays a vu souvent échouer sur ses côtes des cadavres de ces animaux, sans que l'idée lui soit venue de mettre de l'importance à constater ces faits. Les souvenirs s'en sont mieux conservés lorsqu'il s'y joignait quelque autre incident plus grave, comme la corruption de l'air causée quelquefois par la putréfaction de ces corps. Pontoppidan en a cité des exemples, mais jamais on n'avait pensé à rédiger, à l'occasion de pareils faits, un procès-verbal. Celui qui fut rédigé à Stronza offre les notions les plus précises que l'on possède sur la figure du serpent de mer. Nous y voyons notamment ce signe remarquable de la crinière, dont les observateurs plus anciens et les récits des Norvégiens s'accordent à faire mention. Nous le trouvons dans une lettre datée de Bergen, 21 février 1751, où le capitaine Laurent Ferry termine ainsi sa description du serpent de mer qu'il rencontra : « Sa tête, qui s'élevait au-dessus des vagues les plus hautes, ressemblait à celle d'un cheval; il était de couleur grise, avec la bouche très-brune, les yeux noirs et une longue crinière qui flottait sur son cou. Outre la tête de ce reptile, nous pûmes distinguer sept ou huit de ses replis, qui étaient très-gros et renaissaient à une toise l'un de l'autre. Ayant raconté cette aventure devant une personne qui désira une relation authentique, je la rédigeai et la lui remis avec les signatures des deux matelots, témoins oculaires, Nicolas Peterson Kopper et Nicolas Nicolson Angleweven, qui sont prêts à attester sous serment la description que j'en ai faite. » C'est probablement cette crinière que Paul Egède compare à des oreilles ou à des ailes dans sa description du serpent marin qu'il vit à son second voyage au Groënland : « Le 6 juillet, nous aperçûmes un monstre qui se dressa si haut sur les vagues, que sa tête atteignait la voile du grand mât. Au lieu de nageoires, il avait de grandes oreilles pendantes comme des ailes; des écailles lui couvraient tout le corps, qui se terminait comme celui d'un serpent. Lorsqu'il se reployait dans l'eau, il s'y jetait en arrière et, dans cette sorte de culbute, il relevait sa queue de toute la longueur du navire. » Olaus Magnus, archevêque d'Upsal au milieu du XVI° siècle, fait une mention formelle de cette crinière, dans le portrait du serpent de deux cents pieds de long et de vingt de circonférence, dont il parle comme témoin oculaire : « Ce serpent a une crinière de deux pieds de long; il est couvert d'écailles et ses yeux brillent comme deux flammes; il attaque quelquefois un navire, dressant sa tête comme un mât et saisissant les matelots sur le tillac. » Les mêmes caractères, qui se reproduisent dans d'autres récits dont la réunion serait trop longue, se retrouvent dans les descriptions des poëtes scandinaves. Avec une tête de cheval, avec une crinière blanche et des joues noires, ils attribuent au serpent marin six cents pieds de long. Ils ajoutent qu'il se dresse tout à coup comme un mât de vaisseau de ligne, et pousse des sifflements qui effrayent comme le cri d'une tempête. Ici nous apercevons bien les effets de l'exagération poétique, mais nous n'avons pas les données suffisantes pour marquer le point précis où elle abandonne la réalité.

« En comparant ces notions (1) avec ce que peuvent nous offrir d'analogue les traditions du moyen âge et de l'antiquité, je trouve des similitudes frappantes dans la description qu'Albert le Grand nous a laissée du grand serpent de l'Inde : « Avicenne en vit un, dit-il, dont le cou était garni dans toute sa longueur de poils longs et gros comme la crinière d'un cheval : *Et visus est unus ab Avicenna, in cujus collo secundum latitudinem colli, erant pili descendentes longi et grossi ad modum jubarum equi.* » Albert ajoute que ces serpents ont à chaque mâchoire trois dents longues et proéminentes. Cette dernière circonstance paraît une vague réminiscence de ce que Ctésias, dans les *Indiques*, et d'après lui Elien, dans ses *Propriétés des animaux*, ont rapporté du ver du Gange. Pour la dimen-

---

(1) Fournies par l'auteur anglais d'un article de la *Retrospective Review*, traduit en 1835 dans la *Revue britannique*.

sion, ce ver est sans doute inférieur à la grandeur que peut atteindre le serpent marin, puisque ces auteurs grecs lui donnent sept coudées de long et une circonférence telle qu'un enfant de dix ans aurait de la peine à l'embrasser. Les deux dents dont ils le disent pourvu, une à chaque mâchoire, lui servent à saisir les bœufs, les chevaux ou les chameaux qu'il trouve sur la rive du fleuve, où il les entraîne et les dévore. Il est à propos de remarquer ici qu'un grand nombre de traits d'Hérodote et même de Ctésias, rejetés d'abord comme des contes ridicules, ont été plus tard repris pour ainsi dire en sous-œuvre par la science, qui souvent y a découvert des faits vrais et même peu altérés. Malte-Brun a plusieurs fois envisagé Ctésias sous ce point de vue. Nous arrivons naturellement à l'épouvantable animal appelé *Odontotyrannus*, dans les récits romanesques des merveilles qu'Alexandre rencontra dans l'Inde. Tous les romans du moyen âge sur ce conquérant, provenant des textes grecs désignés sous le nom de Pseudo-Callisthène, sont unanimes sur l'*Odontotyrannus*, dont parlent aussi plusieurs auteurs byzantins. Tous en font un animal amphibie, vivant dans le Gange et sur ses bords, d'une taille dont la grandeur dépasse toute vraisemblance. « Tel, dit Palladius, qu'il peut *avaler* un éléphant tout entier. » Quelque ridicule que soit cette dernière circonstance, on pourrait y voir une allusion hyperbolique à la manière dont les plus gros serpents terrestres dévorent les grands quadrupèdes, comme les chevaux et les bœufs ; ils les avalent en effet sans les diviser, mais après les avoir broyés, allongés en une sorte de rouleau informe, par les puissantes étreintes et les secousses terribles de leurs replis. Il est vrai que M. Grœfe, par une docte dissertation insérée dans les mémoires de l'Académie impériale des sciences de Saint-Pétersbourg, a prétendu que l'*Odontotyrannus* des traditions du moyen âge devait être un souvenir du mammouth. Le savant russe ne peut guère fonder cette singulière interprétation que sur les versions latines du roman d'*Alexandre*, dont monsignor Mai a publié un texte en 1818, sous le nom de Julius Valérius. Il est dit que l'*Odontotyrannus* foula aux pieds (*conculcavit*) un certain nombre de soldats macédoniens. Le même récit se trouve dans une prétendue lettre d'Alexandre à Aristote, et dans un petit traité, *des Monstres et des Bêtes extraordinaires*, récemment publié. Mais dans les auteurs grecs que je viens d'indiquer, c'est-à-dire les divers textes grecs inédits du Pseudo-Callisthène, et Palladius, Cédrène, Glycas, Hamartolus, on n'ajoute aucun détail figuratif à l'expression d'une grandeur énorme et d'une nature amphibie.

« Pour la qualité d'amphibie, qui n'appartient certainement pas au mammouth, peut-elle s'appliquer au grand serpent de mer ? Sir Everard Home, en proposant de placer parmi les squales celui qui avait échoué sur la place de Stronza, a prouvé par là qu'il le regardait comme un véritable poisson. Mais si l'on en fait un reptile, on lui supposera par cela même une nature amphibie, avec la faculté de rester indéfiniment dans l'eau, et l'on pourra en même temps rapporter au même animal les exemples de serpents énormes vus sur terre et consignés de loin en loin dans la mémoire des hommes. Le serpent de mer dont Olaüs Magnus a conservé une description était, au rapport du même prélat, un serpent amphibie qui vivait de son temps dans les rochers aux environs de Bergen, dévorait les bestiaux du voisinage et se nourrissait aussi de crabes. Un siècle plus tard, Nicolas Grammius, ministre de l'Évangile à Londen en Norvége, citait un gros serpent d'eau qui des rivières Mios et Banz, s'était rendu à la mer le 6 janvier 1656. « On le vit s'avancer tel qu'un long mât de navire, renversant tout sur son passage, même les arbres et les cabanes. Ses sifflements, ou plutôt ses hurlements, faisaient frissonner tous ceux qui les entendaient. Sa tête était aussi grosse qu'un tonneau, et son corps, taillé en proportion, s'élevait au-dessus des ondes à une hauteur considérable. » En des temps plus anciens, nous citerons : le serpent de l'île de Rhodes, dont triompha au XIVe siècle le chevalier Gozon qui, par suite de cet exploit, trop légèrement traité de fable, devint grand maître de l'ordre de Saint-Jean-de-Jérusalem ; au VIe siècle, celui que Grégoire de Tours rapporte avoir été vu à Rome dans une inondation du Tibre, et qu'il représente grand comme une forte poutre : *in modum trabis validæ*. Le mot *draco*, dont se sert là notre vieil historien, est le terme de la bonne latinité, où il signifie seulement un grand serpent. Dans l'antiquité proprement dite, Suétone nous apprend qu'Auguste publia aux comices, c'est-à-dire annonça officiellement, la découverte faite en Étrurie d'un serpent long de soixante-quinze pieds. Dion Cassius dit que sous le même prince on vit dans la même contrée un serpent de quatre-vingt-cinq pieds de long, qui causa de grands ravages et fut frappé de la foudre. Le plus célèbre de tous ceux dont ont parlé les auteurs anciens est celui qu'eut à combattre l'armée romaine près de Carthage, sur les bords du lac Bagrada, pendant le second consulat de Régulus, l'an de Rome 498, qui répond à l'année 256 avant Jésus-Christ. Ce serpent avait cent vingt pieds de long et causait de grands ravages dans l'armée romaine. Régulus fut obligé de diriger contre lui les balistes et les catapultes, jusqu'à ce qu'une pierre énorme lancée par une de ces machines l'écrasa. Le consul, pour prouver au peuple romain la nécessité où il se trouvait d'employer son armée à cette expédition extraordinaire, envoya à Rome la peau du monstre, et on la suspendit dans un temple où elle resta jusqu'à la guerre de Numance. Mais la dissolution du corps causa une telle infection, qu'elle força l'armée à déloger. Il n'y a peut-être pas dans l'histoire de fait mieux attesté, plus circonstancié et raconté par un plus grand nombre d'auteurs. Philostorge parle de peaux de serpents de soixante-huit pieds de long, qu'il avait vues à Rome. Diodore rapporte qu'un serpent de quarante-cinq pieds de long fut pris dans le Nil et envoyé vivant à Ptolémée Philadelphe à Alexandrie. Strabon, qui, d'après Agatharchides, parle d'autres serpents de la même grandeur, cite ailleurs Posidonius, qui vit dans la Cœlé-Syrie un serpent mort de cent vingt pieds de long et d'une circonférence telle que deux cavaliers séparés par son corps ne se voyaient pas.

« Alléguerons-nous ce que le même Strabon rapporte d'après Onésicrite, que, dans une contrée de l'Inde appelée Aposisares, on avait nourri deux serpents, l'un de cent vingt pieds, l'autre de deux cent dix, et qu'on désirait beaucoup les faire voir à Alexandre! Si nous ajoutions le serpent que Maxime de Tyr prétend avoir été montré par Taxile au même conquérant, et qui avait cinq cents pieds de long, nous arriverions dans les traditions de l'Orient, presqu'au même degré d'extension où nous avons vu les traditions scandinaves, qui donnent six cents pieds à leur serpent de mer. Mais on peut juger par ces rapprochements que l'existence de cet animal, bien qu'entourée souvent de traits suspects, est loin d'être nouvelle; qu'elle a été observée de bien des manières et depuis bien longtemps. Ce n'est pas, comme on le disait, un danger de plus pour les navigateurs; car ce terrible monstre est déjà indiqué dans la Bible sous le nom de Léviathan, que l'Ecriture applique à diverses bêtes énormes, ainsi que le remarque Bochart. Le prophète Isaïe l'applique ainsi : *Léviathan, ce serpent immense, Léviathan, ce serpent à divers plis et replis* (1). Dans ce siècle, la présence du serpent de mer a été signalée en 1808, en 1815, en 1817 et cette année. Il n'est pas présumable qu'on le rencontre plus fréquemment à l'avenir que par le passé; du moins l'attention publique appelée sur ce phénomène par les organes de la presse portera à la publicité des faits du même genre qui pourraient survenir encore, et qui sans cela auraient peut-être passé inaperçus. L'auteur anglais qui le premier a publié ceux qu'il avait recueillis, et à qui nous devons toutes nos citations des témoignages modernes, fait aussi connaître le moyen que les pêcheurs norvégiens emploient pour se garantir du serpent de mer. Lorsqu'ils l'aperçoivent tout près d'eux, ils évitent surtout les vides que laisse sur l'eau l'alternative de ses plis et replis. Si le soleil brille, ils rament dans la direction de cet astre qui éblouit le serpent. Mais lorsqu'ils l'aperçoivent à distance, ils font toujours force de rames pour l'éviter. S'ils ne peuvent espérer d'y parvenir, ils se dirigent droit sur sa tête, après avoir arrosé le pont d'essence de musc. On a observé l'antipathie de l'animal pour ce parfum violent; aussi les pêcheurs norvégiens en sont toujours pourvus quand ils se mettent en mer pendant les mois calmes et chauds de l'été. Dans la rencontre faite en 1837, les personnes qui étaient à bord du *Havre* ont aperçu seulement les ondulations du corps de l'immense reptile, et ont évalué approximativement sa longueur à plusieurs fois celle du navire. »

SÉRUG, esprit malin. *Voy.* Chassen.

SERVIUS-TULLIUS. Leloyer et d'autres prétendent que le roi de Rome, Servius, était fils d'un démon. Les cabalistes soutiennent de leur côté qu'il fut fils d'un salamandre.

SETHIENS ou SETHITES, hérétiques du IIe siècle, qui honoraient particulièrement le patriarche Seth, fils d'Adam. Ils disaient que deux anges avaient créé Caïn et Abel, et débitaient beaucoup d'autres rêveries. Selon ces hérétiques, Jésus-Christ n'était autre que Seth, venu au monde une seconde fois. Ils forgèrent des livres sous le nom de Seth et des autres patriarches.

SETHUS. Il y avait à la suite de l'empereur Manuel un magicien, nommé Séthus, qui rendit une fille éprise de lui par le moyen d'une pêche qu'il lui donna, à ce que conte Nicétas.

SEVERE. Quelques historiens rapportent qu'à la sortie d'Antioche l'ombre de l'empereur Sévère apparut à Caracalla, et lui dit pendant son sommeil : Je te tuerai comme tu as tué ton frère.

SEXE. On prétend aussi reconnaître d'avance, à certains symptômes, le sexe d'un enfant qui n'est pas né. Si la mère est gaie dans sa grossesse, elle aura un garçon ; si elle est pesante du côté droit, elle aura un garçon. Si elle se sent lourde du côté gauche, elle aura une fille. Si elle est pâle et pensive, elle aura une fille. Albert le Grand donne à entendre qu'il naît des garçons dans un ménage où l'on mange du lièvre, et des filles dans une maison où l'on fait cas de la fressure de porc. Voici autre chose. Ems possède deux sources, la Bubenquelle et la Maegdenquelle, qui, selon les gens du pays, ont une vertu merveilleuse : en buvant de la première, on est sûr d'avoir des garçons, et en buvant de l'autre, d'avoir des filles. Croyez cela et buvez...... du Johannisberg ou du Champagne (2).

SHAMAVEDAM, l'un des quatre livres sacrés des Indiens. C'est celui qui contient la science des augures et des divinations.

SHELO. *Voy.* Southcote.

SHOUPELTINS. Les habitants des îles Schetland appelaient ainsi des tritons ou hommes marins, dont les anciennes traditions et la superstition populaire ont peuplé les mers du Nord.

SIBYLLES. Les sibylles étaient chez les anciens des femmes enthousiastes qui ont laissé une grande renommée, et les paroles de plusieurs ont eu un cachet respectable. Ou il faut admettre que quelques-unes ont été inspirées, ou il faut refuser à plusieurs des saints Pères un crédit qu'ils méritent as-

---

(1) Isaïe, ch. xxvi, verset 1, traduct. de Sacy.

(2) Jacquemin, Fragments d'un voyage en Allemagne.

surément. Leurs prophéties étaient en langage poétique. Malheureusement les originaux sont presque tous perdus, et les morceaux qui nous en restent passent pour supposés en grande partie. Les sibylles sont au nombre de dix selon Varron; d'autres en comptent jusqu'à douze. 1° La sibylle de Perse. Elle se nommait Sambethe; on la dit bru de Noé dans des vers sibyllins apocryphes. 2° La sibylle libyenne. Elle voyagea à Samos, à Delphes, à Cl ros et dans plusieurs autres pays. On lui attribue des vers contre l'idolâtrie : elle reproche aux hommes la sottise qu'ils font de placer leur espoir de salut dans un dieu de pierre ou d'airain, et d'adorer les ouvrages de leurs mains. 3° La sibylle de Delphes. Elle était fille du devin Tirésias. Après la seconde prise de Thèbes, elle fut consacrée au temple de Delphes par les Épigones, descendants des guerriers qui avaient pris Thèbes la première fois. Ce fut elle, selon Diodore, qui porta la première le nom de Sibylle. Elle a célébré dans ses vers la grandeur divine : et des savants prétendent qu'Homère a tiré parti de quelques-unes de ses pensées. 4° La sibylle d'Érythrée. Elle a prédit la guerre de Troie, dans le temps que les Grecs s'embarquaient pour cette expédition. Elle a prévu aussi qu'Homère chanterait cette guerre longue et cruelle. Si l'on en croit Eusèbe et saint Augustin, elle connaissait les livres de Moïse : elle a parlé en effet de l'attente de Jésus-Christ. On lui attribue même des vers dont les premières lettres expriment, par acrostiche, *Jésus-Christ, fils de Dieu.* On l'a quelquefois représentée avec un petit Jésus et deux anges à ses pieds. 5° La sibylle Cimmérienne a parlé de la sainte Vierge plus clairement encore que celle d'Érythrée, puisque, selon Suidas, elle la nomme par son propre nom. 6° La sibylle de Samos a prédit que les Juifs crucifieraient un juste qui serait le vrai Dieu. 7° La sibylle de Cumes, la plus célèbre de toutes, faisait sa résidence ordinaire à Cumes, en Italie. On l'appelait Déiphobe; elle était fille de Glaucus et prêtresse d'Apollon. Elle rendait ses oracles au fond d'un antre qui avait cent portes ; d'où sortaient autant de voix qui faisaient entendre ses réponses. Ce fut elle qui offrit à Tarquin le Superbe un recueil de vers sibyllins, dont on sait qu'il ne reçut que la quatrième partie : ces vers furent soigneusement conservés dans les archives de l'empire, au Capitole. Cet édifice ayant été brûlé du temps de Sylla, Auguste fit ramasser tout ce qu'il put trouver de fragments détachés des vers sibyllins et les fit mettre dans des coffres d'or au pied de la statue d'Apollon Palatin (1), où l'on allait les consulter. Petit, dans son traité *De sibylla*, prétend qu'il n'y a jamais eu qu'une sibylle, celle de Cumes, dont on a partagé les actions et les voyages. Ce qui a donné lieu, selon lui, à cette multiplicité, c'est que cette fille mystérieuse a prophétisé en divers pays, mais c'est là une idée de savant à système. 8° La sibylle Hellespontine. Elle naquit à Marpèse dans la Troade ; elle prophétisa du temps de Solon et de Crésus. On lui attribue aussi des prophéties sur la naissance de Notre-Seigneur. 9° La sibylle Phrygienne. Elle rendait ses oracles à Ancyre en Galatie. Elle a prédit l'annonciation et la naissance du Sauveur. 10. La sibylle Tiburtine ou Albunée, qui fut honorée à Tibur comme une femme divine. Elle prédit que Jésus-Christ naîtrait d'une vierge à Bethléem et régnerait sur le monde. 11° La sibylle d'Épire. Elle a aussi prédit la naissance du Sauveur. 12° La sibylle Égyptienne a chanté également les mystères de la Passion et la trahison de Judas. Saint Jérôme pense que les sibylles avaient reçu du ciel le don de lire dans l'avenir en récompense de leur chasteté. Mais il paraît que les huit livres de vers sibyllins que nous avons aujourd'hui sont en effet douteux. Bergier, dans son savant Dictionnaire de théologie, les croit supposés et les attribue dans ce cas aux gnostiques du II° siècle.

Les Persans ont un livre mystérieux appelé Karajamea (recueil des révolutions futures); il est pour eux ce qu'étaient autrefois les oracles des sibylles pour le peuple romain. On le consulte dans les affaires importantes, et surtout avant d'entreprendre une guerre ; on le dit composé de neuf mille vers, chaque vers formant une ligne de cinquante lettres. Son auteur est le célèbre cheik Sephy, l'aïeul du prince qui régnait au temps du voyageur Chardin ; et l'on croyait fortement en Perse qu'il contenait une partie des principales révélations d'Asie, jusqu'à la fin du monde. Il était alors gardé avec soin dans le trésor royal comme un original dont il n'y a point de double ni de copie, car la connaissance en était interdite au peuple.

SICIDITES. Leloyer conte que ce magicien, appuyé sur les fenêtres de l'empereur Manuel Comnène, avec les courtisans, regardait le port de Constantinople. Il arriva une petite chaloupe chargée de pots de terre. Sicidites offrit à ceux qui l'entouraient de leur faire voir le potier cassant ses pots ; ce qu'il effectua à l'instant au grand divertissement des courtisans, qui se pâmaient de rire; mais ce rire se changea en compassion quand ils aperçurent le pauvre homme qui se lamentait, en s'arrachant la barbe, à la vue de tous ses pots cassés. Et comme on lui demandait pourquoi il les avait brisés de la sorte, il répondit qu'il avait vu un serpent à crête rouge et étincelante, entortillé autour de ses pots, qui les regardait la gueule ouverte et la tête levée comme s'il eût voulu les dévorer, et qu'il n'avait disparu qu'après

---

(1) On appelait quindécemvirs les quinze magistrats préposés pour consulter les livres des sibylles. Mais ces livres, où l'on croyait contenues les destinées du peuple romain, ayant été brûlés, en 670, avec le Capitole où ils étaient gardés, on envoya de tous côtés des ambassadeurs faire la recherche des oracles des sibylles, et les quindécemvirs en composèrent d'autres livres qu'Auguste fit cacher sous le piédestal de la statue d'Apollon Palatin. Ils avaient été d'abord établis par Tarquin au nombre de deux, puis furent portés à dix, et enfin jusqu'à quinze par Sylla. On les créait de la même manière que les pontifes. (*Le Livre unique*, n. 15.)

tous les pots cassés. Un autre jour, pour se venger de quelques gens qui l'insultaient dans un bain, Sicidites se retira dans une chambre prochaine pour reprendre ses habits. Dès qu'il fut sorti, tous ceux qui étaient dans le bain détalèrent avec précipitation, parce que du fond de la cuve du bain il sortit des hommes noirs, qui les chassaient à coups de pied.

SIDÉROMANCIE, divination qui se pratiquait avec un fer rouge, sur lequel on plaçait avec art un certain nombre de petites paillettes qu'on brûlait et qui jetaient des reflets comme les étoiles.

SIDRAGASUM, démon qui a le pouvoir de faire danser les femmes mondaines.

SIFFLER LE VENT. « Cette coutume de siffler pour appeler le vent est une de nos superstitions nautiques, qui, malgré son absurdité, s'empare insensiblement aux heures de calme, des esprits les plus forts et les plus incrédules; autant vaudrait raisonner avec la brise capricieuse elle-même que d'essayer de convaincre le matelot anglais que, le vent soufflant où il lui plaît et quand il lui plaît, il ne sert à rien de l'invoquer. En dépit de la marche des intelligences, lorsque l'air manque à la voile, toujours le marin sifflera (1). »

SIGÉANI, esprit qui, dans le royaume d'Ava, préside à l'ordre des éléments et lance la foudre et les éclairs.

SIGNE DE CROIX. Un juif qui se rendait à Fondi, dans le royaume de Naples, fut surpris par la nuit, et ne trouva pas d'autre gîte qu'un temple d'idoles, où il se décida, faute de mieux, à attendre le matin. Il s'accommoda comme il put dans un coin, s'enveloppa dans son manteau et se disposa à dormir. Au moment où il allait fermer l'œil, il vit plusieurs démons tomber de la voûte dans le temple, et se disposer en cercle autour d'un autel. Le roi de l'enfer descendit aussi, se plaça sur un trône, et ordonna à tous les diables subalternes de lui rendre compte de leur conduite. Chacun fit valoir les services qu'il avait rendus à la chose publique; chacun fit l'exposé de ses bonnes actions. Le juif, qui ne jugeait pas comme le prince des démons, et qui trouvait leurs bonnes actions un peu mauvaises, fut si effrayé de la mine des démons et de leurs discours, qu'il se hâta de dire les prières et de faire les cérémonies que la synagogue met en usage pour chasser les esprits malins. Mais inutilement: les démons ne s'aperçurent pas qu'ils étaient vus par un homme. Ne sachant plus à quoi recourir, le juif s'avisa d'employer le signe de la croix. On lui avait dit que ce signe était formidable aux démons; il en eut la preuve, dit le légendaire, car les démons cessèrent de parler, aussitôt qu'il commença de se signer. Après avoir regardé autour de lui, le roi de l'enfer aperçut l'enfant d'Israël.

— Allez voir qui est là, dit-il à un de ses gens. Le démon obéit; lorsqu'il eut examiné le voyageur, il retourna vers son maître. — C'est un vase de réprobation, dit-il; mais il vient de s'appuyer du signe de la croix.

Sortons, reprit le diable. Nous ne pourrons bientôt plus être tranquilles dans nos temples. — En disant ces paroles, le prince des démons s'envola; tous ses gens disparurent, et le juif se fit chrétien.

SILÈNES. On donnait ce nom aux satyres lorsqu'ils étaient vieux. On entendait aussi quelquefois par silènes des génies familiers, tels que celui dont Socrate se vantait d'être accompagné.

SIMAGORAD. Grimoire. *Voy.* CHARLES VI.

SIMON LE MAGICIEN. Ce Simon, qui n'est connu que pour avoir voulu acheter aux apôtres le don de faire des miracles, et pour avoir donné son nom maudit à la *Simonie*, joue un grand rôle dans les vieilles légendes et dans les livres des démonomanes. Voici quelques-uns des récits qu'on a faits de ses talents magiques; car n'ayant pu traiter avec les saints, il traita avec les démons. Il avait à sa porte un gros dogue qui dévorait ceux que son maître ne voulait pas laisser entrer. Saint Pierre, voulant parler à Simon, ordonna à ce chien de lui aller dire, en langage humain, que Pierre, serviteur de Dieu, le demandait; le chien s'acquitta de cette commission au grand étonnement de ceux qui étaient alors avec Simon. Mais Simon, pour leur faire voir qu'il n'en savait guère moins que saint Pierre, ordonna à son tour au chien d'aller lui dire qu'il entrât; ce que le chien, dit-on, exécuta aussitôt. Simon le Magicien disait que si on lui tranchait la tête, il ressusciterait trois jours après. L'empereur le fit décapiter; par ses prestiges il supposa la tête d'un mouton à la place de la sienne, et se remontra le troisième jour. Il commandait à une faux de faucher d'elle-même, et elle faisait autant d'ouvrage que le plus habile faucheur. Sous le règne de l'empereur Néron, Simon le Magicien parut un jour en l'air, comme un oiseau, assis sur un char de feu. Mais saint Pierre, plus puissant que lui, le fit tomber, et il se cassa les jambes. On a écrit cette aventure sous le titre de *Combat apostolique;* on a souvent mis cet écrit sous le nom d'Abdias de Babylone. Simon le Magicien n'était donc qu'un imposteur. Il eut des disciples; et on le croit le premier chef des gnostiques. Il attribuait la création aux Eons ou esprits; il affirmait que les plus parfaits des divins Eons résidaient dans sa personne; qu'un autre Eon très-distingué, quoique du sexe féminin, habitait dans sa maîtresse Hélène, dont il contait des choses prodigieuses; que lui, Simon, était envoyé de Dieu sur la terre pour détruire l'empire des esprits qui ont créé le monde matériel, et surtout pour délivrer Hélène de leur puissance. Saint Justin dit que Simon, après sa mort, fut honoré comme un dieu par les Romains, et qu'il eut une statue.

---

(1) Le capitaine Bazil Hall.

SIMON DE PHARÈS, auteur d'un recueil d'histoires de quelques célèbres astrologues et hommes doctes, qu'il dédia au roi Charles VIII. Il ne paraît pas que ce livre ait été imprimé (1).

SIMONIDE. Un jour qu'il soupait chez un de ses amis, on vint l'avertir que deux jeunes gens étaient à la porte, qui voulaient lui parler d'une importante affaire. Il sort aussitôt, ne trouve personne ; et, dans l'instant qu'il veut rentrer à la maison, elle s'écroule et écrase les convives sous ses ruines. Il dut son salut à un hasard si singulier, qu'on le regarda, parmi le peuple, comme un trait de bienveillance de Castor et Pollux, qu'il avait chantés dans un de ses poëmes.

SIMORGUE, oiseau fabuleux que les Arabes nomment Anka, les rabbins Jukhneh, et que les Perses disent habiter dans les montagnes de Kaf. Il est si grand qu'il consomme pour sa subsistance tout ce qui croît sur plusieurs montagnes. Il parle ; il a de la raison, en un mot c'est une fée qui a la figure d'un oiseau. Étant un jour interrogée sur son âge, la Simorgue répondit :
— Ce monde s'est trouvé sept fois rempli de créatures, et sept fois entièrement vide d'animaux. Le cycle d'Adam, dans lequel nous sommes, doit durer sept mille ans, qui font un grand cycle d'années : j'ai déjà vu douze de ces cycles, sans que je sache combien il m'en reste à voir. — La Simorgue joue un grand rôle dans les légendes de Salomon. *Voy.* SALOMON.

SINGES. Ces animaux étaient vénérés en Égypte. Chez les Romains, au contraire, c'était un mauvais présage de rencontrer un singe, en sortant de la maison.

SIRATH. C'est le nom que donnent les musulmans au pont que les âmes passent après leur mort, et au-dessous duquel est un feu éternel. Il est aussi mince que le tranchant d'un sabre ; les justes doivent le franchir avec la rapidité de l'éclair, pour entrer dans le paradis.

SIRCHADE, démon qui a tout pouvoir sur les animaux.

SISTRE, plante qui, selon Aristote, se trouvait dans le Scamandre, ressemblait au pois chiche, et avait la vertu de mettre à l'abri de la crainte des spectres et des fantômes ceux qui la tenaient à la main.

SITTIM, démon indien, qui habite les bois sous la forme humaine.

SKALDA. *Voy.* NORNES.

SMYRNE. On dit qu'antérieurement aux temps historiques, une amazone fonda la ville de Smyrne et lui donna son nom, qu'elle n'a jamais perdu.

SOCRATE. Les anciens, qui trouvaient les grandes qualités surhumaines, ne les croyaient pas étrangères à l'essence des démons. Il est vrai que les démons chez eux n'étaient pas pris tous en mauvaise part. Aussi disaient-ils que Socrate avait un démon familier ; et Proclus soutient qu'il lui dut toute sa sagesse (2). Peut-être les hommes trouvaient-ils leur compte à cet arrangement. Ils se consolaient d'être moins vertueux que Socrate, en songeant qu'ils n'avaient pas un appui comme le sien.

SOLEIL. *Voy.* DANSE DU SOLEIL.

SOLIMAN. C'est le nom de Salomon chez les Musulmans. Ils entendent par ce nom quelque chose de très-grand ; et ils assurent qu'il y a eu quarante solimans ou monarques universels de la terre, qui ont régné successivement pendant le cours d'un grand nombre de siècles avant la création d'Adam. Tous ces monarques prétendus commandaient chacun à des créatures de leur espèce, différentes de l'espèce humaine actuelle, quoique raisonnables comme les hommes ; ce sont les génies.

SOMMEIL. Vanderviel rapporte qu'en 1684, un potier de terre de Londres dormit quinze jours de suite sans avoir été affaibli par le défaut de nourriture ; il lui semblait n'avoir dormi qu'un jour. Epiménide, philosophe de Crète, étant entré dans une caverne, y dormit, selon Diogène Laërce, cinquante-sept ans ; selon Plutarque cinquante, selon d'autres vingt-sept. On prétend qu'au sortir de là il ne reconnaissait plus personne. *Voy.* DORMANTS.

SOMNAMBULE. Des gens d'une imagination vive, d'un sang trop bouillant, font souvent en dormant ce que les plus hardis n'osent entreprendre éveillés. Barclai parle d'un professeur qui répétait la nuit les leçons qu'il avait données le jour, et qui grondait si haut, qu'il réveillait tous ses voisins. Johnston rapporte, dans sa *Thaumatographia naturalis*, qu'un jeune homme sortait toutes les nuits de son lit, vêtu seulement de sa chemise ; puis montant sur la fenêtre de sa chambre, il sautait à cheval sur le mur et le talonnait pour accélérer la course qu'il croyait faire. Un autre descendit dans un puits et s'éveilla aussitôt que son pied eut touché l'eau, qui était très-froide. Un autre monta sur une tour, enleva un nid d'oiseaux et se glissa à terre par une corde, sans s'éveiller. Un Parisien, de même endormi, se leva, prit son épée, traversa la Seine à la nage, tua un homme que la veille il s'était proposé d'assassiner ; et, après qu'il eut consommé son crime, il repassa la rivière, retourna à sa maison et se mit au lit, sans s'éveiller. On peut expliquer le somnambulisme comme une activité partielle de la vie animale, disent les philosophes. L'organe actif transmet ainsi l'incitation sur les organes voisins, et ceux-ci commencent également, par l'effet de leurs relations avec la représentation qui a été excitée, à devenir actifs et à coopérer (c'est très-clair). Par là l'idée de l'action représentée devient si animée que, même les instruments corporels nécessaires pour son opération, sont mis en activité par les nerfs qui agissent sur eux

---

(1) Singularités historiques et littéraires de D. Liron, t. I*er*, p. 315.

(2) Proclus, de Anima et dæmone. Naudé, Apologie.

(vous comprenez?). Le somnambule commence même à agir corporellement, et remplit l'objet qu'il s'est proposé, avec la même exactitude que s'il était éveillé, avec cette différence néanmoins qu'il n'en a pas le sentiment général, parce que les autres organes de la vie animale qui n'ont pas participé à l'activité, reposent, et que, par conséquent, le sentiment n'y a pas été réveillé. Voilà. Gall a connu un prédicateur somnambule qui, très-souvent, ayant un sermon à faire, se levait la nuit en dormant, écrivait son texte ou en faisait la division, en travaillait des morceaux entiers, rayait ou corrigeait quelques passages, en un mot, qui se conduisait comme s'il eût été éveillé, et qui cependant en s'éveillant n'avait aucun sentiment de ce qu'il venait de faire. La Fontaine a composé, dit-on, sa fable des *deux Pigeons* en dormant; anecdote contestée.

Suivant le rapport de Fricish, qui le tenait du père Del-Rio, un maître d'école, nommé Gondisalve, allait enseigner pendant la journée le catéchisme à des enfants, et venait coucher le soir dans un monastère, où la nuit, en dormant, il recommençait ses leçons, reprenait les enfants, et entonnait le chant de son école. Un moine, dans la chambre duquel il couchait, le menaça de l'étriller s'il ne restait pas tranquille. Le maître d'école se coucha sur cette menace et s'endormit. Dans la nuit, il se lève, prend de grands ciseaux et va au lit du moine, qui par bonheur, étant éveillé, le vit venir à la faveur d'un clair de lune; sur quoi il prit le parti de se glisser hors du lit et de se cacher dans la ruelle. Le maître d'école, arrivé au lit, hache le traversin de coups de ciseaux et va se recoucher. Le lendemain, quand on lui présenta le traversin par lambeaux, il dit que tout ce qu'il se rappelait c'était que, le moine l'ayant voulu rosser, il s'était défendu avec des ciseaux.

Il y a un grand nombre d'histoires de somnambules. Le remords a souvent produit cette crise, et, depuis la femme de Macbeth, la série des coupables qui se sont trahis dans leur sommeil serait longue. Voici un morceau publié dans *le Siècle* par M. A. Joanne; il est extrait du journal du ministre de saint Léonard.

Après que le laird de Dowiclée (Ecosse) a manqué de parole à la belle Lucie Olivier, fille d'un de ses fermiers, pour épouser sa riche cousine Amélie Gordon, la jeune villageoise, qui a promis de l'oublier, demande, comme une faveur, d'entrer au service d'Amélie; celle-ci, ne sachant rien du passé, est ravie des qualités de Lucie. Le mari continue son récit :

Ce qui m'étonnait par-dessus tout, dit-il, c'était la convenance de ses manières. Jamais, même lorsque nous nous trouvions seuls, elle ne reconnaissait en moi son futur de la Fontaine-Sainte; elle me traitait toujours comme le mari d'une femme qu'elle s'était engagée à servir, comme un maître dont elle attendait les ordres pour s'empresser de les exécuter. Sa conduite m'inspirait une profonde reconnaissance. Peu de temps après, mon Amélie me donna un second gage d'une affection qui croissait de jour en jour. A cette époque, Lucie redoubla d'attentions et de soins pour sa maîtresse. Le troisième jour qui suivit son accouchement, ma femme eut la fièvre, et le médecin déclara que sa vie était en danger. Durant plusieurs jours et plusieurs nuits, je ne quittai pas la chambre de la malade un seul instant. Lucie, suivant mon exemple, montrait un zèle et un dévouement que je ne me lassais pas d'admirer. Elle priait Dieu avec moi; elle priait pour le salut de sa rivale préférée. Enfin le moment fatal arriva; la crise si redoutée se termina heureusement; je tombai à genoux devant le lit. Lucie m'imita, et nous remerciâmes tous deux la Providence de sa bonté. Mais nous nous étions trop hâtés d'espérer et de nous réjouir. Accablé de fatigue, je me jetai tout habillé sur le canapé pour prendre quelques heures de repos; ma femme eut une rechute pendant mon sommeil. Lucie me réveilla pour m'annoncer d'une voix entrecoupée de sanglots la triste nouvelle. Je me précipitai vers le lit; je saisis Amélie dans mes bras..... Je ne tenais plus qu'un cadavre. Je me rétablis, car il n'y a pas de douleurs éternelles. Pendant ma maladie, qui fut longue, ma maison peu à peu se trouva livrée entièrement à celle qui nous avait donné tant et de si grandes preuves d'attachement et de fidélité. Mes enfants la traitaient comme leur mère; elle leur était devenue nécessaire. Et n'était-elle pas aussi devenue nécessaire à leur père? A mesure que le temps adoucissait l'amertume de mon chagrin et me forçait à oublier la perte cruelle que j'avais faite, je sentais mon premier amour se ranimer en moi plus violent que jamais. Les motifs qui jadis s'étaient opposés à ma passion n'existaient plus. Les circonstances étaient changées. J'épousai Lucie Olivier à la fin de la seconde année qui suivit la mort de mon Amélie. Une fois encore je pus croire au bonheur; mais une pensée affreuse venait troubler continuellement mon repos. Instruit par l'expérience, je ne cessais de trembler pour la santé de celle qui était mon dernier comme elle avait été mon premier amour. Lorsqu'elle m'annonça sa grossesse, mes craintes redoublèrent et j'attendis avec la plus vive anxiété l'époque fatale qui devait décider de son sort et du mien. Lucie donna heureusement le jour à un fils; mais, malgré tous les soins qui lui furent prodigués, dès ce moment elle ne recouvra plus la santé. Une extrême faiblesse l'obligeait à garder le lit, et des douleurs névralgiques lui arrachaient des cris perçants. La nuit, si elle parvenait à dormir, elle était presque aussitôt réveillée en sursaut par des rêves épouvantables, et en s'éveillant elle versait des larmes abondantes. Goûtait-elle un instant de sommeil, elle poussait à de courts intervalles de profonds soupirs; elle prononçait à haute voix des paroles vagues et incohérentes.

Une nuit, m'étant éveillé vers une heure

du matin, je fus très-surpris et très-alarmé de ne pas voir ma femme à mon côté. Sa maladie ne lui permettait même pas de se tenir sur ses jambes pendant le jour : comment donc avait-elle pu se lever et quitter son lit? Je l'appelai, elle ne répondit pas. D'abord je ne voyais et je n'entendais rien dans l'appartement ; je finis cependant par apercevoir une ombre blanche qui se promenait lentement dans la chambre : c'était ma femme. Tout à coup elle s'arrêta devant une armoire, l'ouvrit, en retira une petite bouteille qu'elle serra contre son cœur. Puis, se tournant vers le lit, elle me regarda quelques minutes, en conservant la même attitude et tenant toujours la bouteille à la main. — Le danger est passé maintenant, murmura-t-elle d'une voix sourde; la malade sera sauvée. Elle se tut et prêta l'oreille. — Lorsque la malade sera rétablie, reprit-elle au bout d'un moment, je continuerai à la parer pour ses yeux, à la servir....... Non, non. Elle a eu son temps ; c'est à mon tour..... Écoutons..... Il s'éveille dans la chambre voisine........ Elle prêta de nouveau l'oreille. — C'est le vent qui agite les arbres... Vite, vite... Elle ne refusera pas une potion que lui présentera Lucie Olivier ! En achevant ces mots elle s'avança vers le lit sur lequel j'étais retombé glacé d'horreur et ne pouvant plus ni remuer, ni penser, ni parler. Elle marcha sur la pointe du pied, retournant la tête avec effroi du côté de la porte, écoutant à chaque pas si elle n'entendait aucun bruit. Arrivée près du lit, elle se tint immobile devant moi et elle me dit : — Vous avez chaud, chère dame, mais votre front est couvert de sueur. C'est un bon signe; vous respirez plus librement. Prenez cette potion que le médecin a prescrite. Je l'ai goûtée : ce qui est doux pour Lucie ne peut être amer pour celle que Lucie aime tant. Buvez, ma chère dame..... Vite, vite.... Allons, il en reste une goutte..... Il faut tout prendre ; le médecin le veut ainsi ; cela vous fera dormir, et lorsque vous vous éveillerez, Dowiclée vous embrassera en vous félicitant de votre guérison.....

Elle retourna alors vers l'armoire, remit la petite bouteille à sa place et revint se coucher. J'essayais, mais en vain, de calmer mon esprit et de penser sans effroi à la scène étrange dont je venais d'être témoin. J'ignorais que ma femme eût pris une potion le matin de sa mort. Lucie lui en avait-elle présenté une? Ses paroles ne signifiaient-elles rien de plus ? A cette question je n'osais pas répondre. Deux nuits après, ma femme se leva de nouveau. J'épiais tous ses mouvements. Elle se dirigea vers l'armoire comme la première fois, l'ouvrit, prit la bouteille et s'avança vers le lit. Elle semblait encore plus agitée que la nuit précédente. Plusieurs fois elle s'approcha et recula épouvantée ; enfin elle s'arrêta au milieu de la chambre et elle prononça d'une voix distincte les paroles suivantes : — J'ai longtemps souffert..... J'ai souffert à la Fontaine-Sainte, j'ai souffert dans la chaumière de mon père, j'ai souffert sous la fenêtre de cette chambre à coucher, la nuit de son mariage, tandis que je grelottais au vent froid du nord ; quand je voyais leur bonheur à l'une et à l'autre, je souffrais cruellement, et cependant alors il pensait que je l'avais oublié. L'oublier ! oh ! non, je l'aimais toujours..... Mais je ne puis attendre plus longtemps. Maintenant ou jamais, Lucie Olivier ou Amélie Gordon, l'une de nous deux, boira cette potion que l'apothicaire Watson refusait de me donner. Allons, allons, je n'ai que peu d'instants. Il va revenir.... Elle s'avança alors vers le lit, passa la main sur mon front et fit ensuite exactement ce qu'elle avait fait la nuit précédente. Puis elle se recoucha en tremblant de tous ses membres et en poussant de profonds soupirs. Je ne devinais déjà que trop le sens de ces horribles paroles ; déjà la vérité m'apparaissait tout entière. Le lendemain je courus chez l'apothicaire Watson et lui demandai si depuis longtemps quelqu'un de mes domestiques ne lui avait pas acheté du poison. — Oui, me répondit-il, j'ai cédé aux sollicitations importunes de Lucie Olivier, et je lui ai vendu une once d'acide oxalique quelque temps avant la mort de votre première femme. Qu'avais-je besoin d'en savoir davantage ? Cependant je doutais encore. Lucie devinait la cause secrète de mon chagrin, car je remarquai qu'elle ne m'entretenait jamais de ses rêves, et nos bouches étaient muettes. Sa maladie faisait chaque jour de nouveaux progrès ; elle fut bientôt réduite à la dernière extrémité. Ne pouvant supporter l'affreux spectacle d'une telle agonie, je l'abandonnai aux soins de ses femmes. Une nuit on vint me dire qu'elle désirait me parler sans témoins. Lorsque je fus assis auprès de son lit, elle me regarda avec une tranquillité qui me surprit ; ses yeux étaient remplis de larmes ; — C'est vrai ! c'est vrai ! s'écria-t-elle, et elle expira. Ce que j'ai souffert depuis, il faudrait des années pour le dire

Par fois aussi le chagrin a causé le somnambulisme. On cite dans ce sens, en Allemagne, un organiste habile, que rien ne pouvait consoler de la mort de sa femme. Le printemps était revenu radieux ; mais il ne lui rappelait que la perte cruelle qu'il avait faite une année auparavant.

Vers ce temps-là, dit la relation, les voisins de l'église entendirent à maintes reprises comme jouer de l'orgue au milieu de la nuit ; ce n'était pas seulement un son unique, saccadé, que l'on entendait, mais une mélodie convenablement suivie, bien exécutée, du plain-chant. On considéra d'abord les récits de ces gens comme faux ou comme le produit d'une imagination facile à tromper. Enfin, comme ces rapports se renouvelaient et qu'ils étaient confirmés par des personnes dignes de foi, la chose fit du bruit et on résolut de l'examiner. On était trop éclairé pour l'attribuer à une influence surnaturelle. Il devait y avoir à cela une cause simple. Il ne restait pas de doute sur la vérité du fait. L'organiste, commis à la garde des clefs, ne se rappelait pas qu'elles lui eussent manqué une seule fois, ou qu'il les eût laissées à la disposition de personne ; lui-même, quoique le plus proche voisin de l'église, n'avait jamais entendu le jeu nocturne de l'orgue, et il accueillait ces récits avec un sourire d'incrédulité.

On convint que, si cela se faisait entendre de nouveau, il fallait éveiller M. le curé et l'organiste ; ils devaient ensemble déchirer le voile mystérieux qui couvrait cette affaire. Bientôt on entendit de nouveau le jeu de l'orgue à l'heure des spectres. On alla éveiller le curé qui vint de suite. Quant à l'organiste, on le crut plongé dans un profond sommeil, car il n'entendit ni les cris, ni les coups frappés à sa porte. Enfin sa servante parut et apporta la réponse que son maître n'était pas dans sa chambre à coucher et qu'elle ne trouvait pas les clefs de l'église. Que faire ? Il n'y avait pas de temps à perdre : on se rendit en hâte à l'église, on en trouva la porte ouverte. Le courageux organiste était-il venu le premier pour recueillir seul la gloire de la découverte ? Etait-ce lui-même qui touchait l'orgue dans le but de mystifier le voisinage ? Lui était-il arrivé un malheur ? Etait-il tombé entre les mains des esprits malins ? Quoi qu'il en puisse être, il faut que ce mystère s'éclaircisse. Le curé, homme au-dessus de toute superstition, entra accompagné de beaucoup de gens courageux et de beaucoup de curieux. Un beau clair de lune répandait la lumière dans toute l'église, et le grand tableau de l'autel semblait être devenu vivant ; de larges ombres et de vifs effets de lumière se partageaient l'intérieur de l'édifice. Du reste, l'église était déserte. Justement l'orgue commença à se faire entendre. Tous se tinrent coi et écoutèrent. C'était un plain-chant solennel ; les sons circulaient autour des colonnes comme des couronnes de fleurs et tombaient sur l'autel comme des fleurs printanières ; l'harmonie paraissait venir de haut en bas, et les murailles elles-mêmes semblaient rendre des sons harmonieux. Il y avait réellement, dans cette musique nocturne, quelque chose de surnaturel, dont l'impression était encore plus profonde à cause de la lumière de la lune, répandue fantastiquement sur les murs, et du calme et de la solennité de la nuit. Les auditeurs demeurèrent longtemps immobiles, et, aussitôt que les derniers accords se furent fait entendre, ils s'avancèrent plus près de l'orgue pour en venir au but qu'ils s'étaient proposé. Là était assis l'organiste, pâle et immobile comme une statue ; ses yeux étaient fermés. On ne l'éveilla point. Bientôt il se leva et reprit, les yeux toujours fermés, le chemin de son habitation. Ces scènes nocturnes se renouvelaient souvent et toujours de la même manière. L'organiste, miné intérieurement par un profond chagrin, était devenu somnambule et dépérissait visiblement. Le printemps avait rouvert toutes les blessures de son cœur, et avant que le marronnier du cimetière se recouvrît de fleurs, on l'avait déposé à côté du tombeau de sa femme. Depuis lors l'orgue nocturne demeura muet.

Nous avons à parler aussi du somnambulisme magnétique. On prétend qu'une personne magnétisée s'endort profondément et parle aussitôt pour révéler les choses secrètes, prédire l'avenir et lire dans les cœurs, par un prodige jusqu'ici inexplicable. Le fait dans tous les cas est constant. Nous ne l'apprécierons ni ne le jugerons, nous contentant de citer des passages curieux de divers observateurs sur un sujet si mystérieux. Voici d'abord un article digne d'attention, publié, il y a une douzaine d'années, par la *Revue britannique* et répété dans plusieurs journaux ; il contredit les dénégations systématiques de certaines académies. Nous mentionnerons après cela le jugement de la cour de Rome sur certains usages du somnambulisme, que dans sa profonde sagesse elle ne condamne pas en fait, mais dont elle réprouve les abus et les procédés au moins dangereux. Ces pièces ont été recueillies par *l'Ami de la religion* et par *l'Union catholique*. Pour le surplus, nous renverrons aux articles MAGNÉTISME et MESMER.

« A différentes époques, dit l'auteur anglais, le magnétisme a donné lieu à des discussions si vives et si animées, que des deux côtés on arriva promptement aux extrêmes ; c'est presque dire à l'erreur. Les partisans du magnétisme prétendirent que l'homme possède, dans cet état, des facultés jusqu'alors inconnues. Pour quelques-uns d'entre eux, l'espace disparaissait devant les prodiges de leurs sujets magnétisés ; il n'en coûtait que le simple effort de la volonté pour la nature des choses les plus différentes, pour métamorphoser une tonne d'eau de la Tamise en vin de Champagne, ou pour répandre sur une population affamée les bienfaits d'une nourriture agréable et abondante. Pour eux, les sciences les plus problématiques, celles qui exigent les études les plus profondes et les plus sévères, s'apprennent en quelques instants. La femme nerveuse, qu'une pensée sérieuse de quelques minutes fatigue, devient, entre les mains des habiles du parti, plus savante et plus heureuse dans ses prescriptions qu'aucun de nos praticiens les plus expérimentés.

« De leur côté, les antagonistes du magnétisme ne veulent admettre aucun phénomène insolite, aucune exception aux règles ordinaires de la nature : pour eux, tout l'échafaudage du magnétisme ne repose que sur l'erreur des sens de quelques personnes et sur la fourberie de quelques autres. Le fait suivant, exemple remarquable de somnambulisme naturel, ne permet pas de douter que, dans cet état, l'homme ne possède quelquefois des facultés qui sont à peine appréciables dans l'état de veille. Au reste, ces phénomènes, quoique très-curieux, n'ont rien de surnaturel ; et il est facile d'expliquer ce qu'ils ont de surprenant par la concentration de toutes les forces de l'intelligence sur un seul objet et par l'exercice de quelques sens dans des circonstances particulières. Les faits rapportés dans la brochure américaine dont nous allons donner l'analyse, et sur la véracité desquels aucun praticien des Etats-Unis n'a élevé de doute, présentent un haut degré d'intérêt, surtout si on les rapproche de ceux du même genre qui ont été offerts par l'infortuné Gaspard Hauser, quoique dans des circonstances différentes.

« Jeanne Rider est âgée de dix-sept ans, et fille de Vermont, artisan; son éducation a été supérieure à celle que reçoivent ordinairement les personnes des classes moyennes de la société. Elle aime beaucoup la lecture, et fait surtout ses délices de celle des poëtes. Bien que son extérieur annonce une bonne santé, cependant elle a toujours été sujette à de fréquents maux de tête, et il y a trois ans elle est restée pendant plusieurs mois affectée de chorée. Dans son enfance, il lui est arrivé plusieurs fois de se lever du lit au milieu de son sommeil; mais elle n'avait jamais rien offert qui ressemblât aux phénomènes remarquables que depuis elle a éprouvés.

« Cette singulière affection a débuté chez elle subitement; d'abord ses parents firent tous leurs efforts pour l'empêcher de se lever; les secours de l'art furent même invoqués sans un grand succès; car, au bout d'un mois, elle fut prise d'un nouveau paroxysme, pendant lequel on résolut de ne la soumettre à aucune contrainte, et de se contenter d'observer ses mouvements. Aussitôt qu'elle se sentit libre, elle s'habilla, descendit et fit tous les préparatifs du déjeuner. Elle mit la table, disposa avec la plus grande exactitude les divers objets dont elle devait être couverte, entra dans une chambre obscure, et de là dans un petit cabinet encore plus reculé, où elle prit les tasses à café; les plaça sur un plateau qu'elle déposa sur la table, après beaucoup de précautions pour ne pas le heurter en l'apportant. Elle alla ensuite à la laiterie dont les contrevents étaient fermés, et poussa la porte derrière elle; après avoir écrémé le lait, elle versa la crème dans une coupe, et le lait dans une autre sans en épancher une seule goutte. Elle coupa ensuite le pain, qu'elle plaça sur la table; enfin, quoique les yeux fermés, elle fit tous les préparatifs du déjeuner avec la même précision qu'elle eût pu y mettre en plein jour. Pendant tout ce temps, elle sembla ne faire aucune attention à ceux qui l'entouraient, à moins qu'ils ne se missent sur sa route ou qu'ils ne plaçassent des chaises ou d'autres obstacles devant elle; alors elle les évitait, mais en témoignant un léger sentiment d'impatience.

« Enfin, elle retourna d'elle-même au lit; et lorsque le lendemain, en se levant, elle trouva la table toute préparée pour le déjeuner, elle demanda pourquoi on l'avait laissé dormir pendant qu'une autre avait fait son travail. Aucune des actions de la nuit précédente n'avait laissé la plus légère impression dans son esprit. Un sentiment de fatigue, le jour suivant, fut le seul indice qu'elle reconnut à l'appui de ce qu'on lui rapportait.

« Les paroxysmes devinrent de plus en plus fréquents; la malade ne passait pas de semaines sans en éprouver deux ou trois, mais avec des circonstances très-variées. Quelquefois elle ne sortait pas de sa chambre, et s'amusait à examiner ses robes et les autres effets d'habillement renfermés dans sa malle. Il lui arrivait aussi de placer divers objets dans des endroits où elle n'allait plus les chercher éveillée, mais dont le souvenir lui revenait pendant le paroxysme. Ainsi, elle avait tellement caché son étui, qu'elle ne put le trouver pendant le jour, et l'on fut étonné de la voir la nuit suivante occupée à coudre avec une aiguille qu'elle avait dû certainement y prendre. Non-seulement elle cousait dans l'obscurité, mais encore elle enfilait son aiguille, les yeux fermés. Les idées de Jeanne Rider relatives au temps étaient ordinairement inexactes; constamment elle supposait qu'il était jour; aussi quand on lui répétait qu'il était temps d'aller se coucher: — Quoi! disait-elle, aller au lit en plein jour! Voyant une fois une lampe brûler dans l'appartement où elle était occupée à préparer le dîner, elle l'éteignit en disant qu'elle ne concevait pas pourquoi on voulait avoir une lampe pendant la journée. Elle avait le plus souvent les yeux fermés, quelquefois cependant elle les tenait grands ouverts, et alors la pupille offrait une dilatation considérable. Au reste, que l'œil fût ouvert ou fermé, il n'en résultait aucune différence dans la force de la vue. On lui présentait des écritures très-fines, des monnaies presque effacées; elle les lisait très-facilement dans l'obscurité et les yeux fermés.

« Si les idées de la somnambule, par rapport au temps, étaient ordinairement erronées, il n'en était pas de même de celles qui étaient relatives aux lieux; tous ses mouvements étaient toujours réglés par ses sens dont les rapports étaient le plus souvent exacts, et non par des notions préconçues. Sa chambre était contiguë à une allée, à l'extrémité de laquelle se trouvait l'escalier. Au haut de ce dernier était une porte qu'on laissait ordinairement ouverte, mais que l'on ferma un jour avec intention, après qu'elle fut couchée, et que l'on assura en plaçant la lame d'un couteau au-dessus du loquet. A peine levée, dans son accès de somnambulisme, elle sort avec rapidité de sa chambre, et, sans s'arrêter, elle tend la main d'avance pour enlever le couteau qu'elle jette avec indignation en demandant pourquoi on veut l'enfermer.

« On fit diverses tentatives pour l'éveiller, mais elles furent toutes également infructueuses; elle entendait, sentait et voyait tout ce qui se passait autour d'elle; mais les impressions qu'elle recevait par les sens étaient insuffisantes pour la tirer de cet état. Un jour qu'on jeta sur elle un sceau d'eau froide, elle s'écria: — Pourquoi voulez-vous me noyer? Elle alla aussitôt dans sa chambre changer de vêtement, et redescendit de nouveau. On lui donnait quelquefois de fortes doses de laudanum pour diminuer la douleur de tête dont elle se plaignait habituellement, et alors elle ne tardait pas à s'éveiller. Les excitations de toute espèce et surtout les expériences que l'on faisait pour constater les phénomènes du somnambulisme, prolongeaient invariablement les accès, et aggravaient habituellement sa douleur de tête.

« Les paroxysmes du somnambulisme étaient précédés, tantôt d'un sentiment désagréable de pesanteur à la tête, tantôt d'une véritable douleur, d'un tintement dans les oreilles, d'un sentiment de froid aux extrémités et d'une propension irrésistible à l'assoupissement. Ces paroxysmes, au commencement, ne venaient que la nuit et quelques instants seulement après qu'elle s'était mise au lit ; mais à mesure que la maladie fit des progrès, ils commencèrent plus tôt. A une époque plus avancée, les attaques la prirent à toute heure de la journée, et quelquefois elle en eut jusqu'à deux dans le même jour. Lorsqu'elle en pressentait l'approche, elle pouvait les retarder de quelques heures en prenant un exercice violent. Le grand air surtout était le meilleur moyen qu'elle pût employer pour obtenir ce répit ; mais aussitôt qu'elle se relâchait de cette précaution, ou même quelquefois au milieu de l'occupation la plus active, elle éprouvait une sensation qu'elle comparait à quelque chose qui lui aurait monté vers la tête, et perdait aussitôt le mouvement et la parole. Si alors on la transportait immédiatement en plein air, l'attaque était souvent arrêtée ; mais, si l'on attendait trop longtemps, on ne pouvait plus se mettre en rapport avec elle, et il était tout à fait impossible de la tirer de cet état. On aurait cru qu'elle venait de s'endormir tranquillement ; ses yeux étaient fermés, la respiration était longue et bruyante, et son attitude, ainsi que les mouvements de sa tête, ressemblaient à ceux d'une personne plongée dans un profond sommeil.

« Pendant les accès qui avaient lieu durant le jour, elle prit toujours le soin de se couvrir les yeux avec un mouchoir, et ne permettait jamais qu'on l'enlevât, à moins que la pièce où elle se trouvait ne fût très-obscure, et cependant elle lisait à travers ce bandeau des pages entières, distinguait l'heure de la montre ; elle jouissait enfin d'une vision aussi parfaite que si elle eût eu les yeux libres et ouverts. Dans quelques expériences qui furent faites par le docteur Belden, on appliqua sur ses yeux un double mouchoir, et l'on garnit le vide qu'il laissait de chaque côté du nez avec de la ouate. Toutes ces précautions ne diminuèrent en rien la force de sa vue ; mais un fait important, bien qu'il n'explique pas ce phénomène curieux, c'est que, de tout temps, elle a eu les yeux si sensibles à la lumière, qu'elle n'a pu jamais s'exposer au grand jour sans son voile. Cette sensibilité était encore bien plus vive pendant le somnambulisme, comme le docteur Belden le constata.

« Cependant toutes ces expériences fatiguaient considérablement la pauvre fille, dont l'état, au lieu de s'améliorer, allait au contraire en empirant. Cette circonstance et l'insuccès de tous les moyens employés jusqu'alors firent prendre la résolution de l'envoyer à l'hôpital de Worcester, où elle entra le 5 décembre 1833. Les accès s'y répétèrent avec la même fréquence et la même intensité ; mais on remarqua bientôt des changements importants dans les paroxysmes. D'abord la malade commença à rester les yeux ouverts, disant qu'elle n'y voyait pas clair lorsqu'ils étaient fermés ; ensuite les accès se dessinèrent moins bien. Elle conservait, dans le somnambulisme, quelques souvenirs de ce qui lui était arrivé dans l'état de veille, et on avait de la peine à distinguer le moment exact où finissait l'accès de celui où elle était éveillée. Peu à peu ces accès eux-mêmes se sont éloignés, et, d'après le dernier rapport du docteur Woodward, médecin de l'hôpital de Worcester, on avait tout lieu d'espérer une guérison complète. »

Du magnétisme animal dans ses rapports avec la religion.

La sacrée pénitencerie à Rome a été saisie en 1841 de la question de savoir si le somnambulisme obtenu par les pratiques magnétiques, dans le but de guérir les maladies, était chose convenable et permise. A l'exposé rapide des procédés employés pour obtenir l'état de somnambulisme, ainsi que des résultats extraordinaires produits par les somnambules, la sacrée pénitencerie a répondu expressément que l'application du magnétisme animal, *dans les termes de l'exposé en question*, n'était pas chose licite. Voici la traduction de la consultation envoyée à Rome et du jugement laconique du saint-siége.

« Eminentissime Seigneur, vu l'insuffisance des réponses données jusqu'à ce jour sur le *magnétisme animal*, et comme il est grandement à désirer que l'on puisse décider plus sûrement et plus uniformément les cas qui se présentent assez souvent, le soussigné expose ce qui suit à Votre Eminence : Une personne magnétisée (on la choisit d'ordinaire dans le sexe féminin) entre dans un tel état de sommeil ou d'assoupissement, appelé *somnambulisme magnétique*, que ni le plus grand bruit fait à ses oreilles, ni la violence du fer ou du feu, ne sauraient l'en tirer. Le magnétiseur seul, qui a obtenu son consentement (car le consentement est nécessaire), la fait tomber dans cette espèce d'extase, soit par des attouchements et des gesticulations en divers sens, s'il est auprès d'elle, soit par un simple commandement intérieur, s'il en est éloigné, même de plusieurs lieues.

« Alors, interrogée de vive voix ou mentalement sur sa maladie et sur celles de personnes absentes, qui lui sont absolument inconnues, cette magnétisée, notoirement ignorante, se trouve à l'instant douée d'une science bien supérieure à celle des médecins : elle donne des descriptions anatomiques d'une parfaite exactitude ; elle indique le siége, la cause, la nature des maladies internes du corps humain, les plus difficiles à connaître et à caractériser ; elle en détaille les progrès, les variations et les complications, le tout dans les termes propres ;

souvent elle en prédit la durée précise et en prescrit les remèdes les plus simples et les plus efficaces.

« Si la personne pour laquelle on consulte la magnétisée est présente, le magnétiseur la met en rapport avec celle-ci par le contact. Est-elle absente? une boucle de ses cheveux la remplace et suffit. Aussitôt que cette boucle de cheveux est seulement approchée contre la main de la magnétisée, celle-ci dit ce que c'est, sans y regarder, de qui sont ces cheveux, où est actuellement la personne de qui ils viennent, ce qu'elle fait; sur sa maladie elle donne tous les renseignements énoncés ci-dessus, et cela avec autant d'exactitude que si elle faisait l'autopsie du corps.

« Enfin la magnétisée ne voit pas par les yeux. On peut les lui bander, elle lira quoi que ce soit, même sans savoir lire, un livre ou un manuscrit qu'on aura placé ouvert ou fermé, soit sur sa tête, soit sur son ventre. C'est aussi de cette région que semblent sortir ses paroles. Tirée de cet état, soit par un commandement même intérieur du magnétiseur, soit comme spontanément à l'instant annoncé par elle, elle paraît complétement ignorer tout ce qui lui est arrivé pendant l'accès, quelque long qu'il ait été: ce qu'on lui a demandé, ce qu'elle a répondu, ce qu'elle a souffert; rien de tout cela n'a laissé aucune idée dans son intelligence, ni dans sa mémoire la moindre trace.

« C'est pourquoi l'exposant, voyant de si fortes raisons de douter que de tels effets, produits par une cause occasionnelle manifestement si peu proportionnée, soient purement naturels, supplie très-instamment Votre Éminence de vouloir bien, dans sa sagesse, décider, pour la plus grande gloire de Dieu et pour le plus grand avantage des âmes si chèrement rachetées par Notre-Seigneur Jésus-Christ, si, supposé la vérité des faits énoncés, un confesseur ou un curé peut sans danger permettre à ses pénitents ou à ses paroissiens : 1° d'exercer le magnétisme animal ainsi caractérisé, comme s'il était un art auxiliaire et supplémentaire de la médecine ; 2° de consentir à être plongés dans cet état de somnambulisme magnétique; 3° de consulter, soit pour eux-mêmes, soit pour d'autres, les personnes ainsi magnétisées ; 4° de faire l'une de ces trois choses, avec la précaution préalable de renoncer formellement dans leur cœur à tout pacte diabolique, explicite ou implicite, et même à toute intervention satanique, vu que nonobstant cela, quelques personnes ont obtenu du magnétisme, ou les mêmes effets, ou du moins quelques-uns.

« Éminentissime Seigneur, de Votre Excellence, par ordre du révérendissime évêque de Lausanne et Genève, le très-humble et très-obéissant serviteur, JAC.-XAVIER FONTANA, chancelier de la chancellerie épiscopale.

« Fribourg en Suisse, palais épiscopal, le 19 mai 1841. »

RÉPONSE.

« La sacrée pénitencerie, après une mûre délibération, se croit en droit de répondre que l'usage du magnétisme, dans les cas mentionnés par la précédente consultation, n'est pas chose licite.

« A Rome, dans la sacrée pénitencerie, le 1er juillet 1841.
« C. Castracane, M. P. — Ph. Pomella, secrétaire de la sacrée pénitencerie. »

« Vu pour copie conforme à l'original ; Fribourg, le 26 juillet 1841.
« *Par ordre :* J. Perroulaz, secrétaire de l'archevêché.

« Pour les catholiques dévoués, ajoute l'écrivain distingué à qui nous empruntons ces réflexions, l'arrêt de la sacrée pénitencerie est un jugement sans appel qui n'a nul besoin d'explications ni de commentaires. Il n'en est pas ainsi en dehors des fidèles. La multitude des faibles d'esprit, dont les superstitions magnétiques dépravent le cœur en égarant l'imagination, s'est récriée contre une interdiction qu'elle ne comprend pas ou qu'elle comprend mal ; les intéressés qui font leur profit de la crédulité du vulgaire l'ont repoussée avec une feinte colère ou des semblants de dédain ; enfin les débris clair-semés de la vieille phalange voltairienne ont rabâché à cette occasion les reproches surannés de fanatisme, obscurantisme et despotisme à l'adresse de la cour de Rome.

« Nous n'aurions rien à gagner à relever les injures que quelques impies invétérés opposent, faute de bons arguments, à la sage résolution de la sacrée pénitencerie. Mais les âmes honnêtes, que l'amour du merveilleux, le feu caché des passions, le désir même de soulager les maux du prochain, détournent, quoique à regret, de se conformer à cette décision, ont besoin de savoir pourquoi et comment elle exige de leur part une pleine et entière soumission, ne serait-ce que pour leur ôter tout prétexte d'un coupable entraînement. Examinons dans cette vue ce qu'il faut entendre par somnambulisme magnétique, et sous quelles conditions on procure ce somnambulisme. La haute prévoyance de la défense formelle de la sacrée pénitencerie jaillira toute seule de la naïve interprétation des circonstances principales d'un si étrange sommeil.

« Mesmer ne connaissait pas ou n'a pas mentionné le somnambulisme magnétique. Ses pratiques ordinaires se réduisaient à traiter les maladies au moyen de crises accompagnées fréquemment de convulsions. Rien de plus prestigieux que les opérations de Mesmer. C'était autour d'un baquet, dans un appartement éclairé d'un demi-jour, que les malades allaient se soumettre aux influences magnétiques. Le baquet consistait dans une petite cuve de diverses figures, fermée par un couvercle à deux pièces ; au fond se plaçaient des bouteilles en rayons convergents, le goulot dirigé vers le centre de la cuve ; d'autres bouteilles disposées sur celles-ci, mais en rayons divergents, étaient remplies d'eau comme les premières, bouchées et magnétisées également. La cuve recevait de l'eau, de manière à recouvrir les lits de bouteilles ; on y mêlait quelquefois diverses substances, telles que du verre pilé, de la limaille de fer, etc. ; d'autres fois Mesmer ne se servait que de baquets à sec. Le couvercle du baquet livrait passage à des baguettes de fer mobiles et d'une longueur suffisante pour être dirigées vers diverses régions du corps des malades. De l'une de ces tiges, ou d'un anneau scellé au couvercle du baquet, partait en outre une corde très-longue, destinée à toucher les parties souffrantes, ou à entourer le corps des malades sans la nouer. Les malades se formaient en cercle, en tenant chacun cette corde, et en appuyant le pouce droit sur le pouce gauche de son voisin. Il fallait de plus que tous les individus composant la chaîne se rapprochassent les uns des autres, au point de se toucher avec les pieds et les genoux. Au milieu de cet appareil, apparaissait tout à coup Mesmer vêtu d'un habit de soie, d'une couleur agréable, tenant en main une baguette qu'il promenait d'un air d'autorité au-dessus de la tête des magnétisés. Nous tenions à reproduire, au moins en abrégé, les traits principaux du spectacle magnétique, dont le premier magnétiseur avoué avait soin de s'environner, afin de mettre le lecteur en mesure de juger qui avait plus de part aux effets tant vantés du magnétisme animal de la fin du dix-huitième siècle, ou des jongleries de Mesmer, ou de l'imagination de malades irritables, ou de la sotte crédulité des mesméristes bien intentionnés. Les jongleries de Mesmer couvraient pourtant une puissance réelle; car il est certain, comme nous l'expliquerons plus tard, que son regard, ses gestes, ses paroles, ses attouchements obtenaient maintes fois des résultats surprenants et des cures vraiment prodigieuses.

« Le somnambulisme magnétique ne fut découvert que par le marquis de Puységur. Lui seul commença à se servir de cet état pour traiter les maladies, soit chez les somnambules mêmes, soit chez les autres personnes. Alors s'ouvrit une nouvelle source de fraudes que la foi des magnétiseurs était incapable de dévoiler, et qui en imposait, à plus forte raison, à la masse du public. Beaucoup de magnétisés feignaient de succomber au sommeil magnétique, tout en restant très-éveillés, voyaient à leur aise, en apparence les yeux fermés, répondaient aux questions qui leur étaient adressées, obéissaient en un mot au moindre mouvement du magnétiseur abusé. C'était bien autre chose, ce qui ne manquait pas d'arriver, quand le magnétiseur et le somnambule, aidés de quelques compères avisés, se concertaient derrière les coulisses, et s'appliquaient de leur mieux, par cupidité ou par une vanité puérile, à mystifier les spectateurs.

« Le magnétisme d'aujourd'hui a renoncé sans retour aux pompes des séances du mesmérisme. Il n'a plus recours au baquet, à la chaîne mystérieuse, à la baguette magique, aux accords enivrants de la musique ; ces ressorts trop usés lui paraissent hors de service ; il déclare même, au mépris de la parole du maître, qui leur attribuait toute sa puissance magnétique, que de semblables ressources transforment le magnétisme en scènes de tréteaux, en jongleries de place publique; qu'elles sont d'ailleurs insignifiantes et superflues. Son influence à lui, il la tient du magnétisme même. Elle gît dans la seule volonté, volonté absolue et ferme. C'est par la volonté qu'il éteint la sensibilité ou qu'il l'exalte, qu'il donne ou ôte le mouvement, qu'il commande le sommeil ou la veille ; toutefois le somnambulisme est son principal agent. Or, voici comment il le procure.

« Le magnétiseur se place en face de son sujet, le touchant par le plus de points possibles, notamment par les pieds et les genoux ; il lui tient pendant quelque temps les pouces dans ses mains en le regardant fixement et appliquant énergiquement sa volonté au dessein de l'endormir; bientôt après il promène ses mains de haut en bas sur tout le corps de ce sujet, les imposant de temps en temps pendant quelques minutes au-dessus de sa tête ; puis il recommence les mouvements déjà décrits, et qu'on appelle *passes*. La volonté du magnétiseur ne cesse pas un seul instant de rester tendue vers le dessein d'endormir son sujet, ce qui arrive au bout de quelques moments, d'un quart d'heure ou davantage, plus ou moins, selon les dispositions du magnétiseur et du magnétisé. Celui-ci éprouve d'abord des clignotements, bâille, se détire et cède enfin au sommeil. Le sommeil obtenu, le somnambule se trouve entièrement à la merci du magnétiseur ; il répond à des questions ; il voit à son ordre dans son propre corps, dans celui des personnes en rapport avec lui ; il dit la nature de leurs maladies, les organes qu'elles occupent ; il en prédit l'issue, il en détermine la marche, la méthode curative, les moyens de traitement.

« Ce n'est pas tout. Le somnambule peut voir et entendre autrement que par les yeux et les oreilles; il voit et entend aussi à travers les murs les plus épais ; il obéit à la volonté du magnétiseur, quoiqu'elle ne se manifeste par aucune expression; sa lucidité franchit quelquefois les distances, et lui permet de voir ce que font et disent, à plusieurs lieues et à plusieurs journées au loin, les personnes en rapport avec lui, rapport qui s'établit non-seulement par le contact immédiat, mais encore par le simple attouchement d'un objet appartenant à ces personnes, tels qu'une boucle de cheveux, une bague, une lettre.

« Le sommeil du somnambule dure autant que le veut le magnétiseur. Il y met un terme en le soumettant plus ou moins longtemps à des passes de bas en haut et de dedans en dehors, en sens inverse des passes précédentes, en appliquant pour lors la force de sa volonté au dessein d'obtenir le réveil. Les passes décrites ne sont nécessaires qu'à l'égard de quelques sujets. Les plus dociles s'endorment ou se réveillent sans l'entremise de ces gestes, au premier signe ou par la seule volonté mentale du magnétiseur.

« Certes, le magnétisme moderne ne pouvait mieux faire que de rejeter tout l'attirail des expériences de Mesmer et de s'en tenir aux épreuves bien plus décisives de ses somnambules. Les cérémonies du mesmérisme trahissaient trop clairement ses accointances avec les tours d'adresse des joueurs de gobelets ; au lieu que le somnambulisme dissimule davantage les supercheries et prend souvent pour première dupe le magnétiseur même. Nous en connaissons beaucoup de ce genre, que de prétendus somnambules ont leurrés à leur profit deux ou trois ans de suite et jusqu'à douze ans et plus, rendant des oracles, voyant à distance, prédisant l'avenir, donnant des consultations médicales, guérissant les maladies à coup sûr, tout cela pendant un sommeil simulé, dont le pauvre magnétiseur trop prévenu de son influence n'aurait jamais suspecté la réalité.

« On ne saurait imaginer l'habileté des artifices à l'usage journalier de la plupart des somnambules, personnages très-déliés, fort peu scrupuleux dans le choix de leurs ressources, et encore moins soucieux des conséquences de leurs stratagèmes. Ils sont tels, ces artifices détestables, qu'ils parviennent à déjouer toutes les combinaisons de la science, et qu'après les avoir dûment convaincus d'impostures, on est souvent réduit à chercher comment ils nous ont trompés. Les preuves de cette assertion ne sont pas difficiles à trouver. Nous en devons quelques-unes à nos lecteurs. Elles leur tiendront lieu des autres et suffiront à les mettre en garde contre des tentatives beaucoup plus communes et beaucoup plus grossières. Les faits que nous allons citer ont toute l'authenticité requise ; ils sont d'ailleurs de date très-fraîche, condition précieuse, parce qu'elle est destinée à montrer que le magnétisme actuel, de même que l'ancien mesmérisme, ne se fait pas faute de charlatanisme.

« Tout le monde a connu de réputation mademoiselle Pigeaire. Cette jeune fille, âgée de douze ans, endormie par l'influence de sa mère ou de son père, jouissait pendant son sommeil de la faculté de lire les yeux fermés et recouverts d'un bandeau de soie noire parfaitement opaque ; la structure et l'application du bandeau ne laissaient aucun doute qu'il n'interceptât exactement l'exercice ordinaire de la vue. Quarante personnes, la plupart médecins de la plus haute renommée, s'étaient assurées plusieurs fois de la vision de la jeune fille, les yeux couverts par ce bandeau. On allait jusqu'à dire qu'elle avait pu lire dans un livre enfermé dans une boîte.

« Précédée d'une réputation de clairvoyance si prononcée, la jeune fille arrive à Paris où elle est soumise à de nombreuses épreuves en présence d'une commission de l'académie de médecine. Le bandeau qu'on appliquait sur les yeux de la jeune fille se composait d'un morceau de toile, d'une couche épaisse de coton, de trois couches de velours; le tout ayant une largeur de quatre travers de doigts et plusieurs pouces d'épaisseur. Le résultat de cette enquête, dont il serait trop long de décrire toutes les particularités, n'a pas justifié les espérances des magnétiseurs. Les commissaires en ont conclu au contraire que la supercherie de la jeune fille était plus claire que sa clairvoyance magnétique; que celle-ci lisait avec le secours des yeux et de quelques faibles rayons de lumière que les mouvements incessants des muscles de la face laissaient pénétrer à travers le bandeau ; qu'à force d'habitude enfin elle lisait à une faible lumière comme un chat voit dans l'obscurité (1).

« Ainsi la supercherie et la fraude se glissent, on n'en saurait douter, dans les épreuves les plus décisives de l'action du magnétisme animal, soit que les artifices proviennent du magnétiseur seul ou assisté de compères, soit qu'ils proviennent des somnambules en connivence avec le magnétiseur, soit enfin que les somnambules trompent à la fois, et les magnétiseurs eux-mêmes, et les spectateurs. La sacrée pénitencerie a donc bien fait d'interdire des pratiques très-accessibles à l'imposture.

« Mais tout n'est pas illusion dans les résultats des pratiques magnétiques. Mesmer a obtenu des effets prodigieux et des guérisons incontestables ; les magnétiseurs d'aujourd'hui produisent à leur tour des phénomènes non moins étranges : ils fascinent en effet les personnes magnétisées, les soumettent réellement à l'empire de leur volonté, les endorment d'un sommeil surnaturel, leur transmettent pendant le sommeil des facultés dont elles ne sont pas douées, incompatibles à beaucoup d'égards avec l'exercice régulier de nos sens et de notre intelligence, les appliquent à déterminer et à guérir les maladies, leur infusent, en un mot, une manière d'être extraordinaire et incompréhensible. Que penser d'un si singulier pouvoir ; à quel titre se recommande-t-il ; et quelle en est l'origine ?

« Une fille de la campagne, bien épaisse et bien lourde, qui avait subi une seule fois le sommeil magnétique, refusant de se laisser magnétiser dans une autre occasion, le magnétiseur dirigea sur elle, à son insu, sa ferme volonté de l'endormir. Peu d'instants après, la pauvre fille tomba en somnambulisme. On enleva toutes les lumières de l'appartement, et dans l'obscurité profonde de la nuit, le magnétiseur appliqua sa montre sur le front de la somnambule, avec toutes les précautions requises pour qu'elle ne fût pas même aperçue de la patiente. —

---

(1) Relisez cependant l'anecdote anglaise qui précède, et qui permet de croire que l'académie des sciences, dans l'affaire de Mlle. Pigeaire, a pu être trop absolue.

Qu'avez-vous sur le front? demande le magnétiseur. — Une montre, répond après un peu de réflexion la pauvre fille. — Voyez-vous l'heure? — La grande aiguille est sur le 6 et la petite après le 7, répond encore la somnambule après une forte concentration. En effet, l'heure de la montre vérifiée dans l'appartement voisin qui était éclairé, il fut reconnu qu'elle marquait sept heures et demie. Rentré dans l'appartement non éclairé, on fit tourner plusieurs fois au hasard les aiguilles de la montre, puis on l'appliqua, toujours avec les mêmes précautions, sur l'occiput de la somnambule. Interrogée alors sur l'heure de la montre, elle resta longtemps concentrée, et dit enfin : « La plus grande aiguille est sur le 5 ; la plus petite est entre le 3 et le 4, mais plus près du 3. La montre vérifiée comme précédemment marquait en effet 3 heures 25 minutes. Plusieurs assistants répétèrent les mêmes expériences en plaçant leur montre sur l'estomac de la somnambule ; toujours celle-ci rencontra juste.

« Ces exemples de transposition des sens chez les magnétisés ne sont pas rares : il serait facile d'en alléguer une foule d'autres aussi peu suspects que le précédent. Nous n'ignorons pas que la plupart des médecins modernes ne veulent pas entendre parler de cette transposition des sens ; mais ils ne la nient que par des considérations fondées exclusivement sur leurs doctrines matérialistes. Nous aurons plus tard occasion de les combattre sur ce triste terrain ; pour le moment, déduisons des faits incontestables analogues à celui dont il est question, que le magnétisme peut contraindre la volonté de ceux qui ont déjà subi son action et les forcer à s'endormir en les influençant à distance ; que la puissance magnétique peut communiquer la faculté de voir, sans l'intervention de la lumière et par divers points du corps, à l'exclusion des yeux. Voici encore un autre fait. Il a l'avantage de rassembler presque tous les phénomènes du magnétisme animal.

« Une jeune fille de vingt-quatre ans, réputée sourde de naissance, fut mise en somnambulisme, dès la première séance, et elle fit preuve d'une grande lucidité dès la seconde. A la troisième, elle entendit parfaitement dans son sommeil magnétique, lors même qu'on lui parlait à voix très-basse, quoiqu'elle n'entendit pas du tout ni de l'une ni de l'autre oreille, à moins qu'on ne parlât très-haut, pendant l'état de veille. Dans la séance suivante, elle vit distinctement l'intérieur de son oreille et en donna une description anatomique très-exacte. Elle affirma qu'elle n'était point sourde de naissance, que sa surdité provenait des coups de pistolet et de fusil qu'on avait tirés en signe de réjouissance auprès de la femme qui la portait à l'église le jour de son baptême. Elle assura que l'action magnétique produirait spécialement sa guérison ; qu'elle guérirait au mois d'octobre suivant (on était en février), si elle était magnétisée par son magnétiseur actuel jusqu'à cette époque ; mais elle ajouta qu'elle prévoyait que l'ennui de son éloignement de sa mère la ferait partir avant ce temps ; qu'elle n'en guérirait pas moins pour cela, seulement plus tard. Endormie, ce qui avait lieu presque tous les jours, elle fixait elle-même la durée de son sommeil, précisait le moment de son réveil, qui avait lieu exactement à la minute annoncée, bien qu'on cherchât à l'induire en erreur, en indiquant des heures fausses à la pendule de l'appartement. Pendant son sommeil, elle se prescrivait et prenait des médicaments contre sa surdité, entre autres trois grains d'émétique un jour et vingt-quatre grains d'ipécacuana un autre jour : les médicaments opéraient comme à l'ordinaire, sans que son état de somnambulisme se troublât aucunement.

« Pendant les premières séances de somnambulisme, sa lucidité ne s'était concentrée que sur elle-même ; mais dans les séances suivantes, elle se prit à tout ce qui l'entourait. Ainsi elle découvrit chez son père une inflammation latente du pylore dont il ne se doutait point ; elle la décrivit fort bien, et prescrivit un traitement fort rationnel. Son attention se porta ensuite sur sa cousine, atteinte d'une irritation de l'estomac. Elle prenait quelquefois les symptômes qu'éprouvaient des personnes se trouvant dans la même pièce ; elle annonçait l'arrivée de quelques autres quand elles étaient encore loin de sa chambre ; elle nommait les médicaments qu'elle prescrivait par leur nom, et les lisait chez tel ou tel pharmacien qu'elle indiquait, sur le bocal ou la boîte qui les contenait. En attendant, sa surdité diminuait chaque jour davantage.

« A mesure qu'elle guérissait, son somnambulisme devenait de plus en plus lucide. Dormant à Paris, elle voyait sa mère à Arcis-sur-Aube, décrivait son occupation dans le moment, son attitude, ses pensées intimes, précisait, en entrant dans les plus grands détails, le moindre changement que sa mère y apportait ; prédisait pour une heure, un jour, plusieurs jours plus tard, la visite de telle ou telle personne à sa mère, leur entretien, la venue de telle ou telle lettre, l'effet que sa mère en ressentirait immédiatement, ses réflexions ultérieures. On prenait note de ce qu'elle prétendait voir ; et des lettres d'Arcis-sur-Aube, écrites par sa mère à son mari, lui racontaient ce qu'il savait déjà par sa fille ; elle vit un jour sa mère souffrante, et elle dicta pour elle une consultation, qui arrivait à Arcis-sur-Aube au moment où le père, à Paris, recevait la première nouvelle de la maladie de sa femme.

« C'était presque toujours spontanément que la somnambule se transportait auprès de sa mère à Arcis-sur-Aube ; mais le magnétiseur l'y envoyait quelquefois aussi pendant son sommeil, pour agir favorablement sur sa maladie. Alors elle semblait vivre avec sa mère qu'elle avait quittée pour la première fois de sa vie, et elle était heureuse. Le magnétiseur pouvait faire, en outre, par sa volonté, qu'elle conservât le souvenir de cette vue chérie après son réveil, et ce doux souvenir, qui durait alors assez longtemps, exerçait une influence salutaire sur tout son être; il pouvait faire aussi qu'à son réveil elle continuât d'avoir conscience que c'était elle-même qui s'était prescrit tel ou tel médicament.

« Le magnétiseur changeait pour elle l'eau en vin, en lait, en un liquide quelconque; la somnambule ignorait que cette transmutation fût opérée; cependant elle ne manquait pas d'éprouver les impressions du genre de transformation; mais avec cette particularité rare qu'elle conservait l'indépendance de sa raison à côté de la pleine soumission de sa volonté. On l'entendait dire, en effet, à son magnétiseur, en prenant le liquide transformé : « cela a le goût du lait, du vin, etc., et cela en a la couleur parce que vous le voulez; mais je vois bien que ce n'est que de l'eau, et cependant je ne puis faire, même en le voulant, que ce ne soit pas du lait, du vin, etc., quand je le bois. » Le magnétiseur opérait aussi pour elle la transmutation des liquides, lors même qu'elle était éveillée; il pouvait encore lui faire voir dans cet état Arcis-sur-Aube qu'il n'avait jamais vu; il fit grossir indéfiniment à ses yeux une miette de pain dont il éleva lentement le volume.

« La jeune fille s'ennuyant à Paris, elle le quitta le 29 mars. Au moment de son départ, elle fut mise en rapport avec son père pour qu'il pût la magnétiser et l'endormir Le magnétiseur leur donna une plaque de verre magnétisée par lui, qui, appliquée sur l'estomac ou le front de la jeune fille endormie par son père à Arcis-sur-Aube, lui permettait de dire, sans jamais se tromper, ce que son magnétiseur faisait à Paris. De retour à Paris vers la mi-septembre, elle annonça, dans la dernière séance de somnambulisme, qu'elle guérirait au printemps suivant, mais qu'elle ne dirait qu'alors ce qu'elle devait faire. Au commencement du mois d'avril de l'autre année, six mois environ après le second départ de la jeune fille pour Arcis-sur-Aube, son père vint annoncer tout joyeux à son magnétiseur, à Paris, qu'elle était complétement guérie.

« Cette histoire remarquable, dont j'ai supprimé beaucoup d'autres particularités de peur de la trop allonger, se présente à nos yeux avec toutes les conditions exigibles pour la crédibilité d'un fait. Elle n'est pas seule d'ailleurs, dans la science; nous l'avons choisie de préférence, comme une des plus authentiques et des plus complètes. Les réflexions qu'elle suggère en découlent d'elles-mêmes; on y voit quel empire un magnétiseur peut prendre sur ses magnétisés, empire si absolu, qu'ils perdent, à dire vrai, la possession d'eux-mêmes; qu'ils agissent, parlent et pensent conformément aux volontés de leurs magnétiseurs, et qu'alors même, ce qui est très-rare, ils conservent la conscience de leur dépendance, ils paraissent n'avoir aucun moyen de s'y soustraire, ou plutôt ils se sentent forcés de la subir. Un autre fait constaté par cette histoire, c'est que la dépendance des magnétisés survit quelquefois, au moins à divers égards, après la cessation du sommeil magnétique; car on se souvient qu'ici le magnétiseur prolongeait quelques illusions de son sujet jusque dans l'état de veille, lui laissait la réminiscence de ce qu'elle avait fait et dit pendant son état de somnambulisme, lui faisait voir Arcis-sur-Aube, continuait la transmutation des liquides, grossissait à sa vue les dimensions de certains objets, la retenait, en un mot, sous sa puissance.

« L'histoire de cette somnambule rassemble, en outre, comme nous l'avons déjà remarqué, la presque totalité des effets de l'influence magnétique. Elle atteste la faculté acquise par les magnétisés de voir dans leur propre corps, d'y découvrir les lésions dont il peut être affecté, de les décrire avec une exactitude parfaite, d'en prévoir la durée, les phases, les vicissitudes, d'en fixer précisément le terme, d'en assigner les méthodes curatives, de voir aussi dans le corps des autres personnes et d'y apercevoir également les lésions existantes, le caractère, le progrès et l'issue de ces lésions, de découvrir si elles sont guérissables ou non, de quoi elles dépendent et quels en sont les remèdes.

« Ce n'est pas assez de pénétrer à travers leurs organes ou les organes des personnes présentes; notre magnétisée se transportait encore d'elle-même ou à l'ordre du magnétiseur, à Arcis-sur-Aube auprès de sa mère; elle voyait tout ce que cette mère disait et faisait, et jusqu'à ce qu'elle pensait, non-seulement au moment même, mais ce qu'elle penserait ultérieurement; elle la voyait souffrante, savait la nature de sa souffrance, lui dictait une consultation qui arrivait chez celle-ci au moment où le père, à Paris, recevait la première nouvelle de la maladie de sa femme. De retour à Arcis-sur-Aube, la jeune somnambule pouvait voir réciproquement ce que son magnétiseur faisait et disait à Paris, combien il avait de malades en consultation. A l'ordre du magnétiseur l'eau se changeait pour elle en lait, en vin ou en tout autre liquide, et ces transmutations s'opéraient en dépit de sa volonté, survivant même à l'heure de son réveil.

« Nous n'ignorons pas tout ce que ces faits vont soulever de doutes et de témoignages d'incrédulité; cependant, ils n'en sont pas moins tels que nous les avons rapportés, sans qu'on puisse découvrir la moindre trace de supercherie ou de prévention. Il y a plus, les préventions et la supercherie n'étaient pas possibles dans les circonstances de leur observation, et force est bien de les croire, quelque merveilleux qu'ils se présentent, à moins d'avoir le parti pris de nier les faits les plus avérés. Quant à nous, qui devons les admettre en conscience, il ne nous reste plus qu'à les interpréter. Les faits de cet ordre se produisent en général chez des individus d'une complexion délicate et mobile, spécialement chez des femmes nerveuses ou des hommes irritables, surtout quand une maladie apparente ou occulte ajoute encore à la susceptibilité naturelle de leur système nerveux. Entre tous les sujets accessibles aux phénomènes du somnambulisme, les mieux disposés sans contredit, sont les personnes faibles, valétudinaires, d'un caractère facile à vaincre, flottant dans une indétermination habituelle, se pliant par tempérament ou par habitude aux exigences d'autrui. Les magnétiseurs au contraire sont doués relativement d'une complexion physique, et surtout morale, supérieure à celle des sujets de leurs expériences. Il n'y a guère moyen d'agir sur un individu qui oppose au magnétiseur une résistance soutenue et inflexible; l'influence magnétique exige, au moins, pour la première épreuve, une sorte d'abandon avoué ou tacite. Les magnétiseurs de profession s'élèveront tant qu'ils voudront contre la nécessité de cette condition; mais en jugeant leurs pratiques impartialement, on y reconnaîtra toujours, en commençant, que la condescendance du magnétisé inspirée par l'opinion de sa faiblesse, une crainte vague, l'espérance du succès, ouvre la voie à l'action magnétique; l'accession du sujet, acquise une fois pour toutes, le magnétiseur peut s'en passer dans les épreuves ultérieures; sa volonté le maîtrise et le subjugue désormais; nous ne doutons pas néanmoins qu'il ne rencontre à toutes les époques un obstacle infranchissable à l'exercice de sa puissance dans une opposition ferme et soutenue de son sujet. Les dispositions respectives du magnétiseur et du magnétisé attestent que l'action magnétique se réduit en définitive à l'empire de la force sur la faiblesse.

« Il est si vrai que le magnétisme n'est qu'une expression de cet empire, que la première loi de son exercice et même la seule loi réelle, c'est la volonté d'opérer. La volonté d'agir trouve un auxiliaire dans la croyance anticipée qu'on obtiendra les effets désirés; mais cette croyance n'est pas une condition rigoureuse, car beaucoup de personnes ont produit des résultats extraordinaires sans posséder cette condition accessoire, et lorsqu'ils n'y croyaient pas du tout. Du reste, ce n'est pas sans risques pour les patients que les incrédules de cette espèce pratiquent le magnétisme : il est bon de les avertir que la tension trop forte de la volonté, les sentiments pénibles, blessants ou haineux, et généralement les sentiments hostiles procurent des accidents graves. On cite pour exemple un magnétiseur inexpérimenté qui ne parvint à endormir son domestique qu'après une longue séance; mais le somnambule se trouva dans un état de fureur, menaçant d'assommer tous ceux qui voudraient s'approcher. Le cas était d'autant plus grave, que les forces de ce jeune homme paraissaient décuplées. D'autres magnétiseurs, plus ou moins défavorablement disposés, ont occasionné des convulsions, des maux de tête, des indigestions. On se prémunit contre ces inconvénients en se pénétrant, avant de procéder, de sentiments affectueux et bienveillants.

« Les rapports établis entre les magnétiseurs et les magnétisés livrent à peu près à la merci des premiers le caractère, les opinions, les inclinations et jusqu'à la personne de leurs sujets. On en convient pour le caractère, les opinions et les inclinations ; mais on le nie pour ce qui touche à la personne du magnétisé. Cependant les exemples d'abus de ce genre fourmillent dans les annales du magnétisme ; aussi lorsque le marquis de Puységur eut constaté, dès 1784, la puissance qu'il acquérait sur les somnambules, s'effraya-t-il avec raison des conséquences funestes que cette puissance devait faire redouter. Qu'importe que ses malades et ceux de quelques autres magnétiseurs aient déclaré qu'ils conservaient pendant le somnambulisme leur jugement et leur raison, qu'ils apercevraient bien vite des intentions criminelles, et que cette découverte les porterait à s'éveiller. L'expérience prouve que, si les choses se passent ainsi à l'égard de quelques somnambules, chez le plus grand nombre les abus de confiance sont extrêmement faciles par l'état de paralysie de leur faculté d'agir et de parler. L'influence magnétique engendre d'ailleurs entre le magnétiseur et le magnétisé des sympathies si intimes, que les affections de celui-ci s'inspirent exclusivement des affections de l'autre, en sorte que le magnétiseur peut se concilier, quand il lui manque, l'acquiescement des somnambules à ses coupables volontés.

« Nous sommes en mesure à présent d'apprécier la nature de la puissance magnétique. Que signifie un pouvoir qui se fonde sur l'absorption du plus faible par le plus fort, qui suscite, par le seul fait d'une volonté étrangère, des pensées, des sentiments et des actes indépendants du libre arbitre ; qui place le sujet des expériences dans une subordination absolue, entière, par rapport aux pensées, aux sentiments et aux actes du premier expérimentateur venu ; qui communique aux sujets, soumis décidément aux prestiges de cette puissance, des facultés et des manières d'être étranges et surnaturelles, que les agents de l'ordre ordinaire de ce monde n'expliqueront jamais ?

« Un semblable pouvoir n'est pas nouveau, nous l'avouons sans peine ; il remonte, nous l'avouons encore, aux temps les plus reculés de l'antiquité païenne ; il s'est propagé de là à travers le moyen âge, se déployant surtout après l'époque de la réforme, dans les XVe et XVIe siècles, et continuant à se reproduire avant et depuis Mesmer ; mais c'est une erreur grave, disons mieux, un horrible blasphème, d'assimiler ce pouvoir au don de prédiction de nos anciens prophètes, aux miracles de Jésus-Christ et des apôtres, aux visions extatiques des pieux cénobites. Que peut-il y avoir de commun entre un magnétiseur irréligieux, entraîné ou tenté par toutes les séductions d'une vie mondaine, qui opère dans la foi de ses propres forces, en vue d'une vaine gloire ou d'un misérable lucre, sur des êtres passionnés et superstitieux, et les saints de l'ancienne ou de la nouvelle loi, animés de l'amour de Dieu et de leurs semblables, éclairés par l'esprit divin, purifiés par la pénitence, dirigés par la prière, modèles d'abnégation et de vertus, qui ne se confient qu'en Dieu et ne comptent pour rien la puissance humaine ? On se rapproche bien plus de la vérité en assimilant les phénomènes magnétiques, tels qu'ils s'obtiennent aujourd'hui, aux divinations, incantations, charmes et guérisons des pythies, sibylles ou enchanteurs des temps passés. »

SONGES. Le cerveau est le siége de la pensée, du mouvement et du sentiment. Si le cerveau n'est pas troublé par une trop grande abondance de vapeurs crues, si le travail ne lui a pas ôté toutes ses forces, il engendre dans le sommeil des songes, excités ou par les images dont il s'est vivement frappé durant la veille, ou par des impressions toutes nouvelles, que produisent les affections naturelles ou accidentelles des nerfs ou la nature du tempérament. C'est aussi limpide que ce qu'on a lu sur le somnambulisme. Les songes naturels viennent des émotions de la journée et du tempérament. Les personnes d'un tempérament sanguin songent les festins, les danses, les divertissements, les plaisirs, les jardins et les fleurs. Les tempéraments bilieux songent les disputes, les querelles, les combats, les incendies, les couleurs jaunes, etc. Les mélancoliques songent l'obscurité, les ténèbres, la fumée, les promenades nocturnes, les spectres et les choses tristes. Les tempéraments pituiteux ou flegmatiques songent la mer, les rivières, les bains, les navigations, les naufrages, les fardeaux pesants, etc. Les tempéraments mêlés, comme les sanguins-mélancoliques, les sanguins-flegmatiques, les bilieux-mélancoliques, etc., ont des songes qui tiennent des deux tempéraments : ainsi le dit Peucer. Les anciens attachaient beaucoup d'importance aux rêves; et l'antre de Trophonius était célèbre pour cette sorte de divination. Pausanias nous a laissé, d'après sa propre expérience, la description des cérémonies qui s'y observaient. « Le chercheur passait d'abord plusieurs jours dans le temple de la bonne fortune. Là il faisait ses expiations, observant d'aller deux fois par jour se laver. Quand les prêtres le déclaraient purifié, il immolait au dieu des victimes; cette cérémonie finissait ordinairement par le sacrifice d'un bélier noir. Alors le curieux était frotté d'huile par deux enfants et conduit à la source du fleuve ; on lui présentait là une coupe d'eau du Léthé, qui bannissait de son esprit toute idée profane, et une coupe d'eau de Mnémosyne, qui disposait sa mémoire à conserver le souvenir de ce qui allait se passer. Les prêtres découvraient ensuite la statue de Trophonius, devant laquelle il fallait s'incliner et prier; enfin, couvert d'une tunique de lin et le front ceint de bandelettes, on allait à l'oracle. Il était placé sur une montagne, au milieu d'une enceinte de pierres qui cachait une profonde caverne, où l'on ne pouvait descendre que par une étroite ouverture. Quand, après beaucoup d'efforts et à l'aide de quelques échelles, on avait eu le bonheur de descendre par là sans se rompre le cou, il fallait passer encore de la même manière dans une seconde caverne, très-petite et très-obscure. Là on se couchait à terre, et on n'oubliait pas de prendre dans ses mains une espèce de pâte faite avec de la farine, du lait et du miel. En présentant les pieds à un trou qui était au milieu de la caverne : au même instant, on se sentait rapidement emporté dans l'antre; on s'y trouvait couché sur des peaux de victimes récemment sacrifiées, enduites de certaines drogues dont les agents du dieu connaissaient seuls la vertu; on ne tardait pas à s'endormir profondément; et c'était alors qu'on avait d'admirables visions et que les temps à venir découvraient tous leurs secrets. »

Hippocrate dit que pour se soustraire à la malignité des songes, quand on voit en rêvant pâlir les étoiles, on doit courir en rond; quand on voit pâlir la lune, on doit courir en long; quand on voit pâlir le soleil, on doit courir tant en long qu'en rond... On rêve feu et flammes quand on a une bile jaune; on rêve fumée et ténèbres quand on a une bile noire; on rêve eau et humidité quand on a des glaires et des pituites, à ce que dit Galien. C'est le sentiment de Peucer. Songer à la mort, annonce mariage, selon Artémidore; songer des fleurs, prospérité; songer des trésors, peines et soucis; songer qu'on devient aveugle, perte d'enfants... Ces secrets peuvent donner une idée de l'*Onéirocritique* d'Artémidore, ou explication des rêves. Songer des bonbons et des crèmes, dit un autre savant, annonce des chagrins et des amertumes; songer des pleurs, annonce de la joie; songer des laitues, annonce une maladie; songer or et richesses, annonce la misère... Il y a eu des hommes assez superstitieux pour faire leur testament parce qu'ils avaient vu un médecin en songe. Ils croyaient que c'était un présage de mort.

Explication de quelques-uns des principaux songes, suivant les livres connus.

Aigle. Si on voit en songe voler un aigle, bon présage; signe de mort s'il tombe sur la tête du songeur. *Ane.* Si on voit courir un âne, présage de malheur; si on le voit en repos, caquets et méchancetés; si on l'entend braire, inquiétudes et fatigues. *Arc-en-ciel.* Vu du côté de l'orient, signe de bonheur pour les pauvres; du côté de l'occident, le présage est pour les riches. *Argent* trouvé, chagrin et pertes; argent perdu, bonnes affaires.

Bain dans l'eau claire, bonne santé; bain dans l'eau trouble, mort de parents et d'amis. *Belette.* Si on voit une belette en songe, signe qu'on aura ou qu'on a une méchante femme. *Boire* de l'eau fraîche, grandes richesses; boire de l'eau chaude, maladie;

boire de l'eau trouble, chagrins. *Bois.* Etre peint sur bois dénote longue vie. *Boudin.* Faire du boudin, présage de peines; manger du boudin, visite inattendue. *Brigands.* On est sûr de perdre quelques parents ou une partie de sa fortune si on songe qu'on est attaqué par des brigands.

Cervelas. Manger des cervelas, bonne santé. *Champignons,* signe d'une vie longue, par contraste, sans doute. *Chanter.* Un homme qui chante, espérance; une femme qui chante, pleurs et gémissements. *Charbons* éteints, mort; charbons allumés, embûches; manger des charbons, pertes et revers. *Chat-huant,* funérailles. *Cheveux* arrachés, pertes d'amis. *Corbeau* qui vole, péril de mort. *Couronne.* Une couronne d'or sur la tête présage des honneurs; une couronne d'argent, bonne santé; une couronne de verdure, dignités; une couronne d'os de morts annonce la mort. *Cygnes noirs,* tracas de ménage.

Dents. Chute de dents, présage de mort. *Dindon.* Voir ou posséder des dindons, folie de parents ou d'amis.

Enterrement. Si quelqu'un rêve qu'on l'enterre vivant, il peut s'attendre à une longue misère. Aller à l'enterrement de quelqu'un, heureux mariage. *Etoiles.* Voir des étoiles tomber du ciel, chutes, déplaisirs et revers.

Fantôme blanc, joie et honneurs; fantôme noir, peines et chagrins. *Femme.* Voir une femme, infirmité; une femme blanche, heureux événement; une femme noire, maladie; plusieurs femmes, caquet. *Fèves.* Manger des fèves, querelles et procès. *Filets.* Voir des filets, présage de pluie. *Flambeau* allumé, récompense; flambeau éteint, emprisonnement. *Fricassées,* caquets de femmes.

Gibet. Songer qu'on est condamné à être pendu, heureux succès. *Grenouilles,* indiscrétions et babils.

Hannetons, importunités. *Homme* vêtu de blanc, bonheur; vêtu de noir, malheur; homme assassiné, sûreté.

Insensé. Si quelqu'un songe qu'il est devenu insensé, il recevra des bienfaits de son prince.

Jeu. Gain au jeu, perte d'amis.

Lait. Boire du lait, amitié. *Lapins* blancs, succès; lapins noirs, revers; manger du lapin, bonne santé; tuer un lapin, tromperie et perte. *Lard.* Manger du lard, victoire. *Limaçon,* charges honorables. *Linge* blanc, mariage; linge sale, mort. *Lune.* Voir la lune, retard dans les affaires; la lune pâle, peines; la lune obscure, tourments.

Manger à terre, emportements. *Médecine.* Prendre médecine, misère; donner médecine à quelqu'un, profit. *Meurtre.* Voir un meurtre, sûreté. *Miroir,* trahison. *Moustaches.* Songer qu'on a de grandes moustaches, augmentation de richesses.

Navets, vaines espérances. *Nuées,* discorde.

OEufs blancs, bonheur; œufs cassés, malheur. *Oies.* Qui voit des oies en songe peut s'attendre à être honoré des princes. *Ossements,* traverses et peines inévitables.

Palmier, palmes, succès et honneurs. *Paon.* L'homme qui voit un paon aura de beaux enfants. *Perroquet,* indiscrétion, secret révélé.

Quenouille, pauvreté.

Rats, ennemis cachés. *Roses,* bonheur et plaisirs.

Sauter dans l'eau, persécutions. *Scorpions,* lézards, chenilles, scolopendres, etc., malheurs et trahisons. *Soufflet* donné, paix et union entre le mari et la femme. *Soufre,* présage d'empoisonnement.

Tempête, outrage et grand péril. *Tête* blanche, joie; tête tondue, tromperie; tête chevelue, dignité; tête coupée, infirmité; tête coiffée d'un agneau, heureux présage. *Tourterelles,* accord des gens mariés, mariage pour les célibataires.

Vendanger, santé et richesses. *Violette,* succès. *Violon.* Entendre jouer du violon et des autres instruments de musique, concorde et bonne intelligence entre le mari et la femme, etc., etc.

Telles sont les extravagances que débitent, avec étendue et complaisance, les interprètes des songes; et l'on sait combien ils trouvent de gens qui les croient! Le monde fourmille de petits esprits qui, pour avoir entendu dire que les grands hommes étaient au-dessus de la superstition, croient se mettre à leur niveau en refusant à l'âme son immortalité et à Dieu son pouvoir, et qui n'en sont pas moins les serviles esclaves des plus absurdes préjugés. On voit tous les jours d'ignorants esprits forts, de petits sophistes populaires, qui ne parlent que d'un ton railleur des saintes Écritures, et qui passent les premières heures du jour à chercher l'explication d'un songe insignifiant, comme ils passent les moments du soir à interroger les cartes sur leurs plus minces projets (1). Il y a des songes, au reste, qui ont beaucoup embarrassé ceux qui ne veulent rien voir d'inexplicable. Nous ne pouvons passer sous silence le fameux songe des deux Arcadiens. Il est rapporté par Valère-Maxime et par Cicéron. Deux Arcadiens, voyageant ensemble, arrivèrent à Mégare. L'un se rendit chez un ami qu'il avait en cette ville, l'autre alla loger à l'auberge. Après que le premier fut couché, il vit en songe son compagnon, qui le suppliait de venir le tirer des mains de l'aubergiste, par qui ses jours étaient menacés.

---

(1) Il y a des gens qui ne croient à rien et qui mettent à la loterie sur la signification des songes. Mais qui peut leur envoyer des songes, s'il n'y a pas de Dieu?... Comment songent-ils quand leur corps est assoupi, s'ils n'ont point d'âme! Deux savetiers s'entretenaient sous l'empire de matières de religion. L'un prétendait qu'on avait eu raison de rétablir le culte; l'autre, au contraire, qu'on avait eu tort. — Mais, dit le premier, je vois bien que tu n'es pas foncé dans la *politiquerie*; ce n'est pas pour moi qu'on a remis Dieu dans ses fonctions, ce n'est pas pour toi non plus; *c'est pour le peuple.* Ces deux savetiers, avec tout leur esprit, se faisaient tirer les cartes et se racontaient leurs songes.

Cette vision l'éveille en sursaut; il s'habille à la hâte, sort et se dirige vers l'auberge où était son ami. Chemin faisant, il réfléchit sur sa démarche, la trouve ridicule, condamne sa légèreté à agir ainsi sur la foi d'un songe; et après un moment d'incertitude, il retourne sur ses pas et se remet au lit. Mais à peine a-t-il de nouveau fermé l'œil, que son ami se présente de nouveau à son imagination, non tel qu'il l'avait vu d'abord, mais mourant, mais souillé de sang, couvert de blessures, et lui adressant ce discours : — Ami ingrat, puisque tu as négligé de me secourir vivant, ne refuse pas au moins de venger ma mort. J'ai succombé sous les coups de ma perfide aubergiste; et pour cacher les traces de son crime, il a enseveli mon corps, coupé en morceaux, dans un tombereau plein de fumier, qu'il conduit à la porte de la ville. Le songeur, troublé de cette nouvelle vision, plus effrayante que la première, épouvanté par le discours de son ami, se lève derechef, vole à la porte de la ville et y trouve le tombereau désigné, dans lequel il reconnaît les tristes restes de son compagnon de voyage. Il arrête aussitôt l'assassin et le livre à la justice. Cette aventure étonnante peut pourtant s'expliquer. Les deux amis étaient fort liés et naturellement inquiets l'un pour l'autre; l'auberge pouvait avoir un mauvais renom : dès lors, le premier songe n'a rien d'extraordinaire. Le second en est la conséquence dans l'imagination agitée du premier des deux voyageurs. Les détails du tombereau sont plus forts; il peut se faire qu'ils soient un effet des pressentiments, ou d'une anecdote du temps, ou une rencontre du hasard. Mais il y a des choses qui sont plus inexplicables encore et qu'on ne peut pourtant contester.

Alexander ab Alexandro raconte, chap. 11 du premier livre de ses Jours Géniaux, qu'un sien fidèle serviteur, homme sincère et vertueux, couché dans son lit, dormant profondément, commença à se plaindre, soupirer et lamenter si fort, qu'il éveilla tous ceux de la maison. Son maître, après l'avoir éveillé, lui demanda la cause de son cri. Le serviteur répondit : — Ces plaintes que vous avez entendues ne sont point vaines; car lorsque je m'agitais ainsi, il me semblait que je voyais le corps mort de ma mère passer devant mes yeux, par des gens qui la portaient en terre. On fit attention à l'heure, au jour, à la saison où cette vision était advenue, pour savoir si elle annoncerait quelque désastre au garçon : et l'on fut tout étonné d'apprendre la mort de cette femme quelques jours après. S'étant informé des jour et heure, on trouva qu'elle était morte le même jour et à la même heure qu'elle s'était présentée morte à son fils. *Voy.* RAMBOUILLET.

Saint Augustin, sur la Genèse, raconte l'histoire d'un frénétique qui revient un peu à ce songe. Quelques-uns étant dans la maison de ce frénétique, ils entrèrent en propos d'une femme qu'ils connaissaient, laquelle était vivante et faisait bonne chère, sans aucune appréhension de mal. Le frénétique leur dit : — Comment parlez-vous de cette femme? Elle est morte; je l'ai vue passer comme on la portait en terre. Et un ou deux jours après, la prédiction fut confirmée (1). *Voy.* CASSIUS, HYMERA, AMILCAR, DÉCIUS, etc.

Voici un songe plus singulier, publié par le *Metropolitan Magazine.*

« Mon grand-père avait un frère aîné dont il ne parlait jamais que dans les termes de la plus haute estime. J'avais connu ce parent dans mon enfance; mais, parvenu à un âge plus avancé, ma mémoire ne me retraçait guère à son sujet que deux circonstances bien propres en effet à laisser une impression plus durable sur l'esprit d'un enfant. Ces circonstances se rattachaient au jour où il m'avait fait présent d'une belle montre d'argent, et à celui où il m'avait raconté un événement singulier qui lui était arrivé dans sa jeunesse. Ce récit, toutefois, n'était resté dans mon esprit que d'une manière bien confuse, et je le considérais moins comme un fait réel que comme un de ces contes merveilleux dont on se plaît à bercer l'enfance. Il arriva cependant que me trouvant, il y a une douzaine d'années, réuni à mon grand-père, qui vécut jusqu'à la plus extrême vieillesse, je l'interrogeai sur ce souvenir de mon premier âge, en lui demandant si le récit de mon grand-oncle avait quelque fondement réel. Sa réponse affirmative ayant excité ma curiosité, je le priai de me rappeler toutes les circonstances de l'événement, si sa mémoire en avait conservé la trace, ce qu'il fit dans les termes suivants :

« Quoiqu'un laps de temps assez considérable se soit écoulé depuis que l'événement arrivé au frère dont vous me parlez a eu lieu, il n'est pas sorti de ma mémoire. De la même manière que votre oncle vous l'a raconté, il me l'a raconté à moi quand l'événement était encore récent, et qu'il commençait à se répandre dans le public. A cette époque, je venais de sortir du collège, et toutes les fois que je l'ai entretenu depuis de cette singulière aventure, il n'a jamais varié dans les circonstances matérielles de son récit. Votre oncle, comme vous ne l'ignorez pas, était un négociant aisé, jouissant de la réputation la plus honorable; mais associé d'abord dans une fabrique importante : c'est à cette époque de sa vie que se rapporte l'événement qu'il vous a raconté. Comme le plus jeune membre de la société dont il faisait partie, chaque année il faisait une tournée dans plusieurs comtés de l'Angleterre, et sa femme, par partie de plaisir, l'accompagnait ordinairement dans ses voyages. Il advint qu'à la chute d'un jour d'été, étant arrivé pour la première fois de sa vie dans une petite ville du comté de Suffolk, il descendit avec sa femme à l'hôtel du Commerce, situé sur la place de la ville.

---

(1) Boistuau, *Visions prodigieuses.*

Fatigué du voyage, et désirant vaquer le lendemain matin de bonne heure à ses affaires, il se fit servir promptement à souper pour se livrer ensuite au repos. Retiré dans sa chambre, il ne tarda pas à se mettre au lit et à jouir d'un profond sommeil, et ce fut pendant ce sommeil qu'il eut un songe, qui, bien que fort peu extraordinaire en lui-même, le devint par les événements étranges dont il fut suivi, et par sa singulière coïncidence avec ces événements.

« Il rêva donc qu'il était descendu au même hôtel vers le milieu du jour, et qu'au lieu d'y entrer pour se reposer, il était allé se promener dans la ville pour en visiter les curiosités. Il arriva au bout de la principale rue, et au moment où il se détournait pour entrer dans une autre, qui paraissait conduire hors la ville, il se trouva devant l'église paroissiale. Après s'être arrêté un moment pour en examiner l'architecture, il poursuivit son chemin par cette seconde rue, jusqu'à ce qu'elle le menât sur la grande route à l'autre bout de la ville, opposé à celui par lequel il y avait pénétré. Il continua sa promenade jusqu'à ce qu'il eût atteint un sentier; là il se sentit entraîné par une forte impulsion à s'engager dans l'étroit chemin qui se présentait à lui. Il céda à ce mouvement, et se trouva bientôt devant une chaumière d'un aspect misérable et désolé. Il entra dans le jardin, où il fut frappé de la vue d'un puits; il y jeta les yeux, et vit (spectacle affreux) quelque chose qui ressemblait à un squelette humain.

« Lorsqu'il se réveilla, il s'efforça d'écarter le souvenir pénible de ce rêve, en se retraçant à l'esprit les différentes affaires qu'il avait à traiter dans la ville. Quoiqu'il fût de très-bonne heure, sa chambre était éclairée par les rayons brillants d'un soleil d'été; il se leva, dans le dessein de faire un tour de promenade et de respirer la fraîcheur matinale avant l'heure des affaires. Il sortit donc; mais à peine avait-il traversé la place qu'il fut frappé de la forme de tous les objets qui l'environnaient. La rue dans laquelle il se trouvait, les maisons de cette rue, tout cela ne lui paraissait pas entièrement étranger, et plus il s'attachait à considérer ce qui l'entourait, plus le tableau qu'il avait sous les yeux semblait lui rappeler le souvenir confus d'une scène à peu près semblable. « Assurément, se dit-il à lui-même, il y a quelque chose de singulier dans tout ceci. C'est la première fois que je viens dans cette ville, et cependant elle réveille en moi des impressions antérieures.

« Dans ce moment, il avait atteint l'encoignure d'une nouvelle rue, il regarde, et l'église qui lui avait apparu en songe est devant lui. Alors le souvenir de son rêve lui revient clairement à la pensée, et il s'arrête frappé de cette coïncidence extraordinaire. Il avance encore, et chaque pas qu'il fait lui montre des objets semblables à ceux qu'il a vus pendant son sommeil. « Est-ce un rêve, ou l'affreux tableau que j'ai vu cette nuit va-t-il se présenter devant moi, se dit-il intérieurement, non sans éprouver un léger mouvement de terreur?» Il se sentit alors comme entraîné par une puissance supérieure; et, cédant à cette impulsion, il marcha précipitamment jusqu'à ce qu'il eût atteint le fatal sentier. La nature déployait alors toute sa beauté; mais mon pauvre frère n'était guère en situation de s'arrêter à la contemplation de ce riche paysage; il était loin d'être superstitieux, et cependant, comme il l'a souvent répété, il lui semblait qu'il était sous l'influence d'un charme. Ainsi qu'il s'y attendait, il trouva, en faisant quelques pas dans le sentier, la chaumière qu'il avait vue en songe, et son aspect triste et misérable, qui se liait dans sa pensée avec la réalité d'un mystère affreux, lui fit éprouver d'abord un mouvement involontaire de répulsion. Ayant surmonté ce premier sentiment de frayeur, il entra dans le jardin et y chercha le puits qui devait confirmer ses appréhensions; mais il ne le trouva pas, et ce fut le seul objet dont la présence manqua pour l'accomplissement de sa vision prophétique.

« En s'en retournant à son hôtel, mille pensées étranges assaillirent son esprit. Il ne pouvait se résoudre à abandonner une aventure si singulièrement commencée, et le résultat de ses méditations fut qu'il devait chercher à pénétrer le mystère qui la couvrait.

« Pendant qu'ils étaient à déjeuner, sa femme ayant observé en lui une préoccupation extraordinaire lui en demanda la cause et il la lui fit connaître. Elle lui suggéra l'idée de faire venir leur hôte et de lui demander s'il pourrait leur fournir quelques informations sur la cabane et ses habitants. Celui-ci s'étant présenté à leur invitation, parut d'abord surpris des questions qui lui furent adressées et de l'intérêt que semblait exciter dans des étrangers une chaumière de si triste apparence. Il répondit cependant qu'il la croyait habitée par un vieillard et sa fille, mais que le genre de vie de ces deux individus et leur caractère insociable étaient tels qu'il y avait peu de personnes dans la ville qui les connussent ou s'en inquiétassent. Ce rapport servit plutôt à stimuler la curiosité de mon frère qu'à l'éteindre, et il résolut de se rendre, après son déjeuner, chez le magistrat pour lui demander son avis sur cette affaire. Il trouva le juge au moment où il sortait pour se rendre à la cour de justice, et lui demanda avec instance un moment d'audience; celui-ci consentit à l'entendre, lui témoignant toutefois le désir que la conférence fût courte, parce qu'en ce moment même il était attendu pour une affaire importante. Mon frère lui fit donc en peu de mots le récit de l'événement singulier qui le préoccupait, en lui faisant remarquer surtout qu'il se croyait engagé à en approfondir le mystère. Le magistrat, auquel le nom de mon frère n'était point inconnu, l'écouta avec attention et parut frappé de la singularité de l'aventure; il lui répondit qu'il regrettait beaucoup de ne pouvoir assister personnellement à une perquisition, mais qu'il pouvait donner commission à deux constables de l'accompagner dans toutes les recherches qu'il jugerait à propos de faire. Mon frère s'empressa d'accepter cette proposition, et après avoir remercié le juge de l'attention qu'il avait bien voulu lui prêter, il partit accompagné des deux officiers de police auxquels le magistrat donna préalablement ses instructions.

« Ils se trouvèrent bientôt en vue de la chaumière, et se disposèrent à y pénétrer en traversant la pièce de terre qui l'entourait ; mais là ils furent arrêtés par le vieillard, qui leur demanda d'un ton brusque où ils allaient. Les constables lui ayant justifié de leurs ordres, il leur répondit sans la moindre apparence d'émotion, qu'ils pouvaient se livrer à toutes les perquisitions qui leur conviendraient. Ils pénétrèrent donc dans l'intérieur de la maison, où tout portait l'empreinte de la plus profonde misère ; ils en visitèrent avec soin toutes les parties, mais ils n'aperçurent rien d'une nature suspecte, et tous leurs efforts furent également inutiles pour découvrir dans le jardin la plus légère trace d'un puits. Les constables, au grand désappointement de mon frère, se disposaient à abandonner des recherches dont l'inutilité leur paraissait démontrée, quand ils virent qu'un groupe de peuple, dont leur apparition avait sans doute excité la curiosité, les avait suivis et considérait avec attention les recherches auxquelles ils se livraient pour découvrir un puits. Tout à coup une femme âgée, sortant de ce groupe, s'écrie : « Un puits ! un puits ! il y en avait un ici il y a quarante ans ; je me le rappelle fort bien, car nous étions encore enfants, la fille de Gildfer et moi ; nous prenions plaisir à y jeter des pierres et à écouter le bruit qu'elles faisaient en tombant. — Où était la place de ce puits ? dit vivement mon frère. — Où ? si mes souvenirs sont fidèles, vous êtes précisément sur son ouverture dans ce moment. » Aidés de cette information inattendue, les constables s'occupèrent de leurs recherches avec une nouvelle ardeur, et les spectateurs se mettant de la partie, le terrain fut bientôt déblayé, et l'on aperçut quelques planches et un ouvrage de maçonnerie en briques. On se procura une pioche, et après avoir écarté ces obstacles, on vit en effet distinctement l'ouverture d'un puits. On s'empressa d'envoyer chercher à la ville l'appareil nécessaire pour le sonder, et quand tout fut disposé pour cette opération, un silence profond régna au milieu de la foule qui s'accroissait à chaque instant. La corde et les grapins furent descendus, et l'on n'amena plusieurs fois que d'insignifiants débris, mais enfin l'on sentit quelque chose de plus lourd s'attacher à la sonde, et l'on souleva un coffre d'assez grande dimension, que son état d'humidité et de vétusté paraissait devoir faire tomber en morceaux. On le brisa facilement, et un spectacle d'étonnement et d'horreur vint frapper les assistants, le coffre renfermait un squelette d'enfant.

« On se figurerait difficilement quelles furent les sensations de mon frère quand il vit ses pressentiments se réaliser ainsi. Les constables commencèrent par s'assurer du vieillard, qui, malgré ses 80 ans, fit une résistance obstinée. On trouva sa fille, âgée de près de 60 ans, cachée dans un grenier et blottie derrière un amas de fagots ; on les conduisit devant le magistrat auquel mon frère s'était adressé le matin. Le vieillard conserva son air sombre et farouche, et l'on ne put en tirer aucun aveu, mais il n'en fut pas de même de sa fille qui, vaincue par ses remords et le sentiment de sa situation, avoua que l'enfant provenait d'un double crime qu'elle avait commis. Pour cacher au monde le malheureux fruit de sa honte, ils avaient pris dès sa naissance la résolution de s'en défaire, et ils avaient bientôt mis à exécution ce meurtre, en prenant toutes les précautions pour qu'il restât enseveli dans le plus profond mystère ; ils n'avaient rien trouvé de mieux pour cela que de renfermer le cadavre dans un coffre et de jeter le tout dans le puits de la maison, dont, pour plus de sûreté, ils avaient soigneusement bouché l'ouverture. La révélation d'un crime si odieux faite par un étranger avec des circonstances si extraordinaires et après que quarante années se furent écoulées depuis sa consommation, cette révélation fut considérée comme un exemple frappant de l'intervention divine, et fit une profonde sensation parmi les habitants de la ville. Les coupables furent livrés aux tribunaux, condamnés et exécutés dans le chef-lieu du comté, peu de mois après, et mon frère, que ses affaires appelèrent plusieurs fois dans la même ville depuis cette époque, y reçut constamment l'accueil le plus distingué tant de la part des magistrats que de toutes les classes de la population. »

Dans *la Quotidienne*, M. G. B. en traduisant ce fait, qui peut bien n'être pas exact, en a changé les lieux, altéré les mœurs et atténué les faits. Mais il cite à l'appui du mystérieux qu'on ne peut nier dans quelques songes, d'autres faits surprenants.

« Nous empruntons celui-ci, dit-il, à un écrit récent d'un docteur en médecine :

« Une mère était inquiète sur la santé de son enfant en nourrice, elle rêve qu'il a été enterré vivant. Cette horrible idée la réveille ; le fait était trop affreux pour qu'elle n'en vérifiât pas l'exactitude ; elle se lève, elle s'habille avec précipitation ; elle se met en route ; il lui fallait se rendre dans un département voisin ; elle arrive au moment où la terre venait de recouvrir les restes de son fils. Cette mère désolée insiste pour qu'on rouvre la fosse, elle l'exige ; elle fait retirer le cercueil, elle en brise les planches, elle emporte l'enfant dans ses bras. Il respirait encore. Les soins maternels le rendirent promptement à l'existence.

« La vérité de cette anecdote nous a été garantie, l'on nous a montré l'enfant si miraculeusement sauvé ; c'est aujourd'hui un homme d'un âge mûr et dans une position brillante ; nous pourrions le nommer….

« Voici un autre fait, bien connu en Écosse. Un propriétaire, logé à quelques milles d'Édimbourg, était venu à la ville ; au milieu de la nuit, dormant sur un lit d'auberge, il vient à rêver qu'un incendie détruit sa maison, qu'un de ses enfants est au milieu des flammes. Telle est l'impression que fait sur lui cette image, qu'il se lève aussitôt, selle, bride son cheval, retourne au galop chez lui. Il trouve son domicile en feu ; il arrive à temps pour sauver sa petite fille âgée de dix mois, oubliée dans une chambre que l'élément destructeur n'avait pas encore envahie; mais il s'en fallait de peu.

« Le jésuite Malvenda, l'auteur d'un des meilleurs commentaires qu'il y ait sur la Bible, vit une nuit, en dormant, un homme qui lui annonça qu'il mourrait bientôt, et qui appuya en même temps sa main contre sa poitrine; peu de temps après, on ensevelissait Malvenda; il avait succombé à une inflammation pulmonaire. C'est, entr'autres écrivains, le sceptique Bayle qui rapporte ce fait, trop avéré pour que l'apôtre du pyrrhonisme le révoque en doute. Direz-vous que tant de traits authentiques, populaires, traditionnels, ne peuvent être admis sans discussion? Eh bien! nous vous citerons les rêves du plus illustre des chimistes modernes, du savant le plus froidement investigateur. Sir Humphrey Davy raconte une circonstance étrange, arrivée à lui-même. Il était en Angleterre, lorsqu'il rêva une nuit qu'il se trouvait malade en Italie, il habitait une chambre dont l'ameublement exotique le frappa, il était soigné par une jeune fille dont les traits, suaves et purs, se gravèrent dans sa mémoire. Quelques années s'écoulent; Davy voyage en Italie, il y tombe malade; il se revoit dans cette même chambre qu'il avait rêvée : la jeune personne qui lui avait apparu lui est rendue trait pour trait. Comment expliquer par les seules causes physiques ce fait irrécusable de certitude, lorsque l'on connaît la droiture et l'éminente intelligence de sir Davy ? »

Dion Chrysostome parle d'un certain Égyptien, joueur de luth, qui songea une nuit qu'il jouait de son luth aux oreilles d'un âne, il ne fit pas d'abord grandes réflexions sur un tel songe, mais quelque temps après, Antiochus, roi de Syrie, étant venu à Memphis pour voir son neveu Ptolomée, ce prince fit venir le joueur de luth, pour amuser Antiochus. Le roi de Syrie n'aimait pas la musique ; il écouta d'un air distrait et ordonna au musicien de se retirer. L'artiste alors se rappela le songe qu'il avait fait, et ne put s'empêcher de dire en sortant : — J'avais bien rêvé que je jouerais devant un âne. Antiochus l'entendit par malheur, commanda qu'on le liât, et lui fit donner les étrivières. Depuis ce moment le musicien perdit l'habitude de rêver, ou du moins de se vanter de ses rêves.

On raconte sur la mort de l'acteur Champmeslé une anecdote plus extraordinaire. Il avait perdu sa femme et sa mère. Frappé d'un songe où il avait vu sa mère et sa femme lui faire signe du doigt de venir les trouver, il était allé chez les cordeliers demander deux messes des morts, l'une pour sa mère, l'autre pour sa femme. L'honoraire de ces messes était alors de dix sous. Champmeslé ayant donné au sacristain une pièce de trente sous, le religieux était embarrassé pour lui rendre les dix sous restants. — Gardez tout, dit l'acteur, et faites dire sur-le-champ une troisième messe des morts ; elle sera pour moi. En effet, il mourut subitement le même jour.

On conte d'un tailleur cette facétie, qui ne paraît pas être un fait réel, mais peut-être quelque apologue. Étant tombé dangereusement malade, il eut un rêve surprenant. Il voyait flotter dans les airs un drapeau d'une grandeur immense, composé de tous les morceaux de différentes étoffes qu'il avait volés à ses pratiques et qu'il avait mis de côté à son profit. L'ange de la mort portait ce drapeau d'une main ; de l'autre il menaçait le tailleur peu délicat de sa massue de fer. À son réveil, le tailleur effrayé fit vœu d'être à l'avenir plus honnête, en cas qu'il guérît. Il ne tarda pas à recouvrer la santé. Comme il se défiait de lui-même, il recommanda à l'un de ses garçons de lui rappeler le drapeau, toutes les fois qu'il taillerait un habit; pendant quelque temps, il fut assez docile à la voix de son garçon, mais un seigneur l'ayant envoyé chercher pour lui faire un pourpoint d'une étoffe très-riche, sa vertu, mise à une épreuve trop forte, fit naufrage. En vain son garçon voulut, à plusieurs reprises, lui rappeler le drapeau : — Tu m'ennuies, avec ton drapeau, lui dit-il; il n'y avait point d'étoffe comme celle-ci dans celui que j'ai vu en songe, et j'ai remarqué aussi qu'il y manquait le morceau que je prends et qui le complète.

LE JEUNE CISELEUR DE DORDRECHT.

(Vous verrez ici qu'un songe n'est pas toujours un mensonge. E. LENOBLE.)

Voici une légende qui a fait quelque bruit autrefois. Elle a fort embarrassé ceux qui veulent tout expliquer par les simples raisonnements naturels. On la trouve sommairement rapportée dans le livre des *Histoires mémorables* de Simon Goulard, et avec plus de détails dans divers récits hollandais contemporains. Elle a inspiré des poëmes et des complaintes. Musœus, plus récemment, en a fait le sujet de l'*Amour muet*, l'un de ses contes populaires. Toutefois comme il a dénaturé les faits et la tradition, à la manière des conteurs allemands, nous rétablirons le tout dans sa naïveté primitive.

Il y avait en Hollande, au milieu du XVI° siècle, un jeune ciseleur renommé qui s'appelait Frans Backer. Melchior Backer, son père, l'avait élevé, et il le surpassait déjà dans l'art alors très-estimé de la ciselure. Il habitait Dordrecht, sa patrie, ville importante et riche. Toutes les églises de Dordrecht, qui alors n'avait pas encore perdu sa foi, possédaient de lui ou de son père des vases précieux, de beaux ornements et des reliefs estimés. Il ciselait les armes des chevaliers, et vivait dans une splendeur honorable. Son père faisait en Allemagne des voyages fréquents. La réforme vint, et Melchior fut tué un jour, dans une des batailles que soulevaient partout les nouvelles doctrines. Son vieux sang catholique s'était ému ; et il n'avait pu se défendre de prendre parti pour les fidèles enfants de l'Église. Frans, qui aimait son père, pleura amèrement sa mort, maudit la réforme, et de la vie de jeune homme quelque peu dissipée qu'il avait menée jusqu'alors, pensa qu'il lui fallait dorénavant entrer dans les bornes d'une conduite réglée, gouverner sa maison avec sagesse et ne plus compter après Dieu que sur lui-même. Ayant toujours vécu dans l'aisance, il avait pensé qu'il trouverait la caisse de son père bien garnie. Mais lorsqu'il l'ouvrit, il reconnut qu'elle était vide. Il n'en travailla qu'avec plus de courage, ne sortant qu'une heure chaque soir de sa petite maison de Gravenstraat, dessinant et ciselant sans relâche, et ne prenant de repos que les jours de dimanches et de fêtes.

Après qu'il eut passé l'année du deuil, il se maria sagement, épousant une honnête jeune fille, pieuse et bonne, fidèle catholique, et qu'il savait capable de bien conduire sa maison. Les travaux de la ville lui suffisant, il ne voyagea point, se trouvant heureux de l'état de ses affaires. Au bout de quatre ans de mariage, il lui était venu trois jolis enfants. Mais alors la réforme triompha dans les Pays-Bas ; et, comme elle faisait la guerre tout à la fois à la religion et aux arts, il pressentit rapidement qu'après lui avoir enlevé son père, l'hérésie allait encore lui ravir son travail. En effet, les églises furent saccagées, les tableaux brûlés, les sculptures et les ciselures brisées ; on ferma les sanctuaires, et, à côté des ministres de la religion qu'on poursuivait avec fureur, les artistes durent se taire et se cacher. Les réformateurs n'avaient besoin ni d'art ni de poésie ; ils ne parlaient que de la raison, et Dieu sait l'usage qu'ils en firent. Les travaux cessèrent donc pour le pauvre Frans. Dans ces jours de détresse, aucun seigneur ne faisait plus ciseler la poignée de son épée ni la garde de son poignard. Quant aux chefs des gueux, ils n'avaient pas besoin de recourir aux artistes, ils trouvaient tout ce qu'ils pouvaient souhaiter dans les pillages des villes et des monastères, et, s'ils détruisaient ce qui ne leur était pas d'un usage immédiat, ils savaient conserver les bonnes armes et les objets de prix dont ils s'enrichissaient sans bruit.

Frans se vit, plus promptement qu'il ne pensait, au bout de ses avances ; et bientôt, comme dit Simon Goulard, il ne sut plus de quel côté se tourner pour vivre.

Une nuit qu'il s'était endormi, après avoir longuement pesé les misères de sa situation présente, il fit ce songe singulier, qui donnerait à sa légende un certain air de mystère, si elle n'était pas attestée par de nombreux témoignages. Il rêva donc que, se promenant seul hors de la ville de Dordrecht, dans les abords de la porte de Cologne, il rencontrait un étranger à la mine bienveillante qu'il n'avait jamais vu. Était-ce son bon ange ? Cet étranger l'aborda : — Je sais, Frans, lui dit-il, le mauvais état de vos affaires. Si vous voulez suivre mon avis, je crois qu'il vous procurera le moyen de sortir des embarras où vous êtes. Allez à Kemper ; vous trouverez dans cette ville la fin de toutes vos peines.

L'étranger disparut sans spécifier autre chose, et Frans s'éveilla en sursaut. Vivement ému de son rêve, quoiqu'il ne lui accordât qu'une foi douteuse, il ne voulut pas avoir à se reprocher la négligence d'un avis qui pouvait être une planche de salut. D'ailleurs il n'avait rien à faire. Ainsi, dès qu'il fit jour, sans oser encore confier à sa femme qu'il se mettait en route poussé par un songe, il prétexta vaguement l'espoir de quelques demandes, et partit courageusement.

Il ne fut pas plutôt arrivé à Kemper que, refroidi par la fatigue du voyage, il commença à penser que sa course pouvait bien être une folie. Il était venu dans un pays où il ne connaissait personne, où il n'était pas connu. Il se promena jusqu'au soir dans Kemper sans que qui que ce fût prît attention à lui, sans dire ni recevoir une parole.

— Je suis le jouet de mon imagination, se dit-il enfin ; et je mérite ce qui m'arrive.

Comme il se disposait, l'air triste et la mine longue, à découvrir quelque gîte, un bonhomme enfin s'arrêta devant lui, parut touché de son inquiétude, et lui demanda ce qu'il cherchait et quelle pouvait être la cause du chagrin qui paraissait sur son visage ?

— Mon étourderie, répondit Frans ; et je dois m'en punir en en rougissant devant vous.

Alors il raconta ingénument son rêve. Le vieillard en rit de tout son cœur.

— Oh ! c'est très-réjouissant, dit-il ; oh bien ! mon brave jeune homme, vous êtes plus léger que moi ! Mais s'il fallait tenir compte de toutes les idées qui nous passent par la tête, s'il fallait écouter les songes, je devrais voyager aussi ; car moi aussi j'ai fait un rêve superbe. Dans ce rêve on m'a conseillé, si je voulais rétablir mes affaires que la réforme n'a pas arrangées, d'aller à Dordrecht ; on m'a déclaré que je trouverais là, dans la Gravenstraat, une maison de pierres à laquelle on monte par quatre marches dont deux sont rompues, derrière cette maison un jardin de forme irrégulière ; au fond de ce jardin, entre deux poiriers, un églantier à fleurs blanches, au pied duquel je pourrais déterrer un bon trésor. Vous voyez que le songe est bien détaillé, très-précis, fort engageant. Un autre y courrait ; mais moi, pas si bête ! Aller, sur la foi d'un rêve, à Dordrecht où je n'ai jamais mis le pied ! ah ! ah ! ah !

Le bonhomme pouvait rire et parler tout à son gré. Frans n'avait garde de l'interrompre. Frappé de stupéfaction, il reconnaissait, dans tous les détails que donnait si exactement ce vieillard, qui n'avait jamais mis le pied à Dordrecht, sa propre maison et son propre jardin, seuls biens que son père lui eût laissés. Il fut assez maître de lui pour ne pas faire paraître ce qui se passait en ce moment dans son cœur; il remercia le bonhomme de ses conseils, lui promit d'être plus sensé à l'avenir et de se conformer à sa manière de voir. Il passa, dans une mauvaise auberge, une nuit très-agitée, et retourna à Dordrecht le lendemain matin, avec l'empressement que le lecteur se figure. Il n'eut pas plutôt mis le pied dans sa maison, qu'il courut au jardin, creusa sous l'églantier, et y trouva dans une petite caisse cinquante mille florins en or que son père y avait cachés, et qu'une mort imprévue l'avait empêché de lui révéler.

Ce ne fut qu'en cet instant que, se voyant hors de peine, il raconta à sa femme toute sa bizarre aventure. Les récits du temps ajoutent que, revenu si merveilleusement à l'aisance, il n'oublia pas le bonhomme de Kemper, et que tout le reste de la vie de ce vieillard, laquelle se prolongea encore dix ans, il lui fit passer chaque année une petite pension qui adoucit ses derniers jours.

SORCIERS, gens qui, avec le secours des puissances infernales, peuvent opérer des choses surnaturelles, en conséquence d'un pacte fait avec le diable. Ce n'étaient en général que des imposteurs, des charlatans, des fourbes, des maniaques, des fous, des hypocondres ou des vauriens qui, désespérant de se donner quelque importance par leur propre mérite, se rendaient remarquables par les terreurs qu'ils inspiraient. Chez tous les peuples, on trouve des sorciers : on les appelle magiciens, lorsqu'ils opèrent des prodiges, et devins, lorsqu'ils devinent les choses cachées. Il y avait à Paris, du temps de Charles IX, trente mille sorciers, qu'on chassa de la ville. On en comptait plus de cent mille en France, sous le roi Henri III. Chaque ville, chaque bourg, chaque village, chaque hameau, avait les siens, et de nos jours en France, où la presse combat les choses religieuses, au lieu d'éclairer les esprits grossiers, il y a encore la moitié des villages où l'on croit aux sorciers. On les poursuivit sous Henri IV et sous Louis XIII; le nombre de ces misérables ne commença à diminuer que sous Louis XIV. L'Angleterre n'en était pas moins infestée. Le roi Jacques Ier, qui leur faisait la chasse très-durement, écrivit contre eux un gros livre, sans éclairer la question. Un fait est constant, c'est que presque tous les sorciers sont des bandits qui prennent un masque diabolique pour faire le mal ; c'est que la plupart de leurs sortiléges sont des empoisonnements, et leurs sabbats d'affreuses orgies. Ces sorciers étaient encore des restes de bandes hérétiques, conduits d'aberrations en aberrations à l'adoration toute crue du démon. Les sorciers sont coupables de quinze crimes, dit Bodin : 1° ils renient Dieu ; 2° ils le blasphèment ; 3° ils adorent le diable ; 4° ils lui vouent leurs enfants ; 5° ils les lui sacrifient souvent, avant qu'ils soient baptisés (1); 6° ils les consacrent à Satan, dès le ventre de leur mère; 7° ils lui promettent d'attirer tous ceux qu'ils pourront à son service ; 8° ils jurent par le nom du diable, et s'en font honneur; 9° ils ne respectent plus aucune loi, et commettent des incestes ; 10° ils tuent les personnes, les font bouillir et les mangent; 11° ils se nourrissent de chair humaine et même de pendus; 12° ils font mourir les gens par le poison et les sortiléges ; 13° ils font crever le bétail ; 14° ils font périr les fruits, et causent la stérilité ; 15° ils se font en tout les esclaves du diable. On s'est moqué de ce passage de Bodin ; il est pourtant vrai presque en tout. Sandoval, dans son *Histoire de Charles Quint*, raconte que deux jeunes filles, l'une de onze ans et l'autre de neuf, s'accusèrent elles-mêmes, comme sorcières, devant les membres du conseil royal de Navarre ; elles avouèrent qu'elles s'étaient fait recevoir dans la secte des sorciers, et s'engagèrent à découvrir toutes les femmes qui en étaient, si on consentait à leur faire grâce. Les juges l'ayant promis, ces deux enfants déclarèrent qu'en voyant l'œil gauche d'une personne, elles pourraient dire si elle était sorcière ou non ; elles indiquèrent l'endroit où l'on devait trouver un grand nombre de ces femmes, et où elles tenaient leurs assemblées. Le conseil chargea un commissaire de se transporter sur les lieux avec les deux enfants, escortés de cinquante cavaliers. En arrivant dans chaque bourg ou village, il devait enfermer les deux jeunes filles dans deux maisons séparées, et faire conduire devant elles les femmes suspectes de magie, afin d'éprouver le moyen qu'elles avaient indiqué. Il résulta de l'expérience que celles de ces femmes qui avaient été signalées par les deux filles comme sorcières l'étaient réellement. Lorsqu'elles se virent en prison, elles déclarèrent qu'elles étaient plus de cent cinquante ; que quand une femme se présentait pour être reçue dans leur société, on lui faisait renier Jésus-Christ et sa religion. Le jour où cette cérémonie avait lieu, on voyait paraître au milieu d'un cercle un bouc noir qui en faisait plusieurs fois le tour. A peine avait-il fait entendre sa voix rauque, que toutes les sorcières accouraient et se mettaient à danser; après cela, elles venaient toutes baiser le bouc au derrière, et faisaient ensuite un repas avec du pain, du vin et du fromage.

Après que le festin était fini, chaque sorcière s'envolait dans les airs, pour se rendre aux lieux où elle voulait faire du mal. D'après leur propre confession, elles avaient empoisonné trois ou quatre personnes, pour obéir aux ordres de Satan, qui les introduisait dans les maisons, en leur en ouvrant les portes et les fenêtres, qu'il avait soin de refermer quand le maléfice avait eu son effet.

---

(1) Spranger condamna à mort une sorcière qui avait fait mourir quarante et un petits enfants.

Toutes les nuits qui précédaient les grandes fêtes de l'année, elles avaient des assemblées générales, où elles faisaient des abominations et des impiétés. Lorsqu'elles assistaient à la messe, elles voyaient l'hostie noire ; mais si elles avaient déjà formé le propos de renoncer à leurs pratiques diaboliques, elles la voyaient blanche. Sandoval ajoute que le commissaire, voulant s'assurer de la vérité des faits par sa propre expérience, fit prendre une vieille sorcière, et lui promit sa grâce, à condition qu'elle ferait devant lui toutes ses opérations de sorcellerie. La vieille, ayant accepté la proposition, demanda la boîte d'onguent qu'on avait trouvée sur elle, et monta dans une tour, avec le commissaire et un grand nombre de personnes. Elle se plaça devant une fenêtre, et se frotta d'onguent la paume de la main gauche, le poignet, le nœud du coude, le dessous du bras, l'aine et le côté gauche ; ensuite elle cria d'une voix forte : *Es-tu là ?* Tous les spectateurs entendirent dans les airs une voix qui répondit : *Oui, me voici.* La sorcière se mit alors à descendre le long de la tour, la tête en bas, se servant de ses pieds et de ses mains à la manière des lézards. Arrivée au milieu de la hauteur, elle prit son vol dans les airs, devant les assistants, qui ne cessèrent de la voir que lorsqu'elle eut dépassé l'horizon. Dans l'étonnement où ce prodige avait plongé tout le monde, le commissaire fit publier qu'il donnerait une somme d'argent considérable à quiconque lui ramènerait la sorcière. On la lui présenta au bout de deux jours, qu'elle fut arrêtée par des bergers. Le commissaire lui demanda pourquoi elle n'avait pas volé assez loin pour échapper à ceux qui la cherchaient. A quoi elle répondit que son maître n'avait voulu la transporter qu'à la distance de trois lieues, et qu'il l'avait laissée dans le champ où les bergers l'avaient rencontrée.

Ce récit singulier, dû pourtant à un écrivain grave, n'est pas facile à expliquer. Le juge ordinaire ayant prononcé sur l'affaire des cent cinquante sorcières, ni l'onguent ni le diable ne purent leur donner des ailes pour éviter le châtiment de deux cents coups de fouet et de plusieurs années de prison qu'on leur fit subir. Boguet, qui avait tant de zèle pour l'extinction de la sorcellerie, a mis à la fin de son *Discours des sorciers* une *instruction pour un juge en fait de sorcellerie*. Cette pièce curieuse, publiée en 1601, est divisée en quatre-vingt-onze articles. On la connaît plus généralement sous le titre de *Code des sorciers*. En voici le précis : Le juge du ressort instruit l'affaire et le juge, sans suivre en cas pareil les formes ordinaires. La présomption de sorcellerie suffit pour faire arrêter le suspect ; l'interrogatoire doit suivre l'arrestation, parce que le diable assiste les sorciers en prison. Le juge doit faire attention à la contenance de l'accusé, voir s'il ne jette point de larmes, s'il regarde à terre, s'il barbotte à part, s'il blasphème ; tout cela est indice. Souvent la honte empêche le sorcier d'avouer ; c'est pourquoi il est bon que le juge soit seul, et que le greffier soit caché pour écrire les réponses. Si le sorcier a devant lui un compagnon du sabbat, il se trouble. On doit le raser, afin de mettre à découvert le sort de taciturnité. Il faut le visiter avec un chirurgien, pour chercher les marques. Si l'accusé n'avoue pas, il faut le mettre dans une dure prison, et avoir gens affidés qui tirent de lui la vérité. Il y a des juges qui veulent qu'on promette le pardon, et qui ne laissent pas de passer à l'exécution ; mais cette coutume me paraît barbare. Le juge doit éviter la torture, elle ne fait rien sur le sorcier ; néanmoins il est permis d'en user. Si le prévenu se trouve saisi de graisses, si le bruit public l'accuse de sorcellerie, ce sont de grandes présomptions qu'il est sorcier. Les indices légers sont les variations dans les réponses, les yeux fixés en terre, le regard effaré. Les indices graves sont la naissance, comme si, par exemple, le prévenu est enfant de sorcier, s'il est marqué, s'il blasphème. Le fils, en tels cas, est admis à déposer contre son père. Les témoins reprochables doivent être entendus comme les autres : on doit aussi entendre les enfants. Les variations, dans les réponses du témoin, ne peuvent faire présumer en faveur de l'innocence du prévenu, si tout l'accuse d'être sorcier. La peine est le supplice du feu : on doit étrangler les sorciers et les brûler après ; les loups-garous doivent être brûlés vifs. On condamne justement sur des conjectures et présomptions ; mais alors on ne brûle pas, on pend. Le juge doit assister aux exécutions, suivi de son greffier, pour recueillir les dépositions... Ce chef-d'œuvre de jurisprudence et d'humanité, ouvrage d'un avocat, reçut dans le temps les suffrages des barreaux français. Boguet le dédia à Daniel Romanez, avocat à Salins.

Notre siècle, comme nous l'avons remarqué, n'est pas encore exempt de sorciers. Il y en a dans tous les villages. On en trouve à Paris même, où le magicien Moreau faisait merveilles il y a vingt ans. Mais souvent on a pris pour sorciers des gens qui ne l'étaient pas. Mademoiselle Lorimier, à qui les arts doivent quelques tableaux remarquables, se trouvant à Saint-Flour en 1811 avec une autre dame artiste, prenait, de la plaine, le plan de la ville, située sur un rocher. Elle dessinait et faisait des gestes d'aplomb avec son crayon. Les paysans, qui voient encore partout la sorcellerie, jetèrent des pierres aux deux dames, les arrêtèrent et les conduisirent chez le maire, les prenant pour des sorcières qui faisaient des sorts et des charmes. Vers 1778, les Auvergnats prirent pour des sorciers les ingénieurs qui levaient le plan de la province, et les accablèrent de pierres. Le tribunal correctionnel de Marseille eut à prononcer, en 1820, sur une cause de sorcellerie. Une demoiselle, abandonnée par un homme qui devait l'épouser, recourut à un docteur qui passait pour sorcier, lui demandant s'il aurait *un secret* pour ramener un infidèle et nuire à une rivale. Le nécromancien commença par se faire donner de l'argent, puis une *poule noire*, puis un *cœur de bœuf*, puis des *clous*. Il fallait que la poule, le cœur et les clous, fussent *volés*; pour l'argent il pouvait être légitimement acquis, le sorcier se chargeait du reste. Mais il arriva que, n'ayant pu rendre à la plaignante le cœur de son amant, celle-ci voulut au moins que son argent lui fût restitué ; de là le procès, dont le dénoûment a été ce qu'il devait être : le sorcier a été condamné à l'amende et à deux mois de prison comme *escroc*.

Voici encore ce qu'on écrivait de Valognes en 1841. On jugera des sorciers passés par les sorciers présents, sur le rapport de l'intérêt qu'ils sont dignes d'inspirer : « Notre tribunal correctionnel vient d'avoir à juger des sorciers de Brix. Les prévenus, au nombre de sept, se trouvent rangés dans l'ordre suivant: Anne-Marie, femme de Leblond, dit *le Marquis*, âgée de soixante-quinze ans (figure d'Atropos ou d'une sorcière de Macbeth); Leblond, son mari, âgé de soixante-onze ans ; Charles Lemonnier, maçon, âgé de vingt-six ans; Drouet, maçon, âgé de quarante-quatre ans; Thérèse Leblond, dite *la Marquise*, âgée de quarante-huit ans (teint fiévreux ou animé par la colère); Jeanne Leblond, sa sœur, également surnommée *la Marquise*, âgée de trente-quatre ans, femme de Lemonnier, et Lemonnier, mari de la précédente, équarrisseur, âgé de trente-trois ans, né à Amfreville, tous demeurant à Brix. Divers délits d'escroquerie à l'aide de manœuvres frauduleuses leur sont imputés ; les témoins, dont bon nombre figurent parmi les dupes qu'ils ont faites, comparaissent successivement et reçoivent une ovation particulière à chaque aveu de leur crédulité. Les époux Halley, dit Morbois, et leur frère et beau-frère Jacques Legouche, des Moitiers-en-Bauptois, se croyaient ensorcelés, et même encore ils ne savent trop aujourd'hui s'ils ne l'ont pas été. Or il n'était bruit à dix lieues à la ronde que des *Marquis* de Brix. On alla donc les supplier d'user de leur pouvoir en faveur de braves gens dont la maison, remplie de myriades de sorciers, n'était plus habitable. Le vieux *Marquis* se met aussitôt en route avec sa fille Thérèse, et commande des tisanes. Mais il en faut bientôt de plus actives, et la société, composée de ses deux filles et des frères Lemonnier, qui se sont entremis dans la guérison, apportent des bouteilles tellement puissantes que toute la famille les a vues danser dans le panier qui les contenait. Il faut en effet de bien grands remèdes pour lever le sort que le curé, le vicaire et le bedeau de la paroisse ont jeté sur eux, au dire des *Marquises*. Il faut en outre du temps et de l'argent. Deux ans se passent en opérations, et avec le temps s'écoule l'argent. Mais enfin une si longue attente, de si nombreux sacrifices auront un terme, et ce terme, c'est la nuit de Pâques fleuries, dans laquelle le grand-maître sorcier viendra débarrasser les époux Halley des maléfices qu'ils endurent. Ce qui avait été promis a lieu; non pas précisément la guérison, mais l'arrivée de plusieurs membres de la compagnie de Brix. Que s'est-il passé dans la maison ? c'est ce que des voisins assignés ne peuvent nous dire, parce qu'ils n'ont osé ni regarder ni entendre. Un seul rapporte avoir ouï, lorsque les sorciers sont repartis, une voix s'écrier : — Il faut qu'ils soient plus bêtes que le cheval qui nous traîne ! D'autres racontent la ruine de cette maison qui date des fréquents voyages de la compagnie. Les Halley et les Legouche étaient dans une parfaite aisance avant qu'il fût question de les désensorceler. Leurs meubles, leurs bestiaux, leur jardin, leur peu de terre, ils ont tout vendu ; leurs hardes, parce qu'elles étaient ensorcelées comme leur personne, ils les ont données ; ils ont arraché jusqu'à leur plant de pommiers pour en faire un peu d'argent et rassasier l'hydre insatiable qui les dévorait; 2,000 fr., tel est peut-être le chiffre des sommes que l'accusation reproche aux prévenus d'avoir escroquées à ces pauvres gens. Cependant ceux-ci avouent à peine 250 fr. qu'ils auraient pu remettre pour prix de médicaments qui les ont, disent-ils, radicalement guéris. Ils ne confessent aucuns détails, n'accusent personne. Ils rendent grâce au contraire du bien qu'on leur a fait. Les malheureux tremblent encore en présence de ceux qu'ils ont appelés auprès d'eux, et dont le regard semble toujours les fasciner ! Un nommé Henri Lejuez, de Flottemanville-Hague (arrondissement de Cherbourg), vient ensuite raconter avec la même bonne foi et le même air de simplicité les tours subtils de magie dont il a été victime. Chevaux et porcs, chez lui tout mourait; ce n'était point naturel ; mais aux grands maux les grands remèdes. Il se mit donc en recherche de les trouver. Un jour, dit-il, que j'étais à l'assemblée de Vasteville, je trouvai un homme qui me dit que je ferais bien d'aller à Brix, chez un nommé le Marquis. J'y allai ; or, quand je lui eus dit mon affaire et qu'il eut lu deux pages dans un livre que sa femme alla lui chercher dans l'armoire, il me répondit : — Ce sont des jaloux ; mais je vais vous *butter* ça ; baillez-moi 5 fr. 50 c. pour deux bouteilles de drogues, et je ferai mourir le malfaiteur. — Nenni, que je lui dis, je n'en demande pas tant; domptez-le seulement de façon qu'il ne me fasse plus de mal, c'en est assez. Quinze jours après, j'y retournai, et j'apportai vingt-cinq kilogrammes de farine, deux pièces de 5 fr., et environ deux kilogrammes de filasse que sa bonne femme m'avait demandés. Il n'y avait point d'amendement chez mes *avers*, et je le lui dis en le priant de *travailler* comme il faut l'homme qui m'en voulait. Enfin, après un autre *voyage* que je fis encore, il fut convenu que sa fille Thérèse viendrait à la maison. Elle y vint donc et fit sa magie avec une poule qu'on *happa* sans lui ôter une plume du corps. Sur le coup elle la *saignit*, et quand elle eut ramassé son sang dans un petit pot avec le cœur, elle le fit porter à la porte de l'homme que nous soupconnions. Pendant que le sang s'égoutterait, notre homme devait dessécher, à ce qu'elle disait. Après cela elle nous demanda vingt-cinq aiguilles neuves qu'elle mit dans une assiette et sur laquelle elle versa de l'eau. Autant il y en aurait qui s'affourcheraient les unes sur les autres, autant il y aurait d'ennemis qui nous en voudraient. Il s'en trouva trois. Tout cela fait, elle emporta la poule et revint quelques jours après avec Jeanne sa sœur. Mais il se trouva qu'il leur manqua quelque chose pour arriver à leur *définition* : c'étaient des drogues qu'avec 25 fr. que je leur donnai et que j'empruntai en partie, elles allèrent quérir à Cherbourg, et qu'elles devaient rapporter le soir, avec deux mouchoirs que ma femme leur prêta ; mais elles ne revinrent plus. Pour lors j'eus l'idée qu'elles n'étaient pas aussi savantes qu'on le disait. Pour m'en assurer, j'allai consulter une batteuse de cartes du Limousin, et je l'amenai chez Thérèse. Là-dessus les deux femelles se prirent de langue : la Limousine traita la Marquise d'*agrippeuse* et le Marquis d'*agrippeur*. Ça fit une brouille et les affaires en restèrent là. A quelque temps de là cependant, ma femme la revit dans une boutique à la Pierre-Butée, avec Charles Lemonnier, qu'elle appelait son homme. Elle lui parla de ce qu'elle lui avait donné, de trois chemises que *j'oubliais*, de deux draps de lits, d'un canard et d'une poule que je lui avais portés moi-même ; elle lui demanda aussi ce qu'était devenue la poule qu'elle avait saignée pour sa magie. Sur-le-champ Thérèse répondit qu'après l'avoir fait rôtir elle s'était dressée sur table et avait chanté trois fois comme un coq. — C'est vrai, reprit Charles Lemonnier, car quand je l'ai vue, ça m'a fait un effet que je n'ai pas osé en manger.

« Les *Marquis* et compagnie n'appliquaient pas seulement leurs talents à la guérison des sorts, mais encore à la découverte des trésors. Tels sont les principaux faits qui amènent les différents prévenus devant le tribunal, et auxquels on pourrait ajouter le vol de deux pièces de fil et de deux livres de piété, imputé à la même Thérèse, lors de sa visite, au préjudice de la femme Helland, et le fait d'escroquerie reproché au vieux sorcier *Marquis*, à raison de ses sortiléges sur la fille d'un nommé Yves Adam, de Brix. M. le substitut Desmortiers rappelle les fâcheux antécédents, d'abord de Thérèse, condamnée par un premier jugement, pour vol, à un an et un jour d'emprisonnement, par un second jugement de la cour d'assises de la Manche, en sept années de travaux forcés ; de sa sœur ensuite, condamnée pareillement en six années de la même peine ; de Leblond père, dit le *Marquis*, qui a subi deux condamnations correctionnelles dont la durée de l'une a été de neuf ans ; de Drouet enfin, condamné à un an et un jour de prison.

« Le tribunal, après avoir renvoyé de l'action la vieille femme Leblond, prononce son jugement, qui condamne aux peines qui suivent les co-prévenus : Thérèse Leblond, dix années d'emprisonnement; Jeanne Leblond, femme Lemonnier, six ans ; Jacques Leblond, dit le *Marquis*, cinq ans ; Charles Lemonnier, un an et un jour ; Pierre-Amable Drouet, six mois ; Pierre Lemonnier, un mois ; les condamne chacun, en outre, en 50 fr. d'amende, et solidairement aux dépens, et dit qu'à l'expiration de leur peine ils resteront pendant dix ans sous la surveillance de la haute police. » Voy. SICHOITES, AGRIPPA, FAUST et une foule de petits articles sur divers sorciers.

On trouve des sorciers dans les plus vieux récits. Les annales mythologiques vous diront qu'à Jalysie, ville située dans l'île de Rhodes, il y avait six hommes qui étaient si malfaisants, que leurs seuls regards ensorcelaient les objets de leur haine. Ils faisaient pleuvoir, neiger et grêler sur les héritages de ceux auxquels ils en voulaient. On dit que, pour cet effet, ils arrosaient la terre avec de l'eau du Styx, d'où provenaient les pestes, les famines et les autres calamités. Jupiter les changea en écueils.

Le voyageur Beaulieu conte qu'il rencontra un de ces sorciers ou escrocs qu'on a aussi appelés grecs, à la cour du roi d'Achem. C'était un jeune Portugais nommé Don Francisco Carnero ; il passait pour un joueur habile et si heureux, qu'il semblait avoir enchaîné la fortune. On découvrit néanmoins que la mauvaise foi n'avait pas moins de part que le bonheur et l'habileté aux avantages qu'il remportait continuellement. Après avoir gagné de grosses sommes à un ministre de cette cour, qui se dédommageait de ses pertes par les vexations qu'il exerçait sur les marchands, il jouait un jour contre une dame indienne, à laquelle il avait gagné une somme considérable, lorsqu'en frappant du poing sur la table, pour marquer son étonnement d'un coup extraordinaire, il rencontra un de ses dés qu'il brisa, et dont il sortit quelques gouttes de vif argent. Elles disparurent aussitôt, parce que la table avait quelque pente. Les Indiens, d'autant plus étonnés de cette aventure, que le Portugais se saisit promptement des pièces du dé, et qu'il refusa de les montrer, jugèrent qu'il y avait de l'enchantement. On publia qu'il en était sorti un esprit, que tout le monde avait vu sous une forme sensible, et qui s'était évanoui sans nuire à personne. Beaulieu pénétra facilement la vérité. Mais il laissa les Indiens dans leur erreur ; et, loin de rendre aucun mauvais office à Carnero, il l'exhorta fortement à renoncer au jeu dont il ne pouvait plus espérer les mêmes avantages à la cour d'Achem (1).

Sous le règne de Jacques 1ᵉʳ, roi d'Angleterre, le nommé Lily fut accusé d'user de sortilége devant un juge peu éclairé, qui le condamna au feu. Lily n'était rien moins que sorcier, son crime consistait à abuser

(1) Histoire générale des voyages.

de l'ignorance et de la superstition de ses concitoyens. Il osa s'adresser au souverain, et lui faire présenter un placet écrit en grec. L'étude des sciences et des langues était alors fort négligée en Angleterre, comme dans toute l'Europe. Un semblable placet parut un phénomène au monarque. Non, dit-il, cet homme ne sera pas exécuté, je le jure, fût-il encore plus sorcier qu'on ne l'accuse de l'être. Ce que je vois, c'est qu'il est plus sorcier dans la langue grecque que tous mes prélats anglicans.

Un officier, d'un génie très-médiocre, envieux de la gloire d'un capitaine qui avait fait une belle action, écrivit à M. de Louvois que ce capitaine était sorcier. Le ministre lui répondit : « Monsieur, j'ai fait part au roi de l'avis que vous m'avez donné de la sorcellerie du capitaine en question. Sa Majesté m'a répondu qu'elle ignorait s'il était sorcier, mais qu'elle savait parfaitement que vous ne l'étiez pas. »

Il y eut à Salem, dans l'Amérique du Nord, en 1692, de singuliers symptômes qui tiennent à l'histoire de la sorcellerie. Beaucoup d'hypocondriaques voyaient des spectres; d'autres subissaient des convulsions rebelles aux médecins; on attribua tout à la nécromancie; et Godwin, dans son histoire des nécromanciens, donne sur ces faits étranges des détails étendus. Plusieurs femmes furent pendues comme accusées et convaincues d'avoir donné des convulsions ou fait apparaître des fantômes.

« On voit constamment, dit Godwin, les accusations de ce genre suivre la marche d'une épidémie. Les vertiges et les convulsions se communiquent d'un sujet à un autre. Une apparition surnaturelle est un thème à l'usage de l'ignorance et de la vanité. L'amour de la renommée est une passion universelle. Quoique ordinairement placée hors de l'atteinte des hommes ordinaires, elle se trouve, dans certaines occasions, mise d'une manière inattendue à la portée des esprits les plus communs, et alors ils savent s'en saisir avec une avidité proportionnée au peu de chances qu'ils avaient d'y parvenir. Quand les diables et les esprits de l'enfer sont devenus les sujets ordinaires de la conversation, quand les récits d'apparition sont au nombre des nouvelles du jour, et que telle ou telle personne, entièrement ignorée jusqu'alors, devient tout à coup l'objet de la surprise générale, les imaginations sont vivement frappées, on en rêve la nuit et le jour, tout le monde, jeunes et vieux, devient sujet à des visions.

« Dans une ville comme Salem, la seconde en importance de la colonie, de semblables accusations se répandirent avec une merveilleuse rapidité. Beaucoup d'individus furent frappés de vertiges; leurs visages et leurs membres furent contractés par d'effroyables contorsions, et ils devinrent un spectacle d'horreur pour ceux qui les approchaient. On leur demandait d'indiquer la cause de leurs souffrances, et leurs soupçons, ou leurs prétendus soupçons, se portaient sur quelque voisin, déjà malheureux et abandonné, et pour cette cause, en butte aux mauvais traitements des habitants de la ville. Bientôt les personnes favorisées de l'apparition surnaturelle formèrent une classe à part, et furent envoyées, aux dépens du public, à la recherche des coupables, qu'eux seuls pouvaient découvrir. Les prisons se remplirent des individus accusés. On s'entretint avec horreur d'une calamité qui n'avait jamais régné avec un tel degré d'intensité dans cette partie du monde, et par une coïncidence malheureuse, il arriva qu'à cette même époque beaucoup d'exemplaires de l'ouvrage de Baxter, intitulé : *Certitude du Monde des esprits*, parvinrent dans la nouvelle Angleterre. Des hommes honorables donnèrent crédit à cette ridicule superstition et entretinrent même la violence populaire par la solennité et l'importance qu'ils donnèrent aux accusations, et par le zèle et l'ardeur qu'ils déployèrent dans les poursuites.

« On observa dans cette occasion toutes les formes de la justice; on ne manqua ni de juges, ni de jurés, grands ou petits, ni d'exécuteurs, encore moins de persécuteurs et de témoins. Du 10 juin au 22 septembre 1692, dix-neuf accusés furent pendus; bien des gens avouèrent qu'ils pratiquaient la sorcellerie; car cet aveu paraissait la seule voie ouverte de salut. On vit des maris et des enfants supplier à genoux leur femme et leur mère de confesser qu'elles étaient coupables. On mit à la torture plusieurs de ces malheureuses en leur attachant les pieds au cou, jusqu'à ce qu'elles eussent avoué tout ce qu'on leur suggérait.

« Dans cette douloureuse histoire, l'affaire la plus intéressante fut celle de Gilles Gory et de sa femme. Celle-ci fut jugée le 9 septembre et pendue le 22; dans cet intervalle on mit aussi le mari en jugement. Il affirma qu'il n'était point coupable. Quand on lui demanda comment il voulait être jugé, il refusa de répondre, selon la formule ordinaire, *par Dieu et mon pays*. Il observa qu'aucun de ceux qui avaient été précédemment jugés n'ayant été proclamé innocent, le même mode de procédure rendrait sa condamnation également certaine; il refusa donc obstinément de s'y conformer. Le juge ordonna que, selon l'usage barbare prescrit en Angleterre, il fût couché sur le dos et mis à mort, au moyen de poids graduellement accumulés sur toute la surface de son corps, moyen qu'on n'avait point encore mis en pratique dans l'Amérique du Nord. Gilles Gory persista dans sa résolution et demeura muet pendant toute la durée de son supplice. Tout s'enchaina par un lien étroit dans cette horrible tragédie. Pendant fort longtemps, les visionnaires n'étendirent leurs accusations que sur les gens mal famés ou qui ne tenaient qu'aux rangs inférieurs de la communauté. Bientôt cependant, perdant toute retenue, ils ne craignirent pas de porter leurs accusations de sorcellerie sur quelques personnes appartenant aux premières familles et du caractère le moins suspect. Dès lors, tout changea de face. Les principaux habitants reconnurent combien il serait imprudent de mettre leur honneur et leur vie à la merci de si misérables accusateurs. De 56 actes d'accusations qui furent soumis au grand jury le 3 janvier 1693, on n'en trouva que 26 qui eussent quelque fondement, et on en écarta 30. Sur les 26 accusations auxquelles on donna suite, on ne trouva que trois coupables, et le gouvernement leur fit grâce. On ouvrit les prisons. 250 personnes, tant de celles qui avaient fait des aveux, que de celles qui étaient simplement accusées, furent mises en liberté, et on n'entendit plus parler d'accusations de ce genre. Les *affligés*, c'est ainsi qu'on nommait les visionnaires, furent rendus à la santé. Les apparitions de spectres disparurent complétement, et l'on ne s'étonna plus que d'une chose, ce fut d'avoir été victime d'une si horrible illusion. »

Dans le journal français très-connu et intitulé *le Droit*, on a publié sous le titre de la *sorcellerie en Angleterre* de curieuses recherches que nous reproduisons ici en partie :

« La croyance aux sorciers a été longtemps universelle, mais dans aucun pays elle n'a été plus générale qu'en Angleterre, ce qui s'explique facilement par une manière inintelligente de lire et de comprendre la Bible. Aujourd'hui même encore, dans tous les colléges et pensions, on met entre les mains des enfants l'*Explication du catéchisme* de Lewis, où nous lisons à la page 16 : « Qu'entendez-vous par renoncer à Satan ? — J'entends renoncer à tout commerce familier, à tout pacte avec le démon ; ainsi les sorciers, les sorcières et tous ceux qui ont recours au diable, manquent aux promesses de leur baptême et se rendent coupables de péché mortel. »

« Dans son ouvrage intitulé *Religio medici*, sir Thomas Browne dit : « Pour ma part, j'ai toujours cru et je crois encore qu'il existe des sorcières ; ceux qui nient leur existence, nient implicitement celle des esprits supérieurs ; ainsi, ce ne sont pas seulement des infidèles, mais des athées. Ceux qui, pour confondre leur incrédulité, demandent à voir des apparitions, n'en verront certainement jamais et n'atteindront jamais la puissance des sorcières même les plus vulgaires. »

« John Bell, ministre du saint Evangile, prêchant sur ce sujet devant le roi Jacques Ier, dit : « Heureusement la Providence nous a donné deux moyens infaillibles de découvrir ce crime ; d'abord toute sorcière arrêtée s'écrie invariablement : *Kyrie eleison, Seigneur, ayez pitié de moi !* ensuite les sorcières ne peuvent verser que trois larmes, et cela de l'œil gauche. »

« La reine Elisabeth fut ainsi apostrophée au milieu d'un sermon, par l'évêque anglican Jewel : « Quoi qu'en disent les incrédules et les impies, il est de mon devoir de dire à Votre Grâce que depuis quatre ans les sorciers et les sorcières se sont merveilleusement accrus dans ce royaume. Vos sujets languissent jusqu'à la mort, leur teint s'appâlit, leurs chairs se dessèchent et se pourrissent, leur langue se glace et ils sont privés de leurs sens les plus précieux. Je prie sincèrement Dieu que leurs pratiques infâmes s'arrêtent à vos sujets et ne remontent pas jusqu'à Votre Altesse. »

« Un certain Matthew Hopkins fut nommé rechercheur de sorcières (*witch finder*) pour quatre comtés, et dans l'espace d'un an, dans la seule ville d'Essex, il ne fit pas pendre moins de 60 malheureuses femmes. Ce misérable prétendait avoir acquis une expérience infaillible pour les reconnaître à de certaines taches sur la peau, certains signes, certaines veines qu'il regardait comme autant de tétines pour allaiter de petits démons. Son épreuve favorite était celle de l'eau. Si les sorcières prétendaient revenaient à la surface de l'eau et nageaient, il les déclarait coupables, les faisait retirer de l'eau et brûler ; si au contraire elles enfonçaient, elles étaient simplement noyées, mais leur innocence était reconnue. Cette épreuve venait peut-être d'une parole fort sage que sa Très-Sacrée Majesté le roi Jacques avait souvent à la bouche, à savoir que, comme quelques personnes avaient renoncé aux avantages de leur baptême par l'eau, de même l'eau refusait à son tour de les recevoir dans son sein.

« A la fin Hopkins, ce qui est assez original, devint lui-même suspect de sorcellerie ; on lui fit subir l'épreuve qu'il avait souvent fait subir aux autres ; il eut la maladresse de nager ; il fut tout naturellement déclaré coupable, pendu et brûlé vif.

« Il ne fut pas le seul rechercheur de sorcières ; bien d'autres se mêlèrent de ce métier, qui ne laissait pas que d'être lucratif puisqu'il leur procurait 20 schellings (25 francs) par chaque exécution. Le docteur Grey, éditeur d'Hudibras, dit que de 1643 jusqu'à la restauration de Charles II (1660), trois à quatre mille personnes furent mises à mort pour crime de sorcellerie.

« Le 29 juillet 1699, il y avait dans les prisons d'Ecosse 52 sorcières dont quelques-unes l'étaient assez peu pour s'avouer coupables. Une certaine mistress Hicks et sa fille âgée de 9 ans furent pendues à Huntingdon. L'acte d'accusation leur reprocha d'avoir vendu leurs âmes au diable ; d'avoir tourmenté leurs voisins en leur procurant des vomissements d'épingles et de clous ; d'avoir suscité une tempête qui faillit faire périr un navire ; enfin, d'avoir ôté leurs bas et d'avoir fait mousser de l'eau sans y mettre de savon.

« En 1815, mistress Turner fut jugée comme complice du meurtre de sir Thomas Overbury. Le procureur général lui reprocha d'avoir été trouver un certain docteur Foreman, passé maître ès-sciences magiques, et d'en avoir obtenu des secrets pour se faire aimer de sir Arthur Manwaring. Le bureau de la cour était couvert de papiers, de portraits et autres objets prétendus magiques. L'affluence était considérable. Tout à coup le plafond de la salle, prêt à céder sous le poids, fit entendre quelques craquements ; aussitôt, ne doutant pas que tous les diables d'enfer ne fussent venus au secours de leur sorcière bien-aimée, les spectateurs, les jurés, les soldats et les juges se sauvèrent pêle-mêle dans une horrible confusion. Plus d'un mois se passa avant qu'on eût le courage de reprendre le procès qui se termina, comme à l'ordinaire, par la confession et l'exécution de l'accusée.

« Quand la mère Munnings fut jugée en 1694, un témoin jura que, sortant du cabaret vers les neuf heures du soir, et regardant chez elle par la fenêtre, il l'avait vue tirer de son panier deux petits démons, l'un blanc et l'autre noir. La pauvre femme eut beau protester que le démon blanc était un fuseau de laine blanche qu'elle allait filer, et que le démon noir n'en était que l'ombre, elle n'en fut pas moins pendue bel et bon. Et c'est sur des preuves de cette force-là que beaucoup de ces malheureuses femmes perdirent la vie !

« Cependant quelquefois il se trouvait des juges plus éclairés que les accusateurs et les accusées elles-mêmes. Une nommée Jane Wenhan comparaissait devant sire John Powell ; des témoins étaient là, qui juraient l'avoir vue voler en l'air. Le juge lui demanda s'il était vrai qu'elle eût ce pouvoir-là, et la bonne femme en convint naïvement. Eh bien ! dit le juge, je ne vois rien dans la loi qui vous empêche de vous donner ce petit plaisir. Allez-vous-en à vos affaires. La pauvre Jane Wenhan fit tout au monde pour être pendue et sortit de l'audience, désespérée d'avoir sauvé sa vie aux dépens de sa réputation de sorcière.

« En 1664, il y eut deux exécutions à mort et sept en 1660. Enfin, en 1659, une nommée Susannah Loannokes fut accusée par une de ses voisines de lui avoir ensorcelé son rouet, en sorte qu'elle ne pouvait plus le faire tourner, et elle offrit de soutenir son dire par serment. Le mari de l'accusée nia la culpabilité de sa femme, sans nier la possibilité du crime, et pour la disculper il demanda qu'elle fût soumise à l'*épreuve de la Bible*. Les magistrats y consentirent, et c'est probablement la dernière fois que cette singulière épreuve eut lieu. L'accusée fut conduite nue, en chemise, à l'église de la paroisse, et placée dans un plateau de la balance, tandis qu'on mit dans l'autre la grande Bible de l'église. La femme fut plus lourde que le livre, et en conséquence honorablement acquittée ; car c'était un fait incontestable et incontesté jusqu'alors qu'une sorcière déshabillée ne pesait pas une Bible d'église.

« Dix ans plus tard, nous voyons un nommé John Kestin présenter au parlement d'Irlande une pétition contre l'une de ses voisines qu'il accusait de sorcellerie, et de cette singulière manœuvre que nos aïeux appelaient nouer l'aiguillette. L'accusée prit la fuite avant l'instruction du procès, n'étant pas, à ce qu'il paraît, sans quelque inquiétude sur son issue.

« Les lois pénales contre la sorcellerie étaient datées des règnes de Henri VI, Edouard V et Jacques I⁽ᵉʳ⁾. Elles furent révoquées par un *statute* de l'an IX de George II (1736) pour l'Angleterre et l'Ecosse. Toutefois, ce statute laissait encore subsister quelques dispositions, restes honteux d'une superstition ridicule. Enfin, le 23 mars 1821, fut lu, pour la troisième et dernière fois, le bill commun aux trois royaumes, qui révoque entièrement toutes les lois et ordonnances rendues contre la sorcellerie, et abolit jusqu'au nom de ce crime.

« Aujourd'hui, tous diseurs de bonne aventure, toutes personnes qui prétendent deviner l'avenir à l'aide de la chiromancie, de la cartomancie, ou essayent de toute autre manière que ce soit de se jouer de la crédulité des sujets de S. M., sont punis, comme mauvais sujets et vagabonds, d'un emprisonnement avec ou sans travaux forcés, pour un temps qui ne peut excéder trois mois. »

Dans une série remarquable de *procès historiques*, le même journal a publié celui du maréchal de Raiz. Il mérite d'être reproduit ici :

Gilles de Laval, baron de Raiz, avait épousé, jeune encore, Catherine de Thouars, dame de Tiffauges, Pousanges, Savenay, Château-Morand, etc. Par son père, il était possesseur des plus importantes seigneuries de la Bretagne, et par sa mère, Marie de Craon, d'un grand nombre de terres, places et châteaux dans le Maine, l'Anjou et le Poitou. On évaluait ses revenus les plus ordinaires au delà de 50,000 liv. de rente (plus d'un million de nos jours), et il jouissait encore d'une foule de droits éventuels qui lui produisaient des sommes immenses. Il avait pour parents la famille royale de France, la famille ducale de Bretagne, et la plupart des princes et des grands seigneurs des deux contrées. Comme tous ceux de sa naissance et de son rang, il embrassa la carrière des armes ; il se distingua par sa valeur, rendit d'éminents services à Charles VII, en lui menant de nombreuses compagnies de gens d'armes levées à ses frais : le bâton de maréchal fut sa récompense.

Une opinion exagérée du haut rang qu'il occupait l'égara dès lors ; il se donna une compagnie de gardes du corps de deux cents hommes à cheval, dont il se fit suivre en tous lieux. Sa prodigalité devint extrême. Toutes les personnes qui l'approchaient, toutes celles qui faisaient partie de sa maison, vivaient avec un luxe seigneurial ; aussi ses revenus furent-ils bientôt loin de suffire à ses dépenses ; il emprunta et paya des intérêts exorbitants ; puis, dès qu'il reconnut l'insuffisance de ses revenus et des ressources que lui fournissaient les usuriers et lombards pour subvenir à sa magnificence et à ses largesses, il crut devoir s'adresser à Dieu qui, dans les idées de sa vanité, respectait trop la maison de Rohan et de Laval pour la laisser dans la pénurie. Il se composa, dans un de ses châteaux, une chapelle cathédrale desservie par des moines, un doyen, des chantres, des archidiacres, des enfants de chœur, auxquels il adjoignit des musiciens qu'il fit venir à grands frais d'Italie. Un de ses chanoines portait le titre d'évêque et officiait avec toutes les cérémonies de l'épiscopat. Le maréchal envoya plusieurs fois à Rome et sollicita le pape de concéder à ce chef de son église le titre d'archevêque ; il demanda aussi que ses chantres fussent mitrés comme des prélats. Le pape se refusant à ces singulières propositions, Gilles de Raiz dédommagea son clergé des honneurs que lui déniait le saint-père, en le comblant de traitements et de pensions. Il fit revêtir ses chanoines de longues robes d'écarlate garnies de riches fourrures, de toques en velours et à galons d'or, et fit acheter au loin les draps les plus fins, les étoffes les plus précieuses, pour en couvrir tous les desservants de sa chapelle.

Mais Dieu n'exauçait pas cependant les vœux bizarres du maréchal. Il résolut d'obtenir par d'autres voies la puissance et les trésors qu'il ambitionnait. Il avait entendu vaguement parler de ces hommes qui, selon la croyance d'alors, par un grand sacrifice et le ressort d'une puissante volonté, s'étaient élancés hors des bornes du monde connu, avaient déchiré le voile qui sépare les êtres finis des formes incorporelles, et avaient assujetti les génies réprouvés à leur pouvoir, au point de les voir accourir soumis et rampants, à l'expression, même indécise de leur désir. De ce moment il changea de vues : des émissaires parcoururent l'Allemagne et l'Italie, pénétrèrent dans les solitudes, s'engagèrent dans les forêts, sondèrent les cavernes où la renommée plaçait les serviteurs abhorrés du prince des ténèbres. Des malfaiteurs, des fourbes, des impies, ne tardèrent pas à former la cour de Gilles de Raiz. Il eut des apparitions ; des voix horribles se firent entendre ; des conseils affreux s'échappèrent du sein de la terre pour l'entraîner à commettre des crimes impossibles à redire, et les souterrains de Tiffauges retentirent du cri des victimes de ses maléfices et de sa lubricité. Ainsi furent mises en œuvre les ressources les plus odieuses de l'imagination dépravée des alchimistes, pour obtenir la transmutation des métaux, pour découvrir l'art de faire de l'or, ou cette pierre philosophale qui procure à la fois la richesse et l'immortalité. Les fourneaux étaient allumés nuit et jour, et les seuls trésors qui s'en échappaient, produits de la vente des terres du maréchal, étaient loin de rassasier son ambition et la cupidité des imposteurs dont il était entouré. Aussi le découragement commençait-il à le saisir, lorsqu'ils lui présentèrent un savant indien pour qui, dirent-ils, la nature n'avait pu conserver de secrets. Ce sage lui fut amené par un prêtre apostat du diocèse de Saint-Malo, un de ses émissaires, qui assurait avoir rencontré l'inconnu près des sources de l'Euphrate, au moment où, par une terrible conjuration, il forçait le séraphin, chargé de la garde du paradis terrestre, de se montrer à ses yeux et de lui livrer l'entrée de ce séjour d'éternelle félicité.

Une figure imposante et sévère, des yeux ardents, une voix mâle et pénétrante, une barbe touffue et d'une éclatante blancheur, distinguaient l'homme de l'Orient. Ses manières simples, mais élégantes, annonçaient qu'il avait vécu parmi les grands de la terre, dont les noms se rencontraient dans ses discours. Rien ne lui semblait étranger. Il gardait habituellement le silence ; mais quand il était forcé de prendre la parole, il racontait des événements extraordinaires, terribles ou merveilleux, toujours arrivés en sa présence, bien qu'ils remontassent parfois aux temps les plus reculés.

Un tel homme devait s'emparer facilement de toutes les facultés de Gilles de Raiz: bientôt les souterrains de Tiffauges retentirent de hurlements et furent arrosés de larmes. Le maréchal voulait évoquer le souverain des anges tombés, le contempteur de Dieu, Satan lui-même, et l'acier de la cuirasse qui seule, au dire de l'Indien, pouvait préserver l'imprudent évocateur des effets de sa colère, devait être trempé dans le sang humain. Il fallait que le maréchal lui-même enfonçât le poignard dans le sein de ses victimes et comptât les mouvements convulsifs qui devaient précéder leur mort. Le maréchal consentit à tout, et, par le plus sacrilège mélange de crédulité, de doute et de superstition, tandis qu'au fond de ses souterrains il se plongeait à la fois dans les infâmes raffinements d'une lubricité sans nom, dans les atroces combinaisons d'un crime sans modèle alors, comme il fut depuis sans imitateurs ; tandis qu'il appelait à lui les puissances de l'enfer, ses prêtres, mollement assis sur les stalles de sa brillante chapelle, adressaient des hymnes au roi du ciel, et priaient par son ordre pour des âmes qui s'envolaient pures vers l'éternité. Les meurtres consommés, l'inconnu voulut rester seul et fit placer le maréchal à l'extrémité d'une sombre galerie où se firent entendre bientôt des éclats de foudre et de bizarres et suppliantes voix ; puis le silence se rétablit et l'évocateur reparut : une lumière blanche et livide semblait s'échapper de son front et de ses cheveux, et depuis ce jour on aperçut constamment dans l'obscurité ce feu surnaturel. Ainsi, disait l'Indien, avait apparu Moïse au peuple hébreu.

Lucifer cependant ne s'était pas encore montré : il exigeait auparavant une cédule signée du sang du maréchal; Gilles de Raiz l'écrivit sans hésiter, trouvant toutefois moyen, dans l'intention de tromper le diable, de promettre, en phrases ambiguës, tout ce qu'il demanderait, excepté sa vie et son âme. L'Indien ne reconnut pas la supercherie et fit ses préparatifs pour obtenir une entrevue fructueuse avec le démon qui ne l'avait mis sur la trace encore d'aucun trésor.

A peu de distance de Tiffauges s'élevait une antique forêt, au centre de laquelle une petite source, s'écoulant d'un rocher, formait un bassin et se perdait dans la terre.

Ce lieu sauvage n'était fréquenté ni des bûcherons, ni des bergers ; on en faisait d'effrayants récits, et les habitants du voisinage, qui avaient été assez hardis pour y conduire les troupeaux à la pâture, avaient disparu l'un après l'autre. Leurs corps, à ce qu'on disait, étaient inhumés autour de la fontaine, sous des tertres surmontés d'une petite croix de bois. Ce fut là que l'Indien se promit de dompter les esprits rebelles. Il s'y rendit à minuit, armé de toutes pièces, protégé par la cuirasse forgée dans le souterrain, et muni de la cédule de Gilles de Raiz, qui seul le suivit. Il creusa d'abord une fosse autour de laquelle il traça différents cercles qu'il entremêla de figures étranges, en y déposant des objets bizarres et de hideux débris. Un nouveau crime alors fut commis ; le sang d'un enfant coula dans la fosse, et le maréchal y trempa ses mains. Jusqu'à ce moment le théâtre de ce sacrifice impie n'avait reçu de lumière que celle de quelques rayons de la lune, égarés à travers le feuillage, et du feu sombre qui brillait au front de l'Indien. Mais comme il achevait de prononcer des paroles barbares, une épaisse fumée se manifesta sur la fosse et fut suivie d'un éclat bleuâtre et que l'œil avait peine à soutenir. Le magicien frappa fortement sur un bouclier ; un bruit épouvantable remplit la forêt et un être dont la forme horrible rappela au maréchal celle d'un énorme léopard s'avança lentement en poussant des rugissements que l'Indien expliqua d'une voix basse et troublée à Gilles de Raiz. — C'est Satan lui-même, lui dit-il ; il accepte votre hommage ; mais par l'enfer j'ai manqué un des faits de mes conjurations, et il ne peut vous parler. — Quel malheur ! répliqua le maréchal. — Paix au nom du diable ! dit l'Indien, en se penchant pour mieux écouter. — A Florence ?... Oui !... dans ce caveau si profond..... Vous faut-il aussi la mort de ?... — Juste ciel ! s'écria le maréchal ; que Dieu nous confonde ! n'ai je pas tout promis ?... Il avait prononcé le saint nom de Dieu ! la vision s'évanouit, les échos retentirent de cris douloureux, et l'obscurité remplaça la lumière brillante qui éclairait la scène. L'Indien blâma vivement le maréchal ; mais Satan lui en avait assez dit pour le rendre possesseur de tous les trésors enfouis au sein de la terre. Le maréchal revint au château, remit à l'Indien des sommes considérables, le vit partir, et, pour attendre patiemment l'expiration de l'année que le fourbe avait marquée pour terme assuré de son retour, il continua de se plonger dans les sanglantes débauches où seulement il trouvait le plaisir.

Mais le ciel était las de tant d'horreurs. Les environs de Tiffauges s'étaient changés en une vaste solitude, et le cri public s'éleva comme un furieux orage contre le maréchal Gilles de Raiz. Privé de vassaux, il avait été contraint d'envoyer ravir au loin ses dernières victimes, et cinq ou six enfants avaient disparu de Nantes après avoir été caressés par les affidés du maréchal. Ses plus proches parents, au désespoir de sa prodigalité, mécontents du résultat d'une demande en interdiction qui n'avait amené que la confirmation des ventes par lui faites à des grands seigneurs, à des évêques et même au duc de Bretagne, firent retentir de leurs plaintes les tribunaux criminels et les cours ecclésiastiques. Ce furent celles-ci qui se chargèrent de venger Dieu et les hommes. L'évêque de Nantes, Jean de Malestroit, chancelier de Bretagne, assisté de frère Jean Blouyn, official de Nantes, inquisiteur de la foi en France, et de Pierre de l'Hospital, sénéchal de Rennes, président de Bretagne, assignant pour le séculier, donnèrent l'ordre d'arrêter le maréchal de Raiz, accusé d'hérésie, de sorcellerie, d'enchantements, d'impureté anti-naturelle et d'homicide. Il était difficile de s'en emparer dans son château ; mais on lui dressa une embûche, il y tomba et fut à son tour plongé dans les cachots. Les recherches que l'on fit à Tiffauges amenèrent d'effrayantes découvertes. On y trouva les cadavres ou les ossements à demi consumés de plus de cent enfants sacrifiés à ses désirs brutaux et à ses magiques oblations. Quelques malheureuses filles furent rendues à la liberté ; la tombe garda le silence sur le reste.

Gilles de Laval, baron de Raiz, maréchal de France, comparut devant ses juges le 19 septembre 1440. Sur ces entrefaites on arrêta l'Indien prétendu ; c'était un Florentin nommé Prelati. Prelati, mis à la torture, avoua tout.

Gilles de Raiz continuait à garder un silence obstiné ; mais quand il vit à son tour l'appareil des supplices, il fit, en versant des larmes, le récit de sa vie entière.

— Vous vouliez voir le diable et en obtenir des richesses, lui dit le président ; mais quels motifs ont pu vous porter à faire mourir tant d'innocents et à brûler ensuite leurs corps ? — Vraiment, répondit le maréchal, il n'y a d'autre cause, et c'est assez pour faire mourir dix mille hommes !.....

La confrontation avec Prelati, sans amener de déclaration nouvelle, fit connaître des détails atroces. L'évêque de Nantes prononça le jugement : Gilles de Laval, dit de Raiz, atteint et convaincu de violation des immunités ecclésiastiques, de crimes impurs commis sur des enfants des deux sexes, de sortiléges, d'invocation de diables et de démons, d'incantation et d'hérésie, fut déclaré excommunié et livré au bras séculier, entre les mains du sire de l'Hospital, président de Bretagne, avec prière de le traiter doucement et humainement.

Le sire de l'Hospital le condamna à être conduit sur-le-champ dans la prairie de Bière pour être, là, attaché à une potence, sur un bûcher, et brûlé vif. Suivant l'usage de la Bretagne, les pères et mères de famille, qui avaient entendu les dernières paroles de Gilles de Raiz, jeûnèrent trois jours pour lui mériter la miséricorde divine, et infligèrent à leurs enfants la peine du fouet, afin qu'ils gardassent dans leur mémoire le souvenir du châtiment terrible qui allait frapper un criminel. Quant au maréchal, il fut conduit au lieu du supplice, précédé des processions générales des ordres monastiques, des congrégations séculières et du clergé de Nantes. Une foule immense était accourue des diverses parties de la Bretagne, du Poitou, du Maine et de l'Anjou. Toutes les cloches sonnaient le glas de mort, et le plus célèbre confesseur préparait le baron au dernier passage, tandis que, dans les églises, on récitait des prières pour lui obtenir la patience et l'esprit de contrition. Il montra peu de courage et semblait redouter les douleurs qu'il aurait à souffrir; mais ses parents avaient obtenu qu'on l'étranglât, et il rendit le dernier soupir quand les flammes du bûcher commencèrent à peine à s'élever. Le duc de Bretagne permit, peu de temps après, qu'on l'inhumât en terre sainte. Ses obsèques se firent alors avec une grande magnificence, et l'on éleva une croix de pierre, qui subsiste encore, à l'endroit où il avait subi son arrêt.

LES ÉCOLIERS ET LA SORCIÈRE.

Nous devons cette petite historiette aux *Leçons à mon fils*, publiées sous le pseudonyme de madame J. Muirancourt.

Jules et Achille étaient inséparables. Achille avait douze ans, Jules n'en avait que dix; mais leurs goûts étaient les mêmes, et ils ne pouvaient se passer l'un de l'autre. Ils allaient à la même pension; l'un prenait l'autre en partant, et ils s'en revenaient toujours ensemble, mais ils ne rentraient pas tous les jours immédiatement après la fin de leur classe. De leur intimité naquit le même attrait pour le plaisir. Le jeu de billard était une passion pour Achille; il y en avait un chez ses parents, il s'y était souvent exercé, et il en fit un éloge si pompeux à son ami Jules, que celui-ci ne se fit pas beaucoup presser pour en essayer. Les parents d'Achille n'auraient sûrement pas permis que des enfants si jeunes passassent leur temps à jouer, lorsqu'ils avaient des thèmes ou des versions, et des leçons à apprendre. Achille persuada donc à Jules d'entrer dans un lieu public, où plusieurs billards étaient ouverts aux amateurs. Ils eurent la précaution de se placer dans une salle située sur le derrière de la maison, et qui se trouvait presque toujours déserte; là les deux écoliers venaient fréquemment perdre quelques heures au jeu; mauvais passe-temps, car il fallait payer. On réunissait alors les deux bourses; on économisait; les petits cadeaux qu'on recevait des parents, pour encouragement dans les progrès, s'en allaient ainsi dans le comptoir du propriétaire de l'estaminet.

Mais, comme dit un vieux proverbe : « Tant va la cruche à l'eau, qu'à la fin elle se casse; » nos deux écoliers eurent bientôt épuisé leur bourse, et il fallut renoncer aux parties de billard. Quel chagrin ils éprouvaient en passant devant l'attrayant local qui renfermait ce jeu auquel ils avaient eu tant de plaisir! Ils se concertèrent; ils vendirent quelques livres; mais bientôt leurs parents s'en étant aperçus, ils furent vivement réprimandés et cessèrent de recourir à cette faible ressource.

Cependant leur famille ignorait l'emploi blâmable qu'ils faisaient de leur argent; ils pensaient qu'ils en achetaient des friandises; ils leur adressaient des reproches là-dessus, car jamais il ne serait venu à leur pensée que de si jeunes enfants eussent déjà la passion du jeu; et les coupables ne cherchaient pas à les détromper. Les jeunes gens en étaient donc réduits à la disette du jeu; le manque de fonds leur en avait en quelque sorte fait perdre l'habitude, lorsqu'une circonstance fortuite vint faire croire à Achille qu'il trouverait moyen de se procurer de l'argent. Quel bonheur s'il pouvait en avoir assez pour jouer autant qu'il voudrait!

Comme presque tous les enfants de son âge, il croyait aux apparitions et aux sorciers. Un jour, il entendit un domestique de son père dire à un autre, qu'il connaissait une femme qui avait à ses ordres un esprit de qui elle tirait tout ce qu'elle désirait; lui indiquait les trésors cachés, lui révélait l'ordre des numéros qui devaient être heureux aux loteries, car les loteries existaient alors; il lui procurait beaucoup d'autres avantages. On citait bien de petits inconvénients qu'il fallait braver pour parvenir à tout cela; mais avec de l'adresse on pouvait s'en tirer, et quand on avait amassé assez de fortune, avec un peu de subtilité, on cédait l'esprit familier à un autre; on parvenait à se soustraire ainsi à l'engagement pris avec lui.

Achille ne perdit pas un mot de cette précieuse conversation; et vite il va la communiquer à Jules, avec les réflexions qu'elle lui a suggérées.

— Si nous pouvions nous procurer un talisman ou un esprit qui, toujours à nos ordres, nous donnerait tout ce que nous voudrions! quel bonheur! Oh! que nous aurions de plaisir! nous aurions un billard à nous, et nous jouerions tant qu'il nous plairait.

— Sans doute, dit Jules; mais j'ai lu quelque part qu'on offensait Dieu en agissant ainsi; on dit qu'il faut faire un marché avec le diable, et, pensez-y bien, nous serions perdus à jamais.

— Oh! que non; quand nous serons assez riches, nous nous en retirerons bien, va; n'aie pas peur.

Jules fut indécis deux ou trois jours. Enfin il ne jouait plus, et en passant devant le lieu où il avait si bonne envie d'aller encore jouer, il se décida.

— Mais comment faire? dit-il à Achille.

— Ah! dame.... allons voir la mère Marceline, on dit qu'elle est sorcière; elle nous apprendra ce que nous avons à faire, et quand nous aurons de l'argent, nous lui en donnerons pour sa peine.

Marceline, la soi-disant sorcière, était une femme d'une cinquantaine d'années, qui, pour vivre, était obligée d'aller tous les jours travailler chez ceux qui voulaient bien l'employer à couler la lessive, à laver le linge; son mari, à peu près du même âge, passait la journée dans une auberge, où son occupation était de soigner les chevaux. Certes, si Marceline eût été sorcière, elle eût commencé par se procurer assez d'argent pour se tirer de l'état servile où elle se trouvait placée, ainsi que son mari; mais ses discours sur les loups-garoux, les spectres et mille histoires surnaturelles, avaient tellement établi sa réputation de sorcière, que toutes les vieilles femmes et les enfants y croyaient; d'autres étaient assez crédules pour ne pas être indifférents à ce qu'elle pouvait penser en bien ou en mal sur leur compte.

Enfin les deux étourdis vont trouver la sorcière, et la prier de leur enseigner la manière de faire un marché avec les esprits assez puissants pour leur procurer de l'argent; ils ne croyaient pas avoir rien à payer à l'avance pour ce service. Mais après.... oh! il faudra voir! leur générosité n'aura pas de bornes!

Il en était de la sorcière comme des donneurs d'emplois, qui s'affichent à Paris : de l'argent d'abord, et nous vous indiquerons la place! Et quand l'argent est reçu, ils vous remettent à un autre jour, pour le chapitre des renseignements; ce jour venu, l'emploi est déjà donné. La vieille donc leur dit bien qu'il n'y avait rien de plus facile que ce qu'ils demandaient; mais il lui fallait au préalable cinq francs, dépense inévitable pour parvenir à se procurer un esprit qui mettrait à leur disposition des trésors immenses. Ils voulurent faire des observations, des promesses; mais une gaule d'une certaine dimension, dirigée avec force par la vieille sur les épaules de ses deux disciples, les décida à la retraite. Toutefois, Marceline les assura que lorsqu'ils seraient munis de l'écu de cinq francs, ils seraient bien reçus; mais autrement qu'ils la trouveraient toujours disposée à leur administrer des coups de gaule.

A force d'économie, et aidés par la vente de deux ou trois volumes qui n'étaient plus à leur usage, ils parvinrent à parfaire cette chère pièce de cinq francs, qui leur eût fait passer bien des heures agréables à la salle de billard, mais qui devait les mettre à même de satisfaire tous leurs désirs. Munis de cette clef d'or, ils retournèrent chez la sibylle. Ils sont accueillis avec le plus grand empressement; la vieille leur passe même la main sous le menton, les embrasse, et tout en empochant leur argent, elle leur promet de mettre à leurs ordres le génie qu'ils désirent.

— Vous êtes bien décidés? leur dit-elle.
— Oui, madame.
— Eh bien, il viendra sans faute.
— Quand, s'il vous plaît?
— Ce soir même, à minuit.
— Ici?
— Non; à un quart de lieue de la ville, sur le carrefour de la Ramée, où quatre chemins se croisent. Rendez-vous-y; mais surtout n'oubliez pas d'y porter une poule noire.
— Comment, une poule noire?
— Oui, une poule noire, et surtout qu'elle soit bien grasse, parce que si elle n'était pas bien conditionnée, l'esprit vous servirait en conséquence; et lorsque vous lui demanderiez de bons sacs de pièces d'or, il ne vous apporterait que des sacs de sous.
— Oh! bien, soyez tranquille, elle sera grasse; mais qu'en ferons-nous?
— Vous la remettrez à la personne qui vous la demandera, et tout ira bien.
— Mais quelle sera cette personne?
— Ah! vous demandez trop; si vous n'avez pas de courage, tant pis pour vous, vous n'aurez rien : ne faut-il pas que celui qui vous procurera un esprit pour exécuter vos ordres prenne ses précautions? Eh bien, la poule est une espèce de pot-de-vin indispensable; du reste, aussitôt que vous l'aurez donnée, on vous fournira tout ce qui vous sera utile pour passer le marché, encre, plumes et papier, soyez sans inquiétude pour le reste; vous trouverez tout prêt.

Avec quelle impatience les deux enfants attendirent la nuit! Comme les heures leur parurent longues! Enfin, bien avant le moment fixé, ils s'échappent de la maison, et les voilà sur le carrefour de la Ramée, où quatre chemins se croisent! Ils avaient une grosse poule noire, la plus grasse qu'Achille avait pu trouver parmi celles qui faisaient partie de la basse-cour de son père, où il l'avait volée.

Enfin minuit sonne; le marchand de génies se présente. Il fait un noir effrayant; cependant l'homme, le génie ou le démon qu'ils ont devant eux paraît habillé d'un costume qui n'a rien d'épouvantable; il a une veste, un gilet, un pantalon comme eux. Il n'a pas de cornes; mais sa grosse voix qui crie : La poule! la poule! ne laisse pas que de faire entrer dans leur cœur une certaine crainte. Ils lui présentent la fameuse poule; vite il s'en empare, la met dans une espèce de havresac qui pend à son cou, et tirant de dessous sa veste un petit fouet de poste, il leur distribue des faveurs bien différentes de celles qu'ils attendaient, et les accompagne ainsi, malgré leurs cris, jusqu'à leur demeure; il les laisse là, en emportant la poule grasse, sans penser à leur faire signer le marché qui devait leur procurer tant d'argent.

Ils apprirent par la suite que le génie qui les avait si bien houspillés n'était autre que le mari de la soi-disant sorcière, avec laquelle il ne manqua pas de manger la poule dès le lendemain; et la vieille Marceline ajouta cette histoire-là à toutes celles dont sa mémoire était déjà armée; les habitants de l'endroit ne la trouvaient pas la moins amusante.

Pour Achille et Jules, depuis cette aventure, ils ne crurent plus aux sorciers ni aux revenants; et comme ils ne pouvaient plus voir un billard sans penser à la gaule de la vieille et au fouet de son mari, ils perdirent le goût qu'ils avaient eu pour le jeu; ils s'adonnèrent d'autant plus à l'étude, firent de rapides progrès, et leurs parents n'eurent plus que des louanges à leur adresser. Si quelquefois on parlait devant eux de sorcière, de revenants ou de génies familiers,

LA CHASSE AUX SORCIÈRES.

Le vieux John Podgers vivait à Windsor, sous le règne de Jacques Ier. C'était alors une ville originale que Windsor ; c'était aussi un curieux personnage que John. Windsor et lui se convenaient et ne se quittaient guère. Gros et court et doué d'un vaste appétit, tel était John. Mangeur et dormeur, il faisait deux parts de son temps, s'endormant dès qu'il avait mangé, et mangeant dès qu'il s'éveillait. Quoi qu'il en soit, la ville rendait hommage à sa prudence. Ce n'était pas tout à fait un homme très-vif; mais c'était un homme solide et qui gardait en réserve, disait-on, plus d'esprit qu'il n'en montrait. Cette opinion était fortifiée par l'habitude qu'il avait de hocher la tête avec gravité lorsqu'on lui demandait son avis, et de ne jamais se prononcer avec une clarté qui eût pu le compromettre.

John Podgers semblait donc le plus heureux des hommes. Mais, hélas! en dépit de son apathie, une inquiétude continuelle troublait son repos. Dans ce temps-là une foule de vieilles femmes, vulgairement connues sous le nom de sorcières, causaient à Windsor maints désordres et tourmentaient les bonnes gens par de rudes malices. Le roi, qui avait peu de sympathie pour elles, prit la peine de rédiger un édit où il indiquait divers moyens ingénieux de faire tourner leurs maléfices à leur confusion. Grâce à cet édit, il ne se passait guère de jour où quelque sorcière ne fût pendue, noyée ou brûlée dans quelque lieu des trois royaumes. La plupart des livres qui se publiaient alors traitaient de cette matière, et répandaient sur les sorcières et leurs victimes d'effrayantes rumeurs. La petite ville de Windsor n'échappa point à la contagion. Les habitants célébrèrent la fête du roi Jacques en brûlant une sorcière, et ils envoyèrent à la cour quelques-uns de ses restes, avec une respectueuse adresse qui exprimait leurs sentiments de fidélité. Le roi daigna répondre aux bourgeois de Windsor. Il leur traça des règles pour découvrir les sorcières; et parmi les charmes puissants qu'il leur recommanda contre elles, il désigna surtout les fers à cheval, à cause de leur forme cabalistique. Plusieurs en conséquence crurent qu'ils mettraient leurs fils à l'abri de tout maléfice en les plaçant comme apprentis chez des maréchaux-ferrants, profession qui devint fort estimée. Au milieu de cette perturbation, on remarqua que John Podgers hochait la tête plus que par le passé. Il achetait tous les livres qu'on publiait contre la sorcellerie. Il s'instruisit à fond dans la science des charmes et des exorcismes. Il ne rêva plus que vieilles femmes courant la nuit à cheval sur un manche à balai ; ces images l'absorbèrent tout entier; et comme il n'était pas embarrassé par le nombre de ses idées, celle-ci régna sans rivales dans sa tête. Dès lors il s'appliqua à dresser dans les rues ce qu'on pourrait appeler des piéges à sorcières et à en épier l'effet. Les engins dont il se servait consistaient en brins de paille placés en croix au milieu du chemin, ou en petits lambeaux de quelque couverture de Bible, sur lesquels il mettait une pincée de sel. Il assurait que ces exorcismes possédaient une vertu souveraine. S'il arrivait à une vieille femme de trébucher en passant sur ces objets, John Podgers soudain arrêtait la coupable et appelait du secours. La sorcière découverte ainsi était entraînée et jetée à l'eau. La chasse opiniâtre qu'il ne cessait de faire à des êtres aussi malfaisants et la manière sommaire dont il les expédiait, lui acquirent une réputation extraordinaire. Une seule personne n'avait pas foi en son pouvoir : c'était son propre neveu, étourdi de vingt ans, qui plaignait son oncle, tout en lui lisant les livres de littérature satanique.

Les voisins s'assemblaient le soir sous le petit porche de la maison de John, et prêtaient une oreille attentive aux histoires effrayantes que Will Marks lisait tout haut. Un soir d'été, Will Marks, assis au milieu d'un groupe d'auditeurs, et tous ses traits exprimant une gravité comique, lisait, avec maints ornements de sa façon, l'histoire véridique d'un gentleman du Northamptonshire, devenu la proie des sorciers et du diable. John Podgers s'était placé en face du lecteur, toute sa contenance annonçant l'horreur dont il était pénétré; les autres assistants, le cou tendu, la bouche béante, écoutaient en tremblant et en souhaitant de trembler encore plus. Par intervalles, maître Will faisait une pause. Il promenait sur l'assemblée un regard dont il s'efforçait de cacher la raillerie malicieuse. Cependant le soleil s'était couché; tout à coup Will s'interrompit et ses auditeurs levèrent la tête au bruit du trot d'un cheval : un cavalier s'arrêta devant le porche et demanda où demeurait Jean Podgers.

— Ici même, crièrent une douzaine de voix.

Le cavalier, descendant de cheval, s'approcha de John d'un air empressé.

— D'où viens-tu? demanda John brusquement.

— De Kingston, monsieur.

— Et quelle affaire t'amène ici?

— Une affaire importante; une affaire de sorcellerie.

A ce mot de sorcellerie, chacun regarda le messager avec consternation, Will seul resta calme.

Le messager répéta sa réponse d'un ton encore plus solennel; puis il raconta comment, depuis plusieurs nuits, les habitants de Kingston étaient réveillés par les cris affreux que poussaient les sorcières autour du gibet de la ville; comment des voyageurs les avaient distinctement aperçues; comment trois vieilles femmes des environs étaient véhémentement soupçonnées.....

Ici les assistants frissonnèrent. John Podgers hocha la tête d'un air qui parut singulièrement significatif. Le messager continua :

Un conseil avait été tenu, dit-il; les magistrats avaient été d'avis que, pour constater l'identité de ces créatures, quelqu'un veillerait auprès du gibet. Mais il ne s'était présenté aucun homme de bonne volonté, et on l'avait dépéché vers John Podgers, comme vers un personnage de renom, qui bravait les sortilèges et les maléfices.

John reçut cette communication avec un air digne. Il répondit en peu de mots qu'il serait heureux de pouvoir rendre service aux habitants de Kingston; mais que son penchant à s'endormir l'en rendait incapable. — Cependant, ajouta-t-il, il y a ici un homme qui passe sa vie à fabriquer des fers à cheval, et qui, par conséquent, n'a rien à craindre du pouvoir des sorcières. Je ne doute pas, d'après sa réputation de courage, qu'il ne se fasse un plaisir de me remplacer. — Le maréchal-ferrant interpellé remercia John Podgers de l'opinion flatteuse qu'il avait conçue de sa bravoure. — Mais pour ce qui regarde l'affaire en question, dit-il, je suis forcé de me récuser. Je ne m'appartiens pas; l'idée de me savoir engagé dans une aventure ferait mourir ma femme. Tous les gens mariés applaudirent, en déclarant aussi qu'ils se devaient à leur famille. Will, qui était garçon et qui s'était permis de rire plus d'une fois de la croyance aux sorcières, attira alors tous les regards; chacun chuchotait : — Pourquoi ne pas s'adresser à Will? — Le jeune homme se hâta de dire qu'il était prêt, et que dans cinq minutes il serait en selle, si personne ne lui disputait la gloire de se dévouer pour la ville de Kingston. Et sans attendre de réponse, il courut préparer son cheval.

John Podgers, devenu pensif, suivit son neveu, afin d'essayer quelques remontrances, qui restèrent inutiles. Pour lui, cette affaire l'intimidait; il avait cent fois affronté les sorcières à la face du soleil, mais jamais pendant la nuit; or, c'était partout dans les ténèbres qu'elles accomplissaient leurs plus redoutables enchantements. La circonstance du gibet n'était pas non plus faite pour rassurer. Enfin le vétéran ne voulait pas risquer une réputation acquise par tant de dangers. Mais il témoigna à son neveu plus d'intérêt qu'il ne lui en avait jamais montré, il lui donna les conseils que lui suggérait sa vieille expérience; Will, en ce moment, se grandissait à ses yeux de tout le courage que lui-même ne se sentait pas. Au bout de quelques minutes, Will reparut couvert d'un ample manteau et armé d'une longue rapière. — Maintenant, camarade, dit-il en s'adressant au messager, montrez-moi le chemin. Adieu, mes maîtres; adieu, mon oncle. Je présenterai vos compliments aux sorcières de Kingston. — Will et son compagnon s'éloignèrent au grand trot de leurs chevaux.

Les bourgeois de Kingston étaient déjà plongés dans leur premier sommeil, lorsque Will et son guide arrivèrent aux portes de la ville et se dirigèrent vers une maison où les principaux magistrats tenaient conseil. Quand ils virent entrer à la place de John, qu'ils attendaient, un jeune homme bien fait, mais dont l'extérieur n'avait rien d'imposant, leur désappointement fut extrême. Ils l'acceptèrent pourtant faute de mieux. Les instructions qu'ils lui donnèrent consistaient à se cacher près du gibet, auquel était attaché le corps d'un malfaiteur inconnu, que des agents du gouvernement, munis d'ordres secrets, avaient exécuté l'avant-veille; à se montrer soudainement au milieu des sorcières et à les charger à grands coups d'épée. Les prudents magistrats avaient calculé que les meurtrissures et les estafilades feraient reconnaître le lendemain celles des vieilles femmes de la ville qui auraient couru le sabbat pendant la nuit. Will loua très-fort cette invention. Il fit son profit des conseils et des recommandations; mais il profita encore plus d'un bon souper qui lui fut offert. Il attendit devant une bonne table onze heures et demie; alors d'un pas insouciant il suivit les magistrats au lieu où il devait se placer en embuscade.

Il faisait une nuit sombre et menaçante; de gros nuages noirs étaient suspendus dans les airs et interceptaient la faible clarté des étoiles. Par intervalles, le roulement du tonnerre se mêlait aux sifflements d'un vent impétueux. Will, qui était sorti le dernier, se trouva, on ne sait comment, en tête de la petite troupe. Enveloppés de leurs manteaux et l'oreille tendue, les dignes bourgeois se serraient autour du hardi jeune homme. Ils marchaient sur ses talons et semblaient chercher un abri derrière sa personne. A la fin, ils s'arrêtèrent.

Une lande aride et désolée s'étendait devant eux; une ligne noire se dessinait dans les airs à quelque distance. C'était le gibet. Will reçut ses dernières instructions; après quoi ses conducteurs prirent congé de lui à la hâte. Il fut même tenté de croire qu'ils s'enfuyaient à toutes jambes; mais on sait que les illusions sont filles de la nuit. Il se dirigea résolument vers l'objet funèbre et reconnut avec satisfaction que les bras de la machine n'étaient chargés d'aucune dépouille humaine, et que nul être vivant ne se trouvait au pied. Qu'était devenu le corps du supplicié? Will ne s'occupa point d'expliquer ce mystère. On n'entendait d'autre bruit que le grincement des chaînes de fer, lorsque le souffle du vent les balançait dans le vide. Le jeune homme étudiait la disposition du terrain; et s'étant assuré que personne n'était caché dans les environs, il s'établit au pied même du gibet, choisissant le côté qui était tourné vers la ville, d'abord parce qu'il se mettait ainsi à l'abri du vent, ensuite parce qu'il pouvait apercevoir de là plus facilement les visiteurs qu'il attendait et qui viendraient sans doute dans cette direction. Il attendit ainsi, le corps enveloppé dans son manteau, la main droite libre et prête à saisir son épée.

Wil Marks était un garçon intrépide; cependant, lorsque l'humidité de la nuit eut rafraîchi son sang, après qu'il fut resté immobile deux longues heures sur ce théâtre de morts violentes, il commença à repasser dans son esprit tout ce que l'on racontait des sorcières et de leurs courses nocturnes. Ces images lugubres, qu'il ne pouvait plus écarter, le troublèrent peu à peu. Ses yeux plongeaient dans l'obscurité pour en interroger les profondeurs; son oreille saisissait tous les bruits que le vent lui apportait des divers points de l'horizon. Il aurait voulu marcher pour réveiller la circulation de son sang; une vague appréhension le retenait cloué à ce poteau qui soutenait un gibet, et dont il s'était fait un rempart. Bientôt l'orage éclata dans toute sa fureur; et des rafales de pluie, fouettées avec violence par le vent, ajoutèrent leurs ténèbres aux ombres déjà si épaisses de la nuit. Tout à coup Will Marks entendit une voix étouffée qui murmurait à son oreille: — Grand Dieu! il est tombé à terre; et le voilà debout comme s'il était en vie.

Le jeune homme aussitôt, écartant son manteau et tirant son épée, saisit par sa robe une femme, qui tomba presque défaillante à ses pieds. Une autre femme, vêtue de noir comme celle qu'il arrêtait, se tenait immobile devant lui et le regardait d'un air effaré.

— Qui êtes-vous? cria Will, en se remettant un peu de la surprise où l'avait jeté cette apparition inattendue, que venez-vous faire ici?

— Qui êtes-vous vous-même? demanda celle des deux femmes qui était restée debout; comment troublez-vous de votre présence ce lieu funèbre? qu'avez-vous fait du corps?

— Du corps? balbutia Will, inquiet de la tournure que prenait cet entretien.

— Oui, qu'est devenu le corps qui chargeait ce gibet? répéta la femme d'une voix plus ferme. Vous ne portez pas la livrée des agents de la police et vous n'êtes pas un des nôtres. Pourquoi vous trouvez-vous ici?

— Pourquoi je me trouve ici, répondit le jeune homme en se remettant assez vite d'un moment de frayeur, j'ai presque honte de le dire. Qu'il vous suffise de savoir que je ne suis ni un espion ni un homme malintentionné. Si je ne me trompe, c'est vous qu'on a entendues gémir et vous lamenter ici la nuit dernière.

— C'est nous en effet. L'infortunée que voilà pleure un mari, et moi je pleure un frère. La loi de sang qui a frappé celui que nous avons perdu ne fait pas de notre douleur un crime.

— Quelque affaire de rébellion, pensa Will, quelque attaque contre les sujets du roi. Poltrons de magistrats!

Il s'efforça alors de distinguer les traits des deux femmes, et malgré l'obscurité il y réussit. Celle à qui il parlait accusait déjà un certain âge; mais l'autre lui parut jeune. Toutes deux portaient des habits de deuil; leurs cheveux, trempés par la pluie, flottaient épars sur leurs épaules; leur extérieur était celui de l'accablement. Il se sentit ému de compassion.

— Écoutez, reprit-il après un moment de silence, je ne suis qu'un bourgeois de Windsor. J'étais venu ici pour défendre ce gibet contre les esprits et les sorcières, sottises dont je suis honteux à présent. Mais si je puis vous être de quelque secours, parlez et comptez sur ma discrétion et mon dévoûment.

Ce gibet, demanda encore la plus âgée des deux femmes, en cherchant à ranimer sa compagne, comment ne porte-t-il plus les restes de...?

— Je l'ignore. Tout ce que je sais, c'est que, quand je suis venu il y a deux heures, il était comme vous le voyez. D'après vos questions, il paraît que le corps a été enlevé cette nuit même, avant mon arrivée et à l'insu des bourgeois de la ville. Cela est étrange en effet. Réfléchissez. N'avez-vous pas des amis qui aient pu exécuter cette entreprise?

Les deux femmes commencèrent à s'entretenir à voix basse. Will les entendait gémir et sangloter. — Si c'étaient des bohémiennes? se demanda-t-il. Les gens de cette race se secourent mutuellement. Mais le corps enlevé du gibet! que diront les magistrats de Kingston? — La plus jeune des deux femmes se rapprochant alors:

— Vous nous avez offert votre aide, dit-elle d'une voix douce et plaintive.....

— Et je vous l'offre de nouveau, répondit Will avec résolution.

— Vous êtes prêt à nous accompagner?

— Partout où il vous plaira de me conduire. Au diable les sorcières et les complots, et les fous qui m'ont placé en sentinelle!

— Eh bien! suivez-nous donc, brave jeune homme.

Will, s'enveloppant de son manteau, marcha aussitôt sur les traces des deux femmes.

Après qu'il eut fait un mille environ dans l'obscurité, il se trouva, précédé de ses deux guides, devant une gorge sur laquelle plusieurs grands arbres étendaient leurs rameaux. Un homme s'y tenait caché avec trois chevaux de selle. Il se concerta quelques instants avec les deux femmes, offrit son cheval à Will, qui ne fit pas difficulté de l'accepter, et regarda partir ses compagnons au galop de leurs chevaux avec leur nouveau conducteur. Puis cet homme s'éloigna lui-même dans une direction opposée.

Will et les deux dames ne s'arrêtèrent qu'auprès de Putney, devant une grande maison isolée. Ils laissèrent leurs chevaux à un domestique qui semblait placé là pour les attendre, et ils entrèrent, en suivant un passage étroit, dans une petite chambre où Will fut laissé seul un moment. Il réfléchit sa situation, lancé dans une aventure dont le commencement du moins était fort singulier; et il songea qu'il valait mieux servir de protecteur à deux femmes malheureuses que de trembler auprès d'un gibet.

Pendant qu'il faisait mille conjectures sur ses taciturnes protégées, il se sentit un peu troublé en voyant entrer un homme dont le visage était couvert d'un masque noir. Il se tint sur ses gardes, examinant avec soin le personnage, qui paraissait avoir de quarante à cinquante ans, et dont l'extérieur annonçait une vigueur peu commune. Ses habits étaient riches, élégants, mais souillés par la boue et la pluie. On voyait à ses éperons qu'il venait aussi de voyager à cheval. Ce fut lui qui rompit le silence.

— Vous êtes jeune et entreprenant, dit-il au neveu de John Podgers, et vous aimeriez sans doute à faire fortune.

— Je n'y ai pas encore songé, répliqua Will. Mais que voulez-vous en conclure?

— Que l'occasion de vous enrichir se présente à vous.

— Eh bien! je ne la repousserai pas. Mais il faut savoir de quoi il s'agit.

Le jeune homme commença à croire qu'il se trouvait engagé avec des fraudeurs.

— Apprenez d'abord, reprit l'homme masqué, que vous avez été attiré ici de peur que vous n'allassiez raconter trop tôt votre histoire à ceux qui vous avaient placé en sentinelle.

— Ah! comme les dignes bourgeois de Kingston seront ébahis ce matin! s'écria Will. La précaution est excellente! Mais apprenez à votre tour que vous n'en aviez pas besoin, et que je sais me taire quand il le faut.

— C'est parfait. Maintenant, écoutez. Vous ne vous trompiez pas en conjecturant que le corps avait été enlevé du gibet avant votre arrivée...... Il est dans cette maison.

— Dans cette maison? répéta Will, commençant à s'alarmer.

— Oui, reprit l'interlocuteur; et il s'agit de le transporter plus loin. Celui qui s'en était chargé manque à la promesse qu'il nous avait faite. Êtes-vous homme à le remplacer?

L'aventure prenait un caractère grave. Mais il était difficile de reculer. Cependant Will ne put s'empêcher de porter autour de lui un œil défiant. — Vous êtes à ma discrétion, lui dit tranquillement l'homme masqué, qui semblait lire ses pensées dans ses yeux. Choisissez donc de transporter le corps dont il s'agit, par des moyens que je vous indiquerai, jusque dans l'église de Saint-Dunstan à Londres (et ce service sera richement récompensé), ou de... Mais vous saurez, quand il le faudra, l'alternative.

Permettez-moi, demanda Will, dont toutes les idées étaient de nouveau confondues, permettez-moi de vous adresser d'abord une petite question.

— Aucune. Vous voudriez apprendre quel était celui dont les restes vous seront confiés : cela ne vous regarde pas. Ne cherchez pas à le savoir; je vous le répète, ne le cherchez pas. C'est un homme qui a péri sur un gibet comme tous ceux que la loi ou la politique condamnent. Que cela vous suffise.

— Le mystère d'une telle affaire en montre assez le danger. Quelle sera la récompense?

— Deux mille guinées. Il n'y a pas de danger bien grand, pour vous surtout en qui l'on ne saurait découvrir le partisan d'une malheureuse cause. Cependant il y en a.

— Et si je refuse, dit Will, relevant la tête et fixant ses yeux perçants sur les yeux qui le considéraient à travers le masque, quelle sera l'alternative?

— Réfléchissez d'abord, avant de refuser. C'était l'époque des entreprises hasardeuses. Les ressources bornées de la police favorisaient alors l'esprit aventureux. Will avait entendu parler de conspirations, de révoltes sanglantes; il n'eût voulu pour rien au monde devenir sciemment le complice d'un crime de lèse-majesté. Mais ici il était obligé de s'avouer à lui-même qu'il ne savait rien. — Deux mille guinées, pensa-t-il; avec cette somme j'épouserai Alix. Allons, allons, il était écrit que j'aurais la compagnie de ce pendu.

Lorsqu'il eut fait connaître au cavalier masqué sa résolution, celui-ci lui apprit qu'une voiture couverte avait déjà été préparée; que le moment de son départ serait calculé de manière à ce qu'il arrivât au pont de Londres dans la soirée et qu'il traversât la cité au milieu de la nuit. Des gens apostés devaient recevoir le cercueil et le descendre immédiatement sous les dalles de l'église. Si quelques questions lui étaient adressées dans le trajet, il répondrait aux curieux que le corps était celui d'un homme qui s'était noyé dans la Tamise. En un mot, Will Marks reçut des indications si complètes et si précises, que le succès lui sembla assuré.

En ce moment un autre cavalier, également masqué, vint joindre ses recommandations à celles du premier; et la plus jeune des deux dames, celle dont les larmes avaient produit quelque impression sur Will Marks, acheva de le décider par ses prières. Il ne songea donc plus qu'aux moyens de gagner la récompense qui lui était offerte.

Le lendemain, à l'heure où l'obscurité descendait sur la ville de Londres, une voiture s'avançait lentement à travers les rues de la Cité. Will, déguisé avec soin, tenait la bride du cheval et marchait d'un pas tranquille. Personne n'eût soupçonné, en le voyant, un homme parvenu au moment le plus critique d'une entreprise dangereuse. Il était huit heures du soir. Une heure plus tard les rues devenaient désertes, et l'on ne pouvait plus s'y hasarder sans un péril extrême. Il n'était bruit que de meurtres et de vols à main armée. Déjà on avait fermé les boutiques du pont. Will franchit sans accident le passage périlleux; et il poursuivait péniblement sa marche, arrêté par un tapageur pris de vin qui prétendait monter de force dans sa voiture, par des bourgeois curieux qui voulaient savoir quelle marchandise il transportait si tard, par des gardes de la Cité, dont il fallait repousser les investigations au moyen d'histoires vraisemblables. A travers mille obstacles il gagna heureusement Fleet-street, et distingua enfin la masse sombre de l'édifice qui était le terme de son voyage.

Toutes les précautions qu'on lui avait annoncées étaient prises. A peine eut-il conduit sa voiture au pied des hautes murailles, que quatre hommes parurent tout à coup à ses côtés, en enlevèrent le cercueil, et le portèrent dans l'église. Un cinquième monta sur la voiture, et jetant à Will un petit paquet qui contenait son manteau et sa toque, fouetta le cheval, s'éloigna précipitamment et s'enfonça dans les rues obscures de la cité. Tout cela s'était fait à la hâte et sans qu'aucun mot fût échangé. Will, laissé à lui-même, suivit le corps et entra dans l'église, dont la porte fut aussitôt fermée. L'édifice n'était éclairé que par la lueur de deux torches que tenaient deux hommes masqués et couverts de longs manteaux. Chacun de ces hommes soutenait une femme dont les traits étaient cachés sous un voile noir; les assistants gardaient un profond silence. Will s'approcha et vit qu'une des longues dalles de la nef avait été levée d'avance. On descendit le cadavre dans cette espèce de caveau funéraire. Toutes les têtes se découvrirent pour un dernier et solennel adieu. Après quoi la dalle fut scellée de nouveau.

Alors l'un des personnages mystérieux qui portaient les torches glissa dans la main de Will Marks une bourse pesante.

— Prends, lui dit une voix que le jeune homme crut avoir déjà entendue la veille, éloigne-toi et ne parle jamais de ce qui s'est passé.

— Que les bénédictions d'une veuve désolée vous conduisent, généreux jeune homme; dit une voix dont Will Marks reconnut le timbre harmonieux. Que la sainte Vierge et les saints anges soient avec vous!

Will Marks fit un mouvement involontaire pour rendre la bourse. Mais les deux cavaliers éteignirent leurs torches et l'avertirent qu'il fallait se séparer sans retard. Il entendit en même temps le bruit de leurs pas sur les dalles de l'église; lui-même se dirigea au milieu de l'obscurité vers la porte par où il était entré et qui était encore entr'ouverte. Au bout de quelques instants, il se trouva seul dans la rue. Ceux qu'il venait de voir s'étaient évanouis dans les ténèbres.

— Par mon patron, dit talors le neveu de John Podgers, ce sont là de bonnes sorcières. J'épouserai Alix.

Cependant les dignes magistrats de Kingston avaient jugé nécessaire de veiller toute la nuit. Maintes fois ils avaient cru entendre des cris sinistres apportés par le vent. Lorsque la pluie retentissait sur les volets extérieurs et que l'orage remplissait les airs de ses hurlements, faisant crier les enseignes des boutiques voisines, tressaillant de peur, ils s'étaient serrés les uns contre les autres, en se rapprochant du feu. Il est juste de dire qu'ils buvaient fréquemment à la santé du hardi jeune homme qui faisait sentinelle au pied du gibet dans l'intérêt de la bonne ville. La nuit s'était écoulée de la sorte, mais le lendemain matin, on attendit vainement Will Marks. On apprit bientôt que le corps suspendu au gibet avait disparu, aussi bien que la sentinelle. Toute la ville fut en rumeur. On multiplia les recherches; on dépêcha des messagers dans différentes directions: tout fut inutile. Il semblait que le malheureux Will Marks eût été emporté à travers les airs. Qu'on se figure les suppositions auxquelles les bourgeois de Kingston se livrèrent, lorsqu'ils virent la journée et la nuit suivante se passer sans en recevoir de nouvelles! ils s'étaient tellement pénétrés de l'idée qu'il était devenu la proie des sorcières, tant de gens affirmaient qu'on n'en entendrait plus parler, qu'il y eut désappointement général lorsqu'il reparut.

C'était bien lui cependant, la mine riante, la démarche pleine d'aisance, la toque sur l'oreille. Les magistrats ouvraient des yeux émerveillés; John Podgers, que l'on avait envoyé chercher à la hâte, n'était pas encore sorti de son étonnement. Will, qui avait embrassé son oncle, se vit alors accablé de tant de questions, que pour y répondre, pour être mieux entendu et mieux vu de la foule impatiente, il monta sur une table. Mais si son retour inattendu avait désappointé les amis du merveilleux, ils furent amplement dédommagés par l'histoire qu'il leur raconta, histoire véritablement surprenante et entremêlée de sauts et de pantomimes, car Will, pour mieux décrire à ses auditeurs la danse satanique des sorcières, ne dédaigna pas de leur donner une représentation, à l'aide d'un manche à balai qu'on lui tendit. Il dit ensuite comment elles avaient emporté le cadavre dans un chaudron de cuivre; comment, par l'effet de leurs enchantements, il avait lui-même perdu les sens; comment enfin il s'était trouvé sous une haie à dix milles de Kingston. Cette histoire, débitée avec une rare assurance, excita l'admiration générale. Le bruit s'en répandit jusqu'à Londres. Hopkins, l'homme de son temps qui découvrit le plus de sorcières, voulut interroger Will Marks; et après s'être fait rendre compte de certaines particularités un peu obscures, il prononça que c'était l'histoire la plus extraordinaire et la plus digne de foi. Elle fut publiée sous le titre d'*Histoire surprenante et véritable*, à l'enseigne des Trois-Bibles, sur le pont de Londres, en petit in-4°, avec un dessin du chaudron d'après l'original.

Ajoutons que Will eut soin de décrire les sorcières qu'il prétendait avoir vues, sous des traits qu'il était impossible de rencontrer. Il sauva ainsi de la corde ou du feu non-seulement trois vieilles femmes que l'on soupçonnait, mais aussi toutes celles que l'on fit passer en revue devant lui, afin qu'il tâchât de reconnaître les coupables. *Chose* inconstante que la gloire et la popularité! On oublia John Podgers pour ne parler que de son neveu. John lui-même se sentit dépassé. Mais, trop grand pour être jaloux, il conçut pour Will une sorte de respect et parut disposé à le doter convenablement.

Et maintenant, avons-nous besoin de décrire la joie d'Alix, en revoyant son fiancé qu'elle croyait perdu? L'aventure dont il était le héros lui le rendait plus cher encore. Will s'efforça de la rassurer contre les suites qu'elle en redoutait pour lui. Mais il ne parvint jamais à dissiper entièrement la croyance qu'elle avait aux sorcières. Grâce aux libéralités de son oncle, il l'épousa; et l'argent qu'il avait gagné par son courage, et dont il se servait avec discrétion, entretint dans son ménage une heureuse aisance.

Quant aux scènes mystérieuses où il avait joué un rôle, le voile qui les cachait ne fut point levé, et pour lui-même la prudence lui défendit de faire aucune recherche (1).

SORT. On appelle sort ou sortilége certaines paroles, caractères, drogues, etc., par lesquels les esprits crédules s'imaginent qu'on peut produire des effets extraordinaires, en vertu d'un pacte supposé fait avec le diable ; ce qu'ils appellent *jeter un sort*. La superstition populaire attribuait surtout cette faculté nuisible aux bergers; et cette opinion était, sinon fondée, au moins excusée par la solitude et l'inaction où vivent ces sortes de gens. *Voy.* MALÉFICES, CHARMES, SCOPÉLISME, etc.

Les hommes ont de tout temps consulté le sort, ou, si l'on veut, le hasard. Cet usage n'a rien de ridicule lorsqu'il s'agit de déterminer un partage, de fixer un choix douteux, etc. Mais les anciens consultaient le sort comme un oracle; et quelques modernes se sont montrés aussi insensés. Toutes les divinations donnent les prétendus moyens de consulter le sort.

SORTILEGES, *Voy.* SORT.

SOTRAY, nom que les Solognots et les Poitevins donnent à un lutin qui tresse les crinières des chevaux.

SOUAD, goutte noire, germe de péché, inhérente depuis la chute originelle, au cœur de l'homme, selon les musulmans, et dont Mahomet se vantait d'avoir été délivré par l'ange Gabriel.

SOUGAI-TOYON, dieu du tonnerre chez les Yakoûts ; il est mis par eux au rang des esprits malfaisants. C'est le ministre des vengeances d'Oulon-Toyon, chef des esprits.

SOULIE (FRÉDÉRIC). Dans les *Mémoires du Diable*, l'auteur a employé un très-beau talent à faire malheureusement un mauvais livre en morale.

SOURIS. Le cri d'une souris était chez les anciens de si mauvais augure, qu'il rompait les auspices. *Voy.* RATS.

SOUTERRAINS (DÉMONS), démons dont parle Psellus, qui du vent de leur haleine, rendent aux hommes le visage bouffi, de manière qu'ils sont méconnaissables. *Voy.* MINEURS, TERRESTRES, etc.

SOUTHCOTT (JEANNE), visionnaire anglaise du dernier siècle, qui se fit une secte avec des cérémonies bizarres. De temps à autre on entend encore parler de cette fanatique. Une centaine de sectaires se sont réunis dans un bois, il y a une trentaine d'années, auprès de Sydenham, et ont commencé leur culte superstitieux par le sacrifice d'un petit cochon noir, qu'ils ont brûlé pour répandre ses cendres sur leurs têtes. Ces fous disent et croient que Jeanne Southcott, qu'ils appellent la *fille de Sion*, est montée au ciel, et qu'elle reviendra avec le Messie. Elle avait annoncé qu'elle accoucherait d'un nouveau messie ; mais elle est morte sans avoir rempli sa promesse ; ce qui n'empêche pas ses crédules disciples d'attendre sa résurrection, qui sera suivie de l'accouchement tant désiré. Les sectateurs de cette prétendue prophétesse portent, dans leurs processions, des cocardes blanches et des étoles en ruban jaune sur la poitrine. Le ruban jaune est, selon eux, la couleur de Dieu; leur messie se nommera le Shelo.

SOUVIGNY. Une tradition populaire attribue aux fées la construction de l'église de Souvigny. Au milieu de la délicieuse vallée qu'arrose la petite rivière appelée la Queune, une laitière vit surgir cette église d'un brouillard du matin, avec ses aiguilles dentelées, ses galeries festonnées, et son portail à jour, à une place où, la veille encore, s'élevaient de beaux arbres et coulait une fontaine. Frappée de stupeur, la pauvre femme devint pierre; on montre encore sa tête placée à l'angle d'une des tours. Il y a bien, en effet, quelque chose de féerique dans l'église de Souvigny. Un jour qu'il allait s'y livrer à ses études, M. Achille Allier y découvrit un curieux support de nervure ogivique ; c'était une femme d'une délicatesse de formes presque grecque, qui se tordait et jouait avec une chimère; il lui sembla voir l'intelligence de l'artiste créateur de ce temple fantastique aux prises avec son caprice (2).

SOVAS-MUNUSINS (empoisonneurs et suceurs de sang), espèce de vampires, chez les Quojas; esprits ou revenants qui se plaisent à sucer le sang des hommes ou des animaux. Ce sont les broucolaques de l'Afrique.

SPECTRES, sorte de substance sans corps, qui se présente sensiblement aux hommes, contre l'ordre de la nature, et leur cause des frayeurs. La croyance aux spectres et aux revenants, aussi ancienne que les sociétés d'hommes, est une preuve de l'immortalité de l'âme, et en même temps un monument de la faiblesse de l'esprit humain, abandonné à lui-même. Olaüs Magnus assure que, sur les confins de la mer Glaciale, il y a des peuples, appelés Pylapiens, qui boivent, mangent et conversent familièrement avec les spectres. Ælien raconte qu'un vigneron ayant tué, d'un coup de bêche, un aspic fort long, était suivi en tous lieux par le spectre de sa *victime!*...

Suétone dit que le spectre de Galba poursuivait sans relâche Othon, son meurtrier, le tiraillait hors du lit l'épouvantait et lui causait mille tourments. *Voy.* APPARITIONS, FANTÔMES, FLAXBINDER, GLUBBDUDBRID, PHILINNION, POLYCRITE, REVENANTS, VAMPIRES, etc.

SPECTRIANA, *recueil mal fait d'histoires et d'aventures surprenantes, merveilleuses et remarquables de spectres, revenants, esprits, fantômes, diables et démons; manuscrit trouvé dans les catacombes*. Paris, 1817; 1 vol. in-18.

SPÉCULAIRES, nom que l'antiquité donnait aux magiciens ou devins qui faisaient voir

---

(1) Master humphry's clock.

(2) Jules Duvernay, Excursion d'artiste en 1841.

dans un miroir les personnes ou les choses qu'on désirait connaître.

SPÉE. Leibnitz remarque que le P. Spée, jésuite allemand, auteur du livre intitulé : *Cautio criminalis circa processus contra sagas*, déclarait qu'il avait accompagné au supplice beaucoup de criminels condamnés comme sorciers ; mais qu'il n'en avait pas trouvé un seul duquel il pût croire qu'il fût véritablement sorcier, ni qu'il fût allé véritablement au sabbat. Il ne faut pas s'imaginer pour cela que ces gens fussent injustement punis : car ils avaient fait du mal. Seulement, on leur appliquait sans doute des peines trop sévères.

SPER, en patois de Liége, revenant ou plutôt esprit ; de *spiritus*.

SPHINX, monstre fabuleux, auquel les anciens donnaient ordinairement un visage de femme avec un corps de lion couché. Il devinait les énigmes.

SPINELLO, peintre né à Arezzo, dans la Toscane, au xive siècle. A l'âge de soixante-dix-sept ans, il s'avisa de peindre la chute des mauvais anges. Il représenta Lucifer sous la forme d'un monstre tellement hideux, qu'il en fut lui-même frappé. Une nuit, dans un songe, il crut apercevoir le diable tel qu'il était dans son tableau, qui lui demanda, d'une voix menaçante, où il l'avait vu, pour le peindre si effroyable ? Spinello, interdit et tremblant, pensa mourir de frayeur, et eut toujours, depuis ce rêve, l'esprit troublé et la vue égarée.

SPIRINX (JEAN), astrologue belge du xve siècle, qui prédit à Charles le Téméraire que, s'il marchait contre les Suisses, il lui en arriverait mal ; à quoi le duc répondit que la force de son épée vaincrait les influences des astres : ce que lui, son épée et toute sa puissance ne purent pas faire, puisqu'il s'en suivit sa défaite et sa mort.

SPODOMANTIE ou **SPODANOMANCIE**, divination par les cendres des sacrifices, chez les anciens. Il en reste quelques vestiges en Allemagne. On écrit du bout du doigt, sur la cendre exposée à l'air, ce que l'on veut savoir ; on laisse la cendre ainsi chargée de lettres à l'air de la nuit, et le lendemain matin, on examine les caractères qui sont restés lisibles, et on en tire des oracles. Quelquefois le diable vient écrire la réponse. *Voy.* CENDRES.

SPUNKIE, démon qui protége en Ecosse les maraudeurs et les bandits. Sous les initiales A. M. un spirituel écrivain a publié un feuilleton de l'une des aventures du Spunkie :

JOHNY-MALCOLM LE MARAUDEUR.

Johny-Malcolm, de Lochmarsum, était bien le plus hardi maraudeur de tout le Border environnant, et il mettait à dépouiller les fermiers tant de grâce, de promptitude et d'adresse, qu'on l'offrait pour modèle inimitable à tous ceux qui se sentaient du goût pour cette dangereuse carrière. Chaque fois que sa mère, vieille habitante des montagnes, lui criait du fond de son taudis : Johny ! Johny ! la marmite se renverse ! — Johny se levait, leste comme un chevreuil, peignait ses cheveux blonds avec un peigne de cuivre qu'il tenait de sa sœur de lait, passait sa jaque de cuir, jetait sur ses épaules le plaid à larges carreaux rouges, et liait sous le menton les cordons de sa toque. Puis il mettait une belle plume blanche, laçait ses bottines éperonnées, ceignait sa large épée, sa dague effilée dans son fourreau de cuir, et ses pistolets chargés à double balle. Il amenait devant la porte son cheval noir, hennissant, et partait vite, afin que nul ne pût savoir dans quel troupeau il allait choisir des génisses et des béliers, dans quel manoir il allait chercher de l'argent et des habits.

Le soir, les jeunes hommes du Border se groupaient inquiets autour de la demeure de Johny. Mary venait d'y entrer, pour apprendre à sa mère comment, surpris par un laird puissant, il avait combattu avec vaillance, frappé plus d'un coup mortel, résisté jusqu'à l'épuisement de ses forces ; mais il était pris, on lui avait enlevé son épée et garrotté les mains, on lui avait ôté sa toque et son plaid, ses bottines fauves et son poignard ; et nu-pieds, nu-tête, il gémissait dans un cachot. Mary pleurait en racontant tout cela; la vieille femme ne pleura pas. Seulement elle dit avec amertume :

— Après Johny, après mon fils, qui m'amènera une génisse tous les mois, et un beau cheval chaque année?

Le cachot dans lequel était Johny n'avait de porte qu'une pierre qui se levait dans le cintre, de fenêtre qu'une baie de quatre doigts allant en s'élargissant vers l'extérieur, de lit qu'un peu de paille à moitié pourrie, sur laquelle s'étendait, il y a deux jours, un maraudeur pendu hier.

Johny s'y étendait maintenant, pendant qu'on lui dressait une potence neuve ; et il maugréait énergiquement le laird damné qui était venu troubler ses affaires. Il avait froid, il avait faim, il avait soif, et, ce qui était bien plus triste encore, il pensait à sa mère. Il inclina la tête sur sa poitrine, essuya deux grosses larmes qui filtraient le long de ses joues, puis il se leva d'un bond et s'écria :

— Je donnerais ma main au Spunkie, si je pouvais sortir d'ici.

Au même instant, une figure inconnue se colla contre la baie étroite, et vint intercepter le seul rayon de lumière qui se glissait dans le cachot. Johny ferma les yeux, se retourna effrayé, et pensa défaillir quand il entendit le Spunkie chanter sur un air singulier :

Du fond de ma sombre tourelle
Je protége tout maraudeur,
Et jamais sa voix ne m'appelle
Sans que j'accoure avec ardeur.
Mais, tu l'as dit, pour récompense
Ta main se livre à ma merci.
Beau montagnard, l'heure s'avance :
Allons, veux-tu sortir d'ici?

La voix se tut un instant. Johny ne répondait pas, il s'était appuyé le front contre le mur humide ; une lutte intérieure s'était élevée en lui entre la peur de mourir et la peur du Spunkie. Cependant la figure de celui-ci devenait moins apparente; son regard, d'abord étincelant, était vague maintenant et mélancolique. Il reprit plus lentement et comme à regret :

> Déjà sur la verte colline
> S'élève le fatal poteau,
> Le vieux laird sourit et s'incline
> Du haut des murs de son château.
> Il veut voir marcher au supplice
> Un fils des clans de Comerci :
> Beau montagnard, la corde est lisse,
> Allons, veux-tu sortir d'ici?

Johny avait vu pendre déjà plusieurs de ses camarades qu'un malheur pareil au sien avait fait tomber entre les mains de l'inexorable laird. Il avait vu de près leur contenance morne et désespérée, les contorsions horribles de leur visage, quand l'échelle avait cessé de les soutenir et que le bourreau tombait de tout son poids sur leurs épaules. D'épouvantables pensées tourbillonnaient dans sa tête; une invincible terreur faisait claquer ses dents et crisper ses nerfs; il ne savait s'il rêvait ou si toute cette atroce perspective serait bientôt pour lui une réalité. — Puis c'était une autre crainte, aussi fiévreuse, aussi insupportable : des gouffres s'ouvraient sous ses pieds; il errait au milieu d'une foule d'êtres plus monstrueux les uns que les autres, qui lui ricanaient au visage, qui l'entraînaient dans leur valse fantastique, dans leurs évolutions infernales, qui lui criaient à chaque seconde : A nous ta main, à nous ton âme!

Quand il revint à lui, quand il se retourna, le Spunkie avait disparu; un rayon du soleil couchant dorait les bords grisâtres du soupirail.

Deux heures après, la foule se pressait autour d'une potence neuve, dressée sur une élévation toute verdissante sous les fenêtres de l'une des tours du château. Là haut se trouvaient le laird, son épouse et ses deux filles, qui venaient, comme à une fête, voir mourir Johny.

Johny s'avançait, la tête nue, les mains liées derrière le dos, escorté par un peloton d'archers; car on le craignait, même sans armes et garrotté. La foule lui crachait des injures et lui jetait de la boue : celui-ci lui redemandait une belle vache; celui-là les plus laineuses brebis du canton; cet autre un bon cheval, ou un taureau superbe, ou un plaid tout neuf, ou une toque du meilleur drap gris. Johny marchait et ne répondait rien; il était comme tous ceux que l'on mène pendre.

Comme il montait l'élévation, il entendit une voix lui glisser à l'oreille :

> Beau montagnard, l'heure s'avance,
> Allons, veux-tu sortir d'ici?

Il crut que c'était une dernière plaisanterie du bourreau, qui cheminait après lui, riant, se frottant les mains, relevant ses manches, et jetant à la cohue de grossiers bons mots qui faisaient rire aux éclats. Il leva la tête, vit les archers qui l'entouraient en silence, et le bourreau qui lui souriait d'un air goguenard. Au même instant, il entendit encore :

> Beau montagnard, la corde est lisse,
> Allons, veux-tu sortir d'ici?

Cette fois, il était sûr que le Spunkie seul pouvait lui avoir parlé; cette fois aussi il se hâta de répondre.

— Oui, oui, je veux sortir d'ici.

Le Spunkie reprit :

— J'aurai ta main?

— Tu l'auras, reprit Johny, sans hésiter.

On s'arrêtait au pied de l'échelle : une immense exclamation saluait le patient. Celui-ci avait repris une attitude si fière, si dédaigneuse, que le bourreau, interdit, eut besoin de plus d'une minute pour arranger son nœud coulant. Cependant il monta à l'échelle; Johny le suivit lestement et riant tout de bon : le bourreau le crut fou. Mais au moment qu'il passait le nœud au cou de Johny, celui-ci s'éclipsa tout à coup; un éclat de rire surnaturel fit trembler le vieux laird; et à la place du maraudeur on vit un mannequin de paille, qui se tenait debout comme un homme.

Johny, transporté avec la rapidité de la pensée sur les hauteurs de Lochmarsum, s'assit auprès d'une fontaine, et le Spunkie, reployant ses ailes, se tint debout devant lui. Le maraudeur était dévoré de soif, il but à longs traits; puis il releva la manche de sa jaque et tendit la main à son libérateur. Celui-ci se prit à sourire :

— Je vois ce que tu veux, dit-il, mais ce n'est pas ainsi que je l'entends.

— Et comment donc? demanda Johny devenu plus familier.

— Écoute, fit le Spunkie. Je t'aime parce que tu manies bravement une lame d'Edimbourg. Je te protégerai : tu seras vainqueur dans toutes les rencontres où tu tireras l'épée, tu réussiras dans toutes les courses, quelque audacieuses qu'elles soient. Seulement tu ne feras jamais quartier, et j'aurai pendant une demi-heure ta main droite armée à ma disposition?

— C'est bien, dit Johny.

— Tu retrouveras chez ta mère tes armes et ton cheval, continua l'esprit.

Le Spunkie disparut, Johny descendit la montagne.

Arrivé chez lui, il dit bonjour à sa mère ébahie, gagna sa petite chambre et se jeta sur son lit de peaux, non pour dormir, mais pour être seul, pour se remettre des émotions de la journée, et surtout pour penser à Mary, la blonde jeune fille de la vallée.

Six mois s'écoulèrent, six mois de courses, pleins de combats et de butin conquis. Vingt fois, dans ses excursions téméraires, Johny avait eu à lutter contre une foule d'assaillants; toujours son épée lui avait été fidèle, toujours il s'en était tiré avec gloire, laissant le sentier de retraite souillé par le sang de ses ennemis. Scrupuleux à remplir sa promesse, quand la blessure lui semblait trop peu profonde, il sondait de nouveau la poitrine du mourant. Son plaid était criblé de coups qui n'avaient pu l'atteindre, et déjà il commençait à ne plus trouver qui combattre. On se rappelait avec terreur la manière dont il s'était sauvé de la corde; si des archers le rencontraient sur la route, ils se signaient et laissaient leur arc débandé à la selle; les femmes disaient en le voyant de loin : voilà Johny, voilà le sorcier qui passe.

Son cheval noir passait pour un esprit.

Une nuit cependant, Johny allait voir Mary, sa fiancée, à la ferme; il avait laissé son cheval dans le taillis où il le cachait d'habitude, et il s'avançait doucement, sur la pointe des pieds, vers la petite fenêtre. Il s'arrêta à la voir faiblement éclairée par une petite lampe posée sur une table au fond de la pièce. Il eut d'abord une pensée de pitié, croyant qu'elle était indisposée, et l'état de la pauvre fille autorisait cette supposition. — Mais ce sentiment fit bientôt place à un tout autre, quand il entendit une voix mâle et sonore prononcer tendrement : — Mary, Mary, ma bien-aimée. — Johny proféra entre les dents une horrible imprécation, sa main toute frémissante chercha la garde de son épée; il l'arracha du fourreau avec une terrible rapidité. Son plaid tomba de ses épaules; il jeta loin de lui sa toque de velours noir. Quand il la vit se lever et tendre les bras à l'inconnu, quand il vit celui-ci, il ne se contint plus; il poussa un cri de rage et se précipita vers la porte. Il heurta violemment. Mary demanda ce qu'on voulait.

— Qu'on ouvre, cria Johny, qu'on ouvre ou je renverse cette muraille.

La ferme entière était en émoi, les valets se sauvaient à la terrible voix du maraudeur, les chiens aboyaient et hurlaient; il semblait que le vent grondât depuis une minute avec plus de violence. Mary ouvrit, toute joyeuse de reconnaître la voix de son ami. Elle ouvrit, la pauvre fille, et au même instant elle sentit quelque chose de froid, d'acéré, lui labourer le sein : c'était l'épée de Johny, l'épée toujours victorieuse; elle tomba, sans pousser un soupir, sans exhaler une syllabe, morte sur les joncs qui couvraient le parquet de glaise.

Johny ne s'arrêta point, il ne regarda pas même le cadavre, il se précipita vers son cheval, pour se mettre à la poursuite de son rival. — Arrivé dans le taillis, son cheval n'y était plus, et il entendit le même éclat de rire qui avait épouvanté le vieux laird.

C'était le Spunkie.

Johny ne le vit pas, il ne chercha pas à le voir; mais il sentit ses ailes lui effleurer la face, et la voix surnaturelle laissa tomber ces paroles :

— J'ai eu ta main, tu as tenu tes promesses : je tiendrai les miennes.

Johny roula sans connaissance au milieu des broussailles : il revint à lui que le jour avait déjà paru. La veille, un frère de Mary, habitant un autre clan et poursuivi de près par les archers du laird, était venu chercher un asile auprès d'elle : c'était lui que Johny avait vu. Il ne survécut pas longtemps à la pauvre Mary. Après avoir pleuré sur sa fosse, il reprit son épée et se jeta dans la plaine. Quelque temps après, un pâtre qui allait à la ville trouva son corps, à moitié dévoré par les corbeaux, dans un ravin, de l'autre côté des montagnes. Il reconnut Johny à sa toque de velours noir, fendue, ainsi que le crâne, d'un large coup de sabre. L'épée était dans le fourreau, la dague à la ceinture, les pistolets chargés : Johny n'avait pas voulu se défendre...

Jamais, depuis, le Spunkie n'a reparu dans la contrée.

SPURINA. Suétone assure que l'astrologue Spurina prédit à César que les ides de mars lui seraient funestes. César se moqua de lui; et fut assassiné dans la journée.

SQUELETTE. Un chirurgien qui était au service du czar Pierre le Grand avait un squelette qu'il pendait dans sa chambre auprès de sa fenêtre. Ce squelette se remuait toutes les fois qu'il faisait du vent. Un soir que le chirurgien jouait du luth à sa fenêtre, le charme de cette mélodie attira quelques strelitz, ou gardes du czar, qui passaient par là. Ils s'approchèrent pour mieux entendre; et, comme ils regardaient attentivement, ils virent que le squelette s'agitait. Cela les épouvanta si fort, que les uns prirent la fuite hors d'eux-mêmes, tandis que d'autres coururent à la cour, et rapportèrent à quelques favoris du czar qu'ils avaient vu les os d'un mort danser à la musique du chirurgien... La chose fut vérifiée par des gens que l'on envoya exprès pour examiner le fait, sur quoi le chirurgien fut condamné à mort comme sorcier. Il allait être exécuté, si un boyard qui le protégeait et qui était en faveur auprès du czar, n'eût intercédé pour lui, et représenté que ce chirurgien ne se servait de ce squelette et ne le conservait dans sa maison que pour s'instruire dans son art par l'étude des différentes parties qui composent le corps humain. Cependant, quoi que ce seigneur pût dire, le chirurgien fut obligé d'abandonner le pays, et le squelette fut traîné par les rues, et brûlé publiquement (1).

STADIUS, chiromancien qui, du temps de Henri III, exerçait son art en public. Ayant un jour été conduit devant le roi, il dit au prince que tous les pendus avaient une raie au pouce comme la marque d'une bague. Le roi voulut s'en assurer, et ordonna qu'on visitât la main d'un malheureux qui allait être exécuté; n'ayant trouvé aucune marque, le sorcier fut regardé comme un imposteur et logé en prison (2).

STAGIRUS, moine hérétique, qui était souvent possédé. On rapporte que le diable, qui occupait son corps, apparaissait sous la forme d'un pourceau couvert d'ordure et fort puant (3).

STANOSKA, jeune fille de Hongrie, dont on raconte ainsi l'histoire. Un défunt nommé Millo était devenu vampire; il reparaissait les nuits, et suçait les gens. La pauvre Sta-

---

(1) Dæmoniana, p. 195, après Perry.
(2) Delancre, Tableau de l'inconstance des démons, etc., liv. III, p. 187.
(3) Saint Jean Chrysostome.

noska, qui s'était couchée en bonne santé, se réveilla au milieu de la nuit en s'écriant que Millo, mort depuis neuf semaines, était venu pour l'étrangler. De ce moment elle languit et mourut au bout de trois jours. Ce vampirisme pouvait bien n'être que l'effet d'une imagination effrayée? *Voy.* Vampires.

STAUFFENBERGER, famille allemande qui compte parmi ses grand'mères une ondine ou esprit des eaux, laquelle s'allia au XIIIᵉ siècle à un Stauffenberger.

STEGANOGRAPHIE ou STENOGRAPHIE, art d'écrire en chiffres ou abréviations, d'une manière qui ne puisse être devinée que par ceux qui en ont la clef. Trithème a fait un traité de stéganographie, que Charles de Bouelles prit pour un livre de magie, et l'auteur pour un nécromancien. On attribuait autrefois à la magie tous les caractères qu'on ne pouvait comprendre; et beaucoup de gens, à cause de son livre, ont mis le bon abbé Trithème au nombre des sorciers.

STEINLIN (Jean). Le 9 septembre 1625, Jean Steinlin mourut à Altheim, dans le diocèse de Constance. C'était un conseiller de la ville. Quelques jours après sa mort, il se fit voir pendant la nuit à un tailleur nommé Simon Bauh, sous la forme d'un homme environné de flammes de soufre, allant et venant dans la maison, mais sans parler. Bauh, que ce spectacle inquiétait, lui demanda ce qu'on pouvait faire pour son service; et le 17 novembre suivant, comme il se reposait la nuit, dans son poêle, un peu après onze heures du soir, il vit entrer le spectre par la fenêtre, lequel dit d'une voix rauque : — Ne me promettez rien, si vous n'êtes pas résolu d'exécuter vos promesses. — Je les exécuterai si elles ne passent pas mon pouvoir, répondit le tailleur. — Je souhaite donc, reprit l'esprit, que vous fassiez dire une messe à la chapelle de la Vierge de Rotembourg ; je l'ai vouée pendant ma vie, et ne l'ai pas fait acquitter ; de plus, vous ferez dire deux messes à Altheim, l'une des défunts, et l'autre de la sainte Vierge ; et comme je n'ai pas toujours exactement payé mes domestiques, je souhaite qu'on distribue aux pauvres un quarteron de blé.

Le tailleur promit de satisfaire à tout. L'esprit lui tendit la main, comme pour s'assurer de sa parole, mais Simon, craignant qu'il ne lui arrivât quelque chose, présenta le banc où il était assis, et le spectre, l'ayant touché, y imprima sa main, avec les cinq doigts et les jointures, comme si le feu y avait passé et y eût laissé une impression profonde. Après cela, il s'évanouit avec un si grand bruit, qu'on l'entendit trois maisons plus loin. Ce fait est rapporté dans plusieurs recueils.

STERNOMANCIE, divination par le ventre. Ainsi ou savait les choses futures lorsque l'on contraignait un démon ou un esprit à parler dans le corps d'un possédé, pourvu qu'on entendît distinctement. C'était ordinairement de la ventriloquie.

STIFFEL. Nous empruntons cette anecdote à une publication anonyme, que les petits journaux, d'ordinaire plus spirituels que les grands, ont mise en lumière :

« Il y avait, en 1544, un prédicant rogue et bourru, nommé Stiffel, fou de cabale, et croyant à la divination par la magie, qui se fourra dans la cervelle que le monde n'avait plus que pour un an à demeurer sur le globe, dont nous ne sommes après tout que les locataires. Il consulta les nombres, les étoiles et les virgules de la Bible ; les astres et les chiffres s'entendirent pour le mystifier.

« Il monta donc en chaire et prêcha. Il annonça la septième trompette de l'Apocalypse et le triomphe de la bête à deux cornes : c'était visiblement Charles-Quint. La conviction se propagea dans les alentours : on se prépara pour la fin du monde. Ce devait être le 15 août 1545, à midi, midi sans faute.

« Alors toutes les passions éclatèrent à la fois. L'expectative de l'absolution, que les ministres protestants donnaient avec facilité, encouragea le désordre. Les villages de la Saxe devinrent une véritable kermesse, où l'on but au jugement dernier, au grand branlebas de l'univers, à l'espoir de se retrouver frais et vermeils dans le paradis.

« Les laboureurs brisèrent les charrues ; les vignerons se chauffèrent avec les échalas ; on avait assez de blé pour vivre jusque-là, assez de vin pour se griser au jour le jour. La propriété devint une chimère. Il n'y avait plus qu'à s'en donner jusque par-dessus les oreilles, sauf à se faire habilement absoudre au moment préfix. On s'en donna ferme.

« Cependant le jour arriva. On fit alors un feu de joie de ses meubles, on lâcha les bestiaux dans les plaines ; et, sur la fin de cette dernière orgie, qui devait être suivie de ce qu'on appela depuis lors le grand quart-d'heure de Rabelais, on se précipita dans le temple, où Stiffel distribuait des bénédictions en masse.

« Au coup de midi, voilà de grands nuages qui se rassemblent de tous les points de l'horizon, sillonnés de pâles éclairs et de roulements sinistres. Le jour s'efface, les ténèbres gagnent. Il fait nuit. Une immobilité menaçante se répand sur tous les objets, ciel, terre, arbres; le vent tombe et se tait. L'air est allumé par des exhalaisons ardentes et souterraines qui se dégagent des entrailles du sol, comme des âmes échappées de la tombe. Pas une feuille ne bouge, pas un oiseau ne bat de l'aile, pas un souffle ne ride les eaux ; tout est noir et tout est lumineux à la fois, car bientôt le firmament s'affaisse lui-même, comme une voûte que le reflet d'une étincelle embrase. Une psalmodie commence à la lueur des cierges qui flambent avec timidité. Stiffel seul a le courage d'élever la voix. A cette voix, des commotions effroyables répondent ; c'est la foudre qui tonne de concert avec le glas des clochers qui tremblent et qui sonnent le tocsin sans que l'on y touche. Le vitrail de l'église assiégé par la grêle, plie et se brise avec fracas : des tourbillons de feuilles, de grêlons et de poussière éteignent les cierges, veuglent les pêcheurs épouvantés ; leur foule tombe à genoux sous le vitrail que l'ouragan éparpille à travers le parvis, au milieu des femmes et des enfants qui se répandent en cris affreux. Le monde est à l'agonie !...

« Trois minutes après il faisait un temps magnifique.

« Un arc-en-ciel immense se dressa sur l'orage dont la colère parcourait la Saxe.

« A ce signe de la miséricorde céleste, les premiers paysans qui revinrent de leur frayeur, en reprenant leur incrédulité, demandèrent à Stiffel ce que cette mauvaise plaisanterie voulait dire. Le prédicateur essaya de leur démontrer que la cabale était formelle, le prohostic d'une certitude mathématique; mais après avoir écouté en hochant la tête, furieux d'avoir gaspillé leur patrimoine, et de s'en être donné de façon à se trouver dans la misère la plus profonde, ils se mirent à vouloir pendre le démonstrateur qui ne voulait pas en avoir le démenti. Stiffel épouvanté se sauva de son mieux à Vittemberg : non sans gourmades, il raconta l'histoire à Luther.

« — Ah ! lui dit Luther, s'il y avait quelque chose de certain, je ne serais pas fâché de l'apprendre moi-même. Prédire est bon, mais il faut prédire sans se compromettre. Pourquoi, d'avance, ne pas vous être porté fort d'essayer de désarmer la colère du ciel? Vous avez gâté le métier, mon ami. Apprenez le fin du métier avant de vous mêler de prédire la fin du monde. — Stiffel trouva juste le raisonnement de l'hérétique, et mourut fou à l'hôpital. »

STOFFLER, mathématicien et astrologue allemand, qui florissait vers la fin du XVe siècle. Il annonça qu'il y aurait un déluge universel au mois de février 1524; Saturne, Jupiter, Mars et les Poissons devaient être en conjonction. Cette nouvelle porta l'alarme dans l'Europe : tous les charpentiers furent requis pour construire galiotes, nacelles et bateaux; chacun se munissait de provisions, lorsque le mois de février 1524 arriva. Il ne tomba pas une goutte d'eau; jamais il n'y avait eu de mois plus sec. On se moqua de Stoffler; mais on n'en fut pas plus raisonnable : on continua de croire aux charlatans, et Stoffler continua de prophétiser (1).

STOICHEOMANCIE, divination qui se pratiquait en ouvrant les livres d'Homère ou de Virgile, et prenant oracle du premier vers qui se présentait. C'est une branche de la rhapsodomancie.

STOLAS, grand prince des enfers, qui apparaît sous la forme d'un hibou; lorsqu'il prend celle d'un homme, et qu'il se montre devant l'exorciste, il enseigne l'astronomie. Il connaît les propriétés des plantes et la valeur des pierres précieuses. Vingt-six légions le reconnaissent pour général (2).

STOLISOMANCIE, divination par la manière de s'habiller. Auguste se persuada qu'une sédition militaire lui avait été prédite le matin, par la faute de son valet, qui lui avait chaussé le soulier gauche au pied droit.

STRASITE, pierre fabuleuse à laquelle on attribuait la vertu de faciliter la digestion.

STRATAGEMES. On lit dans les Récréations mathématiques et philosophiques d'Ozanam (tom. IV, page 177), un trait qui prouve que l'usage du phosphore naturel ne fut pas entièrement inconnu aux anciens. Kenneth, deuxième roi d'Écosse, monta, en 833, sur le trône de son père Alpin, qui fut tué indignement par les Pictes révoltés. Voulant soumettre ces montagnards farouches, ennemis de toute domination, il proposa à toute sa noblesse et à son armée de les combattre. La cruauté des Pictes et leur succès dans la dernière guerre épouvantaient les Écossais, qui refusèrent de marcher contre eux. Pour parvenir à les résoudre, il fallut que Kenneth recourût à la ruse. Il fait inviter à des fêtes, qui devaient durer plusieurs jours, les principaux gentilshommes du royaume et les chefs de l'armée. Il les reçoit avec la plus grande bienveillance, les comble de caresses, leur prodigue les festins et les jeux, l'abondance et la délicatesse.

Un soir que la fête avait été plus brillante et le festin plus somptueux, le roi, par son exemple, invite ses convives aux douceurs du sommeil, après l'excès des vins les plus généreux. Déjà le silence régnait par tout le palais; tous dormaient profondément, quand des hurlements épouvantables retentissent. Étourdis par le vin, le sommeil et par un bruit si étrange, tous sautent en bas du lit et chacun court à sa porte. Ils aperçoivent le long des corridors, des spectres imposants, affreux, tout en feu, armés de bâtons enflammés et soufflant dans une grande corne de bœuf, pour pousser des beuglements terribles et pour faire entendre ces paroles : Vengez sur les Pictes la mort du roi Alpin; nous sommes envoyés du ciel pour vous annoncer que sa justice est prête à punir leurs crimes.

Comme il ne fut pas difficile d'en imposer à des gens assoupis par le sommeil, par le vin, épouvantés par un spectacle d'autant plus effrayant qu'il se présentait à des hommes qui n'étaient rien moins que physiciens, le stratagème eut tout l'effet que le roi s'en était promis. Le lendemain, dans le conseil, ces seigneurs se rendent compte de leur vision; et, le roi assurant avoir entendu et vu la même chose, on convient d'une voix unanime d'obéir au ciel, de marcher contre les Pictes, qui, vaincus en effet trois fois de suite, sont passés au fil de l'épée : l'assurance de la victoire que l'on avait en marchant au combat eut beaucoup de part à ces succès. Ainsi Kenneth sut mettre à profit la connaissance qu'on lui avait donnée des phosphores naturels. Tout ce manège consistait à avoir

---

(1) M. Salgues, des Erreurs et des préjugés, etc., t. Ier, p. 88.

(2) Wierus, in Pseudom. dæm.

choisi de grands hommes couverts de peaux de grands poissons dont les écailles luisent extraordinairement la nuit, et à les avoir munis de grands bâtons de bois pourri, appelés communément bois mort, lequel est resplendissant au milieu des ténèbres.

STRYGES. C'étaient de vieilles femmes chez les anciens. Chez les Francs, nos ancêtres, c'étaient des sorcières ou des spectres qui mangeaient les vivants. Il y a même, dans la loi salique, un article contre ces monstres : « Si une stryge a mangé un homme, et qu'elle en soit convaincue, elle payera une amende de huit mille deniers, qui font deux cents sous d'or. » Il paraît que les stryges étaient communes au v⁵ siècle, puisqu'un autre article de la même loi condamne à cent quatre-vingt-sept sous et demi celui qui appellera une femme libre *stryge* ou *prostituée*. Comme ces stryges sont punissables d'amende, on croit généralement que ce nom devait s'appliquer, non à des spectres insaisissables, mais exclusivement à des magiciennes. Il y eut, sous prétexte de poursuites contre les stryges, des excès qui frappèrent Charlemagne. Dans les Capitulaires qu'il composa pour les Saxons, ses sujets de conquête, il condamne à la peine de mort ceux qui auront fait brûler des hommes ou des femmes accusés d'être *stryges*. Le texte se sert des mots *stryga vel masca*; et l'on croit que ce dernier terme signifie, comme *larva*, un spectre, un fantôme, peut-être un loup-garou. On peut remarquer, dans ce passage des Capitulaires (1), que c'était une opinion reçue chez les Saxons, qu'il y avait des sorcières et des spectres (dans le cas des vampires) qui mangeaient ou suçaient les hommes vivants; qu'on les brûlait, et que, pour se préserver désormais de leur voracité, on mangeait la chair de ces stryges ou vampires. Quelque chose de semblable s'est vu dans le traitement du vampirisme au xviiie siècle. Ce qui doit prouver encore que les stryges des anciens étaient quelquefois des vampires, c'est que, chez les Russes, et dans quelques contrées de la Grèce moderne où le vampirisme a exercé ses ravages, on a conservé aux vampires le nom de stryges. *Voy.* Vampires.

STUFFE (Frédéric). Sous Rodolphe de Habsbourg, il y eut en Allemagne un magicien qui voulut se faire passer pour le prince Frédéric Stuffe. Avec le secours des diables, il avait tellement gagné les soldats, que les troupes le suivaient au moindre signal, et il s'était fait aimer en leur fascinant les yeux ; on ne doutait plus que ce ne fût le vrai Frédéric, lorsque Rodolphe, fatigué des brigandages que ce sorcier exerçait, lui fit la guerre. Le sorcier avait pris la ville de Cologne ; mais, ayant été contraint de se réfugier à Wetzlar, il y fut assiégé, et comme les choses étaient aux dernières extrémités, Rodolphe fit déclarer qu'on eût à lui livrer le faux prince pieds et poings liés, et qu'il accorderait la paix. La proposition fut acceptée : l'imposteur fut conduit devant Rodolphe, qui le condamna à être brûlé comme sorcier (2).

STYX, fontaine célèbre dans les enfers des païens.

SUCCOR-BÉNOTH, chef des eunuques de Belzébuth, démon de la jalousie.

SUCCUBES, démons qui prennent des figures de femmes. On trouve dans quelques écrits, dit le rabbin Élias, que, pendant cent trente ans, Adam fut visité par des diablesses, qui accouchèrent de démons, d'esprits, de lamies, de spectres, de lémures et de fantômes. Sous le règne de Roger, roi de Sicile, un jeune homme, se baignant au clair de la lune, avec plusieurs autres personnes, crut voir quelqu'un qui se noyait, courut à son secours, et ayant retiré de l'eau une femme, en devint épris, l'épousa et en eut un enfant. Dans la suite, elle disparut avec son enfant, sans qu'on en ait depuis entendu parler, ce qui a fait croire que cette femme était un démon succube. Hector de Boëce, dans son histoire d'Écosse, rapporte qu'un jeune homme d'une extrême beauté était poursuivi par une jeune démone, qui passait à travers sa porte fermée et venait lui offrir de l'épouser. Il s'en plaignit à son évêque, qui le fit jeûner, prier et se confesser, et la beauté d'enfer cessa de lui rendre visite. Delancre dit qu'en Égypte, un honnête maréchal-ferrant étant occupé à forger pendant la nuit, il lui apparut un diable sous la forme d'une belle femme. Il jeta un fer chaud à la face du démon qui s'enfuit.

Les cabalistes ne voient dans les démons succubes que des esprits élémentaires. *Voy.* Incubes, Abrahel, etc.

SUCRE. Les Grecs ont à la vérité connu le sucre, mais seulement comme un article rare et précieux, et Théophraste le premier en fait mention. On l'appelait le *sel indien*. Cependant les Chinois connaissaient déjà l'art de le raffiner. De la Chine le sucre fut porté vers l'Inde occidentale, où il reçut le nom qu'il porte encore aujourd'hui, *succar*. Parmi les peuples européens du moyen âge ce furent les Portugais qui connurent les premiers le sucre dans les ports de l'Inde.

Les Indiens racontaient des merveilles de la vertu du sucre ; ils cherchèrent à induire les Portugais en erreur sur son origine. Mille contes fabuleux avaient couru à ce propos en Europe. Les savants l'appelaient *miel de l'Orient*. Cependant on objectait qu'on le découvrait dans le miel ordinaire. Les théoriciens répondaient qu'il ne fallait pas s'en laisser imposer par les praticiens, et que ce miel était une espèce de *manne* qui tombe du ciel en Inde. Il n'y avait rien à opposer à cet argument : la blancheur, la pureté, la suavité extraordinaire de ce remarquable produit, semblaient donner de l'appui à cette assertion.

La chimie s'occupa de l'analyse de la nouvelle manne, et conclut que c'était la résine

---

(1) Capitul. Caroli Mag. pro partibus Saxoniæ, cap. 6.

(2) Leloyer, Hist. des spectres ou appar. des esprits, p. 303.

qui s'écoule d'un tronc d'arbre à la manière de la résine du cerisier. C'est ainsi qu'on extravaguait sur l'origine du sucre ; le vulgaire ne manquait pas d'y ajouter du romanesque ; il regardait le sucre comme un ouvrage des sorcières indiennes, qui le tiraient des cornes de la lune pendant son premier quartier. Enfin Marco Polo vint étonner le monde européen lorsque, de retour de ses voyages, il entra dans Venise la canne à sucre en main, et expliqua le secret de préparer le sucre.

La culture de la canne à sucre fut introduite en Arabie ; de là, comme le café, on la transplanta dans les régions méridionales, en Égypte, en Sicile, à Madère, à Hispaniola, au Brésil, etc.

SUEUR. On dit qu'un morceau de pain placé sous l'aisselle d'une personne qui transpire, devient un poison mortel ; et que si on le donne à manger à un chien, il devient aussitôt enragé. C'est une erreur. La sueur de l'homme ne tue pas plus que sa salive.

SUMMANUS, souverain des mânes dans l'ancienne mythologie.

SUPERCHERIE. Henri Estienne raconte que, de son temps, un curé de village répandit pendant la nuit, dans le cimetière, des écrevisses sur le dos desquelles il avait attaché de petites bougies. A la vue de ces lumières errantes, tout le village fut effrayé et courut chez le pasteur. Il fit entendre que c'étaient sans doute les âmes du purgatoire qui demandaient des prières. Mais malheureusement on trouva le lendemain une des écrevisses que l'on avait oublié de retirer (1), et l'imposture fut découverte. Ce petit conte de Henri Estienne est une de ces malices calomnieuses que les protestants ont inventées en si grand nombre.

SUPERSTITIONS. Saint Thomas définit la superstition : un vice opposé par excès à la religion, un écart qui rend un honneur divin à qui il n'est pas dû ou d'une manière qui n'est pas licite. Une chose est superstitieuse : 1° lorsqu'elle est accompagnée de circonstances que l'on sait n'avoir aucune vertu naturelle pour produire les effets qu'on en espère ; 2° lorsque ces effets ne peuvent être raisonnablement attribués ni à Dieu, ni à la nature ; 3° lorsqu'elle n'a été instituée ni de Dieu, ni de l'Église ; 4° lorsqu'elle se fait en vertu d'un pacte avec le diable. La superstition s'étend si loin, que cette définition, qui est du curé Thiers, est incomplète. Il y a des gens qui jettent la crémaillère hors du logis pour avoir du beau temps ; d'autres mettent une épée nue sur le mât d'un vaisseau, pour apaiser la tempête ; les uns ne mangent point de têtes d'animaux, pour n'avoir jamais mal à la tête ; les autres touchent avec les dents une dent de pendu ou un os de mort, ou mettent du fer entre leurs dents, pendant qu'on sonne les cloches, le samedi saint, pour guérir le mal de dents. Il en est qui portent, contre la crampe, un anneau fait pendant qu'on chante la Passion ; ceux-ci se mettent au cou deux noyaux d'avelines joints ensemble, contre la dislocation des membres ; ceux-là mettent du fil filé par une vierge, ou du plomb fondu dans l'eau, sur un enfant tourmenté par les vers. On en voit qui découvrent le toit de la maison d'une personne malade, lorsqu'elle ne meurt pas assez facilement, que son agonie est trop longue, et qu'on désire sa mort ; d'autres enfin chassent les mouches lorsqu'une femme est en travail d'enfant, de crainte qu'elle n'accouche d'une fille. Certains Juifs allaient à une rivière et s'y baignaient en disant quelques prières ; ils étaient persuadés que si l'âme de leur père ou de leur frère était en purgatoire, ce bain la rafraîchirait.

Voici diverses opinions superstitieuses : Malheureux qui chausse le pied droit le premier. Un couteau donné coupe l'amitié. Il ne faut pas mettre les couteaux en croix, ni marcher sur des fétus croisés. Semblablement, les fourchettes croisées sont d'un sinistre présage. Grand malheur encore qu'un miroir cassé, une salière répandue, un pain renversé, un tison dérangé !... Certaines gens trempent un balai dans l'eau, pour faire pleuvoir. La cendre de fiente de vache est sacrée chez les Indiens ; ils s'en mettent, tous les matins, au front et à la poitrine ; ils croient qu'elle purifie l'âme. Quand une femme est en travail d'enfant, on vous dira, dans quelques provinces, qu'elle accouchera sans douleur, si elle met la culotte de son mari. Pour empêcher que les renards ne viennent manger les poules d'une métairie, il faut faire, dans les environs, une aspersion de bouillon d'andouille le jour du carnaval. Quand on travaille à l'aiguille les jeudis et les samedis après midi, on fait souffrir Jésus-Christ et pleurer la sainte Vierge. Les chemises qu'on fait le vendredi attirent les poux... Le fil filé le jour du carnaval est mangé des souris. On ne doit pas manger de choux le jour de saint Étienne, parce qu'il s'était caché dans des choux. Les loups ne peuvent faire aucun mal aux brebis et aux porcs, si le berger porte le nom de saint Basile écrit sur un billet et attaché au haut de sa houlette. A Madagascar, on remarque, comme on le faisait à Rome, les jours heureux et les jours malheureux. Une femme de Madagascar croirait avoir commis un crime impardonnable si, ayant eu le malheur d'accoucher dans un temps déclaré sinistre, elle avait négligé de faire dévorer son enfant par les bêtes féroces, ou de l'enterrer vivant, ou tout au moins de l'étouffer. On peut boire comme un trou, sans craindre de s'enivrer, quand on a récité ce vers :

Jupiter his alta sonuit clementer ab Ida.

La superstition est la mère de beaucoup d'erreurs. C'est cette faiblesse de l'esprit humain qui attache aux moindres choses une importance surnaturelle. Elle engendre les

(1) Henri Estienne, Apol. pour Hérodote.

terreurs, bouleverse les faibles têtes, sème les jours de vaines inquiétudes. La superstition amène partout les démons, les spectres, les fantômes; ses domaines sont les déserts, le silence et les ténèbres; elle apparaît aux hommes, entourée de tous les monstres imaginaires. Elle promet à ceux qui la suivent de leur dévoiler les impénétrables secrets de l'avenir. Elle a enfanté le fatalisme, les sectes, les hérésies.

Presque tous les articles de ce livre mentionnent quelque croyance superstitieuse. Nous citerons encore, avec un peu de désordre, plusieurs petits faits. Voici des notes de M. Marmier sur la Suède :

« Quand on enterre un mort, on répand, sur le sentier qui va de sa demeure au cimetière, des feuilles d'arbre et des rameaux de sapin. C'est l'idée de résurrection exprimée par un symbole. C'est le chrétien qui pare la route du tombeau. Quand vient le mois de mai, on plante à la porte des maisons des arbres ornés de rubans et de couronnes de fleurs, comme pour saluer le retour du printemps et le réveil de la nature. Quand vient Noël, on pose sur toutes les tables des sapins chargés d'œufs et de fruits, et entourés de lumières; image sans doute de cette lumière céleste qui est venue éclairer le monde. Cette fête dure quinze jours, et porte encore le nom de *jul*. Le jul était l'une des grandes solennités de la religion scandinave. A cette fête, toutes les habitations champêtres sont en mouvement. Les amis vont visiter leurs amis, et les parents leurs parents. Les traîneaux circulent sur les chemins. Les femmes se font des présents, les hommes s'asseoient à la même table et boivent la bière préparée exprès pour la fête. Les enfants contemplent les étrennes qu'ils ont reçues. Tout le monde rit et chante et se réjouit, comme dans la nuit où les anges dirent aux bergers : Réjouissez-vous, il vous est né un sauveur. Alors aussi, on suspend une gerbe de blé en haut de la maison. C'est pour les petits oiseaux des champs qui ne trouvent plus de fruits sur les arbres, plus de graines dans les champs. Il y a une idée touchante à se souvenir, dans un temps de fête, des pauvres animaux privés de pâture, à ne pas vouloir se réjouir sans que tous les êtres qui souffrent se réjouissent aussi.

« Dans plusieurs provinces de la Suède, on croit encore aux elfes qui dansent le soir sur les collines, aux nymphes mystérieuses qui viennent chanter à la surface de l'eau, et séduisent, par leurs chants, l'oreille et l'âme du pêcheur. Dans quelques autres, on a une coutume singulière : Lorsque deux jeunes gens se fiancent, on les lie l'un à l'autre avec la corde des cloches, et on croit que cette cérémonie rend les mariages indissolubles. »

D'autres détails sur le Nord nous sont fournis par un fragment anonyme que la presse a donné :

« Au-dessous des rites publics et solennels, célébrés dans les temples, vivent et se cachent dans la chaumière du pauvre, auprès du foyer domestique, d'autres croyances, d'autres mystères que le père transmet à ses enfants, et qui se perpétuent d'âge en âge. Les peuples chrétiens, et surtout les peuples du Nord, après avoir renoncé à leurs grands dieux à Thor, à Odin, etc., ont conservé une mythologie de second ordre, imaginée par le peuple et pour le peuple, et que le christianisme, religion exclusive, par cela même qu'elle est vraie, n'a pu autoriser, mais qu'il n'a pu non plus détruire entièrement. Pendant longtemps, au milieu des neiges de la Scandinavie, l'existence et le pouvoir des elfes, des nains, des koboldes, a été un article de foi non moins sacré que les mystères de l'Evangile ; aujourd'hui même en Islande, en Norwége, en Ecosse, ces lutins vivent encore dans les souvenirs et dans l'imagination des montagnards ; les paysans peuplent encore leurs rochers, leurs torrents, leurs grottes, leurs maisons de ces êtres fantastiques qui semblent tenir à la fois de l'ange et du démon. Cette mythologie de farfadets et de génies est sans doute moins solennelle, moins régulière, plus capricieuse que le majestueux conseil de l'Olympe homérique, mais cependant la poésie peut y chercher aussi et y a trouvé souvent d'heureuses inspirations.

« Les Norwégiens se représentent les elfes ou sylphes (*Alfen*), qu'ils nomment aussi les êtres souterrains, sous la forme de petits hommes nus, coiffés de chapeaux retroussés : ils croient généralement que leur souffle donne certaines maladies qu'ils appellent de leur nom, *alvgust* : quelques-uns cependant prétendent qu'il suffit pour les contracter de se trouver dans un lieu où un elfe a craché. Ils établissent, dit-on, leur demeure sous des collines, des arbres, des maisons. Du reste, si leur peau n'était bleue, ils ressembleraient entièrement aux hommes. Il leur arrive quelquefois de s'attaquer à un pauvre campagnard, de l'emmener bien loin, si loin même qu'il ne reparaît jamais. Cependant on a revu quelques-unes de leurs victimes, qui dans leur longue absence avaient perdu la raison, et ne pouvaient donner aucun renseignement sur l'être mystérieux qui les avait égarés. Lorsqu'un elfe affectionne un arbre, une maison, malheur à celui qui s'aviserait de l'arracher, de l'abattre, de planter ou de construire autre chose à la place ! On les a vus transporter à une distance de plusieurs milles des églises dont le voisinage leur déplaisait.

« Les Islandais ont aussi leurs elfes, mais bien plus poétiques et plus aimables. Ces petits génies forment une cité, un peuple souterrain semblable en tout point à l'Islande. Ils sont soumis à un gouverneur qui, tous les deux ans, accompagné de quelques-uns de ses sujets, se rend en Norwége, où réside le chef suprême de la nation. Le vice-roi lui rend compte de la fidélité et de la soumission du peuple ; les sujets, de la conduite des autorités ; s'il est prouvé que les magistrats aient abusé de leur pouvoir, ils reçoivent sur-le-champ leur destitution. Il leur arrivait souvent autrefois de dérober des enfants nouveau-nés qui n'avaient pas encore reçu le baptême, et de mettre à la place un des leurs ; mais aujourd'hui les mères, les nourrices, les sages-femmes savent si bien prendre leurs précautions, que ces sortes d'accidents sont devenus bien rares. Ces lutins habitent dans des rochers, dans des collines ou même dans la mer. Leurs demeures sont d'une propreté éblouissante : leur vaisselle surtout brille du plus vif éclat. Ils ont de beaux troupeaux, moins nombreux, il est vrai, que les troupeaux des hommes, mais aussi plus riches en lait et en toisons. Ces détails ne sont pas de simples conjectures. Les elfes aiment les hommes, et invitent parfois leurs voisins à venir s'asseoir à leur table. On dit même que leurs sœurs et leurs filles qui, malgré leur teint d'azur, sont belles et ravissantes, préfèrent parfois des mortels à leurs amants souterrains. On citait autrefois des familles en Islande qui devaient leur origine à ces unions mystérieuses. Malheureusement ces petits génies n'ont point d'âme, ou du moins d'âme immortelle ; mais comme les enfants nés d'une elfe et d'un homme participent à la fois de la nature de leur père et de leur mère, il suffit de les baptiser par immersion, de les plonger tout entiers dans l'eau sainte, pour leur assurer à la fois et une âme et l'immortalité. Certaines traditions parlent donc de mariages et d'affections durables ; mais il paraît que ces unions, d'abord fortunées, ont toujours eu une fin malheureuse.

« Les elfes sont invisibles et ne se montrent que fort rarement aux regards des hommes. Cependant on les voit quelquefois s'ébattre aux rayons du soleil, dont la douce chaleur ne réjouit point leurs demeures souterraines. Ils aiment aussi à se promener sur terre et principalement dans les carrefours, la première nuit du nouvel an. Alors les devins, les sorciers se répandent dans les campagnes, attendent les génies au passage, et par certaines formules magiques les déterminent à leur révéler l'avenir. Les autres Islandais, qui ne sont pas initiés aux sciences mystérieuses et ne vont pas importuner les petits visiteurs nocturnes, recommandent à leurs gens sous des peines très-sévères de ne rien faire qui puisse offenser les hôtes invisibles qui pourraient s'arrêter dans leur demeure. D'autres, plus prévenants encore, ouvrent les portes et les fenêtres, font servir un repas, et laissent une lumière sur la table pour témoigner leur bonne volonté aux Elfes qui parcourent la contrée.

« Dans les îles Féroë, les elfes, semblables du reste à ceux de l'Islande, portent un habit gris et un chapeau noir. Leurs troupeaux invisibles paissent confondus avec ceux des habitants. Parfois, mais bien rarement, les bergers aperçoivent l'image confuse d'une de leurs génisses ou d'un de leurs chiens.

« En Suède, les elfes sont plus gracieux encore que dans l'Islande. Ils sont célèbres par leurs danses et par les charmes de leur voix. Souvent ils se tiennent dans de petites pierres creuses, et là quand l'air est pur et la nuit silencieuse, ils chantent d'une voix douce et plaintive leurs chants d'amour et de douleur. Lorsque la nuit un voyageur entre par hasard dans un de ces cercles, les génies se dévoilent à ses yeux, et son sort est entre leurs mains. Mais ils n'abusent jamais de leur pouvoir ; tout au plus ils se permettent de lui jouer quelque tour bien plaisant et bien malin.

« L'île de Seeland ou de Scellan a aussi ses elfes, mais des elfes plus redoutés. Ce sont les lutins les plus espiègles et les plus malins du Nord. Les paysans connaissent un air magique, qu'ils appellent l'air du roi des elfes ou des elles, et qu'ils se gardent bien de jouer jamais. A peine en ont-ils laissé échapper les premières notes, que tous les assistants, jeunes et vieux, et même les objets inanimés, se mettent en mouvement et dansent à l'envi, sans pouvoir s'arrêter, à moins que le musicien ne soit capable de jouer l'air à rebours, sans se tromper d'une seule note, ou qu'un ami ne survienne par hasard et ne se hâte de couper les cordes du violon. Encore faut-il qu'il arrive par derrière.

« Une bonne partie des *fairies* d'Ecosse portait aussi jadis le nom d'elfes. Le mot se trouve dans Douglas, l'ancien traducteur de Virgile, et dans les composés *elfmill elfshoot*. Les Ecossais se représentent ces petits démons comme des êtres d'une nature mêlée et douteuse, capricieux et pleins de malice dans leur vengeance. Ils habitent l'intérieur des collines verdoyantes, surtout de celles qui ont une forme conique, et ils dansent au sommet, pendant la nuit, au clair de la lune. Ils laissent, comme en Suède, la trace de leurs pas sur le sol. Elle est tantôt d'une couleur jaune et flétrie, tantôt d'un vert foncé. Il y a du danger à se reposer sur ces tertres qu'ils honorent de leur présence, ou à s'y trouver après le coucher du soleil.

« Au sommet du Minchmuir est une source, nommée la *Source des Fromages*, dans laquelle les passants n'oublient jamais de jeter un morceau de fromage destiné aux elfes qui l'habitent. Ils aiment beaucoup le vin, le gibier et les chevaux des hommes, quoique rien ne leur manque dans leurs habitations souterraines ou aquatiques. Souvent le matin, lorsqu'on entre à l'écurie, on trouve les chevaux épuisés de fatigue, haletants, l'œil enflammé, la crinière hérissée, et on reconnaît, à je ne sais quel changement indéfinissable qui se fait remarquer dans tout leur extérieur, qu'ils ont servi de monture pendant la nuit aux elfes du voisinage. Souvent aussi dans les caves, surtout dans celles des riches, les bouteilles gisent çà et là débouchées et sans goulot, tantôt vides, tantôt pleines d'une liqueur qui n'est plus du vin, et dont ils ont extrait fort habilement toute l'essence et tout le parfum. Mais leur passion dominante, c'est la chasse. On raconte à ce sujet des histoires plus merveilleuses les unes que les autres. Un jeune matelot voyageait une nuit dans l'île de Man. Tout à coup il entend un bruit de chevaux, des voix, des cors, des aboiements. Puis il aperçoit treize chasseurs montés sur d'élégants coursiers, et qui tiraient de leurs cors des sons ravissants. Entraîné, séduit, il les suivit comme malgré lui, pendant plusieurs milles, et ce ne fut qu'en arrivant chez sa sœur qu'il apprit le danger qu'il avait couru.

« Les terres habitées par les Anglo-Saxons n'étaient pas moins peuplées de génies et de lutins que les autres contrées du Nord. Leur nature y était même, s'il est possible, mieux connue, mieux étudiée.

« J'écrirais un volume si je voulais énumérer toutes les espèces de démons, d'esprits, de farfadets dont les Scandinaves et les autres habitants du Nord ont peuplé leurs montagnes, leurs mers, leurs nuages, leurs glaces et leurs neiges. Je ne parlerai donc ni des nains, ni des koboldes ou esprits du foyer, ni des nisses, ni des brownies qui séjournent en Ecosse sous le seuil des portes, ni des shellycoats, ni des kelpies, etc. Ils ont tous beaucoup de rapports, sinon pour la forme et le vêtement, du moins pour les caractères et les habitudes, avec les elfes ; et les détails que je pourrais ajouter à ceux que j'ai donnés sur ce petit peuple, ne porteraient absolument que sur leurs couleurs, la coupe de leurs vestes et de leurs jaquettes, la forme de leurs chapeaux, de leurs bonnets, de leur nez, de leurs oreilles, enfin sur les proportions plus ou moins grotesques, plus ou moins bizarres, de leurs corps et de leurs membres. »

Dans le plan que ce travail nous impose, nous ne pouvons inventer ; il est donc convenable de choisir et d'extraire des faits. Ce qui suit est d'un écrivain flamand, qui est assez riche d'esprit et d'idées pour lever l'anonyme de ses initiales A. M.

Einard rapporte qu'un elve femelle, ayant eu un enfant d'un Islandais, demanda qu'il fût baptisé et le déposa à la porte d'une église avec une coupe d'or pour offrande.

« En Angleterre les elves ou fées s'appellent fairies, de l'oriental péri ou phéri. L'idée que nous nous formons des fées répond assez à celle qu'avaient des péris les Arabes et d'autres peuples orientaux. Les péris sont représentées avec un contour vague et indécis, un moelleux fantastique, une aérienne légèreté, pour laquelle nous n'avons pas d'expressions assez harmonieuses, d'idées assez douces, assez veloutées. L'indécis de leurs formes est la première chose qui frappe ; et à lire ces descriptions on croit voir des apparitions vaporeuses quoique distinctes, insaisissables quoique sublimes, qui s'élèvent lentement, tantôt visibles, tantôt cachées, ou rasant légèrement l'herbe humide de rosée ; elles vous sourient, vous font des signes, tressent des fleurs dans leurs cheveux, tantôt bleues et mornes comme un nuage du soir, tantôt blanches et scintillantes comme un rayon de lune, si belles, si pleines de grâce et de dignité céleste, qu'on ne peut s'en faire qu'une idée incomplète, parce que la comparaison nous manque et que nous ne pouvons juger que par la comparaison. Elles habitent les rayons de la lune, et se nourrissent de l'ambroisie des roses et de l'oranger ; elles aiment à se balancer sur les nuages embaumés ou sur le calice des belles fleurs du tamarinier. Leur robe ressemble à celle de l'aurore, leurs longs cheveux châtains luisent comme l'or bruni et sont imprégnés des plus suaves odeurs. Elles embaument l'atmosphère où elles passent, l'eau dans laquelle elles se mirent : leur essence est de faire le bien.

« En face de ces créations sublimes et naïves tout à la fois, la mythologie persane a placé les dives, et celle des Arabes les djiunes ou skînes, esprits malfaisants et monstrueux, dont nos démons peuvent donner la mesure. C'est la théorie du bien et du mal.

« Il n'était pas rare de voir les fées épouser de simples mortels, lorsque ceux-ci attiraient leur attention par quelque grande action ou par une vertu extraordinaire. Godefroid Plantagenet, roi d'Angleterre, avait épousé une fée : de là le léopard qui figure dans les armes anglaises, le léopard étant le fruit monstrueux de l'union du lion et du tigre, comme la souche des rois anglais est sortie d'un homme et d'un esprit. — La fée Mélusine avait épousé Guy de Lusignan : il eut d'elle plusieurs enfants ; les plus grands trésors ne lui coûtaient qu'un désir. Mais un jour ayant épié son épouse, malgré sa défense expresse, au moment qu'elle se livrait à certaines opérations de magie, elle se métamorphosa en *dragon* et disparut en poussant des gémissements. Les chroniques assurent qu'elle protégea longtemps la descendance des Lusignan et qu'on l'entendait se lamenter autour de leur manoir chaque fois qu'un désastre les menaçait. — Espervel, seigneur écossais, avait pour femme une fée ; il remarqua que lorsqu'il la conduisait à la messe, elle sortait toujours de l'église avant qu'elle fût achevée. Un jour il la força de demeurer, et au moment de l'élévation elle disparut, passant au travers de la muraille, et emportant son mari et quelques-uns des assistants. — Dans le pays on soutient que ce n'était pas une fée, mais une *succube*.

« Chez nous, les elfes sont quelque peu distingués des fées ; ils ont une grande analogie avec les brownies de l'Ecosse : on en parle souvent dans nos plus anciennes ballades flamandes, sous des noms qu'à leur grande divergence je reconnais pour des noms de fantaisie. Cependant on les désigne généralement sous ceux de *scougeest*, *scouman*, *scoumin*, termes qui tous ont la même signification : *esprit du foyer*, — *esprit des cheminées*.

« Dans les campagnes, nos paysans les appellent tantôt *kab-outer*, *klabber* ou *roodemuts*. Ils descendent la nuit, quand il n'y a pas de clair de lune, par les cheminées des habitations, et viennent s'asseoir tranquillement devant le foyer qu'ils rallument, mais qu'on ne peut voir brûler. Souvent, lorsque la ménagère se lève avant le jour, elle trouve que de la bûche qu'elle a laissée la veille dans un coin, il ne reste plus qu'un peu de menu bois autour des chenêts ; et, chose singulière, ce menu bois brûle autant que toute une bûche et donne une chaleur bien plus considérable. Mais la ménagère doit se garder de maudire le klabber ou de faire un signe de croix ; car dès lors le charme est rompu et le même bois se consume rapidement. On a souvent éprouvé la vengeance de ces esprits, quand on les provoquait, soit en les forçant à s'éloigner, soit en les désobligeant de quelque autre manière. Un pauvre paysan, dont la femme était malade, se leva pendant la nuit pour battre son lait ; en entrant dans la place où les préparatifs avaient été faits la veille, — et où le lait avait été mis dans de grands vases auprès du feu, pour l'amener à se cailler légèrement, — il vit le feu flamber doucement, et devant le foyer un petit homme assis qui dormait à demi. Au bruit de ses pas, le petit homme s'éveilla, se mit debout et le regarda fixement sans prononcer une parole. Le bon paysan ne dit mot non plus, regarda à la dérobée le *klabber*, tout habillé de rouge, ayant la figure et les mains vertes ; il jeta une bûche à côté de lui et retourna se coucher. Le lendemain son lait était battu et le beurre prêt à être porté au marché ; jamais le paysan n'en avait eu autant en deux battues. Cela dura au moins deux ans. La femme se rétablit et le ménage prospéra, à tel point que le paysan doubla le nombre de ses vaches, fit réparer ses étables et eut encore de quoi remplir, en bons écus, un vieux bas qu'il cacha soigneusement dans une armoire. Le klabber revenait régulièrement toutes les nuits, battait le lait, labourait les terrains du paysan et lui faisait plus de travail que deux bons valets n'auraient pu faire. Mais la prospérité gâta le paysan. Il se mit à fréquenter le cabaret, à jouer aux cartes durant les vêpres et à rentrer ivre chez lui. Le klabber lui en fit des reproches ; d'abord le paysan y prêta l'oreille, mais ensuite il n'en tint plus compte, et une nuit qu'il trouva le génie devant le foyer, il répondit aux reproches par des invectives, prit la bûche que sa femme avait soigneusement préparée et la jeta dans une citerne. Le klabber disparut aussitôt. Au matin la femme du paysan était malade, son bas rempli de charbon, ses vaches mortes, ses étables délabrées et ses champs incultes. Le klabber s'était vengé, et la nuit suivante il vint rire à grands éclats autour de la ferme désolée, insensible aux lamentations de la malade et aux prières du malencontreux fermier.

« Les klabbers joignaient donc à une puissance fantastique une dextérité étonnante et un corps conformé et palpable comme le nôtre. — Leur habillement, nous l'avons vu dans le récit qui précède, était rouge de la tête aux pieds. — Leur visage et leurs mains étaient de couleur verte selon les uns, rouge selon les autres, naturelle, s'il faut en croire les campagnards d'Axel et de Hulst. — Quelquefois ils portaient une aigrette sur leur bonnet : cette aigrette semble n'avoir appartenu qu'aux chefs de ces génies. Elle était de couleur diverse, suivant le titre sans doute ; mais on n'est pas sûr de la couleur propre à chacun de ces titres, ni de quels grades se composait la hiérarchie des klabbers et kabouters. Dans les *Récits rimés* on ne fait mention que d'un roi ou chef, et d'une reine, *scouwif* ou klabberigge. La superstition relative aux klabbers ne règne pas seulement dans nos provinces : on la retrouve dans toute l'Europe, surtout dans ces contrées où les bardes avaient leur séjour ; elle leur est évidemment due, et peut-être quelques-unes des ballades que nous avons recueillies à ce sujet ne sont-elles que la version plus ou moins exacte des chants de ces hommes étonnants ; car on y remarque un caractère que l'on ne rencontre dans aucune autre de ces compositions traditionnelles.

« En Allemagne, les scouminkes portent le nom générique de stille-volk, peuple tranquille ou silencieux, que, d'après le génie de la langue tudesque, nous pourrions traduire aussi par peuple mystérieux. Ces génies s'attachent aux maisons nobles, dit le vulgaire, qui ne leur attribue cette prédilection qu'en raison de son respect pour la noblesse du pays. Chaque membre de ces familles héraldiques a son génie qui naît avec lui et qui l'accompagne dans l'éternité. Si un danger le menace, lui ou quelqu'un des siens, le génie emploie tous les moyens possibles pour lui en donner avis et pour le préserver. Si le malheur est inévitable, on l'entend sangloter et gémir la nuit autour du château de la famille menacée. Ses gémissements ressemblent aux hurlements d'un chien, et très-fréquemment ils avertissent le maître, en effrayant ses lévriers qui ne sont alors entendus que de lui seul. Le génie prend quelquefois une forme fantastique, et vient jusque dans l'appartement de l'individu qu'il veut avertir. — Un noble Allemand vit ainsi une spirale lumineuse qui s'approchait et s'éloignait alternativement de son lit. Il se leva et prit la poste : quelques heures après on frappait chez lui avec un ordre de l'arrêter et de le conduire dans une forteresse de l'État.

« Les waeter-elven (fées des eaux) se retrouvent chez les marins, qui croient se les rendre favorables en sifflant des airs tristes et monotones : j'ai vu cent fois les hommes du Vasco de Gama regarder en sifflant déferler les lames, quand la mer était courte et mauvaise. — Ils sifflent aussi pour appeler le vent, lorsque le calme se prolonge trop au gré de leur impatience ; et si la brise trop forte menace de faire camper les écoutes, ils prononceront à voix basse, en y portant la main : Résiste, ou tiens bon...... — Tout le monde connaît l'histoire du brick hollandais, ce juif errant de la marine, que Basil-Hall a si supérieurement décrit dans ses Voyages.

« Une superstition défend de rien accepter d'une personne étrangère, surtout d'une femme âgée, soit friandise, soit pièce de monnaie, ni même une fleur; ce serait risquer de se voir soumis à la puissance des fées. De même on ne doit point dormir dans une prairie après le coucher du soleil, si l'on ne se veut mettre en danger d'être emporté par elles.

« La demeure des fées est le texte favori des ballades flamandes et des veillées d'hiver. S'il faut en croire une foule de descriptions traditionnelles, les fées habitent de beaux châteaux, bâtis d'or et de cristal, entourés de jardins magnifiques et de limpides pièces d'eau. Une musique délicieuse s'y fait toujours entendre; l'hiver y est sans rigueurs, ou plutôt il n'y règne qu'un printemps éternel. Ce qu'il y a de singulier c'est que ces châteaux nous semblent des chaumières, ces jardins des fumiers, et ces pièces d'eau des fossés bourbeux. La musique enchanteresse nous fait l'effet d'un coassement de grenouilles; la neige nous paraît tomber là comme ailleurs, et les ouragans y exercer leurs ravages. C'est ainsi que les fées habitent au milieu de nous, sous la forme de pauvres femmes, bien vieilles, bien décrépites; nous les voyons couvertes de guenilles, avec des yeux rouges et des cheveux gris, les jambes nues, le corps maigre et voûté, et toujours la fatale jupe rouge toute en lambeaux leur entoure les reins. — Eh bien, si après avoir communié on va, la veille de la Saint-Jean, à minuit précis, tenant à la main gauche une herbe que les paysans appellent ren-vaen, s'asseoir les jambes croisées devant la porte d'une fée, on la verra dans son état réel, c'est-à-dire jeune, belle, splendidement habillée, environnée de dames d'honneur, assise sur un trône éblouissant de pierreries. On verra le palais de cristal, les fontaines d'eau de rose, les cascades de lait, les fleurs ambrées et transparentes, et puis les personnes que la fée reçoit dans son intimité ou qu'elle a fait enlever. — Mais il en est de cela comme du magnétisme : il faut avant tout y croire.

« Les witte-vroukin, dames blanches, connues en Flandre depuis un temps immémorial, habitaient l'intérieur des rares collines qui rompent l'égalité de notre sol. C'était, dit Bekker quelque part, une classe de fées malfaisantes qui s'amusaient à épier les voyageurs et les entraînaient dans leurs demeures souterraines. Elles enlevaient aussi, mais plus rarement, des femmes et des enfants. Si l'on montait audacieusement sur la hauteur, on entendait des plaintes qui faisaient blanchir les cheveux. Un fermier me raconta qu'un soir, revenant de la ville par un chemin de traverse, il avait entendu ces gémissements et s'était pris d'une frayeur telle qu'en arrivant chez lui il se trouva tout le sommet de la tête blanc. Il me fit voir ses cheveux : en effet ils étaient d'un blanc parfait sur le sommet de la tête.

« Un procès, rapporté par sir Walter-Scott, donnera une idée de ces habitations souterraines que choisissent parfois aussi des fées bienfaisantes. Un homme guérissait une foule de malades, au moyen d'une poudre plus efficace mille fois que tous les racahout, les kaïffa, les allahtaïm du monde, autrement dits farine de sarrasin et fécule de pommes de terre. — Il fut accusé d'avoir recours aux esprits infernaux. Devant les juges il donna l'explication suivante : — Un soir je revenais chez moi, désolé de me voir sans ressources, et repoussé de tous ceux auxquels je demandais du travail pour nourrir ma famille; je rencontrai une dame bien mise, étrangère au hameau; elle me demanda bien doucement le sujet de ma tristesse : je lui expliquai ma situation et je fus fort aise de l'entendre me dire de revenir le lendemain, à la même heure, au même endroit, si je voulais qu'elle me donnât les moyens de vivre sans rien demander à personne. Le lendemain, je fus exact et bientôt arriva la dame qui me dit de la suivre et d'avoir confiance en elle. Arrivés devant une colline fort verte et peu haute, elle frappa trois fois du pied et la colline s'ouvrit. Nous entrâmes dans une salle spacieuse et bien décorée, où se trouvait Fairy-Queen (la reine des fées) entourée d'une foule de personnes. Fairy-Queen me donna une boîte de poudre et m'enseigna à l'administrer. — Cette salle était faiblement éclairée. — Maintenant, lorsque j'ai besoin de poudre, je vais frapper trois fois à la colline : on m'ouvre aussitôt et on me donne de nouvelle poudre.

« Le pauvre homme fut acquitté : on l'épia; on le vit frapper les trois coups, disparaître, puis revenir subitement au même endroit. On ne vit point cependant s'ouvrir la colline.

« Ces fées n'ont rien de commun avec le démon, et de nos jours, dit Walter-Scott, les montagnards écossais parlent de leurs liaisons avec elles comme d'une chose innocente et avantageuse. Stroobant se vantait également d'avoir un commerce très-actif avec des esprits qu'il nommait goedegeesten.

« Les fées sont quelque peu coureuses; elles aiment à voyager la nuit, par un beau clair de lune, avec la rapidité du vent. — Souvent des bergers les entendent passer tout près d'eux, et sont avertis de leur approche par un sifflement fort aigu, pareil à celui des pipeaux d'écorce que les enfants se fabriquent au mois de mai. Il serait dangereux alors de leur adresser la parole, car on serait infailliblement emporté à une grande distance. Un pâtre de Carterhaugh fut emporté pendant qu'il dormait, et déposé sur le marché d'une ville populeuse qui lui était inconnue. Son habit était resté à Peallaw; son bonnet fut trouvé accroché à la croix de fer du clocher de Lanark. — Vous riez? Rien n'est plus vrai pourtant.

« Lorsque les elfes aquatiques veulent surprendre un enfant, ils font flotter à la surface de l'eau une de leurs coupes d'or, qu'ils ne rendent visible que pour celui qu'ils ont dessein d'attirer. Ses compagnons ne voient qu'une bulle ou une jolie fleur, et lui-même dira : Voilà une fleur que je veux cueillir, au lieu de : Voilà une coupe d'or dont je veux m'emparer. Cette ruse réussit presque toujours aux elfes qui entraînent l'enfant, tandis que l'un d'eux prend sa forme, rejoint ses camarades et ne se sépare d'eux qu'au village, afin qu'on ne découvre point l'espièglerie.

« On reconnaît aisément les traces des fées sur l'herbe où elles ont passé. Quelquefois elle est comme fauchée avec une étonnante régularité et légèrement roussie ; d'autres fois jaune et comme brûlée à son extrémité, et l'on y voit les marques de fort petits pieds. Ces marques sont parfois aussi d'un vert plus foncé que celui de l'herbe sur laquelle elles se trouvent imprimées : alors elles sont attribuées aux veld-elfen (fées des champs).

« En quelques pays, notamment en Saxe et en Ecosse, les fées ont des armes, et l'on y appelle flèches-de-fées de petits silex triangulaires que l'on trouve dans les rochers rocailleux. En Flandre, les fées, moins guerrières, ne portent ni flèches ni haches d'armes, mais de légères baguettes de coudrier, sur l'écorce desquelles elles ont tracé des caractères magiques, brillants comme le soleil. Ces baguettes sont bien autrement terribles que toutes les armes du monde; rien qu'à les lever, les fées peuvent suspendre le cours des rivières, empêcher les nuages d'aller plus loin, changer l'homme en pierre, le plomb en or, un fumier en résidence royale, et le vieillard en jeune homme. Avec cette baguette elles suscitent l'orage, appellent la grêle et les vents destructeurs, brisent les navires comme des coques d'œuf et les rochers comme un bouton de rose. La foudre même leur obéit et se met, disent les campagnards, à genoux devant elles. A propos de ceci, que je cite une tradition répandue dans le pays de Waes. — Suivant cette tradition, nul ne sait, nul ne saura jamais ce que c'est que la foudre : c'est le secret de Dieu et du démon, secret horrible qui coûterait immédiatement la vie à qui le découvrirait. Un homme cependant, à force d'études et de vertus, eut la connaissance de cette chose, et Dieu l'épargna à condition qu'il ne *dirait* à personne ce qu'il savait. Le savant, voulant duper le bon Dieu, résolut de l'*écrire* et de communiquer ainsi sa découverte aux philosophes ses confrères. Mais au moment qu'il posait la majuscule du premier mot de la première ligne, la foudre elle-même, toute rugissante, vint lui tenir la main qu'elle brûla impitoyablement. Le philosophe en porta les marques toute sa vie.

« Si la foudre tombe sur un arbre, les campagnards s'efforcent d'y reconnaître les traces des griffes du diable, que leur imagination prévenue leur montre toujours dans la trace du courant électrique. Ce serait, selon eux, un grand crime que de fouiller au pied d'un arbre pour découvrir le carreau. — La tradition que nous venons de citer rappellera sans doute au lecteur que l'un des physiciens qui constatèrent l'électricité, et dont le nom ne me revient pas en ce moment, fut frappé durant une de ses expériences et mourut.

« Les daonie-shie et les spi-ghen d'Ecosse, sans nom générique en Flandre, habitent les montagnes et sont toutes-puissantes le vendredi. On se garde bien alors de les irriter, soit en leur parlant, soit en s'approchant de leur demeure. Le ruisseau de Beaumont est habité par ces fées, aussi bien que le Minchmuir, dans le comté de Péables : à celles-ci il faut jeter un fromage en offrande pour les apaiser.

« Les fées de Flandre diffèrent de celles d'autres contrées en ce qu'elles n'aiment pas autant la chasse ; la raison de cette dissimilitude de goût est que nous n'avons pas chez nous de ces landes incultes, de ces grandes forêts, de ces chaînes de montagnes que l'on trouve ailleurs. Cependant elles aiment l'exercice du cheval, et il n'est pas rare qu'elles se servent des étalons des fermiers, qui les matins les trouvent à l'écurie épuisés de fatigue, écumants de sueur. — Dans les Ardennes néanmoins on entend parler de la *chasse des fées*; les bûcherons qui traversent de nuit la forêt entendent parfois le son des cors, les aboiements des chiens et le bruit des chevaux qui passent au galop. Le lendemain on trouve un sanglier, un daim, un chevreuil morts çà et là, sans qu'il soit possible de voir où ils ont été blessés. — Un pauvre braconnier, qui s'était assis au tomber de la nuit au pied d'un chêne vieux et gros, se plaignait à soi-même de ce qu'il eût fait si mauvaise journée. Tout à coup le chêne s'ouvrit, et il en vit sortir un petit vieillard qui lui dit : Voulez-vous chasser avec moi? Le braconnier, tout pâle et ébahi, lui répondit qu'il le voulait bien. Le petit vieillard prit alors un sifflet d'argent suspendu à son cou, et remplit la forêt de trois coups de sifflet si perçants, que le braconnier faillit en perdre l'ouïe. Aussitôt une foule d'hommes et de dames débouchèrent de tous les sentiers, suivis de nombreux piqueurs et d'une forte meute des meilleurs chiens. — On soupa d'abord ; il mangea de leur pain et but de leur vin qu'il trouva excellent ; il vit passer plusieurs de ses amis retournant de la chasse, qui traversèrent les rangs des chasseurs fantastiques sans apercevoir personne. La chasse commença ensuite et dura jusqu'à minuit. On tua tant de gibier que le braconnier fut quinze jours à saler les sangliers, sans compter la menue venaison : — assez pour vivre à son aise une année entière. Seulement il n'avait pas un seul cerf.

« Un gentleman de Ballafletcher raconta que ces excursions nocturnes des elfes lui avaient coûté trois ou quatre excellents coureurs. Parfois des elfes, plus honnêtes que leurs amis, achètent les chevaux dont ils font usage. Une personne avait envie de vendre un cheval, et fut accostée dans les montagnes par un étranger qui marchanda la bête, disputa sur le prix et finit par l'acheter. Il paya le prix convenu, monta le cheval ; aussitôt la terre venant à s'ouvrir, cheval et cavalier disparurent aux yeux du vendeur épouvanté. — Il jeta loin de lui l'argent qu'il venait de recevoir, mais le retrouva le soir dans un tiroir de son garde-papiers.

« Il fut un temps où les enlèvements opérés par les fées étaient chose très-commune : celles qui s'en rendaient le plus souvent coupables étaient les dracques ou lamies, — en Flandre vaerwifkin, femmes terribles. Les dracques sont des esprits aquatiques du genre des shellicoats écossais. Dans la Catalogne était une montagne, fameuse à cause des esprits qui habitaient un lac magique situé au sommet. Un jour ils enlevèrent la fille d'un nommé Cabinam de Junchera. Il alla la redemander longtemps après, sur la montagne, et elle lui fut rapportée dans un tourbillon de vent. Elle était d'une pâleur effrayante et ne recouvra jamais la raison, que la terreur et la brutalité des esprits lui avaient fait perdre.

« Les fées s'établissent parfois sous les maisons. Sir Godfried Mamelloch, rapporte Walter-Scott, prenait l'air auprès de sa demeure, quand il fut soudainement accosté par un vieillard vêtu de vert et monté sur un palefroi blanc. Après les compliments d'usage, le cavalier se plaignit à sir Godfried de ce que la gouttière venait se vider juste dans son salon d'apparat. Godfried se doutant à qui il avait affaire, lui répondit avec beaucoup de courtoisie, lui donnant l'assurance qu'il ferait changer la direction du conduit, et il tint parole. Quelques années après, Godfried eut le malheur de tuer, dans une dispute, un gentilhomme du voisinage ; il fut mis en prison, jugé et condamné à mort. L'échafaud sur lequel il devait avoir la tête tranchée avait été dressé sur la hauteur où s'élève le château d'Edimbourg. Déjà il touchait l'endroit fatal, lorsque le vieillard vert et son palefroi blanc fendirent la presse avec la rapidité de l'éclair. Godfried, par son ordre, s'élança en croupe, et le cheval blanc descendit au grand galop la pente presqu'à pic de la hauteur. Jamais depuis on n'entendit parler du criminel ni de son libérateur.

« A Leith, près d'Edimbourg, était un enfant que l'on appelait *le garçon des fées* : Voici comment Burton en parle dans son Pandémonium. — .... Quelque temps après, je fus abordé par cette femme, qui me dit que le garçon des fées était là, et me le montra dans la rue, jouant avec d'autres enfants. Je m'approchai et par de douces paroles, accompagnées d'une pièce d'argent, je l'engageai à entrer dans la maison avec moi. Là, en présence de plusieurs personnes, je lui fis quelques questions astrologiques, auxquelles il répondit avec beaucoup d'esprit ; d'ailleurs tous ses discours marquaient une finesse bien au-dessus de son âge, lequel paraissait ne pas excéder dix à douze ans. Comme il était toujours à tambouriner sur la table avec ses doigts, je lui demandai s'il savait battre du tambour, il me répondit :

« — Oh! oui, monsieur, aussi bien que personne en Ecosse, car tous les jeudis je bats toutes les marches possibles, pour certaines personnes qui ont l'habitude de se réunir sous cette montagne là-bas. Et il me montra la grande montagne entre Edimbourg et Leith.

« — Comment! lui dis-je, mon garçon, quelle compagnie avez-vous donc là?

« — Une grande compagnie d'hommes et de femmes ; ils ont, pour se divertir, toute espèce de musique, outre mon tambour. Ils ont une grande quantité de vins et de viandes, et souvent, dans la même nuit, nous sommes transportés en France ou en Hollande, et rapportés ici en Ecosse.

« Je lui demandai comment il faisait pour entrer sous cette montagne. A quoi il me répondit qu'il y avait deux grandes portes, qui s'ouvraient pour eux, bien qu'elles fussent invisibles pour tout autre. Je lui demandai à quoi je pourrais reconnaître qu'il disait la vérité. Là-dessus il me répondit qu'il allait me dire ma bonne aventure ; que j'aurais deux femmes, qu'il voyait leur *apparence* se reposer sur mes épaules, et que toutes deux seraient de très-jolies femmes. Comme il parlait de la sorte, une femme du voisinage entra dans la chambre, et lui demanda sa bonne aventure. Il lui dit qu'elle avait eu deux bâtards avant son mariage, ce qui la mit dans une telle colère, qu'elle ne voulut pas entendre le reste. La maîtresse de la maison me dit que toute l'Ecosse ensemble n'aurait pu empêcher *le garçon des fées* d'aller à son rendez-vous le jeudi soir, sur quoi, en lui donnant encore un peu d'argent, je lui fis promettre de venir me trouver au même endroit dans l'après-dîner du jeudi suivant. Il revint effectivement au lieu et à l'heure désignés, et j'avais décidé quelques amis à me tenir compagnie, afin de le retenir, si cela était possible. Nous le plaçâmes au milieu de nous et nous lui fîmes force questions, auxquelles il répondit fort bien, jusqu'à près de onze heures, qu'il disparut tout à coup. Cependant je courus à la porte et parvins à le ramener ; nous avions tous les yeux fixés sur lui, cependant il nous échappa encore à l'improviste. Je le poursuivis de près et j'allais l'atteindre, quand il poussa un cri et disparut. Depuis lors je n'ai pu jamais l'engager à venir encore auprès de moi.

« Certains esprits habitent les tombeaux, dont ils ne sortent que pour enlever les hommes les plus sains et les plus forts ; ce sont les vampires. Il est des esprits guerriers qui se livrent très-volontiers à l'exercice des armes. Le camp nocturne qui assiégea Prague était formé par ces esprits, qui disparurent quand une vieille femme leur cria du haut des murailles : — Vézélé ! Vézélé!

« Chez nous, il n'y a pas d'exemples de ces esprits chevaliers, dont par conséquent nous ne ferons pas autrement mention. Nos elven se contentent de nous faire la guerre avec les éléments qui leur obéissent. Le grand elve Bobou préside aux vents tempétueux de l'automne ; il vient la nuit s'asseoir sur les arbres, principalement les tilleuls, dont il flétrit le feuillage et casse les branches.

Quand on trouve dans un buisson une branche aplatie et revêtue d'une écorce bourgeonneuse, on se garde bien d'y toucher, c'est la baguette des fées; de même si sur un arbre on trouve une branche cassée, tordue, éclatée d'une certaine manière, on dit: c'est la branche à Bobou, laissez-la sur l'arbre. Quand j'étais enfant, la pensée de cet esprit me faisait tressaillir de frayeur chaque fois qu'une nuit d'automne j'entendais le vent rugir dans les tilleuls qui se trouvaient devant notre maison.

« Une conviction, que j'ai longtemps partagée, c'est que les saules ont un esprit familier, qui cause avec ceux qui vont souvent se reposer sous son arbre, et surtout pendant une averse, ou bien une petite pluie mêlée de coups de vent.

« Les lamies écossaises enlèvent surtout des enfants, et c'est ce qui a rendu les fées en général si redoutables en nos contrées. Il y en avait en Flandre qui envoyaient de toutes parts des esprits inférieurs, qui conduisaient des voitures peintes en rouge, couvertes de toiles rouges, attelées d'un cheval noir. Les enfants qu'ils trouvaient isolés, ceux qu'ils pouvaient attirer par des promesses, ou en leur montrant des dragées et des joujoux, étaient emmenés par eux, et ils les jetaient dans la voiture avec un bâillon dans la bouche. Selon d'autres, ils les massacraient aussitôt; c'est pour que le sang ne se vît pas qu'ils avaient adopté la couleur rouge pour leurs voitures. Ces voitures s'appelaient bloed-chies et ceux qui les menaient bloed-elven. Dès qu'on les poursuivait ils disparaissaient, et l'on ne trouvait plus que de grandes taupinières, au beau milieu du pavé. — Cette croyance causait un effroi si grand aux enfants, que dès qu'une voiture de couleur rouge venait à passer, tous se sauvaient en grande hâte. Je me rappelle fort bien avoir partagé la terreur générale.

« Les lutins ou feux follets, en Ecosse *bogles*, en Flandre *stal-keerssen*, jouent un grand rôle dans les annales de la superstition. Ces clartés vagues et vacillantes, que l'on aperçoit le plus souvent au-dessus des tourbières, des prairies basses, des cimetières, et dont la physique donne l'explication : — sont, suivant les uns, des esprits qui cherchent à attirer les voyageurs dans les frondrières; suivant les autres, des enfants, morts sans baptême, qui doivent attendre sous cette forme que le jour dernier soit arrivé. Dans ces deux hypothèses, il serait également dangereux de les montrer du doigt; car dans le premier cas, le follet vous attirerait infailliblement, et dans le second l'âme en peine viendrait s'asseoir sur vos épaules, et vous devrez la porter à un prêtre pour lui faire administrer le baptême. — et les démons vous maltraiteraient tant, le long du chemin, que vous y risqueriez votre vie et votre salut éternel.

« Cependant le *stal-keers* s'amuse le plus souvent aux dépens du voyageur, en l'égarant, le faisant tomber, ou le faisant marcher longtemps à travers un chemin difficile. Deux hommes qui pendant une nuit obscure suivaient le bord d'une rivière, entendirent une voix plaintive qui criait au secours. Ils se dirigèrent vers le lieu d'où partait cette voix, qui semblait celle d'un homme qui se noyait, et à leur grand étonnement ils reconnurent qu'elle remontait le courant. Ils continuèrent, pendant toute la nuit, qui était fort mauvaise, à suivre le cri plaintif; mais arrivés aux sources mêmes de la rivière, ils entendirent la voix qui descendait l'autre pente de la montagne qu'ils venaient de gravir. Les voyageurs, harassés de fatigue, renoncèrent à leur poursuite. Au même instant ils entendirent l'esprit rire aux éclats du succès de sa malice.

« Un brag apparut en 1809 dans la cité d'York. Le brag est le même que notre *hennisseur*, hoesschaert, dont les malices se terminent d'ordinaire par un hennissement gai et prolongé, qu'il pousse en se plongeant dans l'eau. Il s'annonce de loin par un bruit de grelots si fort, qu'on le prendrait d'abord pour un cheval de poste, arrivant au grand trot avec son collier tout garni de sonnettes en globe. Son grand amusement est de poser sur les épaules de son patient ses deux pattes de devant, et de se laisser traîner ainsi quelques centaines de pas.

« Une dame, croyable et pieuse, arrivant un soir dans une ville du pays de Waes, se rendit seule, tandis que l'on déchargeait ses bagages, à son hôtel, situé de l'autre côté de l'immense marché. Il était onze heures, la nuit était faiblement éclairée par une lune pâle et nuageuse. Au milieu de la place, elle vit un chien noir fort grand, qui se mit à la suivre doucement, sans faire aucune démonstration de méchanceté. La dame crut que c'était le chien de quelque boucher revenant de la campagne, et elle hâta le pas. Arrivée à la porte de l'hôtel, elle sonna avec force, car le chien noir ne l'avait pas quittée; comme tout le monde, dans l'hôtel, dormait profondément, elle fut obligée de sonner à plusieurs reprises. Enfin les domestiques descendirent, et l'un d'eux, ouvrant la porte, s'écria tout épouvanté : Jésus ! c'est le lutin ! — Cette imprudente exclamation ne causa heureusement aucune impression fâcheuse à la dame, qui tout le long du trajet avait récité l'Evangile de saint Jean, prière puissante contre toutes sortes de sorciers et d'esprits.

« Un vieux jardinier allant à la ville, un matin d'hiver, de fort bonne heure, vit le lutin venir droit à lui ; pour l'éviter, il se jeta à droite de la route dans une prairie et se mit à prier. Le lutin disparut après s'être un instant arrêté à le regarder, et lorsqu'il voulut continuer sa marche, il lui fut impossible de retrouver une issue à la prairie, environnée de toutes parts d'un large et profond fossé. Impatienté de ces retards, s'imputant son embarras, il lâcha un gros juron. A peine l'eut-il prononcé, que le lutin se posa en hennissant sur ses épaules, et lui montra le plus large du fossé en lui disant d'y passer hardiment. Après quelque hésitation, le jardinier fit ce qu'on lui disait, il trouva que ce qu'il croyait un fossé n'était autre que la route. En récompense de ce service, il porta le lutin la distance d'un gros quart de lieue, jusqu'à ce qu'il le vit se jeter dans la hotte d'une bonne femme qui s'étonna de trouver tout d'un coup sa charge si pesante. Le lutin rend quelquefois des visites d'ami à des personnes âgées. J'ai connu un homme de cent huit ans, qui avait la singulière habitude de ne coucher en été que dans son verger. Il disait que très-souvent le lutin venait l'entretenir et lui apprendre des choses intimes. En effet les habitants du village étaient étonnés de le voir instruit de bien des choses qu'ils croyaient ignorées. Il dit un jour à un riche avare, presque aussi vieux que lui : Hier vous avez touché mille couronnes, et vous vous êtes couché sans souper. — La chose se trouva vraie.

« Une femme se plaignait un soir à ses voisines de ce que son mari rentrait presque tous les jours ivre chez lui, et la battait cruellement. Le lutin, faut-il croire, entendit ces doléances ; car le même soir, comme l'ivrogne revenait du cabaret, le lutin le saisit et le jeta dans un fossé. La terreur dissipa l'ivresse du malheureux, qui se releva le mieux qu'il put, trempé et grelottant. Le lutin le prévint qu'à chaque fois qu'il reviendrait ivre, la même correction lui serait administrée. — L'homme ne s'enivra plus, et il n'y eut pas de meilleur ménage. Depuis lors les commères du pays tiennent le hennisseur en odeur de sainteté.

« Je fus une fois moi-même la dupe d'un feu follet.

« Etant à visiter les environs de Heyst-opden-Berg, je poussai mes promenades fort loin, pour mieux jouir des contrastes d'un pays où la végétation luxuriante de la Flandre tranche avec les landes arides de la Campine. Un jour je me dirigeai vers cette partie du pays qu'on appelle le Moer, entre Heyst et Arschot, sables entassés en collines, coupés de mares et de terrains fangeux. Je chassais avec ardeur, m'arrêtant çà et là, pour entamer quelques provisions, ou considérer les pittoresques accidents du pays. La nuit vint que j'étais à plusieurs lieues de mon logement, ignorant le chemin qui devait m'y ramener, et ne trouvant personne pour m'en instruire. Mais je jugeai n'être qu'à une lieue environ d'Arschot, et je m'orientai de manière à marcher droit sur la ville. La nuit s'obscurcissait, pas d'étoiles et un vent très-violent, dont le bruit était superbe dans les forêts de sapin qui chantaient comme des orgues, dans les bruyères où il froissait les maigres végétaux avec un cliquetis semblable à celui des épées. Je marchais dans la plus parfaite sécurité, et bientôt j'aperçus le clocher d'Arschot, noir sur le ciel noir, et une petite clarté brilla un peu à droite que je pris pour celle d'une lampe allumée dans quelque chaumière. Le Démer qui arrose Arschot pouvait fort bien se trouver sur mon passage, et ne me souciant guère de me baigner à l'heure qu'il était, j'avançai avec précaution du côté de la petite lumière afin de demander un guide. Préoccupé vivement de cette pensée, je ne m'aperçus pas que je marchais depuis longtemps dans cette direction, et que la lumière semblait toujours à la même distance. Enfin, elle parut se rapprocher et je fus bientôt jusqu'à la ceinture dans un terrain mouvant, dont j'eus toutes les peines du monde à me tirer. Il est vrai que je n'entendis pas d'éclats de rire ; mais en revanche, quand je me retournai, je vis Arschot à une grande distance. J'y arrivai vers l'aube, dans un état de fatigue que je n'ai pas besoin de décrire. Depuis, quand j'étais surpris par la nuit, je me couchais tout bonnement sous un bouleau, et j'attendais pour retourner que le jour me préservât des lutins et des terrains fangeux. »

Un nouveau voyage dans l'Inde nous fournirait sur les superstitions de ces contrées de nombreux passages, nous n'en citerons que quelques-uns :

« Lorsqu'un Indien touche à ses derniers moments, on le transporte au bord du Gange ; étendu sur la berge, les pieds dans l'eau, on lui remplit de limon la bouche et les narines ; le malheureux ne tarde pas à être suffoqué et à rendre le dernier soupir. Alors, ses parents, qui l'environnent, se livrent au plus frénétique désespoir ; l'air retentit de leurs cris ; ils s'arrachent les cheveux, déchirent leurs vêtements et poussent dans le fleuve ce cadavre encore chaud et presque palpitant, qui surnage à la surface jusqu'à ce qu'il devienne la proie des vautours et des chacals.

« Après avoir traversé plusieurs villes et villages, me voici devant Bénarès ! la ville sainte des Indous, le chef-lieu de leurs superstitions, où plusieurs princes ont des maisons habitées par leurs représentants, chargés de faire au nom de leurs maîtres les ablutions et les sacrifices prescrits par leur croyance.

« Le soleil n'est pas encore levé, que les degrés du large et magnifique escalier en pierre de taille qui se prolonge jusqu'à l'eau, et qui à lui seul est un monument remarquable, sont chargés d'Indous qui viennent prier et se baigner dans le Gange. Tous sont chargés de fleurs ; à chaque strophe de leurs prières, ils en jettent dans l'eau, dont la surface, au bout de quelques moments, est couverte de camélias, de roses, de mongris ; hommage que tous les sectateurs de Brama rendent chaque jour au roi des fleuves.

« En parcourant les rues, qui sont toutes fort étroites, je vis une foule nombreuse se diriger vers une large avenue de manguiers, qui aboutissait à l'une des Payades. C'était un jour de grande solennité. Je parvins avec peine près de ce temple, où les plus étranges scènes s'offrirent à mes regards. Je me crus un moment entouré de malfaiteurs subissant la peine de leurs crimes, ou, bien certainement, de fous furieux ; les uns, véritables squelettes vivants, étaient depuis vingt années renfermés dans des cages de fer d'où ils n'étaient jamais sortis ;

d'autres, insensés, suspendus par les bras, avaient fait vœu de rester dans cette position jusqu'à ce que ces membres, privés de sentiment, eussent perdu leur jeu d'articulation. Un de ces fanatiques me frappa par son regard sombre et farouche, qui décelait l'horrible angoisse qu'il éprouvait en tenant son poing constamment fermé, pour que ses ongles, en croissant, entrassent dans les chairs et finissent par lui percer la main. Chez ce peuple idolâtre, il existe des préjugés, des superstitions plus affreuses encore; entre autres, l'horrible et barbare sacrifice des femmes sur le bûcher de leur mari défunt. Les lois sévères et l'influence morale des Anglais, à qui appartient une grande partie de cette immense contrée, diminuent peu à peu ces coutumes absurdes et révoltantes. Cependant ces sacrifices ont encore lieu en secret; et le préjugé est tel que la malheureuse victime qui s'arrache au bûcher est rejetée de sa caste, maudite de sa famille, et traîne les jours qu'elle a voulu sauver, dans l'ignominie, la misère et l'abandon.

« Chez tous les peuples qui n'ont pas reçu la lumière de l'Évangile et parmi les Indiens plus que partout ailleurs, une femme est regardée pour si peu de chose, que les plus durs traitements, les travaux les plus pénibles lui sont réservés. Aussi s'habituent-ils difficilement à voir les femmes européennes entourées d'hommages et de respect.

« Bénarès, comme toutes les villes indiennes, offre le singulier mélange de toutes les superstitions des divers peuples de l'Orient. A leurs traits beaux et réguliers, à leurs membres musculeux, à leurs turbans blancs et à leurs larges pantalons, on reconnaît les sectateurs d'Ali et de Mahomet. On distingue les brames, adorateurs de Vichnou, à leur démarche grave et hautaine, à leur tête nue, aux lignes blanches, jaunes et rouges qu'ils portent sur le front, et qu'ils renouvellent tous les matins à jeun; à leurs vêtements blancs drapés avec art sur leurs épaules; enfin, à la marque la plus distinctive de leurs fonctions de brames, le cordon en écharpe qu'ils portent de gauche à droite, et qui se compose d'un nombre déterminé de fils, que l'on observe scrupuleusement. Il est filé sans quenouille, et de la main même des brames. Le cordon des nouveaux initiés a trois brins avec un nœud ; à l'âge de douze ans, on leur confère le pouvoir de remplir leurs fonctions; ils reçoivent alors le cordon composé de six brins avec deux nœuds.

« Les Indous sont divisés en quatre castes: la première est celle des brames ou prêtres; la seconde celle des guerriers; la troisième celle des agriculteurs; la quatrième celle des artisans. Ces castes ne peuvent manger ni s'allier ensemble. Vient ensuite la caste la plus basse, la plus méprisée, la plus en horreur à tous les Indous: c'est celle des parias, qui sont regardés comme des infâmes parce qu'ils ont été chassés, il y a des siècles peut-être des castes auxquelles ils appartenaient. Cette infamie se transmet de père en fils, de siècle en siècle. Quand un Indou de caste permet à un paria de lui parler, celui-ci est obligé de tenir une main devant sa bouche, pour que son haleine ne souille pas le fier et orgueilleux Bengali.

« Le nombre des parias est si considérable, que s'ils voulaient sortir de l'opprobre où on les tient, ils pourraient devenir oppresseurs à leur tour.

« Vers le milieu de la journée, dit ailleurs l'écrivain que nous transcrivons, nous arrivâmes près d'une vaste plaine, où se trouvaient réunis un grand nombre d'Indous. Au centre s'élevait un mât ayant à son sommet une longue perche transversale fixée par le milieu. Quelques hommes, pesant sur l'un des bouts de la perche, la tenaient près du sol, tandis que l'autre extrémité s'élevait en proportion contraire. Un corps humain y était suspendu; il paraissait nager dans l'air. Nous nous approchâmes du cercle formé par les spectateurs, et je vis avec le plus grand étonnement que ce malheureux n'était retenu dans sa position que par deux crocs en fer.

« Cet homme ayant été descendu et décroché, il fut remplacé par un autre sunnyass; c'est sous ce nom qu'on désigne cette sorte de fanatiques. Loin de donner des signes de terreur, il s'avança gaiement et avec assurance au lieu du supplice. Un brame s'approcha de lui, marqua la place où il fallait enfoncer les pointes de fer; un autre, après avoir frappé le dos de la victime, avait introduit les crocs avec adresse, juste au-dessous de l'omoplate. Le sunnyass ne parut point en ressentir de douleur. Il plana bientôt au-dessus des têtes, prit dans sa ceinture des poignées de fleurs qu'il jeta à la foule en la saluant de gestes animés et de cris joyeux.

« Le fanatique paraissait heureux de sa position ; il fit trois tours dans l'espace de cinq minutes. Après quoi on le descendit, et les cordes ayant été déliées, il fut ramené à la pagode au bruit des tamtams et aux acclamations du peuple.

« Que penser d'une religion qui veut de tels sacrifices! Quels préjugés! quel aveuglement! On éprouve un sentiment douloureux au milieu de ce peuple privé de ces vérités consolantes, de ces pratiques si douces et si sublimes de la religion du Christ. Hâtons de nos vœux le moment où celui qui a dit au soleil: « Sortez du néant et présidez au jour, » commandera à sa divine lumière d'éclairer ces peuples assis à l'ombre de la mort.

« Tous les riches habitants de Madras possèdent de charmantes maisons de campagne entourées de jardins d'une immense étendue ; c'est un véritable inconvénient pour les visiteurs qui sont souvent obligés de parcourir un espace de trois milles pour aller d'une maison à l'autre. En revenant un soir d'une de ces délicieuses propriétés fort éloignée de la ville, j'entendis des cris déchirants partir d'une habitation indienne devant laquelle je passais; ils furent bientôt couverts par une musique assourdissante;

le son si triste du tamtam prévalait sur tout ce tumulte. Je sortis de mon palanquin, et montant sur une petite éminence qui se trouvait à quelques pas de la maison, je pus jouir tout à mon aise de l'étrange spectacle qui s'offrit à ma vue.

« Je vis sortir de cette habitation des musiciens deux à deux, et, dans le même ordre, suivaient une trentaine d'Indiens, tous coiffés d'un mouchoir en signe de deuil ; ils déroulèrent dans toute sa longueur une pièce d'étoffe blanche d'environ trente pieds, qu'ils étendirent avec soin sur le milieu de la route. Puis venait un groupe d'hommes paraissant chargés d'un lourd et précieux fardeau qu'ils portaient sur leurs épaules ; ils marchaient sur le tapis jonché de fleurs, que de jeunes filles jetaient à mesure qu'ils approchaient. » Le fardeau était une jeune fille morte, richement parée, que l'on conduisait à sa dernière demeure. Le voyageur eut le bonheur d'entendre les chants de l'Eglise sur la fosse ; car on rendait à la terre les restes d'une chrétienne malabare.

On voit, dans le même chapitre comment sont enterrés les Indiens sans honneur. Tippoo-Saïb dut sa perte surtout à la perfidie. « Son premier ministre, soupçonné d'avoir trahi sa cause, fut massacré par les soldats et enterré sous des babouches (souliers) ; ce qui, dans l'Orient, est la plus grande marque de mépris. »

La *Retrospective Review* a donné à la fin de 1840 une notice assez complète des superstitions du pays de Galles, article remarquable, que les éditeurs de la *Revue britannique* n'ont pas laissé échapper. On y retrouvera des traits d'affinité avec les croyances de l'Ecosse, de la Suède, de la Flandre, dont nous avons déjà parlé.

« De toutes les superstitions populaires admises par les Gallois, leur croyance aux fées est la plus poétique, peut-être ; dans tous les cas, c'est la plus ancienne. Ils reconnaissent des fées de deux espèces : les unes bonnes et bienveillantes pour l'homme, les autres d'une joyeuse malice, toujours prêtes à jouer un méchant tour, et à rire aux dépens de la victime.

« La première espèce de ces fées a pour nom générique celui de *tylwyth-teg*, ou la belle famille ; l'autre, celui d'*ellyllon*, qui signifie lutin, esprit. Les *tylwyth-teg* sont de petite taille : elles mènent une vie toute pastorale, protégent les femmes de ménage industrieuses et hospitalières, inspirent les rêves agréables, encouragent la vertu et la bienfaisance, ne manquent jamais de récompenser le serviteur fidèle ou l'enfant obéissant.

« Dans plusieurs parties de la principauté de Galles, l'opinion commune est que si le soir, au moment du coucher, l'âtre de la chaumière est nettoyé, le plancher balayé et les sceaux remplis d'eau, les fées viendront à minuit, à l'endroit préparé pour leur réception ; qu'elles continueront leurs innocents ébats jusqu'à l'aube, qu'elles chanteront l'air bien connu du *point du jour* ; qu'elles laisseront une pièce d'argent sur l'âtre et disparaîtront.

« Il est facile de reconnaître dans cette fiction les conseils d'une prévoyance sage et intelligente : l'absence du danger du feu dans la propreté de l'âtre, le moyen de l'éteindre dans les sceaux pleins, un motif de persévérance dans la récompense attendue. Comme dans les superstitions populaires de l'Allemagne, il y a toujours une idée morale dans les contes de fées gallois ; c'est ainsi que la narration curieuse, faite par Giraldus le Cambrien, était un véritable avertissement contre le vol ; elle donne aussi une juste idée de l'opinion populaire au XIIe siècle relative aux *tylwyth-teg*.

« Il y a peu de temps, dit ce chroniqueur, un événement digne de remarque a eu lieu dans ce pays (Neath, au comté de Glamorgan). Un prêtre nommé Elidorus en a été lui-même le principal acteur. Il était âgé de douze ans environ, quand, pour éviter la sévérité de son précepteur, il s'enfuit et se cacha sous le bord escarpé d'une rivière. Depuis deux jours il était dans cette retraite, lorsque deux petits hommes de la taille des pygmées lui apparurent et lui dirent : — Si tu veux nous accompagner, nous te mènerons dans un pays rempli de délices.

« Il y consentit, et suivit ses guides par un sentier souterrain et obscur, jusqu'à un très-beau pays, nébuleux cependant, où le soleil ne brillait jamais de tout son éclat. Il fut présenté au roi, qui était environné de toute sa cour : après l'avoir examiné longtemps, à la grande surprise de ses courtisans, le roi le remit entre les mains de son fils, qui n'était alors qu'un enfant. Ces gens étaient d'une très-petite taille, mais bien proportionnés ; ils avaient un beau teint, de longs cheveux, surtout les femmes, qui les portaient flottants sur les épaules. Leurs chevaux, leurs chiens de chasse étaient en rapport avec leur taille. Ils ne mangeaient ni poisson ni viande, et vivaient principalement de lait et de safran. Toutes les fois qu'ils revenaient de notre monde, ils blâmaient notre ambition, nos infidélités, et quoiqu'ils n'eussent aucune forme publique de culte, ils paraissaient porter un grand amour et un grand respect à la vérité ; personne chez eux n'excitait plus d'aversion qu'un menteur.

« L'enfant revint souvent dans notre monde, quelquefois par le chemin qu'il avait pris en partant, quelquefois par d'autres, d'abord accompagné, et ensuite seul, ne se faisant connaître qu'à sa mère, à laquelle il racontait ce qu'il avait vu. Prié par elle de lui apporter un cadeau en or, dont ce pays abondait, il déroba, tandis qu'il jouait avec le fils du roi, une balle d'or qui servait à leurs divertissements, et la porta à sa mère, mais non sans être poursuivi, car en entrant dans la maison il trébucha sur le seuil, et laissa tomber la balle, que deux esprits saisirent, et en s'en allant ils accablèrent l'enfant de toutes sortes de marques de mépris et de dérision.

« Pendant une année entière, l'enfant ne put retrouver, malgré toutes ses tentatives, le sentier qui conduisait au passage souterrain. Enfin, après avoir éprouvé bien des malheurs, il réussit à renouer quelques rapports avec cette race mystérieuse. Il avait appris leur langue, qui, selon Giraldus, avait quelque ressemblance avec le grec (1). »

« Nous passerons maintenant à la description des *Ellyllon* ou mauvais lutins. Si les Tylwyth-Teg choisissent le plus souvent leur résidence dans de vertes clairières et sur des monticules exposés au soleil, les Ellyllon fréquentent les cavernes et les montagnes. Malheur à l'infortuné qui rencontre ces joyeux et malicieux lutins dans un temps de brouillard! Ils ont pour habitude de saisir l'imprudent voyageur et de l'emporter avec rapidité, lui donnant d'abord le choix de faire le voyage au-dessus de l'air, sur l'air ou sous l'air. De ces trois modes, s'il choisit le premier, il est tout à coup transporté dans les plus hautes régions; s'il préfère, au contraire, le dernier, il périt misérablement, déchiré par les buissons et les ronces, sali par les marécages qui se trouvent sur son chemin. Aussi l'homme adroit a-t-il soin de se rappeler le conseil d'Apollon à Phaéton, et de faire choix de la route intermédiaire, qui lui assure un voyage agréable, également éloigné des ronces et des nuages.

« Il faut diviser les traditions relatives à tous les êtres merveilleux en deux espèces fort distinctes : les fées proprement dites, et les génies mystérieux de toute nature, qui reçurent le nom générique d'*Elves*.

« Il y en avait de deux espèces : les Elves champêtres, habitants des bois, des montagnes et des cavernes, et les Elves domestiques, appelés aussi *Hobgoblins* ou Robin bon compagnon (Robin Goodfellows). L'auteur des *Otia imperialia*, Gervais de Tilbury, cet Anglais, maréchal du royaume d'Arles, dans le XIIIe siècle, nous a conservé quelques détails à ce sujet :

« Il existe parmi nous, dit-il, certains esprits surnaturels qui peuvent aussi être appelés démons, auxquels on a donné, en France, le nom de *Neptunes*, et en Angleterre celui de *Portunes*. Ils ont pour habitude de vivre en bons fermiers. Après avoir travaillé tout le jour, quand vient la nuit, que tout repose autour d'eux, ils s'établissent auprès du feu, tirent de leur sein de petites grenouilles, les font rôtir et les mangent. Ils ont l'apparence d'hommes vieux et ridés; leur taille, très-exiguë, ne s'élève pas au-dessus d'un pied; leurs vêtements sont misérables. Si l'on apporte quelque chose dans la maison qu'ils habitent, ou si la besogne presse, ils y mettent la main et ont tout achevé en peu d'instants. Il est dans leur nature de pouvoir rendre service, mais non de faire beaucoup de mal. Quelquefois cependant ils se plaisent à jouer de malins tours. Ainsi, quand un cavalier se perd au milieu du brouillard, souvent un *Portune* monte à cheval avec lui, s'empare des rênes, conduit l'animal dans quelque bourbier, puis s'échappe en poussant un long éclat de rire.

« Il existe encore en Angleterre, dit le même chroniqueur, un autre genre de démons que les gens du pays appellent *Grant*. Il a l'apparence d'un jeune poulain à l'œil brillant comme l'éclair, à la course rapide et vagabonde. Souvent, au milieu de la nuit, ces démons rôdent autour des maisons, hennissant et provoquant les chiens à aboyer et à courir sur eux. Ils réveillent les habitants qui sont sur leurs gardes, et auxquels ils sauvent ainsi bien des dangers.

« Ces esprits, qu'on nommait *Elves* dans la vieille Angleterre, s'appelaient *Duergar*, *Nokke*, *Dwarfs*, *Kobolds* et *Nixs* chez les différents peuples du nord de l'Europe. Les uns et les autres, suivant les usages et les mœurs des pays qu'ils habitaient, avaient des goûts divers, et qui cependant se ressemblent quand on les compare : ce qui suffit pour établir la commune origine de la tradition populaire en Europe. Le naturel de ces êtres merveilleux est la douceur, et leur bienveillance à l'égard des humains est inépuisable; seulement ils ne peuvent souffrir la familiarité ou l'indiscrétion, et l'ingratitude de quelques mortels à leur égard a été souvent punie. Ils habitent toujours, dans chaque pays, les lieux les plus déserts et les moins accessibles à l'homme. Ainsi, en Danemark, où ils sont appelés *Nokke*, ces esprits ont pour demeure les forêts et les eaux. Grands musiciens, on les voit assis au milieu des fleuves, touchant une harpe d'or qui a le pouvoir d'animer toute la nature. Veut-on étudier la musique avec de pareils maîtres, il faut se présenter à l'un d'eux avec un agneau noir, et lui promettre qu'au jour du jugement dernier Dieu le jugera comme les autres hommes. A ce sujet on raconte la légende qui suit :

« Deux enfants jouaient au bord d'une rivière qui coulait au pied de la maison de leur père. Un Nokke parut, et, s'étant assis sur les eaux, il commença à jouer de sa harpe d'or; mais l'un des enfants lui dit : — Bon Nokke, à quoi ton chant peut-il te servir? tu ne seras jamais sauvé!

« A ces paroles, le Nokke fondit en larmes, et de longs soupirs s'échappèrent de son sein. Les enfants revinrent dans la maison de leur père, qui était ministre de la paroisse, et lui racontèrent cette aventure. Le ministre blâma beaucoup la conduite de ses enfants; il leur ordonna de retourner au bord de l'eau et de consoler le Nokke en lui promettant miséricorde. Les enfants obéirent. Ils trouvèrent l'habitant des ondes assis à la même place et pleurant toujours. — Bon Nokke, dirent-ils, ne pleure plus; notre père assure que tu seras sauvé comme les autres.

« Aussitôt le Nokke reprit sa harpe d'or et en joua délicieusement jusqu'à la fin du jour.

---

(1) Giraldus Cambrensis, Itinerarium Cambriæ, lib. I, cap. 8.

« Si l'on veut trouver sur l'origine des fées quelques documents remontant à une haute antiquité, c'est à la littérature, c'est à l'histoire du pays de Galles qu'il faut les demander. Chez les Bretons, la croyance aux fées est indigène; elle se lie aux plus vieilles traditions, et l'on en reconnaît la trace dans les premiers monuments de son histoire. L'un des plus anciens passages relatifs aux fées gauloises se trouve dans le géographe Pomponius Melas : « L'île de *Sein*, dit-il, est sur la côte des Osismiens. Ce qui la distingue, c'est l'oracle d'une divinité gauloise. Les prêtresses de ce dieu gardent une perpétuelle virginité ; elles sont au nombre de neuf; les Gaulois les nomment *Sènes*. Ils croient qu'animées d'un génie particulier, elles peuvent, par leurs vers, exciter des tempêtes et dans les airs et sur la mer, prendre la forme de toute espèce d'animaux, guérir les maladies les plus invétérées, prédire l'avenir : elles exercent leur art surtout pour les navigateurs qui se mettent en mer dans le seul but de les consulter. »

« Tel est ce témoignage, qu'on peut considérer comme le premier qui nous soit parvenu sur les fées du pays de Galles. On sait en effet que le culte druidique, proscrit par la politique romaine, se réfugia dans la Grande-Bretagne, qui n'était pas encore conquise, et que les derniers vestiges de ce culte se retrouvèrent longtemps encore parmi les descendants de la race kimmique. L'hypothèse qui rattache l'origine des fées à l'histoire des anciens druides n'est pas sans fondement. Les coutumes attribuées aux fées ont entre elles tant de liaison, tant de rapport, qu'elles indiquent évidemment les opérations d'un corps constitué, existant dans le royaume, distinct de ses propres habitants, agissant de concert, et forcé de vivre mystérieusement. Toutes leurs actions sont le résultat d'une politique conséquente et régulière, instituée pour empêcher la trahison aussi bien que pour inspirer la crainte de leur pouvoir et une haute idée de leur bienfaisance : aussi la tradition veut-elle que toute tentative faite pour les découvrir ait été suivie d'une mort certaine : *Ce sont des fées*, dit le vaillant Falstaff; *celui qui se mêle d'elles mourra*. Il ne fallait pas les arrêter dans leur entrée et leur sortie ; il fallait mettre un bol de lait, le soir, sur l'âtre, pour elles. En récompense, elles laissaient un petit cadeau en argent si la maison était tenue proprement; sinon, elles infligeaient quelque punition aux négligents; et, comme ceux-ci ne pouvaient les regarder sans mourir, ils étaient forcés d'endurer cette punition.

« Le docteur Owen Pughe, à l'opinion duquel une connaissance étendue de la littérature galloise donne un si grand poids, observe que l'on considéra longtemps la race des fées comme les mânes des anciens druides qui n'étaient pas assez purs pour mériter le ciel, ni assez vicieux pour mériter l'enfer. Ils doivent rester ainsi jusqu'au jugement dernier, où ils recevront une meilleure existence. Si l'on interroge les anciens bardes bretons au sujet des fées, on retrouve dans leurs poëmes les prêtresses de l'île de Sein; on y retrouve aussi les deux sortes de fées connues aujourd'hui encore dans le pays de Galles. Taliessin et Merdhin parlent de ces êtres mystérieux, les uns bons, les autres méchants. Les premiers avaient leurs demeures dans les clairières et les vertes prairies; les seconds, dans les montagnes et les bois épais. Ils avaient encore, bien loin vers le nord, au delà de la Grande-Bretagne, une terre qui leur appartenait. On l'appelait *l'île d'Avalon*, île enchantée, où toutes les richesses de la nature se trouvaient en abondance. Là surtout croissaient ces herbes précieuses qui guérissent les blessures ; c'est là aussi que fut porté Arthur après le terrible combat d'Eubelin : — Nous l'y avons déposé sur un lit d'or, dit le barde Taliessin, dans la chronique de Geoffroy de Monmouth. Mourgues la fée, après avoir considéré ses blessures, nous a promis de les guérir. Heureux de ce présage, nous lui avons laissé notre roi.

« Avalon est riche et belle, dit un romancier français du XIIIe siècle; le château est le plus magnifique qu'on puisse jamais rencontrer. Tout homme couvert de blessures qui se frotte à l'une des pierres de cette demeure est aussitôt guéri ; elles sont brillantes comme le feu. Chaque porte est faite de l'ivoire le plus pur, et cinq cents fenêtres éclairent la tour, dont les murs sont d'or mêlé de pierreries. La couverture est aussi en or; au sommet brille un aigle d'or qui tient en son bec un gros diamant : là demeure le peuple des fées. »

« Ces fées, pendant tout le moyen âge, ont exercé beaucoup d'empire, et leur influence, bonne ou mauvaise, était fort redoutée. Aussi nous voyons dans le pays de Galles, en Écosse, en Angleterre et en France, s'établir peu à peu la coutume de vouer aux fées les enfants nouveau-nés. C'est dans les romans de chevalerie qu'il faut chercher les preuves de cette ancienne coutume.

« Voici le commencement de l'une des plus anciennes versions du roman français d'Oger le Danois :

« La nuit où l'enfant vint au monde, les demoiselles du château le portèrent dans une chambre séparée; et quand il fut là, six belles fées se présentèrent. S'étant approchées de l'enfant, l'une d'elles, nommée Gloriande, le prit dans ses bras, et le voyant si beau, l'embrassa en disant : — Mon enfant, je te donne un don : c'est que toute ta vie tu seras le plus hardi des chevaliers.

« — J'ajoute à ce don, dit une autre fée, nommée Palestine, que jamais tournoi et bataille ne te manqueront.

« — Dame, reprit une troisième fée, nommée Pharamonde, ces dons ne sont pas sans péril : aussi je veux qu'Oger soit toujours vainqueur.

« — Je veux, dit alors Melior, qu'il soit le plus beau des chevaliers.

« — Et moi, dit Pressine, le plus heureux.

« Enfin Mourguel, la sixième et la plus puissante, ajouta : — J'ai entendu tous les dons que vous avez faits à cet enfant : eh bien! il en jouira seulement après avoir habité mon château d'Avalon. »

« La croyance au pouvoir des fées donna naissance à l'usage de placer dans la chambre des nouvelles accouchées un dressoir et une table chargés de vins exquis et de mets délicats. On lit à ce sujet dans le roman de Guillaume au court nez : « Il y avait alors dans plusieurs pays une coutume qui consistait à placer sur la table trois pains blancs, trois pots de vin et trois hanaps ou verres à côté. On mettait le nouveau-né au milieu, puis les dames reconnaissaient le sexe de l'enfant, qui ensuite était baptisé. »

« Le fils de Maillefer fut ainsi exposé; puis quand la nuit vint, pendant que le ciel était pur, la lune brillante, trois fées parurent : elles prirent l'enfant, le réchauffèrent, le couvrirent et le placèrent dans son berceau; ensuite elles soupèrent, puis chacune d'elles fit présent au nouveau-né d'un beau souhait.

« Souvent, et surtout en Bretagne, au lieu d'attendre les fées, on allait au-devant d'elles, et on portait l'enfant dans les endroits connus pour servir de demeure à ces divinités. Ces endroits étaient célèbres, comme on peut le penser, et dans beaucoup de pays ils ont gardé le nom de *grottes* ou *de roches aux fées*.

« Dans le pays de Galles, comme partout, les fées sont habillées de vert, afin qu'elles puissent mieux se cacher. Dans la crainte que les enfants, qu'elles ont toujours en grand nombre, ne viennent à trahir leur retraite, on ne leur permet pas de sortir, excepté la nuit. C'est alors que ces petits êtres mystérieux paraissent en grand nombre, et se plaisent à danser en rond au clair de la lune. Ils choisissent généralement une verte prairie ou bien un tertre ombragé d'arbres touffus, mais toujours un lieu voisin de la demeure de leur mère, afin de pouvoir s'y réfugier au premier bruit. Il est arrivé quelquefois que des mortels ont été témoins de ces danses et ont osé s'y mêler; mais alors, malheur à eux! car les fées entraînent ces imprudents dans un cercle rapide; ils tournent, tournent sans cesse, et finissent par trouver la mort dans cette ronde surnaturelle.

« On pense que la montagne du comté de Merioneth appelée *Cader Idris* a été longtemps le théâtre de ces sortes de réunions. Le sommet est couronné par un enclos irrégulier de pierres : probablement ce sont les restes de quelque ancien tumulus ou *Carnedd*, et la tradition s'est plu à donner à ces ruines le nom de Cader Idris, ou le tombeau d'Idris, l'un des derniers maîtres de cette forteresse des rochers. Ce lieu solitaire est devenu doublement sacré dans la pensée des paysans gallois, qui le regardent encore comme fréquenté par les Tylwyth-Teg, dont les jeux nocturnes ont été vus de plusieurs personnes. Il y a quelque chose d'imposant dans cet enclos grossier et solitaire, situé au sommet d'une haute montagne. On attribue à ces lieux une vertu dont la réalité peut être révoquée en doute. Beaucoup de Gallois croient encore que celui qui repose dans ce cercle sacré se réveille privé de la raison ou doué de grandes facultés poétiques.

« Les Tylwyth-Teg ont encore leur habitation au pied d'une montagne située sur la frontière du Brecknockshire. Voici ce qu'on lit à ce sujet dans le *Mabinogion* :

« Autrefois une porte située au milieu des rochers qui bordent le lac s'ouvrait tout à coup pendant le premier jour de mai; ceux qui avaient la curiosité ou le courage de franchir cette porte arrivaient, par un secret passage, dans une petite île située au milieu du lac; ils se trouvaient bientôt dans un jardin orné des plus beaux fruits et des plus belles fleurs, habité par les Tylwyth-Teg, ou la belle famille, sorte de fées dont la beauté n'était surpassée que par la douceur et la grâce qu'elles déployaient à l'égard des mortels qui avaient su leur plaire. Elles offraient à tous ceux qui les visitaient des fleurs et des fruits, charmaient leurs sens avec une musique délicieuse, leur découvraient beaucoup de secrets à venir, et les invitaient à demeurer avec eux aussi longtemps qu'ils le voudraient. L'entrée de cette île est secrète, et aucun de ses produits ne peut en sortir. Ceux qui se tiennent au bord du lac ne peuvent la voir; seulement on aperçoit au milieu des eaux une masse confuse, et de temps à autre le son vague et lointain d'une musique harmonieuse se mêle aux zéphyrs qui rafraîchissent le rivage, ou vient animer la brise du matin.

« Il arriva, dans une de ces visites annuelles, qu'un malheureux, sur le point de quitter l'île enchantée, mit la fleur qu'on lui avait offerte dans sa poche. Ce larcin ne lui profita guère : à peine avait-il touché le rivage, que la fleur disparut et qu'il perdit le sens. La belle famille ne parut pas s'être aperçue de l'injure qui lui avait été faite; elle continua à recevoir ses hôtes avec la même courtoisie, et à la fin du jour la porte se referma comme d'ordinaire. Mais aussitôt leur vengeance commença; car, bien que les Tylwyth-Teg soient toujours dans leur île, bien qu'on entende encore assez souvent les sons harmonieux de leur musique, bien que les oiseaux continuent à respecter leur présence et n'osent pas s'aventurer sur le lac, la porte ne s'est jamais rouverte depuis le jour où le vol a été commis, et les habitants du pays de Galles n'ont pas cessé d'être malheureux.

« On raconte que, peu après cet événement, un audacieux ne craignit pas de se jeter à la nage et de chercher à découvrir l'île merveilleuse : tout à coup un personnage terrible se dressa au milieu des eaux et commanda à l'imprudent de s'arrêter, s'il ne voulait s'exposer à une vengeance effroyable.

« Autrefois les fées n'étaient soumises à aucune puissance terrestre; mais plus tard l'influence des sorcières s'étendit jusqu'à elles. Dans le manuscrit ashmoléen on trouve une recette pour évoquer les fées; elle rappellera sans doute l'incantation employée par les sorcières. Un alchimiste qui voulait que la fée l'aidât dans le grand projet de la transmutation des métaux, s'en servit; nous ignorons si ce fut avec succès. »

Bonne recette pour faire venir une fée.

« Prenez d'abord un épais cristal carré, ou verre de Venise, de trois pouces de long et d'autant de large; placez ensuite ce verre ou cristal dans le sang d'une poule blanche, trois mercredis ou trois vendredis de suite; après cela, retirez-le et lavez-le avec de l'eau bénite, et faites une fumigation; ensuite prenez trois baguettes de noisetier de l'année, pelez-les blanches et belles, faites-les assez longues pour y pouvoir écrire le nom de l'esprit ou de la fée que vous appelez trois fois sur chaque baguette; après les avoir aplaties d'un côté, enterrez-les sous une colline que vous croyez fréquentée par les fées, le mercredi, avant que vous l'appeliez; et le vendredi suivant, retirez-les, et appelez la fée à huit, à dix ou à trois heures, qui sont très-favorables à cet objet. Mais, quand vous appellerez, que votre vie soit pure, et tournez le visage vers l'orient. Quand vous tiendrez la fée, attachez-la à cette pierre ou au verre. »

« Il existe au pays de Galles une espèce d'êtres surnaturels alliés de près aux fées; on les appelle *frappeurs*. Les mineurs gallois affirment qu'on les entend, sous terre, dans les mines, et que, par leurs coups, ils indiquent ordinairement aux ouvriers une riche veine de minerai. Dans le troisième volume du *Gentleman's Magazine*, on trouve deux lettres au sujet des *frappeurs* écrites par M. Louis Merris, homme estimé autant pour son savoir et sa bienfaisance que pour son bon sens et son intégrité.

« Des personnes, dit-il, qui ne connaissent pas les arts et les sciences, ou le pouvoir secret de la nature, se moqueront de nous autres, mineurs du Cardigan, qui soutenons l'existence des *frappeurs*. C'est une espèce de génies bons, mais insaisissables, qu'on ne voit pas, mais qu'on entend, et qui nous semblent travailler dans les mines; c'est-à-dire que le *frappeur* est le type ou le précurseur du travail dans les mines, comme les rêves le sont de certains accidents qui nous arrivent. Avant la découverte de la mine de *Esgair y myn*, les frappeurs y travaillèrent vigoureusement nuit et jour, et un grand nombre de personnes les ont entendus. Mais après la découverte de la grande mine, on ne les entendit plus. Lorsque je commençai à fouiller les mines de *Elwyn Elwyd*, les frappeurs travaillèrent si fort, pendant un temps considérable, qu'ils effrayèrent de jeunes ouvriers, qui s'enfuirent. Mais lorsque nous atteignîmes le minerai, ils cessèrent, et je ne les entendis plus. Ce sont là d'étranges assertions, cependant des faits bien réels, quoique nous ne puissions ni ne prétendions les expliquer. Nous avons maintenant (octobre 1754) du très-beau minerai à *Elwyn Elwyd*, où l'on entendit travailler les frappeurs. Mais ils ont cédé leur place, et on ne les entend plus. On peut rire si l'on veut; nous avons tous sujet de nous réjouir et de remercier les frappeurs, ou plutôt Dieu, qui nous envoie ces avertissements. »

« Nous ne savons pas si la croyance dont nous allons parler a jamais pénétré au delà des Marches galloises : nous voulons parler de la lugubre apparition de *Canwyllau Cyrph*, ou chandelle des morts. Dans plusieurs endroits du pays de Galles, plus particulièrement à Saint-David, dans le comté de Pembroke, on suppose que la mort d'un individu est annoncée par l'apparition d'une lumière qui ressemble en quelque façon à une chandelle, et passe d'un endroit à un autre dans le voisinage de la maison dans laquelle la personne demeure; quelquefois elle va dans la direction du cimetière, et fréquemment elle paraît dans la main du spectre dont elle prédit le sort.

« On peut rendre compte de quelques-unes des apparitions, qu'on suppose ordinairement prédire la mort, par des principes purement physiques. On sait que les *Jean à la lanterne*, les *Guillots du bouchon de paille*, viennent d'un certain gaz ou d'un mélange de gaz qui s'élèvent de la terre, particulièrement quand il s'y trouve beaucoup de houille. Ces gaz phosphoriques s'enflamment à l'air atmosphérique, au contact de l'haleine. Dans ce dernier cas, le feu follet semble précéder la personne, étant entretenu par sa respiration. Les chandelles des corps morts paraissent s'allumer et se diriger dans leur course précisément de la même manière. Lorsque cette lumière paraît, il serait curieux de la suivre jusqu'à un corps en putréfaction, afin de juger de cet effet et de s'assurer qu'il a toujours lieu. Dans les cas de cancer, on a vu plus d'une fois un cercle rouge autour de la tête du patient sur le point de mourir; on peut l'attribuer à la même cause; d'autres phénomènes particuliers à de tels moments peuvent raisonnablement s'expliquer de la même manière : comme les oiseaux de proie frappant la croisée de leurs ailes, et les hurlements des chiens, ces animaux étant attirés par des exhalaisons particulières. Le mouvement spontané des sonnettes dans les maisons est probablement occasionné aussi par le dégagement de quelque fluide électrique lorsque la putréfaction commence.

« Un autre précurseur de la mort, qui a paru quelquefois dans le sud du pays de Galles avant le décès de quelques personnes d'un rang élevé, est un cercueil et un convoi funèbre se dirigeant vers le cimetière au milieu de la nuit, et venant de la maison. Quelquefois des corbillards et des voitures de deuil forment le cortége, qui s'avance dans un morne silence et dans l'ordre le plus méthodique. On ne peut entendre le bruit d'un seul pas à mesure que le convoi marche, et la frayeur des personnes qui l'aperçoivent par hasard se communique bientôt à tous les paysans du voisinage. L'idée que le poëte prête au roi Léar, de garnir de feutre les pieds d'une troupe de chevaux, était-elle

SUREAU. Quand on a reçu quelque maléfice de la part d'un sorcier qu'on ne connaît point, qu'on pende son habit à une cheville, et qu'on frappe dessus avec un bâton de sureau : tous les coups retomberont sur l'échine du sorcier coupable, qui sera forcé de venir, en toute hâte, ôter le maléfice.

SURTUR, génie qui doit, selon les Celtes, revenir, à la fin du monde, à la tête des génies du feu, précédé et suivi de tourbillons enflammés ; il pénétrera par une ouverture du ciel, brisera le pont Bifrost, et, armé d'une épée plus étincelante que le soleil, combattra les dieux, lancera des feux sur toute la terre, et consumera le monde entier. Il aura pour antagoniste le dieu Frey, qui succombera. Voy. BIFROST.

SUSTRUGIEL, démon qui, selon les Clavicules de Salomon, enseigne l'art magique et donne des esprits familiers.

SUTTEE. C'est le nom qu'on donne dans l'Inde au sacrifice d'une veuve par le feu. Ces sacrifices sont rarement volontaires. Un voyageur anglais écrivait en 1836 :

« Une tentative de *suttee* a eu lieu le mois dernier (avril) hors des murs de Jeypore. J'en ai été averti à temps, et je vis un grand concours de peuple qui se portait de la ville à Murda-Haida. J'appris que ces gens allaient voir une *suttee*. La femme était sur le bûcher. Dès que les flammes l'y gagnèrent, elle s'en élança et y fut rejetée. Elle s'y arracha une seconde fois. On la replongea de nouveau dans le feu ; elle s'en sauva une troisième fois. La police de Jeypore intervint alors, et renvoya l'affaire au Rawul, qui ordonna de ne plus employer la force. La veuve fut sauvée en conséquence, et puis se réfugia dans un de nos hôpitaux ; sans quoi elle eût été chassée du district. C'est, entre beaucoup d'autres preuves, une preuve nouvelle que le sacrifice est, dans un grand nombre de circonstances, un meurtre prémédité de la part des parents de la victime. »

SWEDENBORG (EMMANUEL), célèbre visionnaire suédois.

« Nous ne savons guère, en France, qu'une chose de Swedenborg (dit M. Émile Souvestre), c'est que, dînant un jour de bon appétit dans une taverne de Londres, il entendit la voix d'un ange qui lui criait : — Ne mange pas tant! et qu'à partir de cet instant il eut des extases qui l'emportèrent régulièrement au ciel plusieurs fois par semaine. Selon quelques auteurs, l'illuminé suédois fut un des savants les plus distingués des temps modernes, et celui qui, après Descartes, remua le plus d'idées nouvelles. Ce fut Swedenborg qui, dans un ouvrage intitulé : *Opera philosophica et mineralia*, publié en 1737, entrevit le premier la science à laquelle nous avons donné depuis le nom de géologie. La seconde partie de son livre contient un système complet de métallurgie, auquel l'académie des sciences a emprunté tout ce qui a rapport au fer et à l'acier dans son *Histoire des arts et métiers*. Il composa aussi plusieurs ouvrages sur l'anatomie (ce qui est un nouveau trait de ressemblance entre lui et Descartes), et sembla même indiquer, dans un chapitre sur la pathologie du cerveau, le système phrénologique auquel le docteur Gall dut plus tard sa célébrité. Il publia enfin, sous le titre de *Dædalus hyperboreus*, des essais de mathématiques et de physique qui fixèrent l'attention de ses contemporains.

« Il parlait les langues anciennes, plusieurs langues modernes, les langues orientales, et passait pour le plus grand mécanicien de son siècle. Ce fut lui qui fit amener par terre, au siège de Frédérick-Hall, en se servant de machines de son invention, la grosse artillerie qui n'avait pu être transportée par les moyens ordinaires.

« Loin d'être écrits dans un langage mystique, comme on le croit communément, la plupart des traités religieux de Swedenborg se recommandent par la méthode, l'ordre et la sobriété. Ils peuvent se partager en quatre classes, que l'on n'aurait jamais dû confondre : la première renferme les livres d'enseignement et de doctrine ; la seconde, les preuves tirées de l'Écriture sainte ; la troisième, les arguments empruntés à la métaphysique et à la morale religieuse ; enfin, la quatrième, les révélations extatiques de l'auteur. Les ouvrages compris dans cette dernière catégorie sont les seuls qui affectent la forme apocalyptique, et dont l'extravagance puisse choquer. »

Swedenborg fit toutefois, dans sa mysticité, une religion, comme en font tous les illuminés. De même qu'il avait devancé les savants dans quelques découvertes mathématiques, il a été aussi le précurseur des philosophes d'aujourd'hui. Il a prétendu « réunir toutes les communions en un vaste catholicisme où toutes elles trouveront satisfaction. » D'après lui, « le principe de tout bien est dans un premier détachement de soi-même et du monde. Cet état constitue le bonheur présent et futur, *c'est le ciel*. L'amour exclusif de soi-même et du monde constitue au contraire la damnation, *c'est l'enfer* »

Il annonce une nouvelle révélation de l'Esprit, et se pose le Christ d'un christianisme régénéré, comme font présentement quelques professeurs de philosophie. En même temps, Swedenborg se disait en communication avec des intelligences supérieures et avec les âmes de certains morts de ses amis. Ceux qui le copient aujourd'hui ont-ils les mêmes avantages ?

LES VISIONS DE SWEDENBORG (1).

Chacun sait que le célèbre visionnaire qui va nous occuper un instant mena dans sa jeunesse une vie simple, paisible et sans éclat, et qu'il avait plus de quarante ans lorsque ses missions, ses correspondances célestes, ses entrevues avec les morts et ses visions pro-

---

(1) Traduit de l'allemand, par M. D.....y

phétiques commencèrent. A partir d'un jour fixé, d'une heure précisée avec exactitude, il se considéra comme un être d'une espèce toute particulière, comme un instrument des révélations immédiates de Dieu. Le citoyen paisible, l'homme naïf et gai, l'ami fidèle et communicatif moururent, et firent place au prophète de Dieu, brûlant de la flamme mystérieuse, qui s'efforça aussitôt de communiquer son feu à son époque froide et vaniteuse. Ses écrits, très-nombreux et qui se succédèrent avec beaucoup de rapidité, datent de cette période, qu'il passa alternativement dans l'agitation des voyages et au milieu de ses amis à Stockholm et à la campagne. Ce n'est pas ici le lieu de nous occuper du système renfermé dans ces ouvrages ; notre époque a dirigé de ce côté des regards attentifs, et on a fait l'examen le plus spirituel des doctrines de cet homme remarquable. Il ne s'agit que d'un petit événement de sa vie, qui paraîtra même insignifiant à ceux qui sont accoutumés aux relations extravagantes qu'on fait aujourd'hui de cet empire ténébreux.

Lorsque Emmanuel Swedenborg quitta la Suède en 1746, pour aller faire imprimer un de ses traités en Angleterre, il laissa à Gothenbourg une dame qui vivait avec lui dans l'amitié intime, dans ce lien des âmes qui suffisait seul aux exigences du prophète enthousiaste. Le baron Silverhielm, parent de Swedenborg, nous a laissé un beau portrait de cette femme. Il ne la représente ni comme très-jeune, ni comme très-belle ; mais ce charme qui forme l'attrait le plus délicat et le plus constant était répandu sur toute sa personne. La sérénité intérieure d'une âme saine se réfléchissait sur son visage pâle et souffrant. Chacune de ses paroles témoignait de la pureté de sa pensée. Pas la moindre trace de fanatisme ou d'enthousiasme mystique ne se montrait sur le miroir si lisse de cette conscience pure, et pourtant elle était l'amie de Swedenborg, la confidente d'un visionnaire ; elle prenait part aux mystères de l'enthousiaste fantastique, comme le monde l'appelait. Ne portons pas sur ce point un jugement précipité ; mais il paraît certain que c'étaient leurs esprits qui s'aimaient ; car nous allons voir tout à l'heure que la distance de cent milles qui séparaient leurs corps ne mettait pas d'obstacle à leurs entrevues.

On ne connaît pas précisément le nom de la comtesse ; mais c'était assurément un de ces antiques noms suédois qui finissent tous par *kron*, *hielm* ou *sparre*, *flycht* et *stjerna*, qui commencent ordinairement par *adler*, *loewe* ou *koenig*, et qui sonnent si pompeusement à l'oreille, qu'ils sont dignes de rappeler d'antiques et grands souvenirs historiques. Ses prénoms ne pouvaient guère être qu'Ulrique, Eléonore, deux noms qui ont quelque chose de fier et de mélancolique, et qui désignent presque avec précision une personne pâle et de haute stature, au maintien noble, quoique un peu froid. Telle paraissait précisément la comtesse à celui qui la voyait pour la première fois dans son palais solitaire de Gothenbourg, sans parents, sans amis, sans société, entourée seulement des portraits de ses aïeux. Ceux-ci, du milieu des cadres dorés dont les salons étaient garnis, regardaient tout aussi fièrement qu'elle-même, tout aussi silencieusement et avec non moins d'assurance. L'essaim des domestiques se tenait dans un grand éloignement, afin de ne pas troubler le repos ni la solitude de la comtesse.

Mais pourquoi ce repos, cette solitude? Pour raffiner peut-être sur les découvertes étranges de son ami, à qui les anges en faisaient parvenir tous les jours de nouvelles. Peut-être le visionnaire et la comtesse étaient-ils assis sur ce canapé de satin blanc parsemé d'étoiles d'argent, dans ce petit salon où des tapis moelleux empêchaient jusqu'au moindre bruit, même celui du craquement d'un soulier de soie ; peut-être l'entretenait-il, en retenant son haleine, avec ce ton prophétique qui sait toucher le nerf le plus secret ; peut-être l'entretenait-il de ses voyages dans les planètes, des créatures qu'il a vues dans Uranus et dans Saturne, et des habitants de la lune, qu'il a trouvés petits comme des enfants de six ans. La comtesse ne peut pas cacher un petit sourire profane quand son ami lui parle des palais de la Jérusalem céleste, brillants de pierres précieuses et de perles, et entourés de fleurs qui parlent. Mais elle ne sourit pas quand il lui dit que les anges s'intéressent encore humainement à ce qui concerne les cœurs ici-bas. Cette doctrine est trop consolante.

Le portrait d'un ange, tel que nous le donnent les livres saints, nous représente un messager de la toute-puissance, beau, magnifique, exécutant sévèrement les ordres du maître, sans le moindre motif d'intérêt particulier. Le sort de l'humanité est à trop grande distance d'un tel esprit ; il ne doit déployer qu'avec une répugnance secrète le précieux ornement de ses ailes si pures, pour les plonger dans la mer orageuse des vapeurs fumantes et impures de la terre, d'une terre qu'il n'a jamais connue, où il n'a jamais souffert ni pleuré. L'ange qui chasse du paradis le couple infortuné de nos aïeux, et leur assigne pour séjour une terre froide et sombre, semble au rêveur suédois aussi inflexible et aussi impassible que son glaive de flamme. Swedenborg ne fut pas satisfait de ces anges. Il trouva que, quand la suprême sagesse jugeait nécessaire d'adresser des messages aux mortels, ces messages étaient bien positivement confiés aux cœurs aimants, et les anges qui nous viennent en aide furent, selon lui, des âmes d'hommes que la mort a moissonnés. Il entretenait la comtesse Ulrique Eléonore de ces nouveaux anges, de ces anges de sa fabrique, et peut-être se permettait-il l'allusion que cette doctrine lui plaisait surtout, parce que maintenant il pouvait être pour ainsi dire certain de la destination future de son amie.

Que le visionnaire et la comtesse s'entretinssent sur la nature des anges, cela n'avait rien de surprenant ; mais ce qui pouvait paraître extraordinaire, c'est que ces entretiens continuassent régulièrement chaque soir dans le salon du palais de Gothenbourg, sur le même sopha à étoiles d'argent, quoique Swedenborg travaillât à Londres, à son traité sur *le vrai christianisme*, et que la comtesse s'ennuyât à un bal de la cour de Stockholm. Leurs esprits, affranchis des chaînes de la matière, enveloppés dans une image de leur corps, se réunissaient au lieu ordinaire de leurs confidences. Le vieux régisseur de la maison voyait régulièrement à la même heure les bougies s'allumer dans le salon, et le baron et la comtesse se présenter. Personne n'osait troubler cet entretien d'esprits, et très-peu de gens savaient pourquoi.

La comtesse mourut subitement, et les entretiens cessèrent. Le chagrin de Swedenborg fut extrême. Il s'enferma et demeura longtemps invisible même pour ses amis les plus intimes. La terre s'était vengée ; indignée de ce qu'il ne s'occupait toujours que du ciel, elle lui avait enlevé un de ses dons les plus beaux ; elle s'était résolue à briser une œuvre qui lui avait si heureusement réussi, mieux réussi que mille autres. On n'a pas besoin d'être visionnaire pour mesurer l'étendue d'une tristesse comme celle qu'éprouvait le pauvre Swedenborg.

Cependant la perte de l'apparition terrestre de son amie n'était pas le coup le plus terrible qui le frappât ; son chagrin le plus cuisant, c'était de ne pas savoir où elle était. A quoi bon toute sa théorie des anges, si la comtesse Ulrique Éléonore n'était pas allée grossir leur nombre ? Quel mortel pouvait espérer le devenir, si cette âme élevée et pure n'en avait pas été jugée digne ? Oh ! c'était inexplicable ! En vain interrogeait-il tous les messagers célestes qui le visitaient, aucun d'eux ne connaissait ce nouvel ange. Serait-elle dans Saturne ? — Impossible, c'est la planète de l'épreuve ; pourquoi y serait-elle encore assujettie ? Dans Vénus ? — encore bien moins. Cette planète est habitée par des créatures grandes, corpulentes et ignares : que ferait-elle au milieu de pareils êtres, qui ne l'ont déjà que trop martyrisée ici-bas dans les soirées, aux promenades, aux tables de jeu et à la cour ? — Mais si elle n'était pas dans Jupiter, dans Saturne, dans Vénus, etc., ni parmi les anges, où était-elle donc ? — Cette question empoisonnait l'existence du visionnaire.

Après tout, la comtesse n'était morte que depuis cinq jours : on ne pouvait donc pas encore désespérer de recevoir de ses nouvelles. Dans la nuit du sixième jour, son ami veillait à Stockolm, en proie à ces doutes affreux qui menaçaient d'ébranler son système. L'heure sonna où l'entrevue dont nous avons parlé avait ordinairement lieu, et le son de la cloche ne s'était pas évanoui dans les airs que la comtesse parut dans la chambre avec son air habituel plein d'une douce amabilité. Elle était plus pâle encore que de coutume, et l'expression de ses regards était une espèce de faible reproche.

D'un geste très-significatif elle indiqua les régions du cœur et elle disparut. Ce fut l'ouvrage de quelques secondes.

Le visionnaire resta saisi de confusion et d'effroi. Autant il s'était d'abord estimé heureux de revoir celle qu'il avait perdue, autant l'aspect de son visage muet lui avait ensuite navré le cœur. Une espèce de fardeau pesant lui oppressait la conscience ; et la crainte d'avoir offensé par quelque méprise son amie vivante ou morte le tourmentait cruellement. Le signe qu'elle avait fait vers son cœur déchirait le sien. Son anxiété croissait tellement, qu'il partit en grande hâte pour Gothenbourg, où le corps de la comtesse avait été transporté.

Il arrive : on lui dit que, par ordre du médecin, l'enterrement n'a pas encore eu lieu, parce qu'aucun symptôme de mort réelle ne se manifeste jusqu'à présent sur le corps de la défunte. Le baron traverse la foule des domestiques consternés, entre d'un pas rapide dans la salle où la belle comtesse est étendue sur son lit de parade, dans le plus magnifique costume de cour, couverte de brillants et la poitrine ornée du large ruban amaranthe de l'ordre des chanoinesses de Sainte-Anne. Vingt-quatre chandeliers à branches versent leurs flots de lumière sur son port majestueux et sur son visage fin et pâle, où plane encore la même expression de tristesse. Sans dire un mot, Emmanuel Swedenborg détacha, sous le cordon de l'ordre, une chrysolithe de forme octogone que les femmes de chambre, en habillant le cadavre, avaient employée comme agrafe pour tenir le ruban. La pierre n'eut pas plutôt quitté la place qu'elle occupait sur le cœur de la comtesse, que son visage devint d'un calme parfait et d'une sérénité angélique ; toute trace de mélancolie et de reproche avait disparu. Cette chrysolithe était une pierre magique douée de la propriété de tenir le corps et l'esprit réunis, de sorte que la comtesse ne fut réellement morte qu'après que le talisman fut éloigné.

Tranquille sur le sort de son amie, Swedenborg retourna à Stockholm. On ne sait pas s'il l'a trouvée plus tard parmi les anges ; ce qui est néanmoins fort vraisemblable, puisque, à dater de cette époque, il défendit plus chaleureusement que jamais le système qu'il avait fondé.

SYCOMANCIE, divination par les feuilles de figuier. On écrivait sur ces feuilles les questions ou propositions sur lesquelles on voulait être éclairci : la feuille séchait-elle après la demande faite au devin par les curieux, c'était un mauvais présage ; et un heureux augure si elle tardait à sécher.

SYDONAY. *Voy.* ASMODÉE.

SYLLA. Comme il entrait à main armée en Italie, on vit dans l'air, en plein jour, deux grands boucs noirs qui se battaient, et qui, après s'être élevés bien haut, s'abaissèrent à quelques pieds de terre, et disparurent en fumée. L'armée de Sylla s'épouvantait de ce prodige, quand on lui fit remarquer que ces prétendus boucs n'étaient que des nuages épais formés par les exhalaisons de la terre. Ces nuages avaient une forme qu'on s'avisa de trouver semblable à celle du bouc, et qu'on aurait pu comparer également à celle de tout autre animal. On dit encore que Sylla avait une figure d'Apollon à laquelle il parlait en public pour savoir les choses futures.

SYLPHES, esprits élémentaires, composés des plus purs atomes de l'air, qu'ils habitent.

L'air est plein d'une innombrable multitude de peuples, de figure humaine, un peu fiers en apparence, dit le comte de Gabalis, mais dociles en effet, grands amateurs des sciences, subtils, officieux aux sages, ennemis des sots et des ignorants. Leurs femmes et leurs filles sont des beautés mâles, telles qu'on dépeint les Amazones. Ces peuples sont les sylphes. On trouve sur eux beaucoup de contes. *Voy.* CABALE.

SYLVESTRE II. Gerbert, élevé sur la chaire de saint Pierre, sous le nom de Sylvestre, en 999, fut l'un des plus grands papes. Ses connaissances l'avaient mis si fort au-dessus de son siècle, que des hérétiques, ne pouvant nier sa grandeur, attribuèrent l'étendue de son savoir à quelque pacte avec le diable. Il faisait sa principale étude, après les sciences sacrées, des sciences mathématiques : les lignes et triangles dont on le voyait occupé parurent à des yeux ignorants une espèce de grimoire et contribuèrent à le faire passer pour un nécromancien. Ce ne fut pas seulement le peuple qui donna dans cette idée absurde. Un auteur des vies des papes a dit sérieusement que Sylvestre, possédé du désir d'être pape, avait eu recours au diable, et avait consenti à lui appartenir après sa mort, pourvu qu'il lui fît obtenir cette dignité. Lorsque, par cette voie détestable, ajoute le même auteur stupide, il se vit élevé sur le trône apostolique, il demanda au diable combien de temps il jouirait de sa dignité ; le diable lui répondit par cette équivoque digne de l'ennemi du genre humain : — Tu en jouiras tant qu'il ne mettras pas le pied dans Jérusalem. — La prédiction s'accomplit. Ce pape, après avoir occupé quatre ans le trône apostolique, au commencement de la cinquième année de son règne, célébra les divins mystères dans la basilique de Sainte-Croix, dite en Jérusalem, et se sentit attaqué aussitôt après d'un mal qu'il reconnut être mortel. Alors il avoua aux assistants le commerce qu'il avait eu avec le diable et la prédiction qui lui avait été faite, les avertissant de profiter de son exemple et de ne pas se laisser séduire par les artifices de cet esprit malin. Nous n'avons pas besoin de faire observer que nous rapportons des contes impudemment menteurs. Puis il demanda, poursuivent les calomniateurs niais de ce grand pape, qu'après sa mort son corps fût coupé en quartiers, mis sur un chariot à deux chevaux, et inhumé dans l'endroit que les chevaux désigneraient en s'arrêtant d'eux-mêmes. Ses dernières volontés furent ponctuellement exécutées. Sylvestre fut inhumé dans la basilique de Latran, parce que ce fut devant cette église que les chevaux s'arrêtèrent...

Martinus Polonus a conté encore que Sylvestre II avait un dragon qui tuait tous les jours six mille personnes... D'autres ajoutent qu'autrefois son tombeau prédisait la mort des papes par un bruit des os en dedans, et par une grande sueur et humidité de la pierre au dehors. On voit, par tous ces contes ridicules, qu'autrefois comme de nos jours, l'Eglise et ses plus illustres pontifes ont été en butte aux plus sottes calomnies.

SYMANDIUS, roi d'Egypte, possesseur du grand œuvre, qui, au dire des philosophes hermétiques, avait fait environner son monument d'un cercle d'or massif, dont la circonférence était de trois cent soixante-cinq coudées. Chaque coudée était un cube d'or. Sur un des côtés du péristyle d'un palais qui était proche du monument, on voyait Symandius offrir aux dieux l'or et l'argent qu'il faisait tous les ans. La somme en était marquée, et elle montait à 131,200,000,000 de mines (1).

SYMPATHIE. Les astrologues, qui rapportent tout aux astres, regardent la sympathie et l'accord parfait de deux personnes comme un effet produit par la ressemblance des horoscopes. Alors tous ceux qui naissent à la même heure sympathiseraient entre eux ; ce qui ne se voit point. Les gens superstitieux voient dans la sympathie un prodige dont on ne peut définir la cause. Les physionomistes attribuent ce rapprochement mutuel à un attrait réciproque des physionomies. Il y a des visages qui s'attirent les uns les autres, dit Lavater, tout comme il y en a qui se repoussent. La sympathie n'est pourtant quelquefois qu'un enfant de l'imagination. Telle personne vous plaît au premier coup d'œil, parce qu'elle a des traits que votre cœur a rêvés. Quoique les physionomistes ne conseillent pas aux visages longs de s'allier avec les visages arrondis, s'ils veulent éviter les malheurs qu'entraîne à sa suite la sympathie blessée, on voit pourtant tous les jours des unions de cette sorte aussi peu discordantes que les alliances les plus sympathiques en fait de physionomie.

Les philosophes sympathistes disent qu'il émane sans cesse des corpuscules de tous les corps, et que ces corpuscules, en frappant nos organes, font dans le cerveau des impressions plus ou moins sympathiques ou plus ou moins antipathiques.

Le mariage du prince de Condé avec Marie de Clèves se célébra au Louvre, le 13 août 1572. Marie de Clèves, âgée de seize ans, de la figure la plus charmante, après avoir dansé assez longtemps et se trouvant un peu incommodée de la chaleur du bal, passa dans une garde-robe, où une des femmes de la reine mère, voyant sa chemise

(1) Charlatans célèbres, de M. Gouriet, t. Ier, p 195.

toute trempée, lui en fit prendre une autre. Un moment après, le duc d'Anjou (depuis Henri III), qui avait aussi beaucoup dansé, y entra pour raccommoder sa chevelure, et s'essuya le visage avec le premier linge qu'il trouva : c'était la chemise qu'elle venait de quitter. En rentrant dans le bal, il jeta les yeux sur Marie de Clèves, la regarda avec autant de surprise que s'il ne l'eût jamais vue ; son émotion, son trouble, ses transports, et tous les empressements qu'il commença de lui marquer, étaient d'autant plus étonnants, que, depuis six mois qu'elle était à la cour, il avait paru assez indifférent pour ces mêmes charmes qui, dans ce moment, faisaient sur son âme une impression si vive et qui dura si longtemps. Depuis ce jour, il devint insensible à tout ce qui n'avait pas de rapport à sa passion. Son élection à la couronne de Pologne, loin de le flatter, lui parut un exil ; et quand il fut dans ce royaume, l'absence, au lieu de diminuer son amour, semblait l'augmenter ; il se piquait un doigt toutes les fois qu'il écrivait à cette princesse, et ne lui écrivait jamais que de son sang. Le jour même qu'il apprit la nouvelle de la mort de Charles IX, il lui dépêcha un courrier pour l'assurer qu'elle serait bientôt reine de France ; et lorsqu'il y fut de retour, il lui confirma cette promesse et ne pensa plus qu'à l'exécuter ; mais, peu de temps après, cette princesse fut attaquée d'un mal violent qui l'emporta. Le désespoir de Henri III ne se peut exprimer ; il passa plusieurs jours dans les pleurs et les gémissements, et il ne se montra en public que dans le plus grand deuil. Il y avait plus de quatre mois que la princesse de Condé était morte et enterrée à l'abbaye de Saint-Germain-des-Prés, lorsque Henri III, en entrant dans cette abbaye, où le cardinal de Bourbon l'avait convié à un grand repas, se sentit des saisissements de cœur si violents, qu'on fut obligé de transporter ailleurs le corps de cette princesse. Enfin il ne cessa de l'aimer, quelques efforts qu'il fit pour étouffer cette passion malheureuse (1). Quelques-uns virent là un sortilége.

On raconte qu'un roi et une reine d'Arracan (dans l'Asie, au delà du Gange) s'aimaient éperdument ; qu'il n'y avait que six mois qu'ils étaient mariés, lorsque ce roi vint à mourir ; qu'on brûla son corps, qu'on en mit les cendres dans une urne, et que toutes les fois que la reine allait pleurer sur cette urne, ces cendres devenaient tièdes...

Il y a des sympathies d'un autre genre : ainsi Alexandre sympathisait avec Bucéphale ; Auguste chérissait les perroquets ; Néron, les étourneaux ; Virgile, les papillons ; Commode sympathisait merveilleusement avec son singe ; Héliogabale, avec un moineau ; Honorius, avec une poule (2), etc. *Voy.* Antipathie, Clef d'or, etc.

SYRÈNES. Vous ne croyez peut-être pas plus aux syrènes qu'aux géants, qu'aux dragons. Cependant il est prouvé aujourd'hui qu'il y a eu des dragons et des géants ; et dans un appendice très-attachant qui suit la légende de saint Oran (sixième siècle) dans le recueil de M. Amédée Pichot intitulé : *Le Perroquet de Walter Scott*, l'auteur prouve, par une multitude de faits et de monuments, qu'il y a eu des syrènes en Bretagne.

Les marins disent avoir entendu le sifflement de la syrène : ce mot, chez eux, indique cette faculté de la nature par laquelle l'air pressé rend un son ; elle existe dans le ciel, sur la terre, dans les mers ; elle produit l'harmonie des sphères, le sifflement des vents, le bruit des mers sur le rivage. Le peuple se représente la faculté dont il s'agit comme une espèce de divinité à laquelle il applique la forme d'une femme, d'une cantatrice habitante des airs, de la terre et des mers. De là les syrènes des anciens ; ils leur donnaient la figure d'une femme, et le corps d'un oiseau ou d'un poisson. Zoroastre appelait l'âme syrène, mot qui en hébreu signifie chanteuse (3).

SYRROCHITE, pierre précieuse dont, au rapport de Pline, les nécromanciens se servaient pour retenir les ombres évoquées.

SYTRY ou BITRU, grand prince aux enfers ; il apparaît sous la forme d'un léopard, avec des ailes de griffon. Mais lorsqu'il prend la forme humaine, il est d'une grande beauté. C'est lui qui enflamme les passions. Il découvre, quand on le lui commande, les secrets des femmes, qu'il tourne volontiers en ridicule. Soixante-dix légions lui obéissent (4).

T

TABAC. Nicot, ambassadeur à Lisbonne, est le premier qui ait fait connaître le tabac en France ; le cardinal de Sainte-Croix l'introduisit en Italie ; le capitaine Drack en Angleterre. Jamais la nature n'a produit de végétaux dont l'usage se soit répandu aussi rapidement ; mais il a eu ses adversaires. Un empereur turc, un czar de Russie, un roi de

---

(1) Saint-Foix, Essais.

(2) Les antipathies ne sont pas moins singulières en certains cas que les sympathies. On a vu à Calais un homme qui entrait en fureur malgré lui lorsqu'il entendait crier des canards. Il les poursuivait l'épée à la main. Cependant il en mangeait à plaisir ; c'était son mets favori.

Helvétius raconte ce petit trait :

« Le duc de Lorraine donnait un grand repas à toute sa cour. On avait servi dans le vestibule, et le vestibule donnait sur un parterre. Au milieu du souper, une femme croit voir une araignée. La peur la saisit ; elle pousse un cri, quitte la table, fuit dans le jardin et tombe sur le gazon. Au moment de sa chute, elle entend quelqu'un rouler à ses côtés ; c'était le premier ministre du duc. — Ah ! monsieur, que vous me rassurez et que j'ai de grâces à vous rendre ! Je craignais d'avoir fait une impertinence. — Hé ! madame, qui pourrait y tenir ! Mais, dites-moi, était-elle bien grosse ? — Ah ! monsieur, elle était affreuse. — Volait-elle près de moi ? — Que voulez-vous dire ? — Une araignée voler ? — Hé quoi ! reprend le ministre, pour une araignée vous faites ce train-là ! Allez, madame, vous êtes folle ; je croyais, moi, que c'était une chauve-souris. »

(3) Cambry, Voyage dans le Finistère, t. II, p. 300.

(4) Wierus, Pseudom. dæm.

Perse, le défendirent à leurs sujets, sous peine de perdre le nez ou même la vie. Il ne fut pas permis, dans l'origine, d'en prendre à l'église; de même, à cause des éternuments qu'il provoque, on ne le prenait pas dans les réunions sérieuses de la cour. Jacques Ier, roi d'Angleterre, composa un gros livre pour en faire connaître les dangers. La faculté de médecine de Paris fit soutenir une thèse sur les mauvais effets de cette plante, prise en poudre ou en fumée; mais le docteur qui présidait ne cessa de prendre du tabac pendant toute la séance.

Les habitants de l'île de Saint-Vincent croient, dit-on, que le tabac était le fruit défendu du paradis terrestre.

TACITURNITÉ. Le diable jette souvent un sort sur ses suppôts, que l'on appelle le *sort de taciturnité*. Les sorciers qui en sont frappés ne peuvent répondre aux demandes qu'on leur fait dans leur procès. Ainsi Boullé garda le silence sur ce qu'on cherchait à savoir de lui, et il passa pour avoir reçu le sort de taciturnité (1).

TACOUINS, espèce de fées chez les mahométans; leurs fonctions répondent quelquefois à celles des Parques chez les anciens. Elles secourent plus habituellement les hommes contre les démons et leur révèlent l'avenir. Les romans orientaux leur donnent une grande beauté, avec des ailes comme celles des anges.

TAILLEPIED (NOEL), mort en 1589. On lui doit un *Traité de l'apparition des esprits*, à savoir, des âmes séparées, fantômes, etc., in-12, souvent réimprimé. Il admet dans ce livre beaucoup de contes de revenants. Il a laissé, de plus, les *Vies de Luther et de Carlostadt*, Paris, 1577, in-8°; un *Abrégé de la philosophie d'Aristote*, 1583, in-8°, une *Histoire de l'Etat et la république des Druides*, eubages, saronides, bardes, depuis le déluge jusqu'à Notre-Seigneur Jésus-Christ, 1585, in-8°, livre plein de fables et d'idées singulières.

TAILLETROUX (JEANNE), femme de Pierre Bonnevault, sorcière que l'on accusa, à Montmorillon en Poitou (année 1599), d'avoir été au sabbat. Elle avoua dans son interrogatoire que son mari l'ayant contrainte de se rendre à l'assemblée infernale, elle y fut et continua d'y aller pendant vingt-cinq ans; que la première fois qu'elle vit le diable, il était en forme de bouc noir; qu'il lui dit en présence de l'assemblée: *Saute! saute!* qu'alors elle se mit à danser; que le diable lui demanda un lopin de sa robe et une poule, etc. Convaincue par témoins d'avoir, au moyen de charmes, maléficié et fait mourir des personnes et des bestiaux, elle fut condamnée à mort ainsi que son mari.

TAINGAIRI, esprits aériens chez les Kalmouks. Ils animent les étoiles, qui passent pour autant de petits globes de verre. Ils sont des deux sexes.

TALAPOINS. Magiciens qui servent de prêtres aux habitants du royaume de Lao, en Asie, et qui sont très-puissants.

Les Langiens (peuples de Lao) sont fort entêtés pour la magie et les sortilèges. Ils croient que le moyen le plus sûr de se rendre invincibles est de se frotter la tête d'une certaine liqueur composée de vin et de bile humaine. Ils en mouillent aussi les tempes et le front de leurs éléphants. Pour se procurer cette drogue, ils achètent des talapoins la permission de tuer. Puis ils chargent de cette commission des mercenaires qui en font leur métier. Ceux-ci se postent au coin d'un bois et tuent le premier qu'ils rencontrent, homme ou femme, lui fendent le ventre et en arrachent le fiel. Si l'assassin ne rencontre personne dans sa chasse, il est obligé de se tuer lui-même, ou sa femme, ou son enfant, afin que celui qui l'a payé ait de la bile humaine pour son argent.

Les talapoins profitent avec adresse de la crainte qu'on a de leurs sortilèges, qu'ils donnent et qu'ils ôtent à volonté, suivant les sommes qu'on leur offre.

On lit dans Marini beaucoup d'autres détails, mais la plupart imaginaires, l'auteur ayant voulu faire quelquefois assez méchamment, sous le manteau des talapoins, des allusions misérables aux moines chrétiens.

TALISMANS. Un talisman ordinaire est le sceau, la figure, le caractère ou l'image d'un signe céleste, faite, imprimée, gravée ou ciselée sur une pierre, par un ouvrier qui ait l'esprit arrêté et attaché à l'ouvrage, sans être distrait ou dissipé par des pensées étrangères, au jour et à l'heure de la planète, en un lieu fortuné, par un temps beau et serein, et quand le ciel est en bonne disposition, afin d'attirer les influences.

Le talisman portant la figure ou le sceau du Soleil doit être composé d'or pur sous l'influence de cet astre, qui domine sur l'or. Le talisman de la Lune doit être composé d'argent pur, avec les mêmes circonstances. Le talisman de Mars doit être composé d'acier fin. Le talisman de Jupiter doit être composé du plus pur étain. Le talisman de Vénus doit être composé de cuivre poli et bien purifié. Le talisman de Saturne doit être composé de plomb raffiné. Le talisman de Mercure doit être composé de vif-argent fixé. Quant aux pierres, l'hyacinthe et la pierre d'aigle sont de nature solaire. L'émeraude est lunaire. L'aimant et l'améthyste sont propres à Mars. Le béryl est propre à Jupiter. La cornaline à Vénus. La chalcédoine et le jaspe à Saturne. La topaze et le porphyre à Mercure.

Les talismans furent imaginés, dit-on, par les Egyptiens, et les espèces en sont innombrables. Le plus célèbre de tous les talismans est le fameux anneau de Salomon, sur lequel était gravé le grand nom de Dieu. Rien n'était impossible à l'heureux possesseur de cet anneau, qui dominait sur tous les génies.

Apollonius de Tyane mit à Constantinople la figure d'une cigogne, qui en éloignait tous les oiseaux de cette espèce par une propriété

---

(1) M. Jules Garinet, Histoire de la magie en France, p. 243.

magique. En Égypte, une figure talismanique représentait Vénus couchée, et servait à détourner la grêle.

On faisait des talismans de toutes les matières ; les plus communs sont les talismans cabalistiques, qui sont aussi les plus faciles, puisqu'on n'a pas besoin pour les fabriquer de recourir au diable ; ce qui demande quelques réflexions.

Les talismans du Soleil, portés avec confiance et révérence, donnent les faveurs et la bienveillance des princes, les honneurs, les richesses et l'estime générale. Les talismans de la Lune garantissent des maladies populaires : ils devraient aussi garantir des superstitions. Ils préservent les voyageurs de tout péril. Les talismans de Mars ont la propriété de rendre invulnérables ceux qui les portent avec révérence. Ils leur donnent une force et une vigueur extraordinaires. Les talismans de Jupiter dissipent les chagrins, les terreurs paniques, et donnent le bonheur dans le commerce et dans toutes les entreprises. Les talismans de Vénus éteignent les haines et donnent des dispositions à la musique. Les talismans de Saturne font accoucher sans douleur ; ce qui a été éprouvé avec un heureux succès, disent des écrivains spéciaux, par des personnes de qualité qui étaient sujettes à faire de mauvaises couches. Ils multiplient les choses avec lesquelles on les met. Si un cavalier est botté et qu'il porte un de ces talismans dans sa botte gauche, son cheval ne pourra être blessé. Les talismans de Mercure rendent éloquents et discrets ceux qui les portent révéremment. Ils donnent la science et la mémoire ; ils peuvent guérir toutes sortes de fièvres ; et si on les met sous le chevet de son lit, ils procurent des songes véritables, dans lesquels on voit ce que l'on souhaite de savoir : agrément qui n'est pas à dédaigner (1). *Voy.* Talys, Theraphim, Thomas d'Aquin, Crocodiles, Pantacles, etc.

TALISSONS, prêtres des Prussiens aux siècles de l'idolâtrie. Ils faisaient l'oraison funèbre du mort, puis, regardant au ciel, ils criaient qu'ils voyaient le mort voler en l'air à cheval, revêtu d'armes brillantes, et passer en l'autre monde avec une grande suite.

TALMUD. *Voy.* Thalmud.

TALYS, talismans employés dans les mariages chez les Indiens. Dans quelques castes, c'est une petite plaque d'or ronde, sans empreinte ni figure ; dans d'autres, c'est une dent de tigre ; il y en a qui sont des pièces d'orfèvrerie matérielles et informes.

TAMBOUR MAGIQUE. C'est le principal instrument de la magie chez les Lapons. Le tambour est ordinairement fait d'un tronc creusé de pin ou de bouleau. La peau tendue sur ce tambour est couverte de figures symboliques que les Lapons y tracent avec du rouge. *Voy.* Lapons.

TAMOUS, enfer général des Kalmouks. Des diables à tête de chèvre y tourmentent les damnés, qui sont sans cesse coupés par morceaux, sciés, brisés sous des meules de moulin, puis rendus à la vie pour subir le même supplice. Les bêtes de somme y expient leurs fautes sous les plus pesants fardeaux, les animaux féroces se déchirent entre eux sans cesse, etc.

TANAQUIL, femme de Tarquin l'Ancien. Elle était habile dans la science des augures ; on conservait à Rome sa ceinture, à laquelle on attribuait de grandes vertus.

TANCHELM ou TANCHELIN. De 1105 à 1123, cet hérétique dissolu fut en si grande vénération à Anvers et dans les contrées voisines, qu'on recherchait ses excréments comme des préservatifs, charmes et phylactères (2).

TANIWOA, le Neptune des naturels de la Nouvelle-Zélande.

TANNER. Le cardinal Sfondrate raconte que le P. Tanner, pieux et savant jésuite, allant de Prague à Inspruck pour rétablir sa santé à l'air natal, mourut en chemin dans un village dont on ne dit pas le nom. Comme la justice du lieu faisait l'inventaire de son bagage, on y trouva une petite boîte que sa structure extraordinaire fit d'abord regarder comme suspecte, car elle était noire et composée de bois et de verre. Mais on fut bien plus surpris lorsque le premier qui regarda par le verre d'en haut se recula en disant qu'il y avait vu le diable. Tous ceux qui regardèrent après lui en firent autant. Effectivement ils voyaient dans cette boîte un être animé, de grande taille, noir, affreux, armé de cornes. Un jeune homme qui achevait son cours de philosophie fit observer à l'assemblée que la bête renfermée dans la boîte, étant infiniment plus grosse que la boîte elle-même, ne pouvait être un être matériel, mais bien un esprit comprimé sous la forme d'un animal. On concluait que celui qui portait la boîte avec lui ne pouvait être qu'un sorcier et un magicien. Un événement si diabolique fit grand bruit. Le juge qui présidait à l'inventaire condamna le mort à être privé de la sépulture ecclésiastique, et enjoignit au curé d'exorciser la boîte pour en faire sortir le démon. La multitude, sachant que le défunt était jésuite, décida de plus que tout jésuite commerçait avec le diable ; ce qui est la manière de juger des masses ignorantes. Pendant qu'on procédait en conséquence, un philosophe prussien, passant par ce village, entendit parler d'un jésuite sorcier et du diable enfermé dans une boîte. Il en rit beaucoup, alla voir le phénomène et reconnut que c'était un microscope, que les villageois ne connaissaient pas. Il ôta la lentille, et en fit sortir un cerf-volant qui se promena sur la table, et ruina ainsi tout le prodige. Cela n'empêcha pas que beaucoup de gens par la suite, parlant du P. Tanner, ne faisaient mention que de l'impression produite d'abord, et s'obstinaient à soutenir qu'ils avaient

---

(1) Le Petit-Albert.

(2) Voyez sa légende dans les légendes des sept péchés capitaux.

vu le diable, et qu'un jésuite est un sorcier (1).

TAP ou **GAAP**, grand président et grand prince aux enfers. Il se montre à midi lorsqu'il prend la forme humaine. Il commande à quatre des principaux rois de l'empire infernal. Il est aussi puissant que Byleth. Il y eut autrefois des nécromanciens qui lui offrirent des libations et des holocaustes; ils l'évoquaient au moyen d'artifices magiques qu'ils disaient composés par le très-sage roi Salomon; ce qui est faux, car ce fut Cham, fils de Noé, qui le premier commença à évoquer les esprits malins. Il se fit servir par Byleth et composa un art en son nom, et un livre qui est apprécié de beaucoup de mathématiciens. On cite un autre livre attribué aux prophètes Elie et Elisée, par lequel on conjure Gaap en vertu des saints noms de Dieu renfermés dans les Clavicules de Salomon.

Si quelque exorciste connaît l'art de Byleth, Gaap ou Tap ne pourra supporter la présence dudit exorciste. Gaap ou Tap excite à l'amour, à la haine. Il a l'empire sur les démons soumis à la puissance d'Amaymon. Il transporte très-promptement les hommes dans les différentes contrées qu'ils veulent parcourir. Il commande à soixante légions (2).

TARENTULE. On prétend qu'une seule piqûre de la tarentule suffit pour faire danser. Un coq et une guêpe piqués de cette sorte d'araignée ont dansé, dit-on, au son du violon et ont battu la mesure. Si l'on en croit certains naturalistes, non-seulement la tarentule fait danser, mais elle danse elle-même assez élégamment. Le docteur Saint-André certifie qu'il a traité un soldat napolitain qui dansait tous les ans quatre ou cinq jours de suite, parce qu'une tarentule l'avait piqué. Ces merveilles ne sont pas encore bien expliquées.

TARNI, formules d'exorcisme usitées chez les Kalmouks. Ecrites sur du parchemin et suspendues au cou d'un malade, elles passent pour avoir la vertu de lui rendre la santé.

TAROTS ou **CARTES TAROTÉES.** C'est le nom qu'on donne aux cartes égyptiennes, italiennes et allemandes; le jeu se compose de soixante-dix-huit cartes, avec lesquelles on dit la bonne aventure d'une manière plus étendue que par nos cartes ordinaires. Il y a dans ce jeu vingt-deux tarots proprement dits. Dans les cartes italiennes, les tarots sont les quatre éléments (vieux style), l'Evangile, la mort, le jugement dernier, la prison, le feu, Judas Iscariote, etc.; dans les cartes allemandes, les tarots sont le fou, le magicien, l'ours, le loup, le renard, la licorne, etc. Il y a ensuite cinquante-six cartes, savoir : quatre rois, quatre dames, quatre cavaliers, quatre valets, dix cartes depuis l'as jusqu'au dix pour les bâtons (ou trèfles), dix pour les épées (ou piques), dix pour les coupes (ou carreaux), dix pour les pièces d'argent (ou cœurs).

Il serait trop long de détailler ici l'explication de toutes ces cartes. Elle ressemble beaucoup à la cartomancie ordinaire. Cependant elle donne infiniment plus d'oracles.

TARTARE, enfer des anciens. Ils le plaçaient sous la terre, qu'ils croyaient plate, à une telle profondeur, dit Homère, qu'il est aussi éloigné de la terre que la terre l'est du ciel. Virgile le dépeint vaste, fortifié de trois enceintes de murailles, et entouré du Phlégéton. Une haute tour en défend l'entrée. Les portes en sont aussi dures que le diamant; tous les efforts des mortels et toute la puissance des dieux ne pourraient les briser. Tisiphone veille toujours à leur garde, et empêche que personne ne sorte, tandis que Rhadamanthe livre les criminels aux furies. L'opinion commune était qu'il n'y avait plus de retour pour ceux qui se trouvaient une fois précipités dans le Tartare. Platon est d'un autre avis : selon lui, après qu'ils y ont passé une année, un flot les en retire et les ramène dans un lieu moins douloureux.

TARTINI. Le célèbre musicien Tartini se couche ayant la tête échauffée d'idées musicales. Dans son sommeil lui apparaît le diable jouant une sonate sur le violon. Il lui dit : — Tartini, joues-tu comme moi ? Le musicien, enchanté de cette délicieuse harmonie, se réveille, court à son piano et compose sa plus belle sonate, celle du diable.

TASSO (Torquato). Il croyait à l'astrologie judiciaire. « J'ai fait considérer ma naissance par trois astrologues, dit-il dans une de ses lettres; et, sans savoir qui j'étais, ils m'ont représenté d'une seule voix comme un grand homme dans les lettres, me promettant très-longue vie et très-haute fortune; et ils ont si bien deviné les qualités et les défauts que je me connais à moi-même, soit dans ma complexion, soit dans mes habitudes, que je commence à tenir pour certain que je deviendrai un grand homme. » Il écrivait cela en 1576. On sait quelle fut sa haute fortune et sa très-longue vie !

TATIEN, hérétique du deuxième siècle, chef des encratites, qui attribuaient au démon la plantation de la vigne et l'institution du mariage.

TAUPE. Elle jouait autrefois un rôle important dans la divination. Pline a dit que ses entrailles étaient consultées avec plus de confiance que celles d'aucun autre animal. Le vulgaire attribue encore à la taupe certaines vertus. Les plus merveilleuses sont celles de la main *taupée*, c'est-à-dire qui a serré une taupe vivante jusqu'à ce qu'elle soit étouffée. Le simple attouchement de cette main encore chaude guérit les douleurs de dents et même la colique. Si on enveloppe un des pieds de la taupe dans une feuille de laurier, et qu'on la mette dans la bouche d'un cheval, il prendra aussitôt la fuite, saisi de peur. Si on la met dans le nid de quelque oiseau, les œufs deviendront stériles.

De plus, si on frotte un cheval noir avec de

---

(1) Le P. Bonaventure Giraudeau.

(2) Wierus, Pseudom. dæm., p. 825.

l'eau où aura cuit une taupe, il deviendra blanc (1).....

TAVIDES, caractères que les insulaires des Maldives regardent comme propres à les garantir des maladies. Ils s'en servent aussi comme des philtres, et prétendent, par leur moyen, inspirer de l'amour.

TAYMURAL, roi de Perse qui relégua les génies dans les Ginnistan. *Voy.* GÉNIES.

TÉE, génie protecteur, que chaque famille otaïtienne adore, et qui passe pour un des aïeux ou des parents défunts. On attribue à ces esprits le pouvoir de donner et de guérir les maladies.

TEHUPTEHUH, génie auquel les Boutaniens attribuent la construction d'un pont de chaînes de fer qui se trouve dans les montagnes du Boutan. *Voy.* PONT DU DIABLE.

TELL. Dans une des montagnes sauvages de la Suisse, auprès du lac de Waldstœtten, il y a une grotte où les habitants croient que reposent les trois sauveurs de la Suisse, qu'ils appellent les *trois Tell*. Ils portent encore leurs anciens vêtements, et reviendront une seconde fois au secours de leur pays quand il en sera temps. L'entrée de leur grotte est très-difficile à trouver. Un jeune berger racontait à un voyageur qu'un jour son père, en cherchant à travers les rochers une chèvre qu'il avait perdue, était descendu par hasard dans cette grotte, et avait vu là dormir les trois hommes qu'il savait être les trois Tell. L'un d'eux, se levant tout à coup pendant qu'il le regardait, lui demanda : — A quelle époque en êtes-vous dans le monde? — Le berger tout effrayé lui répondit, sans savoir ce qu'il disait : — Il est midi. — Eh bien! s'écria Tell, il n'est pas temps encore que nous reparaissions ; — et il se rendormit.

Plus tard, lorsque la Suisse se trouva engagée dans des guerres assez périlleuses, le vieux berger voulut aller réveiller les trois Tell ; mais il ne put jamais retrouver la grotte.

TELLEZ (GABRIEL), plus connu sous le nom de Tirso de Molina, auteur du *Diable prédicateur*, drame où le génie espagnol. A cinquante ans, ce poëte dramatique renonça au théâtre et se fit religieux de l'ordre de la Merci. Nous faisons cette remarque parce qu'à propos de quelques plaisanteries un peu libres semées dans ses pièces, les critiques philosophes l'ont traité de moine licencieux, oubliant qu'il n'était pas moine quand il écrivait pour la scène.

TEMPÉRATURE. Les Grecs avaient des prêtres appelés Calazophylaces, dont les fonctions consistaient à observer les grêles et les orages, pour les détourner par le sacrifice d'un agneau ou d'un poulet. Au défaut de ces animaux, ou s'ils n'en tiraient pas un augure favorable, ils se découpaient le doigt avec un canif ou un poinçon, et croyaient ainsi apaiser les dieux par l'effusion de leur propre sang. Les Ethiopiens ont, dit-on, de semblables charlatans, qui se déchiquètent le corps à coups de couteau ou de rasoir pour obtenir la pluie ou le beau temps. Nous avons des almanachs qui prédisent la température pour tous les jours de l'année; prenez toutefois un manteau quand Matthieu Laensberg annonce plein soleil.

TEMPÊTES. On croit, sur les bords de la Baltique, qu'il y a des sorciers qui, par la force de leurs enchantements, attirent la tempête, soulèvent les flots et font chavirer la barque du pêcheur. *Voy.* ERIC, FINNES, etc.

TEMPLIERS. Vers l'an 1118, quelques pieux chevaliers se réunirent à Jérusalem pour la défense du saint sépulcre et pour la protection des pèlerins. Le roi Baudouin II leur donna une maison, bâtie aux lieux que l'on croyait avoir été occupés par le temple de Salomon ; ils prirent de là le nom de templiers et appelèrent temple toute maison de leur ordre.

Dans l'origine ils ne vivaient que d'aumônes, et on les nommait aussi les pauvres de la sainte cité. Mais ils rendaient tant de services, que les rois et les grands s'empressèrent de leur donner des biens considérables. Ils firent les trois vœux de religion. En 1128, au concile de Troyes, saint Bernard leur donna une règle (2). En 1146, le pape Eugène III détermina leur habit, sur lequel ils portaient une croix.

Cet ordre se multiplia rapidement, fit de très-grandes choses et s'enrichit à tel point, qu'en 1312, après moins de deux siècles d'existence, il possédait en Europe neuf mille maisons ou seigneuries. Une si grande opulence amena la corruption parmi les templiers. Ils finirent par mépriser leur règle ; ils se rendirent indépendants des puissances dont ils devaient être les soutiens ; ils exercèrent des brigandages et se montrèrent presque partout insolents et séditieux. On les accusait sourdement de former entre eux une société secrète pleine de mystères, qui se proposait l'envahissement de l'Europe. On disait que dans leur intimité ils abjuraient la religion chrétienne et pratiquaient un culte souillé de superstitions abominables. La magie, la sorcellerie, l'adoration du diable (3) leur étaient reprochées.

Philippe le Bel, qui voyait en eux des ennemis de la société et de l'Eglise, fit rechercher leur conduite. Sur les révélations de deux criminels détenus dans les prisons, et dont l'un était un templier apostat, Philippe fit arrêter et interroger à Paris plusieurs templiers ; ils avouèrent les abominations dont on accusait l'ordre. C'était dans l'année

---

(1) Les admirables secrets d'Albert le Grand, p. 114.
(2) Cette règle consistait en soixante-douze articles, qui disaient en substance que ces religieux militaires porteraient l'habit blanc ; qu'ils entendraient tous les jours l'office divin ; que lorsque le service militaire les en empêcherait, ils seraient tenus d'y suppléer par d'autres prières spécifiées dans les constitutions ; qu'ils feraient maigre quatre jours de la semaine, et que l'exercice de la chasse leur serait absolument interdit.
(3) Des aveux établirent que, dans un des chapitres de l'ordre tenu à Montpellier, et de nuit, suivant l'usage, on avait exposé une tête (*Voy.* TÊTE DE BOPHOMET) ; qu'aussitôt le diable avait paru sous la figure d'un chat ; que ce chat, tandis qu'on l'adorait, avait parlé et répondu avec bonté aux uns et aux autres ; qu'ensuite plusieurs démons étaient venus, etc.

1307. Ce commencement d'enquête jeta quelque alarme parmi les templiers. Au mois d'août, le grand maître et plusieurs des principaux chevaliers s'en plaignirent au pape, et, forts de leur puissance partout assise, ils demandèrent hardiment que, si on avait un procès à leur faire, on le fît régulièrement. Ils comptaient imposer silence aux clameurs par un ton si tranchant. Mais Philippe le Bel les prit au mot; et le 13 octobre il fit arrêter dans ses Etats tous les templiers. Le 15, il assembla le clergé de Paris, fit convoquer le peuple et ordonna que l'on rendît compte publiquement des accusations portées contre les chevaliers du Temple. On ne pouvait procéder plus loyalement.

Les templiers étaient accusés : 1° de renier Jésus-Christ à leur réception dans l'ordre, et de cracher sur la croix ; 2° de commettre entre eux des impuretés abominables ; 3° d'adorer dans leurs chapitres généraux une idole à tête dorée et qui avait quatre pieds; 4° de pratiquer la magie; 5° de s'obliger à un secret impénétrable par les serments les plus affreux (1).

Les deux premiers articles furent avoués par cent quarante des accusés; trois seulement nièrent tout. Le pape Clément V s'opposa d'abord aux poursuites commencées contre ces religieux militaires. Il n'autorisa leur continuation qu'après avoir interrogé lui-même, à Poitiers, soixante-douze chevaliers, et s'être convaincu par leurs aveux de la vérité des faits.

Il y eut dès lors des commissaires nommés; des informations se firent dans toutes les grandes villes. Les bulles du pape furent envoyées à tous les souverains, pour les exhorter à faire chez eux ce qui se faisait en France. Quoique les templiers tinssent à tout ce qu'il y avait de plus grand dans les divers Etats, partout les accusations élevées contre eux devinrent si évidentes, que partout ils furent abandonnés. Jacques de Molai, leur grand maître, qui du reste était très-ignorant, avoua à Chinon, le 20 août 1308, les crimes déclarés, et les désavoua à Paris, le 26 décembre 1309. Mais le désaveu ne prouve rien. Les confessions avaient été faites librement et sans tortures.

Par toute l'Europe la vérité était reconnue de tous. Une bulle, publiée le 3 avril 1312, au concile de Vienne en Dauphiné, déclara l'ordre des templiers aboli et proscrit. Les chevaliers furent dispersés ; les principaux chefs condamnés à une prison perpétuelle, après qu'ils auraient fait leur confession publique. Un échafaud fut donc dressé à Paris devant les portes de Notre-Dame. C'est là que Jacques de Molai et un autre des hauts chevaliers devaient faire amende honorable. Jacques de Molai avait de nouveau confessé la vérité. Au lieu de réitérer l'aveu qu'on attendait en public, dès qu'il fut sur l'échafaud, il rétracta une seconde fois sa confession; l'autre chevalier l'imita; et c'est alors que Philippe le Bel indigné assembla son conseil, qui condamna ces deux grands coupables à être brûlés. Leur supplice eut lieu ce même jour 18 mars 1314. On voit leur procès avait duré sept ans. Si la passion s'en fût mêlée, comme on l'a tant écrit, il eût marché plus vite.

Il n'est pas vrai que Jacques de Molai ait ajourné le roi et le pape, comme on l'a dit aussi pour produire un effet de théâtre. Lui et ses compagnons infortunés se bornèrent à invoquer vainement une vengeance mystérieuse contre leurs juges.

Telle est la vérité sur les templiers. Ajoutons que ni le roi de France, ni le pape, ni les autres souverains ne profitèrent de leurs dépouilles.

Il reste dans la maçonnerie symbolique un ordre des templiers, qui prétendent remonter à l'ordre condamné. C'est une origine dont il est permis de n'être pas fier.

A propos des templiers modernes, que nous avons vus si singulièrement fonctionner à la Cour des Miracles à Paris, dans un magasin de bouteilles, en 1831, l'*Union catholique*, feuille réunie aujourd'hui à l'*Univers*, a donné des éclaircissements remarquables sur le procès des templiers au XIV° siècle. Nous reproduisons ici ce fragment, signé des initiales E. F.

« Nous avions annoncé que le général Van Der Meer, un des chefs présumés de la conspiration récemment éventée par le gouvernement belge, s'occupait, vers l'époque de son arrestation, à constituer en Belgique une *société secrète de* TEMPLIERS *à l'instar de celle de Paris.*

« Cette nouvelle, dont nous indiquions d'ailleurs la source, était empruntée par nous au *Journal de Bruxelles*, et nos lecteurs concevront de reste que le caractère de l'*Union catholique* lui commandait de répandre, sous la responsabilité d'une feuille rédigée sur les lieux mêmes, un renseignement qui dénonçait l'usurpation du nom de templiers, si longtemps glorieux dans l'histoire du monde, surtout lorsque des opinions de parti semblaient avoir voulu s'entourer de ce vénérable prestige pour renverser l'ordre établi dans un Etat catholique, reconnu par les cabinets, et de plus allié de la France.

« Aujourd'hui, les informations ultérieures que nous avons obtenues, tant de nos correspondants de Belgique que par nos propres recherches, nous engagent à corriger la version du *Journal de Bruxelles*. Sans préjudice des *mystères* concentrés dans ses rangs supérieurs, comme cela se pratique parmi les francs-maçons, la société qui prend le nom de l'ordre du Temple dans les deux capitales n'est point une société secrète, si l'on veut réduire cette expression au sens convenu dans le langage politique. Elle n'est secrète qu'en dépit d'elle-même, et ne demanderait certes pas mieux que de conquérir une vaste notoriété. Nous lui rendons, à cet égard, pleine justice. Publications emportées par le torrent de la librairie; assemblées

---

(1) Bergier, Dictionn. de théologie.

tenues dans le demi-jour d'un mystère transparent dont on multipliait comme à dessein les confidences; résurrection des noms splendides, des nobles formules et des gracieux costumes de l'ordre au moyen âge, les prétendus templiers du dix-neuvième siècle n'ont rien épargné pour saisir la curiosité de la foule.

« De loin en loin, quelques personnes qui vont partout se souviennent encore d'avoir vu, dans le temps où les saints-simoniens et l'abbé Châtel avaient donné l'exemple de ce genre de travestissements, un médecin et d'autres bourgeois, déguisés comme lui sous des costumes très-peu templiers, parodier en public la célébration des saints mystères du catholicisme. — Vaines tentatives! Ni le ridicule (1), ni le scandale, malgré l'excès de leur licence, n'ont pu faire événement dans les mémoires.

« Hâtons-nous de le dire, le *grand maître* qui se posait de la sorte en chef de religion, et sur lequel nous aurons à revenir, était presque seul; tous les hommes notables qui, trop légèrement sans doute, s'étaient fait admettre dans son ordre, l'avaient déclaré déchu; un régent avait été élu par les chevaliers qui professaient obéissance à la cour de Rome; et ce fut cette fraction de la société qui se recruta successivement de plusieurs centaines de noms honorables.

« Il n'est pas rare, dans le monde de Paris, qu'un membre distingué de la noblesse, de la magistrature, de l'administration, ou de quelque corporation de l'État, lorsqu'à travers le vagabondage d'une causerie intime vous l'interrogez sur ses titres, finisse par vous apprendre qu'il est templier. — Templier! vous écriez-vous : depuis quand donc, de grâce, et par quelle puissance cet ordre a-t-il été rétabli? — Sur quoi votre interlocuteur vous répond négligemment que l'ordre du Temple n'est pas mort avec Jacques de Molai; que la transmission de la grande maîtrise a persisté jusqu'à nos jours, d'abord dans le mystère, puis à ciel ouvert; qu'il a dans sa bibliothèque une publication templière où tout cela se trouve expliqué; qu'enfin il s'est fait recevoir dans l'ordre, parce que la beauté du costume, rétabli d'après l'histoire, le choix des banquets de cérémonie, et le prétexte des œuvres philanthropiques l'ont séduit.

« Si vous êtes en veine de malice, et si vous ne craignez pas de déplaire, d'autres questions s'échapperont tout naturellement de vos lèvres : — Pour dîner ensemble, il suffit que des gens soient amis; pour faire des bonnes œuvres, la qualité d'homme et de chrétien est surabondante; dès lors, qu'exprime, dans votre société, le nom d'ordre du Temple? La règle que le premier grand maître reçut des mains de saint Bernard vous sert-elle de règle? Êtes-vous moines et chevaliers? En outre du triple vœu spirituel de pauvreté, de chasteté, d'obéissance, avez-vous prononcé le triple vœu temporel de fraternité, d'hospitalité et de service militaire? Avez-vous été successivement novice et servant dans un ordre religieux, page, écuyer, comme les aspirants de chevalerie? Quels infidèles allez-vous combattre par l'exemple, la vertu, les bonnes œuvres, et, s'il le faut, par l'épée?

« Il serait peut-être charitable de ne pas porter plus loin cette investigation, déjà trop embarrassante pour les chevaliers du Temple, et surtout de leur épargner la dernière et la plus terrible question : — Existez-vous?

« L'histoire de l'ordre du Temple va nous répondre pour eux. Des monceaux immenses de volumes ont été publiés sur le grand événement qui signala l'ouverture du quatorzième siècle. Comme toujours, le choc des discussions a soulevé tant de poussière entre les yeux de l'esprit et la vérité, qu'après toute l'érudition dépensée, nous en sommes définitivement, en France, à connaître l'histoire des templiers par la tragédie de feu M. Raynouard.

« Nous ne faisons pas ici de la critique littéraire; et nous pourrons nous abstenir de juger la sincérité de M. Raynouard, ou la droiture de son jugement en matière d'histoire. Sous tous les points de vue, cela met à l'aise notre respect pour les morts. Mais nous demanderons la permission de remonter à des sources d'une meilleure authenticité que la tragédie de l'empire, et même que les historiens du dix-huitième siècle, auxquels l'auteur de cet ouvrage en avait emprunté la donnée.

« Les philosophes du dix-huitième siècle avaient sans doute beaucoup d'esprit, et surtout ils savaient le frapper comme une effigie frivole sur cette menue monnaie qui circule si vite et qui plaît tant à la multitude. Auxiliaires d'un penchant funeste, ils entrèrent dans le courant tracé par la régence et le favorisèrent. On sait ce que c'est que le journalisme belligérant de notre épo-

---

(1) Nous n'inventons rien. Voici le costume historique et le costume fantastique mis en regard :

TEMPLIERS DES CROISADES.	TEMPLIERS DE LA COUR DES MIRACLES (1831).
Chlamyde longue en laine blanche de Ségovie, à croix rouge sur la poitrine.	Petite redingote en serge blanche, descendant jusqu'au genou.
Manteau long à capuchon, en laine de Ségovie, à croix rouge sur l'épaule.	Petit manteau à la Leicester, en serge, à petite croix; toque vénitienne de la renaissance, à plume droite.
Hauts-de-chausses unis.	Hauts-de-chausses espagnols.
Large ceinturon à deux bélières, en cuir fauve.	Ceinturon en cuir verni blanc.
TEMPLIERS DES CROISADES.	TEMPLIERS DE LA COUR DES MIRACLES (1831).
Épée de combat de chevalier, à hauteur d'appui; poignée formant la croix de l'ordre et servant de sceau; fourreau garni de fer.	Épée de cour très-courte; poignée dorée; fourreau garni de cuivre doré.
Éperons à grande étoile, et recourbés en col de cygne.	Éperons à molettes.
Chaîne à gros grains de chapelet, en or massif.	Ruban rouge et croix de l'ordre du Saint-Esprit.
Gants de chevalier, en daim.	Gants glacés.
Anneau en or, aux armes du Temple.	

que, et à quel monde il s'adresse ! La vogue du moment, funeste ou salutaire, y fait la loi, et le journalisme en est le page et le vassal. Le pamphlet d'alors fut le journal d'aujourd'hui, aux différences près. Les libraires étrangers y trouvaient leur compte et payaient le bel esprit au poids de l'or. Bayle, avec ses froides colères, était à la mode parmi les réfugiés hollandais, et Voltaire en devint le plagiaire élégant. Avec un meilleur ton (quoique pas toujours), et grâce au frein des convenances du temps qui forçaient l'impiété de se montrer jusqu'à certain point de bonne compagnie, les philosophes mettaient en relief, dans les cercles de leurs partisans émérites, ceux de leurs adversaires dont ils se flattaient d'avoir bon marché, sauf à passer les autres sous silence. Rien de plus facile que de montrer de l'esprit contre les gens qui n'en ont pas. Le jeu, pour lors, est sûr, s'il n'est pas magnanime. On ne s'attaquait pas, et pour cause, à l'abbé Guénée, aux conférences de la Sorbonne, aux mandements de Mgr de Beaumont, à Bergier. La victoire n'eût pas été si prompte, en dépit de l'étourderie des multitudes, et les conspirateurs ménageaient leur poudre. Qu'un pauvre écrivain comme il s'en trouve partout, même chez les philosophes, s'avisât d'imprudence et de zèle en défendant avec maladresse la sainte cause, vite on le prenait pour type et pour but; la clameur le plaçait sur le pavois, et l'infortuné payait pour les illustrations de l'Eglise.

« Ainsi, d'une part, la défense ne se fit pas en aussi grande échelle que l'attaque, et, d'autre part, la volubilité des brouillons étouffa des voix graves, fatalité commune à tous les temps de débâcle. Et voilà comment peut s'expliquer l'engouement des générations qui nous précédèrent pour des arguments que, même à présent, on ne discute pas; car, à moins d'excuser la sottise par le fanatisme des partis pris, on ne discerne pas fort clairement à quel prestige ils ont dû leur influence. L'Eglise ne fut certainement ni sotte ni muette, mais les mœurs travaillaient au profit des philosophes, et, sous le feu du respect humain, les rangs de son auditoire s'étaient singulièrement dégarnis.

« Ce n'est pas nous, ce sont les savants modernes, occupés en France à retourner le libre examen vers l'Encyclopédie elle-même; ce sont principalement les auteurs protestants de l'Allemagne contemporaine, édifiés par leurs propres travaux sur les monuments littéraires du moyen âge, qui déclarent aujourd'hui, forts d'une science plus consciencieuse et plus profonde, que l'histoire, telle que le dix-huitième siècle l'a faite, et telle que la génération descendante la connaît encore, n'est qu'un mensonge ingrat, qu'une longue calomnie des enfants contre leurs pères.

« De pareils témoignages ne sauraient être suspects aux yeux du monde. Nous renonçons cependant à nous en prévaloir; et cela d'autant plus volontiers que nous n'en avons pas besoin. Nos lecteurs aimeront mieux, sans doute, interroger avec nous les événements connus de tous, pour les mettre en regard du droit et de la raison d'Etat, tels qu'ils ressortent de la constitution de l'ordre aboli par l'Eglise et par les souverains; des attributions respectives de ces puissances; enfin, de la situation de l'Europe à l'époque où se vida le fameux procès des templiers.

« Depuis les sanglantes persécutions qui refoulèrent les croyants dans les catacombes de Rome, sépulcres où descendaient vifs ces martyrs que la mort souvent ne tardait pas à relever du soin d'une migration nouvelle, jamais la chrétienté n'avait frémi d'aussi violentes appréhensions qu'à la fin du onzième siècle. Le vieux génie païen, réapparu sous une forme musulmane, présentait aux extrémités de l'Europe les deux cornes du croissant. A l'occident, l'islamisme pénétrait jusqu'au cœur du royaume très-chrétien; à l'orient, ses armées couvraient la terre même où le Sauveur des hommes avait souffert pour eux la vie et la mort. L'Eglise répondit à l'Europe émue. Elle organisa la corporation militaire sur le modèle éternel de l'ordre pris en elle-même, et la chevalerie étonna le monde par le spectacle d'une vaste confraternité d'hommes qui ne se connaissaient et ne se comprenaient ni par leurs noms, ni par leurs langages, mais seulement dans l'unité de la commune pensée de sacrifice et d'amour.

« Déjà la grande apparition de la chevalerie européenne avait été devancée par des lazaristes, des frères de Saint-Jean, congrégations humbles et dévouées, qui se groupaient à l'entour du saint sépulcre pour y porter secours aux pèlerins dans leurs besoins, dans leurs maladies et dans les persécutions qu'ils souffraient sous l'empire des Sarrasins. A leur tour, entre les premiers, Hugues de Payens et ses huit compagnons s'installèrent à Jérusalem, au service du temple de Salomon et de la sûreté des chemins qui conduisaient les pieux voyageurs vers ce lieu vénérable. Pendant dix ans, leur petite confrérie se maintint à travers mille dangers sans gagner ni perdre un seul homme, vêtue et nourrie par la charité chrétienne; si pauvre, qu'ils montaient à deux le même cheval, comme le rappelle encore l'emblème de leurs armes. Mais du jour où le pape Honoré II la convertit en ordre régulier au concile de Troyes (1128), et lui prescrivit une règle écrite par saint Bernard, la société des *pauvres frères du Temple* fit de nombreuses admissions, et devint propriétaire de biens considérables, en sa qualité de garde armée, d'infirmière et d'aumônière du monde chrétien.

« La participation des templiers au grand mouvement des croisades est universellement connue. Chacun sait que cette admirable corporation qui, suivant l'expression des chroniqueurs, *marchoit toujours la première à la rescousse et la dernière au recul*, sut encore conquérir une gloire supérieure au milieu des hauts faits par lesquels toutes les armées chrétiennes s'illustrèrent aux dépens de l'ambition militaire des Sarrasins. Pendant deux siècles, la succession des grands maîtres, toujours choisis néanmoins dans les rangs des hommes jeunes et forts, offre une série de règnes courts et multipliés, semblables aux règnes de ces vieillards courbés sous le poids du sacerdoce, que la prudence inspirée du conclave élève à de si fréquentes reprises au trône pontifical. Dignes représentants d'un clergé qui transportait l'esprit de sacrifice dans la guerre, les chefs de l'ordre du Temple de Jérusalem tombaient presque tous sur les champs de bataille, après quelques années d'un ministère pénible et glorieux.

« La mission défensive de la croisade en Orient était accomplie : Rome désavoua les entreprises attardées des chrétiens qui s'obstinaient à guerroyer en Palestine. Boniface VIII, dans l'intérêt général, venait de repousser le projet d'une croisade nouvelle, exposé par Jacques de Molai dans un mémoire d'ailleurs plein de mérite. La plus urgente mesure à prendre en temps de paix, c'est le licenciement des troupes mises sur le pied de guerre; et l'Eglise devait désarmer, comme les souverains et les seigneurs du siècle, à la clôture de la grande expédition dont les besoins avaient absorbé la force des peuples au profit de la nécessité d'un jour.

« Tandis que la chrétienté se reconstituait pour réparer dans le travail ses forces épuisées par tout le sang qu'elle avait perdu; que la religion et la politique calmaient de concert les dernières effervescences d'une crise mourante; que le clergé, la noblesse et le peuple se retournaient vers les arts pacifiques, vingt mille chevaliers du Temple, dont chacun emmenait ses écuyers, tous nourris dans la liberté des camps, au contact des mœurs de l'Asie, soldats cousus d'or et revêtus d'un double pouvoir ecclésiastique et militaire, rentraient en Europe le même jour avec armes et bagages, prêts à se disperser comme les eaux de l'orage à travers les langues multiples de leur ordre, et prêts aussi, s'il en était besoin, à se rallier sur l'appel du grand maître.

« Ce retour menaçait la société d'un double péril. D'une part, il était notoire en haut lieu, et surtout à Rome, que le chapitre général de l'ordre servait de centre à la transmission d'une doctrine mystérieuse, empruntée à l'ancienne Egypte par l'intermédiaire des sectes secrètes d'Orient, et qui se cachait dans les degrés supérieurs de la hiérarchie templière, pour s'infiltrer inévitablement quelque jour au sein des croyances qui supportaient la constitution européenne. D'autre part, les souverains avaient tout à redouter d'une corporation mixte, plus puissante peut-être qu'aucun d'entre eux sous le point de vue militaire, indépendamment de ses prérogatives spirituelles; le roi de France, en particulier, ne pouvait voir sans appréhension, au cœur de ses Etats, la plus grande portion de ces quarante mille commanderies, dont les belliqueux habitants, s'il leur prenait fantaisie d'échapper au joug du saint-siège, pouvaient ébranler le trône de Philippe en se levant contre lui comme un seul homme.

« Bref, avec le changement des affaires, le plus grand secours de la veille était devenu le plus grand danger du lendemain. L'inutilité de l'institut pour l'avenir se montrait certaine autant que sa soumission volontaire paraissait douteuse; et la révolte des chevaliers de Prague et d'Aragon prouva depuis qu'on ne s'était point trompé.

« Analysons rapidement cette fameuse procédure que les contemporains ont unanimement approuvée, et qui, depuis le dix-septième siècle, excita tant de tardives clameurs. Par l'autorité de Philippe le Bel, les templiers de France furent tous arrêtés en un seul jour, le 13 octobre 1307.

« A peine Clément eut-il appris cette mesure, qu'il s'en plaignit, dans une bulle adressée au roi de France, comme d'une usurpation sur la liberté de l'Eglise, qui seule pouvait juger les ecclésiastiques. Il suspendit en même temps le pouvoir des archevêques, évêques, prélats et inquisiteurs de France, dans l'instruction du procès des templiers. Philippe se récria d'abord; mais, sur l'avis des docteurs de la couronne, il satisfit les cardinaux qui se présentèrent devant lui par l'ordre du pape, et les principaux templiers furent envoyés à Poitiers, où se trouvait alors le saint-père.

« Clément les interrogea, au nombre de soixante-douze, et reçut avec douleur les plus accablants aveux. Le reniement du Christ et les pratiques infâmes qui pesaient déjà sur la réputation de l'ordre sont des faits établis par les révélations presque unanimes des accusés.

« Convaincu dès lors que l'instruction suivait une marche régulière, le pape autorisa sur de nouveaux frais le clergé de France à la poursuivre, et permit aux ordinaires de procéder jusqu'à la sentence, qui serait donnée contre les chevaliers par les conciles provinciaux. Néanmoins il se réserva, comme au saint-siège, le jugement du grand maître et des principaux dignitaires du Temple.

« En conséquence, Philippe le Bel décerna commission à Guillaume de Paris, de l'ordre des frères prêcheurs, inquisiteur de la foi en France, et aux gentilshommes les plus notables dans les localités diverses, pour informer sur les chevaliers tenus en son pouvoir royal, au nom de l'Eglise, et sur la prière du pape et des prélats, pendant que Clément lui-même interrogeait le grand maître et les hauts officiers, qui répétèrent les aveux de leurs inférieurs.

« L'enquête générale marchait activement en France; mais la cour de Rome, toujours attentive à contre-balancer les préventions nationales par le poids de son impartialité suprême, chargea cette fois encore trois cardinaux de s'assurer par eux-mêmes de la réalité des réponses étranges que l'on obtenait des templiers. Enfin, ne voyant plus l'ombre d'un doute, le saint-père, en 1308, invita par des bulles tous les souverains à suivre dans leurs États l'exemple du fils aîné de l'Église. Comme chefs d'enquête, il leur posa quatorze articles fondés sur les charges déjà connues. Dans cette année, le concile général de Vienne en Dauphiné fut aussi convoqué pour achever l'œuvre entreprise par les prélats, abbés, chapitres, villes et communes de France, dans plusieurs synodes provinciaux.

« Au bout d'une instruction de cinq ans, le concile général, composé de trois cents évêques, se réunit en 1313. Les témoins, les accusés et leurs procureurs entendus, l'abolition de l'ordre du Temple y fut prononcée, et le pape la confirma par une bulle célèbre.

« Lorsqu'on examine les révélations de deux cent quarante templiers, qui sont citées intégralement dans le grand ouvrage de l'historien Dupuis, et celles de deux mille témoins entendus contre eux dans toute la chrétienté, on est surpris, devant le poids des charges, de voir la multiplicité des acquittements. Les condamnations ne portent que sur des crimes plus sévèrement châtiés par la justice du temps, et dont la plupart entraînent, même aujourd'hui, des peines analogues. Ainsi, les complots contre la sûreté de l'État mènent encore à l'incarcération les modernes imitateurs des templiers qui les commirent, et le crime monstrueux dont plusieurs furent convaincus est puni de mort en Angleterre jusqu'à ce jour.

« Il faut tenir compte de l'esprit miséricordieux du catholicisme, qui tempéra, pour sa part, la sévérité des lois temporelles, en attachant le pardon au repentir, pour concevoir que, dans une immense corporation visiblement dépravée, sur tant de milliers d'hommes, soixante à quatre-vingts seulement aient subi la peine capitale. Jacques de Molai lui-même et trois autres chefs de l'ordre, convaincus comme lui, obtinrent la commutation de la peine du bûcher en prison perpétuelle, sous la condition d'une amende honorable, et la terrible sentence ne fut exécutée que lorsque, au mépris de leurs promesses, ils eurent protesté contre leurs juges à la face du peuple.

« Nous n'avons point qualité pour descendre dans les consciences; qu'il nous suffise d'enregistrer la régularité des jugements.

« Plus faibles dans les autres pays, les templiers s'y soumirent généralement aux censures ecclésiastiques. Le rhingrave Hugues parut devant le concile de Mayence, à la tête de six chevaliers sous les armes, et demanda le jugement de Dieu. Nul champion ne s'étant présenté contre eux, ils furent absous, suivant la loi civile. La presque totalité des templiers, soit absous, soit pénitents et reçus en grâce, passèrent, avec leurs dignités et leurs biens, dans les ordres militaires de l'Hôpital (dit de Saint-Jean ou de Malte), de Notre-Dame-de-Monteza et du Christ, chargés désormais de continuer la défense de l'Europe sur la Méditerranée, son nouveau théâtre, où le génie du Temple, sous ces formes diverses, servit longtemps encore la cause de la chrétienté.

« On a parlé souvent de la confiscation que Clément V, Philippe le Bel et d'autres princes auraient exercée sur les possessions templières; ramenons d'un mot à ses véritables termes cette question si simple et si complaisamment obscurcie.

« Comme l'ordre lui-même, ses propriétés, par leur titre, étaient complexes. Elles provenaient de donations faites par des rois, des seigneurs ou de riches communautés à la *langue*, c'est-à-dire au préceptorat spécial de leur pays. Chaque propriété, château, temple, chapelle, forêt ou terre, était, de la sorte, tout à la fois ecclésiastique et nationale.

« De là, lors de l'abolition de l'ordre, nécessité d'une liquidation entre l'Église et les souverains. Les uns réclamèrent, de droit, soit pour eux, soit pour leurs sujets, les biens constitués sur la tête de l'ordre; les autres permirent que des richesses données au Temple par eux ou par leurs pères fussent transférées soit aux hospitaliers de l'ordre de Malte, soit à quelque autre institution pieuse, et ces richesses seules passèrent entre les mains de l'Église.

« Aussitôt après la bulle de condamnation, le pape déclara, par une autre bulle, qu'en décrétant l'union des biens des templiers à l'ordre de St-Jean-de-Jérusalem, il avait entendu que ce fût sans préjudicier aux droits que les rois, princes, barons et autres seigneurs pourraient avoir sur ces biens lors de leur capture.

« On pourrait demander si Philippe le Bel, par exemple, en regard de l'épuisement des finances, n'avait pas de justes raisons pour réintégrer dans les possessions de la couronne une partie au moins des commanderies templières de France? Il ne toucha cependant qu'aux meubles et à quelque argent qui se trouvait alors dans les maisons de son royaume. Tous les biens immeubles qui formaient la principale richesse de l'ordre furent par lui cédés aux hospitaliers de Malte.

« Les dépenses du procès avaient été prodigieuses. On peut en juger par la mainlevée que Louis le Hutin donna, le 14 février 1315, à Foulques de Villaret, grand maître de l'Hôpital, en vertu de la restitution à la couronne de France, de 260,000 livres et de plusieurs autres sommes non exprimées, pour laquelle Philippe le Bel avait engagé tous les biens du Temple remis aux frères de Malte, comme il appert par le registre du trésor de l'an 1317, lettre 142.

« Terminons par le grand argument que les templiers modernes dont nous avons parlé dans le commencement de cet article, croient alléguer contre la décision par laquelle le souverain pontife, avec l'approbation du concile de Vienne, abolit l'institut qu'un autre pape et un autre concile avaient fondé. « Clément lui-même, disent-ils (1), déclare, dans son décret d'abolition, qu'il n'a pas le droit de détruire l'ordre; » et, pour le prouver, ils citent une partie de la bulle de Vienne (6 *non. maii, pont. nost. ann.* 7, *sive* 2 *maii* 1312), qui déclare exactement le contraire.

« Voici comme s'exprime ce document, qui se trouve entre les mains de tout le monde :

« Ce n'est pas sans amertume de cœur et sans douleur qu'avec l'approbation du saint concile, ne pouvant, d'après les enquêtes et les procédures auxquelles il (l'ordre du Temple) a été soumis, prononcer en justice une sentence définitive, nous soumettons, non par une telle sentence, mais par voie de provision ou d'ordination apostolique, cet ordre à une prohibition perpétuelle, et le soustrayons à notre sanction irrévocable et perpétuellement valable, défendant expressément que personne n'entre dans ledit ordre, n'en prenne ou n'en porte l'habit, ou ne présume agir comme templier; que si quelqu'un faisait infraction à cette défense, il encourrait, par le fait même, la sentence d'excommunication. »

« L'assertion des templiers modernes, confrontée avec les termes de la bulle papale, nous dispense du moindre commentaire, car la difficulté qu'ils ont élevée contre le caractère perpétuel d'une sentence provisoire s'appuie simplement sur une interprétation vicieuse des mots. Personne, pas plus en bonne grammaire qu'en bonne jurisprudence, ne confondra *provisoire* avec *momentané*, ou *perpétuel* avec *éternel*. S'il restait une réflexion à faire sur l'acte apostolique, elle serait pour la modération de Clément V.

« Ainsi disparait devant un solide examen cette fantasmagorie de persécutions et de vengeances que la petite histoire pamphlétaire a soulevée sans pudeur autour d'un acte légal et politique, dont la prudente et ferme exécution licencia partout une corporation surannée, transfigura ses éléments selon les besoins du temps, concourut à rétablir les finances de l'Europe, et sauva peut-être une guerre civile à la France. »

TENARE, soupirail des enfers chez les anciens; il était gardé par Cerbère.

TÉNÈBRES. On appelle les démons puissances des ténèbres, parce qu'ils ne souffrent pas la lumière. On comprend aussi pourquoi les enfers sont nommés le séjour ténébreux.

TENTATIONS. *Voy.* DÉMONS, PACTES, DÉVOUEMENT, etc. — Voici sur ce sujet un passage emprunté à *l'Esprit de Nicole* et composé d'extraits textuels de ses divers écrits :

« Les démons sont des anges qui ont été créés comme les bons, dans la vérité, mais qui, n'y ayant pas demeuré fermes, sont tombés par l'orgueil et ont été précipités dans l'enfer. Et quoique Dieu, par un secret jugement, permette qu'avant le jugement dernier ils n'y soient pas entièrement attachés, et qu'ils en sortent pour tenter les hommes, ils portent néanmoins leur enfer partout.

« Les démons, quoique toujours disposés à nuire aux hommes, n'en ont néanmoins aucun pouvoir, à moins que Dieu ne le leur donne; et alors c'est, ou pour punir les hommes, ou pour les éprouver, ou pour les couronner.

« Les méchants sont proprement les esclaves du diable; il les tient assujettis à sa volonté; ils sont dans les pièges du diable, qui les tient captifs pour en faire ce qui lui plaît. Dieu règle néanmoins le pouvoir du démon, et ne lui permet pas d'en user toujours à sa volonté; mais il y a cette différence entre les méchants et les bons, qu'à l'égard des méchants il faut que Dieu borne le pouvoir que le diable a de lui-même sur eux, pour l'empêcher de les porter à toutes sortes d'excès, au lieu qu'à l'égard des bons il faut, afin que le diable puisse les tourmenter, que Dieu même lui en donne la puissance, qu'il n'aurait pas sans cela.

« Tout le monde est rempli de démons, qui, comme des lions invisibles, rôdent à l'entour de nous, et ne cherchent qu'à nous dévorer. Les hommes sont si vains dans leur aveuglement, qu'ils se font un honneur de ne pas les craindre, et presque de ne pas les croire.

« C'est une faiblesse d'esprit, selon plusieurs, d'attribuer aux démons quelque effet, comme s'ils étaient dans le monde pour n'y rien faire, et qu'il y eût quelque apparence que Dieu, les ayant autrefois laissés agir, il les ait maintenant réduits à une entière impuissance. Mais cette incrédulité est beaucoup plus supportable, quand il ne s'agit que des effets extérieurs. Le plus grand mal est qu'il y a peu de personnes qui croient sérieusement que le diable les tente, leur dresse des pièges, et rôde à l'entour d'eux pour les perdre, quoique ce soit ce qu'il y a de plus certain. Si on le croyait, on agirait autrement; on ne laisserait pas au démon toutes les portes de son âme ouvertes par la négligence et les distractions d'une vie relâchée, et l'on prendrait les voies nécessaires pour lui résister.

« Il est bien rare de trouver des gens frappés de la crainte des démons, et qui aient quelque soin de se garantir des pièges qu'ils leur tendent. C'est la chose du monde à quoi l'on pense le moins. Toute cette république invisible d'esprits mêlés parmi nous, qui nous voient et que nous ne voyons point, et qui sont toujours occupés à nous tenter, en excitant ou en enflammant nos passions, ne fait pas plus d'impression sur l'esprit de la plupart des chrétiens, que si c'était un conte et une chimère. Notre âme, plongée dans les sens, n'est touchée que par les choses sensibles. Ainsi elle ne craint point ce qu'elle ne voit point; mais ces ennemis n'en sont pas

---

(1) Manuel des chevaliers de l'ordre du Temple, à Paris, chez le chevalier A. Guyot, imprimeur de la milice du Temple, 707 (*).

(*) Date templière qui prend pour ère la fondation de la chevalerie primitive du Temple à Jérusalem (1118), et qui par conséquent répond à l'an 1825 de Notre-Seigneur Jésus-Christ.

moins à craindre, pour n'être pas craints. Il le sont au contraire beaucoup plus, parce que cette fausse sécurité fait leur force et favorise leurs desseins. C'est déjà pour eux avoir fait de grands progrès que d'avoir mis les hommes dans cette disposition.

« Comme ce sont des esprits de ténèbres, leur propre effet est de remplir l'âme de ténèbres et de s'y cacher. Hors un petit nombre d'âmes qui vivent de l'esprit de Jésus-Christ, les démons possèdent toutes les autres. Ils y règnent absolument, et ils réunissent tous leurs efforts contre ce petit nombre d'hommes qui sont encore vivants parmi ces cadavres qui les environnent et dont ils se servent pour les séduire.

« Le démon ne parle pas par lui-même, mais il parle par tous les hommes qu'il possède et à qui il inspire les sentiments qu'il voudrait faire passer dans notre cœur. Ces gens tracent dans notre esprit l'image de leurs pensées et de leurs mouvements; et si nous ne sommes pas bien sur nos gardes, il est facile de se laisser aller à suivre ces sentiments par le consentement du cœur. Il nous parle par tous les objets du monde, qui ne frappent pas seulement nos sens, mais qui sont présentés à notre esprit sous une fausse image de grands biens et d'objets capables de nous rendre heureux. Il nous parle par nos propres sentiments et par ces mouvements qu'il excite dans notre âme, qui la portent à vouloir jouir de ces biens sensibles et à y chercher son bonheur. Ainsi nous sommes dans une épreuve continuelle de ces impressions des démons sur nous.

« Le démon, ne pouvant parler immédiatement au cœur, et ne devant pas se manifester à nous, emprunte le langage des créatures et celui de notre chair et de nos passions, et nous fait entendre par là tout ce qu'il désire. Il nous dit, par les discours d'un vindicatif, qu'il est bon de se venger; par ceux d'un ambitieux, qu'il est bon de s'élever; par ceux d'un avare, qu'il est bon de s'enrichir; par ceux d'un voluptueux, qu'il est bon de jouir du monde.

« Il les fait parler, en agissant sur leur imagination et en y excitant les idées qu'ils expriment par leurs paroles, et il joint en même temps à cette instruction extérieure le langage de nos désirs qu'il excite. Celui des exemples des personnes déréglées lui sert encore plus que celui de leurs paroles. Et enfin la seule vue muette des objets du monde qu'il nous présente lui sert encore d'un langage, pour nous dire que le monde est aimable et qu'il est digne d'être recherché.

« La malice et l'artifice du démon a bien plus pour but en cette vie de rendre les hommes criminels, que de les accabler de misères et de maux. Il espère bien se dédommager en l'autre vie de tous les ménagements dont il use en celle-ci. Mais, comme il sait qu'il n'a de force et d'empire sur eux qu'à proportion qu'ils sont coupables, il tâche de les rendre plus coupables, afin de pouvoir les dominer et tourmenter plus cruellement et plus à son aise. Il prend donc pour l'ordinaire, dans cette vie, le parti d'exciter et de féconder les passions. Il tâche de procurer aux siens des richesses et des plaisirs, et de les faire réussir dans leurs injustes desseins. Il s'applique particulièrement à empêcher qu'ils ne lui échappent, et à éloigner d'eux tout ce qui pourrait les réveiller de leur assoupissement. Il emploie toutes sortes d'adresses et d'artifices pour les retenir dans ses liens. Il les environne de gens qui les louent et qui les autorisent dans leurs déréglements, qui leur en ôtent le scrupule, en leur proposant une infinité de mauvais exemples, qui les y confirment. Il les amuse et les entretient d'espérances trompeuses. Il les accable d'emplois, d'occupations, de desseins, de divertissements qui les empêchent de penser à eux.

« Et comme, selon les diverses personnes et dans les diverses circonstances, il a besoin de divers moyens, il se sert aussi quelquefois des calamités et des maux de la vie, pour les accabler de tristesse, les réduire au désespoir, et les empêcher, par la multitude de leurs maux, d'avoir le temps de penser à se convertir; enfin, tout lui est bon pour se conserver l'empire de ceux qu'il tient en sa possession, se réservant en l'autre vie de leur faire sentir la dureté de son joug. »

TEPHRAMANCIE, divination par laquelle on se servait de la cendre du feu qui, dans les sacrifices, avait consumé les victimes.

TERATOSCOPIE, divination qui tire des présages de l'apparition de quelques spectres vus dans les airs, tels que des armées de cavaliers et autres prodiges, dont parlent les chroniqueurs.

TERRAGON. Dans un pamphlet contre Henri III, qui parut en 1589, sous le titre de Remontrances à Henri de Valois, sur les choses horribles envoyées par un enfant de Paris, on lisait ce qui suit : « Henri, lorsque vous donnâtes liberté à tous sorciers et enchanteurs et autres divinateurs, de tenir libres écoles aux chambres de votre Louvre et même dans votre cabinet, à chacun d'iceux une heure le jour, pour mieux vous instruire, vous savez qu'ils vous ont donné un esprit familier, nommé Terragon. Vous savez qu'aussitôt que vous vîtes Terragon, vous l'appelâtes votre frère en l'accolant... » On ajoutait sur ce démon familier des choses détestables. « Vous savez, Henri, que Terragon vous donna un anneau, et que dans la pierre de cet anneau votre âme était figurée... »

Ces singularités ne viennent que d'un pamphlet. Mais toutefois Henri III était fort superstitieux, et s'occupait de magie. *Voy.* HENRI III.

TERRE. Félix Nogaret a exploité une opinion bizarre de quelques philosophes dans un petit ouvrage intitulé : *La terre est un animal*, in-16. Versailles, an III. Lyon possède un astronome qui met en avant une autre théorie. Il prétend que la terre est une éponge qui se soulève et qui s'abaisse chaque jour au dessus ou au-dessous du soleil, de manière à former les jours et les nuits. Les éclipses sont impossibles, d'après son système, puisque les astres sont immobiles. Nous oublions de dire que, selon lui, la terre respire à la manière des éléphants : les volcans sont ses narines. Par le temps de professions de foi qui court, disait l'*Union catholique* (1), il ne serait peut-être pas déplacé que l'illustre auteur de cette belle découverte formulât son système de la terre-éponge.

TERRESTRES ou SOUTERRAINS, espèce de démons que les Chaldéens regardaient comme menteurs, parce qu'ils étaient les plus éloignés de la connaissance des choses divines.

TERREURS PANIQUES. Un cavalier pariait qu'il irait, la nuit, donner la main à un pendu. Son camarade y court avant lui, pour s'en assurer. Le cavalier arrive bientôt, tremble, hésite ; puis, s'encourageant, prend la main du pendu et le salue. L'autre, désespéré de perdre la gageure, lui donne un grand soufflet, tellement que celui-ci, se croyant frappé du pendu, tombe à la renverse et meurt sur la place. *Voy.* RETZ, FRAYEUR, REVENANTS, etc.

TERRIER, démon invoqué dans les litanies du sabbat.

TERVAGANT, démon fameux au moyen âge, comme protecteur des Sarrasins.

TERVILLES, démons qui habitent la Norwège avec les drolles. Ils sont méchants, fourbes, indiscrets, et font les prophétiseurs (2).

TESPÉSION, enchanteur qui, pour montrer qu'il pouvait enchanter les arbres, commanda à un orme de saluer Apollonius de Tyane ; ce que l'orme fit d'une voix grêle (3).

TÊTE. M. Salgues cite Phlégon, qui rapporte qu'un poëte nommé Publius ayant été dévoré par un loup qui ne lui laissa que la tête, cette tête, saisie d'un noble enthousiasme, articula vingt vers qui prédisaient la ruine de l'empire romain. Il cite encore Aristote, qui atteste qu'un prêtre de Jupiter ayant été tué, sa tête, séparée de son corps, nomma son meurtrier, lequel fut arrêté, jugé et condamné sur ce témoignage. *Voy.* POLYCRITE.

TÊTE DE BOPHOMET. M. de Hammer a publié, en 1818, une découverte intéressante pour l'histoire des sociétés secrètes. Il a trouvé, dans le cabinet des antiquités du muséum impérial de Vienne, quelques-unes de ces idoles, nommées *têtes de Bophomet*, que les templiers adoraient. Ces têtes représentent la divinité des gnostiques, nommée *Mété* ou *la Sagesse*. On y retrouve la croix tronquée, ou la clef égyptienne de la vie et de la mort, le serpent, le soleil, la lune, l'étoile du sceau, le tablier, le flambeau à sept branches, et d'autres hiéroglyphes de la franc-maçonnerie. M. de Hammer prouve que les templiers, dans les hauts grades de leur ordre, abjuraient le christianisme et se livraient à des superstitions abominables. Les templiers et les francs-maçons remontent, selon lui, jusqu'au gnosticisme, ou du moins certains usages ont été transmis par les gnostiques aux templiers, et par ceux-ci aux francs-maçons.

On garda longtemps à Marseille une de ces têtes dorées, saisie dans un retrait de templiers, lorsqu'on fit leur procès.

TÊTE DE MORT. Un roi chrétien, voulant connaître le moment et le genre de sa mort, fit venir un nécromancien qui, après avoir dit la *messe du diable*, fit couper la tête d'un jeune enfant de dix ans, préparé pour cet effet. Ensuite il mit cette tête sur l'hostie noire, et, après certaines conjurations, il lui commanda de répondre à la demande du prince ; mais la tête ne prononça que ces mots : *Le ciel me vengera* (4)... Et aussitôt le roi entra en furie, criant sans cesse : *Otez-moi cette tête !* Peu après il mourut enragé (5).

TÊTE DE SAINT JEAN. Un devin s'était rendu fameux dans le dix-septième siècle, par la manière dont il rendait ses oracles. On entrait dans une chambre éclairée par quelques flambeaux. On voyait sur une table une représentation qui figurait la tête de saint Jean-Baptiste dans un plat. Le devin affectait quelques cérémonies magiques ; il conjurait ensuite cette tête de répondre sur ce qu'on voulait savoir, et la tête répondait d'une voix intelligible, quelquefois avec une certaine exactitude. Or, voici la clef de ce mystère : la table, qui se trouvait au milieu de la chambre, était soutenue de cinq colonnes, une à chaque coin et une dans le milieu. Celle du milieu était un tuyau de bois ; la prétendue tête de saint Jean était de carton peint au naturel, avec la bouche ouverte, et correspondait, par un trou pratiqué dans le plat et dans la table, à la cavité de la colonne creuse. Dans la chambre qui se trouvait au-dessous, une personne, parlant par un porte-voix dans cette cavité, se faisait entendre très-distinctement : la bouche de la tête avait l'air de rendre ces réponses.

TÊTES DE SERPENT. Passant par Hambourg, Linné, encore fort jeune, donna une preuve de sa sagacité, en découvrant qu'un fameux serpent à sept têtes, qui appartenait au bourgmestre Spukelsen, et qu'on regardait comme un prodige, n'était qu'une pure supposition. A la première inspection, le docte naturaliste s'aperçut que six de ces têtes, malgré l'art avec lequel on les avait réunies, étaient des museaux de belettes, couverts d'une peau de serpent.

TETRAGRAMMATON, mot mystérieux employé dans la plupart des conjurations qui évoquent le diable.

TEUSARPOULIER, génie redouté des Bretons des environs de Morlaix. Il se présente sous la forme d'un chien, d'une vache ou d'un autre animal domestique.

TEUSS, génie bienfaisant, révéré dans le

---

(1) 16 juillet 1842.
(2) Leloyer, Hist. des spectres ou appar., etc., liv. VI, p. 529.
(3) Jacques d'Autun, l'Incrédulité savante.
(4) L'original porte : *Vim patior*.
(5) Bodin, Démonomanie des sorciers.

Finistère ; il est vêtu de blanc et d'une taille gigantesque, qui croît quand on l'approche. On ne le voit que dans les carrefours, de minuit à deux heures. Quand vous avez besoin de son secours contre les esprits malfaisants, il vous sauve sous son manteau. Souvent, quand il vous tient enveloppé, vous entendez passer avec un bruit affreux le chariot du diable, qui fuit à sa vue, qui s'éloigne en poussant des hurlements épouvantables, en sillonnant d'un long trait de lumière l'air, la surface de la mer, en s'abîmant dans le sein de la terre ou dans les ondes (1).

TEUTATÈS, le Pluton des Gaulois. On l'adorait dans les forêts. Le peuple n'entrait dans ces forêts mystérieuses qu'avec un sentiment de terreur, fermement persuadé que les habitants de l'enfer s'y montraient, et que la seule présence d'un druide pouvait les empêcher de punir la profanation de leur demeure. Lorsqu'un Gaulois tombait à terre, dans une enceinte consacrée au culte, il devait se hâter d'en sortir, mais sans se relever et en se traînant à genoux, pour apaiser les êtres surnaturels qu'il croyait avoir irrités (2).

THALIE. Voici, à propos de ce nom, un des contes populaires de la vieille mythologie.

La nymphe Thalie, se voyant grosse de Jupiter, craignit la colère de Junon, et pria la Terre de l'engloutir. Sa prière fut exaucée et elle y accoucha de deux garçons jumeaux, qui furent appelés Palices, parce qu'ils naquirent deux fois : la première fois de Thalie, et la seconde, de la Terre, qui les rendit au jour. Il se forma deux lacs, formidables aux parjures et aux criminels, dans l'endroit où ils naquirent.

THALMUD, livre qui contient la doctrine, les contes merveilleux, la morale et les traditions des juifs modernes. Environ cent vingt ans après la destruction du temple, le rabbin Juda-Haccadosch, que les juifs appelaient *notre saint maître*, homme fort riche et fort estimé de l'empereur Antonin le Pieux, voyant avec douleur que les Juifs dispersés commençaient à perdre la mémoire de la loi qu'on nomme orale, ou de tradition, pour la distinguer de la loi écrite, composa un livre où il renferma les sentiments, les constitutions, les traditions de tous les rabbins qui avaient fleuri jusqu'à son temps. Ce recueil forme un volume in-folio ; on l'appelle spécialement la *Mischna* ou seconde loi. Cent rabbins y ont joint des commentaires dont la collection se nomme *Gémare*. Le tout embrasse douze volumes in-folio.

Les Juifs mettent tellement le Thalmud au-dessus de la Bible, qu'ils disent que Dieu étudie trois heures par jour dans la Bible, mais qu'il en étudie neuf dans le Thalmud.

THAMUZ, démon du second ordre, inventeur de l'artillerie. Ses domaines sont les flammes, les grils, les bûchers. Quelques démonomanes lui attribuent l'invention des bracelets que les dames portent.

THEAGÈNES. *Voy.* Oracles.

THEANTIS, femme mystérieuse. *Voy* Obéreit.

THÈME CELESTE. Ce terme d'astrologie se dit de la figure que dressent les astrologues lorsqu'ils tirent l'horoscope. Il représente l'état du ciel à un point fixe, c'est-à-dire le lieu où sont en ce moment les étoiles et les planètes. Il est composé de douze triangles enfermés entre deux carrés ; on les appelle les douze maisons du soleil. *Voy.* Astrologie.

THEMURA, l'une des trois divisions de la cabale rabbinique. Elle consiste : 1° dans la transposition et le changement des lettres ; 2° dans un changement de lettres que l'on fait en certaines combinaisons équivalentes.

THEOCLIMÈNE, devin qui descendait en ligne directe de Mélampus de Pylos, et qui devinait à Ithaque dans l'absence d'Ulysse

THEODAT. *Voy.* Onomancie.

THEODORIC, roi des Goths. Sous son règne, les deux plus illustres sénateurs, Symmaque et Boëce, son gendre, furent accusés de crimes d'Etat, et mis en prison ; Boëce était chrétien. Il fut mis à mort l'an 524, et son beau-père eut le même sort l'année suivante. Un jour, les officiers de Théodoric ayant servi sur sa table un gros poisson, il crut voir dans le plat la tête de Symmaque, fraîchement coupée, qui le regardait d'un air furieux ; il en fut si épouvanté, qu'il en prit un frisson : il se mit au lit et mourut au désespoir.

THEOMANCIE, partie de la cabale des Juifs qui étudie les mystères de la divine majesté et recherche les noms sacrés. Celui qui possède cette science sait l'avenir, commande à la nature, a plein pouvoir sur les anges et les diables, et peut faire des prodiges. Des rabbins ont prétendu que c'est par ce moyen que Moïse a tant opéré de merveilles ; que Josué a pu arrêter le soleil ; qu'Elie a fait tomber le feu du ciel et ressuscité un mort ; que Daniel a fermé la gueule des lions ; que les trois enfants n'ont pas été consumés dans la fournaise, etc. Cependant, quoique très-experts aussi dans les noms divins, les rabbins juifs ne font plus rien des choses opérées chez leurs pères.

THERAPHIM. Selon rabbi Aben-Esra, les idoles, que les Hébreux appelaient téraphim, étaient des talismans d'airain, en forme de cadrans solaires, qui faisaient connaître les heures propres à la divination. Pour les faire on tuait le premier-né de la maison, on lui arrachait la tête, qu'on salait de sel mêlé d'huile : puis on écrivait sur une lame d'or le nom de quelques mauvais esprits ; on mettait cette lame sous la langue de l'enfant ; on attachait la tête coupée à la muraille, et, après avoir allumé des flambeaux devant elle, on lui rendait à genoux de grands respects. Cette figure répondait aux questions qu'on avait à lui faire ; on suivait ses avis, et on traçait sur ses indications les figures du thé-

---

(1) Cambry, Voyage dans le Finistère.

(2) M. Garinet, Hist. de la magie en France, p. 3.

raphim. Selon d'autres rabbins, les théraphims étaient des mandragores.

THERMOMÈTRE. L'abbé Chappe, né à Mauriac en Auvergne, en 1722, de l'académie des sciences, s'est immortalisé par ses deux voyages, l'un à Tobolsk, dans la Sibérie, en 1761, l'autre en 1769, en Californie, où il est mort. Dans le premier de ces voyages, il arriva un jour qu'après s'être livré au sommeil, auquel la fatigue l'avait fait succomber, il se trouva, en s'éveillant, au milieu de la nuit, abandonné par ses gens, seul dans son traîneau, dans un désert de glaces, sans vivres et loin de toute espèce d'habitation. Il ne perd point courage ; il marche au hasard, s'abîme dans un trou rempli de neige, s'en tire par miracle, aperçoit dans le lointain une faible lumière, la suit, arrive, retrouve ses gens, les réveille, leur pardonne et poursuit sa route. Il approche enfin de Tobolsk ; il ne restait que trois rivières à passer : mais tout annonçait le dégel ; on voyait l'eau partout. Les postillons refusent le service. Il les enivre d'eau-de-vie, et traverse les deux premières.

A la dernière il n'éprouve que des refus insurmontables. Indigné, il entre chez le maître de poste, en tenant à la main son thermomètre, que la chaleur du poêle fait monter, au grand étonnement des spectateurs. L'abbé, qui s'en aperçoit, saisit la circonstance. Il leur fait dire par son interprète qu'il est un grand magicien, que l'instrument qu'il porte l'avertit de tous les dangers ; que si le dégel était à craindre, l'animal qu'il renferme, étant exposé au grand air, ne descendrait pas, mais que si la glace était encore forte, il descendrait au-dessous d'une ligne qu'il marque avec le doigt. Il sort alors : tous le suivent en foule, et le thermomètre de descendre. Pleins de surprise et d'admiration, les postillons se hâtent d'obéir, et la rivière est traversée malgré la glace fléchissant sous le poids du traîneau, et menaçant à chaque instant de se rompre et de l'engloutir avec les voyageurs.

THESPÉSIUS. Citoyen de Cilicie, connu de Plutarque. C'était un mauvais sujet qui exerçait toutes sortes de friponneries, et se ruinait de jour en jour de fortune et de réputation. L'oracle lui avait prédit que ses affaires n'iraient bien qu'après sa mort. En conséquence, il tomba du haut de sa maison, se cassa le cou et mourut. Trois jours après, lorsqu'on allait faire ses funérailles, il revint à la vie et fut dès lors le plus juste, le plus pieux et le plus homme de bien de la Cilicie. Comme on lui demandait la raison d'un tel changement, il disait qu'au moment de sa chute son âme s'était élevée jusqu'aux étoiles, dont il avait admiré la grandeur immense et l'éclat surprenant ; qu'il avait vu dans l'air un grand nombre d'âmes, les unes enfermées dans des tourbillons enflammés, les autres pirouettant en tout sens, celles-ci très-embarrassées et poussant des gémissements douloureux ; celles-là, moins nombreuses, s'élevant en haut avec rapidité et se réjouissant avec leurs semblables. Il racontait tous les supplices des scélérats dans l'autre vie ; et il ajoutait que, pour lui, une âme de sa connaissance lui avait dit qu'il n'était pas encore mort, mais que, par la permission des dieux, son âme était venue faire ce petit voyage de faveur ; et qu'après cela il était rentré dans son corps poussé par un souffle impétueux.

Mais vous, lecteur, croyez-moi, n'attendez pas la mort pour bien vivre.

THESSALIENNES. La Thessalie possédait un si grand nombre de sorciers, et surtout de sorcières, que le nom de *sorcière* et de *Thessalienne* étaient synonymes.

THÉURGIE, art de parvenir à des connaissances surnaturelles et d'opérer des miracles par le secours des esprits ou génies que les païens nommaient des dieux, et que les Pères de l'Église ont appelés avec raison des démons. Cet art imaginaire a été recherché et pratiqué par un grand nombre de philosophes. Mais ceux des troisième et quatrième siècles, qui prirent le nom d'éclectiques ou de nouveaux platoniciens, tels que Porphyre, Julien, Jamblique, Maxime, en furent principalement entêtés. Ils se persuadaient que, par des formules d'invocation, par certaines pratiques, on pouvait avoir un commerce familier avec les esprits, leur commander, connaître et opérer par leurs secours des choses supérieures aux forces de la nature. Ce n'était, dans le fond, rien autre chose que la magie, quoique ces philosophes en distinguassent deux espèces, savoir : la magie noire et malfaisante, qu'ils nommaient *goétie*, et dont ils attribuaient les effets aux mauvais démons, et la magie bienfaisante qu'ils appelaient *théurgie*, c'est-à-dire opération divine par laquelle on invoquait les bons esprits (1).

Comment savait-on, ajoute Bergier, que telles paroles ou telles pratiques avaient la vertu de subjuguer ces prétendus esprits et de les rendre obéissants ? Les théurgistes supposaient que les mêmes esprits avaient révélé ce secret aux hommes. Plusieurs de ces pratiques étaient des crimes, tels que les sacrifices de sang humain ; et il est établi que les théurgistes en offraient. *Voy.* Julien, Magie, Art notoire, etc.

THIERS (Jean-Baptiste), savant bachelier de Sorbonne, professeur de l'Université de Paris, et ensuite curé de Vibraye dans le diocèse du Mans, né à Chartres en 1638, mort à Vibraye en 1703, auteur un peu janséniste de plusieurs ouvrages curieux, parmi lesquels on recherche toujours le *Traité des superstitions*, 4 vol. in-12. Il y rapporte une foule de petits faits singuliers.

THOMAS (Saint). On lit dans les démonomanes que saint Thomas d'Aquin se trouvait incommodé dans ses études par le grand bruit des chevaux qui passaient tous les jours devant ses fenêtres pour aller boire : comme il était habile à faire des talismans, il fit une petite

---

(1) Bergier, Dictionn. de théologie.

figure de cheval qu'il enterra dans la rue, et depuis, les palefreniers furent contraints de chercher un autre chemin, ne pouvant plus à toute force faire passer aucun cheval dans cette rue enchantée.

C'est un conte comme un autre. V. ALBERT LE GRAND.

THOMAS. On lit dans plusieurs conteurs ce qui suit :

« Un moine, nommé Thomas, à la suite d'une querelle qu'il eut avec les religieux d'un monastère de Lucques, se retira tout troublé dans un bois, où il rencontra un homme qui avait la face horrible, le regard sinistre, la barbe noire et le vêtement long. Cet homme vint au moine et lui demanda pourquoi il allait seul dans ces lieux détournés. Le moine répondit qu'il avait perdu son cheval et qu'il le cherchait. — Je vous aiderai, dit l'inconnu.

« Comme ils allaient ensemble à la poursuite du prétendu cheval égaré, ils arrivèrent au bord d'un ruisseau entouré de précipices. L'inconnu invita le moine, qui déjà se déchaussait, à monter sur ses épaules, disant qu'il lui était plus facile de passer à lui qui était plus grand. Thomas, fasciné par son compagnon, quoiqu'il en eût peur, y consentit; mais lorsqu'il fut sur le dos de l'inconnu, il s'aperçut qu'il avait les pieds difformes d'un démon; il commença à trembler et à se recommander à Dieu de tout son cœur. Le diable aussitôt se mit à murmurer et s'échappa avec un bruit affreux, en brisant un grand chêne qu'il arracha de terre. Quant au moine, il demeura étendu au bord du précipice et remercia son bon ange de l'avoir ainsi tiré des griffes de Satan (1). »

THOR, dieu de la foudre chez les anciennes races germaniques, qui l'armaient d'un marteau.

THOU. Il arriva en 1598 une aventure assez singulière au président de Thou. Il se trouvait depuis peu de temps dans la ville de Saumur. Une nuit qu'il était profondément endormi, il fut réveillé tout à coup par le poids d'une masse énorme qu'il sentit se poser sur ses pieds. Il secoua fortement ce poids et le fit tomber dans la chambre... Le président ne savait encore s'il était bien éveillé quand il entendit marcher tout auprès de lui. Il ouvrit les rideaux de son lit, et comme les volets de ses fenêtres n'étaient pas fermés et qu'il faisait clair de lune, il vit distinctement une grande figure blanche qui se promenait dans l'appartement.... Il aperçut en même temps des hardes éparses sur des chaises auprès de la cheminée. Il s'imagina que des voleurs étaient entrés dans sa chambre; et voyant la figure blanche se rapprocher de son lit, il lui demanda d'une voix forte : — Qui êtes-vous ?

— Je suis la reine du ciel, — répondit le fantôme d'un ton solennel.

Le président, reconnaissant la voix d'une femme, se leva aussitôt; et, ayant appelé ses domestiques, il leur dit de la faire sortir, et se recoucha sans demander d'éclaircissement. Le lendemain, il apprit que la femme qui lui avait rendu une visite nocturne était une folle qui, n'étant point renfermée, courait çà et là et servait de jouet au peuple. Elle était entrée dans la maison, qu'elle connaissait déjà, en cherchant un asile pour la nuit. Personne ne l'avait aperçue, et elle s'était glissée dans la chambre du président, dont elle avait trouvé la porte ouverte. Elle s'était déshabillée auprès du feu et avait étalé ses habits sur des chaises. Cette folle était connue dans la ville sous le nom de *la reine du ciel*, qu'elle se donnait elle-même.

THUGGISME, assassinat religieux dans l'Inde. La *Revue d'Édimbourg* a publié en 1837 un article des plus intéressants sur ce sujet singulier.

« Les annales des sociétés humaines n'ont pas conservé le souvenir d'un phénomène plus extraordinaire, dit le savant rédacteur. Ce phénomène date de plusieurs siècles : il dure encore. Il résiste à l'influence de la domination anglaise. Il s'est perpétué dans l'Inde, à travers toutes les variations des gouvernements et des coutumes; le mahométisme et la conquête sourde et silencieuse opérée par nos marchands ne l'ont pas détruit.

« Déjà l'Europe effrayée avait entendu parler de cette nation d'assassins, fraternité immense, répandue sur tous les points de l'Indoustan; respectée par les autorités, conforme aux coutumes, consacrée par la religion, fondée sur des principes philosophiques. Mais jusqu'ici on n'avait obtenu sur elle que des renseignements incomplets et partiels. L'organisation de cette société vouée à la destruction de l'humanité, se trouve enfin éclaircie, grâce aux efforts de sir William Bentinck, gouverneur des possessions anglaises dans l'Inde; et l'on n'a plus aucun doute sur son existence, sur ses ramifications, sur les profondes racines qu'elle a jetées dans les mœurs du pays. Les preuves sont abondantes, les mobiles qui la dirigent sont connus.

« Depuis le cap Comorin jusqu'aux monts Hymalaya, une vaste association couvrant le sol, répandue dans les forêts, habitant les villages, mêlée aux citoyens les plus respectables, soumise à un code de moralité d'ailleurs sévère, parcourant tout le territoire, n'a d'autres moyens d'existence, d'autre gloire, d'autre but avoué, d'autre religion que de tuer. Les philosophes occidentaux sont restés bouche béante, les yeux fixés sur ce phénomène : lorsque des faits avérés sont venus l'attester, ils n'ont pu ni le réfuter ni le comprendre. Quelle explication rationnelle donner d'une telle anomalie? La société repose sur le besoin de la conservation : voici des milliers d'hommes associés pour la destruction.

« Ils tuent sans scrupule, sans remords, d'après un système lié, logique, complet. Assurément ceci est un prodige. Les assas-

---

(1) Wierus, de Præst., etc.

sins ou thugs (1) sont non-seulement moralistes, mais artistes ; leurs formules pour étrangler le voyageur sont savantes ; ils recherchent l'élégance et la grâce dans le procédé même de l'assassinat.

« Nul d'entre eux n'oserait employer un nœud coulant grossièrement fabriqué. Ces démons se croient des anges ; la justice britannique met-elle la main sur eux, ils se présentent sans crainte et meurent sans honte. Ils développent ingénument les principes de leur caste, en soutiennent l'excellence et en rapportent les actes les plus horribles à une nécessité supérieure, divine, dont ils ne sont que les instruments louables.....

« La pensée religieuse qui a présidé à la civilisation immémoriale de l'Inde, c'est la déification de toutes les forces, l'apothéose gigantesque de tout ce qui est puissance, faculté, penchant... A côté de la puissance de création représentée par Vishnou et adorée comme telle, se trouve la puissance de destruction qui a aussi ses autels. Siva c'est le *Rien*, la *Destruction;* par conséquent la *Mort*. La subtilité sagace des philosophes, trouvant la mort sans cesse associée à la vie, le monde toujours occupé à se dévorer lui-même, l'existence sans cesse renouvelée par l'anéantissement, a élevé des temples à la force qui détruit, et les a opposés à ceux de la force qui féconde et crée. Nous n'hésitons pas à regarder le panthéisme indien comme le père de tous les polythéismes. Dans son enceinte immense, il renferme toutes les religions païennes. Prakriti est adoré comme raison ordonnatrice des choses ; Pourouche, comme âme du monde, comme esprit de Dieu ; Siva, c'est le feu dévorant, ne rallumant la vie qu'au flambeau de la mort. Entrez dans le domaine de la mythologie sivaïte ; lisez les odes, les hymnes, les traditions qui lui sont consacrés, vous n'y reconnaîtrez rien qui se rapproche de la simplicité patriarcale, de la contemplation pure, de l'élévation sublime qui respire dans les autres *vedas*. Un certain mysticisme y respire encore ; mais c'est un infernal enthousiasme, un délire de sang et de voluptés, un culte de l'orgie, où ce qu'il y a de plus subtil se joint à ce qu'il y a de plus gigantesque. Vous vous rappelez les fureurs sanglantes des prêtres de Phrygie, la singularité atroce de ces croyances qui commandaient l'éviration ; la fable des Titans qui mettent Bacchus en lambeaux ; celle de la Ménade qui, échevelée, frénétique, va secouer son thyrse au milieu des tigres et des panthères se roulant sur les débris d'ossements humains. Religion redoutable qui révèle ses mystères avec férocité, dans un *pourana*, ou chant sacré, nommé le *markandia*, pourana consacré à Devi, femme de Siva.

« Devi représente l'instinct féroce, l'énergie de Siva ; c'est à elle que se rattache la secte des assassins par système nommés Thugs. C'est elle qu'ils invoquent ; c'est à elle qu'ils demandent des augures et des auspices ; divinité terrible, errante au milieu d'un cimetière, le cou chargé d'ossements humains, mêlant la volupté au meurtre, s'enfermant dans une grotte mystérieuse et sombre pour y chercher des plaisirs secrets, pendant que des victimes humaines périssent dans les bûchers...

« Est-il vrai qu'un rapport existe entre ces anciennes doctrines philosophiques et l'effroyable coutume de l'assassinat systématique ? Ce rapport est-il réel et irrécusable ? On ne peut en douter. Tous les interrogatoires des thugs arrêtés par les autorités anglaises donnent sur ce point curieux les explications les plus nettes. Chacun des assassinats qu'ils commettent est un acte religieux : le code renfermant les principes du thuggisme est inviolable dans ses maximes. Sanctionné d'un côté par le fanatisme et de l'autre par la soif du gain, il tient à la fois à la terre et au ciel. On ne peut effacer de l'esprit des thugs les axiomes fondamentaux des dogmes dictés par Devi. « J'en ai connu, dit le capitaine Sleeman, qui avaient vécu familièrement, pendant douze années, chez des Européens ; ils savaient parfaitement l'anglais ; ils demeuraient convaincus de l'origine divine du thuggisme. Ceux que nous tenions en prison à Joubelpore appartenaient à toutes les provinces de l'Inde ; il y en avait qui venaient de la Karnatique, des bords de l'Indus et de ceux du Gange. La plupart comptaient dix ou quinze années d'exercice ; ils parlaient de leurs fonctions comme de fonctions sacerdotales, honorablement remplies ; de leurs victimes, comme un prêtre de Jupiter ou de Saturne eût parlé des bœufs et des génisses immolés sur les autels de son dieu. Toujours, quand on questionne un thug, le nom de Devi, sa patronne, la déesse du meurtre philosophique, explique et excuse tout. »

« Cette effroyable déesse Devi se nomme aussi Kalie, Dourga ou Bhowanie ; elle a posé les bases et dicté les principes de l'affiliation. Tous les meurtriers la regardent comme leur protectrice ; les sacrifices humains lui plaisent seuls. Pour la satisfaire, beaucoup de dévots se suicident ; d'autres enlèvent des enfants dont ils versent le sang devant sa statue ; mais si tous les assassins croient en elles, les thugs se regardent seuls comme ses enfants orthodoxes.

« — Vous croyez donc, demandait un juge au thug Saïb, qu'un homme qui commet l'homicie sans se conformer aux présages et aux rites, est puni dans ce monde et dans l'autre ?

« — Puni rigoureusement ; la famille d'un meurtrier périt et s'efface ; son nom même disparaît de la terre. Le thug qui assassine sans formalités perd les enfants qu'il a : Dieu ne lui en donne plus d'autres.

---

(1) Prononcez *theugs*, avec l'aspiration du *th*. Ce mot, d'origine hindoue, signifie *séducteur*. (Traduction de la *Revue Britannique*.)

« — La même chose lui arriverait s'il tuait un thug?

« — Oui, certes.

« — Et les formalités accomplies, vous ne craignez rien ?

« — Jamais.

« — Mais les fantômes de ceux que vous avez assassinés ne viennent-ils pas vous persécuter pendant le sommeil?

« — Cela est impossible.

« — On prétend que les spectres des assassinés viennent s'asseoir au chevet des assassins? Vous échappez à cette punition?

« — Sans doute! Ceux qui meurent sous notre lacet ne sont pas tués par nous, mais par Devi.

« Quelle argumentation détruirait une croyance pareille, devenue la vie d'une race entière? Tout ce que les hommes respectent, toutes les idées de morale et de piété se trouvent mêlées à leurs pensées d'assassinat et de destruction. Huit ou dix mille hommes, qui se croient des saints, ne pensent qu'à égorger! Trouver une bonne victime, un augure favorable, une bourse bien garnie, c'est leur rêve, que souvent ils réalisent. Les bandes de thugs, composées de cinquante à cent hommes, traversent l'Inde dans tous les sens, et quelquefois expédient une trentaine de victimes dans une soirée. C'est un pays sans communication : les routes sont à peine tracées, les villes ont peu de rapports commerciaux entre elles ; on est heureux de se réunir en caravanes et de se diriger vers un même point. En général, on porte ou l'on envoie beaucoup de métaux précieux d'un lieu à l'autre; le voyageur part avant le lever du soleil pour éviter la grande chaleur. Il est à pied, ou monté sur un petit poney : point d'auberges: on s'arrête sous un arbre, dans un lieu frais, dans le creux d'une vallée ; on prépare soi-même ses aliments et l'on s'endort. Chacun aime à rencontrer quelque autre voyageur à qui parler, un compagnon de pèlerinage, au milieu des steppes déserts, des ravins profonds, des vastes solitudes qu'il s'agit de parcourir. Surtout on est charmé de s'adjoindre à une caravane ; et souvent, chose étrange, elle n'est composée que de meurtriers. Toutes ces circonstances ont favorisé le développement du système des thugs, et rendu vraiment effroyable cette grande organisation du meurtre. Une armée entière s'est consacrée à cette profession, dont elle croit retrouver les vestiges sculptés dans les plus vieux temples de la Péninsule.

« — N'avez-vous pas assuré (demandait-on à Feringie, l'un des plus célèbres thugs) que les sculptures des caveaux sacrés d'Éllore représentent fidèlement les opérations de ce que vous appelez votre métier?

« — Oui. Elles y sont toutes, l'une après l'autre ; l'une représente le mode de strangulation ; l'autre, l'ensevelissement des cadavres ; une troisième, la manière dont il faut consulter les augures. Il n'y a pas dans le thuggisme un seul acte dont les sculptures anciennes n'offrent le modèle.

« — Quelles sont, selon vous, les opérations représentées dans ces caveaux ?

« — Je les ai toutes détaillées ; j'ai vu le *sotha* ou le séducteur causer avec la victime, pour lui arracher ses secrets, gagner sa confiance et s'insinuer dans son affection. Plus loin, l'homme chargé de la strangulation jette le lacet sur le cou de celui qui doit tomber victime, pendant que le *choumsie* ou teneur de pieds l'empêche de bouger.....

« — Mais sont-ce là les seules sculptures de ce genre que vous ayez remarquées?

« — J'en ai vu deux autres qui faisaient suite aux premières : l'enlèvement du cadavre par les *loughas*, et la manière dont il faut creuser la fosse avec la pioche sacrée. Tout cela est d'une fidélité parfaite, et nous ne pratiquons pas autrement.

« — Quels ont été, selon vous, les auteurs de ces sculptures?

« — Les dieux. Une main d'homme n'aurait rien créé de tel ; et il nous est défendu de révéler les secrets de la caste.

« Au XVI siècle, le thuggisme existait déjà. Le voyageur Thévenot parle de voleurs de grands chemins, les plus adroits du monde, dit-il, et qui lancent sur le voyageur un lacet préparé avec tant d'habileté, qu'ils l'étranglent en un clin d'œil et sans que ce dernier s'aperçoive de leur intention. Il raconte aussi que des femmes envoyées à la découverte du voyageur se tenaient sur son passage, tout échevelées, fondant en larmes, poussant de longs sanglots, essayaient d'attendrir le malheureux et saisissaient le moment favorable pour l'étrangler à loisir. Le thuggisme dédaigne aujourd'hui ces ressources; tout se passe avec plus de simplicité et d'habileté. A peine entendrait-on parler des thugs, si les cadavres qu'ils ensevelissent par centaines dans les puits, dans le lit des rivières, à l'ombre des forêts, ne venaient révéler leur puissance et la silencieuse vigueur de leur association.

« Ils se divisent en *thugs* du nord et *thugs* du midi. Ces derniers, les thugs orthodoxes, méprisent leurs confrères du nord, qui n'ont pas maintenu la pureté de la tradition. Le thug véritablement dévot ne doit point assassiner de femme, de quelque rang ou de quelque âge qu'elle puisse être ; tout fakir, barde, musicien, danseur, balayeur, marchand d'huile, blanchisseur, serrurier, charpentier, meneur de vaches, est respecté par le thuggisme orthodoxe. On épargne aussi les mutilés, les lépreux et les porteurs d'eau du Gange lorsque leurs cruches sont pleines ; quand elles sont vides, on tue le porteur sans remords. Chacune de ces amnisties se rattache à un sentiment religieux qui couvre d'une vénération spéciale les professions dont nous avons parlé. Les thugs du midi ne manquent jamais à ces diverses prescriptions; quant à ceux du nord, qui ne sont, selon leurs adversaires, que les descendants avilis des sept tribus musulmanes, jadis stationnées à Dehly, ils ont introduit dans leur système un relâchement funeste. La tradition rapporte qu'un empereur de Dehly chassa ces tribus, pour les punir d'avoir assassiné l'un de ses serviteurs, et qu'elles se réfugièrent à Hydra, puis à Chouboum, et enfin à Kaliesinde. En 1812, c'était là en effet leur quartier général, d'où M. Halhed les débusqua.

« S'il fallait en croire l'orthodoxie thug, une transgression commise par les hérétiques septentrionaux aurait été cause de tous leurs malheurs et entraîné la décadence de cette religion, que les Anglais poursuivent aujourd'hui. Une dame riche et puissante nommée *Kálibibie* allait à Hyderabad, visiter la tombe d'un frère de Soulaboud-Khan. Elle portait une robe de tissu d'or qui tenta la cupidité de quelques thugs; ces derniers l'assassinèrent : depuis cette époque, tout a été mal pour eux : et la déesse les a servis avec beaucoup moins de zèle.

« Le thug orthodoxe considère la pitié comme un crime irrémissible quand l'augure commande le meurtre. Un juge adressa la question suivante à Dourga, thug musulman :

« — Je suppose que vous ayez consulté l'oracle et qu'il soit excellent, mais que le voyageur que vous vous proposez d'étrangler soit pauvre, que la pitié vous touche, que ferez-vous? le laisserez-vous aller?

« — Le laisser aller ! jamais ! Il n'est pas permis de résister à l'oracle ! Une désobéissance criminelle nous exposerait à être abandonnés à jamais. Il faut toujours obéir. J'en ai vu des exemples mémorables. L'oracle était bon ; mais le voyageur semblait pauvre. Quand on ouvrit les poches, on trouva que l'oracle avait dit vrai, et qu'elles étaient convenablement remplies.

« Si l'on réfléchit que le culte de Devi, déesse hindoue, est la base de l'association, on s'étonnera de trouver un si grand nombre de musulmans parmi les thugs. C'est une des singularités de cette affiliation sans exemple. La déesse du sang, la femme de Siva a triomphé du Dieu unique des mahométans et de Mahomet, son prophète. En vain l'islamisme proscrit l'adoration des divinités secondaires, le culte des images, l'adoration des saints, pour faire planer au-dessus du monde le seul Allah, universel, impérissable. Les musulmans thugs ont oublié leur foi sévère.

« — N'êtes-vous pas musulman, demanda le juge au thug Sahib?

« — Oui, comme la plupart des thugs de ma province.

« — Le Koran est votre loi?

« — Oui !

« — Vous vous conformez à ses préceptes, quant aux mariages, aux héritages, aux prières, aux repas? Vous croyez au paradis promis par Mahomet?

« — Oui.

« — Le Koran fait-il mention de la déesse Devi, Kalie ou Bhowanie?

« — Non, nulle part.

« Ici un autre thug musulman s'avança et dit :

« — Bohwanie n'est autre que la propre fille de Mahomet, Fatima, femme d'Ali. Cette Fatima s'est servie du mouchoir sacré pour étrangler le grand démon Roukout Bigdana : elle a pris le nom de Devi.

« Cette assertion fut suivie d'une longue discussion théologique. Les officiers mahométans niaient l'identité de Bhowanie et de la douce Fatima : les thugs affirmaient cette identité. Mais il demeura convenu qu'un bon musulman peut se conformer au code de Bhowanie, et lui sacrifier des hommes, sans offenser Mahomet et sans renier Allah ! !

« — N'est-elle pas la déesse universelle, demanda Féringie? Le monde entier ne reconnaît-il pas Devi, déesse de la destruction ?

« — Non pas, répondit un colonel de l'armée anglaise; en Europe nous ne la connaissons nullement.

« — Un bon disciple de Mahomet ne la connaît pas davantage, interrompit un officier mahométan.

« — Vous vous trompez, dit Féringie ; les mahométans adorent Devi ; et ce qui le prouve, c'est que, pendant la peste, les femmes des plus notables habitants de Joubelpore tombaient à genoux avec leurs enfants devant la déesse.

« — Les plus grands princes et nawabs du Dekan, continua Nazir, se prosternent fréquemment aux pieds de Devi, pour lui demander la santé de leurs proches.

« — Croit-on, en général, que vous, thugs, vous êtes sous la protection spéciale de Devi ?

« — Beaucoup le pensent : les princes n'osent pas nous poursuivre. Le prince ou nawab Dolhi Khan recevait les présents d'un chef thug, nommé Boura Sahib Gemadar, qui commandait à plusieurs centaines de thugs. Si ce dernier voulait renoncer à sa profession, on lui offrait des domaines considérables, des fonctions importantes et l'exemption de l'impôt. Le hasard voulut que des officiers de justice, envoyés à la recherche d'un autre coupable, s'emparassent de Boura Sahib : on l'attacha à la bouche d'un canon et on le fit sauter. Le nawab, qui en fut instruit, témoigna la plus vive douleur ; il joignit les mains en disant : « Dieu l'a « voulu, mais ce n'est moi qui l'ai fait ! »

« Ainsi, les gouvernements indigènes, considérant le thuggisme comme une profession nécessaire et consacrée, reconnaissent les thugs membres de l'État, et leur assurent des droits en leur imposant des redevances. « Une taxe de 24 à 28 roupies est prélevée sur chacune des maisons habitées par les thugs (ainsi s'exprime un document officiel) ; en quelques mains que se trouve la direction du principal établissement thug, situé à la jonction du Choumboul et de la Djomna, on exigera cet impôt, qui a été soldé par les thugs depuis un temps immémorial, et que les amils ou percepteurs de chaque village doivent verser dans les caisses du gouvernement. » Le thug qui fait son devoir et tue en respectant les augures n'inspire aucune horreur : c'est un genre de vie, un rôle nécessaire, une route tracée. Devi est puissante : persécuter ses sectateurs, c'est

impiété. D'ailleurs le thug est affable. Séducteur de grande route, il gagne son argent lestement et le dépense de même; citoyen très-considéré, il jouit de l'estime et même de l'affection générale. Tant qu'il n'enfonce pas le poignard dans le sein des hommes de sa caste, qu'il épargne les habitants de son village, non-seulement on le laisse tranquille, mais on l'estime. Enfant chéri de cette déesse vénérée, dont le corps est, dit-on, enseveli à Calcutta, et dont le temple, qui s'élève dans la même ville, offre un perpétuel théâtre de miracles, il est élu de Dieu. Lorsque les cérémonies religieuses de cette divinité atroce attirent le concours des Européens qui n'en connaissent pas le but, lorsque les solennités du Dourga-Pourana sont honorées de la présence des autorités anglaises, les Hindous ne doivent-ils pas croire que nous partageons ce culte de sang? Dans ces occasions, un hymne célèbre, qui contient les vers suivants, fait retentir les airs :
« O déesse noire, grande divinité de Cal-
« cutta, tes promesses ne sont jamais vai-
« nes; toi dont le nom favori est Koun-Kalie
« (la mangeuse d'hommes), toi qui bois
« sans cesse le sang des démons et des mor-
« tels ! »

« Les dévots qui embrassent son culte peuvent avoir toutes les autres vertus; on n'est méprisable parmi eux que si l'on s'enivre, si l'on vole autrement que dans l'exercice de sa profession, si l'on néglige le jeûne ou la prière. M. Maclead, qui a fait beaucoup de thugs prisonniers, parle d'eux avec intérêt :
« Bhimmie, dit-il, est un homme vénérable qui n'a nullement l'air destiné au gibet. Quant à la famille Laëk, je la vois de près depuis longtemps, et je ne lui connais aucun vice. L'autre jour Laëk le père, ayant appris que ses parents venaient d'être pendus, répéta les vers suivants d'un poëte sanscrit :
« J'étais autrefois une perle, et je dormais paisiblement dans le sein de l'Océan profond; aujourd'hui me voilà captif; la pauvre perle est enchaînée, percée d'un trou, suspendue à un fil, ballottée et misérable. » Dourga, dont la physionomie annonce une bienveillance naturelle, semblerait capable du suicide plutôt que de meurtre. » A ces attestations de Maclead, se joignent celles de beaucoup d'officiers anglais. « Makime le thug, dit l'un de ces officiers, est un des hommes les meilleurs que j'aie connus. Fiez-vous à lui dans toutes les circonstances, une seule exceptée, celle qui le place en face du voyageur condamné par la déesse. » Pour les thugs, le voyageur n'est qu'une proie; c'est un faisan, un cerf, un lièvre qu'il s'agit d'atteindre à force d'adresse.

« Entre le meurtre et l'action qu'ils commettent, il y a, selon eux, des abîmes. La vie humaine leur est livrée en holocauste par Devi; ils ont un dictionnaire à eux, que l'on vient de publier à Calcutta sous le titre de *Ramasina*. Ainsi toute leur organisation s'éclaire peu à peu. Mais le grand réseau d'assassinats qui couvre le pays ne s'est dévoilé que par degré. Le magistrat de Chistour, M. Wright, MM. Halhed et Stockwell, dans l'Inde septentrionale, crurent avoir beaucoup fait pour la tranquillité publique lorsqu'ils eurent dispersé plusieurs bandes de thugs; mais les bandes éparses ne tardèrent pas à se réunir. On les tuait, ils renouvelaient leurs cadres par de nouvelles recrues; enfin le gouverneur général, épouvanté, prit des mesures pour extirper le fléau. Le centre des opérations fut placé à Joubelpore, et le capitaine Sleeman fut chargé de la poursuite des brigands. Bientôt une foule de prisonniers furent détenus à Joubelpore; de nombreux interrogatoires et des confessions de toute espèce, la confrontation des témoins, les aveux naïfs de la plupart des chefs révélèrent l'organisation que nous avons décrite. En octobre 1835, on avait mis la main sur 1562 thugs, tous coupables à peu près au même titre, parmi lesquels les plus criminels ou les plus influents, au nombre de 382, furent pendus, et 382 autres exportés ou condamnés à la prison perpétuelle.

« D'épouvantables tragédies avaient signalé la vie de ces thugs; cinq cents recrues chargées d'escorter une somme considérable qu'on envoyait à Gawilgour furent étranglées dans une seule nuit par une troupe de mille thugs habillés en cypayes. Dans le langage thug, ces grands coups de main portent une désignation spéciale; on se les rappelle avec orgueil : l'affaire des *cinq cents*, celle de *cent hommes tués* sont célèbres. Le *chalisrouh* (affaire des quarante), et le *soutrouh* (affaire des soixante), brillent d'un éclat particulier. Laissons le chef Dourga raconter l'*affaire des soixante*.

« Nous savions, dit-il, que le fils du commandant de la forteresse de Gawilgour, nommé Ghaian-Sing, devait se rendre avec sa suite dans la province d'Aoude pour y lever des troupes, et qu'il portait de l'argent avec lui. Sa troupe se composait de cinquante-deux hommes, de sept femmes et d'un petit enfant brahmane de quatre ans. Les thugs, apprenant cette expédition, députèrent à Joubelpore quelques-uns de leurs membres les plus habiles, et nous commençâmes nos opérations. D'abord on essaya de diviser et d'éparpiller l'escorte sur des routes différentes; mais la chose fut impossible. Aucun ne voulait quitter Ghaian-Sing. Nous finîmes par réunir nos bandes, résolus à conduire les victimes par des routes inconnues et désertes, et à saisir la première occasion de nous défaire d'eux tous.

« A Schora, nous leur persuadâmes de quitter la grande route et de passer par Choumdie, en traversant de grandes plaines désertes, couvertes de buissons, de bruyères et de forêts. Ils nous crurent aisément; leur confiance était gagnée. Arrivés à Simarie, nous n'avions pas encore trouvé le lieu propice que nous cherchions; quelques-uns de nos gens furent envoyés à la découverte et nous rapportèrent que non loin de là se trouvait un endroit favorable, isolé, sauvage et sans habitation. Nous invitâmes les voyageurs à partir après minuit, et l'on se mit en marche; deux thugs servaient d'acolytes à chacun des voyageurs, et nous avions soin d'entretenir constamment la conversation avec eux. Nous prîmes les augures qui furent excellents. Le signal donné, chacun de nous lança le mouchoir chargé du nœud coulant, en commençant par l'arrière-garde et terminant par l'avant-garde. Tous furent étranglés, à l'exception de l'enfant. L'aurore naissait, le temps nous manquait pour ensevelir les cadavres; nous les déposâmes temporairement sur le rivage du fleuve, en les couvrant de sable. Nous emmenâmes l'enfant à Chitterkote. Le lendemain, quand nous voulûmes procéder aux funérailles, les eaux de fleuve avaient emporté les corps.

« — Que devint l'enfant?

« — Notre frère Mongoul-Mahkoul l'éleva et lui apprit le thuggisme: l'année dernière on l'a pendu à Sangor. »

« Les opérations des thugs se modifient au Bengale; les nombreuses rivières et les cours d'eau dont le pays est sillonné transportent la scène du drame sur les barques et les chaloupes. Le thug entre en conversation avec le voyageur, le capte, le séduit, devient maître de sa confiance et lui conseille de monter sur une nacelle dont le maître et les passagers sont membres de l'association. Au moment convenu, le voyageur est étranglé, son corps jeté à l'eau; cinq ou six de ces chaloupes se suivent, et, si vous avez échappé à l'une, vous n'échapperez pas à la seconde. Laissons parler encore un adepte.

« Les plus habiles d'entre nous, escortés d'un domestique qui porte leurs bagages, suivent ordinairement la rive d'un fleuve en se dirigeant vers l'endroit où leur bateau se trouve amarré; le voyageur se présente; le thug semble harassé; bientôt le voyageur convient qu'il serait plus agréable de monter en bateau et de se laisser mollement porter par les ondes. Du désir à l'acte il n'y a pas loin; on aperçoit une chaloupe et son patron, l'on marchande; les stipulations sont arrêtées; on monte, le voyageur périt. Si le premier thug que le voyageur a rencontré excite sa défiance, un second arrive, semble partager ses sentiments, approuve sa prudence, l'encourage dans sa réserve, l'aide même à se débarrasser du premier acteur du drame et le dirige vers une seconde chaloupe meurtrière. De nombreuses familles se livrent à ce commerce. Les thugs de la plaine ne comptent que trente familles de Moutrhies et deux cents hommes de Lodehas; mais, parmi les thugs des rivières, les familles seules des Boungohs comptent quelques milliers d'individus. »

« Un chef célèbre parmi les thugs de rivières, Djaïpôle, tenait constamment deux chaloupes prêtes à tous les endroits où les voyageurs s'embarquent. Il avait soin de laisser entre elles trois ou quatre milles de distance.

« Djhaouliekhan, chargé de battre la campagne, nous en amena deux (raconte un thug) qui montèrent sur notre embarcation. Djaïpôle commandait en personne; le timonier remplissait les fonctions d'observateur (*Bi-koûrie*). Quatre hommes qui tiraient à la cordelle et faisaient remonter la barque appartenaient à notre bande, ainsi que les sept hommes assis dans la chaloupe. Cette barque couverte avait deux fenêtres ouvrant sur l'eau. Bientôt Djaïpôle s'écrie dans la langue des thugs ou dialecte ramasié : *que les Bôras* (thugs) *se séparent des Bitous* (voyageurs)! Nous obéîmes. La chaloupe marcha pendant un coss. Le timonier donna le signal de l'exécution : *Boujna Kôe Pawn Doe*, « livrez le gage du fils de ma sœur, » paroles sacramentelles qui furent suivies de la strangulation immédiate. Nous brisâmes, comme c'est la coutume, l'épine dorsale des victimes pour prévenir toute résurrection, puis nous glissâmes les cadavres à travers les fenêtres, et ils tombèrent dans l'eau. L'ordre autrefois était de poignarder les voyageurs sous les aisselles, méthode maladroite qui pouvait laisser des traces de sang sur la barque et dans les eaux. Nous y avons renoncé. »

« Ainsi tous les sentiments naturels, toutes les pensées d'humanité s'effacent et s'éteignent. On cite des exemples effroyables de cet endurcissement : Neuoûallsing, djemadar ou colonel au service du Nizam, homme respectable, mutilé d'un bras, et qui par conséquent (selon les thugs orthodoxes du midi) devait être épargné par les assassins, eut le malheur de tomber entre les mains des thugs du nord. La question de savoir s'il périrait fut débattue vivement dans le sein même de l'honorable société, dont une fraction réclamait la mise en vigueur de toutes les traditions anciennes et religieuses. Pendant le voyage, certains membres de la caravane eurent des démêlés avec la douane; d'autres furent arrêtés comme incendiaires, d'autres enfin comme voleurs : il est vrai qu'ils faisaient la contrebande des soieries. Le djemadar eut la bonté de les protéger. Ses deux jeunes filles, l'une de douze et l'autre de treize ans, s'assirent, lorsque les officiers de justice vinrent visiter les ballots, sur les sacs remplis des soieries prohibées qui appartenaient aux thugs. Arrêtés et jetés en prison, le djemadar répondit pour eux. Comblés de ses faveurs, sauvés par lui, ils voyagèrent avec lui et ses filles pendant l'espace de deux cents milles, et ne discutèrent entre eux que sur un point : non pour savoir si la reconnaissance leur défendait d'attenter à ses jours, « mais si Devi leur permettrait de tuer un manchot. » Les orthodoxes se séparèrent des hérétiques, et le malheureux djemadar fut étranglé avec ses filles!

« Les thugs de rivière n'exercent guère que sur des voyageurs isolés; les autres expédient des familles tout entières.

« L'apprentissage des thugs se fait méthodiquement. Les novices se nomment *kouboulas* : ce sont ceux qui n'ont pas encore pénétré dans les mystères du métier. Les *bourkas* sont les grands adeptes. Il est permis à un bourka d'instruire, d'élever et de discipliner tous ceux qui lui semblent propres à augmenter la confrérie. On n'arrive que par degré au rang de bourka. D'abord vous êtes employé comme espion : on vous envoie en reconnaissance ; puis on devient fossoyeur, ensuite *choumsie* ou « teneur de mains et de pieds pendant la strangulation ; » et enfin *bourthod* ou étrangleur. Le novice qui prétend devenir bourthod se place sous le patronage spécial d'un vieux thug qui devient son *gourou* (précepteur sacré), et qui l'accepte pour *cheyla* (disciple). On attend l'arrivée de quelque voyageur dont la constitution soit peu robuste, et dont l'assassinat offre peu de danger. Pendant qu'il dort, le gourou, le cheyla, et quatre ou cinq des plus honorés de la troupe se dirigent vers un champ voisin, s'arrêtent au milieu du champ, se tournent vers le point de l'horizon opposé à la route que la troupe a suivie, et le gourou invoque la grande déesse :

« O *Kalie* (la noire), *Kounkalie* (mangeuse d'hommes), *Bhoudkalie* (la noire et la dévorante). — O *Kalie! Mahakalie* (la grande noire), *Calcutta-Walie* (divinité de Calcutta), si ta volonté est que le voyageur qui est entre nos mains soit tué par son esclave que voici, donne-nous le *thibaoû* (oracle favorable) ! »

« On attend une demi-heure : le premier *thibaoû* décide si le voyageur sera tué ; le second, si le nouvel adepte sera le sacrificateur. Le *thibaoû* doit se faire entendre à droite. Le *pilhaoû*, oracle défavorable, a lieu à gauche. Voici quelques détails donnés par les thugs eux-mêmes, sur le sens de ces oracles, qui offrent beaucoup de nuances à observer.

« Quand on arrive dans un lieu de station et que le *pilhaoû* se fait entendre à gauche, il faut le quitter au plus vite ; si c'est le *thibaoû* de droite, on s'arrête. Au moment du départ, c'est précisément le contraire ; alors si le bon augure se fait entendre immédiatement après le mauvais augure, on prend courage, on continue la route.

« Les prêtres de la secte comptent aussi parmi leurs augures les plus vénérés le *bouraók* ou oracle des loups, le *tchirrayak* ou oracle de hibou, le *dauhíe* ou oracle du lièvre ; enfin le *dounterour*, oracle de l'âne. Le hurlement ou lamentation du loup (*tchimmame*) suffit pour détourner le thug d'une entreprise. Ces animaux traversent-ils la route de droite à gauche ? c'est bon signe ; de gauche à droite ? mauvais signe. Pendant le jour, si le loup hurle, on décampe. De minuit jusqu'à l'aurore, l'oracle est moins mauvais ; et du soir à minuit, il n'a pas de signification. Si le hibou pousse son cri funèbre, on renonce à toute expédition. Le soir même où un grand village habité par des thugs fut attaqué et mis à feu et à sang par l'officier anglais Halhed, le célèbre pronosticateur Joudaï entendit plusieurs fois le cri lugubre et sourd du hibou. « L'appel du lièvre est important, disait un thug ; quand nous avons méprisé cet oracle, la déesse nous a délaissés ; cet animal timide est venu ensuite boire l'eau du ciel dans le crâne de nos gens égorgés. Lorsque le général Doveton nous poursuivait, un lièvre traversa la route devant nous. L'animal criait ; nous négligeâmes l'oracle. Le lendemain, dix-sept d'entre nous furent pris. »

« Mais au-dessus de tous les oracles, ils estiment celui de l'âne. *Soupoukher ou ekadounrou, dounterou* ; « un âne, en fait d'oracle, disent-ils, vaut un millier d'oiseaux. » Le capitaine Sleeman, qui a recueilli le vocabulaire du dialecte thug, et qui s'est fait donner tous les oracles par les chefs prisonniers, porte témoignage de la haute importance que les thugs du nord et du midi attachent aux augures. L'oracle est la voix de Devi.

« Une fois les oracles pris, on répète une prière à Devi, puis on retourne au camp ; le gourou prend un mouchoir, se tourne vers l'occident, noue une pièce d'or ou d'argent, et procède à la fabrication du nœud coulant *classique* (gour-knat), « lien scientifique » que l'on n'a le droit de former qu'après avoir reçu les ordres sacrés. Le disciple ou cheyla le saisit avec respect dans sa main droite, et se dirige vers la victime accompagné du choumsie (teneur de mains). On éveille le voyageur sous un prétexte ; et, au moment où le chef donne le signal, l'élève fait son coup d'essai, aidé comme à l'ordinaire par le choumsie. L'œuvre accomplie, il s'agenouille devant le gourou, touche les pieds du maître de ses deux mains étendues, délie le mouchoir, en tire la pièce d'or, et la remet comme offrande (*nouzour*), avec tout l'argent qu'il possède, au gourou, qui emploie cette somme à l'achat de sucre, de pâtisseries et d'autres friandises. Ainsi se prépare le *touponie*, fête ou sacrifice qui ne peut avoir lieu qu'à l'ombre de certains arbres, du manguier, du figuier, du nime ; mais jamais sous le néomja, le sirésa ou le baboûle. Les bourthods, ou strangulateurs, prennent place autour d'un tapis, et le nouvel adepte reçoit sa part du sucre consacré.

« C'est une grande affaire que le touponie. Les thugs prétendent qu'une fois qu'on en a goûté, il est impossible de ne pas s'attacher éternellement à la secte du thuggisme. « Il nous arrive bien quelquefois, disait un chef célèbre, d'éprouver de la pitié ; elle est naturelle à tous les hommes. Mais la miraculeuse influence du sucre consacré par le touponie nous métamorphose complétement : elle agirait sur une brute. Quant à moi, je n'aurais pas besoin d'être thug pour vivre ; ma mère était riche, j'ai eu de belles places ; on m'aimait partout où je me présentais. Eh bien ! toutes les fois que j'ai essayé de quitter le thuggisme, je ne l'ai pas pu : j'ai été rappelé par un irrésistible penchant. Dieu me ferait vivre cent années, que je ne pourrais embrasser aucune autre profession. Mon père, dès ma plus tendre enfance, m'a fait goûter le sucre fatal, et je crois qu'avec toutes les richesses du monde et la faculté de choisir entre tous les métiers, un thug préférerait toujours l'occupation commandée par Devi. »

« En effet, cette carrière d'indolence et d'entreprises, de voyages et de repos, de jouissances et d'aventures, exerce sur ses sectateurs un véritable prestige ; il n'y a pas d'exemple d'un thug qui ait déserté sa profession. Ceux qui échappent à la vengeance des lois retournent bientôt, après avoir vu pendre leurs complices, à leurs occupations favorites.

« Pendant ce grand repas du touponie, la pioche sacrée, instrument singulièrement vénéré, est placée sur une nappe à côté du sucre bénit. On ne peut avoir droit au sucre, une fois consacré par la prière, que si l'on a étranglé un voyageur de sa propre main, et si l'on est de condition libre. La consécration se fait de la manière suivante. Le chef le plus estimé s'assied, la face tournée vers l'orient. A droite et à gauche se rangent les thugs les plus considérés, en nombre pair. Avant la prière, on met de côté des morceaux de sucre destinés à ceux qui n'ont pas encore tué leur homme. Puis le chef pratique un trou dans la terre, y dépose un peu de sucre, joint les mains, les élève vers le ciel, y fixe ses regards, et, dirigeant vers la déesse toutes ses pensées, s'écrie :

« Grande déesse, toi qui procuras jadis à Djoura Naïk et à Khodouk Bounwarie un lacs et soixante roupies, nous t'adressons notre prière, exauce nos vœux ! »

« Tous les thugs se joignent de cœur aux intentions de celui qui prononce cette prière. Il répand un peu d'eau sur la pioche, distribue le sucre à ses frères qui étendent leurs mains vers lui, et donne le signal convenu pour la strangulation. A ce signal, tous les thugs, dans un profond silence, mangent leur sucre, en ayant bien soin de ne pas en laisser tomber un seul fragment sur la terre, ce qui serait un très-mauvais signe. Ce serait bien pis s'il se passait quelque chose d'indécent ou d'irrespectueux pendant la cérémonie, si les thugs se prenaient de querelle, ou si un chien, un âne, un cheval, touchaient au sucre : ils se regarderaient alors comme frappés d'une complète défaveur. Quand un thug s'intéresse à un enfant, il a soin de lui donner de très-bonne heure un peu de ce sucre.

« Vous rencontrez des thugs sur toutes les routes et sous tous les déguisements ; par bandes de dix à douze hommes, quelquefois isolés ; habillés en cipayes, en pèlerins, en marchands, ou en princes environnés de leurs nombreux serviteurs : ces derniers sont des thugs. Leurs groupes se réunissent de temps à autre, et forment des armées de trois à quatre cents hommes. Quand le danger approche et qu'ils savent qu'on les poursuit, ils se séparent et se répandent à travers le pays ; ils ont des lieux de rendez-vous et des stations bien connues. Le thug le plus expérimenté, le plus propre, le moins adonné à l'ivrognerie et le plus soigneux, porte l'instrument sacré ou la pioche à creuser les fosses. On regarde cette pioche comme un présent de la divinité. Les thugs ont pour elle la vénération du soldat pour son drapeau : on jure par elle. Dans les campements, on prend soin de l'enterrer en dirigeant sa pointe du côté vers lequel doit se diriger l'armée. Les thugs croient que si la déesse veut leur faire prendre une autre direction, elle déplacera elle-même la pointe de la pioche sacrée. Dans le Dekkan, où le thuggisme a conservé son ancienne vigueur, ils sont même persuadés que, pour observer tous les rites, on devrait jeter la pioche dans un puits, d'où elle sortirait d'elle-même au moment où il faudrait s'en servir. Ils ne doutent pas que Devi ne punisse tous les profanes qui toucheraient à la pioche... »

THURIFUMIE, divination par la fumée de l'encens.

THYMIAMATA, parfums d'encens qu'on employait chez les anciens pour délivrer ceux qui étaient possédés de quelque mauvais esprit.

THYRÉE (Pierre), jésuite, auteur d'un livre sur les démoniaques, les maisons infestées et les frayeurs nocturnes (1).

TIBALANG, fantômes que les naturels des Philippines croient voir sur la cime de certains vieux arbres, dans lesquels ils sont persuadés que les âmes de leurs ancêtres ont leur résidence. Ils se les figurent d'une taille gigantesque ; de longs cheveux, de petits pieds, des ailes très-étendues et le corps peint.

TIBERE. Cet empereur romain voyait clair dans les ténèbres, selon Cardan, qui avait la même propriété. *Voy.* TRASULLE.

TICHO-BRAHÉ, astronome suédois. Il croyait que sa journée serait malheureuse, et s'en retournait promptement si, en sortant de son logis, la première personne qu'il rencontrait était une vieille, ou si un lièvre traversait son chemin.

TIGRE (Le grand). *Voy.* LIÈVRE.

TINTEMENT. Lorsque nous sentons une chaleur à la joue, dit Brown, ou que l'oreille nous tinte, nous disons ordinairement que quelqu'un parle de nous. Ce tintement d'oreille passait chez nos pères pour un très-mauvais augure.

TIPHAINE. Nos anciennes chroniques soupçonnaient de féerie ou de commerce avec les fées toutes les femmes dans l'histoire desquelles ils trouvaient du merveilleux. La Pucelle d'Orléans fut accusée d'avoir eu commerce avec les fées auprès d'une fontaine de son pays, que l'on appelle encore la fontaine des Fées ou des Dames. L'ancienne chronique de Duguesclin dit que dame Tiphaine, femme de ce héros, était regardée comme une fée, parce qu'elle était fort adroite, et qu'elle prédisait à son mari tout ce qui devait lui arriver.

TIROMANCIE, divination par le fromage. On la pratiquait de diverses manières que nous ne connaissons pas.

TITANIA, reine des fées. *Voy.* OBERON.

TITUS. On trouve raconté dans un vieux recueil de traditions juives, que Titus prétendit avoir vaincu le dieu des Juifs à Jérusalem. Alors une voix terrible se fit entendre, qui dit : Malheureux, c'est la plus pe-

---

(1) Dæmoniaci, cum locis infestis et terriculamentis nocturnis.

tite de mes créatures qui triomphera de toi. En effet, un moucheron se glissa dans le nez de l'empereur et parvint jusqu'à son cerveau. Là, pendant sept années, il se nourrit de cervelle d'empereur, sans qu'aucun médecin pût le déloger. Titus mourut après d'horribles souffrances. On ouvrit sa tête pour voir quel était ce mal contre lequel avaient échoué tous les efforts de la médecine, et on trouva le moucheron, mais fort engraissé. Il était devenu de la taille d'un pigeon. Il avait des pattes de fer et une bouche de cuivre (1).

TOIA, nom sous lequel les habitants de la Floride adorent le diable, c'est-à-dire l'auteur du mal.

TOMBEAUX. Chez plusieurs nations idolâtres de l'antiquité, l'usage était d'aller dormir sur les tombeaux, afin d'avoir des rêves de la part des morts, de les évoquer en quelque sorte et de les interroger. *Voy.* Morts.

TOMTEGOBBE, le vieux du grenier, lutin. *Voy.* Diable.

TONDAL. Un soldat nommé Tondal, à la suite d'une vision ou d'un songe, raconte qu'il avait été conduit par un ange dans les enfers. Il avait vu et senti les tourments qu'on y éprouve. L'ange le conduisit, dit-il, en un grand pays ténébreux, couvert de charbons ardents. Le ciel de ce pays était une immense plaque de fer brûlant, qui avait neuf pieds d'épaisseur. Il vit d'abord le supplice de plusieurs âmes qu'on mettait dans des vases bien fermés et qu'on faisait fondre. Après cela il arriva auprès d'une montagne chargée de neige et de glaçons sur le flanc droit, couverte de flammes et de soufre bouillant sur le flanc gauche. Les âmes qui s'y trouvaient passaient alternativement des bains chauds aux bains glacés, et sortaient de la neige pour entrer dans la chaudière. Les démons de cette montagne avaient des fourches de fer et des tridents rougis au feu, avec lesquels ils emportaient les âmes d'un lieu à un autre. Tondal vit ensuite une multitude de pécheurs plongés jusqu'au cou dans un lac de poix et de soufre. Un peu plus loin il se trouva devant une bête terrible, d'une grandeur extraordinaire. Cette bête se nommait l'*Achéron* (2), elle vomissait des flammes et puait considérablement. On entendait dans son ventre des cris et des hurlements d'hommes et de femmes. L'ange, qui avait sans doute ordre de donner à Tondal une leçon, se retira à l'écart sans qu'il s'en aperçût, et le laissa seul devant la bête. Aussitôt une meute de démons se précipita sur lui, le saisit et le jeta dans la gueule de la grosse bête, qui l'avala comme une lentille. Il est impossible d'exprimer, dit-il, tout ce qu'il souffrit dans le ventre de ce monstre. Il s'y trouva dans une compagnie extrêmement triste, composée d'hommes, de chiens, d'ours, de lions, de serpents et d'une foule d'autres animaux inconnus, qui mordaient cruellement et qui n'épargnèrent point le passager.

Il éprouva les horreurs du froid, la puanteur du soufre brûlé ainsi que d'autres désagréments.

L'ange vint le tirer de là et lui dit : — Tu viens d'expier tes petites fautes d'habitude; mais tu as autrefois volé une vache à un paysan, ton compère : la voilà, cette vache. Tu vas la conduire de l'autre côté du lac qui est devant nous. Tondal vit donc une vache indomptée à quelques pas de lui ; il se trouvait sur le bord d'un étang bourbeux qui agitait ses flots avec fracas. On ne pouvait le traverser que sur un pont si étroit, qu'un homme en occupait toute la largeur avec ses pieds. — Hélas! dit en pleurant le pauvre soldat, comment pourrai-je traverser avec une vache ce pont où je n'oserais me hasarder seul?

— Il le faut, répliqua l'ange.

Tondal, après bien des peines, saisit la vache par les cornes et s'efforça de la conduire au pont. Mais il fut obligé de la traîner, car lorsque la vache était debout, en disposition de faire un pas, le soldat tombait de sa hauteur ; et quand le soldat se relevait, la vache s'abattait à son tour. Ce fut avec bien des peines que l'homme et la vache arrivèrent au milieu du pont. Alors Tondal se trouva nez à nez avec un autre homme qui passait le pont comme lui : il était chargé de gerbes qu'il était condamné à porter sur l'autre bord du lac. Il pria le soldat de lui laisser le passage ; Tondal le conjura de ne pas l'empêcher de finir une pénitence qui lui avait déjà donné tant de peines. Mais personne ne voulut reculer. Après qu'ils se furent disputés assez longtemps, ils s'aperçurent tous deux, à leur grande surprise, qu'ils avaient traversé le pont tout entier sans faire un pas. L'ange conduisit alors Tondal dans d'autres lieux non moins horribles, et le ramena ensuite dans son lit. Après cette vision, il se leva et se conduisit mieux depuis (3).

TONNERRE. Le tonnerre a été adoré en qualité de dieu. Les Égyptiens le regardaient comme le symbole de la voix éloignée, parce que de tous les bruits c'est celui qui se fait entendre le plus loin. Lorsqu'il tonne, les Chingulais se persuadent que le ciel veut leur infliger un châtiment, et que les âmes des méchants sont chargées de diriger les coups pour les tourmenter et les punir de leurs péchés. En Bretagne on a l'usage, quand il tonne, de mettre un morceau de fer dans le nid des poules qui couvent (4), comme préservatif du tonnerre. *Voy.* Cloches, Évangile de Saint-Jean, etc.

Le *Journal d'Indre-et-Loire* a publié en juin 1841 les détails suivants sur l'effet du coup de tonnerre dont M. Gatian de Clérambault, juge à Tours, faillit être victime : « M. Gatian, le meunier et le domestique, qui mesuraient du blé devant lui dans le grenier, furent les premiers atteints par la foudre. Le tonnerre descendit ensuite dans une

---

(1) Alph. Karr, *Voyage autour de mon jardin*, lett. 11.
(2) Quæ Acheron appellabatur...
(3) Dionysii Carthusiani, art. 49. — Hæc prolixius describuntur in libello qui visio Tondali nuncupatur.
(4) Cambry, *Voyage dans le Finistère*, t. II, p. 16

chambre inférieure, où se trouvaient trois dames, au nombre desquelles madame Gatian de Clérambault, et frappa successivement ces trois dames à la nuque, en les renversant l'une après l'autre.

« Madame Gatian, qui, dans cette circonstance, avait conservé le plus de sang-froid et qui se releva la première, put observer complétement ce qui se passait. Elle vit le tonnerre parcourir assez lentement la chambre, sous la forme d'un globe de feu de la grosseur d'un fauteuil, renverser les deux personnes qui étaient avec elle, et enfin sortir de l'appartement par la fenêtre, en brisant tous les carreaux. En descendant au rez-de-chaussée, la foudre tua un cheval dans la cour.

« Le premier soin de madame Gatian, après ce qui venait d'avoir lieu, fut de monter précipitamment au grenier, pour savoir si quelque accident n'était point arrivé à son mari. Elle l'aperçut étendu sans connaissance, auprès du domestique et du meunier. Le meunier était mort; le domestique, qui n'avait été qu'étourdi par le coup, aida à transporter M. Gatian dans son appartement, où il ne revint que tardivement de son évanouissement.

« Des phénomènes fort singuliers ont été observés sur la personne de M. Gatian. La foudre, en le frappant, sonda sa montre, qui était dans son gousset, suivit la chaîne d'or qui la retenait, la fondit et répandit l'or comme un semis sur le gilet; puis transporta une partie de l'or de la chaîne sur les lunettes que portait M. Gatian, et dont elle souda les jointures. Enfin, passant entre la chemise et le corps, la foudre descendit, en brûlant la peau du côté droit, et, laissant seulement, sans la détériorer, une trace noire sur la chemise, suivit la jambe droite et sortit par l'extrémité de la botte.

« Ce sont là des singularités intéressantes à ajouter aux phénomènes bizarres que l'observation a recueillis relativement aux accidents causés par le tonnerre. »

TOQUI (Grand). Les Araucans, peuplades indépendantes du Chili, reconnaissent sous ce nom un grand esprit qui gouverne le monde. Ils lui donnent des ministres inférieurs, chargés des petits détails d'administration, tels que les saisons, les vents, les tempêtes, la pluie et le beau temps. Ils admettent aussi un mauvais génie qu'ils appellent Guécuba, qui se fait un malin plaisir de troubler l'ordre et de molester le grand Toqui.

TORNGARSUK. Les Groënlandais ne font ni prières ni sacrifices, et ne pratiquent aucun rite; ils croient pourtant à l'existence de certains êtres surnaturels. Le chef et le plus puissant de ces êtres est *Torngarsuk*, qui habite selon eux sous la terre, et qu'ils représentent tantôt sous la forme d'un ours, tantôt sous celle d'un homme avec un bras, tantôt enfin sous celle d'une créature humaine; grande au plus comme un des doigts de la main.

C'est auprès de cette divinité que les anguekkoks sont obligés de se rendre pour lui demander conseil, quand un Groënlandais tombe malade ou qu'il se trouve dans quelque autre embarras. Indépendamment de ce bon génie, qui est invisible à tout le monde, excepté à l'anguekkok, il en est plusieurs autres qui sont moins puissants; ce sont les génies du feu, de l'eau, de l'air, etc., qui, par l'entremise de l'anguekkok, enseignent aux habitants ce qu'ils doivent faire ou ce qu'ils doivent éviter pour être heureux. Chaque anguekkok a en outre son esprit familier, qu'il évoque et qu'il consulte comme un oracle.

Nous empruntons ces détails à l'expédition du capitaine Graah dans le Groënland. Il en donne d'autres fort curieux sur l'esprit de ces peuples. Ils croient, dit-il, que le soleil, la lune et quelques-unes des étoiles étaient, dans l'origine, des Groënlandais qui ont pris leur vol vers le ciel. Quand il y a une éclipse de lune, ils s'imaginent que l'astre profite de ce moment pour descendre sur la terre, et entrer dans leurs maisons, dont il parcourt tous les coins et les recoins pour y chercher des peaux et des aliments; de sorte qu'ils cachent avec soin tout ce qu'ils possèdent, et font le plus de bruit possible, afin de faire peur à leur hôte importun, et de le chasser de chez eux.

S'ils prennent un veau marin dans un temps de disette, ils ne manquent pas de jeter dans la mer une partie de ses entrailles et tous ses os. Quand une personne meurt, ses parents s'abstiennent de certains aliments, et ne mangent rien en plein air.

Les jeunes personnes, avant d'être mariées, ont une foule de précautions fort gênantes à prendre pour ne pas offenser l'air ou la lune; la moindre omission de ce genre nuirait à leur réputation et mettrait leur vie en danger. Voici un fait qui caractérise bien l'état social de cette contrée.

Au commencement du mois de décembre, un des Groënlandais de Nukarbik eut le malheur de se blesser au poignet avec un couteau. Il ne fit point attention à cet accident, se contenta de bander très-fortement le bras pour arrêter l'hémorragie, et retourna à son travail comme à l'ordinaire. Mais ce traitement empira le mal; une tumeur se forma au-dessus de l'artère; elle était large comme une tasse à thé; tout le bras enfla et le patient éprouva des douleurs très-vives. Un soir, comme il revenait d'une expédition de chasse, il consulta le capitaine Graah, qui fut fort embarrassé, ne voulant pas encourir de responsabilité en lui donnant des conseils qui auraient pu lui devenir plus nuisibles qu'utiles; mais on savait que le capitaine était en possession d'un emplâtre qu'il avait employé avec succès contre les clous; on le pria d'en essayer l'effet dans cette occasion, et comme on commençait à éprouver des craintes sérieuses pour la vie du malade, il finit par y consentir. Il lui remit donc un de ces emplâtres, en le prévenant que non-seulement il n'en garantissait pas l'efficacité, mais qu'il serait même possible qu'il lui fît du mal, ce qui n'empêcha pas le Groënlandais de l'appliquer sur-le-champ. Le lendemain, il s'était formé quelques petites cloches, mais la douleur fut si vive, que le malheureux perdit connaissance et parut être sur le point d'expirer. Instruit de cette circonstance, le capitaine se hâta d'aller le voir. En entrant dans la cabane, il le trouva dans un état alarmant; ses amis pleuraient et sanglotaient, les enfants criaient, et la seule personne qui montrât un peu de présence d'esprit était sa femme, qui le tenait dans ses bras. A l'aide d'une cuillerée de vin de Porto mêlé à du jus de citron, il revint bientôt à lui, mais il avait arraché l'emplâtre et ne voulait plus le remettre. Il resta pendant trois semaines dans cet état, souffrant des douleurs atroces. Une espèce de sorcière fut alors appelée; elle noua une ligature autour de la tête du patient, puis elle la souleva, et l'ayant trouvée lourde, elle déclara qu'il était impossible qu'il vécût. Le lendemain le malade refusa toute espèce de nourriture. Le capitaine, pour l'exciter, fit préparer un plat de gruau qu'il alla lui porter avec un morceau de pain; mais, à son grand étonnement, son protégé refusa, en disant que, sa situation étant désespérée, il avait pris la résolution de ne plus rien manger, afin de ne pas prolonger ses souffrances. Sa femme fut de son avis, et repoussa, même avec une sorte de colère, le gruau que le capitaine persistait à offrir. Du moment où le malade eut annoncé sa résolution, la femme et les enfants reprirent leur tranquillité ordinaire, et quoique leurs traits exprimassent un profond chagrin, pas un murmure, pas une plainte ne sortit de leur bouche. Mais la constance du pauvre malade ne fut pas mise à cette seule épreuve. Trois jours après, vers neuf heures du soir, plusieurs des habitants de la maison accoururent auprès du capitaine en criant : « Il est mourant! Il perd tout son sang! » M. Graah retourna aussitôt avec eux, et fut témoin d'un spectacle affreux.

En entrant dans la maison, il vit le patient assis sur sa couchette et étendant le bras, d'où le sang coulait à flots; il n'avait personne pour le soutenir. Mais pendant que les femmes s'occupaient, en pleurant et en sanglotant, à jeter hors de la maison les habits, les lits, les peaux, les provisions, etc., comme s'il se fût agi de les sauver d'un incendie, les hommes s'approchaient tour à tour du malade, le regardaient en face, et se retiraient en poussant des cris effroyables. Pendant ce tumulte, la femme du malade allait à lui de temps en temps et tâchait de le persuader à consentir qu'on l'enterrât vivant sous la neige, au lieu d'être traîné au rivage dans son traîneau, par son fils, et jeté à la mer comme il l'avait proposé. A la fin, le sang cessa de couler; le malade avait à peine la force de respirer, et tous ses membres étaient agités de convulsions. On s'attendait d'un instant à l'autre à le voir expirer. Il ne mourut pourtant pas. Au bout de quelques heures il reprit connaissance; la douleur et l'enflure du bras semblaient avoir disparu; le lendemain il se sentit beaucoup mieux. Il commença même à avoir quelque espérance de guérison et mangea volontiers le gruau qu'on lui présenta. Convaincu que l'artère avait été blessée, le capitaine pratiqua une espèce de tourniquet qu'il lui posa au bras au-dessus de l'épaule, et enseigna à sa femme la manière de le serrer dans le cas où l'hémorragie recommencerait. Cet accident arriva en effet le lendemain au soir, mais les instructions du capitaine n'ayant pas été assez promptement suivies, le malade perdit de nouveau beaucoup de sang, et se trouva si mal, que tout le monde crut qu'il ne passerait pas la nuit. Alors la scène que nous avons déjà décrite se renouvela, et sa femme recommença ses instances pour qu'il se laissât ensevelir sous la neige, au lieu de se faire jeter à la mer.

Quand un Groënlandais en est arrivé au point de ne plus savoir ce qui se passe autour de lui, on commence les préparatifs de ses funérailles. Aussi la femme de notre malade lui demandait-elle à chaque instant : « Entendez-vous? comprenez-vous? » s'attendant sans doute à ne pas recevoir de réponse. Mais comme toutes les fois qu'elle le questionnait, il répondait toujours d'une voix assez forte : « Oui, » elle finit par perdre patience; et quoique son mari eût évidemment toute sa connaissance et qu'il pût voir et entendre tout ce qui se passait dans la chambre, elle ordonna néanmoins à deux jeunes filles, ses enfants adoptifs, de décrocher la peau qui pendait au mur et qui devait lui servir de linceul, puis elle se mit à l'arranger (1). L'indifférence avec laquelle cet ordre fut donné et exécuté, et le sang-froid avec lequel le patient vit faire cette opération étaient également surprenants. Il contempla pendant quelques instants, avec le calme le plus parfait, ces préparatifs pour son passage dans un autre monde; puis, sans prononcer une parole, sans faire le moindre signe qui indiquât la crainte de la mort, il retourna la tête et tomba en syncope. Quelques instants après on lui mit ses plus beaux habits; la peau dans laquelle il devait être enseveli était déjà étendue, la fenêtre par laquelle, selon l'usage, on devait le faire sortir, était ouverte, et en un mot, tout était prêt quand le patient dit à ceux qui l'entouraient de ne pas continuer, parce qu'il se sentait mieux. Il appela après cela le capitaine, le remercia de ce qu'il avait fait pour lui, le pria de serrer la vis du tourniquet, et exprimant ses regrets de ce que l'on avait troublé son repos, il demanda un peu de jus de citron : on le lui donna mêlé avec une demi-once de vin et d'eau, et il s'en trouva si bien, qu'au bout de quelques heures tout semblait annoncer qu'il était hors de danger. En effet, la tumeur du poignet se détacha par degrés et finit par

(1) Les Groënlandais ont un tel effroi pour les morts, qu'ils ont coutume d'ensevelir d'avance les moribonds, pour n'avoir pas besoin de les toucher quand ils ne seront plus. Ils enterrent même les malades vivants quand ils ont lutté trop longtemps avec la mort.

tomber en laissant un creux en forme de cône. Ce pauvre diable fut longtemps encore avant de recouvrer ses forces, et sept mois après il n'était pas encore en état de lancer un javelot de la main qui avait été blessée (1).

TORQUEMADA (Antoine de), auteur espagnol de l'*Hexameron* ou six journées, contenant plusieurs doctes discours, etc ; avec maintes histoires notables et non encore ouïes, mises en français par Gabriel Chappuys, Tourangeau. Lyon, 1582, in-8°; ouvrage plein de choses prodigieuses et d'aventures de spectres et de fantômes.

TORREBLANCA (François), jurisconsulte de Cordoue, auteur d'un livre curieux sur les crimes des sorciers (2).

TORTURE. Quand on employait la torture contre les sorciers, et que les tourments ne les faisaient pas avouer, on disait que le diable les rendait insensibles à la douleur.

TOTAM, esprit qui garde chaque sauvage de l'Amérique septentrionale. Ils se le représentent sous la forme de quelque bête ; et, en conséquence, jamais ils ne tuent, ni ne chassent, ni ne mangent l'animal dont ils pensent que leur totam a pris la figure.

TOUPAN, esprit malin qui préside au tonnerre chez les naturels brésiliens.

TOUR DE FORCE. Delrio rapporte cette histoire plaisante. Deux troupes de magiciens s'étaient réunies en Allemagne pour célébrer le mariage d'un grand prince. Les chefs de ces troupes étaient rivaux et voulaient chacun jouir sans partage de l'honneur d'amuser la cour. C'était le cas de combattre avec toutes les ressources de la sorcellerie. Que fit l'un des deux magiciens ? Il avala son confrère, le garda quelque temps dans son estomac, et le rendit ensuite par où vous savez. Cette espièglerie lui assura la victoire. Son rival, honteux et confus, décampa avec sa troupe et alla plus loin prendre un bain et se parfumer.

TOUR ENCHANTÉE. *Voy.* Roderik.

TOUR DE MONTPELLIER. Il y a sans doute encore à Montpellier une vieille tour que le peuple de cette ville croit aussi ancienne que le monde ; sa chute doit précéder de quelques minutes la déconfiture de l'univers.

TOUR DE WIGLA, tour maudite de la Norwége, où le roi païen Vermund fit brûler les mamelles de sainte Ethelrède avec du bois de la vraie croix, apporté à Copenhague par Olaüs III. On dit que depuis on a essayé inutilement de faire une chapelle de cette tour maudite ; toutes les croix qu'on y a placées successivement ont été consumées par le feu du ciel (3).

TOURTERELLE. Si on porte le cœur de cet oiseau dans une peau de loup, il éteindra tous les sentiments. Si on pend ses pieds à un arbre, l'arbre ne portera jamais de fruit. Si on frotte de son sang, mêlé avec de l'eau dans laquelle on aura fait cuire une taupe, un endroit couvert de poils, tous les poils noirs tomberont (4) !...

TRADITIONS POPULAIRES. « C'est sur la fatalité et l'antagonisme du bien et du mal, dit un habile écrivain, dans le *Quarterly Magazine*, que se fonde la philosophie des traditions du peuple. Cette base se retrouve dans le conte le plus trivial, où l'on introduit un pouvoir surnaturel ; et la nourrice, qui fait son récit au coin de la cheminée rustique, a la même science que les hiérophantes de la Grèce et les mages de la Perse. Le principe destructeur étant le plus actif dans ce bas monde, il reparaît dans toutes les croyances superstitieuses, sous une variété infinie de formes, les unes sombres, les autres brillantes ; on retrouve partout les mêmes personnifications d'Oromase et d'Arimane, et l'hérésie des manichéens. La vague crédulité du villageois ignorant s'accorde avec la science mythologique des anciens sages. Des peuples que l'Océan sépare sont rapprochés par leurs fables ; les hamadryades de la Grèce et les lutins de la Scandinavie dansent une ronde fraternelle avec les fantômes évoqués par le sorcier moderne ; celui-ci compose ses philtres, comme Canidie, avec la mandragore, la ciguë, les langues de vipère et les autres ingrédients décrits par Virgile et Horace. A la voix des sorciers modernes, comme à celle des magiciens de Thessalie, on entend encore le hibou crier, le corbeau croasser, le serpent siffler, et les ailes noires des scarabées s'agiter. Toutefois, le Satan des légendes n'est jamais revêtu de la sombre dignité de l'ange déchu ; c'est le *diable*, l'*ennemi*, méchant par essence, de temps immémorial. Sa rage est souvent impuissante, à moins qu'il n'ait recours à la ruse : il inspire la peur encore plus que la crainte. De là vient cette continuelle succession de caprices bizarres et de malices grotesques qui le caractérise ; de là cette familiarité qui diminue la terreur causée par son nom. Les mêmes éléments entrent dans la composition de toutes les combinaisons variées du mauvais principe qui engendra la race nombreuse des lutins sortis de l'enfer. Si le rire n'est pas toujours méchant et perfide, il exprime assez bien du moins la malice et la perfidie. C'est de l'alliance du rire et de la malice que sont nés tous ces moqueurs placés par les mythologues au rang des divinités. Tel est le Momus des Grecs et le Loki des Scandinaves, l'un bouffon de l'Olympe, l'autre bouffon des banquets du Valhalla. » Les traditions populaires se conservent sous mille formes. Nous en donnerons sans ordre quelques-unes.

LA BALLADE D'AGNÈTE.

Traduite du danois d'OEhlenschlæger par M. X. Marmier.

Cette ballade est le récit d'une tradition répandue dans tout le Nord. On la raconte encore à la veillée, on la chante dans les fa-

---

(1) Revue Britannique.
(2) Epitome delictorum, sive de Magia, in qua aperta vel occulta invocatio dæmonis intervenit, etc., editio novissima, Lugduni, 1679, in-4°.
(3) Victor Hugo, Han d'Islande, chap. 12.
(4) Les admirables secrets d'Albert le Grand, p. 115.

milles. Je l'ai entendu chanter un soir sur une mélodie ancienne. C'était tout à la fois tendre comme un soupir d'amour, et triste comme un accent de deuil.

« Agnète est assise toute seule sur le bord de la mer, et les vagues tombent mollement sur le rivage. Tout à coup l'onde écume, se soulève, et le *trolle* de mer apparaît. Il porte une cuirasse d'écaille qui reluit au soleil comme de l'argent. Il a pour lance une rame, et son bouclier est fait avec une écaille de tortue. Une coquille d'escargot lui sert de casque. Ses cheveux sont verts comme les roseaux, et sa voix ressemble au chant de la mouette.

« — Oh! dis-moi, s'écrie la jeune fille, dis-moi, homme de mer, quand viendra le beau jeune homme qui doit me prendre pour fiancée.

« — Ecoute, Agnète, répond le *trolle* de mer, c'est moi qu'il faut prendre pour ton fiancé. J'ai dans la mer un grand palais dont les murailles sont de cristal. A mon service j'ai sept cents jeunes filles moitié femme, moitié poisson. Je te donnerai un traîneau en nacre de perles, et le phoque t'emportera avec la rapidité du renne sur l'espace des eaux. Dans ma retraite tapissée de verdure, de grandes fleurs s'élèvent au milieu de l'onde, comme celles de la terre sous le ciel bleu...

« — Si ce que tu dis est vrai, répond Agnète, si ce que tu dis est vrai, je te prends pour mon fiancé.

« Agnète s'élance dans les vagues, l'homme de mer lui attache un lien de roseau au pied et l'emmène avec lui. Elle vécut avec lui huit années et enfanta sept fils.

« Un jour elle était assise sous sa tente de verdure, elle entend la vibration des cloches qui sonnent sur la terre. Elle s'approche de son mari et lui dit : Permets-moi d'aller à l'église et de communier.

« — Oui, lui dit-il, Agnète, j'y consens. Dans vingt-quatre heures tu peux partir.

« Agnète embrasse cordialement ses fils, et leur souhaite mille fois bonne nuit. Mais les aînés pleurent en la voyant partir, et les petits pleurent dans leur berceau. Agnète monte à la surface de l'onde. Depuis huit ans, elle n'avait pas vu le soleil. Elle s'en va auprès de ses amies, mais ses amies lui disent : Vilain *trolle*, nous ne te reconnaissons plus. Elle entre dans l'église au moment où les cloches sonnent, mais toutes les images des saints se tournent contre la muraille. Le soir, quand l'obscurité enveloppe la terre, elle retourne sur le rivage. Elle joint les mains, la malheureuse! et s'écrie : « Que Dieu ait pitié de moi et me rappelle bientôt à lui! » Elle tombe sur le gazon au milieu des tiges de violettes. Le pinson chante sur les rameaux verts, et dit : « Tu vas mourir, Agnète, je le sais. »

« A l'heure où le soleil abandonne l'horizon, elle sent son cœur frémir, elle ferme sa paupière. Les vagues s'approchent en gémissant et emportent son corps au fond de l'abîme.

« Elle resta trois jours au sein de la mer, puis elle reparut à la surface de l'eau. Un enfant qui gardait les chèvres trouva un matin le corps d'Agnète au bord de la grève. Elle fut enterrée dans le sable, derrière un roc couvert de mousse qui la protége. Chaque matin et chaque soir ce roc est humide. Les enfants du pays disent que le *trolle* de mer y vient pleurer. »

La presse périodique a publié, il y a dix ans, le conte populaire que voici :

LA REMORQUE DU DIABLE.

Connaissez-vous le *Saint-Marcan*, qui fit en sept jours la traversée de Terre-Neuve à Granville?

— Sept jours du banc de Terre-Neuve à Granville! c'est une belle tournée ; la corvette la *Diligente*, notre plus fine voilière, ne l'aurait pas faite en sept semaines, surtout si comme le *Saint-Marcan* elle avait eu à lutter contre une mer affreuse et une brise carabinée de vent d'est. — Et pourtant le *Saint-Marcan* n'est pas taillé pour la marche; c'est un gros brick, bien solide, peu coquet, étalant avec complaisance un large arrière aux formes callipyges ; jamais il n'avait dépassé six nœuds, son journal en fait foi. Il fut bien parlé dans Granville de cette miraculeuse traversée, quelques-uns l'admirèrent; beaucoup en furent surpris; d'aucuns, et c'étaient les plus vieux, gardaient à cet égard un silence significatif ; ou hochaient la tête d'un air mystérieux. Mais pourquoi le capitaine n'aimait-il pas qu'on entamât un sujet si flatteur pour lui? Aux félicitations il se taisait ; aux questions il répondait avec brusquerie; d'où lui venait donc cette tristesse inusitée ! quelle était la cause de cette réserve taciturne ? N'avait-il pas bien vendu son beau chargement de morue? et huit jours après son arrivée, le branle des cloches n'annonçait-il pas le mariage du capitaine Jean Jouin avec la fraîche Marie Grainbeau ?...

La saison de la pêche tirait vers sa fin, déjà bon nombre de navires bien chargés avaient quitté le banc de Terre-Neuve, les plus tardifs se préparaient à débarquer à leur tour, et le *Saint-Marcan* n'avait pas encore salé un seul baril de morue. C'était un sort, rien ne lui réussissait. Depuis qu'il était sur le fond il n'avait pas perdu un instant ; ses flottes, bien allongées, attestaient sa vigilance; ses chaloupes n'étaient point paresseuses, et tandis que les navires qui l'entouraient faisaient une pêche abondante, lui ne prenait pas un morillon. Il avait beau virer de bord, changer la panne, quitter un mouillage pour un autre, le malheur lui donnait la chasse, le poisson semblait le fuir. Et pourtant ses ains étaient bien aqués, chaque jour ses boîtes étaient soigneusement rafraîchies ; le saleur jurait ses grands saints que le navire était charmé; l'équipage ne jurait plus, il faisait des vœux. Le capitaine Jean Jouin, l'esprit fort de Granville, n'envoyait pas une chaloupe sans faire un signe de croix; peine inutile : il eut la douleur de voir le dernier de ses compagnons pousser le hourra de départ, et faire voile pour la France sans avoir pu saler encore un baril de morue.

Et voyez comme cela se rencontrait mal pour ce pauvre Jean Jouin ; c'était son premier voyage de capitaine, sa réputation en dépendait et son mariage aussi !

— Dieu de Dieu ! s'écriait-il quand la chaloupe ramenait à bord les lignes toujours désertes, Dieu de Dieu ! pour un rien je vendrais mon âme !

L'extrême bonheur touche souvent à l'extrême infortune ; c'est vieux, mais c'est juste ; voyez Polycrate... Jean Jouin l'éprouva. Il y avait dix jours que la dernière voile avait disparu à l'orient, quand la chance tourna. Les chaloupes revenaient chargées à couler bas ; le pont du *Saint-Marcan* ployait sous le poids du poisson, le saleur n'y pouvait suffire, les tonneliers se multipliaient, on travaillait le jour, on travaillait la nuit ; la joie reparut à bord ; la saison ne serait pas perdue ; on était en retard ; mais qu'importe ! on serait favorisé pour le retour ; les marins sont si confiants ! Si l'espérance était bannie de la terre, on la retrouverait à bord d'un navire.

En huit jours le brick eut son plein. Il appareilla le soir même. Jamais hourras ne furent poussés avec plus de ferveur ; la mer en frémit, et la corvette de station chercha pendant deux jours, croyant avoir entendu des coups de canon de détresse. Le lendemain matin ils avaient débanqué. Le temps se soutint beau toute la journée, le soir il mollit ; la nuit calme plat : ils espérèrent. Le lendemain, une faible brise d'est s'éleva, c'était vent debout ; ils jurèrent. Peu à peu la brise fraîchit, l'horizon prit une apparence menaçante : de gros nuages gris, poussés avec rapidité, obscurcirent le ciel ; la mer grossit, le *Saint-Marcan* fatiguait : ils mirent à la cape. Plus de doute, c'était un coup de vent. Le premier jour ils avaient juré ; le second, ils prièrent ; le troisième, ils invoquèrent saint Marcan ; saint Marcan n'entendit point. Vœux et prières furent emportés par la tempête.

Depuis six jours ils étaient dans cette cruelle position, et rien n'annonçait la fin du mauvais temps. La nuit était venue, et jetait à travers l'ouragan les teintes lugubres de son obscurité ; le ciel, devenu invisible, était voilé par une brume épaisse qui, chargée d'eau salée, brûlait leurs yeux appesantis par la fatigue ; la mer, déployant ses énormes lames, tourmentait, roulait, ballottait dans tous les sens le bâtiment fragile, et le menaçait, à chaque instant, d'une dissolution immédiate. Livré sans défense à sa fureur, à moitié désemparé, le brick offrait le spectacle d'un fort vigoureusement canonné et dont chaque boulet emporte une pièce. L'équipage, entièrement démoralisé, s'était groupé auprès du couronnement, et, dans un étourdissement apathique, attendait. Mais qui pourrait peindre le désespoir de Jean Jouin ? Depuis le commencement de la tourmente, ses yeux ne s'étaient pas fermés, il n'avait pas mangé ; il n'en avait pas eu l'idée ! debout près du gouvernail, serrant fortement dans ses doigts contractés la corde dont le bout entourait son corps, ses regards n'avaient pas quitté l'horizon, aucun ordre n'était sorti de sa bouche. Chaque fois que maître Calé venait lui annoncer quelque nouvelle avarie : « C'est bon, » disait-il, et il retombait dans son morne silence. C'est qu'aussi ce retard lui enlevait tout reste d'espoir. Il arriverait longtemps après les autres, sa cargaison n'aurait aucune valeur, il perdrait son commandement ; pas de mariage ; et il aimait tant cette bonne Marie Grainbeau !

Donc il était nuit, et la tempête était dans toute sa force, quand Jacques Grou, le tonnelier, mettant une chique neuve dans sa bouche, s'approcha de maître Calé, qui se tenait près du couronnement derrière le capitaine.

— Eh bien ! maître, lui dit-il, en serrant précieusement sa boîte à tabac, qu'est-ce que vous dites de ce temps-là ?

— Je dis que c'est un chien de temps, où on y voit clair comme dans un four.

— Et qui n'est pas fini encore, voyez-vous, il a pris avec la lune, il ne finira qu'avec.

— Que le diable t'emporte ! dit Jean Jouin qui l'entendit.

— Merci, capitaine ; mais pourtant ce n'est pas bien de parler du diable quand on ne voit pas qui est-ce qui peut vous écouter.

— Et quand on entend cette musique-là, murmura le saleur.

— Et quand, à tout moment on peut masquer son perroquet de fouque, ajouta Jacques Grou.

— Et quand... Oh ! voyez donc là-haut, capitaine !...

Jean Jouin jeta les yeux vers l'endroit que lui montrait le saleur : une légère flamme bleuâtre voltigeait autour du mât et des vergues, et se jouait à travers les cordages. — Le feu Saint-Elme ! dit-il, et il retomba dans son apathie.

— Le feu de Saint-Nicolas ! dirent les deux matelots.

— Bon Dieu du ciel ! ajouta Jacques Grou, nous sommes flambés ; je me suis laissé dire que lorsque la *Sophie* a sombré sous voiles...

La chute du petit mât de hune l'interrompit. Les deux matelots se regardèrent, en jetant un coup d'œil sur le capitaine, qui restait immobile.

— Il faut qu'il ait l'âme chevillée dans le ventre, dit Jacques Grou.

Et vraiment le pauvre brick offrait un triste tableau : ses mâts de hune pendant sous le vent, retenus par quelques manœuvres, suivaient les mouvements du roulis et frappaient les flancs du navire avec une force qui faisait craquer la membrure. Il fallait toute la solidité de sa construction bretonne pour qu'il pût résister à d'aussi violentes secousses; et pourrait-il résister longtemps?

La tempête semblait redoubler de violence, le vent rugissait avec fureur, la mer déchaînée envahissait de toutes parts et battait en brèche la frêle machine. Les matelots, réveillés par l'imminence du danger, s'étaient levés, et, les yeux fixés sur le capitaine, faisaient des signes de croix.

— Grand saint Jacques, s'écria tout à coup Jacques Grou, si nous nous tirons de là, je fais vœu...

— Grand saint Nicolas, dit à son tour le saleur...

— Grand diable, interrompit Jean Jouin, si tu veux me donner la remorque, je fais vœu de t'envoyer un grelin.

— Navire! cria une voix, navire derrière nous! toutes les têtes se tournèrent vers le point indiqué, toutes restèrent immobiles, les regards fixés sur l'objet effrayant qui s'avançait vers eux.

Malgré l'obscurité de la nuit et l'épaisseur de la brume, on voyait distinctement un beau navire courant toutes voiles dehors contre le vent et la mer. Mais ce qu'on ne pouvait concevoir; ce qui fit dresser les cheveux sur la tête des plus hardis, il courait contre le vent et la mer, brassé carré, les bonnettes tribord et babord. Une lueur vague qui flottait autour de lui rendait visibles toutes les parties d'une mâture élancée et d'un gréement en bon état. Ses voiles, gracieusement arrondies, semblaient céder à la douce impulsion d'une brise légère. Sa guibre sculptée ne refoulait pas avec force devant lui la mer furieuse qui n'allait pas en grondant tournoyer à son gouvernail, insensible à la tourmente qui faisait rage autour de lui; droit, tranquille, majestueux, il glissait rapidement sur la cime des vagues qui semblaient le respecter et ne conservaient aucune trace de son passage.

Mais personne ne se montrait sur le pont, personne à son gouvernail; il glissait comme une ombre et s'approchait silencieusement.

Bientôt il passa bord à bord du *Saint-Marcan*. Alors une voix éclatante au milieu du fracas de la tempête fit entendre ces mots : « Amarre à bord ! » et le bout du grelin tomba sur le pont du *Saint-Marcan*.

— Tourne à la bitte! cria Jean Jouin sortant de son engourdissement.

Mais pas un ne bougea; tous étaient frappés de stupeur.

— Quand ce serait *lui*! dit-il, et il s'élança devant.

Ce furent ses dernières paroles; il resta immobile, une main appuyée sur la bitte, et l'autre tenant le bout du cordage qu'il venait d'amarrer.

Qui pourrait dire ce qui se passa pendant cette nuit terrible à bord du *Saint-Marcan*? Comment le bon brick résista-t-il aux efforts inouïs qu'il eut à soutenir... Le soleil venait de se lever à Granville, le ciel pur annonçait un beau jour, la mer commençait à monter, quand le garde du roc signala un navire à la vue.

Le vent était bon, il terrissait rapidement, et bientôt à ses mâts de perroquet à flèches, on reconnut dans le navire signalé le *Saint-Marcan*, capitaine Jean Jouin.

Dès qu'il fut dans le port, le pont fut encombré d'une foule de curieux. Les uns félicitaient le capitaine d'être arrivé le premier, les autres le louaient du bon état de son navire, s'enquéraient des bâtiments qu'il avait laissés derrière lui. A toutes ces questions, Jean Jouin répondit par une autre question; il demanda le quantième du mois.

Il y avait six jours qu'il avait débanqué.

Et voilà comme le *Saint-Marcan* fit en sept jours la traversée du banc de Terre-Neuve à Granville.

LE LUTIN DE CHINY.

Peut-on aimer ce qu'on ne connaît pas?
GHÉRARDI.

Marthe Koelberg était une bonne femme qui aimait Dieu et son prochain. Quoiqu'elle ne fût pas riche, elle ne manquait jamais d'assister les pauvres; et sur les petits profits de son mari, honnête marchand forain qui trafiquait en Allemagne, en Flandre et en Champagne, elle mettait toujours de côté la dîme des malheureux. Aussi sa maison prospérait. Guy, son époux, déjà un peu vieux, avait acheté son affranchissement du seigneur de Chiny; car ils demeuraient dans cette bourgade, arrosée par la Semoi. Ils n'avaient qu'une fille, qui était un parti d'autant meilleur qu'avec un peu d'argent Berthe avait le cœur le plus doux, l'âme la plus belle, l'esprit le mieux fait de tout le pays de Luxembourg. Elle comptait dix-huit ans. Sans être très-jolie, elle avait cette grâce pleine d'attraits, cette fraîcheur ravissante, que donnent la vertu et la sérénité de l'âme.

Or, un beau jour du mois de novembre de l'année 1296, Berthe et sa mère se trouvaient en proie à une surprise dont elles ne pouvaient se rendre compte. Il avait fait un temps sombre tout le jour; elles en avaient passé la plus grande partie à rentrer leur lessive, qui séchait dans la grange; et se croyant très-attardées, elles allaient, selon leur usage, soigner la vache et la chèvre, rentrer les poules et mettre tout en ordre dans la cour. Mais leur besogne se trouvait faite; le râtelier de la vache était garni ainsi que la mangeoire des chèvres : une main empressée avait mis de la litière fraîche; les poules étaient rentrées et le juchoir fermé.

Marthe et sa fille, n'ayant vu entrer personne, ne savaient à qui attribuer tant de complaisance. Elles visitèrent tous les réduits, tous les greniers, sans rien découvrir. Après avoir fait le signe de la croix, elles rentrèrent au logis, où leur étonnement redoubla; tout le linge était plié, et le modeste souper qu'elles avaient mis dans le four du poêle était servi avec une propreté recherchée. Berthe commença à trembler en songeant qu'il y avait là du prodige. Marthe ne se montrait pas plus rassurée,

Sur ces entrefaites et fort heureusement pour les calmer, on frappa à la porte, dont le verrou de bois était poussé. La jeune fille reconnut la voix de son père; elle courut ouvrir. C'était Guy en effet, qui revenait de l'autre côté du Rhin, avec son petit cheval, le fidèle compagnon de ses courses; car Tik, c'est le nom qu'on donnait à l'animal, portait toujours dans deux caisses de bois blanc les marchandises de son maître, et quelquefois le bourgeois de Chiny au milieu.

Dès que le marchand forain l'eut déchargé, Tik, qui connaissait sa maison, se rendit tout droit à l'auge du puits où il trouva de l'eau. Après avoir bu, il entra dans l'écurie, se mit au râtelier, et mangea d'un air très empressé une rasière d'avoine qu'il rencontra sous sa dent.

La nuit s'épaississait, Berthe et sa mère, ayant embrassé le bon marchand, lui contèrent leur aventure; et comme Guy paraissait s'en réjouir, la jeune fille, un peu rassurée, alluma un éclat de sapin résineux dans une grosse lanterne de fer à petits trous; elle alla avec son père à l'écurie pour soigner le cheval. Tout encore était fait; Tik proprement étrillé, enfoncé dans la litière, hennissait de plaisir en expédiant son avoine. A son tour Guy fut stupéfait. — Voilà qui est particulier, dit-il; et il retourna auprès de sa femme, précédé de Berthe qui de nouveau avait peur.

— Nous avons ici un lutin, dit-il, en s'asseyant gravement sur une escabelle.

— Un lutin, s'écria Marthe; je m'en doutais.

— Mais, est-ce qu'il y a vraiment des lutins, mon père? demanda Berthe.

— Assurément, répondit le marchand avec confiance; et celui qui nous visite ne me paraît pas méchant.

— Oh! mon Dieu, s'écria la jeune fille, je ne vais plus pouvoir dormir.

— Au contraire, reprit le bon homme. C'est un gardien et un bon serviteur qui nous vient en aide, si nous ne l'offensons pas.

— Mais, dit encore Berthe, comment peut-on offenser un être qu'on ne voit point?

— C'est égal, les lutins demandent des soins. Et puis d'ailleurs il se montrera.

— Et comment est-ce fait, mon père, un lutin?

— C'est très-bien fait, mon enfant. Ordinairement ils sont petits. Ils ont trois pieds de haut; ils portent un petit bonnet pointu et une jaquette verte. Mais voilà le souper; j'ai faim, mettons-nous à table joyeusement, et, tout en buvant un coup de bière, je vais vous conter l'histoire d'un lutin qui hantait, il n'y a pas longtemps, le palais de monseigneur l'évêque, prince d'Hildesheim en basse Saxe.

La bonne famille se mit à table; Berthe se rapprocha de sa mère, qui comme elle se disposait à écouter; et bientôt le marchand reprit:

Le lutin se nommait Hecdekin, comme qui dirait l'esprit au bonnet, à cause de son bonnet pointu, ainsi que je vous disais.

— Il se montrait donc, mon père?

— Certainement, sachant que monseigneur l'évêque d'Hildesheim était un homme utile et charitable, il résolut de s'attacher à lui.

— Mais les lutins ne sont donc pas des démons? interrompit Marthe.

— Ceux-là ne sont peut-être pas des démons. Il y a des savants qui disent que ce sont les âmes des enfants qui ont été tués ou noyés, ou qui sont morts par accident funeste. Hecdekin était beau à voir. Quand il se montrait, il portait un pourpoint de couleurs diverses. Il était très-poli. Seulement les domestiques du prince évêque lui reprochaient de ne pas saluer. Ils ignoraient que les lutins ne le peuvent pas.

— Et pourquoi donc? demanda vivement Berthe.

— Parce qu'ils ont presque tous une barre d'acier dans le dos, répliqua Guy. (Il exprimait les croyances du temps.)

— Comme on apprend de belles choses dans les voyages! s'écria Marthe.

— Dans le commencement, poursuivit le narrateur, le lutin d'Hildesheim se montra complaisant à l'excès. Il portait de l'eau dans la cuisine, il allait chercher de la bière, il nettoyait l'écurie, soignait les chevaux, tournait la broche, sans se laisser voir; et quand il paraissait, c'était pour donner de sages avis aux conseillers de l'évêque, ou pour faire connaître au prince ce qu'on méditait contre lui dans les pays les plus éloignés. Tout allait bien; on l'avait deviné dès le premier jour; on le soignait, et tout prospérait autour de lui. Car le bétail se porte bien et la maison s'enrichit partout où se plaît le bon lutin.

— Mais, mon père, que faut-il faire pour le contenter?

— Oh! c'est bien simple, mon enfant. Ces bons serviteurs n'exigent pas trop. Il suffit de leur mettre tous les jours, à la même heure et à la même place, un petit ragoût bien apprêté. Avec cela, on est sûr que tout l'ouvrage de la maison sera fait. Mais ils n'aiment pas la curiosité. Si on n'a pas l'attention de s'éloigner du lieu où ils viennent prendre leur repas, si on cherche à les voir, on court le risque de les perdre. C'est ce qui arriva chez monseigneur le prince évêque d'Hildesheim. On avait chargé un marmiton de porter tous les soirs le petit plat du lutin dans un office où personne n'allait jamais; le marmiton se cacha sous la table et voulut voir manger Hecdekin. Le lutin ne vint pas; il ne parut point le lendemain, et tous les domestiques, qui avaient pris l'habitude de ne plus rien faire, furent obligés de se remettre au travail.

— Est-ce que le lutin resta fâché?

— Non pas; on gronda sévèrement le marmiton, et le cuisinier se chargea lui-même de porter désormais tous les jours le plat de l'esprit au retrait. Hecdekin revint, oubliant tout, pendant encore une année.

— Et après?

— Oh! il y a des fautes qu'ils pardonnent moins que la curiosité. Ils sont très-susceptibles et très-réguliers. Ainsi ils se fâchent quand on les néglige. Un jour le cuisinier fut de noce; il ne pensa pas au lutin et ne lui porta point son ragoût. Le lendemain, au lieu de trouver sa cuisine parée, ses fourneaux allumés, ses casseroles brillantes, tout était en désordre. Il lui fallut se mettre à la besogne sans assistance ; et pour surcroît, toutes sortes d'accidents semblèrent se conjurer contre lui. A chaque instant il se brûlait les doigts, il laissait tomber un plat, il cassait une assiette, il répandait les sauces; il gâta son dîner et fut grondé. Sa mauvaise humeur s'augmenta encore lorsqu'il entendit autour de lui des éclats de rire moqueurs ; c'était le lutin qui se vengeait.

— Ah! quelle histoire, mon père.

— Le cuisinier prit mal la leçon; il se fâcha; il porta au lutin un mauvais ragoût. Le lendemain matin, comme il venait reprendre son plat, le lutin, qui n'avait pu le manger, le lui jeta au visage; et depuis ce jour on ne le revit plus à Hildesheim.

— Mon Dieu! si c'était ce même lutin qui vient ici ?

— Ce n'est pas impossible.

— Oh! j'en prendrai soin et je ne l'oublierai pas.

— Je croirais plutôt, dit Marthe, en paraissant sortir d'une profonde rêverie, que le lutin qui nous assiste est le vrai lutin de Chiny, dont on n'a plus de nouvelles depuis plus de cent ans. Mais mon père m'en a parlé. C'était un très-bon lutin : c'est lui qui prévint la comtesse de Hainaut, lorsqu'elle revenait du pèlerinage de la terre sainte, que le mauvais seigneur de Chiny voulait l'arrêter et l'enfermer dans son château; il la conduisit par des chemins inconnus jusqu'à l'abbaye de Saint-Hubert, où elle se trouva en sûreté.

— Tant mieux, si c'est celui-là, reprit le marchand.

— D'ailleurs, mon père, il y a si loin d'ici jusqu'à Hildesheim !

— Les distances ne sont rien pour les esprits, mon enfant. Nous le verrons peut-être un jour ; et s'il nous prend en affection, nous le connaîtrons. Mais n'oublions pas son souper.

Berthe monta dans le grenier une petite table qu'elle couvrit d'une serviette ; elle y plaça, entre deux assiettes, un morceau de gâteau aux œufs, une tranche de jambon cuit au four, une tartine au beurre; elle mit à côté une tasse de lait et un grand verre de bière. Le lendemain matin, tout était mangé, et le verre de bière était bu. Toute la famille fut ravie ; et pendant un an, les merveilles du premier jour se répétèrent sans qu'on vît l'esprit. Il n'avait laissé deviner sa présence que par quelques soupirs, que Berthe seule avait entendus.

Guy faisait tous les mois un voyage. A chaque retour il s'affligeait davantage de ne pouvoir pas connaître son bon serviteur. Un jour qu'il voulait aller acheter à Gand quelques pièces de drap pour la foire de Cologne, il gémissait de n'être pas assez riche pour agrandir son commerce.

— Si j'avais seulement six marcs d'or, disait-il, je chargerais un bateau. Je ferais d'un seul coup suffisante fortune ; nous te marierions, mon enfant.

Berthe rougit ; l'innocente fille n'y avait pas encore songé.

Le lendemain, entre les deux plats du lutin, elle trouva les six marcs d'or. La surprise de Guy fut extrême.

— Eh! mon Dieu, dit Berthe, si je demandais une chaîne d'or, le bon lutin me la donnerait donc ?

Elle l'eut quelques jours après. Elle en fut si émerveillée, qu'elle n'osait plus, de peur d'être indiscrète, exprimer un désir tout haut.

Quand le marchand revint, il avait effectivement gagné une grande somme. Comme il était modeste, il mit des bornes à son ambition et résolut de se reposer dans sa douce aisance.

Deux jours après qu'il eut formé cette résolution, Berthe trouva entre les deux plats un parchemin écrit. Personne dans la maison ne savait lire, pas même son père ; car en ce temps-là les transactions de commerce se faisaient encore généralement par témoins. Guy porta le parchemin au curé de Chiny. Il contenait ces mots : « Je me ferai connaître, si Berthe consent à m'épouser. »

Ce fut pour le bon curé lui-même un grand étonnement qu'une telle proposition. Alors, pas plus qu'aujourd'hui, on n'avait des idées bien nettes sur les lutins. Il écrivit une série de questions qu'on proposa à l'esprit :

— Êtes-vous chrétien ? avez-vous reçu le baptême? comment êtes-vous fait ? êtes-vous méchant ? etc.

Le lutin répondit qu'il était chrétien, qu'il avait reçu le baptême, qu'il était laid, mais bon, riche, et qu'il aimait Berthe. La perplexité augmenta.

Un seul mot effrayait Berthe. Le lutin disait qu'il était laid ; il fallait qu'il le fût beaucoup. A part cette disgrâce, elle s'était sentie touchée par ses soupirs ; elle l'aimait. Après huit jours d'hésitations et de combats, elle répondit qu'elle consentait à épouser le lutin, si son salut ne courait en cela aucun danger ; et le lutin parut. C'était le jeune seigneur de Chiny, qui n'était pas plus lutin que vous, mais qui était adroit. Maître d'une fortune considérable, aimable et bien fait, il avait fait le vœu de n'épouser qu'une femme qui l'aimerait pour lui-même, sans ambition et sans entraînement matériel.

Cette tradition du Luxembourg se termine, comme toutes les bonnes vieilles histoires de nos pères, par un mariage où tout le monde fut heureux.

LA RUE DE L'ESPRIT.

La rue de l'Esprit à Bruxelles a porté son nom avec des nuances diverses ; et plusieurs traditions s'y rattachent. On la trouve nommée dans quelques occasions rue de la Maison-à-l'Esprit. C'est à notre avis une désignation estropiée. Dans quelques ouvrages, elle s'appelle rue de l'Esprit-Saint ou rue du Saint-Esprit, ce qui s'explique par ce fait qu'il y avait dans cette rue une maison où l'on faisait, sous le patronage du Saint-Esprit, des distributions aux pauvres.

Mais voici d'autres histoires, qui ont un peu l'air de contes, et que l'on donne pour appuyer la prétention au nom de rue de la Maison-à-l'Esprit. M. de Vaddère d'Anderlecht, sortant de l'église de la Chapelle à Bruxelles, le soir de la Toussaint de l'année 1660, à la nuit déjà noire, entendit, en traversant le cimetière, une voix qui disait aux morts : « Dormez en paix, bonnes gens, dormez dans le cercueil ; l'Église prie pour vous. » M. de Vaddère s'arrêta transi de peur.

La même voix s'étant fait entendre encore, il crut distinguer sous ses pieds d'autres sons, et parmi eux la voix d'une femme ensevelie depuis peu de jours, qui disait : Je ne puis dormir, car j'ai laissé un enfant sans appui.

L'habitant d'Anderlecht reconnut à l'organe une jeune femme de la rue de l'Esprit, qui, disait-on, revenait à minuit tous les jours. Mais vous voyez, comme nous l'avons remarqué, que cette histoire est un conte. Il est même probable que vous ferez pareil jugement de l'autre.

On rapporte donc aussi que, dans l'année 1730, époque plus rapprochée de nous, un comédien flamand, qui habitait cette rue, perdit son grand-père, qu'il n'avait jamais vu, et qui lui laissait par testament toutes ses hardes, tous ses meubles. Le comédien, peu flatté d'un legs si médiocre, vendit tout, à l'exception d'une culotte de panne rouge, dont il avait besoin pour un rôle-caricature. Il mit cette culotte, le soir même, joua fort bien dans sa société, et en se couchant jeta sur une chaise la culotte de panne rouge dont la forme bizarre avait fait rire. Aussitôt que sa lumière fut éteinte, il entendit un léger bruit et vit collé sur sa porte un vieillard coiffé d'un bonnet de laine, vêtu d'une longue robe à fleurs jaunes, et tenant à la main une petite lampe qui éclairait faiblement.

Le comédien soupçonna son grand-père. C'était en effet l'esprit du vieillard ; il prit la culotte, la retourna avec lenteur dans tous les sens, poussa un soupir et disparut sans dire un mot, dans la muraille. Le comédien était glacé d'effroi.

Mais dès que la chambre fut retombée dans les épaisses ténèbres, la culotte de panne rouge se mit à danser, fouettant les rideaux, battant les murs, cassant les vitres et renversant tout ce qui se trouvait sur son passage. — Ah ! s'écria le comédien, que vais-je devenir ?

Au même instant, la culotte courut à lui et le souffleta rudement. Ce fut envain qu'il cacha sa tête sous la couverture. Il lui fallut quitter la place ; il descendit chez un de ses camarades, qui s'arma d'une lampe et vint visiter les lieux. Mais lorsqu'il parut dans la chambre, tout était rentré dans l'ordre ; la culotte gisait paisible sur la flèche du lit. — Mon cher, dit le camarade en souriant, vous avez fait un mauvais rêve.

Or la rue de l'Esprit portait son nom avant cette aventure, trop stupide pour le lui donner.

AMINGAÏLT ET AJUT.
Légende groënlandaise, traduite de l'anglais par Letourneur.

Quand on se peint l'habitant des horribles climats du Nord, enfermé entre une terre aride et nue et un ciel toujours rigoureux, on croirait qu'il est impossible à ces infortunés de s'arrêter sur d'autres idées que celles de leurs besoins et de leur misère, et que le soin continuel d'échapper à la mort, dont le froid et la faim les menacent à chaque instant, ne peut laisser place dans leurs cœurs pour d'autres passions. On croirait qu'ils emploient tous les instants d'un été rapide à amasser des provisions, et la longue nuit de l'hiver à soupirer après le retour de l'été.

Cependant la science même a pénétré dans ces ténébreux recoins du monde, et ces demeures de la détresse ont nourri des savants. La Laponie et les bords de la mer Glaciale ont leurs historiens, leurs critiques et leurs poëtes. L'amour aussi a étendu son empire partout où l'on trouve des hommes ; et il règne peut-être avec autant de pouvoir sous la hutte du Groënlendais que sous les dômes de soie des sultans de l'Orient.

Dans un de ces vastes souterrains où les familles du Groënland se rassemblent l'hiver, retraites qu'on peut appeler leurs cités et leurs villages, il se trouva un jeune homme et une jeune fille de deux cantons différents, d'une beauté si peu commune dans ces contrées, que les autres habitants leur donnèrent les noms d'Amingaïlt et d'Ajut, sur la ressemblance qu'ils leur supposaient avec leurs ancêtres du même nom, qu'ils croient être devenus jadis, par une double métamorphose, l'un le soleil, et l'autre la lune.

Amingaïlt entendit d'abord vanter la beauté d'Ajut sans en être ému : à force pourtant de la voir, il sentit qu'elle lui faisait impression sur son cœur. Il ne tarda pas à le témoigner, et il invita la jeune fille avec ses parents à une fête, où il servit devant Ajut la queue d'une baleine. Ajut parut peu sensible à cette galanterie ; cependant depuis ce moment on ne la vit plus paraître que sous une fourrure de peau de renne blanche ; elle devint plus attentive à rafraîchir les couleurs dont elle peignait son front et ses mains, à orner ses bras de corail et de coquillages. On remarqua même que les tresses de ses cheveux étaient tressées avec plus d'art et de soin. L'élégance et le bon goût de sa parure firent tant d'effet sur le cœur d'Amingaïlt, qu'il ne put résister plus longtemps au désir de se déclarer. Il composa un poëme à la louange d'Ajut. Il lui disait : « Qu'elle était aussi belle que le saule du printemps ; que le thym des montagnes exhalait un parfum moins doux que son haleine ; que ses doigts avaient la blancheur des dents du veau marin ; que son sourire était aussi gracieux que le premier instant de la fonte des glaces ; qu'il la suivrait partout, dût-elle traverser toutes les montagnes de neiges, et chercher un abri dans les cavernes des cannibales de l'Orient ; qu'il l'arracherait des bras du sombre génie des rochers, et des flots du torrent d'Huscusa. » Il finissait par cette imprécation, que quiconque tenterait d'empêcher leur mariage, pût être enseveli dans la neige avec son arc et ses flèches, et que, dans la région des âmes (1), son crâne ne servît à d'autres usages qu'à recueillir les gouttes qui tomberaient des lampes étoilées.

L'ode fut applaudie, et l'on s'attendait qu'Ajut céderait bientôt à une si noble recherche. Mais elle avait de la fierté ; elle voulut attendre que le jeune homme lui eût fait la cour dans les formes, et qu'il eût subi quelques épreuves. Avant donc qu'elle accueillît sa demande, le soleil reparut, les glaces se fondirent ; la saison du travail rappela tous les habitants à leurs occupations.

Depuis quelque temps Amingaïlt et Ajut n'allaient plus que dans le même bateau et partageaient leur pêche ensemble. Amingaïlt, sous les yeux d'Ajut, saisissait toutes les occasions de signaler son courage ; il attaquait les chevaux de mer sur les glaçons ; il poursuivait les veaux marins au milieu des flots ; il s'élançait sur le dos de la baleine expirante, lorsqu'elle luttait encore contre les derniers assauts de la mort. Il amassait en abondance les provisions nécessaires pour passer l'hiver sans besoins ; il faisait sécher au soleil les œufs et la chair des poissons ; il tendait des pièges aux renards et aux rennes ; il apprêtait leurs peaux pour en faire des vêtements ; il apportait à Ajut les œufs que les oiseaux avaient déposés dans le creux des rochers, et semait dans sa tente les fleurs qu'il pouvait rencontrer.

Le temps de la pêche vint ; mais une tempête chassa les poissons vers une plage éloignée, avant qu'Amingaïlt eût complété ses provisions. Il pria Ajut de lui accorder sa main, afin de pouvoir l'accompagner sur les côtes où la nécessité le forçait de suivre le poisson. Ajut ne crut pas qu'il eût encore assez fait, et le remit au retour de l'hiver, lui donnant rendez-vous alors dans la caverne où ils s'étaient rencontrés. Alors elle promettait d'être son épouse.

O jeune fille ! belle comme le soleil lorsqu'il brille dans l'onde, réfléchissez, dit Amingaïlt, à ce que vous exigez de moi. Que savez-vous si je reviendrai jamais de cette pêche lointaine ? Il ne faut qu'une gelée soudaine et des frimas imprévus pour me fermer à jamais le retour. Alors il me faudra passer seul la longue nuit de l'hiver. Nous ne vivons pas, songez-y, dans ces contrées fabuleuses, dont les étrangerss menteurs nous font des descriptions si séduisantes, où l'année se partage entre des jours rapides et de courtes nuits ; où la même demeure sert pour l'hiver et pour l'été ; où les habitants se réunissent dans des maisons qui s'élèvent étages sur étages au-dessus de la terre ; où ils vivent agréablement ensemble, passent les années avec des troupeaux d'animaux doux et paisibles qui paissent le gazon autour d'eux ; où ils peuvent en tout temps aller d'un lieu à l'autre par des chemins bordés d'arbres, et franchir les eaux sur des routes élevées au-dessus de leur étendue ; où ils trouvent pour voyager aux contrées éloignées, des édifices placés de distance en distance, qui les guident et les empêchent de s'égarer longtemps. Ici, au milieu même de nos étés, il nous est impossible de traverser nos montagnes, que couvrent des neiges qui ne s'écoulent jamais. Le seul moyen que nous ayons de gagner des lieux un peu éloignés, c'est de côtoyer dans nos bateaux les bords de la mer. Considérez, ma chère Ajut, qu'au bout de quelques jours d'été et de quelques nuits d'hiver (2), la vie de l'homme est à son terme. La nuit de l'hiver est le temps du repos et de la gaîté, de nos plaisirs et de nos fêtes. Mais quel plaisir me donnera la lumière de ma lampe, le goût délicieux de mes poissons, et la douceur de leur huile, si je ne vois Ajut me sourire ?

Toute l'éloquence d'Amingaïlt ne persuada point Ajut. Sa fierté fut inexorable ; il fallut la quitter. Ils se séparèrent donc avec les promesses répétées de se rejoindre avant la nuit de l'hiver.

Amingaïlt, quoique affligé, voulut laisser à sa fiancée plus d'un gage de son affection. A son départ il lui fit présent de la dépouille de sept faons, du duvet de cinq cygnes, de onze veaux marins ; il lui donna encore un grand chaudron de cuivre, qu'il avait acheté d'un vaisseau étranger pour une moitié de baleine ; il y ajouta deux cornes de licornes de mer, trois lampes de marbre et dix vases d'huile.

Ajut fut si éblouie de la richesse de ces dons, qu'elle voulut accompagner le jeune homme jusqu'au bord de la mer. Lorsqu'elle le vit entrer dans son bateau, elle éleva la voix, et fit tout haut des vœux qu'il pouvait entendre, priant le ciel de le ramener chargé de peaux et d'huile, conjurant les sirènes et les monstres de la mer de ne pas l'entraîner au fond de leurs abîmes, et l'esprit malfaisant des rochers de ne pas l'emprisonner dans ses cavernes.

Elle resta quelque temps à suivre des yeux le bateau que les flots entraînèrent loin d'elle. Ensuite elle quitta le rivage, et regagna sa cabane à pas lents, triste et silen-

---

(1) La région des âmes est le paradis des Groënlandais. Le soleil, disent-ils, ne s'y couche jamais ; l'huile s'y conserve toujours fraîche ; les provisions y sont toujours chaudes. Telle est pour ces peuples la félicité de la vie future.
(2) L'été dans ces contrées est un jour de six mois ; une nuit de six mois est l'hiver.

cieuse. Depuis ce moment, elle mit de côté la fourrure de renne blanche ; négligea sa chevelure qu'elle laissa flotter à l'abandon, et ne se mêla plus aux jeux des jeunes filles. Elle tâcha de se distraire de ses pensées en s'appliquant aux ouvrages de son sexe, en ramassant de la mousse pour l'hiver, en séchant du gazon et des herbes pour fourrer les boîtes de son mari. Des peaux dont il lui avait fait présent, elle fit un habit de pêcheur, un petit bateau et une tente, et mit tout son art dans ces ouvrages destinés à Amingaïlt.

Tandis qu'elle occupait ses mains, elle charmait son travail par des chansons où elle exprimait ses vœux pour lui : « Puissent ses mains être plus fortes que les griffes de l'ours, ses pieds plus légers que les pieds du renne ! puisse sa flèche ne manquer jamais son but, et son bateau ne faire jamais eau ! puisse-t-il ne jamais tomber sur les glaçons, ou s'évanouir dans les flots ! que le veau marin vienne de lui-même se prendre à son harpon, et que la baleine blessée de son dard s'agite en vain dans les vagues ! »

Les grands bateaux dont se servent les Groënlandais pour transporter leur famille, sont toujours conduits par les femmes ; ce sont elles qui rament ; nul homme ne voudrait s'abaisser à toute espèce de travail qui ne demande ni adresse ni courage. Amingaïlt se trouvait obligé de ramer seul, et cette occupation oisive, n'employant que ses mains, laissait sa tête en proie à mille pensées. Mais il s'affermissait en se promettant d'employer les semaines de son absence à faire les provisions d'une nuit d'abondance. Il calma son agitation, et il exprima dans des vers sauvages ses espérances, ses chagrins et ses craintes.

« O vie fragile et incertaine ! les malheureux mortels peuvent-ils trouver quelque chose qui te ressemble mieux que le glaçon qui flotte sur l'étendue des mers ? Il paraît une montagne, il brille dans l'éloignement ; mais bientôt il est battu des vents et de la tempête, le soleil le dissout, les rochers le brisent en éclats.

« Qu'est-ce que le plaisir, sinon un rapide éclair, une aurore fugitive, qui brille au nord ? elle se joue un moment dans les airs, et réjouit l'œil du voyageur trompé ; O Ajut ! pourquoi mes yeux se sont-ils arrêtés sur toi ? Pourquoi t'ai-je invitée à ma fête ?..... Cependant sois fidèle ; souviens-toi d'Amingaïlt, et quand il retournera vers toi, reçois-le avec le sourire. Je vais poursuivre le renne et dompter la baleine ; je sens que rien ne pourra résister à la force de mon bras ; je serai invincible comme les frimas pénétrants de la nuit, infatigable comme le soleil d'été. Dans quelques semaines tu me verras revenir heureux et riche, je régalerai tes parents des poissons les plus délicats : le renard et le lièvre te fourniront leurs fourrures ; le cuir impénétrable du bœuf marin te servira d'abri contre le froid ; la graisse de la baleine éclairera ta demeure. »

(1) Sorcier lapon. *Voyez* le mot ANGUEKKOK.

Amingaïlt consolait ses chagrins, et s'animait au travail par ces idées flatteuses. Bientôt il reconnut de loin une baleine à l'agitation des flots écumants. Il saute dans son bateau de pêche, distribue à ses compagnons leurs différents emplois, manie la rame et le harpon avec un courage et une adresse incroyables ; et partageant son temps entre la chasse et la pêche, il suspend les tourments de l'absence.

Cependant Ajut, occupée à faire sécher des peaux au soleil, malgré le négligé de sa parure, attira sur sa beauté les regards de Norgsuk, au moment qu'il revenait de la chasse. Norgsuk était sorti d'une des plus riches familles du pays ; son père, le plus habile pêcheur du Groenland, avait péri en poursuivant de trop près une baleine monstrueuse. Sa fortune était grande ; il avait quatre hommes à son service, deux bateaux de femmes, quatre-vingt-dix cuves d'huile dans sa demeure, vingt-cinq veaux marins enterrés dans la neige pour ses provisions.

Dès qu'il eut vu Ajut, il jeta à ses pieds la peau d'un renne qu'il venait de prendre, et lui fit présent d'une branche de corail. Ajut refusa ses dons. Se voyant rebuté, Norgsuk eut recours à un stratagème. Il savait qu'Ajut devait consulter un anguekkok (1) sur le bonheur de son mariage. Il s'adressa au sorcier, et par un présent de deux veaux marins et d'une chaudière de marbre, il en tira la promesse de déclarer à Ajut, quand elle viendrait le consulter, que son fiancé était dans la région des âmes. Ajut en effet vint bientôt après, apportant au devin un habit qu'elle avait fait elle-même. Après lui avoir remis son présent, elle lui demanda quels étaient les événements que l'avenir lui réservait, avec promesse d'une plus riche récompense au retour d'Amingaïlt, si sa prédiction répondait à ses désirs. Le devin savait son métier : en recevant les deux offrandes, il voulait en attirer d'autres ; il dit à la jeune fille qu'Amingaïlt avait déjà empli deux bateaux, et qu'il reviendrait bientôt la trouver, riche de provisions ; il lui recommanda en même temps de tenir cette prédiction secrète.

Norgsuk, qui croyait avoir été servi autrement, renouvela ses propositions avec plus d'assurance ; mais trouvant Ajut inflexible, il s'adressa à ses parents ; il n'épargna ni les dons, ni les promesses. Le stérile Groenland produit encore assez de richesse pour corrompre la vertu d'un pauvre habitant. Les parents d'Ajut oublièrent le mérite et les présents d'Amingaïlt, et destinèrent leur fille à Norgsuk. Ajut employa tout pour les fléchir, prières, raisons, pleurs, mais voyant que les richesses du rival de son fiancé étaient plus fortes, elle s'enfuit dans les montagnes, et se retira dans une grotte où elle vivait de graines sauvages et des oiseaux ou des lièvres qu'elle pouvait attraper dans ses filets. Souvent elle se rendait sur le rivage de la mer, afin que son fiancé pût la trouver là à son retour. Enfin elle découvre sur les flots le grand bateau dans lequel Amingaïlt était parti : elle le voit s'approcher lentement chargé de provisions, et raser la côte. Elle court; les bateliers, la voyant, s'approchent et lui apprennent qu'Amingaïlt, après la pêche finie, ne pouvant supporter la lenteur du grand bateau de charge, les avait devancés dans son léger bateau de pêche, et qu'ils étaient surpris de ne le pas trouver arrivé le premier.

A cette nouvelle, Ajut, désespérée, trouvant un bateau de pêche tout prêt, s'y jette sans hésiter et s'élance, disant qu'elle allait chercher Amingaïlt. Elle disparut bientôt; et jamais depuis on n'eut de ses nouvelles, ni de celles d'Amingaïlt.

IDÉE DANOISE D'UN FANTOME.
Traduit de l'anglais par Letourneur.

« Je montais lentement la colline. Le bruit des vents interrompait d'intervalle en intervalle le silence de la nuit. Le globe échancré de la lune ne jetait qu'une lueur obscure et rougeâtre, prêt à s'abîmer sous l'horizon. Je crois entendre la voix grêle et légère des fantômes. Je tire mon épée dans l'horreur de la nuit.

« Ombres de mes pères, m'écriai-je, venez me dévoiler l'avenir. Venez m'apprendre quels sont vos entretiens dans vos demeures profondes.

« Trenmor vint à la voix de son fils. Un nuage l'environne et le soutient dans l'air. Son épée n'est qu'une vapeur enflammée. Son visage n'est qu'une forme ténébreuse et sans physionomie. Il s'approche de moi; il me dit plusieurs paroles : mais mon oreille n'entendit que des sons imparfaits et des mots informes, tels que durent être ceux des premiers hommes avant que le chant eût créé l'art de la parole. Bientôt il s'évanouit insensiblement, comme un brouillard qui se fond aux rayons du soleil. »

LA PRINCESSE ENCHANTÉE.
Légende polonaise.

I. Varsovie, capitale de la Pologne, est située sur une élévation aux bords de la Vistule. Au milieu de la ville, hérissée d'un grand nombre de coupoles, sur une montagne non loin du pont de Praga, on aperçoit une vaste plaine déserte, dans laquelle se voient les ruines d'un vieux château. Les débris des colonnes en marbre, les restes des lambris dorés, la largeur des escaliers, la profondeur des souterrains, annoncent que jadis cette splendide demeure était celle d'un noble opulent. Les alentours offrent un magnifique tableau : d'un côté, la capitale, avec ses cent églises; de l'autre, les longues plaines de Praga, avec des forêts sauvages, coupées par les flots de la Vistule, qui s'étendent à l'infini et qui se confondent avec les nuages. Malgré la beauté du site, tout le monde fuit ces contrées : le bourgeois n'ose pas y bâtir de maisons, le commerçant se garde bien d'y déposer des marchandises, même le paysan des campagnes aime mieux allonger sa route que d'approcher de ces ruines. Pendant la nuit, on y entend les sifflements du vent, qui ébranle les fondements de ce sombre édifice. Les hiboux joignent leurs cris lugubres aux gémissements qui sortent des souterrains, et les hommes âgés racontent des choses horribles qu'ils ont vues de leurs propres yeux. Les spectres y arrivent à minuit, rient et dansent autour d'une femme habillée en blanc, dont les cheveux tombent en désordre et dont les mains sont chargées de fer. C'est la princesse de Nassau, qui, depuis plusieurs siècles, expie sa cruauté et ses crimes. Les poëtes populaires ont conservé sa mémoire par des chants fantastiques; et il n'y a pas à Varsovie un père de famille qui ne raconte à ses enfants les curieux détails de la vie de cette femme, célèbre par sa tyrannie plus encore que par la terrible expiation de sa vie coupable.

La princesse de Nassau était aussi riche que belle; mais si la nature lui prodigua la beauté du corps, elle n'agit pas de même à l'égard de ses qualités morales : son cœur était froid, inhumain, cruel même. Aussi arrogante que riche, elle passait sa vie au milieu du luxe et des plaisirs. Son château effaçait les palais des princes; ses banquets, ses fêtes étonnaient par leur somptuosité et leur magnificence. Elle ne regrettait pas de dissiper ses immenses trésors quand il s'agissait de satisfaire sa plus bizarre fantaisie; mais si un pauvre vieillard lui demandait un secours, si un paysan malade sollicitait un jour de repos, si une veuve priait pour ses petits enfants, la princesse, dure, impitoyable, les chassait avec mépris et redoublait de rigueurs contre les malheureux vassaux qui faisaient appel à sa générosité.

Un jour il y avait fête au château de Nassau. L'élite de la noblesse s'y était donné rendez-vous pour faire sa cour à la princesse. Repas, danses, musique, rien ne manquait pour égayer les nobles hôtes. La joie et le festin se prolongèrent jusqu'à minuit. Les uns jouaient aux cartes, d'autres ne quittaient pas la table; les plus jeunes se livraient au plaisir des danses nationales. Tout à coup un silence succède au brouhaha du festin. Tous les yeux se portent sur une vieille femme habillée en noir qui s'approche de la princesse pour lui demander l'aumône.

L'héritière de la maison de Nassau n'aimait pas à voir les pauvres quand elle était seule et sans témoins. On peut se faire une idée de sa colère et de son indignation quand elle aperçut une mendiante, le jour d'une fête et au milieu de la plus brillante réunion. En vain la pauvre femme lui raconte sa misère, la fatigue qui l'épuise, la faim qui la dévore, le désespoir qui la guide : la princesse donne l'ordre de la chasser de sa présence. Mais à un signe de la vieille femme, les domestiques restent immobiles; la terreur se répand sur toutes les figures quand cette prétendue mendiante prononce ces paroles : Princesse de Nassau, je suis *Starka, la fille des montagnes*.

Les seigneurs avaient entendu parler de *Starka*, terrible fée, qui prenait les pauvres sous sa puissante protection. Si un maître impitoyable sévissait sur ses paysans, elle envoyait l'incendie, qui détruisait sa fortune. C'est elle qui, pendant la nuit, troublait le sommeil des riches inhumains; c'est elle encore qui amenait la peste avec ses horribles ravages. Aussi le seul aspect de *Starka* a rendu muets les nobles hôtes de la princesse, ses paroles les ont saisis d'un frisson mortel. Quant à la châtelaine, elle était convaincue que son dernier moment venait d'arriver. Si elle eût pu prévoir le sort que la Fille des montagnes lui réservait, elle eût préféré mille morts en échange de sa destinée.

« Noble dame, lui dit Starka, tu fais chasser ceux qui implorent ta faveur, tu écrases ceux qui travaillent pour toi, tu danses quand tes vassaux meurent de faim et de misère : femme sans cœur, sois maudite!... Désormais tu n'auras plus ni palais, ni richesses; transformée en un vilain canard, tu vivras dans l'eau croupie, tu n'auras pour compagnie que les crapauds et pour nourriture que les insectes. »

A peine a-t-elle prononcé ces paroles, que la terre tremble, le château s'écroule, et au sein des ruines, au milieu des souterrains, il se forme un étang qui sert de séjour à la princesse enchantée.

La châtelaine seule expie sa dureté inhumaine : pas un des nobles invités n'est tombé victime. Quant à Starka, satisfaite de la punition qu'elle a infligée à la princesse, elle contemple avec dédain les seigneurs et leur montre les ruines, comme si elle voulait dire : Vous voyez ma puissance, tremblez! Longtemps personne n'ose interrompre le silence; cependant quelques seigneurs, plus courageux, s'adressent à la terrible Fille des montagnes et implorent le pardon pour l'héritière de Nassau.

Starka ne répond rien, elle réfléchit; on voit qu'elle médite un projet. Enfin elle sourit avec malice, et dit : « S'il se trouve quelqu'un qui soit assez dévoué pour tenter la délivrance de la princesse enchantée, qu'il ait le courage de venir ici à minuit, le jour de l'équinoxe : il apprendra à quelles conditions la noble châtelaine reprendra ses charmes et ses richesses; et son libérateur obtiendra sa main, sa fortune, serait-il le premier des nobles ou le dernier des manants. »

Les seigneurs voulaient bien intervenir pour solliciter la grâce de la châtelaine; mais de la prière au dévouement il y a bien loin. Heureux d'avoir échappé à une mort presque certaine, ils s'éloignent de l'endroit maudit, bien résolus de ne plus mettre le pied dans ces lieux dangereux. Quant aux domestiques, aux paysans, aux vassaux, ils avaient trop souffert de la cruauté de leur maîtresse pour désirer son retour : ils imitaient les seigneurs et quittaient les ruines. Il ne resta près des débris du château qu'un jeune homme vêtu d'une blouse, une casquette sur la tête, un filet à la main... : c'était Jacques le pêcheur.

II. Au bas des beaux domaines de Nassau, tout au bord de la Vistule, dans une pauvre cabane, demeurait une femme d'un âge avancé, mère de deux garçons, dont l'un, de vingt-quatre ans, travaillait dans le jardin, et l'autre, âgé de dix-huit ans, continuait l'état de son père, qui était pêcheur : c'était Jacques, que nous avons laissé sur les ruines du château. Il existait une grande différence entre les deux frères. L'aîné, patient, d'un caractère égal, semait au printemps et attendait avec calme l'arrivée des fruits de l'automne; c'était lui qui soutenait sa mère. Quant à Jacques, il maudissait son état; vif, il aurait voulu que le succès couronnât tout de suite ses efforts: souvent, quand il restait une demi-journée à attendre en vain la pêche fructueuse, il brisait ses filets et regrettait le jour de sa naissance. Ce qui le rendait encore plus sombre, c'est que la fille du jardinier se moquait de lui et lui avait déclaré que jamais elle ne donnerait sa main à un pauvre pêcheur sans fortune. Telle était la disposition d'esprit dans laquelle il se trouvait lorsqu'il se rendit au château pour porter les poissons qu'il venait de pêcher. C'est sous ses yeux que le château s'écroula; c'est en sa présence que Starka promit la main et la fortune de la châtelaine à celui qui remplirait les conditions de sa délivrance.

— Qu'ai-je à perdre? se dit-il : mourir aujourd'hui, ou mourir demain, cela m'est bien égal; et si je devenais riche, héritier de vastes domaines, mari d'une princesse!... Je me mets sur les rangs! — Il résolut de venir au château le jour de l'équinoxe.

Starka l'attendait. C'est toi, Jacques? dit-elle. Tu es donc bien ambitieux, pour que tu quittes ton travail, ta cabane et ta mère? Éloigne-toi de ces lieux, il en est temps encore; tu n'as pas assez de forces pour remplir les conditions de la délivrance : va-t'en... Ce n'est pas à toi d'exposer ta vie pour sauver une femme qui n'est pas digne de ta compassion.

Vaines paroles... Jacques est décidé à tenter la fortune... Il sera riche ou il mourra... Il repousse les conseils, il n'écoute pas les avertissements, et demande avec instance de commencer l'épreuve.

— As-tu un ami? demanda Starka.

— Quand j'allais à l'école, répliqua Jacques, j'avais un camarade qui partageait ma joie et mes peines; nous avons prêté serment de nous aimer toujours.

— Aimes-tu ta mère?

— Elle m'a élevé, et chaque jour je prie Dieu pour elle.

— As-tu une patrie?

— Je suis né en Pologne, et je suis fier de faire partie de ma nation.

— Je te conjure, dit Starka, par amitié pour ton camarade, par amour pour ta mère et pour ton pays, renonce à ton projet.

— Non, réplique Jacques, ma résolution est prise; dites vos conditions, je suis prêt à les accepter.

Starka soupira : elle n'aimait pas à faire du mal aux hommes qui vivaient de leur travail ; elle prévoyait la chute de Jacques, et ce fut à contre-cœur qu'elle tira une bourse de sa poche...

— Tu veux te risquer, dit avec tristesse la Fille des montagnes : que ta volonté soit faite. Prends cette bourse, qui contient cent pièces d'or ; tu viendras ici chaque nuit, et chaque nuit tu recevras une somme pareille dont tu disposeras selon ta volonté, aux cartes, au vin, en banquets. Ne te refuse aucune jouissance, satisfais tous tes caprices : seulement, garde-toi d'en faire un noble usage. Sourd à la prière, tu n'accorderas rien aux pauvres ni aux malheureux ; et si, pendant une année, tu restes fidèle à cet ordre ; si, en marchant de plaisirs en plaisirs, ton cœur ne se laisse toucher par aucun mouvement généreux, la princesse sera délivrée et deviendra ta femme. Mais malheur à toi si tu te sers de cet or pour en faire une bonne action !

— Est-ce tout ? demande Jacques étonné.

— Oui, réplique Starka en contemplant le jeune homme avec compassion.

Jacques prend la bourse et rit de joie. Il est sûr de remplir des conditions qui lui semblent si faciles. Satisfait, heureux, il s'éloigne en courant et en chantant ; son esprit vit dans l'avenir, il se voit déjà le mari d'une princesse, il ne se possède pas de joie... Starka le suivait de ses regards en balançant tristement sa tête : « Cours à ta perte, pauvre fou, se disait-elle. Tu penses qu'il est permis à un homme de changer son cœur sensible en un cœur de marbre ; tu penses que les larmes d'un malheureux, les gémissements de ceux qui souffrent ne déchirent pas l'âme. Ebloui par la vue de l'or, tu te sauves avec joie : bientôt tu maudiras le métal qui te procurera les moyens d'obéir aux caprices de tes sens, et qui te refusera de satisfaire les besoins de ton cœur. »

III. Quelques mois sont déjà passés, et le prétendu bonheur de Jacques dure encore. Quel changement s'est opéré en lui ! Ce n'est plus un pauvre pêcheur courbé au bord du fleuve, contemplant son filet, mais bien un beau monsieur habillé à la dernière mode, entouré d'amis, suivi de domestiques, passant ses jours à mener joyeuse vie, voltigeant de plaisirs en plaisirs, parcourant les bals, les spectacles, jetant son or avec profusion, effaçant par son luxe les riches seigneurs de la capitale. Destiné à devenir le mari de la princesse de Nassau, il jouit d'avance des délices de la vie de prince. Souvent il se moque de Starka : « La sorcière voulait m'effrayer, pensait-il : rien n'est plus facile que de dépenser son or ; et si parfois je rencontre un mendiant, je lui tourne le dos, et voilà tout. »

Il rêvait un brillant avenir, lorsqu'au coin d'une rue, non loin de l'église de la Vierge-Marie, il aperçoit un jeune homme en blouse appuyé contre le mur d'une maison. Ses traits le frappent, sa figure ne lui est pas inconnue... Plus il le contemple, plus son cœur se réjouit ; car il reconnaît Georges, son camarade d'école, son meilleur ami.

Entraîné par les plaisirs, étourdi par le tourbillon continuel des fêtes et des banquets, Jacques a oublié et sa famille et sa maison. L'aspect de son ami lui rappelle sa mère chérie, ainsi que l'histoire de son passé. Il ne peut retenir des larmes de joie, et il se jette dans les bras de Georges. Dans la pâle figure de Georges se peint la tristesse ; ses vêtements modestes annoncent la misère ; sa tête baissée, une douleur qui approche de l'abattement. Aussi quelle fut sa joie, son bonheur, quand dans ce jeune homme richement habillé il a reconnu Jacques, Jacques qu'il aimait plus qu'un frère.

— Je suis riche, bien riche, s'écrie Jacques ; viens avec moi, je veux te régaler du meilleur vin de France, t'offrir un repas magnifique, et ensuite nous irons passer notre soirée au théâtre.

Georges ne répond pas, hésite un moment, puis se décide à rompre le silence.

— C'est Dieu qui t'envoie auprès de moi pour m'arracher à mon désespoir, pour mettre fin à mes souffrances. Avant d'accepter le repas que tu m'offres, je te dirai ce qui m'accable : mon père et ma mère sont morts ; il ne me reste qu'une petite sœur, dont je suis le seul soutien. Jusqu'à ce moment, grâce à mon travail, nous avons eu un morceau de pain ; mais depuis huit jours le travail manque ; ma pauvre sœur n'a pas encore mangé aujourd'hui, et l'impitoyable propriétaire veut nous expulser de sa maison, parce que nous lui devons dix florins. Je m'adresse à toi comme à mon seul ami : au lieu d'un dîner qui te coûterait beaucoup, aide-moi à sauver ma sœur, qui est privée de nourriture et qui cette nuit n'aura pas un toit pour abriter sa tête.

Déjà Jacques a tiré sa bourse, mais il se rappelle les conditions fatales ; son cœur veut secourir son unique ami, mais il ne le peut pas, car la fatale destinée de son or l'empêche de faire une bonne action : c'est la première fois qu'il maudit sa richesse, impuissante à sécher les larmes de son camarade. Plus il contemple Georges, plus il souffre : il lit dans ses regards et la souffrance et les reproches, son désespoir et sa condamnation. Enfin il s'excuse, s'emporte, pleure ; Georges sourit avec mépris et s'éloigne de lui le cœur brisé de douleur. Jacques regarde son ami ; il tient encore l'or, qui lui brûle la main comme un fer rouge ; son âme est déchirée, car il aimait Georges, et pour épargner ses jours il aurait exposé les siens ; pour lui il se serait jeté au fond de la Vistule, au milieu des flammes, dans un précipice, et il lui refuse une pièce d'or ; il tient à l'estime de son ami, et celui-ci le méprise, le prend pour un misérable égoïste. Jacques ne s'attendait pas à de semblables tortures. Mais lorsque, pour remplir sa journée, il lui fallut encore jeter son or au bal, au café, il se rappela Georges et son désespoir, Starka et sa compassion : aussi ce fut la première journée sans bonheur et la première nuit passée sans sommeil.

Dès ce moment, tout semble conspirer pour empoisonner l'existence de Jacques. Ce n'est plus cet étourdi qui passe de plaisirs en plaisirs, sans regarder autour de lui, indifférent pour la misère des autres. Presque à chaque instant, un nouvel incident lui rappelle le mépris de Georges et la dure condition de son engagement. Les amis que sa fortune et sa dissipation lui procuraient se laissaient aller de temps en temps aux mouvements généreux de leur cœur : tantôt ils jetaient l'aumône à un mendiant, tantôt ils secouraient un vieux militaire; quelquefois aussi, touchés par la douce voix d'une orpheline, ils faisaient une quête pour soulager sa misère. La main de Jacques ne s'ouvrait pas. En vain le pauvre le sollicitait, ses camarades l'excitaient à soulager l'infortune : il restait sourd à leurs prières. Prodigue au jeu, dissipateur, il passait, aux yeux de ceux qui le fréquentaient, pour un débauché sans cœur.

Un jour, Jacques était assis à une table de jeu; la fortune lui souriait : plus il risquait, plus son gain augmentait. Au même moment, des fanfares et une musique militaire se font entendre. La foule entoure un vénérable moine qui sollicite de modiques offrandes pour une cause nationale, pour les frais d'une guerre où il s'agit de la patrie et de la religion. Hommes, femmes, vieillards, enfants, riches et pauvres, tous déposent leur tribut. Le moine pénètre dans le salon de jeu; chacun des joueurs s'associe à une œuvre charitable et patriotique : le seul Jacques, qui a gagné le plus, n'offre rien.

En vain le prêtre invoque le nom de Dieu et de la nation; en vain il expose le dénûment de l'armée, le besoin des combattants : Jacques est insensible. La masse l'insulte, l'accable de malédictions et de mépris. Il se sauve avec son or, cacher sa honte, en maudissant le jour où il a pénétré dans les ruines de Nassau. Au commencement de son épreuve, le jeune pêcheur acceptait sa tâche comme un plaisir, mais à présent il la regarde comme un supplice; il ne comptait pas le temps : maintenant il jette souvent les yeux sur le calendrier, pour savoir quand le jour de sa délivrance arrivera.

Si la prospérité étourdit, éblouit, ferme le cœur, le malheur et l'isolement réveillent les plus nobles sentiments, les plus touchantes affections. Jacques, méprisé par son ami, délaissé par les compagnons de ses plaisirs, se rappelle sa pauvre mère, qu'il a abandonnée. Une force irrésistible le pousse à visiter sa demeure, à aller voir la cabane où il a passé son enfance. L'aspect de la chaumière qu'il méprisait jadis lui est bien cher aujourd'hui; il se souvient de ses travaux ingrats, mais aussi de sa tranquillité et de son repos. Maintenant il reconnaît que son ambition lui a fait contracter un pacte avec l'enfer, et un triste pressentiment lui dit qu'il succombera avant d'arriver au but. Il s'arrête devant la porte; il n'ose se présenter à sa mère, qu'il a quittée; enfin il se résigne, il entre. Un douloureux spectacle s'offre à ses regards : sa mère, malade, est au lit; et son frère, les larmes aux yeux, veille auprès d'elle. Une vieille femme, une croix en main, fait des prières, comme s'il ne restait plus aucun espoir de conserver ses jours. L'arrivée de Jacques fait ouvrir les yeux à la mourante; la joie qu'elle éprouve à la vue de son fils ranime ses forces presque éteintes, et la vieille cesse ses prières, en assurant qu'avec des médicaments dont elle connaît la vertu on pourra rendre la santé à la malade. Jacques, à genoux devant le lit de sa mère, supplie la garde-malade d'aller chercher les remèdes qui doivent rendre la santé à sa pauvre mère. Pour se procurer des médicaments il fallait de l'argent, et la misère est au comble dans la cabane. La maladie de sa mère a épuisé toutes les ressources, et le travail de son frère ne suffit plus à satisfaire leurs besoins. Jacques s'en aperçoit. Il a de l'or..., de l'or fatal; il en a mille fois plus qu'il n'en faut pour sauver sa mère. Doit-il hésiter entre sa vie et la sienne?... Non... Il jette un regard sur la pauvre femme, qui semble implorer sa pitié..., il ne peut plus résister au mouvement généreux de son cœur : il donne sa bourse... Au même instant, Starka apparaît et s'empare de sa victime. Vingt autres prétendants, au jour de l'équinoxe, viennent s'inscrire pour délivrer la princesse et obtenir sa main. Toujours les mêmes conditions leur sont imposées, et le même dénoûment suit leurs inutiles entreprises.

Telle est la tradition populaire dont nous avons fait le récit sans rien ajouter à son originalité piquante. « Ce qui nous frappe dans cette croyance superstitieuse (dit le journal auquel nous empruntons la *légende*), n'est pas le châtiment de l'impitoyable châtelaine, mais cette vérité qui nous fait voir qu'il est impossible à un être humain de fermer son cœur à la compassion. L'homme a besoin d'aimer, de soulager les malheureux, de faire le bien : aussi est-ce le plus grand supplice, pour un être sensible, que d'être condamné à une froide cruauté. »

Maintenant on comprend la malice de la Fille des montagnes. Pas un homme ne tente plus de lutte contre les besoins de son cœur. Personne n'ose pénétrer dans les ruines maudites, excepté quelques jeunes gens qui y vont à minuit pour entendre les cris des spectres et les gémissements de la princesse, qui expie toujours son arrogance et sa cruauté.

Un récit de MM. Alfred de Musset et Stahl dans le *Voyage où il vous plaira* contient la description d'une horloge qui présentait une petite circonstance merveilleuse. Est-ce un conte? est-ce une tradition? Nous ne saurions prononcer. Voici le passage :

« Il faut que je vous parle de cette horloge renommée pour sa grande beauté, et qu'on venait visiter de cent lieues et plus à la ronde.

« Elle se composait, comme toutes les horloges, de rouages extrêmement compliqués, et marquait l'heure au temps vrai et au temps moyen avec une ponctualité qui eût fait honneur au soleil lui-même; mais ce chef-d'œuvre, enfermé dans son clocher, aurait pu traverser des siècles, si l'habile ouvrier, son auteur, n'y avait joint ce qui pouvait charmer les yeux de la multitude. Je ne parlerai ni des douze apôtres ni de l'histoire tout entière de la Passion qui s'y voyaient représentés; mais je dirai seulement que, sous le cadran de l'horloge et en face du soleil levant, se trouvait une niche taillée dans la pierre, et que deux volets richement dorés et ciselés fermaient hermétiquement. Dans cette niche habitait une gentille petite femme, haute de trois ou quatre coudées à peu près, et qui vivait là depuis que l'horloge avait été scellée dans le mur. Blandine était son nom. On lui avait donné ce nom parce qu'elle était blanche, parce qu'elle était douce, et surtout parce qu'elle était gracieuse. Une demi-minute avant l'heure, Blandine ouvrait elle-même les deux battants de la porte de sa petite demeure; elle s'avançait hardiment jusque sur la plate-forme, saluait les quatre parties du monde, puis, tenant d'une main un tympanon, et de l'autre un petit marteau d'un acier fin et brillant, elle regardait le ciel comme pour comprendre les ordres du soleil, et commençait de frapper à intervalles mesurés les coups qui marquaient l'heure. Après quoi, mettant le tympanon et le marteau dans sa poche, elle prenait une viole qu'elle portait suspendue à son cou par un beau cordon filé d'or et de soie, et en tirait des sons si célestes et si doux, pendant deux minutes au moins, qu'on eût dit sainte Cécile ressuscitée.

« On assurait qu'il ne s'était peut-être jamais commis de crime dans la ville de ***, dont presque tous les habitants passaient pour être bons et humains; et on l'attribuait à cette douce petite musique, qui se faisait régulièrement entendre d'heure en heure, et qui ne leur suggérait que d'honnêtes pensées.

« Lorsque Blandine avait donné sa sérénade, elle laissait retomber sa viole, saluait de nouveau et de la meilleure façon du monde, et rentrait dans sa cellule, dont elle fermait soigneusement les volets. Il y en avait alors pour une heure d'absence, et c'était bien long, car on ne se serait jamais lassé de la voir et de l'entendre, tant elle était avenante et habile musicienne. Ceux qui aimaient le merveilleux, — pourquoi faut-il qu'on ait tort d'aimer le merveilleux! — Ceux-là disaient qu'elle n'était pas ce qu'elle paraissait être, une simple figure de bois, et racontaient qu'elle avait été l'amie, la meilleure amie du mécanicien, pendant qu'il fabriquait son horloge, et qu'un jour, voyant son désespoir de ne pouvoir donner de la vie et du mouvement à cette petite figure sculptée avec tant d'art, et qui devait sonner les heures, elle avait vendu sa part de paradis au diable pour qu'il lui fût permis d'animer de son âme l'œuvre de son ami, et que son nom arrivât ainsi à la postérité tout couvert de gloire, pour avoir fait un travail si miraculeux. Mais on dit bien des choses, et il ne faut pas tout croire. Pourtant, ce qui donnait quelque créance à cette histoire, c'est qu'on savait que la maîtresse de l'horloger s'était appelée Blandine comme la statue, et puis surtout parce que, à certains jours, la petite Blandine de bois paraissait être pour de bon une créature animée. Alors sa figure était plus riante, son sourire plus doux encore, et les sons de sa viole plus suaves et plus mélodieux. Aussi ces jours-là étaient des jours de fête dans le pays, et les bourgeois de la ville, en se promenant le matin sur la place de la cathédrale, disaient-ils : « Nous aurons une bonne journée, Blandine est de bonne humeur aujourd'hui, ses yeux sont plus bleus qu'à l'ordinaire, et elle a encore mieux joué que d'habitude. » Les plus âgés avaient remarqué que l'approche du beau temps exerçait une grande influence sur le caractère assez fantasque de Blandine, et que ses caprices, comme ceux de presque toutes les jolies personnes, avaient souvent une cause puérile, — je dis puérile, mais puérile en apparence seulement, car tout est sérieux, au fond, dans ce monde léger. »

Voici maintenant un beau récit de M. Th. Muret (le Château d'Yberg). Nous le ferons suivre d'une légende piquante et spirituelle publiée dans la *Quotidienne*, il y a cinq ou six ans, sans nom d'auteur (la Maison du diable).

LE CHATEAU D'YBERG.
Histoire populaire des bords du Rhin.

A trois lieues de Baden, sur le sommet d'une montagne, s'élève une tour solitaire, unique débris d'un château dont il serait difficile aujourd'hui de reconnaître exactement l'étendue primitive. Ce qu'il y a de positif, c'est que ce manoir était situé on ne peut mieux pour commander la contrée environnante et ne pas se laisser surprendre, double avantage que ses fondateurs appréciaient probablement beaucoup mieux que les magnificences du paysage. Et pourtant, autour d'eux se développait un admirable panorama : les vastes plaines où le Rhin se déroule avec ses îles nombreuses, pareilles à des émeraudes enchâssées dans l'argent; çà et là, des villes, des villages, s'épanouissant au milieu des vignobles, des abondantes moissons; et puis, à l'horizon, la Fôret-Noire, sombre rideau qui fait mieux ressortir les charmes riants de cette belle nature.

Ce qui reste du château d'Yberg prouve que l'on avait travaillé, en élevant ses murailles, bien plus en vue de la solidité que de l'agrément et des aisances de la vie. Pour entamer et vaincre des constructions bâties sur un pareil modèle, il faut que la main des hommes ou que des événements extraordinaires aient aidé les siècles. Il semble que la tour sourcilleuse soit demeurée là toute seule pour transmettre à l'avenir quelque lugubre enseignement contenu dans l'histoire de ce castel, et qui se rattache à sa destruction. En effet, un mauvais renom environne cette masure, que nul ne songe à disputer aux hiboux, ses habitants ordinaires. On pourrait vous parler de bruits singuliers entendus pendant la nuit; de lueurs étranges qui ont brillé à travers les étroites et longues meurtrières. Quoique l'or, et même l'argent ait, dans toutes les contrées civilisées, un assez puissant attrait, vous auriez beau promettre à un paysan badois une douzaine de florins bien sonnants, pour qu'il allât, vers minuit, fumer sa pipe au pied de la tour d'Yberg.

Les propriétaires de ce manoir étaient, au moyen âge, de valeureux et robustes champions, pourfendant un homme du cimier jusqu'à la selle, perforant, d'un coup de lance, écu et cuirasse comme un simple carton. Ces agréables talents de société ont besoin, pour que les gens paisibles n'en prennent pas alarme, de recevoir toujours un légitime emploi. Or, à l'époque où nous transporte la légende, la race des sires d'Yberg n'était plus représentée que par un héritier médiocrement expert ès-morale et justice. On lui connaissait beaucoup de vices et très-peu de vertus. Il avait fort mauvaise tête : en revanche, on pouvait, avec quelque apparence de fondement, l'accuser d'avoir non moins mauvais cœur. Ce châtelain maudit semblait prendre à tâche d'amener, par tous les moyens, la ruine de sa fortune et la perdition de son âme. Heureux encore s'il se fût borné au premier de ces deux résultats, qui n'entraîne pas nécessairement le second ; car enfin, on peut pousser très-loin la folie des meutes, des faucons, des équipages de chasse, des splendides ajustements, et ne pas avoir l'âme perverse et dégradée. Mais dans le château d'Yberg, c'était nuit et jour des orgies et des débauches dont le bruit aurait pu passer pour un écho de l'enfer en goguette. Tout ce qu'il y avait aux environs de mécréants et d'individus mal famés formait la société habituelle du baron : il est vrai qu'il aurait eu beaucoup de peine à faire accepter ses invitations par des gens de bonnes vie et mœurs. Dans ces réunions scandaleuses, on n'entendait retentir que d'immondes propos, que des blasphèmes impies. Et notez que le sire d'Yberg était marié, marié à un ange de grâce et de vertu, que l'on se fût bien gardé d'associer à sa destinée, si les inclinations vicieuses du baron s'étaient révélées avant cette union, formée par son père sous de meilleurs auspices.

Ne demandez pas si la châtelaine souffrait cruellement des désordres de son mari. Mais c'était moins encore à cause d'elle-même que pour le salut de cette âme qui se précipitait à si grands pas dans la voie de la damnation ; puis aussi pour son fils Leuthold, blond et charmant enfant de six ans, qu'elle n'aurait voulu voir entouré que de bonnes leçons, de salutaires exemples. Tandis que le baron et ses dignes amis se livraient à leurs débauches, elle, la pauvre femme, prosternée dans son oratoire, pressant son fils entre ses bras, s'efforçant de repousser loin de lui les voix impures qui, par moment, arrivaient jusqu'à cette sainte retraite, elle priait et pleurait.

Hélas ! au lieu de céder à la douce intervention de la vertu, le sire d'Yberg ne fit que s'en irriter. Après les paroles dures vinrent les menaces, et enfin les mauvais traitements. Le père de la châtelaine, respectable seigneur des environs, qui avait épuisé vainement près de son gendre les avis et les remontrances, dut alors rappeler sa fille auprès de lui. La dame d'Yberg emmena le petit Leuthold avec elle. Mais bientôt le baron réclama impérieusement son fils, au nom de ses droits de père. Il fallut bien lui rendre cet enfant, le seul être envers lequel il parût capable de quelques sentiments affectueux. Parfois il le faisait sauter sur ses genoux, il passait sa rude main sur ce jeune front si pur, dans cette douce chevelure blonde; il trouvait quelques mots où perçait un fugitif éclair de tendresse. Plusieurs fois, il mit dans la petite main du pauvre enfant une coupe pleine de vin, l'excitant à suivre l'exemple qu'il lui donnait. C'était sa manière de traduire cette lueur d'amour paternel non encore éteinte dans son âme. Mais, comme si un ange, ou sa mère, l'eût conseillé tout bas, Leuthold refusait toujours.

Pour n'être pas séparée de son fils, pour veiller sur lui, la dame d'Yberg se fût résignée de nouveau à vivre auprès de son indigne époux. Ce fut le châtelain qui ne se soucia pas de la recevoir, se trouvant de la sorte encore plus libre dans ses goûts ignominieux.

Comme si Dieu avait voulu préserver de la contagion l'aimable et candide enfant en le rappelant à lui, Leuthold, enlevé à sa mère, ne tarda pas à languir et à s'incliner vers la tombe. Un soir, il ferma comme à l'ordinaire ses grands yeux bleus; mais ce fut dans le ciel qu'il se réveilla. Le châtelain donna à son fils quelques heures de regrets. C'était tout ce que l'on pouvait attendre de cette âme flétrie : puis, il se replongea plus avant que jamais dans sa coupable vie. Au lieu de puiser dans ce chagrin qui effleura son cœur quelques méditations salutaires, il sembla que le baron voulût s'étourdir en s'abrutissant tout à fait. Un vieux et bon prêtre, chapelain des seigneurs d'Yberg depuis deux ou trois générations, n'avait pu se résoudre à quitter le château, quoique sa messe n'eût plus guère d'assistants. Importuné par un timide reproche, le sire d'Yberg le renvoya comme un valet. Avec le pauvre prêtre, la religion elle-même quitta entièrement cette maison maudite.

Pour subvenir à ses désordres, le baron avait engagé et grevé toutes les terres. Chaînes d'or, bijoux, vaisselle d'argent, tout cela était tombé aux mains des lombards et des juifs. Les dettes assiégeaient les portes du château : les dettes importunes, criardes, impitoyables. Le sire d'Yberg ne trouvait plus de crédit. Vous pensez bien que sa réputation n'aurait paru à aucun prêteur caution suffisante. Ne voulant pas renoncer à ses coûteuses habitudes, le sire d'Yberg, en

DICTIONN. DES SCIENCES OCCULTES. II.

cette extrémité, s'avisa d'un autre moyen. Lui, baron et chevalier, il se fit voleur de grand chemin. La vaillante épée de ses pères, qui n'avait jamais servi que dans des combats loyaux, il n'eut pas honte de la prostituer à un vil brigandage. Accompagné de quelques-uns de ses camarades habituels, il se mit à battre les environs, pillant, dévalisant les voyageurs, et rapportant dans son manoir le fruit de ses rapines, que l'orgie ne tardait pas à dissiper. La spéculation, d'abord, n'alla pas trop mal. Toutefois, cet honnête métier a ses épines comme ses roses. Un jour, le sire d'Yberg fut averti qu'un riche israélite devait passer à deux milles de là, menant avec lui plusieurs mules chargées d'épiceries précieuses, de brocards d'or et autres marchandises appétissantes. Les dignes associés n'étaient pas gens à manquer une telle aubaine. Ils allèrent s'embusquer au coin d'un bois fait exprès pour ce genre de coups. Mais ce qu'ils ne savaient pas, c'est que le fils de Jacob s'était fait prudemment accompagner, moyennant finance, d'une escorte bien armée qui reçut nos malandrins d'une chaude façon. Le baron eut l'œil droit crevé d'une estocade, et fut trop heureux de regagner son manoir en très-mauvais équipage, laissant sur le carreau plusieurs de ses fidèles amis. Les survivants, après cette aventure, furent un peu dégoûtés de ce genre d'exploits, d'autant mieux que les seigneurs d'alentour, indignés de voir ainsi profaner le noble titre de chevalier, avaient résolu de donner la chasse à ces bandits comme à des loups, et de ne pas ménager même le chef de la bande. Dès lors la solitude et la tristesse s'emparèrent du manoir d'Yberg. Plus d'argent, par conséquent plus d'amis. Au lieu de se livrer aux joies des festins bruyants, il fallait que le châtelain félon restât seul avec sa misère, ses mornes ennuis et la rage de l'orgueil blessé. Quant au salutaire repentir, il n'entra pas dans son cœur.

Un soir que, triste et rêveur, le sire d'Yberg était assis à la porte de son château, un pèlerin l'aborda. C'était un homme maigre et sec, aux lèvres minces, qui semblaient avoir l'habitude du sourire sardonique, au regard brillant d'un feu étrange. Le baron ne vit pas sans étonnement un voyageur s'approcher de sa demeure, attendu l'étrange renom dont elle était entourée. Il est vrai que l'équipage du pèlerin n'était pas de nature à exciter grandes convoitises.

— Sire chevalier, dit ce personnage au baron sans plus de préambule, vous êtes pauvre et vous voudriez être riche.

— D'où le sais-tu? répondit le sire d'Yberg, peu flatté qu'un étranger connût si bien l'état de ses affaires et de son esprit, et intervînt avec un tel sans-façon dans ce qui ne le regardait pas.

— Votre réponse, reprit l'étranger, montre que j'ai deviné juste. Je suis étonné que vous languissiez ainsi dans la misère, quand vous avez sous la main, dans votre maison même, tant de trésors.

— Comment? s'écria le baron, dont les yeux s'allumèrent à cette révélation imprévue.

— N'avez-vous pas entendu dire que votre bisaïeul, au moment de soutenir un assaut décisif, enterra tout son or, toutes ses richesses, dans un lieu connu de lui seul, et dont il emporta le secret en tombant mort sur la brèche?

— Si tu n'as à me donner d'autres renseignements que cette tradition fort suspecte....

— Elle est parfaitement fondée; et j'en sais quelque chose, moi qui étais là, qui fus le confident de votre bisaïeul.

— Pèlerin, te railles-tu de moi? Il y a près d'un siècle que mon bisaïeul est couché dans sa sépulture.

— Je vous répète que j'ai vécu de son temps.

Il y avait tant d'assurance dans les paroles du pèlerin, une expression si singulière animait ses traits, que le baron, d'ailleurs disposé à croire aux choses surnaturelles, comme tout le monde y croyait alors, ne put s'empêcher de tressaillir : avec un tremblement convulsif, pareil au frisson de la fièvre, il attachait son regard effaré sur l'inconnu.

— Écoutez, reprit celui-ci d'un ton d'intérêt et de familiarité; j'ai de l'amitié pour vous, une véritable amitié. C'est elle qui m'inspire en ce moment. Mais aurez-vous le courage de mettre à profit le secret que je vais vous confier?

— Personne de ma race n'a jamais manqué de courage, dit le chevalier en se redressant, avec une expression où reparut un éclair de cette noblesse et de cette dignité perdues dans les désordres de sa vie. Allons, pèlerin, dis ton secret.... Et quand tu viendrais de la part du diable....

— Vous ne reculeriez pas?

— Non, car ma pauvreté pèse trop lourdement sur moi. Achève! où est enseveli le trésor dont tu parles?

— Dans les tombeaux de vos pères. Il faut les ouvrir, prendre un à un leurs ossements, les étaler en cercle devant la porte de votre château, à minuit, quand la pleine lune répandra sa clarté sur le gazon. Justement c'est aujourd'hui que la lune est dans son plein. Voyez comme elle surgit belle et pure à l'horizon!

— Mais c'est un horrible sacrilège que tu me proposes! Ou plutôt... je suis trop bon de prêter quelque attention aux paroles d'un vagabond comme toi.

— A la bonne heure, seigneur châtelain. Bonsoir... Restez pauvre et misérable, quand il ne s'agit, pour rouler sur l'or, que de déplacer quelques pierres, de remuer quelques ossements insensibles. Certes, vos aïeux n'ont rien de mieux à faire que de vous restituer des richesses bien inutiles à leur froid sommeil... les richesses qui vous appartiennent par droit d'héritage. Où voyez-vous là un sacrilège? Dites plutôt que le cœur vous manque.

— Pèlerin, ne répète pas cette parole!

— Prouvez-moi donc que je me trompe?

— Au moins m'accompagneras-tu jusque dans la chapelle où sont ces tombeaux, pour m'aider à les ouvrir?

— Ces tombeaux ne sont pas ceux de mes ancêtres, à moi. Il ne m'est pas permis d'y toucher. D'ailleurs, l'air de cette chapelle ne me serait pas bon. Je crains la fraîcheur de ces endroits-là. Elle ne ferait qu'augmenter mon rhume.

Le pèlerin, en disant ces mots, toussa d'une manière si étrange, que le châtelain en frémit. Mais pressé tout à la fois par la soif de l'or et par la crainte d'avoir l'air de reculer, il alla se munir des outils nécessaires, et il se dirigea vers la chapelle, tandis que le pèlerin restait à l'attendre devant la porte du manoir.

Quand le sire d'Yberg entra dans le lieu saint, la nuit était close, mais les rayons de la lune, pénétrant par les grandes fenêtres gothiques, l'éclairaient assez pour l'œuvre sacrilége qui allait s'accomplir. Les statues couchées sur la pierre des tombeaux se dessinaient toutes blanches, semblables à des fantômes endormis. Le châtelain hésita un moment: ses cheveux se dressaient sur sa tête. Enfin, obéissant à une impulsion forcenée, il s'avança rapidement, comme pour s'étourdir, la hache à la main. Les tombeaux retentirent en gémissant sous ses coups redoublés. Le sire d'Yberg prit l'un après l'autre tous les squelettes, dans l'asile lugubre où l'on croyait les avoir couchés pour toujours. Une fois lancé dans cet affreux travail, il ne s'arrêta pas qu'il n'eût porté tous les ossements de ses pères sur la pelouse où l'attendait le pèlerin.

— N'y a-t-il plus de tombes à ouvrir? demanda ce dernier.

— Une encore; mais.... celle-là, je puis sans doute la respecter, car ce n'est pas celle d'un de mes aïeux.

— Ouvre-la aussi, il le faut!

— Oh! non! non!

— Il le faut, te dis-je!

La voix et le regard du pèlerin tenaient le baron écrasé et fasciné. Il retourna donc à la chapelle; il ouvrit la dernière tombe, qui était plus petite que les autres, et la plus récente. C'était celle de son fils. Le corps de l'enfant (ô merveille!) apparut encore intact, comme si la vie l'eût quitté tout à l'heure seulement. La corruption de la tombe l'avait respecté. Le châtelain le prit dans ses bras et le porta sur la pelouse, où déjà les ossements étaient rangés en rond. Arrivé là, au lieu de joindre le cadavre enfantin à cette exposition sacrilége, il se mit à le regarder, sous les pâles clartés de la lune, passa comme autrefois sa main dans les blonds cheveux de son fils, et serra contre son cœur le seul être qui eût jamais fait couler une larme sur son dur visage.

— Allons donc! en finiras-tu? dit le pèlerin.

Le châtelain, toujours sous le coup du même ascendant, allait obéir et placer le corps de l'enfant dans la ronde funèbre, quand il le sentit remuer comme par un retour à la vie. Le sire d'Yberg s'arrêta stupéfait, doutant du témoignage de ses sens.

— Mets donc ton bambin par terre, dit le pèlerin d'une voix encore plus étrange. Viens, l'instant est arrivé, il n'y a pas une minute à perdre.

Et saisissant la main du sire d'Yberg, que son contact brûlait comme un fer ardent, il cherchait à l'entraîner au milieu du cercle. Cette fois, on vit l'enfant allonger son bras, et sa voix se fit entendre bien distinctement.

— Mon père, dit-il, ne le suivez pas! Et toi, démon, va-t-en: ce reste d'affection sainte qui a survécu dans son cœur doit le soustraire à ton fatal empire!... Va-t-en, au nom du Dieu de miséricorde et de justice!

Subissant à son tour une puissance irrésistible, le pèlerin sembla se débattre un moment contre cet ordre souverain; puis sa forme s'effaça comme une fumée, et il disparut dans les airs en jetant un cri qui ne ressemblait à rien d'humain, et où le râlement de l'agonie se mêlait à un rire infernal. En même temps, quoique le ciel fût serein, un coup de tonnerre épouvantable ébranla le sol: la foudre lumineuse traversa les airs, et vint frapper le château qui s'écroula en débris, excepté le donjon, resté seul, comme un monument de cette miraculeuse aventure.

Le sire d'Yberg était demeuré terrifié, tremblant, toujours à la même place. Lorsqu'il eut repris ses sens, il recueillit les ossements étendus sur l'herbe, les baisa pieusement, et les replaça dans leurs tombes qui, ouvertes et béantes au milieu des ruines, semblaient redemander les mornes dépouilles qu'on leur avait ravies. Dans cette nuit terrible, les cheveux du baron devinrent blancs. Quant à l'enfant, son corps, devançant le dernier jugement, avait sans doute rejoint son âme dans le ciel.

Le matin, au point du jour, le sire d'Yberg, le front nu, couvert d'un dur cilice, et remplaçant par un simple bâton son épée de chevalier, quitta pour jamais les débris de son château. Il gagna les montagnes de la Forêt-Noire, il se fit ermite, et pendant la longue vie qui lui fut laissée, il mit ses genoux sur la pierre, dans les rigueurs de la plus austère pénitence. Il y a lieu d'espérer qu'un repentir si profond désarma le souverain juge. Ce n'était pas pour rien, d'ailleurs, que Dieu avait permis la merveilleuse intervention de cet enfant, doux ange, venant se placer ainsi entre son coupable père et le démon.

LA MAISON DU DIABLE, A FROBELWITZ.

C'est un fait, c'est une vérité des plus vraies; de Cadix à Drontheim, de Drogheda à Lemberg, il n'est pas une seule ville où ne s'élève dans un faubourg écarté quelque maison délabrée, ruinée, à l'air sombre et renfrogné, au signalement plus ou moins patibulaire, habitation où n'habite pas même un rat, et dont la voix publique accorde la propriété à Lucifer. Personne ne veut loger en pareil lieu, même ceux que l'état de leurs finances oblige à ne loger nulle part.

J'ai recueilli bon nombre de légendes relatives à ces demeures maudites; il suffira d'en rapporter une seule : ce sera probablement une de trop.

A un demi-mille de Francfort, sur la route de Limburg et sur le territoire de la commune de Frobelwitz, on remarque une maison de campagne, jadis splendide, aujourd'hui lamentablement dégradée. Les toits sont défoncés, les fenêtres pourries, les vitres brisées; les oiseaux font leur nid dans les salons, de laids reptiles rampent sur les parquets, les débris de ferrure ne sont que rouille; l'herbe vient à travers les fentes des perrons, elle tapisse des allées où nul pas humain ne s'est approché de temps immémorial. Les arbres croissent au hasard, comme ils veulent; l'hiver, l'été, la pluie, le soleil, la neige, la lune, ont renversé des vases de marbre, détruit des plates-bandes, comblé des bassins d'où s'élançait l'eau en gerbes élevées, ravagé des charmilles, saccagé des terres. Un morne silence règne dans ces lieux déserts. L'entrée en est comme interdite par un gardien invisible. Les habitants du pays s'en écartent avec répugnance, et non sans quelque effroi.

Nous dirons, tels que nous les avons recueillis sur le terrain même, les motifs de l'abandon de cette maison réprouvée, qui n'est ni publique ni particulière, et qu'une main vengeresse démolit avec lenteur.

Il y a soixante-dix ans à peu près qu'un étranger arriva un jour à Francfort, en chaise de poste; il se nommait Starinski, il venait de Varsovie; son portefeuille était rempli d'excellentes lettres de change; les premiers banquiers de la Pologne lui avaient ouvert des crédits illimités sur leurs correspondants hébreux des bords du Mein.

Starinski et ses deux millions reçurent l'accueil cordial, dévoué, respectueux, toujours réservé à deux millions, aussitôt qu'ils se présentent.

Il acheta la maison de campagne dont nous venons de parler; il s'y installa, il la fit meubler avec la plus élégante somptuosité; il commanda, en montrant de l'or, qu'on lui fît un jardin délicieux.

Starinski était quadragénaire, il était célibataire; il reçut chez lui le meilleur monde. Il eut des domestiques empressés et nombreux, des amis sincères : on faisait chez lui une chère exquise; il ne se passait guère de jours qu'il ne réunît dans sa salle à manger des convives de fort bonne humeur et de meilleur appétit. Les vins étaient transcendants : on ne restait tout au plus que quatre heures à table, et l'on était servi dans de la vaisselle plate, ce qui ne gâte rien au mérite d'une entrée. Les savants dîners du Polonais devinrent célèbres : on en parla à Sans-Souci.

C'était le 27 juillet 1776, Starinski comptait parmi ses convives deux ambassadeurs et trois lords; l'élite de l'aristocratie francfortoise était là, dégustant les crus de France, d'Italie et de Grèce, sans oublier ceux du Rhin : le festin eut fait honneur à feu Lucullus.

La chaleur était très-forte, l'air étouffant. L'amphitryon proposa d'aller savourer le dessert dans un bosquet d'arbres touffus, situé à quelque distance de la maison. Une table splendide y était déjà toute dressée; la motion passa à l'unanimité : on retrouva l'argent, les cristaux, la nacre, prodigués sous de nouvelles formes; c'était un tableau gastronomique que je renonce à décrire.

Les convives de se remettre à manger, de recommencer à parler, de revenir à boire, sans prendre garde au chiffre de bouteilles qu'ils avaient déjà vidées. Le temps était magnifique; il ne faisait pas assez de vent pour agiter l'extrémité de la plus petite feuille; le crépuscule survint, les dîneurs se mirent à chanter, sans interrompre leurs rasades. Les sages d'entre eux se racontaient à eux-mêmes des histoires que leurs voisins n'étaient plus en état d'entendre.

Starinski avait tenu tête au tourbillon général, afin de maintenir sa dignité de maître de la maison; mais il commençait à se laisser entraîner. Ma foi! s'écria-t-il, rien ne manque, je crois, à l'agrément de notre repas sur l'herbe; ici, le vin a plus de fougue, l'air est plus frais que dans la salle dont nous sommes sortis; je défie bien que l'on trouve au monde quelqu'un de plus heureux que moi. Il faut chanter en chœur quelque chose de gai, de fou. Je vais faire apporter des lumières, et je vais ordonner que l'on mette aux lieu et place de toutes ces bouteilles vides d'autres que je condamne à ne pas rester pleines. Vous serez les exécuteurs de leur sentence.

Un immense éclat de rire accueillit la plaisanterie du millionnaire; mais quoiqu'il s'efforçât de paraître radieux, les coins de sa bouche tremblaient, et parfois des teintes violâtres sillonnaient sa physionomie.

Un des domestiques s'en retournait avec un flambeau, après avoir allumé les bougies placées sur la table; il aperçut une femme qui s'avançait le long de l'avenue, dont la porte du jardin était le point de départ. Cette femme était d'une haute taille, son attitude imposante, sa figure pâle comme du marbre; elle était couverte de vêtements de deuil, une expression de courroux contractait ses sourcils, ses yeux roulaient continuellement de droite et de gauche, jetant une clarté livide du fond de l'orbite où ils étaient plongés. Elle portait dans ses bras quelque chose qui était peut-être un enfant endormi, peut-être un cadavre, et elle marchait d'un pas ferme, lent et résolu, vers le bosquet d'où partaient paroles avinées, chants et rires sans motif et sans fin, éclats de voix comme détonations de feu d'artifice.

Le valet eut un moment de surprise et d'effroi; il avait pris de plus d'une façon une part active à la fête, de sorte que, le premier mouvement passé, il se retrouva plein de courage; et accostant l'inconnue, il lui demanda ce qu'elle voulait.

— Je cherche ton maître, Ladislas Starinski.

— Mon maître est occupé ; ce n'est pas le moment de l'interrompre. D'ailleurs vous ne paraissez rien avoir d'amusant à lui dire.

— Tais-toi, imbécile ; il faut absolument que je le voie.

Et elle repoussa le domestique qui cherchait à la retenir. Sa main était froide et dure comme la pierre d'un tombeau. Le valet jeta son flambeau par terre, et, se sauvant à toutes jambes, il alla tomber dans la cuisine, où son récit incohérent répandit l'alarme. De son côté, l'inconnue s'approcha du bosquet où l'on banquetait et devisait au mieux. Se glissant derrière le Polonais, au moment où il ouvrait la bouche pour arroser d'une profonde coupe de Johannisberg un refrain qu'il chantait faux, elle le toucha sur l'épaule. Starinski se retourne ; sa figure se crispe d'une manière affreuse, ses cheveux se hérissent : un tremblement convulsif agite tous ses membres.

Les convives restèrent muets, pétrifiés, l'œil fixé sur leur hôte, sur l'étrange apparition si brusquement survenue. Je parle de ceux des convives qui avaient eu la force de demeurer assis ; car la plupart s'étaient laissé glisser sous la table, et ils ronflaient comme un juge à l'audience.

— Comment viens-tu ici ? s'écria le Polonais, et sa voix était entrecoupée, haletante. — Qui t'a rendu la liberté ? Fuis, va-t'en, illusion de l'enfer. Tu es morte! Rentre sous la terre ; va-t'en, te dis-je......

L'inconnue se pencha vers lui, elle lui jeta à voix basse quelques mots à l'oreille ; il frémit plus que jamais. Elle se dirigea vers la maison, en lui faisant signe de la suivre ; il obéit ; il cédait à une force irrésistible. La femme, l'enfant, le malheureux, s'avançant ainsi à travers des espaces peu éclairés, ressemblaient à trois spectres qui rôdent à la brune dans un cimetière.

Après un moment d'hésitation, ceux des convives qui n'avaient pas tout à fait perdu la tête prirent le parti d'aller savoir ce qu'était devenu leur hôte et ce que signifiait pareille visite. Ils se rendirent à la maison, où tout était en grand émoi ; la valetaille s'était enfuie ou barricadée ; on parvint cependant à former une colonne d'attaque, armée de broches et de couteaux de cuisine ; un major prussien, qui avait fait la guerre de sept ans, en prit le commandement ; il monta l'escalier en brandissant son sabre ; on le suivit, on arriva à la porte d'un salon où s'était retiré le Polonais, il n'était pas seul ; on entendit fort distinctement des sanglots, des cris, des exclamations décousues qu'interrompait une voix lugubre et ferme : « Souviens-toi de ce que je t'ai dit ; songe à mon époux dont le sang souille tes mains : — Une autre nuit viendra, t'amenant une visite plus terrible que la mienne, ta perte éternelle est irrévocable. »

Le major voulut ouvrir la porte ; elle était fermée en dedans ; il se mit à l'œuvre pour l'enfoncer. Cela prit quelque temps et lorsqu'on en fut venu à bout, on trouva Starinski évanoui sur le parquet. De l'inconnue aucun vestige, rien qui indiquât par où elle s'était retirée. Le Polonais fut placé sur son lit, saigné, soigné. La faculté s'installa dans son logis ; il recouvra la santé ; mais sa vie fut un bien cruel supplice. On voulut l'interroger sur ce qui s'était passé ; mais il fit signe de ne jamais lui parler d'un sujet aussi pénible pour lui. L'appartement où la funeste entrevue avait eu lieu fut fermé ; depuis, il n'a plus été ouvert, on l'appelle la chambre du fantôme.

Plus de fêtes, plus de dîners ; Starinski ne sortit plus, ne reçut personne ; il renvoya son cuisinier, il céda à qui les voulut, et pour le prix qu'on lui en offrit, ses équipages, ses chevaux ; il n'écrivit plus aucune lettre ; celles qui arrivaient à son adresse restaient sans être ouvertes ; sa table devint l'opposé de ce qu'elle avait été ; il ne fit plus qu'un repas toutes les vingt-quatre heures ; encore peut-on appeler repas se laisser servir sans même regarder ce que l'on va porter à sa bouche, et prendre la dose strictement nécessaire pour ne pas expirer d'inanition. Ce régime fit évanouir comme des ombres tous les anciens commensaux de l'hôtel. Le malheureux exigea chez lui un silence absolu ; un vieux valet de chambre fut la seule personne dont il accepta les services. Ses cheveux avaient blanchi en un moment ; sa figure contractée, labourée, ridée, portait l'empreinte du désespoir et du remords. Il balbutiait sans cesse des mots entrecoupés, des phrases interrompues ; si l'on avait écouté, recueilli, coordonné ces aveux échappés à une conscience bourrelée, on aurait obtenu les détails d'un forfait qu'il avait cru pour toujours dérobé à la connaissance des hommes. Il se reprochait des richesses mal acquises, il avait spolié la veuve et l'orphelin ; la soif de l'or l'avait rendu homicide. La justice ne se préoccupa nullement de ces confessions, du fond de la solitude où vivait Starinski, il n'en transpirait presque rien au dehors, cinq mois se passèrent de la sorte : le Polonais devint plus jaune, plus livide, plus maigre que jamais. Il finit par se mettre au lit ; il n'eut plus la force d'en sortir. Il y restait des jours entiers plongé dans un engourdissement complet, ou en proie à d'effrayantes convulsions. Son fidèle domestique Wilhelm se hasarda de lui parler de voir un ministre de la religion ; le malade répondit avec effort que c'était inutile, qu'il était réprouvé, et il éprouva une crise nerveuse plus terrible qu'aucune de celles qu'il avait subies jusqu'alors. Ce fut encors pis lorsqu'il lui fut fait la proposition d'appeler un médecin.

L'hiver était venu, le 27 décembre au soir, Starinski avait à peu près perdu connaissance ; Wilhelm se reprocha de laisser trépasser son maître sans avoir recours à la faculté ; il fit prévenir le docteur Schachtmeyer, le Boerhaave, l'Esculape de Francfort ; depuis vingt ans, tout homme un peu comme il faut, sur les rives du Mein, était mort de la main du docteur. Schachtmeyer accourut avec empressement; il se désolait depuis longtemps de ne pouvoir approcher du Polonais ; il espérait trouver là un cas rare, un objet d'étude intéressant ; le docteur aimait la médecine comme un poëte aime la poésie, comme un peintre chérit la peinture, il serait mort d'orgueil et de bonheur s'il avait pu découvrir quelque maladie nouvelle ; il pensait de bonne foi qu'il n'y en avait pas assez et qu'une de plus ferait beaucoup pour sa gloire, sans faire grand mal à la race humaine.

Assis au chevet de Starinski, il resta longtemps à lui tâter le pouls, à considérer ces yeux éteints et enfoncés sous les os, où était la place des sourcils, à contempler ces traits épouvantables à voir. Il étudiait avec une ardeur passionnée, avec l'insatiable curiosité du savant, la lutte de la mort et du dernier et faible reste de l'existence ; il penchait sa tête et sa pensée sur la bouche déjà froide de l'agonisant.

Le vent mugissait avec force, poussant des tourbillons de neige contre les croisées du vaste appartement qu'éclairait à peine une lampe placée non loin du lit où le Polonais était étendu ; c'était un de ces immenses lits d'autrefois, avec un ciel démesuré, garni de lourds rideaux à ramages brodés ; ils offraient un contraste bizarre, de gracieux épisodes empruntés aux riantes légendes de la mythologie grecque.

Minuit vint à sonner. Le douzième coup vibrait encore, lorsqu'un bruit étrange se fit entendre dans l'antichambre ; il attira l'attention du docteur et du domestique. Ce bruit était celui des pas d'un homme qui marche avec rapidité et qui paraît livré à une vive impatience ; c'était le retentissement d'un pied posé avec force sur le parquet, et ce pied paraissait de fer, tant le son qu'il produisait était net, métallique, sonore. Quel que fut celui qui se promenait de la sorte, sa marche indiquait une colère violente ; il allait d'un bout à l'autre de l'antichambre sans s'arrêter un seul instant ; il manifestait une irritation de plus en plus croissante. Le médecin, le valet de chambre se regardèrent avec stupeur.

— Qui est-ce qui peut ainsi se promener ? fit Wilhelm tremblant de tous ses membres.

— Quelqu'un de la maison est-il levé ?

— Non, d'ailleurs personne n'oserait faire un pareil tapage à la porte de l'appartement de monsieur.

Il finissait à peine ; un coup violent fut frappé à cette même porte ; un second suivit au bout d'une minute ; un troisième, après une minute encore ; ces coups de plus en plus forts ressemblaient à ceux d'un marteau de bronze qui tombe sur une cloche d'airain.

— Allez voir qui est là ? dit le docteur.

— Pour tous les trésors du monde, et me fît-on empereur, je n'irais point.

— Poltron ! eh bien ! j'y vais moi, répondit l'hippocrate, en saisissant la lampe.

— Je vous suis, s'écria Wilhelm, je ne veux pas rester dans l'obscurité.

Ils ouvrirent la porte, non sans un violent battement de cœur ; ils regardèrent, et ils ne virent personne, le bruit avait cessé ; le docteur fit le tour de la chambre, rien. Troublés et agités, ils revinrent dans l'appartement de Starinski, ils se replacèrent près de son lit ; il était toujours comme privé de connaissance, il paraissait ne s'être nullement aperçu de ce qui s'était passé autour de lui.

Horreur ! Ce fut dans l'appartement même que le bruit de cette affreuse promenade se fit tout d'un coup entendre, avec plus d'énergie que jamais. Un pied de plus en plus rapide, de plus en plus colérique, résonnait dans la chambre du malade ; il s'éloignait jusqu'à la croisée, il revenait, il s'éloignait de nouveau ; l'emportement, l'irritation du marcheur paraissaient au comble. Schachtmeyer et Wilhelm regardaient avec effroi ; ils n'apercevaient nulle créature humaine ou autre ; mais ils voyaient bien distinctement les bondissements, les ondulations du parquet qui gémissait, qui semblait demander grâce sous ces coups répétés.

— Il se passe là, à notre côté, quelque chose d'effroyable, dit à voix basse le médecin au domestique ; allez chercher quelqu'un, réunissez ici toute la maison.

— Je n'ose pas bouger, — ma tête se fend, — je deviens fou, — le diable est là, — fuyons. — Au secours, au secours, mon Dieu !

— Calmez-vous, imitez-moi, je me fais violence pour ne pas succomber moi aussi, à un effroi bien naturel. Ayons confiance en Dieu, il nous protégera. Juste ciel ! le bruit devient plus violent que jamais ; ces enjambées sont de plus en plus rapides, il y a là de la frénésie. Mon devoir est cependant de ne pas déserter le chevet d'un mourant. Allez donc, amenez avec vous quelques figures humaines. Le domestique se lève, retombe, se lève encore, se glisse à pas précipités contre le mur et s'élance dans l'antichambre ; il avait trouvé du courage dans l'excès de sa frayeur.

Resté seul, le docteur se trouva glacé d'épouvante ; il y avait de quoi ; mettez-vous à sa place. La promenade infernale ne discontinuait pas, il s'écrie d'une voix pareille au dernier cri d'un noyé : « Qui êtes-vous, être effroyable ? Pourquoi viens-tu ici auprès d'un mourant ? Parle, si tu peux, montre-toi si tu l'oses. »

Ces mots arrachèrent Starinski de la stupeur où il était depuis longtemps. Il ouvrit les yeux, il se dresse sur son séant, il ne peut s'y soutenir ; il veut parler, prononcer quelques prières ; sa langue se refuse à toute articulation, ses lèvres affreusement écartées laissent nues ses dents que contracte un grincement effroyable, il écarte les bras, comme s'il voulait repousser quelqu'un ; ses cheveux, blancs comme des fils, étaient hérissés. L'invisible promeneur s'était rapproché du lit ; les rideaux s'étaient ouverts comme d'eux-mêmes ; le Polonais s'agita convulsivement, parut chercher à se relever, ne le put ; il exhala un gémissement déchirant, et il se couvrit la figure de ses deux draps. Il était mort. Le bruit des pas avait cessé.

Lorsque Wilhelm revint, accompagné de plusieurs domestiques blêmes et effarés, il trouva le docteur étendu sans connaissance auprès du lit, le cadavre du Polonais portait tous les symptômes de la plus effroyable agonie. Le défunt fut enseveli sans éclat ; on ne lui connaissait aucun parent ; la ville de Francfort hérita de ses biens ; la maison où il avait rendu le dernier soupir d'une manière si tragique fut en vain annoncée comme étant à louer ; au bout de plus de soixante ans il ne s'est présenté personne qui se soit soucié d'en faire son domicile. On prétend que parfois, dans les nuits d'hiver, au milieu de la tourmente, il en part des gémissements horribles à entendre ; ces cris, je les ai entendus moi-même, mais je crois que ce sont ceux de deux vieilles girouettes rouillées ; le vent cherche à les faire tourner malgré elles, et il en vient à bout lorsqu'il y met beaucoup d'entêtement.

LES SOUVENIRS DE LA WARTBURG,
Traditions germaniques.

L'origine de la Wartburg remonte au xie siècle. Louis II, comte de Thuringe, surnommé le *Sauteur*, parce que, étant retenu prisonnier par l'empereur germanique dans le château de Giebichenstein, il s'évada de sa prison en se précipitant d'une hauteur de cent vingt pieds dans la Saal, et en gagnant à la nage la rive opposée, où l'attendaient son fidèle serviteur et son coursier, Louis II en jeta les premiers fondements.

Un jour (voici maintenant la chronique qui parle), chassant dans les environs d'Eisenach, il fut attiré par le gibier qu'il poursuivait jusqu'à la montagne dont le sommet porte le célèbre château. Il voulut attendre que sa proie ressortît de la forêt, et, tout en admirant tantôt le beau pays qui se déroulait devant ses yeux, tantôt la montagne escarpée, il conçut l'idée de construire un château sur cette dernière. « Attends, montagne, dit-il à part lui, tu me deviendras un château. » *Warte Berg, du sollt mir eine Burg werden,* jeu de mots entre *Berg*, montagne, et *Burg*, château-fort, qui ne peut pas se rendre en français. Mais comment faire ? la montagne appartenait aux seigneurs de Frankenstein, qui avaient leur résidence au delà de la forêt, sur les bords de la Verra. Le comte, aidé de douze chevaliers, ses compagnons de plaisir, avisa l'expédient suivant : il fit apporter nuitamment, de son château de Schaumberg, de la terre dans des paniers et la répandit sur le point convoité. Cela fait, il y établit un retranchement derrière lequel il pût se défendre. Vainement les seigneurs de Frankenstein accoururent pour s'opposer à ses projets de construction ; ils furent repoussés. Dès lors ils adressèrent à l'empereur leur plainte de cette usurpation flagrante, et Louis de Thuringe, interpellé par le tribunal impérial, répondit « qu'il avait fait sa construction sur son propre sol, et qu'il espérait bien que la loi et la justice l'y maintiendraient. »

Le tribunal reconnut que si le comte de Thuringe pouvait prouver par la déposition assermentée de douze hommes probes et loyaux que le terrain en question lui appartenait, il serait et demeurerait maintenu dans sa possession. C'est ce qu'il voulait. Ses douze témoins étaient tout prêts. Ils s'avancèrent sur la montagne, et là, enfonçant leurs épées dans la terre qui y avait été apportée, ils jurèrent que leur seigneur, le comte Louis, se trouvait sur sa propriété, et que ce sol avait appartenu de temps immémorial au territoire et au domaine des comtes de Thuringe. La montagne fut adjugée au comte. Le château terminé, Louis traça et éleva les murailles qui forment l'enceinte de la nouvelle ville d'Eisenach, et rapprocha ainsi de la Wartburg cet endroit qui, auparavant, en était beaucoup plus éloigné. Il avait l'intention d'abord de donner à son château une couverture en cuivre doré, mais l'empereur s'y opposa, et force fut au superbe comte de se contenter d'un métal moins précieux.

Le fils du comte Louis le Sauteur fut Louis le Cuirassé. Ce prince portait constamment une cuirasse de fer, pour se mettre à l'abri des assassins dont le menaçaient ses nombreux ennemis. Il était renommé pour son excessive sévérité envers ses vassaux, dont il faisait atteler à la charrue et travailler les plus rebelles comme des bêtes de somme.

Après sa mort, son fils, Louis le Clément, aurait bien voulu savoir ce qu'était devenue l'âme de son père. Pour cela, un chevalier de sa cour s'adressa à un sien frère, savant écolier qui avait fait ses études à Paris et qui était nécromancien, en le priant de lui avoir les nouvelles désirées. L'écolier évoqua le diable et fit avec lui un voyage en enfer, où il put voir l'âme en peine dans une fosse ardente et souffrant cruellement. Il lui exposa le but de son voyage en lui demandant s'il était possible de la sauver de là. « Il n'y a qu'un seul moyen, dit Louis le Cuirassé, c'est de restituer aux prieurés de Mayence, Fulda et Hersfeld, les terres et les biens que, de mon vivant, je leur ai enlevés publiquement ou clandestinement, sinon je devrai rester dans cet abîme jusqu'au dernier jugement. » Bien que l'écolier rapportât de son excursion infernale des preuves authentiques à l'appui de son rapport, les vassaux, qui tenaient en fief les biens injustement acquis, ne furent que médiocrement touchés de l'injonction du malheureux landgrave. Puisque vous avez hérité de ces biens par droit de succession, dirent-ils à leur seigneur suzerain, gardez-les, et quant au salut de l'âme de votre père, donnez l'aumône, c'est tout comme.

La légende de sainte Élisabeth joue un grand rôle dans l'histoire de la Wartburg. Les traces de cette princesse sont empreintes partout, et tout premier venu, chasseur, bûcheron ou autre, vous fera le récit de ses actes et de ses gestes, et désignera les monuments qui en font témoignage. Sainte Elisabeth fut la fille du roi André de Hongrie. En 1207 ou 1208, le fameux poëte et magicien Klinsor, de Hongrie, qui assistait à la guerre des poëtes, célébrée à la Wartburg, avait lu dans les étoiles que le fils du landgrave Hermann de Thuringe aurait pour épouse la jeune fille du roi André. En effet ce mariage eut lieu avec pompe et magnificence. Sainte Elisabeth, dès sa première jeunesse, fut un miracle de dévotion. Elle fut élevée à la Wartburg même, avec son fiancé, et de bonne heure elle se livra tout entière aux œuvres pieuses. Un jour on annonça au landgrave, son époux, la visite de plusieurs voyageurs venant de la Hongrie. Elisabeth étant toujours vêtue très-simplement, le landgrave craignit qu'on interprétât mal cette grande modestie, et il s'en montra chagriné. Mais à peine les visiteurs furent-ils introduits dans l'intérieur du château, que l'habillement d'Elisabeth devint éclatant de beauté et de richesse. Elle donnait tout aux pauvres, jusqu'à son joli manteau de soie bleu d'azur, parsemé de petites images d'or. Lorsqu'un jour elle vint à table sans manteau, contrairement à l'usage d'alors, le landgrave lui demanda : — Qu'avez-vous fait de votre manteau, chère sœur ? — Seigneur, répondit-elle toute tremblante, il est dans mon appartement. — On y envoie, et le manteau qu'elle venait de donner se retrouve à la place accoutumée, personne ne sachant expliquer comment il était venu là. Ce manteau paraît avoir été d'une beauté et d'une finesse peu communes, car on en fit une chasuble qui fut très-longtemps conservée dans le couvent des carmes déchaussés, au pied de la Wartburg.

Sainte Elisabeth avait l'habitude de nourrir, de panser, d'habiller les pauvres malades et de les coucher, après le bain, dans son lit nuptial. Le landgrave en fut instruit par sa mère, qui, depuis longtemps, était indignée de la conduite humble et pieuse de sa bru. Cette fois elle espérait s'en venger. Quand le landgrave revint au château, elle le conduisit avec une joie rancuneuse au lit, en lui disant : « Vois donc, celui qui tient ta place est un lépreux, couché là par les soins charitables de ton épouse. » Le landgrave, offensé, arracha la couverture du lit, et y vit un Christ sur la croix. Une autre fois, au moment où le pays était désolé par la famine, sainte Elisabeth descendit du château, chargée de viande et de pain pour les pauvres qui l'attendaient au pied de la montagne. Chemin faisant, elle rencontra le landgrave, qui lui demanda : — Que portez-vous sous votre mante? laissez voir. — Ce sont des roses, mon gracieux seigneur, répondit-elle, pleine de trouble et d'effroi. En effet, le landgrave ayant découvert le panier, le vit tout rempli de roses. En même temps il aperçut, ce qui lui avait échappé jusqu'alors, au-dessus du front de son épouse, un crucifix brillant comme une auréole. La mémoire de ces deux miracles fut perpétuée par la fondation d'un hôpital, et du couvent des carmes déchaussés, et par un tableau représentant sainte Elisabeth telle qu'elle apparut à son mari sur le chemin du château. Ce portrait existe encore aujourd'hui à la Wartburg, de même qu'une grotte sacrée dans la forêt voisine, qui servait d'habitation au vieux lépreux Elie, et qui porte son nom. Votre guide vous les indiquera, ainsi que la fontaine de Sainte-Elisabeth, où elle lavait, de ses propres mains, les vêtements des mendiants, et dans laquelle elle pêchait des poissons en quantité, bien que la source n'en ait jamais contenu, ni avant ni après elle (1).

TRADITIONS A PROPOS DE L'ÉTERNUMENT.

« Dans mon *Histoire du monde* sous Phocas, j'ai remarqué, dit Chevreau, qu'il y eut une peste si effroyable, que ceux qui assistaient aux processions que le pape Grégoire le Grand avait ordonnées pour la détourner, tombaient morts en éternuant. Polydore Virgile, Sigonius, etc., ont assuré que c'est de là qu'est venue la coutume de dire à ceux qui éternuent : *Dieu vous soit en aide;* et j'ai fait voir qu'ils se sont trompés, par l'histoire d'un certain galant que l'on trouvera dans Apulée; par celle de Gyton, dont parle Pétrone, et par ce que Pline a remarqué sur Tibère dans cette rencontre. Les docteurs juifs, sur la parole de Rabbi Eliézer, que l'on pourra voir dans son *Pirke,* croient que Jacob est le premier qui soit mort de maladie ; qu'avant lui, les hommes expiraient en éternuant; et que les autres, ne mourant plus de cette manière, on n'a pas laissé de faire pour eux, en éternuant, quelque bon souhait, comme : *salut, santé, bonne vie.* Quelques-uns ont condamné cette affectation, comme le savant Perkins, Anglais, et le Hollandais Gisbert Voët, dont l'autorité ne peut être tirée à conséquence, parce que cette coutume nous est venue des Juifs et des gentils; comme si les chrétiens devaient rejeter généralement toutes les honnêtetés et les coutumes qui nous sont venues des uns et des autres. Ils ajoutent qu'elles doivent passer pour criminelles, puisque les Pères de l'Eglise les ont condamnées. On peut répondre, sans se tromper, qu'ils n'ont condamné que la superstition et les augures que l'on tirait d'éternuer le soir, le matin ou à minuit, à certaines heures, à droite ou à gauche, une fois ou deux, sous le signe du bélier, du taureau, du sagittaire, du capricorne, etc.; et il ne faut que le sens commun pour être assuré que cela ne présage ni bien ni mal. Mais si nous souhaitons charitablement quelque bonheur et de la santé à nos parents et à nos amis, quand ils s'embarquent pour un long voyage, ou qu'ils entreprennent une grande affaire, où est le mal de leur dire : *Dieu vous soit en aide,* quand ils éternuent, puisque l'éternument est une espèce de convulsion et d'épilepsie de courte durée; qu'il

---

(1) M. Savoye.

est nuisible quand il est violent et redoublé; que nous savons des historiens et des médecins qu'il a été suivi de la mort en quelques rencontres, et qu'il en est même quelquefois un signe.

« Il est vrai, dit-on; mais pourquoi ne pas faire le même souhait quand un certain bruit accompagne cet éternument et qu'il se fait quelquefois sans lui?

« Michel Montagne explique, avec sa liberté ordinaire, ce que j'ai voulu envelopper. « Me demandez-vous d'où vient cette coutume de bénir ceux qui éternuent? Nous produisons trois sortes de vents : celui qui sort par en... est trop sale; celui qui sort par la bouche porte quelque reproche de gourmandise; le troisième est l'éternument; et parce qu'il vient de la tête et est sans blâme, nous lui faisons cet honnête recueil. Ne vous moquez pas de cette subtilité; elle est, dit-on, d'Aristote. »

« La subtilité d'Aristote est ridicule, si elle est de lui, L'empereur Claude, selon Suétone était informé qu'un homme était mort pour n'avoir pas osé prendre cette liberté, se résolut de faire un édit qui permettait même de la prendre à table. J'ai connu des gens qui, ne s'en faisant aucun scrupule, en trouvaient d'autres qui les saluaient avec un *buon pro*, et il est certain que si la mode en était venue, on la suivrait, quelque répugnance qu'on y eût d'abord. C'est la coutume qui rend en effet honnête ou honteux ce qui est de soi-même indifférent, et pour donner cours à une chose, il suffit de dire qu'elle est à la mode. En ce cas-là, on pourrait détourner fort bien, à notre sujet, le mot de Sénèque : *Venter præcepta non audit.* »

PRENDS GARDE AU VIEUX ANDRÉ.
Légende de Souabe.

I.

Il y a quelques centaines d'années on célébrait un mariage dans une petite ville de Souabe. Les plus anciens habitants de la ville et même des contrées avoisinantes ne se rappelaient pas avoir jamais vu une fête aussi brillante. Des milliers de curieux se tenaient sur le seuil des portes, et toutes les fenêtres étaient garnies de spectateurs. Des enfants de tout âge couraient çà et là, remplissant l'air de leurs cris et imitant le son des tambours et des trompettes. Des flots de peuple, semblables aux vagues de la mer, se heurtaient se repoussaient et ouvraient de temps à autre quelque énorme gouffre, dans lequel se précipitait lourdement un vieux carrosse contenant toutes les notabilités de la ville, qui se rendaient de bonne heure au repas ou au bal de noces. Toutes les cloches étaient en mouvement, et leurs volées semblaient s'unir au bruit de la multitude pour honorer dignement une si belle fête. Le carillon lui-même lançait dans la voûte d'azur ses notes argentines, jaloux d'unir ses chants légers aux voix suaves des jeunes filles qui fredonnaient une vieille ballade populaire. Les noires corneilles, éternelles habitantes du vieux clocher de la cathédrale, dessinaient dans les airs mille cercles capricieux, et prenaient leurs ébats sur les sculptures gothiques qui garnissaient le sommet de la vénérable église. Partout les arquebuses tonnaient. Partout retentissait la voix immense du plaisir, de la joie et de l'ivresse. Tout le monde était content; chaque figure était épanouie.

— Il faut avouer, dit un vieux fabricant de chaises, que cet Adolphe Steiner a du bonheur! épouser la plus belle fille de l'endroit.

— Ne voudrais-tu pas être à sa place, vieux féroce? répondit une marchande de fruits. Il te faudrait peut-être ce joli minois à ton bras, n'est-ce pas, face antédiluvienne!

Et la foule riait à se tenir les côtes. Fière de son succès, la marchande continua :

— Au reste, Adolphe Steiner le mérite. C'est un joli garçon, brave, généreux et en tout point digne de sa jeune compagne, Clara Erfjen.

— Je le crois bien, fit un apothicaire.

Et, se reportant en souvenir vers des temps plus heureux, il ajouta mentalement : Ah! si j'avais encore vingt ans! — Puis il poussa un gros soupir, semblable à un grognement plaintif, et, par manière de consolation, s'enfonça gravement une demi-once de tabac dans le nez.

— Mauvais cerveau qui a besoin d'engrais! s'écria une voix.

— Il y a des gens chez qui une prise de tabac correspond à une demi-idée, dit une autre.

Les épigrammes, les bons mots, les lazzi se croisaient, se confondaient, s'étouffaient mutuellement en chemin. C'était un bruit confus, un brouhaha général.

Peu à peu la nuit survint. La voix de la multitude cessa avec la clarté. La foule se dissipa lentement. Aux cris et aux chants succéda le silence.

II.

— Mon Dieu! Adolphe, combien je me sens tranquille et inondée de bonheur... Maintenant tu m'appartiens à moi seule, et personne au monde ne te possédera que moi... n'est-ce pas?

— Quel soupçon! mais tu as raison peut-être, et prends garde! car tu te rappelles ce que te disait le vieux André : Tu n'auras pas Adolphe!...

— Tais-toi! tais-toi donc... Je ne sais pas... quand je pense à ce vieillard à mine triste et lugubre, je sens une tristesse, une terreur... le frisson s'emparer de tout mon être. Au moins ne va pas me quitter ce soir... reste toujours près de moi, je t'en prie..... car j'ai toujours peur de...

— Folle que tu es! où veux-tu que j'aille?... et puis le vieux André ne viendra pas, je l'espère, me chercher jusque dans ce salon. Au reste n'ai-je pas deux bons bras vigoureux pour me défendre; et André..... mais pourquoi nous occuper plus longtemps de lui?... Entends-tu les joyeux accents de la musique?

Clara sembla se tranquilliser. Mais au fond, elle était agitée de sombres pressentiments. L'image sinistre d'André se présentait sans cesse à elle. Et quoique le sourire vînt souvent se jouer sur ses lèvres, elle n'en avait pas moins l'âme remplie d'effroi.

Assis près l'un de l'autre, les deux époux s'entretenaient à voix basse; l'orchestre avait suspendu pour un instant la valse; danseurs et danseuses se promenaient autour de la salle; un domestique entra et s'adressant à Adolphe :

— Pardon, monsieur, dit-il : il y a là quelqu'un qui désire vous parler et...

— Eh! mon Dieu, c'est choisir bien mal son temps et le lieu pour venir m'entretenir d'affaires.

— N'y va pas! fit Clara en pâlissant.

— Dites à cet étranger qu'il revienne demain...

Clara ne se sentait pas d'aise; car pour elle il était certain que son époux venait d'échapper à quelque grand péril. L'âme remplie de joie, elle souriait, lorsque tout à coup elle pâlit de nouveau. Le domestique venait de rentrer et se dirigeait de nouveau vers Adolphe :

— Cet étranger, dit-il, me prie avec tant d'instance, que je ne puis parvenir à le renvoyer.

— Voilà qui est incroyable... Allons! puisqu'il le faut.

— Oh! cher Adolphe, ne me quitte pas, je t'en prie...

— Mais enfin je ne puis pas refuser un moment d'entretien à cet inconnu.

Et s'adressant au domestique :

— A-t-il dit son nom?

— Il ne veut le dire qu'à vous-même.

— Eh bien, s'écria Clara, je veux aller avec toi.

— Non, non, reste, je t'en prie. Il fait froid. Et puis tu ne penses pas, je l'espère, que ce soit le vieux André qui vienne me chercher.

Il partit en riant. Clara lui jeta un dernier regard plein de crainte. Quand elle ne le vit plus, elle tomba sur sa chaise en murmurant ces mots : Mon Dieu! veillez sur lui.

Lorsqu'Adolphe s'arrêta au bas de l'escalier, et qu'il demanda où était l'étranger, le domestique lui montra, dans le coin du vestibule, un homme d'une haute stature, enveloppé dans les larges plis d'un manteau noir. Ses deux yeux brillaient comme deux escarboucles, et sa respiration faisait un bruit étrange. Il resta immobile, et abaissa sur sa figure les bords de son immense chapeau.

Adolphe eut un instant d'hésitation. Mais se reprochant bientôt le mouvement instinctif qui nous porte à nous arrêter et à reculer à l'approche de quelque danger, il s'avança vers l'inconnu et il allait lui adresser la parole lorsque l'étranger fit signe aux domestiques de se retirer.

A peine ceux-ci furent-ils sortis que l'homme au manteau s'approcha du jeune marié en le saisissant par le bras; il le regarda en face :

— André! s'écria Adolphe.

— Lui-même! murmura l'étranger d'une voix qui avait quelque chose de sépulcral.

— Laissez-moi... vous me faites mal, dit Adolphe en se débattant.

Mais son bras, pressé comme dans un étau de fer, ne bougeait pas.

— Au secours! au secours! s'écria Adolphe.

Un épouvantable blasphème et un horrible ricanement répondirent à ses cris. Au même instant trois coups violents retentirent sur la porte du salon où l'on dansait.

— Sauvez Adolphe! courez vite! — Et Clara s'évanouit sur le plancher. Tout le monde se précipita vers l'escalier, mais Adolphe et l'inconnu n'étaient plus là.

III.

Quelles sont ces deux ombres, semblables à deux fantômes, qui se suivent là bas dans les airs? Sont-ce deux démons sinistres? ou sont-ce deux sorcières cherchant un cimetière pour prendre leurs ébats? Pourquoi vont-ils si vite?

— Courez, spectres effroyables; courez, monstres abominables! allez où l'enfer vous attend! Voyez comme ce couple infernal traverse l'espace. Rien ne les arrête. Les barrières les plus insurmontables semblent tomber à l'approche de ces deux êtres surnaturels. Ils ne marchent pas, ils ne courent pas, ils volent!

Comme le ciel est beau! Quelle pure et douce soirée! Tout semble protéger l'enfer. Une longue traînée de feu se dessine sur leur passage. Le spectre couvert d'un manteau étend sa main droite en avant. Sa main gauche tient fortement une masse qui se débat et se tord dans d'inutiles convulsions. D'affreux blasphèmes, de diaboliques ricanements, des prières, des sanglots interrompent seuls le silence de la nuit. A la fin ils s'arrêtent sur un cimetière. En ce moment la lune se voile. Des squelettes sortent de leurs tombeaux. Les cris des chouettes et des chauves-souris se mêlent au bruit des ossements qui s'entrechoquent. Des cadavres livides dansent en ronde. Les linceuls s'agitent de toutes parts. Les dalles se lèvent. Un nuage immense s'abaisse, enveloppe André et Adolphe, s'élève ensuite et disparaît dans la voûte grise des cieux. Les étoiles s'obscurcissent, la foudre éclate, le tonnerre gronde.

— La vieille cloche fêlée d'un hameau voisin sonne.

Les voilà maintenant dans un immense salon. C'est l'antichambre de l'enfer. On y voit une multitude d'avocats, de philosophes, de rois, de soldats, de nobles et de médecins. Ces derniers surtout sont en grand nombre. Au bout de cette salle, se trouve une porte, et dans cette porte un immense guichet. A travers ce guichet, André montre à sa victime des milliards de démons. Du feu partout! Là, un avocat est condamné à rôtir sur un bûcher de procédures. Ici, un homéopathe fait des globules pour tous les habitants de l'enfer. Plus loin, un broussaitiste est couché dans un bain rempli de sangsues. En un mot, chacun reçoit en ce lieu une juste punition de ses extravagances passées.

— Où sommes-nous donc! murmura Adolphe d'une voix mourante.

— Dans la lune! répondit André, en ricanant.

A ces mots une voix aigre et lamentable s'éleva dans l'antichambre.

— O mon Dieu! mon Dieu! disait cette voix, si j'avais su que la lune était ainsi construite, je n'aurais pas passé ma vie à contempler cette maudite planète à travers un télescope. Pauvre astronome que je suis...

Adolphe était encore occupé à regarder l'enfer quand tout à coup le même nuage qui l'avait transporté dans la lune l'enveloppa de nouveau et le descendit à terre, à la même place où il l'avait pris ; avec cette seule différence qu'André n'était plus là, et que le soleil inondait la terre de ses rayons ardents.

IV.

Adolphe ne put en croire ses yeux. Le petit sentier, sale, inégal et boueux qui conduisait jadis au cimetière, était devenu une rue large, spacieuse, propre et bien parée. Des maisons la bordaient de chaque côté. L'église, jadis sans tour, élevait maintenant jusqu'aux nues une aiguille longue et effilée, sur laquelle tournait au gré du vent un coq doré. Adolphe entra en ville. Mais tout en marchant et s'arrêtant, la nuit était venue.

— Par ma foi, se disait-il, que vont penser ma femme et mes parents de ma disparution subite et de ma longue absence?... Puis il se dirigea vers la maison, où il espérait trouver encore et sa femme et les gens de la noce. Mais cette maison n'existait plus; et, à la place qu'elle occupait jadis, on voyait s'élever maintenant un riche et somptueux édifice. Il sonna. Une tête couverte d'un énorme bonnet de coton se montra à une fenêtre du 3ᵉ étage :

— Hé! que voulez-vous! Pourquoi venez-vous interrompre le repos des gens! Allez-vous-en, ivrogne que vous êtes.

— Que voulez-vous me dire? je viens à ma noce, et...

— Qui êtes-vous donc?

— C'est moi.

— Qui, moi?

— Mais moi. Ne me reconnaissez-vous pas à ma voix? Je suis Adolphe Steiner, fils de l'échevin.

A ce seul nom d'Adolphe Steiner, l'homme au bonnet de coton répondit : « Que Dieu me protége! » Et la fenêtre se referma avec un fracas épouvantable.

— Cet homme est fou, murmura Adolphe.

Un hanteur de cabaret s'approcha en chancelant. Adolphe remarqua, non sans un grand étonnement, que ses habits avaient une coupe tout à fait particulière. Arrivé près de lui, le vieil ivrogne envisagea Adolphe, fit tant bien que mal le signe de la croix, et s'enfuit aussi vite que le lui permirent ses jambes avinées.

— Est-ce que je rêve, ou suis-je éveillé, pensa le pauvre marié? Que m'est-il donc arrivé? — Et tout en colère, il se mit à marcher vers la maison de ses parents. A la place, s'élevait un palais magnifique. Il sonna. Personne ne vint ouvrir. Il sonna de nouveau. Personne. Furieux, il arracha la sonnette.

— Que voulez-vous? hurla une voix criarde à travers un vasistas du premier étage.

— N'est-ce pas ici que reste Christian Steiner, l'échevin de la ville?

— Oh! la belle question! Voilà quelques centaines d'années que ce Christian est mort. Mais que voulez-vous en faire?

— Ce que je veux? C'est mon père.

— Allez aux cent mille diables! exclama la voix. Choisissez mieux votre temps et l'heure pour venir faire des questions saugrenues aux gens paisibles et tranquilles!

— Et sur ce la voix se tut, et le vasistas se referma.

Adolphe erra pendant toute la nuit dans la ville. Au point du jour, il rencontra le bedeau qui s'en allait à l'église. Adolphe l'interpella en ces termes.

— Holà! mon cher Arnold! N'y a-t-il pas deux jeunes gens qui se sont mariés hier ici, dans la matinée?

— Quoi? qu'est-ce? Marié...

— Oui, Clara Erfjen et Adolphe Steiner. On me dit que...

— C'est le démon! s'écria le bedeau. Et il voulut s'enfuir. Mais Adolphe l'arrêta et lui dit : Mon brave Arnold...

— Je ne me nomme pas Arnold. J'ai nom Frantz Brummelstein. Et pour vous obliger, que Dieu me le pardonne, je vous dirai que cet Adolphe Steiner et cette Clara Erfjen sont morts il y a juste aujourd'hui trois cents ans. Mon père me l'a raconté vingt fois et celui-ci le tenait de son grand-père, et son grand-père le tenait de...

— Comment morts! Je suis donc mort!

— Vous!..... Vous seriez donc...

— Adolphe Steiner!

— Ayez pitié de moi, mon Dieu.

Le bedeau s'enfuit à toutes jambes.

— Dieu tout-puissant! que m'est-il donc arrivé, pensa Adolphe, alarmé et triste. Tout le monde est-il fou ici? ou est-ce moi qui suis insensé. Ah!..... ma tête brûle..... Je souffre. — Puis, il s'assit sur une pierre et posa sa tête fatiguée dans ses deux mains. Tout à coup il fut tiré de sa rêverie par quelqu'un qui lui frappa amicalement sur l'épaule. Le pauvre marié leva la tête et vit devant lui le curé, et non loin de là le bedeau qui marmottait toujours des prières. Adolphe se releva péniblement. Le malheureux était accablé par la souffrance. Il doutait de lui; il doutait de tout.

— Tenez, dit-il, d'une voix faible, au curé, je sens que ma dernière heure approche. —

Il se laissa retomber sur la pierre. Le bon pasteur se hâta de le soutenir dans ses bras.

— Courage, mon fils, lui dit-il, Dieu est grand. Ne désespérez pas. Versez dans mon sein vos chagrins et vos peines, et votre fardeau sera moins lourd pour votre âme affligée.

A ces paroles, Adolphe sembla se ranimer, et il conta au curé tout ce qui lui était arrivé. Lorsqu'il eut fini, le pasteur répondit :

— C'est une histoire terrible! Venez, mon enfant, la vérité sera affreuse pour vous; mais, tôt ou tard, il faut que vous l'appreniez.

Alors ce dernier appela le bedeau, et tous deux, soutenant le pauvre marié, le conduisirent devant une pierre sépulcrale sur laquelle on lisait ces mots :

Ci-gît Clara Erfjen.
Elle mourut de douleur
A la suite de la perte
D'un époux adoré.
1442, 26 octobris.

A peine Adolphe eut-il lu ces mots, que sa tête se pencha sur sa poitrine et il rendit l'âme.

De retour chez lui, le bedeau se lava les mains avec de l'eau bénite, persuadé qu'il était d'avoir touché un revenant.

Trois jours après la triste fin d'Adolphe, une pierre sépulcrale fut mise à côté de celle de Clara Erfjen. On y lisait ces mots :

Hic jacet Adolph. Steiner.
1742, 26 octobris.

Or, lorsqu'en Souabe, on veut tourmenter les nouvelles mariées, on leur dit : *Prends garde au vieux André* (1)!

LA CATHÉDRALE DE COLOGNE.

Le meilleur ou plutôt le plus abominable tour qu'ait joué l'esprit malin est celui qui nous prive encore de l'achèvement du plus bel édifice de l'art gothique, la cathédrale de Cologne.

Voici comment les choses se passèrent :

L'archevêque Conrad voulait faire bâtir une métropole qui surpassât en grandeur et en magnificence toutes les églises de France et d'Allemagne. De toutes les parties de l'Europe, des plans de cathédrale avaient été envoyés au chapitre de Cologne, mais pas un ne réalisait la sainte ambition du prélat, il les rejeta tous. Cette décision mortifia tellement un jeune architecte de la ville qui avait dépensé assez de temps à tracer des ogives et des rosaces, pour avoir cru faire un chef-d'œuvre, qu'il résolut de mettre fin à sa vie ; sur l'heure, il se rendit sur le bord du Rhin. Là, près du fleuve qui allait terminer ses rêves d'artiste, il voulut encore une fois essayer ses crayons. Assis sur une pierre, il traçait, rayait, puis recommençait tours gothiques et clochetons, mais désespérant d arriver à réaliser sa pensée, il froissait son papier, le déchirait, lorsqu'un éclat de rire lui fit tourner la tête. Il vit derrière lui la figure sardonique d'un vieillard.

— Enfant, lui dit l'inconnu, tu te désespères pour une chose bien légère, car ton œuvre est facile.

— Vraiment, reprit le jeune homme, je voudrais vous y voir.

— J'accepte le défi, répondit le vieillard. Tiens, regarde, incrédule... Et, de son bâton, il traça sur le sable une flèche d'une merveilleuse légèreté.

— Qui êtes vous donc, s'écria l'architecte tout tremblant, vous qui faites plus que les hommes n'auraient osé concevoir ?

— Rien, qu'un pauvre vieillard qui oublie vite les dédains de la jeunesse, car si tu veux mettre ton nom au bas de ce parchemin, je te donnerai ma cathédrale.

— Retire-toi, Satan, murmura l'artiste d'une voix étouffée par la peur, car, à cette proposition, il avait deviné le diable. Mais Satan, car c'était bien lui, vieil expert de la faiblesse humaine, ne s'en alla pas.

— Fou que tu es, lui dit-il, tu as peur de manquer ton salut, quand il s'agit d'une immortalité glorieuse. Cette merveilleuse cathédrale que je te bâtirais vaudrait les âmes de tout le chapitre de Cologne, et je ne demande que la tienne, à toi, pauvre hère !...

Au même instant s'élevaient, dans un cercle magique, des tours lumineuses avec leurs rosaces ciselées, leurs trèfles découpés, leurs statuettes pendantes, et leurs rampes à jour. Notre architecte ébloui par ce spectacle perdait la raison et était près de succomber, quand l'idée lui vint de jouer au plus fin avec l'esprit de malice.

— Satan, lui dit-il, tu me promets la gloire; mais, pour y arriver, il faut que mon plan soit adopté par l'archevêque ; remets-moi le dessin, et demain, à cette place, je reviendrai. Si la construction de la cathédrale m'est confiée, je t'appartiendrai.

— Enfant, reprit le diable, n'espère pas me tromper, la signature d'abord, la cathédrale ensuite ; à demain, je te laisse, la nuit porte conseil. Et Satan disparut.

L'architecte alla incontinent raconter à l'archevêque l'apparition du diable et la merveilleuse église qu'il lui avait fait voir en vision; sur quoi l'archevêque, grandement surpris, assembla le chapitre, afin qu'il fût avisé aux moyens d'arracher la cathédrale aux griffes de l'enfer. Il fut décidé que l'architecte irait au rendez-vous promis, mais protégé par un reliquaire de Sainte-Ursule, qu'il présenterait au malin esprit après en avoir reçu le plan si pieusement convoité. Le lendemain, l'artiste se rendit à la place où, la veille, l'esprit des ténèbres lui était apparu. Cette fois, le vieillard n'y était plus, mais l'ange déchu, aux ailes fauves, au sombre regard.

— Signe, dit-il à l'artiste, qui n'en pouvait de frayeur, et voici la cathédrale. A cet instant, s'armant de tout son courage, celui-

---

(1) J. W. Wolf, Souvenirs d'un médecin.

ci saisit d'une main convulsive le plan magique que lui présentait le diable, et le frappant au front du reliquaire bénit :

— Retire-toi, Satan, s'écria-t-il, retire-toi!.. L'esprit des ténèbres resta un moment immobile.

— Un prêtre t'a conseillé, dit-il furieux, c'est ruse d'Eglise; mais la cathédrale que tu me voles ne s'achèvera pas, et ton nom restera inconnu parmi les hommes. Et Lucifer s'abîma, au milieu d'une fumée qui se traîna compacte sur le fleuve.

L'artiste courut en toute hâte à la chapelle de Sainte-Ursule, où tout le chapitre en prières l'attendait.

— Voici la cathédrale, s'écria-t-il tout haletant. Mais quelle fut sa douleur, lorsque déroulant le dessin, il y vit empreinte la griffe du diable qui en avait déchiré un fragment. Une tour manquait; ce fut en vain que le pauvre architecte consuma ses veilles à la reconstruire; aucunes lignes, aucunes combinaisons ne pouvaient s'harmoniser avec l'œuvre diabolique. C'était un échiquier dont une pièce était égarée. Le pauvre homme mourut à la peine.

Il était apparemment réservé au roi de Prusse, actuellement régnant, de conjurer le charme satanique; il a solennellement promis de faire achever la cathédrale de Cologne (1). *Voyez* SUPERSTITIONS, etc.

TRAIRE par charmes. — *Voyez* BLOKULA.

TRAJAN, empereur romain qui, selon Dion Cassius, se trouvant à Antioche lors de ce terrible tremblement de terre qui renversa presque toute la ville, fut sauvé par un démon, lequel se présenta subitement devant lui, le prit entre ses bras, sortit avec lui par une fenêtre et l'emporta hors de la ville.

TRANSMIGRATION DES AMES. Plusieurs anciens philosophes, comme Empédocle, Pythagore et Platon, avaient imaginé que les âmes après la mort passaient du corps qu'elles venaient de quitter dans un autre corps, afin d'y être purifiées avant de parvenir à l'état de béatitude. Les uns pensaient que ce passage se faisait seulement d'un corps humain dans un autre de même espèce. D'autres soutenaient que certaines âmes entraient dans les corps des animaux et même dans ceux des plantes. Cette transmigration était nommée par les Grecs métempsycose et métensomatose. C'est encore aujourd'hui un des principaux articles de la croyance des Indiens. Ce dogme absurde, enfanté par le panthéisme, leur fait considérer les maux de cette vie, non comme une épreuve utile à la vertu, mais comme la punition des crimes commis dans un autre corps. N'ayant aucun souvenir de ces crimes, leur croyance ne peut servir à leur en faire éviter aucun. Elle leur inspire de l'horreur pour la caste des parias, parce qu'ils supposent que ce sont des hommes qui ont commis des forfaits affreux dans une vie précédente. Elle leur donne plus de charité pour les animaux même nuisibles que pour les hommes, et une aversion invincible pour les Européens, parce qu'ils tuent les animaux. Enfin, la multitude des transmigrations leur fait envisager les récompenses de la vertu dans un si grand éloignement, qu'ils n'ont plus le courage de les mériter (2).

TRASULLE. Tibère, étant à Rhodes, voulut satisfaire sa curiosité relativement à l'astrologie judiciaire. Il fit venir l'un après l'autre tous ceux qui se mêlaient de prédire l'avenir ; il les attendait sur une terrasse élevée de sa maison au bord de la mer. Un de ses affranchis, d'une taille haute et d'une force extraordinaire, les lui amenait là à travers les précipices; et si Tibère reconnaissait que l'astrologue n'était qu'un fourbe, l'affranchi ne manquait pas, à un signal convenu, de le précipiter dans la mer.

Il y avait alors à Rhodes un certain Trasulle, homme habile dans l'astrologie, disait-on, mais incontestablement d'un esprit très-adroit. Il fut conduit comme les autres à ce lieu écarté, assura Tibère qu'il serait empereur et lui prédit beaucoup de choses futures. Tibère lui demanda ensuite s'il connaissait ses propres destinées et s'il avait tiré son propre horoscope. Trasulle, qui avait eu quelques soupçons, car il n'avait vu revenir aucun de ses confrères, et qui sentit redoubler ses craintes en considérant le visage de Tibère, l'homme qui l'avait amené et ne le quittait point, le lieu élevé où il se trouvait, le précipice qui était à ses pieds, regarda le ciel comme pour lire dans les astres; bientôt il s'étonna, pâlit et s'écria épouvanté qu'il était menacé d'une mort instante. Tibère, ravi d'admiration, attribua à l'astrologie ce qui n'était que de la présence d'esprit et de l'adresse, rassura Trasulle en l'embrassant, et le regarda depuis comme un oracle.

TRÈFLE A QUATRE FEUILLES. Herbe qui croît sous les gibets, arrosée du sang des pendus. Un joueur qui la cueille après minuit, le premier jour de la lune, et la porte sur soi avec révérence, est sûr de gagner à tous les jeux.

TRÉGITOURIE. Les nécromanciens du moyen âge devaient surtout leur renom d'habileté en magie à la faculté qu'ils possédaient de produire des illusions d'optique, faculté connue alors sous le nom de Trégitourie. Godwin, dans son Histoire des nécromanciens, donne de curieux exemples des effets merveilleux produits à l'aide de la trégitourie par Agrippa, le docteur Faust et d'autres hommes célèbres. La lanterne magique, devenue si triviale, était leur grand instrument; et elle a conservé le nom qui la faisait regarder autrefois comme quelque chose de surhumain.

TREIZE. Nos anciens regardaient le nombre treize comme un nombre fatal, ayant remarqué que de treize personnes réunies à la même table, il en meurt une dans l'année; ce qui n'arrive jamais quand on est quatorze.

---

(1) M. Eugène Briffault, *les Légendes du Rhin.*

(2) Bergier, Dictionn. de théologie.

Un premier président du parlement de Rouen ne pouvant se résoudre à se mettre à table, parce qu'il se trouvait le treizième, il fallut adhérer à sa superstition, et faire venir une autre personne, afin qu'on fût quatorze. Alors il soupa tranquillement; mais à peine sorti de table, il fut frappé d'une attaque d'apoplexie dont il mourut sur-le-champ.

TREMBLEMENTS DE TERRE. Les Indiens des montagnes des Andes croient, quand la terre tremble, que Dieu quitte le ciel pour passer tous les mortels en revue. Dans cette persuasion, à peine sentent-ils la secousse la plus légère, qu'ils sortent tous de leurs huttes, courent, sautent et frappent du pied en s'écriant : Nous voici ! nous voici (1).

Certains docteurs musulmans prétendent que la terre est portée sur les cornes d'un grand bœuf; quand il baisse la tête, disent-ils, il cause les tremblements de terre (2).

Les lamas de Tartarie croient que Dieu, après avoir formé la terre, l'a posée sur le dos d'une immense grenouille jaune, et que toutes les fois que cet animal prodigieux secoue la tête ou allonge les pattes, il fait trembler la partie de la terre qui est dessus (3).

TREMBLEURS. Tout le monde sait quelque chose des *Amis* (quakers); mais nous connaissons un peu moins les *shakers* (trembleurs). Allons donc chez le Trembleur; là, nous verrons la rigidité de principes des Quakers poussée à l'extrême. Le Quaker se plaint et parfois il s'enhardit jusqu'à faire infraction à sa loi, en cultivant en silence la sculpture, la peinture et la musique (4). Mais chez l'autre, tout est austère, grave comme la mort. Le Trembleur doit, sur cette terre, toute son existence à Dieu et à l'infortune; et comme, à ses yeux, l'agriculture, l'horticulture, un peu de commerce et la prière suffisent pour arriver à ce but, il frappe d'anathème tout ce qui est hors de ce cercle. Chez lui, point de sciences, point de poésie, point de peinture; tous ces nobles travaux qui agrandissent le domaine de la pensée et qui donnent du ressort à l'intelligence, sont sévèrement défendus. Il tient aux formes des temps antiques, à la simplicité des premiers âges; le *yea*, le *nay* de l'ancien langage sont religieusement conservés, car il craint que la plus légère infraction aux règles sévères de son code n'amène la ruine de son culte.

Le Trembleur vit en communauté, mais avec une séparation rigoureuse entre les deux sexes; le Quaker, au contraire, a son chez-soi, son *sweet home*, comme il l'appelle. Le Trembleur n'a rien de cette sérénité de l'âme, de ce contentement de soi que l'on remarque sur le visage du Quaker. Triste, monotone et morose, sa figure est grave; jamais un sourire ne vient jouer sur ses lèvres; cependant tous deux se trouvent dans les mêmes conditions sous le rapport du bonheur matériel. Allez chez l'un, vous allez chez l'autre. Un sentier bien tracé, bien sablé, où ne croît pas une seule mauvaise herbe, où l'on ne voit ni fumier, ni marécage, conduit à l'établissement du Trembleur. L'intérieur comme l'extérieur a je ne sais quelle apparence agréable qui fait du bien à la vue et rafraîchit le cœur : les vitres des fenêtres brillent comme des miroirs; les châssis avec leurs espagnolettes et leurs baguettes en cuivre poli reluisent, et les planchers bien lessivés ont la blancheur de la neige. Partout règnent l'abondance et l'ordre. Le costume du Trembleur est propre, mais grossier, original : il consiste, pour les hommes, en un chapeau à larges bords, une veste et un pantalon dont l'étoffe a été fabriquée dans l'établissement, et dont la coupe antifashionable se perd dans la nuit des temps; pour les femmes, une coiffe assez semblable aux bonnets de nuit de nos ménagères de campagne, et une robe étroite comme le fourreau d'une épée, faite avec la même étoffe que celle qui sert aux habits des hommes complètent leur ajustement. Qu'importe la coupe de l'habit; est-ce dans un frac plus ou moins élégant que consiste la civilisation? est-ce dans une paire de bottes plus ou moins fines que l'on peut trouver le bonheur et le bien-être?

Mais, étrange bizarrerie de l'homme ! voici des êtres, recueillis, silencieux, graves, et qui tout à coup se livrent avec ardeur à l'exercice le plus incompatible avec leurs mœurs. La danse, qui est odieuse au Quaker, est regardée par le Shaker comme l'une des cérémonies les plus importantes de son culte. Lorsque je fus témoin d'une de ces scènes, j'en éprouvai une impression si forte, que le souvenir m'en est resté dans le cœur, aussi vif que si j'en avais le tableau devant mes yeux. J'étais en Amérique depuis quelques semaines; j'avais visité un des établissements les plus considérables des Trembleurs, situé à deux milles du Nouveau-Liban, dans la province de Massachussets; et ce que j'y avais vu m'ayant engagé à poursuivre le cours de mes observations sur cette singulière contrée, j'allai à Hanwock, autre établissement peu éloigné du Nouveau-Liban (5). C'était un beau dimanche du mois de juin; la rosée avait humecté la terre, et tout respirait autour de moi un air de grandeur qui charmait les yeux. L'église à laquelle on arrive par une avenue plantée d'arbres magnifiques est située sur le versant d'un joli coteau, au milieu de champs bien cultivés, de belles prairies et de bouquets d'arbres aux rameaux chargés de fruits et de feuilles. Déjà régnaient le mouvement et la vie à l'entour de l'église; le moment du service approchait; les Trembleurs arrivaient par groupes silencieux, les uns en voiture, les autres à pied. Quand j'entrai, un des gardiens

---

(1) Voyages au Pérou faits en 1791, 1794, par les PP. Manuel Sobre Viela et Barcelo.
(2) Voyage à Constantinople, 1800.
(3) Voyage de J. Bell d'Antermoni, etc.
(4) Millard d'Édimbourg, l'un des meilleurs graveurs du royaume britannique, appartient à la société des Amis.
(5) L'établissement du Nouveau-Liban compte 700 membres; il a 3000 acres d'étendue, qui sont cultivées en perfection.

me fit asseoir auprès de la porte, sur un banc destiné aux étrangers; les hommes que je vis défiler bientôt devant moi avaient en général assez bonne figure, mais au lieu de cette douce quiétude qui règne sur le visage des Quakers, je n'y trouvai que de la lourdeur et de l'hébètement. Les femmes toutes frêles, maigres, n'étaient point jolies; une pâleur mate, qui indiquait une souffrance secrète, couvrait leurs lèvres et leurs joues. Les petits garçons et les petites filles n'avaient pas non plus la grâce de leur âge, la contrainte régnait sur leur figure, ou si quelquefois il s'échappait de leurs yeux quelques rayons de ce feu sacré que Dieu a départi à leur jeune nature, ces rayons s'évanouissaient presque aussitôt sous le regard sévère d'une matrone. On s'assied; les femmes d'un côté, les hommes en face; et aussitôt le service commence par une hymne que chante en chœur toute la communauté. Ces chants étaient si aigres, si détestables, que, malgré ma curiosité, j'allais sortir, lorsque trois hommes que je vis se poser à l'extrémité de la ligne et battre des mains comme des claqueurs, me forcèrent malgré moi à conserver ma place. C'étaient les musiciens; les chants recommencèrent de nouveau. Les Trembleurs se lèvent, accrochent leurs habits; on recule les bancs pour donner plus d'espace aux danseurs; puis les hommes et les femmes, s'étant rangés sur plusieurs lignes de profondeur, le bal commença par six pas en avant, six pas sur la gauche, six pas en arrière et six pas sur la droite. Alors se formant en carré, les Trembleurs exécutèrent une gigue, accompagnée de contorsions et des gestes les plus furieux. La sueur ruisselait sur tous ces visages; les mouvements étaient brusques, saccadés, comme dans le plus beau galop; rudes, sauvages comme les chants des trois malheureux musiciens qui accompagnaient la bacchanale. Mais, chose étrange! ces hommes si mouvants, ces femmes palpitantes conservaient leur impassibilité; dans leurs yeux, sur leurs joues, ne paraissait aucune émotion de plaisir, et, sans la rougeur qui couvrait leurs visages, on les eût pris pour des marionnettes ou des automates. Ce jour-là, je devais marcher de surprise en surprise; qu'on s'imagine en effet quel dut être mon étonnement lorsqu'à la suite de cette danse qui dura plus d'une demi-heure, je vis un de ces hommes se lever pour prêcher un sermon sur la liberté civile et religieuse, et développer dans sa thèse les vues les plus larges et les plus généreuses! Qu'on s'imagine cet homme que j'ai dit illettré et méprisant les sciences, s'élevant tout à coup à la hauteur des philosophes célèbres : je ne sais ce qui se passa dans mon esprit, toujours est-il qu'au lieu de le regarder comme un fou digne de Bedlam, ainsi que je l'avais fait l'instant d'avant, je sentis, par une révolution soudaine, renaître pour lui mon estime et mes sympathies.

L'histoire de cette secte a plus d'un rapport avec celle des Amis. C'est à celle-ci qu'elle doit son origine. Ce fut Georges Fox qui posa les premières bases des doctrines de la société des Amis. Dès son berceau, le nouveau culte eut à lutter contre la persécution. Cromwell et Charles II le poursuivirent avec vigueur. Cependant, malgré ces violences, les doctrines nouvelles s'étendaient et s'enracinaient chaque jour. Ainsi Mary Fisher, faible femme, quitte l'Angleterre, parce qu'elle se croit une mission pour Mahomet IV, et se rend à travers mille dangers au camp du sultan devant Andrinople, pour lui délivrer son message (1). Les prosélytes n'étaient pas non plus des hommes ordinaires; Robert Barclay et Georges Keith, qui plus tard déserta la religion nouvelle, venaient de se convertir. William Penn, l'ami des hommes rouges et pour la mémoire duquel ceux-ci ont encore une grande vénération, s'était senti touché par l'éloquence de Thomas Loe, qui jouissait alors d'une grande réputation parmi les Quakers; dès ce jour il avait résolu de faire partie de la communion nouvelle. A ce sujet, il eut de grandes difficultés à surmonter de la part de l'amiral Penn, son père, qui le destinait à la carrière dans laquelle lui-même avait rendu de grands services à son pays. Forcé par une opiniâtre résistance, l'amiral consentit à pardonner à son fils, à la seule condition qu'il se découvrirait devant le roi et le duc d'York; mais cette action étant contraire aux doctrines du quakerisme, Penn refusa. Il consacra bientôt tous ses talents à soutenir la cause qu'il avait embrassée; il écrivit plusieurs ouvrages, défendit devant le roi les intérêts de ses coreligionnaires; et après avoir été jeté à diverses reprises dans la prison de Newgate, il partit avec Fox et Barclay pour la Hollande, et de là pour l'Amérique où il fonda la province qui lui doit aujourd'hui son nom (2). Les naturels qui habitaient cette partie de l'Amérique, en butte aux mauvais traitements des colons, exerçaient de terribles représailles : Penn par sa justice les rendit doux et sociables; il paya leurs terres, et fit avec eux un traité de paix dont le terme, pour parler le langage naïf des simples habitants de ces contrées, devait durer aussi longtemps que la lune et le soleil (3).

Ce fut vers le milieu du siècle suivant que les Trembleurs commencèrent à paraître. La nouvelle secte, qui a plusieurs points de ressemblance avec celle des Quakers, prit naissance dans le Lancashire. Anne Lee, native de Manchester, appartenant à une famille obscure, en fut la fondatrice. Ses prétentions étaient assez étranges : elle disait avoir reçu une mission semblable à celle de Jésus-Christ; aussi lui donna-t-on le sobri-

---

(1) Mahomet IV l'accueillit avec distinction et lui offrit une escorte pour la conduire à Constantinople, ce qu'elle refusa.
(2) La Pensylvanie.

(3) Aujourd'hui encore les Indiens conservent pour la mémoire d'Onas (Penn) une profonde vénération, et manifestent pour ses enfants (les quakers) la plus vive amitié.

quet de *seconde mère*, nom qu'elle a conservé depuis parmi ses sectateurs. Poursuivie comme atteinte de folie, elle fut jetée en prison ; puis, plus tard, chassée du pays, elle partit de Liverpool pour New-York, d'où elle alla se fixer près de la rivière Hudson, à huit milles d'Albany. De là, les nouveaux religionnaires se répandirent dans l'Etat de New-York et celui de Massachussets, dans le Connecticut, le Nouveau-Hampshire et la province du Maine.

Mais cette secte ne peut pas espérer de grands développements ; l'observation du célibat dont elle s'est fait une règle des plus rigoureuses nuira toujours à ses progrès. Le célibat est pour les Trembleurs la base fondamentale de l'édifice, et tous les discours de leurs prédicateurs tendent à rendre cette base inébranlable. « En cela, disent-ils, nous imitons le Christ ; » ou bien ils citent divers passages des Apôtres, tels que ceux-ci : « Mon règne n'est pas de ce monde ; les enfants de ce monde (et sous cette dénomination ils désignent tout ce qui n'appartient pas à leur secte) se marient, mais ceux-là seuls seront dignes du royaume des cieux et de la résurrection des morts qui ne se marieront point. »

La Société-Unie, c'est le nom que les Trembleurs donnent à leur communion, est donc obligée de recourir au prosélytisme pour se soutenir. Ceci ne leur coûte pas de grands efforts, car les nouveaux venus sont en général de pauvres veuves chargées d'enfants, des infortunés de tous les pays, qui n'ont ni feu, ni lieu ; et qui, attirés par la perspective d'un avenir certain sans beaucoup de travail, viennent en assez grand nombre s'enrôler sous la bannière d'Anne Lee, certains d'y être bien reçus. Mais bientôt le joug se fait sentir, cette tyrannie sur les sens devient trop lourde pour les femmes et pour les hommes ; et alors ces sectateurs mal aguerris quittent de gré ou par ruse leurs nouveaux frères. Cependant il est une chose remarquable, c'est que tous les enfants qui entrent dans la société par suite de l'admission de leurs parents y restent jusqu'à leur mort, ou du moins quand ils s'échappent on les voit fréquemment revenir au bercail (comme s'ils étaient ensorcelés).

A l'époque où je visitai l'établissement de Lebanon, je fus témoin d'un pèlerinage de cette nature. Le fugitif ou plutôt la fugitive était une jeune fille d'environ seize ans. Mary était son nom. Ennuyée de la vie monotone de ses frères, Mary feignit un beau dimanche d'être malade pour ne point aller à l'office ; de la fenêtre de sa chambrette elle avait remarqué un joli poney qui paissait dans une belle prairie. Je ne sais quel désir vague s'empara du cœur de la fillette ; il faisait si beau, le ciel était si doux ! Toujours est-il que Mary, sans perdre de temps, sauta légèrement par la fenêtre, enfourcha l'animal et galopa à toute bride vers la ville. Alors Mary fut heureuse, et son cœur battit à l'aise : pour comble de bonheur, une personne distinguée, humaine et charitable, la prit à son service. Tout souriait donc à Mary ; elle n'avait que de très-petits travaux de ménage à exécuter ; elle quitta sa vilaine coiffe pour un bonnet élégant, sa robe grossière pour une robe fraîche qui lui serrait la taille. Cependant après un mois on la vit triste et rêveuse, ses yeux étaient humides, des paroles de regrets et de profonds soupirs s'échappaient de ses lèvres. Enfin, après deux mois d'absence, la jeune Mary quitta ses robes de soie et son bonnet de dentelle pour reprendre son ancien costume ; et après avoir dit adieu à sa maîtresse, elle vint retrouver ses anciens compagnons.

Mais qu'on ne s'étonne point de ce singulier attachement à des règles aussi peu en harmonie avec le goût et le naturel des enfants ! Les jeunes gens qui font partie de la société y sont l'objet d'une surveillance rigide. On excite chez eux des idées d'enthousiasme et d'exaltation, et on parvient ainsi à les rendre souples et patients. Ainsi on leur apprend que tous les êtres qui les entourent, qu'eux-mêmes, depuis qu'ils ont le bonheur d'appartenir à la société, sont des êtres privilégiés auxquels le Créateur doit une protection spéciale, tandis qu'en dehors de ce cercle il n'y a que des êtres dégradés, avilis, qui ne méritent que leur pitié ; que tout ce qui est fait par la société est beau et bien, tandis que tout le reste est faux, impie ; puis, pour que ces principes poussent des racines profondes, on empêche que les jeunes gens aient le moindre contact avec des étrangers.

La religion des Amis est plus réservée. Dans leurs temples, point d'élections ni de levées de mains ; point de séminaires pour celui qui veut apprendre la morale aux autres ; hommes et femmes, quiconque se sent appelé à prêcher et à prier se lève, prêche et prie : voilà tout ce qui est nécessaire pour être ministre quaker. Cependant celui ou celle qui se lève ainsi ne doit prêcher qu'autant qu'il sent en lui l'influence immédiate de l'Esprit divin ; il ne doit avoir aucun discours apprêté ; le souffle de Dieu doit seul lui fournir les paroles qui sortiront de son cœur. C'est la loi fondamentale du culte ; à cette condition, il est reconnu ministre par la communauté, et alors il peut quitter son siège, traverser l'assemblée et prendre place dans une galerie élevée qui fait face aux assistants. Mais s'il est reconnu que cette condition n'est pas remplie, s'il est bien constaté que l'influence immédiate de l'Esprit-Saint n'agit pas sur lui, alors son ministère finit au bout de quelques sermons ; on lui dit d'abord en particulier, puis publiquement, s'il persiste, de cesser ses prédications. Reste à savoir comment on sait qu'un prédicateur reçoit ou non l'inspiration de l'Esprit divin. Cette question délicate est tranchée d'une manière souveraine par deux personnes influentes de la communauté, désignées sous le nom de *elders* ; ces deux personnes, auxquelles est en outre commis le droit de surveillance sur les fidèles, pour prononcer dans cette cause, doivent elles-mêmes être inspirées par l'Esprit divin. Elles attendent donc que leur guide leur dicte ce qu'il faut faire, mais telle est la discrétion qu'elles apportent dans ces sortes d'affaires, ou plutôt leur guide les dirige d'une manière si fidèle, qu'à part le prédicateur, qui dans cette circonstance ressemble à un auteur tombé, tout le monde se montre satisfait de la décision.

Le grand Manitou des peaux rouges et le Brahma des Hindous ne jouent pas un plus beau rôle dans leur sphère, que l'Esprit divin dans la liturgie des Quakers. Vous l'avez vu tout à l'heure créer un ministre; eh bien! ce ministre, inspiré de nouveau par lui, va peut-être demander à voyager dans certains districts du royaume, à aller dans les pays d'outre-mer pour y tenir des réunions particulières ou publiques, ou bien pour y rendre des visites à la famille; ceci, dans la phraséologie des Amis, s'appelle exposer l'état des affaires de la famille. On s'assemble; la question est posée devant les Quakers réunis. Si l'Esprit ne trouve rien à dire à ce voyage, et que le voyage dont il s'agit soit dans les limites du *meeting* mensuel, la sanction de ce meeting suffit; si le district que l'inspiré se propose de visiter est plus éloigné, la sanction du meeting trimestriel devient alors nécessaire; si, enfin, le pèlerinage a lieu en dehors du royaume, le ministre ne peut avoir sa feuille de route (*clear way*), qu'autant que le meeting annuel a donné son assentiment au voyage.

Ces meetings ont chacun une attribution particulière. Le meeting mensuel, qui est composé de diverses congrégations vivant dans des limites rapprochées, a pour objet de pourvoir à la subsistance des pauvres et à l'éducation de leurs enfants; d'apprécier la sincérité des personnes qui paraissent pénétrées des principes religieux de la société et qui désirent en faire partie; de réprimander les membres qui se sont rendus coupables de quelques fautes, après avoir préalablement été chez les délinquants, et les avoir engagés à s'amender. Cette réprimande faite, on proclame que la personne coupable a donné satisfaction de sa faute, ou si elle s'y est refusée, on déclare qu'elle ne fait plus partie de la société. On y règle les différends par l'arbitrage, méthode prompte qui met les Quakers à l'abri des procédures et de tous les frais qui s'y rattachent; on y enregistre les naissances et les décès survenus pendant le mois; enfin, à cette assemblée appartient le droit de refuser ou d'accorder les permissions de mariage. Ceux qui ont l'intention de se marier se présentent devant le meeting et lui font part de leur intention; alors celui-ci nomme une commission pour faire un rapport sur la conduite précédente des deux fiancés, et si le rapport est favorable, la permission est accordée. Dans le meeting trimestriel, on produit les réponses écrites à certaines demandes qui ont été faites aux meetings mensuels, réponses qui sont relatives à la conduite des membres. Ces réponses sont ensuite résumées en une seule, qui est destinée à être reproduite au meeting annuel. Celui-ci jouit de priviléges plus étendus: il exerce un contrôle général sur la société tout entière, il rédige les règlements qu'il croit nécessaires, nomme des commissaires pour visiter telles ou telles assemblées qui lui paraissent avoir un plus grand besoin de conseils, et décide, en cour souveraine, des appels qui lui sont faits des meetings mensuels et trimestriels.

Revenons à notre ministre voyageur. Le voici avec son congé; il part, mais sans argent, à l'imitation des anciens apôtres, car ainsi le veulent les doctrines du culte. Toutefois, comme l'ouvrier doit recevoir le prix de sa peine, lorsque ce ministre arrive dans quelque ville, il va loger chez celui de ses coreligionnaires qui lui convient, ou plutôt chez celui qui convient à ses guides, car, d'une ville à l'autre, le ministre voyageur marche toujours accompagné d'un ou plusieurs guides qui sont chargés de payer ses dépenses. Parvenu au but de son voyage, il convoque une assemblée publique. A cet effet, les Quakers les plus influents proclament par toute la ville la réunion qui doit avoir lieu, en colportant de porte en porte un programme, où sont indiqués l'objet, l'heure et le lieu de la réunion. Cependant on se garde bien de dire dans ce programme qu'il sera prononcé un discours, car les Amis n'étant pas censés savoir qu'ils prononceront un discours, devant attendre que l'Esprit les agite pour savoir ce qu'ils auront à dire, il pourrait se faire qu'après avoir convoqué plusieurs milliers de personnes, l'Esprit saint leur faisant défaut, ils n'eussent rien à dire. Dans cette circonstance, rien de plus original qu'une pareille réunion. Vous vous rendez au lieu indiqué; vous y trouvez les Quakers assemblés, les hommes assis d'un côté, le chapeau sur la tête, et les femmes assises du côté opposé. Mêlé avec les étrangers que l'espoir d'entendre le prédicateur a conduits comme vous-même en ce lieu, vous attendez pendant plus d'une heure avec la plus vive impatience. Personne! Est-il venu? est-il parti? va-t-il arriver? La foule ébahie se regarde en silence et se demande des yeux si l'on va bientôt commencer, lorsque tout à coup les Quakers se lèvent, échangent des poignées de mains, et partent en laissant la place libre. « *Queer people!* Singulières gens, » me disait un Irlandais que j'avais pour voisin, un jour que j'assistais à une pareille scène; « ils ne chantent ni ne prient.» La séance est en effet levée, l'Esprit-Saint, soit qu'il vous ait jugé indigne d'entendre les paroles du prédicateur, soit, au contraire, qu'il ait pensé que vous étiez dans un état assez confortable pour ne pas en avoir besoin, n'a pas exercé son influence sur celui que vous étiez venu entendre.

Mais l'étonnement des spectateurs n'est pas moins grand lorsqu'après avoir attendu en silence pendant plusieurs heures l'influence de l'Esprit-Saint, ils voient tout à coup se lever une femme, ou bien un simple artisan qui sort de son atelier, un campagnard qui vient de dételer ses bœufs, ou bien encore un gentleman qui descend d'un boghey élégant; lorsqu'ils les voient, dis-je, tout à coup se lever et prononcer une longue harangue, qui, par la forme et le fond, n'a rien de commun avec nos sermons d'église. Cette fois l'Esprit-Saint vient d'agir, mais cette action se communique d'une manière si bizarre, si excentrique; point de texte, point d'ordre, c'est une confusion à s'y perdre; des phrases tordues, ampoulées, pleines d'images baroques, des lieux communs tant et plus, et le tout prononcé d'une voix psalmodiante qui, de la clef naturelle, s'élève jusqu'au diapason le plus élevé, et qui s'abaisse sans transition à l'*ut* pour remonter une seconde fois jusqu'au *si*. La veille vous n'aviez pas eu de sermon, aujourd'hui vous en avez trois, quatre, quelquefois six; chacun se lève à tour de rôle et débite sur le même ton le discours que lui inspire le souffle divin. Ce discours dure vingt minutes, une demi-heure, quelquefois davantage, suivant que l'influence de l'Esprit est plus ou moins intense.

Rien n'est plus curieux encore que la manière dont le ministre voyageur rend ses visites aux membres de la famille. Supposons que la ville qu'il se propose de visiter soit Londres; eh bien! grands et petits, pauvres et riches, tous les membres de la société des Amis qui habitent la métropole le verront alternativement dans leur demeure; là, il s'assiéra avec eux, cherchera par ses conseils à les distraire des affaires de ce monde pour ramener leurs pensées sur un monde meilleur; il pénétrera dans le fond de leurs âmes afin de sentir avec eux, d'apprécier leurs craintes et leurs espérances, et de gémir sur leur douleur. C'est là une entreprise difficile, ardue; cependant elle est accomplie avec autant de zèle que de bonheur. Pour cet objet, le ministre, après avoir élu son domicile chez un des membres de la communauté, fait annoncer par un messager à la famille qu'il se propose de visiter qu'à telle heure il se rendra chez elle. A l'heure dite, il arrive; la famille le reçoit dans un salon dont l'entrée est interdite aux domestiques pendant tout le temps que durera la visite; après avoir échangé les salutations d'usage, et s'être mutuellement serré la main, on s'assied auprès du feu. Alors les bouches se tiennent fermées, pas une parole ne tombe des lèvres des assistants. Le silence est si profond, si solennel, qu'on entendrait la chute d'une épingle. La famille est censée se trouver en présence de l'Etre suprême, qui, agissant sur l'esprit de son ministre, va bientôt lui découvrir ses secrets les plus cachés. Après un quart d'heure de silence, le ministre prend la parole, et, d'une voie émue, il s'adresse à tous les membres de la famille, en commençant par le père et la mère et en continuant ainsi jusqu'à l'enfant qui dort dans son berceau. Ses paroles ne sont souvent rien moins qu'agréables par leur franchise; par exemple : à un malade qu'il verra se débattre contre la mort, il lui dira sans aucune périphrase : « Ami, ton heure est venue, prépare-toi à mourir. » La visite étant finie, chaque membre peut prendre part à la conversation, mais cette conversation est toujours grave et sérieuse. Quelquefois le ministre s'arrête encore pour dîner avec la famille chez laquelle il se trouve; dans cette circonstance, il n'est pas rare de voir la conversation tout à coup rompue par un silence. Ce silence est général, personne ne dit mot, à moins pourtant que parmi les assistants il se trouve un étranger. Alors la scène est vraiment comique; celui-ci, pris à l'improviste, continue souvent la conversation sans s'occuper du silence qui règne autour de lui; lorsqu'il s'arrête, point de réponse; il recommence, adresse des questions directes, même silence; enfin, confondu, doutant s'il dort ou s'il est éveillé, il regarde et voit des figures graves et silencieuses, qui l'obligent à renfermer dans son sein son étonnement et sa curiosité.

Mais les yeux du ministre sont-ils choqués par un gilet tant soit peu fashionable, par un ruban du chapeau de la jeune fille dont la couleur est un peu trop voyante, en sortant, il jettera sur la table, avec une sorte d'indifférence, un petit papier écrit ou imprimé. Ses vastes poches sont toujours fournies de projectiles de cette nature qu'il lance chez l'un, chez l'autre, et toujours à propos. C'est souvent une lettre d'un membre de la famille de l'ouest (1), et dans laquelle celui-ci lui fait part de plusieurs observations qu'il a recueillies de la bouche de personnes étrangères au culte, relativement au bonheur qui rejaillit sur elles de la stricte observance de ses lois; ou bien ce sont des extraits de livres, des manuscrits, le compliment que fit l'empereur Alexandre, lorsqu'il vint à leur meeting, et qu'il alla visiter un des membres de la société. A lire tous ces témoignages, tous ces rapports sur l'extension que prend de jour en jour le culte des Amis, on croirait que toutes les nations, émerveillées, se rangent en foule sous la bannière des Quakers; et cependant les années s'écoulent, et la société reste au même point, sous le rapport moral comme sous celui du nombre.

Telle est l'histoire des Amis; tels sont les traits les plus saillants de leurs habitudes religieuses et domestiques. Comme on le voit, parmi les usages, il y en a beaucoup qui sont incompatibles avec la civilisation dans laquelle nous vivons; mais, à tout prendre, le bien l'emporte tellement sur le mal, qu'on serait tenté de désirer que tous les hommes vécussent sous de pareilles lois (2).

TRÉSORS. On croit dans l'Ecosse qu'il y a sous les montagnes des trésors souterrains gardés par des géants et des fées; en Bretagne on croit qu'ils sont gardés par un vieillard, par une vieille, par un serpent, par un chien noir ou par de petits démons, hauts

---

(1) On désigne sous ce nom les quakers de l'Amérique. — (2) Tait's Magazine, traduit dans la *Revue britannique*.

d'un pied. Pour se saisir de ces trésors, il faut, après quelques prières, faire un grand trou sans dire un mot. Le tonnerre gronde, l'éclair brille, des charrettes de feu s'élèvent dans les airs, un bruit de chaînes se fait entendre; bientôt on trouve une tonne d'or. Parvient-on à l'élever au bord du trou, un mot qui vous échappe la précipite dans l'abîme à mille pieds de profondeur. — Les Bretons ajoutent qu'au moment où l'on chante l'évangile des Rameaux, les démons sont forcés d'étaler leurs trésors, en les déguisant sous des formes de pierres, de charbons, de feuillages. Celui qui peut jeter sur eux des objets consacrés, les rend à leur première forme et s'en empare (1). *Voy.* ARGENT.

TRIBUNAL SECRET. C'est un de nos princes qui a fondé ce tribunal célèbre des francs-juges (des frey graves), qui retentit si puissamment dans tout le moyen âge, qui plane, si imposant et si mystérieux, sur la Germanie et le nord de la vieille Gaule, et dont l'institution, le but, les actes ont été appréciés jusqu'à présent d'une manière si incomplète et souvent si fausse.

Il est possible qu'on s'étonne du point de vue sous lequel nous considérons la cour vehmique; mais c'est après de mûres recherches que nous croyons avoir rencontré la vérité; et nous pensons que notre façon de voir jettera sur l'histoire un jour nouveau, sur cette histoire des siècles écoulés qui est tout entière à refaire, non plus avec les vaines théories de ces hommes qui parlent et ne savent pas faire autre chose, tristes eunuques du sérail dont nous sommes assaillis, mais avec l'étude profonde des faits à reproduire, si animés, si vivants, si variés, si dramatiques.

Le nom de tribunal secret se comprend; celui de cour vehmique est plus obscur; il vient du mot saxon vehmen, qui veut dire *condamnateur*, et non de *væ mihi*, comme l'ont dit ceux qu'on appelle les doctes. Jamais une cour de justice ne s'est donné un nom injurieux ou absurde.

L'histoire, cette muse si pauvre et tant abusée, ne nous a conservé, sur le tribunal secret de Westphalie, que des notions peu satisfaisantes, parce que les francs-juges qui le composaient s'engageaient par un serment terrible au silence le plus absolu; qu'on osait à peine prononcer le nom de ce tribunal redouté; et que les écrivains se contentaient, comme aujourd'hui, de saisir les superficies.

On lit dans le tome III, page 624, du recueil des historiens de Brunswick publié par Leibnitz, que Charlemagne, vainqueur pour la dixième fois, en 779, des Saxons, peuples indomptables, qui n'avaient leur plaisir que dans le sang, leur richesse que dans le pillage, et qui honoraient leurs dieux avec des victimes humaines, envoya un ambassadeur au pape Léon III (qui ne régnait pas alors) pour lui demander ce qu'il devait faire de ces rebelles qu'il ne pouvait soumettre, et que pourtant il ne voulait pas exterminer. Le saint-père, ayant entendu le sujet de l'ambassade, se leva, sans répondre un mot et alla dans son jardin, où ayant ramassé des ronces et des mauvaises herbes, il les suspendit à un gibet qu'il venait de former avec des bâtons. L'ambassadeur à son retour raconta à Charlemagne ce qu'il avait vu; et le roi, car il n'était pas encore empereur, institua le tribunal secret, pour contraindre les païens du Nord à embrasser le christianisme.

Tous les historiens ont répété ce récit altéré. Bientôt, poursuivent-ils, toute la Germanie se remplit de délateurs, d'espions et d'exécuteurs. Le tribunal secret connut de tous les crimes, et même des moindres fautes, de la transgression du décalogue et des lois de l'Église, des irrévérences religieuses, de la violation du carême, des blasphèmes... Son autorité s'étendait sur tous les ordres de l'État; les électeurs, les princes, les évêques même y furent soumis, et ne pouvaient être relevés de cette juridiction, dans certains cas, que par le pape ou par l'empereur.

Néanmoins dès le XIIIe siècle, les ecclésiastiques et les femmes n'étaient plus recherchés par la cour vehmique.

Les francs-juges, c'est le nom qu'on donnait généralement aux membres du tribunal secret, étaient ordinairement inconnus. Ils avaient des usages particuliers et des formalités cachées pour juger les malfaiteurs, et jamais, dit Æneas Sylvius, il ne s'est trouvé personne parmi eux à qui la crainte ou l'argent aient fait révéler le secret. Ils parcouraient les provinces pour connaître les criminels, dont ils prenaient les noms; ils les accusaient ensuite devant le tribunal invisible; on les citait; on les condamnait; on les inscrivait sur un livre de mort; et les plus jeunes étaient chargés d'exécuter la sentence.

Tous les membres faisaient cause commune; lors même qu'ils ne s'étaient jamais vus, ils avaient pour se reconnaître un moyen qui est encore pour nous un mystère. C'étaient des mots d'ordre en saxon : *stock, stein, grass, grein*, et quelques autres qui peuvent bien n'être que des conjectures. Du reste le secret se gardait si étroitement, que l'empereur lui-même ne savait pas, dit Mœser, pour quels motifs le tribunal vehmique faisait mourir un coupable.

Pour l'ordinaire, quand la cour vehmique avait proscrit un accusé, tous les francs-juges avaient ordre de le poursuivre ; et celui qui le rencontrait devait le tuer. S'il était trop faible pour ce métier de bourreau, ses confrères, en vertu de leurs serments, étaient tenus de lui prêter secours.

Nous suivons toujours la masse des historiens, qui dans ces détails au moins sont exacts. Souvent, foulant aux pieds toutes les formes judiciaires, le tribunal secret condamnait un accusé sans le citer, sans l'en-

---

(1) Cambry, Voyage au Finistère, t. II, p. 15.

tendre, sans le convaincre. Mais quelquefois on le sommait de comparaître, par quatre citations. Ceux qui étaient chargés de citer l'accusé épiaient, dans les ténèbres, le moment favorable pour afficher à sa porte la sommation. Cette pièce portait d'abord le nom du coupable, écrit en grosses lettres ; puis le genre de ses crimes vrais ou prétendus, ensuite ces mots : « Nous, les secrets vengeurs de l'Eternel, les juges implacables des crimes, et les protecteurs de l'innocence, nous te citons d'ici à trois jours devant le tribunal de Dieu. Comparais ; comparais ! »

La personne citée se rendait à un carrefour où aboutissaient quatre chemins. Un franc-juge, masqué et couvert d'un manteau noir, s'approchait lentement en prononçant le nom du coupable qu'il cherchait, il l'emmenait en silence et lui jetait sur le visage un voile épais, pour l'empêcher de reconnaître le chemin qu'il parcourait. Les sentences se rendaient toujours à l'heure de minuit. Il n'était point de lieu qui ne pût servir aux séances du tribunal secret, pourvu qu'il fût caché et à l'abri de toute surprise : c'était souvent une caverne. L'accusé y descendait et on lui découvrait le visage ; il voyait alors ces justiciers qui étaient partout et nulle part, et dont les bras s'étendaient partout, comme la présence de l'Eternel. Mais tous ces juges étaient masqués, ils ne s'exprimaient que par signes, à la lueur des torches. Quand l'accusé avait parlé pour sa défense, et que l'heure du jugement était venue, on sonnait une cloche ; de vives lumières éclairaient l'assemblée, le prévenu se voyait au milieu d'un cercle nombreux de juges noirs. La cour qui condamna ainsi Conrad de Langen était composée de trois cents francs-juges, et un jour que l'empereur Sigismond, de la maison de Luxembourg, présidait le tribunal secret, mille juges siégeaient autour de lui.

Pour les crimes avérés, pour les longs brigandages, on ne citait point, parce que le coupable dès qu'il savait que la cour vehmique avait les yeux sur lui, se hâtait de fuir devant les poignards de cette justice inévitable ; il abandonnait pour jamais la terre rouge ; c'est le nom que les invisibles donnaient à la Westphalie, siége de leurs séances, centre de leurs pouvoirs.

Quand les juges chargés d'exécuter les sentences du tribunal secret avaient trouvé et saisi le condamné, ils le pendaient avec une corde faite de branches d'osier tordues et tressées, au premier arbre qui se rencontrait sur le grand chemin. S'ils le poignardaient, selon la teneur du jugement, ils attachaient le cadavre à un tronc d'arbre et laissaient dans la plaie le poignard, au manche duquel était attachée la sentence, afin que l'on sût que ce n'était pas là un meurtre, ni un assassinat, mais une justice des francs-juges.

On ne pouvait rien objecter aux sentences de ce tribunal ; il fallait sur-le-champ les exécuter avec la plus parfaite obéissance. Chaque juge s'était obligé par d'épouvantables serments, à révéler tous les crimes qui viendraient à sa connaissance, dût-il dénoncer son père ou sa mère, son frère ou sa sœur, son ami ou ses parents sans exception. Il avait juré aussi de donner la mort à ce qu'il avait de plus cher, dès qu'il en recevrait l'ordre.

On cite ce mot du duc Guillaume de Brunswick, qui était initié au tribunal secret : il faudra bien, dit-il un jour tristement, que je fasse pendre le duc Adolphe de Sleswich, s'il vient me voir, puisqu'autrement mes confrères me feront pendre moi-même.

Un prince de la même famille, le duc Frédéric de Brunswick, qui fut élu empereur un instant, ayant été condamné par les invisibles, ne marchait plus qu'entouré d'une garde nombreuse. Mais un jour qu'une nécessité le força à s'éloigner de quelques pas de sa suite, le chef de ses gardes, le voyant tarder à reparaître, l'alla joindre à l'entrée du petit bois où il s'était arrêté, le trouva assassiné avec la sentence pendue au poignard ; il vit le meurtrier qui se retirait gravement et n'osa pas le poursuivre.

C'était en l'année 1400. Il y avait alors cent mille francs-juges en Allemagne, et le tribunal vehmique était devenu si puissant, que tous les princes étaient contraints à s'y affilier. Sigismond, comme nous l'avons dit, le présida quelquefois. L'empereur Charles IV, pareillement de la maison de Luxembourg, trouva dans l'assistance des francs-juges une partie de sa force. Sans eux, l'odieux Venceslas n'eût pu être déposé ; et de graves chroniques leur attribuent la mort de Charles le Téméraire.

Nous avons rapporté sommairement tout ce qui peut donner une idée de la vieille cour vehmique en nous conformant aux récits de tous les historiens. Il paraît certain que cette institution est due à Charlemagne, mais non pas pour opprimer par la terreur, pour protéger au contraire le faible contre le fort. Lorsqu'il fonda ce tribunal tout-puissant, il établit à côté un refuge : la sentence était signifiée ; et tout criminel condamné par les *frey graves*, si c'était pour un délit religieux ou politique, pouvait, en vertu d'une loi formelle, éviter la mort en s'exilant. Le pays ainsi était délivré du coupable.

Dans la suite, toujours fidèles à leur mission de protéger la faiblesse et l'innocence, les francs-juges ne furent l'effroi que des hommes puissants. Un seigneur féodal qui tuait ou pillait ses sujets, tombait bientôt sous le poignard des francs-juges. Un brigand s'arrêtait devant le sentier du crime, parce qu'il savait qu'en le parcourant, il trouverait le tribunal des secrets vengeurs de l'Eternel. Les souverains, qui n'étaient pas exempts de la même crainte, repoussaient en tremblant les tentations de la tyrannie. Et, remarquez-le, dans les pays où le tribunal secret s'est étendu, les iniquités féodales sont bien plus rares. Vous ne trouverez ni en Allemagne, ni dans le nord des Gaules,

les sanglantes horreurs qui rendent l'histoire d'Angleterre si épouvantable au moyen âge. L'affreux despotisme seigneurial, qui pesait sur la France du milieu, fut généralement léger, au nord. Les communes se formèrent, le commerce s'établit parce qu'il y avait une puissance occulte qui protégeait le peuple et qui atteignait les nobles voleurs de grand chemin.

Pour frapper vivement les grossières imaginations des temps barbares, il fallait bien que cette puissance fût mystérieuse et terrible. Un baron guerroyeur n'eût pas craint une petite armée; il pâlissait au seul nom des francs-juges. Il savait qu'on n'évitait pas aisément leur sentence.

Quelquefois il arriva qu'un franc-juge, rencontrant un de ses amis condamné par le tribunal secret, l'avertit du danger qu'il courait, en lui disant: On mange ailleurs aussi bon pain qu'ici, mais dès lors les francs-juges, ses confrères, étaient tenus, par leurs serments, de pendre le traître sept pieds plus haut que tout autre criminel condamné au même supplice. C'est qu'il fallait, nous le répétons, que cette justice fût inévitable. Les foudres de Rome étaient le seul frein des hommes qui pensaient; le tribunal secret, la seule terreur des hommes matériels.

A la fin du XV siècle, les francs-juges devinrent moins nécessaires. La renaissance des lumières ramenait quelque civilisation et quelque justice; les lois se remettaient en vigueur. Le tribunal, dont la vaste étendue occupée par cent mille juges faisait ombrage aux souverains, car il pouvait être dangereux, attira leur attention. Ils cherchèrent à le supprimer. Celui qui seul y parvint fut l'époux de Marie de Bourgogne. Maximilien, élevé à l'empire, abolit à jamais en 1512, le tribunal vehmique. Charles-Quint, son petit-fils et son successeur, maintint cette abolition dont il ne resta que quelques vestiges impuissants.

Nous avons voulu, dans les notes qu'on vient de lire, mettre les savants sur une voie nouvelle, relativement à la cour vehmique. Peut-être un investigateur plus habile montrera-t-il dans l'histoire les services immenses qu'elle a rendus.

TRITHÈME (Jean), savant abbé de l'ordre de Saint-Benoît, qui chercha à perfectionner la stéganographie ou l'art d'écrire en chiffres. On prit ses livres pour des ouvrages magiques; et Frédéric II, électeur palatin, fit brûler publiquement les manuscrits originaux qui se trouvaient dans sa bibliothèque. Mort en 1516.

M. Audin, à qui l'histoire vraie doit de si beaux, de si consciencieux et de si savants travaux, a publié, dans ses études sur les couvents, une étude très-remarquable de Trithème. Nous citerons cet heureux travail.

La réforme s'est montrée impitoyable envers les couvents. Après les avoir détruits au moyen âge, elle les a calomniés. Le cœur se serre en parcourant les rives de la Moselle, à la vue de toutes ces abbayes abattues par les paysans, pour obéir à quelque illuminé du nom de Carlstadt ou de Münzer.

La réforme a brisé jusqu'à la croix de pierre qui s'élevait sur le chemin. En vain nous cherchions sous la mousse quelques restes du célèbre couvent de Westenbrül; plus rien. En 1570, des jésuites, partis de Trèves, cherchaient comme nous et n'étaient pas plus heureux: ils ne trouvaient qu'un *desolatum monasterium*. Quelque temps auparavant, un pauvre enfant, venu pour assister à l'office qu'on célébrait à l'abbaye, admirait le missel aux lettres d'or ouvert sur l'autel, et disait à Dieu dans sa prière: Mon Dieu! faites qu'un jour je puisse lire dans ce beau livre.

Cet enfant, c'était Johann Tritheim, si connu sous le nom de Trithemius. C'est en vain qu'il priait. Les moines se détournaient quand il les arrêtait pour leur demander de lui apprendre à lire dans le beau missel du monastère. Trithemius ne se décourageait pas. Or, par une belle nuit d'été, se réveillant tout à coup, il aperçut sa petite chambre resplendissante de lumière, et à travers ces lueurs fantastiques, un jeune homme aux blanches ailes qui tenait en main deux tablettes: l'une pleine d'images de toutes couleurs, l'autre de caractères graphiques.

— Que me voulez-vous, dit l'enfant au messager céleste?

— Choisis, mon petit, dit l'ange.

Et Trithemius étendant la main, prit l'alphabet. L'ange sourit et s'envola, dit la légende.

C'était un véritable grimoire pour Trithemius, que ces pages tombées du ciel et bariolées de figures semblables à celles qu'il avait vues dans le missel de Westenbrül.

Trithemius avait un ami qui faisait les commissions d'un monastère voisin, où il avait appris à décliner et à conjuguer. Il prit l'alphabet mystérieux et se mit à lire couramment. Huit jours après, Johann savait l'A, B, C, l'oraison dominicale, la salutation angélique, le symbole des apôtres, etc. Cependant il n'était pas content; il aurait voulu que son livre fût aussi gros que le missel de l'abbaye.

— Console-toi, dit Jacobus à Johann, nous irons ensemble au couvent où de bons frères m'ont appris à lire; ton ange nous conduira. — Et ils se mirent en chemin. Les voilà qui frappent à la porte du monastère. Or, dans cette maison habitait un Père, Pierre de Heidenburg, qui savait lire, non-seulement dans les parchemins latins, mais aussi dans les codices grecs, et même, dit-on, un peu dans les manuscrits hébreux. Il fut émerveillé de l'accent de l'enfant, et lui dit: « Sois béni, mon fils, c'est Dieu qui t'envoie; prie et aime le bon Dieu, il t'aidera..... »

— A quelque temps de là, nous trouvons Johann sur le chemin de Trèves, un livre d'heures sous le bras, le bâton de pèlerin à la main, la gourde de voyage pendue à la ceinture, s'arrêtant par intervalles devant une maison de belle apparence, et chantant un vieux cantique rimé pour obtenir le pain du bon Dieu : *Panem propter Deum.*

Plus tard, un autre enfant du même âge à peu près, mendiait aussi son pain en chantant dans les rues de Magdebourg, et le seigneur appelait une femme pour distribuer deux ou trois grains de millet à l'oiseau voyageur : c'était Martin Luther.....

Ainsi nourri par la charité, Trithemius arriva à Trèves, cette ville romaine remplie de colléges, de monastères, d'abbayes. Il alla droit au couvent le plus renommé. Le frère portier vint ouvrir.

— Que voulez-vous ?
— Apprendre les lettres humaines.
— Entrez, dit le religieux.

Là, pendant plusieurs années, Trithemius étudia la grammaire, la dialectique et la rhétorique, le trivium ou vestibule de la théologie, alors la maîtresse des sciences. Ses progrès tenaient du prodige. Quand les Pères lui eurent livré tous leurs trésors intellectuels, Johann s'en alla pour voyager de nouveau. Le voilà fréquentant les universités allemandes. A Louvain, dans la Germanie inférieure, il se prend aux maîtres de l'école, à saint Thomas surtout, son maître bien-aimé. Heidelberg lui enseigne les ruses du syllogisme aristotélicien, Mayence l'initie à la philosophie de Platon. Quand l'abeille a composé son miel de toutes les fleurs qu'elle trouve dans cet Eden de la science, elle s'envole de nouveau. Cette vie nomade convenait à l'imagination de Johann. Elle développa en lui les germes d'un mysticisme dont il devait faire plus tard une véritable poétique. Le soir venu, il aimait à poser sa tente au pied d'un arbre; sa tente, c'est-à-dire les livres qu'il emportait avec lui. Là il ne tardait pas à s'endormir; et dans ce sommeil des sens, où son corps reposait seul, son âme rêvait un monde invisible, dont il était alors l'architecte, et que bientôt il devait chanter en poëte. Ces étoiles qui scintillaient comme autant de diamants au-dessus de sa tête avaient chacune un ange dont il écrivait le nom sur ses tablettes; le torrent qui bruissait à ses côtés obéissait à un génie familier qu'il voyait dans le bleu; la feuille qui tombait de l'arbre dans le ruisseau était détachée par un gnome dont il savait la forme; les éclairs qui brillaient à l'horizon étaient allumés par Satan. C'était la voix du démon qu'il entendait dans le cri de l'orfraie, dans le vol strident de la chauve-souris, dans les hurlements des tempêtes. Alors il se demandait si quelques paroles magiques ne pourraient pas évoquer ces séraphins déchus, et il formulait des exorcismes qui, murmurés par une voix pieuse, peuplaient l'air de toutes sortes d'esprits dont il traçait, dans sa *stéganographie*, l'emploi, les attributs et le ministère. Il avait acquis des connaissances aussi variées qu'étendues. Il savait les langues orientales, la philosophie païenne et chrétienne, l'astronomie et l'alchimie. Il était théologien, poëte, orateur et nécromancien. Un jour l'image de son pays natal lui apparut dans sa cellule et il quitta ses livres pour revoir avant de mourir la cabane de son père. Il se mit en route, avec un clerc qu'il avait initié aux mystères de sa science cabalistique. Ils traversèrent Kreuznach, les hauteurs du Hunsruck, et vinrent demander à dîner au couvent de Spanheim. Au moyen âge le couvent était une véritable hôtellerie où le voyageur était sûr de trouver du pain, un lit et des aumônes. Le repas fini, ils prirent congé du supérieur, qui avait été aussi enchanté qu'édifié de la conversation des deux pèlerins.

— Que Dieu vous conduise, dit le Père, en leur donnant sa bénédiction, et qu'il vous ramène bientôt à Spanheim! — Amen, dit le compagnon de Johann.

Ils n'avaient pas fait un mille que la neige tombait à flots; un vent impétueux balayait les flocons sur la figure de nos voyageurs: la route était méconnaissable.

— Retournons au couvent, dit le clerc, c'est l'ange des tempêtes que Dieu envoie pour nous barrer le chemin.

Johann s'arrêta, en levant les yeux au ciel. Le frère continua. — Ce blanc suaire qu'il vient d'étendre sur les champs, c'est l'habit que tu dois revêtir. Johann regardait son compagnon.

— Ce soleil qui luit par intervalle à travers ce rideau de neige, c'est la lumière que tu feras briller dans le couvent.

— Que Dieu t'écoute, dit Trithemius. — Et ils sonnaient, et le supérieur ouvrait, en répétant :

— Je vous l'avais bien dit que Dieu vous ramènerait.

Or, ceci arrivait le 25 janvier 1482, le jour de la conversion de saint Paul. Le 1er février suivant, Johann quittait l'habit séculier; le 21 mars, il revêtait la robe de novice, et le 21 novembre il prononçait ses vœux. L'abbé qui avait deviné l'avenir de Trithemius se nommait Jean de Colhausen. Quand il partit de Spanheim pour Seligenstadt, où il avait été appelé par ordre des supérieurs, le chapitre se rassembla et élut Trithemius, qui fut sacré, au Jacobsberg, près de Mayence, le dimanche avant la Saint-Martin, en 1483.

Tout change à partir de cette époque. Le couvent devient un véritable atelier de peinture, de dessin, de calligraphie; une école de théologie, un séminaire, une académie. Tout le monde prie ou travaille. Il y a des frères qui passent les jours à transcrire d'anciens manuscrits du Vieux Testament, en grec et en latin; d'autres qui nettoient et blanchissent le parchemin; d'autres qui taillent les plumes ou alignent les règles; d'autres, venus d'Italie, qui enluminent les majuscules et colorient les miniatures; d'autres qui préparent l'ocre, le minium, le cinabre, l'or et l'argent; d'autres qui rassemblent les feuillets, encartent les gravures, relient les volumes et attachent les fermoirs. L'œuvre achevée, un moine reviseur confère les textes, ligne par ligne, lettre par lettre, et note les fautes échappées aux copistes. Durant ce double travail de la main et du cerveau, en voici qui vont à la découverte d'un orphelin délaissé, d'un moribond qui attend le bon Dieu, d'une âme malade de doutes, portant avec eux du pain, des vêtements, des remèdes et des prières. En voici d'autres qui rôdent au loin, chassant aux manuscrits qu'ils dépistent admirablement, et qui rentrent au monastère au son des cloches, aux vivat de l'abbé; car c'est chose précieuse qu'un manuscrit. Sur les gardes de quelques-uns on lit : Acheté par le couvent de..... au prix de tant d'*obit*, de tant de *Pater* et d'*Ave Maria*. Trithemius est là qui assemble tous ces merveilleux feuillets, qui les classe et les catalogue. A son entrée au monastère, l'abbaye n'avait pas quarante-huit volumes ; en 1502 elle en comptait près de deux mille, parmi lesquels il en était qu'on citait comme des chefs-d'œuvre de calligraphie. Beaux trésors graphiques, qu'êtes-vous devenus ? demandions-nous en passant à Spanheim. Et la pierre nous répondait en nous montrant des colonnes, des chapiteaux, des statues tombées sous les coups de la réforme, et dont le lierre rongeait les derniers restes : le feu avait dévoré les livres.....

Tant de travaux lui ont brûlé le sang. Il était en voyage : il se met au lit, apprête lui-même les remèdes qu'il faut employer pour sa guérison, et fait venir de son couvent le seul médecin auquel il ait confiance : un lexique grec imprimé par les Aldes.

Le monde ne pouvait comprendre tant de savoir : pour l'expliquer, il publia que Trithemius avait un commerce avec les puissances invisibles. Alors, les routes qui conduisent à l'abbaye se couvrent de curieux qui viennent demander ses secrets au supérieur. Le margrave Christophe de Bade fit, dans cette intention, deux fois le voyage de Spanheim, et Philippe du Palatinat s'y rendit avec une partie de sa cour.

Voici ce qu'on raconte encore dans le Rhingau :

L'empereur Maximilien ne pouvait se consoler de la perte de sa femme, Marie de Bourgogne. L'abbé eut pitié de la douleur du prince, auquel il offrit d'évoquer l'ombre de l'impératrice. La proposition est acceptée. Trithemius s'agenouille, prie, prononce quelques paroles, et Marie paraît avec ses vêtements de fiancée. L'empereur doute ; sa main cherche sur le cou du fantôme une verrue que la jeune fille avait en naissant et que son doigt a découverte : et il s'éloigne épouvanté.....

C'est dans la solitude de Spanheim, enfermé dans une ceinture de montagnes bleuâtres, au bruit des torrents, au balancement des pins, qu'il rassembla les matériaux d'un livre qui fit beaucoup de bruit quand il parut, et dont on a oublié jusqu'au titre. Nous voulons parler de sa Stéganographie, ou l'art de s'entretenir avec les absents à l'aide d'une écriture occulte (1), livre curieux dont on a parlé sans le connaître.

« Tout ce qui se passe dans mon cerveau, dit l'auteur, je puis le communiquer à qui habite à cent milles de moi. Je n'ai besoin pour cela ni de paroles ni de signes, grâce seulement à une langue inintelligible que jamais je n'appris ni n'entendis. »

Voici en quoi consiste l'opération : Après avoir fait le signe de la croix, vous écrivez une lettre indifférente à un ami, en appelant un des esprits de l'air, en ces termes : Pamersiel, Oshurmy, Delmuson, Thafloyn, Peano, Charustea, Melany, Cyamintho, Colchan, Pavoys, Madyn, Moelay. L'esprit apparaît. Vous expédiez la lettre par un messager : dans cette missive est un signe auquel le correspondant reconnaît le génie que vous avez évoqué. Il se tourne alors vers l'orient et prononce la formule suivante : Lamaston, Anoyrbulon, Madriel, Tracson, Ebrhasothea. Et l'esprit est là, et les deux âmes sont en communication de pensées et de volontés.

Trithemius, dans ce singulier ouvrage, donne les noms des autres anges déchus, leur habitation, leurs formes diverses, leur signalement. Dans sa *Chronologia mystica*, il assigne les rangs des dominations planétaires : Oriflel est l'esprit de Saturne ; Anael l'esprit de Vénus ; l'ange de la lune doit gouverner le monde jusqu'en 1879. Pauvre âme ! devenue folle à force de science, mais qui dans ses rêveries extatiques resta toujours soumise à l'Eglise catholique, dont elle fut une des gloires. Il disait en tête de sa Stéganographie : « Tout ce qui est écrit dans ce petit volume repose sur les vrais principes du catholicisme et de la physique ; toutes mes incantations se font au nom de Dieu, sans tromperies, sans superstition, sans atteinte à la foi ou à l'autorité de l'Eglise (2). »

Le 16 août 1506, Trithemius quittait l'abbaye de Spanheim pour aller se charger de la direction du couvent des Ecossais, à Saint-Jacques de Wurzbourg, où il avait été appelé par l'évêque Laurent de Bibra. Il avait oublié ses monades aériennes. Tout entier aux soins de l'abbaye, il répéta bientôt ces miracles de zèle évangélique, de charité et de science que Spanheim avait admirés.

C'est au couvent de Saint-Jacques qu'il acheva ses grandes œuvres historiques. Il employa six années à composer ses *Annalia Hirsaugiensia*, et son *Chronicon monasterii Spanheimensis sancto Martino consecrati*, deux ouvrages qu'il faut lire si l'on veut connaître les annales ecclésiastiques et profanes des rives rhénanes. Son *Breviarium*

---

(1) Un bénédictin allemand a publié une apologie de Trithème contre ceux qui l'accusaient de magie. Cet ouvrage ne nous est connu que de nom ; cependant nous croyons qu'à cette aurore des sciences modernes, le mystère des lois physiques avait souvent dévoyé des esprits droits du reste, mais égarés par des traités juifs et arabes, où les ténèbres de la sorcellerie et d'un grave charlatanisme étaient venus s'ajouter aux obscurités de la science.

(2) Ces pauvretés mystico-empiriques où les protestations d'orthodoxie donnent lieu de croire que l'auteur se mystifiait lui-même, rappellent certaines recettes médicales de ces temps-là, que les *incurables* nous ont conservées, et qui donnent la mesure de ce qu'étaient certains docteurs en médecine, à une époque où leur influence était grande.

primi voluminis chronicorum, de origine gentis et regum Francorum, per annos 1189, *a Marcomiro ad Pepinum regem,* — et son *De origine gentis Francorum ex duodecim ultimis Hunibaldi libris de Francis,* ne doivent être consultés qu'avec prudence : légende plutôt qu'histoire, où le démon paraît à chaque page; mais légende pleine de fraîcheur, naïve peinture des mœurs des premiers âges de notre monarchie, miroir où l'âme de notre moine se révèle avec ses superstitions, mais aussi avec son amour pour ses frères, son culte pour la chaire de saint Pierre, et son enthousiasme pour les lettres. Il faut lire dans sa correspondance avec Jacques, son frère, avec Nicolas Rémi de Spanheim, avec Roger le Sicambre, avec J. Cappelarius le mathématicien, avec l'électeur Hermann de Cologne, avec le pape Jules II, des détails curieux de vie cénobitique, charmants d'effusion poétique. Il y a là des hymnes à l'Ecriture sainte qui révèlent à la fois le Père de l'Eglise et le rhéteur. Il dit quelque part : *Ignorantia Scripturarum, ignorantia Christi est.* Luther ! que faisiez-vous donc à votre auberge de Wittemberg, quand, en face d'un pot de bière de Thorgau, vous affirmiez qu'avant vous l'Ecriture était un livre scellé à tout ce qui portait capuchon.

Nous n'avons pas raconté tous les titres de Trithemius à la reconnaissance des catholiques. Dans son *Chronicon monasterii Sancti Jacobi majoris in suburbio Herbipolitano,* il a narré longuement l'histoire du couvent des Ecossais à Wurzbourg; dans sa *Vita sanctæ Irminæ virginis,* il a glorifié Trèves, sa patrie d'adoption; ses *Polygraphiæ,* en six livres, imprimées à Oppenheim, en 1506, contiennent d'utiles notions sur l'art d'écrire en chiffres. William Roscoë a dit, dans la Vie de Léon X, que Bembo essaya le premier, à la renaissance, de faire revivre la sténographie antique : c'est une erreur, tous les éléments de cet art sont dans les polygraphies de Trithemius. Le jésuite Buscœus a réuni, en 1605, à Mayence, le recueil des *Opera spiritualia* de l'abbé..., ces œuvres renferment des sermons, des exégèses sur divers textes scripturaires, des écrits ascétiques. Il travaillait encore quand la mort vint le surprendre. Trithemius mourut, comme il avait vécu, en bon chrétien. Quelques jours avant sa dernière heure, il avait formulé une recette à l'usage de ceux qui veulent conserver, disait-il, « un bon estomac, un cerveau libre, une mémoire docile, la vue et l'ouïe heureuses. » Ce fut pendant plus de deux siècles l'élixir de tous les lettrés (1).

Le jour de la Sainte-Lucie, 13 décembre 1516, le monde vit s'éteindre cette grande lumière du moyen âge.

Nous avons cherché vainement la tombe de Trithemius et l'inscription que Georges Flack, son quatrième successeur à la dignité abbatiale, y avait fait graver. La petite cabane où il naquit existe encore. Nous nous sommes assis sur un banc de bois où l'enfant aimait à rêver. Les gnomes qu'il apercevait de là à travers les arbres se sont enfuis; mais le souvenir de sa science, de ses bienfaits, de sa piété, subsiste toujours, comme l'odeur du parfum quand le vase est brisé.

TROIS. Les anciens crachaient trois fois dans leur sein pour détourner les enchantements. En Bretagne, un bruit qui se fait entendre trois fois annonce un malheur. On sait aussi que trois flambeaux allumés dans la même chambre sont un mauvais présage.

TROIS-ÉCHELLES, sorcier de Charles IX, qui le fit brûler à la fin pour avoir joint aux sortiléges les empoisonnements et les meurtres. Il avoua dans son interrogatoire que le nombre de ceux de son temps qui s'occupaient de magie passait dix-huit mille. Bodin raconte le tour suivant de ce sorcier : — En présence du duc d'Anjou, depuis Henri III, il attira les chaînons d'une chaîne d'or d'assez loin, et les fit venir dans sa main; après quoi la chaîne se trouva entière. Naudé parle de Trois-Echelles dans le chapitre 3 de son Apologie des grands personnages soupçonnés de magie. Il reconnaît que c'était un charlatan, un escamoteur et un fripon.

TROIS-RIEUX. *Voy.* MACRODOR.

TROLDMAN, magicien chez les Scandinaves. *Voy.* HAROLD.

TROLLEN, esprits follets qui, selon Leloyer, se louent comme domestiques dans le Nord, en habits de femme ou d'homme, et s'emploient aux services les plus honnêtes de la maison. Ce sont les mêmes que les drolles.

TRONC D'ARBRE. Le diable prend quelquefois cette forme au sabbat.

TROPHONIUS. *Voy.* SONGES.

TROU DU CHATEAU DE CARNOET. J'ai visité, dit Cambry dans son Voyage du Finistère, les ruines massives de l'antique château de Carnoët, sur la rive droite du Laïta (c'est le nom que l'Isole et l'Ellé prennent

---

(1) Cette recette paraît s'être perdue, nous la donnons ici.

Pulvis medicinalis valde celebratus Trithemii.

Calami aromatici.
Gentianæ.
Cimini.
Sileris montani.
Anisi.
Carvi.
Ameos.
Sem. petroselini.
Spicæ nardi. } 15 gram. 625 milligr. de chacune.

Coralli rub.
Unionum sive perlarum non perforatorum. } 156 gr. 250 milligr. de chacune.

Zingiberis albi.
Amari dulcis.
Foliorum senæ.
Tartari adusti. } 19 gr. 331 milligr. de chacune.

Macis.
Cubebarum. } 7 gr. 813 milligr. de chacune.

Cariophyllorum, 27 gr. 344 milligr.
Fiat pulvis.

Dosis ejus 5 gr. 859 milligr., quæ mane sumatur et sero in brodio vel vino, per mensem primum; secundo mense mane tantum, tertio mense ter in heptomada, et sic deinceps continuetur ad vitam : stomachum confortat, cerebrum purgat, oculos et visum serenat, memoriam acuit, ab epilepsia et apoplexia conservat.

après leur réunion); les pans de murs, couverts de grands arbres, de ronces, d'épines, de plantes de toute nature, ne laissent apercevoir que leur grandeur; des fossés remplis d'une eau vive l'entouraient, des tours le protégeaient. C'était sans doute un objet de terreur pour le voisinage; il y paraît par les contes qu'on nous en rapporte.

Un de ses anciens propriétaires, type de la Barbe-Bleue, égorgeait ses femmes dès qu'elles étaient grosses. La sœur d'un saint devint son épouse. Convaincue, quand elle s'aperçut de son état, qu'il fallait cesser d'être, elle s'enfuit; son barbare époux la poursuit, l'atteint, lui tranche la tête et retourne dans son château. Le saint, son frère, instruit de cette barbarie, la ressuscite et s'approche de Carnoët: on lui refuse d'en baisser les ponts-levis. A la troisième supplication sans succès, il prend une poignée de poussière, la lance en l'air; le château tombe avec le prince, il s'abîme dans les enfers. Le trou par lequel il passa subsiste encore. Jamais, disent les bonnes gens, on n'essaya d'y pénétrer sans devenir la proie d'un énorme dragon.

TROUPE FURIEUSE. En Allemagne la superstition a fait donner ce nom à de certains chasseurs mystérieux qui sont censés peupler les forêts. *Voy.* MONSIEUR DE LA FORÊT, VENEUR, etc.

TROUPEAUX. *Garde des troupeaux.* Les bergers superstitieux donnent le nom de *gardes* à de certaines oraisons incompréhensibles accompagnées de formules. Ce qui va suivre nous fera comprendre. Le tout est textuellement transcrit des grimoires et autres mauvais livres de noirs mystères. Nous pensons que la stupidité de ces procédés les combat suffisamment. Les recueils ténébreux donnent ces *gardes* comme capables de tenir toute espèce de troupeau en vigueur et bon rapport.

Le château de Belle-Garde pour les chevaux. — Prenez du sel sur une assiette; puis, ayant le dos tourné au lever du soleil et les animaux devant vous, prononcez, la tête nue, ce qui suit: « Sel qui es fait et formé au château de Belle, je te conjure au nom de Gloria, Dorianté et de Galliane, sa sœur; sel, je te conjure que tu aies à me tenir mes vifs chevaux de bêtes cavalines que voici présents, sains et nets, bien buvants, bien mangeants, gros et gras; qu'ils soient à ma volonté; sel dont sel, je te conjure par la puissance de gloire et par la vertu de gloire, et en toute mon intention toujours de gloire. » Ceci prononcé au coin du soleil levant, vous gagnez l'autre coin, suivant le cours de cet astre, vous y prononcez ce que dessus. Vous en faites de même aux autres coins; et étant de retour où vous avez commencé, vous y prononcez de nouveau les mêmes paroles. Observez, pendant toute la cérémonie, que les animaux soient toujours devant vous, parce que ceux qui traverseront sont autant de bêtes folles. Faites ensuite trois tours autour de vos chevaux, faisant des jets de votre sel sur les animaux, disant: « Sel, je te jette de la main que Dieu m'a donnée; Grapin, je te prends, à toi je m'attends. » Dans le restant de votre sel, vous saignerez l'animal sur qui on monte, disant: « Bête cavaline, je te saigne de la main que Dieu m'a donnée; Grapin, je te prends, à toi je m'attends. » On doit saigner avec un morceau de bois dur, comme du buis ou poirier; on tire le sang de quelle partie on veut, quoi qu'en disent quelques capricieux qui affectent des vertus particulières à certaines parties de l'animal. Nous recommandons seulement, quand on tire le sang, que l'animal ait le cul derrière vous. Si c'est par exemple un mouton, vous lui tiendrez la tête dans vos jambes. Enfin, après avoir saigné l'animal, vous faites une levée de corne du pied droit, c'est-à-dire que vous lui coupez un petit morceau de corne du pied droit avec un couteau; vous le partagez en deux et en faites une croix. Vous mettez cette croisette dans un morceau de toile neuve, puis vous la couvrez de votre sel; vous prenez ensuite de la laine, si vous agissez sur les moutons; autrement vous prenez du crin, vous en faites aussi une croisette que vous mettez dans votre toile sur le sel; vous mettez sur cette laine ou crin une seconde couche de sel; vous faites encore une autre croisette de cire vierge pascale ou chandelle bénite, puis vous mettez le restant de votre sel dessus, et nouez le tout en pelote avec une ficelle; frottez avec cette pelote les animaux au sortir de l'écurie, si ce sont des chevaux. Si ce sont des moutons, on les frottera au sortir de la bergerie ou du parc, prononçant les paroles qu'on aura employées pour le jet; on continue à frotter pendant un, deux, trois, sept, neuf ou onze jours de suite. Ceci dépend de la force et de la vigueur des animaux. Notez que vous ne devez faire vos jets qu'au dernier mot: quand vous opérez sur les chevaux, prononcez vivement; quand il s'agira de moutons, plus vous serez long à prononcer, mieux vous ferez. Toutes les *gardes* se commencent le matin du vendredi, au croissant de la lune; et, en cas pressant, on passe par-dessus ces observations. Il faut avoir soin que vos pelotes ne prennent pas d'humidité, parce que les animaux périraient. On les porte ordinairement dans un goussel; mais, sans vous charger de ce soin inutile, faites ce que font les praticiens experts: placez-les chez vous en quelque lieu sec, et ne craignez rien. Nous avons dit ci-dessus de ne prendre de la corne que du pied droit pour faire la pelote; la plupart en prennent des quatre pieds, et en font conséquemment deux croisettes, puisqu'ils en ont quatre morceaux. Cela est superflu et ne produit rien de plus. Si vous faites toutes les cérémonies des quatre coins au seul coin du soleil levant, le troupeau sera moins dispersé. Remarquez qu'un berger mauvais, qui en veut à celui qui le remplace, peut lui causer bien des peines et même faire périr le troupeau: premièrement par le moyen de la pelote qu'il coupe en morceaux et qu'il disperse sur une table ou ailleurs; ensuite par le moyen d'une taupe ou d'une belette; enfin par le moyen d'une grenouille ou raine verte, ou queue de morue qu'il met dans une fourmilière, disant : Maudition, perdition. Il l'y laisse durant neuf jours, après lesquels il la relève avec les mêmes paroles, la mettant en poudre et en semant où doit paître le troupeau. Il se sert encore de trois cailloux pris en différents cimetières, et, par le moyen de certaines paroles que nous ne voulons pas révéler, il donne des courantes, cause la gale et fait mourir autant d'animaux qu'il souhaite.

Autre garde. — « Astarin, Astarot qui es Bahol, je te donne mon troupeau à ta charge et à ta garde ; et pour ton salaire je te donnerai bête blanche ou noire, telle qu'il me plaira. Je te conjure, Astarin, que tu me les gardes partout dans ces jardins, en disant hurlupapin. » Vous agirez suivant ce que nous avons dit au château de Belle, et ferez le jet, prononçant ce qui suit : « Gupin férant a failli le grand, c'est Caïn qui te fait chat. » (Vous les frotterez avec les mêmes paroles.)

Autre garde. — « Bête à laine, je prie Dieu que la saignerie que je vais faire prenne et profite à ma volonté. Je te conjure que tu casses et brises tous sorts et enchantements qui pourraient être passés dessus le corps de mon vif troupeau de bêtes à laine que voici présent devant Dieu et devant moi, qui sont à ma charge et à ma garde. » Voyez ci-dessus ce que nous avons dit pour opérer au château de Belle, et vous servez pour le jet et frottement des paroles qui suivent :

« Passe flori, tirlipipi. »

Garde contre la gale, rogne et clavelée. — « Ce fut par un lundi au matin que le Sauveur du monde passa, la sainte Vierge après lui, monsieur saint Jean, son pastoureau, son ami, qui cherche son divin troupeau. Mon troupeau sera sain et joli, qui est sujet à moi. Je prie madame sainte Geneviève qu'elle m'y puisse servir d'amie, dans ce malin claviau ici. Claviau banni de Dieu, je te commande que tu aies à sortir d'ici, et que tu aies à fondre et confondre devant Dieu et devant moi, comme fond la rosée devant le soleil. O sel ! je te conjure de la part du grand Dieu vivant que tu me puisses servir à ce que je prétends, que tu me puisses préserver et garder mon troupeau de rogne, gale, pousse, de pousset, de gobes et de mauvaises eaux. » Avant toutes choses, à cette garde (rédigée, ainsi que les autres, par quelque paysan), ayez recours au château de Belle et faites le jet et les frottements, prononçant quelques formules.

Garde contre la gale. — « Quand Notre-Seigneur monta au ciel, sa sainte vertu en terre laissa. Pasle, Collet et Herve ; tout ce que Dieu a dit a été bien dit. Bête rousse, blanche ou noire, de quelque couleur que tu sois, s'il y a quelque gale ou rogne sur toi, fût-elle mise et faite à neuf pieds dans terre, il est vrai qu'elle s'en ira et mortira. » Vous vous servirez pour le jet et pour les frottements des mots suivants, et aurez recours à ce que nous avons dit au château de Belle : « Sel, je te jette de la main que Dieu m'a donnée. *Volo et vono Baptista Sancta Aca latum est.* »

Garde pour empêcher les loups d'entrer sur le terrain où sont les moutons. — Placez-vous au coin du soleil levant et prononcez cinq fois ce qui va suivre. Si vous ne le souhaitez prononcer qu'une fois, vous en ferez autant cinq jours de suite. « Viens, bête à laine, je te garde. Va droit, bête grise, à gris agripeuse ; va chercher ta proie, loups et louves et louveteaux ; tu n'as point à venir à cette viande qui est ici. » Ceci prononcé au coin que nous avons dit, on continue de faire de même aux autres coins ; et, de retour où l'on a commencé, on le répète de nouveau. Voyez pour le reste le château de Belle, puis faites le jet avec les paroles qui suivent : *Vanus vanes,* attaquez sel *soti.*

Garde pour les chevaux. — « Sel, qui es fait et formé de l'écume de la mer, je te conjure que tu fasses mon bonheur et le profit de mon maître ; je te conjure au nom de Crouay, Rou et Rouvayet ; viens ici, je te prends pour mon valet (en jetant le sel). (Gardez-vous de dire Rouvaye.) Ce que tu feras je le trouverai bien fait. » Cette garde est forte et quelquefois pénible, dit l'auteur. *Voy.* ORAISON DU LOUP.

TROWS, esprits qui, dans l'opinion des habitants des îles Shetland, résident dans les cavernes intérieures des collines. Ils sont habiles ouvriers en fer et en toutes sortes de métaux précieux. *Voy.* MINEURS, MONTAGNARDS, etc.

TRUIE. Les juges laïques de la prévôté de Paris, qui étaient très-ardents, firent brûler en 1466 Gillet-Soulart et sa truie, pauvre charlatan qui avait simplement appris à sa pauvre truie l'art de se redresser et de tenir une quenouille. On l'appelait *la truie qui file,* et une enseigne a conservé son souvenir. On voyait là une œuvre du diable. Mais il fallait qu'il y eût encore là-dessous quelque horreur.

« Rien de plus simple, dit alors M. Victor Hugo (*Notre-Dame de Paris*), qu'un procès de sorcellerie intenté à un animal. On trouve dans les comptes de la prévôté pour 1466 un curieux détail des frais du procès de Gillet-Soulart et de sa truie, exécutés pour leur démérites à Corbeil. Tout y est : le coût des fosses pour mettre la truie, les cinq cotrets pris sur le port de Morsang, les trois pintes de vin et le pain, dernier repas du patient, fraternellement partagé par le bourreau, jusqu'aux onze jours de garde et de nourriture de la truie, à huit deniers parisis chacun. »

La truie a ses fastes dans l'antiquité. Les Grundules étaient des espèces de dieux lares établis par Romulus en l'honneur d'une truie qui avait porté trente petits.

TSCHOUWASCHES. L'irich ou jerich est un faisceau sacré devant lequel les Tschouwasches, peuplade de Sibérie, font leurs prières. Ce faisceau est composé de jets choisis du rosier sauvage, au nombre de quinze, d'égale grosseur, et longs d'environ quatre pieds, qu'on lie par le milieu avec une bande d'écorce, à laquelle on pend un petit morceau d'étain. Chaque maison en a un pareil à soi. Il n'est permis à personne de le toucher jusqu'en automne. Alors, lorsque toutes les feuilles sont tombées, on va en cueillir un nouveau et jeter dévotement l'ancien dans une eau courante.

TULLIE. Vers le milieu du XVIᵉ siècle, on découvrit un tombeau près de la voie Appienne. On y trouva le corps d'une jeune fille nageant dans une liqueur inconnue. Elle avait les cheveux blonds, attachés avec une boucle d'or ; elle était aussi fraîche que si elle n'eût été qu'endormie. Au pied de ce corps, il y avait une lampe qui brûlait et qui s'éteignit d'abord que l'air s'y fut introduit. On reconnut à quelques inscriptions que ce cadavre était là depuis quinze cents ans, et on conjectura que c'était le corps de Tullie, fille de Cicéron. On le transporta à Rome ; on l'exposa au Capitole, où tout le monde courut en foule pour le voir. Comme le peuple imbécile commençait à rendre à ces restes les honneurs dus aux saints, on le fit jeter dans le Tibre. *Voy.* LAMPES MERVEILLEUSES.

TURLUPINS, secte de libertins qui allaient tout nus, et qui renouvelaient en France, en Allemagne et dans les Pays-Bas, au XIVᵉ siècle, les grossièretés des anciens cyniques. Ils disaient que la modestie et les mœurs étaient des marques de corruption, et que tous ceux qui avaient de la pudeur étaient possédés du diable.

TURPIN. *Voy.* CHARLEMAGNE. On met la vision qui suit sur le compte du bon Turpin.

« Moi, Turpin, archevêque de Reims, étant à Vienne (en Dauphiné), après avoir chanté la messe dans ma chapelle, et y avoir célébré les saintes mystères, comme j'étais resté seul pour réciter quelques psaumes, et que j'avais commencé le *Deus, in adjutorium meum intende*, j'ouïs passer une grande troupe d'esprits malins, qui marchaient avec beaucoup de bruit et de clameurs. Sur-le-champ je mis la tête à la fenêtre pour voir ce que c'était, et je remarquai une multitude de démons, mais si nombreux, qu'il n'était pas possible de les compter. Comme ils allaient tous à grands pas, j'en remarquai un moins haut que les autres, dont néanmoins la figure faisait horreur. Il était suivi d'une troupe qui venait après lui à quelque distance. Je le conjurai de me déclarer au plus tôt où ils couraient. — Nous allons, dit-il, nous saisir de l'âme de Charlemagne. Il venait de sortir de ce monde.

« — Allez, lui répondis-je, et, par le même ordre que j'ai déjà employé, je vous conjure de repasser ici pour me rapporter ce que vous aurez fait.

« Il s'en alla donc et suivit sa troupe. Dès qu'il fut parti, je me mis à réciter le premier psaume ; à peine l'avais-je fini, que j'entendis tous ces démons qui revenaient : le vacarme m'obligea de regarder par la même croisée, et je les trouvai tristes, inquiets et chagrins. Je demandai à celui qui m'avait déjà parlé de me déclarer ce qu'ils avaient fait et quel avait été le succès de leur entreprise?

« — Très-mauvaise, me répondit-il : à peine fûmes-nous arrivés à notre rendez-vous, que l'archange Michel vint avec la légion qui est sous ses ordres pour s'opposer à notre dessein ; et comme nous voulions nous saisir de l'âme du roi, il se présenta deux hommes sans tête, saint Jacques de Galice et saint Denis de France. Ils mirent dans une balance toutes les bonnes œuvres de ce prince. Ils y firent entrer tout le bois et les pierres employés aux bâtiments et ornements des églises construites par lui, et généralement tout ce qui contribue à la gloire de Dieu. Nous ne pûmes rassembler assez de maux et de péchés pour l'emporter. A l'instant ravis de nous voir honteux et confus, pleins de joie d'ailleurs de nous avoir enlevé l'âme du roi, ils nous ont fustigés si fort, qu'ils nous ont causé la tristesse et le chagrin où vous nous voyez, autant pour la perte que nous venons de faire que pour le mal que nous avons reçu.

« Ainsi moi, Turpin, je fus assuré que l'âme du roi, mon maître, avait été enlevée par les mains des anges bienheureux, par les mérites de ses bonnes œuvres et par la protection des saints qu'il a révérés et servis pendant sa vie. Aussitôt je fis venir mes clercs ; j'ordonnai de faire sonner toutes les cloches de la ville, je fis dire des messes, je distribuai des aumônes aux pauvres ; enfin je fis prier pour l'âme du prince. Alors même je témoignai à tous ceux que je voyais que j'étais assuré de la mort de l'empereur. Au bout de dix jours, je reçus un courrier par lequel on m'en marquait tout le détail, et son corps fut inhumé dans l'église que lui-même avait fait bâtir à Aix-la-Chapelle (1). » *Voy.* VETIN.

Malheureusement pour le conte, il paraît que l'archevêque Turpin était mort en 794, et Charlemagne mourut en 814.

TYBILENUS, nom du mauvais génie chez les Saxons.

TYCHO-BRAHÉ. *Voy.* TICHO.

TYMPANITES. *Voy.* HUET.

TYMPANON, peau de bouc dont les sorciers font des outres où ils conservent leur bouillon. *Voy.* SABBAT.

TYRE, sorte d'instrument dont les Lapons se servent pour leurs opérations magiques. Scheffer nous en fournit la description : Cette tyre n'est autre chose qu'une boule ronde, de la grosseur d'une noix ou d'une petite pomme, faite du plus tendre duvet, polie partout et si légère, qu'elle semble creuse. Elle est d'une couleur mêlée de jaune, de vert et de gris ; le jaune y domine. On assure que les Lapons vendent cette tyre ; qu'elle est comme animée, qu'elle a du mouvement ; en sorte que celui qui l'a achetée la peut envoyer en qualité de maléfices sur qui il lui plaît. La tyre va comme un tourbillon. S'il se rencontre en son chemin quelque chose d'animé, cette chose reçoit le mal qui était préparé pour une autre.

---

(1) Visio Turpini Remensis archiepiscopi, qualiter animam Karoli Magni dæmonibus abstulerunt duo acephali, beatus scilicet Jacobus apostolus, et Macharius areopagita Dionysius. Manuscr. Bibl. reg. n° 3147, p. 134.

U

UKOBACH, démon d'un ordre inférieur. Il se montre toujours avec un corps enflammé; on le dit inventeur des fritures et des feux d'artifice. Il est chargé par Belzébuth d'entretenir l'huile dans les chaudières infernales.

UNIVERSITÉS OCCULTES. « Il existait un homme à qui Catherine tenait plus qu'à ses enfants : cet homme était Cosme Ruggieri, qu'elle logeait à son hôtel de Soissons, et dont elle avait fait un conseiller suprême chargé de lui dire si les astres ratifiaient les avis et le bon sens de ses conseillers ordinaires. De curieux antécédents justifiaient l'empire que ce Ruggieri conserva sur sa maîtresse jusqu'au dernier moment. Un des plus savants hommes du xvi° siècle fut certes le médecin de Laurent de Médicis, duc d'Urbin, père de Catherine. Ce médecin fut appelé Ruggieri le Vieux (vecchio Ruggier, et Roger l'Ancien chez les auteurs français qui se sont occupés d'alchimie), pour le distinguer de ses deux fils, Laurent Ruggieri, nommé le grand par les auteurs cabalistiques, et Cosme Ruggieri, l'astrologue de Catherine, également nommé Roger par plusieurs historiens français. Ruggieri le Vieux était si considéré dans la maison de Médicis, que les deux ducs Cosme et Laurent furent les parrains de ses deux enfants. Il dressa, de concert avec le fameux mathématicien Bazile, le thème de nativité de Catherine, en sa qualité de mathématicien, d'astrologue et de médecin de la maison de Médicis; trois qualités qui se confondaient souvent.

« A cette époque, les sciences occultes se cultivaient avec une ardeur qui peut surprendre les esprits incrédules de notre siècle si souverainement analyseur; mais peut-être verront-ils poindre dans ce croquis historique le germe des sciences positives, épanouies au xix° siècle, sans la poétique grandeur qu'y portaient les audacieux chercheurs du xvi°; lesquels, au lieu de faire de l'industrie, agrandissaient l'art et fertilisaient la pensée. L'universelle protection accordée à ces sciences par les souverains de ce temps était d'ailleurs justifiée par les admirables créations de tous les inventeurs qui partaient de la recherche du grand œuvre pour arriver à des résultats étonnants. Aussi jamais les souverains ne furent-ils plus avides de ces mystères. Les Fugger, en qui les Lucullus modernes reconnaîtront leurs princes, en qui les banquiers reconnaîtront leurs maîtres, étaient certes des calculateurs difficiles à surprendre; eh bien! ces hommes si positifs, qui prêtaient les capitaux de l'Europe aux souverains du xvi° siècle endettés aussi bien que ceux d'aujourd'hui, ces illustres hôtes de Charles-Quint, commanditèrent les fourneaux de Paracelse.

« Au commencement du xvi° siècle, Ruggieri le Vieux fut le chef de cette université secrète, d'où sortirent les Nostradamus et les Agrippa, qui tour à tour furent médecins des Valois, enfin tous les astronomes, les astrologues, les alchimistes qui entourèrent à cette époque les princes de la chrétienté, et qui furent plus particulièrement accueillis et protégés en France par Catherine de Médicis. Dans le thème de nativité que dressèrent Bazile et Ruggieri le Vieux, les principaux événements de la vie de Catherine furent prédits avec une exactitude désespérante pour ceux qui nient les sciences occultes. Cet horoscope annonçait les malheurs qui, pendant le siège de Florence, signalèrent le commencement de sa vie, son mariage avec un fils de France; l'avènement inespéré de ce fils au trône, la naissance de ses enfants et leur nombre. Trois de ses fils devaient être rois chacun à leur tour, deux filles devaient être reines ; tous devaient mourir sans postérité.

« Ce thème se réalisa si bien, que beaucoup d'historiens l'ont cru fait après coup. Mais chacun sait que Nostradamus produisit, au château de Chaumont, où Catherine se trouvait lors de la conspiration de la Renaudie, un homme qui possédait le don de lire dans l'avenir. Or, sous le règne de François II, quand la reine voyait ses quatre fils en bas âge et bien portants, avant le mariage d'Élisabeth de Valois avec Philippe II, roi d'Espagne, avant celui de Marguerite de Valois avec Henri de Bourbon, roi de Navarre, Nostradamus et son ami confirmèrent toutes les circonstances du fameux thème. Cet homme, doué sans doute de seconde vue, et qui appartenait à la grande école des infatigables chercheurs du grand œuvre, mais dont la vie secrète a échappé à l'histoire, affirma que le dernier enfant couronné mourrait assassiné.

« Après avoir placé la reine devant un miroir magique où se réfléchissait un rouet sur une des pointes duquel se dessina la figure de chaque enfant, l'astrologue imprimait un mouvement au rouet, et la reine comptait le nombre de tours qu'il faisait; chaque tour était pour un enfant une année de règne. Henri IV mis sur le rouet fit vingt-deux tours. L'astrologue dit à la reine effrayée que Henri de Bourbon serait en effet roi de France et régnerait tout ce temps; la reine Catherine lui voua une haine mortelle en apprenant qu'il succéderait au dernier des Valois assassiné.

« Curieuse de connaître son genre de mort, il lui fut dit de se défier de Saint-Germain. Dès ce jour, pensant qu'elle serait renfermée ou violentée au château de Saint-Germain, elle n'y mit jamais le pied, quoique ce château fût infiniment plus convenable à ses desseins, par sa proximité de Paris, que tous ceux où elle alla se réfugier avec le roi durant les troubles. Quand elle tomba malade, quelques jours après l'assassinat du duc de Guise aux états de Blois, elle demanda le nom du prélat qui vint l'assister; on lui dit qu'il se nommait Saint-Germain ; *Je suis morte !* s'écria-t-elle. Elle mourut le lendemain, ayant d'ailleurs accompli le nombre d'années que lui accordaient tous ses horoscopes. Cette scène, connue du cardinal de Lorraine, qui la traita de sorcellerie, se réalisait aujourd'hui. François II n'avait régné que ses tours de rouet; Charles IX accomplissait en ce moment son dernier. Si Catherine a dit ces singulières paroles à son fils Henri partant pour la Pologne : — *Vous reviendrez bientôt !* il faut les attribuer à sa foi dans les sciences occultes et non à son dessein d'empoisonner le roi. Marguerite de France était reine de Navarre, Élisabeth, reine d'Espagne, le duc d'Anjou était roi de Pologne.

« Beaucoup d'autres circonstances corroborèrent la foi de Catherine dans les sciences occultes. La veille du tournoi où Henri II fut blessé à mort, Catherine vit le coup fatal en songe. Son conseil d'astrologie judiciaire, composé de Nostradamus et des deux Ruggieri, lui avait prédit la mort du roi. L'histoire a enregistré les instances que fit Catherine pour engager Henri II à ne pas descendre en lice. Le pronostic et le songe engendré par le pronostic se réalisèrent.

« Les mémoires du temps rapportent un autre fait non moins étrange. Le courrier qui annonçait la victoire de Moncontour arriva la nuit, après être venu si rapidement qu'il avait crevé trois chevaux. On éveilla la reine-mère qui dit : *Je le savais.* En effet, la veille, dit Brantôme, elle avait raconté le triomphe de son fils et quelques circonstances de la bataille. L'astrologue de la maison de Bourbon déclara que le cadet de tant de princes issus de saint Louis, que le fils d'Antoine de Bourbon serait roi de France. Cette prédiction rapportée par Sully fut accomplie dans les termes mêmes de l'horoscope, ce qui fit dire à Henri IV qu'à force de mensonges, ces gens rencontraient le vrai. Quoi qu'il en soit, si la plupart des têtes fortes de ce temps croyaient à la vaste science appelée *magisme* par les maîtres de l'astrologie judiciaire, et *sorcellerie* par le public, ils étaient autorisés par le succès des horoscopes. Ce fut pour Cosme Ruggieri, son mathématicien, son astronome, son astrologue, son sorcier, si l'on veut, que Catherine fit élever la colonne adossée à la halle au blé, seul débris qui reste de l'hôtel de Soissons. Cosme Ruggieri possédait, comme les confesseurs, une mystérieuse influence dont il se contentait comme eux ; d'ailleurs, il nourrissait une ambitieuse pensée supérieure à l'ambition vulgaire. Cet homme, que les romanciers ou les dramaturges dépeignent comme un bateleur, possédait la riche abbaye de Saint-Mahé, en Basse-Bretagne, et avait refusé de hautes dignités ecclésiastiques ; l'or que les passions superstitieuses de cette époque lui apportaient abondamment suffisait à sa secrète entreprise, et la main de la reine, étendue sur sa tête, en préservait le moindre cheveu de tout mal (1). »

UPHIR, démon chimiste, très-versé dans la connaissance des simples. Il est responsable aux enfers de la santé de Belzébuth et des grands de sa cour. Les médecins l'ont pris pour leur patron, depuis le discrédit d'Esculape.

UPIERS. *Voy.* VAMPIRES.

URDA. *Voy.* NORNES.

URINE. L'urine a aussi des vertus admirables. Elle guérit la teigne et les ulcères des oreilles, pourvu qu'on la prenne en bonne santé. Elle guérit aussi de la piqûre des serpents, des aspics et autres reptiles venimeux. Il paraît que les sorcières s'en servent pour faire tomber la pluie. Delrio conte que, dans le diocèse de Trèves, un paysan qui plantait des choux dans son jardin avec sa fille, âgée de huit ans, donnait des éloges à cet enfant sur son adresse à s'acquitter de sa petite fonction.

— Oh ! répondit l'enfant, j'en sais bien d'autres. Retirez-vous un peu, et je ferai descendre la pluie sur telle partie du jardin que vous désignerez.

— Fais, reprend le paysan surpris, je vais me retirer.

Alors la petite fille creuse un trou dans la terre, y répand de son urine, la mêle avec la terre, prononce quelques mots, et la pluie tombe par torrents sur le jardin.

— Qui t'a donc appris cela ? s'écrie le paysan étourdi.

— C'est ma mère, qui est très-habile dans cette science.

Le paysan effrayé fit monter sa fille et sa femme sur la charrette, les mena à la ville, et les livra toutes les deux à la justice.

Nous ne parlerons de la médecine des urines que pour remarquer qu'elle est un peu moins incertaine que les autres spécialités de la même science. Des railleurs présentaient une fiole d'urine de cheval à un docteur de ce genre qu'ils voulaient mystifier ; il l'inspecta et la rendit en disant : Donnez de l'avoine et du foin au malade.

Les Egyptiens disaient qu'Hermès-Trismégiste avait divisé le jour en douze heures, et la nuit pareillement sur l'observation d'un animal consacré à Sérapis, le Cynocéphale, qui jetait son urine douze fois le jour, et autant la nuit, à des intervalles égaux.

UROTOPEGNIE, chevillement. Delancre dit qu'il y a un livre de ce nom dans lequel on voit que les moulins, les tonneaux, les fours, etc., peuvent être liés ainsi que les hommes. *Voy.* LIGATURES.

UTERPEN. *Voy.* MERLIN.

UTESETURE, espèce de magie pratiquée chez les Islandais ; on en fait remonter l'usage jusqu'à Odin. Ceux qui se trouvent la nuit hors de leur logis s'imaginent converser avec des esprits qui, communément, leur conseillent de faire le mal.

---

(1) M. de Balzac, *le secret des Ruggieri*.

VACCINE. Quand l'inoculation s'introduisit à Londres, un ministre anglican la traita en chaire d'innovation infernale, de suggestion diabolique, et soutint que la maladie de Job n'était que la petite-vérole que lui avait inoculée le malin [1].

Des pasteurs anglais ont traité pareillement la vaccine, des médecins français ont écrit que la vaccine donnerait aux vaccinés quelque chose de la race bovine; que les femmes soumises à ce préservatif s'exposaient à devenir des vaches comme Io. *Voy.* les écrits des docteurs Vaume, Moulet, Chapon, etc.

VACHE. Cet animal est si respecté dans l'Indoustan, que tout ce qui passe par son corps a, pour les Indiens, une vertu sanctifiante et médicinale. Les brames donnent du riz aux vaches, puis ils en cherchent les grains entiers dans leurs excréments, et font avaler ces grains aux malades, persuadés qu'ils sont propres à guérir le corps et à purifier l'âme. Ils ont une vénération singulière pour les cendres de bouse de vache. Les souverains ont à leur cour des officiers qui n'ont point d'autre fonction que de présenter le matin, à ceux qui viennent saluer le prince, un plat de ces cendres détrempées dans un peu d'eau. Le courtisan trempe le bout du doigt dans ce mortier, et se fait, sur différentes parties du corps, une onction qu'il regarde comme salutaire. *Voy.* VAÏCABANI.

Chez les Hébreux, on sacrifiait une vache rousse pour faire de ses cendres une eau d'expiation destinée à purifier ceux qui s'étaient souillés par l'attouchement d'un mort. C'est de là sans doute que vient, dans le midi, l'opinion qu'une vache rousse est mauvaise.

VADE. La légende de Vade ou Wade et de son fils Véland, le forgeron, est célèbre dans la littérature scandinave. La voici telle que MM. Depping et Francisque Michel, guidés par les monuments de la Suède et de l'Islande, l'ont exposée dans leur *Dissertation sur une tradition du moyen âge*, publiée à Paris en 1833:

« Le roi danois Wilkin ayant rencontré dans une forêt, au bord de la mer, une belle femme qui était une *haffru* ou femme de mer, espèce d'êtres marins qui, sur terre, prennent la forme d'une femme, s'unit avec elle, et le fruit de cette union fut un fils géant, qui fut appelé Vade. Wilkin lui donna douze terres en Seelande. Vade eut à son tour un fils appelé *Véland* ou *Vanlund*. Quand ce dernier eut atteint l'âge de neuf ans, son père le conduisit chez un habile forgeron du Hunaland, appelé Mimer, pour qu'il apprît à forger, tremper et façonner le fer. Après l'avoir laissé trois hivers dans le Hunaland, le géant Vade se rendit avec lui à une montagne appelée Kallova, dont l'intérieur était habité par deux nains qui passaient pour savoir mieux forger le fer que les autres nains et que les hommes ordinaires. Ils fabriquaient des épées, des casques et des cuirasses; ils savaient aussi travailler l'or et l'argent, et en faire toute sorte de bijoux. Pour un marc d'or, ils rendirent Véland le plus habile forgeron de la terre. Néanmoins ce dernier tua ses maîtres, qui voulaient profiter d'une tempête dans laquelle Vade avait péri pour mettre à mort leur élève. Véland s'empara alors des outils, chargea un cheval d'autant d'or et d'argent qu'il pouvait en porter, et reprit le chemin du Danemark. Il arriva près d'un fleuve nommé Visara ou Viser-Aa; il s'arrêta sur la rive, y abattit un arbre, le creusa, y déposa ses trésors et ses vivres, et s'y pratiqua une demeure tellement fermée, que l'eau ne pouvait y pénétrer. Après y être entré, il se laissa flotter vers la mer.

« Un jour, un roi de Jutland nommé Nidung pêchait avec sa cour, quand les pêcheurs retirèrent de leur filet un gros tronc d'arbre singulièrement taillé. Pour savoir ce qu'il pouvait contenir, on voulut le mettre en pièces; mais tout à coup une voix, sortant du tronc, ordonna aux ouvriers de cesser. A cette voix, tous les assistants prirent la fuite, croyant qu'un sorcier était caché dans l'arbre. Veland en sortit; il dit au roi qu'il n'était pas magicien, et que, si on voulait lui laisser la vie et ses trésors, il rendrait de grands services. Le roi le lui promit. Veland cacha ses trésors en terre et entra au service de Nidung. Sa charge fut de prendre soin de trois couteaux que l'on mettait devant le roi à table. Le roi ayant découvert l'habileté de Veland dans l'art de fabriquer des armes, consentit à ce qu'il luttât avec son forgeron ordinaire. Celui-ci fit une armure qu'il croyait impénétrable, mais que Veland fendit en deux d'un seul coup de l'épée d'or qu'il avait fabriquée en peu d'heures. Depuis lors, Veland fut en grande faveur auprès du roi; mais ayant été mal récompensé d'un message pénible et dangereux, il ne songea plus qu'à se venger. Il tenta d'empoisonner le roi, qui s'en aperçut, et lui fit couper les jarrets. Furieux de cette injure, Veland feignit du repentir; et le roi consentit à lui laisser sa forge et les outils nécessaires pour composer de belles armures et des bijoux précieux. Alors le vindicatif artisan sut attirer chez lui les deux fils du roi; il les tua et offrit à leur père deux coupes faites avec le crâne de ses enfants. Après quoi il se composa des ailes, s'envola sur la tour la plus élevée, et cria de toutes ses forces pour que le roi vînt et lui parlât. En entendant sa voix, le roi sortit. — Veland, dit-il, est-ce que tu es devenu oiseau?

« — Seigneur, répondit le forgeron, je suis maintenant oiseau et homme à la fois; je pars, et tu ne me verras plus. Cependant,

---

[1] M. Salgues, Des erreurs et des préjugés, etc., t. III, pag. 84.

avant de partir, je veux l'apprendre quelques secrets. Tu m'as fait couper les jarrets pour m'empêcher de m'en aller : je m'en suis vengé : je t'ai privé de tes fils, que j'ai égorgés de ma main : mais tu trouveras leurs ossements dans les vases garnis d'or et d'argent dont j'ai orné ta table.

« Ayant dit ces mots, Veland disparut dans les airs.

« Ce récit est la forme la plus complète qu'ait reçue la légende de Vade et de son fils dans les monuments de la littérature scandinave. Le chant de l'*Edda* qui nous fait connaître Veland, diffère dans plusieurs de ses circonstances. Là, Veland est le troisième fils d'un roi alfe, c'est-à-dire d'espèce surnaturelle. Ces trois princes avaient épousé trois valkiries ou fées, qu'ils avaient rencontrées au bord d'un lac, où, après avoir déposé leur robe de cygne, elles s'amusaient à filer du lin. Après sept années de mariage, les valkiries disparurent, et les deux frères de Veland allèrent à la recherche de leurs femmes ; mais Veland resta seul dans sa cabane, et s'appliqua à forger les métaux. Le roi Niduth, ayant entendu parler des beaux ouvrages d'or que Veland faisait, s'empara du forgeron pendant qu'il dormait, et, comme il faisait peur à la reine, celle-ci ordonna qu'on lui coupât les jarrets. Veland, pour se venger, accomplit les actions différentes que nous avons rapportées. »

Cette histoire de Wade et de son fils a été souvent imitée par les anciens poètes allemands et anglo-saxons. Les trouvères français ont parlé plusieurs fois de Veland, de son habileté à forger des armures. Ils se plaisaient à dire que l'épée du héros qu'ils chantaient avait été trempée par Veland.

VAFTHRUDNIS, génie des Scandinaves renommé pour sa science profonde. Odin alla le défier dans son palais, et le vainquit par la supériorité de ses connaissances.

VAGNOSTE, géant, père d'Agaberte. *Voy.* ce mot.

VAICARANI, fleuve de feu que les âmes doivent traverser avant d'arriver aux enfers, selon la doctrine des Indiens. Si un malade tient en main la queue d'une vache, au moment de sa mort, il passera sans danger le fleuve Vaïcarani, parce que la vache, dont il a tenu la queue, se présentera à lui sur le bord du fleuve ; il prendra sa queue et fera doucement le trajet par ce moyen.

VAISSEAU-FANTOME. *Voy.* VOLTIGEUR HOLLANDAIS.

LE VAISSEAU MERVEILLEUX.

Ballade flamande, traduite par M. A. Van Hasselt.

Revêtu de la robe du pèlerin, et la tête nue et les pieds nus, où vas-tu, voyageur, où vas-tu marchant toujours, priant toujours? Rien ne peut donc t'arrêter, ni le sourire des jeunes filles qui, à ton passage, se sentent prises pour toi d'amour et de pitié, ni l'hospitalité des belles châtelaines dont les manoirs crénelés s'ouvrent à tout voyageur, mais ne s'ouvriront jamais à aucun voyageur avec plus de plaisir qu'à toi? Rien de tout cela ne peut donc t'arrêter? Revêtu de la robe du pèlerin, et la tête nue et les pieds nus, où vas-tu, voyageur, où vas-tu marchant toujours, priant toujours?

Le visage amaigri et les pieds déchirés par les ronces et les cailloux, il va le jour tout entier. Sa soif, il l'étanche à la source qui coule le long de la route. Sa faim, il l'apaise en mangeant les fruits qui croissent au bord du chemin. Et la nuit il couche sur la dure. Il traverse ainsi les villes et les villages, les campagnes et les forêts, les plaines et les montagnes. Il franchit ainsi les fleuves et les rivières. Et chaque fois qu'une église se présente sur son passage, il s'agenouille sur le seuil et prie en se frappant le front sur la pierre. Personne ne sait d'où il vient, ni quelle langue il parle. On voit seulement qu'il marche vers le Nord, toujours vers le Nord.

Une marque rouge est imprimée sur son front, une marque rouge que rien ne peut effacer, ni l'eau pure des sources, ni l'eau consacrée par l'Eglise pour les baptêmes. Serait-ce le juif-errant, le juif que le Christ chargea de sa malédiction en montant au Calvaire? Non; car il s'arrête et plie le genou quand la cloche sonne l'Angelus. Non, car les petits enfants sourient en le voyant, parce que leurs mères disent : — Voilà un saint qui passe. Non; car il porte un rosaire, auquel pend une croix d'argent et l'image de la sainte Vierge avec l'enfant Jésus.

Que la tempête se démène dans l'air, que la pluie tombe à flots pressés, ou que la grêle hache les blés des champs, que le soleil brûle les feuilles aux branches des arbres, ou que les vents soufflent à déraciner les chênes, il va sans s'arrêter. Deux figures, visibles pour lui seul, ne le quittent jamais. Le jour elles marchent à côté de lui. La nuit elles veillent pendant qu'il dort. L'une est vêtue en blanc et porte sur la tête une auréole lumineuse ; l'autre est vêtue de noir et a les regards obscurcis d'un perpétuel nuage de deuil. Ces deux hommes lui disent des choses que nul mortel n'entend ni ne pourrait comprendre s'il les entendait.

— Arrête! arrête! lui dit l'homme noir. Que la vie ait au moins un charme pour toi ! Laisse ton cœur s'épanouir comme une rose de mai aux baisers d'une femme. J'en ai de si belles dans mon royaume, que le plaisir court dans les veines de celui qui les regarde: des blondes aux yeux azurés comme ces fleurs que le printemps sème sur les bords des lacs; des brunes aux yeux noirs et brillants comme le jais qui étincelle au soleil.

— Marche! marche! lui dit l'homme blanc. Le salut t'appelle là-bas, le salut et l'éternel bonheur. La porte du ciel attend ta venue pour ouvrir ses battants d'or, et les anges apprêtent leurs ailes aériennes, pour venir au-devant de toi et te sourire avec leur doux sourire. Et il marche toujours vers le Nord.

— Arrête! arrête! lui dit l'homme noir. Que le bruit des banquets réveille la joie dans ton âme! Sous les lambris étincelants de mes palais, la table des festins est toujours dressée. Les chansons y retentissent toujours comme des échos qui ne s'endorment jamais, et toujours y résonne le choc des coupes où fume le vin couronné de roses. — Marche! marche! lui dit l'homme blanc. Une place t'est réservée au banquet où siégent les saints et les archanges. Le chœur des séraphins y sème, au souffle embaumé du vent, l'harmonie de ces musiques auxquelles Dieu lui-même se réjouit et que la poésie des hommes n'a pas même rêvées. » Ainsi ses deux compagnons lui parlent tour à tour, et il marche vers le Nord.

Quand la terre manque à ses pieds et qu'il est parvenu au bord de la mer, voilà que, dans une chaloupe amarrée au rivage, un homme lui fit signe et l'appela, disant : « Nous t'attendons! » Et il comprit que c'était le signe promis par le vieux moine, et il entra dans la chaloupe qui prit le large aussitôt, s'avançant vers un navire prêt à lever l'ancre et à jeter ses voiles au vent. Il monta sur le navire dont la poupe arrondie portait un nom de démon, écrit en lettres brunes. Mais à peine fut-il debout sur le tillac, que les voiles s'ouvrirent à grand bruit comme des ailes, et que tout fut enlevé comme la feuille sèche d'un arbre, enlevé par l'ouragan d'automne.

Et maintenant il est seul sur le navire maudit, seul avec l'homme blanc et l'homme noir. Tous deux sont assis à une table, silencieux et roulant sans cesse devant eux des dés faits avec des os ramassés dans une nuit de Noël, sous les bras d'un gibet. Et lui les regarde et ne sait pas que c'est son âme qu'ils jouent, son âme qui, au jour du jugement dernier, doit appartenir au démon ou à Dieu. Depuis six siècles il les regarde jouer ainsi. Depuis six siècles le vaisseau maudit laboure ainsi les vagues de l'Océan, entraîné sans relâche par le souffle de la tempête. Quand il passe avec ses voiles gonflées et ses cordages qui sifflent, l'ours blanc du Nord croit que c'est un tourbillon qui arrive, et il hurle en se cachant dans les crevasses des glaçons.

Que la tempête se déchaîne ou que le calme règne, l'été et l'hiver, le jour et la nuit, il cingle toujours à travers les ravins des flots, sans que les vergues se brisent ou que les antennes se rompent sous les assauts multipliés des vents. Et cependant il n'a ni pilote, ni capitaine, ni matelots pour le conduire. Rien qu'un fanal qui le guide, et ce fanal est un volcan. Enveloppé des plis d'un brouillard, il se montre souvent aux pêcheurs des îles du Nord, et ils font le signe de la croix quand il apparaît. Les marins dont les proues sillonnent l'Océan boréal le pressentent de loin, et, avant même de voir ses mâts penchés, ils se détournent avec effroi de son dassage, en disant : — Voilà le vaisseau maudit qui arrive!

LE VAISSEAU ENSORCELÉ (1).

Mon père faisait un petit commerce à Balsora. N'ayant qu'une fortune médiocre, il était de ces gens qui n'aiment pas à courir des risques de peur de compromettre le peu qu'ils possèdent. Il me donna une éducation simple, mais solide, et me mit en état de me suffire de bonne heure à moi-même. J'avais à peine atteint ma dix-huitième année, et il commençait à faire de plus grandes spéculations, lorsqu'il mourut, sans doute frappé par l'inquiétude qu'il éprouvait en songeant qu'il avait risqué mille pièces d'or sur les hasards de la mer. Peu après sa mort, je le félicitai d'être entré au tombeau, car la nouvelle nous arriva de la perte du navire auquel mon père avait confié la partie la plus importante de sa fortune. Ce malheur n'abattit point mon courage. Je vendis le peu qui me restait, et résolus d'aller tenter le sort ailleurs et de partir, accompagné d'un vieux serviteur de mon père qui m'était attaché par une longue habitude, et qui ne voulait point séparer sa destinée de la mienne. Nous nous embarquâmes dans le port de Balsora par un vent favorable. Le navire que nous montions partait pour l'Inde. Nous étions en mer depuis quinze jours, lorsque le capitaine nous annonça une tempête. Il était soucieux en nous disant cela, et il semblait ne pas connaître bien les parages où nous voguions. Il fit carguer toutes les voiles ; nous marchions avec une lenteur extrême. La nuit était venue, froide et claire; le capitaine croyait déjà s'être trompé sur le pronostic qu'il avait donné. Tout à coup un vaisseau que nous n'avions pas aperçu jusqu'alors passe à côté du nôtre. Des cris et des acclamations s'élevèrent du tillac, tandis qu'il passait ainsi, ce qui ne m'étonna pas médiocrement dans ce moment d'attente fatale. Mais je vis le visage du capitaine pâlir comme celui d'un mort.

— Mon navire est perdu, dit-il. Voilà la mort qui cingle là-bas.

Avant que je l'eusse interrogé sur ce qu'il voulait dire par ces mots, tout l'équipage était devant lui, et lui demandait avec des larmes et des cris de désespoir :

— L'avez-vous vu? Maintenant c'est fait de nous!

Mais le capitaine ordonna à un vieillard qui se trouvait là de lire des versets de consolation dans le coran, et se plaça lui-même au gouvernail. Mais, hélas! cela ne servit de rien. La tempête éclata tout à coup, et, avant qu'une heure fût passée, le navire craqua de la proue à la poupe et menaça de couler. Les chaloupes furent mises en mer; à peine les derniers hommes de l'équipage y furent entrés, que le bâtiment disparut à nos yeux et que j'étais plus nu, plus pauvre qu'un mendiant qui tend la main dans les carrefours. Mais nous n'étions pas au bout de nos misères. La mer devint de plus en plus mauvaise; les vagues roulaient avec une fureur

---

(1) Nous croyons ce récit de M. Van Hasselt, auteur de la traduction précédente.

extrême; la chaloupe où je me trouvais n'était plus à gouverner. Je tenais fermement embrassé mon vieux compagnon d'infortune; nous nous jurâmes de ne pas nous séparer. Le jour commença à poindre; mais, aux premiers rayons de l'aurore, le vent saisit notre frêle embarcation, et nous roulâmes dans la mer. Je ne revis plus un seul des hommes de l'équipage. Tout avait disparu; quand je revins à moi, je me retrouvai dans les bras de mon vieux serviteur qui s'était sauvé sur la chaloupe renversée et m'avait entraîné avec lui. La tempête cependant s'était entièrement calmée. Nous ne voyions plus rien autour de nous, plus rien du navire péri. Mais, à quelque distance de nous, flottait un autre vaisseau vers lequel le courant des flots nous poussait. A mesure que nous en approchions, je reconnus plus distinctement ce vaisseau : c'était le même qui avait passé à côté de nous durant la nuit et qui avait fait pâlir le capitaine. Un frisson étrange me saisit à la vue de ce bâtiment. Cette singulière parole : « Voilà la mort qui cingle là-bas, » parole qui s'était pourtant si bien réalisée, et plus encore l'aspect désolé de ce pont où rien ne se montrait, bien que nos voix appelassent de toutes leurs forces, tout cela me remplit d'une inexplicable terreur. Pourtant c'était notre unique moyen de salut. C'est pourquoi nous louâmes le prophète qui nous avait si miraculeusement gardés.

Au tribord du navire pendait un long câble. Nous nagions de toutes nos forces pour l'atteindre : nous y réussîmes enfin. J'appelai à grands cris pour que l'on nous aidât à monter. Personne ne répondit; un silence profond sur le tillac, un silence de mort. Nous grimpâmes le long du câble, moi le premier, car j'étais le plus jeune. Mais quelle épouvante me saisit! Quel horrible spectacle s'offrit à mes regards, quand je mis le pied sur le pont! Tout était couvert de sang; vingt à trente cadavres épars devant moi; au grand mât un homme se tenait debout, richement vêtu et le sabre à la main, le visage couvert d'une pâleur effrayante et le front percé d'un énorme clou qui l'attachait au bois : il était mort aussi. La terreur m'avait paralysé; je ne respirais qu'avec peine. Mon compagnon cependant m'avait rejoint. Lui aussi fut frappé d'épouvante à ce hideux spectacle. Nous étions restés quelques minutes ainsi, immobiles et implorant le prophète par une prière silencieuse que nous récitions en nous-mêmes ; et, fortifiés ainsi, nous nous hasardâmes à aller plus loin. A chaque pas nous regardions avec effroi autour de nous, craignant de rencontrer quelque chose de plus horrible encore; mais plus rien; rien de vivant; rien que nous et la large mer dont les flots ondoyaient gaiement au soleil. Nous parlions à voix basse, comme si nous craignions que nos voix n'eussent eu le pouvoir de réveiller les morts et de faire se retourner vers nous les yeux éteints du capitaine cloué au mât.

Nous étions parvenus à un escalier qui descendait dans l'intérieur du navire; involontairement nous fîmes halte tous deux en nous regardant et sans que l'un de nous osât dire sa pensée à l'autre.

— O maître! dit mon compagnon, il s'est passé quelque chose d'horrible ici. Cependant, quand même le navire serait là-bas plein d'assassins, j'aimerais mieux me rendre à discrétion que rester plus longtemps parmi les morts.

Je pensais comme lui; nous prîmes courage et nous descendîmes l'escalier, mais là, comme sur le tillac, il y avait un profond et morne silence qu'interrompait seulement le bruit de nos pas. Nous étions parvenus devant la porte de la salle du capitaine. Je mis l'oreille contre la porte : toujours le même silence. J'ouvris, et nous entrâmes. Là, un grand désordre, un pêle-mêle de toutes choses, des armes, des vêtements, des flacons, des verres, les débris d'un banquet, une table servie. Nous allâmes ainsi de chambre en chambre; partout le même spectacle. Puis, dans l'entrepont, une riche cargaison de soie, de perles, de gomme, de parfums.

Nous nous restaurâmes à la table servie encore dans la chambre du capitaine et remontâmes sur le tillac dont nous résolûmes de laver le sang après avoir jeté les cadavres dans la mer. Un frisson inexplicable nous saisit tous deux quand nous trouvâmes qu'il était impossible de les remuer. Ils étaient comme attachés au plancher par un lien invisible; pour les enlever, il eût fallu les détacher avec les planches, et nous n'avions pas à la main les instruments nécessaires. Le capitaine était aussi immobile, et nous ne pûmes tirer de sa main le sabre qu'elle tenait comme un étau de fer. Nous passâmes la journée tout entière au milieu de cette hideuse compagnie de morts. Quand le soir fut revenu, je permis au vieux Ibrahim de se coucher : moi je voulus passer la nuit sur le tillac pour voir s'il ne se présenterait pas quelque moyen de salut. La lune était montée au ciel : d'après la position des étoiles, je jugeai qu'il pouvait être onze heures. Alors je fus pris d'un sommeil invincible; je ne tardai pas à m'endormir derrière une barrique renversée sur le pont. Cependant c'était plutôt un engourdissement qu'un sommeil : car j'entendais distinctement le clapottement des flots qui battaient les flancs du navire et le frisson des voiles qui s'ouvraient et se gonflaient au vent. Tout à coup je crus ouïr des voix et des pas d'hommes sur le tillac. Je voulus me lever pour voir ce que c'était; une force invisible tenait mes membres enchaînés, et il ne me fut pas possible d'ouvrir les yeux. Les voix devinrent de plus en plus distinctes; c'était comme si le joyeux équipage allait et venait autour de moi. Parfois je crus distinguer la voix puissante du commandant et entendre les voiles qu'on déployait et les cordages qui criaient autour des poulies. Mais peu à peu mes perceptions devinrent plus indistinctes, et je tombai dans un sommeil plus profond, où retentissaient vaguement un cliquetis d'armes et un bruit de combattants. Quand je me réveillai, le soleil était déjà depuis longtemps levé et me brûlait dans le visage. Je regardai avec étonnement autour de moi ; la tempête que nous avions subie, le vaisseau inconnu où nous nous trouvions, ces morts que j'avais vus, les étranges rumeurs que j'avais entendues pendant cette nuit, tout cela me parut un rêve ; je me fus bientôt convaincu par mes yeux que rien n'était changé autour de moi. Tous ces morts étaient là immobiles comme devant, le capitaine toujours debout cloué à son mât. Je me levai pour rejoindre mon vieux compagnon. Il était assis pensif et triste dans la chambre du capitaine.

— Ô maître, dit-il, lorsqu'il me vit entrer, j'aimerais mille fois mieux être précipité dans les profondeurs de la mer, que de passer encore une nuit dans ce vaisseau ensorcelé. — Je lui demandai ce qui le faisait parler ainsi.

— A peine, répondit-il, avais-je dormi quelques heures, que je me réveillai et que j'entendis courir à droite et à gauche au-dessus de moi. Je pensai d'abord que c'était vous, mais il y avait au moins vingt hommes qui criaient qui s'appelaient à haute voix. Enfin, un pas lourd et pressé descendit l'escalier. En ce moment, mes perceptions devinrent moins claires ; par intervalles seulement je vis le même homme qui est là cloué au mât, s'asseoir à cette table et boire en chantant et en trinquant avec l'habit écarlate que vous voyez là couché mort dans ce coin.

Ainsi parla mon compagnon.

Ce n'était donc plus un rêve ; c'était bien réellement les morts que nous avions entendus. L'idée d'être embarqués en une telle société me parut horrible. Mon vieux Ibrahim, quand il eut fini de parler, était retombé dans la triste rêverie d'où j'étais venu le tirer.

— Maintenant j'y suis ! s'écria-t-il tout à coup.

Il venait de se rappeler je ne sais quelle parole qu'il avait apprise de son père, vieillard plein de sagesse et qui avait vu le monde, parole toute-puissante contre les visions suscitées par magie et contre l'apparition des esprits. Il pensait aussi qu'il serait possible de conjurer le sommeil surnaturel qui nous avait pris, en récitant avec zèle des versets du Coran. L'idée du vieillard me parut bonne et sage. Pleins d'une attente inquiète nous vîmes arriver la nuit. A côté de la chambre du capitaine, il y avait un petit cabinet où nous résolûmes de nous enfermer. Nous perçâmes dans la porte de séparation plusieurs trous assez grands pour voir tout ce qui se passerait dans cette chambre ; Ibrahim écrivit le nom du prophète dans les quatre coins de notre réduit ; puis la porte fut fermée.

La nuit était venue ; il pouvait être onze heures environ, quand un sommeil invincible s'empara de moi. Ibrahim me conseilla de réciter comme lui des versets du Coran ; ce que je fis et je restai éveillé. Aussitôt un bruit effroyable se fit sur le tillac ; des pas se firent entendre dans l'escalier. Le vieillard murmura l'exorcisme qu'il avait appris de son père :

Si vous descendez du haut de l'air, — Si vous montez des profondeurs de l'Océan, — Si vous avez dormi dans les ténèbres de la tombe, — Si vous êtes nés dans le feu, — Allah est votre seigneur et maître, — Et tous les esprits lui obéissent.

Je n'avais pas une foi complète dans l'exorcisme d'Ibrahim ; mes cheveux s'étaient dressés sur ma tête. La porte de la chambre du capitaine s'ouvrit. Lui-même entra, son front était percé du clou qui l'attachait au mât ; son sabre était remis dans le fourreau. Un autre l'accompagnait ; tous deux prirent place à la table et burent copieusement en parlant avec une grande vivacité, dans une langue inconnue. Le compagnon du capitaine se leva avec un rire sauvage, lui fit signe ; et tous deux sortirent, le sabre à la main. Alors la rumeur alla toujours croissant sur le pont. C'étaient des cris, des pas, des hurlements et des rires. Puis tout à coup un profond silence. Le matin venu, nous trouvâmes tout dans l'état où nous l'avions laissé la veille.

Ainsi plusieurs jours s'écoulèrent. Nous avancions toujours vers l'orient, où, d'après mes calculs, devaient se trouver des terres. Mais tout le voyage que nous pouvions avoir fait le jour se défaisait la nuit, car chaque matin nous nous retrouvions au même point, quand le soleil se levait. Je ne pus m'expliquer cela qu'en admettant que, la nuit, les morts revenaient à pleines voiles sur leurs pas. Pour l'empêcher, nous carguâmes toutes les voiles, et nous écrivîmes le nom du prophète sur des morceaux de parchemin que nous liâmes autour. La nuit suivante il se fit le même bruit ; le matin, cependant, les toiles n'avaient pas été déployées. Nous les ouvrîmes au vent tout le jour et les jours suivants ; et, le sixième, nous avions fait tant de chemin que nous découvrîmes enfin une terre à l'horizon. Nous rendîmes grâce à Allah et au prophète. Le septième jour nous nous trouvâmes à une légère distance d'une ville. Nous jetâmes l'ancre dans la rade ; et, dans un canot que nous mîmes en mer, nous nous avançâmes à force de rames vers le rivage. Nous prîmes terre après environ une demi-heure de manœuvres. A la porte de la ville je demandai comment elle s'appelait et j'appris que c'était une ville indienne située non loin de l'endroit pour lequel nous nous étions d'abord embarqués. Après être descendus dans un caravansérail, mon compagnon et moi, je m'informai d'un homme sage et instruit, et fis entendre à mon hôte que je désirais en voir un qui fût initié dans les secrets de la magie. Il me conduisit dans une rue écartée, et frappa à la porte d'une petite maison sans apparence. On ouvrit, et mon hôte me quitta après m'avoir recommandé de demander Abbas-Muley.

J'entrai. Un petit homme avec une barbe blanche et un long nez vint au-devant de moi. Je lui dis que je cherchais le sage Muley.

— C'est moi-même, répondit-il.

Je lui racontai toute l'histoire de notre voyage, et lui demandai un moyen de retirer les morts du navire. Il pensait que l'équipage avait été ensorcelé à cause de quelque crime, et que le charme pourrait se détruire si on les transportait à terre; mais que pour cela il fallait détacher les planches sur lesquelles ils étaient couchés. Je promis de le récompenser richement s'il voulait me faire aider de ses serviteurs pour enlever ces morts. Il consentit, et nous nous mîmes en route avec cinq esclaves armés de scies et de haches. Chemin faisant, Muley ne put trouver assez de paroles pour louer l'idée qui nous était venue de nouer autour des voiles des versets du Coran. Il dit que c'était le seul moyen de nous sauver.

Le jour venait de se lever quand nous atteignîmes le navire. Nous nous mîmes incontinent à l'ouvrage; une heure s'était à peine écoulée qu'il y avait déjà quatre des morts descendus dans le canot. Les esclaves de Muley furent chargés de les conduire au rivage et de les enterrer. Ils racontèrent, à leur retour, qu'à peine déposés sur la terre, les cadavres étaient tombés en poussière.

Avant le soir, il n'y avait plus un seul mort sur le navire, si ce n'était celui qui était cloué au grand mât. Malgré tous nos efforts pour retirer le clou, nous ne pûmes le faire sortir de la largeur d'un cheveu. Alors Muley ordonna qu'on apportât un vase rempli de terre. Quand le vase fut là, le sorcier prononça une formule magique et sema la terre sur la tête du mort qui ouvrit les yeux, souleva lentement la poitrine et secoua ses cheveux d'où ruisselait le sang qui recommença à couler de la blessure ouverte à son front.

— Qui m'a conduit ici, demanda-t-il après s'être un peu remis.

Muley me montra du doigt, et je m'avançai vers le capitaine.

— Merci, inconnu, reprit-il. Tu m'as sauvé de très-longues souffrances. Depuis quinze ans mon corps a erré sur les flots, et mon âme était condamnée à y revenir chaque nuit. Mais maintenant ma tête a touché la terre, et je puis retourner en paix vers mes aïeux.

Je le pressai de raconter de quelle manière il avait été condamné à cette horrible punition.

— Il y a quinze ans, dit-il, j'étais un des plus riches et des plus puissants habitants d'Alger. L'amour du gain me poussa à monter un corsaire et à dépouiller les navires marchands sur les côtes isolées. J'avais, pendant quelque temps, exercé ce métier maudit, lorsque, dans un port de l'île de Zante, je pris à bord un derviche qui avait demandé à faire le trajet pour rien. Nous riions du saint homme qui nous reprochait durement notre sauvage impiété. Un jour, irrité de ses paroles, je lui plongeai mon poignard dans la poitrine.

Il en mourut; mais avant d'expirer, il me maudit, moi et tout mon équipage. Le soir, nous jetâmes son corps dans les flots, et la nuit suivante, sa malédiction se réalisa. Mon équipage se mit en révolte contre moi. Un combat horrible s'engagea, et je fus cloué au mât comme vous avez vu. Tous mes hommes, dans cette lutte épouvantable, avaient été cruellement frappés; tous moururent de leurs blessures. Depuis ce jour, toutes les nuits, à l'heure où nous jetâmes dans les flots le corps du derviche, je me suis réveillé avec mes compagnons, et la même lutte a recommencé jusqu'au matin. Ainsi nous avons vogué quinze ans sans pouvoir ni vivre ni mourir. Maintenant que nous avons touché la terre, la mort nous est possible. Donc, merci encore une fois, brave étranger, qui m'avez sauvé d'un supplice qui aurait pu durer des siècles. Et si des trésors peuvent te récompenser, prends ce navire comme une marque de ma reconnaissance.

Le capitaine, après avoir dit ces paroles, laissa choir sa tête sur sa poitrine et rendit le dernier soupir. Puis il tomba en poussière de même que ses compagnons. Ses cendres furent enterrées auprès de celles des autres hommes de l'équipage.

Les marchandises qui étaient à bord, je les vendis avec grands bénéfices. J'en achetai d'autres, engageai des matelots, récompensai dignement le sage Muley et m'embarquai pour ma patrie. Mais je fis un immense détour, et, chemin faisant, je vendis ma cargaison. Le prophète bénit mon entreprise; après trois quarts d'année, j'entrai à Balsora, riche de tous les trésors que le capitaine m'avait donnés. Mes compatriotes crurent que, dans mes voyages, j'avais découvert la *Vallée des Diamants* du célèbre Sindbad. Je les laissai dans cette croyance. Et voilà pourquoi tous les jeunes gens de Balsora doivent, quand ils ont atteint leur dix-huitième année, quitter leur ville natale pour aller à la recherche de la Vallée des Diamants. Moi j'ai toujours vécu heureux depuis. Je lis le Coran tous les jours, et vais tous les cinq ans visiter la Mecque, la ville sainte : je fume le tabac de Laodicée, et bois du café de Moka. Aussi, Allah soit béni, Allah et son prophète!

VALAFAR ou **MALAFAR**, grand et puissant duc de l'empire infernal. Il paraît sous la forme d'un ange, quelquefois sous celle d'un lion avec la tête et les pattes d'une oie et une queue de lièvre. Il connaît le passé et l'avenir, donne du génie et de l'audace aux hommes, et commande trente-six légions (1).

VALENS, empereur arien. « Curieux de savoir le nom de son successeur, il eut recours aux voies extraordinaires et défendues; et comme le démon l'eut informé (2) qu'il le connaîtrait aux lettres *théod*, il fit mourir Théodore, Théodule, sans penser à Théodose, qui lui succéda. Cette histoire, ajoute Chevreau, est peut-être plus connue que la suivante. Pierre-Louis, duc de Parme,

---

(1) Wierus, in Pseudomonarch. dæmon.

(2) Par l'alectryomancie. *Voyez* ce mot

étant averti par Lucas Gauric d'une conspiration contre lui, se mit en tête de savoir le nom des conjurés par l'évocation des esprits. Le démon lui répondit, se voyant pressé, que s'il prenait garde à sa monnaie, il trouverait ce qu'il demandait. Comme la réponse était obscure, et que pour l'entendre il fallait être aussi diable que le diable même, il s'en moqua, quoiqu'elle fût trouvée véritable par l'événement, puisque la légende de la vieille monnaie de Farnèse était P. ALOIS. PARM. et PLAC. DUX. Par ces quatre lettres PLAC., qui signifient *Placentiæ*, il lui découvrait le lieu et le nom des conjurés. Chaque lettre des quatre marquait la première du nom des quatre familles qui exécutèrent leur entreprise : P, *Pallavicini* ; L, *Landi* ; A, *Anguiscioli*; C, *Confalonieri*. »

VALENTIN, hérésiarque, originaire d'Egypte, qui enseigna sa doctrine peu de temps après la mort du dernier des apôtres. Il admettait un séjour éternel de lumière, qu'il nommait *pléroma* ou plénitude, dans lequel habitait la Divinité. Il y plaçait des *Eons* ou intelligences immortelles, au nombre de trente, les uns mâles, les autres femelles ; il les distribuait en trois ordres, les supposait nés les uns des autres, leur donnait des noms et faisait leur généalogie. Le premier était *Bythos*, la profondeur, qu'il appelait aussi le premier père, *propator*. Il lui donnait pour femme *Ennoïa*, l'intelligence, qu'il appelait encore le silence, *Sigé*. Jésus-Christ et le Saint-Esprit étaient les derniers nés de ces Eons.

On a peine à concevoir que Valentin ait eu de nombreux disciples, et que plusieurs sectes soient nées de sa doctrine ; mais l'esprit humain fourvoyé a aussi ses prodiges.

VALENTIN (BASILE). *Voyez* BASILE-VALENTIN.

VALKIRIÉS, fées des Scandinaves. *Voyez* VADE.

VAMPIRES. Ce qu'il y a de plus remarquable dans l'histoire des vampires, c'est qu'ils ont partagé avec les philosophes, ces autres démons, l'honneur d'étonner et de troubler le XVIIIᵉ siècle ; c'est qu'ils ont épouvanté la Lorraine, la Prusse, la Silésie, la Pologne, la Moravie, l'Autriche, la Russie, la Bohême et tout le nord de l'Europe, pendant que les démolisseurs de l'Angleterre et de la France renversaient les croyances, en se donnant le ton de n'attaquer que les erreurs populaires.

Chaque siècle, il est vrai, a eu ses modes, chaque pays, comme l'observe D. Calmet, a eu ses préventions et ses maladies. Mais les vampires n'ont point paru avec tout leur éclat dans les siècles barbares et chez des peuples sauvages : ils se sont montrés au siècle des Diderot et des Voltaire, dans l'Europe, qui se disait déjà civilisée.

On a donné le nom d'*upiers oupires*, et plus généralement *vampires*, en Occident, de *broucolaques* (vroucolacas) en Morée, de *katakhanès* à Ceylan, — à des hommes morts et enterrés depuis plusieurs années, ou du moins depuis plusieurs jours, qui revenaient *en corps et en âme*, parlaient, marchaient, infestaient les villages, maltraitaient les hommes et les animaux, et surtout qui suçaient le sang de leurs proches, les épuisaient, leur causaient la mort (1). On ne se délivrait de leurs dangereuses visites et de leurs infestations qu'en les exhumant, les empalant, leur coupant la tête, leur arrachant le cœur, ou les brûlant.

Ceux qui mouraient sucés devenaient habituellement vampires à leur tour. Les journaux publics de la France et de la Hollande parlent, en 1693 et 1694, des vampires qui se montraient en Pologne et surtout en Russie. On voit, dans le *Mercure galant* de ces deux années, que c'était alors une opinion répandue chez ces peuples, que les vampires apparaissaient depuis midi jusqu'à minuit ; qu'ils suçaient le sang des hommes et des animaux vivants avec tant d'avidité, que souvent ce sang leur sortait par la bouche, par les narines, par les oreilles. Quelquefois, ce qui est plus fort encore, leurs cadavres nageaient dans le sang, au fond de leurs cercueils.

On disait que ces vampires, ayant continuellement grand appétit, mangeaient aussi les linges qui se trouvaient autour d'eux. On ajoutait que, sortant de leurs tombeaux, ils allaient la nuit embrasser violemment leurs parents ou leurs amis, à qui ils suçaient le sang en leur pressant la gorge, pour les empêcher de crier. Ceux qui étaient sucés s'affaiblissaient tellement, qu'ils mouraient presque aussitôt. Ces persécutions ne s'arrêtaient pas à une personne seulement : elles s'étendaient jusqu'au dernier de la famille ou du village (car le vampirisme ne s'est guère exercé dans les villes), à moins qu'on n'en interrompît le cours en coupant la tête ou en perçant le cœur du vampire, dont on trouvait le cadavre mou, flexible, mais frais, quoique mort depuis très-longtemps. Comme il sortait de ces corps une grande quantité de sang, quelques-uns le mêlaient avec de la farine pour en faire du pain : ils prétendaient qu'en mangeant ce pain ils se garantissaient des atteintes du vampire.

Voici quelques histoires de vampires.

M. de Vassimont, envoyé en Moravie par le duc de Lorraine Léopold Iᵉʳ, assurait, dit D. Calmet, que ces sortes de spectres apparaissaient fréquemment et depuis longtemps chez les Moraves, et qu'il était assez ordinaire dans ce pays là de voir des hommes morts depuis quelques semaines se présenter dans les compagnies, se mettre à table, sans rien dire, avec les gens de leur connaissance, et faire un signe de tête à quelqu'un des assistants, lequel mourait infailliblement quelques jours après.

Un vieux curé confirma ce fait à M. de Vassimont et lui en cita même plusieurs

---

(1) C'est la définition que donne le R. P. D. Calmet.

exemples, qui s'étaient, disait-il, passés sous ses yeux.

Les évêques et les prêtres du pays avaient consulté Rome sur ces matières embarrassantes; mais le saint-siége ne fit point de réponse, parce qu'il regardait tout cela comme des visions. Dès lors on s'avisa de déterrer les corps de ceux qui revenaient ainsi, de les brûler ou de les consumer en quelque autre manière : et ce fut par ce moyen qu'on se délivra de ces vampires, qui devinrent de jour en jour moins fréquents. Toutefois, ces apparitions donnèrent lieu à un petit ouvrage composé par Ferdinand de Schertz, et imprimé à Olmutz en 1706, sous le titre de *Magia posthuma*. L'auteur raconte qu'en un certain village, une femme, étant morte munie des sacrements, fut enterrée dans le cimetière à la manière ordinaire. On voit que ce n'était point une excommuniée, mais peut-être une sacrilége. Quatre jours après son décès, les habitants du village entendirent un grand bruit et virent un spectre qui paraissait, tantôt sous la forme d'un chien, tantôt sous celle d'un homme, non à une personne seulement, mais à plusieurs. Ce spectre serrait la gorge de ceux à qui il s'adressait, leur comprimait l'estomac jusqu'à les suffoquer, leur brisait presque tout le corps et les réduisait à une faiblesse extrême : en sorte qu'on les voyait pâles, maigres et exténués. Les animaux mêmes n'étaient pas à l'abri de sa malice : il attachait les vaches l'une à l'autre par la queue, fatiguait les chevaux et tourmentait tellement le bétail de toute sorte, qu'on n'entendait partout que mugissements et cris de douleur. Ces calamités durèrent plusieurs mois : on ne s'en délivra qu'en brûlant le corps de la femme vampire.

L'auteur de la *Magia posthuma* raconte une autre anecdote plus singulière encore : Un pâtre du village de Blow, près la ville de Kadam en Bohême, apparut quelque temps après sa mort avec les symptômes qui annoncent le vampirisme. Le fantôme appelait par leur nom certaines personnes, qui ne manquaient pas de mourir dans la huitaine. Il tourmentait ses anciens voisins, et causait tant d'effroi, que les paysans de Blow déterrèrent son corps et le fichèrent en terre avec un pieu qu'ils lui passèrent à travers le cœur. Ce spectre, qui parlait quoiqu'il fût mort, et qui du moins n'aurait plus dû le faire dans une situation pareille, se moquait néanmoins de ceux qui lui faisaient souffrir ce traitement.

— Vous avez bonne grâce, leur disait-il, en ouvrant sa grande bouche de vampire, de me donner ainsi un bâton pour me défendre contre les chiens! — On ne fit pas attention à ce qu'il put dire, et on le laissa. La nuit suivante il brisa son pieu, se releva, épouvanta plusieurs personnes et en suffoqua plus qu'il n'avait fait jusqu'alors. On le livra au bourreau, qui le mit sur une charrette pour le transporter hors de la ville et l'y brûler. Le cadavre remuait les pieds et les mains, roulait des yeux ardents et hurlait comme un furieux. Lorsqu'on le perça de nouveau avec des pieux, il jeta de grands cris et rendit du sang très-vermeil; mais quand on l'eut bien brûlé, il ne se montra plus.

On en usait de même, dans le XVIIe siècle, contre les revenants de ce genre; et dans plusieurs endroits, quand on les tirait de terre, on les trouvait pareillement frais et vermeils, les membres souples et maniables, sans vers et sans pourriture, mais non sans une très-grande puanteur.

L'auteur que nous avons cité assure que de son temps on voyait souvent des vampires dans les montagnes de Silésie et de Moravie. Ils apparaissaient en plein jour, comme au milieu de la nuit; et l'on s'apercevait que les choses qui leur avaient appartenu se remuaient et changeaient de place sans que personne parût les toucher. Le seul remède contre ces apparitions était de couper la tête et de brûler le corps du vampire.

Le marquis d'Argens raconte, dans sa cent trente-septième lettre juive, une histoire de vampire qui eut lieu au village de Kisilova, à trois lieues de Gradisch. Ce qui doit le plus étonner dans ce récit, c'est que d'Argens, alors incrédule, ne met pas en doute cette aventure :

On vient d'avoir en Hongrie, dit-il, une scène de vampirisme qui est dûment attestée par deux officiers du tribunal de Belgrade, lesquels ont fait une descente sur les lieux, et par un officier des troupes de l'empereur, à Gradisch : celui-ci a été témoin oculaire des procédures. Au commencement de septembre mourut, dans le village de Kisilova, un vieillard âgé de soixante-deux ans. Trois jours après qu'il fut enterré, il apparut à son fils pendant la nuit et lui demanda à manger. Celui-ci en ayant apporté, le spectre mangea; après quoi il disparut. Le lendemain, le fils raconta à ses voisins ce qui lui était arrivé. Le fantôme ne se montra pas ce jour-là; mais la troisième nuit, il revint demander encore à souper. On ne sait pas si son fils lui en donna ou non; mais on le trouva le lendemain mort dans son lit. Le même jour, cinq ou six personnes tombèrent subitement malades dans le village, et moururent l'une après l'autre en peu de temps. Le bailli du lieu, informé de ce qui se passait, en fit présenter une relation au tribunal de Belgrade, qui envoya à ce village deux de ses agents, avec un bourreau, pour examiner l'affaire. Un officier impérial s'y rendit de Gradisch, pour être témoin d'un fait dont il avait si souvent ouï parler. On ouvrit les tombeaux de tous ceux qui étaient morts depuis six semaines. Quand on en vint à celui du vieillard, on le trouva les yeux ouverts, d'une couleur vermeille, ayant une respiration naturelle, cependant immobile et mort : d'où l'on conclut que c'était un insigne vampire. Le bourreau lui enfonça un pieu dans le cœur; on fit un bûcher et l'on réduisit en cendres son cadavre. On ne trouva aucune marque de vampirisme, ni dans le corps du fils, ni dans celui des autres morts.

« Grâces à Dieu, ajoute le marquis d'Argens, nous ne sommes rien moins que crédules ; nous avouons que toutes les lumières de la physique que nous pouvons approcher de ce fait ne découvrent rien de ses causes : cependant nous ne pouvons refuser de croire véritable un fait attesté juridiquement et par des gens de probité. »

Vers l'an 1725, un soldat qui était en garnison chez un paysan des frontières de la Hongrie vit entrer, au moment du souper, un inconnu qui se mit à table auprès du maître de la maison. Celui-ci en fut très-effrayé, de même que le reste de la compagnie. Le soldat ne savait qu'en juger, et craignait d'être indiscret en faisant des questions, parce qu'il ignorait de quoi il s'agissait. Mais le maître du logis étant mort le lendemain, il chercha à connaître le sujet qui avait produit cet accident et mis toute la maison dans le trouble. On lui dit que l'inconnu qu'il avait vu entrer et se mettre à table, au grand effroi de la famille, était le père du maître de la maison ; qu'il était mort et enterré depuis dix ans, et qu'en venant ainsi s'asseoir auprès de son fils, il lui avait apporté la mort. Le soldat raconta ces choses à son régiment. On en avertit les officiers généraux, qui donnèrent commission au comte de Cabreras, capitaine d'infanterie, de faire information de ce fait. Cabreras s'étant transporté sur les lieux avec d'autres officiers, un chirurgien et un auditeur, ils entendirent les dépositions de tous les gens de la maison, qui attestèrent que le revenant n'était autre que le père du maître du logis, et que tout ce que le soldat avait rapporté était exact : ce qui fut aussi affirmé par la plupart des habitants du village. En conséquence, on fit tirer de terre le corps de ce spectre. Son sang était fluide et ses chairs aussi fraîches que celles d'un homme qui vient d'expirer. On lui coupa la tête : après quoi on le remit dans son tombeau. On exhuma ensuite, après d'amples informations, un homme mort depuis plus de trente ans, qui était revenu trois fois dans sa maison à l'heure du repas, et qui avait sucé au cou, la première fois, son propre frère ; la seconde, un de ses fils ; la troisième, un valet de la maison. Tous trois en étaient morts presque sur-le-champ. Quand ce vieux vampire fut déterré, on le trouva comme le premier, ayant le sang fluide et le corps frais. On lui planta un grand clou dans la tête, et ensuite on le remit dans son tombeau. Le comte de Cabreras fit brûler un troisième vampire, qui était enterré depuis seize ans, et qui avait sucé le sang et causé la mort à deux de ses fils. — Alors enfin le pays fut tranquille (1).

On a vu, dans tout ce qui précède, que généralement, lorsqu'on exhume les vampires, leurs corps paraissent vermeils, souples, bien conservés. Cependant, malgré tous ces indices de vampirisme, on ne procédait pas contre eux sans formes judiciaires. On citait et on entendait les témoins, on examinait les raisons des plaignants, on considérait avec attention les cadavres : si tout annonçait un vampire, on le livrait au bourreau qui le brûlait. Il arrivait quelquefois que ces spectres paraissaient encore pendant trois ou quatre jours après leur exécution, cependant leur corps avait été réduit en cendres. Assez souvent on différait d'enterrer pendant six ou sept semaines le corps de certaines personnes suspectes. Lorsqu'ils ne pourrissaient point, et que leurs membres demeuraient souples, leur sang fluide, alors on les brûlait. On assurait que les habits de ces défunts se remuaient et changeaient de place, sans qu'aucune personne les touchât. L'auteur de la *Magia posthuma* raconte que l'on voyait à Olmutz, à la fin du XVIIe siècle, un de ces vampires qui, n'étant pas enterré, jetait des pierres aux voisins et molestait extrêmement les habitants.

Dom Calmet rapporte, comme une circonstance particulière, que, dans les villages où l'on est infesté du vampirisme, on va au cimetière, on visite les fosses ; on en trouve qui ont deux ou trois, ou plusieurs trous de la grosseur du doigt ; alors on fouille dans ces fosses, et l'on ne manque pas d'y trouver un corps souple et vermeil. Si on coupe la tête de ce cadavre, il sort de ses veines et de ses artères un sang fluide, frais et abondant. Le savant bénédictin demande ensuite si ces trous qu'on remarquait dans la terre qui couvrait les vampires, pouvaient contribuer à leur conserver une espèce de vie, de respiration, de végétation, et rendre plus croyable leur retour parmi les vivants ; il pense avec raison que ce sentiment (fondé d'ailleurs sur des faits qui n'ont rien de réellement constaté), n'est ni probable, ni digne d'attention.

Le même écrivain cite ailleurs, sur les vampires de Hongrie, une lettre de M. de l'Isle de Saint-Michel, qui demeura longtemps dans les pays infestés, et qui devait en savoir quelque chose. Voici comment M. de l'Isle s'explique là-dessus :

« Une personne se trouve attaquée de langueur, perd l'appétit, maigrit à vue d'œil, et, au bout de huit ou dix jours, quelquefois quinze, meurt sans fièvre et sans aucun autre symptôme de maladie que la maigreur et le desséchement. On dit, en Hongrie, que c'est un vampire qui s'attache à cette personne et lui suce le sang. De ceux qui sont attaqués de cette mélancolie noire, la plupart, ayant l'esprit troublé, croient voir un spectre blanc qui les suit partout, comme l'ombre fait le corps.

« Lorsque nous étions en quartiers d'hiver chez les Valaques, deux cavaliers de la compagnie dont j'étais cornette moururent de cette maladie ; et plusieurs autres, qui en étaient attaqués, seraient probablement morts de même, si un caporal de notre com-

---

(1) D. Calmet déclare qu'il tient ces faits d'un homme grave, qui les tenait de M. le comte de Cabreras.

pagnie n'avait guéri les imaginations, en exécutant le remède que les gens du pays emploient pour cela. Quoique assez singulier, je ne l'ai jamais lu nulle part. Le voici :

« On choisit un jeune garçon, on le fait monter à poil sur un cheval entier, absolument noir ; on conduit le jeune homme et le cheval au cimetière ; ils se promènent sur toutes les fosses. Celle où l'animal refuse de passer, malgré les coups de cravache qu'on lui délivre, est regardée comme renfermant un vampire. On ouvre cette fosse, et on y trouve un cadavre aussi beau et aussi frais que si c'était un homme tranquillement endormi. On coupe, d'un coup de bêche, le cou de ce cadavre ; il en sort abondamment un sang des plus beaux et des plus vermeils, du moins on croit le voir ainsi. Cela fait, on remet le vampire dans sa fosse, on la comble, et on peut compter que dès lors la maladie cesse, et que tous ceux qui en étaient attaqués recouvrent leurs forces peu à peu, comme des gens qui échappent d'une longue maladie d'épuisement...... »

Les Grecs appellent leurs vampires broucolaques ; ils sont persuadés que la plupart des spectres d'excommuniés sont vampires ; qu'ils ne peuvent pourrir dans leurs tombeaux ; qu'ils apparaissent le jour comme la nuit, et qu'il est très-dangereux de les rencontrer.

Léon Allatius, qui écrivait au XVIe siècle, entre là-dessus de grands détails ; il assure que dans l'île de Chio les habitants ne répondent que lorsqu'on les appelle deux fois ; car ils sont persuadés que les broucolaques ne les peuvent appeler qu'une fois seulement. Ils croient encore que quand un broucolaque appelle une personne vivante, si cette personne répond, le spectre disparaît ; mais celui qui a répondu meurt au bout de quelques jours. On raconte la même chose des vampires de Bohême et de Moravie.

Pour se garantir de la funeste influence des broucolaques, les Grecs déterrent le corps du spectre et le brûlent, après avoir récité sur lui des prières. Alors ce corps, réduit en cendres, ne paraît plus.

Ricaut, qui voyagea dans le Levant au XVIIe siècle, ajoute que la peur des broucolaques est générale aux Turcs comme aux Grecs. Il raconte un fait qu'il tenait d'un caloyer candiote, lequel lui avait assuré la chose avec serment :

Un homme étant mort excommunié pour une faute qu'il avait commise dans la Morée, fut enterré sans cérémonie dans un lieu écarté, et non en terre sainte. Les habitants furent bientôt effrayés par d'horribles apparitions qu'ils attribuèrent à ce malheureux. On ouvrit son tombeau au bout de quelques années, on y trouva son corps enflé, mais sain et bien disposé ; ses veines étaient gonflées du sang qu'il avait sucé : on reconnut en lui un broucolaque. Après qu'on eut dé-

(1) Wilhelm. Neubrig. Rerum anglic., lib. v, cap. 22.

libéré sur ce qu'il y avait à faire, les caloyers furent d'avis de démembrer le corps, de le mettre en pièces et de le faire bouillir dans le vin ; car c'est ainsi qu'ils en usent, de temps très-ancien, envers les broucolaques. Mais les parents obtinrent, à force de prières, qu'on différât cette exécution ; ils envoyèrent en diligence à Constantinople, pour solliciter du patriarche l'absolution dont le défunt avait besoin. En attendant, le corps fut mis dans l'église, où l'on disait tous les jours des prières pour son repos. Un matin que le caloyer faisait le service divin, on entendit tout d'un coup une espèce de détonation dans le cercueil : on l'ouvrit, et l'on trouva le corps dissous, comme doit l'être celui d'un mort enterré depuis sept ans. On remarqua le moment où le bruit s'était fait entendre : c'était précisément l'heure où l'absolution accordée par le patriarche avait été signée.....

Les Grecs et les Turcs s'imaginent que les cadavres des broucolaques mangent pendant la nuit, se promènent, font la digestion de ce qu'ils ont mangé, et se nourrissent réellement. (Voy. MASTICATION.) Ils content qu'en déterrant ces vampires, on en a trouvé qui étaient d'un coloris vermeil, et dont les veines étaient tendues, par la quantité de sang qu'ils avaient sucé ; que, lorsqu'on leur ouvre le corps, il en sort des ruisseaux de sang aussi frais que celui d'un jeune homme d'un tempérament sanguin. Cette opinion populaire est si généralement répandue, que tout le monde en raconte des histoires circonstanciées.

L'usage de brûler les corps des vampires est très-ancien dans plusieurs autres pays. Guillaume de Neubrige, qui vivait au XIIe siècle, raconte (1) que, de son temps, on vit en Angleterre, dans le territoire de Buckingham, un spectre qui apparaissait en corps et en âme, et qui vint épouvanter sa femme et ses parents. On ne se défendait de sa méchanceté qu'en faisant grand bruit lorsqu'il approchait. Il se montra même à certaines personnes en plein jour. L'évêque de Lincoln assembla sur cela son conseil, qui lui dit que pareilles choses étaient souvent arrivées en Angleterre, et que le seul remède que l'on connût à ce mal était de brûler le corps du spectre. L'évêque ne put goûter cet avis qui lui parut cruel. Il écrivit une cédule d'absolution ; elle fut mise sur le corps du défunt, que l'on trouva aussi frais que le jour de son enterrement, et depuis lors le fantôme ne se montra plus. Le même auteur ajoute que les apparitions de ce genre étaient alors très-fréquentes en Angleterre.

Quant à l'opinion répandue dans le Levant, que les spectres se nourrissent, on la trouve établie depuis plusieurs siècles dans d'autres contrées. Il y a longtemps que les Allemands sont persuadés que les morts *mâchent comme des porcs* dans leurs tombeaux, et qu'il est facile de les entendre grogner en broyant ce qu'ils dévorent (1). Philippe Rehrius, au XVIIe siècle, et Michel Raufft, au commencement du XVIIIe, ont même publié des traités sur les morts qui mangent dans leurs sépulcres (2).

Après avoir parlé de la persuasion où sont les Allemands qu'il y a des morts qui dévorent les linges et tout ce qui est à leur portée, même leur propre chair, ces écrivains remarquent qu'en quelques endroits de l'Allemagne, pour empêcher les morts de mâcher, on leur met dans le cercueil une motte de terre sous le menton; qu'ailleurs on leur fourre dans la bouche une petite pièce d'argent et une pierre, et que d'autres leur serrent fortement la gorge avec un mouchoir. Ils citent des morts qui se sont dévorés eux-mêmes dans leur sépulcre.

On doit s'étonner de voir des savants trouver quelque chose de prodigieux dans des faits aussi naturels. Pendant la nuit qui suivit les funérailles du comte Henri de Salm, on entendit dans l'église de l'abbaye de Haute-Seille, où il était enterré, des cris sourds que les Allemands auraient sans doute pris pour le grognement d'une personne qui mâche; et le lendemain, le tombeau du comte ayant été ouvert, on le trouva mort, mais renversé et le visage en bas, au lieu qu'il avait été inhumé sur le dos. On l'avait enterré vivant. On doit attribuer à une cause semblable l'histoire rapportée par Rauftt, d'une femme de Bohême, qui, en 1345, mangea dans sa fosse la moitié de son linceul sépulcral.

Dans le dernier siècle, un pauvre homme ayant été inhumé précipitamment dans le cimetière, on entendit pendant la nuit du bruit dans son tombeau; on l'ouvrit le lendemain, et on trouva qu'il s'était mangé les chairs des bras. Cet homme, ayant bu de l'eau-de-vie avec excès, avait été enterré vivant.

Une demoiselle d'Augsbourg tomba dans une telle léthargie, qu'on la crut morte; son corps fut mis dans un caveau profond, sans être couvert de terre; on entendit bientôt quelque bruit dans le tombeau; mais on n'y fit point attention. Deux ou trois ans après, quelqu'un de la même famille mourut; on ouvrit le caveau, et l'on trouva le corps de la demoiselle auprès de la pierre qui en fermait l'entrée; elle avait en vain tenté de déranger cette pierre, et elle n'avait plus de doigt à la main droite, qu'elle s'était dévorée de désespoir.

Voyez ENTERRÉS VIVANTS. — M. le baron Jules de Saint-Genois nous a conservé l'anecdote suivante, qui peut trouver place ici.

« Léthargie! voilà un de ces mots qui fait toujours naître d'horribles pensées, qui fait involontairement pâlir le front le plus riant, le plus insoucieux. Etre enfermé dans une étroite bière, avoir le corps enveloppé d'un froid linceul, avoir au-dessus de soi cinq ou six pieds de terre, et tout à coup reprendre vie, recommencer à penser, se ressouvenir que ceux qui vous étaient le plus chers vous ont cloué au fond d'un cercueil sans pouvoir espérer de revenir à la lumière. Rien que d'y songer, une sueur glacée parcourt tous les membres, on sent les cheveux se dresser sur la tête et tous les nerfs se crisper! Revivre dans le cercueil! Oh! la nature est bien cruelle parfois! Répandre la pâleur livide des morts sur la face d'un de ses enfants, rendre froid comme le marbre un cadavre que l'âme habite encore sous son enveloppe de chair, et puis par un caprice dont on ose à peine mesurer l'incompréhensible étendue, rappeler ce corps à l'existence ordinaire, et lui faire connaître en même temps l'impossibilité de conserver la vie! C'est effroyable.

« L'anecdote que je vais raconter et dont je garantis l'authenticité entière, justifiera assez les réflexions que nous venons de faire.

« A Bruxelles dans la rue de la Fortune près de la place du Grand-Sablon, demeure une espèce de brocanteur ou fripier, brave et honnête homme, qui peut avoir maintenant 73 ans.

« Un jour que j'allai chez lui pour troquer des livres, toute sa physionomie me sembla empreinte d'une si grande originalité, qu'il me prit fantaisie de demander quelques détails sur sa personne.

« — Comment vous nommez-vous? lui dis-je.

« — Moi, monsieur, me répondit-il avec le plus grand sérieux, il y a quarante années j'étais inscrit à l'état civil : Jean-Pierre-Paul D.; mais Jean-Pierre-Paul D. étant décédé, je ne m'appelle plus que le ressuscité de la rue de la Fortune!

« — Je ne vous comprends pas, lui répliquai-je, expliquez-vous.

« — Je conçois cela, repartit-il, en se donnant un air à la fois grave et goguenard, tel que vous me voyez, j'ai été mort pour vous servir.

« Je reculai d'un pas à cette étrange profession de foi.

« — C'est-à-dire, ajouta-t-il que j'ai été plongé dans une léthargie de 49 heures.

« Moi qui avais souvent réfléchi sur l'affreuse situation d'un léthargique, je sentis ma curiosité piquée au dernier point, et je m'empressai de lui dire : Racontez-moi cette histoire-là tout au long, rapportez-moi tout ce que vous avez pensé dans l'état où vous vous êtes trouvé.

« — Volontiers, fit-il, asseyez-vous. Alors prenant une pose tout oratoire, comme un académicien déclamait son discours de réception, il commença : Il y a 40 ans, c'était le 20 juillet 1794, le lendemain de la kermesse de Bruxelles; mon père, quoique pauvre, avait donné un joyeux repas de famille; je mangeai et bus beaucoup, nous rîmes de

---

(1) Les anciens croyaient aussi que les morts mangeaient. On ne dit pas s'ils les entendaient mâcher; mais il est certain qu'il faut attribuer à l'idée qui conservait aux morts la faculté de manger l'habitude des repas funèbres qu'on servait, de temps immémorial et chez tous les peuples, sur la tombe du défunt.

(2) De masticatione mortuorum in tumulis.

même; enfin c'était une véritable fête de bons bourgeois. On se leva de table. Je voulus faire comme les autres, mais je sentis tout à coup un étrange vertige ; une violente commotion frappa toute ma personne, mes membres saisis d'une torpeur subite se roidirent; je tombai par terre asphyxié par l'apoplexie. Mon corps paraissait entièrement privé de vie et j'étais devenu froid comme glace. Je vivais cependant, mais mes esprits étaient complétement engourdis ; après quelques heures les pensées me revinrent. Alors j'entendis tout ce qu'on faisait autour de moi, les pleurs et les sanglots de mes parents, l'avis du médecin qu'on avait appelé sur les lieux, je ne perdis pas un seul mot. On m'ensevelit, je fus couché sur la paille, un homme vint me mesurer la taille pour confectionner mon cercueil. Je ne saurais vous exprimer tout ce que j'éprouvai depuis l'instant que je perdis connaissance jusqu'à celui de ma résurrection. Ma tête, si froide à l'extérieur, était ardente au dedans comme un fer rouge, les idées les plus épouvantables s'y entrechoquaient, je me sentais vivre, et lorsqu'il me semblait pouvoir soulever un de mes membres, j'étais comme emboîté dans un moule de plomb; lorsque je croyais parler, j'entendais dans l'intérieur de ma tête un bourdonnement sourd, pareil à celui d'une cloche éloignée ou d'une lointaine décharge d'artillerie. Cette lutte entre l'âme et la matière était terrible ; les efforts inouïs que je pensais avoir faits pour donner des signes de mon existence, eurent bientôt fatigué à un tel degré mes facultés intelligentes, qu'à ce combat intérieur succéda insensiblement un calme étrange, une douce et suave somnolence qui effaça presqu'entièrement le souvenir de ce qui m'était arrivé. Je sentis bien au bout de quelque temps un mouvement tantôt uniforme, tantôt saccadé, mais ce mouvement me paraissait avoir tant de charme, que je croyais être poussé dans les airs par un vent léger qui me relevait et me rabaissait tour à tour ; ce mouvement, c'était celui que j'avais éprouvé lorsqu'on me renferma dans la bière, lorsque le tombereau des morts me transporta au cimetière, lorsqu'on me descendit dans la fosse et qu'on rejeta au-dessus de moi les pelletées de terre fraîche.

« Je ne discernai rien de ce qui s'était fait; il m'était impossible de rassembler mes idées, de les coudre ensemble, quelque effort que je tentasse pour ressaisir le fil des événements.

« Lorsque tout mouvement eut cessé et que tout autour de moi fut redevenu silencieux, on aurait dit que j'étais resté suspendu dans une atmosphère épaisse et lourde, que je n'avais pour me soutenir que le vague de l'immensité; j'éprouvais une nonchalance qui caressait tout mon être, comme il arrive quelquefois qu'on en éprouve dans les rêves. J'avais perdu le sentiment de lieu, de temps, de besoin matériel, de souffrance, de froid. Cet état négatif a dû avoir une bien longue durée, puisque ce n'est que quarante-neuf heures après mon inhumation que je revins à la vie réelle. Au bout de ce temps je ressentis tout à coup un malaise inexprimable, qui devint de plus en plus violent ; mes sens engourdis depuis trois jours se réveillèrent comme en sursaut, ma première sensation fut celle que me faisait éprouver la faim ; avant même que mes membres commençassent à remuer, ce mal me dévorait d'une manière affreuse. Bientôt j'essayai de soulever la tête, la puissance du mouvement m'était rendue ; alors j'étendis les bras et les pieds, et je rencontrai partout un obstacle et un froid glacial qui roidissait tous mes membres. Je me mis à tâtonner des mains, je tentai de me retourner, mais l'étroite capacité du cercueil m'empêcha bientôt d'exécuter ma pensée. Je réfléchis un instant, un sentiment indéfinissable s'empara de moi ; tout à coup une idée rapide comme un éclair m'apparut, celle de mon existence ; puis tous mes souvenirs accoururent se grouper autour de moi pour me rappeler mon horrible sort ; ma léthargie venait de finir, je renaissais à la vie au fond d'un cercueil ! Un désespoir frénétique m'atteignit ; ne plus revoir le soleil, mourir, et mourir de faim, cette pensée me brisait et tordait impitoyablement mon cœur. Je déchirai le linceul qui me recouvrait, je le mâchai, pour que le suc que j'en retirais me servît de nourriture ; de rage je frappai de ma tête l'horrible cage qui me servait de tombeau. Puis l'idée de pouvoir me sauver encore me revint à l'esprit ; je me mis à distendre mes pieds et mes mains pour faire entrebailler le cercueil ; mais mes efforts restaient sans succès, je pleurais des larmes de sang.

« Reprenant courage j'essayai enfin une dernière fois. Oh! bonheur, je sentis les planches céder ; la joie m'aurait rendu fou si je ne m'étais pas rappelé qu'une épaisse couche de terre me recouvrait encore. Je redoublai d'efforts, je me plaçai sur le ventre et je tentai de soulever ainsi le couvercle du cercueil ; je réussis ; la planche s'entr'ouvrit ; puis je tâchai de me mettre sur les genoux, et de cette manière je repoussai avec assez de facilité la terre qui pesait sur moi, je revis le soleil, j'avais échappé au bras de la mort, et je bénis le ciel de m'avoir fait assez pauvre pour que le fossoyeur ne m'eût creusé qu'une fosse de trois pieds de profondeur, qui m'avait permis de me soustraire aux plus effroyables angoisses, aux tortures les plus atroces, dont j'avais déjà appris à connaître une partie !

« Je me rendis chez le gardien du cimetière qui, quoiqu'épouvanté de ma présence et de mon étrange costume (j'étais nu), s'empressa de me donner quelque nourriture. Il me prêta des vêtements ; je revins chez moi, et Jean-Pierre-Paul D., quoique enterré pendant 49 heures, est devant vous aujourd'hui, âgé de 73 ans. »

Mais revenons aux broucolaques ou vampires grecs.

Tournefort raconte, dans le tome Ier de son Voyage au Levant, la manière dont il vit exhumer un broucolaque de l'île de Mycone, où il se trouvait en 1701 ;

« C'était un paysan d'un naturel chagrin et querelleur, circonstance qu'il faut remarquer dans de pareils sujets; il fut tué à la campagne, on ne sait ni par qui, ni comment. Deux jours après qu'on l'eut inhumé dans une chapelle de la ville, le bruit courut qu'on le voyait la nuit se promener à grands pas, et qu'il venait dans les maisons, renverser les meubles, éteindre les lampes, embrasser les gens par derrière et faire mille tours d'espiègle. On ne fit qu'en rire d'abord. Mais l'affaire devint sérieuse lorsque les plus honnêtes gens commencèrent à se plaindre. Les papas (prêtres grecs) convenaient eux-mêmes du fait, et sans doute ils avaient leurs raisons. Cependant le spectre continuait la même vie. On décida enfin, dans une assemblée des principaux de la ville, des prêtres et des religieux, qu'on attendrait, selon je ne sais quel ancien cérémonial, les neuf jours après l'enterrement. Le dixième jour, on dit une messe dans la chapelle où était le corps, afin de chasser le démon que l'on croyait s'y être renfermé. La messe dite, on déterra le corps et on se mit en devoir de lui ôter le cœur; ce qui excita les applaudissements de toute l'assemblée. Le corps sentait si mauvais, que l'on fut obligé de brûler de l'encens; mais la fumée, confondue avec la mauvaise odeur, ne fit que l'augmenter, et commença d'échauffer la cervelle de ces pauvres gens : leur imagination se remplit de visions. On s'avisa de dire qu'il sortait une épaisse fumée de ce corps. Nous n'osions pas assurer, dit Tournefort, que c'était celle de l'encens. On ne criait que *Vroucolacas* dans la chapelle et dans la place. Le bruit se répandait dans les rues comme par mugissements, et ce nom semblait fait pour tout ébranler. Plusieurs assistants assuraient que le sang était encore tout vermeil; d'autres juraient qu'il était encore tout chaud ; d'où l'on concluait que le mort avait grand tort de n'être pas mort, ou, pour mieux dire, de s'être laissé ranimer par le diable. C'est là précisément l'idée qu'on a d'un broucolaque ou vroucolaque. Les gens qui l'avaient mis en terre prétendirent qu'ils s'étaient bien aperçus qu'il n'était pas roide, lorsqu'on le transportait de la campagne à l'église pour l'enterrer, et que, par conséquent, c'était un vrai broucolaque. C'était le refrain. Enfin, on fut d'avis de brûler le cœur du mort, qui, après cette exécution, ne fut pas plus docile qu'auparavant. On l'accusa encore de battre les gens la nuit, d'enfoncer les portes, de déchirer les habits et de vider les cruches et les bouteilles. C'était un mort bien altéré. Je crois, ajoute Tournefort, qu'il n'épargna que la maison du consul chez qui nous logions. Mais tout le monde avait l'imagination renversée ; c'était une vraie maladie de cerveau, aussi dangereuse que la manie et la rage. On voyait des familles entières abandonner leurs maisons, portant leurs grabats à la place pour y passer la nuit. Les plus sensés se retiraient à la campagne. Les citoyens un peu zélés pour le bien public assuraient qu'on avait manqué au point le plus essentiel de la cérémonie. Il ne fallait, disaient-ils, célébrer la messe qu'après avoir ôté le cœur du défunt. Ils prétendaient qu'avec cette précaution on n'aurait pas manqué de surprendre le diable, et sans doute il n'aurait eu garde d'y revenir; au lieu qu'ayant commencé par la messe, il avait eu le temps de rentrer, après s'être d'abord enfui. On fit cependant des processions dans toute la ville pendant trois jours et trois nuits ; on obligea les papas de jeûner ; on se détermina à faire le guet pendant la nuit, et on arrêta quelques vagabonds qui assurément avaient part à tout ce désordre. Mais on les relâcha trop tôt, et deux jours après, pour se dédommager du jeûne qu'ils avaient fait en prison, ils recommencèrent à vider les cruches de vin de ceux qui avaient quitté leur maison la nuit. On fut donc obligé de recourir de nouveau aux prières.

« Un matin que l'on récitait certaines oraisons, après avoir planté quantité d'épées nues sur la fosse du cadavre, que l'on déterrait trois ou quatre fois par jour, suivant le caprice du premier venu, un Albanais qui se trouvait à Mycone s'avisa de dire, d'un ton de docteur, qu'il était ridicule de se servir, en pareils cas, des épées des chrétiens. Ne voyez-vous pas, pauvres gens, ajouta-t-il, que la garde de ces épées, faisant une croix avec la poignée, empêche le diable de sortir de ce corps ? Que ne vous servez-vous plutôt des sabres des Turcs? L'avis ne servit de rien ; le broucolaque ne fut pas plus traitable, et on ne savait plus à quel saint se vouer, lorsqu'on résolut tout d'une voix unanime de brûler le corps tout entier : après cela ils défiaient bien le diable de s'y nicher. On prépara donc un bûcher avec du goudron, à l'extrémité de l'île de Saint-George, et les débris du corps furent consumés le 1er janvier 1701. Dès lors on n'entendit plus parler du broucolaque. On se contenta de dire que le diable avait été bien attrapé cette fois-là, et l'on fit des chansons pour le tourner en ridicule. »

« Dans tout l'Archipel, dit encore Tournefort, on est bien persuadé qu'il n'y a que les Grecs du rit grec dont le diable ranime les cadavres. Les habitants de l'île de Santorine appréhendent fort ces sortes de spectres. Ceux de Mycone, après que leurs visions furent dissipées, craignaient également les poursuites des Turcs et celles de l'évêque de Tine. Aucun prêtre ne voulut se trouver à Saint-George quand on brûla le corps, de peur que l'évêque n'exigeât une somme d'argent pour avoir fait déterrer et brûler le mort sans sa permission. Pour les Turcs, il est certain qu'à la première visite ils ne manquèrent pas de faire payer à la communauté de Mycone le sang de ce pauvre revenant, qui fut, en toute manière, l'abomination et l'horreur de son pays. »

On a publié, en 1773, un petit ouvrage intitulé (1) : *Pensées philosophiques et chré-*

(1) Philosophicæ et christianæ cogitationes de vampiriis, a Joanne Christophoro Herenbergio.

tiennes sur les vampires, par Jean-Christophe Herenberg. L'auteur parle, en passant, d'un spectre qui lui apparut à lui-même en plein midi : il soutient en même temps que les vampires ne font pas mourir les vivants, et que tout ce qu'on en débite ne doit être attribué qu'au trouble de l'imagination des malades. Il prouve par diverses expériences que l'imagination est capable de causer de très-grands dérangements dans le corps et dans les humeurs. Il rappelle qu'en Esclavonie on empalait les meurtriers, et qu'on y perçait le cœur du coupable par un pieu qu'on lui enfonçait dans la poitrine. Si l'on a employé le même châtiment contre les vampires, c'est parce qu'on les suppose auteurs de la mort de ceux dont on dit qu'ils sucent le sang.

Christophe Herenberg donne quelques exemples de ce supplice exercé contre les vampires, l'un dès l'an 1337, un autre en l'année 1347, etc.; il parle de l'opinion de ceux qui croient que les morts mâchent dans leurs tombeaux, opinion dont il tâche de prouver l'antiquité par des citations de Tertullien, au commencement de son livre de la *Résurrection*, et de saint Augustin, livre VIII de la *Cité de Dieu*.

Quant à ces cadavres qu'on a trouvés, dit-on, pleins d'un sang fluide, et dont la barbe, les cheveux et les ongles se sont renouvelés, —avec beaucoup de bienveillance on peut rabattre les trois quarts de ces prodiges; et encore faut-il être complaisant pour en admettre une partie. Tous ceux qui raisonnent connaissent assez combien le crédule vulgaire et même certains historiens sont portés à grossir les choses qui paraissent extraordinaires. Cependant il n'est pas impossible d'en expliquer physiquement la cause. On sait qu'il y a certains terrains qui sont propres à conserver les corps dans toute leur fraîcheur : les raisons en ont été si souvent expliquées qu'il n'est pas nécessaire de s'y arrêter.

On montre encore à Toulouse, dans une église, un caveau où les corps restent si parfaitement dans leur entier, qu'il s'en trouvait, en 1789, qui étaient là depuis près de deux siècles, et qui paraissaient vivants. On les avait rangés debout contre la muraille, et ils portaient les vêtements avec lesquels on les avait enterrés.

Ce qu'il y a de plus singulier, c'est que les corps qu'on met de l'autre côté de ce même caveau deviennent, deux ou trois jours après, la pâture des vers. Quant à l'accroissement des ongles, des cheveux et de la barbe, on l'aperçoit très-souvent dans plusieurs cadavres. Tandis qu'il reste encore beaucoup d'humidité dans les corps, il n'y a rien de surprenant que pendant un certain temps on voie quelque augmentation dans des parties qui n'exigent pas l'influence des esprits vitaux. Pour le cri que les vampires font entendre lorsqu'on leur enfonce le pieu dans le cœur, rien n'est plus naturel. L'air qui se trouve renfermé dans le cadavre, et que l'on en fait sortir avec violence, produit nécessairement ce bruit en passant par la gorge : souvent même les corps morts produisent des sons sans qu'on les touche.

Voici encore une anecdote qui peut expliquer quelques-uns des traits du vampirisme, que nous ne prétendons pourtant pas nier ou expliquer sans réserve. Le lecteur en tirera les conséquences qui en doivent naturellement. Cette anecdote a été rapportée dans plusieurs journaux anglais, et particulièrement dans le *Sun* du 22 mai 1802.

Au commencement d'avril de la même année, le nommé Alexandre Anderson, se rendant d'Elgin à Glascow, éprouva un certain malaise, et entra dans une ferme qui se trouvait sur sa route, pour y prendre un peu de repos. Soit qu'il fût ivre, soit qu'il craignît de se rendre importun, il alla se coucher sous une remise, où il se couvrit de paille, de manière à n'être pas aperçu. Malheureusement, après qu'il fut endormi, les gens de la ferme eurent occasion d'ajouter une grande quantité de paille à celle où cet homme s'était enseveli. Ce ne fut qu'au bout de cinq semaines qu'on le découvrit dans cette singulière situation. Son corps n'était plus qu'un squelette hideux et décharné; son esprit était si fort aliéné, qu'il ne donnait plus aucun signe d'entendement : il ne pouvait plus faire usage de ses jambes. La paille qui avait environné son corps était réduite en poussière, et celle qui avait avoisiné sa tête paraissait avoir été mâchée. Lorsqu'on le retira de cette espèce de tombeau, il avait le pouls presque éteint, quoique ses battements fussent très-rapides, la peau moite et froide, les yeux immobiles, très-ouverts, et le regard étonné. — Après qu'on lui eut fait avaler un peu de vin, il recouvra suffisamment l'usage de ses facultés physiques et intellectuelles pour dire à une des personnes qui l'interrogeaient que la dernière circonstance qu'il se rappelait était celle où il avait senti qu'on lui jetait de la paille sur le corps ; mais il paraît que, depuis cette époque, il n'avait eu aucune connaissance de sa situation. On supposa qu'il était constamment resté dans un état de délire, occasionné par l'interception de l'air et par l'odeur de la paille, pendant les cinq semaines qu'il avait ainsi passées, sinon sans respirer, du moins en respirant difficilement, et sans prendre de nourriture que le peu de substance qu'il put extraire de la paille qui l'environnait et qu'il eut l'instinct de mâcher.

Cet homme vit peut-être encore. Si sa résurrection eût eu lieu chez des peuples infectés d'idées de vampirisme, en considérant ses grands yeux, son air égaré et toutes les circonstances de sa position, on l'eût brûlé avant de lui donner le temps de se reconnaître ; et ce serait un vampire de plus. *Voy.* PAUL, HARPPE, PLOGOJOWITS, POLYCRITE, KATAKHANÈS, etc.

VANLUND. *Voy.* VADE.

VAPEURS. Les Knistenaux, peuplade sauvage du Canada, croient que les vapeurs qui s'élèvent et restent suspendues au-dessus des marais sont les âmes des personnes nouvellement mortes (1). Les vapeurs sont prises chez nous, lorsqu'elles s'enflamment, pour des esprits follets.

VAPULA, grand et puissant duc de l'enfer; il paraît sous la forme d'un lion, avec des ailes de griffon. Il rend l'homme très-adroit dans la mécanique et la philosophie, et donne l'intelligence aux savants. Trente-six légions lui obéissent (2).

VAUCANSON. *Voy.* MÉCANIQUE.

VAUDOIS, hérétiques, sectateurs de Pierre Valdo, qui, égarés par une fausse humilité, se séparèrent de l'Église et allèrent bien vite très-loin. Ils niaient le purgatoire et l'efficacité des prières pour les morts. Puis ils rejetèrent la messe, saccagèrent les églises et les couvents, troublèrent la société par le fanatisme en se mêlant aux Albigeois, et sont comptés parmi les précurseurs de la prétendue réforme.

VAUVERT. Saint Louis, ayant fait venir des chartreux à Paris, leur donna une habitation au faubourg Saint-Jacques, dans le voisinage du château de Vauvert, vieux manoir bâti par le roi Robert, mais depuis longtemps inhabité, parce qu'il était infesté de démons (qui étaient peut-être des faux monnayeurs). On y entendait des hurlements affreux; on y voyait des spectres traînant des chaînes, et entre autres un monstre vert, avec une grande barbe blanche, moitié homme et moitié serpent, armé d'une grosse massue, et qui semblait toujours prêt à s'élancer, la nuit, sur les passants. Il parcourait même, disait-on, la rue où se trouvait le château, sur un chariot enflammé, et tordait le cou aux téméraires qui se trouvaient sur son passage. Le peuple l'appelait le diable de Vauvert. Les chartreux ne s'en effrayèrent point et demandèrent le manoir à saint Louis; il le leur donna avec toutes ses appartenances et dépendances, et les revenants ni le diable de Vauvert n'y revinrent plus. Le nom d'Enfer resta seulement à la rue, en mémoire de tout le tapage que les diables y avaient fait (3).

VEAU D'OR. Le rabbin Salomon prétend que le veau d'or des Israélites était vivant et animé. Le Coran dit qu'il mugissait. Plusieurs rabbins pensent qu'il fut fabriqué par des magiciens qui s'étaient mêlés aux Israélites à la sortie d'Égypte. Hur avait refusé de le faire; et on voit dans les vieilles légendes que les Hébreux, irrités de ce refus, crachèrent si fort contre lui qu'ils l'étouffèrent sous ce singulier projectile (4).

VEAU MARIN. Si l'on prend du sang de ce poisson avec un peu de son cœur, et qu'on le mette dans de l'eau, on verra à l'entour une multitude de poissons; et celui qui prendra un morceau de son cœur et le placera sous ses aisselles, surpassera tout le monde en jugement et en esprit. Enfin, le criminel qui l'aura rendra son juge doux et favorable (5). *Voy.* MÉROVÉE.

VELAND LE FORGERON. *Voy.* VADE.

VELLEDA, druidesse qui vivait du temps de Vespasien, chez les Germains, au rapport de Tacite, et qui, moitié fée, moitié prophétesse, du haut d'une tour où elle vivait, exerçait au loin une puissance égale ou supérieure à celle des rois. Les plus illustres guerriers n'entreprenaient rien sans son aveu et lui consacraient une partie du butin.

VENDREDI. Ce jour, comme celui du mercredi, est consacré, par les sorcières du sabbat, à la représentation de leurs mystères. Il est regardé par les superstitieux comme funeste, quoique l'esprit de la religion chrétienne nous apprenne le contraire (6). Ils oublient tous les malheurs qui leur arrivent les autres jours, pour se frapper l'imagination de ceux qu'ils éprouvent le vendredi. Néanmoins, ce jour tant calomnié a eu d'illustres partisans. François I assurait que tout lui réussissait le vendredi. Henri IV aimait ce jour-là de préférence. Sixte-Quint préférait aussi le vendredi à tous les autres jours de la semaine, parce que c'était le jour de sa naissance, le jour de sa promotion au cardinalat, de son élection à la papauté, et de son couronnement.

Le peuple est persuadé que le vendredi est un jour *sinistre, parce que rien ne réussit ce jour-là.* Mais si un homme fait une perte, un autre fait un gain; et si le vendredi est malheureux pour l'un, il est heureux pour un autre, comme tous les autres jours.

Cette superstition est très-enracinée aux États-Unis. A New-York, ou voulut la combattre il y a quelques années; on commanda un navire qui fut commencé un vendredi; on en posa la première pièce un vendredi ; on le nomma un vendredi; on le lança à la mer un vendredi; on le fit partir un vendredi, avec un équipage qu'on avait éclairé. Il ne revint jamais... Et la crainte du vendredi est à New-York plus forte que jamais.

Les chemises qu'on fait le vendredi attirent les poux (7) dans certaines provinces.

VENEUR. L'historien Mathieu raconte que le roi Henri IV, chassant dans la forêt de Fontainebleau, entendit, à une demi-lieue de lui, des jappements de chiens, des cris et des cors de chasseurs; et qu'en un instant tout ce bruit, qui semblait fort éloigné, s'approcha à vingt pas de ses oreilles, tellement que, tout étonné, il commanda au comte de Soissons de voir ce que c'était. Le comte s'avance; un homme noir se présente dans l'épaisseur des broussailles, et disparaît en criant d'une voix terrible : *M'entendez-vous ?*

Les paysans et les bergers des environs dirent que c'était un démon, qu'ils appelaient *le grand veneur de la forêt de Fontainebleau*, et qui chassait souvent dans cette forêt. D'au-

---

(1) Mackensie, Voyage dans l'Amérique septentrionale, 1802.
(2) Wierus, in Pseudom. dæm.
(3) Saint-Foix, Essais sur Paris.
(4) Bayle, Dict. critique ; Aaron, note A

(5) Admirables secrets d'Albert le Grand, p. 110.
(6) La mort de Notre-Seigneur, la rédemption du genre humain, la chute du pouvoir infernal, doivent au contraire sanctifier le vendredi.
(7) Thiers, Traité des superstitions.

tres prétendaient que c'était la chasse de Saint-Hubert, chasse mystérieuse de fantômes d'hommes et de fantômes de chiens, qu'on entendait aussi en d'autres lieux. Quelques-uns, moins amis du merveilleux, disaient que ce n'était qu'un compère qui chassait impunément les bêtes du roi sous le masque protecteur d'un démon ; mais voici sans doute la vérité du fait :

Il y avait à Paris, en 1596, deux gueux qui dans leur oisiveté s'étaient si bien exercés à contrefaire le son des cors de chasse et la voix des chiens, qu'à trente pas on croyait entendre une meute et des piqueurs. On devait y être encore plus trompé dans des lieux où les rochers renvoient et multiplient les moindres cris. Il y a toute apparence qu'on s'était servi de ces deux hommes pour l'aventure de la forêt de Fontainebleau, qui fut regardée comme l'apparition véritable d'un fantôme.

Un écrivain anglais, dans un remarquable travail sur les traditions populaires, publié par le *Quarterly magazine*, cite ce fait avec des accessoires qu'il n'est pas inutile de reproduire :

« Henri, dit-il, ordonna au comte de Soissons d'aller à la découverte ; le comte de Soissons obéit en tremblant, ne pouvant s'empêcher de reconnaître qu'il se passait dans l'air quelque chose de surnaturel : quand il revint auprès de son maître : — Sire, lui dit-il, je n'ai rien pu voir, mais j'entends, comme vous, la voix des chiens et le son du cor.

« — Ce n'est donc qu'une illusion ! dit le roi.

« Mais alors une sombre figure se montra à travers les arbres et cria au Béarnais :

« — Vous voulez me voir, me voici ! »

Cette histoire est remarquable pour plusieurs raisons : Mathieu la rapporte dans son *Histoire de France et des choses mémorables advenues pendant sept années de paix du règne de Henri IV*, ouvrage publié du temps de ce monarque à qui il est dédié. Mathieu était connu personnellement de Henri IV, qui lui donna lui-même plusieurs renseignements sur sa vie.

On a supposé que ce spectre était un assassin déguisé, et que le poignard de Ravaillac aurait été devancé par l'inconnu de Fontainebleau, si le roi avait fait un pas de plus du côté de l'apparition.

Quel que soit le secret de cette histoire, il est clair que Henri IV ne la fit nullement démentir. « Il ne manque pas de gens, dit Mathieu, qui auraient volontiers relégué cette aventure avec les fables de Merlin et d'Urgande, si la vérité n'avait été certifiée par tant de témoins oculaires et auriculaires. Les bergers du voisinage prétendent que c'est un démon qu'ils appellent le *grand veneur*, et qui chasse dans cette forêt ; mais on croit aussi que ce pouvait bien être la chasse de Saint-Hubert, prodige qui a lieu dans d'autres provinces.

« Démon, esprit, ou tout ce qu'on voudra, il fut réellement aperçu par Henri IV, non loin de la ville et dans un carrefour qui a conservé la désignation de « la Croix du Grand Veneur ! » A côté de cette anecdote, nous rappellerons seulement l'apparition semblable qui avait frappé de terreur le roi Charles VI, et qui le priva même de sa raison. »

VENTRILOQUES, gens qui parlent par le ventre, et qu'on a pris autrefois pour des démoniaques ou des magiciens. *Voy.* CÉCILE, etc.

Nous citerons à ce propos une des charmantes histoires que M. Henri Berthoud raconte si bien :

HISTOIRE D'UN COCHON BAVARD ET D'UN PRINCE CHARCUTIER.

Par une matinée du mois de mai 1809, la diligence qui menait, à cette époque, de Paris à Blois, amena et descendit, devant l'auberge principale de cette ville, six voyageurs, parmi lesquels se trouvaient deux femmes, un receveur des contributions indirectes, un fermier, un curé et un jeune homme, la tête enveloppée de bandages qui semblaient cacher des blessures récentes et graves. Les femmes étaient agitées et pâles ; leurs compagnons ne paraissaient guère dans un état de calme plus satisfaisant. Tous entrèrent silencieusement dans la salle où le déjeûner se trouvait dressé, mais personne ne prit place à table, quoiqu'il fût temps de manger, surtout pour des voyageurs qui avaient passé la nuit en diligence. Le jeune homme seul demanda des côtelettes, des œufs frais, du beurre, du café, et se mit, suivant l'expression de Rabelais, à faire sauter les miettes et à jouer des *mangeoires*.

— Eh quoi ! demanda-t-il en se tournant avec une feinte surprise vers ses compagnons, vous ne faites point comme moi ? Le grand air ne vous a point donné appétit ?

— Ce n'est point l'appétit qui nous manque, mais l'argent. Après l'aventure de la nuit, comment voulez-vous qu'il nous reste de quoi payer l'aubergiste ?

— Nuit vraiment terrible ! reprit le jeune homme. Six voleurs qui entourent la voiture !.. Arrêtés, la nuit, dans un bois !.... Des menaces de mort !... des cris de la bourse ou la vie !... Tous ceux qui se trouvaient en diligence obligés de vider leurs poches dans un chapeau que présente une main à travers la portière !..... N'importe ! je n'ai pas tout donné, moi ; j'ai volé les voleurs ! Il me reste de quoi payer le déjeuner de mes compagnons d'infortune, et je les invite à prendre place, près de cette table, et à faire honneur au gros pâté que l'on apporte !

En disant cela, il mettait le couteau dans le pâté. Jugez de la surprise des convives ! au lieu de la venaison qu'ils croyaient y trouver, ils virent dans les flancs de la croûte dorée, tous les objets que les voleurs avaient exigé qu'on leur donnât. Rien n'y manquait, ni les ceintures pleines d'argent, ni les montres, ni les bijoux, ni les bagues ! Jamais on ne vit stupéfaction plus grande. L'étonnement du jeune homme surpassait celui de tous les témoins de cette étrange scène.

— Voilà de singuliers voleurs ! disaient les femmes.

— Ils auront eu des remords! objecta le curé.

— Jamais on n'a vu plus inexplicable aventure! se répétaient les trois voyageurs.

Le jeune homme au bandeau, plus que tous les autres, jetait des exclamations, levait les yeux au ciel et se récriait sur l'inexplicable étrangeté de l'aventure.

On appela l'aubergiste. L'aubergiste ne comprenait pas plus que les autres comment ses pigeons, il est vrai transformés par lui en perdreaux, étaient devenus des objets volés et restitués. Les voyageurs, sans deviner le mot de l'énigme, rentrèrent en possession de ce qui leur appartenait, et se disposaient à remonter en voiture, lorsque quelqu'un vint à parler du château de Valençay et de la difficulté, ou plutôt de l'impossibilité qu'il y avait à pénétrer dans cette prison d'Etat; je dis prison d'Etat, car les trois infants d'Espagne s'y trouvaient détenus par ordre de Napoléon. Le jeune homme écouta tous ces discours avec curiosité, et finit par dire :

— Avant deux jours, je serai admis dans le château de Valençay.

On répondit à cette vanterie en riant au nez de celui qui la faisait.

— Avant deux jours, répéta-t-il, je serai admis dans le château de Valençay.

— Mais vous y connaissez donc quelqu'un?

— Personne, je l'atteste sur l'honneur.

— Mon cher petit monsieur, interrompit le curé, si vous voulez m'en croire, vous ne continuerez pas des fanfaronnades qui pourraient éveiller la défiance de la police, et vous valoir des ennuis dont vous ne seriez point charmé.

— Après-demain je trouverai le moyen de pénétrer dans le château de Valençay. J'offre d'en faire le pari avec quiconque le voudra.

— Si je n'étais plus prudent que vous, continua le vieux prêtre, j'accepterais votre offre étourdie, qui me vaudrait une aumône pour les pauvres de ma paroisse. Mais je vous épargne cette charité qui peut-être vous serait pénible, ajouta-t-il en jetant un regard à la dérobée sur l'habit quelque peu râpé du voyageur.

Celui-ci tira deux louis de sa poche et s'écria :

— Je parie ces deux louis que je serai, avant deux jours, admis dans le château de Valençay.

Cette fois le curé accepta le défi.

Les enjeux furent remis à l'aubergiste, et l'on se sépara en s'ajournant à quatre jours de là, dans la salle où l'on devait déjeuner.

Le lendemain matin, il y avait foire aux cochons dans le village de Valençay. Une vieille femme tenait un de ces animaux, noué par une patte, suivant la coutume du pays, et cherchait à trouver un acheteur pour sa bête. Un jeune homme vêtu d'un habit de paysan, mais qu'il était aisé de reconnaître, malgré ce déguisement, pour le voyageur de la veille, s'avança près de la fermière, regarda le cochon, le tâta, le souleva pour le peser, et en un mot se livra aux divers examens qui constituent l'art d'apprécier l'animal avec lequel on fabrique les saucisses.

— Quel prix voulez-vous de cette bête? dit-il, quand il en eut fini de ces simagrées.

— Vingt écus.

— Vingt écus! Mais il ne vaut point cela.

— Il vaut mieux encore. Si je n'avais pas besoin d'argent, je ne vous l'offrirais point pour un prix aussi médiocre.

— Vous me trompez, il est ladre!

— Ladre! vous êtes un plaisant connaisseur.

— Je parie qu'il est ladre.

— Je parie que non.

— Eh bien! je vais le lui demander, interrompit le jeune homme, qui prit gravement le cochon par les oreilles, le regarda en face et demanda à l'animal qui semblait l'écouter :

— Or çà, cochon mon ami, parle sérieusement et sans crainte de ta maîtresse? Es-tu ladre, ou ne l'es-tu point?

— Ma maîtresse est une menteuse; je suis ladre, répondit d'une petite voix flûtée le cochon.

Jugez de la stupéfaction des spectateurs et de l'effroi de la paysanne! Elle se sauva, croyant avoir affaire au démon, et son pourceau, levant la tête, lui cria, tandis qu'elle disparaissait à toutes jambes :

— Menteuse! menteuse! menteuse!

Les témoins de cette scène étrange se regardaient entre eux avec terreur. Le jeune homme restait là, paisiblement, sans s'inquiéter du mot de sorcier qui commençait à circuler dans le groupe qui l'entourait.

Cependant on se concertait à voix basse, et le garde-champêtre vint à l'étranger le sabre au poing et le visage défait.

— Au nom de la loi, je vous arrête, dit-il.

— Vous m'arrêtez, et pourquoi?

— Parce que vous êtes un sorcier.

— Vous n'en êtes pas un, assurément, objecta le jeune homme. Quant à moi, je ne nierai point qu'il y a quinze jours, des paysans suisses m'ont brisé la tête, comme vous le voyez, et ont voulu me jeter dans un four à chaux, parce qu'ils prétendaient, comme vous, que j'étais magicien.

— Ils auraient bien fait. Vous allez me suivre en prison.

— Imbécile! cria le cochon, laisse donc ce jeune homme tranquille.

Cette recommandation du quadrupède ne rendit le digne agent de l'autorité valenceynienne que plus ardent à emmener son prisonnier. Le jeune homme se laissa appréhender au collet, et, comme Régulus, suivit courageusement le Carthaginois champêtre. Quant au cochon, personne n'osa y toucher, et il resta sur le marché, au milieu des badauds qui accouraient et se pressaient pour l'entendre parler. Il les regarda dédaigneusement, cligna les paupières de ses petits yeux fins, finit par s'étaler paisiblement à terre et s'endormit comme l'eût fait le plus vulgaire des pourceaux.

Bientôt, il ne fut bruit dans la ville que du

cochon qui parlait et du sorcier qu'on avait fait arrêter. Cette rumeur pénétra jusque dans le château, et l'on ne tarda point à voir paraître don Dameraga, intendant général du château. Il alla droit au cochon, et donna ordre à quatre valets armés, dont il était suivi, de saisir la pauvre bête, qui s'éveilla en sursaut. Ceux-ci se signèrent, obéirent, et don Dameraga reprit le chemin de l'habitation princière avec son prisonnier. Il se montrait presque aussi fier de sa conquête quadrupède que naguère le garde-champêtre de son prisonnier à deux jambes.

Trois jeunes hommes attendaient avec impatience don Dameraga et le cochon doué de la parole. Ils entourèrent l'animal merveilleux, le pressèrent de questions, le caressèrent, le battirent, eurent recours successivement à la violence et à la douceur ; le cochon cria, grogna, s'agita, remplit toutes les fonctions qui caractérisent son espèce, mais ne prononça pas un seul mot.

— Le sorcier seul peut recommencer la merveille qu'il a déjà opérée, objecta un des trois jeunes gens.

— Mais on ne peut laisser pénétrer ainsi dans le château un étranger ; ma consigne s'y oppose, objecta le duc d'Arberg, qui commandait militairement le château. Peut-être cet homme est-il un espion ?

Un des jeunes hommes insista, malgré cette réponse.

— Don Dameraga, vous ne le quitterez point d'un moment ! Qu'il fasse parler le cochon, et puis vous le renverrez ensuite.

Le duc d'Arberg était alors un homme de très-haute taille, long comme un fil de cerf-volant et mince comme une feuille de papier vue de profil. Il fallait qu'il se tint courbé en deux pour placer son oreille de niveau avec les lèvres du gouverneur qui lui adressait la parole. L'attitude était fatigante, mais indispensable, car le digne intendant se ressentait un peu d'atteintes de surdité. Le duc céda enfin, moitié lassitude, moitié persuasion, aux instances des trois frères, et donna ordre qu'on lui amenât le sorcier.

Ce dernier ne tarda point à paraître, escorté par quatre soldats, qui lui avaient, au préalable, lié les pieds et les poings.

— Ce cochon a parlé ? demanda le gouverneur.

— Oui, monsieur le duc.

— Tu l'as entendu ?

— Oui, monsieur le duc.

— Et tu peux le faire parler encore ?

— Oui, monsieur le duc, si cela lui convient, toutefois.

— Fais en sorte que cela lui convienne, ou gare à toi.

—Monsieur le cochon, dit le jeune homme, vous entendez que ma sûreté se trouve compromise à cause de vous, et que je vais mécontenter un puissant seigneur, si vous ne me tirez point d'affaire. Veuillez adresser la parole à la société.

Le cochon avait regardé de la façon la plus sérieuse du monde l'orateur qui lui adressait la parole ; il fit un tour sur lui-même, et se coucha nonchalamment, sans prononcer le moindre mot.

— Au nom de ce que vous avez de plus cher, parlez, monsieur du pourceau.

Même silence.

— Voici que monseigneur le duc se fâche ; parlez, je vous en supplie ; rien qu'un mot ; un seul petit mot !

—Et depuis quand les drôles de ton espèce parlent-ils la tête couverte à un pourceau de mon importance ? s'écria tout à coup le cochon.

—J'ai les mains garrottées ; je ne puis ôter mon chapeau et vous rendre les respects que je vous dois.

Le duc d'Arberg restait confondu ; les trois jeunes hommes n'osaient en croire leurs oreilles ; don Dameraga se signait..... On coupa les cordes qui nouaient les mains du sorcier ; celui-ci ôta son chapeau, s'avança vers le cochon, plaça la tête de l'animal sur ses genoux et commença le dialogue suivant.

— Don pourceau, illustre et savant cochon, voulez-vous bien m'apprendre en présence de quelle brillante société j'ai l'honneur de me trouver ?

— Tu es admis devant messeigneurs les infants d'Espagne. Voici don Antonio. A la droite, près de lui, se tient le prince Ferdinand, et enfin le plus jeune de la famille est don Carlos.

— Et lui, le sorcier, quel est-il ? demanda l'un des jeunes princes.

— C'est le signor Louis Comte, célèbre prestidigitateur, ventriloque et physicien ordinaire de leurs altesses royales, si toutefois elles veulent lui en accorder le titre.

— Et elles te l'accordent, reprirent les jeunes hommes en éclatant de rire. Entre immédiatement en fonctions ! Tu nous aideras à passer le temps d'une façon moins ennuyeuse.

Aussitôt le prince d'Arberg, rassuré sur les méfiances que lui inspirait le soi-disant espion, et don Dameraga, convaincu qu'il n'avait point affaire à un sorcier, se déridèrent, rirent de leur méprise, et autorisèrent M. Comte à passer quelques jours à Valençay. Un théâtre fut érigé ; on envoya chercher les bagages du magicien, et le soir même une brillante représentation eut lieu, dans laquelle le célèbre ventriloque déploya toutes les ressources de son talent original. Des applaudissements enthousiastes lui prouvèrent quel succès il avait obtenu. Il eut l'honneur de souper avec les princes, et ces derniers voulurent même qu'il logeât dans le château et qu'il y reçût une hospitalité complète.

Le lendemain matin, Louis Comte eut fantaisie d'aller rendre visite au compagnon qui lui avait valu un si bon accueil. Hélas ! il le trouva grillé, dépecé, en train de devenir côtelette, jambon et chair à saucisses. Un des trois jeunes gens, les bras nus, ses manches retroussées, un couteau de charcutier à la main, coupait et hachait menu menu les parties les plus délicates du cochon. Ses mains destinées à tenir un jour le sceptre des Espagnes façonnaient des saucisses avec une habileté merveilleuse et un savoir-faire devant lequel se fussent récriés Véro et Dodat, ces deux virtuoses de la charcuterie.

M. Comte se hâta de s'éloigner, car il pensait que le prince Ferdinand ne serait point charmé d'être surpris dans une pareille occupation.

Mais l'héritier futur du trône de Charles-Quint l'appela, lui demanda s'il trouvait bonne mine aux saucisses, et reçut les compliments du ventriloque avec une satisfaction mêlée de modestie. Il voulut en outre lui-même griller une saucisse, afin de la faire goûter à Comte, de lui prouver que la saveur répondait à la forme, et que les préparations culinaires de Valençay ne redoutaient point l'analyse gastronomique la plus exercée.

Après une semaine de séjour à Valençay, Comte partit, vint à Paris et ne tarda point à s'y conquérir un nom célèbre. Il sut tour à tour dérider le front sévère de Napoléon, et faire oublier à Louis XVIII les douleurs que lui causaient la goutte et les ennuis de la couronne. L'auteur de la charte ne dédaigna point de se faire expliquer par le physicien, de quelle façon il opérait les merveilles de la magie blanche. Ce jour-là, il faut le dire, Comte s'était surpassé; des bijoux remis au prestidigitateur, en présence du spectateur royal, furent trouvés, peu d'instants après, sur la colonne Vendôme. Ils passèrent ensuite dans la caisse d'un tambour des Suisses, stupéfait de voir sortir, de sa caisse éventrée, les oiseaux, les fleurs et les diamants de la couronne, qu'elle contenait sans qu'il s'en doutât. L'empereur Alexandre, témoin de cette scène divertissante, voulut, lui aussi, se donner la joie d'avoir dans son salon le physicien célèbre, et il le récompensa par le don d'une riche bague chargée de diamants.

Aujourd'hui Napoléon n'est plus! l'empereur Alexandre a disparu de la scène du monde, Louis XVIII repose dans les caveaux de Saint-Denis, et l'un des trois infants d'Espagne, don Antonio, gît sous la chapelle de l'Escurial. Son frère, devenu roi, et mort aussi, a légué à son malheureux pays la discorde et la guerre civile. Don Carlos est prisonnier à Bourges, comme il l'avait été jadis à Valençay. Enfin le duc d'Arberg a suivi dans l'éternité ceux qu'il était chargé de surveiller ici-bas.

Quant à don Dameraga, c'est au haut d'une potence que s'est terminée sa vie.

De tous ceux dont les noms ont comparu dans cette histoire, il ne reste donc que deux personnages, un prince captif et le ventriloque.

VENTS. Les anciens donnaient à Éole plein pouvoir sur les vents; la mythologie moderne a imité cette fable en donnant une pareille prérogative à certains sorciers. *Voy.* FINNES, ÉRIC. etc.

Il y avait dans le royaume de Congo un petit despote qui tirait des vents un parti plus lucratif. Lorsqu'il voulait imposer un nouveau tribut à son peuple, il sortait dans la campagne par un temps orageux, le bonnet sur l'oreille, et obligeait à payer l'*impôt du vent* ceux de ses sujets sur les terres desquels tombait le bonnet.

A Quimper, en Bretagne, les femmes qui ont leur mari en mer vont balayer la chapelle la plus voisine et en jeter la poussière en l'air, dans l'espérance que cette cérémonie procurera un vent favorable à leur retour (1). Dans le même pays, une femme ne souffre pas qu'on lui passe son enfant par-dessus la table; si dans ce passage un mauvais vent venait à le frapper, il ne pourrait en guérir de la vie (2).

VÉPAR ou SÉPAR, puissant et redoutable duc du sombre empire. Il se montre sous la forme d'une sirène, conduit les vaisseaux marchands, et afflige les hommes de blessures venimeuses, qu'on ne guérit que par l'exorcisme. Il commande vingt-neuf légions.

VER DU GANGE, *Voyez* SERPENT.

VÉRANDI, *Voyez* NORNES.

VERDELET, démon du second ordre, maître des cérémonies de la cour infernale. Il est chargé du transport des sorcières au sabbat. Verdelet prend aussi le nom de *Jolibois*, ou de *Vert-Joli*, ou de *Saute-Buisson*, ou de *Maître Persil*, pour allécher les femmes et les faire tomber dans ses pièges, dit Boguet, par ces noms agréables et tout à fait plaisants.

VERDUN (MICHEL), sorcier de la Franche-Comté, pris en 1521, avec Pierre Burgot et le Gros-Pierre. Wiérus a rapporté les faits qui donnèrent lieu au supplice de ces trois frénétiques (3). Tous trois confessèrent s'être donnés au diable. Michel Verdun avait mené Burgot près du Château-Charlon, où chacun, ayant à la main une chandelle de cire verte qui faisait la flamme bleue, avait offert des sacrifices et dansé en l'honneur du diable. Après s'être frottés de graisse, ils s'étaient vus changés en loups. Dans cet état, ils vivaient absolument comme les loups, dirent-ils.

Burgot avoua qu'il avait tué un jeune garçon avec ses pattes et dents de loup, et qu'il l'eût mangé, si les paysans ne lui eussent donné la chasse. Michel Verdun confessa qu'il avait tué une jeune fille occupée à cueillir des pois dans un jardin, et que lui et Burgot avaient tué et mangé quatre autres jeunes filles. Ils désignaient le temps, le lieu et l'âge des enfants qu'ils avaient dérobés. Il ajouta qu'ils se servaient d'une poudre qui faisait mourir les personnes. Ces trois loups-garoux furent condamnés à être brûlés vifs. Les circonstances de ce fait étaient peintes en un tableau qu'on voyait dans une église de Poligny. Chacun de ces loups-garoux avait la patte droite armée d'un couteau (4).

VERGE. On donne quelquefois témérairement le nom de verge de Moïse à la baguette divinatoire. *Voy.* BAGUETTE.

---

(1) Cambry, Voyage dans le Finistère, t. III, p. 35.
(2) *Idem, ibid.*, p. 48.

(3) Liv. VI, ch. 13.
(4) Boguet, p. 364.

Sans doute aussi le lecteur a entendu parler de la *verge foudroyante*, avec laquelle les sorciers faisaient tant de prodiges. Pour la faire, il faut acheter un chevreau, le premier jour de la lune, l'orner trois jours après d'une guirlande de verveine, le porter dans un carrefour, l'égorger avec un couteau neuf, le brûler dans un feu de bois blanc, en conservant la peau, aller ensuite chercher une baguette fourchue de noisetier sauvage, qui n'ait jamais porté fruit, ne la toucher ce jour-là que des yeux, et la couper le lendemain matin, positivement au lever du soleil, avec la même lame d'acier qui a servi à égorger la victime et dont on n'a pas essuyé le sang. Il faut que cette baguette ait dix-neuf pouces et demi de longueur, ancienne mesure du Rhin, qui fait à peu près un demi-mètre. Après qu'on l'a coupée, on l'emporte, on la ferre par les deux extrémités de la fourche avec la lame du couteau; on l'aimante; on fait un cercle avec la peau du chevreau qu'on cloue à terre au moyen de quatre clous qui aient servi à la bière d'un enfant mort. On trace avec une pierre ématille un triangle au milieu de la peau; on se place dans le triangle, puis on fait les conjurations, tenant la baguette à la main, et ayant soin de n'avoir sur soi d'autre métal que de l'or et de l'argent. Alors les esprits paraissent et on commande..... Ainsi le disent du moins les grimoires

VERRE D'EAU. On prédit encore l'avenir dans un verre d'eau, et cette divination était surtout en vogue sous la régence du duc d'Orléans. Voici comment on s'y prend : on se tourne vers l'orient, on prononce *Abraxa per nostrum*; après quoi on voit, dans le vase plein d'eau, tout ce qu'on veut : on choisit d'ordinaire pour cette opération des enfants qui doivent avoir les cheveux longs.

A côté de la divination par le verre d'eau, par la coupe, qui était usitée en Egypte du temps de Joseph, et qui se pratique encore avec diverses cérémonies, par la carafe, comme l'exerçait Cagliostro, on pourrait placer d'autres divinations qui ont pour élément un corps liquide. M. Léon de Laborde donne le détail de scènes produites au Caire (1) par un Algérien réputé sorcier, lequel prenait l'enfant qu'on lui présentait, le magnétisait par des incantations, lui traçait dans la main certaines figures, plaçait sur cette main un pâté d'encre en prononçant de mystérieuses paroles, puis lui faisait voir dans ce pâté d'encre tout ce qui pouvait piquer la curiosité des assistants. Les vivants et les morts y paraissaient. Shakspeare y vint et plusieurs autres. L'auteur d'un vol tout récent fut même découvert ainsi. S'il est vrai, comme l'assure M. Léon de Laborde, que ce récit soit sérieux, c'est fort singulier. *Voy.* Cagliostro, Oomancie, Hydromancie, etc.

VERRUES. On peut se délivrer des verrues, dit le Petit Albert, en enveloppant dans un linge autant de pois qu'on a de verrues, et en les jetant dans un chemin, afin que celui qui les ramassera prenne les verrues, et que celui qui les a en soit délivré. Cependant voici un remède plus admirable pour le même objet : c'est de couper la tête d'une anguille vivante, de frotter les verrues et les poireaux du sang qui en découle; puis on enterrera la tête de l'anguille, et, quand elle sera pourrie, toutes les verrues qu'on a disparaîtront.

Les physiognomonistes, Lavater même, voient dans les verrues du visage une signification et un pronostic. On ne trouve guère, dit Lavater, au menton d'un homme vraiment sage, d'un caractère noble et calme, une de ces verrues larges et brunes que l'on voit si souvent aux hommes d'une imbécillité décidée. Mais si par hasard vous en trouviez une pareille à un homme d'esprit, vous découvririez bientôt que cet homme a de fréquentes absences, des moments d'une stupidité complète, d'une faiblesse incroyable. Des hommes aimables et de beaucoup d'esprit peuvent avoir, au front ou entre les sourcils, des verrues qui, n'étant ni fort brunes, ni fort grandes, n'ont rien de choquant, n'indiquent rien de fâcheux; mais si vous trouvez une verrue forte, foncée, velue, à la lèvre supérieure d'un homme, soyez sûr qu'il manquera de quelque qualité très-essentielle, qu'il se distinguera au moins par quelque défaut capital.

Les Anglais du commun prétendent au contraire que c'est un signe heureux d'avoir une verrue au visage, ils attachent beaucoup d'importance à la conservation des poils qui naissent ordinairement sur ces sortes d'excroissances.

VERS. On voit dans le livre des Admirables Secrets d'Albert le Grand que les vers de terre, broyés et appliqués sur des nerfs rompus ou coupés, les rejoignent en peu de temps.

VERT-JOLI. *Voy.* Verdelet.

VERVEINE, herbe sacrée dont on se servait pour balayer les autels de Jupiter. Pour chasser des maisons les malins esprits, on faisait des aspersions d'eau lustrale avec de la verveine. Les druides surtout ne l'employaient qu'avec beaucoup de superstitions : ils la cueillaient à la canicule, à la pointe du jour, avant que le soleil fût levé. Nos sorciers ont suivi le même usage, et les démonographes croient qu'il faut être couronné de verveine pour évoquer les démons.

VESPASIEN. On raconte qu'étant en Achaïe avec Néron, il vit en songe un inconnu qui lui prédit que sa bonne fortune ne commencerait que lorsqu'on aurait ôté une dent à Néron. Quand Vespasien se fut réveillé, le premier homme qu'il rencontra fut un chirurgien, qui lui annonça qu'il venait d'arracher une dent à l'empereur. Peu de temps après, ce tyran mourut; mais Vespasien ne fut pourtant couronné qu'après Galba, Othon et Vitellius.

VESTA, déesse du feu chez les païens. Les

---

(1) *Revue des Deux-Mondes*, août 1853.

cabalistes la font femme de Noé. *Voy.* ZOROASTRE.

VÊTEMENTS DES MORTS. Ménasseh-ben-Israël dit que Dieu les conserve. Il assure que Samuel apparut à Saül dans ses habits de prophète; qu'ils n'étaient point gâtés, et que cela ne doit point surprendre, puisque Dieu conserve les vêtements aussi bien que les corps, et qu'autrefois tous ceux qui en avaient les moyens se faisaient ensevelir en robe de soie, pour être bien vêtus le jour de la résurrection.

VÉTIN. Un moine du neuvième siècle nommé Vétin étant tombé malade, vit entrer dans sa cellule une multitude de démons horribles, portant des instruments propres à bâtir un tombeau. Il aperçut ensuite des personnages sérieux et graves, vêtus d'habits religieux, qui firent sortir ces démons. Puis il vit un ange environné de lumière qui vint se présenter au pied de son lit, le prit par la main, et le conduisit par un chemin agréable sur le bord d'un large fleuve où gémissaient un grand nombre d'âmes en peine, livrées à des tourments divers, suivant la quantité et l'énormité de leurs crimes. Il y trouva plusieurs personnes de sa connaissance, entre autres un moine qui avait possédé de l'argent en propre et qui devait expier sa faute dans un cercueil de plomb jusqu'au jour du jugement. Il remarqua des chefs, des princes et même l'empereur Charlemagne, qui se purgeaient par le feu, mais qui devaient être délivrés dans un certain temps. Il visita ensuite le séjour des bienheureux qui sont dans le ciel, chacun à sa place selon ses mérites. Quand Vétin fut éveillé, il raconta au long toute cette vision, qu'on écrivit aussitôt. Il prédit en même temps qu'il n'avait plus que deux jours à vivre; il se recommanda aux prières des religieux, et mourut en paix le matin du troisième jour. Cette mort arriva le 31 octobre 824, à Aigue-la-Riche (1), et la vision de ce bon moine a fourni des matériaux à ceux qui ont décrit les enfers.

VEU-PACHA, enfer des Péruviens.

VIARAM, espèce d'augure qui était en vogue dans le moyen âge. Lorsqu'on rencontrait en chemin un homme ou un oiseau qui venait par la droite et passait à la gauche, on en concluait mauvais présage; et au sens contraire heureux augure (2)

VIDAL DE LA PORTE, sorcier du seizième siècle, que les juges de Riom condamnèrent à être pendu, étranglé et brûlé, pour ses maléfices, tant sur les hommes que sur les chiens, chats et autres animaux.

VID-BLAIN, le plus haut ciel des Elfs.

VIEILLE. Bien des gens superstitieux croient encore que dans certaines familles une vieille apparaît et annonce la mort de quelqu'un de la maison. Cardan conte que, dans un palais de Parme appartenant à une famille noble et distinguée, on voyait toujours, quand quelqu'un devait mourir, le fantôme d'une vieille femme assis sous la cheminée. *Voyez* FEMMES BLANCHES, MÉLUSINE, etc.

VILLAIN (L'ABBÉ), auteur de l'*Histoire critique de Nicolas Flamel et de Pernelle, sa femme,* in-12, Paris, 1761, livre assez recherché.

VILLARS (L'ABBÉ DE), littérateur de Limoux, assassiné en 1673 sur la route de Lyon. Il était, dit-on, de l'ordre secret des Rose-Croix. Il a beaucoup écrit sur la cabale, et de manière qu'on ne sait pas très-bien découvrir s'il y croyait ou s'il s'en moquait. On a de lui : le *Comte de Gabalis*, ou *Entretiens sur les sciences secrètes*, in-12, Londres, 1742; *les Génies assistants*, in-12, même année, suite du *Comte de Gabalis*; le *Gnome irréconciliable*, autre suite du même ouvrage; les *Nouveaux Entretiens sur les sciences secrètes*, troisième suite du *Comte de Gabalis*

Nous avons cité souvent ces opuscules, aujourd'hui méprisés. *Voy.* CABALE, etc.

VILLIERS (FLORENT DE), grand astrologue, qui dit à son père qu'il ne fallait pas qu'il lui bâtît une maison, parce qu'il saurait habiter en divers lieux et toujours chez autrui. En effet, il alla à Beaugency, de là à Orléans, puis à Paris, en Angleterre, en Ecosse, en Irlande; il étudia la médecine à Montpellier; de là il fut à Rome, à Venise, au Caire, à Alexandrie, et revint auprès du duc Jean de Bourbon. Le roi Louis XI le prit à son service; il suivit ce prince en Savoie, pour étudier les herbes des montagnes et les pierres médicinales. Il apprit à les tailler et à les graver en talismans; il se retira à Genève, puis à Saint-Maurice en Chablais, à Berne en Suisse, et vint résider à Lyon; il y fit bâtir une étude où il y avait deux cents volumes de livres singuliers, qu'il consacra au public. Il se maria, eut des enfants, tint ouverte une école d'astrologie où le roi Chrles VII se rendit pour écouter ses jugements. On l'accusa d'avoir un esprit familier, parce qu'il répondait promptement à toutes questions.

VINE, grand roi et comte de la cour infernale. Il se montre furieux comme un lion; un cheval noir lui sert de monture. Il tient une vipère à la main, bâtit des maisons, enfle les rivières et connaît le passé. Dix-neuf légions lui obéissent (3).

VIPÈRES. On trouve sans doute encore en Espagne et en Italie de prétendus parents de saint Paul qui se vantent de charmer les serpents et de guérir les morsures de vipères. *Voy.* SALIVE.

VIRGILE. Les hommes qui réfléchissent s'étonnent encore de la légende des faits merveilleux de Virgile, tradition du moyen âge, que tous les vieux chroniqueurs ont ornée à l'envi, et qui nous présente comme un grand magicien celui qui ne fut qu'un grand poète. Est-ce à cause de l'admiration qu'il inspira? Est-ce à cause de sa quatrième églogue, qui roule sur une prophétie de la naissance de Jésus-Christ? N'est-ce pas pour l'ar-

---

(1) Lenglet-Dufresnoy.
(2) Michel Scott, De physiogn., c. 56.

(3) Wierus in Pseudom. dæm.

venture d'Aristée et les descriptions magiques du sixième livre de l'*Enéide?* Des savants l'ont pensé, Mais Gervais de Tilbury, Vincent de Beauvais, le poëte Adenès, Alexandre Neeckam, Gratian du Pont, Gauthier de Metz et cent autres racontent de lui de prodigieuses aventures, qui semblent une page arrachée aux récits surprenants des *Mille et une Nuits.*

Nous croyons avoir trouvé l'origine de cette légende surnaturelle. De même qu'on a confondu le docteur Faust, ce grand magicien, avec l'inventeur de l'imprimerie, de même on a pu mêler un contemporain de Pépin le Bref, Virgile, évêque de Salzbourg, avec le poëte de la cour d'Auguste. Ce qui nous paraît de nature à consolider notre assertion, c'est que les légendaires font du beau; de l'élégant Virgile, un petit homme bossu; or, l'évêque Virgile était contrefait; il avait beaucoup d'esprit : né en Irlande, selon les uns, dans les Ardennes, selon les autres, il parvint par son seul mérite à la haute dignité de l'épiscopat. Ce fut lui qui soutint qu'il y avait des antipodes; et, comme il s'occupait d'astronomie et de sciences physiques, il laissa un renom de sorcier profondément attaché à sa mémoire. Le savant évêque portait le même nom que le grand poëte; on a pu faire des deux un seul homme; le temps s'est chargé du reste.

Une raison encore de ce que nous disons, c'est qu'une des légendes de l'auteur de l'*Enéide* est intitulée : *les Faits merveilleux de Virgile, fils d'un chevalier des Ardennes;* cette légende est celle qui présente le plus de choses extraordinaires.

Nous allons rassembler ici un précis de cette légende bizarre, qui était de l'histoire pour nos pères, il y a cinq cents ans. Elle avait encore tant de croyants au dix-septième siècle, que Gabriel Naudé, dans son *Apologie pour les grands personnages accusés de magie,* se crut obligé de la réfuter sérieusement. Elle est toujours vivace à Naples, où le peuple en raconte des lambeaux avec bonne foi

Virgile, suivant les traditions historiques, naquit à Andes, petit village près de Mantoue, l'an de Rome 684, soixante-dix ans avant Jésus-Christ. Suivant les autorités du onzième et du douzième siècle, on ne peut pas fixer exactement le lieu de sa naissance. Mais presque tous les légendaires s'accordent à dire qu'il était fils d'un vaillant chevalier, aussi habile magicien que redoutable homme de guerre.

La naissance de Virgile fut annoncée par un tremblement de terre qui ébranla tout dans Rome; et quelques-uns l'expliquent en disant que le chevalier dont il était fils n'était autre chose qu'un démon incube; tels furent le père de l'enchanteur Merlin et le père de Robert le Diable.

Comme le petit enfant se montra, dès ses plus tendres années, subtil et ingénieux, ses parents l'envoyèrent à l'école, où il apprit toutes les sciences alors connues. Quand il fut devenu grand, un jour qu'il se promenait seul à l'écart, songeant à sa mère devenue veuve (car le chevalier de qui il tenait le jour avait disparu, sans que l'on sût où il était allé), il entra dans une grotte profonde, creusée au pied d'un vieux rocher. Malgré l'obscurité complète, il s'avança jusqu'au fond. Il entendit une voix qui l'appelait; il regarda autour de lui; et, dans les ténèbres qui l'entouraient, il ne vit rien. Mais la voix, se faisant entendre de nouveau, lui dit :

— Ne vois-tu pas devant toi cette pierre qui bouche une étroite ouverture?

Virgile la heurta du pied et répondit :

— Je crois la voir en effet.

— Ote-la, reprit la voix, et laisse-moi sortir.

— Mais qui es-tu, toi qui me parles ainsi?

— Je suis le diable, qu'une main puissante a enfermé ici jusqu'au jugement dernier, à moins qu'un homme vierge ne me délivre. Si tu me tires d'ici, comme tu le peux, je t'apprendrai la magie; tu seras maître de toutes les richesses de la terre, et nul être ne sera aussi puissant que toi.

— Apprends-moi d'abord la magie et le secret de tous les livres occultes, dit l'écolier; après cela, j'ôterai la pierre.

Le diable s'exécuta de bonne grâce. En moins d'une heure, Virgile devint le plus savant homme du monde et le plus habile magicien.

Quand il sut tout ce qu'il voulait, il poussa la pierre avec son pied; et, par l'ouverture qui n'était pas plus large que ses deux mains, il sortit, dans une fumée blanche, un très-gros homme qui à l'instant se mit debout.

Le jeune adepte ne comprit pas d'abord qu'un corps si énorme eût pu passer par une ouverture si étroite.

— Il n'est pas possible, dit-il, que tu aies passé par ce trou.

— Cela est vrai cependant, dit le diable.

— Tu n'y repasserais pas assurément!

— J'y repasserais le plus aisément du monde.

— Je gage que non!

Le diable piqué voulut le convaincre. Il rentra dans la petite ouverture. Aussitôt Virgile remit la pierre; et le prisonnier eut beau prier, l'écolier s'en alla, le laissant dans son obscur cachot.

En sortant de la caverne, Virgile se trouva un tout autre homme. Il apprit par son art magique qu'un courtisan de l'empereur avait dépouillé sa mère de son château, que l'empereur refusait de le lui faire rendre, et qu'elle gémissait dans la misère. Il lui envoya aussitôt quatre mulets chargés d'or, et, n'ayant plus besoin d'étudier, il se mit en route pour Rome. Beaucoup d'écoliers ses amis voulurent le suivre. Il embrassa sa mère, qu'il n'avait pas vue depuis douze ans. Il combla de richesses tous ceux de ses parents qui avaient aidé la veuve dépouillée; c'était, selon l'usage, les plus pauvres. Lorsque vint l'époque où l'empereur distribuait des terres aux citoyens, Virgile se présenta devant lui; l'ayant salué, il lui redemanda le domaine dont sa mère avait été injustement dépossédée. L'empereur, après avoir entendu ses conseillers, dont l'un possédait le château de la veuve, répondit qu'il ne pouvait faire droit à la requête. Virgile se retira en jurant qu'il se vengerait.

Le temps des moissons approchait; par son pouvoir magique, il fit enlever et transporter chez lui et chez ses amis tout ce qui pouvait se recueillir sur les terres qu'on lui avait confisquées. Ce prodige causa une vive rumeur. On savait la puissance de Virgile; on le voyait logé en prince dans un vaste et magnifique château, et entouré de tant de serviteurs qu'on eût pu en faire une armée.

— C'est le magicien qui a fait cela, dirent les courtisans. — Il faut l'aller combattre, dit l'empereur. Et, suivi de bonnes troupes, il marcha droit au château de Virgile, se proposant de le détruire et de jeter son maître dans une dure prison. Dès que Virgile aperçut les bataillons qui venaient l'assiéger, il appela son art à son secours. D'abord il enveloppa son château d'un brouillard si épais et si fétide, que l'empereur et les siens ne purent avancer plus loin. Ensuite, au moyen de certains miroirs merveilleux, il fascina tellement les yeux des soldats, qu'ils se croyaient tout environnés d'eau agitée et près d'être engloutis. L'empereur avait auprès de lui un nécromancien très-habile, et qui passait pour le plus savant homme dans la science des enchantements. On le fit venir. Il prétendit qu'il allait détruire les prestiges de Virgile et l'endormir lui-même. Mais Virgile, qui se cachait à quelques pas dans le brouillard, entendit ces paroles; et à l'instant, par un nouveau charme qui fut très-prompt, il frappa tout le monde d'une immobilité si parfaite, que l'empereur et son magicien lui-même semblaient changés en statue.

— Comment nous tireras-tu de là? grommela le prince, sans conserver même la puissance de froncer le sourcil. — Il n'y a que Virgile qui le puisse, répondit tristement le nécromancien.

On proposa donc la paix. Aussitôt le philosophe parut devant l'empereur. Il exigea qu'on lui rendît l'héritage de son père; que l'étendue en fût doublée aux dépens des conseillers du prince, et qu'il fût admis désormais au conseil. Le César consentit à tout. Les enchantements alors s'évanouirent; Virgile reçut l'empereur dans son château et le traita avec magnificence. L'empereur, devenu l'ami de Virgile, lui demanda, puisqu'il était si savant et qu'il maîtrisait la nature, de lui faire un charme au moyen duquel il pût savoir toujours si l'une des nations soumises songeait à se révolter. — Par là, dit-il, je préviendrai toutes les guerres, et je régnerai tranquille. Le philosophe fit une grande statue de pierre qu'il appela Rome, et qu'il plaça au Capitole; puis il prit la principale idole de chacune des nations vaincues, dans le temple où les Romains recevaient tous les dieux; il les rassembla toutes et les rangea autour de la grande statue, leur mettant à chacune une trompette à la main. Dès lors, aussitôt qu'une des nations soumises pensait à se révolter, l'idole qui la représentait s'agitait, se tournait vers la statue de Rome, et sonnait de sa trompette d'une manière terrible. L'empereur, ainsi prévenu, envoyait des troupes qui arrivaient toujours à temps. On appela ce talisman *la salvation de Rome*.

Virgile avait conçu pour Naples une grande tendresse; il habitait souvent cette ville riante, que même, selon quelques-uns des légendaires, il avait fondée et bâtie. Pendant un été très-chaud, de grosses mouches se répandirent dans la ville, et, se jetant sur les boucheries, empoisonnèrent les viandes. Le philosophe, pour arrêter ce fléau, mit sur l'une des portes de Naples une grosse mouche d'airain qui, durant l'espace de huit ans qu'elle y demeura, empêcha qu'aucune mouche vivante entrât dans la ville.

On trouve dans les vieux récits beaucoup de talismans de cette espèce. Saint Loup n'en eut pas besoin pour préserver de l'invasion des mouches les boucheries publiques de Troyes en Champagne, où en effet les dispositions des courants d'air empêchent qu'elles ne puissent pénétrer, tandis qu'on les voit par myriades aux portes.

Fusil assure que, dans la grande boucherie de Tolède, il n'entrait, de son temps, qu'une seule mouche dans toute l'année. Bodin conte, dans sa *Démonomanie*, qu'il n'y a pas une seule mouche au palais de Venise. Mais s'il en est ainsi, ajoute-t-il, c'est qu'il y a quelque phylactère enfoui sous le seuil, comme il s'est découvert depuis quelques années, en une ville d'Égypte où l'on ne voyait point de crocodiles, qu'il y avait un crocodile de plomb enterré sous le seuil de la mosquée; on l'ôta, et les habitants furent dès lors travaillés des crocodiles, comme ceux des autres cités qui bordent le Nil. On sait aujourd'hui que les crocodiles n'entrent pas dans les cités. Mais revenons au magicien.

Virgile était occupé à construire, pour l'empereur, des bains si merveilleux, que chaque baignoire guérissait la maladie dont elle portait le nom, lorsqu'un fléau plus hideux que les mouches vint désoler la ville de Rome. C'était une nuée immense de sangsues qui, se répandant la nuit dans les maisons, tuaient en les suçant beaucoup de citoyens. On eut recours à Virgile. Il fit une sangsue d'or et la mit dans un puits profond hors de la ville, où elle attira tous les reptiles suceurs.

Voulant ensuite se faire admirer du peuple, Virgile alluma, sur un pilier de marbre, au milieu du Forum, une lampe qui brûlait toujours, sans que la flamme eût besoin d'aucun aliment. Elle jetait une si belle clarté, que Rome en était partout éclairée. A quelques pas il plaça un archer d'airain qui tenait une flèche et un arc bandé, avec cette inscription : *Si quelqu'un me touche, je tirerai ma flèche*. Trois cents ans après, un fou ayant frappé cet archer, il tira sa flèche sur la lampe et l'éteignit.

Pendant qu'il exécutait ces grandes choses, Virgile, ayant eu occasion de voir la fille de l'empereur, qui était jeune, belle et malicieuse, en devint très-épris, quoiqu'il fût lui-même laid, bossu et philosophe. La princesse, voulant se divertir, fit semblant d'être sensible, et lui donna rendez-vous le soir au pied de la tour qu'elle habitait. Il y vint. Au moyen d'une corbeille fixée au bout d'une corde, la princesse était convenue de le monter jusqu'à sa chambre avec l'aide de sa servante. Il se plaça dans la corbeille, et la jeune fille tira la corde; mais, lorsqu'elle vit le philosophe à moitié chemin, elle fit un nœud à sa fenêtre et le laissa suspendu dans les airs.

Gratian du Pont attribue cette méchanceté, dans ses *Controverses du sexe féminin et du masculin*, non pas à la fille de l'empereur, mais à une courtisane de Rome; il l'apostrophe dans ces vers :

> Que dirons-nous du bonhomme Virgile,
> Que tu pendis, si vrai que l'Evangile,
> Au corbillon ? A cet homme d'honneur
> Ne fis-tu pas un très-grand déshonneur!
> Hélas ! si fis; et c'était dedans Rome
> Que la pendu demeura le pauvre homme,
> Par ta cautelle et ta déception,
> Un jour qu'on fit grosse procession.

Le matin, en effet, tout le peuple qui se rendait, non pas à la procession, mais au marché, se moqua du poëte, lequel ne trouva qu'à la fin du jour une âme compatissante. Descendu à terre, il se hâta de rentrer chez lui; et là, pour se venger avant tout du peuple qui l'avait raillé, il éteignit à la fois tous les feux qui brûlaient dans Rome. Le peuple effrayé courut à l'empereur. Virgile fut mandé.

— Les feux éteints ne se rallumeront pas que je ne sois vengé, dit-il.

— Vengé de qui?

— De votre fille.

Il conta sa mésaventure, et il voulut que la princesse ou la courtisane allât en chemise sur un échafaud dressé au milieu de la grande place, et que là, avec un flambeau, elle distribuât du feu à tout le peuple. Ce châtiment, qu'il fallut subir, dura trois jours.

Virgile, pour se consoler un peu, se retira à Naples, où il se livra à l'étude. Ce fut alors qu'il mit sur une des portes de Naples deux statues de pierre, l'une joyeuse et belle, l'autre triste et hideuse, et qui avaient cette puissance que quiconque entrait du côté de la première réussissait dans toutes ses affaires; mais ceux qui entraient du côté de l'autre étaient malheureux durant tout le séjour qu'ils faisaient à Naples. Il se fit un jardin où fleurissaient les plantes et les arbres de toutes les contrées de l'univers. On y trouvait tous les animaux qui peuvent être utiles et tous les oiseaux chanteurs. On y voyait les plus beaux poissons du monde, dans de magnifiques bassins. A l'entrée d'une grotte où Virgile renfermait ses trésors immenses, on admirait deux statues d'un métal inconnu qui frappaient sur une enclume avec tant de mélodie, que les oiseaux s'arrêtaient dans les airs pour les entendre. Il fabriqua un miroir dans lequel il lisait l'avenir, et une tête d'airain qui parlait et le lui annonçait. Ne voulant pas de bornes à ses points de vue, il avait entouré ses jardins d'un air immobile, qui faisait l'office d'une muraille. Pour ses voyages, il construisit en airain une sorte de pont volant, sur lequel il se transportait aussi vite que la pensée partout où il voulait. On ajoute que c'est encore par son art qu'il creusa le chemin souterrain du Pausilippe, et qu'il mourut là.

Nous n'avons pas parlé des sentiments de Virgile pour la fille du sultan d'Egypte, parce qu'ils ne sont rapportés que par l'auteur du livre intitulé : *les Faits merveilleux de Virgile, fils d'un chevalier des Ardennes*, et que ce chroniqueur n'écrivait qu'au XVIe siècle. Mais citons l'anecdote d'Osmone sur la mort du philosophe-magicien-poëte. Dans son *Image du monde*, Osmone conte que Virgile, sur le point de voyager au loin, consulta son androïde, c'est-à-dire sa tête magique qu'il avait faite; et qu'elle lui dit que, s'il gardait bien sa tête, son voyage serait heureux. Virgile crut qu'il lui fallait seulement veiller sur son œuvre; il ne quitta pas son androïde d'un instant. Mais il avait mal compris; s'étant découvert le front en plein midi, il fut frappé d'un coup de soleil dont il mourut. Son corps, comme il l'avait désiré, fut transporté à Naples, où il est toujours sous le laurier impérissable qui le couvre.

Les Napolitains regardent le tombeau de Virgile comme leur palladium; aucun conquérant n'a osé le leur enlever. Ils croient aux merveilles que nous avons racontées et à d'autres encore. Le peuple de Naples vous le dira. Mais, à sa louange, il n'oublie pas les prodigieux faits de Virgile : *les Géorgiques* et *l'Énéide*.

VIRGILE, évêque de Salzbourg. *Voy.* ANTIPODES

VISIONS. Il y a plusieurs sortes de visions, qui la plupart ont leur siége dans l'imagination ébranlée. Aristote parle d'un fou qui demeurait tout le jour au théâtre, quoiqu'il n'y eût personne, et là il frappait des mains et riait de tout son cœur, comme s'il avait vu jouer la comédie la plus divertissante.

Un jeune homme d'une innocence et d'une pureté de vie extraordinaires, étant venu à mourir à l'âge de vingt-deux ans, une vertueuse veuve vit en songe plusieurs serviteurs de Dieu qui ornaient un palais magnifique. Elle demanda pour qui on le préparait; on lui dit que c'était pour le jeune homme qui était mort la veille. Elle vit ensuite dans ce palais un vieillard vêtu de blanc, qui ordonna à deux de ses gens de tirer ce jeune homme du tombeau et de l'amener au ciel. Trois jours après la mort du jeune homme, son père, qui se nommait Armène, s'étant retiré dans un monastère, le fils apparut à l'un des moines et lui dit que Dieu l'avait reçu au nombre des bienheureux, et qu'il l'envoyait chercher son père. Armène mourut le quatrième jour (1).

Voici des traits d'un autre genre. Torquemada conte qu'un grand seigneur espagnol, sorti un jour pour aller à la chasse sur une

---

(1) Lettre de l'évêque Evode à saint Augustin

de ses terres, fut fort étonné lorsque, se croyant seul, il s'entendit appeler par son nom. La voix ne lui était pas inconnue; mais comme il ne paraissait pas empressé, il fut appelé une seconde fois et reconnut distinctement l'organe de son père décédé depuis peu. Malgré sa peur, il ne laissa pas d'avancer. Quel fut son étonnement de voir une grande caverne ou espèce d'abîme, dans laquelle était une longue échelle! Le spectre de son père se montra sur les premiers échelons et lui dit que Dieu avait permis qu'il lui apparût, afin de l'instruire de ce qu'il devait faire pour son propre salut et pour la délivrance de celui qui lui parlait, aussi bien que pour celle de son grand-père qui était quelques échelons plus bas; que la justice divine les punissait et les retiendrait jusqu'à ce qu'on eût restitué un héritage usurpé par ses aïeux; qu'il eût à le faire incessamment, qu'autrement sa place était déjà marquée dans ce lieu de souffrance. A peine ce discours eut-il été prononcé, que le spectre et l'échelle disparurent et l'ouverture de la caverne se referma. Alors la frayeur l'emporta sur l'imagination du chasseur; il retourna chez lui, rendit l'héritage, laissa à son fils ses autres biens et se retira dans un monastère où il passa le reste de sa vie.

Il y a des visions qui tiennent un peu à ce que les Ecossais appellent la seconde vue. Boaistuau raconte ce qui suit:

«Une femme enchanteresse, qui vivait à Pavie du temps du règne de Léonicettus, avait cet avantage qu'il ne se pouvait faire rien de mal à Pavie sans qu'elle le découvrît par son artifice, en sorte que la renommée des merveilles qu'elle faisait par l'art des diables lui attirait tous les seigneurs et philosophes de l'Italie. Il y avait en ce temps un philosophe à qui l'on ne pouvait persuader d'aller voir cette femme, lorsque, vaincu par les sollicitations de quelques magistrats de la ville, il s'y rendit. Arrivé devant cet organe de Satan, afin de ne demeurer muet, et pour la sonder au vif, il la pria de lui dire, à son avis, lequel de tous les vers de Virgile était le meilleur. La vieille, sans rêver, lui répondit aussitôt:

Discite justitiam moniti et non temnere divos.

« Voilà, ajouta-t-elle, le plus digne vers que Virgile ait fait. Va-t'en et ne reviens plus pour me tenter. Ce pauvre philosophe et ceux qui l'accompagnaient s'en retournèrent sans aucune réplique et ne furent en leur vie plus étonnés d'une si docte réponse, attendu qu'ils savaient tous qu'elle n'avait en sa vie appris ni à lire ni à écrire.....

« Il y a encore, dit le même auteur, quelques visions qui proviennent d'avoir mangé du venin ou poison, comme Pline et Edouardus enseignent de ceux qui mangent la cervelle d'un ours, laquelle dévorée, on se croit transformé en ours. Ce qui est advenu à un gentilhomme espagnol de notre temps, à qui on en fit manger, et il errait dans les montagnes, pensant être changé en ours.

« Il reste, pour mettre ici toutes espèces de visions, de traiter des visions artificielles, lesquelles, ordonnées et bâties par certains secrets et mystères des hommes, engendrent la terreur en ceux qui les contemplent. Il s'en est trouvé qui ont mis des chandelles dans des têtes de morts pour épouvanter le peuple, et d'autres qui ont attaché des chandelles de cire allumées sur des coques de tortues et limaces, puis les mettaient dans les cimetières la nuit, afin que le vulgaire, voyant ces animaux se mouvoir de loin avec leurs flammes, fût induit à croire que c'étaient les esprits des morts. Il y a encore certaines visions diaboliques qui se sont faites de nos jours avec des chandelles composées de suif humain; et pendant qu'elles étaient allumées de nuit, les pauvres gens demeuraient si bien charmés, qu'on dérobait leur bien devant eux sans qu'ils sussent se mouvoir de leurs lits: ce qui a été pratiqué en Italie de notre temps. Mais Dieu, qui ne laisse rien impuni, a permis que ces voleurs fussent appréhendés, et, convaincus, ils ont depuis terminé leurs vies misérablement au gibet. » *Voy.* MAIN DE GLOIRE.

Les traditions populaires de l'Allemagne sont fécondes en visions; nous en citerons quelques-unes.

Un vieux château de la Saxe était visité par un fantôme qui faisait des tours indignes, tellement que le manoir demeurait inhabité depuis plusieurs années. Un jeune homme intrépide se décida à y passer la nuit; il emporta des provisions, des lumières et des armes. A minuit, pendant qu'il s'apprêtait à dormir, il entendit au loin un bruit de chaînes. Après avoir longuement circulé dans les corridors, l'être qui faisait ce bruit remua des clefs, ouvrit la porte, et le jeune audacieux vit paraître un grand spectre pâle, décharné, ayant une très-longue barbe et portant une trousse de barbier..... Le curieux fit bonne contenance. Le spectre cependant referma soigneusement la porte, puis s'étant approché du lit, il fit signe à son hôte de se lever, lui mit un peignoir sur les épaules et lui indiqua du doigt une chaise sur laquelle il l'invita à s'asseoir. L'Allemand tremblait un peu; son effroi augmenta quand il vit le fantôme tirer de sa trousse un antique plat à barbe d'un autre siècle, et un grand rasoir un peu rouillé. Il se rassura pourtant et laissa faire. Le spectre, qui procédait gravement, lui savonna le menton, lui rasa proprement la barbe et les cheveux, puis ôta le peignoir. Jusque-là rien de bien nouveau: on savait que l'esprit rasait ainsi tous ceux qui passaient la nuit dans le château; mais on contait aussi qu'après les avoir rasés il les assommait de coups avec son gros poing de squelette. Le jeune homme rasé, se leva de la chaise, et, comme il avait gardé quelque présence d'esprit, il se rassura en voyant le fantôme se mettre à sa place et lui indiquer la trousse qu'il avait déposée sur une table. Tous ceux qui étaient venus avant lui dans ce château avaient eu si grand peur, qu'ils s'étaient sans doute évanouis pendant qu'on les rasait; ce qui leur avait attiré des coups de poing. Le jeune homme remarqua la longue barbe du spectre et comprit tout de suite qu'il demandait le même service qu'il venait de rendre. Il le savonna hardiment et lui rasa courageusement la barbe et la tête. Sitôt que cela fut fait, le fantôme, muet jusqu'alors, se mit à parler comme une personne naturelle. Il appela le jeune homme son libérateur; il lui conta qu'autrefois, suzerain du pays, il avait eu l'usage inhospitalier de raser impitoyablement tous les pèlerins qui venaient coucher dans son château que, pour l'en punir, un vieux moine revenant de la terre sainte l'avait condamné à raser après sa mort tous ses hôtes, jusqu'à ce qu'il s'en présentât un assez hardi pour le raser lui-même.

— Il y a trois cents ans que ma pénitence dure, ajouta le spectre, et après de nouveaux remercîments il s'en alla.

Le jeune homme rassuré acheta le château à bas prix, dit le conte, et y coula des jours heureux, à la grande surprise des bonnes gens qui le regardèrent comme un habile enchanteur (1).

Plaçons ici l'historiette du barbier de Nuremberg, publiée par le *Fraser's Magazine*.

LE BARBIER DE NUREMBERG.

Dix heures venaient de sonner à la grosse horloge de l'hôtel de ville; le barbier de l'université, après avoir raclé le menton à une douzaine d'étudiants, se préparait à s'aller coucher, quand tout à coup la porte de sa boutique s'ouvrit, et un homme de petite stature, ramassé dans sa petite taille, s'avança vers lui avec vivacité. Son ventre avait une telle rotondité, qu'il eût fait honneur au plus digne bourgmestre; son visage, ses jambes, et tout le reste de sa personne, portaient les mêmes signes d'embonpoint. Son air et son langage accusaient un homme exempt de souci. Son costume était étrange. Il portait un chapeau verni à bords très-larges, un habit noir hors de mode, une culote grise avec des boucles de cuivre. Sa chevelure noire tombait sur ses épaules: ses moustaches étaient épaisses, et sa barbe avait au moins cinq jours de date.

Il salua, s'assit sans cérémonie dans le fauteuil qui recevait les clients du barbier, et passant sa main sur son épaisse barbe, il dit enfin: — Pouvez-vous me raser?

— Monsieur? fit le barbier comme s'il n'avait pas entendu.

— Je vous demande si vous pouvez me raser, répondit l'autre d'une voix forte. Est-ce que je viens ici pour autre chose?

Le barbier était un homme grand, maigre, monté sur des jambes en fuseau, âgé d'environ cinquante ans; le courage n'avait jamais été le côté brillant de son caractère. Néanmoins, il avait trop de dignité personnelle pour se laisser braver par un étranger dans sa propre maison. Il écouta donc la question de son insolent visiteur avec une assurance qui ne lui était pas ordinaire.

— Vous me demandez, Monsieur, si je puis vous raser, dit-il en continuant à repasser un rasoir qu'il tenait à la main; je n'y vois point d'obstacle, malgré l'heure avancée. Je puis raser tout homme qui a barbe au menton. Vous ne serez pas plus difficile à raser qu'un autre, quoique votre barbe ait quelque ressemblance avec le poil d'un hérisson ou de tout autre animal de cette espèce.

— Ah! fort bien; vous me raserez donc, répondit l'autre, qui se mettant à l'aise dans le fauteuil, se débarrassa de sa cravate, et se mit dans la posture d'un homme qui va être rasé.

Il plaça ses lunettes sur son nez maigre et allongé, et tendant le menton d'un air malin et ironique, il fixa sur l'étranger des regards qui n'étaient rien moins que satisfaits. Enfin il rompit le silence. — Je dis, Monsieur, que je puis raser tout le monde, mais.....

— Mais quoi? dit l'autre avec mécontentement.

— Mais vous, je ne veux pas, reprit le barbier.

Et il se remit à repasser son rasoir comme auparavant, sans faire plus d'attention au nouveau venu. Celui-ci parut tout étonné de ce langage, et regardait le barbier d'un air de surprise mêlé de curiosité.

Mais la curiosité fit bientôt place à la colère; ses joues enflèrent et acquirent presque la rondeur et la dimension d'une énorme citrouille.

— Ne pas me raser, moi! s'écria-t-il, vomissant tout à coup de ses poumons et de ses joues la masse d'air qui s'y accumulait. L'explosion de cet orage fut terrible. Le barbier tremblait.

— Ne pas me raser, moi! s'écriait l'étranger. Et le silence continuait à régner.

— Ne pas me raser! répéta le petit homme une troisième fois, plus haut que jamais, en s'élançant hors de son siège, d'un bond extraordinaire pour sa corpulence.

Le barbier en fut alarmé; il posa son cuir et son rasoir sur la cheminée, sans trop savoir ce qu'il faisait.

— Voulez-vous m'insulter dans ma propre maison? murmura-t-il avec tout le courage qu'il put appeler à son aide.

— Sang et tonnerre, qui parle de vous insulter? Je veux être rasé. Qu'y a-t-il à cela d'extraordinaire?

— Je ne rase point après dix heures, reprit le barbier; d'ailleurs, je ne travaille que pour les professeurs et les étudiants de l'université. Il m'est défendu d'exercer sur le visage de tout autre, de par le révérend docteur Anhelat et le sénat académique.

— Le docteur Anhelat, répéta l'autre avec un sourire de mépris; qui diable cela peut-il être?

— C'est le prévôt de l'université, et le professeur de philosophie morale.

— Quoi! ce cuistre d'Anhelat donne de tels ordres! Je n'ai pas le temps de passer

---

(1) Musæus a tiré parti de cette tradition dans sa légende intitulée l'*Amour muet*

ici toute la nuit, je n'ai qu'une chose à vous dire; c'est que si vous ne me rasez pas, ce sera moi qui vous raserai, et de la bonne manière encore.

Joignant l'action à la parole, il étendit le bras, saisit le barbier par le nez et le cloua sur la chaise que lui-même venait de quitter.

L'autre, interdit par la rapidité du mouvement, regardait avec surprise l'auteur de cette action audacieuse; ce ne fut qu'en sentant sur son visage l'impression froide et humide du pinceau à savon qu'il fut rappelé à sa situation présente. Il voulut se lever, mais il fut remis en place par le bras vigoureux et inflexible du petit homme.

Il n'eut plus d'autre ressource que de tourner la tête à droite, à gauche, pour éviter le fatal pinceau, mais ses efforts étaient inutiles. Son front, son nez, ses joues, ses oreilles, furent barbouillés de la matière savonneuse. Lorsqu'il essayait de crier, ses efforts n'étaient pas plus heureux; l'infatigable petit homme lui remplissait la bouche d'écume, et continuait avec plus d'énergie que jamais. D'une main il le tenait à la gorge; de l'autre, armé du pinceau, il poursuivait son opération, riant aux éclats et jouissant avec la joie la plus bruyante de la scène qu'il avait sous les yeux.

A la fin, le barbier parvint à prononcer quelques mots : ce fut pour crier merci de toutes ses forces, promettant de raser son oppresseur à toute heure et partout où il le désirerait, malgré les ordres du docteur Anhelat et du sénat académique.

Cette déclaration lui donna quelque relâche. Il se leva tremblant. Son premier soin fut de se délivrer de la mousse qui attestait son humiliation, tandis que le petit homme se remettait tranquillement sur la chaise, se pâmant presque de rire.

Le barbier stupéfait préparait ses instruments pour l'opération qu'il devait exécuter, quoique d'une manière différente, sur son adversaire. Il agissait avec lenteur, se donnant ainsi le loisir de se remettre de la secousse qu'il avait éprouvée. Enfin, tout disposé, le rasoir repassé, il attacha une serviette sous le menton de sa nouvelle pratique; et il allait commencer à couvrir de mousse son menton, lorsque celui-ci s'écria :

— Arrêtez !

Le barbier, effrayé comme un braconnier pris en flagrant délit, recula de quelques pas, regardant l'autre avec une terreur mal dissimulée.

— Prenez garde, au moins; n'allez pas me couper la gorge! dit l'étranger d'une voix forte.

— Mon état est de couper la barbe, et non la gorge, répondit humblement le barbier.

— Sans doute; mais je ne suis pas obligé de vous croire sur parole; ainsi, prenez-y garde. Si vous me coupez la gorge, je vous fais sauter la cervelle, voilà tout. Et mettant la main dans une des larges poches de son habit, il en tira un pistolet d'arçon, l'arma et le posa sur une chaise près de lui.

— Maintenant, commencez, continua-t-il, et rappelez-vous bien que, si vous m'égratignez tant soit peu le menton, ou si vous y laissez un seul poil, je vous casse la tête. Vous voilà dûment avisé.

La vue de cette arme terrible augmenta, comme on le pense bien, la terreur du barbier. Sa main tremblait comme la feuille, il se remit à préparer le savon, et il employa dix fois plus de temps qu'il ne l'avait jamais fait dans aucune autre occasion, à savonner le visage de l'inconnu. Il redoutait d'approcher son rasoir de son menton; aussi prit-il le parti de continuer à savonner indéfiniment, plutôt que de courir le risque de recevoir une balle de pistolet dans la tête. Ce délai lui fut utile, et donna le temps à sa main de recouvrer son assurance. L'étranger n'y trouvait rien à dire; au contraire, sa bonne humeur semblait renaître sous le chatouillement agréable du pinceau; et, se mettant à siffler gaiement, il lançait l'écume de ses lèvres sur la face du barbier, avec une apparence de satisfaction.

Une demi-heure s'était écoulée depuis que ce dernier avait commencé, et il en était encore à cette opération préliminaire, qui paraissait plaire au petit homme; car loin de se plaindre de sa longueur, il continuait à siffler et à fredonner, au grand déplaisir de notre barbier, qui n'éprouvait pas peu de difficultés à promener légèrement son pinceau sur une physionomie aussi mobile.

Il y avait près de trois quarts d'heure qu'il frictionnait le menton de cet étrange personnage, sans entrevoir de terme à son labeur; le petit homme lui riait toujours au nez, et l'éternel « Savonne toujours! » sortait de sa bouche dès que le barbier semblait prêt à abandonner le pinceau. Celui-ci avait d'ailleurs assez présent à l'esprit le châtiment d'une première résistance; et de plus il avait devant les yeux le pistolet menaçant.

Il est impossible de se faire une idée des angoisses du barbier. Il se trouvait comme enfermé dans un cercle magique. Ses forces étaient près de l'abandonner. Mais s'arrêtait-il un moment, l'éternel « Savonne toujours! » retentissait à ses oreilles; s'il voulait prendre son rasoir, il était rappelé par le même cri; et s'il refusait de raser, il courait le risque d'être rasé lui-même.

— Savonne toujours ! criait l'étranger d'une voix de stentor, en enfonçant ses doigts dans les boucles de sa noire et épaisse chevelure, et ouvrant dans son rire une bouche capable d'avaler la pleine lune.

— Je n'en puis plus ! dit enfin le barbier en laissant tomber ses deux mains de fatigue et d'accablement.

— Vous n'en pouvez plus? Je vais vous guérir de cela. Avalez-moi quelques gouttes de cette liqueur merveilleuse, l'élixir de Méphistophélès, l'ami du docteur Faust.

En disant cela, il tira de sa poche une bouteille de liqueur rouge, la déboucha, et avant que le barbier y eût pris garde, il le força d'en avaler la moitié.

— Maintenant, savonne toujours ! continua-t-il, il n'y a rien de tel.

Confondu par la rapidité de cette action, le pauvre homme n'eut pas le temps de réfléchir, et trempant de nouveau le pinceau dans le savon, il continua comme auparavant. Réchauffé par ce qu'il avait avalé, il sentait une vigueur nouvelle se répandre dans tous ses membres; tandis que le petit homme ne cessait de crier : « Savonne toujours; » se tordant et grimaçant de la même manière.

L'horloge du collége avait sonné onze heures. Une demi-heure s'était encore écoulée, et minuit approchait. Le barbier continuait sa tâche indéfinie, et l'étranger ses vociférations éternelles : « Savonne toujours! » Enfin l'obscurité devint si grande, qu'il voyait à peine son pinceau. La lampe, après avoir jeté quelques éclairs de sa lueur vacillante comme un météore mourant, s'éteignit; il ne restait plus dans le foyer que quelques charbons rouges qui répandaient à peine un peu de chaleur et une faible lumière. La chambre n'était éclairée que par les pâles rayons de la lune. Les angoisses du barbier croissaient avec l'obscurité; sa main pouvait à peine tenir le pinceau qu'il maniait au hasard, tantôt rencontrant, et tantôt manquant le visage de l'étranger; mais bien que l'obscurité fût complète et que l'horloge du collége eût sonné minuit, celui-ci ne donnait aucun signe de fatigue. Son refrain continuait encore : « Savonne toujours ! »

Bientôt il sembla s'endormir, et il commença à ronfler. De temps en temps, un long murmure : « Savonne toujours! » sortait de sa poitrine comme du fond du tombeau. Les têtes à perruques elles-mêmes murmuraient les mêmes syllabes, sur le même ton et avec la même lenteur.

Un nuage ayant éclipsé la lune, la chambre se trouva dans l'obscurité la plus complète; le barbier fut saisi d'une impression de terreur inexprimable.

Sa maison s'ouvrait sur le cimetière du collége, environné de tous côtés de hautes murailles et régulièrement fermé chaque soir. Tout contribuait à rendre sa position plus affreuse.

Pourtant la souffrance lui rendit un peu de courage, et, se retournant tout à coup, il se dirigea rapidement vers la porte dans l'intention de s'échapper.

Mais à peine avait-il fait quelques pas vers le seuil, qu'un cri : « Savonne toujours! » plus fort que jamais, l'arrêta immobile.

Les cris de ce personnage devinrent alors plus violents.

— Vous n'êtes pas fatigué, j'espère? dit-il. Voulez-vous une seconde potion de mon élixir?

— Nous avons plus besoin de lumière que d'élixir, répondit le barbier avec effort.

— Eh bien! savonnez toujours! nous ne manquerons pas de lumière. En voici deux qui vous suffiront.

Le barbier recula d'épouvante. Au milieu de l'obscurité, il vit étinceler deux yeux effrayants qui se fixèrent sur lui. C'étaient ceux du petit homme; leur éclat ressemblait à la lueur affreuse des spectres qu'on voit errer la nuit dans les cimetières. Sous leur reflet, ses joues, autant que le savon permettait d'en apercevoir la couleur, devinrent d'un rouge cramoisi; son épaisse chevelure semblait transformée en noirs serpents, et lorsqu'il riait, l'intérieur de sa bouche, et le fond de sa gorge ressemblait à l'ouverture d'une fournaise ardente.

L'haleine qui s'exhalait de cette source brûlante était enflammée, suffocante et sulfureuse, comme une émanation de l'enfer.

Cette vue glaça le sang dans les veines du pauvre barbier; il ne voit plus de salut que dans la fuite; jetant loin de lui le pinceau, il s'efforce de s'élancer vers la porte en murmurant dans l'angoisse du désespoir :

— Seigneur, Seigneur, ayez pitié de moi! j'ai rasé le diable!

Retrouvant un peu ses forces, il s'élance à travers le cimetière. Mais il y avait à peine une demi-minute qu'il s'était enfui, lorsque ses oreilles furent frappées des éclats de rire affreux de l'étranger et de son cri horrible encore : « Savonne toujours ! » Un instant après, il entendit derrière lui le bruit de ses pas. Il voulut redoubler d'efforts, et courut vers la tour du clocher, qui se trouvait ouverte. Il entra, mais l'autre le suivait de près. Il monta l'escalier de la tour avec la rapidité de l'éclair. Au sommet il savait une porte qui donnait sur une terrasse extérieure; s'il pouvait l'atteindre, il était sauvé, n'ayant qu'à fermer cette porte en dehors pour arrêter la poursuite de son ennemi. Vain espoir! Lorsqu'il se précipitait sur la terrasse, le petit homme y arrivait aussi. Au-dessus d'eux la flèche de l'église s'élevait à cent trente pieds; au-dessous s'étendait un abîme plus profond encore. Le barbier sentait ses dents claquer, ses genoux trembler :

— Ha! ha! s'écria son persécuteur, à quoi pensez-vous maintenant, mon vieux? Savonnez toujours, savonnez-moi jusqu'à six heures du matin. Prenez votre pinceau et votre boîte à savon. Mais qu'en avez-vous fait?

— Je les ai jetés, bégaya le barbier terrifié.

— Jetés! j'ai bien envie de vous jeter en bas également! Une cabriole du haut du clocher serait chose à voir par un si beau clair de lune.

A ces mots, il saisit par le nez le barbier qui demandait grâce à genoux, l'enleva sans efforts, et le tira à la longueur de son bras en dehors de la terrasse.

Il est plus facile de concevoir que d'exprimer les alarmes du pauvre homme suspendu par le nez au-dessus de cet affreux abîme; il se démenait, étendait de tous côtés ses longs bras comme une araignée à la torture, poussait des cris horribles et demandait grâce aussi distinctement que le permettait la position terrible où il était, promettant de raser le petit homme jusqu'au dernier moment de sa vie. Il exposait dans quel abandon sa mort laisserait sa femme et ses enfants, et faisait usage des arguments les plus touchants pour attendrir le cœur de son bourreau : mais en vain ; le petit homme n'était pas de nature à se laisser émouvoir. Il ouvrit le pouce et l'index qui soutenaient le barbier, et celui-ci commença à travers les abîmes de l'espace, une chute de cent trente pieds. Il descendait en pirouettant comme un volant, tantôt la tête en bas, et tantôt les pieds. Pendant ces culbutes multipliées, il apercevait de temps en temps son adversaire au-dessus de lui ; il le voyait, penché sur la terrasse, avec sa face blanchie de mousse, se tenant les côtés et riant aux éclats. En même temps il entendit sortir rapidement de sa bouche l'éternel « Savonne toujours ! »

Mais ce qu'il y avait de plus effrayant pour lui, c'était l'éclat de ses yeux qui lançaient des rayons et semblaient deux flambeaux funèbres pour l'éclairer dans sa chute. La sensation du barbier devint affreuse à l'approche du sol. Tout son corps frissonnait convulsivement ; sa respiration était pénible et sa poitrine oppressée ; il se recoquillait dans les plus petites dimensions possibles, comme un limaçon.

Le moment n'était pas éloigné où il allait être écrasé. Cependant, contrairement aux lois de la pesanteur, à mesure qu'il approchait de terre, le mouvement était moins rapide. Enfin, chose extraordinaire, il devint d'une telle lenteur, qu'il paraissait au barbier qu'il était soutenu dans les airs. Quelque bon ange, touché de pitié pour lui, était accouru à son secours, et l'avait reçu dans ses bras. Aussi, au lieu d'être brisé en pièces, il se sentit doucement posé dans son lit, et comprit, à la grande joie de son âme, qu'il avait fait un rêve.

LE VIEILLARD MYSTÉRIEUX.

C'était au plus fort de la révolution française, pendant ces jours de gloire militaire au dehors, de terreur, de sang, de deuil et de larmes au dedans, que quatre jeunes gens se trouvèrent un soir réunis au *Caveau des Aveugles*.

— Chut ! dit l'un d'eux à voix basse à ses camarades qui commençaient à s'entretenir des affaires publiques, pour Dieu ! ne nous occupons pas de politique ; par le temps qui court, il ne fait pas bon parler de ces sortes de choses : les têtes tiennent si peu sur les épaules, qu'il suffit du moindre souffle de la dénonciation pour les faire tomber, et vous savez, ajouta-t-il en baissant encore davantage la voix, et en jetant un regard inquiet autour de lui, que les espions ne manquent pas : on dirait que les murailles mêmes ont des oreilles ; mes amis, prenons garde à nous !

— Alors, contons des histoires.

Et la conversation s'entama sur le chapitre des apparitions, des spectres, des revenants, etc. ; c'était peut-être le seul sujet qu'on pouvait traiter sans danger dans ces jours néfastes. Après de longs débats, trois des convives avouèrent qu'ils ajoutaient une foi plus ou moins grande aux traditions sur la matière ; mais le quatrième, nommé Albert L....., déclara qu'il était sceptique, convaincu, disait-il, que les choses en apparence les plus extraordinaires finissaient toujours par devenir très-simples lorsqu'on avait le courage de les examiner de près et de les analyser de sang-froid.

Il était une heure très-avancée de la nuit lorsque les quatre amis se séparèrent. Albert, resté après le départ de ses camarades, se disposait à regagner sa demeure ; il fut accosté par un petit vieillard qui avait été assis toute la soirée à une table voisine, et auquel les jeunes gens n'avaient fait aucune attention. J'ai entendu votre conversation, lui dit-il (Albert pâlit ; il se croyait déjà arrêté, ou du moins sur le point de l'être), et j'ai été frappé du ton *tranchant* avec lequel vous avez déclaré *ne croire à rien* ; permettez-moi de vous dire qu'à votre âge on devrait s'abstenir, non-seulement de traiter aussi légèrement des questions aussi abstraites, mais surtout de les résoudre d'une manière absolue. Avouez que vous n'avez voulu que contrarier vos amis, ou vous donner la petite satisfaction d'amour-propre de passer à leurs yeux pour un *esprit fort*, car il peut exister dans la nature, des choses étranges, incompréhensibles, qui échappent à toutes les investigations.

— Ce que j'ai dit, je le pense et je le crois, répondit le jeune homme rassuré, et je ne croirai *à rien* aussi longtemps que je n'aurai pas été *convaincu*.

— Et que faut-il pour que vous le soyez ?

— Être témoin d'une de ces choses *étranges, incompréhensibles*, dont vous venez de parler, répondit Albert d'un air moqueur.

— Cela ne dépend que de vous.

— Comment ! que faut-il faire ? expliquez-vous.

— Silence ! dit le vieillard ; revenez ici demain à la même heure ; mais je vous préviens qu'il faudra vous armer de courage.

— J'y consens ; je vous préviens à mon tour que je ne suis ni superstitieux ni craintif, et que mon imagination n'est pas facile à émouvoir.

— C'est ce que nous verrons, dit le vieillard ; et ils se séparèrent.

Le lendemain, fidèle à sa promesse, Albert se trouva au rendez-vous à l'heure fixée.

— Etes-vous toujours dans les mêmes dispositions, et *décidé à tout braver* ? lui demanda le vieillard.

— Ma présence ici doit vous en convaincre.

— Alors, suivez-moi.

Il faisait un temps affreux ; un vent violent s'engouffrait dans les édifices ; la pluie tombait par torrents, et une obscurité profonde enveloppait tous les objets. La première partie de leur course fut silencieuse, mais après avoir marché à peu près une demi-heure par des endroits qu'il ne connaissait pas, Albert, s'arrêtant subitement, demanda à son guide : Où me conduisez-vous ?

— Dans un lieu où vous verrez des choses qui vous convaincront qu'il y a encore plus de présomption à tout nier qu'il n'y a de faiblesse à tout croire, répondit le mystérieux vieillard.

— Y arriverons-nous bientôt?
— A l'instant.

En effet, le compagnon d'Albert s'arrêta presque immédiatement devant une maison qui paraissait ne pas avoir été habitée depuis longtemps, à en juger par son aspect délabré; elle était située dans une rue écartée et en ce moment totalement déserte, mais qu'Albert reconnut pour y avoir déjà passé. Après en avoir ouvert la porte extérieure, qui criait sur ses gonds rouillés, le vieillard engagea son compagnon à entrer.

Le jeune homme hésita, car il se rappelait en ce moment jusqu'aux moindres détails des nombreuses et effrayantes histoires d'assassinats qu'il avait lues ou entendu raconter. L'heure, le lieu, l'obscurité de la nuit, l'isolement complet où il se trouvait, tout contribuait à ébranler sa résolution déjà chancelante. Etranger à Paris, il se repentait intérieurement d'avoir poussé les choses aussi loin, il regrettait sa petite chambre et son coin du feu solitaire, près duquel il rêvait en sécurité et à l'abri des éléments à sa famille et à son pays.

Le vieillard, s'étant aperçu de son irrésolution, lui dit d'un ton ironique : Eh bien! pourquoi n'entrez-vous pas? Avez-vous déjà peur! qu'est devenue cette fermeté dont vous faisiez parade, il n'y a encore qu'un instant? Je me doutais bien que tout cet échafaudage de bravoure et d'incrédulité s'écroulerait à la première épreuve ; retournons sur nos pas, puisque vous n'avez pas le courage d'avancer, mais à l'avenir ne faites plus le *rodomont*.

— Je ne crains pas les choses surnaturelles, répondit Albert piqué au vif; mais je puis redouter un danger réel : seul avec vous que je ne connais pas, qui me garantit que vous ne cherchez pas à m'attirer dans un guet-apens?

— Dans un guet-apens! et dans quel but, serait-ce pour vous dépouiller? et que pourrait-on espérer de trouver sur un obscur étudiant! il faudrait autre chose pour tenter la cupidité; on ne tue pas pour le seul plaisir de tuer. D'ailleurs n'êtes-vous pas jeune et robuste, tandis que je suis vieux et faible; allons donc, vous me faites pitié.

— Marchez devant, dit Albert, honteux de sa faiblesse, mais je vous préviens que je suis armé, et qu'au moindre mouvement suspect je vous fais sauter la cervelle.

— Soit! dit le vieillard; et après avoir allumé une lanterne sourde, il monta le premier un escalier sombre, tortueux et dégradé, suivi de son compagnon prêt à faire feu au moindre soupçon de trahison.

Arrivé au quatrième étage, le vieillard poussa une porte, et ils entrèrent dans une chambre humide et d'où s'exhalait une forte odeur de vétusté; les murs étaient tapissés de toiles d'araignées, et le plancher était couvert d'une épaisse couche de poussière ; on n'y voyait pour tous meubles que deux vieilles chaises et une table vermoulue, sur laquelle se trouvait placé un grand vase rempli d'eau.

Ils s'assirent en face l'un de l'autre. — Ne vous ai-je pas déjà assuré que vous n'aviez rien à craindre, dit le vieillard, après avoir jeté un regard de dédain sur les pistolets qu'Albert avait placés près de lui; aucun être vivant, excepté vous et moi, n'habite cette demeure. Le passé et l'avenir me sont également connus, ajouta-t-il après un instant de silence; que désirez-vous savoir de ce qui vous concerne?

— Quand et comment je mourrai, répondit Albert.

— Pourquoi vouloir connaître votre destinée? ne savez-vous pas que le don le plus fatal que pourrait posséder l'homme, serait celui de la prescience! Croyez-moi, jouissez du présent et ne vous occupez pas de l'avenir. Demandez-moi toute autre chose.

— Non, c'est mon avenir que je veux connaître.

— Puisque vous le voulez absolument, je vais vous satisfaire : Vous mourrez jeune, et.....

— A quelle époque?
— *Endéans les soixante jours.*
— De quelle manière?
— D'une maladie de langueur.

— Il cherche à m'effrayer, pensa Albert, mais il n'y réussira pas ; ne suis-je pas fort et bien portant? — Cela n'est pas impossible, mais permettez-moi de ne pas croire à votre fâcheux pronostic, dit-il en souriant; je sens qu'il me reste bien des années à vivre.

— Croyez-le, si cela peut contribuer à votre bonheur, répondit le vieillard, mais n'oubliez pas l'époque fatale; vous me reverrez encore une fois, et ce sera à votre dernière heure. Maintenant, reprit-il après une courte pause, qui désirez-vous voir? Prononcez le nom d'une personne morte ou vivante, et elle apparaîtra devant vous.

— Je veux voir mon grand-père décédé il y a plus de cinq ans, répondit le jeune homme avec un accent d'incrédulité.

— Regardez dans ce vase, dit le vieillard. Et à peine Albert y eût-il jeté un rapide coup-d'œil, qu'il vit son aïeul couché sur son lit de mort, tel qu'il l'avait vu la dernière fois. Un rapide frisson parcourut tout son corps; tandis que la sueur vint mouiller son front brûlant. Cela est étrange, se dit-il en lui-même, mais n'est cependant pas impossible à expliquer au moyen de la physique et de la fantasmagorie.

Il y eut un nouveau moment de silence.

— Vous pensez à votre ami Adolphe de B....., voulez-vous le voir? demanda le vieillard.

Albert resta stupéfait d'étonnement; son mystérieux compagnon venait de lire dans sa pensée. Il regarda de nouveau et vit une place publique d'une ville qui lui était inconnue; beaucoup de monde y était assemblé et l'on dansait autour de feux de joie.

— N'apercevez-vous personne de votre connaissance parmi la foule? demanda le vieillard.

—Ah! mon Dieu! s'écria Albert, c'est bien lui! c'est mon ami! c'est Adolphe!
— Suivez ses mouvements: que fait-il?
— Il s'éloigne de la place, il entre seul dans une sombre allée de peupliers; il a l'air triste et pensif.
— Maintenant, dit le vieillard en lui présentant un poignard, plongez cette arme dans le vase.

Albert hésita.
—Quoi! encore de la pusillanimité! s'écria son compagnon, tandis qu'un étrange sourire passa rapidement sur ses lèvres pâles et crispées, et qu'une expression indéfinissable brillait dans ses petits yeux gris: frappez donc si vous avez du cœur, ou bien n'êtes-vous qu'un enfant ou.... un lâche?

En cet instant le timbre d'une horloge voisine sonna minuit; c'était la dernière heure du 30 novembre 1793.

A peine Albert, poussé par un pouvoir invisible, mais auquel il ne pouvait se soustraire, eut-il plongé le poignard dans le vase, qu'un cri affreux retentit; il fut suivi d'un sourd gémissement, puis d'un bruit plus faible, semblable à celui produit par le dernier râle d'un mourant, puis tout retomba dans un lugubre et profond silence; et la lumière, qui un instant auparavant avait jeté un vif éclat, s'éteignit.

Albert, saisi d'horreur, laissa tomber son arme, se précipita vers la porte, et, malgré les ténèbres dont il était environné, il descendit les escaliers des quatre étages avec plus de rapidité qu'il n'eût pu le faire en plein jour, tandis qu'un éclat de rire semblable à celui d'un démon parvenait jusqu'à lui. Arrivé dans la rue, il continua sa course précipitée, et après avoir erré au hasard dans des quartiers que son trouble ne lui permit pas de reconnaître, il rentra enfin chez lui au point du jour, brisé de fatigue et d'émotions.

Trois jours après cet étrange événement, qui avait laissé dans l'esprit d'Albert une inquiétude vague et un indéfinissable sentiment de mélancolie, sa portière lui remit une lettre bordée de noir; il en brisa le cachet d'une main tremblante et lut la fatale nouvelle « que son ami Adolphe de B.... arrivé à Marseille seulement depuis la veille, ayant quitté la place publique de.... où l'on célébrait une victoire, avait été frappé d'un coup de poignard au-dessous du sein gauche, dans une allée de peupliers, le 30 *novembre dernier à minuit*; qu'on ne lui connaissait pas d'ennemis; que rien ne lui avait été enlevé, et, enfin, que toutes les recherches pour découvrir l'assassin étaient restées infructueuses. »

Pénétré de douleur, Albert se rendit sur-le-champ à la mairie de son arrondissement, y fit sa déposition, et quoiqu'il n'eût qu'un faible espoir de pouvoir retrouver l'endroit fatal où il avait passé une partie de la nuit du 30 novembre, il se mit à la tête des agents de la police, et après plusieurs jours de courses fatigantes et inutiles, il crut enfin reconnaître la maison inhabitée; on enfonça la porte, on monta les quatre étages, et l'on retrouva la chambre sale, froide et humide, où il s'était trouvé avec le vieillard, dans le même état qu'il l'avait laissée lors de sa fuite; rien n'y avait été changé: seulement le vase dans lequel il avait plongé le poignard contenait un liquide d'une couleur rougeâtre et d'une odeur fétide et nauséabonde, et la lame de cette arme, qu'on ramassa sur le parquet, était couverte de taches de la même couleur: l'analyse chimique qui en fut faite plus tard démontra que l'un et l'autre étaient du sang.

Depuis cet instant, le malheureux Albert, frappé au cœur, ne fit plus que languir; son imagination malade le représentait sans cesse comme le meurtrier d'Adolphe, et malgré tout ce qu'on put faire pour le distraire et le guérir de sa monomanie, il fut bientôt réduit à la dernière extrémité.

Un soir que l'infortuné jeune homme, soutenu dans les bras de sa mère éplorée, semblait éprouver un instant de calme et paraissait reposer, il se redressa soudainement en s'écriant d'une voix tremblante et saccadée, tandis que ses yeux, hagards et qui semblaient sortir de leurs orbites, se dirigeaient vers la fenêtre: le voilà! le voilà! et après une légère convulsion, il expira. C'était juste deux mois, jour pour jour, après la mort de son ami. Les spectateurs de cette scène effrayante, s'étant élancés vers l'endroit qu'avaient fixé les regards mourants du malheureux Albert, crurent voir au loin une ombre qui glissait rapidement sur la neige.

L'histoire qui précède m'a été racontée, il y a quelques années, par le lieutenant colonel D. P... qui m'assura avoir lu sur les registres de la mairie du onzième arrondissement toutes les circonstances de cet étrange événement, dans lequel certains voulurent voir la main du pouvoir sanglant qui gouvernait alors la France, et d'autres.... *le doigt de Dieu* (1).

Voici autre chose.

Blendau, partant pour l'Italie, s'arrêta dans une ville du nord de l'Allemagne, chez Rebman, son ami, régisseur d'un domaine royal, qu'il avait visité souvent.

— Mon cher Blendau, lui dit Rebman, nous n'avons de disponible pour l'instant que la chambre grise; mais tu ne voudras pas y coucher.

— Pourquoi donc?
— As-tu oublié la dame châtelaine?
— Bah! je n'y pense plus. J'ai vécu cinq ans dans la capitale; actuellement les esprits ne me font plus peur; laissez-moi coucher dans cette fameuse chambre.

Brigitte conduisit Blendau dans la chambre grise.

Un instant après, la femme et les enfants de Rebman arrivèrent de la foire; il ne leur dit rien de Blendau, voulant le lendemain, au déjeuner, les surprendre de cette visite

---

(1) Ce fragment, publié dans les journaux, était signé J. B. F. S...s.

agréable. La chambre grise était au second étage, à l'extrémité d'une des ailes du château. Brigitte posa ses deux flambeaux sur une table, au-dessous du vieux miroir, et se hâta de se retirer.

Le jeune voyageur se mit à considérer cet appartement antique : l'énorme poêle de fer portait la date 1616 ; une porte vitrée, à petits carreaux arrondis, enchâssés dans du plomb, donnait sur un long passage sombre qui conduisait à la tour des cachots ; le lit était orné d'un grand baldaquin et de rideaux de soie épaisse brochés en or ; les meubles n'avaient pas changé de place depuis plus de cent ans. Mais la dame châtelaine remontait bien plus loin. Gertrude, c'était son nom, avait fait vœu de virginité en son vivant ; ne l'ayant pas tenu, elle s'était empoisonnée de désespoir, à dix-neuf ans, dans cette même chambre grise ; et, disait-on, elle avait été condamnée à souffrir trois cents ans les tourments du purgatoire. Cette pénitence rigoureuse ne sera terminée qu'en 1850 ; jusque-là elle doit apparaître toutes les nuits dans la chambre grise. Blendau avait cent fois entendu les récits de ces apparitions : la dame châtelaine, disait-on, se montrait avec un poignard. Il n'était pas si rassuré qu'il le disait ; il ferma les portes aux verrous, souffla ses bougies et la fatigue l'endormit. Deux heures après, le son de minuit l'éveille, il voit la chambre éclairée ; il se soulève avec effroi, jette les yeux sur le vieux miroir, et aperçoit le spectre de Gertrude, vêtu d'un linceul, tenant un poignard dans la main droite. Une couronne de romarin et de clinquant est entrelacée dans ses cheveux. Il voit dans le miroir, à la clarté des deux bougies, l'éclat fixe des yeux de Gertrude, la pâleur de ses lèvres. Elle parle à voix basse. Le jeune homme épouvanté veut sortir du lit ; l'effroi l'a paralysé. Cependant la châtelaine s'avance vers lui, le poignard levé, avec un regard terrible. Elle lui applique le poignard sur la poitrine ; sa main laisse tomber des gouttes de poison. Il saute hors du lit et court à la fenêtre pour appeler du secours ; mais le spectre le prévient ; il pose une main sur la fenêtre, de l'autre il saisit Blendau, qui sent sur son dos l'impression glaciale de la mort. Les lumières s'éteignent ; Blendau se réfugie dans son lit, s'enfonce sous la couverture, et tout rentre dans le silence.

L'extrême fatigue finit par lui faire retrouver encore un peu de sommeil.

Il s'éveille au point du jour, tout en nage, ses draps étaient trempés. — Il ne sut que penser de son horrible aventure : les bougies consumées, le dérangement de certains meubles, tout lui prouvait que sa vision n'était pas un rêve ; mais, n'osant en parler à Rebman, il remonta à cheval et partit sur-le-champ.

Quand cette aventure fut publiée, en 1810, dans le journal *le Sincère*, avec une apostille où M. Blendau attestait au nom de l'honneur et au péril de sa vie, la vérité de cette histoire, elle fit sensation et occupa toutes les conversations de Berlin. Un médecin publia alors une aventure du même genre, qui lui était arrivée, non dans une chambre grise, mais dans une chambre noire. J'allai un jour, dit-il, dans le château du lieutenant colonel Silberstein, dont la fille était gravement malade ; on me fit rester pour la soigner, et on me prépara une chambre où je me retirai de bonne heure. Elle avait une apparence assez lugubre : des peintures noires en couvraient les portes antiques, le plafond et le lambris. Un domestique vint me demander si je ne me trouvais pas trop seul dans cette chambre, et si je voulais qu'il restât avec moi. Je me moquai de lui et de toutes les histoires de revenants qu'il me conta sur cette chambre noire, qui jouissait d'un mauvais renom. Je m'endormis, après avoir tout visité et tout bien fermé.

J'étais dans mon premier sommeil, lorsque j'entendis prononcer mon nom tout bas. J'ouvre les yeux à demi : ma chambre est éclairée d'une lumière extraordinaire ; une main froide vient me toucher ; et je vois à côté de moi une figure pâle comme la mort, revêtue d'un drap mortuaire, qui étend vers moi ses bras glacés. Dans le premier mouvement de terreur, je poussai un cri, et je fis un saut en arrière. A l'instant j'entendis frapper un coup violent. L'image disparut, et je me retrouvai dans l'obscurité. L'horloge sonna, c'était minuit.... Je me levai sur-le-champ, j'allumai deux bougies ; je visitai de nouveau, tout était bien fermé. J'allais attribuer tout ce qui s'était passé à un songe, lorsque, m'étant approché de mon lit avec une lumière, j'y découvris une boucle de cheveux bruns, posée sur mon oreiller. Elle ne pouvait pas y être venue par un rêve ni par une illusion. Je la pris, et je l'ai conservée. Mais au moment où j'étais interdit de cette circonstance, j'entends marcher à pas précipités ; on frappe à ma porte : — Levez-vous, me crie-t-on, mademoiselle se meurt.

Je vole à la chambre de la malade, que je trouve sans vie : on me dit qu'un peu avant minuit elle s'était réveillée, et qu'après avoir respiré fortement, elle avait rendu le dernier soupir. Sa mère, inconsolable, voulut au moins, avant de quitter le corps inanimé de la jeune fille, emporter une boucle de ses cheveux. Qu'on juge de mon effroi, quand je m'aperçus qu'il manquait une boucle à ses longs cheveux bruns, celle précisément que j'avais reçue dans la chambre noire. Le lendemain je fus atteint d'une maladie dangereuse, qui fut la même que celle dont la jeune personne était morte.

Au moment où le médecin rendit cette aventure publique, un avocat ayant couché dans la même chambre noire et vu à peu près les mêmes choses, la justice visita les lieux. On découvrit un ressort secret qui ouvrait un lambris dans le lit de la chambre fatale ; elle communiquait à un cabinet qu'habitait la femme de chambre ; c'était cette femme qui, pour ses intrigues personnelles, jouait le personnage de fantôme, afin de posséder seule la chambre infestée. Le docteur et l'avocat l'avaient prise successivement pour un spectre.

Après que cette histoire fut débrouillée, le journal le Sincère publia l'éclaircissement des aventures de la chambre grise. Tout était l'ouvrage des enfants du châtelain, auxquels Brigitte avait conté l'arrivée de Blendau; la jeune Charlotte faisait le rôle de Gertrude; ses deux frères avaient ouvert le verrou de la petite porte, en passant une main par un carreau cassé. Quand tout ceci fut dépouillé du merveilleux, on dit que le médecin de la chambre noire s'écria: « Nous vivons dans un siècle pervers et détestable; tout ce qui est ancien s'anéantit, et un pauvre revenant ne peut même plus loyalement se maintenir.... »

Ne quittons pas encore les Allemands, qui ne se refusent pas les hallucinations.

Trois jeunes filles de Berlin, s'étant réunies un jour, demandaient à l'une d'entre elles, Florentine, d'où lui venait la tristesse qu'elles lui remarquaient. Elle en avoua la raison en ces termes:

— J'avais une sœur nommée Séraphine, que vous avez connue; elle s'entêta des rêveries de l'astrologie et des sciences de la divination, au grand chagrin de mon père. Ma mère mourut, et mon père pensa qu'avec l'âge ce penchant bizarre se perdrait; mais Séraphine poursuivit son étude: elle disait avoir été ravie, avoir joué avec les esprits; et je ne suis pas éloignée de le croire, puisque moi et d'autres l'avons vue dans le jardin, tandis qu'elle se trouvait à la maison.... Un soir qu'elle était allée chercher ses parures pour aller en soirée, elle rentra sans lumière; je jetai un cri d'effroi; son visage avait subi une altération complète, sa pâleur habituelle avait pris la teinte affreuse de la mort; ses lèvres couleur de rose étaient devenues bleues. — J'ai été saisie d'une indisposition subite, nous dit enfin tout bas. Après des instances répétées de ma part, elle finit par me dire que l'esprit de notre mère, morte depuis quelque temps, lui avait apparu, qu'elle avait entendu marcher derrière elle, qu'elle s'était sentie retenue par la robe, et qu'effrayée, elle s'était évanouie; qu'après avoir repris ses forces et au moment d'ouvrir son armoire, les deux battants s'étaient déployés d'eux-mêmes; que sa lumière s'était éteinte; qu'elle avait vu son image fidèle sortir d'un miroir, répandre une grande clarté dans l'appartement, et qu'elle avait entendu une voix lui dire: — Pourquoi trembler en voyant ton être propre s'avancer vers toi pour te donner la connaissance de ta mort prochaine, et pour te révéler la destinée de ta maison? Que le fantôme l'avait instruite de ce qui devait arriver; qu'au moment où elle l'interrogeait sur moi, la chambre s'était obscurcie, et que tout le surnaturel avait disparu. Mais elle ajouta qu'elle ne pouvait me confier l'avenir qu'elle venait de connaître, et que notre père seul le saurait. J'en dis quelque chose à mon père le soir même, mais il n'en crut rien. Il pensait que tout ce qui était arrivé à Séraphine pouvait être produit par une imagination exaltée. Cependant trois jours après, ma sœur étant tombée malade, je remarquai, à l'affectation avec laquelle elle nous embrassait mon père et moi, que l'instant de la séparation n'était pas éloigné. — La pendule sonnera-t-elle bientôt neuf heures? disait-elle dans la soirée; songez à moi! nous nous reverrons! Elle nous serra la main, et lorsque l'heure sonna, elle tomba sur son lit et ne se releva plus.

Mon père désira que cette prétendue vision fût tenue secrète. Je partageai son opinion; mais je le pressai de me dévoiler le secret qu'on m'avait fait. Il ne voulut pas y consentir, et je remarquai que son regard inquiet était fixé sur la porte; elle s'ouvrit tout à coup d'elle-même. Je frissonnai d'effroi, et demandai à mon père s'il ne voyait pas une lueur pénétrer dans l'appartement. Il se rejeta encore sur l'imagination; il en parut cependant frappé. Le temps n'effaça pas le souvenir de Séraphine, mais il nous fit oublier cette dernière apparition.

Un soir, je rentrais à la maison après une belle promenade, lorsque les gens de mon père m'avertirent de la résolution où il était d'aller vivre dans une de ses terres. A minuit nous partîmes; il arriva à sa terre calme et serein; mais il fut bientôt frappé d'une indisposition que les médecins regardèrent comme très-sérieuse. Un soir il me dit:

— Séraphine a dit deux fois la vérité; elle la dira une troisième fois. Je compris alors que mon père croyait mourir bientôt. En effet il dépérit visiblement et fut forcé de garder le lit.

Un soir, il me dit d'une voix faible:

— L'expérience m'a guéri de mon incrédulité; quand neuf heures sonneront, mon dernier moment, suivant la prédiction de Séraphine, sera arrivé. Ne te marie pas, s'il est possible; et si jamais tu songeais sérieusement à le faire, n'oublie pas de lire le papier que je te donne.

Le son de l'heure fatale où mon père, appuyé sur mon épaule, rendit le dernier soupir, me priva de l'usage de mes sens.

Le jour de son enterrement fut aussi marqué par la lueur éclatante dont j'ai déjà parlé. Vous savez, continua Florentine, que le comte Ernest me recherche en mariage; dès que cette union fut convenue, je n'hésitai pas, selon l'ordre de mon père, de lire le billet cacheté qu'il m'avait remis. Le voici:

— Séraphine t'a sûrement déjà dit que, lorsqu'elle voulut questionner le fantôme sur ton sort, soudain il avait disparu. L'être incompréhensible vu par ta sœur lui a déclaré que, trois jours avant celui qui serait fixé pour ton mariage, tu mourrais à cette même heure qui nous est si funeste. Voilà pourquoi je t'engage à ne pas te marier.

Florentine s'arrêta et dit: — Vous voyez, mes chères amies, la cause du changement dont vous m'avez quelquefois fait des reproches. Demain le comte revient de son voyage; il avait fixé l'époque de notre mariage au troisième jour après son retour:

ainsi c'est aujourd'hui! et je renonce a un mariage qui, certes, m'eût charmée, plutôt que de renoncer à la vie.

Ce qui suit n'a pas un intérêt aussi grave. Au milieu du XVII° siècle il y avait à Bruxelles, dans une espèce de cul-de-sac de la rue Notre-Dame-du-Sommeil qu'on appelle encore le *Coin du Diable*, une petite maison de simple apparence, dont le propriétaire était un architecte estimé; son histoire nous a été conservée comme une grande leçon.

Cet architecte s'appelait Olivier. Il avait gagné par d'heureuses affaires une fortune modeste, lorsqu'il s'étant chargea de construire le pont et la grande écluse qui croisent la Senne à son entrée à Bruxelles, entre les portes de Hal et d'Anderlecht. Il avait cru trouver là un terrain solide; mais il lui fallut faire des dépenses imprévues pour affermir les fondations sur un sol marécageux et mouvant. — Toutefois la première pierre fut posée le 28 avril 1658, comme le constate une inscription que les réparations faites il y a peu de temps ont découverte, et qui porte les noms de J.-J. Van Hecke, H.-D. Bruyne et J. Bassery, officiers de la ville présents à cette cérémonie.

Olivier suivit ses travaux avec courage. Bientôt tout ce qu'il possédait y fut dévoré; il reconnut qu'il s'était trompé grandement; son entreprise était à peine élevée d'un tiers qu'il se vit obligé de la suspendre, n'ayant plus même de quoi faire la paye de ses ouvriers. Cette pensée l'accabla, il allait être déshonoré, la ville pouvait le poursuivre; ceux qu'il avait employés attendaient leur pain : il alla frapper à la porte de ses amis et leur demanda secours pour quelques mois. Mais ceux qui lui avaient offert leur bourse lorsqu'ils savaient bien qu'il ne l'accepterait pas, la fermèrent sous d'honnêtes prétextes, et il s'en revint désenchanté de l'amitié. Il s'enferma seul pour réfléchir au parti qu'il avait à prendre : aucun moyen satisfaisant ne se présenta à sa pensée. Tous ceux sur qui il avait cru pouvoir compter l'abandonnaient. Il ne trouva d'affection réelle que dans une jeune veuve qu'il devait épouser, et qui se hâta de lui offrir tout ce qu'elle possédait. Mais ces ressources n'étaient pas suffisantes; la détresse reparut bientôt.

Il regagnait un soir son logis, désespéré, ne sachant s'il ne devait pas fuir pour éviter sa honte du lendemain. La nuit commençait, elle s'annonçait sombre et triste; le vent hurlait et la pluie tombait par torrents. En entrant chez lui, on lui annonça qu'un homme l'attendait. Il monta surpris et empressé; il vit assis dans sa chambre, auprès du feu, un inconnu habillé de vert.

— Vous êtes dans l'embarras? lui dit brusquement cet homme.

— Qui vous l'a dit? s'écria Olivier.

— Vos amis. Vous n'avez pas lieu de vous louer des hommes. Si personne ne vient à votre secours, demain vous êtes perdu.

— Je le sais;.... et je n'ose vous demander le motif qui vous amène.

Il se fit un silence. La lumière que la servante de l'entrepreneur avait allumée jetait une lueur pâle; mais les yeux de l'inconnu flamboyaient; sa figure était rude; un sourire dont il s'efforçait de dissimuler l'amertume, dilatait par instants ses lèvres minces. Après qu'il eut fixé quelques minutes l'architecte palpitant :

— Je m'intéresse à vous, lui dit-il.

Olivier tressaillit; il voulait prendre la main de celui qu'il appelait déjà son salut; le gros homme l'évita et retira promptement cette main que recouvrait un gant noir.

— Point de démonstrations, lui dit-il. Je prête à intérêts.

— N'importe! mon sang, ma vie, tout est à vous.

Un éclair plus vif jaillit des yeux de l'étranger.

— De quelle somme avez-vous besoin? Je crois que nous nous entendrons, dit-il.

— Oh! pour le moment, de peu de chose, dit l'architecte. Mais si vous voulez me sauver l'honneur, il faut que j'achève mon entreprise; et cent mille florins....

— Vous les aurez si mes conditions vous conviennent.

— J'y souscris sans les connaître. C'est le ciel qui vous envoie.

— Non, pas le ciel, dit l'homme vert en fronçant le sourcil. Mais vous ne pouvez vous engager sans savoir ce que vous faites. Je suis venu de loin pour vous voir. J'apprécie vos talents; il faut que vous soyez à moi.

— A la vie et à la mort!

— Entendons-nous bien, dit l'inconnu. Je vous donne dix ans. Au bout de ce terme, vous me suivrez; je vous emmènerai où je voudrai; je serai le maître; vous serez à moi.

L'entrepreneur, surpris, sans pouvoir se rendre compte du sentiment qu'il éprouvait, et redoutant de comprendre ce qu'il commençait à soupçonner, regardait son hôte avec inquiétude. Son cœur battit avec violence, lorsqu'il vit l'étranger tirer de son portefeuille cent mille florins en mandats à vue sur les premières maisons de Bruxelles.

— Songez que sans moi vous alliez mourir, dit-il. Signez donc cet engagement. Il présentait en même temps une feuille de parchemin, et de sa main droite il tenait une plume d'or.

— Excusez-moi, dit enfin l'architecte interdit : cette scène me confond; que du moins je sache à qui je me dois!

— Que vous importe! dit l'inconnu. Je vous laisse dix ans dans votre pays. Je vous le répète, je tiens à vous, je ne veux pas me nommer encore. Mais vous allez reprendre demain votre crédit; une jeune épouse vous attend. Vous hésitez? Les cent mille florins ne suffisent-ils pas? Voici un demi-million.

Olivier, dans le délire, ne se posséda plus à la vue de tant d'argent, qui le rendait riche et glorieux. Il saisit les deux mains de l'inconnu, les baisa sans que celui-ci ôtât ses gants, prit brusquement la plume d'or et signa l'engagement de suivre dans dix ans celui qui l'avait acheté. Quand il eut fini, l'homme vert plia le parchemin, le mit dans son portefeuille et sortit en disant :

— Adieu! dans dix ans, à pareil jour, vous serez prêt?

— Je le serai.

On pense bien qu'après ce qui venait de se passer, Olivier ne put dormir. Il passa la nuit à méditer devant son demi-million. Le lendemain il fit sa paye et satisfit à tous ses engagements; il publia qu'il n'avait voulu qu'éprouver ses amis ; il doubla ses ouvriers. On le combla d'honnêtetés et de politesse. Il n'oublia pas sa jeune veuve; la fortune ne le rendit pas inconstant; il épousa celle qui lui avait prouvé qu'elle l'aimait. Mais il ne confia jamais sa bonne fortune à personne.

Il écartait d'abord autant qu'il le pouvait les pensées sinistres qui venaient l'inquiéter. Il eut des enfants; ses entreprises prospérèrent; la fortune lui rendit des amis, et il semblait vivre joyeusement à Bruxelles. Seulement on était surpris de le voir toujours pâle et préoccupé. Il s'était bâti, entre la porte de Flandre et la porte du Rivage, une petite maison de plaisance où il cherchait à s'étourdir dans les parties de plaisir. On se rend encore, par la rue du Chant-des-Grenouilles, à cette maison, qu'on appelle la *Maison du Diable*.

Pendant neuf ans Olivier vécut ainsi. Mais lorsqu'il vit approcher l'instant où il devait tout quitter pour suivre l'inconnu, son cœur commença à se troubler. Des frayeurs cruelles s'emparèrent de lui; il maigrissait et ne dormait plus. En vain sa femme, qu'il aimait, cherchait-elle à pénétrer dans les replis de son cœur, le secret qu'il y tenait renfermé était inaccessible; les caresses de ses enfants lui faisaient mal; on le voyait pleurer, et deux fois sa femme avait remarqué qu'il ne passait jamais qu'en tremblant sur le pont de la Grande-Ecluse qu'il avait construit, quand parfois leurs promenades se dirigeaient de la porte de Hal à la porte d'Anderlecht.

Enfin le jour fatal approcha où l'étranger devait venir exiger l'accomplissement du marché qu'il avait fait. Olivier invita à souper ses amis, ses parents, ceux de sa femme. Cette dame, ne sachant comment relever le cœur de son mari, s'avisa, sans rien dire, d'engager à ce festin le bon vieillard Jean Van-Nuffel, chanoine de Sainte-Gudule, son confesseur, en qui Olivier avait confiance, quoique depuis dix ans il ne fît plus ses devoirs de catholique; ce qui était causé par une circonstance singulière : il ne pouvait entrer dans une église sans y étouffer et s'y trouver mal. Le digne prêtre, ayant longuement réfléchi à la conduite de l'architecte, en tirait des inductions qu'il ne manifestait pas, mais qui l'engagèrent à une précaution dont il ne reconnut bientôt la sagesse.

Il y avait une heure qu'on était à table. Olivier, dont la pâleur était effrayante, s'efforçait vainement de reprendre courage dans quelques verres d'excellent vin. Il avait bu énormément, et ses idées ne se troublaient pas. Il entendit sonner neuf heures. C'était le moment où l'inconnu l'avait quitté il y avait dix ans. Avec un mouvement convulsif et dans une sorte d'angoisse il voulut boire encore, et, trouvant les bouteilles vides, il envoya sa servante à la cave en lui recommandant d'apporter de son meilleur vin. La servante prit une chandelle et se hâta d'obéir. Mais lorsqu'elle fut descendue, elle aperçut, assis sur la dernière marche, un gros homme à figure sombre, vêtu de velours vert. Elle recula effrayée et lui demanda ce qu'il cherchait.

— Allez dire à votre maître que je l'attends, répondit-il, il saura bien qui je suis.

La servante remonta au plus vite et fit sa commission d'une voix troublée. L'architecte acheva de perdre contenance. Voyant qu'il n'y avait plus à différer, il céda enfin aux instances de sa femme; il conta son aventure et se leva au désespoir. Sa femme, ses enfants, ses amis frémissaient bouleversés.

— Ne désespérons pas encore de la bonté de Dieu, dit le vieux prêtre. Qu'on aille dire à l'étranger de monter.

La femme d'Olivier était aux genoux du bon chanoine, et les enfants, qui comprenaient qu'ils allaient perdre leur père, lui baisaient les mains. Olivier, qu'un rayon d'espérance rattachait déjà à la vie, s'était un peu ranimé. La servante fit un effort de courage et alla crier à l'inconnu qu'on l'attendait dans la salle. Il y parut à l'instant, marchant d'un air ferme et digne, et tenant à la main l'engagement signé par Olivier. Un sourire indéfinissable épanouissait sa bouche et ses yeux.

Le chanoine l'interpella :

— Vous ne pensiez peut-être pas me trouver ici, dit-il à l'homme vert. Vous savez que j'ai sur vous quelque pouvoir...

L'inconnu baissa les yeux et parut mal à son aise. Mais le vieux prêtre, élevant une mesure pleine de grains de millet, reprit :

— Je ne vous demande qu'une faveur ; accordez-nous quelques instants ; jurez que vous laisserez Olivier en paix jusqu'à ce que vous ayez ramassé grain à grain tout le millet qu'il y a dans cette mesure.

— J'y consens, répondit l'homme vert après un moment de silence.

— Jurez-le moi par le Dieu vivant, dit le chanoine, en commençant à verser les grains sur le plancher. L'inconnu les recueillait avec une agilité effrayante. Il frissonna et dit d'une voix sourde :

— Je le jure.

Alors Jean Van-Nuffel ayant fait un signe, un enfant de chœur s'approcha tenant un bénitier ; il versa ce qui restait de la mesure dans l'eau bénite; l'homme vert n'y eut pas plutôt mis le doigt qu'il poussa un hurlement et disparut.

Ainsi l'architecte fut sauvé. Mais depuis, le pont de la Grande-Ecluse, entre les portes de Hal et d'Anderlecht, s'est toujours appelé le *Pont du Diable*.

Nous reproduirons maintenant quelques pièces curieuses et rares.

Discours épouvantable d'une étrange appari-

tion de *démons en la maison d'un gentilhomme de Silésie*, en 1609, tiré de l'imprimé à Paris, 1609.

Un gentilhomme de Silésie, ayant convié quelques amis, et, l'heure du festin venue, se voyant frustré par l'excuse des conviés, entre en grande colère, et commence à dire que, puisque nul homme ne daignait être chez lui, tous les diables y vinssent! Cela dit, il sort de sa maison et entre à l'église, où le curé prêchait, lequel il écoute attentivement. Comme il était là, voici entrer en la cour du logis des hommes à cheval, de haute stature et tout noirs, qui commandèrent aux valets du gentilhomme d'aller dire à leur maître que les conviés étaient venus. Un des valets court à l'église avertir son maître, qui, bien étonné, demande avis au curé. Icelui, finissant son sermon, conseille qu'on fasse sortir toute la famille hors du logis. Aussitôt dit, aussitôt fait; mais de hâte que les gens eurent de déloger, ils laissèrent dans la maison un petit enfant dormant au berceau. Ces hôtes, ou, pour mieux dire, ces diables (c'est le sentiment du narrateur) commencèrent bientôt à remuer les tables, à hurler, à regarder par les fenêtres, en forme d'ours, de loups, de chats, d'hommes terribles, tenant à la main ou dans leurs pattes des verres pleins de vin, des poissons, de la chair bouillie et rôtie. Comme les voisins, le gentilhomme, le curé et autres contemplaient avec frayeur un tel spectacle; le pauvre père se mit à crier:

— Hélas! où est mon pauvre enfant?

Il avait encore le dernier mot à la bouche, quand un de ces hommes noirs apporta l'enfant aux fenêtres, et le montra à tous ceux qui étaient dans la rue. Le gentilhomme demanda à un de ses serviteurs auquel il se fiait le mieux: — Mon ami, que ferai-je?

— Monsieur, répond le serviteur, je recommanderai ma vie à Dieu; après quoi j'entrerai dans la maison, d'où, moyennant son secours, je vous rapporterai l'enfant.

— A la bonne heure! dit le maître; Dieu t'accompagne, t'assiste et te fortifie!

Le serviteur, ayant reçu la bénédiction de son maître, du curé et des autres gens de bien, entra au logis, et, approchant du poêle où étaient ces hôtes ténébreux, se prosterne à genoux, se recommande à Dieu et ouvre la porte. Voilà les diables en horribles formes, les uns assis, les autres debout, aucuns se promenant, autres rampant sur le plancher, qui tous accourent contre lui, criant ensemble:

— Hui! hui! que viens-tu faire céans?

Le serviteur, suant de détresse et néanmoins fortifié de Dieu, s'adresse au malin qui tenait l'enfant et lui dit:

— Çà, baille-moi cet enfant.

— Non, répond l'autre, il est mien; va dire à ton maître qu'il vienne le recevoir.

Le serviteur insiste, et dit:

— Je fais la charge que Dieu m'a commandée, et sais que tout ce que je fais selon icelle lui est agréable; partant, à l'égard de mon office, en vertu de Jésus-Christ, je l'arrache et saisis cet enfant, lequel je rapporte à son père.

Ce disant, il empoigne l'enfant, puis le serre entre ses bras. Les hôtes noirs ne répondent que par des cris effroyables et par ces mots:

— Hui! hui! méchant; hui! garnement! laisse, laisse cet enfant; autrement nous te dépiécerons.

Mais lui, méprisant ces menaces, sortit sain et sauf, et rendit l'enfant au gentilhomme, son père; et quelques jours après, tous ces hommes s'évanouirent, et le gentilhomme, devenu sage et bon chrétien, retourna en sa maison.

Le grand feu, tonnerre et foudre du ciel, advenu sur l'église cathédrale de Quimper-Corentin, avec la vision publique d'un très-épouvantable démon dans le feu, sur ladite église. Jouxte l'imprimé à Rennes, 1620.

« Samedi, premier jour de février 1620, il arriva un grand malheur et désastre en la ville de Quimper-Corentin. Une belle et haute pyramide, couverte de plomb, étant sur la nef de la grande église, fut brûlée par la foudre et feu du ciel, depuis le haut jusqu'à ladite nef, sans que l'on pût y apporter aucun remède. Le même jour, sur les sept heures et demie, tendant à huit du matin, se fit un coup de tonnerre et d'éclair terrible. A l'instant fut visiblement vu un démon horrible, au milieu d'une grande onde de grêle, se saisir de ladite pyramide par le haut et au-dessous de la croix, étant ce démon de couleur verte, avec une longue queue. Aucun feu ni fumée n'apparut sur la pyramide que vers une heure après midi, que la fumée commença à sortir du haut d'icelle, et dura un quart d'heure; et du même endroit commença le feu à paraître peu à peu, en augmentant toujours ainsi qu'il dévalait du haut en bas; tellement qu'il se fit si grand et si épouvantable, que l'on craignait que toute l'église ne fût brûlée, et non-seulement l'église, mais toute la ville. Les trésors de ladite église furent tirés hors; les processions allèrent à l'entour, et finalement on fit mettre des reliques saintes sur la nef de l'église, au-devant du feu. Messieurs du chapitre commencèrent à conjurer ce méchant démon, que chacun voyait dans le feu, tantôt bleu, vert ou jaune. Ils jetèrent des *agnus Dei* dans icelui et près de cent cinquante barriques d'eau, quarante ou cinquante charretées de fumier, et néanmoins le feu continuait. Pour dernière ressource, on fit jeter un pain de seigle de quatre sous, puis on prit de l'eau bénite, avec du lait d'une femme nourrice de bonne vie, et tout cela jeté dedans le feu, tout aussitôt le démon fut contraint de quitter la flamme, et avant de sortir il fit un si grand remue-ménage, que l'on semblait être tous brûlés, et qu'il devait emporter l'église et tout avec lui; il ne s'en alla qu'à six heures et demie du soir, sans avoir fait autre mal, Dieu merci, que la totale ruine de ladite pyramide, qui est de douze mille écus au moins. Ce méchant étant hors, on eut raison du feu, et peu de temps après on trouva encore ledit pain de seigle en essence, sans être endommagé, hors que la croûte était un peu noire; et sur les huit ou neuf heures et demie, après que tout le feu fut éteint, la cloche sonna pour amasser le peuple afin de rendre grâces à Dieu. Messieurs du chapitre, avec les choristes et musiciens, chantèrent un *Te Deum* et un *Stabat Mater*, dans la chapelle de la Trinité, à neuf heures du soir. Grâces à Dieu, il n'est mort personne; mais il n'est pas possible de voir chose plus horrible et épouvantable qu'était ce dit feu. »

Effroyable rencontre, apparue proche le château de Lusignan, en Poitou, aux soldats de la garnison du lieu et à quelques habitants de ladite ville, la nuit du mercredi 22 juillet 1620. A Paris, chez Nicolas Robert, rue Saint-Jacques, 1620.

« La nuit du mercredi 22 juillet, apparut entre le château de Lusignan et le Fare, sur la rivière, deux hommes de feu, extrêmement puissants, armés de toutes pièces, dont le harnais était enflammé, avec un glaive en feu dans une main et une lance flambante dans l'autre, de laquelle dégouttait du sang. Ils se rencontrèrent et se combattirent longtemps, tellement qu'un des deux fut tellement, et en tombant fit un si horrible cri qu'il réveilla plusieurs habitants de la haute et basse ville, et étonna la garnison. Après ce combat, parut comme une souche de feu qui passa la rivière et s'en alla dans le parc, suivie de plusieurs monstres de feu semblant des singes. Des gens qui étaient allés chercher du bois dans la forêt rencontrèrent ce prodige, dont ils pensèrent mourir, entre autres un pauvre ouvrier du bois de Galoche, qui fut si effrayé qu'il eut une fièvre qui ne le quitta point. Comme les soldats de la garnison s'en allaient sur les murs de la ville, il passa sur eux une troupe innombrable d'oiseaux, les uns noirs, les autres blancs, tous criant d'une voix épouvantable. Il y avait des flambeaux qui les précédaient, et une figure d'homme qui les suivait, faisant le hibou; ils furent effrayés d'une telle vision, et il leur tardait fort qu'il fût jour pour la raconter aux habitants.

« Voici (ajoute le narrateur) l'histoire que j'avais à vous présenter, et vous me remercierez et serez contents de ce que je vous donne, pour vous avertir de ce que vous pouvez voir quand vous allez la nuit dans les champs. »

Description d'un signe qui a été vu au ciel le 5e jour de décembre dernier, en la ville d'Altorff, au pays de Wurtemberg, en Allemagne; imprimée à Paris, rue Saint-Jacques, à l'Éléphant, devant les Mathurins, 1678, avec privilége du roi.

« Guicciardin écrit en son Histoire italique que, sur la venue du petit roi Charles VIII à Naples, outre les prédictions de frère Hiérôme Savonarole, tant préchées au peuple que révélées au roi même, apparurent en la Pouille, de nuit, trois soleils au milieu du ciel, offusqués de nuages à l'entour, avec force tonnerres et éclairs; et vers Arezzo furent vues en l'air de grandes troupes de gens armés à cheval, passant par là avec grand bruit et son de tambours et trompettes; et en plusieurs parties de l'Italie, maintes images et statues suèrent, et divers monstres d'hommes et d'animaux naquirent, de quoi le pays fut épouvanté. On vit depuis la guerre qui advint au royaume de Naples, que les Français conquirent et puis perdirent.

« En la ville d'Altorff, au pays de Wurtemberg, en Allemagne, à une lieue de la ville de Tubingue, et aux environs, on a vu, le cinquième jour de décembre 1577, environ sept heures du matin, que le soleil, commençant à se lever, n'apparaissait pas en sa clarté et splendeur naturelle, mais montrait une couleur jaune, ainsi qu'on voit la lune quand elle est pleine, et ressemblait au rond d'un gros tonneau, et reluisait si peu, qu'on le pouvait regarder sans s'éblouir les yeux. Bientôt après, il s'est montré à l'entour autant d'obscurité que s'il s'en fût suivi une éclipse, et le soleil s'est couvert d'une couleur plus rouge que du sang, tellement qu'on ne savait pas si c'était le soleil ou non. Incontinent après, on a vu deux soleils, l'un rouge, l'autre jaune, qui se sont heurtés et battus : cela a duré quelque peu de temps, où l'un des soleils s'est évanoui, et on n'a plus vu que le soleil jaune. Peu après est apparue une nuée noire, de la forme d'une boule, laquelle a tiré tout droit contre le soleil, et l'a couvert au milieu, de sorte qu'on n'a vu qu'un grand cercle jaune à l'entour. Le soleil ainsi couvert, est apparue une autre nuée noire, laquelle a combattu avec lui, et l'un a couvert l'autre plusieurs fois, tant que le soleil est retourné à ladite première couleur jaunâtre. Un peu après, est apparue derechef une nuée longue comme un bras, venant du côté du soleil couchant, laquelle s'est arrêtée près dudit soleil. De cette nuée est sorti un grand nombre de gens habillés de noir et armés comme gens de guerre, à pied et à cheval, marchant en rang, lesquels ont passé tout bellement par dedans ce soleil vers l'orient, et cette troupe a été suivie derrière d'un grand et puissant homme qui a été beaucoup plus haut que les autres. Après que cette troupe a été passée, le soleil s'est un peu obscurci, mais a gardé sa clarté naturelle et a été couvert de sang, en sorte que le ciel et la terre se sont montrés tout rouges, parce que sont sorties du ciel plusieurs nuées sanglantes et s'en sont retournées par-dessus, et ont tiré du côté de l'orient, tout ainsi qu'avait fait avant la gendarmerie. Beaucoup de nuées noires se sont montrées autour du soleil, comme c'est coutume quand il y a grande tempête, et bientôt après sont sorties du soleil d'autres nuées sanglantes et ardentes, ou jaunes comme du safran. De ces nuées sont parties des réverbérations semblables à de grands chapeaux hauts et larges, et s'est montrée toute la terre jaune et sanglante, couverte de grands chapeaux, lesquels avaient diverses couleurs, rouge, bleu, vert, et la plupart noirs; ensuite il a fait un brouillard, et comme une pluie de sang, dont non-seulement le ciel, mais encore la terre et tous les habillements d'hommes se sont montrés sanglants et jaunâtres. Cela a duré jusqu'à ce que le soleil ait repris sa clarté naturelle, ce qui n'est arrivé qu'à dix heures du matin.

« Il est aisé de penser ce que signifie ce prodige; ceci n'est autre chose que menaces, » dit l'auteur.

Quant à nous, comme il n'y a dans le pays d'Altorff aucun témoignage qui appuie ce merveilleux récit, nous n'y verrons qu'un puff du XVIIe siècle.

Signe merveilleux apparu en forme de procession, arrivé près la ville de Bellac, en Limousin. Imprimé à Paris en 1621.

« Il n'y a personne qui ait été vers la ville de Bellac, en Limousin, qui n'ait passé par une grande et très-spacieuse plaine nullement habitée. Or en icelle, quantité de gens dignes de foi et croyance, même le sieur Jacques Rondeau, marchand tanneur de la ville de Montmorillon, le curé d'Isgre, Pierre Ribonneau, Mathurin Cognac, marchand de bois, demeurant en la ville de Chanvigné, étant tous de même compagnie, m'ont assuré avoir vu ce que je vous écris : 1° trois hommes vêtus de noir, inconnus de tous les regardants, tenant chacun une croix à la main ; 2° après eux marchait une troupe de jeunes filles, vêtues de longs manteaux de toile blanche, ayant les pieds et les jambes nus, portant des chapeaux de fleurs desquels pendaient jusques aux talons de grandes bandes de toile d'argent, tenant en leur main gauche quelques rameaux, et de la droite un vase de faïence d'où sortait de la fumée ; 3° marchait près celle-ci une dame accoutrée en deuil, vêtue d'une longue robe noire qui traînait fort longue sur la terre, laquelle robe était semée de cœurs percés de flèches, de larmes et de flammes de satin blanc, et ses cheveux épars sur ses vêtements ; elle tenait en sa main comme une branche de cèdre, et ainsi vêtue cheminait toute triste ; 4° ensuite marchaient six petits enfants couverts de longues robes de taffetas vert, tout semé de flammes de satin rouge et de gros flambeaux allumés, et leurs têtes couvertes de chapeaux de fleurs. Ceci n'est rien, car il marchait après une foule de peuples vêtus de blanc et de noir, qui cheminaient deux à deux, ayant des bâtons blancs à la main. Au milieu de la troupe était comme une déesse, vêtue richement, portant une grande couronne de fleurs sur la tête, les bras retroussés, tenant en sa main une belle branche de cyprès, remplie de petits cristaux qui pendaient de tous côtés. A l'entour d'elle il y avait comme des joueurs d'instruments, lesquels toutefois ne formaient aucune mélodie. A la suite de cette procession étaient huit grands hommes nus jusqu'à la ceinture, ayant le corps fort garni de poil, la barbe jusqu'à mi-corps, et le reste couvert de peaux de chèvre, tenant en leurs mains de grosses masses ; et comme tous furieux suivaient la troupe de loin. La course de cette procession s'étendait tout le long de l'île, jusqu'à une autre île voisine, où tous ensemble s'évanouissaient lorsqu'on voulait en approcher pour les contempler. Je vous prie, à quoi tend cette vision merveilleuse, vous autres qui savez ce que valent les choses?... »

Nous transcrivons le naïf écrivain. Nous ajouterons que la mascarade qu'il raconte eut lieu à l'époque du roman de l'Astrée, et que c'était une société qui se divertissait à la manière des héros de Don Quichotte.

Grandes et merveilleuses choses advenues dans la ville de Besançon, par un tremblement de terre ; imprimé à Château-Salins, par maître Jacques Colombiers, 1564.

« Le troisième jour de décembre, environ neuf heures du matin, faisant un temps doux et un beau soleil, l'on vit en l'air une figure d'un homme de la hauteur d'environ neuf lances, qui dit trois fois : « Peuples, peuples, « peuples, amendez-vous, ou vous êtes à la « fin de vos jours. » Et ce advint un jour de marché, devant plus de dix mille personnes, et après ces paroles, la dite figure s'en alla en une nue, comme se retirant droit au ciel. Une heure après, le temps s'obscurcit tellement, qu'à vingt lieues autour de la ville on ne voyait plus ni ciel ni terre. Il y eut beaucoup de personnes qui moururent ; le pauvre monde se mit à prier Dieu et à faire des processions. Enfin, au bout de trois jours, vint un beau temps comme auparavant, et un vent le plus cruel que l'on ne saurait voir, qui dura environ une heure et demie, et une telle abondance d'eau, qu'il semblait qu'on la jetait à pipes, avec un merveilleux tremblement de terre, tellement que la ville fondit, comprenant quatorze lieues de long et six de large, et n'est demeuré qu'un château, un clocher et trois maisons tout au milieu. On les voit en un rondeau de terre assises comme par devant ; on voit quelques portions des murs de la ville, et dans le clocher et le château, du côté d'un village appelé des Guetz, on voit comme des enseignes et étendards qui pavolent, et n'y saurait-on aller. Pareillement on ne sait ce que cela signifie, et n'y a homme qui regarde cela à qui les cheveux ne dressent sur la tête ; car c'est une chose merveilleuse et épouvantable. »

Dissertation sur les visions et les apparitions, où l'on prouve que les morts peuvent revenir, avec quelques règles pour connaître si ce sont des âmes heureuses ou malheureuses, par un professeur en théologie. Lyon, 1675.

Sans être très-crédule, l'auteur de ce petit ouvrage admet les apparitions, et reconnaît que les unes viennent du démon, les autres de Dieu. Mais il en attribue beaucoup à l'imagination. Il raconte l'histoire d'un malade qui vit longtemps dans sa chambre un spectre habillé en ermite avec une longue barbe, deux cornes sur la tête et une figure horrible. Cette vision, qui épouvantait le malade sans qu'on pût le rassurer, n'était, dit le professeur, que l'effet du cerveau dérangé. *Voy.* Hallucinations.

Il croit que les morts peuvent revenir, à cause de l'apparition de Samuel; et il dit que les âmes du purgatoire ont une figure intéressante et se contentent en se montrant de gémir et de prier, tandis que les mauvais esprits laissent toujours entrevoir quelque supercherie et quelque malice. *Voyez* Apparitions.

Terminons les visions par le fait suivant, qu'on lit dans divers recueils d'anecdotes.

Un capitaine anglais, ruiné par des folies de jeunesse, n'avait plus d'autre asile que la maison d'un ancien ami. Celui-ci, obligé d'aller passer quelques mois à la campagne, et ne pouvant y conduire le capitaine, parce qu'il était malade, le confia aux soins d'une vieille domestique, qu'il chargeait de la garde de sa maison quand il s'absentait. La bonne femme vint un matin voir de très-bonne heure son malade, parce qu'elle avait rêvé qu'il était mort dans la nuit; rassurée en le trouvant dans le même état que la veille, elle le quitta pour aller soigner ses affaires, et oublia de fermer la porte après elle.

Les ramoneurs, à Londres, ont coutume de se glisser dans les maisons qui ne sont point habitées, pour s'emparer de la suie, dont ils font un petit commerce. Deux d'entre eux avaient su l'absence du maître de la maison; ils épiaient le moment de s'introduire chez lui. Il virent sortir la vieille, entrèrent dès qu'elle fut éloignée, trouvèrent la chambre du capitaine ouverte, et, sans prendre garde à lui, grimpèrent tous les deux dans la cheminée. Le capitaine était en ce moment assis sur son séant. Le jour était sombre; la vue de deux créatures aussi noires lui causa une frayeur inexprimable; il retomba dans ses draps, n'osant faire aucun mouvement. Le docteur arriva un instant après; il entra avec sa gravité ordinaire et appela le capitaine en s'approchant du lit. Le malade reconnut la voix, souleva ses couvertures et regarda d'un œil égaré, sans avoir la force de parler. Le docteur lui prit la main et lui demanda comment il se trouvait.

— Mal, répondit-il; je suis perdu: les diables se préparent à m'emporter, ils sont dans ma cheminée... Le docteur, qui était un esprit fort, secoua la tête, tâta le pouls et dit gravement :

— Vos idées sont coagulées; vous avez un *lucidum caput*, capitaine...

— Cessez votre galimatias, docteur : il n'est plus temps de plaisanter, il y a deux diables ici...

— Vos idées sont incohérentes; je vais vous le démontrer. Le diable n'est pas ici · votre effroi est donc...

Dans ce moment, les ramoneurs, ayant rempli leur sac, le laissèrent tomber au bas de la cheminée et le suivirent bientôt. Leur apparition rendit le docteur muet; le capitaine se renfonça dans sa couverture, et, se coulant aux pieds de son lit, se glissa dessous sans bruit, priant les diables de se contenter d'emporter son ami. Le docteur, immobile d'effroi, cherchait à se ressouvenir des prières qu'il avait apprises dans sa jeunesse. Se tournant vers son ami pour lui demander son aide, il fut épouvanté de ne plus le voir dans son lit. Il aperçut dans ce moment un des ramoneurs qui se chargeait du sac de suie; il ne douta pas que le capitaine ne fût dans ce sac. Tremblant de remplir l'autre, il ne fit qu'un saut jusqu'à la porte de la chambre, et de là au bas de l'escalier. Arrivé dans la rue, il se mit à crier de toutes ses forces : — Au secours! le diable emporte mon ami ! La populace accourt à ses cris; il montre du doigt la maison, on se précipite en foule vers la porte, mais personne ne veut entrer le premier... Le docteur, un peu rassuré par le nombre, excite à un exemple tout le monde en particulier, exemple qu'il ne donnerait pas pour tout l'or des Indes. Les ramoneurs, en entendant le bruit qu'on faisait dans la rue, posent leur sac dans l'escalier, et, de crainte d'être surpris, remontent quelques étages. Le capitaine, mal à son aise sous son lit, ne voyant plus les diables, se hâte de sortir de la maison. Sa peur et sa précipitation ne lui permettent pas de voir le sac, il le heurte, tombe dessus, se couvre de suie, se relève et descend avec rapidité; l'effroi de la populace augmente à sa vue : elle recule et lui ouvre un passage; le docteur reconnaît son ami, et se cache dans la foule pour l'éviter. Enfin un ministre, qu'on était allé chercher pour conjurer l'esprit malin, parcourt la maison, trouve les ramoneurs, les force à descendre, et montre les prétendus diables au peuple assemblé. Le docteur et le capitaine se rendirent enfin à l'évidence; mais le docteur, honteux d'avoir, par sa sotte frayeur, démenti le caractère d'intrépidité qu'il avait toujours affecté, voulait rosser ces coquins, qui, disait-il, avaient fait une si grande peur à son ami.

VOCERATRICES. Lorsqu'un homme est mort, en Corse, particulièrement lorsqu'il a été assassiné, on place son corps sur une table ; et les femmes de sa famille, à leur défaut des amies ou même des femmes étrangères connues par leur talent poétique, improvisent devant un auditoire nombreux des complaintes en vers, dans le dialecte du pays. On nomme ces femmes *voceratrici*, ou, suivant la prononciation corse, *buceratrici*, et la complainte s'appelle *vocero*, *buceru*, *buceratu*, sur la côte orientale ; *ballata* sur la côte opposée. Le mot *vocero*, ainsi que ses dérivés *vocerar*, *voceratrice*, vient du latin *vociferare*. Quelquefois plusieurs femmes improvisent tour à tour, et fréquemment la femme ou la fille du mort chante elle-même la complainte funèbre (1).

---

(1) Prosper Mérimée, Colomba.

VOILE. Chez les Juifs modernes, c'est une tradition qu'un voile qu'on se met sur le visage empêche que le fantôme ne reconnaisse celui qui a peur. Mais si Dieu juge qu'il l'ait mérité par ses péchés, il lui fait tomber le masque, afin que l'ombre puisse le voir et le mordre.

VOISIN (LA), devineresse qui tirait les cartes, faisait voir tout ce qu'on voulait dans un bocal plein d'eau, et forçait le diable à paraître à sa volonté. Il y avait un grand concours de monde chez elle. Un jeune époux, remarquant que sa femme sortait aussitôt qu'il quittait la maison, résolut de savoir qui pouvait ainsi la déranger. Il la suit donc un jour et la voit entrer dans une sombre allée; il s'y glisse, l'entend frapper à une porte qui s'ouvre, et, content de savoir où il peut la surprendre, il regarde par le trou de la serrure et entend ces mots : — Allons, il faut vous déshabiller; ne faites pas l'enfant, ma chère amie, hâtons-nous..... La femme se déshabillait; le mari frappe à la porte à coups redoublés. La Voisin ouvre, et le curieux voit sa femme, une baguette magique à la main, prête à évoquer le diable..... Une autre fois, une dame très-riche était venue la trouver pour qu'elle lui tirât les cartes. La Voisin, qui à sa qualité de sorcière joignait les talents de voleuse, lui persuade qu'elle fera bien de voir le diable, qui ne lui fera d'ailleurs aucun mal; la dame y consent. La bohémienne lui dit d'ôter ses vêtements et ses bijoux. La dame obéit et se trouve bientôt seule, n'ayant qu'une vieille paillasse, un bocal et un jeu de cartes. Cette dame était venue dans son équipage; le cocher, après avoir attendu très-longtemps sa maîtresse, se décide enfin à monter, monte et la trouve au désespoir. La Voisin avait disparu avec ses hardes; on l'avait dépouillée. Il lui met son manteau sur les épaules et la reconduit chez elle.

On cite beaucoup d'anecdotes pareilles. Voici quelques détails sur son procès, tirés des relations contemporaines.

Vers l'an 1677, la fameuse Voisin s'unit à la femme Vigoureux et à un ecclésiastique apostat nommé Lesage, pour trafiquer des poisons d'un Italien nommé Exili, qui avait fait en ce genre d'horribles découvertes. Plusieurs morts subites firent soupçonner des crimes secrets. On établit à l'Arsenal, en 1680, la chambre des poisons, qu'on appela la Chambre ardente. Plusieurs personnes de distinction furent citées à cette chambre, entre autres deux nièces du cardinal Mazarin, la duchesse de Bouillon, la comtesse de Soissons, mère du prince Eugène, et enfin le célèbre maréchal de Luxembourg.

La Voisin, la Vigoureux et Lesage s'étaient fait un revenu de la curiosité des ignorants, qui étaient en très-grand nombre; ils prédisaient l'avenir; ils faisaient voir le diable. S'ils s'en étaient tenus là, il n'y aurait eu que du ridicule et de la friponnerie chez eux, et la Chambre ardente n'était pas nécessaire.

La Reynie, l'un des présidents de cette chambre, demanda à la duchesse de Bouillon si elle avait vu le diable. Elle répondit : — Je le vois dans ce moment ; il est déguisé en conseiller d'État, fort laid et fort vilain.

Ce procès dura quatorze mois, pendant lesquels la comtesse de Soissons se sauva en Flandre. Le maréchal de Luxembourg fut acquitté, comme tous les personnages de condition impliqués dans cette affaire (1). La Voisin et ses deux complices furent condamnés par jugement de la Chambre ardente à être brûlés en place de Grève.

On lit ailleurs que la Voisin, par ses relations avec le diable, sut son arrêt, chose assez extraordinaire, quatre jours avant son supplice. Cela ne l'empêcha pas de boire, de manger et de faire débauche. Le lundi, à minuit, elle demanda du vin et se mit à chanter des chansons indécentes. Le mardi elle eut la question ordinaire et extraordinaire; elle avait bien dîné et dormi huit heures. Elle soupa le soir et recommença, toute brisée qu'elle était, à faire débauche de table. On lui en fit honte; on lui dit qu'elle ferait bien mieux de penser à Dieu et de chanter un *Ave maris stella* ou un *Salve*. Elle chanta l'un et l'autre en plaisantant, et dormit ensuite. Le mercredi se passa de même en débauche et en chansons; elle refusa de voir un confesseur. Enfin le jeudi on ne voulut lui donner qu'un bouillon; elle en gronda, disant qu'elle n'aurait pas la force de parler à ces messieurs.....

Elle vint en carrosse de Vincennes à Paris. On la voulut faire confesser; il n'y eut pas moyen d'y parvenir. A cinq heures on la lia, et avec une torche à la main elle parut dans le tombereau, habillée de blanc; on voyait qu'elle repoussait le confesseur et le crucifix avec violence.

A Notre-Dame, elle ne voulut jamais prononcer l'amende honorable; à la Grève, elle se défendit autant qu'elle put de sortir du tombereau. On l'en tira de force; on la mit sur le bûcher, assise et liée avec des chaînes; on la couvrit de paille. Là elle jura beaucoup, repoussa la paille cinq ou six fois; mais enfin le feu monta et on la perdit de vue.

VOITURE DU DIABLE. On vit pendant plusieurs nuits, dans un faubourg de Paris,

---

(1) Les grands personnages, dans ce procès où ils se trouvaient mêlés à une canaille infâme, y allaient toutefois d'un ton fort dégagé. Madame de Bouillon, assignée pour répondre par-devant les commissaires de la chambre des poisons (en 1680), s'y rendit accompagnée de neuf carrosses de princes ou ducs; M. de Vendôme la menait. M. de Bezons lui demanda d'abord si elle n'était pas venue pour répondre aux interrogations qu'on lui ferait. Elle dit que oui ; mais qu'avant d'entrer en matière elle lui déclarait que tout ce qu'elle allait dire ne pourrait préjudicier au rang qu'elle tenait, ni à tous ses privilèges. Elle ne voulut rien dire ni écouter davantage que le greffier n'eût écrit cette déclaration préliminaire. M. de Bezons la questionna sur ce qu'elle avait demandé à la Voisin. Elle répondit « qu'elle l'avait priée de lui faire voir les sibylles; et après huit ou dix autres questions d'aussi peu d'importance, sur lesquelles elle répondit toujours en se moquant, M. de Bezons lui dit qu'elle pouvait s'en aller. M. de Vendôme lui donnant la main, sur le seuil de la porte de cette chambre, elle s'écria « qu'elle n'avait jamais ouï dire tant de sottises d'un ton si grave. »

au commencement du XVIIe siècle, une voiture noire, traînée par des chevaux noirs, conduite par un cocher également noir, qui passait au galop des chevaux, sans faire le moindre bruit. La voiture paraissait sortir tous les soirs de la maison d'un seigneur mort depuis peu. Le peuple se persuada que ce ne pouvait être que la voiture du diable qui emportait le corps. On reconnut par la suite que cette jonglerie était l'ouvrage d'un fripon, qui voulait avoir à bon compte la maison du gentilhomme. Il avait attaché des feutres autour des roues de la voiture et sous les pieds des chevaux, pour donner à sa promenade nocturne l'apparence d'une œuvre magique.

VOIX. Boguet assure qu'on reconnaît un possédé à la qualité de sa voix. Si elle est sourde et enrouée, nul doute, dit-il, qu'il ne faille aussitôt procéder aux exorcismes.

Sous le règne de Tibère, vers le temps de la mort de Notre-Seigneur, le pilote Thamus, côtoyant les îles de la mer Egée, entendit un soir, aussi bien que tous ceux qui se trouvaient sur son vaisseau, une grande voix qui l'appela plusieurs fois par son nom. Lorsqu'il eut répondu, la voix lui commanda de crier, en un certain lieu, que le grand Pan était mort. A peine eut-il prononcé ces paroles dans le lieu désigné, qu'on entendit de tous côtés des plaintes et des gémissements, comme d'une multitude de personnes affligées par cette nouvelle (1). L'empereur Tibère assembla des savants pour interpréter ces paroles. On les appliqua à Pan, fils de Pénélope, qui vivait plus de mille ans auparavant; mais, selon les versions les plus accréditées, il faut entendre par le grand Pan le maître des démons, dont l'empire était détruit par la mort de Jésus-Christ.

Les douteurs attribuent aux échos les gémissements qui se firent entendre au pilote Thamus; mais on n'explique pas la voix.

Cette grande voix, suivant le comte de Gabalis, était produite par les peuples de l'air, qui donnaient avis aux peuples des eaux que le premier et le plus âgé des sylphes venait de mourir. Et comme il s'ensuivrait de là que les esprits élémentaires étaient les faux dieux des païens, il confirme cette conséquence en ajoutant que les démons sont trop malheureux et trop faibles pour avoir jamais eu le pouvoir de se faire adorer; mais qu'ils ont pu persuader aux hôtes des éléments de se montrer aux hommes et de se faire dresser des temples; et que, par la domination naturelle que chacun d'eux a sur l'élément qu'il habite, ils troublaient l'air et la mer, ébranlaient la terre et dispensaient les feux du ciel à leur fantaisie : de sorte qu'ils n'avaient pas grand'peine à être pris pour des divinités.

Le comte Arigo bel Missere (Henri le bel Missere) mourut vers l'an 1000. Il avait combattu les Maures qui envahissaient la Corse. Une tradition prétend qu'à sa mort une voix s'entendit dans l'air, qui chantait ces paroles prophétiques :

E morto il conte Arigo bel Missere,
E Corsica sarà di male in peggio (2).

Saint Clément d'Alexandrie raconte qu'en Perse, vers la région des mages, on voyait trois montagnes, plantées au milieu d'une large campagne, distantes également l'une de l'autre. En approchant de la première, on entendait comme des voix confuses de plusieurs personnes qui se battaient; près de la seconde, le bruit était plus grand; et à la troisième, c'étaient des fracas d'allégresse, comme d'un grand nombre de gens qui se réjouissaient. Le même auteur dit avoir appris d'anciens historiens que, dans la Grande-Bretagne, on entend au pied d'une montagne des sons de cymbales et de cloches qui carillonnent en mesure. Il y a en Afrique, dans certaines familles, des sorcières qui ensorcellent par la voix et la langue, et font périr les blés, les animaux et les hommes dont elles parlent, même pour en dire du bien. En Bretagne, le mugissement lointain de la mer, le sifflement des vents, entendu dans la nuit, sont la voix d'un noyé qui demande un tombeau (3).

VOLAC, grand président aux enfers; il apparaît sous la forme d'un enfant avec des ailes d'ange, monté sur un dragon à deux têtes. Il connaît la demeure des planètes et la retraite des serpents. Trente légions lui obéissent (4).

VOLET (MARIE). Vers l'année 1691, une jeune fille, de la paroisse de Pouillat en Bresse, auprès de Bourg, se prétendit possédée. Elle poussait des cris que l'on prit pour de l'hébreu. L'aspect des reliques, l'eau bénite, la vue d'un prêtre, la faisaient tomber en convulsions. Un chanoine de Lyon consulta un médecin sur ce qu'il y avait à faire. Le médecin visita la possédée; il prétendit qu'elle avait un levain corrompu dans l'estomac, que les humeurs cacochymes de la masse du sang et l'exaltation d'un acide violent sur les autres parties qui le composent étaient l'explication naturelle de l'état de maladie de cette fille. Marie Volet fut envoyée aux eaux minérales; le grand air, la défense de lui parler du diable et de l'enfer, et sans doute le retour de quelque paix dans sa conscience troublée, calmèrent ses agitations; bientôt elle fut en état de reprendre ses travaux ordinaires (5).

VOLS ou VOUST, de *vultus*, figure, effigie. On appelait ainsi autrefois une image de cire, au moyen de laquelle on se proposait de faire périr ceux qu'on haïssait; ce qui s'appelait envoûter. La principale formalité de l'envoûtement consistait à modeler, soit en cire, soit en argile, l'effigie de ceux à qui on voulait mal. Si l'on perçait la figurine, l'envoûté qu'elle représentait était lésé dans la partie correspondante de sa personne. Si on la faisait dessécher ou fon-

(1) Eusèbe, après Plutarque.
(2) Prosper Mérimée, Colomba.
(3) Cambry, Voyage dans le Finistère.

(4) Wierus, in Pseudom. dæm.
(5) M. Garinet, Hist. de la magie en France, p. 235.

dre au feu, il dépérissait et ne tardait pas à mourir.

Enguerrand de Marigny fut accusé d'avoir voulu envoûter Louis X. L'un des griefs de Léonora Galigaï fut qu'elle gardait de petites figures de cire dans de petits cercueils. En envoûtant, on prononçait des paroles et on pratiquait des cérémonies qui ont varié. Ce sortilége remonte à une haute antiquité. Platon le mentionne dans ses Lois : « Il est inutile, dit-il, d'entreprendre de prouver à certains esprits fortement prévenus qu'ils ne doivent point s'inquiéter des petites figures de cire qu'on aurait mises ou à leur porte, ou dans les carrefours, ou sur le tombeau de leurs ancêtres, et de les exhorter à les mépriser, parce qu'ils ont une foi confuse à la vérité de ces maléfices. — Celui qui se sert de charmes, d'enchantements et de tous autres maléfices de cette nature, à dessein de nuire par de tels prestiges, s'il est devin ou versé dans l'art d'observer les prodiges, qu'il meure! Si, n'ayant aucune connaissance de ces arts, il est convaincu d'avoir usé de maléfices, le tribunal décidera ce qu'il doit souffrir dans sa personne ou dans ses biens. » (Traduction de M. Cousin.)

Ce qui est curieux, c'est qu'on a retrouvé la même superstition chez les naturels du nouveau monde. Le père Charlevoix raconte que les Illinois font de *petits marmousets* pour représenter ceux dont ils veulent abréger les jours, et qu'ils les percent au cœur. *Voy.* ENVOUTEMENT.

VOLTA. C'est une ancienne tradition de l'Etrurie que les campagnes furent désolées par un monstre appelé Volta. Porsenna fit tomber la foudre sur lui. Lucius Pison, l'un des plus braves auteurs de l'antiquité, assure qu'avant lui Numa avait fait usage du même moyen, et que Tullus Hostilius, l'ayant imité sans être suffisamment instruit, fut frappé de la dite foudre (1)...

VOLTAIRE. L'abbé Fiard, Thomas, madame de Staël et d'autres têtes sensées, le mettent au nombre des démons incarnés.

VOLTIGEUR HOLLANDAIS. Les marins de toutes les nations croient à l'existence d'un bâtiment hollandais dont l'équipage est condamné par la justice divine, pour crime de pirateries et de cruautés abominables, à errer sur les mers jusqu'à la fin des siècles. On considère sa rencontre comme un funeste présage. Un écrivain de nos jours a fort bien décrit cette croyance dans une scène maritime que nous transcrivons :

« Mon vieux père m'a souvent raconté, lorsque, tout petit, il me berçait dans ses bras, pour m'accoutumer au roulis, et il jurait que c'était la pure vérité, qu'étant un jour ou plutôt une nuit dans les parages du cap de Bonne-Espérance, un malavisé de mousse jeta par-dessus bord un chat vivant qu'il avait pris en grippe, et qu'aussitôt, comme cela ne pouvait manquer d'arriver, un affreux coup de vent assaillit le navire, lequel, ne pouvant supporter une seule aune de toile, fut obligé de fuir à sec devant la bourrasque, avec une vitesse d'au moins douze nœuds.

« Ils étaient dans cette position, lorsque, vers minuit, ils virent tout à coup, à leur grand étonnement, un bâtiment de construction étrangère, courir droit dans le lit du vent, qui était cependant alors sa plus grande violence. Pendant qu'ils examinaient ce singulier navire, dont les voiles pendaient en lambeaux, et dont les œuvres mortes étaient recouvertes d'une épaisse couche de coquillages et d'herbes marines, comme s'il n'eût pas été nettoyé depuis de longues années, il s'en détacha une barque qui semblait plutôt voler que flotter sur cette mer orageuse ; laquelle ayant bien accosté, il en sortit un homme ayant la barbe longue, le teint pâle et les yeux fixes et creux comme ceux d'un cadavre. Glissant sur la lisse et puis sur le pont, sans faire le moindre bruit, comme si c'eût été une ombre, il alla se placer au pied du mât d'artimon, et engagea, en pleurant, les matelots à recevoir un paquet de lettres qu'il tenait dans sa main osseuse comme celle d'un squelette, ce que le capitaine leur fit signe de refuser.

« J'avais oublié de vous dire, continua le narrateur en baissant la voix, tandis que ses auditeurs terrifiés se serraient de plus en plus les uns contre les autres, qu'aussitôt que l'épouvantable apparition eut posé les pieds sur le pont, toutes les lumières s'étaient subitement éteintes, même celle qui éclairait la boussole dans l'habitacle, et qu'au même instant aussi, chose non moins étrange, le navire commença à marcher à reculons avec une étonnante rapidité, contre le vent et les vagues, tandis que des milliers de petites flammes se jouaient dans les cordages, et jetaient une étrange lueur sur les visages des matelots frappés de terreur.

« — *Au nom de Dieu tout-puissant*, je t'ordonne de quitter mon bord ! s'écria enfin le capitaine, en s'adressant au spectre. A peine ces mots eurent-ils été prononcés, qu'un cri long et aigu, tel que mille voix humaines n'auraient pu en produire un semblable, domina le bruit de la tempête, qu'un horrible coup de tonnerre ébranla le bâtiment jusqu'à sa quille... »

Le navire eut le bonheur d'échapper ; ce qui est rare.

On dit encore que ceux qui ont reçu les lettres des matelots fantômes du navire appelé *le Voltigeur hollandais* envoyaient à leurs parents et amis, ont vu qu'elles étaient adressées à des personnes qui n'existent plus depuis des siècles.

VONDEL, auteur du drame de *Lucifer*.

VROUCOLACAS, ou **BROUCOLAQUES.** *Voy.* VAMPIRES.

VUE. Il y a des sorcières qui tuent par leur regard ; mais, en Ecosse, beaucoup de femmes ont ce qu'on appelle la seconde vue, c'est-à-dire le don de prévoir l'avenir et de l'expliquer, et de connaître par une mystérieuse intuition ce qui se passe au loin.

---
(1) Pline, liv. II, ch. 53.

WADE. *Voy.* VADE.

WALHALLA, paradis des guerriers chez les anciens Scandinaves. Pour y entrer, il fallait être mort en combattant. On y buvait de la bière forte dans une coupe qui ne se vidait jamais. On y mangeait des biftecks d'un sanglier vivant, qui se prêtait à la chose et qui était toujours entier.

WALKIRIES, fées des Scandinaves. Elles ont, comme la mythologie dont elles dépendent, un caractère très-sauvage.

WALL, grand et puissant duc du sombre empire ; il a la forme d'un dromadaire haut et terrible ; s'il prend figure humaine, il parle égyptien ; il connaît le présent, le passé et l'avenir ; il était de l'ordre des puissances. Trente-six légions sont sous ses ordres.

WALTER. Jacques Ier, roi d'Ecosse, fut massacré de nuit, dans son lit, par son oncle Walter, que les historiens français ont appelé Gauthier, et qui voulait monter sur le trône. Mais ce traître reçut à Edimbourg le prix de son crime ; car il fut exposé sur un pilier, et là, devant tout le monde, on lui mit sur la tête une couronne de fer qu'on avait fait rougir dans un grand feu, avec cette inscription : *Le roi des traîtres*. Un astrologue lui avait promis qu'il serait couronné publiquement, dans une grande assemblée de peuple...

WALTER-SCOTT. L'illustre romancier a publié sur la *Démonologie et les sorciers* un recueil de lettres intéressantes qui expliquent et qui éclaircissent les particularités mystérieuses, les croyances et les traditions populaires dont il a fait usage si souvent et si heureusement dans ses romans célèbres. Peut-être les opinions religieuses de l'auteur anti-catholique ont-elles laissé dans son esprit un peu trop de scepticisme, peut-être est-il trop enclin à ne voir, dans les matières qui font le sujet de ses lettres, que les aspects poétiques. Il est toutefois agréable de le suivre dans des recherches aussi piquantes, quoiqu'il faille recommander de le lire avec réserve ; car il est là, comme dans ses romans, opposé en toute occasion à l'Eglise romaine.

Dans la première lettre, il établit que le dogme incontestable d'une âme immatérielle a suffi pour accréditer la croyance aux apparitions.

Dans la deuxième, il s'arrête à la tradition du péché originel ; il y trouve la source des communications de l'homme avec les esprits. Il reconnaît que les sorciers et magiciens, condamnés par la loi de Moïse, méritaient la mort, comme imposteurs, comme empoisonneurs, comme apostats ; et il remarque avec raison qu'on ne voyait pas chez les Juifs et chez les anciens, dans ce qu'on appelait un magicien ou un devin, ce que nous voyons dans les sorciers du moyen âge, sur lesquels, au reste, nous ne sommes encore qu'à demi éclairés.

Au moyen âge, on croyait très-généralement que les Sarrasins, dans leurs guerres, étaient, comme insignes sorciers, assistés par le diable. L'auteur rapporte un exemple que voici, tiré du vieux roman de Richard Cœur de Lion.

Le fameux Saladin, y est-il dit, avait envoyé une ambassade au roi Richard, avec un jeune cheval qu'il lui offrait comme un vaillant destrier. Il défiait en même temps Cœur de Lion à un combat singulier, en présence des deux armées, dans le but de décider tout d'un coup leurs prétentions à la Palestine et la question théologique de savoir quel était le vrai Dieu, ou le Dieu des chrétiens, ou *Jupiter*, divinité des Sarrasins. Mais ce semblant de défi chevaleresque cachait une perfidie, dans laquelle l'esprit malin jouait un rôle. Un prêtre sarrasin avait conjuré deux démons dans le corps d'une jument et de son poulain, leur donnant pour instruction que chaque fois que la jument hennirait, le poulain, qui était d'une taille peu commune, devrait s'agenouiller pour teter sa mère. Le poulain maléficié fut envoyé au roi Richard, dans l'espoir qu'il obéirait au signal accoutumé, et que le soudan, monté sur la mère, aurait ainsi l'avantage. Mais le monarque anglais fut averti par un songe du piége qu'on lui tendait, et avant le combat le poulain fut exorcisé, avec ordre de rester docile à la voix de son cavalier durant le choc. L'animal endiablé promit soumission en baissant la tête ; et cette promesse n'inspirant pas assez de confiance, on lui boucha encore les oreilles avec de la cire. Ces précautions prises, Richard, armé de toutes pièces, courut à la rencontre de Saladin, qui, se confiant dans son stratagème, l'attendit de pied ferme. La cavale hennit de manière à faire trembler la terre à plusieurs milles à la ronde ; mais le poulain ou démon, que la cire empêchait d'entendre le signal, n'y put obéir. Saladin, désarçonné, n'échappa que difficilement à la mort, et son armée fut taillée en pièces par les chrétiens.

La troisième lettre est consacrée à l'étude de la démonologie et des sorciers chez les Romains, chez les Celtes et chez les différents peuples du Nord. Les superstitions des anciens Celtes subsistent encore en divers lieux, dit l'auteur, et les campagnards les observent sans songer à leur origine.

Vers 1769, lorsque M. Pennant entreprit son voyage, la cérémonie de Baaltein ou Beltane, ou du 1er de mai, était strictement observée, quoique avec variations, dans les différentes parties des montagnes. Le gâteau cuit au four avec des cérémonies particulières était partagé en plusieurs portions offertes aux oiseaux ou bêtes de proie, afin que ces animaux, ou plutôt les êtres dont ils n'étaient que les agents, épargnassent les troupeaux. Une autre coutume du même genre a longtemps fleuri en Ecosse. Dans plusieurs paroisses, on laissait une portion de terrain, qu'on nommait *le clos de Gudeman* sans le labourer ni le cultiver. Personne ne doutait que le clos du *bonhomme* (Gudeman) ne fût consacré à quelque esprit malfaisant. En effet, c'était la portion de Satan lui-même, que nos ancêtres désignaient par un nom qui ne pût offenser ce terrible habitant des régions du désespoir. Cet abus devint si général, que l'Eglise publia à ce sujet une ordonnance qui le traite d'usage impie et scandaleux. Et il existe encore plusieurs personnes qui ont été habituées à regarder avec effroi tout lieu inculte, dans l'idée que, lorsqu'on y voudra porter la charrue, les esprits qui l'habitent manifesteront leur colère. Nous-mêmes, nous connaissons beaucoup d'endroits voués à la stérilité par une superstition populaire dans le pays de Galles, en Irlande et en Ecosse.

Nixas ou **Nicksa**, dieu d'une rivière ou de l'Océan, adoré sur les bords de la Baltique, paraît incontestablement avoir tous les attributs de Neptune. Parmi les vents brumeux et les épouvantables tempêtes de ces sombres contrées, ce n'est pas sans raison qu'on l'a choisi comme la puissance la plus contraire à l'homme, et le caractère surnaturel qu'on lui a attribué est parvenu jusqu'à nous sous deux aspects bien différents. La Nixa des Germains est une de ces aimables fées, nommées Naïades par les anciens; le vieux Nick (le diable en Angleterre) est un véritable descendant du dieu de la mer du Nord, et possède une grande portion de sa puissance. Le matelot anglais, qui semble ne rien craindre, avoue la terreur que lui inspire cet être redoutable, qu'il regarde comme l'auteur des différentes calamités auxquelles sa vie précaire est continuellement en butte.

Le **Bhar-Guest** ou **Bhar-Geist**, appelé aussi **Dobie** dans le comté d'York, spectre local qui, sous différentes formes, hante un endroit particulier, est une divinité qui, ainsi que l'indique son nom, nous vient des anciens Teutons; et s'il est vrai que quelques familles, portant le nom de Dobie, ont un fantôme ou spectre passant dans leurs armoiries, ce fait démontre pleinement que, quoique le mot soit devenu un nom propre, son origine ne s'est pas perdue.

On trouve dans l'Eyrbiggia Saga l'histoire curieuse d'une lutte entre deux sorcières du Nord. L'une d'elles, Geirada, était résolue à faire mourir Oddo, le fils de l'autre, nommée Kalta, qui, dans une dispute, avait coupé une main à sa bru. Ceux qui devaient tuer Oddo partirent et revinrent déconcertés par l'habileté de sa mère. Ils avaient rencontré seulement, dirent-ils, Kalta filant du lin à une grande quenouille. — Fous, leur dit Geirada, cette quenouille était l'homme que vous cherchiez. Ils retournèrent, saisirent la quenouille et la brûlèrent. Mais alors la sorcière avait caché son fils sous la forme d'un chevreau apprivoisé. Une troisième fois elle lui donna la figure d'un porc grattant dans les cendres. Les meurtriers revinrent à la charge encore : ils entrèrent pour la quatrième fois, s'emparèrent de l'objet de leur animosité et le mirent à mort.

Les Norwégiens, imbus de sombres superstitions, croyaient que quelquefois, lorsque l'âme abandonnait le corps, elle était sur-le-champ remplacée par un démon qui saisissait l'occasion d'occuper son dernier séjour. Le récit suivant est fondé sur cette supposition : Saxo-Grammaticus parle de deux princes norses qui avaient formé entre eux une fraternité d'âmes, s'engageant à se secourir et à s'aider dans toutes les aventures où ils se trouveraient jetés pendant leur vie, et se promettant, par le serment le plus solennel, qu'après la mort de l'un d'eux, l'autre descendrait vivant dans la tombe de son frère d'armes et se ferait enfermer à ses côtés. Il fut donné à Asmund d'accomplir ce serment terrible. Assueit, son compagnon, ayant été tué dans une bataille, la tombe, d'après les usages du Nord, fut creusée dans ce qu'ils nommaient l'Age des Montagnes, c'est-à-dire en un endroit exposé à la vue et que l'on couronnait d'un tertre. On construisit une épaisse voûte. Dans ce monument sépulcral furent déposés les armes, les trophées, peut-être le sang des victimes, les coursiers des champions. Ces cérémonies accomplies, le corps d'Assueit fut placé dans sa dernière demeure, et son dévoué frère d'armes entra et s'assit à côté du cadavre, sans témoigner, par un mot ou par un regard, la moindre hésitation à remplir son engagement. Les guerriers témoins de ce singulier enterrement d'un vivant avec un mort roulèrent une large pierre sur l'ouverture de la tombe; puis, entassant de la terre et des pierres sur l'endroit, ils bâtirent une élévation visible à grande distance, et, après de bruyantes lamentations sur la perte de ces vaillants chefs, ils se dispersèrent.

Bien des années se passèrent; un siècle même s'était écoulé, lorsqu'un noble suédois, engagé dans une périlleuse aventure et suivi d'une troupe vaillante, arriva dans la vallée qui prend son nom de la tombe des frères d'armes. Le fait lui fut raconté; il résolut d'ouvrir le tombeau, soit parce qu'il voyait là une action héroïque, soit pour s'emparer des armes et surtout des épées avec lesquelles s'étaient accomplies de grandes actions. Les soldats se mirent à l'œuvre; ils eurent bientôt écarté la terre et les pierres, et rendu l'entrée d'un accès facile. Mais les plus vaillants reculèrent, lorsqu'au lieu du silence des tombeaux ils entendirent des cris horribles, un choc d'épées, un cliquetis d'armes et tout le bruit d'un combat à mort entre deux champions furieux. A l'aide d'une corde, un jeune guerrier fut descendu dans le sépulcre. Mais au moment où il y entra, un autre individu, se précipitant, prit sa place dans le nœud coulant; et lorsque la corde fut retirée, au lieu de leur camarade, les soldats virent Asmund, celui des deux frères d'armes qui s'était enterré vivant. Il parut un glaive nu à la main, son armure à moitié arrachée, le côté gauche de son visage déchiré comme par les griffes de quelque bête féroce. Il n'eut pas plutôt revu la clarté du jour que, saisi d'enthousiasme, il entreprit un long récit en vers, contenant l'histoire de ses combats dans la tombe pendant les cent ans qui s'étaient écoulés. Il conta qu'à peine le sépulcre fermé, le mort Assueit s'était levé de terre, animé par quelque goule affamée, et qu'ayant commencé par mettre en pièces, pour les dévorer, les chevaux ensevelis avec lui, il s'était jeté sur son compagnon pour le traiter de la même manière. Le héros, loin de se laisser abattre, saisit ses armes et se défendit vaillamment contre Assueit, ou plutôt contre le méchant génie qui s'était emparé de son corps. Il soutint un combat surnaturel qui dura tout un siècle; il venait d'obtenir la victoire en terrassant son ennemi et lui enfonçant un pieu dans le corps, ce qui l'avait réduit à cette immobilité qui convient aux habitants des tombeaux. Après avoir ainsi chanté ses exploits, le fantastique guerrier tomba mort. Le corps d'Assueit fut retiré de la tombe, brûlé, et ses cendres jetées au vent; celui de son vainqueur fut déposé dans ce même lieu où l'on espérait que son sommeil ne serait plus troublé. Ces précautions prises contre une seconde résurrection d'Assueit nous rappellent celles qu'on adoptait dans les îles grecques et dans les provinces turques contre les vampires. Elles indiquent aussi l'origine d'une ancienne loi anglaise contre le suicide, qui ordonnait d'enfoncer un pieu à travers le corps du mort, pour le garder d'une manière plus sûre dans sa tombe.

Les peuples du Nord reconnaissaient encore une espèce de revenants qui, lorsqu'ils s'emparaient d'un édifice ou du droit de le fréquenter, ne se défendaient pas contre les hommes d'après le principe chevaleresque du duel, ainsi que fit Assueit, ni ne se rendaient aux prières des prêtres ou aux charmes des sorciers, mais devenaient fort traitables à la menace d'une procédure légale. L'Eyrbiggia-Saga nous apprend que la maison d'un respectable propriétaire en Islande se trouva, peu après que l'île fut habitée, exposée à une infestation de cette nature. Vers le commencement de l'hiver, il se manifesta, au sein d'une famille nombreuse, une maladie contagieuse qui, emportant quelques individus de tout âge, sembla menacer tous les autres d'une mort précoce. Le trépas de ces malades eut le singulier résultat de faire rôder leurs ombres autour de la maison, en terrifiant les vivants qui en sortaient. Comme le nombre des morts dans cette famille surpassa bientôt celui des vivants, les esprits résolurent d'entrer dans la maison et de montrer leurs formes vaporeuses et leur affreuse physionomie, jusque dans la chambre où se faisait le feu pour l'usage général des habitants, chambre qui pendant l'hiver, en Islande, est la seule où puisse se réunir une famille. Les survivants effrayés se retirèrent à l'autre extrémité de la maison et abandonnèrent la place aux fantômes. Des plaintes furent portées au pontife du dieu Thor, qui jouissait d'une influence considérable dans l'île. Par son conseil, le propriétaire de la maison hantée assembla un jury composé de ses voisins, constitué en forme, comme pour juger en matière civile, et cita individuellement les divers fantômes et ressemblances des membres morts de la famille, pour qu'ils eussent à prouver en vertu de quel droit ils disputaient à lui et à ses serviteurs la paisible possession de sa propriété, et quelle raison ils pouvaient avoir de venir ainsi troubler et déranger les vivants. Les mânes parurent dans l'ordre où ils étaient appelés; après avoir murmuré quelques regrets d'abandonner leur toit, ils s'évanouirent aux yeux des jurés étonnés. Un jugement fut donc rendu par défaut contre les esprits; et l'épreuve par jury, dont nous trouvons ici l'origine, obtint un triomphe inconnu à quelques-uns de ces grands écrivains, qui en ont fait le sujet d'une eulogie.

La quatrième et la cinquième lettre sont consacrées aux fées. Nous continuerons d'en présenter des extraits.

Les classiques, dit l'illustre auteur, n'ont pas oublié d'enrôler dans leur mythologie une certaine espèce de divinités inférieures, ressemblant par leurs habitudes aux fées modernes. Le docteur Leyden, qui a épuisé sur les fées, comme sur beaucoup d'autres sujets, les trésors de son érudition, a trouvé la première idée des êtres connus sous le nom de *Fées*, dans les opinions des peuples du Nord concernant les *duergars* ou *nains*. Ces nains étaient pourtant, il faut l'avouer, des esprits d'une nature plus grossière, d'une vocation plus laborieuse, d'un caractère plus méchant que les fées proprement dites, qui étaient de l'invention des Celtes. Les duergars n'étaient originairement que les naturels, diminués de taille, des nations lapone, finlandaise et islandaise, qui, fuyant devant les armes conquérantes des *Asœ*, cherchèrent les régions les plus reculées du Nord, et s'efforcèrent d'échapper à leurs ennemis de l'Orient. On a supposé que ces pauvres gens jouissaient, en compensation de leur taille inférieure, d'une puissance surnaturelle. Ils obtinrent ainsi le caractère des esprits allemands appelés *kobolds*, desquels sont évidemment dérivés les *gobelins* anglais et les *bogles* écossais. Les kobolds, espèce de *gnomes* qui habitaient les lieux noirs et solitaires, se montraient souvent dans les mines, où ils semblaient imiter les travaux des mineurs, et prendre plaisir à les tromper. Parfois ils étaient méchants, surtout si on les négligeait ou si on les insultait; mais parfois aussi ils étaient bienveillants. Quand un mineur découvrait une riche veine, on concluait, non pas qu'il eût plus d'habileté ou de bonheur que ses compagnons, mais que les esprits de la mine l'avaient dirigé. L'occupation apparente de ces gnomes souterrains ou démons conduisit naturellement à identifier le Finlandais ou le Lapon avec le kobold; mais ce fut un plus grand effort d'imagination qui confondit cette race solitaire et sombre avec l'esprit joyeux qui correspond à la fée.

Suivant la vieille croyance norse, ces nains forment la machine ordinaire des Sagas du Nord. Dans les *Niebelungen*, un des plus vieux romans de l'Allemagne, compilé, à ce qu'il semblerait, peu après l'époque d'Attila, Théodoric de Berne ou de Vérone figure parmi un cercle de champions qu'il préside. Entre autres vaincus célèbres domptés par lui, est l'Elf-roi ou Nain-Laurin, dont la demeure était dans un jardin de rosiers enchantés, et qui avait pour gardes du corps des géants. Il fut pour Théodoric et ses chevaliers un formidable antagoniste; mais comme il essaya d'obtenir la victoire par trahison, il fut, après sa défaite, condamné à remplir l'office déshonorant de bouffon ou jongleur à la cour de Vérone.

Cette possession d'une sagesse surnaturelle est encore imputée par les naturels des îles Orcades et Shetland aux êtres appelés *drows*, mot qui est une corruption de *duergar* ou *dwarf*. Ces êtres peuvent, sous beaucoup d'autres rapports, être identifiés avec les fées calédoniennes. Les Irlandais, les Gallois, les Gaëls ou Highlanders écossais, toutes tribus d'origine celtique, assignaient aux *hommes de paix*, aux *bons voisins*, ou de quelque autre nom qu'ils appelassent les pygmées champêtres, des habitudes plus sociales et un genre de vie beaucoup plus gai que ces rudes et nombreux travaux des duergars sauvages. Leurs *elves* n'évitaient pas la société des hommes, quoiqu'ils se conduisissent envers ceux qui entraient en relations avec eux d'une manière si capricieuse, qu'il était dangereux de leur déplaire.

Les occupations, les bienfaits, les amusements des fées ressemblaient en tout à ces êtres aériens. Leur gouvernement fut toujours représenté comme monarchique. Un roi, plus fréquemment une reine des fées, étaient reconnus, et parfois tenaient ensemble leur cour. Leur luxe, leur pompe, leur magnificence dépassaient tout ce que l'imagination pouvait concevoir : dans leurs cérémonies, ils se pavanaient sur des coursiers splendides. Les faucons et les chiens qu'ils employaient à la chasse étaient de la première espèce. A leurs banquets de tous les jours, la table était servie avec une opulence que les rois les plus puissants ne pouvaient égaler; leurs salles de danse retentissaient de la plus exquise musique. Mais, vue par l'œil d'un *prophète*, l'illusion s'évanouissait : les jeunes chevaliers et les jolies dames ne semblaient plus que des rustres ridés et de hideuses souillons; leurs pièces d'argent se changeaient en ardoise; leur brillante vaisselle, en corbeilles d'osier bizarrement tressées; et leurs mets, qui ne recevaient aucune saveur du sel (le sel leur étant défendu parce qu'il est l'emblème de l'éternité), devenaient insipides et sans goût; les magnifiques salons se transformaient en misérables cavernes humides; toutes ces délices de l'Elysée des fées s'anéantissaient en même temps.

Une hostilité sérieuse était, supposait-on, constamment pratiquée par les fées contre les mortels : elle consistait à enlever leurs enfants et à les élever comme s'ils appartenaient à leur race. Les enfants non baptisés étaient principalement exposés à ce malheur; mais les adultes pouvaient aussi être arrachés à la terre, s'ils avaient commis quelque action qui les soumît au pouvoir de ces esprits, et, par exemple, pour nous servir de la phrase légale, s'ils avaient été pris sur le fait. S'endormir sur une montagne dépendante du royaume des fées, où il se trouvait que leur cour fût pour le moment tenue, était un moyen facile d'obtenir un passeport pour Elfland, c'est-à-dire l'île des fées : heureux encore le coupable si les fées, dans leur courroux, se contentaient en pareille occasion de le transporter à travers les airs dans une ville éloignée d'une quarantaine de milles, et de laisser peut-être son chapeau ou son bonnet sur quelque clocher, pour marquer la droite ligne de la course.

D'autres, qui faisaient une action illégale ou s'abandonnaient à quelque passion invétérée, s'exposaient aussi à aller habiter la fameuse île. Cette croyance existait en Irlande. Glanville, dans sa *Dix-huitième Relation*, parle du sommelier d'un gentilhomme, voisin du comte d'Orrery, qu'on envoya acheter des cartes. En traversant les plaines, il vit une table entourée de gens qui semblaient festoyer et faire bonne chère. Ils se levèrent pour le saluer et l'invitèrent à partager leur repas; mais une voix amie, de la bande, lui murmura à l'oreille : — Ne faites rien de ce qu'on vous dira dans cette compagnie. En conséquence, il refusa de prendre part à la réjouissance. La table s'évanouit aussitôt, et toute la société se mit à danser et à jouer de divers instruments : il ne voulut pas davantage participer à leur musique. On le laissa pour le moment; mais, en dépit des efforts de milord Orrery, en dépit de deux évêques anglicans, en dépit de M. Gréatrix, ce fut tout ce qu'on put faire que d'empêcher le sommelier d'être emmené par les fées, qui le regardaient comme leur proie. Elles l'enlevèrent en l'air quelques instants. Le spectre, qui d'abord l'avait conseillé, continua à le visiter et lui découvrit qu'il était l'âme d'une de ses connaissances, morte depuis sept ans. — Vous savez, ajouta-t-il, que j'ai mené une vie désordonnée; depuis, j'ai toujours été ballotté de haut en bas et de haut en bas, sans jamais avoir de repos dans la compagnie où vous m'avez vu : j'y resterai jusqu'au jour du jugement. Il déclara en outre que si le sommelier avait reconnu Dieu dans toutes ses œuvres, il n'aurait pas tant souffert du pouvoir des fées. Il lui rappela qu'il n'avait pas prié Dieu le matin où il avait rencontré la troupe dans la plaine, et que même il allait remplir une commission coupable. On prétend que lord Orrery a confirmé toute cette histoire, assurant même qu'il avait vu le sommelier soutenu en l'air par les êtres invisibles qui voulaient l'enlever : seulement il ne disait rien de cette circonstance qui semble appeler action illégitime l'achat d'un jeu de cartes. La raison assignée à cet usage de voler des enfants, si habituellement pratiqué par les fées, venait, dit-on, de ce qu'elles étaient obligées de payer aux régions infernales un tribut annuel de leur population, tribut dont elles tâchaient de se défrayer en livrant au prince de ces régions les enfants de la race humaine, plutôt que les leurs. De ce fait, on doit conclure qu'elles avaient elles-mêmes des descendants, comme le soutiennent plusieurs autorités, et particulièrement M. Kirke, ministre d'Aberfoyle. Il ajoute, il est vrai, qu'après une certaine durée de vie, ces esprits sont sujets à la loi universelle de la mortalité, opinion qui cependant a été controversée.

La sixième lettre traite principalement des esprits familiers, dont le plus illustre était le célèbre Puck ou Robin Goodfellow, qui, chez les sylphes, jouait en quelque sorte le rôle de fou ou de bouffon de la compagnie. Ses plaisanteries étaient du comique à la fois le plus simple et le plus saugrenu : égarer un paysan qui se rendait chez lui, prendre la forme d'un siége afin de faire tomber une vieille commère sur son derrière, lorsqu'elle croyait s'asseoir sur une chaise, étaient ses principales jouissances. S'il se prêtait à faire quelque travail pour les gens de la maison pendant leur sommeil, c'était à condition qu'on lui donnerait un déjeuner délicat.

La septième, la huitième et la neuvième lettre s'occupent des sorciers et de la sorcellerie. Nous n'en reproduirons rien, non plus que de la dernière, consacrée aux devins et aux revenants, tout ce Dictionnaire étant parsemé, à ce sujet, de faits et de documents qui suffisent au lecteur curieux.

WATTIER (Pierre). Il a publié, au XVIIe siècle, la *Doctrine et interprétation des songes*, comme traduite de l'arabe de Gabdorrhaman, fils de Nosar; in-12, Paris, 1664.

WICLEF. On croit qu'il fut étranglé par le diable.

WIERUS (Jean), célèbre démonographe brabançon, élève d'Agrippa, qu'il a défendu dans ses écrits. On lui doit les cinq livres *des Prestiges des Démons*, traduits en français sous ce titre : *Cinq livres de l'imposture et tromperie des diables, des enchantements et sorcelleries*, pris du latin de Jean Wier, médecin du duc de Clèves, et faits français par Jacques Grevin, de Clermont. Paris, in-8°, 1569.

L'ouvrage de Wierus est plein de crédulité, d'idées bizarres, de contes populaires, d'imaginations, et riche de connaissances. C'est ce même écrivain qui a publié un traité curieux des lamies et l'inventaire de la fausse monarchie de Satan (*Pseudomonarchia Dæmonum*), où nous avons trouvé de bonnes désignations sur presque tous les esprits de ténèbres cités dans ce Dictionnaire.

WILIS. Dans quelques contrées de l'Allemagne, toute fiancée qui meurt avant le mariage, « pour peu que de son vivant elle ait un peu trop aimé la danse, devient après sa mort une *wili*, c'est-à-dire un fantôme blanc et diaphane, qui s'abandonne chaque nuit à la danse d'outre-tombe. Cette danse des morts ne ressemble en rien à la danse terrestre : elle est calme, grave, silencieuse; le pied effleure à peine la fleur chargée de rosée. La lune éclaire de son pâle rayon ces ébats solennels : tant que la nuit est au ciel et sur la terre, la ronde poursuit son chemin dans les bois, sur les montagnes, sur le bord des lacs bleus. Avez-vous rencontré, à la fin d'une pénible journée de voyage, quand vous allez au hasard loin des chemins tracés, ces flammes isolées qui s'en vont çà et là à travers les joncs des marécages ? Malheureux voyageur, prenez garde ! ce sont les wilis qui dansent, c'est la ronde infernale qui vous provoque de ses fascinations puissantes. Prenez garde, n'allez pas plus loin, ou vous êtes perdu. Les wilis, ajoute Jules Janin, que nous copions ici, sautent jusqu'à l'extinction complète de leur partner mortel. » *Voy.* COURILS.

WIULMEROZ (Guillaume), sorcier en Franche-Comté, vers l'an 1600. Son fils, âgé de douze ans, lui reprocha d'avoir été au sabbat et de l'y avoir mené. Le père, indigné, s'écria : « Tu nous perds tous deux !... » Il protesta qu'il n'avait jamais été au sabbat. Néanmoins on prononça son arrêt, parce qu'il y avait cinq personnes qui le chargeaient; que d'ailleurs sa mère avait été suspecte, ainsi que son frère, et que beaucoup de méfaits avaient été commis par lui. Comme il fut démontré que l'enfant ne participait pas à la sorcellerie, il fut élargi (1).

WODEN, dieu suprême des anciens Germains, le même qu'Odin. On laissait dans les moissons des épis pour ses chevaux, et dans les bois du gibier pour sa chasse. Les chercheurs ont trouvé que Woden, dont les races germaniques ont fait God, en se convertissant au christianisme, a de l'analogie avec le Bouddha des Indiens (2).

WODENBLOCK. Le *Chamber's Magazine* a publié la singulière facétie que voici :

HISTOIRE DE M. WODENBLOCK.

Celui qui a été à Rotterdam ne manquera pas de se rappeler une maison à deux étages sise dans le faubourg, juste en face du bassin du canal qui de cette cité se dirige vers la Haye, Leyde et d'autres villes. Il se rappellera cette maison, car nous sommes sûrs qu'on la lui aura désignée comme ayant été jadis la demeure du plus habile mécanicien qui ait vu le jour en Hollande. On sait qu'il faisait des instruments de chirurgie avec une habileté peu commune, et que ce qui lui avait valu surtout sa belle réputation, c'était l'adresse admirable avec laquelle il faisait des jambes de bois et des jambes de liége. Tous ceux qui avaient le malheur de perdre quelque membre avaient recours à sa merveil-

---

(1) M. Garinet, Hist. de la magie en France, p. 164.
(2) Voyez M. Ozanam, Recherches sur l'établissement du christianisme en Allemagne.

leuse science ; et, si désespéré que fût leur état, ils ne tardaient pas, comme on disait, à être remis par lui sur leurs jambes. Des impotents, des perclus, des culs-de-jatte qu'on tenait depuis longtemps pour incurables, se trouvaient si bien accommodés des jambes fabriquées par la main de M. Turningvort, que l'on commençait à douter si des jambes de liège ou de bois n'étaient pas préférables à des jambes faites d'os, de chair et de sang. Et franchement, si vous aviez vu de quelle habile façon les jambes de M. Turningvort étaient travaillées, quels ingénieux ressorts il employait, vous eussiez été fort embarrassé à décider la question, surtout si vos pieds se fussent trouvés sujets à la goutte, ou si vos orteils avaient été tourmentés par des cors.

Un matin, on vint l'avertir qu'il était mandé chez M. de Wodenblock. M. de Wodenblock était le plus opulent banquier de Rotterdam. Il n'est pas nécessaire de dire que notre artiste suspendit immédiatement son travail, et revêtant son plus bel habit, couvrant son chef de sa meilleure perruque, il sortit pour aller à l'hôtel de M. de Wodenblock, tenant dans sa main son chapeau à trois cornes et sa canne à pomme d'argent.

Nous devons apprendre au lecteur que quelques jours auparavant M. de Wodenblock, agissant, selon sa coutume, avec peu de cérémonie envers un parent pauvre qui était venu le visiter, et s'empressant de le mettre lui-même à la porte, avait voulu lui donner un coup de pied, afin de lui faire descendre plus rapidement l'escalier; mais dans ce mouvement, ayant perdu l'équilibre, il était tombé et avait roulé sans connaissance jusqu'au bas de l'escalier. Les domestiques, accourus à son secours, l'avaient relevé et porté dans son lit. M. de Wodenblock avait reconnu, avec la plus amère douleur, en reprenant ses sens, qu'il s'était fracturé la jambe droite et cassé trois dents. Il eût pu accuser de tentative de meurtre son parent qui était la cause de son malheur; mais comme il était naturellement doux et enclin au pardon, il s'était contenté de le faire mettre en prison. Un dentiste eut bientôt remplacé les trois dents brisées, par trois dents qu'il avait arrachées à un poëte, à raison de dix francs la pièce : mais il eut soin de se les faire payer cinq cents francs par le riche banquier.

Le chirurgien qui fut appelé déclara, après avoir examiné la jambe avec la plus grande attention, que la cure était impossible, si la jambe n'était pas amputée. Il fallut se soumettre à l'opération. Le membre amputé fut emporté par le chirurgien, et servit de texte à sa leçon du lendemain. M. de Wodenblock, considérant qu'il s'était accoutumé jusque-là à marcher sur ses deux jambes, et non à sauter sur une seule, prévenu sans doute en faveur du premier mode de locomotion, fit mander notre ami qui demeurait en face du bassin du canal, afin de lui commander une jambe qui pût remplacer celle qu'il avait perdue.

M. Turningvort fut introduit dans le magnifique appartement du riche banquier, qu'il trouva étendu sur son lit. Sa jambe gauche faisait bonne figure, mais le moignon qui lui restait de sa jambe droite était couvert et enveloppé de bandes et de ligatures.

—Vous avez appris le malheur qui m'est arrivé, Turningvort, dit-il à celui-ci, aussitôt qu'il l'aperçut ; vous savez que j'ai été à deux doigts du trépas. Tout Rotterdam l'a su, et en a frémi. Il faut donc que vous me fassiez une jambe ; mais une jambe la plus parfaite qui soit jusqu'ici sortie de vos mains.

L'artiste répondit à ces paroles par un humble salut.

—Vous sentez que je ne tiens pas au prix ; je donnerai ce que vous exigerez, à condition que vous ferez dans cette occasion mieux que vous n'avez fait de votre vie.

Turningvort salua encore humblement.

—Je ne veux pas, moi, une jambe de bois, en forme de fuseau. Je veux une jambe de liège; je veux qu'elle soit légère et élastique, et qu'elle contienne autant de ressorts que la boîte d'une montre. Il m'est impossible de m'expliquer plus clairement, voyez-vous, continua le malade, car je n'entends rien à votre affaire. Mais ce que j'exige de vous, c'est une jambe aussi bonne que celle que j'ai perdue. Je sais qu'il ne vous est pas impossible d'arriver à ce résultat. Si je suis satisfait de votre travail, vous aurez vingt-cinq mille francs.

Le Prométhée hollandais déclara que, pour plaire à M. de Wodenblock, il surpasserait tout ce dont pouvait être capable l'habileté des hommes ; et il s'engagea à apporter au bout de huit jours une jambe qui l'emporterait de tout point sur les jambes de chair et d'os, de tendons, etc.

On serait tenté d'accuser Turningvort de forfanterie ; mais ces paroles, quelque orgueilleuses qu'elles paraissent, notre artiste se croyait autorisé à les prononcer. Homme de théorie ainsi que de pratique, il s'était depuis longtemps livré à la recherche d'une découverte qu'il avait faite enfin, le matin même du jour où il avait été mandé par M. de Wodenblock.

Comme tous les autres mécaniciens qui faisaient des jambes de bois, Turningvort s'était toujours trouvé arrêté par la difficulté d'introduire dans la jambe quelque ressort qui fonctionnât de manière à pouvoir être réglé par la volonté, et qui pût remplacer l'admirable mécanisme que le genou et la cheville remplissent dans le système actuel. Quoiqu'il fût avancé dans son art plus que nul de ses confrères, plusieurs années s'étaient écoulées dans de vaines recherches pour vaincre cette difficulté ; et c'est, comme nous l'avons dit, le matin même qu'il était enfin parvenu à découvrir ce grand secret. La jambe que venait de lui commander M. de Wodenblock allait être faite d'après le système qu'il venait de découvrir.

Le huitième jour, comme il avait été convenu, l'artiste se présenta chez l'impatient malade, avec sa jambe magique. L'orgueilleux clignement de l'œil, qu'il était aisé de remarquer chez lui, faisait assez voir qu'il estimait que les 25 mille fr. étaient à peine dignes de payer son œuvre, qui lui assurerait enfin cette célébrité, cette gloire, cette immortalité, le but de ses travaux, le rêve de sa vie. Turningvort mit sous les yeux du banquier la jambe qui lui était destinée ; il énuméra les nombreuses additions qu'il avait faites à son travail ; il expliqua l'usage et les fonctions de chaque ressort. La nuit était près de venir ; et l'artiste et le banquier étaient encore engagés dans d'interminables discussions sur les mouvements des roues, sur les ressorts, le balancier, les poids et sur tout l'assemblage des nombreuses pièces de la machine. M. de Wodenblock ne se possédait pas de joie, tant il était satisfait du travail de l'artiste. Mais il lui était impossible en ce moment de faire l'essai de sa nouvelle jambe. Il était tard, et notre banquier se trouvait pressé par le sommeil. Afin de pouvoir plus tôt le lendemain faire cet essai, et voir comment l'instrument fonctionnait, il pria Turningvort de passer la nuit dans son hôtel, ce que celui-ci accepta de bonne grâce.

Le lendemain, les préparatifs furent terminés de bonne heure, et M. de Wodenblock fut on ne peut plus satisfait des dispositions mécaniques de sa jambe. Nous n'essayerons pas de donner une idée de son contentement, et des vives démonstrations de sa joie et de son bonheur. Il marchait à grands pas dans sa chambre, allait et venait incessamment, serrait les mains à Turningvort, et ne tarissait pas en éloges sur son admirable travail. La machine, en effet, fonctionnait d'une manière surprenante. Dans la marche du banquier, on ne remarquait nulle roideur, nul effort, nulle gêne, nul embarras ; les appareils locomoteurs se mouvaient parfaitement, comme si c'eût été des organes d'os, de muscles, de tendons véritables. Personne n'eût soupçonné que ce tibia, cette rotule, devaient la régularité et l'ordre de leurs mouvements à certains ressorts mécaniques d'une espèce particulière. N'eût été une légère oscillation occasionnée par le mouvement rapide de plus de vingt petites roues engrenées les unes dans les autres, et un petit carillon ressemblant au bruit que fait une pendule en marchant, quoique un peu plus fort, il est vrai, M. de Wodenblock eût tout à fait oublié qu'il avait éprouvé un grave accident, et qu'il était autrement qu'avant de lever la jambe droite pour donner, suivant son dire, la bénédiction à son cher neveu, qui était venu prendre congé de son oncle.

M. de Wodenblock sortit donc dans l'enchantement, et après s'être longtemps promené dans toute la ville, il prit le chemin de la maison des Etats. Comme il était près de monter les degrés qui conduisent à la porte principale, il aperçut, au haut de l'escalier, son ami Vanoutern, qui le reconnut et lui tendit les bras. Il hâta sa marche, heureux d'embrasser son ami. Mais quel ne fut pas l'étonnement du bon Vanoutern, en voyant son ami passer devant lui sans s'arrêter, sans lui dire même : — Comment ça va-t-il ?

Cependant, il ne faut pas faire un crime de cette incivilité à M. de Wodenblock. Son étonnement fut cent fois plus grand que celui de Vanoutern, en voyant qu'il n'avait pas le pouvoir de déterminer quand, où et comment il arrêterait le mouvement de sa jambe. Tant que ses désirs avaient été d'accord avec le procédé qui faisait marcher la machine, tout avait été pour le mieux ; et maintenant qu'il eût voulu arrêter la marche de l'instrument, il s'apercevait qu'il ne possédait aucun moyen pour arriver à ce résultat.

Il désirait vivement s'entretenir avec son bon ami Vanoutern ; mais, malgré lui, sa jambe avait continué à marcher, l'avait poussé en avant, et il s'était vu contraint d'obéir. Il fit tous ses efforts pour diminuer au moins la rapidité de sa marche ; mais tout fut inutile : sa jambe l'entraînait toujours. Il se cramponnait aux grilles de fer, aux murs, aux portes ; sa jambe s'agitait avec tant de violence et faisait des sauts si surprenants, qu'il craignait de se rompre les bras, et il se laissa aller à l'impulsion. Alors il commença à s'effrayer ; sa jambe le poussait toujours en avant ; la seule espérance qui lui restait maintenant, c'est que la puissance surnaturelle que possédaient les ressorts de cette machine extraordinaire ne tarderait pas sans doute à s'épuiser elle-même. Cependant il ne sentait aucun ralentissement dans le mouvement de la mécanique.

Il se trouvait emporté dans la direction du canal de Leyde. Quand il fut en vue de la maison de Turningvort, il lui cria avec désespoir de venir à son secours. L'artiste mit la tête à la croisée :

— Scélérat, lui dit le malheureux banquier, viens vite. La jambe que tu m'as faite semble être animée par l'esprit de la vengeance. Elle ne me permet pas de m'arrêter, elle m'entraîne, m'entraîne toujours. J'ai marché sans relâche depuis que j'ai quitté la maison, et si tu ne viens m'arrêter, Dieu sait combien de temps je marcherai encore. Accours à mon aide, ou dans un instant je serai hors de ta vue.

L'accent dont ces paroles étaient prononcées attestait le désespoir et les angoisses qui tourmentaient l'âme du banquier. Ce spectacle frappa le mécanicien de stupeur ; il n'avait pas prévu cet incident, et il ne connaissait pas les moyens d'y parer. Néanmoins, il descendit pour porter secours au malheureux, espérant l'arracher à sa triste destinée. Mais M. de Wodenblock était déjà loin. Turningvort se mit à courir après lui, et quoiqu'il fût dans la force de l'âge, il eut toutes les peines du monde à l'atteindre. Il le saisit avec force et le souleva dans ses bras vigoureux, pour empêcher que ses pieds ne touchassent la terre. Mais ce stratagème (si l'on peut parler ainsi) fut sans résultat ; les facultés locomotives de l'instrument, conservant toute leur énergie, entraînèrent l'artiste, ainsi que le fardeau qu'il avait soulevé. Il le remit donc par terre ; et se baissant il pressa fortement un des ressorts de la machine, croyant la forcer à s'arrêter, ou du moins à suspendre la vélocité de sa course. Mais quels furent sa douleur et son désespoir, en voyant M. de Wodenblock s'enfuir avec la rapidité d'une flèche, et crier d'une voix lamentable :

— Je suis perdu ! je suis possédé du démon. Arrêtez-moi ! pour Dieu ! arrêtez-moi ! je me meurs ! personne ne pourra-t-il rompre en pièces ma jambe maudite?

Et le malheureux, épuisé, pâle comme la mort, était emporté avec une effrayante rapidité, comme par un pouvoir surnaturel. L'artiste, sans voix, sans mouvement, ne pouvait comprendre le phénomène dont il était témoin. Il se laissa tomber à genoux, joignit ses mains, et ses yeux égarés s'attachèrent sur sa victime, qui courait avec la vélocité d'un buffle furieux, le long du canal de Leyde, demandant des secours d'une voix déchirante, que le désespoir, la fatigue et l'épuisement permettaient à peine d'entendre.

Leyde est à plus de vingt milles de Rotterdam ; le soleil ne s'était pas encore couché, quand mesdemoiselles Backsneider, qui prenaient en ce moment le thé à la croisée de leur salon, en face du Lion-d'Or, saluant gracieusement les personnes qu'elles venaient à reconnaître dans la rue, aperçurent un individu qui venait de leur côté avec une rapidité incroyable. Le visage de cet homme était couvert d'une pâleur affreuse, son front inondé de sueur ; il semblait suffoqué, épuisé, hors d'haleine. Cet homme arriva sous leur croisée, et sans tourner les yeux ni à gauche ni à droite, il continua à courir ; il avait même disparu à leurs yeux, avant qu'elles eussent le temps de s'écrier :

— Dieu tout-puissant ! n'est-ce pas là M. de Wodenblock, le riche banquier de Rotterdam ?

Les habitants de Haarlem se rendaient à l'église pour dire leurs prières et pour entendre leur orgue, quand un homme, qui avait à peine la forme humaine, parut tout à coup sur le marché et vint jeter l'effroi au milieu de ces pauvres gens. Ceux qui osèrent fixer les yeux sur cet être extraordinaire furent frappés de la pâleur terne et livide répandue sur tout son visage. Ses yeux, profondément enfoncés, étaient tout à fait éteints ; ses lèvres étaient violettes, et sa bouche restait sans voix ; ses doigts, étirés, sans force, paraissaient près de se détacher de ses mains. On eût dit que ce corps, qui semblait être lancé involontairement en avant, était privé de vie. Chacun s'empressa de se ranger pour lui faire place : tout Haarlem crut que c'était l'ombre d'un mort, doué encore de la faculté locomotive.

Le même spectre apparut aussi dans les autres villages et les villes de la province, et puis dans les villes et les grandes forêts de l'Allemagne. Des semaines, des mois, des années s'écoulèrent ; mais par intervalles on continua à voir la même apparition dans les différentes contrées du nord de l'Europe. Les vêtements que portait celui qui fut M. de Wodenblock ont tout à fait disparu, il est vrai ; la chair a aussi complétement abandonné les os : maintenant ce n'est plus qu'un squelette, un hideux squelette, auquel demeure toujours attachée sa jambe de liége, qui conserve sa rotondité, et, semblable au mouvement perpétuel, traîne et traînera à jamais par toute la terre les restes de celui qui fut jadis l'homme le plus riche de Rotterdam.

Que Dieu et ses saints vous garantissent de tout accident funeste ! N'ayez jamais besoin de jambes de bois ou de liége ! et puisse ne plus exister de mécanicien qui, comme Turningvort, fasse des jambes douées d'une puissance aussi fatale, aussi mystérieuse !...

WOLOTY, monstres épouvantables qui, selon le récit de Lomonosoff, étaient chez les Slavons comme les géants chez les Grecs.

WOODWARD. Un médecin empirique, James Woodward, surnommé le *Docteur noir* à cause de son teint, est mort en 1844 à Cincinnati, laissant une fortune considérable. On a été surpris de trouver chez lui, dans une grande armoire vitrée, une immense quantité de petites fioles de diverses dimensions, les unes pleines et les autres vides, et portant sur leurs étiquettes les noms et demeures de personnages habitant les différents États de l'Union. Il y en avait aussi du Canada, des Antilles et du Mexique. Voici quel en était l'usage : le Docteur noir se vantait de découvrir le diagnostic de toutes les maladies par des émanations des consultants, à quelque distance qu'ils fussent de lui. Le malade devait tremper son doigt pendant une heure dans une fiole remplie de l'eau la plus pure, et lui envoyer ensuite cette fiole soigneusement bouchée. L'eau, se trouvant ainsi imprégnée des sueurs du malade, était soumise à une analyse chimique. Le Docteur noir, sans autre indication, répondait au malade qu'il était attaqué ou menacé de phthisie, de péripneumonie, de goutte, de rhumatisme, etc., et il faisait ses prescriptions en conséquence. Quand il rencontrait juste, on était émerveillé de sa science profonde, et l'on demandait une consultation nouvelle, payée plus cher que la première. Les registres du docteur ont constaté qu'il avait répondu avec les plus grands détails à un grand nombre de ses malades, sans prendre la peine d'analyser leurs émanations, car les fioles étaient encore hermétiquement fermées.

WORTIGERN, roi d'Angleterre. *Voy.* MERLIN.

WULSON DE LA COLOMBIÈRE (MARC). On lui doit *le Palais des Curieux*, où, entre autres sujets, il est question des songes, avec un traité de la physionomie, Orléans, 1660.

X

XACCA, philosophe indien, né à Sica, mille ans avant notre ère, et regardé par les Japonais comme leur législateur. Il leur persuada que, pour gagner le ciel, il suffisait de prononcer souvent ces mots : *nama, mio, foren, qui, quio*. Jusqu'ici, aucun interprète n'a pu deviner le sens de ces paroles. Ce fut Xacca qui introduisit au Japon le culte d'Amidas (1).

XAPHAN, démon du second ordre. Quand Satan et ses anges se révoltèrent contre Dieu, Xaphan se joignit aux mécontents, et il en fut bien reçu, car il avait l'esprit inventif. Il proposa aux rebelles de mettre le feu dans le ciel ; mais il fut précipité avec les autres au fond de l'abîme, où il est continuellement occupé à souffler la braise des fourneaux avec sa bouche et ses mains.

XEIRSCOPIE. Voici sur ce sujet un très-joli article dû à M. Munier des Clôseaux :

Xeirscopie, de *xeir*, main, et *scopeô*, j'examine. Les lecteurs sont priés de supposer que les deux mots *xeir* et *scopeô* sont écrits en lettres grecques, ainsi qu'ils ont droit de l'être ; nous avons mille raisons pour les écrire en lettres ordinaires ; la première et la meilleure de ces mille raisons, c'est celle qui fait que l'on ne tire pas le canon dans les villes qui n'ont pas de canons.

La signification positive de *xeirscopie* est donc examen de la main ; mais il en est du mot *xeirscopie* comme du mot *cranioscopie*, qui signifie proprement examen, inspection du crâne, et qui, par extension, veut dire aussi, art de reconnaître le développement des parties du cerveau, des organes particuliers, ou des conditions matérielles de l'intelligence, d'après la configuration extérieure du crâne. *Xeirscopie* ne veut pas dire seulement examen, inspection de la main ; il signifie encore l'art de connaître le caractère des hommes d'après la conformation de leur main.

La *xeirscopie* est donc un système nouveau de physiognomonie à ajouter au système de Lavater et à celui de Gall.

Au premier coup d'œil, nous avons considéré la *xeirscopie* comme une plaisanterie ; il a dû en être de même des doctrines de Lavater et de Gall à leur origine. On en a ri beaucoup avant de les élever à l'état de science ou de quasi-science ; mais un examen attentif nous a prouvé que l'inventeur de la nouvelle doctrine prend la chose au sérieux ; c'est très-sérieusement qu'il prétend trouver dans les différentes parties dont se compose une main des indications aussi nombreuses, aussi variées, aussi certaines que peut en fournir la configuration d'un crâne plus ou moins bossué.

L'inventeur de la nouvelle doctrine a des titres qui doivent inspirer la confiance, les voici avec ses noms et prénoms : W.-F. Sargenkœnig, docteur en médecine de l'université de Wurtzbourg, conseiller et professeur de physiognomonique à l'université d'Iéna, membre de toutes les académies d'Allemagne et de plusieurs autres sociétés savantes. Après cela, croyez si vous voulez. Au fait, nous ne voyons pas pourquoi des passions qui se trahissent sur la boîte osseuse qui leur sert de domicile, ne viendraient pas aussi révéler leur existence par quelques modifications dans la conformation de l'organe qui leur sert d'agent principal et plus habituel.

Dans notre siècle de lumières, on ne croit plus aux sorciers ; on traite de fables ridicules les prédictions faites par des sorciers d'une autre époque, au moyen d'un examen attentif de la paume de la main. Il est prouvé pourtant, à en croire les almanachs, que beaucoup de prédictions de ce genre se sont réalisées. La xeirscopie va peut-être éclaircir ce mystère ; les sorciers vont peut-être obtenir enfin une tardive réparation ; on arrivera peut-être à reconnaître que ces sorciers n'étaient pas des sorciers dans la vulgaire acception du mot, mais bien des savants, des profonds *xeirscopistes* ou *xeirscopes* ; le terme est à créer.

Ainsi, la mulâtresse qui, après avoir examiné la main de la belle et gracieuse créole de la Martinique, lui prédit qu'elle serait un jour plus que reine, c'est-à-dire impératrice des Français, reine d'Italie, et, par alliance, protectrice de la confédération du Rhin et médiatrice de la confédération suisse, n'était pas, comme on l'a toujours dit, une vieille sorcière tannée, mais bien une xeirscope naturelle, possédant la xeirscopie par intuition. Au train dont vont les choses, bien d'autres mystères seront certainement éclaircis. On ne s'est pas arrêté à Lavater, Gall est venu à son tour ; on ne s'est pas arrêté à la phrénologie ; voici venir le savant docteur W.-F. Sargenkœnig ; on ne s'arrêtera pas à la xeirscopie. Un petit os de quelques lignes suffisait à Cuvier pour recomposer un animal antédiluvien ; un jour peut-être il suffira d'un fragment d'os pour faire, en ce qui concerne l'homme et sous le rapport moral, ce que Cuvier n'a jamais prétendu faire que pour les animaux, et seulement au physique. Quel siècle que notre siècle !

Avant de nous livrer à l'examen de la doctrine du savant professeur de physiognomonique à l'université d'Iéna, qu'il nous soit permis de nous féliciter d'avoir lu son livre. Un livre de médecine, pour un homme qui n'y entend rien, renferme des richesses littérai-

---

(1) Il paraît, d'après la description que les disciples d'Amidas, idole japonaise, font de ce dieu, que c'est l'Être suprême ; car dans leur idée c'est une substance indivisible, incorporelle, immuable, distincte de tous les éléments. Il existait avant la nature ; il est la source et le fondement de tout bien, sans commencement et sans fin, infini, immense, et créateur de l'univers. Il est représenté sur un autel, montant un cheval à sept têtes, hiéroglyphe de sept mille ans, avec une tête de chien, et tenant dans ses mains un anneau en cercle d'or qu'il mord. Cet emblème a beaucoup d'analogie avec le cercle égyptien, que l'on regarde comme un emblème du temps.

res vraiment incalculables. Un embarras terrible pour ceux qui écrivent en français, c'est l'absence de synonymes; on est condamné à de fâcheuses répétitions, ou il faut, pour varier un peu les formules, recourir à des *à peu près* qui ne rendent jamais complétement l'idée. Ainsi, et pour ne pas sortir de notre sujet, nous avons à parler d'une main; nous n'avons qu'un mot, un seul, main, et toujours main; pour les doigts de même, c'est toujours doigts. Ce dernier mot nous est si habituel, que nous l'appliquons même hors de propos; nous disons les doigts des pieds comme nous disons les doigts de la main; si pourtant nous avions lu un livre de médecine, nous saurions que les pieds n'ont pas de doigts, mais des orteils. Pour notre part, nous ne craignons pas de déclarer, en toute humilité, qu'avant d'avoir lu le traité de Xeirscopie, nous n'hésitions pas le moins du monde à nous plaindre de cors au petit doigt du pied; dorénavant nous rougirions jusqu'à l'extrémité du gros orteil s'il nous arrivait de commettre une pareille faute.

« Dans les livres de médecine, les synonymes abondent; ce sont mieux que des synonymes, ce sont des termes originaux, des termes propres, des termes qui rendent à eux seuls une idée. Main, par exemple, est une appellation vulgaire, une appellation que tout le monde emploie, mais qui signifie tout simplement main, et ne vous dit pas ce que c'est que la main. Ne préférez-vous pas : *extrémité du membre pectoral ?* Vous vous adressez à une dame et vous lui demandez la permission de lui baiser la main; la même demande lui est adressée vingt fois par jour; elle est fatiguée de cette répétition éternelle : main, main! elle détourne la tête avec impatience. Dites-lui, au contraire : « Madame, permettez-moi de baiser l'extrémité de votre membre pectoral ; elle ne vous comprendra pas et vous laissera faire. »

« Mais c'est déjà une chose assez peu distinguée que de demander à une femme de lui baiser la main; vous êtes plus poli, mieux élevé, vous vous contentez de moins que cela, et avec une galanterie toute Directoire, vous demandez seulement la permission de baiser l'ongle du petit doigt. Ongle est un mot désagréable, disgracieux à prononcer; doigt est aussi vulgaire, aussi usé que main; ouvrez un livre de médecine, celui du docteur Sargenkœnig, par exemple, et vous y puiserez cette formule irrésistible. « Madame, permettez-moi d'imprimer discrètement mes lèvres sur cette lame dure, élastique, cornée, rosée et demi-transparente qui garnit l'extrémité de la face dorsale du plus petit des prolongements de l'extrémité de votre membre pectoral. » Évidemment vous devez être vainqueur avant d'avoir atteint seulement la moitié de votre phrase. Et l'on dit que notre langue est pauvre ! Remarquez que nous avons dit lèvres, parce que nous supposons que l'orateur est quelque peu pressé d'arriver au dénouement, car pour être correct il aurait fallu lui faire dire, au lieu de lèvres : les deux voiles mobiles, musculo-membraneux qui circonscrivent mon orifice supérieur.

« Revenons maintenant à la xeirscopie et répétons notre question : Si les passions se trahissent par des montagnes ou par des vallées sur la boîte osseuse qui leur sert de domicile, pourquoi ne viendraient-elles pas aussi révéler leur existence par quelques modifications dans la conformation de l'organe qui leur sert d'agent principal et habituel? Nous sommes de bonne composition; nous admettons la cranioscopie; que les cranioscopes nous permettent d'examiner la xeirscopie.

« Le docteur Sargenkœnig prend pour point de départ une passion bien commune, presque générale, la colère; en latin *ira* ou *furor brevis*. Qu'est-ce que la colère ? C'est une passion violente dont les caractères les plus saillants sont l'accélération du cours du sang et de la respiration, une coloration très-vive de la face, avec des yeux étincelants joints à l'expression menaçante de la voix et des gestes (n'oublions pas *et des gestes*); ou bien, pâleur de visage, tremblement involontaire, altération de la voix, etc., etc. Tous ces phénomènes sont l'effet de l'état d'excitation violente dans lequel est entré le cerveau, à l'occasion d'une cause quelconque. Cette définition de la colère est toute médicale. Suivant les cranioscopes, l'état d'excitation violente dans lequel entre le cerveau, s'il se prolonge ou s'il se renouvelle fréquemment, produira à la longue une bosse au crâne. Quelle bosse? Nous n'en savons vraiment rien, mais enfin nous acceptons la bosse. Mais dans la colère, il y a expression menaçante de la voix et du geste; quel est l'organe principal du geste? n'est-ce pas la main? Dans la colère, la main ne se crispe-t-elle pas? L'homme en colère ne ferme-t-il pas la main, ne roidit-il pas le poing comme s'il voulait frapper quelqu'un ou quelque chose? Ces données admises, et elles ne peuvent pas ne pas l'être, l'homme qui aura fait une étude particulière de la main ne pourra-t-il pas découvrir dans la conformation de cet organe chez une personne si elle se met habituellement en colère? En ce qui concerne la colère, il saute aux yeux de tout le monde que la xeirscopie offre des indications bien autrement certaines, bien autrement saisissables que la cranioscopie.

« Maintenant et pour l'utilité d'application, le docteur Sargenkœnig prouve sans peine que la xeirscopie laisse bien loin derrière elle son aînée. Jadis, avant de se lier avec une personne, on prenait la peine d'étudier son caractère, ses mœurs, ses habitudes; tout cela est maintenant inutile ; la nature a pris soin de nous tout révéler ; si nous sommes trompés, c'est que nous le voulons bien. Et pourtant on ne peut guère dire à une personne avec laquelle on veut former une liaison : Je me sens disposé à vous aimer; vous avez, suivant Lavater, une physionomie fort heureuse; mais pour être plus sûr de mon fait, permettez que je vous tâte le crâne ; si vous n'avez aucune protubérance fâcheuse, je vous accorderai mon estime et vous demanderai votre amitié. Avec la xeirscopie, il suffit d'une poignée de main artistement donnée.

« Vous voulez vous marier. En pareil cas, de part et d'autre, on dissimule le plus habilement possible ses défauts; le jeune homme est prévenant, affectueux, tendre; la demoiselle fait patte de velours avec infiniment de grâce. Dans une pareille circonstance, impossible encore de se tâter mutuellement le crâne; mais il est toujours permis au fiancé de prendre la main de sa fiancée; il peut, sans manquer aux règles de la décence, explorer doucement la face palmaire, l'éminence thénar et l'éminence hypothénar, la face dorsale, etc., etc. Il y a tel signe auquel on peut infailliblement reconnaître que l'un des deux époux sera égratigné avant la fin de la lune de miel.

« Les préjugés ne sont pas tous menteurs. On croit généralement que dans la cérémonie du mariage, si la jeune ou vieille épouse, au moment où le marié lui passe l'anneau au doigt annulaire, ou au quatrième des prolongements de l'extrémité du membre pectoral, parvient à fermer le doigt assez tôt pour que l'anneau ne franchisse pas la dernière phalange, elle sera maîtresse dans la maison. Ce préjugé n'en est pas un. Ce mouvement instinctif du fléchisseur du quatrième prolongement de l'extrémité du membre pectoral est très-clairement expliqué comme effet physique d'une cause morale dans le traité de Xeirscopie du docteur Sargenkœnig. En huit pages, le docte professeur démontre que cette action rapide du fléchisseur particulier du quatrième doigt prouve une grande fermeté de caractère et beaucoup d'énergie et d'obstination dans la volonté.

« Comme étude, la cranioscopie est auprès de la xeirscopie un enfantillage. On peut devenir cranioscope sans connaître le moins du monde l'anatomie; la besogne d'ailleurs est toute mâchée : avec une tête de carton verni sur laquelle sont indiquées des cases soigneusement marquées par des numéros, on peut tout apprendre. Il n'en est pas de même en xeirscopie; c'est une étude longue, patiente, qui nécessite des connaissances préliminaires. Dans la pratique, il faut de l'aptitude et beaucoup de tact. En s'intitulant phrénologues, les cranioscopes ont quelque peu étendu leur domaine, mais en définitive tout chez eux se réduit à des bosses plus ou moins prononcées. Les coryphées de la science, les docteurs, les professeurs ont pu éprouver le besoin de pénétrer plus avant dans les mystères, d'assigner une place distincte à chaque passion, à chaque penchant, à chaque sensation ; mais cette besogne primordiale terminée, la science s'est trouvée créée tout entière; elle a été livrée sans réserve à la pratique. Quelle différence en ce qui concerne la main ! là, pas de bosses, pas de cavernes, mais des détails infinis à étudier. C'est à ce point que nous sommes contraints d'avouer qu'en lisant l'ouvrage, trop savant selon nous, du docteur Sargenkœnig, nous nous sommes perdus cent fois au milieu de ses descriptions anatomiques. Les cranioscopes auront beau faire, ils auront beau prendre des crânes monstrueux et en multiplier les divisions, ils n'arriveront jamais à y placer toutes les opérations, bonnes ou mauvaises, de l'intelligence humaine. Dans une main, au contraire, il y a place pour tout.

« Prenez la paume de la main, ou, pour parler correctement, la face palmaire. Cette partie de la main qui se termine à son extrémité supérieure à l'attache des premières phalanges, à son extrémité inférieure à l'articulation corpo-brachiale, d'un côté à l'éminence thénar, de l'autre à l'éminence hypothénar, n'a pas, chez les hommes les plus herculéennement constitués, plus de trois pouces carrés d'étendue, et elle contient un monde de passions, de désirs, de penchants vertueux ou criminels. L'éminence thénar seule, c'est-à-dire cette grosseur qui a le pouce pour prolongement, compte douze muscles au moins qui viennent s'y rattacher et s'y confondre. Un de ces muscles, par une saillie imperceptible à l'œil, mais reconnaissable au toucher d'une main exercée, révèle chez celui qui peut offrir cet heureux indice le don de l'éloquence au plus haut degré. Comment l'éloquence va-t-elle se nicher là? Pour vous l'expliquer, il faudrait vous conduire à travers un labyrinthe inextricable, dans lequel nous nous sommes perdus les premiers ; nous aimons mieux vous engager à croire le docteur Sargenkœnig sur parole. D'ailleurs, des planches sont jointes au texte du livre; et quand vous aurez vu l'éminence thénar de Pitt mise à nu, et que vous l'aurez comparée à celle d'un homme ordinaire, il vous sera loisible, comme à nous, de croire sans comprendre.

« Le docteur Sargenkœnig a enrichi, à ce qu'il paraît, le musée de l'université d'Iéna d'une nombreuse collection xeirscopique ; il a fourni des mains prises dans toutes les conditions sociales; nous regrettons que celle de Napoléon manque; nous aurions aimé à voir expliquer par le professeur comment cette main si blanche, si douce, aux muscles si peu accusés, pouvait indiquer une aussi grande puissance de volonté, tant de génie, tout ce que les phrénologues enfin ont trouvé dans la tête du grand homme. Le docteur s'en serait tiré, nous n'en doutons pas, car il se tire de tout à sa satisfaction. Mais il n'hésite pas à le déclarer, les mains reproduites en plâtre ne lui fournissent que des indications fort incertaines. La xeirscopie ne s'exerce avec avantage que sur la main naturelle et vivante; pour elle, les secrets de la nature doivent être pris sur le fait ; elle laisse à la cranioscopie les bosses permanentes.

« On comprend que dans un pareil livre les exemples invoqués doivent être nombreux. Les exemples prouvent beaucoup, mais c'est quand ils sont eux-mêmes prouvés, et pour ajouter foi à ceux que le docteur fournit à l'appui de son système, il faut être déjà prédisposé à croire. Un jour, par exemple, le docteur reçoit la visite d'un individu qui se présentait à lui avec une lettre d'introduction. C'était, lui disait-on, un savant distingué qui désirait se perfectionner auprès de lui. M. Sargenkœnig tend la main à son visiteur qui la lui serre avec effusion. Tout à coup le docteur retire sa main comme si un fer rouge l'eût brûlé. Fuyez, malheureux, lui dit-il, ma maison ne peut pas servir d'asile à un meurtrier. L'individu se trouble, pâlit, tombe aux genoux du professeur et avoue son crime. On rencontre vingt ou trente événements de ce genre dans le traité de Xeirscopie. Nous sommes trop polis, et nous savons trop bien ce que nous devons à un savant étranger pour révoquer sa sincérité en doute, mais tout le monde pensera avec nous qu'il faudra encore bien des exemples, et des exemples bien authentiques, pour que l'on se décide à substituer la xeirscopie à l'épreuve de la cour d'assises.

« Nous avons cherché avec soin dans le livre du professeur allemand quelques indications propres à établir que certains proverbes relatifs à la main, et nous professons un grand respect pour les proverbes, sont fondés en raison. Ainsi on dit ordinairement des personnes dont les veines de la main sont saillantes et très-visibles : *qui voit ses veines, voit ses peines*. Nous n'avons rien trouvé. Cette particularité s'explique tout naturellement et sans le secours d'aucune influence morale. Les veines sont saillantes chez les sujets pléthoriques, elles sont visibles chez les sujets à peau délicate, chez ceux dont le chorion manque de densité. Le chorion est la partie la plus épaisse du tissu de la peau.

« On prétend que les Normands ont les doigts crochus. Généralement les Normands ont le caractère processif et quelque peu rapace. Autrefois, dit-on encore, quand un enfant normand venait au monde, on le lançait contre un mur; s'il parvenait à s'y accrocher, il était déclaré bon Normand et digne enfant de la famille; s'il tombait, on le laissait, sans pitié, se casser la tête. Nous avons demandé au livre du docteur Sargenkœnig, quels sont les indices d'un caractère processif et d'un penchant à la rapacité. Nous avons trouvé que les individus dont les phalanges dépassent le volume ordinaire sont naturellement difficultueux; difficultueux peut bien être accepté comme synonyme de processif. Quant à la rapacité, elle est signalée par une grande élasticité des fléchisseurs. Les doigts crochus ne signifient donc absolument rien.

« Dans l'impossibilité où nous nous trouvons de suivre le docteur allemand dans le développement de sa théorie, et cela, comme nous l'avons dit déjà, faute de connaissances préliminaires suffisantes, nous nous bornerons à ses principes généraux et d'application usuelle.

« Une main potelée, douce, molle, avec les doigts effilés et leur surface dorsale un peu saillante, dénote un caractère, facile, timide et faible. Une main large, d'une largeur qui n'est pas en proportion avec la constitution physique de l'individu, si la surface palmaire ne forme pas cavité, si, en d'autres termes, la main ouverte et renversée ne laisse qu'à peine apercevoir les deux éminences, annonce un caractère absolu, tranchant et de la sécheresse de cœur. La rigidité des extenseurs externes est généralement une indication fâcheuse; c'est la preuve d'un caractère qui manque de franchise; c'est aussi le signe de l'avarice.

« Il y a ici quelque chose qui semble se rapporter à une locution assez usitée. On dit : *avoir le cœur sur la main*. Quand on prononce cette phrase, il semble que l'on voie une main toute grande ouverte, la main d'une personne qui ne sait rien refuser. La rigidité des extenseurs s'oppose à ce que la main s'ouvre avec facilité. L'aisance dans les fléchisseurs, au contraire, est un indice de générosité. Le volume disproportionné de l'éminence thénar, si la face dorsale de la main est potelée, révèle des passions généreuses. S'il arrive, ce qui est peu ordinaire, que l'éminence hypothénar l'emporte en volume sur l'autre éminence, c'est la plus déplorable de toutes les indications. L'individu colère a l'attache des premières phalanges très-marquée. La surface dorsale des doigts, grasse et couverte d'un léger duvet, dénote un individu voluptueux. La main sèche et plate, avec les doigts carrés à leur extrémité, est l'indication d'un cerveau propre à l'étude des sciences exactes.

« La xeirscopie est une science à l'état d'enfance. On se moquera probablement du docteur Sargenkœnig, comme on s'est moqué de Gall lorsqu'il a mis son système en avant. Qui sait pourtant si la xeirscopie n'est pas destinée à faire son chemin comme la cranioscopie a fait le sien ? Au surplus, comme nous l'avons dit, on ne s'arrêtera pas là. Nous connaissons déjà un homme très-sérieux, employé supérieur au ministère de la guerre en France, qui ne demande que deux lignes de l'écriture d'une personne pour reconnaître si elle a eu, ou si elle aura des garçons ou des filles.

« Auprès de ce sorcier-là, les cranioscopes et les xeirscopes, si le docteur Sargenkœnig n'est pas le seul de sa bande, font certainement triste figure. »

XERXES. Ayant cédé aux remontrances de son oncle Artaban, qui le dissuadait de porter la guerre en Grèce, il vit dans son sommeil un jeune homme d'une beauté extraordinaire, qui lui dit : — Tu renonces donc au projet de faire la guerre aux Grecs, après avoir mis tes armées en campagne?... Crois-moi, reprends au plus tôt cette expédition, ou tu seras dans peu aussi bas que tu te vois élevé aujourd'hui. Cette vision se répéta la nuit suivante. Le roi étonné envoya chercher Artaban, le fit revêtir de ses ornements royaux, en lui contant la double apparition qui l'inquiétait, et lui ordonna de se coucher dans son lit, pour éprouver s'il ne se laissait point abuser par l'illusion d'un songe. Artaban, quoiqu'il craignît d'offenser les dieux en les mettant ainsi à l'épreuve, fit ce que le roi voulut, et lorsqu'il fut endormi, le jeune homme lui apparut et lui dit :

— J'ai déjà déclaré au roi ce qu'il doit craindre, s'il ne se hâte d'obéir à mes ordres ; cesse donc de t'opposer à ce qui est arrêté par les destins. En même temps il sembla à Artaban vouloir lui brûler les yeux avec un fer ardent. Il se jeta à bas du lit, raconta à Xerxès ce qu'il venait de voir et d'entendre, et se rangea de son avis, bien persuadé que les dieux destinaient la victoire aux Perses ; mais les suites funestes de cette guerre démentirent les promesses du fantôme.

XEZBETH, démon des prodiges imaginaires, des contes merveilleux et du mensonge. Il serait impossible de compter ses disciples.

XITRAGUPTEN. Les Indiens appellent ainsi le secrétaire du dieu des enfers ; il est chargé de tenir un registre exact des actions de chaque homme pendant sa vie.

Lorsqu'un défunt est présenté au tribunal du juge infernal, le secrétaire lui met en main le mémoire qui contient toute la vie de cet homme ; c'est sur ce mémoire que le dieu des enfers règle son arrêt.

XYLOMANCIE, divination par le bois. On la pratiquait particulièrement en Esclavonie.

C'était l'art de tirer des présages de la position des morceaux de bois sec qu'on trouvait dans son chemin. On faisait aussi des conjectures non moins certaines pour les choses à venir sur l'arrangement des bûches dans le foyer, sur la manière dont elles brûlaient, etc. C'est peut-être un reste de cette divination qui fait dire aux bonnes gens, lorsqu'un tison se dérange, *qu'ils vont avoir une visite.*

Y

YAGA-BABA, monstre décrit dans les vieux contes russes, sous les traits d'une femme horrible à voir, d'une grandeur démesurée, de la forme d'un squelette, avec des pieds décharnés, tenant en main une massue de fer, avec laquelle elle fait rouler la machine qui la porte (espèce de vélocipède). Elle paraît remplir l'emploi de Bellone ou de quelque autre divinité infernale.

YAN-GANT-Y-TAN, espèce de démon qui porte dans la nuit cinq chandelles sur les cinq doigts, et les tourne avec la rapidité d'un dévidoir ; superstition des habitants du Finistère.

YEN-VANG, roi de l'enfer chez les Chinois. Il exerce des châtiments terribles sur ceux qui n'ont rien à lui offrir.

YEUX. Boguet assure que les sorcières ont deux prunelles dans un œil. Les sorcières illyriennes avaient la même singularité dans les deux yeux. Elles ensorcelaient mortellement ceux qu'elles regardaient, et tuaient ceux qu'elles fixaient longtemps.

Il y avait dans le Pont des sorcières qui avaient deux prunelles dans un œil et la figure d'un cheval dans l'autre. Il y avait en Italie des sorcières qui, d'un seul regard, mangeaient le cœur des hommes et le dedans des concombres.... On redoute beaucoup, dans quelques contrées de l'Espagne, certains enchanteurs qui empoisonnent par les yeux. Un Espagnol avait l'œil si malin, qu'en regardant fixement les fenêtres d'une maison, il en cassait toutes les vitres. Un autre, même sans y songer, tuait tous ceux sur qui sa vue s'arrêtait. Le roi, qui en fut informé, fit venir cet enchanteur et lui ordonna de regarder quelques criminels condamnés au dernier supplice. L'empoisonneur obéit ; les criminels expiraient à mesure qu'il les fixait. Un troisième faisait assembler dans un champ toutes les poules des environs, et sitôt qu'il avait fixé celle qu'on lui désignait, elle n'était plus (1).

Les Ecossais redoutent beaucoup, dans ce sens, ce qu'ils appellent le mauvais œil. Parmi leurs superstitions les plus vulgaires, celle qui attribue au regard de certaines personnes la faculté de produire de fâcheux effets est la plus généralement répandue. Dalyell raconte qu'il y a peu d'années un domestique de sa famille étant mort de la petite vérole, la mère de ce dernier soutint qu'il avait péri victime d'un mauvais œil. Il ajoute que maintenant encore il existe une femme dans les plaines, dont le regard, au dire de ses voisins, suffit pour aigrir le lait, rendre les chèvres stériles et quelquefois même pour faire périr les troupeaux. Une cheville de fer rouillée peut seule détourner le maléfice.

Dans le Péloponèse, à peine le nouveau-né a-t-il vu le jour, que la sage-femme le couvre d'un voile et lui étend sur le front un peu de boue prise au fond d'un vase où l'eau a longtemps séjourné. Elle espère ainsi éloigner de lui l'esprit malin, autrement dit mauvais œil, dont les Grecques croient voir partout la mauvaise influence.

Un soldat, dans l'expédition du maréchal Maison, faisait des sauts de force, mangeait des étoupes et rendait de la fumée par la bouche. On le prit pour le mauvais œil ou esprit malin (2).

On a prétendu que l'on devenait aveugle lorsqu'on regardait le basilic. *Voy.* ce mot.

A Plouédern, près de Landerneau, dans la Bretagne, si l'œil gauche d'un mort ne se ferme pas, un des plus proches parents est menacé de cesser d'être (3).

YFFROTE, roi de Gothie et de Suède, qui mourut sur le bord de la mer où il se promenait, frappé des cornes d'une vache que l'on pense être certainement une sorcière conver-

---

(1) Voyage de Dumont, liv. III.
(2) Mangeart, Souvenirs de la Morée, 1830

3) Cambry, Voyage dans le Finistère, t. II, p. 170

tie en icelle, laquelle se voulait venger de cette manière de ce roi pour quelque tort qu'elle avait reçu de lui (1).

YOUF (Marie-Anne), grosse paysanne qui se fit traiter il y a quelques années par un sorcier, avec les circonstances que voici, et qui se sont exposées devant le tribunal correctionnel de Saint-Lô.

Elle avait mal au genou, les médecins n'y faisaient rien, elle apprend qu'elle peut être guérie par un sorcier d'Ecramville nommé Lebrun. Elle va trouver Marie Ledezert, qui est l'intermédiaire habituelle de cet homme, lui donne de l'argent, des denrées de toute espèce, et la supplie d'aller consulter ce grand docteur, ce savant sorcier qui guérit tous les maux. Marie Ledezert se laisse toucher; accompagnée de Mlle Lamare, que ses trente-six ans auraient dû rendre plus sage, on va consulter le devin.

La justice, jalouse de ses succès, le tenait alors sous les verroux, dans la prison de Coutances, comme prévenu d'avoir causé la mort d'une fille, en lui administrant des drogues pernicieuses. On se rend à Coutances, on régale le sorcier dans la geôle; on en revient avec une précieuse consultation qui doit, avant trois mois, *désanchiloser* le malheureux genou. Le remède du reste n'était pas difficile à composer : de l'if, du lierre terrestre, de la fumeterre, quelque peu d'arsenic, et.... quelqu'autre chose que nous ne pouvons désigner qu'en nous servant de l'expression des témoins, *de la boue de blé*; le tout était bien et dûment pilé dans un mortier emprunté chez un pâtissier, qui entendait énumérer à l'audience, au milieu du rire général, les curieux ingrédients dont on aime à croire que sa pâtisserie n'a rien emprunté.

Tout ceci semble bien vulgaire, mais l'efficacité du remède consistait dans ce qui suit. Avant le lever du soleil, il fallait qu'une branche de sureau fût coupée par une fille vierge; on en mettait ensuite un morceau sur chaque croisée et sous chaque porte; tous les gens de la famille portaient au cou un petit sachet rempli de sel bénit, d'une conjuration et du nom de celui que l'on soupçonnait du maléfice; puis, en médicamentant la malade, on lui faisait tenir un cierge, et Marie Ledezert récitait à haute voix la conjuration suivante (nous respectons l'orthographe et le style).

« O Dieu de la mystérieuse cabale, gouverneur des astres, président au premier mouvement de tes disciples! quel mal a fait Marie-Anne Youf pour la retenir sous ton pouvoir diabolique? Père de tous les astres, si saint et si pur, mets, ô grand Dieu, Marie-Anne Youf dans les renforts, afin que ses ennemis ne puissent jamais l'atteindre, *Agla, Ada, Manisite, Jofi et Jofil;* couvre Marie-Anne Youf de tes boucliers.

« *Gresus*, que le mal qu'on veut faire à Marie-Anne Youf retombe sur celui ou celle qui ont des intentions perfides et illicites. Je me dévoue à jamais au désir de faire le bien. Secourez, Seigneur, la plus honnête et la plus soumise de vos servantes, *tabat* tabac tabat Sabahoth que ses ennemis soient confondus et renversés pour l'éternité par la vertu du grand Jéova ; je te conjure de quitter le corps de Marie-Anne Youf au nom d'Abra et d'Anayaa et d'Adoni.

« Alla machrome arpayon alamare, bourgosi serabani veniat a lagarote. »

On joignit à cela des sangsues et d'excellents déjeuners, suivis de dîners semblables. Les témoins ont dit que Marie Ledezert était traitée *comme une princesse, et encore qu'elle n'était pas contente;* mais le mal était plus opiniâtre que le remède, et comme la bourse baissait et que la guérison n'avançait pas, la confiance diminua et finit par s'éteindre, non pas tout à fait dans le sorcier, mais dans son émissaire. Marie Ledezert n'ayant pas eu l'esprit de se taire, des reproches en étant venue aux injures, le procureur du roi, qui paraît ne pas aimer les sorciers, finit par provoquer une instruction; et une citation en police correctionnelle amena Marie Ledezert à se justifier d'une accusation d'escroquerie. La prévention a été soutenue avec force par M. Lecampion, substitut. Le tribunal, reconnaissant sans doute la nécessité de combattre par une condamnation exemplaire le préjugé qui fait croire aux sorciers, a prononcé six mois d'emprisonnement.

Mais il faut remarquer bien haut que les sorciers vont, comme les vampires, avec les philosophes; et que les misérables qui consultent les sorciers ne fréquentent pas les sacrements et ne vont guère à la messe.

Z

ZABULON, démon qui possédait une sœur laie de Loudun. *Voy.* Grandier.

ZACOUM, arbre de l'enfer des Mahométans, dont les fruits sont des têtes de diables.

ZAEBOS, grand comte des enfers. Il a la figure d'un beau soldat monté sur un crocodile ; sa tête est ornée d'une couronne ducale. Il est doux de caractère.....

ZAGAM, grand roi et président de l'enfer. Il a l'apparence d'un taureau aux ailes de griffon. Il change l'eau en vin, le sang en huile, l'insensé en homme sage, le plomb en argent et le cuivre en or. Trente légions lui obéissent (2).

ZAHURIS ou ZAHORIES. Les Français qui sont allés en Espagne racontent des faits très-singuliers sur les zahuris, espèce de gens qui ont la vue si subtile, qu'ils voient sous la terre les veines d'eau, les métaux, les trésors et les corps privés de vie. On a

---

(1) Torquémada, Hexameron, p. 428.

(2) Wierus, in Pseudom. dæm.

cherché à expliquer ce phénomène par des moyens naturels. On a dit que ces hommes reconnaissaient les lieux où il y avait des sources, par les vapeurs qui s'en exhalaient, et qu'ils suivaient la trace des mines d'or et d'argent ou de cuivre, par les herbes qui croissaient sur la terre dont elles étaient recouvertes. Mais ces raisons n'ont point satisfait le peuple espagnol ; il a persisté à croire que les zahuris étaient doués de qualités surhumaines, qu'ils avaient des rapports avec les démons, et que, s'ils voulaient, ils sauraient bien, indépendamment des choses matérielles, découvrir les secrets et les pensées qui n'ont rien de palpable pour les grossiers et vulgaires mortels. Au reste les zahuris ont les yeux rouges, et, pour être zahuri, il faut être né le vendredi saint.

ZAIRAGIE (ZAIRAGIAH), divination en usage parmi les Arabes ; elle se pratique au moyen de plusieurs cercles ou roues parallèles correspondantes aux cieux des planètes, placés les uns avec les autres et marqués de lettres que l'on fait rencontrer ensemble par le mouvement qu'on leur donne selon certaines règles.

ZAPAN, selon Wiérus, l'un des rois de l'enfer.

ZARIATNATMIK, personnage inconnu, mais très-puissant. *Voy.* VERGE

ZAZARRAGUAN, enfer des îles Mariannes, où sont logés ceux qui meurent de mort violente, tandis que ceux qui meurent naturellement vont jouir des fruits délicieux du paradis

ZÉDECHIAS. Quoiqu'on fût crédule sous le règne de Pépin le Bref, on refusait de croire à l'existence des êtres élémentaires. Le cabaliste Zédéchias se mit dans l'esprit d'en convaincre le monde ; il commanda donc aux sylphes de se montrer à tous les mortels. S'il faut en croire l'abbé de Villars, ils le firent avec magnificence. On voyait dans les airs ces créatures admirables, en forme humaine, tantôt rangées en bataille, marchant en bon ordre, ou se tenant sous les armes, ou campées sous des pavillons superbes ; tantôt sur des navires aériens d'une structure merveilleuse, dont la flotte volante voguait au gré des zéphyrs. Mais ce siècle ignorant ne pouvait raisonner sur la nature de ces spectacles étranges ; le peuple crut d'abord que c'étaient des sorciers qui s'étaient emparés de l'air pour y exciter des orages et pour faire grêler sur les moissons. Les savants et les jurisconsultes furent bientôt de l'avis du peuple ; les empereurs le crurent aussi, et cette ridicule chimère alla si loin, que le sage Charlemagne, et après lui Louis le Débonnaire, imposèrent de graves peines à ces prétendus tyrans de l'air..... Mais nous ne connaissons qu'un coin de la superficie de ces faits.

ZEERNEBOOCH, dieu noir, dieu de l'empire des morts chez les anciens Germains.

ZEPAR, grand duc de l'empire infernal, qui pourrait bien être le même que Vépar ou Sépar. Néanmoins, sous ce nom de Zépar, il a la forme d'un guerrier. Il pousse les hommes aux passions infâmes. Vingt-huit légions lui obéissent (1).

ZINCALIS. C'est le nom qu'on donne aux bohémiens en Espagne.

Les auteurs de la *Revue Britannique*, qui nous ont enrichis de tant de renseignements précieux, ont traduit dans leur recueil, en juin 1841, des fragments étendus d'un livre spécial, composé par Georges Barrow, sur les zincalis.

« M. Georges Barrow, disent-ils, a été un des agents les plus zélés de la société Biblique anglaise et étrangère. C'est à ce titre qu'il a passé cinq années en Espagne, distribuant des Bibles. Il déclare que les Gitanos l'ont toujours secondé dans cette distribution ; mais il ne se dissimule pas qu'il a eu peu de succès, lorsqu'il a tenté de les convertir au livre de vérité. On le prenait pour un enfant de la grande famille nomade ; ce motif seul rapprochait les Gitanos de lui. Ils lui supposaient quelque dessein dans l'intérêt de leur race : ils le servaient en croyant servir l'intérêt commun, et se livraient à lui comme à un frère. On comprend qu'un auteur, qui a pu voir de si près ce peuple mystérieux a dû surprendre quelques-uns de ses secrets ; et en effet, malgré un peu de désordre dans la composition, M. G. Barrow a su produire un des ouvrages les plus curieux et les plus neufs qui aient paru depuis longtemps en Angleterre. »

Nous donnerons ici quelques extraits de ce travail.

M. Barrow avoue qu'il a toujours eu du penchant pour les Zincalis, Gypsys, Gitanos, Bohémiens, comme il vous plaira de les appeler. « Les Gypsys, auxquels j'ai communiqué cette sensation indéfinissable, dit-il, n'ont pu l'expliquer qu'en supposant que l'âme, qui anime aujourd'hui mon corps, aurait jadis, dans le laps des siècles, animé un corps de Gypsy. Ils croient à la métempsycose, et, comme les sectateurs de Bouddha, ils prétendent que leurs âmes, à force de passer d'un corps dans un autre, acquièrent à la longue une pureté assez grande pour jouir de cet état de parfait repos ou de quiétude, seule idée qu'ils se soient formée du paradis.

« J'ai vécu dans l'intimité avec les Gypsys, je les ai vus en divers pays et je suis arrivé à cette conclusion, que partout où ils se trouvent, ce sont toujours les mêmes mœurs et les mêmes coutumes, quoique modifiées par les circonstances ; partout c'est le même langage qu'ils parlent entre eux avec certaines variantes plus ou moins nombreuses, et enfin partout encore leur physionomie a le même caractère, le même air de famille, et leur teint, plus ou moins brun, suivant la température du climat, est invariablement plus foncé, en Europe du moins, que celui des indigènes des contrées qu'ils habitent, par exemple, en Angleterre et en Russie, en Allemagne et en Espagne.

(1) Wierus in Pseudom. dæm

« Les noms sous lesquels on les désigne diffèrent dans ces divers pays ; mais, à une ou deux exceptions près, ce n'est pas matériellement. Ainsi on les appelle Ziganis en Russie, Zingarri en Turquie et en Perse, Zigeuner en Allemagne ; dénominations qui semblent découler de la même étymologie, et qu'on peut, selon toute vraisemblance, supposer être une prononciation locale de *Zincali*, terme par lequel, en Espagne surtout, ils se désignent eux-mêmes quelquefois, et qu'on croit signifier les *hommes noirs* de Zind ou de l'*Inde*. En Angleterre et en Espagne on les connaît généralement sous le nom de *Gypsys* et de *Gitanos*, d'après la supposition générale qu'ils sont venus d'Egypte ; en France, sous le nom de Bohémiens, parce que la Bohême fut le premier pays de l'Europe civilisée où ils parurent, quoiqu'ils eussent antérieurement erré assez longtemps parmi les régions lointaines de la Slavonie, comme le prouve le nombre de mots d'origine slave dont abonde leur langage.

« Mais plus généralement ils se nomment *Rommany* : ce mot est d'origine sanscrite et signifie les *maris*, ou tout ce qui appartient à l'homme marié, expression peut-être plus applicable que toute autre à une secte ou caste qui n'a d'autre affection que celle de sa race, qui est capable de faire de grands sacrifices pour les siens, mais qui, détestée et méprisée par toutes les autres races, leur rend avec usure haine pour haine, mépris pour mépris, et fait volontiers sa proie du reste de l'espèce humaine. »

Les Ziganis ou Egyptiens russes.

« On les trouve dans toutes les parties de la Russie, à l'exception du gouvernement de Saint-Pétersbourg, d'où ils ont été bannis. Dans la plupart des villes provinciales, ils vivent en un état de demi-civilisation ; ils ne sont pas tout à fait sans argent, sachant en soutirer de la crédulité des moujiks ou paysans, et ne se faisant aucun scrupule de s'en approprier par le vol et le brigandage, à défaut de bêtes à guérir et de gens curieux de se faire dire la bonne aventure.

« La race des Rommanys est naturellement belle ; mais autant ils sont beaux dans l'enfance, autant leur laideur est horrible dans un âge avancé. *S'il faut un ange pour faire un démon*, ils vérifient parfaitement cet adage. Je vivrais cent ans que je n'oublierais jamais l'aspect d'un vieil attaman ziganskie ou capitaine de Ziganis, et de son petit-fils, qui m'abordèrent sur la prairie de Novogorod, où était le campement d'une horde nombreuse. L'enfant eût été en tout un ravissant modèle pour représenter Astyanax ; mais le vieillard m'apparut comme l'affreuse image que Milton n'a osé peindre qu'à moitié ; il ne lui manquait que le javelot et la couronne pour être une personnification du monstre qui arrêta la marche de Lucifer aux limites de son infernal domaine. »

Les Chinganys.

Ce sont les Egyptiens hongrois.

« Il n'est que deux classes en Hongrie qui soient libres de faire tout ce qu'elles veulent, les nobles et les Egyptiens ; ceux-là sont au-dessus de la loi ; ceux-ci en dessous. Par exemple, un péage est exigé au pont de Pesth de tout ouvrier ou paysan qui veut traverser la rivière ; mais le seigneur aux beaux habits passe sans qu'on lui demande rien ; le Chingany de même, qui se présente à moitié nu avec une heureuse insouciance et riant de la soumission tremblante de l'homme du peuple. Partout l'Egyptien est un être incompréhensible, mais nulle part plus incompréhensible qu'en Hongrie, où il est libre au milieu des esclaves, et quoique moins bien partagé en apparence que le pauvre serf. La vie habituelle des Egyptiens de Hongrie est d'une abjection abominable ; ils demeurent dans des taudis où l'on respire l'air infect de la misère ; ils sont vêtus de haillons ; ils se nourrissent fréquemment des plus viles charognes, et de pire encore quelquefois, si l'on en croit la rumeur populaire. Eh bien ! ces hommes à demi nus, misérables, sales et disputant aux oiseaux de proie leur nourriture, sont toujours gais, chantants et dansants. Les Chinganys sont fous de la musique, il en est qui jouent du violon avec un vrai talent d'artiste.

« Comme tous les enfants de la race égyptienne, les Chinganys s'occupent des maladies des chevaux ; ils sont chaudronniers et maréchaux par occasion ; les femmes disent aussi la bonne aventure ; hommes et femmes sont très-pillards. Dans une contrée où la surveillance de la police parque les autres habitants, les Chinganys vont et viennent comme il leur plaît. Leur vie vagabonde leur fait souvent franchir les frontières, et ils reviennent de leurs excursions riches de leurs rapines ; riches, mais pour dissiper bientôt cette richesse en fêtes, en danses et en repas. Ils se partagent volontiers en bandes de dix à douze, et se rendent ainsi jusqu'en France et jusqu'à Rome.

« S'ils ont eu jamais une religion à eux, ils l'ont certainement oubliée ; ils se conforment généralement aux cérémonies religieuses du pays, de la ville ou du village où ils s'établissent, sans trop s'occuper de la doctrine...

« L'impératrice Marie-Thérèse et Joseph II firent quelques efforts inutiles pour civiliser les Chinganys. On en comptait en Hongrie cinquante mille, d'après le recensement qui eut lieu en 1782. On dit que ce nombre a diminué depuis. »

Les Gypsys anglais ou Rommanys.

« Il y a trois siècles environ que les Gypsys arrivèrent en Angleterre, et ils y furent accueillis par une persécution qui ne tendait à rien moins qu'à les exterminer complétement. Etre un Gypsy était un crime digne de mort ; les gibets anglais gémirent et craquèrent maintes fois sous le poids des cadavres de ces proscrits, et les survivants furent à la lettre obligés de se glisser sous la terre pour sauver leur vie. Ce temps-là passa. Leurs persécuteurs se lassèrent enfin ; les Gypsys montrèrent de nouveau la tête, et, sortant des trous et des cavernes où ils s'étaient cachés, ils reparurent plus nombreux ; chaque tribu ou famille choisit un canton, et ils se partagèrent bravement le sol pour l'exploiter selon leur industrie.

« Dans la Grande-Bretagne aussi, les Gypsys du sexe mâle sont tous d'abord des maquignons, des vétérinaires, etc. Quelquefois aussi ils emploient leurs loisirs à raccommoder les ustensiles de cuivre et d'étain des paysans. Les femmes disent la bonne aventure. Généralement ils dressent leurs tentes à l'ombre des arbres ou des haies, dans les environs d'un village ou d'une petite ville sur la route.

« La persécution, qui fit autrefois une si rude guerre aux Gypsys, se fondait sur diverses accusations : on leur reprochait entre autres crimes le vol, la sorcellerie et l'empoisonnement des bestiaux. Etaient-ils innocents de ces crimes ? Il serait difficile de les justifier d'une manière absolue.

« Quant à la sorcellerie, il suffisait de croire aux sorciers pour condamner les Gypsys ; car ils se donnaient eux-mêmes pour tels. Ce ne sont pas seulement les Gypsys anglais, mais tous les Egyptiens, qui ont toujours prétendu à cette science ; ils n'avaient donc qu'à s'en prendre à eux-mêmes s'ils étaient poursuivis pour ce crime.

« C'est la femme gypsy qui exploite généralement cette partie des arts traditionnels de la race. Encore aujourd'hui elle prédit l'avenir, elle prépare les philtres, elle a le secret d'inspirer l'amour ou l'affection. Telle est la crédulité de toute la race humaine, que, dans les pays les plus éclairés des lumières de la civilisation, une devineresse fait encore de grands bénéfices.

« On accusait autrefois les Gypsys de causer la maladie et la mort des bestiaux. Cette accusation était, certes, fondée, lorsque nous voyons encore dans le xix siècle les Rommanys, en Angleterre et ailleurs, empoisonner réellement des animaux, dans le double but de se faire payer pour les guérir ou de profiter de leurs cadavres. On en a surpris jetant des poudres pendant la nuit dans les mangeoires des étables. Ils ont aussi des drogues à l'usage des porcs et les leur font avaler, tantôt pour les faire mourir subitement, tantôt pour les endormir : ils arrivent ensuite à la ferme et achètent les restes de l'animal dont ils se nourrissent sans scrupule, sachant bien que leur poison n'a affecté que la tête et ne s'est nullement infiltré dans le sang et les chairs. »

Les Zingarri ou Egyptiens d'Orient.

« Ils gagnent leur vie comme les autres, à soigner les chevaux, à faire les sorciers, à chanter et danser. C'est en Turquie qu'on les trouve en plus grand nombre, surtout à Constantinople, où les femmes pénètrent souvent dans les harems, prétendant guérir les enfants du *mauvais œil*, et interpréter les rêves des odalisques.

« Parmi les Zingarri, il en est qui font à la fois le commerce des pierres précieuses et des poisons : j'en ai connu un qui exerçait ce double trafic, et qui était l'individu le plus remarquable que j'aie rencontré parmi les Zincalis d'Europe ou d'Orient. Il était né à Constantinople, et avait visité presque toutes les contrées du monde, entre autres presque toute l'Inde ; il parlait les dialectes malais ; il comprenait celui de Java, cette île plus fertile en substances vénéneuses que l'Iolkos et l'Espagne. Il m'apprit qu'on lui achetait bien plus volontiers ses drogues que ses pierreries, quoiqu'il m'assurât qu'il n'était peut-être pas un bey ou un pacha de la Perse et de la Turquie auquel il n'eût vendu des deux. J'ai rencontré cet illustre nomade en bien des pays, car il traverse le monde comme l'ombre d'un nuage. La dernière fois, ce fut à Grenade, où il était venu après avoir rendu visite à ses frères égyptiens des présides (galères) de Ceuta.

« Il est peu d'auteurs orientaux qui aient parlé des Zingarri, quoiqu'ils soient connus en Orient depuis des siècles. Aucun n'en a rien dit de plus curieux que Arabschah, dans un chapitre de sa Vie de Timour ou Tamerlan, un des trois ouvrages classiques de la littérature arabe. Je vais traduire ce passage.

« Il existe à Samarcande de nombreuses familles de Zingarri, les uns lutteurs, les autres gladiateurs, d'autres redoutables au pugilat. Ces hommes avaient de fréquentes discussions, et il en résultait de fréquentes batailles. Chaque bande avait son chef et ses officiers subalternes. La puissance de Timour les remplit de terreur, car ils savaient qu'il était instruit de leurs crimes et de leurs désordres. Or, c'était la coutume de Timour, avant de partir pour ses expéditions, de laisser un vice-roi à Samarcande ; mais à peine avait-il quitté la ville, que les bandes de Zingarri marchaient en armes, livraient bataille au vice-roi, le déposaient et prenaient possession du gouvernement ; de sorte qu'à son retour, Timour trouvait l'ordre troublé, la confusion partout et son trône renversé. Il n'avait donc pas peu à faire pour rétablir les choses, et punir ou pardonner les coupables. Mais dès qu'il partait de nouveau pour ses guerres ou pour ses autres affaires, les Zingarri se livraient aux mêmes excès. Voilà ce qu'ils firent et recommencèrent par trois fois, jusqu'à ce qu'enfin Timour arrêta un plan pour les exterminer. Il bâtit des remparts et appela dans leur enceinte tous les habitants grands et petits, distribua à chacun sa place, à chaque ouvrier son devoir, et il réunit les Zingarri dans un quartier isolé ; puis il convoqua les chefs du peuple, et remplissant une coupe, il les fit boire et leur donna un riche vêtement. Quand vint le tour des Zingarri, il leur versa aussi à boire et leur fit le même présent ; mais à mesure que chacun d'eux avait bu, il l'envoyait porter un message dans un lieu où il avait fait camper une troupe de soldats. Ceux-ci, qui avaient leurs ordres, entouraient le Zingarro, le dépouillaient de son habit, et le poignardaient, jusqu'à ce que le dernier de tous eût ainsi répandu *l'or liquide de son cœur dans le vase de la destruction*. Ce fut par cette ruse que Timour frappa un grand coup contre cette race, et depuis ce temps-là il n'y eut plus de rébellions à Samarcande. »

« Que faut-il croire de cette histoire ou de ce conte d'Arabschah? Comment le mettre d'accord avec ceux qui veulent que les Egyptiens actuels soient les descendants des familles indoues, qui s'exilèrent de l'Inde pour fuir les cruautés de Timour? Si c'est un conte, toutes les autres traditions peuvent lui survivre; mais si ce récit est fondé lui-même sur une tradition historique plus ou moins vraie, nous y voyons les Zingarri à l'état de peuple, établis dans Samarcande à une époque de la vie de Timour où il n'avait pas encore envahi l'Inde. D'un autre côté, si les Zingarri réunis en Occident étaient les débris fugitifs du peuple égorgé à Samarcande, comment ont-ils eux-mêmes laissé ignorer ce malheur de leur race, au lieu de s'en servir pour exciter la sympathie? En dernière analyse, il est plus facile de prouver qu'ils viennent de l'Inde que de Samarcande. »

Les Gitanos ou Zincalis d'Espagne.

« Les Zincalis ne sont pas seulement appelés, en Espagne, *Gitanos* ou Egyptiens, on les appelle encore *Nouveaux Castillans*, *Allemands*, *Flamands*, termes à peu près synonymes dans la langue populaire, quant aux derniers du moins, et devenus également méprisants, quoiqu'ils aient pu servir primitivement à désigner leur origine, sans aucune intention outrageante.

« Entre eux, les Gitanos se nomment Zincalis, et abréviativement Cales et Chai.

« Ce ne fut guère que dans le XVᵉ siècle que les Zincalis se montrèrent en Espagne. On lit dans un auteur français, cité par Hervas : « Le 17 avril 1427, parurent à Paris douze pénitents d'Egypte, chassés par les Sarrasins. Ils amenaient avec eux cent vingt personnes, et se logèrent dans le village de la Chapelle, où l'on allait en foule les visiter. Ils avaient les oreilles percées et portaient des anneaux d'argent. Leurs cheveux étaient noirs et crépus. Leurs femmes étaient horriblement sales, et disaient la bonne aventure en vraies sorcières. » Tels étaient les hommes qui, après avoir traversé la France et franchi les Pyrénées, se répandirent par bandes dans les plaines de l'Espagne. Partout où ils avaient passé, leur présence avait été regardée comme un fléau, et non sans motif. Ne voulant ou ne pouvant s'imposer aucune occupation, encore moins aucun métier fixe, ils venaient comme des essaims de frelons s'abattre sur les fruits du travail d'autrui, et bientôt une ligue générale se forma contre eux. Armés de lois terribles, les agents de la justice se mirent à leur poursuite; le peuple irrité, secondant de lui-même la sévérité de la législation, ou la devançant, leur courait sus et les pendait au premier arbre, sans autre forme de procès.

« Parfois donc, quand ces sauterelles humaines avaient dévasté un canton, la vengeance des habitants suppléait à la connivence des agents de la justice; mais souvent les Gitanos n'attendaient pas que cette vengeance vînt les surprendre, et ils levaient leur camp sans tambour ni trompette. Leurs ânes, chargés des femmes et des enfants, marchaient les premiers, et à l'avant-garde les plus hardis de la troupe, armés d'escopettes, tenaient en respect la police rurale qui osait les poursuivre. Malheur alors au voyageur qui tombait au milieu de cette bande en retraite! Les Gitanos ne se contentaient pas toujours de sa bourse, et laissaient maintes fois un cadavre sanglant sur les limites du canton qu'on les forçait de quitter en ennemis déclarés.

« Chaque bande ou famille de Gitanos avait son capitaine, ou, comme on le désignait généralement, son comte. Don Juan de Quinones, qui, dans un volume publié en 1632, a donné quelques détails sur leur genre de vie, dit : « Pour remplir les fonctions de leur chef ou comte, les Gitanos choisissent celui d'entre eux qui est à la fois le plus fort et le plus brave. Il doit joindre à ces qualités la ruse et l'intelligence, pour être propre à les gouverner. C'est lui qui règle leurs différends, même là où existe une justice régulière; c'est lui qui les guide la nuit, lorsqu'ils vont voler les troupeaux ou détrousser les voyageurs sur la grande route: le butin se partage entre eux, après avoir prélevé pour le comte un tiers du tout. »

« Ces comtes, étant élus pour faire le bien de la troupe ou de la famille, étaient exposés à être déposés s'ils ne contentaient pas leurs sujets. L'emploi n'était pas héréditaire, et, quels que fussent ses avantages et ses priviléges, il avait ses inconvénients et ses périls. Au comte le soin de préparer une expédition et de la faire réussir. Si elle échouait, s'il ne parvenait pas à rendre la liberté à ceux des siens qui restaient prisonniers, si surtout il les laissait périr, sur lui retombait tout le blâme, et il se voyait nommer un nouveau chef qui succédait à tous ses droits. Le seigneur comte de Gitanos avait une sorte de privilége féodal; c'était celui de la chasse au chien et au faucon. Naturellement il en jouissait à ses risques; car on pense bien qu'il ne chassait que sur la terre d'autrui : or le seigneur gitano pouvait fort bien rencontrer le vrai seigneur du domaine. Une ballade traditionnelle nous apprend l'histoire d'un comte Pépé qui, ayant voulu s'opposer au droit de chasse d'un chef gitano, n'y parvint qu'en le tuant. La veuve du mort, en franche Egyptienne, dérobe alors le fils du vainqueur, et l'élève parmi les Gitanos. Avec le temps, le fils du comte Pépé, nommé comte, veut, comme son père putatif, chasser sur les terres de son véritable père, et tue celui-ci sur la place même qui avait vu tomber le chef, vengé ainsi par un parricide.

« Voici ce qu'on lit dans les *Disquisitions magiques* de Martin del Rio : « Lorsqu'en l'année 1584 je traversai l'Espagne avec mon régiment, une multitude de Gitanos infestait les campagnes. Il arriva que la veille de la Fête-Dieu ils demandèrent à être admis dans la ville pour y danser en l'honneur de la fête, selon un antique usage. Ils l'obtinrent; mais la moitié du jour ne s'était pas écoulée, qu'un grand tumulte éclata à cause du grand nombre de vols commis par les femmes de ces misérables; là-dessus, ils sortirent par les faubourgs, et se rassemblèrent près de Saint-Marc, magnifique hôpital des chevaliers de Saint-Jacques, où les agents de la justice, ayant voulu les arrêter, se virent repousser par la force des armes. Cependant je ne sais comment cela se fit, mais tout à coup tout s'apaisa. Ils avaient, à cette époque, pour comte un Gitano qui parlait l'espagnol aussi purement qu'un natif de Tolède ; ce comte connaissait tous les ports de l'Espagne, tous les chemins et les passages des provinces, la force des villes, le nombre des habitants, leur propriété à chacun ; bref, il n'ignorait rien de ce qui concernait le secret de l'État, et il s'en vantait publiquement. » Évidemment, aux yeux de del Rio, ce Gitano était une espèce de sorcier ; car, à cette époque, tous les Gitanos étaient considérés comme des étrangers, et il ne lui paraissait pas naturel qu'ils fussent capables de parler purement l'idiome castillan.

« Je trouve encore, dans les *Didascalia* de Francesco de Cordova, une anecdote qui prouve que les Gitanos ne craignirent pas d'empoisonner, pendant la nuit, toutes les fontaines de Logrono. Cette horrible machination fut découverte par un libraire qui avait autrefois vécu avec eux, et qui la dénonça au curé de la ville. Déjà une épidémie pestilentielle régnait parmi les habitants; mais il leur resta assez de force pour massacrer les Gitanos lorsqu'ils venaient piller leurs maisons sans attendre qu'ils fussent tous morts.

« Il semblerait, dit un auteur espagnol, que les Gitanos et les Gitanas n'ont été envoyés dans ce monde que pour y être voleurs ; ils naissent voleurs; ils sont élevés parmi les voleurs; ils apprennent à être voleurs, et ils finissent par être voleurs, allant et venant pour faire des dupes. L'amour du vol et la pratique de la volerie sont en eux des maladies constitutionnelles qui ne les quittent plus jusqu'au jour de leur mort. » Tel est l'exorde de *la Gitanilla ou la Fille égyptienne*, nouvelle de Cervantes, qui introduit ensuite son héroïne en ces termes : « Une vieille sorcière de cette nation, qui avait certainement pris ses grades dans la science de Cacus, élevait une jeune fille dont elle se disait la grand'mère, et qu'elle appelait Preciosa, etc. »

« Parmi les nombreuses anecdotes qui se rattachent à la vie et aux ouvrages de Cervantes, on raconte que, sous le règne de Philippe III, il parut dans la rue de Madrid une fille égyptienne qui y brilla comme un météore : elle dansait et chantait en compagnie d'autres Gitanas, mais si supérieure à toutes par sa beauté, sa grâce et sa voix, que la foule se pressait partout autour d'elle. Une pluie d'or et d'argent exprimait l'enthousiasme des spectateurs. Le roi lui-même fut curieux de la voir; les meilleurs poètes du temps lui adressaient des vers, trop heureux si elle daignait les chanter ; plusieurs seigneurs devinrent épris d'elle; et enfin un jeune homme de la cour, abandonnant sa famille, se fit Gitano pour lui plaire. On découvrit plus tard que cet astre de beauté était la fille d'un noble corrégidor, volée à son père, dans son enfance, par la vieille sorcière qui se disait sa grand'mère. Elle épousa son fidèle adorateur. Telle est l'anecdote, et c'est aussi le sujet de la nouvelle de Cervantes, qui n'est pas la meilleure de ses œuvres, malgré sa popularité. Il n'y a pas que son héros et son héroïne qui ne sont pas de la vraie race égyptienne : tous ses autres Gitanos sont des *busnis* (chrétiens) déguisés, parlant comme jamais Gitano véritable n'aurait parlé, alors même qu'ils décrivent assez exactement la vie nomade de leur race. Cervantes connaissait mieux les posadas et les ventas de l'Espagne que les camps des Gitanos.

« Mais il existe dans la langue espagnole un roman intitulé *Alonso, le Valet de plusieurs maîtres*, composé par le docteur Geronimo de Alcala, natif de Ségovie, qui écrivait au commencement du XVIIᵉ siècle. Cet Alonso sert toutes sortes de maîtres, depuis le sacristain d'un obscur village de la vieille Castille jusqu'au fier hidalgo de Lisbonne, et tous ces maîtres le congédient à cause de son caractère bavard et de son incorrigible manie de critiquer leurs faiblesses. Enfin il tombe entre les mains des Gitanos. Je suis tenté de croire que l'auteur lui-même avait vécu parmi cette race, tant la description qu'il en donne est vivante et colorée. En voici quelques extraits :

« Je cheminais depuis plus d'une heure à travers ces bois, lorsque, à peu de distance de l'endroit où j'étais, je vis s'élever une grosse fumée : concluant, en vrai philosophe, qu'il n'y a pas de fumée sans feu, et que s'il y avait du feu il devait y avoir des gens pour l'allumer, je me mis à diriger mes pas de ce côté, car il commençait à faire nuit, et il régnait un air assez froid. Je n'avais pas marché beaucoup, lorsque je me sentis saisir par les épaules, et tournant la tête, je me vis accosté de deux hommes, pas tout à fait aussi beaux que des Flamands ou des Anglais, vrai teint de mulâtre, mal vêtus et de mauvaise mine. Je leur dis qu'ils étaient les bienvenus (Dieu sait avec quelle anxiété de cœur), en leur demandant ce que je pouvais faire pour leur service. Mais eux, avec le bredouillement des Gitanos, me dirent de les suivre à leur campement (*aduar*), où était le señor comte. Me voici en bonnes mains, me dis-je en moi-même ; cela ne peut que bien aller ; je dois m'attendre à une bonne nuit. Mais enfin, faisant de nécessité vertu, je leur répondis : *Vamos, senores* ; allons, messieurs, où vous voudrez. Ils me conduisirent à travers le plus épais du bois, me tenant entre deux pour ne pas me perdre de vue, non sans m'avoir demandé où était ma monture et où je l'avais laissée. Elle vient toujours avec moi, répondis-je ; très-dévot à saint François, je suis très-mauvais cavalier, et par économie je voyage à pied. En devisant ainsi, nous arrivâmes au campement de la confrérie, où l'on nous attendait, grâce au coup de sifflet de mes deux guides, qui avaient ainsi averti les leurs de notre approche. A une portée de pierre, deux filles et deux garçons vinrent à notre rencontre avec grande joie, en s'informant si nous n'avions pas d'autres voyageurs après nous. « Il est seul, dirent mes guides, et s'il eût tardé un peu plus longtemps, nous quittions le poste et revenions les mains vides. » Curieux de savoir quel sort m'était réservé, je me trouvai bientôt entouré d'une bande de quarante hommes et femmes, sans parler d'enfants de tout âge qui couraient au milieu d'eux, nus comme dans l'état de nature. Ils me menèrent devant le señor comte, personnage qu'ils respectent tous, et qui était le juge et le gouverneur de cette république désordonnée. Le señor comte m'accueillit avec complaisance et me fit dépouiller jusqu'à ma chemise, me laissant comme lorsque j'étais sorti du sein de ma mère. Mes habits furent partagés entre les garçons nus, et mon petit pécule entre eux tous... J'aurais voulu garder au moins un peu du manteau usé dont je me garnissais l'estomac quand je me sentais malade ; mais une vieille me l'arracha en me disant : « Voyons, voyons, ce sera pour abriter le ventre du petit Antonio qui se meurt de froid... » Maudite Gitana, qui avait lu peut-être cet apophthegme d'Avicenne : *Etiam in vilibus summa virtus inest*, et qui voulait soigner l'estomac de son marmot aux dépens du mien.... A la voix du chef parut Isabel, avec une moitié de chèvre (l'autre moitié, comme je l'appris plus tard, ayant été mangée le matin), volée, selon l'habitude, à des bergers du voisinage. Sans que personne s'avisât de demander de quelle mort elle était morte, ou si elle était tendre, les Gitanos la traversèrent d'un bâton en guise de broche, et tous, aidant à apporter du bois, dont il y avait abondance, ils firent un grand feu. La chèvre fut bientôt rôtie ; on ne s'inquiéta pas d'y ajouter des sauces savoureuses, mais ceux qui découpaient servirent à chacun sa portion dans des plats de bois ; alors la troupe s'assit autour d'un drap de lit étalé par terre et servant de nappe. Quoique la nuit fût noire, point n'était besoin de lumière, la flamme du feu suffisant bien pour éclairer trois fois plus de monde. Voyant qu'on soupait, j'allais me montrer à un coin pour ne pas forcer les convives à m'inviter, et là-dessus une Gitana, prenant une ou deux côtes, m'appela en disant : « Prends ce morceau de viande et ce morceau de pain, afin que tu ne nous dises pas : Grand mal vous fasse ! » Je fus reconnaissant de ce régal, car, à vrai dire, à mesure que je me réchauffais au voisinage du feu, l'appétit commençait à m'agacer et la faim à m'incommoder. Je m'escrimai donc sur mes côtes ; mais, quoique j'eusse de bonnes dents, je ne pus y mordre, et le meilleur lévrier d'Irlande n'aurait pu les entamer tant elles étaient dures. Quant à mes compagnons, sans faire plus de façon, ils mangeaient leur part de chèvre ou de bouc, comme si c'eût été le plus gras et le plus tendre chapon, avalant de temps en temps quelques gorgées d'eau, car le vin n'était pas en usage dans cette troupe, qui le trouvait trop cher. Je levai les yeux au ciel et remerciai le Seigneur, en voyant que ce que je ne pouvais manger était si savoureux pour ces misérables : qu'importait que leur viande fût charogne, que le repas arrivât tard, qu'au lieu de vin ils n'eussent qu'une eau dure et saumâtre, capable de faire crever le plus robuste animal ! Tous ces gens-là, jeunes et vieux, femmes et enfants, étaient vigoureux et d'un excellent teint, comme si leur santé avait toujours été soignée avec une sollicitude particulière... Il était déjà plus de minuit lorsque les Gitanos pensèrent à dormir, les uns s'adossant aux pins du bois, les autres s'étendant sur le peu de vêtements qu'ils pouvaient avoir. Pour moi, assiégé de maintes et diverses imaginations, je servis de sentinelle, entretenant le feu de peur qu'il ne vînt à s'éteindre, car, sans sa bienfaisante chaleur, je me serait bientôt senti mourir. Je m'occupai ainsi pendant plus de cinq heures, jusqu'à ce que le jour parut, et sa lumière sembla bien paresseuse à mon attente. Je me réjouis de voir s'en aller la nuit, et le ciel se colorer des teintes de l'aube : cherchant alors quelque chose pour couvrir ma pauvre chair, je trouvai, grâce à Dieu, quelques peaux de mouton, dont je m'entourai le corps, la laine en dedans, de manière à être pris pour un anachorète.

« Déjà le soleil rayonnait sur les plus basses montagnes lorsque ces barbares se réveillèrent. Providence divine ! il avait plu pendant près de onze heures, ils n'avaient rien pour se protéger contre l'inclémence de l'air, et cependant ils avaient dormi comme sur de bons matelas ; tant il est vrai que l'habitude devient une seconde nature. Les enlever à cette vie eût été leur donner la mort. Voyant que je m'étais accoutré comme un autre saint Jean-Baptiste, n'ayant plus que les bras et les jambes à découvert, ils rirent de bon cœur et louèrent mon industrie ; mais tous ces compliments sur mon talent à m'accommoder aux circonstances me servirent de peu, car une des Gitanas poussant des cris et m'accablant d'injures me commanda de quitter mon nouveau costume, qui était le lit sur lequel elle dormait. Je vis que je m'étais emparé du bien d'autrui, et me dépouillant pour l'acquit de ma conscience, je me retrouvai nu comme tout à l'heure. Ainsi restai-je deux jours pleins, et je serais resté bien davantage encore sans la mort d'un Gitano, infirme et vieux, qui ne put se dispenser de payer sa dette à la nature, le premier peut-être de sa race qui mourut ainsi naturellement, tant il est d'usage que ces gens-là meurent à la potence. Deux Gitanos creusèrent une fosse où ils déposèrent le défunt, le corps découvert, ensevelissant avec lui deux pains et quelques pièces de monnaie, comme s'il en avait eu besoin pour le voyage de l'autre monde. Alors s'approchèrent les Gitanas, toutes échevelées et s'égratignant le visage à qui mieux mieux; venaient ensuite les hommes, invoquant les saints, et surtout le grand saint Jean-Baptiste, pour lequel ils ont une dévotion toute particulière, lui criant comme à un sourd de les écouter et d'obtenir pour le mort le pardon de ses péchés. Quand ils se furent enroués à crier, ils allaient rejeter la terre dans la fosse, mais je les priai d'attendre que j'eusse dit deux mots; on m'accorda ma requête, et moi, du ton le plus humble, je dis à peu près : « Votre compagnon est déjà allé jouir de la vue de Dieu, car il faut bien l'espérer de sa bonne vie et de sa bonne mort. Vous avez rempli vos obligations en le recommandant au Seigneur, et en lui donnant la sépulture; mais qu'il soit enterré vêtu ou nu, peu lui importe à lui, tandis qu'il peut m'être à moi d'un grand secours de profiter de ses habits. Si vous voulez donc bien me permettre que je m'en empare et m'en vêtisse, je me souviendrai toujours, dans mes oraisons, de ce bienfait accordé à ma misère et à ma nudité. » Ce discours parut fort raisonnable, et j'eus le bonheur de ne pas être contredit. Ils me dirent de faire ce que je désirais. J'obéis, et me voilà cette fois vêtu en vrai Gitano, sans en avoir encore l'esprit et les mœurs. Je rendis le corps du mort à sa sépulture, et l'ayant recouvert de terre, je le laissai là jusqu'au jour du jugement, où il reparaîtra, comme nous tous, pour rendre ses comptes. »

Voici d'autres anecdotes.

« Charles-Quint, en venant prendre possession du trône d'Espagne, amena à sa suite une cour d'étrangers, Flamands la plupart, qui révoltèrent bientôt l'orgueil castillan. Charles lui-même, jeune, mais tourmenté d'une vaste ambition, et rêvant déjà l'empire d'Allemagne, semblait trouver ses sujets de la Péninsule trop heureux de lui payer les frais de son élection. Il s'étonna beaucoup de l'opposition des cortès quand il fut question de voter les impôts; mais pressé de se rendre auprès des électeurs germaniques, il partit pour Worms, laissant à ses ministres le soin de résister aux comuneros. Cette ligue comprenait l'alliance de tous les intérêts castillans : elle voulait une souveraineté nationale, et imposait à Charles de choisir entre la couronne d'Espagne et celle d'Allemagne.

« On voit dans l'histoire les luttes de Juan de Padilla et de sa vaillante épouse, doña Maria de Pacheco; mais le mystère de cette ligue ne s'explique que par les traditions des Gitanos. On avait prédit à doña Maria qu'elle serait reine. Dans ses Epîtres familières, Guevarra lui écrivait : — On sait, madame, que vous avez auprès de vous une sorcière qui vous a promis qu'en peu de jours vous seriez appelée haute et puissante dame, et votre mari Altesse. — Cette sorcière était une Gitana. Dans une des ballades traditionnelles des Gitanos, on trouve ces mots : — Je donnerai un de ces fromages magiques à Maria Padilla et aux siens. — Disons d'abord qu'il ne peut être ici question de la première Maria Padilla, femme du roi don Pedro, puisque les Gitanos n'étaient pas encore en Espagne sous le règne de ce prince. Il paraît que doña Maria Pacheco ou Padilla, car elle est désignée tantôt par un de ces noms, tantôt par l'autre, s'échappa de Tolède avec sa sorcière, déguisée elle-même en Gitana. Cette sorcière était attachée à sa personne depuis longtemps et l'abusait par les apparences, sans doute aussi par les flatteries de son affection perfide; elle lui persuada que les Gitanos de sa tribu la transporteraient en Portugal avec son plus jeune fils, son or et ses bijoux. Les Gitanos l'attendaient en effet dans la montagne; mais, pour s'emparer de cet or et de ces bijoux, ces misérables assassinèrent la mère et l'enfant.

« Si cette tradition espagnole est vraie, jamais action plus odieuse n'a été commise par les Gitanos. J'ai dû malheureusement citer les vers magiques qui viennent à l'appui de cette accusation.

« *Los Gitanos son muy malos* : Les Gitanos sont de bien méchantes gens. Cette phrase proverbiale est de bien vieille date en Espagne. Selon les Espagnols, les Gitanos ont toujours été des escrocs, des voleurs, des sorciers; mais ils ajoutent, chose plus difficile à prouver heureusement : *les Gitanos mangent de la chair humaine.*

« Mais il est un autre crime qu'il est impossible de nier : *Los Gitanos son muy malos; llevan niños hurtados a Berberia.* Les Gitanos sont très-méchants; ils transportent les enfants volés en Barbarie... afin de les vendre aux Maures. Il paraît évident que les Gitanos ne cessèrent jamais d'entretenir des relations avec les Maures d'Afrique depuis leur expulsion d'Espagne. Les Gitanos, n'ayant pas plus de sympathie pour un peuple que pour l'autre, devaient vendre des enfants espagnols aux Barbaresques, comme ils auraient vendu des enfants barbaresques aux Espagnols, si ceux-ci en eussent voulu acheter. Bien mieux, par leurs rapports avec les pirates, ils leur devaient souvent servir d'espions lorsque ceux-ci méditaient quelque invasion sur les côtes d'Espagne. Voilà comment ils ont pu paraître plus maures que chrétiens. Aussi ne démentirai-je pas l'anecdote de Quiñones qui raconte que, lors du siège de Mamora, deux galères espagnoles ayant échoué sur un récif de la côte d'Afrique, les Maures firent esclaves les chrétiens des équipages, délivrèrent les Maures enchaînés à la rame, et traitèrent également comme une race amie tous les Gitanos à bord des deux bâtiments. »

Les enfants du Dar-bushi-Fal.

« S'il existe en Afrique de vrais Gitanos, venus originairement d'Espagne ou directement de Moultan, la province de l'Inde septentrionale où les savants ont placé leur berceau primitif, il faut les chercher dans la secte des Dar-bushi-Fal, mot équivalant à prophètes ou diseurs de bonne aventure. Ces Dar-bushi-Fal sont un peuple errant, mais ils habitent aussi des camps ou villages fixes, appelés *char-soharra*, ou hameaux des sorciers. Comme les Gitanos, ce sont de grands vagabonds, des pillards, des maquignons, des vétérinaires, et l'on croit en Barbarie qu'ils ont des sortiléges pour changer la couleur d'une monture, cheval ou mule, au point de tromper le premier maître qui rachète ses propres animaux sans les reconnaître. Certes c'est là le trait caractéristique des Zincalis de tous les pays. Les Maures attribuent à ces magiciens le pouvoir de métamorphoser même un homme et de faire d'un noir un blanc. Ils parlent une langue qui n'est ni le shilhah ni l'arabe. Je n'en ai jamais rencontré aucun; aussi je me garde bien de rien assurer : d'autres plus hardis que moi pourront déterminer la chose, et il suffirait pour cela de savoir par quel mot ils désignent l'eau. Si ce sont des Gitanos, ils doivent se servir du mot sanscrit *pani*, mot importé de l'Inde par la race primitive, et estimé si saint, qu'ils n'ont jamais osé le modifier.

« Ce que je sais des Dar-bushi-Fal m'a été raconté par un juif de Fez, qui avait beaucoup voyagé en Barbarie. Il me dit qu'ils étaient presque noirs de peau, maigres, perchés sur de longues jambes, courant si vite *que le diable lui-même ne pourrait les atteindre;* au reste, au mieux avec le diable, qui leur révèle tous les secrets quand ils l'invoquent par la *farine*, par la *chaussure* et par l'*huile*, c'est-à-dire en remplissant un vase de farine ou d'huile, et en mettant leur soulier dans la bouche. Entre autres tours de leur métier, mon juif prétendait les avoir vus changer en dattes des crottes d'âne. Voulait-on goûter ces dattes, on mordait sur des crottes d'âne. Ensuite ils tuaient l'âne et le coupaient en morceaux ; puis tout à coup ils lui enfonçaient une épingle dans la queue en criant : *Arrhe li dar* (partez), et l'âne de se relever, de ruer et de se sauver sans laisser une trace de sang. Enfin ils coupaient des morceaux de papier en forme de pièce de monnaie, et les faisaient danser sur le feu dans un pot de terre, d'où ils retiraient des pièces vraies, aussi brillantes que si elles sortaient de la mine.

« Un de ces Dar-bushi-Fal, me dit le juif, entra un jour chez un marchand et lui acheta un mouchoir de soie blanc, le mit dans sa bouche et le retira vert. « Payez-moi, dit le marchand. — De quelle couleur était votre mouchoir ? répondit le Dar-bushi-Fal. — Blanc. — Eh bien ! répliqua l'acheteur, en se tournant vers les témoins, ce n'est pas celui-ci qui est vert; et il s'en alla sans payer. » Tous ces tours ne sont pas des tours de sorcier, mais d'escamoteur. Nous en voyons tous les jours d'aussi extraordinaires, et j'ai rencontré en Allemagne des Zincalis tout aussi adroits que les Dar-bushi-Fal, qui s'en vont chez le marchand de vin, se font remplir un pot, le goûtent, font la grimace, se tournent pour cracher, et faisant les délicats, rendent un autre pot rempli d'eau que le marchand de vin remet dans son tonneau sans s'apercevoir de la supercherie. Je répète que s'il existe des Gitanos en Afrique, ce doit être dans la tribu de Dar-bushi-Fal. »

LA GITANA. — LE MAUVAIS ŒIL.

« L'auteur d'*Alonzo* raconte une anecdote comique qui s'est renouvelée de nos jours ; elle nous révèle une de ces ruses de voleurs que dans leur langue les Zincalis appellent *Hokkano baro*, ou le grand tour.

« Une bande de Gitanos se trouvant campée dans les environs d'un village, une Gitana alla frapper à une maison habitée par une veuve riche, sans enfants, et encore belle. Après l'avoir saluée, et lui avoir débité des compliments, elle ajouta : Señora, j'ai conçu pour vous la plus vive affection : sachant quel bon usage vous faites de votre richesse, j'ai voulu vous révéler que vous êtes encore plus riche que vous ne le pensez. Apprenez donc que vous avez un trésor dans votre cave ; mais vous aurez beaucoup de peine à vous en emparer, parce qu'il est enchanté, et qu'on ne peut le retirer que la veille de Saint-Jean. Nous voici au 18 juin : dans cinq jours sera le 23; d'ici là, ramassez quelques bijoux d'or et d'argent, avec quelques pièces de monnaie, n'importe lesquelles, pourvu que ce ne soit pas du cuivre. Préparez six cierges de cire blanche ou jaune; car, au moment opportun, je viendrai avec une de mes sœurs, et nous retirerons de votre cave assez de richesses pour vous faire vivre avec une magnificence qui excitera l'envie de tous les gens de ce bourg. L'ignorante veuve, se confiant à ces paroles, crut déjà posséder tout l'or de l'Arabie et tout l'argent du Potose.

« Au jour désigné, les deux Gitanas furent ponctuelles, et ne laissèrent pas s'impatienter longtemps la veuve crédule. — Avez-vous tout disposé? lui demandèrent-elles; le temps presse; descendons à la cave pour commencer nos conjurations. Avez-vous les cierges et les bijoux? Vous savez que l'or attire l'or, et l'argent l'argent. — Tout était prêt : les trois femmes descendent, allument les cierges et les posent en rang dans leurs chandeliers autour d'un vase d'argent qui contenait quelques réaux et divers bijoux en corail et en or de peu de valeur. Allons nous replacer près de l'escalier, dirent les deux Gitanas ; elles allèrent s'y tenir quelque temps, joignant les mains, faisant semblant de prier, puis disant à la dame de les attendre, et redescendant, elles se mirent à parler, imitant plusieurs voix, comme s'il était entré quatre ou cinq autres personnes dans la cave : Señor San Juanito, disaient-elles, pourrons-nous retirer le trésor? — Oui, bientôt, répondait une voix d'enfant; — et la veuve étonnée espérait voir enfin tant de richesses, lorsque les Gitanas revinrent à elle; la première lui disant: Remontons, señora; puisque nos désirs sont sur le point d'être accomplis, apportez-nous à présent la meilleure jupe, la meilleure robe et le meilleur manteau de votre armoire; il faut que je paraisse avec d'autres vêtements que ceux que j'ai ici. La veuve remonta avec les deux Gitanas, et alla leur chercher ce qu'elles lui demandaient. Alors les deux Gitanas se voyant libres, et ayant déjà mis en poche l'or et l'argent qui avaient servi à la conjuration, ouvrirent la porte de la rue, et se sauvèrent à toutes jambes. Quand la veuve revint, elle ne trouva plus personne, ni les Gitanas, ni le petit saint Jean, ni rien; et ses voisins, accourus à ses cris et à ses larmes, trouvèrent fort plaisant le tour qu'on lui avait joué. »

« Le docteur Geronimo d'Alcala ne nous dit pas si les deux voleuses furent poursuivies; mais, avec toute leur adresse, les Gitanos rendaient quelquefois un compte sévère à la justice, non-seulement quand leurs sortiléges n'étaient que des ruses de voleur, mais encore lorsque la superstition parvenait à les convaincre de maléfices proprement dits; tel était, par exemple, le *mauvais œil*.

« Dans la langue des Gitanos, *querelar nazula* signifie *jeter le mauvais œil*, c'est-à-dire rendre quelqu'un malade par la simple influence du regard. Les enfants sont surtout exposés à cette influence perfide. Une corne de cerf est regardée comme un préservatif. On rencontre encore en Andalousie plus d'un enfant au cou duquel pend une petite corne montée en argent, et attachée à un cordon fait avec les crins d'une jument blanche. Heureusement si les Gitanos peuvent, de leur propre aveu, jeter le *mauvais œil*, ils ont aussi dans leur pharmacie le remède du mal qu'ils font: quant à moi, je n'y aurais pas grande confiance; ce remède, à ma connaissance, étant la même poudre qu'ils administrent aux chevaux malades de la morve.

« La superstition du mauvais œil se retrouve en Italie et en Allemagne; mais elle vient originairement d'Orient; les rabbins en parlent dans le Thalmud. Si vous vous trouvez avec des juifs ou des mahométans, évitez de fixer trop longtemps vos regards sur leurs enfants; ils croiraient que vous voulez leur jeter le mauvais œil. L'effet du mauvais œil est d'altérer d'abord les organes de la vision par lesquels il se communique au cerveau. On prétend aussi que le mauvais œil jeté par une femme est plus funeste que celui que vous jette un homme. Voici comment cette maladie est traitée chez les juifs de Barbarie:

« Dès qu'ils se sentent frappés, ils envoient chercher le médecin le plus renommé pour cette espèce de cas. En arrivant, le docteur prend son mouchoir ou sa ceinture, fait un nœud à chaque bout, mesure trois palmes avec sa main gauche, fait un nœud à chaque mesure, et se ceint trois fois la tête de la ceinture ou du mouchoir, en prononçant *beraka* ou bénédiction: *Ben porat Josef, ben porat ali ain* (Joseph est un rameau fécond, un rameau près d'une source); puis il se remet à mesurer la ceinture ou le mouchoir, et s'il trouve trois palmes et demie au lieu de trois qu'il a mesurées auparavant, il pourra vous nommer la personne qui a jeté le mauvais œil. La personne étant connue, la mère, la femme ou la sœur du patient sort en prononçant à haute voix le nom du coupable; elle ramasse un peu de terre devant la porte de sa maison et un peu encore devant celle de sa chambre à coucher; on lui demande ensuite de sa salive le matin avant son déjeuner; on va chercher au four sept charbons ardents qu'on éteint dans l'eau du bain des femmes. Ces quatre ingrédients, la terre, la salive, les charbons, l'eau étant malaxés dans un plat, le patient en avale trois gorgées, et le reste est enterré par quelqu'un qui fait trois pas à reculons en s'écriant: « Puisse le mauvais œil être enseveli sous terre! » Voilà comment on procède si le coupable est connu; mais dans le cas contraire, on prend un verre, on se tient sur la porte, et l'on force tous les passants de jeter dans ce verre un peu de salive. Le mélange avec le charbon et l'eau du bain a lieu ensuite, et l'on applique la mixtion à l'œil du patient, qui a soin de s'endormir sur le côté gauche: le lendemain matin il se reveille guéri (1).

« Peut-être cette superstition comme beaucoup d'autres est-elle fondée sur une réalité physique. J'ai observé que l'on croit surtout au mauvais œil dans les pays chauds où la lune et le soleil ont un rayonnement très-éclatant. Que dit l'Ecriture, ce livre merveilleux, où l'on trouve à éclaircir tous les mystères? « Ni le soleil ne te frappera le jour, ni la lune la nuit. » (*Ps.* cxxxi, 6). Que ceux qui veulent éviter le mauvais œil, au lieu de se fier aux amulettes, aux charmes et aux antidotes des Gitanos, se gardent du soleil, car il a un mauvais œil qui produit des fièvres cérébrales; qu'ils ne dorment pas la tête découverte sous les caressants rayons de la lune, car elle a aussi un regard empoisonné qui altère la vision et frappe même de cécité.

« Les pays du Nord n'ont ni soleils trop

---

(1) Il y a quelque analogie entre cette manière de découvrir celui qui a jeté le *mauvais œil* et le charme de la clef dans la Bible, auquel le peuple a recours en Angleterre. Pour découvrir un voleur, on place une clef dans une Bible, au cantique de Salomon; la Bible et la clef sont liées ensemble avec un ruban qui fait plusieurs fois le tour du volume, en passant dans l'anneau de la clef, qu'on laisse exprès sortir de la Bible; alors le devin fait nommer par la personne volée toutes les personnes qu'elle soupçonne, pendant qu'ils tiennent tous deux ensemble la Bible, en touchant du bout des doigts de la main droite l'anneau de la clef. Après chaque nom, le devin demande à la Bible si un tel a commis le vol, en répétant les sixième et septième versets du cantique du roi-prophète. Si la clef et la Bible tournent pendant ce temps-là, la personne nommée est considérée comme atteinte et convaincue du vol. Plus d'un innocent, à ma connaissance, a une mauvaise réputation parmi ses voisins, grâce à ce charme de la clef dans la Bible. (*Note de M. Barrow.*)

ardents ni lunes trop brillantes; mais ils ont des marais et des brouillards fétides aussi funestes à l'homme qu'aux animaux. L'*Elf-shot* des bergers d'Angleterre, l'*Elle-Skiod* des Allemands n'a pas d'autre origine, quoique la superstition accuse les fées et les lutins de ces maladies qui vous frappent comme un coup de foudre. »

ZITON. Pendant les noces de Venceslas, fils de l'empereur Charles IV, avec la princesse Sophie de Bavière, le beau-père, qui savait que son gendre prenait plaisir à des spectacles ridicules et à des enchantements, fit amener de Prague une charretée de magiciens. Le magicien de Venceslas, nommé Ziton, se présente pour faire assaut avec eux. Ayant la bouche fendue de part et d'autre jusqu'aux oreilles, il l'ouvre et dévore tout d'un coup le bouffon du duc de Bavière, avec tous ses habits, excepté ses souliers qui étaient sales, et qu'il cracha loin de lui. Ensuite, ne pouvant digérer une telle viande, il va se décharger dans une grande cuve pleine d'eau, rend son homme par le bas, et défie ses rivaux de l'imiter.

Nos vieilles chroniques et nos contes de fées offrent encore des traits semblables. Ce même Ziton changeait quelquefois, dans des festins, les mains des conviés en pieds de bœuf, afin qu'ils ne pussent rien toucher des mets qu'on leur servait, de sorte qu'il avait loisir de prendre pour lui la meilleure part. Voyant un jour des gens à des fenêtres attentifs à regarder un spectacle qui excitait leur curiosité, il leur fit venir au front de larges cornes de cerf, pour les empêcher de se retirer de ces fenêtres quand ils le voudraient.

ZIZIS. C'est le nom que donnent les Juifs modernes à leurs phylactères.

ZOAPHITÉ. *Voy.* Monstres.

ZODIAQUE. Les douze signes du zodiaque ont une influence diverse sur les horoscopes. *Voy.* Horoscopes et Astrologie.

Les influences du firmament se trouvaient très-favorables, disent les astrologues, à la naissance de Louis XIV, nous en avons le système généliaque dans l'une des médailles qui composent l'histoire de son heureux règne; l'Académie royale des inscriptions y a marqué (sans rien donner aux incertitudes de l'astrologie) la position précise des planètes au moment où Dieu accorda à la France ce monarque que ses grandes actions ont rendu si justement célèbre.

On voit autour de cette curieuse médaille les douze signes du zodiaque formant les douze maisons de ce système; les sept planètes y paraissent dans les positions qu'elles occupaient alors; le soleil occupe le milieu du ciel; Mars, seigneur de l'ascendant, se trouve en réception avec Jupiter, le protecteur de la vie, et ce qu'on nomme la fortune majeure. Saturne, qui est hostile, se voit là placé dans les dignités (en argot d'astrologue), ce qui le rend moins maléfique; la lune est en conjonction avec Vénus, et Mercure, dans son domicile de prédilection, à dix degrés du soleil, hors de combustion, éclairé par ses rayons, ce qui donne une supériorité de génie dans les plus difficiles et les plus importantes entreprises; son carré avec Mars n'est pas capable de l'abaisser.

La naissance du roi était figurée dans le milieu de la médaille par un soleil levant, et le roi est placé dans le char de l'astre, avec cette légende : *Ortus solis gallici;* le lever du soleil de la France. L'exergue contient ces autres paroles : *Septembris quinto, minutis* 38, *ante meridiem*, 1638.

Ajoutons ici une remarque curieuse, c'est que les objets sur lesquels les augures exerçaient leur science se réduisaient à douze chefs, en l'honneur des douze signes du zodiaque : 1° l'entrée dans une maison des animaux domestiques ou sauvages; 2° la rencontre subite de quelque animal sur le chemin; 3° la foudre, l'incendie d'une maison ou de quelqu'autre objet; 4° un rat qui rongeait des meubles, un loup qui emportait une brebis, un renard qui mangeait une poule, et tout événement de cette espèce; 5° un bruit qu'on entendait dans la maison, et que l'on croyait produit par quelque esprit follet; 6° un oiseau qui tombait sur le chemin et se laissait prendre, un hibou qui chantait, une corneille qui criait, toutes circonstances qui étaient du ressort de l'augure; 7° un chat qui, contre la coutume, entrait dans la chambre par un trou; dans ce cas, il était pris pour un mauvais génie, ainsi que tout autre animal qui se présentait de la même manière; 8° une chandelle ou un flambeau qui s'éteignait de lui-même, ce que l'on croyait un fait de quelque démon; 9° le feu qui pétillait; les anciens croyaient là entendre parler Vulcain; 10° le feu qui étincelait extraordinairement; 11° le feu qui bondissait d'une manière singulière; les anciens s'imaginaient que les lares l'agitaient; 12° enfin, une tristesse subite et tout événement fâcheux que l'on apprenait contre toute attente.

Et maintenant dans ce livre, où nous démasquons toutes les erreurs, autant que le permettent nos humbles lumières, ne dirons-nous rien des querelles singulières qui se sont élevées à propos du zodiaque de Denderah et de quelques autres zodiaques égyptiens? Les philosophes, qui ont enfanté tous les égarements de l'esprit humain, comme il ne serait pas difficile de le démontrer, ont reçu de nos jours bien des échecs; ils en recevront encore, jusqu'à ce qu'ils reconnaissent, si c'est possible, dans les conditions de leur pauvre orgueil, qu'on ne trouve guère la vérité hors des enseignements de l'Église. Les luttes contre le Pentateuque n'ont laissé dans ses adversaires que des vaincus. Les plus fiers combattants étaient deux astronomes, gens dont la science est moins fixée peut-être que le magnétisme, aux bases si incertaines. Ces astronomes, Bailly et Dupuis, comme les Titans qui s'étaient promis d'escalader le ciel, ont entassé paradoxes sur systèmes, conjectures sur présomptions, suppositions sur bévues, inductions sur fantômes, aberrations sur mauvais vouloirs.

pour asseoir un piédestal à une antiquité du monde qui pût contredire les livres divins.

Bailly crut démontrer que le zodiaque de Denderah était antérieur au déluge; Dupuis, plus acharné, car ce n'était là ni la hardiesse ni l'intérêt de la science, Dupuis s'épuisa en longues veilles, en travaux ardus, qui lui ont coûté assurément bien des sueurs, pour établir que le zodiaque égyptien était antérieur de treize mille ans à Jésus-Christ. Pauvre homme qui se frottait les mains d'un tel triomphe!

Mais les savants sérieux sont venus bientôt, les savants sans passion, les savants qui recherchent la vérité. Les Visconti, les Testa, les Champollion, les Letronne, ont ramené la question aux faits réels; ils ont prouvé de la manière la plus incontestable que les Égyptiens ni les Indiens n'avaient pas inventé le zodiaque, qu'ils l'avaient reçu des Grecs; que le zodiaque de Denderah était un ouvrage du règne de Néron, et que les interprétations astronomiques au moyen desquelles Dupuis, dans le fatras indigeste et infâme qu'il a intitulé : Origine de tous les cultes, a voulu *démolir* nos dogmes, n'ont pas le moins du monde l'antiquité qu'il leur prête, n'ayant été imaginées que par Macrobe et ses contemporains, lorsque le paganisme, honteux devant les premiers chrétiens de sa grossière théogonie, chercha à la colorer de ce vernis pour en rougir un peu moins (1).

ZOROASTRE, le premier et le plus ancien des magiciens. Sextus Sinensis reconnaît deux enchanteurs de ce nom; l'un roi de Perse et auteur de la magie naturelle; l'autre, roi des Bactriens, et inventeur de la magie noire ou diabolique. Justin dit que Zoroastre régnait dans la Bactriane longtemps avant la guerre de Troie; qu'il fut le premier magicien, et qu'il infecta le genre humain des erreurs de la magie.

Voici, dit Voltaire, ce que l'Anglais Hyde rapporte sur Zoroastre, d'après un historien arabe :

« Le prophète Zoroastre étant venu du paradis prêcher sa religion chez le roi de Perse Gustaph, le roi dit au prophète : — Donnez-moi un signe. Aussitôt le prophète fit croître devant la porte du palais un cèdre si gros et si haut, que nulle corde ne pouvait ni l'entourer ni atteindre sa cime. Il mit au haut du cèdre un beau cabinet où nul homme ne pouvait monter. Frappé de ce miracle, Gustaph crut à Zoroastre. Quatre mages ou quatre sages (c'est la même chose), gens jaloux et méchants, empruntèrent du portier royal la clef de la chambre du prophète pendant son absence, et jetèrent parmi ses livres des os de chiens et de chats, des ongles et des cheveux de morts, toutes drogues avec lesquelles les magiciens ont opéré de tout temps. Puis ils allèrent accuser le prophète d'être un sorcier et un empoisonneur. Le roi se fit ouvrir la chambre par son portier. On y trouva les maléfices, et voilà Zoroastre condamné à être pendu.

« Comme on allait pendre Zoroastre, le plus beau cheval du roi tombe malade; ses quatre jambes rentrent dans son corps, tellement qu'on ne les voit plus. Zoroastre l'apprend; il promet qu'il guérira le cheval, pourvu qu'on ne le pende pas. L'accord était fait : il fait sortir une jambe du ventre, et lui dit : — Sire, je ne vous rendrai pas la seconde jambe que vous n'ayez embrassé ma religion.

« — Soit, dit le monarque. Le prophète, après avoir fait paraître la seconde jambe, voulut que les fils du roi se fissent zoroastriens; et les autres jambes firent des prosélytes de toute la cour. On pendit les quatre malins sages au lieu du prophète, et toute la Perse reçut sa foi.

« Bundari, historien arabe, conte que Zoroastre était juif, et qu'il avait été valet de Jérémie; qu'il mentit à son maître; que Jérémie, pour le punir, lui donna la lèpre; que le valet, pour se décrasser, alla prêcher une nouvelle religion en Perse et fit adorer le soleil.

« Le voyageur français qui a écrit la vie de Zoroastre, après avoir observé que son enfance ne pouvait manquer d'être miraculeuse, dit qu'il se mit à rire dès qu'il fut né, du moins à ce que disent Pline et Solin. Il y avait alors un grand nombre de magiciens très-puissants; ils savaient qu'un jour Zoroastre en saurait plus qu'eux et qu'il triompherait de leur magie. Le prince des magiciens fit amener l'enfant et voulut le couper en deux; mais sa main se sécha sur-le-champ. On le jeta dans le feu, qui se convertit pour lui en bain d'eau rose. On voulut le faire briser sous les pieds des taureaux sauvages, mais un taureau plus puissant prit sa défense. On le jeta parmi les loups; ces loups allèrent incontinent chercher deux brebis qui lui donnèrent à téter toute la nuit. Enfin il fut rendu à sa mère, Dogdo, ou Dodo, ou Dodu. » Bérose prétend que Zoroastre n'est autre que Cham, fils de Noé. Les cabalistes ont de Zoroastre une opinion toute différente; mais, si les démonomanes le confondent avec Cham, les cabalistes le confondent avec Japhet. Ainsi, les uns et les autres s'accordent à le faire fils de Noé.

« Zoroastre, autrement nommé Japhet, dit le comte de Gabalis, était fils de Vesta, femme de Noé. Il vécut douze cents ans, le plus sage monarque du monde; après quoi il fut enlevé. Cette Vesta, étant morte, fut le génie tutélaire de Rome; et le feu sacré, que des vierges conservaient avec tant de soin sur un autel, brûlait en son honneur. Outre Zoroastre, il naquit d'elle une fille d'une rare beauté et d'une grande sagesse, la divine Égérie, de qui Numa Pompilius reçut toutes ses lois. Ce fut elle qui engagea Numa à bâtir un temple en l'honneur de Vesta, sa mère. Les livres secrets de l'an-

---

(1) Voyez M. Letronne, *sur l'origine grecque des prétendus zodiaques égyptiens*. Voyez aussi la brochure de M. Testa sur les zodiaques

cienne cabale nous apprennent qu'elle fut conçue dans l'espace de temps que Noé passa sur les flots, réfugié dans l'arche cabalistique. »

ZOUBDADEYER. En l'an 408, le roi de Perse Cabadès apprit, dit Théophanes, qu'il y avait aux frontières de ses Etats un vieux château appelé Zoubdadeyer, plein de richesses gardées par des démons. Il résolut de s'en emparer, mais les magiciens juifs qu'il employa pour mettre en fuite les bandes infernales n'y réussirent pas. Un évêque chrétien put seul dissiper les prestiges du château ensorcelé.

ZOUREG, serpent mystérieux, long d'un pied, que les Arabes disent habiter le désert, où il est doué d'une puissance qui lui permet, dans ses courses, de traverser sans se détourner les plus rudes obstacles, un rocher, un mur, un arbre, un homme. L'homme que le zoureg traverse en passant meurt aussitôt. On ne peut tuer ce petit serpent qu'en lui coupant la tête pendant qu'il dort.

ZOZO, démon qui, accompagné de Mimi et de Crapoulet, posséda, en 1816, une jeune fille du bourg de Teilly en Picardie. *Voy.* Possédés.

ZUNDEL, capitaine des Bohémiens. *Voy.* ce mot.

APPENDICES

AU DICTIONNAIRE
DES SCIENCES OCCULTES.

TRAITÉ HISTORIQUE
DES DIEUX ET DES DÉMONS DU PAGANISME,

EN FORME DE LETTRES,

Avec quelques remarques critiques sur le système de M. Bekker (1).

PAR BENJAMIN BINET.

PRÉFACE.

Quoique ce petit ouvrage que l'on donne au public paraisse un peu tard, à le considérer comme une critique des principes de M. Bekker, il vient assez à temps, à le regarder comme une explication historique de la doctrine des dieux et des démons du paganisme.

En effet, l'on ne s'y est pas tant proposé d'y réfuter cet auteur, que d'y donner une idée générale des sentiments des païens à cet égard. Et si l'on s'écarte de cette discussion historique pour combattre l'erreur, ce n'est que par rapport aux matières que l'on traite, afin de lever toutes les difficultés que l'on y pourrait faire naître.

Il n'y a peut-être point de sujet qui ait été traité plus diversement que celui-ci ; parce qu'il n'y en a peut-être point que l'on ait médité avec moins d'attention.

On ne va pas puiser dans les écrits des païens leur véritable sentiment ; mais on les fait parler selon ses préjugés. On donne aux dieux et aux démons du paganisme la forme que l'on juge la plus propre, pour préoccuper favorablement un lecteur qui s'en rapporte assez souvent à la bonne foi de son auteur.

On a donc cru qu'il était nécessaire d'éclaircir cette matière, et que pour cet effet il fallait consulter les auteurs païens, et ne rien avancer que sur leurs témoignages formels. Si l'on a aussi extrait quelques passages des Pères de l'Église, c'est que, bien loin qu'ils puissent être suspects, on les a trouvés tout à fait convaincants.

Il y a encore une autre raison pourquoi l'on a cru être obligé de rendre ces dissertations publiques, c'est que presque tous ceux qui ont écrit en notre langue sur les démons

(1) *Voyez* au Dictionnaire l'article Bekker (Baltasar), où se trouve exposé sommairement le système de ce ministre de l'église Evangélique, système qui a donné lieu au *Traité historique* que nous reproduisons ici d'après l'édition publiée à Delft, en 1696. Nos lecteurs nous sauront gré d'avoir corrigé une foule de locutions surannées et de fautes d'impression qui fourmillaient presque à chaque page de cette édition, la seule qui existât avant la nôtre. Nous avons aussi retranché en partie deux passages, l'un au milieu, l'autre à la fin de cet opuscule, dans lesquels notre auteur protestant, en répondant à la critique assez peu sérieuse de son antagoniste, se livre lui-même à des récriminations et à des plaisanteries de mauvais goût contre les prétendues superstitions de la sainte Église romaine. (*Édit.*)

du paganisme, en ayant abusé pour établir leurs hétérodoxies, l'on s'est fait comme un devoir de leur opposer ce petit récit historique, qui est un genre d'écrire qui demande plus que tous les autres la candeur et la bonne foi.

Après y avoir expliqué les sentiments païens, l'on vient à rechercher la source d'où ils ont pu tirer le fond de toutes ces opinions fabuleuses, tant de leurs dieux que de leurs démons, et on le trouve en substance dans l'Ancien Testament, d'où ils ont emprunté diverses vérités, pour servir de matière à leur mythologie.

C'est par là que l'on entre dans l'examen du système de M. Bekker. L'on s'y attache uniquement à l'argument que l'on emprunte de l'existence des démons révélée dans l'Ancien Testament, et avouée de tous les peuples, pour établir leurs opérations. Et en suivant cette voie on résout les difficultés de M. Bekker.

Dans cet examen l'on paraît, par rapport aux oracles et aux faits particuliers que notre auteur allègue des opérations des démons, d'une libéralité que l'on n'approuverait peut-être pas, si l'on n'observait que l'on n'est prodigue qu'afin de resserrer plus étroitement M. Bekker; à peu près, comme un soldat qui, sur le point de combattre, se débarrasse de son bagage. S'il vainc, il le retrouvera au double.

On croit encore être obligé d'avertir que l'on se doit donner bien de garde de prendre pour accordées des choses dont on ne dit rien, ou que l'on passe légèrement. Quand un critique a mis son auteur aux mains avec lui-même, il peut après cela le quitter de bonne grâce.

On ne manquerait pas encore de se répandre en observations sur ce qu'il semble que l'on impose à M. Bekker de certaines choses, particulièrement sur les dieux du paganisme, directement opposées à ses principes. Mais l'on prie d'observer que l'on ne fait que suivre cet auteur, qui a eu le malheur d'écrire presque partout contre ses propres principes.

Au reste l'on n'est nullement théologien dans ce traité, et si l'on y entremêle quelques passages de l'Ecriture sainte, ce n'est qu'en passant et par rapport à d'autres matières.

La raison pourquoi l'on en a usé de cette manière, c'est que cette vérité des opérations du diable est si clairement enseignée dans la parole de Dieu, que les explications que l'on donnerait de ces passages ne sauraient être plus évidentes.

Cependant, quoique l'on se soit borné à examiner la doctrine des païens, et à y faire quelques observations critiques qui ne sont point du ressort des théologiens, l'on a soumis cette *Histoire* à l'examen de quelques personnes d'une probité exemplaire et d'une capacité consommée, aux conseils de qui l'on défère en toutes choses avec un profond respect. Il peut échapper aux mieux intentionnés quelques expressions que l'on pourrait critiquer ; et c'est ce que l'on a tâché d'éviter autant qu'il a été possible.

PREMIÈRE LETTRE.

Sommaire. — *Remarques générales sur le système de M. Bekker, et particulièrement sur ce qu'il nous impute de faire du diable un dieu. Plan de l'ouvrage.*

Monsieur,

J'ai différé exprès jusqu'ici à vous entretenir du système de M. Bekker, parce que j'ai cru qu'il fallait attendre que le temps remît les esprits dans leur assiette naturelle, et les disposât à examiner les choses sans passion. Ce n'est pas que je veuille dire que cet ouvrage ait pu éblouir des yeux aussi pénétrants que les vôtres ; car vous n'êtes pas homme à vous laisser si facilement surprendre. Mais il y en a d'autres qui, admettant sans examen tout ce qui porte le caractère de nouveauté, s'y abandonnent aveuglément. Vouloir ramener ces gens-là dans les premiers mouvements de leur passion, ce serait les irriter et s'exposer à leur mauvaise humeur. Il a donc été bon de leur donner le temps de se reconnaître, et de jeter pour ainsi dire leur premier feu, avant que d'entreprendre de les désabuser.

Nier les opérations des démons sur la terre, est une proposition qui frappe l'esprit ; on se sent un penchant naturel à examiner ces sortes d'ouvrages. Les beaux esprits, qui veulent se singulariser en toutes choses, ne manquent pas de se faire un mérite de leur incrédulité à cet égard ; et le vulgaire ne demande pas mieux qu'on le délivre de ces objets de terreur. Ses vues étant extrêmement bornées, il s'imagine que l'on ne peut bannir les démons du monde sans détruire leur existence. Jugez, après cela, s'il s'endort dans le vice par l'espérance de l'impunité. S'il n'y a point de diables, il n'y a point aussi de peines à craindre : *Facilis descensus Averni*.

On ne peut donc pas nier que la matière que l'auteur traite n'excite la curiosité, et que son sentiment ne trouve dans les esprits de favorables préventions ; mais il faut aussi avouer qu'après ces premiers mouvements, l'on ne manque pas de revenir à soi-même ; le torrent étant passé, l'on examine sérieusement pourquoi l'on s'y est abandonné : et si un auteur n'a pas appuyé son sentiment sur de solides arguments, il a le malheur de se voir abandonné. C'est ce qui est arrivé à M. Bekker : l'on a été d'abord tout de feu pour ses deux premiers livres ; mais l'on est devenu tout de glace pour ses deux derniers ; et ses plus ardents sectateurs commencent à l'abandonner.

Pour moi, j'ai lu son ouvrage plutôt pour vous obéir que pour me satisfaire : j'y ai trouvé ce que j'avais ouï dire tant de fois, beaucoup de zèle et de hardiesse à avancer des nouveautés, mais nulle preuve pour les soutenir ; et si vous ne vous laissez pas surprendre par un certain air de triomphe dont il anime ses expressions, vous courez risque de demeurer toujours enchanté ; particulièrement si vous niez certains principes qu'il y pose sans preuve, tout l'ouvrage tombera de lui-même.

Cependant la doctrine qu'il réfute n'est pas du nombre de ces choses dont la seule proposition porte sa réfutation. Elle est vénérable par son antiquité, universelle par sa créance, soutenue de preuves au moins assez spécieuses ; car *le sentiment que le monde a du diable a assez de vraisemblance* (*Liv.* 1, *p.* 5). Il devait donc fonder son système sur de bons arguments tirés de l'Ecriture et de la raison. C'est la maxime de tous les auteurs, et particulièrement de ceux qui avancent des nouveautés. Un homme judicieux ne se contente pas de lire un auteur qui s'évapore en des spéculations creuses, *pour savoir ce que la chose n'est pas.* On veut savoir ce qu'elle est positivement en elle-même, se repaître de quelque chose de solide, qui établisse dans l'esprit une pleine certitude.

Mais il est surtout indubitable que, quand il s'agit de donner des expositions nouvelles à l'Ecriture sainte, on ne le doit faire qu'après les avoir appuyées de preuves incontestables, puisées dans la révélation même. On ne saurait assez se précautionner à cet égard. Ce sont des limites sacrées que l'on ne doit toucher qu'avec une profonde vénération ; et lorsque l'on s'émancipe jusque-là, on doit au moins le faire sérieusement, et ne point égayer les explications que l'on en donne de certains traits plaisants qui, quoique du goût du vulgaire, sont extrêmement fades à des âmes pieuses et à des esprits solides, qui cherchent des preuves sérieuses et convaincantes.

De là vient que l'auteur, ayant posé sans raison certains principes qui sont l'état de la question, ne réussit pas mieux dans les explications qu'il donne aux textes sacrés. En voici une preuve, entre une infinité d'autres que nous pourrions alléguer. Par exemple, qu'y a-t-il de plus simple que l'histoire de la séduction d'Eve par le serpent, que nous lisons au chap. III du livre de la Genèse ? Si vous y rapportez les passages du Nouveau Testament qui y ont un rapport nécessaire, il paraît que ce fut le diable qui se servit du serpent pour séduire la femme. Tous les docteurs juifs ont reconnu cette vérité, et la simplicité de l'histoire ne nous permet pas de l'expliquer autrement. Cependant l'auteur y fait naître un si grand nombre de difficultés, que l'on ne sait ce que le Saint-Esprit a voulu dire. *Le serpent dit à la femme,* c'est-à-dire, selon lui, que le serpent ne dit rien. Et la raison en est, qu'il n'avait pas les organes nécessaires pour former une voix humaine. Ce ne pouvait être encore le diable qui se serait servi du serpent comme d'un organe pour parler ; car, outre que l'on ne saurait concevoir comment un esprit peut agir sur un corps, il y aurait toujours la même difficulté, à savoir comment le diable aurait pu s'énoncer d'une manière intelligible, puisque le serpent dont il se serait servi n'aurait pas eu les facultés requises pour parler. Après cette belle dissertation, il laisse son lecteur dans un labyrinthe de difficultés, sans lui donner le moindre secours pour en sortir, et le met dans la nécessité de dire : *Elias veniet.* Ce ne fut ni le serpent ni le diable qui parlèrent séparément ou conjointement ; on ne peut pas dire que ce fut Dieu, ou un ange, ou Adam, ou Eve ; qui était-ce donc ?

Je ne dirai pas qu'il y a du mystère caché sous l'odieuse exagération de ces difficultés, mais je remarquerai que cette preuve, que le diable n'a pu parler par le serpent, parce qu'un esprit ne peut agir naturellement sur un corps, et que le serpent n'a pas les organes requis, est une chose qui, quoique vraie dans la philosophie, est entièrement fausse par rapport à Dieu, qui peut aussi bien faire agir le diable sur un serpent, que l'âme sur le corps humain, et le faire parler avec la même facilité que l'âne de Balaam ; et ainsi, dire que cela ne se peut naturellement, c'est ne rien dire, puisqu'il s'agit là d'une chose surnaturelle. Il fallait donc avoir prouvé que ces sortes d'opérations répugnent non-seulement aux propriétés naturelles du corps et de l'âme, mais aussi à la volonté de Dieu. C'est cependant sur cette fausse supposition que roulent toutes les nouveautés de M. Bekker ; et si je voulais vous en faire l'énumération, il faudrait copier une grande partie de son ouvrage.

Mais ce n'est pas mon dessein d'insister sur ces remarques générales, ni d'examiner si l'auteur croit à l'existence des anges et des démons. Il ne donne que trop de soupçons de douter de son orthodoxie sur cette doctrine : ce ne sont que difficultés lorsqu'il s'agit de ces esprits, et à peine trouverez-vous un passage dans l'Ecriture sainte qui en parle ; tout y est mystérieux et allégorique. Les noms propres d'anges, de diables, de démons, etc., ne sont pour lui que des hommes envoyés, des calomniateurs, de mauvaises pensées, ou tout au plus de purs symboles, pour nous donner quelque idée métaphorique de la majesté de Dieu. Lisez, Monsieur, avec attention son second livre, depuis le chapitre IX° jusqu'au XX° inclusivement, et vous n'y trouverez que trop de raisons pour justifier mon accusation.

Je ne dirai rien non plus des divers motifs qui peuvent l'avoir poussé à publier son système en langue vulgaire, ni de sa capacité sur cette matière, ni de l'ordre qu'il y a observé, ni de son style, parce que je dois respecter l'âge de M. Bekker, et que la charité chrétienne ne me permet pas de m'attacher au personnel. Ce sont seulement les erreurs que je combattrai.

M. Bekker me pardonnera cependant si je me plains des imputations odieuses dont il charge notre doctrine. La chose est trop importante et trop souvent répétée dans ses livres, pour n'en rien dire. Permettez-moi donc, Monsieur, de justifier notre créance. Voici son accusation : *C'est maintenant un point de piété, que l'on craigne véritablement Dieu, et que l'on craigne aussi le diable ; si cela n'est pas, on passe pour un athée, c'est-à-dire pour un homme qui ne croit point de*

Dieu, *parce qu'il ne peut pas croire qu'il y en ait deux, l'un bon et l'autre mauvais ; mais je crois*, ajoute-t-il, *qu'on peut les appeler à bon droit dithéistes, ou qu'ils croient deux dieux* (*Préf. du liv.* 1). Comme ce passage noircit extrêmement notre créance, je l'ai traduit mot à mot du texte, parce que le traducteur l'a corrompu par ses adoucissements ordinaires.

Cette accusation que M. Bekker nous intente de faire du diable un dieu tout-puissant, fait horreur ; c'est cependant le fondement sur lequel il pose tout son ouvrage ; c'est l'idole qu'il veut abattre ; c'est en quoi consiste la force de ses preuves : à peine lirez-vous un chapitre, que vous n'y trouviez cette imputation.

Si cela est, notre doctrine et notre culte se contredisent évidemment. Si le diable peut connaître immédiatement le cœur de l'homme, prédire l'avenir, faire de vrais miracles, s'il a une puissance indépendante, il est certain qu'il doit être l'objet de notre culte religieux. Toutes ces choses ne peuvent être attribuées qu'à l'Etre souverain, et par conséquent il faudra que notre culte réponde à notre doctrine par la plus abominable de toutes les idolâtries. C'est cependant l'absurdité qui résultera de la doctrine que l'auteur nous impute.

Aussi voyons-nous qu'il pousse extraordinairement son accusation. Dieu, selon nous, n'a rien fait dans la nature qui puisse être comparé aux œuvres que nous attribuons à ce malheureux esprit. S'il arrive quelque grand événement, nous disons tout aussitôt que le diable en est la cause ; nous dépouillons Dieu de la gloire qui lui appartient, pour en revêtir la plus impure de toutes les créatures. Enfin, quand nous exclurions la Providence du gouvernement de l'univers, on ne pourrait pas déclamer contre nous avec plus d'emportement et de malignité.

Mais qui a jamais cru parmi nous que le diable soit, à proprement parler, l'auteur absolu de toutes les œuvres que l'on veut que nous lui attribuons ? Quel théologien l'a jamais considéré comme une cause première et indépendante ?

Ne dites point que l'on emploie des expressions assez fortes pour donner lieu aux imputations de M. Bekker, que nous donnons au diable trop d'autorité. N'est-ce pas le lieu commun de nos prédicateurs pour intimider les vicieux ? Nos théologiens n'exagèrent-ils pas tellement son pouvoir, qu'ils nous le font concevoir comme un dieu ? Il est la cause et le directeur des orages et des tempêtes ; c'est lui qui allume les guerres, qui cause la famine et la mortalité ; il entre dans les conseils, il y préside ; il suggère aux hommes de mauvaises pensées ; enfin, son empire est si vaste et si absolu, qu'il exclut le Créateur. Cela paraît surprenant ; mais c'est cependant là précisément l'idée que donnent les expressions de nos plus célèbres docteurs.

Tout cela est vrai en un sens. Ce fut *Satan* qui *entra en Judas surnommé Iscariote* (*Luc.* XXII, 3) ; c'est ce *prince de la puissance de l'air, qui est l'esprit qui opère dans les enfants de rébellion* (*Eph.* II, 2) ; ce fut lui qui infligea à Job des plaies en ses biens et en sa personne ; c'est lui qui, *ayant été meurtrier dès le commencement, rôde autour de nous comme un lion rugissant, cherchant à nous dévorer* (*Joan.* VIII, 44 ; *I Petr.* V, 8) ; enfin, *il est le dieu de ce monde, qui a aveuglé les entendements des incrédules, afin que la lumière de l'Evangile de la gloire du Christ, qui est l'image de Dieu, ne leur resplendît pas* (*II Cor.* IV, 4). Ce sont les propres termes de l'Ecriture. Je n'entreprends pas d'examiner quel est ce *Satan*, ce *prince de la puissance de l'air ;* ce *meurtrier*, ce *lion*, ce *dieu de ce siècle.* Mais de quelque manière que l'on explique ces passages, il est toujours constant que nous parlons avec l'Ecriture, et que s'il y a quelque chose d'outré qui ne s'accommode pas avec les conceptions de l'auteur, nous ne nous servons que des expressions que le Saint-Esprit a consacrées ; et ainsi toutes les objections de M. Bekker s'attachent à Dieu même, qui nous a prescrit la manière de nous exprimer à cet égard. Voilà pour ce qui concerne les termes. Venons maintenant à la chose.

Vous avez trop de pénétration pour tomber dans l'erreur des manichéens. Il y a longtemps que l'on a remarqué qu'ils ont grossièrement abusé de ces passages qui, au fond, ne donnent au diable qu'un pouvoir subalterne et une autorité de dépendance, Dieu demeurant toujours revêtu de ses prérogatives infinies.

Bien loin donc de mettre le diable sur le trône de la Divinité, nous le concevons comme un esclave qui n'agit que par la permission de son maître ; bien loin de lui donner une puissance illimitée, nous la renfermons dans les bornes que Dieu lui a prescrites. C'est une cause subalterne qui emprunte toute sa force et sa vertu de la première cause.

Fort bien. Mais pourquoi donc ne conçoit-on pas Dieu l'auteur de toutes ces œuvres, puisqu'il en est la première cause, plutôt que le diable qui n'en est que le ministre ? Pourquoi ne dit-on pas plutôt que c'est Dieu qui punit, que c'est lui qui envoie les tempêtes, qui afflige les hommes de guerres, de famine, de mortalité ; que c'est lui seul qui sonde les reins et endurcit les cœurs, qui aveugle les yeux de l'entendement, qui donne l'esprit d'erreur ? Pourquoi faire intervenir le diable dans toutes ces choses ?

Permettez-moi, Monsieur, de vous demander aussi pourquoi on dit que l'homme se meut, qu'il parle, qu'il mange, qu'il boit. C'est parler fort improprement : il n'est qu'une cause seconde, qui n'agit qu'autant que Dieu lui influe la vertu nécessaire pour agir. Car il est dans une si grande impuissance de produire de lui-même la moindre opération, qu'il faut que Dieu le prévienne, le meuve et concoure dans toutes ses actions. L'homme n'est donc qu'une cause seconde, qui, étant considérée dans son néant, ne peut rien d'elle-même. Vous prétendez être bien fondé à soutenir que l'on a tort d'attribuer au diable les œuvres qu'on lui attribue, parce qu'il n'est qu'un instrument qui emprunte de Dieu toute son action ; et moi je crois avoir raison de dire que l'on se trompe d'attribuer à l'homme toutes ces opérations, puisque de lui-même il ne peut rien. Ce ne sera donc plus l'homme qui se remuera, qui parlera, qui mangera, qui boira, mais Dieu même ; de la même manière que ce n'est pas le diable qui produit les œuvres dont nous avons parlé, mais Dieu. C'est se précipiter dans une étrange conséquence ; mais on ne saurait l'éviter, puisqu'elle coule nécessairement du même principe ; car le diable et l'homme sont, par rapport à Dieu en ce cas, une seule et même chose, dans une égale impuissance, dans une entière dépendance. Si l'on veut presser ce principe, on en tirera des conséquences monstrueuses.

Il est donc évident que l'action doit être proprement attribuée à l'agent, particulièrement quand l'agent est une substance intelligente, comme est le diable. On n'en exclut pas la première cause ; au contraire on la suppose, on considère son influence comme absolument nécessaire. Mais cela n'empêche pas que la créature ne soit celle qui agisse, et qu'elle ne reçoive sa dénomination de l'action qu'elle produit.

On objectera sans doute que cette comparaison du diable avec l'homme n'est pas juste. Il s'agit de savoir si l'un est l'auteur de ces hautes et sublimes opérations qu'on lui attribue ; au lieu que l'on ne considère dans l'autre que des actions propres et naturelles. Mais cette différence, quoique réelle entre ces deux créatures, n'est qu'une pure illusion par rapport à Dieu, et c'est en cela proprement que consiste l'état de la question. L'une, dans l'idée de son néant, n'a pas plus de disposition à se mouvoir, que l'autre à agir sur des sujets étrangers, puisque toute leur vertu dérive également de Dieu. La cause de ce préjugé consiste en ce que nous n'avons pas une idée assez claire du néant et de la dépendance de la créature, et que nos conceptions touchant la première cause ne répondent pas toujours au pouvoir et à l'autorité sans bornes qu'elle exerce sur les causes secondes.

L'application de cette remarque semble assez naturelle. Que l'on exagère tant que l'on voudra la puissance du diable, que l'on prenne plaisir à outrer les expressions de nos théologiens ; nous le considérerons toujours comme un instrument en la main de Dieu, comme une verge de fureur qui ne frappe que lorsqu'il la laisse tomber sur ceux qu'il veut visiter. Enfin, que l'on tâche de rendre notre doctrine odieuse par des imputations malignes, il sera toujours aisé de les dissiper, pour peu que l'on s'attache à la considération de la créature qui, quelque noble qu'elle soit, emprunte toutes ses opérations de son créateur. Nous n'avons garde de croire que l'intention du Saint-Esprit ait été de nous faire concevoir, par les passages que nous avons allégués, le diable comme un agent indépendant. Non, Monsieur, il faut s'élever plus haut et remonter jusqu'à Dieu. On doit cependant se servir de ses expressions, et parce qu'elles sont consacrées, et parce qu'effectivement le démon étant un agent raisonnable dont il se sert, il faut lui attribuer l'action qu'il produit, et bien particulièrement le vice qui la souille.

Souffrez encore, Monsieur, pour éclaircir cette matière, que je vous demande quelle vertu avait Moïse ou Aaron et sa verge pour faire tant de miracles, pour infliger tant de plaies à Pharaon et à son peuple ? Vous me répondrez apparemment qu'il y aurait de l'absurdité à croire qu'une simple verge ait pu produire d'elle-même tant de miracles en la main d'un homme ; que l'un ne fut que le ministre, et l'autre un signe visible que Dieu accompagna d'une vertu toute céleste. Que ne diriez-vous point d'un homme qui voudrait nous imputer de croire que Moïse, Aaron et sa verge étaient la seule cause de tous ces miracles, s'il s'étendait à écrire de gros volumes, à faire de grandes réflexions afin de colorer cette absurdité ? Et cependant l'Ecriture sainte dit qu'*Aaron, ayant étendu sa main avec sa verge sur les fleuves, les rivières et les étangs, fit monter des grenouilles sur la terre d'Égypte*, etc. (*Exod.* VIII, 5) ; et on le dit avec raison, parce que Aaron était le ministre, et sa verge le symbole que Dieu employa.

Voilà justement où nous en sommes avec M. Bekker. Il nous impute partout de croire que le diable est la première cause de toutes les œuvres que l'Ecriture lui attribue. On a beau répondre qu'excepté celles qui répugnent à la sainteté de Dieu, dont la souillure ne peut rejaillir sur cet Être parfait, elles lui sont attribuées de la même manière que les plaies d'Egypte sont rapportées à Aaron et à sa verge ; expliquer nos sentiments, répéter que le diable n'est qu'une cause seconde sans aucune vertu propre, qui ne peut pas même entrer dans des pourceaux sans permission, on continue à nous faire dire des choses auxquelles nous n'avons jamais pensé.

Remarquez, s'il vous plaît, Monsieur, que quand nous concevons le diable comme une verge de fureur sans aucune vertu propre, ce n'est que par rapport à Dieu, la première cause qui prévient, détermine, accompagne, fléchit la créature, quelque excellente qu'elle soit. Mais il est constant que si vous le comparez avec l'homme, vous y trouverez plus d'excellence dans sa nature, de lumière dans ses connaissances, de pénétration dans ses vues, de facilité et de puissance dans ses opérations. Plus une substance est éloignée de la matière, et plus il y a de perfection. La matière offusque les lumières de l'âme ; elle affaiblit ses opérations, elle fait une grande diversion des forces de l'esprit ; la chair est impérieuse, les sens allument les passions et les convoitises ; ils assujettissent l'âme à leurs sensualités. Au contraire, le démon n'ayant aucune communication personnelle avec la matière, a plus de perfection physique ; ses pensées sont plus vives, elles la rendent en quelque manière présent où il les dirige, elles sont plus fortement appliquées sur les objets, parce que les sens ne lui causent aucune distraction. Ses connaissances naturelles sont plus étendues, non-seulement parce qu'il envisage les choses d'une vue plus simple, mais aussi à cause de l'expérience de tous les siècles qui lui en découvre les liaisons, qui lui fait pénétrer dans le fond de la nature, dont il connaît les ressorts, les causes, les effets, d'une manière plus parfaite que le plus grand philosophe; et c'est cette connaissance intime que le démon a de la nature qui lui apprend comment il faut en remuer les diverses parties. De là vient que nous qui ignorons tous ces ressorts et la manière de les faire agir, sommes étrangement frappés à la vue de ses opérations, et que nous regardons comme un miracle ce qui n'est assez souvent qu'une opération du démon, produite par des causes autrement appliquées et remuées que selon le cours ordinaire de la nature. Ajoutez, Monsieur, à cette considération, que la haine du diable contre l'Eglise et le sentiment de sa propre peine lui font recueillir toutes ses forces et épuiser toutes ses ruses, afin que, s'il la trouvait accessible, il lui portât quelque coup mortel. Et ainsi il est aisé de conclure que, comme le démon a beaucoup plus de lumière, de pénétration, d'activité que l'homme, il ne faut pas douter que son pouvoir ne lui soit de beaucoup supérieur ; et par conséquent, en le concevant comme un esclave dans une entière dépendance de Dieu, nous devons aussi le considérer comme un furieux et un puissant ennemi, lorsqu'il plaît à Dieu de lui lâcher sa chaîne. Vous voyez par là que les imputations odieuses de l'auteur s'évanouissent d'elles-mêmes, et que notre doctrine, considérée sous ces deux aspects, ne répugne ni à la raison, ni à la révélation, ni à l'idée des perfections divines.

Au reste je ne puis comprendre pourquoi ces gens veulent trouver de l'opposition entre la toute-puissance de Dieu et le ministère du diable. C'est une chose étrange que les préjugés : ils aveuglent tellement l'esprit qu'ils le rendent incapable d'examiner mûrement si ce que l'on avance ne peut être rétorqué : car, par cette objection que l'auteur fait si souvent, il renverse de fond en comble son hypothèse. Admettons ici toutes ses explications et celles de ses disciples ; mais qu'il nous soit aussi permis de raisonner.

Vous voulez absolument, Monsieur, que vos idées claires et distinctes des perfections divines excluent les opérations des démons ; qu'il y ait de la contradiction à croire que ces esprits s'opposent à la volonté de Dieu ; vous me dites là-dessus mille belles choses pour m'éblouir. Je me fixe à votre propre hypothèse. Ce diable, ce Satan, ces démons sont pour vous quelque homme calomniateur, quelque adversaire, des passions humaines, des mouvements irréguliers de l'esprit, tout ce qu'il vous plaira. Mais vous ne pouvez pas nier au moins que ces hommes ainsi caractérisés ne soient autant d'ennemis de Dieu et de son Evangile, des séducteurs, des persécuteurs. Permettez-moi donc de vous demander si ce n'est pas une chose beaucoup plus incompatible avec l'idée des perfections de Dieu, de lui opposer ces créatures faibles, ces hommes mortels, plutôt que le diable, qui est un esprit dégagé de la matière, d'une expérience consommée, un esprit frémissant de rage et enflammé de haine contre les hommes ? Vous direz peut-être que ces traits dont je dépeins le diable sont outrés. Eh bien ! adoucissons-les : diminuez-en le pouvoir tant qu'il vous plaira, ne le faites pas plus grand que celui de l'homme. Toujours sera-t-il constant que, la puissance de ces deux créatures étant égale, il y aura dans votre hypothèse une contradiction égale à celle que vous nous objectez. S'il est vrai que le diable ne peut agir contre la volonté d'un Dieu qui fait invinciblement toutes choses par lui-même, il ne sera pas moins vrai, par les mêmes raisons, que l'homme ne peut agir contre la volonté de Dieu. J'admets vos mêmes idées. Dieu est partout également présent, également puissant, et le diable et l'homme sont partout également bornés, également faibles. Je veux bien que ces termes de *principautés* et de *puissances*, de *prince de ce monde*, de *dieu de ce siècle*, de *prince de la puissance de l'air*, de *malices spirituelles qui sont aux lieux célestes*, de *celui qui a l'empire de la mort*, d'*accusateur des fidèles*, d'*ennemi*, de *lion rugissant* ; je veux bien que ces expressions soient figurées. Accommodez-les aux opinions vulgaires du temps où les saints hommes ont écrit. Cependant vous voulez que par ces termes il faut entendre des ennemis de Dieu et de son Eglise, accusant, séduisant, persécutant les fidèles ; et par conséquent voilà ces hommes aussi bien agissant contre l'*autorité du Tout-Puissant*, que le démon que vous voulez bannir du monde par ces seules et mêmes raisons.

Après que M. Bekker a ainsi noirci notre créance, il exalte extrêmement l'utilité de son ouvrage. *Ce livre me servira*, dit-il, *de témoin, que je rends d'autant plus d'honneur à la puissance et à la sagesse du Très-Haut, que ceux qui l'avaient donnée au diable lui en avaient ôté* (*Préf. du liv.* 1). Il semble qu'il dispute contre des idolâtres. Nous ne ravissons point *l'honneur qui est dû à la puissance et à la sagesse du Très-Haut*, au contraire nous exaltons infiniment sa gloire. C'est M. Bekker qui veut affaiblir sa puissance, en liant le diable dans les enfers. Il faut vous rendre cette vérité palpable par un ou deux exemples familiers. Prenez celui d'Adonibézec ; le texte sacré nous apprend que *soixante-dix rois ayant les pouces des mains et des pieds coupés, avaient recueilli du pain sous sa table* (*Judic.* 1, 7). Ça été sans doute beaucoup de gloire à ce prince ; mais elle aurait été incomparablement plus grande, si, au lieu de leur avoir coupé les pouces, il leur eût mis les armes à la main pour exécuter ses commandements, et si, étant à la tête de leurs armées, il les eût obligés de venir manger du pain sous sa table, malgré leur puissance et leur fureur. Choisissez celui de Tamerlan et de Bajazet: ne m'avouerez-vous pas que la gloire de celui-là aurait été beaucoup plus parfaite, si, au lieu d'exercer son autorité sur celui-ci renfermé dans une cage de fer, il eût pu, en lui permettant de se mettre à la tête d'une puissante armée, disposer entièrement de lui, le lier de chaînes au milieu de son camp, le délier quand il l'aurait voulu, et, malgré sa haine et ses forces, en faire son esclave?

Voyons, par l'application de ces deux exemples, ceux qui exaltent davantage la puissance de Dieu, ou M. Bekker, ou nous: il lie le diable de puissantes chaînes, il semble qu'il le renferme dans une cage de fer, qu'il lui coupe les pouces des mains et des pieds; c'est-à-dire, en un mot, qu'il le bannit du monde et le relègue aux enfers, où il veut que Dieu le tienne prisonnier, comme ces géants que Jupiter ayant précipités dans le tartare, chargea de grosses montagnes, de peur qu'ils ne se relevassent contre lui. Je ne vois pas quel grand honneur il rend en cela à la *puissance et à la sagesse du Très-Haut*: car il est évident qu'il n'est pas difficile d'exercer son autorité sur un ennemi lié de fortes chaînes et renfermé dans un cachot. Mais je vois clairement que notre doctrine nous donne une haute idée du pouvoir et de l'autorité de Dieu sur les démons, et qu'elle élève infiniment sa gloire. Quelle gloire d'employer ces esprits rebelles, d'en faire autant de forçats qui sont contraints de se rendre à leur bagne, quand il lui plaît, de les lier et de les délier, sans qu'ils en puissent profiter pour secouer son joug! Quelle gloire de diriger tellement leur malice et leur perversité, qu'il en tire, contre leur intention et sans souiller sa pureté, un honneur d'autant plus illustre qu'il vient de ses plus grands ennemis! Si l'auteur avait bien voulu réfléchir un peu sur ces raisons, il ne lui serait pas échappé tant d'expressions profanes: il n'aurait pas avancé, par exemple, qu'*il faut*, selon nous, *que Dieu endosse le harnois pour mettre le diable à la raison* (Liv. II, pag. 286). Quand on veut inspirer de l'horreur contre un sentiment que l'on croit superstitieux, il ne faut point nourrir la profanation par des idées si basses et si indignes de Dieu, dont la seule volonté est toujours efficace.

Après cette explication, il est aisé de se déterminer. Je ne demande qu'un peu d'équité et de sens commun, qu'une courte suspension de préjugés pour décider en notre faveur. Je n'en impose point à M. Bekker; je représente ses sentiments tels qu'il a bien voulu nous les faire connaître. Comparez donc sûrement notre doctrine avec la sienne; et jugez vous-même si nous donnons au diable *la puissance et la sagesse du Très-Haut*, et si au contraire M. Bekker ne diminue pas son autorité et ne ternit pas sa gloire, en niant les opérations du diable sur la terre.

C'est en vain qu'il nous impute de craindre le diable. Non, c'est un ennemi vaincu; la semence de la femme lui a brisé la tête: s'il lui est resté quelque pouvoir, il dérive uniquement de Dieu; il est en sa main comme une verge de fureur pour châtier les hommes; c'est un misérable forçat qui, malgré ses frémissements, doit fléchir sous la main de son maître. Je ne le crains qu'autant que les châtiments que Dieu déploie par son ministère sont à craindre. Celui qui fait parler Scaliger n'aurait pas mal rencontré, si, après lui avoir fait dire: *Les diables n'auraient garde de s'adresser à moi; je les tuerais tous; je ne les crains pas; je suis plus méchant que le diable*, il avait ajouté, parce que *je me suis toujours proposé l'Éternel devant moi; puisqu'il est à ma droite je ne serai point ébranlé* (Ps. XVI, 8).

Après ces éclaircissements, vous voyez bien, Monsieur, que l'auteur se condamne lui-même, quand, ayant établi pour principe que, selon nous, *cette abominable et maudite créature fait des choses plus miraculeuses que Dieu lui-même n'en a jamais fait*, il ajoute que, posé ce que l'on a accoutumé d'attribuer partout au diable et à ses anges, *il ne peut y avoir de preuves convaincantes que Jésus est le Christ, ou qu'il n'y a qu'un seul Dieu*; et *j'avoue*, continue-t-il, *que si je ne fais concevoir cela très-clairement au lecteur dans cet écrit, c'est en vain que je l'ai composé* (Liv. I, pag. 5). Or, posé que le diable n'agisse que ministériellement et dépendamment de Dieu; posé que l'on n'attribue rien au diable, à proprement parler, de miraculeux, qui puisse être mis en opposition ou en parallèle avec les œuvres de Dieu, nos preuves que Jésus est le Christ, et qu'il n'y a qu'un seul Dieu, sont exclusives à tout autre, puisque, bien loin d'y avoir aucune prérogative en ce malheureux esprit qui puisse être confondue avec celles que Dieu possède dans le plus haut degré d'éminence, il s'est dépouillé par sa révolte de ses avantages les plus précieux, et s'est précipité dans un abîme de misères où l'idée d'un Dieu sévère le fait trembler.

Permettons donc à l'auteur de combattre des fantômes. Nous serons des lecteurs assez raisonnables pour *concevoir très-clairement que si le démon fait des choses plus miraculeuses que Dieu lui-même n'en a jamais fait, il ne peut y avoir de preuves convaincantes que Jésus est le Christ, ou qu'il n'y a qu'un seul Dieu;* mais avec sa permission nous conclurons avec lui, que *c'est en vain qu'il a composé cet écrit*, puisque l'application qu'il nous en fait est souverainement injuste et ne nous regarde nullement.

Mais comme je n'ai pas dessein de suivre pas à pas cet auteur, qui a été tant de fois et si solidement réfuté dans la chaleur de la dispute, je me contenterai de faire cette remarque générale, qui servira comme de plan aux trois lettres que je vous enverrai par les premiers ordinaires: c'est que M. Bekker, laissant les sentiments des philosophes presque sans y toucher, et s'abandonnant à nous dépeindre l'idolâtrie grossière des peuples

les plus stupides, nous représente le paganisme sous des traits trop hideux.

On ne prétend pas insinuer par là que la plupart des païens n'aient été dans une honteuse idolâtrie et dans une espèce de délire, par la mauvaise application qu'ils ont faite de leurs notions naturelles. Mais on veut dire simplement que, si le peuple s'est forgé des chimères extravagantes, il y a eu bon nombre de personnes éclairées qui ont eu des sentiments moins ridicules. Ce sont ces gens-là que l'on devait, ce semble, consulter, préférablement au vulgaire.

M. Bekker prend le contre-pied de cette maxime; à peine cite-t-il deux ou trois philosophes qui aient eu des sentiments moins grossiers de la Divinité; et encore veut-il qu'ils *ne lui aient pas attribué la dépendance ni la direction immédiate de toutes choses.* Après quoi, sans examiner ce que les païens entendaient par leurs dieux, il prétend que les philosophes *ont divisé la Divinité en quatre, comme par degrés qui descendent de haut en bas, et que les trois derniers degrés étaient encore,* selon eux, *divisés en plusieurs autres.* De là, après avoir partagé les dieux en *supérieurs, célestes, matériels, éternels, et* en d'autres, *en quelque sorte visibles* dans les astres, il distingue *ces divinités comme les hommes, en deux sexes, en dieux et en déesses.* Ensuite il descend aux démons, dont il dérive le nom *du terme grec* δαίω, *je sais ou je moyenne; parce que l'on estimait que ces démons savaient tout ce qui importait aux hommes, et qu'ils étaient leurs médiateurs envers les dieux;* et c'est pourquoi les païens les *avaient placés entre le ciel et la terre.* Pour ce qui est de leur nature, il dit que l'on croyait qu'ils étaient *des esprits immortels, mais qu'ils n'étaient pas cependant des dieux,* et qu'ils *avaient une nature mitoyenne entre Dieu et les hommes; que leur administration consistait à dénoncer aux hommes ce qui regardait les dieux, et à leur offrir ce qui venait de la part des hommes; que c'était d'eux que venaient les prédictions, les augures, le culte des sacrifices, les oracles, et tout l'art de la magie;* qu'il y avait, selon les païens, *des démons d'un ordre supérieur qui étaient bons, et d'autres d'un ordre inférieur qui étaient méchants; avec* cette restriction que le terme de DÆMONIUM *emportait autant que celui de divinité;* et que c'est en ce sens que *Platon appelle le Dieu souverain, le plus grand démon* (L. 1, p. 12-22). De là, après avoir parlé des divinités inférieures du paganisme, il vient à décrire les diverses espèces de la divination et de la magie, dont il remarque dans les chapitres suivants `la pratique parmi tous les païens de nos jours.

J'avoue que, quand M. Bekker parle avec les philosophes qui exposaient les opinions vulgaires, il les allègue assez fidèlement. Mais quand il vient à y mêler ses propres réflexions, il ne le fait pas d'une manière assez exacte, ni assez fidèle, ni assez approfondie. Sur quoi je remarquerai que son histoire des dieux, des démons et des mystères du paganisme, pèche en plusieurs points essentiels, mais principalement, 1° dans la créance que les plus éclairés d'entre les païens ont eue des dieux. Ils n'ont pas cru aveuglément cette multitude de divinités hautes, moyennes et basses, ni ne leur ont pas indifféremment attribué un pouvoir suprême. 2° Il pèche dans la doctrine des démons : les païens en général ne les ont jamais confondus avec leurs dieux; ils étaient, selon eux, des agents inférieurs, les ministres des dieux, des médiateurs entre eux et les hommes, et destinés ou pour leur aider, ou pour leur nuire, sans qu'ils les aient revêtus d'une autorité absolue, ou *que, ne comprenant pas bien la perfection de l'Etre divin, la pensée leur soit venue, à cause de cela, que Dieu avait besoin de démons, c'est-à-dire, de tels esprits en qualité de lieutenants, pour partager entre eux le gouvernement du monde* (*Liv.* II, *pag.* 42), où la providence d'un Jupiter efféminé n'aurait pu s'étendre. 3° Il pèche dans l'explication de la magie et des diverses espèces de la divination des païens : ils n'ont pas cru ces mystères si sacrés, qu'il ne les aient souvent soupçonnés d'imposture, et qu'ils ne s'en soient moqués ouvertement. Enfin il pèche en ne recherchant pas l'origine de tant de sentiments, dans le fond uniformes, qu'il allègue dans son premier livre; car cette créance universelle et constante des dieux et des démons, fidèlement exposée et débarrassée des erreurs vulgaires et des fictions poétiques, doit découler de quelque source; il faut qu'il y ait eu de certaines vérités qui en aient été le fondement. La discussion n'en était pas fort difficile : réduisez la théologie païenne à ses vrais principes, et vous trouverez qu'elle tire du judaïsme la plupart de ses mystères; que ses divinités, telles que les anciens philosophes les ont décrites, ont été formées sur les patriarches, d'où les païens ont emprunté certaines vérités qu'ils ont grossièrement appliquées à leurs faux dieux, et que leurs démons bons et mauvais ne sont en substance que ce qu'ils ont appris des Juifs et de la lecture de l'Ancien Testament. Et ainsi ces opinions, rectifiées et débarrassées des fables qui y ont été mêlées dans la suite des siècles, vous conduiront tout droit à leur principe, aux Juifs qui ont reçu ces vérités de Dieu même et d'où les autres peuples les ont empruntées. Cette voie est sûre et naturelle, et si M. Bekker l'avait suivie, je doute qu'il eût poursuivi son ouvrage.

A quoi il faut ajouter une dernière remarque, que nous étendrons davantage dans nos dernières lettres : c'est que l'auteur ne réussit pas mieux en comparant les superstitions païennes avec les sentiments qu'il prétend que l'on a du diable parmi les chrétiens. Car comme son but a été, en décrivant dans son premier livre les opinions du paganisme, de les rendre entièrement ridicules, en lui imposant tout ce que l'on peut concevoir de plus grossier, de même le parallèle qu'il en fait avec le christianisme, qu'il rend affreux par ses imputations ordinaires, est tout à fait injuste.

J'avoue que la plupart des sentiments païens ont été fabuleux, mais ils n'ont pas cependant tous été faux. C'est ce qu'il fallait distinguer, en écarter toutes les fictions, s'attacher au fond et à la substance des choses, les exposer fidèlement selon la créance unanime des philosophes; débarrasser le christianisme de mille contes ridicules, et en puiser les sentiments dans les écrits de nos théologiens.

Après cette exacte exposition, ne doutez pas, Monsieur, que la puissance du diable ne vous eût paru fort bornée, et que les sentiments des païens rectifiés, bien loin de vous rendre incrédule, ne vous eussent disposé à recevoir cette doctrine, comme n'ayant rien qui répugne à la droite raison. Mais il ne faut point anticiper. Nous verrons dans la suite que M. Bekker, en éloignant partout l'état de la question, bâtit sur de faux principes, et qu'il se contredit dans les points essentiels. La matière est assez curieuse, et si quelque savant voulait se donner la peine de l'approfondir, elle ne serait pas sans utilité. Je suis, etc.

DEUXIÈME LETTRE.

SOMMAIRE. — *Grossièreté du paganisme vulgaire. Degrés de l'idolâtrie. Que l'idée naturelle de Dieu, quelque corrompue qu'elle ait été chez les païens, a pu les conduire à sa connaissance. Sentiments des principaux philosophes sur l'existence et les propriétés de Dieu. Ils se sont moqués de la pluralité des dieux. Divers exemples de profanation commise contre les dieux et leurs images. Les mystères de l'Egypte ont été la source d'où les philosophes grecs ont d'abord tiré leurs dieux. Comment l'idolâtrie s'est établie et affermie. Raisons pour lesquelles les savants n'ont pas désabusé les peuples. Ce que les philosophes entendaient par leurs dieux.*

Monsieur.

Si l'on fixait la théologie païenne à ce que les poëtes nous en débitent, et à ce que le vulgaire a cru, il y aurait d'abord de quoi s'étonner comment l'homme, qui a conservé quelques linéaments de l'image de Dieu et qui en a une idée naturelle, se soit abandonné à des superstitions si grossières. Mais il faut aussi reconnaître que tout le monde n'est pas capable de réfléchir sur les notions naturelles : quand l'on a été une fois imbu de quelques erreurs, on ne saurait presque s'en défaire. Les préjugés se fortifient avec le temps, et acquièrent une espèce d'empire sur la raison. Des gens si fortement prévenus déifient les plus viles créatures, sans s'apercevoir que ce qu'ils adorent comme Dieu est fort au-dessous de l'excellence de l'homme.

De là vient que les païens, qui n'avaient point d'autre guide que la mèche fumante de leur raison, sont tombés dans une espèce de délire en faisant autant de monstres de dieux qu'il y avait de créatures. Il est juste, Monsieur, avant d'examiner la créance des philosophes, de vous décrire succinctement combien la créance du vulgaire était grossière.

Leurs dieux les plus vénérés, tels que les poëtes nous les dépeignent, étaient plus propres à faire rire qu'à exciter la dévotion. Ils en avaient de ronds, de carrés, de triangulaires, d'informes, de boiteux, de borgnes, d'aveugles. Combien d'extravagances ne leur attribuait-on pas! Les poëtes nous parlent d'une manière bouffonne des amours d'un Anubis impudique et de la Lune; ils nous apprennent que Diane avait été fouettée; nous y lisons la précaution pieuse d'un Jupiter, qui, étant sur le point de mourir, fit son testament; nous y voyons la guerre des dieux au siège de Troie, l'attentat des Titans contre Jupiter, la terreur qu'ils donnèrent à tous les dieux, qui leur fit quitter leur domicile et interrompre leurs fonctions pour aller se cacher en Egypte, et s'y métamorphoser en crocodiles et en oignons; ils nous dépeignent la faim pressante des trois Hercules, les accents lugubres du Soleil déplorant le malheur de son fils foudroyé par Jupiter, les soupirs d'une Cybèle lascive qui se plaint de l'indifférence d'un berger insensible à ses flammes. Hercule vidait du fumier. Apollon était bouvier, Neptune se loua à Laomédon pour bâtir les murs de Troie, et fut si malheureux que de n'en être point payé. Jupiter, le plus grand des dieux, prenait d'étranges formes pour séduire et ravir les femmes : il se changeait tantôt en pluie d'or, tantôt en cygne, tantôt en taureau.

Pour ce qui est des fonctions des dieux, Arnobe reproche aux païens qu'ils en avaient dont « les uns étaient drapiers, les autres matelots, ménétriers, gardes du bétail; que l'un était musicien, l'autre servait de sage-femme, l'autre savait l'art de deviner, l'un était médecin, l'autre présidait sur l'éloquence, l'un se mêlait des armes, l'autre était forgeron (*Arnob., cont. Gent. lib.* III). »
Enfin, saint Augustin, parlant des charges que les païens attribuaient à leurs dieux, conclut que « cela sent plutôt la bouffonnerie de théâtre que la majesté de Dieu (*August. de Civit. Dei, lib.* III, *cap.* 5). »
Mais afin de vous montrer combien la théologie des païens était grossière, il faut vous en donner un petit abrégé plus exact. Euhémérus de Messine, qui a recueilli l'histoire de Jupiter et des autres dieux avec leurs titres, leurs épitaphes et leurs inscriptions qui se trouvaient dans les temples les plus anciens, et particulièrement dans celui de Jupiter Triphilin, où se voyait une colonne où Jupiter avait lui-même gravé ses actions; cet Euhémérus dit en substance que *Saturne prit Ops pour femme; que Titan, qui était l'aîné de ses enfants, voulut régner; mais que Vesta leur mère, et Cérès et Ops leurs sœurs conseillèrent à Saturne de ne point céder l'empire. Ce que voyant Titan, qui se sentait le plus faible, il s'accorda avec Saturne, à condition que s'il engendrait des enfants mâles, il ne les élèverait point, afin que l'empire revint à ses enfants. Ainsi ils tuèrent le pre-*

mier fils qui naquit à Saturne; qu'ensuite naquirent Jupiter et Junon, dont ils ne montrèrent que Junon, et donnèrent Jupiter à Vesta pour le nourrir en cachette; qu'après vint Neptune, que l'on cacha aussi, et enfin Pluton et Glauca; que l'on montra Glauca, qui mourut bientôt après, et que Pluton fut nourri, comme Jupiter, en cachette. Or, cela étant parvenu aux oreilles de Titan, il assembla ses enfants, et mit Saturne et Ops en prison. Mais Jupiter étant devenu grand combattit contre les Titans, les vainquit, et mit son père et sa mère hors de prison. Cependant, ayant découvert que son père, qu'il avait rétabli, était jaloux de lui et attentait à sa vie, il s'empara de l'Etat et le relégua en Italie (Lactant., lib. I, cap. 14).

Les païens distinguaient leurs dieux en divers ordres; les uns étaient *majores* ou *communes*, comme Virgile les appelle (*Æneid. lib.* XII), parce qu'ils étaient reconnus et servis pour tels par toutes les nations sujettes à l'empire romain. On les nommait aussi *œviterni*. Ces grands dieux composaient une espèce de cour souveraine, et étaient au nombre de douze, compris en ces deux vers d'Ennius :

Juno, Vesta, Minerva, Ceres, Diana, Venus, Mars,
Mercurius, Jupiter, Neptunus, Vulcanus, Apollo.

Les autres dieux passaient pour des divinités moyennes, célestes, terrestres, aquatiques et infernales, auxquelles l'on confiait le gouvernement de certaines parties de l'univers. Il y en avait d'autres que l'on ne reconnaissait que pour des dieux nouveaux qui avaient été ou engendrés des hommes et des dieux, ou déifiés par l'apothéose, à cause des bienfaits que l'on en avait reçus. Ces dieux s'appelaient *indigetes*, *semidei*. Tels étaient Hercule, Castor, Pollux, Esculape, et tous ceux que leurs mérites avaient élevés au ciel. Sur quoi Cicéron dit agréablement que *le ciel est peuplé du genre humain*. Il y en avait encore d'autres que l'on ne considérait que comme des dieux ou barbares et étrangers, ou incertains et inconnus, que l'on invoquait d'une manière douteuse, *si tu es dieu, si tu es déesse*, ou en général, sans les nommer, comme fait le bouffon comique de Plaute : Fassent, dit-il, *tous les dieux grands et petits, et les dieux des pots* (*Plaut.*, *Cist. act.* II), etc. Ce sont ces divinités qu'Ovide appelle *la populace des dieux* (*Ovid.*, *in Ibin.*), les Faunes, les Satyres, les Lares, les Nymphes.

De tous ces dieux, il y en avait de bons, *dextres*, et de mauvais, *sinistres*, auxquels on sacrifiait afin qu'ils ne fissent point de mal (*Aul. Gell.*, *lib.* V, *cap.* 12). Ces divinités hautes, moyennes et basses, n'étaient pas toutes également vénérées : on rendait à celles du premier ordre un culte suprême et universel, à celles du second un service subalterne. *Que l'on adore*, dit Cicéron, *les dieux et ceux qui ont toujours été estimés célestes, et ceux que leurs mérites ont élevés au ciel* (*Cicero, de Leg.*, *lib.* II). Mais pour les dieux inférieurs, étrangers, incertains et particuliers, on ne leur déférait qu'un honneur arbitraire, ou proportionné à leur faible pouvoir, qui ne s'étendait que sur certaines parties du monde, dont on leur avait donné le gouvernement

Quos quoniam cœli nondum dignamur honore,
Quas dedimus certe terras, habitare sinamus.
(*Ovid.*, *lib.* I *Metam.*)

Je ne dirai rien de cette multitude de divinités païennes dont le seul nom est ridicule : tels étaient les dieux *Vagitanus*, *Robigus*, *Picus*, *Tiberinus*, *Pilumnus*, *Consus*; telles étaient les déesses *Cloacina*, *Educa*, *Potina*, *Volupia*, *Febris*, *Fessonia*, *Flora*, etc. Je ne vous en rapporterai point mille histoires absurdes, pour vous prouver que ce que l'on contait des dieux ne venait que des fictions des poëtes, que le peuple, naturellement superstitieux, avait adoptées comme conformes à ses préjugés.

Ce n'est pas que je prétende que le paganisme ait toujours été si grossier : il a eu ses degrés de corruption. Le monde est tombé dans le délire à proportion de sa vieillesse. Il semble que les Chaldéens et les Sabéens après le déluge, même avant Abraham, qui avait été nourri dans leur superstition, aient eu pour divinités suprêmes, le Soleil, qu'ils adoraient sous le nom de Baal-Peor, de Bel, de Moloch; et la Lune et les Etoiles; et pour représenter et se rendre ces divinités propices, ils érigeaient au Soleil des images d'or, et à la Lune, d'argent; ils leur offraient des fruits de la terre, des pommes, du vin, de l'huile, et particulièrement des chevaux au Soleil, comme le pratiquaient les Perses, au rapport d'Hérodote. Et ce furent *ces dieux étranges* que Tharé, père d'Abraham, et Nachor, servirent, habitant *au delà du fleuve* (*Jos.* XXIV, 2; *Gen.* XI, 31). C'est aussi en ce sens que la ville d'où Tharé, Abraham, Loth et Sara sortirent, est appelée l'*Ur des Chaldéens*, c'est-à-dire, *feu*, ou *lumière*, parce que le feu céleste y était adoré.

Quoi qu'il en soit, il paraît par plusieurs passages de l'Ancien Testament que le culte du Soleil, de la Lune et des Etoiles a été très-ancien et très-universel, Dieu l'y ayant sévèrement défendu. C'est pourquoi Job, qui peut avoir été le contemporain d'Abraham, et qui habitait sur les limites de la Chaldée vers la partie septentrionale de l'Arabie déserte, proteste de son innocence à cet égard.

Des Chaldéens et des Sabéens l'idolâtrie est descendue aux Egyptiens : car, quoique la plupart des historiens profanes aient cru que l'Egypte était la patrie de leurs dieux et la source de leur théologie, l'histoire sacrée nous oblige de remonter plus haut. Les Egyptiens ont été, aussi bien que les Chaldéens et les Sabéens, particulièrement adonnés au culte du Soleil, de la Lune et des Etoiles : *Ils adoraient le Soleil sous le nom d'Osiris, et la Lune sous celui d'Isis*, selon Diodore de Sicile (*Lib.* I *Biblioth.*); ils les croyaient éternels, et leur attribuaient un pouvoir suprême, abusant peut-être de ce passage du livre de la Genèse où il est dit que les *deux grands luminaires* présideraient au jour et à la nuit (*Genes.* I, 16, 18).

Les Israélites mêmes n'ont pas toujours été exempts de cette idolâtrie, comme cela se prouve par la piété du roi Josias, qui *ôta les chevaux que les rois de Juda avaient placés à l'honneur du Soleil, et qui brûla au feu les chariots du Soleil* (II *Reg.* XXIII, 11). Si vous en voulez d'autres exemples, prenez la peine de lire Jérémie et Ezéchiel (*Jerem.* XLIV, 17, 18; *Ezech.* VIII, 14, 16). Pour ce qui est des astres, les Egyptiens les vénéraient extrêmement, parce qu'ils les prenaient pour autant d'intelligences qui influaient sur chaque partie du monde, et dont ils prétendaient que l'observation leur découvrait l'avenir et une infinité de secrets.

Outre les corps célestes, qui passaient parmi eux pour les premières divinités, ils déifièrent aussi les corps terrestres, les éléments, le feu, l'air, l'eau, la terre, et ensuite les hommes, leurs rois, et en général tous ceux qui leur avaient procuré quelque bien. Enfin ils tombèrent dans la plus honteuse de toutes les idolâtries, en adorant non-seulement les animaux, et particulièrement le bœuf Apis, sur lequel il est assez probable que les Israélites forgèrent le veau d'or; mais aussi les créatures insensibles, comme les fruits et les herbes.

Porrum et cæpe nefas violare et frangere morsu.
O sanctas gentes quibus hæc nascuntur in hortis
Numina!
(*Juvenal.*, sat. 15.)

Des Egyptiens, les Grecs empruntèrent la plupart de leurs dieux et de leurs mystères. Tout ce qui leur venait d'Egypte leur était sacré. C'est ce que la plupart des philosophes et des historiens nous apprennent, et particulièrement Hérodote, Diodore de Sicile, et Plutarque. De là vient qu'il n'y avait point en Grèce de vraie sagesse, si elle n'avait été tirée d'Egypte. Il fallait pour cet effet que les philosophes y allassent pour en étudier les mystères : tels furent, selon Plutarque, Solon, Thalès, Platon, Eudoxe, Pythagore, Lycurgue, qui transplantèrent en Grèce les dieux et les cérémonies égyptiennes (*Plutarch., de Isid. et Osir.*).

Or, comme il n'y a point eu de peuple plus fertile en fictions que les Grecs, ils ne se contentèrent pas d'avoir adopté les dieux d'Egypte, ils en inventèrent encore de nouveaux, et leur attribuèrent une infinité de crimes et d'impertinences : tels étaient un Saturne, un Jupiter, un Neptune, un Pluton, une Junon, une Vénus, etc., qui, quoique originaires d'Egypte quant à la chose, reçurent une forme purement grecque.

Enfin, Monsieur, les Romains, après avoir affermi leur liberté sous le règne de Numa, songèrent à chercher des dieux; il leur était assez difficile d'en inventer de nouveaux, les Egyptiens et les Grecs ayant fait autant de dieux qu'il y avait presque de créatures : Aussi se contentèrent-ils d'abord de certaines divinités choisies. Mais à proportion de leur agrandissement, ils en accrurent le nombre. De là vient que, comme il n'y a point eu d'empire aussi étendu, il n'y en a point eu qui ait adoré autant de dieux. Leur Panthéon en renfermait un nombre infini; en sorte que Rome a été l'égout de l'idolâtrie de tous les siècles, et que ce que chaque nation adorait de plus monstrueux s'y trouvait réuni et servi avec plusieurs autres divinités extravagantes que les Romains avaient eux-mêmes inventées.

Ainsi vous voyez, Monsieur, que l'idolâtrie a eu divers degrés. D'abord l'on a servi le Soleil comme le Dieu suprême, et la Lune, et les Etoiles, croyant que ces corps célestes étaient adorables, à cause de leur excellence et de leur utilité. Ensuite on déifia les éléments et les hommes, et enfin l'on vénéra les créatures les plus viles. C'est particulièrement de cette espèce d'idolâtrie, que les Grecs et les Romains ont outrée, que je vous ai donné un exposé succinct, afin que l'on ne m'accuse pas d'avoir fait le paganisme moins laid qu'il ne l'est en effet.

J'avoue que si l'on s'arrêtait à la superficie des choses, rien ne paraîtrait plus ridicule et plus opposé au sens commun que le paganisme. Mais quand on pense que ces gens, quoique sans révélation, étaient cependant hommes comme nous, intelligents et raisonnables, il semble que l'on doit suspendre son jugement, jusqu'à ce que l'on ait examiné la chose de plus près.

En effet, quand on pose pour principe général que les hommes naissent tous avec une certaine notion de la Divinité que l'on appelle idée, qui n'est autre chose qu'un caractère indélébile que Dieu grave dans leurs entendements, qui leur en exhibe la nature et les perfections lorsqu'ils y réfléchissent, on ne saurait croire qu'ils n'y aient fait quelquefois attention. Car autrement cette impression que Dieu leur a donnée de lui-même, par laquelle *il a manifesté en eux ce qui se peut connaître de lui* (*Rom.* I, 19), ne pourrait aggraver leur condamnation, s'ils n'en avaient abusé, et ils ne pourraient en avoir abusé s'ils n'avaient connu Dieu, et s'ils n'avaient par conséquent été éclairés d'une lumière interne et naturelle, qui, quoiqu'elle ne fût pas salutaire, leur aurait cependant suffi, s'ils l'avaient consultée, pour leur montrer combien il était extravagant de *changer la gloire de Dieu incorruptible en la ressemblance et image de l'homme corruptible, des oiseaux, des bêtes à quatre pieds, et des reptiles* (*Rom.* I, 23). Et c'est par cette notion naturelle que les *Gentils font naturellement les choses qui sont de la loi, montrant l'œuvre de la loi écrite en leur cœur* (*Rom.* II, 14, 15), Dieu leur ayant donné cette connaissance comme un frein pour retenir l'impétuosité de leurs passions et de leurs convoitises.

Mais il est bon de considérer cette idée en elle-même, avant de venir à l'abus que l'homme en a fait. Dieu a produit lui-même cette idée dans l'homme; il a voulu que, outre le témoignage extérieur des créatures, qui lui est comme un admirable tableau où il s'est représenté, l'homme en portât un autre intérieur, d'autant plus excellent qu'il a été créé *à son image et à sa ressemblance.* C'est pourquoi il ne peut être de lui-même que droit et entier, Dieu ne pouvant tromper sa créature. Et ainsi cette notion, qui ne vient pas seulement de l'impression des objets naturels, mais immédiatement de Dieu en l'homme, est le premier et le plus parfait linéament de son image, n'ayant point permis que le péché en ait tellement effacé les traits, qu'il ne lui soit resté une idée capable de lui faire connaître son Créateur, pour rendre sa conviction entièrement inexcusable, parce que, ayant connu Dieu, il ne l'a pas glorifié comme Dieu.

Et c'est ce qu'il est bon d'observer en second lieu. Car on ne prétend pas que cette idée ait toujours été tellement rayonnante en l'homme, qu'elle ait dissipé tous ses faux préjugés. Il est trop souillé. Tout ce qui passe par ses facultés en contracte le vice; et si, dans l'état d'innocence, nos premiers parents purent agir contre les notions vives et le témoignage intérieur de leur conscience, que ne feront point des païens, dont l'entendement a été rempli de ténèbres, et que Dieu a abandonnés à la vanité de leurs imaginations? En effet il ne faut que lire leur théologie pour y remarquer une grande corruption. Ce bon principe qui leur était resté du débris de la droite raison a été comme offusqué en eux par leurs préjugés.

Cette extinction n'a pas cependant été si totale, que l'on n'y entrevoie quelque lueur de cette idée. Si les païens se sont imaginé une infinité de dieux, cela même prouve qu'ils ont eu l'impression d'un Être supérieur, quoiqu'ils aient erré dans le choix, et dans les propriétés qu'ils lui ont attribuées, et qu'ils aient multiplié l'objet de leur culte.

Outre cette notion générale de l'existence de Dieu, il est certain que les païens n'ont pas tous ignoré les propriétés divines. J'avoue que le vulgaire naturellement esclave de ses préjugés, et que quelques philosophes adonnés au vice, n'ont pas raisonné aussi juste qu'ils auraient pu faire, s'ils avaient pu consulter sans passion cette révélation intérieure de ses perfections que Dieu avait gravée en leur cœur. Mais il est sûr que la plupart des hommes éclairés du paganisme, lorsqu'ils ont parlé sérieusement, se sont exprimés d'une manière moins grossière; et s'il semble qu'ils se soient quelquefois abandonnés au torrent des superstitions populaires, c'est qu'ils ont cru qu'elles étaient nécessaires pour retenir le peuple dans l'obéissance, et lui donner plus de vénération pour ses princes, que l'apothéose mettait ordinairement après leur mort au nombre des dieux. C'est ce que nous verrons plus amplement dans la suite.

Cette vérité, que les païens n'ont pas entièrement ignoré les propriétés divines, est si universelle, que vous n'avez qu'à ouvrir leurs livres pour l'y apercevoir. Je ne rapporterai point ici les témoignages d'Hermès Trismégiste, parce que cet auteur vous est suspect, à cause de sa trop grande clarté : je me contenterai donc de vous alléguer quelques passages des auteurs les plus approuvés du paganisme sur cette matière.

Pythagore en parle expressément. Cicéron nous enseigne quel était son sentiment sur la Divinité. *C'est*, dit-il, *un Esprit qui est répandu par toutes les parties du monde* (Cicero, *de Nat. deor. lib.* 1). Plutarque et Clément d'Alexandrie lui prêtent ce langage : « Il n'y a qu'un Dieu, non plusieurs, comme quelques-uns le croient, en lui ôtant le gouvernement du monde; mais il est tout en tout, il est le *tempérament* de tous les siècles, la lumière de toutes les puissances, le principe de toutes choses; il est le flambeau du ciel, le Père, l'âme, la vivification et le mouvement de l'univers. »

Vous savez aussi que Socrate fut condamné à la mort parce que, enseignant l'unité de Dieu, il détruisait les dieux d'Athènes. Platon, son disciple, le plus sage des philosophes, a suivi l'opinion de son maître sur cette importante vérité. *Tu apprendras par ceci*, dit-il dans sa 13e épître à Denis, *si j'écris sérieusement ou non; quand j'écris sérieusement, je commence mon épître par un seul Dieu; sinon, par plusieurs.* De là vient qu'il ne dit pas : *S'il plaît aux dieux; si les dieux sont présents;* mais *qu'il plaise à Dieu; Dieu sait; Dieu fait.* Et c'est en ce sens qu'il appelle Dieu, *le Père de l'univers, Celui qui existe.* En plusieurs lieux il nomme Dieu *le commencement, le milieu, la fin, par lequel, à cause duquel, pour lequel sont toutes choses, le gouverneur de l'univers, de tout ce qui est et de tout ce qui sera, le bien, l'idée de tout bien.*

Aristote, quoique fort obscur sur ce sujet en la plupart de ses ouvrages, découvre cependant assez son sentiment dans son abrégé de philosophie, qu'il dédia à Alexandre le Grand. « Dieu, dit-il, conserve ce monde et cet ordre de toutes choses. Or, ce qu'il y a de grand au monde est le siége de Dieu. Il n'y a rien dans la nature qui soit suffisant, si elle n'est assistée de son secours. Il est le Père des dieux et des hommes, le Créateur et le Sauveur de toutes les choses dont le monde est composé. Cependant il ne pénètre point et n'entre point en elles; mais cette force et cette providence qui réside aux cieux s'étend à tout. Il remue le ciel, le soleil, la lune; il conserve les choses terrestres; enfin ses soins et sa providence s'occupent à faire que toutes choses, en général et en particulier, fassent ce qui convient à leur nature (1). »

Cicéron, qui a suivi la doctrine de Platon en plusieurs points, est aussi entièrement conforme à son sentiment sur la Divinité, particulièrement dans ses livres *de la Nature*

---

(1) Aristote, en son livre *Du Monde*, que saint Justin Martyr appelle son Abrégé de philosophie (*Cohort. ad Græc.*).

des dieux. « Il n'y a rien, dit-il (*Lib.* ii), de plus excellent que Dieu ; il faut donc nécessairement qu'il gouverne le monde. Dieu n'obéit ni n'est point assujetti à la nature; il gouverne lui-même toute la nature. » Et en définissant la nature de Dieu, il dit : « Ce Dieu que nous concevons ne peut pas être autrement conçu qu'une certaine intelligence dégagée, libre, séparée de tout assemblage mortel, sentant et mouvant toutes choses. » Sénèque enseigne cette vérité en plusieurs endroits de ses ouvrages : « Tu ne connais pas, dit-il en parlant de la mort prématurée, ton auteur et la majesté de ton juge, le gouverneur de la terre, du ciel, le Dieu des dieux, de qui ces divinités que nous adorons ont été produites (*Senec., de Immat. Morte; apud Lact. lib.* I). »

De là vient que les Pères de l'Eglise n'ont pas manqué de rétorquer contre les païens leur sentiment de la Divinité, pour les convaincre que ces autres dieux qu'ils avaient forgés répugnaient à leurs idées de l'unité, de la puissance et de la providence de Dieu : « Quand nous vous accorderions, dit Tertullien, que vos dieux fussent de vraies divinités, n'avoueriez-vous pas, selon l'opinion commune, qu'il y a un Dieu plus grand et plus puissant qu'eux, qui est comme le prince et l'auteur de l'univers, pourvu d'une puissance et d'une majesté infinies. Car plusieurs ont cette opinion de la Divinité, qu'à un seul Dieu appartient la puissance souveraine, et qu'il commet l'exercice de ses fonctions à tous les autres dieux; et c'est ce que Platon a voulu figurer quand il a écrit que le grand Jupiter est dans le ciel accompagné d'une armée de dieux et de démons. » ..... (1). *Vous pouvez dire*, ajoute-t-il tout de suite, *qu'il faut faire honneur aux officiers et aux lieutenants du prince, de même qu'au prince dont ils représentent la majesté* (*Tertull., Apol. cap.* 24). Lisez la suite, Monsieur, car je n'ai pas dessein de faire de ces sortes de digressions.

Je ne vous parlerai point des poëtes, d'un Orphée, d'un Sophocle, d'un Plaute, d'un Horace, d'un Ovide, d'un Sénèque, d'un Lucain et de tant d'autres, qui, quoique fertiles en fables, ont cependant entrevu ces vérités naturelles. Je vous renvoie à Lactance et à du Plessis-Mornay qui pourront vous en apprendre davantage (*Lact., lib.* I; *du Plessis, cap.* 3 *de Verit. relig. Christ.*).

Cependant vous ne serez peut-être pas fâché que je pousse cette réflexion plus loin. Elle pourra servir à montrer combien les hommes instruits du paganisme étaient éloignés de la superstition vulgaire au sujet de leurs dieux.

Les plus sages d'entre les Grecs s'en sont moqués. Sans vous parler de Socrate et de Platon, que nous avons déjà allégués, Isocrate en décrie les turpitudes et l'impiété dans une digression qu'il fait exprès dans son panégyrique de Busiris. « Mais toi, dit-il, tu as suivi sans aucune raison les blasphèmes des poëtes, qui disent que les enfants des dieux immortels ont commis et souffert des choses plus atroces que les fils des hommes les plus scélérats. Ils ont inventé touchant les dieux des fables que personne n'oserait avancer contre ses ennemis; car ils leur ont reproché, non-seulement leurs larcins, leurs adultères et leur esclavage parmi les hommes, mais même ils ont imaginé qu'ils avaient dévoré leurs propres enfants, tué leurs pères, violé leurs mères, et commis d'autres actions horribles (*Isocr., Busir. Laus.*). »

Cicéron, qui a composé trois livres exprès de la *Nature des dieux*, s'élève vivement contre la crédulité de ceux qui leur avaient attribué les vices des hommes. « Les poëtes nous ont montré les dieux enflammés et furieux de convoitises ; ils nous ont fait voir leurs guerres, leurs combats, leurs plaies ; bien plus, il nous ont raconté leurs haines, leurs dissensions, leur naissance, leur mort, leurs plaintes, leurs lamentations, leurs cupidités éhontées, leurs adultères, leurs liens, leur commerce avec le genre humain, les mortels engendrés de l'Immortel (*De Nat. deor. lib.* I). » C'est ce qu'il répète ailleurs, presque dans les mêmes termes : « Ne voyez-vous pas, dit-il, comment la raison a passé des objets sensibles, qui ont été utilement inventés, aux dieux que l'on a forgés ? De là sont nées des opinions fausses, des erreurs sanguinaires et des superstitions ridicules. Car la forme et l'âge, les habitudes et jusqu'aux costumes des dieux sont connus : tout cela a été façonné à la ressemblance de la faible nature humaine. On nous les montre avec des esprits troublés ; nous voyons les passions, les chagrins, la colère des dieux ; et même les dieux n'ont pas été exempts de guerres et de combats, si l'on en croit la Fable : c'est ce qu'on voit dans Homère, non-seulement quand chaque moitié des dieux prend parti dans les deux armées ennemies, mais encore à propos de la guerre qu'ils eurent à soutenir contre les Titans et les Géants. On dit et l'on croit très-sottement ces choses, et elles sont pleines de vanité et de la plus déplorable légèreté (*Ibid., lib.* II). »

Et ne croyez pas que ce soient les dieux les moins vénérés à qui Cicéron fait allusion dans ces passages : il ne pardonne pas même à l'enfance du grand Jupiter. Car, parlant d'un certain bocage vénéré, il dit en se moquant : « Voici le bocage de Jupiter, religieusement gardé dans ces environs; voyez le dieu tetant, assis sur le sein de la Fortune et cherchant la mamelle; il est très-chastement et très-saintement vénéré par les matrones (*Ibid., lib.* I). » Et dans ses livres des Lois et des Tusculanes, il ne craint point de dire : « Si je viens à fouiller dans les antiquités des Grecs, ces dieux mêmes que nous tenons pour les plus grands se trouveront sortis d'entre nous. Si vous en doutez, demandez-nous quels sont ces sépulcres que l'on montre en Grèce; souvenez-vous quels en sont les mystères, vous qui y participez,

---

(1) Nous retranchons ici deux lignes, où l'auteur dit qu'on pourrait établir, touchant la pluralité des dieux, un *juste parallèle* entre le paganisme et l'Eglise Romaine! (*Edit.*)

et vous trouverez que ce que je dis va encore plus loin. »

Sénèque, ce grave stoïcien, plaisante d'une manière fort profane sur son Jupiter : « Si donc, dit-il, Jupiter vit, pourquoi celui qui était si lascif chez les poëtes a-t-il cessé d'engendrer? Est-ce parce qu'il est devenu sexagénaire, ou que la loi Papia l'a *bouclé*? ou aurait-il obtenu la loi des trois enfants? ou enfin lui serait-il venu à l'esprit : Attends d'un autre ce que tu as fait à autrui, craignant qu'on ne le traitât comme il avait lui-même traité Saturne (*Senec.*, *apud Lact.*, *lib.* I, *cap.* 16)? » Or, il est bon de savoir, pour l'intelligence de ce passage, que cette expression de *fibulum imponere*, que j'ai traduite par celle de *boucler*, est métaphorique, pour signifier la défense de la *loi Papia* aux vieillards de se marier, à moins que ce ne fût à des femmes d'un âge proportionné au leur, ce qui les empêchait d'avoir des enfants. Et pour ce qui est de la *loi des trois enfants*, elle consistait dans les priviléges et les immunités que l'on accordait en faveur de la fécondité de ceux qui avaient trois fils. Appliquez, Monsieur, ces idées de Sénèque à Jupiter, et vous trouverez qu'il permet que l'on conçoive ce Dieu suprême sous l'idée d'un pauvre vieillard trop heureux de jouir des immunités romaines.

Plutarque, en une infinité d'endroits, traite de fictions les contes que l'on débitait sur les dieux, particulièrement dans son traité des Oracles, où il fait dire à Cléombrotus : « C'est une moquerie, mon ami, de dire qu'Apollon, pour avoir tué le Dragon, ait été contraint de s'enfuir jusqu'aux extrémités de la Grèce pour être réhabilité et purifié, et que là il ait fait quelques offrandes et quelques effusions, comme font les hommes lorsqu'ils veulent apaiser la colère des démons que nous appelons *Alastoras* et *Palamneos*, c'est-à-dire poursuivant la punition et la vengeance des crimes dont la mémoire dure éternellement (*Des Oracles qui ont cessé*). » Dans ce même traité, il considère le Jupiter d'Homère comme une pure fiction; car, après avoir dit que les dieux sont entièrement libres, sans que personne leur commande, qu'ils gouvernent le monde avec la nature, il ajoute : « Car le Jupiter d'Homère ne porte guère sa vue plus loin que de la ville de Troie jusqu'au pays de Tarse et des Scythes errants le long des bords du Danube. Mais le vrai Jupiter a le pouvoir de se porter d'un monde à l'autre, conformément à sa majesté suprême; non qu'il regarde hors de lui-même ou en un vide infini, et qu'il se contemple soi-même et non autre chose, comme quelques-uns l'estiment; mais il considère les actions des hommes et des dieux, les mouvements et les révolutions des astres. » Et c'est ce Jupiter qu'il venait d'appeler *un Dieu souverain, le gouverneur de l'univers, pourvu de toute intelligence et de toute raison, le Seigneur et le Père de toutes choses*.

Fixons-nous, Monsieur, à ce peu de passages; car nous n'aurions jamais fait, si nous entreprenions d'extraire les sentiments de tous les auteurs païens sur cette matière. Vous pouvez conclure de ceux que je viens de citer quelle était leur vénération pour leurs dieux. Il y a du plaisir à les voir leur insulter. S'ils n'ont point fait grâce à Jupiter, quelle aura été leur licence à parler des autres divinités !

Aussi je ne trouve point étrange que les païens maltraitassent leurs dieux; car, à proprement parler, ils n'étaient dieux qu'autant qu'il leur plaisait. Le sénat et les consuls étaient les souverains arbitres de la Divinité et du culte qu'on lui déférait; et comme de nouveaux décrets détruisaient les premiers, les dieux qui ne subsistaient que par leur vertu étaient assez souvent révoqués pour en mettre d'autres à leur place. « Les consuls, dit Tertullien, en vertu de l'autorité du sénat, bannirent de Rome et de toute l'Italie le père Bacchus avec toutes les cérémonies que l'on faisait en son honneur. Les consuls Pison et Gabinius défendirent de placer dans le Capitole Sérapis, Isis, Harpocrate, et cette idole qui avait une tête de chien; c'est-à-dire qu'ils les chassèrent du palais des dieux : ils leur ôtèrent leurs honneurs divins, et firent abattre leurs autels pour réprimer les désordres des superstitions vaines et honteuses (*Tertul.*, *Apol.* cap. 6). » Mais quelque temps après le sénat rétablit ces dieux en leur dignité et les fit participants de la plus haute majesté. C'est ce qui fait dire agréablement à ce Père : *La condition de chacun de vos dieux dépend de l'approbation du sénat; celui-là n'est pas dieu pour qui les hommes n'ont point opiné et qui a été condamné par leur avis* (*Ibid.*, c. 13).

Je ne saurais m'empêcher de vous dire ici quelque chose de la profanation que l'on commettait contre les dieux en maltraitant leurs images : car, quoique les païens n'aient jamais cru que le bois, la pierre et les métaux fussent de vraies divinités, comme le prouvent plusieurs passages des Pères de l'Église, qui, au lieu de se prévaloir de leur stupidité à déifier des créatures insensibles, leur font dire au contraire qu'*ils ne craignent pas les images, mais ceux à la ressemblance de qui elles ont été faites* (*Lact.*, *lib.* II, *cap.* 2; *Eus.*, *Præp. lib.* IV; *Arn.*, *lib.* VI; *Orig.*, *contra Cels. lib.* VII; *Aug.*, *in psal.* CXIII), ces mêmes païens croyaient cependant que les injures qu'on leur faisait rejaillissaient sur les divinités qu'elles représentaient.

Or, on ne peut rien concevoir de plus indigne que la manière dont ils traitaient leurs idoles. Je ne parlerai point d'Ochus, roi des Perses, qui tua le bœuf Apis et le mangea avec ses amis (*Plut.*, *de Isid. et Osir.*), parce que l'on pourrait demander si ce bœuf était ou un simple hiéroglyphe, ou le dieu même des Perses. Quoi qu'il en soit, c'était une extrême profanation de faire d'un animal si sacré un repas à ses amis. Denis, roi de Sicile, n'était pas plus favorablement prévenu en faveur des dieux de la Grèce et de leurs images. Comme il ne manquait pas d'esprit, il apostropha agréablement Jupiter Olympien pour s'approprier ses riches dépouilles : « Je te plains, lui dit-il, d'être toujours chargé d'un habit d'or; il t'est trop pesant en été, et trop léger en hiver; prends plutôt cet habit de laine, qui te sera commode en l'une et l'autre saison (*Arn.*, *lib.* VI, *et Lact.*, *lib.* II, *cap.* 4). » Ce fut ce même prince qui, ne pouvant souffrir qu'Esculape, fils d'Apollon, portât une barbe d'or longue et épaisse, pendant que son père paraissait comme un jeune homme sans barbe, la lui arracha, disant : « Que peut-on voir de plus malséant qu'Esculape, fils d'Apollon, ait le menton chargé d'une barbe philosophique, et qu'Apollon ne paraisse que comme un jouvenceau sans barbe (*Arn. et Lact.*, *ib.*)? » Il poussa encore la profanation jusqu'à prendre des mains des idoles des coupes et des ornements d'or et d'argent, *parce que*, disait-il, *il ne faut rien refuser de la main des dieux.*

Nous lisons aussi que Caligula outragea les dieux de la Grèce de la manière la plus cruelle : « car, dit Suétone, il commanda que l'on apportât de Grèce les images des dieux célèbres par leur culte et par leur art, entre lesquelles était celle de Jupiter Olympien, et il les fit décapiter pour y mettre sa tête (*Suet.*, *lib.* IV, *cap.* 22). »

Vous direz apparemment qu'il ne faut pas s'étonner que ces princes, qui étaient des tyrans, aient eu si peu de vénération pour les dieux; qu'étant les oppresseurs de la liberté et de la religion, leur exemple ne prouve rien. Mais il est étrange que le sénat, les prêtres, les peuples ne se soient pas soulevés contre cette impiété. Vous les voyez tous se liguer contre la tyrannie de leurs rois et de leurs empereurs, les massacrer quand ils foulent aux pieds leurs priviléges ; ici au contraire ils demeurent tranquilles, lorsque l'on détruit leur religion, la chose du monde à laquelle les hommes sont le plus attachés.

Mais choisissons un exemple décisif, c'est celui de César : les armées navales de Sextus Pompée et les tempêtes ayant dissipé ses deux flottes, il s'écria : *Je vaincrai, en dépit de Neptune !* et afin de montrer combien il méprisait les dieux, *il jeta par terre l'image de ce dieu pendant la célébration des jeux circulaires où l'on portait en pompe les images des dieux pour les rendre témoins de cet honneur* (*Sueton.*, *lib.* II, *cap.* 16).

Disons encore quelque chose de plus général. Les peuples n'ont pas toujours été si religieux qu'ils n'aient maltraité les dieux et leurs images, surtout quand ils n'en étaient pas exaucés. Le dieu Pan, extrêmement vénéré des Arcadiens, était souvent exposé à leur mauvaise humeur; car « si, après avoir fait des sacrifices à son idole pour rendre leur chasse heureuse, elle ne répondait pas à leur attente, ils faisaient bonne provision d'oignons qu'ils lui jetaient à la tête (*Theocr. in Thal.*). »

C'est à peu près la même impiété que Lactance attribue aux habitants de Linde, dans l'île de Rhodes. En célébrant la fête d'Hercule, leur dieu tutélaire, « c'était à qui vomirait le plus d'injures et d'imprécations contre son image, et s'il échappait à quelqu'un de dire une bonne parole, le mystère était gâté (*Lact.*, *lib.* I, *cap.* 21). »

Les poëtes surtout se sont distingués à décréditer les images des dieux par leur licence ordinaire. Il n'y a rien de plus fréquent dans leurs écrits. Horace, partout ingénieux, fait parler l'image de Priape, faite de bois de figuier, d'une manière peu décente à la majesté d'un dieu tel que Priape.

Olim truncus eram ficulnus, inutile lignum;
Cum faber, incertus scamnum faceretne Priapum,
Maluit esse deum. Deus inde ego, furum aviumque
Maxima formido.
Quis non sit tanto hoc custode securus?

(*Horat.*, *Serm. lib.* I, *satyr.* 8.)

Les peuples étaient aussi souvent d'humeur à voir des spectacles où l'on introduisait leurs dieux traduits en comédiens et en scélérats, et à écouter les plaisanteries de leurs poëtes qui tournaient en ridicule ce qu'il y avait de plus sacré. Lactance parle d'un poëte qui décrivit en vers le triomphe de Cupidon : ce petit dieu y paraît partout en triomphateur ; les dieux les plus puissants s'y soumettent à son empire : car, après y avoir fait l'énumération de leurs amours, il les expose comme en spectacle. Le grand Jupiter y est traîné, enchaîné avec les autres dieux, devant le char triomphal de Cupidon (*Lact.*, *lib.* I, *cap.* 11). C'est dommage, Monsieur, que ce poëme ne s'est point conservé jusqu'à nous.

Je ne donne ce peu d'extraits que comme des exemples de la licence avec laquelle les païens insultaient à leurs dieux. Leurs livres en sont tous remplis ; c'est pourquoi je n'insisterai pas davantage à prouver une chose si connue et que vous savez mieux que moi.

Je ne puis cependant laisser cette matière sans vous parler des peines que les hommes éclairés du paganisme ont décernées contre les auteurs de ces divinités, je veux dire contre les poëtes qui, en forgeant toutes ces chimères, ont séduit le peuple : *Poetæ perniciosi sunt, qui incautos animos facile irretire possunt suavitate sermonis et carminum dulci modulatione currentium* (*Lact.*, *lib.* I, *cap.* 11). Ils méritaient bien une punition exemplaire.

Voici comment Isocrate s'en exprime : « Ils n'ont pas encore souffert les peines qu'ils méritent, mais ils n'en ont pas cependant été entièrement exempts : car les uns ont été vagabonds et pauvres, les autres exilés de leur patrie, et en guerre perpétuelle avec leurs familles ; et quant à Orphée, le principal auteur de ces fables, il mourut déchiré par morceaux. C'est pourquoi, si nous sommes sages, nous n'imiterons pas leur folie (*Isocr.*, *Laus Busir.*). »

Nous lisons aussi dans Porphyre que Pythagore disait que les âmes des poëtes étaient pendues à un arbre, environnées de tous côtés de serpents, pour les punir de leurs fictions pernicieuses. De là vient que Platon les a exclus de sa République (*Plato, Polit.*); et qu'Aristote veut que l'on ne parle aux enfants de leurs fictions qu'avec beaucoup de précaution (*Arist., lib.* VII).

Mais tous les païens traitaient-ils ainsi leurs dieux? Non, sans doute. Le peuple, en général, les a superstitieusement vénérés; mais les philosophes s'en sont moqués: ils n'ont pas été assez stupides pour croire à ces divinités monstrueuses. Il est bien vrai que, pour ne pas passer pour des profanes, ils se sont servis des expressions populaires; ils ne se sont opposés au torrent qu'avec précaution, et s'ils n'ont pas entièrement condamné les dieux, ils ont bien su les dépouiller de leur ridicule et les réduire à une forme moins bizarre. La chose mérite bien d'être plus particulièrement examinée; c'est pourquoi nous la prendrons dans son principe.

On sait combien les Egyptiens étaient mystérieux. Leur philosophie et leur théologie ne consistaient qu'en certaines figures hiéroglyphiques qui n'étaient entendues que de peu de personnes initiées aux mystères. C'était même chez eux une espèce de profanation d'expliquer les mystères en termes intelligibles. Tout y était voilé d'un grand nombre d'emblèmes et d'énigmes dont on ne pouvait acquérir l'intelligence qu'après plusieurs années d'une extrême application. Plutarque nous en donne plusieurs exemples. « On voyait, dit-il, en la ville de Saïs, l'image de Pallas avec cette inscription : *Je suis tout ce qui a été et ce qui sera jamais; il n'y a eu encore aucun homme mortel qui ait levé mon voile* (*Plut., de Isid. et Osirid.*). » Le nom même du dieu Amoun, que les Égyptiens vénéraient extraordinairement, et d'où les Grecs ont dérivé leur Jupiter Ammon, est un terme égyptien qui signifie, selon Manéthon, *caché*. « Voilà, ajoute Plutarque, combien les Égyptiens étaient réservés et attentifs à ne point profaner leur sagesse en divulguant ce qui appartient à la connaissance des dieux (*Plut., ibid.*). » Ainsi il est assez probable que les Egyptiens n'ont pas effectivement adoré les singes, les chats, les crocodiles, les souris, etc., comme autant de dieux. « Peut être, dit Rhodiginus, que ces animaux, que les Egyptiens gardaient en leurs temples, avaient quelque signification mystérieuse (*Rhodig., Lect. Ant., lib.* XVI, *cap.* 5). » Et Ammien-Marcellin reconnaît que ces bêtes et ces lettres étaient *inintelligibles aux Latins* (*Amm. Marc., lib.* XXII, *cap.* 15). C'est pourquoi Hérodote a remarqué que « toutes choses se faisaient en Egypte avec une extrême confusion, au rebours et contre la coutume de toutes les nations (*Herod., Eut.* 2). »

Plutarque, au livre allégué ci-dessus, après avoir expliqué plusieurs figures hiéroglyphiques des Egyptiens, avertit celui qu'il fait parler que, « quand il entendra de semblables fictions, il ait à se ressouvenir de ce qui a été dit, et à croire qu'ils ne veulent pas entendre que jamais il y ait rien eu de semblable : car ils ne veulent pas (c'est un exemple qu'il allègue) que Mercure soit proprement un chien, mais la nature de cet animal qui est de garder, d'être vigilant, sage à chercher, à connaître et à discerner l'ami de l'ennemi. C'est ainsi, ajoute-t-il, qu'en faisant ce discernement, et en t'étudiant à avoir une opinion saine et vraie des dieux, tu éviteras la superstition, qui n'est pas un moindre péché que l'impiété de ne point croire qu'il y a des dieux. »

Il est aisé d'apercevoir où j'en veux venir. Les Grecs, peuple curieux et grand admirateur des mystères d'Egypte, les y ayant appris par leur commerce avec les prêtres et les philosophes, revenaient chez eux l'esprit rempli d'une théologie énigmatique, de figures hiéroglyphiques, de divinités mystérieuses; enfin d'une religion tout autre qu'elle ne paraissait dans son extérieur, n'y ayant pas même jusqu'à leurs paroles et à leurs explications qui n'eussent contracté l'obscurité égyptienne. Pythagore, par exemple, qui fut disciple d'OEnupheus d'Héliopolis, tira sa philosophie de celle d'Egypte, et *cacha sa doctrine sous des paroles figurées et énigmatiques : Ne manger point sur une selle, n'attiser point le feu avec une épée en la maison*, etc. (*Plut., de Isid. et Osirid.*). Tout cela était autant d'axiomes de sa philosophie qu'il avait apprise en Egypte.

Or, vous n'ignorez pas, Monsieur, quelle vénération les Grecs avaient pour leurs philosophes, et particulièrement pour ceux qui étaient versés dans les mystères d'Egypte. On faisait gloire de se conformer à leurs sentiments; on les rendait les précepteurs de la jeunesse, les arbitres de l'élection des dieux et de leurs cérémonies. Enfin leur influence était si générale que les lois n'avaient point de vertu sans leur approbation. Jugez par là combien il leur était facile d'introduire dans leur pays ce qu'ils avaient apporté d'Egypte; et cela d'autant plus que la religion des Grecs était dans son principe très-disposée à recevoir de nouvelles formes, pourvu qu'elles fussent proportionnées aux préjugés de ces peuples.

Ce fut sur ce préjugé d'une soumission aveugle aux philosophes, que Pythagore établit en Grèce la philosophie d'Egypte : « Car, dit Isocrate, étant allé en Egypte, et s'étant donné tout entier à la discipline des Egyptiens, il fut le premier qui apporta en Grèce toute leur philosophie. Il fut aussi plus attaché qu'aucun autre tant aux sacrifices qu'aux consécrations dans les temples, croyant que s'il ne pouvait par ce moyen rien obtenir des dieux, il rendrait au moins son nom célèbre parmi les hommes. Ce qui lui arriva; car il fut si estimé au-dessus des autres, que tous les jeunes gens désirèrent être ses disciples, et que les vieillards aimèrent mieux lui confier l'éducation de leurs enfants, que de travailler à leur acquérir des richesses (*Isocr., Busir. Laus*). »

Cependant, le peuple que la vanité des

philosophes avait exclu de la connaissance des mystères, ne s'attachait qu'à l'extérieur; en expliquant au pied de la lettre tous ces hiéroglyphes, il les adorait aveuglément. Et ainsi il est nécessaire de distinguer exactement la croyance des philosophes et des habiles politiques du paganisme, d'avec celle du vulgaire. Les uns possédaient le principe des choses; c'était un secret qu'ils ne découvraient qu'aux personnes éclairées et qui avaient un intérêt particulier à ne point désabuser les peuples. Les autres, remplis de vénération pour leurs sages et pour leurs conducteurs, se déchargeaient tranquillement sur eux du soin de la religion; ils ne connaissaient rien que sous l'enveloppe des fables : et comme on ne levait jamais pour eux le voile des mystères, ils s'attachaient avec humilité à certains dehors qui leur paraissaient vénérables, parce qu'ils ne les entendaient pas. Ç'a donc été cette ignorance de la signification de leurs mystères qui leur a fait prendre pour des divinités réelles ce qui n'était regardé que comme des emblèmes par les philosophes qui en pénétraient le sens.

Mercure, par exemple, était représenté avec une tête de chien : cet hiéroglyphe venait d'Egypte, et était par conséquent sacré : les philosophes, l'Aréopage ou le sénat, consacrent cette divinité; on lui érige des statues, on lui fait des sacrifices. Le peuple court à l'encens, contemple ces images, et se forme l'idée d'un dieu sur celle d'un homme avec une tête de chien. Au contraire, ceux qui pénétraient les mystères se moquaient en particulier de la crédulité du peuple; et, au lieu de s'imaginer un dieu tel qu'Anubis, ils le prenaient pour l'emblème de la vigilance et du discernement, comme Plutarque nous l'a enseigné. De même les philosophes grecs tranférèrent chez eux le dieu Amoun : ce nom marquait que le dieu était tout mystérieux; car ce terme signifie, selon Manéthon dans Plutarque, *caché*. Ce que les Egyptiens prirent apparemment de l'Ancien Testament, où le nom de Dieu, c'est-à-dire sa nature, est appelée cachée et inénarrable. De là vient, pour le dire en passant, que ce Dieu Amoun ou *caché* des Egyptiens et des Grecs est le même dont saint Paul trouva à Athènes *un autel sur lequel était écrit* : AU DIEU INCONNU. Quoi qu'il en soit, on fait de cet emblème un dieu que l'on appelle Jupiter Ammon; le peuple le sert avec une extrême dévotion, il en fait le Père des dieux et des hommes, le Foudroyant, etc. Mais pensez-vous que les hommes éclairés donnassent dans cette superstition? Point du tout. Ils savaient fort bien que Jupiter avait été un roi de Crète, et qu'Amoun était un hiéroglyphe venu d'Egypte. Ainsi ils distinguaient ce que le peuple confondait.

A cette réflexion j'en ajoute une seconde assez naturelle, pour montrer comment l'idolâtrie s'est affermie. Il ne faut que réfléchir un peu sur le respect qu'inspire l'antiquité, particulièrement quand il s'agit de religion. Ce qui était une fable il y a mille ans s'est impatronisé dans l'esprit comme une chose sacrée. Les mystères d'Egypte, qui étaient enveloppés d'une infinité d'hiéroglyphes pour les rendre plus vénérables, ont pu être entendus des Grecs pendant un siècle ou deux. Mais ils en perdirent l'intelligence à mesure que le temps les en éloigna. Cependant ils en conservèrent religieusement les voiles, ils en retirent l'extérieur, qu'ils chargèrent de nouvelles fictions.

Fumée, qui nous a donné la traduction d'Athénagoras, dont il dit avoir eu l'original de M. de Lamané, protonotaire du cardinal d'Armagnac, et dont M. Huet a fait un extrait dans son traité de l'*Origine des romans*, nous apprend que cet ancien fait dire aux prêtres d'Ammon, « qu'il n'y a qu'un Dieu, dont chaque nation voulant représenter l'essence aux simples, a inventé diverses images qui toutes n'expriment qu'une même chose; que leur véritable signification s'étant perdue avec le temps, le vulgaire avait cru qu'il y avait autant de dieux que l'on en voyait d'images; que de là est venue l'idolâtrie. Que Bacchus, en bâtissant le temple d'Ammon, n'y mit point d'autres images que celles de Dieu; parce que, comme il n'y a qu'un ciel qui n'enferme qu'un monde, il n'y a aussi dans ce monde qu'un Dieu qui se communique en esprit. Il en fait dire autant (ajoute M. Huet), et même davantage à de certains marchands égyptiens, savoir que les dieux de la Fable marquent les différentes actions de cette souveraine et unique Divinité qui est sans commencement et sans fin. »

Plutarque censure vigoureusement cet abus : « Comme nous disons (ce sont ses paroles) que celui qui achète les livres de Platon, achète Platon, et que celui qui joue les comédies de Ménandre, joue Ménandre; de même ils appelèrent des noms des dieux leurs dons et les résultats de leur puissance. Mais leur postérité, prenant cela à la lettre et l'appliquant ignoramment, attribua aux dieux mêmes les diverses modifications de leurs dons, et non-seulement ils appelaient la présence de ces dons, la naissance des dieux, et leur absence, leur mort, mais ils le croyaient encore ainsi : tellement qu'ils se sont remplis de plusieurs opinions mauvaises et confuses des dieux, quoique l'absurdité de leurs sentiments leur fût visible.»

Il ne faut pas oublier de faire une troisième observation : c'est que les poëtes, par leurs fables, n'ont pas peu contribué à précipiter le peuple dans la superstition. Comme ils ont excellé dans l'art de mentir agréablement, ils ont séduit les esprits par la généalogie, les dignités et les emplois des dieux. Homère, qui avait visité les Egyptiens, tira de leurs fictions paraboliques cet ingénieux roman qui a été l'admiration de toute l'antiquité. Sa manière d'immortaliser ses héros parut si agréable et toucha si fort l'esprit curieux des Grecs, qu'avec le temps ils prirent, contre son intention, ses fables pour autant de vérités. Cependant les savants les respectaient, parce que, au travers de ces voiles, ils pénétraient certaines vérités ingénieusement déguisées, et le peuple, s'arrêtant à l'écorce, en abusait grossièrement.

Mais, direz-vous, pourquoi les savants n'ont-ils pas corrigé cet abus? Il n'est pas difficile, Monsieur, de vous répondre. Il me semble avoir insinué que leur vanité en a été la cause. Ils étaient *des animaux de gloire*, qui, prétendant être les seuls dépositaires de toutes les vérités, les tenaient renfermées dans leur sein; et s'il leur arrivait de les publier, ils le faisaient en des termes si obscurs, que personne ne pouvait les pénétrer. C'est ce qui se remarque dans Aristote; Alexandre se plaignant qu'en publiant ses Acromatiques il en avait profané la majesté et le mérite, ce philosophe lui répondit, « qu'il les avait données de telle sorte au public, qu'on pouvait dire qu'il ne les avait point données, puisqu'il n'y avait personne qui les pût comprendre, s'il n'avait été particulièrement instruit de toutes les choses qu'elles contenaient (*Suppl. de Freinsh., lib.* 1). »

Et ainsi ils croyaient qu'il n'y avait point de moyen plus efficace pour leur concilier la vénération des peuples, que de leur cacher leurs lumières. S'ils en laissaient quelquefois échapper quelques étincelles, ce n'était que pour les éblouir, et nullement pour les instruire. Il fallait bien amorcer le peuple par quelque extérieur; mais ils n'avaient garde d'étaler leurs mystères à ses yeux; cela aurait changé en mépris le respect qu'on leur portait.

D'ailleurs, il s'agissait de nourrir les peuples, naturellement superstitieux, dans l'obéissance envers les supérieurs. Il faut vous alléguer ce passage d'Isocrate pour confirmer ma pensée : car « il établit divers exercices (il parle de Busiris) consignés dans une loi par laquelle il voulait que l'on adorât et que l'on vénérât certains animaux méprisés parmi nous, non qu'il ignorât leur vertu, mais parce qu'il crut qu'il fallait accoutumer le vulgaire à observer par là tous les édits des princes, et éprouver, par l'observation de ces choses connues, ce qu'ils penseraient des cachées ; car il se pouvait faire que ceux qui les mépriseraient, en mépriseraient aussi de plus grandes (*Isocr., Laus Busir.*). »

Or il était assez difficile de retenir les peuples dans le respect par d'autres motifs. Leurs conceptions grossières de la Divinité étaient tellement enracinées, que c'aurait été les rebuter que de vouloir les désabuser. Ce dessein n'aurait pas manqué de causer des bouleversements dans les États. Qu'était-il donc besoin de s'exposer en voulant rectifier leurs notions? Il valait bien mieux profiter de leurs dispositions, leur applaudir dans leurs égarements, leur faire croire que ces dieux qu'ils avaient forgés avaient été les fondateurs de leur empire, de leur république, de leur ville, leurs législateurs ; que leurs souverains en avaient été engendrés. C'était là les captiver de bonne grâce. Vous voulez des dieux tels que vous les avez imaginés ; eh bien! suivez votre penchant : *Peuplez le ciel du genre humain* : c'est un frein efficace pour vous retenir, puisque vous l'avez vous-mêmes forgé et pris.

Il faut finir, Monsieur ; mais je ne le saurais faire sans remarquer deux choses pour concilier les écrivains du paganisme avec eux-mêmes. Nous avons vu qu'ils ont quelquefois raisonné assez juste pour des païens sur la nature et sur les propriétés de Dieu ; pourquoi donc ont-ils admis cette multitude de dieux ?

J'ai déjà levé en partie cette difficulté, en montrant qu'ils ne se sont pas attachés à la superficie des choses, et qu'ils se sont accommodés aux erreurs vulgaires pour retenir le peuple dans la vénération et la crainte. Sur quoi l'on pourrait observer que la religion, parmi les païens, ne consistait que dans la pratique ; la spéculation en était arbitraire. Croyez ce qu'il vous plaira ; mais faites comme les autres. Il vous est permis de douter de la vérité des dieux, de plaisanter sur leurs mystères ; mais ne soyez pas assez profane pour leur refuser l'encens et les sacrifices ordonnés par le sénat, ou de maltraiter les oiseaux consacrés par les prêtres. Si Socrate avait voulu pratiquer le culte prescrit par les Athéniens, je doute fort qu'on l'eût condamné à mort ; et si ce pauvre Atarbe, dont parle Élien, s'était contenté de mépriser le moineau consacré à Esculape, sans le tuer, on ne l'aurait pas fait mourir (*Ælian., lib.* v *de Var. Hist.*).

Mais afin de répondre plus amplement à votre objection, il est bon d'observer premièrement que, quoique les gens éclairés du paganisme se soient servis de certaines expressions consacrées par l'usage, ils leur ont cependant donné une signification bien différente de celle du vulgaire. Jupiter, Neptune, Pluton, Junon, Minerve, Cérès, passaient parmi le peuple pour autant de divinités, et en cette qualité l'on avait institué à leur honneur un grand nombre de cérémonies purement extérieures, comme plus propres à l'éblouir et à le fixer. Mais les philosophes et les politiques trouvèrent le moyen de confirmer le peuple dans sa créance en se servant des mêmes noms, et de se distinguer des opinions vulgaires, en concevant ces dieux comme autant d'emblèmes ou de la puissance de Dieu, ou des biens qu'il leur accordait. Et ainsi les uns et les autres convenaient bien qu'il fallait servir les dieux, mais diversement. Le peuple les servait en se fixant superstitieusement aux emblèmes ; mais les habiles gens, qui savaient leur institution et l'intention des législateurs, remontaient jusqu'aux choses signifiées, ou tout au plus ne leur rendaient qu'un culte inférieur et relatif.

Vous ne serez peut-être pas fâché, Monsieur, que je vous cite quelques passages des anciens pour appuyer ma première remarque. Cicéron, après avoir condamné les fictions poétiques, ajoute : « Mais en méprisant et en rejetant ces fables, disons que Dieu s'entendant par la nature de chaque chose, ils ont pu entendre par la terre, Cérès ; par la mer, Neptune, et ainsi des autres (*Cic., de Nat. deor., lib.* II). » C'est ce qu'il observe encore ailleurs, en disant que « l'air est celui que l'on appelle Jupiter, que l'eau qui coule par la mer est Neptune, et que la terre est nommée Cérès (*Ibid., lib.* I). »

Plutarque confesse que tous les noms des dieux ne sont que pures allégories : « Les Grecs, dit-il, disent par allégorie que Saturne est le temps, que Junon est l'air, que la génération de Vulcain est le changement de l'air en feu. De même les Egyptiens entendent par Osiris le Nil qui se mêle avec Isis, c'est-à-dire avec la terre; par Tiphon, la mer dans laquelle le Nil venant à entrer, se perd (*Plut., de Isid. et Osirid.*). » Dans tout ce traité il explique la signification des dieux de l'Egypte.

De là, Monsieur, il est aisé de juger pourquoi ils servaient ces divinités : c'est parce que par ces divers noms ils prétendaient honorer Dieu dans chaque partie de l'univers, où ils remarquaient les œuvres de sa Providence toujours active à leur fournir ses bienfaits. Ces pauvres aveugles croyaient que, parce que Dieu fertilisait pour eux la nature, il voulait aussi qu'on le servît dans les créatures, que sa Providence animait pour les rendre fertiles en leur faveur. « Quoi ! objectent-ils à saint Augustin, pensez-vous que nos pères aient été assez fous pour ignorer que Bacchus, que Cérès, etc., fussent des dons divins, et non pas des dieux ? Non; mais ils savaient que ces choses n'étaient dispensées à personne que par quelque dieu qui les donnait, et dont ils ignoraient les noms; c'est pourquoi ils ont donné aux dieux les noms des bienfaits qu'ils savaient qu'ils leur distribuaient (*Aug., de Civ. Dei, lib.* IV, cap. 24). » Jamblique, qui a particulièrement traité des mystères d'Egypte, s'en explique d'une manière à ne laisser aucun scrupule. Tous ces dieux que l'on y servait n'étaient, selon lui, qu'autant d'hiéroglyphes, qui représentaient diversement les bienfaits de Dieu ; c'étaient autant de lignes qui aboutissaient à un seul point (*Jambl., Myst. Ægypt.*, cap. 37 et 39). »

Mais l'on n'a qu'à examiner les noms mêmes que les païens donnaient à leurs dieux pour en convenir; car non-seulement il paraît qu'ils sont dérivés des choses qu'on leur avait consacrées, comme *Bellona a bello, Cumina a cunis, Segetia a segetibus, Pomona a pomis, Bubona a bobus,* etc. (*Aug., de Civ. Dei, lib.* IV, cap. 24); mais aussi la diversité des noms, des qualités et des emplois qu'ils attribuaient à un seul et même Dieu, prouve qu'ils ne les ont regardés que comme des emblèmes qui leur donnaient une idée plus particulière des biens que Dieu leur distribuait.

Pourquoi, par exemple, les Romains s'étaient-ils imaginé trois Jupiters : « Les deux premiers, dit Cicéron, naquirent en Arcadie; l'Air fut le père du premier, dont naquirent Proserpine et Bacchus; l'autre eut pour père le Ciel, et il engendra Minerve. Le troisième, de Crète, était le fils de Saturne, dont on montre encore le sépulcre dans cette île (*Cicero, de Nat. deor., lib.* III). » D'où vient qu'ils parlaient de cinq Soleils, de cinq Minerves, de quatre Vulcains, de trois Dianes, de trois Esculapes, de trois couples d'Hercules, de quatre Vénus, de trois genres de Castors, à chacun desquels ils attribuaient une nature, des charges et des opérations tout à fait différentes, si ce n'est parce que ces noms, étant arbitraires, ont été diversement donnés à Dieu, selon la diversité de ses œuvres et de ses biens ?

Je finirai cette remarque par ce passage de Sénèque, parce qu'il est trop formel pour l'oublier : « Nous l'appelons (il parle de Dieu) le père Bacchus, et Hercule, et Minerve : le père Bacchus, parce qu'il est le père de tous, qu'il a le premier inventé la vertu des semences, etc.; Hercule, parce que sa force est invincible, etc.; Mercure, parce qu'il est l'auteur des nombres, de l'ordre et de la science. De quelque côté que tu te tournes, tu le rencontreras partout. Il n'y a rien où il ne soit; il remplit son ouvrage; et par conséquent tu es le plus ingrat des hommes, toi qui soutiens que tu ne dois rien à Dieu, mais à la Nature, parce que ni la Nature ne peut être sans Dieu, ni Dieu sans la Nature; mais le même est l'un et l'autre. Si tu disais devoir à Annæus ou à Lucius un bienfait que tu aurais reçu de Sénèque, tu ne changerais pas de créancier, mais de nom, puisque, soit que tu le serves de son prénom, ou de son nom, ou de son surnom, c'est toujours le même homme. De même, soit que tu appelles Dieu la Nature, ou la Fortune, ce sont les noms d'un même Dieu qui se sert diversement de sa puissance (*Senec., de Benef., lib.* IV, cap. 8). »

En second lieu, je remarque que les païens en général ont soumis à un seul Dieu toutes leurs divinités, ne leur ayant attribué qu'un pouvoir de dépendance et des opérations ministérielles. L'on servait à Rome Jupiter *Opt. Max.*, le Père des dieux, des rois et de toutes choses.

Jupiter omnipotens regum, rerumque, deumque
Progenitor, Genitrixque deum, Deus unus et omnis.

Ils l'avaient revêtu de la puissance souveraine. Les autres dieux n'étaient admis à la cour céleste que parce qu'il les avait honorés de sa bienveillance; et ce n'était qu'à proportion des perfections et du pouvoir que Jupiter leur communiquait, qu'on les servait.

L'empereur avait sous lui des officiers et des lieutenants qui exécutaient ses ordres; et qu'y avait-il de plus juste que d'attribuer au grand Jupiter de semblables ministres ? « Nous soutenons bien qu'il n'y a qu'un Dieu, le Seigneur de toutes choses; mais cela n'empêche pas que ceux que nous servons ne soient dieux. Il n'y a qu'un César qui a sous lui plusieurs juges, les gouverneurs, les consuls, les tribuns ; de même nous croyons qu'y ayant un Dieu souverain, il y en a d'autres, comme ces puissances dont nous venons de parler, qui sont établis dieux en ce monde, qui, quoique soumis au souverain, disposent cependant de nous et des choses qui sont au monde. »

C'est ainsi que le prétendu Clément fait parler les païens (*Recogn.*, *lib.* v).

Ainsi, il est évident que ce principe de Cicéron, dont les peuples ont toujours abusé, a été la source de l'idolâtrie. *Habet venerationem justam quidquid excellit* (*Cic.*, *de Nat. deor.*, *lib.* I).

Que cette réflexion ne vous chagrine point, Monsieur, car elle n'est pas tout à fait hors de propos. C'était avec justice que l'on vénérait les princes qui faisaient l'amour et les délices de leurs peuples, et qu'on leur érigeait des statues. Mais les flatteurs convertirent ces images en autant d'idoles; par leurs conseils ils empoisonnèrent les princes, et par leurs exemples ils entraînèrent le peuple dans l'idolâtrie. Ce n'était plus seulement les princes vertueux que l'on honorait par là, les tyrans les plus odieux en usurpèrent l'usage. Enfin l'abus prévalut tellement, qu'après la mort des princes, l'on considéra leurs simulacres comme des objets dignes de vénération, parce que, outre qu'ils rendaient leur mémoire présente, l'on s'imaginait que leur mort les avait comme consacrés, et que leurs mânes les animaient quelquefois. De là vient que l'auteur du livre de la Sagesse a remarqué que *l'invention des idoles a été le commencement du déréglement et de la corruption de la vie* (*Sap.* XIV, 12); et que saint Augustin a condamné les images par les propres paroles de Varron : *Ceux*, dit-il, *qui ont inventé les idoles, ont ôté la crainte et augmenté l'erreur* (*De Civit. l.* IV, c. 9).

Ce préjugé s'étant profondément enraciné, mourir ou devenir dieu était pour les princes une même chose. *A ce que je vois*, disait Vespasien en mourant, *je m'en vas devenir dieu.* Quelquefois même les princes voulaient qu'on les reconnût pour dieux pendant leur vie. C'est ce qui arriva à Alexandre le Grand : car s'étant fait proclamer tel par Cléon, selon la coutume des Perses, Callisthènes ne put s'empêcher de lui répondre avec sa liberté ordinaire : « Vraiment c'est bien à toi ou à moi, Cléon, de faire des dieux! Je suis d'avis que le roi ne tienne sa divinité que de nos suffrages. Mais éprouvons un peu ta puissance; voyons si tu feras bien un roi, puisque tu fais bien un dieu; car tu m'avoueras qu'il est plus aisé de faire l'un que l'autre (*Quint. Curt.*, *lib.* VIII). » Paroles qui lui coûtèrent la vie, quoique sous un autre prétexte.

Or, dès que le prince avait été mis au nombre des dieux, on multipliait ses simulacres, on lui rendait des honneurs divins, on lui adressait des vœux et des prières, on lui consacrait des temples et des autels, on lui donnait des prêtres, on lui offrait des sacrifices, et l'on instituait des jours de fêtes en son honneur.

Ne croyez pas cependant que, quelque pompeux que fût cet extérieur, ces nouveaux dieux fussent d'abord fort vénérés; il fallait que des siècles entiers s'écoulassent, pour leur donner plus de crédit et de vénération; et après tout leur pouvoir n'était pas illimité. On ne leur distribuait, comme aux consuls, que de certaines parties du monde à gouverner; et même on limitait assez souvent leurs influences dans l'enceinte de certaines villes qui en avaient choisi quelques-uns pour être leurs dieux tutélaires.

Outre cela les païens leur avaient attribué à chacun en particulier des vertus différentes : l'un avait une vertu que l'autre n'avait pas.

Et ainsi, si l'on veut donner aux dieux des païens une signification qui convienne à ce que leurs écrivains nous en apprennent, il faudra les soumettre tous à un seul Etre, dont ils empruntaient leur autorité qu'ils exerçaient en qualité de ses premiers officiers.

Les savants n'ignoraient pas que leurs dieux avaient été des hommes : c'était même parmi eux comme un problème que l'on pouvait impunément agiter, de savoir si Jupiter avait jamais été. Mais enfin ils croyaient que ceux qui étaient les favoris de Dieu, qui avaient été élevés au ciel par leurs mérites, avaient aussi la direction des choses sublunaires, et que par conséquent ç'aurait été une impiété que de leur refuser l'honneur qu'ils méritaient si bien, par le soin qu'ils prenaient de leur république, de leurs affaires, et leurs personnes.

Vous voudrez bien, Monsieur, que j'observe ici que cette erreur a été l'opinion favorite de tous les peuples. Il leur semblait que l'univers ne pouvait être bien gouverné sans le secours de certaines intelligences inférieures établies par l'Etre souverain tout exprès pour s'adresser à elles selon la diversité de leurs besoins.

Il n'y a que la vraie religion qui, tirant du vrai Dieu toutes ses lumières, lui donne aussi tout entière la gloire qui lui appartient; c'est donc un des principaux caractères que Dieu a attachés à son Eglise, qui la discerne des fausses........(1).

Je conclurai, Monsieur, en disant que Dieu n'a pas voulu permettre que les traits de son image fussent tellement effacés en l'homme, qu'il n'y en restât quelques linéaments pour le conduire à sa connaissance. Les erreurs ont été grossières, elles ont toujours prévalu; mais cependant elles n'ont jamais si entièrement étouffé cette notion de la Divinité, qu'il n'en soit resté quelque lueur. De là vient que les hommes éclairés du paganisme, qui se sont débarrassés des préjugés du vulgaire, ont eu quelquefois d'assez

(1) Binet ose avancer ici, par un jeu d'esprit auquel applaudit encore trop souvent la masse de ses coreligionnaires, que l'*Église Romaine est lourdement tombée dans l'erreur des idolâtres, en ramassant dans son sein la plupart des superstitions de l'ancienne Rome, en canonisant ou en déifiant les créatures* (ce qui, ajoute-t-il, *ne diffère que de nom*), *et en les servant* A PEU PRÈS *de la même manière que les païens faisaient leurs dieux*. Il est permis de douter que cet *à peu près* soit du goût des protestants vraiment instruits de notre époque. Nous omettons le reste de cette petite digression, qui roule tout entière sur cette judicieuse remarque de notre auteur, mais qui n'enlève rien à la force des raisons qu'il apporte en faveur de la vérité historique des opérations des démons. (*Edit*).

bonnes idées naturelles. Ils ont connu Dieu autant qu'une créature corrompue le peut connaître sans le secours de la grâce. Mais ils ne l'ont pas glorifié comme Dieu, puisque, bien loin d'avoir corrigé la superstition et d'en avoir été eux-mêmes entièrement exempts, ils y ont entretenu le peuple. Ils ont souvent parlé en termes magnifiques de l'existence d'un Dieu, et ils n'ont pas ignoré toutes ses propriétés ; mais ils ont agi comme étant sans Dieu. C'est pourquoi je vous prie, Monsieur, de ne point confondre ces deux choses, la spéculation et la pratique. Les philosophes ont quelquefois bien pensé, mais toujours mal pratiqué. Il ne faut pas s'imaginer qu'ils aient cru que les plus viles créatures fussent autant de vrais dieux ; mais ils les ont cependant servies, ce qui est le comble de l'idolâtrie. Je suis, etc.

TROISIÈME LETTRE.

SOMMAIRE. — *Etymologies du terme de démon. Quel était le démon de Socrate. Différentes significations de ces termes :* Θεός, Δαιμόνιον *et* Δαίμονες. *Sentiment des docteurs juifs, de quelques Pères de l'Eglise et des philosophes sur la nature des démons. Que les païens ont conçu les démons comme des natures moyennes entre Dieu et les hommes. Leur sentiment sur les opérations et sur les offices des démons. Considération sur le bon et sur le mauvais principe. Le nom de démon en général pris en mauvaise part. Que les païens ont mis une grande différence entre leurs dieux et leurs démons. Magie odieuse parmi les païens. Quelle vénération ils ont eue pour les diverses espèces de leur divination. On examine leurs oracles.*

Monsieur,

Comme les préfaces inutiles ne sont pas de votre goût, après vous avoir entretenu dans ma lettre précédente, des dieux du paganisme, je vais vous parler de leurs démons. Les fausses expositions que quelques auteurs modernes ont données à cette doctrine nous obligent à nous arrêter un peu à l'examiner et à vous en faire une histoire abrégée, mais fidèle et exacte, puisée des écrits des anciens.

L'on a cru qu'en posant ce principe, que les démons des païens n'étant que de pures chimères de leur imagination opposées à la droite raison et à l'Ecriture sainte, les chrétiens, qui n'ont reçu cette doctrine que des païens, ne sont pas moins criminels de s'y abandonner sans réflexion.

C'est là un des grands arguments de M. Bekker ; et c'est afin d'insinuer plus insensiblement son venin, qu'il déguise et qu'il touche faiblement la croyance que les païens les plus éclairés ont eue à leurs démons, et qu'il s'arrête avec plaisir à étaler tout le ridicule que ces peuples stupides et barbares de l'Amérique ou du fond du Nord y ont attaché. Après quoi il censure vigoureusement la crédulité des chrétiens à admettre une doctrine si vaine, si fausse, si impie. Il faut enfin, selon lui, se défaire de toutes ces puérilités, rejeter un sentiment qui ne doit son origine qu'aux fictions du vulgaire, ou, tout au plus, aux rêveries des philosophes ; sentiment qui anéantit l'autorité du Tout-Puissant, qui détruit les notions de la droite raison ; et mille choses semblables. Ces éclairs peuvent éblouir les faibles, mais ils ne sauraient faire d'impression sur des esprits qui veulent un peu approfondir les choses, et ne point croire sans savoir pourquoi.

Avant que d'entrer dans cet examen, vous voulez, Monsieur, que je vous explique fidèlement ce que les païens ont entendu par leurs démons. Il est juste de vous satisfaire ; et comme je dois puiser pour cet effet dans l'antiquité, je crains que cette matière ne nous absorbe une lettre entière, d'autant plus que vous ne serez pas fâché que j'y traite en passant de quelques-uns des mystères du paganisme qui y ont le plus de rapport.

Les étymologies sont naturellement assez sèches ; aussi ne nous y arrêterons-nous pas beaucoup. On dérive ordinairement le terme de démon d'un mot grec qui signifie *je sais*. D'autres le font venir d'un terme de la même langue qui signifie *je brûle*, parce que, disent-ils, les démons ont des corps d'air ou de feu. D'autres l'ont tiré d'un mot grec qui veut dire *j'épouvante*, comme étant des objets de terreur. Enfin quelques-uns en ont cherché la racine dans un verbe hébreu, שוי, qui signifierait *suffisant*. La raison qu'ils en rendent, c'est que les Grecs qui usurpèrent dans leur langue ce mot, comme plusieurs autres de la langue sainte, en rejetèrent la première lettre ; il ne resta donc que *Daï*, et au pluriel *Daïm* ; et y ayant ajouté une terminaison grecque, il en résulta ce nom de Δαίμονες.

Il semble, Monsieur, que cette dernière étymologie exprime assez clairement le sens que les anciens Grecs donnèrent d'abord à ce terme : car c'est un nom qu'ils imposèrent originairement à leurs dieux les plus vénérés. De là vient que Platon appelle le Dieu souverain μέγιστος Δαίμων, *le plus grand Démon*, comme le remarque M. Bekker : et c'est pourquoi Homère, selon Plutarque, s'est servi indifféremment de ce terme, appelant tantôt *les dieux, démons ;* et tantôt *les démons, dieux* (*Plut., des Oracles qui ont cessé*) ; comme aussi Euripide.

Cette remarque me conduit assez naturellement à expliquer quel était ce fameux démon de Socrate. Je ne vous alléguerai point sur ce sujet les conjectures des critiques, parce que je sais que vous y trouveriez plus de subtilité que de solidité. Ils ont cherché fort loin ce qui se présente d'abord à l'esprit. Vous en conviendrez aisément, si vous voulez bien faire avec moi cette remarque.

C'est que quand Socrate se glorifie du commerce d'un certain démon qui lui inspirait le dessein de s'opposer aux superstitions d'Athènes, et qui lui dictait un culte moins grossier, il n'entendait, par ce terme de démon, que Dieu même dont il avait des notions naturelles plus épurées que les autres, et qu'il avait peut-être perfectionnées en fréquentant les Israélites, ou par la lecture des livres saints.

Or il donne précisément à Dieu le nom de Démon, parce que les Athéniens, dont il voulait corriger les erreurs, nommaient tous leurs dieux démons. Ils en avaient rempli toute leur ville. Ce n'étaient que pierres ou colonnes qu'ils appelaient πάγοι, que temples, autels, victimes, oracles. On mettait la république sous leur protection ; on leur donnait la direction de toutes les affaires ; on croyait enfin que, sans leur influence, rien ne pouvait subsister ni prospérer.

Malheureux ! leur dit là-dessus Socrate, que je vous plains de servir de tels dieux, et d'attribuer tant de vertu à des démons qui ne subsistent que dans votre imagination ! Croyez-moi, défaites-vous de cette vaine frayeur, brisez ces images, purifiez votre culte de cette superstition grossière ; je veux vous montrer qu'il n'y a qu'un Démon tout-puissant qui mérite seul vos adorations. Vous devez me croire, car tout ce que je vous dis ne vient point de moi, mais de lui-même, qui se communique familièrement à moi.

Ne m'accusez pas, Monsieur, de faire parler ainsi Socrate sans raison ; car c'est Xénophon qui lui met à peu près les mêmes paroles à la bouche. « Tout le monde et Mélite même (c'est Socrate qui parle) a pu me voir sacrifier sur les autels publics et particuliers. Or pourquoi veut-on que j'introduise de nouveaux démons, parce que je dis que Dieu m'adresse sa voix par laquelle il me fait connaître ce que je dois faire ? Car ceux qui consultent le chant des oiseaux et les voix des hommes ne conjecturent-ils pas aussi par les voix ? Qui est-ce qui doute ou que le tonnerre fasse du bruit, ou qu'il ait quelque signification ? La Pythie même étant sur le trépied, ne rend-elle pas la voix qu'elle reçoit du dieu ? Par conséquent c'est avec raison que tout le monde dit et croit que Dieu prévoit les choses à venir, et que, comme je le dis, il les annonce à qui il veut. Mais d'autres appellent augures, présages, prodiges et devins, ceux qui font connaître ces choses : pour moi, je l'appelle démon, avec beaucoup plus de raison que ceux qui attribuent à des oiseaux la vertu et la puissance des dieux. Et j'ai pour preuve que je ne mens point contre Dieu, plusieurs de mes amis auxquels j'ai découvert les conseils de Dieu, sans y avoir jamais mêlé de mensonge (*Xenoph., Apol. Socrat.*) »

Rien de plus clair que ce passage : car, outre que vous voyez que ces termes de Dieu et de démons y ont partout une même signification, il dit que le même Dieu qu'il appelle, quelques lignes après, Démon, *lui adresse sa voix, par laquelle il lui fait entendre ce qu'il doit faire.* Il faudrait extraire plusieurs passages de Platon et de Xénophon, qui montrent visiblement que le démon de Socrate n'était autre chose que Dieu, dont il avait quelque notion confuse. Et c'est ce qu'il voulait dire par son *Démon familier,* par opposition à cette foule de démons ou de dieux que l'on servait à Athènes.

Outre la première signification de ce nom que les païens donnaient aussi à leurs dieux, il est constant qu'ils l'ont particulièrement imposé à ces êtres qui tenaient, selon eux, comme un milieu entre les dieux et les hommes. Le terme Θεός était le nom propre des dieux ; et la raison de cette appellation peut être dérivée de deux sources, ou bien de l'application des idolâtres à contempler les corps célestes qu'ils adoraient ; ou bien du mouvement continuel de ces mêmes corps : « Car, dit Platon, il me semble que les premiers habitants de la Grèce n'ont point admis d'autres dieux que ceux que la plupart des barbares adorent, savoir, le Soleil, la Lune, la Terre, les Astres ; et ils les ont appelés dieux (τοὺς θέους), parce qu'ils les voyaient tous dans un mouvement perpétuel (*Plato in Cratyl.*). »
Aussi le nom de δαίμονες peut avoir été restreint aux démons pour ces deux raisons : premièrement pour exprimer leur vaste science, et en second lieu, leur nature moyenne et les offices de leur médiation, qu'ils concevaient comme un canal par lequel les faveurs des dieux descendaient vers les hommes, et les prières et les sacrifices des hommes montaient vers les dieux.

Or ces démons qui faisaient communiquer les dieux avec les hommes, étaient estimés bons et passaient pour les plus excellents, Δαίμονες ἀγαθοί. Au contraire, il y en avait d'autres d'un ordre inférieur qui passaient pour des esprits malins, malfaisants, cruels, Κακοδαίμονες, et que Trismégiste appelle ἀγγέλους πονηροὺς toujours en guerre avec le genre humain (*Lact., lib.* I, *cap.* 15).

Cependant, quoique les Grecs aient appelé quelquefois leurs dieux des démons, ils le faisaient rarement sans épithètes ; ou bien s'ils ne s'en servaient pas, ils leur donnaient le nom de δαιμόνιον, comme fait Socrate, dans Xénophon, à son démon. Pour ce qui était des démons, ce nom leur était propre et affecté, parce qu'il exprimait et leur nature et leurs offices. Les dieux étaient bien appelés les grands démons, mais les démons n'étaient pas appelés dieux. Ce sont deux noms que les anciens Grecs ont souvent confondus par rapport aux dieux, mais rarement par rapport aux démons, sans y joindre quelque correctif ou quelque expression qui marquait que le nom de Dieu ne leur était donné que d'une manière impropre. Ce qui fait assez connaître qu'ils ne concevaient les démons que comme des êtres soumis aux dieux. Je n'insiste pas sur cette réflexion, parce que nous nous y étendrons davantage dans la suite.

Les païens en général ont bien reconnu que les démons étaient d'une nature spirituelle, quoique moins pure et moins parfaite que celle des dieux. Mais comme ce terme de *spirituel* est une idée vague qui ne signifie rien, à moins que l'on n'explique en quoi elle consiste, il est bon d'observer qu'il n'y a presque point eu d'erreur plus ancienne et plus générale que celle des idées grossières sous lesquelles on a conçu la nature des esprits, et l'on pourrait dire qu'elle a été l'origine des autres erreurs.

Une fois posé le principe que les esprits sont des substances composées d'une matière subtile, on leur en attribue les propriétés et les accidents; on en infère qu'ils veulent être servis d'une manière proportionnée à leur nature; on les multiplie jusqu'à l'infini, parce que l'on conçoit aisément qu'il est impossible qu'un esprit de cette nature, étant sujet aux relations corporelles, puisse être également présent partout, ni par conséquent régir toutes les parties de l'univers; l'on se forme une félicité sensuelle, des peines purement corporelles, des champs Élysiens et un Tartare; l'on s'imagine avec Pythagore une métempsycose, en assujettissant l'âme aux divers changements de la matière, et l'on en infère avec Epicure l'entière dissolution: si c'est un feu, il s'éteindra; si c'est une matière subtile, elle se dissipera; si c'est une harmonie, elle se corrompra.

En particulier, les démons ont presque toujours été conçus sous des idées matérielles. La plupart des docteurs juifs ont donné dans cette erreur, qui tire son origine de ce passage du livre de la Genèse mal entendu, où il est parlé des fils de Dieu, qui prirent pour femmes les filles des hommes (*Gen.* VI, 2); par les fils de Dieu, ils ont entendu les anges, qui eurent communication avec les filles des hommes. « Ainsi ils attirèrent sur eux, dit Josèphe, la colère de Dieu, et les anges de Dieu qui se marièrent avec des femmes produisirent une race insolente, qui, par la confiance qu'elle avait en ses forces, faisait gloire de fouler aux pieds la justice, et imitait ces Géants dont parlent les Grecs (*Joseph., Hist. Jud. lib.* I, *cap.* 3). »

L'on découvre assez, au travers des allégories platoniques de Philon, qu'il a eu à peu près le même sentiment (*Philo Jud., de Gigant.*). Ç'a été aussi la croyance de l'auteur des livres d'Enoch, dont Joseph Scaliger a inséré quelques fragments dans ses notes sur Eusèbe; sans parler des fables que les rabbins ont forgées sur ce faux principe.

Plusieurs des Pères de l'Eglise ont aussi erré sur la nature des démons. Ils crurent qu'en se servant de la philosophie de Platon, où ils entrevoyaient confusément quelques vérités qu'il avait tirées des livres de Moïse, ils combattraient l'idolâtrie avec plus de succès, parce que ce philosophe était sorti de son sein, et que les païens l'avaient en grande vénération. Et comme la tradition judaïque et le paganisme, qui s'était en partie formé des fictions des Juifs, s'accordaient sur la matérialité des démons, comme aussi le peu de connaissance que plusieurs des Pères avaient de la langue sainte n'était pas suffisante pour leur ouvrir l'intelligence de ce passage du livre de la Genèse, c'est pourquoi ils ne purent corriger ce préjugé, qui leur paraissait vénérable par son antiquité, et que soutenaient unanimement les Juifs et les païens.

Ces Pères étant donc si fortement prévenus, ont cru que les démons avaient été engendrés par des anges qui se marièrent avec des femmes. C'est ainsi que Justin Martyr s'en explique: « Quelques-uns des anges déchurent à cause de leur passion pour les femmes: et du commerce de ces anges avec elles sortirent les démons. »

Ce passage de Lactance est encore plus formel parce qu'il est plus étendu et mieux circonstancié. Après avoir dit que Dieu, prévoyant la fraude du diable, auquel il avait donné dès le commencement le gouvernement de la terre, défendit expressément aux anges qu'il avait envoyés pour garder le genre humain, de souiller par la corruption de la terre la dignité de leur substance céleste, il ajoute: « Ce prince de la terre, le séducteur amorça les anges qui demeuraient avec les hommes, et les corrompit par leur communication avec les femmes. C'est pourquoi, les péchés dont ils s'étaient souillés les ayant exclus du ciel, ils tombèrent sur la terre; et ainsi, d'anges de Dieu qu'ils étaient, le diable en fit ses satellites et ses ministres. Or ceux qui naquirent de ce commerce abominable n'étant pas hommes, mais ayant une certaine nature mixte, ne furent pas précipités dans les enfers, comme leurs pères avaient été élevés au ciel. Ainsi il y a deux genres de démons, l'un céleste, l'autre terrestre. Ceux-ci sont les esprits immondes, les auteurs des maux qui se commettent, et dont le diable est le prince (*Lact., lib.* II, *c.* 14). » Il ne faut, Monsieur, qu'avoir des yeux pour voir que tout ce passage n'est qu'un tissu du judaïsme et du platonisme. Clément d'Alexandrie, Tertullien, Eusèbe, saint Ambroise, ont eu presque la même pensée (*Clem., Strom. lib.* III; *Tertul., de Habit. mulier.; Euseb., de Præp. Evang., lib.* V; *Ambr., de Virg. Veland.*).

Ç'a donc été cette fable de la communication des anges avec les femmes qui a fait croire aux anciens que les démons qui en avaient été engendrés avaient un certain corps mixte qui participait de la nature des anges et de celle des hommes; que ce sont « des esprits subtils et imperceptibles, qui s'insinuent dans les corps des hommes, et qui, opérant clandestinement dans leurs entrailles, altèrent la santé, causent les maladies, épouvantent l'esprit par des songes, ébranlent l'âme par leur fureur (*Lact., lib.* II, *cap.* 14). »

Outre ce premier préjugé, les anciens s'étaient imaginé que, Dieu étant esprit, il fallait que les anges et les démons fussent des corps, à cause de la distance infinie qui éloigne le Créateur de la créature. « Il est certain, dit Tertullien, que les anges n'ont pas eu une chair qui leur fût personnelle, étant spirituels de leur nature; et s'ils ont un corps, il convient à leur nature (*Tert., de Carne Christi, cap.* 6). » Macaire pousse encore la chose plus loin en ce passage: « Chacun est corps selon sa propre nature; en ce sens, l'ange et l'âme et le démon sont corps (*Mac., hom.* 4). »

C'est assez insister sur la croyance des Pères. Je remarque que ce sentiment de la nature corporelle des démons a été général parmi les païens, quoiqu'il vînt d'un autre principe. Hésiode et quelques philosophes qui, selon Plutarque, *distinguèrent les premiers quatre genres de natures raisonnables* (*Plut., des Oracles qui ont cessé*), se crurent obligés, pour former un système raisonnable, de donner aux démons une nature moins spirituelle qu'aux dieux, mais plus parfaite qu'aux âmes. Car ils croyaient que le monde intelligible était composé de quatre substances qui se suivaient comme par degrés, et qu'il se faisait un changement des premières aux secondes, jusqu'à la quatrième nature, qui était celle des dieux, le plus haut degré où se terminaient ces divers changements des âmes en demi-dieux, des demi-dieux en démons, et des démons, quoique rarement et après un très-grand nombre de siècles, en dieux. En sorte que la nature des démons, qui était supérieure aux âmes et aux demi-dieux, et inférieure aux dieux, tenait comme un milieu entre ces êtres.

C'est sur ce principe que Cléombrotus conclut dans Plutarque, contre Démétrius, « qu'il sera toujours prouvé, par celui des dieux qu'il voudra, et avec des témoignages évidents et très-anciens, qu'il y a des natures neutres et moyennes, qui sont comme aux extrémités des hommes, sujettes aux passions mortelles, et aptes à recevoir les changements et les variations nécessaires. Ce sont ces natures qu'il est raisonnable que nous appelions démons, et que nous les honorions, suivant la tradition et les exemples de nos prédécesseurs (*Plut., ibid.*). »

Si donc vous me demandez la cause de cette fiction, il ne sera pas difficile de vous satisfaire. Les anciens païens, qui avaient appris des Juifs l'existence et les opérations des démons, comme nous le prouverons ailleurs, firent de cette doctrine un des principaux points de leur philosophie, selon leur maxime générale d'accommoder toutes choses à leurs préjugés, et ils la soumirent à leurs principes généraux.

Le plus universel de tous a été celui du changement des corps en d'autres plus excellents, par une espèce de gradation. Ils prétendaient que chaque corps, après avoir été revêtu quelque temps d'une certaine forme, en prenait une autre plus déliée ; cette autre faisait place à une troisième plus subtile, et ainsi de suite. C'est encore Plutarque qui nous fait faire cette réflexion, et nous nous attachons particulièrement à ses écrits, parce qu'il y rapporte les sentiments des plus célèbres philosophes. « D'autres disent (ce sont ses paroles) qu'il se fait un changement des corps aussi bien que des âmes, et de la même manière que l'on voit que de la terre s'engendre l'eau, de l'eau s'engendre l'air, et de l'air le feu, la nature et la substance tendant toujours du bas en haut (*Plut., des Oracles qui ont cessé*). » Et c'est par cet excellent argument qu'il prouve que les âmes se changent en demi-dieux, les demi-dieux en démons, les démons en dieux.

Suivons, Monsieur, le système des philosophes. La nature des démons étant comme un degré qui touchait de près celle de Dieu et qui n'était pas éloignée de celle de l'homme, trouveriez-vous étrange que l'on en ait fait autant de médiateurs entre les dieux et les hommes ? La Divinité est trop élevée et trop auguste pour se communiquer à l'homme, il y a entre ces deux substances une distance immense. C'était pour les Lycaoniens, qui prenaient Barnabas pour Jupiter, et Paul pour Mercure, un prodige de les voir parmi eux : « Les dieux, disaient-ils, s'étant faits semblables aux hommes, sont descendus vers nous (*Act.*, xiv, 12). »

Mais voici un moyen de parvenir aux dieux, une voie qui nous approche d'eux : il faut nous adresser aux démons, à ces esprits médiateurs, et ils se chargeront de porter au ciel nos prières et la fumée de nos sacrifices, et de nous notifier la volonté des dieux.

Rien de plus exprès que ce passage de Platon sur cette matière : « Tout démon, dit-il, est une nature moyenne entre Dieu et l'homme mortel, interprétant et rapportant aux dieux les choses des hommes, et aux hommes celles des dieux, savoir les prières et les sacrifices des uns, les ordonnances des autres touchant les sacrifices et les diverses coutumes et solennités ; » et un peu plus loin : « Or Dieu ne se mêle point avec l'homme ; mais par ce moyen se fait toute la communication des dieux avec les hommes, soit qu'ils veillent, soit qu'ils dorment (*Plat., de Legib., lib.* iv). »

Apulée, qui a emprunté à Platon le même sentiment, dit, « qu'il y a de certaines divinités moyennes entre les hauts cieux et ces terres basses, qui portent nos prières et nos mérites aux dieux ; on les appelle en grec démons. Ce sont eux qui portent les prières des hommes aux dieux, et les bienfaits des dieux aux hommes : ils vont et viennent pour porter d'un côté les requêtes, de l'autre les secours (*Apul., de Deo Socratis*). »

Outre cette médiation générale des démons, les païens croyaient que chaque homme avait un démon pour directeur : « Chaque homme, dit Théocrite, est accompagné d'un démon pour le bien diriger ; c'est le bon conducteur de sa vie (*Theocr. Eid.* i). » Ç'a été aussi l'opinion d'Hésiode ; « car, par la volonté du grand Jupiter, les démons sont bons, ils conversent sur la terre, ils sont les gardiens des hommes mortels (*Hesiod., Oper. et dier.*). »

Cette superstition a été si profondément enracinée et si générale, que même les Juifs du temps de Jésus-Christ en étaient infectés. C'est ce qu'on voit au livre des *Actes* ; car nous y lisons que saint Pierre, après avoir été miraculeusement délivré de prison par un ange, *vint à la maison de Marie, mère de Jean, surnommé Marc, où plusieurs étaient assemblés et faisant des prières* (*Act.* xii, 15). Et comme ils le croyaient encore en prison, ils jugèrent que ce ne pouvait être Pierre qui heurtait, mais *son ange*. Ce qui peut être considéré comme un reste de la tradition judaïque, dont ils ne s'étaient pas encore entièrement défaits.

Jusqu'ici je n'ai presque traité que des bons démons; il est nécessaire de dire aussi quelque chose des mauvais. On sait assez que la plupart des anciens philosophes ont cru qu'il y avait deux principes, l'un bon, et l'autre mauvais; ç'a été le sentiment des Zoroastre, de Zénon, et particulièrement des Chaldéens et des Perses, que les manichéens adoptèrent. Sur ce principe, ils partageaient la nature en deux classes. Oromaze, par exemple, était le père et le directeur des personnes vertueuses; tout ce qu'il y avait de bon dans les éléments, les animaux et les plantes, lui était attribué; il dispensait la lumière, l'été; enfin il fertilisait toute la nature. Arimane, au contraire, était un dieu dont les influences étaient malignes; il corrompait le genre humain, il l'affligeait d'une infinité de fléaux; il était l'auteur des ténèbres, de l'hiver, du froid, en un mot, de tous les désordres qui arrivent dans le monde.

Cependant ces deux principes n'étaient pas également estimés. Oromaze, comme l'auteur du bien, était plus excellent; et Arimane, comme l'auteur du mal, l'était moins. Ils avaient bien tous deux une autorité absolue, chacun dans son ressort; mais cette différence venait de la nature des choses dont on leur attribuait le gouvernement.

Il est assez probable que cette opinion n'a pas peu contribué à faire distinguer aux païens les démons en bons et en mauvais. Au moins ç'a été l'opinion des Chaldéens, qui avaient appris de leur Zoroastre, un des principaux auteurs des deux principes, que les bons démons avaient des corps composés de lumière, et les mauvais de ténèbres.

On donna au bon principe, ou si vous voulez, aux dieux bons, des génies bienfaisants, et aux mauvais des génies malfaisants. Et comme l'estime et la vénération que l'on avait pour les dieux bons était plus haute et plus volontaire que celle que l'on portait aux mauvais, que l'on craignait plus que l'on n'aimait, on donna aussi plus de perfection aux bons démons qu'aux mauvais.

Les fonctions des démons étaient donc très-différentes. Les bons démons *étaient les espions des dieux, allant de tous côtés, contemplant et dirigeant les sacrifices et les cérémonies sacrées*. Les mauvais *vengeaient et punissaient les outrages, les crimes et les injustices des hommes* (Plutarq., *des Oracles qui ont cessé*). Plutarque compare la nature de ceux-ci à celle des hommes, et prétend qu'ils sont sujets aux mêmes besoins et aux mêmes infirmités, qu'ils se nourrissent de la fumée, du sang et de la graisse des sacrifices; par opposition aux bons démons, qui sont d'une nature plus pure.

Il va plus loin : car il prétend que leur malignité s'étend jusqu'à souiller les cérémonies sacrées. « Au reste, dit-il, pour ce qui regarde certaines fêtes, certains sacrifices cruels, comme il s'en fait dans ces jours sinistres où en quelques lieux l'on mange de la chair crue, où l'on se déchire cruellement avec les ongles, où en d'autres l'on jeûne, on se frappe la poitrine, où ailleurs on dit des paroles obscènes pendant les sacrifices, je n'estimerai jamais que cela se fasse par aucun des dieux; je dirai plutôt que c'est pour adoucir et apaiser la colère et la fureur de quelques démons malins (*Ibid.*). » Et quelques lignes après, il conclut que les mauvais démons causent la peste, la famine, la stérilité, qu'ils excitent les guerres et les séditions civiles. Porphyre et Jamblique son disciple s'en expriment à peu près de même (*Porph., lib.* II *de Abst.; Jambl., de Myst.*).

Il ne faut pas douter que de là ne soit venue la fable de Briarée, qui avait plusieurs démons pour ses esclaves. Vous n'ignorez pas que ce géant donna de furieux assauts au ciel et jeta la terreur parmi les dieux. Cet attentat a fait croire que, comme les mauvais démons ne respiraient que vengeance, Briarée, animé du même esprit, se fortifia de leurs secours pour détrôner Jupiter.

D'ailleurs, ce qui montre assez que les païens mettaient une distinction entre les bons et les mauvais démons, c'est la différence des lieux qu'ils leur avaient assignés pour leur demeure. Saint Augustin leur fait dire qu'ils distinguaient les anges d'avec les démons, parce que, selon eux, « les airs étaient la demeure des démons ; mais le ciel le plus élevé était celle des anges (*August., de Civit. Dei, lib.* X, *cap.* 9). »

Je remarque encore que du temps de saint Augustin le nom de démon se prenait ordinairement en mauvaise part : appeler quelqu'un démon, c'était l'outrager sensiblement. « Les peuples, dit-il, ont même donné à ce terme une telle signification, que parmi ceux qui s'appellent païens, et qui soutiennent qu'il faut servir les dieux et les démons, à peine s'en trouvera-t-il un, quelque savant qu'il soit, qui ose louer même son esclave, en lui disant : Tu as le démon; au contraire quiconque s'exprime ainsi ne doit point douter que l'on ne croie qu'il ne maudisse (*De Civit. Dei, lib.* VIII, *cap.* 19). »

Il est surtout remarquable que les païens ont cru que non-seulement chaque homme avait un bon et un mauvais génie instigateurs du bien et du mal, mais même qu'après la mort le bon démon se présentait devant Dieu pour défendre ou accuser celui qu'il avait accompagné pendant sa vie. Ç'a été le sentiment de Platon (*In Phæd.*), qu'Apulée rapporte plus amplement en ces termes : « Or, de cette grande quantité de démons, Platon croit qu'il y en a qui ont été donnés à chaque homme pour être les témoins non-seulement de ses actions, mais aussi de ses pensées, et que lorsqu'ils s'en retournent après sa mort, le même qui a eu soin de notre vie, ravit et entraîne subitement après la mort celui qu'il a gardé, pour être jugé;

il assiste à l'instruction de sa cause; si l'on ment, il reprend; si l'on dit vrai, il affirme, et la sentence se prononce sur son témoignage (*Apul., de Deo Socrat.*). »

Il paraît déjà assez, par ce que je viens d'alléguer des auteurs païens, qu'ils mettaient une grande différence entre les dieux et les démons. Cependant, comme cette remarque nous servira dans la suite, je ne saurais me dispenser de l'appuyer sur quelques passages des Pères de l'Eglise.

Les païens, dit-on, ont attribué à leurs démons une puissance aussi grande qu'à leurs dieux ; ils ont confondu ces deux choses. Voilà la source du pouvoir immense que l'on donne aujourd'hui au diable. Là-dessus on ne manque pas de comparer le christianisme avec le paganisme. Rectifiez le principe, la conséquence et le parallèle seront moins choquants. Ainsi, Monsieur, je prévois qu'il faudra que vous subissiez encore la lecture de quelques extraits que nous allons faire pour dissiper ce préjugé.

Mais, auparavant, vous voudrez bien que nous consultions encore Plutarque, qui nous montre bien clairement quel sentiment l'on avait de son temps du pouvoir des démons. Il introduit Héracléon parlant ainsi : « Ce ne sont pas des dieux qui président aux oracles, puisqu'il est juste de croire qu'ils ne se mêlent point des choses terrestres; mais ce sont plutôt des démons, les ministres des dieux. » Dans le même traité il rapporte le sentiment d'un étranger qu'il approuve. « Et si nous donnons, dit-il, les noms des dieux à quelques-uns de ces démons, il ne s'en faut point étonner, disait cet étranger; car ils sont bien aises d'être appelés du nom des dieux dont ils dépendent, et d'où leur honneur et leur puissance dérivent. » Et quelques lignes plus bas : « Mais la plupart ont les noms des dieux qui ne leur conviennent nullement (*Plutarq., des Oracles qui ont cessé*). » Ailleurs, voulant trouver un milieu pour expliquer en quoi consiste la nature de Tiphon, d'Isis et d'Osiris, il convient, avec Pythagore, Platon, Xénocrate, et Chrysippe, que « ceux-là ont mieux fait qui ont écrit que ce que l'on raconte de Tiphon, n'étaient point des accidents survenus aux dieux ou aux hommes, mais à quelques grands démons, en suivant l'opinion des anciens théologiens, qui estiment qu'ils ont été plus forts et plus robustes que les hommes, et qu'ils ont surpassé en puissance notre nature, mais qu'ils n'ont eu ni la pureté ni le pouvoir des dieux (*De Isid. et Osirid.*). »

Ce philosophe ne fait pas même difficulté de soutenir que les démons sont mortels. Après avoir en vain recherché la cause de la cessation des oracles, il la trouve dans la mort des démons. Sur ce sujet il fait rapporter par Cléombrotus l'histoire que lui fit Epitherses, père d'Emilianus, et qui avait été son maître de grammaire.

Je n'entre point dans la discussion du fait. Quoiqu'il dise que cet homme *n'était ni irréfléchi, ni menteur*, on trouve dans son récit tant de surnaturel sans nécessité, qu'il doit être au moins fort suspect. Il dit donc qu'Epitherses s'étant embarqué sur un vaisseau avec plusieurs autres pour aller en Italie, le vent leur manqua près de certaines îles de la mer Egée; que comme la plupart des passagers veillaient et buvaient après souper, l'on entendit tout d'un coup une voix venant de l'une de ces îles, qu'il appelle *Paxès*, et qui appelait si fort Thamus, pilote égyptien, qu'il n'y eut personne de la compagnie qui n'en fût effrayé. Ce Thamus ne répondit qu'à la troisième fois, lorsque la voix, se renforçant, lui cria que quand il serait arrivé en un certain lieu qu'elle désignait, il annonçât que le grand Pan était mort. On délibéra pour savoir si l'on obéirait, et la conclusion fut que si le vent n'était pas assez fort pour outre-passer le lieu indiqué, il fallait exécuter l'ordre. C'est pourquoi, le calme les arrêtant, Thamus cria de toute sa force: *Le grand Pan est mort*. Il n'eut pas plutôt achevé, que l'on entendit de tous côtés des plaintes et des gémissements. L'empereur Tibère, informé de l'aventure, envoya querir Thamus, et ayant assemblé plusieurs savants, il fut conclu que ce Pan était le fils de Mercure et de Pénélope.

Sur quoi Démétrius, pour confirmer cette pensée de la mort des démons, ajouta une autre histoire : il dit qu'ayant été lui-même envoyé par l'empereur pour reconnaître certaines îles stériles situées vers l'Angleterre, il aborda à une de celles qui sont habitées; que peu après il s'éleva une tempête effroyable qui fit dire aux insulaires que c'était quelqu'un des démons ou des demi-dieux qui était mort.

Quoi qu'il en soit, il paraît par là que Plutarque, bien loin de confondre les démons avec les dieux immortels, les assujettit à la mort. En quoi il est évident qu'en s'éloignant de la philosophie de Platon, il s'attache à l'opinion d'Hésiode, quoiqu'il restreigne d'une manière peu naturelle le calcul par l'âge des démons, que ce poëte fait monter à six cent quatre-vingt mille quatre cents ans, à neuf mille sept cent vingt ans.

Voilà quel était le sentiment des philosophes sur la différence des démons et des dieux. Voyons quelle autorité les premiers Pères de l'Eglise leur ont donnée, même dans l'hypothèse des païens. Que leur témoignage ne vous soit point suspect, Monsieur ; ne dites point qu'ils ont pu diminuer la puissance des démons, pour désabuser plus facilement les idolâtres : car au contraire la manière dont ils s'y prennent les aurait plutôt confirmés.

Ce passage de Tertullien vous en convaincra : « Que l'on présente quelqu'un de ceux que l'on croit être agités intérieurement par une divinité, qui, dans les cérémonies des sacrifices qu'ils offrent sur les autels, reçoivent la vertu du dieu en goûtant l'odeur qui sort des victimes, qui tirent avec effort les paroles de leur poitrine, qui prononcent en haletant leurs oracles: si cette Vierge céleste qui promet les pluies, si cet Esculape qui enseigne les secrets de la médecine, et qui conserve la vie à ceux qui doivent la perdre quelques jours après, ne confessent par la bouche de ces imposteurs dont les faux enthousiasmes trompent le monde, qu'ils ne sont que des démons; si la présence d'un chrétien ne leur ôte la hardiesse de mentir, nous voulons bien qu'au même lieu vous répandiez le sang de ce chrétien, et que vous le punissiez comme un méchant (*Tert.*, *Apol. cap.* 23). » Il aurait fait beau voir Tertullien reprocher aux païens que leurs mystères n'étaient que des impostures des démons pour les désabuser! Eh bien! auraient-ils dit, ces démons dont vous avouez les opérations et les influences dans nos mystères ne sont-ils pas dieux? Et ne faut-il pas que notre religion soit divine, puisqu'elle en reçoit les inspirations et les vertus surnaturelles?

Origène n'aurait pas été moins absurde que Tertullien; car après avoir avancé que pour rendre la Pythie suspecte et décréditer les oracles, il n'aurait qu'à se servir de l'autorité d'Épicure et des Grecs, il ajoute : « Mais je veux bien que ce ne fussent point des fictions ni des impostures; voyons si en ce cas il serait nécessaire que quelque dieu s'en fût mêlé, et s'il ne serait pas plus raisonnable d'y faire présider de mauvais démons et des génies ennemis du genre humain (*Orig.*, *cont. Cels. lib.* VII).

L'argument que Lactance emploie contre les païens pour leur prouver que leurs dieux, quelque puissants qu'ils les conçussent, ne pouvaient se faire obéir par les démons, aurait été fondé sur un faux principe. « Ou, dit-il, il y a quelque alliance entre les dieux et les démons, ou ils sont ennemis; s'il y a de l'alliance, comment les discernerons-nous, ou comment mêlerons-nous l'honneur et le culte des uns et des autres? S'ils sont ennemis, pourquoi les démons ne craignent-ils pas les dieux, ou pourquoi les dieux ne peuvent-ils pas faire fuir les démons? Voyez un possédé; il extravague, il s'emporte, il est furieux. Menons-le au temple de Jupiter; mais, parce que Jupiter ne saurait guérir les hommes, conduisons-le dans celui d'Esculape ou d'Apollon; que les prêtres l'exorcisent chacun au nom de son dieu, afin que ce mauvais esprit l'abandonne: cela ne se pourra jamais faire. Quelle est donc la force de vos dieux, si les démons ne leur sont pas assujettis? » Et un peu après : « Or est-il cependant ces mêmes démons qui leur sont exécrables (*Lact.*, *lib.* IV, c. 27). » En vérité, aurait-il le moindre sens dans tous ces passages? Les païens ne les auraient-ils pas vigoureusement rétorqués pour soutenir la divinité de leurs mystères, si les démons leur avaient été pour lors des êtres si sacrés et tout-puissants?

Je n'en dirai pas davantage. Il reste à vous entretenir des mystères des païens. Mais auparavant vous voudrez bien, Monsieur, que j'observe que, quoique les Grecs et les Romains en rapportassent l'institution, les uns aux démons, et les autres aux dieux, ils s'accordaient cependant pour le fond de la chose.

Il est certain que les Grecs ont bien suivi leur système en faisant présider les démons à tous les mystères de leur religion, parce que la distance de Dieu à la créature étant infinie, il n'y avait, selon eux, que les démons qui pussent remplir ce vide, et en faisant la communication, leur transmettre la volonté des dieux. De même les Latins n'ont pas mal raisonné : car en rapportant leurs mystères tantôt aux dieux, tantôt aux démons, ces deux principes n'ont différé, dans leur hypothèse, qu'autant qu'une cause première diffère d'une seconde qui en emprunte sa vertu. C'est-à-dire que, quand ils ont remonté à la cause première de leur religion et à la source de leurs cérémonies, ils ont dit que les dieux en étaient les instituteurs et les directeurs; et quand ils se sont arrêtés aux canaux, ils ont dit que c'étaient les démons ou les génies. Ainsi je vous prie de ne point critiquer ces expressions, dont je me servirai indifféremment.

Au reste, je ne prétends nullement approfondir cette matière, elle a été épuisée par une multitude d'auteurs. Mon dessein est seulement de vous faire voir que les païens ont souvent parlé de leurs mystères avec peu de respect, et que si le vulgaire en a adoré les voiles, les gens éclairés les ont violemment soupçonnés.

Cela méritait bien, ce me semble, que l'on y insistât. Mais cet examen aurait rendu le paganisme philosophique moins affreux, et le dessein que l'on avait de prévenir par là l'esprit contre la doctrine des démons, telle qu'elle est reçue dans notre religion, en la chargeant des superstitions les plus grossières, n'aurait peut-être pas été si bien exécuté.

Commençons par la magie. Personne n'ignore que ceux qui s'y appliquèrent d'abord étaient extrêmement vénérés, à cause de leur sagesse et de leur profond savoir dans la théologie. Rien ne pouvait réussir sans les avoir auparavant consultés. Si les princes entreprenaient quelque chose, les magiciens étaient les oracles qu'ils consultaient, et ils surent si bien se prévaloir de leur crédit, qu'ils établirent une loi par laquelle on ne pouvait être roi sans avoir été magicien.

Ce nom était très-commun et très-honoré, surtout chez les Perses. De là vient que Cicéron appelle *magiciens* les Perses les plus célèbres (*Cicer.*, *lib.* I *de Divin.*). Pline et Justin veulent que Zoroastre, roi des Bactriens, ait été le premier auteur de la magie (*Plin.*, *lib.* XXX, *cap.* 1; *Just.*, *lib.* I).

Mais ces gens-là, ayant corrompu par leur vanité le légitime usage de la magie naturelle, en inventèrent une autre purement artificielle, apparemment pour soutenir par leurs illusions leur autorité chancelante. Mais dans la suite des temps, quand leurs impostures furent éventées, on les eut en horreur, comme des gens qui ne servaient qu'à séduire le monde par leurs prestiges et à l'empoisonner par leurs maléfices; au point que Tacite nous apprend que le sénat fit des lois qui bannissaient les mathématiciens et les magiciens de l'Italie. « Je ne veux pas, dit saint Augustin aux païens, alléguer que les peuples ont même défendu ces arts par leurs lois, et qu'elles ont été observées sous des peines très-sévères (*August., de Civit. Dei, lib.* VII, *cap.* 35). » Après quoi il montre à Varron, qui voulait rapporter les effets de la magie à certaines causes physiques, que si elles eussent été telles, le sénat n'aurait pas fait brûler certain livre qui en contenait les préceptes.

Enfin cette magie était si odieuse aux païens, qu'ils ne regardaient pas avec moins d'horreur que nous ceux qui s'en mêlaient. Combien les sorciers de Thessalie leur étaient-ils exécrables!

Ego-Pol illum ulciscar hodie Thessalum veneficum.
(*Plautus in Amph.*)

Je ne sais si je dois vous dire que l'on compte d'ordinaire six espèces principales de magie, la nécromancie, la pyromancie, l'aréomancie, l'hydromancie, la géomancie, et la chéiromancie. Mais peut-être ne serez-vous pas fâché que j'observe que ces diverses espèces de divination étaient bien sacrées en substance, quand les lois les autorisaient comme autant de mystères, mais qu'elles étaient abominables lorsque d'autres que le collége des prêtres s'en mêlaient : parce que l'on s'imaginait qu'il n'y avait que les prêtres qui eussent le droit, en vertu des lois, de consulter les bons démons; et que par conséquent les magiciens, qui n'étaient que des personnes particulières sans vocation, n'agissaient que par illusion, ou tout au plus par le commerce des mauvais démons, qui ne demandaient pas mieux que de donner par leur ministère des marques de leur malignité.

C'est pourquoi les païens, qui avaient en horreur le seul nom de magie, donnèrent à leurs mystères celui de divination, et afin d'y mettre une différence plus réelle, ils en changèrent, autant qu'ils le purent, les divers sujets, et en augmentèrent les espèces. Cicéron réduit toute la divination à deux espèces, dont l'une était naturelle et l'autre artificielle (*Cicero, de Divin., lib.* I). La première se faisait par une émotion de l'esprit qui, étant saisi d'une espèce de fureur, prédisait les choses à venir. Tel était l'esprit qui animait la Pythie sur le trépied. La divination artificielle se faisait par l'observation de signes et de circonstances naturelles dans les sujets que l'on avait destinés pour prédire l'avenir. A cette seconde espèce appartenaient l'astrologie, les augures, les auspices, les sortiléges et les prodiges. Si vous en voulez savoir davantage, Polydore Virgile et Pierre du Moulin pourront satisfaire votre curiosité (*Polyd. Virg., lib.* I, *cap.* 22, 23, 24; *Molin., Vates, cap.* 16, 17, *etc.*).

Si les savants du paganisme n'ont pas épargné leurs dieux, vous pouvez bien juger, Monsieur, qu'ils n'ont pas fait grâce à leurs mystères. Ils savaient bien qu'il y avait en cela plus de l'homme que de Dieu. C'est pourquoi ils ne les ont regardés que comme autant de fraudes pieuses, qui, quoique inventées par l'artifice des prêtres, étaient cependant nécessaires pour charmer un peuple sur l'esprit duquel le merveilleux a tant d'efficace.

Pour commencer par l'astrologie, je me contenterai de vous indiquer un endroit d'Aulu-Gelle, où le philosophe Phavorinus maltraite les astrologues en sapant leurs principes, et en les réduisant à de pures conjectures. « Et il nous avertissait (ce sont les paroles de Phavorinus qu'il allègue) de ne pas les croire trop légèrement, parce qu'il semble que de temps en temps il leur échappe quelque vérité : car ils n'avancent pas ce qu'ils ont compris ou arrêté, ou aperçu; mais des choses incertaines, fondées sur des conjectures embarrassées, hésitant entre le vrai et le faux, comme un homme qui marche à pas comptés dans les ténèbres; et il leur arrive, ou qu'en tâtonnant ils tombent sans le savoir sur quelque vérité, ou que, par la crédulité de ceux qui les consultent, ils parviennent adroitement à la découvrir. De là vient qu'ils semblent plutôt conjecturer la vérité des choses à venir par celles qui sont passées. Cependant toutes ces vérités qu'ils prédisent ou témérairement ou adroitement ne sont pas la millième partie de celles où ils mentent (*Aul. Gell., lib.* XIV, *cap.* 1). »

Cicéron, qui a composé deux livres de la Divination, plutôt pour la réfuter que pour l'expliquer, n'épargne ni les victimes, ni leurs entrailles. En voici un endroit que je prends mot à mot de l'*Histoire des oracles*, par l'auteur des *Dialogues des morts.* « Ah! que dites-vous ? » (c'est Cicéron qui se moque du sentiment de Chrysippe, d'Antipater et de Possidonius, philosophes stoïciens, qui disaient que les dieux changeaient les entrailles des animaux dans le moment du sacrifice;) « il n'y a rien de si crédule que vous. Croyez-vous que le même veau ait le foie en bon état s'il est choisi pour le sacrifice par une certaine personne, et en mauvais s'il est choisi par une autre? Cette disposition du foie peut-elle changer en un instant pour s'accommoder à la fortune de ceux qui sacrifient? Ne voyez-vous pas que c'est le hasard qui fait le choix des victimes? L'expérience même ne vous l'apprend-elle pas? Car souvent les entrailles d'une victime sont tout à fait funestes, et celles de la victime que l'on immole immédiatement après sont les plus heureuses du monde. Que deviennent les menaces de ces premières entrailles? Ou comment les dieux se sont-ils apaisés si promptement? Mais vous dites qu'un jour il ne se trouva point de cœur à un bœuf que César sacrifiait, et que comme cet animal ne pouvait pourtant pas vivre sans en avoir un, il faut nécessairement qu'il se soit retiré dans le moment du sacrifice. Est-il possible que vous ayez assez d'esprit pour voir qu'un bœuf n'a pu vivre sans cœur, et que vous n'en ayez pas assez pour voir que ce cœur n'a pu en un moment s'envoler je ne sais où ? »

De là vous pouvez bien juger de sa liberté à critiquer les présages des augures et des auspices. Les poulets sacrés, le vol des oiseaux, leur cri et les circonstances qui accompagnaient ces cérémonies si saintes parmi les Romains, n'étaient pas pour lui choses plus vénérables. « Nous ne sommes pas, dit-il, comme ces augures, qui prédisaient l'avenir par l'observation des oiseaux ou des autres signes. Cependant je crois que Romulus, qui a bâti cette ville sous de bons auspices, a cru que la connaissance de l'avenir consistait dans la science d'augurer. Car l'antiquité a erré en plusieurs choses, et nous voyons maintenant qu'elle a été changée, ou par l'usage, ou par la science, ou par le temps. Mais on retient la coutume, la religion, la discipline, le droit des augures, l'autorité du collège, à cause de l'opinion du vulgaire et des grands avantages qu'en retirait la république. Cependant les consuls P. Claudius et L. Junius, qui se mirent en mer contre les prédictions des auspices, n'ont pas échappé au supplice. Car il fallait se soumettre à la religion et ne pas mépriser si audacieusement la coutume de la patrie. Ç'a donc été avec raison que l'un fut condamné à la mort, et que l'autre se la donna. Flaminius n'obéit pas aux auspices, c'est pourquoi il périt avec l'armée. Mais un an après Paulus y obéit, et néanmoins il fut défait avec l'armée à la bataille de Cannes. »

Lisez comment il traite un peu plus bas les oiseaux sacrés. « C'était alors un auspice, si on lui donnait seulement la liberté de se manifester; cet oiseau passait alors pour l'interprète et le satellite de Jupiter. Mais aujourd'hui qu'on l'enferme dans une cage et qu'on le laisse mourir de faim, s'il se jette sur un plat de farine, et s'il lui tombe quelque chose du bec, tu prends cela pour un augure, et tu t'imagines que Romulus avait de coutume de deviner ainsi. » Que cela était profane en la bouche d'un consul et d'un augure tel que Cicéron!

Mais P. Claudius en vint des paroles aux actions : car comme les augures lui rapportèrent des présages sinistres qui devaient le détourner de se mettre en mer contre les Carthaginois, et lui dirent que les poulets ne voulaient point manger dans leur cage, il les empoigna et les jeta dans l'eau en s'écriant : S'ils ne veulent pas manger, qu'ils boivent!

Je ne suis pas surpris que les païens traitassent les mystères de leur divination avec tant d'indignité; ils en avaient reçu mille fausses prédictions. Régulus observa les auspices, et néanmoins il fut pris; Mancinus, quoique fort religieux, fut fait esclave; Paulus eut des poulets qui mangeaient fort bien, et cependant il fut taillé en pièces. César, qui avait été averti par les auspices et par les augures de ne point passer en Afrique avant le milieu de l'hiver, n'en tint pas compte, se mit en mer, et vainquit plus heureusement.

Qu'il me soit permis de dire un mot des prodiges. Il n'y a rien qui frappe plus l'esprit. Nous sommes si enclins à nous y laisser surprendre, que nous chercherions volontiers querelle à ceux qui voudraient y résister. En général les païens ont été grands zélateurs des prodiges. Il n'arrivait point d'événement surprenant, les princes ne pouvaient naître ni mourir, l'on ne pouvait gagner ni perdre de bataille, sans que les dieux ne changeassent les lois de la nature.

Ne croyez pas cependant que les savants s'y soient laissé surprendre : *Qui amant ipsi sibi somnia fingunt.* Si les historiens païens en ont été prodigues, ils ont eu la discrétion de s'en remettre souvent à la bonne foi d'autrui par un *on dit*.

Cicéron, entre autres, ne les épargne pas. « Est-ce, dit-il, que cela est capable de nous effrayer, quand on nous dit que quelques prodiges sont nés ou des bêtes ou des hommes? Il est nécessaire que tout ce qui se produit tire son origine de la nature; en sorte que l'on ne doit pas croire que s'il arrive quelque chose contre la coutume, cela se soit fait en dehors de la nature. Recherche donc la cause d'une chose nouvelle et merveilleuse, si tu la peux trouver; sinon, sois persuadé que rien ne se peut faire sans cause. Dissipe cette erreur, que la nouveauté de la chose t'a causée, par la connaissance de la nature; et ainsi ni les tremblements de terre, ni les ouvertures des cieux, ni une pluie de pierre ou de sang, ni le transport des étoiles, ni la vue des comètes, ne t'épouvanteront point. Car rien ne se fait sans cause, rien ne se fait qui ne se puisse faire, et cela ne doit point passer pour un prodige, si ce qui a été fait a pu se faire. Il n'y a donc point de prodiges; car si ce qui se fait rarement doit passer pour un prodige, être sage est un prodige, etc. » Lisez la suite, Monsieur, vous y verrez tous ces récits de prodiges que l'on débitait à Rome agréablement réfutés, quoique sur le faux principe des lois constantes et indispensables de la nature.

En effet, tout ce merveilleux était trop insipide pour être goûté des gens éclairés. Les dieux étaient toujours à cheval et armés de pied en cap, ou animant le bois et la pierre. Tantôt Castor et Pollux parurent dans la bataille qui se donna entre A. Posthumius, dictateur romain, et Octavius Mamilius Tusculanus, combattant pour les Romains; tantôt on les vit combattre contre les Perses; tantôt les déesses, animées contre Brennius qui avait violé le temple d'Apollon, s'acharnent cruellement sur lui; tantôt on disait qu'un fleuve avait salué Pythagore, et qu'un orme avait parlé à Apollonius de Tyanes; tantôt que la statue d'Hercule sua à Lacédémone avant la défaite de Leuctres, de même que celles d'Apollon à Cumes, de la Victoire à Capoue, de Mars à Rome; tantôt que l'image de Junon, interrogée si elle voulait bien être transportée ailleurs, répondit : *Je le veux bien;* tantôt que la statue de Memnon, frappée des rayons du soleil, rendait un son mélodieux ; que celle d'Antoine au mont Alban versa du sang pendant la guerre d'Auguste contre Marc-Antoine et Cléopâtre; tantôt enfin que la statue d'Apollon, religieusement portée sur les épaules des prêtres, s'avisa de les laisser là et de se promener dans les airs.

Ce serait abuser de votre patience, que de s'étendre à prouver que les gens éclairés du paganisme ont traité toutes ces histoires de pures fictions. Ceux-là mêmes qui les débitent avec le plus d'assurance y ont mêlé certains traits qui nous font connaître qu'ils n'en étaient pas trop persuadés.

Je ne vous dirai que peu de chose des oracles, parce que cette matière a été traitée à fond par M. Van-Dale, dont l'agréable auteur *des Dialogues des morts* a tiré en substance son *Histoire des oracles*. Je ne voudrais pas cependant séparer entièrement la cause des démons de celle des oracles. Tout l'ouvrage de M. Van-Dale peut être vrai, sans que pour cela l'on en doive nécessairement inférer que tous les oracles aient été de pures impostures. Sa critique est fort exacte, ses passages fidèlement cités, et les faits qu'il rapporte, tirés d'auteurs non suspects (1). Mais pourtant la difficulté subsiste toujours, savoir si la plupart des oracles devant leur crédit à l'artifice des prêtres et à la crédulité des peuples, il n'y en aurait point eu quelques-uns dont le démon se serait mêlé, s'il n'en aurait point quelquefois profité pour amorcer les païens par quelques prestiges, qui, quoique rares, semblent cependant avoir été nécessaires pour les retenir dans le respect, puisque autrement ils auraient été bientôt désabusés, quelque soin que les prêtres eussent pris à voiler leurs mystères et à autoriser leurs fourberies.

Mais s'il y a eu quelques oracles rendus par les démons, il est constant qu'il y en a eu une infinité d'autres où ils n'ont point eu de part. C'est ce que les païens savaient encore mieux que nous. Ils en voyaient tous les jours des preuves convaincantes et circonstanciées de mille défauts trop grossiers pour être attribués aux dieux ou aux démons. Ils n'ignoraient pas que, dans les choses qui peuvent être expliquées naturellement, il n'est pas toujours besoin de remonter au surnaturel.

Tels ont été la plupart des oracles du paganisme. Examinez-en l'origine, rien ne vous paraîtra plus naturel. Les philosophes et les historiens de l'antiquité n'en ont point fait de mystère. Hérodote, d'ailleurs tout plein de merveilleux et de superstition, oublie son propre caractère en expliquant l'institution des oracles de Dodone et de Jupiter Ammon, les deux plus célèbres de la Libye et de la Grèce. Le passage est un peu long, mais il est essentiel.

Voici ses paroles : « Les prêtresses de Jupiter Thébain racontent que deux femmes qui étaient prêtresses furent emmenées de Thèbes par les Phéniciens, et qu'elles ouïrent dire que l'une fut vendue en Libye et l'autre en Grèce; que ces femmes ont été les premières qui ont établi les oracles parmi ces peuples. Et comme je leur demandais d'où elles savaient si positivement ce qu'elles me racontaient, elles me répondirent qu'elles avaient cherché ces femmes avec un soin extrême, et que cependant elles ne les purent jamais trouver; mais que dans la suite elles apprirent d'elles ce qu'elles disaient. C'est ce que me dirent les prêtresses à Thèbes. Or, les principaux de Dodone racontent ceci : Deux colombes noires vinrent de Thèbes, l'une en Libye, l'autre chez eux; celle-ci s'étant posée sur un arbre, dit d'une voix humaine qu'il fallait bâtir là l'oracle de Jupiter. Ils crurent que ce qui leur avait été annoncé était divin; par conséquent ils firent ainsi. Pour ce qui est de l'autre colombe qui alla chez les Libyens, elle leur commanda de bâtir le temple d'Ammon, qui est celui de Jupiter. C'est ainsi que le rapportaient les prêtresses de Dodone, sur le témoignage de tous ceux qui habitaient près du temple de Dodone, dont la plus ancienne prêtresse s'appelait Proménée, qui était la plus proche de Timarète, et la plus jeune fille de Nicandre. Sur quoi j'estime (c'est son explication) que s'il est vrai que les Phéniciens emmenèrent deux prêtresses, et qu'ils vendirent l'une en Libye et l'autre en Grèce, celle qui vint en cette partie de la Grèce qui s'appelait Pélage est la même qui vint chez les Thesprotes, et que, servant là, elle bâtit sous un arbre le temple de Jupiter, comme c'était la coutume à Thèbes de servir dans ce temple. Il est arrivé de là que l'on a parlé d'elle, et que l'on a institué l'oracle; qu'ensuite ayant appris la langue grecque, on a dit que les mêmes Phéniciens vendirent sa sœur en Afrique, aussi bien qu'elle. Or, la raison pourquoi ces femmes furent appelées des colombes par les Dodoniens vient, ce me semble, de ce qu'elles étaient barbares; ce qui leur semblait avoir quelque rapport à ces oiseaux-là. Mais quelque temps après, ils dirent que cette colombe avait parlé, après que cette femme eut appris à s'énoncer d'une manière assez intelligible pour être entendue d'eux. Car tandis qu'elle parla d'une manière barbare, elle ne leur fut pas plus intelligible qu'un oiseau. Autrement comment colombe parlerait-elle? Or, en disant que c'était une colombe noire, ils voulaient dire que c'était une femme égyptienne (*Herod.*, *Eut. lib.* II). »

L'explication est forcée, je l'avoue, mais enfin elle est démonstrative, dans la bouche d'Hérodote, pour prouver que l'on savait bien réduire la fondation des oracles à des principes purement humains, et que l'on aimait mieux faire quelques efforts d'imagination afin d'en donner des explications paraboliques, que d'en reconnaître le surnaturel.

Diodore de Sicile nous apprend quelque chose d'assez plaisant touchant l'institution de l'oracle de Delphes. Il arriva que des

---

(1) Le P. Baltus a réfuté les paradoxes de ce médecin anabaptiste, dont les *Dissertations sur les oracles des païens*, écrites en mauvais latin, n'ont eu quelque vogue qu'à cause du coloris et des agréments que leur a donnés Fontenelle dans son *Histoire des oracles*. On trouvera, à la suite de ce traité, cette savante réfutation du P. Baltus. (*Ed.*)

chèvres s'étant approchées sur le Parnasse d'un trou d'où sortait une exhalaison forte, se mirent à danser. La nouveauté de la chose et l'ignorance où l'on était de la vertu naturelle de ces vapeurs firent croire qu'il y avait là-dessous du merveilleux, et que sans doute ce trou était la demeure de quelque dieu, dont il ne fallait pas négliger les inspirations. Il n'en fallut pas davantage : on y bâtit un temple, l'on y institua un oracle, des prêtres, une pythie, des cérémonies.

L'exhalaison qui montait à la tête de la prêtresse l'agitait violemment : c'était l'inspiration du dieu qui la saisissait; elle parlait sans se faire comprendre : c'était le dieu qui combattait ses facultés : elle revenait à elle-même et prononçait l'oracle : c'était le dieu, qui, devenu le maître, parlait par son organe.

La force de l'exhalaison était quelquefois si violente qu'elle faisait mourir la pythie. Plutarque nous en fournit un exemple. « Qu'arriva-t-il donc à la pythie? Elle descendit bien dans le trou de l'oracle malgré elle. Mais elle montra d'abord qu'elle ne pouvait plus souffrir l'exhalaison, remplie qu'elle était d'un esprit malin et muet. Enfin, étant tout à fait troublée et courant vers la porte en poussant un cri horrible, épouvantable, elle se jeta contre terre, tellement que non-seulement les voyageurs, mais aussi le grand prêtre Nicandre et tous les autres prêtres et religieux qui étaient là présents, s'enfuirent de peur; cependant, rentrant un peu après, ils l'enlevèrent étant encore hors d'elle-même; elle ne survécut que de peu de jours (*Plut., des Oracles qui ont cessé*). »

Sur ce principe des exhalaisons, Cicéron et Plutarque prétendent expliquer pourquoi les oracles ont cessé. « C'est, dit Cicéron, que cette vertu terrestre qui agitait l'esprit de la pythie par une inspiration divine s'est évanouie avec le temps; comme nous voyons que plusieurs rivières se sont séchées, ou qu'elles ont pris un autre cours et ont été détournées ailleurs (*Cicer., de Div. lib.* 1; *Plut., des Oracles qui ont cessé*).» Mais cette raison serait extrêmement faible, si vous n'y joigniez les lumières de la philosophie, dont les degrés de perfection furent autant d'époques de la ruine des oracles.

Il ne faudrait qu'examiner la situation des lieux où se rendaient les oracles, pour tomber d'accord que ces mystères n'étaient qu'un enchaînement d'artifices. Elle était la plus commode du monde, ordinairement sur de hautes montagnes bordées de précipices et de rochers, ombragées d'épaisses forêts. Il fallait faire de longs et de pénibles voyages pour s'y rendre, souffrir les ardeurs du soleil et la stérilité de vastes campagnes, parce que l'oracle s'éloignait des lieux habités, qui lui étaient suspects.

Que tout cela était bien imaginé! Ceux qui venaient le consulter, déjà prévenus en sa faveur et l'imagination toute pleine de merveilleux, se sentaient saisis d'un redoublement de crainte en approchant du lieu sacré. Leur longue pérégrination à travers mille difficultés les avait extrêmement abattus et en quelque sorte fléchis au respect, quand même ils auraient ou quelques scrupules. Parvenus dans ces lieux escarpés, pleins d'antres et de cavernes, où les arbres interceptaient la lumière du soleil, qu'un profond silence rendait affreux, combien leur imagination était-elle disposée à se faire illusion ! De combien de fantômes et de terreurs leur esprit était-il frappé !

S'agissait-il de consulter l'oracle? Il fallait auparavant avoir pratiqué un grand nombre de cérémonies et de préparatifs, sans doute d'une merveilleuse vertu pour réprimer tout mouvement de critique, et pour instruire les prêtres du sujet de la consultation, afin que le dieu devinât plus sûrement.

Plutarque dit que quand la pythie se mettait sur le trépied, il sortait du sanctuaire une douce odeur qui remplissait le lieu où étaient les consultants (*Plut., des Oracles qui ont cessé*). Jugez s'il ne pouvait pas y avoir quelque charme propre à faire illusion !

Ce sanctuaire était un lieu obscur, peu éloigné de celui où étaient ceux qui venaient interroger l'oracle. Des voûtes et peut-être des instruments propres à grossir et à faire retentir la voix la rendaient terrible. La fourberie ne pouvait être découverte, car personne n'entrait dans le sanctuaire, et s'il y a eu quelques princes privilégiés qui y aient été introduits, ce n'a été qu'après avoir bien étudié leurs dispositions. Et d'ailleurs les prêtres avaient mille ressorts cachés qu'ils ne manquaient pas de faire jouer dans l'occasion.

Quelles étaient les réponses de l'oracle? Des ambiguïtés, des équivoques accommodées aux événements les plus vraisemblables, des possibilités vagues qui n'affirmaient rien de positif.

Horrendas canit ambages, antroque remugit,
Obscuris vera involvens.

Ce n'est pas seulement Virgile qui remarque l'ambiguïté et l'obscurité des oracles; tous les auteurs païens y ont trouvé ce défaut, et ont réduit les dieux à de pures conjectures. Cicéron vous en dira des choses curieuses dans ses livres de la Divination. OEnomaüs, philosophe et orateur grec souvent cité par Eusèbe, maltraite les oracles de la manière la plus outrageante, en faisant un catalogue rigoureusement exact de leurs ambiguïtés et de leur fausseté (*Apud Euseb., lib.* IV *de Præp. Evang.*). Porphyre, ce zélé défenseur du paganisme, cherchant la raison pourquoi les événements ne répondaient pas aux prédictions des oracles, la trouve en ce « qu'ils ne prédisent pas les choses par une véritable divination, mais seulement par des conjectures prises de la nature, du mouvement et de la conjonction des astres; ce qui a paru, ajoute-t-il, en plusieurs oracles. Car Apollon, interrogé par un homme s'il lui naîtrait un fils ou une fille, répondit que ce serait une fille, parce que, disait-il, au temps de la conception, Vénus obscurcissait Arares. Une autre fois on lui demanda si l'année serait malsaine, il répondit oui, parce que la constellation était dangereuse pour les poumons (*Porph.*, *de Resp. oracul.*). »

C'est encore Porphyre qui dit de sang-froid qu'Apollon n'était pas toujours d'humeur à parler, et qu'*il menaçait ceux qui l'interrogeaient mal à propos de ne répondre que des mensonges.* C'était là se délivrer des importuns de bonne grâce!

Encore une réflexion, Monsieur, elle vous divertira. Les dieux prenaient goût quelquefois au commerce des femmes. Ils en demandaient de richement parées des mains mêmes de leurs maris; et dans la prévention où l'on était de l'honneur que le dieu faisait, on les lui envoyait comme des victimes chargées de riches présents. C'est ce que l'auteur de l'*Histoire des oracles* a observé, quoiqu'il ajoute qu'*il ne conçoit point que de pareilles choses aient pu arriver seulement une fois* (*Pag.* 177). Je serais aussi de son sentiment si je n'en trouvais dans l'antiquité des exemples incontestables. J'avoue cependant qu'il est impossible qu'une dévotion si bizarre ait pu être générale. Mais il n'est pas impossible qu'il y ait eu parmi les païens des gens assez superstitieux et assez aveugles pour s'en faire honneur. Sans rapporter les exemples que cet auteur en allègue, vous en serez convaincu par ce passage de Josèphe, que je vous cite tout entier, parce qu'il s'y trouve des particularités que l'on ne saurait omettre.

« Il y avait à Rome, » ce sont ses paroles (*Hist. Jud.*, lib. XVIII, cap. 4), « une jeune dame, nommée Pauline, non moins illustre par sa vertu que par sa naissance, et aussi belle qu'elle était riche. Elle avait épousé Saturnin, qu'on ne saurait mieux louer qu'en disant qu'il était digne d'une femme aussi distinguée. Un jeune homme qui tenait un rang considérable dans l'ordre des chevaliers conçut pour elle l'amour le plus violent. Comme elle était d'une condition et d'une vertu à ne pas se laisser corrompre par des présents, l'impossibilité de réussir dans son dessein augmenta encore sa passion. Il tenta cependant de la séduire en lui faisant offrir deux cent mille drachmes; mais elle rejeta cette proposition avec mépris. La vie devenant alors insupportable à Mundus (c'était le nom du jeune homme), il résolut de se laisser mourir de faim. Mais l'une des affranchies de son père, nommée Idé, découvrit son dessein, et le conjura, pour l'en détourner, de ne point perdre l'espérance, puisqu'elle lui promettait de lui faire obtenir ce qu'il désirait sans qu'il lui en coûtât plus de cinquante mille drachmes. Une telle proposition fit reprendre courage à Mundus, et il lui donna la somme qu'elle demandait. Comme cette femme n'ignorait pas que l'argent ne pouvait rien sur une personne si vertueuse, elle eut recours à un autre moyen : sachant que la dame avait une dévotion particulière pour la déesse Isis, elle alla trouver quelques-uns de ses prêtres. Après leur avoir fait jurer le secret, elle leur dit combien était grand l'amour de Mundus pour Pauline, ajoutant que s'ils voulaient lui promettre de trouver le moyen de satisfaire sa passion, elle leur donnerait à l'heure même vingt-cinq mille drachmes, et autant encore lorsqu'ils auraient exécuté leur promesse. L'espoir d'une si grande récompense leur fit accepter la proposition : le plus âgé alla trouver aussitôt Pauline et lui dit que le dieu Anubis, ayant conçu de la passion pour elle, lui commandait de se rendre auprès de lui. La dame s'en tint si honorée, qu'elle s'en vanta à ses amies et le déclara même à son mari, qui, connaissant son extrême chasteté, y consentit volontiers. Ainsi elle alla au temple : le soir, après avoir soupé, le prêtre l'enferma dans une chambre où il n'y avait point de lumière, et où Mundus, qu'elle croyait être le dieu Anubis, était caché. Il passa toute la nuit avec elle; puis, le lendemain matin, avant que ces prêtres corrompus, dont la méchanceté l'avait fait tomber dans le piége, fussent levés, elle vint retrouver son mari, lui dit ce qui s'était passé, et continua de s'en glorifier avec ses amies. » Dans la suite, cet historien dit que Mundus, ayant rencontré la dame, lui apprit qu'il avait été le vrai Anubis. Tibère, ayant été informé de l'aventure, fit crucifier les prêtres avec Idé, et raser le temple d'Isis.

Je veux bien que ce temple d'Isis ne fût pas un temple d'oracles; il reste toujours avéré qu'à Rome même la passion des dieux pour les femmes n'était pas chose inouïe. Anubis passait pour le plus impudique de tous; il fut même banni de Rome pour cette raison; et cependant cette dame si chaste ne s'étonne point d'une proposition si surprenante. Le dieu a de la passion pour elle, il lui commande de l'aller trouver; la dame s'en tient honorée, elle s'en glorifie, elle le communique à son mari, qui y consent. Après même qu'elle eut passé la nuit avec le prétendu dieu, elle raconte la chose à son mari, et continue à s'en glorifier avec ses amies. Si le fait eût été sans exemple, comment comprendre qu'une dame si vertueuse se fût déterminée sans hésiter à satisfaire la passion d'Anubis, et que le mari d'une femme aussi sage y eût consenti si promptement? Si cela s'est quelquefois pratiqué à Rome, la ville la plus éclairée de l'univers, que n'aura-t-on pas fait chez les nations barbares?

Ce seul exemple en vaut mille, dans la bouche d'un historien tel que Josèphe, qui n'aurait pas osé noter d'une telle infamie les mystères des païens, dont il était obligé de ménager les esprits pour les raisons que vous savez, si le fait n'eût pas été public et circonstancié comme il le rapporte.

Comme vous êtes homme à tirer des conséquences de tout, je prévois que vous ne manquerez pas de rapporter à de semblables commerces la naissance de la plupart de ces héros et de ces demi-dieux du paganisme, et peut-être irez-vous jusqu'à douter que Philippe ait été le père d'Alexandre le Grand. Au moins direz-vous, avec la plupart des historiens, qu'il fut engendré de Jupiter Ammon, et que ce fut pour cette raison que l'oracle de Delphes ordonna à Philippe de vénérer ce dieu.

Je vous laisse, Monsieur, donner, sur ce chapitre, un libre cours à vos réflexions. Pour moi, je finirai cette lettre, qui n'est que trop longue, en vous priant de conclure de tout ce que nous avons dit, que, quoique les païens aient altéré la doctrine des démons, en y ajoutant bien des fables, il ne faut que des yeux pour voir qu'ils en ont retenu diverses vérités; qu'ils ont mis une grande différence entre les démons et les dieux, qu'ils ne les ont conçus que comme des agents subalternes, et que, dans le fond, ils n'ont pas été si religieux observateurs de leurs mystères, qu'ils ne les aient souvent accusés d'impostures. Je suis, etc.

QUATRIÈME LETTRE.

SOMMAIRE. — *Les païens n'ont pas absolument nié, mais seulement examiné les opérations des démons. Que M. Bekker ne peut rien conclure des faits dont il a grossi son ouvrage. On avance que les païens ont formé plusieurs de leurs dieux sur l'histoire sacrée des patriarches. Ce qui se prouve par la conformité que l'on trouve entre Noé, Cham, Sem et Japhet, et Saturne, Jupiter, Neptune et Pluton. Quel effet les miracles de Dieu, en Égypte, produisirent sur les Égyptiens. Conformité de Tiphon avec Moïse. Les païens ont connu les histoires de l'Ancien Testament. Tels ont été les Égyptiens, les Chaldéens et les Phéniciens; puis les Grecs, qui n'ont écrit que quelques siècles après Moïse. Par la dispersion des Chananéens et des dix tribus, les païens ont eu quelque connaissance de l'histoire des livres saints. Traduction des livres de Moïse en grec avant celle des Septante. Conformité d'Hercule avec Josué. Rites judaïques observés parmi les païens. Ç'a été par les mêmes voies qu'ils ont connu les anges et les démons. Observation sur le culte des serpents. Si l'Ancien Testament enseigne l'existence des démons, il enseigne aussi leurs opérations.*

Monsieur,

Je ne suis pas moins surpris de votre lettre, que vous me dites l'avoir été de ma précédente. Peu s'en faut que vous ne me mettiez au nombre des sectateurs de monsieur Bekker. Vous ne pensez pas, me dites-vous, qu'en éludant ainsi tout le surnaturel de la divination des païens, et particulièrement des oracles, vous vous réfutez vous-même. Si tous les mystères du paganisme n'ont été que purs artifices, évidentes impostures où tout était naturel, que deviendront les opérations des démons?

Vous ne m'avez pas compris, Monsieur. Si vous aviez un peu examiné ce que je vous en ai écrit, vous auriez d'abord aperçu que mon intention n'est pas de dire que les païens aient absolument nié les opérations des démons dans leurs mystères, mais seulement de montrer combien la plupart de leurs savants étaient éloignés de croire aveuglément toutes ces histoires plaisantes où l'on faisait toujours intervenir les démons sans nécessité. Les plus incrédules confessaient bien qu'il y avait de certains événements qu'ils ne pouvaient concilier avec les lois ordinaires de la nature, de certains faits qui épuisaient toutes leurs lumières. Mais au fond, ils pouvaient légitimement douter de la bonne foi de ceux qui ne vivaient que d'oracles. Ils ne niaient pas en général les opérations des démons, mais ils avaient la curiosité d'examiner si les entrailles des victimes, si les poulets sacrés en recevaient effectivement les influences, si la pythie sur son trépied, divinement inspirée, rendait d'autres oracles que ceux qu'ils auraient pu faire eux-mêmes. Ils en pesaient chaque parole, chaque circonstance; et ils en concluaient par mille expériences qu'ils en savaient pour le moins autant que les démons et qu'Apollon même. Ainsi, sans nier absolument les opérations des démons, ils rejetaient simplement ce grand amas d'impostures et de fables dont le vulgaire se repaissait avec avidité.

Que M. Bekker se serait épargné de peine s'il avait bien voulu raisonner sur ce principe! En retranchant de ses livres cette multitude inutile de contes choisis et circonstanciés à son avantage, il aurait par là réduit son ouvrage à un peu moins de la moitié. Car à quoi bon se jeter dans ce labyrinthe? Combien de volumes ne composerait-on pas si on voulait ramasser toutes ces histoires? Est-ce là l'état de la question? Les païens s'en sont moqués; et nous les admettrions sans examen?

Mais voyons ce qui résultera du raisonnement de l'auteur. On peut naturellement expliquer les faits qu'il rapporte, sans que l'on soit obligé d'y faire intervenir le diable, et par conséquent il n'y en aura aucun autre où il ait opéré. Quelle induction! Cet argument ne prouve rien, parce qu'il prouve trop.

Mais qu'est-il besoin d'examiner tous ces faits pour prouver les opérations des démons? Nous n'avons qu'à suivre la voie que nous avons tracée; elle est courte et naturelle; elle nous conduit sans détour à une source infaillible.

Abandonnons donc à la critique de monsieur Bekker ce nombre infini d'histoires où l'on fait toujours présider le diable. Que tous les peuples du monde aient travaillé de concert, en se trompant eux-mêmes, à nous faire illusion, j'avoue que l'on ne saurait pousser la libéralité plus loin. Aussi nous ne sommes généreux qu'afin de réduire la question à un principe simple, débarrassé de tous les incidents qu'on y pourrait faire naître pour en critiquer l'évidence.

Toutes les nations du monde nous parlent de démons : toutes s'accordent dans l'essentiel : ce sont des intelligences dont la nature est moins excellente que celle des dieux, des êtres qui leur sont inférieurs, des agents ministériels, dont les uns sont bons, pacifiques, destinés pour aider les hommes, pour leur notifier la volonté des dieux, et pour les pousser à en exécuter les commandements ; dont les autres, au contraire, sont des agents malins, haïssant les hommes, ne travaillant qu'à leur nuire, à les affliger, à les souiller de crimes. D'où vient ce consentement unanime et constant des peuples en tous temps et en tous lieux?

Il vient, Monsieur, du même principe d'où ils ont tiré tant de vérités qu'ils ont attribuées à leurs dieux ; de l'Ancien Testament qui, brillant partout des caractères de la Divinité, a tellement frappé l'esprit des païens, que, pour rendre leurs dieux plus vénérables, ils ont cru ne pouvoir mieux faire que de les former sur l'histoire des patriarches, et que de leur en attribuer les principaux traits.

Je ne saurais, Monsieur, vous refuser la satisfaction que vous souhaitez : je vous donnerai deux ou trois exemples palpables de cette conformité. Plusieurs grands hommes l'ont fait voir visiblement. Mais comme vous n'avez peut-être pas de ces sortes de livres, et que, d'ailleurs, rien n'est plus exact ni plus exquis que leur critique à cet égard, ce sera de leurs écrits que j'emprunterai les traits historiques que vous lirez dans la suite, qui vous feront voir de suite que les païens ont puisé dans l'Ancien Testament une infinité de vérités qu'ils ont appliquées à leurs fausses divinités. Après quoi nous ferons nos remarques particulières.

Commençons par Saturne. C'est l'incomparable Samuel Bochart (*Geogr. sacr. lib.* I, *cap.* 1) qui prouve, par les rapports qui se trouvent entre Noé et ce faux dieu des païens, que ce qu'ils en ont débité, ils l'ont pris de l'histoire de Moïse. Voici ce qu'il en dit : « Noé a été le père commun de tous ceux qui ont vécu après le déluge. De même Saturne est appelé par Orphée, *le père de toutes choses, le prince du genre humain*, et sa femme Rhéa, *la mère des dieux et des hommes*. Noé n'a pas seulement été juste ; mais aussi *héraut de justice*, parce qu'ayant vécu dans un siècle où les mœurs des hommes étaient très-corrompues, il n'oublia rien de ce qui était nécessaire pour les rappeler par ses paroles et par ses exemples à la règle de la vraie piété. Ainsi les païens veulent que Saturne ait été un roi très-juste, *qui travailla fortement à ramener les hommes d'une vie barbare à un culte plus poli. De là vient qu'il acquit de grands honneurs, qu'il traversa plusieurs lieux de la terre, et qu'il rappela tous les hommes à la simplicité de l'esprit* (*Diod., lib.* v *Biblioth.*). Aurélius Victor dit qu'*il fit passer à une vie bien réglée les hommes, alors sauvages et accoutumés à vivre de rapines* (*Aurel., de Orig. gent. Rom.*). A quoi se rapportent ces vers de Virgile :

Is genus indocile et dispersum montibus altis,
Composuit legesque dedit.

(*Virg., Æneid. lib.* VIII.)

« Entre le temps du déluge et le commencement de la dispersion des peuples, il s'écoula cent ans, pendant lesquels le monde n'ayant pas encore été divisé, Noé exerça sur le genre humain un empire naturel, semblable à celui d'un père sur ses enfants. C'est là l'âge d'or des poëtes, qui racontent que, sous le règne de Saturne, les hommes possédaient toutes choses en commun. *On dit que le roi Saturne*, dit Trogus dans Justin, *fut si juste, que personne ne servit sous lui, et n'eut aucun bien en particulier. Mais toutes choses étaient communes sans division : comme si c'eût été un seul patrimoine commun à tous* (*Just., lib.* XLIII). Virgile et Ovide ont eu la même opinion (*Virg.*, I *Georg.; Ovid., lib.* III *Amor.*). Hésiode, surtout, s'en exprime en des termes fort remarquables : *Pendant que le roi Saturne eut l'empire des cieux, les hommes, semblables aux dieux, goûtaient une paix profonde, et n'avaient ni travail ni chagrin.* Ce qui semble avoir été pris de cette prophétie de Lamech touchant Noé : *Celui-ci nous soulagera de notre œuvre et du travail de nos mains, à cause de la terre que l'Eternel a maudite* (*Gen.* v, 29).

« Dans ce siècle *toute la terre était d'un langage et d'une même parole* (*Gen.* XI, 1). Ce que les poëtes étendent jusqu'aux bêtes. De là vient qu'ils veulent qu'il y eût alors une certaine langue commune aux hommes et aux bêtes. *Les enfants de Saturne*, dit Platon, *jouissant d'un si grand repos et de la faculté de discourir non-seulement avec les hommes, mais aussi avec les bêtes, se servaient d'eux tous pour la pratique de la philosophie* (*Plato in Politic.*). Noé est appelé *l'homme de la terre* (*Gen.* IX, 20), c'est-à-dire *laboureur* (selon le style ordinaire de la langue sainte, dont Samuel Bochart allègue plusieurs exemples). C'est de ce Noé, de *cet homme de la terre*, que les mythologistes ont inféré, comme s'il fût marié avec la déesse Terre, que la terre est la même que Rhéa, femme de Saturne. Et comme d'autres n'ignoraient pas que ces paroles : *Noé commença à être l'homme de la terre et à planter la vigne*, étaient une description d'un laboureur et d'un vigneron, ils attribuèrent aussi à Saturne la culture des champs et des vignes. *Il fut le premier*, dit Aurélius Victor, *qui enseigna l'agriculture* (*Aurel., de Orig. gent. Rom.*). Ce que Plutarque et Macrobe ont aussi écrit (*Plut. in Romaic. quæst.* 42, *et in Parall.; Macrob. lib.* I, *cap.* 6). De même, parce que ce saint homme n'ayant peut-être pas encore éprouvé la vertu du vin, y succomba, en mémoire de cette action, on avait accoutumé de s'enivrer pendant les saturnales ; et l'on croyait que Saturne présidait à cette ivresse. De là vient que Saturne dit, dans Lucien, qu'*il préside à la joie, au chant et à l'ivrognerie*. Pendant cette fête de Saturne, comme le rapporte Athénéus (*Lib.* XIV), les Romains avaient coutume de donner un repas à leurs esclaves, et de les y servir ; ce qui ne se pratiquait pas seulement à Rome et en Grèce, mais aussi à Babylone. En effet, Noé ayant maudit Cham, lui prédit que ses descendants seraient les serviteurs des serviteurs.

« L'occasion de l'anathème lancé contre

Cham fut qu'il avait *vu la nudité de son père* (*Gen.* ix, 22). Ce que les poètes ont connu en partie, en disant que Saturne donna une loi qui défendait, sous des peines sévères, de porter ses regards sur les dieux en état de nudité. C'est pourquoi ou lit dans les hymnes de Callimachus que Minerve aveugla Tirésias qui l'avait vue au bain.

« C'est aussi une chose remarquable que dans le Timée de Platon, Saturne, sa femme Rhéa et ceux qui étaient avec lui, sont dits être nés de l'Océan et de Thétis. Car Noé et les siens sortirent des eaux du déluge comme du sein de leur mère. De là vient que les anciens Romains ont voulu qu'un navire fût le symbole de Saturne; ce qui a fait croire aux modernes que ce navire signifie celui qui l'apporta en Italie.

Et bona posteritas puppim signavit in ære,
 Hospitis adventum testificata dei.
   (*Ovid.*, *Fast. lib.* i.)

« Mais comme ce symbole d'un navire a été commun, selon Plutarque (*In Romaic.*), aussi bien à Janus, à Evandre, à Enée, qu'à Saturne, il semble que les anciens ont entendu autre chose par un navire, savoir l'arche de Noé, qui le sauva du déluge universel. Et c'est ce que les Assyriens n'ont pas entièrement ignoré, quoiqu'ils aient obscurci par leurs fictions la vérité du fait, afin de donner à leur roi Xisuthre une partie de la gloire due au seul Saturne, c'est-à-dire à Noé. Ils disent donc qu'*il y eut sous son règne un grand déluge dont Xisuthre fut sauvé, Saturne lui ayant prédit l'avenir, et lui ayant recommandé de bâtir une arche et de s'y réfugier avec des oiseaux, des reptiles et du bétail* (*Apud Cyrill.*, *contra Julian.*, *lib.* 1). »

Sur quoi notre auteur allègue encore quelques passages très-curieux. « De même, ajoute-t-il, les auteurs grecs écrivent qu'au temps du déluge particulier de Thessalie, Deucalion se retira aussi dans une arche. On rapporte, dit Plutarque, qu'*une colombe fut lâchée de l'arche, et que cet oiseau annonça à Deucalion, par son retour la continuation de l'orage, et par sa demeure la sérénité du ciel.*

« Les poëtes veulent que Saturne ait dévoré tous ses enfants, excepté trois, Jupiter, Neptune et Pluton, qui, demeurant seuls, partagèrent entre eux toute la terre. Noé, en tant que prophète et pasteur, fut aussi en quelque manière le père du premier monde, qu'*il condamna*, comme l'enseigne saint Paul (*Hebr.* xi, 7) ; parce que par ses prédictions il condamna les hommes au châtiment du déluge. Car, selon le style de l'Ecriture, les prophètes sont dits faire ce qu'ils prédisent, etc. En ce sens, Noé détruisit tous les hommes, c'est-à-dire qu'il prédit qu'ils seraient détruits. Il n'en resta que trois, Sem, Cham et Japhet, qui partagèrent entre eux l'empire du monde; et ce sont les trois enfants de Saturne qui lui succédèrent au royaume. »

Je n'ai garde d'étendre ici les rapports palpables que cet excellent critique trouve entre les trois fils de Noé et les trois fils de Saturne, les bornes étroites d'une lettre ne me permettant pas de faire beaucoup de ces sortes d'extraits. Cependant, comme ces remarques nous mènent à la première source d'où les païens ont emprunté tant de vérités qu'ils ont aveuglément appliquées à leurs faux dieux, je ne saurais me dispenser de vous en faire un parallèle abrégé, en suivant toujours notre auteur. Le beau jour que cela nous donnera pour découvrir l'origine des démons !

« Cham ou Ham, dit Samuel Bochart, s'étant établi en Afrique, y fut adoré pendant plusieurs siècles sous le nom de *Jupiter-Ham* ou *Hammon*, que les Egyptiens appelaient *Ammoun*, ou *Amoun* (*Herod. Eut.*; *Plut. in Isid.*), en changeant l'aspiration en un accent doux. »

L'Ecriture sainte fait mention de cet *Amon*, ou *Hamon*, en trois passages (*Jerem.* xlvi, 25 ; *Ezech.* iii, 15 ; *Nahum.* iii, 8), que les interprètes, selon Samuel Bochart, ont expliqués tout autrement que le texte ne porte.

« Non-seulement le nom d'*Ammon* fut célèbre en Egypte, mais aussi dans l'Arabie et en Afrique. *Ammon* était un fleuve d'Arabie, *Ammonium* un promontoire ; et il se trouvait des peuples qui s'appelaient *Ammoniens*. Il y avait la ville d'*Ammon*, un temple d'*Ammon*, la ville *Ammonienne*, le pays *Ammoniaque*, où ce célèbre oracle de Jupiter Ammon était situé. Enfin toute l'Afrique s'appelait *Ammonienne*, du nom d'*Ammon*. » C'est ce qu'il prouve par plusieurs passages des auteurs païens.

« Or, que Cham soit Jupiter, c'est ce qui se prouve par plusieurs raisons. Premièrement par son nom de *Ham*, dont on a fait l'Αμουν égyptien et l'*Ammon* ou le *Hammon* africain, que tout le monde sait être les noms de Jupiter. En second lieu, *Ham* signifie *brûlant ;* de même Ζεὺς en grec semble signifier *brûlant*. De là vient que les poëtes ont entendu l'air par le nom de Jupiter. En troisième lieu, comme Cham était le plus jeune des enfants de Noé, il en est de même du Jupiter de Saturne, selon Callimachus (*In Jove*). En quatrième lieu, l'on a feint que Cham ou Jupiter était le maître du ciel, parce qu'il eut en partage l'Afrique, dont la plus grande partie étant entre les tropiques, a le soleil et les autres planètes sur la tête. De là vient que l'on a cru qu'elle était la plus proche du ciel, comme s'exprime Lucain (*lib.* ix). En cinquième lieu, on lit en plusieurs auteurs que Jupiter coupa à Saturne son père les parties de la génération, ce qui semble être pris de ces paroles du livre de la Genèse mal entendues : *Et Cham, le père de Chanaan, ayant vu la nudité de son père, le déclara*, etc. (*Gen.* ix, 22). Là le verbe *déclarer*, détaché du fil du discours et destitué des points-voyelles, a pu être lu ainsi: *et il coupa*, comme venant d'un verbe qui signifie couper. » Notre critique rapporte plusieurs exemples de l'Ecriture où ce verbe, fléchi en un autre mode a cette dernière signification.

« Japhet est le même que Neptune. Les païens lui ont donné l'empire de la mer, parce que l'Afrique étant échue à Cham, et l'Asie à Sem, deux parties du monde qui consistent en terre ferme, la portion qui échut à Japhet consiste, pour la plus grande partie, en îles et en péninsules. C'est pourquoi on donna à Neptune le nom de Ποσειδῶν, qui est un terme punique, qui signifie large et étendu. Ce qui peut avoir été pris de ces paroles de Noé : *Que Dieu étende Japhet* (Gen. IX, 27).

« Je ne puis m'empêcher d'ajouter qu'il y a quelque affinité du nom latin de Neptune à celui de Japhet, parce que le verbe d'où vient le nom de Japhet a dans sa conjugaison passive *Niphta*. A moins que l'on n'aime mieux dériver ce nom de Neptune, du mot égyptien νεφθύν, ce qui est la pensée de Plutarque (*De Isid. et Osir.*).

« Il reste à parler de Sem, à qui Noé parle en ces termes : *Béni soit l'Eternel, Dieu de Sem ; et que Chanaan soit son serviteur.* Parce que l'Eternel fut le Dieu de Sem d'une manière toute particulière, que de sa postérité est né Jésus-Christ, le Fils de Dieu, et qu'il n'y a pas lieu de douter que Sem ne persévéra constamment dans le vrai culte de Dieu, et ne fit tous ses efforts pour réprimer le cours de l'idolâtrie par ses paroles et par ses exemples, c'est pourquoi les idolâtres haïrent le nom de Sem. Ils en firent bien un dieu, mais le dieu des enfers. Et comme, en haine de la piété, ils feignirent que Saturne, c'est-à-dire Noé, avait été renfermé dans leur tartare ténébreux, de même ils précipitèrent Sem, sous le nom de Pluton, dans les enfers.

« Ici on doit observer l'allusion de ce nom Sem au terme *Samma* ou *Semana*, qui signifie *destruction* ou *désolation* ; ce qui est presque la même chose que le mot Ἅδης ou Ἀΐδης. De même Tiphon était appelé Σμύ par les Egyptiens, par une allusion semblable au nom de Sem. Ce passage de Plutarque est remarquable : *Tiphon s'appelle, comme nous avons dit, Seth, et Bebon, et Smy ; noms qui signifient un arrêt violent, une contrariété ou un renversement* (*Plut., de Isid. et Osir.*). Car les uns veulent que Tiphon ait été un géant, et les autres un dragon qui fut tué d'un coup de foudre. De là vient qu'il est appelé par quelques-uns d'un nom que les Arabes donnent également aux serpents et aux diables. D'autres l'appelaient *Seth* et *Smy*, afin de diffamer la mémoire de ceux qui ont été les plus zélés défenseurs du culte divin, c'est-à-dire Seth et Sem. »

Douteriez-vous, après cela, Monsieur, que les païens aient attribué à leurs dieux plusieurs vérités consignées dans l'Ancien Testament ? Ces rapports sont trop visibles. Et si vous n'en étiez pas convaincu, il faudrait bien vous rendre à cette multitude d'analogies semblables que nous pourrions encore établir. Mais peut-être aurons-nous l'occasion de vous en rapporter quelque autre trait de convenance dans nos remarques particulières.

N'exigez pas, je vous prie, que je vous explique longuement comment il a pu se faire que les païens, qui étaient prévenus de tant de mépris et de haine contre les Israélites, aient cependant emprunté des livres de Moïse et des prophètes tant de vérités historiques, et les aient adoptées avec tant d'empressement.

Ce n'est pas qu'il ne soit très-facile de résoudre votre difficulté. Mais je crains qu'en répondant à toutes vos objections, vous ne me fassiez violer la promesse que je vous ai faite d'être court. Contentez-vous donc, s'il vous plaît, Monsieur, de ce peu de réflexions que je vais faire en passant, et qui seront néanmoins suffisantes pour vous convaincre qu'il n'est nullement absurde de dire que les anciens païens ont formé leurs dieux sur le modèle des patriarches.

Sans parler des apparitions fréquentes de Dieu aux patriarches, des oracles qu'il leur donna, de la sagesse de son économie envers l'Eglise d'Israël, des miracles qu'il opéra pour affermir et conserver son peuple, miracles dont vous pourriez contester l'influence sur les peuples étrangers à l'alliance de Dieu, parce que la plupart de ces merveilles ne se sont pas passées sous leurs yeux, sans nous arrêter, dis-je, à toutes ces choses, bornons-nous aux miracles que Dieu fit éclater pour affranchir les Israélites du joug des Egyptiens.

En quel lieu Dieu frappa-t-il ces oppresseurs ? Ce fut dans la cour même de Pharaon : ce fut dans la capitale d'un grand royaume que Moïse et Aaron, accompagnés de la vertu d'en haut, déployèrent tant de merveilles, à la vue de ce prince, de ses principaux officiers, de tout un grand peuple. Quelle fut leur vertu ? Elle fut inimitable : ces miracles confondirent les magiciens d'Egypte, et leur fit avouer que *c'était là le doigt de Dieu*. Elle fut universelle : toute l'Egypte ressentit vivement les plaies que Dieu lui infligea ; les créatures insensibles, les animaux et les hommes en portèrent l'empreinte. La mer, frappée de la verge de Moïse, ouvrit son sein pour y recevoir les Israélites ; elle fit de ses eaux comme deux murailles au milieu desquelles ce peuple passa à pied sec. Pharaon, suivi de l'élite de ses troupes, y entre ; il poursuit, il s'engage ; et, Dieu faisant retourner impétueusement les eaux de la mer dans leur lieu naturel, elles ensevelirent sous ses flots ce prince avec toute son armée.

Quel effet pensez-vous que produisirent tant de miracles si funestes à l'Egypte ? Ils frappèrent fortement l'esprit, ils y firent de profondes impressions. Il n'y eut point d'homme qui ne frémît de crainte, point de mémoire qui n'en conservât le souvenir, point de siècle qui n'en fût informé.

C'est pourquoi nous ne devons pas nous étonner que les Egyptiens, qui avaient été les témoins oculaires de tant d'événements miraculeux, aient retenu dans leurs mystères et appliqué à leurs faux dieux les actions et les diverses circonstances de la vie de ces saints hommes, qui étaient les conducteurs d'Israël, et dont Dieu scella la vocation par tant de miracles.

Peut-être qu'en lisant le Traité de Plutarque *touchant Isis et Osiris*, vous y aurez entrevu plusieurs traits de cette vérité. Pour moi, je vous avoue que j'y ai remarqué, au travers des fables dont il est tout rempli, certaines vérités qui ont été empruntées de Moïse sous le nom de Tiphon. Et je ne suis pas tant surpris de la confusion qui y règne, que je le suis de voir que tant de siècles plongés dans de si épaisses ténèbres aient pu transmettre jusqu'au temps de Plutarque quelques étincelles de ces vérités.

Vous n'en serez pas moins surpris que moi, si vous prenez la peine de comparer le Tiphon de Plutarque avec Moïse. Ce nom propre de *Tiphon* signifie *inondation;* Moïse fut le ministre dont Dieu se servit pour submerger dans les flots Pharaon et une partie de son peuple. Tiphon était le fils d'Isaac qui fut de la race d'Hercule : Moïse était descendu de la famille d'Isaac. Tiphon eut deux fils qui se nommaient *Hierosolymus* et *Judæus*. Cela ne peut s'appliquer littéralement à Moïse, mais comme ce grand législateur était le chef des Israélites, et qu'il les conduisit jusque sur les limites de Chanaan, dont Dieu leur confirma la promesse par sa bouche; comme, en vertu de cette promesse de Dieu, réitérée par Moïse, ils s'emparèrent de Jérusalem et de la Judée, il n'en fallut pas davantage aux païens, auxquels un grand nombre de siècles avaient dérobé la connaissance exacte de l'histoire des patriarches, pour leur faire croire que Jérusalem et la Judée étaient les deux fils de leur Tiphon, c'est-à-dire de Moïse. Tiphon avait une sœur, qui s'appelait Naphté, célèbre par sa beauté et par l'éclat de ses victoires; de là vient que les païens en firent une déesse et la placèrent entre les étoiles. Marie, sœur de Moïse, fut illustre par sa piété. Tiphon était *rousse de couleur*, c'est-à-dire, beau, selon le style des Orientaux : de même Moïse était parfaitement beau, ἀστεῖος τῷ Θεῷ. Tiphon fit plusieurs merveilles près du Nil et de la mer : c'est pourquoi les Egyptiens haïssaient cet élément, sur lequel Tiphon avait exécuté ses cruelles entreprises. De même Moïse fit particulièrement éclater ses miracles sur ce fleuve et sur la mer Rouge, dont Dieu se servit pour punir ce peuple rebelle et endurci. Les Egyptiens adoraient Tiphon comme un dieu malfaisant; ils le servaient afin qu'il ne les affligeât pas de nouveaux malheurs. Cela s'applique parfaitement à Moïse, qui s'était rendu formidable à ce peuple par les plaies qu'il lui avait infligées. Tiphon se servit, pour affliger l'Egypte, de certains animaux pernicieux; Moïse y employa les grenouilles, les moucherons, etc. Les dieux, épouvantés de la fureur de Tiphon, se transformèrent en divers animaux, en vautours, en chiens, etc. Cela marque la terreur des Egyptiens, lorsque Dieu *exerça ses jugements sur tous les dieux d'Egypte* (*Exod.* xii, 12). Tiphon engagea dans son parti une reine d'Ethiopie, qui fut complice de sa conjuration. La femme de Moïse était

aussi Ethiopienne. Soixante-douze hommes conspirèrent avec Tiphon contre Osiris, roi d'Egypte : soixante-dix hommes furent substitués à Moïse et à Aaron, pour juger le peuple d'Israël. Tiphon, ayant trouvé le corps d'Osiris, le déchira en quatorze morceaux; Moïse tira autant de parties du royaume d'Egypte, c'est-à-dire quatorze tribus; car en joignant les deux tribus d'Ephraïm et de Manassé, qui naquirent de Joseph, à celles des autres enfants de Jacob, vous pourrez encore en former une quatorzième de cet *amas de toutes sortes de gens* qui sortirent d'Egypte avec les Israélites (*Exod.* xii, 38). Une des choses les plus remarquables de l'antiquité, c'est la fable que Plutarque rapporte du coffre d'Osiris jeté dans le Nil, et des diverses circonstances qui l'accompagnent. Il est vrai qu'il y confond les choses, qu'il transpose les personnes et les noms, en appliquant tous les traits de cette histoire sacrée non à Tiphon, c'est-à-dire à Moïse, mais à Osiris même, roi d'Egypte. C'est un effet de la malignité des anciens païens et de l'ignorance des modernes. Mais enfin cette histoire s'accorde en substance avec celle de Moïse. Demêlons-en les traits.

Plutarque dit donc que Tiphon renferma le roi Osiris dans un coffre fait du parchemin d'une certaine herbe; ce coffre fut fermé de clous et enduit de plomb fondu, et Tiphon avec ses conjurés le jeta dans l'embouchure du Nil, qui se nomme *Tanitique*. Porté par la mer sur les côtes de Biblus, le coffre se rangea doucement au pied d'un tamarin. Isis affligée alla l'y trouver; elle salua et prit en amitié les femmes de la reine de Biblus, laquelle, désirant voir Isis, l'envoya querir, se familiarisa avec elle et la fit nourrice et gouvernante de ses fils.

Qui pourrait douter que toute cette histoire n'ait été tirée de celle de Moïse ? Prenez la peine, Monsieur, de vous en assurer, en la conférant avec les premiers versets du chapitre second du livre de l'Exode.

On pourrait observer ici que la raison pour laquelle la sagesse des Egyptiens a été si célèbre et si avidement recherchée de tous les peuples, vient de tous ces miracles que Dieu opéra sous leurs yeux par le ministère de ses serviteurs, et dont les impressions furent si profondes, qu'elles se conservèrent dans tous les âges, nonobstant les atteintes de la superstition, qui en altéra les traits par ses fables.

Mais ce n'est pas seulement de l'Egypte que les philosophes païens ont tiré tant de choses conformes à l'histoire de l'Ancien Testament; il est évident qu'ils ont lu aussi les livres de Moïse et des autres écrivains sacrés. Il serait inutile de prouver que les Egyptiens, les Chaldéens et les Phéniciens en ont été instruits. La proximité et les liaisons que ces peuples ont eues avec les Israélites, leur en ont communiqué la plupart des événements historiques. Outre cela, il est impossible que l'exactitude de ces peuples idolâtres à enregistrer dans leurs archives publiques les actes qui avaient quelque relation à l'histoire de leur pays ne leur y ait fait insérer les principaux faits de celle des Israélites. De là vient que les fragments qui nous sont restés de l'antiquité égyptienne s'accordent en substance avec les principaux événements arrivés aux Israélites : par exemple, leur sortie d'Egypte, leurs guerres, leurs victoires, le joug qu'ils imposèrent aux Chananéens, la chronologie de leurs rois, leurs principales actions, en un mot, les diverses révolutions de l'Etat des Juifs.

Ceux qui ont extrait ces choses en partie du récit des saints livres ont été Manéthon, Egyptien, qui écrivit en grec l'histoire de son pays; les Tyriens, qui, selon Josèphe (*Contra Appion.*, lib. 1, cap. 5), conservaient religieusement dans leurs registres publics plusieurs des traits principaux de l'histoire du roi Salomon, la structure magnifique du temple de Jérusalem, les énigmes qu'il envoya à leur roi Hiram. Ce qui est encore rapporté par Dius, qui a *écrit très-fidèlement l'histoire des Phéniciens*.

Bérose, historien chaldéen, raconte aussi, conformément aux livres de Moïse, la destruction du genre humain, à la réserve de Noé, qui au moyen d'une arche se sauva sur le sommet des montagnes d'Arménie. Après quoi il parle des enfants de Noé, et suppute les temps jusqu'à *Nabulasar*, lequel envoya Nabuchodonosor son fils contre l'Egypte et la Judée, qu'il soumit, brûla le temple de Jérusalem et emmena les Juifs captifs à Babylone, captivité qui dura soixante-dix ans, jusqu'au règne de Cyrus.

Les Grecs, qui se sont donné le nom de *pères de l'histoire et des belles-lettres*, n'ont rien écrit avant la captivité de Babylone. Car, quoiqu'ils se vantent d'avoir reçu la connaissance des lettres des Phéniciens, par le moyen de Cadmus, on ne voit dans leurs histoires aucuns vestiges d'une antiquité si éloignée, comme Josèphe l'a remarqué (*Contra App.*, lib. 1).

Ce qu'il y a d'incontestable, c'est qu'Homère, qui est le plus ancien écrivain grec qui soit parvenu jusqu'à nous, n'a écrit que longtemps après le siége de Troie. *Jusque-là*, comme l'a observé Josèphe (*Ibid.*), *on doute qu'ils eussent l'usage de l'écriture ; la plus commune opinion est qu'ils ne l'avaient pas encore*. Les autres Grecs, ajoute cet historien juif, comme Cadmus, Milès, Argée, Acusilas, qui ont entrepris d'écrire l'histoire, n'ont précédé que de fort peu la guerre soutenue par leur nation contre les Perses. Bien plus, cette nouveauté des Grecs n'a point été contestée par leurs propres auteurs. Denis d'Halicarnasse avoue que l'époque de la première antiquité grecque se fixe à Inaque, qui a vécu, comme il résulte de son calcul, vers le temps de la guerre de Troie (*Dionys. Halic.*, lib. 1). Pline avoue (*Nat. Hist.* lib. VII, cap. 56) que les premiers qui ont enseigné à composer en prose et à écrire l'histoire, ont été Pérécide, Syrien, au temps du roi Cyrus, et Cadmus, Milésien, c'est-à-dire, environ huit cents ans après Moïse. A quoi on pourrait ajouter le témoignage de Plutarque, qui reconnaît qu'avant Thésée on ne trouve que des incertitudes et des ténèbres dans l'histoire. On lit aussi dans Platon ces paroles d'un vieux prêtre égyptien à Solon : « O Solon, Solon ! vous autres Grecs êtes toujours enfants ; vous êtes tous jeunes sous le rapport de l'intelligence ; car vous n'avez aucune ancienne opinion, ni aucune science de l'antiquité (*Plato in Tim.*) ! »

Ainsi on ne doit point s'étonner que les Grecs aient ignoré pendant plusieurs siècles les histoires des Israélites, aussi bien que celles des Egyptiens et des Chaldéens, dont les archives contenaient la plupart des vérités historiques de l'Ancien Testament qui avaient quelque rapport à l'histoire de leur nation, quoiqu'ils les eussent défigurées par leurs fables. Ce ne fut, de l'aveu des Grecs, qu'après que les Phéniciens eurent poli leur rudesse, qu'ils commencèrent à s'appliquer à l'étude des belles-lettres et à la méditation de la philosophie, et qu'ensuite ils cherchèrent à s'en instruire dans les lieux mêmes d'où elle leur était venue. Comme les Grecs visitèrent les Egyptiens qui avaient emprunté à leur théologie plusieurs vérités judaïques qu'ils avaient altérées par des fictions paraboliques, ils en reçurent aussi tous les traits, les rapportèrent chez eux, et les y firent recevoir comme autant de choses sacrées. Ils étaient grands partisans des nouveautés ; c'était là leur génie. Peut-être ne se mirent-ils pas d'abord beaucoup en peine d'approfondir la théologie des Egyptiens, ni d'examiner si ceux-ci n'avaient point eux-mêmes compilé l'histoire judaïque. Outre que naturellement ils donnaient plus dans le merveilleux que dans le solide, il leur était plus facile de fréquenter les Egyptiens, qui habitaient des provinces maritimes, et qui négociaient avec eux, que les Israélites, dont le pays était éloigné de la mer, et qui se contentaient de cultiver leurs terres fertiles, sans lier presque aucun commerce avec les autres peuples. Cependant il arriva que la curiosité des Grecs les porta dans la suite à fouiller dans les monuments les plus cachés de l'antiquité. La théologie et la philosophie d'Egypte y contribuèrent considérablement. Ils y découvraient mille choses défectueuses, qui avaient été manifestement puisées d'ailleurs. Il fallait s'en instruire plus exactement, et par conséquent consulter l'histoire sacrée.

C'est ce que Josèphe fait voir évidemment à Appion, qui contestait aux Juifs leur antiquité, *sur ce que les plus célèbres historiens grecs n'en parlent point*. Calomnie qu'il réfute en alléguant *plusieurs témoignages des plus célèbres anciens historiens grecs* qui avaient connu l'histoire judaïque (*Joseph. contra. App.*, lib. 1, *Præf.*). Hermippus, *excellent et très-exact historien*, qui a rapporté les sentiments de Pythagore, reconnaît, selon Josèphe, que ce philosophe *avait puisé dans les lois des Juifs une partie de sa philosophie* (*Joseph.*, lib. 1, c. 8). Hérodote d'Halicarnasse n'a point ignoré les cérémonies légales, particulièrement celle de la circoncision. Choérilius, *ancien poëte*, parle d'une nation qui habite les montagnes de Solyme, et qui suivit Xerxès, roi de Perse, dans la guerre qu'il fit aux Grecs. Cléarque, célèbre disciple d'Aristote, fait parler son maître avec éloge de la sagesse, de la tempérance et de la pureté des mœurs d'un certain Juif *de nation, né dans la basse Syrie; ceux qui l'habitent sont descendus de ces philosophes et sages des Indes que l'on nommait Chanans, et que les Syriens nomment Juifs, parce qu'ils demeurent dans la Judée, dont le nom de la capitale est assez difficile à prononcer, car elle s'appelle Jérusalem.* Et quelques lignes plus loin : *Il vint nous visiter, et dans les conférences que nous eûmes avec lui, nous trouvâmes qu'il y avait beaucoup à apprendre dans sa conversation.* Hécatée, Abdérite, dit qu'après que Ptolomée eut vaincu Démétrius, plusieurs le suivirent en Egypte, *et entre autres un sacrificateur juif nommé Ezéchias, âgé de soixante-six ans, très-estimé parmi ceux de sa nation, très-éloquent et si habile, que nul autre ne le surpassait dans la connaissance des affaires les plus importantes.* Ce grand personnage, continue Hécatée, accompagné de quelques-uns des siens, *conférait souvent avec nous et nous expliquait les choses les plus importantes de la discipline et de la conduite de ceux de sa nation, qui toutes étaient écrites.* Ensuite cet historien allègue des exemples de la fermeté des Juifs dans leur religion; puis il fait la description de leur puissance, de la situation, de la force et de la magnificence de Jérusalem et de son temple.

Enfin Josèphe finit ces témoignages par celui d'Agatharcide, qui rapporte que *ceux que l'on appelle Juifs demeurent dans une ville très-forte nommée Jérusalem, qu'ils fêtent religieusement le septième jour*, s'abstenant de toutes sortes de travaux; *qu'ils le passent jusqu'au soir à adorer Dieu dans le temple;* et que *cette folle superstition* de ne point violer par le travail ce jour qu'ils nomment le sabbat, leur fit recevoir pour maître Ptolomée Lagus avec son armée, au lieu de lui résister comme ils l'auraient pu.

Quoique le temps nous ait fait perdre la plupart des ouvrages d'où Josèphe a tiré ces extraits, nous devons néanmoins en inférer qu'il est très-naturel de concevoir que les Grecs, ayant connu l'histoire judaïque, ayant même conféré avec les Juifs dont ils ont admiré la sagesse, en aient emprunté plusieurs vérités, aussi bien que les Egyptiens et les Phéniciens, pour en faire la matière de leur mythologie.

Cela vous paraîtra encore plus naturel si vous joignez à cette voie de connaissance celle de la dispersion des Chananéens, qui, après avoir été subjugués par Josué, se jetèrent d'abord sur les côtes de la Phénicie et se répandirent ensuite le long de la Méditerranée, d'où ils se partagèrent en plusieurs colonies, qui allèrent s'établir en divers lieux de l'Europe, de l'Asie et de l'Afrique. Ce passage de Procope est trop formel pour l'omettre. « Tout le pays, dit-il, qui s'étend depuis Sidon jusqu'à l'Egypte, s'appelait autrefois Phénicie. Ceux qui ont écrit l'histoire des Phéniciens rapportent qu'autrefois un seul roi y dominait. Les Gergésiens, les Jébuséens et autres peuples habitaient sur les limites de ce pays-là. Mais comme ils virent fondre sur eux cette grande armée de Josué, ils se réfugièrent en Egypte. Et peu après, le pays ne les pouvant tous porter, ils passèrent en Afrique, où ils bâtirent plusieurs villes et peuplèrent jusqu'aux colonnes d'Hercule. Leur langue est demi-phénicienne. Entre autres villes qu'ils bâtirent aussi en Numidie, on remarque celle de Tanger, dans une position très-forte, et où se voient deux colonnes de pierre blanche, qui portent ces paroles gravées en langue phénicienne : Nous avons fui de devant la face de ce voleur, Josué, fils de Nun (*Procop. lib.* II *de Bell. Vandal.*). »

Il est certain que ces peuples, instruits de l'histoire des patriarches qui avaient séjourné parmi eux, des merveilles que Dieu avait faites en faveur des Israélites en Egypte, et des victoires miraculeuses qu'ils venaient de remporter sur eux, il est certain, dis-je, qu'ils répandirent ces histoires partout, et les apprirent particulièrement aux Grecs, parmi lesquels ils demeurèrent. On doit surtout rapporter ces idées que les païens ont eues de l'histoire de Moïse aux Juifs des dix tribus qui furent dispersés dans plusieurs parties du monde. Les Assyriens, auxquels ils furent asservis, les emmenèrent en des pays éloignés et firent peupler le leur par des étrangers. Ils les firent passer au delà de la Médie. Ces Juifs s'établirent parmi les Colches et les Tartares, peu après leur captivité en Assyrie. Or, le commerce que les Chinois et les peuples voisins eurent avec les Tartares qui avaient appris des Juifs diverses vérités des livres de Moïse, fit qu'elles se répandirent aussi parmi ces peuples. On en a observé des traces visibles parmi les Tartares. Entre les hordes mêmes qui habitent la partie septentrionale de la Tartarie, il y en a qui ont conservé les noms de Dan et de Nephtali. Pour ne parler que de la circoncision, tout le monde sait qu'elle est universellement pratiquée par les Tartares, les Chinois et presque par tous les peuples orientaux; usage qu'ils avaient observé, ainsi que plusieurs cérémonies et purifications de la loi de Moïse, quelques siècles avant Mahomet.

Je passe sous silence la captivité des Juifs à Babylone, parce que ce ne fut pas une vraie dispersion, qu'elle ne dura que soixante-dix ans, et qu'ainsi elle n'a été ni assez générale, ni d'assez longue durée, pour répandre et affermir parmi les peuples l'histoire de la nation judaïque.

Outre ces raisons, ce qu'il y a de remarquable par rapport aux Grecs, et ce qui montre qu'ils ont lu les livres de Moïse, c'est que, longtemps avant la version des Septante, même avant Alexandre le Grand, la loi de Moïse et l'histoire de la sortie des Israélites hors de l'Egypte avaient été traduites en grec. C'est Eusèbe qui nous l'apprend, sur le témoignage d'Aristobule, Juif péripatéticien, dans un passage qu'il a tiré de son premier livre à Philométor.

Ainsi l'on ne doit point trouver étrange que les anciens païens, ayant eu tant de voies pour s'instruire des vérités contenues dans l'Ancien Testament, en aient abusé en formant sur ce modèle la plupart de leurs dieux, de leurs mystères et de leurs cérémonies. Quoique vous deviez déjà en être convaincu par les exemples que je vous en ai cités, cependant j'espère que celui-ci, entre autres, ne vous déplaira pas.

Josué a été le modèle sur lequel les païens ont formé leur ancien Hercule. Hercule vainquit les géants : Josué s'empara de la terre de Chanaan, dont les habitants étaient d'une stature prodigieuse. Hercule se servit de pierres pour détruire les géants : Dieu fit tomber une pluie miraculeuse de grosses pierres sur les Amorrhéens poursuivis par Josué. Hercule subjugua les Indiens : Josué pénétra dans l'Arabie et la Syrie, que les anciens appelaient Indes. Hercule éleva des colonnes où il grava ces paroles : NEC PLUS ULTRA : Josué partagea la terre de promesse et posa des limites à chaque tribu; nous lisons aussi au chapitre XXIV de son livre, qu'il prit une grande pierre et l'éleva sous un chêne en témoignage contre les Israélites, s'ils venaient à violer les commandements de Dieu; pierre qui *avait ouï toutes les paroles* que l'Eternel leur avait dites, c'est-à-dire qu'elles y avaient été gravées, suivant le commandement exprès de Dieu au chapitre XXVII du Deutéronome. Philostrate dit qu'il y avait dans le temple d'Hercule en Egypte deux autels d'airain sans simulacres (*Philost., lib.* v, *cap.* 1). Ceci a été manifestement emprunté à l'histoire du tabernacle de Moïse, où il n'y avait aucune figure, et dont Josué fut établi le conducteur, sous la direction particulière de Dieu, après la mort de Moïse. Dans la conquête des Indes et de l'Arabie, Hercule était accompagné de Bacchus. On reconnaît ici Josué, qui, avec Moïse, subjugua une partie des Chananéens. Car les païens ne se contentèrent pas de faire de Moïse leur Tiphon, ils en firent encore leur Bacchus, comme il serait aisé de le vérifier par plusieurs traits de conformité.

Vous aurez sans doute observé que les poëtes ont représenté les géants qu'Hercule dompta, sous la figure d'hommes quant à la partie supérieure, et sous celle de serpents quant à la partie inférieure de leur corps. Cette fiction est dérivée de la signification du nom propre des *Hévéens*, peuple que vainquit Josué; car ce terme signifie aussi *serpents* dans la langue sainte.

Nous lisons dans le chapitre VII du livre de Josué qu'Achan prit du butin un riche manteau babylonien et le cacha sous terre dans sa tente, mais que Josué, accompagné de Caleb, finit par le découvrir. De là est venue la fable rapportée par la plupart des auteurs profanes, qu'Hercule trouva la couleur de *pourpre* par le moyen de son chien. Car le terme hébreu que nos interprètes ont traduit par celui de *babylonien* signifie aussi de *pourpre;* et le nom propre de *Caleb* veut dire proprement *chien.*

C'est encore de cette source que les païens ont puisé un très-grand nombre de rites et de cérémonies. Telle était l'observation du sabbat. « L'on ne voit point, dit Josèphe, de villes grecques ni presque de barbares où l'on ne cesse de travailler le septième jour, où l'on n'allume des lampes et où l'on ne célèbre des jeûnes (*Joseph. contra App., lib.* II, *cap.* 9; *et Phil. Jud., lib.* II *de Vita Mosis*). » Il ajoute tout de suite que l'abstinence de certaines viandes défendues aux Juifs par la loi de Moïse était en usage parmi les païens : « Plusieurs même, dit-il, s'abstiennent comme nous de manger de certaines viandes. » Il prouve encore, par le témoignage de Théophraste, que les mœurs des Juifs étaient fort estimées et très-connues de plusieurs nations : « Comme il paraît, par ce que Théophraste a écrit dans son livre des Lois, où il dit que les Tyriens défendent de jurer par le nom d'aucun dieu étranger, c'est-à-dire des autres nations. Et il met au nombre de ces serments défendus celui de *Corban,* c'est-à-dire *Don de Dieu :* car il est constant, dit-il, qu'il n'y a que les Juifs qui usent de cette expression. »

Il paraît aussi que quelques philosophes païens ont reçu la circoncision des Juifs par l'entremise des Egyptiens. Ce passage de Clément d'Alexandrie le prouve formellement : « Or Thalès, dit-il, étant Phénicien d'extraction, et ayant communiqué, aussi bien que Pythagore, avec les prophètes d'Egypte, se fit circoncire à cause d'eux, afin qu'en pénétrant dans les mystères il apprît leur philosophie mystique. Et il conversa familièrement avec les plus instruits des Chaldéens et des sages (*Clemens, Strom. lib.* I). »

Un célèbre auteur païen a même rapporté à Moïse l'institution de la magie. « Il y a, dit Pline, une autre institution de la magie qui nous est venue de Moïse, de Jamnès et de Jotape, Juifs (*Plinii Nat. Hist. lib.* XXX, *cap.* 1). » On pourrait encore ajouter que Platon, que quelques-uns ont appelé *un Moïse grec*, n'a pu savoir que des Juifs « qu'il est aussi difficile de trouver le Créateur et le Père de l'univers, qu'il est impossible, après l'avoir trouvé, de prononcer dignement son nom (*Plato in Timæo*). »

Ces exemples de conformité que je viens de vous alléguer ne sont qu'un petit échantillon d'une infinité d'autres que l'on pourrait vous en donner. Je crois néanmoins que ceux-ci suffiront pour vous persuader que les anciens païens ont pris des Juifs plusieurs vérités qu'ils ont attribuées à leurs dieux, qu'ils en ont retenu diverses coutumes, et qu'ils ont lu l'histoire de l'Ancien Testament. Sénèque a dit, en parlant des Juifs de son temps : « Les coutumes de cette nation de scélérats ont pris une telle extension, qu'elles sont maintenant reçues de tout le monde, en sorte que les vaincus ont donné des lois aux vainqueurs (*Senec.*, *apud August. de Civit. Dei*, lib. vi, cap. 11). »

Concluons de là, Monsieur, que si les idolâtres ont pu emprunter aux Juifs tant de vérités consignées dans les saints livres, ils n'auront pas été moins scrupuleux pour en tirer en substance leur doctrine sur les bons et les mauvais démons. S'ils se sont approprié plusieurs rites et cérémonies mosaïques extrêmement pénibles et douloureuses, auraient-ils négligé tant d'histoires des anges et des démons, où tout est surnaturel, et où, par conséquent, tout était capable de chatouiller si agréablement des esprits curieux et ignorants qui ne demandaient que signes & que miracles?

En effet, il n'y a rien qui ait pu frapper plus fortement des païens qui n'avaient aucun principe certain, que ce qu'ils ont pu apprendre des anges et des démons, soit par la tradition égyptienne qui en avait retenu les idées, soit par la lecture même des livres de l'Ancien Testament, soit par la dispersion des dix tribus qui leur en donnèrent la connaissance. Par ces voies ils apprirent l'histoire de l'apparition des anges à Abraham et à Lot (*Genes.* xix), celle de la destruction de Sodome et de Gomorrhe par leur ministère (*Genes.* xxxii). Ils apprirent que les anges de Dieu vinrent au devant de Jacob, qu'un ange lutta avec Jacob (*Ibid.*). Ils apprirent qu'un ange frappa les premiers-nés d'Egypte (*Osee.* xii, 5); qu'un ange conduisit le peuple d'Israël par la mer Rouge et par le désert (*Ibid.*); que Dieu publia sa loi sur la montagne de Sinaï par le ministère des anges (*Exod.* xiv, 19; xxiv, 20); que ce fut *entre les dix mille milliers de saints que le feu de la loi apparut* aux Israélites (*Deut.* xxxiii, 2). Ils apprirent *qu'un ange étendit sa main sur Jérusalem, et fit mourir de la peste soixante-dix mille hommes en Israël* (*II Reg.* xxiv, 15, 16); *qu'un ange de l'Eternel tua* en une nuit *cent quatre vingt-cinq mille hommes du camp des Assyriens* (*II Reg.* xix, 35). Ils apprirent enfin l'histoire de divers anges tutélaires des peuples, du *chef du royaume de Perse*, de *Michel, l'un des principaux chefs*, du *chef de Javan*, du *chef de l'armée de l'Eternel* (*Dan.* x, *Jos.* v). Vous savez ces histoires, il serait inutile de vous les rapporter plus au long.

Ç'a été dans la même source qu'ils ont puisé en substance leur doctrine des mauvais démons. Ils l'ont formée en partie sur diverses narrations des saints livres, par exemple sur celle de Job persécuté par Satan (*Job.* i et ii); sur celle de Satan qui *s'éleva contre Israël, et poussa David à faire le dénombrement des peuples d'Israël* (*I Paral.* xxi, 1), et peut-être encore sur celle du *Satan* qui tourmentait le grand sacrificateur Jésus (*Zachar.* iii, 1, 2). Car on convient qu'en ce lieu on peut entendre par *Satan* quelque ennemi puissant qui s'opposait à la reconstruction du temple de Dieu, de même qu'en plusieurs autres passages de l'Ancien Testament, où ce terme doit se prendre en un sens général, pour signifier indifféremment toutes sortes d'ennemis (*Num.* xxii, 22; *I Reg.* xxix, 4; *II Reg.* xix, 22; *I Reg.* v, 4).

On pourrait encore ajouter que l'histoire de la séduction de nos premiers parents par le serpent (*Gen.* iii) n'a pas été inconnue aux païens. En effet, on ne saurait donner aucune raison vraisemblable du culte des serpents, constamment pratiqué par tous les peuples, si on ne l'emprunte de l'histoire que Moïse fait de l'*astuce* de ce reptile, et des paroles insinuantes dont il se servit pour allumer la convoitise et souiller l'innocence d'Eve.

A considérer la nature du serpent en elle-même, on n'y trouve rien qui puisse lui attirer la vénération des peuples, même plus incultes; et si les naturalistes lui ont attribué une infinité de choses surprenantes, si tous les voyageurs en ont observé mille expériences merveilleuses, il faudra ou nier leurs observations, ou avouer que tout ce qu'ils disent des serpents surpasse les forces de la nature. Mais, de quelque côté que l'on se tourne, j'en inférerai, premièrement, que si l'on ajoute foi aux relations de tant de témoins oculaires, il faudra aussi reconnaître que tout ce merveilleux qu'ils ont observé dans l'usage que les idolâtres font des serpents dans leur magie et leurs enchantements doit découler de quelque cause autre que la nature, qui ne peut pas toujours se jouer de la superstition de l'homme contre le cours ordinaire de ses lois. Il faudra aussi avouer que cette cause ne peut être qu'un agent malin et séducteur, et par conséquent le diable. Si en second lieu l'on s'inscrit en faux contre toutes ces expériences, ce sera sortir d'une difficulté pour rentrer dans une autre. La nature n'a rien donné aux serpents de plus excellent qu'aux autres animaux. Il y en a plusieurs qui ont des qualités beaucoup plus exquises; le serpent même semble n'avoir été créé que pour détruire les autres animaux; et ce n'est pas sans une Providence particulière qu'il *marche sur son ventre*, que ses mouvements sont lents et languissants. S'il avait autant de légèreté et de vitesse à se mouvoir, qu'il a de fureur et de venin, il aurait bientôt fait un désert de la terre.

On sait bien qu'une superstition aveugle peut aussi produire un culte bizarre. On a vu des peuples entiers encenser les plus viles créatures. Mais on n'ignore pas qu'il y a ici une grande différence. Si une nation a consacré une certaine espèce d'animaux, une autre l'aura rejetée. Il y aura en cela autant de diversités que de peuples. Au contraire le culte des serpents a été constant et universel. Il y a eu comme un charme jeté sur tous les peuples, qui les a attachés au culte de ce reptile. Non-seulement les poètes, les philosophes, les naturalistes, les historiens de l'antiquité nous l'apprennent; mais ce qui est bien remarquable, c'est que tous ces peuples des Indes, que l'on a découverts dans ces derniers siècles, étaient aussi adonnés à cette superstition.

Ce serait perdre le temps que de s'arrêter

à rapporter et à examiner tous les lieux des livres saints où il est parlé du diable, et d'où les païens ont tiré leur doctrine des démons. M. Bekker ne nie pas que les Juifs aient été instruits de l'existence des anges et de Satan. Il pousse même la générosité jusqu'à reconnaître qu'il en est formellement parlé dans l'Ancien Testament. « Les Juifs, dit-il, se sont répandus dans le paganisme avec la Bible, laquelle fait aussi mention des anges (*Liv.* II, *pag.* 44). » Et ailleurs : « L'Ecriture nous enseigne presque partout ce que nous venons de poser, savoir, qu'il y a de deux sortes d'anges, de bons et de mauvais ; que les bons sont les ministres de Dieu et les protecteurs des fidèles, que le chef des mauvais anges, que l'on appelle Diable et Satan, est la cause de la chute de l'homme ; qu'il a été damné de Dieu éternellement, conjointement avec eux. Le style constant, ajoute-t-il, de la parole de Dieu nous donne assez à entendre qu'il y a des anges et des diables (*Liv.* II, *pag.* 125). »

M. Bekker n'a pas pris garde que par cet aveu il ruine entièrement son système. Car pour peu que l'Ancien Testament *nous donne à entendre qu'il y a des anges et des diables,* par là même il établit invinciblement les opérations de ces esprits. La conséquence vous paraît d'abord étrange. Les païens, direz-vous, ont pu apprendre l'existence des démons, des *Juifs qui se sont répandus dans le paganisme avec la Bible, laquelle fait aussi mention des anges,* c'est-à-dire, de leur existence ; mais s'ils en ont inféré leurs opérations, ils l'ont fait contre le sentiment des anciens Juifs, par un pur effet de la superstition, qui se forge mille imaginations grotesques. Vous allez voir, Monsieur, que votre exception est nulle, que mon argument est très-naturel et tout à fait concluant.

J'aurais souhaité que vous m'eussiez noté ces passages de l'Ancien Testament qui établissent clairement l'existence des démons, sans que l'on en puisse inférer leurs opérations. Je les ai examinés avec toute l'application possible, sans en trouver un seul qui ne détruise votre exception. Les idées d'existance et d'opération y sont tellement jointes et comme confondues, qu'elles ne forment, pour ainsi dire, qu'une même notion. On ne peut les séparer sans détruire les règles du bon sens et sans rendre le Saint-Esprit absurde, ce qui est un horrible blasphème.

C'est même une chose remarquable, que les écrivains sacrés ne nous parlent de l'existence des démons que par rapport à leurs opérations, et ne nous l'enseignent qu'en la présupposant, par la séduction, la haine, les calomnies, la fureur, les enchantements, etc., dont Dieu leur permet d'affliger les hommes. Si donc les païens ont appris de la Bible, c'est-à-dire des livres de l'Ancien Testament, l'existence des démons, comme M. Bekker le reconnaît, ils y auront aussi appris leurs opérations, puisqu'elle n'enseigne l'un que par rapport à l'autre. Je suis, etc.

CINQUIÈME LETTRE.

SOMMAIRE. — *Si le sentiment des opérations des démons tire son origine des fables du Targum et des rabbins. Si le terme de Satan a signifié originairement autre chose que ce que l'on entend aujourd'hui. Examen d'un passage de M. Bekker, où il prétend que l'opinion des opérations des démons est descendue par degrés des Babyloniens aux chrétiens. Absurdités et contradictions dans ce passage conféré avec d'autres. Que les philosophes païens n'ont pu avoir inventé les opérations des démons. Observations sur ce principe, que l'Ecriture parle selon l'opinion du vulgaire, si on peut s'exprimer ainsi. Que J.-C. et ses apôtres auraient confirmé l'erreur en s'exprimant avec le vulgaire.*

Monsieur,

Je réponds sans préambule à vos objections. Vous prétendez d'abord que les fables du Targum et des rabbins ont considérablement contribué à produire l'erreur des opérations des démons. A quoi vous ajoutez que l'on a pu perdre la vraie signification du terme de *Satan,* et qu'il a pu signifier originairement autre chose que ce que l'on entend aujourd'hui par celui de *Diable.*

Là-dessus vous accumulez je ne sais combien de contes débités par les rabbins pour fortifier votre première objection. Sans parler, dites-vous, des noms qu'ils ont donnés aux diables, qu'ils avaient classés en diverses espèces, de leurs rêveries touchant un Sammaël jaloux de la félicité de nos premiers parents, des circonstances de sa conspiration contre eux, de sa chute et de celle de ses complices, qui pourrait lire sans rire la fable qu'ils ont inventée touchant une certaine Lélis, qu'ils prétendent avoir été la femme d'Adam avant que Dieu l'eût uni à Eve ? Que pendant cent trente ans qu'Adam s'abstint du commerce de sa femme, il vint des diablesses vers lui, et qu'il les rendit mères de diables, d'esprits, de spectres nocturnes et de fantômes ; que ces diablesses, au nombre de quatre, s'appelaient *Lélis, Naomé, Ogaré, Machalos.*

Ce sont autant de *fables,* dit l'auteur (*Liv.* I, *pag.* 160) : on en tombe d'accord, mais ce sont des fables qui, loin d'exclure, supposent au contraire la vérité. Les rabbins ont pu ajouter leurs rêveries ; mais ces rêveries doivent avoir été fondées sur un principe familier et d'une notoriété publique parmi les Juifs, savoir les opérations des démons.

Il fallait, par exemple, que l'histoire du Sammaël des rabbins qui conspira contre Adam et Eve par le moyen du serpent, auquel Dieu coupa les pieds, que cette circonstance de la malédiction lancée contre Sammaël et ses complices, il fallait bien, dis-je, que cette histoire, qui est prise en substance du chapitre III de la Genèse, découlât de certaines idées que les Juifs avaient conservées sur les opérations des démons. Ils en parlent comme d'une chose constante et avérée parmi eux. S'il y a de la fable, il faut donc que quelque vérité ait précédé, qu'ils aient trouvé un fondement posé, sur lequel ils aient bâti leurs fictions.

D'ailleurs, je ne sais ce que vous pourriez légitimement conclure des fables de la tradition judaïque sur les opérations des démons. Est-ce que, parce qu'une vérité a été altérée par des fictions, on doit d'abord la rejeter? Il n'y a aucun principe, aucune notion naturelle, qui puisse subir cet examen sans encourir condamnation. Il n'y en a point qui n'ait été mal conçue, et dont on n'ait abusé; il n'y en aura donc point que l'on puisse légitimement admettre. Où nous précipiterions-nous, Monsieur?

Concluons donc en général que, quoique l'on ait erré en une infinité de manières sur la doctrine des démons, qu'on les ait conçus comme des substances ou matérielles, ou spirituelles, ou mixtes; quoique les uns les aient placés dans les étoiles, les autres sur la terre, les autres dans le Tartare; quoiqu'il y ait eu autant de sentiments que de têtes sur leurs emplois et leurs opérations; quoiqu'on leur ait donné des pieds et des queues de mulet avec des cornes de bouc; quoiqu'on leur ait donné les noms de sylphes, de gnomes, de salamandres, tout cela prouvera tout au plus que l'on a mal conçu la nature et les opérations des démons, mais nullement qu'il faille entièrement rejeter le fond de cette doctrine, à cause des fables que la superstition y a mêlées.

Au reste, j'entre dans l'examen de la seconde partie de votre objection, savoir si le terme de *Satan* a pu signifier originairement autre chose que ce que l'on entend vulgairement par celui de *Diable*. Ces deux réflexions suffiront pour résoudre votre difficulté. La première, c'est que les Juifs ont entendu leur propre langue; la seconde, c'est que les opérations des démons leur étant fort indifférente pour soutenir leurs innovations, et n'ayant nulle efficacité pour les convaincre de leurs erreurs, rien n'a pu les porter à altérer cette même doctrine des opérations des démons.

S'il était vrai, comme cela résulte des expositions de M. Bekker, toujours opposé à lui-même, qu'il n'y eût dans l'Ancien Testament aucun terme qui signifiât proprement, ou qui pût, selon le génie de la langue hébraïque et l'usage d'alors, signifier ces esprits que nous appelons *Satan*, *diables*, etc., les Juifs, qui ont des yeux pour le moins aussi pénétrants que nous dans l'intelligence de leur langue, *eux qui doivent mieux entendre l'Ecriture sainte que les autres* (Liv. I, pag. 369), auraient pris ces termes dans leur signification propre, en sorte que, par ce nom de *Satanim*, ils n'auraient pas entendu *des Satans, des anges de destruction ou de mort* (Pag. 198), mais seulement des adversaires, des hommes ennemis de Dieu et de sa vérité. Les sadducéens, par exemple, qui *disaient qu'il n'y avait ni ange ni esprit* (Act. XXIII, 8), auraient été bien fondés à accuser saint Paul d'ignorance, de ce qu'il favorisait le sentiment des Pharisiens qui soutenaient l'affirmative, puisque les Pharisiens auraient mal entendu tous ces termes de l'Ancien Testament qui auraient signifié originairement, et selon l'usage d'alors, non des anges et des Satans, mais seulement des hommes bons ou mauvais.

Outre cela, il n'est nullement probable que les Juifs aient perdu l'intelligence de ce terme de *Satan*. Il n'y en a point parmi eux qui ait été et qui soit plus en usage, et par conséquent il n'y en a point dont ils aient entendu et dont ils entendent mieux la vraie signification. Si donc les Juifs ont été imbus en substance de la doctrine commune des démons, c'est parce qu'ils ont pris ces expressions ou pour ces intelligences pures et favorables, ou pour ces esprits impurs et adversaires; et s'ils les ont entendues en ce sens, étant les mêmes que le Saint-Esprit a employées dans les livres sacrés, elles auront aussi la même signification; et si elles ont la même signification, ce seront par conséquent ces mêmes esprits qui opèrent ici-bas. Car il n'y a pas un seul passage où ces termes se trouvent, qui ne nous enseigne formellement leurs opérations; en sorte que c'est un principe incontestable, que M. Bekker n'a pas prévu, que si l'Ancien Testament nous apprend l'existence des démons, on doit nécessairement en inférer leurs opérations, parce qu'on les y voit opérer partout. C'est pourquoi, le Saint-Esprit ayant écrit pour être entendu, les Juifs auront connu la signification de ce terme *Satanim*, dont les prophètes leur auront exposé le sens conformément au génie et à l'idiome de la langue sainte. Ils auront donc non-seulement admis l'existence des démons, mais aussi leurs opérations, parce que ces expressions en donnent ces deux idées inséparables.

D'ailleurs, Monsieur, le consentement unanime des Juifs sur l'intelligence de ces termes ne saurait vous être suspect. J'avoue que les commentaires de leurs docteurs ont étrangement embarrassé les textes les plus simples et les plus naturels qui concernent le Messie. Leurs préjugés contre le christianisme en sont la cause. Ils ne veulent pas recevoir Jésus-Christ pour le vrai Messie, et pour ne le pas recevoir, il a fallu disputer sur l'intelligence des passages qui le désignent comme au doigt. Ici, au contraire, les termes par lesquels nous entendons les démons, ne concluant rien contre leur doctrine, et ne fournissant aucune preuve pour les convaincre de leurs erreurs, ils les auront laissés et entendus dans leur signification naturelle.

J'ajoute que si ces termes des livres saints, dont on prétend que nous abusons pour établir les opérations des démons, ne signifiaient proprement que des hommes, des adversaires, et que la langue sainte ne les eût jamais employés pour exprimer ces esprits malfaisants, ne doutez pas que les Juifs ne s'en prévalussent contre nous. Vous les verriez exagérer la facilité des chrétiens à admettre cette fable des opérations des démons, comme étant purement païenne, et leur reprocher leur grossière ignorance sur l'intelligence de la langue hébraïque. Vous savez combien ils sont ingénieux à nous critiquer sur des vérités de la dernière évidence. Oublieraient-ils donc de censurer vivement nos fictions? Ils le feraient sans doute, et avec d'autant plus de force, que la vérité leur fournirait des armes, et qu'ils couvriraient notre doctrine d'un opprobre éternel. S'ils s'en abstiennent, et s'ils concourent même avec nous pour défendre les opérations des démons, quoiqu'ils y aient ajouté quelques fables, c'est parce que, outre qu'ils savent la vraie signification de ces termes, et que nous ne nous en servons pas pour les combattre, il y aurait trop d'absurdité à en contester le sens.

C'est assez insister sur votre première objection, je passe à la seconde, conçue en ces termes dans M. Bekker : *Nous avons consacré*, dit-il, *ce premier livre, à faire voir clairement* (c'est une des suppositions où l'on croit avoir donné une vue claire des choses, sans en avoir dit un seul mot) *que toutes ces opinions que l'on a conçues touchant les diables, les divinations, les sortilèges, ont eu leur première source parmi les païens, d'où elles ont été introduites parmi les Juifs, qui, pendant leur captivité en Babylone, eurent plus de commerce avec les philosophes qu'ils n'en avaient eu dans le pays de Chanaan, où ils avaient vécu séparés de tous les autres peuples de la terre. Là ils prirent insensiblement la teinture des doctrines et des pratiques des païens, au moins en ce qu'elles avaient qui ne leur paraissait pas directement opposé à leur loi. Le premier christianisme sortant ensuite du sein des Juifs et de celui des païens, conserva aussi la plupart de ces mêmes doctrines* (Liv. I, pag. 377).

Voilà donc ce peuple que Dieu conservait à Babylone comme un reste précieux pour le faire retourner en sa patrie, ce peuple instruit si familièrement par les prophètes, si épuré dans sa doctrine et dans son culte, si scrupuleux observateur de ses cérémonies, si peu docile aux prières des Babyloniens, *qui demandaient aux Israélites de leur chanter des paroles de cantiques, et de les réjouir de leurs instruments* (Ps. CXXXVII, 3) ; voilà, dis-je, ce peuple accusé de la plus noire et de la plus criminelle de toutes les superstitions. *Ils prirent insensiblement* en Babylone *la teinture des doctrines et des pratiques des païens*, c'est-à-dire qu'ils y reçurent la doctrine des démons, comme M. Bekker le dit expressément (Liv. II, c. 36) ; doctrine qui flétrit la gloire et détruit la puissance de Dieu, qui souille l'honneur de la vérité divine; doctrine qui déshonore les saints anges, qui anéantit la charité, qui ôte la crainte de Dieu, qui jette dans le désespoir ou dans l'orgueil ; doctrine qui enfante l'hypocrisie, et qui est la racine de tous les vices.

Ces opinions (des opérations des démons) *furent introduites parmi les Juifs pendant leur captivité en Babylone*. Dato, non concesso. Pendant la captivité des Juifs à Babylone, ils y communiquèrent avec les philosophes. *Là ils prirent insensiblement la teinture des doctrines et des pratiques païennes, au moins en ce qu'elles avaient qui ne leur paraissait pas directement opposé à leur loi.* Cette doctrine si impie paraissait donc avoir quelque convenance avec la loi de Dieu, ou tout au moins elle n'y était pas entièrement opposée. Je ne sais comment cela a pu être, puisqu'il ne l'a donnée qu'afin qu'en attachant cette nation à son service, il s'en fit un peuple particulier, séparé des autres comme par un mur intermédiaire, et distingué par sa pureté des nations idolâtres qu'il avait abandonnées à leurs égarements. Ces peuples donc, bien loin d'avoir quelque chose qui ne parût pas directement opposé à la loi de Dieu dans une erreur aussi capitale que celle des opérations des démons, en ruinaient visiblement les vérités fondamentales, dans l'hypothèse de M. Bekker.

Mais laissons cette difficulté. *Le premier christianisme*, poursuit l'auteur, *sortant ensuite du sein des Juifs et de celui des païens, conserva aussi la plupart de ces mêmes doctrines. C'est ainsi*, ajoute-t-il, *que, d'une manière insensible, se jetèrent les fondements du papisme.*

Ainsi, nous trouverons, selon son raisonnement, que ce que l'on croit parmi nous des démons, n'est en substance que ce que les Babyloniens ont enseigné aux Juifs. C'est ce que cette gradation des Babyloniens aux Juifs, des Juifs aux premiers chrétiens, des premiers chrétiens aux papistes, pose évidemment. Etrange corruption ! Je m'étonne que Dieu ait souffert que son Eglise ait été toujours infectée d'une erreur que M. Bekker dépeint sous des traits si affreux; et que ni les prophètes qui étaient à Babylone, ni ceux qui instruisirent les Israélites après leur rétablissement, qui tonnaient avec tant de véhémence contre les erreurs, ne se soient pas opposés au cours d'une superstition si absurde et si impie !

Mais ce n'est pas tout : les Babyloniens auront été plus sages et plus gens de bien que nous à cet égard. Plus les erreurs s'éloignent de leur source, et plus elles se grossissent. Les Juifs ayant reçu la doctrine des démons, des Babyloniens y auront ajouté de nouvelles fictions. Leurs rabbins l'auront étrangement défigurée par leurs rêveries. L'auteur nous en donne un échantillon au chapitre 12 de son Ier livre. Les premiers chrétiens l'ayant reçue si corrompue, s'en seront *accommodés avec trop de facilité et de complaisance, en vue de gagner par là les païens* (Liv. I, pag. 378) ; et le papisme, qui a si scrupuleusement conservé cette opinion et qui y a ajouté du sien, nous l'aura transmise dans le plus haut degré de corruption, et nous l'aurons bonnement reçue telle sans examen, sans réflexion ; même nous aurons *encore jeté de l'huile dans ce feu* (Liv. II, pag. 211). N'est-ce pas là, Monsieur, faire un grand honneur à l'Eglise, que de la rendre l'égout de la corruption des siècles ? C'est cependant ce qui résulte du raisonnement de l'auteur.

Pendant que nous sommes sur cette matière, n'oublions pas de rapporter ces paroles de M. Bekker : *Voilà*, dit-il, *toutes les raisons pour lesquelles les sages de ce monde ont cru autrefois sans aucune révélation ou écriture qu'il y avait des esprits ; à moins*, ajoute-t-il, *qu'ils n'aient été éclairés par une lumière sombre, qui leur a apparu avec le temps par les fentes de la porte du temple, depuis que les Juifs ont été répandus dans le paganisme avec la Bible, laquelle fait aussi mention des anges* (Liv. II, pag. 44). Tout ce passage en lui-même et conféré avec celui que vous venez de m'alléguer, n'est qu'un tissu de contradictions visibles. Je n'en toucherai que deux ou trois principales.

La première qui saute aux yeux, ce sont *toutes ces raisons pour lesquelles les sages du monde ont cru autrefois sans aucune révélation ou écriture qu'il y avait des esprits*. Car cela implique, si ces mêmes sages ont puisé cette opinion dans *la Bible, qui fait aussi mention des anges, depuis que les Juifs ont été répandus dans le paganisme*. Admettre les démons, *sans aucune révélation ou écriture*, et admettre les démons par le moyen de la révélation ou de l'Ecriture, c'est affirmer et nier une même chose, c'est un combat de deux propositions sur un même sujet, que toute la subtilité humaine ne saurait concilier.

Ne m'objectez point ce correctif de l'auteur : *A moins qu'ils n'aient été éclairés par une lumière sombre qui leur a apparu par le moyen de la Bible*. Ou ces sages ont cru les démons sans révélation, ou ils les ont crus par la révélation. Ce sont les deux principes sur lesquels roulent les motifs de connaissance des païens, selon M. Bekker. Car, pour ce qui est de la raison naturelle, elle ne peut en être la cause, l'auteur l'avoue.

Si ces sages ont cru les démons *sans aucune révélation*, ce n'est donc plus par les motifs que la Bible leur aurait donnés. Si, au contraire, ils ont cru les démons par la révélation, ce n'est donc plus seulement par les motifs que leurs conceptions grossières de la perfection de l'Etre divin, et les idées de Platon et les Intelligences d'Aristote, auraient pu leur suggérer. Il n'y a pas moyen de tergiverser ; si l'on se détermine à l'un, on détruira l'autre. Une vérité ne saurait être fondée sur des principes directement opposés. Vous auriez raison de vous moquer de moi, si, après avoir posé pour une vérité constante que le soleil tourne autour de la terre, j'ajoutais ce correctif : A moins que la terre ne tourne autour du soleil !

Vous ne manquerez pas de vous prévaloir de ces contradictions, et vous en inférerez que quand on ne consulte que ses préjugés, il est très-difficile de composer un système bien lié ; car il faut une mémoire fort heureuse pour se ressouvenir de tant de principes qui n'ont rien de solide. Au contraire, les vérités sont naturelles ; elles subsistent toujours, et c'est pourquoi on les retient facilement. Mais les erreurs sont autant de fantômes et de fausses lueurs qui échappent et disparaissent en un moment. Elles ne laissent dans l'esprit que des idées confuses. De là il résulte que quand on vient à les exprimer, n'y ayant rien de fixe d'où l'entendement emprunte ses lumières, on bronche à chaque mot.

J'ai toujours cherché dans un auteur cette juste harmonie, cette liaison étroite, cette mutuelle correspondance des matières, qui fait d'un livre comme un corps organisé, dont toutes les parties aboutissent à un même chef, dont les doctrines, quoique diverses dans leurs objets, sont si fortement unies, qu'elles se répondent mutuellement, en sorte que l'on ne saurait en séparer la moindre, sans que le tout n'en souffre. Quand je trouve dans mon auteur ce caractère, c'est pour moi un fort préjugé que ce qu'il écrit est vrai. Au contraire, quand je n'y vois que des vues égarées, que des parties sans liaison, que des principes opposés, j'en infère d'abord que ce qu'il écrit est faux, puisque la vérité étant simple et toujours égale, il ne faut que l'apercevoir pour écrire juste.

Ce n'est point à M. Bekker, que je dois respecter par toutes sortes de raisons, que j'attribue ce défaut, mais uniquement à la nature des erreurs qu'il défend. S'il avait employé les talents que Dieu lui a départis à l'édification de ses lecteurs, il se serait fait un nom plus heureux.

Vous trouverez encore dans ces paroles de M. Bekker la même contradiction que nous avons déjà observée, si vous les comparez avec celles-ci. Il nous dit quelque part qu'il *a consacré son premier livre à faire voir clairement que ces opinions que l'on a conçues touchant les diables, les divinations, les sortiléges, ont eu leur première source parmi les païens, d'où elles ont été introduites parmi les Juifs, qui, pendant leur captivité en Babylone, prirent insensiblement la teinture des doctrines et des pratiques des païens* (Lib. I, pag. 377). Au contraire, dans le second livre, ce sont *les Juifs répandus dans le paganisme avec la Bible*, qui ont appris aux païens toutes ces opinions. Conciliez, je vous prie, ces idées, Monsieur.

Que cet aveu est désolant ! *Les sages du monde ont été éclairés par une lumière sombre, qui leur a apparu avec le temps par les fentes de la porte du temple, depuis que les Juifs ont été répandus dans le paganisme avec la Bible, laquelle fait aussi mention des anges*. Les Juifs et les païens ayant puisé dans une même source, il s'ensuit que le sentiment des uns et des autres a été en substance le même, et que la diversité des noms qu'ils ont donnés aux démons, n'étant venue que de la diversité des langues, ils y auront d'abord attaché les mêmes idées que la Bible leur aura fournies.

Ces *Juifs répandus* auront été autant de docteurs qui leur en auront facilité l'intelligence ; et ces *fentes du temple* leur auront fait entrevoir une lumière, qui, quoique *sombre*, étant jointe aux autres voies de connaissance, aura été suffisante pour les éclairer.

Et ainsi les Juifs et les païens, fondés sur un même principe, auront eu au fond les mêmes notions; et si on y remarque quelque différence, ce ne sera que sur les degrés de connaissances, les uns ayant été vivement illuminés, les autres n'ayant été éclairés que *par une lumière sombre;* de la même manière qu'un homme proche d'une tour pourra discerner si elle est ronde ou carrée, au lieu qu'un autre, dans une distance trop éloignée n'en pourra rien décider de positif; quoique celui qui en est éloigné affirme que c'est une tour, aussi véritablement que celui qui en est proche.

M. Bekker, qui veut que les anges bons ou mauvais des Juifs tels que la Bible nous les représente, et les démons des païens, n'aient rien eu de commun, ne devait pas forcer lui-même ce retranchement, si nécessaire pour fortifier son premier livre et le mettre à couvert des attaques des critiques.

Vous vous faites de votre troisième objection une espèce de triomphe. Voici, ce me semble, à quoi elle se réduit. Les philosophes païens, qui ont inventé tant de fables, ne pourraient-ils pas avoir forgé celle des opérations des démons sur la terre, et les peuples ignorants, qui vénéraient toutes leurs productions, comme émanées de sages infaillibles, ne les auraient-ils pas reçues aveuglément?

At sacri vates et divum cura vocamur.
Sunt etiam qui nos numen habere putent.

(*Ovid., Amor. lib.* III, *eleg.* 8.)

Afin que cela pût être, vous m'avouerez, premièrement, qu'il faudrait que ce sentiment des démons eût quelque liaison avec leurs principes, et qu'il s'en déduisît comme une conséquence. Or les principes des philosophes païens ne peuvent être considérés précisément en eux-mêmes comme l'origine de cette opinion.

Ce sont des principes purement naturels. Leur raison, aveuglée de préjugés, s'est égarée en une infinité d'erreurs. Mais plus on épaissira leurs ténèbres, et plus on trouvera qu'il leur a été impossible de s'imaginer des démons tels qu'ils nous les ont représentés dans notre troisième lettre. C'est un mystère où la raison ne saurait pénétrer, et que la révélation seule nous enseigne. C'est M. Bekker qui le dit en plusieurs endroits de son ouvrage. En second lieu, vous ne sauriez nier qu'afin que l'on pût tirer des principes des philosophes les opérations des démons, il faudrait que ce sentiment n'y fût pas directement opposé, j'entends selon leur hypothèse. Ils se sont imaginé que les démons remplissaient ce vide immense qui se trouve entre les hommes et les dieux. Mais leurs idées de la Divinité détruisaient entièrement cette opinion, par ces deux raisons : la première, c'est que les philosophes, et entre autres Platon, que l'on veut avoir été un des premiers de ceux qui ont introduit les démons, établissent si fortement l'action de la providence de Dieu sur toutes les créatures, que, sur ce principe, ils rejettent quelquefois la pluralité des dieux, comme des agents non-seulement inutiles, mais encore incompatibles avec les soins de la Providence. La seconde raison, c'est que Platon, qui est celui des Grecs qui a conçu la plus haute idée de Dieu, serait celui qui aurait été le plus absurde, en remplissant de démons le vide infini qui est entre Dieu et les hommes. Il conçoit les démons élevés au-dessus des hommes, mais il conçoit aussi Dieu comme un Être infini; et par conséquent, dans son hypothèse, il est impossible que les démons, étant bornés, puissent toucher de près à la Divinité et être comme un canal de communication des dieux aux hommes. Ç'a été cependant son opinion, je l'avoue, mais, bien loin de découler de son principe, elle y est opposée. *Il faut,* dit Philon le Juif (*De Gigant.*), en platonisant, *que tout le monde soit animé,* et qu'il y ait, par conséquent, des génies. On lui pardonne ce sentiment; il l'avait appris des saints livres, et il y mêle des fictions platoniciennes. Mais rien ne peut excuser Platon d'avoir deviné une vérité opposée à ses principes, à moins que l'on n'avoue qu'il en avait tiré le fond des Juifs, sur lequel il a bâti ses chimères. Et ainsi, vous voyez, Monsieur, que votre objection me fournit une preuve contre vous.

Mais tous les philosophes n'ont pas eu des notions naturelles aussi pures que Platon. Ils se sont imaginé une infinité de dieux chimériques; et pourquoi ne se seraient-ils pas aussi forgé des démons pour gouverner le monde, là où les soins des dieux n'auraient pu s'étendre?

Sans critiquer le fond de votre objection, je la rétorquerai simplement contre vous. Pourquoi ces philosophes se seraient-ils imaginé des démons, des lieutenants des dieux, *pour partager entre eux le gouvernement du monde* (*Liv.* II, *p.* 42)? Cela aurait été bon s'ils n'avaient conçu qu'un dieu oisif dans le ciel. Ils auraient pu en inférer qu'il fallait établir des démons dans chaque partie du monde, pour suppléer par leur vigilance à la mollesse d'un Jupiter. Mais ils avaient rempli l'univers d'une foule de dieux : chacun avait son petit district, son gouvernement personnel. Quelle part auraient donc pu avoir les démons dans le gouvernement du monde, qui n'était déjà que trop chargé de tant de maîtres subalternes, et trop borné pour satisfaire leur ambition? Avoir donné à ces intelligences, qui régissaient si facilement leurs petits États, des coadjuteurs et des lieutenants pour partager entre eux l'autorité et le gouvernement qu'ils n'auraient pu administrer seuls, n'aurait-ce pas été une absurdité visible?

Vous m'objecterez sans doute que toutes ces divinités inférieures n'étaient autre chose que ce que les païens appelaient démons, certains êtres sur lesquels les grands dieux se déchargeaient des choses sublunaires. J'avoue que tous ces dieux étaient au fond véritablement des démons, qui se faisaient adorer sous les noms des dieux; mais je nie que les païens aient généralement cru que leurs dieux fussent des démons, ou qu'ils leur aient attribué aucun pouvoir suprême. C'est ce que nous avons amplement prouvé. D'ailleurs, notre auteur, qui veut que les démons aient partagé avec les dieux, dans l'opinion des païens, le gouvernement du monde, c'est-à-dire de ce qu'ils croyaient être de la plus grande importance, se contredit ouvertement, une ligne après, en disant que *ces esprits étaient*, selon les païens, *des êtres d'une nature plus parfaite que les corps, lesquels n'ont pas l'esprit requis pour le gouvernement de quelque chose d'importance* (Liv. II, pag. 43). Qui a jamais rien lu de plus contradictoire?

Je ne saurais passer cette objection sans faire une seconde réflexion : c'est que, bien loin que cette fécondité des philosophes à produire des erreurs ait engendré celle des opérations des démons, elle devait au contraire les proscrire du monde. Pourquoi ces gens, plongés dans les délices du siècle et abrutis dans leurs sensualités, se seraient-ils imaginé de pareils objets de terreur? *Mangeons et buvons, car demain nous mourrons*; donnons-nous du bon temps et goûtons avec joie les délices de la vie. Etrange folie de supposer des démons mauvais, toujours furieux, et de se livrer à des terreurs imaginaires!

Après avoir résolu vos difficultés, qu'il me soit aussi permis de vous prier de lever charitablement un scrupule que la lecture de l'ouvrage de M. Bekker a fait naître en moi. Car je ne saurais vous dissimuler que si j'étais de son opinion, je ne me sentirais pas moins gêné que lui. *Il me semble* aussi *que Jésus-Christ confirmait la commune opinion* (que l'on avait alors du diable), *tant par ses discours que par ses actions; parce qu'il disait les choses d'une manière qui faisait croire qu'il fût aussi de cette opinion, que c'était véritablement des malins esprits qui, étant entrés dans les corps des hommes, leur causaient au dedans mille sortes de tourments et de misères.* Voilà la difficulté ; en voici la solution : *Ç'a été la manière de Jésus-Christ de s'accommoder au langage qui avait tiré son origine en partie d'un tel abus* (Pag. 5, 14).

C'est là le principe favori de tous nos novateurs : se sentent-ils pressés par des passages exprès des saintes Ecritures qui détruisent leurs erreurs, la solution est toujours prête : c'est que l'Ecriture parle avec le vulgaire. S'agit-il, par exemple, d'éluder la preuve que l'on emprunte des citations que Jésus-Christ et ses apôtres ont souvent faites du Pentateuque sous le nom de Moïse, citations qui montrent que Moïse en est véritablement l'auteur, *c'est*, dit un moderne, *que Jésus-Christ et ses apôtres n'étant pas venus au monde pour enseigner la critique aux Juifs, il ne faut pas s'étonner s'ils parlent selon l'opinion vulgaire*.

Il y a trop de choses à dire sur ce principe pour l'examiner dans toute son étendue. J'observerai seulement qu'outre le profond respect que l'on doit à la parole de Dieu, qui porte les âmes pieuses à s'abstenir de ces sortes d'expressions, c'est que l'utilité que l'on en peut tirer est si peu de chose, en comparaison de l'abus que l'on en fait tous les jours, que le meilleur est de ne s'en point servir. On sait bien que l'intention du Saint-Esprit n'a pas été de nous rendre philosophes ou critiques, et que même il y a dans l'Ecriture certaines expressions figurées qui ne peuvent pas être entendues au pied de la lettre; mais qu'est-il besoin d'y appliquer ce principe, puisque le sens commun en donne l'intelligence? Il y a d'autres passages qui semblent donner des idées opposées aux vérités naturelles, et particulièrement aux principes de la philosophie moderne; mais il est encore très-facile de les entendre sans leur faire violence, pour peu que l'on fasse réflexion sur le but que les auteurs sacrés se sont proposé. Combien de fois, par exemple, a-t-on objecté ce passage du livre de la Genèse, où Moïse parle *des deux grands luminaires* exclusivement aux autres qui sont incomparablement plus grands, pour prouver que l'Ecriture sainte parle selon l'opinion du vulgaire ! Ce n'est pourtant nullement l'intention de Moïse de dire que ces deux luminaires sont supérieurs aux astres quant à leur étendue, mais seulement quant à la lumière qu'ils nous communiquent. On sait bien que les astres ont une lumière propre, et que celle de la lune est empruntée et réfléchie; mais, par rapport à nous, elle est un *grand luminaire*, parce qu'elle nous transmet plus de lumière que toutes les étoiles.

On pourrait encore observer la même chose sur la fameuse question de savoir si le Saint-Esprit ne parle pas comme le vulgaire, lorsqu'il pose en plusieurs endroits le mouvement du soleil. Les cartésiens n'ont point trouvé d'autre moyen pour défendre leur hypothèse contre les attaques des théologiens. Mais il semble qu'il ne serait pas impossible de la concilier avec ces passages; car par l'explication que Descartes donne de la nature du mouvement, dans la seconde partie de ses Principes, il enseigne clairement que la *translation* par laquelle un corps se meut auprès d'autres corps qui sont considérés comme en repos, est seulement un mode, et non quelque chose de subsistant, comme la figure est le mode de la chose figurée; en sorte que le mouvement et le repos ne sont que deux divers modes. De là vient que tout ce qu'il y a de réel et de positif dans les corps qui se meuvent doit aussi se trouver dans les autres qui leur sont contigus, et que l'on considère néanmoins dans un repos absolu; par conséquent cette *translation* d'un corps de la *proximité* d'un autre que l'on regarde comme fixe est réciproque et leur est commune. Et ainsi, en appliquant ce principe au mouvement de la terre et au repos du soleil, on pourra dire que ce mouvement n'étant qu'un mode relatif, il leur est commun et réciproque, l'un ne pouvant se mouvoir, sans que l'autre, que l'on suppose comme en repos, ne participe aussi à son mouvement. La raison en est que le soleil, qui est considéré comme immobile, ne change pas moins de *proximité* que la terre qui se meut autour du soleil. En ce sens Virgile aurait été moins poëte que philosophe cartésien :

Terræ urbesque recedunt.

Au reste, ce que je conclus de cette considération, c'est que, dans l'examen de tous les passages de l'Ecriture sainte où il est parlé des choses naturelles, on trouvera toujours certaines relations, certaines propriétés que le Saint-Esprit a eues en vue, qui conviennent naturellement aux divers sujets auxquels il les applique, sans qu'il faille le faire parler selon les opinions erronées du vulgaire.

Après cela, jugez, Monsieur, combien sont condamnables ceux qui appliquent ce principe aux vérités révélées, et qui veulent que Jésus-Christ et ses apôtres aient confirmé les erreurs en se servant des expressions erronées du vulgaire, sans les avoir auparavant rectifiées; car c'est là précisément ce qui résulte de leur principe, mais particulièrement de celui de M. Bekker.

Il faut que vous en tombiez d'accord. La vraie doctrine des anges et des démons est venue de la seule révélation. Les Juifs et les païens l'avaient tellement corrompue par leurs erreurs, qu'elle n'était plus reconnaissable. Ces erreurs étaient capitales, car en les admettant on ravit à Dieu la gloire qui lui appartient. Par celle des opérations des démons *sont sapés les points fondamentaux de la religion chrétienne. Il est impossible qu'elle tienne, si on vient à l'attaquer de ce côté-là. Un athée n'a pas besoin d'autres armes que celles de cette opinion pour battre en ruine toute la religion chrétienne* (Liv. II, ch. 35), etc. Ce n'est là qu'un petit extrait de ce chapitre monstrueux.

Or, Jésus-Christ est venu au monde pour détruire les œuvres du démon. Sa mission de prophète l'obligeait à instruire les ignorants et à combattre la superstition. Vous le voyez partout reprendre les vices et foudroyer impitoyablement les erreurs. Mais pour ce qui est des opérations des anges et des démons, pas la moindre censure ni la moindre correction de sa bouche divine. Sa gloire, dit-on, y est intéressée; et celui qui ne donne point sa gloire à un autre qui en est infiniment jaloux, aura souffert ces égarements de l'esprit humain, sans le rappeler à son devoir ! il aura permis que l'honneur qui lui appartient soit terni par cette superstition grossière! Par ces erreurs *sont sapés les points fondamentaux de la religion chrétienne;* et Jésus-Christ les aura laissées dans toute leur vigueur! Au lieu de fonder les vérités qu'il annonçait sur des fondements inébranlables, il ne les aura appuyées que sur le sable mouvant! Mais que dis-je, il aura lui-même travaillé à les détruire, en employant ces mêmes termes que les Juifs avaient altérés, dont les païens avaient abusé, et en leur donnant les mêmes idées!

Il est évident qu'un mot dont on a détourné à d'autres sujets la signification que l'usage a fortement établie, est généralement reçu en ce sens par les peuples qui parlent une même langue. Or les Juifs, n'ayant point appris, avant l'incarnation de Jésus-Christ, que ces noms qu'ils donnaient aux anges et aux démons avaient été détournés de leur signification naturelle, auront attaché à ce terme de *Satan* les fausses idées sous lesquelles ils l'avaient toujours conçu ; et Jésus-Christ, bien loin de dissiper ces préjugés des Juifs, les aura confirmés dans l'erreur, en s'énonçant lui-même dans les mêmes termes, sans leur avoir restitué leur vrai sens, et en fomentant la superstition par des exemples fabuleux d'hommes obsédés et délivrés des démons! Les apôtres auront aussi autorisé l'erreur, en attribuant partout aux démons des opérations que ni les Juifs ni les païens n'auront pu prendre en un autre sens qu'en celui qui était alors en usage! Conférez soigneusement cette objection avec le chapitre 28 du II° livre de l'auteur ; car je prétends que la manière dont M. Bekker y répond rend mon objection entièrement indissoluble.

SIXIÈME LETTRE.

SOMMAIRE. — *Si tous les peuples ont cru des démons, quelque fabuleuses que soient leurs opinions, l'on en conclut leurs opérations. Réflexions sur la manière dont M. Bekker explique ce que les voyageurs nous rapportent des opérations des démons sur les peuples barbares qui ont été inconnus à notre hémisphère. On examine le chapitre 24 de son premier livre. Il tâche d'y changer l'état de la question. L'on rétorque contre M. Bekker ce qu'il dit des Pères de l'Eglise.*

Monsieur

Après avoir levé les principales difficultés que vous avez opposées à la preuve que j'ai employée, savoir, que si l'Ancien Testament enseigne l'existence des anges en général, il établit aussi leurs opérations, je me servirai d'un principe semblable par rapport à tous ces peuples barbares qui, n'ayant eu aucune connaissance des livres saints, ont cependant cru à l'existence et aux opérations des démons.

C'est, dit-on, ce qu'ils ont cru sans raison. *Les erreurs se suivent de près.* Ils se sont forgé des cacodémons, des goquis, des ratsasias, des mapoïas, etc., et ils leur ont attribué des opérations aussi bizarres que les noms qu'ils leur ont donnés.

Que ces opérations soient autant de chimères, nous les abandonnons pour un moment au jugement de M. Bekker. Mais, au moins, il faudra qu'il avoue d'abord que *tous les païens anciens et modernes, européens, asiatiques, américains, septentrionaux et méridionaux, conviennent en ces trois points principaux, qui sont d'une vérité incontestable* : 1° *Qu'il y a seulement un premier Etre, ou une Divinité suprême;* 2° *qu'il y a des esprits qui ont eu un commencement, et qui sont distingués des âmes humaines;* 3° *que ces esprits sont ou bons ou mauvais : que les* uns sont amis des hommes, et que les autres sont leurs ennemis (Liv. 1, pag. 133, 134).

Voici donc tous les peuples du monde imbus de l'opinion des démons. L'on infère de cet aveu que ce qu'ils en savent, quelque erroné qu'il soit, doit leur être connu par la voie d'opération. Et pour mettre cette vérité dans un plein jour, faites, s'il vous plaît, cette remarque : c'est qu'il est impossible qu'une seule et même créance, universellement répandue et constamment reçue, puisse être entièrement fausse dans le fond. Je dis *universellement*; car je prends ce terme d'universel dans sa signification naturelle, pour signifier ce consentement unanime de toutes les nations, aussi bien de celles qui ont été inconnues à notre continent, que des autres avec qui l'on a pu avoir quelques liaisons. J'ajoute *constamment*, pour mettre de la différence entre la créance solide des démons et les opinions qui, n'ayant rien de fixe, ne durent que quelque temps. Je me sers aussi de cette restriction, *dans le fond*, pour ne pas confondre avec la substance de cette doctrine les idées erronées sous lesquelles on l'a conçue, et qui ont été diverses, selon la diversité des illusions produites par l'imagination. En ce sens, c'est une absurdité de soutenir que les démons étant de pures chimères selon l'opinion des peuples, ils les aient universellement et constamment admis.

L'imagination peut bien se forger des Pégases et des montagnes d'or. Mais, d'abord, quoique ces fictions n'existent pas formellement telles, la matière dont elles sont composées existe hors de l'entendement, et par conséquent il faudrait qu'il y eût certaines idées que l'imagination aurait rassemblées pour en composer les démons. Outre cela, ces productions chimériques, n'ayant rien de fixe, ne pourront avoir été universelles et constantes.

Les vérités naturelles peuvent être universellement reçues, 1° parce que Dieu les a gravées dans l'entendement de tous les hommes : ils n'ont qu'à consulter ces notions générales pour en apercevoir l'évidence ; 2° parce que le propre d'une vérité est d'être simple et droite : comme un corps se détermine naturellement à décrire une ligne droite, et qu'il y persévérerait éternellement s'il ne rencontrait d'autres corps qui rendent son mouvement oblique, ainsi les vérités déterminent l'homme à suivre toujours la rectitude de leurs impressions, et il y persévérerait s'il n'en était détourné par la corruption de sa nature ; 3° les vérités sont plus universelles, parce qu'elles sont plus anciennes que les erreurs. Ce qui est le premier est toujours vrai, et ce qui est venu après est faux. C'est pourquoi les vérités étant autant de principes, il est naturel d'y tendre.

Examinez, Monsieur, si les chimères que l'imagination produit ont ces conditions. Dieu les a-t-il empreintes dans l'esprit? Nullement ; il conduirait l'homme dans l'erreur. Sont-elles simples et droites? Point du tout ; au contraire ce sont des inventions et des fictions de l'imagination, laquelle,

n'ayant rien d'arrêté à cause de la multiplicité et de la diversité de ses opérations, s'égare et s'évapore en une infinité de rêveries. Enfin, ont-elles le caractère de priorité que toutes les vérités portent ? Ce serait avancer une contradiction ; car une chose imaginée n'est telle que parce qu'elle est postérieure aux idées que l'imagination rassemble.

Si donc les démons ont été, par rapport aux païens, de pures chimères, ces chimères auront été constamment reçues de tous les peuples, comme si Dieu les avait gravées dans leurs esprits. Elles auront été admises comme des vérités de simple démonstration, quoiqu'elles empruntent leur nature et leur existence de la diversité des conceptions, qui ne sauraient être uniformes chez tous les peuples. Elles auront eu leur origine dès la fondation du monde, et se seront conservées jusqu'à nous ; et cependant ce seront des fictions qui dépendent du caprice de l'homme. La seule proposition de ces absurdités suffit pour les réfuter.

Depuis la dispersion des peuples, il est assez probable que les Américains n'ont eu aucune communication avec le reste du monde. L'histoire ne nous en donne aucune certitude : et néanmoins ces fictions sur les démons se seront conservées parmi eux pendant un grand nombre de siècles, nonobstant leur ignorance, leur brutalité, leurs extravagances ! Non, Monsieur, afin qu'une créance se perpétue, elle doit avoir quelque chose de solide ; autrement il est évident que l'esprit s'abandonnera à la vanité de ses conceptions, que d'une erreur il se précipitera dans une autre, s'il n'y a rien qui l'arrête et qui le détermine.

Mais, direz-vous, vous ne pouvez pas soutenir que la connaissance des démons porte ces caractères propres aux vérités naturelles : Dieu ne les a point gravées dans l'entendement, et la raison, quelque éclairée qu'elle soit, ne saurait s'élever jusque-là sans le secours de la révélation? Ne voyez-vous pas, Monsieur, où vous me conduisez naturellement à tirer une conséquence à laquelle je ne prévois pas que l'on puisse rien objecter de raisonnable : c'est que si les démons ont été universellement et constamment admis de tous les peuples du monde, il faut que cette connaissance découle de quelque cause solide. Elle ne vient ni de l'Écriture, ni de la raison, ni de l'imagination ; elle dérive donc uniquement des opérations mêmes des démons.

Sur ce principe, il n'y a rien de plus facile que de rétorquer les objections de M. Bekker contre lui-même. Car ces préjugés et cette corruption générale du paganisme sur la doctrine des démons, bien loin d'en détruire la vérité, la supposent au contraire. On ne saurait former de préjugés sur un pur néant ; or, si les démons n'ont point été connus des païens par la voie d'opération, ils ont dû être chez eux de purs néants, et par conséquent ils n'ont pu en former aucuns préjugés. Ma majeure est sans contestation. Le néant ne fournit aucunes idées : *Nihili nullæ sunt affectiones.* On a beau méditer sur le rien, on n'y trouvera que le néant. Et c'est, pour le dire en passant, l'abus de ce principe qui a porté les philosophes modernes à soutenir l'infinité de l'étendue, parce qu'il est impossible, selon eux, d'y poser de certaines limites, que l'on ne conçoive toujours au delà quelque étendue que l'esprit même ne saurait définir. Mais on se trompe : si l'on ne peut pas s'imaginer une certaine étendue renfermée dans de certaines bornes, on doit seulement en conclure que, le rien ne pouvant être l'objet de notre perception, ce serait une absurdité de prétendre y trouver quelques affections. Ainsi, je puis donner à l'étendue des limites, sans que je sois obligé d'établir aucun vide dans la nature, ou que l'évidence de mon idée soit obscurcie, parce que je puis aussi bien dire qu'il n'y a rien après cette vaste étendue, que je dis qu'il n'y avait rien avant la création. Ces deux choses, si on les examine sans passion, ont les mêmes notions. Et pour ce qui est de l'objection ordinaire, que l'esprit ne saurait concevoir une étendue bornée d'un rien, c'est parce que le néant ne fournit de lui-même aucunes idées, mais seulement par opposition à l'être.

Si donc les démons sont de purs néants, à les considérer tels que les peuples les ont conçus, il est impossible qu'ils en aient eu le moindre préjugé, parce qu'un préjugé renferme dans sa signification un sujet qui fournit à l'entendement quelques idées, qui, n'étant pas assez bien développées, ne permettent point à la volonté d'en porter un jugement vrai ; si elle en décide, elle tombera dans ce que l'on appelle un préjugé.

Ma mineure est évidente. Si les démons n'ont point été connus par la voie d'opération, ils ont été chez les païens de purs néants. Ni la révélation, ni la raison ne leur ont point donné cette connaissance, et par conséquent ma conclusion est nécessairement vraie : ces peuples n'en ont pu former aucuns préjugés. Car il en est de l'entendement à peu près comme d'un miroir. Il doit y avoir quelque chose qui lui imprime sa ressemblance. Autrement il ne concevrait jamais les moindres idées. Et s'il ne les représente pas aussi pures et aussi naturelles qu'elles lui ont été proposées, c'est que ce miroir étant infidèle et défectueux, il n'en reçoit et n'en réfléchit les traits que d'une manière difforme.

Je ne ferai que ces deux réflexions sur les difficultés que M. Bekker propose pour éluder tout le merveilleux que les voyageurs racontent sur la magie des peuples et les opérations des diables, dont ils les disent les aveugles victimes.

La première, c'est qu'il oppose à ces faits d'autres expériences particulières qu'il est facile d'expliquer naturellement. Voici comment il procède. S'il s'agit de quelque fait accompagné d'une dizaine de circonstances extraordinaires, il en fait une espèce de squelette ; il rapporte une autre dizaine de faits particuliers, et compare, non un fait avec un autre fait de même nature, ce qu'il devrait faire pour établir un juste parallèle, mais chaque circonstance d'un seul et même fait avec un autre fait. Et comme, en suivant cette méthode, il est impossible qu'il n'y trouve quelque conformité, il se moque partout de la crédulité du genre humain.

Dans la seconde remarque, je vous ferai observer combien est faible la solution que M. Bekker donne des opérations merveilleuses des démons sur les idolâtres, qu'il allègue dans son premier livre, et qu'il prétend naturellement expliquer dans son second. *Ceux*, dit-il, *qui ne connaissent point chrétiennement Dieu, ne connaissent point aussi le diable* (Liv. 1, pag. 60).

Si je voulais nier les opérations du corps, j'aurais bonne grâce d'établir ce principe, que ceux qui ne connaissent pas l'âme, ne connaissent point aussi le corps. Car la question n'est pas de savoir si la nature de l'âme consiste dans la pensée, et celle du corps dans l'extension, pour connaître qu'il agit. Un paysan en saura là-dessus autant qu'un philosophe. Il se moquerait avec raison de M. Bekker, s'il voulait lui persuader que, parce qu'il ignorerait la nature de l'âme et du corps et les lois du mouvement, il aurait tort de sentir un soufflet qui lui aurait été chaudement appliqué. De même, Monsieur, c'est vouloir plaisanter que de nier les opérations des démons sur les sauvages du Brésil, par exemple, parce qu'ils ne sont pas assez bons théologiens pour s'élever à la connaissance de Dieu et des mystères que sa parole nous a révélés, ou parce qu'ils ignorent la vraie doctrine des démons.

Il est vrai, ces peuples *ne connaissent point le diable chrétiennement.* Ils n'ont jamais entendu parler de la création des anges, de leur spiritualité, de leur chute ; ils en auraient peut-être conclu avec nous leurs opérations sur la terre. Quelques passages mal entendus, quelques termes mal traduits, les auraient fait donner dans notre sentiment ; *car il y a dans l'Ecriture sainte des expressions qui semblent favoriser la commune créance que presque tous les hommes en général ont déjà touchant le diable* (Liv. 1, pag. 363). Ils auraient cru de bonne foi que Dieu, qui ne peut tromper l'homme, au lieu d'aider leur penchant naturel à la superstition, les en aurait plutôt détournés.

Je crois avoir suffisamment répondu aux principales objections de M. Bekker ; c'est pourquoi il serait inutile d'examiner le chapitre 24 de son premier livre, où l'on peut dire qu'il travestit des riens en de grandes choses. Elles se réduisent toutes à l'examen des préjugés dont il veut que tous les peuples, et particulièrement les chrétiens, soient imbus dès leur naissance sur les opérations des démons ; préjugés qui se grossissent avec l'âge par la mauvaise éducation, par des études mal dirigées, etc.

Ce sont autant de faux brillants qui ne servent qu'à égarer l'état de la question, en éblouissant le lecteur. Car c'est ainsi que j'appelle ce grand amas de raisonnements, qui prouvent tout au plus que les peuples grossièrement prévenus et séduits ont étrangement corrompu la vraie doctrine des démons. *Non philosophorum judicia, sed delirantium somnia.* Mais cela ne prouve nullement que le fond de cette doctrine soit fabuleux, et que les opérations des démons soient de pures chimères. L'abus que l'on fait d'une vérité ne la détruit pas.

Ensuite, M. Bekker dresse un tribunal d'inexorable inquisition, où il cite et condamne le sacré et le profane, comme étant également animés *d'un zèle aveugle et brutal pour la religion, ou plutôt pour ce que l'on appelle religion* (Liv. I, pag. 361).

Sæpe Jovem vidi, cum sua mittere vellet
Fulmina, thure dato, sustinuisse manum.

Nous n'examinerons que ces deux chefs d'accusation que M. Bekker intente aux premiers Pères de l'Eglise. Par l'examen que nous en allons faire, vous pourrez juger du reste. *Les premiers Pères de l'Eglise,* dit notre auteur, *ayant d'abord été imbus de cette philosophie corrompue, n'ont pas seulement eu la pensée de se défaire de leurs préjugés, en s'appliquant à l'exposition ou à la traduction de l'Ecriture ; au contraire ils en ont répandu le caractère dans tout ce qu'ils ont fait,* etc. *Et c'est par ce moyen que leurs doctrines touchant les malins esprits nous ont été insensiblement transmises comme en héritage* (Liv. I, pag. 371, 372). On ne peut rien lire de plus absurde, et vous en conviendrez si vous voulez bien examiner une remarque que je vais faire : c'est que si l'Eglise naissante n'a point cru, du temps de Jésus-Christ et de ses apôtres, les opérations des diables sur la terre, celle du IIᵉ siècle n'a pu avoir ce sentiment. Permettez-moi, pour éclaircir ma pensée, d'alléguer ici ce qu'Eusèbe rapporte de Polycarpe, évêque de Smyrne. Il nous apprend que saint Irénée dit avoir vu Polycarpe. Voici les paroles de cet historien, telles qu'il les a tirées du IIIᵉ livre d'Irénée *sur les Hérésies. Polycarpe,* dit-il, (*Euseb.,* lib. III, cap. 14), *n'a pas seulement été établi par les apôtres ; il n'a pas seulement conversé avec plusieurs qui ont vu le Christ ; mais il a aussi été constitué par les apôtres évêque de Smyrne en Asie, et nous l'avons vu dans notre jeunesse.*

Remarquez bien ce passage, Monsieur : vous y voyez une tradition vivante, un Polycarpe qui a vécu vers le commencement du IIᵉ siècle ; car il souffrit le martyre l'an 170, après avoir *été établi par les apôtres évêque de Smyrne,* après avoir *conversé avec plusieurs qui ont vu le Christ,* et particulièrement avec l'apôtre saint Jean ; vous y voyez, dis-je, un Polycarpe qui a été contemporain de Justin Martyr, de Clément d'Alexandrie, qu'Irénée dit avoir vu dans sa jeunesse, qui avait en horreur les superstitions, qui aime mieux mourir que de jurer par la fortune de l'empereur, et qui cependant aura été imbu d'une erreur aussi abominable qu'est celle des opérations des démons.

Justin Martyr, par exemple, aura enseigné et de vive voix et par écrit ces fictions, sans que l'Eglise, qui avait encore la mémoire toute fraîche des instructions des apôtres, où il se trouvait des vieillards qui avaient vu saint Jean, se soit soulevée contre cette innovation. Tous ces Pères si rigides, presque contemporains de Jésus-Christ, auront oublié la vraie signification de ces termes de *Satan,* de *Diable,* de *Démons,* et auront donné aveuglément dans les superstitions païennes !

Pourquoi non ? me dira-t-on. Justin Martyr n'a-t-il pas donné dans l'erreur la plus grossière, en croyant que *quelques-uns des anges déchurent, à cause de leur passion pour les femmes, et que de leur commerce avec elles naquirent les démons* (*Justin. Mart., Apol.* 1)? Je changerai l'objection en preuve : Par conséquent, dirai-je, les opérations des démons étaient alors incontestables. C'est une vérité que l'erreur même de ce Père suppose. Lisez là-dessus la suite de ce passage.

Je finirai nos entretiens en vous faisant observer avec combien peu de raison M. Bekker tâche de noircir la mémoire de nos premiers réformateurs..... (1).

Adieu, Monsieur, je suis, etc.

---

(1) Nous faisons grâce à nos lecteurs du morceau qui termine ce petit ouvrage, où l'auteur justifie sa secte d'avoir conservé, avec l'Eglise Romaine, la doctrine des opérations et de l'influence des démons. On a vu au Dictionnaire que Bekker, en niant cette doctrine, perdit sa place de ministre. Binet, en prenant ici la défense de Luther et de Calvin, que son adversaire accuse de *n'avoir pas pensé à repurger l'Eglise d'un dogme si damnable,* lui demande à son tour pourquoi il ne s'élève pas contre tant d'autres erreurs capitales conservées dans l'Eglise Romaine. Il conclut cette sixième lettre par la plaisanterie que voici : « Pourquoi, demande M. Bekker, avoir fait du pape et du diable *deux frères* ? Pourquoi n'en pas faire une même personne ? M. Bekker me suggère cette pensée, en disant que *celui qui se vante d'être le successeur de saint Pierre ne doit pas se formaliser si on lui donne le même nom que Notre-Seigneur donna à cet apôtre* (*Liv.* II, pag. 501). Quel terrible préjugé c'eût été d'attribuer personnellement au pape tous ces noms, ces passages, ces descriptions, ces idées affreuses sous lesquelles on a jusqu'ici conçu le diable ! La chose était des plus faciles : expliquez ces termes de *Satan,* de *Diable,* de *Démons,* par ceux d'adversaire, de calomniateur, de pensées mauvaises, et vous aurez le portrait fidèle de l'Antechrist. Après cela, le pape n'eût osé paraître : trop heureux s'il lui eût été permis de se confiner dans quelque monastère ! » (*Édit.*)

RÉPONSE
A L'HISTOIRE DES ORACLES
DE M. DE FONTENELLE,

Dans laquelle on réfute le système de M. Van-Dale sur les auteurs des oracles du paganisme, sur la cause et le temps de leur silence, et ou l'on établit le sentiment des Pères de l'Église sur le même sujet.

PAR LE R. P. BALTUS (1).

PRÉFACE.

Il est certain que l'établissement de la religion chrétienne, qui a été si admirable dans toutes ses circonstances, ne s'est point fait sans un grand nombre de miracles extraordinaires, par lesquels Dieu a fait connaître évidemment qu'il en était l'auteur. Les paroles du Sauveur du monde (*Marc.* xvi, 17), qui promet expressément à ceux qui croiront en lui le pouvoir d'en faire, et même de plus grands que les siens (*Joan.* xiv, 12); le témoignage des auteurs sacrés (*Act.* iii, 2 *et seqq.; ibid.*, v, 15 *et* 16; *I Cor.* xii, xiii, xiv), et ensuite des plus anciens Pères de l'Église, qui rapportent ces miracles, dont ils ont été souvent les témoins oculaires (*Origen. adv. Cels.; Justin., Cyprian. et alii passim; sed præcipue Irenæus, lib.* ii *adv. Hæres. cap.* 58); enfin l'impossibilité que le christianisme s'établît sans ce secours, aussi rapidement et aussi universellement qu'il a fait, malgré tant d'obstacles insurmontables à toute la puissance humaine; tout cela, dis-je, ne permet pas de douter que Dieu ne se soit ainsi déclaré dès les premiers siècles en faveur de la religion chrétienne.

Or, entre tous ces miracles qui ont accompagné l'établissement du christianisme sur les ruines de l'idolâtrie, il n'y en a guère eu de plus éclatant, ni qui ait plus étonné les païens, que le silence de leurs oracles. Comme ils n'avaient rien dans leur fausse religion de plus merveilleux ni de plus divin en apparence que ces oracles; rien de plus magnifique ni de plus fameux que les temples où ils étaient établis; rien de plus surprenant que les guérisons que l'on y recevait en songe, et que les prédictions des faux prophètes, qui y paraissaient pour leurs fausses divinités; rien aussi ne leur causa plus d'étonnement que lorsqu'ils virent qu'à mesure que Jésus-Christ était reconnu et adoré dans le monde, toutes ces prétendues merveilles cessaient partout; que leur Escu-

lape ne guérissait plus les malades qui allaient dormir dans son temple; que les faux prophètes de leur Apollon ne prédisaient plus l'avenir; en un mot, que toutes leurs divinités ne donnaient plus, comme auparavant, des marques sensibles de leur présence (*Porphyr. apud Euseb. l.* v *Præp. Evang. cap.* 1).

Plusieurs d'entre eux reconnurent en cet événement le doigt de Dieu, et le pouvoir de Jésus-Christ sur leurs idoles, qu'ils abandonnèrent pour embrasser le christianisme (*Tertull. in Apolog. Irenæus, loco cit. Greg. Nyss. in Vita S. Greg. Neocæs.*). D'autres, plus endurcis, attribuèrent ce silence, non pas au pouvoir de Jésus-Christ sur leurs faux dieux, mais à l'horreur que ces mêmes dieux avaient de son nom, et à l'indignation qu'ils ressentaient de le voir adoré parmi les hommes (*Arnob. l.* i *adv. Gentes; Theodoret. l.* iii *Hist. Eccl. cap.* 3; *Lactant. l.* iv *Instit. cap.* 27; *Greg. Nazianz. orat.* 1 *adv. Julianum; Porphyr. loco cit.*). D'autres s'en prenaient à leurs péchés : Nous avons offensé nos dieux disaient-ils, et c'est pour cette raison qu'ils nous ont abandonnés, et que les chrétiens prévalent partout contre nous (*August. l.* i *de Consensu Evang.*). Les philosophes enfin, recherchant avec inquiétude la cause d'un effet si surprenant, l'attribuaient, tantôt au défaut des exhalaisons, par le moyen desquelles les dieux, selon eux, communiquaient aux hommes l'enthousiasme prophétique; et tantôt à la mort des génies, qu'ils s'avisèrent de reconnaître pour auteurs des oracles, lorsque par leur silence ils virent bien qu'ils ne pouvaient plus les attribuer à leurs dieux, sans avouer en même temps leur impuissance (*Plutarch., de Def. orac.; Julian. ap. Cyrill. lib.* vi).

Toutes ces mauvaises défaites ne servaient qu'à faire paraître la vérité dans un plus grand jour, et à relever avec plus d'éclat le pouvoir de Jésus-Christ. Il était évident,

---

(1) A l'article Baltus du Dictionnaire, nous avons renvoyé nos lecteurs à cet ouvrage du savant jésuite, qui l'adressa à Fontenelle lui-même, dont il réfute les erreurs touchant les oracles d'une manière à la fois si polie et si convaincante. Cet ouvrage parut si décisif à Fontenelle, qu'il n'y répondit point, se contentant de dire que *le diable avait gagné sa cause*. Le grand tort de cet aimable savant, dans son *Histoire des oracles*, est d'y avoir introduit des maximes dont on pouvait abuser contre les vérités les plus respectables, et qui pouvaient conduire les esprits superficiels au scepticisme le plus absolu. (*Édit.*)

que les oracles avaient cessé depuis sa naissance et la publication de son Evangile, et il n'était pas moins évident que cet effet surprenant ne venait point de toutes ces causes que les païens produisaient, mais uniquement du pouvoir tout divin du Sauveur du monde sur les démons, qui, sous le nom des fausses divinités du paganisme, avaient jusqu'alors trompé les hommes par leurs illusions et leurs prestiges.

C'est ce que les premiers chrétiens démontraient aux païens, par les preuves les plus sensibles et les plus convaincantes. Car, par l'invocation du nom de Jésus-Christ et le signe de sa passion, ils contraignaient les démons d'avouer qu'ils étaient les auteurs des oracles et de toutes les prétendues merveilles qui les accompagnaient (*Tertull. in Apol.; Cyprian. l. de Vanit. idol.; Minutius Felix in Octav.; Athanas. l. de Incarn. Verbi Dei, Lactant. et alii infra producendi*). Ils les obligeaient de déclarer en présence de leurs adorateurs leur fourberie et leur imposture. Enfin ils les chassaient des temples où ils étalaient leurs prestiges, et des faux prophètes par lesquels ils rendaient leurs réponses, avec une autorité si absolue et un succès si étonnant, que je ne crois pas que l'on puisse rien trouver dans toute l'antiquité chrétienne de plus admirable ni de plus miraculeux. Voilà quelle a été la cause du silence des oracles, de ce silence si fameux, qui a été un miracle presque continuel durant les premiers siècles de l'Eglise, et une preuve éclatante de la vérité de la religion chrétienne.

Aussi les Pères de l'Eglise qui l'ont défendue dans leurs ouvrages contre l'idolâtrie, proposent sans cesse aux païens ce silence miraculeux, comme un argument très-sensible et très-capable de les convaincre, ou au moins de les confondre (1). Ils leur remettent continuellement devant les yeux l'état où se trouvaient alors leurs oracles, et le pouvoir qu'avaient les chrétiens d'en faire cesser les illusions, et d'en chasser leurs prétendues divinités. Ils les invitent d'en faire encore l'expérience, d'amener devant leurs tribunaux quelqu'un de ces faux prophètes qui passaient pour inspirés, et d'être témoins eux-mêmes de la manière dont les chrétiens en chasseront le démon, et réduiront son faux prophète au silence. Enfin ils leur parlent sur ce sujet avec une confiance qui marque combien ils étaient sûrs de la vérité qu'ils avançaient, et de l'impuissance où se trouvaient leurs adversaires d'y répondre. Tel fut, dans les premiers siècles, l'avantage que les défenseurs de la religion chrétienne tirèrent du silence miraculeux des oracles, pour confondre l'idolâtrie et établir la vérité du christianisme.

Depuis ce temps-là et l'extinction totale du paganisme, ce miracle n'a guère été moins fameux ni moins célèbre. Tout le monde chrétien en a été instruit; et il est peu d'auteurs, de ceux qui ont écrit sur la religion, qui n'en aient parlé. Et quoique plusieurs entre les modernes se soient trompés pour ce qui regarde le temps et la manière dont cet événement miraculeux est arrivé, la plupart néanmoins l'ont produit comme une preuve de la vérité de notre religion; et personne n'a jamais varié sur les deux points capitaux sur lesquels il est établi. Ces deux points sont : premièrement, que les oracles du paganisme ont été en tout ou au moins en partie l'ouvrage des démons; secondement, qu'ils ont été réduits au silence par le pouvoir de Jésus-Christ.

C'était là le sentiment général de tout le christianisme, fondé sur l'autorité des saints Pères et de tous les auteurs ecclésiastiques, sans en excepter un seul, lorsque M. Van-Dale, médecin anabaptiste de Harlem, a paru sur les rangs, et a entrepris de montrer (*Lib. de orac. vet. ethn.*) que tout le monde avait été et était encore dans l'erreur sur ces deux points; qu'il est faux et ridicule de croire que les démons se soient jamais mêlés des oracles du paganisme; qu'il n'y a eu dans toutes les merveilles que l'on en rapporte que de la fourberie toute pure des prêtres des idoles : qu'il n'est pas moins faux que les oracles aient cessé à la naissance du Sauveur du monde, ou qu'il y ait eu dans leur silence quelque chose d'extraordinaire, que l'on doive attribuer à son pouvoir; qu'ils n'ont cessé, en effet, que parce que les empereurs chrétiens ont, par leurs édits contre l'idolâtrie, ruiné les temples où ils étaient établis.

Qui pourrait douter que cet auteur, pour entreprendre de persuader un paradoxe si nouveau, si contraire à la tradition de tous les siècles, et si opposé au sentiment universel de tous les chrétiens, n'ait eu les raisons les plus fortes et les plus convaincantes à produire ? Néanmoins, quand on lit son ouvrage, qu'y trouve-t-on ? Beaucoup de lecture à la vérité et d'érudition; mais fort confuse et fort mal digérée : nulle preuve, nulle raison, nulle autorité : partout grand nombre de conjectures frivoles et de fausses suppositions, sur lesquelles il a bâti tout son système.

Un livre de ce caractère ne devait pas naturellement faire beaucoup de tort à une tradition aussi constante et aussi autorisée que l'est celle dont il s'agit, ni grande impression sur des lecteurs judicieux, qui ne se laissent pas éblouir par un vain étalage d'érudition, et qui demandent quelque chose de plus, dans un livre, que des passages grecs et latins entassés confusément les uns

---

(1) Clemens Alexand. in Protrept.; Athanas. l. de Incarn. Verbi Dei; Hieronym. in Isaiam; Gregor. Nazianz. Orat. in sancta Lumina; Theodoret. l. de Cur. Græc. Affect. serm. 10, de Orac.; Euseb. l. v de Præpar. Evang. cap. 1, 16, 17, et lib. v de Dem. Evang., sub init.; Tertull. in Apolog.; Lactant. Inst. l. iv, cap. 27; Cyrillus, l. vi contra Julian.; August. l. i de Consensu Evang.; Cyprian.; Minutius Felix, etc.

sur les autres. Mais dans le siècle où nous sommes on peut s'assurer qu'une opinion nouvelle, quelque mal prouvée qu'elle puisse être, ne manquera jamais de trouver des sectateurs, pourvu qu'elle favorise le penchant que l'on a à l'incrédulité, qu'elle entreprenne de décharger les hommes du poids incommode de la créance que l'on doit aux miracles, et qu'elle tende à enlever à la religion quelqu'une de ses preuves ou de ses traditions.

Il ne faut donc pas s'étonner que le livre de M. Van-Dale ait trouvé bien des gens qui lui ont fait un accueil favorable, et qui ont donné dans le système qu'il s'efforce d'y établir. Le penchant de leur cœur l'a emporté sans doute en cette occasion sur les lumières de leur esprit. En effet, si M. Jaquelot avait suivi ses propres lumières (*Dissert.* 4 *sur l'existence de Dieu,* chap. 8), aurait-il adopté les suppositions les plus fausses, sur lesquelles M. Van-Dale établit la première partie de son système? Pour prouver avec lui que les démons n'ont pu être auteurs des oracles, aurait-il produit ce principe : qu'il n'y a que Dieu qui, comme le souverain maître des temps, puisse connaître et prédire l'avenir? Comme si, en soutenant avec toute l'antiquité chrétienne que les oracles ont été l'ouvrage des démons, il fallait nécessairement accorder à ces malins esprits cette connaissance certaine de l'avenir qui n'appartient qu'à Dieu seul. M. Mœbius, professeur à Leipsick, qui a réfuté, à ce que l'on dit, M. Van-Dale, lui aurait-il accordé que les oracles n'ont point cessé à la naissance du Sauveur du monde, comme j'apprends de M. de Fontenelle qu'il l'a fait (1)? Qu'y avait-il de plus aisé que de démêler l'équivoque dont l'auteur anabaptiste abuse, et l'injustice qu'il fait aux Pères de l'Eglise, en leur attribuant qu'ils ont enseigné que les oracles avaient cessé tout à coup dans toutes les parties du monde, au moment même de la naissance du Sauveur? Enfin M. Bayle aurait-il prétendu confirmer la pensée du même auteur, en rapportant des oracles qui ont subsisté après l'établissement de la religion chrétienne (2)? En consultant les Pères de l'Eglise, n'aurait-il pas reconnu que ces nouvelles preuves qu'il produit tombent à faux, et ne font rien contre leur véritable sentiment?

Mais tous ces messieurs ont eu sans doute leurs raisons pour ne pas examiner de si près le livre de M. Van-Dale. M. de Fontenelle en avait de toutes contraires; et néanmoins il est celui de tous qui lui a fait le plus d'honneur. Non-seulement il l'a loué, comme un ouvrage plein de force et d'érudition, mais encore il l'a adopté presque tout entier : il en a fait un abrégé exact en notre langue, il l'a enrichi de quantité de nouvelles preuves et de nouvelles réflexions. Enfin il y a ajouté tous les ornements dont il s'est pu aviser, pour en rendre la lecture plus facile et plus agréable à tout le monde.

C'est ce qui m'a fait prendre la résolution de m'attacher à son ouvrage, préférablement à celui de M. Van-Dale, qui vaut beaucoup moins en toutes manières, pour réfuter le paradoxe qu'il y soutient. Mais comme j'honore très-sincèrement M. de Fontenelle, j'ai tâché de lui répondre avec tous les égards et toute la considération que l'on doit à une personne de son mérite; et j'ai mieux aimé que ma Réponse perdit quelque chose de la force et de l'agrément que je pouvais lui donner, que de m'exposer à lui déplaire en la rendant et plus vive et plus forte. Ainsi, comme je l'ai réfuté sans le moindre sentiment d'aigreur ou de chagrin, je suis prêt à souffrir avec la même tranquillité qu'il me réfute à son tour. C'est à peu près la disposition où un ancien (*Cicero, lib.* II *Tuscul. Quæst.*) dit qu'il se trouvait toujours, selon les principes de sa philosophie; et je crois que c'est celle où doit être un chrétien d'une manière incomparablement plus parfaite, en suivant les maximes du christianisme : particulièrement lorsqu'il n'a point d'autre dessein, comme moi, que de rechercher sincèrement la vérité.

Au reste, si je ne me suis pas étendu sur de certaines matières incidentes, autant que je l'aurais pu, c'est parce que j'ai appréhendé de m'éloigner trop de mon but principal. Mais je pourrai y revenir une autre fois; et surtout examiner plus à fond le prétendu platonisme des Pères de l'Eglise, à la faveur duquel on veut nous faire passer les plus grands et les plus saints mystères de notre religion pour des idées et des opinions inventées par un philosophe païen. Cela me donnera lieu d'expliquer quelques passages de Clément d'Alexandrie, qui ont pu donner occasion à M. de Fontenelle d'avancer que les anciens chrétiens ont regardé Platon *comme une espèce de prophète, qui avait deviné plusieurs points importants du christianisme, surtout la sainte Trinité.* Et nous verrons que cet ancien auteur chrétien, bien loin de croire que Platon ait été une espèce de prophète, ne l'a jamais regardé, non plus que tous les autres Pères de l'Eglise, que comme un plagiaire et un corrupteur des prophètes.

---

(1) M. de Fontenelle, *préface de l'Histoire des oracles*, de l'édition d'Amsterdam 1701, qui est celle dont je me suis servi dans toute cette Réponse.

(2) *Dictionnaire critique*, au mot AMPHILOCHUS.

PREMIÈRE PARTIE,

DANS LAQUELLE ON RÉFUTE LES FAUSSES RAISONS SUPPOSÉES AUX PÈRES DE L'ÉGLISE ET AUX ANCIENS CHRÉTIENS, ET OU L'ON RAPPORTE LES VÉRITABLES QUI LES ONT PERSUADÉS QUE LES ORACLES DES PAIENS ÉTAIENT RENDUS PAR LES DÉMONS.

CHAPITRE PREMIER. — *Raisons qui ont dû détourner l'auteur de l'Histoire des oracles d'adopter le système de M. Van-Dale. Division de son ouvrage et ce qu'il prétend y établir.*

J'ai lu, Monsieur, votre *Histoire des oracles*, dans laquelle vous avez donné l'abrégé du traité que M. Van-Dale a fait sur le même sujet. Cet auteur n'a pas été tout à fait content de la manière dont vous en êtes acquitté. Il s'est plaint autrefois (1) que vous aviez oublié des choses importantes, et qui pouvaient être plus décisives et moins ennuyeuses que d'autres que vous avez mises en œuvre. Mais il a eu tort de se plaindre. Bien loin d'avoir diminué en rien la force de son ouvrage, vous l'avez rendu, sans contredit, beaucoup plus méthodique et plus agréable qu'il n'est. Vous en avez ôté cette confusion extrême qui y règne partout, et qui désespère le lecteur le plus ardent et le plus attentif, qui se perd à tout moment dans un labyrinthe de digressions, de parenthèses et de citations inutiles, entassées les unes sur les autres. Les choses que vous en avez judicieusement retranchées, quoi qu'il en puisse dire, méritaient de l'être. Vous avez reconnu sans peine qu'elles étaient fausses et injurieuses à la religion. Vous avez su que l'auteur que vous entrepreniez de copier était un médecin anabaptiste, incrédule de profession, et qui passe dans son parti même pour un homme qui a de mauvais sentiments, comme il s'en plaint dans un de ses ouvrages (2). D'ailleurs vous n'ignoriez pas combien tous les protestants, de quelque secte qu'ils soient, sont ennemis des miracles, et surtout de ce pouvoir merveilleux de chasser les démons, que l'Eglise catholique a reçu de Jésus-Christ, et qu'elle a exercé dans tous les siècles d'une manière si éclatante. Vous savez l'intérêt qu'ils ont de s'en moquer, et de traiter tous ces effets surnaturels d'impostures et de fourberies.

Cela étant, je ne suis pas surpris que vous ayez beaucoup retranché du traité de M. Van-Dale; mais ce qui me surprend, c'est que vous en ayez adopté la plus grande partie, et employé toutes les raisons et tous les agréments de votre esprit pour faire valoir son sentiment et soutenir la hardiesse de son paradoxe. Souffrez, Monsieur, que j'entreprenne de le réfuter, et que, pour le faire avec plus de méthode, je me serve de votre ouvrage. Si je puis y répondre solidement, celui de votre auteur, qui est beaucoup moins capable de produire de mauvais effets, ne sera plus en état de nuire. Cependant, s'il est nécessaire de le réfuter lui-même dans la langue qu'il parle, je ne refuserai point de le faire, et j'espère que je n'aurai pas beaucoup de peine à en venir à bout.

Vous divisez votre ouvrage en deux parties. Dans la première vous vous efforcez de montrer que les oracles n'ont point été rendus par les démons; dans la seconde, qu'ils n'ont point cessé à la naissance de Jésus-Christ. Je tâcherai de répondre à l'une et à l'autre en peu de mots, et de bien établir les deux vérités contraires, que vous avez entrepris de renverser, et qui sont si importantes à la religion.

CHAP. II. — *Etat de la question. Préjugés en faveur du sentiment commun. Les Pères de l'Eglise accusés injustement d'être peu exacts dans leurs raisonnements. On leur suppose de mauvaises raisons qu'ils n'ont point avancées.*

Je commence par votre première dissertation, dans laquelle vous prétendez prouver que tous ces fameux oracles de l'antiquité, si respectés dans tout le paganisme (3) et si

---

(1) Lettre de M. Van-Dale, écrite à un ami et insérée dans la République des lettres au mois de mai de l'année 1687.
(2) Dans l'épître dédicatoire de son livre : De l'origine et du progrès de l'idolâtrie.
(3) Toute la théologie des païens, selon Eusèbe, était divisée en historique, philosophique et civile. L'historique contenait ce que les poètes, qui étaient les premiers et les plus anciens théologiens des païens, avaient raconté des dieux; la philosophique, ce que les philosophes en avaient enseigné, en rectifiant, autant qu'ils avaient pu, les fables des poètes par des interprétations et des allégories. La civile comprenait ce que les lois avaient ordonné touchant le culte que l'on devait rendre aux dieux dans les villes et les provinces. Les païens laissaient la liberté de croire ce que l'on voulait des deux premières; mais

pour la troisième, qui regardait particulièrement les oracles, ils ne pouvaient souffrir que l'on y donnât la moindre atteinte, parce qu'ils croyaient que tout y était manifestement surnaturel et divin, et que l'on ne pouvait en douter que par une témérité et une impiété punissables. Voici comme Eusèbe en parle : Καιρὸς ἂν εἴη τὸ τρίτον ἐπὶ τοῦ παρόντος διελθεῖν· τοῦτο δέ ἐστι τὸ κατὰ πόλεις καὶ χώρας συνεστῶς, πολιτικὸν αὐτοῖς προσαγορευόμενον. Ὁ καὶ μάλιστα πρὸς τῶν νόμων διεκδικεῖται, ὡς ἂν παλαιόν ὁμοῦ καὶ πάτριον καὶ τῆς τῶν θεολογουμένων δυνάμεως αὐτόθεν τὴν ἀρετὴν ὑποφαίνον· διατεθρυλληκότες γοῦν αὐτοῖς μαντεῖα καὶ χρησμοί, θεραπεῖαί τε καὶ ἀκέσεις παντοίων παθῶν, ἐπισκήψεις τε κατὰ ἀσεβῶν. Ὧν δὴ καὶ διὰ πείρας ἐλθεῖν φάσκοντες, μάλα πεπείκασιν ἑαυτοὺς τὰ θεία τιμῶντας, τὰ δίκαια πράττειν· ἡμᾶς δὲ μέγιστα ἀσεβεῖν, τὰς οὕτως ἐμφανεῖς καὶ εὐεργετικὰς δυνάμεις ἐν οὐδενὶ λόγῳ τιθεμένους souvent produits par les païens (1) comme une preuve manifeste de la divinité de leur fausse religion, n'ont été que des fourberies et des impostures grossières des prêtres des idoles qui abusaient de la crédulité des peuples, et que dans toutes les prédictions et les guérisons surprenantes que différents auteurs en ont rapportées, il n'y a rien eu de surnaturel, c'est-à-dire rien qui doive être attribué au démon.

Vous soutenez ce sentiment, quoique vous reconnaissiez qu'il est entièrement contraire, non-seulement à ce que les peuples idolâtres et la plupart des philosophes en ont cru, mais encore à ce que tous les Pères de l'Eglise, tous les auteurs ecclésiastiques et tous les chrétiens en ont pensé jusqu'à présent. Mais bien loin que cette opposition si générale vous effraye, vous vous en faites honneur, et vous témoignez dans votre préface (2) que vous seriez fâché qu'un autre eût enlevé à votre ouvrage la gloire de la nouveauté du paradoxe. C'est là un effet de ce courage dont vous parlez dans votre digression (3) sur les anciens et sur les modernes, et qui vous porte, comme vous le dites, à vous exposer sans crainte, pour l'intérêt de la vérité, à la critique de tous les autres. Il faut en effet avoir bien du courage pour s'opposer au sentiment de tout le monde, et encore plus pour attaquer, non pas quelques poëtes ou quelques orateurs païens, mais tout ce qu'il y a de plus savant et de plus respectable dans toute l'antiquité chrétienne; et pour entreprendre de faire passer les Pères de l'Eglise pour des gens qui raisonnaient mal, et qui avançaient souvent bien des choses qu'ils ne pouvaient prouver par des raisons suffisantes. « Les avis, dites-vous, ne sont point partagés, tout le monde croit qu'il y a eu quelque chose de surnaturel dans les oracles. D'où vient cela? La raison en est facile à trouver pour le temps présent. On a cru, dans les premiers siècles du christianisme, que les oracles étaient rendus par des démons. Il ne nous en faut pas davantage pour le croire aujourd'hui. Tout ce qu'ont dit les anciens, soit bon, soit mauvais, est sujet à être bien répété, et ce qu'ils n'ont pu eux-mêmes prouver par des raisons suffisantes, se prouve à présent par leur autorité seule. S'ils ont prévu cela, ils ont bien fait de ne se pas donner toujours la peine de raisonner si exactement. »

Je vous avoue que je ne reconnais point dans ce discours ni un chrétien sincère tel que vous êtes, qui doit, à ce qu'il me semble, connaître un peu mieux les Pères de l'Eglise, et avoir plus de respect pour leur autorité; ni un zélé partisan des modernes, que vous élevez beaucoup au-dessus des anciens pour ce qui regarde la justesse et la précision du raisonnement, et que je vois néanmoins ici accusés fort universellement de répéter sans discernement les mauvaises choses que les anciens ont avancées sans preuve.

Mais examinons si cette accusation, qui enveloppe presque également les anciens et les modernes, est bien fondée. Voyons si les saints Pères n'ont pas eu des raisons suffisantes pour avancer que les démons étaient les auteurs des oracles du paganisme; et si les écrivains modernes qui les ont suivis dans ce sentiment ont eu tort de le faire : si c'est là une de ces mauvaises choses qu'ils ont apprises des anciens, et qu'ils ont répétées inconsidérément dans leurs ouvrages.

Il est vrai que si les trois raisons que vous produisez sous le nom des anciens chrétiens, et que vous réfutez ensuite, étaient véritablement celles qui les ont persuadés, il serait difficile de les excuser, et de ne pas convenir avec vous de leur peu d'exactitude dans leurs raisonnements. Mais je dois vous dire d'abord que ces raisons que vous leur attribuez ne sont point d'eux du tout, que non-seulement on ne les trouve point dans leurs ouvrages, mais encore que l'on y en trouve d'autres en grand nombre toutes différentes, et un peu meilleures que celles que vous leur prêtez. Souffrez que j'entreprenne de vous le faire voir, et qu'après avoir rejeté ces mauvaises raisons que vous leur supposez, je vous produise celles qui les ont persuadés en effet, afin que vous jugiez si elles n'étaient pas suffisantes pour leur faire avancer que les oracles des païens étaient rendus par les démons.

ἄντικρυς δὲ παρανομοῦντας.... Τὸ μὲν οὖν πρῶτον ἱστορικόν ὂν καὶ μυθικὸν τῆς θεολογίας εἶδος, ὅπη τις βούλεται ποιητῶν τιθέσθω· ὥσπερ οὖν καὶ φιλοσόφων τὸ δεύτερον, διὰ τῆς τῶν μύθων φυσικωτέρας ἀλληγορίας ἀπηγγελμένον· τὸ δὲ τρίτον, ὃ καὶ πρὸς τῶν ἀρχόντων ὡς ἂν πάλαιον ὁμοῦ καὶ πολιτικόν, τιμητέον καὶ φυλακτέον εἶναι νενομοθέτηται, μήτε τις ποιητῶν, φασί, μήτε φιλοσόφων κινείτω. Eusebius, l. IV Præp. Evang., cap. 1.

(1) *Minutius Felix in Octavio*: « Intende templis ac delubris deorum quibus Romana civitas et protegitur et ornatur : magis sunt augusta numinibus incolis, præsentibus, inquilinis, quam cultu insignia et muneribus opulenta. Inde adeo pleni et mixti Deo vates futura præcerpunt, dant cautelam periculis, morbis medelam, spem afflictis, opem miseris, solatium calamitatibus, laboribus levamentum : etiam per quietem deos videmus, audimus, agnoscimus. »—C'est ainsi que Cécilius, encore païen, produit les oracles comme une preuve sensible de sa religion; Octavius y répond ensuite fort au long. Athénagore se propose dans son Apologie la même objection des païens par ces paroles : Εἴποιτε ἂν οὖν συνέσει πάντας ὑπερέχοντες· (Τίνι οὖν λόγῳ ἔνια τῶν εἰδώλων ἐνεργεῖ, εἰ μὴ εἰσι θεοὶ ἐφ' οἷς ἱδρυμεθα τὰ ἀγάλματα; οὐ γὰρ εἰκὸς τὰς ἀψύχους καὶ ἀκινήτους εἰκόνας, καθ' ἑαυτὰς ἰσχύειν χωρὶς τοῦ κινοῦντος. »

Il y répond par les paroles qui suivent immédiatement, en avouant que l'on voyait en effet bien des effets merveilleux dans les temples à oracles, mais que l'on devait les attribuer non pas à Dieu, mais aux démons, ce qu'il prouve ensuite par plusieurs autorités et plusieurs raisons.

(2) *Préface de l'Histoire des oracles*. « La seconde chose que j'ai à dire, c'est que l'on m'a averti que le révérend Père Thomassin avait enlevé à ce livre-ci l'honneur de la nouveauté du paradoxe... J'avoue que j'en ai été un peu fâché; cependant je suis consolé par la lecture, » etc.

(3) *Digression sur les anciens*. « Je puis me vanter que c'est avoir du courage que de s'exposer, pour l'intérêt de la vérité, à la critique de tous les autres, dont le nombre n'est assurément pas méprisable. »

CHAP. III. — *Première raison supposée aux anciens chrétiens : les histoires surprenantes touchant les démons et les oracles. Méprise de l'auteur au sujet des îles Echinades dont parle Plutarque. Les anciens chrétiens n'ont pu fonder leur sentiment sur les histoires rapportées par Cédrénus, Suidas et Nicéphore.*

La première raison qui les a portés à embrasser ce sentiment, ce sont, dites-vous, *les histoires surprenantes qui couraient sur le fait des oracles et des génies.* Sur quoi vous citez l'histoire fameuse rapportée par Plutarque (1) touchant le pilote Thamus et la mort du grand Pan qui lui fut annoncée, lorsqu'il naviguait vers de certaines îles, à ce que vous dites, de la mer Egée. Je pense que vous avez voulu dire, de la mer Ionienne, où tous les géographes (2) anciens et modernes placent les îles dont parle Plutarque : savoir entre celles de Céphalonie et de Corfou, vis-à-vis de l'Etolie, et par conséquent fort loin de la mer Egée. Mais cette petite méprise ne doit pas nous arrêter. Vous produisez ensuite un oracle que Suidas a rapporté, et qu'il prétend avoir été rendu à Thulis (3), roi d'Egypte, par le faux dieu Sérapis. Suivent deux autres oracles que vous dites qu'Eusèbe a tirés des écrits de Porphyre, ce grand ennemi des chrétiens, quoique l'on ne trouve dans Eusèbe que le second (4) des trois que vous citez. Enfin vous ajoutez la fameuse réponse rendue à Auguste par l'oracle de Delphes touchant l'enfant hébreu, et rapportée originairement par Cédrénus (*Comp. Hist.*) et Suidas (*In verb.* AUGUSTUS), et ensuite par Nicéphore (5). Voilà, selon vous ce qui a porté les saints Pères à croire que les démons se mêlaient des oracles.

Souffrez que je vous demande d'abord comment il est possible qu'Origène, Eusèbe, Tertullien, saint Cyprien, saint Athanase et les autres Pères de l'Eglise aient pris le sentiment qu'ils ont eu touchant les oracles des histoires rapportées par Suidas, Cédrénus et Nicéphore? histoires dont ils n'ont jamais entendu parler ni dit un seul mot dans leurs ouvrages. Comment avez-vous pu oublier sitôt le dessein que vous vous êtes proposé dès l'entrée de votre première dissertation, qui est de rechercher les raisons *pourquoi tous les premiers chrétiens ont cru que les oracles avaient quelque chose de surnaturel?* Des auteurs tels que ceux que vous citez ici peuvent-ils être mis au nombre des premiers chrétiens, ou produits comme de bons garants de ce que l'on a pensé près de mille ans avant eux ? Prenez la peine de relire le titre de votre premier chapitre ; voici comme vous l'exprimez : *Première raison pourquoi les anciens chrétiens ont cru que les oracles étaient rendus par les démons : les histoires surprenantes qui couraient sur le fait des oracles et des génies.* Et dans ce chapitre même vous rapportez des histoi-

---

(1) *Plutarch., de Defectu orac., Turnebo interprete :* « De dæmonum porro obitu narrationem quamdam de homine nec stulto nec vano accepi. Nam Æmiliani rhetoris, ex quo nonnulli etiam vestrum hoc audierunt, Epitherses fuit pater, municeps meus grammaticæ professor. Is narrabat cum aliquando Italiam cogitans navigium conscendisset quod non solum mercium magnam vim, sed vectorum etiam magnam turbam ferret, sub vesperam ad Echinadas insulas penitus flatum siluisse, navique in salo fluitante et tandem ad Paxas delata, plurimis tum vigilantibus, multis etiam post cœnam compotantibus, e Paxis repente vocem auditam esse cujusdam Thamum inclamantis. Erat autem Thamus Ægyptius gubernator, multis qui in navi erant nomine ignotus. Bis igitur inclamatum siluisse, tertium vocanti paruisse : illum majori vocis contentione imperasse, ut, cum ad Palodes pervectus esset, Pana magnum mortuum esse nuntiarent. Hoc audito Epitherses consternatos omnes stupore dicebat. Cumque deliberarent quod imperatum erat faciendum esset nec ne, hac de re sic Thamum censuisse : si flatus spiraret, silentio prætervehendum esse, sin a ventis esset eo in loco quies et tranquillitas, quod audiverat esset prædicandum. Igitur ad Palodes perlatis cum aura nulla esset nec unda, prospectantem e puppi Thamum exclamasse ut audierat, Pana magnum esse mortuum : continuoque cum vixdum finiisset, secutum esse ingentem, non unius, sed multorum gemitum admiratione mixtum : et quod multi adfuissent, narrabat rei famam celerrime dissipatam esse Romæ, Thamumque a Tiberio Cæsare accersitum : Tiberium vero usque adeo huic rei fidem adjunxisse, ut quis ille Pan esset, interrogaret et quæreret. Doctos vero homines quos circa se frequentes habebat, censuisse Panem illum esse qui ex Mercurio et Penelope natus esset. Atque hæc quidem Philippus, quorumdam etiam qui aderant memoria attestante, qui de Æmiliano sene se audivisse dixerunt. »

(2) Steph. Byzant., v° Ἐχῖναι. Ἐχῖναι νῆσοι περὶ τὴν Αἰτωλίαν, αἷς Ἀχελῶος ποταμὸς προσβάλλει ἰλύν· λέγονται καὶ Ἐχινάδες. Plinius, l. IV, c. 12 : *Ante Ætoliam Echinades. Idem ibid. : Ad Leucadiam Paxæ duæ, quinque mill. discretæ a Corcyra.* Pomp. Mela, l. II, cap. 7, de Mediterranei maris insulis : *In Ionio Prote, Ilyria, Cephalenia... in Epiro Echinades.* Vide præterea Stabonem l. x, et inter recentiores Laurenbergium et Cellarium.

(3) Suidas, v° Θοῦλις. Πρῶτα θεός, μετέπειτα λόγος, καὶ πνεῦμα σὺν αὐτοῖς. Σύμφυτα δὲ πάντα καὶ εἰς ἓν ἰόντα, οὗ κράτος αἰώνιον. Ὠκέσι ποσὶ βάδιζε, θνητέ, ἄδηλον διανύων βίον.

(4) Euseb., l. v *Præp. Evang.*, cap. 16 :
Πυθῶνος δ' οὐκ ἔστιν ἀναρρῶσαι λάλον ὀμφήν.
Ἤδη γὰρ δολιχοῖσιν ἀμαυρωθεῖσα χρόνοισιν
Βέβληται κληῖδας ἀμαντεύτοιο σιωπῆς.
Ῥέξατε δ' ὡς ἔθος ἐστὶ θεόπροπα θύματα Φοίβῳ.

(5) Niceph., lib. I *Hist.* cap. 17, *interprete Lango* : « Cæsar autem Augustus quamplurimis præclare feliciterque gestis rebus clarus, primusque ipse monarcha renuntiatus, proveclore jam ætate ad oraculum Pythii Apollinis venit : et sacrificio quodam maximo quod *hecatombe* dicitur, dæmoni oblato, quæsivit, quisnam post eum Romanum administraturus esset imperium. At cum nullum ederetur responsum, alterum quoque adjecit sacrificium, denuoque rogavit : Quid ita oraculum pluribus verbis uti solitum, nunc tandem obticuisset? Tum illud parva interposita mora ad hunc modum respondit :

Me puer Hebræus divos Deus ipse gubernans,
Cedere sede jubet, tristemque redire sub orcum.
Aris ergo dehinc tacitus abscedito nostris.

Tali responso accepto Cæsar Romam est reversus, atque ibi in Capitolio aram maximam exstruxit cum ejusmodi latina inscriptione : *Ara Primogeniti Dei.* »

res qui n'ont commencé à courir dans le monde que plusieurs siècles après ces anciens chrétiens dont vous prétendez parler. Comment l'entendez-vous ? Est-ce là cette justesse de raisonnement que vous vous attribuez au-dessus des anciens, en qualité de moderne, et qui devrait surtout paraître dans les écrits d'un homme qui fait sur ce sujet le procès aux Pères de l'Eglise, et qui les accuse d'avancer bien des choses sans en apporter des preuves suffisantes ? Ces histoires tirées de Suidas, de Cédrénus et de Nicéphore, vous ont-elles donc paru suffisantes pour prouver ce que vous avez avancé touchant les premiers chrétiens ?

Chap. iv. — *Eusèbe n'a cité l'histoire de la mort du grand Pan que pour prouver, de l'aveu des païens-mêmes, la cessation de leurs oracles. Qu'elle soit vraie ou fausse, Eusèbe a eu raison de la citer.*

Pour ce qui regarde l'histoire de Thamus rapportée par Plutarque, il est vrai qu'Eusèbe l'a insérée dans son livre de la *Préparation évangélique*. Mais pouvez-vous dire que c'est sur cette histoire qu'il s'appuie pour prouver que les oracles des Gentils étaient rendus par les démons ? Vous ne pouvez ignorer qu'il en produise d'autres raisons en grand nombre, dans le quatrième, le cinquième et le sixième livre de son ouvrage. Pour cette histoire, il ne s'en sert, comme on le voit par le titre même du chapitre (1) où il la rapporte, que pour montrer que les païens eux-mêmes avaient reconnu que la plupart de leurs oracles avaient cessé après la naissance de Jésus-Christ, et que, ne connaissant pas la véritable cause de cet événement extraordinaire, ils l'avaient attribué à la mort des démons ou des génies qu'ils croyaient présider à ces oracles. Que cette histoire fût vraie ou non, Eusèbe ne s'en mettait pas en peine. Peut-être ne la croyait-il pas plus que vous. Au moins il est bien certain qu'il ne croyait pas que les démons puissent mourir ; mais ce qu'il concluait de cette histoire, vraie ou fausse, était vrai et le sera toujours, quoi que vous en puissiez dire, qui est, 1° que les païens reconnaissaient que la plupart de leurs oracles avaient déjà cessé alors ; 2° que ces histoires qu'ils racontaient de la mort de leurs dieux ou de leurs démons, n'ayant commencé à se répandre parmi eux que sous l'empire de Tibère (2), dans le temps que le Sauveur du monde chassait ces malins esprits, il était facile de reconnaître à qui on devait attribuer le silence des oracles, et le renversement de l'empire que les démons exerçaient autrefois dans tout le monde par leur moyen.

Voilà uniquement pourquoi Eusèbe a rapporté cette histoire. Il s'en sert comme d'un argument fort propre pour convaincre les païens par le témoignage de leurs auteurs mêmes. C'est donc en vain que vous voulez la faire passer pour une fable, puisque, après tout, il sera toujours vrai et indubitable que cette fable a eu cours parmi les païens, et que Plutarque l'a rapportée pour expliquer le silence des oracles. Cela suffit pour justifier la conduite d'Eusèbe, et faire voir qu'il a eu raison d'insérer cette fable ou cette histoire dans son ouvrage, comme il a fait en copiant cet endroit tout entier du livre de Plutarque.

Chap. v. — *Des trois oracles que l'on dit qu'Eusèbe a tirés de Porphyre, on n'en trouve qu'un dans ses ouvrages, cité à même fin que l'histoire du grand Pan. Eusèbe a eu d'autres raisons que celles qu'on lui attribue pour croire les démons auteurs des oracles.*

Les oracles que le même Eusèbe rapporte de Porphyre paraissent, dites-vous, plus embarrassants. J'ai déjà pris la liberté de vous avertir que des trois que vous citez, on ne trouve dans Eusèbe que le second, qu'il produit, avec un autre que vous ne citez pas, dans le même dessein que l'histoire de Plutarque, c'est-à-dire pour prouver aux païens que la plupart de leurs oracles avaient cessé, de l'aveu même de leurs plus fameux auteurs. Voilà ce qu'il prétendait, et c'est aussi ce que cette histoire de Plutarque et les oracles de Porphyre qu'Eusèbe rapporte prouvent parfaitement bien.

Mais prouvent-ils également bien ce que vous prétendez prouver en les rapportant ? Est-ce une conséquence bien sûre, que puisqu'Eusèbe a produit ces histoires, c'est sur leur autorité qu'il a cru que les oracles étaient rendus par les démons ? Pour reconnaître la fausseté d'une telle conséquence, il n'y a qu'à faire réflexion qu'Eusèbe dans tout son ouvrage fait profession de combattre les païens. Or qu'y a-t-il de plus ordinaire que de combattre un adversaire par des autorités et des raisons que l'on juge les plus propres pour le convaincre de quelque vérité, quoique ce ne soient pas ces mêmes autorités et ces mêmes raisons, mais d'autres très-différentes, qui nous en ont convaincus nous-mêmes ? N'est-on pas surtout obligé nécessairement d'en agir ainsi, lorsque ceux que l'on entreprend de convaincre reconnaissent une autorité et des principes tout différents des nôtres ? et n'est-ce point là précisément le cas où se trouve Eusèbe ? Agissant contre les païens, pouvait-il leur ci-

---

(1) Euseb., l. v *Præp. Evang.* cap. 15, in fine, loquens de Porphyrio : Ἄκουε οἷα ὁ αὐτὸς συγγραφεύς φησι περὶ τοῦ ἐκλελοιπέναι αὐτῶν τὰ βοώμενα χρηστήρια. Et statim cap. 16, in ipso titulo : Περὶ τῶν ἐκλελοιπότων χρηστηρίων ἔχρησεν αὐτὸς ὁ Ἀπόλλων. C'est dans ce chapitre qu'il commence à rapporter le témoignage de Plutarque touchant le silence des oracles, et l'histoire de la mort du grand Pan, qu'il continue dans le chapitre suivant.

(2) Euseb., *ibid.*, cap. 17, post relatam ex Plutarcho historiam de Thamno, ut eum appellat : Τοσαῦτα ὁ Πλούταρχος· Ἐπιτηρῆσαι δὲ ἄξιον τὸν καιρὸν ἐν ᾧ φησι τὸν θάνατον γεγονέναι τοῦ δαίμονος· οὗτος δὲ ἦν ὁ κατὰ Τιβέριον, καθ᾿ ὃν ὁ ἡμέτερος Σωτὴρ τὰς σὺν ἀνθρώποις ποιούμενος διατριβάς, πᾶν γένος δαιμόνων ἐξελαύνειν τοῦ τῶν ἀνθρώπων ἀναγέγραπται βίου· ὥστε ἤδη τινὰς τῶν δαιμόνων γονυπετεῖν αὐτοῦ καὶ ἱκετεύειν μὴ τῷ περιμένοντι αὐτοὺς ταρτάρῳ παραδοῦναι.

ter l'autorité de l'Ecriture sainte, qu'ils ne reconnaissaient pas, quoique pour lui il la reconnût, comme tous les chrétiens, pour la règle de ses sentiments? Et quand les autres SS. Pères (1) ont entrepris de prouver aux païens l'unité et la providence de Dieu, l'immortalité de l'âme, les récompenses et les châtiments de l'autre vie, ne se sont-ils pas servis comme lui du témoignage de leurs auteurs, de leurs poëtes et de leurs philosophes? Peut-on néanmoins conclure de là que c'est sur l'autorité de ces poëtes et de ces philosophes, et non sur celle de l'Ecriture sainte, qu'ils ont cru toutes ces vérités? Ainsi donc, quoique Eusèbe ait produit contre les païens les oracles de Porphyre et les histoires de Plutarque, vous ne pouvez point en conclure, comme vous faites, que c'est sur de pareilles autorités qu'il a cru que les oracles étaient rendus par les démons.

Ce que j'ai dit jusqu'à présent prouve, à ce qu'il me semble, assez clairement, que vous avez eu tort d'avancer que la première raison qu'ont eue les anciens chrétiens pour croire les démons auteurs des oracles, ce sont les histoires surprenantes qui couraient sur le fait des oracles et des génies. Je pourrais donc passer à l'examen de la seconde, que vous leur attribuez avec aussi peu de justice ; mais comme, à propos d'Eusèbe et des oracles qu'il rapporte de Porphyre, vous faites tous vos efforts pour rendre suspect le livre de ce philosophe, et la bonne foi des premiers chrétiens que vous soupçonnez de l'avoir supposé, souffrez qu'avant que d'aller plus loin j'examine la solidité de vos raisonnements et de vos conjectures sur ce sujet.

CHAP. VI. — *Fausseté des conjectures produites par l'historien pour rendre suspect le livre de Porphyre de la Philosophie des oracles. Dessein de ce livre de Porphyre et les matières qu'il y traite. Pourquoi il en attribue la cause au défaut des exhalaisons.*

Porphyre, dites-vous, *n'était pas assez malhabile homme pour fournir des armes contre le paganisme, sans y être engagé par la suite de quelque raisonnement, et c'est ce qui ne parait pas ici.* C'est Porphyre, continuez-vous, *qui prend plaisir à ruiner sa religion et à établir la nôtre. En vérité cela est suspect de soi-même.* Non, Monsieur, Porphyre ne prétendait pas, dans le livre d'où Eusèbe a tiré les oracles qu'il rapporte, ruiner sa religion et établir la nôtre ; il est évident au contraire qu'il travaillait de toutes ses forces à soutenir la sienne et à renverser la nôtre, et qu'il s'y prenait d'une manière très-capable de faire impression sur l'esprit des païens. Pour en être convaincu, il ne faut que lire ce qui nous reste de son ouvrage dans Eusèbe (*Præp. Evang. lib.* iv, *cap.* 6 *et* 7) et dans saint Augustin (*De Civit. Dei, lib.* XIX, *cap.* 23). On voit qu'il tend presque également à ces deux fins. Il soutient le paganisme, en montrant que les dieux par leurs oracles en ont confirmé tous les dogmes et toutes les superstitions. Il s'efforce de ruiner le christianisme, en faisant voir que les mêmes dieux le condamnent dans leurs oracles et n'en parlent que comme d'un égarement pitoyable. Son livre avait pour titre : *De la philosophie par les oracles* (2). Au reste, cette philosophie dont il prétend parler, c'est particulièrement la magie, ou, pour lui donner avec lui un nom moins odieux, la théurgie qui enseigne de quelle manière il faut préparer et purifier l'âme pour la rendre capable de converser familièrement avec les démons. Voici comme il expose lui-même le sujet et le but de son ouvrage. « Ce recueil, dit-il (3), comprendra un grand nombre de dogmes de philosophie, de la vérité desquels les dieux mêmes nous ont assurés par leurs oracles. Nous parlerons aussi de la manière de les consulter (c'est-à-dire de la théurgie), parce que cette sorte de connaissance sert beaucoup à la contemplation et à l'entière purgation de l'âme. Pour ce qui regarde l'utilité de cet ouvrage, ceux-là particulièrement la connaîtront, qui, dans la passion qu'ils ont eue de découvrir la vérité, ont souhaité quelquefois de jouir de la présence et de l'entretien des dieux, afin d'être délivrés de tous leurs doutes par des maîtres si sûrs et si dignes de créance. » Il conjure ensuite (4) celui à qui il envoie son livre de le tenir fort secret, et de n'en pas permettre la lecture indifféremment à tout le monde.

Pour remplir le dessein qu'il s'y propose, il rapporte un grand nombre d'oracles qui enseignent et qui autorisent toutes les superstitions du paganisme et de la magie, et plusieurs aussi qui condamnent le christianisme et qui blasphèment contre Jésus-Christ même, comme entre autres celui que saint Augustin rapporte (5) au commence-

(1) Justinus, l. *de Monarchia Dei*, et in *Paræn. ad Græcos*; Clemens Alexandr., *Protrept. ad Gentes*; Theodoret., *de Affect. Græcorum curandis*; Lactant., etc.

(2) Euseb., l. IV *Præp. Evang.*, c. 6, sub finem, loquens de Porphyrio : Οὗτος τοιγαροῦν ἐν οἷς ἐπέγραψε περὶ τῆς ἐκ λογίων φιλοσοφίας, συναγωγὴν πεποιῆσθαι χρησμῶν τοῦτε Ἀπόλλωνος καὶ τῶν λοιπῶν θεῶν τε καὶ ἀγαθῶν δαιμόνων· οὓς καὶ μάλιστα ἐκλεξάμενος αὐτῶν ἡγήσατο ἱκανοὺς εἶναι εἴς τε ἀπόδειξιν τῆς τῶν θεολογουμένων ἀρετῆς, εἴς τε προτροπὴν τῆς, ὡς αὐτῷ φίλον ὀνομάζειν, θεοσοφίας.

(3) Porphyr., apud Eusebium, l. IV *Præp. Evang.*, cap. 7 : Ἕξει δὲ ἡ παροῦσα συναγωγὴ πολλῶν μὲν τῶν κατὰ φιλοσοφίαν δογμάτων ἀναγραφήν, ὡς οἱ θεοὶ τἀληθὲς ἔχειν ἐθέσπισαν· ἐπ᾽ ὀλίγον δὲ καὶ τῆς χρηστικῆς ἁψόμεθα πραγματείας, ἥτις πρός τε τὴν θεωρίαν ὀνήσει καὶ τὴν ὅλην κάθαρσιν τοῦ βίου. Ἣν δ᾽ ἔχει ὠφέλειαν ἡ συναγωγή, μάλιστα εἴσονται ὅσοιπερ τὴν ἀλήθειαν ὠδίνοντες, ηὔξαντό ποτε τῆς ἐκ θεῶν ἐπιφανείας τυχόντες, ἀνάπαυσιν λαβεῖν τῆς ἀπορίας, διὰ τὴν τῶν λεγόντων ἀξιόπιστον διδασκαλίαν.

(4) Idem, ibid., cap. 8 : Σὺ δέ, εἴπερ τι, καὶ ταῦτα πειρῶ μὴ δημοσιεύειν, μηδ᾽ ἄχρι καὶ τῶν βεβήλων ῥίπτειν αὐτὰ δόξης ἕνεκα ἢ κέρδους... Et paulo post : Ταῦτά μοι ὡς ἀρρήτων τὰ ἀρρητότερα κρύπτειν.

(5) August., l. XIX *de Civit. Dei*, cap. 23 : « Nam in libris quos Περὶ τῆς ἐκ λογίων φιλοσοφίας appellat,

ment du chapitre 22 du livre XIX de la *Cité de Dieu*. Il les accompagne de ses réflexions, dans lesquelles on le voit soutenir jusqu'au bout son caractère, qui est celui d'un homme entêté de l'idolâtrie et de la magie, et en même temps furieusement emporté contre le christianisme.

Du nombre de ces oracles que Porphyre rapporte en faveur de l'idolâtrie et de son art diabolique de théurgie, sont ceux qu'Eusèbe nous a conservés (*Præp. Evang.*, lib. IV, cap. 9; lib. V, cap. 8-12 et seq.), et qui enseignent quelle sorte de sacrifices il faut faire aux dieux célestes, terrestres et infernaux ; de quelles figures et de quels caractères il faut se servir pour les évoquer et les obliger de répondre, même malgré eux. Mais la plupart de ces prétendues divinités, qui étaient de véritables démons, ne répondaient déjà plus de son temps, dans ces fameux oracles qui portaient leur nom. Comme Porphyre ne pouvait pas nier un fait aussi évident que celui-là, il lui était aussi très-important d'enlever aux chrétiens, s'il était possible, l'argument qu'ils en tiraient contre le paganisme. Que fait-il pour cela ? Il rapporte deux oracles (1) qui attribuent ce silence à la longueur du temps qui avait dissipé les vapeurs et les exhalaisons qui causaient la fureur et l'enthousiasme prophétique. Eusèbe, sans se mettre en peine de réfuter cette mauvaise raison, se contente de l'aveu d'Apollon et de Porphyre touchant le silence des oracles, parce que cela lui suffisait et qu'il n'en demandait pas davantage.

Je vous prie, Monsieur, de me dire ce qu'il y a de suspect en tout cela, et qui puisse faire naître la pensée que quelque chrétien pourrait bien avoir supposé ces oracles en faveur du christianisme, comme vous voulez nous le faire croire. N'était-il pas naturel que Porphyre, dans un livre où il rapportait tant d'oracles en faveur du paganisme et contre le christianisme, parlât du silence où ces oracles étaient réduits pour la plupart : silence si préjudiciable au premier et si avantageux au second ? Lui et les auteurs des oracles, quels qu'ils pussent être, pouvaient-ils apporter une raison plus spécieuse et qui couvrît mieux leur honte ? Plutarque (2) ne s'en sert-il pas pour expliquer ce silence si extraordinaire dont il ignorait la véritable cause ? D'ailleurs, qu'y avait-il qui entrât mieux dans le dessein du livre de Porphyre ? Voulant enseigner l'art d'évoquer les démons pour s'élever par leur assistance aux plus sublimes connaissances, pouvait-il se dispenser, entre les autres moyens qu'il en donne, de parler des exhalaisons de certains endroits de la terre, que les philosophes de ce temps-là (*Jamblic.*, l. *de Myst.*, sect. III, c. 11) croyaient contribuer beaucoup à attirer ces démons qu'ils appelaient leurs dieux, et à les faire entrer dans le corps de ceux qui recevaient ces exhalaisons en eux-mêmes ?

CHAP. VII. — *Les anciens fidèles accusés d'avoir supposé des livres en faveur de la religion. Réfutation de cette accusation injuste. Les Pères de l'Eglise étaient zélés contre les suppositions, et habiles à les reconnaître. Le livre de la Philosophie par les oracles est incontestablement de Porphyre.*

Je sais que, pour faire valoir vos soupçons et disposer adroitement vos lecteurs à y entrer, vous vous répandez en des accusations vagues contre les premiers chrétiens, que vous voulez faire passer, ainsi que les prêtres des idoles, pour des fourbes et des imposteurs, qui, pour favoriser le christianisme, n'ont point fait de difficulté de supposer quantité de livres. C'est là un artifice ordinaire à ceux qui se trouvent embarrassés de l'autorité des Pères et des anciens auteurs, qui sont opposés à la nouveauté des sentiments qu'ils veulent introduire. Manquant de bonnes raisons pour résoudre les difficultés que l'on peut leur former de ce côté-là, et dont ils sentent toute la force, ils les tranchent tout d'un coup à la faveur de ces suppositions et de ces falsifications prétendues.

Il me semble néanmoins que vous devriez être un peu plus réservé à former de pareilles accusations contre les premiers fidè-

---

in quibus exsequitur atque conscribit rerum ad philosophiam pertinentium, velut divina responsa, ut ipsa verba ejus quemadmodum ex lingua Græca in Latinam interpretata sunt ponam. Interroganti, inquit, quem Deum placando revocare possit uxorem suam a Christianismo, hæc ait versibus Apollo. Deinde verba velut Apollinis ista sunt : Forte magis poteris in aqua impressis litteris scribere, aut inflans pennas leves per aera ut avis volare, quam semel pollutæ revoces impiæ uxoris sensum. Pergat quomodo vult inanibus fallaciis perseverans, et lamentationibus fallacissimis mortuum deum cantans, quem judicibus recta sentientibus perdidum, pessima in speciosis ferro juncta mors interfecit. Deinde post hos versus Apollinis, qui non stante metro Latine interpretati sunt, subjunxit atque ait : In his quidem tergiversationem irremediabilis sententiæ eorum manifestavit dicens, quoniam Judæi suscipiunt Deum magis quam isti. »

(1) Euseb., l. V *Præp. Evang.*, cap. 16 :

Ἀμφὶ δέ σοι Πυθῶ Κλαρίηντε μαντεύματα Φοίβου (sic)
Αὐδήσει φάτις ἡμετέρη θεμιτώδεσιν ὀμφαῖς·
Μυρία μὲν γαίης μαντήϊα θέσκελα νώτῳ
Ἐβλύσθη, πηγαῖς τε καὶ ἄσθματα διινήεντα.
Καὶ τὰ μὲν ἂψ χθονίοισιν ὑπαὶ κόλποισιν ἔδεκτο
Λυτῇ γαῖα χανοῦσα · τὰ δ᾽ ὤλεσε μυρίος αἰών.
Μούνῳ δ᾽ Πελίῳ φαεσιμβρότῳ εἰσέτ᾽ ἔασιν
Ἐν Διδύμων γυάλοις Μυκαλήιον ἔνθεον ὕδωρ,
Πυθῶνός τ᾽ ἀνὰ πέζαν ὑπαὶ Παρνάσσιον αἶπος,
Καὶ κραναὴ Κλαρίη, τρηχὺ στόμα φοιβάδος ὀμφῆς.
Νικαιεύσι δὲ χρῶν ἔφη.
Πυθῶνος δ᾽ οὐκ ἔστιν, ut supra, col. 1018, not. 4.

(2) Plutarch. lib. *de Defectu orac.* : Ταῦτα δὴ περὶ μαντικῶν πνευμάτων διανοητέον, ὡς οὐκ ἐχόντων ἀΐδιον οὐδ᾽ ἀγήρω τὴν δύναμιν, ἀλλ᾽ ὑποκειμένην μεταβολαῖς. Καὶ γὰρ ὄμβρους ὑπερβάλλοντας εἰκός ἐστι κατασβεννύναι καὶ κεραυνῶν ἐμπεσόντων διαφορεῖσθαι, μάλιστα δὲ τῆς γῆς ὑπὸ σάλου γενομένης καὶ λαμβανούσης ἰζήματα καὶ σύγχυσιν, ἐν βάθει μεθίστασθαι τὰς ἀναθυμιάσεις ἢ τυφλοῦσθαι τὸ παράπαν.

les, dont l'éminente vertu et l'horreur qu'ils avaient du mensonge et de la fourberie (1), surtout en matière de religion, devrait, ce semble, les mettre à couvert. D'autant plus que vous ne produisez point d'autres preuves de votre accusation contre eux que les livres de Mercure Trismégiste et des Sibylles, comme si ce que les Pères de l'Eglise en ont cité était indubitablement supposé et reconnu pour tel par tous les savants, ce qui n'est pas assurément. Et quand il le serait, il faudrait de plus nous convaincre que ces suppositions viennent plutôt des fidèles que de quelques Juifs hellénistes ou des hérétiques des premiers siècles.

Ce sont ces derniers que vous avez raison d'accuser de ces sortes de fourberies. Ils en ont fait une infinité pour soutenir ou pour répandre leurs erreurs. Aussi les Pères de l'Eglise n'ont pas manqué de les découvrir et d'en faire connaître la fausseté, comme, entre autres, Origène (2) et saint Epiphane (3). Par là ils ont fait voir qu'ils n'étaient pas gens à se laisser tromper si facilement que vous le prétendez, ni disposés à souffrir que ceux qui leur étaient soumis entreprissent d'en imposer à d'autres, quelque bonne intention qu'ils pussent avoir d'ailleurs. Vous savez l'histoire de ce prêtre d'Asie dont Tertullien (4) et saint Jérôme (5) font mention, qui, ayant voulu, pour faire honneur à saint Paul, débiter ses pieuses imaginations touchant les voyages de cet apôtre et de sainte Thècle, en fut sévèrement puni par une dégradation honteuse, à laquelle il fut condamné. Ce qui fait voir combien, dès les premiers temps de l'Eglise, les évêques ont été éclairés pour reconnaître ces sortes de suppositions, et exacts à les rejeter. Ils ont pu dire tous avec vérité ce que saint Sérapion, évêque d'Antioche, répondit aux fidèles de la ville de Rhosse en Cilicie : « Nous avons assez de lumières et de discernement pour distinguer les ouvrages supposés, et pour reconnaître qu'ils ne sont pas autorisés par la tradition (*Apud Euseb., Hist. l.* vi, *cap.* 12). » Il s'agissait d'un Evangile attribué à l'apôtre saint Pierre, que quelques-uns croyaient légitime, et dont saint Sérapion reconnut d'abord la supposition.

Mais pour revenir à Porphyre, je ne crois pas que vous puissiez jamais réussir dans le dessein que vous avez de faire passer son livre *de la Philosophie par les oracles* pour supposé. Il est autorisé par de trop bons témoins et de trop bonnes preuves. Car, sans parler de Théodoret (*Lib. de Græc. Affect., serm. de Orac.*), de saint Augustin (*Lib.* xix *de Civit., cap.* 23) et de Julius Firmicus (6) qui le citent et en produisent des extraits ; Eusèbe, qui vivait et qui écrivait (7) à peu près en même temps que ce philosophe, était trop bien instruit de tous les ouvrages qu'il avait composés, pour se tromper sur celui dont il s'agit, et trop habile pour appuyer une bonne partie de sa Préparation évangélique sur un livre qui n'aurait pas été incontestablement de celui à qui il l'attribue, et qui était si connu et si fameux alors. D'ailleurs, le sophiste Eunapius (8), qui ne peut pas vous être suspect,

---

(1) Les anciens fidèles n'auraient pas voulu dire un seul mensonge pour se garantir des plus cruels supplices et de la mort même. C'est la protestation qu'ils font par la bouche de saint Justin Martyr : Οὗ βουλόμεθα ζῆν ψευδολογοῦντες : *Vivere nolumus mendaciter quidquam loquentes.* Justin., *Apol.* ii, *ad Antoninum Pium*. Cette femme chrétienne dont saint Jérôme a fait l'éloge, fit à peu près la même protestation, sur le point d'avoir la tête coupée pour le crime d'adultère dont elle avait été injustement accusée. « Tu, inquit, testis es, Domine Jesu, cui occultum nihil est, qui es scrutator renum et cordis, non ideo me negare velle ne peream ; sed ideo mentiri nolle ne peccem. » Hieronym., *de Muliere septies icta*. On peut ajouter ici ce que saint Augustin rapporte de l'évêque Firmus : « Fecit hoc episcopus quondam Tagastensis Ecclesiæ, Firmus nomine, firmior voluntate. Nam cum ab eo quæreretur homo jussu imperatoris per apparitores ab eo missos, quem ad se confugientem, diligentia quanta poterat, occultabat ; respondit quærentibus : nec mentiri se posse nec prodere. Passusque multa tormenta corporis, nondum enim erant imperatores Christiani, permansit in sententia. » August., *l. de Mend., ad Consent.*

(2) Origenes, *hom.* 7, *in Lucam* : « Ecclesia quatuor habet Evangelia ; hæresis plurima, e quibus quoddam scribitur secundum Ægyptios, aliud juxta duodecim apostolos. Ausus fuit et Basilides scribere Evangelium et suo illud nomine titulare... Scio quoddam Evangelium quod appellatur secundum Thomam et juxta Matthiam et alia plura legimus, ne quod ignorare videremur, propter eos qui se putant aliquid scire si ista cognoverint. Sed in his nihil aliud probamus nisi quod Ecclesia. »

(3) Epiphanius, hæresi 26, quæ est Gnosticorum, et hæresi 30, quæ est Ebionitarum.

(4) Tertul., l. *de Baptismo* : « Quod si quæ Paulo perperam ascripta sunt, ad licentiam mulierum docendi tinguendique defendunt ; sciant in Asia presbyterum qui eam scripturam construxit, quasi titulo Pauli de suo cumulans, convictum atque confessum id se amore Pauli fecisse, loco decessisse. »

(5) Hieronym., l. *de Script. Eccles.*, ubi de sancto Luca : « Igitur περιόδους Pauli et Theclæ et totam baptizati leonis fabulam inter apocryphas scripturas computamus. Quale enim est ut individuus comes Apostoli, inter cæteras ejus res, hoc solum ignoraverit ? Sed et Tertullianus vicinus eorum temporum, refert presbyterum quemdam in Asia σπουδαστήν apostoli Pauli, convictum apud Joannem quod auctor esset libri, et confessum se hoc Pauli amore fecisse, et ob id excidisse. »

(6) Julius Firmicus Maternus, l. *de Errore profan. Relig.*, cap. 14 : « In libris enim quos appellat περὶ τῆς εὐλογίων φιλοσοφίας (corrige ἐκ λογίων) majestatem ejus (Serapidis) prædicans, de infirmitate confessus est. In primis enim librorum partibus, id est in ipsis auspiciis positus dixit : Serapis vocatus et intra corpus hominis collocatus talia respondit. »

(7) Hieron., l. *de Script. Eccles.*, ubi de Eusebio : « In Isaiam libri decem et contra Porphyrium qui eodem tempore scribebat in Sicilia, ut quidam putant, libri triginta, de quibus ad me viginti tantum pervenerunt. »

(8) Eunapius in Vita Porphyrii de ejus libris loquens, ait, interprete Hadriano Junio, cujus versio sola ad manum est : « Nam philosophica et quæ in scientiis tradidit captum humanum superant, majoraque sunt quam ut suis ea verbis enuntiare possit. »
— Eunapius dit que ce que Porphyre enseigne dans

et qui a vécu peu de temps après Porphyre qu'il connaissait parfaitement, parle de cet ouvrage, quoique d'une manière un peu enveloppée, dans la Vie de ce philosophe. Enfin le style de cet auteur, son entêtement pour le paganisme, sa haine contre la religion chrétienne, qui paraissent clairement dans cet ouvrage, et les matières de théurgie et de magie qu'il y traite, le font reconnaître trop évidemment pour craindre que vos soupçons, qui ne sont fondés que sur des imaginations, puissent jamais faire impression sur personne.

CHAP. VIII. — *On examine si Porphyre a rapporté des oracles sur la résurrection et sur l'ascension de Jésus-Christ. Réfutation de cette imagination ridicule. Sentiment de saint Augustin sur ce sujet, bien différent de celui de M. de Fontenelle.*

Mais, ajoutez-vous, on nous rapporte de Porphyre je ne sais combien d'autres oracles très-clairs et très-positifs sur la personne de Jésus-Christ, sur sa résurrection, sur son ascension. Enfin, le plus entêté et le plus habile des païens, nous accable de preuves du christianisme. Je ne sais, Monsieur, où vous avez lu ces oracles si clairs et si positifs sur ces mystères de la vie du Sauveur du monde : si je ne me trompe, vous voulez désigner ceux qu'Eusèbe rapporte de l'ouvrage de Porphyre, au livre troisième de sa Démonstration évangélique, pour montrer, par le témoignage des païens mêmes, que Notre-Seigneur n'était pas un imposteur et un magicien, comme quelques-uns d'entre eux osaient l'avancer. Voici les paroles de Porphyre traduites mot à mot, qui feront voir clairement combien vous vous êtes trompé en cette occasion : « Ce que nous allons ajouter, dit ce philosophe, paraîtra peut-être surprenant à plusieurs. C'est que les dieux ont dit dans leurs oracles que le Christ avait été un homme très-religieux et qu'il avait été fait immortel. Ils en parlent avec éloge... Ainsi, ayant été interrogé s'il était Dieu, l'oracle répondit : Tout homme sage sait que l'âme étant immortelle, subsiste après le corps. Au reste l'âme de cet homme est très-distinguée par sa piété. L'oracle dit donc, continue Porphyre, que le Christ avait été fort pieux, et que son âme avait été, comme celle des autres, rendue immortelle après sa mort, et que c'était elle que les chrétiens ignorants adoraient. Ensuite l'oracle, étant interrogé pourquoi on l'avait fait mourir, répondit : Le corps est toujours exposé à quelques tourments, mais l'âme des gens de bien va dans le ciel. Après quoi (c'est Eusèbe qui parle ici) Porphyre ajoute : C'était donc un homme pieux, et il a été élevé dans le ciel, ainsi que les hommes pieux. Vous ne parlerez donc pas mal de lui, mais vous aurez pitié de la folie des hommes... (*Apud Euseb., lib.* III *Demonst. Evang., sub fin.*). » Voilà ce qu'Eusèbe rapporte de Porphyre, pour montrer aux païens que le Sauveur du monde n'était pas un imposteur, puisque les oracles mêmes avouaient qu'il était homme de bien, et que son âme, comme celles des autres gens de bien, avait été reçue dans le ciel. Ce sont sans doute ces dernières paroles qui vous ont fait dire qu'Eusèbe rapportait de Porphyre je ne sais combien d'oracles très-clairs et très-positifs sur la personne de Jésus-Christ, sur sa résurrection et sur son ascension. Voyez à présent si vous avez eu raison de l'avancer. Il est vrai qu'Eusèbe a retranché plusieurs choses de ce passage de Porphyre, parce qu'elles ne servaient de rien à son sujet ; mais saint Augustin le rapporte plus au long, et nous fait encore mieux connaître par là le véritable sens des oracles dont il s'agit, et combien vous vous êtes trompé dans celui que vous leur avez donné. Voici ses paroles (1) : « Ce philosophe dit aussi du bien de Jésus-Christ, comme s'il avait oublié les termes

---

ses livres de la Philosophie surpasse les forces de l'esprit humain, parce que ce philosophe y traite de la nature des dieux et des démons, de leurs qualités et de leurs opérations, de la manière de les évoquer et de les obliger de répondre ; enfin de plusieurs dogmes et de plusieurs pratiques de sa philosophie théurgique, telles, dit-il lui-même, que les dieux les ont enseignées par leurs oracles : Ὡς οἱ θεοὶ τἀληθὲς ἔχειν ἐθέσπισαν. Eunapius ajoute que ces matières sont si élevées, que Porphyre n'a osé entreprendre d'y mêler ses paroles. C'est que Porphyre fait profession dans ce livre de ne rien dire de lui-même, mais de rapporter religieusement les propres termes des oracles, sans y rien ajouter ni diminuer.

(1) August., l. XIX *de Civit.*, cap. 23 : « Dicit etiam bona philosophus iste de Christo, quasi oblitus illius, de qua paulo ante locuti sumus, contumeliæ suæ : aut quasi in somnis dii ejus maledixerint Christo, et evigilantes eum bonum esse cognoverint, digneque laudaverint. Denique tanquam mirabile aliquid atque incredibile prolaturus : Præter opinionem, inquit, profecto quibusdam videatur esse quod dicturi sumus. Christum enim dii piissimum pronuntiaverunt et immortalem factum, et cum bona prædicatione ejus meminerunt. Christianos autem pollutos, inquit, et contaminatos, et errore implicatos esse dicunt, et multis talibus adversus eos blasphemiis utuntur. Deinde subjicit velut deorum oracula blasphemantium Christianos. Et post hæc : De Christo autem, inquit, interrogantibus se ait Deus, ait Hecate : Quoniam quidem immortalis anima post corpus ut incedit nosti ; a sapientia autem abscissa semper errat. Viri pietate præstantissimi est illa anima, hanc colunt aliena a se veritate. Deinde post verba ejus quasi oraculi sua ipse contexens : Piissimum igitur virum, inquit, eum dixit, et ejus animam sicut et aliorum piorum, post obitum immortalitate donatam ; et hanc colere Christianos errantes. Interrogantibus autem, inquit, cur ergo damnatus est, oraculo respondit dea : Corpus quidem debilitantibus tormentis semper oppositum est : anima autem piorum cœlesti sedi insidet. Illa vero anima aliis animabus fataliter dedit, quibus fata non annuerunt deorum obtinere dona, neque habere Jovis immortalis agnitionem, errore implicari. Propterea ergo diis quod, quia quibus fato non fuit nosse Deum, nec dona a diis accipere, his fataliter dedit iste errore implicari. Ipse vero pius et in cœlum sicut pii concessit. Itaque hunc quidem non blasphemabis, mirabens autem hominum dementiam, ex eo in eis facile præcepsque periculum.

outrageux que nous venons de rapporter; ou comme si les dieux n'avaient mal parlé de lui que lorsqu'ils étaient endormis, et que, le connaissant mieux à leur réveil, ils lui eussent donné les louanges qu'il mérite. Car comme s'il allait proposer quelque chose de merveilleux et d'incroyable : Quelques-uns, dit-il, seront sans doute surpris de ce que nous allons dire : c'est que les dieux ont déclaré que le Christ était un homme de bien et qu'il a été fait immortel, et ils ont parlé honorablement de lui. Mais pour ce qui est des chrétiens, continue-t-il, les dieux assurent que ce sont des gens souillés de crimes et engagés dans l'erreur, et ils les chargent encore de plusieurs autres injures semblables. Ensuite (c'est saint Augustin qui parle) Porphyre rapporte les oracles des dieux qui sont remplis de termes outrageux contre les chrétiens. Après quoi, pour ce qui regarde le Christ, dit-il, Hécate répondit à ceux qui l'interrogeaient s'il était Dieu : Vous savez que l'âme étant immortelle subsiste après le corps ; mais lorsqu'elle s'est éloignée de la sagesse, elle erre toujours. Celle dont vous parlez est l'âme d'un très-homme de bien, mais ceux qui l'adorent sont dans l'erreur. Porphyre, faisant ses réflexions sur cet oracle, ajoute : L'oracle dit donc que le Christ était fort homme de bien, et que son âme, comme celle des autres gens de bien, avait été faite immortelle après sa mort, et que c'était elle que les chrétiens séduits adoraient. Mais, continue-t-il, la déesse ayant été interrogée pourquoi donc on l'avait condamné à la mort, elle répondit par cet oracle : Le corps est toujours exposé aux tourments, mais l'âme des gens de bien a le ciel pour sa demeure. Pour ce qui est de celle dont vous parlez, elle est la cause fatale de l'erreur de ceux à qui les destins n'ont pas permis de recevoir les présents des dieux, ni d'avoir la connaissance du grand Jupiter. C'est pourquoi les dieux les ont en horreur. Pour lui, il est homme de bien, et il est allé au ciel, comme les autres gens de bien. Ainsi vous ne parlerez point mal de lui, mais vous aurez pitié de la folie des hommes qu'il a fait tomber dans l'erreur. »

Voilà, Monsieur, ce que vous appelez *des oracles très-clairs et très-positifs sur la personne de Jésus-Christ, sur sa résurrection, sur son ascension.* Voilà ce qui vous fait dire que *le plus entêté et le plus habile des païens nous accable de preuves du christianisme*; et qui vous fait soupçonner que les chrétiens pourraient bien lui avoir supposé ces oracles en faveur du christianisme. Je ne sais si vous trouverez bien des gens qui soient de votre avis ; mais je sais bien que saint Augustin n'en est pas, puisqu'il ajoute (1) : « Qui est assez aveugle pour ne point voir que cet homme rusé et ennemi déclaré des chrétiens a supposé ces oracles, ou qu'ils ont été rendus par des démons dans la même vue : c'est-à-dire afin qu'en louant Jésus-Christ, on croie qu'ils ont raison de blâmer les chrétiens ; et qu'ils empêchent par là que l'on n'embrasse le christianisme, qui est la voie qui conduit au salut éternel. Car comme ils sont infiniment malins et artificieux, ils ne se soucient point qu'on les croie, lorsqu'ils louent Jésus-Christ, pourvu qu'on les croie également, lorsqu'ils disent du mal des chrétiens, et que par conséquent ceux qui ajoutent foi à leurs oracles estiment tellement Jésus-Christ, qu'en même temps ils aient horreur du christianisme, et que, ne l'embrassant jamais, ils ne soient aussi jamais délivrés de la tyrannie de ces esprits malins, par le moyen de ce Sauveur. D'autant plus qu'ils le louent tellement que ceux qui le croiront tel qu'ils le disent, ne seront jamais véritablement chrétiens, mais hérétiques photiniens, puisqu'ils le croiront seulement homme, et non pas Dieu et homme tout ensemble. Ainsi ils ne pourront pas être sauvés par son moyen, ni se dégager des filets de ces démons imposteurs. Pour nous, nous ne recevons ni Apollon lorsqu'il blâme Jésus-Christ, ni Hécate lorsqu'elle le loue. Car celui-là veut qu'on le croie un impie qui a été justement condamné à la mort ; et celle-ci, qu'il a été homme pieux, mais rien davantage. L'un et l'autre ont le même but, qui est de détourner les hommes de se faire chrétiens, sans quoi néanmoins ils ne pourront jamais être délivrés de la domination des démons. »

Saint Augustin, comme vous voyez, croit que ces oracles pourraient bien avoir été supposés par Porphyre en haine du christianisme; et vous, au contraire, vous croyez qu'ils pourraient bien avoir été supposés par les chrétiens en faveur du même christianisme. Saint Augustin n'y trouve que des louanges pleines de malignité, et les blasphèmes de l'hérésiarque Photin ; et vous, vous y trou-

---

(1) August., *ibid.* : « Quis ita stultus est, ut non intelligat, aut ab homine callido eoque Christianis inimicissimo hæc oracula fuisse conficta, aut consilio simili ab impuris dæmonibus ista fuisse responsa : ut scilicet, quoniam laudant Christum, propterea credantur veraciter vituperare Christianos, atque ita, si possint, intercludant viam salutis æternæ, in qua fit quisque Christianus ? Suæ quippe nocendi astutiæ milleformi sentiunt non esse contrarium, si credatur iis laudantibus Christum, dum tamen credatur etiam vituperantibus Christianos, ut eum qui utrumque crediderit, talem Christi faciant laudatorem, ne velit esse Christianus. Ac sic quamvis ab illo laudatus, ab istorum tamen dæmonum dominatu eum non liberet Christus : præsertim quia ita laudant Christum, ut quisquis in eum talem crediderit, qualis ab iis prædicatur, Christianus verus non sit, sed Photinianus hæreticus, qui tantummodo hominem, non etiam Deum noverit Christum ; et ideo per eum salvus esse non possit, nec istorum mendaciloquorum dæmonum laqueos vitare vel solvere. Nos autem neque Apollinem vituperantem Christum, neque Hecatem possumus approbare laudantem. Ille quippe tanquam iniquum Christum vult credi, quem a judicibus recta sentientibus dicit esse occisum ; ista hominem piissimum, sed hominem tantum. Una est tamen et illius et hujus intentio, ut nolint homines esse Christianos : quia nisi Christiani erunt, ab eorum erui potestate non poterunt. »

vez des témoignages très-clairs et très-positifs sur la personne de Jésus-Christ, sur sa résurrection, sur son ascension, et une multitude accablante de preuves du christianisme. Je laisse à juger à tout homme de bon sens qui de vous ou de saint Augustin, de l'auteur moderne ou de l'ancien, a raisonné avec plus de justesse sur ces oracles, et en a mieux compris le véritable sens.

Chap. ix. — *Nouvelles conjectures de M. de Fontenelle sur le livre et les oracles de Porphyre. Réfutation de toutes ces vaines conjectures.*

Après cela il y a plaisir à vous entendre débiter vos conjectures sur ces mêmes oracles et sur le livre de Porphyre d'où ils ont été tirés. *Eusèbe,* dites-vous, *a cru que c'était un assez grand avantage de pouvoir mettre le nom de Porphyre à la tête de tant d'oracles si favorables à la religion. Il nous les donne dépouillés de tout ce qui les accompagnait dans les écrits de Porphyre. Que savons-nous s'il ne les réfutait pas? Selon l'intérêt de sa cause il le devait faire.* Je crois, Monsieur, que vous devez reconnaître à présent, premièrement, qu'Eusèbe ne nous a pas donné les oracles qu'il cite aussi dépouillés que vous le dites de tout ce qui les accompagnait dans les écrits de Porphyre, puisqu'il rapporte quelques réflexions de ce philosophe sur ces mêmes oracles ; qui nous apprennent, en second lieu, que cet auteur ne les réfutait pas, et que, selon l'intérêt de sa cause, il ne devait pas les réfuter, puisque, comme saint Augustin le montre si évidemment, ils étaient si contraires au christianisme et si injurieux à Jésus-Christ.

Vous ajoutez incontinent après, en donnant carrière à votre imagination : *On soupçonne que Porphyre était assez méchant pour faire de faux oracles, et les présenter aux chrétiens, à dessein de se moquer de leur crédulité, s'ils les recevaient pour vrais et appuyaient leur religion sur de pareils fondements.* Il est visible que si Porphyre a supposé ces oracles, ce n'a pas été pour se moquer de la crédulité des chrétiens, mais pour ruiner leur religion, s'il pouvait, et empêcher les païens de l'embrasser, en leur faisant voir que les dieux n'en parlaient que comme d'une erreur pernicieuse, et ne regardaient les chrétiens que comme des gens souillés de toute sorte de crimes et pitoyablement abusés. D'ailleurs les chrétiens étaient bien éloignés d'appuyer leur religion sur les oracles, quels qu'ils fussent. Ils étaient trop convaincus qu'ils venaient du démon, qu'ils savaient être le père du mensonge et leur plus grand ennemi. Et pour ceux dont il s'agit, il était trop évident qu'ils ne tendaient qu'à ruiner leur religion : comment donc auraient-ils pu s'en servir pour l'appuyer? Vous voyez au moins que saint Augustin ne s'y est pas trompé. Et si Eusèbe s'en est servi, ce n'a pas été pour prouver la divinité de Jésus-Christ, sa résurrection ou son ascension, (et où aurait-il pu voir dans ces oracles tous ces mystères?) mais seulement pour montrer que, de l'aveu même de Porphyre, le Sauveur du monde n'était pas un imposteur, comme quelques-uns osaient le dire (1).

Il se pourrait donc bien faire, ajoutez-vous un peu plus bas, *que Porphyre eût mis en oracles tous les mystères de notre religion exprès pour les décrier.* On voit que vous êtes toujours fortement persuadé que ce philosophe a rapporté je ne sais combien d'oracles très-clairs et très-positifs sur la résurrection et sur l'ascension de Jésus-Christ, d'où vous conjecturez fort prudemment qu'il pourrait bien avoir mis ainsi en oracles tous les autres mystères du christianisme. Si la conjecture n'est pas solide, elle est au moins divertissante. La belle chose que notre religion mise ainsi en oracles par Porphyre! En vérité, Monsieur, si vous aviez pris la peine de lire un peu plus attentivement Eusèbe et saint Augustin, vous ne vous seriez pas égaré dans toutes ces conjectures si peu dignes d'un homme d'esprit comme vous. Daignez au moins y faire attention à présent, et vous reconnaîtrez sans peine que tout ce que vous dites sur les oracles et sur le livre de Porphyre ne sont que des chimères, que la seule lecture de ce qui nous reste de l'ouvrage de ce philosophe détruit et renverse absolument.

Chap. x. — *Seconde raison supposée aux anciens chrétiens : la convenance de leur opinion avec le système du christianisme. Réfutation de cette mauvaise raison. Les Pères de l'Église étaient incapables de soutenir un sentiment qu'ils eussent jugé faux, et très-capables d'entrer dans les discussions les plus difficiles. Le renversement du culte des démons, de l'idolâtrie et des oracles, est véritablement l'ouvrage du Sauveur du monde.*

Il est temps d'examiner la seconde raison que vous attribuez aux anciens chrétiens, et pour laquelle vous dites qu'ils ont cru que les oracles étaient rendus par les démons. Vous la tirez de la convenance de cette opinion avec le système du christianisme : ce sont vos termes. *Les démons,* dites-vous, *étant une fois constants par le christianisme, il a été naturel de leur donner le plus d'emploi qu'on pouvait, et de ne les pas épargner pour les oracles et les autres miracles païens qui semblaient en avoir besoin.* Si bien, Monsieur, que lorsque les Pères de l'Église ont soutenu

---

(1) Voici le titre du chapitre où Eusèbe rapporte les oracles de Porphyre dont il s'agit : Πρὸς τοὺς οἰομένους γόητα γεγονέναι τὸν Χριστὸν τοῦ Θεοῦ. Ensuite, après avoir réfuté cette calomnie par un grand nombre de très-belles raisons et par ces oracles mêmes, il ajoute incontinent : Ἆρ' οὖν ἀπατεὼν ἢ οὗτος; κἂν τὰ φίλα σε δυσωπείτω τῶν οἰκείων ῥήματα. Ἔχεις τοιγαροῦν τὸν ἡμέτερον Σωτῆρα Ἰησοῦν τὸν Χριστὸν τοῦ Θεοῦ, καὶ παρὰ τοῖς ἑαυτοῦ (deesse videtur ἐχθροῖς) ὡμολογημένον οὐ γόητα οὐδὲ φαρμακέα, ἀλλ' εὐσεβῆ καὶ δικαιότατον καὶ σοφὸν καὶ οὐρανίων ἀψίδων οἰκήτορα.

que les oracles des païens étaient rendus par les démons, ils ne l'ont fait, selon vous, que pour donner de l'emploi aux démons, et ne les pas laisser oisifs : inconvénient fâcheux et préjudiciable au christianisme, auquel par conséquent ils ont dû remédier. Cette raison est sans doute excellente et digne de tous ces grands hommes à qui vous l'attribuez. C'est dommage qu'entre celles qu'Origène, Eusèbe et Théodoret rapportent pour établir leur sentiment, ils ne se soient pas avisés de celle-là. Ils ne l'auraient pas sans doute oubliée. Elle était décisive et convaincante. Hé! Monsieur, ne reconnaissez-vous pas avec eux et avec toute l'Eglise que les démons travaillent incessamment à tenter les hommes et à leur dresser des pièges (*I Petr.* v, 8; *II Cor.* xi, 14, *etc.*)? Ne reconnaissez-vous pas avec eux qu'ils entrent dans tous les effets de la magie? Cela ne suffisait-il pas pour les occuper? Qu'était-il besoin de leur faire encore rendre des oracles, s'il ne s'agissait que de leur donner de l'occupation et d'empêcher qu'ils demeurassent oisifs?

Par là, ajoutez-vous, *on se dispensait d'entrer dans la discussion des faits, qui eût été longue et difficile; et tout ce que les oracles avaient de surprenant et d'extraordinaire, on l'attribuait à ces démons que l'on avait en main.* Cela veut dire, si je ne me trompe, que les Pères de l'Eglise n'aimaient point les discussions difficiles, et que, pour éviter d'y entrer, ils avançaient sans façon bien des fables et des faussetés reconnues pour telles. Ils savaient bien que les démons n'étaient pas les auteurs des oracles; néanmoins, pour éviter la difficulté et se tirer au plus vite de l'embarras que leur donnait ce qu'il y avait de surprenant et d'extraordinaire dans les oracles, ils le soutenaient, et ils s'efforçaient d'en persuader tout le monde, quoique dans le fond ils n'en crussent rien eux-mêmes. Voilà une idée bien étrange que vous nous donnez là des saints Pères; mais assurément ce n'est point celle qu'on en a lorsque l'on a lu leurs ouvrages et que l'on sait quelque chose de l'histoire de leur vie. Celle-ci nous apprend qu'ils étaient incapables d'avancer et de soutenir de pareilles faussetés contre leur conscience et contre la loi de Dieu qui le défend : les soupçonner du contraire c'est leur faire une injure atroce; et ceux-là nous font voir clairement qu'ils n'ont pas appréhendé d'entrer dans une infinité de discussions très-difficiles et très-épineuses, soit en écrivant contre les païens, soit en réfutant les anciens hérétiques. Il n'y a qu'à ouvrir leurs livres (1) pour en être convaincu.

Mais, pour revenir à ce que vous dites, était-il plus difficile, à votre avis, d'attribuer tout ce que les oracles avaient de surprenant aux fourberies des prêtres des idoles, qu'aux démons? Fallait-il entrer pour cela dans une discussion de faits plus longue et plus difficile? C'est ce qui ne paraît pas. Au contraire ce dernier moyen était sans doute beaucoup plus aisé et plus propre à tourner le paganisme en ridicule. Les Pères ne l'ont pas ignoré, comme vous l'avez remarqué dans Origène et dans Eusèbe. Ce n'est même que sur les conjectures que ce dernier vous a fournies, que vous avez appuyé votre paradoxe des fourberies des prêtres des idoles, ainsi que vous le reconnaissez vous-même. Pourquoi donc ne se sont-ils pas attachés à ce moyen si aisé, si propre à confondre les idolâtres, et qui leur était si parfaitement connu? Pourquoi l'ont-ils abandonné, si ce n'est parce qu'ils l'ont jugé faux, insoutenable et éloigné de l'apparence même de la vérité? Ils étaient convaincus, à n'en pouvoir douter, par un très-grand nombre de raisons, d'expériences et d'autorités évidentes, que la plupart des oracles des païens étaient véritablement des impostures et des illusions des démons. Et pour le prouver aux idolâtres, ils n'ont point appréhendé d'entrer dans une discussion aussi difficile que l'est celle des bons et des mauvais esprits (2) et des marques par lesquelles on peut les distinguer : discussion, dis-je, très-longue et très-difficile, dont ils se seraient épargné la peine, s'ils avaient cru que les oracles ne fussent que des fourberies des prêtres des idoles.

Vous ajoutez qu'*il est certain que vers le temps de la naissance de Jésus-Christ, il est souvent parlé de la cessation des oracles, même dans les auteurs profanes.* Cela mérite sans doute quelque attention, d'autant plus qu'auparavant on n'avait jamais entendu parler d'un événement si extraordinaire. *Pourquoi ce temps-là, dites-vous, plutôt qu'un autre, avait-il été destiné à leur anéantissement? Rien n'était plus aisé à expliquer selon le système de la religion chrétienne. Dieu avait fait son peuple du peuple juif, et avait abandonné l'empire du reste de la terre aux démons, jusqu'à l'arrivée de son Fils. Mais alors il les dépouille du pouvoir qu'il leur avait laissé prendre. Il veut que tout fléchisse sous Jésus-Christ, et que rien ne fasse obstacle à l'établissement de son royaume sur les nations. Il y a,* continuez-vous, *je ne sais quoi de si heureux dans cette pensée, que je ne m'étonne pas qu'elle ait eu beaucoup de cours.* Non-seulement il y a quelque chose d'heureux dans cette pensée, mais tout y est solide et vrai; à cela près que la manière dont vous l'exprimez n'est pas juste. Quoi! Monsieur, n'est-il

---

(1) Comme ceux d'Origène contre Celse et contre les marcionites : ceux de saint Irénée et de Tertullien contre les valentiniens et les autres hérétiques de leur temps : ceux d'Eusèbe de la *Préparation évangélique* et contre Marcel d'Ancyre, etc.

(2) Eusèbe emploie à cette discussion trois livres entiers de son ouvrage de la *Préparation évangélique*, le quatrième, le cinquième et le sixième, dont il rapporte encore les preuves en abrégé dans le cinquième livre de sa Démonstration. Elle fait aussi une bonne partie des Apologies de Tertullien et d'Athénagore. Saint Augustin traite fort au long la même matière dans le huitième, le neuvième et le dixième livre de la *Cité de Dieu*, sans parler de son traité de la *Divination des démons*, qu'il a fait exprès pour expliquer un oracle rendu par Sérapis.

pas vrai qu'avant la naissance de Jésus-Christ, toute la terre presque était plongée dans les ténèbres de l'idolâtrie et du culte des démons? N'est-il pas encore vrai et indubitable que c'est le Sauveur du monde qui a renversé ce culte abominable, et par conséquent les oracles qui avaient le plus contribué à l'établir partout? Les prophètes n'ont-ils pas prédit de lui ce grand événement (1)? Et ne voyons-nous pas de nos yeux leurs prophéties accomplies? Comment donc pouvez-vous travailler à en diminuer la gloire en voulant nous persuader qu'il n'y a eu aucune part, ou qu'il n'a fait que détromper les hommes des fourberies grossières de quelques autres hommes?

CHAP. XI. — *Du prétendu silence de l'Ecriture sur les mauvais démons qui présidaient aux oracles. Quand il serait vrai, la tradition constante de l'Eglise devrait suffire pour nous convaincre de cette vérité. L'Ecriture nous conduit naturellement à la croire. Faux prophètes d'Achab inspirés par le démon, comme ceux qui rendaient les oracles chez les païens. Oracle dans toutes les formes rapporté par l'Ecriture et attribué au démon.*

Mais, dites-vous dans le chapitre où vous répondez à cette seconde raison que vous attribuez aux anciens chrétiens, *le silence de l'Ecriture sur ces mauvais démons que l'on prétend qui présidaient aux oracles, ne nous laisse pas seulement en liberté de n'en rien croire, mais il nous y porte naturellement.* Si bien donc, Monsieur, que vous comptez pour rien la tradition la plus ancienne et la plus constante; et qu'à moins que l'on ne vous montre tous les usages et tous les sentiments de l'Eglise clairement exprimés dans l'Ecriture, vous vous croyez en liberté de n'en rien croire, et même suffisamment autorisé pour les rejeter. Ne voyez-vous pas où ce beau principe vous mène, et les conséquences que l'on en peut tirer contre la pureté et l'intégrité de votre foi? A Dieu ne plaise néanmoins que je les tire ces conséquences! Je vous crois et vous croirai toujours très-bon catholique et très-attaché à toutes les traditions de l'Eglise; je suis fâché seulement que l'érudition mal digérée de M. Van-Dale, qui vous a ébloui, vous ait empêché de faire attention aux conséquences de son système, qui va directement à ruiner l'autorité des Pères de l'Eglise et à renverser les traditions les plus constantes et les mieux établies. Et certainement, s'il y en a une certaine et constante, c'est celle dont il s'agit ici, puisqu'elle est soutenue et attestée par tous les Pères de l'Eglise et tous les auteurs ecclésiastiques de tous les siècles, qui tous ont reconnu le démon pour auteur de l'idolâtrie en général et des oracles en particulier, n'y en ayant pas un seul qui n'en ait parlé dans ce sens, ou qui puisse donner lieu de soupçonner qu'il a été dans un sentiment contraire. Vous la rejetez néanmoins cette tradition si constante dans tout le christianisme, sur l'autorité seule de M. Van-Dale, et vous voulez la faire passer pour un préjugé ridicule et une illusion grossière. Je vois par là combien il est dangereux de copier les livres des hérétiques et d'adopter leurs sentiments dans les matières qui ont quelque rapport à la religion. Lorsque l'on suit de si mauvais guides, il est presque impossible que l'on ne s'égare. Ils mènent toujours plus loin que l'on ne pense, et c'est ordinairement dans quelque précipice, que l'on ne découvre que lorsque l'on y est tombé. J'ai remarqué souvent qu'ils ne manquent jamais de dresser quelque piége aux catholiques, dans les ouvrages mêmes où il ne s'agit de rien moins en apparence que de religion.

Mais pour ne nous pas écarter plus longtemps de notre sujet, bien loin de convenir avec vous du silence de l'Ecriture sur les démons qui présidaient aux oracles, je soutiens, au contraire, que ce qu'elle nous enseigne nous conduit naturellement à croire cette vérité. En effet, ne nous dit-elle pas clairement que tous les dieux des gentils sont des démons (2)? Ne nous assure-t-elle pas que tout ce qu'ils immolent à leurs idoles, ils l'immolent aux démons (3)? Ne reprend-elle pas les Israélites d'avoir sacrifié leurs enfants aux démons en les sacrifiant aux idoles des Ammonites (4)? Tout cela, et quantité d'autres passages semblables, ne nous apprennent-ils pas que le démon se mêlait en effet dans la plupart des superstitions du paganisme? Et s'il y en a quelqu'une que l'on doive particulièrement lui attribuer et où son opération paraisse plus sensiblement, ne sont-ce pas les oracles? La même Ecriture ne rapporte-t-elle pas que les faux prophètes du roi Achab furent inspirés par un esprit menteur (5) qui parla par leur bouche, et qui leur fit rendre de faux oracles et de fausses prédictions sur le succès du combat que ce prince était sur le point de livrer aux Syriens? Cela ne nous porte-t-il pas à croire que les

---

(1) *Isai.* II, 17, 18 : Et incurvabitur sublimitas hominum, et humiliabitur altitudo virorum : exaltabitur autem Dominus solus in die illa ; et idola penitus conterentur. *Ibid.*, 20. In die illa projiciet homo idola argenti sui et simulacra auri sui quæ fecerat sibi ut adoraret, talpas et vespertiliones. *Et* XVII, 7, 8 : In die illa inclinabitur homo ad factorem suum, et oculi ejus ad sanctum Israel respicient, et non inclinabitur ad altaria quæ fecerunt manus ejus, et quæ operati sunt digiti ejus non respiciet, lucos et delubra. *Zachar.* XIII, 1 *et* 2 : In die illa erit fons patens domui David et habitantibus Jerusalem... Et erit in die illa, dicit Dominus exercituum, disperdam nomina idolorum de terra, et non memorabuntur ultra.

(2) *Psal.* XCV, 5 : Omnes dii gentium dæmonia.

(3) *I Cor.* X, 20 : Quæ immolant gentes, dæmoniis immolant et non Deo ; nolo vos socios fieri dæmoniorum.

(4) *Deuter.* XXXII, 27 : Immolaverunt dæmoniis et non Deo. *Psal.* CXV, 37 : Et immolaverunt filios suos et filias suas dæmoniis.

(5) *III Reg.* XXII, 22 : Egrediar et ero spiritus mendax in ore omnium prophetarum ejus. *Ibid.*, 23 : Nunc igitur ecce dedit Dominus spiritum mendacii in ore omnium prophetarum tuorum.

prophètes et les prophétesses des païens, qui rendaient les oracles de Delphes, de Claros et de Dodone, étaient aussi inspirés par le même esprit menteur, c'est-à-dire par le démon? Car quelle différence pouvez-vous trouver entre les uns et les autres qui ait dû exempter ces derniers des illusions du démon?

Vous voulez peut-être, pour être convaincu, voir dans l'Ecriture un oracle encore plus semblable à ceux des païens, auquel il soit certain, par le témoignage de la même Ecriture, que le démon ait présidé? Il faut tâcher de vous contenter. L'oracle de Beelzébub, qui était à Accaron, et qu'Ochozias, roi d'Israël, envoya consulter pour savoir s'il guérirait de sa maladie (1), n'était-il pas un oracle parfaitement semblable à ceux des Grecs, puisqu'on le consultait sur l'avenir et qu'il rendait des réponses comme eux? Et pouvez-vous douter que le démon ne fût l'auteur de cet oracle, puisque l'Evangile nous apprend que Beelzébub était un démon, et même le prince des démons (2)? Et puisque l'Ecriture nous apprend que le démon présidait à cet oracle, ne nous porte-t-elle pas naturellement à croire que les autres oracles, qui étaient alors ou qui ont été depuis parmi les Gentils, avaient pareillement les démons pour auteurs? Ne nous dites donc plus que *si les oracles eussent été rendus par les démons, Dieu nous l'eût appris pour nous empêcher de croire qu'il les rendit lui-même et qu'il y eût quelque chose de divin dans des religions fausses:* puisque vous voyez, par ces exemples et par ce que l'Ecriture nous apprend encore ailleurs des divinités que les Gentils adoraient, qu'il nous a fait entendre assez clairement ce que nous en devions penser.

CHAP. XII. — *Réfutation d'une erreur ridicule faussement attribuée aux Pères de l'Eglise. Les démons n'ont point rendu leurs oracles par des statues, mais par les prêtres des idoles dont ils s'emparaient. Les saints Pères n'ont jamais été dans une autre pensée. Ils ont toujours mis une grande différence entre les idoles et les prêtres des idoles. Les démons ne connaissent point l'avenir. Le paganisme n'a pu être en aucune manière une erreur involontaire et excusable.*

David, dites-vous, reproche aux païens des dieux qui ont une bouche et n'ont point de parole, et souhaite à leurs adorateurs, pour toute punition, de devenir semblables à ce qu'ils adorent. Mais si ces dieux eussent eu non-seulement l'usage de la parole, mais encore la connaissance des choses futures, je ne vois pas que David eût pu faire ce reproche aux païens, ni qu'ils eussent dû être fâchés de ressembler à leurs dieux. David avait raison de faire ce reproche aux païens, puisqu'en effet les idoles qu'ils adoraient n'étaient que des statues muettes et inanimées. Et les Pères de l'Eglise, qui ont cru que les oracles étaient rendus par les démons, n'ont pas cru pour cela, comme vous vous l'imaginez, que les idoles eussent l'usage de la parole, et beaucoup moins encore la connaissance des choses futures. Ils savaient que ce n'étaient point les idoles qui rendaient des oracles, mais les prêtres et les prêtresses; que les démons qui étaient attachés aux idoles et aux temples faisaient parler et prophétiser à tort et à travers, en les remplissant de cette fureur qu'ils appelaient divine, et en leur faisant faire les mêmes grimaces et les mêmes contorsions que l'on voit en ceux qui sont véritablement possédés. Ils en ont tous parlé en cette manière et ont parfaitement bien distingué les idoles d'avec les prêtres des idoles; deux choses en effet fort différentes que vous confondez ici, en attribuant à la première ce qui n'appartient et ne peut convenir qu'à la seconde. Ecoutez, entre autres, comment Théodoret en parle (*Interpret. in psal.* CXIII), lorsqu'il explique ce même passage de David que vous citez: « Parce que les démons, dit ce Père, qui au moyen des idoles séduisaient les gentils et leur rendaient de faux oracles, ne les rendaient pas par ces simulacres inanimés, mais par des hommes capables de raison et par d'autres moyens, c'est pour cela que David dit que ces idoles ne parlent pas: car ce sont en effet des statues immobiles et inanimées. » David a donc raison de reprocher aux dieux des gentils qu'ils ont une bouche et n'ont point de parole; mais il est ridicule de conclure de là que les démons n'étaient pas les auteurs des oracles, comme si c'eût été par les statues et non pas par des hommes qu'ils les eussent rendus. C'est là une erreur dans laquelle je m'étonne que vous soyez tombé, puisqu'il n'y a aucun auteur qui parle des oracles et de la manière dont ils se rendaient, qui n'ait dû vous en désabuser: erreur néanmoins sur laquelle vous avez bâti une bonne partie de votre système, ainsi que nous le verrons dans la suite.

Quand les saints Pères, ajoutez-vous, *s'emportent avec tant de raison contre le culte des idoles, ils supposent toujours qu'elles ne peuvent rien.* Cela est vrai, et ils n'en ont jamais parlé autrement. Mais pour les prêtres des idoles qui rendaient les oracles, ils ont enseigné et soutenu qu'ils étaient inspirés ou possédés du démon; que c'était ce malin esprit qui était l'auteur de toutes les superstitions du paganisme et de tous les faux miracles que l'on y voyait. Voilà ce que les saints Pères ont toujours supposé: voilà ce qu'ils ont prouvé fort au long dans leurs livres, en distinguant toujours les idoles considérées en elles-mêmes, et les démons qui inspiraient les prêtres des idoles. C'est ce que vous pouviez facilement remarquer dans Lactance (3), dans Athénagore (*In Apol.*), dans Minutius

---

(1) *IV Reg.* I, 2: Ite, consulite Beelzebub deum Accaron, utrum vivere queam de infirmitate mea hac. *Ibid.*, 16: Quia misisti nuntios ad consulendum Beelzebub deum Accaron, quasi non esset Deus in Israel a quo posses interrogare sermonem.

(2) *Matth.* XII, 24: Hic non ejicit dæmones nisi in Beelzebub principe dæmoniorum. *Ibid.*, 27: Et si ego in Beelzebub ejicio dæmonia, filii vestri in quo ejiciunt?

(3) Voici l'abrégé de ce que Lactance enseigne dans

Felix (*In Octavio*), dans Tertullien (*In Apolog.*), qui, en même temps qu'ils montrent que les idoles ne peuvent rien, soutiennent que les démons qui présidaient aux oracles et aux idoles ont pu faire et ont fait en effet beaucoup de mal par leur imposture et leurs prestiges.

Vous continuez votre raisonnement contre les saints Pères, et vous dites : *Mais si les idoles eussent parlé, si elles eussent prédit l'avenir, il ne fallait pas attaquer avec mépris leur impuissance.* Pourquoi n'auraient-ils pas dû le faire, même dans cette supposition? Les idoles auraient-elles cessé pour cela d'être un morceau de bois, de pierre ou de métal? Mais, Monsieur, avant que de raisonner ainsi, vous deviez nous avoir dit qui sont ceux des saints Pères qui ont cru ou supposé que les idoles parlaient et prédisaient l'avenir. Car de tous ceux que j'ai lus, je n'en ai trouvé aucun qui ait eu une pensée si fausse, ni qui ait pu vous donner lieu de la lui attribuer. Ils savaient trop, ce que vous semblez ignorer, que ce n'étaient point les statues, mais les prêtres des idoles qui parlaient et qui se mêlaient de prédire l'avenir. C'est néanmoins sur cette fausse supposition que vous entreprenez de prouver que, dans le sentiment des Pères de l'Eglise, *le paganisme n'aurait été qu'une erreur involontaire et excusable.* Car, ajoutez-vous un peu plus bas, *mes lumières suffisent pour examiner si une statue parle ou ne parle pas ; mais du moment qu'elle parle, rien ne me peut plus desabuser de la divinité que je lui attribue.* Je ne sais si vous trouverez bien des gens qui vous ressemblent en cela, même parmi les plus simples et les plus grossiers. Pour moi, je vous avoue que je verrais toutes les statues du monde parler, sans leur attribuer pour cela aucune divinité. Mais, encore une fois, c'étaient des hommes et non point des statues qui rendaient les oracles du paganisme.

Vous faites encore dans votre raisonnement une autre supposition, qui n'est pas moins fausse que la précédente : c'est que si les démons eussent rendu leurs oracles par les statues, comme vous vous imaginez que les Pères l'ont cru, *les statues eussent non-seulement parlé, mais encore prédit l'avenir,* et, comme vous avez dit un peu plus haut, ces dieux qui, selon David, ont une bouche et n'ont point de parole, *auraient eu non-seulement l'usage de la parole, mais encore la connaissance des choses futures.* Tout cela fait voir assez clairement, si je ne me trompe, que vous croyez que les démons connaissent véritablement l'avenir. Or c'est une erreur dont les Pères de l'Eglise (1), dans les endroits mêmes où ils enseignent que les démons sont les auteurs des oracles, ont dû vous détromper. Car ils y assurent tous que ces malins esprits ne connaissent point les choses futures, particulièrement celles qui dépendent des causes libres ou contingentes; qu'ils ne prédisent dans un lieu que ce qu'ils ont vu dans un autre, ou le mal qu'ils ont résolu de faire et la cessation de celui qu'ils ont fait ; qu'ils se trompent presque toujours, et qu'ils ne cherchent qu'à tromper ; que toutes leurs prédictions ne sont que des mensonges, ou tout au plus des conjectures, et qu'enfin la connaissance certaine de l'avenir n'appartient qu'à Dieu seul. C'est en même temps la doctrine de toute la théologie (*D. Thom.*, part. 1, *q.* 57, *art.* 3), qui est fondée sur l'Ecriture sainte (2). Cela étant, la conclusion que vous tirez encore de cette fausse supposition est aussi très-fausse ; qui est que dans le système des oracles rendus par les démons, le paganisme n'aurait été qu'une erreur involontaire et excusable. Ce qui est si faux que, quand bien même vos deux suppositions seraient vraies, cette conséquence que vous en tirez ne laisserait pas que d'être fausse, par la raison que mille autres circonstances qui se trouvaient dans les oracles, faisaient connaître évidemment que

---

les deux premiers livres de ses Institutions. « Docuit religiones deorum triplici ratione vanas esse. Una quod simulacra ipsa quæ coluntur, effigies sint hominum mortuorum... Altera quod ipsæ imagines sacræ quibus vanissimi homines serviunt, omni sensu careant, quoniam terra sunt... Tertia quod spiritus qui præsunt ipsis religionibus condemnati et abjecti a Deo per terram volutentur, qui non tantum nihil præstare cultoribus suis possint, quoniam rerum potestas penes unum est, verum etiam mortiferis eos illecebris et erroribus perdant : quoniam hoc illis quotidianum est opus tenebras hominibus obducere, ne quæratur ab illis verus Deus. » Lactant., lib. II, cap. 18. »

(1) Tertull., in *Apolog.*: « Omnis spiritus ales, hoc et angeli et dæmones. Igitur momento ubique sunt, totus orbis illis locus unus est. Quid ubi geratur tam facile sciunt quam enuntiant : velocitas divinitas creditur, quia substantia ignoratur. Sic et auctores interdum videri volunt eorum quæ annuntiant, et sunt plane malorum nonnumquam, bonorum tamen numquam... Æmulatur divinitatem, dum furantur divinationem. »

Minutius Felix, in *Octavio* : « Oracula efficiunt falsis pluribus involuta; nam et falluntur et fallunt, ut et nescientes sinceram veritatem, et quam sciunt in perditionem sui non confitentes. »

August., l. *de Divin. dæmonum*, cap. 5 : « Quæ cum ita sint, primum sciendum est quoniam de divinatione dæmonum quæstio est, illos ea plerumque prænuntiare quæ ipsi facturi sunt. Accipiunt enim sæpe potestatem et morbos immittere, et ipsum aerem vitiando morbidum reddere... Aliquando autem non quæ ipsi faciunt, sed quæ naturalibus signis futura prænoscunt, quæ signa in hominum sensus venire non possunt, ante prædicunt... Aliquando et hominum dispositiones non solum voce prolatas, verum etiam cogitatione conceptas, cum signa quædam ex animo exprimuntur in corpore, tota facilitate perdiscunt, atque hinc etiam multa futura prænuntiant... In cæteris autem prædictionibus suis dæmones plerumque et falluntur et fallunt. Falluntur quidem, quia cum suas dispositiones prænuntiant, ex improviso desuper aliquid jubetur quod eorum consilia cuncta perturbet... Fallunt autem etiam studio fallendi et invida voluntate qua hominum errore lætantur. Sed ne apud cultores suos pondus auctoritatis amittant, id agunt ut interpretibus suis signorumque suorum conjecturabus culpa tribuatur, quando vel decepti fuerint vel mentiti. » *Vid.* et Athanas. in *Vita S. Antonii.*

(2) *Isai.* XLI, 23 : Annuntiate quæ ventura sunt in futurum, et sciemus quia dii estis vos.

ce n'était pas Dieu ni aucun bon esprit, mais les démons qui les rendaient.

CHAP. XIII. — *Troisième raison supposée aux anciens chrétiens : la convenance de leur opinion avec la philosophie de Platon. L'historien avance que presque tous les anciens chrétiens savants ont été platoniciens. Réfutation des idées étranges qu'il débite sur ce sujet. Les anciens chrétiens et les Pères de l'Eglise ont réfuté fortement les erreurs de Platon, bien loin d'embrasser sa secte.*

Je viens à présent à la troisième raison, pour laquelle vous prétendez que les anciens chrétiens ont cru les oracles rendus par les démons. C'est, dites-vous, à cause de la *convenance de leur opinion avec la philosophie de Platon*. Sur cela vous débitez bien des choses qui ne me paraissent pas moins extraordinaires que celles que vous avez avancées jusqu'ici. *Jamais*, dites-vous, *philosophie n'a été plus à la mode que fut celle de Platon chez les chrétiens pendant les premiers siècles de l'Eglise. Les païens se partageaient encore entre les différentes sectes de philosophes ; mais la conformité que l'on trouva qu'avait le platonisme avec la religion, mit dans cette seule secte presque tous les chrétiens savants.* Voilà qui est assurément nouveau. Ce ne sont plus les Justin, les Pantène, les Aristide, les Athénagore et un grand nombre d'autres philosophes, qui quittent leurs sectes pour embrasser le christianisme, comme on l'a cru jusqu'à présent ; mais ce sont eux et presque tous les autres chrétiens savants des premiers siècles, qui abandonnent le christianisme pour suivre la secte de Platon, ou qui font un affreux mélange des dogmes et de la doctrine de l'Evangile avec les égarements de ce philosophe païen. Ainsi ils enseignent avec lui la pluralité des dieux, la métempsycose, la communauté des femmes, l'homicide et un grand nombre d'autres erreurs détestables. Il ne reste plus qu'à ajouter que c'est pour soutenir la philosophie de Platon qu'ils ont écrit tant de livres et d'apologies, essuyé tant de persécutions, souffert tant de tourments, et donné enfin leur vie au milieu des plus cruels supplices.

De là vint, continuez-vous, *l'estime prodigieuse dont on s'entêta pour Platon. On le regarda comme une espèce de prophète... aussi ne manqua-t-on pas de prendre ses ouvrages pour des commentaires de l'Ecriture, et de concevoir la nature du Verbe comme il l'avait conçue*. Quoi ! Monsieur, les anciens chrétiens ont été entêtés de Platon jusqu'à ce point, que de le regarder comme une espèce de prophète, et de prendre ses ouvrages pour des commentaires de l'Ecriture ? Nous sommes donc bien malheureux d'avoir reçu la foi de ces anciens chrétiens ! Quel danger qu'au lieu de nous avoir transmis la doctrine de Jésus-Christ et des apôtres, ils ne nous aient débité que les idées et les égarements de Platon ? Comment osons-nous après cela lire leurs ouvrages pour y apprendre notre religion ? Comment le concile de Trente peut-il ordonner (*Sess.* 4) que l'on suive, dans l'explication de l'Ecriture sainte, le sentiment unanime des Pères de l'Eglise, puisque tous presque ont été entêtés du platonisme, et ont pris les livres de Platon pour des commentaires de cette même Ecriture ? Quelle joie pour les sociniens d'entendre un catholique, homme d'esprit et de réputation, parler d'une manière si conforme à leurs sentiments ! En effet, l'auteur du *Platonisme dévoilé*, tout socinien déclaré qu'il est, pourrait-il s'exprimer sur ce sujet d'une manière plus forte et plus hardie ?

Mais, de grâce, Monsieur, dites-moi qui sont ces anciens chrétiens dont vous parlez, et dans qui vous avez remarqué cet entêtement prodigieux pour Platon ? Est-ce Eusèbe ? lui qui expose fort au long dans sa *Préparation évangélique* (*Lib.* XIII, *cap.* 15, 16 *et seq.*) les raisons que les chrétiens ont eues de rejeter toutes les sectes de philosophes, sans en excepter celle de Platon, dont il rapporte et réfute amplement les erreurs, et en particulier celle où il a été touchant les démons. Est-ce saint Justin Martyr ? qui, pour prouver la même chose, fait un long dénombrement des contradictions des philosophes (*Cohort. ad Gent.*), et en particulier de celles de Platon, dont il a fait d'ailleurs une profession si ouverte d'avoir abandonné la doctrine, pour suivre celle des prophètes et des apôtres (*Apol.* I *et Dial. cum Tryph.*). Est-ce Lactance ? qui, après avoir réfuté, dans les deux premiers livres de ses *Institutions*, les superstitions du paganisme, réfute dans le troisième les erreurs des philosophes, et en particulier celles de Platon, et fait voir qu'aucun d'eux n'a connu la vérité, qu'ils se sont tous égarés, et que, pour acquérir le véritable bonheur de l'âme, la véritable sagesse, il n'y a point d'autre parti à prendre que celui qu'il soutient et qu'il défend. Est-ce saint Augustin ? qui a choisi les platoniciens entre tous les autres philosophes, pour les réfuter dans ses livres de la *Cité de Dieu* (*Lib.* VII, IX, X), et qui, les ayant loués dans ceux qu'il a composés contre les académiciens, désavoue ces louanges dans ses *Rétractations* (1), en disant qu'il ne devait pas les donner à des impies, contre les erreurs desquels il faut défendre la religion. Est-ce Théodoret ? qui rapporte les égarements étranges de Platon (*Lib. de Græc. affect. cur.; serm.* 9 *de Legib.*), et fait voir que dans ses livres il a enseigné et autorisé les plus grands crimes et les plus grandes infamies. Est-ce enfin saint Epiphane ? qui, dans son traité *des Hérésies* (*Hæres.* 6, *quæ est Platonicorum*), met le platonisme entre les sectes du paganisme qui sont tombées dans les plus grandes erreurs, et dont les chrétiens ont toujours eu autant d'horreur que du pa-

---

(1) August., *Retract.* lib. 1, cap. 1 : « Laus quoque ipsa qua Platonem vel platonicos sive academicos philosophos tantum extuli, quantum impios homines non oportuit, non immerito mihi displicuit, præsertim contra quorum errores magnos defendenda est christiana doctrina. »

ganisme même. Vous dites que presque tous les anciens chrétiens savants ont embrassé la secte de Platon ; et moi je vous soutiens qu'il n'y en a pas un, de tous ceux dont il nous reste des ouvrages, qui n'ait fait profession de rejeter Platon et sa philosophie, pour s'attacher uniquement à Jésus-Christ et à sa doctrine.

CHAP. XIV. — *Ce que les Pères ont pensé de Platon par rapport aux autres philosophes païens. Il y a eu des hérétiques qui se sont égarés en suivant ce philosophe, mais il ne s'agit pas ici de ce que les hérétiques ont cru sur les oracles. M. de Fontenelle ne peut point justifier ses expressions outrées sur ce sujet par l'exemple de quelques auteurs célèbres : ce qu'il doit faire s'il entreprend de les soutenir. C'est en vain qu'il réfute le sentiment de Platon sur les démons, puisque ce n'est pas de Platon que les anciens chrétiens ont appris l'existence des démons.*

Il est vrai que, lorsqu'il s'agissait de comparer les philosophes païens entre eux, ils donnaient la préférence à Platon, comme à celui dont la philosophie était la moins éloignée en quelques points des dogmes du christianisme (August., de Civit., lib. VIII); mais ils n'étaient pas platoniciens pour cela : ils ne prenaient pas ses ouvrages pour des commentaires de l'Ecriture sainte : ce qui aurait été un égarement et une extravagance, dont j'ai peine à croire que les plus fous des hérétiques aient été capables. Les anciens chrétiens savaient trop ce que l'apôtre saint Paul a dit sur ce sujet (1), et ce qui n'est pas ignoré, au rapport de saint Augustin (2) même, par les plus simples des fidèles, qui est de prendre garde que personne ne les séduise par les raisonnements d'une fausse philosophie, qui vient de la tradition des hommes, et qui n'est fondée que sur les éléments d'une science humaine, et non sur Jésus-Christ.

Que si ce que vous dites de l'estime prodigieuse dont la plupart des premiers chrétiens étaient entêtés pour Platon, ne regarde que quelques hérétiques qui se sont égarés en suivant ce philosophe, ainsi que les Pères de l'Eglise nous l'apprennent (3), je réponds, premièrement, que vous ne deviez donc pas vous exprimer aussi généralement que vous l'avez fait, en disant que presque tous les chrétiens savants avaient été entêtés du platonisme, puisque cette manière de parler comprend autant et plus les Pères de l'Eglise et les écrivains orthodoxes que les hérétiques; secondement, que votre proposition ainsi restreinte à quelques hérétiques n'a plus aucune force, et ne regarde plus notre sujet, puisqu'il ne s'agit pas de ce que les anciens hérétiques ont pensé touchant les oracles, mais de ce que les Pères de l'Eglise nous en ont appris, et du sentiment que les anciens fidèles en ont eu ; troisièmement, que quand bien même quelques hérétiques ou quelque auteur suspect, comme Origène, d'avoir été trop attaché à Platon, auraient cru, ainsi que tous les autres, que les oracles ont été rendus par les démons, il ne s'ensuit pas qu'ils aient soutenu ce sentiment, parce qu'il était conforme à la doctrine de ce philosophe, ou qu'ils l'aient appris de lui, ni enfin qu'il soit faux, comme vous le prétendez.

J'ajoute que, si, pour justifier vos expressions outrées sur ce sujet, vous m'opposez ce que quelques auteurs célèbres ont avancé touchant le platonisme des Pères qui ont vécu avant le concile de Nicée, j'ai à vous répondre : 1° qu'il s'en faut bien qu'ils aient porté les choses aussi loin que vous ; 2° qu'ils n'ont point apporté de preuves de ce qu'ils ont dit ; 3° que ce n'est point là du tout ce qui a été le plus approuvé dans leurs livres, ou ce qui mérite le plus de l'être ; 4° enfin que, pour vérifier votre proposition, il faut que, par un parallèle exact, vous montriez la conformité des sentiments des anciens chrétiens avec ceux de Platon dans la plupart des points de leur doctrine, et que vous produisiez les endroits de leurs ouvrages où ils ont fait profession de suivre ce philosophe, comme je vous ai indiqué quelques-uns de ceux où ils le rejettent absolument, et où ils combattent fortement ses erreurs. Or, c'est ce que je ne crois pas que vous ni M. Van-Dale puissiez jamais faire.

Après avoir proposé cette troisième raison, tirée de la convenance du sentiment des anciens chrétiens touchant les oracles, avec la philosophie de Platon, vous vous appliquez à la réfuter, en montrant que *les démons ne sont pas suffisamment établis par le platonisme*, et que Platon lui-même n'a pas été trop persuadé de leur existence. Sans m'arrêter à vous faire remarquer la contradiction

---

(1) Coloss. II, 8 : Videte ne quis vos decipiat per philosophiam et inanem fallaciam, secundum traditionem hominum, secundum elementa mundi, et non secundum Christum.

(2) August., l. VIII de Civit., cap. 9 : « Quamvis enim homo Christianus litteris tantum ecclesiasticis eruditus, philosophorum forte nomen ignoret, nec utrum duo genera philosophorum exstiterint in Græca lingua Ionicorum et Italicorum sciat, non tamen ita surdus est in rebus humanis, ut nesciat philosophos vel studium sapientiæ, vel ipsam sapientiam profiteri. Cavet eos tamen qui secundum elementa hujus mundi philosophantur, non secundum Deum, a quo ipse factus est mundus. Admonetur enim præcepto apostolico, fideliterque audit quod dictum est : *Cavete ne quis vos decipiat*, etc. »

(3) Tertull., lib. *de Præscript. adversus hæreticos* : « Ipsæ denique hæreses a philosophia subornantur. Inde Aeones et formæ nescio quæ et trinitas hominis apud Valentinum. Platonicus fuerat... Quid ergo Athenis et Hierosolymis ? Quid academiæ et Ecclesiæ ? Quid hæreticis et Christianis ? Nostra institutio de porticu Salomonis est... Viderint qui stoicum et platonicum et dialecticum Christianismum protulerunt. » Et *de Anima* : « Doleo bona fide Platonem omnium hæreticorum condimentarium factum. » Irenæus, l. II, cap. 19 : « Quod autem dicunt (Valentiniani) imagines esse hæc eorum quæ sunt, rursus manifestissime Democriti et Platonis sententiam edisserunt. »

qui se trouve entre ce que vous dites ici et ce que vous avez dit jusqu'à présent, je vous accorde volontiers tout ce que vous avancez sur ce sujet. Qu'est-ce que cela fait à notre question? Est-ce de Platon que les premiers chrétiens ont appris l'existence des démons, leur malice et le désir qu'ils ont de perdre les hommes? Ne reconnaissez-vous pas que l'Ecriture enseigne tout cela fort clairement? Avez-vous espéré qu'en vous moquant des fables que Platon, Hésiode et Plutarque racontent de leurs démons, vous renverseriez ce que l'Ecriture et la foi nous apprennent touchant ces malins esprits? C'est ce que je ne saurais me persuader.

Reconnaissez donc, Monsieur, que cette raison, ainsi que les deux autres précédentes, que vous avez supposées aux anciens chrétiens, et pour lesquelles vous prétendez qu'ils ont cru que les oracles des païens étaient rendus par les démons, ne sont que des chimères auxquelles ils n'ont jamais pensé, et que vous n'avez imaginées qu'afin de combattre leur sentiment avec plus de facilité. Souffrez qu'à ces fausses raisons j'en substitue trois autres qui les ont véritablement persuadés et que j'ai tirées de leurs écrits.

CHAP. XV. — *Première raison véritable qui a persuadé les anciens chrétiens: l'autorité de l'Ecriture sainte, qui assure que toutes les divinités du paganisme étaient des démons. Les oracles ont toujours été accompagnés de la magie, dont les démons sont les auteurs.*

La première de ces raisons, c'est l'autorité de l'Ecriture sainte, qui, comme j'ai déjà eu l'honneur de vous le faire remarquer, leur enseignait fort clairement ce qu'ils devaient croire des oracles et de leurs auteurs. En effet, Eusèbe, qui est celui qui a traité ce sujet le plus amplement (*Lib.* IV *Præp. Evang. cap.* 16), s'appuie sur les mêmes passages de l'Ecriture que j'ai cités. Et si lui et les autres Pères ne s'y sont pas étendus autant que sur quantité d'autres preuves qu'ils produisent, c'est qu'ils parlaient particulièrement pour les païens, qui n'en reconnaissaient pas l'autorité. Mais pour eux qui la regardaient, ainsi que nous faisons, comme la règle de leur foi et de tous leurs sentiments, on ne peut pas douter qu'ils n'en aient appris celui qu'ils avaient touchant les oracles. Or l'Ecriture sainte leur faisait entendre fort clairement que les démons en étaient les auteurs. Car à quelles divinités des païens pouvaient-ils appliquer plus naturellement qu'à celles qui passaient pour rendre des oracles, ce que l'Ecriture dit, que les dieux des gentils sont des démons, que tout ce que les mêmes gentils immolent à leurs dieux, ils l'immolent aux démons, et plusieurs autres textes semblables? Y avait-il quelque superstition dans toute l'idolâtrie, où l'opération du malin esprit fût plus manifeste que dans les oracles? Dans la magie, direz-vous. Et doutez-vous qu'il n'y eût de la magie dans la manière dont les oracles se rendaient et dont ils avaient été établis? Les anciens chrétiens n'en doutaient pas. Ils étaient persuadés que c'était par les enchantements de magie, autant que par leur propre malice, que les démons s'étaient attachés aux lieux et aux personnes par le moyen desquelles ils rendaient des réponses (1). Et si vous considérez ce que Porphyre, Jamblique, Eunapius, rapportent de ces mêmes oracles, et ce qu'ils enseignent touchant leur détestable théurgie, qui n'était rien autre chose que l'art d'évoquer les démons et de leur faire rendre des oracles, vous reconnaîtrez, avec les anciens chrétiens, que les oracles étaient toujours accompagnés de magie. Puis donc que vous avouez que les démons sont les auteurs de la magie, vous devez par conséquent avouer aussi qu'ils étaient les véritables auteurs des oracles.

CHAP. XVI. — *Conformité des oracles des gentils avec ceux que les Juifs idolâtres consultaient, et que l'Ecriture nous apprend avoir été rendus par les démons. Les prêtresses qui rendaient les oracles étaient parfaitement semblables aux pythonisses dont il est parlé dans l'Ecriture. Egarement de M. Van-Dale, qui ne reconnaît point de démons dans tout l'Ancien Testament. Sentiment de Vossius touchant ceux qui ne reconnaissent que de la fourberie dans tout ce que l'on rapporte des opérations du démon.*

Mais ce qui persuadait encore plus fortement les anciens chrétiens et les Pères de l'Eglise, que les oracles étaient rendus par des démons, c'est la parfaite conformité qu'ils remarquaient entre les oracles des gentils et ceux que les Juifs idolâtres consultaient, comme étaient les devins, les magiciens, les faux prophètes et particulièrement tous ces hommes et toutes ces femmes qui étaient possédés par un esprit qui s'appelait Python, dont il est parlé si souvent dans l'Ecriture (2). Ils ne pouvaient douter que ces esprits ne fussent de véritables démons, et vous n'en doutez pas non plus, à en juger par ce que vous dites dans votre préface. Et si vous en doutiez, ce qui est rapporté dans les *Actes des apôtres*, de saint Paul qui chassa ce mauvais esprit d'une fille qui en était possé-

---

(1) August., l. VIII *de Civit.* cap. 24: « Nam quid sunt idola, nisi quod eadem Scriptura dicit: *Oculos habent et non vident; et quidquid tale de materiis licet affabre effigiatis, tamen vita sensuque carentibus dicendum fuit.* Sed immundi spiritus eisdem simulacris arte illa nefaria colligati, cultorum suorum animas in suam societatem redigendo miserabiler captivaverunt. » *Vid.* Orig., lib. VIII contra Celsum.

(2) *Deuter.* XVIII, 10, 11: Nec inveniatur in te qui lustret filium suum aut filiam ducens per ignem..... Nec qui pythones consulat nec divinos. *I Reg.* XXVIII, 7: Dixitque Saul servis suis: Quærite mihi mulierem habentem Pythonem, et vadam ad eam, et sciscitabor per illam. Et dixerunt servi ejus ad eum: Est mulier Pythonem habens in Endor, etc. *Isai.* VIII, 19: Quærite a pythonibus, qui strident in incantationibus suis.

dée (1), vous en convaincrait parfaitement. Or, qu'y a-t-il de plus semblable aux oracles des païens que ces pythonisses? Qu'était-ce autre chose, par exemple, que l'oracle de Delphes, sinon une fille ou une femme appelée Pythie, que l'on allait consulter de toute part, pour apprendre d'elle l'avenir, et que l'on croyait possédée et inspirée par Apollon, lorsqu'elle était assise sur le trépied? Elle l'était en effet; mais cet Apollon n'était qu'un démon qui avait emprunté le nom de ce faux dieu, ainsi que les Pères de l'Eglise l'ont toujours cru (2). Qu'était-ce enfin autre chose que l'oracle de Dodone, celui de Claros, celui des Branchides et la plupart des autres, sinon des hommes ou des femmes qui se mêlaient de prédire l'avenir par le moyen de la prétendue divinité dont on les croyait inspirés? Quoi de plus semblable à ces faux prophètes, à ces devins, à ces pythonisses, que les Juifs idolâtres consultaient, et que l'Ecriture nous apprend avoir été possédés par des démons?

Ainsi, Monsieur, ce que l'Ecriture appelle consulter les devins et les pythons, et ce qu'elle défend et déteste si souvent, comme une abomination exécrable, c'était entièrement, quoi que vous en puissiez dire, ce que les païens appelaient : *Aller à l'oracle*. Il n'y a de différence que du nom seul. Or, les pythons, qui rendaient des réponses par le moyen de ceux qui en étaient possédés, étaient des démons, comme l'Ecriture le fait entendre fort clairement. Les Pères de l'Eglise avaient donc grande raison de croire que les prêtres et les prêtresses des idoles, qui rendaient les oracles des païens, étaient pareillement possédés par des démons. L'Ecriture ne leur permettait pas d'en juger autrement. Et certainement tous ceux qui reconnaissent sincèrement son autorité ne peuvent pas être, avec quelque apparence de raison, dans une autre pensée. M. Van-Dale, votre auteur, l'a fort bien reconnu, et pour établir son paradoxe, il a bien vu qu'avec les Pères de l'Eglise, qu'il traite partout avec mépris, il devait encore rejeter l'autorité de l'Ecriture sainte (3) dans toutes les versions et les paraphrases qui en ont été faites, et s'appliquer à faire voir (4) que dans le texte hébreu, qu'il admet seul, il ne s'agit point du démon ni de ses opérations, dans tous les endroits où il est le plus évident qu'il en est parlé.

Cet égarement étrange, où son système sur les oracles l'a jeté, confirme parfaitement ce qu'un autre protestant (5), beaucoup plus habile et de meilleure foi que lui, dit avoir toujours remarqué, que tous ces gens qui ne veulent point reconnaître que le démon ait jamais eu aucun commerce avec les hommes, et qui croient que tout ce que l'on rapporte des pythonisses et de leurs semblables n'a jamais été que de l'imposture et de la fourberie toute pure; que tous ces gens, dis-je, ont peu de connaissance de l'Ecriture sainte, ou, quoiqu'ils dissimulent, qu'ils l'estiment fort peu en effet et ne se mettent guère en peine de son autorité.

Pour vous, Monsieur, je suis persuadé que vous êtes très-éloigné de tomber dans un pareil égarement, et que, comme vous reconnaissez sincèrement l'autorité toute divine de l'Ecriture sainte, vous avouerez avec tous les Pères de l'Eglise, comme, à la réserve de quelques incrédules, séduits peut-être par votre livre, on le croit encore aujourd'hui, que les oracles des gentils étaient rendus en effet par les démons, ainsi que la même Ecriture sainte nous l'apprend assez clairement pour en être convaincus.

CHAP. XVII. — *Seconde raison évidente qui confirmait les anciens chrétiens dans leur sentiment sur les oracles, c'est qu'ils en chassaient les démons avec une autorité surprenante. Autorité de Tertullien sur ce sujet. On ne voit pas ce que M. de Fontenelle peut y répondre. Passages de Lactance, de saint Cyprien, de Minutius Félix et de saint Athanase, qui assurent que le signe de la croix imposait silence aux oracles, et qui provoquent les païens à en faire l'expérience.*

La seconde raison qui confirmait les anciens chrétiens dans ce sentiment qu'ils avaient appris de l'Ecriture, et qui les y confirmait d'une manière à n'en pouvoir douter un seul moment, c'est qu'ils chassaient eux-mêmes les démons, des oracles et des personnes par qui ils rendaient leur réponses; c'est qu'ils obligeaient les malins esprits qui présidaient aux oracles d'avouer, en présence même des païens, qu'ils n'étaient que des esprits séducteurs; c'est qu'ils les contraignaient, par l'invocation du nom de Jésus-Christ, de quitter les prêtres et les prêtresses des idoles dont ils s'étaient emparés, de la même manière que saint Paul chassa l'esprit de Python, par le moyen duquel cette fille dont il est parlé dans les *Actes des apôtres* rendait aussi des réponses et des oracles. Quoi de plus fort pour les confirmer dans le sentiment que les démons étaient les auteurs des oracles, et pour nous en convaincre nous-mêmes, si nous en doutions

---

(1) Act. xvi, 16 : Factum est autem euntibus nobis ad orationem, puellam quamdam habentem spiritum Pythonem obviare nobis, quæ quæstum magnum præbebat dominis suis divinando. *Ibid.*, 18 : Dolens autem Paulus et conversus spiritui dixit : Præcipio tibi in nomine Jesu Christi exire ab ea. Et exiit eadem hora.

(2) Chrysost. in cap. xii *I ad Cor.* 19. *Vid.* præterea Origenem, l. vii *adv. Celsum*, statim fere ab initio.

(3) Van-Dale in dedicat. l. *de Origine et progressu idololatriæ*.

(4) Idem, eodem lib., cap. 5 et sequentibus.

(5) Gerardus Joannes Vossius in *Epist. ad Joannem Beverovicium, de Pythonissa Saulis* : « Quibus mens est longe alia, non possunt in animum inducere, ulla esse spiritibus commercia cum homine. Ac sæpius mihi cum talibus sermo fuit. Sed deprehendi eos vel admodum negligenter legisse sacras litteras, vel, utcunque dissimularent, Scripturarum auctoritatem parvi facere. Toto animo tales abominor. »

encore? Au reste ils chassaient si sûrement ces malins esprits, ils les faisaient taire avec un empire si absolu, ils les contraignaient si nécessairement d'avouer ce qu'ils étaient, qu'ils provoquaient les païens à en faire l'expérience, jusqu'à s'offrir d'être punis sur-le-champ du dernier supplice, s'ils ne venaient pas à bout de les chasser à leurs yeux et en leur présence, et de leur faire avouer leur imposture. Je vous prie d'écouter comment Tertullien s'exprime sur ce sujet dans son Apologétique (1).

« Jusqu'à présent, dit-il, j'ai apporté des raisons; mais voici des faits évidents qui démontrent que vos dieux ne sont que des démons. Que l'on amène devant vos tribunaux quelqu'un qui soit véritablement possédé du démon : si quelque chrétien lui commande de parler, cet esprit malheureux avouera alors aussi véritablement qu'il n'est qu'un démon, qu'il dit ailleurs faussement qu'il est dieu. De même, que l'on produise quelqu'un de ceux qui passent pour être inspirés par une divinité, qui la reçoivent en eux avec la fumée et l'odeur des sacrifices, qui tirent avec effort les paroles de leur poitrine, qui en haletant prononcent des oracles. Si cette Vierge céleste qui promet des pluies; si cet Esculape qui enseigne des remèdes et qui a prolongé la vie à trois hommes qui devaient la perdre quelque temps après : s'ils n'avouent qu'ils sont des démons au chrétien qui les interrogera, (parce qu'ils n'oseront mentir en sa présence, faites mourir sur-le-champ ce chrétien téméraire. Qu'y a-t-il, continue Tertullien, de plus évident que ce fait? Qu'y a-t-il de plus sûr que cette preuve? La vérité y paraît toute simple, sa force s'y fait sentir, il n'y a point ici lieu à la défiance. Je consens néanmoins que vous y soupçonniez de la magie ou quelque autre artifice, si vos yeux et vos oreilles vous le permettent. »

Il fallait que Tertullien fût bien assuré de ce qu'il dit pour parler avec tant de confiance, et pour fonder sur cette preuve une partie considérable de son Apologétique, et la vérité même de la religion chrétienne, qu'il y défend contre les païens. Mais il ne faut pas en être surpris. Rien n'était plus ordinaire aux chrétiens que de tirer ces sortes d'aveux et de confessions forcées des démons et des faux prophètes qu'ils possédaient, jusque-là que le même auteur assure (2) que c'était ce qui convertissait tous les jours un grand nombre de païens, qui ne pouvaient résister à une démonstration si évidente : et ce qui confirmait en même temps les chrétiens dans leur foi d'une manière à n'en pouvoir jamais douter.

Que pouvez-vous y répondre, Monsieur, pour soutenir votre paradoxe? Direz-vous que ce n'étaient pas les démons, mais les prêtres des idoles qui rendaient ces sortes de témoignages? Si vous le dites, j'ai à vous répondre avec Tertullien (3), en changeant peu de chose à ses paroles : Pourquoi donc ces prêtres des idoles disent-ils qu'ils sont des démons? Est-ce pour nous obéir et nous faire plaisir qu'ils mentent ainsi? Ils nous obéissent donc, et ce qui est le plus honteux pour eux, c'est à nous qui sommes leurs plus grands ennemis qu'ils obéissent. En disant qu'ils sont des démons, ils se déshonorent : a-t-on coutume de mentir pour se déshonorer? N'est-ce pas au contraire pour se procurer quelque honneur, qu'on le fait ordinairement? Enfin ces imposteurs n'ont de biens et d'avantages qu'autant que leur fausse religion leur en donne : voudraient-ils s'en priver en contribuant par leurs mensonges, comme ils font tous les jours, à ruiner leur secte, à détromper leurs plus zélés partisans et à multiplier le nombre des chrétiens, leurs ennemis déclarés? Tout cela me paraît prouver évidemment que les auteurs des oracles du paganisme étaient véritablement des démons, et que les anciens chrétiens en avaient la preuve la plus sensible et la plus convaincante que l'on puisse avoir.

Mais écoutons Lactance, qui ne parle pas moins clairement et avec moins d'assurance sur ce sujet que Tertullien. « Que l'on amène, dit-il (4), un homme véritablement possédé du démon et en même temps le prêtre d'Apollon de Delphes lui-même. Ils frémiront également l'un et l'autre au nom de Dieu; et

---

(1) Sed hactenus verba; jam hinc demonstratio rei ipsius, qua ostendemus unam esse utriusque nominis qualitatem. Edatur hic aliquis sub tribunalibus vestris quem dæmone agi constet: jussus a quolibet Christiano, loqui spiritus ille, tam se dæmonem confitebitur de vero, quam alibi deum de falso. Æque producatur aliquis ex iis qui de Deo pati existimantur, qui aris inhalantes numen de nidore concipiunt, qui ructando conantur, qui anhelando profantur. Ista ipsa Virgo cœlestis pluviarum pollicitatrix, iste ipse Æsculapius medicinarum demonstrator, alia die morituris Socordio et Thanatio et Asclepiodoto vitæ subministrator; nisi se dæmones confessi fuerint, Christiano mentiri non audentes, ibidem illius Christiani procacissimi sanguinem fundite. Quid isto opere manifestius? Quid hac probatione fidelius? Simplicitas veritatis in medio est, virtus illi sua assistit, nihil suspicari licebit; magia aut aliqua ejus modi fallacia fieri dicetis, si oculi vestri et aures permiserint vobis. Apolog.

(2) Hæc denique testimonia deorum vestrorum Christianos facere consueverunt, quia plurimum illis credendo, in Christo Domino credimus. Ipsi litterarum nostrarum fidem accendunt. Ipsi spei nostræ fiduciam ædificant. Ibid.

(3) Si altera parte vere dei sunt, cur sese dæmonia mentiuntur? An ut nobis obsequantur? Jam ergo subjecta Christianis divinitas vestra... et si quid ad dedecus facit æmulis suis..... Credite illis cum verum de se loquuntur, qui mentientibus creditis. Nemo ad suum dedecus mentitur, quin potius ad honorem..... Colitis illos quod scium, etiam de sanguine Christianorum. Nollent itaque vos tam fructuosos, tam officiosos sibi amittere. Ibid.

(4) Denique si constituatur in medio et is quem constat incursum dæmonis perpeti, et Delphici Apollinis vates : eodem modo Dei nomen horrebunt, et tam celeriter excedet de vate suo Apollo, quam ex homine spiritus ille dæmoniacus, et adjurato fugatoque deo suo, vates in perpetuum conticescet. Ergo iidem sunt dæmones quos fatentur exsecrandos esse, iidem dii quibus supplicant. Divin. Instit., l. IV, c. 27.

Apollon sortira aussi vite de son faux prophète, que le démon de ce possédé. Et ce dieu ainsi conjuré et chassé, son faux prophète deviendra muet et se taira pour toujours. Donc les démons que les païens ont en exécration sont les mêmes que les dieux qu'ils adorent. » Les anciens chrétiens étaient si sûrs de chasser les démons auteurs des oracles, qu'ils s'offrent d'en faire l'expérience sur Apollon même, le principal et le plus célèbre de tous ; ils la proposent comme un moyen infaillible pour connaître la vérité de leur religion et la fausseté de celle des païens. Expérience au reste qu'ils avaient faite souvent et qui ne leur avait jamais manqué, comme Lactance l'assure dans le même endroit. Pouvaient-ils douter après cela que les oracles ne fussent en effet rendus par les démons ?

J'ajoute à Lactance saint Cyprien, qui, après avoir dit que ce sont (1) de mauvais esprits qui inspirent les faux prophètes des gentils, qui remuent les fibres des entrailles des victimes, qui gouvernent le vol des oiseaux, qui disposent des sorts et qui rendent des oracles, en y mêlant toujours le faux avec le vrai, pour preuve de ce qu'il avance, ajoute : « Cependant ces mauvais esprits, conjurés par le Dieu vivant, nous obéissent incontinent; ils se soumettent à nous, ils nous avouent tout, et sont contraints de sortir des corps qu'ils obsèdent. On voit que nos prières redoublent leurs peines, qu'elles les agitent, qu'elles les tourmentent horriblement. On les entend hurler, gémir, supplier et déclarer, en présence même de ceux qui les adorent, d'où ils viennent et quand ils se retireront. » Il répète à peu près la même chose, mais en moins de paroles, dans son livre contre Démétrien (2), et il invite ce païen à venir voir de ses propres yeux la vérité de ce qu'il avance: « Venez, lui dit-il, et puisque vous faites profession d'adorer les dieux, croyez au moins ceux que vous adorez. » Remarquez, s'il vous plaît, que ces dieux ou ces mauvais esprits qui obéissent et qui se soumettent aux chrétiens, qui hurlent et qui se démènent si étrangement en leur présence, en leur avouant ce qu'ils sont et d'où ils viennent, ce sont ceux, comme l'assure saint Cyprien, qui inspirent les faux prophètes des gentils, et qui rendent les oracles. Jugez après cela si les chrétiens pouvaient douter que ces oracles ne fussent rendus en effet par les démons.

Minutius Félix (3) se sert de la même preuve contre les païens, et s'exprime presque dans les mêmes termes que saint Cyprien : car, après avoir dit que c'est aux démons qu'il faut attribuer les oracles et toutes les autres sortes de divinations qui étaient en usage parmi les idolâtres, il ajoute en leur parlant : « La plupart d'entre vous savent que les démons eux-mêmes avouent qu'ils sont les auteurs de toutes ces superstitions, toutes les fois que par nos prières nous les chassons des corps qu'ils obsèdent. Saturne lui-même, Sérapis, Jupiter et tous les autres démons que vous adorez, avouent alors ce qu'ils sont. Et certainement il n'est pas croyable qu'ils mentent pour se déshonorer ainsi eux-mêmes, surtout en votre présence. Croyez-les donc, et reconnaissez que ce sont des démons, puisqu'ils en rendent eux-mêmes témoignage. »

Je craindrais de vous ennuyer si je vous rapportais un plus grand nombre d'autorités sur ce sujet ; mais je ne puis m'empêcher de vous citer encore celle de saint Athanase, qui, après avoir dit que le seul signe de la croix fait évanouir tous les prestiges et toutes les illusions des démons, ajoute un peu après (*De Incarn. Verbi Dei*) : « Que celui qui en veut faire l'expérience vienne, et qu'au milieu des prestiges des démons, des impostures de leurs oracles et des prodiges de la magie, il se serve de ce signe de la croix, dont les païens se moquent ; et il verra comment les démons, effrayés, prennent la fuite, comment les oracles cessent aussitôt, et tous les enchantements de la magie demeurent sans effet. »

CHAP. XVIII. — *Exemples du pouvoir des chrétiens sur les démons auteurs des oracles. Les païens mêmes ont été obligés de le reconnaître. Réfutation de ce que l'auteur de la République des lettres propose pour expliquer le passage de saint Athanase. La présence d'un seul chrétien inconnu rendait les oracles muets et confondait les aruspices.*

Qu'en pensez-vous, Monsieur? Les an-

---

(1) Hi ergo spiritus sub statuis atque imaginibus consecratis delitescunt. Hi afflatu suo vatum pectora inspirant, extorum fibras animant, avium volatus gubernant, sortes regunt, oracula efficiunt, falsa veris semper involvunt..... Hi tamen adjurati per Deum verum nobis statim cedunt et fatentur, et de obsessis corporibus exire coguntur. Videas illos nostra voce et oratione occulte flagellis cædi, igni torqueri, incremento pœnæ propagantis extendi, ejulare, gemere, deprecari; unde veniant et quando discedant, ipsis etiam qui se colunt audientibus confiteri. *De idolorum Vanitate*.
(2) O si audire eos velles et videre, quando a nobis adjurantur et torquentur spiritalibus flagris, et verborum tormentis de obsessis corporibus ejiciuntur; quando ejulantes et gementes, voce humana et potestate divina flagella et verbera sentientes, venturum judicium confitentur! Veni et cognosce esse vera quæ dicimus; et quia sic deos colere te dicis, vel ipsis quos colis crede. *Contra Demetrianum*.
(3) Isti igitur impuri spiritus dæmones, ut ostensum a magis et philosophis et a Platone, sub statuis et imaginibus consecrati delitescunt, et afflatu suo auctoritatem quasi præsentis numinis consequuntur, dum inspirantur interim vatibus, dum fanis immorantur, dum nonnumquam extorum fibras animant, avium volatus gubernant, sortes regunt, oracula efficiunt falsis pluribus involuta..... Hæc omnia sciunt plerique vestrum ipsos dæmones de semetipsis confiteri, quoties a nobis tormentis verborum et orationis incendiis de corporibus exiguntur. Ipse Saturnus et Serapis et Jupiter et quidquid dæmonum colitis, victi dolore quod sunt eloquuntur. Nec utique in turpitudinem sui, nonnullis præsertim vestrum assistentibus, mentiuntur. Ipsis testibus eos esse dæmones de se verum confitentibus credite; adjurati enim per Deum verum et solum inviti, miseri, corporibus inhorrescunt, etc. *In Octavio*.

ciens chrétiens pouvaient-ils avoir des preuves plus fortes et plus convaincantes du sentiment qu'ils avaient appris de l'Ecriture, que les démons étaient les auteurs des oracles, puisque par leur présence, leurs prières, le signe de la croix, l'invocation du nom de Jésus-Christ, ils faisaient taire ces oracles et en chassaient les démons; puisqu'ils obligeaient Saturne, Sérapis, Jupiter, Esculape, Apollon et tous les autres dieux du paganisme qui rendaient des oracles, d'avouer, en présence même de leurs adorateurs, qu'ils n'étaient que des démons imposteurs, puisqu'ils les contraignaient d'abandonner les prêtres qu'ils inspiraient et par qui ils rendaient leurs réponses? Si, pour vous assurer davantage de ce pouvoir merveilleux des chrétiens sur les oracles du paganisme, il était nécessaire de vous en produire des exemples bien authentiques, je vous citerais celui de saint Grégoire de Néocésarée, rapporté par saint Grégoire de Nysse (*In Vita S. Gregorii Neocœsar.*), celui du saint martyr Babylas, rapporté par saint Jean Chrysostome (*Hom. de S. Babyla*), et plusieurs autres pareils. Mais, outre que nous pourrons en parler encore dans la suite, j'espère que vous ne serez pas plus incrédule là-dessus que les païens, qui avouaient le fait, tant il était évident, quelque honteux qu'il leur fût d'ailleurs. Ils étaient, dis-je, obligés de reconnaître que leurs dieux ne pouvaient paraître partout où il y avait des chrétiens, que leurs oracles se taisaient, que les sacrifices et toutes les sortes de divinations qui étaient en usage parmi eux ne pouvaient réussir ; mais ils disaient pour leurs raisons (1) que cela venait non pas du pouvoir et de l'autorité des chrétiens sur leurs dieux, mais de l'horreur et de la haine que ces mêmes dieux avaient pour les chrétiens et pour leur religion.

Vous n'apporterez pas sans doute cette raison; mais vous direz peut-être ce que j'ai lu dans l'auteur de la *République des lettres* (*Avril* 1699), qui, à propos de l'endroit de saint Athanase que j'ai rapporté, dit que *la raison pourquoi les oracles cessaient en présence des chrétiens, c'est que les païens en imposaient facilement aux peuples tandis qu'ils n'avaient personne qui les éclairât, mais qu'ils n'osaient rien entreprendre de pareil en présence des chrétiens, de peur que leur fraude ne fût découverte*. Les chrétiens, selon cet auteur, étaient si éclairés et si habiles à découvrir les fourberies des prêtres des idoles, que ceux-ci n'osaient point rendre leurs oracles en leur présence; et néanmoins ces mêmes chrétiens étaient si simples et si stupides, qu'ils croyaient chasser des démons et faire des prodiges, lorsqu'ils n'obligeaient que quelques fourbes à se taire et à demeurer tranquilles. Ils produisent ce pouvoir merveilleux qu'ils ont de chasser les démons et d'imposer silence aux oracles, comme une preuve évidente de la vérité de leur religion : ils invitent les païens à en faire l'expérience quand il leur plaira; ils les défient sur ce sujet avec une assurance surprenante, et ils ne s'aperçoivent pas que ce pouvoir admirable dont ils se glorifient dans tous leurs livres n'est qu'une chimère et une illusion grossière. Mais pourquoi les prêtres des idoles n'entreprenaient-ils pas de les confondre une bonne fois en acceptant leur défi? Ces gens, qui fourbaient toute la terre depuis tant de siècles, ne pouvaient-ils pas tromper encore quelques chrétiens en rendant des oracles en leur présence? N'étaient-ils pas engagés par les raisons les plus pressantes à faire tous leurs efforts et à employer leurs fourberies les plus raffinées pour y réussir? Ne voyaient-ils pas qu'il y allait de l'honneur de leur secte, de leur réputation et de leurs intérêts mêmes, qui souffraient infiniment de ce silence qu'ils affectaient? Devaient-ils donc contribuer ainsi à la ruine de leur religion, de leur autorité et de tout ce qui leur était le plus cher? Devaient-ils donner aux chrétiens de si justes sujets d'insulter à leurs dieux, et à leurs partisans de si justes causes d'en abandonner le culte, comme il arrivait tous les jours? D'ailleurs ils étaient dans leurs temples, au milieu d'une multitude d'idolâtres, souvent même en présence de leurs empereurs : qu'avaient-ils donc à craindre? Si quelque chrétien eût osé ouvrir la bouche pour crier à la fourberie, n'aurait-il pas été assommé sur-le-champ, comme un calomniateur et un ennemi déclaré des dieux? Et néanmoins il est arrivé plus d'une fois dans ces occasions que la présence (2) d'un seul chrétien inconnu, d'un enfant même armé du

---

(1) Arnob., l. I *adversus Gentes* : « Unus fuit e nobis qui deposito corpore innumeris hominum prompta se in luce detexit... cujus nomen auditum fugat noxios spiritus, imponit silentium vatibus, aruspices inconsultos reddit, arrogantium magorum frustrari efficit actiones, non horrore ut dicitis nominis, sed majoris licentia potestatis. » Lactantius, l. IV *Divin. Instit.*, cap. 27 : « Sed aiunt hoc deos non metu, verum odio facere, quasi quisquam possit odisse nisi eum qui aut noceat aut nocere possit; imo vero congruens majestati fuit, ut eos quos oderant præsentibus pœnis afficerent potius quam fugerent. » Vid. Theodoret. *Hist.* l. III, cap. 5.

(2) Lactantius, l. IV *Divin. Instit.* : « Nam cum diis suis immolant, si assistat aliquis signatam frontem gerens, sacra nullo modo litant, nec responsa potest consultus reddere vates. Et hæc sæpe causa præcipua justitiam persequendi malis regibus fuit. Cum enim quidam nostrorum sacrificantibus dominis assisterent, imposito frontibus signo deos eorum fugaverunt, ne possent in visceribus hostiarum futura depingere. Quod cum intelligerent aruspices instigantibus iisdem dæmonibus quibus prosecrarant, conquerentes profanos homines sacris interesse adegerunt principes suos in furorem, etc. »
Prudentius in *Apotheosi* :

Principibus tamen e cunctis non defuit unus
Me puero, ut memini, ductor fortissimus armis...
Forte litans Hecaten placabat sanguine multo...
Cum subito exclamat media inter sacra sacerdos
Pallidus : En quid ago? Majus, rex optime, majus
Numen nescio quod nostris intervenit aris...
Nescio quos certe subrepsit Christicolarum
Hic juvenum, genus hoc hominum tremit infula et omne
Pulvinar divum, lotus procul absit et unctus...
Dixit et exsanguis collabitur, ac velut ipsum
Cerneret exerto minitantem fulmine Christum.

signe de la croix, a fait taire tous les oracles et tous les faux prophètes, et confondu les augures et les aruspices, au grand étonnement des païens et des empereurs mêmes. Qui ne voit donc combien la conjecture de cet auteur est ridicule? Mais il fallait bien trouver quelque défaite pour éluder ce passage de saint Athanase, à cause des conséquences qui étaient trop visibles et trop embarrassantes pour un protestant.

CHAP. XIX. — *Troisième raison qui persuadait les anciens chrétiens que les oracles venaient du démon : c'est qu'ils portaient à toutes sortes de crimes, d'impiétés et d'abominations détestables. Ce sont les oracles qui ont commandé les sacrifices où l'on immolait des hommes. Ces sacrifices n'ont pu être commandés que par des démons ou des hommes possédés du démon.*

Enfin, la troisième raison que les chrétiens avaient pour croire les démons auteurs des oracles, était que tous ces oracles ne portaient qu'à toutes sortes de crimes et d'infamies détestables : d'où ils concluaient que les oracles ne pouvaient venir que de ces malheureux esprits qui ne cherchent qu'à perdre les hommes et à les précipiter dans toutes sortes d'égarements et de désordres. Eusèbe s'étend beaucoup sur cette preuve, et l'établit par un très-grand nombre de témoignages tirés des auteurs païens, et surtout par les oracles que Porphyre avait cités dans son livre *de la Philosophie*.

Eusèbe montre premièrement (1) que ce sont les oracles qui ont porté les hommes à immoler d'autres hommes, à offrir aux dieux des victimes humaines et à faire ces sortes de sacrifices sanglants qui étaient autrefois si communs parmi les idolâtres. Il le prouve particulièrement par l'autorité de Denis d'Halicarnasse, à laquelle il serait très-aisé d'en ajouter un très-grand nombre d'autres tirées de Pausanias (*Lib.* vi, *cap.* 6), de Plutarque (*In Parall.*), d'Élien (*Var. Hist. lib.* xii, *cap.* 28), de Macrobe (2), d'OEnomaüs (3), de Virgile (4) et de plusieurs autres, qui tous rapportent quelques-uns de ces oracles qui ont exigé des victimes humaines. Il est visible qu'une pareille barbarie n'a pu être commandée que par les démons. Les hommes en ont naturellement de l'horreur : ils ne l'ont même jamais soufferte qu'avec une peine et une violence extraordinaires; et cela ne se pouvait pas faire autrement, puisqu'on leur enlevait par là souvent leurs propres enfants pour les sacrifier impitoyablement aux idoles.

Quand Eusèbe n'aurait point apporté d'autres raisons de son sentiment, celle-ci de-

Ipse quoque exanimis, posito diademate, princeps
Pallet et astan'es circumspicit : ecquis alumnus
Chrismatis, (inscripto signaret tempora signo,
Qui Zoroastræos turbasset fronte susurros.
Armiger e cuneo puerorum flavicomantum
Purpurei custos lateris deprenditur unus,
Nec negat, ac signum Christi se ferre fatetur.
Prosiluit pavidus, dejecto antistite, princeps,
Marmoreum fugiens nullo comitante sacello.

(1) At cum ex dæmonibus alios quidem bonos, alios vero malos esse dicat (Porphyrius), videamus porro quibus argumentis deos ab istis celebratos non bonos, sed malos fuisse dæmones constare certo possit. Equidem vel hac ipsa ratione confici rem existimo. Quidquid bonum est, prodesse solet, nocere vero, contrarium ; atqui si quotquot seu dii seu dæmones passim et ubique prædicantur, illi ipsi, inquam, istorum omnium ore jactati atque a gentibus culti universis, Saturnus, Jupiter, Juno, Minerva, idque genus cæteri, adeoque virtutes illæ quæ sub aspectum non cadunt, quique per simulacra vim suam exerunt dæmones ; eos, inquam, omnes, si non modo brutarum animantium, verum etiam hominum cædibus ac sacrificiis delectari, sicque miserorum animis exitium afferre ostendetur; quam tu diriorem ista perniciem cogitare possis... Itaque pater unigenam filium, materque filiolam charissimam dæmonibus immolabant; et familiares propinquosque suos, perinde ac brutas alienasque pecudes, homines amicissimi jugulabant; adeoque per urbes passim et pagos ; diis videlicet egregiis domesticos quique suos popularesque mactabant, humanam sensuque cognatam naturam ad trucem immanemque crudelitatem acuentes, ac furioso vereque a dæmonibus invecto more sævientes. Enimvero, seu Græcam, seu Barbaram historiam excutias, occurret tibi continuo quemadmodum alii filios, filias alii, alii denique semetipsos dæmonum sacrificiis devoverent. *Præp. Evang.*, lib. iv, cap. 15, Vigero interprete. — Eusèbe montre ensuite, par une infinité de témoignages tirés de Porphyre, de Philon le Phénicien, de Diodore de Sicile et de Clément d'Alexandrie, combien cette détestable brutalité d'immoler des hommes était répandue dans tout le paganisme; mais celui de Denis d'Halicarnasse montre de plus qu'elle avait été introduite par les oracles.

(2) Macrobius, *Saturn.* l. i, cap. 7 : « Pelasgi, sicut Varro memorat, cum sedibus suis pulsi diversas terras petissent, confluxerunt plerique Dodonam, et incerti quibus adhærerent locis, ejusmodi accepere responsum.

Στείχετε μαιόμενον σικελῶν σατουρνίαν αἶαν,
Ἠδ' Ἀβοριγενέων κοτύλην, οὐ νᾶσος ὀχεῖται,
Αἷς ἀναμιχθέντες δεκάτην ἐκπέμψατε φοίβῳ,
Καὶ κεφαλὰς ᾄδῃ καὶ τῷ πατρὶ πέμπετε φῶτα...

Cumque diu humanis capitibus Ditem et virorum victimis Saturnum placare se crederent... Herculem ferunt postea cum Geryonis pecore per Italiam revertentem, suasisse illorum posteris, ut faustis sacrificiis infausta mutarent. » Idem oraculum refert Lactantius l. i *Divin. Instit.*, cap. 21, de quo præterea Dionysius Halicarn. apud Euseb. loco cit.

(3) OEnomaus apud eumdem, l. v *Præp. Evang.*, cap. 27, hoc Apollinis refert oraculum Messeniis redditum :

Παρτένον Αἰπυτίδα κλῆρος καλεῖ, ἣν τινα δοίης
Δαίμοσι νερτερίοις, κἄκεν σώσειας Ἰθώμην.

Et cap. 19 illud Atheniensibus datum de expianda cæde Androgeo :

Λοιμοῦ καὶ λιμοῦ τέλος ἔσσεται, ἣν περ ἑαυτῶν
Σώματ' ἀπὸ κλήρου ἄρρεν καὶ θῆλυ νέμπτε
Μίνωι, εἰς ἅλα δῖαν ἀποστέλλοντες, ἀμοιβὴν
Τῶν ἀδίκων ἔργων. Οὕτω θεός ἵλαος ἔσται.

De eodem Virgilius, *Æneid.* l. vi :

In foribus lethum Androgeo, tum pendere pœnas
Cecropidæ jussi, miserum septena quot annis
Corpora natorum, stat ductis sortibus urna.

(4) *Æneid.* l. ii :

Sanguine placastis ventos et virgine cæsa
Cum primum Iliacas Danai venistis ad oras;
Sanguine quærendi reditus, animaque litandum
Argolica.

vrait suffire pour en convaincre tout homme de bon sens, et pour lui faire reconnaître qu'il n'est pas possible que les oracles n'aient eu pour principe que la fourberie des prêtres des idoles. En effet, quelle apparence que de simples fourbes, quelque méchants qu'on les suppose, aient exigé de pareils sacrifices? Quel avantage en pouvaient-ils espérer? Quels affreux châtiments au contraire ne devaient-ils pas attendre, si, après avoir commandé et exécuté ces sanglantes tragédies, on eût découvert leurs fourberies, comme ils devaient à tout moment l'appréhender? Est-ce que les hommes se livraient ainsi aveuglément à une mort cruelle sans s'assurer auparavant de la vérité de l'oracle, sans ouvrir jamais les yeux aux fourberies barbares, à la faveur desquelles les prêtres des idoles se jouaient ainsi de leur vie? On a vu des peuples entiers abandonner leur patrie et leurs biens pour éviter d'être obligés de se soumettre à ces oracles sanguinaires (*Dionys. Halicarn. apud Euseb. loc. cit.*), et jamais la pensée ne leur serait venue de se défier de l'imposture de leurs prêtres? Oh! Monsieur, si l'on peut croire que des hommes ont pu se jouer ainsi de la vie des autres hommes pendant des siècles entiers, sans que l'on ait pu jamais découvrir leur fourberie, que ne peut-on pas croire après cela?

CHAP. XX.—*Les mêmes oracles ont autorisé les impudicités détestables qui se commettaient dans les temples des païens, dans leurs jeux, dans leurs mystères et dans leurs fêtes. Ils ont enseigné la magie. Ils ont causé une infinité de meurtres et de guerres. Ils ont fait mettre au rang des dieux des impies et des scélérats. Ils ont introduit dans le monde le dogme de la nécessité fatale. Conclusion de cette première partie de la Réponse.*

Eusèbe fait voir en second lieu que ce sont encore les oracles qui ont commandé ou autorisé toutes ces impudicités monstrueuses qui se commettaient publiquement dans les temples des idoles, comme autant d'actes de religion très-agréables aux dieux (1). Si je n'avais horreur de la pensée même de toutes ces infamies, je les exposerais ici, en rapportant ce que les Pères de l'Eglise (2) ont été obligés d'en dire pour confondre les païens. J'y ajouterais les abominations de leurs mystères, de leurs jeux et de leurs fêtes, qui toutes venaient de la même source et avaient les mêmes auteurs que les oracles. Par là je suis sûr que je ferais avouer aux plus incrédules qu'il n'y a que le démon, cet esprit impur, comme le Sauveur du monde l'appelle, qui ait pu porter les hommes à toutes ces impudicités abominables.

En troisième lieu, Eusèbe montre que les oracles ont enseigné la magie (3), que vous reconnaissez vous-même venir des démons; et il le prouve fort au long par le témoignage de Porphyre et des oracles que ce païen a produits pour autoriser sa philosophie théurgique, à laquelle la plupart des philosophes de son temps étaient comme lui extrêmement adonnés.

En quatrième lieu, Eusèbe fait voir (*Præp. Evang. l. v, cap.* 20, 21, 24, 27, *etc.*) que les oracles ne portaient qu'à l'idolâtrie, aux guerres, aux meurtres, aux séditions, et avaient été cause de la mort d'une infinité de gens et de la ruine entière des royaumes et des républiques. Cela convient, comme on voit, assez bien à celui dont le Sauveur du monde dit dans l'Evangile, qu'*il a été homicide dès le commencement* (4).

En cinquième lieu (5), que les oracles louaient des impies et des scélérats reconnus pour tels, comme le poëte Archiloque et l'athlète Cléomède, à qui même ils avaient ordonné que l'on rendît les honneurs divins.

En sixième lieu, enfin (6), que les oracles enseignaient que rien n'arrivait et ne se fai-

(1) Verumtamen improborum dæmonum totum id fuisse clarius etiam intelliges, si de infanda illa effusaque scortandi libidine, cujus etiamnum apud Heliopolim Phœniciæ atque alios plerosque populos usus est, tecum ipse cogitaveris. Adulteria siquidem, corruptelas, aliæque id genus incesta flagitia, sic tanquam debitum aliquod in deorum suorum cultu repræsentanda esse defendunt, adeoque turpitudinis indignissimæ suas quoque primitias ipsis offerendas, fœdi videlicet infamisque commercii fructum iis perinde ut eximium quoddam grati animi monimentum consecrando. Sunt enim humanarum hostiarum isthæc affinia. Quod si ab homine temperante ac moderato alienum est, non modo cædibus, verum etiam dictu fœdis libidinibus, nefariisque muliercularum speciem venalem habentium stupris delectari: longe profecto dicendum est seu deos, seu bonos etiam dæmones ab iis expetendis ac probandis abesse. *Præpar. Evang.* lib. IV, cap. 16, sub fin.
(2) Clemens Alexand., in *Protrept.*; Arnobius, adv. *Gentes*; August., l. de *Civit.*, et alii.
(3) Euseb., l. v *Præp. Evang.*, cap. 8, 9, 10, 11, 12, 13, 14, etc. « Jam vero (inquit cap. 10, sub finem) non alios ab initio maleficæ artis magistros, quam ipsamet egregia numina constat. Qui enim isthæc homines aliter nosse potuissent, nisi dæmones iis res ipsi suas aperuissent, et quibus quique vinculis constringantur, indicassent? Neque vero nostram hanc orationem esse putes; quippe qui nihil istorum a nobis aut intelligi aut expeti fateamur..... Idem a nobis testis producatur qui et sapiens a suis habetur, et omnes religionis patriæ rationes accurate non modo novit, sed etiam exposuit. Ille igitur in laudata oraculorum collectione ad verbum habet quæ sequuntur. Neque tantum, inquit, proprias instituti sui rationes aut cætera quæ a nobis commemorata sunt, verum quibus ipsi rebus aut delectentur aut vinciantur, imo quibus etiam cogantur, indicarunt. Quibus item hostiis rem sacram fieri, quos dies caveri, quam in formam ac speciem simulacra configurari oporteat; quonam ipsi ore habituque appareant, quibus in locis assidui sint, etc. »
(4) *Joan.* VIII, 44: Ille homicida erat ab initio, et in veritate non stetit, quia non est veritas in eo.
(5) Euseb., *Præp. Evang.* lib. v, cap. 33, 54:
Ἀθάνατός σοι παῖς καὶ ἀοίδιμος ὦ Τελεσίκλεις
Ἔσσετ' ἐν ἀνθρώποις. Ὁδὲ παῖς ἦν Ἀρχίλοχος.
De Cleomede vero:
Ὕστατος Ἡρώων Κλεομήδης Ἀστυπαλαιεύς,
Ὃν θυσίαις τιμᾶθ' ὡς οὐκ ἔτι θνητὸν ἐόντα.
(6) Jam vero cum dæmon omnia illis suis oraculis ex fati necessitate suspendat, atque id etiam quod pro libertatis nostræ motu ac potestate agitur, funditus sublatum eadem servitute constringat; videsis, obsecro, quam in exitialem dogmatum pestem suos ille sectatores conjecerit. Nam si astris atque fato

sait dans le monde que par une nécessité fatale. Dogme détestable, qui, comme Eusèbe le montre avec beaucoup de force et d'éloquence, ruine toutes les vertus, renverse toutes les lois et autorise tous les crimes. De tout cela il conclut qu'il n'y a que les démons qui aient pu être les auteurs de tous ces oracles si pernicieux. Théodoret emploie à peu près les mêmes preuves (*De Græc. Affect. cur.*, serm. 10 *de Orac.*), mais plus en abrégé, et en conclut la même chose. Origène en ajoute encore quelques autres, d'où il tire la même conclusion contre les païens (*Lib.* VII *contra Celsum*). Enfin, Athénagore prouve la même vérité (*Apol. pro Christian.*) par l'extravagance et l'impiété des superstitions païennes, qu'il montre ne pouvoir venir que des démons.

Je ne sais, Monsieur, si ce qui a convaincu ces grands hommes et avec eux toute l'antiquité chrétienne suffira pour vous persuader. Quoi qu'il en soit, je vous prie d'examiner ces raisons sur lesquelles ils ont cru que les démons étaient les auteurs des oracles du paganisme ; et de me dire ensuite, si, pour en être convaincus comme ils l'étaient, ils pouvaient avoir des preuves plus certaines et plus convaincantes que le témoignage de l'Ecriture sainte, le témoignage de leurs yeux et de leurs oreilles, et enfin celui des oracles mêmes.

non externarum modo rerum, sed earum etiam cupiditatum quæ mentis et intelligentiæ ductum sequuntur, alligandæ rationes erunt, si humanæ cogitationes atque sententiæ vi quadam inexorabilis necessitatis agentur, nulla jam profecto philosophia est, nulla religio, probis laus ex virtute nulla; nulla Dei benevolentia, nullus denique fructus susceptorum laborum contentione dignus, cum necessitati atque fato rerum causæ omnium assignentur. Enimvero nec improbis deinceps aut impiis, omniumque adeo scelerum turpitudine laborantibus succensendum erit, nec virtutis amatoribus laudis quidquam honorisque tribuendum..... Vide ergo quam in exitialium dogmatum voraginem clientes suos egregia numina conjecerint, atque ut ejusmodi sententia, dum ad nequitiam, injuriarum licentiam, aliorumque malorum vim ac multitudinem infinitam exstimulat, vitæ simul universæ perniciem ultimam moliatur. Nam ubi quis semel præclaris deorum permotus oraculis, etc. *Præp. Evang.*, lib. VI, cap. 6

DEUXIÈME PARTIE,

DANS LAQUELLE ON RÉPOND AUX AUTORITÉS ET AUX RAISONS QUE L'AUTEUR APPORTE POUR PROUVER DIRECTEMENT QUE LES ORACLES DU PAGANISME N'ONT PAS ÉTÉ RENDUS PAR LES DÉMONS.

CHAPITRE PREMIER.—*Dessein de cette seconde partie de la Réponse. Preuves avancées par l'auteur de l'Histoire pour établir son sentiment. Quand les philosophes païens n'auraient point cru qu'il y eût rien de surnaturel dans les oracles, il ne s'ensuit pas qu'ils aient cru qu'il n'y avait que de la fourberie. Les péripatéticiens n'ont point rejeté les oracles. Il n'y a eu que quelques cyniques et quelques épicuriens qui ne les aient point attribués aux dieux; mais ils ne les ont pas attribués pour cela aux fourberies des prêtres des idoles. Méprise de l'auteur touchant un passage d'Eusèbe. Quelques païens ont pu mépriser les oracles, sans croire qu'ils ne fussent que des impostures des hommes.*

Souffrez, Monsieur, qu'après avoir répondu aux six premiers chapitres de votre première dissertation, j'examine en peu de mots ceux qui suivent, et que je réponde à ce que vous y dites pour prouver directement que les oracles n'étaient que des impostures et des fourberies des prêtres des idoles. Pour établir ce sentiment, vous produisez d'abord l'autorité de ceux d'entre les païens et les chrétiens qui ont porté le même jugement que vous des oracles. Ensuite vous montrez, par les circonstances particulières que l'on y peut remarquer, qu'ils n'ont jamais mérité d'être attribués à des génies. Enfin vous entrez dans le détail des fourberies par lesquelles vous prétendez que les prêtres des idoles en imposaient à la crédulité des peuples.

Pour ce qui regarde l'autorité, vous dites que trois grandes sectes de philosophes païens n'ont point cru qu'il y eût rien de *surnaturel dans les oracles* : les cyniques, les péripatéticiens et les épicuriens. Quand cela serait vrai, s'ensuit-il de là qu'ils ont été de votre opinion, et qu'ils ont cru, comme vous, que les oracles n'étaient que des fourberies et des impostures des hommes? N'ont-ils pas pu attribuer ce qui s'y voyait d'extraordinaire à quelques causes naturelles, ainsi qu'Aristote semble l'avoir fait (*Problem. sect.* XXX, *q.* 1), en attribuant l'enthousiasme des sibylles et de tous ceux qui passent pour inspirés, à leur tempérament mélancolique ou à la vertu des exhalaisons de certains endroits de la terre (*Lib. de Mundo*)? Eusèbe, de qui vous avez tiré ce que vous dites ici, dit-il que ces philosophes ont cru que les oracles n'étaient que des fourberies ? Point du tout. Il dit seulement (*Præpar. Evang. lib.* IV, *cap.* 2) qu'ils les ont rejetés, comme inutiles, menteurs et pernicieux. Ils avaient raison de les traiter de la sorte, et les chrétiens, qui étaient convaincus que les démons en étaient les auteurs, n'en parlaient pas autrement. Vous n'avez donc pas droit de produire ces philosophes comme s'ils eussent été de votre sentiment, et les péripatéticiens beaucoup moins que les deux autres : car Cicéron, dans ses livres *de la Divination*(1), compte les

(1) Philosophorum vero exquisita quædam argumenta, cur esset vera divinatio collecta sunt. Ex

péripatéticiens entre les philosophes qui ont soutenu toutes les espèces de divinations qui étaient alors en usage; avec cette distinction, néanmoins, que quelques-uns des plus nouveaux n'admettaient pour vraies et pour légitimes que celles qui venaient des songes et de l'enthousiasme, qui sont les deux principales manières dont les oracles se rendaient. Pour ce qui est de tous les autres philosophes, le même Cicéron ne reconnaît que Xénophane et Epicure qui aient été d'un sentiment contraire. Il s'en faut bien, par conséquent, que ce que vous concluez soit vrai : que *la moitié des savants de l Grèce étaient en liberté de ne rien croire de oracles*, puisque tous ces savants se réduisent à quelques cyniques, qui, bien loin d'être savants et de véritables philosophes, faisaient profession au contraire de rejeter toutes les sciences, sans en excepter la philosophie (1), et à quelques épicuriens, qui, ne reconnaissant qu'un dieu oisif et sans providence, niaient par conséquent qu'il se mêlât des oracles, que les autres philosophes attribuaient aux dieux et au soin qu'ils prenaient des hommes. Mais pour tout cela il ne s'ensuit pas, encore une fois, que ces cyniques et ces épicuriens n'aient reconnu dans les oracles que de la fourberie, puisqu'ils ont pu attribuer ce qui s'y voyait d'extraordinaire à des causes naturelles, comme vous voyez qu'Aristote a fait. Et quand ils auraient été de votre sentiment, comme OEnomaüs, l'un d'entre eux (2), paraît en avoir été, leur autorité ne serait pas d'un fort grand poids, et ne vous ferait pas assurément beaucoup d'honneur.

Eusèbe, ajoutez-vous, *nous dit* (3) *que six cents personnes entre les païens avaient écrit contre les oracles*. Vous pouviez, en prenant ainsi les choses à la lettre, en compter dix mille, puisque Eusèbe se sert du mot grec μυρίων, qui en signifie tout autant, et que le traducteur latin, que vous avez seul con-

sulté, a rendu élégamment par le mot *sexcenti*. Il est surprenant que vous n'ayez pas fait attention que le mot latin *sexcenti* en cet endroit, ainsi que le mot grec μυρίοι, accentué comme il l'est, signifie d'une manière indéterminée une infinité ou un grand nombre; et que c'est là une figure fort ordinaire, par laquelle on prend un nombre déterminé fort grand, pour un autre qui ne l'est pas, et qui est beaucoup moindre. Vous me direz peut-être que vous prenez le mot de *six cents* dans le même sens; mais je n'ai point encore vu d'exemples de cet usage dans nos auteurs, et s'il y en a, vous me ferez plaisir de m'en instruire.

Vous dites encore que *d'autres que les philosophes ont aussi assez souvent fait peu de cas des oracles*. Vous en rapportez un exemple ou deux : mais qu'en pouvez-vous conclure? Que les oracles n'étaient que des fourberies? Cette conséquence n'est pas juste. N'y a-t-il pas des incrédules et des impies parmi les chrétiens, qui se moquent des miracles? Peut-on conclure de là que les miracles ne sont que des fourberies? D'ailleurs ces païens, philosophes ou autres, ne pouvaient-ils pas croire, comme quelques-uns en effet l'ont cru, ainsi que vous le reconnaissez vous-même, que les oracles étaient rendus par des démons ou des génies (4) menteurs et malfaisants, et les mépriser par conséquent beaucoup? Les chrétiens l'ont toujours cru ainsi, et les ont méprisés beaucoup par cette raison. On a donc pu mépriser les oracles, sans croire pour cela qu'ils n'étaient que des fourberies des prêtres des idoles.

CHAP. II. — *L'autorité du petit nombre de ceux qui, parmi les païens, ont méprisé les oracles, n'est rien en comparaison de ceux qui les ont admirés. En matière d'autorités, le plus grand nombre doit toujours l'emporter. Les incrédules sont ordinairement moins*

---

quibus, ut de antiquissimis loquar, Colophonius Xenophanes, unus qui deos esse diceret, divinationem funditus sustulit. Reliqui vero omnes, præter Epicurum balbutientem de natura deorum, divinationem probaverunt. Nam cum Socrates omnesque Socratici, Zenoque, et ii qui ab eo essent profecti manerent in antiquorum philosophorum sententia, vetere Academia et Peripateticis consentientibus; cumque huic rei magnam auctoritatem Pythagoras jam ante tribuisset, qui etiam ipse augur vellet esse, plurimisque locis gravis auctor Democritus præsensionem rerum futurarum comprobaret, Dicæarchus Peripateticus cætera divinationis genera sustulit, somniorum et furoris reliquit; Cratippusque familiaris noster, quem ego parem summis Peripateticis judico, iisdem rebus fidem tribuit, reliqua divinationis genera sustulit. De Divinat. lib. II, statim fere ab initio.

(1) Diogen. Laert., *de Vit. philos.* l. VI, in Menedemo : « Placet ergo illis (Cynicis) rationalem naturalemque philosophiam tolli oportere, ab Aristone Chio non discedentibus, moralique soli intendi. » Et infra : « Repudiant et disciplinas liberales.... tollunt et geometriam et musicam et cætera id genus. » Ita Laertius, interprete Ambrosio Camald.

(2) OEnomaus apud Euseb., l. V *Præp. Evang.*, de

quo sic ipse Eusebius, cap. 21 : Τοιαῦτα τῆς Οἰνομάου παρρησίας τὰ κατὰ τῆς τῶν γοητῶν φορᾶς, κυνικῆς οὐκ ἀπηλλαγμένα πικρίας. Οὐδὲ δαίμονος, μὴ ὅτι θεοῦ, τοὺς παρ' Ἕλλησι θαυμαζομένους χρησμοὺς εἶναι βούλεται, γοητῶν δ' ἀνδρῶν πλάνας καὶ σοφίσματα ἐπὶ ἀπάτῃ τῶν πολλῶν ἐσκευωρημένα.

(3) Euseb. l. IV *Præp. Evang.*, cap. 11 : Μυρίων δὲ ὄντων καὶ διὰ πλειόνων τὴν τῶν μαντείων ἀνατροπὴν πεποιημένων. Quæ verba Latinus interpres Franciscus Vigerus ita eleganter reddidit : « Cæterum cum sexcenti vaticiniorum istorum vanitatem pluribus confutaverint, etc. »

(4) Porphyr., in *Epist. ad Anebonem Ægyptium* : Οἱ δὲ εἶναι μὲν ἔξωθεν τίθενται τὸ ὑπήκοον γένος ἀπατηλῆς φύσεως, παντομορφόν τε καὶ πολύτροπον, ὑποκρινόμενον καὶ θεοὺς καὶ δαίμονας καὶ ψυχὰς τεθνηκότων, καὶ διὰ τούτων πάντα δύνασθαι τῶν δοκούντων ἀγαθῶν ἢ κακῶν εἶναι. Ἐπεὶ εἰς τάγε ὄντως ἀγαθά, ἅπερ εἶναι κατὰ ψυχὴν μηδὲν καθαπαξ συμβάλλεσθαι δύνασθαι, μηδὲ εἰδέναι ταῦτα, ἀλλὰ κακοσχολεύεσθαι καὶ τωθάζειν καὶ ἐμποδίζειν πολλάκις τοῖς εἰς ἀρετὴν ἀφικνουμένοις. Πλήρεις τε εἶναι τύφου καὶ χαίρειν ἀθμοῖς καὶ θυσίαις. *Vide* eumdem apud Eusebium, l. IV *Præp. Evang.*, cap. 22 et 23, et Theodoretum serm. 10 *de Oraculis*, idem ex Plutarcho probantem.

instruits des raisons de croire, que ceux qui croient ne le sont de celles qu'ils ont pour ne point croire. Raison de cette différence confirmée par l'expérience. Exemples de cette vérité tirés de l'auteur même.

Mais, quand bien même il s'ensuivrait que ceux qui les ont méprisés n'ont pas cru qu'ils fussent rendus par les dieux ou par les démons, quel poids peut avoir leur autorité contre celle de tous les autres? Quelques épicuriens et quelques cyniques n'ont point cru qu'il y eût rien de surnaturel dans les oracles ; mais tous les autres philosophes en ont été persuadés, et l'ont soutenu fortement. Deux ou trois, qui passaient pour des impies parmi les païens, s'en sont moqués; mais tous les autres les ont respectés, comme ce qu'il y avait de plus divin dans leur religion. Les villes et les provinces entières y accouraient en foule. Elles ne faisaient point de guerres, elles n'envoyaient point de colonies, elles n'entreprenaient point d'affaires considérables, qu'elles n'eussent auparavant consulté l'oracle. En un mot, le paganisme n'a jamais rien eu de plus fameux ni de plus respecté. Que peut donc l'autorité d'un petit nombre de particuliers, regardés par les autres comme des impies, comparée à celle de tant de peuples, de tant de villes et de provinces, de tant de princes et de philosophes?

Vous avez senti la force de cet argument, et pour l'affaiblir vous dites que *le témoignage de ceux qui croient une chose établie n'a point de force pour l'appuyer ; mais que le témoignage de ceux qui ne la croient pas, a de la force pour la détruire.* Voilà une proposition qui me paraît fort étrange, et qui peut avoir des conséquences qui le sont encore davantage. C'est une vérité établie que l'existence de Dieu, et lorsqu'il s'agit de la confirmer par l'autorité, celle du petit nombre d'athées qui ne la croient pas doit-elle l'emporter sur celle de tous les peuples et de toutes les nations de la terre qui la croient? L'autorité de ces impies aura-t-elle plus de force pour la détruire, que celle de tous les autres hommes pour l'appuyer? Le christianisme est établi et répandu par tout le monde : l'autorité de quelques libertins, qui n'y ont pas beaucoup de foi, doit-elle prévaloir sur celle de tous les autres fidèles, qui le croient et qui le reconnaissent pour la seule véritable religion? Jusqu'à présent n'a-t-on pas cru, les simples lumières du bon sens n'apprennent-elles pas, qu'en matière de suffrages et d'autorité, la plus grande et la plus saine partie doit toujours l'emporter ?

Mais, dites-vous, et c'est la preuve que vous apportez de votre paradoxe: *Ceux qui croient peuvent n'être pas instruits des raisons de ne pas croire: mais il ne se peut guère que ceux qui ne croient pas ne soient pas instruits des raisons de croire.* C'est, à mon sens, tout le contraire. Car, à l'exception du petit peuple, qui, soit qu'il croie ou qu'il ne croie pas, ne se met pas fort en peine de s'instruire du pour ou du contre, il ne se peut guère que ceux qui croient ne soient pas instruits des raisons de ne pas croire, et ceux qui ne croient pas peuvent très-aisément n'être pas instruits des raisons de croire. La raison est qu'il y a de la peine à croire : c'est une servitude contre laquelle l'esprit humain se révolte naturellement. Ainsi ceux qui croient sont portés à examiner les raisons de ne pas croire, afin de se délivrer, s'il est possible, de cette servitude si fâcheuse ; et ceux qui ne croient pas, comptant pour beaucoup d'être délivrés de ce joug incommode, évitent naturellement tout ce qui pourrait les y engager, et sont bien plus portés à s'instruire des raisons de ne pas croire, pour se fortifier toujours de plus en plus dans leur incrédulité, que de celles qui pourraient les obliger à croire. La disposition d'esprit et de cœur où ils sont leur donne autant de goût pour les premières raisons que de mépris et d'aversion pour les secondes. Celles-là leur paraissent toujours convaincantes et décisives, et celles-ci, selon eux, ne méritent pas seulement que l'on y fasse attention.

L'expérience ne confirme que trop cette vérité. On voit tous les jours que l'autorité la plus méprisable, la plus petite apparence de probabilité, fait plus d'impression sur une infinité de gens, pour ne point croire, que les raisons les plus évidentes et l'autorité la plus grande et la plus respectable, lorsqu'il s'agit de croire. D'où vient cela? c'est que ces premiers motifs, quelque légers et quelque faibles qu'ils soient, favorisent le penchant naturel qu'ils ont à l'incrédulité, et que les seconds lui sont entièrement contraires.

Souffrez, Monsieur, que je vous apporte ici pour exemple, et que je vous prie de me dire sincèrement, pourquoi l'autorité de M. Van-Dale, qui assurément, de quelque côté qu'on la regarde, n'est pas fort considérable, et qui, dans la matière dont il s'agit, devait au moins vous être très-suspecte, l'a emporté néanmoins dans votre esprit sur celle de tous les Pères de l'Eglise, des chrétiens de tous les siècles et des païens même les plus éclairés; et ses conjectures frivoles et ridicules, sur toutes les preuves solides que les premiers ont apportées pour appuyer leur sentiment. Je n'en vois point d'autre raison que le penchant que nous avons, vous et moi, à l'incrédulité. Vous ne croyez pas facilement les choses où il entre du merveilleux : comme vous avez reconnu (1) que c'est là une faiblesse de l'esprit humain, vous tâchez de vous en garantir. Il n'y a que dans la physique où vous me paraissez bien différent de vous-même. Car lorsqu'il s'agit d'établir la pluralité des mondes, et de placer des habitants dans les planètes et dans toutes les oracles rendus par les démons, il y a du merveilleux, et si l'on a un peu étudié l'esprit humain, on sait quelle force le merveilleux a sur lui. »

---

(1) *Histoire des oracles*, première dissertation, chap. 5 : « Je pourrais aux raisons que j'ai apportées en ajouter une quatrième, aussi bonne peut-être que toutes les autres, c'est que, dans le système des

étoiles (1), alors il me semble que le merveilleux vous plaît extrêmement, et que vous avez même beaucoup de penchant à le croire.

Mais, pour revenir à notre sujet, je vous ai fait voir, dans la première partie de cette Réponse, que vous n'étiez pas trop bien instruit des raisons que les anciens chrétiens avaient eues pour croire les démons auteurs des oracles. J'appréhende même qu'il ne se trouve bien des gens qui, n'ayant pas pour vous autant d'estime que j'en ai, ne croient, en voyant les fautes dans lesquelles vous êtes tombé en citant Eusèbe et Porphyre, que vous en avez parlé sans les avoir lus exactement. Ne puis-je donc pas conclure de là contre vous-même, que ceux qui ne croient pas ne se mettent pas toujours fort en peine de s'instruire des raisons de croire?

Chap. III. — *Les anciens chrétiens étaient instruits des raisons qui pouvaient les porter à ne point croire les démons auteurs des oracles. Raisonnement pitoyable attribué injustement à Eusèbe sur ce sujet. Pourquoi Origène et Eusèbe, quoique très-bien instruits de tout ce qui pouvait faire croire que les démons n'étaient pas les auteurs des oracles, n'ont pas laissé de le croire et de l'enseigner. Clément d'Alexandrie n'a pas été d'un sentiment différent des autres chrétiens sur le sujet des oracles.*

Le chapitre suivant, où vous prétendez prouver que les anciens chrétiens eux-mêmes n'ont pas trop cru que les oracles fussent rendus par les démons, me fournit une nouvelle preuve de ce que je viens de dire. *Eusèbe,* dites-vous, *au commencement du quatrième livre de sa Préparation évangélique, propose dans toute leur étendue les meilleures raisons qui soient au monde pour prouver que tous les oracles n'ont pu être que des impostures.* J'avoue cependant, ajoutez-vous un peu plus bas, *que, quoique Eusèbe sût si bien tout ce qui pouvait empêcher qu'on ne les crût surnaturels, il n'a pas laissé de les attribuer aux démons.* Vous voyez au moins par là, Monsieur, que ceux qui croient peuvent être très-bien instruits des raisons qu'ils pourraient avoir pour ne point croire. Et ce que vous avouez d'Eusèbe, vous devez l'avouer aussi de tous les chrétiens savants qui sont venus après lui et qui ont lu son ouvrage. Ils s'y sont parfaitement instruits des raisons qu'ils avaient de ne point croire que les démons fussent auteurs des oracles. Pourquoi donc l'ont-ils cru, malgré toutes ces raisons qui vous paraissent si excellentes? Pourquoi Eusèbe surtout n'a-t-il pas attribué les oracles aux fourberies des prêtres des idoles? Voici la réponse que vous lui faites faire : *Je vois bien que tous les oracles peuvent n'avoir été que des fourberies, mais je ne le veux pourtant pas croire. Pourquoi? parce que je suis bien aise d'y faire entrer les démons.* Voilà, continuez-vous, *une assez pitoyable espèce de raisonnement.* Il est vrai que ce raisonnement est pitoyable; mais de qui est-il? De vous ou d'Eusèbe? Est-il donc vrai qu'il n'a point apporté d'autres raisons de son sentiment que sa fantaisie? Et à quoi emploie-t-il trois livres entiers de son ouvrage, le quatrième, le cinquième et le sixième, si ce n'est à prouver fort au long son sentiment par un très-grand nombre de raisons et d'autorités, qu'il répète encore en abrégé dans le cinquième livre de sa *Démonstration?* Comment avez-vous pu dissimuler cela, si vous l'avez lu? Mais vous n'en avez pas eu le loisir : vous en êtes rapporté entièrement à ce que M. Van-Dale en a inséré dans son livre. Vous avez été convaincu, par ce grand nombre de passages, *qu'il cite,* dites-vous, *très-fidèlement, et dont il fait des versions d'une exactitude merveilleuse lorsqu'il les prend du grec,* quoiqu'il soit évident qu'il n'a fait que les copier pour la plupart, tels qu'il les a trouvés dans les anciens traducteurs. Tout cela ne prouve-t-il donc pas encore évidemment que ceux qui ne croient pas ne se soucient guère de s'instruire des raisons de croire.

Vous produisez aussi un passage d'Origène pour montrer que les anciens chrétiens n'ont pas cru que les oracles fussent rendus par les démons; mais ou vous ne l'avez pas lu plus exactement qu'Eusèbe, ou vous dissimulez encore que ce passage est immédiatement suivi (1) des raisons qu'il a eues pour le croire. Vous trouvez étrange que lui et Eusèbe aient su ce qu'on pouvait dire pour faire voir que les oracles n'étaient que des impostures des prêtres des idoles, sans néanmoins embrasser ce sentiment. La raison en est claire : c'est qu'après l'avoir examiné, ils ne l'ont pas trouvé conformé à la vérité; c'est qu'entre cette multitude d'oracles qui ont été avant et après la naissance de Notre-Seigneur, ils ne doutaient pas qu'il n'y en eût quelques-uns qui n'avaient été en effet que de pures fourberies, comme ceux qu'Eusèbe dit avoir été découverts de son temps (*Lib.* III *Præp. Evang.,* cap. 2, sub fin., et lib. IX *Hist. eccl.,* cap. 11). C'est enfin parce que, à la manière de tous les autres écrivains, ils ont voulu se prévaloir de tout ce que l'on pouvait dire contre les oracles, et rapporter tout ce qui pouvait servir à les décrier, en s'en tenant néanmoins toujours au sentiment qu'ils jugeaient le plus véritable et le plus conforme à ce que l'Écriture leur avait appris.

C'est aussi la conduite que Clément d'Alexandrie a tenue dans le passage que vous citez de lui. Il y rapporte toutes les sortes de divinations qui étaient en usage parmi les païens; et comme il y en avait qui n'étaient que des impostures, sans entrer dans aucun détail, ni expliquer si ces impostures venaient des démons ou des hommes seulement, il leur donne à toutes ce nom en général. Mais pour vous faire voir clairement qu'il n'a pas été sur les oracles d'un sentiment différent de tous les autres chrétiens savants, prenez la peine de lire son *Avertissement aux gentils*

---

(1) *Voyez* les *Entretiens sur la pluralité des mondes,* du même auteur.

(2) Origenes, l. VII *contra Celsum.*

où se trouve le passage que vous citez ; vous verrez qu'après avoir prouvé fort au long que les dieux des païens n'étaient que des démons cruels et sanguinaires, il dit (1) : « Je puis vous montrer des hommes qui ont été meilleurs que vos dieux, je veux dire que vos démons, comme Cyrus et Solon, qui ont mieux valu sans contredit que votre Apollon. Ce dieu aime les présents, mais il n'aime pas les hommes. Il a trahi Crésus, qui était son ami, sans se ressouvenir des présents qu'il en avait reçus. Il s'est fait une gloire de le conduire au bûcher, en l'obligeant de passer le fleuve Halys. C'est ainsi que les démons conduisent au feu ceux qu'ils aiment. »

Vous voyez, Monsieur, que Clément d'Alexandrie parle de l'oracle fameux de l'Apollon de Delphes (2), qui fut la cause de la perte que Crésus fit de son royaume, et qui lui aurait même coûté la vie, si Cyrus n'eût été plus humain que le démon qui rendit cet oracle. Cet auteur a donc cru, comme tous les autres, que les démons avaient été les auteurs des oracles, et par conséquent vous devez reconnaître que de tous les anciens chrétiens il n'y en a pas un seul qui ait été de votre sentiment.

CHAP. IV. — *De la facilité que l'on avait à corrompre les oracles. C'est une mauvaise preuve pour montrer que les démons n'en étaient pas les auteurs. Rien n'empéchait les faux prophètes du démon de supposer de faux oracles. Quelques prophètes de l'Ancien Testament en ont quelquefois débité de semblables, sans que l'on puisse conclure de là qu'ils n'aient pas été ordinairement inspirés de Dieu. L'auteur semble supposer que les démons ont dû toujours rendre les oracles pleins de sagesse et de modération.*

Je viens à présent à votre seconde preuve, que vous tirez des circonstances qui accompagnaient les oracles. La première à laquelle vous faites attention, c'est *la facilité que l'on avait à les corrompre, et qui faisait bien voir*, dites-vous, *qu'on avait affaire à des hommes*. Sur quoi vous rapportez le mot de Démosthène touchant la Pythie (3), qu'il accusait de favoriser les intérêts de Philippe; la fourberie de Cléomène, pour faire dire à la même prêtresse de Delphes que Démarates, roi de Lacédémone, n'était point fils d'Ariston (*Herodot., lib.* VI), et quelques autres exemples pareils.

Pour répondre à cela, je vous prie de supposer un moment que les oracles étaient rendus par les démons. Je vous demande si, dans cette supposition, on n'eût pas eu la même facilité à les corrompre? Qui empêchait, je vous prie, la prêtresse de Delphes de supposer des oracles en faveur du roi de Macédoine ? Ne pouvait-elle pas contrefaire l'inspirée, comme elle l'entreprit d'abord à l'égard d'Appius, qui la consulta sur le succès de la guerre de Pharsale (4)? Ne pouvait-elle pas dire que le dieu ou le démon qui la possédait lorsqu'elle était assise sur le trépied, lui avait fait dire telle ou telle chose, quoiqu'il n'en fût rien? Les prophètes de l'ancienne loi, tout inspirés de Dieu qu'ils étaient, ne se laissaient-ils pas corrompre quelquefois de la même manière ? Et par la complaisance qu'ils avaient pour les princes ou pour le peuple, ne leur rendaient-ils pas des réponses et des oracles comme venant de Dieu même, quoiqu'ils n'en vinssent pas ? Ne disaient-ils pas : *Voici ce que le Seigneur dit, quoique le Seigneur ne les eût point envoyés*, comme il s'en plaint lui-même par la bouche de ses autres prophètes (5), plus religieux et plus fidèles que ceux-là. Est-ce à dire pour cela que tous les autres oracles que ces prophètes trop complaisants rendaient, n'étaient que des fourberies et des prédictions supposées?

Le prophète de Béthel (6) dont il est parlé dans le troisième livre des Rois ne rendit-il pas presque en même temps deux réponses comme venant de Dieu, l'une fausse et qu'il avait supposée pour tromper un autre pro-

---

(1) Clemens Alexandr., *Admonit. ad Gentes* : Φέρε δὴ οὖν καὶ τοῦτο προσθῶμεν, ὡς ἀπάνθρωποι καὶ μισάνθρωποι δαίμονες εἶεν ὑμῶν οἱ θεοί, καὶ οὐχὶ μόνον ἐπιχαίροντες τῇ φρενοβλαβείᾳ τῶν ἀνθρώπων, πρὸς δὲ καὶ ἀνθρωποκτονίας ἀπολαύοντες.... αὐτίκα γοῦν ἔχω σοι βελτίους τῶν ὑμεδαπῶν τούτων θεῶν, τῶν δαιμόνων, ἐπιδεῖξαι τὸν ἄνθρωπον τοῦ Ἀπόλλωνος τοῦ μαντικοῦ , τὸν Κύρον καὶ τὸν Σόλωνα. Φιλόδωρος ὑμῶν ὁ Φοῖβος, ἀλλ᾽ οὐ φιλάνθρωπος. Προύδωκε τὸν Κροῖσον τὸν φίλον, καὶ τοῦ μισθοῦ ἐκλαθόμενος, οὕτω φιλόδοξος ἦν. Ἀνήγαγε τὸν Κροῖσον διὰ τοῦ Ἄλυος ἐπὶ τὴν πυράν. Οὕτω φιλοῦντες οἱ δαίμονες ὀδηγοῦσιν εἰς τὸ πῦρ. Vide eumdem l. I *Strom*.

(2) Κροῖσος Ἄλυν διαβὰς μεγάλην ἀρχὴν διαλύσει.
Vide Herodotum l. I *Hist*. Istud vero oraculum sic Latine reddit Cicero, l. II *de Divin.* :
Crœsus Halyn penetrans magnam pervertet opum vim.

(3) Cicero, l. II *de Divin.* « Demosthenes quidem qui abhinc annos prope trecentos fuit, jam tum φιλιππίζειν Pythiam dicebat, id est quasi cum Philippo facere. Hoc autem eo spectabat, ut eam a Philippo corruptam diceret. »

(4) Lucanus, l. V *Pharsal.* :

Illa pavens adyti penetrale remoti
Fatidicum, prima templorum in parte resistit,
Atque deum simulans sub pectore ficta quieto
Verba refert, nullo confusæ murmure vocis
Instinctam sacro mentem testata furore,
Haud æque læsura ducem, cui falsa canebat
Quam tripodas Phœbique fidem.

(5) Jerem. XIV, 13 : Domine Deus, prophetæ dicunt eis : Non videbitis gladium, et fames non erit in vobis, sed pacem veram dabit vobis in loco isto. Et dixit Dominus ad me : Falso prophetæ vaticinantur in nomine meo; non misi eos, et non præcepi eis, neque locutus sum ad eos. Visionem mendacem et divinationem et fraudulentiam et seductionem cordis sui prophetant vobis.
Idem, XXIII, 16 : Hæc dicit Dominus exercituum : Nolite audire verba prophetarum qui prophetant vobis et decipiunt vos; visionem cordis sui loquuntur, non de ore Domini. Dicunt his qui blasphemant me: Locutus est Dominus. *Ibid.*, 21 : Non mittebam prophetas, et ipsi currebant ; non loquebar ad eos, et ipsi prophetabant. *Ibid.*, 51 : Ecce ego ad prophetas, ait Dominus qui assumunt linguas suas et aiunt : Dicit Dominus, etc.

(6) *III Reg.* XIII, 18. Qui ait illi : Et ego propheta

phète qui était venu prédire la destruction de l'autel de Jéroboam; l'autre vraie et que Dieu lui avait en effet inspirée, par laquelle il prédit au même prophète qu'en punition de sa désobéissance, il serait privé de la sépulture de ses pères? Puis donc que l'on a pu corrompre les prophètes de Dieu même, puisqu'ils ont pu supposer des prophéties, est-il étrange que l'on ait pu corrompre les faux prophètes du démon? Est-il surprenant qu'ils aient supposé des oracles? Et si les prophéties fausses que les véritables prophètes débitaient quelquefois de leur chef n'empêchaient pas qu'ils ne fussent d'ailleurs de vrais prophètes, que Dieu inspirait souvent, pourquoi les faux oracles supposés par les prêtres des idoles vous feraient-ils conclure qu'ils n'étaient pas souvent possédés par le démon, et qu'il n'y avait que de la fourberie toute pure dans toutes leurs réponses?

Cela suppose, comme vous voyez, que les oracles ont pu être corrompus ou contrefaits, ce que je ne doute pas qu'il ne soit arrivé souvent. Néanmoins j'ose vous dire que ce que vous rapportez dans ce chapitre ne le prouve pas trop bien. Il semble en effet que vous y supposiez que les démons, étant les auteurs des oracles, ont toujours dû rendre des réponses remplies de sagesse et de modération, et ne point favoriser les passions des princes, comme ils ont fait. *Si les démons rendaient les oracles, dites-vous, les démons ne manquaient pas de complaisance pour les princes qui étaient une fois devenus redoutables, et on peut remarquer que l'enfer avait de grands égards pour Alexandre et pour Auguste.* L'enfer a eu tort, sans doute, de flatter l'ambition d'Alexandre en le faisant passer pour fils de Jupiter, et de l'exciter par là à porter le fer et le feu aux quatre coins du monde pour s'en rendre maître. Qui ne voit l'intérêt que les démons avaient d'en agir autrement, et de rendre ce jeune conquérant plus sage et plus modéré?

On consulta l'oracle sur le mariage d'Auguste, qui enleva Livie, tout enceinte qu'elle était, à son mari. L'oracle répondit (1) que jamais un mariage ne réussissait mieux que quand on épousait une personne déjà grosse. Sur quoi vous vous écriez avec raison: *Voilà pourtant, ce me semble, une étrange maxime.* En effet, à quoi pensaient les démons de débiter une pareille maxime? Elle ne leur convient point du tout. Il faut qu'on la leur ait supposée malicieusement, tout exprès pour les décrier! Comment n'ont-ils pas vu qu'en autorisant la passion d'Au-

guste, ils excitaient une infinité de gens à l'imiter et à violer comme lui les droits les plus sacrés? De là quelle honte pour eux! Quelle perte et quelle désolation pour tout l'enfer!

CHAP. V. — *Autre mauvaise raison pour prouver que les oracles n'étaient que des fourberies : les nouveaux établissements qui s'en sont faits. Il n'est point sûr qu'Ephestion, Antinoüs et Auguste aient rendu des oracles dans les temples qui leur ont été consacrés après leur mort. Quand ils en auraient rendu, rien n'empêche de les attribuer aux démons, comme tous les autres plus anciens. Origine des oracles, et raisons qui ont porté les démons à s'en emparer et à y étaler leurs prestiges.*

La seconde circonstance qui vous fait dire que les oracles n'étaient que des fourberies, ce sont les nouveaux établissements qui s'en sont faits, comme de ceux d'Ephestion, d'Antinoüs et d'Auguste. Il est manifeste, selon vous, que ces nouveaux oracles n'ont pu être que des impostures des hommes; d'où vous concluez qu'on ne peut pas se dispenser de porter le même jugement des plus anciens. Je doute, Monsieur, que la comparaison que vous faites de ces nouveaux oracles avec les anciens soit tout à fait juste, et quand elle le serait, il me semble qu'elle ne prouverait pas grand' chose. Premièrement, il n'est pas trop sûr qu'Ephestion, Antinoüs et Auguste aient rendu des oracles dans les temples qui leur ont été consacrés après leur mort; et les auteurs que vous citez pour le prouver nous laissent au moins en liberté d'en douter.

En effet, Lucien (2) dit seulement que les flatteurs d'Alexandre, voyant jusqu'où allait sa passion pour Ephestion, n'oubliaient rien de tout ce qui était capable de l'entretenir et de l'augmenter, en rapportant je ne sais combien d'apparitions de ce nouveau dieu; en lui attribuant des guérisons et en vantant ses oracles. Qui ne voit que Lucien ne donne tout cela que pour des mensonges, que ces courtisans débitaient hardiment pour mieux faire leur cour à leur maître? Il se moque de la lâche complaisance de ces indignes flatteurs, et de la sotte présomption d'Alexandre, qui se crut non-seulement un dieu lui-même, mais encore assez puissant pour en faire d'autres.

Spartien pareillement ne dit pas qu'Antinoüs ait rendu des oracles, mais seulement que les Grecs, pour plaire à Adrien qui le voulut ainsi, le mirent au nombre de

---

sum similis tui. Et angelus locutus est mihi in sermone Domini dicens : Reduc eum tecum in domum tuam, ut comedat panem et bibat aquam. Fefellit eum et reduxit eum..... Cumque sederent ad mensam, factus est sermo Domini ad prophetam qui reduxerat eum, et exclamavit ad virum Dei qui venit de Juda, dicens : Hæc dicit Dominus : Quia non obediens fuisti ori Domini, et non custodisti mandatum quod præcepit tibi Dominus Deus tuus..... non inferetur cadaver tuum in sepulcrum patrum tuorum

(1) Prudentius, l. I contra Symm.:
Mox editur inter
Fescennina, novo proles aliena marito.
Idque deum sortes et Apollinis antra dederunt
Consilium, numquam melius nam cedere tædas
Responsum est, quam cum prægnans nova nupta juga
[tur.

(2) Lucianus, l. *Quod non facile credendum sit calumniæ.*

leurs dieux, et assurèrent même qu'il rendait des oracles (1). Ce sont encore ici des mensonges que la flatterie débite. Spartien en était si persuadé, qu'il n'a point fait de difficulté d'ajouter que les réponses en vers que l'on faisait courir sous le nom de cette nouvelle divinité, passaient pour être de la composition d'Adrien même, bien loin que l'on crût qu'elles eussent été rendues par Antinoüs ou par ses prêtres.

Au reste, vous dites que cet empereur fit bâtir à ce nouveau dieu une ville appelée *Andrinopolis*. Je ne doute pas que vous n'ayez écrit Antinopolis. C'est une faute d'impression qui mérite d'être corrigée, parce qu'elle pourrait causer une erreur grossière, et faire prendre mal à propos une ville de Thrace, que nous appelons Andrinople, pour Antinople, ville d'Egypte. Il est vrai qu'Etienne de Byzance dit qu'elle s'appelait aussi Adrianopolis, du nom de celui qui l'avait bâtie (2) ; mais je ne crois pas que cela suffise pour lui donner le nom d'Andrinopolis.

L'oracle d'Auguste n'est pas plus certain que ceux d'Ephestion et d'Antinoüs. Ce qui vous a donné lieu de l'établir, c'est un petit mot du poëte Prudence, qui dit, pour se moquer des dieux du paganisme, qui avaient tous été faits par des hommes, que les Romains, en suivant cet exemple, avaient aussi fait dieu l'empereur Auguste, en lui élevant un temple, lui consacrant des prêtres, lui offrant des sacrifices, se prosternant devant son autel et lui demandant des réponses (3). Il me semble que ces réponses pourraient bien être celles que les aruspices rendaient touchant le succès des sacrifices, après avoir examiné les entrailles des victimes, et non pas des oracles tels que les faux prophètes des idoles en rendaient par la voie de la fureur et de l'enthousiasme. Quoi qu'il en soit c'est un poëte qui parle, et qui, par plusieurs périphrases qui signifient toutes à peu près la même chose, veut seulement donner à entendre qu'Auguste fut reconnu pour une divinité.

Mais je veux que toutes ces nouvelles divinités aient rendu en effet des oracles, et qu'on les ait consultées sur l'avenir. Quel avantage en pouvez-vous tirer pour votre sentiment ? Comment pouvez-vous conclure de là que les anciens oracles n'ont été que des fourberies des prêtres des idoles ? Ne deviez-vous pas avoir prouvé auparavant que ces oracles nouveaux n'étaient que des impostures de ces mêmes prêtres ? Or c'est ce que vous n'avez pas fait, et ce que je ne crois pas que vous puissiez faire facilement, parce que je ne vois pas ce qui aurait pu empêcher les démons de s'emparer des temples de ces nouvelles divinités, et d'y étaler leurs impostures et leurs prestiges, comme dans tous les autres où ils rendaient des oracles depuis tant de siècles. Ont-ils coutume de s'endormir sur leurs intérêts, et de négliger les occasions qui se présentent de séduire les hommes et d'étendre leur empire ? D'ailleurs, les prêtres de ces nouvelles idoles étaient-ils plus gens de bien, moins superstitieux et moins adonnés à la magie que les autres? étaient-ils moins instruits de tous les secrets de la théurgie, et de la manière d'évoquer les dieux et les démons pour les obliger de rendre des réponses ?

Sans doute, dites-vous, *ces nouveaux oracles faisaient faire des réflexions à ceux qui étaient le moins du monde capables d'en faire.* N'y avait-il pas assez sujet de croire qu'ils étaient de la même nature que les anciens? Pourquoi donc aucun auteur de l'antiquité n'a-t-il pas fait ces réflexions si aisées à faire? Pourquoi aucun ne s'est-il avisé de juger des anciens oracles par ces nouveaux, et de produire ceux-ci, pour montrer que ceux-là n'étaient que des fourberies ? Les chrétiens, surtout, ne devaient-ils pas le faire ? Néanmoins Origène, qui parle assez au long d'Antinoüs et des honneurs divins qu'on lui rendait en Egypte, dit qu'entre les prodiges qu'on lui attribuait, il y en avait qui étaient l'effet de l'imposture du démon qui présidait à son temple (*Lib.* III *contra Celsum*). Par où vous voyez que, bien loin de conclure de l'oracle d'Antinoüs que les plus anciens n'étaient que des fourberies des hommes, il reconnaît même dans celui-ci l'opération du malin esprit.

Pour juger, ajoutez-vous, *de l'origine des oracles d'Amphiaraüs, de Trophonius et d'Apollon même, ne suffisait-il pas de voir ceux d'Antinoüs, d'Ephestion et d'Auguste?* Les oracles anciens dont vous parlez ont pu avoir la même origine que ces nouveaux, c'est-à-dire la flatterie, la superstition, l'idolâtrie ; mais cela n'empêche pas que les démons, pour augmenter cette même idolâtrie, ne se soient mêlés dans les uns et dans les autres. Je sais que cela vous paraît incroyable ; mais cela vient de ce que vous vous êtes formé des idées sur ce sujet qui ne sont pas justes. *Il serait*, dites-vous, *fort étrange et fort surprenant qu'il n'eût fallu qu'une fantaisie d'Alexandre pour envoyer un démon en possession d'une statue.* Il semble que vous ignoriez les raisons qui portaient les démons à s'emparer des temples à oracles et de ceux qui les rendaient. N'en cherchez point d'autres que leur propre malice, le désir qu'ils ont de perdre les hommes et de les éloigner de la connaissance et du culte du vrai Dieu, l'envie de se faire honorer eux-

---

(1) Spartianus, in *Vita Adriani* : « Et Græci quidem, volente Adriano, eum consecraverunt, oracula per eum dari asserentes, quæ Adrianus ipse composuisse jactatur. »

(2) Stephanus Byzantinus, v° Ἀντινόεια. Ἀντινόεια πόλις Αἰγύπτου, ἀπὸ Ἀντινόου παιδός... ἐκλήθη ἡ πόλις καὶ Ἁδριανούπολις.

(3) Prudentius, l. 1 *contra Symmachum* :

Hunc morem veterum docili jam ætate secuta
Posteritas, mense atque adytis et flamine et aris
Augustum coluit, vitulo placavit et agno,
Strata ad pulvinar jacuit, responsa poposcit.
Testantur tituli, produnt consulta senatus
Cæsareum Jovis ad speciem statuentia templum

mêmes comme des dieux et de s'égaler au Tout-Puissant. Vous pouviez apprendre ces raisons des Pères de l'Eglise (1) qui les ont tirées de l'Ecriture, et par là vous eussiez reconnu que les démons ont pu et voulu très-fort se mêler de l'oracle d'Ephestion, ainsi que de tous les autres.

CHAP. VI. — *L'auteur de l'Histoire se fait fort de persuader les erreurs les plus grossières à des nations entières. Réfutation de cette idée. Il y a eu des oracles qui se sont établis de nouveau dans les siècles les plus éclairés, et les anciens y ont conservé toute leur autorité. Il n'est pas possible qu'ils aient pu subsister durant tant de siècles, s'il n'y avait eu que de la fourberie toute pure des prêtres des idoles. D'autant plus que ces oracles commandaient souvent les cruautés les plus atroces et les plus capables de révolter tous les hommes.*

J'ajoute un mot touchant la manière dont vous dites encore que les premiers oracles se sont établis. Donnez-moi, dites-vous, *une demi-douzaine de personnes à qui je puisse persuader que ce n'est pas le soleil qui fait le jour; je ne désespérerai pas que des nations entières n'embrassent cette opinion.* Je ne sais pas trop, Monsieur, ce que vous prétendez par là, ni si c'est aux oracles seuls que vous en voulez. Ce qui est vrai, c'est que je connais une personne très-habile et très-éclairée, qui, ayant vu cet endroit de votre livre, y a trouvé je ne sais quel venin caché qui lui a déplu infiniment. Mais sans m'arrêter à vouloir pénétrer vos intentions, je vous prie de me dire si vous avez vu dans l'histoire quelque exemple d'une erreur semblable, et qui se soit établie de la manière que vous dites. Assurément vous comptez beaucoup sur la stupidité des hommes. Il me semble néanmoins qu'ils ne se rendent pas si facilement à tout ce que l'on veut leur persuader, particulièrement si ce sont des choses contraires à leur sens et à leur expérience. Pour peu qu'ils aient d'esprit et d'intelligence, ils demandent des preuves et des raisons. Ce n'est pas tout, ils veulent encore, dans ces occasions, des prodiges et des miracles, ou vrais, ou au moins qui leur paraissent tels. Ce serait en vérité une chose fort curieuse de voir comment vous vous y prendriez pour persuader à cinq ou six personnes que ce n'est pas le soleil qui fait le jour. Et quand vous en seriez venu à bout, ce serait encore une chose plus curieuse à voir, comment ces cinq ou six personnes s'y prendraient pour persuader la même erreur à des nations entières. Il faudrait, pour cet effet, qu'elles fussent en même temps infiniment stupides et infiniment habiles: infiniment stupides, pour donner dans une erreur si grossière et si palpable; infiniment habiles, pour la persuader à des nations entières.

Vous dites que, *quand les oracles se sont établis, l'ignorance était beaucoup plus grande qu'elle ne fut dans la suite.* Premièrement, tous les oracles ne se sont pas établis en même temps: on peut vous en montrer qui ont été établis dans les siècles les plus éclairés, et pour cela je n'ai besoin que de votre témoignage. Vous reconnaissez que les oracles d'Ephestion, d'Antinoüs et d'Auguste ont été de véritables oracles semblables aux anciens, à cela près qu'ils n'étaient pas si fameux. Et quand est-ce que ces oracles se sont établis, si ce n'est dans les siècles les plus cultivés par les sciences et la philosophie? Mais quand bien même tous les oracles se seraient établis dans des siècles d'ignorance, n'ont-ils pas subsisté durant les siècles les plus éclairés? Comment s'est-il pu faire que tant de gens habiles, tant de grands philosophes, tant de royaumes, de villes et de républiques si florissantes, n'aient jamais reconnu qu'ils étaient les dupes de quelques fourbes qui en savaient beaucoup moins qu'eux en toute manière? Comment ces fourbes et ces imposteurs ont-ils pu, sans discontinuation, se succéder perpétuellement les uns aux autres, et si bien cacher leur jeu pendant plus de deux mille ans (2), que personne ne s'en soit jamais aperçu? Étaient-ils d'une espèce différente des autres hommes qui vivaient de leur temps? Nais-

---

(1) Cyprian., l. *de Idolorum vanitate:* « Spiritus insinceri et vagi, qui postea quam terrenis vitiis immersi sunt..... non desinunt perditi perdere et pravati errorem pravitatis infundere..... Nec aliud illis studium est quam a Deo homines avocare, et ad superstitionem sui ab intellectu veræ religionis avertere. » Tertull., in *Apolog.:* « Operatio eorum est hominis subversio..... Et quæ illis accuratior pascua est, quam ut hominem a recogitatu veræ Divinitatis avertant præstigiis falsæ divinationis?.... Æmulantur Divinitatem, dum furantur divinationem. » Lactant., l. II, cap. 17 : « Illi autem (angeli) qui desciverunt a Dei ministerio, quia sunt veritatis inimici et prævaricatores, Dei nomen sibi et cultum deorum vendicare conantur. Non quod ullum honorem desiderent (quis enim honor perditis est?), nec ut Deo noceant, cui noceri non potest, sed ut hominibus quos nituntur a cultu et notitia veræ majestatis avertere, ne immortalitatem adipisci possint, quam ipsi sua nequitia perdiderunt. Offundunt itaque tenebras, et veritatem caligine obducunt, ne Dominum, ne Patrem suum norint, et ut illiciant facile in templis se occulunt et sacrificiis omnibus præsto adsunt, eduntque sæpe prodigia quibus obstupefacti homines fidem commodent simulacris Divinitatis et Numinis. »

(2) Il est difficile de déterminer précisément le temps de la naissance des oracles. Il est fort probable qu'ils ont commencé presque aussitôt que l'idolâtrie. C'est le sentiment des Pères de l'Eglise et des théologiens, qui attribuent le progrès de l'idolâtrie à ces sortes de prestiges du démon. Ce qui est certain, c'est que les oracles étaient déjà en usage dès le temps de la guerre de Troie, comme on le voit dans Homère. Ovide fait consulter l'oracle de Thémis par Deucalion et Pyrrha, après le déluge qui arriva de leur temps. L'Ecriture sainte, dès le temps de Moïse, les défend aux Israélites, entre les autres sortes de divinations qui étaient en usage parmi les païens; elle les défend, dis-je, tantôt sous le nom de pythons, tantôt sous d'autres termes qui signifient la même chose que ce que l'on entend par les oracles

saient-ils tous infiniment habiles et rusés, tandis que tous les autres naissaient stupides et hébétés au dernier point? Par quel artifice avaient-ils pu faire en sorte qu'il n'y eût de l'esprit que parmi eux, et que tous les autres hommes en fussent absolument dépourvus?

Encore, si ces imposteurs n eussent commandé par leurs oracles que des choses agréables et conformes aux inclinations de ceux qui les consultaient, on pourrait dire qu'il ne fallait pas avoir une habileté infinie pour tromper des gens qui étaient bien aises de l'être, et qui tiraient même quelque avantage de leur erreur. Mais, bien loin de là, ces fourbes les obligeaient toujours à une infinité de dépenses superflues dont ils profitaient seuls, et souvent ils leur demandaient jusqu'à leurs propres enfants pour les immoler impitoyablement aux idoles, et ils étaient obéis exactement. On voyait les pères livrer leurs fils, et les villes se dépeupler tous les ans de leur plus florissante jeunesse pour obéir à ces imposteurs. Les rois et les princes étaient les premiers à s'y soumettre (1). Car ces scélérats ne se contentaient pas toujours d'un sang ordinaire, ils en voulaient souvent du plus illustre et du plus noble. On leur fournissait, à leur choix, des victimes de toute sorte d'état, de sexe, d'âge et de condition, pour les égorger publiquement. Personne n'osait s'y opposer: tout le monde au contraire se faisait un mérite de contribuer à ces sanglantes exécutions, comme à un acte de religion qu'ils croyaient être très-agréable à leurs dieux. Des hommes peuvent-ils être stupides et aveugles jusqu'à ce point-là, s'ils n'ont été aveuglés par les démons? C'est même tout ce que l'on peut croire, que ces malins esprits aient pu, par leurs impostures, obtenir de semblables sacrifices. Nous ne croirions pas que de pareilles barbaries aient jamais pu se commettre (2), même en supposant qu'ils en ont été les auteurs, si toutes les histoires ne nous assuraient qu'elles ont été en usage presque dans tous les pays du monde avant la naissance de Jésus-Christ. Et nous croirons que de simples fourbes les auront commises de sang-froid, et auront pu, par des tours de souplesse, aveugler et fasciner toute la terre d'une manière si prodigieuse!

Chap. VII. — *On examine les fourberies par le moyen desquelles l'auteur suppose que les prêtres des idoles séduisaient les peuples. Quelles ont été ces fourberies selon lui. Comment il explique la manière la plus ordinaire dont les oracles se rendaient. Réfutation de cette explication. Elle n'est fondée que sur une erreur, qui est que les prêtres se cachaient dans les statues pour rendre des oracles par leur bouche. Les oracles ne se rendaient pas par les statues, mais par les prêtres des idoles, qui paraissaient transportés d'une fureur que l'on croyait divine.*

Mais enfin voyons donc quels ressorts ils ont fait jouer pour en imposer si cruellement à tout le genre humain. Entrons dans le détail de ces fourberies si bien concertées, que vous leur avez fournies, pour représenter leurs comédies ridicules et leurs sanglantes tragédies. Il faut sans doute qu'elles aient été d'un raffinement et d'une subtilité infinis, pour avoir trompé durant plus de deux mille ans, tous les peuples et toutes les nations de la terre les plus éclairées. Les voici telles que vous les avez imaginées après M. Van-Dale.

Il y avait des oracles qui se rendaient par la voie de l'enthousiasme et de la fureur dont les prêtres et les prêtresses des idoles semblaient être remplis, dans le temps qu'ils les débitaient, après quelques préparations et quelques cérémonies que l'on croyait nécessaires à cet effet. Et cette manière de rendre des oracles était la plus commune et la plus ordinaire. Il y en avait d'autres qui se rendaient en songe, à ceux qui allaient dormir dans les temples de certaines divinités, pour y apprendre des remèdes à leurs maladies, ou des réponses à leurs doutes. Enfin on consultait souvent ces mêmes oracles sur des billets cachetés, que l'on rapportait dans le même état, avec la réponse rendue en l'une ou en l'autre de ces deux manières. Vous y ajoutez les sorts, qui étaient de plus d'une espèce, et dont quelques-uns étaient semblables aux dés, et ces sortes de prodiges dans lesquels on voyait les idoles se remuer d'elles-mêmes, s'avancer et s'élever dans l'air.

Les premiers, selon vous, ne venaient que des prêtres qui se cachaient dans les statues et qui, parlant par leur bouche, contrefaisaient la voix et le langage des dieux; les seconds étaient l'effet de quelques drogues propres à causer des songes; les troisièmes, c'est que les prêtres avaient trouvé le secret de décacheter les billets et de les recacheter ensuite, sans que l'on pût s'apercevoir qu'ils eussent été ouverts. Vous expliquez les sorts en disant que les prêtres savaient sans doute manier les dés. Pour ce qui re-

---

(1) Personne n'ignore les histoires d'Iphigénie, de Polyxène, de Ménécée, de Codrus, qui ont été sacrifiés en différentes manières par le commandement des oracles. On peut ajouter à ces exemples ceux d'Erechthée, roi d'Athènes, de Marius et de Métellus, Romains qui ont livré leurs filles pour être immolées, et plusieurs autres semblables rapportés dans l'histoire.

(2) Tam barbaros tam immanes fuisse homines ut parricidium suum, id est tetrum atque exsecrabile humano generi facinus sacrificium vocarent. Cum teneras atque innocentes animas, quæ maxime est ætas parentibus dulcior, sine ullo respectu pietatis exstinguerent, immanitatemque omnium bestiarum, quæ tamen fetus suos amant, feritate superarent. O dementiam insanabilem! Quid illis isti dii amplius facere possent, si essent iratissimi, quam faciunt propitii? cum suos cultores parricidiis inquinant, orbitatibus mactant, humanis sensibus spoliant. *Lactant.*, lib. i, cap. 21.

garde les mouvements extraordinaires des statues, *vous ne voulez point*, dites-vous, *vous amuser à expliquer comment on pouvait faire jouer de pareilles marionnettes.* Je ne m'amuserai point non plus à réfuter en particulier ces deux dernières explications, si recherchées et si subtiles, que vous donnez aux sorts et aux mouvements des statues. Outre qu'elles ne le méritent pas, c'est que je sortirais de mon sujet, qui ne regarde que les oracles proprement dits. D'ailleurs ce que je dirai des autres suffira pour faire voir le ridicule de ces deux explications, sans entrer dans un plus grand détail.

Je reviens donc aux premiers oracles qui étaient les plus fameux et les plus communs. Pour prouver l'explication ingénieuse que vous en donnez, vous remarquez que les temples où ils se rendaient étaient tous situés dans des pays montagneux, et par conséquent remplis d'antres et de cavernes; que quand les temples étaient situés en plat pays, au lieu de cavernes naturelles, on en faisait d'artificielles; que c'étaient là les sanctuaires où l'on disait que la divinité du temple résidait, et où d'autres que les prêtres n'entraient jamais; que dans ces sanctuaires étaient cachées toutes les machines des prêtres, et qu'ils y entraient par des conduits souterrains; que l'on ne pouvait consulter l'oracle que certains jours, parce qu'il fallait du temps pour préparer les machines et les mettre en état de jouer; que l'on avait établi certains mystères qui engageaient à un silence éternel; que par là les prêtres avaient pourvu à leur sûreté, en cas que l'on vînt à découvrir leur fourberie. *Enfin, pour comprendre*, dites-vous, *en une seule réflexion toutes celles que l'on peut faire là-dessus, je voudrais bien que l'on me dît pourquoi les démons ne pouvaient prédire l'avenir que dans des cavernes et des lieux obscurs, et pourquoi ils ne s'avisaient jamais d'aller animer une statue qui fût dans un carrefour exposée de toute part aux yeux de tout le monde.*

Je pourrais donner plusieurs réponses particulières à tout ce que vous dites ici sans preuve, mais je me contente d'une seule réponse générale, qui renversera toutes ces machines que vous donnez aux prêtres des idoles, et qui rendra inutiles toutes ces cavernes et ces conduits souterrains où vous les faites aller pour rendre leurs oracles: c'est que tout cela ne tend qu'à montrer que ces imposteurs se cachaient en effet dans ces cavernes, et qu'ils se glissaient par ces conduits souterrains, pour aller, à l'insu de tout le monde, se placer dans les statues, et débiter par leur bouche les réponses qu'ils jugeaient à propos de donner aux questions qu'on leur faisait. C'est pour cela que vous leur donnez encore de ces trompettes qui grossissent la voix et qui multiplient le son, afin de mieux contrefaire la voix des dieux et donner de la terreur à ceux qui s'imaginaient l'entendre. C'est pour la même raison que vous regardez l'histoire des prêtres de Bel, qui est rapportée dans l'Ecriture, comme un préjugé décisif en votre faveur, et les chemins souterrains par lesquels ces fourbes allaient manger durant la nuit les viandes offertes à leur dieu, comme une preuve démonstrative de ceux que les autres prêtres des idoles avaient pratiqués pour aller rendre des oracles dans les statues. C'est pour cette même raison, enfin, que vous demandez pourquoi le démon ne s'avisait jamais d'aller animer une statue qui fût exposée aux yeux de tout le monde dans un carrefour. Par où vous voulez faire entendre qu'il est évident que ce n'étaient pas les démons, mais les prêtres qui animaient les statues et qui rendaient des oracles par leur bouche: fourberie qu'ils pouvaient bien mettre en œuvre, selon vous, dans des lieux obscurs et par des conduits souterrains qui couvraient leur marche, mais non pas dans un carrefour, où ils n'auraient pu se dérober ainsi aux yeux des hommes.

Or tout cela, Monsieur, tombe de soi-même, quand on n'est pas dans l'erreur où vous êtes, et sur laquelle, comme j'ai déjà pris la liberté de vous le faire remarquer, vous avez bâti votre système, qui est de croire que les oracles se rendaient par les statues, que c'étaient les statues qui étaient animées, et qui parlaient, ou qui du moins paraissaient parler et être animées par une divinité. Je vous ai déjà fait voir que tout cela n'était qu'une imagination fausse et chimérique, et que les oracles ne se rendaient pas ainsi; mais que c'étaient les prêtres ou les prêtresses des idoles qui les rendaient eux-mêmes immédiatement sans le secours des statues, en paraissant transportés de cette fureur qu'ils appelaient divine, et qu'ils croyaient venir d'Apollon ou de la divinité qui les inspirait. Souvenez-vous, s'il vous plaît, de la manière dont Virgile fait rendre des oracles à la Sibylle de Cumes (1), et Lucain à la prêtresse de Delphes (2), et de tout

---

(1) Virgil., l. vi *Æneidos* :

Ventum erat ad limen, cum virgo : Poscere fata
Tempus, ait, Deus; ecce Deus! Cui talia fanti
Ante fores subito non vultus, non color unus,
Non comptæ mansere comæ, sed pectus anhelum
Et rabie fera corda tument, majorque videri,
Nec mortale sonans, afflata est numine quando
Jam propiore Dei.

Et paulo post :

At Phœbi nondum patiens immanis in antro
Bacchatur vates, magnum si pectore possit
Excussisse deum. Tanto magis ille fatigat
Os rabidum, fera corda domans, etc.

(2) Lucanus, l. v *Pharsaliæ* :

Tandem conterrita virgo
Confugit ad tripodas, vastisque adducta cavernis
Hæsit et insueto concepit pectore numen.
...Bacchatur demens aliena per antrum
Colla ferens, vittasque dei, Phœbeaque serta
Erectis discussa comis, per inania templi
Ancipiti cervice rotat, spargitque vaganti
Obstantes tripodas magnoque exæstuat igne...
Spumea tum primum rabies vesana per ora
Effluit et gemitus et anhelo clara meatu
Murmura; tunc mœstus vastis ululatus in antris,
Extremæque sonant domita jam virgine voces.

ce que les auteurs tant chrétiens que païens ont dit en parlant sur le sujet dont il s'agit. Vous verrez qu'il n'y en a pas un seul qui n'ait fait mention de cet enthousiasme, et qui n'ait dit ou supposé que c'étaient les prêtres et les prêtresses elles-mêmes, et non pas les statues, qui parlaient et qui rendaient immédiatement les oracles. Vous l'avouez pour ce qui regarde l'oracle de Delphes, mais vous ajoutez que *dans la plupart des autres la fureur n'était point nécessaire*. Vous avez bien vu que cette fureur, qui suppose des hommes inspirés, ne convenait pas à votre système des statues parlantes. Mais il ne me sera pas difficile de vous montrer qu'elle était essentielle aux oracles proprement dits dont nous parlons, et qui étaient les plus communs et les plus fameux.

CHAP. VIII. — *Tous les anciens païens ont reconnu la fureur pour le principe ou au moins pour une circonstance nécessaire des oracles proprement dits. Témoignages de Platon, de Cicéron, d'Aristote, de Porphyre et de Jamblique sur ce sujet. Entreprise de l'imposteur Alexandre, sans suite comme sans exemple. Conclusions contre M. de Fontenelle, au sujet de l'erreur sur laquelle il a établi une partie de son système des fourberies des oracles.*

En effet, Platon reconnaît (*In Phœdro*) la fureur pour la cause et le principe de la divination en général, et il montre en particulier que c'est par son moyen que les prêtresses de Delphes et de Dodone, les sibylles et tous ceux qui ont passé pour avoir le don de prédire l'avenir, ont rendu des oracles, d'où il prétend que les hommes ont tiré de grands avantages. Il ajoute que les anciens se servaient du même mot pour signifier cette fureur et la divination qui se fait par les oracles, parce que celle-ci était l'effet de l'autre. Il reconnaît deux sortes de fureur, l'une naturelle et qui est causée par une espèce de maladie, et l'autre surnaturelle et qui vient de l'inspiration divine qui transporte l'âme. Et entre les quatre espèces de fureur surnaturelle qu'il reconnaît, il met celle qui appartient aux oracles, et il prétend qu'Apollon en est l'auteur, comme Bacchus de celle qui transporte les bacchantes dans les mystères.

Cicéron distingue pareillement deux sortes de divinations (1), l'une qu'il appelle artificielle, comme celle qui se fait par les augures, les aruspices, l'astrologie et les sorts, et l'autre naturelle, parce qu'elle ne demande pas de l'art et de l'expérience comme la première, mais procède de l'âme même, ou transportée de fureur, d'où viennent les oracles; ou dégagée des sens par le sommeil, d'où viennent les songes prophétiques. Cette division, qu'il établit dans ce premier livre de la *Divination*, règne dans toute la suite de son ouvrage, et il y reconnaît partout la fureur pour la cause des oracles.

Aristote la reconnaît de même (*Problem. sect.* xxx, *q.* 1, *et lib. de Mundo*); mais il prétend qu'il n'y a rien que de naturel dans cette fureur, et qu'elle procède d'une bile chaude et enflammée, voisine du siège de l'âme, ou, comme il dit encore ailleurs, de la vertu des exhalaisons de certains endroits de la terre.

Porphyre (*Epist. ad Anebonem Ægyptium*), parlant de ceux qui prédisent l'avenir par la voie de l'enthousiasme, apporte pour exemple les prêtres de l'oracle d'Apollon de Claros, qui entraient dans cet état de fureur et d'enthousiasme prophétiques, en buvant de l'eau d'une fontaine; les prêtresses de Delphes, en s'asseyant sur l'ouverture de l'antre, et les prophétesses de l'oracle des Branchides, en recevant les vapeurs d'une certaine eau. Sur quoi Jamblique, lui répondant (*Lib. de Myst., sect.* III, *cap.* 11), dit que tous les autres oracles ne se rendaient pas autrement que par cette même voie de la fureur et de l'enthousiasme, et que s'il n'a nommé en particulier que ces trois oracles, c'est sans doute parce qu'ils étaient plus fameux que les autres, et qu'ils suffisaient pour montrer par quelle voie les dieux communiquaient aux hommes le don de la divination. Après quoi il explique comment ces vapeurs et ces exhalaisons pouvaient contribuer à causer cette fureur prophétique, et attirer les dieux ou les démons dans ceux qui en étaient remplis, supposant partout que cette fureur est ou la cause ou une condition nécessaire des oracles.

Il serait inutile d'accumuler un plus grand nombre de témoignages, pour prouver que les oracles proprement dits ne se rendaient pas autrement que par la fureur et l'enthousiasme, et par conséquent par des hommes qui paraissaient agités de cette fureur, et non pas par des gens qui allassent de sang-froid se placer, à l'insu de tout le monde, dans une statue pour parler par sa bouche. Il n'y a jamais eu que l'imposteur Alexandre (2) qui ait entrepris de faire rendre des oracles à peu près en cette manière par son

(1) Duo sunt enim divinandi genera, quorum alterum artis est, alterum naturæ. Quæ est autem gens aut quæ civitas quæ non aut extis pecudum, aut monstra aut fulgura interpretantium, aut augurum aut astrologorum aut sortium (ea enim fere artis sunt) aut somniorum aut vaticinationum (hæc enim duo naturalia putantur) prædictione moveatur? *De Divinat.* lib. I. Hæc me Peripateticorum ratio magis movebat, et veteris Dicæarchi, et ejus qui nunc floret Cratippi, qui censent esse in mentibus hominum tanquam oraculum aliquod, ex quo futura præsentiant, si aut furore divino incitatus animus aut somno relaxatus solute moveatur et libere. *Ibid.*, lib. II.

(2) Lucianus in *Pseudomante*, Erasmo interprete : « Verum quo magis etiam redderet attonitam multitudinem, pollicitus est sese exhibiturum ipsum deum loquentem, citraque interpretem edentem oracula. Deinde non magno negotio gruum arteriis contextis ac per lineum illud draconis caput, quod erat arte assimilatum insertis, alio quopiam per has foris insonante, responsitabat ad ea quæ proponebantur, voce nimirum per linteaceum illum Æsculapium ad aures promanante. Hujusmodi responsa αὐτόφωνα appellabantur, id est ipsius voce reddita. »

serpent Glycon, et qu'il voulait faire passer pour des oracles rendus par la propre bouche d'Esculape. Mais son entreprise ridicule n'eut point de suite, comme elle n'avait point eu d'exemple. Au moins il est bien certain que tous ces fameux oracles de l'antiquité ne se rendaient pas autrement que de la manière dont je l'ai expliqué. Il n'y a pas un auteur, ou païen ou chrétien, qui en donne une autre idée : tous ne parlent que des hommes inspirés ou possédés qui les rendaient, et il n'y en a pas un seul qui parle dans ces occasions de statues animées ou de statues parlantes.

Cela étant indubitable, je conclus, premièrement, que vous vous êtes trompé, lorsque vous avez dit que dans la plupart des oracles la fureur n'était point nécessaire ; secondement, que les oracles proprement dits ne se rendant que par des prêtres et des prêtresses qui paraissaient remplis de fureur et d'enthousiasme, tout ce que vous dites ici des conduits souterrains, des cavernes et des statues où les prêtres se cachaient, de leurs trompettes et de toutes leurs autres machines, ne sert de rien, puisque vous ne leur attribuez tous ces artifices et toutes ces fourberies que parce que vous supposez que c'étaient les statues qui rendaient les oracles, ou les prêtres des idoles cachés dans les statues ; troisièmement, que, n'ayant pas attaqué autrement dans votre ouvrage cette espèce d'oracle, qui était la plus commune et en même temps la plus fameuse, vous n'avez combattu qu'une chimère, et laissé les oracles dans leur entier ; quatrièmement, que, pour avoir une idée juste de la manière la plus commune dont les oracles se rendaient, on n'a qu'à se représenter un homme ou une femme véritablement possédés du démon, puisque tout ce que les anciens nous disent de cette fureur dont tous ces prêtres d'idoles étaient transportés est parfaitement semblable à ce que nous voyons et à ce que nous lisons des vrais possédés ; cinquièmement, que les Pères de l'Eglise et les anciens chrétiens, qui les ont en effet toujours regardés comme de véritables possédés, ont eu raison de conclure que les démons étaient les auteurs des oracles, puisque cette fureur qui transporte l'âme, qui la trouble, et qui la met hors d'elle-même, ne peut être que l'effet de l'opération du malin esprit (1).

Après cela, Monsieur, si j'étais d'humeur à me réjouir aux dépens d'autrui, et que j'eusse quelque chose de cet enjouement et de ce sel dont vous assaisonnez tous vos ouvrages, que ne pourrais-je point dire pour égayer un peu la matière que je traite, à l'occasion de toutes ces machines que vous donnez si libéralement aux prêtres des idoles pour jouer leurs comédies, de ces cavernes et de ces souterrains où vous les cachez si à propos, de ces parfums que vous leur faites brûler, lorsqu'ils étaient sur le point d'entrer dans leurs statues creuses, pour persuader que c'était l'arrivée du dieu qui embaumait tout? Mais ce qui paraît surtout agréablement imaginé, ce sont ces trompettes que vous leur mettez à la bouche, pour grossir leur voix et en multiplier le son d'une manière capable d'inspirer de la frayeur, et dont vous soupçonnez avec tant de vraisemblance qu'ils pourraient bien avoir trouvé le secret avant le chevalier Morland, que l'on en fait l'inventeur. Que tout cela, dis-je, fournirait un beau champ à qui voudrait un peu réjouir ses lecteurs ! Mais je néglige sans peine tous ces agréments que je pourrais donner à ma Réponse, pour ne m'attacher qu'au solide. J'aime mieux perdre quelque chose de mes avantages, que de vous donner le moindre sujet de chagrin, et m'éloigner des sentiments d'estime et de considération que j'ai et que j'aurai toujours pour vous. Il me suffit donc de vous avoir montré que tous ces artifices que vous prêtez aux prêtres des idoles pour rendre leurs oracles, tombent à faux, et vous leur faites beaucoup plus d'honneur qu'ils ne méritent, en les supposant assez habiles pour avoir dupé toute la terre pendant plus de deux mille ans, par le moyen de leurs statues creuses et de leurs trompettes du chevalier Morland.

CHAP. IX. — *Eclaircissements nécessaires sur quelques points particuliers avancés par l'auteur. Il suppose, sans preuve et contre ce qu'il dit ailleurs, que les païens croyaient tous que les dieux venaient manger les victimes qu'on leur immolait. Il croit que le silence auquel étaient engagés ceux qui étaient initiés aux mystères regardait aussi les oracles. Il aime mieux, sur le sujet des reliques du saint martyr Babylas, adopter les frivoles conjectures de M. Van-Dale, que suivre le sentiment de tous les historiens ecclésiastiques, et surtout de saint Jean Chrysostome.*

Avant que de passer aux oracles qui se rendaient sur des billets cachetés, permettez-moi de vous demander deux ou trois éclaircissements sur certaines choses que vous avancez à propos de cette première sorte d'oracles dont nous venons de parler. Vous dites, en rapportant l'histoire des prêtres de Bel, qu'*il s'agit là d'un des miracles du paganisme qui était le plus universellement cru, de ces victimes que les dieux prenaient la peine de venir manger eux-mêmes*. Vous m'obligerez beaucoup de m'instruire plus particulièrement sur ce sujet, en me faisant voir dans les auteurs païens qu'ils ont cru, aussi universellement que vous le dites, que les dieux venaient manger eux-mêmes les victimes qu'on leur immolait. Je sais que les poètes leur donnent pour nourriture l'ambroisie et le nectar ; que quelques autres ont cru que la fumée des sacrifices leur était fort agréable ; mais je n'en connais aucun qui ait dit qu'ils venaient eux-mêmes manger la chair des victimes. J'avais cru jusqu'à

---

(1) Origenes, lib. VII *contra Celsum*; Chrysost., in psal. XLIV; homil. 29 in *I ad Corinth*. cap. I.

présent que tous les Grecs et les Romains étaient fort persuadés du contraire, et convaincus parfaitement que c'étaient les hommes qui s'en nourrissaient, après en avoir fait consumer une petite partie par le feu du sacrifice. Vous pouviez vous ressouvenir de ce que Virgile (1) et Porphyre (2) disent sur ce sujet. Vous pouviez avoir lu ce que votre auteur rapporte d'Ovide (3) pour prouver la même chose. Mais surtout vous deviez faire attention à ce que vous dites un peu plus bas, sur le témoignage de Pausanias (*Lib.* IX), que ceux qui venaient consulter l'oracle de Trophonius ne vivaient que des chairs sacrifiées. Souffrez que je vous prie de vous accorder ici avec vous-même et avec l'auteur que vous faites profession de suivre.

Vous dites en second lieu, par rapport aux mêmes oracles, que *ce que l'on appelait les mystères et les cérémonies secrètes d'un dieu était un des meilleurs artifices que les prêtres eussent inventés pour leur sûreté, parce que ces mystères engageaient à un silence inviolable ceux qui y étaient initiés.* Il me semble que le silence auquel les mystères engageaient ne regardait que les mystères mêmes, et non pas les oracles, qui étaient très-différents. Autant que les prêtres des idoles voulaient que les premiers fussent tenus secrets, autant voulaient-ils que l'on publiât les derniers, et qu'on les répandît partout, comme la chose la plus capable de donner une haute idée de la puissance de leurs dieux. Pausanias (*Ibid.*) nous assure que l'on obligeait ceux qui avaient consulté l'oracle de Trophonius d'exposer publiquement dans des tableaux tout ce qu'ils avaient vu et tout ce qu'ils avaient entendu. Son livre et ceux des autres auteurs païens sont pleins d'oracles rendus, et de descriptions de tout ce qui se pratiquait lorsqu'on les allait consulter. Mais ni lui ni les autres ne disent rien de tout ce qui se passait dans les mystères. Ils font toujours entendre, comme Hérodote (*Lib.* II), qu'ils ne peuvent en parler sans se rendre coupables d'impiété. Et jamais nous n'eussions rien su de ce que ces infâmes mystères contenaient, si les chrétiens, comme Firmicus, Arnobe, Clément d'Alexandrie et quelques autres, ne nous les avaient fait connaître, soit qu'ils les eussent connus par eux-mêmes, lorsqu'ils étaient encore païens (4), soit qu'ils eussent été informés de tout ce qui s'y passait par des païens convertis (5). Enfin il était permis à tout le monde d'aller consulter les oracles, au lieu que la grâce d'être initié aux mystères ne s'accordait qu'à des gens choisis, et après beaucoup de cérémonies et d'épreuves (6).

La troisième chose que j'ai à vous dire regarde l'oracle de l'Apollon de Daphné, à qui les reliques de l'illustre martyr saint Babylas imposèrent silence, de l'aveu même des païens, et entre autres du sophiste Libanius (7). Vous trouvez néanmoins qu'il y a beaucoup plus d'apparence que la cause de ce silence n'était autre *que le grand concours de chrétiens qui se faisait au tombeau de ce saint martyr, et qui incommodait les prêtres d'Apollon, qui n'aimaient pas à avoir pour témoins de leurs actions des ennemis clairvoyants*, tels que les chrétiens. Il semble, Monsieur, que vous ayez oublié ici vos cavernes et vos souterrains, où les prêtres des idoles et toutes leurs machines étaient si fort en assurance contre la trop grande curiosité de leurs partisans mêmes. Y avait-il danger que les chrétiens ne les allassent observer jusque dans ces sanctuaires affreux, où il n'était permis à personne d'entrer? Les reliques du saint martyr Babylas étaient-elles dans le temple d'Apollon, ou fallait-il y entrer nécessairement, lorsque l'on allait les honorer au lieu où elles étaient? Que s'il était à craindre que les chrétiens n'entrassent dans ce temple par curiosité, qui empêchait les prêtres des idoles d'en fermer les portes, après y avoir admis ceux qu'ils jugeaient à propos? Si le trop grand jour les incommodait, que ne faisaient-ils parler durant la nuit leurs statues? Mais surtout que n'employaient-ils dans ces occasions leurs trompettes mugissantes, en menaçant tous les profanes qui oseraient approcher, des plus terribles châtiments? Une chose si effroyable aurait été capable de faire fuir tous les chrétiens, et de remplir de frayeur toute la ville d'Antioche. J'ai en vérité du déplaisir, Monsieur, de voir que vous ayez mieux aimé adopter sur ce sujet les imagi-

---

(1) Virgil., l. VIII *Æneid.* :
Tum lecti juvenes certatim aræque sacerdos
Viscera tosta ferunt taurorum, onerantque canistris
Dona laboratæ Cereris Bacchumque ministrant.
Vescitur Æneas simul et Trojana juventus
Perpetui tergo bovis et lustralibus extis.

(2) Porphyr. apud Eusebium l. IV *Præp. Evang.*, cap. 9, explicans ritus sacrificiorum Apollinis oraculo præscriptorum, ait : Τοῖς οὐρανίοις δὲ καὶ αἰθερίοις τὰ ἄκρα τῶν ἱερείων λευκῶν ὄντων ἀφιεροῦν, τὰ δὲ λοιπὰ μέρη ἐσθίειν. ἐκ μόνων γὰρ τούτων βρωτέον σοι. Oraculi carmen quod explicat illud est :
Ἄκρα μὲν Ἡφαίστῳ δόμεναι, τὰ δὲ λοιπὰ πάσασθαι.

Idem, l. II *de Abstin. ab esu animalium,* interpr. Bernardo Feliciano : « De Bassaris, inquit, qui antiquitus taurorum sacrificia fuerant imitati, verum etiam ex hominum mactatorum carnibus in cibum sumebant, non secus ac nos in cæteris animalibus nunc facimus, dum reliquias sacrificiorum carnes in epulas referimus. »

(3) Ovidius, l. XII *Metamorph.* :
Festa dies aderat qua Cycni victor Achilles
Pallada mactatæ placabat sanguine vaccæ,
Cujus ut imposuit prosecta calentibus aris.
Et diis acceptus penetravit in æthera nidor,
Sacra tulere suam, pars est data cætera mensis.
Discubuere toris proceres, et corpora tosta
Carne replent, vinoque levant curasque sitimque.

(4) Tatien, avant d'embrasser le christianisme, avait été initié aux mystères des gentils, ainsi qu'il le témoigne dans le livre qu'il a composé contre eux.

(5) Auctor *Quæst. Vet. Test.*, apud August., quæst. 114 : « Prædicata enim fide considerantes qui audiebant quid boni et sanctitatis publice promitteretur, contulerunt se ad fidem occulta illa inhonesta et turpia relinquentes, et quomodo per ignorantiam illusi sint, confitentes. »

(6) *Vide* Clementem Alexandr., l. V *Strom.*; Theonem Alexand., *de Mathem. Platonis,* et Nicetam in orat. 59 Gregorii Nazianz., ubi de Mithræ mysteriis agit.

(7) Libanius, apud Chrys., l. *de S. Babyla,* et *contra Gentiles.*

nations ridicules de M. Van-Dale, que suivre le sentiment de Socrate (*Lib.* III *Hist.*, *cap.* 18), de Ruffin (*Lib.* X *Hist. eccles.*, *cap.* 35), de Théodoret (*Lib.* III, *cap.* 10), de Sozomène (*Lib.* V, *cap.* 19), de Nicéphore (*Lib.* X, *cap.* 28), et surtout de saint Jean Chrysostome (*Lib. de S. Babyla et cont. Gent.*), qui montre avec sa force et son éloquence ordinaire, qu'il n'y eut point d'autre cause du silence de ce démon, et ensuite de l'embrasement de son temple, que le pouvoir du saint martyr Babylas : prenant à témoin de la vérité de toutes les choses qu'il avance, ceux qui l'écoutaient et qui avaient vu pour la plupart les merveilles qui étaient arrivées en cette occasion. Il est un peu fâcheux de donner le démenti à tant de grands hommes et à tant de témoins oculaires, ou de vouloir les faire passer pour des aveugles ou des imposteurs.

CHAP. X. — *Comment M. de Fontenelle explique les oracles qui se rendaient sur des billets cachetés. Réfutation de cette explication. Exemple de Trajan qui consulte ainsi l'oracle d'Héliopolis, et qui est convaincu par là qu'il n'y avait point de fourberie humaine dans cet oracle. Autre exemple d'un gouverneur de Cilicie qui donnait dans les sentiments des épicuriens. Oracle de Claros consulté par Germanicus, et les réflexions peu solides de l'auteur sur ce que Tacite en a rapporté.*

Après cette petite digression, revenons à nos oracles, et voyons comment vous vous démêlez de ceux qui se rendaient sur des billets cachetés. Vous n'y faites pas beaucoup de façons : *Les prêtres,* dites-vous, *savaient le secret de les ouvrir et ensuite de les refermer, sans que l'on s'en aperçût. Que si les prêtres,* continuez-vous, *n'osaient se hasarder à les décacheter, ils tâchaient de savoir adroitement ce qui amenait les gens à l'oracle.* Cela suppose toujours que les prêtres seuls étaient adroits et rusés, et que tous ceux qui avaient affaire à eux étaient des sots, qui ne soupçonnaient pas seulement que l'on pût ouvrir leurs billets, ou qui ne voyaient pas que dans leurs discours ils avaient eux-mêmes découvert le secret qu'ils voulaient cacher. Car remarquez, s'il vous plaît, que ceux qui consultaient les oracles par des billets cachetés étaient des gens défiants, qui ne prenaient ce moyen que pour éviter d'être trompés, et pour tâcher même de tromper l'oracle, s'ils le pouvaient. Ainsi vous pouvez bien croire qu'avec cette précaution ils n'en négligeaient aucune autre de toutes celles qu'ils pouvaient prendre pour éviter d'être surpris.

Ce fut dans cette disposition que l'empereur Trajan (1) consulta le dieu d'Héliopolis. Ses amis l'exhortaient de s'adresser à cette divinité, pour apprendre d'elle le succès de son expédition contre les Parthes, et pour l'y engager ils lui faisaient le récit des prédictions merveilleuses que ce dieu avait faites. L'empereur, qui n'y avait pas beaucoup de foi, et qui craignait qu'il n'y eût de la fourberie, lui envoya une lettre cachetée à laquelle il demandait réponse. L'oracle pour toute réponse commanda qu'on lui renvoyât un papier tout blanc, bien plié et bien cacheté. Les prêtres furent effrayés de ce commandement, parce qu'ils ne savaient pas, dit Macrobe, qui rapporte cette histoire, quelle était la lettre de l'empereur ; mais Trajan, l'ayant reçue, en fut dans l'admiration, en voyant une réponse si semblable à la lettre qu'il avait envoyée, et dans laquelle il savait lui seul qu'il n'avait rien écrit du tout. Ainsi convaincu qu'il n'y avait point de fourberie dans cet oracle, il le consulta sur son expédition, et en eut une réponse telle qu'il la pouvait avoir du démon, c'est-à-dire obscure, ambiguë et qui pouvait s'accommoder à plusieurs événements tout différents. En effet le démon, qui présidait à cet oracle, pouvait bien savoir si Trajan avait écrit quelque chose dans sa lettre, ou non ; mais il ne pouvait pas savoir si le même Trajan retournerait heureusement de son expédition, parce qu'il ne peut pas prévoir sûrement l'avenir, qui dépend des causes contingentes.

Tel était encore ce gouverneur de Cilicie dont parle Plutarque (*In lib. de Defectu orac.*). C'était un homme incrédule, et qui donnait dans les sentiments des épicuriens, dont il était continuellement environné. Il envoie à l'oracle de Mopsus un de ses domestiques chargé d'une lettre cachetée, à laquelle il demande une réponse, qui devait se rendre dans un songe. Son domestique lui rapporte ce qu'il a vu en dormant et ce qu'on lui a dit, et le gouverneur est tout étonné que cette réponse convienne parfaitement à ce qu'il avait écrit dans son billet cacheté, qu'on lui rapporta tel qu'il l'avait envoyé. Les épicuriens en sont encore plus surpris que lui, et n'ont rien à répliquer. Que ne disaient-ils, comme vous, que la lettre du gouverneur avait été ouverte, et ensuite recachetée adroitement ? Ils se seraient par là tirés facilement de leur embarras. Plutarque, qui rapporte cet exemple, et Macrobe, celui de Trajan, ne pouvaient-ils pas soupçonner la même chose ? Mais les uns et les autres étaient sans doute moins fins et moins habiles que votre auteur. Ils n'avaient pas eu le loisir d'imaginer une explication aussi heureuse et aussi recherchée que l'est celle que ce savant homme vous a fournie.

Vous expliquez ensuite l'oracle de Claros, dont Tacite (2) parle au second livre de ses

(1) Macrobius, l. I *Saturn.*, cap. 23 : « Sic et imperator Trajanus initurus ex ea provincia Parthiam cum exercitu, constantissimæ religionis hortantibus amicis qui maxima hujusce numinis ceperant experimenta, ut de eventu consulererit rei cœptæ ; egit Romano consilio prius explorando fidem religionis, ne forte fraus subesset humana. Et primum misit signatos codicillos ad quos sibi rescribi vellet. Deus jussit afferri chartam, eamque assignari puram et mitti, stupentibus sacerdotibus ad ejusmodi factum ; ignorabant quippe conditionem codicillorum. Hos cum maxima admiratione Trajanus excepit, quod ipse quoque puris tabellis cum deo egisset. »

(2) Relegit Asiam appellitque Colophona ut Clarii

Annales. « Germanicus, dit cet auteur, alla consulter l'oracle de Claros : ce n'est point une femme qui y rend les oracles, comme à Delphes, mais un homme que l'on choisit dans certaines familes, et qui est presque toujours de Milet. Il suffit de lui dire le nombre et le nom de ceux qui viennent le consulter. Ensuite il se met dans une grotte, et ayant pris de l'eau d'une source qui y est cachée, il vous répond en vers à ce que vous avez pensé, quoique le plus souvent il soit très-ignorant. » Vos réflexions sur cet oracle sont, 1° que celui qui rendait les réponses était un homme, et non pas une femme ; 2° que son ignorance ne pouvait jamais être bien prouvée ; 3° qu'il ne pouvait se dispenser de savoir les noms de ceux qui le consultaient ; 4° que ce qu'il faisait pour Germanicus, il ne l'eût pu faire pour un simple bourgeois de Rome. Après cela tout le monde ne doit-il pas tomber d'accord qu'il n'y avait que de l'imposture dans cet oracle? Les preuves que vous en produisez ne le démontrent-elles pas évidemment? Je ne sais pas ce qu'en ont pensé ceux qui les ont lues dans votre livre. J'appréhende qu'ils ne les aient pas trouvées tout à fait concluantes. Pour moi je vous avoue que je n'en suis point content, et que j'aurais mieux aimé que vous eussiez fait quelques réflexions sur ce que le même auteur ajoute, que ce faux prophète répondait aux pensées de ceux qui le consultaient. Il me semble en effet que le démon même ne le peut pas, puisque le secret des cœurs, ainsi que la connaissance certaine de l'avenir, est réservé à Dieu seul. Il est vrai néanmoins, comme saint Augustin l'enseigne (1), que le démon a une grande facilité de connaître ce que l'on a dans l'esprit, par les marques extérieures les plus légères que l'on en donne, et dont les hommes ne peuvent que très-difficilement s'apercevoir. Ainsi, ou il faut absolument rejeter ce que dit Tacite de l'oracle de Claros, ou y reconnaître, comme dans tous les autres, l'opération du malin esprit. Que si vous ajoutez ce que Jamblique rapporte du même oracle, que son faux prophète devenait tout à coup invisible à tous ses spectateurs, lorsqu'il commençait à rendre ses réponses, on sera encore obligé plus nécessairement de recourir à cette dernière explication

CHAP. XI. — *Des oracles qui se rendaient en songe : comment expliqués par l'auteur de l'Histoire. Réfutation de l'explication qu'il en donne. Les prêtres des idoles n'ont pu par leurs artifices procurer des songes tels qu'en avaient ordinairement ceux qui venaient dormir dans les temples où ces sortes d'oracles se rendaient. Plusieurs malades ont été guéris par le moyen de ces songes. On ne doit les attribuer qu'au démon, qui peut en effet causer des songes, et guérir certaines maladies, particulièrement celles qu'il a causées lui-même.*

Je viens à présent aux réflexions que vous faites pour montrer la fourberie des oracles qui se rendaient en songe. Les temples où les païens allaient dormir pour cet effet étaient en grand nombre, et la plupart très-fameux, comme ceux d'Esculape, d'Amphiaraüs, de Mopsus, de Sérapis et plusieurs (2) autres semblables. Vous dites donc que *les cavernes où ils se rendaient pouvaient être pleines de parfums et d'odeurs qui troublaient le cerveau ; que les eaux que l'on faisait boire à ceux qui y descendaient pouvaient être aussi préparées pour le même effet ; que l'on ne manquait jamais de vous remplir l'esprit d'idées propres à vous faire avoir des songes où il entrât des dieux et des choses extraordinaires; enfin que l'on faisait dormir le plus souvent sur des peaux de victimes qui pouvaient avoir été frottées de quelque drogue qui fît son effet sur le cerveau.*

Premièrement vous débitez toutes ces jolies conjectures sans aucune preuve, sans aucune autorité, sur des possibilités imaginaires, n'y ayant rien dans tous les auteurs qui ont parlé de ces sortes d'oracles, qui puisse vous donner lieu de croire ou de soupçonner que l'on employât tous ces artifices ; secondement, il me semble que tous ces parfums, ces odeurs et ces drogues étaient plus propres à causer des maux de tête et de fâcheuses insomnies que des songes ; troisièmement, quand elles auraient pu causer des songes, elles n'en pouvaient don-

---

Apollinis oraculo uteretur. Non femina illic, ut apud Delphos, sed certis e familiis et ferme Mileto accitus sacerdos, numerum modo consultantium et nomina audit; tum in specum degressus, hausta fontis arcani aqua, ignarus plerumque litterarum et carminum, edit responsa versibus compositis, super rebus quas quis mente conceptit. *Annal.* lib. II.

(1) Aliquando et hominum dispositiones, non solum voce prolatas, verum etiam cogitatione conceptas, cum signa quædam ex animo exprimuntur in corpore, tota facilitate perdiscunt; atque hinc etiam multa futura prænuntiant, aliis videlicet mira qui ista disposita non noverunt. Sicut enim apparet concitatior animi motus in vultu, ut ab hominibus quoque aliquid forinsecus agnoscatur quod intrinsecus agitur; ita non debet esse incredibile, si etiam leniores cogitationes dum aliqua signa per corpus obtuso sensu hominum cognosci non possunt, acuto autem dæmonum possunt. *De Divinat. dæmon.*

Saint Augustin, dans ses *Rétractations*, assure la même chose : que les démons peuvent connaître nos pensées, de quoi il dit que l'on a quelques expériences ; mais il doute si c'est par ces sortes de marques extérieures qu'ils les connaissent, ou par quelque autre moyen plus subtil et plus spirituel.

(2) Tertull., l. *de Anima* : « Nam et oraculis hoc genus stipatus est orbis, ut Amphiarai apud Oropum, Amphilochi apud Mallum, Sarpedonis in Troade, Trophonii in Bœotia, Mopsi in Cilicia, Hermionæ in Macedonia, Pasiphaæ in Laconia... Nam de oraculis etiam cæteris apud quæ nemo dormitat, quid aliud pronuntiabimus, quam dæmonicam esse rationem eorum spirituum qui jam tunc in ipsis hominibus habitaverint, vel memorias eorum affectaverint ad omnem malitiæ suæ scenam, in ista æque specie divinitatem mentientes, eademque industria etiam per beneficia fallentes medicinarum, et admonitionum, et prænuntiationum, quæ magis lædant juvando, dum ea per quæ juvant, ab inquisitione veræ divinitatis abducunt ex insinuatione falsæ. »

ner qui eussent du rapport aux sujets pour lesquels on venait consulter l'oracle.

Comment voulez-vous, par exemple, que tous ces artifices aient pu concourir à donner au domestique du gouverneur de la Cilicie, dont nous avons parlé, ce songe dans lequel il lui sembla voir un homme fort bien fait, qui lui dit ce seul mot, *Noir*, qui était la réponse au billet cacheté qu'il portait, et dans lequel le gouverneur, pour tenter l'oracle, avait écrit : *T'immolerai-je un bœuf blanc ou noir ?* Comment voulez-vous que tous ces parfums et toutes ces drogues pussent faire voir en songe aux malades qui venaient dormir dans le temple d'Esculape et de Sérapis, les remèdes dont ils devaient se servir pour guérir ? De cent malades qui dorment ou qui rêvent, y en a-t-il qui aient naturellement de tels songes, ou à qui on puisse se promettre d'en donner de semblables par toutes les drogues imaginables ? Néanmoins, ou il faut absolument rejeter le témoignage des auteurs qui parlent de ces oracles, ou avouer qu'en effet ceux qui venaient dormir dans les temples d'Esculape et de Sérapis avaient ordinairement des songes qui regardaient leurs maladies et qui leur prescrivaient des remèdes, bons ou mauvais, dont ils devaient se servir. Strabon (1) ne rapporte-t-il pas que « Sérapis était religieusement honoré en Egypte, et qu'il guérissait les malades, jusque-là que les personnes les plus considérables du pays en étaient persuadées, et allaient dormir dans son temple, afin d'apprendre des remèdes pour leurs maladies ou pour celles de leurs amis ; et qu'il y avait des auteurs qui avaient mis par écrit les guérisons merveilleuses qui s'y étaient faites en cette manière. » Tertullien (2) ne reconnaît-il pas « qu'Esculape avait rendu la santé par la même voie à trois personnes, » qu'il nomme ? Et l'inscription grecque que vous rapportez, et qui se trouve dans Gruterus (*Inscript. p.* 71), ne dit-elle pas du même Esculape : « A un aveugle appelé Caïus, l'oracle dit de s'approcher de l'autel et de s'y mettre à genoux, de passer ensuite du côté droit au côté gauche, de mettre sa main sur l'autel, et de la porter ensuite sur ses yeux. Et la vue lui fut rendue en présence du peuple, qui témoigna sa joie de ce qu'il se faisait de si grands prodiges sous notre empereur Antonin. A Lucius, attaqué d'une pleurésie, et désespéré de tout le monde, l'oracle dit de s'approcher, de prendre des cendres sur l'autel, de les mêler avec du vin, et de les appliquer sur son côté. Après quoi il fut guéri. Il rendit publiquement grâces au dieu du rétablissement de sa santé, et le peuple s'en réjouit avec lui. »

Or, quelque dépense que vous puissiez faire en drogues et en parfums, je vous soutiens que vous n'expliquerez jamais de pareils songes dans votre système ; au lieu que dans le sentiment des saints Pères, rien n'est si aisé : car il est certain que le démon peut causer des songes. C'est la doctrine de toute la théologie (*D. Thom.*, 2-2, q. 95, a. 6), qui en distingue, après Tertullien (3), de trois sortes : quelques-uns qui viennent de Dieu, d'autres du démon, et la plupart de causes naturelles. Il est certain aussi que le démon peut guérir certaines maladies, et en particulier celles qu'il a causées lui-même : « Ils ruinent la santé des hommes, dit saint Cyprien (4), ils causent des maladies pour se faire honorer, afin que, rétablissant ce qu'ils ont dérangé dans le corps humain, ils paraissent avoir rendu la santé. Ils guérissent en faisant cesser les maux qu'ils ont causés. » Tertullien (5) dit la même chose : « Ils sont sans doute bienfaisants pour ce qui regarde la guérison des maladies : car ils les causent eux-mêmes, et puis ils en prescrivent des remèdes admirables par leur nouveauté, souvent même contraires et pernicieux. Après quoi ils cessent de causer le mal, et par là on croit qu'ils l'ont guéri. » « Comme ce sont, dit Lactance (6), des esprits subtils, ils s'insinuent dans le corps des hommes, et pénétrant jusque dans leurs entrailles, ils affaiblissent la santé, ils causent des maladies,

---

(1) Strabo, l. xvii *Geogr.*, ubi de Canopo, Xylandro interprete : « Canopus cxx stadiis distat ab Alexandria terrestri itinere, cognominis Canopi, qui Menelai gubernator fuerat et ibi mortuus est. Habet Serapidis templum religiose cultum, ut etiam nobilissimi viri ei credant, et pro se vel aliis insomnia ibi captent. Sunt qui curationes conscribant : quidam virtutes ibi editorum oraculorum. » *Vide* eumdem l. viii, de Æsculapii templo quod erat Epidauri ; et Jamblichum de eodem Æsculapio agentem, l. *de Myst.*, sect. iii, cap. 3.

(2) Ista ipsa Virgo cœlestis pluviarum pollicitatrix, iste ipse Æsculapius medicinarum demonstrator, alia die morituris Socordio et Thanatio et Asclepiodoto vitæ subministrator, nisi se dæmones confessi fuerint, etc. *Apolog.*

(3) Definimus enim a dæmoniis plurimum incuti somnia, et si interdum vera et gratiosa, sed, de qua industria diximus, affectantia atque captantia : quanto magis vana et frustratoria et turbida, ludibriosa et immunda ! Nec mirum si eorum sunt imagines, quorum et res. A Deo autem pollicito scilicet et gratiam Spiritus sancti in omnem carnem, et sicut prophetaturos, ita et somniaturos servos suos et ancillas suas, ea deputabuntur quæ ipsi gratiæ comparabuntur, si qua honesta, sancta, prophetica, revelatoria, ædificatoria, vocatoria... Tertia species erunt somnia quæ sibimet ipsa anima videtur inducere ex intentione circumstantiarum. *De Anima.*

(4) Valetudinem frangunt, morbos lacessunt ut ad cultum sui cogant, ut nidore altarium et rogis pecorum saginati, remissis quæ constrinxerant curasse videantur. Hæc est de illis medela, cum ipsorum cessat injuria. *De Vanit. idol.*

(5) Benefici plane et circa curas valetudinum. Lædunt enim primo, dehinc remedia præcipiunt, ad miraculum nova, sive contraria, post quæ desinunt lædere et curasse creduntur. *Apolog.*

(6) Qui quoniam sunt spiritus tenues et incomprehensibiles, insinuant se corporibus hominum, et occulte in visceribus operti valetudinem vitiant, morbos citant, somniis animos terrent, mentes furorihus quatiunt, ut homines his malis cogant ad eorum auxilia decurrere. Quarum omnium fallaciarum ratio expertibus veritatis obscura est. Prodesse enim eos putant cum nocere desinunt, qui nihil aliud possunt quam nocere. *Divin. Instit.* lib. xv, cap. 15.

ils donnent des songes terribles, ils troublent l'esprit par la fureur qu'ils inspirent, afin que par là l'on soit obligé de recourir à eux. Ceux qui sont éloignés de la vérité ne connaissent point la cause de toutes ces illusions; ils croient que ces malins esprits guérissent, lorsqu'ils cessent de nuire, eux qui ne sont capables que de faire du mal. »

CHAP. XII. — *De l'ambiguïté des oracles. Elle ne prouve point ce que l'auteur prétend. Comme les démons ne connaissent point certainement l'avenir, ils ont été souvent obligés de rendre des oracles obscurs et ambigus pour cacher leur ignorance. Ils en ont néanmoins rendu quelquefois d'assez clairs, particulièrement lorsqu'ils ont prédit dans un lieu ce qu'ils avaient vu dans un autre. On ne voit pas comment M. de Fontenelle peut expliquer ces sortes d'oracles dans son système. On les lui propose pour répondre à ce qu'il demande d'Eusèbe.*

Vous venez ensuite à l'ambiguïté des oracles, en disant que *c'est une des choses qui marquent mieux que les hommes s'en mêlaient.* Je ne sais, Monsieur, si vous avez cru cette preuve fort bonne pour établir votre système : mais il ne me sera pas difficile de montrer qu'elle ne prouve rien. En effet, afin qu'elle fût bonne et concluante contre le sentiment commun, il faudrait que les démons eussent toujours pu et dû parler clairement dans les oracles qu'ils rendaient. Alors, après avoir montré qu'ils ne l'ont pas fait, vous auriez raison de conclure que l'on a tort de les leur attribuer, et qu'il est bien plus croyable qu'il n'y avait que des hommes imposteurs qui s'en mêlassent. Or vous n'avez point prouvé que les démons aient pu et dû toujours parler clairement et sans ambiguïté dans leurs prédictions. Il faudrait pour cela qu'ils eussent une connaissance certaine de l'avenir, et particulièrement des choses qui dépendent des causes libres ou contingentes. A la vérité il semble que vous le supposiez dans votre raisonnement; mais c'est une erreur dont j'ai déjà pris la liberté de vous avertir. Ainsi donc, comme les démons ne connaissent point l'avenir, ils étaient obligés, pour cacher leur ignorance, d'envelopper leurs oracles dans des obscurités et des ambiguïtés affectées, qui faisaient que l'on pouvait les accommoder à plusieurs événements tout différents, souvent même opposés. Par là, comme les Pères de l'Eglise (1) l'ont remarqué, ils se jouaient de la crédulité des païens, ils les séduisaient malheureusement, et quoi qu'il pût arriver, comme ils paraissaient toujours avoir prédit la vérité, ils se conservaient parmi eux le culte et les honneurs divins dont ils s'étaient emparés.

Tous leurs oracles néanmoins n'étaient pas ambigus : il y en avait d'assez clairs, et c'étaient particulièrement ceux par lesquels ils prédisaient dans un pays ce qu'ils avaient vu dans un autre. La facilité qu'ils ont à se transporter presque en un moment en différents lieux faisait qu'ils débitaient souvent de pareils oracles, qui se vérifiaient exactement et qui surprenaient par là étrangement les païens. Tels étaient ceux, par exemple, par lesquels ils prédisaient (2) en Egypte le temps auquel le Nil devait inonder les campagnes, après avoir vu en Ethiopie les pluies abondantes qui y étaient tombées. Tel fut encore celui qu'ils rendirent à Crœsus lorsque ce roi voulut éprouver la divinité de l'Apollon de Delphes. Vous savez que ce démon devina fort juste pour le coup, et qu'il dit précisément aux envoyés de ce prince ce que leur maître faisait à Sardes dans le moment même qu'ils le consultaient. Dans le sentiment des Pères de l'Eglise, ces sortes d'oracles s'expliquent très-facilement, et l'explication (3) qu'ils en donnent, qui est celle dont je viens de vous dire un mot, confirme admirablement la vérité de leur sentiment. Mais je serais fort curieux d'apprendre comment vous pouvez les expliquer selon votre système. Dites-moi, s'il vous plaît, par quelle adresse les prêtres de Delphes ont pu savoir que, dans le même temps que les envoyés de Crœsus consultaient l'oracle, ce prince faisait cuire à Sardes une tortue avec un agneau ? Je fais réflexion à toutes les fourberies que vous leur prêtez ; je pense à tous les instruments et à toutes les machines dont vous

---

(1) Tertull. in *Apol.* : « In oraculis autem quo ingenio ambiguitates temperent in eventus, sciunt Crœsi, sciunt Pyrrhi. » Hieronym. in cap. XLII Isaïæ : « Ubi Apollo Delphicus et Loxias, Deliusque et Clarius et cætera idola futurorum scientiam pollicentia quæ reges potentissimos deceperunt?... Quod si aliquis dixerit multa ab idolis esse prædicta, hoc sciendum quod semper mendacium junxerint veritati; et sic sententias temperarint, ut seu boni seu mali quid accidisset, utrumque possit intelligi. Ut est illud Pyrrhi regis Epirotarum :

« Aio te Æacida Romanos vincere posse.

« Et Crœsi :

« Crœsus transgressus Halym maxima regna perdet.»

Lactant., l. II, cap. 15 : « Dæmonas autem grammatici dictos aiunt quasi δαίμονας, id est peritos ac rerum scios. Hos autem putant deos esse : sciunt illi quidem futura multa, sed non omnia : quippe quibus penitus consilium Dei scire non licet. Et ideo solent responsa in ambiguos exitus temperare. » August., lib. III *de Civit.*, cap. 17, sub finem, etc.

(2) Auctor Quæstionum ad Antiochum, apud Athanasium, quæst. 27 : « Quid igitur ? nunquid præscius est futurorum diabolus, et dæmones futura prædicere queunt? Responsio. Præscius rerum et cordium cognitor solus est Deus. Nec enim vel angeli cordis abscondita vel futura videre possunt. Dæmones vero ea quæ præmonstrare creduntur, versute indagantes prædicunt. Ut pote sæpenumero tanquam spiritus, videntes imbres qui adhuc sunt apud Indos, prævertunt et anticipant in Ægypto, et per incantationes et somnia magnam Nili inundationem prædicunt. » *Vid.* etiam Athanas. in *Vita S. Antoni.*

(3) Tertull. in *Apolog.* : « Omnis spiritus ales, hoc et angeli et dæmones. Igitur momento ubique sunt, totus orbis illis locus unus est, quid ubi geratur tam facile sciunt quam enuntiant. Velocitas divinitas creditur, quia substantia ignoratur... Cæterum testudinem decoqui cum carnibus pecudis Pythius eo modo renuntiavit, quo supra diximus. Momento apud Lydiam fuerat. »

remplissez leurs cavernes, mais je n'y trouve que les trompettes du chevalier Morland qui puissent vous être ici de quelque usage. Comme vous supposez que les prêtres des idoles avaient des espions dans toutes les provinces, qui les avertissaient de tout ce qui s'y passait, il ne faut plus, après cela, que leur donner à chacun une de ces trompettes des plus longues, par le moyen de laquelle ceux de Lydie aient pu se faire entendre dans un moment de Sardes jusqu'à Delphes.

Mais, pour parler sérieusement, je ne crois pas que vous puissiez expliquer ces sortes d'oracles, quand bien même vous supposeriez les prêtres des idoles mille fois plus fourbes et plus rusés que vous ne le faites. Souffrez donc que je vous les propose, pour répondre à ce que vous demandez à Eusèbe, lorsque vous dites qu'*il fallait qu'il apportât quelque oracle non suspect, et rendu dans de telles circonstances que, quoique beaucoup d'autres pussent être imputés à l'artifice des prêtres, celui-là n'y pût jamais être imputé.* Il me paraît qu'il est difficile d'y imputer celui dont je parle; et je crois que le seul parti qui vous reste à prendre, c'est de nier qu'il ait été jamais rendu, malgré l'autorité d'Hérodote qui en fait l'histoire fort au long, et d'un très-grand nombre d'autres auteurs, tant chrétiens que païens, qui en ont fait mention comme d'un des plus fameux et des plus célèbres de toute l'antiquité.

CHAP. XIII. — *Des fourberies des oracles reconnues sous les empereurs chrétiens. Il y a eu de l'imposture dans quelques oracles, mais elle a été découverte presque aussitôt, parce qu'il n'est pas possible que le mensonge et la fourberie se soutiennent longtemps. Les païens mêmes y ont été attentifs et en ont puni les auteurs. Les oracles n'auraient jamais subsisté aussi longtemps qu'ils ont fait s'il n'y avait eu que de la fourberie. Souvent, pour ne vouloir point croire des choses fort raisonnables, on s'engage à croire les plus déraisonnables et les plus impossibles.*

Il faut présentement vous dire un mot sur ce que vous dites que *les fourberies des oracles ont été manifestement découvertes et exposées aux yeux de toute la terre, quand la religion chrétienne a triomphé du paganisme sous les empereurs chrétiens.* Vous en produisez un exemple ou deux, auxquels je réponds :

Premièrement, que je ne doute pas qu'entre cette multitude d'oracles de toutes les sortes qui ont été dans le paganisme, il n'y en ait eu plusieurs de faux, et qui n'étaient que l'effet de l'imposture de quelques fourbes. Il y a eu dans tous les siècles des imposteurs qui ont cherché à se faire de la réputation, à amasser de l'argent ou à établir leurs opinions en contrefaisant des miracles et en supposant des prodiges. Il y en a eu dans le christianisme même, et je pourrais ici en produire plusieurs sans être obligé de remonter bien avant dans l'antiquité. Mais ces fourbes ont été découverts presque aussitôt, parce qu'il n'est pas possible que l'imposture se soutienne longtemps. Il est rare qu'elle passe ceux qui en ont été les premiers inventeurs. Le faux prophète Alexandre (1), dont Lucien a écrit la vie, n'en imposa pas longtemps à la crédulité des peuples : ses fourberies furent incontinent découvertes. Les chrétiens et les païens mêmes de son temps le reconnurent et s'en moquèrent. Elles tombèrent avec l'imposteur, et même avant lui; et si Lucien n'avait jugé à propos d'en conserver la mémoire dans un de ses ouvrages, on n'en aurait jamais entendu parler.

L'imposture de Théotecnus (*Apud Euseb. Hist. eccles. lib.* IX, *cap.* 11) ne dura pas plus longtemps que celle d'Alexandre. Elle fut presque aussitôt reconnue, et l'auteur, avec ses complices, quelque considérable qu'il fût d'ailleurs, en fut puni du dernier supplice par l'empereur Licinius. Ce qui fait voir, pour le dire en passant, que les païens mêmes avaient horreur de ces sortes d'impostures, qu'ils y étaient attentifs et qu'ils ne les souffraient pas impunément.

Tel est le sort des fourberies : quelque bien concertées qu'elles puissent être, elles se démentent bientôt par quelque endroit et sont incontinent découvertes. Comme les hommes sont naturellement incrédules et qu'ils ne croient pas aisément, ainsi qu'on l'a remarqué avant moi (2), ce qui est au delà de ce qu'ils voient ou de ce qu'ils peuvent faire eux-mêmes, tout ce qui est merveilleux et extraordinaire leur paraît suspect. Ils y soupçonnent toujours de la fraude et de l'imposture, et pour peu qu'il y en ait, il n'est pas possible qu'elle leur échappe, à moins qu'elle ne soit l'effet de quelque puissance supérieure qui les surpasse de beaucoup en subtilité et en malice. Il n'arrive même que trop souvent, par cet éloignement qu'ils ont de croire tout ce qui paraît extraordinaire, qu'ils supposent de la fourberie où ils n'ont pas la moindre raison d'en soupçonner. Que si la vérité, et souvent une vérité toute divine, a tant de peine à se faire reconnaître, comment une fourberie purement humaine pourrait-elle se soutenir longtemps? Comment pourrait-elle subsister des siècles entiers, et tromper, non pas quelques ignorants, mais les plus savants hom-

---

(1) Lucianus in *Pseudomante*, Erasmo interprete : « Verum ubi jam plerique quibus mentis plusculum inerat, non secus atque ex alta ebrietate resipiscentes, conspirassent in illum, præsertim ex iis qui studebant Epicuro, jamque paulatim in oppidis deprehenderentur universa præstigiatura fictusque fabulæ apparatus, horrendum quiddam in eos edidit, dicens impiis et Christianis impleri Pontum, qui non verentur in sese turpissime maledicere, eos jussit lapidibus pellerent, si modo vellent propitium habere deum. »

(2) *Réflexions morales D. L. R.*, réfl. 257 : « Nous ne croyons pas aisément ce qui est au delà de ce que nous voyons. » Vid. Gregor. Nyss. in *Vita S. Macrinæ*, sub fin., et Theodoret. *Hist. relig.*, initio *Vitæ S. Simeonis Stylitæ*.

mes et les nations entières les plus éclairées et les plus habiles ?

Tels ont été ces fameux oracles dont nous parlons. Ils ont subsisté plus de deux mille ans, et ont été, durant tout ce temps, consultés, admirés et respectés de tout le paganisme, des peuples et des nations les plus éclairées. Les Grecs et les Romains les ont considérés comme ce qu'il y avait de plus auguste et de plus divin dans leur religion. Les philosophes ont été convaincus, comme tous les autres, qu'ils contenaient quelque chose de surnaturel et d'extraordinaire. Ils en ont recherché les causes : ils ont fait des systèmes pour les expliquer. La plupart les ont attribués immédiatement à la puissance de leurs dieux; d'autres à des génies inférieurs; d'autres aux dispositions naturelles de certaines personnes et à la vertu de certains endroits de la terre. A peine s'en trouve-t-il un seul parmi les plus incrédules, parmi ceux qui ne reconnaissaient ni divinité, ni providence, ni immortalité de l'âme, qui s'avise de penser que tous ces oracles n'ont été que des fourberies des prêtres des idoles; fourberies si grossières que, de la manière dont vous les exposez après M. Van-Dale, elles ne seraient pas capables de tromper pendant six semaines les gens de la campagne les plus stupides et les plus ignorants. Elles ont néanmoins trompé, selon vous, les villes et les provinces entières, les princes et les philosophes les plus habiles, les peuples et les nations les plus éclairées, sans que personne ait jamais pu les découvrir. Est-ce qu'ils étaient incapables de soupçonner que l'on pût ou que l'on voulût les tromper ? Si les prêtres des idoles avaient intérêt à les amuser et à les séduire, n'en avaient-ils pas beaucoup plus à éviter de l'être ? On leur parlait dans des statues creuses; on leur criait aux oreilles avec des trompettes; on les endormait avec je ne sais quelles drogues; on faisait jouer à leurs yeux des marionnettes; et pendant plus de deux mille ans ils ont toujours cru que tout cela était divin, surnaturel, miraculeux; en un mot, l'ouvrage des dieux et l'effet de leur puissance. Et le petit nombre de ceux qui, plus incrédules que les autres, n'ont pu se persuader que les dieux fussent les auteurs de ces oracles, ont été obligés, comme Aristote (1) et Pline (2) l'Ancien, de recourir, pour les expliquer, à des vertus et des propriétés chimériques de la nature ou de certaines exhalaisons de la terre. Personne entre eux n'ouvre les yeux pour reconnaître qu'on les joue et qu'ils se rendent eux-mêmes ridicules en recherchant sérieusement la cause d'un effet qui n'est qu'une chimère ou une fourberie grossière de quelques imposteurs. Certainement, pour croire que tant de grands hommes, tant de peuples, tant de nations différentes ont été dans un aveuglement si prodigieux durant une si longue suite de siècles, il faut avoir une foi bien grande. Il est plus aisé de croire ce qu'il y a de plus incroyable et de plus prodigieux dans les fables. Vous croyez néanmoins ce prodige, quelque ennemi que vous soyez de tout ce qui tient du merveilleux, et vous y avez beaucoup moins de peine qu'à croire qu'il y a eu dans les oracles des illusions et des prestiges du démon. C'est ainsi qu'il arrive que, pour ne vouloir point admettre un sentiment fort raisonnable, très-bien prouvé et très-conforme à ce que la foi et l'Ecriture nous enseignent, on s'engage souvent à croire et à soutenir les paradoxes les plus étranges et les systèmes les plus chimériques et les plus impossibles. D'où vient cela ? C'est que bien des gens n'aiment pas à entendre parler des démons, ni de tout ce qui y a quelque rapport. Cela réveille certaines idées de l'autre vie qui ne plaisent pas. Ils croient assez les vérités de la religion sur des raisonnements de spéculation, mais des preuves trop sensibles de ces mêmes vérités les incommodent.

Chap. xiv. — *On n'a découvert les fourberies de quelques oracles que longtemps après l'établissement du christianisme. Pourquoi cela ? Parce qu'il y a eu quelques oracles supposés, on ne peut pas conclure que tous les autres l'aient été aussi : au contraire, les faux oracles supposent qu'il y en a eu de véritables. Passage d'Eusèbe pris à contre-sens par l'auteur de l'Histoire. Conclusion de cette seconde partie de la Réponse. On ne peut attribuer qu'aux démons les oracles du paganisme.*

Je vous prie, Monsieur, en second lieu, de faire réflexion que les fourberies dont Eusèbe (3) et Théodoret (4) font mention n'ont été découvertes que longtemps après l'établissement du christianisme. Il n'est pas difficile d'en donner la raison : c'est que la plupart des oracles ayant cessé alors, parce que les démons en avaient été chassés par le pouvoir de Jésus-Christ et la foi des chrétiens, quelques païens, pour affermir leur religion qui tombait en ruine, n'étant plus soutenue de ces prétendues merveilles des oracles qui en faisaient le plus ferme appui, tâchèrent de réparer ce défaut, en y suppléant par des artifices et des fourberies. Il leur était fort fâcheux de ne plus voir parmi eux, comme autrefois, des gens inspirés, des songes prophétiques, des apparitions de leurs dieux, plus de prodiges ni de miracles qui autorisassent leur idolâtrie. Ils firent donc en cette occasion ce qu'il était fort naturel qu'ils fissent, et ce qui s'est fait depuis, plus d'une fois, en quelque matière à peu

---

(1) Aristot., l. *de Mundo*, et in *Problem.* sect. xxx.
(2) Plinius, l. ii *Natur. Histor.*, cap. 93 : « Fatidici specus quorum exhalatione temulenti futura præcinunt, ut Delphis nobilissimo oraculo. Quibus in rebus quod possit aliud causæ afferre mortalium quispiam, quam diffusæ per omne naturæ subinde aliter atque aliter numen erumpens. »
(3) Eusebius, l. iii *Præp. Evang.*, cap. 2, sub finem, ubi eum præcipue de oraculo Theotecni agere manifestum erit, si conferatur is locus cum altero petito ex ejus *Historia*, l. ix, cap. 3 et 11.
(4) Theodoretus, *Hist. Eccles.* l. v, cap. 22.

près semblable. Ne pouvant plus avoir d'oracles véritables, ils en contrefirent, ils en supposèrent le mieux qu'ils purent. Mais comme de pareilles fourberies ne peuvent pas se soutenir longtemps, ils furent presque aussitôt découverts et punis comme ils le méritaient.

En troisième lieu, que pouvez-vous conclure des fourberies de Théotecnus (1) et de quelques autres pareilles, s'il s'en trouve? Que tous les autres oracles de l'antiquité n'ont été pareillement que des impostures de quelques fourbes? Cette conséquence ne vaut rien du tout. On a découvert dans ces derniers siècles des fourbes qui ont contrefait les possédés; pouvez-vous conclure de là que tous les possédés dont il est parlé dans l'Histoire sacrée et dans les Vies des saints les plus authentiques n'ont été pareillement que des fourbes et des imposteurs? Il y a eu de faux miracles dont on a découvert l'imposture; donc tous les miracles qui se sont faits dans tous les siècles sont pareillement faux et supposés. Cette conséquence est-elle bonne? Il me semble au contraire que celle-ci est bien plus juste et bien plus raisonnable : il y a eu des miracles faux, donc il y en a un grand nombre de vrais, parce que les faux supposent les vrais, comme la fausse monnaie suppose qu'il y en a une qui est bonne et légitime. On ne contrefait pas la fausseté, mais la fausseté contrefait la vérité. La fausseté donc de quelques oracles, les fourberies de quelques imposteurs qui ont tâché d'en contrefaire, supposent qu'il y en a eu de vrais, c'est-à-dire qui n'ont pas été l'effet de l'imposture des prêtres païens. Ainsi j'ai droit de conclure du faux oracle de Théotecnus, de celui de l'imposteur Alexandre et de quelques autres pareils, s'il s'en peut trouver, que ceux de Delphes, de Dodone, de Claros, ont été vrais, dans le sens que je viens de donner à ce mot.

En quatrième lieu, souffrez que je vous dise que vous avez pris à contre-sens les paroles d'Eusèbe touchant l'oracle d'Esculape de la ville d'Eges en Cilicie. *Eusèbe*, dites-vous, *rapporte qu'on chassa de cet oracle non pas un dieu ni un démon, mais le fourbe qui avait si longtemps imposé à la crédulité du peuple*. Vous entendez par là quelque imposteur du nombre des prêtres des idoles. Mais non, Monsieur, ce fourbe dont Eusèbe parle en cet endroit n'est autre qu'Esculape lui-même, c'est-à-dire le démon qui, sous le nom de cette fausse divinité, séduisait le peuple par ses oracles. Ce qui vous a trompé, c'est le mot de *démon*, qu'Eusèbe prend en cet endroit dans le sens que les païens lui donnaient, c'est-à-dire pour un génie ou une divinité inférieure. Vous vous seriez facilement aperçu de votre erreur, si vous aviez pris la peine de lire Eusèbe. Ce qu'il prétend signifier est si clairement expliqué dans ce qu'il dit au commencement et à la fin de cette histoire, que l'on ne peut pas douter un moment de sa pensée. Voici le passage dont il s'agit. « L'empereur, dit Eusèbe (2), commanda qu'on rasât aussi ce temple. Aussitôt ce temple si fameux et si admiré par les plus grands philosophes fut renversé par une troupe de soldats, et avec lui celui qui y était caché, qui n'était ni un dieu, ni un démon, mais un séducteur des âmes, qui pendant un temps infini avait trompé les hommes. Ainsi celui qui promettait de guérir les autres de leurs maladies ne put point trouver de remède à sa ruine, ni se préserver lui-même alors, non plus que lorsqu'il fut frappé de la foudre, selon que les fables le disent. »

Il est visible qu'Eusèbe entend par là le démon qui, sous le nom d'Esculape, avait séduit si longtemps les païens. Le nom qu'il lui donne de séducteur des âmes, et ce temps infini pendant lequel il dit qu'il les a trompés, ne conviennent pas à un homme. Enfin il met la chose entièrement hors de doute, lorsqu'il ajoute que c'est celui-là même qui promettait la guérison des maladies, et dont il est rapporté dans les fables qu'il mourut d'un coup de foudre. Ce qu'il dit au commencement de cette histoire ne détermine pas moins clairement quelle a été sa pensée; mais il serait trop long de le décrire ici, et la chose ne le mérite pas.

Je finis, Monsieur, cette seconde partie de ma Réponse, en tirant de ce que j'ai eu l'honneur de vous dire une conclusion en faveur du sentiment des anciens chrétiens et des Pères de l'Eglise touchant les oracles.

On ne peut attribuer ce que l'on a vu d'extraordinaire et de merveilleux dans les oracles du paganisme, qu'à la puissance de Dieu, ou à quelque cause naturelle, telle que pourrait être une bile échauffée, ou la

---

(1) On a bien voulu, avec l'auteur de l'*Histoire*, traiter l'oracle de Théotecnus de pure fourberie, quoique, en examinant les choses de plus près, on ait pu prouver qu'il y a eu de la magie et de l'illusion du démon. Eusèbe le témoigne fort clairement; voici ses paroles : Τελευτῶν εἰδώλων τε Διὶς Φιλίου μαγγανείαις τισὶ καὶ γοητείαις ἱδρύει· τελετάς τε ἀνάγνους αὐτῷ καὶ μυήσεις ἀκαλλιερήτους, ἐξαγίστους τε καθαρμοὺς ἐπινοήσας, μέχρι καὶ βασιλέων τὴν τερατείαν, δι' ὧν ἐδόκει χρησμῶν ἐπετέλει, ἐπεδείκνυτο. καὶ δὴ οὕτως κολακείᾳ τῇ καθ' ἡδονὴν τοῦ κρατοῦντος, ἐπεγείρει κατὰ χριστιανῶν τὸν δαίμονα· καὶ τὸν θεὸν δὴ κελεῦσαί φησιν, ὑπερορίους τῆς πόλεως καὶ τῶν ἀμφὶ τὴν πόλιν ἀγρῶν, ὡς ἂν ἐχθροὺς αὐτῷ χριστιανοὺς ἀπελάσαι. Euseb., l. ix Hist. eccles., cap. 3.

(2) Eusebius, l. III de Vita Constantini, cap. 56 : Ἐπειδὴ γὰρ πολὺς ἦν ὁ τῶν δοκήσει σοφῶν περὶ τὸν Κιλίκων δαίμονα πλάνος, μυρίων ἐπτοημένων ἐπ' αὐτῷ ὡς ἂν ἐπὶ σωτῆρι καὶ ἰατρῷ, ποτὲ μὲν ἐπιφαινομένῳ τοῖς ἐγκαθεύδουσι, ποτὲ δὲ τῶν τὰ σώματα καμνόντων ἰωμένῳ τὰς νόσους (ψυχῶν δ' ἦν ὀλετὴρ ἄντικρυς οὗτος, τοῦ μὲν ἀληθοῦς ἀφέλκων Σωτῆρος, ἐπὶ δὲ τὴν ἄθεον πλάνην καταπίπτων τοὺς πρὸς ἀπάτην εὐχερεῖς), εἰκότα δὴ βασιλεὺς πράττων, Θεὸν ζηλωτὴν ἀληθῶς σωτῆρα προβεβλημένος, καὶ τοῦτον εἰς ἔδαφος τὸν νεὼν ἐκέλευσε καταβληθῆναι· ἑνὶ δὲ νεύματι κατὰ γῆς ὑπλοθῇ, δεξιᾷ καταρριπτουμένους στρατιωτικῇ τό τε γενναίων φιλοσόφων βοώμενον θαῦμα, καὶ ὁ τῇδε ἐνδομυχῶν, οὐ δαίμων οὐδέ γε θεός, πλάνος δέ τις ψυχῶν, μακροῖς καὶ μυρίοις ἐξαπατήσας χρόνοις. Εἴθ' ὁ κακῶν ἑτέρους ἀπαλλάξειν συμφορᾶς προϊσχόμενος, οὐδὲν αὐτὸς ἑαυτῷ πρὸς ἄμυναν εὕρατο φάρμακον μᾶλλον, ἢ ὅτε κεραυνῷ βληθῆναι μυθεύεται.

vertu de quelque exhalaison, ou enfin à la malice et aux impostures des démons. On ne peut pas l'attribuer à Dieu, puisque tous ces oracles étaient remplis d'impiété, de cruauté, de mensonge, d'idolâtrie et de toute sorte d'abominations et d'infamies. On ne peut pas l'attribuer à quelque cause naturelle, puisqu'il y avait bien des choses qui surpassaient les forces de toutes ces causes, comme la prédiction de plusieurs événements, la guérison de plusieurs maladies. On ne peut pas non plus l'attribuer aux fourberies des prêtres des idoles, comme je l'ai fait voir. Il faut donc l'attribuer nécessairement à la malice et à l'imposture des démons, comme tous les anciens chrétiens l'ont cru, et comme la plupart le croient encore à présent.

TROISIÈME PARTIE,

DANS LAQUELLE ON MONTRE QUE LES ORACLES DU PAGANISME ONT CESSÉ APRÈS LA NAISSANCE DE JÉSUS-CHRIST, PAR LE POUVOIR DE SA CROIX ET L'INVOCATION DE SON NOM, ET L'ON RÉPOND AUX RAISONS ALLÉGUÉES AU CONTRAIRE PAR L'AUTEUR DE L'HISTOIRE.

CHAPITRE PREMIER. — *Raisons générales qui ont dû détourner l'auteur de l'Histoire d'entreprendre de ruiner le sentiment des Pères de l'Eglise touchant le temps de la cessation des oracles. Il n'a point dû s'en tenir sur ce sujet à l'autorité de M. Van-Dale. Il suppose aux Pères de l'Eglise une opinion qu'ils n'ont jamais eue. Quel a été leur véritable sentiment.*

Avouez la vérité, Monsieur : n'avez-vous pas senti quelque répugnance en travaillant dans votre seconde dissertation à prouver que les oracles n'avaient point cessé à la venue du Sauveur du monde ? Vous vous êtes vu une seconde fois obligé de vous opposer seul au sentiment des Pères de l'Eglise, et même des auteurs profanes qui ont reconnu cette vérité si glorieuse à notre religion. Et cela doit naturellement faire de la peine à un homme sage, qui respecte l'autorité de ces grands hommes, et qui sait combien il est dangereux de s'opposer à leur sentiment unanime. De plus, il n'est pas possible que vous n'ayez remarqué que votre opinion donnait atteinte à la gloire du Sauveur du monde, qui a été reconnu jusqu'à présent pour le destructeur de l'idolâtrie, et par conséquent des oracles qui en faisaient la partie la plus considérable et le plus ferme appui. Il semble néanmoins que vous vouliez insinuer qu'il n'a point eu part à ce grand événement. Vous ne parlez que des édits des empereurs chrétiens, lorsqu'il s'agit de l'extinction de l'idolâtrie ; et vous attribuez la cessation des oracles en partie à ces mêmes édits, et en partie au mépris que les Romains et quelques sectes de philosophes en ont fait ; aux crimes et aux fourberies des prêtres des idoles. D'où il s'ensuit que le plus grand miracle du christianisme, qui est son établissement sur les ruines du paganisme, s'est fait d'une manière tout humaine et toute naturelle, sans que l'on y trouve rien qui doive être attribué au pouvoir de Jésus-Christ. Il est rude à un chrétien de se voir obligé de diminuer la gloire de celui qu'il reconnaît pour son Dieu, et de dissimuler, contre son inclination, que c'est à lui qu'il doit le bonheur qu'il a d'être délivré des ténèbres du paganisme et de la tyrannie du démon.

Vous me direz peut-être que vous avez cru devoir sacrifier toutes ces répugnances à la vérité, qui doit l'emporter sur toutes sortes de considérations. Le prétexte est spécieux ; mais il me semble que vous deviez auparavant vous bien assurer de cette vérité, en consultant les Pères de l'Eglise dans leurs ouvrages, et en examinant soigneusement le sens de leurs paroles, sans vous en tenir à l'autorité de M. Van-Dale, qui vous devait être suspecte en ces matières pour bien des raisons. Si vous l'aviez fait, habile et éclairé comme vous l'êtes, vous eussiez reconnu sans peine que le sentiment des Pères de l'Eglise sur le temps de la cessation des oracles est clair, certain, indubitable et parfaitement conforme à la vérité. Mais vous n'avez pas jugé à propos de prendre cette peine : vous vous en êtes rapporté de bonne foi à ce médecin anabaptiste, et vous avez cru, sur son autorité, que les saints Pères avaient dit que, dans le moment même de la naissance de Jésus-Christ, tous les oracles sans exception avaient cessé dans toutes les parties du monde. Ensuite de quoi il ne vous a pas été difficile, en suivant toujours votre guide, de montrer que ce sentiment est faux, puisqu'il est constant qu'après la naissance du Sauveur du monde il y a eu encore des oracles que l'on a consultés.

Or, Monsieur, je crois pouvoir vous montrer évidemment que les Pères de l'Eglise, et en particulier Eusèbe, que vous attaquez plus personnellement, n'ont jamais dit ni pensé ce que vous leur faites dire, et que c'est là une idée fausse et chimérique que M. Van-Dale leur a prêtée, pour avoir lieu de les réfuter et de ruiner, s'il le pouvait, leur autorité.

Quel est donc, me direz-vous, leur véritable sentiment ? C'est que les oracles du paganisme ont cessé après la naissance du Sauveur du monde et la prédication de son Evangile, non pas tout d'un coup, mais à mesure qu'il a été connu des hommes, et que sa doctrine salutaire a été reçue partout. Ils donnent le temps de sa naissance pour celui auquel les oracles ont commencé à tomber en ruine, par la fuite des démons qui en étaient les auteurs, mais non pas pour le moment précis où ils ont été ruinés entièrement dans toutes les parties du monde. Ils enseignent enfin que cet événement miraculeux doit être attribué à Jésus-Christ, à son pouvoir sur les démons, et à celui qu'il a donné aux chrétiens de les chasser en son nom. Il est juste de vous donner des preuves de tout cela : en voici quelques-unes.

Chap. ii. — *L'on montre qu'Eusèbe n'a point dit que les oracles des païens aient cessé dans le moment de la naissance de Jésus-Christ, mais seulement après la publication de son Evangile. Eusèbe prouve son sentiment par le témoignage de Porphyre. Nouvelle preuve du sentiment de cet auteur, tirée de ses livres de la Démonstration évangélique.*

Je commence par Eusèbe, qui, au commencement du v° livre de sa *Préparation évangélique*, dans le titre même du premier chapitre, parle ainsi : « L'on continue de prouver que les oracles des gentils sont l'ouvrage des mauvais démons, et l'on montre de quelle manière, après la publication de l'Evangile de notre Sauveur, ces oracles ont cessé. » Vous voyez, Monsieur, qu'il ne dit pas qu'ils ont cessé dans le moment même de la naissance de Jésus-Christ, mais seulement après la publication de son Evangile, ce qui est très-différent. Il commence ensuite son premier chapitre en disant que, « quoique ce qu'il a dit jusqu'alors montre clairement que les dieux des gentils ne sont ni des dieux, ni même de bons démons, il ne laissera pas d'en apporter de nouvelles preuves, afin que l'on connaisse mieux l'avantage que la doctrine évangélique du Sauveur du monde a apporté aux hommes, en les délivrant de la servitude où ils étaient. » Il ajoute incontinent : « Ecoutez donc comment les auteurs païens eux-mêmes avouent que leurs oracles n'ont cessé que dans le temps que la doctrine salutaire de l'Evangile a commencé à se répandre sur la terre et à éclairer les hommes de ses vives lumières; et nous montrerons incontinent que ce n'est qu'après la naissance de Jésus-Christ que l'on a commencé à parler de la mort des démons, et que ces oracles autrefois si fameux ont cessé. » Ce n'est donc qu'après la naissance du Sauveur du monde et la publication de son Evangile qu'Eusèbe assure que les oracles ont cessé. Ensuite, pour prouver ce qu'il a avancé touchant cette cessation des oracles, il produit le témoignage de Porphyre, qui dans le livre qu'il a fait contre la religion chrétienne a dit (*Apud Euseb.*, *loc. cit.*) : « Faut-il s'étonner si les maladies règnent dans la ville depuis si longtemps, puisque Esculape et les autres dieux se sont retirés d'entre les hommes? Car depuis que l'on a commencé à adorer le Christ, personne n'a ressenti aucun bienfait public des dieux. » On voit que Porphyre parle des oracles d'Esculape, dans lesquels cette divinité ou plutôt ce démon guérissait en songe les malades, en leur apparaissant et en leur prescrivant les remèdes dont ils devaient se servir. Ces sortes d'oracles avaient donc cessé alors, de l'aveu même de Porphyre, par le pouvoir de Jésus-Christ, ainsi que la plupart des autres. Et c'est là la preuve qu'apporte Eusèbe pour montrer qu'après la publication de l'Evangile les oracles, de l'aveu même des païens, avaient été réduits au silence.

Pour prouver ensuite ce qu'il a dit, que ce n'est que dans ce temps-là non plus que les païens ont débité des histoires touchant la mort de leurs démons pour expliquer la cause de ce silence si surprenant, il produit l'oracle d'Apollon que vous avez rapporté, et ensuite l'autorité de Plutarque, et son histoire de la mort du grand Pan; après quoi il conclut ainsi (*Euseb.*, *ibid.*, cap. 17) : « Vous pouvez donc reconnaître par là le temps auquel l'empire des démons a été aboli, de même que la coutume d'immoler des hommes, ce qui n'est arrivé qu'après que l'Evangile a été annoncé aux hommes. » Vous voyez, Monsieur, que le temps qu'Eusèbe assigne à ces deux événements qu'il joint ensemble (ce que je vous prie de remarquer) n'est pas précisément le moment de la naissance du Sauveur du monde, mais le temps auquel son Evangile a été annoncé aux hommes. Il avait dit immédiatement auparavant que « la mort de ce démon (c'est-à-dire, selon Eusèbe, le commencement de la ruine de l'empire du démon) était arrivée sous le règne de Tibère, dans le temps que le Sauveur du monde chassait les démons, ainsi qu'il est rapporté dans l'Evangile. » N'est-ce pas en effet dans ce temps-là, comme Eusèbe le remarque, que le Fils de Dieu a commencé à renverser l'empire du démon, à chasser ce prince du monde, comme il l'appelle, à lier ce fort armé et à détruire toutes ses œuvres, qui est la fin pour laquelle l'Ecriture nous apprend qu'il est venu sur la terre (1)?

Cet ancien auteur parle de la même manière sur le temps de la cessation des oracles, dans le v° livre de sa *Démonstration évangélique*, où, après avoir répété en abrégé les preuves qu'il a apportées dans ses livres de la *Préparation*, pour montrer que les démons étaient les auteurs des oracles, il ajoute : « Enfin, une marque évidente de leur faiblesse, c'est qu'à présent ils ne rendent plus de réponses comme auparavant; ce qui n'est arrivé que depuis la naissance de Notre-Seigneur Jésus-Christ : car, continue-t-il, depuis que sa doctrine a été répandue dans toutes les nations, les oracles ont cessé. » Vous voyez, Monsieur, qu'Eusèbe ne dit jamais que les oracles ont cessé précisément dans le moment de la naissance de Jésus-Christ, mais après, et depuis que sa doctrine a été répandue dans le monde. Vous avez pu remarquer aussi que par ces paroles dont il se sert dans le dernier passage que j'ai tiré de sa *Préparation évangélique* (ce qui n'est arrivé qu'après que l'Evangile a été annoncé aux hommes), il compare le temps qui a précédé la naissance de Jésus-Christ et la

---

(1) *I Joan.* iii : In hoc apparuit Filius Dei, ut dissolvat opera diaboli.

prédication de son Evangile, avec celui qui l'a suivi. Dans celui qui a précédé, les oracles ont toujours subsisté, les démons ont toujours trompé les hommes par les illusions de leurs réponses prophétiques ; dans celui qui a suivi, c'est-à-dire depuis l'incarnation du Fils de Dieu, depuis que l'Evangile a été annoncé aux hommes, les démons ont été chassés, les oracles ont été réduits au silence. Quand les paroles d'Eusèbe seraient obscures ou ambiguës, il me semble que cette comparaison qu'il fait du temps qui a précédé Jésus-Christ avec celui qui l'a suivi devrait seule vous faire connaître qu'il n'a pas été dans le sentiment que vous lui attribuez.

Chap. III. — *Ce qu'ont pensé les autres Pères de l'Eglise touchant le temps du silence des oracles, et en particulier saint Athanase. Tertullien, saint Cyprien, Minutius Félix et Lactance, supposent, comme lui, que tous les oracles n'avaient point cessé dans le temps de la naissance de Jésus-Christ. Autre preuve tirée du même saint Athanase, qui fait voir clairement dans quel sentiment il a été sur ce sujet. Témoignages de saint Cyrille d'Alexandrie, de Théodoret, de Prudence, de l'auteur des Questions et des Réponses aux orthodoxes, et de saint Jérôme.*

Mais écoutons les autres Pères de l'Eglise, qui vous feront connaître encore plus clairement votre erreur, et qui nous apprendront ce que l'on doit entendre quand on dit que les oracles ont cessé à la naissance de Notre-Seigneur. « Autrefois, dit saint Athanase (*De Incarn. Verbi Dei*), les oracles de Delphes, de Dodone, de la Béotie, de la Lycie et de l'Egypte, étaient remplis des impostures de la magie : la Pythie était admirée de tout le monde ; mais depuis que Jésus-Christ est annoncé partout, cette fureur a cessé et on ne voit plus de ces devins. Autrefois les démons s'étant emparés des fontaines et des fleuves, des idoles de bois ou de pierre, séduisaient les hommes par leurs prestiges. Mais à présent, depuis que le Fils de Dieu a paru, ces illusions ont cessé, parce qu'avec le seul signe de la croix on les fait disparaître. » Il est visible que saint Athanase n'a point prétendu que tous les oracles aient cessé dans le moment même de la naissance du Sauveur du monde, puisqu'il dit clairement que ce n'est que depuis qu'il a paru et qu'il a été annoncé partout, et qu'il ajoute que l'on fait disparaître toutes ces illusions par le signe de la croix, qui assurément n'a commencé à être en usage qu'après la mort du même Sauveur, lorsque le grand mystère de sa croix a été reconnu pour le principe et la cause du salut des hommes.

Bien plus, vous avez pu remarquer, dans la première partie de cette Réponse, que le même saint Athanase, ainsi que Tertullien, saint Cyprien, Minutius Félix et Lactance, invitent les païens à être témoins eux-mêmes de la manière dont les chrétiens chassaient les démons des oracles et de ceux qui les rendaient, par le signe de la croix et l'invocation du nom de Jésus-Christ. Cela ne montre-t-il pas encore évidemment combien ils ont été éloignés de croire que tous les oracles eussent cessé dès le moment de la naissance du Sauveur du monde ? Auraient-ils pu faire ce défi aux païens, s'il n'y avait eu de leur temps, dans les lieux où l'idolâtrie subsistait encore, de ces faux prophètes du démon ?

Mais continuons à écouter saint Athanase, qui nous apprendra que ce n'est en effet qu'à mesure que le christianisme s'est établi dans le monde, que les prestiges des oracles ont cessé, par le pouvoir de la croix de Jésus-Christ. Car voici comme il conclut son ouvrage de l'*Incarnation du Verbe divin*, où, pour prouver la vérité de ce grand mystère, il s'est particulièrement servi de cet événement miraculeux, comme d'un argument sensible et évident, auquel il n'y avait rien à répondre : « Après tout ce que nous avons rapporté, dit ce Père, voici une chose qui, comme la principale de toutes et la plus digne d'admiration, mérite que l'on y fasse une attention particulière. C'est que depuis que le Fils de Dieu a paru sur la terre, l'idolâtrie n'augmente plus ; mais au contraire elle diminue et s'affaiblit tous les jours. La sagesse des gentils ne fait plus de progrès, et ce qui en reste se dissipe peu à peu. Les démons enfin ne séduisent plus les hommes par leurs illusions, leurs oracles et leurs prestiges ; mais lorsqu'ils osent encore l'entreprendre, ils sont aussitôt confondus par le signe de la croix. En un mot, considérez comme la doctrine du Sauveur du monde se répand et se fortifie partout, et comment au contraire l'idolâtrie et tout ce qui s'oppose à la religion chrétienne diminue, s'affaiblit et tombe en ruine. En voyant cette merveille, adorez le pouvoir du Fils de Dieu, et méprisez toutes ces superstitions qu'il fait disparaître. Car de même que les ténèbres n'ont plus de force en la présence du soleil, et que s'il en reste encore en quelque endroit, elles se dissipent bientôt, ainsi depuis que le Fils de Dieu a paru, les ténèbres de l'idolâtrie n'ont plus de force, et toutes les parties du monde se remplissent des lumières de la foi. Et comme il arrive que lorsqu'un roi demeure enfermé dans son palais et ne paraît pas en public, il se trouve des esprits brouillons qui se prévalent de son absence pour envahir le nom et l'autorité royale, par là les peuples tombent dans l'erreur, parce que, sachant qu'ils ont un roi et ne le voyant pas, ils s'attachent à ceux à qui ils en voient prendre le nom. Mais lorsque le véritable roi vient à paraître, l'imposture de ces usurpateurs se découvre, et les peuples, reconnaissant leur légitime souverain, abandonnent ceux qui les ont séduits. C'est ainsi que les démons trompèrent autrefois les hommes, en s'emparant du nom et des honneurs qui appartiennent à Dieu seul. Mais depuis que le Verbe divin s'est fait voir sur la terre et qu'il a fait connaître aux hommes son Père, l'imposture des démons se dissipe, et les hommes, considérant le Verbe incarné, abandonnent les idoles et reconnaissent le vrai Dieu. » Il me semble que saint Athanase ne pouvait pas parler plus clairement, ni employer des comparaisons plus sensibles, pour faire connaître que les oracles, non plus que l'idolâtrie, n'ont pas cessé tout d'un coup à la naissance de Jésus-Christ, mais peu à peu, à mesure qu'il s'est fait connaître aux hommes, et que le monde a été éclairé des lumières de la foi.

Saint Cyrille répondant à Julien l'Apostat, qui avouait que les oracles avaient cessé, mais qui attribuait la cause de cette cessation, comme la plupart des autres païens, à la longueur du temps et aux changements qu'il apporte, dit ces paroles (*Lib.* VI *contra Julian.*) : « Je loue sa sincérité, en ce qu'il avoue que l'inspiration diabolique dont ses faux prophètes étaient animés, a entièrement cessé. Il ignore néanmoins la véritable cause qui a fait ainsi cesser le mensonge, et qui a réduit au silence les vrais et naturels oracles, ainsi qu'il les appelle. Car c'est depuis que le monde a été éclairé des lumières de Jésus-Christ, que l'empire des démons a été ainsi renversé, que toutes leurs illusions, semblables aux amusements des enfants, ont été dissipées, et que ces esprits impurs et malins ont été renfermés dans les enfers. » Après avoir ainsi produit la véritable cause de la cessation des oracles, il réfute celle que Julien avait rapportée, et ce qu'il avait ajouté ensuite que, au défaut de ces oracles naturels, Jupiter avait accordé aux hommes la connaissance de certains arts, qu'il appelle sacrés : c'est-à-dire, comme saint Cyrille le lui reproche, la théurgie et la magie la plus exécrable, dont Julien, ainsi que la plupart des philosophes de son temps, était entêté jusqu'à la fureur. Ce qui justifie, pour le dire en passant, ce que les Pères de (1) l'Eglise et les historiens ecclésiastiques ont rapporté des cruautés inouïes que ce malheureux empereur commettait pour satisfaire là-dessus sa passion, et dont on découvrit après sa mort les restes affreux dans son palais et dans les temples des idoles, où il avait exercé son art diabolique.

Le même saint Cyrille, dans ses commentaires sur le prophète Isaïe (*Lib.* IV, *orat.* 2), s'exprime d'une manière encore plus claire sur le sujet dont il s'agit : « Avant que notre Sauveur Jésus-Christ, dit ce Père, eût paru sur la terre, le démon y avait établi partout sa tyrannie. Tous les hommes étaient plongés dans de profondes ténèbres. On voyait en tout lieu des autels et des temples d'idoles, une multitude innombrable de simulacres et de faux dieux, des enchantements et de faux oracles, des illusions et des impostures des démons qui feignaient de savoir et de prédire l'avenir, quoiqu'ils ne sussent et ne prédissent rien en effet. Mais après que la véritable lumière, c'est-à-dire le Fils unique de Dieu, eut éclairé toute la terre par les oracles de son Evangile, après que les ténèbres du péché eurent été dissipées, et que tous les hommes, qui avaient été jusqu'alors dans l'erreur, eurent été appelés à la connaissance de la vérité, alors toutes les illusions des faux prophètes disparurent.... les merveilles et les prédictions de la fausse divination furent anéanties ; les oracles des gentils cessèrent partout, et ces dieux qui avaient coutume de débiter des mensonges furent réduits au silence. » Peut-on douter, après cela, quel a été le sentiment des Pères de l'Eglise sur le temps de la cessation des oracles ? Peut-on leur attribuer encore d'avoir cru qu'ils avaient tous cessé dans le moment même de la naissance du Sauveur du monde ?

J'ajoute au témoignage de saint Cyrille celui de Théodoret, qui n'est pas moins clair ni moins exprès sur le temps de la cessation des oracles. « Avant la venue de Jésus-Christ, dit ce Père (*Advers. Græc.*, *serm.* 10 *de Oraculis*), les démons séduisaient les hommes en mille manières ; mais depuis que la lumière de la vérité a paru, ils ont pris la fuite et ont abandonné leurs oracles. » Il ajoute un peu après : « Les démons voyant donc la prédication de la vérité annoncée partout, ils ont pris la fuite comme de malheureux fugitifs qui se connaissent coupables de plusieurs crimes, et qui sentent l'approche de leur maître. Ils ont laissé leurs anciennes demeures vides, et à présent la fontaine de Castalie ne rend plus d'oracles, non plus que celle de Colophone, les bassins de Dodone ou le trépied de Delphes. » Il avait dit auparavant qu'une des marques qui montraient que les oracles étaient rendus par les démons, « c'était le silence où ils étaient réduits ; car, continue-t-il, après que le Sauveur du monde a paru, ces malins esprits qui séduisaient les hommes ont pris la fuite, ne pouvant plus soutenir l'éclat de la lumière divine. » Enfin, après avoir rapporté le témoignage de Plutarque touchant le silence des oracles, il ajoute : « Plutarque a écrit ces choses après la venue du Sauveur du monde, par où l'on voit quelle est la cause du silence des oracles. »

Le poëte Prudence, qui était aussi un excellent théologien et un très-savant homme, entre les preuves qu'il produit pour convaincre les Juifs de la divinité de Jésus-Christ, s'appuie beaucoup, comme les autres Pères de l'Eglise, sur le même silence des oracles : « Depuis, dit ce grand homme (2),

---

(1) Gregor. Nazianz., orat. 3 in Julianum. *Vide præterea* Theodoretum, *Hist. eccles.*, lib. III, cap 26 et 32.

(2) Prudentius, in *Apotheosi adversus Judæos* :

Ex quo mortalem præstrinxit Spiritus alvum,
Spiritus ille Dei, Deus, et se corpore matris
Induit, atque homini de virginitate creavit ;

Delphica damnatis tacuerunt sortibus antra,
Non tripodas Cortina regit, non spumat anhelus
Fata sibyllinis fanaticus edita libris.
Perdidit insanos mendax Dodona vapores :
Mortua jam mutæ lugent oracula Cumæ,
Nec responsa refert Libycis in syrtibus Ammon.
Ipsa suis Christum Capitolia Romula mœrent
Principibus lucere Deum, destructaque templa

que le Fils de Dieu s'est incarné, les oracles de Delphes, de Dodone, d'Ammon, et tous les autres faux prophètes des gentils ont été réduits au silence. Le Capitole gémit de voir les princes romains devenus chrétiens, et les temples des idoles renversés par leur ordre. Les empereurs se prosternent devant les autels de Jésus-Christ, et adorent l'étendard de sa croix. » Si, pour connaître le sentiment de cet auteur sur le sujet dont il s'agit, il ne vous suffit pas qu'il ait dit que c'est depuis l'incarnation du Fils de Dieu, et non pas dans le moment de sa naissance, que les oracles ont cessé, faites attention qu'il joint le renversement des temples des idoles et la destruction du paganisme avec cet événement miraculeux, et par là vous serez convaincu qu'il a été, comme tous les autres Pères de l'Eglise, dans un sentiment bien différent de celui que vous leur avez attribué.

L'ancien et savant auteur des *Questions* et des *Réponses aux orthodoxes*, qui se trouvent parmi les ouvrages de saint Justin, dit (*Resp. ad quæst.* 24), que « le Sauveur du monde a rendu muet le démon qui s'était emparé de la statue d'Apollonius de Tyanes, et qui, par les oracles qu'il rendait, séduisait les hommes, et les portait à adorer cet imposteur comme un dieu; qu'il avait, dis-je, fait cesser ses oracles, ainsi que tous les autres que les démons débitaient sous le nom des dieux adorés par les païens. Ce que l'on voit évidemment, ajoute-t-il, par l'état où se trouvent à présent ces oracles.» Direz-vous encore, Monsieur, que cet auteur a cru que l'oracle d'Apollonius, comme tous les autres, a cessé dans le temps de la naissance de Jésus-Christ, c'est-à-dire dans un temps où il n'existait pas encore?

Enfin saint Jérôme, écrivant sur Isaïe, à propos de ces paroles que le prophète adresse aux dieux des gentils, pour se moquer d'eux: Dites-nous les choses à venir; annoncez-nous ce qui doit arriver dans la suite, ajoute (1): « Le prophète parle ainsi parce qu'après la venue du Sauveur du monde les idoles ont été réduites au silence. Où est à présent l'Apollon de Delphes, de Délos, de Claros, et toutes les autres divinités qui se mêlaient de prédire l'avenir, et qui ont trompé les plus puissants rois ? » Je crois, Monsieur, que toutes ces autorités suffisent pour vous obliger de reconnaître que ni Eusèbe, ni les Pères de l'Eglise ne disent point, comme vous le supposez, que les oracles ont cessé précisément à la naissance de Jésus-Christ, mais seulement après, lorsqu'il a été connu et adoré des hommes, depuis que sa doctrine a été annoncée dans le monde.

CHAP. IV. — *Eusèbe assigne le même temps à la cessation des oracles et à l'extinction de la coutume d'immoler des hommes, c'est-à-dire, le temps de la prédication de l'Evangile. Saint Athanase joint ensemble le silence des oracles et l'extinction de l'idolâtrie et de la magie, ce qui fait voir dans quel sentiment il a été touchant le sujet dont il s'agit. Les saints Pères attribuent ordinairement ce silence au pouvoir du signe de la croix. Ils rapportent eux-mêmes des oracles rendus longtemps après la naissance de Jésus-Christ, ce qui montre évidemment qu'ils n'ont pas été dans le sentiment qu'on leur suppose.*

Néanmoins, afin que vous soyez encore mieux convaincu de leur sentiment, souvenez-vous, s'il vous plaît, qu'Eusèbe a dit (*Supra*, col. 1102) que la coutume brutale d'immoler des hommes a cessé dans le même temps que les oracles. Or il n'a point prétendu que cette coutume ait cessé précisément à la naissance du Sauveur du monde; il dit au contraire positivement en plus d'un endroit (2) qu'elle n'a cessé que longtemps après, savoir sous l'empire d'Adrien ; il n'a donc point prétendu non plus, ainsi que vous le supposez, que les oracles aient cessé précisément à la naissance de Jésus-Christ, mais seulement après, et que ce n'est que depuis ce temps-là qu'on les a vus muets et sans réponses : ce qui n'était, comme il l'assure, jamais arrivé auparavant. En effet, quoiqu'ils aient pu être détruits par les guerres, pillés et ruinés par différents accidents, il n'est néanmoins jamais arrivé qu'après la naissance du Sauveur du monde et la prédication de son Evangile, que les temples subsistant dans toute leur ancienne splendeur, les prêtres offrant les sacrifices accoutumés, les peuples venant à l'ordinaire chercher des réponses et des prédictions sur l'avenir, ils n'aient pu en obtenir, et aient trouvé l'oracle muet. Voilà ce qui a jeté tout le paganisme dans l'étonnement. Voilà ce qui a obligé Plutarque à rechercher la cause d'un événement si extraordinaire.

Remarquez, en second lieu, que quelques Pères de l'Eglise, comme saint Athanase, disent de même que les oracles ont cessé après la naissance de Notre-Seigneur, ainsi que l'idolâtrie et toutes les impostures de la magie. Or vous ne pouvez point dire qu'ils ont cru que la magie et l'idolâtrie aient entièrement cessé à la naissance du Sauveur du monde; de telle sorte que dès ce moment elles aient été l'une et l'autre entièrement abolies. Vous ne pouvez donc pas supposer non plus qu'ils aient cru que les oracles aient été entièrement réduits au silence dès ce moment.

Faites réflexion, en troisième lieu, que la manière la plus ordinaire dont les saints Pères disent (3) que les démons ont été chassés des oracles, et les oracles réduits au silence,

Imperio cecidisse ducum; jam purpura supplex
Sternitur Æneadæ rectoris ad atria Christi,
Vexillumque crucis summus dominator adorat

(1) Hieronym. in caput XLI Isaiæ : « Hoc autem significat quod post adventum Christi omnia idola conticuerunt. Ubi Apollo Delphicus, et Loxias, Deliusque et Clarius et cætera idola futurorum scientiam pollicentia, quæ reges potentissimos deceperunt? etc. »

(2) Lib. IV *Præp. Evang.*, cap. 15 et 17. Vide eumdem, *Orat. de Laud. Constantini.*

(3) *Vide* supra Athanasium, et statim inferius Lactantium, Prudentium, Gregorium Nazianzenum et alios.

c'est par la vertu du signe de la croix, ainsi que vous le verrez encore dans la suite plus d'une fois. Or il est évident que le signe de la croix n'était pas encore en usage dans le temps de la naissance du Sauveur du monde; il n'est donc pas moins évident que les Pères de l'Eglise n'ont pas cru que tous les oracles aient été condamnés au silence dès le temps de cette divine naissance, comme vous le prétendez.

Enfin, Monsieur, ces mêmes Pères ne rapportent-ils pas des oracles qui ont été rendus après la mort du Sauveur du monde. Eusèbe ne dit-il pas dans la *Vie de l'empereur Constantin* (1), que l'Apollon de Delphes avait répondu à ceux qui lui avaient demandé pourquoi il ne rendait plus d'oracles, comme autrefois, que les hommes justes qui vivaient alors sur la terre, c'est-à-dire les chrétiens, l'empêchaient de dire la vérité, et étaient cause que les trépieds ne pouvaient plus donner que des réponses fausses et remplies de mensonges. Ne produit-il pas dans sa *Démonstration évangélique* (2) ces deux oracles très-clairs et très-positifs, comme vous les appelez, sur l'ascension et sur la résurrection de Notre-Seigneur, pour prouver, par l'aveu même des païens et de leurs démons, que le Sauveur du monde n'avait pas été un imposteur ni un magicien ? saint Jean Chrysostome (*Lib. de sancto Babyla*), Théodoret (*Serm.* 10 *de Orac.*) et Sozomène (*Lib.* v *Hist. eccl., cap.* 19) ne disent-ils pas positivement, ne prouvent-ils pas même fortement, que le fameux oracle d'Apollon qui était à Daphné, faubourg d'Antioche, fut réduit au silence par le pouvoir du saint martyr Babylas, lorsque ses reliques y furent transportées par Gallus, frère de Julien l'Apostat, sous l'empire de Constance ? Saint Grégoire de Nysse (*Vit. S. Greg. Neocæsar.*) ne rapporte-t-il pas que saint Grégoire Thaumaturge fit cesser un autre oracle du même Apollon qui avait subsisté jusqu'alors ? Théodoret (*Lib.* III *Hist. eccl., cap.* 21, *et serm.* 10 *de Orac.*) ne produit-il pas les oracles faux et trompeurs rendus à Julien l'Apostat touchant le succès de son expédition contre les Perses ? Enfin, saint Augustin n'en a-t-il pas rapporté de Porphyre (3), qui traitent les chrétiens de gens misérablement abusés, le christianisme, d'une erreur pitoyable, et qui disent que Jésus-Christ a été justement condamné à la mort ? Tout cela ne doit-il pas vous convaincre pleinement que ces Pères n'ont pas été dans le sentiment que vous leur attribuez ? Ont-ils pu croire que tous les oracles avaient absolument cessé dès le temps de la naissance du Sauveur du monde, et néanmoins rapporter des oracles qui ont subsisté, et des réponses qui ont été rendues longtemps après l'établissement du christianisme ?

CHAP. V. — *Les païens ont reconnu que leurs oracles avaient cessé après la naissance de Jésus-Christ, comme Strabon, Juvénal, Stace, Lucain, Porphyre. Témoignage de Plutarque sur ce silence et les fausses raisons qu'il en rapporte.*

Au reste, il importe peu que quelques-uns de ces oracles aient duré jusqu'à l'empire de Constantin et même au delà. Bien loin que cette longue durée ruine le sentiment des Pères, comme vous le prétendez, elle le fait connaître, elle le confirme parfaitement. Il est vrai néanmoins que la plupart avaient cessé avant ce temps-là ; et c'est ce que vous ne pouvez nier, puisque quand vous ne voudriez pas en croire les Pères de l'Eglise, qui l'assurent et qui le reprochent en face aux païens, les païens eux-mêmes vous en convaincraient. Strabon, qui écrivait peu de temps après Notre-Seigneur, ne dit-il pas en deux mots (4) que de son temps l'oracle de Dodone ainsi que plusieurs autres avaient cessé ? Juvénal ne dit-il pas clairement (5) que de son temps l'oracle de Delphes ne rendait plus de réponses ? Stace (6) et Lucain (7) ne disent-ils pas la même chose ? Porphyre n'avoue-t-il pas (8) que l'on ne ressentait plus aucun bienfait public des dieux, depuis que le Christ était adoré, et qu'Esculape et les autres divinités s'étaient retirés d'entre les hommes ? Ne reconnaît-il pas (9) dans les vers qu'il rapporte et que vous ci-

---

(1) Lib. II, cap. 50, ubi refert edictum Constantini ad Provinciales.

(2) Lib. III, loco a nobis relato part. I hujus Resp., col. 1027.

(3) August. l. XIX *de Civit.*, cap. 23: « Interroganti, inquit (Porphyrius) quem Deum placando revocare possit uxorem suam à Christianismo, hæc ait versibus Apollo. Deinde verba velut Apollinis ista sunt : Forte magis poteris in aqua impressis litteris scribere, aut inflans pennas leves per aera ut avis volare, quam semel pollutæ revoces impiæ uxoris sensum. Pergat quomodo vult inanibus fallaciis perseverans, et lamentationibus fallacissimis mortuum deum cantans, quem judicibus recta sentientibus perditum, pessima in speciosis ferro juncta mors interfecit. » *Vide* alia oracula in I parte hujus Respons.

(4) Strabo, *Geogr.*, l. VII, sub finem, interprete G. Xylandro : « Sed et oraculum Dodonæum defecit, quemadmodum et reliqua.

(5) Juvenalis, satyra VI :
    Credent a fonte relatum
Ammonis, quoniam Delphis oracula cessant.

(6) Statius, *Thebaid.* l. VIII :
    Mutisque diu plorabere Delphis.

(7) Lucanus, *Pharsal.* l. v :
    Non ullo sæcula dono
Nostra carent majore deum quam Delphica sedes
Quod siluit.

(8) Porphyrius, apud Eusebium, l. v *Præp. Evang.* cap. 1, loco a nobis initio hujus tertiæ partis descripto et apud Theodoretum serm. 10 *de Oraculis.*

(9) Idem apud Euseb. l. v *Præpar. Evang.* cap. 16, in oraculis a nobis in I parte relatis. Ea sic Latine reddidit Vigerus Eusebii interpres :
Pythia quod spectat, Clariique oracula Phœbi,
Dicam equidem et sancta verum te voce docebo.
Sexcenta ex imis scaturere oracula terris,
Fontesque, et rapida sensus vertigine torquens
Halitus. Ast eadem vasta dein labe dehiscens
Hausit terra sinu pressitque annosa vetustas.

Idem (Apollo) Nicæensibus ita respondit :
Pythiacæ nequeunt revocari oracula vocis,
Quæ cani jamdudum ævi longinqua vetustas
Sustulit, ac muta clausere silentia clavi.

tez, que la plupart des oracles avaient cessé par le défaut, à ce qu'il prétend, des vapeurs et des exhalaisons qui causaient l'enthousiasme prophétique?

Mais y a-t-il rien de plus fort sur ce sujet que le témoignage de Plutarque, qui avoue (1) que tous les oracles, à l'exception de deux ou trois, étaient réduits au silence, et que la Béotie surtout, qui en avait été autrefois une source si féconde, n'avait plus que l'oracle de Trophonius qui rendît encore des réponses? C'est cet événement si surprenant qui l'oblige d'en rechercher la cause, et de l'attribuer tantôt à la nature des bienfaits des dieux, qui, à ce qu'il dit, ne sont pas toujours éternels comme les dieux mêmes, tantôt aux génies qui présidaient aux oracles, et qui, selon lui, sont sujets à la mort; et tantôt enfin au défaut des exhalaisons de la terre, dont les dieux se servent comme d'instruments pour communiquer aux hommes le don de prophétie. Tous ces témoignages des païens ne suffisent-ils pas pour être convaincu que les oracles ont cessé pour la plupart avant l'empire de Constantin, peu de temps après que le Fils de Dieu a paru sur la terre, et qu'il y a eu des chrétiens dans le monde?

CHAP. VI. — *Véritable cause du silence des oracles, le pouvoir de Jésus-Christ sur les démons auteurs des oracles. Avec quel empire il l'a exercé par lui-même. Comment il l'a communiqué à ses disciples et à son Eglise. Passages d'Eusèbe. Autres passages de Lactance, de Prudence, d'Origène, de Tertullien et de saint Justin.*

D'où vient cela, Monsieur? En pouvez-vous douter un moment? Est-il possible, après tout ce que nous avons dit, que vous ne reconnaissiez pas en cet événement le pouvoir tout divin de Jésus-Christ sur les démons auteurs des oracles? pouvoir qu'il a exercé avec tant d'éclat, tandis qu'il a vécu sur la terre, et qu'il a communiqué à ses disciples et à son Eglise. Vous n'avez pas oublié sans doute ce que l'apôtre saint Jean (2) a dit de lui, qu'*il était venu pour détruire les œuvres du démon*, et ce qu'il dit (3) lui-même, que *le prince de ce monde*, c'est-à-dire le démon, *était sur le point d'être chassé*. Vous savez aussi bien que moi avec quel empire il l'a chassé en effet, et avec quel succès il a détruit et renversé toutes ses œuvres, dont l'idolâtrie et les oracles n'étaient pas les moins pernicieuses. Vous n'ignorez pas comment ces malheureux esprits, contraints de s'enfuir de sa présence, *le suppliaient* (4) *de ne les pas obliger de retourner dans les enfers.* Vous savez ce qu'il dit (5) à ses disciples : *Je vous ai donné la puissance de fouler aux pieds tout le pouvoir de l'ennemi;* ce qu'ils faisaient avec un si merveilleux succès qu'ils en étaient surpris eux-mêmes, jusqu'à dire (6) : *Voici qu'en votre nom les démons mêmes nous sont soumis.* Vous savez enfin que la première grâce qu'il promit, un peu avant que de monter au ciel, à ceux qui croiraient en lui, fut celle de chasser les démons par l'invocation de son nom (7). Et avec quelle autorité et en combien de manières les premiers fidèles ne l'ont-ils pas fait? Jamais peut-être rien ne s'est vu de si admirable. Et si je voulais un peu m'étendre sur ce sujet, en suivant mon inclination, que ne pourrais-je pas vous en rapporter, sur le témoignage de tous les Pères de l'Eglise et de tous les anciens auteurs ecclésiastiques, n'y en ayant pas un qui n'ait parlé de ce pouvoir admirable que les chrétiens avaient de chasser les démons par l'invocation du nom de Jésus-Christ.

« Qui est celui qui ignore, dit Eusèbe (8), qu'il nous est ordinaire de chasser les démons par la seule prononciation du nom de Jésus-Christ et par nos prières? C'est la parole de Jésus-Christ et la doctrine que nous avons apprise de lui qui nous rend ainsi supérieurs à toutes les puissances invisibles. »

« Il suffit, dit Lactance (9), d'exposer à pré-

---

(1) Plutarchus, l. de *Defectu oraculorum* : Οὐδὲν ἔφη, δεῖ περὶ τῶν ἐκεῖ πυνθάνεσθαι καὶ διαπορεῖν τὴν ἐνταῦθα τῶν χρηστηρίων ἀμαύρωσιν, μᾶλλον δὲ πλὴν ἑνὸς ἢ δυεῖν ἁπάντων ἔκλειψιν ὁρῶντας... τὰ γὰρ ἄλλα τί δεῖ λέγειν; ὅπου τὴν Βοιωτίαν ἕνεκα χρηστηρίων πολύφωνον οὖσαν ἐν τοῖς πρότερον χρόνοις, νῦν ἐπιλέλοιπε κομιδῇ, καθάπερ νάματα, καὶ πολὺς ἐπέσχηκε μαντικῆς αὐχμὸς τὴν χώραν; οὐδαμοῦ γὰρ ἀλλαχόθι νῦν ἡ περὶ τὴν Λεβαδίαν ἡ Βοιωτία παρέχει τοῖς χρῄζουσιν ἀρύσασθαι μαντικῆς· τῶν δ' ἄλλων τὰ μὲν σιγῇ, τὰ δὲ παντελὴς ἐρημία κατέσχηκε.

(2) *I Joan.* III, 8 : In hoc apparuit Filius Dei ut dissolvat opera diaboli.

(3) *Joan.* XII, 31 : Nunc princeps hujus mundi ejicietur foras.

(4) *Luc.* VIII, 31 : Et rogabant eum ne imperaret illis ut in abyssum irent.

(5) *Luc.* X, 19 : Ecce dedi vobis potestatem calcandi supra serpentes et scorpiones et super omnem virtutem inimici.

(6) *Luc.* V, 17 : Reversi sunt autem septuaginta duo cum gaudio dicentes : Domine, etiam dæmonia subjiciuntur nobis in nomine tuo.

(7) *Marc.* XVI, 17 : Signa autem eos qui crediderint, hæc sequentur : In nomine meo dæmonia ejicient, etc.

(8) Τίς δὲ οὐκ οἶδεν, ὅπως σὺν αὐτῇ τῇ τοῦ Ἰησοῦ προσηγορίᾳ καὶ σὺν εὐχαῖς καθαρωτάταις, πᾶν τὸ δαιμόνων ἔργον ἀπελαύνειν ἡμῖν φίλον ἐστίν. Οὗτος ὁ τοῦ Ἰησοῦ λόγος καὶ ἡ παρ' αὐτοῦ διδασκαλία πολὺ κρείττους τῆς ἀοράτου ταύτης δυνάμεως πάντας ἡμᾶς ἀπειργάσατο ἐχθρούς; τε δαιμόνων καὶ πολεμίους. Demonstr. Evang. lib. III, sub fin.

(9) Nunc satis est me de hujus signi potentia quantum valeat exponere. Quanto terrori sit dæmonibus hoc signum, sciet qui viderit quatenus, adjurati per Christum, de corporibus quæ obsederint fugiant : nam sicut ipse, cum inter homines ageret, universos dæmonas verbo fugabat, hominumque mentes emotas et malis incursibus furiatas in sensus pristinos reponebat, ita nunc sectatores ejus eosdem spiritus inquinatos de hominibus et nomine magistri sui et signo Passionis excludunt. Cujus rei non difficilis est probatio. Nam cum diis suis immolant, si assistat aliquis signatam frontem gerens, sacra nullo modo litant, nec responsa potest consultus reddere vates. Et hæc sæpe causa præcipua justitiam persequendi malis regibus fuit. Cum enim quidam nostrorum sacrificantibus dominis assisterent, imposito frontibus signo, deos eorum fugaverunt, ne possent in visceri-

sent quel est le pouvoir du signe de la croix. Pour apprendre combien il est terrible aux démons, il n'y a qu'à voir avec quelle précipitation ils quittent les corps qu'ils obsèdent, lorsque nous les conjurons par le nom de Jésus-Christ. Car comme, lorsqu'il vivait parmi les hommes, il chassait les démons par sa parole et rendait à ceux qui en étaient tourmentés leur première tranquillité, de même à présent ses disciples chassent ces esprits immondes par l'invocation du nom de leur maître et par le signe de sa passion. De quoi il est aisé d'être convaincu : car lorsque les païens sacrifient à leurs dieux, s'il se trouve parmi eux quelqu'un qui ait le front marqué de ce signe, les sacrifices ne peuvent réussir, et les faux prophètes ne peuvent rendre de réponses. C'est ce qui a donné souvent occasion aux mauvais princes de persécuter les chrétiens. Car quelques-uns des nôtres qui accompagnaient leurs maîtres dans leurs sacrifices, ayant fait le signe de la croix sur leur front, mirent en fuite les dieux, et les empêchèrent de marquer l'avenir dans les entrailles des victimes. Ce que les aruspices ayant appris des démons mêmes à qui ils sacrifiaient, ils se plaignirent que des hommes profanes se trouvaient à leurs sacrifices, et par là ils mirent en fureur les empereurs, et les portèrent, pour purifier leurs temples, à se souiller eux-mêmes d'un véritable sacrilége, qui devait être expié par le châtiment de ces persécuteurs. »

Prudence décrit élégamment (1) un événement tout semblable arrivé lorsqu'il était encore jeune, en présence de Julien l'Apostat, dans le temps même qu'il sacrifiait à ses démons. Un de ses pages qui l'accompagnait et qui était chrétien, empêcha, par sa présence et par le signe de la croix, le succès de ses sacrifices et de ses enchantements magiques, confondit ses aruspices et ses enchanteurs, et fit disparaître les démons qu'il avait évoqués. Par là, cet empereur fut convaincu de ce qu'il savait déjà par sa propre expérience, combien le signe de la croix était terrible aux démons, puisqu'il avait été obligé d'y recourir lui-même avant qu'il fût empereur, pour se garantir de la frayeur que la vue de ces malins esprits, qu'il avait évoqués, lui avait causée; ainsi que Théodo-

ret (2) et saint Grégoire de Nazianze (*Orat.* 1 *adv. Julian.*) en font foi.

Le même auteur (3) décrit, avec son agrément ordinaire, de quelle manière Apollon, Jupiter et Mercure étaient tourmentés et contraints de prendre la fuite, lorsque les chrétiens les exorcisaient. Et il produit le pouvoir merveilleux qu'ils avaient sur les démons et les dieux du paganisme, comme une preuve évidente de la vérité de la religion chrétienne.

Origène assure (*Contra Celsum, lib.* vii) que les plus simples d'entre les chrétiens avaient ce même pouvoir : « Que si la Pythie, dit-il, est hors d'elle-même et ne se possède pas lorsqu'elle rend des oracles, que doit-on penser de l'esprit qui lui trouble la raison ? N'est-il pas semblable à cette sorte de démons qu'un grand nombre de chrétiens chassent des corps des possédés, sans avoir recours à la magie ou aux enchantements, mais uniquement par leurs prières et les plus simples exorcismes, tels que les plus ignorants peuvent employer ? Car le plus souvent ce sont les plus simples d'entre les chrétiens qui les chassent par leurs paroles accompagnées de la grâce de Jésus-Christ. Ce qui fait voir quelle est la faiblesse des démons, puisqu'il n'est pas besoin de gens savants et habiles dans les démonstrations de la foi pour les chasser des corps et des âmes qu'ils possèdent. » Il produit ce même pouvoir des chrétiens sur les démons dans plusieurs autres endroits de son excellent ouvrage contre Celse (*Eod. lib. et lib.* 1), pour confondre ce païen et le convaincre de la vérité de notre religion.

« Non-seulement, dit Tertullien (4), en parlant au président Scapula, nous avons horreur des démons, mais encore nous les combattons, nous les confondons et nous les chassons tous les jours, comme plusieurs de vous le savent..... Vos officiers mêmes pourraient vous en instruire, puisqu'ils ont reçu des chrétiens ces sortes de bienfaits, quoiqu'ils crient contre nous. Car le greffier de l'un d'entre eux a été délivré par leur moyen du démon qui le tourmentait, ainsi que le parent et le fils d'un autre. Et combien de gens considérables parmi vous, pour ne point parler des autres, ont-ils été ainsi délivrés du démon ou guéris de leurs maladies ? »

---

bus hostiarum futura depingere. Quod cum intelligerent aruspices investigantibus iisdem dæmonibus quibus prosecrarant, conquerentes profanos homines sacris interesse, adegerunt principes suos in furorem, ut expurgarent dei templum, seque vero sacrilegio contaminarent, quod gravissimis persequentium pœnis expiaretur. *Divin. Instit.*, lib. iv, cap. 27.

(1) Prudentius, in *Apotheosi*, loco supra relato col. 1105.
(2) Theodoret. l. iii *Hist. eccles.*, cap. 3.
(3) Prudentius, *ibid.*:

Si gens surda negat sibi tot præconia te...
Audiat insanum bacchantis energima monstri,
Quod rabidus clamat capta inter viscera dæmon
Et credat miseranda suis. Torquetur Apollo
Nomine percussus Christi, nec fulmina verbi
Ferre potest : agitat miserum tot verbera linguæ
Quod laudata Dei resonant miracula Christi.
Intonat antistes Domini : Fuge, callide serpens,
Exue te membris, et spiras solve latentes :
Mancipium Christi, fur corruptissime, vexas :
Desine, Christus adest humani generis ultor :
Non licet ut spolium rapias cui Christus inhæsit.
Pulsus abi, ventose liquor, Christus jubet, exi.
Has inter voces medias Cyllenius ardens
Ejulat, et notos suspirat Jupiter ignes.

(4) Tertullian., l. *ad Scapulam* : « Dæmones autem non tantum respuimus, verum et revincimus et quotidie traducimus, et de hominibus expellimus, sicut plurimis notum est... Hæc omnia tibi et de officio suggeri possunt et ab eisdem advocatis qui et ipsi beneficia habent Christianorum; licet acclament quæ volunt. Nam et cujus lam notarii cum a dæmone præcipitaretur, liberatus est; et quorumdam propinquus et puerulus. Et quanti honesti viri (de vulgaribus enim non dicimus) aut a dæmoniis aut valetudinibus remediati sunt ? »

« Vous pouvez, » dit saint Justin, en parlant au sénat romain dans sa *Première Apologie*, « reconnaître la vérité de ce que je dis, par ce qui se passe tous les jours à vos yeux et en votre présence. Car un grand nombre de gens qui étaient possédés du démon, tant dans votre ville que dans tout le reste du monde, et qui n'avaient pu être délivrés par tous les enchanteurs et les magiciens, ont été guéris par les chrétiens par l'invocation du nom de Jésus-Christ, qui a été crucifié sous Ponce Pilate; et ils les guérissent encore à présent, en domptant et en chassant ces malins esprits qui possèdent les hommes. » Et dans son *Dialogue avec le Juif Tryphon* : « Nous appelons, dit ce Père, Jésus-Christ, notre Sauveur et notre Rédempteur. La puissance de son nom fait trembler les démons, et encore aujourd'hui, lorsque nous les conjurons par le nom de Jésus-Christ crucifié sous Ponce Pilate, ils nous sont soumis et nous obéissent.

CHAP. VII. — *Passage d'un ancien auteur sur le pouvoir de la croix contre les dieux des païens et leurs oracles. Autorité de saint Irénée, de saint Grégoire de Nazianze, de saint Athanase. Histoire de saint Grégoire de Néocésarée touchant le pouvoir des chrétiens contre les démons. Ce pouvoir a toujours subsisté dans l'Église catholique, et il y subsistera toujours. Conclusions tirées de tous ces passages des Pères contre le sentiment de M. de Fontenelle*

L'auteur des *Questions sur le Vieux et le Nouveau Testament*, qui paraît plus ancien que saint Augustin, entre les ouvrages de qui il se trouve, après avoir établi que les miracles n'étaient plus nécessaires comme ils l'avaient été au commencement de l'établissement de la religion chrétienne, ajoute (1) : « Néanmoins, encore à présent, les démons sont effrayés à la seule prononciation de la croix de Jésus-Christ. Que si on les presse par là, ils sont contraints de prendre la fuite, et les dieux des païens ne peuvent rendre de réponses, par la crainte qu'ils ont de cette même croix..... Si les démons, continue-t-il, ou les dieux des païens ne sentaient que la croix de Jésus-Christ est un grand mystère, ils ne seraient pas effrayés lorsqu'on la nomme ; et pour le dire d'une manière plus expresse, s'ils ne se sentaient coupables, ils ne la craindraient pas. Car tous ceux qui appartiennent aux démons ont consenti à la mort du Sauveur, et c'est pour cette raison que tous les démons ou les dieux des gentils tremblent de frayeur au seul nom de la croix. » Il avait dit (2), un peu auparavant, que, « à la vue du signe de la croix, tout le paganisme devenait muet, que les dieux n'osaient rendre de réponses, qu'ils ne marquaient plus rien dans les entrailles des victimes, qu'ils se taisaient, qu'ils se cachaient, tant la majesté du christianisme leur inspirait de frayeur et de respect. Il est étonnant, ajoute-t-il, que tout le paganisme, qu'ils appellent sagesse, appréhende si fort le christianisme, qu'ils traitent de folie. »

« Parmi nous, » dit saint Irénée (3), il y en a qui chassent sûrement et infailliblement les démons, de telle sorte que ceux qui en ont été délivrés se convertissent très-souvent et embrassent la foi. »

« Moi-même, » dit saint Grégoire de Nazianze (*Carm. ad Nemes.*), qui suis du nombre des disciples de Jésus-Christ, il m'est arrivé souvent qu'à peine j'ai eu prononcé ce nom adorable, que le démon a pris la fuite en sifflant et en hurlant de toutes ses forces, faisant connaître par là quelle est la puissance du Dieu immortel sur lui. La même chose m'est arrivée en formant seulement le signe de la croix dans l'air. »

« Nous invoquons Jésus-Christ crucifié, » dit saint Athanase (*In Vita S. Antonii*), ou plutôt saint Antoine, en parlant à des philosophes païens qui l'étaient venus voir dans sa solitude ; « et d'abord tous les démons que vous adorez comme des dieux s'enfuient des corps qu'ils obsèdent, à la vue du signe de la croix. Partout où ce signe se trouve, la magie n'a point de force et les enchantements demeurent sans effet. Où sont à présent tous vos oracles ? Que sont devenus les prestiges des Égyptiens ? Que sont devenues les illusions des magiciens ? Quand est-ce que tout cela a cessé, si ce n'est depuis que la croix de Jésus-Christ a paru. » « Voici des possédés, » ajoute-t-il un peu plus bas, pour finir son discours par une preuve sensible : « faites tous vos efforts, employez l'art magique tant qu'il vous plaira, pour obliger vos dieux à les délivrer. Si vous ne pouvez en venir à bout, rendez-vous, et voyez quelle est la puissance de la croix de Jésus-Christ. » Il dit, et « après avoir invoqué Jésus-Christ

---

(1) Tamen et modo dæmonia nominata cruce Christi terrentur, et si impensius fiat, fugantur. Et dii paganorum formidine et metu nominatæ crucis responsa dare non possunt... Itaque nisi sentirent dæmonia vel dii paganorum sacramento esse crucem Christi, nominata ea non terrerentur, et, ut expressius dicam, nisi rei essent, non timerent. Hi etenim omnes qui ex parte diaboli sunt, consenserunt in mortem Christi. Unde cuncta dæmonia sive dii gentium, nominata cruce Christi terrore concutiuntur. *Quæst.* 114.

(2) Præsente signo crucis obmutescit paganitas. Et si adest quam vocant stultam prudentia illa, sacra illorum respondere non audent. Reprimuntur enim exta illorum, respondere non audent et occultantur ob reverentiam Christianæ majestatis. Magna res ut illa quam vocant prudentiam metuat illam quam appellant stultitiam. *Ibid.*

(3) *Advers. Hæreses*, lib. II, cap. 53 : « Quapropter et in illius nomine qui vere illius sunt discipuli, ab ipso accipientes gratiam, perficiunt ad beneficia reliquorum hominum, quemadmodum unusquisque accepit donum ab eo. Alii enim dæmones excludunt firmissime et vere, ut etiam sæpissime credant ipsi qui emundati sunt a nequissimis spiritibus, et sint in Ecclesia... Non est numerum dicere gratiarum quas per universum mundum Ecclesia a Deo accipiens, in nomine Christi Jesu crucifixi sub Pontio Pilato per singulos dies in opitulationem gentium perficit. » Is Irenæi locus refertur Græce ab Eusebio,

et fait trois fois le signe de la croix sur ces possédés, il les guérit entièrement, au grand étonnement, dit saint Athanase, de ces philosophes, qui admirèrent et la sagesse du saint et le miracle qu'il venait d'opérer en leur présence. »

Vous savez sans doute, Monsieur, quel était le pouvoir de saint Grégoire Thaumaturge sur les démons (1). Vous avez pu lire dans votre auteur, que ce saint étant un jour entré dans un temple où Apollon rendait des oracles, il l'en chassa par le signe de la croix et l'invocation du nom de Jésus-Christ; de telle sorte que le prêtre de ce faux dieu, voulant le lendemain le consulter à son ordinaire, n'en reçut aucune inspiration, et se trouva absolument destitué de sa vertu prophétique. Il recommence ses sacrifices; il redouble ses enchantements : il déploie tous les secrets de son art. Enfin le démon lui apparaît et lui dit qu'il ne pouvait plus à l'avenir demeurer dans son temple, à cause de celui qui y avait couché la nuit précédente. Le prêtre court incontinent après le saint évêque, et le prie de vouloir rétablir son oracle. Le saint écrit sur-le-champ à Apollon en ces termes : « GRÉGOIRE A APOLLON : Rentre. » Le démon obéit; et le prêtre ayant reconnu par là le pouvoir que saint Grégoire avait sur les dieux, les abandonna et se fit chrétien. Je sais que votre médecin anabaptiste se moque de cette histoire : je n'en suis pas surpris, elle ne pouvait pas lui plaire par plus d'un endroit; mais, quoi qu'il en dise, il trouvera bon, s'il lui plaît, que vous et moi, Monsieur, nous fassions un peu plus de cas de l'autorité de saint Grégoire de Nysse et de Rufin qui la rapportent, que de la sienne, que vous devez reconnaître, à présent plus que jamais, pour très-fautive et très-peu sûre.

Au reste, je ne doute pas que vous ne soyez parfaitement instruit que cette puissance merveilleuse du nom et de l'invocation de Jésus-Christ contre les démons a toujours subsisté dans l'Eglise, qu'elle y subsistera toujours, et qu'elle y persévère encore à présent, comme il me serait très-facile de vous le faire voir par le témoignage de l'Ecriture, par celui de tous les siècles, et par ce qui se passe encore tous les jours, particulièrement dans les pays idolâtres où Jésus-Christ est annoncé. C'est là une des preuves les plus sensibles de la vérité de notre religion contre toutes les sectes hérétiques, qui, malgré tous leurs efforts, n'ont pas même pu la contrefaire avec quelque succès. Mais je craindrais de vous ennuyer si je vous entretenais plus longtemps sur ce sujet, quelque utile et quelque important qu'il soit.

Je conclus donc de ce que j'ai eu l'honneur de vous dire jusqu'à présent : premièrement, que les Pères de l'Eglise n'ont pas cru, comme vous l'avez supposé, que tous les oracles aient cessé précisément à la naissance de Jésus-Christ, mais après, à mesure qu'il a été connu des hommes et que la foi chrétienne s'est établie dans le monde; secondement, qu'il n'est rien de plus indubitable que cette vérité, puisqu'elle est attestée, non-seulement par les Pères de l'Eglise, mais encore par les païens mêmes; troisièmement, que ce silence des oracles du paganisme a été un effet miraculeux du pouvoir de Jésus-Christ et de celui qu'il a donné à ses disciples et à son Eglise sur les démons. Cela étant, il ne me sera pas difficile de réfuter tout ce que vous avancez dans votre seconde dissertation, pour anéantir une vérité si glorieuse au Sauveur du monde et si honorable à la religion chrétienne.

CHAP. VIII. — *Ce qui a persuadé les Pères de l'Eglise du silence des oracles, et ensuite les chrétiens qui sont venus après eux. Le démon est quelquefois contraint de rendre témoignage à la vérité. Il a coutume néanmoins d'y mêler le mensonge. Eusèbe injustement accusé de n'avoir point fait atten-*

---

libro v *Historiæ ecclesiasticæ*, capite 7.

(1) Gregorius Nyssenus in *Vita S. Gregorii Thaumaturgi*, et Rufinus, l. vii *Hist. eccles.* Euseb., cujus hæc sunt verba : « Iter ei fuisse quondam per Alpes dicitur hiemis tempore, et cum pervenisset ad summum Alpium jugum, nivibus repleta erant omnia, nullum usquam diversorium. Fanum ibi tantum Apollinis erat, cui succedens transacta nocte discessit. Sacerdos vero erat quidam fani ejus, cui consulere simulacrum Apollinis mos erat et reddere responsa poscentibus, ex quo et etiam alimoniæ quæstus esse videbatur. Igitur post digressum Gregorii offerre consulta et responsa poscere sacerdos accessit ex more, nihil ibi responsi veniebat. Repetit victimas, silentium permanet. Iterum atque iterum litat, surdis ingerit fabulam. Cumque stupore novi silentii æstuaret sacerdos, nocte ei assistens dæmonium, dicit in somnis : Quid me illic invocas, quo jam venire non possum? Percontanti causam, adventu se Gregorii dicebat expulsum. Quid nunc remedii daretur cum perquireret, ait, non aliter sibi licere ingredi locum illum, nisi Gregorius permisisset. Quibus auditis, sacerdos occupat viam, multa apud semetipsum volvens atque animo recursante pertractans, pervenit ad Gregorium, adortusque eum rem pandit ex ordine, humanitatis suæ atque hospitalitatis admonuit, querelam depulsi numinis promit, ademptam facultatem sui quæstus deplorat, ac reddi sibi omnia in pristinum statum deposcit. At ille nihil moratus scribit epistolam in hæc verba : « GREGORIUS « APOLLINI. Permitto tibi redire ad locum tuum et « agere quæ consuevisti. » Hanc epistolam sacerdos accipit et ad fanum defert; positaque ea juxta simulacrum, adfuit dæmon ac dedit responsa poscenti. Tum ille in semetipsum conversus ait : Si Gregorius jussit, et deus iste discessit nec potuit redire nisi jussus et rursum jubente Gregorio restitutus est, quomodo non multo melior isto Gregorius, cujus hic obtemperat jussis? Clausis igitur januis fani descendit ad Gregorium, epistolam secum quam acceperat deferens, omnemque apud eum rei gestæ ordinem pandens; simulque se ad pedes ejus prosternens rogat ut illi se Deo offerat, cujus virtute diis gentium Gregorius imperabat. Cumque enixius et pertinacius persisteret, catechumenus ab eo factus est, etc. »

On trouve dans le récit de saint Grégoire de Nysse quelques circonstances différentes, mais qui ne changent rien au fond de l'histoire. Entre autres, il rapporte ainsi la lettre de saint Grégoire : « GRÉGOIRE A SATAN : Entre. »

tion au sens d'un oracle qu'il cite. Cet oracle, bien loin de détruire son sentiment, le fait connaître et le confirme parfaitement.

Vous dites d'abord que ce qui a fait croire à la plupart des gens que les oracles avaient cessé à la naissance de Jésus-Christ, ce sont les oracles mêmes qui ont été rendus sur le silence des oracles. Il me paraît, Monsieur, que ce qui a persuadé les anciens chrétiens et les Pères de l'Eglise que les oracles avaient cessé après l'incarnation du Fils de Dieu, c'est qu'ils voyaient cette merveille de leurs yeux. Qu'avaient-ils besoin d'autres preuves? Ils vivaient dans le temps même que les oracles tombaient en ruine. Ils les faisaient cesser eux-mêmes par le signe de la croix et l'invocation du nom de Jésus-Christ. Ils entendaient les païens qui se plaignaient de cette cessation si surprenante pour eux, et qui en recherchaient la cause. Ils n'ignoraient pas que quelques-uns de ces païens avouaient que le silence procédait de ce que Jésus-Christ était adoré et reconnu dans le monde. Cet aveu les confirmait dans leur sentiment. Voilà ce qui les a persuadés et convaincus de cette vérité, d'une manière à n'en pouvoir douter un seul moment. Pour les chrétiens qui sont venus après eux, et pour nous qui croyons aussi cette merveille, nous la croyons sur le témoignage de ces témoins oculaires, de ceux mêmes dont Dieu s'est servi pour l'opérer; gens dont nous connaissons d'ailleurs la capacité, les lumières et la sainteté éminente. Il est vrai qu'à l'exemple de ces grands hommes, nous nous servons aussi du témoignage de Porphyre et des autres païens qui ont été obligés de reconnaître cette vérité. Et pourquoi ne profiterions-nous pas de l'aveu de nos plus grands ennemis? Après le témoignage des yeux et des oreilles, y en-a-t-il de plus sûrs et de moins suspects?

Mais c'est le démon, selon nous, qui a rendu cet oracle rapporté par Porphyre. Premièrement nous ne nous appuyons pas sur cet oracle seul. Nous avons une infinité d'autres autorités, et celle de Porphyre même qui parle de son chef dans l'endroit que je vous ai cité de lui après Eusèbe. Secondement, qu'importe que le démon ait rendu cet oracle dont vous parlez? Est-ce la première fois qu'il a été obligé de rendre témoignage à la vérité? Ne l'a-t-il pas fait à l'égard de Jésus-Christ et des apôtres (1)? N'a-t-il pas avoué à saint Antoine, au rapport de saint Athanase (*Vit. S. Ant.*), qu'il était contraint d'abandonner tous les lieux et toutes les villes dont il s'était emparé, parce qu'elles se remplissaient de chrétiens? A quoi le saint lui répondit : « Je ne crois pas ce que tu dis, comme si tu étais digne de créance, mais parce que c'est la vérité, que tu es obligé d'avouer, quoique tu sois le père du mensonge. Car il est vrai que Jésus-Christ a ruiné tes forces et renversé ton empire. » Voilà ce que ce grand saint répondit, et ce que nous répondons encore au démon qui a rendu l'oracle dont vous parlez.

Le démon dit donc quelquefois la vérité malgré lui; mais remarquez, s'il vous plaît, que dans cet oracle même il n'oublie pas tout à fait ce qu'il est. Il y joint le mensonge avec la vérité, comme il avait coutume de faire dans la plupart des autres, selon la remarque de saint Cyprien et de Minutius Félix (2). Il avoue que la plupart des oracles sont muets, voilà la vérité, qui était trop évidente pour être niée; mais il ajoute que cela vient du défaut des exhalaisons et des différents changements qui sont arrivés dans la terre; voilà le mensonge. Il dit aussi qu'il y a trois oracles qui subsistent encore. S'il y a un endroit dans toute sa réponse qui doive être suspect, c'est celui-ci. On ne doit pas attendre de lui qu'il avoue une vérité aussi préjudiciable à ses intérêts et à son honneur, comme est le silence des oracles, sans y ajouter quelque restriction qui diminue sa honte. C'est néanmoins sur cette restriction si suspecte que vous le jugez particulièrement digne d'être cru. Vous la faites valoir beaucoup. Vous vous en servez comme d'une preuve évidente et incontestable contre le sentiment que vous attribuez à Eusèbe; sans faire attention que l'on peut vous faire le même reproche que vous faites aux autres, d'avoir oublié que c'est le démon qui parle, ou tout au moins un fourbe et un imposteur qui ne mérite pas plus de créance.

Voyons néanmoins ce que vous concluez de l'exception de ces trois oracles. Vous accusez Eusèbe de n'avoir pas vu qu'elle ruinait son sentiment, ou, si l'on veut, dites-vous, *il a peut-être cru que cette exception n'était rien, et qu'il suffisait que le plus grand nombre d'oracles eussent cessé. Mais*, continuez-vous, *cela ne va pas ainsi. Si les oracles ont été rendus par les démons que la naissance de Jésus-Christ ait condamnés au silence, nul démon n'a été privilégié. Qu'il soit resté un seul oracle après Jésus-Christ, il ne m'en faut pas davantage. Ce n'est point sa naissance qui a fait taire les oracles. C'est ici un des cas où la moindre exception ruine la proposition générale.*

Eusèbe, Monsieur, n'a point dit que la naissance de Jésus-Christ ait condamné les démons au silence, dans le sens que vous donnez à cette proposition, comme je crois

---

(1) *Marc.* 1, 23, 24, 25 : Et erat in synagoga eorum homo in spiritu immundo; et exclamavit dicens : Quid nobis et tibi, Jesu Nazarene ? Venisti perdere nos ? Scio qui sis, sanctus Dei. Et comminatus est ei Jesus, dicens : Obmutesce, et exi de homine; et discerpens eum spiritus immundus et exclamans voce magna, exiit ab eo. *Act.* XVI, 16 : Factum est autem euntibus nobis ad orationem, puellam quamdam habentem spiritum Pythonem obviare nobis, quæ quæstum magnum præstabat dominis suis divinando. Hæc subsecuta Paulum et nos clamabat dicens : Isti homines servi Dei excelsi sunt, qui annuntiant vobis viam salutis, etc.

(2) Cyprian., l. de idol. Van. : « Oracula efficiunt, falsa veris semper involvunt. » Minutius Felix in *Octav.* : « Oracula efficiunt falsis pluribus involuta. »

vous l'avoir prouvé d'une manière. fort claire; mais il a dit que les oracles avaient cessé après la naissance du Sauveur du monde, après que son Evangile a été annoncé, après que les hommes l'ont reconnu et embrassé. Il a attribué cette cessation miraculeuse à son pouvoir et à celui qu'il a donné à ses disciples pour prêcher son Evangile et établir sa religion sur les ruines du paganisme, malgré toutes les oppositions du monde et de l'enfer. Mais comme le christianisme n'a pas été établi tout d'un coup dans toutes les parties de l'univers, aussi les oracles et toutes les autres superstitions de l'idolâtrie n'ont pas cessé partout dans le même temps. A présent il y a encore des pays où les idolâtres consultent le démon, à peu près de la même manière que les Grecs et les Romains le faisaient dans leurs oracles avant la naissance de Jésus-Christ. Malgré cette exception, néanmoins, ne dit-on pas, et ne dites-vous pas vous-même, qu'à présent les oracles ont cessé, parce que la plupart ont été abolis en effet depuis longtemps, et que nous ne doutons pas que, lorsque la foi sera établie dans ces pays idolâtres dont nous parlons, leurs oracles ne deviennent muets comme tous les autres, et que les démons n'en soient chassés, comme ils l'ont été partout ailleurs, et le sont encore tous les jours, par le pouvoir de Jésus-Christ, l'invocation de son nom et le signe glorieux de sa passion. Ainsi Eusèbe a eu raison de ne point s'inquiéter de cette exception que vous lui objectez, parce que, bien loin de ruiner son sentiment, comme vous le prétendez, elle le fait connaître, elle l'établit, elle le confirme et fait voir clairement combien vous avez eu tort de lui en attribuer un autre.

CHAP. IX. — *Du traité de Plutarque* sur le silence des oracles. *On y trouve une preuve authentique de ce que les Pères de l'Eglise ont enseigné sur ce sujet. On y voit que, cent ans environ après la naissance de Jésus-Christ, la plupart des oracles avaient déjà cessé. Il se rendait encore des oracles à Delphes du temps de Cicéron. Fausseté de la conjecture qu'apporte l'auteur de l'Histoire pour expliquer le silence des oracles. En quel état se trouvaient, du temps de Plutarque, les temples où ils étaient établis.*

Vous parlez ensuite du traité de Plutarque

(1) Voici le passage dont il s'agit : il est tiré du second livre de la *Divination* : « Sed, quod caput est, cur isto modo jam oracula Delphis non eduntur, non modo nostra ætate, sed jam diu, jam ut nihil possit esse contemptius? » Cicéron avait cité immédiatement auparavant les oracles rendus en vers à Crésus et à Pyrrhus. Et c'est de cette sorte d'oracles qui se rendaient en vers qu'il parle, lorsqu'il dit qu'il ne s'en rendait plus en cette manière : *isto modo;* et cela depuis longtemps : *jam diu,* ce qui se rapporte à ce qu'il avait dit, que, dès le temps de Pyrrhus, Apollon avait cessé de rendre ses oracles en vers. *Præterea Pyrrhi temporibus jam Apollo versus facere desierat.* Ce qu'il ajoute ensuite marque encore la même chose. Au reste Plutarque répond à cette ob-

sur la cessation des oracles. Vous dites que bien des gens sur ce seul titre ont formé leur opinion et pris leur parti. C'est par l'ouvrage même, Monsieur, qui répond parfaitement bien à son titre, que tous ceux qui ont un peu de lecture et de bon sens ont été entièrement confirmés dans le sentiment général de tous les chrétiens, que les oracles ont cessé après la naissance de Jésus-Christ. Et peut-on avoir une preuve plus convaincante de ce que les Pères de l'Eglise nous apprennent sur ce sujet, que l'ouvrage de ce philosophe? Les autres païens n'ont parlé qu'en passant et en assez peu de mots de cet événement, qui les surprenait tous; mais celui-ci en fait exprès un traité dans toutes les formes. Il recherche avec application les causes de ce silence, et on voit combien il est embarrassé d'en trouver qui aient quelque vraisemblance et qui le satisfassent. N'est-ce pas une chose admirable, que, cent ans environ après la mort de Jésus-Christ, de toute cette multitude d'oracles qui étaient dans le monde, la plupart, de l'aveu même de ce philosophe, qui en était admirateur passionné, n'aient déjà plus rendu de réponses, quoique les temples où elles se rendaient subsistassent encore dans tout leur éclat? Peut-on ne pas reconnaître en cela le pouvoir de celui qui était venu sur la terre pour renverser l'empire du démon et ruiner toutes ses œuvres. Voilà ce que l'on trouve dans le traité de Plutarque, et les savants ont raison d'y renvoyer les incrédules, pour les convaincre, par le témoignage de ce païen, de ce qu'ils ne veulent point croire sur l'autorité des Pères de l'Eglise. Quoi que vous puissiez dire au contraire, tandis que ce livre subsistera, il sera un monument et une preuve éclatante du silence des oracles après la naissance de Jésus-Christ.

Vous disputez après cela contre votre auteur touchant un passage de Cicéron (1), qu'il entend des oracles qui se rendaient en vers. D'abord, vous prétendez qu'il doit s'entendre de toute sorte d'oracles tant en vers qu'en prose. Ensuite vous êtes obligé, après cet effort inutile, de vous rendre à son sentiment. Vous avez raison, l'oracle de Delphes rendait encore des réponses du temps de Cicéron : on en a un grand nombre de preuves (2). Aussi le Sauveur du monde n'avait pas encore paru : il n'avait pas encore fait éclater son pouvoir par l'établissement miraculeux de son Eglise. Jamais, comme

jection de Cicéron, en faisant voir par plusieurs exemples qu'il produit dans le livre qu'il a fait sur ce sujet, que de tout temps l'oracle de Delphes a répondu souvent en prose, et que de son temps il répondait encore quelquefois en vers.

(2) Comme ce que Cicéron fait dire à son frère Quintus dans le 1er livre de la *Divination*, que l'oracle de Delphes était alors moins illustre, à cause que la vérité de ses réponses avait moins d'éclat et de réputation. Ce qui suppose que cet oracle répondait encore. L'exemple de Cicéron lui-même qui en reçut une réponse rapportée par Plutarque; celui d'Appius qui consulta le même oracle durant la guerre de Pharsale, etc.

Eusèbe le remarque dans les passages que nous en avons rapportés, il n'est arrivé avant sa naissance que les oracles soient demeurés muets, comme ils ont fait après, au grand étonnement des païens.

Vous ne pouvez néanmoins vous résoudre à reconnaître cette vérité, que les païens mêmes ont avouée, et sous prétexte de les concilier entre eux, vous dites que le silence des oracles dont ils ont parlé pourrait bien venir de quelque accident qui aurait ruiné leurs temples. Sur quoi vous rapportez ce que dit Plutarque, qu'anciennement un dragon s'était venu loger sur le Parnasse et avait fait déserter l'oracle de Delphes. Vous ajoutez qu'il fut pillé ensuite par un brigand descendu de Phlégyas, par l'armée de Xerxès, par les Phocenses, par Pyrrhus, par Néron, enfin par les chrétiens sous Constantin. Par là vous faites entendre assez clairement que la même chose pourrait bien être arrivée dans le temps que les païens parlaient du silence de leurs oracles, et que par conséquent on ne doit l'attribuer qu'à la ruine des temples et des villes où ces oracles se rendaient auparavant. L'explication est heureuse; mais si elle était vraie, il me semble que les païens auraient eu grand tort d'être surpris de ce silence. Est-il étonnant qu'il n'y ait plus d'oracles où il n'y a plus de temples ni de villes, et où tout est déserté et ravagé? Pourquoi chercher bien loin des raisons de ce silence, comme ils ont fait avec tant de soin et d'inquiétude, puisqu'ils en avaient une si sensible et si palpable devant les yeux? Pourquoi Plutarque s'en prend-il tantôt aux dieux, tantôt aux démons et tantôt au défaut des exhalaisons de la terre, ainsi que Porphyre et Julien l'Apostat ont fait après lui, et jamais à la ruine des temples et aux ravages de la guerre? Se serait-il jamais avisé de composer un traité philosophique *sur la cessation des oracles*, s'ils n'avaient cessé que par quelque accident pareil? Les chrétiens auraient-ils jamais eu la hardiesse de reprocher ce silence aux païens, et de s'en servir comme d'une preuve évidente de la faiblesse de leurs divinités et de la puissance toute divine de Jésus-Christ? Enfin où sont les auteurs qui ont parlé de ces accidents arrivés, après la naissance du Sauveur du monde, à la plupart des temples où les oracles se rendaient? Qui sont ceux qui les ont pillés et saccagés en ce temps-là? Direz-vous que ce sont les chrétiens, eux qui, bien loin d'être en état de renverser les temples des idoles, pouvaient à peine garantir leur vie de la fureur des persécutions?

Mais, pour ne point perdre le temps à réfuter une imagination aussi fausse et aussi chimérique que celle-là, ne reconnaissez-vous pas, Monsieur, que, du temps de Plutarque, *le temple de Delphes était plus magnifique que jamais* (Plutarch., lib. de Pythiæ orac); *qu'on en avait relevé d'anciens bâtiments que le temps commençait à ruiner, et qu'on y en avait ajouté d'autres tout modernes. Que même on voyait une petite ville, qui, s'étant formée peu à peu auprès de Delphes, en tirait sa nourriture, comme un petit arbre auprès d'un grand, et que cette petite ville était parvenue à être plus considérable qu'elle n'avait été depuis mille ans.* Nous pouvons donc juger par là de l'état où se trouvaient alors les temples à oracles, et en même temps du peu de solidité de la conjecture que vous apportez ici pour expliquer leur silence.

CHAP. X. — *Quelque durée que l'on puisse donner à quelques oracles, elle ne peut préjudicier au sentiment des Pères de l'Eglise sur leur silence. Les preuves sur lesquelles M. de Fontenelle appuie cette longue durée ne sont pas mieux choisies. Il ne serait pas surprenant quand, après la cessation des oracles, on trouverait encore des auteurs qui en produiraient des réponses. Pourquoi les oracles, après avoir cessé durant quelque temps, ont pu rendre encore des réponses*

Vous faites ensuite l'histoire de la durée de l'oracle de Delphes et de quelques autres. Vous poussez celui de Delphes jusqu'à Julien l'Apostat, et celui du dieu d'Héliopolis jusqu'au temps d'Arcadius et d'Honorius. Je veux que votre supputation soit juste. Qu'est-ce que cela fait contre le sentiment des Pères de l'Eglise, quand on le connaît et que l'on sait qu'ils n'ont pas assigné le temps de la naissance du Sauveur du monde pour le moment précis du silence universel de tous les oracles, mais seulement pour le commencement de la décadence et de la ruine dans laquelle ils sont tombés depuis? Il suffit, pour vérifier leur sentiment, qu'ils aient cessé après que Jésus-Christ a été connu des hommes, et à mesure que la religion chrétienne s'est établie dans le monde. Or c'est ce qui est indubitable et ce que vous êtes obligé de reconnaître vous-même, quelque longue durée que vous puissiez leur donner.

Examinons néanmoins quelles sont les autorités que vous employez pour prouver leur longue durée après la naissance de Jésus-Christ. Il me paraît qu'elles ne sont pas des mieux choisies; par exemple, celle de Philostrate, dans la *Vie d'Apollonius de Tyanes*, où l'on sait que cet auteur païen, pour obscurcir la gloire du Sauveur du monde et l'éclat de ses miracles, n'a point fait de difficulté d'inventer les fables les plus ridicules et de mettre en œuvre les faussetés les plus insignes. Ne reconnaissez-vous pas vous-même que, dans ce qu'il dit de l'Apollon de Delphes, il pourrait bien y avoir du venin contre les chrétiens? Est-ce donc d'un tel homme, et dans un semblable ouvrage, que l'on doit attendre un aveu sincère du silence des oracles, silence si honteux et si préjudiciable au paganisme, si glorieux à Jésus-Christ et si avantageux à la religion chrétienne?

L'autorité de ce prêtre de Tyanes, qui demande à l'imposteur Alexandre si les oracles de Didyme, de Claros et de Delphes, sont vrais, n'est pas meilleure. L'imposteur n'ose lui répondre sur ce sujet: il lui dit qu'il n'est pas permis de le savoir. S'il s'en fût encore rendu, de quelque nature qu'ils pussent être, aurait-il fait difficulté de le dire et de les reconnaître pour légitimes, afin de rendre plus croyables ceux qu'il supposait à son Esculape?

Il est vrai que Julien l'Apostat reçut des réponses de l'oracle de Delphes, qu'il fit tous ses efforts pour remettre sur pied. Mais est-il surprenant que, employant la magie et les enchantements les plus détestables pour évoquer le démon, il en soit venu à bout? A présent que les oracles sont entièrement abolis, un magicien ne peut-il pas faire la même chose? Pourrait-on conclure de là que les oracles subsistent encore; n'avez-vous pas vu, dans le passage que je vous ai cité de cet empereur, qu'il avoue lui-même que tous les oracles avaient cessé, et qu'il n'y avait plus que la magie qui pût suppléer à leur défaut.

Enfin, quand, après l'extinction de la plupart des oracles, arrivée certainement avant l'empire de Constantin, il se trouverait quelque auteur païen de ce temps-là qui en parlerait encore et qui rapporterait de leurs réponses, il ne faudrait pas s'en étonner. Ils avaient duré plus de deux mille ans. Pendant cette longue suite de siècles, ils avaient rendu une infinité de réponses. Les temples où les démons les avaient rendues subsistaient encore : les sacrifices et toutes les autres cérémonies païennes s'y faisaient à l'ordinaire. Il était fort naturel que plusieurs fussent encore dans la pensée qu'ils se continuaient à prédire l'avenir. Toute sorte de raisons engageaient les païens à le croire, et même à supposer de fausses réponses au défaut des véritables.

J'ajoute de plus qu'il ne faut pas croire que le démon, chassé une fois d'un oracle, n'ait pu y retourner une seconde et une troisième, surtout lorsqu'il a été rappelé par des gens qui lui étaient dévoués, et qui employaient tout ce qu'il faut pour l'obliger de revenir. Il lui était sans doute bien fâcheux de quitter ses anciennes demeures, où il avait joui si paisiblement, durant tant de siècles, des honneurs divins qu'on lui rendait. Il ne les quittait donc qu'à regret, et faisait souvent ses efforts pour s'y rétablir. Mais enfin il en a été si souvent chassé par les chrétiens qui se multipliaient tous les jours, si mal reçu et si mal mené, qu'il s'est vu contraint de leur abandonner le champ de bataille et de tourner ailleurs ses pernicieux desseins.

Mais il est inutile que je m'arrête plus longtemps sur ce sujet. Il suffit, quelque interruption ou quelque durée que vous donniez aux oracles, que vous reconnaissiez qu'ils ont cessé après la naissance de Jésus-Christ et la prédication de son Evangile, ainsi que les Pères de l'Eglise l'ont assuré, et que cet événement ne puisse être attribué qu'à son pouvoir sur les démons, et à celui qu'il a laissé à ses disciples et à son Eglise, de les chasser en son nom. C'est ce que je vous ai fait voir d'une manière qui me paraît assez claire et assez évidente. Néanmoins, comme vous attribuez cet événement miraculeux à d'autres causes, je crois devoir les réfuter en peu de mots, pour vous convaincre toujours de plus en plus de la vérité de celle que les Pères de l'Eglise ont rapportée.

CHAP. XI. — *Réfutation des causes du silence des oracles, rapportées par l'auteur de l'Histoire. On ne peut pas l'attribuer aux édits des empereurs chrétiens contre l'idolâtrie. La plupart des oracles ont cessé avant l'empereur Constantin. On doit plutôt attribuer la décadence de l'idolâtrie à la cessation des oracles, que la cessation des oracles à la décadence de l'idolâtrie.*

En général, dites-vous, les oracles n'ont cessé qu'avec le paganisme, et le paganisme n'a point cessé à la venue de Jésus-Christ. Vous rapportez ensuite les édits des empereurs chrétiens contre les temples des idoles et toutes les superstitions de l'idolâtrie. Je vous prie d'abord, Monsieur, de faire attention qu'avant qu'il y eût des empereurs chrétiens, le christianisme était déjà établi et répandu presque par tout le monde, et que les chrétiens, ainsi que Tertullien l'assure de son temps (1), remplissaient déjà les villes et les provinces entières, malgré la fureur des persécutions, qui en multipliaient tous les jours le nombre, bien loin de le diminuer. Par là vous connaîtrez sans doute que le plus grand miracle du christianisme, qui est son établissement, ne doit pas être attribué aux édits des empereurs chrétiens, ainsi que vous l'insinuez, mais au pouvoir tout divin de Jésus-Christ, qui n'a jamais plus éclaté que dans cet établissement merveilleux, et dans la destruction de l'idolâtrie qui s'y opposait de toutes ses forces.

Pour ce qui regarde en particulier les oracles, qui étaient le plus fort appui de cette idolâtrie, il est constant, par le témoignage des païens mêmes, que la plupart au moins

(1) Hesterni sumus et vestra omnia implevimus, urbes, insulas, castella, municipia, conciliabula, castra ipsa, tribus, decurias, senatum, forum. Sola vobis relinquimus templa. *Apolog.* In quem enim alium universæ gentes crediderunt, nisi in Christum qui jam venit? Cui enim et aliæ gentes crediderunt, Parthi, Medi, Elamitæ et qui inhabitant Mesopotamiam, Armeniam, Phrygiam, Cappadociam, et incolentes Pontum et Asiam et Pamphyliam; immorantes Ægyptum, et regionem Africæ quæ est trans Cyrenem inhabitantes? Romani et incolæ; tunc et in Hierusalem Judæi et cæteræ gentes; ut jam Getulorum varietates et Maurorum multi fines; Hispaniarum omnes termini, et Galliarum diversæ nationes et Britannorum inaccessa Romanis loca, Christo vero subdita; et Sarmatarum et Dacorum et Germanorum et Scytharum; et abditarum multarum gentium, et provinciarum et insularum multarum nobis ignotarum et quæ enumerare minus possumus? In quibus omnibus locis Christi nomen qui jam venit, regnat, pote ante quem omnium civitatum portæ sunt apertæ, et cui nullæ sunt clausæ; ante quem seræ ferreæ sunt comminutæ et valvæ æreæ sunt apertæ. *Adversus Judæos.* Tertulliano adjunge Origenem init. ll. IV *de Princip.*, et Plinium Secundum, Epistolarum l. x, ep. ad Trajanum, de Christianis,

ne rendaient déjà plus de réponses longtemps avant l'empereur Constantin, quoique les temples de faux dieux, les sacrifices et toutes les autres superstitions subsistassent toujours. Si vous voulez bien faire réflexion à cela, vous avouerez qu'il est bien plus raisonnable d'attribuer, au moins en partie, l'extinction du paganisme à la cessation des oracles, que la cessation des oracles à l'extinction du paganisme.

En effet, une fausse religion comme celle-là, qui autorisait les plus grands crimes par l'exemple des dieux qu'elle adorait, qui exigeait des sacrifices de chair humaine, qui ordonnait des jeux et des fêtes remplies des plus grandes infamies, et dont les plus saints et les plus sacrés mystères ne contenaient que des abominations et des obscénités détestables; une religion qui, dans ses dogmes et son culte, choquait évidemment la raison et les bonnes mœurs, ne pouvait naturellement subsister sans être soutenue par des espèces de prodiges et de merveilles qui fascinassent en quelque sorte ses sectateurs, et leur fissent fermer les yeux à l'extravagance et à la brutalité de leurs superstitions. Ces merveilles et ces faux prodiges se trouvaient particulièrement dans les oracles. On y voyait des prédictions de l'avenir qui s'accomplissaient souvent; des malades qui guérissaient par des remèdes inouïs, qu'ils avaient appris et reçus en dormant, des apparitions des divinités prétendues que l'on venait consulter; des prêtres et des prêtresses transportés d'une fureur qui paraissait être toute surnaturelle et toute divine, et une infinité d'autres merveilles semblables. Voilà ce qui soutenait l'idolâtrie et qui lui donnait un dehors éblouissant qui entretenait les peuples dans la séduction.

Mais, lorsqu'après l'incarnation du Fils de Dieu toutes ces illusions du démon eurent été dissipées par le pouvoir du Verbe incarné, et que l'idolâtrie fut dépouillée de tout ce qu'elle paraissait avoir à l'extérieur de merveilleux et de divin, l'extravagance de ses superstitions parut aux yeux de tout le monde dans toute sa monstrueuse difformité : surtout lorsque l'on vint à la comparer à la sainteté du christianisme et aux véritables miracles dont il a toujours été autorisé, entre lesquels ce pouvoir admirable qu'avaient les chrétiens de faire taire les démons ou les dieux du paganisme, de leur faire avouer leur imposture, de les confondre et de les chasser en mille manières, a été sans doute un des plus éclatants et des plus efficaces pour désabuser les païens. Dès lors le paganisme, rendu à lui-même, et destitué de tous les faux prodiges qui le soutenaient, est allé en décadence et a été abandonné par ses plus zélés sectateurs. Ainsi, bien loin que la décadence du paganisme ait été la cause de la cessation des oracles, c'est au contraire le silence où les oracles ont été réduits par les chrétiens qui a contribué beaucoup au renversement du paganisme.

CHAP. XII. — *On examine ce que M. de Fontenelle avance, que, quand l'idolâtrie n'eût pas dû être abolie, les oracles néanmoins eussent pris fin. Quelles sont les raisons qu'il en apporte. Réfutation de la première, qu'il tire des fourberies et des crimes des prêtres des idoles. Réponse à la seconde, qu'il tire des railleries que quelques philosophes faisaient des oracles. Après la naissance de Jésus-Christ, les philosophes, et les épicuriens mêmes, ont été entêtés plus que jamais des oracles. Ils y ont ajouté, pour la plupart, la magie et les enchantements. Explication d'un passage de Plutarque mal entendu par l'auteur de l'Histoire.*

Mais vous allez encore plus loin ; car, comme si vous appréhendiez qu'il ne revînt quelque gloire et quelque avantage à la religion chrétienne de la cessation des oracles, vous entreprenez de prouver que, *quand le paganisme n'eût pas dû être aboli, les oracles néanmoins eussent pris fin*. Vous en apportez trois raisons : vous tirez la première du mépris où ils tombèrent, par le peu d'importance des affaires sur lesquelles on les consultait après la naissance de Jésus-Christ, et du peu d'estime que les Romains, devenus les maîtres de la terre, en faisaient; la seconde, du grand tort que leur firent trois sectes de philosophes, les cyniques, les péripatéticiens et les épicuriens, qui *travaillaient continuellement*, dites-vous, *à désabuser le monde de leurs fourberies;* la troisième, enfin, de ces mêmes fourberies qui étaient trop grossières pour n'être pas enfin découvertes.

Je vous ai déjà fait voir que l'on ne pouvait attribuer qu'aux démons les fourberies et les impostures qui étaient dans les oracles, et que si les prêtres des idoles en eussent été les auteurs, elles n'auraient pas subsisté plus de deux mille ans, ni tardé si longtemps à être découvertes. Les crimes de ces prêtres dont vous parlez ici ne se sont pas toujours commis dans des temples à oracles, et ces prêtres n'ont pas commencé à commettre ces crimes après la naissance du Sauveur du monde. Hérodote, que vous citez, en est une bonne preuve (*Hist. lib.* I). Et si, malgré toutes ces infamies, les oracles et l'idolâtrie n'ont pas laissé de subsister dans tout leur éclat avant l'incarnation du Fils de Dieu, vous n'avez pas raison de dire que ce sont ces mêmes fourberies et ces mêmes abominations qui les ont fait cesser après sa naissance.

Je vous ai fait voir aussi que toutes ces trois grandes sectes de philosophes qui se moquaient des oracles, se réduisaient à quelques cyniques et à quelques épicuriens en très-petit nombre, dont l'autorité était très-méprisable parmi les anciens, et certainement infiniment moins considérable que celle de tous les autres philosophes, et en particulier des platoniciens et des stoïciens, qui soutenaient les oracles de toutes leurs forces, et traitaient d'impies et d'athées ceux qui n'y ajoutaient pas foi. Depuis la naissance du Sauveur du monde, tous les philosophes en ont été plus entêtés que jamais. Ils les ont soutenus avec ardeur, pour défendre la cause commune de leur religion qui tombait en décadence. Les épicuriens mêmes, oubliant dans cette occasion les principes et les intérêts de leur secte, les faisaient valoir autant qu'ils pouvaient, comme on le voit par l'ouvrage de Celse, où cet épicurien (*Apud Origen., lib.* VII) oppose aux prophètes de l'Ancien Testament que les chrétiens produisaient, pour prouver la vérité du christianisme, les oracles de la Grèce qu'il exalte beaucoup au-dessus de ces prophètes, et dont il parle en homme persuadé de leur excellence et des grands avantages que l'on en avait retirés.

Cet entêtement des philosophes pour les oracles et la divination allait alors jusqu'à la folie. Ils y ajoutaient, la plupart, la magie et les enchantements, qu'ils regardaient, ainsi que les oracles, comme des faveurs extraordinaires des dieux et des arts tout divins. Pour être convaincu de ce que je dis, il n'y a qu'à lire les vies de ces philosophes écrites par Eunapius, et se souvenir quelles gens c'étaient, entre autres, que Porphyre, Jamblique, Ædesius, Chrysanthe, Maxime, Julien l'Apostat, et quels étaient les dogmes et les mystères de leur philosophie théurgique. De là il sera aisé de conclure que ce n'est pas non plus au mépris que les philosophes ont fait les oracles avant ou après la naissance de Jésus-Christ, qu'il faut attribuer leur décadence et ensuite leur extinction.

Au reste, Monsieur, vous dites, en parlant des méchants vers dont les oracles étaient composés, que *ces philosophes se moquaient de ceux qui, par un certain raisonnement qui se renversait, eussent conclu également que les vers étaient d'un dieu, soit qu'ils eussent été bons, soit qu'ils eussent été méchants.* Ce n'est point là l'argument renversé dont parle Plutarque (*Lib. de Pithiæ Oraculis*), de qui vous avez tiré cette réflexion et le trait d'histoire dont vous l'accompagnez. Voici ce que c'est: il introduit dans un de ses dialogues un épicurien, qui répond à ceux qui disaient qu'il ne fallait pas s'étonner si les vers des oracles péchaient contre les règles ordinaires de la poésie, puisqu'ils venaient d'Apollon, qui était au-dessus de toutes les règles, que ces défauts et cette négligence même étaient une preuve qu'il en était l'auteur. A quoi l'épicurien réplique que d'autres peut-être, en renversant cet argument, pourraient conclure avec plus de raison que les oracles ne viennent pas d'Apollon, puisqu'ils sont si défectueux et si contraires aux règles de la poésie. Les premiers argumentaient ainsi: Ces vers viennent d'Apollon, donc il n'est pas surprenant qu'ils pèchent contre les règles de la poésie, parce qu'Apollon est au-dessus de toutes ces règles. L'épicurien renversait l'argument et disait: Ces vers pèchent contre les règles de la poésie, donc il est visible qu'ils ne viennent pas d'Apollon, le père et le dieu de la poésie. Prenez la peine de relire cet endroit de Plutarque: vous reconnaîtrez, si je ne me trompe, que vous n'avez pas pris sa pensée, ni bien conçu ce que c'est qu'un argument renversé. Vous pouviez néanmoins en avoir vu un exemple tout semblable dans Cicéron sur la même matière (1); mais ce n'est là qu'une bagatelle.

CHAP. XIII. — *Réfutation de la troisième raison rapportée par M. de Fontenelle, pour expliquer la cessation des oracles. Avant la naissance de Jésus-Christ on a consulté les oracles sur des affaires d'aussi petite importance qu'après. Après cette même naissance, on les a consultés sur des affaires pour le moins aussi importantes qu'auparavant.*

Je viens donc à votre troisième raison, par laquelle vous prétendez montrer que, quand le paganisme n'eût pas dû être aboli, les oracles n'eussent pas laissé que de cesser. Vous la tirez, comme j'ai dit, du peu d'importance des affaires sur lesquelles on les consultait après la venue de Jésus-Christ, et du mépris que les Romains en faisaient. Je réponds à cela en deux mots, et je dis qu'avant la naissance du Sauveur du monde on a consulté les oracles sur des affaires d'aussi petite importance, et après sa naissance sur des affaires pour le moins aussi importantes qu'auparavant, et par conséquent que ce n'est point là la cause de leur cessation et de leur ruine.

Pour en être convaincu, il n'y a qu'à se souvenir que toutes sortes de personnes allaient en foule les consulter sur leurs affaires. Ainsi, si les princes et les républiques y allaient pour leurs affaires et leurs entreprises, qui étaient souvent importantes, les particuliers, qui sont toujours en beaucoup plus grand nombre, y allaient aussi pour les leurs, qui ne pouvaient être que de très-petite conséquence. De plus, il n'y a qu'à parcourir les oracles qu'Eusèbe et les autres auteurs anciens et nouveaux ont ramassés: on en trouvera un grand nombre rendus à des particuliers sur leurs mariages, sur leurs enfants, leurs voyages, leurs maladies, leur trafic et mille autres bagatelles. C'est de là qu'Eusèbe (*Præp. Evang., lib.* V) tire un argument, après OEnomaüs, pour prouver que les oracles ne pouvaient venir de Dieu ni des bons génies. Il montre dans le 29e chapitre qu'ils ne répondaient le plus souvent que sur des niaiseries; dans le suivant, qu'ils ne donnaient que des réponses triviales; dans les autres, qu'ils louaient des fripons et des scélérats, comme le poëte Archiloque et l'athlète Cléomède.

Enfin, après la venue de Notre-Seigneur,

---

(1) Cicero, l. II *de Divin.*: « Ita enim cum magis properant concludere solent : Si dii sunt, est divinatio; sunt autem dii ; est ergo divinatio. Multo est probabilius : Non est autem divinatio ; non sunt ergo dii. »

on a consulté les oracles sur des choses pour le moins aussi importantes qu'auparavant, tandis qu'ils ont subsisté, et dans le temps même de leur décadence et de leur ruine. C'est ce qui se voit par les empereurs romains et les personnes de la première considération parmi eux, qui les ont interrogés sur leurs entreprises et les destinées même de l'empire. J'en rapporterai des exemples un peu plus bas, et il est aisé d'en voir un grand nombre dans Suétone, Tacite, Spartien, Xiphilin et les autres historiens romains. Ce n'est donc pas le peu d'importance des affaires sur lesquelles on les a interrogés après la venue de Notre-Seigneur, qui a été la cause de leur cessation.

Chap. xiv. — *Les Romains, bien loin de mépriser les oracles, y ont été fort attachés. Première preuve tirée de l'entêtement qu'ils avaient pour toute sorte de divinations, pour leurs augures, leurs aruspices et leurs livres sibyllins. Il y en avait qui de toutes ces sortes de divinations n'estimaient que les oracles. Les Romains adoptaient toutes les superstitions des nations étrangères. Ils attribuaient à cette prétendue piété la prospérité de leurs armes et la gloire de leur empire. Pourquoi, de toutes les religions, il n'y a eu que la véritable qu'ils n'aient pas voulu recevoir.*

Je ne vois pas enfin ce qui a pu vous persuader que les Romains n'estimaient pas les oracles. La preuve que vous en apportez est qu'ils étaient attachés à leurs augures et à leurs aruspices. Cela est vrai; mais l'un n'empêche pas l'autre, comme on le voit par les Grecs mêmes, qui n'étaient pas moins attachés à toutes ces superstitions qu'à leurs oracles. Au contraire, l'attachement que les Romains avaient à leurs augures et à leurs aruspices les portait naturellement à en avoir beaucoup pour les oracles. Tous ces devins qui étaient parmi eux dans une si haute considération montrent l'estime infinie qu'ils faisaient de la divination, et la passion qu'ils avaient de connaître l'avenir. Ils n'avaient donc garde de mépriser les oracles, qui en promettaient une connaissance beaucoup plus claire et plus certaine, et qui, par toutes les circonstances qui les accompagnaient, paraissaient avoir quelque chose de plus surprenant et de plus divin.

D'ailleurs ils ne pouvaient être attachés à leurs livres sibyllins, qu'ils ne le fussent aussi aux oracles, puisqu'ils reconnaissaient, comme vous le pouvez apprendre de Cicéron (1), que les uns et les autres venaient de la même cause, c'est-à-dire de l'enthousiasme et de la fureur divine. Bien plus, il y avait des Romains qui méprisaient l'art des augures et des aruspices, et qui, de toutes les sortes de divinations, n'estimaient et ne reconnaissaient pour vraies que les oracles, comme, entre autres, Quintus (2), le frère de Cicéron, qui n'était pas sans doute seul de son sentiment. Ce n'est donc pas l'attachement que les Romains avaient à leurs augures et à leurs aruspices qui leur a fait mépriser les oracles.

Vous objectez que les oracles étaient grecs d'origine. Cela peut être vrai, quoique je puisse vous en montrer en Italie d'aussi anciens à peu près que ceux qui étaient dans la Grèce, comme, entre autres, celui de Faunus dont parle Virgile (3) et celui de Mars, duquel Denis d'Halicarnasse (4) fait mention, dans le premier livre de ses *Antiquités romaines*. Mais quand cela serait certain, n'était-ce pas la coutume ou la politique des Romains d'adopter toutes les divinités et toutes les superstitions des Grecs et des Égyptiens? Isis, Anubis, Osiris, Sérapis n'avaient-ils pas droit de bourgeoisie dans Rome? N'y avaient-ils pas des autels, des temples (5) et des prêtres? D'où avaient-ils tiré leur Bonne Déesse (6) et ses mystères, si ce n'est de Pessinunte en Phrygie, où ils avaient envoyé une célèbre ambassade pour l'amener à Rome? Esculape (7), à qui ils avaient élevé un fameux temple dans l'île du Tibre, ne venait-il pas d'Épidaure, où le sénat l'avait envoyé chercher par des députés de considération, après avoir appris de l'oracle de Delphes que c'était cette prétendue divinité qui devait les délivrer de la peste dont ils étaient cruellement affligés? Vous savez sans doute ce qui se passa en cette occasion, et comment le faux Esculape se rendit dans le vaisseau des ambassadeurs, sous la figure d'un serpent; les honneurs qu'on lui rendit; les prodiges par lesquels il se signala, et qui doivent obliger les plus incrédules, ou à donner le démenti à tous les historiens romains qui rapportent cette histoire, ou à reconnaître que ce serpent n'était autre chose qu'un démon travesti.

Toutes les superstitions, de quelque pays

---

(1) Cicero, l. i *de Divin.* : « His igitur assentior qui duo genera divinationis esse dixerunt : unum, quod particeps esset artis; alterum, quod arte careret... Carent autem arte qui non ratione aut conjectura observatis ac notatis signis, sed concitatione quadam animi aut soluto liberoque motu futura præsentiunt; quod et somniantibus sæpe contingit et nonnunquam vaticinantibus per furorem, ut Bacchis Bœotius, ut Epimenides Cres, ut sibylla Erythræa. Cujus generis oracula etiam habenda sunt, non ea quæ æquatis sortibus ducuntur, sed illa quæ instinctu divino afflatuque funduntur. »

(2) Idem, l. ii *de Divin.* : « Non ignoro, Quinte, te semper ita sensisse, ut de cæteris divinandi generibus dubitares : ista duo furoris et somnii, quæ a libera mente fluere videntur, probares. »

(3) Virgil., l. vii *Æneidos* :
At rex sollicitus monstris, oracula Fauni
Fatidici genitoris adit.
Hinc Italæ gentes omnisque OEnotria tellus
In dubiis responsa petunt.

(4) Dionys. Halicarn., l. i *Rom. Antiq.*, interprete Æmilio Porto : « Tiora vero quæ et Matiera dicitur ad trecentesimum inde stadium. In hac antiquissimum Martis oraculum fuisse fertur, non absimile illi (ut aiunt) quod Dodonæ quondam fuisse fabulis proditur. »

(5) Sextus Rufus et P. Victor, *de Regionibus urbis*.

(6) Plinius, l. *de Viris illustribus*; Herodianus, l. i *Hist.*, cap. 2.

(7) Valerius Maximus, l. i, cap. 8; Plinius, l. *de Viris illustribus*, etc.

qu'elles fussent, étaient donc très-bien venues à Rome. Les Romains, bien loin de les mépriser, les recevaient avec honneur, et ils attribuaient, selon la remarque de saint Augustin (1), à cette piété si universelle, qu'ils faisaient paraître en les recevant toutes, la prospérité de leurs armes et la gloire de leur empire. Il n'y avait que la véritable religion et le seul véritable Dieu qu'ils ne pouvaient souffrir : sans doute, dit le même Père, parce qu'ils voyaient qu'en recevant et en adorant celui-ci, il leur faudrait nécessairement rejeter et abandonner tous les autres.

CHAP. XV. — *Seconde preuve de l'estime que les Romains ont toujours faite des oracles : la manière dont ils en ont parlé, comme Tite-Live, Tacite, Valère-Maxime, Suétone, Pline l'Ancien, Justin, Quinte-Curce, Pomponius Méla, etc. Cicéron parle des oracles en académicien qui réfute et soutient également le pour et le contre. Son témoignage pour cette raison n'est pas recevable. Il a consulté l'oracle de Delphes.*

A ces réflexions générales, j'en ajoute de plus particulières et qui regardent précisément notre sujet. Je tire la première de la manière dont les Romains ont parlé des oracles dans leurs ouvrages, et je puis vous assurer, Monsieur, que de tous ceux que j'ai lus, je n'en ai vu aucun qui n'en ait parlé avec estime.

Tite-Live (2) appelle l'oracle de Delphes le plus fameux des oracles du monde, et il rapporte, entre autres, deux de ses réponses, qu'il a eu grand soin d'insérer dans son Histoire, parce qu'elles ont en toutes deux des suites très-considérables. La première fut rendue aux fils de Tarquin le Superbe, et à Junius Brutus, qui seul, à ce qu'il rapporte, en comprit le véritable sens, et prit de là l'occasion de chasser les rois de Rome et d'établir la république, dont il fut le premier consul. La seconde (3) fut rendue aux ambassadeurs que le sénat, plusieurs années après, envoya encore à Delphes, pour consulter l'oracle touchant le succès de la guerre qu'il avait alors avec les Véiens, qui furent vaincus, suivant la prédiction d'Apollon, après que l'on eut accompli ce qu'il avait demandé dans sa réponse.

Tacite parle (*Annal. lib.* II) de plusieurs oracles, et particulièrement de celui de Claros, et il est évident, par la manière dont il en décrit toutes les particularités, et par le désir qu'il témoigne qu'eut Germanicus de le consulter, que ni lui ni Germanicus ne le méprisaient assurément pas.

Valère-Maxime paraît partout touché et convaincu de la divinité des oracles. Il n'en parle qu'avec respect, et en homme persuadé que tout y était l'effet de la puissance des dieux immortels. Il rapporte en particulier (*Lib.* 1, *cap.* 8) l'oracle rendu à Appius par l'Apollon de Delphes, touchant la guerre de Pharsale, et il montre comment cet oracle fut exactement accompli à l'égard du même Appius, qui n'en comprit pas le sens. Il parle du châtiment d'un certain sophiste, nommé Daphidas, qui avait voulu surprendre le même Apollon de Delphes par ses interrogations captieuses, et qui fut, dit-il, puni de sa folie audacieuse, qui allait jusqu'à vouloir se jouer des dieux.

Suétone (4) rapporte le dessein qu'eut Tibère de ruiner les oracles qui étaient autour de Rome, parce qu'il craignait qu'on ne les consultât sur sa destinée; mais il n'osa, dit-il, exécuter son dessein, effrayé de la majesté des sorts de Préneste, et du prodige qui arriva en cette occasion.

Le témoignage de Pline l'Ancien est surtout digne d'attention. Si cet auteur eût pu soupçonner que les oracles ne fussent que des fourberies des prêtres des idoles, il n'aurait pas manqué de les traiter comme tels, avec le dernier mépris, lui qui se moque des dieux, de la Providence, de l'immortalité de l'âme et de toute sorte d'augures et de présages. Néanmoins, lorsque cet athée parle des oracles (5), il avoue qu'ils prédisent l'avenir par le moyen des exhalaisons. Il en apporte pour exemple l'oracle de Delphes, qu'il appelle le plus illustre de tous, et il attribue cette vertu des exhalaisons à la divinité qu'il reconnaît seule, je veux dire à la nature et à la variété de ses productions.

Justin parle (*Lib.* XXIV, *cap.* 6-8) d'un grand nombre d'oracles, et rapporte quantité de leurs réponses, mais il s'étend surtout sur celui de Delphes qu'il décrit, et sur le châtiment des Gaulois sous Brennus, qui entreprirent de le piller. Il ne manque pas d'attribuer ce châtiment et les prodiges qui l'accompagnèrent, à la puissance du dieu qui présidait à cet oracle.

Quinte-Curce (*Lib.* IV) décrit au long celui d'Ammon, et quoiqu'il soupçonne de flatterie les réponses qui furent données à Alexandre par les prêtres de cette idole, il ne dit rien de l'oracle qui marque qu'il le méprisât; au

---

(1) Augustinus, l. 1 *de Consensu evangelistarum*, cap. 12 : « Solebant autem Romani deos gentium quas subjugabant colendo propitiare et eorum sacra suscipere. Hoc de Deo gentis Hebrææ, cum eam vel oppugnaverunt vel vicerunt, facere noluerunt, credo, quod videbant, si ejus Dei sacra reciperent, qui se solum deletis etiam simulacris coli juberet, dimittenda esse omnia quæ prius colenda susceperant, quorum religionibus imperium suum crevisse arbitrabantur. »
(2) Titus Livius, l. 1, decad. 1 : « Delphos ad maxime inclytum in terris oraculum mittere statuit, neque responsa sortium ulli alii committere ausus, duos filios per ignotas ea tempestate terras, ignotiora maria in Græciam misit, » etc.
(3) Idem, l. v, decad. 1 : « Sed auctorem levem nec satis fidum super tanta re Patres rati, decrevere legatos sortesque oraculi Pythici exspectandas, etc. »
(4) Suetonius in Tiberio, cap. 63 : « Vicina vero Urbi oracula etiam disjicere conatus est, sed majestate Prænestinarum sortium territus destitit. »
(5) Plinius, l. *Nat. Hist.*, cap. 92 : « Fatidici specus, quorum exhalatione temulenti futura præcinunt ut Delphis nobilissimo oraculo. Quibus in rebus quid possit aliud causæ afferre mortalium quispiam, quam diffusa perenne naturæ subinde aliter atque aliter numen erumpens. »

contraire il rapporte certaines circonstances qui témoignent qu'il était persuadé qu'une divinité y présidait.

Pomponius Méla (1) fait l'éloge de ce même oracle en deux mots lorsqu'il dit qu'il était d'une foi et d'une vérité reconnue. A tous ces auteurs je pourrais ajouter Pline le Jeune, Elien, Aulu-Gelle, Solin, Macrobe et tous les poëtes, comme Virgile, Lucain, Ovide, Sénèque, qui tous ont parlé des oracles comme persuadés de leur divinité.

Vous m'opposerez sans doute Cicéron, qui s'en moque dans son second livre de la *Divination;* mais faites attention, s'il vous plaît, qu'il les estime et les soutient dans le premier, et que dans l'un et l'autre de ces deux livres il parle en académicien qui, suivant les principes de sa secte, établit et renverse également le pour et le contre, en doutant de tout et n'assurant jamais rien, ainsi qu'il en avertit lui-même (2) au commencement de ce second livre. C'est à quoi il me semble que vous deviez faire réflexion, avant que de vous servir de son autorité, comme vous avez fait en quelque endroit de votre Histoire : elle ne vous aurait pas paru des plus propres pour décider la question dont il s'agit. Je pourrais facilement prouver, par les autres ouvrages de Cicéron où il parle moins en académicien, qu'il n'a pas méprisé les oracles; mais ce qu'il a fait le prouve beaucoup mieux encore que tout ce qu'il a dit. Or vous ne doutez pas que, dans son premier voyage d'Asie, il n'ait consulté l'oracle de Delphes, ainsi que Plutarque nous en assure (*In Cicer.*); et c'est là une bonne preuve qu'il ne le méprisait pas.

CHAP. XVI. — *Troisième preuve que les Romains ne méprisaient pas les oracles, c'est qu'ils en avaient un grand nombre en Italie, et qu'ils consultaient souvent ceux de la Grèce. L'État et les empereurs parmi les Romains n'ajoutaient pas moins foi aux oracles que les particuliers. Conclusion de cette troisième partie de la Réponse, en faveur du sentiment des saints Pères et de tous les chrétiens touchant le silence des oracles. Conclusion de tout l'ouvrage, et les motifs que l'on a eus pour l'entreprendre.*

Mais une marque encore plus évidente que les Romains ne méprisaient pas les oracles, c'est qu'ils en avaient plusieurs dans Rome même et aux environs, et dans d'autres endroits de l'Italie. Vous le reconnaissez, mais vous ajoutez que *le petit nombre de ces oracles ne fait qu'une exception trèspeu considérable à ce que vous avez dit.* Permettez-moi de n'être pas de votre sentiment, car ces oracles n'étaient pas tout à fait en aussi petit nombre que vous voulez nous le persuader. En effet, outre l'oracle de Géryon, dont Suétone fait mention (3), et qui était auprès de Padoue, celui d'Esculape, qui était dans Rome, et dont l'inscription rapportée par Gruter (*Inscript.*, *pag.* 71), sans parler des autres auteurs, est une preuve ; celui du dieu Clitumnus, dont Pline le Jeune fait la description (*Epist. lib.* VIII, *ep. ad Romanum*); les sorts de Préneste, les fortunes d'Antium, dont Suétone (*In Tiber.*), Macrobe (*Saturnal. lib.* I, *cap.* 23) et plusieurs autres auteurs ont parlé ; sans compter enfin l'oracle d'Auguste, que vous donnez pour certain, on peut ajouter aux premiers celui de Faunus, dont parle Virgile (*Lib.* VIII *Æneid.*, *loc. supra cit.*); celui du dieu Vatican, dont parle Aulu-Gelle (*Noct. Attic.*, *lib.* XVI, *cap.* 18); celui de Mars, que je vous ai déjà rapporté de Denis d'Halicarnasse (*Lib.* I *Antiq. Rom.*, *loc. supra cit.*) ; celui de Podalirius, dans la Calabre, dont Lycophron et Tzetzès font mention (4); celui d'Apollon à Baies, dont parle Capitolin (*In Clod. Albino*); celui d'Hercule à Tivoli, cité par Stace (*Carm.* III); celui qui était auprès de Cumes dans des souterrains dont parle Strabon (*Geogr. lib.* v); celui d'Apollon à Aquilée, dont parle Herodien (*Lib.* VIII, *cap.* 3); celui enfin de Jupiter, surnommé Pistor, dont Ovide (*Fast. lib.* VI) et Lactance (*Divin. Instit. lib.* I) font mention. Il me semble que ce nombre, que je pourrais encore augmenter, suffit pour prouver que les Romains ont été aussi entêtés des oracles que les Grecs. Et certainement je ne sais si aucune province de la Grèce, sans en excepter la Béotie, qui en avait un si grand nombre, pourrait en fournir davantage.

Aussi, comme si vous vous défiiez un peu de la vérité de votre proposition, vous ajoutez que, *parmi les Romains, les particuliers pouvaient avoir foi aux oracles, mais que l'Etat n'y en avait pas.* Vous avez pu remarquer, par ce que j'ai rapporté de Tite-Live, que l'Etat n'était pas en cela différent des particuliers, puisque le sénat envoya une ambassade à l'oracle de Delphes pour le consulter touchant la guerre qu'il avait alors avec les Véiens, et qu'en ayant reçu la réponse, il s'appliqua avec grand soin à faire ce qu'elle ordonnait, jusqu'à déposer les tribuns de l'armée, parce qu'il crut que c'était là le sujet de la plainte que l'oracle avait faite. Ensuite de quoi Camille, leur général, pressa les ennemis plus vivement, ne doutant pas qu'il ne dût les vaincre, suivant les promesses de l'oracle; et étant sur le point de donner l'assaut à leur capitale, il ne manqua pas de faire ressouvenir Apollon, avec beaucoup de gravité et de religion (5), que c'était sous ses auspices et sui-

(1) Pomponius Mela, l. I, cap. 8 : « Ammonis oraculum fidei inclytæ. »

(2) Cicero, l. II *de Divin.*, paulo post initium : « Dicendum est mihi igitur ad ea quæ sunt a te dicta: sed ita nihil ut affirmem, quæram omnia, dubitans plerumque et mihi ipse diffidens. Si enim aliquid certi haberem quod dicerem, ego ipse divinarem, qui esse divinationem nego. »

(3) Suetonius *in Tiber.* : « Et mox cum Illyricum petens juxta Patavium adiisset Geryonis oraculum, » etc.

(4) Lycophron in Cassandra, ad quem Tzetzes : Εἰώθασι οἱ Δαύνιοι ἤτοι οἱ Καλαυροὶ ἐν μηλωταῖς καθεύδειν ἐν τῷ τάφῳ Ποδαλιρίου καὶ καθ' ὕπνους λαμβάνειν χρησμοὺς ἐξ αὐτοῦ.

(5) Titus Livius, lib. v, decad. 1 : « Tum dicta-

vant ses promesses qu'il allait subjuguer cette ville, du butin de laquelle il lui promettait par reconnaissance la dixième partie.

Vous avez pu remarquer de même que ce ne fut qu'après avoir consulté l'oracle de Delphes sur la peste qui ravageait Rome, que le sénat fit venir Esculape d'Epidaure avec un si grand appareil, ainsi qu'Ovide le rapporte (1); quoique Tite-Live et Valère-Maxime disent que ce fut après que l'on eut consulté les livres sibyllins. Mais l'un et l'autre peut être vrai.

Ne croyez pas, au reste, que les Romains aient changé de conduite sous les empereurs, puisque Tibère, comme vous le remarquez vous-même, a consulté l'oracle de Géryon, Néron celui de Delphes, (2), Germanicus celui de Claros (*Tacit., Ann. lib.* II, *loc. cit.*), Caligula celui d'Antium (3), Vespasien celui du dieu Carmel (4), adoré sur la montagne du même nom : divinité païenne dont quelques-uns ont voulu faire mal à propos le véritable Dieu. Tite a consulté l'oracle de Vénus de Paphos (5), Trajan celui du dieu d'Héliopolis (6), Adrien celui de Jupiter Nicéphore (7), Sévère celui de Jupiter Bélus (8), Caracalla consulta avec une avidité incroyable tous ceux qu'il put trouver (9). Tout cela me paraît prouver évidemment que ces maîtres de l'univers ont été aussi attachés aux oracles que les Grecs.

Cela étant, je conclus que, la cessation des oracles ne pouvant être attribuée ni au mépris que les Romains en ont fait, ni aux railleries des philosophes, ni aux fourberies des prêtres des idoles ou aux crimes qu'ils ont commis à leur faveur, ni enfin aux édits des empereurs chrétiens contre les superstitions de l'idolâtrie, il faut nécessairement l'attribuer au pouvoir de Jésus-Christ sur les démons auteurs de ces oracles, ainsi que tous les chrétiens l'ont cru jusqu'à présent, et que les Pères de l'Eglise l'ont assuré et même prouvé si évidemment.

Voilà, Monsieur, ce que j'avais à répondre à votre Histoire. Je puis vous assurer qu'en y travaillant je n'ai eu d'autre motif que celui de soutenir la vérité, l'autorité des Pères de l'Eglise, la gloire de la véritable religion et celle de Jésus-Christ même, à laquelle le paradoxe de M. Van-Dale aurait pu donner atteinte, étant soutenu et adopté par un homme qui a autant d'esprit et de mérite que vous en avez, et qui, par la variété et l'agrément de ses ouvrages, s'est fait une si belle réputation parmi les savants. Quoique je ne sois pas de ce nombre, je puis néanmoins vous dire avec vérité qu'il n'en est aucun qui vous honore plus parfaitement que moi, et qui admire plus sincèrement les grands talents que vous avez pour écrire poliment sur tant de sujets et en tant de manières différentes.

tor auspicato egressus cum edixisset ut arma milites caperent : Tuo ductu, inquit, Pythice Apollo, tuoque numine instinctus, pergo ad delendam urbem Veios, tibique hinc decimam partem prædæ voveo. »

(1) Ovidius, *Metamorph*. l. xv :

Auxilium cœleste petunt, mediamque tenentis
Orbis humum Delphos adeunt oracula Phœbi.

(2) Suetonius, *in Nerone*, cap. 40 : « Ut vero consulto Delphis Apolline septuagesimum ac tertium annum cavendum sibi audivit, » etc.

(3) Sueton., *in Caligula* : « Monuerunt et sortes Antiatinæ ut a Cassio caveret. »

(4) Idem *in Vespas.* : « Apud Judæam Carmeli dei oraculum consulentem, » etc.

(5) Idem *in Tito*, cap. v : « Aditoque Paphiæ Veneris oraculo, dum de navigatione consulit, etiam de imperii spe confirmatus est. »

(6) Macrob., Saturnal. l. I, cap. 23, loco citato.
(7) Spartianus, *in Adriano*.
(8) Xiphilinus, *in Caracalla*.
(9) Herodian., lib. v.

TABLEAU SYNOPTIQUE
DES ARTICLES
CONTENUS DANS LE DICTIONNAIRE DES SCIENCES OCCULTES.

A

Aamon. *Voy.* Amou.
Abaddon.
Abadie (Jeannette).
Abalam.
Abano. *Voy.* Pierre d'Apone.
Abaris.
Abdeel (Abraham).
Abdel-Azys.
Abdias de Babylone.
Abeilard.
Abeilles.
Abel.
Abel de la Rue.
Abén-Ezra. *Voy.* Macha-Halla.
Abén-Ragel.
Abigor.

Abîme.
Abou-Ryhan.
Abracadabra.
Abracax, ou Abraxas.
Abraham.
Abrahel.
Absalon.
Abstinence.
Accidents.
Aconchements prodigieux.
Acham.
Acharaï-Rioho.
Achéron.
Achérusie.
Achmet.
Aconce (Jacques).
Adalbert.
Adam.
Adam (L'abbé).

Adamantius.
Adamiens, ou Adamites.
Adelgreif (Jean-Albert).
Adélites.
Adelung (Jean-Christophe).
Adeptes.
Adès.
Adhab-Algab.
Adjuration.
Adonis.
Adramelech.
Adrien.
Aéromancie.
Aétite.
Ævoli.
Agaberte.
Agarès.

Agate.
Agathion.
Agathomédon.
Agla.
Aglaophotis.
Agnan.
Agobard.
Agraféna-Shiganskaia.
Agrippa (Henri-Corneille).
Aguapa.
Aguerre.
Aigle.
Aiguilles.
Aiguillette.
Aimant (*magnes*).
Aimar. *Voy.* Baguette.
Ajournement.
Akhmin.
Akiba.

Alain de l'Isle (*Insulensis*).
Alary (François).
Alastor.
Albert le Grand.
Albert d'Alby. *Voy.* Cartomancie.
Albert de Saint-Jacques.
Albigeois.
Albigerius.
Albinos.
Alborack. *Voy.* Borack.
Albumazar.
Albunée. *V.* Sibylles.
Alchabitius. *Voy.* Abdel-Azys.
Alchimie.
Alchindus.
Alcoran. *Voy.* Koran.

TABLE DES MATIERES.

Alcyon.
Aldon. *Voy.* Grandon.
Alectorienne (Pierre). *Voy.* Coq.
Alectryomancie, ou Alectromancie.
Alès (Alexandre).
Alessandro Alessandri.
Aleuromancie.
Alexander ab Alexandro. *Voy.* Alessandro.
Alexandre le Grand.
Alexandre de Paphlagonie.
Alexandre de Tralles.
Alexandre III.
Alexandre VI.
Alfader.
Alfares.
Alfridarie.
Algol.
Alis de Télieux.
Alkalalaï.
Aliette. *Voy.* Etteila.
Alleluia.
Allix.
Almanach.
Almanach du diable.
Almoganenses.
Almucheti. *Voy.* Bacon.
Almulus (Salomon).
Alocer.
Alogricus. *Voy.* Alruy.
Alomancie.
Alopécie.
Alouette. *Voy.* Casse.
Alphitomancie.
Alphonse X.
Alpiel.
Alrinach.
Alrunes.
Alruy (David).
Altangatufun.
Alveromancie. *Voy.* Aleuromancie.
Amadeus.
Amaimon. *Voy.* Amoymon.
Amalaric.
Amalaric (Madeleine).
Amaranthe.
Amasis.
Amazones.
Ambrosius, ou Ambroise. *Voy.* Merlin.
Amdusclas.
Ame.
Ames des bêtes.
Améthiste.
Amiante.
Amilcar.
Ammon. *Voy.* Jupiter-Ammon.
Amniomancie.
Amon, ou Aamon.
Amour.
Amoymon, ou Amaimon.
Amphiaraüs.
Amphion.
Amphisbène.
Amulette.
Amy.
Amyraut (Moïse).
Anagramme.
Anamelech.
Anancitide. *Voy.* Agiaophotis.
Anania, ou Anagni (Jean d').
Ananisapta.
Anausié.
Anarazel.
Anathème.
Anatolius.
Anaxilas.
Anderson (Alexandre). *Voy.* Vampires.

Andrade.
Andras.
André (Tobie).
Andreæ (Jean-Valentin).
Andriague.
Androalphus.
Androgina.
Androïdes.
Ane.
Angat.
Angelieri.
Angélique.
Angerbode, ou Angurbode.
Anges.
Angeweiller. *Voy.* Fées.
Anguekkok.
Anguille.
Animaux.
Anjorrand. *Voy.* Denis.
Anneau.
Anneberg.
Année.
Annius de Viterbe (Jean-Nanni).
Anocchiatura.
Anpiel.
Anselme de Parme.
Ansuperomin.
Antæus.
Antantapp.
Antechrist.
Antesser.
Anthropomancie.
Anthropophages.
Antide.
Antiochus.
Antipathie.
Antipodes.
Antoine.
Apantomancie.
Aparctines.
Apocalypse.
Apollonius de Tyane.
Apomazar.
Apône. *Voy.* Pierre d'Apone.
Apparition.
Apulée.
Aquiel.
Aquin (Mardochée d').
Arachula.
Araël.
Araignées.
Arbres.
Arc-en-ciel.
Ardents (Mal des).
Ardents.
Argens (Boyer d').
Argent.
Argent potable.
Argouges. *Voy.* Fées.
Arignote.
Arimane.
Arioch.
Ariolistes.
Aristée.
Aristodème.
Aristolochie.
Aristomène.
Aristote.
Arithmancie, ou Arithmomancie.
Arius.
Armanville.
Armées prodigieuses.
Armide.
Armomancie.
Arnaud de Bresse.
Arnauld (Angélique).
Arnauld de Villeneuve.
Arnoux.
Arnuphis.
Arnus.
Arot. *Voy.* Marot.
Arphaxat.

Art de saint Anselme.
Art de saint Paul.
Art des esprits.
Art notoire.
Art sacerdotal.
Artémidore.
Artéphius.
Arthémia.
Arthus, ou Artus.
Arundel (Thomas).
Aruspices.
Arzels. *Voy.* Cheval.
Asaphins.
Ascaroth.
Ascik-Pacha.
Asclétarion.
Aselle.
Ashmole (Elie).
Asile.
Asima.
Asmodée.
Asmond et Aswith.
Asmoug.
Asoors.
Aspame.
Aspiculette (Marie d').
Aspidomancie.
Asrafil.
Assa-Fœtida.
Assassins.
Assheton (Guillaume).
Astaroth.
Astarté.
Astiages.
Astragalomancie.
Astres.
Astrolabe.
Astrologie.
Astronomancie.
Astyle.
Aswith. *Voy.* Asmond.
Athénagore.
Athénaïs.
Athénodore.
Atinius.
Atropos.
Attila.
Attouchement.
Aubigné (Nathan d').
Aubry (Jean).
Aubry (Nicole).
Augerot.
Augures.
Auguste.
Augustin (Saint).
Aumône.
Aupetit (Pierre).
Aurore boréale.
Ausitif.
Auspices.
Automates.
Autopsie.
Autruche.
Autun (Jacques d'). *Voy.* Chevanes.
Avenar.
Avenir.
Averne.
Averroès.
Avicenne.
Axinomancie.
Aym. *Voy.* Haborym.
Aymar (Jacques).
Aymond (Les quatre fils).
Ayola (Vasquès de).
Aypéros.
Azaël.
Azariel.
Azazel.
Azer.
Azraël, ou Azraïl.

B

Baal.
Baalbérith.

Baalzéphon.
Buaras.
Babaianas. *Voy.* Catalonos.
Babel.
Bacchus.
Bacis.
Bacon (Roger).
Bacoti.
Bad.
Baducke.
Baël.
Bætiles.
Ragoé.
Bague. *Voy.* Anneau.
Baguette divinatoire.
Baguette magique.
Bahaman.
Bahir.
Baian.
Baier.
Bâillement.
Bailly (Pierre).
Balaam.
Balai.
Balan.
Balance.
Balcoin (Marie).
Baleine.
Bali.
Balles.
Baltazo.
Balthazar.
Baltus (Jean-François).
Banians.
Baptême.
Baptême de la Ligne.
Barat.
Barbas.
Barbatos.
Barbe.
Barbe-à-Dieu.
Barbeloth.
Barbier.
Barbieri.
Barbu.
Bareste (Eugène).
Barkokebas, ou Bar chochebas.
Barnaud (Nicolas).
Barrabas.
Bartholin (Thomas).
Barthole.
Barton (Elisabeth).
Bas.
Bascanie.
Basile.
Basile-Valentin.
Basilic.
Basilide.
Basilius.
Bassantin (Jacques).
Bateleurs.
Bathym. *V.* Marthym.
Bâton du diable.
Bâton du bon voyageur.
Batrachyte.
Batscum-Bassa, ou Botscum-Pacha.
Baume universel.
Bavan (Madelaine).
Baxter.
Bayard.
Bayemon.
Bayer.
Bayer (Jean).
Bayle (François).
Bazine.
Baal. *Voy.* Bérith.
Beauvois de Chauvincourt.
Bebal.
Béchard.
Bechet.
Bède (le Vénérable).
Béhémoth
Béhérit.

Bekker (Baltasar).
Bel.
Belaam.
Belbach, ou Belbog. *Voy.* Belzébuth.
Béléphantes.
Belette.
Bélial.
Beliche.
Bélier.
Belin (Albert).
Belinuncia.
Belloc (Jeanne).
Belmonte.
Belomancie.
Belphégor.
Bélus.
Belzébuth, ou Belzébub, ou Beelzébuth.
Bénédict (Jean).
Benoît VIII.
Benoît IX.
Bensozia.
Benthaméléon.
Berande.
Berbiguier.
Béreuger.
Bergers.
Bérith.
Berkeley.
Berna (Benedetto).
Bernache, ou Bernacle. *Voy.* Macreuses
Bernard.
Bernard (Samuel). *Voy.* Poule noire.
Bernard de Thuringe
Bernard-le-Trévisan.
Bernold. *Voyez* Berthold.
Berquin (Louis).
Berrid. *Voy.* Purgatoire.
Berson.
Berthe. *V.* Robert (le roi).
Berthier (Guillaume-François).
Berthold.
Berthomé de Lignon
Berthomée de la Bedouche. *Voy.* Bonnevault.
Béruth. *Voy.* Bérith.
Bêtes.
Beurre.
Beurre des sorcières.
Beverland (Adrien).
Beyrevra.
Biaule.
Bible du diable.
Bibliomancie.
Bietka.
Bifrons.
Bifrost.
Bigois, ou Bigotis.
Bilis.
Billard (Pierre).
Billis.
Binet (Benjamin).
Binet (Claude).
Biragues (Flaminio de).
Birck (Humbert).
Biron.
Biscar (Jeannette).
Biscayens.
Bisclavaret.
Bithies.
Bitru. *Voy.* Sytry.
Blanc d'œuf (Divination par le). *Voy.* Oomancie.
Blanchard (Elisabeth).
Blasphème.
Blendic.
Bletton.
Bloemardine.

TABLE DES MATIÈRES.

Blokula.
Bobin (Nicolas).
Bocal.
Bodeau (Jeanne).
Bodilis.
Bodin (Jean).
Bodry. *Voy.* Revenants.
Boëce.
Boehm (Jacob).
Bœu.
Bogaha.
Bogarmiles, Bogomiles, Bongomiles.
Boguet (Henri).
Bohémiens.
Bobinum.
Bohmius (Jean).
Bohon-Hupas.
Bois.
Bois de vie.
Boistuau, ou Boaistuau (Pierre).
Bojani (Michel).
Bolacré (Gilles).
Bolfri. *Voy.* Bérith.
Bolingbroke. *Voy.* Glocester.
Bolomancie.
Bolotoo.
Bona (Jean).
Bouasses. *Voy.* Gullets.
Bonati (Gui).
Bongomiles. *Voy.* Bogarmiles.
Bonica.
Boniface VIII.
Bonne Aventure.
Bonnes.
Bonnet (Jeanne).
Bonnet bleu. *Voy.* Dévouement.
Bonnet pointu.
Bonnevault.
Bonzes.
Bophomet. *Voy.* Tête de Bophomet.
Borack.
Borax.
Borborites, *Voy.* Génies.
Borrelon (Laurent).
Bordi, ou Albordi.
Borgia (César).
Borri (Joseph François).
Bos (Françoise).
Bosc (Jean du).
Botanomancie.
Botis. *Voy.* Otis.
Botris, ou Botride.
Boubenhoren. *Voy.* Pacte.
Bouc.
Boucher.
Bouchey (Marguerite Ragum).
Bouillon du sabbat.
Boules de Maroc.
Boullé (Thomas).
Boullenc (Jacques).
Boulvèse.
Boundschesch.
Bourignon (Antoinette).
Boury. *Voy.* Flaque.
Bourru.
Bourreau.
Bousanthropie.
Bouton de bachelier.
Boville ou Bovelles (Charles de).
Boxhorn (Marc Zuerius).
Braccesco (Jean).
Bragadini (Marc-Antoine).

Brahmanes.
Brandebourg.
Bras-de-Fer.
Brebis. *Voy.* Troupeaux.
Brennus.
Brillaut.
Brigitte.
Brinvilliers (Marie-Marguerite, marquise de).
Brioché (Jean).
Brizomantie.
Brocéliande.
Brolon (Jean).
Brolie (Corneille).
Brossier (Marthe).
Broucolaques. *Voy.* Vampires.
Brouette de la mort.
Brown (Thomas).
Brownie.
Brubesen (Pierre van).
Brûlefer.
Brunehaut.
Bruno.
Brunon.
Brutus.
Bucaille (Marie).
Bucer (Martin).
Buckingham.
Bucon.
Budas.
Buer.
Bugnot (Etienne).
Buisson d'épines.
Bullet (Jean-Baptiste).
Bune.
Bungey (Thomas).
Bunis. *Voy.* Bune.
Buplage, ou Buptage.
Burgot (Pierre).
Burrough (George).
Burton (Robert).
Busas.
Butadieu.
Buxtorf (Jean).
Byleth.
Byron.

C

Caaba. *Voy.* Kaaba.
Caacrinolaas, Cassimolar et Glassialabolas.
Cabadès. *Voy.* Zoubdadeyer.
Cabale, ou Cabbalé.
Cabires.
Cacodémon.
Cactonite.
Cacus.
Cadavre.
Cadmée, ou Cadmie.
Cadière. *Voy.* Girard.
Caducée.
Cadulus.
Cæculus.
Caf. *Voy.* Kaf.
Cagliostro.
Cagots.
Cain.
Caïnan.
Caïumarath, ou Kaïd-Mords.
Cala (Charles).
Calamités.
Calaya.
Calcerand-Rochez.
Calchas.
Caleguejers.
Calendrier.
Cali.
Calice du sabbat.
Caligula.
Calmet (Dom).
Calundronius.

Calvin (Jean).
Cambions.
Caméléon.
Camerarius.
Campanella (Thomas).
Campetti.
Camuz (Philippe).
Canate.
Cancer, ou l'Ecrevisse.
Cang-Hi.
Canicule.
Canidia.
Canterme.
Cantwel (André-Samuel-Michel).
Caous.
Capnomancie.
Cappautas.
Caperon.
Capricorne.
Capucin.
Caqueux, ou Cacoux.
Carabia, ou Decarabia.
Caracalla.
Caractères.
Cardan (Jérôme).
Carenus (Alexandre).
Carlostad.
Carmentes.
Carnaval. *Voy.* Mascarades.
Carnoët. *Voy.* Trou du château.
Carnus.
Caron.
Carpentier (Richard).
Carpocratiens.
Carra (Jean-Louis).
Carrefours.
Cartagra.
Cartes. *Voy.* Cartomancie.
Chambres infestées.
Carticeya.
Cartomancie.
Casaubon (Médéric).
Casi.
Casmann (Othon).
Cassandre.
Cassius de Parme.
Casso, ou Alouette.
Cassotide.
Castaigne (Gabriel de).
Castalie.
Castalia (Diego).
Castellini (Luc).
Castor.
Castor et Pollux.
Casto (Alphonse de).
Cataboliques.
Catalde.
Cotalanas, ou Babailanas.
Catanancée.
Cataramonachia.
Catelan (Laurent).
Catharin (Ambroise).
Catherine. *Voy.* Revenants.
Catherine (Sainte). *V.* Incombustibles.
Catherine de Médicis.
Catho (Angelo).
Catillus. *Voy.* Gilbert.
Caton le Censeur.
Catoptromancie.
Cattani (François).
Caucheman.
Cauchon (Pierre).
Causathan.
Causimomancie.
Cayet (Pierre-Victor-Palma).
Caym.
Cayol.
Cazotte (Jacques).
Cébus, ou Céphus.
Cecco d'Ascoli (François Stabili, *dit*).

Cécile.
Ceintures magiques.
Celse.
Celsius (André).
Cenchroboles.
Cendres.
Cenethus.
Céphalonomancie. *V.* Képhalonomancie.
Ceram.
Céraunoscopie.
Cerbère.
Cercles magiques.
Cercueil.
Cerdon.
Cérès.
Cerf.
Cérinthe.
Cerne.
Céromancie, ou Ciromancie.
Cervelle.
Césaire, ou Cesarius (Pierre).
Césaire (saint). *Voy. Mirabilis liber.*
Césalpin (André).
César (Caius Julius).
César.
Césara.
Césonie.
Ceuravats.
Ceylan.
Chacon (Alphonse).
Chagrau.
Chaîne du diable.
Chais (Pierre).
Chalcédoine.
Chaldéens.
Cham.
Chamans.
Chameau.
Chammadaï.
Chamos.
Chamouillard.
Champ du rire.
Champier (Symphorien).
Champignon.
Chandelle.
Chant du coq.
Chaomancie.
Chapeau venteux. *V.* Eric.
Chapelet.
Chapelle du damné.
Chapuis (Gabriel).
Char de la mort. *Voy.* Brouette.
Charadrius.
Charbon d'impureté.
Charlatans.
Charles-Martel.
Charlemagne.
Charles le Chauve.
Charles VI.
Charles IX.
Charles II (de Lorraine).
Charles le Téméraire.
Charles II (d'Angleterre).
Charmes.
Chartier (Alain).
Chartumins.
Chasdim.
Chassanion (Jean de).
Chasse.
Chassen (Nicolas).
Chasteté.
Chat.
Château du diable.
Chat-Huant. *Voy.* Hibou, Chouette, Chasse, Chevesche, etc.
Chauche-Poulet. *V.* Cauchemar.

Chaudière.
Chaudron (Madeleine-Michelle).
Chaudron du diable.
Chauve-Souris.
Chavigny (Jean-Aimé de).
Chax. *Voy.* Scox.
Cheke.
Chemens.
Chemise de nécessité.
Cheriourt.
Chesnaye des Bois.
Cheteb, ou Chereb. *Voy.* Deber.
Cheval.
Chevalier impérial. *Voy.* Espagnet.
Chevalier de l'enfer.
Chevalier (Guillaume).
Chevanes (Jacques).
Chevesche.
Cheveux.
Chevillement.
Chèvres.
Chibados.
Chicota.
Chicus Æsculanus. V. Cecco d'Ascoli.
Chien.
Chillet (Jean).
Chija, ou Chaja (Abraham-ben).
Childéric Ier. *V.* Basile et Cristallomancie.
Childéric III.
Chilpéric Ier.
Chimère.
Chimie.
Chion.
Chiorgaur. *V.* Gauric.
Chiridirelles.
Chiromancie.
Chodar.
Choquet (Louis).
Chorropique (Marie).
Chouette.
Chaoun.
Choux.
Chrisolites.
Christophe.
Christoval de la Garrade. *V.* Marissane.
Chrysolithe.
Chrysomallon.
Chrysopée.
Chrysopole.
Chrysoprase.
Cicéron (Marcus Tullius).
Ciel.
Cierges.
Cigogne.
Cilano (De).
Cimeriès.
Cimetière.
Cimmériens.
Cit n.
Cincinnatulus, ou Cincinatulus (le petit frisé).
Cinq.
Ciones. *Voy.* Kiones.
Cippus Venelius.
Circé.
Circoncellions.
Cire.
Ciruelo (Pierre).
Citation.
Citu.
Civile (François de).
Clairon (Claire-Joseph-Leyris de Latude).
Clarus.
Classyalabolas. *Voy.* Crinolaas.
Claude.
Clauder (Gabriel).

TABLE DES MATIERES.

Clauneck.
Clauzette.
Glavicules de Salomon. *Voy.* Salomon.
Clay (Jean).
Clédonismancie.
Clef d'or.
Cleidomancie, ou Cleidonomancie.
Cléonice.
Cléopâtre.
Cléromancie.
Clèves.
Climatérique. *Voy.* Année.
Clistheret.
Cloches.
Clofye.
Clotho.
Clou.
Clovis.
Cobales.
Coboli.
Cocconas. *V.* Alexandre de Paphlagonie.
Cochon.
Coclès (Barthélemy).
Cocoto.
Cocyte.
Code des sorciers. *V.* Sorciers.
Codronchi (Baptiste).
Cœlicoles.
Cœur.
Coiffe.
Coirlères (Claude).
Colarbasse.
Colas (Antide).
Coley (Henry).
Collanges (Gabriel de).
Colléhites.
Colman (Jean).
Collyre.
Colokyntho-Pirates.
Colombes.
Colma.
Colonne du diable.
Combadaxus.
Comédiens.
Comenius (Jean-Amos).
Comètes.
Comiers (Claude).
Compitales.
Comptes de l'enfer.
Conclamation.
Condé.
Condormants.
Conferentes.
Confucius.
Conjurateurs.
Conjuration.
Conjureurs de tempêtes.
Constantin.
Constantin Copronyme.
Constellations.
Contre-charmes.
Convulsions.
Copernic.
Coq.
Corail.
Corbeau.
Corbeau noir. *Voy.* Calice du sabbat.
Corde de pendu.
Cordeliers d'Orléans.
Coré.
Corneille.
Cornélius.
Cornes.
Cornet d'Oldenbourg. *Voy.* Oldenbourg.
Correspondance avec l'enfer. *Voy.* Berbiguier.
Corsned.

Corybantiasme.
Cosingas.
Cosquinomancie.
Côte.
Cou.
Couches.
Coucou.
Coucoulampons.
Coudrier.
Couleurs.
Coupe.
Coups.
Cour infernale
Courils.
Couronne nuptiale.
Courroie de soulier.
Courtinière.
Courtisane.
Craca.
Crachat.
Crachat de la lune.
Crampe.
Cranologie. *Voy.* Phrénologie.
Crapaud.
Crapaudine.
Crapoulet. *Voy.* Zozo.
Cratéis.
Crescence.
Crespet (Pierre).
Crible.
Criériens.
Cristalomancie.
Critomancie.
Crocodiles.
Croix.
Croix (Epreuves de la). *Voy.* Epreuves.
Croix (Madeleine de la).
Cromernach.
Cromniomancie.
Croque-Mitaine.
Crusembourg (Guy de).
Cubomancie.
Cuivre.
Culte.
Cunégonde.
Cupaï. *Voy.* Kupay.
Curdes. *Voy.* Kurdes.
Cureau de la Chambre.
Curma.
Curson. *Voy.* Pursan.
Curtius.
Cylindres.
Cymbales.
Cynanthropie.
Cynobalanes.
Cynocéphale.
Cyprien.
Cyrano de Bergerac.

D

Dabaida.
Dactylomancie.
Dadjal.
Dagobert Ier.
Dagon.
Dahut. *Voy.* Is.
Damnetus, ou Damachus.
Daniel.
Danis.
Danse des esprits.
Danse des fées.
Danse des géants.
Danse des morts.
Danse du sabbat.
Danse du soleil
Danses épidémiques.
Daphnéphages.
Daphnomancie.
Dards magiques.
Daroudji.
Daugis.
Dauphin.

David.
David-George.
David-Jones.
Deber.
Decarabia. *Voy.* Carabia.
Décius (*Publius*).
Decremps.
Dedschail.
Déiphobe.
Déjections.
Delancre (Pierre).
Delangle (Louis).
Delrio (Martin-Antoine.)
Déluge. *Voy.* Is.
Démocrite.
Démon barbu. *Voy.* Barbu.
Démoniaques. *Voy.* Possédés.
Démonocratie.
Démonographie.
Démonolâtrie.
Démonologie.
Démonomancie.
Démonomanie.
Démons.
Démons blancs. *Voy.* Femmes blanches.
Démons familiers.
Démons de midi.
Denis Anjorand.
Denis le Chartreux.
Denis de Vincennes.
Dents.
Dérodon (David).
Dersail.
Desbordes.
Descartes (René).
Déserts.
Desfontaines.
Desforges (Choudard).
Deshoulières.
Despilliers.
Desrues.
Destinée. *Voy.* Fatalisme.
Desvignes.
Deuil.
Deumus, ou Deumo.
Devaux.
Devins.
Dévouement.
Diable.
Diable de mer.
Diamant.
Diambiliche.
Didier.
Didron.
Didyme. *Voy.* Possédées de Flandre.
Diémats.
Digby.
Dindarte (Marie).
Dindons.
Dinscops.
Dioclétien.
Diocres. *V.* Chapelle des damnés.
Diodore de Catane.
Dion de Syracuse.
Dionysio dal Borgo.
Diopite.
Discours.
Disputes.
Dives.
Divination.
Divinations.
Dogdo, Dodo, Dodu. *Voy.* Zoroastre.
Doigt.
*Doigt annulaire.
Dojartzabal.
Domfront (Guérin de).
Domingina-Maletana.
Domitien.
Doppet (François-

Amédée)
Dorée (Catherine).
Dormants.
Dourdans. *Voy.* Revenants.
Dourlet (Simone).
Douze.
Drac. *Voy.* Ogres.
Draconties, ou Dracontia.
Dragon.
Dragon rouge.
Drames.
Drapé.
Driff.
Drolles.
Druides.
Drusus.
Dryden (Jean).
Dualisme.
Duende.
Duergars.
Dufay (De Cisternay).
Duffus.
Dulot.
Dumons (Antoine).
Dupleix (Scipion).
Durandal.
Durer (Albert).
Dsigofk.
Dysers.

E

Eatuas.
Eau.
Eau amère (Epreuve de l').
Eau bénite.
Eau bouillante (Epreuve de l').
Eau d'ange.
Eau froide (Epreuve de l').
Eau lustrale.
Eberard.
Eblis.
Ebroïn.
Ebron.
Echo.
Eclairs.
Eclipses.
Egregores.
Ecriture.
Ecrouelles.
Ecureuils.
Edeline (Guillaume).
Edris.
Effrontés.
Egérie.
Egipans.
Egithe.
Elaïs.
Elasticité.
Eléazar.
Eléazar de Garniza.
Eléments.
Eléphant.
Elfes.
Elie.
Eligor.
Elinas.
Elixir de vie.
Eloge de l'enfer.
Eloffile.
Elxaï, ou Elcésaï.
Emaguinquilliers.
Embarrer. *Voy.* Ligatures.
Embungala.
Emeraude.
Emma.
Emo-iés.
Emole.
Empuse.
Enarque.
Encens.
Enchantéments.

Enchiridion. *Voy.* Léon III.
Energumène.
Enfants.
Enfants du diable. *Voy.* Cambions.
Enfers.
Engastrimisme.
Engastrimithes, ou Engastrimandres.
Engelbrecht (Jean).
Enigme.
Enlèvement.
Enoch. *Voy.* Hénoch
Ensorcellement.
Enterrés-Vivants.
Enthousiastes.
Envoûtement.
Eon de l'Etoile.
Eons.
Epaule de mouton.
Ephialtes, ou Hyphialtes, Ephélès.
Epicure.
Epilepsie.
Epreuves.
Erceldoune.
Erèbe.
Ergenna.
Eric au chapeau venteux.
Erichtho.
Eroconopes.
Erocordacès.
Eromantie.
Erotylos.
Erreurs populaires.
Erus, ou Er.
Escalibor.
Escamotage.
Eschyle.
Esdras.
Espagnet (Jean d').
Espagnol (Jean l').
Esprits.
Esprits élémentaires.
Esprits familiers.
Esprits follets. *Voy* Feux follets.
Esséniens.
Esterelle. *Voy.* Fées
Etang de la vie.
Eternité.
Eternument.
Ethnophrones.
Etna.
Etoiles.
Etraphill.
Etrennes.
Etteilla.
Eubius.
Eucharistie.
Eumèces.
Eurynome.
Evangile de saint Jean
Eve.
Evocations.
Exaël.
Excommunication.
Excréments.
Exorcisme.
Expiation.
Extases.
Ezéchiel.

F

Faal.
Faber (Albert-Othon)
Fabre (Pierre-Jean).
Fabricius (Jean-Albert).
Fairfax (Edouard).
Fairfolks.
Facone.
Falconet (Noël).
Fanatisme.
Faunius (Caius).
Fantasmagoriana.

TABLE DES MATIÈRES.

Fantasmagorie.
Fantômes.
Fantôme volant.
Fapisia.
Faquir, ou Fakir.
Farfadets.
Farmer (Hugues).
Fascination.
Fatalisme.
Faust (Jean).
Feschner (Jean).
Fécondité.
Fécor. V. Anarazel.
Fées.
Felgenbaver (Paul).
Femmes.
Femmes blanches.
Fer chaud (Epreuve du).
Ferdinand IV (l'Ajourné).
Fernand (Antoine).
Ferragus.
Ferrier (Auger).
Fétiches.
Feu.
Feu de la Saint-Jean.
Feu grégeois.
Feu Saint-Elme, ou Feu Saint-Germain, ou Feu Saint-Anselme.
Feux follets.
Fèves.
Fiard.
Ficino (Marsile).
Fidélité.
Fien (Thomas).
Fientes.
Fièvre.
Figures du diable.
Fil de la Vierge.
Fin du monde.
Finnes.
Finskgalden.
Fioravanti (Léonard).
Fiorina. Voy. Florine.
Flaga.
Flambeaux.
Flamel (Nicolas).
Flaque (Louis-Eugène).
Flauros.
Flavia-Veneria-Bessa.
Flavin.
Flaxbinder.
Flèches.
Flins.
Florent de Villiers. Voy. Villiers.
Florine.
Floron.
Flotilde.
Flots.
Fo, ou Foé.
Foi.
Follets. Voy. Feux follets, Lutins, Farfadets, etc.
Fong-Chwi.
Fong-Onbang.
Fontaines.
Fontenettes (Charles)
Foray, ou Morax. Voy. Morax.
Forcas, Forras, ou Furcas.
Force.
Forêts.
Forge.
Fornens.
Forras. Voy. Forcas.
Fortes-Epaules.
Fusite.
Fossiles.
Foudre.
Fougère.
Foulques.

Fourberies.
Fourmis.
Fous.
Franc-Maçonnerie.
Frank (Christian).
Frank (Sébastien).
Franzolius.
Frayeur.
Frédéric Barberousse.
Fribourg.
Frisson des cheveux.
Front.
Frothon.
Fruit défendu. Voy. Tabac, Pomme d'Adam, Adam, etc.
Fruitier.
Fumée.
Fumée (Martin).
Fumigations.
Funérailles. Voy. Deuil, Mort.
Furcas. Voy. Forcas.
Furfur.
Furies.
Fuzelly (Henri).

G

Gaap. Voy. Tap.
Gaffarel (Jacques).
Gailan.
Gaillard. V. Coirières.
Gaius.
Galachide, ou Garachide.
Galanta.
Galien.
Galigaï (Léonora).
Galilée.
Gamahé, ou Camaïeu.
Gamoulis.
Gamygyn.
Gandillon (Pierre).
Gandreid.
Ganga-Gramma.
Ganguy (Simone).
Ganna.
Gantière.
Garde des troupeaux. Voy. Troupeaux.
Gardemain. Voy. Glocester.
Gargantua.
Gargouille.
Garibaut (Jeanne).
Garinet (Jules).
Garnier (Gilles).
Garuiza. Voy. Eléazar.
Garosmancie. Voy. Gastromancie.
Garuda.
Gastrocnémie.
Gastromancie, ou Garosmancie.
Gâteau des Rois.
Gâteau triangulaire de Saint-Loup.
Gaufridi (Louis-Jean-Baptiste).
Gauric.
Gauric (Luc).
Gauthier (Jean).
Gauthier. V. Walter.
Gauthier de Bruges.
Gazardiel.
Gaze (Théodore de).
Gaziel.
Géants.
Geber.
Gedi.
Gello, ou Gilo.
Géloscopie.
Gématrie.
Gemma (Cornélius).
Génération. Voy. Enfants.
Gengnes.

Géniane.
Génies.
Génirade.
Gennadius.
Geoffroi d'Iden.
Géomancie, ou Géomance.
Gerbert. Voy. Sylvestre II.
Géréalis.
Germanicus.
Gerson (Jean - Charlier de).
Gert (Berthomine de).
Gervais.
Geyseric.
Ghilcul, ou Gilcul.
Ghirardelli (Corneille).
Gholes.
Gholoée-Béenban.
Giall.
Gian-ben-Gian. Voy. Génies.
Gibel.
Gilbert.
Gilo. Voy. Gello.
Gimi, ou Gimin.
Ginnes.
Ginguérers.
Ginnistan.
Ginnungagap
Gioerninca-Vedur.
Giourtasch.
Girard (Jean-Baptiste).
Girtanner.
Gitanos.
Giwon.
Granville
Glaphyra.
Glasialabolas. Voy. Caacrinolaas
Glocester.
Glubbdubdrib.
Gnomes.
Gnostiques.
Goap.
Gobbino. Voy. Imagination
Gobelins.
Gobes.
Godeslas.
Godwin.
Goethe.
Goétie.
Goguis.
Gohorry (Jacques).
Goitres.
Gomory.
Gonderic.
Gonin.
Contran.
Goo.
Gorson.
Gouffres.
Goul.
Gouleho.
Graa.
Grains bénits.
Grains de blé.
Graisse des sorciers.
Gralon. Voy. Is.
Grandier (Urbain).
Grange du diable.
Granson.
Gratarole (Guillaume).
Gratianne (Jeannette).
Gratidia.
Gratoulet.
Greatrakes (Valentin).
Grégoire VII (Saint).
Grêle.
Grenier (Jean).
Grenouille.
Griffon.
Grigri.
Grillandus (Paul).
Grillon.
Grimaldi.

Grimoire.
Grisgris.
Grisou.
Grœnjette.
Grossesse.
Grosse-Tête (Robert).
Guacharo.
Guayotta.
Guecuba.
Gueldre.
Gui de chêne.
Guido.
Guillaume.
Guillaume de Carpentras.
Guillaume le Roux.
Guillaume de Paris.
Guinefort.
Gullets, ou Bonasses.
Gurme.
Gusoyn.
Gustaph. V. Zoroastre.
Gotheyl, ou Guthyl.
Guymond de la Touche.
Gymnosophistes.
Gyromancie.

H

Haagenti.
Haboudia.
Haborym.
Haceldama, ou Hakeldama.
Hakelberg.
Haleine.
Hallucination.
Halphas.
Haltias.
Hamelu. Voy. Magiciens.
Hamlet.
Handel.
Hanneton.
Hannon.
Haquin.
Haridi.
Haro.
Harold.
Harpe.
Harppe.
Harvilliers (Jeanne).
Harvis.
Husard.
Hatton II.
Haussy (Marie de).
Hécate.
Hécla.
Hecdekin.
Hérodiade.
Hôhugaste.
Hekacontalithos.
Héla.
Hélène.
Héléneion.
Helgafell.
Hélias.
Héliogabale.
Héliotrope.
Hellequin. Voy. Ela.
Hénoch.
Henri III (de France).
Henri III (d'Allemagne).
Henri IV (d'Angleterre).
Henri IV (de France).
Henri le Lion.
Hépatoscopie, ou Hiéroscopie.
Héraïde. Voy. Hermaphrodites.
Herbadilla.
Herbe maudite.
Herbe qui égare.
Herbe de coq.
Hérenberg (Jean-Christophe).

Hermaphrodites.
Hermeline.
Hermès.
Hermialites.
Hermione. Voy. Hermeline.
Hermotime.
Héron.
Hervilliers (Jeanne).
Hèse (Jean de).
Heure. Voy. Minuit.
Hibou.
Hiérarchie.
Hiéroglyphes.
Hiéromnenon.
Hiéroscope. Voy. Hépatoscopie.
Hipokindo.
Hipparchus.
Hippocrate.
Hippogriffe.
Hippomane.
Hippomancie.
Hippomyrmèces.
Hippopodes.
Hirigoyen.
Hirondelles.
Histoire.
Hoeque.
Hodeken. Voy. Hecdekin et Diable.
Hoffmann.
Holda.
Holger-Dansvre.
Hollandais errant.
Hollère.
Holzhauser (Barthélemy).
Hommes.
Homme noir.
Homme rouge.
Hongrois. Voy. Ogres
Honorius. Voy. Grimoire.
Horey.
Horoscopes.
Hortilopits (Jeanne).
Hôtels de ville.
Houille.
Houmani
Houris.
Hubner (Etienne).
Huet (Pierre-Daniel).
Hugon.
Hugues.
Hugues le Grand.
Huile bouillante.
Huile de baume.
Huile de talc.
Hu-Jum-Siu.
Hulin.
Humma.
Huneric.
Huns.
Huppe.
Hutgin.
Hvergelmer.
Hyacinthe.
Hydraoth.
Hydromancie, ou Hydroscopie.
Hyène.
Hyméra.
Hyphialtes. Voy. Ephialtes.

I

Ialysiens.
Iamen.
Ibis.
Ibis.
Ichneumon
Ichthyomancie.
Ida.
Idiot.
Idoles.
Ifurin.

TABLE DES MATIERES.

Ignorance.
Iles.
Illuminés.
Images de cire. *Voy.* Envoûtement.
Imagination.
Ime.
Immortalité.
Impair.
Impostures.
Imprécations.
Incendie.
Incombustibles.
Incrédules.
Incubes.
Incubo.
Infernaux.
Infidélité.
Influence des astres.
Inis-Fail.
Inquisition.
Insensibilité.
Interdit.
Invisibilité.
Invocations.
Io.
Ipès, ou Ayperos.
Irlande.
Is.
Isaacarum.
Islandais.
Isle - en - Jourdain (Mainfroy de.)
Isparetta.
Israël, ou Asrafil.
Ithyphalle.
Iwan - Basilowitz. *V.* Jean.
Iwangis.

J

Jabamiah.
Jacob. *Voy.* Eternument.
Jacobins de Berne. *Voy.* Jetzer.
Jack.
Jacques Ier.
Jade.
Jakises.
Jamambuxes, ou Jammabos.
Jamblique.
Jambrès et Jamnès.
Jamma-Locon.
Jarretière.
Jaunisse.
Jayet d'Islande.
Jean (Évangile de saint). *Voy.* Bibliomancie.
Jean (magicien).
Jean (patriarche).
Jean XXII.
Jean, ou Iwan Basilowitz.
Jean-Baptiste.
Jean d'Arras.
Jean d'Estampes.
Jean de Meung.
Jean de Milan.
Jeau de Sicile.
Jeanne d'Arc.
Jeanne Dibisson.
Jeanne du Hard.
Jeanne (Mère).
Jeanne Southcote. *V.* Southcote.
Jéchiel.
Jéhovah.
Jennès.
Jenounes.
Jérôme (Saint).
Jérusalem.
Jésabel.
Jetzer.
Jeu.
Jeudi.

Joachim.
Job.
Jocaba. *Voy. Cincinnatulus.*
Johnson (Samuel).
Joli-Bois. *V.* Verdelet.
Jongleurs.
Jours.
Josué-ben-Lévi.
Judas Iscariote.
Jugement de Dieu. *Voy.* Épreuves.
Juif errant.
Juifs.
Julien l'Apostat.
Jung.
Jupiter-Ammon.
Jurement.

K

Kaaba.
Kabotermannekens.
Kacher.
Kaf.
Kaha.
Kaïdmords.
Kaïomers.
Kakos.
Kalmoucks.
Kalpa-Tarou.
Kamlat.
Kamosch et Kemosch. *Voy.* Chamos.
Kantius le Silésien.
Karcist.
Karra Kalt.
Katakhanès.
Katmir. *V.* Dormants.
Kavbora.
Kelby.
Kelen et Nysrock.
Kenne.
Képhalonomancie.
Khumano-Goo.
Kijoun.
Kiones.
Kirghis.
Kleudde.
Kobal.
Kobold.
Koran. *V.* Maoridath.
Koughas.
Kratim, ou Katmir.
Kuhlmann (Quirinus).
Kupay.
Kurdes.
Kutuktus.

L

Labadie (Jean).
Labour.
Labourant. *V.* Pierre Labourant.
Lac.
Lacaille (Denyse de).
Lachanoptères.
Lachus.
Laci (Jean).
Laensberg (Matthieu).
Lafin (Jacques).
Laïca.
Lamia.
Lamies.
Lamotte le Vayer.
Lampadomancie.
Lampe merveilleuse.
Lampes perpétuelles.
Lampou.
Lamproies.
Lancinet.
Landela.
Laugeac.
Langue.
Langue primitive.
Languet.
Lanthila.

Lapalud. *Voy.* Palud.
Lapons.
Lares.
Larmes.
Larrivey (Pierre).
Larves.
Launay (Jean).
Laurier.
Lauthu.
Lavater (Louis).
Lavater (Jean-Gaspard).
Lavisari.
Lazare.
Lazare (Denys).
Leaupartie.
Lebrun (Charles).
Lebrun (Pierre).
Lécanomancie.
Léchies.
Lecoq.
Ledoux (Mlle).
Légendes.
Lenormand (Marie-Anne).
Le Normant (Martin).
Léon III.
Léonard.
Léopold.
Lesage. *Voy.* Luxembourg.
Lescorière (Marie).
Lescot.
Lespèce.
Léthé.
Lettres.
Lettres infernales.
Leuce-Carin.
Leucophylles.
Léviathan.
Lewis (Mathieu-Grégoire).
Lézards.
Libanius.
Libanomancie.
Libertins.
Licorne.
Lierre.
Lièvre.
Lièvre (Le Grand).
Ligature.
Lilith.
Lilly (William).
Limaçons.
Limbes.
Limyre.
Linurgus.
Lion.
Lissi.
Litanies du sabbat.
Lithomancie.
Lituus.
Livres.
Lizabet.
Locki.
Lofarde.
Lokman.
Lollard (Gauthier).
Longévité.
Loota.
Loray. *Voy.* Oraf.
Loterie.
Loudun.
Loup.
Loup-garou, ou Lycanthrope.
Louviers (Possession de). *Voy.* Picard.
Loyer (Pierre le).
Lubin.
Lucesme.
Lucien.

Lucifer.
Luciferiens.
Lucumoriens
Ludlam.
Lugubre.
Lulle (Raymond).
Lumière merveilleuse.
Lune.
Lu di.
Lure (Guillaume).
Luridan.
Lusignan.
Luther (Martin).
Utius.
Lutschin.
Lutteurs.
Luxembourg (François de Montmorency).
Luxembourg (La maréchale de).
Lycanthropie.
Lycaon.
Lycas.
Lychnomancie.
Lynx.
Lysimachie.
Lysimaque.

M

Ma.
Mab.
Maberthe
Macha-Halla, ou Messa-Hala.
Machines.
Machives.
Macreuses.
Maczocha.
Magares.
Mages.
Magie, et Magiciens.
Magie islandaise.
Magnétisme.
Magoa.
Magog.
Maillat (Louise).
Maimon.
Main.
Main de gloire.
Main invisible.
Mainfroi, ou Manfred.
Maison ensorcelée.
Malade.
Malafar. *Voy.* Valafar.
Malaingha.
Mal caduc.
Maldonat.
Male-Bête.
Malebranche (Nicolas).
Maléfices.
Malices du démon.
Malin.
Mallebranche.
Malphas
Mambré.
Mammon.
Mammouth.
Mancanas.
Manche à balai.
Mandragores.
Mané-Raja.
Mânes.
Manfred. *V.* Mainfroi.
Mang-Taar.
Manichéens.
Manie.
Manitou.
Manto.
Many.
Maoridath.
Marais.
Barbas, ou Barbas.
Marc.
Marc de café.
Marchocias.
Marcionites.

Mardi.
Marentakein.
Margaritomancie.
Marguerite (de Hollande).
Marguerite (d'Italie).
Mariaco de Molères.
Mariage.
Mariagraue (Marie).
Marigny (Enguerrand de).
Marionnettes.
Marissane.
Marius.
Marle (Thomas de).
Marot.
Marque du diable.
Marquis de l'enfer.
Marthym, ou Bathym.
Martin (Saint).
Martin (Marie).
Martinet.
Mascarades.
Massaliens, ou Messaliens.
Mastication.
Mastiphal.
Matchi-Manitou.
Matière.
Matignon (Jacques-Goyon de).
Matzou.
Maupertuis. *Voy.* Hallucination.
Maury (Jean-Siffrein).
Mécanique.
Mécasphins.
Méchant.
Mechtilde (Sainte).
Médecine.
Médée.
Médie.
Meerman.
Mégalanthropogénésie.
Mehdi.
Mélampus.
Mélanchthon.
Mélancolie.
Melchisédech.
Melchom.
Melec-el-Mout.
Mélusine.
Mélye.
Menuh.
Ménandre.
Menasseh-ben-Israël.
Ménestrier.
Meneurs de loups.
Ménippe.
Menjoin. *Voy.* Choropique.
Mensonge.
Méphistophélés.
Mercati (Michel). *Voy.* Ficino.
Mercier.
Mercredi.
Mercure.
Merle.
Merlin.
Mérovée.
Merveilles.
Mesmer (Antoine).
Messa-Hala. *Voy.* Macha-Halla.
Messe du diable.
Messie des juifs.
Métamorphoses.
Métempsycose.
Métoposcopie.
Meurtre.
Meyer.
Michaël (Eliaeim).
Michel (Mont Saint-).
Michel (de Provence).
Michel de Sahourpse.
Michel (l'Ecossais).

TABLE DES MATIÈRES.

Michel Boëmius.
Midas.
Midi. *Voy.* Démon de midi.
Migaléna.
Milan.
Millénaires.
Millo.
Milon.
Mimer.
Mimi. *Voy.* Zozo.
Mimique.
Mineurs (Démons).
Mingrélie.
Minoson.
Minuit.
Mirabel. (Honoré).
Mirabilis Liber.
Miracles.
Mirage.
Miroir.
Misraïm.
Moensklint.
Mog.
Mogol.
Moine bourru.
Moines.
Mois.
Moïse.
Mokissos.
Moloch.
Momies.
Monarchie infernale.
Monde.
Monkir et Nékir.
Monsieur de Laforêt.
Monstres.
Montagnards.
Montalembert (Adrien de).
Montan.
Montanay.
Montézuma. *Voy.* Présages.
Mopsus.
Morail.
Morax, ou Foraï.
Moreau.
Morel (Louise).
Morgane.
Morin (Louis).
Morin (Simon).
Mort.
Mortemart.
Most-Mastite. *Voy.* Mariage.
Motelu.
Mouche.
Moult (Thomas - Joseph).
Mouni.
Mouton.
Mouzoko.
Mozart.
Muhazimim.
Muller (Jean).
Mullin.
Mummol.
Munster.
Muraille du diable.
Murmur.
Musique céleste.
Muspelheim.
Musucca.
Mycale.
Myiagorus.
Myoam.
Myomancie.
Myricæus.
Mystères.

N

Nabam.
Naberus.
Nabuchodonosor.
Nachtmannetje.
Nachtvrouwtje.

Nagate.
Naglefare.
Naguille.
Nahama.
Naïus. *Voy.* Pygmée.
Nairancie.
Nakaronkir.
Nambroth. *Voy.* Conjurations.
Nan.
Napoléon.
Narac.
Nastrande.
Nathan. *Voy.* Bouer, à la fin.
Naudé (Gabriel).
Naurause (Pierresde). *Voy.* Fin du monde.
Navius (Accius).
Naylor (James).
Naxac.
Nebiros. *V.* Naberus.
Nécromancie. *Voy.* Anthropomancie.
Neffesoliens.
Néga.
Nègres.
Nekir. *Voy.* Monkir.
Nembroth.
Nemrod.
Nénufar.
Néphélim.
Nequam.
Nergal.
Néron.
Netla *Voy.* Ortie.
Netos.
Neuf.
Neuhaus (Femme blanche de).
New-Haven.
Nickar. *Voy.* Odin.
Nicolaï. *Voy.* Hallucination.
Nid.
Niflheim.
Nigromancie.
Ninon de Lenclos.
Nirudy.
Nisse et Nissegodreng. *Voy.* Diable.
Nitoès.
Nixes. *Voy.* Nickar.
Noals (Jeanne).
Noctambule. *Voy.* Nion.
Nodier (Charles).
Noël (Jacques).
Noh.
Noix.
Nombre deux. *Voy.* Neuf.
Nono.
Nornes.
Nostradamus.
Notarique.
Noyés.
Nuit des trépassés.
Numa Pompilius. *V.* Egérie
Nybbas.
Nymphes. *V.* Ondins, Nickar.
Nynauld (J. de).
Nyol.
Nypho (Augustin).

O

Oannès ou Oès.
Ob.
Obereit (Jacques Hermann).
Obéron.
Obole.
Obsédés. *V.* Possédés.
Occultes.
Ochosias.

Oculomancie.
Oddon.
Odin.
Odontotyrannus. *Voy.* Serpent.
Odorat.
OEil. *Voy.* Yeux.
OEnomancie.
OEnothère.
OEonistice. *Voy.* Augures.
Oès. *Voy.* Oannès.
OEufs. *Voy.* Oomancie, Garuda.
Og.
Ogier le Danois. *V.* Frédéric - Barberousse.
Ogres. *V.* Fées, Loups garous, Omestès.
Oiarou.
Oigours. *Voy.* Ogres.
Oifette.
Oiseaux. *V.* Corneille, Hibou, Augures.
Okkisik.
Oldenbourg.
Old Gentleman.
Olive.
Olivier.
Ololygmancie. *Voy.* Ophioneus.
Olys.
Ombre.
Ombriel.
Omestès.
Omomancie.
Omphalomancie.
Omphalophysiques. On.
Ondins, ou Nymphes. *Voy.* Cabale , Nymphes, Nictar, etc.
Onéirocritique. *Voy.* Songes.
Ongles. *Voy.* Chiromancie.
Onguents. *V.* Graisse.
Onomancie ou Onomatomancie. *Voy.* Anagrammes.
Onychomancie.
Oomancie ou Ooscopie. *Voy.* OEufs.
Opale.
Opalski.
Ophiomancie. *Voy.* Serpents.
Ophionée.
Ophioneus. *Voy.* Ololygmancie.
Ophites.
Ophthalmius.
Ophthalmoscopie. *V.* Physiognomonie.
Optimisme.
Or potable, Or artificiel. *V.* Alchimie.
Oracles.
Orages. *Voy.* Criériens, Tonnerre.
Oraison du loup. *Voy.* Gardes.
Oray ou Loray.
Orcavelle.
Ordalie. *Voy.* Croix, Eau, Feu, etc.
Oreille.
Oresme (Guillaume).
Orias.
Originel (Péché). *Voy.* Péché.
Origines. *V.* Monde.
Ornithomancie. *Voy.* Augures.
Orobas.
Oromasis.
Oromaze. *V.* Arimane.

Oronte.
Orphée.
Orphéotélestes.
Orthon le Farfadet.
Ortie brûlante.
Os des morts.
Othon.
Otis, ou Botis.
Ouabiche.
Ouikka.
Oulon-Toyon.
Oupires. *Voy.* Vampires.
Ouran et Ouran-Soangue (Homme endiablé).
Ours.
Ovide.
Oxyones.
Oze.

P

Pa (Olaüs). *Voy.* Harppe.
Pacte.
Pain bénit.
Pajot (Marguerite).
Palingénésie. *Voy.* Cendres.
Palmoscopie.
Palud (Madeleine de Mendoz de la).
Pamilius.
Pan.
Pandæmonium.
Panen.
Paneros.
Paniers.
Panjacartaguel.
Panjangam.
Pantacles.
Pantarbe.
Paouaouci.
Pape.
Papillon.
Paracelse.
Parchemin vierge.
Pardalo.
Parfums.
Paris.
Parlements.
Paroles magiques
Parques.
Parthénomancie.
Pasètes.
Passalorynchites.
Patala.
Patiniac.
Patris (Pierre).
Patrcoüs.
Paul (Arnold).
Paule.
Pausanjas.
Paymon.
Péanite.
Peau.
Péché.
Péché originel.
Pédasiens.
Pégomancie.
Pégu.
Pendus.
Pénitence.
Penote.
Penteman.
Pératoscopie.
Perdrix.
Perez (Juan). *Voy.* Inquisition.
Péricles.
Péris.
Périthe.
Perlimpinpin. *Voy.* Secrets merveilleux.
Perrier.
Persil (Maître). *Voy.* Verdelet.

Perteman.
Pertinax.
Peste.
Pet.
Petchimancie.
Petit monde.
Petit-Pierre.
Petpayatons.
Pétrobusiens.
Pettimancie.
Peuplier.
Peur.
Pharmacie.
Phénix.
Phénomènes.
Philinnion.
Philosophie hermétique. *Voy.* Pierre philosophale.
Philotanus.
Philtre.
Phlégéton.
Phrénologie, ou Crânologie.
Phylactères.
Phyllorhodomancie.
Physiognomonie.
Piaches.
Picard (Mathurin).
Picatrix.
Pic de la Mirandole (Jean).
Pichacha.
Picollus.
Pie.
Pied.
Pied fourchu.
Pierre à souhaits. *Voy.* Aselle.
Pierre d'aigle.
Pierre du diable.
Pierre philosophale.
Pierre de santé.
Pierre-de-Feu.
Pierre-Fort.
Pierre d'Apone.
Pierre le Brabançon.
Pierre-Labourant.
Pierre le Vénérable.
Pierres d'anathèmes.
Pigeons.
Pij.
Pilapiens.
Pilate (Mont)
Pillal-Karras.
Pinet.
Pipi (Marie).
Piqueur.
Piripiris.
Pison.
Pistole volante.
Pivert.
Planètes.
Pluton.
Plats.
Pline.
Plogojowits (Pierre).
Pluies merveilleuses
Pluton.
Plutus.
Pocel.
Poirier (Marguerite)
Poisons.
Polkan.
Polycrite.
Polyglossos.
Polyphage.
Polyphême.
Polyphidée.
Polythéisme.
Pomme d'Adam.
Pont.
Pont du diable.
Pont de Saint-Cloud.
Popoguno.
Poppel 1er.
Porom-Houngse.
Porphyre.

TABLE DES MATIÈRES.

Porriciæ.
Porta (Jean-Baptiste).
Porte.
Porte des songes.
Possédés.
Possédées de Flandre.
Postel (Guillaume).
Pot à beurre.
Pou d'argent.
Poudot.
Poule noire.
Poulets.
Poupart. *Voy.* Apparitions.
Pourang.
Pou-Sha.
Pra-Ariaseria.
Préadamites.
Précy. *Voy.* Rambouillet.
Prédictions.
Prelati.
Présages.
Prescience.
Préservatifs.
Pressentiments.
Pressine. *Voy.* Mélusine.
Prestantius. *Voy.* Extases.
Prestiges.
Prêtres noirs.
Prières superstitieuses.
Prisier.
Prodige.
Prométhée.
Pronostics populaires.
Prophètes.
Prophéties.
Proserpine.
Prostrophies.
Pruflas, ou Busas.
Pséphos.
Psychomancie.
Psylles.
Psylotoxotes.
Publius. *Voy.* Tête.
Pucel.
Pucelle d'Orléans. *Voy.* Jeanne d'Arc.
Puces.
Puck.
Punaises.
Purgatoire.
Purrikeh.
Pursan, ou Curson.
Putéorites.
Pygmées.
Pyramides.
Pyromancie.
Pyrrhus.
Pythagore.
Pythonisse d'Endor.
Pythons.

Q

Queiran (Isaac).
Question. *Voy.* Insensibilité.
Queys.
Quintillianistes.
Quirim.

R

Rabbats.
Rabbins.
Rabdomancie.
Rachaders.
Radcliffe (Anne).
Ragalomancie.
Rage.
Raginis.
Rahouart.
Raiz (Gilles de Laval de).
Ralde (Marie de la).
Raleigh (Walter).
Rambouillet.
Raollet (Jacques).

Rat.
Raum.
Red Cap.
Regard. *Voy.* Yeux.
Regensberg. *Voy.* Démons familiers.
Regiomontanus. *Voy.* Muller.
Reid (Thomas).
Religion.
Remmon. *Voy.* Rimmon.
Remords.
Rémore.
Rémures. *Voéy.* Lmures et Mânes.
Renards.
Réparé.
Repas du mort.
Résurrection.
Retz.
Rêve.
Réveille-matin.
Révélations.
Revenants.
Rhapsodomancie.
Rhombus.
Rhotomago.
Ribadin (Jeannette).
Ribenzal.
Richard sans Peur.
Richelieu.
Rickius (Jacques).
Rigoux. *Voy.* Bacchus.
Rimmon.
Rivière (Sieur de la).
Robert.
Robert le Diable.
Robert.
Robert (Le roi).
Robin Hood.
Roderik, ou Rodrigue.
Rodriguez (Ignazio). *Voy.* Inquisition.
Rois de l'enfer.
Rois de France.
Roitelet.
Rolande du Vernois.
Romans.
Romulus.
Ronwe.
Rose-Croix.
Rose de Jéricho. *Voy.* Brown.
Rosemberg. *Voy.* Femmes blanches.
Rosier.
Roux.
Rubezahl.
Rubis.
Rue d'Enfer. *Voy.* Vauvert.
Ruggieri (Cosme).
Rugner.
Runes.
Rush.
Rymer.

S

Sabaoth.
Sabasius.
Sabathan.
Sabba.
Sabbat.
Sabbat des juifs.
Sabéisme.
Sabellicus (Georges).
Sabienus.
Sabios.
Sable.
Sabnac, ou Salmac.
Sacaras.
Saccilaires.
Sacrifices.
Sadial, ou Sadiel.
Saignement de nez.
Sainokavara.
Sains (Marie de).

Saint-André.
Saint-Aubin.
Saint-Germain (Le comte de).
Saint-Gille.
Sakhar.
Sakhrat.
Sakimouni.
Salamandres.
Salgues (Jean-Baptiste).
Salière.
Salisateurs.
Salive.
Salomon.
Salutadores.
Salvation de Rome. *Voy.* Virgile.
Salverte (Eusèbe).
Samaël.
Sambèthe. *Voy.* Sibylles.
Samuel.
Sanave.
Sanche.
Sang.
Santabarenus.
Saphis.
Sapondomad.
Sarcueil.
Saré (Marguerite).
Sarmenius-lapis.
Sas.
Satan.
Satanologie.
Satyres.
Saubadine de Subiette.
Sausine.
Sante-Buisson. *Voy.* Verdelet.
Sauterelles.
Sauveurs d'Italie.
Savon.
Savonarole (Jérôme).
Scandinaves.
Schad-Schivaoun.
Schadukiam.
Schamans.
Schertz (Ferdinand).
Schoumnus.
Schroter (Ulrich.).
Sciamancie.
Sciences.
Sciences occultes.
Scimasar.
Sciopodes.
Scopélisme.
Scorpion.
Scotopites. *Voy.* Circoncellions.
Scott. *Voy.* Walter-Scott.
Scox, ou Chax.
Scylla.
Sebhil, ou Sebhaël.
Secrétain (Françoise).
Secrets merveilleux.
Segjin.
Seidur.
Seings.
Sel.
Sépar. *Voy.* Vépar.
Sépulture.
Sermons.
Serosch.
Serpent.
Serpent de mer (Le grand).
Sérug.
Servius-Tullius.
Séthiens, ou Séthites.
Séthus.
Sévère.
Sexe.
Shamavédam.
Shelo. *Voy.* Southcote.
Shoupeltins.
Sibylles.
Sicidites.
Sidéromancie.
Sidragasum.

Siffler le vent.
Sigéani.
Signe de croix.
Silènes.
Simagorad.
Simon le Magicien.
Simon de Pharès.
Simonide.
Simorgue.
Singes.
Sirath.
Sirchade.
Sistre.
Sittim.
Skalda. *Voy.* Nornes.
Smyrne.
Socrate.
Soleil. *Voy.* Danse du soleil.
Soliman.
Sommeil.
Somnambule.
Songes.
Sorciers.
Sort.
Sortiléges. *Voy.* Sort.
Sotray.
Souad.
Sougai-Toyon.
Soulié (Frédéric).
Souris.
Souterrains (Démons).
Southcote, ou Southcott (Jeanne).
Souvigny.
Sovas-Munusins.
Spectres.
Spectriana.
Spéculaires.
Spée.
Sper.
Sphinx.
Spinello.
Spirinx (Jean).
Spodomancie, ou Spodanomancie.
Spunkie.
Spurina.
Squelette.
Stadius.
Stagirus.
Stanoska.
Stauffenberger.
Stéganographie, ou Sténographie.
Steinlin (Jean).
Sternomancie.
Stiffel.
Stoffler.
Stoichéomancie.
Stolas.
Stolisomancie.
Strasite.
Stratagèmes.
Stryges.
Stuffe (Frédéric).
Styx.
Succor-Béneth.
Succubes.
Sucre.
Sueur.
Summanus.
Supercherie.
Superstitions.
Sureau.
Surtur.
Sustrugiel.
Suttee.
Swedenborg (Emmanuel).
Sycomancie.
Sydonay. *Voy.* Asmodée.
Sylla.
Sylphes.
Sylvestre II
Symandius.
Sympathie.
Syrènes.

TABLE DES MATIÈRES CONTENUES DANS LES APPENDICES.

Syrrochite.
Sytry, ou Bitru.

T

Tabac.
Taciturnité.
Taccuins.
Taillepied (Noël).
Tailletroux (Jeanne).
Taingari.
Talapoins.
Talismans.
Talissons.
Talmud. *Voy.* Thalmud.
Talys.
Tambour magique.
Tamons.
Tanaquil.
Tanchelm, ou Tanchelin.
Taniwoa.
Tanner.
Tap, ou Gaap.
Tarentule.
Tarni.
Tarots, ou Cartes tarotées.
Tartare.
Tartini.
Tasso (Torquato).
Tatien.
Taupe.
Tavides.
Taymural.
Tée.
Tehuptehuh.
Tell.
Tellez (Gabriel).
Température.
Tempêtes.
Templiers.
Ténare.
Ténèbres.
Tentations.
Téphramancie.
Tératoscopie.
Terragon.
Terre.
Terrestres, ou Souterrains.
Terreurs paniques.
Terrier.
Tervagant.
Tervilles.
Tespésion.
Tête.
Tête de Bophomet.
Tête de mort.
Tête de saint Jean.
Têtes de serpent.
Tétragrammaton.
Teusarpoulier.
Teutatès.
Thalie.
Thalmud.
Thamuz.
Théagènes. *Voy.* Oracles.
Théanthis.
Thème céleste.
Themura.
Théoclimène.
Théodat. *V.* Onomancie.
Théodoric.
Théomancie.
Theraphim.
Thermomètre.
Thespésius.
Thessaliennes.

Théurgie.
Thiers (Jean-Baptiste).
Thomas.
Thomas (Saint).
Thor.
Thou.
Thuggisme.
Thurifumie.
Thymiamata.
Thyrée (Pierre).
Tibalang.
Tibère.
Ticho-Brahé.
Tigre (Le grand). *Voy.* Lièvre.
Tintement.
Tiphaine.
Tiromancie.
Titania.
Titus.
Tola.
Tombeaux.
Tomtegobbe.
Tondal.
Tonnerre.
Toqui (Grand).
Torngarsuk.
Torquemada (Antoine de).
Torreblanca (Antoine de).
Torture.
Totain.
Toupan.
Tour de force.
Tour enchantée. *Voy.* Roderik.
Tour de Montpellier.
Tour de Wigla.
Tourterelle.
Traditions populaires.
Traire.
Trajan.
Transmigration des âmes.
Trasulle.
Trèfle à quatre feuilles.
Trégitourie.
Treize.
Tremblements de terre.
Trembleurs.
Trésors.
Tribunal secret.
Trithème (Jean).
Trois.
Trois-Echelles.
Trois-Rieux. *Voy.* Macrodor.
Troldman.
Trollen.
Tronc d'arbre.
Trophonius. *Voy.* Songes.
Trou du château de Carnoët.
Troupe furieuse.
Troupeaux.
Trows.
Truie.
Tschouwasches.
Tullie.
Turlupins.
Turpin. *Voy.* Charlemagne.
Tybilenus.
Tycho-Brahé. *Voy.* Ticho.
Tympanites. *Voy.* Huet.
Tympanon.
Tyre.

U.

Ukobach.
Universités occultes.
Uphir.
Upiers. *Voy.* Vampires.
Urda. *Voy.* Nornes.
Urine.
Urotopegnie.
Uterpen. *Voy.* Merlin.
Uteseture.

V.

Vaccine.
Vache.
Vade.
Vafthrudnis.
Vagnotte.
Vaicarani.
Vaisseau-Fantôme. *Voy.* Voltigeur hollandais.
Valafar, ou Malafar.
Valens.
Valentin.
Valentin (Basile). *Voy.* Basile Valentin.
Valkiries.
Vampires.
Vanlund. *Voy.* Vade.
Vapeurs.
Vapula.
Vaucanson. *Voy.* Mécanique.
Vaudois.
Vauvert.
Veau d'or.
Veau marin.
Velaud le Forgeron. *Voy.* Vade.
Velléda.
Vendredi.
Veneur.
Ventriloques.
Vents.
Vépar, ou Sépar.
Ver du Gange. *Voy.* Serpent.
Vérandi. *Voy.* Nornes.
Verdelet.
Verdun (Michel).
Verge.
Verre d'eau.
Verrues.
Vers.
Vert-Joli. *Voy.* Verdelet.
Verveine.
Vespasien.
Vesta.
Vêtements des morts.
Vétin.
Veu-Pacha.
Viaram.
Vidal de la Porte.
Vid-Blain.
Vieille.
Villain (L'abbé).
Villars (L'abbé de).
Villiers (Florent de).
Vine.
Vipères.
Virgile.
Virgile (L'évêque).
Visions.
Vocératrices.
Voile.

Voisin (La).
Voiture du diable.
Voix.
Volac.
Volet (Marie).
Vols, ou Voust.
Volta.
Voltaire.
Voltigeur hollandais.
Vondel.
Vroucolacas, ou Broncolaques. *Voy.* Vampires.
Vue.

W.

Wade. *Voy.* Vade.
Walhalla.
Walkiries.
Wall.
Walter.
Walter-Scott.
Wattier (Pierre).
Wicleff.
Wierus (Jean).
Wilis.
Wiulmeroz (Guillaume).
Woden.
Wodenblock.
Woloty.
Woodward.
Wortigern.
Wulson de la Colombière (Marc).

X.

Xacca.
Xaphan.
Xeirscopie.
Xerxès.
Xezbeth.
Xitragupten.
Xylomancie.

Y.

Yaga-Baba.
Yan-Gant-y-Tan.
Yen-Vang.
Yeux.
Yffrote.
Youf (Marie-Anne).

Z.

Zabulon.
Zacoum.
Zaebos.
Zagam.
Zahuris, ou Zahories.
Zairagie (Zairagiah).
Zapan.
Zariatnatmik.
Zazarraguan.
Zédéchias.
Zeernebooch.
Zépar.
Zincalis.
Ziton.
Zizis.
Zoaphité. *Voy.* Monstres.
Zodiaque.
Zoroastre.

TABLE DES MATIÈRES
CONTENUES DANS LES APPENDICES.

TRAITÉ HISTORIQUE DES DIEUX ET DES DÉMONS DU PAGANISME, en forme de lettres, avec quelques remarques critiques sur le système de M. Bekker; par Benjamin BINET.   Col. 905-906
Préface.   Ibid.
LETTRE Ire. Remarques générales sur le système de M. Bekker, et particulièrement sur ce qu'il nous impute de faire du diable un dieu. Plan de l'ouvrage.
LETTRE II. Grossièreté du paganisme vulgaire. Degrés de l'idolâtrie. L'idée naturelle de Dieu, quelque corrompue qu'elle ait été chez les païens, a pu

les conduire à sa connaissance. Sentiments des principaux philosophes sur l'existence et les propriétés de Dieu. Ils se sont moqués de la pluralité des dieux. Comment l'idolâtrie s'est établie et affermie. Raisons pour lesquelles les savants n'ont pas d'abusé les peuples. Ce que les philosophes ont entendu par leurs dieux. 921

LETTRE III. Etymologies du mot *démon*. Quel était le démon de Socrate. Différentes significations des mots Θεός, Δαιμόνιον, Δαίμονες. Sentiment des docteurs juifs, de quelques Pères de l'Eglise et des philosophes sur la nature des démons. Les païens ont conçu les démons comme des natures moyennes entre Dieu et les hommes. Leur sentiment sur les opérations et les emplois des démons. Considération sur le bon et sur le mauvais principe. Le nom de démon en général pris en mauvaise part. Les païens ont mis une grande différence entre leurs dieux et leurs démons. Magie odieuse chez les païens. Vénération qu'ils ont eue pour les diverses espèces de divination. Examen de leurs oracles. 945

LETTRE IV. Les païens n'ont pas absolument nié, mais seulement examiné les opérations des démons. M. Bekker ne peut rien conclure des faits dont il a grossi son ouvrage. On avance que les païens ont formé plusieurs de leurs dieux sur l'histoire sacrée des patriarches. Cela se prouve par la conformité que l'on trouve entre Noé, Cham, Sem et Japhet, et Saturne, Jupiter, Neptune et Pluton. Quel effet les miracles de Dieu en Egypte produisirent sur les Egyptiens. Conformité de Typhon avec Moïse. Les païens ont connu les histoires de l'Ancien Testament. Tels ont été les Egyptiens, les Chaldéens et les Phéniciens; les Grecs, qui n'ont écrit que quelques siècles après Moïse. Par la dispersion des Chananéens et des dix tribus, les païens ont eu quelque connaissance de l'histoire des livres saints. Traduction des livres saints de Moïse en grec avant celle des Septante. Conformité d'Hercule avec Josué. Rites judaïques observés parmi les païens. Ç'a été par les mêmes voies qu'ils ont connu les anges et les démons. Observations sur le culte des serpents. Si l'Ancien Testament enseigne l'existence des démons, il enseigne aussi leurs opérations. 969

LETTRE V. Si le sentiment des opérations des démons tire son origine des fables du Targum et des rabbins. Si le terme de *Satan* a signifié originairement autre chose que ce qu'on entend aujourd'hui par ce mot. Examen d'un passage de M. Bekker, où il prétend que l'opinion des opérations des démons est descendue par degrés des Babyloniens aux chrétiens. Absurdités et contradictions dans ce passage conféré avec d'autres. Que les philosophes païens n'ont pu avoir inventé la doctrine des opérations des démons. Observations sur ce principe que l'Ecriture parle selon l'opinion du vulgaire, si on peut s'exprimer ainsi. Que Jésus-Christ et ses apôtres auraient confirmé l'erreur en s'exprimant avec le vulgaire. 988

LETTRE VI. Si tous les peuples ont cru des démons, quelque fabuleuses que soient leurs opinions, l'on en conclut leurs opérations. Réflexions sur la manière dont M. Bekker explique ce que les voyageurs nous rapportent des opérations des démons sur les peuples barbares qui ont été inconnus à notre hémisphère. On examine le chap. 24 de son premier livre. Il tâche d'y changer l'état de la question. On rétorque contre M. Bekker ce qu'il dit des Pères de l'Eglise. 1000

RÉPONSE A L'HISTOIRE DES ORACLES de M. de Fontenelle, dans laquelle on réfute le système de M. Van-Dale sur les auteurs des oracles du paganisme, sur la cause et le temps de leur silence, et où l'on établit le sentiment des Pères de l'Eglise sur le même sujet. 1007-1008
Préface. Ibid.

PREMIÈRE PARTIE.

CHAPITRE PREMIER. Raisons qui ont dû détourner l'auteur de l'*Histoire des oracles* d'adopter le système de M. Van-Dale. Division de son ouvrage et ce qu'il prétend y établir. 1013-1014

CHAP. II. Etat de la question. Préjugés en faveur du sentiment commun. Les Pères de l'Eglise accusés injustement d'être peu exacts dans leurs raisonnements. On leur suppose de mauvaises raisons qu'ils n'ont point avancées. 1014

CHAP. III. Première raison supposée aux anciens chrétiens : les histoires surprenantes touchant les démons et les oracles. Méprise de l'auteur au sujet des îles Echinades dont parle Plutarque. Les anciens chrétiens n'ont pu fonder leur sentiment sur les histoires rapportées par Cédrénus, Suidas et Nicéphore. 1017

CHAP. IV. Eusèbe n'a cité l'histoire de la mort du grand Pan que pour prouver, de l'aveu des païens mêmes, la cessation de leurs oracles. Qu'elle soit vraie ou fausse, Eusèbe a eu raison de la citer. 1019

CHAP. V. Des trois oracles que l'on dit qu'Eusèbe a tirés de Porphyre, on n'en trouve qu'un dans ses ouvrages, cité à même fin que l'histoire du grand Pan. Eusèbe a eu d'autres raisons que celles qu'on lui attribue pour croire les démons auteurs des oracles. 1020

CHAP. VI. Fausseté des conjectures produites par l'historien pour rendre suspect le livre de Porphyre de la Philosophie des oracles. Dessein de ce livre de Porphyre et les oracles qu'il y traite. Pourquoi il en attribue la cause au défaut des exhalaisons. 1021

CHAP. VII. Les anciens fidèles accusés d'avoir supposé des livres en faveur de la religion. Réfutation de cette accusation injuste. Les Pères de l'Eglise étaient zélés contre les suppositions, et habiles à les reconnaître. Le livre de la Philosophie par les oracles est incontestablement de Porphyre. 1024

CHAP. VIII. On examine si Porphyre a rapporté des oracles sur la résurrection et sur l'ascension de Jésus-Christ. Réfutation de cette imagination ridicule. Sentiment de saint Augustin sur ce sujet, bien différent de celui de M. de Fontenelle. 1027

CHAP. IX. Nouvelles conjectures de M. de Fontenelle sur le livre et les oracles de Porphyre. Réfutation de toutes ces vaines conjectures. 1031

CHAP. X. Seconde raison supposée aux anciens chrétiens : la convenance de leur opinion avec le système du christianisme. Réfutation de cette mauvaise raison. Les Pères de l'Eglise étaient incapables de soutenir un sentiment qu'ils eussent jugé faux, et très-capables d'entrer dans les discussions les plus difficiles. Le renversement du culte des démons, de l'idolâtrie et des oracles, est véritablement l'ouvrage du Sauveur du monde. 1032

CHAP. XI. Du prétendu silence de l'Ecriture sur les mauvais démons qui présidaient aux oracles. Quand il serait vrai, la tradition constante de l'Eglise devrait suffire pour nous convaincre de cette vérité. L'Ecriture nous conduit naturellement à la croire. Faux prophètes d'Achab inspirés par le démon, comme ceux qui rendaient les oracles chez les païens. Oracle dans toutes les formes rapporté par l'Ecriture et attribué au démon. 1035

CHAP. XII. Réfutation d'une erreur ridicule faussement attribuée aux Pères de l'Eglise. Les démons n'ont point rendu leurs oracles par des statues, mais par les prêtres des idoles dont ils s'emparaient. Les saints Pères n'ont jamais été dans une autre pensée. Ils ont toujours mis une grande différence entre les idoles et les prêtres des idoles. Les démons ne connaissent point l'avenir. Le paganisme n'a pu être en aucune manière une erreur involontaire et excusable. 1037

CHAP. XIII. Troisième raison supposée aux anciens chrétiens : la convenance de leur opinion avec la philosophie de Platon. L'historien avance que presque tous les anciens chrétiens savants ont été platoniciens. Réfutation des idées étranges qu'il débite sur ce sujet. Les anciens chrétiens et les Pères de l'Eglise ont réfuté fortement les erreurs de Platon, bien loin d'embrasser sa secte. 1041

CHAP. XIV. Ce que les Pères ont pensé de Platon par rapport aux autres philosophes païens. Il y a eu des hérétiques qui se sont égarés en suivant ce philosophe, mais il ne s'agit pas ici de ce que les hérétiques ont cru sur les oracles. M. de Fontenelle ne peut point justifier ses expressions outrées sur ce sujet par l'exemple de quelques auteurs célèbres : ce qu'il doit faire s'il entreprenait de les soutenir. C'est en vain qu'il réfute le sentiment de Platon sur les démons, puisque ce n'est pas de Platon que les anciens chrétiens ont appris l'existence des démons. 1043

CHAP. XV. Première raison véritable qui a persuadé les anciens chrétiens : l'autorité de l'Ecriture sainte, qui assure que toutes les divinités du paganisme étaient des démons. Les oracles ont toujours été accompagnés de la magie, dont les démons sont les auteurs. 1045

Chap. xvi. Conformité des oracles des gentils avec ceux que les Juifs idolâtres consultaient, et que l'Écriture nous apprend avoir été rendus par les démons. Les prêtresses qui rendaient les oracles étaient parfaitement semblables aux pythonisses dont il est parlé dans l'Écriture. Égarement de M. Van-Dale, qui ne reconnaît point de démons dans l'Ancien Testament. Sentiment de Vossius sur ceux qui ne reconnaissent que de la fourberie dans tout ce que l'on rapporte des opérations du démon. 1046

Chap. xvii. Seconde raison évidente qui confirmait les anciens chrétiens dans leur sentiment sur les oracles : c'est qu'ils en chassaient les démons avec une autorité surprenante. Autorité de Tertullien sur ce sujet. On ne voit pas ce que M. de Fontenelle peut y répondre. Passages de Lactance, de saint Cyprien, de Minutius Félix et de saint Athanase, qui assure que le signe de la croix imposait silence aux oracles, et qui provoque les païens à en faire l'expérience. 1048

Chap. xviii. Exemples du pouvoir des chrétiens sur les démons auteurs des oracles. Les païens mêmes ont été obligés de le reconnaître. Réfutation de ce que l'auteur de la *République des lettres* propose pour expliquer le passage de saint Athanase. La présence d'un seul chrétien inconnu rendait les oracles muets et confondait les aruspices. 1052

Chap. xix. Troisième raison qui persuadait les anciens chrétiens que les oracles venaient du démon : c'est qu'ils portaient à toutes sortes de crimes, d'impiétés et d'abominations détestables. Ce sont les oracles qui ont commandé les sacrifices où l'on immolait des hommes. Ces sacrifices n'ont pu être commandés que par des démons ou des hommes possédés du démon. 1055

Chap. xx. Les mêmes oracles ont autorisé les impudicités détestables qui se commettaient dans les temples des païens, dans leurs jeux, dans leurs mystères et dans leurs fêtes. Ils ont enseigné la magie. Ils ont causé une infinité de meurtres et de guerres. Ils ont fait mettre au rang des dieux des impies et des scélérats. Ils ont introduit dans le monde le dogme de la nécessité fatale. Conclusion de cette première partie de la Réponse. 1057

DEUXIÈME PARTIE.

Chapitre premier. Dessein de cette seconde partie de la Réponse. Preuves avancées par l'auteur de l'Histoire pour établir son sentiment. Quand les philosophes païens n'auraient point cru qu'il y eût du surnaturel dans les oracles, il ne s'ensuit pas qu'ils aient cru qu'il n'y avait que de la fourberie. Les péripatéticiens n'ont point rejeté les oracles. Il n'y a eu que quelques cyniques et quelques épicuriens qui ne les aient point attribués aux dieux ; mais ils ne les ont pas attribués pour cela aux fourberies des prêtres des idoles. Méprise de l'auteur touchant un passage d'Eusèbe. Quelques païens ont pu mépriser les oracles, sans croire qu'ils ne fussent que des impostures des hommes. 1059

Chap. ii. L'autorité du petit nombre de ceux qui, parmi les païens, ont méprisé les oracles, n'est rien en comparaison de ceux qui les ont admirés. En matière d'autorités, le plus grand nombre doit toujours l'emporter. Les incrédules sont ordinairement moins instruits des raisons de croire, que ceux qui croient ne le sont de celles qu'ils ont pour ne point croire. Raison de cette différence confirmée par l'expérience. Exemples de cette vérité tirés de l'auteur même. 1063

Chap. iii. Les anciens chrétiens étaient instruits des raisons qui pouvaient les porter à ne point croire les démons auteurs des oracles. Raisonnement pitoyable attribué injustement à Eusèbe sur ce sujet. Pourquoi Origène et Eusèbe, quoique très-bien instruits de tout ce qui pouvait faire croire que les démons n'étaient pas les auteurs des oracles, n'ont pas laissé de le croire et de l'enseigner. Clément d'Alexandrie n'a pas été d'un sentiment différent des autres chrétiens sur le sujet des oracles. 1065

Chap. iv. De la facilité que l'on avait à corrompre les oracles. C'est une mauvaise preuve pour montrer que les démons n'en étaient pas les auteurs. Rien n'empêchait les faux prophètes du démon de supposer de faux oracles. Quelques prophètes de l'Ancien Testament en ont quelquefois débité de semblables, sans que l'on puisse conclure de là qu'ils n'aient pas été ordinairement inspirés de Dieu. L'auteur semble supposer que les démons ont dû toujours rendre des oracles pleins de sagesse et de modération. 1067

Chap. v. Autre mauvaise raison pour prouver que les oracles n'étaient que des fourberies : les nouveaux établissements qui s'en sont faits. Il n'est point sûr qu'Ephestion, Antinoüs et Auguste aient rendu des oracles dans les temples qui leur ont été consacrés après leur mort. Quand ils en auraient rendu, rien n'empêche de les attribuer aux démons, comme tous les autres plus anciens. Origine des oracles, et raisons qui ont porté les démons à s'en emparer et à y établir leurs prestiges. 1070

Chap. vi. L'auteur de l'Histoire se fait fort de persuader les erreurs les plus grossières à des nations entières. Réfutation de cette idée. Il y a eu des oracles qui se sont établis de nouveau dans les siècles les plus éclairés, et les anciens y ont conservé toute leur autorité. Il n'est pas possible qu'ils aient pu subsister durant tant de siècles, s'il n'y avait eu que de la fourberie toute pure de la part des prêtres des idoles : d'autant plus que ces oracles commandaient souvent des cruautés les plus atroces et les plus capables de révolter tous les hommes. 1073

Chap. vii. On examine les fourberies par le moyen desquelles l'auteur suppose que les prêtres des idoles séduisaient les peuples. Quelles ont été ces fourberies, selon lui. Comment il explique la manière la plus ordinaire dont les oracles se rendaient. Réfutation de cette explication. Elle n'est fondée que sur une erreur, qui est que les prêtre se cachaient dans les statues pour rendre des oracles par leur bouche. Les oracles ne se rendaient pas par les statues, mais par les prêtres des idoles, qui paraissaient transportés d'une fureur que l'on croyait divine. 1076

Chap. viii. Tous les anciens païens ont reconnu la fureur pour le principe, ou au moins pour une circonstance nécessaire des oracles proprement dits. Témoignages de Platon, de Cicéron, d'Aristote, de Porphyre et de Jamblique sur ce sujet. Entreprise de l'imposteur Alexandre, sans suite comme sans exemple. Conclusion contre M. de Fontenelle, au sujet de l'erreur sur laquelle il a établi une partie de son système des fourberies des oracles. 1079

Chap. ix. Éclaircissements nécessaires sur quelques points particuliers avancés par l'auteur. Il suppose, sans preuve et contre ce qu'il dit ailleurs, que les païens croyaient tous que les dieux venaient manger les victimes qu'on leur immolait. Il croit que le silence auquel étaient engagés ceux qui étaient initiés aux mystères regardait aussi les oracles. Il aime mieux, sur le sujet des reliques du saint martyr Babylas, adopter les frivoles conjectures de M. Van-Dale, que suivre le sentiment de tous les historiens ecclésiastiques, et surtout de saint Jean Chrysostome. 1082

Chap. x. Comment M. de Fontenelle explique les oracles qui se rendaient sur des billets cachetés. Réfutation de cette explication. Exemple de Trajan qui consulte ainsi l'oracle d'Héliopolis, et qui est convaincu par là qu'il n'y avait point de fourberie humaine dans cet oracle. Autre exemple d'un gouverneur de Cilicie qui donnait dans les sentiments des épicuriens. Oracle de Claros consulté par Germanicus, et les réflexions peu solides de l'auteur sur ce que Tacite en a rapporté. 1085

Chap. xi. Des oracles qui se rendaient en songe. Comment ils sont expliqués par l'auteur de l'Histoire. Réfutation de l'explication qu'il en donne. Les prêtres des idoles n'ont pu par leurs artifices procurer des songes tels qu'en avaient ordinairement ceux qui venaient dormir dans les temples où ces sortes d'oracles se rendaient. Plusieurs malades ont été guéris par le moyen de ces songes. On ne doit les attribuer qu'au démon, qui peut en effet causer des songes et guérir certaines maladies, particulièrement celles qu'il a causées lui-même. 1088

Chap. xii. De l'ambiguité des oracles. Elle ne prouve point ce que l'auteur prétend. Comme les démons ne connaissent point certainement l'avenir, ils ont été souvent obligés de rendre des oracles obscurs et ambigus pour cacher leur ignorance. Ils en ont néanmoins rendu quelquefois d'assez clairs, particulièrement lorsqu'ils ont prédit dans un lieu ce qu'ils avaient vu dans un autre. On ne voit pas comment M. de Fontenelle peut expliquer ces sortes d'oracles dans son système. Il ne lui propose pour répondre à ce qu'en demande d'Eusèbe. 1091

Chap. xiii. Fourberies des oracles reconnues sous

les empereurs païens. Il y a eu de l'imposture dans quelques oracles, mais elle a été découverte presque aussitôt, parce qu'il n'est pas possible que le mensonge et la fourberie se soutiennent longtemps. Les païens mêmes y ont été attentifs et en ont puni les auteurs. Les oracles n'auraient jamais subsisté aussi longtemps qu'ils ont fait s'il n'y avait eu que de la fourberie. Souvent, pour ne vouloir point croire des choses fort raisonnables, on s'engage à croire les plus déraisonnables et les plus impossibles. 1093

Chap. xiv. On n'a découvert les fourberies de quelques oracles que longtemps après l'établissement du christianisme. Parce qu'il y a eu quelques oracles supposés, on ne peut pas conclure que tous les autres l'aient été aussi : au contraire, les faux oracles supposent qu'il y en a eu de véritables. Passages d'Eusèbe pris à contre-sens par l'auteur de l'Histoire. Conclusion de cette seconde partie de la Réponse : On ne peut qu'attribuer aux démons les oracles du paganisme. 1096

TROISIÈME PARTIE.

Chapitre premier. Raisons générales qui ont dû détourner l'auteur de l'Histoire d'entreprendre de ruiner le sentiment des Pères de l'Eglise touchant le temps de la cessation des oracles. Il n'a point dû s'en tenir sur ce sujet à l'autorité de M. Van-Dale. Il suppose aux Pères de l'Eglise une opinion qu'ils n'ont jamais eue. Quel a été leur véritable sentiment. 1099-1100

Chap. ii. On montre qu'Eusèbe n'a point dit que les oracles des païens aient cessé dans le moment de la naissance de Jésus-Christ, mais seulement après la publication de son Evangile. Eusèbe prouve son sentiment par le témoignage de Porphyre. Nouvelle preuve du sentiment de cet auteur, tirée de ses livres de la Démonstration évangélique. 1101

Chap. iii. Ce qu'ont pensé les autres Pères de l'Eglise touchant le temps du silence des oracles, et en particulier saint Athanase. Tertullien, saint Cyprien, Minutius Félix et Lactance, supposent, comme lui, que tous les oracles n'avaient point cessé dans le temps de la naissance de Jésus-Christ. Autre preuve tirée du même saint Athanase, qui fait voir clairement dans quel sentiment il a été sur ce sujet. Témoignages de saint Cyrille d'Alexandrie, de Théodoret, de Prudence, de l'auteur des Questions et Réponses aux orthodoxes, et de saint Jérôme. 1103

Chap. iv. Eusèbe assigne le même temps à la cessation des oracles et à l'extinction de la coutume d'immoler des hommes, c'est-à-dire le temps de la prédication de l'Evangile. Saint Athanase joint ensemble le silence des oracles et l'extinction de l'idolâtrie et de la magie, ce qui fait voir dans quel sentiment il a été touchant le sujet dont il s'agit. Les saints Pères attribuent ordinairement ce silence au pouvoir du signe de la croix. Ils rapportent eux-mêmes des oracles rendus longtemps après la naissance de J.-C., ce qui montre évidemment qu'ils n'ont pas été dans le sentiment qu'on leur suppose. 1107

Chap. v. Les païens ont reconnu que leurs oracles avaient cessé après la naissance de Jésus-Christ, comme Strabon, Juvénal, Stace, Lucain, Porphyre. Témoignage de Plutarque sur ce silence, et les fausses raisons qu'il en rapporte. 1110

Chap. vi. Véritable cause du silence des oracles, le pouvoir de Jésus-Christ sur les démons auteurs des oracles. Avec quel empire il l'a exercé par lui-même. Comment il l'a communiqué à ses disciples et à son Eglise. Passages d'Eusèbe. Autres passages de Lactance, de Prudence, d'Origène, de Tertullien et de saint Justin. 1111

Chap. vii. Passage d'un ancien auteur sur le pouvoir de la croix contre les dieux des païens et leurs oracles. Autorité de saint Irénée, de saint Grégoire de Nazianze, de saint Athanase. Histoire de saint Grégoire de Néocésarée touchant le pouvoir des chrétiens contre les démons. Ce pouvoir a toujours subsisté dans l'Eglise catholique, et il y subsistera toujours. Conclusions tirées de tous ces passages des Pères contre le sentiment de M. de Fontenelle. 1113

Chap. viii. Ce qui a persuadé les Pères de l'Eglise du silence des oracles, et ensuite les chrétiens qui sont venus après eux. Le démon est quelquefois contraint de rendre témoignage à la vérité. Il a coutume néanmoins d'y mêler le mensonge. Eusèbe injustement accusé de n'avoir point fait attention au sens d'un oracle qu'il cite. Cet oracle, bien loin de détruire son sentiment, le fait connaître et le confirme parfaitement. 1118

Chap. ix. Du traité de Plutarque *sur le silence des oracles.* On y trouve une preuve authentique de ce que les Pères de l'Eglise ont enseigné sur ce sujet. On y voit que, cent ans environ avant la naissance de Jésus-Christ, la plupart des oracles avaient déjà cessé. Il se rendait encore des oracles à Delphes du temps de Cicéron. Fausseté de la conjecture qu'apporte l'auteur de l'Histoire pour expliquer le silence des oracles. En quel état se trouvaient, du temps de Plutarque, les temples où ils étaient établis. 1121

Chap. x. Quelque durée que l'on puisse donner à quelques oracles, elle ne peut préjudicier au sentiment des Pères de l'Eglise sur leur silence. Les preuves sur lesquelles M. de Fontenelle appuie cette longue durée ne sont pas mieux choisies. Il ne serait pas surprenant, quand, après la cessation des oracles, on trouverait encore des auteurs qui en produiraient des réponses. Pourquoi les oracles, après avoir cessé durant quelque temps, ont pu rendre encore des réponses. 1124

Chap. xi. Réfutation des causes du silence des oracles, rapportées par l'auteur de l'Histoire. On ne peut pas l'attribuer aux édits des empereurs chrétiens contre l'idolâtrie. La plupart des oracles ont cessé avant l'empereur Constantin. On doit plutôt attribuer la décadence de l'idolâtrie à la cessation des oracles, que la cessation des oracles à la décadence de l'idolâtrie. 1126

Chap. xii. On examine ce que M. de Fontenelle avance, que, quand l'idolâtrie n'eût pas dû être abolie, les oracles néanmoins eussent pris fin. Quelles sont les raisons qu'il en apporte. Réfutation de la première, qu'il tire des fourberies et des crimes des prêtres des idoles. Réponse à la seconde, qu'il tire des railleries que quelques philosophes faisaient des oracles. Après la naissance de Jésus-Christ, les philosophes et les épicuriens mêmes ont été entêtés plus que jamais des oracles. Ils y ont ajouté, pour la plupart, la magie et les enchantements. Explication d'un passage de Plutarque, mal entendu par l'auteur de l'Histoire. 1129

Chap. xiii. Réfutation de la troisième raison, rapportée par M. de Fontenelle, pour expliquer la cessation des oracles. Avant la naissance de Jésus-Christ on a consulté les oracles sur les affaires d'aussi petite importance qu'après. Après cette même naissance, on les a consultés sur des affaires pour le moins aussi importantes qu'auparavant. 1130

Chap. xiv. Les Romains, bien loin de mépriser les oracles, y ont été fort attachés. Première preuve tirée de l'entêtement qu'ils avaient pour toute sorte de divinations, pour leurs augures, leurs auspices et leurs livres sibyllins. Il y en avait qui de toutes ces sortes de divinations n'estimaient que les oracles. Les Romains adoptaient toutes les superstitions des nations étrangères. Ils attribuaient à cette prétendue piété la prospérité de leurs armes et la gloire de leur empire. Pourquoi, de toutes les religions, il n'y a eu que la véritable qu'ils n'aient pas voulu recevoir. 1131

Chap. xv. Seconde preuve de l'estime que les Romains ont toujours faite des oracles : la manière dont ils en ont parlé, comme Tite-Live, Tacite, Valère-Maxime, Suétone, Pline l'Ancien, Justin, Quinte-Curce, Pomponius Méla, etc. Cicéron parle des oracles en académicien qui réfute et soutient également le pour et le contre. Son témoignage, pour cette raison, n'est pas recevable. Il a consulté l'oracle de Delphes. 1133

Chap. xvi. Troisième preuve que les Romains ne méprisaient pas les oracles : c'est qu'ils en avaient un grand nombre en Italie, et qu'ils consultaient souvent ceux de la Grèce. L'Etat et les empereurs parmi les Romains n'ajoutaient pas moins foi aux oracles que les particuliers. Conclusion de cette troisième partie de la Réponse, en faveur du sentiment des saints Pères et de tous les chrétiens touchant le silence des oracles. Conclusion de tout l'ouvrage, et les motifs que l'on a eus pour l'entreprendre. 1135

FIN DU SECOND ET DERNIER VOLUME.

www.ingramcontent.com/pod-product-compliance
Lightning Source LLC
Chambersburg PA
CBHW060506230426
43665CB00013B/1410